中華書局

中華大典

歷史典

上海古籍出版社

中華人民共和國國務院批准的重大文化出版工程

國家文化發展綱要的重點出版工程項目

新聞出版總署列為「十一五」國家重大工程出版規劃之首

國家出版基金重點支持項目

《中華大典》工作委員會

《中華大典》編纂委員會

《中華大典》前言

《中華大典》是運用我國歷代漢文古籍編纂的一部大型工具書。其目的是爲學術界及願意瞭解中國古代珍貴文化典籍的人士提供準確詳實、便於檢索的漢文古籍分類資料。

中國是世界文明古國之一，幾千年來纂寫和聚集的文化典籍浩如烟海。我國歷代都有編纂類書的優良傳統，具有代表性的《永樂大典》等大多已佚失，現存《古今圖書集成》編就距今也已數百年。爲了適應今天和以後研究和檢索的需要，一九八八年海内外三百多位專家學者和各古籍出版社同仁倡議，在已有類書的基礎上，用現代科學方法編纂一部新的類書《中華大典》。

國務院在關於編纂《中華大典》問題的批覆中指出，編纂《中華大典》「是我國建國以來最大的一項文化出版工程」。本書所收漢文古籍上起先秦，下迄清末，約三萬種，達七億多字，分爲二十四個典，近百個分典，内容廣博，規模宏大，前所未有。

《中華大典》的編纂工作堅持科學態度和百花齊放、百家爭鳴方針。儘量採用古精校精刻本，優先採用我國建國後文獻學和考古學的優秀成果。對傳統文化中重要的不同學派的資料，兼收并蓄。運用現代圖書分類的方法，對收集到的資料，精選、精編，力求便於檢索、準確可信。

這項工作從開始起就受到中共中央、國務院和有關部門的重視和支持。國家主席江澤民、國務院總理李鵬分别爲《中華大典》題詞。江澤民的題詞是：「同心同德群策群力認真編好中華大典爲建設有中國特色的社會主義服務」。李鵬的題詞是：「繼承和弘揚民族優秀傳統文化」。全國政協主席李瑞環、國務委員李鐵映也作了重要指示，要求抓緊辦理。一九九零年五月，國務院批准《中華大典》爲國家重點古籍整理項目。一九九二年九月，正式成立了《中華大典》工作委員會和《中華大典》編纂委員會，召開了《中華大典》工作、編纂會議。自此，《中華大典》的編纂工作由試點轉入正式啓動，逐步鋪開。

編纂《中華大典》，學術性很强，工作量很大，工程十分艱巨，全賴廣大專家學者和全國各有關高等院校、科研院所、圖書館、出版單位的鼎力支持與積極參與。大家本着弘揚中華民族優秀文化的心願，發揚奉獻精神，克服各種困難，團結協作，給這部巨大類書的出版提供了根本保證。在此謹表示誠摯的謝意。

對本書的批評與建議，我們將十分歡迎。

《中華大典》編纂委員會

一九九七年四月

二〇〇六年十一月修訂

《中華大典》編纂通則

一、性質：《中華大典》（以下簡稱《大典》）是對漢文古籍（含已翻譯成漢文的少數民族古籍）進行全面的、系統的、科學的分類整理和匯編總結的新型類書，是在繼承歷代類書優良傳統、考慮漢文古籍固有特點的基礎上，借鑒和參照近代編纂百科全書的經驗和方法編纂而成。編纂《大典》的目的，是爲學術界及願意瞭解中國古代珍貴文化典籍的人士提供各種分門别類的，準確詳細的古代漢文專題資料。

二、規模和體例：《大典》所收古籍的時限，上自先秦，下迄辛亥革命。全書共收各類漢文古籍三萬餘種，七億多字。全書體例，着重汲取清代《古今圖書集成》所採用的經目和緯目相交織這一統一框架結構的模式，同時參照現代科學的學科、目録分類方法，并根據各類學科内容的實際情況，一般將每一大類學科輯爲一典，也有將幾個相關學科共輯爲一典的。對各典名稱，均以現代學科命名，對於所收入的各種古籍資料，亦儘可能納入現代科學分類體系之中。

三、經目：大典共分二十四個典，即哲學典、宗教典、政治典、軍事典、經濟典、法律典、教育典、語言文字典、文學典、藝術典、歷史典、歷史地理典、民俗典、數學典、物理化學典、天文典、地學典、生物學典、醫藥衛生典、農業典、林業典、工業典、交通運輸典、文獻目録典。典以下以分典、總部、部、分部分級，分部之下的標目根據各學科特點由各典自行擬定。

四、緯目：共設置九項緯目，用以包容各級經目的具體内容：

①題解：對有關學科的名稱、概念、涵義、特點等作總體介紹的資料。

②論説：有關理論部份的資料。

③綜述：有關學科或事物的系統性資料，凡有關學科或事物的性狀、制度、範疇、特點及學科地位、發展情況等具體内容均編入此緯目中。

④傳記：有關人物的傳記資料。

⑤紀事：有關學科或事物的具體活動或事例的資料。

⑥著録：重要人物或文獻的有關著作資料，如專集介紹、序跋、藏書題記，以及有關著作的成書經過、版本源流等。

⑦藝文：有關屬於文學欣賞性的散文或韵文。

⑧雜録：凡未收入以上各緯目，而又有較高參考價值的資料，均入雜録。

⑨圖表：根據有關經目的内容需要，圖與表附於相關專題之下，或集中匯總於某級經目之後。

《大典》以内容分類安排各級緯目，各級緯目的正文，一般以原書爲單位，按時代順序排列。每一條資料前標明出處，包括書名或作者名、篇名或卷次，以利讀者核對原書。

五、書目：每分典後附有該分典所收書之書目，書目包括書名、作者、時(年)代、版本等内容。時代以成書時代爲準，成書時代不詳者，以作者主要活動時代爲準，并遵從歷史習慣。

六、版本：《大典》在選用版本時儘量採用古人的精校精刻本，亦採用學術界通用的近、現代整理圈點本及現代學者校點整理本。

七、校點：爲儘可能保存古籍原貌，《大典》衹對底本中明顯的脱、訛、衍、倒進行勘正。古本中的避諱字一般不作改動，衹對缺筆字補足筆畫。後人刻書時避當朝人諱而改動的字，據古本改回。《大典》採用新式標點法。

一九九六年八月

二〇〇六年十一月修訂

#《中華大典·歷史典》編纂委員會

（以姓氏筆畫爲序）

主　編：熊月之

編　委：方詩銘　俞　鋼　莊輝明　許沛藻　葉　舟
　　　　虞萬里　熊月之　錢　杭　瞿林東　龔書鐸

《中華大典·歷史典》前言

中華文明歷史悠久，包括史實記述、史書編修、史官設置、史學研究在内的歷史學極爲發達，歷史文獻浩瀚無垠。誠如梁啟超所説，「中國於各種學問中，惟史學爲最發達；　史學在世界各國中，惟中國爲最發達」。

殷商時代，甲骨上的大量占卜文辭，是中國最早的反映族類記憶與國家記憶的歷史記録；　卜辭與青銅器銘文中所述的遺史作册，是中國最早的重視歷史記録與保存文書的制度安排。　西周時，周王朝的國史稱《周書》，諸侯國的國史或稱書，或稱乘，或稱春秋，或稱檮杌。　孔子命子夏訪求周室史記，得百二十國寶書，墨子亦曾見百國春秋。　這些都説明保存史料、編寫國史在周代已成通例。

春秋戰國時期，史學多元發展，繁盛一時。　孔子以春秋各國史書爲基礎，參照所見、所聞、所傳聞的各種資料，以正名分、辨是非、克己復禮爲宗旨，删訂編修《春秋》，開私人修史之先河。《左傳》《竹書紀年》，是以年代爲序、以記事爲主的編年體史書。《國語》《戰國策》是以地區爲中心、以記言爲主的史書。　至今不詳撰人的《世本》，則是按專題分載，注意記述地理環境、氏姓、工藝製作等社會經濟事項的特别史書，頗具文化史性質，被史家歸入别史一類。

秦漢以後，與大一統中央集權國家相適應，出現了司馬遷《史記》與班固《漢書》，鴻篇巨制，卓識美文，分别開創了紀傳體通史與紀傳體斷代史的體例，爲後來歷代王朝編纂國史提供了範本。　東漢荀悦以《漢書》爲資料基礎，列其年月，比其時事，撮要舉凡，存其大體，編成《漢紀》，爲中國第一部編年體斷代史。

從三國、兩晉、南北朝到隋、唐，史書數量、種類都大爲增加。　中國正史二十四史中的一半以上成書於這一時期，范曄的《後漢書》，陳壽的《三國志》，沈約的《宋書》，魏收的《魏書》，與唐初房玄齡、姚思廉、魏徵等人所修的《晉書》《梁書》《陳書》《隋書》等八部史書，或以史料豐贍、條貫清楚，或以敍事簡練、文風樸實，或以評論允當、見解過人，在史學史上各具特色。　杜佑的《通典》，專記歷代經濟、政治、社會、文化等方面典章制度沿革，取材廣博，見解獨特，是中國第一部關於典章制度的巨著。劉知幾的《史通》，綜合研究歷代史學實踐與成果，溯其源流，判其得失，融會貫通，自成體系，在中國史學史上樹起了一座豐碑。李吉甫的《元和郡縣志》爲中國現存最早的全國地理總志，記述各道鎮府州縣的户數、沿革、山川、道里、貢賦等，以地繫事，間有親歷資料，甚爲翔實，所創體例在中國地理史上有里程碑意義。

五代、宋、元時期，中國史學又有新的發展。司馬光的《資治通鑑》，上起戰國，下迄五代，遍閲舊史，旁采小説，抉摘幽隱，薈萃爲書，按年紀載，一氣銜接，其經緯規制，爲史學史上横空大作，後世典範。鄭樵的《通志》，上起三皇，下迄隋代，内容豐富，卓識多有，特别是其二十略，精心結撰，自出機杼，氏族、校讎、圖譜、六書、音韻、金石等略，均爲此前所無，豐富了歷史記載的範圍，成爲後代各種專門學問的先驅前導。馬端臨的《文獻通考》，專論歷代典章制度，上起上古，下迄南宋，敍事本於經史，參以歷代會要、各種傳記，旁采名流之燕談，稗官之記録，分門排列，有敍述，有考訂，有論斷，信者傳之，疑者棄之，爲此後同類史書所宗範。袁樞的《通鑑紀事本末》，李燾的《續資治通鑑長編》，徐夢莘的《三朝北盟會編》，李心傳的《建炎以來繫年要録》，劉昫的《舊唐書》，薛居正的《舊五代史》，歐陽脩的《新唐書》《新五代史》，王溥等人的《唐會要》《五代會要》，元人修的《宋史》《遼史》《金史》等，蔚爲大觀。樂史的《太平寰宇記》爲北宋初全國地理總志，體例與記述範圍較前人有所發展，注意記述風俗、姓氏、人物等人文地理内容，史籍之外，旁及詩賦，兼采仙佛雜記，保留了相當豐富的歷史資料。

明清時期，史學更爲繁榮。官修正史方面，宋濂等人修的《元史》，張廷玉等人修的《明史》，沿襲了歷代編修前朝歷史的傳統。《續通典》《續通志》《續文獻通考》《明會典》《清會典》《清通典》《清通志》《清文獻通考》，也繼承了此前同類史書的傳統。民間治史盛極一時，李贄的《藏書》《續藏書》，黄宗羲的《宋元學案》《明儒學案》，顧炎武的《天下郡國利病書》《日知録》，王夫之的《讀通鑑論》《宋論》，錢大昕的《廿二史考異》，王鳴盛的《十七史商榷》，趙翼的《廿二史劄記》，章學誠的《文史通義》，崔述的《考信録》，角度不同，風姿各異，均爲名著。歷史地理學、地方志、地方史空前發達。李賢等人編修的《大明一統志》，穆彰阿等人編修的《重修大清一統志》，顧祖禹的《讀史方輿紀要》，各省府州縣所修的難計其數的地方志，或繁或簡，或新創或續修，極大地豐富了歷史記述的内容。

中國究竟有多少歷史文獻，恐怕永遠也不會有確切統計。《漢書·藝文志》把史書放在「六藝略」内。《隋書·經籍志》開始把古代典籍分爲經、史、子、集四部，並在史部之下分正史、古史等十三類，著録史籍八百十七種，一萬三千二百六十四卷。清代《四庫全書》，史部著録（包括存目在内）二千零五十三種，三萬九千零九卷。《四庫全書》未收史籍，據後人研究，有二千九百三十八種，四萬五千三百六十三卷。兩者相加，得四千九百九十一種，八萬四千三百七十二卷。這個數字，還不包括收在集部中、史部未録的大量傳記、碑銘、史論、史評。據不完全統計，至清朝末年尚存留的史部著述約六千種，方志約一萬種，另有大量敦煌卷子、金石碑志、古代文書。

在中國歷史上，有過多次類書的編纂，其中有大量的史籍。明代編成的《永樂大典》，清代編成的《古今圖書集成》，其中都有大量的歷史資料和豐富的史書内容。

今日所修之《中華大典》，是在我國已有類書的基礎上用現代科學方法編纂的新的類書，《歷史典》是《中華大典》重要組成部分。《歷史典》全書約四千萬字，力圖通過經緯交織的方法，展示中國歷史與歷史學的豐富内涵。《歷史典》内容，上不設限，下迄清朝統治結束。《歷史典》借鑑了中國傳統類書與傳統史書的編纂方法，分爲三個分典：《史學理論與史學史分典》匯編關於中國史學之理論遺産與歷史發展的文獻，《編年分典》《人物分典》分别以編年、人物爲主幹匯編能夠反映中國歷史發展的文獻。中國古代歷史文獻浩如煙海，將豐富的歷史資料按照史學理論遺産、歷史發展脈絡、重要歷史人物的分類進行編排，有助於今天的讀者檢索、使用。

《歷史典》的工作，得到了《中華大典》工委會、編委會的指導與支持。《歷史典》是來自北京、上海衆多高校、研究機構的歷史學者通力合作的成果，各位分典主編專攻的歷史時段，連接起來，涵蓋了從上古到清末的全部歷史。各位分典主編學養豐厚，都有參與古籍整理與研究的經歷，對於此項工作兢兢業業，精益求精，參與具體編纂工作的各位同仁也都盡心盡責，黽勉從事，大家都爲能夠參加整理、研究祖國文化典籍，爲弘揚中華優秀文化貢獻自己的力量而感到無上的榮光。

熊月之

二〇〇七年十月二十九日

二〇一五年十二月一日修訂

中華大典·歷史典

編年分典

編年分典
中華大典·歷史典

《中華大典·歷史典·編年分典》編纂委員會

主　編：方詩銘　許沛藻

副主編：俞　鋼　金　圓

編委（以姓氏筆畫爲序）：

張劍光　程　郁　燕永成　儲玲玲

《中華大典·歷史典·編年分典》編纂説明

《中華大典·歷史典·編年分典》，是《中華大典·歷史典》的分典之一，是關於上起先秦、下迄清末的中國歷史編年的大型類書。

《編年分典》是《中華大典·歷史典》中的編年紀事部分，原則上主要收録編年體裁的史籍。編年體是我國史書的古老體裁，通過編年紀事來展現歷史進程中的因果關係和連貫性。在編纂體例上，本分典的指導思想是：既要適應編年紀事的特點，又應符合資料以類相聚的要求，故而經目、緯目的設置不宜過細，可依據資料内容的性質或其體裁的形式適當歸類。本分典依據學科特點，按歷史時期的劃分，下設《先秦總部》《秦漢總部》《魏晉南北朝總部》《隋唐五代總部》《宋遼夏金總部》《元總部》《明總部》《清總部》等八個總部，總部下視文獻豐儉存佚的實際狀況設部。各總部設置綜述、史表、雜録三項緯目，雜録項包含備録、備論兩部分。

緯目中的綜述，主要取歷代主要的編年史書和正史本紀的紀事，雜互采摭，歸并剪裁，以事相從，統一編年，以期達到編年繫事相對齊備，從而上下貫通，展現中國歷史進程基本脈絡的目的。史表收録正史或他書中的將相大臣、百官公卿、宰輔、紀事等表，概述歷朝將相大臣興廢拜罷之迹，以作提綱舉要之用。雜録的備録部分，主要收録一些史料價值較高、較爲罕見的編年史籍，包括後人的輯佚書，以及一些别史的帝紀和載記類、雜史類中用編年紀事的史籍，以起到保存文獻和拾遺補闕的作用。雜録的備論部分，則收録歷代對各相關朝代國勢興衰、諸帝功過以及重大事件、制度、政令所作的代表性評論。

本分典綜述部分的紀年方法，先秦時期周平王四十九年以前，依據考古成果和歷史文獻，以歷史傳説人物和三代諸王世系爲序；周平王四十九年起用諸王和皇帝紀年，漢武帝建元以降用年號紀年，皆附以干支、公元紀年；分裂時期，參考傳統編年通史做法，取一家爲主，分注其他政權相應紀年。

本分典的編纂方案，是在已故主編方詩銘先生主持下設計制定的，經過專家會議論證，並由《歷史典》編委會討論修訂，各位專家和編委提供了很有價值的指導性意見； 在編纂過程中，我們始終得到《中華大典》工委會、編委會的勉勵和關懷，並一直得到上海古籍出版社的支持和配合，也得到上海師範大學人文學院和古籍整理研究所領導的支持，對此我們表示衷心的感謝。我們期待讀者給予指正。

《中華大典·歷史典·編年分典》編纂委員會

二〇〇八年五月一日

二〇一五年十二月一日修訂

《中華大典·歷史典·編年分典》凡例

一、《中華大典·歷史典·編年分典》係《中華大典·歷史典》的分典之一，其下按歷史時期設總部，各總部下視文獻資料狀況設部。

二、本分典設綜述、史表、雜録三項緯目，均在總部下展開，部下不設緯目。

三、本分典秦以後各部一般以皇帝即位時日爲斷，並摘取正史本紀或其他書中對該帝的介紹性文字置於部首； 先秦各部亦作相應處置。

四、本分典綜述部分的紀年方法，先秦時期周平王四十九年以前以歷史傳説人物和諸王世系爲序，周平王四十九年起以諸王和皇帝紀年。自漢武帝建元起以年號紀年，並用括弧注明干支和公元； 遇有並立政權，取一家爲主，附以其他政權紀年。在位皇帝於年中改元，歲首即用新年號； 新帝年中即位並改元，新部開始即用新年號。

五、本分典綜述部分一日内有多種引書，首部引書下保留干支，餘皆省略。

六、本分典綜述部分，遇有各史置閏不同，則據實際對應月日排序。所引各書四時、朔日記闕不一，皆仍其舊，未就一律。

七、本分典綜述部分所選文獻原文省略主語、姓氏、時間等，因摘録而致使語義歧異或不明者，用〔　〕補出。

八、本分典所録文獻若有節略，其節略部分一般以【略】注明。但綜述部分同一干支下若有多條紀事，而僅選取其中一或若干條，其未取諸條，則不用【略】標示。

九、本分典所録文獻，一般不作校勘。遇明顯錯訛，則以（　）括出，並將正確文字以〔　〕補入。

一〇、本分典中的卷次、繫年數字，均用一、二、三、四、五、六、七、八、九、〇標出，不用十、百、千、萬。

魏晉南北朝總部

主　編：莊輝明
編纂人員：鄭　明　張　熊
羅　操　張曉東

《魏晉南北朝總部》提要

本總部所涉及的中國歷史，起公元二二〇年，迄公元五八一年，其間歷三國、兩晉、南北朝時期。現存記述這段歷史的編年類史籍，數量不是很多，編纂中盡可能廣泛收録，並作了必要的甄别取捨。

本總部下依諸帝設四十三部。紀年依三國、兩晉、南北朝諸帝年號，附以干支及公元。

本總部下設綜述、史表、雜録三項緯目。綜述項以正史帝紀、《資治通鑑》等作爲編年脈絡，兼采《華陽國志》等爲補充，一體剪裁，連貫而成。

史表項主要列清人編纂的年表和大事表。

雜録項分備録、備論兩部分。備録主要列實録、起居注等編年類史籍，以及雜史類中用編年紀事的史籍。備論略收歷代史家就三國、兩晉、南北朝重要史事所作的評論，以期對編年史事有所加詳。

目録

綜述

史表

雜録

備録

備論

綜述

魏文帝部（起公元二二〇年，迄公元二二六年）

《三國志》卷二《文帝紀》 文皇帝諱丕，字子桓，武帝太子也。中平四年冬，生于譙。建安十六年，爲五官中郎將、副丞相。二十二年，立爲魏太子。太祖崩，嗣位爲丞相、魏王。尊王后曰王太后。

黄初元年（庚子、二二〇）

《三國志》卷二《文帝紀》 〔冬十月〕庚午，王升壇即阼，百官陪位。事訖，降壇，視燎成禮而反。改延康爲黄初，大赦。

十一月癸酉，以河内之山陽邑萬户奉漢帝爲山陽公，行漢正朔，以天子之禮郊祭，上書不稱臣，京都有事于太廟，致胙；封公之四子爲列侯。追尊皇祖太王曰太皇帝，考武王曰武皇帝，尊王太后曰皇太后。

《資治通鑑》卷六九 以漢諸侯王爲崇德侯，列侯爲關中侯。羣臣封爵、增位各有差。改相國爲司徒，御史大夫爲司空。山陽公奉二女以嬪于魏。

十二月，初營洛陽宫。

戊午，帝如洛陽。

帝謂侍中蘇則曰：「前破酒泉、張掖，西域通使敦煌，獻徑寸大珠，可復求市益得不？」則對曰：「若陛下化洽中國，德流沙幕，即不求自至。求而得之，不足貴也。」帝嘿然。

帝召東中郎將蔣濟爲散騎常侍。時有詔賜征南將軍夏侯尚曰：「卿腹心重將，特當任使，作威作福，殺人活人。」尚以示濟。濟至，帝問以所聞見，對曰：「未有他善，但見亡國之語耳。」帝忿然作色而問其故，濟具以答，因曰：「夫『作威作福』，《書》之明誡。天子無戲言，古人所慎，惟陛下察之！」帝即遣追取前詔。

帝欲徙冀州士卒家十萬户實河南。時天旱蝗，民饑，羣司以爲不可，而帝意甚盛。侍中辛毗與朝臣俱求見，帝知其欲諫，作色以待之，皆莫敢言。毗曰：「陛下欲徙士家，其計安出？」帝曰：「卿謂我徙之非邪？」毗曰：「誠以爲非也。」帝曰：「吾不與卿議也。」毗曰：「陛下不以臣不肖，置之左右，厠之謀議之官，安能不與臣議邪！臣所言非私也，乃社稷之慮也，安得怒臣！」帝不答，起入内；毗隨而引其裾，帝遂奮衣不還，良久乃出，曰：「佐治，卿持我何太急邪！」毗曰：「今徙，既失民心，又無以食也，故臣不敢不力爭。」帝乃徙其半。帝嘗出射雉，顧羣臣曰：「射雉樂哉！」毗對曰：「於陛下甚樂，於羣下甚苦。」帝默然，後遂爲之稀出。

黄初二年、蜀漢章武元年（辛丑、二二一）

《三國志》卷二《文帝紀》 春正月，郊祀天地、明堂。

甲戌，校獵至原陵，遣使者以太牢祠漢世祖。

乙亥，朝日于東郊。初令郡國口滿十萬者，歲察孝廉一人；其有秀異，無拘户口。

《三國志》卷二《文帝紀》 辛巳，分三公户邑，封子弟各一人爲列侯。壬午，復潁川郡一年田租。改許縣爲許昌縣。以魏郡東部爲陽平郡，西部爲廣平郡。

詔曰：「昔仲尼資大聖之才，懷帝王之器，當衰周之末，無受命之運，在魯、衞之朝，教化乎洙、泗之上，悽悽焉，遑遑焉，欲屈己以存道，貶身以救世。于時王公終莫能用之，乃退考五代之禮，修素王之事，因魯史而制《春秋》，就太師而正《雅》《頌》，俾千載之後，莫不宗其文以述作，仰其聖以成謀，咨！可謂命世之大聖，億載之師表者也。遭天下大亂，百祀墮壞，舊居之廟，毁而不修，褒成之後，絶而莫繼，闕里不聞講頌之聲，四時不覩蒸嘗之位，斯豈所謂崇禮報功，盛德百世必祀者哉！其以議郎孔羨爲宗聖侯，邑百户，奉孔子祀。」令魯郡修起舊廟，置百户吏卒以守衛之，又於其外廣爲室屋以居學者。

《資治通鑑》卷六九　三月，加遼東太守公孫恭車騎將軍。

初復五銖錢。

《三國志》卷二《文帝紀》　夏四月，以車騎將軍曹仁爲大將軍。

《華陽國志》卷六　丙午，先主即帝位，大赦，改元章武。

《三國志》卷三二《先主傳》　以諸葛亮爲丞相，許靖爲司徒。置百官，立宗廟，祫祭高皇帝以下。

五月，立皇后吴氏，子禪爲皇太子。

《三國志》卷二《文帝紀》　鄭甘復叛，遣曹仁討斬之。

《三國志》卷三二《先主傳》　六月，以子永爲魯王，理爲梁王。車騎將軍張飛爲其左右所害。

《三國志》卷二《文帝紀》　庚子，初祀五嶽四瀆，咸秩羣祀。

《資治通鑑》卷六九　太祖之入鄴也，帝爲五官中郎將，見袁熙妻中山甄氏美而悦之，太祖爲之聘焉，生子叡。及即皇帝位，安平郭貴嬪有寵，甄夫人留鄴不得見，失意，有怨言，郭貴嬪譖之，帝大怒，六月，丁卯，遣使賜夫人死。

帝以宗廟在鄴，祀太祖於洛陽建始殿，如家人禮。

戊辰晦，日有食之。有司奏免太尉，詔曰：「災異之作，以譴元首，而歸過股肱，豈禹、湯罪己之義乎！有天地之眚，勿復劾三公。」

皇弟鄢陵侯彰、宛侯據、魯陽侯宇、譙侯林、贊侯衮、襄邑侯峻、弘農侯幹、壽春侯彪、歷城侯徽、平輿侯茂皆進爵爲公；安鄉侯植改封甄城侯。

築陵雲臺。

初，帝詔羣臣令料劉備當爲關羽出報孫權否，衆議咸云：「蜀小國耳，名將唯羽；羽死軍破，國内憂懼，無緣復出。」侍中劉曄獨曰：「蜀雖陿弱，而備之謀欲以威武自强，勢必用衆以示有餘。且關羽與備，義爲君臣，恩猶父子；羽死，不能爲興軍報敵，於終始之分不足矣。」

《三國志》卷三二《先主傳》　初，先主忿孫權之襲關羽，將東征，秋七月，遂帥諸軍伐吴。孫權遣書請和，先主盛怒不許，吴將陸議、李異、劉阿等屯巫、秭歸，將軍吴班、馮習自巫攻破異等，軍次秭歸，武陵五谿蠻夷遣使請兵。

《資治通鑑》卷六九　八月，孫權遣使稱臣，卑辭奉章，并送于禁等還。

丁巳，遣太常邢貞奉策即拜孫權爲吴王，加九錫。劉曄曰：「不可。先帝征伐天下，十兼其八，威震海内；陛下受禪即真，德合天地，聲暨四遠。權雖有雄才，故漢票騎將軍、南昌侯耳，官輕勢卑；士民有畏中國心，不可强迫與成所謀也。不得已受其降，可進其將軍號，封十萬户侯，不可即以爲王也。夫王位去天子一階耳，其禮秩服御相亂也。彼直爲侯，江南士民未有君臣之分。我信其僞降，就封殖之，崇其位號，定其君臣，是爲虎傅翼也。權既受王位，卻蜀兵之後，外盡禮以事中國，使其國内皆聞，内爲無禮以怒陛下；陛下赫然發怒，興兵討之，乃徐告其民曰：『我委身事中國，不愛珍貨重寶，隨時貢獻，不敢失臣禮，而無故伐我，必欲殘我國家，俘我人民以爲僕妾。』吴民無緣不信其言也。信其言而感怒，上下同心，戰加十倍矣。」又不聽。諸將以吴内附，意皆縱緩，獨征南大將軍夏侯尚益修攻守之備。山陽曹偉，素有才名，聞吴稱藩，以白衣與吴王交書求賂，欲以交結京師，帝聞而誅之。

初，帝欲以楊彪爲太尉，彪辭曰：「嘗爲漢朝三公，值世衰亂，不能立尺寸之益，若復爲魏臣，於國之選，亦不爲榮也。」帝乃止。

冬十月，己亥，公卿朝朔旦，并引彪，待以客禮；賜延年杖、馮几，使著布單衣、皮弁以見；拜光禄大夫，秩中二千石；朝見，位次三公；又令門施行置吏卒，以優崇之。年八十四而卒。

以穀貴，罷五銖錢。

《三國志》卷二《文帝紀》　己卯，以大將軍曹仁爲大司馬。

《資治通鑑》卷六九　凉州盧水胡治元多等反，河西大擾。帝召鄒岐還，以京兆尹張既爲凉州刺史，遣護軍夏侯儒、將軍費曜等繼其後。

十一月，胡騎數千，因大風欲放火燒營，將士皆恐。既夜藏精卒三千人爲伏，使參軍成公英督千餘騎挑戰，敕使陽退；胡果爭奔之，因發伏截其後，首尾進擊，大破之，斬首獲生以萬數，河西悉平。

《三國志》卷二《文帝紀》　十二月，行東巡。

是歲築陵雲臺。

黄初三年、蜀漢章武二年、吴黄武元年（壬寅、二二二）

《資治通鑑》卷六九　春正月丙寅朔，日有食之。

庚午，帝行如許昌。

詔曰：「今之計、孝，古之貢士也；若限年然後取士，是吕尚、周晉不顯於前世也。其令郡國所選，勿拘老幼；儒通經術，吏達文法，到皆試用。有司糾故不以實者。」

《三國志》卷四七《吴主傳》　陸遜部將軍宋謙等攻蜀五屯，皆破之，斬其將。

《三國志》卷三二《先主傳》　先主軍還秭歸，將軍吴班、陳式水軍屯夷陵，夾江東西岸。

二月，先主自秭歸率諸將進軍，緣山截嶺，於夷道猇亭駐營，自佷山通武陵，遣侍中馬良安慰五谿蠻夷，咸相率響應。鎮北將軍黄權督江北諸軍，與吴軍相拒於夷陵道。

《資治通鑑》卷六九　鄯善、龜兹、于闐王各遣使奉獻。是後西域復通，置戊己校尉。

三月，乙丑，立皇子齊公叡爲平原王、皇弟鄢陵公彰等皆進爵爲王。

甲戌，立皇子霖爲河東王。

甲午，帝行如襄邑。

《三國志》卷四七《吴主傳》　鄱陽言黄龍見。蜀軍分據險地，前後五十餘營，遜隨輕重以兵應拒，自正月至閏月，大破之，臨陳所斬及投兵降首數萬人。劉備奔走，僅以身免。

《資治通鑑》卷六九　夏四月，戊申，立鄄城侯植爲鄄城王。

癸亥，帝還許昌。

五月，以江南八郡爲荆州，江北諸郡爲郢州。

閏月，遜將進攻漢軍，諸將並曰：「攻備當在初，今乃令入五六百里，相守經七八月，其諸要害皆已固守，擊之必無利矣。」遜曰：「備是猾虜，更嘗事多，其軍始集，思慮精專，未可干也。今住已久，不得我便，兵疲意沮，計不復生。掎角此寇，正在今日。」乃先攻一營，不利，諸將皆曰：「空殺兵耳！」遜曰：「吾已曉破之之術。」乃敕各持一把茅，以火攻，拔之；一爾勢成，通率諸軍，同時俱攻，斬張南、馮習及胡王沙摩柯等首，破其四十餘營。漢將杜路、劉寧等窮逼請降。

《三國志》卷三二《先主傳》　六月，黄氣見自秭歸十餘里中，廣數十丈。後十餘日，陸議大破先主軍於猇亭，將軍馮習、張南等皆没。先主自猇亭還秭歸，收合離散兵，遂棄船舫，由步道還魚復，改魚復縣曰永安。吴遣將軍李異、劉阿等踵躡先主軍，屯駐南山。

《蜀漢本末》卷中　趙雲聞王師失利，自將兵赴永安，會吴軍已退。

《資治通鑑》卷六九　初，帝聞漢兵樹柵連營七百餘里，謂羣臣曰：「備不曉兵，豈有七百里營可以拒敵者乎！『苞原隰險阻而爲軍者爲敵所禽』，此兵忌也。孫權上事今至矣。」後七日，吴破漢書到。

秋，七月，冀州大蝗，饑。

漢主既敗走，黄權在江北，道絶，不得還，八月，率其衆來降。漢有司請收權妻子，漢主曰：「孤負黄權，權不負孤也。」待之如初。帝謂權曰：「君捨逆效順，欲追蹤陳、韓邪？」對曰：「臣過受劉主殊遇，降吴不可，還蜀無路，是以歸命。且敗軍之將，免死爲幸，何古人之可慕也！」帝善之，拜爲鎮南將軍，封育陽侯，加侍中，使陪乘。

蜀降人或云漢誅權妻子，帝詔權發喪。權曰：「臣與劉、葛推誠相信，明臣本志。竊疑未實，請須。」後得審問，果如所言。馬良亦死於五谿。

九月，甲午，詔曰：「夫婦人與政，亂之本也。自今以後，羣臣不得奏事太后，后族之家不得當輔政之任，又不得横受茅土之爵。以此詔傳之後世，若有背違，天下共誅之。」卞太后每見外親，不假以顔色，常言：「居處當節儉，不當望賞，念自佚也。外舍當怪吾遇之太薄，吾自有常度故也。吾事武帝四五十年，行儉日久，不能自變爲奢。有犯科禁者，吾且能加罪一等耳，莫望錢米恩貸也。」

命征東大將軍曹休、前將軍張遼、鎮東將軍臧霸出洞口，大將軍曹仁出濡須，上軍大將軍曹真、征南大將軍夏侯尚、左將軍張郃、右將軍徐晃圍南郡。吴建威將軍吕範督五軍，以舟軍拒休等，左將軍諸葛瑾、平北將軍潘璋、將軍楊粲救南郡，裨將軍朱桓以濡須督拒曹仁。

《三國志》卷四七《吴主傳》　時揚、越蠻夷多未平集，内難未弭，故權卑辭上書，求自改厲，「若罪在難除，必不見置，當奉還土地民人，乞寄命交州，以終餘年」。文帝報曰：「君生於擾攘之際，本有從横之志，降身奉國，以享兹祚。自君策名已來，貢獻盈路。討備之功，國朝仰成。埋而掘之，古人之所恥。朕之與君，大義已定，豈樂勞師遠臨江漢？廊廟之議，王者所不得專；三公上君過失，皆有本末。朕以不明，雖有曾母投杼之疑，猶冀言者不信，以爲國福。故先遣使者犒勞，又遣尚書、侍中踐修前言，以定任子。君遂設辭，不欲使進，議者怪之。又前都尉浩周勸君遣子，乃實朝臣交謀，以此卜君，君果有辭，外引隗囂遣子不終，内喻竇融守忠而已。世殊時異，人各有心。浩周之還，口陳指麾，益令議者發明衆嫌，終始之本，無所據仗，故遂俛仰從羣臣議。今省上事，款誠深至，心用慨然，悽愴動容。即日下詔，敕諸軍但深溝高壘，不得妄進。若君必效忠節，以解疑議，登身朝到，夕召兵還。此言之誠，有如大江！」權遂改年，臨江拒守。

《資治通鑑》卷六九　冬十月甲子，表首陽山東爲壽陵，作終制，務從儉薄，不臧金玉，一用瓦器。令以此詔藏之宗廟，副在尚書、祕書、三府。

《三國志》卷三二《先主傳》　詔丞相亮營南北郊於成都。孫權聞先主住白帝，甚懼，遣使請和。先主許之，遣太中大夫宗瑋報命。

《三國志》卷二《文帝紀》　是月，孫權復叛。復郢州爲荆州。帝自許昌南征，諸軍兵並進，權臨江拒守。

十一月辛丑，行幸宛。

庚申晦，日有食之。

《華陽國志》卷六　先主寢疾。

十有二月，漢嘉太守黄元，素亮所不善。聞先主疾病，慮有後患，舉郡拒守。

《蜀漢本末》卷中　尚書令劉巴卒，以李嚴爲尚書令。驃騎將軍、領涼州牧斄鄉侯馬超卒，年四十七，子承嗣。

《資治通鑑》卷六九　吴將孫盛督萬人據江陵中洲，以爲南郡外援。

《三國志》卷四七《吴主傳》　權使太中大夫鄭泉聘劉備于白帝，始復通也。然猶與魏文帝相往來，至後年乃絶。是歲改夷陵爲西陵。

《三國志》卷二《文帝紀》　是歲，穿靈芝池。

黄初四年、蜀漢建興元年、吴黄武二年（癸卯、二二三）

《三國志》卷二《文帝紀》　春正月，詔曰：「喪亂以來，兵革未戢，天下之人，互相殘殺。今海内初定，敢有私復讎者皆族之。」築南巡臺于宛。

《資治通鑑》卷七〇　曹真使張郃擊破吴兵，遂奪據江陵中洲。

二月，諸葛亮至永安。

《三國志》卷二《文帝紀》　三月，曹仁遣將軍常彫等，以兵五千，乘油船，晨渡濡須中州。仁子泰因引軍急攻朱桓，桓兵拒之，遣將軍嚴圭等擊破彫等。是月，魏軍皆退。

《三國志》卷三二《先主傳》　黄元進兵攻臨邛縣。遣將軍陳曶討元，元軍敗，順流下江，爲其親兵所縛，生致成都，斬之。先主病篤，託孤於丞相亮，尚書令李嚴爲副。

《三國志》卷二《文帝紀》　丙申，行自宛還洛陽宫。

癸卯，月犯心中央大星。

丁未，大司馬曹仁薨。

是月大疫。

《三國志》卷三二《先主傳》　夏四月癸巳，先主殂于永安宫，時年六十三。

亮上言於後主曰：「伏惟大行皇帝邁仁樹德，覆燾無疆，昊天不弔，寢疾彌留，今月二十四日奄忽升遐，臣妾號咷，若喪考妣。乃顧遺詔，事惟大宗，動容損益；百寮發哀，滿三日除服，到葬期復如禮；其郡國太守、相、都尉、縣令長，三日便除服。臣亮親受敕戒，震畏神靈，不敢有違。臣請宣下奉行。」

《三國志》卷四七《吴主傳》　權羣臣勸即尊號，權不許。

《三國志》卷二《文帝紀》　五月，有鵜鶘鳥集靈芝池，詔曰：「此詩人所謂污澤也。《曹詩》『刺恭公遠君子而近小人』，今豈有賢智之士處於下位乎？否則斯鳥何爲而至？其博舉天下儁德茂才、獨行君子，以答曹人之刺。」

《三國志》卷四七《吴主傳》 曲阿言甘露降。先是戲口守將晉宗殺將王直，以衆叛如魏，魏以爲蘄春太守，數犯邊境。

《資治通鑑》卷七〇 太子禪即位，時年十七。尊皇后曰皇太后，大赦，改元建興。封丞相亮爲武鄉侯，領益州牧，政事無巨細，咸決於亮。

《季漢五志》卷一 孫權遣使來弔。

《三國志》卷二《文帝紀》 六月甲戌，任城王彰薨於京都。

甲申，太尉賈詡薨。太白晝見。

是月大雨，伊、洛溢流，殺人民，壞廬宅。

秋八月丁卯，以廷尉鍾繇爲太尉。

辛未，校獵于滎陽，遂東巡。論征孫權功，諸將已下進爵增户各有差。

九月甲辰，行幸許昌宫。

《三國志》卷四七《吴主傳》 冬十一月，蜀使中郎將鄧芝來聘。

《三國志》卷三三《後主傳》 是歲，立皇后張氏。吴王孫權與蜀和親使聘，是歲通好。

黄初五年、蜀漢建興二年、吴黄武三年（甲辰、二二四）

《三國志》卷三三《後主傳》 春，務農殖穀，閉關息民。

《三國志》卷二《文帝紀》 正月，初令謀反大逆乃得相告，其餘皆勿聽治；敢妄相告，以其罪罪之。

三月，行自許昌還洛陽宫。

夏四月，立太學，制五經課試之法，置《春秋穀梁》博士。

《資治通鑑》卷七〇 吴王使輔義中郎將吴郡張温聘于漢，自是吴、蜀信使不絶。時事所宜，吴主常令陸遜語諸葛亮；又刻印置遜所，王每與漢主及諸葛亮書，常過示遜，輕重、可否有所不安，每令改定，以印封之。

漢復遣鄧芝聘于吴。

《三國志》卷二《文帝紀》 五月，有司以公卿朝朔望日，因奏疑事，聽斷大政，論辨得失。

秋七月，行東巡，幸許昌宫。

八月，爲水軍，親御龍舟，循蔡、潁，浮淮，幸壽春。揚州界將吏士民，犯五歲刑已下，皆原除之。

九月，遂至廣陵，赦青、徐二州，改易諸將守。

《三國志》卷四七《吴主傳》 魏文帝出廣陵，望大江，曰「彼有人焉，未可圖也」，乃還。

《三國志》卷二《文帝紀》 冬十月乙卯，太白晝見。行還許昌宫。

十一月庚寅，以冀州饑，遣使者開倉廩振之。

戊申晦，日有食之。

十二月，詔曰：「先王制禮，所以昭孝事祖，大則郊社，其次宗廟，三辰五行，名山大川，非此族也，不在祀典。叔世衰亂，崇信巫史，至乃宫殿之内，户牖之閒，無不沃酹，甚矣其惑也。自今，其敢設非祀之祭，巫祝之言，皆以執左道論，著于令典。」

是歲穿天淵池。

黄初六年、蜀漢建興三年、吴黄武四年（乙巳、二二五）

《三國志》卷二《文帝紀》 春二月，遣使者循行許昌以東盡沛郡，問民所疾苦，貧者振貸之。

三月，行幸召陵，通討虜渠。

乙巳，還許昌宫。

并州刺史梁習討鮮卑軻比能，大破之。

辛未，帝爲舟師東征。

五月戊申，幸譙。

壬戌，熒惑入太微。

《三國志》卷四七《吴主傳》 丞相孫邵卒。

《三國志》卷二《文帝紀》 六月，利成郡兵蔡方等以郡反，殺太守徐質。遣屯騎校尉任福、步兵校尉段昭與青州刺史討平之；其見脅略及亡命者，皆赦其罪。

《三國志》卷四七《吴主傳》　以太常顧雍爲丞相。

《三國志》卷二《文帝紀》　秋七月，立皇子鑒爲東武陽王。

《資治通鑑》卷七〇　漢諸葛亮至南中，所在戰捷。亮由越巂入。斬雍闓及高定。使庲降督益州李恢由益州入，門下督巴西馬忠由牂柯入，擊破諸縣，復與亮合。孟獲收闓餘衆以拒亮。獲素爲夷、漢所服，亮募生致之，既得，使觀於營陳之間，問曰：「此軍何如？」獲曰：「向者不知虚實，故敗。今蒙賜觀營陳，若祇如此，即定易勝耳。」亮笑，縱使更戰。七縱七禽而亮猶遣獲，獲止不去，曰：「公，天威也，南人不復反矣！」亮遂至滇池。

益州、永昌、牂柯、越巂四郡皆平，亮即其渠率而用之。

《三國志》卷二《文帝紀》　八月，帝遂以舟師自譙循渦入淮，從陸道幸徐。

九月，築東巡臺。

冬十月，行幸廣陵故城，臨江觀兵，戎卒十餘萬，旌旗數百里。

是歲大寒，水道冰，舟不得入江，乃引還。

十一月，東武陽王鑒薨。

十二月，行自譙過梁，遣使以太牢祀故漢太尉橋玄。

《三國志》卷三三《後主傳》　亮還成都。

《三國志》卷四七《吴主傳》　鄱陽賊彭綺自稱將軍，攻没諸縣，衆數萬人。

是歲地連震。

黄初七年、蜀漢建興四年、吴黄武五年（丙午、二二六）

《三國志》卷二《文帝紀》　春正月，將幸許昌，許昌城南門無故自崩，帝心惡之，遂不入。

壬子，行還洛陽宫。

三月，築九華臺。

《三國志》卷三三《後主傳》　春，都護李嚴自永安還住江州，築大城。

《資治通鑑》卷七〇　夏五月，帝疾篤，乃立叡爲太子。

《三國志》卷二《文帝紀》　丙辰，帝疾篤，召中軍大將軍曹真、鎮軍大將軍陳羣、征東大將軍曹休、撫軍大將軍司馬宣王，並受遺詔輔嗣主。遣後宫淑媛、昭儀已下歸其家。

丁巳，帝崩于嘉福殿，時年四十。

魏明帝部（起公元二二六年，迄公元二三九年）

黄初七年、蜀漢建興四年、吴黄武五年（丙午、二二六）

《三國志》卷三《明帝紀》 明皇帝諱叡，字元仲，文帝太子也。生而太祖愛之，常令在左右。年十五，封武德侯，黄初二年爲齊公，三年爲平原王。以其母誅，故未建爲嗣。七年夏五月，帝病篤，乃立爲皇太子。

《三國志》卷三《明帝紀》 夏五月丁巳，即皇帝位，大赦。尊皇太后曰太皇太后，皇后曰皇太后。諸臣封爵各有差。

癸未，追謚母甄夫人曰文昭皇后。

壬辰，立皇弟蕤爲陽平王。

《資治通鑑》卷七〇 六月戊寅，葬文帝于首陽陵。

吴王聞魏有大喪，秋，八月，自將攻江夏郡，太守文聘堅守。

孫韶遣將高壽等率敢死之士五百人，於逕路夜要帝，帝大驚。壽等獲副車、羽蓋以還。

辛巳，立皇子冏爲清河王。

冬，十月，清河王冏卒。

《三國志》卷四七《吴主傳》 陸遜陳便宜，勸以施德緩刑，寬賦息調。

《資治通鑑》卷七〇 十二月，以鍾繇爲太傅，曹休爲大司馬，都督揚州如故，曹真爲大將軍，華歆爲太尉，王朗爲司徒，陳羣爲司空，司馬懿爲票騎大將軍。歆讓位於管寧，帝不許。徵寧爲光禄大夫，敕青州給安車吏從，以禮發遣，寧復不至。

是歲，吴交趾太守士燮卒，吴王以燮子徽爲安遠將軍，領九真太守，以校尉陳時代燮。交州刺史吕岱以交趾絶遠，表分海南三郡爲交州，以將軍戴良爲刺史；海東四郡爲廣州，岱自爲刺史；遣良與時南入。而徽自署交趾太守，發宗兵拒良，良留合浦。交趾桓鄰，燮舉吏也，叩頭諫徽，使迎良。徽怒，笞殺鄰。鄰兄治合宗兵擊，不克。吕岱上疏請討徽，督兵三千人，晨夜浮海而往。或謂岱曰：「徽藉累世之恩，爲一州所附，未易輕也。」岱曰：「今徽雖懷逆計，未知吾之卒至；若我潛軍輕舉，掩其無備，破之必也。稽留不速，使得生心，嬰城固守，七郡百蠻，雲合響應，雖有智者，誰能圖之！」遂行，過合浦，與良俱進。岱以燮弟子輔爲師友從事，遣往説徽。徽率其兄弟六人出降，岱皆斬之。

徽大將甘醴及桓治率吏民共攻岱，岱奮擊，破之。於是除廣州，復爲交州如故。岱進討九真，斬獲以萬數；又遣從事南宣威命，暨徼外扶南、林邑、堂明諸王，各遣使入貢於吴。

太和元年、蜀漢建興五年、吴黄武六年（丁未、二二七）

《三國志》卷三《明帝紀》 春正月，郊祀武皇帝以配天，宗祀文皇帝於明堂以配上帝。分江夏南部，置江夏南部都尉。

西平麴英反，殺臨羌令、西部長，遣將軍郝昭、鹿磐討斬之。

《三國志》卷四七《吴主傳》 閏月，韓當子綜以其衆降魏。

二月辛未，帝耕於籍田。

辛巳，立文昭皇后寢廟於鄴。

丁亥，朝日于東郊。

《史綱評要》卷一三《後漢紀》 三月，丞相亮率諸軍出屯漢中，以圖中原。臨發，上疏曰：「先帝創業未半，而中道崩殂。今天下三分，益州疲敝，此誠危急存亡之秋也。然侍衛之臣不懈於内，忠志之士忘身於外者，蓋追先帝之殊遇，欲報之於陛下也。誠宜開張聖聽，以光先帝遺德，恢弘志士之氣，不宜妄自菲薄，引喻失義，以塞忠諫之路。親賢臣，遠小人，此先漢所以興隆也；親小人，遠賢臣，此後漢所以傾頹也。先帝在時，每與臣論此事，未嘗不嘆息痛恨於桓、靈也。臣本布衣，躬耕南陽，苟全性命於亂世，不求聞達於諸侯。先帝不以臣卑鄙，猥自枉屈，三顧臣於草廬之中，諮臣以當世之事，由是感激，遂許先帝以驅馳。後值傾覆，受任於敗軍之際，奉命於危難之間，爾來二十有一年矣。先帝知臣謹慎，故臨崩寄以大事。受命以來，夙夜憂懼，恐付託不效，以傷先帝之明，故五月渡瀘，深入不毛。今南方已定，甲兵已足，當獎率三軍，北定中原，興復漢室，還於舊都。此臣之所以報先帝而忠陛下之職分也。至於斟酌損益，進盡忠言，則攸之、禕、允之任也。陛下亦宜自謀，以諮諏善道，察納雅言，深追先帝遺詔。臣不勝受恩感激。今當遠離，臨表涕零，不知所言。」遂行。

夏四月乙亥，行五銖錢。

甲申，初營宗廟。

《資治通鑑》卷七〇　六月，以司馬懿都督荆、豫州諸軍事，率所領鎮宛。

《三國志》卷三《明帝紀》　秋八月，夕月于西郊。

冬十月丙寅，治兵于東郊。

焉耆王遣子入侍。

十一月，立皇后毛氏。賜天下男子爵人二級，鰥寡孤獨不能自存者賜穀。

十二月，封后父毛嘉爲列侯。

新城太守孟達反，詔驃騎將軍司馬宣王討之。

太和二年、蜀漢建興六年、吴黃武七年（戊申、二二八）

《三國志》卷三《明帝紀》　春正月，宣王攻破新城，斬達，傳其首。分新城之上庸、武陵、巫縣爲上庸郡，錫縣爲錫郡。

蜀大將諸葛亮寇邊，天水、南安、安定三郡吏民叛應亮。遣大將軍曹真都督關右，並進兵。右將軍張郃擊亮於街亭，大破之。亮敗走，三郡平。

丁未，行幸長安。

《三國志》卷四七《吴主傳》　三月，封子慮爲建昌侯。罷東安郡。

《三國志》卷三《明帝紀》　夏四月丁酉，還洛陽宫。赦繫囚非殊死以下。

乙巳，論討亮功，封爵增邑各有差。

五月，大旱。

《蜀漢本末》卷中　鎮軍將軍、永昌亭侯趙雲卒，子統嗣。

《三國志》卷四七《吴主傳》　鄱陽太守周魴僞叛，誘魏將曹休。

《三國志》卷三《明帝紀》　六月，詔曰：「尊儒貴學，王教之本也。自頃儒官或非其人，將何以宣明聖道？其高選博士，才任侍中常侍者。申敕郡國，貢士以經學爲先。」

《三國志》卷四七《吴主傳》　秋八月，權至皖口，使將軍陸遜督諸將大破休於石亭。大司馬呂範卒。

《三國志》卷三《明帝紀》　九月乙酉，立皇子穆爲繁陽王。

庚子，大司馬曹休薨。

冬十月，詔公卿近臣舉良將各一人。

十一月，司徒王朗薨。

十二月，諸葛亮圍陳倉，曹真遣將軍費曜等拒之。

遼東太守公孫恭兄子淵，劫奪恭位，遂以淵領遼東太守。

太和三年、蜀漢建興七年、吴黃龍元年（己酉、二二九）

《資治通鑑》卷七一　春，漢諸葛亮遣其將陳戒攻武都、陰平二郡，雍州刺史郭淮引兵救之。亮自出至建威，淮退，亮遂拔二郡以歸；漢主復策拜亮爲丞相。

《三國志》卷三《明帝紀》　夏四月，元城王禮薨。

《人代紀要》卷一一　吴武昌黃龍見，孫權稱皇帝，改元黃龍。

《資治通鑑》卷七一　張昭以老病上還官位及所統領，更拜輔吴將軍，班亞三司，改封婁侯，食邑萬户。

《三國志》卷三《明帝紀》　六月癸卯，繁陽王穆薨。

戊申，追尊高祖大長秋曰高皇帝，夫人吴氏曰高皇后。

秋七月，詔曰：「禮，王后無嗣，擇建支子以繼大宗，則當纂正統而奉公義，何得復顧私親哉！漢宣繼昭帝後，加悼考以皇號；哀帝以外藩援立，而董宏等稱引亡秦，惑誤時朝，既尊恭皇，立廟京都，又寵藩妾，使比長信，敍昭穆於前殿，並四位於東宮，僭差無度，人神弗祐，而非罪師丹忠正之諫，用致丁、傅焚如之禍。自是之後，相踵行之。昔魯文逆祀，罪由夏父；宋國非度，譏在華元。其令公卿有司，深以前世行事爲戒。後嗣萬一有由諸侯入奉大統，則當明爲人後之義；敢爲佞邪導諛時君，妄建非正之號以干正統，謂考爲皇，稱妣爲后，則股肱大臣，誅之無赦。其書之金策，藏之宗廟，著於令典。」

《資治通鑑》卷七一 九月，吴主遷都建業，皆因故府，不復增改，留太子登及尚書九官於武昌，使上大將軍陸遜輔太子，并掌荆州及豫章三郡事，董督軍國。

《三國志》卷三《明帝紀》 冬十月，改平望觀曰聽訟觀。帝常言「獄者，天下之性命也」，每斷大獄，常幸觀臨聽之。

初，洛陽宗廟未成，神主在鄴廟。十一月，廟始成，使太常韓暨持節迎高皇帝、太皇帝、武帝、文帝神主于鄴，十二月己丑至，奉安神主于廟。

癸卯，大月氏王波調遣使奉獻，以調爲親魏大月氏王。

《資治通鑑》卷七一 十二月，雍丘王植徙封東阿。

太和四年、蜀漢建興八年、吴黄龍二年（庚戌、二三〇）

《三國志》卷四七《吴主傳》 春正月，魏作合肥新城。詔立都講祭酒，以教學諸子。

《資治通鑑》卷七一 吴主使將軍衛温、諸葛直將甲士萬人，浮海求夷洲、亶洲，欲俘其民以益衆。陸遜、全琮皆諫，以爲：「桓王創基，兵不一旅。今江東見衆，自足圖事，不當遠涉不毛，萬里襲人，風波難測。又民易水土，必致疾疫，欲益更損，欲利反害。且其民猶禽獸，得之不足濟事，無之不足虧衆。」吴主不聽。

《三國志》卷三《明帝紀》 二月壬午，詔曰：「世之質文，隨教而變。兵亂以來，經學廢絶，後生進趣，不由典謨。豈訓導未洽，將進用者不以德顯乎？其郎吏學通一經，才任牧民，博士課試，擢其高第者，亟用；其浮華不務道本者，皆罷退之。」

戊子，詔太傅三公：以文帝《典論》刻石，立于廟門之外。

癸巳，以大將軍曹真爲大司馬，驃騎將軍司馬宣王爲大將軍，遼東太守公孫淵爲車騎將軍。

夏四月，太傅鍾繇薨。

六月戊子，太皇太后崩。

丙申，省上庸郡。

秋七月，武宣卞后祔葬于高陵。詔大司馬曹真、大將軍司馬宣王伐蜀。

八月辛巳，行東巡，遣使者以特牛祠中嶽。

乙未，幸許昌宫。

九月，大雨，伊、洛、河、漢水溢，詔真等班師。

冬十月乙卯，行還洛陽宫。

庚申，令：「罪非殊死聽贖各有差。」

十一月，太白犯歲星。

十二月辛未，改葬文昭甄后于朝陽陵。

丙寅，詔公卿舉賢良。

《資治通鑑》卷七一 漢丞相亮以蔣琬爲長史。

武陵五谿蠻夷叛吴，吴主以南土清定，召交州刺史吕岱還屯長沙漚口。

《三國志》卷三三《後主傳》 是歲，魏延破魏雍州刺史郭淮于陽谿。

徙魯王永爲甘陵王，梁王理爲安平王，皆以魯、梁在吴分界故也。

太和五年、蜀漢建興九年、吴黄龍三年（辛亥、二三一）

《三國志》卷三《明帝紀》 春正月，帝耕于籍田。

《三國志》卷四七《吴主傳》 二月，遣太常潘濬率衆五萬討武陵蠻夷。

衛温、諸葛直皆以違詔無功，下獄誅。

《三國志》卷三《明帝紀》 三月，大司馬曹真薨。

諸葛亮寇天水，詔大將軍司馬宣王拒之。

自去冬十月至此月不雨，辛巳，大雩。

夏四月，鮮卑附義王軻比能率其種人及丁零大人兒禪詣幽州貢名馬。復置護匈奴中郎將。

《三國志》卷四七《吴主傳》 夏，有野蠶成繭，大如卵。由拳野稻自生，改爲禾興縣。中郎將孫布詐降以誘魏將王淩，淩以軍迎布。

《資治通鑑》卷七二 六月，亮以糧盡退軍，司馬懿遣張郃追之。郃進至木門，與亮戰，蜀人乘高布伏，弓弩亂發，飛矢中郃右膝而卒。

《三國志》卷三《明帝紀》 秋七月丙子，以亮退走，封爵增位各有差。

乙酉，皇子殷生，大赦。

八月，詔曰：「古者諸侯朝聘，所以敦睦親親協和萬國也。先帝著令，不欲使諸王在京都者，謂幼主在位，母后攝政，防微以漸，關諸盛衰也。朕惟不見諸王十有二載，悠悠之懷，能不興思！其令諸王及宗室公侯各將適子一人朝。後有少主、母后在宫者，自如先帝令，申明著于令。」

《三國志》卷三三《後主傳》 八月，都護李平廢徙梓潼郡。

《三國志》卷四七《吴主傳》 冬十月，權以大兵潛伏於阜陵俟之，淩覺而走。會稽南始平言嘉禾生。

《三國志》卷三《明帝紀》 十一月乙酉，月犯軒轅大星。

戊戌晦，日有蝕之。

《蜀漢本末》卷中 安漢將軍、庲降都督、漢興亭侯李恢卒，子還嗣。以張翼爲庲降都督。

《三國志》卷三《明帝紀》 十二月甲辰，月犯鎮星。

戊午，太尉華歆薨。

太和六年、蜀漢建興一〇年、吴嘉禾元年（壬子、二三二）

《三國志》卷四七《吴主傳》 春正月，建昌侯慮卒。

《三國志》卷三《明帝紀》 二月，詔曰：「古之帝王，封建諸侯，所以藩屏王室也。《詩》不云乎，『懷德維寧，宗子維城』。秦、漢繼周，或彊或弱，俱失厥中。大魏創業，諸王開國，隨時之宜，未有定制，非所以永爲後法也。其改封諸侯王，皆以郡爲國。」

《資治通鑑》卷七二 帝愛女淑卒，帝痛之甚，追謚平原懿公主，立廟洛陽，葬於南陵，取甄后從孫黄與之合葬，追封黄爲列侯，爲之置後，襲爵。

《三國志》卷四七《吴主傳》 三月，遣將軍周賀、校尉裴潛乘海之遼東。

《三國志》卷三《明帝紀》 癸酉，行東巡，所過存問高年鰥寡孤獨，賜穀帛。

乙亥，月犯軒轅大星。

夏四月壬寅，行幸許昌宫。

甲子，初進新果于廟。

五月，皇子殷薨，追封謚安平哀王。

秋七月，以衛尉董昭爲司徒。

九月，行幸摩陂，治許昌宫，起景福、承光殿。

冬十月，殄夷將軍田豫帥衆討吴將周賀於成山，殺賀。

《三國志》卷四七《吴主傳》 魏遼東太守公孫淵遣校尉宿舒、閬中令孫綜稱藩於權，并獻貂馬。權大悦，加淵爵位。

《三國志》卷三《明帝紀》 十一月丙寅，太白晝見。有星孛于翼，近太微上將星。

庚寅，陳思王植薨。

十二月，行還許昌宫。

《三國志》卷三三《後主傳》 亮休士勸農於黄沙，作流馬木牛畢，教兵講武。

青龍元年、蜀漢建興一一年、吴嘉禾二年（癸丑、二三三）

《三國志》卷三《明帝紀》 春正月甲申，青龍見郟之摩陂井中。

二月丁酉，幸摩陂觀龍，於是改年。改摩陂爲龍陂，賜男子爵人二級，鰥寡孤獨無出今年租賦。

三月甲子，詔公卿舉賢良篤行之士各一人。

夏五月壬申，詔祀故大將軍夏侯惇、大司馬曹仁、車騎將軍程昱於太祖廟庭。

戊寅，北海王蕤薨。

閏月庚寅朔，日有蝕之。

丁酉，改封宗室女非諸王女皆爲邑主。詔諸郡國山川不在祠典者勿祠。

六月，洛陽宫鞠室災。

秋九月，安定保塞匈奴大人胡薄居姿職等叛，司馬宣王遣將軍胡遵等追討，破降之。

冬十月，步度根部落大人戴胡阿狠泥等詣并州降，朗引軍還。

十二月，公孫淵斬送孫權所遣使張彌、許晏首，以淵爲大司馬樂浪公。

《三國志》卷三三《後主傳》 亮使諸軍運米，集於斜谷口，治斜谷邸閣。

是歲，南夷劉胄反，將軍馬忠破平之。

《三國志》卷四七《吴主傳》 是歲，權向合肥新城，遣將軍全琮征六安，皆不克還。

青龍二年、蜀漢建興一二年、吴嘉禾三年（甲寅、二三四）

《三國志》卷三《明帝紀》 春二月乙未，太白犯熒惑。

癸酉，詔曰：「鞭作官刑，所以糾慢怠也，而頃多以無辜死。其減鞭杖之制，著于令。」

《資治通鑑》卷七二 二月，亮悉大衆十萬由斜谷入寇，遣使約吴同時大舉。

《三國志》卷三《明帝紀》 三月庚寅，山陽公薨，帝素服發哀，遣使持節典護喪事。

己酉，大赦。

夏四月，大疫。崇華殿災。

丙寅，詔有司以太牢告祠文帝廟。追謚山陽公爲漢孝獻皇帝，葬以漢禮。

是月，諸葛亮出斜谷，屯渭南，司馬宣王率諸軍拒之。

五月，太白晝見。

孫權入居巢湖口，向合肥新城，又遣將陸議、孫韶各將萬餘人入淮、沔。

六月，征東將軍滿寵進軍拒之。

秋七月壬寅，帝親御龍舟東征，權攻新城，將軍張穎等拒守力戰，帝軍未至數百里，權遁走，議、韶等亦退。

八月己未，大曜兵，饗六軍，遣使者持節犒勞合肥、壽春諸軍。

《資治通鑑》卷七二 壬申，葬漢孝獻皇帝于禪陵。

《三國志》卷三《明帝紀》 辛巳，行還許昌宫。

《三國志》卷四七《吴主傳》 以諸葛恪爲丹楊太守，討山越。

《三國志》卷三三《後主傳》 亮卒于渭濱。征西大將軍魏延與丞相長史楊儀爭權不和，舉兵相攻，延敗走；斬延首，儀率諸軍還成都。大赦。以左將軍吴壹爲車騎將軍，假節督漢中。以丞相留府長史蔣琬爲尚書令，總統國事。

《三國志》卷三《明帝紀》 司馬宣王與亮相持，連圍積日，亮數挑戰，宣王堅壘不應。會亮卒，其軍退還。

《三國志》卷四七《吴主傳》 九月朔，隕霜傷穀。

《三國志》卷三《明帝紀》 冬十月乙丑，月犯鎮星及軒轅。

戊寅，月犯太白。

十一月，京都地震，從東南來，隱隱有聲，摇動屋瓦。

《三國志》卷四七《吴主傳》 太常潘濬平武陵蠻夷，事畢，還武昌。

詔復曲阿爲雲陽，丹徒爲武進。廬陵賊李桓、羅厲等爲亂。

《三國志》卷三《明帝紀》 十二月，詔有司删定大辟，減死罪。

青龍三年、蜀漢建興一三年、吴嘉禾四年（乙卯、二三五）

《三國志》卷三《明帝紀》 春正月戊子，以大將軍司馬宣王爲太尉。

己亥，復置朔方郡。京都大疫。

丁巳，皇太后崩。

乙亥，隕石于壽光縣。

《三國志》卷三三《後主傳》 中軍師楊儀廢徙漢嘉郡。

《三國志》卷三《明帝紀》 三月庚寅，葬文德郭后，營陵于首陽陵澗西，如終制。

是時，大治洛陽宮，起昭陽、太極殿，築總章觀。百姓失農時，直臣楊阜、高堂隆等各數切諫，雖不能聽，常優容之。

《三國志》卷三三《後主傳》 夏四月，進蔣琬位爲大將軍。

《三國志》卷四七《吴主傳》 遣吕岱討桓等。

秋七月，有雹。魏使以馬求易珠璣、翡翠、瑇瑁，權曰：「此皆孤所不用，而可得馬，何苦而不聽其交易？」

《三國志》卷三《明帝紀》 洛陽崇華殿災。

八月庚午，立皇子芳爲齊王，詢爲秦王。

丁巳，行還洛陽宮。命有司復崇華，改名九龍殿。

冬十月己酉，中山王衮薨。

壬申，太白晝見。

十一月丁酉，行幸許昌宮。

青龍四年、蜀漢建興一四年、吴嘉禾五年（丙辰、二三六）

《三國志》卷四七《吴主傳》 春，鑄大錢，一當五百。詔使吏民輸銅，計銅畀直。設盜鑄之科。

二月，武昌言甘露降於禮賓殿。輔吴將軍張昭卒。中郎將吾粲獲李桓，將軍唐咨獲羅厲等。

《三國志》卷三《明帝紀》 太白復晝見，月犯太白，又犯軒轅一星，入太微而出。

夏四月，置崇文觀，徵善屬文者以充之。

《三國志》卷三三《後主傳》 後主至湔，登觀阪，看汶水之流，旬日還成都。徙武都氐王苻健及氐民四百餘户於廣都。

《三國志》卷三《明帝紀》 五月乙卯，司徒董昭薨。

丁巳，肅慎氏獻楛矢。

六月壬申，詔曰：「有虞氏畫象而民弗犯，周人刑錯而不用。朕從百王之末，追望上世之風，邈乎何相去之遠？法令滋章，犯者彌多，刑罰愈衆，而姦不可止。往者按大辟之條，多所蠲除，思濟生民之命，此朕之至意也。而郡國斃獄，一歲之中尚過數百，豈朕訓導不醇，俾民輕罪，將苛法猶存，爲之陷穽乎？有司其議獄緩死，務從寬簡，及乞恩者，或辭未出而獄以報斷，非所以究理盡情也。其令廷尉及天下獄官，諸有死罪具獄以定，非謀反及手殺人，亟語其親治，有乞恩者，使與奏當文書俱上，朕將思所以全之。其布告天下，使明朕意。」

秋七月，高句驪王宮斬送孫權使胡衛等首，詣幽州。

甲寅，太白犯軒轅大星。

冬十月己卯，行還洛陽宮。

甲申，有星孛于大辰。

乙酉，又孛于東方。

《三國志》卷四七《吴主傳》 鄱陽賊彭旦等爲亂。

《三國志》卷三《明帝紀》 十一月己亥，彗星見，犯宦者天紀星。

十二月癸巳，司空陳羣薨。

乙未，行幸許昌宮。

景初元年、蜀漢建興一五年、吴嘉禾六年（丁巳、二三七）

《三國志》卷三《明帝紀》 春正月壬辰，山茌縣言黄龍見，於是有司奏，以爲魏得地統，宜以建丑之月爲正。

《三國志》卷四七《吴主傳》 二月，陸遜討彭旦等，其年，皆破之。

《三國志》卷三《明帝紀》 三月，定曆改年爲孟夏四月。服色尚黄，犧牲用白，戎事乘黑首白馬，建大赤之旂，朝會建大白之旗。改太和曆曰景初曆。其春夏秋冬孟仲季月雖與正歲不同，至於郊祀、迎氣、礿祠、蒸嘗、巡狩、蒐田、分至啓閉、班宣時令、中氣早晚、敬授民事，皆以正歲斗建爲曆數之序。

五月己巳，行還洛陽宫。

己丑，大赦。

六月戊申，京都地震。

己亥，以尚書令陳矯爲司徒，尚書右僕射衛臻爲司空。

丁未，分魏興之魏陽、錫郡之安富、上庸爲上庸郡。省錫郡，以錫縣屬魏興郡。

《三國志》卷三三《後主傳》 皇后張氏薨。

《三國志》卷三《明帝紀》 秋七月丁卯，司徒陳矯薨。

己卯，詔遼東將吏士民爲淵所脅略不得降者，一切赦之。

辛卯，太白晝見。

淵自儉還，遂自立爲燕王，置百官，稱紹漢元年。

詔青、兖、幽、冀四州大作海船。

九月，冀、兖、徐、豫四州民遇水，遣侍御史循行没溺死亡及失財産者，在所開倉振救之。

庚辰，皇后毛氏卒。

冬十月丁未，月犯熒惑。

《三國志》卷四七《吴主傳》 遣衛將軍全琮襲六安，不克。諸葛恪平山越事畢，北屯廬江。

《三國志》卷三《明帝紀》 癸丑，葬悼毛后于愍陵。

乙卯，營洛陽南委粟山爲圜丘。

十二月壬子冬至，始祀。

丁巳，分襄陽臨沮、宜城、旍陽、邔四縣，置襄陽南部都尉。

己未，有司奏文昭皇后立廟京都。分襄陽郡之鄀葉縣屬義陽郡。

景初二年、蜀漢延熙元年、吴赤烏元年（戊午、二三八）

《三國志》卷三《明帝紀》 春正月，詔太尉司馬宣王帥衆討遼東。

《三國志》卷三三《後主傳》 立皇后張氏。大赦，改元。立子璿爲太子，子瑶爲安定王。

《三國志》卷四七《吴主傳》 鑄當千大錢。

《三國志》卷三《明帝紀》 二月癸卯，以大中大夫韓暨爲司徒。

癸丑，月犯心距星，又犯心中央大星。

夏四月庚子，司徒韓暨薨。

壬寅，分沛國蕭、相、竹邑、符離、蘄、銍、龍亢、山桑、洨、虹十縣爲汝陰郡。宋縣、陳郡苦縣皆屬譙郡。以沛、杼秋、公丘、彭城豐國、廣戚，并五縣爲沛王國。

庚戌，大赦。

五月乙亥，月犯心距星，又犯中央大星。

六月，省漁陽郡之狐奴縣，復置安樂縣。

《三國志》卷四七《吴主傳》 夏，吕岱討廬陵賊，畢，還陸口。

《三國志》卷三《明帝紀》 秋八月，燒當羌王芒中、注詣等叛，凉州刺史率諸郡攻討，斬注詣首。

癸丑，有彗星見張宿。

丙寅，司馬宣王圍公孫淵於襄平，大破之，傳淵首于京都，海東諸郡平。

《三國志》卷四七《吴主傳》 武昌言麒麟見。有司奏言麒麟者太平之應，宜改年號。詔曰：「間者赤烏集於殿前，朕所新見，若神靈以爲嘉祥者，改年宜以赤烏爲元。」羣臣奏曰：「昔武王伐紂，有赤烏之祥，君臣觀之，遂有天下，聖人書策載述最詳者，以爲近事既嘉，親見又明也。」於是改年。

步夫人卒，追贈皇后。

《三國志》卷三《明帝紀》 冬十一月，録討淵功，太尉宣王以下增邑封爵各有差。

壬午，以司空衛臻爲司徒，司隸校尉崔林爲司空。

《三國志》卷三三《後主傳》 大將軍蔣琬出屯漢中。

《三國志》卷三《明帝紀》 閏月，月犯心中央大星。

十二月乙丑，帝寢疾不豫。

辛巳，立皇后。賜天下男子爵人二級，鰥寡孤獨穀。以燕王宇爲大將軍，甲申免，以武衛將軍曹爽代之。

景初三年、蜀漢延熙二年、吳赤烏二年（己未、二三九）

《三國志》卷三《明帝紀》 春正月丁亥，太尉宣王還至河內，帝驛馬召到，引入卧內，執其手謂曰：「吾疾甚，以後事屬君，君其與爽輔少子。吾得見君，無所恨！」宣王頓首流涕。即日，帝崩于嘉福殿，時年三十六。

魏齊王部（起公元二四〇年，迄公元二五四年）

《三國志》卷四《三少帝紀》　齊王諱芳，字蘭卿。明帝無子，養王及秦王詢；宮省事祕，莫有知其所由來者。青龍三年，立爲齊王。景初三年正月丁亥朔，帝病甚，乃立爲皇太子。

景初三年、蜀漢延熙二年、吴赤烏二年（己未、二三九）

《三國志》卷四《三少帝紀》　正月丁亥朔，帝病甚，乃立爲皇太子。是日，即皇帝位，大赦。尊皇后曰皇太后。大將軍曹爽、太尉司馬宣王輔政。詔曰：「朕以眇身，繼承鴻業，煢煢在疚，靡所控告。大將軍、太尉奉受末命，夾輔朕躬，司徒、司空、冢宰、元輔總率百寮，以寧社稷，其與羣卿大夫勉勗乃心，稱朕意焉。諸所興作宮室之役，皆以遺詔罷之。官奴婢六十已上，免爲良人。」

二月，西域重譯獻火浣布，詔大將軍、太尉臨試以示百寮。

丁丑詔曰：「太尉體道正直，盡忠三世，南擒孟達，西破蜀虜，東滅公孫淵，功蓋海内。昔周成建保傅之官，近漢顯宗崇寵鄧禹，所以優隆儁乂，必有尊也。其以太尉爲太傅，持節統兵都督諸軍事如故。」

三月，以征東將軍滿寵爲太尉。

《三國志》卷三三《後主傳》　進蔣琬位爲大司馬。

《資治通鑑》卷七四　夏四月，吴督軍使者羊衜擊遼東守將，俘人民而去。

《三國志》卷四《三少帝紀》　六月，以遼東東沓縣吏民渡海居齊郡界，以故縱城爲新沓縣以居徙民。

秋七月，上始親臨朝，聽公卿奏事。

八月，大赦。

冬十月，以鎮南將軍黄權爲車騎將軍。

《資治通鑑》卷七四　吴太常潘濬卒。吴主以鎮南將軍吕岱代濬，與陸遜共領荆州文書。岱時年已八十，體素精勤，躬親王事，與遜同心協規，有善相讓，南土稱之。

《三國志》卷四七《吴主傳》　將軍蔣秘南討夷賊。秘所領都督廖式殺臨賀太守嚴綱等，自稱平南將軍，與弟潛共攻零陵、桂陽，及摇動交州、蒼梧、鬱林諸郡，衆數萬人。遣將軍吕岱、唐咨討之，歲餘皆破。

《三國志》卷四《三少帝紀》　十二月，詔曰：「烈祖明皇帝以正月棄背天下，臣子永惟忌日之哀，其復用夏正；雖違先帝通三統之義，斯亦禮制所由變改也。又夏正於數爲得天正，其以建寅之月爲正始元年正月，以建丑月爲後十二月。」

正始元年、蜀漢延熙三年、吴赤烏三年（庚申、二四〇）

《三國志》卷四《三少帝紀》　春二月乙丑，加侍中中書監劉放、侍中中書令孫資爲左右光禄大夫。

丙戌，以遼東汶、北豐縣民流徙渡海，規齊郡之西安、臨菑、昌國縣界爲新汶、南豐縣，以居流民。

自去冬十二月至此月不雨。

丙寅，詔令獄官亟平冤枉，理出輕微；羣公卿士讜言嘉謀，各悉乃心。

《三國志》卷三三《後主傳》　春，使越巂太守張嶷平定越巂郡。

《三國志》卷四《三少帝紀》　夏四月，車騎將軍黄權薨。

秋七月，詔曰：「《易》稱損上益下，節以制度，不傷財，不害民。方今百姓不足而御府多作金銀雜物，將奚以爲？今出黄金銀物百五十種，千八百餘斤，銷冶以供軍用。」

八月，車駕巡省洛陽界秋稼，賜高年力田各有差。

《三國志》卷四七《吴主傳》　冬十一月，民饑，詔開倉廩以賑貧窮。

正始二年、蜀漢延熙四年、吴赤烏四年（辛酉、二四一）

《三國志》卷四七《吴主傳》　春正月，大雪，平地深三尺，鳥獸死者大半。

《三國志》卷四《三少帝紀》　二月，帝初通《論語》，使太常以太牢祭孔子於辟雍，以顔淵配。

《三國志》卷四七《吴主傳》　夏四月，遣衛將軍全琮略淮南，決芍陂，燒安城邸閣，收其人民。威北將軍諸葛恪攻六安。琮與魏將王淩戰于芍陂，中郎將秦晃等十餘人戰死。

五月，太子登卒。

《三國志》卷四《三少帝紀》　吴將朱然等圍襄陽之樊城，太傅司馬宣王率衆拒之。

六月辛丑，退。

己卯，以征東將軍王淩爲車騎將軍。

《三國志》卷四七《吴主傳》　閏月，大將軍瑾卒。

秋八月，陸遜城邾。

《三國志》卷三三《後主傳》　冬十月，尚書令費禕至漢中，與蔣琬諮論事計，歲盡還。

《三國志》卷四《三少帝紀》　十二月，南安郡地震。

《資治通鑑》卷七四　是歲，始開廣漕渠，每東南有事，大興軍衆，汎舟而下，達于江、淮，資食有餘而無水害。

正始三年、蜀漢延熙五年、吴赤烏五年（壬戌、二四二）

《三國志》卷四《三少帝紀》　春正月，東平王徽薨。

《三國志》卷三三《後主傳》　監軍姜維督偏軍，自漢中還屯涪縣。

《三國志》卷四七《吴主傳》　立子和爲太子，大赦，改禾興爲嘉興。

《三國志》卷四《三少帝紀》　三月，太尉滿寵薨。

《三國志》卷四七《吴主傳》　海鹽縣言黄龍見。

夏四月，禁進獻御，減太官膳。

秋七月甲申，南安郡地震。

乙酉，以領軍將軍蔣濟爲太尉。

《三國志》卷四七《吴主傳》　遣將軍聶友、校尉陸凱以兵三萬討珠崖、儋耳。

是歲大疫，有司又奏立后及諸王。八月，立子霸爲魯王。

《三國志》卷四《三少帝紀》　冬十二月，魏郡地震。

正始四年、蜀漢延熙六年、吴赤烏六年（癸亥、二四三）

《三國志》卷四《三少帝紀》　春正月，帝加元服，賜羣臣各有差。

《三國志》卷四七《吴主傳》　新都言白虎見。諸葛恪征六安，破魏將謝順營，收其民人。

《三國志》卷四《三少帝紀》　夏四月乙卯，立皇后甄氏，大赦。

五月朔，日有食之，既。

秋七月，詔祀故大司馬曹真、曹休、征南大將軍夏侯尚、太常桓階、司空陳羣、太傅鍾繇、車騎將軍張郃、左將軍徐晃、前將軍張遼、右將軍樂進、太尉華歆、司徒王朗、驃騎將軍曹洪、征西將軍夏侯淵、後將軍朱靈、文聘、執金吾臧霸、破虜將軍李典、立義將軍龐德、武猛校尉典韋於太祖廟庭。

《三國志》卷三三《後主傳》　冬十月，大司馬蔣琬自漢中還，住涪。

十一月，大赦。以尚書令費禕爲大將軍。

《三國志》卷四七《吴主傳》　丞相顧雍卒。

《三國志》卷四《三少帝紀》　十二月，倭國女王俾彌呼遣使奉獻。

《三國志》卷四七《吴主傳》　扶南王范旃遣使獻樂人及方物。

是歲，司馬宣王率軍入舒，諸葛恪自皖遷于柴桑。

正始五年、蜀漢延熙七年、吴赤烏七年（甲子、二四四）

《資治通鑑》卷七四　春正月，吴主以上大將軍陸遜爲丞相，其州牧、都護、領武昌事如故。

《三國志》卷四《三少帝紀》　二月，詔大將軍曹爽率衆征蜀。

夏四月朔，日有蝕之。

《三國志》卷三三《後主傳》　安平王理卒。

《三國志》卷四《三少帝紀》　五月癸巳，講《尚書》經通，使太常以太牢祀孔子於辟雍，以顔淵配；　賜太傅、大將軍及侍講者各有差。

丙午，大將軍曹爽引軍還。

秋八月，秦王詢薨。

九月，鮮卑内附，置遼東屬國，立昌黎縣以居之。

冬十一月癸卯，詔祀故尚書令荀攸于太祖廟庭。

己酉，復秦國爲京兆郡。

十二月，司空崔林薨。

正始六年、蜀漢延熙八年、吴赤烏八年（乙丑、二四五）

《三國志》卷四《三少帝紀》　春二月丁卯，南安郡地震。

丙子，以驃騎將軍趙儼爲司空。

《三國志》卷四七《吴主傳》　丞相陸遜卒。

《三國志》卷四《三少帝紀》　六月，儼薨。

《三國志》卷四七《吴主傳》　夏，雷霆犯宫門柱，又擊南津大橋楹。

茶陵縣鴻水溢出，流漂居民二百餘家。

秋七月，將軍馬茂等圖逆，夷三族。

《三國志》卷四《三少帝紀》　八月丁卯，以太常高柔爲司空。

癸巳，以左光禄大夫劉放爲驃騎將軍，右光禄大夫孫資爲衛將軍。

《三國志》卷三三《後主傳》　皇太后薨。

《三國志》卷四七《吴主傳》　大赦。遣校尉陳勳將屯田及作士三萬人鑿句容中道，自小其至雲陽西城，通會市，作邸閣。

冬十一月，祫祭太祖廟，始祀前所論佐命臣二十一人。

十二月辛亥，詔故司徒王朗所作《易傳》，令學者得以課試。

乙亥，詔曰：「明日大會羣臣，其令太傅乘輿上殿。」

《三國志》卷三三《後主傳》　大將軍費禕至漢中，行圍守。

《資治通鑑》卷七四　是歲，漢大司馬琬以病固讓州職於大將軍禕，漢主乃以禕爲益州刺史，以侍中董允守尚書令，爲禕之副。

正始七年、蜀漢延熙九年、吴赤烏九年（丙寅、二四六）

《三國志》卷四《三少帝紀》　春二月，幽州刺史毌丘儉討高句驪。

《三國志》卷四七《吴主傳》　車騎將軍朱然征魏柤中，斬獲千餘。

夏四月，武昌言甘露降。

《三國志》卷四《三少帝紀》　五月，討濊貊，皆破之。　韓那奚等數十國各率種落降。

秋，大赦。

《三國志》卷三三《後主傳》　六月，費禕還成都。

《三國志》卷四《三少帝紀》　八月戊申，詔曰：「屬到市觀見所斥賣官奴婢，年皆七十，或癃疾殘病，所謂天民之窮者也。且官以其力竭而復鬻之，進退無謂，其悉遣爲良民。若有不能自存者，郡縣振給之。」

己酉，詔曰：「吾乃當以十九日親祠，而昨出已見治道，得雨當復更治，徒棄功夫。每念百姓力少役多，夙夜存心。道路但當期于通利，聞乃撾捶老小，務崇修飾，疲困流離，以至哀歎，吾豈安乘此而行，致馨德于宗廟邪？自今已後，明申勑之。」

《三國志》卷四七《吴主傳》　九月，以驃騎將軍步隲爲丞相，車騎將軍朱然爲左大司馬，衛將軍全琮爲右大司馬，鎮南將軍吕岱爲上大將軍，威北將軍諸葛恪爲大將軍。

《三國志》卷三三《後主傳》　冬十一月，大司馬蔣琬卒。

《三國志》卷四《三少帝紀》　十二月，講《禮記》通，使太常以太牢祀孔子於辟雍，以顔淵配。

《蜀漢本末》卷下　尚書令董允卒。以宦者黄皓爲中常侍。

《資治通鑑》卷七五　漢主以凉州刺史姜維爲衛將軍，與大將軍費禕並録尚書事。汶山平康夷反，維討平之。吴人不便大錢，乃罷之。

正始八年、蜀漢延熙一〇年、吴赤烏一〇年（丁卯、二四七）

《三國志》卷四七《吴主傳》　春正月，右大司馬全琮卒。

《三國志》卷四《三少帝紀》　二月朔，日有蝕之。

《三國志》卷四七《吴主傳》　權適南宮。

三月，改作太初宮，諸將及州郡皆義作。

《資治通鑑》卷七五　大將軍爽用何晏、鄧颺、丁謐之謀，遷太后於永寧宮，專擅朝政，多樹親黨，屢改制度。太傅懿不能禁，與爽有隙。

五月，懿始稱疾，不與政事。

《三國志》卷四《三少帝紀》　分河東之汾北十縣爲平陽郡。

《三國志》卷四七《吴主傳》　丞相步騭卒。

《三國志》卷四《三少帝紀》　秋七月，尚書何晏奏曰：「善爲國者必先治其身，治其身者慎其所習。所習正則其身正，其身正則不令而行；所習不正則其身不正，其身不正則雖令不從。是故爲人君者，所與游必擇正人，所觀覽必察正象，放鄭聲而弗聽，遠佞人而弗近，然後邪心不生而正道可弘也。季末闇主，不知損益，斥遠君子，引近小人，忠良疏遠，便辟褻狎，亂生近暱，譬之社鼠；考其昏明，所積以然，故聖賢諄諄以爲至慮。舜戒禹曰『鄰哉鄰哉』，言慎所近也；周公戒成王曰『其朋其朋』，言慎所與也。《書》云：『一人有慶，兆民賴之。』可自今以後，御幸式乾殿及游豫後園，皆大臣侍從，因從容戲宴，兼省文書，詢謀政事，講論經義，爲萬世法。」

《三國志》卷四七《吴主傳》　冬十月，赦死罪。

《三國志》卷四《三少帝紀》　十二月，散騎常侍諫議大夫孔乂奏曰：「禮，天子之宮，有斲礱之制，無朱丹之飾，宜循禮復古。今天下已平，君臣之分明，陛下但當不懈于位，平公正之心，審賞罰以使之。可絶後園習騎乘馬，出必御輦乘車，天下之福，臣子之願也。」晏、乂咸因闕以進規諫。

《資治通鑑》卷七五　是歲，雍、凉羌胡叛降漢，漢姜維將兵出隴右以應之，與雍州刺史郭淮、討蜀護軍夏侯霸戰于洮西。胡王白虎文、治無戴等率部落降維，維徙之入蜀。

正始九年、蜀漢延熙一一年、吴赤烏一一年（戊辰、二四八）

《三國志》卷四七《吴主傳》　春正月，朱然城江陵。

《三國志》卷四《三少帝紀》　二月，衛將軍中書令孫資，癸巳，驃騎將軍中書監劉放，三月甲午，司徒衛臻，各遜位，以侯就第，位特進。

《三國志》卷四七《吴主傳》　地仍震。

三月，宮成。

夏四月，雨雹，雲陽言黄龍見。

《三國志》卷四《三少帝紀》　以司空高柔爲司徒；光禄大夫徐邈爲司空，固辭不受。

《三國志》卷三三《後主傳》　五月，大將軍費禕出屯漢中。

《三國志》卷四七《吴主傳》　鄱陽言白虎仁。詔曰：「古者聖王積行累善，修身行道，以有天下，故符瑞應之，所以表德也。朕以不明，何以臻茲？《書》云『雖休勿休』，公卿百司，其勉修所職，以匡不逮。」

《三國志》卷四《三少帝紀》　秋九月，以車騎將軍王淩爲司空。

《三國志》卷三三《後主傳》　涪陵屬國民夷反，車騎將軍鄧芝往討，皆破平之。

冬十月，大風發屋折樹。

《資治通鑑》卷七五　十二月，太傅懿陰與其子中護軍師、散騎常侍昭謀誅曹爽。

《資治通鑑》卷七五　吴交趾、九真夷賊攻没城邑，交部騷動。吴主以衡陽督軍都尉陸胤爲交州刺史、安南校尉。胤入境，喻以恩信，降者五萬餘家，州境復清。

嘉平元年、蜀漢延熙一二年、吴赤烏一二年（己巳、二四九）

《三國志》卷四《三少帝紀》　春正月甲午，車駕謁高平陵。太傅司馬宣王奏免大將軍曹爽、爽弟中領軍羲、武衛將軍訓、散騎常侍彦官，以侯就第。

戊戌，有司奏收黄門張當付廷尉，考實其辭，爽與謀不軌。又尚書丁謐、鄧颺、何晏、司隸校尉畢軌、荆州刺史李勝、大司農桓範皆與爽通姦謀，夷三族。

丙午，大赦。

丁未，以太傅司馬宣王爲丞相，固讓乃止。

《三國志》卷三三《後主傳》　魏誅大將軍曹爽等，右將軍夏侯霸來降。

《三國志》卷四七《吴主傳》　三月，左大司馬朱然卒。

《三國志》卷四《三少帝紀》　夏四月乙丑，改年。

《三國志》卷四七《吴主傳》　有兩烏銜鵲墮東館。

丙寅，驃騎將軍朱據領丞相，燎鵲以祭。

《三國志》卷四《三少帝紀》　丙子，太尉蔣濟薨。

《三國志》卷三三《後主傳》　大赦。

秋，衛將軍姜維出攻雍州，不克而還。將軍句安、李韶降魏。

《資治通鑑》卷七五　兗州刺史令狐愚，司空王淩之甥也，屯於平阿，甥舅並典重兵，專淮南之任。淩與愚陰謀，以帝闇弱，制於强臣，聞楚王彪有智勇，欲共立之，迎都許昌。九月，愚遣其將張式至白馬，與彪相聞。淩又遣舍人勞精詣洛陽，語其子廣，廣曰：「凡舉大事，應本人情。曹爽以驕奢失民，何平叔虚華不治，丁、畢、桓、鄧雖並有宿望，皆專競於世。加變易朝典，政令數改，所存雖高而事不下接，民習於舊，衆莫之從，故雖勢傾四海，聲震天下，同日斬戮，名士減半，而百姓安之，莫之或哀，失民故也。今司馬懿情雖難量，事未有逆，而擢用賢能，廣樹勝己，修先朝之政令，副衆心之所求。爽之所以爲惡者，彼莫不必改，夙夜匪懈，以恤民爲先，父子兄弟，並握兵要，未易亡也。」淩不從。

冬十一月，令狐愚復遣張式詣楚王，未還，會愚病卒。

《三國志》卷四《三少帝紀》　十二月辛卯，以司空王淩爲太尉。

庚子，以司隸校尉孫禮爲司空。

嘉平二年、蜀漢延熙一三年、吴赤烏一三年（庚午、二五〇）

《三國志》卷四《三少帝紀》　夏五月，以征西將軍郭淮爲車騎將軍。

《三國志》卷四七《吴主傳》　日至，熒惑入南斗。

秋七月，犯魁第二星而東。

八月，丹楊、句容及故鄣、寧國諸山崩，鴻水溢。詔原逋責，給貸種食。

廢太子和，處故鄣。魯王霸賜死。

《三國志》卷四《三少帝紀》　冬十月，以特進孫資爲驃騎將軍。

《三國志》卷四七《吴主傳》　魏將文欽僞叛以誘朱異，權遣呂據就異以迎欽。異等持重，欽不敢進。

《三國志》卷四《三少帝紀》　十一月，司空孫禮薨。

《三國志》卷四七《吴主傳》　立子亮爲太子。遣軍十萬，作堂邑涂塘以淹北道。

《三國志》卷四《三少帝紀》　十二月甲辰，東海王霖薨。

《三國志》卷四七《吴主傳》　魏大將軍王昶圍南郡，荆州刺史王基攻西陵，遣將軍戴烈、陸凱往拒之，皆引還。

是歲，神人授書，告以改年、立后。

《三國志》卷三三《後主傳》　姜維復出西平，不克而還。

嘉平三年、蜀漢延熙一四年、吴太元元年（辛未、二五一）

《三國志》卷四《三少帝紀》　春正月，荆州刺史王基、新城太守州泰攻吴，破之，降者數千口。

二月，置南郡之夷陵縣以居降附。

三月，以尚書令司馬孚爲司空。

四月甲申，以征南將軍王昶爲征南大將軍。

壬辰，大赦。

丙午，聞太尉王淩謀廢帝，立楚王彪，太傅司馬宣王東征淩。

五月甲寅，淩自殺。

《資治通鑑》卷七五　詔以揚州刺史諸葛誕爲鎮東將軍，都督揚州諸軍事。

《三國志》卷四七《吴主傳》　立皇后潘氏，大赦，改年。

六月，賜楚王彪死。盡録諸王公置鄴，使有司察之，不得與人交關。

《三國志》卷三三《後主傳》　夏，大將軍費禕還成都。

《資治通鑑》卷七五　秋，七月，壬戌，皇后甄氏殂。

辛未，以司馬孚爲太尉。

《三國志》卷四七《吴主傳》　八月朔，大風，江海涌溢，平地深八尺，吴高陵松柏斯拔，郡城南門飛落。

《資治通鑑》卷七五　戊寅，舞陽宣文侯司馬懿卒。詔以其子衛將軍師爲撫軍大將軍，録尚書事。

《三國志》卷四《三少帝紀》　乙未，葬懷甄后於太清陵。

庚子，驃騎將軍孫資薨。

十一月，有司奏諸功臣應饗食於太祖廟者，更以官爲次，太傅司馬宣王功高爵尊，最在上。

《三國志》卷四七《吴主傳》　大赦。權祭南郊還，寢疾。

《資治通鑑》卷七五　十二月，以光禄勳鄭沖爲司空。

《三國志》卷四七《吴主傳》　驛徵大將軍恪，拜爲太子太傅。詔省徭役，減征賦，除民所患苦。

《三國志》卷三三《後主傳》　冬，復北駐漢壽。大赦。

《資治通鑑》卷七五　是歲，漢尚書令吕乂卒，以侍中陳祗守尚書令。

嘉平四年、蜀漢延熙一五年、吴建興元年（壬申、二五二）

《三國志》卷四《三少帝紀》　春正月癸卯，以撫軍大將軍司馬景王爲大將軍。

《三國志》卷四七《吴主傳》　立故太子和爲南陽王，居長沙；子奮爲齊王，居武昌；子休爲瑯邪王，居虎林。

《三國志》卷四《三少帝紀》　二月，立皇后張氏，大赦。

《三國志》卷四七《吴主傳》　大赦，改元爲神鳳。皇后潘氏薨。

《資治通鑑》卷七五　夏四月，吴主殂。孫弘素與諸葛恪不平，懼爲恪所治，祕不發喪，欲矯詔誅恪，孫峻以告恪。恪請弘咨事，於坐中殺之。乃發喪，謚吴主曰大皇帝。太子亮即位。大赦，改元建興。

閏月，以諸葛恪爲太傅，滕胤爲衛將軍，吕岱爲大司馬。恪乃命罷視聽，息校官，原逋責，除關税，崇恩澤，衆莫不悦。恪每出入，百姓延頸思見其狀。

《三國志》卷四《三少帝紀》　五月，魚二，見於武庫屋上。

《三國志》卷四八《三嗣主傳》　冬十月，太傅恪率軍遏巢湖，城東興，使將軍全端守西城，都尉留略東城。

《三國志》卷四《三少帝紀》　十一月，詔征南大將軍王昶、征東將軍胡遵、鎮南將軍毌丘儉等征吴。

十二月，吴大將軍諸葛恪拒戰，大破衆軍于東關。不利而還。

《三國志》卷四八《三嗣主傳》　是月，雷雨，天災武昌端門；改作端門，又災内殿。

嘉平五年、蜀漢延熙一六年、吴建興二年（癸酉、二五三）

《資治通鑑》卷七六　春正月，王昶、毌丘儉聞東軍敗，各燒屯走。朝議欲貶黜諸將，大將軍師曰：「我不聽公休，以至於此。此我過也，諸將何罪！」悉宥之。師弟安東將軍昭時爲監軍，唯削昭爵而已。以諸葛誕爲鎮南將軍，都督豫州；毌丘儉爲鎮東將軍，都督揚州。

《三國志》卷三三《後主傳》　大將軍費禕爲魏降人郭循所殺于漢壽。

《三國志》卷四八《三嗣主傳》　丙寅，立皇后全氏，大赦。

《資治通鑑》卷七六　二月，吴軍還自東興。進封太傅恪陽都侯，加荆、揚州牧，督中外諸軍事。恪遂有輕敵之心，復欲出軍，諸大臣以爲數出罷勞，同辭諫恪，恪不聽。

《三國志》卷四八《三嗣主傳》　三月，恪率軍伐魏。

《三國志》卷四《三少帝紀》　夏四月，大赦。

《三國志》卷三三《後主傳》　衛將軍姜維復率衆圍南安，不克而還。

《三國志》卷四八《三嗣主傳》　圍新城，大疫，兵卒死者大半。

《三國志》卷四《三少帝紀》　五月，吴太傅諸葛恪圍合肥新城，詔太尉司馬孚拒之。

秋七月，恪退還。

八月，詔曰：「故中郎西平郭脩，砥節厲行，秉心不回。乃者蜀將姜維寇鈔脩郡，爲所執略。往歲僞大將軍費禕驅率羣衆，陰圖闚闟，道經漢壽，請會衆賓，脩於廣坐之中手刃擊禕，勇過聶政，功逾介子，可謂殺身成仁，釋生取義者矣。夫追加褒寵，所以表揚忠義；祚及後胤，所以獎勸將來。其追封脩爲長樂鄉侯，食邑千户，謚曰威侯；子襲爵，加拜奉車都尉；賜銀千鉼，絹千匹，以光寵存亡，永垂來世焉。」

《三國志》卷四八《三嗣主傳》　冬十月，大饗。武衛將軍孫峻伏兵殺恪於殿堂。大赦。以峻爲丞相，封富春侯。

《資治通鑑》卷七六　南陽王和妃張氏，諸葛恪之甥也。先是恪有遷都之意，使治武昌宫，民間或言恪欲迎和立之。及恪被誅，丞相峻因此奪和璽綬，徙新都，又遣使者追賜死。

《三國志》卷四八《三嗣主傳》　十一月，有大鳥五見于春申，改明年元。

嘉平六年、蜀漢延熙一七年、吴五鳳元年（甲戌、二五四）

《三國志》卷三三《後主傳》　春正月，姜維還成都。大赦。

《三國志》卷四《三少帝紀》　二月庚戌，中書令李豐與皇后父光禄大夫張緝等謀廢易大臣，以太常夏侯玄爲大將軍。事覺，諸所連及者皆伏誅。

辛亥，大赦。

三月，廢皇后張氏。

夏四月，立皇后王氏，大赦。

五月，封后父奉車都尉王夔爲廣明鄉侯、光禄大夫，位特進，妻田氏爲宣陽鄉君。

《三國志》卷三三《後主傳》　六月，維復率衆出隴西。

《三國志》卷四八《三嗣主傳》　夏，大水。

《資治通鑑》卷七六　帝以李豐之死，意殊不平。安東將軍司馬昭鎮許昌，詔召之使擊姜維。九月，昭領兵入見，帝幸平樂觀以臨軍過。左右勸帝因昭辭殺之，勒兵以退大將軍，已書詔於前，帝懼，不敢發。

大將軍司馬景王將謀廢帝，以聞皇太后。

甲戌，太后令曰：「皇帝芳春秋已長，不親萬機，耽淫内寵，沈漫女德，日延倡優，縱其醜謔；迎六宫家人留止内房，毁人倫之敍，亂男女之節；恭孝日虧，悖慠滋甚，不可以承天緒，奉宗廟。使兼太尉高柔奉策，用一元大武告于宗廟，遣芳歸藩于齊，以避皇位。」是日遷居别宫，年二十三。使者持節送衛，營齊王宫於河内〔之〕重門，制度皆如藩國之禮。

《三國志》卷四八《三嗣主傳》　秋，吴侯英謀殺峻，覺，英自殺。

丁丑，令曰：「東海王霖，高祖文皇帝之子。霖之諸子，與國至親，高貴鄉公髦有大成之量，其以爲明皇帝嗣。」

魏高貴鄉公部（起公元二五四年，迄公元二六〇年）

《三國志》卷四《三少帝紀》 高貴鄉公諱髦，字彦士，文帝孫，東海定王霖子也。正始五年，封郯縣高貴鄉公。少好學，夙成。

正元元年、蜀漢延熙一七年、吴五鳳元年（甲戌、二五四）

《三國志》卷四《三少帝紀》 十月己丑，公至于玄武館，羣臣奏請舍前殿，公以先帝舊處，避止西廂；羣臣又請以法駕迎，公不聽。

庚寅，公入于洛陽，羣臣迎拜西掖門南，公下輿將答拜，儐者請曰：「儀不拜。」公曰：「吾人臣也。」遂答拜。至止車門下輿。左右曰：「舊乘輿入。」公曰：「吾被皇太后徵，未知所爲！」遂步至太極東堂，見于太后。其日即皇帝位於太極前殿，百僚陪位者欣欣焉。詔曰：「昔三祖神武聖德，應天受祚。齊王嗣位，肆行非度，顛覆厥德。皇太后深惟社稷之重，延納宰輔之謀，用替厥位，集大命于余一人。以眇眇之身，託于王公之上，夙夜祗畏，懼不能嗣守祖宗之大訓，恢中興之弘業，戰戰兢兢，如臨于谷。今羣公卿士股肱之輔，四方征鎮宣力之佐，皆積德累功，忠勤帝室；庶憑先祖先父有德之臣，左右小子，用保乂皇家，俾朕蒙闇，垂拱而治。蓋聞人君之道，德厚侔天地，潤澤施四海，先之以慈愛，示之以好惡，然後教化行於上，兆民聽於下。朕雖不德，昧於大道，思與宇内共臻兹路。《書》不云乎：『安民則惠，黎民懷之。』」大赦，改元。減乘輿服御，後宮用度，及罷尚方御府百工技巧靡麗無益之物。

壬辰，遣侍中持節分適四方，觀風俗，勞士民，察冤枉失職者。

癸巳，假大將軍司馬景王黄鉞，入朝不趨，奏事不名，劍履上殿。

戊戌，黄龍見于鄴井中。

甲辰，命有司論廢立定策之功，封爵、增邑、進位、班賜各有差。

《三國志》卷三三《後主傳》 拔狄道、河關、臨洮三縣民，居于綿竹、繁縣。

《三國志》卷四八《三嗣主傳》 十一月，星茀于北斗、牛。

正元二年、蜀漢延熙一八年、吴五鳳二年（乙亥、二五五）

《三國志》卷四《三少帝紀》 春正月乙丑，鎮東將軍毌丘儉、揚州刺史文欽反。

戊寅，大將軍司馬景王征之。

癸未，車騎將軍郭淮薨。

《三國志》卷四八《三嗣主傳》 閏月壬辰，峻及驃騎將軍吕據、左將軍留贊率兵襲壽春，軍及東興，聞欽等敗。

《三國志》卷四《三少帝紀》 己亥，破欽于樂嘉。欽遁走，遂奔吴。

《三國志》卷四八《三嗣主傳》 壬寅，兵進于橐皋，欽詣峻降，淮南餘衆數萬口來奔。魏諸葛誕入壽春，峻引軍還。

《三國志》卷四《三少帝紀》 甲辰，安風津都尉斬儉，傳首京都。

壬子，復特赦淮南士民諸爲儉、欽所詿誤者。以鎮南將軍諸葛誕爲鎮東大將軍。司馬景王薨于許昌。

二月丁巳，以衞將軍司馬文王爲大將軍，録尚書事。

甲子，吴大將孫峻等衆號十萬至壽春，諸葛誕拒擊破之，斬吴左將軍留贊，獻捷于京都。

《三國志》卷四八《三嗣主傳》 及魏將軍曹珍遇于高亭，交戰，珍敗績。留贊爲誕別將蔣班所敗于菰陂，贊及將軍孫楞、蔣脩等皆遇害。

《三國志》卷四《三少帝紀》 三月，立皇后卞氏，大赦。

《三國志》卷三三《後主傳》 春，姜維還成都。

《三國志》卷四八《三嗣主傳》 使鎮南將軍朱異襲安豐，不克。

《三國志》卷四《三少帝紀》 夏四月甲寅，封后父卞隆爲列侯。

甲戌，以征南大將軍王昶爲驃騎將軍。

《三國志》卷三三《後主傳》　夏，復率諸軍出狄道，與魏雍州刺史王經戰于洮西，大破之。經退保狄道城，維卻住鍾題。

《三國志》卷四《三少帝紀》　秋七月，以征東大將軍胡遵爲衛將軍，鎮東大將軍諸葛誕爲征東大將軍。

《三國志》卷四八《三嗣主傳》　將軍孫儀、張怡、林恂等謀殺峻，發覺，儀自殺，恂等伏辜。陽羨離里山大石自立。

《資治通鑑》卷七六　峻使衛尉馮朝城廣陵，功費甚衆，舉朝莫敢言，唯滕胤諫止之，峻不從，功卒不成。

《三國志》卷四《三少帝紀》　八月辛亥，蜀大將軍姜維寇狄道，雍州刺史王經與戰洮西，經大敗，還保狄道城。

辛未，以長水校尉鄧艾行安西將軍，與征西將軍陳泰并力拒維。

戊辰，復遣太尉司馬孚爲後繼。

九月庚子，講《尚書》業終，賜執經親授者司空鄭沖、侍中鄭小同等各有差。

甲辰，姜維退還。

冬十月，詔曰：「朕以寡德，不能式遏寇虐，乃令蜀賊陸梁邊陲。洮西之戰，至取負敗，將士死亡，計以千數，或没命戰場，冤魂不反，或牽掣虜手，流離異域，吾深痛愍，爲之悼心。其令所在郡典農及安撫夷二護軍各部大吏慰卹其門户，無差賦役一年；其力戰死事者，皆如舊科，勿有所漏。」

十一月甲午，以隴右四郡及金城，連年受敵，或亡叛投賊，其親戚留在本土者不安，皆特赦之。

癸丑，詔曰：「往者洮西之戰，將吏士民或臨陳戰亡，或沈溺洮水，骸骨不收，棄於原野，吾常痛之。其告征西、安西將軍，各令部人於戰處及水次鉤求屍喪，收斂藏埋，以慰存亡。」

《三國志》卷四八《三嗣主傳》　是歲大旱。

十二月，作太廟。以馮朝爲監軍使者，督徐州諸軍事，民饑，軍士怨畔。

甘露元年、蜀漢延熙一九年、吴太平元年（丙子、二五六）

《三國志》卷四《三少帝紀》　春正月辛丑，青龍見軹縣井中。

乙巳，沛王林薨。

《資治通鑑》卷七七　二月，丙辰，帝宴羣臣於太極東堂，與諸儒論夏少康、漢高祖優劣，以少康爲優。

《三國志》卷四八《三嗣主傳》　二月朔，建業火。峻用征北大將軍文欽計，將征魏。

《三國志》卷三三《後主傳》　春，進姜維位爲大將軍，督戎馬，與鎮西將軍胡濟期會上邽，濟失誓不至。

《三國志》卷四《三少帝紀》　夏四月庚戌，賜大將軍司馬文王衮冕之服，赤舄副焉。

《資治通鑑》卷七七　丙辰，帝幸太學，與諸儒論《書》、《易》及《禮》，諸儒莫能及。

《三國志》卷四《三少帝紀》　五月，鄴及上洛並言甘露降。

夏六月丙午，改元爲甘露。

乙丑，青龍見元城縣界井中。

秋七月己卯，衛將軍胡遵薨。

癸未，安西將軍鄧艾大破蜀大將姜維于上邽。詔曰：「兵未極武，醜虜摧破，斬首獲生，動以萬計，自頃戰克，無如此者。今遣使者犒賜將士，大會臨饗，飲宴終日，稱朕意焉。」

《資治通鑑》卷七七　姜維復率衆出祁山，聞鄧艾已有備，乃回，從董亭趣南安；艾據武城山以拒之。維與艾爭險不克，其夜，渡渭東行，緣山趣上邽，艾與戰於段谷，大破之。以艾爲鎮西將軍、都督隴右諸軍事。維與其鎮西大將軍胡濟期會上邽，濟失期不至，故敗，士卒星散，死者甚衆，蜀人由是怨維。維上書謝，求自貶黜，乃以衛將軍行大將軍事。

《三國志》卷四《三少帝紀》　八月庚午，命大將軍司馬文王加號大都督，奏事不名，假黄鉞。

癸酉，以太尉司馬孚爲太傅。

《三國志》卷四八《三嗣主傳》　八月，先遣欽及驃騎將軍呂據、車騎將軍劉纂、鎮南將軍朱異、前將軍唐咨軍自江都入淮、泗。

《三國志》卷四《三少帝紀》　九月，以司徒高柔爲太尉。

《三國志》卷四八《三嗣主傳》 丁亥，峻卒，以從弟偏將軍綝爲侍中、武衛將軍，領中外諸軍事，召還據等。據聞綝代峻，大怒。

己丑，大司馬吕岱卒。

壬辰，太白犯南斗。據、欽、咨等表薦衛將軍滕胤爲丞相，綝不聽。癸卯，更以胤爲大司馬，代吕岱駐武昌。據引兵還，欲討綝。綝遣使以詔書告喻欽、咨等，使取據。

《三國志》卷四《三少帝紀》 冬十月，以司空鄭沖爲司徒，尚書左僕射盧毓爲司空。

《三國志》卷四八《三嗣主傳》 丁未，遣孫憲及丁奉、施寬等以舟兵逆據於江都，遣將軍劉丞督步騎攻胤。胤兵敗夷滅。

己酉，大赦，改年。

辛亥，獲吕據於新州。

十一月，以綝爲大將軍、假節，封永寧侯。孫憲與將軍王惇謀殺綝，事覺，綝殺惇，迫憲令自殺。

十二月，使五官中郎將刁玄告亂于蜀。

《三國志》卷三三《後主傳》 是歲，立子瓚爲新平王。大赦。

甘露二年、蜀漢延熙二〇年、吴太平二年（丁丑、二五七）

《三國志》卷四《三少帝紀》 春二月，青龍見温縣井中。

《三國志》卷四八《三嗣主傳》 甲寅，大雨，震電。

乙卯，雪，大寒。以長沙東部爲湘東郡，西部爲衡陽郡，會稽東部爲臨海郡，豫章東部爲臨川郡。

《三國志》卷四《三少帝紀》 三月，司空盧毓薨。

夏四月癸卯，詔曰：「玄菟郡高顯縣吏民反叛，長鄭熙爲賊所殺。民王簡負擔熙喪，晨夜星行，遠致本州，忠節可嘉。其特拜簡爲忠義都尉，以旌殊行。」

甲子，以征東大將軍諸葛誕爲司空。

《三國志》卷四八《三嗣主傳》 亮臨正殿，大赦，始親政事。

《三國志》卷四《三少帝紀》 五月辛未，帝幸辟雍，會命羣臣賦詩。

乙亥，諸葛誕不就徵，發兵反，殺揚州刺史樂綝。

丙子，赦淮南將吏士民爲誕所詿誤者。

《資治通鑑》卷七七 司馬昭奉帝及太后討諸葛誕。

《三國志》卷四《三少帝紀》 丁丑，詔曰：「諸葛誕造爲凶亂，盪覆揚州。昔黥布逆叛，漢祖親戎，隗囂違戾，光武西伐，及烈祖明皇帝躬征吴、蜀，皆所以奮揚赫斯，震耀威武也。今宜皇太后與朕暫共臨戎，速定醜虜，時寧東夏。」

己卯，詔曰：「諸葛誕造構逆亂，迫脅忠義，平寇將軍臨渭亭侯龐會、騎督偏將軍路蕃，各將左右，斬門突出，忠壯勇烈，所宜嘉異。其進會爵鄉侯，蕃封亭侯。」

六月乙巳，詔：「吴使持節都督夏口諸軍事鎮軍將軍沙羡侯孫壹，賊之枝屬，位爲上將，畏天知命，深鑒禍福，翻然舉衆，遠歸大國，雖微子去殷，樂毅遁燕，無以加之。其以壹爲侍中車騎將軍、假節、交州牧、吴侯，開府辟召儀同三司，依古侯伯八命之禮，衮冕赤舄，事從豐厚。」

甲子，詔曰：「今車駕駐項，大將軍恭行天罰，前臨淮浦。昔相國大司馬征討，皆與尚書俱行，今宜如舊。」乃令散騎常侍裴秀、給事黄門侍郎鍾會咸與大將軍俱行。

《三國志》卷三三《後主傳》 聞魏大將軍諸葛誕據壽春以叛，姜維復率衆出駱谷，至芒水。

《三國志》卷四八《三嗣主傳》 使文欽、唐咨、全端等步騎三萬救誕。朱異自虎林率衆襲夏口，夏口督孫壹奔魏。

秋七月，綝率衆救壽春，次于鑊里，朱異至自夏口，綝使異爲前部督，與丁奉等將介士五萬解圍。

《三國志》卷四《三少帝紀》 八月，詔曰：「昔燕刺王謀反，韓誼等諫而死，漢朝顯登其子。諸葛誕創造凶亂，主簿宣隆、部曲督秦絜秉節守義，臨事固爭，爲誕所殺，所謂無比干之親而受其戮者。其以隆、絜子爲騎都尉，加以贈賜，光示遠近，以殊忠義。」

《三國志》卷四八《三嗣主傳》 會稽南部反，殺都尉。鄱陽、新都民爲亂，廷尉丁密、步兵校尉鄭胄、將軍鍾離牧率軍討之。

《三國志》卷四《三少帝紀》 九月，大赦。

《三國志》卷四八《三嗣主傳》 朱異以軍士乏食引還，綝大怒，九月朔己巳，殺異於鑊里。

辛未，綝自鑊里還建業。

甲申，大赦。

十一月，全緒子禕、儀以其母奔魏。

《三國志》卷四《三少帝紀》 十二月，吴大將全端、全懌等率衆降。

《三國志》卷三三《後主傳》 是歲大赦。

甘露三年、蜀漢景耀元年、吴永安元年（戊寅、二五八）

《三國志》卷四八《三嗣主傳》 春正月，諸葛誕殺文欽。

《三國志》卷四《三少帝紀》 二月，大將軍司馬文王陷壽春城，斬諸葛誕。

《資治通鑑》卷七七 漢姜維聞諸葛誕死，復還成都，復拜大將軍。

《三國志》卷四《三少帝紀》 三月，詔曰：「古者克敵，收其屍以爲京觀，所以懲昏逆而章武功也。漢孝武元鼎中，改桐鄉爲聞喜，新鄉爲獲嘉，以著南越之亡。大將軍親總六戎，營據丘頭，內夷羣凶，外殄寇虜，功濟兆民，聲振四海。克敵之地，宜有令名，其改丘頭爲武丘，明以武平亂，後世不忘，亦京觀二邑之義也。」

夏五月，命大將軍司馬文王爲相國，封晉公，食邑八郡，加之九錫，文王前後九讓乃止。

六月丙子，詔曰：「昔南陽郡山賊擾攘，欲劫質故太守東里衮，功曹應余獨身捍衮，遂免於難。余顛沛殞斃，殺身濟君。其下司徒，署余孫倫吏，使蒙伏節之報。」

辛卯，大論淮南之功，封爵行賞各有差。

《三國志》卷四八《三嗣主傳》 秋七月，封故齊王奮爲章安侯。詔州郡伐宮材。

《三國志》卷四《三少帝紀》 八月甲戌，以驃騎將軍王昶爲司空。

丙寅，詔曰：「夫養老興教，三代所以樹風化垂不朽也。必有三老、五更以崇至敬，乞言納誨，著在惇史，然後六合承流，下觀而化。宜妙簡德行，以充其選。關內侯王祥，履仁秉義，雅志淳固。關內侯鄭小同，温恭孝友，帥禮不忒。其以祥爲三老，小同爲五更。」車駕親率羣司，躬行古禮焉。

《三國志》卷四八《三嗣主傳》 自八月沈陰不雨四十餘日。亮以綝專恣，與太常全尚、將軍劉丞謀誅綝。

九月戊午，綝以兵取尚，遣弟恩攻殺丞於蒼龍門外，召大臣會宮門，黜亮爲會稽王，時年十六。

己未，孫綝使宗正孫楷與中書郎董朝迎休。休初聞問，意疑，楷、朝具述綝等所以奉迎本意，留一日二夜，遂發。

十月戊寅，行至曲阿，有老公干休叩頭曰：「事久變生，天下喁喁，願陛下速行。」休善之，是日進及布塞亭。武衛將軍恩行丞相事，率百僚以乘輿法駕迎於永昌亭，築宮，以武帳爲便殿，設御座。

己卯，休至，望便殿止住，使孫楷先見恩。楷還，休乘輦進，羣臣再拜稱臣。休升便殿，謙不即御坐，止東廂。户曹尚書前即階下讚奏，丞相奉璽符。休三讓，羣臣三請。休曰：「將相諸侯咸推寡人，寡人敢不承受璽符。」羣臣以次奉引，休就乘輿，百官陪位，綝以兵千人迎於半野，拜于道側，休下車答拜。即日，御正殿，大赦，改元。是歲，於魏甘露三年也。

壬午，詔曰：「夫褒德賞功，古今通義。其以大將軍綝爲丞相、荆州牧，增食五縣。武衛將軍恩爲御史大夫、衛將軍、中軍督，封縣侯。威遠將軍據爲右將軍、縣侯。偏將軍幹雜號將軍、亭侯。長水校尉張布輔導勤勞，以布爲輔義將軍，封永康侯。董朝親迎，封爲鄉侯。」又詔曰：「丹楊太守李衡，以往事之嫌，自拘有司。夫射鉤斬袪，在君爲君，遣衡還郡，勿令自疑。」

己丑，封孫晧爲烏程侯，晧弟德錢唐侯，謙永安侯。

十一月甲午，風四轉五復，蒙霧連日。綝一門五侯皆典禁兵，權傾人主，有所陳述，敬而不違，於是益恣。休恐其有變，數加賞賜。

丙申，詔曰：「大將軍忠款內發，首建大計以安社稷，卿士內外，咸贊其議，並有勳勞。昔霍光定計，百僚同心，無復是過。亟案前日與議定策告廟人名，依故事應加爵位者，促施行之。」

戊戌，詔曰：「大將軍掌中外諸軍事，事統煩多，其加衛將軍御史大夫恩侍中，與大將軍分省諸事。」

壬子，詔曰：「諸吏家有五人三人兼重爲役，父兄在都，子弟給郡縣吏，既出限米，軍出又從，至於家事無經護者，朕甚愍之。其有五人三人爲役，聽其父兄所欲留，爲留一人，除其米限，軍出不從。」又曰：「諸將吏奉迎陪位在永昌亭者，皆加位一級。」頃之，休聞綝逆謀，陰與張布圖計。

十二月戊辰臘，百僚朝賀，公卿升殿，詔武士縛綝，即日伏誅。

《資治通鑑》卷七七 己巳，吴主以張布爲中軍督。改葬諸葛恪、滕胤、吕據等，其罹恪等事遠徙者，一切召還。

《三國志》卷四八《三嗣主傳》 詔曰：「古者建國，教學爲先，所以道世治性，爲時養器也。自建興以來，時事多故，吏民頗以目前趨務，去本就末，不循古道。夫所尚不惇，則傷化敗俗。其案古置學官，立五經博士，核取應選，加其寵禄；科見吏之中及將吏子弟有志好者，各令就業。一歲課試，差其品第，加以位賞。使見之者樂其榮，聞之者羨其譽。以敦王化，以隆風俗。」

《三國志》卷三三《後主傳》 史官言景星見，於是大赦，改年。宦人黄皓始專政。

《三國志》卷四《三少帝紀》 是歲，青龍、黄龍仍見頓丘、冠軍、陽夏縣界井中。

甘露四年、蜀漢景耀二年、吴永安二年（己卯、二五九）

《三國志》卷四八《三嗣主傳》 春正月，黄龍二，見寧陵縣界井中。

三月，備九卿官，詔曰：「朕以不德，託于王公之上，夙夜戰戰，忘寢與食。今欲偃武修文，以崇大化。推此之道，當由士民之贍，必須農桑。《管子》有言：『倉廩實，知禮節；衣食足，知榮辱。』夫一夫不耕，有受其饑，一婦不織，有受其寒；饑寒並至而民不爲非者，未之有也。自頃年已來，州郡吏民及諸營兵，多違此業，皆浮船長江，賈作上下，良田漸廢，見穀日少，欲求大定，豈可得哉？亦由租入過重，農人利薄，使之然乎！今欲廣開田業，輕其賦税，差科彊羸，課其田畝，務令優均，官私得所，使家給户贍，足相供養，則愛身重命，不犯科法，然後刑罰不用，風俗可整。以羣僚之忠賢，若盡心於時，雖太古盛化，未可卒致，漢文升平，庶幾可及。及之則臣主俱榮，不及則損削侵辱，何可從容俯仰而已？諸卿尚書，可共咨度，務取便佳。田桑已至，不可後時。事定施行，稱朕意焉。」

《三國志》卷四《三少帝紀》 夏六月，司空王昶薨。

《三國志》卷三三《後主傳》 立子諶爲北地王，恂爲新興王，虔爲上黨王。

《三國志》卷四《三少帝紀》 秋七月，陳留王峻薨。

《華陽國志》卷七 八月丙子，領中護軍陳祗卒，謚曰忠侯。祗在朝上希主指，下接閹宦，後主甚善焉。以僕射南鄉侯董厥爲尚書令。

《三國志》卷四《三少帝紀》 冬十月丙寅，分新城郡，復置上庸郡。

十一月癸卯，車騎將軍孫壹爲婢所殺。

《資治通鑑》卷七七 是歲，以王基爲征南將軍，都督荊州諸軍事。

甘露五年、蜀漢景耀三年、吴永安三年（庚辰、二六〇）

《三國志》卷四《三少帝紀》 春正月朔，日有蝕之。

《三國志》卷四八《三嗣主傳》 三月，西陵言赤烏見。

《三國志》卷四《三少帝紀》 夏四月，詔有司率遵前命，復進大將軍司馬文王位爲相國，封晉公，加九錫。

五月己丑，高貴鄉公卒，年二十。

庚寅，太傅孚、大將軍文王、太尉柔、司徒沖稽首言：「伏見中令，故高貴鄉公悖逆不道，自陷大禍，依漢昌邑王罪廢故事，以民禮葬。臣等備位，不能匡救禍亂，式遏姦逆，奉令震悚，肝心悼慄。《春秋》之義，王者無外，而書『襄王出居于鄭』，不能事母，故絶之于位也。今高貴鄉公肆行不軌，幾危社稷，自取傾覆，人神所絶，葬以民禮，誠當舊典。然臣等伏惟殿下仁慈過隆，雖存大義，猶垂哀矜，臣等之心實有不忍，以爲可加恩以王禮葬之。」太后從之。

辛卯，羣公奏太后曰：「殿下聖德光隆，寧濟六合，而猶稱令，與藩國同。請自今殿下令書，皆稱詔制，如先代故事。」

癸卯，大將軍固讓相國、晉公、九錫之寵。太后詔曰：「夫有功不隱，《周易》大義，成人之美，古賢所尚，今聽所執，出表示外，以章公之謙光焉。」

戊申，大將軍文王上言：「高貴鄉公率將從駕人兵，拔刃鳴金鼓向臣所止；懼兵刃相接，即勑將士不得有所傷害，違令以軍法從事。騎督成倅弟太子舍人濟，橫入兵陳傷公，遂至隕命。輒收濟行軍法。臣聞人臣之節，有死無二，事上之義，不敢逃難。前者變故卒至，禍同發機，誠欲委身守死，唯命所裁。然惟本謀乃欲上危皇太后，傾覆宗廟。臣忝當大任，義在安國，懼雖身死，罪責彌重。欲遵伊、周之權，以安社稷之難，即駱驛申勑，不得迫近輦輿，而濟遽入陳間，以致大變。哀怛痛恨，五内摧裂，不知何地可以隕墜？科律大逆無道，父母妻子同産皆斬。濟凶戾悖逆，干國亂紀，罪不容誅。輒勑侍御史收濟家屬，付廷尉，結正其罪。」太后詔曰：「夫五刑之罪，莫大於不孝。夫人有子不孝，尚告治之，此兒豈復成人主邪？吾婦人不達大義，以謂濟不得便爲大逆也。然大將軍志意懇切，發言惻愴，故聽如所奏。當班下遠近，使知本末也。」

六月癸丑，詔曰：「古者人君之爲名字，難犯而易諱。今常道鄉公諱字甚難避，其朝臣博議改易，列奏。」

魏元帝部（起公元二六〇年，迄公元二六五年）

《三國志》卷四《三少帝紀》 陳留王諱奐，字景明，武帝孫，燕王宇子也。甘露三年，封安次縣常道鄉公。高貴鄉公卒，公卿議迎立公。

景元元年、蜀漢景耀三年、吴永安三年（庚辰、二六〇）

《三國志》卷四《三少帝紀》 六月甲寅，入于洛陽，見皇太后，是日即皇帝位于太極前殿，大赦，改年，賜民爵及穀帛各有差。

丙辰，進大將軍司馬文王位爲相國，封晉公，增封二郡，并前滿十，加九錫之禮，一如前詔；諸羣從子弟，其未有侯者皆封亭侯，賜錢千萬，帛萬匹，文王固讓乃止。

己未，故漢獻帝夫人節薨，帝臨于華林園，使使持節追謚夫人爲獻穆皇后。及葬，車服制度皆如漢氏故事。

癸亥，以尚書右僕射王觀爲司空。

《三國志》卷三三《後主傳》 秋九月，追謚故將軍關羽、張飛、馬超、龐統、黄忠。

《三國志》卷四八《三嗣主傳》 秋，用都尉嚴密議，作浦里塘。會稽郡謡言王亮當還爲天子，而亮宫人告亮使巫禱祠，有惡言。有司以聞，黜爲候官侯，遣之國。道自殺，衛送者伏罪。以會稽南部爲建安郡，分宜都置建平郡。

《資治通鑑》卷七七 冬十月，陽鄉肅侯王觀卒。

《三國志》卷四《三少帝紀》 十一月，燕王上表賀冬至，稱臣。

十二月甲申，黄龍見華陰縣井中。

甲午，以司隸校尉王祥爲司空。

景元二年、蜀漢景耀四年、吴永安四年（辛巳、二六一）

《三國志》卷三三《後主傳》 春三月，追謚故將軍趙雲。

《三國志》卷四《三少帝紀》 夏五月朔，日有食之。

《三國志》卷四八《三嗣主傳》 大雨，水泉涌溢。

秋七月，樂浪外夷韓、濊貊各率其屬來朝貢。

八月戊寅，趙王幹薨。

甲寅，復命大將軍進爵晉公，加位相國，備禮崇錫，一如前詔；又固辭乃止。

《三國志》卷四八《三嗣主傳》 遣光禄大夫周奕、石偉巡行風俗，察將吏清濁，民所疾苦，爲黜陟之詔。

九月，布山言白龍見。

《三國志》卷三三《後主傳》 冬十月，大赦。

《資治通鑑》卷七七 是歲，鮮卑索頭部大人拓跋力微始遣其子沙漠汗入貢，因留爲質。

景元三年、蜀漢景耀五年、吴永安五年（壬午、二六二）

《三國志》卷三三《後主傳》 春正月，西河王琮卒。

《三國志》卷四《三少帝紀》 二月，青龍見于軹縣井中。

《三國志》卷四八《三嗣主傳》 白虎門北樓災。

《三國志》卷四《三少帝紀》 夏四月，遼東郡言肅慎國遣使重譯入貢，獻其國弓三十張，長三尺五寸，楛矢長一尺八寸，石砮三百枚，皮骨鐵雜鎧二十領，貂皮四百枚。

《三國志》卷四八《三嗣主傳》 秋七月，始新言黄龍見。

八月壬午，大雨震電，水泉涌溢。

乙酉，立皇后朱氏。

戊子，立子璿爲太子，大赦。

《三國志》卷四《三少帝紀》 冬十月，蜀大將姜維寇洮陽，鎮西將軍鄧艾拒之，破維于侯和，維遁走。

《三國志》卷四八《三嗣主傳》 以衛將軍濮陽興爲丞相，廷尉丁密、光禄勳孟宗爲左右御史大夫。

《三國志》卷四《三少帝紀》 是歲，詔祀故軍祭酒郭嘉於太祖廟庭。

《三國志》卷四八《三嗣主傳》 是歲使察戰到交阯調孔爵、大豬。

景元四年、蜀漢炎興元年、吴永安六年（癸未、二六三）

《三國志》卷四《三少帝紀》 春二月，復命大將軍進位爵賜一如前詔，又固辭乃止。

《三國志》卷四八《三嗣主傳》 夏四月，泉陵言黄龍見。

《三國志》卷四《三少帝紀》 五月，詔曰：「蜀，蕞爾小國，土狹民寡，而姜維虐用其衆，曾無廢志；往歲破敗之後，猶復耕種沓中，刻剥衆羌，勞役無已，民不堪命。夫兼弱攻昧，武之善經，致人而不致於人，兵家之上略。蜀所恃賴，唯維而已，因其遠離巢窟，用力爲易。今使征西將軍鄧艾督帥諸軍，趣甘松、沓中以羅取維，雍州刺史諸葛緒督諸軍趣武都、高樓，首尾蹵討。若擒維，便當東西並進，掃滅巴蜀也。」

又命鎮西將軍鍾會由駱谷伐蜀。

《三國志》卷四八《三嗣主傳》 交阯郡吏吕興等反，殺太守孫諝。諝先是科郡上手工千餘人送建業，而察戰至，恐復見取，故興等因此扇動兵民，招誘諸夷也。

《三國志》卷三三《後主傳》 夏，魏大興徒衆，命征西將軍鄧艾、鎮西將軍鍾會、雍州刺史諸葛緒數道並攻。於是遣左右車騎將軍張翼、廖化、輔國大將軍董厥等拒之。大赦。改元爲炎興。

《資治通鑑》卷七八 秋八月，軍發洛陽，大賚將士，陳師誓衆。將軍鄧敦謂蜀未可討，司馬昭斬以徇。

《三國志》卷四《三少帝紀》 九月，太尉高柔薨。

冬十月甲寅，復命大將軍進位爵賜一如前詔。

《三國志》卷四八《三嗣主傳》 蜀以魏見伐來告。癸未，建業石頭小城火，燒西南百八十丈。甲申，使大將軍丁奉督諸軍向魏壽春，將軍留平別詣施績於南郡，議兵所向，將軍丁封、孫異如沔中，皆救蜀。蜀主劉禪降魏問至，然後罷。

《三國志》卷四《三少帝紀》 癸卯，立皇后卞氏。

十一月，大赦。

是月，蜀主劉禪詣艾降，巴蜀皆平。

十二月庚戌，以司徒鄭沖爲太保。

壬子，分益州爲梁州。

癸丑，特赦益州士民，復除租賦之半五年。

乙卯，以征西將軍鄧艾爲太尉，鎮西將軍鍾會爲司徒。皇太后崩。

《三國志》卷四八《三嗣主傳》 吕興既殺孫諝，使使如魏，請太守及兵。丞相興建取屯田萬人以爲兵。分武陵爲天門郡。

咸熙元年、吴元興元年（甲申、二六四）

《三國志》卷四《三少帝紀》 春正月壬戌，檻車徵鄧艾。

甲子，行幸長安。

壬申，使使者以璧幣祀華山。

《三國志》卷四八《三嗣主傳》 大赦。

《三國志》卷四《三少帝紀》 是月，鍾會反于蜀，爲衆所討；鄧艾亦見殺。

二月辛卯，特赦諸在益土者。

《資治通鑑》卷七八 丙辰，車駕還洛陽。

《三國志》卷四《三少帝紀》 庚申，葬明元郭后。

《三國志》卷四八《三嗣主傳》 鎮軍將軍陸抗、撫軍將軍步協、征西將軍留平、建平太守盛曼，率衆圍蜀巴東守將羅憲。

《三國志》卷四《三少帝紀》 三月丁丑，以司空王祥爲太尉，征北將軍何曾爲司徒，尚書左僕射荀顗爲司空。

己卯，進晉公爵爲王，封十郡，并前二十。

丁亥，封劉禪爲安樂公。

《三國志》卷四八《三嗣主傳》　夏四月，魏將新附督王稚浮海入句章，略長吏貲財及男女二百餘口。將軍孫越徼得一船，獲三十人。

《三國志》卷四《三少帝紀》　五月庚申，相國晉王奏復五等爵。

甲戌，改年。

癸未，追命舞陽宣文侯爲晉宣王，舞陽忠武侯爲晉景王。

六月，鎮西將軍衛瓘上雍州兵于成都縣獲璧玉印各一，印文似「成信」字，依周成王歸禾之義，宣示百官，藏于相國府。

初，自平蜀之後，吴寇屯逼永安，遣荆、豫諸軍掎角赴救。七月，賊皆遁退。

《三國志》卷四八《三嗣主傳》　海賊破海鹽，殺司鹽校尉駱秀。使中書郎劉川發兵廬陵。豫章民張節等爲亂，衆萬餘人。魏使將軍胡烈步騎二萬侵西陵，以救羅憲，陸抗等引軍退。復分交州置廣州。

壬午，大赦。

癸未，休薨，時年三十，謚曰景皇帝。

是時蜀初亡，而交阯攜叛，國内震懼，貪得長君。左典軍萬彧昔爲烏程令，與晧相善，稱晧才識明斷，是長沙桓王之疇也，又加之好學，奉遵法度，屢言之於丞相濮陽興、左將軍張布。興、布説休妃太后朱，欲以晧爲嗣。朱曰：「我寡婦人，安知社稷之慮，苟吴國無隕，宗廟有賴可矣。」於是遂迎立晧，時年二十三。改元，大赦。是歲，於魏咸熙元年也。

《三國志》卷四《三少帝紀》　八月庚寅，命中撫軍司馬炎副貳相國事，以同魯公拜後之義。

癸巳，詔曰：「前逆臣鍾會構造反亂，聚集征行將士，劫以兵威，始吐姦謀，發言桀逆，逼脅衆人，皆使下議，倉卒之際，莫不驚慴。相國左司馬夏侯和、騎士曹屬朱撫時使在成都，中領軍司馬賈輔、郎中羊琇各參會軍事；和、琇、撫皆抗節不撓，拒會凶言，臨危不顧，詞指正烈。輔語散將王起，説『會姦逆凶暴，欲盡殺將士』，又云『相國已率三十萬衆西行討會』，欲以稱張形勢，感激衆心。起出，以輔言宣語諸軍，遂使將士益懷奮勵。宜加顯寵，以彰忠義。其進和、輔爵爲鄉侯，琇、撫爵關内侯。起宣傳輔言，告令將士，所宜賞異。其以起爲部曲將。」

癸卯，以衛將軍司馬望爲驃騎將軍。

《三國志》卷四八《三嗣主傳》　以上大將軍施績、大將軍丁奉爲左右大司馬，張布爲驃騎將軍，加侍中，諸增位班賞，一皆如舊。

《三國志》卷四《三少帝紀》　九月戊午，以中撫軍司馬炎爲撫軍大將軍。

辛未，詔曰：「吴賊政刑暴虐，賦斂無極。孫休遣使鄧句，勑交阯太守鎖送其民，發以爲兵。吴將吕興因民心憤怒，又承王師平定巴蜀，即糾合豪傑，誅除句等，驅逐太守長吏，撫和吏民，以待國命。九真、日南郡聞興去逆即順，亦齊心響應，與興協同。興移書日南州郡，開示大計，兵臨合浦，告以禍福；遣都尉唐譜等詣進乘縣，因南中都督護軍霍弋上表自陳。又交阯將吏各上表，言『興創造事業，大小承命。郡有山寇，入連諸郡，懼其計異，各有攜貳。權時之宜，以興爲督交阯諸軍事、上大將軍、定安縣侯，乞賜褒獎，以慰邊荒』。乃心款誠，形于辭旨。昔儀父朝魯，《春秋》所美；竇融歸漢，待以殊禮。今國威遠震，撫懷六合，方包舉殊裔，混一四表。興首向王化，舉衆稽服，萬里馳義，請吏帥職，宜加寵遇，崇其爵位。既使興等懷忠感悦，遠人聞之，必皆競勸。其以興爲使持節、都督交州諸軍事、南中大將軍，封定安縣侯，得以便宜從事，先行後上。」策命未至，興爲下人所殺。

《三國志》卷四八《三嗣主傳》　貶太后爲景皇后，追謚父和曰文皇帝，尊母何爲太后。

《三國志》卷四《三少帝紀》　冬十月丁亥，詔曰：「昔聖帝明王，静亂濟世，保大定功，文武殊塗，勳烈同歸。是故或舞干戚以訓不庭，或陳師旅以威暴慢。至于愛民全國，康惠庶類，必先修文教，示之軌儀，不得已然後用兵，此盛德之所同也。往者季漢分崩，九土顛覆，劉備、孫權乘間作禍。三祖綏寧中夏，日不暇給，遂使遺寇僭逆歷世。幸賴宗廟威靈，宰輔忠武，爰發四方，拓定庸、蜀，役不浹時，一征而克。自頃江表衰弊，政刑荒闇，巴、漢平定，孤危無援，交、荆、揚、越，靡然向風。今交阯僞將吕興已帥三郡，萬里歸命；武陵邑侯相嚴等糾合五縣，請爲臣妾；豫章廬陵山民舉衆叛吴，以助北將軍爲號。又孫休病死，主帥改易，國内乖違，人各有心。僞將施績，賊之名臣，懷疑自猜，深見忌惡。衆叛親離，莫有固志，自古及今，未有亡徵若此之甚。若六軍震曜，南臨江、漢，吴會之域必扶老攜幼以迎王師，必然之理也。然興動大衆，猶有勞費，宜告喻威德，開示仁信，使知順附和同之利。相國參軍事徐紹、水曹掾孫彧，昔在壽春，並見虜獲。紹本僞南陵督，才質開壯；彧，孫權支屬，忠良見事。其遣紹南還，以彧爲副，宣揚國命，告喻吴人，諸所示語，皆以事實，若其覺悟，不損征伐之計，蓋廟勝長算，自古之道也。其以紹兼散騎常侍，加奉車都尉，封都亭侯；彧兼給事黄門侍郎，賜爵關内侯。紹等所賜妾及男女家人在此者，悉聽自隨，以明國恩，不必使還，以開廣大信。」

丙午，命撫軍大將軍新昌鄉侯炎爲晉世子。

《三國志》卷四八《三嗣主傳》 封休太子𩅦爲豫章王，次子汝南王，次子梁王，次子陳王，立皇后滕氏。

晧既得志，麤暴驕盈，多忌諱，好酒色，大小失望。興、布竊悔之。或以譖晧，十一月，誅興、布。

十二月，孫休葬定陵。封后父滕牧爲高密侯，舅何洪等三人皆列侯。

是歲，魏置交阯太守之郡。

《三國志》卷四《三少帝紀》 是歲，罷屯田官以均政役，諸典農皆爲太守，都尉皆爲令長。勸募蜀人能内移者，給廩二年，復除二十歲。安彌、福禄縣各言嘉禾生。

咸熙二年、吴甘露元年（乙酉、二六五）

《三國志》卷四《三少帝紀》 春二月甲辰，朐䏰縣獲靈龜以獻，歸之于相國府。

庚戌，以虎賁張修昔於成都馳馬至諸營言鍾會反逆，以至没身，賜修弟倚爵關内侯。

《三國志》卷四八《三嗣主傳》 三月，晧遣使隨紹、彧報書曰：「知以高世之才，處宰輔之任，漸導之功，勤亦至矣。孤以不德，階承統緒，思與賢良共濟世道，而以壅隔未有所緣，嘉意允著，深用依依。今遣光禄大夫紀陟、五官中郎將弘璆宣明至懷。」紹行到濡須，召還殺之，徙其家屬建安，始有白紹稱美中國者故也。

《三國志》卷四《三少帝紀》 夏四月，南深澤縣言甘露降。

《三國志》卷四八《三嗣主傳》 蔣陵言甘露降，於是改年大赦。

《三國志》卷四《三少帝紀》 五月，詔曰：「相國晉王誕敷神慮，光被四海；震燿武功，則威蓋殊荒，流風邁化，則旁洽無外。愍卹江表，務存濟育，戢武崇仁，示以威德。文告所加，承風嚮慕，遣使納獻，以明委順，方寶纖珍，歡以效意。而王謙讓之至，一皆簿送，非所以慰副初附，從其款願也。孫晧諸所獻致，其皆還送，歸之于王，以協古義。」王固辭乃止。又命晉王冕十有二旒，建天子旌旗，出警入蹕，乘金根車、六馬，備五時副車，置旄頭雲罕，樂舞八佾，設鐘虡宫縣。進王妃爲王后，世子爲太子，王子、王女、王孫，爵命之號如舊儀。

癸未，大赦。

《三國志》卷四八《三嗣主傳》 秋七月，晧逼殺景后朱氏，亡不在正殿，於苑中小屋治喪，衆知其非疾病，莫不痛切。又送休四子於吴小城，尋復追殺大者二人。

《三國志》卷四《三少帝紀》 八月辛卯，相國晉王薨。

壬辰，晉太子炎紹封襲位，總攝百揆，備物典册，一皆如前。

是月，襄武縣言有大人見，長三丈餘，跡長三尺二寸，白髮，著黄單衣，黄巾，柱杖，呼民王始語云：「今當太平。」

九月乙未，大赦。

戊午，司徒何曾爲晉丞相。

癸亥，以驃騎將軍司馬望爲司徒，征東大將軍石苞爲驃騎將軍，征南大將軍陳騫爲車騎將軍。

乙亥，葬晉文王。

《三國志》卷四八《三嗣主傳》 九月，從西陵督步闡表，徙都武昌，御史大夫丁固、右將軍諸葛靚鎮建業。

《三國志》卷四《三少帝紀》 閏月庚辰，康居、大宛獻名馬，歸于相國府，以顯懷萬國致遠之勳。

《三國志》卷四八《三嗣主傳》 陟、璆至洛，遇晉文帝崩，十一月，乃遣還。晧至武昌，又大赦。以零陵南部爲始安郡，桂陽南部爲始興郡。

晉武帝部（起公元二六五年，迄公元二九〇年）

《讀史津逮》卷二《西晉》　世祖武皇帝，姓司馬，名炎，字安世，河内温縣人。楚漢間司馬卬之後。十三世而生祖懿，字仲達。爲漢丞相文學掾，尋轉主簿。魏篡位，以爲尚書，封安國鄉侯，後遷太尉、丞相、加九錫。伯師，字子元，沉毅有大畧，嗣爲大將軍、録尚書事。廢齊王，立高貴鄉公，無子。父昭，字子上，嗣位，弑高貴鄉公，立陳留王，封晉公，進爵爲王。魏咸熙二年乙酉八月，昭薨。帝嗣晉王位，十二月，篡魏，稱皇帝，改本年爲太始元年。追尊祖懿爲高祖宣皇帝，祖母張氏爲宣穆皇后。伯師爲景皇帝，伯母夏侯氏爲景懷皇后。父昭爲太祖文皇帝，母王氏爲文明皇太后。叔祖孚爲安平獻王，承魏王德，以金德王，都洛陽。太康元年，平吴，混一。改元四：泰始十、咸寧五、太康十、太熙一。在位二十六年。太熙元年庚戌四月崩，壽五十五，葬峻陽陵。

泰始元年、吴甘露元年（乙酉、二六五）

《資治通鑑》卷七九　十二月壬戌，魏帝禪位于晉；甲子，出舍于金墉城。太傅司馬孚拜辭，執帝手，流涕歔欷不自勝，曰：「臣死之日，固大魏之純臣也。」

丙寅，王即皇帝位。大赦，改元。

丁卯，奉魏帝爲陳留王，即宫于鄴。優崇之禮，皆倣魏初故事。魏氏諸王皆降爲侯。追尊宣王爲宣皇帝，景王爲景皇帝，文王爲文皇帝；尊王太后曰皇太后。封皇叔祖孚爲安平王，叔父幹爲平原王、亮爲扶風王、伷爲東莞王、駿爲汝陰王、肜爲梁王、倫爲琅邪王，弟攸爲齊王、鑒爲樂安王、機爲燕王；又封羣從司徒望等十七人皆爲王。以石苞爲大司馬，鄭沖爲太傅，王祥爲太保，何曾爲太尉，賈充爲車騎將軍，王沈爲驃騎將軍；其餘文武增位進爵有差。

《晉書》卷三《武帝紀》　戊辰，下詔大弘儉約，出御府珠玉玩好之物，頒賜王公以下各有差。置中軍將軍，以統宿衛七軍。

己巳，詔陳留王載天子旌旗，備五時副車，行魏正朔，郊祀天地，禮樂制度皆如魏舊，上書不稱臣。賜山陽公劉康、安樂公劉禪子弟一人爲駙馬都尉。

《資治通鑑》卷七九　乙亥，以安平王孚爲太宰，都督中外諸軍事。未幾，又以車騎將軍陳騫爲大將軍，與司徒義陽王望、司空荀顗，凡八公，同時並置。帝懲魏氏孤立之敝，故大封宗室，授以職任。又詔諸王皆得自選國中長吏；衛將軍齊王攸獨不敢，皆令上請。

詔除魏宗室禁錮，罷部曲將及長吏納質任。

《晉書》卷三《武帝紀》　是月，鳳凰六、青龍三、白龍二、麒麟各一見於郡國。

泰始二年、吴寶鼎元年（丙戌、二六六）

《資治通鑑》卷七九　初置諫官，以散騎常侍傅玄、皇甫陶爲之。

《晉書》卷三《武帝紀》　春正月丙戌，遣兼侍中侯史光等持節四方，循省風俗，除禳祝之不在祀典者。

丁亥，有司請建七廟，帝重其役，不許。

庚寅，罷雞鳴歌。

辛丑，尊景皇帝夫人羊氏曰景皇后，宫曰弘訓。

《資治通鑑》卷七九　丙午，立皇后弘農楊氏。后，魏通事郎文宗之女也。

羣臣奏：「五帝，即天帝也，王氣時異，故名號有五。自今明堂、南郊宜除五帝座。」從之。帝，王肅外孫也，故郊祀之禮，有司多從肅議。

《三國志》卷四八《三嗣主傳》　遣大鴻臚張儼、五官中郎將丁忠弔祭晉文帝。及還，儼道病死。忠説晧曰：「北方守戰之具不設，弋陽可襲而取。」晧訪羣臣，鎮西大將軍陸凱曰：「夫兵不得已而用之耳，且三國鼎立已來，更相侵伐，無歲寧居。今彊敵新并巴蜀，有兼土之實，而遣使求親，欲息兵役，不可謂其求援於我。今敵形勢方彊，而欲徼幸求勝，未見其利也。」車騎將軍劉纂曰：「天生五才，誰能去兵？譎詐相雄，有自來矣。若其有闕，庸可棄乎？宜遣閒諜，以觀其勢。」晧陰納纂言，且以蜀新平，故不行，然遂自絶。

《晉書》卷三《武帝紀》 二月，除漢宗室禁錮。

《資治通鑑》卷七九 己未，常山王衡薨。詔曰：「五等之封，皆録舊勳。本爲縣侯者傳封次子爲亭侯，鄉侯爲關内侯，亭侯爲關中侯，皆食本户十分之一。」

丁丑，郊祀宣皇帝以配天，宗祀文皇帝於明堂以配上帝。

庚午，詔曰：「古者百官，官箴王闕。然保氏特以諫諍爲職，今之侍中、常侍實處此位。擇其能正色弼違匡救不逮者，以兼此選。」

《資治通鑑》卷七九 夏五月，壬子，博陵元公王沈卒。

《晉書》卷三《武帝紀》 戊辰，詔曰：「陳留王操尚謙沖，每事輒表，非所以優崇之也。主者喻意，非大事皆使王官表上之。」

六月壬申，濟南王遂薨。

《資治通鑑》卷七九 丙午晦，日有食之。

《晉書》卷三《武帝紀》 秋七月辛巳，營太廟，致荆山之木，采華山之石，鑄銅柱十二，塗以黄金，鏤以百物，綴以明珠。

戊戌，譙王遜薨。

《資治通鑑》卷七九 八月，帝將謁崇陽陵，羣臣奏言，秋暑未平，恐帝悲感摧傷。帝曰：「朕得奉瞻山陵，體氣自佳耳。」又詔曰：「漢文不使天下盡哀，亦帝王至謙之志。當見山陵，何心無服！其議以衰絰從行。羣臣自依舊制。」尚書令裴秀奏曰：「陛下既除而復服，義無所依；若君服而臣不服，亦未之敢安也。」詔曰：「患情不能跂及耳，衣服何在！諸君勤勤之至，豈苟相違。」遂止。

《晉書》卷三《武帝紀》 丙辰，省右將軍官。

《資治通鑑》卷七九 戊辰，羣臣奏請易服復膳，詔曰：「每感念幽冥，而不得終苴絰之禮，況當食稻衣錦乎！適足激切其心，非所以相解也。朕本諸生家，傳禮來久，何至一旦便易此情於所天！相從已多，可試省孔子答宰我之言，無事紛紜也！」遂以疏素終三年。

《三國志》卷四八《三嗣主傳》 所在言得大鼎，於是改年，大赦。以陸凱爲左丞相，常侍萬彧爲右丞相。

《資治通鑑》卷七九 九月，詔：「自今雖詔有所欲，及已奏得可，而於事不便者，皆不可隱情。」

戊戌，有司奏：「大晉受禪於魏，宜一用前代正朔、服色，如虞遵唐故事。」從之。

冬十月丙午朔，日有食之。

《晉書》卷三《武帝紀》 丁未，詔曰：「昔舜葬蒼梧，農不易畝；禹葬成紀，市不改肆。上惟祖考清簡之旨，所徙陵十里内居人，動爲煩擾，一切停之。」

《三國志》卷四八《三嗣主傳》 永安山賊施但等聚衆數千人，劫晧庶弟永安侯謙出烏程，取孫和陵上鼓吹曲蓋。比至建業，衆萬餘人。丁固、諸葛靚逆之於牛屯，大戰，但等敗走。獲謙，謙自殺。分會稽爲東陽郡，分吴、丹楊爲吴興郡。以零陵北部爲邵陵郡。

《晉書》卷三《武帝紀》 十一月己卯，倭人來獻方物。並圜丘、方丘于南、北郊，二至之祀合於二郊。罷山陽公國督軍，除其禁制。

己丑，追尊景帝夫人夏侯氏爲景懷皇后。

辛卯，遷祖禰神主於太廟。

十二月，罷農官爲郡縣。

《三國志》卷四八《三嗣主傳》 晧還都建業，衛將軍滕牧留鎮武昌。

《晉書》卷三《武帝紀》 是歲，鳳凰六、青龍十、黄龍九、麒麟各一見於郡國。

泰始三年、吴寶鼎二年（丁亥、二六七）

《晉書》卷三《武帝紀》 春正月癸丑，白龍二見於弘農、澠池。

丁卯，立皇子衷爲皇太子。詔曰：「朕以不德，托于四海之上，兢兢祗畏，懼無以康濟寓内，思與天下式明王度，正本清源，於置胤樹嫡，非所先務。又近世每建太子，寬宥施惠之事，間不獲已，順從王公卿士之議耳。方今世運垂平，將陳之以德義，示之以好惡，使百姓蠲多幸之慮，篤終始之行，曲惠小仁，故無取焉。咸使知聞。」

《資治通鑑》卷七九 司隸校尉上黨李憙劾故立進令劉友、前尚書山濤、中山王睦、尚書僕射武陔各占官稻田，請免濤、睦等官，陔已亡，請貶其謚。詔曰：「友侵剥百姓以繆惑朝士，其考竟以懲邪佞。濤等不貳其過，皆勿有所問。憙亢志在公，當官而行，可謂邦之司直矣。光武有云：『貴戚且斂手以避二鮑。』其申敕羣僚，各慎所司，寬宥之恩，不可數遇也！」

帝以李憙爲太子太傅，徵犍爲李密爲太子洗馬。密以祖母老，固辭，許之。密與人交，每公議其得失而切責之，常言：「吾獨立於世，顧影無儔；然而不懼者，以無彼此於人故也。」

《晉書》卷三《武帝紀》　三月戊寅，初令二千石得終三年喪。

丁未，晝昏。罷武衛將軍官。以李憙爲太子太傅。太山石崩。

《三國志》卷四八《三嗣主傳》　春，大赦。右丞相萬彧上鎮巴丘。

《晉書》卷三《武帝紀》　夏四月戊午，張掖太守焦勝上言，氐池縣大柳谷口有玄石一所，白畫成文，實大晉之休祥，圖之以獻。詔以制幣告于太廟，藏之天府。

《資治通鑑》卷七九　秋七月，王祥以睢陵公罷。

《晉書》卷三《武帝紀》　八月，罷都護將軍，以其五署還光禄勳。

九月甲申，詔曰：「古者以德詔爵，以庸制禄，雖下士猶食上農，外足以奉公忘私，内足以養親施惠。今在位者，禄不代耕，非所以崇化之本也。其議增吏俸。」賜王公以下帛各有差。以太尉何曾爲太保，義陽王望爲太尉，司空荀顗爲司徒。

冬十月，聽士卒遭父母喪者，非在疆埸，皆得奔赴。

十二月，徙宗聖侯孔震爲奉聖亭侯。山陽公劉康來朝。禁星氣讖緯之學。

《三國志》卷四八《三嗣主傳》　夏六月，起顯明宮，冬十二月，晧移居之。

是歲，分豫章、廬陵、長沙爲安成郡。

泰始四年、吴寶鼎三年（戊子、二六八）

《晉書》卷三《武帝紀》　春正月辛未，以尚書令裴秀爲司空。

《資治通鑑》卷七九　丙戌，賈充等上所刊修律令。帝親自臨講，使尚書郎裴楷執讀。楷，秀之從弟也。侍中盧珽、中書侍郎范陽張華請抄新律死罪條目，懸之亭傳以示民；從之。

又詔河南尹杜預爲黜陟之課，預奏：「古者黜陟，擬議於心，不泥於法；末世不能紀遠而專求密微，疑心而信耳目，疑耳目而信簡書，簡書愈繁，官方愈僞。魏氏考課，即京房之遺意，其文可謂至密；然失於苛細，以違本體，故歷代不能通也。豈若申唐堯之舊制，取大捨小，去密就簡，俾之易從也！夫曲盡物理，神而明之，存乎其人；去人而任法，則以文傷理。莫若委任達官，各考所統，歲第其人，言其優劣。如此六載，主者總集，採按其言，六優者超擢，六劣者廢免，優多劣少者平敍，劣多優少者左遷。其間所封不鈞，品有難易，主者固當準量輕重，微加降殺，不足曲以法盡也。其有優劣徇情，不叶公論者，當委監司隨而彈之。若令上下公相容過，此爲清議六頹，雖有考課之法，亦無益也。」事竟不行。

丁亥，帝耕籍田於洛水之北。

《晉書》卷三《武帝紀》　戊子，詔曰：「古設象刑而衆不犯，今雖參夷而奸不絶，何德刑相去之遠哉！先帝深愍黎元，哀矜庶獄，乃命群后，考正典刑。朕守遺業，永惟保乂皇基，思與萬國以無爲爲政。方今陽春養物，東作始興，朕親率王公卿士耕籍田千畝。又律令既就，班之天下，將以簡法務本，惠育海内。宜寬有罪，使得自新，其大赦天下。長吏、郡丞、長史各賜馬一匹。」

二月庚子，增置山陽公國相、郎中令、陵令、雜工宰人、鼓吹車馬各有差。罷中軍將軍，置北軍中候官。

甲寅，以東海劉儉有至行，拜爲郎。以中軍將軍羊祜爲尚書左僕射，東莞王伷尚書右僕射。

《三國志》卷四八《三嗣主傳》　以左右御史大夫丁固、孟仁爲司徒、司空。

《資治通鑑》卷七九　三月戊子，皇太后王氏殂。帝居喪之制，一遵古禮。

夏，四月，戊戌，睢陵元公王祥卒，門無雜弔之賓。

己亥，葬文明皇后。有司又奏：「既虞，除衰服。」詔曰：「受終身之愛而無數年之報，情所不忍也。」有司固請，詔曰：「患在不能篤孝，勿以毁傷爲憂。前代禮典，質文不同，何必限以近制，使達喪闕然乎！」羣臣請不已，乃許之；然猶素冠疏食以終三年，如文帝之喪。

《晉書》卷三《武帝紀》 罷振威、揚威護軍官。置左右積弩將軍。

六月甲申朔，詔曰：「郡國守相，三載一巡行屬縣，必以春，此古者所以述職宣風展義也。見長吏，觀風俗，協禮律，考度量，存問耆老，親見百年。録囚徒，理冤枉，詳察政刑得失，知百姓所患苦。無有遠近，便若朕親臨之。敦喻五教，勸務農功，勉勵學者。思勤正典，無爲百家庸末，致遠必泥。士庶有好學篤道，孝悌忠信，清白異行者，舉而進之；有不孝敬于父母，不長悌於族黨，悖禮棄常，不率法令者，糾而罪之。田疇辟，生業修，禮教設，禁令行，則長吏之能也。人窮匱，農事荒，奸盜起，刑獄煩，下陵上替，禮義不興，斯長吏之否也。若長吏在官公廉，慮不及私，正色直節，不飾名譽者，及身行貪穢，諂黷求容，公節不立，而私門日富者，並謹察之。揚清激濁，舉善彈違，此朕所以垂拱總綱，責成於良二千石也。於戲戒哉！」

《資治通鑑》卷七九 秋，七月，衆星西流如雨而隕。

《晉書》卷三《武帝紀》 戊午，遣使者侯史光循行天下。

《資治通鑑》卷七九 己卯，帝謁崇陽陵。

《晉書》卷三《武帝紀》 九月，青、徐、兖、豫四州大水，伊洛溢，合於河，開倉以振之。詔曰：「雖詔有所欲，及奏得可而於事不便者，皆不可隱情。」

《三國志》卷四八《三嗣主傳》 晧出東關，丁奉至合肥。

《資治通鑑》卷七九 大司馬石苞久在淮南，威惠甚著。淮北監軍王琛惡之，密表苞與吴人交通。會吴人將入寇，苞築壘遏水以自固，帝疑之。羊祜深爲帝言：「苞必不然。」帝不信，乃下詔以苞不料賊勢，築壘遏水，勞擾百姓，策免其官，義陽王望帥大軍以徵之。苞辟河内孫鑠爲掾，鑠先與汝陰王駿善，駿時鎮許昌，鑠過見之。駿知臺已遣軍襲苞，私告之曰：「無與於禍！」鑠既出，馳詣壽春，勸苞放兵，步出都亭待罪，苞從之。帝聞之，意解，苞詣闕，以樂陵公還第。

《晉書》卷三《武帝紀》 冬十月，吴將施績入江夏，萬郁寇襄陽。遣太尉義陽王望屯龍陂。荆州刺史胡烈擊敗郁。吴將顧容寇鬱林，太守毛炅大破之，斬其交州刺史劉俊、將軍修則。

十一月，吴將丁奉等出芍陂，安東將軍汝陰王駿與義陽王望擊走之。

己未，詔王公卿尹及郡國守相，舉賢良方正直言之士。

《資治通鑑》卷七九 以義陽王望爲大司馬，荀顗爲太尉，石苞爲司徒。

《晉書》卷三《武帝紀》 十二月，班五條詔書於郡國：一曰正身，二曰勤百姓，三曰撫孤寡，四曰敦本息末，五曰去人事。

庚寅，帝臨聽訟觀，録廷尉洛陽獄囚，親平決焉。

扶南、林邑各遣使來獻。

泰始五年、吴建衡元年（己丑、二六九）

《晉書》卷三《武帝紀》 春正月癸巳，申戒郡國計吏守相令長，務盡地利，禁游食商販。

丙申，帝臨聽訟觀，録囚徒，多所原遣。

青龍二見於滎陽。

《資治通鑑》卷七九 吴主立子瑾爲皇太子。

二月，分雍、涼、梁州置秦州。以胡烈爲刺史。先是，鄧艾納鮮卑降者數萬，於雍、涼之間，與民雜居，朝廷恐其久而爲患，以烈素著名於西方，故使鎮撫之。

《晉書》卷三《武帝紀》 辛巳，白龍二見於趙國。青、徐、兖三州水，遣使振恤之。

丁亥，詔曰：「古者歲書群吏之能否，三年而誅賞之。諸令史前後，但簡遣疏劣，而無有勸進，非黜陟之謂也。其條勤能有稱尤異者，歲以爲常。吾將議其功勞。」

《資治通鑑》卷七九 帝有滅吴之志。壬寅，以尚書左僕射羊祜都督荆州諸軍事，鎮襄陽；征東大將軍衛瓘都督青州諸軍事，鎮臨菑；鎮東大將軍東莞王伷都督徐州諸軍事，鎮下邳。

濟陰太守巴西文立上言：「故蜀之名臣子孫流徙中國者，宜量才叙用，以慰巴、蜀之心，以傾吴人之望。」帝從之。己未，詔曰：「諸葛亮在蜀，盡其心力，其子瞻臨難而死義，其孫京宜隨才署吏。」又詔曰：「蜀將傅僉父子，死於其主。天下之善一也，豈由彼此以爲異哉！僉息著、募没入奚官，宜免爲庶人。」

《晉書》卷三《武帝紀》 夏四月，地震。

五月辛卯朔，鳳皇見于趙國。曲赦交阯、九真、日南五歲刑。

六月，鄴奚官督郭廙上疏陳五事以諫，言甚切直，擢爲屯留令。

西平人麴路伐登聞鼓，言多祆謗，有司奏棄市。帝曰：「朕之過也。」捨而不問。

罷鎮軍將軍，復置左右將軍官。

秋七月，延群公，詢讜言。

《資治通鑑》卷七九 九月，有星孛于紫宫。

《晉書》卷三《武帝紀》 冬十月丙子，以汲郡太守王宏有政績，賜穀千斛。

《三國志》卷四八《三嗣主傳》 十月，改年，大赦。

《晉書》卷三《武帝紀》 十一月，追封謚皇弟兆爲城陽哀王，以皇子景度嗣。

《三國志》卷四八《三嗣主傳》 左丞相陸凱卒。遣監軍虞汜、威南將軍薛珝、蒼梧太守陶璜由荆州，監軍李勗、督軍徐存從建安海道，皆就合浦擊交阯。

《晉書》卷三《武帝紀》 十二月，詔州郡舉勇猛秀異之才。

《資治通鑑》卷七九 有司奏東宫施敬二傅，其儀不同。帝曰：「夫崇敬師傅，所以尊道重教也，何言臣不臣乎！ 其令太子申拜禮。」

泰始六年、吴建衡二年（庚寅，二七〇）

《晉書》卷三《武帝紀》 春正月丁亥朔，帝臨軒，不設樂。

吴將丁奉入渦口，揚州刺史牽弘擊走之。

《三國志》卷四八《三嗣主傳》 春，萬彧還建業。李勗以建安道不通利，殺導將馮斐，引軍還。

三月，天火燒萬餘家，死者七百人。

《晉書》卷三《武帝紀》 赦五歲刑已下。

夏四月，白龍二見於東莞。

《三國志》卷四八《三嗣主傳》 左大司馬施績卒。殿中列將何定曰：「少府李勗枉殺馮斐，擅撤軍還。」勗及徐存家屬皆伏誅。

《晉書》卷三《武帝紀》 五月，立壽安亭侯承爲南宫王。

《資治通鑑》卷七九 六月戊午，胡烈討鮮卑禿髮樹機能於萬斛堆，兵敗，被殺。都督雍、凉州諸軍事扶風王亮遣將軍劉旂救之，旂觀望不進。亮坐貶爲平西將軍，旂當斬。亮上言：「節度之咎，由亮而出，乞丐其死。」詔曰：「若罪不在旂，當有所在。」乃免亮官。

遣尚書樂陵石鑒行安西將軍，都督秦州諸軍事，討樹機能。樹機能兵盛，鑒使秦州刺史杜預出兵擊之。預以虜乘勝馬肥，而官軍縣乏，宜并力大運芻糧，須春進討。鑒奏預稽乏軍興，檻車徵詣廷尉，以贖論。既而鑒討樹機能，卒不能克。

《晉書》卷三《武帝紀》 秋七月丁酉，復隴右五郡遇寇害者租賦，不能自存者廩貸之。

乙巳，城陽王景度薨。詔曰：「自泰始以來，大事皆撰録秘書，寫副。後有其事，輒宜綴集以爲常。」

《資治通鑑》卷七九 丁未，以汝陰王駿爲鎮西大將軍，都督雍、凉等州諸軍事，鎮關中。

《三國志》卷四八《三嗣主傳》 九月，何定將兵五千人上夏口獵。都督孫秀奔晉。

《晉書》卷三《武帝紀》 大宛獻汗血馬，焉耆來貢方物。

冬十一月，幸辟雍，行鄉飲酒之禮，賜太常博士、學生帛牛酒各有差。

立皇子東爲汝南王。

十二月，吴夏口督、前將軍孫秀帥衆來奔，拜驃騎將軍、開府儀同三司，封會稽公。

戊辰，復置鎮軍官。

《資治通鑑》卷七九 初，魏人居南匈奴五部於并州諸郡，與中國民雜居，自謂其先漢氏外孫，因改姓劉氏。

《三國志》卷四八《三嗣主傳》 是歲，大赦。

泰始七年、吴建衡三年(辛卯、二七一)

《晉書》卷三《武帝紀》　春正月丙午，皇太子冠，賜王公以下帛各有差。

匈奴帥劉猛叛出塞。

《資治通鑑》卷七九　豫州刺史石鑒坐擊吴軍虚張首級，詔曰：「鑒備大臣，吾所取信，而乃下同爲詐，義得今遺歸田里，終身不得復用。」

吴人刁玄詐增讖文曰：「黄旗紫蓋，見於東南，終有天下者，荆、揚之君。」吴主信之。是月晦，大舉兵出華里，載太后、皇后及後宫數千人，從牛渚西上。東觀令華覈等固諫，不聽。行遇大雪，道塗陷壞，兵士被甲持仗，百人共引一車，寒凍殆死，皆曰：「若遇敵，便當倒戈。」吴主聞之，乃還。帝遣義陽王望統中軍二萬、騎三千屯壽春以備之。聞吴師退，乃罷。

三月，丙戌，鉅鹿元公裴秀卒。

《晉書》卷三《武帝紀》　癸巳，以中護軍王業爲尚書左僕射，高陽王圭爲尚書右僕射。孫秀部將何崇帥衆五千人來降。

夏四月，九真太守董元爲吴將虞汜所攻，軍敗，死之。

北地胡寇金城，凉州刺史牽弘討之。群虜内叛，圍弘于青山，弘軍敗，死之。

五月，立皇子憲爲城陽王。雍、梁、秦三州饑，赦其境内殊死以下。

閏月，大雩，太官減膳。詔交趾三郡、南中諸郡，無出今年户調。

六月，詔公卿以下舉將帥各一人。

辛丑，大司馬義陽王望薨。大雨霖，伊、洛、河溢，流居人四千餘家，殺三百餘人，有詔振貸給棺。

秋七月癸酉，以車騎將軍賈充爲都督秦、凉二州諸軍事。吴將陶璜等圍交趾，太守楊稷與郁林太守毛炅及日南等三郡降於吴。

八月丙戌，以征東大將軍衛瓘爲征北大將軍、都督幽州諸軍事。丙申，城陽王憲薨。分益州之南中四郡置寧州，曲赦四郡殊死已下。

冬十月丁丑，日有蝕之。

十一月丁巳，衛公姬署薨。

《資治通鑑》卷七九　劉猛寇并州，并州刺史劉欽擊破之。

《晉書》卷三《武帝紀》　十二月，大雪。罷中領軍，並北軍中候。以光禄大夫鄭袤爲司空。

《資治通鑑》卷七九　是歲，安樂思公劉禪卒。

《三國志》卷四八《三嗣主傳》　是歲，汜、璜破交阯，禽殺晉所置守將，九真、日南皆還屬。大赦，分交阯爲新昌郡。諸將破扶嚴，置武平郡。以武昌督范慎爲太尉。右大司馬丁奉、司空孟仁卒。西苑言鳳凰集，改明年元。

泰始八年、吴鳳皇元年(壬辰、二七二)

《資治通鑑》卷七九　春，正月，監軍何楨討劉猛，屢破之。潛以利誘其左部帥李恪，恪殺猛以降。

《晉書》卷三《武帝紀》　癸亥，帝耕于籍田。

二月乙亥，禁雕文綺組非法之物。

《資治通鑑》卷七九　辛卯，皇太子納賈妃。妃年十五，長於太子二歲，妬忌多權詐，太子嬖而畏之。

壬辰，安平獻王孚卒，年九十三。孚性忠慎，宣帝執政，孚常自退損。後逢廢立之際，未嘗預謀；景、文二帝以孚屬尊，亦不敢逼。及帝即位，恩禮尤重。元會，詔孚乘輿上殿，帝於阼階迎拜。既坐，親奉觴上壽，如家人禮。帝每拜，孚跪而止之。孚雖見尊寵，不以爲榮，常有憂色。臨終，遺令曰：「有魏貞士河内司馬孚字叔達，不伊不周，不夷不惠，立身行道，終始若一。當衣以時服，斂以素棺。」詔賜東園温明祕器，諸所施行，皆依漢東平獻王故事；其家遵孚遺旨，所給器物，一不施用。

《晉書》卷三《武帝紀》　詔内外群官舉任邊郡者各三人。帝與右將軍皇甫陶論事，陶與帝爭言，散騎常侍鄭徽表請罪之。帝曰：「讜言謇諤，所望於左右也。人主常以阿媚爲患，豈以爭臣爲損哉！徽越職妄奏，豈朕之意。」遂免徽官。

夏四月，置後將軍，以備四軍。

六月，益州牙門張弘誣其刺史皇甫晏反，殺之，傳首京師。弘坐伏誅，夷三族。

壬辰，大赦。

丙申，詔復隴右四郡遇寇害者田租。

《資治通鑑》卷七九　秋七月，以賈充爲司空，侍中、尚書令、領兵如故。充與侍中任愷皆爲帝所寵任，充欲專名勢而忌愷，於是朝士各有所附，朋黨紛然。帝知之，召充、愷宴於式乾殿而謂之曰：「朝廷宜壹，大臣當和。」充、愷等各拜謝。既而充、愷以帝已知而不責，愈無所憚，外相崇重，内怨益深。充乃薦愷爲吏部尚書，愷侍覲轉希；充因與荀勗、馮紞承間共譖之，愷由是得罪，廢於家。

《晉書》卷三《武帝紀》　九月，吴西陵督步闡來降，拜衛將軍、開府儀同三司，封宜都公。吴將陸抗攻闡，遣車騎將軍羊祜帥衆出江陵，荆州刺史楊肇迎闡於西陵，巴東監軍徐胤擊建平以救闡。

《三國志》卷四八《三嗣主傳》　遣樂鄉都督陸抗圍取闡，闡衆悉降。闡及同計數十人皆夷三族。大赦。

《資治通鑑》卷七九　吴主既克西陵，自謂得天助，志益張大，使術士尚廣筮取天下，對曰：「吉。庚子歲，青蓋當入洛陽。」吴主喜，不修德政，專爲兼并之計。

冬，十月，辛未朔，日有食之。

敦煌太守尹璩卒。凉州刺史楊欣表敦煌令梁澄領太守。功曹宋質輒廢澄，表議郎令狐豐爲太守。楊欣遣兵擊之，爲質所敗。

賈充與朝士宴飲，河南尹庾純醉，與充爭言。充曰：「父老，不歸供養，卿爲無天地！」純曰：「高貴鄉公何在？」充慚怒，上表解職；純亦上表自劾。詔免純官，仍下五府正其臧否。石苞以爲純榮官忘親，當除名；齊王攸等以爲純於禮律未有違。詔從攸議，復以純爲國子祭酒。

羊祜歸自江陵，務修德信以懷吴人。每交兵，刻日方戰，不爲掩襲之計。將帥有欲進譎計者，輒飲以醇酒，使不得言。祜出軍行吴境，刈穀爲糧，皆計所侵，送絹償之。每會衆江、沔遊獵，常止晉地，若禽獸先爲吴人所傷而爲晉兵所得者，皆送還之。於是吴邊人皆悦服。

《三國志》卷四八《三嗣主傳》　是歲右丞相萬彧被譴憂死，徙其子弟於廬陵。何定姦穢發聞，伏誅。皓以其惡似張布，追改定名爲布。

泰始九年、吴鳳皇二年（癸巳、二七三）

《資治通鑑》卷八〇　春正月辛酉，密陵元侯鄭袤卒。

二月，癸巳，樂陵武公石苞卒。

三月，立皇子祗爲東海王。

《三國志》卷四八《三嗣主傳》　以陸抗爲大司馬。司徒丁固卒。

《資治通鑑》卷八〇　夏四月戊辰朔，日有食之。

初，鄧艾之死，人皆冤之，而朝廷無爲之辨者。及帝即位，議郎敦煌段灼上疏曰：「鄧艾心懷至忠而荷反逆之名，平定巴、蜀而受三族之誅；艾性剛急，矜功伐善，不能協同朋類，故莫肯理之。臣竊以爲艾本屯田掌犢人，寵位已極，功名已成，七十老公，復何所求。正以劉禪初降，遠郡未附，矯令承制，權安社稷。鍾會有悖逆之心，畏艾威名，因其疑似，搆成其事。艾被詔書，即遣强兵，束身就縛，不敢顧望，誠知奉見先帝，必無當死之理也。會受誅之後，艾官屬將吏，愚戇相聚，自共追艾，破壞檻車，解其囚執；艾在困地，狼狽失據，未嘗與腹心之人有平素之謀，獨受腹背之誅，豈不哀哉！陛下龍興，闡弘大度，謂可聽艾歸葬舊墓，還其田宅，以平蜀之功繼封其後，使艾闔棺定謚，死無所恨，則天下徇名之士，思立功之臣，必投湯火，樂爲陛下死矣！」帝善其言而未能從。會帝問給事中樊建以諸葛亮之治蜀，曰：「吾獨不得如亮者而臣之乎？」建稽首曰：「陛下知鄧艾之冤而不能直，雖得亮，得無如馮唐之言乎！」帝笑曰：「卿言起我意。」乃以艾孫朗爲郎中。

《晉書》卷三《武帝紀》　五月，旱。以太保何曾領司徒。

《資治通鑑》卷八〇　六月乙未，東海王祗卒。

《晉書》卷三《武帝紀》　秋七月丁酉朔，日有蝕之。

吴將魯淑圍弋陽，征虜將軍王渾擊敗之。

罷五官左右中郎將、弘訓太僕、衛尉、大長秋等官。

鮮卑寇廣寧，殺略五千人。

《資治通鑑》卷八〇　詔選公卿以下女備六宫，有蔽匿者以不敬論；采擇未畢，權禁天下嫁娶。帝使楊后擇之，后惟取潔白長大而捨其美者。帝愛卞氏女，欲留之。后曰：「卞氏三世后族，不可屈以卑位。」帝怒，乃自擇之，中選者以絳紗繫臂，公卿之女爲三夫人、九嬪，二千石、將、校女補良人以下。

《三國志》卷四八《三嗣主傳》　九月，改封淮陽爲魯，東平爲齊，又封陳留、章陵等九王，凡十一王，王給三千兵。大赦。皓愛妾或使人至市劫奪百姓財物，司市中郎將陳聲，素皓幸臣也，恃皓寵遇，繩之以法。妾以愬皓，皓大怒，假他事燒鋸斷聲頭，投其身於四望之下。

《晉書》卷三《武帝紀》　冬十月辛巳，制女年十七父母不嫁者，使長吏配之。

十一月丁酉，臨宣武觀大閱諸軍，甲辰乃罷。

《資治通鑑》卷八〇　是歲，鄭沖以壽光公罷。

《三國志》卷四八《三嗣主傳》　是歲，太尉范慎卒。

泰始一〇年、吴鳳皇三年（甲午、二七四）

《資治通鑑》卷八〇　春，正月，乙未，日有食之。

《晉書》卷三《武帝紀》　辛亥，帝耕于籍田。

《資治通鑑》卷八〇　閏月，癸酉，壽光成公鄭沖卒。

《晉書》卷三《武帝紀》　己卯，高陽王珪薨。

庚辰，太原王瓌薨。

丁亥，詔曰：「嫡庶之别，所以辨上下，明貴賤。而近世以來，多皆内寵，登妃后之職，亂尊卑之序。自今以後，皆不得登用妾媵以爲嫡正。」

二月，分幽州五郡置平州。

《資治通鑑》卷八〇　三月，癸亥，日有食之。

詔又取良家及小將吏女五千人入宫選之，母子號哭於宫中，聲聞於外。

夏，四月，己未，臨淮康公荀顗卒。

《晉書》卷三《武帝紀》　六月癸巳，臨聽訟觀録囚徒，多所原遣。

是夏，大蝗。

《三國志》卷四八《三嗣主傳》　會稽妖言章安侯奮當爲天子。臨海太守奚熙與會稽太守郭誕書，非論國政。誕但白熙書，不白妖言，送付建安作船。遣三郡督何植收熙，熙發兵自衛，斷絶海道。熙部曲殺熙，送首建業，夷三族。

《資治通鑑》卷八〇　秋七月丙寅，皇后楊氏殂。初，帝以太子不慧，恐不堪爲嗣，常密以訪后，后曰：「立子以長不以賢，豈可動也！」鎮軍大將軍胡奮女爲貴嬪，有寵於帝，后疾篤，恐帝立貴嬪爲后，致太子不安，枕帝膝泣曰：「叔父駿女芷有德色，願陛下以備六宫。」帝流涕許之。

《晉書》卷三《武帝紀》　壬午，吴平虜將軍孟泰、偏將軍王嗣等帥衆降。

《三國志》卷四八《三嗣主傳》　遣使者二十五人分至州郡，科出亡叛。大司馬陸抗卒。

《資治通鑑》卷八〇　以前太常山濤爲吏部尚書。

《晉書》卷三《武帝紀》　八月，凉州虜寇金城諸郡，鎮西將軍、汝陰王駿討之，斬其帥乞文泥等。

《資治通鑑》卷八〇　戊申，葬元皇后于峻陽陵。帝及羣臣除喪即吉，博士陳逵議，以爲「今時所行，漢帝權制；太子無有國事，自宜終服」。尚書杜預以爲「古者天子、諸侯三年之喪，始同齊、斬，既葬除服，諒闇以居，心喪終制。故周公不言高宗服喪三年而云諒闇，此服心喪之文也；叔向不譏景王除喪而譏其宴樂已早，明既葬應除，而違諒闇之節也。之於禮，存諸内而已；禮非玉帛之謂，喪豈衰麻之謂乎！太子出則撫軍，守則監國，不爲無事，宜卒哭除衰麻，而以諒闇終三年。」帝從之。

《晉書》卷三《武帝紀》　九月癸亥，以大將軍陳騫爲太尉。攻拔吴枳里城，獲吴立信校尉莊祐。吴將孫遵、李承帥衆寇江夏，太守嵇喜擊破之。立河橋于富平津。

冬十一月，立城東七里澗石橋。

庚午，帝臨宣武觀，大閱諸軍。

十二月，有星孛于軫。置藉田令。

立太原王子緝爲高陽王。

吴威北將軍嚴聰、揚威將軍嚴整、偏將軍朱買來降。

是歲，鑿陝南山，決河，東注洛，以通運漕。

《三國志》卷四八《三嗣主傳》　自改年及是歲，連大疫。分鬱林爲桂林郡。

《資治通鑑》卷八〇　是歲，邵陵厲公曹芳卒。

咸寧元年、吳天册元年（乙未、二七五）

《資治通鑑》卷八〇　春正月戊午朔，大赦，改元。

吳掘地得銀尺，上有刻文；吳主大赦，改元天册。

《晉書》卷三《武帝紀》　二月，以將士應已娶者多，家有五女者給復。

辛酉，以故鄴令夏謖有清稱，賜穀百斛。以奉禄薄，賜公卿以下帛有差。

《資治通鑑》卷八〇　吳中書令賀邵中風不能言，去職數月。吳主疑其詐，收付酒藏，掠考千數，卒無一言，乃燒鋸斷其頭，徙其家屬於臨海。又誅樓玄子孫。

《晉書》卷三《武帝紀》　叛虜樹機能送質請降。

夏五月，下邳、廣陵大風，拔木，壞廬舍。

《資治通鑑》卷八〇　六月，鮮卑拓跋力微復遣其子沙漠汗入貢，將還，幽州刺史衛瓘表請留之，又密以金賂其諸部大人離間之。

《晉書》卷三《武帝紀》　吳人寇江夏。西域戊己校尉馬循討叛鮮卑，破之，斬其渠帥。

戊申，置太子詹事官。

秋七月甲申晦，日有蝕之。郡國螟。

八月壬寅，沛王子文薨。以故太傅鄭沖、太尉荀顗、司徒石苞、司空裴秀、驃騎將軍王沈、安平獻王孚等及太保何曾、司空賈充、太尉陳騫、中書監荀勖、平南將軍羊祜、齊王攸等皆列於銘饗。

九月甲子，青州螟，徐州大水。

冬十月乙酉，常山王殷薨。

癸巳，彭城王權薨。

十一月癸亥，大閲於宣武觀，至于己巳。

《資治通鑑》卷八〇　十二月丁亥，追尊宣帝廟曰高祖，景帝曰世宗，文帝曰太祖。

大疫，洛陽死者以萬數。

《晉書》卷三《武帝紀》　封裴頠爲鉅鹿公。

咸寧二年、吳天璽元年（丙申、二七六）

《晉書》卷三《武帝紀》　春正月，以疾疫廢朝。賜諸散吏至於士卒絲各有差。

《資治通鑑》卷八〇　春，令狐豐卒，弟宏繼立，楊欣討斬之。

帝得疾甚劇，及愈，羣臣上壽。詔曰：「每念疫氣死亡者，爲之愴然。豈以一身之休息，忘百姓之艱難邪！」諸上禮者，皆絶之。

初，齊王攸有寵於文帝，每見攸，輒撫牀呼其小字曰：「此桃符座也！」幾爲太子者數矣。臨終，爲帝敍漢淮南王、魏陳思王事而泣，執攸手以授帝。太后臨終，亦流涕謂帝曰：「桃符性急，而汝爲兄不慈，我若不起，必恐汝不能相容，以是屬汝，勿忘我言！」及帝疾甚，朝野皆屬意於攸。攸妃，賈充之長女也。河南尹夏侯和謂充曰：「卿二壻，親疏等耳。立人當立德。」充不答。攸素惡荀勖及左衛將軍馮紞傾諂，勖乃使紞説帝曰：「陛下前日疾若不愈，齊王爲公卿百姓所歸，太子雖欲高讓，其得免乎！宜遣還藩，以安社稷。」帝陰納之，乃徙和爲光禄勳，奪充兵權，而位遇無替。

《晉書》卷三《武帝紀》　二月丙戌，河間王洪薨。

甲午，赦五歲刑以下。

東夷八國歸化。

并州虜犯塞，監并州諸軍事胡奮擊破之。

夏五月，鎮西大將軍、汝陰王駿討北胡，斬其渠帥吐敦。

立國子學。

庚午，大雩。

六月癸丑，薦荔支于太廟。

甲戌，有星孛于氐。自春旱，至于是月始雨。

吳京下督孫楷帥衆來降，以爲車騎將軍，封丹陽侯。

白龍二見于新興井中。

秋七月，有星孛于大角。

癸丑，安平王隆薨。

東夷十七國内附。河南、魏郡暴水，殺百餘人，詔給棺。

鮮卑阿羅多等寇邊，西域戊己校尉馬循討之，斬首四千餘級，獲生九千餘人，於是來降。

《資治通鑑》卷八〇　吴人或言於吴主曰：「臨平湖自漢末薉塞，長老言：『此湖塞，天下亂；此湖開，天下平。』近無故忽更開通，此天下當太平，青蓋入洛之祥也。」吴主以問奉禁都尉歷陽陳訓，對曰：「臣止能望氣，不能達湖之開塞。」退而告其友曰：「青蓋入洛者，將有銜璧之事，非吉祥也。」

或獻小石刻「皇帝」字，云得於湖邊。吴主大赦，改元天璽。

《晉書》卷三《武帝紀》　八月庚辰，河東、平陽地震。

《資治通鑑》卷八〇　己亥，以何曾爲太傅，陳騫爲大司馬，賈充爲太尉，齊王攸爲司空。

《三國志》卷四八《三嗣主傳》　京下督孫楷降晉。鄱陽言歷陽山石文理成字，凡二十，云「楚九州渚，吴九州都，揚州士，作天子，四世治，太平始」。又吴興陽羨山有空石，長十餘丈，名曰石室，在所表爲大瑞。乃遣兼司徒董朝、兼太常周處至陽羨縣，封禪國山。改明年元，大赦，以協石文。

《晉書》卷三《武帝紀》　九月丁未，起太倉於城東，常平倉於東西市。

閏月，荆州五郡水，流四千餘家。

《資治通鑑》卷八〇　冬十月，以汝陰王駿爲征西大將軍，羊祜爲征南大將軍，皆開府辟召，儀同三司。

祜上疏請伐吴曰：「先帝西平巴、蜀，南和吴、會，庶幾海内得以休息；而吴復背信，使邊事更興。夫期運雖天所授，而功業必因人而成，不一大舉掃滅，則兵役無時得息也。蜀平之時，天下皆謂吴當并亡，自是以來，十有三年矣。夫謀之雖多，決之欲獨。凡以險阻得全者，謂其勢均力敵耳。若輕重不齊，强弱異勢，雖有險阻，不可保也。蜀之爲國，非不險也，皆云一夫荷戟，千人莫當。及進兵之日，曾無藩籬之限，乘勝席卷，徑至成都，漢中諸城，皆鳥栖而不敢出，非無戰心，誠力不足以相抗也。及劉禪請降，諸營堡索然俱散。今江、淮之險不如劍閣，孫晧之暴過於劉禪，吴人之困甚於巴、蜀，而大晉兵力盛於往時，不於此際平壹四海，而更阻兵相守，使天下困於征戍，經歷盛衰，不可長久也。今若引梁、益之兵水陸俱下，荆、楚之衆進臨江陵，平南、豫州直指夏口，徐、揚、青、兖並會秣陵，以一隅之吴當天下之衆，勢分形散，所備皆急。巴、漢奇兵出其空虚，一處傾壞，則上下震蕩，雖有智者不能爲吴謀矣。吴緣江爲國，東西數千里，所敵者大，無有寧息。孫晧恣情任意，與下多忌，將疑於朝，士困於野，無有保世之計，一定之心，平常之日，猶懷去就，兵臨之際，必有應者，終不能齊力致死，已可知也。其俗急速不能持久，弓弩戟楯不如中國，唯有水戰是其所便，一入其境，則長江非復所保，還趣城池，去長入短，非吾敵也。官軍縣進，人有致死之志，吴人内顧，各有離散之心，如此，軍不踰時，克可必矣。」帝深納之。而朝議方以秦、涼爲憂，祜復表曰：「吴平則胡自定，但當速濟大功耳。」議者多有不同，賈充、荀勗、馮紞尤以伐吴爲不可。祜歎曰：「天下不如意事十常居七八。天與不取，豈非更事者恨於後時哉！」唯度支尚書杜預、中書令張華與帝意合，贊成其計。

《晉書》卷三《武帝紀》　丁卯，立皇后楊氏，大赦，賜王公以下及于鰥寡各有差。

十一月，白龍二見於梁國。

十二月，征處士安定皇甫謐爲太子中庶子。封后父鎮軍將軍楊駿爲臨晉侯。

是月，以平州刺史傅詢、前廣平太守孟桓清白有聞，詢賜帛二百匹，桓百匹。

咸寧三年、吴天紀元年（丁酉、二七七）

《資治通鑑》卷八〇　春正月丙子朔，日有食之。

《晉書》卷三《武帝紀》　立皇子裕爲始平王，安平穆王隆弟敦爲安平王。詔曰：「宗室戚屬，國之枝葉，欲令奉率德義，爲天下式。然處富貴而能慎行者寡，召穆公糾合兄弟而賦《棠棣》之詩，此姬氏所以本枝百世也。今以衛將軍、扶風王亮爲宗師，所當施行，皆諮之于宗師也。」

庚寅，始平王裕薨。有星孛於西方。使征北大將軍衛瓘討鮮卑力微。

《資治通鑑》卷八〇　三月，平虜護軍文鴦督涼、秦、雍州諸軍討樹機能，破之，諸胡二十萬口來降。

夏五月，吴將邵顗、夏祥帥衆七千餘人來降。

《晉書》卷三《武帝紀》　六月，益、梁八郡水，殺三百餘人，没邸閣別倉。

秋七月，以都督豫州諸軍事王渾爲都督揚州諸軍事。中山王睦以罪廢爲丹水侯。

《資治通鑑》卷八〇　有星孛于紫宫。

衛將軍楊珧等建議，以爲「古者封建諸侯，所以藩衛王室；今諸王公皆在京師，非扞城之義。又，異姓諸將居邊，宜參以親戚。」帝乃詔諸王各以户邑多少爲三等，大國置三軍五千人，次國二軍三千人，小國一軍一千一百人；諸王爲都督者，各徙其國使相近。

八月，癸亥，徙扶風王亮爲汝南王，出爲鎮南大將軍，都督豫州諸軍事；琅邪王倫爲趙王，督鄴城守事；勃海王輔爲太原王，監并州諸軍事；以東莞王伷在徐州，徙封琅邪王；汝陰王駿在關中，徙封扶風王；又徙太原王顒爲河間王；汝南王柬爲南陽王。輔，孚之子；顒，孚之孫也。其無官者，皆遣就國。諸王公戀京師，皆涕泣而去。又封皇子瑋爲始平王，允爲濮陽王，該爲新都王，遐爲清河王。

其異姓之臣有大功者，皆封郡公、郡侯。封賈充爲魯郡公。追封王沈爲博陵郡公。

徙封鉅平侯羊祜爲南城郡侯，祜固辭不受。祜每拜官爵，常多避讓，至心素著，故特見申於分列之外。祜歷事二世，職典樞要，凡謀議損益，皆焚其草，世莫得聞；所進達之人皆不知所由。常曰：「拜官公朝，謝恩私門，吾所不敢也。」

《晉書》卷三《武帝紀》　九月戊子，以左將軍胡奮爲都督江北諸軍事。

兖、豫、徐、青、荆、益、梁七州大水，傷秋稼，詔振給之。

立齊王子蕤爲遼東王，贊爲廣漢王。

冬十一月丙戌，帝臨宣武觀大閱，至於壬辰。

《資治通鑑》卷八〇　十二月，吴夏口督孫慎入江夏、汝南，略千餘家而去。詔遣侍臣詰羊祜不追討之意，并欲移荆州。祜曰：「江夏去襄陽八百里，比知賊問，賊已去經日，步軍安能追之！勞師以免責，非臣志也。昔魏武帝置都督，類皆與州相近，以兵勢好合惡離故也。疆埸之間，一彼一此，慎守而已。若輒徙州，賊出無常，亦未知州之所宜據也。」

是歲，大司馬陳騫自揚州入朝，以高平公罷。

衛瓘遣拓跋沙漠汗歸國。自沙漠汗入質，力微可汗諸子在側者多有寵。及沙漠汗歸，諸部大人共譖而殺之。既而力微疾篤，烏桓王庫賢親近用事，受衛瓘賂，欲擾動諸部，乃礪斧於庭，謂諸大人曰：「可汗恨汝曹讒殺太子，欲盡收汝曹長子殺之。」諸大人懼，皆散走。力微以憂卒，時年一百四。子悉禄立，其國遂衰。

《晉書》卷三《武帝紀》　是歲，西北雜虜及鮮卑、匈奴、五溪蠻夷、東夷三國前後十餘輩，各帥種人部落内附。

《三國志》卷四八《三嗣主傳》　初，騶子張俶多所譖白，累遷爲司直中郎將，封侯，甚見寵愛，是歲姦情發聞，伏誅。

咸寧四年、吴天紀二年（戊戌、二七八）

《資治通鑑》卷八〇　春，正月，庚午朔，日有食之。

《晉書》卷三《武帝紀》　三月甲申，尚書左僕射盧欽卒。

辛酉，以尚書右僕射山濤爲尚書左僕射。

東夷六國來獻。

夏四月，蚩尤旗見於東井。

六月丁未，陰平、廣武地震，甲子又震。

涼州刺史楊欣與虜若羅拔能等戰于武威，敗績，死之。

《資治通鑑》卷八〇　弘訓皇后羊氏殂。

羊祜以病求入朝，既至，帝命乘輦入殿，不拜而坐。祜面陳伐吴之計，帝善之。以祜病，不宜數入，更遣張華就問籌策，祜曰：「孫晧暴虐已甚，於今可不戰而克。若晧不幸而没，吴人更立令主，雖有百萬之衆，長江未可窺也，將爲後患矣！」華深然之。祜曰：「成吾志者，子也。」帝欲使祜卧護諸將，祜曰：「取吴不必臣行，但既平之後，當勞聖慮耳。功名之際，臣不敢居；若事了，當有所付授，願審擇其人也。」

秋七月己丑，葬景獻皇后于峻平陵。

司、冀、兖、豫、荆、揚州大水，螟傷稼。詔問主者：「何以佐百姓？」度支尚書杜預上疏，以爲：「今者水災東南尤劇，宜敕兖、豫等諸州留漢氏舊陂，繕以蓄水，餘皆決瀝，令飢者盡得魚菜螺蚌之饒，此目下日給之益也。水去之後，塡淤之田，畝收數鍾，此又明年之益也。典牧種牛有四萬五千餘頭，不供耕駕，至有老不穿鼻者，可分以給民，使及春耕種，穀登之後，責其租稅，此又數年以後之益也。」帝從之，民賴其利。

《三國志》卷四八《三嗣主傳》　立成紀、宣威等十一王，王給三千兵，大赦。

《資治通鑑》卷八〇　九月，以何曾爲太宰。辛巳，以侍中、尚書令李胤爲司徒。

吴主忌勝己者，侍中、中書令張尚，紘之孫也，爲人辯捷，談論每出其表，吴主積以致恨。復問：「孤飲酒可以方誰？」尚曰：「陛下有百觚之量。」吴主曰：「尚知孔丘不王，而以孤方之。」因發怒，收尚。公卿已下百餘人，詣宫叩頭，請尚罪，得減死，送建安作船，尋就殺之。

冬十月，徵征北大將軍衛瓘爲尚書令。是時，朝野咸知太子昏愚，不堪爲嗣，瓘每欲陳啓而未敢發；會侍宴陵雲臺，瓘陽醉，跪帝牀前曰：「臣欲有所啓。」帝曰：「公所言何邪？」瓘欲言而止者三，因以手撫牀曰：「此座可惜！」帝意悟，因謬曰：「公真大醉邪？」瓘於此不復有言。帝悉召東宫官屬，爲設宴會，而密封尚書疑事，令太子決之。賈妃大懼，倩外人代對，多引古義。給使張泓曰：「太子不學，陛下所知，而答詔多引古義，必責作草主，更益譴負，不如直以意對。」妃大喜，謂泓曰：「便爲我好答，富貴與汝共之。」泓即具草，令太子自寫，帝省之甚悅。先以示瓘，瓘大踧踖，衆人乃知瓘嘗有言也。賈充密遣人語妃云：「衛瓘老奴，幾破汝家！」

吴人大佃皖城，欲謀入寇。都督揚州諸軍事王渾遣揚州刺史應綽攻破之，斬首五千級，焚其積穀百八十餘萬斛，踐稻田四千餘頃，毁船六百餘艘。

十一月辛巳，太醫司馬程據獻雉頭裘，帝焚之於殿前。

甲申，敕内外敢有獻奇技異服者，罪之。

羊祜疾篤，舉杜預自代。辛卯，以預爲鎮南大將軍、都督荆州諸軍事。祜卒，帝哭之甚哀。是日，大寒，涕淚霑須鬢皆爲冰。祜遺令不得以南城侯印入柩。帝曰：「祜固讓歷年，身没讓存，今聽復本封，以彰高美。」南州民聞祜卒，爲之罷市，巷哭聲相接。吴守邊將士亦爲之泣。祜好遊峴山，襄陽人建碑立廟於其地，歲時祭祀，望其碑者無不流涕，因謂之墮淚碑。杜預至鎮，簡精鋭，襲吴西陵督張政，大破之。政，吴之名將也，恥以無備取敗，不以實告吴主。預欲間之，乃表還其所獲。吴主果召政還，遣武昌監留憲代之。

《晉書》卷三《武帝紀》　十二月乙未，西河王斌薨。

丁未，太宰朗陵公何曾薨。

《資治通鑑》卷八〇　前司隸校尉傅玄卒。

鮮卑樹機能久爲邊患，僕射李憙請發兵討之，朝議皆以爲出兵重事，虜不足憂。

《晉書》卷三《武帝紀》　是歲，東夷九國内附。

咸寧五年、吴天紀三年（己亥、二七九）

《資治通鑑》卷八〇　春正月，樹機能攻陷凉州。帝甚悔之，臨朝而歎曰：「誰能爲我討此虜者？」司馬督馬隆進曰：「陛下能任臣，臣能平之。」帝曰：「必能平賊，何爲不任，顧方略何如耳！」隆曰：「臣願募勇士三千人，無問所從來，帥之以西，虜不足平也。」帝許之。乙丑，以隆爲討虜護軍、武威太守。公卿皆曰：「見兵已多，不宜横設賞募，隆小將妄言，不足信也。」帝不聽。隆募能引弓四鈞、挽弩九石者取之，立標簡試，自旦至日中，得三千五百人。隆曰：「足矣。」又請自至武庫選仗，武庫令與隆忿爭，御史中丞劾奏隆。隆曰：「臣當畢命戰場，武庫令乃給以魏時朽仗，非陛下所以使臣之意也。」帝命惟隆所取，仍給三年軍資而遣之。

《晉書》卷三《武帝紀》　二月甲午，白麟見於平原。

三月，匈奴都督拔弈虚帥部落歸化。

乙亥，以百姓饑饉，減御膳之半。有星孛于柳。

夏四月，又孛於女御。大赦，降除部曲督以下質任。

丁亥，郡國八雨雹，仵秋稼，壞百姓廬舍。

《三國志》卷四八《三嗣主傳》　夏，郭馬反。馬本合浦太守脩允部曲督。允轉桂林太守，疾病，住廣州，先遣馬將五百兵至郡安撫諸夷。允死，兵當分給，馬等累世舊軍，不樂離別。皓時又科實廣州户口，馬與部曲將何典、王族、吴述、殷興等因此恐動兵民，合聚人衆，攻殺廣州督虞授。馬自號都督交、廣二州諸軍事、安南將軍，興廣州刺史，述南海太守。典攻蒼梧，族攻始興。

《晉書》卷三《武帝紀》　秋七月，有星孛於紫宮。

《三國志》卷四八《三嗣主傳》　八月，以軍師張悌爲丞相，牛渚都督何植爲司徒。執金吾滕循爲司空，未拜，轉鎮南將軍，假節領廣州牧，率萬人從東道討馬，與族遇于始興，未得前。馬殺南海太守劉略，逐廣州刺史徐旗。晧又遣徐陵督陶濬將七千人從西道，命交州牧陶璜部伍所領及合浦、鬱林諸郡兵，當與東西軍共擊馬。

《晉書》卷三《武帝紀》　九月甲午，麟見於河南。

冬十月戊寅，匈奴餘渠都督獨雍等帥部落歸化。

汲郡人不準掘魏襄王塚，得竹簡小篆古書十餘萬言，藏于秘府。

《資治通鑑》卷八〇　十一月，大舉伐吴，遣鎮軍將軍琅邪王伷出涂中，安東將軍王渾出江西，建威將軍王戎出武昌，平南將軍胡奮出夏口，鎮南大將軍杜預出江陵，龍驤將軍王濬、巴東監軍魯國唐彬下巴、蜀，東西凡二十餘萬。命賈充爲使持節、假黄鉞、大都督，以冠軍將軍楊濟副之；充固陳伐吴不利，且自言衰老，不堪元帥之任。詔曰：「君若不行，吾便自出。」充不得已，乃受節鉞，將中軍南屯襄陽，爲諸軍節度。

馬隆西渡温水，樹機能等以衆數萬據險拒之。隆以山路陿隘，乃作扁箱車，爲木屋，施於車上，轉戰而前，行千餘里，殺傷甚衆。自隆之西，音問斷絶，朝廷憂之，或謂已没。後隆使夜到，帝撫掌歡笑，詰朝，召羣臣謂曰：「若從諸卿言，無凉州矣。」乃詔假隆節，拜宣威將軍。隆至武威，鮮卑大人猝跋韓且萬能帥萬餘落來降。十二月，隆與樹機能大戰，斬之，凉州遂平。

詔問朝臣以政之損益，司徒左長史傅咸上書，以爲：「公私不足，由設官太多。舊都督有四，今并監軍乃盈於十；禹分九州，今之刺史幾向一倍；户口比漢十分之一，而置郡縣更多；虚立軍府，動有百數，而無益宿衛；五等諸侯，坐置官屬；諸所廩給，皆出百姓，此其所以困乏者也。當今之急，在於并官息役，上下務農而已。」咸，玄之子也。時又議省州、郡、縣半吏以赴農功，中書監荀勗以爲「省吏不如省官，省官不如省事，省事不如清心。昔蕭、曹相漢，載其清静，民以寧壹，所謂清心也。抑浮説，簡文案，略細苛，宥小失，有好變常以徼利者，必行其誅，所謂省事也。以九寺併尚書，蘭臺付三府，所謂省官也。若直作大例，凡天下之吏皆減其半，恐文武衆官，郡國職業，劇易不同，不可以一概施之。若有曠闕，皆須更復，或激而滋繁，亦不可不重也。」

太康元年、吴天紀四年（庚子，二八〇）

《史異》卷一　正月己丑，五色氣貫日，自卯至酉。

《三國志》卷四八《三嗣主傳》　春，立中山、代等十一王，大赦。

《資治通鑑》卷八一　杜預向江陵，王渾出横江，攻吴鎮、戍，所向皆克。

二月，戊午，王濬、唐彬擊破丹陽監盛紀。吴人於江磧要害之處，並以鐵鎖横截之；又作鐵錐，長丈餘，暗置江中，以逆拒舟艦。濬作大筏數十，方百餘步，縛草爲人，被甲持仗，令善水者以筏先行，遇鐵錐，錐輒著筏而去。又作大炬，長十餘丈，大數十圍，灌以麻油，在船前，遇鎖，然炬燒之，須臾，融液斷絶，於是船無所礙。

庚申，濬克西陵，殺吴都督留憲等。

壬戌，克荆門、夷道二城，殺夷道監陸晏。杜預遣牙門周旨等帥奇兵八百汎舟夜渡江，襲樂鄉，多張旗幟，起火巴山。吴都督孫歆懼，與江陵督伍延書曰：「北來諸軍，乃飛渡江也。」旨等伏兵樂鄉城外，歆遣軍出拒王濬，大敗而還。旨等發伏兵隨歆軍而入，歆不覺，直至帳下，虜歆而還。

乙丑，王濬擊殺吴水軍都督陸景。杜預進攻江陵，甲戌，克之，斬伍延。於是沅、湘以南，接于交、廣，州郡皆望風送印綬。預杖節稱詔而綏撫之。凡所斬獲吴都督、監軍十四，牙門、郡守百二十餘人。胡奮克江安。

乙亥，詔：「王濬、唐彬既定巴丘，與胡奮、王戎共平夏口、武昌，順流長騖，直造秣陵。杜預當鎮静零、桂，懷輯衡陽。大兵既過，荆州南境固當傳檄而定。預等各分兵以益濬、彬，太尉充移屯項。」

王戎遣參軍襄陽羅尚、南陽劉喬將兵與王濬合攻武昌，吴江夏太守劉朗、督武昌諸軍虞昺皆降。昺，翻之子也。杜預與衆軍會議，或曰：「百年之寇，未可盡克，方春水生，難於久駐，宜俟來冬，更爲大舉。」預曰：「昔樂毅藉濟西一戰以并强齊，今兵威已振，譬如破竹，數節之後，皆迎刃而解，無復著手處也。」遂指授羣帥方略，徑造建業。

三月，悌等濟江，圍渾部將城陽都尉張喬於楊荷。喬衆纔七千，閉柵請降。諸葛靚欲屠之，悌曰：「强敵在前，不宜先事其小；且殺降不祥。」靚曰：「此屬以救兵未至，力少不敵，故且僞降以緩我，非真伏也。若捨之而前，必爲後患。」悌不從，撫之而進。悌與揚州刺史汝南周浚，結陳相對，沈瑩帥丹陽鋭卒、刀楯五千，三衝晉兵，不動。瑩引退，其衆亂，將軍薛勝、蔣班因其亂而乘之，吴兵以次奔潰，將帥不能止，張喬自後擊之，大敗吴兵于版橋。諸葛靚帥數百人遁去，使過迎張悌，悌不肯去，靚自往牽之曰：「存亡自有大數，非卿一人所支，柰何故自取死！」悌垂涕曰：「仲思，今日是我死日也！且我爲兒童時，便爲卿家丞相所識拔，常恐不得其死，負名賢知顧。今以身徇社稷，復何道邪！」靚再三牽之，不動，乃流淚放去，行百餘步，顧之，已爲晉兵所殺，并斬孫震、沈瑩等七千八百級，吴人大震。

王濬自武昌順流徑趣建業。吴主遣游擊將軍張象帥舟師萬人禦之，象衆望旗而降。濬兵甲滿江，旌旗燭天，威勢甚盛，吴人大懼。

《三國志》卷四八《三嗣主傳》 丙寅，殿中親近數百人叩頭請晧殺岑昏，晧惶憒從之。

戊辰，陶濬從武昌還，即引見，問水軍消息，對曰：「蜀船皆小，今得二萬兵，乘大船戰，自足擊之。」於是合衆，授濬節鉞。明日當發，其夜衆悉逃走。而王濬順流將至，司馬伷、王渾皆臨近境。晧用光禄勳薛瑩、中書令胡沖等計，分遣使奉書於濬、伷、渾曰：「昔漢室失統，九州分裂，先人因時，略有江南，遂分阻山川，與魏乖隔。今大晉龍興，德覆四海。闇劣偷安，未喻天命。至于今者，猥煩六軍，衡蓋路次，遠臨江渚，舉國震惶，假息漏刻。敢緣天朝含弘光大，謹遣私署太常張夔等奉所佩印綬，委質請命，惟垂信納，以濟元元。」

《資治通鑑》卷八一 壬寅，王濬舟師過三山，王渾遣信要濬蹔過論事，濬舉帆直指建業，報曰：「風利，不得泊也。」是日，濬戎卒八萬，方舟百里，鼓譟入于石頭，吴主晧面縛輿櫬，詣軍門降。濬解縛焚櫬，延請相見。收其圖籍，克州四，郡四十三，户五十二萬三千，兵二十三萬。

朝廷聞吴已平，羣臣皆賀上壽，帝執爵流涕曰：「此羊太傅之功也。」票騎將軍孫秀不賀，南向流涕曰：「昔討逆弱冠以一校尉創業，今後主舉江南而棄之，宗廟山陵，於此爲墟，悠悠蒼天，此何人哉！」

夏四月乙酉，大赦，改元。大酺五日。遣使者分詣荆、揚撫慰，吴牧、守已下皆不更易；除其苛政，悉從簡易。

琅邪王伷遣使送孫晧及其宗族詣洛陽。

《晉書》卷三《武帝紀》 五月辛亥，封孫晧爲歸命侯，拜其太子爲中郎，諸子爲郎中。吴之舊望，隨才擢敍。孫氏大將戰亡之家徙於壽陽，將吏渡江復十年，百姓及百工復二十年。

《資治通鑑》卷八一 庚寅，帝臨軒，大會文武有位及四方使者，國子學生皆預焉，引見歸命侯晧及吴降人。晧登殿稽顙。帝謂晧曰：「朕設此座以待卿久矣。」晧曰：「臣於南方，亦設此座以待陛下。」賈充謂晧曰：「聞君在南方鑿人目，剥人面皮，此何等刑也？」晧曰：「人臣有弒其君及姦回不忠者，則加此刑耳。」充默然甚愧，而晧顔色無怍。

帝從容問散騎常侍薛瑩，孫晧所以亡，對曰：「晧昵近小人，刑罰放濫，大臣諸將，人不自保，此其所以亡也。」他日，又問吾彦，對曰：「吴主英俊，宰輔賢明。」帝笑曰：「若是，何故亡？」彦曰：「天禄永終，曆數有屬，故爲陛下禽耳。」帝善之。

庚辰，增賈充邑八千户；以王濬爲輔國大將軍，封襄陽縣侯；杜預爲當陽縣侯；王戎爲安豐縣侯；封琅邪王伷二子爲亭侯；增京陵侯王渾邑八千户，進爵爲公；尚書關内侯張華進封廣武縣侯，增邑萬户；荀勗以專典詔命功，封一子爲亭侯；其餘諸將及公卿以下，賞賜各有差。帝以平吴功，策告羊祜廟，乃封其夫人夏侯氏爲萬歲鄉君，食邑五千户。

王渾遷征東大將軍，復鎮壽陽。

《晉書》卷三《武帝紀》 六月丁丑，初置翊軍校尉官。封丹水侯睦爲高陽王。

甲申，東夷十國歸化。

秋七月，虜軻成泥寇西平、浩亹，殺督將以下三百餘人。

東夷二十國朝獻。

庚寅，以尚書魏舒爲尚書右僕射。

八月，車師前部遣子入侍。

己未，封皇弟延祚爲樂平王。白龍三見於永昌。

《資治通鑑》卷八一 九月庚寅，賈充等以天下一統，屢請封禪，帝不許。

冬，十一月，前將軍青州刺史淮南胡威卒。

《晉書》卷三《武帝紀》　十二月戊辰，廣漢王贊薨。

《資治通鑑》卷八一　是歲，以司隸所統郡置司州，凡州十九，郡國一百七十三，户二百四十五萬九千八百四十。

詔曰：「昔自漢末，四海分崩，刺史内親民事，外領兵馬。今天下爲一，當韜戢干戈，刺史分職，皆如漢氏故事；悉去州郡兵，大郡置武吏百人，小郡五十人。」交州牧陶璜上言：「交、廣東西數千里，不賓屬者六萬餘户，至於服從官役，纔五千餘家。二州脣齒，唯兵是鎮。又，寧州諸夷，接據上流，水陸並通，州兵未宜約損，以示單虚。」僕射山濤亦言「不宜去州郡武備」。及永寧以後，盜賊羣起，州郡無備，不能禽制，天下遂大亂，如濤所言。然其後刺史復兼兵民之政，州鎮愈重矣。

漢、魏以來，羌、胡、鮮卑降者，多處之塞内諸郡。其後數因忿恨，殺害長吏，漸爲民患。侍御史西河郭欽上疏曰：「戎狄强獷，歷古爲患。魏初民少，西北諸郡，皆爲戎居，内及京兆、魏郡、弘農，往往有之。今雖服從，若百年之後有風塵之警，胡騎自平陽、上黨不三日而至孟津，北地、西河、太原、馮翊、安定、上郡盡爲狄庭矣。宜及平吴之威，謀臣猛將之略，漸徙内郡雜胡於邊地，峻四夷出入之防，明先王荒服之制，此萬世之長策也。」帝不聽。

太康二年（辛丑、二八一）

《晉書》卷三《武帝紀》　春二月，淮南、丹楊地震。

三月丙申，安平王敦薨。賜王公以下吴生口各有差。

《資治通鑑》卷八一　詔選孫晧宫人五千人入宫。帝既平吴，頗事遊宴，怠於政事，掖庭殆將萬人。常乘羊車，恣其所之，至便宴寢；宫人競以竹葉插户，鹽汁灑地，以引帝車。而后父楊駿及弟珧、濟始用事，交通請謁，勢傾内外，時人謂之三楊，舊臣多被疏退。山濤數有規諷，帝雖知而不能改。

《晉書》卷三《武帝紀》　夏六月，東夷五國内附。

郡國十六雨雹，大風拔樹，壞百姓廬舍。江夏、泰山水，流居人三百餘家。

秋七月，上黨又暴風雨雹，傷秋稼。

八月，有星孛于張。

《資治通鑑》卷八一　初，鮮卑莫護跋始自塞外入居遼西棘城之北，號曰慕容部。莫護跋生木延，木延生涉歸，遷於遼東之北，世附中國，數從征討有功，拜大單于。冬十月，涉歸始寇昌黎。

十一月壬寅，高平武公陳騫薨。

《晉書》卷三《武帝紀》　鮮卑寇遼西，平州刺史鮮于嬰討破之。

《資治通鑑》卷八一　是歲，揚州刺史周浚移鎮秣陵。吴民之未服者，屢爲寇亂，浚皆討平之；賓禮故老，搜求俊乂，威惠並行，吴人悦服。

太康三年（壬寅、二八二）

《資治通鑑》卷八一　春正月丁丑朔，帝親祀南郊。禮畢，喟然問司隸校尉劉毅曰：「朕可方漢之何帝？」對曰：「桓、靈。」帝曰：「何至於此？」對曰：「桓、靈賣官錢入官庫，陛下賣官錢入私門，以此言之，殆不如也。」帝大笑曰：「桓、靈之世，不聞此言，今朕有直臣，固爲勝之。」

《晉書》卷三《武帝紀》　罷秦州，并雍州。

甲午，以尚書張華都督幽州諸軍事。

三月，安北將軍嚴詢敗鮮卑慕容廆于昌黎，殺傷數萬人。

夏四月庚午，太尉、魯公賈充薨。

閏月丙子，司徒、廣陸侯李胤薨。

癸丑，白龍二見於濟南。

秋七月，罷平州、寧州刺史三年一入奏事。

九月，東夷二十九國歸化，獻其方物。

吴故將莞恭、帛奉舉兵反，攻害建鄴令，遂圍揚州，徐州刺史嵇喜討平之。

冬十二月甲申，以司空齊王攸爲大司馬、督青州諸軍事，鎮東大將軍、琅邪王伷爲撫軍大將軍，汝南王亮爲太尉，光禄大夫山濤爲司徒，尚書令衛瓘爲司空。

丙申，詔四方水旱甚者，無出田租。

《資治通鑑》卷八一　是歲，散騎常侍薛瑩卒。

太康四年（癸卯、二八三）

《資治通鑑》卷八一　春正月甲申，以尚書右僕射魏舒爲左僕射，下邳王晃爲右僕射。

戊午，新沓康伯山濤薨。

帝命太常議崇錫齊王之物。博士庾旉、太叔廣、劉暾、繆蔚、郭頤、秦秀、傅珍上表曰：「昔周選建明德以左右王室，周公、康叔、聃季，皆入爲三公，明股肱之任重，守地之位輕也。漢諸侯王，位在丞相、三公上，其入讚朝政者，乃有兼官，其出之國，亦不復假台司虚名爲隆寵也。今使齊王賢邪，則不宜以母弟之親尊居魯、衛之常職；不賢邪，不宜大啓土宇，表建東海也。古禮，三公無職，坐而論道，不聞以方任嬰之。惟宣王救急朝夕，然後命召穆公征淮夷，故其詩曰：『徐方不回，王曰旋歸。』宰相不得久在外也。今天下已定，六合爲家，將數延三事，與論太平之基，而更出之，去王城二千里，違舊章矣。」

二月，詔以濟南郡益齊國。

己丑，立齊王攸子長樂亭侯寔爲北海王。命攸備物典策，設軒縣之樂，六佾之舞，黄鉞朝車，乘輿之副從焉。

三月，辛丑朔，日有食之。

齊獻王攸憤怨發病，乞守先后陵。帝不許，遣御醫診視，諸醫希旨，皆言無疾。河南尹向雄諫曰：「陛下子弟雖多，然有德望者少；齊王卧居京邑，所益實深，不可不思也。」帝不納，雄憤恚而卒。攸疾轉篤，帝猶催上道。攸自强入辭，素持容儀，疾雖困，尚自整厲，舉止如常，帝益疑其無疾；辭出數日，歐血而薨。帝往臨喪，攸子冏號踊，訴父病爲醫所誣。詔即誅醫，以冏爲嗣。

初，帝愛攸甚篤，爲荀勗、馮紞等所構，欲爲身後之慮，故出之。及薨，帝哀慟不已。馮紞侍側，曰：「齊王名過其實，天下歸之，今自薨殞，社稷之福也，陛下何哀之過！」帝收淚而止。詔攸喪禮依安平獻王故事。

夏，五月，己亥，琅邪武王伷薨。

《晉書》卷三《武帝紀》　六月，增九卿禮秩。

牂柯獠二千餘落内屬。

秋七月壬子，以尚書右僕射、下邳王晃爲都督青州諸軍事。

丙寅，兖州大水，復其田租。

八月，鄯善國遣子入侍，假其歸義侯。以隴西王泰爲尚書右僕射。

冬十一月戊午，新都王該薨。以尚書左僕射魏舒爲司徒。

《資治通鑑》卷八一　歸命侯孫晧卒。

《晉書》卷三《武帝紀》　十二月庚午，大閲于宣武觀。

是歲，河内及荆州、揚州大水。

《資治通鑑》卷八一　是歲，鮮卑慕容涉歸卒。弟删篡立，將殺涉歸子廆，廆亡匿於遼東徐郁家。

太康五年（甲辰、二八四）

《資治通鑑》卷八一　春正月己亥，有青龍二，見武庫井中。帝觀之，有喜色。百官將賀，尚書左僕射劉毅表曰：「昔龍降夏庭，卒爲周禍。《易》稱『潛龍勿用，陽在下也』。尋案舊典，無賀龍之禮。」帝從之。

初，陳羣以吏部不能審覈天下之士，故令郡國各置中正，州置大中正，皆取本土之人任朝廷官、德充才盛者爲之，使銓次等級以爲九品，有言行修著則升之，道義虧缺則降之，吏部憑之以補授百官。行之寖久，中正或非其人，姦敝日滋。劉毅上疏曰：「今立中正，定九品，高下任意，榮辱在手，操人主之威福，奪天朝之權勢，公無考校之負，私無告訐之忌，用心百態，營求萬端，廉讓之風滅，爭訟之俗成，臣竊爲聖朝恥之！蓋中正之設，於損政之道有八：高下逐强弱，是非隨興衰，一人之身，旬日異狀，上品無寒門，下品無勢族，一也。置州都者，本取州里清議咸所歸服，將以鎮異同，一言議也。今重其任而輕其人，使駁違之論横於州里，嫌讎之隙結於大臣，二也。本立格之體，爲九品者，謂才德有優劣，倫輩有首尾也。今乃使優劣易地，首尾倒錯，三也。陛下賞善罰惡，無不裁之以法，獨置中正，委以一國之重，曾無賞罰之防，又禁人不得訴訟，使之縱横任意，無所顧憚，諸受枉者，抱怨積直，不獲上聞，四也。一國之士，多者千數，或流徙異邦，或取給殊方，面猶不識，況盡其才！而中正知與不知，皆當品狀，采譽於臺府，納毁於流言，任己則有不識之蔽，聽受則有彼此之偏，五也。凡求人才，欲以治民也，今當官著效者或附卑品，在官無績者更獲高敍，是爲抑功實而隆空名，長浮華而廢考績，六也。凡官不同人，事不同能。今不狀其才之所宜而但第爲九品，以品取人，或非才能之所長，以狀取人，則爲本品之所限，徒結白論而品狀相妨，七也。九品所下不彰其罪，所上不列其善，各任愛憎，以植其私，天下之人焉得不懈德行而鋭人事，八也。由此論之，職名中正，實爲姦府；事名九品，而有八損；古今之失，莫大於此！愚臣以爲宜罷中正，除九品，棄魏氏之敝法，更立一代之美制。」太尉、汝南王亮、司空衛瓘亦上疏曰：「魏氏承喪亂之後，人士流移，考詳無地，故立九品之制，粗且爲一時選用之本耳。今九域同規，大化方始，臣等以爲宜皆蕩除末法，咸用土斷，自公卿以下，以所居爲正，無復縣客，遠屬異土，盡除中正九品之制，使舉善進才，各由鄉論，則華競自息，各求於己矣。」始平王文學江夏李重上疏，以爲：「九品既除，宜先開移徙，聽相并就，則土斷之實行矣。」帝雖善其言而終不能改也。

《晉書》卷三《武帝紀》 二月丙寅，立南宮王子玷爲長樂王。

壬辰，地震。

夏四月，任城、魯國池水赤如血。

五月丙午，宣帝廟梁折。

六月，初置黄沙獄。

秋七月戊申，皇子恢薨。

任城、梁國、中山雨雹，傷秋稼。減天下户課三分之一。

九月，南安大風折木，郡國五大水，隕霜，傷秋稼。

冬十一月甲辰，太原王輔薨。

《資治通鑑》卷八一 十二月，庚午，大赦。

《晉書》卷三《武帝紀》 林邑、大秦國各遣使來獻。

閏月，鎮南大將軍、當陽侯杜預卒。

《資治通鑑》卷八一 是歲，塞外匈奴胡太阿厚帥部落二萬九千三百人來降，帝處之塞内西河。

罷寧州入益州，置南夷校尉以護之。

太康六年（乙巳、二八五）

《晉書》卷三《武帝紀》 春正月庚申朔，以比歲不登，免租貸宿負。

《資治通鑑》卷八一 尚書左僕射劉毅致仕，尋卒。

戊辰，以王渾爲尚書左僕射，渾子濟爲侍中。

青、梁、幽、冀州旱。

《晉書》卷三《武帝紀》 三月，郡國六隕霜，傷桑麥。

夏四月，扶南等十國來獻，參離四千餘落内附。

郡國四旱，十大水，壞百姓廬舍。

秋七月，巴西地震。

八月丙戌朔，日有蝕之。減百姓綿絹三分之一。白龍見於京兆。以鎮軍大將軍王濬爲撫軍大將軍。

九月丙子，山陽公劉康薨。

冬十月，南安山崩，水出。南陽郡獲兩足獸。龜兹、焉耆國遣子入侍。

十二月甲申，大閲于宣武觀，旬日而罷。

庚子，撫軍大將軍、襄陽侯王濬卒。

《資治通鑑》卷八一 是歲，慕容刪爲其下所殺，部衆復迎涉歸子廆而立之。涉歸與宇文部素有隙，廆請討之，朝廷弗許。廆怒，入寇遼西，殺略甚衆。帝遣幽州軍討廆，戰于肥如，廆衆大敗。自是每歲犯邊，又東擊扶餘，扶餘王依慮自殺，子弟走保沃沮。廆夷其國城，驅萬餘人而歸。

太康七年（丙午、二八六）

《資治通鑑》卷八一 春正月甲寅朔，日有食之。

《晉書》卷三《武帝紀》 乙卯，詔曰：「比年災異屢發，日蝕三朝，地震山崩。邦之不臧，實在朕躬。公卿大臣各上封事，極言其故，勿有所諱。」

《資治通鑑》卷八一 魏舒稱疾，固請遜位，以劇陽子罷。舒所爲，必先行而後言，遜位之際，莫有知者。衛瓘與舒書曰：「每與足下共論此事，日日未果，可謂『瞻之在前，忽焉在後』矣。」

《晉書》卷三《武帝紀》　夏五月，郡國十三旱。

《資治通鑑》卷八一　慕容廆寇遼東，故扶餘王依慮子依羅求帥見人還復舊國，請援於東夷校尉何龕，龕遣督護賈沈將兵送之。廆遣其將孫丁帥騎邀之於路，沈力戰，斬丁，遂復扶餘。

《晉書》卷三《武帝紀》　秋七月，朱提山崩，犍爲地震。

八月，東夷十一國內附。京兆地震。

九月戊寅，驃騎將軍、扶風王駿薨。郡國八大水。

《資治通鑑》卷八一　匈奴胡都大博及萎莎胡各帥種落十萬餘口詣雍州降。

冬，十一月，壬子，以隴西王泰都督關中諸軍事。泰，宣帝弟馗之子也。

《晉書》卷三《武帝紀》　十二月，遣侍御史巡遭水諸郡。出後宮才人、妓女以下二百七十人歸於家。始制大臣聽終喪三年。

己亥，河陰雨赤雪二頃。

是歲，扶南等二十一國、馬韓等十一國遣使來獻。

《資治通鑑》卷八一　鮮卑拓跋悉鹿卒，弟綽立。

太康八年（丁未、二八七）

《資治通鑑》卷八一　春，正月，戊申朔，日有食之。

《晉書》卷三《武帝紀》　三月乙丑，臨商觀震。

夏四月，齊國、天水隕霜，傷麥。

六月，魯國大風，拔樹木，壞百姓廬舍。　郡國八大水。

秋七月，前殿地陷，深數丈，中有破船。

八月，東夷二國內附。

《資治通鑑》卷八一　九月，改營太廟，作者六萬人。

《晉書》卷三《武帝紀》　冬十月，南康平固縣吏李豐反，聚衆攻郡縣，自號將軍。

十一月，海安令蕭輔聚衆反。

十二月，吳興人蔣迪聚黨反，圍陽羨縣，州郡捕討，皆伏誅。

南夷扶南、西域康居國各遣使來獻。

是歲，郡國五地震。

《資治通鑑》卷八一　匈奴都督大豆得一育鞠等復帥種落萬一千五百口來降。

太康九年（戊申、二八八）

《晉書》卷三《武帝紀》　春正月壬申朔，日有蝕之。詔曰：「興化之本，由政平訟理也。二千石長吏不能勤恤人隱，而輕挾私故，興長刑獄，又多貪濁，煩撓百姓。其敕刺史二千石糾其穢濁，舉其公清，有司議其黜陟。令內外群官舉清能，拔寒素。」

江東四郡地震。

二月，尚書右僕射、陽夏侯胡奮卒，以尚書朱整爲尚書右僕射。

三月丁丑，皇后親桑于西郊，賜帛各有差。

壬辰，初并二社爲一。

夏四月，江南郡國八地震；隴西隕霜，傷宿麥。

五月，義陽王奇有罪，黜爲三縱亭侯。詔內外羣官舉守令之才。

六月庚子朔，日有蝕之。

徙章武王威爲義陽王。

郡國三十二大旱，傷麥。

秋八月壬子，星隕如雨。詔郡國五歲刑以下決遣，無留庶獄。

九月，東夷七國詣校尉內附。郡國二十四螟。

冬十二月癸卯，立河間平王洪子英爲章武王。

戊申，青龍、黃龍各一，見於魯國。

太康一〇年（己酉、二八九）

《晉書》卷三《武帝紀》　夏四月，以京兆太守劉霄、陽平太守梁柳有政績，各賜穀千斛。

郡國八隕霜。

太廟成。乙巳，遷神主於新廟，帝迎于道左，遂祫祭。大赦，文武增位一等，作廟者二等。

丁未，尚書右僕射、廣興侯朱整卒。

癸丑，崇賢殿災。

五月，鮮卑慕容廆來降，東夷十一國内附。

《資治通鑑》卷八二　詔拜廆鮮卑都督。廆謁見何龕，以士大夫禮，巾衣到門；龕嚴兵以見之，廆乃改服戎衣而入。人問其故，廆曰：「主人不以禮待客，客何爲哉！」龕聞之，甚慙，深敬異之。時鮮卑宇文氏、段氏方强，數侵掠廆，廆卑辭厚幣以事之。段國單于階以女妻廆，生皝、仁、昭。廆以遼東僻遠，徙居徒河之青山。

《晉書》卷三《武帝紀》　六月庚子，山陽公劉瑾薨。復置二社。

冬十月壬子，徙南宫王承爲武邑王。

《資治通鑑》卷八二　復明堂及南郊五帝位。

十一月，丙辰，尚書令濟北成侯荀勗卒。勗有才思，善伺人主意，以是能固其寵。久在中書，專管機事。及遷尚書，甚罔悵。人有賀之者，勗曰：「奪我鳳皇池，諸君何賀邪！」

帝極意聲色，遂至成疾。楊駿忌汝南王亮，排出之。

《晉書》卷三《武帝紀》　甲申，以汝南王亮爲大司馬、大都督、假黄鉞。改封南陽王柬爲秦王，始平王瑋爲楚王，濮陽王允爲淮南王，並假節之國，各統方州軍事。立皇子乂爲長沙王，穎爲成都王，晏爲吴王，熾爲豫章王，演爲代王，皇孫遹爲廣陵王。立濮陽王子迪爲漢王，始平王子儀爲毗陵王，汝南王次子羕爲西陽公。徙扶風王暢爲順陽王，暢弟歆爲新野公，琅邪王覲弟澹爲東武公，繇爲東安公，漼爲廣陵公，卷爲東莞公。改諸王國相爲内史。

《資治通鑑》卷八二　初，帝以才人謝玖賜太子，生皇孫遹。宫中嘗夜失火，帝登樓望之，遹年五歲，牽帝裾入闇中曰：「暮夜倉猝，宜備非常，不可令照見人主。」帝由是奇之。嘗對羣臣稱遹似宣帝，故天下咸歸仰之。帝知太子不才，然恃遹明慧，故無廢立之心。復用王佑之謀，以太子母弟柬、瑋、允分鎮要害。又恐楊氏之偪，復以佑爲北軍中候，典禁兵。帝爲皇孫遹高選僚佐，以散騎常侍劉寔志行清素，命爲廣陵王傅。

詔以劉淵爲匈奴北部都尉。淵輕財好施，傾心接物，五部豪桀，幽、冀名儒，多往歸之。

《晉書》卷三《武帝紀》　十二月庚寅，太廟梁折。

是歲，東夷絶遠三十餘國、西南夷二十餘國來獻。

《資治通鑑》卷八二　奚軻男女十萬口來降。

太熙元年（庚戌、二九〇）

《資治通鑑》卷八二　春正月辛酉朔，改元太熙。

己巳，以王渾爲司徒。

司空、侍中、尚書令衞瓘子宣，尚繁昌公主。宣嗜酒，多過失，楊駿惡瓘，欲逐之，乃與黄門謀共毁宣，勸武帝奪公主。瓘慙懼，告老遜位。詔進瓘位太保，以公就第。

劇陽康子魏舒薨。

《晉書》卷三《武帝紀》　二月辛丑，東夷七國朝貢。

琅邪王覲薨。

《資治通鑑》卷八二　三月甲子，以右光禄大夫石鑒爲司空。

帝疾篤，未有顧命。勳舊之臣多已物故，侍中、車騎將軍楊駿獨侍疾禁中，大臣皆不得在左右，駿因輒以私意改易要近，樹其心腹。會帝小間，見其新所用者，正色謂駿曰：「何得便爾！」時汝南王亮尚未發，乃令中書作詔，以亮與駿同輔政，又欲擇朝士有聞望者數人佐之。駿從中書借詔觀之，得便藏去，中書監華廙恐懼，自往索之，終不與。會帝復迷亂，皇后奏以駿輔政，帝頷之。

夏四月辛丑，皇后召華廙及中書令何劭，口宣帝旨作詔，以駿爲太尉、太子太傅、都督中外諸軍事、侍中、録尚書事。詔成，后對廙、劭以呈帝，帝視而無言。廙，歆之孫；劭，曾之子也。遂趣汝南王亮赴鎮。帝尋小間，問：「汝南王來未？」左右言未至，帝遂困篤。

《晉書》卷三《武帝紀》　己酉，帝崩于含章殿，時年五十五。

晉惠帝部(起公元二九〇年,迄公元三〇六年)

《讀史津逮》卷二《西晉》　孝惠皇帝名衷,字正度,武帝第二子,武元楊皇后所生。庚戌五月即位,不踰年改元。改元八:永熙一、永平改元康九、永康一、永寧一、太安二、永興二、光熙一。在位十七年,壽四十八,葬太陽陵。

永熙元年(庚戌、二九〇)

《晉書》卷四《惠帝紀》　四月己酉,皇太子即皇帝位,大赦,改元爲永熙。尊皇后楊氏曰皇太后,立妃賈氏爲皇后。

夏五月辛未,葬武皇帝於峻陽陵。

丙子,增天下位一等,預喪事者二等,復租調一年,二千石已上皆封關中侯。以太尉楊駿爲太傅,輔政。

秋八月壬午,立廣陵王遹爲皇太子,以中書監何劭爲太子太師,吏部尚書王戎爲太子太傅,衛將軍楊濟爲太子太保。遣南中郎將石崇、射聲校尉胡奕、長水校尉趙俊、揚烈將軍趙歡將屯兵四出。

冬十月辛酉,以司空石鑒爲太尉,前鎮西將軍、隴西王泰爲司空。

《資治通鑑》卷八二　以劉淵爲建威將軍、匈奴五部大都督。

元康元年(辛亥、二九一)

《晉書》卷四《惠帝紀》　春正月乙酉朔,臨朝,不設樂。詔曰:「朕夙遭不造,淹恤在疚。賴祖宗遺靈,宰輔忠賢,得以眇身託于羣后之上。昧於大道,不明于訓,戰戰兢兢,夕惕若厲。乃者哀迷之際,三事股肱,惟社稷之重,率遵翼室之典,猶欲長奉先皇之制,是以有永熙之號。然日月踰邁,已涉新年,開元易紀,禮之舊章。其改永熙二年爲永平元年。」又詔子弟及羣官並不得謁陵。

丙午,皇太子冠,丁未,見于太廟。

二月甲寅,賜王公已下帛各有差。

癸酉,鎮南將軍楚王瑋、鎮東將軍淮南王允來朝。

戊寅,復置祕書監官。

《資治通鑑》卷八二　三月辛卯,孟觀、李肇啟帝,夜作詔,誣駿謀反,中外戒嚴,遣使奉詔廢駿,以侯就第。

《晉書》卷四《惠帝紀》　誅太傅楊駿,駿弟衛將軍珧,太子太保濟,中護軍張劭,散騎常侍段廣、楊邈,左將軍劉預,河南尹李斌,中書令蔣俊,東夷校尉文淑,尚書武茂,皆夷三族。

壬辰,大赦,改元。賈后矯詔廢皇太后爲庶人,徙于金墉城,告于天地宗廟。誅太后母龐氏。

壬寅,徵大司馬、汝南王亮爲太宰,與太保衛瓘輔政。以秦王柬爲大將軍,東平王楙爲撫軍大將軍,鎮南將軍、楚王瑋爲衛將軍,領北軍中候,下邳王晃爲尚書令,東安公繇爲尚書左僕射,進封東安王。督將侯者千八十一人。

庚戌,免東安王繇及東平王楙,繇徙帶方。

夏四月癸亥,以征東將軍、梁王肜爲征西大將軍、都督關西諸軍事,太子少傅阮坦爲平東將軍、監青、徐二州諸軍事。

己巳,以太子太傅王戎爲尚書右僕射。

五月甲戌,毗陵王軌薨。

壬午,除天下户調緜絹,賜孝悌、高年、鰥寡、力田者帛,人三匹。

六月,賈后矯詔使楚王瑋殺太宰、汝南王亮,太保、菑陽公衛瓘。

乙丑,以瑋擅害亮、瓘,殺之。曲赦洛陽。以廣陵王師劉寔爲太子太保,司空、隴西王泰録尚書事。

秋七月,分揚州、荆州十郡爲江州。

八月庚申,以趙王倫爲征東將軍,都督徐、兖二州諸軍事;河間王顒爲北中郎將,鎮鄴;太子太師何劭爲都督豫州諸軍事,鎮許昌。徙長沙王乂爲常山王。

己巳,進西陽公羕爵爲王。

辛未,立隴西世子越爲東海王。

九月甲午，大將軍、秦王柬薨。

辛丑，徵征西大將軍、梁王肜爲衛將軍、録尚書事，以趙王倫爲征西大將軍、都督雍、梁二州諸軍事。

冬十二月辛酉，京師地震。

是歲，東夷十七國、南夷二十四部並詣校尉内附。

元康二年（壬子、二九二）

《晉書》卷四《惠帝紀》 春二月己酉，賈后弒皇太后于金墉城。

秋八月壬子，大赦。

九月乙酉，中山王耽薨。

冬十一月，大疫。

是歲，沛國雨雹，傷麥。

元康三年（癸丑、二九三）

《晉書》卷四《惠帝紀》 夏四月，滎陽雨雹。

六月，弘農郡雨雹，深三尺。

冬十月，太原王泓薨。

元康四年（甲寅、二九四）

《晉書》卷四《惠帝紀》 春正月丁酉朔，侍中、太尉、安昌公石鑒薨。

夏五月，蜀郡山移，淮南壽春洪水出，山崩地陷，壞城府及百姓廬舍。匈奴郝散反，攻上黨，殺長吏。

六月，壽春地大震，死者二十餘家。上庸郡山崩，殺二十餘人。

秋八月，郝散帥衆降，馮翊都尉殺之。上谷居庸、上庸並地陷裂，水泉涌出，人有死者。大饑。

九月丙辰，赦諸州之遭地災者。

甲午，枉矢東北竟天。

是歲，京師及郡國八地震。

《資治通鑑》卷八二 司隸校尉傅咸卒。

元康五年（乙卯、二九五）

《晉書》卷四《惠帝紀》 夏四月，彗星見于西方，孛于奎，至軒轅。

六月，金城地震。東海雨雹，深五寸。

秋七月，下邳暴風，壞廬舍。

九月，雁門、新興、太原、上黨大風，傷禾稼。

冬十月，武庫火，焚累代之寶。

十二月丙戌，新作武庫，大調兵器。丹楊雨雹。有石生于京師宜年里。

是歲，荆、揚、兖、豫、青、徐等六州大水，詔遣御史巡行振貸。

元康六年（丙辰、二九六）

《晉書》卷四《惠帝紀》 春正月，大赦。司空、下邳王晃薨。以中書監張華爲司空，太尉、隴西王泰爲尚書令，衛將軍、梁王肜爲太子太保。

丁丑，地震。

三月，東海隕霜，傷桑麥。彭城吕縣有流血，東西百餘步。

夏四月，大風。

五月，荆、揚二州大水。匈奴郝散弟度元帥馮翊、北地馬蘭羌、盧水胡反，攻北地，太守張損死之。馮翊太守歐陽建與度元戰，建敗績。徵征西大將軍、趙王倫爲車騎將軍，以太子太保、梁王肜爲征西大將軍、都督雍、梁二州諸軍事，鎮關中。

秋八月，雍州刺史解系又爲度元所破。秦雍氐、羌悉叛，推氐帥齊萬年僭號稱帝，圍涇陽。

冬十月乙未，曲赦雍、涼二州。

十一月丙子，遣安西將軍夏侯駿、建威將軍周處等討萬年，梁王肜屯好畤。

關中饑，大疫。

《資治通鑑》卷八二 是歲，以揚烈將軍巴西趙廞爲益州刺史，發梁、益兵糧助雍州討氐、羌。

元康七年（丁巳、二九七）

《晉書》卷四《惠帝紀》　春正月癸丑，周處及齊萬年戰於六陌，王師敗績，處死之。

夏五月，魯國雨雹。

秋七月，雍、梁州疫。大旱，隕霜，殺秋稼。關中饑，米斛萬錢。詔骨肉相賣者不禁。

丁丑，司徒、京陵公王渾薨。

九月，以尚書右僕射王戎爲司徒，太子太師何劭爲尚書左僕射。

元康八年（戊午、二九八）

《晉書》卷四《惠帝紀》　春正月丙辰，地震。詔發倉廩，振雍州饑人。

三月壬戌，大赦。

夏五月，郊禖石破爲二。

秋九月，荆、豫、揚、徐、冀等五州大水。雍州有年。

《資治通鑑》卷八二　張華、陳準以趙王、梁王，相繼在關中，皆雍容驕貴，師老無功，乃薦孟觀沈毅有文武才用，使討齊萬年。觀身當矢石，大戰十數，皆破之。

元康九年（己未、二九九）

《晉書》卷四《惠帝紀》　春正月，左積弩將軍孟觀伐氐，戰于中亭，大破之，獲齊萬年。徵征西大將軍、梁王肜録尚書事。以北中郎將、河間王顒爲鎮西將軍，鎮關中；成都王穎爲鎮北大將軍，鎮鄴。

夏四月，鄴人張承基等妖言署置，聚黨數千。郡縣逮捕，皆伏誅。

六月戊戌，太尉、隴西王泰薨。

秋八月，以尚書裴頠爲尚書僕射。

冬十一月甲子朔，日有蝕之。京師大風，發屋折木。

十二月壬戌，廢皇太子遹爲庶人，及其三子幽于金墉城，殺太子母謝氏。

永康元年（庚申、三〇〇）

《晉書》卷四《惠帝紀》　春正月癸亥朔，大赦，改元。

己卯，日有蝕之。

丙子，皇孫虨卒。

二月丁酉，大風，飛沙拔木。

三月，尉氏雨血，妖星見于南方。

癸未，賈后矯詔害庶人遹于許昌。

夏四月辛卯，日有蝕之。

癸巳，梁王肜、趙王倫矯詔廢賈后爲庶人，司空張華、尚書僕射裴頠皆遇害，侍中賈謐及黨與數十人皆伏誅。

甲午，倫矯詔大赦，自爲相國、都督中外諸軍，如宣文輔魏故事，追復故皇太子位。

丁酉，以梁王肜爲太宰，左光禄大夫何劭爲司徒，右光禄大夫劉寔爲司空，淮南王允爲驃騎將軍。

己亥，趙王倫矯詔害賈庶人于金墉城。

五月己巳，立皇孫臧爲皇太孫，尚爲襄陽王。

六月壬寅，葬愍懷太子于顯平陵。撫軍將軍、清河王遐薨。

癸卯，震崇陽陵標。

秋八月，淮南王允舉兵討趙王倫，不克，允及其二子秦王郁、漢王迪皆遇害。曲赦洛陽。

平東將軍、彭城王植薨。改封吴王晏爲賓徒縣王。以齊王冏爲平東將軍，鎮許昌；光禄大夫陳準爲太尉，録尚書事。

九月，改司徒爲丞相，以梁王肜爲之。

冬十月，黄霧四塞。

十一月戊午，大風飛沙石，六日乃止。

甲子，立皇后羊氏，大赦，大酺三日。

十二月，彗星見于東方。

益州刺史趙廞與略陽流人李庠害成都内史耿勝、犍爲太守李密、汶山太守霍固、西夷校尉陳總，據成都反。

《資治通鑑》卷八三　廞自稱大都督、大將軍、益州牧，署置僚屬，改易守令，王官被召，無敢不往。李庠帥妹壻李含、天水任回、上官晶、扶風李攀、始平費他、氐苻成、隗伯等四千騎歸廞。廞以庠爲威寇將軍，封陽泉亭侯，委以心膂，使招合六郡壯勇至萬餘人，以斷北道。

永寧元年（辛酉、三〇一）

《資治通鑑》卷八三　春正月，以散騎常侍安定張軌爲涼州刺史。

《晉書》卷四《惠帝紀》　乙丑，趙王倫篡帝位。

丙寅，遷帝于金墉城，號曰太上皇，改金墉曰永昌宫。廢皇太孫臧爲濮陽王。五星經天，縱横無常。

癸酉，倫害濮陽王臧。略陽流人李特殺趙廞，傳首京師。

三月，平東將軍、齊王冏起兵以討倫，傳檄州郡，屯于陽翟。征北大將軍、成都王穎，征西大將軍、河間王顒，常山王乂，豫州刺史李毅，兖州刺史王彦，南中郎將、新野公歆，皆舉兵應之，衆數十萬。倫遣其將閭和出伊闕，張泓、孫輔出堮坂以距冏，孫會、士猗、許超出黄橋以距穎。及穎將趙驤、石超戰于溴水，會等大敗，棄軍走。

閏月丙戌朔，日有蝕之。

夏四月，歲星晝見。冏將何勖、盧播擊張泓於陽翟，大破之，斬孫輔等。

辛酉，左衛將軍王輿與尚書、淮陵王漼勒兵入宫，禽倫黨孫秀、孫會、許超、士猗、騶休等，皆斬之。逐倫歸第，即日乘輿反正。羣臣頓首謝罪，帝曰：「非諸卿之過也。」

癸亥，詔曰：「朕以不德，纂承皇統，遠不能光濟大業，靖綏四方；近不能開明刑威，式遏姦宄。至使逆臣孫秀敢肆凶虐，窺間王室，遂奉趙王倫饕據天位。鎮東大將軍、齊王冏，征北大將軍、成都王穎，征西大將軍、河間王顒，並以明德茂親，忠規允著，首建大策，匡救國難。尚書漼共立大謀，左衛將軍王輿與羣公卿士，協同謀略，親勒本營，斬秀及其二子。前趙王倫爲秀所誤，與其子等已詣金墉迎朕幽宫，旋軫閶闔。豈在予一人獨饗其慶，宗廟社稷實有賴焉。」於是大赦，改元，孤寡賜穀五斛，大酺五日。誅趙王倫、義陽王威、九門侯質等及倫之黨與。

五月，立襄陽王尚爲皇太孫。

《資治通鑑》卷八四　六月乙卯，齊王冏帥衆入洛陽，頓軍通章署，甲士數十萬，威震京都。

《晉書》卷四《惠帝紀》　戊辰，大赦，增吏位二等。復封賓徒王晏爲吴王。

庚午，東萊王蕤、左衛將軍王輿謀廢齊王冏，事泄，蕤廢爲庶人，輿伏誅，夷三族。

甲戌，以齊王冏爲大司馬、都督中外諸軍事，成都王穎爲大將軍、録尚書事，河間王顒爲太尉。罷丞相，復置司徒官。

己卯，以梁王肜爲太宰，領司徒。封齊王冏功臣葛旟牟平公，路季小黄公，衛毅平陰公，劉眞安鄉公，韓泰封丘公。

秋七月甲午，立吴王晏子國爲漢王，復封常山王乂爲長沙王。

八月，大赦。

戊辰，原徙邊者。益州刺史羅尚討羌，破之。

己巳，徙南平王祥爲宜都王。下邳王韡薨。以東平王楙爲平東將軍、都督徐州諸軍事。

九月，追東安王繇復其爵。

丁丑，封楚王瑋子範爲襄陽王。

冬十月，流人李特反於蜀。

十二月，司空何劭薨。封齊王冏子冰爲樂安王，英爲濟陽王，超爲淮南王。

是歲，郡國十二旱，六蝗。

太安元年（壬戌、三〇二）

《晉書》卷四《惠帝紀》　春正月庚子，安東將軍、譙王隨薨。

三月癸卯，赦司、冀、兖、豫四州。皇太孫尚薨。

夏四月，彗星晝見。

五月乙酉，侍中、太宰、領司徒、梁王肜薨。以右光禄大夫劉寔爲太傅。

《資治通鑑》卷八四　河間王顒遣督護衙博討李特，軍於梓潼；朝廷復以張微爲廣漢太守，軍于德陽；羅尚遣督護張龜軍於繁城。特使其子鎮軍將軍蕩等襲博，而自將擊龜，破之。蕩敗博兵於陽沔，梓潼太守張演委城走，巴西丞毛植以郡降。蕩進攻博於葭萌，博走，其衆盡降。河間王顒更以許雄爲梁州刺史。特自稱大將軍、益州牧、都督梁、益二州諸軍事。

《晉書》卷四《惠帝紀》　癸卯，以清河王遐子覃爲皇太子，賜孤寡帛，大酺五日。以齊王冏爲太師，東海王越爲司空。

秋七月，兖、豫、徐、冀等四州大水。

《資治通鑑》卷八四　八月，李特攻張微，微擊破之，遂進攻特營。李蕩引兵救之，山道險陿，蕩力戰而前，遂破微兵。特欲還涪，蕩及司馬王幸諫曰：「微軍已敗，智勇俱竭，宜乘鋭氣遂禽之。」特復進攻微，殺之，生禽微子存，以微喪還之。

《晉書》卷四《惠帝紀》　冬十月，地震。

《資治通鑑》卷八四　十一月，丙戌，復置寧州，以毅爲刺史。

《晉書》卷四《惠帝紀》　十二月丁卯，河間王顒表齊王冏窺伺神器，有無君之心，與成都王穎、新野王歆、范陽王虓同會洛陽，請廢冏還第。長沙王乂奉乘輿屯南止車門，攻冏，殺之，幽其諸子于金墉城，廢冏弟北海王寔。大赦，改元。以長沙王乂爲太尉、都督中外諸軍事。封東萊王蕤子炤爲齊王。

《資治通鑑》卷八四　是歲，陳留王薨，謚曰魏元皇帝。

太安二年（癸亥、三〇三）

《晉書》卷四《惠帝紀》　春正月甲子朔，赦五歲刑。

三月，李特攻陷益州。荊州刺史宋岱擊特，斬之，傳首京師。

夏四月，特子雄復據益州。

五月，義陽蠻張昌舉兵反，以山都人丘沈爲主，改姓劉氏，僞號漢，建元神鳳，攻破郡縣，南陽太守劉彬，平南將軍羊伊，鎮南大將軍、新野王歆並遇害。

六月，遣荊州刺史劉弘等討張昌于方城，王師敗績。

秋七月，中書令卞粹、侍中馮蓀、河南尹李含等貳於長沙王乂，乂疑而害之。

張昌陷江南諸郡，武陵太守賈隆、零陵太守孔紘、豫章太守閻濟、武昌太守劉根皆遇害。昌别帥石冰寇揚州，刺史陳徽與戰，大敗，諸郡盡没。臨淮人封雲舉兵應之，自阜陵寇徐州。

八月，河間王顒、成都王穎舉兵討長沙王乂，帝以乂爲大都督，帥軍禦之。

庚申，劉弘及張昌戰於清水，斬之。

乙丑，帝幸十三里橋，遣將軍皇甫商距方于宜陽。

己巳，帝旋軍于宣武場。

庚午，舍于石樓。天中裂，無雲而雷。

九月丁丑，帝次于河橋。

壬午，皇甫商爲張方所敗。

甲申，帝軍于芒山。

丁亥，幸偃師。

辛卯，舍于豆田。

癸巳，尚書右僕射、興晉侯羊玄之卒。帝旋于城東。

丙申，進軍緱氏，擊牽秀，走之。大赦。張方入京城，燒清明、開陽二門，死者萬計。石超逼乘輿于緱氏。

冬十月壬寅，帝旋于宮。石超焚緱氏，服御無遺。

丁未，破牽秀、范陽王虓于東陽門外。

戊申，破陸機于建春門，石超走，斬其大將賈崇等十六人，懸首銅駝街。張方退屯十三里橋。

《資治通鑑》卷八五　太尉乂奉帝攻張方，方兵望見乘輿，皆退走，方遂大敗，死者五千餘人。方退屯十三里橋。

《晉書》卷四《惠帝紀》　十一月辛巳，星晝隕，聲如雷。王師攻方壘，不利。方決千金堨，水碓皆涸。乃發王公奴婢手舂給兵廩，一品已下不從征者，男子十三以上皆從役。又發奴助兵，號爲四部司馬。公私窮踧，米石萬錢。詔命所至，一城而已。

十二月，壬寅夜，赤氣竟天，隱隱有聲。

丙辰，地震。

癸亥，東海王越執長沙王乂，幽於金墉城，尋爲張方所害。

甲子，大赦。

丙寅，揚州秀才周玘、前南平内史王矩、前吳興内史顧祕起義軍以討石冰。冰退，自臨淮趣壽陽。征東將軍劉準遣廣陵度支陳敏擊冰。

閏月，李雄自郫城攻益州刺史羅尚，尚委城而遁，雄盡有成都之地。封鮮卑段勿塵爲遼西公。

永興元年（甲子、三〇四）

《資治通鑑》卷八五　春正月丙午，樂廣以憂卒。

甲子，越啟帝，下詔免乂官，置金墉城。大赦，改元。

丙寅，方取乂於金墉城，至營，炙而殺之，方軍士亦爲之流涕。

公卿皆詣鄴謝罪；大將軍穎入京師，復還鎮於鄴。詔以穎爲丞相，加東海王越守尚書令。穎遣奮武將軍石超等率兵五萬屯十二城門，殿中宿所忌者，穎皆殺之，悉代去宿衛兵。表盧志爲中書監，留鄴，參署丞相府事。

《晉書》卷四《惠帝紀》　二月乙酉，廢皇后羊氏，幽于金墉城，黜皇太子覃復爲清河王。

三月，陳敏攻石冰，斬之，揚、徐二州平。

河間王顒表請立成都王穎爲太弟。

戊申，詔曰：「朕以不德，纂承鴻緒，于兹十有五載。禍亂滔天，姦逆仍起，至乃幽廢重宫，宗廟圮絶。成都王穎温仁惠和，克平暴亂。其以穎爲皇太弟、都督中外諸軍事，丞相如故。」大赦，賜鰥寡高年帛三匹，大酺五日。

丙辰，盜竊太廟神器。以太尉顒爲太宰，太傅劉寔爲太尉。

六月，新作三城門。

秋七月丙申朔，右衛將軍陳眕以詔召百僚入殿中，因勒兵討成都王穎。

戊戌，大赦，復皇后羊氏及皇太子覃。

己亥，司徒王戎、東海王越、高密王簡、平昌公模、吳王晏、豫章王熾、襄陽王範、右僕射荀藩等奉帝北征。至安陽，衆十餘萬，穎遣其將石超距戰。

己未，六軍敗績于蕩陰，矢及乘輿，百官分散，侍中嵇紹死之。帝傷頰，中三矢，亡六璽。帝遂幸超軍，餒甚，超進水，左右奉秋桃。超遣弟熙奉帝之鄴，穎帥羣官迎謁道左。帝下輿涕泣，其夕幸于穎軍。穎府有九錫之儀，陳留王送貂蟬文衣鶡尾，明日，乃備法駕幸于鄴，唯豫章王熾、司徒王戎、僕射荀藩從。

庚申，大赦，改元爲建武。

八月戊辰，穎殺東安王繇。張方復入洛陽，廢皇后羊氏及皇太子覃。匈奴左賢王劉元海反於離石，自號大單于。

安北將軍王浚遣烏丸騎攻成都王穎于鄴，大敗之。穎與帝單車走洛陽，服御分散，倉卒上下無齎，侍中黄門被囊中齎私錢三千，詔貸用。所在買飯以供，宫人止食于道中客舍。宫人有持升餘粇米飯及燥蒜鹽豉以進帝，帝噉之，御中黄門布被。次獲嘉，市粗米飯，盛以瓦盆，帝噉兩盂。有老父獻蒸鷄，帝受之。至温，將謁陵，帝喪履，納從者之履，下拜流涕，左右皆歔欷。及濟河，張方帥騎三千，以陽燧青蓋車奉迎。方拜謁，帝躬止之。

辛巳，大赦，賞從者各有差。

冬十一月乙未，方請帝謁廟，因劫帝幸長安。方以所乘車入殿中，帝馳避後園竹中。方逼帝升車，左右中黄門鼓吹十二人步從，唯中書監盧志侍側。方以帝幸其壘，帝令方具車載宫人寶物，軍人因妻略後宫，分爭府藏，魏晉已來之積，掃地無遺矣。行次新安，寒甚，帝墮馬傷足，尚書高光進面衣，帝嘉之。河間王顒帥官屬步騎三萬，迎于霸上。顒前拜謁，帝下車止之。以征西府爲宫。唯僕射荀藩、司隸劉暾、太常鄭球、河南尹周馥與其遺官在洛陽，爲留臺，承制行事，號爲東西臺焉。

丙午，留臺大赦，改元復爲永安。

辛丑，復皇后羊氏。

李雄僭號成都王，劉元海僭號漢王。

十二月丁亥，詔曰：「天禍晉邦，冢嗣莫繼。成都王穎自在儲貳，政績虧損，四海失望，不可承重，其以王還第。豫章王熾先帝愛子，令問日新，四海注意，今以爲皇太弟，以隆我晉邦。以司空越爲太傅，與太宰顒夾輔朕躬。司徒王戎參録朝政，光禄大夫王衍爲尚書左僕射。安南將軍虓、安北將軍浚，平北將軍騰各守本鎮。高密王簡爲鎮南將軍，領司隸校尉，權鎮洛陽；東中郎將模爲寧北將軍、都督冀州，鎮于鄴；鎮南大將軍劉弘領荆州，以鎮南土。周馥、繆胤各還本部，百官皆復職。齊王冏前應還第，長沙王乂輕陷重刑，封其子紹爲樂平縣王，以奉其嗣。自頃戎車屢征，勞費人力，供御之物皆減三分之二，户調田租三分減一。蠲除苛政，愛人務本。清通之後，當還東京。」大赦，改元。以河間王顒都督中外諸軍事。

永興二年（乙丑、三〇五）

《晉書》卷四《惠帝紀》　春正月甲午朔，帝在長安。

夏四月，詔封樂平王紹爲齊王。

丙子，張方廢皇后羊氏。

六月甲子，侍中、司徒、安豐侯王戎薨。

隴西太守韓稚攻秦州刺史張輔，殺之。

李雄僭即帝位，國號蜀。

秋七月甲午，尚書諸曹火，燒崇禮闥。

東海王越嚴兵徐方，將西迎大駕。

成都王穎部將公師藩等聚衆攻陷郡縣，害陽平太守李志、汲郡太守張延等，轉攻鄴，平昌公模遣將軍趙驤擊破之。

八月辛丑，大赦。

驃騎將軍、范陽王虓逐冀州刺史李義。揚州刺史曹武殺丹楊太守朱建。

李雄遣其將李驤寇漢安。

車騎大將軍劉弘逐平南將軍、彭城王釋于宛。

《資治通鑑》卷八六　司空越以琅邪王睿爲平東將軍，監徐州諸軍事，留守下邳。

《晉書》卷四《惠帝紀》　九月庚寅朔，公師藩又害平原太守王景、清河太守馮熊。

庚子，豫州刺史劉喬攻范陽王虓於許昌，敗之。

壬子，以成都王穎爲鎮軍大將軍、都督河北諸軍事，鎮鄴。河間王顒遣將軍呂朗屯洛陽。

冬十月丙子，詔曰：「得豫州刺史劉喬檄，稱潁川太守劉輿迫脅驃騎將軍虓，距逆詔令，造構凶逆，擅劫郡縣，合聚兵衆，擅用苟晞爲兖州，斷截王命。鎮南大將軍、荆州刺史劉弘，平南將軍、彭城王釋等，其各勒所統，徑會許昌，與喬并力。今遣右將軍張方爲大都督，統精卒十萬，建武將軍呂朗、廣武將軍騫韜、建威將軍刁默等爲軍前鋒，共會許昌，除輿兄弟。」

丁丑，使前車騎將軍石超、北中郎將王闡討輿等。

赤氣見于北方，東西竟天。有星孛于北斗。

平昌公模遣將軍宋胄等屯河橋。

十一月，立節將軍周權詐被檄，自稱平西將軍，復皇后羊氏。洛陽令何喬攻權，殺之，復廢皇后。

十二月，呂朗等東屯滎陽，成都王穎進據洛陽，張方、劉弘等並桉兵不能禦。范陽王虓濟自官渡，拔滎陽，斬石超，襲許昌，破劉喬于蕭，喬奔南陽。

右將軍陳敏舉兵反，自號楚公，矯稱被中詔，從沔漢奉迎天子，逐揚州刺史劉機、丹楊太守王曠；遣弟恢南略江州，刺史應邈奔弋陽。

光熙元年（丙寅、三〇六）

《晉書》卷四《惠帝紀》　春正月戊子朔，日有蝕之。帝在長安。河間王顒聞劉喬破，大懼，遂殺張方，請和于東海王越，越不聽。宋胄等破穎將樓裒，進逼洛陽，穎奔長安。

甲子，越遣其將祁弘、宋胄、司馬纂等迎帝。

三月，東萊惤令劉柏根反，自稱惤公，襲臨淄，高密王簡奔聊城。王浚遣將討柏根，斬之。

夏四月己巳，東海王越屯于温。顒遣弘農太守彭隨、北地太守刁默距祁弘等于湖。

五月，枉矢西南流。范陽國地燃，可以爨。

壬辰，祁弘等與刁默戰，默大敗，顒、穎走南山，奔于宛。弘等所部鮮卑大掠長安，殺二萬餘人。是日，日光四散，赤如血。甲午，又如之。

己亥，弘等奉帝還洛陽，帝乘牛車，行宮藉草，公卿跋涉。

戊申，驃騎、范陽王虓殺司隸校尉邢喬。

己酉，盗取太廟金匱及策文各四。

六月丙辰朔，至自長安，升舊殿，哀感流涕。謁于太廟。復皇后羊氏。

辛未，大赦，改元。

《資治通鑑》卷八六　成都王雄即皇帝位，大赦，改元曰晏平，國號大成。追尊父特曰景皇帝，廟號始祖；尊王太后曰皇太后。以范長生爲天地太師。

《晉書》卷四《惠帝紀》　秋七月乙酉朔，日有蝕之。太廟吏賈苞盜太廟靈衣及劍，伏誅。

《資治通鑑》卷八六　八月，以司空越爲太傅，録尚書事；范陽王虓爲司空，鎮鄴；平昌公模爲鎮東大將軍，鎮許昌；王浚爲驃騎大將軍、都督東夷、河北諸軍事，領幽州刺史。

《晉書》卷四《惠帝紀》　九月，頓丘太守馮嵩執成都王穎，送之于鄴。進東嬴公騰爵爲東燕王，平昌公模爲南陽王。

冬十月，司空、范陽王虓薨。虓長史劉輿害成都王穎。

十一月庚午，帝崩于顯陽殿，時年四十八。

晉懷帝部（起公元三〇六年，迄公元三一三年）

《讀史津逮》卷二《西晉》　孝懷皇帝名熾，字豐度，武帝第二十五子，母王太后。初封豫章郡王，屬孝惠之世，宗室搆禍，帝冲素自守，不交世事，專以史籍爲娱，得立爲皇太弟。光熙元年丙寅十一月，惠帝崩，即位，改元永嘉。在位六年。五年辛未六月，僞漢劉聰入寇，城陷，出幸長安，追及，執送平陽。封平阿公，復改會稽公，七年正月，使帝青衣行酒，侍中庾珉號哭，珉被殺，帝亦遇害，壽三十。

光熙元年（丙寅、三〇六）

《晉書》卷五《孝懷帝紀》　十一月，羊皇后以於太弟爲嫂，不得爲太后，催清河王覃入，已至尚書閤，侍中華混等急召太弟。

癸酉，即皇帝位，大赦，尊皇后羊氏爲惠皇后，居弘訓宫，追尊所生太妃王氏爲皇太后，立妃梁氏爲皇后。

十二月壬午朔，日有食之。

己亥，封彭城王植子融爲樂城縣王。

南陽王模殺河間王顒于雍谷。

辛丑，以中書監温羨爲司徒，尚書左僕射王衍爲司空。

己酉，葬孝惠皇帝于太陽陵。

李雄别帥李離寇梁州。

永嘉元年（丁卯、三〇七）

《晉書》卷五《孝懷帝紀》　春正月癸丑朔，大赦，改元，除三族刑。以太傅、東海王越輔政，殺御史中丞諸葛玫。

二月辛巳，東萊人王彌起兵反，寇青、徐二州，長廣太守宋羆、東牟太守龐伉並遇害。

三月己未朔，平東將軍周馥斬送陳敏首。

《資治通鑑》卷八六　詔追復楊太后尊號。

《晉書》卷五《孝懷帝紀》　丁卯，改葬武悼楊皇后。

庚午，立豫章王詮爲皇太子。

辛未，大赦。

庚辰，東海王越出鎮許昌。以征東將軍、高密王簡爲征南大將軍、都督荆州諸軍事，鎮襄陽；改封安北將軍、東燕王騰爲新蔡王、都督司、冀二州諸軍事，鎮鄴；以征南將軍、南陽王模爲征西大將軍、都督秦、雍、梁、益四州諸軍事，鎮長安。

并州諸郡爲劉元海所陷，刺史劉琨獨保晉陽。

夏五月，馬牧帥汲桑聚衆反，敗魏郡太守馮嵩，遂陷鄴城，害新蔡王騰。燒鄴宫，火旬日不滅。又殺前幽州刺史石尟於樂陵，入掠平原，山陽公劉秋遇害。

洛陽步廣里地陷，有二鵝出，色蒼者沖天，白者不能飛。

建寧郡夷攻陷寧州，死者三千餘人。

秋七月己酉朔，東海王越進屯官渡，以討汲桑。

己未，以平東將軍、琅邪王睿爲安東將軍、都督揚州江南諸軍事、假節，鎮建鄴。

八月己卯朔，撫軍將軍苟晞敗汲桑於鄴。

甲辰，曲赦幽、并、司、冀、兖、豫等六州。分荆州、江州八郡爲湘州。

九月戊申，苟晞又破汲桑，陷其九壘。

《資治通鑑》卷八六　琅邪王睿至建業。

《晉書》卷五《孝懷帝紀》　辛亥，有大星如日，小者如斗，自西方流於東北，天盡赤，俄有聲如雷。

始修千金堨於許昌以通運。

冬十一月戊申朔，日有蝕之。

甲寅，以尚書右僕射和郁爲征北將軍，鎮鄴。

《資治通鑑》卷八六　乙亥，以王衍爲司徒。

《晉書》卷五《孝懷帝紀》　十二月戊寅，并州人田蘭、薄盛等斬汲桑於樂陵。

甲午，以前太傅劉寔爲太尉

庚子，以光禄大夫、延陵公高光爲尚書令。東海王越矯詔囚清河王覃于金墉城。

癸卯，越自爲丞相。以撫軍將軍苟晞爲征東大將軍。

《資治通鑑》卷八六　慕容廆自稱鮮卑大單于。拓跋禄官卒，弟猗盧總攝三部，與廆通好。

永嘉二年（戊辰、三〇八）

《晉書》卷五《孝懷帝紀》　春正月丙午朔，日有蝕之。

丁未，大赦。

《資治通鑑》卷八六　漢王淵遣撫軍將軍聰等十將南據太行，輔漢將軍石勒等十將東下趙、魏。

《晉書》卷五《孝懷帝紀》　二月辛卯，清河王覃爲東海王越所害。

庚子，石勒寇常山，安北將軍王浚討破之。

三月，東海王越鎮鄄城。劉元海侵汲郡，略有頓丘、河内之地。

王彌寇青、徐、兗、豫四州。夏四月丁亥，入許昌，諸郡守將皆奔走。

五月甲子，彌遂寇洛陽，司徒王衍帥衆禦之，彌退走。

秋七月甲辰，劉元海寇平陽，太守宋抽奔京師，河東太守路述力戰，死之。

八月丁亥，東海王越自鄄城遷屯于濮陽。

《資治通鑑》卷八六　九月，漢王彌、石勒寇鄴，和郁棄城走。詔豫州刺史裴憲屯白馬以拒彌，車騎將軍王堪屯東燕以拒勒，平北將軍曹武屯大陽以備蒲子。

《晉書》卷五《孝懷帝紀》　冬十月甲戌，劉元海僭帝號于平陽，仍稱漢。

十一月乙巳，尚書令高光卒。

丁卯，以太子少傅荀藩爲尚書令。

《資治通鑑》卷八六　壬寅，并州刺史劉琨使上黨太守劉惇帥鮮卑攻壺關，漢鎮東將軍綦毋達戰敗亡歸。

《晉書》卷五《孝懷帝紀》　己酉，石勒寇鄴，魏郡太守王粹戰敗，死之。

十二月辛未朔，大赦。立長沙王乂子碩爲長沙王，尟爲臨淮王。

《蜀鑑》卷四　雄遣將軍李鳳屯晉壽，以寇漢中。詔以張光爲梁州刺史，治新城。

永嘉三年（己巳、三〇九）

《晉書》卷五《孝懷帝紀》　春正月甲午，彭城王釋薨。

《資治通鑑》卷八十七　辛丑朔，熒惑犯紫微。

《晉書》卷五《孝懷帝紀》　三月戊申，征南大將軍、高密王簡薨。以尚書左僕射山簡爲征南將軍、都督荆、湘、交、廣等四州諸軍事，司隸校尉劉暾爲尚書左僕射。

丁巳，東海王越歸京師。

乙丑，勒兵入宫，於帝側收近臣中書令繆播、帝舅王延等十餘人，並害之。

丙寅，曲赦河南郡。

《資治通鑑》卷八七　太傅越以王敦爲揚州刺史。

《晉書》卷五《孝懷帝紀》　丁卯，太尉劉寔請老，以司徒王衍爲太尉。東海王越領司徒。

劉元海寇黎陽，遣車騎將軍王堪擊之，王師敗績于延津，死者三萬餘人。

大旱，江、漢、河、洛皆竭，可涉。

夏四月，左積弩將軍朱誕叛奔於劉元海。石勒攻陷冀州郡縣百餘壁。

《資治通鑑》卷八七　五月，漢主淵封子裕爲齊王，隆爲魯王。

《晉書》卷五《孝懷帝紀》　秋七月戊辰，當陽地裂三所，各廣三丈，長三百餘步。

辛未，平陽人劉芒蕩自稱漢後，誑誘羌戎，僭帝號於馬蘭山。支胡五斗叟、郝索聚衆數千爲亂，屯新豐，與芒蕩合黨。

《資治通鑑》卷八七　八月，漢主淵命楚王聰等進攻洛陽；　詔平北將軍曹武等拒之，皆爲聰所敗。聰長驅至宜陽，自恃驟勝，怠不設備。

九月，弘農太守垣延詐降，夜襲聰軍，聰大敗而還。

《晉書》卷五《孝懷帝紀》　丁丑，王師敗績。東海王越入保京城。聰至西明門，越禦之，戰于宣陽門外，大破之。石勒寇常山，安北將軍王浚使鮮卑騎救之，大破勒於飛龍山。使車騎將軍王堪、平北將軍曹武討劉聰，王師敗績，堪奔還京師。

征西大將軍、南陽王模使其將淳于定破劉芒蕩、五斗叟，並斬之。

李雄別帥羅羕以梓潼歸順。劉聰攻洛陽西明門，不克。

宜都夷道山崩，荆、湘二州地震。

《資治通鑑》卷八七　冬，十月，漢主淵復遣楚王聰、王彌、始安王曜、汝陰王景帥精騎五萬寇洛陽，大司空鴈門剛穆公呼延翼帥步卒繼之。

丙辰，聰等至宜陽。朝廷以漢兵新敗，不意其復至，大懼。

辛酉，聰屯西明門。北宮純等夜帥勇士千餘人出攻漢壁，斬其征虜將軍呼延顥。

壬戌，聰南屯洛水。

乙丑，呼延翼爲其下所殺，其衆自大陽潰歸。淵敕聰等還師，聰表稱晉兵微弱，不可以翼、顥死故還師，固請留攻洛陽，淵許之。太傅越嬰城自守。

戊寅，聰親祈嵩山，留平晉將軍安陽哀王厲、冠軍將軍呼延朗督攝留軍；　太傅參軍孫詢說越乘虛出擊朗，斬之，厲赴水死。

《晉書》卷五《孝懷帝紀》　十一月，石勒陷長樂，安北將軍王斌遇害，因屠黎陽。

乞活帥李惲、薄盛等帥衆救京師，聰退走。惲等又破王彌于新汲。

《資治通鑑》卷八七　十二月，漢主淵以陳留王歡樂爲太傅，楚王聰爲大司徒，江都王延年爲大司空。遣都護大將軍曲陽王賢與征北大將軍劉靈、安北將軍趙固、平北將軍王桑，東屯內黃。

《晉書》卷五《孝懷帝紀》　乙亥，夜有白氣如帶，自地升天，南北各二丈。

永嘉四年（庚午、三一〇）

《晉書》卷五《孝懷帝紀》　春正月乙丑朔，大赦。

二月，石勒襲鄄城，兗州刺史袁孚戰敗，爲其部下所害。勒又襲白馬，車騎將軍王堪死之。

李雄將文碩殺雄大將軍李國，以巴西歸順。

戊午，吴興人錢璯反，自稱平西將軍。

三月，丞相倉曹屬周玘帥鄉人討璯，斬之。

夏四月，大水。

將軍祁弘破劉元海將劉靈曜于廣宗。

李雄陷梓潼。

兗州地震。

五月，石勒寇汲郡，執太守胡寵，遂南濟河，滎陽太守裴純奔建鄴。

大風折木。地震。幽、并、司、冀、秦、雍等六州大蝗，食草木、牛馬毛，皆盡。

六月，劉元海死，其子和嗣僞位，和弟聰弒和而自立。

秋七月，劉聰從弟曜及其將石勒圍懷，詔征虜將軍宋抽救之，爲曜所敗，抽死之。

《蜀鑑》卷四　散騎常侍都督梁、益二州夷陵侯羅尚薨。

《晉書》卷五《孝懷帝紀》　九月，河內人樂仰執太守裴整叛，降于石勒。

徐州監軍王隆自下邳棄軍奔于周馥。

雍州人王如舉兵反于宛，殺害令長，自號大將軍、司、雍二州牧，大掠漢沔，新平人龐寔、馮翊人嚴嶷、京兆人侯脱等各起兵應之。征南將軍山簡、荆州刺史王澄、南中郎將杜蕤並遣兵援京師，及如戰于宛，諸軍皆大敗；　王澄獨以衆進至沶口，衆潰而歸。

冬十月辛卯，晝昏，至于庚子。大星西南墜，有聲。

壬寅，石勒圍倉垣，陳留內史王讚擊敗之，勒走河北。

壬子，以驃騎將軍王浚爲司空，平北將軍劉琨爲平北大將軍。

京師饑。

東海王越羽檄徵天下兵，帝謂使者曰：「爲我語諸征鎮，若今日，尚可救，後則無逮矣。」時莫有至者。

石勒陷襄城，太守崔曠遇害，遂至宛。王浚遣鮮卑文鴦帥騎救之，勒退。浚又遣別將王申始討勒于汶石津，大破之。

十一月甲戌，東海王越帥衆出許昌，以行臺自隨。宫省無復守衛，荒饉日甚，殿内死人交横，府寺營署並掘塹自守，盜賊公行，枹鼓之音不絶。越軍次項，自領豫州牧，以太尉王衍爲軍司。

丁丑，流氐隗伯等襲宜都，太守嵇晞奔建鄴。

王申始攻劉曜、王彌于瓶壘，破之。

鎮東將軍周馥表迎大駕遷都壽陽，越使裴碩討馥，爲馥所敗，走保東城，請救于琅邪王睿。

襄陽大疫，死者三千餘人。

加凉州刺史張軌安西將軍。

十二月，征東大將軍苟晞攻王彌別帥曹嶷，破之。

乙酉，平陽人李洪帥流人入定陵作亂。

《資治通鑑》卷八七　是歲，寧州刺史王遜到官，表李釗爲朱提太守。

永嘉五年（辛未、三一一）

《晉書》卷五《孝懷帝紀》　春正月，帝密詔苟晞討東海王越。

壬申，晞爲曹嶷所破。

乙未，越遣從事中郎將楊瑁、徐州刺史裴盾共擊晞。

癸酉，勒入江夏，太守楊珉奔于武昌。

乙亥，李雄攻陷涪城，梓潼太守譙登遇害。

湘州流人杜弢據長沙反。

戊寅，安東將軍、琅邪王睿使將軍甘卓攻鎮東將軍周馥于壽春，馥衆潰。

庚辰，太保、平原王幹薨。

二月，石勒寇汝南，汝南王祐奔建鄴。

三月戊午，詔下東海王越罪狀，告方鎮討之。以征東大將軍苟晞爲大將軍。

丙子，東海王越薨。

四月戊子，石勒追東海王越喪，及于東郡，將軍錢端戰死，軍潰，太尉王衍、吏部尚書劉望、廷尉諸葛銓、尚書鄭豫、武陵王澹等皆遇害，王公已下死者十餘萬人。東海世子毗及宗室四十八王尋又没于石勒。

賊王桑、冷道陷徐州，刺史裴盾遇害，桑遂濟淮，至于歷陽。

五月，益州流人汝班、梁州流人蹇撫作亂于湘州，虜刺史苟眺，南破零、桂諸郡，東掠武昌，安城太守郭察、邵陵太守鄭融、衡陽内史滕育並遇害。

進司空王浚爲大司馬，征西大將軍、南陽王模爲太尉，太子太傅傅祗爲司徒，尚書令荀藩爲司空，安東將軍、琅邪王睿爲鎮東大將軍。

帝召羣臣會議，將行而警衛不備。帝撫手歎曰：「如何曾無車輿！」乃使司徒傅祗出詣河陰，修理舟楫，爲水行之備。朝士數十人導從。帝步出西掖門，至銅駝街，爲盜所掠，不得進而還。

六月癸未，劉曜、王彌、石勒同寇洛川，王師頻爲賊所敗，死者甚衆。

庚寅，司空荀藩、光禄大夫荀組奔轘轅，太子左率温畿夜開廣莫門奔小平津。

丁酉，劉曜、王彌入京師。帝開華林園門，出河陰藕池，欲幸長安，爲曜等所追及。曜等遂焚燒宫廟，逼辱妃后，吴王晏、竟陵王楙、尚書左僕射和郁、右僕射曹馥、尚書閭丘沖、袁粲、王緄、河南尹劉默等皆遇害，百官士庶死者三萬餘人。

《資治通鑑》卷八七　丁未，漢主聰大赦，改元嘉平。以帝爲特進左光禄大夫，封平阿公，以侍中庾珉、王儁爲光禄大夫。

《晉書》卷五《孝懷帝紀》　荀藩移檄州鎮，以琅邪王爲盟主。豫章王端東奔苟晞，晞立爲皇太子，自領尚書令，具置官屬，保梁國之蒙縣。

百姓饑儉，米斛萬餘價。

秋七月，大司馬王浚承制假立太子，置百官，署征鎮。

石勒寇穀陽，沛王滋戰敗遇害。

八月，劉聰使子粲攻陷長安，太尉、征西將軍、南陽王模遇害，長安遺人四千餘家奔漢中。

九月癸亥，石勒襲陽夏，至於蒙縣，大將軍苟晞、豫章王端並没于賊。

冬十月，勒寇豫州諸郡，至江而還。

十一月，猗盧寇太原，平北將軍劉琨不能制，徙五縣百姓於新興，以其地居之。

永嘉六年（壬申、三一二）

《晉書》卷五《孝懷帝紀》 春正月，帝在平陽。劉聰寇太原。

故鎮南府牙門將胡亢聚衆寇荆土，自號楚公。

二月壬子，日有蝕之。

癸丑，鎮東大將軍、琅邪王睿上尚書，檄四方以討石勒。大司馬王浚移檄天下，稱被中詔承制，以荀藩爲太尉。汝陽王熙爲石勒所害。

夏四月丙寅，征南將軍山簡卒。

秋七月，歲星、熒惑、太白聚于牛斗。石勒寇冀州。

劉粲寇晉陽，平北將軍劉琨遣部將郝詵帥衆禦粲，詵敗績，死之，太原太守高喬以晉陽降粲。

《資治通鑑》卷八八 八月庚戌，琨還救晉陽，不及，帥左右數十騎奔常山。

辛亥，粲、曜入晉陽。

壬子，令狐泥殺琨父母。

《晉書》卷五《孝懷帝紀》 己亥，陰平都尉董沖逐太守王鑒，以郡叛降于李雄。

辛亥，劉琨乞師于猗盧，表盧爲代公。

九月己卯，猗盧使子利孫赴琨，不得進。

辛巳，前雍州刺史賈疋討劉粲於三輔，走之，關中小定，乃與衛將軍梁芬、京兆太守梁綜共奉秦王鄴爲皇太子於長安。

《資治通鑑》卷八八 冬十月，【略】代公猗盧遣其子六修及兄子普根、將軍衛雄、范班、箕澹帥衆數萬爲前鋒以攻晉陽，猗盧自帥衆二十萬繼之，劉琨收散卒數千爲之鄉導。六修與漢中山王曜戰於汾東，曜兵敗，墜馬，中七創。

《晉書》卷五《孝懷帝紀》 十一月甲午，劉粲遁走，劉琨收其遺衆，保于陽曲。

是歲大疫。

《資治通鑑》卷八八 鎮東軍司顧榮、前太子洗馬衛玠皆卒。江陽太守張啟殺益州刺史王異而代之。啟，翼之孫也，尋病卒。三府文武共表涪陵太守向沈行西夷校尉，南保涪陵。

南安赤亭羌姚弋仲東徙榆眉，戎、夏繈負隨之者數萬，自稱護羌校尉、雍州刺史、扶風公。

永嘉七年（癸酉、三一三）

《資治通鑑》卷八八 春正月丁丑朔，漢主聰宴羣臣於光極殿，使懷帝著青衣行酒。庾珉、王儁等不勝悲憤，因號哭，聰惡之。

二月，丁未，聰殺珉、儁等故晉臣十餘人，懷帝亦遇害。

晉愍帝部（起公元三一三年，迄公元三一六年）

《讀史津逮》卷二《西晉》　孝愍皇帝名鄴，字彦旗，武帝孫，吴孝王晏之子。初繼秦孝王柬，襲封秦王。及洛陽傾覆，避難滎陽，豫州刺史閻鼎同雍州刺史賈疋護衛達於長安。其舅荀藩、荀組與衆奉爲皇太子。永嘉七年癸酉，懷帝遇害。四月遂即位於長安，改元建興，以琅邪王睿爲左丞相、都督陝東；南陽王保爲右丞相、都督陝西。在位四年。丙子十月，僞漢劉聰復入寇，帝率群臣出降，遂如平陽。聰以帝爲懷安侯。明年，聰出獵，使帝戎服執戟前導，及大會，又使洗爵行酒，又使執蓋。晉臣多悲傷而泣，尚書郎辛賓抱帝慟哭，遂并帝爲聰所害，壽四十八。

建興元年（癸酉、三一三）

《資治通鑑》卷八八　夏四月丙午，懷帝凶問至長安，皇太子舉哀，因加元服。

壬申，即皇帝位，大赦，改元。以衛將軍梁芬爲司徒，雍州刺史麴允爲尚書左僕射，録尚書事，京兆太守索綝爲尚書右僕射、領吏部、京兆尹。

《晉書》卷五《孝愍帝紀》　石勒攻龍驤將軍李惲於上白，惲敗，死之。

五月壬辰，以鎮東大將軍、琅邪王睿爲侍中、左丞相、大都督陝東諸軍事，大司馬、南陽王保爲右丞相、大都督陝西諸軍事。又詔二王曰：「夫陽九百六之厄，雖在盛世，猶或遘之。朕以幼沖，纂承洪緒，庶憑祖宗之靈，羣公義士之力，蕩滅凶寇，拯拔幽宫，瞻望未達，肝心分裂。昔周、邵分陝，姬氏以隆；平王東遷，晉、鄭爲輔。今左右丞相茂德齊聖，國之昵屬，當恃二公，掃除鯨鯢，奉迎梓宫，克復中興。令幽、并兩州勒卒三十萬，直造平陽。右丞相宜帥秦、涼、梁、雍武旅三十萬，徑詣長安。左丞相帥所領精兵二十萬，徑造洛陽。分遣前鋒，爲幽、并後駐。赴同大限，克成元勳。」

又詔琅邪王曰：「朕以沖昧，纂承洪緒，未能梟夷凶逆，奉迎梓宫，枕戈煩冤，肝心抽裂。前得魏浚表，知公帥先三軍，已據壽春，傳檄諸侯，協齊威勢，想今漸進，已達洛陽。涼州刺史張軌，乃心王室，連旗萬里，已到汧隴；梁州刺史張光，亦遣巴漢之卒，屯在駱谷；秦川驍勇，其會如林。間遣使適還，具知平陽定問，云幽、并隆盛，餘胡衰破，然猶恃險，當須大舉。未知公今所到，是以息兵秣馬，未便進軍。今爲已至何許，當須來旨，便乘輿自出，會除中原也。公宜思弘謀猷，勖濟遠略，使山陵旋反，四海有賴。故遣殿中都尉劉蜀、蘇馬等具宣朕意。公茂德昵屬，宣隆東夏，恢融六合，非公而誰！但洛都陵廟，不可空曠，公宜鎮撫，以綏山東。右丞相當入輔弼，追蹤周、邵，以隆中興也。」

六月，石勒害兖州刺史田徽。是時，山東郡邑相繼陷于勒。

《資治通鑑》卷八八　劉琨與代公猗盧會於陘北，謀擊漢。

秋七月，琨進據藍谷，猗盧遣拓跋普根屯于北屈。琨遣監軍韓據自西河而南，將攻西平。漢主聰遣大將軍粲等拒琨，驃騎將軍易等拒普根，蕩晉將軍蘭陽等助守西平。琨等聞之，引兵還。

帝遣殿中都尉劉蜀詔左丞相睿以時進軍，與乘輿會于中原。

八月，癸亥，蜀至建康，睿辭以方平定江東，未暇北伐。以鎮東長史刁協爲丞相左長史，從事中郎彭城劉隗爲司直，邵陵内史廣陵戴邈爲軍諮祭酒，參軍丹陽張闓爲從事中郎，尚書郎潁川鍾雅爲記室參軍，譙國桓宣爲舍人，豫章熊遠爲主簿，會稽孔愉爲掾。

《晉書》卷五《孝愍帝紀》　改建鄴爲建康，改鄴爲臨漳。

九月，司空荀藩薨于滎陽。

杜弢寇武昌，焚燒城邑。弢別將王真襲沌陽，荆州刺史周顗奔于建康。

劉聰寇河南，河南尹張髦死之。

冬十月，荆州刺史陶侃討杜弢黨杜曾於石城，爲曾所敗。

己巳，大雨雹。

庚午，大雪。

十一月，流人楊武攻陷梁州。

《資治通鑑》卷八八　漢中山王曜恃勝而不設備，【略】麴允引兵襲之，漢兵大敗，殺其冠軍將軍喬智明；曜引歸平陽。

《晉書》卷五《孝愍帝紀》　十二月，河東地震，雨肉。

《資治通鑑》卷八八　是歲，左丞相睿遣世子紹鎮廣陵，以丞相掾蔡謨爲參軍。漢中山王曜圍河南尹魏浚於石梁，兗州刺史劉演、河内太守郭默遣兵救之，曜分兵逆戰于河北，敗之；浚夜走，獲而殺之。

建興二年（甲戌、三一四）

《晉書》卷五《孝愍帝紀》　春正月己巳朔，黑霧著人如墨，連夜，五日乃止。

辛未，辰時日隕于地。又有三日相承，出於西方而東行。

丁丑，大赦。

楊武大略漢中，遂奔李雄。

《資治通鑑》卷八九　壬辰，王子春等及王浚使者至襄國，石勒匿其勁卒、精甲，羸師虚府以示之，北面拜使者而受書。

二月，壬寅，以張軌爲太尉、凉州牧，封西平郡公；王浚爲大司馬、都督幽、冀諸軍事；荀組爲司空、領尚書左僕射兼司隸校尉，行留台事；劉琨爲大將軍、都督并州諸軍事。朝廷以張軌老病，拜其子寔爲副刺史。

《晉書》卷五《孝愍帝紀》　三月癸酉，石勒陷幽州，殺侍中、大司馬、幽州牧、博陵公王浚，焚燒城邑，害萬餘人。

杜弢别帥王真襲荆州刺史陶侃於林鄣，侃奔灄中。

夏四月甲辰，地震。

五月壬辰，太尉、領護羌校尉、凉州刺史、西平公張軌薨。

《資治通鑑》卷八九　長史張璽等表世子寔攝父位。

《晉書》卷五《孝愍帝紀》　六月，劉曜、趙冉寇新豐諸縣，安東將軍索綝討破之。

秋七月，曜、冉等又逼京都，領軍將軍麴允討破之，冉中流矢而死。

九月，北中郎將劉演克頓丘，斬石勒所署太守邵攀。

丙戌，麟見襄平。

單于代公猗盧遣使獻馬。

蒲子馬生人。

《資治通鑑》卷八九　冬，十月，以張寔爲都督凉州諸軍事、凉州刺史、西平公。

建興三年（乙亥、三一五）

《晉書》卷五《孝愍帝紀》　春正月，盜殺晉昌太守趙珮。

吴興人徐馥害太守袁琇。

以侍中宋哲爲平東將軍，屯華陰。

二月丙子，進左丞相、琅邪王睿爲大都督、督中外諸軍事，右丞相、南陽王保爲相國，司空荀組爲太尉，大將軍劉琨爲司空。進封代公猗盧爲代王。

荆州刺史陶侃破王真於巴陵。

杜弢别將杜弘、張彦與臨川内史謝摛戰于海昏，摛敗績，死之。

三月，豫章内史周訪擊杜弘，走之，斬張彦於陳。

夏四月，大赦。

五月，劉聰寇并州。

六月，盜發漢霸、杜二陵及薄太后陵，太后面如生，得金玉綵帛不可勝記。時以朝廷草創，服章多闕，敕收其餘，以實内府。

丁卯，地震。

辛巳，大赦。敕雍州掩骼埋胔，修復陵墓，有犯者誅及三族。

《人代紀要》卷一二　加王敦都督江揚等州事。

《晉書》卷五《孝愍帝紀》　秋七月，石勒陷濮陽，害太守韓弘。

劉聰寇上黨，劉琨遣將救之。

八月癸亥，戰于襄垣，王師敗績。

荆州刺史陶侃攻杜弢，弢敗走，道死，湘州平。

九月，劉曜寇北地，命領軍將軍麴允討之。

冬十月，允進攻青白城。

以豫州牧、征東將軍索綝爲尚書僕射、都督宫城諸軍事。

劉聰陷馮翊，太守梁肅奔萬年。

十二月，凉州刺史張寔送皇帝行璽一紐。

盜殺安定太守趙班。

建興四年(丙子、三一六)

《資治通鑑》卷八九　春正月,司徒梁芬議追尊吳王晏,右僕射索綝等引魏明帝詔以爲不可,乃贈太保,謚曰孝。

《晉書》卷五《孝愍帝紀》　三月,代王猗盧薨,其衆歸于劉琨。

夏四月丁丑,劉曜寇上郡,太守籍韋率其衆奔于南鄭。

涼州刺史張寔遣步騎五千來赴京都。

石勒陷廩丘,北中郎將劉演出奔。

五月,平夷太守雷炤害南廣太守孟桓,帥二郡三千餘家叛,降于李雄。

六月丁巳朔,日有蝕之。

秋七月,劉曜攻北地,麴允帥步騎三萬救之。王師不戰而潰,北地太守麴昌奔于京師。曜進至涇陽,渭北諸城悉潰,建威將軍魯充、散騎常侍梁緯、少府皇甫陽等皆死之。

《資治通鑑》卷八九　河東平陽大蝗,民流殍者什五六。

《晉書》卷五《孝愍帝紀》　八月,劉曜逼京師,內外斷絶,鎮西將軍焦嵩、平東將軍宋哲、始平太守竺恢等同赴國難,麴允與公卿守長安小城以自固,散騎常侍華輯監京兆、馮翊、弘農、上洛四郡兵東屯霸上,鎮軍將軍胡崧帥城西諸郡兵屯遮馬橋,並不敢進。

冬十月,京師饑甚,米斗金二兩,人相食,死者大半。太倉有麴數十䴵,麴允屑爲粥以供帝,至是復盡。帝泣謂允曰:「今窘厄如此,外無救援,死于社稷,是朕事也。然念將士暴離斯酷,今欲聞城未陷爲羞死之事,庶令黎元免屠爛之苦。行矣遣書,朕意決矣。」

十一月乙未,使侍中宋敞送牋于曜,帝乘羊車,肉袒銜璧,輿櫬出降。羣臣號泣攀車,執帝之手,帝亦悲不自勝。御史中丞吉朗自殺。曜焚櫬受璧,使宋敞奉帝還宮。初,有童謠曰:「天子何在豆田中。」時王浚在幽州,以豆有藿,殺隱士霍原以應之。及帝如曜營,營實在城東豆田壁。

辛丑,帝蒙塵于平陽,麴允及羣官並從。劉聰假帝光禄大夫、懷安侯。

晉元帝部（起公元三一七年，迄公元三二二年）

《讀史津逮》卷二《西晉》 中宗元皇帝名睿，字景文，宣帝曾孫，瑯琊恭王覲之子，生母夏侯太妃。生於洛陽，有神光之異，一室盡明，所藉藁如始刈。及長，白毫生於口角之左，隆準龍顔，目有精曜，顧眄偉如也。年十五，嗣位瑯琊王。永嘉元年，與西陽、汝南、南頓、彭城五王渡江，父兄裹糧而歸之，遂據有建康。丁丑，即晉王位，承詔改元建武。一年，愍帝遇害，崩問至。戊寅三月，即皇帝位，承西晉以金德王，定都於建康，復改元太興四、永昌一。在位六年，壽四十六，葬建平陵。

建武元年（丁丑、三一七）

《晉書》卷六《元帝紀》 春二月辛巳，平東將軍宋哲至，宣愍帝詔曰：「遭運迍否，皇綱不振。朕以寡德，奉承洪緒，不能祈天永命，紹隆中興，至使凶胡敢帥犬羊，逼迫京輦。朕今幽塞窮城，憂慮萬端，恐一旦崩潰。卿指詣丞相，具宣朕意，使攝萬機，時據舊都，修復陵廟，以雪大恥。」

三月，帝素服出次，舉哀三日。西陽王羕及羣僚參佐州征牧守等上尊號，帝不許。羕等以死固請，至於再三。帝慨然流涕曰：「孤，罪人也，惟有蹈節死義，以雪天下之恥，庶贖鈇鉞之誅。吾本琅邪王，諸賢見逼不已！」乃呼私奴命駕，將反國。羣臣乃不敢逼，請依魏晉故事爲晉王，許之。

辛卯，即王位，大赦，改元。其殺祖父母、父母，及劉聰、石勒，不從此令。諸參軍拜奉車都尉，掾屬駙馬都尉。辟掾屬百餘人，時人謂之「百六掾」。乃備百官，立宗廟社稷於建康。

丙辰，立世子紹爲晉王太子。以撫軍大將軍、西陽王羕爲太保，征南大將軍、漢安侯王敦爲大將軍，右將軍王導都督中外諸軍事、驃騎將軍，左長史刁協爲尚書左僕射。封王子宣城公裒爲琅邪王。

《資治通鑑》卷九〇 五月壬午，日有食之。

六月，丙寅，温嶠等至建康，王導、周顗、庾亮等皆愛嶠才，爭與之交。

《晉書》卷六《元帝紀》 司空、并州刺史、廣武侯劉琨，幽州刺史、左賢王、渤海公段匹磾，領護烏丸校尉、鎮北將軍劉翰，單于、廣寧公段辰，遼西公段眷，冀州刺史、祝阿子邵續，青州刺史、廣饒侯曹嶷，兖州刺史、定襄侯劉演，東夷校尉崔毖，鮮卑大都督慕容廆等一百八十人上書勸進。

石勒將石季龍圍譙城，平西將軍祖逖擊走之。

己巳，帝傳檄天下曰：「逆賊石勒，肆虐河朔，逋誅歷載，游魂縱逸。復遣凶黨石季龍犬羊之衆，越河南渡，縱其鴆毒。平西將軍祖逖帥衆討擊，應時潰散。今遣車騎將軍、琅邪王裒等九軍，鋭卒三萬，水陸四道，逕造賊場，受逖節度。有能梟季龍首者，賞絹三千匹，金五十斤，封縣侯，食邑二千户。又賊黨能梟送季龍首，封賞亦同之。」

《資治通鑑》卷九〇 秋，七月，大旱；司、冀、并、青、雍州大蝗；河、汾溢，漂千餘家。

《晉書》卷六《元帝紀》 散騎侍郎朱嵩、尚書郎顧球卒，帝痛之，將爲舉哀。有司奏，舊尚書郎不在舉哀之例。帝曰：「衰亂之弊，特相痛悼。」於是遂舉哀，哭之甚慟。

丁未，梁王悝薨。

以太尉荀組爲司徒。

弛山澤之禁。

八月甲午，封梁王世子翹爲梁王。

荆州刺史第五猗爲賊帥杜曾所推，遂與曾同反。

九月戊寅，王敦使武昌太守趙誘、襄陽太守朱軌、陵江將軍黄峻討猗，爲其將杜曾所敗，誘等皆死之。

石勒害京兆太守華譚。

梁州刺史周訪討杜曾，大破之。

十月丁未，琅邪王裒薨。

《資治通鑑》卷九〇 十一月己酉朔，日有食之。

《晉書》卷六《元帝紀》 甲子，封汝南王子弼爲新蔡王。

丁卯，以司空劉琨爲太尉。置史官，立太學。

是歲，揚州大旱。

《資治通鑑》卷九〇　王命課督農功，二千石、長吏以入穀多少爲殿最，諸軍各自佃作，即以爲稟。

氐王楊茂搜卒，長子難敵立，與少子堅頭分領部曲；難敵號左賢王，屯下辨，堅頭號右賢王，屯河池。

河南王吐谷渾卒。【略】長子吐延嗣。

太興元年（戊寅、三一八）

《晉書》卷六《元帝紀》　春正月戊申朔，臨朝，懸而不樂。

三月癸丑，愍帝崩問至，帝斬縗居廬。

丙辰，百僚上尊號。令曰：「孤以不德，當厄運之極，臣節未立，匡救未舉，夙夜所以忘寢食也。今宗廟廢絶，億兆無係，羣官庶尹，咸勉之以大政，亦何敢辭，輒敬從所執。」

是日，即皇帝位。詔曰：「昔我高祖宣皇帝誕應期運，廓開皇基。景、文皇帝奕世重光，緝熙諸夏。爰暨世祖，應天順時，受兹明命。功格天地，仁濟宇宙。昊天不融，降此鞠凶，懷帝短世，越去王都。天禍薦臻，大行皇帝崩殂，社稷無奉。肆羣后三司六事之人，疇咨庶尹，至于華戎，致輯大命于朕躬。予一人畏天之威，用弗敢違。遂登壇南嶽，受終文祖，焚柴頒瑞，告類上帝。惟朕寡德，纘我洪緒，若涉大川，罔知攸濟。惟爾股肱爪牙之佐，文武熊羆之臣，用能弼寧晉室，輔余一人。思與萬國，共同休慶。」於是大赦，改元，文武增位二等。

庚午，立王太子紹爲皇太子。

《資治通鑑》卷九〇　以賀循行太子太傅，周顗爲少傅，庾亮以中書郎侍講東宮。

《晉書》卷六《元帝紀》　壬申，詔曰：「昔之爲政者，動人以行不以言，應天以實不以文，故我清靜而人自正。其次聽言觀行，明試以功。其有政績可述，刑獄得中，人無怨訟，久而日新，及當官軟弱，茹柔吐剛，行身穢濁，修飾時譽者，各以名聞。令在事之人，仰鑒前烈，同心勠力，深思所以寬衆息役，惠益百姓，無廢朕命。遠近禮贄，一切斷之。」

夏四月丁丑朔，日有食之。加大將軍王敦江州牧，進驃騎將軍王導開府儀同三司。

戊寅，初禁招魂葬。

乙酉，西平地震。

五月癸丑，使持節、侍中、都督、太尉、并州刺史、廣武侯劉琨爲段匹磾所害。

六月，旱，帝親雩。

改丹楊内史爲丹楊尹。

甲申，以尚書左僕射刁協爲尚書令，平南將軍、曲陵公荀崧爲尚書左僕射。

庚寅，以滎陽太守李矩爲都督司州諸軍事、司州刺史。

戊戌，封皇子晞爲武陵王。

初置諫鼓、謗木。

秋七月戊申，詔曰：「王室多故，姦凶肆暴，皇綱弛墜，顛覆大猷。朕以不德，統承洪緒，夙夜憂危，思改其弊。二千石令長當祗奉舊憲，正身明法，抑齊豪强，存恤孤獨，隱實户口，勸課農桑。州牧刺史當互相檢察，不得顧私虧公。長吏有志在奉公而不見進用者，有貪惏穢濁而以財勢自安者，若有不舉，當受故縱蔽善之罪，有而不知，當受闇塞之責。各明慎奉行。」

劉聰死，其子粲嗣僞位。

八月，冀、徐、青三州蝗。

靳準弑劉粲，自號漢王。

冬十月癸未，加廣州刺史陶侃平南將軍。

劉曜僭即皇帝位于赤壁。

十一月乙卯，日夜出，高三丈，中有赤青珥。

新蔡王弼薨。

《資治通鑑》卷九〇　詔以王敦爲荆州牧，加陶侃都督交州諸軍事；敦固辭州牧，乃聽爲刺史。

《晉書》卷六《元帝紀》　庚申，詔曰：「朕以寡德，纂承洪緒，上不能調和陰陽，下不能濟育羣生，災異屢興，咎徵仍見。壬子、乙卯，雷震暴雨，蓋天災譴戒，所以彰朕之不德也。羣公卿士，其各上封事，具陳得失，無有所諱，將親覽焉。」

新作聽訟觀。

故歸命侯孫晧子璠謀反，伏誅。

十二月，劉聰故將王騰、馬忠等誅靳準，送傳國璽於劉曜。

武昌地震。

丁丑，封顯義亭侯焕爲琅邪王。

己卯，琅邪王焕薨。

癸巳，詔曰：「漢高經大梁，美無忌之賢；齊師入魯，修柳下惠之墓。其吴之高德名賢或未旌録者，具條列以聞。」

江東三郡饑，遣使振給之。

《資治通鑑》卷九〇　彭城内史周撫殺沛國内史周默，以其衆降石勒。詔下邳内史劉遐領彭城内史，與徐州刺史蔡豹、泰山太守徐龕共討之。

太興二年（己卯、三一九）

《晉書》卷六《元帝紀》　春正月丁卯，崇陽陵毁，帝素服哭三日，使冠軍將軍梁堪、守太常馬龜等修復山陵。

迎梓宫于平陽，不克而還。

二月，太山太守徐龕斬周撫，傳首京師。

《資治通鑑》卷九一　三月辛卯，帝親祀南郊。以未有北郊，并地祇合祭之。

丁未，雨雹。

《晉書》卷六《元帝紀》　夏四月，龍驤將軍陳川以浚儀叛，降于石勒。

太山太守徐龕以郡叛，自號兖州刺史，寇濟岱。

秦州刺史陳安叛，降于劉曜。

《資治通鑑》卷九一　南陽王保自稱晉王，改元建康，置百官，以張寔爲征西大將軍、開府儀同三司。

江東大饑，詔百官各上封事。

《晉書》卷六《元帝紀》　五月癸丑，太陽陵毁，帝素服哭三日。

徐、楊及江西諸郡蝗。

平北將軍祖逖及石勒將石季龍戰于浚儀，王師敗績。

壬戌，詔曰：「天下凋弊，加以災荒，百姓困窮，國用並匱，吴郡饑人死者百數。天生蒸黎而樹之以君，選建明哲以左右之，當深思以救其弊。昔吴起爲楚悼王明法審令，捐不急之官，除廢公族疏遠，以附益將士，而國富兵强，况今日之弊，百姓凋困邪！且當去非急之務，非軍士所須者皆省之。」

甲子，梁州刺史周訪及杜曾戰于武當，斬之，禽第五猗。

六月丙子，加周訪安南將軍。

罷御府及諸郡丞，置博士員五人。

己亥，加太常賀循開府儀同三司。

秋七月乙丑，太常賀循卒。

八月，肅慎獻楛矢、石砮。

徐龕寇東莞，遣太子左衛率羊鑒行征虜將軍，統徐州刺史蔡豹討之。

冬十月，平北將軍祖逖使督護陳超襲石勒將桃豹，超敗，没於陣。

十一月戊寅，石勒僭即王位，國號趙。

十二月乙亥，大赦，詔百官各上封事，并省衆役。

鮮卑慕容廆襲遼東，東夷校尉、平州刺史崔毖奔高句驪。

是歲，南陽王保稱晉王于祁山。

三吴大饑。

太興三年（庚辰、三二〇）

《晉書》卷六《元帝紀》　春正月丁酉朔，晉王保爲劉曜所逼，遷于桑城。

二月辛未，石勒將石季龍寇猒次，平北將軍、冀州刺史邵續擊之，續敗，没於陣。

三月，慕容廆奉送玉璽三紐。

閏月，以尚書周顗爲尚書僕射。

夏四月壬辰，枉矢流于翼軫。

五月丙寅，孝懷帝太子詮遇害于平陽，帝三日哭。

庚寅，地震。

是月，晉王保爲其將張春所害。劉曜使陳安攻春，滅之，安因叛曜。

石勒將徐龕帥衆來降。

《晉書》卷六《元帝紀》　六月，大水。

丁酉，盜殺西中郎將、護羌校尉、涼州刺史、西平公張寔，寔弟茂嗣，領平西將軍、涼州刺史。

秋七月丁亥，詔曰：「先公武王、先考恭王臨君琅邪四十餘年，惠澤加于百姓，遺愛結于人情。朕應天符，創基江表，兆庶宅心，繈負子來。琅邪國人在此者近有千户，今立爲懷德縣，統丹楊郡。昔漢高祖以沛爲湯沐邑，光武亦復南頓，優復之科一依漢氏故事。」

祖逖部將衛策大破石勒別軍於汴水。加逖爲鎮西將軍。

八月戊午，尊敬王后虞氏爲敬皇后。

辛酉，遷神主于太廟。

辛未，梁州刺史、安南將軍周訪卒。

皇太子釋奠於太學。

以湘州刺史甘卓爲安南將軍、梁州刺史。

九月，徐龕又叛，降于石勒。

冬十月丙辰，徐州刺史蔡豹以畏愞伏誅。

王敦殺武陵内史向碩。

《資治通鑑》卷九一　十二月，詔曰：「晉室開基，方鎮之任，親賢並用，其以譙王承爲湘州刺史。」

太興四年（辛巳、三二一）

《晉書》卷六《元帝紀》　春二月，徐龕又帥衆來降。

鮮卑末波奉送皇帝信璽。

庚戌，告於太廟，乃受之。

《資治通鑑》卷九一　三月，癸亥，日中有黑子。

《晉書》卷六《元帝紀》　置《周易》、《儀禮》、《公羊》博士。

癸酉，以平東將軍曹嶷爲安東將軍。

夏四月辛亥，帝親覽庶獄。

石勒攻猒次，陷之。撫軍將軍、幽州刺史段匹磾没于勒。

五月，旱。

庚申，詔曰：「昔漢二祖及魏武皆免良人，武帝時，涼州覆敗，諸爲奴婢亦皆復籍，此累代成規也。其免中州良人遭難爲揚州諸郡僮客者，以備征役。」

秋七月，大水。

《資治通鑑》卷九一　甲戌，以尚書僕射戴淵爲征西將軍、都督司、兖、豫、并、雍、冀六州諸軍事、司州刺史，鎮合肥；丹楊尹劉隗爲鎮北將軍、都督青、徐、幽、平四州諸軍事、青州刺史，鎮淮陰；皆假節領兵，名爲討胡，實備王敦也。壬午，以驃騎將軍王導爲侍中、司空、假節、録尚書、領中書監。

《晉書》卷六《元帝紀》　八月，常山崩。

九月壬寅，鎮西將軍、豫州刺史祖逖卒。

冬十月壬午，以逖弟侍中約爲平西將軍、豫州刺史。

《資治通鑑》卷九一　十一月，皇孫衍生。

十二月，以慕容廆爲都督幽、平二州、東夷諸軍事、車騎將軍、平州牧，封遼東公，單于如故，遣謁者即授印綬，聽承制置官司守宰。

永昌元年（壬午、三二二）

《晉書》卷六《元帝紀》　春正月乙卯，大赦，改元。

戊辰，大將軍王敦舉兵於武昌，以誅劉隗爲名，龍驤將軍沈充帥衆應之。

《資治通鑑》卷九二　二月甲午，封皇子昱爲琅邪王。

《晉書》卷六《元帝紀》　三月，徵征西將軍戴若思、鎮北將軍劉隗還衛京都。以司空王導爲前鋒大都督，以戴若思爲驃騎將軍，丹楊諸郡皆加軍號。加僕射周顗尚書左僕射，領軍王邃尚書右僕射。以太子右衛率周莚行冠軍將軍，統兵三千討沈充。

劉隗軍於金城，右將軍周札守石頭，帝親被甲徇六師於郊外。遣平南將軍陶侃領江州，安南將軍甘卓領荆州，各帥所統以躡敦後。

四月，敦前鋒攻石頭，周札開城門應之，奮威將軍侯禮死之。敦據石頭，戴若思、劉隗帥衆攻之，王導、周顗、郭逸、虞潭等三道出戰，六軍敗績。尚書令刁協奔於江乘，爲賊所害。鎮北將軍劉隗奔于石勒。帝遣使謂敦曰：「公若不忘本朝，于此息兵，則天下尚可共安也。如其不然，朕當歸于琅邪，以避賢路。」

辛未，大赦。

敦乃自爲丞相、都督中外諸軍、録尚書事，封武昌郡公，邑萬户。

丙子，驃騎將軍、秣陵侯戴若思，尚書左僕射、護軍將軍、武城侯周顗爲敦所害。

敦將沈充陷吴國，魏乂陷湘州，吴國内史張茂、湘州刺史、譙王承並遇害。

五月壬申，敦以太保、西陽王羕爲太宰，加司空王導尚書令。

乙亥，鎮南大將軍甘卓爲襄陽太守周慮所害。

蜀賊張龍寇巴東，建平太守柳純擊走之。

石勒遣騎寇河南。

六月，旱。

秋七月，王敦自加兗州刺史郗鑒爲安北將軍。

石勒將石季龍攻陷太山，執守將徐龕。兗州刺史郗鑒自鄒山退守合肥。

八月，敦以其兄含爲衛將軍，自領寧、益二州都督。

琅邪太守孫默叛，降于石勒。

冬十月，大疫，死者十二三。

己丑，都督荆、梁二州諸軍事、平南將軍、荆州刺史、武陵侯王廙卒。

辛卯，以下邳内史王邃爲征北將軍、都督青、徐、幽、平四州諸軍事，鎮淮陰。

新昌太守梁碩起兵反。

京師大霧，黑氣蔽天，日月無光。

石勒攻陷襄城、城父，遂圍譙，破祖約別軍，約退據壽春。

十一月，以司徒荀組爲太尉。

己酉，太尉荀組薨。

《資治通鑑》卷九二 罷司徒，并丞相府。王敦以司徒官屬爲留府。

《晉書》卷六《元帝紀》 閏月己丑，帝崩于内殿，時年四十七，葬建平陵，廟號中宗。

晉明帝部（起公元三二二年，迄公元三二五年）

《讀史津逮》卷二《東晉》　肅宗明皇帝，名紹，字道畿，元帝長子，生母建安君荀氏。幼聰哲，辦日長安遠近，元帝甚愛之。壬午閏十一月即位，改元太寧。帝之初立，值王敦搆逆，能以弱制强，誅剪逆臣，克復大業，在位三年，壽二十七，葬武平陵。

永昌元年（壬午、三二二）

《晉書》卷六《明帝紀》　閏月，庚寅，太子即皇帝位，大赦，尊所生荀氏爲建安郡君。

太寧元年（癸未、三二三）

《晉書》卷六《明帝紀》　春正月，癸巳，黄霧四塞，京師火。李雄使其將李驤、任回寇台登，將軍司馬玖死之。越嶲太守李釗、漢嘉太守王載以郡叛，降於驤。

二月，葬元帝于建平陵，帝徒跣至于陵所。以特進華恒爲驃騎將軍、都督石頭水陸軍事。

乙丑，黄霧四塞。

丙寅，隕霜。

壬申，又隕霜，殺穀。

三月戊寅朔，改元，臨軒，停饗宴之禮，懸而不樂。

丙戌，隕霜，殺草。饒安、東光、安陵三縣災，燒七千餘家，死者萬五千人。

石勒攻陷下邳，徐州刺史卞敦退保盱眙。

王敦獻皇帝信璽一紐。敦將謀簒逆，諷朝廷徵己，帝乃手詔徵之。

《資治通鑑》卷九二　夏四月，加敦黄鉞、班劍，奏事不名，入朝不趨，劍履上殿。以司空導爲司徒，敦自領揚州牧。

《晉書》卷六《明帝紀》　巴東監軍柳純爲敦所害。以尚書陳眕爲都督幽、平二州諸軍事、幽州刺史。

五月，京師大水。

李驤等寇寧州，刺史王遜遣將姚岳距戰于堂狼，大破之。梁碩攻陷交州，刺史王諒死之。

《資治通鑑》卷九二　六月壬子，立妃庾氏爲皇后；以后兄中領軍亮爲中書監。

《晉書》卷六《明帝紀》　平南將軍陶侃遣參軍高寶攻梁碩，斬之，傳首京師。進侃位征南大將軍、開府儀同三司。

秋七月丙子朔，震太極殿柱。

是月，劉曜攻陳安於隴城，滅之。

八月，以安北將軍郗鑒爲尚書令。

石勒將石季龍攻陷青州，刺史曹嶷遇害。

冬十一月，王敦以其兄征南大將軍含爲征東大將軍、都督揚州、江西諸軍事。

以軍國饑乏，調刺史以下米各有差。

太寧二年（甲申、三二四）

《晉書》卷六《明帝紀》　春正月丁丑，帝臨朝，停饗宴之禮，懸而不樂。

庚辰，赦五歲刑以下。

術人李脱造妖書惑衆，斬于建康市。

石勒將石季龍寇兖州，刺史劉遐自彭城退保泗口。

《資治通鑑》卷九三　王敦誣周嵩、周莚與李脱謀爲不軌，收嵩、莚，於軍中殺之；遣參軍賀鸞就沈充於吴，盡殺周札諸兄子；進兵襲會稽，札拒戰而死。

《晉書》卷六《明帝紀》　三月，劉曜將康平寇魏興，及南陽。

夏五月，王敦矯詔拜其子應爲武衛將軍，兄含爲驃騎大將軍。帝所親信常從督公乘雄、冉曾並爲敦所害。

六月，敦將舉兵内向，帝密知之，乃乘巴滇駿馬微行，至于湖，陰察敦營壘而出。

丁卯，加司徒王導大都督、假節，領揚州刺史，以丹楊尹温嶠爲中壘將軍，與右將軍卞敦守石頭，以光禄勳應詹爲護軍將軍、假節、督朱雀橋南諸軍事，以尚書令郗鑒行衛將軍、都督從駕諸軍事，以中書監庾亮領左衛將軍，以尚書卞壼行中軍將軍。徵平北將軍、徐州刺史王邃，平西將軍、豫州刺史祖約，北中郎將、兖州刺史劉遐，奮武將軍、臨淮太守蘇峻，奮威將軍、廣陵太守陶瞻等還衛京師。帝次於中堂。

秋七月壬申朔，敦遣其兄含及錢鳳、周撫、鄧岳等水陸五萬，至于南岸。温嶠移屯水北，燒朱雀桁，以挫其鋒。帝躬率六軍，出次南皇堂。

至癸酉夜，募壯士，遣將軍段秀、中軍司馬曹渾、左衛參軍陳嵩、鍾寅等甲卒千人渡水，掩其未畢。平旦，戰于越城，大破之，斬其前鋒將何康。王敦憤惋而死。

前宗正虞潭起義師于會稽。

沈充帥萬餘人來會含等。

庚辰，築壘于陵口。

丁亥，劉遐、蘇峻等帥精卒萬人以至，帝夜見，勞之，賜將士各有差。義興人周蹇殺敦所署太守劉芳，平西將軍祖約逐敦所署淮南太守任台于壽春。

乙未，賊衆濟水，護軍將軍應詹帥建威將軍趙胤等距戰，不利。賊至宣陽門，北中郎將劉遐、蘇峻等自南塘横擊，大破之。劉遐又破沈充于青溪。

丙申，賊燒營宵遁。

丁酉，帝還宮，大赦，惟敦黨不原。於是分遣諸將追其黨與，悉平之。封司徒王導爲始興郡公，邑三千户，賜絹九千匹；丹楊尹温嶠建寧縣公，尚書卞壼建興縣公，中書監庾亮永昌縣公，北中郎將劉遐泉陵縣公，奮武將軍蘇峻邵陵縣公，邑各千八百户，絹各五千四百匹；尚書令郗鑒高平縣侯，護軍將軍應詹觀陽縣侯，邑各千六百户，絹各四千八百匹；建威將軍趙胤湘南縣侯，右將軍卞敦益陽縣侯，邑各千六百户，絹各三千二百匹。其餘封賞各有差。

冬十月，以司徒王導爲太保、領司徒，太宰、西陽王羕領太尉，應詹爲平南將軍、都督江州諸軍事、江州刺史，劉遐爲監淮北諸軍事、徐州刺史，庾亮爲護軍將軍。詔王敦羣從一無所問。

是時，石勒將石生屯洛陽，豫州刺史祖約退保壽陽。

十二月壬子，帝謁建平陵，從大祥之禮。

梁水太守爨亮、益州太守李遏以興古叛，降于李雄。

沈充故將顧颺反於武康，攻燒城邑，州縣討斬之。

《資治通鑑》卷九三　是歲，代王賀傉始親國政，以諸部多未服，乃築城於東木根山，徙居之。

太寧三年（乙酉、三二五）

《晉書》卷六《明帝紀》　春二月戊辰，復三族刑，惟不及婦人。

三月，幽州刺史段末波卒，以弟牙嗣。

戊辰，立皇子衍爲皇太子，大赦，增文武位二等，大酺三日，賜鰥寡孤獨帛，人二匹。

癸巳，徵處士臨海任旭、會稽虞喜並爲博士。

夏四月，詔曰：「大事初定，其命惟新。其令太宰、司徒已下，詣都坐參議政道，諸所因革，務盡事中。」又詔曰：「湌直言，引亮正，想羣賢達吾此懷矣。予違汝弼，堯舜之相君臣也。吾雖虚闇，庶不距逆耳之談。稷契之任，君居之矣。望共勖之。」

己亥，雨雹。

石勒將石良寇兖州，刺史檀贇力戰，死之。將軍李矩等並衆潰而歸，石勒盡陷司、兖、豫三州之地。

五月，以征南大將軍陶侃爲征西大將軍、都督荆、湘、雍、梁四州諸軍事、荆州刺史，王舒爲安南將軍、都督廣州諸軍事、廣州刺史。

六月，石勒將石季龍攻劉曜將劉岳于新安，陷之。以廣州刺史王舒爲都督湘州諸軍事、湘州刺史，湘州刺史劉顗爲平越中郎將、都督廣州諸軍事、廣州刺史。

大旱，自正月不雨，至于是月。

秋七月辛未，以尚書令郗鑒爲車騎將軍、都督青、兗二州諸軍事、假節，鎮廣陵，領軍將軍卞壼爲尚書令。詔曰：「三恪二王，世代之所重；興滅繼絶，政道之所先。又宗室哲王有功勳于大晉受命之際者，佐命功臣，碩德名賢，三祖所與共維大業，咸開國胙土，誓同山河者，而並廢絶，禋祀不傳，甚用懷傷。主者其詳議諸應立後者以聞。」又詔曰：「郊祀天地，帝王之重事。自中興以來，惟南郊，未曾北郊，四時五郊之禮都不復設，五嶽、四瀆、名山、大川載在祀典應望秩者，悉廢而未舉。主者其依舊詳處。」

八月，詔曰：「昔周武克殷，封比干之墓；漢高過趙，録樂毅之後。追顯既往，以勸將來也。吳時將相名賢之胄，有能纂修家訓，又忠孝仁義，靜己守真，不聞于時者，州郡中正亟以名聞，勿有所遺。」

閏月，以尚書左僕射荀崧爲光禄大夫、録尚書事，尚書鄧攸爲尚書左僕射。

《資治通鑑》卷九三　壬午，帝引太宰羕、司徒導、尚書令卞壼、車騎將軍郗鑒、護軍將軍庾亮、領軍將軍陸曄、丹楊尹温嶠，並受遺詔輔太子，更入殿將兵直宿；復拜壼右將軍，亮中書令，曄録尚書事。

《晉書》卷六《明帝紀》　丁亥，詔曰：「自古有死，賢聖所同，壽夭窮達，歸于一概，亦何足特痛哉！朕枕疾已久，常慮忽然。仰惟祖宗洪基，不能克終堂構，大恥未雪，百姓塗炭，所以有慨耳。不幸之日，斂以時服，一遵先度，務從簡約，勞衆崇飾，皆勿爲也。衍以幼弱，猥當大重，當賴忠賢，訓而成之。昔周公匡輔成王，霍氏擁育孝昭，義存前典，功冠二代，豈非宗臣之道乎？凡此公卿，時之望也。敬聽顧命，任託付之重，同心斷金，以謀王室。諸方嶽征鎮，刺史將守，皆朕扞城，推轂于外，雖事有内外，其致一也。故不有行者，誰扞牧圉？譬若脣齒，表裏相資。宜勠力一心，若合符契，思美焉之美，以緝事爲期。百辟卿士，其總己以聽于冢宰，保祐沖幼，弘濟艱難，永令祖宗之靈，寧于九天之上，則朕没于地下，無恨黄泉。」

戊子，帝崩于東堂，年二十七，葬武平陵，廟號肅祖。

晉成帝部（起公元三二五年，迄公元三四二年）

《讀史津逮》卷二《東晉》 顯宗成皇帝，名衍，字世根，明帝長子，庾后所生。乙酉閏七月即位，年五歲。改元二：咸和九、咸康八。時帝舅庾亮專政，致蘇峻搆逆，逼遷乘輿，賴温嶠、陶侃等協力共討，得反於正。在位十七年，壽二十二，葬興平陵。

太寧三年（乙酉、三二五）

《晉書》卷七《成帝紀》 閏月，己丑，太子即皇帝位，大赦，增文武位二等，賜鰥寡孤老帛，人二匹，尊皇后庾氏爲皇太后。

《資治通鑑》卷九三 秋九月癸卯，太后臨朝稱制。以司徒導録尚書事，與中書令庾亮、尚書令卞壼參輔朝政，然事之大要皆決於亮。加郗鑒車騎大將軍，陸曄左光禄大夫，皆開府儀同三司。以南頓王宗爲驃騎將軍，虞胤爲大宗正。

《晉書》卷七《成帝紀》 辛丑，葬明帝於武平陵。

冬十一月癸巳朔，日有蝕之。

廣陵相曹渾有罪，下獄死。

咸和元年（丙戌、三二六）

《晉書》卷七《成帝紀》 春二月丁亥，大赦，改元，大酺五日，賜鰥寡孤老米人二斛，京師百里内復一年。

夏四月，石勒遣其將石生寇汝南，汝南人執内史祖濟以叛。

甲子，尚書左僕射鄧攸卒。

五月，大水。

六月癸亥，使持節、散騎常侍、監淮北諸軍事、北中郎將、徐州刺史、泉陵公劉遐卒。

癸酉，以車騎將軍郗鑒領徐州刺史，征虜將軍郭默爲北中郎將、假節、監淮北諸軍。劉遐部曲將李龍、史迭奉遐子肇代遐位以距默，臨淮太守劉矯擊破之，斬龍，傳首京師。

秋七月癸丑，使持節、都督江州諸軍事、江州刺史、平南將軍、觀陽伯應詹卒。

八月，以給事中、前將軍、丹楊尹温嶠爲平南將軍、假節、都督，江州刺史。

九月，旱。

李雄將張龍寇涪陵，執太守謝俊。

冬十月，封魏武帝玄孫曹勱爲陳留王，以紹魏。

丙寅，衛將軍、汝南王祐薨。

己巳，封皇弟岳爲吴王。

車騎將軍、南頓王宗前罪，伏誅，貶其族爲馬氏。免太宰、西陽王羕，降爲弋陽縣王。

庚辰，赦百里内五歲以下刑。

是月，劉曜將黄秀、帛成寇酇，平北將軍魏該帥衆奔襄陽。

十一月壬子，大閱于南郊。改定王侯國秩，九分食一。

石勒將石聰攻壽陽，不克，遂侵逡遒、阜陵，加司徒王導大司馬、假黄鉞、都督中外征討諸軍事以禦之。歷陽太守蘇峻遣其將韓晃討石聰，走之。

時大旱，自六月不雨，至於是月。

十二月，濟岷太守劉闓殺下邳内史夏侯嘉，叛降石勒。

梁王翹薨。

咸和二年（丁亥、三二七）

《晉書》卷七《成帝紀》 春正月，寧州秀才龐遺起義兵，攻李雄將任回、李謙等，雄遣其將羅恒、費黑救之。寧州刺史尹奉遣裨將姚岳、朱提太守楊術援遺，戰于臺登，岳等敗績，術死之。

三月，益州地震。

夏四月，旱。

己未，豫章地震。

五月甲申朔，日有蝕之。

丙戌，加豫州刺史祖約爲鎮西將軍。

戊子，京師大水。

冬十月，劉曜使其子胤侵枹罕，遂略河南地。

十一月，豫州刺史祖約、歷陽太守蘇峻等反。

十二月辛亥，蘇峻使其將韓晃入姑孰，屠于湖。

壬子，彭城王雄、章武王休叛，奔峻。

庚申，京師戒嚴。假護軍將軍庾亮節爲征討都督，以右衛將軍趙胤爲冠軍將軍、歷陽太守，使與左將軍司馬流帥師距峻，戰于慈湖，流敗，死之。假驍騎將軍鍾雅節，帥舟軍，與趙胤爲前鋒，以距峻。

丙寅，徙封琅邪王昱爲會稽王，吴王岳爲琅邪王。

辛未，宣城内史桓彝及峻戰于蕪湖，彝軍敗績。車騎將軍郗鑒遣廣陵相劉矩帥師赴京師。

咸和三年（戊子、三二八）

《晉書》卷七《成帝紀》 春正月，平南將軍温嶠帥師救京師，次於尋陽，遣督護王愆期、西陽太守鄧嶽、鄱陽太守紀睦爲前鋒。征西大將軍陶侃遣督護龔登受嶠節度。鍾雅、趙胤等次慈湖，王愆期、鄧嶽等次直瀆。

丁未，峻濟自横江，登牛渚。

二月庚戌，峻至于蔣山。假領軍將軍卞壼節，帥六軍，及峻戰于西陵，王師敗績。

丙辰，峻攻青溪柵，因風縱火，王師又大敗。尚書令、領軍將軍卞壼，丹楊尹羊曼，黄門侍郎周導，廬江太守陶瞻並遇害，死者數千人。庾亮又敗于宣陽門内，遂攜其諸弟與郭默、趙胤奔尋陽。於是司徒王導、右光禄大夫陸曄、荀崧等衛帝于太極殿，太常孔愉守宗廟。賊乘勝麾戈接於帝座，突入太后後宫，左右侍人皆見掠奪。是時太官唯有燒餘米數石，以供御膳。百姓號泣，響震都邑。

《資治通鑑》卷九四 丁巳，峻稱詔大赦，惟庾亮兄弟不在原例。以王導有德望，猶使以本官居己之右。祖約爲侍中、太尉、尚書令，峻自爲驃騎將軍、録尚書事，許柳爲丹楊尹，馬雄爲左衛將軍，祖渙爲驍騎將軍。弋陽王羕詣峻，稱述峻功，峻復以羕爲西陽王、太宰、録尚書事。

《晉書》卷七《成帝紀》 三月丙子，皇太后庾氏崩。

夏四月，石勒攻宛，南陽太守王國叛，降於勒。

壬申，葬明穆皇后于武平陵。

五月乙未，峻逼遷天子于石頭，帝哀泣升車，宫中慟哭。峻以倉屋爲宫，遣管商、張瑾、弘徽寇晉陵，韓晃寇義興。吴興太守虞潭與庾冰、王舒等起義兵于三吴。

丙午，征西大將軍陶侃、平南將軍温嶠、護軍將軍庾亮、平北將軍魏該舟軍四萬，次于蔡洲。

六月，韓晃攻宣城，内史桓彝力戰，死之。

壬辰，平北將軍、雍州刺史魏該卒于師。廬江太守毛寶攻賊合肥戍，拔之。

秋七月，祖約爲石勒將石聰所攻，衆潰，奔于歷陽。石勒將石季龍攻劉曜於蒲坂。

八月，曜及石季龍戰于高候，季龍敗績，曜遂圍石生于洛陽。

九月戊申，司徒王導奔于白石。

庚午，陶侃使督護楊謙攻峻于石頭。温嶠、庾亮陣于白石，竟陵太守李陽距賊南偏。峻輕騎出戰，墜馬，斬之，衆遂大潰。賊黨復立峻弟逸爲帥。前交州刺史張璉據始興反，進攻廣州，鎮南司馬曾勰等擊破之。

冬十月，李雄將張龍寇涪陵，太守趙弼没于賊。

十二月乙未，石勒敗劉曜于洛陽，獲之。

是歲，石勒將石季龍攻氐帥蒲洪於隴山，降之。

《資治通鑑》卷九四 是歲，成漢獻王驤卒，其子征東將軍壽以喪還成都。成主雄以李玝爲征北將軍、梁州刺史，代壽屯晉壽。

咸和四年（己丑、三二九）

《晉書》卷七《成帝紀》 春正月，帝在石頭，賊將匡術以苑城歸順，百官赴焉。侍中鍾雅、右衛將軍劉超謀奉帝出，爲賊所害。

戊辰，冠軍將軍趙胤遣將甘苗討祖約于歷陽，敗之，約奔于石勒，其將牽騰帥衆降。峻子碩攻臺城，又焚太極東堂、祕閣，皆盡。城中大飢，米斗萬錢。

二月，大雨霖。

丙戌，諸軍攻石頭。李陽與蘇逸戰於柤浦，陽軍敗。建威長史滕含以鋭卒擊之，逸等大敗。含奉帝御于溫嶠舟，羣臣頓首號泣請罪。弋陽王羕有罪，伏誅。

丁亥，大赦。時兵火之後，宫闕灰燼，以建平園爲宫。

甲午，蘇逸以萬餘人自延陵湖將入吴興。

乙未，將軍王允之及逸戰於溧陽，獲之。

壬寅，以湘州并荆州。

劉曜太子毗與其大司馬劉胤帥百官奔于上邽，關中大亂。

《資治通鑑》卷九四　三月壬子，論平蘇峻功，以陶侃爲侍中、太尉，封長沙郡公，加都督交、廣、寧州諸軍事；郗鑒爲侍中、司空、南昌縣公；溫嶠爲驃騎將軍、開府儀同三司，加散騎常侍，始安郡公；陸曄進爵江陵公；自餘賜爵侯、伯、子、男者甚衆。卞壼及二子眕、盱，桓彝、劉超、鍾雅、羊曼、陶瞻，皆加贈謚。

《晉書》卷七《成帝紀》　庚午，以右光禄大夫陸曄爲衛將軍、開府儀同三司。復封高密王紘爲彭城王。以護軍將軍庾亮爲平西將軍、都督揚州之宣城江西諸軍事、假節，領豫州刺史，鎮蕪湖。

夏四月乙未，驃騎將軍、始安公溫嶠卒。

秋七月，有星孛于西北。會稽、吴興、宣城、丹楊大水。詔復遭賊郡縣租稅三年。

八月，劉曜將劉胤等帥衆侵石生，次于雍。

九月，石勒將石季龍擊胤，斬之，進屠上邽，盡滅劉氏，坑其黨三千餘人。

冬十月，廬山崩。

十二月壬辰，右將軍郭默害平南將軍、江州刺史劉胤，太尉陶侃帥衆討默。

是歲，天裂西北。

《資治通鑑》卷九四　賀蘭部及諸大人共立拓拔翳槐爲代王，代王紇那奔宇文部。

咸和五年（庚寅、三三〇）

《晉書》卷七《成帝紀》　春正月己亥，大赦。

癸亥，詔除諸將任子。

二月，以尚書陸玩爲尚書左僕射，孔愉爲右僕射。

《資治通鑑》卷九四　後趙群臣請後趙王勒即皇帝位。勒乃稱大趙天王，行皇帝事。立妃劉氏爲王后，世子弘爲太子。

夏五月，旱，且飢疫。

乙卯，太尉陶侃擒郭默于尋陽，斬之。

《資治通鑑》卷九四　詔以侃都督江州，領刺史；以鄧岳督交、廣諸軍事，領廣州刺史。侃還巴陵，因移鎮武昌。庾亮還蕪湖，辭爵賞不受。

《晉書》卷七《成帝紀》　石勒將劉徵寇南沙，都尉許儒遇害，進入海虞。

六月癸巳，初稅田，畝三升。

秋八月，石勒僭即皇帝位，使其將郭敬寇襄陽。南中郎將周撫退歸武昌，中州流人悉降于勒。郭敬遂寇襄陽，屯于樊城。

九月，造新宫，始繕苑城。

甲辰，徙樂成王欽爲河間王，封彭城王紘子俊爲高密王。

冬十月丁丑，幸司徒王導第，置酒大會。

李雄將李壽寇巴東、建平，監軍毌丘奥、太守楊謙退歸宜都。

十二月，張駿稱臣于石勒。

咸和六年（辛卯、三三一）

《晉書》卷七《成帝紀》　春正月癸巳，劉徵復寇婁縣，遂掠武進。

乙未，進司空郗鑒都督吴國諸軍事。

戊午，以運漕不繼，發王公已下千餘丁，各運米六斛。

二月己丑，以幽州刺史、大單于段遼爲驃騎將軍。

三月壬戌朔，日有蝕之。

癸未，詔舉賢良直言之士。

夏四月，旱。

六月丙申，復故河間王顒爵位，封彭城王植子融爲樂成王，章武王混子珍爲章武王。

秋七月，李雄將李壽侵陰平，武都氐帥楊難敵降之。

八月庚子，以左僕射陸玩爲尚書令。

《資治通鑑》卷九四　冬，蒸祭太廟，詔歸胙于司徒導，且命無下拜，導辭疾不敢當。

咸和七年（壬辰、三三二）

《晉書》卷七《成帝紀》　春正月辛未，大赦。

三月，西中郎將趙胤、司徒中郎匡術攻石勒馬頭塢，克之。勒將韓雍寇南沙及海虞。

夏四月，勒將郭敬陷襄陽。

五月，大水。

秋七月丙辰，詔諸養獸之屬，損費者多，一切除之。

太尉陶侃遣子平西參軍斌與南中郎將桓宣攻石勒將郭敬，破之，克樊城。竟陵太守李陽拔新野、襄陽，因而戍之。

冬十一月壬子朔，進太尉陶侃爲大將軍。詔舉賢良。

十二月庚戌，帝還于新宮。

《資治通鑑》卷九五　是歲，涼州僚屬勸張駿稱涼王，領秦、涼二州牧，置公卿百官如魏武、晉文故事。

咸和八年（癸巳、三三三）

《晉書》卷七《成帝紀》　春正月辛亥朔，詔曰：「昔犬賊縱暴，宮室焚蕩，元惡雖翦，未暇營築。有司屢陳朝會逼狹，遂作斯宮，子來之勞，不日而成。既獲臨御，大饗羣后，九賓充庭，百官象物。知君子勤禮，小人盡力矣。思蠲密網，咸同斯惠，其赦五歲刑以下。」令諸郡舉力人能舉千五百斤以上者。

丙寅，李雄將李壽陷寧州，刺史尹奉及建寧太守霍彪並降之。

癸酉，以張駿爲鎮西大將軍。

丙子，石勒遣使致賂，詔焚之。

夏四月，詔封故新蔡王弼弟邈爲新蔡王。以束帛徵處士尋陽翟湯、會稽虞喜。

五月，有星隕于肥鄉。麒麟、騶虞見于遼東。

乙未，車騎將軍、遼東公慕容廆卒。

六月甲辰，撫軍將軍王舒卒。

秋七月戊辰，石勒死，子弘嗣僞位，其將石聰以譙來降。

冬十月，石弘將石生起兵于關中，稱秦州刺史，遣使來降。石弘將石季龍攻石朗于洛陽，因進擊石生，俱滅之。

十二月，石生故部將郭權遣使請降。

咸和九年（甲午、三三四）

《晉書》卷七《成帝紀》　春正月，隕石于涼州二。

以郭權爲鎮西將軍、雍州刺史。

《資治通鑑》卷九五　二月丁卯，詔遣耿訪、王豐齎印綬授張駿大將軍、都督陝西、雍、秦、涼州諸軍事。

《晉書》卷七《成帝紀》　三月丁酉，會稽地震。

夏四月，石弘將石季龍使石斌攻郭權于郿，陷之。

六月，李雄死，其兄子班嗣僞位。

乙卯，太尉、長沙公陶侃薨。

大旱，詔太官徹膳，省刑，恤孤寡，貶費節用。

《資治通鑑》卷九五　辛未，加平西將軍庾亮征西將軍、假節、都督江、荆、豫、益、梁、雍六州諸軍事，領江、豫、荆三州刺史，鎮武昌。

《晉書》卷七《成帝紀》　秋八月，大雩。

自五月不雨，至于是月。

九月戊寅，散騎常侍、衛將軍、江陵公陸曄卒。

冬十月，李雄子期弑李班而自立，班弟玝與其將焦噲、羅凱等並來降。

十一月，石季龍弑石弘，自立爲天王。

十二月丁卯，以東海王沖爲車騎將軍，琅邪王岳爲驃騎將軍。

蘭陵人朱縱斬石季龍將郭祥，以彭城來降。

咸康元年（乙未、三三五）

《晉書》卷七《成帝紀》　春正月庚午朔，帝加元服，大赦，改元，增文武位一等，大酺三日，賜鰥寡孤獨不能自存者米，人五斛。

二月甲子，帝親釋奠。

揚州諸郡饑，遣使振給。

三月乙酉，幸司徒府。

夏四月癸卯，石季龍寇歷陽，加司徒王導大司馬、假黄鉞、都督征討諸軍事，以禦之。

癸丑，帝觀兵于廣莫門，分命諸將，遣將軍劉仕救歷陽，平西將軍趙胤屯慈湖，龍驤將軍路永戍牛渚，建武將軍王允之戍蕪湖。司空郗鑒使廣陵相陳光帥衆衛京師，賊退向襄陽。

戊午，解嚴。

石季龍將石遇寇中廬，南中郎將王國退保襄陽。

《資治通鑑》卷九五　秋七月，慕容皝立子儁爲世子。

《晉書》卷七《成帝紀》　八月，長沙、武陵大水。

束帛徵處士翟湯、郭翻。

冬十月乙未朔，日有蝕之。

是歲，大旱，會稽餘姚尤甚，米斗五百價，人相賣。

咸康二年（丙申、三三六）

《晉書》卷七《成帝紀》　春正月辛巳，彗星見于奎。

以吴國内史虞潭爲衛將軍。

二月，算軍用税米，空懸五十餘萬石，尚書謝褒已下免官。

《資治通鑑》卷九五　尚書僕射王彬卒。

辛亥，帝臨軒，遣使備六禮逆故當陽侯杜乂女陵陽爲皇后，大赦；羣臣畢賀。

《晉書》卷七《成帝紀》　庚申，高句驪遣使貢方物。

三月，旱，詔太官減膳，免所旱郡縣繇役。

戊寅，大雩。

夏四月丁巳，皇后見于太廟。

雨雹。

秋七月，揚州、會稽饑，開倉振給。

《資治通鑑》卷九五　九月，慕容皝遣長史劉斌、兼郎中令遼東陽景送徐孟等還建康。

《晉書》卷七《成帝紀》　冬十月，廣州刺史鄧嶽遣督護王隨擊夜郎，新昌太守陶協擊興古，並克之。

詔曰：「歷觀先代，莫不褒崇明祀，賓禮三恪。故杞宋啓土，光于周典；宗姬侯衛，垂美漢册。自頃喪亂，庶邦殄悴，周漢之後，絶而莫繼。其詳求衛公、山陽公近屬，有履行修明，可以繼承其祀者，依舊典施行。」

新作朱雀浮桁。

十一月，遣建威將軍司馬勳安集漢中，爲李期將李壽所敗。

咸康三年（丁酉、三三七）

《資治通鑑》卷九五　春正月辛巳，虎依殷、周之制，稱大趙天王，即位於南郊，大赦。立其后鄭氏爲天王皇后，子邃爲天王皇太子，諸子爲王者皆降爲郡公，宗室爲王者降爲縣侯。

《晉書》卷七《成帝紀》　辛卯，立太學。

夏六月，旱。

《資治通鑑》卷九五　九月，鎮軍左長史封奕等勸慕容皝稱燕王，皝從之。

冬，十月，丁卯，皝即燕王位，大赦。

十一月，甲寅，追尊武宣公爲武宣王，夫人段氏曰武宣後；　立夫人段氏爲王后，世子俊爲王太子，如魏武、晉文輔政故事。

仇池氏王楊毅族兄初，襲殺毅，并有其衆，自立爲仇池公，稱臣於趙。

咸康四年（戊戌、三三八）

《晉書》卷七《成帝紀》　春二月，石季龍帥衆七萬，擊段遼于遼西，遼奔于平岡。

夏四月，李壽弒李期，僭即僞位，國號漢。

癸丑，加皝征北大將軍。

五月乙未，以司徒王導爲太傅，都督中外諸軍事，司空郗鑒爲太尉，征西將軍庾亮爲司空。

六月，改司徒爲丞相，以太傅王導爲之。

秋八月丙午，分寧州置安州。

《資治通鑑》卷九六　冬十月，光禄勳顔含以老遜位。

十一月，什翼犍即代王位於繁畤北，改元曰建國。

咸康五年（己亥、三三九）

《晉書》卷七《成帝紀》　春正月辛丑，大赦。

三月乙丑，廣州刺史鄧嶽伐蜀，建寧人孟彦執李壽將霍彪以降。

夏四月辛未，征西將軍庾亮遣參軍趙松擊巴郡、江陽，獲石季龍將李閎、黄植等。

秋七月庚申，使持節、侍中、丞相、領揚州刺史、始興公王導薨。

辛酉，以護軍將軍何充録尚書事。

八月壬午，復改丞相爲司徒。

辛酉，太尉、南昌公郗鑒薨。

九月，石季龍將夔安、李農陷沔南，張貉陷邾城，因寇江夏、義陽，征虜將軍毛寶、西陽太守樊俊、義陽太守鄭進並死之。夔安等進圍石城，竟陵太守李陽距戰，破之，斬首五千餘級。安乃退，遂略漢東，擁七千餘家遷于幽冀。

冬十二月丙戌，以驃騎將軍、琅邪王岳爲司徒。

李壽將李奕寇巴東，守將勞揚戰敗，死之。

咸康六年（庚子、三四〇）

《晉書》卷七《成帝紀》　春正月庚子，使持節、都督江、豫、益、梁、雍、交、廣七州諸軍事、司空、都亭侯庾亮薨。

《資治通鑑》卷九六　以護軍將軍、録尚書何充爲中書令。

庚戌，以南郡太守庾翼爲都督江、荆、司、雍、梁、益六州諸軍事、安西將軍、荆州刺史、假節，代亮鎮武昌。

《晉書》卷七《成帝紀》　辛亥，以左光禄大夫陸玩爲司空。

二月，慕容皝及石季龍將石成戰于遼西，敗之，獻捷于京師。

庚辰，有星孛于太微。

三月丁卯，大赦。

以車騎將軍、東海王沖爲驃騎將軍。

李壽陷丹川，守將孟彦、劉齊、李秋皆死之。

《資治通鑑》卷九六　代王什翼犍始都雲中之盛樂宫。

《晉書》卷七《成帝紀》　秋七月乙卯，初依中興故事，朔望聽政于東堂。

冬十月，林邑獻馴象。

十一月癸卯，復琅邪，比漢豐、沛。

咸康七年（辛丑、三四一）

《晉書》卷七《成帝紀》　二月甲子朔，日有蝕之。

己卯，慕容皝遣使求假燕王章璽，許之。

三月戊戌，杜皇后崩。

夏四月丁卯，葬恭皇后于興平陵。

實編户，王公已下皆正土斷白籍。

秋八月辛酉，驃騎將軍、東海王沖薨。

九月，罷太僕官。

《資治通鑑》卷九六　代王什翼犍築盛樂城于故城南八里。

《晉書》卷七《成帝紀》　冬十二月癸酉，司空、興平伯陸玩薨。

除樂府雜伎。罷安州。

咸康八年（壬寅、三四二）

《晉書》卷七《成帝紀》　春正月己未朔，日有蝕之。

乙丑，大赦。

《資治通鑑》卷九七　豫州刺史庾懌以酒餉江州刺史王允之，允之覺其毒，飲犬，犬斃，密奏之。帝曰：「太舅已亂天下，小舅復欲爾邪！」二月，懌飲鴆而卒。

《晉書》卷七《成帝紀》　三月，初以武悼楊皇后配饗武帝廟。

《資治通鑑》卷九七　夏五月乙卯，帝不豫。

《晉書》卷七《成帝紀》　六月庚寅，帝不悆，詔曰：「朕以眇年，獲嗣洪緒，託于王公之上，于兹十有八年。未能闡融政道，翦除逋祲，夙夜戰兢，匪遑寧處。今遘疾殆不興，是用震悼于厥心。千齡眇眇，未堪艱難。司徒、琅邪王岳，親則母弟，體則仁長，君人之風，允塞時望。肆爾王公卿士，其輔之！以祗奉祖宗明祀，協和内外，允執其中。嗚呼，敬之哉！無墜祖宗之顯命。」

壬辰，引武陵王晞、會稽王昱、中書監庾冰、中書令何充、尚書令諸葛恢並受顧命。

癸巳，帝崩于西堂，時年二十二，葬興平陵，廟號顯宗。

晉康帝部（起公元三四二年，迄公元三四四年）

《讀史津逮》卷二《東晉》　康皇帝名嶽，字世同，成帝同母弟。初封瑯琊王。成帝不豫，庾冰請以爲嗣，壬寅六月即位，改元建元。在位二年，壽二十二，葬崇平陵。

咸康八年（壬寅、三四二）

《晉書》卷七《康帝紀》　六月甲午，即皇帝位，大赦。諸屯戍文武及二千石官長，不得輒離所局而來奔赴。

己亥，封成帝子丕爲琅邪王，奕爲東海王。時帝諒陰不言，委政于庾冰、何充。

秋七月丙辰，葬成皇帝于興平陵。帝親奉奠于西階，既發引，徒行至閶闔門，升素輿，至于陵所。

《資治通鑑》卷九七　己未，以充爲驃騎將軍、都督徐州、揚州之晉陵諸軍事、領徐州刺史，鎮京口。

《晉書》卷七《康帝紀》　八月辛丑，彭城王紘薨。

以江州刺史王允之爲衛將軍。

九月，詔琅邪國及府吏進位各有差。

冬十月甲午，衛將軍王允之卒。

《資治通鑑》卷九七　燕王皝遷都龍城，赦其境内。

《晉書》卷七《康帝紀》　十二月，增文武位二等。

《資治通鑑》卷九七　壬子，立妃褚氏爲皇后。征豫章太守褚裒爲侍中、尚書。裒自以后父，不願居中任事，苦求外出，乃除建威將軍、江州刺史，鎮半洲。

建元元年（癸卯、三四三）

《晉書》卷七《康帝紀》　春正月，改元，振恤鰥寡孤獨。

三月，以中書監庾冰爲車騎將軍。

夏四月，益州刺史周撫、西陽太守曹據伐李壽，敗其將李恒于江陽。

五月，旱。

六月壬午，又以束帛徵處士尋陽翟湯、會稽虞喜。

有司奏，成帝崩一周，請改素服，御進膳如舊。

壬寅，詔曰：「禮之降殺，因時而寢興，誠無常矣。至於君親相準，名教之重，莫之改也。權制之作，蓋出近代，雖曰適事，實弊薄之始。先王崇之，後世猶怠，而況因循，又從輕降，義弗可矣。」

石季龍帥衆伐慕容皝，皝大敗之。

秋七月，石季龍將戴開帥衆來降。

丁巳，詔曰：「慕容皝摧殄羯寇，乃云死没八萬餘人，將是其天亡之始也。中原之事，宜加籌量。且戴開已帥部黨歸順，宜見慰勞。其遣使詣安西、驃騎，諮謀諸軍事。」

以輔國將軍、琅邪内史桓温爲前鋒小督、假節，帥衆入臨淮，安西將軍庾翼爲征討大都督，遷鎮襄陽。

庚申，晉陵、吴郡災。

八月，李壽死，子勢嗣僞位。

石季龍使其將劉寧攻陷狄道。

《資治通鑑》卷九七　庾翼【略】上表請鎮襄陽，詔加翼都督征討諸軍事。

《晉書》卷七《康帝紀》　冬十月辛巳，以車騎將軍庾冰都督荆、江、司、雍、益、梁六州諸軍事、江州刺史，以驃騎將軍何充爲中書監、都督揚、豫二州諸軍事、揚州刺史、録尚書事，輔政。以琅邪内史桓温都督青徐、兖三州諸軍事、徐州刺史，褚裒爲衛將軍、領中書令。

十一月己巳，大赦。

十二月，石季龍侵張駿，駿使其將軍謝艾拒之，大戰于河西，季龍敗績。

高句驪遣使朝獻。

建元二年（甲辰、三四四）

《晉書》卷七《康帝紀》　春正月，張駿遣其將和驎、謝艾討南羌于闐和，大破之。

二月，慕容皝及鮮卑帥宇文歸戰于昌黎，歸衆大敗，奔于漠北。

四月，張駿將張瓘敗石季龍將王擢于三交城。

秋八月丙子，進安西將軍庾翼爲征西將軍。

庚辰，持節、都督司、雍、梁三州諸軍事、梁州刺史、平北將軍、竟陵公桓宣卒。

丁巳，以衛將軍褚裒爲特進、都督徐、兖二州諸軍事、兖州刺史，鎮金城。

九月，巴東太守楊謙擊李勢，勢將申陽，走之，獲其將樂高。

丙申，立皇子聃爲皇太子。

戊戌，帝崩于式乾殿，時年二十三，葬崇平陵。

晉穆帝部（起公元三四四年，迄公元三六一年）

《讀史津逮》卷二《東晉》　孝宗穆皇帝，名聃，字彭祖，康帝子。甲辰九月即位。生母褚太后，裒女，臨朝。改元二：永和十二、升平五。在位十七年，壽十九，葬永平陵。

建元二年（甲辰、三四四）

《晉書》卷八《穆帝紀》　九月己亥，太子即皇帝位，時年二歲。大赦，尊皇后爲皇太后。

壬寅，皇太后臨朝攝政。

《資治通鑑》卷九七　何充加中書監，録尚書事。充自陳既録尚書，不宜復監中書，許之，復加侍中。

充以左將軍褚裒，太后之父，宜綜朝政，上疏薦裒參録尚書；乃以裒爲侍中、衛將軍、録尚書事，持節、督、刺史如故。裒以近戚，懼獲譏嫌，上疏固請居藩，改授都督徐、兖、青三州，揚州之二郡諸軍事、衛將軍、徐、兖二州刺史，鎮京口。

《晉書》卷八《穆帝紀》　冬十月乙丑，葬康皇帝于崇平陵。

十一月庚辰，車騎將軍庾冰卒。

永和元年（乙巳、三四五）

《晉書》卷八《穆帝紀》　春正月甲戌朔，皇太后設白紗帷於太極殿，抱帝臨軒。

甲申，進鎮軍將軍、武陵王晞爲鎮軍大將軍、開府儀同三司，以鎮軍將軍顧衆爲尚書右僕射。

夏四月壬戌，詔會稽王昱録尚書六條事。

五月戊寅，大雩。

尚書令、金紫光禄大夫、建安伯諸葛恢卒。

六月癸亥，地震。

秋七月庚午，持節、都督江、荆、司、梁、雍、益、寧七州諸軍事、江州刺史、征西將軍、都亭侯庾翼卒。翼部將干瓚、戴羲等殺冠軍將軍曹據，舉兵反，安西司馬朱燾討平之。

八月，豫州刺史路永叛奔於石季龍。

庚辰，以輔國將軍、徐州刺史桓温爲安西將軍、持節、都督荆、司、雍、益、梁、寧六州諸軍事，領護南蠻校尉、荆州刺史。

石季龍將路永屯于壽春。

九月丙申，皇太后詔曰：「今百姓勞弊，其共思詳所以振卹之宜。及歲常調非軍國要急者，並宜停之。」

冬十二月，李勢將爨頠來奔。

涼州牧張駿伐焉耆，降之。

《資治通鑑》卷九七　燕王皝以爲古者諸侯即位，各稱元年，於是始不用晉年號，自稱十二年。

永和二年（丙午、三四六）

《晉書》卷八《穆帝紀》　春正月丙寅，大赦。

己卯，使持節、侍中、都督揚州諸軍事、揚州刺史、驃騎將軍、録尚書事、都鄉侯何充卒。

二月癸丑，以左光禄大夫蔡謨領司徒，録尚書六條事、撫軍大將軍、會稽王昱及謨並輔政。

三月丙子，以前司徒左長史殷浩爲建武將軍、揚州刺史。

夏四月己酉朔，日有蝕之。

《資治通鑑》卷九七　五月丙戌，西平忠成公張駿薨。官屬上世子重華爲使持節、大都督、太尉、護羌校尉、涼州牧、西平公、假涼王；赦其境內；尊嫡母嚴氏爲大王太后，母馬氏爲王太后。

《晉書》卷八《穆帝紀》　六月，石季龍將王擢襲武街，執張重華護軍胡宣。又使麻秋、孫伏都伐金城，太守張沖降之。重華將謝艾擊秋，敗之。

秋七月，以兖州刺史褚裒爲征北大將軍，開府儀同三司。

冬十月，地震。

十一月辛未，安西將軍桓温帥征虜將軍周撫，輔國將軍、譙王無忌，建武將軍袁喬伐蜀，拜表輒行。

十二月，枉矢自東南流於西北，其長竟天。

永和三年（丁未、三四七）

《資治通鑑》卷九七　春二月，桓温軍至青衣。

《晉書》卷八《穆帝紀》　三月乙卯，桓温攻成都，克之。丁亥，李勢降，益州平。

林邑范文攻陷日南，害太守夏侯覽，以尸祭天。

夏四月，地震。

蜀人鄧定、隗文舉兵反，桓温又擊破之，使益州刺史周撫鎮彭模。

丁巳，鄧定、隗文復入據成都，征虜將軍楊兼棄涪城，退保德陽。

五月戊甲，進慕容皝爲安北將軍。

石季龍又使其將石寧、麻秋等伐涼州，次於曲柳。張重華使將軍牛旋禦之，退守枹罕。

六月辛酉，大赦。

秋七月，范文復陷日南，害督護劉雄。

隗文立范賁爲帝。

八月戊午，張重華將謝艾進擊麻秋，大敗之。

九月，地震。

冬十月乙丑，假涼州刺史張重華大都督隴右關中諸軍事、護羌校尉、大將軍，武都氐王楊初爲征南將軍、雍州刺史、平羌校尉、仇池公，並假節。

《資治通鑑》卷九七　十二月，振威護軍蕭敬文殺征虜將軍楊謙，攻涪城，陷之，自稱益州牧；遂取巴西，通於漢中。

永和四年（戊申、三四八）

《晉書》卷八《穆帝紀》　夏四月，范文寇九德，多所殺害。

五月，大水。

秋八月，進安西將軍桓温爲征西大將軍、開府儀同三司，封臨賀郡公；西中郎將謝尚爲安西將軍。

九月丙申，慕容皝死，子儁嗣僞位。

冬十月己未，地震。

石季龍使其將苻健寇竟陵。

十二月，豫章人黄韜自號孝神皇帝，聚衆數千，寇臨川，太守庾條討平之。

《資治通鑑》卷九八　以左光禄大夫、領司徒、録尚書事蔡謨爲侍中、司徒。謨上疏固讓。

永和五年（己酉、三四九）

《晉書》卷八《穆帝紀》　春正月辛巳朔，大赦。庚寅，地震。

石季龍僭即皇帝位于鄴。

二月，征北大將軍褚裒使部將王龕北伐，獲石季龍將支重。

夏四月，益州刺史周撫、龍驤將軍朱燾擊范賁，獲之，益州平。封周撫爲建城公。

《資治通鑑》卷九八　遣謁者陳沈如燕，拜慕容儁爲使持節、侍中、大都督、督河北諸軍事、幽、平二州牧、大將軍、大單于、燕王。

桓温遣督護滕畯帥交、廣之兵擊林邑王文于盧容，爲文所敗，退屯九真。

己巳，石虎卒，太子世即位，尊劉氏爲皇太后。

《晉書》卷八《穆帝紀》　五月，石遵廢世而自立。

六月，桓温屯安陸，遣諸將討河北。

石遵揚州刺史王浹以壽陽來降。

秋七月，褚裒進次彭城，遣部將王龕、李邁及石遵將李農戰于代陂，王師敗績，王龕爲農所執，李邁死之。

八月，褚裒退屯廣陵，西中郎將陳逵焚壽春而遁。梁州刺史司馬勳攻石遵長城戍，仇池公楊初襲西城，皆破之。

《資治通鑑》卷九八　九月，涼州官屬共上張重華爲丞相、涼王、雍、秦、涼三州牧。

《晉書》卷八《穆帝紀》　冬十月，石遵將石遇攻宛，陷之，執南陽太守郭啓。司馬勳進次懸鉤，石季龍故將麻秋距之，勳退還梁州。

十一月丙辰，石鑒弑石遵而自立。

十二月己酉，使持節、都督徐、兗二州諸軍事、徐州刺史、征北大將軍、開府儀同三司、都鄉侯褚裒卒。以建武將軍、吳國内史荀羡爲使持節、監徐、兗二州諸軍事、北中郎將、徐州刺史。

永和六年（庚戌、三五〇）

《晉書》卷八《穆帝紀》　春正月，帝臨朝，以褚裒喪故，懸而不樂。

閏月，冉閔弑石鑒，僭稱天王，國號魏。鑒弟祗僭帝號于襄國。

丁丑，彗星見于亢。

己丑，加中軍將軍殷浩督揚、豫、徐、兗、青五州諸軍事、假節。

氐帥苻洪遣使來降，以爲氐王，封廣川郡公。假洪子健節，監河北諸軍事、右將軍，封襄國縣公。

三月，石季龍故將麻秋鴆殺苻洪于枋頭。

夏五月，大水。

廬江太守袁真攻合肥，克之。

六月，石祗遣其弟琨攻冉閔將王泰于邯鄲，琨師敗績。

秋八月，輔國將軍、譙王無忌薨。

苻健帥衆入關。

冬十一月，冉閔圍襄國。

《資治通鑑》卷九八　甲午，苻健入長安，以民心思晉，乃遣參軍杜山伯詣建康獻捷，並修好於桓温。

《晉書》卷八《穆帝紀》　十二月，免司徒蔡謨爲庶人。

是歲，大疫。

永和七年（辛亥、三五一）

《晉書》卷八《穆帝紀》　春正月丁酉，日有蝕之。

辛丑，鮮卑段龕以青州來降。

苻健僭稱王，國號秦。

二月戊寅，以段龕爲鎮北將軍，封齊公。

石祗大敗冉閔于襄國。

夏四月，梁州刺史司馬勳出步騎三萬，自漢中入秦川，與苻健戰于五丈原，王師敗績。

加尚書令顧和開府儀同三司。

劉顯弑石祗。

五月，祗兗州刺史劉啓自鄄城來奔。

秋七月，尚書令、左光禄大夫、開府儀同三司顧和卒。

甲辰，濤水入石頭，溺死者數百人。

《資治通鑑》卷九九　八月，魏徐州刺史周成、兗州刺史魏統、荆州刺史樂弘、豫州牧張遇以廩丘、許昌等諸城來降；南將軍高崇、征虜將軍呂護執洛州刺史鄭系，以其地來降。

《晉書》卷八《穆帝紀》　九月，峻陽、太陽二陵崩。

甲辰，帝素服臨于太極殿三日，遣兼太常趙拔修復山陵。

冬十月，雷雨，震電。

十一月，石祗將姚弋仲、冉閔將魏脱各遣使來降，以弋仲爲車騎將軍、大單于，封高陵郡公；弋仲子襄爲平北將軍、都督并州諸軍事、并州刺史、平鄉縣公；脱爲安北將軍、監冀州諸軍事、冀州刺史。

十二月辛未，征西大將軍桓温帥衆北伐，次于武昌而止。時石季龍故將周成屯廩丘，高昌屯野王，樂立屯許昌，李歷屯衞國，皆相次來降。

永和八年（壬子、三五二）

《晉書》卷八《穆帝紀》　春正月辛卯，日有蝕之。

劉顯僭帝號于襄國，冉閔擊破，殺之。

二月，峻平、崇陽二陵崩。

戊辰，帝臨三日，遣殿中都尉王惠如洛陽，以衛五陵。

鎮西將軍張遇反于許昌，使其黨上官恩據洛陽。樂弘攻督護戴施於倉垣。

《資治通鑑》卷九九　三月，命荀羡鎮淮陰，尋加監青州諸軍事，又領兗州刺史，鎮下邳。

《晉書》卷八《穆帝紀》　苻健別帥侵順陽，太守薛珍擊破之。

夏四月，冉閔爲慕容儁所滅。儁僭帝號于中山，稱燕。

秋七月，大雩。

石季龍故將王擢遣使請降，拜征西將軍、秦州刺史。

丁酉，以鎮軍大將軍、武陵王晞爲太宰，撫軍大將軍、會稽王昱爲司徒，征西大將軍桓溫爲太尉。

八月，平西將軍周撫討蕭敬文于涪城，斬之。

冉閔子智以鄴降，督護戴施獲其傳國璽，送之，文曰「受天之命，皇帝壽昌」，百僚畢賀。

《資治通鑑》卷九九　桓溫使司馬勳助周撫討蕭敬文於涪城，斬之。

《晉書》卷八《穆帝紀》　九月，冉智爲其將馬願所執，降于慕容恪。

中軍將軍殷浩帥衆北伐，次泗口，遣河南太守戴施據石門，滎陽太守劉遂戍倉垣。

《資治通鑑》卷九九　冬十月，謝尚遣冠軍將軍王俠攻許昌，克之。秦豫州刺史楊群退屯弘農。徵尚爲給事中，戍石頭。

十一月，丁卯，慕容儁始置百官，以國相封奕爲太尉，左長史陽騖爲尚書令，右司馬皇甫真爲尚書左僕射，典書令張悕爲右僕射；其餘文武，拜授有差。

戊辰，儁即皇帝位，大赦；自謂獲傳國璽，改元元璽。

永和九年（癸丑、三五三）

《晉書》卷八《穆帝紀》　春正月乙卯朔，大赦。

丙寅，皇太后與帝同拜建平陵。

三月，旱。

交州刺史阮敷討林邑范佛于日南，破其五十餘壘。

夏四月，以安西將軍謝尚爲尚書僕射。

五月，大疫。

仇池公楊初爲苻雄所敗。

《資治通鑑》卷九九　五月，張重華復使王擢帥衆二萬伐上邽，秦州郡縣多應之；苻願戰敗，奔長安。重華因上疏請伐秦，詔進重華涼州牧。

《晉書》卷八《穆帝紀》　秋七月丁酉，地震，有聲如雷。

八月，遣兼太尉、河間王欽修復五陵。

冬十月，中軍將軍殷浩進次山桑，使平北將軍姚襄爲前鋒。襄叛，反擊浩，浩棄輜重，退保譙城。

十一月丁卯，涼州牧張重華卒，子耀靈嗣。

殷浩使部將劉啓、王彬之討姚襄，復爲襄所敗，襄遂進據芍陂。

十二月，加尚書僕射謝尚爲都督豫、揚、江西諸軍事，領豫州刺史，鎮歷陽。

是月，張祚弒耀靈而自稱涼州牧。

永和一〇年（甲寅、三五四）

《晉書》卷八《穆帝紀》　春正月己酉朔，帝臨朝，以五陵未復，懸而不樂。

《資治通鑑》卷九九　張祚自稱涼王，改建興四十二年爲和平元年。

《晉書》卷八《穆帝紀》　冉閔降將周成舉兵反，自宛陵襲洛陽。

辛酉，河南太守戴施奔鮪渚。

丁卯，地震，有聲如雷。

《資治通鑑》卷九九　二月乙丑，桓温統步騎四萬發江陵；水軍自襄陽入均口，至南鄉；步兵自淅川趣武關；命司馬勳出子午道以伐秦。壬寅，進至灞上。秦太子萇等退屯城南，秦主健與老弱六千固守長安小城，悉發精兵三萬，遣大司馬雷弱兒等與萇合兵以拒温。三輔郡縣皆來降。

《晉書》卷八《穆帝紀》　廢揚州刺史殷浩爲庶人，以前會稽内史王述爲揚州刺史。

夏四月己亥，温及苻健子萇戰于藍田，大敗之。

五月，江西乞活郭敞等執陳留内史劉仕而叛，京師震駭，以吏部尚書周閔爲中軍將軍，屯于中堂，豫州刺史謝尚自歷陽還衛京師。

六月，苻健將苻雄悉衆及桓温戰于白鹿原，王師敗績。

《晉書》卷八《穆帝紀》　秋九月辛酉，桓温糧盡，引還。

永和一一年(乙卯、三五五)

《晉書》卷八《穆帝紀》　春正月甲辰，侍中、汝南王統薨。平羌校尉、仇池公楊初爲其部將梁式所害，初子國嗣位，因拜鎮北將軍、秦州刺史。

齊公段龕襲慕容儁將榮國於郎山，敗之。

夏四月壬申，隕霜。

乙酉，地震。

姚襄帥衆寇外黄，冠軍將軍高季大破之。

五月丁未，地又震。

六月，苻健死，其子生嗣僞位。

秋七月，宋混、張瓘弑張祚，而立耀靈弟玄靚爲大將軍、凉州牧，遣使來降。

以吏部尚書周閔爲尚書左僕射，領軍將軍王彪之爲尚書右僕射。

冬十月，進豫州刺史謝尚督并、冀、幽三州諸軍事，鎮西將軍，鎮馬頭。

十二月，慕容恪帥衆寇廣固。

壬戌，上黨人馮鴦自稱太守，背苻生遣使來降。

永和一二年(丙辰、三五六)

《晉書》卷八《穆帝紀》　春正月丁卯，帝臨朝，以皇太后母喪，懸而不樂。

鎮北將軍段龕及慕容恪戰于廣固，大敗之，恪退據安平。

二月辛丑，帝講《孝經》。

三月，姚襄入于許昌，以太尉桓温爲征討大都督以討之。

秋八月己亥，桓温及姚襄戰于伊水，大敗之。襄走平陽，徙其餘衆三千餘家於江漢之間，執周成而歸。使揚武將軍毛穆之，督護陳午，輔國將軍、河南太守戴施鎮洛陽。

冬十月癸巳朔，日有蝕之。

慕容恪攻段龕於廣固，使北中郎將荀羡帥師次于琅邪以救之。

十一月，遣兼司空、散騎常侍車灌，龍驤將軍袁真等持節如洛陽，修五陵。

十二月庚戌，以有事于五陵，告于太廟，帝及羣臣皆服緦，于太極殿臨三日。

是歲，仇池公楊國爲其從父俊所殺，俊自立。

升平元年(丁巳、三五七)

《晉書》卷八《穆帝紀》　春正月壬戌朔，帝加元服，告于太廟，始親萬機。大赦，改元，增文武位一等。皇太后居崇德宫。

丁丑，隕石于槐里一。

是月，鎮北將軍、齊公段龕爲慕容恪所陷，遇害。

扶南竺旃檀獻馴象，詔曰：「昔先帝以殊方異獸或爲人患，禁之。今及其未至，可令還本土。」

《資治通鑑》卷一〇〇　二月癸丑，燕主儁立其子中山王暐爲太子，大赦，改元光壽。

《晉書》卷八《穆帝紀》　三月，帝講《孝經》。

壬申，親釋奠于中堂。

夏五月庚午，鎮西將軍謝尚卒。

苻生將苻眉、苻堅擊姚襄，戰於三原，斬之。

六月，苻堅殺苻生而自立。

以軍司謝奕爲使持節、都督、安西將軍、豫州刺史。

秋七月，苻堅將張平以并州降，遂以爲并州刺史。

八月丁未，立皇后何氏，大赦，賜孝悌鰥寡米，人五斛，逋租宿債皆勿收，大酺三日。

冬十月，皇后見於太廟。

十一月，雷。

《資治通鑑》卷一〇〇　癸酉，燕主儁自薊徙都鄴。

十二月，乙巳，燕主儁入鄴宮，大赦。

《晉書》卷八《穆帝紀》　以太常王彪之爲尚書左僕射。

升平二年（戊午、三五八）

《晉書》卷八《穆帝紀》　春正月，司徒、會稽王昱稽首歸政，帝不許。

三月，慕容儁陷冀州諸郡，詔安西將軍謝奕、北中郎將荀羨北伐。

佽飛督王饒獻鴆鳥，帝怒，鞭之二百，使殿中御史焚其鳥于四達之衢。

夏五月，大水。有星孛于天船。

六月，并州刺史張平爲苻堅所逼，帥衆三千奔于平陽，堅追敗之。

慕容恪進據上黨，冠軍將軍馮鴦以衆叛歸慕容儁，儁盡陷河北之地。

秋八月，安西將軍謝奕卒。

壬申，以吴興太守謝萬爲西中郎將、持節、監司、豫、冀、并四州諸軍事、豫州刺史；以散騎常侍郗曇爲北中郎將、持節、都督徐、兖、青、冀、幽五州諸軍事、徐兖二州刺史，鎮下邳。

冬十月乙丑，陳留王曹勱薨。

《資治通鑑》卷一〇〇　泰山太守諸葛攸攻燕東郡，入武陽，燕主儁遣大司馬恪統陽騖及樂安王臧之兵以擊之。攸敗走，還泰山。

《晉書》卷八《穆帝紀》　十一月庚子，雷。

辛酉，地震。

十二月，北中郎將荀羨及慕容儁戰于山茌，王師敗績。

《資治通鑑》卷一〇〇　荀羨疾篤，徵還，以郗曇爲北中郎將、都督徐、兖、青、冀、幽五州諸軍事、徐、兖二州刺史，鎮下邳。

升平三年（己未、三五九）

《晉書》卷八《穆帝紀》　三月甲辰，詔以比年出軍，糧運不繼，王公已下十三户借一人一年助運。

秋七月，平北將軍高昌爲慕容儁所逼，自白馬奔于滎陽。

《資治通鑑》卷一〇〇　八月，泰山太守諸葛攸將水陸二萬擊燕，入自石門，屯於河渚。燕上庸王評、長樂太守傅顔帥步騎五萬與攸戰于東阿，攸兵大敗。

《晉書》卷八《穆帝紀》　冬十月，慕容儁寇東阿，遣西中郎將謝萬次下蔡，北中郎將郗曇次高平以擊之，王師敗績。

十一月戊子，進揚州刺史王述爲衛將軍。

十二月，又以中軍將軍、琅邪王丕爲驃騎將軍，東海王奕爲車騎將軍。封武陵王晞子璲爲梁王。

交州刺史温放之帥兵討林邑參黎、耽潦，並降之。

升平四年（庚申、三六〇）

《資治通鑑》卷一〇一　春正月癸巳，燕主儁大閲於鄴，欲使大司馬恪、司空陽騖將之入寇；會疾篤，乃召恪、騖及司徒評、領軍將軍慕輿根等受遺詔輔政。

甲午，卒。

戊子，太子暐即皇帝位。年十一。大赦，改元建熙。

《晉書》卷八《穆帝紀》　仇池公楊俊卒，子世嗣。

二月，鳳皇將九雛見于豐城。

秋七月，以軍役繁興，省用徹膳。

八月辛丑朔，日有蝕之，既。

冬十月，天狗流于西南。

十一月，封太尉桓温爲南郡公，温弟沖爲豐城縣公，子濟爲臨賀郡公。

鳳皇復見豐城，衆鳥隨之。

升平五年（辛酉、三六一）

《晉書》卷八《穆帝紀》 春正月戊戌，大赦，賜鰥寡孤獨不能自存者，人米五斛。

北中郎將、都督徐、兖、青、冀、幽五州諸軍事、徐、兖二州刺史郗曇卒。

二月，以鎮軍將軍范汪爲都督徐、兖、青、冀、幽五州諸軍事、安北將軍、徐、兖二州刺史。

平南將軍、廣州刺史、陽夏侯滕含卒。

夏四月，大水。

太尉桓温鎮宛，使其弟豁將兵取許昌。

鳳皇見于沔北。

五月丁巳，帝崩于顯陽殿，時年十九。葬永平陵，廟號孝宗。

晉哀帝部（起公元三六一年，迄公元三六五年）

《讀史津逮》卷二《東晉》　哀皇帝名丕，字千齡，成帝長子，生母周太妃，初封瑯琊王。穆帝崩，皇太后立之。辛酉五月即位，改元二：隆和一、興寧三，在位四年。餌方士藥，中毒崩，壽二十五，葬安平陵。

升平五年（辛酉、三六一）

《資治通鑑》卷一〇一　五月庚申，即皇帝位，大赦。

壬戌，改封東海王奕爲琅邪王。

秋七月戊午，葬穆皇帝于永平陵。

慕容恪攻陷野王，守將吕護退保滎陽。

八月己卯夜，天裂，廣數丈，有聲如雷。

九月戊申，立皇后王氏。穆帝皇后何氏稱永安宮。

吕護叛奔于慕容暐。

冬十月，安北將軍范汪有罪，廢爲庶人。

《晉書》卷八《哀帝紀》　十一月丙辰，詔曰：「顯宗成皇帝顧命，以時事多艱，弘高世之風，樹德博重，以隆社稷。而國故不已，康穆早世，胤祚不融。朕以寡德，復承先緒，感惟永慕，悲痛兼摧。夫昭穆之義，固宜本之天屬。繼體承基，古今常道。宜上嗣顯宗，以修本統。」

十二月，加涼州刺史張玄靚爲大都督隴右諸軍事、護羌校尉、西平公。

《資治通鑑》卷一〇一　是歲，歸義侯李勢卒。

隆和元年（壬戌、三六二）

《晉書》卷八《哀帝紀》　春正月壬子，大赦，改元。

甲寅，減田税，畝收二升。

是月，慕容暐將吕護、傅末波攻陷小壘，以逼洛陽。

二月辛未，以輔國將軍、吴國内史庾希爲北中郎將、徐、兗二州刺史，鎮下邳；前鋒監軍、龍驤將軍袁真爲西中郎將、監護豫、司、并、冀四州諸軍事、豫州刺史，鎮汝南，並假節。

丙子，尊所生周氏爲皇太妃。

三月甲寅朔，日有蝕之。

夏四月，旱。

詔出輕繫，振困乏。

丁丑，梁州地震，浩亹山崩。

吕護復寇洛陽。

乙酉，輔國將軍、河南太守戴施奔于宛。

五月丁巳，遣北中郎將庾希、竟陵太守鄧遐以舟師救洛陽。

《資治通鑑》卷一〇一　朝廷以交、廣遼遠，改授温都督并、司、冀三州，温表辭不受。

《晉書》卷八《哀帝紀》　秋七月，吕護等退守小平津。

進琅邪王奕爲侍中、驃騎大將軍、開府。

鄧遐進屯新城，庾希部將何謙及慕容暐將劉則戰于檀丘，破之。

八月，西中郎將袁真進次汝南，運米五萬斛以饋洛陽。

冬十月，賜貧乏者米，人五斛。

章武王珍薨。

十二月戊午朔，日有蝕之。詔曰：「戎旅路次，未得輕簡賦役。玄象失度，亢旱爲患。豈政事未洽，將有板築、渭濱之士邪！其搜揚隱滯，蠲除苛碎，詳議法令，咸從損要。」

庾希自下邳退鎮山陽，袁真自汝南退鎮壽陽。

興寧元年（癸亥、三六三）

《晉書》卷八《哀帝紀》　春二月己亥，大赦，改元。

三月壬寅，皇太妃薨于琅邪第。

癸卯，帝奔喪，詔司徒、會稽王昱總内外衆務。

夏四月，慕容暐寇滎陽，太守劉遠奔魯陽。

甲戌，揚州地震，湖瀆溢。

五月，加征西大將軍桓温侍中、大司馬、都督中外諸軍事、録尚書事、假黄鉞。復以西中郎將袁真都督司、冀、并三州諸軍事，北中郎將庾希都督青州諸軍事。

癸卯，慕容暐陷密城，滎陽太守劉遠奔于江陵。

秋七月，張天錫弑凉州刺史、西平公張玄靚，自稱大將軍、護羌校尉、凉州牧、西平公。

癸亥，以皇子生，大赦。

九月壬戌，大司馬桓温帥衆北伐。

八月，有星孛于角亢，入天市。

丁酉，葬章皇太妃。

冬十月甲申，立陳留王世子恢爲王。

《資治通鑑》卷一〇一　燕鎮南將軍慕容塵攻陳留太守袁披于長平；汝南太守朱斌乘虛襲許昌，克之。

以征虜將軍桓沖爲江州刺史。

《晉書》卷八《哀帝紀》　十一月，姚襄故將張駿殺江州督護趙毗，焚武昌，略府藏以叛，江州刺史桓沖討斬之。

興寧二年（甲子、三六四）

《晉書》卷八《哀帝紀》　春二月庚寅，江陵地震。

慕容暐將慕容評襲許昌，潁川太守李福死之。評遂侵汝南，太守朱斌遁于壽陽。又進圍陳郡，太守朱輔嬰城固守。桓温遣江夏相劉岵擊退之。

改左軍將軍爲遊擊將軍，罷右軍、前軍、後軍將軍五校三將官。

癸卯，帝親耕藉田。

三月庚戌朔，大閲户人，嚴法禁，稱爲庚戌制。

辛未，帝不悆。帝雅好黄老，斷穀，餌長生藥，服食過多，遂中毒，不識萬機，崇德太后復臨朝攝政。

夏四月甲申，慕容暐遣其將李洪侵許昌，王師敗績于懸瓠，朱斌奔于淮南，朱輔退保彭城。

桓温遣西中郎將袁真、江夏相劉岵等鑿楊儀道以通運，温帥舟師次于合肥，慕容塵復屯許昌。

五月，遷陳人于陸以避之。

戊辰，以揚州刺史王述爲尚書令、衛將軍，以桓温爲揚州牧、録尚書事。

壬申，遣使喻温入相，温不從。

秋七月丁卯，復徵温入朝。

《資治通鑑》卷一〇一　八月，温至赭圻，詔尚書車灌止之，温遂城赭圻居之，固讓内録，遥領揚州牧。

《晉書》卷八《哀帝紀》　苻堅別帥侵河南，慕容暐寇洛陽。

九月，冠軍將軍陳祐留長史沈勁守洛陽，帥衆奔新城。

興寧三年（乙丑、三六五）

《晉書》卷八《哀帝紀》　春正月庚申，皇后王氏崩。

二月乙未，以右將軍桓豁監荆州、揚州之義城、雍州之京兆諸軍事，領南蠻校尉、荆州刺史；桓沖監江州、荆州之江夏、隨郡，豫州之汝南、西陽、新蔡、潁川六郡諸軍事，南中郎將、江州刺史，領南蠻校尉，並假節。

丙申，帝崩于西堂，時年二十五。葬安平陵。

晉廢帝部（起公元三六五年，迄公元三七〇年）

《讀史津逮》卷二《東晉》 廢帝名奕，字延齡，哀帝同母弟，初封東海王。乙丑三月即位，改元太和，在位六年。庾皇后子三，桓温欲爲伊、霍之舉，誣帝夙有痿疾，三子皆非所出，瀆倫敗度，廢爲海西縣公，害其三子，及其母，遷帝於吳。帝深慮禍，酣酒躭色，有子不育，以保天年。朝廷以帝安於屈辱，不以爲虞。太元十一年殂於吳，壽四十五。

興寧三年（乙丑、三六五）

《晉書》卷八《海西公紀》 二月丁酉，皇太后詔曰：「帝遂不救厥疾，艱禍仍臻，遺緒泯然，哀慟切心。琅邪王奕，明德茂親，屬當儲嗣，宜奉祖宗，纂承大統。便速正大禮，以寧人神。」於是百官奉迎于琅邪第。是日，即皇帝位，大赦。

三月壬申，葬哀皇帝于安平陵。

癸酉，散騎常侍、河間王欽薨。

丙子，慕容暐將慕容恪陷洛陽，寧朔將軍竺瑶奔于襄陽，冠軍長史、揚武將軍沈勁死之。

夏六月戊子，使持節、都督益、寧二州諸軍事、鎮西將軍、益州刺史、建城公周撫卒。

秋七月，匈奴左賢王衛辰、右賢王曹穀帥衆二萬侵苻堅杏城。

己酉，改封會稽王昱爲琅邪王。

壬子，立皇后庾氏。

《資治通鑑》卷一〇一 甲申，立琅邪王昱子昌明爲會稽王；昱固讓，猶自稱會稽王。

《晉書》卷八《海西公紀》 冬十月，梁州刺史司馬勳反，自稱成都王。

《資治通鑑》卷一〇一 十一月，勳引兵入劍閣，攻涪，西夷校尉毌丘暐棄城走。

乙卯，圍益州刺史周楚于成都。大司馬温表鷹揚將軍、江夏相義陽朱序爲征討都護以救之。

《晉書》卷八《海西公紀》 十二月戊戌，以會稽內史王彪之爲尚書僕射。

太和元年（丙寅、三六六）

《晉書》卷八《海西公紀》 春二月己丑，以凉州刺史張天錫爲大將軍、都督隴右關中諸軍事、西平郡公。

丙申，以宣城内史桓祕爲持節、監梁、益二州征討諸軍事。

三月辛亥，新蔡王邈薨。

荆州刺史桓豁遣督護桓羆攻南鄭，魏興人畢欽舉兵以應羆。

夏四月，旱。

五月戊寅，皇后庾氏崩。

朱序攻司馬勳于成都，衆潰，執勳，斬之。

秋七月癸酉，葬孝皇后于敬平陵。

九月甲午，曲赦梁、益二州。

冬十月辛丑，苻堅將王猛、楊安攻南鄉，荆州刺史桓豁救之，師次新野而猛、安退。

以會稽王昱爲丞相。

十二月，南陽人趙弘、趙憶等據宛城反，太守桓澹走保新野。

慕容暐將慕容厲陷魯郡、高平。

太和二年（丁卯、三六七）

《晉書》卷八《海西公紀》 春正月，北中郎將庾希有罪，走入于海。

夏四月，慕容暐將慕容塵寇竟陵，太守羅崇擊破之。

苻堅將王猛寇凉州，張天錫距之，猛師敗績。

五月，右將軍桓豁擊趙憶，走之，進獲慕容暐將趙槃，送于京師。

《資治通鑑》卷一〇一　九月，以會稽内史郗愔爲都督徐、兖、青、幽、揚州之晉陵諸軍事，徐、兖二州刺史，鎮京口。

《晉書》卷八《海西公紀》　冬十月乙巳，彭城王玄薨。

太和三年（戊辰、三六八）

《晉書》卷八《海西公紀》　春三月丁巳朔，日有蝕之。

癸亥，大赦。

夏四月癸巳，雨雹，大風折木。

秋八月壬寅，尚書令、衛將軍、藍田侯王述卒。

《資治通鑑》卷一〇一　十二月，加大司馬温殊禮，位在諸侯王上。是歲，以仇池公楊世爲秦州刺史，世弟統爲武都太守。

太和四年（己巳、三六九）

《資治通鑑》卷一〇二　春三月，大司馬温請與徐、兖二州刺史郗愔、江州刺史桓沖、豫州刺史袁真等伐燕。

《晉書》卷八《海西公紀》　夏四月庚戌，大司馬桓温帥衆伐慕容暐。

《資治通鑑》卷一〇二　六月辛丑，温至金鄉，天旱，水道絶，温使冠軍將軍毛虎生鑿鉅野三百里，引汶水會于清水。

《晉書》卷八《海西公紀》　秋七月辛卯，暐將慕容垂帥衆距温，温擊敗之。

九月戊寅，桓温裨將鄧遐、朱序遇暐將傅末波于林渚，又大破之。

戊子，温至枋頭。

丙申，以糧運不繼，焚舟而歸。

辛丑，慕容垂追敗温後軍于襄邑。

冬十月，大星西流，有聲如雷。

《資治通鑑》卷一〇二　己巳，大司馬温收散卒，屯於山陽。温深恥喪敗，乃歸罪於袁真，奏免真爲庶人，又免冠軍將軍鄧遐官。真以温誣己，不服，表温罪狀，朝廷不報。真遂據壽春叛降燕，且請救；亦遣使如秦。

《晉書》卷八《海西公紀》　十一月辛丑，桓温自山陽及會稽王昱會于涂中，將謀後舉。

十二月，遂城廣陵而居之。

太和五年（庚午、三七〇）

《晉書》卷八《海西公紀》　春正月己亥，袁真子雙之、愛之害梁國内史朱憲、汝南内史朱斌。

二月癸酉，袁真死，陳郡太守朱輔立真子瑾嗣事，求救于慕容暐。

夏四月辛未，桓温部將竺瑶破瑾于武丘。

秋七月癸酉朔，日有蝕之。

八月癸丑，桓温擊袁瑾于壽陽，敗之。

九月，苻堅將王猛代慕容暐，陷其上黨。

廣漢妖賊李弘與益州妖賊李金根聚衆反，弘自稱聖王，衆萬餘人，梓潼太守周虓討平之。

冬十月，王猛大破慕容暐將慕容評于潞川。

十一月，猛克鄴，獲慕容暐，盡有其地。

太和六年（辛未、三七一）

《資治通鑑》卷一〇三　春正月，袁瑾、朱輔求救于秦，秦王堅以瑾爲揚州刺史，輔爲交州刺史，遣武衛將軍武都王鑒、前將軍張蚝帥步騎二萬救之。大司馬温遣淮南太守桓伊、南頓太守桓石虔等擊鑒、蚝于石橋，大破之，秦兵退屯慎城。

丁亥，温拔壽春，擒瑾及輔，並其宗族送建康，斬之。

《晉書》卷八《海西公紀》　三月壬辰，監益、寧二州諸軍事、冠軍將軍、益州刺史、建城公周楚卒。

夏四月戊午，大赦，賜窮獨米，人五斛。

苻堅將苻雅伐仇池，仇池公楊纂降之。

六月，京都及丹楊、晉陵、吴郡、吴興、臨海並大水。

八月，以前寧州刺史周仲孫爲假節、監益、梁二州諸軍事、益州刺史。

冬十月壬子，高密王俊薨。

十一月癸卯，桓温自廣陵屯于白石。

丁未，詣闕，因圖廢立，誣帝在藩夙有痿疾，嬖人相龍、計好、朱靈寶等參侍内寢，而二美人田氏、孟氏生三男，長欲封樹，時人惑之，温因諷太后以伊、霍之舉。

己酉，集百官于朝堂，宣崇德太后令曰：「王室艱難，穆、哀短祚，國嗣不育，儲宫靡立。琅邪王奕親則母弟，故以入纂大位。不圖德之不建，乃至于斯。昏濁潰亂，動違禮度。有此三孽，莫知誰子。人倫道喪，醜聲遐布。既不可以奉守社稷，敬承宗廟，且昏孽並大，便欲建樹儲藩。誣罔祖宗，傾移皇基，是而可忍，孰不可懷！今廢奕爲東海王，以王還第，供衛之儀，皆如漢朝昌邑故事。但未亡人不幸，罹此百憂，感念存没，心焉如割。社稷大計，義不獲已。臨紙悲塞，如何可言。」于是百官入太極前殿，即日桓温使散騎侍郎劉享收帝璽綬。帝著白帢單衣，步下西堂，乘犢車出神獸門。羣臣拜辭，莫不歔欷。侍御史、殿中監將兵百人衛送東海第。

晉簡文帝部（起公元三七一年，迄公元三七二年）

《讀史津逮》卷二《東晉》　太宗簡文皇帝，名昱，字道萬，元帝少子，鄭太后所生。幼而岐嶷，爲元帝所愛，郭璞知其必興晉祚。初封瑯琊王，徙會稽，桓温廢帝奕而立之。辛未十一月即位，改本年爲咸安元年，在位二年，壽五十三，葬高平陵。

咸安元年（辛未、三七一）

《晉書》卷九《簡文帝紀》　冬十一月己酉，即皇帝位。桓温出次中堂，令兵屯衛。

乙卯，温奏廢太宰、武陵王晞及子綜。

詔魏郡太守毛安之帥所領宿衛殿内，改元爲咸安。

庚戌，使兼太尉周頤告于太廟。

《資治通鑑》卷一〇三　尊褚太后曰崇德太后。

《晉書》卷九《簡文帝紀》　辛亥，桓温遣弟祕逼新蔡王晃詣西堂，自列與太宰、武陵王晞等謀反。帝對之流涕，温皆收付廷尉。

《資治通鑑》卷一〇三　癸丑，温殺東海王三子及其母。

甲寅，御史中丞譙王恬承温旨，請依律誅武陵王晞。詔曰：「悲惋惶怛，非所忍聞，況言之哉！其更詳議！」

乙卯，温重表固請誅晞，詞甚酷切。帝乃賜温手詔曰：「若晉祚靈長，公便宜奉行前詔；如其大運去矣，請避賢路。」温覽之，流汗變色，乃奏廢晞及其三子，家屬皆徙新安郡。

丙辰，免新蔡王晃爲庶人，徙衡陽，殷涓、庾倩、曹秀、劉强、庾柔皆族誅，庾蘊飲酖死。

《晉書》卷九《簡文帝紀》　戊午，詔曰：「王室多故，穆哀早世，皇胤夙遷，神器無主。東海王以母弟近屬，入纂大統，嗣位經年，昏闇亂常，人倫虧喪，大禍將及，則我祖宗之靈靡知所託。皇太后深懼皇基，時定大計。大司馬因順天人，協同神略，親帥羣后，恭承明命。雲霧既除，皇極載清，乃顧朕躬，仰承弘緒。雖伊尹之寧殷朝，博陸之安漢室，無以尚也。朕以寡德，猥居元首，實懼眇然，不克負荷，戰戰兢兢，罔知攸濟。思與兆庶更始，其大赦天下，大酺五日，增文武位二等，孝順忠貞鰥寡孤獨米人五斛。」

己未，賜温軍三萬人，人布一匹，米一斛。

庚申，加大司馬桓温爲丞相，不受。

辛酉，温旋自白石，因鎮姑孰。

以冠軍將軍毛武生都督荆州之沔中、揚州之義城諸軍事。

十二月戊子，詔以京都有經年之儲，權停一年之運。

庚寅，廢東海王奕爲海西公，食邑四千户。

辛卯，初薦酃渌酒於太廟。

咸安二年（壬申、三七二）

《晉書》卷九《簡文帝紀》　春正月辛丑，百濟、林邑王各遣使貢方物。

二月，苻堅伐慕容桓於遼東，滅之。

三月丁酉，詔曰：「朕居阿衡三世，不能濟彼時雍，乃至海西失德，殆傾皇祚。賴祖宗靈祇之德，皇太后淑體應期，藩輔忠賢，百官勠力，用能蕩氛霧於昊蒼，耀晨輝於宇宙。遂以眇身，託于王公之上，思賴羣賢，以弼其闕。夫敦本息末，抑絶華競，使清濁異流，能否殊貫，官無秕政，士無謗讟，不有懲勸，則德禮焉施？且强寇未殄，勞役未息，自非軍國戎祀之要，其華飾煩費之用皆省之。夫肥遁窮谷之賢，滑泥揚波之士，雖抗志玄霄，潛默幽岫，貪屈高尚之道，以隆協贊之美，孰與自足山水，棲遲丘壑，徇匹夫之潔，而忘兼濟之大邪？古人不借賢於曩代，朕所以虚想於今日。内外百官，各勤所司，使善無不達，惡無不聞，令詩人無素餐之刺，而吾獲虚心之求焉。」

癸丑，詔曰：「吾承祖宗洪基，而昧于政道，懼不能允釐天工，克隆先業，夕惕惟憂，若涉泉水。賴宰輔忠德，道濟伊望，羣后竭誠，協契斷金，内外盡匡翼之規，文武致匪躬之節，冀因斯道，終克弘濟。每念干戈未戢，公私疲悴，藩鎮有疆理之務，征戍懷東山之勤，或白首戎陣，忠勞未敍，或行役彌久，儋石靡儲，何嘗不昧旦晨興，夜分忘寢。雖未能撫而巡之，且欲達其此心。可遣大使詣大司馬，并問方伯，逮于邊戍，宣詔大饗，求其所安。又籌量賜給，悉令周普。」

乙卯，詔曰：「往事故之後，百度未充，羣僚常俸，並皆寡約，蓋隨時之義也。然退食在朝，而祿不代耕，非經通之制。今資儲漸豐，可籌量增俸。」

騶虞見豫章。

《資治通鑑》卷一〇三 戊午，遣侍中王坦之征大司馬溫入輔，溫復辭。

《晉書》卷九《簡文帝紀》 夏四月，徙海西公於吴縣西柴里。追貶庾后曰夫人。

六月，遣使拜百濟王餘句爲鎮東將軍，領樂浪太守。

戊子，前護軍將軍庾希舉兵反，自海陵入京口，晉陵太守卞眈奔于曲阿。秋七月壬辰，桓溫遣東海內史周少孫討希，擒之，斬于建康市。

《資治通鑑》卷一〇三 甲寅，帝不豫，急召大司馬溫入輔，一日一夜發四詔，溫辭不至。

己未，立昌明爲皇太子，【略】以道子爲琅邪王，領會稽國，以奉帝母鄭太妃之祀。

《晉書》卷九《簡文帝紀》 是日，帝崩于東堂，時年五十三。葬高平陵，廟號太宗。

晉孝武帝部（起公元三七二年，迄公元三九六年）

《讀史津逮》卷二《東晉》　烈宗孝武皇帝名曜，字昌明，簡文帝第三子，李太后所生。壬申七月即位，年十一歲，太后臨朝。改元二：寧康三、太元二十一，在位二十四年。王皇后，濛女孫，時張貴妃有寵，年幾三十，帝戲謂曰：「汝以年當廢矣！」貴妃怒，乘帝醉，以被蒙而弒之，壽三十五，葬隆平陵。

咸安二年（壬申、三七二）

《晉書》卷九《孝武帝紀》　秋七月己未，立爲皇太子。是日，簡文帝崩，太子即皇帝位。詔曰：「朕以不造，奄丁閔凶，號天扣地，靡知所訴。藐然幼沖，眇若綴旒，深惟社稷之重，大懼不克負荷。仰憑祖宗之靈，積德之祀，先帝淳風玄化，遺詠在民。宰輔英賢，勳隆德盛。顧命之託，實賴匡訓。羣后率職，百僚勤政。冀孤弱之躬有寄，皇極之基不墜。先恩遺惠，播于四海，思弘餘潤，以康黎庶。其大赦天下，與民更始。」

九月甲寅，追尊皇妣會稽王妃曰順皇后。

冬十月丁卯，葬簡文皇帝于高平陵。

十一月甲午，妖賊盧悚晨入殿庭，游擊將軍毛安之等討擒之。

是歲，三吴大旱，人多餓死，詔所在振給。

苻堅陷仇池，執秦州刺史楊世。

寧康元年（癸酉、三七三）

《晉書》卷九《孝武帝紀》　春正月己丑朔，改元。

二月，大司馬桓温來朝。

《資治通鑑》卷一〇三　三月，温有疾，停建康十四日，甲午，還姑孰。

《晉書》卷九《孝武帝紀》　癸丑，詔除丹楊竹格等四桁税。

夏五月，旱。

秋七月己亥，使持節、侍中、都督中外諸軍事、丞相、録尚書、大司馬、揚州牧、平北將軍、徐、兖二州刺史、南郡公桓温薨。

庚戌，進右將軍桓豁爲征西將軍。以江州刺史桓沖爲中軍將軍、都督揚、豫、江三州諸軍事、揚州刺史，鎮姑孰。

八月壬子，崇德太后臨朝攝政。

九月，苻堅將楊安寇成都。

丙申，以尚書僕射王彪之爲尚書令，吏部尚書謝安爲尚書僕射，吴國内史刁彝爲北中郎將、徐、兖二州刺史，鎮廣陵。復置光禄勳、大司農、少府官。

冬十月，西平公張天錫貢方物。

十一月，苻堅將楊安陷梓潼及梁、益二州，刺史周仲孫帥騎五千南遁。

《資治通鑑》卷一〇三　周仲孫坐失守免官。桓沖以冠軍將軍毛虎生爲益州刺史，領建平太守，以虎生子球爲梓潼太守。虎生與球伐秦，至巴西，以糧乏，退屯巴東。

以侍中王坦之爲中書令，領丹楊尹。

寧康二年（甲戌、三七四）

《晉書》卷九《孝武帝紀》　春正月癸未朔，大赦。

追封謚故會稽世子郁爲臨川獻王。

己酉，北中郎將、徐、兖二州刺史刁彝卒。

《資治通鑑》卷一〇三　二月癸丑，以王坦之爲都督徐、兖、青三州諸軍事、徐、兖二州刺史，鎮廣陵。詔謝安總中書。

《晉書》卷九《孝武帝紀》　丁巳，有星孛于女虚。

三月丙戌，彗星見於氐。

夏四月壬戌，皇太后詔曰：「頃玄象或愆，上天表異，仰觀斯變，震懼于懷。夫因變致休，自古之道，朕敢不克意復心，以思厥中？又三吴奥壤，股肱望郡，而水旱併臻，百姓失業，夙夜惟憂，不能忘懷，宜時拯卹，救其彫困。三吴義興、晉陵及會稽遭水之縣尤甚者，全除一年租布，其次聽除半年，受振貸者即以賜之。」

五月，蜀人張育自號蜀王，帥衆圍成都，遣使稱藩。

秋七月，凉州地震，山崩。

苻堅將鄧羌攻張育，滅之。

八月，以長秋將建，權停婚姻。

九月丁丑，有星孛于天市。

冬十一月己酉，天門蜑賊攻郡，太守王匪死之，征西將軍桓豁遣師討平之。

長城人錢步射、錢弘等作亂，吴興太守朱序討平之。

癸酉，鎮遠將軍桓石虔破苻堅將姚萇於墊江。

寧康三年（乙亥、三七五）

《晉書》卷九《孝武帝紀》 春正月辛亥，大赦。

夏五月丙午，北中郎將、徐、兖二州刺史、藍田侯王坦之卒。

甲寅，以中軍將軍、揚州刺史桓沖爲鎮北將軍、徐州刺史，鎮丹徒，尚書僕射謝安領揚州刺史。

秋八月癸巳，立皇后王氏，大赦，加文武位一等。

九月，帝講《孝經》。

冬十月癸酉朔，日有蝕之。

十二月甲申，神獸門災。

癸未，皇太后詔曰：「頃日蝕告變，水旱不適，雖克己思救，未盡其方。其賜百姓窮者米，人五斛。」

癸巳，帝釋奠于中堂，祠孔子，以顔回配。

太元元年（丙子、三七六）

《晉書》卷九《孝武帝紀》 春正月壬寅朔，帝加元服，見于太廟。皇太后歸政。

甲辰，大赦，改元。

《資治通鑑》卷一〇四 丙午，帝始臨朝。以會稽内史郗愔爲鎮軍大將軍、都督浙江東五郡諸軍事；徐州刺史桓沖爲車騎將軍、都督豫、江二州之六郡諸軍事，自京口徙鎮姑孰。謝安欲以王藴爲方伯，故先解沖徐州。

乙卯，加謝安中書監，録尚書事。

《晉書》卷九《孝武帝紀》 甲子，謁建平等四陵。

《資治通鑑》卷一〇四 三月，秦兵寇南鄉，拔之，山蠻三萬户降秦。

《晉書》卷九《孝武帝紀》 夏五月癸丑，地震。

甲寅，詔曰：「頃者上天垂監，譴告屢彰，朕有懼焉，震惕于心。思所以議獄緩死，赦過宥罪，庶因大變，與之更始。」於是大赦，增文武位各一等。

六月，封河間王欽子範之爲章武王。

秋七月，苻堅將苟萇陷凉州，虜刺史張天錫，盡有其地。

《資治通鑑》卷一〇四 九月乙巳，除度田收租之制，王公以下，口稅米三斛，蠲在役之身。

《晉書》卷九《孝武帝紀》 冬十月，移淮北流人於淮南。

十一月己巳朔，日有蝕之。詔太官徹膳。

十二月，苻堅使其將苻洛攻代，執代王涉翼犍。

太元二年（丁丑、三七七）

《晉書》卷九《孝武帝紀》 春正月，繼絶世，紹功臣。

三月，以兖州刺史朱序爲南中郎將、梁州刺史、監沔中諸軍，鎮襄陽。

閏月壬午，地震。

甲申，暴風，折木發屋。

夏四月己酉，雨雹。

五月丁丑，地震。

六月己巳，暴風，揚沙石。

林邑貢方物。

《資治通鑑》卷一〇四 秋七月丁未，以尚書僕射謝安爲司徒，安讓不拜；復加侍中、都督揚、豫、徐、兖、青五州諸軍事。

《晉書》卷九《孝武帝紀》 乙卯，老人星見。

八月壬辰，車騎將軍桓沖來朝。

丙辰，使持節、都督荆、梁、寧、益、交、廣六州諸軍事、荆州刺史、征西大將軍桓豁卒。

冬十月辛丑，以車騎將軍桓沖都督荆、江、梁、益、寧、交、廣七州諸軍事、領護南蠻校尉、荆州刺史，尚書王藴爲徐州刺史、督江南晉陵諸軍，征西司馬謝玄爲兖州刺史、廣陵相、監江北諸軍。

壬寅，散騎常侍、左光禄大夫、尚書令王彪之卒。

十二月庚寅，以尚書王劭爲尚書僕射。

《資治通鑑》卷一〇四　臨海太守郗超卒。

太元三年（戊寅、三七八）

《晉書》卷九《孝武帝紀》　春二月乙巳，作新宫，帝移居會稽王邸。

《資治通鑑》卷一〇四　秦王堅遣征南大將軍、都督征討諸軍事、守尚書令、長樂公丕，武衛將軍苟萇，尚書慕容暐帥步騎七萬寇襄陽，以荆州刺史楊安帥樊、鄧之衆爲前鋒，征虜將軍始平石越帥精騎一萬出魯陽關，京兆尹慕容垂、揚武將軍姚萇帥衆五萬出南鄉，領軍將軍苟池、右將軍毛當、强弩將軍王顯帥衆四萬出武當，會攻襄陽。

《晉書》卷九《孝武帝紀》　三月乙丑，雷雨，暴風，發屋折木。

《資治通鑑》卷一〇四　夏四月，秦兵至沔北，梁州刺史朱序以秦無舟楫，不以爲虞。既而石越帥騎五千浮渡漢水，序惶駭，固守中城；越克其外郭，獲船百餘艘以濟餘軍。長樂公丕督諸將攻中城。

《晉書》卷九《孝武帝紀》　五月庚午，陳留王曹恢薨。

六月，大水。

秋七月辛巳，帝入新宫。

乙酉，老人星見南方。

《資治通鑑》卷一〇四　八月，彭超攻彭城。詔右將軍毛虎生帥衆五萬鎮姑孰以禦秦兵。

太元四年（己卯、三七九）

《晉書》卷九《孝武帝紀》　春正月辛酉，大赦，郡縣遭水旱者減租税。

丙子，謁建平等七陵。

二月戊午，苻堅使其子丕攻陷襄陽，執南中郎將朱序，又陷順陽。

三月，大疫。

壬戌，詔曰：「狡寇縱逸，藩守傾没，疆埸之虞，事兼平日。其内外衆官，各悉心勠力，以康庶事。又年穀不登，百姓多匱。其詔御所供，事從儉約，九親供給，衆官廩俸，權可減半。凡諸役費，自非軍國事要，皆宜停省，以周時務。」

癸未，使右將軍毛武生帥師伐蜀。

夏四月，苻堅將韋鍾陷魏興，太守吉挹死之。

五月，苻堅將句難、彭超陷盱眙，高密内史毛璪之爲賊所執。

六月，大旱。

戊子，征虜將軍謝玄及超、難戰于君川，大破之。

秋八月丁亥，以左將軍王藴爲尚書僕射。

乙未，暴風，揚沙石。

九月，盜殺建安太守傅湛。

冬十二月己酉朔，日有蝕之。

太元五年（庚辰、三八〇）

《晉書》卷九《孝武帝紀》　春正月乙巳，謁崇平陵。

夏四月，大旱。

癸酉，大赦五歲刑以下。

五月，大水。以司徒謝安爲衛將軍、儀同三司。

六月甲寅，震含章殿四柱，并殺内侍二人。

甲子，以比歲荒儉，大赦，自太元三年以前逋租宿債皆蠲除之，其鰥寡窮獨孤老不能自存者，人賜米五斛。

丁卯，以驃騎將軍、琅邪王道子爲司徒。

秋九月癸未，皇后王氏崩。

冬十月，九真太守李遜據交州反。

十一月乙酉，葬定皇后于隆平陵。

《資治通鑑》卷一〇四　是歲，秦王堅遣高密太守毛璪之等二百餘人來歸。

太元六年（辛巳、三八一）

《晉書》卷九《孝武帝紀》　春正月，帝初奉佛法，立精舍於殿内，引諸沙門以居之。

丁酉，以尚書謝石爲尚書僕射。

初置督運御史官。

夏六月庚子朔，日有蝕之。

揚、荆、江三州大水。

己巳，改制度，減煩費，損吏士員七百人。

秋七月丙子，赦五歲刑已下。

甲午，交阯太守杜瑗斬李遜，交州平。

《資治通鑑》卷一〇四　冬十月，故武陵王晞卒於新安，追封新甯郡王，命其子遵爲嗣。

十一月己亥，以前會稽内史郗愔爲司空，愔固辭不起。

《晉書》卷九《孝武帝紀》　會稽人檀元之反，自號安東將軍，鎮軍參軍謝藹之討平之。

十二月甲辰，苻堅遣其襄陽太守閻震寇竟陵，襄陽太守桓石虔討擒之。

《資治通鑑》卷一〇四　癸亥，拔管城，獲振、仲，斬首七千級，俘虜萬人。詔封桓沖子謙爲宜陽侯。以桓石虔領河東太守。

是歲，江東大饑。

太元七年（壬午、三八二）

《晉書》卷九《孝武帝紀》　春三月，林邑范熊遣使獻方物。

秋八月癸卯，大赦。

九月，東夷五國遣使來貢方物。

苻堅將都貴焚燒沔北田穀，略襄陽百姓而去。

冬十月丙子，雷。

太元八年（癸未、三八三）

《晉書》卷九《孝武帝紀》　春二月癸未，黄霧四塞。

三月，始興、南康、廬陵大水，平地五丈。

丁巳，大赦。

《資治通鑑》卷一〇五　夏五月，桓沖帥衆十萬伐秦，攻襄陽；遣前將軍劉波等攻沔北諸城；輔國將軍楊亮攻蜀，拔五城，進攻涪城；鷹揚將軍郭銓攻武當。

六月，沖别將攻萬歲、築陽，拔之。秦王堅遣征南將軍鉅鹿公叡、冠軍將軍慕容垂等帥步騎五萬救襄陽，兖州刺史張崇救武當，後將軍張蚝、步兵校尉姚萇救涪城；叡軍於新野，垂軍於鄧城。桓沖退屯沔南。

秋七月，郭銓及冠軍將軍桓石虔敗張崇于武當，掠二千户以歸。

《晉書》卷九《孝武帝紀》　八月，苻堅帥衆渡淮，遣征討都督謝石、冠軍將軍謝玄、輔國將軍謝琰、西中郎將桓伊等距之。

九月，詔司徒、琅邪王道子録尚書六條事。

冬十月，苻堅弟融陷壽春。

乙亥，諸將及苻堅戰于肥水，大破之，俘斬數萬計，獲堅輿輦及雲母車。

十一月庚申，詔衛將軍謝安勞旋師于金城。

壬子，立陳留王世子靈誕爲陳留王。

十二月庚午，以寇難初平，大赦。

以中軍將軍謝石爲尚書令。

開酒禁。始增百姓税米，口五石。

前句町王翟遼背苻堅，舉兵於河南，慕容垂自鄴與遼合，遂攻堅子暉於洛陽。

仇池公楊世奔還隴右，遣使稱藩。

太元九年（甲申、三八四）

《晉書》卷九《孝武帝紀》　春正月庚子，封武陵王孫寶爲臨川王。

戊午，立新寧王晞子遵爲新寧王。

辛亥，謁建平等四陵。

龍驤將軍劉牢之克譙城。車騎將軍桓沖部將郭寶伐新城、魏興、上庸三郡，降之。

二月辛巳，使持節、都督荊、江、梁、寧、益、交、廣七州諸軍事、車騎將軍、荊州刺史桓沖卒。

慕容垂自洛陽與翟遼攻苻堅子丕於鄴。

三月，以衛將軍謝安爲太保。

苻堅北地長史慕容泓、平陽太守慕容沖並起兵背堅。

夏四月己卯，增置太學生百人。

封張天錫爲西平公。

使竟陵太守趙統伐襄陽，克之。

苻堅將姚萇背堅，起兵於北地，自立爲王，國號秦。

《資治通鑑》卷一〇五　五月，秦洛州刺史張五虎據豐陽來降。

梁州刺史楊亮帥衆五萬伐蜀，遣巴西太守費統將水陸兵三萬爲前鋒。亮屯巴郡，秦益州刺史王廣遣巴西太守康回等拒之。

《晉書》卷九《孝武帝紀》　六月癸丑朔，崇德皇太后褚氏崩。

慕容泓爲其叔父沖所殺，沖自稱皇太弟。

秋七月戊戌，遣兼司空、高密王純之修謁洛陽五陵。

己酉，葬康獻皇后于崇平陵。

百濟遣使來貢方物。

苻堅及慕容沖戰于鄭西，堅師敗績。

八月戊寅，司空郗愔薨。

《資治通鑑》卷一〇五　九月，謝玄使彭城內史劉牢之攻秦兗州刺史張崇。

辛卯，崇棄鄄城奔燕。牢之據鄄城，河南城堡皆來歸附。

《晉書》卷九《孝武帝紀》　甲午，加太保謝安大都督揚、江、荊、司、豫、徐、兗、青、冀、幽、并、梁、益、雍、涼十五州諸軍事。

冬十月辛亥朔，日有蝕之。

丁巳，河間王曇之薨。

乙丑，以玄象乖度，大赦。

《資治通鑑》卷一〇五　謝玄遣陰陵太守高素攻秦青州刺史苻朗，軍至琅邪，朗來降。

《晉書》卷九《孝武帝紀》　庚午，立前新蔡王晃弟崇爲新蔡王。

十二月，苻堅將吕光稱制于河右，自號酒泉公。

慕容沖僭即皇帝位于阿房。

太元一〇年（乙酉、三八五）

《晉書》卷九《孝武帝紀》　春正月甲午，謁諸陵。

二月，立國學。

蜀郡太守任權斬苻堅益州刺史李平，益州平。

三月，滎陽人鄭燮以郡來降。

苻堅國亂，使使奉表請迎。

龍驤將軍劉牢之及慕容垂戰于黎陽，王師敗績。

夏四月丙辰，劉牢之與沛郡太守周次及垂戰于五橋澤，王師又敗績。

壬戌，太保謝安帥衆救苻堅。

五月，大水。

苻堅留太子宏守長安，奔于五將山。

六月，宏來降，慕容沖入長安。

秋七月，苻丕自枋頭西走，龍驤將軍檀玄追之，爲丕所敗。

旱，饑。

丁巳，老人星見。

八月甲午，大赦。

丁酉，使持節、侍中、中書監、大都督十五州諸軍事、衛將軍、太保謝安薨。

庚子，以琅邪王道子爲都督中外諸軍事。

是月，姚萇殺苻堅而僭即皇帝位。

九月，吕光據姑臧，自稱凉州刺史。苻丕僭即皇帝位于晋陽。

冬十月丁亥，論淮肥之功，追封謝安廬陵郡公，封謝石南康公，謝玄康樂公，謝琰望蔡公，桓伊永修公，自餘封拜各有差。

十一月，苻丕將苻登僭即皇帝位於隴東。

太元一一年、北魏登國元年（丙戌、三八六）

《資治通鑑》卷一〇六　春正月戊申，拓跋圭大會于牛川，即代王位，改元登國。

二月，燕大赦，改元建興，置公卿尚書百官，繕宗廟、社稷。

西燕主沖樂在長安，且畏燕主垂之强，不敢東歸，課農築室，爲久安之計；鮮卑咸怨之。左將軍韓延因衆心不悦，攻沖，殺之，立沖將段隨爲燕王，改元昌平。

三月，大赦。

《晋書》卷九《孝武帝紀》　太山太守張願以郡叛，降于翟遼。

夏四月，以百濟王世子餘暉爲使持節、都督、鎮東將軍、百濟王。

代王拓拔圭始改稱魏。

癸巳，以尚書僕射陸納爲尚書左僕射，譙王恬爲尚書右僕射。

六月己卯，地震。

庚寅，以前輔國將軍楊亮爲西戎校尉、雍州刺史，鎮衛山陵。

秋八月庚午，封孔靖之爲奉聖亭侯，奉宣尼祀。

丁亥，安平王邃之薨。

翟遼寇譙，龍驤將軍朱序擊走之。

《魏書》卷二《太祖紀》　劉顯遣弟亢泥迎窟咄，以兵隨之，來逼南境。於是諸部騷動，人心顧望。帝左右于桓等，與諸部人謀爲逆以應之。事泄，誅造謀者五人，餘悉不問。帝慮内難，乃北踰陰山，幸賀蘭部，阻山爲固。遣行人安同、長孫賀使于慕容垂以徵師，垂遣使朝貢，并令其子賀驎帥步騎以隨同等。

《晋書》卷九《孝武帝紀》　冬十月，慕容垂破苻丕於河東，丕走東垣，揚威將軍馮該擊斬之，傳首京都。

甲申，海西公奕薨。

《魏書》卷二《太祖紀》　賀驎軍未至而寇已前逼，於是北部大人叔孫普洛等十三人及諸烏丸亡奔衛辰。帝自弩山遷幸牛川，屯于延水南，出代谷，會賀驎於高柳，大破窟咄。窟咄奔衛辰，衛辰殺之，帝悉收其衆。

《晋記》卷四《孝武紀》　十二月己丑，太白犯歲星。

太元一二年、北魏登國二年（丁亥、三八七）

《資治通鑑》卷一〇七　春正月乙巳，以朱序爲青、兖二州刺史，代謝玄鎮彭城；序求鎮淮陰，許之。

以玄爲會稽内史。

《晋書》卷九《孝武帝紀》　丁未，大赦。

壬子，暴風，發屋折木。

戊午，慕容垂寇河東，濟北太守温詳奔彭城。

翟遼遣子釗寇陳、潁，朱序擊走之。

夏四月戊辰，尊夫人李氏爲皇太妃。

《魏書》卷二《太祖紀》　五月，遣行人安同徵兵於慕容垂，垂使子賀驎率衆來會。

《晋書》卷九《孝武帝紀》　己丑，雨雹。

高平人翟暢執太守徐含遠，以郡降于翟遼。

六月癸卯，束帛聘處士戴逵、龔玄之。

秋八月辛巳，立皇子德宗爲皇太子，大赦，增文武位二等，大酺五日，賜百官布帛各有差。

九月戊午，復新寧王遵爲武陵王，立梁王璉子龢爲梁王。

《魏書》卷二《太祖紀》　冬十月癸卯，幸濡源，遣外朝大人王建使於慕容垂。

《晋書》卷九《孝武帝紀》　十一月，松滋太守王遐之討翟遼于洛口，敗之。

《**魏書**》**卷二**《**太祖紀**》　遂幸赤城。

十有二月，巡松漠，還幸牛川。

太元一三年、北魏登國三年（戊子、三八八）

《**資治通鑑**》**卷一〇七**　春正月，康樂獻武公謝玄卒。

《**晉書**》**卷九**《**孝武帝紀**》　夏四月戊午，以青、兗二州刺史朱序爲持節、都督雍、梁、沔中九郡諸軍事、雍州刺史，譙王恬之爲鎮北將軍、青、兗二州刺史。

《**魏書**》**卷二**《**太祖紀**》　幸東赤城。

五月癸亥，北征庫莫奚。

《**晉書**》**卷九**《**孝武帝紀**》　六月，旱。

乞伏國仁死，弟乾歸嗣僞位，僭號河南王。

《**資治通鑑**》**卷一〇七**　魏王珪破庫莫奚於弱落水南。

《**魏書**》**卷二**《**太祖紀**》　秋七月庚申，庫莫部帥鳩集遺散，夜犯行宫。縱騎撲討，盡殺之。

八月，使九原公元儀使於慕容垂。

《**晉書**》**卷九**《**孝武帝紀**》　九月，翟遼將翟發寇洛陽，河南太守郭給距破之。

冬十二月戊子，濤水入石頭，毁大桁，殺人。

《**魏書**》**卷二**《**太祖紀**》　辛卯，車駕西征，至女水，討解如部，大破之，獲男女雜畜十數萬。

《**晉書**》**卷九**《**孝武帝紀**》　乙未，大風，晝晦，延賢堂災。

丙申，螽斯則百堂、客館、驃騎庫皆災。

己亥，加尚書令謝石衛將軍，開府儀同三司。

庚子，尚書令、衛將軍、開府儀同三司謝石薨。

太元一四年、魏道武帝登國四年（己丑、三八九）

《**晉書**》**卷九**《**孝武帝紀**》　春正月癸亥，詔淮南所獲俘虜付諸作部者一皆散遣，男女自相配匹，賜百日廩，其没爲軍賞者悉贖出之，以襄陽、淮南饒沃地各立一縣以居之。

彭城妖賊劉黎僭稱皇帝於皇丘，龍驤將軍劉牢之討平之。

《**資治通鑑**》**卷一〇七**　二月癸巳，魏王珪擊吐突鄰部於女水，大破之，盡徙其部落而還。

《**魏書**》**卷二**《**太祖紀**》　戊戌，賀染干兄弟率諸部來救，與大軍相遇，逆擊走之。

《**晉書**》**卷九**《**孝武帝紀**》　扶南獻方物。

吕光僭號三河王。

夏四月甲辰，彭城王弘之薨。

翟遼寇滎陽，執太守張卓。

《**魏書**》**卷二**《**太祖紀**》　五月，陳留公元虔使於慕容垂。

《**晉書**》**卷九**《**孝武帝紀**》　六月壬寅，使持節、都督荆、益、寧三州諸軍事、荆州刺史桓石虔卒。

秋七月甲寅，宣陽門四柱災。

《**資治通鑑**》**卷一〇七**　以驃騎長史王忱爲荆州刺史、都督荆、益、寧三州諸軍。

《**晉書**》**卷九**《**孝武帝紀**》　八月，姚萇襲破苻登，獲其僞后毛氏。

丁亥，汝南王羲薨。

九月庚午，以尚書左僕射陸納爲尚書令。

冬十二月乙巳，雨，木冰。

太元一五年、北魏登國五年（庚寅、三九〇）

《**晉書**》**卷九**《**孝武帝紀**》　春正月乙亥，鎮北將軍、譙王恬之薨。

龍驤將軍劉牢之及翟遼、張願戰于太山，王師敗績。

征虜將軍朱序破慕容永於太行。

二月辛巳，以中書令王恭爲都督青、兖、幽、并、冀五州諸軍事、前將軍、青、兖二州刺史。

三月己酉朔，地震。

戊辰，大赦。

《魏書》卷二《太祖紀》 甲申，帝西征，次鹿渾海，襲高車袁紇部，大破之，虜獲生口、馬牛羊二十餘萬。慕容垂遣子賀驎率衆來會。

夏四月丙寅，行幸意辛山，與賀驎討賀蘭、紇突隣、紇奚諸部落，大破之。

六月，還幸牛川。衛辰遣子直力鞮寇賀蘭部，圍之。賀訥等請降，告困。

《晉書》卷九《孝武帝紀》 秋七月丁巳，有星孛于北河。

八月，永嘉人李耽舉兵反，太守劉懷之討平之。

己丑，京師地震。有星孛于北斗，犯紫微。沔中諸郡及兖州大水。

龍驤將軍朱序攻翟遼于滑臺，大敗之，張願來降。

《魏書》卷二《太祖紀》 還幸牛川。遣秦王觚使於慕容垂。

《晉書》卷九《孝武帝紀》 九月丁未，以吴郡太守王珣爲尚書僕射。

《魏書》卷二《太祖紀》 壬申，討叱奴部於囊曲河，大破之。

《資治通鑑》卷一〇七 以侍中王國寶爲中書令，俄兼中領軍。

《魏書》卷二《太祖紀》 冬十月，遷雲中，討高車豆陳部於狼山，破之。

十有一月，紇奚部大人庫寒舉部内屬。

《晉書》卷九《孝武帝紀》 十二月己未，地震。

太元一六年、北魏登國六年（辛卯、三九一）

《晉書》卷九《孝武帝紀》 春正月庚申，改築太廟。

《魏書》卷二《太祖紀》 二月，幸紐垤川。

三月，遣九原公元儀、陳留公元虔等西討黜弗部，大破之。

《晉書》卷九《孝武帝紀》 夏六月，慕容永寇河南，太守楊佺期擊破之。

己未，章武王範之薨。

《魏書》卷二《太祖紀》 慕容賀驎破賀納於赤城。帝引兵救之，驎退走。

秋七月壬申，講武於牛川，行還紐垤川。慕容垂止元觚而求名馬，帝絶之。乃遣使於慕容永，永使其大鴻臚慕容鈞奉表勸進尊號。

其月，衛辰遣子直力鞮出棝楊塞，侵及黑城。

《晉書》卷九《孝武帝紀》 秋九月癸未，以尚書右僕射王珣爲尚書左僕射，以太子詹事謝琰爲尚書右僕射。新廟成。

《魏書》卷二《太祖紀》 冬十月戊戌，北征蠕蠕，追之，及於大磧南牀山下，大破之，班賜從臣各有差。其東西二部主匹候跋及縕紇提，斬别帥屋擊于。

十有一月戊辰，還幸紐垤川。

戊寅，衛辰遣子直力鞮寇南部。

己卯，車駕出討。

壬午，大破直力鞮軍於鐵歧山南，獲其器械輜重，牛羊二十餘萬。

《資治通鑑》卷一〇七 戊子，自五原金津南濟河，徑入衛辰國，衛辰部落駭亂。

辛卯，珪直抵其所居悦跋城，衛辰父子出走。

壬辰，分遣諸將輕騎追之，將軍伊謂禽直力鞮於木根山，衛辰爲其部下所殺。

《晉書》卷九《孝武帝紀》 姚萇敗苻登于安定。

《資治通鑑》卷一〇七 十二月，珪軍于鹽池，誅衛辰宗黨五千餘人，皆投尸于河，自河以南諸部悉降，獲馬三十餘萬匹，牛羊四百餘萬頭，國用由是遂饒。

衛辰少子勃勃亡奔薛干部，珪使人求之。薛干部帥太悉伏出勃勃以示使者曰：「勃勃國破家亡，以窮歸我，我寧與之俱亡，何忍執以與魏。」乃送勃勃於没弈干，没弈干以女妻之。

太元一七年、北魏登國七年（壬辰、三九二）

《晉書》卷九《孝武帝紀》　春正月己巳朔，大赦，除逋租宿債。夏四月，齊國内史蔣喆殺樂安太守辟閭濬，據青州反，北平原太守辟閭渾討平之。

五月丁卯朔，日有蝕之。

六月癸卯，京師地震。

甲寅，濤水入石頭，毁大桁。永嘉郡潮水湧起，近海四縣人多死者。

乙卯，大風，折木。

戊午，梁王龢薨。

慕容垂襲翟釗于黎陽，敗之，釗奔于慕容永。

丁丑，太白晝見。

八月，新作東宫。

冬十月丁酉，太白晝見。

辛亥，都督荆、益、寧三州諸軍事、荆州刺史王忱卒。

《資治通鑑》卷一〇八　雍州刺史朱序以老病求解職，詔以太子右衛率郗恢爲雍州刺史，代序鎮襄陽。

《晉書》卷九《孝武帝紀》　十一月癸酉，以黄門郎殷仲堪爲都督荆、益、梁三州諸軍事、荆州刺史。

庚寅，徙封琅邪王道子爲會稽王，封皇子德文爲琅邪王。

十二月己未，地震。

是歲，自秋不雨，至于冬。

太元一八年、北魏登國八年（癸巳、三九三）

《晉書》卷九《孝武帝紀》　春正月癸亥朔，地震。

二月乙未，地又震。

三月，翟釗寇河南。

《魏書》卷二《太祖紀》　車駕西征侯吕鄰部。

夏四月，至苦水，大破之。

五月，還幸白樓。慕容垂討慕容永於長子。

《晉書》卷九《孝武帝紀》　夏六月己亥，始興、南康、廬陵大水，深五丈。

《魏書》卷二《太祖紀》　車駕北巡。永來告急，遣陳留公元虔、將軍庾岳率騎五萬東度河救之。破類拔部帥劉曜等，徙其部落。元虔等因屯秀容，慕容垂遂圍長子。

秋七月，車駕臨幸新壇。

庚寅，宴羣臣，仍講武。

《晉書》卷九《孝武帝紀》　閏月，妖賊司馬徽聚黨於馬頭山，劉牢之遣部將討平之。

《魏書》卷二《太祖紀》　先是，衛辰子屈丐奔薛干部，徵之不送。八月，帝南征薛干部帥太悉佛於三城，會其先出擊曹覆，帝乘虚屠其城，獲太悉佛子珍寶，徙其民而還。太悉佛聞之，來赴不及，遂奔姚興。

九月丙戌，龍驤將軍楊佺期擊氐帥楊佛嵩于潼谷，敗之。

冬十月，姚萇死，子興嗣僞位。

太元一九年、北魏登國九年（甲午、三九四）

《魏書》卷二《太祖紀》　春三月，帝北巡。使東平公元儀屯田於河北五原，至於棝楊塞外。

夏五月，田於河東。

《晉書》卷九《孝武帝紀》　夏六月壬子，追尊會稽王太妃鄭氏爲簡文宣太后。

秋七月，荆、徐二州大水，傷秋稼，遣使振卹之。

八月己巳，尊皇太妃李氏爲皇太后，宫曰崇訓。

慕容垂擊慕容永於長子，斬之。

冬十月，慕容垂遣其子惡奴寇廩丘，東平太守韋簡及垂將尹國戰于平陸，簡死之。

《魏書》卷二《太祖紀》　蠕蠕社崙等率部落西走。

《晉書》卷九《孝武帝紀》　是歲，苻登爲姚興所殺，登太子崇奔于湟中，僭稱皇帝。

太元二〇年、北魏登國一〇年（乙未、三九五）

《晉書》卷九《孝武帝紀》　二月，作宣太后廟。

甲寅，散騎常侍、光禄大夫、開府儀同三司、尚書令陸納卒。

三月庚辰朔，日有蝕之。

《資治通鑑》卷一〇八　皇太子出就東宫，以丹楊尹王雅領少傅。

五月，魏王珪叛燕，侵逼附塞諸部。

甲戌，燕主垂遣太子寶、遼西王農、趙王麟帥衆八萬，自五原伐魏，范陽王德、陳留王紹別將步騎萬八千爲後繼。

《晉書》卷九《孝武帝紀》　六月，荆、徐二州大水。

《資治通鑑》卷一〇八　秋七月，魏張兗聞燕軍將至，言於魏王珪曰：「燕狃於滑臺、長子之捷，竭國之資力以來，有輕我之心，宜羸形以驕之，乃可克也。」珪從之，悉徙部落畜産，西渡河千餘里以避之。燕軍至五原，降魏別部三萬餘家，收穄田百餘萬斛，置黑城，進軍臨河，造船爲濟具。珪遣右司馬許謙乞師於秦。

八月，魏王珪治兵河南。

《魏書》卷二《太祖紀》　九月，進師，臨河築臺告津，連旌沿河東西千里有餘。是時，陳留公元虔五萬騎在東，以絶其左，元儀五萬騎在河北，以承其後，略陽公元遵七萬騎塞其中山之路。

冬十月辛未，寶燒船夜遁。

《晉書》卷九《孝武帝紀》　十一月，魏王拓拔珪擊慕容垂子寶于黍谷，敗之。

太元二一年、北魏皇始元年（丙申、三九六）

春正月，造清暑殿。

三月，慕容垂攻平城，拔之。

《晉書》卷九《孝武帝紀》　新作永安宫。

《資治通鑑》卷一〇八　乙卯，以散騎常侍彭城劉該爲徐州刺史，鎮鄄城。

《晉書》卷九《孝武帝紀》　甲子，以望蔡公謝琰爲尚書左僕射。大水。

《資治通鑑》卷一〇八　六月癸酉，魏王珪遣將軍王建等擊燕廣甯太守劉亢泥，斬之，徙其部落於平城。燕上谷太守開封公詳棄郡走。

丁亥，魏賀太妃卒。

《晉書》卷九《孝武帝紀》　吕光僭即天王位。

《資治通鑑》卷一〇八　七月，納故中書令王獻之女爲太子妃。

魏群臣勸魏王珪稱尊號，珪始建天子旌旗，出警入蹕，改元皇始。

《晉書》卷九《孝武帝紀》　九月庚申，帝崩于清暑殿，時年三十五。葬隆平陵。

晉安帝部（起公元三九六年，迄公元四一八年）

《讀史津逮》卷二《東晉》　安皇帝，名德宗，字德宗，孝武帝長子，陳太后所生。丙申九月即位，改元三：隆安五、元興三、義熙十四，共在位二十二年。安僖王皇后。元興二年冬十月，桓玄廢帝爲平固王，還於潯陽，今九江府，入建康宮篡位，改元永始，國號曰楚。義熙元年，劉裕誅之，帝復位。初，簡文帝見讖云：「晉祚盡昌明。」及孝武帝在孕，李太后夢神人謂曰：「汝生男，以昌明爲子。」及産，東方始明，因字焉。簡文帝後悟，爲之流涕。及劉裕謀禪代，見讖云：「昌明之後，有二帝。」遂密使王韶之縊弑帝，而立恭帝以應之。帝不慧，自少至長，口不能言，雖寒暑不能辨。壽三十七，葬休平陵。

太元二十一年、北魏皇始元年（丙申、三九六）

《晉書》卷一〇《安帝紀》　九月辛酉，太子即皇帝位，大赦。

癸亥，以司徒、會稽王道子爲太傅，攝政。

冬十月甲申，葬孝武皇帝于隆平陵。大雪。

《資治通鑑》卷一〇八　王恭還鎮，將行，謂道子曰：「主上諒闇，冢宰之任，伊、周所難，願大王親萬幾，納直言，放鄭聲，遠佞人。」國寶等愈懼。

魏王珪使冠軍將軍代人于栗磾、寧朔將軍公孫蘭帥步騎二萬，潛自晉陽開韓信故道。

己酉，珪自井陘趨中山。李先降魏，珪以爲征東左長史。

西秦涼州牧軻彈與秦州牧益州不平，軻彈奔涼。

魏王珪進攻常山，拔之，獲太守苟延；自常山以東，守宰或走或降，諸郡縣皆附於魏，惟中山、鄴、信都三城爲燕守。

十一月，珪命東平公儀將五萬騎攻鄴，冠軍將軍王建、左將軍李栗攻信都。

十二月，楊盛遣使來請命；詔拜盛鎮南將軍、仇池公。盛表苻宣爲平北將軍。

魏遼西公賀賴盧帥騎二萬會東平公儀攻鄴。

魏别部大人没根有膽勇，魏王珪惡之。没根懼誅，己丑，將親兵數十人降燕。燕主寶以爲鎮東大將軍，封鴈門公。没根求還襲魏，寶難與重兵，給百餘騎。没根效其號令，夜入魏營，至中仗，珪乃覺之，狼狽驚走，没根以所從人少，不能壞其大衆，多獲首虜而還。

隆安元年、北魏皇始二年（丁酉、三九七）

《晉書》卷一〇《安帝紀》　春正月己亥朔，帝加元服，改元，增文武位一等。太傅、會稽王道子稽首歸政。以尚書左僕射王珣爲尚書令，領軍將軍王國寶爲尚書左僕射。

《魏書》卷二《太祖紀》　慕容寶遣其左衛將軍慕容騰寇博陵，殺中山太守及高陽諸縣令長，抄掠租運。是時信都未下，庚申，乃進軍。

壬戌，引騎圍之。其夜，寶冀州刺史宜都王慕容鳳踰城奔走，歸于中山。

癸亥，寶輔國將軍張驤、護軍將軍徐超率將吏已下舉城降。寶聞帝幸信都，乃趣博陵之深澤，屯呼沱水，遣弟賀麟寇楊城，殺常山守兵三百餘人。寶悉出珍寶及宫人招募郡縣，羣盜無賴者多應之。

《資治通鑑》卷一〇九　二月己巳朔，珪還屯楊城。没根兄子醜提爲并州監軍，聞其叔父降燕，懼誅，帥所部兵還國作亂。珪欲北還，遣其國相涉延求和於燕，且請以其弟爲質。寶聞魏有内難，不許，使冗從僕射蘭真責珪負恩，悉發其衆步卒十二萬、騎三萬七千屯於曲陽之柏肆，營於滹沱水北以邀之。

丁丑，魏軍至，營於水南。寶潛師夜濟，募勇敢萬餘人襲魏營，寶陳於營北以爲之援。募兵因風縱火，急擊魏軍，魏軍大亂，珪驚起，棄營跣走，燕將軍乞特真帥百餘人至其帳下，得珪衣韡。既而募兵無故自驚，互相斫射，珪於營外望見之，乃擊鼓收衆，左右及中軍將士稍稍來集，多布火炬於營外，縱騎衝之。募兵大敗，還赴寶陳，寶引兵復渡水北。

戊寅，魏整衆而至，與燕相持，燕軍奪氣。寶引還中山，魏兵隨而擊之，燕兵屢敗。寶懼，棄大軍，帥騎二萬奔還，時大風雪，凍死者相枕。寶恐爲魏軍所及，命士卒皆棄袍仗、兵器數十萬，寸刃不返，燕之朝臣將卒降魏及爲魏所係虜者甚衆。

《晉書》卷一〇《安帝紀》　呂光將禿髮烏孤自稱大都督、大單于，國號南涼。擊光將竇苟于金昌，大破之。

三月，呂光子纂爲乞伏乾歸所敗。光建康太守段業自號涼州牧。

慕容寶敗魏師于薊。

夏四月甲戌，兗州刺史王恭、豫州刺史庾楷舉兵，以討尚書左僕射王國寶、建威將軍王緒爲名。

甲申，殺國寶及緒以悦于恭，恭乃罷兵。

戊子，大赦。

《魏書》卷二《太祖紀》　帝以軍糧未繼，乃詔征東大將軍東平公元儀罷鄴圍，徙屯鉅鹿，積租楊城。普驎出步卒六千餘人，伺間犯諸屯兵，詔將軍長孫肥等輕騎挑之，帝以虎隊五千横截其後，斬首五千，生虜七百人，宥而遣之。

五月庚子，大賞功臣。帝以中山城内爲普驎所脅，而大軍迫之，欲降無路，乃密招喻之。

甲辰，曜兵揚威以示城内，命諸軍罷圍南徙以待其變。

甲寅，以東平公元儀爲驃騎大將軍、都督中外諸軍事、兗、豫、雍、荆、徐、揚六州牧、左丞相，封衛王。襄城公元題，進封爲王。

《晉書》卷一〇《安帝紀》　前司徒長史王廞以吴郡反，王恭討平之。

慕容寶將慕容詳僭即皇帝位于中山，寶奔黄龍。

《資治通鑑》卷一〇八　八月丙寅朔，魏王珪徙軍常山之九門。軍中大疫，人畜多死，將士皆思歸。珪問疫於諸將，對曰：「在者纔什四五。」珪曰：「此固天命，將若之何！四海之民，皆可爲國，在吾所以御之耳，何患無民！」羣臣乃不敢言。遣撫軍大將軍略陽公遵襲中山，入其郛而還。

《晉書》卷一〇《安帝紀》　呂光爲其僕射楊軌、散騎常侍郭麐所攻，光子纂擊走之。

九月，慕容寶將慕容麟斬慕容詳于中山，因僭即皇帝位。

《資治通鑑》卷一〇九　秦主興入寇湖城，弘農太守陶仲山、華山太守董邁皆降之；遂至陝城，進寇上洛，拔之。遣姚崇寇洛陽，河南太守夏侯宗之固守金墉，崇攻之不克，乃徙流民二萬餘户而還。

《資治通鑑》卷一〇九　冬十月甲申，魏克中山，燕公卿、尚書、將吏、士卒降者二萬餘人。張驤、李沈先嘗降魏，復亡去，珪入城，皆赦之。得燕璽綬、圖書、府庫珍寶以萬數，班賞羣臣將士有差。追謚弟觚爲秦愍王；發慕容詳冢，斬其尸；收殺觚者高霸、程同，皆夷五族，以大刃剉之。

隆安二年、北魏天興元年（戊戌、三九八）

《魏書》卷二《太祖紀》　春正月，慕容德走保滑臺，儀克鄴，收其倉庫。詔賞將士各有差。儀追德至於河，不及而還。

庚子，車駕自中山行幸常山之真定，次趙郡之高邑，遂幸于鄴。

《晉書》卷一〇《安帝紀》　三月，龍舟二災。

《魏書》卷二《太祖紀》　離石胡帥呼延鐵、西河胡帥張崇等聚黨數千人叛，詔安遠將軍庾岳討平之。

漁陽羣盜庫傉官韜聚衆反，詔中堅將軍伊謂討之。

徵左丞相、衛王儀還京師，詔略陽公遵代鎮中山。

夏四月壬戌，進遵封常山王，南安公元順進封毗陵王，征虜將軍歷陽公穆崇爲太尉，安南將軍鉅鹿公長孫嵩爲司徒。帝祠天於西郊，麾幟有加焉。

廣平太守、遼西公元意烈謀反，於郡賜死，原其妻子。

鄜城屠各董羌、杏城盧水郝奴、河東蜀薛榆、氐帥苻興，各率其種内附。

《晉書》卷一〇《安帝紀》　五月，蘭汗弑慕容寶而自稱大將軍、昌黎王。

《資治通鑑》卷一一〇　六月丙子，魏王珪命羣臣議國號。皆曰：「周、秦以前，皆自諸侯升爲天子，因以其國爲天下號。漢氏以來，皆無尺土之資。我國家百世相承，開基代北，遂撫有方夏，今宜以代爲號。」黄門侍郎崔宏曰：「昔商人不常厥居，故兩稱殷、商，代雖舊邦，其命維新，登國之初，已更曰魏。夫魏者，大名，神州之上國也，宜稱魏如故。」珪從之。

《晉書》卷一〇《安帝紀》　秋七月，慕容寶子盛斬蘭汗，僭稱長樂王，攝天子位。

《資治通鑑》卷一一〇　以玄爲督交、廣二州軍事、廣州刺史，玄受命而不行。

兗州刺史王恭、豫州刺史庾楷、荆州刺史殷仲堪、廣州刺史桓玄、南蠻校尉楊佺期等舉兵反。

《魏書》卷二《太祖紀》　遷都平城，始營宫室，建宗廟，立社稷。漁陽烏丸庫傉官韜復聚黨爲寇，詔冠軍將軍王建討平之。

《晉書》卷一〇《安帝紀》　八月，江州刺史王愉奔于臨川。丙子，寧朔將軍鄧啓方及慕容德將慕容法戰于管城，王師敗績。丙戌，慕容盛僭即皇帝位於黄龍。

九月辛卯，加太傅、會稽王道子黄鉞。遣征虜將軍會稽王世子元顯、前將軍王珣、右將軍謝琰討桓玄等。

《資治通鑑》卷一一〇　己亥，譙王尚之大破庾楷于牛渚，楷單騎奔桓玄。會稽王道子以尚之爲豫州刺史，弟恢之爲驃騎司馬、丹楊尹，允之爲吴國内史，休之爲襄城太守，各擁兵馬以爲己援。

乙巳，桓玄大破官軍于白石。

《晉書》卷一〇《安帝紀》　丙午，會稽王道子屯中堂，元顯守石頭。己酉，前將軍王珣守北郊，右將軍謝琰備宣陽門。輔國將軍劉牢之次新亭，使子敬宣擊敗恭，恭奔曲阿長塘湖，湖尉收送京師，斬之。於是遣太常殷茂喻仲堪及玄，玄等走于尋陽。

冬十月，新野言騶虞見。

丙子，大赦。

壬午，仲堪等盟于尋陽，推桓玄爲盟主。

《魏書》卷二《太祖紀》　起天文殿。

十有一月辛亥，詔尚書吏部郎中鄧淵典官制，立爵品，定律吕，協音樂；儀曹郎中董謐撰郊廟、社稷、朝覲、饗宴之儀；三公郎中王德定律令，申科禁；太史令晁崇造渾儀，考天象；吏部尚書崔玄伯總而裁之。

《晉書》卷一〇《安帝紀》　以琅邪王德文爲衛將軍、開府儀同三司，領軍將軍王雅爲尚書左僕射。

《魏書》卷二《太祖紀》　閏月，左丞相、驃騎大將軍、衛王儀及諸王公卿士，詣闕上書曰：「臣等聞宸極居中，則列宿齊其晷；帝王順天，則羣后仰其度。伏惟陛下德協二儀，道隆三五，仁風被於四海，盛化塞于大區，澤及昆蟲，恩霑行葦，謳歌所屬，八表歸心，軍威所及，如風靡草，萬姓顒顒，咸思係命。而躬履謙虚，退身後己，宸儀未彰，衮服未御，非所以上允皇天之意，下副樂推之心。宜光崇聖烈，示軌憲於萬世。臣等謹昧死以聞。」帝三讓乃許之。

《資治通鑑》卷一一〇　十二月己丑，魏王珪即皇帝位，大赦，改元天興。命朝野皆束髮加帽。追尊遠祖毛以下二十七人皆爲皇帝；謚六世祖力微曰神元皇帝，廟號始祖；祖什翼犍曰昭成皇帝，廟號高祖；父寔曰獻明皇帝。魏之舊俗，孟夏祀天及東廟，季夏帥衆卻霜於陰山，孟秋祀天於西郊。至是，始依倣古制，定郊廟朝饗禮樂，然惟孟夏祀天親行，其餘多有司攝事。又用崔宏議，自謂黄帝之後，以土德王。徙六州二十二郡守宰、豪傑二千家于代都，東至代郡，西至善無，南極陰館，北盡參合，皆爲畿内，其外四方、四維置八部帥以監之。

《晉書》卷一〇《安帝紀》　京兆人韋華帥襄陽流人叛，降于姚興。己酉，前新安太守杜炯反于京口，會稽王世子元顯討斬之。禿髮烏孤自稱武威王。

《資治通鑑》卷一一〇　是歲，楊盛遣使附魏，魏以盛爲仇池王。

隆安三年、北魏天興二年（己亥、三九九）

《資治通鑑》卷一一一　春正月辛酉，大赦。

《晉書》卷一〇《安帝紀》　封宗室藴爲淮陵王。

《魏書》卷二《太祖紀》　庚午，車駕北巡，分命諸將大襲高車，大將軍、常山王遵等三軍從東道出長川，鎮北將軍高涼王樂真等七軍從西道出牛川，車駕親勒六軍從中道自駮髯水西北。

二月丁亥朔，諸軍同會，破高車雜種三十餘部，獲七萬餘口，馬三十餘萬匹，牛羊百四十餘萬。驃騎大將軍、衛王儀督三萬騎別從西北絶漠千餘里，破其遺迸七部，獲二萬餘口，馬五萬餘匹，牛羊二十餘萬頭，高車二十餘萬乘，并服玩諸物。還次牛川及薄山，並刻石記功，班賜從臣各有差。

《晉書》卷一〇《安帝紀》　甲辰，河間王國鎮薨。

林邑范胡達陷日南、九真，遂寇交阯，太守杜瑗討破之。

段業自稱涼王。

仇池公楊盛遣使稱藩，獻方物。

《資治通鑑》卷一一一　魏主珪大獵於牛川之南，以高車人爲圍，周七百餘里；因驅其禽獸，南抵平城，使高車築鹿苑，廣數十里。

三月己未，珪還平城。

甲子，珪分尚書三十六曹及外署，凡置三百六十曹，令八部大夫主之。吏部尚書崔宏通署三十六曹，如令、僕統事。置五經博士，增國子太學生員合三千人。

《晉書》卷一〇《安帝紀》　己卯，追尊所生陳夫人爲德皇太后。

夏四月乙未，加尚書令王珣衛將軍，以會稽王世子元顯爲揚州刺史。

《魏書》卷二《太祖紀》　前清河太守傅世聚黨千餘家，自號撫軍將軍。五月癸亥，征虜將軍庾岳討破之。

《晉書》卷一〇《安帝紀》　六月戊子，以琅邪王德文爲司徒。

慕容德陷青州，害龍驤將軍辟閭渾，遂僭即皇帝位于廣固。

《魏書》卷二《太祖紀》　秋七月，起天華殿。

辛酉，大閱于鹿苑，饗賜各有差。陳郡、河南流民萬餘口内徙，遣使者存勞之。

姚興遣衆圍洛陽，司馬德宗將辛恭靖請救。

八月，遣太尉穆崇率騎六千往赴之。增啓京師十二門。作西武庫。除州郡民租賦之半。

辛亥，詔禮官備撰衆儀，著于新令。

范陽人盧溥，聚衆海濱，稱使持節、征北大將軍、幽州刺史，攻掠郡縣，殺幽州刺史封沓干。

慕容盛遼西太守李朗，舉郡内屬。西河胡帥護諸于、丁零帥翟同、蜀帥韓礱，並相率内附。

《晉書》卷一〇《安帝紀》　禿髮烏孤死，其弟利鹿孤嗣僞位。

冬十月，姚興陷洛陽，執河南太守辛恭靖。

十一月甲寅，妖賊孫恩陷會稽，内史王凝之死之，吴國内史桓謙、臨海太守新蔡王崇、義興太守魏隱並委官而遁，吴興太守謝邈、永嘉太守司馬逸皆遇害。遣衛將軍謝琰、輔國將軍劉牢之逆擊，走之。

《魏書》卷二《太祖紀》　十有二月甲午，慕容盛征虜將軍、燕郡太守高湖，率户三千内屬。

辛亥，詔材官將軍和突討盧溥。天華殿成。

《晉書》卷一〇《安帝紀》　桓玄襲江陵，荆州刺史殷仲堪、南蠻校尉楊佺期並遇害。

呂光立其太子紹爲天王，自號太上皇。

是日，光死，呂纂弑紹而自立。

《資治通鑑》卷一一一　謝琰擊斬許允之，迎魏隱還郡，進擊丘尫，破之，與劉牢之轉鬭而前，所向輒克。琰留屯烏程，遣司馬高素助牢之，進臨浙江。詔以牢之都督吴郡諸軍事。

《晉書》卷一〇《安帝紀》　是歲，荆州大水，平地三丈。

以謝琰爲會稽太守、都督五郡軍事，帥徐州文武戍海浦。

隆安四年、北魏天興三年（庚子、四〇〇）

《晉書》卷一〇《安帝紀》　春正月乙亥，大赦。

二月己丑，有星孛于奎婁，進至紫微。

《魏書》卷二《太祖紀》　三月戊午，立皇后慕容氏。

《晉書》卷一〇《安帝紀》　彗星見于太微。

《資治通鑑》卷一一一　詔以玄爲都督荆、司、雍、秦、梁、益、寧七州諸軍事、荆州刺史，以中護軍桓修爲江州刺史。玄上疏固求江州，於是進玄督八州及揚、豫八郡諸軍事，復領江州刺史。玄輒以兄偉爲雍州刺史，朝廷不能違。又以從子振爲淮南太守。

《晉書》卷一〇《安帝紀》　夏四月，地震。

孫恩寇浹口。

五月丙寅，散騎常侍、衛將軍、東亭侯王珣卒。

《魏書》卷二《太祖紀》　戊辰，詔謁者僕射張濟使於姚興。

己巳，車駕東巡，遂幸涿鹿，遣使者以太牢祠帝堯、帝舜廟。西幸馬邑，觀灅源。

《晉書》卷一〇《安帝紀》　己卯，會稽内史謝琰爲孫恩所敗，死之。恩轉寇臨海。

六月庚辰朔，日有蝕之。旱。

輔國司馬劉裕破恩於南山。恩將盧循陷廣陵，死者三千餘人。

以琅邪王師何澄爲尚書左僕射。

秋七月壬子，太皇太后李氏崩。

丁卯，大赦。

是月，姚興伐乞伏乾歸，降之。

八月丁亥，尚書右僕射王雅卒。

壬寅，葬文太后于修平陵。

九月癸丑，地震。

冬十一月，寧朔將軍高雅之及孫恩戰於餘姚，王師敗績。

《資治通鑑》卷一一一　詔以劉牢之都督會稽等五郡，帥衆擊恩，恩走入海。

《晉書》卷一〇《安帝紀》　以揚州刺史元顯爲後將軍、開府儀同三司、都督揚、豫、徐、兖、青、幽、冀并荆、江、司、雍、梁、益、交、廣十六州諸軍事，前將軍劉牢之爲鎮北將軍，封元顯子彦璋爲東海王。

《資治通鑑》卷一一一　十二月戊寅，有星孛于天津。會稽世子元顯以星變解録尚書事，復加尚書令。

《魏書》卷二《太祖紀》　乙未，詔曰：「世俗謂漢高起於布衣而有天下，此未達其故也。夫劉承堯統，曠世繼德，有蛇龍之徵，致雲彩之應，五緯上聚，天人俱協，明革命之主，大運所鍾，不可以非望求也。然狂狡之徒，所以顛蹶而不已者，誠惑於逐鹿之説，而迷於天命也。故有踵覆車之軌，蹈釁逆之蹤，毒甚者傾州郡，害微者敗邑里，至乃身死名頽，殃及九族，從亂隨流，死而不悔，豈不痛哉！《春秋》之義，大一統之美，吴楚僭號，久加誅絶，君子賤其僞名，比之塵垢。自非繼聖載德，天人合會，帝王之業，夫豈虚應。歷觀古今，不義而求非望者，徒喪其保家之道，而伏刀鋸之誅。有國有家者，誠能推廢興之有期，審天命之不易，察徵應之潛授，杜競逐之邪言，絶姦雄之僭肆，思多福於止足，則幾於神智矣。如此，則可以保榮禄於天年，流餘慶於後世。夫然，故禍悖無緣而生，兵甲何因而起？凡厥來世，勗哉戒之，可不慎歟！」

時太史屢奏天文錯亂，帝親覽經占，多云改王易政，故數革官號，一欲防塞凶狡，二欲消災應變。已而慮羣下疑惑，心謗腹非，丙申復詔曰：「上古之治，尚德下名，有任而無爵，易治而事序，故邪謀息而不起，姦慝絶而不作。周姬之末，下凌上替，以號自定，以位制禄，卿世其官，大夫遂事，陽德不暢，議發家陪，故釁由此起，兵由此作。秦漢之弊，捨德崇侈，能否混雜，賢愚相亂，庶官失序，任非其人。於是忠義之道寢，廉耻之節廢，退讓之風絶，毁譽之議興，莫不由乎貴尚名位，而禍敗及之矣。古置三公，職大憂重，故曰『待罪宰相』，將委任責成，非虚寵禄也。而今世俗，僉以台輔爲榮貴，企慕而求之。夫此職司，在人主之所任耳，用之則重，捨之則輕。然則官無常名，而任有定分，是則所貴者至矣，何取於鼎司之虚稱也。夫桀紂之南面，雖高而可薄；姬旦之爲下，雖卑而可尊。一官可以効智，蓽門可以垂範。苟以道德爲實，賢於覆餗蔀家矣。故量己者，令終而義全；昧利者，身陷而名滅。利之與名，毁譽之疵競；道之與德，神識之家寶。是故道義，治之本；名爵，治之末。名不本於道，不可以爲宜；爵無補於時，不可以爲用。用而不禁，爲病深矣。能通其變，不失其正者，其惟聖人乎？來者誠思成敗之理，察治亂之由，鑒殷周之失，革秦漢之弊，則幾於治矣。」

《晉書》卷一〇《安帝紀》　是歲，河右諸郡奉涼武昭王李玄盛爲秦涼二州牧、涼公，年號庚子。

隆安五年、北魏天興四年（辛丑、四〇一）

《魏書》卷二《太祖紀》　春正月，高車别帥率其部三千餘落内附。

《晉書》卷一〇《安帝紀》　二月丙子，孫恩復寇浹口。

呂超弑呂纂，以其兄隆僭即僞位。

《魏書》卷二《太祖紀》　丁亥，命樂師入學習舞，釋菜于先聖、先師。

丁酉，分命使者循行州郡，聽察辭訟，糾劾不法。

《晉書》卷一〇《安帝紀》　三月甲寅，衆星西流，歷太微。

《魏書》卷二《太祖紀》　夏四月辛卯，罷鄴行臺。詔有司明揚隱逸。

五月，起紫極殿、玄武樓、涼風觀、石池、鹿苑臺。

《晉書》卷一〇《安帝紀》　孫恩寇滬瀆，吴國内史袁山松死之。

沮渠蒙遜殺段業，自號大都督、北凉州牧。

六月甲戌，孫恩至丹徒。

乙亥，内外戒嚴，百官入居于省。冠軍將軍高素、右衛將軍張崇之守石頭，輔國將軍劉襲栅斷淮口，丹楊尹司馬恢之戍南岸，冠軍將軍桓謙、輔國將軍司馬允之、游擊將軍毛邃備白石，左衛將軍王嘏、領軍將軍孔安國屯中皇堂。徵豫州刺史、譙王尚之衛京師。寧朔將軍高雅之擊孫恩于廣陵之郁洲，爲賊所執。

秋七月，段璣弑慕容盛，盛叔父熙盡誅段氏，因僭稱尊號。

《資治通鑑》卷一一二　八月，詔以劉裕爲下邳太守，討孫恩於鬱洲，累戰，大破之。

《晉書》卷一〇《安帝紀》　九月，吕隆降于姚興。

冬十月，姚興帥師侵魏，大敗而旋。

《資治通鑑》卷一一二　十一月，劉裕追孫恩至滬瀆、海鹽，又破之，俘斬以萬數，恩遂自浹口遠竄入海。

十二月，辛亥，魏主珪遣常山王遵、定陵公和跋帥衆五萬襲没弈干於高平。

乙卯，魏虎威將軍宿沓干伐燕，攻令支。乙丑，燕中領軍宇文拔救之。壬午，宿沓干拔令支而戍之。

桓玄表其兄偉爲江州刺史，鎮夏口；　司馬刁暢爲輔國將軍、督八郡軍事，鎮襄陽。

《魏書》卷二《太祖紀》　是歲，慕容盛死，寶弟熙僭立。吕光弟子隆殺篡自立。盧水胡沮渠蒙遜私署凉州牧、張掖公。蒙遜及李暠並遣使朝貢。

《晉書》卷一〇《安帝紀》　是歲饑，禁酒。

元興元年、北魏天興五年（壬寅、四〇二）

《晉書》卷一〇《安帝紀》　春正月庚午朔，大赦，改元。以後將軍元顯爲驃騎大將軍、征討大都督，鎮北將軍劉牢之爲元顯前鋒，前將軍、譙王尚之爲後部，以討桓玄。

《魏書》卷二《太祖紀》　丁丑，慕容熙遣將寇遼西，虎威將軍宿沓干等拒戰不利，棄令支而還。

庚寅，大簡輿徒，詔并州諸軍積穀于平陽之乾壁。

戊子，材官將軍和突破黜弗、素古延等諸部，獲馬三千餘匹，牛羊七萬餘頭。

辛卯，蠕蠕社崙遣騎救素古延等，和突逆擊破之于山南河曲，獲鎧馬二千餘匹。班師。賞賜將士各有差。

《晉書》卷一〇《安帝紀》　二月丙午，帝戎服餞元顯于西池。

《魏書》卷二《太祖紀》　癸丑，征西大將軍、常山王遵等至安定之高平，木易于率數千騎與衛辰、屈丐棄國遁走，追至隴西瓦亭，不及而還。獲其輜重庫藏，馬四萬餘匹，駱駝、氂牛三千餘頭，牛、羊九萬餘口。班賜將士各有差。徙其民於京師。

沙門張翹自號無上王，與丁零鮮于次保聚黨常山之行唐。

《晉書》卷一〇《安帝紀》　丁巳，遣兼侍中、齊王柔之以騶虞幡宣告荆、江二州。

丁卯，桓玄敗王師于姑孰，譙王尚之、齊王柔之並死之。

以右將軍吴隱之爲都督交、廣二州諸軍事、廣州刺史。

三月己巳，劉牢之叛降于桓玄。

辛未，王師敗績于新亭，驃騎大將軍、會稽王世子元顯，東海王彦璋，冠軍將軍毛泰，游擊將軍毛邃並遇害。

壬申，桓玄自爲侍中、丞相、録尚書事，以桓謙爲尚書僕射，玄俄又自稱太尉、揚州牧，總百揆，以琅邪王德文爲太宰。

《資治通鑑》卷一一二　復隆安年號。

癸酉，有司奏會稽王道子酣縱不孝，當棄市，詔徙安成郡；　斬元顯及東海王彦璋、譙王尚之、庾楷、張法順、毛泰等於建康市。

大赦，改元大亨。

桓玄讓丞相，荆、江、徐三州，改授太尉、都督中外諸軍事、揚州牧、領豫州刺史，總百揆。以琅邪王德文爲太宰。

《晉書》卷一〇《安帝紀》　是月，秃髮利鹿孤死，弟傉檀嗣僞位。

《資治通鑑》卷一一二　夏四月，太尉玄出屯姑孰，辭録尚書事，詔許之。

《史異》卷一　三吴大饑，户口減半，臨安、永嘉殆盡。富室皆衣羅紈、懷金玉，閉門餓死。

《資治通鑑》卷一一二　五月，盧循自臨海入東陽，太尉玄遣撫軍中兵參軍劉裕將兵擊之，循敗，走永嘉。

《魏書》卷二《太祖紀》　姚興遣其弟安北將軍、義陽公平率衆四萬來侵，平陽乾壁爲平所陷。

六月，治兵于東郊，部分衆軍，詔鎮西大將軍毗陵王順、長孫肥等三將六萬騎爲前鋒。

《晉書》卷一〇《安帝紀》　秋七月乙亥，新蔡王崇爲其奴所害。

八月庚子，尚書下舍災。

《魏書》卷二《太祖紀》　乙巳，至於柴壁，平固守，進軍圍之，姚興悉舉其衆來救。

《資治通鑑》卷一一二　甲子，珪帥步騎三萬逆擊興於蒙阬之南，斬首千餘級，興退走四十餘里，平亦不敢出。珪乃分兵四據險要，使秦兵不得近柴壁。興屯汾西，憑壑爲壘，束柏材從汾上流縱之，欲以毁浮梁，魏人皆鉤取以爲薪蒸。

太尉玄諷朝廷以玄平元顯功封豫章公，平殷、楊功封桂陽公，並本封南郡如故。玄以豫章封其子昇，桂陽封其兄子俊。

冬十月，太尉玄殺吴興太守高素、將軍竺謙之及謙之從兄朗之、劉襲並襲弟季武，皆劉牢之北府舊將也。襲兄冀州刺史軌邀司馬休之、劉敬宣、高雅之等共據山陽，欲起兵攻玄，不克而走。將軍袁虔之、劉壽、高長慶、郭恭等皆往從之，將奔魏；至陳留南，分爲二輩：軌、休之、敬宣奔南燕，虔之、壽、長慶、恭奔秦。

《魏書》卷二《太祖紀》　十有一月，車駕次晉陽。徵相州刺史庾岳爲司空。

遣左將軍莫題討上黨羣盜秦頗、丁零翟都於壺關。

丁丑，上黨太守捕頗，斬之，都走林慮。

《資治通鑑》卷一一二　十二月辛亥，魏主珪還雲中。柔然可汗社崙聞珪伐秦，自參合陂侵魏，至豺山，及善無北澤，魏常山王遵以萬騎追之，不及而還。

《晉書》卷一〇《安帝紀》　庚申，會稽王道子爲桓玄所害。曲赦廣陵、彭城大逆以下。

元興二年、北魏天興六年（癸卯、四〇三）

《晉書》卷一〇《安帝紀》　春二月辛丑，建威將軍劉裕破徐道覆于東陽。

乙卯，桓玄自稱大將軍。

丁巳，冀州刺史孫無終爲桓玄所害。

夏四月癸巳朔，日有蝕之。

《魏書》卷二《太祖紀》　五月，大簡輿徒，將略江淮，平荆揚之亂。

秋七月，鎮西大將軍、司隸校尉、毗陵王順有罪，以王還第。

戊子，車駕北巡，築離宫于豺山，縱士校獵，東北踰罽嶺，出參合、代谷。

《晉書》卷一〇《安帝紀》　八月，玄又自號相國、楚王。

《資治通鑑》卷一一三　劉裕破盧循於永嘉，追至晉安，屢破之，循浮海南走。

《魏書》卷二《太祖紀》　九月，行幸南平城，規度灅南，面夏屋山，背黄瓜堆，將建新邑。

辛未，車駕還宫。

《晉書》卷一〇《安帝紀》　南陽太守庾仄起義兵，爲玄所敗。

《資治通鑑》卷一一三　冬十月，楚王玄上表請歸藩，使帝作手詔固留之。

乙卯，魏主珪立其子嗣爲齊王，加位相國；紹爲清河王，加征南大將軍；熙爲陽平王；曜爲河南王。

丁巳，魏將軍伊謂帥騎二萬襲高車餘種袁紇、烏頻；十一月，庚午，大破之。

詔楚王玄行天子禮樂，妃爲王后，世子爲太子。

丁丑，卞範之爲禪詔，使臨川王寶逼帝書之。

《晉書》卷一〇《安帝紀》　壬午，玄遷帝于永安宫。

癸未，移太廟神主于琅邪國。

十二月壬辰，玄篡位，以帝爲平固王。

辛亥，帝蒙塵于尋陽。

《資治通鑑》卷一一三　癸丑，納桓温神主於太廟。

是歲，魏主珪始命有司制冠服，以品秩爲差，然法度草創，多不稽古。

元興三年、北魏天賜元年（甲辰、四〇四）

《晉書》卷一〇《安帝紀》　春二月，帝在尋陽。

庚寅夜，濤水入石頭，漂殺人户。

乙卯，建武將軍劉裕帥沛國劉毅、東海何無忌等舉義兵。

丙辰，斬桓玄所署徐州刺史桓修于京口，青州刺史桓弘于廣陵。

丁巳，義師濟江。

三月戊午，劉裕斬玄將吴甫之于江乘，斬皇甫敷於羅落。

己未，玄衆潰而逃。

庚申，劉裕置留臺，具百官。

壬戌，桓玄司徒王謐推劉裕行鎮軍將軍、徐州刺史、都督揚、徐、兖、豫、青、冀、幽、并八州諸軍事、假節。劉裕以謐領揚州刺史、録尚書事。

《資治通鑑》卷一一三　劉毅爲青州刺史，何無忌爲琅邪内史，孟昶爲丹楊尹，劉道規爲義昌太守。

《晉書》卷一〇《安帝紀》　辛酉，劉裕誅尚書左僕射王愉，愉子荆州刺史綏，司州刺史温詳。

《魏書》卷二《太祖紀》　丙寅，擒姚興寧北將軍、泰平太守衡譚，獲三千餘口。初限縣户不滿百罷之。

《資治通鑑》卷一一三　丁卯，劉裕還鎮東府。

《晉書》卷一〇《安帝紀》　辛未，桓玄逼帝西上。

丙戌，密詔以幽逼於玄，萬機虚曠，令武陵王遵依舊典，承制總百官行事，加侍中，餘如故。并大赦謀反大逆已下，惟桓玄一祖之後不宥。

夏四月己丑，大將軍、武陵王遵稱制，總萬機。

《資治通鑑》卷一一三　以司馬休之監荆、益、梁、寧、秦、雍六州諸軍事、領荆州刺史。

《晉書》卷一〇《安帝紀》　庚寅，帝至江陵。

庚戌，輔國將軍何無忌、振武將軍劉道規及桓玄將庾稚、何澹之戰于湓口，大破之。玄復逼帝東下。

《魏書》卷二《太祖紀》　詔尚書郎中公孫表使於江南，以觀桓玄之釁也。值玄敗而還。

蠕蠕社崙從弟悦伐大那等謀殺社崙而立大那。發覺，來奔。

《晉書》卷一〇《安帝紀》　五月癸酉，冠軍將軍劉毅及桓玄戰于峥嵘洲，又破之。

己卯，帝復幸江陵。

辛巳，荆州别駕王康産、南郡太守王騰之奉帝居于南郡。

壬午，督護馮遷斬桓玄於貊盤洲。

乘輿反正于江陵。

甲申，詔曰：「姦兇篡逆，自古有之。朕不能式遏杜漸，以致播越。賴鎮軍將軍裕英略奮發，忠勇絶世，冠軍將軍毅等誠心宿著，協同嘉謀。義聲既振，士庶效節，社稷載安，四海齊慶。其大赦，凡諸畏逼事屈逆命者，一無所問。」

戊寅，奉神主入于太廟。

閏月己丑，桓玄故將揚武將軍桓振陷江陵，劉毅、何無忌退守尋陽，帝復蒙塵于賊營。

六月，益州刺史毛璩討僞梁州刺史桓希，斬之。

秋七月戊申，永安皇后何氏崩。

八月癸酉，祔葬穆帝章皇后于永平陵。

《資治通鑑》卷一一三　魏置六謁官，準古六卿。

《晉書》卷一〇《安帝紀》　九月，前給事中刁騁、祕書丞王邁之謀反，伏誅。

冬十月辛巳，魏大赦，改元天賜。築西宫。

《資治通鑑》卷一一三　魏主珪臨昭陽殿改補百官，引朝臣文武，親加銓擇，隨才授任。列爵四等：王封大郡，公封小郡，侯封大縣，伯封小縣。其品第一至第四，舊臣有功無爵者追封之，宗室疏遠及異姓襲封者降爵有差。又置散官五等，其品第五至第九；文官造士才能秀異、武官堪爲將帥者，其品亦比第五至第九；百官有闕，則取於其中以補之。其官名多不用漢、魏之舊，倣上古龍官、鳥官，謂諸曹之使爲鳧鴨，取其飛之迅疾也；謂候官伺察者爲白鷺，取其延頸遠望也；餘皆類此。

《晉書》卷一〇《安帝紀》　盧循寇廣州，刺史吴隱之爲循所敗，執始興相阮腆之而還。

慕容德死，兄子超嗣僞位。

《資治通鑑》卷一一三　劉裕領青州刺史。

十一月，魏主珪如西宫，命宗室置宗師，八國置大師、小師，州郡亦各置師，以辨宗黨，舉才行，如魏、晉中正之職。

十二月，劉毅等進克巴陵。毅號令嚴整，所過百姓安悦。劉裕復以毅爲兗州刺史。

是歲，晉民避亂，襁負之淮北者道路相屬。

義熙元年、北魏天賜二年（乙巳、四〇五）

《晉書》卷一〇《安帝紀》　春正月，帝在江陵。

南陽太守魯宗之起義兵，襲破襄陽。

己丑，劉毅次于馬頭。

桓振以帝屯于江津。

辛卯，宗之破振將温楷于柞溪，進次紀南，爲振所敗。振武將軍劉道規擊桓謙，走之。乘輿反正，帝與琅邪王幸道規舟。

《資治通鑑》卷一一四　乙未，詔大處分悉委冠軍將軍劉毅。

《晉書》卷一〇《安帝紀》　戊戌，詔曰：「朕以寡德，夙纂洪緒。不能緝熙遐邇，式遏姦宄。逆臣桓玄乘釁肆亂，乃誣罔天人，篡據極位。朕躬播越，淪胥荒裔，宣皇之基，眇焉以墜。賴鎮軍將軍裕忠武英斷，誠冠終古。運謀機始，貞賢協其契；抆淚誓衆，義士感其心。故霜戈一揮，巨猾奔迸，三率棱威，大憝授首。而孽振猖狂，嗣凶荆郢。幸天祚社稷，義旗載捷，狡徒沮潰，朕獲反正。斯實宗廟之靈，勤王之勳。豈朕一人，獨享伊祜，思與億兆，幸兹更始。其大赦，改元，唯玄、振一祖及同黨不在原例。賜百官爵二級，鰥寡孤獨穀人五斛，大酺五日。」

《資治通鑑》卷一一四　西涼公暠自稱大將軍、大都督、領秦、涼二州牧，大赦，改元建初，遣舍人黄始梁興間行奉表詣建康。

《晉書》卷一〇《安帝紀》　二月丁巳，留臺備乘輿法駕，迎帝於江陵。

弘農太守戴寧之、建威主簿徐惠子等謀反，伏誅。

平西參軍譙縱害平西將軍、益州刺史毛璩，以蜀叛。

三月，桓振復襲江陵，荆州刺史司馬休之奔于襄陽。建威將軍劉懷肅討振，斬之。

《資治通鑑》卷一一四　甲午，帝至建康。

《晉書》卷一〇《安帝紀》　乙未，百官詣闕請罪。詔曰：「此非諸卿之過，其還率職。」

戊戌，舉章皇后哀三日，臨于西堂。

劉裕及何無忌等抗表遜位，不許。

庚子，以琅邪王德文爲大司馬，武陵王遵爲太保，加鎮軍將軍劉裕爲侍中、車騎將軍、都督中外諸軍事。

《資治通鑑》卷一一四　劉毅爲左將軍，何無忌爲右將軍，督豫州、揚州五郡軍事、豫州刺史，劉道規爲輔國將軍，督淮北諸軍事、并州刺史，魏詠之爲征虜將軍、吴國内史。裕固讓不受，加録尚書事，又不受，屢請歸藩。詔百官敦勸，帝親幸其第；裕惶懼，復詣闕陳請，乃聽歸藩。以魏詠之爲荆州刺史，代司馬休之。

《晉書》卷一〇《安帝紀》　甲辰，詔曰：「自頃國難之後，人物彫殘，常所供奉，猶不改舊，豈所以視人如傷，禹湯歸過之誠哉！可籌量減省。」

《資治通鑑》卷一一四　夏四月，劉裕旋鎮京口，改授都督荆、司等十六州諸軍事，加領兗州刺史。

《晉書》卷一〇《安帝紀》　戊辰，餞于東堂。

《資治通鑑》卷一一四　壬申，以循爲廣州刺史，徐道覆爲始興相。

《晉書》卷一〇《安帝紀》　五月癸未，禁絹扇及摴蒲。

游擊將軍、章武王秀，益州刺史司馬軌之謀反，伏誅。

《資治通鑑》卷一一四　桓玄餘黨桓亮、苻宏等擁衆寇亂郡縣者以十數，劉毅、劉道規、檀祗等分兵討滅之，荆、湘、江、豫皆平。詔以毅爲都督淮南等五郡軍事、豫州刺史，何無忌爲都督江東五郡軍事、會稽内史。

北青州刺史劉該反，引魏爲援，清河、陽平二郡太守孫全聚衆應之。

《晉記》卷四《安帝紀》　秋七月庚寅，太白晝見於翼軫。

《資治通鑑》卷一一四　秦割南鄉、順陽、新野、舞陰等十二郡歸於晉。

《晉書》卷一〇《安帝紀》　八月甲子，封臨川王子修之爲會稽王。

《晉記》卷四《安帝紀》　冬十月丁巳，月奄填星。

《晉書》卷一〇《安帝紀》　十一月，乞伏乾歸伐仇池，仇池公楊盛大破之。

是歲，涼武昭王玄盛遣使奉表稱藩。

義熙二年、北魏天賜三年（丙午、四〇六）

《資治通鑑》卷一一四　春正月甲申，魏主珪如豺山宮。諸州置三刺史，郡置三大守，縣置三令長。刺史、令長各之州縣。太守雖置而未臨民，功臣爲州者皆徵還京師，以爵歸第。

《晉書》卷一〇《安帝紀》　益州刺史司馬榮期擊譙縱將譙子明于白帝，破之。

《資治通鑑》卷一一四　桓玄之亂，河間王曇之子國璠、叔璠奔南燕；二月甲戌，國璠等攻陷弋陽。

《魏書》卷二《太祖紀》　三月庚子，車駕還宮。

夏四月庚申，復幸豺山宮。占授著作郎王宜弟造《兵法孤虛立成圖》三百六十時。遂登定襄角史山，又幸馬城。

甲午，車駕還宮。

是月，蠕蠕寇邊，夜召兵，將旦，賊走，乃罷。

《晉書》卷一〇《安帝紀》　五月，封高密王子法蓮爲高陽王。

《魏書》卷二《太祖紀》　六月，發八部五百里内男丁築灅南宮，門闕高十餘丈，引溝穿池，廣苑囿，規立外城，方二十里，分置市里，經塗洞達。三十日罷。

《晉書》卷一〇《安帝紀》　秋七月，梁州刺史楊孜敬有罪，伏誅。

《魏書》卷二《太祖紀》　八月甲辰，行幸豺山宮，遂至青牛山。

丙辰，西登武要北原，觀九十九泉，造石亭，遂之石漠。

九月甲戌朔，幸漠南鹽池。

壬午，至漠中，觀天鹽池；度漠，北之吐鹽池。

癸巳，南還長川。

丙申，臨觀長陂。

《資治通鑑》卷一一四　劉裕聞譙縱反，遣龍驤將軍毛修之將兵與司馬榮期、文處茂、時延祖共討之。修之至宕渠，榮期爲其參軍楊承祖所殺，承祖自稱巴州刺史，修之退還白帝。

《晉書》卷一〇《安帝紀》　冬十月，論匡復之功，封車騎將軍劉裕爲豫章郡公，撫軍將軍劉毅南平郡公，右將軍何無忌安成郡公，自餘封賞各有差。

《資治通鑑》卷一一四　梁州刺史劉稚反，劉毅遣將討禽之。

《晉書》卷一〇《安帝紀》　乙亥，以左將軍孔安國爲尚書左僕射。

十二月，盜殺零陵太守阮野。

《資治通鑑》卷一一四　以何無忌爲都督荆、江、豫三州八郡軍事、江州刺史。

是歲，桓石綏與司馬國璠、陳襲聚衆胡桃山爲寇，劉毅遣司馬劉懷肅討破之。

義熙三年、北魏天賜四年（丁未、四〇七）

《資治通鑑》卷一一四　二月己酉，劉裕詣建康，固辭新所除官，欲詣廷尉，詔從其所守，裕乃還丹徒。

《晉書》卷一〇《安帝紀》　誅東陽太守殷仲文、南蠻校尉殷叔文、晉陵太守殷道叔、永嘉太守駱球。

己丑，大赦，除酒禁。

夏五月，大水。

《魏書》卷二《太祖紀》　北巡。自參合陂東過蟠羊山，大雨，暴水流輜重數百乘，殺百餘人。遂東北踰石漠，至長川，幸濡源。常山王遵有罪賜死。

《晉書》卷一〇《安帝紀》　六月，姚興將赫連勃勃僭稱天王于朔方，國號夏。

秋七月戊戌朔，日有蝕之。

汝南王遵之有罪，伏誅。

八月，遣冠軍將軍劉敬宣持節監征蜀諸軍事。

《資治通鑑》卷一一四　魏主珪如豺山宫。候官告：「司空庾岳，服飾鮮麗，行止風采，擬則人君。」珪收岳，殺之。

《晉書》卷一〇《安帝紀》　冬十一月，赫連勃勃大敗禿髮傉檀，傉檀奔于南山。

《資治通鑑》卷一一四　十二月，戊子，武岡文恭侯王謐薨。

是歲，西涼公暠以前表未報，復遣沙門法泉間行奉表詣建康。

《晉書》卷一〇《安帝紀》　是歲高雲、馮跋殺慕容熙，雲僭即帝位。

義熙四年、北魏天賜五年（戊申、四〇八）

《晉書》卷一〇《安帝紀》　春正月甲辰，以琅邪王德文領司徒，車騎將軍劉裕爲揚州刺史、録尚書事。

庚申，侍中、太保、武陵王遵薨。

《魏書》卷二《太祖紀》　行幸豺山宫，遂如參合陂，觀漁於延水，至寧川。

《晉書》卷一〇《安帝紀》　夏四月，散騎常侍、尚書左僕射孔安國卒。

甲午，加吏部尚書孟昶尚書左僕射。

《資治通鑑》卷一一四　九月，劉裕以敬宣失利，請遜位，詔降爲中軍將軍，開府如故。

《晉書》卷一〇《安帝紀》　冬十一月癸丑，雷。

梁州刺史楊思平有罪，棄市。

辛卯，大風拔樹。

十二月，陳留王曹靈誕薨。

《資治通鑑》卷一一四　是歲，魏主珪殺高邑公莫題。

義熙五年、北魏永興元年（己酉、四〇九）

《晉書》卷一〇《安帝紀》　春正月辛卯，大赦。

庚戌，以撫軍將軍劉毅爲衛將軍、開府儀同三司，加輔國將軍何無忌鎮南將軍。

戊戌，尋陽地震。

二月，慕容超將慕容興宗寇宿豫，陽平太守劉千載、南陽太守趙元並爲賊所執。

三月己亥，大雪，平地數尺。

車騎將軍劉裕帥師伐慕容超。

《資治通鑑》卷一一五　夏四月己巳，劉裕發建康，帥舟師自淮入泗。

五月，至下邳，留船艦、輜重，步進至琅邪。

《晉書》卷一〇《安帝紀》　六月丙寅，震于太廟。

劉裕大破慕容超于臨朐。

秋七月，姚興將乞伏乾歸僭稱西秦王於苑川。

九月戊辰，離班弒高雲，雲將馮跋攻班，殺之。跋僭即王位，仍號燕。

《魏書》卷三《太宗紀》　冬十月，清河王紹作逆，太祖崩。帝入誅紹。

壬申，即皇帝位，大赦，改年爲永興元年。追尊皇妣爲宣穆皇后。公卿大臣先罷歸第不與朝政者，悉復登用之。詔南平公長孫嵩、北新侯安同對理民訟，簡賢任能，彝倫攸敘。

閏十月丁亥，朱提王悦謀反，賜死。

詔鄭兵將軍、山陽侯奚斤巡行諸州，問民疾苦，撫恤窮乏。

十有二月戊戌，封衛王儀子良爲南陽王，陰平公元烈進爵爲王，高涼王樂真改封平陽王。

己亥，帝始居西宫，御天文殿。蠕蠕犯塞。

《資治通鑑》卷一一五　乙巳，太白犯虛、危。

義熙六年、北魏永興二年（庚戌、四一〇）

《資治通鑑》卷一一五　春正月，魏主嗣以郡縣豪右多爲民患，悉以優詔徵之。民戀土不樂内徙，長吏逼遣之，於是無賴少年逃亡相聚，所在寇盜羣起。嗣引八公議之曰：「朕欲爲民除蠹，而守宰不能綏撫，使之紛亂。今犯者既衆，不可盡誅，吾欲大赦以安之，何如？」元城侯屈曰：「民逃亡爲盜，不罪而赦之，是爲上者反求於下也，不如誅其首惡，赦其餘黨。」崔宏曰：「聖王之御民，務在安之而已，不與之較勝負也。夫赦雖非正，可以行權。屈欲先誅後赦，要爲兩不能去，曷若一赦而遂定乎！赦而不從，誅未晚也。」嗣從之。

二月，癸未朔，遣將軍于栗磾將騎一萬討不從命者，所向皆平。

《晉書》卷一〇《安帝紀》　丁亥，劉裕攻慕容超，克之，齊地悉平。

是月，廣州刺史盧循反，寇江州。

三月，禿髮傉檀及沮渠蒙遜戰于窮泉，傉檀敗績。

壬申，鎮南將軍、江州刺史何無忌及循戰于豫章，王師敗績，無忌死之。

《資治通鑑》卷一一五　夏四月癸未，裕至建康。

《晉書》卷一〇《安帝紀》　青州刺史諸葛長民、兗州刺史劉藩、并州刺史劉道憐乃入衛京師。

五月丙子，大風，拔木。

《資治通鑑》卷一一五　戊午，毅與循戰于桑落洲，毅兵大敗，棄船以數百，人步走，餘衆皆爲循所虜，所棄輜重山積。

《晉書》卷一〇《安帝紀》　尚書左僕射孟昶懼，自殺。

己未，大赦。

乙丑，循至淮口，内外戒嚴。大司馬、琅邪王德文都督宮城諸軍事，次中皇堂，太尉劉裕次石頭，梁王珍之屯南掖門，冠軍將軍劉敬宣屯北郊，輔國將軍孟懷玉屯南岸，建武將軍王仲德屯越城，廣武將軍劉懷默屯建陽門，淮口築柤浦、藥園、廷尉三壘以距之。

丙寅，震太廟鴟尾。

《資治通鑑》卷一一五　魏長孫嵩至漠北而還，柔然追圍之於牛川。

壬申，魏主嗣北擊柔然。柔然可汗社崘聞之，遁走，道死；其子度拔尚幼，部衆立社崘弟斛律，號藹豆蓋可汗。嗣引兵還參合陂。

六月，以劉裕爲太尉、中書監，加黄鉞；裕受黄鉞，餘固辭。以車騎中軍司馬庾悦爲江州刺史。

《晉書》卷一〇《安帝紀》　秋七月庚申，盧循遁走。

甲子，使輔國將軍王仲德、廣川太守劉鍾、河間内史蒯恩等帥衆追之。

是月，盧循寇荆州，刺史劉道規、雍州刺史魯宗之等敗之。又破徐道覆于華容，賊復走尋陽。

八月，姚興將桓謙寇江陵，劉道規敗之。

《魏書》卷三《太宗紀》　九月甲寅，葬太祖宣武皇帝於盛樂金陵。

《資治通鑑》卷一一五　劉遵斬苟林于巴陵。

冬十月，裕帥兗州刺史劉藩、甯朔將軍檀韶、冠軍將軍劉敬宣等南擊盧循，以劉毅監太尉留府，後事皆委焉。

癸巳，裕發建康。

十一月癸丑，益州刺史鮑陋卒。

《晉書》卷一〇《安帝紀》　蜀賊譙縱陷巴東，守將温祚、時延祖死之。

十二月壬辰，劉裕破盧循于豫章。

義熙七年、北魏永興三年（辛亥、四一一）

《資治通鑑》卷一一六　春正月己未，劉裕還建康。

《晉書》卷一〇《安帝紀》　二月壬午，右將軍劉藩斬徐道覆于始興，傳首京師。

《資治通鑑》卷一一六　三月，劉裕始受太尉、中書監，以劉穆之爲太尉司馬，陳郡殷景仁爲行參軍。

《晉書》卷一〇《安帝紀》　夏四月，盧循走交州，刺史杜慧度斬之。

《魏書》卷三《太宗紀》　五月丁卯，車駕謁金陵於盛樂。

己巳，昌黎王慕容伯兒謀反，伏誅。

《晉書》卷一〇《安帝紀》　秋七月丁卯，以荆州刺史劉道規爲征西大將軍、開府儀同三司。

冬十月，沮渠蒙遜伐涼，涼武昭王玄盛與戰，敗之。

《魏書》卷三《太宗紀》　十二月甲戌，蠕蠕斛律宗黨吐觝于等百餘人内屬。

甲午，詔南平公長孫嵩、任城公嵇拔、白馬侯崔玄伯等坐朝堂，録決囚徒，務在平當。

《資治通鑑》卷一一六　是歲，并州刺史劉道憐爲北徐州刺史，移鎮彭城。

義熙八年、北魏永興四年（壬子、四一二）

《晉書》卷一〇《安帝紀》　春二月丙子，以吴興太守孔靖爲尚書右僕射。

三月甲寅，山陰地陷四尺，有聲如雷。

《資治通鑑》卷一一六　夏四月，劉道規以疾求歸，許之。

《晉書》卷一〇《安帝紀》　五月，乞伏公府弑乞伏乾歸，乾歸子熾盤誅公府，僭即僞位。

六月，以平北將軍魯宗之爲鎮北將軍。

《資治通鑑》卷一一六　秋七月己巳朔，魏主嗣東巡，置四廂大將、十二小將；以山陽侯斤、元城侯屈行左、右丞相。

《晉書》卷一〇《安帝紀》　甲午，武陵王季度薨。

庚子，征西大將軍劉道規卒。

八月，皇后王氏崩。

辛亥，高密王純之薨。

九月癸酉，葬僖皇后于休平陵。

己卯，太尉劉裕害右將軍兖州刺史劉藩、尚書左僕射謝混。

庚辰，裕矯詔曰：「劉毅苞藏禍心，構逆南夏，藩、混助亂，志肆姦宄。賴寧輔玄鑒，撫機挫鋭，凶黨即戮，社稷乂安。夫好生之德，所因者本，肆眚覃仁，實盗玄澤。況事興大憝，禍自元凶。其大赦天下，唯劉毅不在其例。普增文武位一等。孝順忠義，隱滯遺逸，必令聞達。」

己丑，劉裕帥師討毅。裕參軍王鎮惡陷江陵城，毅自殺。

冬十一月，沮渠蒙遜僭號河西王。

《資治通鑑》卷一一六　己卯，太尉裕至江陵，殺郗僧施。

《晉書》卷一〇《安帝紀》　十二月，以西陵太守朱齡石爲建威將軍、益州刺史，帥師伐蜀。

分荆州十郡置湘州。

《資治通鑑》卷一一六　加太尉裕太傅、揚州牧。

《晉書》卷一〇《安帝紀》　是歲，廬陵、南康地四震。

義熙九年、北魏永興五年（癸丑、四一三）

《魏書》卷三《太宗紀》　春正月己巳，大閲，畿内男子十二以上悉集。

己卯，幸西宫。頞拔大、渠帥四十餘人詣闕奉貢，賜以繒帛錦罽各有差。

乙酉，詔諸州六十户出戎馬一匹。

庚寅，大閲於東郊，部署將帥。以山陽侯奚斤爲前軍，衆三萬，陽平王熙等十二將，各一萬騎；帝臨白登，躬自校覽焉。

二月戊申，賜陽平王熙及諸王、公、侯、將士布帛各有差。

庚戌，幸高柳川。

甲寅，車駕還宫。

《資治通鑑》卷一一六　乙丑晦，太尉裕輕舟徑進，潛入東府。

《晉書》卷一〇《安帝紀》　三月丙寅，劉裕害前將軍諸葛長民及其弟輔國大將軍黎民、從弟寧朔將軍秀之。

戊寅，加劉裕鎮西將軍、豫州刺史。

林邑范胡達寇九真，交州刺史杜慧度斬之。

夏四月壬戌，罷臨沂、湖熟皇后脂澤田四十頃，以賜貧人，弛湖池之禁。

封鎮北將軍魯宗之爲南陽郡公。

《魏書》卷三《太宗紀》　五月乙亥，行幸雲中舊宫之大室。

丙子，大赦天下。西河張外、建興王紹，自以所犯罪重，不敢解散。

庚戌，遣元城侯元屈等率衆三千鎮并州。

乙卯，詔會稽公劉潔、永安侯魏勤等率衆三千鎮西河。

六月，西幸五原，校獵于骨羅山，獲獸十萬。

濩澤劉逸自號征東將軍、三巴王，王紹爲署置官屬，攻逼建興郡。元屈等討平之。

秋七月己巳，還幸薄山。帝登觀太祖遊幸刻石頌德之處，乃於其旁起石壇而薦饗焉。賜從者大酺於山下。

奚斤等破越勤倍泥部落於跋那山西，獲馬五萬匹，牛二十萬頭，徙二萬餘家於大寧，計口受田。

河西胡曹龍、張大頭等，各領部，擁衆二萬人，來入蒲子，逼脅張外於研子壘。外懼，給以牛酒，殺馬盟誓，推龍爲大單于，奉美女良馬於龍。

丙戌，車駕自大室西南巡諸部落，賜其渠帥繒帛各有差。遂南次定襄大落城，東踰十嶺山，田於善無川。

《晉書》卷一〇《安帝紀》 朱齡石克成都，斬譙縱，益州平。

《魏書》卷三《太宗紀》 八月癸卯，車駕還宮。

癸丑，奚斤等班師。

甲寅，帝臨白登，觀降民，數軍實。

曹龍降，執送張外，斬之。

辛未，賜征還將士牛、馬、奴婢各有差。置新民於大寧川，給農器，計口受田。

丁丑，幸犲山宮。

《資治通鑑》卷一一六 九月，再命太尉裕爲太傅、揚州牧，固辭。

《晉書》卷一〇《安帝紀》 封劉裕次子義真爲桂陽公。

《資治通鑑》卷一一六 冬十月，吐京胡與離石胡出以眷叛魏，魏主嗣命元城侯屈督會稽公劉絜、永安侯魏勤以討之。

丁巳，出以眷引夏兵邀擊絜，禽之以獻於夏；勤戰死。嗣以屈亡二將，欲誅之，既而赦之，使攝并州刺史。屈到州，縱酒廢事，嗣積其前後罪惡，檻車徵還，斬之。

十一月，魏主嗣遣使請昏於秦，秦王興許之。

《晉書》卷一〇《安帝紀》 冬十二月，安平王球之薨。

是歲，高句麗、倭國及西南夷銅頭大師並獻方物。

義熙一〇年、北魏神瑞元年（甲寅、四一四）

《魏書》卷三《太宗紀》 春正月辛酉，以禎瑞頻集，大赦，改元。

辛巳，幸繁畤。賜王公已下至於士卒百工布帛各有差。

二月戊戌，車駕還宮。

是月，赫連屈孑入寇河東蒲子，殺掠吏民，三城護軍張昌等要擊走之。

庚戌，幸犲山宮。西河胡曹成、吐京民劉初原攻殺屈孑所置吐京護軍及其守三百餘人。

乙卯，起豐宮於平城東北。

《晉書》卷一〇《安帝紀》 三月戊寅，地震。

夏六月，乞伏熾盤帥師伐禿髮傉檀，滅之。

《資治通鑑》卷一一六 泰山太守劉研等帥流民七千餘家、河西胡酋劉遮等帥部落萬餘家，皆降于魏。

《晉書》卷一〇《安帝紀》 秋七月，淮北大風，壞廬舍。

《資治通鑑》卷一一六 八月戊子，魏主嗣遣馬邑侯陋孫使於秦，辛丑，遣謁者于什門使於燕，悦力延使於柔然。

于什門至和龍，不肯入見，曰：「大魏皇帝有詔，須馮王出受，然後敢入。」燕王跋使人牽逼令入。什門見跋不拜，跋使人按其項，什門曰：「馮王拜受詔，吾自以賓主致敬，何苦見逼邪！」跋怒，留什門不遣，什門數衆辱之。左右請殺之，跋曰：「彼各爲其主耳。」乃幽執什門，欲降之，什門終不降，久之，衣冠弊壞略盡，蟣蝨流溢，跋遺之衣冠，什門皆不受。

《晉書》卷一〇《安帝紀》 九月丁巳朔，日有蝕之。

林邑遣使來獻方物。

《魏書》卷三《太宗紀》 冬十一月壬午，詔使者巡行諸州，校閲守宰資財，非自家所齎，悉簿爲贓。詔守宰不如法，聽民詣闕告言之。

十二月丙戌朔，蠕蠕犯塞。

丙申，帝北伐蠕蠕。

河内人司馬順宰自號晉王，太守討捕不獲。

是歲，禿髮傉檀爲乞伏熾磐所滅。

《晉書》卷一〇《安帝紀》　是歲，城東府。

義熙十一年、北魏神瑞二年（乙卯、四一五）

《晉書》卷一〇《安帝紀》　春正月，荆州刺史司馬休之、雍州刺史魯宗之並舉兵貳於劉裕，裕帥師討之。

《資治通鑑》卷一一七　太尉裕收司馬休之次子文寶、兄子文祖，並賜死；　發兵擊之。詔加裕黄鉞，領荆州刺史。

丁丑，以吏部尚書謝裕爲尚書左僕射。

《晉書》卷一〇《安帝紀》　庚午，大赦。

《資治通鑑》卷一一七　辛巳，太尉裕發建康。以中軍將軍劉道憐監留府事，劉穆之兼右僕射。

雍州刺史魯宗之自疑不爲太尉裕所容，與其子竟陵太守軌起兵應休之。

二月，休之上表罪狀裕，勒兵拒之。

《魏書》卷三《太宗紀》　丁亥，大饗于西宫，賜附國大、渠帥朝歲首者繒帛金罽各有差。

庚子，河西胡劉雲等，率數萬户内附。

甲辰，立太祖廟於白登之西。

《晉書》卷一〇《安帝紀》　丁未，姚興死，子泓嗣僞位。

三月辛巳，淮陵王蘊薨。

壬午，劉裕及休之戰于江津，休之敗，奔襄陽。

《魏書》卷三《太宗紀》　河西飢胡屯聚上黨，推白亞栗斯爲盟主，號大將軍，反於上黨，自號單于，稱建平元年，以司馬順宰爲之謀主。

《晉書》卷一〇《安帝紀》　夏四月乙卯，青、冀二州刺史劉敬宣爲其參軍司馬道賜所害。

五月甲申，彗星二見。

甲午，休之、宗之出奔于姚泓。論平蜀功，封劉裕子義隆彭城公，朱齡石豐城公。

《資治通鑑》卷一一七　詔加太尉裕太傅、揚州牧，劍履上殿，入朝不趨，贊拜不名。以兖、青二州刺史劉道憐爲都督荆、湘、益、秦、寧、梁、雍七州諸軍事、驃騎將軍、荆州刺史。

《晉書》卷一〇《安帝紀》　己酉，霍山崩，出銅鍾六枚。

《魏書》卷三《太宗紀》　六月戊午，幸去畿陂，觀漁。

辛酉，次于濡源，築立蜯臺。射白熊於頹牛山，獲之。

丁卯，幸赤城，親見長老，問民疾苦，復租一年。南次石亭，幸上谷，問百年，訪賢俊，復田租之半。

壬申，幸涿鹿，登橋山，觀温泉，使使者以太牢祠黄帝廟。至廣寧，登歷山，祭舜廟。

《晉書》卷一〇《安帝紀》　秋七月丙戌，京師大水，壞太廟。

辛亥晦，日有蝕之。

《資治通鑑》卷一一七　八月甲子，太尉裕還建康，固辭太傅、州牧，其餘受命。以豫章公世子義符爲兖州刺史。

《晉書》卷一〇《安帝紀》　丁未，尚書左僕射謝裕卒，以尚書右僕射劉穆之爲尚書左僕射。

九月己亥，大赦。

《資治通鑑》卷一一七　冬十月壬子，秦王興使散騎常侍姚敞等送其女西平公主于魏，魏主嗣以后禮納之；　鑄金人不成，乃以爲夫人，而寵遇甚厚。

《魏書》卷三《太宗紀》　辛酉，行幸沮洳城。

癸亥，車駕還宫。

丙寅，詔曰：「古人有言，百姓足則君有餘，未有民富而國貧者也。頃者以來，頻遇霜旱，年穀不登，百姓飢寒不能自存者甚衆，其出布帛倉穀以賑貧窮。」

十有一月丁亥，幸犲山宫。

庚子，車駕還宫。

《資治通鑑》卷一一七　林邑寇交州，州將擊敗之。

義熙一二年、北魏泰常元年（丙辰、四一六）

《晉書》卷一〇《安帝紀》　春正月，姚泓使其將魯軌寇襄陽，雍州刺史趙倫之擊走之。

三月，加劉裕中外大都督。

《資治通鑑》卷一一七　五月癸巳，加太尉裕領北雍州刺史。

《晉書》卷一〇《安帝紀》　六月，赫連勃勃攻姚泓秦州，陷之。

《資治通鑑》卷一一七　丁巳，魏立嗣北巡。

《晉書》卷一〇《安帝紀》　己酉，新除尚書令、都鄉亭侯劉柳卒。

秋八月，丙午，大赦。

《資治通鑑》卷一一七　裕以世子義符爲中軍將軍，監太尉留府事。劉穆之爲左僕射，領監軍、中軍二府軍司，入居東府，總攝内外；以太尉左司馬東海徐羨之爲穆之之副；左將軍朱齡石守衛殿省，徐州刺史劉懷慎守衛京師，揚州別駕從事史張裕任留州事。

丁巳，裕發建康，遣龍驤將軍王鎮惡、冠軍將軍檀道濟將步軍自淮、淝向許、洛，新野太守朱超石、甯朔將軍胡藩趨陽城，振武將軍沈田子、建威將軍傅弘之趨武關，建武將軍沈林子、彭城内史劉遵考將水軍出石門，自汴入河，以冀州刺史王仲德督前鋒諸軍，開鉅野入河。

九月，太尉裕至彭城，加領徐州刺史；以太原王玄謨爲從事史。

《晉書》卷一〇《安帝紀》　冬十月丙寅，姚泓將姚光以洛陽降。

己丑，遣兼司空、高密王恢之修謁五陵。

《資治通鑑》卷一一七　十二月壬申，詔以裕爲相國、總百揆、揚州牧，封十郡爲宋公，備九錫之禮，位在諸侯王上，領征西將軍、司、豫、北徐、雍四州刺史如故。裕辭不受。

西秦王熾磐遣使詣太尉裕，求擊秦以自效。裕拜熾磐平西將軍、河南公。

義熙一三年、北魏泰常二年（丁巳、四一七）

《晉書》卷一〇《安帝紀》　春正月甲戌朔，日有蝕之。

《資治通鑑》卷一一八　太尉裕引水軍發彭城，留其子彭城公義隆鎮彭城。詔以義隆爲監徐兖青冀四州諸軍事、徐州刺史。

《晉書》卷一〇《安帝紀》　二月，涼武昭王李玄盛薨，世子士業嗣位爲涼州牧、涼公。

三月，龍驤將軍王鎮惡大破姚泓將姚紹于潼關。

《資治通鑑》卷一一八　太尉裕將水軍自淮、泗入清河，將泝河西上，先遣使假道於魏；秦主泓亦遣使請救於魏。魏主嗣使羣臣議之，皆曰：「潼關天險，劉裕以水軍攻之甚難，若登岸北侵，其勢便易。裕聲言伐秦，其志難測。且秦，婚姻之國，不可不救也。宜發兵斷河上流，勿使得西。」博士祭酒崔浩曰：「裕圖秦久矣。今姚興死，子泓懦劣，國多内難。裕乘其危而伐之，其志必取。若遏其上流，裕心忿戾，必上岸北侵，是我代秦受敵也。今柔然寇邊，民食又乏，若復與裕爲敵，發兵南赴則北寇愈深，救北則南州復危，非良計也。不若假之水道，聽裕西上，然後屯兵以塞其東。使裕克捷，必德我之假道；不捷，吾不失救秦之名；此策之得者也。且南北異俗，借使國家棄恒山以南，裕必不能以吴、越之兵與吾爭守河北之地，安能爲吾患乎！夫爲國計者，惟社稷是利，豈顧一女子乎！」議者猶曰：「裕西入關，則恐吾斷其後，腹背受敵；北上，則姚氏必不出關助我，其勢必聲西而實北也。」嗣乃以司徒長孫嵩督山東諸軍事，又遣振威將軍娥清、冀州刺史阿薄干將步騎十萬屯河北岸。

魏人以數千騎緣河隨裕軍西行；軍人於南岸牽百丈，風水迅急，有漂渡北岸者，輒爲魏人所殺略。裕遣軍擊之，裁登岸則走，退則復來。夏四月，裕遣白直隊主丁旿帥仗士七百人、車百乘，渡北岸，去水百餘步，爲卻月陣，兩端抱河，車置七仗士，事畢，使豎一白毦；魏人不解其意，皆未動。裕先命寧朔將軍朱超石戒嚴，白毦既舉，超石帥二千人馳往赴之，齎大弩百張，一車益二十人，設彭排於轅上。魏人見營陣既立，乃進圍之；長孫嵩帥三萬騎助之，四面肉薄攻營，弩不能制。時超石別齎大鎚及稍千餘張，乃斷稍長三四尺，以鎚鎚之，一稍輒洞貫三四人。魏兵不能當，一時奔潰，死者相積；臨陣斬阿薄干，魏人退還畔城。超石帥寧朔將軍胡藩、寧遠將軍劉榮祖追擊，又破之，殺獲千計。魏主嗣聞之，乃恨不用崔浩之言。

《晉書》卷一〇《安帝紀》　是月，涼公李士業大敗沮渠蒙遜于鮮支澗。

五月，劉裕克潼關。

丁亥，會稽王修之薨。

《資治通鑑》卷一一八　乙未，齊郡太守王懿降於魏，上書言：「劉裕在洛，宜發兵絶其歸路，可不戰而克。」魏主嗣善之。

崔浩侍講在前，嗣問之曰：「劉裕伐姚泓，果能克乎？」對曰：「克之。」嗣曰：「何故？」對曰：「昔姚興好事虛名而少實用，子泓懦而多病，兄弟乖爭。裕乘其危，兵精將勇，何故不克！」嗣曰：「裕才何如慕容垂？」對曰：「勝之。垂藉父兄之資，修復舊業，國人歸之，若夜蟲之就火，少加倚仗，易以立功。劉裕奮起寒微，不階尺土，討滅桓玄，興復晉室，北禽慕容超，南梟盧循，所向無前，非其才之過人，安能如是乎！」嗣曰：「裕既入關，不能進退，我以精騎直擣彭城、壽春，裕將若之何？」對曰：「今西有屈丐，北有柔然，窺伺國隙。陛下既不可親御六師，雖有精兵，未睹良將。長孫嵩長於治國，短於用兵，非劉裕敵也。興兵遠攻，未見其利，不如且安靜以待之。裕克秦而歸，必篡其主。關中華、戎雜錯，風俗勁悍；裕欲以荆、揚之化施之函、秦，此無異解衣包火，張羅捕虎；雖留兵守之，人情未洽，趨尚不同，適足爲寇敵之資耳。願陛下按兵息民以觀其變，秦地終爲國家之有，可坐而守也。」嗣笑曰：「卿料之審矣。」浩曰：「臣嘗私論近世將相之臣：若王猛之治國，苻堅之管仲也；慕容恪之輔幼主，慕容暐之霍光也；劉裕之平禍亂，司馬德宗之曹操也。」嗣曰：「屈丐何如？」浩曰：「屈丐國破家覆，孤孑一身，寄食姚氏，受其封殖。不思醻恩報義，而乘時徼利，盜有一方，結怨四鄰；撅豎小人，雖能縱暴一時，終當爲人所吞食耳。」嗣大悦，語至夜半，賜浩御縹醪十觚，水精鹽一兩，曰：「朕味卿言，如此鹽、酒，故欲與卿共饗其美。」然猶命長孫嵩、叔孫建各簡精兵伺裕西過，自成皋濟河，南侵彭、沛；若不時過，則引兵隨之。

《晉書》卷一〇《安帝紀》　六月癸亥，林邑獻馴象、白鸚鵡。

秋七月，劉裕克長安，執姚泓，收其彝器，歸諸京師。

南海賊徐道期陷廣州，始興相劉謙之討平之。

《資治通鑑》卷一一八　冬十月己酉，嗣召長孫嵩等還。司馬休之尋卒於魏。魏賜國璠爵淮南公，道賜爵池陽子，魯軌爵襄陽公。刁雍表求南鄙自效，嗣以雍爲建義將軍。雍聚衆於河、濟之間，擾動徐、兖；太尉裕遣兵討之，不克。雍進屯固山，衆至二萬。

詔進宋公爵爲王，增封十郡，辭不受。

《晉書》卷一〇《安帝紀》　十一月辛未，左僕射、前將軍劉穆之卒。

《魏書》卷三《太宗紀》　十有二月己酉，詔河東、河内有姚泓子弟播越民間，能有送致京師者賞之。

癸亥，車駕還宫。

庚申，田于西山。

氐豪徐駭奴、齊元子等，擁部落三萬於雍，遣使内附，詔將軍王洛生及河内太守楊聲等西行以應之。

壬申，幸大寧長川。

姚泓尚書、東武侯姚敞，敞弟鎮遠將軍僧光，右將軍姚定世自洛來奔。

《資治通鑑》卷一一八　裕以次子桂陽公義真爲都督雍、梁、秦三州諸軍事、安西將軍、領雍、東秦二州刺史。

義熙一四年、北魏泰常三年（戊午、四一八）

《晉書》卷一〇《安帝紀》　春正月辛巳，大赦。

青州刺史沈田子害龍驤將軍王鎮惡于長安。

《資治通鑑》卷一一八　壬戌，太尉裕至彭城，解嚴。

以彭城内史劉遵考爲并州刺史、領河東太守，鎮蒲阪；徵荆州刺史劉道憐爲徐、兖二州刺史。

以義隆爲都督荆益寧雍梁秦六州諸軍事、西中郎將、荆州刺史。以南郡公劉義慶爲豫州刺史。

裕解司州，領徐、冀二州刺史。

三月，遣使聘魏。

《晉書》卷一〇《安帝紀》 夏六月，劉裕爲相國，進封宋公。

《魏書》卷三《太宗紀》 秋七月戊午，至於京師。

八月，雁門、河内大雨水，復其租税。

九月甲寅，詔諸州調民租，户五十石，積於定、相、冀三州。

《晉書》卷一〇《安帝紀》 冬十月，以涼公士業爲鎮西將軍，封酒泉公。

十一月，赫連勃勃大敗王師于青泥北。

雍州刺史朱齡石焚長安宫殿，奔于潼關。尋又大潰，齡石死之。

十二月戊寅，帝崩于東堂，時年三十七。葬休平陵。

晉恭帝部（起公元四一八年，迄公元四二〇年）

《讀史津逮》卷二《東晉》 恭皇帝，名德文，孝武帝次子，安帝同母弟。初封瑯琊王。義熙十四年戊午十二月即位，改元元熙，在位二年。恭思褚皇后。元熙二年庚申六月，劉裕簒位，逼帝下禪，欣然從之，封爲零陵王。永初二年，復使人弒之，壽三十六，葬冲平陵，謚曰恭皇帝。晉亡。

義熙一四年、北魏泰常三年（戊午、四一八）

《晉書》卷一〇《恭帝紀》 十二月戊寅，安帝崩。劉裕矯稱遺詔曰：「唯我有晉，誕膺明命，業隆九有，光宅四海。朕以不德，屬當多難，幸賴宰輔，拯厥顛覆。仍恃保佑，克黜禍亂，遂冕旒長極，混一六合。方憑阿衡，惟新洪業，而遘疾大漸，將遂弗興。仰惟祖宗靈命，親賢是荷。咨爾大司馬、琅邪王，體自先皇，明德光懋，屬惟儲貳，衆望攸集。其君臨晉邦，奉係宗祀，允執其中，燮和天下。闡揚末誥，無廢我高祖之景命。」

是日，即帝位，大赦。

《資治通鑑》卷一一八 是歲，河西王蒙遜奉表稱藩，拜涼州刺史。尚書右僕射袁湛卒。

元熙元年、北魏泰常四年（己未、四一九）

《晉書》卷一〇《恭帝紀》 春正月壬辰朔，改元。以山陵未厝，不朝會。立皇后褚氏。

《資治通鑑》卷一一八 甲午，徵宋公裕入朝，進爵爲王，裕辭。庚申，葬安皇帝于休平陵。

《晉書》卷一〇《恭帝紀》 戊戌，有星孛于太微西藩。帝受朝，懸而不樂。以驃騎將軍劉道憐爲司空。

《魏書》卷三《太宗紀》 夏四月庚辰，車駕有事於東廟，遠藩助祭者數百國。

辛巳，南巡，幸雁門。賜所過無出今年租賦。

五月庚寅朔，觀漁于灅水。

己亥，車駕還宮。復所過一年租賦。

《資治通鑑》卷一一八 秋七月，宋公裕始受進爵之命。

《晉書》卷一〇《恭帝紀》 八月，劉裕移鎮壽陽。以劉懷慎爲前將軍、北徐州刺史，鎮彭城。

九月，劉裕自解揚州。

冬十月乙酉，裕以其子桂陽公義真爲揚州刺史。

十一月丁亥朔，日有蝕之。

十二月辛卯，裕加殊禮。

己卯，太史奏，黑龍四見于東方。

元熙二年、北魏泰常五年（庚申、四二〇）

《魏書》卷三《太宗紀》 三月丙戌，南陽王意文薨。

夏四月，河西屠各帥黃大虎、羌酋不蒙娥等遣使内附。

丙寅，起灅南宮。

《資治通鑑》卷一一九 夏四月，徵王入輔。

《魏書》卷三《太宗紀》 五月乙酉，詔曰：「宣武皇帝體道得一，天縱自然，大行大名未盡盛美，非所以光揚洪烈，垂之無窮也。今因啓緯圖，始覩尊號，天人之意，焕然著明。其改『宣』曰『道』，更上尊謚曰道武皇帝，以彰靈命之先啓，聖德之玄同。告祀郊廟，宣于八表。」

庚戌，淮南侯司馬國璠、池陽侯司馬道賜等謀反伏誅。

《晉書》卷一〇《恭帝紀》 六月壬戌，劉裕至建康。

《資治通鑑》卷一一九 甲子，帝遜于琅邪第。

宋武帝部（起公元四二〇年，迄公元四二二年）

《南史》卷一《武帝紀》　宋高祖武皇帝諱裕，字德輿，小字寄奴，彭城縣綏輿里人，姓劉氏，漢楚元王交之二十一世孫也。彭城楚都，故苗裔家焉。晉氏東遷，劉氏移居晉陵丹徒之京口里。皇祖靖，晉東安太守。皇考翹，字顯宗，郡功曹。帝以晉哀帝興寧元年歲在癸亥三月壬寅夜生，神光照室盡明，是夕甘露降於墓樹。及長，雄傑有大度，身長七尺六寸，風骨奇偉，不事廉隅小節，奉繼母以孝聞。

永初元年、北魏泰常五年（庚申、四二〇）

《宋書》卷三《武帝紀下》　夏六月丁卯，設壇於南郊，即皇帝位，柴燎告天。策曰：

皇帝臣裕，敢用玄牡，昭告皇天后帝。晉帝以卜世告終，歷數有歸，欽若景運，以命于裕。夫樹君宰世，天下爲公，德充帝王，樂推攸集。越俶唐、虞，降暨漢、魏，靡不以上哲格文祖，元勳陟帝位，故能大拯黔首，垂訓無窮。晉自東遷，四維不振，宰輔焉依，爲日已久。難棘隆安，禍成元興，遂至帝主遷播，宗祀堙滅。裕雖地非齊、晉，衆無一旅，仰憤時難，俯悼横流，投袂一麾，則皇祀克復。及危而能持，顛而能扶，姦宄具殲，僭僞必滅。誠興廢有期，否終有數。至於大造晉室，撥亂濟民，因藉時來，實尸其重。加以殊俗慕義，重譯來庭，正朔所暨，咸服聲教。至乃三靈垂象，山川告祥，人神協祉，歲月滋著。是以羣公卿士，億兆夷人，僉曰皇靈降鑒於上，晉朝款誠於下，天命不可以久淹，宸極不可以暫曠。遂逼羣議，恭兹大禮。

猥以寡德，託於兆民之上，雖仰畏天威，略是小節，顧深永懷，祗懼若霣。敬簡元辰，升壇受禪，告類上帝，用酬萬國之情。克隆天保，永祚于有宋。惟明靈是饗。

禮畢，備法駕幸建康宮，臨太極前殿。詔曰：「夫世代迭興，承天統極，雖遭遇異塗，因革殊事，若乃功濟區宇，道振生民，興廢所階，異世一揆。朕以寡薄，屬當艱運，藉否終之期，因士民之力，用獲拯溺，匡世撥亂，安國寧民，業未半古，功參曩烈。晉氏以多難仍遘，曆運已移，欽若前王，憲章令軌，用集大命於朕躬。惟德匪嗣，辭不獲申，遂祗順三靈，饗兹景祚，燔柴於南郊，受終於文祖。猥當與能之期，爰集樂推之運，嘉祚肇開，隆慶惟始，思俾休嘉，惠兹兆庶。其大赦天下。改晉元熙二年爲永初元年。賜民爵二級。鰥寡孤獨不能自存者，人穀五斛。逋租宿債勿復收。其有犯鄉論清議、贓汙淫盜，一皆蕩滌洗除，與之更始。長徒之身，特皆原遣。亡官失爵，禁錮奪勞，一依舊准。」

封晉帝爲零陵王，全食一郡。載天子旌旗，乘五時副車，行晉正朔，郊祀天地禮樂制度，皆用晉典。上書不爲表，答表勿稱詔。追尊皇考爲孝穆皇帝，皇妣爲穆皇后，尊王太后爲皇太后。詔曰：「夫微禹之感，歎深後昆，盛德必祀，道隆百世。晉氏封爵，咸隨運改，至於德參微管，勳濟蒼生，愛人懷樹，猶或勿翦，雖在異代，義無泯絶。降殺之宜，一依前典。可降始興公封始興縣公，廬陵公封柴桑縣公，各千户；始安公封荔浦縣侯，長沙公封醴陵縣侯，康樂公可即封縣侯，各五百户：以奉晉故丞相王導、太傅謝安、大將軍温嶠、大司馬陶侃、車騎將軍謝玄之祀。其宣力義熙，豫同艱難者，一仍本秩，無所減降。」

封晉臨川王司馬寶爲西豐縣侯，食邑千户。

庚午，以司空道憐爲太尉，封長沙王。追封司徒道規爲臨川王。尚書僕射徐羨之加鎮軍將軍，右衛將軍謝晦爲中領軍，宋國領軍檀道濟爲護軍將軍，中領軍劉義欣爲青州刺史。立南郡公義慶爲臨川王。又詔曰：「夫銘功紀勞，有國之要典；慎終追舊，在心之所隆。自大業創基，十有七載，世路迍邅，戎車歲動，自東徂西，靡有寧日。實賴將帥竭心，文武盡効，寧内拓外，迄用有成。威靈遠著，寇逆消蕩，遂當揖讓之禮，猥饗天人之祚。念功簡勞，無忘鑒寐，凡厥誠勤，宜同國慶。其酬賞復除之科，以時論舉。戰亡之身，厚加復贈。」

乙亥，立桂陽公義真爲廬陵王，彭城公義隆爲宜都王，第四皇子義康爲彭城王。

丁丑，詔曰：「古之王者，巡狩省方，躬覽民物，搜揚幽隱，拯災卹患，用能風澤遐被，遠至邇安。朕以寡闇，道謝前哲，因受終之期，託兆庶之上，鑒寐屬慮，思求民瘼。才弱事艱，若無津濟，夕惕永念，心馳遐域。可遣大使分行四方，旌賢舉善，問所疾苦。其有獄訟虧濫，政刑乖愆，傷化擾治，未允民聽者，皆當具以事聞。萬事之宜，無失厥中，暢朝廷乃眷之旨，宣下民壅隔之情。」戊寅，詔曰：「百官事殷俸薄，禄不代耕。雖國儲未豐，要令公私周濟。諸供給昔減半者，可悉復舊。六軍見禄粗可，不在此例。其餘官僚，或自本俸素少者，亦疇量增之。」

己卯，改晉泰始曆爲永初曆。

秋七月丁亥，原放劫賊餘口没在臺府者，諸流徙家並聽還本土。又運舟材及運船，不復下諸郡輸出，悉委都水別量。臺府所須，皆別遣主帥與民和市，即時裨直，不復責租民求辦。又停廢虜車牛，不得以官威假借。又以市税繁苦，優量減降。從征關、洛，殞身戰場，幽没不反者，贍賜其家。

己丑，陳留王曹虔嗣薨。

辛卯，復置五校三將官，增殿中將軍員二十人，餘在員外。

戊戌，後將軍、雍州刺史趙倫之進號安北將軍，征虜將軍、北徐州刺史劉懷慎進號平北將軍，征西大將軍、開府儀同三司楊盛進號車騎大將軍。

甲辰，鎮西將軍李歆進號征西將軍，平西將軍乞佛熾盤進號安西大將軍，征東將軍高句驪王高璉進號征東大將軍，鎮東將軍百濟王扶餘映進號鎮東大將軍。置東宮冗從僕射、旅賁中郎將官。

戊申，遷神主於太廟，車駕親奉。

壬子，詔曰：「往者軍國務殷，事有權制，劫科峻重，施之一時。今王道惟新，政和法簡，可一除之，還遵舊條。反叛淫盜三犯補冶士，本謂一事三犯，終無悛革。主者頃多并數衆事，合而爲三，甚違立制之旨，普更申明。」

八月戊午，西中郎將、荆州刺史宜都王義隆進號鎮西將軍。

辛酉，開亡叛赦，限内首出，蠲租布二年。先有資狀、黄籍猶存者，聽復本注。諸舊郡縣以北爲名者，悉除；寓立於南者，聽以南爲號。又制有無故自殘傷者補冶士，實由政刑煩苛，民不堪命，可除此條。

罷青州併兗州。

戊辰，詔曰：「彭、沛、下邳三郡，首事所基，情義繾綣，事由情奬，古今所同。彭城桑梓本鄉，加隆攸在，優復之制，宜同豐、沛。其沛郡、下邳可復租布三十年。」

《資治通鑑》卷一一九　辛未，追謚妃臧氏爲敬皇后。

《宋書》卷三《武帝紀下》　癸酉，立王太子爲皇太子。

乙亥，詔曰：「朕承曆受終，猥饗天命。荷積善之祚，藉士民之力，七廟備文，率由令範。先後祇嚴，獲遂宣訓，蒸嘗肇建，情敬無違。加以儲宫備禮，皇基彌固，國慶家禮，爰集旬日，豈予一人，獨荷兹慶。其見刑罪無輕重，可悉原赦。限百日，以今爲始。先因軍事所發奴僮，各還本主；若死亡及勳勞破免，亦依限還直。」

閏月壬午朔，詔曰：「晉世帝后及藩王諸陵守衛，宜便置格。其名賢先哲，見優前代，或立德著節，或寧亂庇民，墳塋未遠，並宜灑掃。主者具條以聞。」

丁酉，特進、左光禄大夫孔季恭加開府儀同三司。

辛丑，詔曰：「主者處案雖多所諮詳，若衆官命議，宜令明審。自頃或總稱參詳，於文漫略。自今有厝意者，皆當指名其人；所見不同，依舊繼啟。」又詔曰：「諸處冬使，或遣或不，事役宜省，今可悉停。唯元正大慶，不在其例。郡縣遣冬使詣州及都督府，亦停之。」

九月壬子朔，置東宫殿中將軍十人，員外二十人。

壬申，置都官尚書。

冬十月辛卯，改晉所用王肅祥禫二十六月儀，依鄭玄二十七月而後除。

《資治通鑑》卷一一九　十二月丁亥，杏城羌酋狄温子帥三千餘家降魏。

《宋書》卷三《武帝紀下》　辛巳朔，車駕臨延賢堂聽訟。

《資治通鑑》卷一一九　是歲，魏姚夫人卒，追謚昭哀皇后。

永初二年、北魏泰常六年（辛酉、四二一）

《宋書》卷三《武帝紀下》　春正月辛酉，車駕祠南郊，大赦天下。

丙寅，斷金銀塗。

以揚州刺史廬陵王義真爲司徒，以尚書僕射、鎮軍將軍徐羡之爲尚書令、揚州刺史。丙子，南康揭陽蠻反，郡縣討破之。

己卯，禁喪事用銅釘。罷會稽郡府。

二月己丑，車駕幸延賢堂策試諸州郡秀才、孝廉。揚州秀才顧練、豫州秀才殷朗所對稱旨，並以爲著作佐郎。

戊申，制中二千石加公田一頃。

《資治通鑑》卷一一九 三月甲子，魏陽平王熙卒。

魏主發代都六千人築苑，東包白登，周三十餘里。

《宋書》卷三《武帝紀下》 三月乙丑，初限荆州府置將不得過二千人，吏不得過一萬人；州置將不得過五百人，吏不得過五千人。兵士不在此限。

夏四月己卯朔，詔曰：「淫祠惑民費財，前典所絶，可並下在所除諸房廟。其先賢及以勳德立祠者，不在此例。」

戊申，車駕於華林園聽訟。

己亥，以左衛將軍王仲德爲冀州刺史。

五月己酉，置東宫屯騎、步兵、翊軍三校尉官。

甲戌，車駕又幸華林園聽訟。

《資治通鑑》卷一一九 六月乙酉，魏主北巡至蟠羊山。

《宋書》卷三《武帝紀下》 壬寅，詔曰：「杖罰雖有舊科，然職務殷碎，推坐相尋。若皆有其實，則體所不堪；文行而已，又非設罰之意。可籌量觕爲中否之格。」

車駕又於華林園聽訟。

甲辰，制諸署敕吏四品以下，又府署所得輒罰者，聽統府寺行四十杖。

秋七月己巳，地震。

八月壬辰，車駕又於華林園聽訟。

九月己丑，零陵王薨。車駕三朝率百僚舉哀於朝堂，一依魏明帝服山陽公故事。太尉持節監護，葬以晉禮。

冬十月丁酉，詔曰：「兵制峻重，務在得宜。役身死叛，輒考傍親，流遷彌廣，未見其極。遂令冠帶之倫，淪陷非所。宜革以弘泰，去其密科。自今犯罪充兵合舉户從役者，便付營押領。其有户統及謫止一身者，不得復侵濫服親，以相連染。」

《資治通鑑》卷一一九 己亥，詔以河西王蒙遜爲鎮軍大將軍、開府儀同三司，凉州刺史。

《宋書》卷三《武帝紀下》 癸卯，車駕於延賢堂聽訟，以員外散騎常侍應襲爲寧州刺史。

《資治通鑑》卷一一九 十一月辛亥，葬晉恭帝于沖平陵，帝帥百官瞻送。

十二月丙申，魏主西巡，至雲中。

《魏書》卷三《太宗紀》 是歲，沮渠蒙遜滅李恂。

永初三年、北魏泰常七年（壬戌、四二二）

《宋書》卷三《武帝紀下》 春正月甲辰朔，詔刑罰無輕重，悉皆原降。

壬子，以前冀州刺史王仲德爲徐州刺史。

癸丑，以尚書令、揚州刺史徐羡之爲司空、録尚書事，刺史如故。撫軍將軍、江州刺史王弘進號衛將軍、開府儀同三司，太子詹事傅亮爲尚書僕射、中領軍謝晦爲領軍將軍。

乙卯，以輔國將軍毛德祖爲司州刺史。

乙丑，詔曰：「古之建國，教學爲先，弘風訓世，莫尚於此，發蒙啟滯，咸必由之。故爰自盛王，迄於近代，莫不敦崇學藝，修建庠序。自昔多故，戎馬在郊，旍旗卷舒，日不暇給。遂令學校荒廢，講誦蔑聞，軍旅日陳，俎豆藏器，訓誘之風，將墜于地。後生大懼於牆面，故老竊歎於子衿。此《國風》所以永思，《小雅》所以懷古。今王略遠屆，華域載清，仰風之士，日月以冀。便宜博延胄子，陶獎童蒙，選備儒官，弘振國學。主者考詳舊典，以時施行。」

二月丁丑，詔曰：「豫州南臨江滸，北接河、洛，民荒境曠，轉輸艱遠，撫莅之宜，各有其便。淮西諸郡，可立爲豫州；自淮以東，爲南豫州。」以豫州刺史彭城王義康爲南豫州刺史，征虜將軍劉粹爲豫州刺史。又分荆州十郡還立湘州，左衛將軍張邵爲湘州刺史。

戊寅，以徐州之梁，還屬豫州。

《資治通鑑》卷一一九 三月，上不豫，太尉長沙王道憐、司空徐羡之、尚書僕射傅亮、領軍將軍謝晦、護軍將軍檀道濟並入侍醫藥。羣臣請祈禱神祇，上不許，唯使侍中謝方明以疾告宗廟而已。

《宋書》卷三《武帝紀下》 丁未，以司徒廬陵王義真爲車騎將軍、開府儀同三司、南豫州刺史。上疾瘳。

己未，大赦天下。時秦雍流户悉南入梁州。庚申，送紵絹萬匹，荆、雍州運米，委州刺史隨宜賦給。

辛酉，亡命刁彌攻京城，得入，太尉留府司馬陸仲元討斬之。

《資治通鑑》卷一一九 夏四月甲戌，魏立皇子燾爲太平王，拜相國，加大將軍；丕爲樂平王，彌爲安定王。

《魏書》卷三《太宗紀》 範爲樂安王，加中軍大將軍；健爲永昌王，加撫軍大將軍；崇爲建寧王，加輔國大將軍；俊爲新興王，加鎮軍大將軍；獻懷長公主子嵇敬，封長樂王，拜大司馬、大將軍。

《宋書》卷三《武帝紀下》 乙亥，封仇池公楊盛爲武都王，平南將軍楊撫進號安南將軍。

丁亥，以車騎司馬徐琰爲兖州刺史。

庚寅，左光禄大夫、開府儀同三司孔季恭薨。

五月，上疾甚，召太子誡之曰：「檀道濟雖有幹略，而無遠志，非如兄韶有難御之氣也。徐羡之、傅亮當無異圖。謝晦數從征伐，頗識機變，若有同異，必此人也。小卻，可以會稽、江州處之。」又爲手詔曰：「朝廷不須復有別府，宰相帶揚州，可置甲士千人。若大臣中任要，宜有爪牙以備不祥人者，可以臺見隊給之。有征討悉配以臺見軍隊，行還復舊。後世若有幼主，朝事一委宰相，母后不煩臨朝。仗既不許入臺殿門，要重人可詳給班劍。」

癸亥，上崩於西殿，時年六十。

《資治通鑑》卷一一九 魏主服寒食散，頻年藥發，災異屢見，頗以自憂。遣中使密問白馬公崔浩曰：「屬者日食趙、代之分。朕疾彌年不愈，恐一旦不諱，諸子並少，將若之何？其爲我思身後之計！」浩曰：「陛下春秋富盛，行就平愈；必不得已，請陳瞽言。自聖代龍興，不崇儲貳，是以永興之始，社稷幾危。今宜早建東宮，選賢公卿以爲師傅，左右信臣以爲賓友；入總萬機，出撫戎政。如此，則陛下可以優遊無爲，頤神養壽。萬歲之後，國有成主，民有所歸，姦宄息望，禍無自生矣。皇子燾年將周星，明叡温和，立子以長，禮之大經，若必待成人然後擇之，倒錯天倫，則召亂之道也。」魏主復以問南平公長孫嵩。對曰：「立長則順，置賢則人服；燾長且賢，天所命也。」帝從之，立太平王燾爲皇太子，使之居正殿臨朝，爲國副主。以長孫嵩及山陽公奚斤、北新公安同爲左輔，坐東廂，西面；崔浩與太尉穆觀、散騎常侍代人丘堆爲右弼，坐西廂，東面；百官總己以聽焉。帝避居西宮，時隱而窺之，聽其決斷，大悦，謂侍臣曰：「嵩宿德舊臣，歷事四世，功存社稷；斤辯捷智謀，名聞遐邇；同曉解俗情，明練於事；觀達於政要，識吾旨趣；浩博聞强識，精察天人；堆雖無大用，然在公專謹。以此六人輔相太子，吾與汝曹巡行四境，伐叛柔服，足以得志於天下矣。」

魏主又以典東西部劉絜、門下奏事代人古弼、直郎徒河盧魯元忠謹恭勤，使之給侍東宮，分典機要，宣納辭令。太子聰明，有大度；羣臣時奏所疑，帝曰：「此非我所知，當決之汝曹國主也。」

《宋書》卷三《武帝紀下》 秋七月己酉，葬丹陽建康縣蔣山初寧陵。

宋少帝部（起公元四二二年，迄公元四二四年）

《宋書》卷四《少帝紀》 少帝諱義符，小字車兵，武帝長子也。母曰張夫人。晉義熙二年，生於京口。武帝晚無男，及帝生，甚悅。年十歲，拜豫章公世子。帝有旅力，善騎射，解音律。宋臺建，拜宋世子。元熙元年，進爲宋太子。武帝受禪，立爲皇太子。

永初三年、北魏泰常七年（壬戌、四二二）

《宋書》卷四《少帝紀》 五月癸亥，武帝崩，是日，太子即皇帝位。大赦。尊皇太后曰太皇太后。

六月壬申，以尚書僕射傅亮爲中書監，司空徐羡之、領軍將軍謝晦及亮輔政。

《資治通鑑》卷一一九 魏建義將軍刁雍寇青州，州兵擊破之。雍收散卒，走保左鄉山。

戊子，太尉長沙王道憐薨。

《資治通鑑》卷一一九 秋七月己酉，葬武皇帝于初甯陵，廟號高祖。

《宋書》卷四《少帝紀》 秋九月丁未，有司奏武皇帝配南郊，武敬皇后配北郊。

《資治通鑑》卷一一九 十月，魏軍將發，公卿集議於監國之前，以先攻城與先略地。奚斤欲先攻城，崔浩曰：「南人長於守城。昔苻氏攻襄陽，經年不拔。今以大兵坐攻小城，若不時克，挫傷軍勢，敵得徐嚴而來，我怠彼鋭，此危道也。不如分軍略地，至淮爲限，列置守宰，收斂租穀，則洛陽、滑臺、虎牢更在軍北，絶望南救，必沿河東走；不則爲囿中之物，何憂其不獲也！」公孫表固請攻城，魏主從之。

於是奚斤等帥步騎二萬，濟河，營於滑臺之東。時司州刺史毛德祖戍虎牢，東郡太守王景度告急於德祖，德祖遣司馬翟廣等將步騎三千救之。

先是，司馬楚之聚衆在陳留之境，聞魏兵濟河，遣使迎降。魏以楚之爲征南將軍、荆州刺史，使侵擾北境。德祖遣長社令王法政將五百人戍邵陵，將軍劉憐將二百騎戍雍丘以備之。楚之引兵襲憐，不克。會臺送軍資，憐出迎之，酸棗民王玉馳以告魏。

丁酉，魏尚書滑稽引兵襲倉垣，兵吏悉踰城走，陳留太守馮翊嚴稜詣斤降。魏以王玉爲陳留太守，給兵守倉垣。

奚斤等攻滑臺，不拔，求益兵，魏主怒，切責之。壬辰，自將諸國兵五萬餘人南出天關，踰恒嶺，爲斤等聲援。

十一月，魏太子燾將兵出屯塞上，使安定王彌與安同居守。

庚戌，奚斤等急攻滑臺，拔之。王景度出走；景度司馬陽瓚爲魏所執，不降而死。魏主以成皋侯苟兒爲兗州刺史，鎮滑臺。斤等進擊翟廣等於土樓，破之，乘勝進逼虎牢；毛德祖與戰，屢破之。魏主別遣黑矟將軍于栗磾將三千人屯河陽，謀取金墉，德祖遣振威將軍竇晃等緣河拒之。

十二月丙戌，魏主至冀州，遣楚兵將軍、徐州刺史叔孫建將兵自平原濟河，徇青、兗。豫州刺史劉粹遣治中高道瑾將步騎五百據項城，徐州刺史王仲德將兵屯湖陸。于栗磾濟河，與奚斤并力攻竇晃等，破之。

魏主遣中領軍代人娥清、期思侯柔然閭大肥將兵七千人會周幾、叔孫建南渡河，軍於碻磝。

癸未，兗州刺史徐琰棄尹卯南走。於是泰山、高平、金鄉等郡皆没于魏。叔孫建等東入青州，司馬愛之、季之先聚衆於濟東，皆降於魏。

景平元年、魏泰常八年（癸亥、四二三）

《宋書》卷四《少帝紀》 春正月己亥朔，大赦，改元爲景平元年。文武進位二等。

辛丑，祀南郊。

虜將達奚印破金墉，進圍虎牢。毛德祖擊虜敗之，虜退而復合。拓跋木末又遣安平公涉歸寇青州。

《資治通鑑》卷一一九 癸卯，河南太守王涓之棄城走。魏主以栗磾爲豫州刺史，鎮洛陽。

《宋書》卷四《少帝紀》　乙卯，有星孛於東壁。

《資治通鑑》卷一一九　庚申，檀道濟軍于彭城。

魏叔孫建入臨淄，所向城邑皆潰。竺夔聚民保東陽城，其不入城者，使各依據山險，芟夷禾稼，魏軍至，無所得食。濟南太守垣苗帥衆依夔。刁雍見魏主於鄴，魏主曰：「叔孫建等入青州，民皆藏避，攻城不下。彼素服卿威信，今遣卿助之。」乃以雍爲青州刺史，給雍騎，使行募兵以取青州。魏兵濟河向青州者凡六萬騎，刁雍募兵得五千人，撫慰士民，皆送租供軍。

《宋書》卷四《少帝紀》　二月丁丑，太皇太后崩。

沮渠蒙遜、吐谷渾阿豺並遣使朝貢。

庚辰，爵蒙遜爲驃騎大將軍，封河西王。以阿豺爲安西大將軍、沙州刺史，封澆河公。

辛未，富陽人孫法光反，寇山陰，會稽太守褚淡之遣山陰令陸劭討敗之。

《資治通鑑》卷一一九　魏奚斤、公孫表等共攻虎牢，魏主自鄴遣兵助之。毛德祖於城内穴地入七丈，分爲六道，出魏圍外；募敢死之士四百人，使參軍范道基等帥之，從穴中出，掩襲其後。魏軍驚擾，斬首數百級，焚其攻具而還。魏兵雖退散，隨復更合，攻之益急。

奚斤自虎牢將步騎三千攻潁川太守李元德於許昌，元德等敗走。魏以潁川人庾龍爲潁川太守，戍許昌。

毛德祖出兵與公孫表大戰，從朝至晡，殺魏兵數百。會奚斤自許昌還，合擊德祖，大破之，亡甲士千餘人，復嬰城自守。

魏主又遣萬餘人從白沙渡河，屯濮陽南。

朝議以項城去魏不遠，非輕軍所抗，使劉粹召高道瑾還壽陽；若沈叔貍已進，亦宜且追。粹奏：「虜攻虎牢，未復南向，若遽攝軍捨項城，則淮西諸郡無所憑依；沈叔貍已頓肥口，又不宜遽退。」時李元德帥散卒二百至項，劉粹使助高道瑾戍守，請宥其奔敗之罪，朝議並許之。

《宋書》卷四《少帝紀》　三月壬寅，孝懿皇后祔葬於興寧陵。

《資治通鑑》卷一一九　乙卯，魏主濟自靈昌津，遂如東郡、陳留。

《宋書》卷四《少帝紀》　甲子，豫州刺史劉粹遣軍襲許昌，殺虜潁川太守庾龍。

乙丑，虜騎寇高平。初虜自河北之敗，請修和親；及聞高祖崩，因復侵擾，河、洛之地騷然矣。

《資治通鑑》卷一一九　魏主引兵北濟，西如河内。娥清、周幾、閭大肥徇地至湖陸、高平，民屯聚而射之。清等盡攻破高平諸縣，滅數千家，虜掠萬餘口。兖州刺史鄭順之戍湖陸，以兵少不敢出。

魏主又遣并州刺史伊樓拔助奚斤攻虎牢；毛德祖隨方抗拒，頗殺魏兵，而將士稍零落。

《宋書》卷四《少帝紀》　夏四月，檀道濟北征，次臨朐，焚虜攻具。

《資治通鑑》卷一一九　閏月丁未，魏主如河内，登太行，至高都。

叔孫建自滑臺西就奚斤，共攻虎牢。虎牢被圍二百日，無日不戰，勁兵戰死殆盡，而魏增兵轉多。魏人毁其外城，毛德祖於其内更築三重城以拒之，魏人又毁其二重。德祖唯保一城，晝夜相拒，將士眼皆生創；德祖撫之以恩，終無離心。時檀道濟軍湖陸，劉粹軍項城，沈叔貍軍高橋，皆畏魏兵强，不敢進。

丁巳，魏人作地道以洩虎牢城中井，井深四十丈，山勢峻峭，不可得防；城中人馬渴乏，被創者不復出血，重以饑疫。魏仍急攻之。

己未，城陷；將士欲扶德祖出走，德祖曰：「我誓與此城俱斃，義不使城亡而身存也！」魏主命將士：「得德祖者，必生致之。」將軍代人豆代田執德祖以獻。將佐在城中者，皆爲魏所虜，唯參軍范道基將二百人突圍南還。魏士卒疫死者亦什二三。

奚斤等悉定司、兖、豫諸郡縣，置守宰以撫之。魏主命周幾鎮河南，河南人安之。

《魏書》卷三《太宗紀》　六月己亥，太尉、宜都公穆觀薨。

丙辰，北巡，至於參合陂，遊於蟠羊山。

《宋書》卷四《少帝紀》　秋七月癸酉，尊所生張夫人爲皇太后。

丁丑，以旱，詔赦五歲刑以下罪人。

《資治通鑑》卷一一九　九月乙亥，魏主還宮。召奚斤還平城，留兵守虎牢；使娥清、周幾鎮枋頭；以司馬楚之所將户口置汝南、南陽、南頓、新蔡四郡，以益豫州。

冬十月癸卯，魏人廣西宮外垣，周二十里。

《宋書》卷四《少帝紀》 己未，有星孛於氐，指尾，貫攝提，向大角，仲月在危，季月掃天倉而後滅。

《資治通鑑》卷一一九 十一月，魏周幾寇許昌，許昌潰，潁川太守李元德奔項。戊辰，魏人圍汝陽，汝陽太守王公度亦奔項。劉粹遣其將姚聳夫等將兵助守項城。魏人夷許昌城，毀鍾城，以立封疆而還。

己巳，魏太宗殂。壬申，世祖即位，大赦。

十二月庚子，魏葬明元帝于金陵，廟號太宗。

魏主追尊其母杜貴嬪爲密皇后。自司徒長孫嵩以下普增爵位。以襄城公盧魯元爲中書監，會稽公劉絜爲尚書令，司衛監尉眷、散騎侍郎劉庫仁等八人分典四部。眷，古真之弟子也。

以河内鎮將代人羅結爲侍中、外都大官，總三十六曹事。

《宋書》卷四《少帝紀》 丙寅，省寧州之江陽、犍爲、安上三郡，合爲宋昌郡。

景平二年、北魏始光元年（甲子、四二四）

《宋書》卷四《少帝紀》 春二月癸巳朔，日有蝕之。

廢南豫州刺史廬陵王義真爲庶人，徙新安郡。

乙未，以皇弟義恭爲冠軍將軍，南豫州刺史。

乙巳，大風，天有五色雲，占者以爲有兵。

高麗國遣使貢獻。

執政使使者誅義真於新安。

夏五月，江州刺史王弘、南兗州刺史檀道濟入朝。帝居處所爲多過失。

乙酉，皇太后令曰：

王室不造，天禍未悔，先帝創業弗永，棄世登遐。義符長嗣，屬當天位，不謂窮凶極悖，一至於此。大行在殯，宇内哀惶，幸災肆於悖詞，喜容表於在慼。至乃徵召樂府，鳩集伶官，優倡管絃，靡不備奏，珍羞甘膳，有加平日。採擇媵御，產子就宮，靦然無怍，醜聲四達。及懿后崩背，重加天罰，親與左右執紼歌呼，推排梓宮，抃掌笑謔，殿省備聞。加復日夜媟狎，羣小慢戲，興造千計，費用萬端，帑藏空虛，人力殫盡。刑罰苛虐，幽囚日增。居帝王之位，好皁隸之役，處萬乘之尊，悅廝養之事。親執鞭撲，毆擊無辜，以爲笑樂。穿池築觀，朝成暮毀，徵發工匠，疲極兆民。遠近歎嗟，人神怨怒。社稷將墜，豈可復嗣守洪業，君臨萬邦。今廢爲營陽王，一依漢昌邑、晉海西故事。

鎮〔西將軍宜都王，仁明孝弟，著自幼辰。德業沖粹，識心明允。宜纂洪統，光臨億兆。主者詳依典故，以時奉迎。未亡人嬰此百罹，雖存若隕。永悼情事，撫心摧塞。〕

六月癸丑，徐羡之等使中書舍人邢安泰弑帝於金昌亭。帝有勇力，不即受制，突走出昌門，追以門關踣之，致殞。時年十九。

宋文帝部（起公元四二四年，迄公元四五三年）

《讀史津逮》卷三《南宋》　太祖文皇帝，名義隆，小字車兒，武帝第三子，母胡太后。初封宜都王，少帝廢，迎立之。甲子秋八月即位，改本年爲元嘉元年。在位三十年，壽四十七。

元嘉元年、北魏始光元年（甲子、四二四）

《宋書》卷五《文帝紀》　七月中，少帝廢。百官備法駕奉迎，入奉皇統。行臺至江陵，進璽紱。侍中臣琇，散騎常侍臣𩒨之【略】等上表曰：「臣聞否泰相革，數窮則變，天道所以不謟，卜世所以靈長。乃者運距陵夷，王室難晦，九服之命，靡所適歸，高祖之業，將墜於地。賴基厚德深，人神同獎，社稷以寧，有生獲乂。伏惟陛下君德自然，聖明在御，孝悌著於家邦，風猷宣於蕃牧。是以徵祥雜沓，符瑞燿煇。宗廟神靈，乃眷西顧，萬邦黎獻，望景託生。臣等忝荷朝列，豫充將命，復集休明之運，再覩太平之業。行臺至止，瞻望城闕，不勝喜説鳧藻之情，謹詣門拜表以聞。」上答曰：「皇運艱弊，數鍾屯夷，仰惟崇基，感尋國故，永慕厥躬，悲慨交集。賴七百祚永，股肱忠賢，故能休否以泰，天人式序。猥以不德，謬降大命，顧己兢悸，何以克堪。輒當暫歸朝庭，展哀陵寢，并與賢彦申寫所懷。望體其心，勿爲辭費。」府州佐史並稱臣，請題牓諸門，一依宮省，上不許。

甲戌，發江陵。

八月丙申，車駕至京城。

丁酉，謁初寧陵，還於中堂，即皇帝位。

大赦天下，改景平二年爲元嘉元年。文武賜位二等，逋租宿債勿復收。

《資治通鑑》卷一二〇　戊戌，謁太廟。詔復廬陵王先封，迎其柩及孫脩華、謝妃還建康。

《宋書》卷五《文帝紀》　庚子，以行撫軍將軍、荆州刺史謝晦爲撫軍將軍、荆州刺史。

癸卯，司空、録尚書事、揚州刺史徐羨之進位司徒，衛將軍、江州刺史王弘進位司空，中書監、護軍將軍傅亮加左光禄大夫、開府儀同三司，撫軍將軍、荆州刺史謝晦進號衛將軍，鎮北將軍、南兖州刺史檀道濟進號征北將軍。

甲辰，追尊所生胡婕妤爲皇太后，謚曰章后。衛將軍、南徐州刺史彭城王義康進號驃騎將軍，冠軍將軍、南豫州刺史義恭進號撫軍將軍，封江夏王。立第六皇弟義宣爲竟陵王，第七皇弟義季爲衡陽王。

戊申，以豫州刺史劉粹爲雍州刺史，驍騎將軍管義之爲豫州刺史，南蠻校尉到彦之爲中領軍。

己酉，減荆、湘二州今年税布之半。

《資治通鑑》卷一二〇　柔然紇升蓋可汗聞魏太宗殂，將六萬騎入雲中，殺掠吏民，攻拔盛樂宫。魏世祖自將輕騎討之，三日二夜至雲中。紇升蓋引騎圍魏主五十餘重，騎逼馬首，相次如堵；將士大懼，魏主顔色自若，衆情乃安。紇升蓋以弟子於陟斤爲大將，魏人射殺之，紇升蓋懼，遁去。尚書令劉絜言於魏主曰：「大檀自恃其衆，必將復來，請俟收田畢，大發兵爲二道，東西並進以討之。」魏主然之。

《宋書》卷五《文帝紀》　九月丙子，立妃袁氏爲皇后。

《資治通鑑》卷一二〇　冬十月，吐谷渾威王阿柴卒。阿柴有子二十人。疾病，召諸子弟謂之曰：「先公車騎，以大業之故，舍其子拾虔而授孤，孤敢私於緯代而忘先君之志乎！我死，汝曹當奉慕璝爲主。」緯代者，阿柴之長子；慕璝者，阿柴之母弟、叔父烏紇提之子也。

十二月，魏主命安集將軍長孫翰、安北將軍尉眷北擊柔然，魏主自將屯柞山。柔然北遁，諸軍追之，大獲而還。

詔拜營陽王母張氏爲營陽太妃。

元嘉二年、北魏始光二年（乙丑、四二五）

《宋書》卷五《文帝紀》　正月丙寅，司徒徐羨之、尚書令傅亮奉表歸政，上始親覽。辛未，車駕祠南郊，大赦天下。

《資治通鑑》卷一二〇　二月，燕有女子化爲男；燕主以問羣臣。

尚書左丞傅權對曰：「西漢之末，雌雞化爲雄，猶有王莽之禍。況今女化爲男，臣將爲君之兆也。」

《魏書》卷四上《世祖紀》 慕容渴悉鄰反於北平，攻破郡治，太守與守將擊敗之。

三月丙辰，尊保母竇氏曰保太后。丁巳，以北平王長孫嵩爲太尉，平陽王長孫翰爲司徒，宜城王奚斤爲司空。庚申，營故東宮爲萬壽宮，起永安、安樂二殿，臨望觀、九華堂。

《宋書》卷五《文帝》 乙丑，左將軍、徐州刺史王仲德進號安北將軍。

夏五月戊寅，特進謝澹卒。

《資治通鑑》卷一二〇 六月，武都惠文王楊盛卒。初，盛聞晉亡，不改義熙年號，謂世子玄曰：「吾老矣，當終爲晉臣，汝善事宋帝。」及盛卒，玄自稱都督隴右諸軍事、征西大將軍、開府儀同三司、秦州刺史、武都王，遣使來告喪，始用元嘉年號。

秋七月，秦王熾磐遣鎮南將軍吉毗等南擊黑水羌酋丘擔，大破之。

八月，夏武烈帝殂，葬嘉平陵，廟號世祖； 太子昌即皇帝位。大赦，改元承光。

《宋書》卷五《文帝紀》 甲申，以關中流民出漢川，置京兆、扶風、馮翊等郡。

乙酉，驃騎將軍、南徐州刺史、彭城王義康爲開府儀同三司，新除司空王弘爲車騎大將軍、開府儀同三司，以右軍長史江恒爲廣州刺史。

冬十一月癸酉，以前將軍楊玄爲征西將軍、北秦州刺史。

《魏書》卷四上《世祖紀》 是年，赫連屈丐死，子昌僭立。

元嘉三年、北魏始光三年（丙寅、四二六）

《宋書》卷五《文帝紀》 正月丙寅，司徒、録尚書事、揚州刺史徐羨之，尚書令、護軍將軍、左光禄大夫傅亮，有罪伏誅。遣中領軍到彦之、征北將軍檀道濟討荆州刺史謝晦，上親率六師西征。大赦天下。

丁卯，以車騎大將軍、江州刺史王弘爲司徒、録尚書事、揚州刺史，驃騎將軍、南徐州刺史彭城王義康改爲荆州刺史，撫軍將軍、南豫州刺史江夏王義恭改爲南徐州刺史。

己巳，以前護軍將軍趙倫之爲鎮軍將軍。

閏月丙戌，皇子劭生。

《資治通鑑》卷一二〇 帝下詔戒嚴，大赦，諸軍相次進路以討謝晦。晦以弟遯爲竟陵内史，將萬人總留任，帥衆二萬發江陵，列舟艦自江津至於破冢，旌旗蔽日，歎曰：「恨不得以此爲勤王之師。」

《宋書》卷五《文帝紀》 二月乙卯，繫囚見徒，一皆原赦。

戊午，以金紫光禄大夫王敬弘爲尚書左僕射，豫章太守鄭鮮之爲尚書右僕射。

建安太守潘盛有罪伏誅。

庚申，特進范泰加光禄大夫。

是日，車駕發京師。

戊辰，到彦之、檀道濟大破謝晦於隱磯。

丙子，車駕自蕪湖反旆。

己卯，擒晦於延頭，送京師伏誅。

《資治通鑑》卷一二〇 三月辛巳，帝還建康，徵謝靈運爲秘書監，顔延之爲中書侍郎，賞遇甚厚。帝以慧琳道人善談論，因與議朝廷大事，遂参權要，賓客輻湊，門車常有數十兩，四方贈賂相係，方筵七八，座上恒滿。

《宋書》卷五《文帝紀》 夏五月乙未，以征北將軍、南兗州刺史檀道濟爲征南大將軍、江州刺史，中領軍到彦之爲南豫州刺史。

戊戌，以後將軍長沙王義欣爲南兗州刺史。

乙巳，驃騎大將軍、凉州牧大沮渠蒙遜改爲車騎大將軍。

詔曰：「夫哲王宰世，廣達四聰，猶巡嶽省方，采風觀政。所以情僞必審，幽遐罔滯，王澤無擁，九皋有聞者也。朕以寡薄，猥纂洪緒。雖永念治道，志存昧旦，顧言傅巖，發想宵寐，而丘園之秀，藏器未臻，物情民隱，尚隔視聽。乃眷區域，輟寢忘飡。今氛祲祛蕩，宇内寧晏，旌賢弘化，於是乎始。可遣大使巡行四方。其宰守稱職之良，閨蓽一介之善，詳悉列奏，勿或有遺。若刑獄不卹，政治乖謬，傷民害教者，具以事聞。其高年、鰥寡、幼孤、六疾不能自存者，可與郡縣優量賑給。博採輿誦，廣納嘉謀，務盡銜命之旨，俾若朕親覽焉。」

丙午，車駕臨延賢堂聽訟。

六月己未，以鎮軍將軍趙倫之爲左光禄大夫、領軍將軍。

丙寅，車駕又於延賢堂聽訟。

丙子，又聽訟。

以右衛王華爲中護軍。

《資治通鑑》卷一二〇　九月，大旱，蝗。

魏主聞夏世祖殂，諸子相圖，國人不安，欲伐之。長孫嵩等皆曰：「彼若城守，以逸待勞，大檀聞之，乘虚入寇，此危道也。」崔浩曰：「往年以來，熒惑再守羽林、鉤己而行，其占秦亡；今年五星並出東方，利以西伐。天人相應，不可失也。」嵩固爭之，帝大怒，責嵩在官貪污，命武士頓辱之。於是遣司空奚斤帥四萬五千人襲蒲阪，宋兵將軍周幾帥萬人襲陝城，以河東太守薛謹爲鄉導。謹，辯之子也。

魏主欲以中書博士平棘李順總前驅之兵，訪於崔浩，浩曰：「順誠有籌略，然臣與之婚姻，深知其爲人果於去就，不可專委。」帝乃止。浩與順由是有隙。

《宋書》卷五《文帝紀》　冬十一月戊寅，以梁、南秦二州刺史吉翰爲益州刺史，驃騎將軍劉道産爲梁、南秦二州刺史。

《魏書》卷四上《世祖紀》　冬十月丁巳，車駕西伐，幸雲中，臨君子津。會天暴寒，數日冰結。

《宋書》卷五《文帝紀》　冬十一月戊寅，以梁、南秦二州刺史吉翰爲益州刺史，驃騎參軍劉道産爲梁、南秦二州刺史。

己亥，以南蠻校尉劉遵考爲雍州刺史。

十二月癸丑，以中書侍郎蕭思話爲青州刺史。

壬戌，前吴郡太守徐佩之謀反，及黨與皆伏誅。

《資治通鑑》卷一二〇　營陽太妃張氏卒。

元嘉四年、北魏始光四年（丁卯、四二七）

《宋書》卷五《文帝紀》　春正月乙亥朔，曲赦都邑百里内。

辛巳，車駕親祠南郊。

二月乙卯，行幸丹徒，謁京陵。

三月丙子，詔曰：「丹徒桑梓綢繆，大業攸始，踐境永懷，觸感罔極。昔漢章南巡，加恩元氏，況情義二三，有兼曩日。思播遺澤，酬慰士民。其蠲此縣今年租布，五歲刑以下皆悉原遣；登城三戰及大將家，隨宜隱卹。」

丁亥，車駕還宫。

戊子，尚書右僕射鄭鮮之卒。

壬寅，禁斷夏至日五絲命縷之屬，富陽令諸葛闡之之議也。

《資治通鑑》卷一二〇　夏四月丁未，魏員外散騎常侍步堆等來聘。

庚戌，以廷尉王徽之爲交州刺史，徵前刺史杜弘文。弘文有疾，自輿就路。或勸之待病愈，弘文曰：「吾杖節三世，常欲投軀帝庭，況被徵乎！」遂行，卒於廣州。弘文，慧度之子也。

《宋書》卷五《文帝紀》　五月壬午，中護軍王華卒。

京師疾疫，甲午，遣使存問，給醫藥；死者若無家屬，賜以棺器。

《資治通鑑》卷一二〇　魏主至拔鄰山，築城，捨輜重，以輕騎三萬倍道先行。羣臣咸諫曰：「統萬城堅，非朝夕可拔。今輕軍討之，進不可克，退無所資，不若與步兵、攻具一時俱往。」帝曰：「用兵之術，攻城最下；必不得已，然後用之。今以步兵、攻具皆進，彼必懼而堅守。若攻不時拔，食盡兵疲，外無所掠，進退無地。不如以輕騎直抵其城，彼見步兵未至，意必寬弛；吾羸形以誘之，彼或出戰，則成擒矣。所以然者，吾之軍士去家二千餘里，又隔大河，所謂『置之死地而後生』者也。故以之攻城則不足，決戰則有餘矣。」遂行。

六月癸卯朔，日有蝕之。

《魏書》卷四上《世祖紀》　甲辰，昌引衆出城，大破之。昌將麾下數百騎西南走，奔上邽，諸軍乘勝追至城北，死者萬餘人，臨陣殺昌弟河南公滿及其兄子蒙遜。會日暮，昌尚書僕射問至拔城，夜將昌母出走。

乙巳，車駕入城，虜昌羣弟及其諸母、姊妹、妻妾、宫人萬數，府庫、寶車旗器物不可勝計，擒昌尚書王買、薛超等及司馬德宗將毛修之、秦雍人士數千人，獲馬三十餘萬匹，牛羊數千萬。以昌宫人及生口、金銀、珍玩、布帛班賚將士各有差。

昌弟平原公定拒司空奚斤於長安城，娥清率騎五千討之，西走上邽。

庚申，以金紫光禄大夫殷穆爲護軍將軍。

《資治通鑑》卷一二〇　奚斤與夏平原公定猶相拒於長安。魏主命宗正娥清、太僕丘堆帥騎五千略地關右。定聞統萬已破，遂奔上邽；斤追至雍，不及而還。清、堆攻夏貳城，拔之。

魏主詔斤等班師。斤上言：「赫連昌亡保上邽，鳩合餘燼，未有蟠據之資；今因其危，滅之爲易。請益鎧馬，平昌而還。」魏主不許。斤固請，乃許之，給斤兵萬人，遣將軍劉拔送馬三千匹，并留娥清、丘堆使共擊夏。

辛酉，魏主自統萬東還，以常山王素爲征南大將軍、假節，與執金吾桓貸、莫雲留鎮統萬。雲，題之弟也。

《魏書》卷四上《世祖紀》　秋七月己卯，築壇於祚嶺，戲馬馳射，賜射中者金錦繒絮各有差。

蠕蠕寇雲中，聞破赫連昌，懼而還走。

八月壬子，車駕至自西伐，飲至策勳，告於宗廟，班軍實以賜留臺百僚，各有差。

《資治通鑑》卷一二〇　九月，氐王楊玄遣將軍苻白作圍秦梁州刺史出連輔政於赤水；城中糧盡，民執輔政以降。輔政至駱谷，逃還。

冬十月，秦以驍騎將軍吴漢爲平南將軍、梁州刺史，鎮南漒。

十一月，魏主遣軍司馬公孫軌兼大鴻臚，持節策拜楊玄爲都督荆、梁等四州諸軍事、梁州刺史、南秦王。及境，玄不出迎，軌責讓之，欲奉策以還，玄懼而郊迎。魏主善之，以軌爲尚書。

《魏書》卷四上《世祖紀》　十有二月，行幸中山，守宰貪污免者十數人。

癸卯，車駕還宮。復所過田租之半。

元嘉五年、北魏神䴥元年（戊辰、四二八）

《宋書》卷五《文帝紀》　春正月乙亥，詔曰：「朕恭承洪業，臨饗四海，風化未弘，治道多昧，求之人事，鑒寐惟憂。加頃陰陽違序，旱疫成患，仰惟災戒，責深在予。思所以側身剋念，議獄詳刑，上答天譴，下恤民瘼。羣后百司，其各獻讜言，指陳得失，勿有所諱。」

甲申，車駕臨玄武館閱武。

戊子，京邑大火，遣使巡慰賑賜。

《資治通鑑》卷一二一　二月，魏平北將軍尉眷攻夏主於上邽，夏主退屯平涼。奚斤進軍安定，與丘堆、娥清軍合。斤馬多疫死，士卒乏糧，乃深壘自固。遣丘堆督租於民間，士卒暴掠，不設儆備，夏主襲之，堆兵敗，以數百騎還城。夏主乘勝，日來城下鈔掠，不得芻牧，諸將患之，監軍侍御史安頡曰：「受詔滅賊，今更爲賊所困，退守窮城；若不爲賊殺，當坐法誅，進退皆無生理。而諸王公晏然曾不爲計乎？」斤曰：「今軍士無馬，以步擊騎，必無勝理，當須京師救騎至合擊之。」頡曰：「今猛寇遊逸於外，吾兵疲食盡，不一決戰，則死在旦夕，救騎何可待乎！等於就死，死戰，不亦可乎！」斤又以馬少爲辭。頡曰：「今斂諸將所乘馬，可得二百匹，頡請募敢死之士出擊之，就不能破敵，亦可以折其鋭。且赫連昌狷而無謀，好勇而輕，每自出挑戰，衆皆識之。若伏兵掩擊，昌可擒也。」斤猶難之。頡乃陰與尉眷等謀，選騎待之。既而夏主來攻城，頡出應之。夏主自出陳前搏戰，軍士識其貌，爭赴之。會天大風揚塵，晝昏，夏主敗走，頡追之，夏主馬蹶而墜，遂擒之。

夏大將軍、領司徒、平原王定收其餘衆數萬，奔還平涼，即皇帝位，大赦，改元勝光。

三月辛巳，赫連昌至平城，魏主館之於西宮，門内器用皆給乘輿之副，又以妹始平公主妻之；假常忠將軍，賜爵會稽公。以安頡爲建節將軍，賜爵西平公；尉眷爲寧北將軍，進爵漁陽公。

奚斤自以爲元帥，而昌爲偏裨所擒，深恥之。乃舍輜重，齎三日糧，追夏主於平涼。娥清欲循水而往，斤不從，自北道邀其走路。至馬髦嶺，夏軍將遁，會魏小將有罪亡歸於夏，告以魏軍食少無水。夏主乃分兵邀斤，前後夾擊之，魏兵大潰，斤及娥清、劉拔皆爲夏所擒，士卒死者六七千人。

丘堆守輜重在安定，聞斤敗，棄輜重奔長安，與高涼王禮偕奔蒲阪，夏人復取長安。魏主大怒，命安頡斬丘堆，代將其衆，鎮蒲阪以拒之。

《宋書》卷五《文帝紀》　夏四月己亥，以南蠻校尉蕭摹之爲湘州刺史。

戊午，以始興太守徐豁爲廣州刺史。

《資治通鑑》卷一二一　夏主遣使請和於魏，魏主以詔諭之使降。

《宋書》卷五《文帝紀》　五月己卯，以湘州刺史張邵爲雍州刺史。

六月庚戌，司徒王弘降爲衛將軍、開府儀同三司。

京邑大水，乙卯，遣使檢行賑贍。

以江夏内史程道惠爲廣州刺史。

秋八月壬戌，特進、左光禄大夫范泰卒。

冬十月甲辰，車駕於延賢堂聽訟。

《資治通鑑》卷一二一 徐州刺史王仲德遣步騎二千伐魏濟陽、陳留。

《宋書》卷五《文帝紀》 閏月癸未，以右軍司馬劉德武爲豫州刺史。

辛卯，安陸公相周籍之爲寧州刺史。

《資治通鑑》卷一二一 十一月乙未朔，日有食之。

《宋書》卷五《文帝紀》 十二月庚寅，左光禄大夫、領軍將軍趙倫之卒。

《資治通鑑》卷一二一 是歲，師子王刹利摩訶及天竺迦毗黎王月愛皆遣使奉表入貢，表辭皆如浮屠之言。

《魏書》卷四上《世祖紀》 乞伏熾磐死，子暮末僭立。沮渠蒙遜遣使朝貢。

《資治通鑑》卷一二一 魏鎮遠將軍平舒侯燕鳳卒。

元嘉六年、北魏神䴥二年（己巳、四二九）

《資治通鑑》卷一二一 春正月，王弘上表乞解州、録，以授彭城王義康，帝優詔不許。

《宋書》卷五《文帝紀》 辛丑，車駕親祠南郊。

癸丑，以驃騎將軍、荆州刺史彭城王義康爲司徒、録尚書事，領平北將軍、南徐州刺史。

《資治通鑑》卷一二一 又以撫軍將軍江夏王義恭爲都督荆、湘等八州諸軍事、荆州刺史，以侍中劉湛爲南蠻校尉，行府州事。

二月，秦王暮末立妃梁氏爲皇后，子萬載爲太子。

三月丁巳，立皇子劭爲太子。

《宋書》卷五《文帝紀》 戊午，大赦天下，賜文武位一等。

《資治通鑑》卷一二一 辛酉，以左衛將軍殷景仁爲中領軍。帝以章太后早亡，奉太后所生蘇氏甚謹。蘇氏卒，帝往臨哭，欲追加封爵，使羣臣議之，景仁以爲古典無之，乃止。

《宋書》卷五《文帝紀》 夏四月癸亥，以尚書左僕射王敬弘爲尚書令，丹陽尹臨川王義慶爲尚書左僕射，吏部尚書江夷爲尚書右僕射。

五月壬辰朔，日有蝕之。

癸巳，以新除尚書令王敬弘爲特進、左光禄大夫。

甲午，以撫軍司馬劉道濟爲益州刺史。

乙卯，於雍州置馮翊郡。

《資治通鑑》卷一二一 六月，暮末逆擊興國於治城，擒之，追擊蒙遜至譚郊。

魏主循弱水西行，至涿邪山，諸將慮深入有伏兵，勸魏主留止，寇謙之以崔浩之言告魏主，魏主不從。

秋，七月，引兵東還，至黑山，以所獲班賜將士有差。既而得降人言：「可汗先被病，聞魏兵至，不至所爲，乃焚穹廬，以車自載，將數百人入南山，民畜窘聚，無人統領，相去百八十里，追兵不至，乃徐西遁，唯此得免。」後聞涼州賈胡言：「若復前行二日，則盡滅之矣。」魏主深悔之。

《宋書》卷五《文帝紀》 己酉，以尚書左丞孔默之爲廣州刺史。

是月，百濟王遣使獻方物。

《資治通鑑》卷一二一 八月，魏主至漠南，聞高車東部屯巳尼陂，人畜甚衆，去魏軍千餘里，遣左僕射安原等將萬騎擊之。高車諸部迎降者數十萬落，獲馬牛羊百餘萬。

《宋書》卷五《文帝紀》 九月戊午，於秦州置隴西、宋康二郡。

《資治通鑑》卷一二一 冬十月，魏主還平城。徙柔然、高車降附之民於漠南，東至濡源，西暨五原陰山，三千里中，使之耕牧而收其貢賦；命長孫翰、劉絜、安原及侍中代人古弼同鎮撫之。自是魏之民間馬牛羊及氈皮爲之價賤。

魏主加崔浩侍中、特進、撫軍大將軍，以賞其謀畫之功。

《宋書》卷五《文帝紀》 壬申，中領軍殷景仁丁艱去職。

《資治通鑑》卷一二一 十一月己丑朔，日有食之，不盡如鉤；星晝見，至晡方沒，河北地闇。

十二月，河西王蒙遜、吐谷渾王慕璝皆遣使入貢。

元嘉七年、北魏神䴥三年（庚午、四三〇）

《宋書》卷五《文帝紀》　春正月癸巳，以吐谷渾慕容璝爲征西將軍、沙州刺史。

是月，倭國王遣使獻方物。

《資治通鑑》卷一二一　三月戊子，詔簡甲卒五萬給右將軍到彦之，統安北將軍王仲德、兖州刺史竺靈秀舟師入河，又使驍騎將軍段宏將精騎八千直指虎牢，豫州刺史劉德武將兵一萬繼進，後將軍長沙王義欣將兵三萬監征討諸軍事。義欣，道憐之子也。

先遣殿中將軍田奇使於魏，告魏主曰：「河南舊是宋土，中爲彼所侵，今當修復舊境，不關河北。」魏主大怒曰：「我生髮未燥，已聞河南是我地，此豈可得！必若進軍，今當權斂戍相避，須冬寒地淨，河冰堅合，自更取之。」

甲午，以前南廣平太守尹沖爲司州刺史。

長沙王義欣出鎮彭城，爲衆軍聲援；以游擊將軍胡藩戍廣陵，行府州事。

《宋書》卷五《文帝紀》　甲寅，以前中領軍殷景仁爲領軍將軍。

夏四月癸未，訶羅單國遣使獻方物。

《資治通鑑》卷一二一　六月己卯，以氐王楊難當爲冠軍將軍、秦州刺史、武都王。

《宋書》卷五《文帝紀》　秋七月戊子，索虜碻磝戍棄城走。

丙申，以平北諮議參軍甄法護爲梁、南秦二州刺史。

戊戌，索虜滑臺戍棄城走。

《資治通鑑》卷一二一　庚子，魏主以大鴻臚陽平公杜超爲都督冀、定、相三州諸軍事、太宰，進爵陽平王，鎮鄴，爲諸軍節度。超，密太后之兄也。

庚戌，魏洛陽、虎牢戍兵皆棄城去。到彦之留朱修之守滑臺，尹沖守虎牢，建武將軍杜驥守金墉。驥，預之玄孫也。

《宋書》卷五《文帝紀》　甲寅，林邑國、訶羅陁國、師子國遣使獻方物。

《資治通鑑》卷一二一　八月，魏主遣冠軍將軍安頡督護諸軍，擊到彦之。

丙寅，彦之遣裨將吴興姚聳夫渡河攻冶坂，與頡戰，聳夫兵敗，死者甚衆。

戊寅，魏主遣征西大將軍長孫道生會丹楊王大毗屯河上以禦彦之。

《魏書》卷四上《世祖紀》　九月己丑，赫連定遣弟謂以代寇鄜城，平西將軍、始平公隗歸等率諸軍討之，擒賊將王卑，殺萬餘人，謂以代遁走。

《資治通鑑》卷一二一　夏主自將數萬人邀擊隗歸於鄜城東，留其弟上谷公社干、廣陽公度洛孤守平涼，遣使來求和，約合兵滅魏，遥分河北：自恒山以東屬宋，以西屬夏。

魏主聞之，治兵將伐夏，羣臣咸曰：「劉義隆兵猶在河中，捨之西行，前寇未必可克，而義隆乘虚濟河，則失山東矣。」魏主以問崔浩，對曰：「義隆與赫連定遥相招引，以虚聲唱和，共窺大國，義隆望定進，定待義隆前，皆莫敢先入；譬如連雞，不得俱飛，無能爲害也。臣始謂義隆軍來，當屯止河中，兩道北上，東道向冀州，西道衝鄴，如此，則陛下當自討之，不得徐行。今則不然。東西列兵徑二千里，一處不過數千，形分勢弱。以此觀之，儜兒情見，此不過欲固河自守，無北渡意也。赫連定殘根易摧，擬之必仆。克定之後，東出潼關，席捲而前，則威震南極，江、淮以北無立草矣。聖策獨發，非愚近所及，願陛下勿疑。」

甲辰，魏主如統萬，遂襲平涼，以衛兵將軍王斤鎮蒲坂。

《宋書》卷五《文帝紀》　冬十月甲寅，罷南豫州并豫州。

《資治通鑑》卷一二一　以竟陵王義宣爲南徐州刺史，猶戍石頭。

戊午，立錢署，鑄四銖錢。

到彦之、王仲德沿河置守，還保東平。

乙亥，魏安頡自委粟津濟河，攻金墉。金墉不治既久，又無糧食，杜驥欲棄城走，恐獲罪。初，高祖滅秦，遷其鐘虡於江南，有大鐘没於洛水，帝使姚聳夫將千五百人往取之。驥紿之曰：「金墉城已修完，糧食亦足，所乏者人耳。今虜騎南渡，當相與併力禦之；大功既立，牽鐘未晚。」聳夫從之。既至，見城不可守，乃引去，驥遂南遁。

丙子，安頡拔洛陽，殺將士五千餘人。杜驥歸，言於帝曰：「本欲以死固守，姚聳夫及城遽走，人情沮敗，不可復禁。」上大怒，誅聳夫於壽陽。聳夫勇健，諸偏裨莫及也。

魏河北諸軍會於七女津。到彦之恐其南渡，遣裨將王蟠龍泝流奪其船，杜超等擊斬之。安頡與龍驤將軍陸俟進攻虎牢。

辛巳，拔之；尹沖及滎陽太守清河崔模降魏。

《宋書》卷五《文帝紀》 戊寅，金墉城爲索虜所陷。

十一月癸未，虎牢城復爲索虜所陷。

《資治通鑑》卷一二一 壬辰，加征南大將軍檀道濟都督征討諸軍事，帥衆伐魏。

《魏書》卷四上《世祖紀》 甲午，壽光侯叔孫建、汝陰公長孫道生濟河，到彦之、王仲德從清入濟，東走青州，義隆兗州刺史竺靈秀棄須昌，南奔湖陸。

丁酉，定乏水，引衆下原，詔武衛將軍丘眷擊之，定衆大潰，死者萬餘人。定中重創，單騎遁走。獲定弟丹陽公烏視拔、武陵公禿骨及公侯百餘人。是日，諸將乘勝進軍，還取安定。定從兄東平公乙升棄城奔長安，劫掠數千家，西奔上邽。

戊戌，叔孫建大破竺靈秀於湖陸，殺獲五千餘人。

己亥，帝幸安定，獲乞伏熾磐質子及定車旗，簿其生口、財畜，班賜將士各有差。

庚子，帝自安定還臨平涼，遂掘塹圍守之。行幸紐城，安慰初附，赦秦、雍之民，賜復七年。定隴西守及將士數千人來降。

辛丑，冠軍將軍安頡率諸軍攻滑臺。琅邪王司馬楚之破劉義隆將於長社。

沮渠蒙遜遣使朝貢。

壬寅，封壽光侯叔孫建爲丹陽王。

《宋書》卷五《文帝紀》 右將軍到彦之自滑臺奔退。

十二月辛酉，以南兗州刺史長沙王義欣爲豫州刺史，司徒司馬吉翰爲司州刺史。

《魏書》卷四上《世祖紀》 丁卯，定弟社于、度洛孤面縛出降，平涼平，收其珍寶。

《資治通鑑》卷一二一 關中侯豆代田得奚斤、娥清等，獻於魏主。魏主以夏主之后賜代田，命斤膝行執酒以奉代田，謂斤曰：「全汝生者，代田也。」賜代田爵井陘侯，加散騎常侍、右衛將軍，領内都幢將。

夏長安、臨晉、武功守將皆走，關中悉入於魏。魏主留巴東公延普鎮安定，以鎮西將軍王斤鎮長安。

壬申，魏主東還，以奚斤爲宰士，使負酒食以從。

《宋書》卷五《文帝紀》 乙亥，京邑火，延燒太社北牆。

《資治通鑑》卷一二一 右將軍到彦之、安北將軍王仲德皆下獄免官，兗州刺史竺靈秀坐棄軍伏誅。

《魏書》卷四上《世祖紀》 是歲，馮跋死，弟文通僭立。

元嘉八年、北魏神䴥四年（辛未、四三一）

《宋書》卷五《文帝紀》 春正月庚寅，於交州復立珠崖郡。

癸巳，以左軍將軍申宣爲兗州刺史。

《資治通鑑》卷一二二 丙申，檀道濟等自清水救滑臺，魏叔孫建、長孫道生拒之。

丁酉，道濟至壽張，遇魏安平公乙旃眷，道濟帥寧朔將軍王仲德、驍騎將軍段宏奮擊，大破之；轉戰至高梁亭，斬魏濟州刺史悉煩庫結。

《魏書》卷四上《世祖紀》 是月，乞伏慕末爲赫連定所滅。

《宋書》卷五《文帝紀》 二月乙卯，以平北司馬韋朗爲青州刺史。

《資治通鑑》卷一二二 戊午，以尚書右僕射江夷爲湘州刺史。

《宋書》卷五《文帝紀》 辛酉，滑臺爲索虜所陷。

癸酉，征南大將軍檀道濟引軍還。

丁丑，青州刺史蕭思話棄城走。

以太子右衛率劉遵考爲南兗州刺史。

三月甲申，車駕於延賢堂聽訟。

戊申，詔曰：「自頃軍役殷興，國用增廣，資儲不給，百度尚繁。宜存簡約，以應事實。內外可通共詳思，務令節儉。」

《魏書》卷四上《世祖紀》　庚戌，冠軍將軍安頡獻義隆俘萬餘人，甲兵三萬。

《宋書》卷五《文帝紀》　夏四月甲寅，以衡陽王師阮萬齡爲湘州刺史。

乙卯，以後軍參軍徐遵之爲兗州刺史。

六月乙丑，大赦天下。

己卯，割江南及揚州晉陵郡屬南徐州，江北屬兗州。以徐州刺史竟陵王義宣爲南兗州刺史，司徒司馬吉翰爲徐州刺史。

《魏書》卷四上《世祖紀》　赫連定北襲沮渠蒙遜，爲吐谷渾慕璝所執。

《宋書》卷五《文帝紀》　閏月庚子，詔曰：「自頃農桑惰業，遊食者衆，荒萊不闢，督課無聞。一時水旱，便有罄匱，苟不深存務本，豐給靡因。郡守賦政方畿，縣宰親民之主，宜思獎訓，導以良規。咸使肆力，地無遺利，耕蠶樹藝，各盡其力。若有力田殊衆，歲竟條名列上。」揚州旱。

乙巳，遣侍御史省獄訟，申調役。

丙午，以左軍諮議參軍劉道産爲雍州刺史。

秋八月甲辰，臨川王義慶解尚書僕射。

丁未，割豫州秦郡屬南兗州。

《魏書》卷四上《世祖紀》　九月，庚申，加太尉長孫嵩柱國大將軍，特進、左光禄大夫崔浩爲司徒，征西大將軍長孫道生爲司空。

《資治通鑑》卷一二二　魏主欲選使者詣河西，崔浩薦尚書李順，乃以順爲太常，拜河西王蒙遜爲侍中，都督涼州、西域、羌、戎諸軍事，太傅，行征西大將軍，涼州牧，涼王，王武威、張掖、敦煌、酒泉、西海、金城、西平七郡。册曰：「盛衰存亡，與魏升降。北盡窮髮，南極庸、峪，西被崐嶺，東至河曲，王實征之，以夾輔皇室。」置將相、羣卿、百官、承制假授；建天子旌旗，出入警蹕，如漢初諸侯王故事。

冬十月戊寅，世祖命崔浩更定律令，除五歲、四歲刑，增一年刑；巫蠱者，負羖羊、抱犬沈諸淵。初令官階九品者得以官爵除刑。婦人當刑而孕，産後百日乃決。闕左懸登聞鼓以達冤人。

魏主如漠南。

十一月丙辰，北部敕勒莫弗庫若干帥所部數萬騎，驅鹿數百萬頭，詣魏主行在。

十二月丁丑，還宮。

《宋書》卷五《文帝紀》　罷湘州還并荆州。

元嘉九年、北魏延和元年（壬申、四三二）

《資治通鑑》卷一二二　春正月丙午，魏主尊保太后竇氏爲皇太后。

三月庚戌，衛將軍王弘進位太保，加中書監。

丁巳，征南大將軍檀道濟進位司空，還鎮尋陽。

壬申，吐谷渾王慕璝送赫連定于魏，魏人殺之。慕璝上表曰：「臣俘擒僭逆，獻捷王府，爵秩雖崇而土不增廓，車旗既飾而財不周賞，願垂鑒察。」魏主下其議。公卿以爲：「慕璝所致唯定而已，塞外之民皆爲己有，而貪求無厭，不可許也。」魏主乃詔曰：「西秦王所得金城、枹罕、隴西之地，朕即與之，乃是裂土，何須復廓。西秦款至，綿絹隨使疏數，臨時增益，非一賜而止也。」自是慕璝貢使至魏者稍簡。

魏方士祁纖奏改代爲萬年，以代尹爲萬年尹，代令爲萬年令。崔浩曰：「昔太祖應天受命，兼稱代、魏，以法殷商。國家積德，當享年萬億，不待假名以爲益也。纖之所聞，皆非正義，宜復舊號。」魏主從之。

《宋書》卷五《文帝紀》　夏四月乙亥，以護軍將軍殷穆爲特進、右光禄大夫，建昌縣公道彦之爲護軍將軍。

五月壬申，中書監、録尚書事、衛將軍、揚州刺史王弘薨。

《資治通鑑》卷一二二　帝遣使者趙道生聘於魏。

《宋書》卷五《文帝紀》　六月甲戌，以左軍諮議參軍申宣爲青州刺史，分青州置冀州。

戊寅，司徒、南徐州刺史彭城王義康改領揚州刺史。

《資治通鑑》卷一二二　辛卯，魏主遣散騎常侍鄧穎來聘。

《宋書》卷五《文帝紀》　己卯，以司徒參軍崔諲爲冀州刺史。

壬午，以吐谷渾慕容延爲平東將軍，吐谷渾拾虔爲平北將軍，吐谷渾輝伐爲鎮軍將軍。

癸未，詔曰：「益、梁、交、廣，境域幽遐，治宜物情，或多偏擁。可更遣大使，巡求民瘼。」置積射、强弩將軍官。

乙未，以征西將軍、沙州刺史吐谷渾慕容璝爲征西大將軍、西秦河二州刺史、隴西王。北秦州刺史氐楊難當加號征西將軍。

壬寅，以撫軍將軍、荆州刺史江夏王義恭爲征北將軍、開府義同三司、南兗州刺史，前將軍臨川王義慶爲平西將軍、荆州刺史，南兗州刺史竟陵王義宣爲中書監、中軍將軍，征虜將軍衡陽王義季爲南徐州刺史。

秋七月戊辰，以尚書王仲德爲鎮北將軍、徐州刺史。

《魏書》卷四上《世祖紀》 庚申，遣安東將軍、宜城公奚斤發幽州民及密雲丁零萬餘人，運攻具，出南道，俱會和龍。帝至遼西，文通遣其侍御史崔聘奉獻牛酒。

己巳，車駕至和龍，臨其城。文通石城太守李崇、建德太守王融十餘郡來降，發其民三萬人穿圍塹以守之。

《宋書》卷五《文帝紀》 庚午，以領軍將軍殷景仁爲尚書僕射，太子詹事劉湛爲領軍將軍。

壬申，河南國、河西王遣使獻方物。

《資治通鑑》卷一二二 流民許穆之，變姓名稱司馬飛龍，自云晉室近親，往依氐王楊難當。難當因民之怨，資飛龍以兵，使侵擾益州。飛龍招合蜀人，得千餘人，攻殺巴興令，逐陰平太守，道濟遣軍擊斬之。

八月，燕王使數萬人出戰，魏昌黎公丘等擊破之，死者萬餘人。燕尚書高紹帥萬餘家保羌胡固。辛巳，魏主攻紹，斬之，平東將軍賀多羅攻帶方，撫軍大將軍永昌王健攻建德，驃騎大將軍樂平王丕攻冀陽，皆拔之。

《宋書》卷五《文帝紀》 九月，妖賊趙廣寇益州，陷没郡縣，州府討平之。

《資治通鑑》卷一二二 冬十一月壬子，以少府中山甄法崇爲益州刺史。

《宋書》卷五《文帝紀》 癸丑，於廣州立宋康郡。

十二月甲戌，以右軍參軍李秀之爲交州刺史。

庚寅，立第五皇子卲爲廬陵王，江夏王義恭子朗爲南豐縣王。

《資治通鑑》卷一二二 魏主徵諸名士之未仕者，州郡多逼遣之。魏主聞之，下詔令守宰以禮申諭，任其進退，毋得逼遣。

元嘉一〇年、北魏延和二年（癸酉、四三三）

《宋書》卷五《文帝紀》 春正月甲寅，竟陵王義宣改封南譙王。鎮北將軍、徐州刺史王仲德加領兗州刺史，淮南太守段宏爲青州刺史。

己未，大赦天下。孤老、六疾不能自存者，人賜穀五斛。

後將軍、豫州刺史長沙王義欣進號鎮軍將軍。

《資治通鑑》卷一二二 丙寅，魏以樂安王範爲都督秦、雍等五州諸軍事、衛大將軍、開府儀同三司、長安鎮都大將。魏主以範年少，更選舊德平西將軍崔徽、征北大將軍鴈門張黎爲之副，共鎮長安。徽，宏之弟也。範謙恭寬惠，徽務敦大體，黎清約公平，政刑簡易，輕傜薄賦，關中遂安。

二月庚午，魏主以馮崇爲都督幽、平、東夷諸軍事、車騎大將軍、幽、平二州牧，封遼西王，録其國尚書事，食遼西十郡，承制假授尚書、刺史、征虜已下官。

壬午，魏主如河西，遣兼散騎常侍宋宣來聘，且爲太子晃求婚，帝依違答之。

荆州刺史臨川王義慶以巴東太守周籍之督巴西等五郡諸軍事，將二千人救成都。

三月，亡人司馬天助降於魏，自稱晉會稽世子元顯之子，魏人以爲青、徐二州刺史、東海公。

《宋書》卷五《文帝紀》 夏四月戊戌，青州刺史段宏加冀州刺史。封陽縣侯蕭思話爲梁、南秦二州刺史。

《資治通鑑》卷一二二 五月，林邑王范陽邁遣使入貢，求領交州；詔答以道遠，不許。

裴方明進軍向涪城，破張尋、唐頻，擒程道助，斬嚴遐，於是趙廣等皆奔散。

《宋書》卷五《史帝紀》 六月乙亥，以前青州刺史韋明爲廣州刺史。

闍婆州訶羅單國遣使獻方物。

秋七月戊戌，曲赦益、梁、秦三州。於益州立宋寧、宋興二郡。

八月丁丑，於青州立太原郡。

辛巳，護軍將軍到彦子卒。

《資治通鑑》卷一二二　九月，益州刺史甄法崇至成都，收費謙，誅之。程道養、張尋將二千餘家逃入郪山，餘黨各擁衆藏竄山谷，時出爲寇不絶。

戊午，魏主遣兼大鴻臚崔賾持節拜氐王楊難當爲征南大將軍、開府儀同三司、秦、梁二州牧、南秦王。賾，逞之子也。

《魏書》卷四上《世祖紀》　冬十月，南秦王楊難當率衆圍漢中。

《宋書》卷五《文帝紀》　冬十一月，氐楊難當寇漢川。

丁未，梁州刺史甄法護棄城走，難當據有梁州。

《資治通鑑》卷一二二　十二月，魏寧朔將軍盧玄來聘。

元嘉一一年、北魏延和三年（甲戌、四三四）

《宋書》卷五《文帝紀》　春正月，亡命馬大玄羣黨數百人寇泰山，州郡討平之。

二月癸酉，以交阯太守李耽之爲交州刺史。

《資治通鑑》卷一二二　閏月辛巳，燕王遣尚書高顒上表稱藩，請罪于魏，乞以季女充掖庭，魏主乃許之，徵其太子王仁入朝。

燕王送魏使者於什門還平城。什門在燕二十一年，不屈節。魏主下詔褒稱，以比蘇武，拜治書御史，賜羊千口，帛千匹，策告宗廟，頒示天下。

《宋書》卷五《文帝紀》　梁、秦二州刺史蕭思話破氐楊難當，梁州平。

五月丁卯，曲赦梁、南秦二州劍閣北。

《資治通鑑》卷一二二　甄法護坐委鎮，賜死於獄。楊難當遣使奉表謝罪，帝下詔赦之。

河西王牧犍遣使上表，告嗣位。戊寅，詔以牧犍爲都督涼、秦等四州諸軍事、征西大將軍、涼州刺史、河西王。

《宋書》卷五《文帝紀》　是月，京邑大水。

六月丁未，省魏郡。

《資治通鑑》卷一二二　秋七月壬午，魏主如美稷，遂至隰城，命陽平王它督諸軍擊山胡白龍於西河。

九月戊子，大破胡衆，斬白龍，屠其城。

冬十月甲午，魏人破白龍餘黨於五原，誅數千人，以其妻子賜將士。

是歲，林邑國、扶南國、訶羅單國遣使獻方物。

元嘉一二年、北魏太延元年（乙亥、四三五）

《資治通鑑》卷一二二　春正月己未朔，日有食之。

辛酉，大赦。

辛未，上祀南郊。

《宋書》卷五《文帝紀》　癸酉，封黄龍國主馮弘爲燕王。

《資治通鑑》卷一二二　三月癸亥，燕王遣大將湯燭入貢於魏，辭以太子王仁有疾，故未之遣。

《宋書》卷五《文帝紀》　夏四月乙酉，尚書僕射殷景仁加中護軍。

丙辰，詔曰：「周宗以寧，實由多士；漢室之隆，亦資得人。朕寐寤欒賢，爲日已久，而則哲難階，明揚莫効。用令遺才在野，管庫虚朝，永懷前載，慚德深矣。夫舉爾所知，宣尼之篤訓；貢士任官，先代之成准。便可宣敕內外，各有薦舉。當依方銓引，以觀厥用。」

是夜，京都地震。

《資治通鑑》卷一二二　五月，龜兹、疏勒、烏孫、悦般、渴槃陁、鄯善、焉耆、車師、粟持九國入貢于魏。

丙午，高句麗王璉遣使入貢于魏，且請國諱。魏主使録帝系及諱以與之，拜璉都督遼海諸軍事、征東將軍、遼東郡公、高句麗王。璉，釗之曾孫也。

《宋書》卷五《文帝紀》　丹陽、淮南、吴興、義興大水，京邑乘船。

己酉，以徐、豫、南兖三州，會稽、宣城二郡米數百萬斛賜五郡遭水民。

師子國遣使獻方物。

秋七月辛酉，闍婆娑達國、扶南國並遣使獻方物。

《資治通鑑》卷一二二　己卯，魏樂平王丕等至和龍，燕王以牛酒犒軍，獻甲三千。屈垣責其不送侍子，掠男女六千口而還。

《宋書》卷五《文帝紀》　八月壬申，於益州立南晉壽、南新巴、北巴西三郡。

乙亥，原遭水郡諸逋負。

九月，蜀郡賊張尋爲寇。

冬十一月，以右軍行參軍苟道覆爲交州刺史。

《資治通鑑》卷一二二　丹楊尹蕭摹之上言：「佛化被于中國，已歷四代，形像塔寺，所在千數。自頃以來，情敬浮末，不以精誠爲至，更以奢競爲重，材竹銅綵，糜損無極；無關神祇，有累人事，不爲之防，流遁未息。請自今欲鑄銅像及造塔寺者，皆當列言，須報乃得爲之。」詔從之。

元嘉十三年、北魏太延二年（丙子、四三六）

《宋書》卷五《文帝紀》　春正月癸丑，上有疾，不朝會。

《資治通鑑》卷一二三　三月己未，下詔稱：「道濟潛散金貨，招誘剽猾，因朕寢疾，規肆禍心。」收付廷尉，又殺司空參軍薛彤，并其子給事黄門侍郎植等十一人誅之，唯宥其孫孺。

道濟見收，憤怒，目光如炬，脱幘投地曰：「乃壞汝萬里長城！」

《宋書》卷五《文帝紀》　庚申，大赦天下。

以中軍將軍南譙王義宣爲鎮南將軍、江州刺史。

《資治通鑑》卷一二三　氐王楊難當自稱大秦王，改元建義，立妻爲王后，世子爲太子，置百官皆如天子之制；然猶貢奉宋、魏不絶。

夏四月，魏娥清、古弼攻燕白狼城，克之。

高麗遣其將葛盧孟光將衆數萬隨陽伊至和龍迎燕王。高麗屯于臨川。燕尚書令郭生因民之憚遷，開城門納魏兵，魏人疑之，不入。生遂勒兵攻燕王，王引高麗兵入自東門，與生戰于闕下，生中流矢死。葛盧孟光入城，命軍士脱弊褐，取燕武庫精仗以給之，大掠城中。

《宋書》卷五《文帝紀》　五月戊辰，鎮北將軍、徐、兖二州刺史王仲德進號鎮北大將軍。

庚辰，以征北司馬王方俳爲兖州刺史。

六月，高麗國、武都王遣使獻方物。

《資治通鑑》卷一二三　詔寧朔將軍蕭汪之將兵討程道養，軍至郪口，帛氐奴請降。道養兵敗，還入郪山。

七月，魏散騎侍郎游雅來聘。

己未，零陵王太妃褚氏卒，追謚曰晉恭思皇后，葬以晉禮。

《宋書》卷五《文帝紀》　八月庚寅，尚書僕射、中護軍殷景仁改爲護軍將軍。

九月癸丑，立第二皇子濬爲始興王，第三皇子駿爲武陵王。

《資治通鑑》卷一二三　是歲，詔太史令錢樂之更鑄渾儀，徑六尺八分，以水轉之，昏明中星與天相應。

高麗不送燕王於魏，遣使奉表，稱「當與馮弘俱奉王化」。魏主以高麗違詔，議擊之，將發隴右騎卒，劉絜曰：「秦、隴新民，且當優復，俟其饒實，然後用之。」樂平王丕曰：「和龍新定，宜廣修農桑以豐軍實，然後進取，則高麗一舉可滅也。」魏主乃止。

元嘉十四年、北魏太延三年（丁丑、四三七）

《宋書》卷五《文帝紀》　春正月辛卯，車駕親祠南郊，大赦天下。文武賜位一等；孤老、六疾不能自存者，人賜穀五斛。

二月壬子，以步兵校尉劉真道爲梁、南秦二州刺史。

《資治通鑑》卷一二三　三月，帝遣散騎常侍劉熙伯如魏議納幣，會帝女亡而止。

《宋書》卷五《文帝紀》　夏四月丁未，以輔國將軍周籍之爲益州刺史。

《元經》卷八　蜀賊張尋降。

《宋書》卷五《文帝紀》　秋八月戊午，以尚書金部郎中徐森之爲交州刺史。

《資治通鑑》卷一二三　十一月，魏主復遣散騎侍郎董琬、高明等多齎金帛使西域，招撫九國。琬等至烏孫，其王甚喜，曰：「破落那、者舌二國皆欲稱臣致貢於魏，但無路自致耳，今使君宜過撫之。」乃遣導譯送琬詣破落那，明詣者舌。旁國聞之，爭遣使者隨琬等入貢，凡十六國，自是每歲朝貢不絶。

魏主以其妹武威公主妻河西王牧犍，河西王遣宋繇奉表詣平城謝，且問公主所宜稱。魏主使羣臣議之，皆曰：「母以子貴，妻從夫爵。牧犍母宜稱河西國太后，公主於其國稱王后，於京師則稱公主。」魏主從之。

牧犍遣將軍沮渠旁周入貢于魏，魏主遣侍中古弼、尚書李順賜其侍臣衣服，并徵世子封壇入侍。

《宋書》卷五《文帝紀》 冬十二月辛酉，停賀雪。

河南國、河西王、訶羅單國並遣使獻方物。

元嘉一五年、北魏太延四年（戊寅、四三八）

《宋書》卷五《文帝紀》 春二月丁未，以平東將軍吐谷渾慕容延爲鎮西將軍，秦、河二州刺史。

夏四月甲辰，燕王弘遣使獻方物。

立皇太子妃殷氏，賜王公以下各有差。

己巳，以倭國王珍爲安東將軍。

五月己丑，特進、右光禄大夫殷穆卒。

辛卯，鎮北大將軍、徐州刺史王仲德卒。

壬辰，以右衛將軍劉遵考爲徐、兖二州刺史。

秋七月辛未，地震。

甲戌，以陳、南頓二郡太守徐循爲寧州刺史。

八月辛丑，以左衛將軍趙伯符爲徐、兖二州刺史。

甲寅，以始興内史陸徽爲廣州刺史。

丁巳，以兖州刺史王方俳爲青、冀二州刺史。

《資治通鑑》卷一二三 冬十一月丁卯朔，日有食之。

豫章雷次宗好學，隱居廬山。嘗徵爲散騎侍郎，不就。是歲，以處士徵至建康，爲開館於雞籠山，使聚徒教授。帝雅好藝文，使丹楊尹廬江何尚之立玄學，太子率更令何承天立史學，司徒參軍謝元立文學，并次宗儒學爲四學。元，靈運之從祖弟也。帝數幸次宗學館，令次宗以巾褠侍講，資給甚厚。又除給事中，不就。久之，還廬山。

《宋書》卷五《文帝紀》 是歲，武都王、河南國、高麗國、倭國、扶南國、林邑國並遣使獻方物。

元嘉一六年、北魏太延五年（己卯、四三九）

《宋書》卷五《文帝紀》 春正月戊寅，車駕於北郊閲武。

庚寅，司徒、録尚書事、揚州刺史彭城王義康進位大將軍，領司徒，餘如故。征北將軍、開府儀同三司、南兖州刺史江夏王義恭進位司空，刺史如故。特進、左光禄大夫王敬弘開府儀同三司。

癸巳，復分荆州置湘州。

二月己亥，以南徐州刺史衡陽王義季爲安西將軍、荆州刺史。

丁未，以始興王濬爲湘州刺史。

癸亥，割梁州之巴西、梓潼、南宕渠、南漢中、南秦州之南安、懷寧凡六郡，屬益州。分長沙江夏郡立巴陵郡，屬湘州。

夏四月丁巳，以鎮南將軍、江州刺史南譙王義宣爲征北將軍、南徐州刺史。平西將軍臨川王義慶爲衛將軍、江州刺史。

六月己酉，隴西吐谷渾慕容延改封河南王。

癸丑，以吐谷渾拾寅爲平西將軍，吐谷渾繁暱爲撫軍將軍。

《資治通鑑》卷一二三 七月壬午，留輜重，部分諸軍，使撫軍大將軍永昌王健、尚書令劉絜與常山王素爲前鋒，兩道並進；驃騎大將軍樂平王丕、太宰陽平王杜超爲後繼；以平西將軍源賀爲鄉導。

魏主問賀以取涼州方略，對曰：「姑臧城旁有四部鮮卑，皆臣祖父舊民，臣願處軍前，宣國威信，示以禍福，必相帥歸命。外援既服，然後取其孤城，如反掌耳。」魏主曰：「善！」

《魏書》卷四上《世祖紀》 八月甲午，永昌王健獲牧犍牛馬畜産二十餘萬。牧犍遣弟董來率萬餘人拒戰於城南，望塵退走。

《資治通鑑》卷一二三 丙申，魏主至姑臧，遣使諭牧犍令出降。牧犍聞柔然欲入魏邊爲寇，冀幸魏主東還，遂嬰城固守；其兄子祖踰城出降。魏主具知其情，乃分軍圍之。源賀引兵招慰諸部下三萬餘落，故魏主得專攻姑臧，無復外慮。

《宋書》卷五《文帝紀》　庚子，立第四皇子鑠爲南平王。

《魏書》卷四上《世祖紀》　九月丙戌，牧犍兄子萬年率麾下來降。是日，牧犍與左右文武五千人面縛軍門，帝解其縛，待以藩臣之禮。收其城内户口二十餘萬，倉庫珍寶不可稱計。進張掖公禿髮保周爵爲王，與龍驤將軍穆羆、安遠將軍源賀分略諸郡，雜人降者亦數十萬。牧犍弟張掖太守宜得，燒倉庫，西奔酒泉；樂都太守安周南奔吐谷渾。遣鎮南將軍奚眷討張掖，遂至酒泉，牧犍弟酒泉太守無諱及宜得復奔晉昌。使弋陽公元潔守酒泉。鎮北將軍封沓討樂都，掠數千家而還。班賜將士各有差。

戊子，蠕蠕犯塞，遂至七介山，京師大駭。皇太子命上黨王長孫道生等拒之。

《宋書》卷五《文帝紀》　閏月乙未，鎮軍將軍、豫州刺史長沙王義欣薨。

戊戌，復分豫州之淮南爲南豫州。

癸卯，以左衛將軍劉遵考爲豫州刺史。

戊申，以湘州刺史始興王濬爲南豫州刺史，武陵王駿爲湘州刺史。

《資治通鑑》卷一二三　冬十月辛酉，魏主東還，留樂平王丕及征西將軍賀多羅鎮涼州，徙沮渠牧犍宗族及吏民三萬户于平城。

《宋書》卷五《文帝紀》　冬十二月乙亥，皇太子冠，大赦天下。

《資治通鑑》卷一二三　氐王楊難當將兵數萬寇魏上邽，秦州人多應之。東平吕羅漢説鎮將拓跋意頭曰：「難當衆盛，今不出戰，示之以弱，衆情離沮，不可守也。」意頭遣羅漢將精騎千餘出衝難當陳，所向披靡，殺其左右騎八人，難當大驚。會魏主以璽書責讓難當，難當引還仇池。

南豐太妃司馬氏卒，故營陽王之后也。

趙廣、張尋等復謀反，伏誅。

《宋書》卷五《文帝紀》　是歲，武都王、河南王、林邑國、高麗國並遣使獻方物。

元嘉一七年、北魏太平真君元年（庚辰、四四〇）

《資治通鑑》卷一二三　春正月己酉，沮渠無諱寇魏酒泉，元絜輕之，出城與語。壬子，無諱執絜以圍酒泉。

二月，魏假通直常侍邢穎來聘。

三月，沮渠無諱拔酒泉。

夏四月戊午朔，日有食之。

庚辰，沮渠無諱寇魏張掖，禿髮保周屯删丹。

《宋書》卷五《文帝紀》　五月癸巳，領軍將軍劉湛母憂去職。

《魏書》卷四下《世祖紀》　乙巳，無諱復圍張掖，不克，退還。

《資治通鑑》卷一二三　六月丁丑，魏皇孫濬生，大赦，改元太平真君，取寇謙之神書云「輔佐北方太平真君」故也。太子劭詣京口拜京陵，司徒義康、竟陵王誕等並從，南兖州刺史、江夏王義恭自江都會之。

《魏書》卷四下《世祖紀》　七月己丑，永昌王健至番禾，破保周，保周遁走。

《宋書》卷五《文帝紀》　壬寅，以征虜諮議參軍杜驥爲青州刺史。

壬子，皇后袁氏崩。

《魏書》卷四下《世祖紀》　癸丑，保周自殺，傳首京師。

《資治通鑑》卷一二三　八月甲申，沮渠無諱使其中尉梁偉詣魏永昌王健請降，歸酒泉郡及所虜將士元絜等。魏主使尉眷留鎮涼州。

九月壬子，葬元皇后於長寧陵。

冬十月戊午，前丹陽尹劉湛有罪，及同黨伏誅。

《宋書》卷五《文帝紀》　徐、兖、青、冀四州大水，己未，遣使檢行賑卹。大赦天下，文武賜爵一級。以大將軍、領司徒、録尚書、揚州刺史彭城王義康爲江州刺史，大將軍如故。以司空、南兖州刺史江夏王義恭爲司徒、録尚書事。

戊寅，衛將軍臨川王義慶以本號爲南兖州刺史，尚書僕射、護軍將軍殷景仁爲揚州刺史，僕射如故。

十一月丙戌，以尚書劉義融爲領軍將軍，秘書監徐湛之爲中護軍。

丁亥，詔曰：「前所給揚、南徐二州百姓田糧種子，兖、兩豫、青、徐諸州比年所寬租穀應督入者，悉除半。今年有不收處，都原之。凡諸逋債，優量申減。又州郡估税，所在市調，多有煩刻。山澤之利，猶或禁斷；役召之品，遂及稚弱。諸如此比，傷治害民。自今咸依法令，務盡優允。如有不便，即依事别言，不得苟趣一時，以乖隱卹之旨。主者明加宣下，稱朕意焉。」

癸丑，尚書僕射、揚州刺史殷景仁卒。

十二月癸亥，以光禄大夫王球爲尚書僕射。

戊辰，以南豫州刺史始興王濬爲揚州刺史，湘州刺史武陵王駿爲南豫州刺史，南平王鑠爲湘州刺史。

《資治通鑑》卷一二三　大秦王楊難當復稱武都王。

是歲，魏寧南將軍王慧龍卒，吕玄伯留守其墓，終身不去。魏主欲以伊馛爲尚書，封郡公，馛辭曰：「尚書務殷，公爵至重，非臣年少愚近所宜膺受。」帝問其所欲，對曰：「中、祕二省多諸文士，若恩矜不已，請參其次。」帝善之，以爲中護軍將軍、祕書監。

《宋書》卷五《文帝紀》　武都王、河南王、百濟國遣使獻方物。

元嘉一八年、北魏太平真君二年（辛巳、四四一）

《資治通鑑》卷一二三　正月甲辰，以義康都督江、交、廣三州諸軍事。

《宋書》卷五《文帝紀》　春二月乙卯，以豫章太守庾登之爲江州刺史。

夏五月壬午，衛將軍、南兗州刺史、臨川王義慶，征北將軍、南徐州刺史、南譙王義宣並開府儀同三司。

癸巳，於交州置宋熙郡。

是月，沔水泛溢。

六月戊辰，遣使巡行賑贍。

辛未，領軍將軍劉義融卒。

秋七月戊戌，以徐、兗二州刺史趙伯符爲領軍將軍。

《魏書》卷四下《世祖紀》　秋八月辛亥，詔散騎侍郎張偉等使劉義隆。行幸河西。

九月戊戌，撫軍大將軍、永昌王健薨。

《宋書》卷五《文帝紀》　冬十月辛亥，以巴東、建平二郡太守臧質爲徐、兗二州刺史。

乙卯，省南徐州之南燕、濮陽、南廣平郡。

十一月戊子，尚書僕射王球卒。

己亥，以丹陽尹孟顗爲尚書僕射。

《資治通鑑》卷一二三　沮渠無諱乏食，且畏魏兵之盛，乃謀西度流沙，遣其弟安周西擊鄯善。鄯善王欲降，會魏使者至，勸令拒守；安周不能克，退保東城。

氐王楊難當傾國入寇，謀據蜀土，遣其建忠將軍苻沖出東洛以禦梁州兵，梁、秦二州刺史劉真道擊沖斬之。真道，懷敬之子也。難當攻拔葭萌，獲晉壽太守申坦，遂圍涪城；巴西、梓潼二郡太守劉道錫嬰城固守，難當攻之十餘日，不克，乃還。道錫，道産之弟也。

十二月癸亥，詔龍驤將軍裴方明等帥甲士三千人，又發荆、雍二州兵以討難當，皆受劉真道節度。

《魏書》卷四下《世祖紀》　庚子，鎮南將軍奚眷平酒泉，獲沮渠天周、臧嵯、屈德，男女四千口。

《宋書》卷五《文帝紀》　是月，晉寧太守爨松子反叛，寧州刺史徐循討平之。

《資治通鑑》卷一二三　天門蠻田向求等反，破漊中，荆州刺史衡陽王義季遣行參軍曹孫念討破之。

《宋書》卷五《文帝紀》　是歲，肅特國、高麗國、蘇靡黎國、林邑國並遣使獻方物。

元嘉一九年、北魏太平真君三年（壬午、四四二）

《宋書》卷五《文帝紀》　正月乙巳，詔曰：「夫所因者本，聖哲之遠教，本立化成，教學之爲貴。故詔以三德，崇以四術，用能納諸義方，致之軌度。盛王聖世，咸必由之。永初受命，憲章弘遠，將陶鈞庶品，混一殊風，有詔典司，大啟庠序，而頻遭屯夷，未及修建。永瞻前猷，思敷鴻烈。今方隅乂寧，戎夏慕嚮，廣訓胄子，實維時務。便可式遵成規，闡揚景業。」

夏四月甲戌，以久疾愈，始奉祠，大赦天下。

《魏書》卷四下《世祖紀》　無諱走渡流沙，據鄯善。李暠孫寶據敦煌，遣使内附。

《宋書》卷五《文帝紀》　五月庚寅，梁、秦二州刺史劉真道、龍驤將軍裴方明破氐楊難當，仇池平。

閏月，京邑雨水； 丁巳，遣使巡行賑卹。

六月壬午，以大沮渠無諱爲征西大將軍、凉州刺史。

秋七月，以梁、秦二州刺史劉真道爲雍州刺史，龍驤將軍裴方明爲梁、南秦二州刺史。

《元經》卷八　甲戌晦，日有蝕之。

九月丙辰，有客星在北斗。

《宋書》卷五《文帝紀》　冬十月甲申，芮芮國遣使獻方物。

己亥，以晉寧太守周萬歲爲寧州刺史。

十二月丙申，詔曰：「胄子始集，學業方興。自微言泯絶，逝將千祀，感事思人，意有慨然。奉聖之胤，可速議繼襲。於先廟地，特爲營造，依舊給祠置令，四時饗祀。闕里往經寇亂，黌校殘毁，并下魯郡修復學舍，採召生徒。昔之賢哲及一介之善，猶或衛其丘壟，禁其芻牧，況尼父德表生民，功被百代，而墳塋荒蕪，荆棘弗翦。可蠲墓側數户，以掌灑掃。」魯郡上民孔景等五户居近孔子墓側，蠲其課役，供給灑掃，并種松柏六百株。

《資治通鑑》卷一二四　雍州刺史晉安襄侯劉道産卒。道産善爲政，民安其業，小大豐贍，由是民間有襄陽樂歌。山蠻前後不可制者皆出，緣沔爲村落，户口殷盛。及卒，蠻追送至沔口。未幾，羣蠻大動，征西司馬朱修之討之，不利，詔建威將軍沈慶之代之，殺虜萬餘人。

魏主使尚書李順差次羣臣，賜以爵位； 順受賄，品第不平。是歲，凉州人徐桀告之，魏主怒，且以順保庇沮渠氏，面欺誤國，賜順死。

《宋書》卷五《文帝紀》　婆皇國遣使獻方物。

元嘉二〇年、北魏太平真君四年（癸未、四四三）

《宋書》卷五《文帝紀》　春正月，於臺城東西開萬春、千秋二門。

《魏書》卷四下《世祖紀》　己巳，征西將軍皮豹子等大破劉義隆將於樂鄉，擒其將王奂之、王長卿等。强玄明、辛伯奮棄下辨遁走，追斬之，盡虜其衆。

《宋書》卷五《文帝紀》　二月甲戌，江州刺史庾登之爲中護軍。

庚申，以廬陵王紹爲江州刺史。

仇池爲索虜所没。

甲申，車駕於白下閲武。

三月辛亥，安西將軍、荆州刺史衡陽王義季進號征西大將軍。以巴西、梓潼二郡太守申坦爲梁、南秦二州刺史。

夏四月甲午，立第六皇子誕爲廣陵王。

五月癸丑，中護軍庾登之卒。

《資治通鑑》卷一二四　魏古弼發上邽、高平、汧城諸軍擊楊文德，文德退走。皮豹子督關中諸軍至下辯，聞仇池解圍，欲還； 弼遣人謂豹子曰：「宋人恥敗，必將復來。軍還之後，再舉爲難，不如練兵蓄力以待之。不出秋冬，宋師必至，以逸待勞，無不克矣。」豹子從之。魏以豹子爲仇池鎮將。

《宋書》卷五《文帝紀》　秋七月癸丑，以楊文德爲征西將軍、北秦州刺史，封武都王。

辛酉，以南蠻校尉蕭思話爲雍州刺史。

《資治通鑑》卷一二四　甲子，前雍州刺史劉真道，梁、南秦二州刺史裴方明坐破仇池减匿金寶及善馬，下獄死。

《宋書》卷五《文帝紀》　八月癸未，以廷尉陶愍祖爲廣州刺史。

《資治通鑑》卷一二四　九月甲辰，捨輜重，以輕騎襲柔然，分軍爲四道：樂安王範、建寧王崇各統十五將出東道，樂平王丕督十五將出西道，魏主出中道，中山王辰督十五將爲後繼。

魏主至鹿渾谷，遇敕連可汗。太子晃言於魏主曰：「賊不意大軍猝至，宜掩其不備，速進擊之。」尚書令劉絜固諫，以爲「賊營中塵盛，其衆必多，出至平地，恐爲所圍，不如須諸軍大集，然後擊之」。晃曰：「塵之盛者，由軍士驚怖擾亂故也，何得營上而有此塵乎！」魏主疑之，不急擊。柔然遁去，追至石水，不及而還。既而獲柔然候騎曰：「柔然不覺魏軍至，上下惶駭，引衆北走，經六七日，知無追者，乃始徐行。」魏主深恨之。自是軍國大事，皆與太子謀之。

司馬楚之别將兵督軍糧，鎮北將軍封沓亡降柔然，説柔然令擊楚之以絶軍食。俄而軍中有告失驢耳者，諸將莫曉其故，楚之曰：「此必賊遣姦人入營覘伺，割驢耳以爲信耳。賊至不久，宜急爲之備。」乃伐柳爲城，以水灌之令凍，城立而柔然至，冰堅滑，不可攻，乃散走。

《元經》卷八　冬十月壬午，置藉田，水旱，大饑。

《宋書》卷五《文帝紀》　十二月庚午，以始興内史檀和之爲交州刺史。

壬午，詔曰：「國以民爲本，民以食爲天。故一夫輟稼，饑者必及，倉廩既實，禮節以興。自頃在所貧罄，家無宿積。賦役暫偏，則人懷愁墊；歲或不稔，而病乏比室。誠由政德弗孚，以臻斯弊；抑亦耕桑未廣，地利多遺。宰守微化導之方，萌庶忘勤分之義。永言弘濟，明發載懷。雖制令亟下，終莫懲勸，而坐望滋殖，庸可致乎。有司其班宣舊條，務盡敦課。遊食之徒，咸令附業，考覈勤惰，行其誅賞，觀察能殿，嚴加黜陟。古者躬耕帝籍，敬供粢盛，仰瞻前王，思遵令典。便可量處千畝，考卜元辰。朕當親率百辟，致禮郊甸，庶幾誠素，將被斯民。」

是歲，河西國、高麗國、百濟國、倭國並遣使獻方物。

是歲，諸州郡水旱傷稼，民大饑。遣使開倉賑卹，給賜糧種。

元嘉二一年、北魏太平真君五年（甲申、四四四）

《宋書》卷五《文帝紀》　春正月己亥，南徐、南豫州、揚州之浙江西，並禁酒。大赦天下。諸逋債在十九年以前，一切原除。去歲失收者，疇量申減。尤弊之處，遣使就郡縣隨宜賑卹。凡欲附農，而種糧匱乏者，並加給貸。營千畝諸統司役人，賜布各有差。

《資治通鑑》卷一二四　戊申，魏主詔：「王、公以下至庶人，有私養沙門、巫覡於家者，皆遣詣官曹；過二月十五日不出，沙門、巫覡死，主人門誅。」庚戌，又詔：「王、公、卿、大夫之子皆詣太學，其百工、商賈之子，當各習父兄之業，毋得私立學校；違者，師死，主人門誅。」

《宋書》卷五《文帝紀》　戊午，衛將軍臨川王義慶薨。

辛酉，以太子詹事劉義宗爲南兖州刺史。

二月庚午，以領軍將軍趙伯符爲豫州刺史。

《魏書》卷四下《世祖紀》　辛未，中山王辰等八將，以北伐後期，斬於都南。

癸酉，驃騎大將軍、樂平王丕薨。

《宋書》卷五《文帝紀》　己丑，司徒、録尚書事江夏王義恭進位太尉，領司徒。

《資治通鑑》卷一二四　庚寅，以侍中、領右衛將軍沈演之爲中領軍，左衛將軍范曄爲太子詹事。

《宋書》卷五《文帝紀》　辛卯，立第七皇子宏爲建平王。

甲午，以廣陵王誕爲南兖州刺史。

夏四月，晉陵延陵民徐耕以米千斛助卹饑民。

五月壬戌，以尚書何尚之爲中護軍，諮議參軍劉道錫爲廣州刺史。

六月，連雨水。

丁亥，詔曰：「霖雨彌日，水潦爲患，百姓積儉，易致乏匱。二縣官長及營署部司，各隨統檢實，給其柴米，必使周悉。」

《魏書》卷四下《世祖紀》　北部民殺立義將軍、衡陽公莫孤，率五千餘落北走。追擊於漠南，殺其渠帥，餘徙居冀、相、定三州爲營户。

《資治通鑑》卷一二四　吐谷渾王慕利延兄子緯世與魏使者謀降魏，慕利延殺之。

是月，緯世弟叱力延等八人奔魏，魏以叱力延爲歸義王。

《宋書》卷五《文帝紀》　秋七月丁酉，揚州刺史始興王濬加中軍將軍，南豫州刺史武陵王駿加撫軍將軍。

乙巳，詔曰：「比年穀稼傷損，淫亢成災，亦由播殖之宜，尚有未盡。南徐、兖、豫及揚州浙江西屬郡，自今悉督種麥，以助闕乏。速運彭城下邳郡見種，委刺史貸給。徐、豫土多稻田，而民間專務陸作，可符二鎮，履行舊陂，相率修立，並課墾闢，使及來年。凡諸州郡，皆令盡勤地利，勸導播殖，蠶桑麻紵，各盡其方，不得但奉行公文而已。」

八月戊辰，征西大將軍、荊州刺史衡陽王義季爲征北大將軍、開府儀同三司、南兖州刺史，征北將軍、南徐州刺史南譙王義宣爲車騎將軍、荊州刺史。南兖州刺史廣陵王誕爲南徐州刺史。

《資治通鑑》卷一二四　庚辰，會稽長公主卒。

《宋書》卷五《文帝紀》　九月甲辰，以大沮渠安周爲征西將軍、涼州刺史，封河西王。

《元經》卷八　冬十月，雷且雹。

《資治通鑑》卷一二四　己卯，以左軍將軍徐瓊爲兗州刺史，大將軍參軍申恬爲冀州刺史。徙兗州鎮須昌，冀州鎮歷下。

《魏書》卷四下《世祖紀》　癸未，晉王伏羅大破慕利延，慕利延走奔白蘭。慕利延從弟伏念、長史䳍鳩梨、部大崇娥等率其部一萬三千落内附。

元嘉二十二年、北魏太平真君六年（乙酉、四四五）

《宋書》卷五《文帝紀》　春正月辛卯朔，改用御史中丞何承天元嘉新曆。

壬辰，撫軍將軍、南豫州刺史武陵王駿改爲雍州刺史，湘州刺史南平王鑠爲南豫州刺史。

二月辛巳，以侍中王僧朗爲湘州刺史。

甲戌，立第八皇子禕爲東海王，第九皇子昶爲義陽王。

《魏書》卷四下《世祖紀》　三月，酒泉公郝温反於杏城，殺守將王幡，縣吏蓋鮮率宗族討温，温棄城走，自殺，家屬伏誅。

夏四月庚戌，征西大將軍、高涼王那等討吐谷渾慕利延於陰平白蘭。詔秦州刺史、天水公封敕文擊慕利延兄子什歸於枹罕，散騎常侍、成周公萬度歸乘傳發涼州以西兵襲鄯善。

《宋書》卷五《文帝紀》　夏六月辛亥，以南豫州刺史南平王鑠爲豫州刺史。

秋七月己未，以尚書僕射孟顗爲尚書左僕射，中護軍何尚之爲尚書右僕射。

雍州刺史武陵王駿討緣沔蠻，移一萬四千餘口於京師。

乙酉，征北大將軍、南兗州刺史衡陽王義季改爲徐州刺史。

《魏書》卷四下《世祖紀》　秋八月丁亥，封敕文入枹罕，分徙千家還上邽。

壬辰，度歸以輕騎至鄯善，執其王真達以詣京師，帝大悦，厚待之。車駕幸陰山之北，次於廣德宫。詔發天下兵，三分取一，各當戒嚴，以須後命。徙諸種雜人五千餘家於北邊。令民北徙畜牧至廣漠，以餌蠕蠕。

壬寅，高涼王那軍到曼頭城，慕利延驅其部落西渡流沙，那急追。故西秦王慕璝世子被囊逆軍拒戰，那擊破之，被囊輕騎遁走，中山公杜豐精騎追之，度三危，至雪山，生擒被囊、什歸及熾磐子成龍，送於京師。慕利延遂西入于闐國。

《宋書》卷五《文帝紀》　九月己未，開酒禁。

《資治通鑑》卷一二四　癸酉，上餞衡陽王義季於武帳岡。

《魏書》卷四下《世祖紀》　盧水胡蓋吴聚衆反於杏城。

冬十月戊子，長安鎮副將元紇率衆討之，爲吴所殺。吴黨遂盛，民皆渡渭奔南山。於是詔發高平敕勒騎赴長安，詔將軍叔孫拔乘傳領攝并、秦、雍兵屯渭北。

《宋書》卷五《文帝紀》　起湖熟廢田千頃。

《魏書》卷四下《世祖紀》　十有一月，高涼王那振旅還京師。

己未，遣那及殿中尚書安定公韓茂率騎屯相州之陽平郡，發冀州民造浮橋於碻磝津。

蓋吴遣其部落帥白廣平西掠新平，安定諸夷酋皆聚衆應之，殺汧城守將。吴遂進軍李閏堡，分兵掠臨晉巴東。將軍章直與戰，大敗之，兵溺死於河者三萬餘人。吴又遣兵西掠至長安，將軍叔孫拔與戰於渭北，大破之，斬首三萬餘級。

庚申，遼東王竇漏頭薨。

河東蜀薛永宗聚黨盜官馬數千匹，驅三千餘人入汾曲，西通蓋吴，受其位號。秦州刺史、金城公周鹿觀率衆討之，不克而還。

庚午，詔殿中尚書、扶風公元處眞，尚書、平陽公慕容嵩二萬騎討薛永宗；詔殿中尚書乙拔率五將三萬騎討蓋吴，西平公寇提三將一萬騎討吴黨白廣平。蓋吴自號天台王，署置百官。

《宋書》卷五《文帝紀》　十二月乙未，太子詹事范曄謀反，及黨與皆伏誅。

丁酉，免大將軍彭城王義康爲庶人。

庚戌，以前豫州刺史趙伯符爲護軍將軍。

元嘉二十三年、北魏太平真君七年（丙戌、四四六）

《宋書》卷五《文帝紀》　春正月丁巳，以長沙内史陸徽爲益州刺史。庚申，尚書左僕射孟顗去職。

遷漢川流民於沔次。

二月癸卯，以左衛將軍劉義賓爲南兖州刺史。

三月，索虜寇兖、豫、青、冀刺史申恬破之。

《魏書》卷四下《世祖紀》　四月戊子，鄴城毁五層佛圖，於泥像中得玉璽二，其文皆曰「受命於天，既壽永昌」，其一刻其旁曰「魏所受漢傳國璽」。

《宋書》卷五《文帝紀》　丁未，大赦天下。

《魏書》卷四下《世祖紀》　五月癸亥，安豐公閭根率騎詣上邽，與敕文討梁會，會走漢中。

蓋吴復聚杏城，自號秦地王，假署山民，衆旅復振。於是遣永昌王仁、高涼王那督北道諸軍同討之。

《宋書》卷五《文帝紀》　六月癸未朔，日有蝕之。

交州刺史檀和之伐林邑國，剋之。

秋七月辛未，以散騎常侍杜坦爲青州刺史。

八月癸卯，揭陽赭賊攻建安郡，燔燒城府。

《魏書》卷四下《世祖紀》　蓋吴爲其下人所殺，傳首京師。永昌王仁平其遺燼。高涼王那破蓋吴黨白廣平，生擒屠各路那羅於安定，斬於京師。復略陽公羯兒王爵。

《宋書》卷五《文帝紀》　九月己卯，車駕幸國子學，策試諸生，答問凡五十九人。

冬十月戊子，詔曰：「庠序興立累載，胄子肄業有成。近親策試，覩濟濟之美，緬想洙、泗，永懷在昔。諸生答問，多可採覽。教授之官，並宜沾賚。」賜帛各有差。

十二月丁酉，以龍驤司馬蕭景憲爲交州刺史。

是歲，大有年。築北堤，立玄武湖，築景陽山於華林園。

元嘉二十四年、北魏太平真君八年（丁亥、四四七）

《宋書》卷五《文帝紀》　春正月甲戌，大赦天下，文武賜位一等。繫囚降宥，諸逋負寬減各有差。孤老、六疾不能自存，人賜穀五斛。蠲建康、秣陵二縣今年田租之半。

三月壬申，護軍將軍趙伯符遷職。

夏五月甲戌，青州刺史杜坦加冀州刺史。

六月，京邑疫癘，丙戌，使郡縣及營署部司，普加履行，給以醫藥。

秋七月乙卯，以林邑所獲金銀寶物，班賚各有差。

八月乙未，征北大將軍、徐州刺史衡陽王義季薨。

癸卯，以南兖州刺史劉義賓爲徐州刺史。

九月己未，以中領軍沈演之爲領軍將軍。

辛未，以太子詹事徐湛之爲南兖州刺史。

冬十月壬午，豫章胡誕世反，殺太守桓隆之，前交州刺史檀和之南還至豫章，因討平之。

十一月甲寅，立第十皇子渾爲汝陰王。

壬辰，以建平王宏爲中護軍。

元嘉二十五年、北魏太平真君九年（戊子、四四八）

《宋書》卷五《文帝紀》　春正月戊辰，詔曰：「比者冰雪經旬，薪粒貴踊，貧弊之室，多有窘罄。可檢行京邑二縣及營署，賜以柴米。」

二月庚寅，詔曰：「安不妄虞，經世之所同；治兵教戰，有國之恒典。故服訓明恥，然後少長知禁。頃戎政雖修，而號令未審。今宣武場始成，便可剋日大習衆軍。當因校獵，肄武講事。」

閏月己酉，大蒐於宣武場。

三月庚辰，車駕校獵。

夏四月乙巳，新作閶闔、廣莫二門，改先廣莫門曰承明，開陽曰津陽。

乙卯，以撫軍將軍、雍州刺史武陵王駿爲安北將軍、徐州刺史。

癸亥，以右衛將軍蕭思話爲雍州刺史。

五月己卯，罷大錢當兩。

六月庚戌，零陵王司馬元瑜薨。

庚申，安北將軍、徐州刺史武陵王駿加兗州刺史。

丙寅，車騎將軍、荆州刺史南譙王義宣進位司空。

《資治通鑑》卷一二五　西域般悦國去平城萬有餘里，遣使詣魏，請與魏東西合擊柔然，魏主許之，中外戒嚴。

《宋書》卷五《文帝紀》　秋七月壬午，左光禄大夫王敬弘薨。

八月己酉，以撫軍參軍劉秀之爲梁、南秦二州刺史。

甲子，立第十一皇子彧爲淮陽王。

《資治通鑑》卷一二五　九月辛未，以尚書右僕射何尚之爲左僕射，領軍將軍沈演之爲吏部尚書。

魏成周公萬度歸擊焉耆，大破之，焉耆王鳩尸卑那奔龜兹。魏主詔唐和與前部王車伊洛帥所部兵會度歸討西域。和説降柳驢等六城，因共擊波居羅城，拔之。

十二月，魏萬度歸自焉耆西討龜兹，留唐和鎮焉耆。柳驢戍主乙直伽謀叛，和擊斬之，由是諸胡咸服，西域復平。

元嘉二六年、北魏太平真君一〇年（己丑、四四九）

《宋書》卷五《文帝紀》　春正月辛巳，車駕親祠南郊。

二月己亥，車駕陸道幸丹徒，謁京陵。

三月丁巳，詔曰：「朕違北京，二十餘載，雖云密邇，瞻塗莫從。今因四表無塵，時和歲稔，復獲拜奉舊塋，展罔極之思，饗讌故老，申追遠之懷。固以義兼於桑梓，情加於過沛，永言慷慨，感慰實深。宜聿宣仁惠，覃被率土。其大赦天下。復丹徒縣僑舊今歲租布之半。行所經縣，蠲田租之半。二千石官長並勤勞王務，宜有沾錫。登城三戰及大將戰亡墜没之家，老病單弱者，普加贍卹。遣使巡行百姓，問所疾苦。孤老、鰥寡、六疾不能自存者，人賜穀五斛。」

遣使祭晉故司空忠肅公何無忌之墓。

乙丑，申南北沛、下邳三郡復。

又詔曰：「京口肇祥自古，著符近代，衿帶江山，表裏華甸，經塗四達，利盡淮、海，城邑高明，土風淳壹，苞總形勝，實唯名都。故能光宅靈心，克昌帝業。頃年岳牧遷回，軍民徙散，廛里廬宇，不逮往日。皇基舊鄉，地兼蕃重，宜令殷阜，式崇形望。可募諸州樂移者數千家，給以田宅，並蠲復。」

五月丙寅，詔曰：「吾生於此城。及盧循肆亂，害流兹境。先帝以桑梓根本，實同休戚，復以蒙稚，猥同艱難，情義繾綣，夷險兼備，舊物遺蹤，猶存心目。歲月不居，逝踰三紀，時人故老，與運零落。眷惟既往，倍深感歎。可搜訪于時士庶文武今尚存者，具以名聞。人身已亡而子孫見在，優量賜賚之。」

車駕水路發丹徒，壬午，至京師。

丙戌，婆皇國，壬辰，婆達國，並遣使獻方物。

秋七月辛未，以江州刺史廬陵王紹爲南徐州刺史，廣陵王誕爲雍州刺史。

八月己酉，以中護軍建平王宏爲江州刺史。

癸丑，以南豐王朗爲湘州刺史。

《資治通鑑》卷一二五　九月，魏主伐柔然，高涼王那出東道，略陽王羯兒出中道。柔然處羅可汗悉國内精兵圍那數十重，那掘塹堅守，處羅數挑戰，輒爲那所敗，以那衆少而堅，疑大軍將至，解圍夜去。那引兵追之，九日九夜，處羅益懼，棄輜重，踰穹隆嶺遠遁。那收其輜重，引軍還，與魏主會於廣澤。略陽王羯兒收柔然民畜凡百餘萬。自是柔然衰弱，屏跡不敢犯魏塞。

《宋書》卷五《文帝紀》　冬十月，廣陵王誕改封隨郡王。

甲辰，以中軍將軍、揚州刺史始興王濬爲征北將軍、開府儀同三司、南徐、兗二州刺史，南徐、州刺史廬陵王紹爲揚州刺史。

元嘉二七年、北魏太平真君一一年（庚寅、四五〇）

《宋書》卷五《文帝紀》　春正月辛未，制交、寧二州假板郡縣，俸禄聽依臺除。

辛卯，百濟國遣使獻方物。

二月辛丑，右將軍、豫州刺史南平王鑠進號平西將軍。

辛亥，索虜寇汝南諸郡，陳、南頓二郡太守鄭琨，汝陽、潁川二郡太守郭道隱委守走。索虜攻懸瓠城，行汝南郡事陳憲拒之。以軍興減百官俸三分之一。

三月乙丑，淮南太守諸葛闡求減俸禄同内百官，於是州及郡縣丞尉並悉同減。

戊寅，罷國子學。

乙酉，以新除吏部尚書蕭思話爲護軍將軍。

《資治通鑑》卷一二五　四月壬子，安北將軍武陵王駿降號鎮軍將軍，垣謙之伏誅，尹定、杜幼文付尚方；以陳憲爲龍驤將軍、汝南、新蔡二郡太守。

侍中、左衛將軍江湛遷吏部尚書。湛性公廉，與僕射徐湛之並爲主上所寵信，時稱江、徐。

《宋書》卷五《文帝紀》　六月丁酉，侍中蕭斌爲青、冀二州刺史。

《魏書》卷四下《世祖紀》　己亥，誅司徒崔浩。

《資治通鑑》卷一二五　辛丑，魏主北巡陰山。魏主既誅崔浩而悔之。

《宋書》卷五《文帝紀》　秋七月庚午，遣寧朔將軍王玄謨北伐。太尉江夏王義恭出次彭城，總統諸軍。

《資治通鑑》卷一二五　建武司馬申元吉引兵趨碻磝。

乙亥，魏濟州刺史王買德棄城走。蕭斌遣將軍崔猛攻樂安，魏青州刺史張淮之亦棄城走。

冬十月癸亥，魏主至枋頭，使關内侯代人陸眞夜與數人犯圍，潛入滑臺，撫慰城中，且登城視玄謨營曲折還報。

乙丑，魏主渡河，衆號百萬，鞞鼓之聲，震動天地，玄謨懼，退走。魏人追擊之，死者萬餘人，麾下散亡略盡，委棄軍資器械山積。

《宋書》卷五《文帝紀》　閏月癸亥，玄謨攻滑臺，不克，爲虜所敗，退還碻磝。

辛未，雍州刺史隨王誕遣軍攻弘農城，克之。

丙戌，又克關城。

十一月戊子，索虜陷鄒山，魯、陽平二郡太守崔邪利没。

《資治通鑑》卷一二五　上以王玄謨敗退，魏兵深入，柳元景等不宜獨進，皆召還。元景使薛安都斷後，引兵歸襄陽。詔以元景爲襄陽太守。

《宋書》卷五《文帝紀》　甲午，隨王誕所遣軍又攻陝城，克之。癸卯，左軍將軍劉康祖於壽陽尉武戍與虜戰敗見殺。

丁未，大赦天下。

十二月戊午，内外纂嚴。

《資治通鑑》卷一二五　己未，魏兵至淮上。

《宋書》卷五《文帝紀》　乙丑，冗從僕射胡崇之、太子積弩將軍臧澄之、建威將軍毛熙祚於盱眙與虜戰敗，並見殺。

《資治通鑑》卷一二五　庚午，魏主至瓜步，壞民廬舍，及伐葦爲筏，聲言欲渡江。建康震懼，民皆荷擔而立。

壬午，内外戒嚴。丹楊統内盡户發丁，王公以下子弟皆從役。命領軍將軍劉遵考等將兵分守津要，遊邏上接於湖，下至蔡洲，陳艦列營，周亘江濱，自采石至於暨陽，六七百里。太子劭出鎮石頭，總統水軍，丹楊尹徐湛之守石頭倉城，吏部尚書江湛兼領軍，軍事處置悉以委焉。

魏主鑿瓜步山爲蟠道，於其上設氈屋，魏主不飲河南水，以橐駝負河北水自隨。餉上橐駝、名馬，並求和，請婚。上遣奉朝請田奇餉以珍羞、異味。魏主得黄甘，即噉之，並大進酃酒。左右有附耳語者，疑食中有毒。魏主不應，舉手指天，以其孫示奇曰：「吾遠來至此，非欲爲功名，實欲繼好息民，永結姻援。宋若能以女妻此孫，我以女妻武陵王，自今匹馬不復南顧。」

奇還，上召太子劭及羣臣議之，衆並謂宜許，江湛曰：「戎狄無親，許之無益。」劭怒，謂湛曰：「今三王在阨，詎宜苟執異議！」聲色甚厲。坐散，俱出，劭使班劍及左右排湛，湛幾至僵仆。

劭又言於上曰：「北伐敗辱，數州淪破，獨有斬江湛、徐湛之可以謝天下。」上曰：「北伐自是我意，江、徐但不異耳。」由是太子與江、徐不平，魏亦竟不成婚。

元嘉二八年、北魏正平元年（辛卯、四五一）

《宋書》卷五《文帝紀》 春正月丙戌朔，以寇逼不朝會。

《資治通鑑》卷一二六 魏主大會羣臣於瓜步山上，班爵行賞有差。

《宋書》卷五《文帝紀》 丁亥，索虜自瓜步退走。

丁酉，攻圍盱眙城。

《資治通鑑》卷一二六 江夏王義恭以碻磝不可守，召王玄謨還歷城，魏人追擊敗之，遂取碻磝。

《宋書》卷五《文帝紀》 二月丙辰，索虜自盱眙奔走。

癸酉，詔曰：「玁狁孔熾，難及數州，眷言念之，鑒寐興悼。凶羯痍挫，迸跡遠奔，彫傷之民，宜時振理。凡遭寇賊郡縣，令還復居業，封屍掩骼，賑贍饑流。東作方始，務盡勸課。貸給之宜，事從優厚。其流寓江、淮者，並聽即屬，并蠲復稅調。」

甲戌，太尉、領司徒江夏王義恭降爲驃騎將軍、開府儀同三司。

辛巳，鎮軍將軍、徐、兗二州刺史武陵王駿降號北中郎將。

壬午，車駕幸瓜步，是日解嚴。

三月乙酉，車駕還宮。

壬辰，征北將軍始興王濬解南兗州。

《魏書》卷四《世祖紀下》 己亥，車駕至自南伐，飲至策勳，告於宗廟。以降民五萬餘家分置近畿。賜留臺文武所獲軍資生口各有差。

《宋書》卷五《文帝紀》 庚子，以輔國將軍臧質爲雍州刺史。

戊申，徐州刺史武陵王駿爲南兗州刺史。

甲寅，護軍將軍蕭思話爲撫軍將軍、徐、兗二州刺史。

夏四月癸酉，婆達國遣使獻方物。

索虜僞寧南將軍魯爽、中書郎魯秀歸順。

戊寅，以爽爲司州刺史。

五月乙酉，亡命司馬順則自號齊王，據梁鄒城。

丁巳，婆皇國，戊戌，河南王，並遣使獻方物。

《資治通鑑》卷一二六 己巳，以江夏王義恭領南兗州刺史，徙鎮盱眙，增督十二州諸軍事。

《宋書》卷五《文帝紀》 戊申，以尚書左僕射何尚之爲尚書令，太子詹事徐湛之爲尚書僕射、護軍將軍。

壬子，以後將軍隨王誕爲安南將軍、廣州刺史。

《資治通鑑》卷一二六 六月壬戌，魏改元正平。

《宋書》卷五《文帝紀》 以北中郎將武陵王駿爲江州刺史，以振武將軍、秦郡太守劉興祖爲青、冀二州刺史。

秋七月甲辰，安東將軍倭王倭濟進號安東大將軍。

《資治通鑑》卷一二六 蕭斌，王玄謨皆坐退敗免官。上問沈慶之曰：「斌欲斬玄謨而卿止之，何也？」對曰：「諸將奔退，莫不懼罪，自歸而死，將至逃散，故止之。」

《宋書》卷五《文帝紀》 八月癸亥，梁鄒平，斬司馬順則。

《資治通鑑》卷一二六 九月，上遣使至魏，魏遣殿中將軍郎法祐來脩好。

《宋書》卷五《文帝紀》 冬十月癸亥，高麗國遣使獻方物。

《魏書》卷四《世祖紀下》 己巳，司空、上黨王長孫道生薨。

《宋書》卷五《文帝紀》 十一月壬寅，曲赦二兗、徐、豫、青、冀六州。

《魏書》卷四《世祖紀下》 十有二月丁丑，車駕還宮。封皇孫濬爲高陽王。尋以皇孫世嫡，不宜在藩，乃止。封秦王翰爲東平王，燕王譚爲臨淮王，楚王建爲廣陽王，吳王余爲南安王。

《資治通鑑》卷一二六 帝使沈慶之徙彭城流民數千家於瓜步，征北參軍程天祚徙江西流民數千家於姑孰。

帝以吏部郎王僧綽爲侍中。

元嘉二九年、北魏正平二年（壬辰、四五二）

《魏書》卷四《世祖紀下》 春正月庚辰朔，南來降民五千餘家於中山謀叛，州軍討平之。冀州刺史、張掖王沮渠萬年與降民通謀，賜死。

《宋書》卷五《文帝紀》 甲午，詔曰：「經寇六州，居業未立，仍值災澇，饑困薦臻。可速符諸鎮，優量救卹。今農事行興，務盡地利。若須田種，隨宜給之。」

二月庚申，虜帥拓跋燾死。

《資治通鑑》卷一二六　庚午，立皇子休仁爲建安王。

《魏書》卷四《世祖紀下》　三月辛卯，上尊謚曰太武皇帝，葬於雲中金陵，廟號世祖。

《宋書》卷五《文帝紀》　夏四月戊午，訶羅單國遣使獻方物。

以驃騎參軍張永爲冀州刺史。

五月甲午，罷湘州并荆州。以始興、臨賀、始安三郡屬廣州。

丙申，詔曰：「惡稔身滅，戎醜常數，虐虜窮凶，著於自昔。未勞資斧，已伏天誅，子孫相殘，親黨離貳，關、洛僞帥，並懷内款，河朔遺民，注誠請効。拯溺蕩穢，今其會也。可符驃騎、司空二府，各部分所統，東西應接。歸義建績者，隨勞酬獎。」

《資治通鑑》卷一二六　於是遣撫軍將軍蕭思話督冀州刺史張永等向碻磝，魯爽、魯秀、程天祚將荆州甲士四萬出許、洛，雍州刺史臧質帥所領趣潼關。

《宋書》卷五《文帝紀》　是月，京邑雨水。

六月己酉，遣部司巡行，賜樵米，給船。

撫軍將軍蕭思話率衆北伐。

以征北從事中郎劉瑀爲益州刺史。

秋七月壬辰，汝陰王渾改封武昌王，淮陽王彧改封湘東王。

丁酉，省大司農、太子僕、廷尉監官。

八月丁卯，蕭思話攻碻磝，不拔，退還。

九月丁亥，以平西將軍吐谷渾拾寅爲安西將軍、秦、河二州刺史。

《資治通鑑》卷一二六　庚寅，魯爽與魏豫州刺史拓跋僕蘭戰於大索，破之，進攻虎牢。聞碻磝敗退，與柳元景皆引兵還。蕭道成、馬汪等聞魏救兵將至，還趣仇池。

己丑，詔解蕭思話徐州，更領冀州刺史，鎮歷城。

上以諸將屢出無功，不可專責張永等，賜思話詔曰：「虜既乘利，方向盛冬，若脱敢送死，兄弟父子自共當之耳。言及增憤！可以示張永、申坦。」又與江夏王義恭書曰：「早知諸將輩如此，恨不以白刃驅之。今者悔何所及！」義恭尋奏免思話官，從之。

十月，西陽五水羣蠻反，自淮、汝至於江、沔，咸被其患。詔太尉中兵參軍沈慶之督江、豫、荆、雍四州兵討之。

《魏書》卷五《高宗紀》　戊申，即皇帝位於永安前殿，大赦，改年。

以驃騎大將軍元壽樂爲太宰、都督中外諸軍事、録尚書事；尚書長孫渴侯爲尚書令，加儀同三司。

十有一月丙子，二人爭權，並賜死。

癸未，廣陽王建薨，臨淮王譚薨。

甲申，皇妣薨。

太尉張黎，司徒古弼，以議不合旨，黜爲外都大官。平南將軍、宋子侯周忸進爵樂陵王，南部尚書、章安子陸麗爲平原王，文武各加位一等。

壬寅，追尊景穆太子爲景穆皇帝，皇妣爲恭皇后；尊保母常氏爲保太后。

隴西屠各王景文叛，詔統萬鎮將、南陽王惠壽討平之。

《宋書》卷五《文帝紀》　壬寅，揚州刺史廬陵王紹薨。

《魏書》卷五《高宗紀》　十有二月戊申，祔葬恭皇后於金陵。

乙卯，初復佛法。

丁巳，以樂陵王周忸爲太尉，平原王陸麗爲司徒，鎮西將軍杜元寶爲司空。

保達、沙獵國各遣使朝獻。

《宋書》卷五《文帝紀》　辛未，以驃騎將軍、南兗州刺史江夏王義恭爲大將軍、南徐州刺史，録尚書事如故。

元嘉三〇年、北魏興安二年（癸巳、四五三）

《宋書》卷五《文帝紀》　春正月戊寅，以司空、荆州刺史南譙王義宣爲司徒、中軍將軍、揚州刺史。以南兗州並南徐州。

庚辰，以領軍將軍劉遵考爲平西將軍、豫州刺史。

《魏書》卷五《高宗紀》　辛巳，司空杜元寶進爵京兆王。廣平王杜遺薨。尚書僕射、東安公劉尼進爵爲王。封建寧王崇子麗爲濟南王。

《宋書》卷五《文帝紀》 壬午，以征北將軍、南徐州刺史始興王濬爲衛將軍、荆州刺史。

戊子，江州刺史武陵王駿統衆軍伐西陽蠻。

癸巳，以豫州刺史南平王鑠爲撫軍將軍、領軍將軍。

青、徐州饑，二月壬子，遣運部賑卹。

《魏書》卷五《高宗紀》 己未，司空、京兆王杜元寶謀反，伏誅；建寧王崇、崇子濟南王麗爲元寶所引，各賜死。

《南史》卷二《文帝紀》 甲子，元凶劭搆逆，帝崩於合殿，時年四十七。謚景皇帝，廟號中宗。

宋孝武帝部（起公元四五三年，迄公元四六四年）

《讀史津逮》卷三《南宋》 世祖孝武皇帝，名駿，字休龍，小字道人，文帝第三子。母路皇后。少機穎爽發，讀書七行俱下。初封武陵王，元凶弒逆，與沈慶之起兵討劭，並濬誅之。癸巳即位。

元嘉三〇年、北魏興安二年（癸巳、四五三）

《宋書》卷六《孝武帝紀》 四月己巳，即皇帝位。大赦天下，文武賜爵一等，從軍者二等。贓汙清議，悉皆蕩除。高年、鰥寡、孤幼、六疾不能自存，人賜穀五斛。逋租宿債勿復收。長徒之身，優量降宥。崇改太祖號謚。以大將軍江夏王義恭爲太尉，録尚書六條事、南徐州刺史。

庚午，以荆州刺史南譙王義宣爲中書監、丞相、録尚書六條事、揚州刺史，安東將軍隨王誕爲衛將軍、開府儀同三司、荆州刺史，雍州刺史臧質爲車騎將軍、開府儀同三司、江州刺史，征虜將軍沈慶之爲領軍將軍，撫軍將軍、兖、冀二州刺史蕭思話爲尚書左僕射。

壬申，以征虜將軍王僧達爲尚書右僕射。改新亭爲中興亭。

五月甲戌，輔國將軍申坦克京城。

乙亥，輔國將軍朱修之克東府。

丙子，克定京邑。劭及始興王濬諸同逆並伏誅。

庚辰，詔曰：「天步艱難，國道用否，雖基構永固，而氣數時愆。朕以眇身，奄承皇業，奉尋曆命，鑒寐震懷。萬邦風政，人治之本，感念陵替，若疚在心。可分遣大使巡省方俗。」是日解嚴。

辛巳，車駕幸東府城。

甲申，尊所生路淑媛爲皇太后。

乙酉，立妃王氏爲皇后。

戊子，以左衛將軍柳元景爲雍州刺史。

壬辰，以太尉江夏王義恭爲太傅，領大司馬。

甲午，曲赦京邑二百里内，並蠲今年租税。

戊戌，以撫軍將軍南平王鑠爲司空，建平王宏爲尚書左僕射，東海王禕爲撫軍將軍，新除尚書左僕射蕭思話還職。

六月壬寅，以驃騎參軍垣護之爲冀州刺史。

甲辰，以山陽太守申恬爲青州刺史。

丙午，車駕還宫。初置殿門及上閤屯兵。以江夏内史朱修之爲平西將軍、雍州刺史，御史中丞王曇生爲廣州刺史。

戊申，以新除雍州刺史柳元景爲護軍將軍。

己酉，以司州刺史魯爽爲豫州刺史。

庚戌，以梁、南秦二州刺史劉秀之爲益州刺史，太尉司馬龐秀之爲梁、南秦二州刺史，衛軍司馬徐遺寶爲兖州刺史，寧朔將軍王玄謨爲徐州刺史，衛將軍隨王誕進號驃騎大將軍。尚書右僕射王僧達遷職，丹陽尹褚湛之爲尚書右僕射。

丙辰，以侍中南譙王世子恢爲湘州刺史。

丁巳，詔曰：「興王立訓，務弘治節，輔臣佐時，勤獻政要，仰惟聖規，每存兹道。猥以眇躬，屬承景業，闡揚遺澤，無廢厥心。夫量入爲出，邦有恒典，而經給之宜，多違常度。兵役糜耗，府藏散減，外内衆供，未加損約，非所以聿遵先旨，敬奉遺圖。自今諸可薄己厚民、去煩從簡者，悉宜施行，以稱朕意。」

庚申，詔有司論功班賞各有差。

辛酉，安西將軍、西秦河二州刺史吐谷渾拾寅進號鎮西大將軍、開府儀同三司。

庚午，還分南徐立南兖州。

辛未，改封南譙王義宣爲南郡王，隨王誕爲竟陵王，義宣次子宜陽侯愷爲宜陽縣王。

閏月壬申，以領軍將軍沈慶之爲鎮軍將軍、南兖州刺史。

癸酉，以護軍將軍柳元景爲領軍將軍。

《魏書》卷五《高宗紀》 乙亥，太皇太后赫連氏崩。

《宋書》卷六《孝武帝紀》 丙子，遣兼散騎常侍樂詢等十五人巡行風俗。

甲申，蠲尋陽、西陽郡租布三年。

甲午，丞相南郡王義宣改爲荆、湘二州刺史，驃騎大將軍、荆州刺史竟陵王誕改爲揚州刺史，南蠻校尉王僧達爲護軍將軍。

是月，置衛尉官。

秋七月辛丑朔，日有蝕之。

《魏書》卷五《高宗紀》 辛亥，行幸陰山。濮陽王閭若文，征西大將軍、永昌王仁謀反。

《宋書》卷六《孝武帝紀》 甲寅，詔曰：「世道未夷，惟憂在國。夫使羣善畢舉，固非一才所議，況以寡德，屬衰薄之期，夙宵寅想，永懷待旦。王公卿士，凡有嘉謀善政，可以維風訓俗，咸達乃誠，無或依隱。」

辛酉，詔曰：「百姓勞弊，傜賦尚繁，言念未乂，宜崇約損。凡用非軍國，宜悉停功。可省細作並尚方，雕文靡巧，金銀塗飾，事不關實，嚴爲之禁。供御服膳，減除遊侈。水陸捕採，各順時月。官私交市，務令優衷。其江海田池公家規固者，詳所開弛。貴戚競利，悉皆禁絶。」

戊戌，以右衛將軍宗慤爲廣州刺史。

己巳，司空南平王鑠薨。

八月辛未，武皇帝舊役軍身，嘗在齋内，人身猶存者，普賜解户。

乙亥，尚書左僕射建平王宏加中書監、中軍將軍。

丁亥，以沛郡太守垣閎爲寧州刺史，撫軍司馬費沈爲梁、南秦二州刺史。

甲午，護軍將軍王僧達遷職。

戊戌，詔曰：「朕以眇身，纂承大業，懼不能宣慈惠和，寧濟萬宇，夙夜兢兢，若臨淵谷。然即位以來，百姓晏安，風雨順序，邊方無事，衆瑞兼呈，不可稱數。又於苑内獲方寸玉印，其文曰『子孫長壽』，群公卿士咸曰『休哉』！豈朕一人克臻斯應，實由天地祖宗降祐之所致也。思與兆庶共兹嘉慶，其令民大酺三日，諸殊死已下各降罪一等。」

九月丁巳，以前尚書劉義綦爲中護軍。

壬戌，新亭戰亡者，復同京城。

邵黨南海太守蕭簡據廣州反。

丁卯，輔國將軍鄧琬討平之。

冬十月癸未，車駕於閲武堂聽訟。

十一月丙午，以左軍將軍魯秀爲司州刺史。

丙辰，停臺省衆官朔望問訊。

丙寅，高麗國遣使獻方物。

十二月甲戌，省都水臺，罷都水使者官，置水衡令官。

癸未，以將置東宫，省太子率更令、步兵、翊軍校尉、旅賁中郎將、宂從僕射、左右積弩將軍官。中庶子、中舍人、庶子、舍人、洗馬，各減舊員之半。

《魏書》卷五《高宗紀》 誅河間鄚民爲賊盜者，男年十五以下爲生口，班賜從臣各有差。

甲午，車駕還宫。

庫莫奚、契丹、罽賓等十餘國各遣使朝貢。

復北平公長孫敦王爵。

孝建元年、北魏興光元年（甲午、四五四）

《宋書》卷六《孝武帝紀》 春正月己亥朔，車駕親祠南郊，改元，大赦天下。

壬寅，以丹陽尹蕭思話爲安北將軍、徐州刺史。

甲辰，護軍將軍劉義綦遷職，以尚書令何尚之爲左光禄大夫、護軍將軍。

戊申，詔曰：「首食尚農，經邦本務；貢士察行，寧朝當道。内難甫康，政訓未洽，衣食有仍耗之弊，選造無觀國之美。昔衛文勤民，高宗恭默，卒能收賢巖穴，大殷季年。朕每側席疚懷，無忘鑒寐。凡諸守莅親民之官，可詳申舊條，勤盡地利。力田善蓄者，在所具以名聞。褒甄之科，精爲其格。四方秀孝，非才勿舉，獻答允值，即就銓擢。若止無可採，猶賜除署；若有不堪酬奉，虚竊榮薦，遣還田里，加以禁錮。尚書百官之元本，庶績之樞機，丞郎列曹，局司有在。而頃事無巨細，悉歸令僕，非所以衆材成構，羣能濟業者也。可更明體制，咸責厥成，糾覈勤惰，嚴施賞罰。」

壬戌，更鑄四銖錢。

丙寅，立皇子子業爲皇太子。賜天下爲父後者爵一級。孝子、順孫、義夫、節婦粟帛各有差。

是月，起正光殿。

二月庚午，豫州刺史魯爽、車騎將軍江州刺史臧質、丞相荆州刺史南郡王義宣、兖州刺史徐遺寶舉兵反。

乙亥，撫軍將軍東海王禕還職。

己卯，領軍將軍柳元景加撫軍將軍。

壬午，曲赦豫州。

辛卯，左衛將軍王玄謨爲豫州刺史。

癸巳，玄謨進據梁山。

《魏書》卷五《高宗紀》　甲午，帝至道壇，登受圖籙；禮畢，曲赦京師，班賞各有差。

《宋書》卷六《孝武帝紀》　丙申，以安北司馬夏侯祖觀爲兖州刺史。

三月癸亥，内外戒嚴。

辛丑，以安北將軍、徐州刺史蕭思話爲安南將軍、江州刺史，撫軍將軍柳元景即本號爲雍州刺史。

癸卯，以太子左衛率龐秀之爲徐州刺史。徐遺寶爲夏侯祖歡所破，棄衆走。

丙寅，以輔國長史明胤爲冀州刺史。

夏四月戊辰，以後將軍劉義綦爲湘州刺史。

甲申，以平西將軍、雍州刺史朱修之爲安西將軍、荆州刺史。

丙戌，鎮軍將軍、南兖州刺史沈慶之大破魯爽於歷陽之小峴，斬爽。

癸巳，進慶之號鎮北大將軍。封第十六皇弟休倩爲東平王。未拜，薨。

五月甲寅，義宣等攻梁山，王玄謨大破之。

己未，解嚴。

癸亥，以吴興太守劉延孫爲尚書右僕射。

六月戊辰，臧質走至武昌，爲人所斬，傳首京師。

甲戌，撫軍將軍柳元景進號撫軍大將軍，鎮北大將軍沈慶之並開府儀同三司。

丙子，以征西將軍武昌王渾爲雍州刺史。

癸未，分揚州立東揚州。分荆、湘、江、豫州立郢州。罷南蠻校尉。

戊子，省録尚書事。

庚寅，義宣於江陵賜死。

秋七月丙申朔，日有蝕之。

《資治通鑑》卷一二八　辛丑，大赦，改元興光。

《宋書》卷六《孝武帝紀》　丙辰，大赦天下。文武賜爵一級。逋租宿債勿復收。

辛酉，於雍州立建昌郡。以會稽太守義陽王昶爲東揚州刺史。

八月庚午，撫軍大將軍柳元景復爲領軍將軍，本號如故。

壬申，以游擊將軍垣護之爲徐州刺史。

壬辰，以安西司馬梁坦爲梁、南秦二州刺史。

九月丙申，以强弩將軍尹懷順爲寧州刺史。

丁酉，左光禄大夫何尚之解護軍將軍。

甲辰，加尚之特進。

丙午，以安南將軍、江州刺史蕭思話爲鎮西將軍、郢州刺史。

《魏書》卷五《高宗紀》　庚申，庫莫奚國獻名馬，有一角，狀如麟。

是月，閉都城門，大索三日，獲姦人亡命數百人。

《宋書》卷六《孝武帝紀》　冬十月戊寅，詔曰：「仲尼體天降德，維周興漢，經緯三極，冠冕百王。爰自前代，咸加褒述。典司失人，用闕宗祀。先朝遠存遺範，有詔繕立，世故妨道，事未克就。國難頻深，忠勇奮厲，實憑聖義，大教所敦。永惟兼懷，無忘待旦。可開建廟制，同諸侯之禮。詳擇爽塏，厚給祭秩。」

丁亥，以秘書監東海王禕爲撫軍將軍、江州刺史。於郢州立安陸郡。

十一月癸卯，復立都水臺，置都水使者官。

是歲，始課南徐州僑民租。

孝建二年、北魏太安元年（乙未、四五五）

《宋書》卷六《孝武帝紀》　正月壬寅，以冠軍將軍湘東王彧爲中護軍。

《魏書》卷五《高宗紀》　辛酉，奉世祖、恭宗神主於太廟。車騎大將軍、樂平王拔有罪，賜死。

《宋書》卷六《孝武帝紀》　二月己丑，婆皇國遣使獻方物。

丙寅，以鎮北大將軍、南兖州刺史沈慶之爲左光禄大夫、開府儀同三司。

辛巳，以尚書右僕射劉延孫爲南兖州刺史。

《魏書》卷五《高宗紀》　三月己亥，詔曰：「今始奉始祖、恭宗神主於太廟，又於西苑遍秩羣神。朕以大慶饗賜百僚，而犯罪之人獨即刑戮，非所以子育羣生，矜及衆庶。夫聖人之教，自近及遠。是以周文刑於寡妻，至於兄弟，以御家邦。化荷從近，恩亦宜然。其曲赦京師死囚已下。」

《宋書》卷六《孝武帝紀》　辛亥，以吴興太守劉遵考爲湘州刺史。

壬子，以行征西將軍楊文智爲征西將軍、北秦州刺史。

夏四月壬申，河南國遣使獻方物。

壬午，以豫章太守檀和之爲豫州刺史。

五月戊戌，以湘州刺史劉遵考爲尚書右僕射，前軍司馬垣閎爲交州刺史。

庚子，以輔國將軍申坦爲徐、兖二州刺史。

癸卯，以右衛將軍顧覬之爲湘州刺史。

丁未，以金紫光禄大夫王偃爲右光禄大夫。

《魏書》卷五《高宗紀》　六月壬戌，詔名皇子曰弘，曲赦京城，改年。

《宋書》卷六《孝武帝紀》　甲子，以國哀除釋，大赦天下。

《魏書》卷五《高宗紀》　癸酉，詔曰：「夫爲治者，因宜以設官，舉賢以任職，故上下和平，民無怨謗。若官非其人，姦邪在位，則政教陵遲，至於彫薄。思明黜陟，以隆治道。今遣尚書穆伏真等三十人，巡行州郡，觀察風俗。入其境，農不墾殖，田畝多荒，則徭役不時，廢於力也；耆老飯蔬食，少壯無衣褐，則聚斂煩數，匱於財也；閭里空虚，民多流散，則綏導無方，疏於恩也；盜賊公行，劫奪不息，則威禁不設，失於刑也；衆謗並興，大小嗟怨，善人隱伏，佞邪當途，則爲法混淆，昏於政也。諸如此比，黜而戮之。善於政者，褒而賞之。其有阿枉不能自申，聽詣使告狀，使者檢治。若信清能，衆所稱美，誣告以求直，反其罪。使者受財，斷察不平，聽詣公車上訴。其不孝父母，不順尊長，爲吏姦暴，及爲盜賊，各具以名上。其容隱者，以所匿之罪罪之。」

《宋書》卷六《孝武帝紀》　庚辰，以曲江縣侯王玄謨爲豫州刺史。

秋七月癸巳，立第十三皇弟休祐爲山陽王，第十四皇弟休茂爲海陵王，第十五皇弟休業爲鄱陽王。

戊戌，鎮西將軍蕭思話卒。

己酉，以益州刺史劉秀之爲郢州刺史。

槃槃國遣使獻方物。

甲寅，以義興太守到元度爲益州刺史。

八月庚申，雍州刺史武昌王渾有罪，廢爲庶人，自殺。

辛酉，以南兖州刺史劉延孫爲鎮軍將軍、雍州刺史。

斤陀利國遣使獻方物。

三吴民饑，癸酉，詔所在賑貸。

丙子，詔曰：「諸苑禁制綿遠，有妨肄業。可詳所開弛，假與貧民。」

壬午，以新除豫州刺史王玄謨爲青、冀二州刺史，青州刺史申恬爲豫州刺史。

甲申，以右衛將軍檀和之爲南兖州刺史。

九月丁亥，車駕於宣武場閱武。

庚戌，詔曰：「國道再屯，艱虞畢集。朕雖寡德，終膺鴻慶。惟新之祉，實深百王；而惠宥之令，未殊常渥。永言勤慮，寤寐載懷。在朕受命之前，凡以罪徙放，悉聽還本。犯釁之門，尚有存者，子弟可隨才署吏。」

冬十月壬午，太傅江夏王義恭領揚州刺史，驃騎大將軍、揚州刺史竟陵王誕爲司空、南徐州刺史，中書監、尚書左僕射、中軍將軍建平王宏爲尚書令，將軍如故。

十一月戊子，中護軍湘東王彧遷職，鎮軍將軍劉延孫爲護軍將軍。青、冀二州刺史王玄謨爲雍州刺史。

甲午，以大司馬垣護之爲青、冀二州刺史。

辛亥，高麗國遣使獻方物。

十二月癸亥，以前交州刺史蕭景憲爲交州刺史。

《資治通鑑》卷一二八　是歲，以故氐王楊保宗子元和爲征虜將軍，楊頭爲輔國將軍。

孝建三年、北魏太安二年(丙申、四五六)

《宋書》卷六《孝武帝紀》 春正月庚寅，立第十八皇弟休範爲順陽王，第十九皇弟休若爲巴陵王。

戊戌，立第二皇子子尚爲西陽王。

辛丑，車駕親祠南郊。

《資治通鑑》卷一二八 壬子，納右衛將軍何瑀女爲太子妃。

《宋書》卷六《孝武帝紀》 甲寅，大赦天下。

《資治通鑑》卷一二八 乙卯，魏立貴人馮氏爲皇后。

二月丁巳，魏主立子弘爲皇太子，先使其母李貴人條記所付託兄弟，然後依故事賜死。

《宋書》卷六《孝武帝紀》 癸亥，右光禄大夫王偃卒。

甲子，以廣州刺史宗慤爲平西將軍、豫州刺史。

丁卯，以新除御史中丞王翼爲廣州刺史。

丁丑，始制朔望臨西堂接羣下，受奏事。

壬午，内外官有田在近道，聽遣所給吏僮附業。

三月癸丑，以西陽王子尚爲南兖州刺史。

閏月戊午，尚書右僕射劉遵考還職。

癸酉，鄱陽王休業薨。

庚辰，停元嘉三十年以前兵工考剔。

夏五月辛酉，制荆、徐、兖、豫、雍、青、冀七州統内，家有馬一匹者，蠲復一丁。

壬戌，以右衛將軍劉瑀爲益州刺史。

六月，上於華林園聽訟。

秋七月，太傅江夏王義恭解揚州。

丙子，以南兖州刺史西陽王子尚爲揚州刺史，秘書監建安王休仁爲南兖州刺史。

八月戊戌，以北中郎諮議參軍費淹爲交州刺史。

丁未，以尚書吏部郎王琨爲廣州刺史。

九月壬戌，以丹陽尹劉遵考爲尚書右僕射。

冬十月癸未，以尋陽太守張悦爲益州刺史。

丙午，太傅江夏王義恭進位太宰，領司徒。

丁未，領軍將軍柳元景加驃騎將軍，尚書令建平王宏加中書監，衛將軍、撫軍將軍、江州刺史東海王禕進號平南將軍。

十一月癸丑，淮南太守袁景有罪棄市。

《魏書》卷五《高宗紀》 尚書、西平王源賀改封隴西王。

嚈噠、普嵐國並遣使朝獻。

劉駿濮陽太守姜龍駒、新平太守楊伯倫，各棄郡率吏民來降。

《宋書》卷六《孝武帝紀》 十二月丙午，以侍中孔靈符爲郢州刺史。

大明元年、北魏太安三年(丁酉、四五七)

《宋書》卷六《孝武帝紀》 春正月辛亥朔，改元，大赦天下。賜高年孤疾粟帛各有差。

《魏書》卷五《高宗紀》 壬戌，畋於崞山。

戊辰，還宫。粟特、于闐國各遣使朝貢。徵漁陽公尉眷，拜太尉，進爵爲王，録尚書事。

庚午，護軍將軍劉延孫還職，右衛將軍湘東王彧爲中護軍。

京邑雨水，辛未，遣使檢行，賜以樵米。

二月己亥，復親民職公田。

索虜寇兖州。

三月壬戌，制大臣加班劍者，不得入宫城門。

梁州獠求内屬，立懷漢郡。

夏四月，京邑疾疫，丙申，遣使按行，賜給醫藥。死而無收斂者，官爲斂埋。

庚子，省湘州宋建郡并臨賀。

五月，吴興、義興大水，民饑。

乙卯，遣使開倉賑卹。

《魏書》卷五《高宗紀》 庚申，畋於松山。

己巳，還宮。封皇弟新成爲陽平王。

《宋書》卷六《孝武帝紀》 癸酉，於華林園聽訟。

乙亥，以左衛將軍沈曇慶爲徐州刺史，輔國將軍梁瑾葱爲河州刺史、宕昌王。

六月己卯，以前太子步兵校尉劉祗子歆繼南豐王朗。

辛巳，以長水校尉山陽王休祐爲東揚州刺史。

丁亥，休祐改爲湘州刺史。以丹陽尹顔竣爲東揚州刺史。

秋七月辛未，土斷雍州諸僑郡縣。

八月戊戌，於兗州立陽平郡。

壬寅，於華林園聽訟。

甲辰，司空、南徐州刺史竟陵王誕改爲南兗州刺史，太子詹事劉延孫爲鎮軍將軍、南徐州刺史。

冬十月丙申，詔曰：「旒纊之道，有孚於結繩；日昃之勤，已切於姬后。況世弊教淺，歲月澆季。朕雖勠力宇内，未明求衣，而識狹前王，務廣昔代，永言菲德，其愧良深。朝咨野怨，自達者寡，惠民利公，所昧實衆。自今百辟庶尹，下民賤隸，有懷誠抱志，擁鬱衡間，失理負謗，未聞朝聽者，皆聽躬自申奏，小大以聞。朕因聽政之日，親對覽焉。」

甲辰，以百濟王餘慶爲鎮東大將軍。

《魏書》卷五《高宗紀》 將東巡，詔太宰常英起行宫於遼西黄山。

十有一月，蠻王文虎龍率千餘家内附。

《宋書》卷六《孝武帝紀》 十二月丁亥，順陽王休範改封桂陽王。

戊戌，於華林園聽訟。

大明二年、北魏太安四年（戊戌、四五八）

《資治通鑑》卷一二八 春正月丙午朔，魏設酒禁，釀、酤、飲者皆斬之；吉凶之會，聽開禁，有程日。魏主以士民多因酒致鬭及議國政，故禁之。增置内外候官，伺察諸曹及州、鎮，或微服雜亂於府寺間，以求百官過失，有司窮治，訊掠取服；百官贓滿二丈者皆斬。又增律七十九章。

《宋書》卷六《孝武帝紀》 辛亥，車駕祀南郊。

壬子，詔曰：「去歲東土多經水災。春務已及，宜加優課。糧種所須，以時貸給。」

丙辰，復郡縣田秩，并九親禄俸。

壬戌，詔曰：「先帝靈命初興，龍飛西楚，歲紀浸遠，感往纏心。奉迎文武，情深常隸，思弘殊澤，以申永懷。吏身可賜爵一級，軍户免爲平民。」

《魏書》卷五《高宗紀》 庚午，至於遼西黄山宫，遊宴數日，親對高年，勞問疾苦。

二月丙子，登碣石山，觀滄海，大饗羣臣於山下，班賞進爵各有差。改碣石山爲樂遊山，築壇記行於海濱。

《宋書》卷六《孝武帝紀》 丙子，詔曰：「政道未著，俗弊尚深，豪侈兼并，貧弱困窘，存闕衣裳，没無斂櫝，朕甚傷之。其明敕守宰，勤加存卹。賻贈之科，速爲條品。」

乙酉，以金紫光禄大夫褚湛之爲尚書左僕射。

丙戌，中書監、尚書令、衛將軍建平王宏以本號開府儀同三司，中書監如故。

丁酉，驃騎將軍柳元景以本號開府儀同三司。

甲辰，散騎常侍義陽王昶爲中軍將軍。

三月丁未，中書監、尚書令、衛將軍建平王宏薨。

乙卯，以田農要月，太官停殺牛。

丁卯，上於華林園聽訟。

甲午，以海陵王休茂爲雍州刺史。

夏四月甲申，立皇子子綏爲安陸王。

癸酉，以寧朔將軍劉季之爲司州刺史。

辛丑，地震。

五月戊申，復西陽郡。

《魏書》卷五《高宗紀》 壬戌，詔曰：「朕即阼至今，屢下寬大之旨，蠲除煩苛，去諸不急，欲令物獲其所，人安其業。而牧守百里，不能宣揚恩意，求欲無厭，斷截官物以入於己，使課調懸少；而深文極墨，委罪於民。苟求免咎，曾不改懼。國家之制，賦役乃輕，比年已來，雜調減省，而所在州郡，咸有逋懸，非在職之官綏導失所，貪穢過度，誰使之致？自今常調不充，民不安業，宰民之徒，加以死罪。申告天下，稱朕意焉。」

《資治通鑑》卷一二八　六月戊寅，分吏部尚書置二人，以都官尚書謝莊、度支尚書吴郡顧覬之爲之。又省五兵尚書。

《宋書》卷六《孝武帝紀》　丁亥，左光禄大夫何尚之加開府儀同三司。

戊子，以金紫光禄大夫羊玄保爲右光禄大夫。

丙申，詔曰：「往因師旅，多有逋亡。或連山染逆，懼致軍憲；或辭役憚勞，苟免刑罰。雖約法從簡，務思弘宥，思令驟下，而逃伏猶多。豈習愚爲性，忸惡難反；將在所長吏，宣導乖方。可普加寬申，咸與更始。」

秋七月甲辰，彭城民高闍等謀反伏誅。

癸亥，以右衛將軍顏師伯爲青、冀二州刺史。

八月乙酉，河南王遣使獻方物。

丙戌，中書令王僧達有罪，下獄死。

己丑，以强弩將軍杜叔文爲寧州刺史，交州刺史費淹爲廣州刺史，南海太守垣閬爲交州刺史。

甲午，以寧朔將軍沈僧榮爲兖州刺史。

九月癸卯，於華林園聽訟。

壬戌，以寧朔將軍劉道隆爲徐州刺史。

襄陽大水，遣使巡行賑贍。

庚午，置武衛將軍、武騎常侍官。

《資治通鑑》卷一二八　冬十月甲戌，魏主北巡，欲伐柔然，至陰山，會雨雪，魏主欲還，太尉尉眷曰：「今動大衆以威北狄，去都不遠而車駕遽還，虜必疑我有内難。」魏主從之，辛卯，軍于車崙山。

《宋書》卷六《孝武帝紀》　甲午，以中軍將軍義陽王昶爲江州刺史。

乙未，高麗國遣使獻方物。

《資治通鑑》卷一二八　積射將軍殷孝祖築兩城於清水之東。魏鎮西將軍封敕文攻之，清口戍主、振威將軍傅乾愛拒破之。孝祖，羡之曾孫也。上遣虎賁主龐孟虯救清口，青、冀二州刺史顏師伯遣中兵參軍苟思達助之，敗魏兵於沙溝。師伯，竣之族兄也。上遣司空參軍卜天生將兵會傅乾愛及中兵參軍江方興共擊魏兵，屢破之，斬魏將窟瓌公等數人。

《宋書》卷六《孝武帝紀》　十一月壬子，揚州刺史西陽王子尚加撫軍將軍。

《資治通鑑》卷一二八　魏主自將騎十萬、車十五萬兩擊柔然，度大漠，旌旗千里。柔然處羅可汗遠遁，其别部烏朱駕頹等帥數千落降于魏。魏主刻石紀功而還。

《宋書》卷六《孝武帝紀》　十二月己亥，諸王及妃主庶姓位從公者，喪事聽設凶門，餘悉斷。

閏月庚子，詔曰：「夫山處巖居，不以魚鼈爲禮。頃歲多虞，軍調繁切，違方設賦，本濟一時，而主者玩習，遂爲常典。杶榦瑶琨，任土作貢，積羽羣輕，終致深弊。永言弘革，無替朕心。凡寰衛貢職，山淵採捕，皆當詳辨産殖，考順歲時，勿使牽課虛懸，睽忤氣序。庶簡約之風，有孚於品性；惠敏之訓，無漏於幽仄。」

庚申，上於華林園聽訟。

壬戌，林邑國遣使獻方物。

是冬，索虜寇青州，刺史顏師伯頻大破之。

大明三年、北魏太安五年（己亥、四五九）

《資治通鑑》卷一二九　春正月己巳朔，兖州兵與魏皮豹子戰于高平，兖州兵不利。

《宋書》卷六《孝武帝紀》　丁亥，割豫州梁郡屬徐州。

己丑，以驃騎將軍、領軍將軍柳元景爲尚書令，尚書右僕射劉遵考爲領軍將軍。

丙申，婆皇國遣使獻方物。

二月乙卯，以揚州所統六郡爲王畿。以東揚州爲揚州。時欲立司隸校尉，以元凶已立乃止。撫軍將軍、揚州刺史西陽王子尚徙爲揚州刺史。

甲子，復置廷尉監官。

荆州饑，三月甲申，原田租布各有差。

庚寅，以義興太守垣閬爲兖州刺史。

壬辰，中護軍湘東王彧遷職，以中書令東海王禕爲衛將軍、護軍將軍。

癸巳，太宰江夏王義恭加中書監。

夏四月癸卯，上於華林園聽訟。

丙午，以建寧太守苻仲子爲寧州刺史。

乙卯，司空、南兗州刺史竟陵王誕有罪，貶爵。誕不受命，據廣陵城反，殺兗州刺史垣閬。以始興公沈慶之爲車騎大將軍、開府儀同三司、南兗州刺史討誕。

甲子，上親御六師，車駕出頓宣武堂。

司州刺史劉季之反叛，徐州刺史劉道隆討斬之。

秋七月己巳，剋廣陵城，斬誕。悉誅城内男丁，以女口爲軍賞。是日解嚴。

辛未，大赦天下。尚方長徒、奚官奴婢老疾者悉原放。孝子、順孫、義夫、節婦，賜粟帛各有差。王畿下貧之家，與近行頓所由，並蠲租一年。

丙子，以丹陽尹劉秀之爲尚書右僕射。

丙戌，分淮南北復置二豫州。以新除車騎大將軍、開府儀同三司、南兗州刺史沈慶之爲司空，刺史如故。

戊子，以衛將軍、護軍將軍東海王禕爲南豫州刺史，衛將軍如故。江州刺史義陽王昶爲護軍將軍，冠軍將軍桂陽王休範爲江州刺史。

癸巳，以前左衛將軍王玄謨爲郢州刺史。

八月丙申，詔曰：「近北討文武，於軍亡没，或殞身矢石，或癘疾死亡，並盡勤王事，而斂槥卑薄。可普更賻給，務令豐厚。」

己酉，以車騎長史庾深之爲豫州刺史。

甲子，詔曰：「昔姬道方凝，刑法斯厝；漢德初明，犴圄用簡。良由上一其道，下淳其性。今民澆俗薄，誠淺僞深，重以寡德，弗能心化。故知方者尠，趣辟實繁。向因巡覽，見二尚方徒隸，嬰金屨校，既有矜復。加國慶民和，獨隔凱澤，益以慚焉。可詳所原宥。」

《魏書》卷五《高宗紀》　九月戊辰，詔曰：「夫褒賞必於有功，刑罰審於有罪，此古今之所同，由來之常式。牧守莅民，侵食百姓，以營家業，王賦不充，雖歲滿去職，應計前逋，正其刑罪。而主者失於督察，不加彈正，使有罪者優游獲免，無罪者妄受其辜，是啓姦邪之路，長貪暴之心，豈所謂原情處罪，以正天下。自今諸遷代者，仰列在職殿最，案制治罪。克舉者加之爵寵，有愆者肆之刑戮，使能否殊貫，刑賞不差。主者明爲條制，以爲常楷。」

儀同三司、敦煌公李寶薨。

《宋書》卷六《孝武帝紀》　己巳，詔曰：「夫五辟三刺，自古所難；巧法深文，在季彌甚。故沿情察訟，魯師致捷；市獄勿擾，漢史飛聲。廷尉遠邇疑讞，平決攸歸，而一蹈幽圄，動逾時歲。民嬰其困，吏容其私。自今囚至辭具，並即以聞，朕當悉詳斷，庶無留獄。若繁文滯劾，證逮遐廣，必須親察，以盡情狀。自後依舊聽訟。」

《資治通鑑》卷一二九　壬辰，築上林苑於玄武湖北。

《宋書》卷六《孝武帝紀》　冬十月丁酉，詔曰：「古者薦鞠青壇，聿祈多慶；分繭玄郊，以供純服。來歲，可使六宮妃嬪修親桑之禮。」

庚子，鎮軍將軍、南徐州刺史劉延孫進號車騎將軍。

戊申，河西國遣使獻方物。

庚戌，以河西王大沮渠安周爲征虜將軍、涼州刺史。

十一月己巳，高麗國遣使獻方物。肅慎國重譯獻楛矢、石砮。西域獻舞馬。

《魏書》卷五《高宗紀》　冬十有二月戊申，詔曰：「朕承洪業，統御羣有，思恢政化，以濟兆民。故薄賦斂以實其財，輕徭役以紓其力，欲令百姓修業，人不匱乏。而六鎮、雲中、高平、二雍、秦州，徧遇災旱，年穀不收，其遣開倉廩以賑之。有流徙者，諭還桑梓。欲市糴他界，爲關傍郡，通其交易之路。若典司之官，分職不均，使上恩不達於下，下民不贍於時，加以重罪，無有攸縱。」

《宋書》卷六《孝武帝紀》　戊午，上於華林園聽訟。

辛酉，置謁者僕射官。

大明四年、北魏和平元年（庚子、四六〇）

《資治通鑑》卷一二九　春正月甲子朔，魏大赦，改元和平。

《宋書》卷六《孝武帝紀》　辛未，車駕祠南郊。

甲戌，宕昌王奉表獻方物。

乙亥，車駕射耕藉田。大赦天下。尚方徒繫及逋租宿債，大明元年以前，一皆原除。力田之民，隨才敘用。孝悌義順，賜爵一級。孤老貧疾，人穀十斛。藉田職司，優沾普賚。百姓乏糧種，隨宜貸給。吏宣勸有章者，詳加褒進。

壬午，以北中郎司馬柳叔仁爲梁、南秦二州刺史。左將軍、荆州刺史朱修之進號鎮軍將軍。

庚寅，立第三皇子子勛爲晉安王，第六皇子子房爲尋陽王，第七皇子子頊爲曆陽王，第八皇子子鸞爲襄陽王。

二月庚子，侍中建安王休仁爲湘州刺史。

己未，以員外散騎侍郎費景緒爲寧州刺史。

《魏書》卷五《高宗紀》 衛將軍、樂安王良督東雍、吐京、六壁諸軍西趣河西，征西將軍皮豹子等督河西諸軍南趣石樓，以討河西叛胡。

《宋書》卷六《孝武帝紀》 三月甲子，以冠軍將軍巴陵王休若爲徐州刺史。

丁卯，以安陸王子綏爲郢州刺史。

癸酉，以徐州刺史劉道隆爲青、冀二州刺史。

索虜寇北陰平孔堤，太守楊歸子擊破之。

《資治通鑑》卷一二九 甲申，皇后親桑于西郊，皇太后觀禮。

《宋書》卷六《孝武帝紀》 夏四月癸卯，以南琅邪隸王畿。

丙午，詔曰：「昔紩衣御宇，貶甘示節；土簋臨天，飭儉昭度。朕綈帛之念，無忘于懷。雖深詔有司，省游務實，而歲用兼積，年量虚廣。豈以捐豐從損，允稱約心。四時供限，可詳減太半。庶裘絺順典，有偃民華；纂組傷工，無競壥市。」

辛酉，詔曰：「都邑節氣未調，疫癘猶衆，言念民瘼，情有矜傷。可遣使存問，并給醫藥；其死亡者，隨宜卹贍。」

五月庚辰，於華林園聽訟。

乙酉，以徐州之梁郡還屬豫州。

丙戌，尚書左僕射褚湛之卒。以撫軍長史劉思考爲益州刺史。

庚寅，以南下邳併南彭城郡。

《魏書》卷五《高宗紀》 六月甲午，詔征西大將軍、陽平王新成等督統萬、高平諸軍出南道，南郡公李惠等督涼州諸軍出北道，討吐谷渾什寅。

崔浩之誅也，史官遂廢，至是復置。

河西叛胡詣長安首罪，遣使者安慰之。

《資治通鑑》卷一二九 秋七月，遣使如魏。

《宋書》卷六《孝武帝紀》 甲戌，左光禄大夫、開府儀同三司何尚之薨。

八月壬寅，宕昌王遣使獻方物。

己酉，以晉安王子勛爲南兖州刺史。

雍州大水，甲寅，遣軍部賑給。

九月辛未，以冠軍將軍垣護之爲豫州刺史。

甲申，上於華林園聽訟。

丁亥，改封襄陽王子鸞爲新安王。

冬十月庚寅，遣新除司空沈慶之討沿江蠻。

壬辰，制郡縣減禄，並先充公限。

十一月戊辰，改細作署令爲左右御府令。

丙戌，復置大司農官。

十二月乙未，上於華林園聽訟。

辛丑，車駕幸廷尉寺，凡囚繫咸悉原遣。

丁未，車駕幸建康縣，原放獄囚。

索虜遣使請和。

倭國遣使獻方物。

大明五年、北魏和平二年（辛丑、四六一）

《資治通鑑》卷一二九 春正月戊午朔，朝賀。雪落太宰義恭衣，有六出，義恭奏以爲瑞，上悦。

《宋書》卷六《孝武帝紀》 丁卯，以宕昌王梁唐子爲河州刺史。

《魏書》卷五《高宗紀》 乙酉，詔曰：「刺史牧民，爲萬里之表。自頃每因發調，逼民假貸，大商富賈，要射時利，旬日之間，增贏十倍。上下通同，分以潤屋。故編户之家，困於凍餒；豪富之門，日有兼積。爲政之弊，莫過於此。其一切禁絶，犯者十疋以上皆死。布告天下，咸令知禁。」

《宋書》卷六《孝武帝紀》　二月癸巳，車駕閲武。詔曰：「昔人稱人道何先，於兵爲首，雖淹紀勿用，忘之必危。朕以聽覽餘閒，因時講事，坐作有儀，進退無爽。軍幢以下，普量班錫。頃化弗能孚，而民未知禁，宜役違調，起觸刑網。凡諸逃亡，在今昧爽以前，悉皆原赦。已滯囹圄者，釋還本役。其逋負在大明三年以前，一賜原停。自此以還，鰥貧疾老，詳所申減。伐蠻之家，蠲租税之半。近籍改新制，在所承用，殊謬實多，可普更符下，聽以今爲始。若先已犯制，亦同蕩然。」

甲寅，加右光禄大夫羊玄保特進。

《魏書》卷五《高宗紀》　三月，劉駿遣使朝貢。輿駕所過，皆親對高年，問民疾苦。詔民年八十以上，一子不從役。靈丘南有山，高四百餘丈，乃詔羣官仰射山峯，無能踰者。帝彎弧發矢，出山三十餘丈，過山南二百二十步，遂刊石勒銘。

是月，發并、肆州五千人治河西獵道。

辛巳，輿駕還宫。

《宋書》卷六《孝武帝紀》　夏四月癸巳，改封西陽王子尚爲豫章王。

丙申，加尚書令柳元景左光禄大夫、開府儀同三司。

《資治通鑑》卷一二九　庚子，詔經始明堂，直作大殿於丙、己之地，制如太廟，唯十有二間爲異。

《宋書》卷六《孝武帝紀》　戊戌，詔曰：「南徐、兖二州去歲水潦傷年，民多困窶。逋租未入者，可申至秋登。」

丙午，雍州刺史海陵王休茂殺司馬庾深之，舉兵反，義成太守薛繼考討斬之。

甲寅，以第九皇子子仁爲雍州刺史。

五月癸亥，制帝室期親，朝官非禄官者，月給錢十萬。

丙辰，車駕幸閲武堂聽訟。

六月丙午，以護軍將軍義陽王昶爲中軍將軍。

壬子，分廣陵置沛郡，省東平郡并廣陵。

秋七月丙辰，詔曰：「雨水猥降，街衢泛溢。可遣使巡行，窮弊之家，賜以薪粟。」

丁卯，高麗國遣使獻方物。

庚午，曲赦雍州。

《魏書》卷五《高宗紀》　戊寅，封皇弟小新成爲濟陰王，加征東大將軍，鎮平原；天賜爲汝陰王，加征南大將軍，鎮虎牢；萬壽爲樂浪王，加征北大將軍，鎮和龍；洛侯爲廣平王。

壬午，行巡山北。

《宋書》卷六《孝武帝紀》　八月戊子，立第九皇子子仁爲永嘉王，第十一皇子子真爲始安王。以北中郎參軍費伯弘爲寧州刺史。

己丑，詔曰：「自靈命初基，聖圖重遠。參正樂職，感神明之應；崇殖禮囿，奮至德之光。聲實同和，文以均節，化調其俗，物性其情。故臨經式奠，焕乎炳發，道喪世屯，學落年永。獄訟微衰息之術，百姓忘退素之方。今息警夷嶂，恬波河渚，棧山航海，嚮風慕義，化民成俗，兹焉時矣。來歲可修葺庠序，旌延國胄。」

庚寅，制方鎮所假白板郡縣，年限依臺除，食禄三分之一，不給送故。衛將軍東海王禕以本號開府儀同三司。

《資治通鑑》卷一二九　九月甲寅朔，日有食之。

沈慶之固讓司空，柳元景固讓開府儀同三司，詔許之；仍命慶之朝會位次司空，俸禄依三司，元景在從公之上。

《宋書》卷六《孝武帝紀》　丁卯，行幸琅邪郡，囚繫悉原遣。

甲戌，移南豫州治淮南于湖縣。

丁丑，以冠軍將軍尋陽王子房爲南豫州刺史。

《資治通鑑》卷一二九《宋紀十一》　閏月戊子，皇太子妃何氏卒，謚曰獻妃。

《宋書》卷六《孝武帝紀》　丙申，初立馳道，自閶闔門至于朱雀門，又自承明門至于玄武湖。

壬寅，改封歷陽王子頊爲臨海王。

冬十月甲寅，以車騎將軍、南徐州刺史劉延孫爲尚書左僕射、領護軍將軍，尚書右僕射劉秀之爲安北將軍、雍州刺史。以冠軍將軍臨海王子頊爲廣州刺史。

乙卯，以東中郎將新安王子鸞爲南徐州刺史。

《魏書》卷五《高宗紀》　詔假員外散騎常侍游明根、員外郎昌邑侯和天德使于劉駿。

博陵之深澤、章武之東州，盜殺縣令，州軍討平之。

廣平王洛侯薨。

《宋書》卷六《孝武帝紀》　十一月壬辰，詔曰：「王畿内奉京師，外表衆夏，民殷務廣，宜思簡惠。可遣尚書就加詳檢，并與守宰平治庶獄。其有疑滯，具以狀聞。」

丁酉，增置少府丞一人。

十二月壬申，以領軍將軍劉遵考爲尚書右僕射。

甲戌，制天下民户歲輸布四疋。

庚辰，以太常王玄謨爲平北將軍、徐州刺史。

大明六年、北魏和平三年（壬寅、四六二）

《宋書》卷六《孝武帝紀》　春正月己丑，湘州刺史建安王休仁加平南將軍。

辛卯，車駕親祠南郊。

是日，又宗祀明堂。大赦天下。孝子、順孫、義夫、悌弟，賜爵一級，慈姑、節婦及孤老、六疾，賜帛五匹，穀十斛。下四方旌賞茂異，其有懷真抱素，志行清白，恬退自守，不交當世，或識通古今，才經軍國，奉公廉直，高譽在民，具以名奏。

乙未，置五官中郎將、左右中郎將官。

《資治通鑑》卷一二九　丁未，策秀、孝于中堂。

《宋書》卷六《孝武帝紀》　二月乙卯，復百官禄。

《魏書》卷五《高宗紀》　三月甲申，劉駿遣使朝貢。

高麗、蓰王、契嚙、思厭於師、疏勒、石那、悉居半、渴槃陁諸國各遣使朝獻。

《宋書》卷六《孝武帝紀》　庚寅，立第十三皇子子元爲邵陵王。

壬寅，以倭國王世子興爲安東將軍。

乙巳，改豫州南梁郡爲淮南郡，舊淮南郡并宣城。

丁未，輔國將軍、征虜長史、廣陵太守沈懷文有罪，下獄死。

《資治通鑑》卷一二九　四月，淑儀殷氏卒。追拜貴妃，謚曰宣。上痛悼不已，精神爲之罔罔，頗廢政事。

《宋書》卷六《孝武帝紀》　庚申，原除南兖州大明三年以前逋租。新作大航門。

五月丙戌，置凌室，修藏冰之禮。

壬寅，太宰江夏王義恭解領司徒。

六月辛酉，尚書左僕射、護軍將軍劉延孫卒。

秋七月庚辰，以荆州刺史朱修之爲領軍將軍，廣州刺史臨海王子頊爲荆州刺史。

甲申，地震。

戊子，以輔國將軍王翼之爲廣州刺史。

辛卯，以西陽太守檀翼之爲交州刺史。

乙未，立第十九皇子子雲爲晉陵王。

八月癸亥，原除雍州大明四年以前逋租。

乙亥，置清臺令。

九月戊寅，制沙門致敬人主。

戊子，以前金紫光禄大夫宗慤爲中護軍。

乙未，尚書右僕射劉遵考爲尚書左僕射，丹陽尹王僧朗爲尚書右僕射。

《魏書》卷五《高宗紀》　冬十月丙辰，詔曰：「朕承洪緒，統御萬國，垂拱南面，委政羣司，欲緝熙治道，以致寧一。夫三代之隆，莫不崇尚年齒。今選舉之官，多不以次，令班白處後，晚進居先，豈所謂彝倫攸敘者也！諸曹選補，宜各先盡勞舊才能。」

《宋書》卷六《孝武帝紀》　丁巳，以山陽王休祐子士弘繼鄱陽哀王休業。

丁卯，詔上林苑内民庶丘墓欲還合葬者，勿禁。

《資治通鑑》卷一二九　壬申，葬宣貴妃於龍山。鑿岡通道數十里，民不堪役，死亡甚衆，自江南葬埋之盛，未之有也。又爲之别立廟。

《魏書》卷五《高宗紀》　是月，詔員外散騎常侍游明根、員外郎、昌邑侯和天德使于劉駿。

《宋書》卷六《孝武帝紀》　十一月己卯，陳留王曹虔秀薨。

辛巳，以尚書令柳元景爲司空，尚書令如故。

《魏書》卷五《高宗紀》　十有二月乙卯，制戰陳之法十有餘條。因大儺耀兵，有飛龍、騰蛇、魚麗之變，以示威武。

大明七年、北魏和平四年（癸卯、四六三）

《宋書》卷六《孝武帝紀》　春正月癸未，詔曰：「春蒐之禮，著自周令；講事之語，書于魯史。所以昭宣德度，示民軌則。今歲稔氣榮，中外寧晏。當因農隙，葺是舊章。可克日於玄武湖大閲水師，并巡江右，講武校獵。」

丁亥，以尚書右僕射王僧朗爲太常，衛將軍顔師伯爲尚書右僕射。

己丑，以尚書令柳元景爲驃騎大將軍、開府儀同三司。

庚寅，以南兗州刺史晉安王子勛爲江州刺史。

癸巳，割吴郡屬南徐州。

二月甲寅，車駕巡南豫、南兗二州。

丙辰，詔曰：「江漢楚望，咸秩周禋，禮九疑於盛唐，祀蓬萊於渤海，皆前載流訓，列聖遺式。霍山是曰南嶽，實維國鎮，韞靈呈瑞，肇光宋道。朕駐蹕于野，有事岐陽，瞻睇風雲，徘徊以想。可遣使奠祭。」

丁巳，車駕校獵于歷陽之烏江。

己未，車駕登烏江縣六合山。

庚申，割歷陽秦郡置臨江郡。

壬戌，詔曰：「朕受天慶命，十一年於兹矣。憑七廟之靈，獲上帝之力，禮横四海，威震八荒。方巡三湘而奠衡嶽，次九河而檢云、岱。今恢覽功成，省風幾表，觀民六合，蒐校長洲。騰沙飛礫，平嶽盪海，蕤晉合序，鎑鉦協節，獻畋如禮，鎑獸傾郊，敬舉王公之觴，廣納士民之壽。八風循通，卿雲叢聚，盡天罄瑞，率宇竭歡。思散太極之泉，以福無方之外。可大赦天下，行幸所經，無出今歲租布。其逋租餘債，勿復收。賜民爵一級，女子百户牛酒。刺守邑宰及民夫從蒐者，普加沾賚。」又詔曰：「朕弱年操製，出牧司雍，承政宣風，荐歷年紀。國步中阻，治戎江甸，難夷情義，實繫于懷。今或練蒐訓旅，涉兹境閭，故邑耆舊，在目罕存。年世未遠，殲亡太半，撫迹惟事，傾慨兼著。太宗燕故，晉陽洽恩；世祖流仁，濟畿暢澤。永言往猷，思廣前賚。可蠲歷陽郡租輸三年。遣使巡慰，問民疾苦，鰥寡、孤老、六疾不能自存者，厚賜粟帛。高年加以羊酒。凡一介之善，隨才銓貫；前國名臣及府州佐吏，量所沾錫。人身已往，施及子孫。」

壬申，車駕還宫。

《魏書》卷五《高宗紀》　三月乙未，賜京師民年七十以上太官廚食，以終其年。

皇子胡仁薨，追封樂陵王。

乙巳，詔曰：「朕憲章舊典，分職設官，欲令敷揚治化，緝熙庶績。然在職之人，皆蒙顯擢，委以事任，當厲己竭誠，務省徭役，使兵民優逸，家給人贍。今内外諸司、州鎮守宰，侵使兵民，勞役非一。自今擅有召役，逼雇不程，皆論同枉法。」

《宋書》卷六《孝武帝紀》　夏四月甲寅，以領軍將軍朱修之爲特進。

丙辰，以尚書湘東王彧爲領軍將軍。

甲子，詔曰：「自非臨軍戰陳，一不得專殺。其罪甚重辟者，皆如舊先上須報，有司嚴加聽察。犯者以殺人罪論。」

五月乙亥，撫軍將軍、揚州刺史豫章王子尚進號車騎將軍，輔國將軍始安王子真爲廣州刺史。

丙子，詔曰：「自今刺史守宰，動民興軍，皆須手詔施行。唯邊隅外警，及姦釁内發，變起倉卒者，不從此例。」

《資治通鑑》卷一二九　戊辰，以左民尚書蔡興宗、左衛將軍袁粲爲吏部尚書。

《宋書》卷六《孝武帝紀》　六月甲辰，以北中郎司馬柳元怙爲梁、南秦二州刺史。

戊申，芮芮國、高麗國遣使獻方物。

戊辰，以秦郡太守劉德願爲豫州刺史。

七月乙亥，征東大將軍高麗王高璉進號車騎大將軍、開府儀同三司。

《魏書》卷五《高宗紀》　壬午，詔曰：「朕每歲以秋日閑月，命羣官講武平壤。所幸之處，必立宫壇，糜費之功，勞損非一。宜仍舊貫，何必改作也。」

《宋書》卷六《孝武帝紀》 丙申，詔曰：「前詔江海田池，與民共利。歷歲未久，浸以弛替。名山大川，往往占固。有司嚴加檢糾，申明舊制。」

八月丁巳，詔曰：「昔匹婦含怨，山燋北鄙；孀妻哀慟，臺傾東國。良以誠之所動，在微必著；感之所震，雖厚必崩。朕臨察九野，志深待旦，弗能使爛然成章，各如其節。遂令炎精損河，陽偏不施，歲云不稔，咎實朕由。太官供膳，宜從貶撤。近道刑獄，當親料省。其王畿内及神州所統，可遣尚書與所在共詳；畿外諸州，委之刺史。并詳省律令，思存利民。其考讁貿襲，在大明七年以前，一切勿治。尤弊之家，開倉賑給。」

乙丑，立第十六皇子子孟爲淮南王，第十八皇子子産爲臨賀王。車駕幸建康秣陵縣訊獄囚。

《魏書》卷五《高宗紀》 丙寅，遂畋于河西。詔曰：「朕順時畋獵，而從官殺獲過度，既殫禽獸，乖不合圍之義。其敕從官及典圍將校，自今已後，不聽濫殺。其畋獲皮肉，别自頒賚。」

壬申，詔曰：「前以民遭飢寒，不自存濟，有賣鬻男女者，盡仰還其家。或因緣勢力，或私行請託，共相通容，不時檢校，令良家子息仍爲奴婢。今仰精究，不聽取贖，有犯加罪。若仍不檢還，聽其父兄上訴，以掠人論。」

《宋書》卷六《孝武帝紀》 九月己卯，詔曰：「近炎精亢序，苗稼多傷。今二麥未晚，甘澤頻降，可下東境郡，勤課墾殖。尤弊之家，量貸麥種。」

戊子，詔曰：「昔周王驥跡，實窮四溟；漢帝鸞軫，夙遍五嶽。皆所以上對幽靈，下理民土。自天昌替馭，臨宫創圖，禮代夭鬱，世貿興毀。皇家造宋，日月重光，琁璣得序，五星順命，而戎車歲動，陳詩義闕。朕聿含五光，奄一天下，思盡寶戒之規，以塞謀危之路。當沿時省方，觀察風俗。外詳考舊典，以副側席之懷。」

庚寅，南徐州刺史新安王子鸞兼司徒。

乙未，車駕幸廷尉訊獄囚。

丙申，立第十七皇子子嗣爲東平王。

冬十月壬寅，太子冠，賜王公以下帛各有差。

戊申，車駕巡南豫州。詔曰：「朕巡幸所經，先見百年者，及孤寡老疾，並賜粟帛。獄繫刑罪，並親聽訟。其士庶或怨鬱危滯，受抑吏司，或隱約潔立，負擯州里，皆聽進朕前，面自陳訴。若忠信孝義，力田殖穀，一介之能，一藝之美，悉加旌賞。雖秋澤頻降，而夏旱嬰弊。可即開行倉，並加賑賜。」

癸丑，行幸江寧縣訊獄囚。車騎將軍、揚州刺史豫章王子尚加開府儀同三司。

癸亥，衛將軍、開府儀同三司東海王禕爲司空，中軍將軍義陽王昶加開府儀同三司。

丙寅，詔曰：「賞慶刑威，奄國彝軌；黜幽升明，闢宇恒憲。故採言聆風，式觀侈質，貶爵加地，於是乎在。今類帝宜社，親巡江甸，因覲嶽守，躬求民瘼。思弘明試之典，以申考績之義。行幸所經，莅民之職，功宣於聽，即加甄賞。若廢務亂民，隨諐議罰。主者詳察以聞。」

己巳，車駕校獵於姑孰。

《魏書》卷五《高宗紀》 冬十月，以定、相二州實霜殺稼，免民田租。

是月，詔員外散騎常侍游明根、驍騎將軍、昌邑子婁内近，寧朔將軍、襄平子李五鱗使于劉駿。

《宋書》卷六《孝武帝紀》 十一月丙子，曲赦南豫州殊死以下。巡幸所經，詳減今歲田租。

乙酉，詔遣祭晉大司馬桓温、征西將軍毛璩墓。上於行所訊溧陽、永世、丹陽縣囚。

癸巳，車駕習水軍於梁山，有白爵二集華蓋，有司奏改大明七年爲神爵元年，詔不許。

乙未，原放行獄徒繫。

東諸郡大旱，壬寅，遣使開倉貸卹，聽受雜物當租。

《魏書》卷五《高宗紀》 十有二月辛丑，詔曰：「名位不同，禮亦異數，所以殊等級，示軌儀。今喪葬嫁娶，大禮未備，貴勢豪富，越度奢靡，非所謂式昭典憲者也。有司可爲之條格，使貴賤有章，上下咸序，著之于令。」

壬寅，詔曰：「夫婚姻者，人道之始。是以夫婦之義，三綱之首，禮之重者，莫過於斯。尊卑高下，宜令區別。然中代以來，貴族之門多不率法，或貪利財賄，或因緣私好，在於苟合，無所選擇，令貴賤不分，巨細同貫，塵穢清化，虧損人倫，將何以宣示典謨，垂之來裔。今制皇族、師傅、王公侯伯及士民之家，不得與百工、伎巧、卑姓爲婚，犯者加罪。」

《宋書》卷六《孝武帝紀》 十二月丙午，行幸歷陽。

甲寅，大赦天下。南豫州別署勅繫長徒，一切原散。其兵期考襲謫戍，悉停。歷陽郡女子百户牛酒；高年孤疾，賜帛十匹，蠲郡租十年。

己未，太宰江夏王義恭加尚書令。於博望梁山立雙闕。

癸亥，車駕至自歷陽。

大明八年、北魏和平五年（甲辰、四六四）

《宋書》卷六《孝武帝紀》 春正月甲戌，詔曰：「東境去歲不稔，宜廣商貨。遠近販鬻米粟者，可停道中雜税。其以仗自防，悉勿禁。」

癸未，安北將軍、雍州刺史劉秀之卒。

戊子，以平南將軍、湘州刺史建安王休仁爲安南將軍、江州刺史，晉安王子勛爲鎮軍將軍、雍州刺史，南徐州刺史新安王子鸞爲撫軍將軍，領司徒、刺史如故，輔國將軍江夏王世子伯禽爲湘州刺史。

二月辛丑，特進朱修之卒。

壬寅，詔曰：「去歲東境偏旱，田畝失收。使命來者，多至乏絶。或下窮流冗，頓伏街巷，朕甚閔之。可出倉米付建康、秣陵二縣，隨宜贍恤。若濟拯不時，以至捐棄者，嚴加糾劾。」

乙巳，以鎮軍將軍湘東王彧爲鎮北將軍、徐州刺史，平北將軍、徐州刺史王玄謨爲領軍將軍。

夏閏五月辛丑，以前御史中丞蕭惠開爲青、冀二州刺史。

壬寅，太宰江夏王義恭領太尉。特進、右光禄大夫羊玄保卒。

庚申，帝崩於玉燭殿，時年三十五。

《資治通鑑》卷一二九 遺詔：「太宰義恭解尚書令，加中書監；以驃騎將軍、南兗州刺史柳元景領尚書令，入居城内。事無巨細，悉關二公。大事與始興公沈慶之參決；若有軍旅，悉委慶之；尚書中事，委僕射顏師伯；外監所統，委領軍將軍王玄謨。」

宋前廢帝部（起公元四六四年，迄公元四六五年）

《讀史津逮》卷三《南宋》 廢帝子業，小字法師，孝武帝太子。母王皇后。大明八年五月即位，明年乙巳，改元景和，又改永光。后何氏。在位一年，殘虐無道，湘東王使壽寂之等弑之，年十七。

大明八年、北魏和平五年（甲辰、四六四）

《宋書》卷七《前廢帝紀》 閏五月庚申，世祖崩，其日，太子即皇帝位。大赦天下。太宰江夏王義恭解尚書令，加中書監，驃騎大將軍柳元景加尚書令。

甲子，置録尚書，太宰江夏王義恭録尚書事。驃騎大將軍柳元景加開府儀同三司。丹陽尹永嘉王子仁爲南豫州刺史。

六月辛未，詔曰：「朕以眇身，夙紹洪業，敬御天威，欽對靈命。仰遵凝緒，日鑒前圖，實可以拱默守成，詒風長世。而賓位告始，萬宇改屬，惟德弗明，昧于大道。思宣睿範，引茲簡恤，可具詢執事，詳訪民隱。凡曲令密文，繁而傷治，關市僦税，事施一時，而姦吏舞文，妄興威福，加以氣緯舛互，偏頗滋甚。宜其寬假輕憲，以救民切。御府諸署，事不須廣，雕文篆刻，無施於今。悉宜并省，以酬氓願。藩王貿貨，壹皆禁斷。外便具條以聞。」

戊寅，以豫州之淮南郡復爲南梁郡，復分宣城還置淮南郡。

庚辰，以南海大守袁曇遠爲廣州刺史。

秋七月己亥，鎮軍將軍、雍州刺史晉安王子勛改爲江州刺史，中護軍宗慤爲安西將軍、雍州刺史，鎮北將軍、徐州刺史湘東王彧爲護軍將軍，中軍將軍義陽王昶爲征北將軍、徐州刺史。

《資治通鑑》卷一二九 壬寅，魏主如河西。高車五部相聚祭天，衆至數萬。魏主親往臨視之，高車大喜。

《宋書》卷八《前廢帝紀》 庚戌，婆皇國遣使獻方物。崇皇太后曰太皇太后，皇后曰皇太后。

乙卯，罷南北二馳道。孝建以來所改制度，還依元嘉。

丙辰，追崇獻妃爲獻皇后。

乙丑，撫軍將軍、南徐州刺史新安王子鸞解領司徒。

八月丁卯，領軍將軍王玄謨爲鎮北將軍、青、冀二州刺史。

己巳，以青、冀二州刺史蕭惠開爲益州刺史。

己丑，皇太后崩。京師雨水。

庚寅，遣御史與官長隨宜賑卹。

九月辛丑，護軍將軍湘東王彧爲領軍將軍。

癸卯，以尚書左僕射劉遵考爲特進、右光禄大夫。

乙卯，文穆皇后祔葬景寧陵。

冬十月甲戌，太常建安王休仁爲護軍將軍。

戊寅，輔國將軍宗越爲司州刺史。

庚辰，原除揚、南徐州大明七年逋租。

十二月乙酉，以尚書右僕射顏師伯爲尚書僕射。

壬辰，以王畿諸郡爲揚州，以揚州爲東揚州。

癸巳，以車騎將軍、揚州刺史豫章王子尚爲司徒、揚州刺史。

去歲及是歲，東諸郡大旱，甚者米一升數百，京邑亦至百餘，餓死者十有六七。孝建以來，又立錢署鑄錢，百姓因此盜鑄，錢轉僞小，商貨不行。

永光元年、北魏和平六年（乙巳、四六五）

《宋書》卷七《前廢帝紀》 春正月乙未朔，改元。大赦天下。

乙巳，省諸州臺傳。

戊午，以領軍將軍湘東王彧爲衛將軍、南豫州刺史，護軍將軍建安王休仁爲領軍將軍，祕書監山陽王休祐爲豫州刺史，左衛將軍桂陽王休範爲中護軍，南豫州刺史尋陽王子房爲東揚州刺史。

二月乙丑，減州郡縣田禄之半。

庚寅，鑄二銖錢。

三月甲辰，罷臨江郡。

五月己亥，割郢州隨郡屬雍州。

《魏書》卷五《高宗紀》 癸卯，帝崩于太華殿，時年二十六。

《魏書》卷六《顯祖紀》 甲辰，即皇帝位，大赦天下。尊皇后曰皇太后。

車騎大將軍乙渾矯詔殺尚書楊保年、平陽公賈愛仁、南陽公張天度于禁中。

《宋書》卷七《前廢帝紀》 丙午，以後軍司馬張牧爲交州刺史。

《魏書》卷六《顯祖紀》 戊申，侍中、司徒、平原王陸麗自湯泉入朝，渾又殺之。

己酉，以侍中、車騎大將軍乙渾爲太尉，録尚書事，東安王劉尼爲司徒，尚書左僕射和其奴爲司空。

壬子，以淮南王他爲鎮西大將軍、儀同三司，鎮涼州。

《宋書》卷七《前廢帝紀》 六月己巳，左軍長史劉道隆爲梁、南秦二州刺史。

乙亥，安西將軍、雍州刺史宗慤卒。

壬午，衛將軍、南豫州刺史湘東王彧改爲雍州刺史。尚書令、驃騎大將軍柳元景加南豫州刺史。

《魏書》卷六《顯祖紀》 秋七月癸巳，太尉乙渾爲丞相，位居諸王上，事無大小，皆決於渾。

《宋書》卷七《前廢帝紀》 八月辛酉，越騎校尉戴法興有罪，賜死。

庚午，以尚書僕射顏師伯爲尚書左僕射，吏部尚書王景文爲尚書右僕射。

癸酉，帝自率宿衛兵，誅太宰江夏王義恭，尚書令驃騎大將軍柳元景、尚書左僕射顏師伯、廷尉劉德願。改元爲景和元年。文武賜位二等。以領軍將軍建安王休仁爲安西將軍、雍州刺史，衛將軍湘東王彧還爲南豫州刺史。

甲戌，司徒、揚州刺史豫章王子尚領尚書令，射聲校尉沈文秀爲青州刺史，左軍司馬崔道固爲冀州刺史。

乙亥，詔曰：「昔凝神佇逸，磻溪讚道；湛慮思才，傅巖毗化。朕位御三極，風澄萬宇，資鈇電斷，正卯斯戮。思所以仰宣遺烈，俯弘景祚，每結夢庖鼎，瞻言板築，有劬日昃，無忘昧旦。可甄訪郡國，招聘閭部：其有孝性忠節，幽居遯棲，信誠義行，廉正表俗，文敏博識，幹事治民，務加旌舉，隨才引擢。庶官克順，彝倫咸叙。主者精加詳括，稱朕意焉。」

以始興公沈慶之爲太尉，鎮北將軍、青、冀二州刺史王玄謨爲領軍將軍。

庚辰，以石頭城爲長樂宫，東府城爲未央宫。罷東揚州并揚州。

甲申，以北邸爲建章宫，南第爲長楊宫。以冠軍將軍邵陵王子元爲湘州刺史。

丙戌，原除吴、吴興、義興、晉陵、琅邪五郡大明八年以前逋租。

己丑，復立南北二馳道。

九月癸巳，車駕幸湖熟，奏鼓吹。

戊戌，車駕還宫。

庚子，以南兖州刺史永嘉王子仁爲南徐州刺史，丹陽尹始安王子真爲南兖州刺史。

辛丑，撫軍將軍、南徐州刺史新安王子鸞免爲庶人，賜死。

丙午，以兖州刺史薛安都爲平北將軍、徐州刺史。

丁未，衛將軍湘東王彧加開府儀同三司，特進、右光禄大夫劉遵考爲安西將軍、南豫州刺史，寧朔將軍殷孝祖爲兖州刺史。

戊申，以前梁、南秦二州刺史柳元怙復爲梁、南秦二州刺史。

己酉，車駕討征北將軍、徐州刺史義陽王昶，内外戒嚴。昶奔于索虜。

辛亥，右將軍、豫州刺史山陽王休祐進號鎮西大將軍。

甲寅，以安西長史袁顗爲雍州刺史。

戊午，以左民尚書劉思考爲益州刺史。是日解嚴，車駕幸瓜步。開百姓鑄錢。

《魏書》卷六《顯祖紀》 是月，劉子業征北大將軍、義陽王劉昶自彭城來降。

《宋書》卷七《前廢帝紀》 冬十月癸亥，曲赦徐州。

丙寅，車駕還宫。以建安王休仁爲護軍將軍。

己卯，東陽太守王藻下獄死。

以宫人謝貴嬪爲夫人，加虎賁鞁戟，鸞輅龍旂，出警入蹕，實新蔡公主也。

乙酉，以鎮西大將軍、豫州刺史山陽王休祐爲鎮軍大將軍、開府儀同三司。

十一月壬辰，寧朔將軍何邁下獄死。新除太尉沈慶之薨。

壬寅，立皇后路氏，四廂奏樂。赦揚、南徐二州。護軍將軍建安王休仁加特進、左光禄大夫。中護軍桂陽王休範還職。

丁未，皇子生，少府劉勝之子也。大赦天下。贓汙淫盜，悉皆原除。賜爲父後者爵一級。

壬子，以特進、左光禄大夫、護軍將軍建安王休仁爲驃騎大將軍、開府儀同三司。

戊午，南平王敬猷、廬陵王敬先、安南侯敬淵並賜死。

時帝凶悖日甚，誅殺相繼，内外百司，不保首領。先是訛言云：「湘中出天子。」帝將南巡荆、湘二州以厭之。先欲誅諸叔，然後發引。太宗與左右阮佃夫、王道隆、李道兒密結帝左右壽寂之、姜産之等十一人，謀共廢帝。

戊午夜，帝於華林園竹林堂射鬼。時巫覡云：「此堂有鬼。」故帝自射之。壽寂之懷刀直入，姜産之爲副。帝欲走，寂之追而殞之。時年十七。

葬廢帝丹陽秣陵縣南郊壇西。

事定，上未知所爲。建安王休仁便稱臣奉引升西堂，登御坐，召見諸大臣。于時事起倉卒，上失履，跣至西堂，猶著烏帽。坐定，休仁呼主衣以白帽代之，令備羽儀。雖未即位，凡衆事悉稱令書施行。

己未，司徒揚州刺史豫章王子尚、山陰公主並賜死。宗越、譚金、童太一謀反伏誅。

十二月庚申朔，令書以司空東海王禕爲中書監、太尉，鎮軍將軍、江州刺史晉安王子勛進號車騎將軍，開府儀同三司。

癸亥，以新除驃騎大將軍建安王休仁爲司徒、尚書令、揚州刺史，鎮軍將軍、開府儀同三司山陽王休祐進號驃騎大將軍、荆州刺史。崇憲衛尉桂陽王休範爲鎮北將軍、南徐州刺史。

乙丑，改封安陸王子綏爲江夏王。

宋明帝部（起公元四六五年，迄公元四七二年）

《讀史津逮》卷三《南宋》　太宗明皇帝，名彧，字休景，小字榮期，文帝十一子。母沈太后。初封湘東王，廢帝疑畏諸父，將加害。乙巳十一月，弑廢帝自立，本年即改元泰始，又改泰豫，在位八年，壽三十四。

泰始元年、北魏和平六年（乙巳、四六五）

《資治通鑑》卷一三〇　十二月丙寅，湘東王即皇帝位，大赦，改元。其廢帝時昏制謬封，並皆刊削。

《宋書》卷八《明帝紀》　己巳，以安西將軍、南豫州刺史劉遵考爲特進、右光禄大夫，輔國將軍、歷陽、南譙二郡太守建平王景素爲南豫州刺史。

庚午，以荆州刺史臨海王子頊爲鎮軍將軍，南徐州刺史永嘉王子仁爲中軍將軍，左衛將軍劉道隆爲中護軍。

辛未，改封臨賀王子産爲南平王，晉熙王子輿爲廬陵王。

壬申，以尚書左僕射王景文爲尚書僕射。新除中護軍劉道隆卒。

癸酉，詔曰：「朕戡亂寧民，屬膺景祚。鴻制初造，革道惟新。而國故頻罹，仁澤偏壅。每鑒寐疚心，罔識攸濟。巡方問俗，弘政所先，可分遣大使，廣求民瘼，考守宰之良，採衡閭之善。若獄犴淹枉，傷民害教者，具以事聞。鰥寡孤獨，癃殘六疾，不能自存者，郡縣優量賑給。貞婦孝子，高行力田，詳悉條奏。務詢輿誦，廣納嘉謀，每盡皇華之旨，俾若朕親覽焉。」

乙亥，追尊所生沈婕妤曰宣皇太后。後軍將軍垣閎爲司州刺史，前右將軍長史殷琰爲豫州刺史。

丙子，詔曰：「皇室多故，糜費滋廣，且久歲不登，公私歉弊。方刻意從儉，弘濟時艱，政道未孚，慨愧兼積。太官供膳，可詳所減撤，尚方御府雕文篆刻無益之物，一皆蠲省，務存簡約，以稱朕心。」

戊寅，崇太后爲崇憲皇太后。立皇后王氏。鎮軍將軍、江州刺史晉安王子勛舉兵反，鎮軍長史鄧琬爲其謀主，雍州刺史袁顗率衆赴之。

辛巳，驃騎大將軍、前荆州刺史山陽王休祐改爲江州刺史，荆州刺史臨海王子頊即留本任。加領軍將軍王玄謨鎮軍將軍。

壬午，車駕謁太廟。

甲申，後將軍、郢州刺史安陸王子綏進號征南將軍，右將軍、會稽太守尋陽王子房進號安東將軍，前將軍、荆州刺史臨海王子頊進號平西將軍。子綏、子房、子頊並不受命，舉兵同逆。

戊子，新除中軍將軍永嘉王子仁爲護軍將軍。

泰始二年、北魏天安元年（丙午、四六六）

《宋書》卷八《明帝紀》　春正月己丑朔，以軍事不朝會。

《資治通鑑》卷一三一　魏大赦，改元天安。

《宋書》卷八《明帝紀》　庚寅，以金紫光禄大夫王僧朗爲左光禄大夫、開府儀同三司。

壬辰，驃騎大將軍、江州刺史山陽王休祐改爲南豫州刺史，鎮歷陽。鎮軍將軍、領軍將軍王玄謨爲車騎將軍、江州刺史，平北將軍、徐州刺史薛安都進號安北將軍。安都亦不受命。

癸巳，以左衛將軍巴陵王休若爲鎮東將軍，新除安東將軍尋陽王子房爲撫軍將軍，司徒左長史袁愍孫爲領軍將軍。

《資治通鑑》卷一三一　甲午，中外戒嚴。以司徒建安王休仁都督征討諸軍事，車騎將軍、江州刺史王玄謨副之。休仁軍於南州，以沈攸之爲尋陽太守，將兵屯虎檻。

《宋書》卷八《明帝紀》　丙申，以征虜司馬申令孫爲徐州刺史，義陽内史龐孟虯爲司州刺史。令孫、孟虯及豫州刺史殷琰、青州刺史沈文秀、冀州刺史崔道固、湘州行事何慧文、廣州刺史袁曇遠、益州刺史蕭惠開、梁州刺史柳元怙並同叛逆。兖州刺史殷孝祖入衛京都，仍遣孝祖前鋒南伐。

甲辰，加孝祖撫軍將軍。

丙午，車駕親御六師，出頓中興堂。

辛亥，驃騎大將軍、南豫州刺史山陽王休祐改爲豫州刺史，統衆軍西討。吴郡太守顧琛、吴興太守王曇生、義興太守劉延熙、晉陵太守袁摽、山陽太守程天祚並舉兵反。鎮東將軍巴陵王休若統衆軍東討。

壬子，崇憲皇太后崩。是日，軍主任農夫、劉懷珍平定義興。永世縣民史逸宗據縣爲逆，殿中將軍陸攸之討平之。

丙辰，以新除左光禄大夫、開府儀同三司王僧朗爲特進，左光禄大夫如故。

《魏書》卷六《顯祖紀》　二月庚申，丞相、太原王乙渾謀反伏誅。

《宋書》卷八《明帝紀》　乙丑，僧朗卒。尚書僕射王景文父憂去職。曲赦吴、吴興、義興、晉陵四郡。吏部尚書蔡興宗爲尚書左僕射，吴興太守張永、右軍將軍齊王東討，平晉陵。

癸未，曲赦浙江東五郡。

丁亥，鎮東將軍巴陵王休若進號衛將軍。建武將軍吴喜公率諸軍破賊於吴、吴興、會稽，平定三郡，同逆皆伏誅。輔國將軍齊王前鋒北討，輔國將軍劉勔前鋒西討。賊劉胡領衆四萬據赭圻。

三月庚寅，撫軍將軍殷孝祖攻赭圻，死之。以輔國將軍沈攸之代爲南討前鋒。賊衆稍盛，袁顗頓鵲尾，聯營迄至濃湖，衆十餘萬。

壬辰，以新除太子詹事張永爲青、冀二州刺史。

丙申，鎮北將軍、南徐州刺史桂陽王休範總統北討諸軍事。

丁酉，以尚書劉思考爲徐州刺史。

戊戌，貶尋陽王子房爵爲松滋縣侯。

《魏書》卷六《顯祖紀》　庚子，以隴西王源賀爲太尉。

《宋書》卷八《明帝紀》　乙巳，以奉朝請鄭黑爲司州刺史。

辛亥，鎮北將軍、南徐州刺史桂陽王休範領南兖州刺史。

壬子，斷新錢，專用古錢。

癸丑，原赦揚、南徐二州囚繫，凡逋亡一無所問。

夏四月壬午，以散騎侍郎明僧暠爲青州刺史。

《資治通鑑》卷一三一　平原、樂安二郡太守王玄默據琅邪，清河、廣川二郡太守王玄邈據盤陽城，高陽、勃海二郡太守劉乘民據臨濟城，並起兵以應建康。

《宋書》卷八《明帝紀》　五月壬辰，以輔國將軍沈攸之爲雍州刺史。

丁酉，曲赦豫州。

丁未，新除尚書僕射王景文爲中軍將軍，以青、冀二州刺史張永爲鎮軍將軍。

庚戌，以寧朔將軍劉乘民爲冀州刺史。

甲寅，葬崇憲皇太后於修寧陵。冠軍將軍、益州刺史蕭惠開進號平西將軍。

六月辛酉，鎮軍將軍張永領徐州刺史。

京師雨水，丁卯，遣殿中將軍檢行賜䘏。以左軍將軍垣恭祖爲梁、南秦二州刺史。

秋七月己丑，鎮北將軍、南徐、兖二州刺史桂陽王休範進號征北大將軍。

辛卯，鎮軍將軍、徐州刺史張永改爲南兖州刺史。

丁酉，以仇池太守楊僧嗣爲北秦州刺史、武都王。

壬寅，以男子時朗之爲北豫州刺史。

乙巳，龍驤將軍劉道符平山陽。

辛亥，又以義軍主鄭叔舉爲北豫州刺史，鎮軍將軍、南兖州刺史張永復領徐州刺史。

《魏書》卷六《顯祖紀》　詔諸有詐取爵位，罪特原之，削其爵職。其有祖、父假爵號貨賕以正名者，不聽繼襲。諸非勞進超遷者，亦各還初。不以實聞者，以大不敬論。

《宋書》卷八《明帝紀》　甲寅，復以冀州刺史崔道固爲徐州刺史。

八月己卯，司徒建安王休仁率衆軍大破賊，斬僞尚書僕射袁顗，進討江、郢、荆、雍、湘五州，平定之。晉安王子勛、安陸王子綏、臨海王子頊、邵陵王子元並賜死，同黨皆伏誅。諸將軍帥封賞各有差。

甲申，以護軍將軍、永嘉王子仁爲平南將軍、湘州刺史。

九月乙酉，曲赦江、郢、荆、雍、湘五州；守宰不得離職。

壬辰，驃騎大將軍、豫州刺史山陽王休祐改爲荆州刺史。分豫州立南豫州。

癸巳，六軍解嚴。大赦天下，賜民爵一級。

甲午，以中軍將軍王景文爲安南將軍、江州刺史。

戊戌，以車騎將軍、江州刺史王玄謨爲左光禄大夫、開府儀同三司、護軍將軍。

庚子，以建安王休仁世子伯融爲豫州刺史。

辛丑，衛將軍巴陵王休若即本號爲雍州刺史，雍州刺史沈攸之爲郢州刺史。

《魏書》卷六《顯祖紀》　己酉，初立鄉學，郡置博士二人、助教二人、學生六十人。

劉彧徐州刺史薛安都以彭城内屬，彧將張永、沈攸之擊安都。詔北部尚書尉元爲鎮南大將軍、都督諸軍事，鎮東將軍、城陽公孔伯恭爲副，出東道救彭城；殿中尚書、鎮西大將軍、西河公元石都督荆、豫、南雍州諸軍事，給事中、京兆侯張窮奇爲副，出西道救懸瓠。

《宋書》卷八《明帝紀》　庚戌，以太子左衛率建平王景素爲南兖州刺史。

《資治通鑑》卷一三一　冬十月乙卯，松滋侯子房、永嘉王子仁、始安王子真、淮南王子孟、南平王子産、廬陵王子輿、子趨、子期、東平王子嗣、子悦並賜死，及鎮北諮議參軍路休之、司徒從事中郎路茂之、兖州刺史劉祗、中書舍人嚴龍皆坐誅。世祖二十八子於此盡矣。

《宋書》卷八《明帝紀》　丁卯，以郢州刺史沈攸之爲中領軍，與張永俱北討。

庚午，以吴郡太守顧覬之爲湘州刺史。

戊寅，立皇子昱爲皇太子。曲赦揚、南徐二州。以輔國將軍劉勔爲廣州刺史，左軍將軍張世爲豫州刺史。

十一月甲申，以安成太守劉襲爲郢州刺史。

壬辰，詔曰：「治崇簡易，化疾繁侈，遠關隆替，明著軌跡者也。朕拯斯墜運，屬此屯極，仍之以凋耗，因之以師旅，而識昧前王，務艱昔代。俾夫舊賦既繁，爲費彌廣，鑒寐萬務，每思弘革。方欲緩繇優調，愛民爲先，有司詳加寬惠，更立科品。其方物職貢，各順土宜，出獻納貢，敬依時令。凡諸蠹俗妨民之事，趣末違本之業，雕華靡麗，奇器異技，並嚴加裁斷，務歸要實。左右尚方御府諸署，供御制造，咸存儉約。庶淳風至教，微遵太古，阜財興讓，少敦季俗。」又詔曰：「夫秉機詢政，立教之攸本；舉賢聘逸，弘化之所基。故負鼎進策，殷代以康；釋釣作輔，周祚斯乂。朕甫承大業，訓道未敷，雖側席忠規，竚夢巖築，而良圖莫薦，奇士弗聞，永鑒通古，無忘宵寐。今藩隅克晏，敷化維始，屢懷存治，實望箴闕。王公卿尹，羣僚庶官，其有嘉謀直獻，匡俗濟時，咸切事陳奏，無或依隱。若乃林澤貞栖，丘園耿潔，博洽古今，敦崇孝讓，四方在任，可明書搜揚，具即以聞，隨就褒立。」

以建平王景素子延年爲新安王。以新除左光禄大夫、開府儀同三司王玄謨爲車騎將軍、南豫州刺史。

丙申，制使東土經荒流散，並各還本，蠲衆調二年。

十二月己未，以尚書金部郎劉善明爲冀州刺史。

乙丑，詔曰：「近衆藩稱亂，多染釁科。或誠係本朝，事緣逼迫，混同證錮，良以悵然。夫天道尚仁，德刑並用，雷霆時至，雲雨必解。朕眷言静念，思弘風澤，凡應禁削，皆從原蕩。其文武堪能，隨才銓用。」

辛未，以新除廣州刺史劉勔爲益州刺史，前巴西、梓潼二郡太守費混爲廣州刺史。劉勔克壽陽，豫州平。

辛巳，以輔國將軍劉靈遺爲梁、南秦二州刺史。薛安都要引索虜，張永、沈攸之大敗，於是遂失淮北四州及豫州淮西地。

《資治通鑑》卷一三一　是歲，僑立兖州，治淮陰；徐州治鍾離；青、冀二州共一刺史，治鬱洲。鬱洲在海中，周數百里，累石爲城，高八九尺，虚置郡縣，荒民無幾。

泰始三年、北魏皇興元年（丁未、四六七）

《魏書》卷六《顯祖紀》　正月癸巳，尉元大破張永、沈攸之於吕梁東，斬首數萬級，凍死者甚衆。獲劉彧秦州刺史垣恭祖、羽林監沈承伯，永、攸之單騎走免。獲軍資器械不可勝數。劉彧遣使朝貢。

庚子，東平王道符謀反於長安，殺副將、駙馬都尉萬古真，鉅鹿公李恢，雍州刺史魚玄明。

《宋書》卷八《明帝紀》　以農役將興，太官停宰牛。

癸卯，曲赦豫、南豫二州。衛將軍巴陵王休若降號鎮西將軍。

《魏書》卷六《顯祖紀》　丙午，詔司空、平昌公和其奴，東陽公元丕等討道符。

丁未，道符司馬段太陽攻道符，斬之，傳首京師。道符兄弟皆伏誅。

《宋書》卷八《明帝紀》　閏月庚午，京師大雨雪，遣使巡行，賑賜各有差。

戊寅，以游擊將軍垣閎爲益州刺史。

《魏書》卷六《顯祖紀》　以頓丘王李峻爲太宰。

劉彧青州刺史沈文秀、冀州刺史崔道固並遣使請舉州内屬，詔平東將軍長孫陵，平南將軍、廣陵公侯窮奇赴援之。

《宋書》卷八《明帝紀》　二月甲申，以御史中丞羊希爲廣州刺史。是日，車駕爲戰亡將士舉哀。

己丑，以鎮西司馬劉亮爲梁、南秦二州刺史。索虜寇汝陰，太守張景遠擊破之。

丙申，曲赦青、冀二州。

《資治通鑑》卷一三二　魏西河公石自懸瓠引兵攻汝陰太守張超，不克；退屯陳項，議還長社，待秋擊之。鄭羲曰：「張超蟻聚窮命，糧食已盡，不降當走，可翹足而待也。今棄之遠去，超修城浚隍，積薪儲穀，更來恐難圖矣。」石不從，遂還長社。

《魏書》卷六《顯祖紀》　三月甲寅，克之。沈文秀、崔道固復叛歸劉彧，白曜回師討之，拔彧肥城、垣苗、麋溝三戍。

《宋書》卷八《明帝紀》　丙子，以尚書左僕射蔡興宗爲安西將軍、郢州刺史。

戊寅，以冠軍將軍王玄載爲徐州刺史，寧朔將軍崔平爲兖州刺史。

夏四月癸巳，以前司州刺史鄭黑爲司州刺史。

乙未，冠軍將軍、北秦州刺史楊僧嗣進號征西將軍。

庚子，立桂陽王休範第二子德嗣爲廬陵王，立侍中劉韞第二子銑爲南豐王。

丙午，安西將軍蔡興宗降號平西將軍。

五月丙辰，宣太后崇寧陵禁内墳屋瘗遷徙者，給葬直，蠲復家丁。

戊午，以車騎將軍、南豫州刺史王玄謨爲左光禄大夫、開府儀同三司。

辛酉，罷南豫州并豫州。

壬戌，以太子詹事袁粲爲尚書僕射。

六月乙酉，以侍中劉韞爲湘州刺史。

秋七月壬子，以左光禄大夫、開府儀同三司王玄謨爲特進、左光禄大夫、護軍將軍。

薛安都子伯令略據雍州四郡，刺史巴陵王休若討斬之。

八月丁酉，詔曰：「古者衡虞置制，蝝蚔不收；川澤産育，登器進御。所以繁阜民財，養遂生德。頃商販逐末，競早爭新，折未實之菓，收豪家之利，籠非膳之翼，爲戲童之資。豈所以還風尚本，捐華務實。宜修道布仁，以革斯蠹。自今鱗介羽毛，肴核衆品，非時月可採，器味所須，可一皆禁斷，嚴爲科制。」

《資治通鑑》卷一三二　魏於天宫寺作大像，高四十三尺，用銅十萬斤，黄金六百斤。

魏尉元遣孔伯恭帥步騎一萬拒沈攸之，又以攸之前敗所喪士卒瘃墮膝行者悉還攸之，以沮其氣。上尋悔遣攸之等，復召使還。攸之至焦墟，去下邳五十餘里，陳顯達引兵迎攸之至睢清口，伯恭擊破之。攸之引兵退，伯恭追擊之，攸之大敗，龍驤將軍姜彦〔産〕之等戰没。攸之創重，入保顯達營；丁酉夜，衆潰，攸之輕騎南走，委棄軍資器械以萬計，還屯淮陰。

尉元以書諭徐州刺史王玄載，玄載棄下邳走，魏以隴西辛紹先爲下邳太守。紹先不尚苛察，務舉大綱，教民治生禦寇而已，由是下邳安之。

孔伯恭進攻宿豫，宿豫戍將魯僧遵亦棄城走。魏將孔大恒等將千騎南攻淮陽，淮陽太守崔武仲焚城走。

慕容白曜進屯瑕丘。崔道固之未降也，綏邊將軍房法壽爲王玄邈司馬，歷城人畏之，屢破道固軍，及道固降，皆罷兵。道固畏法壽扇動百姓，迫遣法壽使還建康。會從弟崇吉自升城來，以母妻爲魏所獲，謀於法壽。法壽雅不欲南行，怨道固迫之。時道固遣兼治中房靈賓督清河、廣川二郡事，戍磐陽，法壽乃與崇吉謀襲磐陽，據之，降於慕容白曜，以贖崇吉母妻。道固遣兵攻之，白曜自瑕丘遣將軍長孫觀救磐陽，道固兵退。白曜表冠軍將軍韓麒麟與法壽對爲冀州刺史，以法壽從弟靈民、思順、靈悦、伯憐、伯玉、叔玉、思安、幼安等八人皆爲郡守。

白曜自瑕丘引兵攻崔道固於歷城，遣平東將軍長孫陵等攻沈文秀於東陽。道固拒守不降，白曜築長圍守之。陵等至東陽，文秀請降；陵等入其西郭，縱士卒暴掠。文秀悔怒，閉城拒守，擊陵等，破之。陵等退屯清西，屢進攻城，不克。

《宋書》卷八《明帝紀》　壬寅，以中領軍沈攸之行南兗州刺史，率衆北討。

癸卯，詔曰：「法網之用，期世而行，寬惠之道，因時而布。況朕尚德戡亂，依仁馭俗，宜每就弘簡，以隆至治。而頻罹兵革，繇賦未休，軍民巧僞，興事甚多，蹈刑入憲，諒非一科。至乃假名戎伍，竊爵私庭，因戰散亡，託懼逃役。且往諸淪逼，雖經累宥，逋竄之黨，猶爲實繁。宵言永懷，良兼矜疚。思所以重播至澤，覃被區宇。可大赦天下。」

加新除左光禄大夫王玄謨車騎將軍。

丙午，遣吏部尚書褚淵慰勞緣淮將帥，隨宜量賜。

戊申，以新除右衛將軍劉勔爲豫州刺史。

《資治通鑑》卷一三三　魏主李夫人生子宏。夫人，惠之女也。馮太后自撫養宏。頃之，還政於魏主。魏主始親國事，勤於爲治，賞罰嚴明，拔清節，黜貪汙，於是魏之牧守始有以廉潔著聞者。

《宋書》卷八《明帝紀》　九月癸丑，鎮西將軍、雍州刺史巴陵王休若進號衛將軍，平西將軍、郢州刺史蔡興宗進號安西將軍。

乙卯，以越騎校尉周寧民爲兗州刺史。

戊午，以皇后六宫以下雜衣千領、金釵千枚，班賜北征將士。

庚申，前將軍兼冀州刺史崔道固進號平北將軍。

甲子，曲赦徐、兗、青、冀四州。

《資治通鑑》卷　冬十月辛巳，詔徙義陽王昶爲晉熙王，使員外郎李豐以金千兩贖昶於魏。魏人弗許，使昶與上書，爲兄弟之儀，上責其不稱臣，不答。

《宋書》卷八《明帝紀》　壬午，改封新安王延年爲始平王。

戊子，芮芮國遣使獻方物。

辛丑，復郡縣公田。

鎮西大將軍、西秦河二州刺史吐谷渾拾寅進號征西大將軍。

十一月，立建安王休仁第二子伯猷爲江夏王，改封義陽王昶爲晉熙王。

乙卯，分徐州置東徐州，以輔國將軍張讜爲刺史。高麗國、百濟國遣使獻方物。

十二月庚辰，以寧朔將軍劉休賓爲兗州刺史。

《資治通鑑》卷一三二　魏西河公石復攻汝陰，汝陰有備，無功而還。常珍奇雖降於魏，實懷貳心，劉勔復以書招之。會西河公石攻汝陰，珍奇乘虚燒劫懸瓠，驅掠上蔡、安成、平輿三縣民，屯於灌水。

泰始四年、北魏皇興二年（戊申、四六八）

《宋書》卷八《明帝紀》　春正月己未，車駕親祠南郊，大赦天下。

庚午，衛將軍巴陵王休若降號左將軍。

乙亥，零陵王司馬勗薨。

《資治通鑑》卷一三二　魏汝陽司馬趙懷仁帥衆寇武津，豫州刺史劉勔遣龍驤將軍申元德擊破之，又斬魏于都公閼于拔於汝陽臺東，獲運車千三百乘。魏復寇義陽，勔使司徒參軍孫臺瓘擊破之。

淮西民賈元友上書，陳伐魏取陳、蔡之策，上以其書示劉勔。勔上言：「元友稱『虜主幼弱，内外多難，天亡有期』。臣以爲虜自去冬蹈藉王土，磐據數郡，百姓殘亡；今春以來，連城圍逼，國家未能復境，何暇滅虜！元友所陳，率多夸誕狂謀，皆無事實，言之甚易，行之甚難。臣竊尋元嘉以來，傖荒遠人，多干國議，負擔歸闕，皆勸討虜，從來信納，皆貽後悔。境上之人，唯視强弱；王師至彼，必壺漿候塗；裁見退軍，便抄截蜂起。此前後所見，明驗非一也。」上乃止。

魏尉元遣使説東徐州刺史張讜，讜以團城降魏。魏以中書侍郎高閭與讜對爲東徐州刺史，李璨與畢衆敬對爲東兗州刺史。元又説兗州刺史王整、蘭陵太守桓忻，整、忻皆降於魏。魏以元爲開府儀同三司、都督徐、南、北兗三州諸軍事、徐州刺史，鎮彭城。召薛安都、畢衆敬入朝，至平城，魏以上客待之，羣從皆封侯，賜第宅，資給甚厚。

《魏書》卷六《顯祖紀》　二月癸未，田于西山，親射虎豹。

崔道固及劉彧梁鄒戍主、平原太守劉休賓舉城降。

《宋書》卷八《明帝紀》　辛丑，以前龍驤將軍常珍奇爲平北將軍、司州刺史，珍奇子超越爲北冀州刺史。

乙巳，右光禄大夫、車騎將軍、護軍將軍王玄謨薨。

三月己未，以游擊將軍劉懷珍爲東徐州刺史。

戊辰，以軍司馬劉靈遺爲梁、南秦二州刺史，南譙太守孫奉伯爲交州刺史。

交州人李長仁據州叛。妖賊攻廣州，殺刺史羊希，龍驤將軍陳伯紹討平之。

夏四月己卯，復減郡縣田禄之半。

丙申，東海王禕改封廬江王，山陽王休祐改封晉平王，改晉安郡爲晉平郡。

辛丑，芮芮國及河南王並遣使獻方物。

《魏書》卷六《顯祖紀》 以南郡公李惠爲征南大將軍、儀同三司、都督關右諸軍事、雍州刺史，進爵爲王。

高麗、庫莫奚、契丹、具伏弗、郁羽陵、日連、匹黎尒、叱六手、悉萬丹、阿大何、羽真侯、于闐、波斯國各遣使朝獻。

《宋書》卷八《明帝紀》 甲辰，以豫章太守張辯爲廣州刺史。

五月乙巳，曲赦廣州。

癸亥，以行雍州刺史巴陵王休若行湘州刺史，會稽太守張永爲雍州刺史，湘州刺史劉韞爲南兖州刺史。

《魏書》卷六《顯祖紀》 六月庚辰，以河南闢地，曲赦京師殊死以下。

以昌黎王馮熙爲太傅。

《宋書》卷八《明帝紀》 秋七月乙巳朔，以吴郡太守王琨爲中領軍。

丙辰，始平王延年薨。

己未，以侍中劉襲爲中護軍。

庚申，以驍騎將軍齊王爲南兖州刺史。

八月戊子，以南康相劉勃爲交州刺史。

辛卯，分青州置東青州，以輔國將軍沈文靖爲東青州刺史。

丁酉，安南將軍、江州刺史王景文進號鎮南將軍。

九月丙辰，以驃騎長史張悦爲雍州刺史。

戊辰，詔曰：「夫愆有小大，憲隨寬猛，故五刑殊用，三典異施。而降辟次網，便暨鉗撻，求之法科，差品滋遠。朕務存欽卹，每有矜貸。尋劫制科罪，輕重同之大辟，即事原情，未爲詳衷。自今凡竊執官仗，拒戰邏司，或攻剽亭寺，及害吏民者，凡此諸條，悉依舊制。五人以下相逼奪者，可特賜黥刖，投畀四遠，仍用代殺，方古爲優，全命長户，施同造物。庶簡惠之化，有孚羣萌，好生之德，無漏幽品。」

庚午，曲赦揚、南徐、兖、豫四州。

冬十月癸酉朔，日有蝕之。發諸州兵北討。南康、建安、安成、宣城四郡，昔不同南逆，並不在徵發之例。

甲戌，割揚州之義興郡屬南徐州。

《資治通鑑》卷一三二 十一月，李長仁遣使請降，自貶行州事，許之。

《魏書》卷六《顯祖紀》 十有二月甲午，詔曰：「頃張永迷擾，敢拒王威，暴骨原隰，殘廢不少。死生冤痛，朕甚愍焉。天下民一也，可敕郡縣，永軍殘廢之士，聽還江南；露骸草莽者，收瘞之。」

《資治通鑑》卷一三二 魏人拔不其城，殺沈文靜，入東陽西郭。

泰始五年、北魏皇興三年（己酉、四六九）

《宋書》卷八《明帝紀》 春正月癸亥，車駕躬耕藉田。大赦天下，賜力田爵一級。

《資治通鑑》卷一三二 沈文秀守東陽，魏人圍之三年，外無救援，士卒晝夜拒戰，甲冑生蟣蝨，無離叛之志。

乙丑，魏人拔東陽，文秀解戎服，正衣冠，取所持節坐齋內。魏兵交至，問：「沈文秀何在？」文秀厲聲曰：「身是！」魏人執之，去其衣，縛送慕容白曜，使之拜，文秀曰：「各兩國大臣，何拜之有！」白曜還其衣，爲之設饌，鎖送平城。魏主數其罪而宥之，待爲下客，給惡衣、疏食；既而重其不屈，稍嘉禮之，拜外都下大夫。於是青、冀之地盡入於魏矣。

《宋書》卷八《明帝紀》 二月丙申，分豫州、揚州立南豫州，以太尉廬江王禕爲車騎將軍、開府儀同三司、南豫州刺史。

《資治通鑑》卷一三二《宋紀十四》　己卯，魏以慕容白曜爲都督青、齊、東徐三州諸軍事、征南大將軍、開府儀同三司、青州刺史，進爵濟南王。

《宋書》卷八《明帝紀》　三月乙卯，於南豫州立南義陽郡。

丙寅，車駕幸中堂聽訟。

己巳，河南王遣使獻方物。

《資治通鑑》卷一三二　魏自天安以來，比歲旱饑，重以青、徐用兵，山東之民疲於賦役。顯祖命因民貧富爲三等輸租之法，等爲三品：上三品輸平城，中輸他州，下輸本州。又，魏舊制：常賦之外，有雜調十五，至是悉罷之，由是民稍贍給。

《宋書》卷八《明帝紀》　夏四月辛未，割雍州隨郡屬郢州。

乙酉，割豫州義陽郡屬郢州，郢州西陽郡屬豫州。

戊子，以寧朔將軍崔公烈爲兗州刺史。

戊戌，新除給事黄門侍郎杜幼文爲梁、南秦二州刺史。

《資治通鑑》卷一三二　五月，魏徙青、齊民於平城，置升城、歷城民望於桑乾，立平齊郡以居之；自餘悉爲奴婢，分賜百官。

魏沙門統曇曜奏：「平齊户及諸民有能歲輸穀六十斛入僧曹者，即爲僧祇户，粟爲僧祇粟，遇凶歲，賑給飢民。」又請「民犯重罪及官奴，以爲佛圖户，以供諸寺灑掃」。魏主並許之。於是僧祇户、粟及寺户徧於州鎮矣。

《宋書》卷八《明帝紀》　六月辛未，立晉平王休祐子宣曜爲南平王。

壬申，以安西將軍、郢州刺史蔡興宗爲鎮東將軍。

癸酉，以左衛將軍沈攸之爲郢州刺史。以軍興已來，百官斷俸，並給生食。

丁丑，車騎將軍、南豫州刺史廬江王禕免官爵。

戊寅，以左將軍、行湘州刺史巴陵王休若爲征南將軍、湘州刺史。

壬午，罷南豫州。

丙戌，以新除給事黄門侍郎劉亮爲益州刺史。

秋七月己酉，以輔國將軍王亮爲徐州刺史，東莞太守陳伯紹爲交州刺史。

甲寅，以山陽太守李靈謙爲兗州刺史。

壬戌，改輔國將軍爲輔師將軍。

八月己丑，以右將軍行豫州刺史劉勔爲平西將軍、豫州刺史。

壬辰，以海陵太守劉崇智爲冀州刺史。

九月甲寅，立長沙王纂子延之爲始平王。

戊午，中領軍王琨遷職。

己未，詔曰：「夫箕、潁之操，振古所貴；沖素之風，哲王攸重。朕屬横流之會，接難晦之辰，龕暴剪亂，日不暇給。今雖關、隴猶靄，區縣澄氛，偃武修文，於是乎在。思崇廉耻，用靜馳薄，固已物色載懷，寢興竚歎。其有貞栖隱約，息事衡樊，鑿壞遺榮，負釣辭聘，志恬江海，行高塵俗者，在所精加搜括，時以名聞。將賁園矜德，茂昭厥禮。羣司各舉所知，以時授爵。」

乙丑，以新除平西將軍、豫州刺史劉勔爲中領軍。

冬十月丁卯朔，日有蝕之。

十一月丁未，索虜遣使獻方物。

《魏書》卷六《顯祖紀》　吐谷渾别帥白楊提度汗率户内附。

襄城公韓頹進爵爲王。

《宋書》卷八《明帝紀》　閏月戊子，驃騎大將軍、荆州刺史晉平王休祐以本號爲南徐州刺史，征南將軍、湘州刺史巴陵王休若爲征西將軍、荆州刺史，輔師將軍孟次陽爲兗州刺史，義陽太守吕安國爲司州刺史。

十二月戊戌，司徒建安王休仁解揚州刺史。

己未，以征北大將軍、南徐州刺史桂陽王休範爲中書監、中軍將軍、揚州刺史，吴興太守建平王景素爲湘州刺史，輔師將軍建安王世子伯融爲廣州刺史。

庚申，分荆、益州五郡置三巴校尉。

《資治通鑑》卷一三二　臨海賊帥田流自稱東海王，剽掠海鹽，殺鄞令，東土大震。

泰始六年、北魏皇興四年（庚戌、四七〇）

《資治通鑑》卷一三三　春正月乙亥，初制間二年一祭南郊，間一年一祭明堂。

二月壬寅，以司徒休仁爲太尉，領司徒，固辭。

癸丑，納江智淵孫女爲太子妃。

甲寅，大赦。令百官皆獻物，始興太守孫奉伯止獻琴、書，上大怒，封藥賜死，既而原之。

《魏書》卷六《顯祖紀》 以東郡王陸定國爲司空。

高麗、庫莫奚、契丹各遣使朝獻。

吐谷渾拾寅不供職貢，詔使持節、征西大將軍、上黨王長孫觀討之。

廣陽王石侯薨。

《宋書》卷八《明帝紀》 三月乙亥，中護軍劉襲卒。

丁丑，以太子詹事張永爲護軍將軍。

《魏書》卷六《顯祖紀》 丙戌，詔曰：「朕思百姓病苦，民多非命，明發不寐，疚心疾首。是以廣集良醫，遠采名藥，欲以救護兆民。可宣告天下，民有病者，所在官司遣醫就家診視，所須藥物，任醫量給之。」

夏四月辛丑，大赦天下。

戊申，長孫觀軍至曼頭山，大破拾寅，拾寅與麾下數百騎宵遁，拾寅從弟豆勿來及其渠帥匹婁拔累等率所領降附。

《宋書》卷八《明帝紀》 癸亥，立第六皇子燮爲晉熙王。

《資治通鑑》卷一三二 五月，柔然部真可汗侵魏，魏主引羣臣議之。尚書右僕射南平公目辰曰：「若車駕親征，京師危懼，不如持重固守。虜懸軍深入，糧運無繼，不久自退；遣將追擊，破之必矣。」給事中張白澤曰：「蠢爾荒愚，輕犯王略，若鑾輿親行，必望麾崩散，豈可坐而縱敵！以萬乘之尊，嬰城自守，非所以威服四夷也。」魏主從之。白澤，衮之孫也。

《宋書》卷八《明帝紀》 丁丑，以前軍將軍陳胤宗爲徐州刺史。

丁亥，以冠軍將軍吐谷渾拾虔爲平西將軍。

戊子，奉朝請孔玉爲寧州刺史。

六月己亥，以第五皇子智井繼東平沖王休倩。

庚子，以侍中劉韞爲撫軍將軍、雍州刺史，前將軍、郢州刺史沈攸之進號鎮軍將軍，揚州刺史桂陽王休範爲征南大將軍、江州刺史。

《資治通鑑》卷一三二 癸卯，以江州刺史王景文爲尚書左僕射、揚州刺史，以尚書僕射袁粲爲右僕射。

《宋書》卷八《明帝紀》 己未，改臨賀郡爲臨慶郡，追改東平王休倩爲臨慶沖王。

七月丙戌，第五皇子智井薨。

《魏書》卷六《顯祖紀》 八月，羣盜入彭城，殺鎮將元解愁，長史勒兵滅之。

蠕蠕犯塞。

《宋書》卷八《明帝紀》 九月乙丑，中領軍劉勔加平北將軍。

《魏書》卷六《顯祖紀》 丙寅，輿駕北伐，諸將俱會于女水，大破虜衆。

司徒、東安王劉尼坐事免。

壬申，車駕至自北伐，飲至策勳，告於宗廟。

《資治通鑑》卷一三二 戊寅，立總明觀，置祭酒一人，儒、玄、文、史學士各十人。

《宋書》卷八《明帝紀》 癸未，以第八皇子智渙繼臨慶沖王休倩。

冬十月辛卯，立第九皇子贊爲武陵王。

乙巳，以前右軍馬訦爲北雍州刺史。

己酉，車駕幸東堂聽訟。

十一月己巳，高麗國遣使獻方物。

十二月癸巳，以邊難未息，制父母陷異域，悉使婚宦。

戊戌，以始興郡爲宋安郡。

丙辰，護軍將軍張永遷職。

《資治通鑑》卷一三二 是歲，命龍驤將軍義興周山圖將兵屯浹口討田流，平之。

泰始七年、北魏皇興五年（辛亥、四七一）

《宋書》卷八《明帝紀》 春正月甲戌，置散騎奏舉郎。

二月癸巳，征西將軍、荆州刺史巴陵王休若進號征西大將軍，開府儀同三司。

戊戌，置百梁、㦕蘇、永寧、安昌、富昌、南流郡，又分廣、交州三郡，合九郡，立越州。

己亥，以前將軍劉康爲平東將軍。

妖寇宋逸攻合肥，殺汝陰太守王穆之，郡縣討平之。

甲寅，驃騎大將軍、開府儀同三司、南徐州刺史晉平王休祐薨。

戊午，以征西大將軍、荆州刺史巴陵王休若爲征北大將軍、南徐州刺史，湘州刺史建平王景素爲荆州刺史。

三月辛酉，索虜遣使獻方物。

壬戌，芮芮國遣使奉獻。

《魏書》卷六《顯祖紀》　三月乙亥，詔曰：「天安以來，軍國多務，南定徐方，北掃遺虜。征戍之人，亡竄非一，雖罪合刑書，每加哀宥。然寬政猶水，逋逃遂多。宜申明典刑，以肅姦僞。自今諸有逃亡之兵及下代守宰浮游不赴者，限六月三十日悉聽歸首，不首者，論如律。」

詔假員外散騎常侍邢祐使於劉彧。

《宋書》卷八《明帝紀》　夏四月辛丑，減天下死罪一等，凡敕繫悉遣之。

甲辰，於南兗州置新平郡。

癸丑，金紫光禄大夫張永領護軍。

《魏書》卷六《顯祖紀》　西部敕勒叛，詔汝陰王天賜、給事中羅雲討之。

雲爲敕勒所襲殺，死者十五六。

北平王長孫敦薨。

《宋書》卷八《明帝紀》　五月戊午，司徒建安王休仁有罪，自殺。

辛酉，以寧朔長史孫超之爲廣州刺史，尚書左僕射、揚州刺史王景文以刺史領中書監。

庚午，以尚書右僕射袁粲爲尚書令，新除吏部尚書褚淵爲尚書右僕射。

辛未，監吴郡王僧虔行湘州刺史。

丙戌，追免晉平王休祐爲庶人。

六月丁酉，以征南大將軍、江州刺史桂陽王休範爲驃騎大將軍、南徐州刺史，征北大將軍巴陵王休若爲車騎大將軍、江州刺史。

甲辰，芮芮國遣使獻方物。

秋七月丁巳，罷散騎奏舉郎。

乙丑，新除車騎大將軍、江州刺史巴陵王休若薨，桂陽王休範以新除驃騎大將軍，還爲江州。

庚午，以第三皇子準爲撫軍將軍。

辛未，以太子詹事劉秉爲南徐州刺史。

戊寅，以寧朔將軍沈懷明爲南兗州刺史。

乙酉，於冀州置西海郡。

《魏書》卷六《顯祖紀》　八月丁亥，車駕還宫。

帝雅薄時務，常有遺世之心，欲禪位於叔父京兆王子推，羣臣固請，帝乃止。

《宋書》卷八《明帝紀》　戊子，以第八皇子躋繼江夏文獻王義恭。

庚寅，以疾愈大赦天下。冀州刺史劉崇智加青州刺史。

《資治通鑑》卷一三三　戊戌，立第三皇子準爲安成王。

丙午，高祖即皇帝位，大赦，改元延興。

丁未，顯祖下詔曰：「朕希心玄古，志存澹泊，爰命儲宫踐升大位，朕得優遊恭己，栖心浩然。」

己酉，上皇徙居崇光宫，采椽不斲，土階而已，國之大事咸以聞。

《魏書》卷七上《高祖紀上》　九月壬戌，詔在位及民庶直言極諫。

有利民益治，損政傷化，悉心以聞。

壬午，青州高陽民封辯自號齊王，聚黨千餘人，州軍討滅之。

高麗民奴久等相率來降，各賜田宅。

《資治通鑑》卷一三三　冬十月，魏沃野、統萬二鎮敕勒叛，遣太尉源賀帥衆討之；降二千餘落，追擊餘黨至枹罕、金城，大破之，斬首八千餘級，虜男女萬餘口，雜畜三萬餘頭。詔賀都督三道諸軍，屯于漠南。

《魏書》卷七上《高祖紀上》　庚寅，以征東大將軍、南安王楨爲假節、都督凉州及西戎諸軍事、領護西域校尉、儀同三司，鎮凉州。

朔方民曹平原招集不逞，破石樓堡，殺軍將。

劉彧將垣崇祖率衆二萬自郁洲寇東兗州，屯于南城固。

《宋書》卷八《明帝紀》　十一月戊午，百濟國遣使獻方物。

《魏書》卷七上《高祖紀上》　十有一月，刺史于洛侯討破之，崇祖還郁洲。

妖賊司馬小君聚衆反於平陵，齊州刺史、武昌王平原討擒之。

十有二月乙酉，以駙馬都尉穆亮爲趙郡王。

壬辰，詔訪舜後，獲東萊郡民嬀苟之，復其家畢世，以彰盛德之不朽。

復前濮陽王孔雀本封。

《宋書》卷八《明帝紀》　十二月丁酉，分豫州、南兗州立南豫州，以歷陽太守王玄載爲南豫州刺史。

泰豫元年、北魏延興二年（壬子、四七二）

《宋書》卷八《明帝紀》　春正月甲寅朔，上有疾不朝會。以疾患未痊，故改元。賜孤老貧疾粟帛各有差。

《魏書》卷七上《高祖紀上》　乙卯，統萬鎮胡民相率北叛。詔寧南將軍、交阯公韓拔等追滅之。

大陽蠻酋桓誕率户内屬，拜征南將軍，封襄陽王。

曲赦京師及河西，南至秦涇，西至枹罕，北至凉州諸鎮。

詔假員外散騎常侍邢祐使於劉彧。

《宋書》卷八《明帝紀》　戊午，皇太子會萬國於東宮，并受貢計。

二月辛丑，以給事黄門侍郎王瞻爲司州刺史。

《魏書》卷七上《高祖紀上》　乙巳，詔曰：「尼父稟達聖之姿，體生知之量，窮理盡性，道光四海。頃者淮徐未賓，廟隔非所，致令祠典寢頓，禮章殄滅，遂使女巫妖覡，淫進非禮，殺生鼓舞，倡優媟狎，豈所以尊明神敬聖道者也。自今已後，有祭孔子廟，制用酒脯而已，不聽婦女合雜，以祈非望之福。犯者以違制論。其公家有事，自如常禮。犧牲粢盛，務盡豐潔。臨事致敬，令肅如也。牧司之官，明糾不法，使禁令必行。」

蠕蠕犯塞。太上皇帝次於北郊，詔諸將討之。虜遁走。其别帥阿大干率千餘落來降。東部敕勒叛奔蠕蠕，太上皇帝追之，至石磧，不及而還。

《宋書》卷八《明帝紀》　三月癸丑朔，林邑國遣使獻方物。

己未，中書監、揚州刺史王景文卒。

《魏書》卷七上《高祖紀上》　三月，太上皇帝至自北討。

戊辰，以散騎常侍、駙馬都尉萬安國爲大司馬、大將軍，封安城王。

庚午，車駕耕於藉田。

石城郡獲曹平原，送京師，斬之。

連川敕勒謀叛，徙配青、徐、齊、兗四州爲營户。

《宋書》卷八《明帝紀》　夏四月辛卯，以撫軍司馬蔡那爲益州刺史。

癸巳，以右衛將軍張興世爲雍州刺史。

己亥，上大漸。驃騎大將軍、江州刺史桂陽王休範進位司空，尚書右僕射褚淵爲護軍將軍，中領軍劉勔加尚書右僕射，鎮東將軍蔡興宗爲征西將軍、開府儀同三司、荆州刺史，鎮軍將軍、郢州刺史沈攸之進號安西將軍。詔曰：「朕自臨御億兆，仍屬戎寇，雖每存弘化，而惠弗覃遠，軍國凋弊，刑訟未息。今大漸維危，載深矜歎。可緩徭優調，去繁就約。因改之宜，詳有簡衷。務以愛民爲先，以宣朕遺意。」袁粲、褚淵、劉勔、蔡興宗、沈攸之同被顧命。

是日，上崩于景福殿，時年三十四。

宋後廢帝部（起公元四七二年，迄公元四七七年）

《讀史津逮》卷三《南宋》　蒼梧王名昱，字德融，明帝長子。初明帝以妾陳妙登賜嬖倖李道兒，有孕，迎歸生昱，故人呼爲李氏子，昱亦自稱李將軍。泰豫元年夏四月即位，明年癸丑，改元元徽。后江氏。在位四年，暴虐好殺，無道日甚，蕭道成與王敬則謀弑之，追廢爲蒼梧王。

泰豫元年、北魏延興二年（壬子、四七二）

《宋書》卷九《後廢帝紀》　四月，庚子，太子即皇帝位，大赦天下。尚書令袁粲、護軍將軍褚淵共輔朝政。

乙巳，以護軍將軍張永爲右光禄大夫，撫軍將軍安成王爲揚州刺史。

己酉，特進、右光禄大夫劉遵考改爲左光禄大夫。

五月丁巳，以吴興太守張岱爲益州刺史。

戊辰，緣江戍兵老疾者，悉聽還。班劍依舊入殿。

《資治通鑑》卷一三三　五月，戊寅，葬明皇帝于高寧陵，廟號太宗。

《宋書》卷九《後廢帝紀》　六月壬辰，詔曰：「夫興王經制，實先民隱，方求廣教，刑於四維。朕以煢眇，夙膺寶歷，永言民政，未接聽覽，眷言乃顧，無忘鑒寐。可遣大使分行四方，觀採風謡，問其疾苦。令有咈民，法不便俗者，悉各條奏。若守宰威恩可紀，廉勤允著，依事騰聞。如獄訟誣枉，職事紕繆，惰公存私，害民利己者，無或隱昧。廣納芻輿之議，博求獻藝之規。巡省之道，務令精洽，深簡行識，俾若朕親覽焉。」又詔曰：「夫寢夢期賢，往誥垂美；物色求良，前書稱盛。朕以沖昧，嗣膺寶業，思仰述聖猷，勉弘政道，興言多士，常想得人。可普下牧守，廣加搜採。其有孝友聞族，義讓光閭，或匿名屠釣，隱身耕牧，足以整厲澆風，扶益淳化者，凡厥一善，咸無遺逸。虚輪佇帛，俟聞嘉薦。」京師雨水，詔賑卹二縣貧民。

《魏書》卷七上《高祖紀上》　丙申，詔曰：「頃者州郡選貢，多不以實，碩人所以窮處幽仄，鄙夫所以超分妄進，豈所謂旌賢樹德者也。今年貢舉，尤爲猥濫。自今所遣，皆門盡州郡之高，才極鄉閭之選。」

《宋書》卷九《後廢帝紀》　乙巳，尊皇后曰皇太后，立皇后江氏。

秋七月戊辰，崇拜帝所生陳貴妃爲皇太妃。

閏月丁亥，罷宋安郡還屬廣興。

己丑，割南豫州南汝陰郡屬西豫州，西豫州廬江郡屬豫州。

甲辰，以新除征西將軍、開府儀同三司、荆州刺史蔡興宗爲中書監、光禄大夫，安西將軍、郢州刺史沈攸之爲鎮西將軍、荆州刺史，南徐州刺史劉秉爲平西將軍、郢州刺史，新除太常建平王景素爲鎮軍將軍、南徐州刺史。

八月戊午，新除中書監、左光禄大夫、開府儀同三司蔡興宗薨。

《魏書》卷七上《高祖紀上》　九月辛巳，車駕還宫。

戊申，統萬鎮將、河間王閭虎皮坐貪殘賜死。

己酉，詔以州鎮十一水，丐民田租，開倉賑恤。又詔流迸之民，皆令還本，違者配徙邊鎮。

《宋書》卷九《後廢帝紀》　冬十月辛卯，撫軍將軍劉韞有罪免官。

辛未，護軍將軍褚淵母憂去職。

十一月己亥，新除平西將軍、郢州刺史劉秉爲尚書左僕射。

辛丑，護軍將軍褚淵還攝本任。

芮芮國、高麗國遣使獻方物。

十二月，索虜寇義陽。

《魏書》卷七上《高祖紀上》　庚戌，詔曰：「《書》云：『三載一考，三考黜陟幽明。』頃者已來，官以勞升，未久而代，牧守無恤民之心，競爲聚斂，送故迎新，相屬於路，非所以固民志，隆治道也。自今牧守温仁清儉，克己奉公者，可久於其任。歲積有成，遷位一級。其有貪殘非道，侵削黎庶者，雖在官甫爾，必加黜罰。著之於令，永爲彝準。」

詔以代郡事同豐沛，代民先配邊戍者皆免之。

《宋書》卷九《後廢帝紀》　丁巳，司州刺史王瞻擊破之。

元徽元年、北魏延興三年（癸丑、四七三）

《資治通鑑》卷一三三　春正月戊寅朔，改元，大赦。

《魏書》卷七上《高祖紀上》　庚辰，詔員外散騎常侍崔演使於劉昱。

丁亥，改崇光宮爲寧光宮。

戊戌，太上皇帝還至雲中。

《宋書》卷九《後廢帝紀》　壬寅，詔曰：「夫緩法昭恩，裁風茂典；蠲憲貸眚，訓俗彝義。朕臨馭宸樞，夤制氓宇，式存寬簡，思孚矜惠。今開元肆宥，萬品惟新，凡茲流斥，宜均弘洗。自元年以前貽罪徙放者，悉聽還本。」

《魏書》卷七上《高祖紀上》　二月戊申，高麗、契丹國並遣使朝貢。

癸丑，詔牧守令長，勤率百姓，無令失時。同部之內，貧富相通。家有兼牛，通借無者，若不從詔，一門之內終身不仕。守宰不督察，免所居官。

戊午，太上皇帝至自北討，飲至策勳，告於宗廟。死王事者復其家。詔畿内民從役死事者，郡縣爲迎喪，給以葬費。

甲戌，詔縣令能靜一縣劫盜者，兼治二縣，即食其禄；能靜二縣者，兼治三縣，三年遷爲郡守。二千石能靜二郡，上至三郡，亦如之，三年遷爲刺史。

《宋書》卷九《後廢帝紀》　乙亥，以晉熙王燮爲郢州刺史。

三月丙申，以撫軍長史何恢爲廣州刺史。婆利國遣使獻方物。

戊戌，以前淮南太守劉靈遺爲南豫州刺史。

《魏書》卷七上《高祖紀上》　夏四月戊申，詔假司空、上黨王長孫觀等討吐谷渾拾寅。

壬子，契丹國遣使朝貢。

詔以孔子二十八世孫魯郡孔乘爲崇聖大夫，給十户以供灑掃。

《宋書》卷九《後廢帝紀》　五月辛卯，以輔師將軍李安民爲司州刺史。

丙申，河南王遣使獻方物。

六月壬子，以越州刺史陳伯紹爲交州刺史。

乙卯，特進、左光禄大夫劉遵考卒。

壽陽大水，己未，遣殿中將軍賑卹慰勞。

《魏書》卷七上《高祖紀上》　甲子，詔曰：「往年縣召民秀二人，問以守宰治狀，善惡具聞，將加賞罰。而賞者未幾，罪者衆多。肆法傷生，情所未忍。今特垂寬恕之恩，申以解網之惠。諸爲民所列者，特原其罪，盡可貸之。」

《宋書》卷九《後廢帝紀》　丙寅，以左軍將軍孟次陽爲兗州刺史。

《魏書》卷七上《高祖紀上》　秋七月，詔河南六州之民，户收絹一匹，綿一斤，租三十石。

乙亥，行幸陰山。

蠕蠕寇敦煌，鎮將樂洛生擊破之。

劉昱遣將寇緣淮諸鎮，徐州刺史、淮陽公尉元擊走之。

《宋書》卷九《後廢帝紀》　丁丑，散騎常侍顧長康、長水校尉何翌之表上所撰《諫林》，上自虞、舜，下及晉武，凡十二卷。

八月辛亥，詔曰：「分方正俗，著自虞册；川谷異制，焕乎姬典。故井遂有辨，閭伍無雜，用能七教克宣，八政斯序。雖綿代殊軌，沿革異儀，或民懷遷俗，或國尚興徙，漢陽列燕、代之豪，關西熾齊、楚之族，並通籍新邑，即居成舊。洎金行委御，禮樂南移，中州黎庶，襁負揚、越。聖武造運，道一閎區，貽長世之規，申土斷之制。而夷險相因，盈晦遞襲，歲饉凋流，戎役惰散，違鄉寓境，漸至繁積。宜式遵鴻軌，以爲永憲，庶阜俗昌民，反風定保。夷胥山之險，澄瀚海之波，括《河圖》於九服，振玉軔於五都矣。」祕書丞王儉表上所撰《七志》三十卷。京師旱。

甲寅，詔曰：「比亢序騫度，留熏燿晷，有傷秋稼，方貽民瘼。朕以眇疚，未弘政道，囹圄尚繁，枉滯猶積，夕厲晨矜，每惻于懷。尚書令可與執法以下，就訊衆獄，使冤訟洗遂，困弊昭蘇。頒下州郡，咸令無壅。」

癸亥，鎮軍將軍、南徐州刺史建平王景素進號鎮北將軍。

庚午，陳留王曹銑薨。

九月壬午，詔曰：「國賦氓税，蓋有恒品，往屬戎難，務先軍實，徵課之宜，或乖昔准。湘、江二州，糧運偏積，調役既繁，庶徒彌擾。因循權政，容有未革，民單力弊，歲月愈甚。永言矜歎，情兼宵寐。可遣使到所，明加詳察。其輸違舊令，役非公限者，並即蠲改，具條以聞。」

丁亥，立衡陽王嶷子伯玉爲南平王。

冬十月壬子，以撫軍司馬王玄載爲梁、南秦二州刺史。

癸酉，割南兗州之鍾離、豫州之馬頭，又分秦郡、梁郡、歷陽置新昌郡，立徐州。

《魏書》卷七上《高祖紀上》　太上皇帝親將南討。詔州郡之民，十丁取一以充行，户收租五十石，以備軍糧。

悉萬斤國遣使朝獻。武都王反，攻仇池。詔長孫觀仍回師討之。

《宋書》卷九《後廢帝紀》　十一月丙子，以散騎常侍垣閎爲徐州刺史。

丁丑，尚書令袁粲母喪去職。

《魏書》卷七上《高祖紀上》　戊寅，詔以河南七州牧守多不奉法，致新邦之民莫能上達，遣使者觀風察獄，黜陟幽明。其有鰥寡孤獨貧不自存者，復其雜徭，年八十已上，一子不從役；力田孝悌，才器有益於時，信義著於鄉閭者，具以名聞。

癸巳，太上皇帝南巡，至於懷州。所過問民疾苦，賜高年、孝悌力田布帛。

《資治通鑑》卷一三三　十二月癸卯朔，日有食之。

《宋書》卷九《後廢帝紀》　乙巳，司空、江州刺史桂陽王休範進位太尉，尚書令袁粲還攝本任，加號衛將軍。

癸亥，立前建安王世子伯融爲始安縣王。

丙寅，河南王遣使獻方物。

《魏書》卷七上《高祖紀上》　是歲，州鎮十一水旱，丐民田租，開倉賑恤。相州民餓死者二千八百四十五人。

吐谷渾部内羌民鍾豈渴干等二千三百户内附。

是年，妖人劉舉自稱天子，齊州刺史、武昌王平原捕斬之。

元徽二年、北魏延興四年（甲寅、四七四）

《宋書》卷九《後廢帝紀》　春正月庚子，以右光禄大夫張永爲征北將軍、南兗州刺史。

二月己巳，加護軍將軍褚淵中軍將軍。

三月癸酉，以左衛將軍王寬爲南豫州刺史。

夏四月癸亥，詔曰：「頃列爵敘勳，銓榮酬義，條流積廣，又各淹闕。歲往事留，理至逋壅，在所參差，多違甄飭。賞未均洽，每疚厥心。可悉依舊准，並下注職。」

《資治通鑑》卷一三三　五月壬午，桂陽王休範反。掠民船，使軍隊稱力請受，付以材板，合手裝治，數日即辦。

丙戌，休範率衆二萬、騎五百發尋陽，晝夜取道，以書與諸執政，稱：「楊運長、王道隆蠱惑先帝，使建安、巴陵二王無罪被戮，望執録二豎，以謝冤魂。」

《宋書》卷九《後廢帝紀》　庚寅，内外戒嚴。加中領軍劉勔鎮軍將軍，加右衛將軍齊王平南將軍，前鋒南討，出屯新亭。征北將軍張永屯白下，前南兗州刺史沈懷明戍石頭，衛將軍袁粲、中軍將軍褚淵入衛殿省。

壬辰，賊奄至，攻新亭壘。齊王拒擊，大破之。越騎校尉張敬兒斬休範。賊黨杜黑蠡、丁文豪分軍向朱雀航，劉勔拒賊敗績，力戰死之。右軍將軍王道隆奔走遇害。張永潰於白下，沈懷明自石頭奔散。

甲午，撫軍典籤茅恬開東府納賊，賊入屯中堂。羽林監陳顯達擊大破之。

丙申，張敬兒等破賊於宣陽門、莊嚴寺、小市，進平東府城，梟擒羣賊。賞賜封爵各有差。

丁酉，詔京邑二縣埋藏所殺賊，并戰亡者，復同京城。是日解嚴，大赦天下，文武賜位一等。

戊戌，原除江州逋債，其有課非常調、役爲民蠹者，悉皆蠲停。詔曰：「頃國賦多騫，公儲罕給。近治戎雖淺，而軍費已多，稟藏虚罄，難用馭遠。宜矯革淫長，務在節儉。其供奉服御，悉就減撤，雕文靡麗，廢而勿修。凡諸游費，一皆禁斷，外可詳爲科格。」荆州刺史沈攸之、南徐州刺史建平王景素、郢州刺史晉熙王燮、湘州刺史王僧虔、雍州刺史張興世並舉義兵赴京師。

己亥，以第七皇弟友爲江州刺史。芮芮國遣使獻方物。

《資治通鑑》卷一三三　六月庚子，以平南將軍蕭道成爲中領軍、南兗州刺史，留衛建康，與袁粲、褚淵、劉秉更日入直決事，號爲四貴。

《宋書》卷九《後廢帝紀》　癸卯，晉熙王燮遣軍剋尋陽，江州平。

戊申，以淮南太守任農夫爲豫州刺史，右將軍、南豫州刺史王寬進號平西將軍。

壬戌，改輔師將軍還爲輔國。

秋七月庚辰，立第七皇弟友爲邵陵王。

辛巳，以撫軍司馬孟次陽爲兖州刺史。

乙酉，鎮西將軍、荆州刺史沈攸之進號征西大將軍，鎮北將軍、南徐州刺史建平王景素進號征北將軍，並開府儀同三司。征虜將軍、郢州刺史晉熙王燮進號安西將軍，前將軍、湘州刺史王僧虔進號平南將軍。

《資治通鑑》卷一三三　癸巳，柔然寇魏敦煌，尉多侯擊破之。尚書奏：「敦煌僻遠，介居西、北强寇之間，恐不能自固，請内徙就涼州。」羣臣集議，皆以爲然。給事中昌黎韓秀獨以爲：「敦煌之置，爲日已久。雖逼强寇，人習戰鬬，縱有草竊，不爲大害。循常置戍，足以自全；而能隔閡西、北二虜，使不得相通。今徙就涼州，不唯有蹙國之名，且姑臧去敦煌千有餘里，防邏甚難，二虜必有交通闚闟之志；若騷動涼州，則關中不得安枕。又，士民或安土重遷，招引外寇，爲國深患，不可不慮也。」乃止。

《宋書》卷九《後廢帝紀》　八月辛酉，以征虜行參軍劉延祖爲寧州刺史。

九月壬辰，以游擊將軍吕安國爲兖州刺史。

丁酉，以尚書令、新除衛將軍袁粲爲中書監，即本號開府儀同三司，領司徒，加護軍將軍褚淵尚書令，撫軍將軍、揚州刺史安成王進號車騎將軍。

冬十月庚申，以新除侍中王蘊爲湘州刺史。

甲子，以游擊將軍陳顯達爲廣州刺史。

十一月丙戌，御加元服，大赦天下。賜民男子爵一級；爲父後及三老孝悌力田者爵二級；鰥寡孤獨篤癃不能自存者，穀人五斛；年八十以上，加帛一匹。大酺五日，賜王公以下各有差。

十二月癸亥，立第八皇弟躋爲江夏王，第九皇弟贊爲武陵王。

《魏書》卷七上《高祖紀上》　詔西征吐谷渾兵在句律城初叛軍者斬，次分配柔玄、武川二鎮。斬者千餘人。

元徽三年、北魏延興五年（乙卯、四七五）

《宋書》卷九《後廢帝紀》　春正月辛巳，車駕親祠南郊、明堂。

《魏書》卷七上《高祖紀上》　二月庚子，高麗國遣使朝獻。

癸丑，詔定考課，明黜陟。

《宋書》卷九《後廢帝紀》　三月丙寅，河南王遣使獻方物。

己巳，以車騎將軍張敬兒爲雍州刺史。其日，京師大水，遣尚書郎官長檢行賑賜。

閏月戊戌，詔曰：「頃民俗滋弊，國度未殷，歲時屢騫，編户不給。且邊虞尚警，徭費彌繁，永言夕惕，寢興增疚。思弘豐耗之制，以惇約素之風，庶侍蓄拯民，以康治道。太官珍膳，御府麗服，諸所供擬，一皆減撤，可詳爲其格，務從簡衷。」

夏四月，遣尚書郎到諸州檢括民户，窮老尤貧者，蠲除課調；丁壯猶有生業，隨宜寬申；貲財足以充限者，督令洗畢。

丙戌，車駕幸中堂聽訟。

《魏書》卷七上《高祖紀上》　五月丁酉，契丹、庫莫奚國各遣使獻名馬。

丙午，詔員外散騎常侍許赤虎使於劉昱。

丁未，幸武州山。

辛酉，幸車輪山。

六月庚午，禁殺牛馬。

壬申，曲赦京師死罪，遣備蠕蠕。

《宋書》卷九《後廢帝紀》　癸未，北國使至。兼司徒袁粲、尚書令褚淵並固讓。

秋七月庚戌，以粲爲尚書令。

壬戌，以給事黄門侍郎劉懷珍爲豫州刺史。

八月庚子，加護軍將軍褚淵中書監。

《魏書》卷七上《高祖紀下》　九月癸卯，洛州人賈伯奴、豫州人田智度聚黨千餘人，伯奴稱恒農王，智度稱上洛王，夜攻洛州。州郡擊之，斬伯奴於緱氏，執智度送京師。

《宋書》卷九《後廢帝紀》　丙辰，征西大將軍河南王吐谷渾拾寅進號車騎大將軍。

冬十月丙戌，高麗國遣使獻方物。

十二月乙丑，以冠軍將軍姚道和爲司州刺史。

元徽四年、北魏承明元年（丙辰、四七六）

《宋書》卷九《後廢帝紀》　春正月己亥，車駕躬耕籍田，大赦天下。賜力田爵一級；貸貧民糧種。

壬子，以梁、南秦二州刺史王玄載爲益州刺史。

二月壬戌，以步兵校尉范栢年爲梁、南秦二州刺史。

丁卯，加金紫光禄大夫王琨特進。

夏五月，以寧朔將軍武都王楊文度爲北秦州刺史。

庚戌，以驍騎將軍曹欣之爲徐州刺史。

《魏書》卷七上《高祖紀》　冀州武邑民宋伏龍聚衆，自稱南平王。郡縣捕斬之。

蠕蠕國遣使朝貢。

六月甲子，詔中外戒嚴，分京師見兵爲三等，第一軍出，遣第一兵，二等兵亦如之。

辛未，太上皇帝崩。

《宋書》卷九《後廢帝紀》　乙亥，加鎮軍將軍齊王尚書左僕射。

《資治通鑑》卷一三四　壬申，大赦，改元承明。葬顯祖于金陵，謚曰獻文皇帝。

魏大司馬、大將軍代人萬安國坐矯詔殺神部長奚買奴，賜死。

戊寅，魏以征西大將軍、安樂王長樂爲太尉，尚書左僕射、宜都王目辰爲司徒，南部尚書李訢爲司空。尊皇太后曰太皇太后，復臨朝稱制。以馮熙爲侍中、太師、中書監。熙自以外戚，固辭内任，乃除都督、洛州刺史，侍中、太師如故。

太后性聰察，知書計，曉政事，被服儉素，膳羞減於故事什七八，而猜忍多權數。高祖性至孝，能承顔順志，事無大小，皆仰成於太后。太后往往專決，不復關白於帝。

《宋書》卷九《後廢帝紀》　秋七月戊子，征北將軍、南徐州刺史建平王景素據京城反。

己丑，内外纂嚴。遣驍騎將軍任農夫、冠軍將軍黄回北討，鎮軍將軍齊王總統衆軍。曲赦南徐州。始安王伯融、都鄉侯伯猷賜死。

辛卯，豫州刺史段佛榮統前鋒馬步衆軍。

甲午，軍主、左軍將軍張保戰敗見殺。黄回等至京城，與景素諸軍戰，連破之。

乙未，剋京城，斬景素，同逆皆伏誅。其日解嚴。

丙申，大赦天下，封賞各有差。原京邑二縣元年以前逋調。

辛丑，以武陵王贊爲南徐州刺史。

《魏書》卷七上《高祖紀上》　甲辰，追尊皇妣李貴人爲思皇后。以汝陰王天賜爲征西大將軍、儀同三司。

高麗、庫莫奚國並遣使朝貢。

濮陽王孔雀有罪賜死。

《宋書》卷九《後廢帝紀》　八月丁卯，立第十皇弟翽爲南陽王，第十一皇弟嵩爲新興王，第十二皇弟禧爲始建王。

庚午，以給事黄門侍郎阮佃夫爲南豫州刺史。

乙酉，以行青、冀二州刺史劉善明爲青、冀二州刺史。

九月丁亥，割郢州之隨郡屬司州。

戊子，驍騎將軍高道慶有罪，賜死。

己丑，車騎將軍、揚州刺史安成王進號驃騎大將軍、開府儀同三司，安西將軍、郢州刺史晉熙王燮進號鎮西將軍。

冬十月辛酉，以吏部尚書王僧虔爲尚書右僕射，宕昌王梁彌機爲安西將軍、河涼二州刺史。

丙寅，中書監、護軍將軍褚淵母憂去職。

《魏書》卷七上《高祖紀上》　十一月戊子，以太尉、安樂王長樂爲定州刺史，京兆王子推爲青州刺史，司空李訢爲徐州刺史，並開府儀同三司。

元徽五年、北魏太和元年(丁巳、四七七)

《魏書》卷七上《高祖紀上》 春正月乙酉朔，詔曰：「朕夙承寶業，懼不堪荷，而天貺具臻，地瑞並應，風和氣晼，天人交協，豈朕沖昧所能致哉？實賴神祇七廟降福之助。今三正告初，祇感交切，宜因陽始，協典革元，其改今號爲太和元年。」

辛亥，詔曰：「今牧民者，與朕共治天下也。宜簡以傜役，先之勸獎，相其水陸，務盡地利，使農夫外布，桑婦内勤。若輕有徵發，致奪民時，以侵擅論。民有不從長教，惰於農桑者，加以罪刑。」

起太和、安昌二殿。

己酉，秦州略陽民王元壽聚衆五千餘家，自號爲衝天王。

雲中飢，開倉賑恤。

二月丙寅，漢川民泉會、譚酉等相率内屬，處之并州。

辛未，秦、益二州刺史、武都公尉洛侯討破元壽，獲其妻子，送京師。

《宋書》卷九《後廢帝紀》 壬申，以建寧太守柳和爲寧州刺史。

《魏書》卷七上《高祖紀上》 三月庚子，徵征西大將軍、雍州刺史、東陽王丕爲司徒。

丙午，詔曰：「朕政治多闕，災眚屢興。去年牛疫，死傷太半，耕墾之利，當有虧損。今東作既興，人須肆業。其敕在所督課田農，有牛者加勤於常歲，無牛者倍庸於餘年。一夫制治田四十畝，中男二十畝。無令人有餘力，地有遺利。」

庫莫奚、契丹國各遣使朝獻。

《宋書》卷九《後廢帝紀》 四月甲戌，豫州刺史阮佃夫、步兵校尉申伯宗、朱幼謀廢立，佃夫、幼下獄死，伯宗伏誅。

五月己亥，以左軍將軍沈景德爲交州刺史，驍騎將軍全景文爲南豫州刺史。

丙午，以屯騎校尉孫曇瓘爲越州刺史。

六月甲戌，誅司徒左長史沈勃、散騎常侍杜幼文、游擊將軍孫超之、長水校尉杜叔文，大赦天下。

七月戊子夜，帝殞於仁壽殿，時年十五。

宋順帝部（起公元四七七年，迄公元四七九年）

《讀史津逮》卷三《南宋》 順皇帝名準，字仲謨，小字知觀，明帝第三子。母陳昭華。初封安成王，姿貌端華，眉目如畫，見者以爲神人。元徽五年丁巳七月，廢帝弑，蕭道成迎立之，改本年爲昇明元年，在位三年，終己未夏四月。道成篡位，封爲汝陰王，徙居丹陽，尋弑之。

昇明元年、北魏太和元年（丁巳、四七七）

《資治通鑑》卷一三四 秋七月，己丑旦，道成戎服出殿庭槐樹下，以太后令召袁粲、褚淵、劉秉入會議。

是日，以太后令，數蒼梧王罪惡，曰：「吾密令蕭領軍潛運明略，安成王準，宜臨萬國。」追封昱爲蒼梧王。儀衛至東府門，安成王令門者勿開，以待袁司徒。粲至，王乃入居朝堂。

壬辰，王即皇帝位，時年十一，改元，大赦。葬蒼梧王於郊壇西。

《魏書》卷七上《高祖紀上》 侍中、開府儀同三司、青州刺史、京兆王子推薨。

《宋書》卷一〇《順帝紀》 甲午，鎮軍將軍齊王出鎮東城，輔政作相。

丙申，詔曰：「露臺息構，義光漢德；雉裘焚制，事隆晉道。故以檢奢軌化，敦儉馭俗。頃甸服未靜，師旅連年，委蓄屢空，勞敝莫偃。而丹艭之飾，糜耗難訾，寶賂之費，徵賦靡計。今車服儀制，實宜約損，使徽章有序，勿得侈溢。可罷省御府二署。凡工麗彫鐫，傷風毀治，一皆禁斷。庶永昭憲則，弘兹始政。」征西大將軍、荆州刺史沈攸之進號車騎大將軍、開府儀同三司，尚書左僕射、中領軍、鎮軍將軍、南兖州刺史齊王爲司空、録尚書事、驃騎大將軍，刺史如故，中書令、衛將軍、開府儀同三司、撫軍將軍劉秉爲尚書令，加中軍將軍，安西將軍、郢州刺史晉熙王燮爲撫軍將軍、揚州刺史，南陽王翽爲郢州刺史。

《魏書》卷七上《高祖紀上》 庚子，定三等死刑。

《宋書》卷一〇《順帝紀》 辛丑，尚書右僕射王僧虔爲尚書僕射，右衛將軍劉韞爲中領軍，金紫光禄大夫王琨爲右光禄大夫。給司空齊王錢五百萬，布五千匹。

癸卯，車駕謁太廟。

丙午，以安西參軍明慶符爲青、冀二州刺史，武陵王贊爲郢州刺史，新除郢州刺史南陽王翽爲湘州刺史，司空、南兖州刺史齊王改領南徐州刺史，征虜將軍李安民爲南兖州刺史。

雍州大水，八月壬子，遣使賑卹，蠲除税調。以驃騎長史劉澄之爲南豫州刺史。山陽太守于天寶、新吴縣子秦立有罪，下獄死。

戊午，改平準署。

辛酉，以宣城太守李靈謙爲兖州刺史。

癸亥，司徒袁粲鎮石頭。

《魏書》卷七上《高祖紀上》 丙子，詔曰：「工商皂隸，各有厥分，而有司縱濫，或染清流。自今户内有工役者，推上本部丞，已下準次而授。若階藉元勳，以勞定國者不從此制。」

《宋書》卷一〇《順帝紀》 丁卯，原除元年以前逋調；復郡縣禄田。

戊辰，崇拜帝所生陳昭華爲皇太妃。

庚午，司空長史謝朏、衛軍長史江斆、中書侍郎褚炫、武陵王文學劉俁入直殿省，參侍文義。

齊王固讓司空，庚辰，以爲驃騎大將軍、開府儀同三司。

《魏書》卷七上《高祖紀上》 九月癸未，蠕蠕國遣使朝貢。

乙酉，詔羣臣定律令於太華殿。

《宋書》卷一〇《順帝紀》 己丑，詔曰：「昔聖王既没，涼風已衰，龜書永湮，龍圖長祕。故三代之末，德刑相擾，世淪物競，道陂人諛。然猶正士比轂，奇才接軫。朕襲運金樞，纂靈瑶極，負扆巡政，日晏忘疲，永言興替，望古盈慮。姬、夏典載，猶傳緗帙，漢、魏餘文，布在方册。故元封興茂才之制，地節翃獨行之品。振維務本，存乎得人。今可宣下州郡，搜揚幽仄，摽采鄉邑，隨名薦上。朕將親覽，甄其茂異。庶野無遺彦，永激遐芬。」

《魏書》卷七上《高宗紀上》 辛卯，高麗國遣使朝貢。

庚子，起永樂遊觀殿於北苑，穿神淵池。

車多羅、西天竺、舍衛、疊伏羅諸國各遣使朝貢。

《資治通鑑》卷一三四　戊申，封楊玉夫等二十五人爲侯、伯、子、男。

《宋書》卷一〇《順帝紀》　己酉，廬陵王暠薨。

《魏書》卷七上《高祖紀上》　冬十月癸酉，宴京邑耆老年七十已上於太華殿，賜以衣服。

是月，庫莫奚、契丹國各遣使朝獻。

又詔七十已上一子不從役。

龜兹國遣使朝獻。

劉準葭蘆戍主楊文度遣弟鼠襲陷仇池。

《宋書》卷一〇《順帝紀》　十一月己酉，倭國遣使獻方物。

丙午，員外散騎侍郎胡羨生行越州刺史，以交州刺史沈景德爲廣州刺史。

十二月丁巳，以驍騎將軍王廣之爲徐州刺史。車騎大將軍、荆州刺史沈攸之舉兵反。

丁卯，録公齊王入守朝堂，侍中蕭嶷鎮東府。

戊辰，内外纂嚴。

己巳，以郢州刺史武陵王贊爲安西將軍、荆州刺史，征虜將軍、雍州刺史張敬兒進號鎮軍將軍。右衛將軍黄回爲平西將軍、郢州刺史，督諸軍前鋒南討。征虜將軍吕安國爲湘州刺史，都官尚書王寬加平西將軍。

庚午，新除左衛將軍齊王世子奉新除撫軍將軍、揚州刺史晉熙王燮鎮尋陽之盆城。

壬申，以驍騎將軍周盤龍爲廣州刺史。

是日，司徒袁粲據石頭反，尚書令劉秉、黄門侍郎劉述、冠軍王蘊率衆赴之。黄回及輔國將軍孫曇瓘、屯騎校尉王宜興、輔國將軍任候伯、左軍將軍彭文之密相響應。中領軍劉韞、直閤將軍卜伯興在殿内同謀。録公齊王誅韞等於省内。軍主蘇烈、王天生、薛道淵、戴僧靜等陷石頭，斬粲於城内。秉、述、蘊踰城走，追擒之，並伏誅。其餘無所問。豫州刺史劉懷珍、雍州刺史張敬兒、廣州刺史陳顯達並舉義兵。司州刺史姚道和、梁州刺史范栢年、湘州行事庾佩玉擁衆懷貳。

甲戌，大赦天下。

乙亥，以尚書僕射王僧虔爲尚書左僕射，新除中書令王延之爲尚書右僕射。吴郡太守劉遐據郡反，輔國將軍張瓌討斬之。

閏月辛巳，屯騎校尉王宜興有罪伏誅。

癸巳，沈攸之攻圍郢城，前軍長史柳世隆固守。攸之弟登之作亂於吴興，吴興太守沈文季討斬之。

己亥，内外戒嚴，假録公齊王黄鉞。

辛丑，寧朔將軍、北秦州刺史武都王楊文度進號征西將軍。

乙巳，録公齊王出頓新亭。

昇明二年、北魏太和二年（戊午、四七八）

《資治通鑑》卷一三四　春正月己酉朔，百官戎服入朝。

沈攸之盡鋭攻郢城，柳世隆乘間屢破之。蕭賾遣軍主桓敬等八軍據西塞，爲世隆聲援。

《宋書》卷一〇《順帝紀》　沈攸之遣將公孫方平據西陽，辛酉，建寧太守張謨擊破之。

丁卯，沈攸之自郢城奔散。

《資治通鑑》卷一三四　攸之將至江陵百餘里，聞城已爲敬兒所據，士卒隨之者皆散。攸之無所歸，與其子文和走至華容界，皆縊于櫟林。己巳，村民斬首送江陵。敬兒擎之以楯，覆以青繖，徇諸市郭，乃送建康。敬兒誅攸之親黨，收其財物數十萬，皆以入私。

《宋書》卷一〇《順帝紀》　丙子，解嚴。以新除侍中柳世隆爲尚書右僕射。

是日，録公齊王旋鎮東府。

丁丑，以江州刺史邵陵王友爲安南將軍、南豫州刺史。左衛將軍齊王世子爲江州刺史，侍中蕭嶷爲領軍，鎮軍將軍、雍州刺史張敬兒進號征西將軍，平西將軍、郢州刺史黄回進號鎮西將軍。

二月庚辰，以尚書左僕射王僧虔爲尚書令，尚書右僕射王延之爲尚書左僕射。

癸未，録公齊王加授太尉，衛將軍褚淵爲中書監、司空。

甲申，曲赦荆州。

丙戌，撫軍將軍、揚州刺史晉熙王燮進號中軍將軍、開府儀同三司。

戊子，蠲雍州緣沔居民前被水災者租布三年。

辛卯，郢州刺史、新除鎮南將軍黄回爲鎮北將軍、南兗州刺史，南兗州刺史李安民爲郢州刺史。

癸巳，以山陰令傅琰爲益州刺史。

丙申，左軍將軍彭文之有罪，下獄死。行湘州事任候伯殺前湘州行事庾佩玉，傳首京邑。

三月庚戌，以廣州刺史周盤龍爲司州刺史，輔國將軍劉悛爲廣州刺史。

丙子，給太尉齊王羽葆、鼓吹。

夏四月己卯，以游擊將軍垣崇祖爲兗州刺史。

辛卯，新除鎮北將軍、南兗州刺史黄回有罪賜死。

甲午，輔國將軍、淮南、宣城二郡太守蕭映行南兗州刺史。

五月戊午，倭國王武遣使獻方物，以武爲安東大將軍。輔國將軍、行湘州事任候伯有罪伏誅。

《魏書》卷七上《高祖紀上》 詔曰：「婚娉過禮，則嫁娶有失時之弊；厚葬送終，則生者有糜費之苦。聖王知其如此，故申之以禮數，約之以法禁。迺者，民漸奢尚，婚葬越軌，致貧富相高，貴賤無別。又皇族貴戚及士民之家，不惟氏族，下與非類婚偶。先帝親發明詔，爲之科禁，而百姓習常，仍不肅改。朕今憲章舊典，祇案先制，著之律令，永爲定準。犯者以違制論。」

《宋書》卷一〇《順帝紀》 六月己丑，以前新會太守趙超民爲交州刺史。

丁酉，以輔國將軍楊文弘爲北秦州刺史、武都王。

《魏書》卷七上《高祖紀上》 秋七月戊辰，龜兹國遣使獻名駝七十頭。

劉準遣將寇仇池，陰平太守楊廣香擊走之。

《宋書》卷一〇《順帝紀》 八月辛卯，太尉齊王表斷奇飾麗服，凡十有四條。

乙未，以江州刺史齊王世子爲領軍將軍、撫軍將軍。

丙申，以領軍蕭嶷爲江州刺史。

九月乙巳朔，日有蝕之。

丙午，加太尉齊王黄鉞，都督中外諸軍事、太傅，領揚州牧，劍履上殿，入朝不趨，贊拜不名。置左右長史、司馬、從事中郎、掾、屬各四人。中軍將軍、揚州刺史晉熙王燮爲司徒。

戊申，行南兗州刺史蕭映爲南兗州刺史。

甲寅，給太傅齊王三望車。

己未，芮芮國遣使獻方物。

癸酉，武陵内史張澹有罪，下獄死。

冬十月丁丑，寧朔將軍、淮南、宣城二郡太守蕭晃爲豫州刺史。

孫曇瓘先逃亡，己卯，擒獲，伏誅。

壬寅，立皇后謝氏。減死罪一等，五歲刑以下悉原。

《魏書》卷七上《高祖紀上》 十有一月庚戌，詔曰：「懸爵於朝，而有功者必縻其賞；懸刑於市，而有罪者必罹其辜。斯乃古今之成典，治道之實要。諸州刺史，牧民之官，自頃以來，遂各怠慢，縱姦納賂，背公緣私，致令賊盜並興，侵劫兹甚，姦宄之聲，屢聞朕聽。朕承太平之運，屬千載之期，思光洪緒，惟新庶績；亦望蕃翰羣司敷德宣惠，以助沖人，共成斯美。幸克己復禮，思愆改過，使寡昧無愧於祖宗，百姓見德於當世。有司明爲條禁，稱朕意焉。」

《宋書》卷一〇《順帝紀》 壬子，立故武昌太守劉琨息頒爲南豐縣王。

癸亥，臨澧侯劉晃謀反，晃及黨與皆伏誅。

甲子，改封南陽王翽爲隨郡王，改隨陽郡。

十二月丙戌，皇后見于太廟。

戊子，高麗國遣使獻方物。

《資治通鑑》卷一三四 是歲，魏懷州刺史高允以老疾告歸鄉里，尋復以安車徵至平城，拜鎮軍大將軍、中書監，固辭，不許。乘車入殿，朝賀不拜。

昇明三年、北魏太和三年（己未、四七九）

《宋書》卷一〇《順帝紀》　春正月甲辰，以江州刺史蕭嶷爲鎮西將軍、荆州刺史，尚書左僕射王延之爲安南將軍、江州刺史，安西長史蕭順之爲郢州刺史。

乙卯，太傅齊王表諸負官物質役者，悉原除。

辛亥，以驍騎將軍王玄邈爲梁、南秦二州刺史。領軍將軍、撫軍將軍齊王世子加尚書僕射，進號中軍大將軍、開府儀同三司。

丙辰，加太傅齊王前部羽葆、鼓吹。

《資治通鑑》卷一三五　丙辰，以給事黄門侍郎蕭長懋爲雍州刺史。

《宋書》卷一〇《順帝紀》　丁巳，詔太傅府依舊辟召。以征西將軍、雍州刺史張敬兒爲護軍將軍，新除給事黄門侍郎蕭長懋爲雍州刺史。

二月丙子，安南將軍、南豫州刺史邵陵王友薨。

《資治通鑑》卷一三五　甲午，詔申前命，命太傅贊拜不名。

《宋書》卷一〇《順帝紀》　三月癸卯朔，日有蝕之。

甲辰，崇太傅爲相國，總百揆，封十郡，爲齊公，備九錫之禮，加璽紱遠游冠，位在諸王上，加相國緑綟綬，其驃騎大將軍、揚州牧、南徐州刺史如故。

《資治通鑑》卷一三五　己巳，詔齊國官爵禮儀，並倣天朝。

《宋書》卷一〇《順帝紀》　丙午，以中軍大將軍蕭賾爲南豫州刺史、齊公世子，副貳相國，緑綟綬。

庚戌，臨川王綽謀反，綽及黨與皆伏誅。

《資治通鑑》卷一三五　甲寅，齊公受策命，赦其境内，以石頭爲世子宫，一如東宫。褚淵引何曾自魏司徒爲晉丞相故事，求爲齊官，齊公不許。以王儉爲齊尚書右僕射，領吏部；儉時年二十八。

《宋書》卷一〇《順帝紀》　丁巳，以齊國初建，給錢五百萬，布五千匹，絹千匹。

夏四月壬申，進齊公爵爲齊王，增封十郡。

《資治通鑑》卷一三五　甲戌，武陵王贊卒，非疾也。

《宋書》卷一〇《順帝紀》　丙戌，命齊王冕十有二旒，建天子旌旗，出警入蹕，乘金根車，駕六馬，備五時副車，置旄頭雲罕，樂儛八佾，設鐘虡宫縣。進世子爲太子，王子、王女、王孫爵命之號，壹如舊儀。

《魏書》卷七上《高祖紀上》　癸未，樂良王樂平薨。

辛卯，蠕蠕國遣使朝獻。

《宋書》卷一〇《順帝紀》　天禄永終，禪位于齊。

壬辰，帝遜位于東邸，既而遷居丹陽宫。齊王踐阼，封帝爲汝陰王，待以不臣之禮。行宋正朔，上書不爲表，答表不爲詔。

齊高帝部（起公元四七九年，迄公元四八二年）

《讀史津逮》卷三《南齊》　太祖高皇帝，姓蕭名道成，字伯紹，小字鬪將，漢蕭何二十四世孫。其先南蘭陵郡人，淮陰令整，移居武進縣，父承之，爲宋右軍將軍。道成生而姿表英異，龍顙鐘聲，鱗文遍體，肩有赤誌，如日月狀。仕宋數征討有功，後爲相國，封齊公，進爵爲王。昇明三年己未四月，篡宋稱皇帝，改本年爲建元元年，承宋德以火德王，國號齊，都建康。追尊父爲宣皇帝，母陳氏爲孝皇后，封兄道度爲衡陽元王，道生爲始安貞王。在位四年，壽五十四，葬泰安陵。

建元元年、北魏太和三年（己未、四七九）

《南齊書》卷二《高帝紀下》　夏四月甲午，上即皇帝位於南郊，設壇柴燎告天曰：「皇帝臣道成敢用玄牡，昭告皇皇后帝。宋帝陟鑒乾序，欽若明命，以命于道成。夫肇自生民，樹以司牧，所以闡極則天，開元創物，肆兹大道。天下惟公，命不于常。昔在虞、夏，受終上代，粤自漢、魏，揖讓中葉，咸炳諸典謨，載在方册。水德既微，仍世多故，寔賴道成匡拯之功，以弘濟于厥艱。大造顛墜，再構區宇，宣禮明刑，締仁緝義。晷緯凝象，川岳表靈，誕惟天人，罔弗和會。乃仰協歸運，景屬與能，用集大命于兹。辭德匪嗣，至于累仍，而羣公卿士，庶尹御事，爰及黎獻，至于百戎，僉曰『皇天眷命，不可以固違，人神無託，不可以曠主』。畏天之威，敢不祗從鴻曆。敬簡元辰，虔奉皇符，升壇受禪，告類上帝，以永答民衷，式敷萬國。惟明靈是饗！」

禮畢，大駕還宮，臨太極前殿。詔曰：「五德更紹，帝迹所以代昌；三正迭隆，王度所以改耀。世有質文，時或因革，其資元膺曆，經道振民，固以異術同揆，殊流共貫者矣。朕以寡昧，屬值艱季，推肆勤之誠，藉樂治之數，賢能悉心，士民致力，用獲拯溺龕暴，一匡天下。業未參古，功殆侔昔。宋氏以陵夷有徵，曆數攸及，思弘樂推，永鑒崇替，爰集天禄于朕躬。惟志菲薄，辭弗獲昭，遂欽從天人，式繇景命，祗月正于文祖，升禋鬯于上帝。猥以寡德，光宅四海，纂革代之蹤，託王公之上，若涉淵水，罔知所濟。寶祚初啓，洪慶惟新，思俾利澤，宣被億兆，可大赦天下。改昇明三年爲建元元年。賜民爵二級，文武進位二等，鰥寡孤獨不能自存者穀人五斛，逋租宿債勿復收。有犯鄉論清議，贓汙淫盜，一皆蕩滌，洗除先注，與之更始。長徒敕繫之囚，特皆原遣。亡官失爵，禁錮奪勞，一依舊典。」

封宋帝爲汝陰王，築宫丹陽縣故治，行宋正朔，車旗服色，一如故事，上書不爲表，荅表不稱詔。〔降〕宋晉熙王燮爲陰安公，江夏王躋爲沙陽公，隨王翽爲舞陰公，新興王嵩爲定襄公，建安王禧爲荔浦公，郡公主爲縣君，縣公主爲鄉君。詔曰：「繼世象賢，列代盛典，疇庸嗣美，前載令圖。宋氏通侯，乃宜隨運省替。但欽德懷義，尚表墳閭，況功濟區夏，道光民俗者哉。降差之典，宜遵往制。南康縣公華容縣公可爲侯，萍鄉縣侯可爲伯，減户有差，以繼劉穆之、王弘、何無忌後。」

以司空褚淵爲司徒，吴郡太守柳世隆爲南豫州刺史。詔曰：「宸運肇創，實命惟新，宜弘慶宥，廣敷蠲汰。劫賊餘口没在臺府者，悉原放。諸負釁流徙，普聽還本。」以齊國左衛將軍陳顯達爲中護軍，中領軍王敬則爲南兗州刺史，左衛將軍李安民爲中領軍。

戊戌，以荆州刺史嶷爲尚書令、驃騎大將軍、開府儀同三司、揚州刺史，冠軍將軍映爲荆州刺史，西中郎將晃爲南徐州刺史，冠軍將軍垣崇祖爲豫州刺史，驃騎司馬崔文仲爲徐州刺史。

斷四方上慶禮。

己亥，詔曰：「自廬井毁制，農桑易業，鹽鐵妨民，貨鬻傷治，歷代成俗，流蠹歲滋。援拯遺弊，革末反本，使公不專利，氓無失業。二宫諸王，悉不得營立屯邸，封略山湖。太官池籞，宫停税入，優量省置。」

庚子，詔「宋帝后蕃王諸陵，宜有守衛」。有司奏帝陵各置長一人，兵有差，王陵五人，妃嬪三人。

五月丙午，進河南王吐谷渾拾寅號驃騎大將軍。詔曰：「宸運革命，引爵改封，宋氏第秩，雖宜省替，其有預効屯夷，宣力齊業者，一仍本封，無所減降。」有司奏留襄陽郡公張敬兒等六十二人，除廣興郡公沈曇亮等百二十二人。改元嘉曆爲建元曆，木德盛卯終未，以正月卯祖，十二月未臘。

丁未，詔曰：「詔募取將，懸賞購士，蓋出權宜，非曰恒制。頃世艱險，浸以成俗，且長逋逸，開罪山湖。是爲黥刑不辱，亡竄無咎。自今以後，可斷衆募。」

壬子，詔封佐命文武功臣新除司徒褚淵等三十一人，進爵增户各有差。

乙卯，河南王吐谷渾拾寅奉表貢獻。

丙辰，詔遣大使分行四方，遣兼散騎常侍十二人巡行。以交寧道遠，不遣使。

己未，汝陰王薨，追謚爲宋順帝，終禮依魏元、晉恭帝故事。

《資治通鑑》卷一三五　辛酉，殺宋宗室陰安公燮等，無少長皆死。

《南齊書》卷二《高帝紀下》　丙寅，追尊皇考曰宣皇帝，皇妣爲孝皇后，妃爲昭皇后。

《資治通鑑》卷一三五　丁卯，封皇子鈞爲衡陽王。

《南齊書》卷二《高帝紀下》　六月辛未，詔「相國、驃騎、中軍三府職，可依資勞度二官，若職限已盈，所餘可賜滿」。

壬申，以游擊將軍周山圖爲兗州刺史。

乙亥，詔曰：「宋末頻年戎寇，兼災疾凋損，或枯骸不收，毁櫬莫掩，宜速宣下埋藏營卹。若標題猶存，姓字可識，可即運載，致還本鄉。」有司奏遣外監典事四人，周行離門外三十五里爲限，其餘班下州郡。無棺器標題者，屬所以臺錢供市。

《資治通鑑》卷一三五　丙子，誅游擊將軍姚道和，以其貳於沈攸之也。

《南齊書》卷二《高帝紀下》　庚辰，七廟主備法駕即于太廟。詔「諸將及客，戮力艱難，盡勤直衛，其從還宫者，普賜位一階」。

辛巳，罷荆州刺史。

甲申，立皇太子賾。斷諸州郡禮慶。見刑入重者，降一等，并申前赦恩百日。立皇子嶷爲豫章王，映爲臨川王，晃爲長沙王，曅爲武陵王，暠爲安成王，鏘爲鄱陽王，鑠爲桂陽王，鑑爲廣陵王，皇孫長懋爲南郡王。

乙酉，葬宋順帝于遂寧陵。

秋七月丁未，詔曰：「交阯比景，獨隔書朔，斯乃前運方季，負海不朝，因迷遂往，歸款莫由。曲赦交州部内李叔獻一人即撫南土，文武詳才選用。并遣大使宣揚朝恩。」以試守武平太守行交州府事李叔獻爲交州刺史。

丙辰，以虜僞茄蘆鎮主陰平公楊廣香爲沙州刺史。

丁巳，詔「南蘭陵桑梓本鄉，長蠲租布；武進王業所基，復十年」。

九月辛丑，詔「二吴、義興三郡遭水，減今年田租」。

乙巳，以新除尚書令、驃騎將軍豫章王嶷爲荆、湘二州刺史，平西將軍臨川王映爲揚州刺史。

丙午，司空褚淵領尚書令。

戊申，車駕幸宣武堂宴會，詔諸王公以下賦詩。

《魏書》卷七上《高祖紀上》　壬子，以侍中、司徒、東陽王丕爲太尉；侍中、尚書右僕射、趙郡公陳建爲司徒，進爵魏郡王；侍中、尚書、河南公苟頹爲司空，進爵河東王；侍中、尚書、太原公王叡進爵中山王；侍中、尚書、隴東公張祐進爵新平王。

己未，定州刺史、安樂王長樂有罪，徵詣京師，賜死。

庚申，隴西王源賀薨。

高麗、吐谷渾、地豆于、契丹、庫莫奚、龜茲諸國各遣使朝獻。

《南齊書》卷二《高帝紀下》　冬十月丙子，立彭城劉胤爲汝陰王，奉宋帝後。

己卯，車駕殷祠太廟。

辛巳，詔曰：「朕嬰綴世務，三十餘歲，險阻艱難，備嘗之矣。末路屯夷，戎車歲駕，誠藉時來之運，實資士民之力。宋元徽二年以來，諸從軍得官者，未悉蒙禄，可催速下訪，隨正即給。才堪餘任者，訪洗量序。若四州士庶，本鄉淪陷，簿籍不存，尋校無所，可聽州郡保押，從實除奏。荒遠闕中正者，特許據軍簿奏除。或戍扞邊役，末由旋反，聽於同軍各立五保，所隸有司，時爲言列。」汝陰太妃王氏薨，追贈爲宋恭皇后。

十一月庚子，以太子左衛率蕭景先爲司州刺史。

《魏書》卷七上《高祖紀上》　癸卯，賜京師貧窮、高年、疾患不能自存者衣服布帛各有差。

《南齊書》卷二《高帝紀下》　辛亥，立皇太子妃裴氏。

《魏書》卷七上《高祖紀上》　癸丑，進假梁郡公元嘉爵爲假王，督二將出淮陰；隴西公元琛三將出廣陵；河東公薛虎子三將出壽春。

蠕蠕率騎十餘萬南寇，至塞而還。

《南齊書》卷二《高帝紀下》　甲申，封功臣驃騎長史江謐等十人爵户各有差。

《資治通鑑》卷一三五　是歲，魏詔中書監高允議定律令。允雖篤老，而志識不衰。詔以允家貧養薄，令樂部絲竹十人五日一詣允以娱其志，朝晡給膳，朔望致牛酒，月給衣服綿絹；入見則備几杖，問以政治。

建元二年、北魏太和四年（庚申、四八〇）

《南齊書》卷二《高帝紀下》　春正月戊戌朔，大赦天下。以司空尚書令褚淵爲司徒，中軍將軍張敬兒爲車騎將軍，中領軍李安民爲領軍將軍，中護軍陳顯達爲護軍將軍。

辛丑，車駕親祠南郊。

癸卯，詔索虜寇淮、泗，遣衆軍北伐，内外纂嚴。

《魏書》卷七上《高祖紀上》　癸卯，乾象六合殿成。

洮陽羌叛，枹罕鎮將討平之。

隴西公元琛等攻克蕭道成馬頭戍。

乙卯，廣川王略薨。

雍州氐齊男王反，殺美陽令，州郡捕斬之。

丁巳，罷畜鷹鷂之所，以其地爲報德佛寺。

戊午，襄城王韓頹有罪，削爵徙邊。

蕭道成徐州刺史崔文仲寇淮北，陷茬眉戍。

《南齊書》卷二《高帝紀下》　二月丁卯，虜寇壽陽，豫州刺史垣崇祖破走之。置巴州。

壬申，以三巴校尉朋慧昭爲巴州刺史。

戊子，以寧蠻校尉蕭赤斧爲雍州刺史，南蠻長史崔惠景爲梁、南秦二州刺史。

辛卯，詔西境獻捷，解嚴。

癸巳，遣大使巡慰淮、肥、徐、豫邊民尤貧遘難者，刺史二千石量加賑卹。

《魏書》卷七上《高祖紀上》　癸巳，詔曰：「朕承乾緒，君臨海内，夙興昧旦，如履薄冰。今東作方興，庶類萌動，品物資生，膏雨不降，歲一不登，百姓飢乏，朕甚懼焉。其敕天下，祀山川羣神及能興雲雨者，修飾祠堂，薦以牲璧。民有疾苦，所在存問。」

《南齊書》卷二《高帝紀下》　甲午，詔「江西北民避難流徙者，制遣還本，蠲今年租税。單貧及孤老不能自存者，即聽番籍，郡縣押領」。

三月丁酉，以侍中西昌侯鸞爲郢州刺史。

戊戌，以護軍將軍陳顯達爲南兖州刺史，吴郡太守張岱爲中護軍。

己亥，車駕幸樂遊苑宴會，王公以下賦詩。

辛丑，以征虜將軍崔祖思爲青、冀二州刺史。

夏四月丙寅，進高麗王樂浪公高璉號驃騎大將軍。

《魏書》卷七上《高祖紀上》　己卯，幸廷尉、籍坊二獄，引見諸囚。詔曰：「廷尉者，天下之平，民命之所懸也。朕得惟刑之卹者，仗獄官之稱其任也。一夫不耕，將或受其餒；一婦不織，將或受其寒。今農時要月，百姓肆力之秋，而愚民陷罪者甚衆。宜隨輕重決遣，以赴耕耘之業。」

辛巳，幸白登山。

甲申，賜天下貧人一户之内無雜財穀帛者廩一年。

《南齊書》卷二《高帝紀下》　五月，立六門都牆。

六月癸未，詔「昔歲水旱，曲赦丹陽、二吴、義興四郡遭水尤劇之縣，元年以前，三調未充，虚列已畢，官長局吏應共償備外，詳所除宥。」

秋七月甲寅，以輔國將軍盧紹之爲青、冀二州刺史。

戊午，皇太子妃裴氏薨。

《魏書》卷七上《高祖紀下》　八月丁酉，詔徐州刺史、假梁郡王嘉赴接之。又遣平南將軍郎大檀三將出朐城，將軍白吐頭二將出海西，將軍元泰二將出連口，將軍封延三將出角城，鎮南將軍賀羅出下蔡。

甲辰，幸方山。

戊申，幸武州山石窟寺。

庚戌，還宫。

乙卯，詔諸州置冰室。

蕭道成梁州刺史崔慧景遣長史裴叔保率衆寇武興，關城氐帥楊鼠擊破之，叔保還南鄭。

丙午，柔然遣使來聘。

《資治通鑑》卷一三五　九月，甲午朔，日有食之。

《南齊書》卷二《高帝紀下》　閏月辛巳，遣領軍將軍李安民行淮、泗。

庚寅，索虜攻朐山，青、冀二州刺史盧紹之等破走之。

《資治通鑑》卷一三五　冬，十月，王儉固請解選職，許之；加儉侍中，以太子詹事何戢領選。

甲辰，以沙州刺史楊廣香爲西秦州刺史，又以其子炅爲武都太守。

《魏書》卷七上《高祖紀上》　丁未，詔昌黎王馮熙爲西道都督，與征南將軍桓誕出義陽；鎮南將軍賀羅，自下蔡東出鍾離。

蘭陵民桓富殺其縣令，與昌慮桓和北連太山羣盜張和顔等，聚黨保五固，推司馬朗之爲主。詔淮陽王尉元等討之。

《資治通鑑》卷一三五　十一月戊寅，丹陽尹王僧虔上言：「郡縣獄相承有上湯殺囚，名爲救疾，實行冤暴。豈有死生大命，而潛制下邑！愚謂囚病必先刺郡，遠縣家人省視，然後處治。」求職司與醫對共診驗，上從之。

戊子，以楊難當之孫後起爲北秦州刺史、武都王，鎮武興。

《南齊書》卷二《高帝紀下》　十二月戊戌，以司空褚淵爲司徒。

乙巳，車駕幸中堂聽訟。

《資治通鑑》卷一三五　壬子，以豫章王嶷爲中書監、司空、揚州刺史，以臨川王映爲都督荆、雍等九州諸軍事、荆州刺史。

是歲，魏尚書令王叡進爵中山王，加鎮東大將軍；置王官二十二人，以中書侍郎鄭羲爲傅，郎中令以下皆當時名士。又拜叡妻丁氏爲妃。

建元三年、北魏太和五年（辛酉、四八一）

《南齊書》卷二《高帝紀下》　春正月壬戌朔，詔王公卿士薦讜言。

丙子，以平北將軍陳顯達爲益州刺史，貞陽公柳世隆爲南兗州刺史，皇子鋒爲江夏王。領軍將軍李安民等破虜於淮陽。

《魏書》卷七上《高祖紀上》　二月辛卯朔，大赦天下。賜孝悌力田、孤貧不能自存者穀帛有差；免宮人年老者還其所親。

丁酉，車駕幸信都，存問如中山。

癸卯，還中山。

《資治通鑑》卷一三五　垣崇祖之敗魏師也，恐魏復寇淮北，乃徙下蔡戍於淮東。既而魏師果至，欲攻下蔡；聞其内徙，欲夷其故城。

己酉，崇祖引兵渡淮擊魏，大破之，殺獲千計。

癸丑，罷南蠻校尉官。

《魏書》卷七上《高祖紀上》　三月，辛酉朔，魏主如肆州；己巳，還平城。

癸亥，講武于雲水之陽。所經，考察守宰，加以黜陟。

己巳，車駕還宫。詔曰：「法秀妖詐亂常，妄説符瑞，蘭臺御史張求等一百餘人，招結奴隸，謀爲大逆，有司科以族誅，誠合刑憲。且矜愚重命，猶所弗忍。其五族者，降止同祖；三族，止一門；門誅，止身。」

《南齊書》卷二《高帝紀下》　夏四月，以寧朔將軍沈景德爲廣州刺史。

《資治通鑑》卷一三五　己亥，魏主如方山。馮太后樂其山川，曰：「他日必葬我於是，不必祔山陵也。」乃爲太后作壽陵，又建永固石室於山上，欲以爲廟。

《魏書》卷七上《高祖紀上》　壬子，以南俘萬餘口班賜羣臣。

甲寅，詔曰：「時雨不霑，春苗萎悴。諸有骸骨之處，皆敕埋藏，勿令露見。有神祇之所，悉可禱祈。」

任城王雲薨。

五月庚申朔，詔曰：「廼者邊兵屢動，勞役未息，百姓因之，輕陷刑網，獄訟煩興，四民失業，朕每念之，用傷懷抱。農時要月，民須肆力，其敕天下，勿使有留獄久囚。」

《資治通鑑》卷一三五　壬戌，鄧至王像舒遣使入貢于魏。鄧至者，羌之别種，國於宕昌之南。

《魏書》卷七上《高祖紀上》　庚午，青州主簿崔次恩聚衆謀叛，州軍擊之，次恩走郁洲。

《南齊書》卷二《高帝紀下》　六月壬子，大赦。逋租宿債，除減有差。

秋七月，以冠軍將軍垣榮祖爲徐州刺史。

《資治通鑑》卷一三五　己未朔，日有食之。

上使後軍參軍車僧朗使於魏。

甲子，僧朗至平城。

《魏書》卷七上《高祖紀上》　九月庚子，閱武於南郊，大饗羣臣。蕭道成使車僧朗以班在劉準使殷靈誕之後，辭不就席。劉準降人解奉君，刃僧朗於會中。詔誅奉君等。

乙亥，封昌黎王馮熙世子誕爲南平王。

兖州斬司馬朗之，傳首京師。

《南齊書》卷二《高帝紀下》　冬十月戊子，以河南王世子吐谷渾度易侯爲西秦、河二州刺史、河南王。

《魏書》卷七上《高祖紀上》　十有二月癸巳，詔以州鎮十二民飢，開倉賑卹。

《資治通鑑》卷一三五　魏中書令高閭等更定新律成，凡八百三十二章；門房之誅十有六，大辟二百三十五，雜刑三百七十七。

建元四年、北魏太和六年（壬戌、四八二）

《南齊書》卷二《高帝紀下》　春正月壬戌，詔曰：「夫膠庠之典，彝倫攸先，所以招振才端，啓發性緒，弘字黎氓，納之軌義，是故五禮之迹可傳，六樂之容不泯。朕自膺曆受圖，志闡經訓，且有司羣僚，奏議咸集，蓋以戎車時警，文教未宣，思樂泮宮，永言多慨。今關燧無虞，時和歲稔，遠邇同風，華夷慕義。便可式遵前準，修建敩學，精選儒官，廣延國胄。」以江州刺史王延之爲右光禄大夫。

癸亥，詔曰：「比歲申威西北，義勇爭先，殞氣寇場，命盡王事。戰亡蠲復，雖有恒典，主者遵用，每傷簡薄。建元以來戰亡，賞蠲租布二十年，雜役十年。其不得收屍，主軍保押，亦同此例。」以後將軍長沙王晃爲護軍將軍，中軍將軍南郡王長懋爲南徐州刺史，冠軍將軍安成王暠爲江州刺史。

《魏書》卷七上《高祖紀上》　二月辛卯，詔曰：「靈丘郡土既褊塉，又諸州路衝，官私所經，供費非一，往年巡行，見其勞瘁，可復民租調十五年。」

癸巳，白蘭王吐谷渾翼世以誣罔伏誅。

乙未，詔曰：「蕭道成逆亂江淮，戎旗頻舉，七州之民既有征運之勞，深乖輕徭之義，朕甚愍之。其復常調三年。」

《南齊書》卷二《高帝紀下》　乙未，以冠軍將軍桓康爲青、冀二州刺史。

上不豫，庚戌，詔原京師囚繫有差，元年以前逋責皆原除。

三月庚申，召司徒褚淵、左僕射王儉詔曰：「吾本布衣素族，念不到此，因藉時來，遂隆大業。風道沾被，升平可期。遘疾彌留，至于大漸。公等奉太子如事吾，柔遠能邇，緝和内外，當令太子敦穆親戚，委任賢才，崇尚節儉，弘宣簡惠，則天下之理盡矣。死生有命，夫復何言！」

壬戌，上崩于臨光殿，年五十六。

齊武帝部（起公元四八二年，迄公元四九三年）

《讀史津逮》卷三《南齊》　世祖武皇帝，名賾，字宣遠，小字龍兒，高帝長子。母劉皇后。建元四年三月即位，明年癸亥，改元永明。在位十一年，壽五十四，葬景安陵。武穆裴皇后。

建元四年、北魏太和六年（壬戌、四八二）

《南齊書》卷三《武帝紀》　三月壬戌，太祖崩，上即位，大赦。征鎮州郡令長軍屯營部，各行喪三日，不得擅離任，都邑城守防備幢隊，一不得還。乙丑，稱先帝遺詔，以司徒褚淵録尚書事，尚書左僕射王儉爲尚書令，車騎將軍張敬兒爲開府儀同三司。詔曰：「喪禮雖有定制，先旨每存簡約，内官可三日一還臨，外官間一日還臨。後有大喪皆如之。」

《資治通鑑》卷一三五　以前將軍王奐爲尚書左僕射。丁卯，以右衛將軍呂安國爲司州刺史。

《南齊書》卷三《武帝紀》　庚午，以司空豫章王嶷爲太尉。

癸酉，詔曰：「城直之制，歷代宜同，頃歲逋弛，遂以萬計。雖在憲宜懲，而原心可亮。積年逋城，可悉原蕩。自兹以後，申明舊科，有違糾裁。」

庚辰，詔曰：「比歲未稔，貧窮不少，京師二岸，多有其弊。遣中書舍人優量賑卹。」

《魏書》卷七上《高祖紀上》　行幸虎圈，詔曰：「虎狼猛暴，食肉殘生，取捕之日，每多傷害，既無所益，損費良多，從今勿復捕貢。」

辛巳，幸武州山石窟寺，賜貧老者衣服。

壬午，幸方山。

《資治通鑑》卷一三五　夏四月庚寅，上大行謚曰高皇帝，廟號太祖。

丙午，葬泰安陵。

《南齊書》卷三《武帝紀》　以輔國將軍張倪爲兖州刺史。

辛卯，追尊穆妃爲皇后。

五月乙丑，以丹陽尹聞喜公子良爲南徐州刺史。

甲戌，以新除左衛將軍垣崇祖爲豫州刺史。

癸未，詔曰：「頃水雨頻降，潮流荐滿，二岸居民，多所淹漬。遣中書舍人與兩縣官長優量賑卹。」

六月甲申，立皇太子長懋。詔申壬戌赦恩百日。

乙酉，以鄱陽王鏘爲雍州刺史，臨汝公子卿爲郢州刺史。

甲午，以寧朔將軍臧靈智爲越州刺史。

丙申，立皇太子妃王氏。進封聞喜公子良爲竟陵王，臨汝公子卿爲廬陵王，應城公子敬爲安陸王，江陵公子懋爲晉安王，枝江公子隆爲隨郡王，皇子子真爲建安王，皇孫昭業爲南郡王。

戊戌，詔曰：「水潦爲患，星緯乖序。京都囚繫，可剋日訊決；諸遠獄委刺史以時察判。建康、秣陵二縣貧民加賑賜，必令周悉。吴興、義興遭水縣，蠲除租調。」

癸卯，以司徒褚淵爲司空、驃騎將軍。

秋七月庚申，以衛尉蕭順之爲豫州刺史。

壬戌，以冠軍將軍垣榮祖爲青、冀二州刺史。

《魏書》卷七上《高祖紀上》　八月癸未朔，分遣大使，巡行天下遭水之處，丐民租賦，貧儉不自存者，賜以粟帛。

庚子，罷山澤之禁。

《南齊書》卷三《武帝紀》　癸卯，司徒褚淵薨。

九月丁巳，以國哀故，罷國子學。

己巳，以前軍將軍姜伯起爲秦州刺史。

辛未，以征南將軍王僧虔爲左光禄大夫、開府儀同三司，尚書右僕射王奐爲湘州刺史。

《資治通鑑》卷一三五　十一月，魏高祖將親祠七廟，命有司具儀法，依古制備牲牢、器服及樂章。自是四時常祀皆舉之。

《魏書》卷七上《高祖紀上》　十有二月丁亥，詔曰：「朕以寡薄，政缺平和，不能仰緝緯象，蠲兹六沴。去秋淫雨，洪水爲災，百姓嗷然，朕用嗟愍，故遣使者循方賑卹。而牧守不思利民之道，期於取辦。愛毛反裘，甚無謂也。今課督未入及將來租算，一以丏之。有司勉加勸課，以要來穰，稱朕意焉。」

《南齊書》卷三《武帝紀》　己丑，詔曰：「緣淮戍將，久處邊勞，三元行始，宜沾恩慶。可遣中書舍人宣旨臨會。後每歲皆如之。」

庚子，以太子左衛率戴僧靜爲徐州刺史。

永明元年、北魏太和七年（癸亥、四八三）

《南齊書》卷三《武帝紀》　春正月辛亥，車駕祠南郊，大赦，改元。

壬子，詔内外羣僚各舉朕違，肆心規諫。又詔王公卿士，各舉所知，隨方登敍。詔曰：「經邦之寄，寔資莅民，守宰禄俸，蓋有恒准。往以邊虞告警，故沿時損益，今區寓寧晏，庶績咸熙，念勤簡能，宜加優獎。郡縣丞尉，可還田秩。」

太尉豫章王嶷領太子太傅，護軍將軍長沙王晃爲南徐州刺史，鎮北將軍竟陵王子良爲南兖州刺史。

庚申，以侍中蕭景先爲中領軍。

《魏書》卷七上《高祖紀上》　詔曰：「朕每思知百姓之所疾苦，以增修寛政，而明不燭遠，實有缺焉。故具問守宰苛虐之狀於州郡使者、秀孝、計掾，而對多不實，甚乖朕虛求之意。宜案以大辟，明罔上必誅。然情猶未忍，可恕罪聽歸。申下天下，使知後犯無恕。」

《南齊書》卷三《武帝紀》　壬戌，立皇弟鋭爲南平王，鏗爲宜都王，皇子子明爲武昌王，子罕爲南海王。

甲子，爲築青溪舊宫，詔槊仗瞻履。

二月辛巳，以征虜將軍楊炅爲沙州刺史。

辛丑，以隴西公宕昌王梁彌機爲河、涼二州刺史，東羌王像舒彭爲西涼州刺史。

三月癸丑，詔曰：「宋德將季，風軌陵遲，列宰庶邦，彌失其序，遷謝遄速，公私凋弊。泰運初基，草昧惟始，思述先範，永隆治根，莅民之職，一以小滿爲限。其有聲績剋舉，厚加甄異；理務無庸，隨時代黜。」

丙辰，詔曰：「朕自丁荼毒，奄便周忌，瞻言負荷，若墜淵壑。而遠圖尚蔽，政刑未理，星緯失序，陰陽愆度。思播先澤，兼酬天眚，可申辛亥赦恩五十日，以期訖爲始。京師囚繫，悉皆原宥。三署軍徒，優量降遣。都邑鰥寡尤貧，詳加賑卹。」

戊寅，詔「四方見囚，罪無輕重，及劫賊餘口長徒勅繫，悉原赦。逋負督贓，建元四年三月以前，皆特除」。

夏四月壬午，詔曰：「魏矜袁紹，恩洽丘墓；晉亮兩王，榮覃餘裔。二代弘義，前載美談。袁粲、劉秉與先朝同奬宋室，沈攸之於景和之世，特有迺心，雖末節不終，而始誠可録。歲月彌往，宜特優降。粲、秉前年改葬塋兆，未修材槨，可爲經理，令粗足周禮。攸之及其諸子喪柩在西者，可符荆州送反舊墓，在所爲營葬事。」

五月丁酉，車騎將軍張敬兒伏誅。

六月丙寅，詔「凡坐事應覆治者，在建元四年三月已前，皆原宥」。

《魏書》卷七上《高祖紀上》　秋七月丁丑，帝、太皇太后幸神淵池。

甲申，幸方山。

詔假員外散騎常侍李彪、員外郎蘭英使於蕭賾。

濟南王羅拔改封趙郡王。

《南齊書》卷三《武帝紀》　戊戌，新除左光禄大夫王僧虔加特進。

《綱鑑正史約》卷十九《南北朝》　癸亥，齊以王僧虔爲特進光禄大夫。

《資治通鑑》卷一三五　八月庚申，驍騎將軍王洪範自柔然還，經塗三萬餘里。

《南齊書》卷三《武帝紀》　九月己卯，以荆州刺史臨川王映爲驃騎將軍，冠軍將軍廬陵王子卿爲荆州刺史，吴郡太守安陸侯緬爲郢州刺史。

《魏書》卷七上《高祖紀上》　冬十月戊午，皇信堂成。

十有一月辛丑，蕭賾遣使朝貢。

《資治通鑑》卷一三五　十二月乙巳朔，日有食之。

王劍進號衛將軍，參掌選事。

《魏書》卷七上《高祖紀上》　癸丑，詔曰：「淳風行於上古，禮化用乎近葉。是以夏殷不嫌一族之婚，周世始絶同姓之娶。斯皆教隨時設，治因事改者也。皇運初基，中原未混，撥亂經綸，日不暇給，古風遺樸，未遑釐改，後遂因循，迄兹莫變。朕屬百年之期，當後仁之政，思易質舊，式昭惟新。自今悉禁絶之，有犯以不道論。」

庚午，開林慮山禁，與民共之。詔以州鎮十三民飢，開倉賑卹。

《資治通鑑》卷一三五　魏秦州刺史于洛侯，性殘酷，刑人必斷腕，拔舌，分懸四體。合州驚駭，州民王元壽等一時俱反。有司劾奏之，魏主遣使至州，於洛侯常刑人處宣告吏民，然後斬之。

永明二年、北魏太和八年（甲子、四八四）

《南齊書》卷三《武帝紀》　春正月乙亥，以司州刺史吕安國爲南兗州刺史，征北將軍竟陵王子良爲護軍將軍兼司徒，征北長史劉悛爲司州刺史。

丙子，以右光禄大夫王延之爲特進。

《資治通鑑》卷一三六　壬寅，以柳世隆爲尚書左僕射，丹楊尹李安民爲右僕射，王儉領丹楊尹。

《南齊書》卷三《武帝紀》　三月乙亥，以吴興太守張岱爲南兗州刺史，前將軍王奂爲江州刺史，平北將軍吕安國爲湘州刺史。

戊寅，以少府趙景翼爲廣州刺史。

夏四月甲辰，詔「揚、南徐、南兗、徐、兗五州統内諸獄，并、豫、江三州府州見囚，江州尋陽、新蔡兩郡繫獄，並部送還臺，須候克日斷枉直。緣江遠郡及諸州，委刺史詳察訊」。

己巳，以寧朔將軍程法勤爲寧州刺史。

《魏書》卷七上《高祖紀上》　五月己卯，詔賑賜河南七州戍兵。

甲子，詔員外散騎常侍李彪、員外郎蘭英使於蕭賾。

《資治通鑑》卷一三六　六月壬寅朔，中書舍人吴興茹法亮封望蔡男。

《南齊書》卷三《武帝紀》　癸卯，車駕幸中堂聽訟。

乙巳，以安陸王子敬爲南兗州刺史。

戊申，以黄門侍郎崔平仲爲青、冀二州刺史。

《魏書》卷七上《高祖紀上》　六月丁卯，詔曰：「置官班禄，行之尚矣。《周禮》有食禄之典，二漢著受俸之秩。逮于魏晉，莫不聿稽往憲，以經綸治道。自中原喪亂，兹制中絶，先朝因循，未遑釐改。朕永鑒四方，求民之瘼，夙興昧旦，至於憂勤。故憲章舊典，始班俸禄。罷諸商人，以簡民事。户增調三匹、穀二斛九斗，以爲官司之禄。均預調爲二匹之賦，即兼商用。雖有一時之煩，終克永逸之益。禄行之後，贓滿一匹者死。變法改度，宜爲更始，其大赦天下，與之惟新。」

戊辰，武州水泛濫，壞民居舍。

《南齊書》卷三《武帝紀》　秋七月癸未，詔曰：「夫樂所自生，先哲垂誥；禮不忘本，積代同風。是以漢光遲回於南陽，魏文殷勤於譙國。青溪宫體天含暉，則地栖寶，光定靈源，允集符命。在昔期運初開，經綸方遠，繕築之勞，我則未暇。時流事往，永惟哽咽，朕以寡薄，嗣奉鴻基，思存締構，式表王迹。考星創制，揆日興功，子來告畢，規摹昭備。宜申釁落之禮，以暢感尉之懷，可克日小會。」

甲申，立皇子子倫爲巴陵王。

《魏書》卷七上《高祖紀上》　八月甲辰，詔曰：「帝業至重，非廣詢無以致治；王務至繁，非博採無以興功。先王知其如此，故虚己以求過，明恕以思咎。是以諫鼓置於堯世，謗木立於舜庭，用能耳目四達，庶類咸熙。朕承累聖之洪基，屬千載之昌運，每布遐風，景行前式。承明之初，班下内外，聽人各盡規，以補其闕。中旨雖宣，允稱者少。故變時法，遠遵古典，班制俸禄，改更刑書。寬猛未允，人或異議，思言者莫由申情，求諫者無因自達，故令上明不周，下情壅塞。今制百辟卿士，工商吏民，各上便宜。利民益治，損化傷政，直言極諫，勿有所隱，務令辭無煩華，理從簡實。朕將親覽，以知世事之要，使言之者無罪，聞之者足以爲戒。」

《南齊書》卷三《武帝紀》　丙午，車駕幸舊宫小會，設金石樂，在位者賦詩。詔申「京師獄及三署見徒，量所降宥。領宫職司，詳賜幣帛」。

戊申，車駕幸玄武湖講武。

甲子，詔曰：「窆枯掩骼，義重前誥，卹老哀癃，寔惟令典。朕永思民瘼，弗忘鑒寐。聲憓未敷，物多乖所。京師二縣，或有久墳毁發，可隨宜掩埋。遺骸未櫬，並加斂瘞。疾病窮困不能自存者，詳爲條格，並加沾賚。」

《魏書》卷七上《高祖紀上》　九月甲午，蕭賾遣使朝貢。

戊戌，詔曰：「俸制已立，宜時班行，其以十月爲首，每季一請。」於是内外百官，受禄有差。

《資治通鑑》卷一三六　舊律，枉法十匹，義贓二十匹，罪死；　至是，義贓一匹，枉法無多少，皆死。　仍分命使者，糾按守宰之貪者。秦、益二州刺史恒農李洪之以外戚貴顯，爲治貪暴，班禄之後，洪之首以贓敗。魏主命鎖赴平城，集百官親臨數之；　猶以其大臣，聽在家自裁。自餘守宰坐贓死者四十餘人。受禄者無不跼蹐，賕賂殆絶。然吏民犯他罪者，魏主率寬之，疑罪奏讞多減死徙邊，歲以千計。都下決大辟，歲不過五六人，州鎮亦簡。

冬十月丁巳，以南徐州刺史長沙王晃爲中書監。

《南齊書》卷三《武帝紀》　以桂陽王鑠爲南徐州刺史。

十一月丁亥，以始興王鑑爲益州刺史。

《魏書》卷七上《高祖紀上》　乙未，詔員外散騎常侍李彪、員外郎蘭英使於蕭賾。

十有二月，詔以州鎮十五水旱，民飢，遣使者循行，問所疾苦，開倉賑卹。

《資治通鑑》卷一三六　是歲，詔增豫章王嶷封邑爲四千户。

交州刺史李叔獻既受命，而斷割外國貢獻，上欲討之。

永明三年、北魏太和九年（乙丑、四八五）

《資治通鑑》卷一三六　春正月丙辰，以大司農劉楷爲交州刺史，發南康、廬陵、始興兵以討叔獻。叔獻聞之，遣使乞更申數年，獻十二隊純銀兜鍪及孔雀毦，上不許。叔獻懼爲楷所襲，間道自湘州還朝。

《魏書》卷七上《高祖紀上》　戊寅，詔曰：「圖讖之興，起於三季。既非經國之典，徒爲妖邪所憑。自今圖讖、祕緯及名爲孔子閉房記者，一皆焚之，留者以大辟論。又諸巫覡假稱神鬼，妄説吉凶，及委巷諸卜非墳典所載者，嚴加禁斷。」

癸未，大饗羣臣于太華殿，班賜《皇誥》。

《南齊書》卷三《武帝紀》　甲申，以晉安王子懋爲南豫州刺史。

辛卯，車駕祠南郊，大赦。都邑三百里内罪應入重者，降一等，餘依赦制。劾繫之身，降遣有差。賑卹二縣貧民。又詔曰：「《春秋國語》云『生民之有學斅，猶樹木之有枝葉』。果行育德，咸必由兹。在昔開運，光宅華夏，方弘典謨，克隆教思，命彼有司，崇建庠塾。甫就經始，仍離屯故，仰瞻徽猷，歲月彌遠。今遐邇一體，車軌同文，宜高選學官，廣延冑子。」又詔「守宰親民之要，刺史案部所先，宜嚴課農桑，相土揆時，必窮地利。若耕蠶殊衆，足厲浮墮者，所在即便列奏。其違方驕矜，佚事妨農，亦以名聞。將明賞罰，以勸勤怠。校覈殿最，歲竟考課，以申黜陟」。

《魏書》卷七上《高祖紀上》　二月己亥，制皇子封王者、皇孫及曾孫紹封者、皇女封者歲禄各有差。以廣陽王建第二子嘉紹建後，爲廣陽王。

《南齊書》卷三《武帝紀》　辛丑，車駕祠北郊。

《魏書》卷七上《高祖紀上》　乙巳，詔曰：「昔之哲王，莫不博採下情，勤求箴諫，建設旌鼓，詢納芻蕘。朕班禄删刑，慮不周允，虚懷讜直，思顯洪猷。百司卿士及工商吏民，其各上書極諫，靡有所隱。」

三月丙申，宕昌國遣使朝貢。

封皇弟禧爲咸陽王，幹爲河南王，羽爲廣陵王，雍爲潁川王，勰爲始平王，詳爲北海王。

《南齊書》卷三《武帝紀》　夏四月戊戌，以新除右衛將軍豫章王世子子響爲豫州刺史，輔國將軍桓敬爲兖州刺史。

五月乙未，詔曰：「氓俗凋弊，于兹永久，雖年穀時登，而歉乏比室。凡單丁之身及煢獨而秩養孤者，並蠲今年田租。」

是月，省總明觀。

六月庚戌，進河南王度易侯爲車騎將軍。

秋七月辛丑，詔「丹陽所領及餘二百里内見囚，同集京師，自此以外，委州郡決斷」。

甲戌，左光禄大夫、開府儀同三司王僧虔薨。

丁亥，以驃騎中兵參軍董仲舒爲寧州刺史。

八月乙未，車駕幸中堂聽訟。

丁巳，以行宕昌王梁彌頡爲河、涼二州刺史。

戊午，以尚書令王儉領太子少傅，太子詹事蕭順之爲領軍將軍。

《資治通鑑》卷一三六　冬十月丁未，詔遣使者循行州郡，與牧守均給天下之田：諸男夫十五以上受露田四十畝，婦人二十畝，奴婢依良丁；牛一頭，受田三十畝，限止四牛。所授之田，率倍之；三易之田，再倍之，以供耕作及還受之盈縮。人年及課則受田，老免及身没則還田。奴婢、牛隨有無以還受。

《魏書》卷七上《高祖紀上》　戊申，高麗、吐谷渾國並遣使朝貢。

辛酉，侍中、司徒、魏郡王陳建薨。

詔員外散騎常侍李彪、尚書郎公孫阿六頭使蕭賾。

《南齊書》卷三《武帝紀》　壬戌，詔曰：「皇太子長懋講畢，當釋奠，王公以下可悉往觀禮。」

十一月乙丑，以冠軍將軍王文仲爲青、冀二州刺史。

十二月丁酉，詔曰：「九穀之重，八材爲末。是故潔粢豐盛，祝史無愧於辭；不籍千畝，周宣所以貽諫。昔期運初啓，庶政草昧，三推之典，我則未暇。朕嗣奉鴻基，思隆先軌，載耒躬親，率由舊式。可以開春發歲，敬簡元辰，鳴青鸞於東郊，冕朱紘而莅事，仰薦宗禋，府勗黔阜。將使囷庾內充，遺秉外牣，既富而教，兹焉攸在。」

是夏，瑯邪郡旱，百姓芟除枯苗，至秋擢穎大熟。

永明四年、北魏太和一〇年（丙寅、四八六）

《南齊書》卷三《武帝紀》　春正月甲子，以南琅邪、彭城二郡太守隨郡王子隆爲江州刺史，征虜長史張瓌爲雍州刺史，征虜將軍薛淵爲徐州刺史，護軍將軍兼司徒竟陵王子良進號車騎將軍。

富陽人唐寓之反，聚衆桐廬，破富陽、錢塘等縣，害東陽太守蕭崇之。遣宿衛兵出討，伏誅。

丁酉，冠軍將軍、馬軍主陳天福坐討唐寓之燒掠百姓，棄市。

辛卯，車駕幸中堂策秀才。

閏月癸巳，立皇子子貞爲邵陵王，皇孫昭文爲臨汝公。

丁未，以武都王楊集始爲北秦州刺史。

辛亥，車駕藉田。詔曰：「夫耕藉所以表敬，親載所以率民。朕景行前規，躬執良耜，千畛咸事，六稔可期，教義克宣，誠感兼暢。重以天符靈貺，歲月鱗萃，寶鼎開玉匣之祥，嘉禾發同穗之穎，甘露凝暉於坰牧，神爵騫翥於蘭囿。斯乃宗稷之慶，豈寡薄所臻。思俾休和，覃兹黔阜，見刑罪殊死以下，悉原宥。諸逋負在三年以前尤窮弊者，一皆蠲除。孝悌力田，詳授爵位，孤老貧窮，賜穀十石。凡欲附農而糧種闕乏者，並加給貸，務在優厚。」

癸丑，以始興內史劉勑爲廣州刺史。

甲寅，以藉田禮畢，車駕幸閲武堂勞酒小會，詔賜王公以下在位者帛有差。

戊午，車駕幸宣武堂講武。詔曰：「今親閲六師，少長有禮，領馭羣帥，可量班賜。」

二月己未，立皇弟銶爲晉熙王，鉉爲河東王。

《魏書》卷七上《高祖紀上》　甲戌，初立黨、里、隣三長，定民户籍。

《南齊書》卷三《武帝紀》　庚寅，以光禄大夫王玄載爲兖州刺史。

三月辛亥，國子講《孝經》，車駕幸學，賜國子祭酒、博士、助教絹各有差。

《魏書》卷七上《高祖紀上》　夏四月辛酉朔，始制五等公服。

甲子，帝初以法服御輦，祀於西郊。

癸酉，幸靈泉池。

戊寅，車駕還宫。

《南齊書》卷三《武帝紀》　丁亥，以尚書左僕射柳世隆爲湘州刺史。

臨沂縣麥不登，刈爲馬芻，至夏更苗秀。

五月癸巳，詔「揚、南徐二州今年户租，三分二取見布，一分取錢。來歲以後，遠近諸州輸錢處，並減布直，匹準四百，依舊折半，以爲永制」。

丙午，以吴興太守西昌侯鸞爲中領軍。

《資治通鑑》卷一三六　六月辛酉，魏主如方山。

己卯，魏文明太后賜皇子恂名，大赦。

秋七月戊戌，魏主如方山。

《南齊書》卷三《武帝紀》　秋八月辛酉，以鎮南長史蕭惠休爲廣州刺史。

九月甲寅，以征虜將軍王廣之爲徐州刺史。

《魏書》卷七下《高祖紀下》　冬十月癸酉，有司議依故事，配始祖於南郊。

十有一月，議定州郡縣官依户給俸。

《南齊書》卷三《武帝紀》　十二月乙亥，以東中郎司馬崔惠景爲司州刺史。

《魏書》卷七下《高祖紀下》　癸未，勿吉國遣使朝貢。

乙酉，詔以汝南、潁川大飢，丐民田租，開倉賑卹。

《資治通鑑》卷一三六　是歲，魏改中書學曰國子學。分置州郡，凡三十八州，二十五在河南，十三在河北。

永明五年、北魏太和一一年(丁卯、四八七)

《南齊書》卷三《武帝紀》　春正月戊子，以太尉豫章王嶷爲大司馬，車騎將軍竟陵王子良爲司徒，驃騎將軍臨川王映、衛將軍王儉、中軍將軍王敬則並本號開府儀同三司，都官尚書沈文季爲郢州刺史，左將軍安陸王子敬爲荆州刺史，征虜將軍晉安王子懋爲南兗州刺史，輔國將軍建安王子真爲南豫州刺史。

辛卯，詔曰：「朕昧爽丕顯，思康民瘼。雖年穀亟登，而飢饉代有。今履端肇運，陽和告始，宜協時休，覃茲黎庶。諸孤老貧病，並賜糧饘，遣使親賑，每存均普。」

雍、司二州蠻虜屢動，丁酉，遣丹陽尹蕭景先出平陽，護軍將軍陳顯達出宛、葉。

三月戊子，車駕幸芳林園禊宴。

《資治通鑑》卷一三六　丁未，以陳顯達爲雍州刺史。顯達進據舞陽城。

《南齊書》卷三《武帝紀》　夏四月庚午，車駕殷祠太廟。詔「繫囚見徒四歲刑以下，悉原遣，五年減爲三歲，京邑罪身應入重，降一等。」

《魏書》卷七下《高祖紀下》　五月壬辰，幸靈泉池，遂幸方山。

癸巳，南平王渾薨。

甲午，車駕還宮。

詔復七廟子孫及外戚緦服已上，賦役無所與。

詔南部尚書公孫文慶、上谷張伏千率衆南討舞陰。

山闕高麗、吐谷渾國遣使朝貢。

《南齊書》卷三《武帝紀》　六月辛酉，詔曰：「比霖雨過度，水潦洊溢，京師居民，多離其弊。遣中書舍人、二縣官長隨宜賑賜。」

秋七月戊申，詔「丹陽屬縣建元四年以來至永明三年所逋田租，殊爲不少。京甸之內，宜加優貸。其非中貲者，可悉原停」。

八月乙亥，詔「今夏雨水，吴興、義興二郡田農多傷，詳蠲租調」。

《魏書》卷七下《高祖紀下》　庚辰，大議北伐，進策者百有餘人。

辛巳，罷山北苑，以其地賜貧民。

悉萬斤國遣使朝獻。

《南齊書》卷三《武帝紀》　九月己丑，詔曰：「九日出商飆館登高宴羣臣。」

辛卯，車駕幸商飆館。館，上所立，在孫陵崗，世呼爲「九日臺」者也。

丙午，詔曰：「善爲國者，使民無傷，而農益勸。是以十一而稅，周道克隆；開建常平，漢載惟穆。岱畎絲枲，浮汶來貢；杞梓皮革，必緣楚往。自水德將謝，喪亂彌多，師旅歲興，饑饉代有。貧室盡於課調，泉貝傾於絶域，軍國器用，動資四表，不因厥產，咸用九賦，雖有交貿之名，而無潤私之實，民咨塗炭，寔此之由。昔在開運，星紀未周，餘弊尚重。農桑不殷於曩日，粟帛輕賤於當年。工商罕兼金之儲，匹夫多飢寒之患。良由圜法久廢，上幣稍寡。所謂民失其資，能無匱乎？凡下貧之家，可蠲三調二年。京師及四方出錢億萬，糴米穀絲綿之屬，其和價以優黔首。遠邦嘗市雜物，非土俗所產者，皆悉停之。必是歲賦攸宜，都邑所乏，可見直和市，勿使逋刻。」

《魏書》卷七下《高祖紀下》　庚戌，詔曰：「去夏以歲旱民飢，須遣就食，舊籍雜亂，難可分簡，故依局割民，閱户造籍，欲令去留得實，賑貸平均。然迺者以來，猶有餓死衢路，無人收識。良由本部不明，籍貫未實，廩卹不周，以至於此。朕猥居民上，聞用慨然。可重遣精檢，勿令遺漏。」

冬十月辛未，詔罷起部無益之作，出宮人不執機杼者。

甲戌，詔曰：「鄉飲禮廢，則長幼之敘亂。孟冬十月，民閑歲隙，宜於此時導以德義。可下諸州，黨里之内，推賢而長者，教其里人，父慈、子孝、兄友、弟順、夫和、妻柔。不率長教者，具以名聞。」

《南齊書》卷三《武帝紀》　甲申，以中領軍西昌侯鸞爲豫州刺史，侍中安陸侯緬爲中領軍。初起新林苑。

《魏書》卷七下《高祖紀下》　十有一月丁未，詔罷尚方錦繡綾羅之工，四民欲造，任之無禁。其御府衣服、金銀、珠玉、綾羅、錦繡，太官雜器，太僕乘具，内庫弓矢，出其太半，班賚百官及京師士庶，下至工商皂隸，逮於六鎮戍士，各有差。

戊申，詔曰：「朕惟上政不明，令民陷身罪戾。今寒氣勁切，杖捶難任。自今月至來年孟夏，不聽拷問罪人。又歲既不登，民多飢窘，輕繫之囚，宜速決了，無令薄罪久留獄犴。」

十有二月，詔祕書丞李彪、著作郎崔光改析國記，依紀傳之體。

是歲大飢，詔所在開倉賑卹。

永明六年、北魏太和一二年（戊辰、四八八）

《南齊書》卷三《武帝紀》　春正月壬午，以祠部尚書安成王暠爲南徐州刺史。詔「二百里内獄同集京師，克日聽覽，自此以外，委州郡訊察。三署徒隸，詳所原釋」。

三月己亥，以豫章王世子子響爲巴東王。

癸卯，以光禄大夫周盤龍爲行兖州刺史。

《魏書》卷七下《高祖紀下》　夏四月，高麗、吐谷渾國並遣使朝貢。

蕭賾將陳顯達等寇邊。

甲寅，詔豫州刺史元斤率衆禦之。

甲子，大赦天下。

乙丑，幸靈泉池。

丁卯，遂幸方山。

己巳，還宫。

陳顯達攻陷醴陽，左僕射、長樂王穆亮率騎一萬討之。

《南齊書》卷三《武帝紀》　五月甲午，以宕昌王梁彌承爲河、涼二州刺史。

六月甲寅，以散騎常侍沈景德爲徐州刺史。

丙子，以始興太守房法乘爲交州刺史。

秋七月乙巳，都官尚書吕安國爲領軍將軍。

八月乙卯，詔「吴興、義興水潦，被水之鄉，賜痼疾篤癃口二斛，老疾一斛，小口五斗」。

《魏書》卷七下《高祖紀下》　九月，吐谷渾、宕昌國遣使朝貢。

甲午，詔曰：「日月薄蝕，陰陽之恒度耳，聖人懼人君之放怠，因之以設誡，故稱『日蝕修德，月蝕修刑』。迺癸巳夜，月蝕盡。公卿已下，宜慎刑罰，以答天意。」

丁酉，起宣文堂、經武殿。

《南齊書》卷三《武帝紀》　壬寅，車駕幸琅邪城講武，習水步軍。

《魏書》卷七下《高祖紀下》　癸卯，侍中、司徒、淮南王他薨。

吐谷渾、宕昌、武興諸國各遣使朝貢。

《南齊書》卷三《武帝紀》　冬十月庚申，立冬，初臨太極殿讀時令。

辛酉，以祠部尚書武陵王曄爲江州刺史。

閏月乙卯，詔曰：「北兖、北徐、豫、司、青、冀八州，邊接疆埸，民多懸罄，原永明以前所逋租調。」

辛卯，以尚書僕射王奂爲領軍將軍。

十一月乙卯，以羽林監費延宗爲越州刺史。

庚申，以後將軍晉安王子懋爲湘州刺史，西陽王子明爲南兖州刺史。

《魏書》卷七下《高祖紀下》　詔以二雍、豫三州民飢，開倉賑卹。

梁州刺史臨淮王提坐貪縱，徙配北鎮。

十有二月，蠕蠕伊吾戍主高羔子率衆三千以城内附。

以侍中、安豐王猛爲開府儀同三司。

永明七年、北魏太和一三年（己巳、四八九）

《南齊書》卷三《武帝紀》　春正月丙午，以中軍將軍王敬則爲豫州刺史，中軍將軍陰智伯爲梁、南秦二州刺史。

戊申，詔曰：「雍州頻歲戎役，兼水旱爲弊，原四年以前逋租。」

辛亥，車駕祠南郊，大赦。京邑貧民，普加賑賜。又詔曰：「春頒秋斂，萬邦所以惟懷；柔遠能邇，兆民所以允殖。鄭渾宰邑，因姓立名；王濬剖符，户口殷盛。今産子不育，雖炳常禁，比聞所在，猶或有之。誠復宰邑，因姓立名，王濬剖符，户口殷盛。今産子不育，雖炳常禁，比聞所在，猶或有之。誠復禮以貧殺，抑亦情由俗淡。宜節以嚴威，敦以惠澤。主者尋舊制，詳量附定，蠲丘之宜，務存優厚。」

壬戌，驃騎將軍、開府儀同三司臨川王映薨。

《魏書》卷七下《高祖紀下》　乙丑，兖州民王伯恭聚衆勞山，自稱齊王。東萊鎮將孔伯孫討斬之。

戊辰，蕭賾遣衆寇邊，淮陽太守王僧儁擊走之。

《南齊書》卷七《武帝紀》　戊辰，詔曰：「諸大夫年秩隆重，禄力殊薄，豈所謂下車惟舊，趨橋敬老。可增俸，詳給見役。」

二月丙子，以左衛將軍巴東王子響爲中護軍。

己丑，詔曰：「宣尼誕敷文德，峻極自天，發輝七代，陶鈞萬品，英風獨舉，素王誰匹。功隱於當年，道深於日月。感麟厭世，緬邈千祀，川竭谷虚，丘夷淵塞，非但洙泗湮淪，至乃饗嘗乏主。前王敬仰，崇修寢廟，歲月亟流，鞠爲茂草。今學斅興立，實稟洪規，撫事懷人，彌增欽屬。可改築宗祊，務在爽塏。量給祭秩，禮同諸侯，奉聖之爵，以時紹繼。」

壬寅，以丹陽尹王晏爲江州刺史。

《資治通鑑》卷一三六　晏不願外出，復留爲吏部尚書。

《南齊書》卷三《武帝紀》　癸卯，以巴陵王子倫爲豫州刺史。

三月丁未，以太子右衛率王玄邈爲兖州刺史。

庚戌，以中護軍巴東王子響爲江州刺史，中書令隨郡王子隆爲中護軍。

甲寅，立皇子子岳爲臨賀王，子峻爲廣漢王，子琳爲宣城王，子珉爲義安王。

夏四月戊寅，詔曰：「婚禮下達，人倫攸始。《周官》設媒氏之職，《國風》興及時之詠。四爵内陳，義不期侈；三鼎外列，事豈存奢。晚俗浮麗，歷兹永久，每思懲革，而民未知禁。乃聞同牢之費，華泰尤甚；膳羞方丈，有過王侯。富者扇其驕風，貧者恥躬不逮。或以供帳未具，動致推遷，年不再來，盛時忽往。宜爲節文，頒之士庶。並可擬則公朝，方樏供設，合卺之禮無虧，寧儉之義斯在。如故有違，繩之以法。」

五月乙巳，尚書令、衛將軍、開府儀同三司王儉薨。

甲子，以新除尚書左僕射柳世隆爲尚書令。

六月丁亥，車駕幸琅邪。

《魏書》卷七下《高祖紀下》　汝陰王天賜、南安王楨並坐贓賄免爲庶人。

高麗國遣使朝貢。

秋七月甲辰，陰平國遣使朝貢。

丙寅，幸靈泉池，與羣臣御龍舟，賦詩而罷。

立孔子廟於京師。

八月乙亥，詔兼員外散騎常侍邢産、兼員外散騎侍郎侯靈紹使於蕭賾。

戊子，詔諸州鎮有水田之處，各通溉灌，遣匠者所在指授。

中尺國遣使朝貢。

《南齊書》卷三《武帝紀》　庚子，以左衛將軍建安王子真爲中護軍。

《魏書》卷七下《高祖紀下》　九月丁未，吐谷渾、武興、宕昌諸國各遣使朝獻。

出宫人以賜北鎮人貧鰥無妻者。

《南齊書》卷三《武帝紀》　冬十月己丑，詔曰：「三季澆浮，舊章陵替，吉凶奢靡，動違矩則。或裂錦繡以競車服之飾，塗金鏤石以窮塋域之麗。至斑白不婚，露棺累葉，苟相姱衒，罔顧大典。可明爲條制，嚴勒所在，悉使畫一。如復違犯，依事糾奏。」

《魏書》卷七下《高祖紀下》　十有二月丙子，侍中、司空、河東王苟頹薨。

甲午，蕭賾遣使朝貢。

己亥，以尚書令尉元爲司徒，左僕射穆亮爲司空。

《南齊書》卷三《武帝紀》　己亥，以中護軍建安王子真爲郢州刺史，江州刺史巴東王子響爲荆州刺史，前安西司馬垣榮祖爲兖州刺史。

《資治通鑑》卷一三六　平南參軍顔幼明等聘於魏。

豫章王嶷自以地位隆重，深懷退素，是歲，啓求還第，上令其世子子廉代鎮東府。

永明八年、北魏太和一四年（庚午、四九〇）

《南齊書》卷三《武帝紀》 春正月庚子，征西大將軍王敬則進號驃騎大將軍，左將軍沈文季爲領軍將軍，丹陽尹鄱陽王鏘爲江州刺史。詔放遣隔城虜俘，聽還其本。

《魏書》卷七下《高祖紀下》 二月辛未，行幸靈泉池。

壬申，還宫。

戊寅，初詔定起居注制。

己卯，詔遣侍臣循行州郡，問民疾苦。

《南齊書》卷三《武帝紀》 壬辰，零陵王司馬藥師薨。

夏四月戊辰，詔「公卿已下各舉所知，隨才授職。進得其人，受登賢之賞；薦非其才，獲濫舉之罰」。

《魏書》卷七下《高祖紀下》 五月己酉，庫莫奚犯塞，安州都將樓龍兒擊走之。

沙門司馬惠御自言聖王，謀破平原郡。擒獲伏誅。

《南齊書》卷三《武帝紀》 秋七月辛丑，以會稽太守安陸侯緬爲雍州刺史。

癸卯，詔曰：「陰陽舛和，緯象愆度，儲胤嬰患，淹歷旬晷。思仰祇天戒，俯紓民瘼，可大赦天下。」

癸亥，詔「司、雍二州，比歲不稔，雍州八年以前、司州七年以前逋租悉原。汝南一郡復限更申五年」。

八月丙寅，詔「京邑霖雨既過，居民汎濫，遣中書舍人、二縣官長賑卹」。

乙酉，以行河南王世子休留成爲秦、河二州刺史。

壬辰，以左衞將軍隨郡王子隆爲荆州刺史。巴東王子響有罪，遣丹陽尹蕭順之率軍討之，子響伏誅。

《資治通鑑》卷一三七 九月癸丑，魏太皇太后馮氏殂，高祖勺飲不入口者五日，哀毁過禮。中部曹華陰楊椿諫曰：「陛下荷祖宗之業，臨萬國之重，豈可同匹夫之節以取僵仆！羣下惶灼，莫知所言。且聖人之禮，毁不滅性；縱陛下欲自賢於萬代，其若宗廟何！」帝感其言，爲之一進粥。於是諸王公皆詣闕上表，「請時定兆域，及依漢、魏故事，並太皇太后終制，既葬，公除」。詔曰：「自遭禍罰，慌惚如昨，奉侍梓宫，猶希髣髴。山陵遷厝，所未忍聞。」

十月，癸酉，葬文明太皇太后于永固陵。

甲戌，帝謁陵，王公固請公除。詔曰：「比當別叙在心。」

《南齊書》卷三《武帝紀》 丁丑，詔「吳興水淹過度，開所在倉賑賜」。

《資治通鑑》卷一三七 己卯，又謁陵。

庚辰，帝出至思賢門右，與羣臣相慰勞。太尉丕等進言曰：「臣等以老朽之年，歷奉累聖，國家舊事，頗所知聞。伏惟遠祖有大諱之日，唯侍從梓宫者凶服，左右盡皆從吉；四祖三宗，因而無改。」

《魏書》卷七下《高祖紀下》 癸未，詔曰：「朕遠遵古式，欲終三年之禮。自辟羣官，據金册顧命，將奪朕心，從先朝之制。朕仰惟金册，俯自推省，取諸二衷，不許衆議，以衰服過期，終四節之慕。又奉聖訓，聿修誥旨，不敢闇默自居，以曠機政。庶不愆遺令之意，差展哀慕之情。普下州鎮，長至三元，絶告慶之禮。」

甲申，車駕謁永固陵。

辛卯，詔曰：「羣官以萬機事重，請求聽政。朕仰祇遺命，亦思無怠。但哀慕纏綿，心神迷塞，未堪自力以親政事。近侍先掌機衡者，皆謀猷所寄，且可任之，如有疑事，當時與論決。」

《南齊書》卷三《武帝紀》 癸巳，原建元以前逋租。

《魏書》卷七下《高祖紀下》 十有一月甲寅，詔曰：「垂及至節，感慕崩摧，凡在臣列，誰不哽切。內外職人先朝班次及諸方雜客，冬至之日，盡聽入臨。三品已上衰服者至夕復臨，其餘唯旦臨而已。其拜哭之節，一依別儀。」

《南齊書》卷三《武帝紀》 乙卯，以建武將軍伏登之爲交州刺史。

十二月乙丑，以振威將軍陳僧授爲越州刺史。

戊寅，詔「尚書丞郎職事繁劇，卹俸未優，可量增賜禄」。

己卯，皇子子建爲湘東王。

《魏書》卷七下《高祖紀下》 壬午，詔依準丘井之式，遣使與州郡宣行條制，隱口漏丁，即聽附實。若朋附豪勢，陵抑孤弱，罪有常刑。

《南齊書》卷三《武帝紀》　癸巳，以監青、冀二州軍、行刺史事張沖爲青、冀二州刺史。

《資治通鑑》卷一三七　是歲，益州行事劉悛上言：「蒙山下有嚴道銅山，舊鑄錢處，可以經略。」上從之，遣使入蜀鑄錢。頃之，以功費多而止。

自太祖治黄籍，至上，謫巧者戍緣淮各十年，百姓怨望。乃下詔：「自宋昇明以前，皆聽復注；其有謫役邊疆，各許還本；此後有犯，嚴加翦治。」

長沙威王晃卒。

吏部尚書王晏陳疾自解，上欲以西昌侯鸞代晏領選，手敕問之，晏啓曰：「鸞清幹有餘，然不諳百氏，恐不可居此職。」上乃止。

以百濟王牟大爲鎮東大將軍、百濟王。

永明九年、北魏太和一五年（辛未、四九一）

《南齊書》卷三《武帝紀》　春正月甲午，以侍中江夏王鋒爲南徐州刺史，冠軍將軍劉悛爲益州刺史。

辛丑，車駕祠南郊，詔「京師見囚繫，詳量原遣」。

《魏書》卷七下《高祖紀下》　二月乙亥，枹罕鎮將長孫百年請討吐谷渾所置洮陽、泥和二戍，許之。

己丑，蕭賾遣使朝貢。

《資治通鑑》卷一三七　始興簡王鑑卒。

《南齊書》卷三《武帝紀》　三月乙卯，以南中郎司馬劉楷爲司州刺史。

辛丑，以太子左衛率劉纘爲廣州刺史。

《資治通鑑》卷一三七　夏四月癸亥朔，設薦於太和廟。

魏主始進蔬食，追感哀哭，終日不飯，侍中馮誕等諫，經宿乃飯。

甲子，罷朝夕哭。

乙丑，復謁永固陵。

自正月不雨，至于癸酉。有司奏祈百神，詔曰：「昔成湯遇旱，齊景逢災，並不由祈山川而致雨，皆至誠發中，澍潤千里。萬方有罪，在予一人。今普天喪恃，幽顯同哀，神若有靈，猶應未忍安饗，何宜四氣未周，便欲祀事。唯當考躬責己，以待天譴。」

《南齊書》卷三《武帝紀》　乙亥，有司奏「舊格一年兩過行陵，三月十五日曹郎以下小行，九月十五日司空以下大行，今長停小行，唯二州一大行」。詔曰「可」。

《魏書》卷七下《高祖紀下》　五月己亥，議改律令，於東明觀折疑獄。

乙卯，百年攻洮陽、泥和二戍，克之，俘獲三千餘人，詔悉免歸。

高麗國遣使朝獻。

丙辰，詔造五輅。

《南齊書》卷三《武帝紀》　六月甲戌，以尚書左僕射王奂爲雍州刺史。

《魏書》卷七下《高祖紀下》　秋七月乙丑，謁永固陵，規建壽陵。

戊寅，吐谷渾國遣使朝貢。

己卯，詔議祖宗，以道武爲太祖。

乙酉，車駕巡省京邑，聽訟而還。

《資治通鑑》卷一三七　八月壬辰，又詔議養老及禋于六宗之禮。

戊午，又詔：「國家饗祀諸神，凡一千二百餘處；今欲減省羣祀，務從簡約。」又詔：「明堂、太廟，配祭、配享，於斯備矣。白登、崞山、雞鳴山廟，唯遣有司行事。馮宣王廟在長安，宜敕雍州以時供祭。」又詔：「先有水火之神四十餘名及城北星神，今圜丘之下既祭風伯、雨師、司中、司命，明堂祭門、户、井、竈、中霤，四十神悉可罷之。」

丙辰，魏有司上言，求卜祥日。詔曰：「筮日求吉，既乖敬事之志，又違永慕之心，今直用晦日。」

《南齊書》卷三《武帝紀》　秋九月戊辰，車駕幸琅邪城講武，觀者傾都，普頒酒肉。

《資治通鑑》卷一三七　丁丑夜，帝宿於廟，帥羣臣哭已，帝易服縞冠、革帶、黑屨，侍臣易服黑介幘、白絹單衣、革帶、烏履，遂哭盡乙夜。

冬十月，魏明堂、太廟成。

庚寅，魏主謁永固陵，毁瘠猶甚。穆亮諫曰：「陛下祥練已闋，號慕如始。王者爲天地所子，爲萬民父母；未有子過哀而父母不戚，父母憂而子獨悦豫者也。今和氣不應，風旱爲災，願陛下襲輕服，御常膳，鑾輿時動，咸秩百神，庶使天人交慶。」詔曰：「孝悌之至，無所不通。今飄風、旱氣，皆誠慕未濃，幽顯無感也。所言過哀之咎，諒爲未衷。」

十一月，己未朔，魏主禫於太和廟，衮冕以祭。既而服黑介幘，素紗深衣，拜陵而還。

癸亥，冬至，魏主祀圜丘，遂祀明堂，還，至太和廟，乃入。

甲子，臨太華殿，服通天冠，絳紗袍，以饗羣臣。樂縣而不作。

丁卯，服衮冕，辭太和廟，帥百官奉神主遷于新廟。

《魏書》卷七下《高祖紀下》　乙亥，大定官品。

戊寅，考諸牧守。

詔假通直散騎常侍李彪、假散騎侍郎蔣少遊使蕭賾。

丙戌，初罷小歲賀。

丁亥，詔二千石考在上上者，假四品將軍，賜乘黄馬一匹；上中者，五品將軍；上下者，賜衣一襲。

十有二月壬辰，遷社於内城之西。

癸巳，頒賜刺史已下衣冠。

以安定王休爲太傅，齊郡王簡爲太保。

帝爲高麗王璉舉哀於城東行宫。

己酉，車駕迎春於東郊。

《資治通鑑》卷一三七　辛亥，詔簡置樂官，使修其職；又命中書監高閭參定。

初，林邑王范陽邁，世相承襲，夷人范當根純攻奪其國，遣使獻金簟等物。詔以當根純爲都督緣海諸軍事、林邑王。

永明一〇年、北魏太和一六年（壬申、四九二）

《南齊書》卷三《武帝紀》　春正月戊午，詔「諸責負衆逋七年以前，悉原除，高貲不在例。孤老六疾，人穀五斛。内外有務衆官增禄俸」。以左民尚書南平王鋭爲湘州刺史，司徒竟陵王子良領尚書令，右衛將軍王玄邈爲

北徐州刺史，中軍將軍廬陵王子卿進號車騎將軍，北中郎將南海王子罕爲兗州刺史，輔國將軍臨汝公昭文爲南豫州刺史，冠軍將軍王文和爲北兗州刺史。

《魏書》卷七下《高祖紀下》　饗羣臣於太華殿。帝始爲王公興，懸而不樂。

己未，宗祀顯祖獻文皇帝於明堂，以配上帝。遂升靈臺，以觀雲物；降居青陽左个，布政事。每朔，依以爲常。

辛酉，始以太祖配南郊。

壬戌，詔定行次，以水承金。

甲子，詔罷祖裸。

乙丑，制諸遠屬非太祖子孫及異姓爲王，皆降爲公，公爲侯，侯爲伯，子男仍舊，皆除將軍之號。

戊辰，帝臨思義殿，策問秀孝。

丙子，始以孟月祭廟。

二月戊子，帝移御永樂宫。

庚寅，壞太華殿，經始太極。

辛卯，罷寒食饗。

壬辰，幸北部曹，歷觀諸省，巡省京邑，聽理冤訟。

甲午，初朝日于東郊，遂以爲常。

丁酉，詔祀唐堯於平陽，虞舜於廣寧，夏禹於安邑，周文於洛陽。

《南齊書》卷三《武帝紀》　壬寅，鎮軍將軍陳顯達領中領軍。

《魏書》卷七下《高祖紀下》　三月丁卯，巡省京邑。

癸酉，省西郊天雜事。

乙亥，車駕初迎氣南郊，自此爲常。

辛巳，以高麗王璉孫雲爲其國王。

蕭賾遣使朝貢。

是月，高麗、鄧至國並遣使朝貢。

四月丁亥朔，班新律令，大赦天下。

癸巳，契齧國遣使朝貢。

《南齊書》卷三《武帝紀》　辛丑，大司馬豫章王嶷薨。

五月己巳，司徒竟陵王子良爲揚州刺史。

《魏書》卷七下《高祖紀下》 六月己丑，高麗國遣使朝貢。

甲辰，詔曰：「務農重穀，王政所先；勸率田疇，君人常事。今四氣休序，時澤滂潤，宜用天分地，悉力東畝。然京師之民，遊食者衆，不加督勸，或芸耨失時。可遣明使檢察勤惰以聞。」

《資治通鑑》卷一三七 秋七月庚申，吐谷渾遣其世子賀虜頭入朝于魏。詔以伏連籌爲都督西垂諸軍事、西海公、吐谷渾王，遣兼員外散騎常侍張禮使於吐谷渾。

《魏書》卷七下《高祖紀下》 壬戌，詔曰：「王者設官分職，垂拱責成，振網舉綱，衆目斯理。朕德謝知人，豈能一見鑒識，徒乖爲君委授之義。自今選舉，每以季月，本曹與吏部銓簡。」

甲戌，詔兼員外散騎常侍宋弁、兼員外散騎侍郎房亮使於蕭賾。

八月庚寅，車駕初夕月於西郊，遂以爲常。

辛卯，高麗國遣使朝貢。

《資治通鑑》卷一三七 乙未，魏以懷朔鎮將陽平王頤、鎮北大將軍陸叡皆爲都督，督十二將，步騎十萬，分爲三道以擊柔然：中道出黑山，東道趣士盧河，西道趣侯延河。軍過大磧，大破柔然而還。

《南齊書》卷三《武帝紀》 丙申，以新城太守郭安明爲寧州刺史。

《魏書》卷七下《高祖紀下》 丙午，宕昌王梁彌承來朝。

司徒尉元以老遜位。

己酉，以尉元爲三老，游明根爲五更。又養國老、庶老。

將行大射之禮，雨，不克成。

癸丑，詔曰：「文武之道，自古並行，威福之施，必也相藉。故三、五至仁，尚有征伐之事；夏、殷明叡，未捨兵甲之行。然則天下雖平，忘戰者殆，不教民戰，可謂棄之。是以周立司馬之官，漢置將軍之職，皆所以輔文强武，威肅四方者矣。國家雖崇文以懷九服，修武以寧八荒，然於習武之方，猶爲未盡。今則訓文有典，教武闕然。將於馬射之前，先行講武之式，可敕有司豫修塲埒。其列陣之儀，五戎之數，别俟後敕。」

九月甲寅朔，大序昭穆於明堂，祀文明太皇太后於玄室。

辛未，帝以文明太皇太后再周忌日，哭於陵左，絶膳二日，哭不輟聲。

辛巳，武興王楊集始來朝。

《南齊書》卷三《武帝紀》 冬十月乙丑，車駕幸玄武湖講武。

甲午，車駕殷祠太廟。

十一月戊午，詔曰：「頃者霖雨，樵糧稍貴，京邑居民，多離其弊。遣中書舍人、二縣官長賑賜。」

《資治通鑑》卷一三七 十二月，司徒參軍蕭琛、范雲聘於魏。魏主甚重齊人，親與談論。

是歲，林邑王范陽邁之孫諸農，帥種人攻范當根純，復得其國。詔以諸農爲都督緣海諸軍事、林邑王。

永明一一年、北魏太和一七年（癸酉、四九三）

《南齊書》卷三《武帝紀》 春正月癸丑，詔「京師見繫囚，詳所原遣」。以驃騎大將軍王敬則爲司空，江州刺史鄱陽王鏘爲領軍將軍，鎮軍大將軍陳顯達爲江州刺史，右衛將軍崔慧景爲豫州刺史。

《魏書》卷七下《高祖紀下》 乙丑，詔曰：「夫駿奔入覲，臣下之常式；錫馬賜車，君人之恒惠。今諸邊君蕃胤，皆虔集象魏，趨鏘紫庭。貢饗既畢，言旋無遠。各可依秩賜車旗衣馬，務令優厚。其武興、宕昌，各賜錦繒纊一千；吐谷渾世子八百；鄧至世子，雖因緣至都，亦宜賚及，可賜三百。命數之差，皆依别牒。」

詔兼員外散騎侍郎劉承叔使於蕭賾。

乙亥，勿吉國遣使朝獻。

丙子，以吐谷渾伏連籌爲其國王。

《南齊書》卷三《武帝紀》 丙子，皇太子長懋薨。

二月壬午，以車騎將軍廬陵王子卿爲驃騎將軍、南豫州刺史，撫軍將軍安陸王子敬進號車騎將軍。

己丑，輔國將軍曹虎爲梁、南秦二州刺史。

癸卯，以新除中書監晉安王子懋爲雍州刺史。

丙午，以冠軍將軍王文和爲益州刺史。

三月乙亥，雍州刺史王奂伏誅。

夏四月壬午，詔「東宮文武臣僚，可悉度爲太孫官屬」。

《魏書》卷七下《高祖紀下》　戊戌，立皇后馮氏。

《南齊書》卷三《武帝紀》　甲午，立皇太孫昭業、太孫妃何氏。詔「賜天下爲父後者爵一級，孝子順孫義夫節婦粟帛各有差」。

癸卯，以驍騎將軍劉靈哲爲兖州刺史。

五月戊辰，詔曰：「水旱成災，穀稼傷弊，凡三調衆逋，可同申至秋登。京師二縣、朱方、姑熟，可權斷酒。」

《魏書》卷七下《高祖紀下》　乙卯，宕昌、陰平、契丹、庫莫奚諸國並遣使朝獻。

壬戌，宴四廟子孫於宣文堂，帝親與之齒，行家人之禮。

甲子，帝臨朝堂，引見公卿已下，決疑政，録囚徒。

《南齊書》卷三《武帝紀》　庚午，以輔國將軍蕭惠休爲徐州刺史。

丙子，以左民尚書宜都王鏗爲南豫州刺史。

六月壬午，詔「霖雨既過，遣中書舍人、二縣官長賑賜京邑居民」。

《魏書》卷七下《高祖紀下》　丙戌，帝將南伐，詔造河橋。

己丑，詔免徐、南豫、陝、岐、東徐、洛、豫七州軍糧。

丁未，講武。

乙巳，詔曰：「六職備于周經，九列炳於漢晉，務必有恒，人守其職。比百秩雖陳，事典未敍。自八元樹位，躬加省覽，遠依往籍，近採時宜，作《職員令》二十一卷。事迫戎期，未善周悉。雖不足綱範萬度，永垂不朽，且可釋滯目前，釐整時務。須待軍回，更論所闕，權可付外施行。其有當局所疑而令文不載者，隨事以聞，當更附之。」

立皇子恂爲皇太子。

戊申，高麗國遣使朝獻。

《南齊書》卷三《武帝紀》　秋七月丁巳，詔曰：「頃風水爲災，二岸居民，多離其患。加以貧病六疾，孤老稚弱，彌足矜念。遣中書舍人履行沾卹。」又詔曰：「水旱爲災，實傷農稼。江淮之閒，倉廩既虚，遂草竊充斥，互相侵奪，依阻山湖，成此逋逃。曲赦南兖、兖、豫、司、徐五州，南豫州之歷陽、譙、臨江、廬江四郡，三調衆逋宿債，並同原除。其緣淮及青、冀新附僑民，復除已訖，更申五年。」

是月，上不豫，徙御延昌殿，乘輿始登階，而殿屋鳴吒，上惡之。

虜侵邊，戊辰，遣江州刺史陳顯達鎮雍州樊城。上慮朝野憂惶，乃力疾召樂府奏正聲伎。

戊寅，大漸。詔曰：「始終大期，賢聖不免，吾行年六十，亦復何恨。但皇業艱難，萬機事重，不能無遺慮耳。太孫進德日茂，社稷有寄。子良善相毗輔，思弘治道；內外衆事無大小，悉與鸞參懷共下意。尚書中是職務根本，悉委王晏、徐孝嗣。軍旅捍邊之略，委王敬則、陳顯達、王廣之、王玄邈、沈文季、張瓌、薛淵等。百辟庶僚，各奉爾職，謹事太孫，勿有懈怠。知復何言。」又詔曰：「我識滅之後，身上著夏衣畫天衣，純烏犀導，應諸器悉不得用寶物及織成等，唯裝複裌衣各一通。常所服身刀長短二口鐵環者，隨我入梓宮。祭敬之典，本在因心，東隣殺牛，不如西家禴祭。我靈上慎勿以牲爲祭，唯設餅、茶飲、干飯、酒脯而已。天下貴賤，咸同此制。未山陵前，朔望設菜食。陵墓萬世所宅，意嘗恨休安陵未稱，今可用東三處地最東邊以葬我，名爲景安陵。喪禮每存省約，不須煩民。百官停六時入臨，朔望祖日可依舊。諸主六宮，並不須從山陵。內殿鳳華、壽昌、耀靈三處，是吾所治製。夫貴有天下，富兼四海，宴處寢息，不容乃陋，謂此爲奢儉之中，慎勿壞去。顯陽殿玉像諸佛及供養，具如別牒，可盡心禮拜供養之。應有功德事，可專在中。自今公私皆不得出家爲道，及起立塔寺，以宅爲精舍，並嚴斷之。唯年六十，必有道心，聽朝賢選序，已有別詔。諸小小賜乞，及閣內處分，亦有別牒。內外禁衛勞舊主帥左右，悉付蕭諶優量驅使之，勿負吾遺意也。」

是日，上崩，年五十四。

齊鬱林王部（起公元四九三年，迄公元四九四年）

《讀史津逮》卷三《南齊》　鬱林王名昭業，小字法身，文惠太子長子。母王太后。永明十一年七月即位，明年改元隆昌。追尊父爲世宗文皇帝，封弟昭文爲新安王，昭秀巴陵王，昭粲桂陽王。在位一年，西昌侯鸞弑之，廢爲鬱林王，年二十二。妃何氏。

永明一一年、北魏太和一七年（癸酉、四九三）

《南齊書》卷四《鬱林王紀》　八月戊寅，世祖崩，太孫即位。

壬午，詔稱先帝遺詔，以護軍將軍武陵王曄爲衛將軍，征南大將軍陳顯達即本號，並開府儀同三司，尚書左僕射西昌侯鸞爲尚書令，太孫詹事沈文季爲護軍將軍。

癸未，以司徒竟陵王子良爲太傅。詔曰：「朕以寡薄，嗣膺寶政，對越靈命，欽若前圖，思所以敬守成規，拱揖羣后。哀荒在日，有懵大猷，宜育德振民，光昭睿範。凡逋三調及衆責，在今年七月三十日前，悉同蠲除。其備償封籍貨鬻未售，亦皆還主。御府諸署池田邸冶，興廢沿事，本施一時，於今無用者，詳所罷省。公宜權禁，一以還民，關市征賦，務從優減。」

《魏書》卷七下《高祖紀下》　乙酉，三老、山陽郡公尉元薨。

丙戌，車駕類於上帝，遂臨尉元喪。

《南齊書》卷四《鬱林王紀》　詔曰：「近北掠餘口，悉充軍實。刑故無小，罔或攸赦，撫辜興仁，事深睿範。宜從蕩宥，許以自新，可一同放遣，還復民籍。已賞賜者，亦皆爲贖。」

《魏書》卷七下《高祖紀下》　己丑，車駕發京師，南伐，步騎百餘萬。太尉丕奏請以宮人從，詔曰：「臨戎不語內事，宜停來請。」

《南齊書》卷四《鬱林王紀》　辛丑，詔曰：「往歲蠻虜協謀，志擾邊服，羣帥授略，大殲凶醜。革城克捷，及舞陰固守，二處勞人，未有沾爵賞者，可分遣選部，往彼序用。」

《魏書》卷七下《高祖紀下》　壬寅，車駕至肆州，民年七十已上，賜爵一級。路見眇跛者，停駕親問，賜衣食終身。

戊申，幸并州。親見高年，問所疾苦。

九月壬子，詔兼員外散騎常侍高聰、兼員外散騎侍郎賈禎使於蕭昭業。

《南齊書》卷四《鬱林王紀》　癸丑，詔「東西二省府國，長老所積，財單祿寡，良以矜懷。選部可甄才品能，推校年月，邦守邑丞，隨宜量處，以貧爲先」。

辛酉，追尊文惠皇太子爲世宗文皇帝。

《資治通鑑》卷一三八　丙寅，葬武皇帝於景安陵，廟號世祖。

《魏書》卷七下《高祖紀下》　戊辰，濟河。詔洛、懷、并、肆所過四州之民，百年以上假縣令，九十以上賜爵三級，八十以上賜爵二級，七十以上賜爵一級；鰥寡孤獨不能自存，粟人五斛，帛二匹；孝悌廉義、文武應求者，皆以名聞。又詔斷養之户不得與士民婚；有文武之才、積勞應進者同庶族例，聽之。

庚午，幸洛陽，周巡故宮基趾。

壬申，觀洛橋，幸太學，觀石經。

乙亥，鄧至王像舒彭遣子舊詣闕朝貢，并奉表，求以位授舊，詔許之。

丙子，詔六軍發軫。

《資治通鑑》卷一三八　丁丑，帝戎服，執鞭乘馬而出。羣臣稽顙於馬前。帝曰：「廟算已定，大軍將進，諸公更欲何云？」尚書李沖等曰：「今者之舉，天下所不願，唯陛下欲之，臣不知陛下獨行，竟何之也！臣等有其意而無其辭，敢以死請！」帝大怒曰：「吾方經營天下，期於混壹，而卿等儒生，屢疑大計，斧鉞有常，卿勿復言！」策馬將出，於是安定王休等並慇勤泣諫。帝乃諭羣臣曰：「今者興發不小，動而無成，何以示後！朕世居幽朔，欲南遷中土；苟不南伐，當遷都於此，王公以爲何如？欲遷者左，不欲者右。」南安王楨進曰：「『成大功者不謀於衆。』今陛下苟輟南伐之謀，遷都洛邑，此臣等之願，蒼生之幸也。」羣臣皆呼萬歲。時舊人雖不願內徙，而憚於南伐，無敢言者，遂定遷都之計。

冬十月戊寅朔，幸金墉城。詔徵司空穆亮與尚書李沖、將作大匠董爵經始洛京。

己卯，幸河南城。

乙酉，幸豫州。

癸巳，次於石濟。

乙未，解嚴，設壇於滑臺城東，告行廟以遷都之意。大赦天下。起滑臺宮。又詔京師及諸州從戎者賜爵一級，應募者加二級，主將加三級。

《南齊書》卷四《鬱林王紀》 壬寅，尊皇太孫太妃爲皇太后，立皇后何氏。

《資治通鑑》卷一三八 癸卯，魏主如鄴城。王肅見魏主於鄴，陳伐齊之策。魏主與之言，不覺促席移晷。自是器遇日隆，親舊貴臣莫能間也。魏主或屏左右與肅語，至夜分不罷，自謂君臣相得之晚。尋除輔國將軍、大將軍長史。時魏主方議興禮樂，變華風，凡威儀文物，多肅所定。

《南齊書》卷四《鬱林王紀》 十一月辛亥，立臨汝公昭文爲新安王，曲江公昭秀爲臨海王，皇弟昭粲爲永嘉王。

《資治通鑑》卷一三八 御史中丞江淹劾奏前益州刺史劉悛、梁州刺史陰智伯贓貨巨萬，皆抵罪。

《魏書》卷七下《高祖紀下》 十有二月戊寅，巡省六軍。

庚寅，陰平國遣使朝貢。

乙未，詔隱卹軍士，死亡疾病務令優給。

隆昌元年、北魏太和一八年（甲戌、四九四）

《南齊書》卷四《鬱林王紀》 春正月丁未，改元，大赦。加太傅竟陵王子良殊禮。驃騎將軍晉熙王銶爲郢州刺史，丹陽尹安陸王子敬爲南兖州刺史，征北大將軍晉安王子懋爲江州刺史，臨海王昭秀爲荆州刺史，永嘉王昭粲爲南徐州刺史，征南大將軍陳顯達進號車騎大將軍，郢州刺史建安王子真爲護軍將軍。詔百僚極陳得失。又詔王公以下各舉所知。

戊申，以護軍將軍沈文季爲領軍將軍。

己酉，以前將軍曹虎爲雍州刺史，右衛將軍薛淵爲司州刺史。

庚戌，以寧朔將軍蕭懿爲梁、南秦二州刺史，輔國長史申希祖爲交州刺史。

辛亥，車駕祠南郊。詔曰：「執耜罔忘，懸磬比室，秉機或惰，無褐終年。非怠非荒，雖由王道；不稂不莠，實賴民和。頃歲多稼無爽，遺秉如積，而三登之美未臻，萬斯之基尚遠。且風土異宜，百民殊務，刑章治緒，未必同源，妨本害政，事非一揆，冕旒屬念，無忘夙興。可嚴下州郡，務滋耕殖，相畝闢疇，廣開地利，深樹國本，克阜民天。又詢訪獄市，博聽謡俗，傷風損化，各以條聞，主者詳爲條格。」

戊午，車駕拜崇安陵。

《魏書》卷七下《高祖紀下》 癸亥，車駕南巡。詔相、兖、豫三州，百年以上假縣令，九十以上賜爵二級，七十以上賜爵一級；孤老鰥寡不能自存者，賜粟五石、帛二匹；孝悌廉義、文武應求者，皆以名聞。

戊辰，經殷比干之墓，祭以太牢。

《南齊書》卷四《鬱林王紀》 己巳，以新除黄門侍郎周奉叔爲青州刺史。

二月辛卯，車駕祠明堂。

《魏書》卷七下《高祖紀下》 丙申，河南王幹徙封趙郡，潁川王雍徙封高陽。

壬寅，車駕北巡。

癸卯，濟河。蕭昭業遣使朝貢。

甲辰，詔天下，喻以遷都之意。

《資治通鑑》卷一三九 三月壬申，至平城。使羣臣更論遷都利害，各言其志。

癸酉，魏主臨朝堂，部分遷留。

《南齊書》卷四《鬱林王紀》 夏四月辛巳，衛將軍、開府儀同三司武陵王曄薨。

戊子，太傅竟陵王子良薨。

丁酉，以驃騎將軍廬陵王子卿爲衛將軍，尚書右僕射鄱陽王鏘爲驃騎將軍，並開府儀同三司。

戊戌，以前沙州刺史楊炅爲沙州刺史。

《資治通鑑》卷一三九 己亥，魏罷五月五日、七月七日饗祖考。

魏録尚書事廣陵王羽奏：「令文：每歲終，州鎮列屬官治狀，及再考，則行黜陟。去十五年京官盡經考爲三等，今已三載。臣輒準外考，以定京官治行。」魏主曰：「考績事重，應關朕聽，不可輕發，且俟至秋。」

《南齊書》卷四《鬱林王紀》　閏月乙丑，以南東海太守蕭穎胄爲青、冀二州刺史。

丁卯，鎮軍大將軍鸞即本號開府儀同三司。

戊辰，以中軍將軍新安王昭文爲揚州刺史。

《資治通鑑》卷一三九　五月甲戌朔，日有食之。

《南齊書》卷四《鬱林王紀》　六月丙寅，以黄門侍郎王思遠爲廣州刺史。

秋七月庚戌，以中書郎蕭遥欣爲兗州刺史，東莞太守臧靈智爲交州刺史。

癸巳，皇太后令曰：「鎮軍、車騎、左僕射、前將軍、領軍、左衛、衛尉、八座：自我皇歷啓基，受終于宋，睿聖繼軌，三葉重光。太祖以神武創業，草昧區夏，武皇以英明提極，經緯天人。文帝以上哲之資，體元良之重，雖功未被物，而德已在民。三靈之眷方永，七百之基已固。嗣主特鍾沴氣，爰表弱齡，險戾著于緑車，愚固彰於崇正。狗馬是好，酒色方湎。所務唯鄙事，所疾唯善人。世祖慈愛曲深，每加容掩，冀年志稍改，立守神器。自入纂鴻業，長惡滋甚。居喪無一日之哀，縗絰爲歡宴之服。昏酣長夜，萬機斯壅，發號施令，莫知所從。閹竪徐龍駒專總樞密，奉叔、珍之互執權柄，自以爲任得其人，表裏緝穆，邁蕭、曹而愈信、布，倚太山而坐平原。於是恣情肆意，罔顧天顯，二帝姬嬪，並充寵御，二宫遺服，皆納玩府。內外混漫，男女無别。丹屏之北，爲酤鬻之所；青蒲之上，開桑中之肆。又微服潛行，信次忘反，端委以朝虚位，交戟而守空宫積旬矣。宰輔忠賢，盡誠奉主，誅鋤羣小，冀能悛革，曾無克己，更深怨憾。公卿股肱，以異己寘戮，文武昭穆，以德譽見猜。放肆醜言，將行屠膾，社稷危殆，有過綴旒。昔太宗克光於漢世，簡文代興於晉氏，前事之不忘，後人之師也。鎮軍居正體道，家國是賴，伊霍之舉，實寄淵謨，便可詳依舊典，以禮廢黜。中軍將軍新安王，體自文皇，睿哲天秀，宜入嗣鴻業，永寧四海。外即以禮奉迎。未亡人屬此多難，投筆增慨。」

二十二日壬辰，使蕭諶、坦之等於省誅曹道剛、朱隆之等，率兵自尚書入雲龍門，戎服加朱衣於上。比入門，三失履。王晏、徐孝嗣、蕭坦之、陳顯達、王廣之、沈文季係進。帝在壽昌殿，聞外有變，使閉內殿諸房閤，令閹人登興光樓望，還報云：「見一人戎服，從數百人，急裝，在西鍾樓下。」須臾，蕭諶領兵先入宫，截壽昌閤，帝走向愛姬徐氏房，拔劍自刺不中，以帛纏頸，輿接出延德殿。諶初入殿，宿衛將士皆操弓楯欲拒戰，諶謂之曰：「所取自有人，卿等不須動！」宿衛信之，及見帝出，各欲自奮，帝竟無一言。出西弄，殺之，時年二十二。輿尸出徐龍駒宅，殯葬以王禮。餘黨亦見誅。

齊海陵王部（起公元四九四年，迄公元四九四年）

《讀史津逮》卷三《南齊》 海陵恭王，名昭文，文惠太子第二子。初封臨汝公，鬱林王立，改封新安王。鸞弑鬱林奉立之，改本年甲戌爲延興元年。立三月，復矯太后令廢爲海陵王，尋弑之。妃王氏。

延興元年、北魏太和一八年（甲戌、四九四）

《南齊書》卷五《海陵王紀》 秋七月丁酉，即皇帝位。以尚書令鎮軍大將軍西昌侯鸞爲驃騎大將軍、録尚書事、揚州刺史、宣城郡公。詔曰：「太祖高皇帝英謀光大，受命作齊；世祖武皇帝宏猷冠世，繼暉下武；世宗文皇帝清明懿鑠，四海宅心：並德漏下泉，功昭上象，聲教所覃，無思不洽。洪基式固，景祚方融，而天步多阻，運鍾否剥。嗣君昏忍，暴戾滋多，棄侮天經，悖滅人紀，朝野重足，遐邇側視，民怨神恫，宗祧如綴。賴忠謨肅舉，霄漢廓清，俾三后之業，絶而更紐，七百之慶，危而復安。猥以沖人，入纂乾緒，載懷馭朽，若墜諸淵，思與黎元，共綏戩福。」大赦，改元。文武賜位二等。

《魏書》卷七下《高祖紀下》 八月癸卯，皇太子朝於行宫。

甲辰，行幸陰山，觀雲川。

《南齊書》卷五《海陵王紀》 以新除衛尉蕭諶爲中領軍，司空王敬則進位太尉，新除車騎大將軍陳顯達爲司空，尚書左僕射王晏爲尚書令，左衛將軍王廣之爲豫州刺史，驃騎大將軍鄱陽王鏘爲司徒。詔遣大使巡行風俗。

丁未，詔曰：「新安國五品以上，悉與滿敍，自此以下，皆聽解遣。其欲仕者，適其所樂。」以驍騎將軍河東王鉉爲南徐州刺史，西中郎將臨海王昭秀爲車騎將軍，南徐州刺史永嘉王昭粲爲荆州刺史。

戊申，以輔國將軍王詡爲廣州刺史，中書郎蕭遥欣爲兗州刺史。

庚戌，以車騎板行參軍李慶綜爲寧州刺史。

辛亥，以安西將軍王玄邈爲中護軍，新除後軍司馬蕭誕爲徐州刺史。

壬子，以冠軍司馬臧靈智爲交州刺史。

乙卯，申明織成、金薄、綵花、錦繡履之禁。

《魏書》卷七下《高祖紀下》 乙丑，南還。所過皆親見高年，問民疾苦，貧窘孤老賜以粟帛。

丙寅，詔六鎮及禦夷城人，年八十以上而無子孫兄弟，終身給其廩粟；七十以上家貧者，各賜粟十斛。又詔諸北城人，年滿七十以上及廢疾之徒，校其元犯，以準新律，事當從坐者，聽一身還鄉，又令一子扶養，終命之後，乃遣歸邊；自餘之處，如此之犯，年八十以上，皆聽還。

戊辰，車駕次旋鴻池。

庚午，謁永固陵。

辛未，還平城宫。

九月壬申朔，詔曰：「三載考績，自古通經；三考黜陟，以彰能否。今若待三考然後黜陟，可黜者不足爲遲，可進者大成賒緩。是以朕今三載一考，考即黜陟，欲令愚滯無妨於賢者，才能不壅於下位。各令當曹考其優劣，爲三等。六品以下，尚書重問；五品以上，朕將親與公卿論其善惡。上上者遷之，下下者黜之，中中者守其本任。」

《南齊書》卷五《海陵王紀》 癸酉，詔曰：「頃者以淮關徭戍，勤瘁於行役，故覃以榮階，薄酬厥勞。勳狀淹留，未集王府，非所以急舍爵之典，趣報功之旨。便可分遣使部，往彼銓用。」

辛巳，以前九真太守宋慈明爲交州刺史。

癸未，誅新除司徒鄱陽王鏘、中軍大將軍隨郡王子隆。遣平西將軍王廣之誅南兗州刺史安陸王子敬。於是江州刺史晉安王子懋起兵，遣中護軍王玄邈討之。

《資治通鑑》卷一三九 壬午，魏主臨朝堂，黜陟百官。謂諸尚書曰：「尚書，樞機之任，非徒總庶務，行文書而已，朕之得失，盡在於此。卿等居官，年垂再期，未嘗獻可替否，進一賢退一不肖，此最罪之大者。」又謂録尚書事廣陵王羽曰：「汝爲朕弟，居機衡之右，無勤恪之聲，有阿黨之迹，今黜汝録尚書、廷尉，但爲特進、太子太保。」又謂尚書令陸叡曰：「叔翻到省之初，甚有善稱；比來偏頗懈怠，由卿不能相導以義。雖無大責，宜有小罰，今奪卿禄一期。」又謂左僕射拓跋贊曰：「叔翻受黜，卿應大辟，但以咎歸一人，不復重責，今解卿少師，削禄一期。」又謂左丞公孫良、右丞乞伏義受曰：「卿罪亦應大辟，可以白衣守本官，冠服禄䘏盡從削奪。若三年有成，還復本任；無成，永歸南畝。」又謂尚書任城王澄曰：「叔神志驕傲，可解少保。」又謂長兼尚書于果曰：「卿不勤職事，數辭以疾，可解長兼，削禄一朞。」其餘守尚書尉羽、盧淵等，並以不職，或解任，或黜官，或奪禄，皆面數其過而行之。淵，昶之兄也。

帝又謂陸叡曰：「北人每言『北俗質魯，何由知書』！朕聞之，深用憮然！今知書者甚衆，豈皆聖人，顧學與不學耳。朕修百官，興禮樂，其志固欲移風易俗。朕爲天子，何必居中原，正欲卿等子孫漸染美俗，聞見廣博；若永居恒北，復值不好文之主，不免面牆耳。」對曰：「誠如聖言。金日磾不入仕漢朝，何能七世知名。」帝甚悦。

《南齊書》卷五《海陵王紀》 乙未，驃騎大將軍鸞假黄鉞，内外纂嚴。又誅湘州刺史南平王鋭、郢州刺史晉熙王銶、南豫州刺史宜都王鏗。

丁亥，以衛將軍廬陵王子卿爲司徒，撫軍將軍桂陽王鑠爲中軍將軍、開府儀同三司。

冬十月癸巳，詔曰：「周設媒官，趣及時之制；漢務輕徭，在休息之典。所以布德弘教，寬俗阜民。朕君制八紘，志敷九德，而習俗之風，爲弊未改，靜言多愠，無忘昏昃。督勸婚嫁宜嚴更申明，必使禽幣以時，摽梅息怨。正厨諸役，舊出州郡，徵吏民以應其數，公獲二旬，私累數朔。又廣陵年常遞出千人以助淮戍，勞擾爲煩，抑亦苞苴是育。今並可長停，别量所出。諸縣使村長路都防城直縣，爲劇尤深，亦宜禁斷。」

丁酉，解嚴。進驃騎大將軍、揚州刺史宣城公鸞爲太傅，領大將軍、揚州牧，加殊禮，進爵爲王。

戊戌，誅新除中軍將軍桂陽王鑠、撫軍將軍衡陽王鈞、侍中祕書監江夏王鋒、鎮軍將軍建安王子真、左將軍巴陵王子倫。

癸卯，以寧朔將軍蕭遥欣爲豫州刺史，新除黄門郎蕭遥昌爲郢州刺史，輔國將軍蕭誕爲司州刺史。

辛亥，皇太后令曰：「司空、後將軍、丹陽尹、右僕射、中領軍、八座：夫明晦迭來，屯平代有，上靈所以睠命，億兆所以歸懷。自皇家淳耀，列聖繼軌，諸侯官方，百神受職。而殷憂時啓，多難薦臻，隆昌失德，特紊人鬼，非徒四海解體，乃亦九鼎將移。賴天縱英輔，大臣社稷，崩基重造，墜典再興。嗣主幼沖，庶政多昧，且早嬰尫疾，弗克負荷，所以宗正内侮，戚藩外叛，覘天視地，人各有心。雖二祖之德在民，而七廟之危行及。自非樹以長君，鎮以淵器，未允天人之望，寧息奸宄之謀。太傅宣城王胤體宣皇，鍾慈太祖，識冠生民，功高造物，符表夙著，謳頌有在，宜入承寶命，式寧宗祏。帝可降封海陵王，吾當歸老别館。昔宣帝中興漢室，簡文重延晉祀，庶我鴻基，於茲永固。言念家國，感慶載懷。」

齊明帝部(起公元四九四年，迄公元四九八年)

《讀史津逮》卷三《南齊》　高宗明皇帝，名鸞，字景棲，小字元度，高帝兄始安王子。少孤，高帝撫育過諸子。初封西昌侯，後爲侍中、尚書令，宣城郡公，進爵爲王，弑二帝，入纂高帝爲第三子。延興元年十月篡位，再改本年爲建武，又改永泰。在位五年，壽四十，葬興安陵。明敬劉皇后。

建武元年、北魏太和一八年(甲戌、四九四)

《南齊書》卷六《明帝紀》　冬十月癸亥，即皇帝位。詔曰：「皇齊受終建極，握鏡臨宸，神武重輝，欽明懿鑠，七百攸長，盤石斯固。而王度中蹇，天階薦阻，嗣命多違，蕃釁孔棘，宏圖景曆，將墜諸淵。宣德皇后遠鑒崇替，憲章舊典，疇咨台揆，允定靈策，用集寶命于予一人。猥以虚薄，纘戎大業，仰繫鴻丕，顧臨兆民，永懷先構，若履春冰，寅憂夕惕，罔識攸濟，思與萬國，播此惟新。大赦天下，改元。宿衛身普轉一階，其餘文武，賜位二等。逋租宿責，換負官物，在建武元年以前，悉原除。劫賊餘口在臺府者，可悉原放。負釁流徙，並還本鄉。」太尉王敬則爲大司馬，司空陳顯達爲太尉，尚書令王晏加驃騎大將軍，中領軍蕭諶爲領軍將軍、南徐州刺史，皇子寶義爲揚州刺史，中護軍王玄邈爲南兗州刺史，新除右將軍張瓌爲右光禄大夫，平北將軍王廣之爲江州刺史。

乙丑，詔斷遠近上禮。

丁卯，詔「自今彫文篆刻，歲時光新，可悉停省。蕃牧守宰，或有薦獻，事非任土，嚴加禁斷」。追贈安陸昭侯緬爲安陸王。

己巳，以安陸侯子寶晊爲湘州刺史。詔曰：「頃守職之吏，多違舊典，存私害公，實興民蠹。今商旅税石頭後渚及夫鹵借倩，一皆停息。所在凡厥公宜，可即符斷。主曹詳爲其制，憲司明加聽察。」

《魏書》卷七下《高祖紀下》　庚午，詔曰：「比聞緣邊之蠻，多有竊掠，致有父子乖離，室家分絶，既虧和氣，有傷仁厚。方一區宇，子育萬姓，若苟如此，南人豈知朝德哉？可詔荆、郢、東荆三州勒敕蠻民，勿有侵暴。」

十有一月辛未朔，詔冀、定二州民，百年以上假以縣令，九十以上賜爵三級，八十以上賜爵二級，七十以上賜爵一級；鰥寡孤獨不能自存者，賜以穀帛；孝義廉貞、文武應求者具以名聞。

《南齊書》卷六《明帝紀》　癸酉，以西中郎長史始安王遥光爲揚州刺史，晉壽太守王洪範爲青、冀二州刺史，尚書令王晏領太子少傅。

甲戌，大司馬尋陽公王敬則等十三人進爵邑各有差。詔省新林苑，先是民地，悉以還主，原責本直。

庚辰，立皇子寶義爲晉安王，寶玄爲江夏王，寶源爲廬陵王，寶夤爲建安王，寶融爲隨郡王，寶攸爲南平王。

甲申，詔曰：「邑宰禄薄俸微，不足代耕，雖任土恒貢，亦爲勞費，自今悉斷。」又詔「宣城國五品以上，悉與滿敍。自此以下，皆聽解遣。其欲仕，適所樂」。

乙酉，追尊始安貞王爲景皇，妃爲懿后。

丙戌，以輔國將軍聞喜公遥欣爲荆州刺史，寧朔將軍豐城公遥昌爲豫州刺史。

丁亥，詔「細作中署、材官、車府，凡諸工，可悉開番假，遞令休息」。

戊子，立皇太子寶卷，賜天下爲父後者爵一級，孝子從孫，義夫節婦，普加甄賜明揚，表其衡閭，賚以束帛。

己丑，詔「東宫肇建，遠近或有慶禮，可悉斷之」。

壬辰，以新除征虜將軍江夏王寶玄爲郢州刺史。

永明中，御史中丞沈淵表百官年登七十，皆令致仕，並窮困私門。庚子，詔曰：「日者百司耆齒，許以自陳，東西二省，猶沾微俸，辭事私庭，榮禄兼謝，興言愛老，實有矜懷。自縉紳年及，可一遵永明七年以前銓敍之科。」上輔政所誅諸王，是月復屬籍，各封子爲侯。

《資治通鑑》卷一三九　上詐稱海陵恭王有疾，數遣御師瞻視，因而殞之，葬禮並依漢東海恭王故事。

《魏書》卷七下《高祖紀下》　十有二月辛丑朔，遣行征南將軍薛真度督四將出襄陽，大將軍劉昶出義陽，徐州刺史元衍出鍾離，平南將軍劉藻出南鄭。

壬寅，革衣服之制。

癸卯，詔中外戒嚴。

戊申，優復代遷之户租賦三歲。

己酉，詔王、公、侯、伯、子、男開國食邑者，王食半，公三分食一，侯伯四分食一，子男五分食一。

《資治通鑑》卷一三九 辛亥，發洛陽，以北海王詳爲尚書僕射，統留臺事；李沖兼僕射，同守洛陽。給事黄門侍郎崔休爲左丞，趙郡王幹都督中外諸軍事，始平王勰將宗子軍宿衛左右。休，逞之玄孫也。

《南齊書》卷六《明帝紀》 壬子，詔曰：「上覽易遺，下情難達，是以甘棠見美，肺石流詠。自月一視黄辭，如有含枉不申，懷直未舉者，莅民之司，並任厥失。」

《資治通鑑》卷一三九 戊辰，魏主至懸瓠。

己巳，詔壽陽、鍾離、馬頭之師所掠男女皆放還南。曹虎果不降。

建武二年、北魏太和一九年（乙亥、四九五）

《南齊書》卷六《明帝紀》 春正月辛未，詔「京師繫囚殊死，可降爲五歲刑，三署見徒五歲以下，悉原散。王公以下，各舉所知。隨王公卿士，内外羣僚，各舉朕違，肆心極諫」。索虜寇司、豫、徐、梁四州。

壬申，遣鎮南將軍王廣之督司州征討，右衛將軍蕭坦之督徐州征討，尚書右僕射沈文季督豫州征討。

己卯，詔京師二縣有毁發墳壠，隨宜修理。

又詔曰：「食惟民天，義高姬載，蠶實生本，教重軒經。前哲盛範，後王茂則，布令審端，咸必由之。朕肅扆巖廊，思弘風訓，深務八政，永鑒在勤，静言日昃，無忘寢興。守宰親民之主，牧伯調俗之司，宜嚴課農桑，罔令游惰，揆景肆力，必窮地利，固修堤防，考校殿最。若耕蠶殊衆，具以名聞；游怠害業，即便列奏。主者詳爲條格。」

乙未，虜攻鍾離，徐州刺史蕭惠休破之。

丙申，加太尉陳顯達使持節、都督西北征討諸軍事。

《資治通鑑》卷一四〇 丁酉，中外纂嚴。以太尉陳顯達爲使持節、都督西北討諸軍事，往來新亭、白下以張聲勢。

《魏書》卷七下《高祖紀下》 二月甲辰，幸八公山。路中雨甚，詔去蓋；見軍士病者，親隱卹之。

戊申，車駕巡淮而東，民皆安堵，租運屬路。

壬子，高麗國遣使朝獻。

丙辰，車駕至鍾離。

戊午，軍士擒蕭鸞三千卒，帝曰：「在君爲君，其民何罪。」於是免歸。

辛酉，車駕發鍾離，將臨江水。

《資治通鑑》卷一四〇 司徒長樂元懿公馮誕病，不能從，魏主與之泣訣，行五十里，聞誕卒。時崔慧景等軍去魏主營不過百里，魏主輕將數千人夜還鍾離，拊尸而哭，達旦，聲淚不絶。

壬戌，敕諸軍罷臨江之行，葬誕依晉齊獻王故事。誕與帝同年，幼同硯席，尚帝妹樂安長公主。雖無學術，而資性淳篤，故特有寵。

三月戊寅，魏主如邵陽，築城於洲上，柵斷水路，夾築二城。蕭坦之遣軍主裴叔業攻二城，拔之。魏主欲築城置戍於淮南，以撫新附之民，賜相州刺史高閭璽書，具論其狀。閭上表，以爲：「《兵法》『十則圍之，五則攻之』。歸者國家止爲受降之計，發兵不多，東西遼闊，難以成功；今又欲置戍淮南，招撫新附。昔世祖以回山倒海之威，步騎數十萬，南臨瓜步，諸郡盡降，而盱眙小城，攻之不克。班師之日，兵不戍一城，土不闢一廛。夫豈無人？以爲大鎮未平，不可守小故也。夫壅水者先塞其原，伐木者先斷其本；本原尚在而攻其末流，終無益也。壽陽、盱眙、淮陰，淮南之本原也；三鎮不克其一，而留守孤城，其不能自全明矣。敵之大鎮逼其外，長淮隔其内；少置兵則不足以自固，多置兵則糧運難通。大軍既還，士心孤怯；夏水盛漲，救援甚難。以新擊舊，以勞禦逸，若果如此，必爲敵擒，雖忠勇奮發，終何益哉！且安土戀本，人之常情。昔彭城之役，既克大鎮，城戍已定，而不服思叛者猶踰數萬。角城蕞爾，處在淮北，去淮陽十八里。五固之役，攻圍歷時，卒不能克。以今準昔，事兼數倍。天時尚熱，雨水方降，願陛下鍾世祖之成規，旋轅返旆，經營洛邑，蓄力觀釁，布德行化，中國既和，遠人自服矣。」尚書令陸叡上表，以爲：「長江浩蕩，彼之巨防。又南土昏霧，暑氣鬱蒸，師人經夏，必多疾病。而遷鼎草創，庶事甫爾，臺省無論政之館，府寺靡聽治之所，百僚居止，事等行路，沈雨炎陽，自成癘疫。且兵徭並舉，聖王所難。今介胄之士，外攻寇讎，羸弱之夫，內勤土木，運給之費，日損千金。驅罷弊之兵，討堅城之虜，將何以取勝乎！陛下去冬之舉，正欲曜武江、漢耳；今自春幾夏，理宜釋甲。願早還洛邑，使根本深固，聖懷無內顧之憂，兆民休斤板之役，然後命將出師，何憂不服。」魏主納其言。

《南齊書》卷六《明帝紀》 戊申，詔「南徐州僑舊民丁，多充戍旅，蠲今年三課」。

己未，司州刺史蕭誕與衆軍擊虜，破之。詔「雍、豫、司、南兗、徐五州遇寇之家，悉停今年税調。其與虜交通，不問往罪」。

丙寅，停青州麥租。虜自壽春退走。

甲申，解嚴。

夏四月己亥朔，詔「三百里内獄訟，同集京師，克日聽覽。此以外委州郡訊察。三署徒隸，原遣有差」。索虜圍漢中，梁州刺史蕭懿拒退之。

《魏書》卷七下《高祖紀下》 庚子，車駕幸彭城。

辛丑，帝爲太師馮熙舉哀於行在所。

丁未，曲赦徐、豫二州，其運漕之士，復租賦三年。

辛亥，詔賜百歲以上假縣令，九十以上賜爵三級，八十以上賜爵二級，七十以上賜爵一級；孤寡老疾不能自存者，賜以穀帛；德著丘園者具以名聞；蕭鸞民降者，給復十五年。

癸丑，幸小沛，遣使以太牢祭漢高祖廟。

己未，行幸瑕丘，遣使以太牢祠岱岳。

詔宿衛武官增位一級。

《南齊書》卷七《明帝紀》 己未，以新除黄門郎裴叔業爲徐州刺史。

《魏書》卷七下《高祖紀下》 庚申，行幸魯城，親祠孔子廟。

辛酉，詔拜孔氏四人、顔氏二人爲官。

詔兗州刺史舉部内士人才堪軍國及守宰治行，具以名聞。又詔賜兗州民爵及粟帛如徐州。

又詔選諸孔宗子一人，封崇聖侯，邑一百户，以奉孔子之祀。又詔兗州爲孔子起園栢，修飾墳壠，更建碑銘，褒揚聖德。

戊辰，行幸碻磝。

太和廟成。

五月己巳，城陽王鸞赭陽失利，降爲定襄縣王。

廣川王諧薨。

庚午，遷文成皇后馮氏神主于太和廟。

甲戌，行幸滑臺。

丙子，次于石濟。

庚辰，皇太子朝於平桃城。

高麗、吐谷渾國並遣使朝貢。

癸未，車駕至自南伐，告于太廟。

甲申，減閑官禄以裨軍國之用。

乙酉，行飲至之禮，班賜有差。

甲午，皇太子冠於廟。

《南齊書》卷七《明帝紀》 寢廟成，詔「監作長帥，可賜位一等，役身遣假一年，非役者蠲租同假限」。

《魏書》卷七下《高祖紀下》 六月己亥，詔不得以北俗之語言於朝廷，若有違者，免所居官。

辛丑，詔復軍士從駕渡淮者租賦三年。

癸卯，詔皇太子赴平城宫。

壬子，詔濟州、東郡、滎陽及河南諸縣車駕所經者，百年以上賜假縣令，九十以上賜爵三級，八十以上賜爵二級，七十以上賜爵一級；孤老鰥寡不能自存，賜以穀帛；孝悌廉義、文武應求者具以名聞。

癸丑，詔求天下遺書，祕閣所無、有裨益時用者加以優賞。

乙卯，曲赦梁州，復民田租三歲。

丙辰，詔遷洛之民，死葬河南，不得還北。於是代人南遷者，悉爲河南洛陽人。

戊午，詔改長尺大斗，依《周禮》制度，班之天下。

《南齊書》卷七《明帝紀》 壬戌，誅領軍將軍蕭諶、西陽王子明、南海王子罕、邵陵王子貞。

乙丑，以右衛將軍蕭坦之爲領軍將軍。

秋七月辛未，以右將軍晉安王寶義爲南徐州刺史。

壬申，以冠軍將軍梁王爲司州刺史。

辛卯，以氐楊馥之爲北秦州刺史、仇池公。

《魏書》卷七下《高祖紀下》 八月甲辰，幸西宫，路見壞冢露棺，駐輦殣之。

乙巳，詔選天下武勇之士十五萬人爲羽林、虎賁，以充宿衛。

《南齊書》卷六《明帝紀》 丁未，以右衛將軍廬陵王寶源爲南兗州刺史。

庚戌，以新除輔國將軍申希祖爲兗州刺史。

《魏書》卷七下《高祖紀下》 丁巳，詔諸從兵從征被傷者皆聽還本。

金墉宫成。

甲子，引羣臣歷宴殿堂。

《資治通鑑》卷一四〇 九月庚午，魏六宫、文武悉遷于洛陽。

丙戌，魏主如鄴，屢至相州刺史高閭之館，美其治效，賞賜甚厚。

《南齊書》卷六《明帝紀》 己丑，改封南平王寶攸爲邵陵王，蜀郡王子文爲西陽王，廣漢王子峻爲衡陽王，臨海王昭秀爲巴陵王，永嘉王昭粲爲桂陽王。

冬十月癸卯，詔曰：「軌世去奢，事殷哲后；訓物以儉，理鏡前王。朕屬流弊之末，襲澆浮之季，雖恭已弘化，刻意隆平，而禮讓未興，侈華猶競。永覽玄風，兢言集愧，思所以還淳改俗，反古移民。可罷東田，毁興光樓。」並詔水衡量省御乘。

乙卯，納皇太子妃褚氏，大赦。王公已下，班賜各有差。斷四方上禮。

《魏書》卷七下《高祖紀下》 丙辰，車駕至自鄴。

辛酉，詔州郡諸有士庶經行修敏、文思遒逸，才長吏治、堪幹政事者，以時發遣。

壬戌，詔諸州牧精品屬官，考其得失，爲三等之科以聞，將親覽而升降焉。詔徐、兗、光、南青、荆、洛六州纂嚴戎備，應須赴集。

十有一月，行幸委粟山。議定圓丘。

甲申，有事於圓丘。

丙戌，大赦天下。

《南齊書》卷六《明帝紀》 十有二月乙未朔，引見羣臣於光極堂，宣示品令，爲大選之始。

《南齊書》卷六《明帝紀》 丁酉，詔曰：「舊國都邑，望之悵然。況乃自經南面，負扆宸居，或功濟當時，德覃一世，而塋壠欑穢，封樹不修，豈直嗟深牧豎，悲甚信陵而已哉。昔中京淪覆，鼎玉東遷，晉元締構之始，簡文遺詠在民，而松門夷替，埏路榛蕪，雖年代殊往，撫事興懷。晉帝諸陵，悉加修理，並增守衛。吴、晉陵二郡失稔之鄉，蠲三調有差。」

《魏書》卷七下《高祖紀下》 辛酉，驃騎大將軍、司州牧、咸陽王禧爲長兼太尉，前南安王楨復本封，以特進、廣陵王羽爲征東大將軍、開府儀同三司、青州刺史。

甲子，引見羣臣於光極堂，班賜冠服。

《資治通鑑》卷一四〇 先是魏人未嘗用錢，魏主始命鑄太和五銖。是歲，鼓鑄粗備，詔公私用之。

魏以光城蠻帥田益光爲南司州刺史，所統守宰，聽其銓置。後更於新蔡立東豫州，以益光爲刺史。

建武三年、北魏太和二〇年（丙子、四九六）

《南齊書》卷六《明帝紀》 春正月丁卯，以陰平王楊炅子崇祖爲沙州刺史，封陰平王。北中郎將建安王寶寅爲江州刺史。

《資治通鑑》卷一四〇 魏主下詔，以爲：「北人謂土爲拓，后爲跋。魏之先出於黄帝，以土德王，故爲拓跋氏。夫土者，黄中之色，萬物之元也，宜改姓元氏。諸功臣舊族自代來者，姓或重復，皆改之。」於是始改拔拔氏爲長孫氏，達奚氏爲奚氏，乙旃氏爲叔孫氏，丘穆陵氏爲穆氏，步六孤氏爲陸氏，賀賴氏爲賀氏，獨孤氏爲劉氏，賀樓氏爲樓氏，勿忸于氏爲于氏，尉遲氏爲尉氏；其餘所改，不可勝紀。

魏主雅重門族，以范陽盧敏、清河崔宗伯、滎陽鄭羲、太原王瓊四姓，衣冠所推，咸納其女以充後宫。隴西李沖以才識見任，當朝貴重，所結姻婭，莫非清望；帝亦以其女爲夫人。詔黄門郎、司徒左長史宋弁定諸州士族，多所升降。又詔以：「代人先無姓族，雖功賢之胤，無異寒賤；故宦達者位極公卿，其功、衰之親仍居猥任。其穆、陸、賀、劉、樓、于、嵇、尉八姓，自太祖已降，勳著當世，位盡王公，灼然可知者，且下司州、吏部，勿充猥官，一同四姓。自此以外，應班士流者，尋續别敕。其舊爲部落大人，而皇始已來三世官在給事已上及品登王公者爲姓；若本非大人，而皇始已來三世官在尚書已上及品登王公者亦爲姓。其大人之後而官不顯者爲族；若本非大人而官顯者亦爲族。凡此姓族，皆應審覈，勿容僞冒。令司空穆亮、尚書陸琇等詳定，務令平允。」

《南齊書》卷六《明帝紀》　己巳，詔申明守長六周之制。

乙酉，詔「去歲索虜寇邊，緣邊諸州郡將士有臨陣及疾病死亡者，並送還本土」。

《魏書》卷七下《高祖紀下》　二月，壬寅，詔自非金革，聽終三年喪。

丙午，詔畿内七十以上暮春赴京師，將行養老之禮。

庚戌，幸華林，聽訟於都亭。

癸丑，詔介山之邑，聽爲寒食，自餘禁斷。

《南齊書》卷六《明帝紀》　三月壬午，詔「車府乘輿有金銀飾校者，皆剔除」。

夏四月，虜寇司州，戍兵擊破之。

五月己巳，以征虜將軍蕭懿爲益州刺史，前軍將軍陰廣宗爲梁、南秦二州刺史，前新除寧州刺史李慶宗爲寧州刺史。

《魏書》卷七下《高祖紀下》　七月，廢皇后馮氏。

戊寅，帝以久旱，咸秩羣神，自癸未不食至于乙酉，是夜澍雨大洽。

丁亥，詔曰：「炎陽爽節，秋雩卷澍，在予之責，實深悚慄，故輟膳三晨，以命上訴。靈鑒誠款，曲流雲液。雖休勿休，寧敢愆怠。將有賢人湛德，高士凝棲，雖加銓採，未能招致。其精訪幽谷，舉茲賢彥，直言極諫，匡予不及。又邪佞毁朝，固唯治蠹；貪夫竊位，大政以虧。主者彈劾不肖，明黜盜禄。又法爲治要，民命尤重，在京之囚，悉命條奏，朕將親案，以時議決。又疾苦六極，人神所矜，宜時訪卹，以拯窮廢。鰥寡困乏、不能自存者，明加矜卹，令得存濟。又輕徭薄賦，君人常理，歲中恒役，具以狀聞。又夫婦之道，生民所先，仲春奔會，禮有達式，男女失時者以禮會之。又京民始業，農桑爲本，田稼多少，課督以不，具以狀言。」

八月壬辰朔，幸華林園，親録囚徒，咸降本罪二等決遣之。

戊戌，車駕幸嵩高。

甲寅，還宮。

《南齊書》卷六《明帝紀》　九月辛酉，以冠軍將軍徐玄慶爲兗州刺史。

冬十月，以輔國將軍申希祖爲司州刺史。

閏十二月戊寅，皇太子冠，賜王公以下帛各有差，爲父後者賜爵一級。斷遠近上禮。又詔「今歲不須光新，可以見錢爲百官供給」。

建武四年、北魏太和二十一年（丁丑、四九七）

《南齊書》卷六《明帝紀》　春正月庚午，大赦。詔曰：「嘉肴停俎，定方旨於必甘；良玉在攻，表珪璋於既就。是以陶鈞萬品，務本爲先；經緯九區，學斅爲大。往因時康，崇建庠序，屯虞薦有，權從省廢，謳誦寂寥，倏移年稔，永言古昔，無忘旰昃。今華夏乂安，要荒慕嚮，締脩東序，寔允適時。便可式依舊章，廣延國胄，弘敷景業，光被後昆。」

《資治通鑑》卷一四一　丙申，魏立皇子恪爲太子。魏主宴於清徽堂，語及太子恂，李沖謝曰：「臣忝師傅，不能輔導。」帝曰：「朕尚不能化其惡，師傅何謝也！」

《南齊書》卷六《明帝紀》　壬寅，詔「民産子者，蠲其父母調役一年，又賜米十斛。新婚者，蠲夫役一年」。

丙辰，尚書令王晏伏誅。

《資治通鑑》卷一四一　二月甲子，以左僕射徐孝嗣爲尚書令，征虜將軍蕭季敞爲廣州刺史。

《魏書》卷七下《高祖紀下》　壬戌，次於太原。親見高年，問所不便。

乙丑，詔并州士人年六十已上，假以郡守。

先是，定州民王金鈎訛言惑衆，自稱應王。丙寅，州郡捕斬之。

甲戌，謁永固陵。

癸未，行幸雲中。

《南齊書》卷六《明帝紀》　三月乙未，右僕射沈文季領護軍將軍。

《魏書》卷七下《高祖紀下》　車駕南巡。

己酉，次離石。叛胡歸罪，宥之。

甲寅，詔汾州民百年以上假縣令，九十以上賜爵三級，八十以上賜爵二級，七十以上賜爵一級。

丙辰，車駕次平陽，遣使者以太牢祭唐堯。

夏四月庚申，幸龍門，遣使者以太牢祭夏禹。

癸亥，行幸蒲坂，遣使者以太牢祭虞舜。

戊辰，詔修堯、舜、夏禹廟。

辛未，行幸長安。

乙亥，親見高年，問所疾苦。

丙子，遣侍臣分省縣邑，賑賜穀帛。

戊寅，幸未央殿、阿房宮，遂幸昆明池。

癸未，大將軍、宋王劉昶薨。

丙戌，遣使者以太牢祀漢帝諸陵。

五月丁亥朔，衞大國遣使朝貢。

己丑，車駕東旋，汎渭入河。

庚寅，詔雍州士人百年以上假華郡太守，九十以上假荒郡，八十以上假華縣令，七十以上假荒縣；庶老以年各減一等，七十以上賜爵三級；其營船之夫，賜爵一級；孤寡鰥貧、窮癃廢疾，各賜帛二匹，穀五斛；其孝友德義、文學才幹，悉仰貢舉。

壬辰，遣使者以太牢祭周文王於酆，祭武王於鎬。

癸卯，遣使祭華嶽。

六月庚申，車駕至自長安。

壬戌，詔冀、定、瀛、相、濟五州發卒二十萬，將以南討。

癸亥，司空穆亮遜位。

秋七月甲午，立昭儀馮氏爲皇后。

戊辰，以前司空穆亮爲征北大將軍、開府儀同三司、冀州刺史。

甲寅，帝親爲羣臣講喪服於清徽堂。

《南齊書》卷六《明帝紀》　八月，追尊景皇所生王氏爲恭太后。索虜寇沔北。

《魏書》卷七下《高祖紀下》　丙辰，詔中外戒嚴。

壬戌，立皇子愉爲京兆王，懌爲清河王，懷爲廣平王。

壬申，行幸河南城。

甲戌，講武於華林園。

庚辰，車駕南討。

九月丙申，詔曰：「哀貧恤老，王者所先；鰥寡六疾，尤宜矜愍。可敕司州洛陽之民，年七十已上無子孫，六十以上無期親，貧不自存者，給以衣食；及不滿六十而有廢痼之疾，無大功之親，窮困無以自療者，皆於别坊遣醫救護，給醫師四人，豫請藥物以療之。」

丁酉，詔河南尹李崇討梁州叛羌，受征西源懷節度。

辛丑，帝留諸將攻赭陽，引師而南。

癸卯，至宛城，夜襲其郛，克之。

丁未，車駕發南陽，留太尉咸陽王禧、前將軍元英攻之。

己酉，車駕至新野。

冬十月丁巳，四面進攻，不克，詔左右軍築長圍以守之。

《南齊書》卷六《明帝紀》　又寇司州，甲戌，遣太子中庶子梁王、右軍司馬張稷討之。

《資治通鑑》卷一四一　十一月甲午，前軍將軍韓秀方等十五將降於魏。

《南齊書》卷六《明帝紀》　丙辰，以氐楊靈珍爲北秦州刺史、仇池公、武都王。

丁亥，詔「所在結課屋宅田桑，可詳減舊債」。

十二月甲子，以冠軍將軍裴叔業爲豫州刺史，冠軍將軍徐玄慶爲徐州刺史，寧朔將軍左興盛爲兖州刺史。

丁丑，遣度支尚書崔慧景率衆救雍州。

《魏書》卷七下《高祖紀下》　庚申，破之，俘斬萬餘。

丁卯，詔流徙之囚，皆勿決遣，有登城之際，令其先鋒自效。

庚午，車駕臨沔，遂巡沔東還。

戊寅，車駕還新野。

己卯，親行營壘，隱卹六軍。

蕭鸞將王曇紛等萬餘人寇南青州黄郭戍，戍主崔僧淵擊破之，悉虜其衆。

以齊郡王子琛紹河間王若後。

《資治通鑑》卷一四一　是歲，高昌王馬儒遣司馬王體玄入貢于魏，請兵迎接，求舉國内徙，魏主遣明威將軍韓安保迎之，割伊吾之地五百里以居儒衆。儒遣左長史顧禮、右長史金城麴嘉將步騎一千五百迎安保，而安保不至；禮、嘉還高昌，安保亦還伊吾。安保遣其屬朝興安等使高昌，儒復遣顧禮將世子義舒迎安保，至白棘城，去高昌百六十里。高昌舊人戀土，不願東遷，相與殺儒，立麴嘉爲王，復臣於柔然。安保獨與顧禮、馬義舒還洛陽。

永泰元年、北魏太和二二年（戊寅、四九八）

《南齊書》卷六《明帝紀》　春正月癸未朔，大赦。逋租宿債在四年之前，皆悉原除。中軍大將軍徐孝嗣即本號開府儀同三司。沔北諸郡爲虜所侵，相繼敗没。

《魏書》卷七下《高祖紀下》　朝饗羣臣於新野行宫。

丁亥，拔新野，獲蕭鸞輔國將軍、新野太守劉忌，斬之於宛。

戊子，鸞湖陽戍主蔡道福棄城遁走。

辛卯，鸞赭陽戍主成公期、軍主胡松棄城遁走。

壬辰，鸞輔國將軍、舞陰戍主黄瑶起及直閤將軍、臺軍主鮑舉，南鄉太守席謙相尋遁走，瑶起、鮑舉爲軍人所獲送。

《南齊書》卷六《明帝紀》　乙巳，遣太尉陳顯達持節救雍州。

丁未，誅河東王鉉、臨賀王子岳、西陽王子文、衡陽王子峻、南康王子琳、永陽王子珉、湘東王子建、南郡王子夏、桂陽王昭粲、巴陵王昭秀。

二月癸丑，遣左衛將軍蕭惠休假節援壽陽。

辛未，豫州刺史裴叔業擊虜於淮北，破之。

《魏書》卷七下《高祖紀下》　詔以穰民首歸大順終始若一者，給復三十年，標其所居曰「歸義鄉」；次降者給復十五年。

《資治通鑑》卷一四一　辛巳，以彭城王勰爲使持節、都督南征諸軍事、中軍大將軍、開府儀同三司。

《南齊書》卷六《明帝紀》　平西將軍蕭遥欣領雍州刺史。

《魏書》卷七下《高祖紀下》　三月壬午朔，大破鸞平北將軍崔惠景、黄門郎蕭衍軍於鄧城，斬獲首虜二萬有餘。

庚寅，行幸樊城，觀兵襄沔，耀武而還。曲赦二荆、魯陽郡。鎮南將軍王肅攻鸞義陽。鸞遣將裴叔業寇渦陽。

乙未，詔將軍鄭思明、嚴虚敬、宇文福等三軍繼援。

辛丑，行幸湖陽。

《南齊書》卷六《明帝紀》　丙午，蠲雍州遇虜之縣租布。

戊申，詔曰：「仲尼明聖在躬，允光上哲，弘厥雅道，大訓生民，師範百王，軌儀千載，立人斯仰，忠孝攸出，玄功潛被，至德彌闡。雖反袂遐曠，而祧薦靡闕，時祭舊品，秩比諸侯。頃歲以來，祀典陵替，俎豆寂寥，牲奠莫舉，豈所以克昭盛烈，永隆風教者哉。可式循舊典，詳復祭秩，使牢餼備禮，欽饗兼申。」

夏四月甲寅，改元，赦三署囚繫原除各有差，文武賜位二等。

丙戌，以鎮軍將軍蕭坦之爲侍中、中領軍。

己未，立武陵昭王子坦爲衡陽王。

丙寅，以西中郎長史劉暄爲郢州刺史。

丁卯，大司馬會稽太守王敬則舉兵反。

五月壬午，遣輔國將軍劉山陽率軍東討。

乙酉，斬敬則傳首，曲赦浙東、吴、晉陵七郡。以後軍長史蕭穎胄爲南兖州刺史。

丁酉，以北中郎將司馬元和爲兖州刺史。

秋七月，以輔國將軍王珍國爲青、冀二州刺史。

《資治通鑑》卷一四一　魏彭城王勰表以一歲國秩、職俸、親卹裨軍國之用。

《南齊書》卷六《明帝》　癸卯，以太子中庶子梁王爲雍州刺史，太尉陳顯達爲江州刺史。

己酉，帝崩于正福殿，年四十七。遺詔曰：「徐令可重申八命，中書監本官悉如故。沈文季可左僕射，常侍護軍如故。江祏可右僕射，江祀可侍中，劉暄可衞尉。軍政大事委陳太尉。内外衆事無大小委徐孝嗣、遥光、坦之、江祏，其大事與沈文季、江祀、劉暄參懷。心膂之任，可委劉悛、蕭惠休、崔惠景。」

齊東昏侯部（起公元四九八年，迄公元五〇一年）

《資治通鑑》卷一四二　東昏侯諱寶卷，字智藏，明帝第二子也；本名明賢，明帝輔政後，改焉。明帝長子寶義有廢疾，故立帝爲太子。其後蕭衍、蕭穎胄以荆、雍起兵輔南康王寶融以攻帝，廢帝爲東昏侯。荆、雍在西，謂帝以昏虐居東，故廢爲東昏侯。

永泰元年、北魏太和二二年（戊寅、四九八）

《南齊書》卷七《東昏侯紀》　七月己酉，高宗崩，太子即位。

八月丁巳，詔雍州將士與虜戰死者，復除有差。又詔辨括選序，訪搜貧屈。

庚申，鎮北將軍晉安王寶義進號征北大將軍、開府儀同三司。南中郎將建安王寶寅爲郢州刺史。

《資治通鑑》卷一四一　葬明皇帝於興安陵，廟號高宗。東昏侯惡靈在太極殿，欲速葬，徐孝嗣固爭，得踰月。帝每當哭，輒云喉痛。

《魏書》卷七下《高祖紀下》　九月己亥，帝以蕭鸞死，禮不伐喪，乃詔反旆。

丙午，車駕發懸瓠。

《南齊書》卷七《東昏侯紀》　冬十月己未，詔删省科律。

十一月戊子，立皇后褚氏，賜王公以下錢各有差。

《資治通鑑》卷一四三　十二月，林邑王諸農入朝，海中值風，溺死，以其子文款爲林邑王。

永元元年、北魏太和二三年（己卯、四九九）

《南齊書》卷七《東昏侯紀》　春正月戊寅，大赦，改元。詔研策秀、孝，考課百司。

《資治通鑑》卷一四二　太尉陳顯達督平北將軍崔慧景軍四萬擊魏，欲復雍州諸郡。

《南齊書》卷七《東昏侯紀》　辛卯，車駕祠南郊。詔三品清資官以上應食禄者，有二親或祖父母年登七十，並給見錢。

《資治通鑑》卷一四二　戊戌，魏主至洛陽，過李沖冢。時卧疾，望之而泣；見留守官，語及沖，輒流涕。

魏主謂任城王澄曰：「朕離京以來，舊俗少變不？」對曰：「聖化日新。」帝曰：「朕入城，見車上婦人猶戴帽、著小襖，何謂日新！」對曰：「著者少，不著者多。」帝曰：「任城，此何言也！必欲使滿城盡著邪？」澄與留守官皆免冠謝。

《南齊書》卷七《東昏侯紀》　癸卯，以冠軍將軍南康王寶融爲荆州刺史。

二月癸丑，以北中郎將邵陵王寶攸爲南兗州刺史。

是月，太尉陳顯達敗績於馬圈。

《魏書》卷七下《高祖紀下》　三月庚辰，車駕南伐。

癸未，次梁城。

甲申，以順陽被圍危急，詔振武將軍慕容平城率騎五千赴之。

丙戌，帝不豫，司徒、彭城王勰侍疾禁中，且攝百揆。

丁酉，車駕至馬圈。詔鎮南大將軍、廣陽王嘉斷均口，邀顯達歸路。

戊戌，頻戰破之，其夜，顯達及崔惠景、曹虎等宵遁。

己亥，收其戎資億計，班賜六軍。諸將追奔及於漢水，斬獲及赴水而死者十八九，斬寶卷左軍將軍張于達等。賊將蔡道福、成公期率數萬人棄順陽遁走。

甲辰，詔賜皇后馮氏死。詔司徒勰徵太子於魯陽踐阼，詔以侍中、護軍將軍、北海王詳爲司空公，鎮南將軍王肅爲尚書令，鎮南大將軍、廣陽王嘉爲尚書左僕射，尚書宋弁爲吏部尚書，與侍中、太尉公禧，尚書右僕射、任城王澄等六人輔政。顧命宰輔曰：「粤爾太尉、司空、尚書令、左右僕射、吏部尚書，惟我太祖丕丕之業，與四象齊茂，累聖重明，屬鴻曆於寡昧。兢兢業業，思纂乃聖之遺蹤。遷都嵩極，定鼎河瀍，庶南蕩甌吴，復禮萬國，以仰光七廟，俯濟蒼生。困窮早滅，不永乃志。公卿其善毗繼子，隆我魏室，不亦善歟？可不勉之！」

夏四月丙午朔，帝崩于穀塘原之行宫，時年三十三。祕諱，至魯陽發哀，還京師。上謚曰孝文皇帝，廟曰高祖。

《魏書》卷八《世宗紀》 丁巳，即皇帝位于魯陽，大赦天下。帝居諒闇，委政宰輔。

《南齊書》卷七《東昏侯紀》 夏四月己巳，立皇太子誦，大赦，賜民爲父後爵一級。

甲戌，以寧朔將軍柳惔爲梁、南秦二州刺史。

《資治通鑑》卷一四二 五月丙申，魏葬孝文帝於長陵，廟號高祖。

魏世宗欲以彭城王勰爲相，勰屢陳遺旨，請遂素懷，帝對之悲慟。勰懇請不已，乃以勰爲使持節、侍中、都督冀、定等七州諸軍事、驃騎大將軍、開府儀同三司、定州刺史。勰猶固辭，帝不許，乃之官。

《南齊書》卷七《東昏侯紀》 癸亥，以撫軍大將軍始安王遥光爲開府儀同三司。

六月己酉，新除右衛將軍崔惠景爲護軍將軍。

癸亥，以始興内史范雲爲廣州刺史。

甲子，詔原雍州今年三調。

秋七月丁亥，京師大水，死者衆，詔賜死者材器，並賑卹。

八月乙巳，蠲京邑遇水資財漂蕩者今年調税。又詔爲馬圈戰亡將士舉哀。

丙辰，揚州刺史始安王遥光據東府反，詔曲赦京邑，中外戒嚴。尚書令徐孝嗣以下屯衛宫城。遣領軍將軍蕭坦之率六軍討之。

戊午，斬遥光傳首。

己未，以征北大將軍晉安王寶玄爲南徐、兖二州刺史。

己巳，尚書令徐孝嗣爲司空，右衛將軍劉暄爲領軍將軍。

閏月丙子，以江陵公寶覽爲始安王。虜僞東徐州刺史沈陵降，以爲北徐州刺史。

九月丁未，以輔國將軍裴叔業爲兖州刺史，征虜長史張沖爲豫州刺史。

壬戌，以頻誅大臣，大赦天下。

《資治通鑑》卷一四二 益州刺史劉季連聞帝失德，遂自驕恣，用刑嚴酷，蜀人怨之。是月，遣兵襲中水，不克。於是蜀人趙續伯等皆起兵作亂，季連不能制。

《南齊書》卷七《東昏侯紀》 辛未，以太子詹事王瑩爲中領軍。

冬十月乙未，誅尚書令新除司空徐孝嗣，右僕射新除鎮軍將軍沈文季。

乙巳，以始興内史顔翻爲廣州刺史，征虜將軍沈陵爲越州刺史。

十一月丙辰，太尉江州刺史陳顯達舉兵於尋陽。

乙丑，護軍將軍崔慧景加平南將軍，督衆軍南討事。

丙寅，以冠軍將軍王鴻爲徐州刺史。

十二月癸未，以前輔國將軍楊集始爲秦州刺史。

甲申，陳顯達至京師，宫城嚴警，六軍固守。

《資治通鑑》卷一四二 乙酉，顯達以數千人登落星岡，新亭諸軍聞之，奔還，宫城大駭，閉門設守。顯達執馬矟，從步兵數百，於西州前與臺軍戰，再合，顯達大勝，手殺數人，矟折；臺軍繼至，顯達不能抗，走，至西州後，騎官趙潭注刺顯達墜馬，斬之，諸子皆伏誅。

《南齊書》卷七《東昏侯紀》 丁亥，以征虜將軍邵陵王寶攸爲江州刺史。

《資治通鑑》卷一四二 王肅爲魏制官品百司，皆如江南之制，凡九品，品各有二。

永元二年、北魏景明元年（庚辰、五〇〇）

《資治通鑑》卷一四三 春正月，元會，帝食後方出；朝賀裁竟，即還殿西序寢。自巳至申，百僚陪位，皆僵仆飢甚。比起就會，怱遽而罷。

《魏書》卷八《世宗紀》 乙巳，大赦，改年。

丁未，蕭寶卷豫州刺史裴叔業以壽春内屬，驃騎大將軍、彭城王勰帥車騎十萬赴之。

《南齊書》卷七《東昏侯紀》 壬子，以輔國將軍張沖爲南兖州刺史。

庚午，詔討豫州刺史裴叔業。

二月癸未，以黄門郎蕭寅爲司州刺史。

丙戌，以衛尉蕭懿爲豫州刺史，征壽春。

己丑，裴叔業病死，兄子植以壽春降虜。

《魏書》卷八《世宗紀》 戊戌，復以彭城王勰爲司徒。

寶卷將胡松、李居士率衆萬餘屯宛，陳伯之水軍泝淮而上，以逼壽春。

《南齊書》卷七《東昏侯紀》 三月癸卯，以輔國將軍張沖爲司州刺史。

乙卯，遣平西將軍崔慧景率衆軍伐壽春。

丁未，以新除冠軍將軍張沖爲南兗州刺史。 崔慧景於廣陵舉兵襲京師。

壬子，右衛將軍左興盛督京邑水步衆軍。 南徐州刺史江夏王寶玄以京城納慧景。

乙卯，遣中領軍王瑩率衆軍屯北籬門。

壬戌，慧景至，瑩等敗績。

甲子，慧景入京師，宫内據城拒守。 豫州刺史蕭懿起義救援。

夏四月癸酉，慧景棄衆走，斬首。 詔曲赦京邑、南徐、兗二州。

乙亥，以新除尚書右僕射蕭懿爲尚書令。

丙子，以晉熙王寶嵩爲南徐州刺史。

五月乙巳，以虜僞豫州刺史王肅爲豫州刺史。

戊申，以桂陽王寶貞爲中護軍。

己酉，江夏王寶玄伏誅。

壬子，大赦。

戊辰，以始安王寶覽爲湘州刺史。

六月庚寅，車駕於樂遊苑内會，如三元，京邑女人放觀。

戊戌，以新除冠軍將軍張沖爲郢州刺史，守五兵尚書陸慧曉爲南兗州刺史。

秋七月甲辰，以驃騎司馬張稷爲北徐州刺史。

《資治通鑑》卷一四三 八月乙酉，勰部分將士，與永并勢，擊伯之於肥口，大破之，斬首九千，俘獲一萬，伯之脱身遁還，淮南遂入于魏。

魏遣鎮南將軍元英將兵救淮南，未至，伯之已敗，魏主召勰還洛陽。 勰累表辭大司馬、領司徒，乞還中山，魏主不許。 以元英行揚州事。 尋以王肅爲都督淮南諸軍事、揚州刺史，持節代之。

《南齊書》卷七《東昏侯紀》 丁酉，以新除驃騎司馬陳伯之爲豫州刺史。

《資治通鑑》卷一四三 甲辰，夜，後宫火。 時帝出未還，宫内人不得出，外人不敢輒開； 比及開，死者相枕，燒三十餘間。

《南齊書》卷七《東昏侯紀》 冬十月己卯，害尚書令蕭懿。

十一月辛丑，以寧朔將軍張稷爲南兗州刺史。

甲寅，西中郎長史蕭穎胄起義兵於荆州。

十二月，雍州刺史梁王起義兵於襄陽。

戊寅，以冠軍長史劉繪爲雍州刺史。

《資治通鑑》卷一四三 是歲，北秦州刺史楊集始將衆萬餘自漢中北出，規復舊地。 魏梁州刺史楊椿將步騎五千出頓下辯，遺集始書，開以利害，集始遂復將其部曲千餘人降魏。 魏人還其爵位，使歸守武興。

永元三年、北魏景明二年（辛巳、五〇一）

《南齊書》卷七《東昏侯紀》 春正月丙申朔，合朔時加寅漏上八刻，事畢，宫人於閲武堂元會，皇后正位，閹人行儀，帝戎服臨視。

丁酉，以驃騎大將軍晉安王寶義爲司徒，新除撫軍將軍建安王寶寅爲車騎將軍、開府儀同三司。

甲辰，以寧朔將軍王珍國爲北徐州刺史。

《資治通鑑》卷一四四 乙巳，南康王寶融始稱相國，大赦； 以蕭穎胄爲左長史，蕭衍爲征東將軍，楊公則爲湘州刺史。

戊申，蕭衍發襄陽，留弟偉總府州事，憺守壘城，府司馬莊丘黑守樊城。

《魏書》卷八《世宗紀》 庚戌，帝始親政。 遵遺詔，聽司徒、彭城王勰以王歸第。 太尉、咸陽王禧進位太保，司空、北海王詳爲大將軍、録尚書事。

《南齊書》卷七《東昏侯紀》 辛亥，車駕祠南郊，詔大赦天下，百官陳讜言。

《魏書》卷八《世宗紀》　丁巳，引見羣臣於太極前殿，告以覽政之意。

辛酉，高麗國遣使朝獻。

壬戌，以太保、咸陽王禧領太尉，大將軍、廣陵王羽爲司徒。詔曰：「朕幼承寶曆，艱憂在疚，庶事不親，風化未洽。今始覽政務，義協惟新，思使四方風從率善，可分遣大使，黜陟幽明。」

《資治通鑑》卷一四四　二月乙丑，南康王以冠軍長史王茂爲江州刺史，竟陵太守曹景宗爲郢州刺史，邵陵王寶攸爲荆州刺史。

《南齊書》卷七《東昏侯紀》　丙寅，乾和殿西廂火。

壬午，詔遣羽林兵征雍州，中外纂嚴。

《資治通鑑》卷一四四　甲申，蕭衍至竟陵，命王茂、曹景宗爲前軍，以中兵參軍張法安守竟陵城。茂等至漢口，諸將議欲併兵圍郢，分兵襲西陽、武昌。

《南齊書》卷七《東昏侯紀》　乙酉，以威烈將軍胡元進爲廣州刺史。

《魏書》卷八《世宗紀》　三月乙未朔，詔曰：「比年以來，連有軍旅，役務既多，百姓彫弊。宜時矜量，以拯民瘼。正調之外，諸妨害損民一時蠲罷。」

《資治通鑑》卷一四四　蕭衍使鄧元起進據南堂西渚，田安之頓城北，王世興頓曲水故城。

丁酉，張沖病卒，驍騎將軍薛元嗣與沖子孜及征虜長史江夏内史程茂共守郢城。

《南齊書》卷七《東昏侯紀》　己亥，以驃騎將軍沈徽孚爲廣州刺史。

甲辰，以輔國將軍張欣泰爲雍州刺史。

《資治通鑑》卷一四四　乙巳，南康王即皇帝位於江陵，改元，大赦，立宗廟、南北郊，州府城門悉依建康宫，置尚書五省，以南郡太守爲尹，以蕭穎胄爲尚書令，蕭衍爲左僕射，晉安王寶義爲司空，廬陵王寶源爲車騎將軍、開府儀同三司，建安王寶寅爲徐州刺史，散騎常侍夏侯詳爲中領軍，冠軍將軍蕭偉爲雍州刺史。

《魏書》卷八《世宗紀》　辛亥，詔曰：「諸州刺史，不親民事，緩於督察，郡縣稽逋，旬月之間，纔一覽決。淹獄久訟，動延時序，百姓怨嗟，方成困弊。尚書可明條制，申下四方，令日親庶事，嚴勒守宰，不得因循，寬怠虧政。」

《南齊書》卷七《東昏侯紀》　癸丑，遣平西將軍陳伯之西征。

《魏書》卷八《世宗紀》　壬戌，詔曰：「治尚簡靜，任貴應事。州府佐史，除板稍多，方成損弊，無益政道。又京師百司，僚局殷雜，官有閑長者，亦同此例。苟非稱要，悉從蠲省。」

青、齊、徐、兖四州大飢，民死者萬餘口。

《資治通鑑》卷一四四　夏四月，蕭衍出沔，命王茂、蕭穎達等進軍逼郢城，薛元嗣不敢出。諸將欲攻之，衍不許。

《南齊書》卷七《東昏侯紀》　六月，京邑雨水，遣中書舍人、二縣官長賑賜有差。蕭穎胄弟穎孚起兵廬陵。

戊子，曲赦江州安成、廬陵二郡。

秋七月癸巳，曲赦荆、雍二州。

甲午，雍州刺史張欣泰、前南譙太守王靈秀率石頭文武奉建安王寶寅向臺，至杜姥宅，宫門閉，乃散走。

己未，以征虜長史程茂爲郢州刺史，驍騎將軍薛元嗣爲雍州刺史。是日，元嗣以郢城降義師。

《魏書》卷八《世宗紀》　辛酉，大赦天下。

壬戌，車騎將軍、儀同三司王肅薨。

《南齊書》卷七《東昏侯紀》　八月丁卯，以輔國將軍申胄監豫州事。

辛巳，光禄大夫張瓌鎮石頭。

辛未，以太子左率李居士總督西討諸軍事，屯新亭城。

《魏書》卷八《世宗紀》　九月丁酉，發畿内夫五萬人築京師三百二十三坊，四旬而罷。

己亥，立皇后于氏。

《南齊書》卷七《東昏侯紀》　甲辰，以居士爲江州刺史，新除冠軍將軍王珍國爲雍州刺史，車騎將軍建安王寶寅爲荆州刺史。以輔國將軍申胄監郢州，龍驤將軍馬仙琕監豫州，驍騎將軍徐元稱監徐州。是日，義軍至南州，申胄軍二萬人於姑孰奔歸。

戊申，以後軍參軍蕭璝爲司州刺史，前輔國將軍魯休烈爲益州刺史，輔國長史趙越嘗爲梁、南秦二州刺史。

丙辰，李居士與義軍戰於新亭，敗績。

冬十月甲戌，王珍國與義軍戰於朱雀桁，敗績。

戊寅，寧朔將軍徐元瑜以東府城降。

青、冀二州刺史桓和入衛，屯東宮，己卯，以衆降。光禄大夫張瓌棄石頭還宮。於是閉宮城門自守。

庚辰，以驍騎將軍胡虎牙爲徐州刺史，左軍將軍徐智勇爲益州刺史，游擊將軍牛平爲梁、南秦二州刺史。李居士以新亭降，琅邪城主張木亦降。義師築長圍守宮城。

《魏書》卷八《世宗紀》 十有一月丙申，以驃騎大將軍穆亮爲司空。

丁酉，大將軍、北海王詳爲太傅，領司徒。

壬寅，改築圜丘於伊水之陽。

乙卯，仍有事焉。

《南齊書》卷七《東昏侯紀》 十二月丙寅，新除雍州刺史王珍國、侍中張稷率兵入殿廢帝，時年十九。

宣德太后令曰：「皇室受終，祖宗齊聖，太祖高皇帝肇基駿命，膺籙受圖，世祖武皇帝係明下武，高宗明皇帝重隆景業，咸降年不永，宫車係晏。皇祚之重，允屬儲元。而稟質凶愚，發於稚齒。爰自保姆，迄至成童，忍戾昏頑，觸途必著。高宗留心正嫡，立嫡惟長，輔以羣才，間以賢戚，內外維持，冀免多難，未及期稔，便逞屠戮。密戚近親，元勳良輔，覆族殲門，旬月相係。凡所任仗，盡慝窮姦，皆營伍屠販，容狀險醜，身秉朝權，手斷國命，誅戮無辜，納其財産，睚眦之間，屠覆比屋。身居元首，好是賤事，危冠短服，坐卧以之。晨出夜反，無復已極，驅斥氓庶，巷無居人，老細奔遑，寘身無所，東邁西屏，北出南驅，負疾輿屍，填街塞陌。興築繕造，日夜不窮，晨構夕毁，朝穿暮塞，絡以隨珠，方斯已陋，飾以璧璫，曾何足道。時暑赫曦，流金鑠石，移竹藝果，匪日伊夜，根未及植，葉已先枯，畚鍤紛紜，勤倦無已。散費國儲，專事浮飾，逼奪民財，自近及遠，兆庶恇恇，流宂道路。府帑既竭，肆奪市道，工商裨販，行號道泣。屈此萬乘，躬事角抵，昂首翹肩，逞能橦木，觀者如堵，曾無怍容。芳樂、華林，並立闤闠，踞肆鼓刀，手銓輕重。干戈鼓譟，昏曉靡息，無戎而城，豈足云譬。至於居喪淫讌之愆，三年載弄之醜，反道違常之釁，牝鷄晨鳴之慝，於事已細，故可得而略也。罄楚、越之竹，未足以言，校辛、癸之君，豈或能匹。征東將軍忠武奮發，投袂萬里，光奉明聖，翊成中興。乘勝席卷，掃清京邑，而羣小靡識，嬰城自固，緩戮稽誅，倏彌旬月，宜速勦定，寧我邦家。可潛遣閒介，密宣此旨，忠勇齊奮，遄加蕩撲，放斥昏凶，衛送外第。未亡人不幸，驟此百罹，感念存没，心焉如割。奈何！奈何！」又令依漢海昏侯故事，追封東昏侯。

齊和帝部（起公元五〇一年，迄公元五〇二年）

《讀史津逮》卷三《南齊》 和帝名寶融，字智昭，明帝第八子，封南康王。蕭穎胄奉以起兵，與蕭衍合入建康。辛巳三月即位，改元中興，在位二年，終壬午三月。衍篡位，廢爲巴陵王，宮於姑熟。尋弑之，年十五，追謚爲和帝，葬恭安陵，齊亡。

中興元年、北魏景明二年（辛巳、五〇一）

《南齊書》卷八《和帝紀》 春三月乙巳，即皇帝位，大赦，改元。文武賜位二等；鰥寡孤獨不能自存者穀，人五斛。即永元三年也。以相國左長史蕭穎胄爲尚書令，晉安王寶義爲司空，廬陵王寶源爲車騎將軍、開府儀同三司，建安王寶寅爲徐州刺史，散騎常侍夏侯詳爲中領軍，領軍將軍蕭偉爲雍州刺史。

丙午，有司奏封庶人寶卷爲零陽侯，詔不許。又奏爲涪陵王，詔可。

乙酉，尚書令蕭穎胄行荆州刺史，假梁王黄鉞。

壬子，以征虜將軍柳惔爲益、寧二州刺史。

己未，以冠軍將軍莊丘黑爲梁、南秦二州刺史，冠軍將軍鄧元起爲廣州刺史。

夏四月戊辰，詔曰：「荆雍義舉所基，實始王迹。君子勞心，細人盡力，宜加酬獎，副其乃誠。凡東討衆軍及諸嚮義之衆，可普復除。」

五月乙卯，車駕幸竹林寺禪房宴羣臣。巴西太守魯休烈、巴東太守蕭惠訓子璝拒義軍。

秋七月，東軍主吴子陽十三軍救郢州，屯加湖。

丁酉，征虜將軍王茂先擊破之。

辛亥，以茂先爲中護軍。

丁卯，魯山城主孫樂祖以城降。

己未，郢城主薛元嗣降。

八月丙子，平西將軍陳伯之降。

乙卯，以伯之爲江州刺史，子虎牙爲徐州刺史。

九月乙未，詔梁王若定京邑，得以便宜從事。

冬十一月乙未，以輔國將軍李元履爲豫州刺史。

壬寅，尚書令、鎮軍將軍蕭穎胄卒，以黄門郎蕭澹行荆州府州事。

丁巳，蕭璝、魯休烈降。

十二月丙寅，建康城平。

己巳，皇太后令以梁王爲大司馬、録尚書事、驃騎大將軍、揚州刺史，封建安郡公，依晉武陵王遵承制故事，百僚致敬。

壬申，改封建安王寶寅鄱陽王。

癸酉，以司徒、揚州刺史晉安王寶義爲太尉，領司徒。

甲戌，給大司馬錢二千萬，布絹各五千匹。

乙酉，以輔國將軍蕭宏爲中護軍。

中興二年、北魏景明三年（辛巳、五〇二）

《南齊書》卷八《和帝紀》 春正月戊戌，宣德太后臨朝，入居内殿。大司馬梁王解承制，致敬如先。

己亥，以寧朔將軍蕭昺監南兖州。

壬寅，以大司馬都督中外諸軍事，加殊禮。

己酉，以大司馬長史王亮爲守尚書令。

甲寅，詔大司馬梁王進位相國，總百揆，揚州牧，封十郡爲梁公，備九錫之禮，加遠遊冠，位在諸王上，加相國緑綟綬。

己未，以新除右將軍曹景宗爲郢州刺史。

二月壬戌，湘東王寶晊伏誅。

戊辰，詔進梁公爵爲梁王，增封十郡。

《魏書》卷八《世宗紀》 戊寅，詔曰：「自比陽旱積時，農民廢殖，寤言增愧，在予良多。申下州郡，有骸骨暴露者，悉可埋瘞。」

《南齊書》卷八《和帝紀》 三月乙未，皇太后令給梁國錢五百萬，布五千匹，絹千匹。

辛丑，鄱陽王寶寅奔虜，邵陵王寶攸、晉熙王寶嵩、桂陽王寶貞伏誅。

甲午，命梁王冕十有二旒，建天子旌旗，出警入蹕，乘金根，駕六馬，備五時副車，置旄頭雲罕，樂舞八佾，設鍾簴宮懸。王子王女爵命一如舊儀。

庚戌，以冠軍長史蕭秀爲南徐州刺史，新除中領軍蔡道恭爲司州刺史。車駕東歸至姑熟。

丙辰，禪位梁王。

丁巳，廬陵王寶源薨。

《資治通鑑》卷一四五 魯陽蠻圍魏湖陽，撫軍將軍李崇將兵擊破之，斬魯北鸞；徙萬餘户於幽、并諸州及六鎮，尋叛南走，所在追討，比及河，殺之皆盡。

《南齊書》卷八《和帝紀》 夏四月辛酉，禪詔至，皇太后遜外宫。

《資治通鑑》卷一四五 丁卯，奉和帝爲巴陵王，宫于姑孰，優崇之禮，皆倣齊初。奉宣德太后爲齊文帝妃，王皇后爲巴陵王妃。齊世王、侯封爵，悉從降省，唯宋汝陰王不在除例。

《南齊書》卷八《和帝紀》 戊辰，薨，年十五。追尊爲齊和帝，葬恭安陵。

梁武帝部（起公元五〇二年，迄公元五四九年）

《讀史津逮》卷三《南梁》　高祖武皇帝，姓蕭名衍，字叔達，小字練兒，與齊同祖淮陰令整。四世生父順之，於齊高帝爲始族弟。有功，歷位侍中、衛尉，贈鎮北將軍，謚曰「懿」。娶張氏，見菖蒲生花，旁人皆不見，吞之，已而生衍，有異光。日角龍顔，重嶽虎顧，舌文八字，身映日無影，有文在手曰「武」。兒時能蹈空而行，所居室中嘗有雲氣，人或遇者，體輒肅然。長，英達有文學，與王融等爲八友。明帝時爲都督、雍州刺史。永元二年，起兵入建康，立和帝，封梁公，進爵爲王。中興二年壬午四月，篡齊稱皇帝，建元天監，承齊木德，以火德王，國號梁，都建康。在位四十八年。侯景叛，臨賀王正德引之圍臺城。正德稱帝，改元正平。城陷，景專制，衍餧口苦，索蜜不得，荷荷而殂，壽八十六，葬修陵。

天監元年、北魏景明三年（壬午、五〇二）

《梁書》卷二《武帝紀中》　夏四月丙寅，高祖即皇帝位於南郊。設壇柴燎，告類於天曰：「皇帝臣衍，敢用玄牡，昭告于皇天后帝：齊氏以曆運斯既，否終則亨，欽若天應，以命於衍。夫任是司牧，惟能是授；天命不於常，帝王非一族。唐謝虞受，漢替魏升，爰及晉、宋，憲章在昔。咸以君德馭四海，元功子萬姓，故能大庇氓黎，光宅區宇。齊代云季，世主昏凶，狡焉羣慝，是崇是長，肆厥姦回暴亂，以播虐于我有邦，俾溥天惴惴，將墜于深壑。九服八荒之內，連率岳牧之君，蹶角頓顙，匡救無術，卧薪待然，援天靡訴。衍投袂星言，推鋒萬里，厲其掛冠之情，用拯兆民之切。銜膽誓衆，覆鋭屠堅，建立人主，克翦昏亂。遂因時來，宰司邦國，濟民康世，實有厥勞。而晷緯呈祥，川岳効祉，朝夕坰牧，日月郊畿。代終之符既顯，革運之期已萃，殊俗百蠻，重譯獻款，人神遠邇，罔不和會。於是羣公卿士，咸致厥誠，並以皇乾降命，難以謙拒。齊帝脱屣萬邦，授以神器。衍自惟匪德，辭不獲許，仰迫上玄之眷，俯惟億兆之心，宸極不可久曠，民神不可乏主，遂藉樂推，膺此嘉祚。以兹寡薄，臨御萬方，顧求夙志，永言祗惕。敬簡元辰，恭兹大禮，升壇受禪，告類上帝，克播休祉，以弘盛烈，式傳厥後，用永保于我有梁。惟明靈是饗。」

禮畢，備法駕即建康宫，臨太極前殿。詔曰：「五精遞襲，皇王所以受命；四海樂推，殷、周所以改物。雖禪代相舛，遭會異時，而微明迭用，其流遠矣。莫不振民育德，光被黎元。朕以寡闇，命不先後，寧濟之功，屬當期運，乘此時來，因心萬物，遂振厥弛維，大造區夏，永言前蹤，義均慙德。齊氏以代終有徵，曆數云改，欽若前載，集大命于朕躬。顧惟菲德，辭不獲命，寅畏上靈，用膺景業。執禋柴之禮，當與能之祚，繼迹百王，君臨四海，若涉大川，罔知攸濟。洪基初兆，萬品權輿，思俾慶澤，覃被率土。可大赦天下。改齊中興二年爲天監元年。賜民爵二級；文武加位二等；鰥寡孤獨不能自存者，人穀五斛。逋布、口錢、宿債勿復收。其犯鄉論清議，贓汙淫盜，一皆蕩滌，洗除前注，與之更始。」

封齊帝爲巴陵王，全食一郡。載天子旌旗，乘五時副車。行齊正朔。郊祀天地，禮樂制度，皆用齊典。齊宣德皇后爲齊文帝妃，齊后王氏爲巴陵王妃。

詔曰：「興運升降，前代舊章。齊世王侯封爵，悉皆降省。其有効著艱難者，别有後命。惟宋汝陰王不在除例。」

又詔曰：「大運肇昇，嘉慶惟始，劫賊餘口没在臺府者，悉可蠲放。諸流徙之家，並聽還本。」

追尊皇考爲文皇帝，廟曰太祖；皇妣爲獻皇后。追謚妃郗氏爲德皇后。追封兄太傅懿爲長沙郡王，謚曰宣武；齊後軍諮議敷爲永陽郡王，謚曰昭；弟齊太常暢爲衡陽郡王，謚曰宣；齊給事黄門侍郎融爲桂陽郡王，謚曰簡。

是日，詔封文武功臣新除車騎將軍夏侯詳等十五人爲公侯，食邑各有差。以弟中護軍宏爲揚州刺史，封爲臨川郡王；南徐州刺史秀安成郡王；雍州刺史偉建安郡王；左衛將軍恢鄱陽郡王；荆州刺史憺始興郡王。

丁卯，加領軍將軍王茂鎮軍將軍。以中書監王亮爲尚書令、中軍將軍，相國左長史王瑩爲中書監、撫軍將軍，吏部尚書沈約爲尚書僕射，長兼侍中范雲爲散騎常侍、吏部尚書。

戊辰，車騎將軍高句驪王高雲進號車騎大將軍。鎮東大將軍百濟王餘大進號征東大將軍。安西將軍宕昌王梁彌頜進號鎮西將軍。鎮東大將軍倭王武進號征東大將軍。鎮西將軍河南王吐谷渾休留代進號征西將軍。巴陵王薨于姑孰，追謚爲齊和帝，終禮一依故事。

己巳，以光禄大夫張瓌爲右光禄大夫。

庚午，鎮南將軍、江州刺史陳伯之進號征南將軍。

詔曰：「觀風省俗，哲后弘規；狩岳巡方，明王盛軌。所以重華在上，五品聿修；文命肇基，四載斯履。故能物色幽微，耳目屠釣，致王業於緝熙，被淳風於遐邇。朕以寡薄，昧于治方，藉代終之運，當符命之重，取監前古，懍若馭朽。思所以振民育德，去殺勝殘，解網更張，置之仁壽；而明慚照遠，智不周物，兼以歲之不易，未遑卜征，興言夕惕，無忘鑒寐。可分遣內侍，周省四方，觀政聽謠，訪賢舉滯。其有田野不闢，獄訟無章，忘公殉私，侵漁是務者，悉隨事以聞。若懷寶迷邦，蘊奇待價，蓄響藏真，不求聞達，並依名騰奏，罔或遺隱。使輶軒所屆，如朕親覽焉。」

又詔曰：「金作贖刑，有聞自昔，入縑以免，施於中世，民悦法行，莫尚乎此。永言叔世，偷薄成風，嬰罶入罪，厥塗匪一。斷弊之書，日纏於聽覽；鉗釱之刑，歲積於牢犴。死者不可復生，刑者無因自返，由此而望滋實，庸可致乎？朕夕惕思治，念崇政術，斟酌前王，擇其令典，有可以憲章邦國，罔不由之。釋愧心於四海，昭情素於萬物。俗僞日久，禁網彌繁。漢文四百，邈焉已遠。雖省事清心，無忘日用，而委銜廢策，事未獲從。可依周、漢舊典，有罪入贖，外詳爲條格，以時奏聞。」

辛未，以中領軍蔡道恭爲司州刺史。以新除謝沐縣公蕭寶義爲巴陵王，以奉齊祀。復南蘭陵武進縣，依前代之科。徵謝朏爲左光禄大夫、開府儀同三司，何胤爲右光禄大夫。改南東海爲蘭陵郡。土斷南徐州諸僑郡縣。

癸酉，詔曰：「商俗甫移，遺風尚熾，下不上達，由來遠矣。升中馭索，增其懍然。可於公車府謗木肺石傍各置一函。若肉食莫言，山阿欲有橫議，投謗木函。若從我江、漢，功在可策，犀兕徒弊，龍蛇方縣；次身才高妙，擯壓莫通，懷傅、吕之術，抱屈、賈之歎，其理有皦然，受困包匭；夫大政侵小，豪門陵賤，四民已窮，九重莫達。若欲自申，並可投肺石函。」

甲戌，詔斷遠近上慶禮。

又詔曰：「禮闈文閣，宜率舊章，貴賤既位，各有差等，俯仰拜伏，以明王度，濟濟洋洋，具瞻斯在。頃因多難，治綱弛落，官非積及，榮由幸至。六軍尸四品之職，青紫治白簿之勞。振衣朝伍，長揖卿相，趨步廣闥，並驅丞郎。遂冠履倒錯，珪甑莫辨。靜言疚懷，思返流弊。且翫法惰官，動成逋弛，罰以常科，終未懲革。夫檟楚申威，蓋代斷趾，笞捶有令，如或可從。外詳共平議，務盡厥理。」

癸未，詔「相國府職吏，可依資勞度臺；若職限已盈，所度之餘，及驃騎府，並可賜滿。」

閏月丁酉，以行宕昌王梁彌邕爲安西將軍、河涼二州刺史，正封宕昌王。

壬寅，以車騎將軍夏侯詳爲右光禄大夫。

詔曰：「成務弘風，肅厲內外，寔由設官分職，互相懲糾。而頃壹拘常式，見失方奏，多容違惰，莫肯執咎，憲綱日弛，漸以爲俗。今端右可以風聞奏事，依元熙舊制。」

五月乙亥夜，盜入南、北掖，燒神虎門、總章觀，害衛尉卿張弘策。

戊子，江州刺史陳伯之舉兵反，以領軍將軍王茂爲征南將軍、江州刺史，率衆討之。

六月庚戌，以行北秦州刺史楊紹先爲北秦州刺史、武都王。

是月，陳伯之奔魏，江州平。前益州刺史劉季連據成都反。

《魏書》卷八《世宗紀》 秋七月癸酉，于闐國遣使朝獻。

詔加文官從征顯達宿衛者二階，閒散者一階。

《梁書》卷二《武帝紀中》 八月戊戌，置建康三官。

乙巳，平北將軍、西凉州刺史象舒彭進號安西將軍，封鄧至王。

丁未，詔中書監王瑩等八人參定律令。

是月，詔尚書曹郎依昔奏事。林邑、干陁利國各遣使獻方物。

《魏書》卷八《世宗紀》 九月丁巳，車駕行幸鄴。

丁卯，詔使者吊殷比干墓。

戊寅，閱武於鄴南。

庚辰，武興國世子楊紹先遣使朝獻。

冬十月庚子，帝親射，遠及一里五十步，羣臣勒銘於射所。

甲辰，車駕還宮。

《梁書》卷二《武帝紀中》　十一月己未，立小廟。

甲子，立皇子統爲皇太子。

《魏書》卷八《世宗紀》　己卯，詔：「京洛兵蕪，歲逾十紀。先皇定鼎舊都，惟新魏曆，翦掃榛荒，創茲雲構，鴻功茂績，規模長遠。今廟社乃建，宮極斯崇，便當以來月中旬，蠲吉徙御。仰尋遺意，感慶交衷。既禮盛周宣《斯干》之制，事高漢祖壯麗之儀，可依典故，備茲考告，以稱遐邇人臣之望。」

十二月丙申，以國子祭酒張稷爲護軍將軍。

辛亥，護軍將軍張稷免。

《魏書》卷八《世宗紀》　壬寅，饗羣臣于太極前殿，賜布帛有差，以初成也。

甲辰，揚州破蕭衍將張囂之，斬級二千。

是歲，疏勒、罽賓、婆羅捺、烏萇、阿喻陁、羅婆、不侖、陁拔羅、弗波女提、斯羅、噠舍、伏耆奚那太、羅槃、烏稽、悉萬斤、朱居槃、訶盤陁、撥斤、厭味、朱沴洛、南天竺、持沙那斯頭諸國並遣使朝貢。

河州大饑，死者二千餘口。

《梁書》卷二《武帝紀中》　是歲大旱，米斗五千，人多餓死。

天監二年、北魏景明四年（癸未、五〇三）

《梁書》卷二《武帝紀中》　春正月甲寅朔，詔曰：「三訊五聽，著自聖典，哀矜折獄，義重前誥，蓋所以明慎用刑，深戒疑枉，成功致治，罔不由茲。朕自藩部，常躬訊録，求理得情，洪細必盡。末運弛網，斯政又闕，牢犴沉壅，申訴靡從。朕屬當期運，君臨兆億，雖復齋居宣室，留心聽斷；而九牧遐荒，無因臨覽。深懼懷冤就鞫，匪惟一方。可申敕諸州，月一臨訓，博詢擇善，務在確實。」

乙卯，以尚書僕射沈約爲尚書左僕射；　吏部尚書范雲爲尚書右僕射；　前將軍鄱陽王恢爲南徐州刺史；　尚書令王亮爲左光禄大夫；　右衛將軍柳慶遠爲中領軍。

《資治通鑑》卷一四五　丙辰，亮坐正旦詐疾不登殿，削爵，廢爲庶人。

《魏書》卷八《世宗紀》　乙亥，車駕籍田於千畝。

梁州氐楊會反。詔行梁州事楊椿、左將軍羊祉討之。

三月己巳，皇后先蠶於北郊。

庚辰，揚州破蕭衍將於陰山，斬其龍驤將軍吴道爽等數千級。

庚寅，南天竺國獻辟支佛牙。

戊戌，詔曰：「酷吏爲禍，綿古同患；孝婦淫刑，東海燋壤。今不雨十旬，意者其有冤獄乎？尚書鞫京師見囚，務盡聽察之理。」

己亥，帝以旱減膳徹懸。

辛丑，澍雨大洽。

《梁書》卷二《武帝紀中》　癸卯，蔡法度上《梁律》二十卷，《令》三十卷，《科》四十卷。詔班行之。

五月丁巳，尚書右僕射范雲卒。

乙丑，益州刺史鄧元起克成都，曲赦益州。

壬申，斷諸郡縣獻奉二宫。惟諸州及會稽，職惟嶽牧，許薦任土，若非地産，亦不得貢。

《魏書》卷八《世宗紀》　六月壬午朔，封皇帝悦爲汝南王。

丙戌，發冀、定、瀛、相、并、濟六州二萬人、馬千匹，增配壽春。

丁亥，詔以東陽、信安、豐安三縣水潦，漂損居民資業，遣使周履，量蠲課調。

是夏多癘疫。

《梁書》卷二《武帝紀中》　以新除左光禄大夫謝朏爲司徒、尚書令。

甲午，以中書監王瑩爲尚書右僕射。

秋七月，扶南、龜茲、中天竺國各遣使獻方物。

《魏書》卷八《世宗紀》　乙卯，三老、平陽公丕薨。

庚午，詔還收鹽池利以入公。

辛未，以彭城王勰爲太師。

勿吉國貢楛矢。

辛丑，行幸河南城離宫。

《梁書》卷二《武帝紀中》　冬十月，魏寇司州。

十一月乙卯，雷電大雨，晦。是夜又雷。

《魏書》卷八《世宗紀》　己未，以武興國世子楊紹先爲其國王。

癸亥，詔尚書左僕射源懷撫勞代都、北鎮，隨方拯恤。

乙亥，鎮南將軍元英大破蕭衍將吴子陽於白沙，擒斬千數。

《梁書》卷二《武帝紀中》 尚書左僕射沈約以母憂去職。

乙酉，將軍吴子陽與魏元英戰於白沙，子陽敗績。

《魏書》卷八《世宗紀》 十有二月庚寅，詔鎮南將軍李崇討東荆反蠻。

丙申，詔曰：「先朝制立軌式，庶事惟允。但歲積人移，物情乖惰。比或擅有增損，廢墜不行；或守舊遺宜，時有舛妨；或職分錯亂，互相推委。其下百司，列其疑闕，速以奏聞。」

癸卯，蕭衍梁州刺史平陽縣開國侯翟遠、徐州刺史永昌縣開國侯陳虎牙降。

天監三年、北魏正始元年（甲申、五〇四）

《梁書》卷二《武帝紀中》 春正月戊申，後將軍、揚州刺史臨川王宏進號中軍將軍。

《魏書》卷八《世宗紀》 庚戌，江州刺史曲江公陳伯之破蕭衍將趙祖悅於東關。

《梁書》卷二《武帝紀中》 癸丑，以尚書右僕射王瑩爲尚書左僕射，太子詹事柳惔爲尚書右僕射，前尚書左僕射沈約爲鎮軍將軍。

《魏書》卷八《世宗紀》 丙辰，東荆刺史楊大眼大破羣蠻樊季安等。

《梁書》卷二《武帝紀中》 二月，魏陷梁州。

《魏書》卷八《世宗紀》 戊子，蕭衍將姜慶真襲陷壽春外郭，州軍擊走之。

丁酉，揚州統軍劉思祖大破衍衆於邵陽，擒其冠軍將軍、邵陽縣開國侯張惠紹，驍騎將軍、祁陽縣開國男趙景悅等十將，斬獲數千級。

三月壬申，元英破衍將王僧炳於樊城。

《梁書》卷二《武帝紀中》 損霜殺草。

五月丁巳，以扶南國王憍陳如闍耶跋摩爲安南將軍。

六月丙子，詔曰：「昔哲王之宰世也，每歲卜征，躬事巡省，民俗政刑，罔不必逮。末代風凋，久曠兹典，雖欲肆遠忘勞，究臨幽仄，而居今行古，事未易從，所以日旰踟蹰，情同再撫。總總九州，遠近民庶，或川路幽遐，或貧羸老疾，懷冤抱理，莫由自申，所以東海匹婦，致災邦國，西土孤魂，登樓請訴。念此於懷，中夜太息。可分將命巡行州部，其有深冤鉅害，抑鬱無歸，聽詣使者，依源自列。庶以矜隱之念，昭被四方，遏聽遠聞，事均親覽。」

癸未，大赦天下。

《魏書》卷八《世宗紀》 癸巳，詔曰：「朕以匪德，政刑多舛，陽旱歷旬，京甸枯瘁，在予之責，夙宵疚懷。有司可循案舊典，祗行六事：囹圄冤滯，平處決之；庶尹廢職，量加修舉；鰥寡困窮，在所存恤；役賦殷煩，咸加蠲省；賢良讜直，以禮進之；貪殘佞諛，時加屏黜；男女怨曠，務令媾會。稱朕意焉。」

甲午，帝以旱親薦享於太廟。

戊戌，詔立周旦、夷齊廟於首陽山。

《梁書》卷二《武帝紀中》 秋七月丁未，以光禄大夫夏侯詳爲車騎將軍、湘州刺史，湘州刺史楊公則爲中護軍。

《資治通鑑》卷一四五 癸丑，角城戍主柴慶宗以城降魏，魏徐州刺史元鑒遣淮陽太守吴秦生將千餘人赴之。淮陰援軍斷其路，秦生屢戰，破之，遂取角城。

《梁書》卷二《武帝紀中》 甲子，立皇子綜爲豫章郡王。

《魏書》卷八《世宗紀》 八月丙子，元英破蕭衍將馬仙琕於義陽。

詔洛陽令有大事聽面敷奏。

乙酉，元英攻義陽，拔之，擒送蕭衍冠軍將軍蔡靈恩等十餘將。

辛卯，英又大破衍將，仍清三關。

丁酉，封元英爲中山王。

戊戌，西羌宋萬率户四千内附。

《梁書》卷二《武帝紀中》 魏陷司州，詔以南義陽置司州。

《魏書》卷八《世宗紀》 九月丙午，詔緣淮南北所在鎮戍，皆令及秋播麥，春種粟稻，隨其土宜，水陸兼用，必使地無遺利，兵無餘力，比及來稔，令公私俱濟也。又詔諸州蠲停徭役，不得横有徵發。

《梁書》卷二《武帝紀中》 壬子，以河南王世子伏連籌爲鎮西將軍、西秦河二州刺史、河南王。北天竺國遣使獻方物。

《魏書》卷八《世宗紀》　甲子，詔中山王英所執蕭衍冠軍將軍、監司州事蔡靈恩等隨才擢敍。

乙丑，蕭衍霍州刺史田道龍、義州刺史張宗之遣使内附。

蠕蠕犯塞，詔左僕射源懷討之。

冬十月乙未，詔斷羣官白衣募吏。

十有一月戊午，詔曰：「古之哲王，創業垂統，安民立化，莫不崇建膠序，開訓國胄，昭宣《三禮》，崇明四術，使道暢羣邦，風流萬宇。自皇基徙構，光宅中區，軍國務殷，未遑經建，靖言思之，有慚古烈。可敕有司依漢魏舊章，營繕國學。」

《梁書》卷二《武帝紀中》　甲子，詔曰：「設教因時，淳薄異政，邢以世革，輕重殊風。昔商俗未移，民散久矣，嬰網陷辟，日夜相尋。若悉加正法，則赭衣塞路；並申弘宥，則難用爲國，故使有罪入贖，以全元元之命。今遐邇知禁，圄犴稍虚，率斯以往，庶幾刑措。金作權典，宜在蠲息。可除贖罪之科。」

《魏書》卷八《世宗紀》　十有二月丙子，以苑牧公田分賜代遷之户。

己卯，詔羣臣議定律令。

己亥，行幸伊闕。

閏月癸卯朔，蕭衍行梁州事夏侯道遷據漢中來降，假尚書邢巒鎮西將軍，率衆以赴之。

乙丑，驃騎大將軍、高陽王雍爲司馬空，尚書令、廣陽王嘉加儀同三司。

《梁書》卷二《武帝紀中》　是歲多疾疫。

天監四年、北魏正始二年(乙酉、五〇五)

《資治通鑑》卷一四六　春正月癸卯朔，詔曰：「二漢登賢，莫非經術，服膺雅道，名立行成。魏、晉浮蕩，儒教淪歇，風節罔樹，抑此之由。可置《五經》博士各一人，廣開館宇，招内後進。」於是以賀瑒及平原明山賓、吴興沈峻、建平嚴植之補博士，各主一館，館有數百生，給其餼廩，其射策通明者即除爲吏。又選學生，往會稽雲門山從何胤受業，命胤選門徒中經明行修者，具以名聞。分遣博士祭酒巡州郡立學。

《梁書》卷二《武帝紀中》　以鎮北將軍、雍州刺史建安王偉爲南徐州刺史，南徐州刺史鄱陽王恢爲郢州刺史，中領軍柳慶遠爲雍州刺史。

丙午，省《鳳皇銜書伎》。

戊申，詔曰：「夫禋郊饗帝，至敬攸在，致誠盡慤，猶懼有違；而往代多令宫人縱觀兹禮，帷宫廣設，輜軿耀路，非所以仰虔蒼昊，昭感上靈。屬車之間，見譏前世，便可自今停止。」

辛亥，輿駕親祠南郊，赦天下。

戊戌，以前郢州刺史曹景宗爲中護軍。

二月壬午，遣衛尉卿楊公則率宿衛兵塞洛口。

壬辰，交州刺史李凱據州反，長史李畟討平之。曲赦交州。

是月，立建興苑於秣陵建興里。

夏四月丁巳，以行宕昌王梁彌博爲安西將軍、河涼二州刺史、宕昌王。

是月，自甲寅至壬戌，甘露連降華林園。

《魏書》卷八《世宗紀》　乙丑，詔曰：「任賢明治，自昔通規，宣風贊務，實惟多士。而中正所銓，但存門第，吏部彝倫，仍不才舉。遂使英德罕昇，司務多滯。不精厥選，將何考陟？八座可審議往代貢士之方，擢賢之體，必令才學並申，資望兼致。」

丙寅，以仇池氐叛，詔光禄大夫楊椿假平西將軍，率衆以討之。

邢巒遣統軍王足西伐，頻破蕭衍諸軍，遂入劍閣，執衍輔國將軍范始男送京師。

《梁書》卷二《武帝紀中》　五月辛卯，建康縣朔陰里生嘉禾，一莖十二穗。

六月庚戌，立孔子廟。

《魏書》卷八《世宗紀》　甲寅，蕭衍冠軍將軍李畋等置營始平郡東，涪水之北。王足逆擊敗之，斬衍冠軍將軍張湯，輔國將軍馬市，寧朔將軍李當，姜見祖，輔國將軍馮文豪，龍驤將軍何營之等。

《梁書》卷二《武帝紀中》　壬戌，歲星晝見。

《魏書》卷八《世宗紀》　甲子，詔尚書李崇、太府卿于忠、散騎常侍游肇、諫議大夫鄧羨，崇、忠使持節并兼侍中，羡兼黄門，俱爲大使，糾斷外州畿内，其守令之徒咎失彰露者，即便施決，州鎮重職，聽爲表聞。

乙丑，蕭衍冠軍將軍王景胤、輔國將軍魯方達等攻竹亭，王足大破之，斬其輔國將軍王明達、龍驤將軍張方熾。

丁卯，揚州刺史薛真度大破蕭衍將王超宗，俘斬三千級。

戊辰，蕭衍將魯方達屯戍新城，足又遣統軍盧祖遷等擊敗之，斬衍冠軍將軍楊伯仁、寧朔將軍任安定。

秋七月甲戌，詔曰：「朕纂馭寶曆，於今七載，德澤未敷，鑒不燭遠，人之冤瘼，所在猶滋，而糾察之獄未暢于下，賢愚靡分，皂白均貫，非所以革民耳目，使善惡勵心。今分遣大使，省方巡檢，隨其愆負與風響相符者，即加糾黜，以明雷霆之威，以申旍軒之舉，因以觀風辨俗，採訪功過，褒賞賢者，糾罰淫慝，理窮恤弊，以稱朕心。」

戊子，王足擊破蕭衍軍，斬其龍驤將軍喻增暉、寧朔將軍庫保壽、輔國將軍魯天惠、建武將軍王文標。王足逼涪城。

《梁書》卷二《武帝紀中》　辛卯，右光禄大夫張環卒。

八月庚子，老人星見。

《魏書》卷八《世宗紀》　壬寅，詔中山王英南討襄、沔。

庚戌，王足遣統軍紀洪雅、盧祖遷等攻破衍軍，斬其秦梁二州刺史魯方達等十五人。

壬子，王足又遣統軍盧祖遷等擊破衍軍，斬其都督、冠軍將軍、梓潼縣開國子王景胤，劉達等二十四將軍。

甲寅，揚州擊衍將姜慶真於羊石，破之。

是月，衍沔東太守田青喜率郡七、縣三十一户萬九十内附。

《資治通鑑》卷一四六　九月，己巳，楊公則等與魏揚州刺史元嵩戰，公則敗績。

《梁書》卷二《武帝紀中》　冬十月丙午，北伐，以中軍將軍、揚州刺史臨川王宏都督北討諸軍事，尚書右僕射柳惔爲副。

是歲，以興師費用，王公以下各上國租及田穀，以助軍資。

《魏書》卷八《世宗紀》　十有一月戊辰朔，武興國王楊紹先叔父集起謀反，詔光禄大夫楊椿討之。

王足圍涪城，益州諸郡戍降者十二三，民送編籍者五萬餘户。既而足引軍而退。

《梁書》卷二《武帝紀中》　辛未，以都官尚書張稷爲領軍將軍。

甲午，天晴朗，西南有雷光，聞如雷聲三。

十二月，司徒、尚書令謝朏以所生母憂，去職。

《資治通鑑》卷一四六　是歲，大穰，米斛三十錢。

天監五年、北魏正始三年（丙戌、五〇六）

《梁書》卷二《武帝紀中》　春正月丁卯朔，詔曰：「在昔周、漢，取士方國。頃代凋訛，幽仄罕被，人孤地絶，用隔聽覽，士操淪胥，因兹靡勸。豈其嶽瀆縱靈，偏有厚薄，寔由知與不知、用與不用耳。朕以菲德，君此兆民，而兼明廣照，屈於堂户，飛耳長目，不及四方，永言愧懷，無忘旦夕。凡諸郡國舊族邦内無在朝位者，選官搜括，使郡有一人。」

《魏書》卷八《世宗紀》　壬申，梁秦二州刺史邢巒連破氐賊，克武興。

蕭衍冀州刺史桓和入寇南青州，州軍擊走之。

秦州民王智等聚衆二千自號王公，尋推秦州主簿吕苟兒爲主，年號建明。

《梁書》卷二《武帝紀中》　乙亥，以前司徒謝朏爲中書監、司徒、衛將軍，鎮軍將軍沈約爲右光禄大夫，豫章王綜爲南徐州刺史。

《資治通鑑》卷一四六　冀州刺史桓和擊魏南青州，不克。

《梁書》卷二《武帝紀中》　丁丑，以尚書左僕射王瑩爲護軍將軍，僕射如故。

甲申，立皇子綱爲晉安郡王。

丁亥，太白晝見。

二月庚戌，以太常張充爲吏部尚書。

《魏書》卷八《世宗紀》　丙辰，詔曰：「昔虞戒面從，昌言屢進；周任諫輔，王闕必箴。朕仰纘鴻基，伏膺寶曆，思康庶績，一日萬歲，是以側望忠言，虛求讜直。而良策弗進，規畫無聞，豈所謂弼諧元首，匡救不逮者乎？可詔王公已下，其有嘉謀深圖、直言忠諫、利國便民、矯時厲俗者，咸令指事陳奏，無或依違。」

戊午，詔右衛將軍元麗等討吕苟兒。

《資治通鑑》卷一四六　乙丑，徐州刺史歷陽昌義之與魏平南將軍陳伯之戰於梁城，義之敗績。將軍蕭昞將兵擊魏徐州，圍淮陽。

《梁書》卷二《武帝紀中》　三月丙寅朔，日有蝕之。

《魏書》卷八《世宗紀》　己巳，以戎旅大興，詔罷諸作。

己卯，詔荆州刺史趙怡、平南將軍奚康生赴淮陽。

樂良王長命坐殺人賜死，國除。

《梁書》卷二《武帝紀中》　癸未，魏宣武帝從弟翼率其諸弟來降。輔國將軍劉思效破魏青州刺史元繫於膠水。

丁亥，陳伯之自壽陽率衆歸降。

《魏書》卷八《世宗紀》　甲辰，詔遣使者巡慰北邊酋庶。

夏四月丙申，廬陵高昌之仁山獲銅劍二，始豐縣獲八目龜一。

庚戌，以中山王英爲征南將軍、都督揚徐二道諸軍事，指授邊將。

蕭衍江州刺史王茂先寇荆州，屯於河南城，詔平南將軍楊大眼討之。

《梁書》卷二《武帝紀中》　甲寅，詔曰：「朕昧旦齋居，惟刑是恤，三辟五聽，寢興載懷。故陳肺石於都街，增官司於詔獄，殷懃親覽，小大以情。而明慎未洽，囹圄尚壅，永言納隍，在予興愧。凡犴獄之所，可遣法官近侍，遞録囚徒，如有枉滯，以時奏聞。」

《魏書》卷八《世宗紀》　五月乙丑朔，詔尚書拯義陽初附之户。

丙寅，詔曰：「掩骼埋胔，古之令典，順辰修令，朝之恒式。今時澤未降，春稼已旱。或有孤老餧疾，無人贍救，因以致死，暴露溝塹者，洛陽部尉依法棺埋。」

《梁書》卷二《武帝紀中》　辛未，太子左衛率張惠紹克魏宿預城。

乙亥，臨川王宏前軍克梁城。

辛巳，豫州刺史韋叡克合肥城。

丁亥，廬江太守裴邃克羊石城；　庚寅，又克霍丘城。

辛卯，太白晝見。

六月庚子，青、冀二州刺史恒和前軍克朐山城。

《魏書》卷八《世宗紀》　乙巳，安西將軍元麗大破秦賊，斬賊帥王智五人，梟首六千。

丁未，假平南將軍奚康生破蕭衍將張惠紹，斬其徐州刺史宋黑。

丁巳，詔尚書邢巒出討徐、兖。

《梁書》卷二《武帝紀中》　秋七月乙丑，鄧至國遣使獻方物。

《資治通鑑》卷一四六　丙寅，恒和擊魏兖州，拔固城。

戊子，徐州刺史王伯敖與魏中山王英戰於陰陵，伯敖兵敗，失亡五千餘人。

《梁書》卷二《武帝紀中》　八月戊戌，老人星見。

《魏書》卷八《世宗紀》　壬寅，安東將軍邢巒破蕭衍將桓和於孤山，斬首萬餘級。將軍元恒別克固城，斬衍冠軍將軍桓方慶。統軍畢祖朽別克蒙山，斬衍龍驤將軍矯道儀等，斬賊及赴沂死者四千餘人。兖州平。

己酉，詔平南將軍、安樂王詮督後發諸軍以赴淮南。

辛酉，作太子宫。

《魏書》卷八《世宗紀》　壬戌，曲赦涇、秦、岐、涼、河五州。

九月癸酉，邢巒大破衍軍於宿豫，斬其大將藍懷恭等四十餘人。張惠紹棄宿豫，蕭昞棄淮陽南走，追斬數萬級。徐州平。

己丑，中山王英大破衍軍於淮南，衍中軍大將軍、臨川王蕭宏，尚書右僕射柳惔，徐州刺史昌義之等棄梁城沿淮東走。追奔次於馬頭，衍冠軍將軍、戍主朱思遠棄城宵遁，擒送衍將四十餘人，斬獲士卒五萬有餘。英遂攻鍾離。

高麗國遣使朝貢。

蕭衍遣將士卒三萬寇義陽。

《梁書》卷二《武帝紀中》　冬十一月甲子，京師地震。

《魏書》卷八《世宗紀》　帝爲京兆王愉、清河王懌、廣平王懷、汝南王悦講孝經於式乾殿。

《梁書》卷二《武帝紀中》　乙丑，以師出淹時，大赦天下。魏寇鍾離，遣右衛將軍曹景宗率衆赴援。

《魏書》卷八《世宗紀》　庚寅，詔曰：「往歲隴右扇逆，合境不民。其中猶有卒能自守，無豫釁亂。疾風知勁，良在可嘉。尚書可甄量報賞，以表誠義。」

是月，梁州再破反獠。

《梁書》卷二《武帝紀中》　十二月癸卯，司徒謝朏薨。

天監六年、北魏正始四年（丁亥、五〇七）

《梁書》卷二《武帝紀中》　春正月辛酉朔，詔曰：「徑寸之寶，或隱沙泥；以人廢言，君子斯戒。朕聽朝晏罷，思闡政術，雖百辟卿士，有懷必聞，而蓄響邊遐，未臻魏闕。或屈以貧陋，或間以山川，頓足延首，無因奏達。豈所以沉浮靡漏，遠邇兼得者乎？四方士民，若有欲陳言刑政，益國利民，淪礙幽遠，不能自通者，可各詮條布懷於刺史二千石。有可申採，大小以聞。」

己卯，詔曰：「夫有天下者，義非爲己。凶荒疾癘，兵革水火，有一於此，責歸元首。今祝史講禱，繼諸不善，以朕身當之，永使災害不及萬姓，俾兹下民稍蒙寧息。不得爲朕祈福，以增其過。特班遠邇，咸令遵奉。」

二月甲辰，老人星見。

《資治通鑑》卷一四六　上命豫州刺史韋叡將兵救鍾離，受曹景宗節度。

《梁書》卷二《武帝紀中》　三月庚申朔，隕霜殺草。

是月，有三象入京師。

夏四月壬辰，置左右驍騎、左右遊擊將軍官。

癸巳，曹景宗、韋叡等破魏軍於邵陽洲，斬獲萬計。

癸卯，以右衛將軍曹景宗爲領軍將軍、徐州刺史。

《資治通鑑》卷一四六　己酉，以江州刺史王茂爲尚書右僕射，安成王秀爲江州刺史。

《梁書》卷二《武帝紀中》　丁巳，以中軍將軍、揚州刺史臨川王宏爲驃騎將軍、開府儀同三司，撫軍將軍建安王偉爲揚州刺史，右光禄大夫沈約爲尚書左僕射，尚書左僕射王瑩爲中軍將軍。

五月己未，以新除左驍騎將軍長沙王深業爲中護軍。

癸亥，以侍中袁昂爲吏部尚書。

己巳，置中衛、中權將軍，改驍騎爲雲騎，遊擊爲遊騎。

辛未，右將軍、揚州刺史建安王偉進號中權將軍。

《魏書》卷八《世宗紀》　六月己丑朔，詔曰：「高祖德格兩儀，明並日月，播文教以懷遠人，調禮學以旌儁造，徙縣中區，光宅天邑，總霜露之所均，一姬卜於洛涘，戎繕兼興，未遑儒教。朕纂承鴻緒，君臨寶曆，思模聖規，述遵先志。今天平地寧，方隅無事，可敕有司準訪前式，置國子，立太學，樹小學於四門。」

丙午，蕭衍龍驤將軍、馮翊太守宇文子生等七郡相率内附。

丁未，社蘭達那羅、舍彌、比羅直諸國並遣使朝獻。

《梁書》卷二《武帝紀中》　庚戌，以車騎將軍、湘州刺史夏侯詳爲右光禄大夫，新除金紫光禄大夫柳惔爲安南將軍、湘州刺史。新吴縣獲四目龜一。

秋七月甲子，太白晝見。

丙寅，分廣州置桂州。

丁亥，以新除尚書右僕射王茂爲中衛將軍。

八月戊子，赦天下。

戊戌，大風折木。京師大水，因濤入，加御道七尺。

《魏書》卷八《世宗紀》　己亥，中山王英、齊王蕭寶夤坐鍾離敗退，並除名爲民。

庚子，庫莫奚、宕昌、吐谷渾諸國遣使朝獻。

辛丑，敦煌民饑，開倉賑恤。

《梁書》卷二《武帝紀中》　九月，嘉禾一莖九穗，生江陵縣。

《魏書》卷八《世宗紀》　己未，詔曰：「朕秉曆承天，履年將紀，徙正宮極，歲浹歸餘。台懿茂親，祗勤已久；列司英彦，庸績未酬。非所謂有功見知，賞以時及。其以司空、高陽王雍爲太尉，尚書令、廣陽王嘉爲司空，百官悉進位一級。」

庚申，夏州長史曹明謀反，伏誅。

甲子，開斜谷舊道。

疏勒、車勒阿駒、南天竺、婆羅等諸國遣使朝獻。

《梁書》卷二《武帝紀中》　乙亥，改閱武堂爲德陽堂，聽訟堂爲儀賢堂。

丙戌，以左衛將軍吕僧珍爲平北將軍、南兖州刺史，豫章内史蕭昌爲廣州刺史。

冬十月壬寅，以五兵尚書徐勉爲吏部尚書。

閏月乙丑，以驃騎將軍、開府儀同三司臨川王宏爲司徒、行太子太傅，尚書左僕射沈約爲尚書令、行太子少傅，吏部尚書袁昂爲右僕射。

戊寅，平西將軍、荆州刺史始興王憺進號安西將軍。

甲申，以右光禄大夫夏侯詳爲尚書左僕射。

《魏書》卷八《世宗紀》 十有一月丁未，禁河南畜牝馬。

自碣石至於劍閣，東西七千里，置二十二都尉。

己酉，阿與陁、呵羅槃、陁跋吐羅諸國並遣使朝獻。

《梁書》卷二《武帝紀中》 十二月丙辰，尚書左僕射夏侯詳卒。

乙丑，魏淮陽鎮都軍主常邕和以城内屬。分豫州置霍州。

天監七年、北魏永平元年（戊子、五〇八）

《梁書》卷二《武帝紀中》 春正月乙酉朔，詔曰：「建國君民，立教爲首。不學將落，嘉植靡由。朕肇基明命，光宅區宇，雖耕耘雅業，傍闡藝文，而成器未廣，志本猶闕，非所以鎔範貴遊，納諸軌度。思欲式敦讓齒，自家刑國。今聲訓所漸，戎夏同風，宜大啓庠斆，博延胄子，務彼十倫，弘此三德，使陶鈞遠被，微言載表。」中衛將軍、領太子詹事王茂進號車騎將軍。

戊戌，作神龍、仁虎闕於端門、大司馬門外。

《資治通鑑》卷一四七 魏潁川太守王神念來奔。

《梁書》卷二《武帝紀中》 壬子，以領軍將軍曹景宗爲中衛將軍，衛尉蕭景兼領軍將軍。

二月乙卯，廬江灊縣獲銅鍾二。新作國門于越城南。

《資治通鑑》卷一四七 詔吏部尚書徐勉定百官九品爲十八班，以班多者爲貴。

乙丑，增置鎮、衛將軍以下爲十品，凡二十四班； 不登十品，别有八班。又置施外國將軍二十四班，凡一百九號。

《梁書》卷二《武帝紀中》 庚午，詔於州郡縣置州望、郡宗、鄉豪各一人，專掌搜薦。

乙亥，以車騎大將軍高麗王高雲爲撫東大將軍、開府儀同三司，平北將軍、南兖州刺史呂僧珍爲領軍將軍。

丙子，以中護軍長沙王深業爲南兖州刺史，兼領軍將軍蕭景爲雍州刺史，雍州刺史柳慶遠爲護軍將軍。

《魏書》卷八《世宗紀》 三月戊子，皇子昌薨。

己亥，斯羅、阿陁、比羅、阿夷義多、婆那伽、伽師達、于闐諸國並遣使朝獻。

丙午，以去年旱儉，遣使者所在賙恤。

《梁書》卷二《武帝紀中》 夏四月乙卯，皇太子納妃，赦大辟以下，頒賜朝臣及近侍各有差。

辛未，秣陵縣獲靈龜一。

戊寅，餘姚縣獲古銅劍二。

五月己亥，詔復置宗正、太僕、大匠、鴻臚，又增太府、太舟，仍先爲十二卿。

癸卯，以平南將軍、江州刺史安成王秀爲平西將軍、荆州刺史，安西將軍、荆州刺史始興王憺爲護軍將軍，中衛將軍曹景宗爲安南將軍、江州刺史。

六月辛酉，復建、修二陵周回五里内居民，改陵監爲令。

秋七月丁亥，月犯氐。

《魏書》卷八《世宗紀》 辛卯，高車、契丹、汗畔、罽賓諸國並遣使朝獻。

甲午，以夫人高氏爲皇后。

乙未，詔曰：「察獄以情，審之五聽，枷杖小大，各宜定準。然比廷尉、司州、河南、洛陽、河陰及諸獄官，鞫訊之理，未盡矜恕，掠拷之苦，每多切酷，非所以祗憲量衷，慎刑重命者也。推濫究枉，良軫於懷。可付尚書精檢枷杖違制之由，斷罪聞奏。」

《梁書》卷二《武帝紀中》 八月癸丑，安南將軍、江州刺史曹景宗卒。

丁巳，赦大辟以下未結正者。

《資治通鑑》卷一四七 乙丑，魏以尚書李平爲都督北討諸軍、行冀州事以討愉。

丁卯，魏大赦，改元永平。

《梁書》卷二《武帝紀中》　甲戌，平西將軍、荆州刺史安成王秀進號安西將軍，雲麾將軍、郢州刺史鄱陽王恢進號平西將軍。老人星見。

《魏書》卷八《世宗紀》　九月辛巳朔，李平大破元愉於草橋。

丙戌，復前中山王英本封。

《梁書》卷二《武帝紀中》　丁亥，詔曰：「芻牧必往，姬文垂則；雉兔有刑，姜宣致貶。藪澤山林，毓材是出，斧斤之用，比屋所資。而頃世相承，並加封固，豈所謂與民同利，惠茲黔首？凡公家諸屯戍見封熂者，可悉開常禁。」

壬辰，置童子奉車郎。

癸巳，立皇子績爲南康郡王。

己亥，月犯東井。

《魏書》卷八《世宗紀》　庚子，郢州司馬彭珍、治中督榮祖等謀叛，潛引蕭衍衆入義陽，郢州刺史婁悦擊走之。詔將軍胡季智、屈祖等南赴義陽。三關戍主侯登、陽鳳省等以城南叛，婁悦嬰城固守。遣中山王英督步騎三萬以赴之。

辛丑，詔赦冀州民雜工役爲元愉所詿誤者，共能斬獲逆黨，別加優賞。

癸卯，李平克信都，元愉北走，斬其所署冀州牧韋超、右衛將軍睦雅、尚書僕射劉子直、吏部尚書崔朏等。統軍叔孫頭執愉送信都。羣臣請誅愉，帝弗許，詔送京師。冀州平。

《梁書》卷二《武帝紀中》　冬十月丙寅，以吴興太守張稷爲尚書左僕射。

丙子，魏陽關主許敬珍以城内附。詔大舉北伐。以護軍將軍始興王憺爲平北將軍，率衆入清；車騎將軍王茂率衆向宿預。

丁丑，魏懸瓠鎮軍主白皁生、豫州刺史胡遜以城内屬，以皁生爲鎮北將軍、司州刺史，遜爲平北將軍、豫州刺史。

十一月辛巳，鄱縣言甘露降。

《魏書》卷八《世宗紀》　十有二月己未，邢巒克懸瓠，斬白早生，擒齊苟仁等，俘蕭衍卒三千餘人，分賜王公已下。

癸亥，中山王英破衍將於楚城，擒衍寧朔將軍張疑等。郢州刺史婁悦破衍將馬仙琕於金山。

壬申，漢東蠻民一萬七千户宮相率内附。

丙子，高麗國遣使朝獻。

是歲，高昌國王麴嘉遣其兄子私署左衛將軍孝亮奉表來朝，因求内徙，乞師迎接。

天監八年、北魏永平二年（己丑、五〇九）

《梁書》卷二《武帝紀中》　春正月辛巳，輿駕親祠南郊，赦天下，内外文武各賜勞一年。

壬辰，魏鎮東參軍成景儁斬宿預城主嚴仲寶，以城内屬。

《魏書》卷八《世宗紀》　壬辰，嚈噠、薄知國遣使來朝，貢白象一。

乙未，高昌國遣使朝貢。

丙申，中山王英進逼蕭衍長薄戍，戊戌，胥潰，殺傷千數。

丁酉，拔武陽關，擒衍雲騎將軍、松滋縣開國侯爲廣，冠軍將軍、遷陵縣開國子彭瓮生，驍騎將軍、當陽縣開國伯徐元季等二十六將，俘獲七千餘人。進攻黄峴、西關。衍將馬仙琕棄西關，李元履棄黄峴遁走。

是月，涇州沙門劉慧汪聚衆反。詔華州刺史奚康生討之。

二月乙卯，詔曰：「比軍役頻興，仗多毁敗，在庫戎器，見有無幾。安不忘危，古人所戒，五兵之器，事須充積，經造既殷，非衆莫舉。今可量造四萬人雜仗。」

《梁書》卷二《武帝》　壬戌，老人星見。

夏四月，以北巴西郡置南梁州。

戊申，以護軍將軍始興王憺爲中衛將軍，司徒、行太子太傅臨川王宏爲司空、揚州刺史，車騎將軍、領太子詹事王茂即本號開府儀同三司。

《魏書》卷八《世宗紀》　己酉，詔以武川鎮饑，開倉賑恤。

甲子，詔曰：「聖人濟世，隨物汙隆，或正或權，理無恒在。先朝以雲駕甫遣，嵩基始構，河洛民庶，徙舊未安，代來新宅，尚不能就。伊闕西南，羣蠻填聚；沔陽賊城，連邑作戍；蠢爾愚巴，心未純款。故暫抑造育之仁，權緩肅姦之法。今京師天固，與昔不同。楊郢荆益，皆悉我有；保險諸蠻，罔不歸附；商洛民情，誠倍往日。唯樊襄已南，仁乖道政，被拘隔化，非民之咎。而無賴之徒，輕相劫掠，屠害良善，離人父兄。衍之爲酷，實亦深矣。便可放彼掠民，示其大惠，舍此殘賊，未令之愆。并敕緣邊州鎮，自今已後，不聽境外寇盜，犯者罪同境內。若州鎮主將，知容不糾，坐之如律。」

《梁書》卷二《武帝紀中》 丁卯，魏楚王城主李國興以城内附。

丙子，以中軍將軍、丹陽尹王瑩爲右光禄大夫。

五月壬午，詔曰：「學以從政，殷勤往哲，禄在其中，抑亦前事。朕思闡治綱，每敦儒術，軾閭闢館，造次以之。故負袟成風，甲科間出，方當置諸周行，飾以青紫。其有能通一經、始末無倦者，策實之後，選可量加敘録。雖復牛監羊肆，寒品後門，並隨才試吏，勿有遺隔。」

《魏書》卷八《世宗紀》 六月，高昌國遣使朝獻。

辛亥，詔曰：「江海方同，車書宜一，諸州軌轍南北不等。今可申敕四方，使遠近無二。」

《梁書》卷二《武帝紀中》 秋七月癸巳，巴陵王蕭寶義薨。

八月戊午，老人星見。

《資治通鑑》卷一四七 九月辛巳，魏封故北海王詳子顥爲北海王。

《魏書》卷八《世宗紀》 壬午，詔定諸門闌名。

《梁書》卷二《武帝紀中》 冬十月乙巳，以中軍將軍始興王憺爲鎮北將軍、南兗州刺史，南兗州刺史長沙王深業爲護軍將軍。

《魏書》卷八《世宗紀》 十有一月甲申，詔禁屠殺含孕，以爲永制。

己丑，帝於式乾殿爲諸僧、朝臣講《維摩詰經》。

十有二月，詔曰：「五等諸侯，比無選式。其同姓者出身：公正六下，侯從六上，伯從六下，子正七上，男正七下。異族出身：公從七上，侯從七下，伯正八上，子正八下，男從八上。清修出身：公從八下，侯正九上，伯正九下，子從九上，男從九下。可依此敘之。」疊伏羅、弗菩提、朝陁咤、波羅諸國並遣使朝獻。

《資治通鑑》卷一四七 是歲，魏宗正卿元樹來奔，賜爵鄴王。

天監九年、北魏永平三年（庚寅、五一〇）

《梁書》卷二《武帝紀中》 春正月乙亥，以尚書令、行太子少傅沈約爲左光禄大夫，行少傅如故，右光禄大夫王瑩爲尚書令，行中撫將軍建安王偉領護軍將軍，鎮北將軍、南兗州刺史始興王憺爲鎮西將軍、益州刺史，太常卿王亮爲中書監。

丙子，以輕車將軍晉安王綱爲南兗州刺史。

庚寅，新作緣淮塘，北岸起石頭迄東冶，南岸起後渚籬門迄三橋。

《魏書》卷八《世宗紀》 二月丙午，高昌、鄧至國並遣使朝獻。

壬子，秦州沙門劉光秀謀反。州郡捕斬之。

癸亥，秦州隴西羌殺鎮將趙儁，阻兵反叛。州軍討平之。

《梁書》卷二《武帝紀中》 三月己丑，車駕幸國子學，親臨講肆，賜國子祭酒以下帛各有差。

乙未，詔曰：「王子從學，著自禮經，貴游咸在，實惟前誥，所以式廣義方，克隆教道。今成均大啓，元良齒讓，自斯以降，並宜肄業。皇太子及王侯之子，年在從師者，可令入學。」于闐國遣使獻方物。

夏四月丁巳，革選尚書五都令史用寒流。林邑國遣使獻白猴一。

五月己亥，詔曰：「朕達聽思治，無忘日昃，而百司羣務，其途不一，隨時適用，各有攸宜，若非總會衆言，無以備兹親覽。自今臺閣省府州郡鎮戍應有職僚之所，時共集議，各陳損益，具以奏聞。」中書監王亮卒。

六月癸丑，盜殺宣城太守朱僧勇。

閏月己丑，宣城盜轉寇吳興縣，太守蔡撙討平之。

癸酉，以中撫將軍、領護軍建安王偉爲鎮南將軍、江州刺史。

秋七月己巳，老人星見。

《魏書》卷八《世宗紀》 八月己卯，勿吉國遣使朝貢。

九月壬寅，烏萇、伽秀沙尼諸國並遣使朝獻。

丙辰，高車別帥可略汗等率衆一千七百内屬。

冬十月辛卯，中山王英薨。

丙申，詔曰：「朕乘乾御曆，年周一紀，而道謝擊壤，教慚刑厝。至於下民之煢鰥疾苦，心常愍之，此而不恤，豈爲民父母之意也。可敕太常於閑敞之處，別立一館，使京畿内外疾病之徒，咸令居處。嚴敕醫署，分師療治，考其能否，而行賞罰。雖齡數有期，修短分定，然三疾不同，或賴針石，庶秦扁之言，理驗今日。又經方浩博，流傳處廣，應病投藥，卒難窮究。更令有司，集諸醫工，尋篇推簡，務存精要，取三十餘卷，以班九服，郡縣備寫，布下鄉邑，使知救患之術耳。」

冬十二月癸未，輿駕幸國子學，策試胄子，賜訓授之司各有差。

《資治通鑑》卷一四七 劉芳奏「所造樂器及教文、武二舞登歌鼓吹曲等已成，乞如前敕集公卿群儒議定，與舊樂參呈。若臣等所造形制合古擊拊會節，請於來年元會用之。」詔：「舞可用新，餘且仍舊。」

天監一〇年、北魏永平四年（辛卯、五一一）

《梁書》卷二《武帝紀中》 春正月辛丑，輿駕親祠南郊，大赦天下，居局治事賜勞二年。

癸卯，以尚書左僕射張稷爲安北將軍、青冀二州刺史，郢州刺史鄱陽王恢爲護軍將軍。

甲辰，以南徐州刺史豫章王綜爲郢州刺史，輕車將軍南康王績爲南徐州刺史。

戊申，騶虞一，見荆州華容縣。以左民尚書王暕爲吏部尚書。

辛酉，輿駕親祠明堂。

三月辛丑，盜殺東莞、琅邪二郡太守鄧晰，以朐山引魏軍，遣振遠將軍馬仙琕討之。

是月，魏徐州刺史盧昶帥衆赴朐山。

《魏書》卷八《世宗紀》 夏四月，琅邪民王萬壽斬蕭衍輔國將軍、琅邪東莞二郡太守劉晣首，以朐山來降。徐州刺史盧昶遣琅邪戍主傅文驥率衆據之。

甲戌，薛和大破山胡。蕭衍遣其鎮北將軍張稷及馬仙琕寇朐山。詔盧昶率衆赴之。

《梁書》卷二《武帝紀中》 五月癸酉，安豐縣獲一角玄龜。

丁丑，領軍吕僧珍卒。

己卯，以國子祭酒張充爲尚書左僕射，太子詹事柳慶遠爲領軍將軍。

六月乙酉，嘉蓮一莖三花生樂遊苑。

秋七月丙辰，詔曰：「昔公卿面陳，載在前史，令僕陛奏，列代明文，所以釐彼庶績，成茲羣務。晉氏陵替，虛誕爲風，自此相因，其失彌遠，遂使武帳空勞，無汲公之奏，丹墀徒闢，闕鄭生之履。三槐八座，應有務之百官，宜有所論，可入陳啓，庶藉周爰，少匡寡薄。」

《魏書》卷八《世宗紀》 八月辛未，阿婆羅、達舍、越伽使密、不流沙等諸國並遣使朝獻。

《梁書》卷二《武帝紀中》 九月丙申，天西北隆隆有聲，赤氣下至地。

《魏書》卷八《世宗紀》 甲寅，蕭衍九山戍主荀仁以戍來降。嚈噠、朱居槃、婆羅、莫伽陁、移婆僕羅、俱薩羅、舍彌、羅槃陁等諸國並遣使朝獻。

冬十月丁丑，婆比幡彌、烏萇、比地、乾達等諸國並遣使朝獻。

十有一月甲午，宕昌國遣使朝獻。

己亥，詔李崇、奚康生等治兵壽春，以分朐山之寇。

戊申，難地、伏羅國並遣使朝獻。朐城陷，盧昶大敗而還。

《梁書》卷二《武帝紀中》 十二月癸酉，山車見於臨城縣。

庚辰，馬仙琕大破魏軍，斬馘十餘萬，克復朐山城。

是歲，初作宮城門三重樓及開二道。宕昌國遣使獻方物。

天監一一年、北魏延昌元年（壬辰、五一二）

《梁書》卷二《武帝紀中》 春正月壬辰，詔曰：「夫刑法悼耄，罪不收孥，禮著明文，史彰前事，蓋所以申其哀矜，故罰有弗及。近代相因，厥網彌峻，髫年華髮，同坐入眚。雖懲惡勸善，宜窮其制，而老幼流離，良亦可愍。自今逋讁之家及罪應質作，若年有老小，可停將送。」加左光禄大夫、行太子少傅沈約特進。鎮南將軍、江州刺史建安王偉儀同三司。司空、揚州刺史臨川王宏進位爲太尉。驃騎將軍王茂爲司空。尚書令、雲麾將軍王瑩進號安左將軍。安北將軍、青冀二州刺史張稷進號鎮北將軍。

《魏書》卷八《世宗紀》 乙巳，以頻水旱，百姓饑弊，分遣使者開倉賑恤。

戊申，疏勒國遣使朝獻。

丙辰，以車騎大將軍、尚書令高肇爲司徒公，光禄大夫、清河王懌爲司空，司州牧、廣平王懷進號驃騎大將軍、儀同三司。

《梁書》卷二《武帝紀中》　二月戊辰，新昌、濟陽二郡野蠶成繭。

三月丁巳，曲赦揚、徐二州。築西靜壇於鍾山。

庚申，高麗國遣使獻方物。

《魏書》卷八《世宗紀》　四月，丁卯，詔曰：「遷京、嵩縣，年將二紀，虎闈闕唱演之音，四門絶講誦之業，博士端然，虚禄歲祀，貴遊之胄，歎同子衿，靖言念之，有兼愧慨。可嚴敕有司，國子學孟冬使成，太學、四門明年暮春令就。」

戊辰，以旱，詔尚書與羣司鞫理獄訟，詔河北民就穀燕、恒二州。

辛未，詔饑民就穀六鎮。

丁丑，帝以旱故，減膳撤懸。

癸未，詔曰：「肆州地震陷裂，死傷甚多，言念毁没，有酸懷抱。亡者不可復追，生病之徒宜加療救。可遣太醫，折傷醫，並給所須之藥，就治之。」

乙酉，大赦，改年。詔立理訴殿、申訟車，以盡冤窮之理。

《梁書》卷二《武帝紀中》　戊子，詔曰：「去歲朐山大殲醜類，宜爲京觀，用旌武功；但伐罪吊民，皇王盛軌，掩骼埋胔，仁者用心。其下青州悉使收藏。」百濟、扶南、林邑國並遣使獻方物。

《魏書》卷八《世宗紀》　六月壬申，澍雨大洽。

戊寅，通河南牝馬之禁。

己卯，詔曰：「去歲水災，今春炎旱，百姓饑餒，救命靡奇，雖經蠶月，不能養績。今秋輸將及，郡縣期於責辦，尚書可嚴勒諸州，量民資産，明加檢校，以救艱弊。」

庚辰，詔出太倉粟五十萬石，以賑京師及州郡饑民。

《梁書》卷二《武帝紀中》　辛巳，以司空王茂領中權將軍。

九月辛亥，宕昌國遣使獻方物。

《資治通鑑》卷一四七　十一月乙未，以吴郡太守袁昂兼尚書右僕射。

己酉，臨川王宏以公事左遷驃騎大將軍。

《梁書》卷二《武帝紀中》　癸丑，齊宣德太妃王氏薨。

十二月己未，以安西將軍、荆州刺史安成王秀爲中衛將軍，護軍將軍鄱陽王恢爲平西將軍、荆州刺史。

天監十二年、北魏延昌二年（癸巳、五一三）

《梁書》卷二《武帝紀中》　春正月辛卯，輿駕親祠南郊，赦大辟以下。

二月辛酉，以兼尚書右僕射袁昂爲尚書右僕射。

丙寅，詔曰：「掩骼埋胔，義重周經，槥櫝有加，事美漢策。朕向隅載懷，每勤造次，收藏之命，亟下哀矜；而寓縣遐深，遵奉未洽，髐然路隅，往往而有，言愍沉枯，彌勞傷惻。可明下遠近，各巡境界，若委骸不葬，或蔭衣莫改，即就收斂，量給棺具。庶夜哭之魂斯慰，霑霜之骨有歸。」

《魏書》卷八《世宗紀》　甲戌，以六鎮大饑，開倉賑贍。

己卯，太尉、高陽王雍進位太保。

庚辰，蕭衍郁州民徐玄明等斬送衍鎮北將軍、青冀二州刺史張稷首，以州内附，詔前南兖州刺史樊魯率衆赴之。

《梁書》卷二《武帝紀中》　辛巳，新作太極殿，改爲十三間。

三月癸卯，以湘州刺史王珍國爲護軍將軍。

閏月乙丑，特進、中軍將軍沈約卒。

夏四月，京邑大水。

《資治通鑑》卷一四七　五月，壽陽久雨，大水入城，廬舍皆没。魏揚州刺史李崇勒兵泊於城上，水增未已，乃乘船附於女墻，城不没者二板。將佐勸崇棄壽陽保北山，崇曰：「吾忝守藩岳，德薄致災，淮南萬里，繫於吾身，一旦動足，百姓瓦解，揚州之地，恐非國物，吾豈愛一身，取愧王尊！」

《梁書》卷二《武帝紀中》　六月癸巳，新作太廟，增基九尺。

庚子，太極殿成。

《魏書》卷八《世宗紀》　是夏，州郡十三大水。

秋八月辛卯，詔曰：「頃水旱互侵，頻年饑儉，百姓窘弊，多陷罪辜，煩刑之愧，朕用懼矣。其殺人、掠賣人、羣强盜首，及雖非首而殺傷財主，曾經再犯公斷道路劫奪行人者，依法行決；自餘恕死。徒流已下各準減降。」

庚戌，嚈噠、于闐、槃陁及契丹、庫莫奚諸國並遣使朝獻。

《梁書》卷二《武帝紀中》　九月戊午，以鎮南將軍、開府儀同三司、江州刺史建安王偉爲撫軍將軍，儀同如故；驃騎將軍、開府儀同三司之儀、揚州刺史臨川王宏爲司空；領中權將軍王茂爲驃騎將軍、開府同三司之儀、江州刺史。

冬十月丁亥，詔曰：「明堂地勢卑濕，未稱乃心。外可量就埤起，以盡誠敬。」

《魏書》卷八《世宗紀》 詔以恒、肆地震，民多死傷，蠲兩河一年租賦。

十有二月丙戌，丐洛陽、河陰二縣租賦。

乙巳，詔以恒、肆地震，民多離災，其有課丁没盡、老幼單辛、家無受復者，各賜廩以接來稔。高麗國遣使朝獻。

天監十三年、北魏延昌三年（甲午、五一四）

《梁書》卷二《武帝紀中》 春正月壬戌，以丹陽尹晉安王綱爲荆州刺史。

癸亥，以平西將軍、荆州刺史鄱陽王恢爲鎮西將軍、益州刺史。

丙寅，以翊右將軍安成王秀爲安西將軍、郢州刺史。

二月丁亥，輿駕親耕籍田，赦天下，孝悌力田賜爵一級。老人星見。

三月辛亥，以新除中撫將軍、開府儀同三司建安王偉爲左光禄大夫。

夏四月辛卯，林邑國遣使獻方物。

壬辰，以郢州刺史豫章王綜爲安右將軍。

五月辛亥，以通直散騎常侍韋叡爲中護軍。

六月己亥，以南兖州刺史蕭景爲領軍將軍，領軍將軍柳慶遠爲安北將軍、雍州刺史。

秋七月乙亥，立皇子綸爲邵陵郡王，繹爲湘東郡王，紀爲武陵郡王。

八月癸卯，扶南、于闐國各遣使獻方物。

《魏書》卷八《世宗紀》 九月，吐谷渾、契丹、勿吉諸國並遣使朝貢。

冬十月庚辰，詔驍騎將軍馬義舒慰諭蠕蠕。庫莫奚國遣使朝貢。

十有一月庚戌，南天竺、佐越費實諸國並遣使朝獻。

辛亥，詔司徒高肇爲大將軍、平蜀大都督，步騎十萬西伐。益州刺史傅竪眼出巴北，平南將軍羊祉出涪城，安西將軍奚康生出綿竹，撫軍將軍甄琛出劍閣。

乙卯，以中護軍元遥爲征南將軍、東道都督，鎮遏梁楚。

丁巳，幽州沙門劉僧紹聚衆反，自號淨居國明法王。州郡捕斬之。

甲戌，高麗國遣使朝獻。

十有二月庚寅，詔立明堂。

《梁書》卷二《武帝紀中》 是歲作浮山堰。

天監十四年、北魏延昌四年（乙未、五一五）

《梁書》卷二《武帝紀中》 春正月乙巳朔，皇太子冠，赦天下，賜爲父後者爵一級，王公以下班賚各有差，停遠近上慶禮。

丙午，安左將軍、尚書令王瑩進號中權將軍。以鎮西將軍始興王憺爲中撫將軍。

辛亥，輿駕親祠南郊。詔曰：「朕恭祇明祀，昭事上靈，臨竹宫而登泰壇，服裘冕而奉蒼璧，柴望既升，誠敬克展，思所以對越乾元，弘宣德教；而缺於治道，政法多昧，實佇羣才，用康庶績。可班下遠近，博採英異。若有確然鄉黨，獨行州閭，肥遁丘園，不求聞達，藏器待時，未加收採；或賢良、方正，孝悌、力田，並即騰奏，具以名上。當擢彼周行，試以邦邑，庶百司咸事，兆民無隱。又世輕世重，隨時約法，前以劓墨，用代重辟，猶念改悔，其路已壅，並可省除。」

《魏書》卷八《世宗紀》 春正月甲寅，帝不豫，丁巳，崩於式乾殿，時年三十三。

《魏書》卷九《肅宗紀》 戊午，大赦天下。

己未，徵下西討東防諸軍。

庚申，詔太保、高陽王雍入居西柏堂，決庶政，又詔任城王澄爲尚書令，百官總己以聽於二王。

《梁書》卷二《武帝紀中》 丙寅，汝陰王劉胤薨。

《魏書》卷九《肅宗紀》 二月庚辰，尊皇后高氏爲皇太后。

辛巳，司徒高肇至京師，以罪賜死。蕭衍寧州刺史任太洪率衆寇關城，益州長史興孫擊破之。

癸未，太保、高陽王雍進位太傅、領太尉，司空、清河王懌爲司徒，驃騎大將軍、廣平王懷爲司空。

《梁書》卷二《武帝紀中》　庚寅，芮芮國遣使獻方物。

戊戌，老人星見。

辛丑，以中護軍韋叡爲平北將軍、雍州刺史，新除中撫將軍始興王憺爲荆州刺史。

《魏書》卷九《肅宗紀》　三月甲辰朔，皇太后出俗爲尼，徙御金墉。

丙辰，詔進宫臣位一級。先是，蕭衍於浮山堰淮，規爲揚徐之害，詔平南將軍楊大眼討之。

乙丑，進文武羣官位一級。

《梁書》卷二《武帝紀中》　夏四月丁丑，驃騎將軍、開府同三司之儀、江州刺史王茂薨。

《資治通鑑》卷一四八　浮山堰城而復潰，或言蛟龍能乘風雨破堰，其性惡鐵，乃運東、西冶鐵器數千萬斤沈之，亦不能合。乃伐樹爲井幹，填以巨石，加土其上；緣淮百里内木石無巨細皆盡，負檐者肩上皆穿，夏日疾疫，死者相枕，蠅蟲晝夜聲合。

《梁書》卷二《武帝紀中》　五月丁巳，以荆州刺史建安王綱爲江州刺史。

《資治通鑑》卷一四八　庚辰，定州刺史田超秀帥衆三千降魏。

《魏書》卷九《肅宗紀》　六月，沙門法慶聚衆反於冀州，殺阜城令，自稱大乘。

秋七月癸卯，蠕蠕國遣使朝獻。

丁未，詔假右光禄大夫元遥征北大將軍，攻討法慶。宕昌國遣使朝獻。

八月乙亥，領軍于忠矯詔殺左僕射郭祚、尚書裴植，免太傅、領太尉、高陽王雍官，以王還第。

丙子，尊皇太妃爲皇太后。

己卯，吐谷渾國遣使朝獻。

庚辰，蕭衍定州刺史田超秀率衆三千請降。

戊子，帝朝皇太后於宣光殿，大赦天下。

己丑，司徒、清河王懌進位太傅，領太尉；司空、廣平王懷爲太保，領司徒；驃騎大將軍、任城王澄爲司空。

庚寅，車騎大將軍于忠爲尚書令，特進崔光爲車騎大將軍，並儀同三司。

壬辰，復前江陽王繼本國；以濟南王彧復先封，爲臨淮王。羣臣奏請皇太后臨朝稱制。

《梁書》卷二《武帝紀中》　乙未，老人星見。

《魏書》卷九《肅宗紀》　九月乙巳，皇太后親覽萬機，詔曰：「高祖革禮成治，遺澤在民。世宗纂承丕業，聖德昭遠。朕以沖孺，屬當寶圖，洪基至重，若履冰薄。王公百辟羣牧庶官，皆受遇先朝，寵榮自昔，宜各勉崇，共康世道，勠立竭誠，以匡輔不逮。其有懷道丘園、味跡板築。山栖谷飲、舒卷從時者，宜廣戔帛，緝和鼎飪。有能讜言直諫、濟世益時者，在所以聞，當待以不次之位。孝子、順孫、義夫、節婦，表其門閭，以彰厥美。高年孤獨不能自存者，贍以粟帛。若因饑失業、天屬流離，或賣鬻男女以爲僕隸者，各聽歸還。比冀方未肅，徐城寇擾，將統久勞，士卒疲弊，並遣撫慰，賜以衣馬。緣邊州鎮，固捍之勞，朔方酋庶，北面所委，亦令勞賚，以副其心。其有先朝舊事寢而不舉，頃來便習不依軌式者，並可疏聞，當加覽裁。若益時吏治、不拘常制者，自依別例。其明相申約，稱朕意焉。」

甲寅，征北元遥破斬法慶及渠帥百餘人，傳首京師。安定王燮薨。

庚申，高昌、庫莫奚、契丹諸國並遣使朝獻。蕭衍將趙祖悦襲據硤石。

癸亥，詔定州刺史崔亮假鎮南將軍，率諸將討之；冀州刺史蕭寶夤爲鎮東將軍，次淮堰。

《梁書》卷二《武帝紀中》　癸亥，以長沙王深業爲護軍將軍。狼牙修國遣使獻方物。

《資治通鑑》卷一四八　甲午，弘化太守杜桂舉郡降魏。

是冬，寒甚，淮、泗盡凍，浮山堰士卒死者什七八。

《魏書》卷九《肅宗紀》　冬十月庚午朔，勿吉國貢楛矢。

壬午，高麗、吐谷渾國並遣使朝獻。

乙酉，以安定公胡國珍爲中書監、儀同三司。

甲午，蕭衍弘化太守杜桂舉郡内屬。

十有二月辛丑，以高陽王雍爲太師。

己酉，鎮南崔亮破祖悦，遂圍硤石。

丁卯，帝、皇太后謁景陵。高車國遣使朝獻。

天監一五年、北魏熙平元年（丙申、五一六）

《魏書》卷九《肅宗紀》 春正月戊辰朔，大赦，改年。荆沔都督元志大破蕭衍軍，斬其恒農太守王世定等。以吏部尚書李平爲鎮軍大將軍兼尚書右僕射，爲行臺，節度討硤石諸軍。

《梁書》卷二《武帝紀中》 己巳，詔曰：「觀時設教，王政所先，兼而利之，寔惟務本，移風致治，咸由此作。頃因革之令，隨事必下，而張弛之要，未臻厥宜，民瘼猶繁，廉平尚寡，所以竚旒纊而載懷，朝玉帛而興歎。可申下四方，政有不便於民者，所在具條以聞。守宰若清潔可稱，或侵漁爲蠹，分別奏上，將行黜陟。長吏勸課，躬履堤防，勿有不修，致妨農事。關市之賦，或有未允，外時參量，優減舊格。」

《魏書》卷九《肅宗紀》 二月乙巳，鎮東蕭寶夤大破衍將於淮北。癸亥，初聽秀才對策，第居中上已上，敍之。

乙丑，鎮南崔亮、鎮軍李平等克硤石，斬衍豫州刺史趙祖悅，傳首京師，盡俘其衆。

是月，吐谷渾、宕昌、鄧至諸國並遣朝貢。

《梁書》卷二《武帝紀中》 三月戊辰朔，日有蝕之。夏四月丁未，以安右將軍豫章王綜兼護軍。高麗國遣使獻方物。

《資治通鑑》卷一四八 淮堰成，長九里，下廣一百四十丈，上廣四十五丈，高二十丈，樹以杞柳，軍壘列居其上。

《梁書》卷二《武帝紀中》 五月癸未，以司空、揚州刺史臨川王宏爲中書監、驃騎大將軍，刺史如故。

六月丙申，改作小廟畢。

庚子，以尚書令王瑩爲左光禄大夫、開府儀同三司，尚書右僕射袁昂爲尚書左僕射，吏部尚書王暕爲尚書右僕射。

《魏書》卷九《肅宗紀》 秋七月庚午，重申殺牛之禁。

丙子，詔兵士征硤石者復租賦一年。傅豎眼大破張齊，齊遁走。

乙酉，高昌國遣使朝獻。

八月乙巳，以侍中、中書監、儀同三司、安定郡開國公胡國珍爲都督雍涇岐華東秦豳六州諸軍事、驃騎大將軍、開府儀同三司、雍州刺史。

丙午，詔曰：「先賢列聖，道冠生民，仁風盛德，焕乎圖史。暨曆數永終，迹隨物變，陵隧杳藹，鞠爲茂草，古帝諸陵，多見踐藉。可明敕所在，諸有帝王墳陵，四面各五十步勿聽耕稼。」宕昌國遣使朝貢。

《梁書》卷二《武帝紀中》 老人星見。芮芮、河南遣使獻方物。

《資治通鑑》卷一四八 九月，丁丑，淮水暴漲，堰壞，其聲如雷，聞三百里，緣淮城戍村落十餘萬口皆漂入海。

《梁書》卷二《武帝紀中》 辛巳，左光禄大夫、開府儀同三司王瑩薨。

壬辰，赦天下。

冬十月戊午，以丹陽尹長沙王深業爲湘州刺史。

十一月丁卯，以兼護軍豫章王綜爲安前將軍。交州刺史李畟斬交州反者阮宗孝，傳首京師。曲赦交州。

壬午，以雍州刺史韋叡爲護軍將軍。

《魏書》卷九《肅宗紀》 十有二月癸巳，詔洛陽、河陰及諸曹雜人年七十已上、鰥寡貧困不能自存，及年雖少而痼疾長廢，窮苦不濟者，研實具列以聞。

《資治通鑑》卷一四八 初，魏世宗作瑶光寺，未就，是歲，胡太后又作永寧寺，皆在宫側；又作石窟寺於伊闕口，皆極土木之美。而永寧尤盛，有金像高丈八者一，如中人者十，玉像二。爲九層浮圖，掘地築基，下及黄泉；浮圖高九十丈，上刹復高十丈，每夜静，鈴鐸聲聞十里。佛殿如太極殿，南門如端門。僧房千間，珠玉錦繡，駭人心目。自佛法入中國，塔廟之盛，未之有也。

征南大將軍田益宗求爲東豫州刺史，以招二子，太后不許，竟卒於洛陽。

天監一六年、北魏熙平二年（丁酉、五一七）

《梁書》卷二《武帝紀中》 春正月辛未，輿駕親祠南郊，詔曰：「朕當扆思治，政道未明，昧旦劬勞，亟移星紀。今太皞御氣，句芒首節，昇中就陽，禋敬克展，務承天休，布兹和澤。尤貧之家，勿收今年三調。其無田業者，所在量宜賦給。若民有産子，即依格優蠲。孤老鰥寡不能自存，咸加賑卹。班下四方。諸州郡縣，時理獄訟，勿使寃滯，並若親覽。」

《魏書》卷九《肅宗紀》　甲戌，大赦天下。

戊子，勿吉國遣使朝貢。

庚寅，詔遣大使巡行四方，問疾苦，恤孤寡，黜陟幽明。又詔：「選曹用人，務在得才，廣求栖遁，共康治道。州鎮城隍，各令嚴固。齊會聚集，糾執妖諠。囹圄皆令造屋，桎梏務存輕小。工巧浮迸，不得隱藏。絹布繒綵，長短合式。偷竊軍階，亦悉沙汰。籍貫不實，善使糾案，聽自歸首，逋逮加罪。」詔中蔚元匡考定權衡。

《梁書》卷二《武帝紀中》　二月庚戌，老人星見。

甲寅，以安前將軍豫章王綜爲南徐州刺史。

《資治通鑑》卷一四八　三月，丙子，敕織官，文錦不得爲仙人鳥獸之形，爲其裁剪有乖仁恕。

《梁書》卷二《武帝紀中》　河南王遣使獻方物。

《魏書》卷九《肅宗紀》　夏四月甲午，高麗、波斯、疏勒、嚈噠諸國並遣使朝獻。

丁酉，詔京尹所統，百年以上賜大郡板，九十以上賜小郡板。

戊申，以中書監、開府儀同三司胡國珍爲司徒公，特進、汝南王悦爲中書監、儀同三司。

乙卯，皇太后幸伊闕石窟寺，即日還宮。安定王超改封北平王。

五月辛酉，詔曰：「揚州硤石、荆山、新淮、鄭城兵士戰没者，追給斂財，復一房五年；若無妻子，復其家一人二年。身被三創，賞一階；雖一創而四體廢落者，亦同此賞。」

庚辰，重申天文之禁，犯者以大辟論。

乙酉，鄧至國遣使朝貢。

《梁書》卷二《武帝紀中》　六月戊申，以廬陵王續爲江州刺史。

七月丁丑，以郢州刺史安成王秀爲鎮北將軍、雍州刺史。

《魏書》卷九《肅宗紀》　八月，己亥，詔庶族子弟年未十五不聽入仕。

詔曰：「皇魏開基，道邁周漢，蟬連二都，德盛百祀，雖帝胤蕃衍，親賢並茂，而猶沉屈素履，巾褐衡門，非所謂廣命戚族，翼屏王室也。今可依世近遠，敍之列位。」

庚子，詔咸陽、京兆二王子女還附屬籍。

《梁書》卷二《武帝紀中》　辛丑，老人星見。扶南、婆利國各遣使獻方物。

《魏書》卷九《肅宗紀》　壬寅，吐谷渾國遣使朝獻。

丁未，詔侍中、太師、高陽王雍入居門下，參決尚書奏事。

己酉，契丹國遣使朝貢。

九月辛酉，吐谷渾國遣使朝貢。

丙寅，詔曰：「察訟理冤，實維政首，躬親聽覽，民信所由。此日諒闇之中，治綱未振，獄犴繁廣，嗟訴驟聞，雖曰司存，每多誣壅。曾是寡德，實深矜慨。自今月望，當暫出城闈，親納滯枉。主者可宣諸近遠，咸使聞知。」

是月，城青、齊、兖、涇、平、營、肆七州所治東陽、歷城、瑕丘、平涼、肥如、和龍、九原七城。

《資治通鑑》卷一四八　冬，十月，詔以宗廟猶用脯修，更議代之，於是以大餅代大脯，其餘盡用蔬果。又起至敬殿、景陽臺，置七廟座，每月中再設淨饌。

《魏書》卷九《肅宗紀》　庚寅，以幽、冀、滄、瀛四州大饑，遣尚書長孫稚，兼尚書鄧羡、元纂等巡撫百姓，開倉賑恤。

丁酉，勿吉國貢楛矢。

戊戌，以光州饑弊，遣使賑恤。

乙卯，詔曰：「北京根舊，帝業所基，南遷二紀，猶有留住。懷本樂故，未能自遣，若未遷者，悉可聽其仍停，安堵永業。門才術藝，應於時求者，自別徵引，不在斯例。周之子孫，漢之劉族，逼於海内，咸致蕃衍，豈拘南北千里而已哉。」

十有一月甲子，蕭衍平西將軍、巴州刺史牟漢寵遣使請降。

《資治通鑑》卷一四八　是歲，以右衛將軍馮道根爲豫州刺史。

天監一七年、北魏神龜元年（戊戌、五一八）

《梁書》卷二《武帝紀中》　春正月丁巳朔，詔曰：「夫樂所自生，含識之常性；厚下安宅，馭世之通規。朕矜此庶氓，無忘待旦，亟弘生聚之略，每布寬卹之恩；而編户未滋，遷徙尚有，輕去故鄉，豈其本志？資業殆闕，自返莫由，巢南之心，亦何能弭。今開元發歲，品物惟新，思俾黔黎，各安舊所。將使郡無曠土，邑靡遊民，鷄犬相聞，桑柘交畛。凡天下之民，有流移他境，在天監十七年正月一日以前，可開恩半歲，悉聽還本，蠲課三年。其流寓過遠者，量加程日。若有不樂還者，即使著土籍爲民，準舊課輸。若流移之後，本鄉無復居宅者，村司三老及餘親屬，即爲詣縣，占請村内官地官宅，令相容受，使戀本者還有所托。凡坐爲市埭諸職割盜衰減應被封籍者，其田宅車牛，是民生之具，不得悉以没入，皆優量分留，使得自止。其商賈富室，亦不得頓相兼併。遁叛之身，罪無輕重，並許首出，還復民伍。若有拘限，自還本役。並爲條格，咸使知聞。」

《魏書》卷九《肅宗紀》 甲子，詔以氐酋楊定爲陰平王。

丙寅，以特進、江陽王繼爲驃騎大將軍、儀同三司。

壬申，詔曰：「朕沖昧撫運，政道未康，民之疾苦，弗遑紀恤，夙宵矜慨，鑒寐深懷，眷彼百齡，悼兹六極。京畿百年以上給大郡板，九十以上給小郡板，八十以上給大縣板，七十以上給小縣板；諸州百姓，百歲以上給小郡板，九十以上給上縣板，八十以上給中縣板；鰥寡孤獨不能自存者，賜粟五斛、帛二匹。」

庚辰，詔以雜役之户或冒入清流，所在職人皆五人相保，無人任保者奪官還役。

乙酉，加特進、汝南王悦儀同三司。秦州羌反。幽州大饑，民死者三千七百九十九人，詔刺史趙邕開倉賑恤。

《資治通鑑》卷一四八 二月癸巳，安成康王秀卒。

《梁書》卷二《武帝紀中》 甲辰，大赦天下。

乙卯，以領石頭戍事南康王績爲南兗州刺史。

三月甲申，老人星見。

丙申，改封建安王偉爲南平王。

《魏書》卷九《肅宗紀》 夏四月丁酉，司徒胡國珍薨。

甲辰，江陽王繼改封京兆王。

辛亥，舍摩國遣使朝獻。

五月，高麗、高車、高昌諸國並遣使朝貢。自正月不雨至於六月辛卯，澍雨乃降。

《梁書》卷二《武帝紀中》 戊寅，驃騎大將軍、揚州刺史臨川王宏免。

己卯，干陁利國遣使獻方物。以領軍將軍蕭景爲安右將軍，監揚州。

辛巳，以臨川王宏爲中軍將軍、中書監。

六月乙酉，以益州刺史鄱陽王恢爲領軍將軍。中軍將軍、中書監臨川王宏以本號行司徒。

癸卯，以國子祭酒蔡撙爲吏部尚書。

《魏書》卷九《肅宗紀》 秋七月，河州民却鐵忽聚衆反，自稱水池王。詔行臺源子恭討之。

閏月戊戌，吐谷渾國遣使朝貢。

甲辰，開恒州銀山之禁，與民共之。

丁未，波斯、疏勒、烏萇、龜茲諸國並遣使朝獻。

八月癸丑朔，詔曰：「朕沖昧纂曆，未閑政道，皇太后殷憂在疚，始覽萬幾。故獄犴淹枉，百姓冤弊，言念繁刑，思存降省，京師見囚，殊死以下可悉減一等。」

丁巳，詔曰：「頃年以來，戎車頻動，服制未終，奪哀從役。罔極之痛弗申，鞠育之恩靡報，非所謂敦崇至道者也。自今雖金革之事，皆不得請起居喪。」

甲子，勿吉國遣使朝貢。鐵忽相率降於行臺源子恭。

《梁書》卷二《武帝紀中》 壬寅，老人星見。詔以兵騶奴婢，男年登六十，女年登五十，免爲平民。

《魏書》卷九《肅宗紀》 九月癸未朔，以右光禄大夫劉騰爲衛將軍、儀同三司。

戊申，皇太后高氏崩於瑶光寺。

《梁書》卷二《武帝紀中》 冬十月乙亥，以中軍將軍、行司徒臨川王宏爲中書監、司徒。

十一月辛亥，以南平王偉爲左光禄大夫、開府儀同三司。

《資治通鑑》卷一四八 胡太后遣使者宋雲與比丘惠生如西域求佛經。

是歲，太師雍等奏：「鹽池天藏，資育群生，先朝爲之禁限，亦非苟與細民爭利。但利起天池，取用無法，或豪貴封護，或近民吝守，貧弱遠來，邈然絶望。因置主司，令其裁察，强弱相兼，務令得所。什一之稅，自古有之，所務者遠近齊平，公私兩宜耳。及甄琛啓求禁集，乃爲繞池之民蔚保光等擅自固護；語其障禁，倍於官司，取與自由，貴賤任口。請依先朝禁之爲便。」詔從之。

天監一八年、北魏神龜二年（己亥、五一九）

《梁書》卷二《武帝紀中》 春正月甲申，以領軍將軍鄱陽王恢爲征西將軍、開府儀同三司、荆州刺史，荆州刺史始興王憺爲中撫將軍、開府儀同三司、領軍。以尚書左僕射袁昂爲尚書令，尚書右僕射王暕爲尚書左僕射，太子詹事徐勉爲尚書右僕射。

《魏書》卷九《肅宗紀》 丁亥，詔曰：「朕以沖眇，纂承寶位，夙夜惟寅，若涉淵海。賴皇太后慈仁，被以夙訓。自臨朝踐極，歲將半紀，天平地成，四海寧乂。天道高遠，巍巍難名，猶以撝挹自居，稱號弗備，非所以崇奉坤元，允協億兆者也。宜遵舊典，稱詔宇內，以副黎蒸元元之望。」

《梁書》卷二《武帝紀中》 辛卯，輿駕親祠南郊，孝悌力田賜爵。

二月戊午，老人星見。

《魏書》卷九《肅宗紀》 乙丑，齊郡王祐薨。

庚午，羽林千餘人焚征西將軍張彝第，毆傷彝，燒殺其子始均。吐谷渾、宕昌國並遣使朝貢。

乙亥，大赦天下。

丁丑，詔求直言，諸有上書者聽密封通奏。

壬寅，詔曰：「農要之月，時澤弗應，嘉穀未納，三麥枯悴。德之無感，歎懼兼懷。可敕內外，依舊雩祈，率從祀典。察獄理冤，掩胔埋骼。冀瀛之境，往經寇暴，死者既多，白骨橫道，可遣專令收葬。賑窮恤寡，救疾存老，準訪前式，務令周備。」

三月甲辰，澍雨大洽。

《梁書》卷二《武帝紀中》 四月丁巳，大赦天下。

秋七月甲申，老人星見。于闐、扶南國各遣使獻方物。

《魏書》卷九《肅宗紀》 八月己未，御史中尉、東平王匡坐事削除官爵。

辛未，以左光祿大夫皇甫集爲征西將軍、儀同三司。

九月庚寅，皇太后幸嵩高山；癸巳，還宮。瀛洲民劉宣明謀反，事覺伏誅。

冬十有一月乙酉，蠕蠕莫緣梁賀侯豆率男女七百人來降。

十有二月癸丑，司徒、任城王澄薨。

庚申，大赦天下。詔除淫祀，焚諸雜神。

是歲，高麗王雲死，以世子安爲其國王。

普通元年、北魏正光元年（庚子、五二〇）

《梁書》卷三《武帝紀下》 春正月乙亥朔，改元，大赦天下，賜文武勞位，孝悌力田爵一級，尤貧之家，勿收常調，鰥寡孤獨，並加贍卹。

丙子，日有蝕之。

己卯，以司徒臨川王宏爲太尉、揚州刺史，安右將軍、監揚州蕭景爲安西將軍、郢州刺史。尚書左僕射王暕以母憂去職，金紫光祿大夫王份爲尚書左僕射。

庚子，扶南、高麗國各遣使獻方物。

二月壬子，老人星見。

癸丑，以高麗王世子安爲寧東將軍、高麗王。

三月丙戌，滑國遣使獻方物。

夏四月甲午，河南王遣使獻方物。

《魏書》卷九《肅宗紀》 五月辛巳，詔曰：「朕以寡薄，運膺寶圖，雖未明求衣，惕懼終日，而闇昧多闕，炎旱爲災，在予之愧，無忘寢食。今刑獄繁多，囹圄尚積，宜敷仁惠，以濟斯民。八座可推鞠見囚，務申枉濫。」

癸未，詔曰：「攘災招應，修政爲本，民乃神主，實宜率先。刺史守令與朕共治天下，宜哀矜勿喜，視民如傷。況今炎旱歷時，萬姓彫弊，而不撫恤窮冤，理決庶獄。可嚴敕州郡，善加綏隱，務盡聰明，加之祇肅，必使事允人神，時致靈應。其賦役不便於民者，具以狀聞，便當蠲罷。」

《梁書》卷三《武帝紀下》 六月丁未，以護軍將軍韋叡爲車騎將軍。

秋七月己卯，江、淮、海並溢。

辛卯，以信威將軍邵陵王綸爲江州刺史。

《魏書》卷九《肅宗紀》 帝加元服，大赦，改年，内外百官進位一等。

《梁書》卷三《武帝紀下》 八月庚戌，老人星見。

甲子，新除車騎將軍韋叡卒。

九月乙亥，有星晨見東方，光爛如火。

冬十月辛亥，以宣惠將軍長沙王深業爲護軍將軍。

辛酉，以丹陽尹晉安王綱爲平西將軍、益州刺史。

《魏書》卷九《肅宗紀》 十有一月己亥，詔曰：「蠕蠕世雄朔方，擅制漠裔，隣通上國，百有餘載。自神鼎南底，累紀於兹，虔貢雖違，邊燧靜息，憑心象魏，潛款彌純。今其主阿那瓌屬離時難，邦分親析，萬里遠馳，庇命有道。悲同申、伍，忠孝足矜。方存興滅之師，以隆繼絶之舉，宜且優以賓禮，期之立功，疏爵胙土，大啓河岳，可封朔方郡開國公、蠕蠕王，食邑一千户，錫以衣冕，加以軺車，禄恤儀衛，同乎戚蕃。」

十有二月壬子，詔曰：「蠕蠕王阿那瓌，遭離寇禍，遠來投庇，邦分衆析，猶無定主，而永懷北風，思還綏集。啓訴情切，良用愍然。夫存亡恤敗，自古通典。可差國使及彼前後三介，與阿那瓌相隨；并敕懷朔都督，簡鋭騎二千，躬自率護，送達境首，令觀機招納。若彼候迎，宜錫筐篚車馬之屬，務使優隆，禮餞而返；如不容受，任聽還闕。其行裝資遣，付尚書量給。」

辛酉，以司空、京兆王繼爲司徒公。

《資治通鑑》卷一四九 魏遣使者劉善明來聘，始復通好。

普通二年、北魏正光二年（辛丑、五二一）

《梁書》卷三《武帝紀下》 春正月甲戌，以南徐州刺史豫章王綜爲鎮右將軍。新除益州刺史晉安王綱改爲徐州刺史。

辛巳，輿駕親祠南郊。詔曰：「春司御氣，虔恭報祀，陶匏克誠，蒼璧禮備，思隨乾覆，布兹亭育。凡民有單老孤稚不能自存，主者郡縣咸加收養，贍給衣食，每令周足，以終其身。又於京師置孤獨園，孤幼有歸，華髮不匱。若終年命，厚加料理。尤窮之家，勿收租賦。」

戊子，大赦天下。

二月辛丑，輿駕親祠明堂。

三月庚寅，大雪，平地三尺。

《魏書》卷九《肅宗紀》 甲午，右衛將軍奚康生於禁内將殺元叉，不果，爲叉矯害。以儀同三司劉騰爲司空公。

夏四月庚子，司徒、京兆王繼進位太保。

壬寅，車騎大將軍、儀同三司崔光爲司徒公。蕭衍義州刺史文僧明率衆内屬。

《梁書》卷三《武帝紀下》 乙卯，改作南北郊。

丙辰，詔曰：「夫欽若昊天，曆象無違，躬執耒耜，盡力致敬，上協星鳥，俯訓民時，平秩東作，義不在南。前代因襲，有乖禮制，可於震方，簡求沃野，具兹千畝，庶允舊章。」

五月癸卯，琬琰殿火，延燒後宫屋三千間。

丁巳，詔曰：「王公卿士，今拜表賀瑞，雖則百辟體國之誠，朕懷良有多愧。若其澤漏川泉，仁被動植，氣調玉燭，治致太平，爰降嘉祥，可無慚德；而政道多缺，淳化未凝，何以仰叶辰和，遠臻冥貺？此乃更彰寡薄，重增其尤。自今可停賀瑞。」

《資治通鑑》一四九 辛巳，魏南荆州刺史桓叔興據所部來降。

六月丁卯，義州刺史文僧明、邊城太守田守德擁所部降魏，皆蠻酋也。

秋七月丁酉，以大匠卿裴邃爲信武將軍，假節，督衆軍討義州，破魏義州刺史封壽於檀公峴，遂圍其城；壽請降，復取義州。

以裴邃爲豫州刺史，鎮合肥。邃欲襲壽陽，陰結壽陽民李瓜花等爲内應。

《梁書》卷三《武帝紀下》 甲寅，老人星見。魏荆州刺史桓叔興帥衆降。

八月丁亥，始平郡中石鼓村地自開成井，方六尺六寸，深三十二丈。

《魏書》卷九《肅宗紀》 十有一月乙未朔，高昌國遣使朝貢。

戊申，衛大將軍、儀同三司皇甫集薨。

癸丑，侍中、車騎大將軍侯剛加儀同三司。

《梁書》卷三《武帝紀下》　百濟、新羅國各遣使獻方物。

《梁書》卷三《武帝紀下》　十二月戊辰，以鎮東大將軍百濟王餘隆爲寧東大將軍。

《魏書》卷九《肅宗紀》　甲戌，詔司徒崔光、安豐王延明等議定服章。

庚辰，以東益、南秦氐反，詔中軍將軍、河南王琛討之，失利。

普通三年、北魏正光三年（壬寅、五二二）

《梁書》卷三《武帝紀下》　春正月庚子，以尚書令袁昂爲中書監，吴郡太守王暕爲尚書左僕射，尚書左僕射王份爲右光禄大夫。

庚戌，京師地震。

己未，以宣毅將軍廬陵王續爲雍州刺史。

三月乙卯，巴陵王蕭屏薨。

夏四月丁卯，汝陰王劉端薨。

《資治通鑑》卷一四九　五月壬辰朔，日有食之，既。

《梁書》卷三《武帝紀下》　癸巳，赦天下，並班下四方，民所疾苦，咸即以聞，公卿百僚各上封事，連率郡國舉賢良、方正、直言之士。

《魏書》卷九《肅宗紀》　六月己巳，詔曰：「朕以沖昧，夙纂寶曆，不能祇奉上靈，感延和氣，致令炎旱頻歲，嘉雨弗洽，百稼燋萎，晚種未下，將成災年，秋稔莫覬。在予之責，憂懼震懷。今可依舊分遣有司，馳祈嶽瀆及諸山川百神能興雲雨者，盡其虔肅，必令感降，玉帛牲牢，隨應薦享。上下群官，側躬自厲，理冤獄，止土功，減膳撤懸，禁止屠殺。」

秋七月壬子，波斯、不漢、龜茲諸國遣使朝貢。

《梁書》卷三《武帝紀下》　八月辛酉，作二郊及籍田並畢，班賜工匠各有差。

甲子，老人星見。婆利、白題國各遣使獻方物。

冬十月丙子，加中書監袁昂中衛將軍。

十一月甲午，撫軍將軍、開府儀同三司、領軍將軍始興王憺薨。

辛丑，以太子詹事蕭淵藻爲領軍將軍。

《魏書》卷九《肅宗紀》　十有二月癸酉，以左光禄大夫皇甫度爲儀同三司。

乙酉，以車騎大將軍、尚書右僕射元欽爲儀同三司，太保、京兆王繼爲太傅，司徒崔光爲太保。

丁亥，以牧守妄立碑頌，輒興寺塔；第宅豐侈，店肆商販。詔中尉端衡，肅厲威風，以見事糾劾，七品、六品，禄足代耕，亦不聽錮貼店肆，争利城市。

《資治通鑑》卷一四九　柔然阿那環求粟爲種，魏與之萬石。

婆羅門帥部落叛魏，亡歸嚈噠。魏以平西府長史代人費穆兼尚書右丞西北道行臺，將兵討之，柔然遁去。穆謂諸將曰：「戎狄之性，見敵即走，乘虚復出，若不使之破膽，終恐疲於奔命。」乃簡練精騎，浮於山谷，以步兵之羸者爲外營，柔然果至，奮擊，大破之。婆羅門爲凉州軍所擒，送洛陽。

普通四年、北魏正光四年（癸卯、五二三）

《梁書》卷三《武帝紀下》　春正月辛卯，輿駕親祠南郊，大赦天下，應諸窮疾，咸加賑卹，並班下四方，時理獄訟。

丙午，輿駕親祠明堂。

二月庚午，老人星見。

乙亥，躬耕籍田。

《魏書》卷九《肅宗紀》　丁丑，河間王琛、章武王融，並以貪汙削爵除名。

己卯，以蠕蠕主阿那環率衆犯塞，遣尚書左丞元孚兼尚書，爲北道行臺，持節喻之。蠕蠕後主俟匿伐來朝京師。宕昌國遣使朝貢。司空劉騰薨。

《梁書》卷三《武帝紀下》　三月壬寅，以鎮右將軍豫章王綜爲平北將軍、南兖州刺史。

《魏書》卷九《肅宗紀》　甲申，詔驃騎大將軍、尚書令李崇，中軍將軍、兼尚書右僕射元纂率騎十萬討蠕蠕，出塞三千餘里，不及而還。

《梁書》卷三《武帝紀下》　六月乙丑，分益州置信州，分交州置愛州，分廣州置成州、南定州、合州、建州，分霍州置義州。

《魏書》卷九《肅宗紀》　秋七月辛亥，詔曰：「達尊斯在，齒預一焉，崇敬黄耇，先代通訓。故方叔以元老處位，充國緣自强見留。雖七十致仕，明乎典故，然以德尚壯，許其縶維。今庶僚之中，或年迫懸車，循禮宜退。但少收其力，老棄其身，言念勤舊，眷然未忍。或戴白在朝，未當外任；或停私歷紀，甫受考級；如此之徒，雖滿七十，聽其莅民，以終常限。或新解郡縣，或外佐始停，已滿七十，方求更叙者，吏部可依令不奏。其有高名俊德、老成髦士、灼然顯達、爲時所知者，不拘斯例。若才非秀異，見在朝官，依令合解者，可給本官半禄，以終其身。使辭朝之叟，不恨歸於閭巷矣。」

《梁書》卷三《武帝紀下》 八月丁卯，老人星見。

《魏書》卷九《肅宗紀》 己巳，詔曰：「狂蠢肆暴，陵竊北垂，雖軍威時接，賊徒懾遁，然獯虐所過，多離其禍，言念斯弊，有軫深懷。可敕北道行臺，遣使巡檢，遭寇之處，饑餒不粒者，厚加賑恤，務令存濟。」

戊寅，詔曰：「朕以眇闇，忝承鴻緒，因祖宗之基，托王公之上，每鑒寐屬慮，思康億兆。比雨旱愆時，星運舛錯，政理闕和，靈祇表異，永尋夕惕，載惡於懷。宜詔百司各勤厥職，諸有鰥寡窮疾冤滯不申者，並加釐恤。若孝子順孫、廉貞義節、才學超異、獨行高時者，是以言上，朕將親覽，加以旌命。」

癸未，追復故范陽王懌爲清河王。

九月丁酉，庫莫奚國遣使朝獻。詔侍中、太尉、汝南王悦入居門下，與丞相、高陽王雍參决尚書奏事。

《梁書》卷三《武帝紀下》 冬十月庚午，以中書監、中衛將軍袁昂爲尚書令，即本號開府儀同三司。

己卯，護軍將軍昌義之卒。

十一月癸未朔，日有蝕之。太白晝見。

甲辰，尚書左僕射王暕卒。

十二月戊午，始鑄鐵錢。狼牙修國遣使獻方物。

《魏書》卷九《肅宗紀》 蕭衍遣將寇邊，詔假征南將軍崔延伯討之。以太尉、汝南王悦爲太保。徐州刺史、北海王顥坐貪污削除官爵。

普通五年、北魏正光五年（甲辰、五二四）

《梁書》卷三《武帝紀下》 春正月，以左光禄大夫、開府儀同三司南平王偉爲鎮南大將軍，改領右光禄大夫，儀同三司如故。征西將軍、開府儀同三司、荆州刺史、鄱陽王恢進號驃騎大將軍。太府卿夏侯亶爲中護軍。右光禄大夫王份爲左光禄大夫，加特進。

辛卯，平北將軍、南兖州刺史、豫章王綜進號鎮北將軍。平西將軍、雍州刺史、晉安王綱進號安北將軍。

二月庚午，特進、左光禄大夫王份卒。

丁丑，老人星見。

三月甲戌，分揚州、江州置東揚州。

《魏書》卷九《肅宗紀》 沃野鎮人破落汗拔陵聚衆反，殺鎮將，號真王元年。詔臨淮王彧爲鎮軍將軍，假征北將軍，都督北征諸軍事以討之。

《資治通鑑》卷一四九《梁紀五》 夏四月，高平鎮民赫連恩等反，推敕勒酋長胡琛爲高平王，鎮以應拔陵。魏將盧祖遷擊破之，琛北走。

《梁書》卷三《武帝紀下》 乙未，以雲麾將軍南康王績爲江州刺史。

《魏書》卷九《肅宗紀》 壬申，詔尚書令立崇爲大都督，率廣陽王淵等北討。

《梁書》卷三《武帝紀下》 六月乙酉，龍鬬於曲阿王陂，因西行至建陵城。所經處樹木倒折，開地數十丈。

戊子，以會稽太守武陵王紀爲東揚州刺史。

《資治通鑑》卷一五〇 以豫州刺史裴邃督征討諸軍事以伐魏。

《梁書》卷三《武帝紀下》 庚子，以員外散騎常侍元樹爲平北將軍、北青兖二州刺史，率衆北伐。

《魏書》卷九《肅宗紀》 秦州城人莫折太提據城反，自稱秦王，殺刺史李彦。詔雍州刺史元志討之。南秦州城人孫掩、張長命、韓祖香據城反，殺刺史崔遊以應太提。太提遣城人卜朝襲克高平，殺鎮將赫連略、行臺高元榮。太提尋死，子念生代立，僭稱天子，號年天建，置立百官。

秋七月甲寅，詔吏部尚書元修義兼尚書僕射，爲西道行臺，率諸將西討。

戊午，復河間、王琛、臨淮王彧本封。

都督崔暹失利於白道，大都督立崇率衆還平城，坐長史祖瑩截没軍資，免除官爵。

《梁書》卷三《武帝紀下》 辛未，賜北討義客位一階。

八月庚寅，徐州刺史成景儁克魏童城。

《魏書》卷九《肅宗紀》　甲午，元志大敗於隴東，退守岐州。

丙申，詔曰：「賞貴宿勞，明主恒德；恩沾舊績，哲后常範。太祖道武皇帝應期撥亂，大造區夏；世祖太武皇帝纂戎丕緒，光闡王業，躬率六師，掃清逋穢；諸州鎮城人，本充牙爪，服勤征旅，契闊行間，備嘗勞劇。逮顯祖獻文皇帝，自北被南，淮海思乂，便差割强族，分衛方鎮。高祖孝文皇帝，遠遵盤庚，將遷嵩洛，規遏北疆，蕩闢南境，選良家酋附，增戍朔垂，戎捍所寄，實惟斯等。先帝以其誠效既亮，方加酬錫，會宛郢馳烽，朐泗告警，軍旗頻動，兵連積歲，茲恩仍寢，用迄於今，怨叛之興，頗由於此。朕叨承乾曆，撫馭宇宙，調風布政，思廣惠液，宜追述前恩，敷茲後施。諸州鎮軍貫，元非犯配者，悉免爲民，鎮改爲州，依舊立稱。此等世習干戈，率多勁勇，今既甄拔，應思報效。可三五簡發，討彼沙隴。當使人齊其力，奮擊先驅，妖黨狂醜，必可蕩滌。衝鋒斬級，自依恒賞。」

丁酉，南秀容牧子于乞真反，殺太僕卿陸延。别將尒朱榮討平之。

戊戌，莫折念生遣都督竇雙攻盤頭郡。東益州刺史魏子建遣將竇念祖討之，斬雙，擒斬千餘人。

《梁書》卷三《武帝紀下》　九月戊申，又剋睢陵城。

《魏書》卷九《肅宗紀》　壬申，詔尚書左僕射、齊王蕭寶夤爲西道行臺大都督，率征西將軍、都督崔延伯，又詔復撫軍將軍、北海王顥官爵，爲都督，並率諸將西討。

乙亥，帝幸明堂，餞寶夤等。

《梁書》卷三《武帝紀下》　戊午，北兗州刺史趙景悦圍荆山。

壬戌，宣毅將軍裴邃襲壽陽，入羅城，弗剋。

冬十月戊寅，裴邃、元樹攻魏建陵城，破之。

辛巳，又破曲木。掃虜將軍彭寶孫剋琅邪。

《魏書》卷九《肅宗紀》　營州城人劉安定、就德興據城反，執刺史李仲遵。城人王惡兒斬安定以降。德興東走，自號燕王。胡琛遣其將宿勤明達寇豳、夏、北華三州。

壬午，詔都督、北海王顥率諸將討之。

《梁書》卷三《武帝紀下》　甲申，又剋檀丘城。

辛卯，裴邃破狄城。

丙申，又剋甓城，遂進屯黎漿。

壬寅，魏東海太守韋敬欣以司吾城降。定遠將軍太守曹世宗破魏曲陽城。

甲辰，又剋秦墟。魏郿、潘溪守悉皆棄城走。

十一月丙辰，彭寶孫剋東莞城。

壬戌，裴邃攻壽陽之安城，剋之。

丙寅，魏馬頭、安城並來降。

十二月戊寅，魏荆山城降。

《魏書》卷九《肅宗紀》　壬辰，詔太傅、京兆王繼爲太師、大將軍，率諸將討之。嚈噠、契丹、地豆于、庫莫奚諸國並遣使朝貢。

汾州正平、平陽山胡叛逆。詔復征東將軍、章武王融封爵，爲大都督，率衆討之。

山南行臺、東益州刺史魏子建招降南秦氐民，復六郡十二戍，又斬賊王韓祖香。南秦賊王張長命畏逼，乃告降於蕭寶夤。

《梁書》卷三《武帝紀下》　乙巳，武勇將軍李國興攻平靜關，剋之。

辛丑，信威長史楊法乾攻武陽關；壬寅，攻峴關：並剋之。

《資治通鑑》卷一五〇　是歲，侍中、太子詹事周捨坐事免，散騎常侍錢唐朱异代掌機密，軍旅謀議，方鎮改易，朝儀詔敕皆典之。异好文義，多藝能，精力敏贍，上以是任之。

普通六年、北魏孝昌元年（乙巳、五二五）

《資治通鑑》卷一五〇　春正月丙午，雍州刺史晉安王綱遣安北長史柳渾破魏南鄉郡；司馬董當門破魏晉城，庚戌，又破馬圈、雕陽二城。

辛亥，輿駕親祠南郊，大赦天下。

庚申，魏鎮東將軍、徐州刺史元法僧以彭城内附。

《魏書》卷九《肅宗紀》　庚申，徐州刺史元法僧據城反，害行臺高諒，自稱宋王，號年天啓，遣其子景仲歸於蕭衍。衍遣其將胡龍牙、成景儁、元略等率衆赴彭城。詔祕書監、安樂王鑒回師以討之，鑒於彭城南擊元略，大破之，盡俘其衆，既而不備，爲法僧所敗。衍遣其豫章王綜入守彭城，法僧擁其僚屬、守令、兵戍及郭邑士女萬餘口南入。詔鎮軍將軍、臨淮王彧，尚書李憲爲都督，衛將軍、國子祭酒、安豐王延明爲東道行臺，復儀同三司李崇官爵，爲東道大都督，俱討徐州。崇以疾不行。

癸亥，蕭寶夤、崔延伯大破秦賊於黑水，斬獲數萬，天生退走入隴西，涇、岐及隴東悉平。以太師、大將軍、京兆王繼爲太尉，餘官如故。

《梁書》卷三《武帝紀下》 己巳，雍州前軍剋魏新蔡郡。詔曰：「廟謨已定，王略方舉。侍中、領軍將軍西昌侯淵藻，可便親戎，以前啓行；鎮北將軍、南兗州刺史豫章王綜董馭雄桀，風馳次邁；其餘衆軍，計日差遣，初中後師，善得嚴辦。朕當六軍雲動，龍舟濟江。」

癸酉，剋魏鄭城。

甲戌，以魏鎮東將軍、徐州刺史元法僧爲司空。

二月丁丑，老人星見。

庚辰，南徐州刺史廬陵王續還朝，禀承戎略。

乙未，趙景悦下魏龍亢城。

《魏書》卷九《肅宗紀》 以領軍將軍元乂爲驃騎大將軍、儀同三司。詔追復樂良王長命本爵，以其子忠紹之。侍中、特進、衛大將軍穆紹爲儀同三司。

戊戌，大赦。

壬辰，莫折念生遣都督楊鮓、梁下辯、姜齊等攻仇池郡城，行臺、東益州刺史魏子建遣將盛遷擊破之，斬下辯、齊等首。

壬寅，詔曰：「勸善黜惡，經國茂典。其令每歲一終，郡守列令長，刺史列守相，以定考課，辯其能否。若有濫謬，以考功失衷論。」

是月，齊州魏郡民房伯和聚衆反。會赦，乃散。

《梁書》卷三《武帝紀下》 三月丙午，歲星見南斗。賜新附民長復除，應諸罪失一無所問。

己酉，行幸白下城，履行六軍頓所。

乙丑，鎮北將軍、南兗州刺史豫章王綜權頓彭城，總督衆軍，並攝徐州府事。

《資治通鑑》一五〇 己巳，以元法僧之子景隆爲衡州刺史，景仲爲廣州刺史。上召法僧及元略還建康，法僧驅彭城吏民萬餘人南渡。

《魏書》卷九《肅宗紀》 詔太尉、西道都督、京兆王繼班師。

壬申，詔曰：「丞相高陽王，道德淵廣，明允篤誠，儀形太階，垂風下國，實所以予違汝弼，致治責成，宜班新制，宣之遐邇。其州郡先上司徒公文，悉可改上相府施行，符告皆亦如之。」

甲戌，詔曰：「選衆而舉，其來自昔。朕纘承大業，綜理萬幾，求賢致治，心焉若渴。知人則哲，振古所難，宜博訪公卿，採茲聲實。可令第一品以下五品以上，人各薦其所知，不限素身居職。必使精辯器藝，具注所能，然後依牒簡擢，隨才收敍，庶濟濟之美，無替往時，謇謇之直，有申茲歲。」蕭衍遣其北梁州長史錫休儒，司馬魚和、上庸太守姜平洛等入寇直城，梁州刺史傅豎眼遣息敬紹率衆拒擊，大破之，擒斬三千餘人；休儒等走還魏興。

是月，齊州清河民崔畜殺太守董遵，廣川民傅堆執太守劉莽反。青州刺史、安樂王鑒討平之。

是月，破落汗拔陵别帥王也不盧等攻陷懷朔鎮。

夏四月，蕭衍益州刺史蕭淵猷遣將樊文熾、蕭世澄等率衆圍小劍戍。益州刺史邴虬遣子子達、行臺魏子建遣别將淳于誕拒擊之。

辛卯，皇太后復臨朝攝政，引羣臣面陳得失。詔曰：「朕以寡昧，夙承天曆，茫若涉海，罔知所濟，實憑宗社降祐之靈，庶勉幼志，以康世道。而神龜之末，權臣擅命，元乂、劉騰陰相影響，遂使皇太后幽隔後宮，太傅、清河王無辜致害，相州刺史、中山王熙横被夷滅，右衛將軍奚康生仍見誅翦。從此已後，無所畏忌，恣諸侵求，任所與奪。無君之心，積習稍久；不臣之迹，緣事彌彰。蔽耳目之明，專生殺之柄，天下爲之不康，四郊由兹多壘。此而可忍，孰不可懷！雖屢經赦宥，未容致之於法，猶宜辨正，以謝朝野。騰身既往，可追削爵位。乂之罪狀，誠合徽纆，但以宗枝舅戚，特加全貸，可除名爲民。」

壬辰，征西將軍、都督崔延伯大敗於涇川，戰殁。

《梁書》卷三《武帝紀下》 五月己酉，築宿預堰，又修曹公堰於濟陰。

太白晝見。

《資治通鑑》卷一五〇 夷陵烈侯裴邃卒。

《梁書》卷三《武帝紀下》 壬子，遣中護軍夏侯亶督壽陽諸軍事，北伐。

六月庚辰，豫章王綜奔於魏，魏復據彭城。

《魏書》卷九《肅宗紀》　癸未，大赦，改年。詔文武之官，從軍二百日，文官優一級，武官優二級。蠕蠕主阿那環率衆大破拔陵，斬其將孔雀等。諸將逼彭城，蕭綜夜潛出降，蕭衍諸將奔退，衆軍追躡，免者十一二。

《梁書》卷三《武帝紀下》　秋七月壬戌，大赦天下。

八月丙子，以散騎常侍曹仲宗兼領軍。

壬午，老人星見。

《魏書》卷九《肅宗紀》　九月乙卯，詔減天下諸調之半。

丙辰，詔左將軍、幽州刺史常景爲行臺，征虜將軍元譚爲都督，以討洛周。

辛酉，詔曰：「追功表德，爲善者勸。祖宗功臣，勒銘王府，而子孫廢替，淪於凡民，爵位無聞，遷流有失。潁川名守，重泉令宰，惠風美政，結於民心，而猶同常品，未蒙褒陟，非所謂愛及甘棠，彝倫攸敍者也。其功臣名將爲先朝所知，子孫屈塞不見齒敍，牧守令長聲稱卓然者，皆仰有司具以名聞。朕將振彼幽滯，用闡治風。」

壬戌，詔百官五品已上，各舉所知。

辛未，曲赦南、北兩秦州。

冬十月，蠕蠕國主阿那環遣使朝貢。

是月，吐谷渾國復討趙天安，降之。河州長史元永平、治中孟賓等推嚈噠使主高徽行州事，而前刺史梁釗子景進攻殺之，景進又自行州事。

十有一月辛亥，詔曰：「大孝榮親，著之昔典，故安平耄耋，諸子滿朝。自今諸有父母年八十以上者，皆聽居官禄養，溫凊朝夕。」時四方多事，諸蠻復反。

《資治通鑑》卷一五〇　山胡劉蠡昇反，自稱天子，置百官。

《梁書》卷三《武帝紀下》　十二月戊子，邵陵王綸有罪，免官，削爵土。

壬辰，京師地震。

普通七年、北魏孝昌二年（丙午、五二六）

《梁書》卷三《武帝紀下》　春正月辛丑朔，赦殊死以下。

《魏書》卷九《肅宗紀》　庚戌，封廣平王懷庶長子、太常少卿誨爲范陽王。

壬子，以太保、汝南王悦領太尉。

《梁書》卷三《武帝紀下》　丁卯，滑國遣使獻方物。

二月甲戌，北伐衆軍解嚴。河南王遣使獻方物。

丁亥，老人星見。

三月乙卯，高麗國遣使獻方物。

夏四月乙酉，太尉臨川王宏薨。南州津改置校尉，增加俸秩。詔在位羣臣，各舉所知，凡是清吏，咸使薦聞，州年舉二人，大郡一人。

《魏書》卷九《肅宗紀》　癸巳，以侍中、車騎大將軍、城陽王徽爲儀同三司。朔州城人鮮于阿胡、厙狄豐樂據城反。

丁未，都督李琚次於薊城之北，又爲洛周所敗，琚戰没。

戊申，以驃騎大將軍、開府、齊王寶夤爲儀同三司。北討都督河間王琛、長孫稚失利奔還，詔免琛、稚官爵。厙莫奚國遣使朝貢。

五月丁未，車駕將北討，内外戒嚴。前給事黄門侍郎元略自蕭衍還朝，封義陽王。以丞相、高陽王雍爲大司馬；吏部尚書、廣陽王淵爲驃騎大將軍、儀同三司，尋爲大都督，率都督章武王融北討修禮。

戊申，燕州刺史崔秉率衆棄城南走中山。

乙丑，以安西將軍、光禄大夫宗正珍孫爲都督，討汾州反胡。

六月己巳，曲赦齊州。絳蜀陳雙熾聚衆反，自號始建王。曲赦平陽、建興、正平三郡。詔假鎮西將軍、都督長孫稚討雙熾，平之。

《梁書》卷三《武帝紀下》　己卯，林邑國遣使獻方物。

《魏書》卷九《肅宗紀》　戊寅，詔復京兆王繼本封江陽王。

戊子，詔曰：「自運屬艱棘，歷載於兹，烽驛交馳，旌鼓不息，祖宗盛業，危若綴旒，社稷鴻基，殆將淪墜。朕威德不能遐被，經略無以及遠，俾令蒼生罹此塗炭，何以苟安黄屋，無愧黔黎。今便避居正殿，蔬餐素服。當親自招募，收集忠勇。其有直言正諫之士，敢決徇義之夫，二十五日悉集華林東門，人別引見，共論得失。班告内外，咸使聞知。」

乙未，以衛將軍、東平王略爲左光禄大夫、儀同三司。

秋七月丙午，杜洛周遣其別帥曹紇真寇掠幽州。行臺常景遣都督于榮邀于粟園，大破之，斬紇真，獲三十餘級，牛驢二萬餘頭。

戊申，恒州陷，行臺元纂奔冀州。

甲子，蕭衍將元樹、湛僧珍等寇壽春。

八月丙子，進封廣川縣開國公元卲爲常山王。以驃騎大將軍、東道行臺、臨淮王彧爲儀同三司。

戊寅，帝幸南石窟寺，即日還宫。

戊子，進散騎常侍、御史中尉、武城縣開國公子攸爲長樂王。都督伊瓫生討巴，失利戰殁。

癸巳，賊帥元洪業斬鮮于修禮，請降，爲賊黨葛榮所殺。都督尒朱榮於肆州執刺史尉慶賓，令其從叔羽生統州事。

《資治通鑑》卷一五一　上聞淮堰水盛，壽陽城幾没，復遣郢州刺史元樹等自北道攻黎漿，豫州刺史夏侯亶等自南道攻壽陽。

《梁書》卷三《武帝紀下》　九月己酉，驃騎大將軍、開府儀同三司、荆州刺史鄱陽王恢薨。

冬十月辛未，以丹陽尹湘東王繹爲荆州刺史。

十一月庚辰，大赦天下。

是日，丁貴嬪薨。

辛巳，夏侯亶、胡龍牙、元樹、曹世宗等衆軍剋壽陽城。

丁亥，放魏揚州刺史李憲還北。以壽陽置豫州，合肥改爲南豫州。以中護軍夏侯亶爲豫、南豫二州刺史。平西將軍、郢州刺史元樹進號安西將軍。魏新野太守以郡降。

《魏書》卷九《肅宗紀》　戊戌，杜洛周攻陷幽州，執刺史王延年及行臺常景。

丙午，税京師田租，畝五升；借賃公田者，畝一斗。

閏月，税市人出入者各一錢，店舍爲五等。齊州平原民劉樹、劉蒼生聚衆反，州軍破走之，劉樹奔蕭衍。衍將元樹逼壽春，揚州刺史李憲力屈，以城降之。初留州、郡、縣及長史、司馬、戍主副質子於京師。衍又遣將攻逼新野，詔都督魏承祖討之。詔曰：「頃舊京淪覆，中原喪亂，宗室子女，屬籍在七廟之内，爲雜户濫門所拘辱者，悉聽離絶。」

大通元年、北魏孝昌三年（丁未、五二七）

《梁書》卷三《武帝紀下》　春正月乙丑，以尚書左僕射徐勉爲尚書僕射、中衛將軍。詔曰：「朕思利兆民，惟日不足，氣象環回，每弘優簡。百官俸禄，本有定數，前代以來，皆多評準，頃者因循，未遑改革。自今已後，可長給見錢，依時即出，勿令逋緩。凡散失官物，不問多少，並從原宥。惟事涉軍儲，取公私見物，不在此例。」

辛未，輿駕親祠南郊。詔曰：「奉時昭事，虔薦蒼璧，思承天德，惠此下民。凡因事去土，流移他境者，並聽復宅業，蠲役五年。尤貧之家，勿收三調。孝悌力田賜爵一級。」

《魏書》卷九《肅宗紀》　甲戌，以司空公皇甫度爲司徒，儀同三司蕭寶夤爲司空，車騎將軍、北海王顥爲車騎大將軍、儀同三司。徐州民任道棱聚衆反，襲據蕭城以叛。州軍討平之。

辛巳，葛榮陷殷州，刺史崔楷固節死之，遂東圍冀州。

甲申，詔峻鑄錢之制。

蕭寶夤、元恒芝大敗於涇州，大隴都督、南平王仲冏，小隴都督高聿並相尋退散，東秦州刺史潘義淵以汧城降賊。

高平虜賊逼岐州，城人執刺史魏蘭根，以城應之。豳州刺史畢祖暉、行臺羊深並奔退，祖暉於陣殁。北海王顥尋亦敗走。賊帥胡引祖據北華州以應之。賊帥叱干騏驎入據豳州。曲赦關西及正平、平陽、建興。

戊子，以司徒皇甫度爲太尉。

己丑，以四方未平，詔内外戒嚴，將親出討。

辛卯，蕭衍將湛僧珍圍東豫州，詔散騎常侍元暐爲都督以討之。

《梁書》卷三《武帝紀下》　是月，司州刺史夏侯夔進軍三關，所至皆剋。

《魏書》卷九《肅宗紀》　二月丁酉，詔曰：「關隴遭罹寇難，燕趙賊逆憑陵，蒼生波流，耕農靡業，加諸轉運，勞役已甚，州倉儲實，無宜懸匱，自非開輸賞之格，何以息漕運之煩。凡有能輸粟入瀛、定、岐、雍四州者，官斗二百斛賞一階；入二華州者，五百石賞一階。不限多少，粟畢授官。」虜賊據潼關。

丁未，追復故東平王匡爵，改封濟南王。

庚申，東郡民趙顯德反，殺太守裴烟，自號都督，立其兄子爲太守。詔都督李叔仁討之。

是月，蕭衍將成景雋寇彭城。詔員外常侍崔孝芬爲行臺，率將擊走之。

《梁書》卷三《武帝紀下》 三月辛未，輿駕幸同泰寺捨身。

甲戌，還宮，赦天下，改元。以左衛將軍蕭淵藻爲中護軍。林邑、師子國各遣使獻方物。

夏五月丙寅，成景雋剋魏臨潼、竹邑。

《魏書》卷九《肅宗紀》 秋七月，陳郡民劉獲、鄭辯反於西華，號年天授，州軍討平之。相州刺史、安樂王鑒據州反。

己丑，大赦天下。

是月，青州刺史、彭城王劭，南青州刺史胡平，遣將斬蕭衍將彭羣首，俘獲二千餘人。

《梁書》卷三《武帝紀下》 八月壬辰，老人星見。

《資治通鑑》卷一五一 九月，譙州刺史湛僧智圍魏東豫州刺史元慶和於廣陵，魏將軍元顯伯救之，司州刺史夏侯夔自武陽引兵助僧智。

《梁書》卷三《武帝紀下》 冬十月庚戌，魏東豫州刺史元慶和以渦陽內屬。

《魏書》卷九《肅宗紀》 辛亥，以衛將軍、討虜大都督尒朱榮爲車騎將軍、儀同三司。

甲寅，雍州刺史蕭寶夤據州反，自號曰齊，年稱隆緒。詔尚書右僕射長孫稚討之。

《梁書》卷三《武帝紀下》 曲赦東豫州。

十一月丁卯，以中護軍蕭淵藻爲北討都督、征北大將軍，鎮渦陽。

戊辰，加尚書令、中衛將軍、開府儀同三司袁昂中書監。以渦陽置西徐州。高麗國遣使獻方物。

《魏書》卷九《肅宗紀》 十有二月戊申，都督源子邕、裴衍與葛榮戰，敗於陽平東北漳水曲，並戰歿。

是月，杜粲爲駱超所殺，超遣使歸罪。

大通二年、北魏永安元年（戊申、五二八）

《梁書》卷三《武帝紀下》 春正月庚申，司空元法僧以本官領中軍將軍。中書監、尚書令、中衛將軍、開府儀同三司袁昂進號中撫大將軍。衛尉卿蕭昂爲中領軍。

乙酉，芮芮國遣使獻方物。

《魏書》卷九《肅宗紀》 乙丑，定州爲杜洛周所陷，執刺史楊津。瀛州刺史元寧以城降於洛周。皇女生，秘言皇子。

丙寅，大赦，改元。

丙子，長孫稚平潼關。

丁丑，雍州城人侯終德相率攻寶夤，寶夤攜南陽公主及子，與百餘騎渡渭而走，雍州平。

《魏書》卷九《肅宗紀》 二月，以長孫稚爲車騎大將軍、開府儀同三司、雍州刺史、兼尚書僕射、西道行臺。群盜燒劫鞏縣以西，關口以東，公路澗以南。詔武衛將軍李神軌爲都督，討平之。

癸丑，帝崩於顯陽殿，時年十九。

《資治通鑑》卷一五二 甲寅，太后立皇女爲帝，大赦。既而下詔稱：「潘充華本實生女。故臨洮王寶暉世子釗，體自高祖，宜膺大寶。百官文武加二階，宿衛加三階。」

乙卯，釗即位。釗始生三歲，太后欲久專政，故貪其幼而立之。

《梁書》卷三《武帝紀下》 甲午，老人星見。

是月，築寒山堰。

三月壬戌，以江州刺史南康王績爲安右將軍。

《魏書》卷一〇《孝莊帝紀》 大都督尒朱榮將向京師，謀欲廢立。以帝家有忠勳，且兼民望，陰與帝通，榮乃率衆來赴。

夏四月丙申，帝與兄弟夜北渡河；丁酉，會榮於河陽。

戊戌，南濟河，即帝位。以兄彭城王劭爲無上王，弟霸城公子正爲始平王。以榮爲使持節、侍中、都督中外諸軍事、大將軍、尚書令、領軍將軍、領左右，封太原王。

己亥，百僚相率，有司奉璽紱，備法駕，奉迎於河梁。

庚子，車駕巡河，西至陶渚。榮以兵權在己，遂有異志，乃害靈太后及幼主，次害無上王劭、始平王子正，又害丞相高陽王雍、司空公元欽、儀同三司元恒芝、儀同三司東平王略、廣平王悌、常山王邵、北平王超、任城王彝、趙郡王毓、中山王叔仁、齊郡王温，公卿已下二千餘人。列騎衛帝，遷於便幕。既而榮悔，稽顙謝罪。

辛丑，車駕入宫，御太極殿，詔曰：「太祖誕命應期，龍飛燕代，累世重光，載隆帝緒。冀欲闡茲洪業，永在無窮。豈圖多難，遘茲百六，致使妖悖四起，内外競侵，朝無恤政之臣，野多怨酷之士，實由女主專朝，致茲顛覆。孝明皇帝大情沖順，深存隱忍，奄棄萬國，衆用疑焉。苟求胡出，入守神器，凡厥有心，莫不解體。太原王榮，世抱忠孝，功格古今，赴義晉陽，大會河洛，乃推翼朕躬，應茲大命。德謝少康，道愧前緒，猥以眇身，君臨萬國，如涉淵海，罔知所濟。可大赦天下，改武泰爲建義元年。從太原王督將軍士，普加五階；在京文官兩階，武官三級。復天下租役三年。」

《梁書》卷三《武帝紀下》　魏郢州刺史元願達以義陽内附，置北司州。時魏大亂，其北海王元顥、臨淮王元彧、汝南王元悦並來奔；其北青州刺史元世儁、南荆州刺史李志亦以地降。

《魏書》卷一〇《孝莊帝紀》　壬寅，太原王尒朱榮上表，請追謚無上王爲皇帝。餘死於河陰者，諸王、刺史贈三司，三品者令僕，五品者刺史，七品以下及民郡、鎮。諸死者子孫，聽立後，授封爵。詔從之。

癸卯，以前太尉公、江陽王繼爲太師、司州牧；驃騎大將軍、開府儀同三司、相州刺史、北海王顥爲太傅、開府，仍刺史；平東將軍、光禄大夫、清淵縣開國侯李延寔爲太保，進封陽平王，尋轉太傅；安南將軍、并州刺史元天穆爲太尉公，封上黨王；侍中、車騎大將軍、儀同三司楊椿爲司徒公；車騎大將軍、儀同三司、頓丘郡開國公穆紹爲司空公，領尚書令，進爵爲王；使持節、車騎大將軍、雍州刺史、上黨公長孫稚爲驃騎大將軍、開府儀同三司，進爵爲王，尋改封馮翊王；中軍將軍、殿中尚書元諶爲儀同三司、尚書左僕射，封魏郡王；中軍將軍、給事黄門侍郎元頊爲東海王；金紫光禄大夫、廣陵王恭爲儀同三司。

甲辰，追復故廣陽王淵、故安樂王鑒爵。通直散騎常侍、敷城王坦爲咸

陽王，諫議大夫元貴平爲東萊王，直閣將軍元肅爲魯郡王，秘書郎中元曄爲長廣王，馮翊郡開國公源紹景復先爵隴西王，扶風郡開國公馮冏、東郡公陸子彰、北平公長孫悦並復其先王爵，以北平王超還復爲安定王。

丁未，詔内外解嚴。

庚戌，封大將軍尒朱榮次子叉羅爲梁郡王。詔蠕蠕主阿那瓌贊拜不名，上書不稱臣。

是月，汝南王悦、北海王顥、臨淮王彧前後奔蕭衍，郢州刺史元願達據城南叛。

五月丁巳朔，加大將軍尒朱榮北道大行臺。以尚書右僕射元羅爲東道大使，征東將軍、光禄勳元欣副之，巡方黜陟，先行後聞。

辛酉，大將軍尒朱榮還晉陽，帝餞於邙陰。

丙寅，詔曰：「自孝昌之季，法令昏泯，懷忠守素，擁隔莫申，深怨宿憾，控告靡所。其有事在通途，横被疑異，名例無爽，枉見排抑，或選舉不平，或賦役煩苛，諸如此者不可具説。其有訴人經公車注不合者，悉集華林東門，朕當親理冤獄，以申積滯。」

己巳，齊州郡民賈皓聚衆反，夜襲州城，會明退走。

乙亥，晉州刺史樊子鵠克唐州，斬刺史崔元珍、行臺酈惲，傳首京師。

壬午，詔求德行、文藝、政事强直者，縣令、太守、刺史皆敍其志業，具以表聞。得三人以上，縣令、太守、刺史賞一階；舉非其人，亦黜一階。又以舊敍軍勳不過征虜，自今以後宜依前式以上，餘階積而爲品。其從輿駕北來之徒，不在此例。悉不聽破品受階，破階請帛。

先是，蕭衍遣其將曹義宗寇荆州。

癸未，以中軍將軍、吏部尚書費穆爲使持節、都督南征諸軍事，節度荆州刺史王羆以討之。

六月丁亥朔，追封兄真定縣開國公子直爲陳留王。

《梁書》卷三《武帝紀下》　魏臨淮王元彧求還本國，許之。

《魏書》卷一〇《孝莊帝紀》　庚寅，以鎮軍將軍、金紫光禄大夫李虔爲車騎大將軍、儀同三司、特進。

辛卯，南荆州刺史李志據城南叛。通直散騎常侍高乾邕及弟等，率合流民、起兵於齊州之平原，頻破州軍，詔東道大使元欣喻旨，乃降。

是月，葛榮饑，使其僕射任褒率車三萬餘乘南寇，至沁水。

癸卯，以高昌王世子光爲平西將軍、瓜州刺史，襲爵泰臨縣開國伯，高昌王。太尉公、上黨王天穆爲大都督，東北道諸軍事，率都督宗正珍孫、奚毅、賀拔勝、尒朱陽都等討任褒。帝以寇難未夷，避正殿，責躬撤膳。又班募格，收集忠勇。其有直言正諫之士、敢決徇義之夫、陳國家利害之謀、赴君親危難之節者，集華林園，面論事。

幽州平北府主簿河間邢杲，率河北流民十餘萬户反於青州之北海，自署漢王，號年天統。

戊申，以征東將軍、金紫光禄大夫李叔仁爲車騎大將軍、儀同三司，率衆討之。詔直寢紀業持節募新免牧户，有投名效力者授九品官。

己酉，詔諸有私馬仗從戎者，職人優兩大階，亦授實官，白民出身外優兩階，亦授實官。若武藝超倫者，雖無私馬，亦依前條；雖不超倫，但射槊翹關一藝而膽略有施者，依第出身外，特優一大階，授實官。若無姓第者，從八品出身，階依前加，特授實官。

辛亥，詔曰：「朕當親御六戎，掃靜燕代，大將軍、太原王尒朱榮率精甲十萬爲左軍，上黨王天穆總衆八萬爲前軍，司徒公楊椿勒兵十萬爲右軍，司空公穆紹統卒八萬爲後軍。」

是月，葛榮衆退屯相州之北。

秋七月丁巳，詔從四品以上從征者不得優階，正四品者優一階。軍級從三品以上從征，四品者優一大階。正五品以下，還依前格，若有征階十餘，計入四品、三品。限授五階。

己未，詔前試守東郡太守唐景宣爲持節、都督，於東郡召募僑居流民二千人，渡河隨便爲柵，準望臺軍。

是月，齊獻武王於鄴西北慰喻葛榮別帥稱王者七人，衆萬餘，降之。

辛巳，尚書奏斷百官公給衣冠、劍佩、綬舄。

《資治通鑑》卷一五二　壬子，魏光州民劉舉聚衆反於濮陽，自稱皇武大將軍。

《魏書》卷一〇《孝莊帝紀》　是月，高平鎮人萬俟醜奴僭稱大位，署置百官。

是月，臨淮王彧自江南還朝。

八月，太山太守羊侃據郡引蕭衍將軍王辯攻兗州。

《資治通鑑》卷一五二　甲辰，魏大都督宗正珍孫擊劉舉於濮陽，滅之。

《魏書》卷一〇《孝莊帝紀》　以侍中、驃騎大將軍、臨淮王彧爲義同三司。

是月，葛榮率衆圍相州。

九月乙丑，詔太尉公、上黨王天穆討葛榮，次於朝歌之南。

己巳，以征東將軍、齊州刺史元欣爲沛郡王。

壬申，柱國大將軍尒朱榮率騎七萬討葛榮於滏口，破擒之，餘衆悉降。冀、定、滄、瀛、殷五州平。

乙亥，以平葛榮，大赦天下，改爲永安元年。

辛巳，以柱國大將軍、太原王尒朱榮爲大丞相、都督河北畿外諸軍事，以榮自平昌郡開國公文殊、昌樂郡公文暢並進爵爲王，以司徒公楊椿爲太保，城陽王徽爲司徒。

冬十月丁亥，尒朱榮檻送葛榮於京師。帝臨閶闔門，榮稽顙謝罪，斬於都市。

《梁書》卷三《武帝紀下》　以魏北海王元顥爲魏主，遣東宮直閤將軍陳慶之衛送還北。魏豫州刺史鄧獻以地内屬。

《魏書》卷一〇《孝莊帝紀》　十有一月戊午，以無上王世子韶襲爲彭城王，陳留王子寬爲陳留王，寬弟剛爲浮陽王，剛帝質爲林慮王。

癸亥，齊獻武王、行臺于暉，與徐兗行臺崔孝芬、大都督刁宣大破羊侃於瑕丘，侃奔蕭衍。兗州平。

戊寅，以上黨王天穆爲大將軍、開府，世襲并州刺史。封前將軍、太中大夫元凝爲東安王。

十有二月庚子，詔行臺于暉回師討邢杲，次於歷下。

是歲，葛榮餘黨韓樓復據幽州反。

中大通元年、北魏永安二年（己酉、五二九）

《梁書》卷三《武帝紀下》　正月辛酉，輿駕親祠南郊，大赦天下，孝悌力田賜爵一級。

甲子，魏汝南王元悅求還本國，許之。

辛巳，輿駕親祠明堂。

二月甲申，以丹陽尹武陵王紀爲江州刺史。

《魏書》卷一〇《孝莊帝紀》 甲午，尊皇考爲文穆皇帝，廟號肅祖，皇妣爲文穆皇后。燕州民王慶祖聚衆於上黨，自稱爲王。柱國大將軍尒朱榮討擒之。

《梁書》卷三《武帝紀下》 辛丑，芮芮國遣使獻方物。

三月丙辰，以河南王阿羅真爲寧西將軍、西秦河沙三州刺史。

庚辰，以中護軍蕭淵藻爲中權將軍。

以安右將軍南康王績爲護軍將軍。

《魏書》卷一〇《孝莊帝紀》 遷肅祖文穆皇帝及文穆皇后神主於太廟，內外百僚普汎加一級。曲赦畿內，死罪至流人減一等，徒刑以下悉免。

《梁書》卷三《武帝紀下》 癸巳，陳慶之攻魏梁城，拔之；進屠考城，擒魏濟陰王元暉業。

《魏書》卷一〇《孝莊帝紀》 庚子，詔太原王尒朱榮下將士並汎加二級。

辛丑，上黨王天穆、齊獻武王大破邢杲於齊州之濟南，杲降，送京師，斬於都市。元顥攻陷考城，執行臺元暉業、都督丘大千。

五月壬子朔，元顥克梁國。

丁巳，以撫軍將軍、前徐州刺史楊昱爲使持節、鎮東將軍、東南道大都督，率衆鎮滎陽；尚書僕射尒朱世隆鎮虎牢；侍中尒朱世承鎮崿岅。

辛酉，詔私馬仗從戎優階授官。

壬戌，又詔募士一依征葛榮。

甲子，又詔職人及民出馬，優階各有差。

乙丑，內外戒嚴。

《梁書》卷三《武帝紀下》 戊辰，剋大梁。

《魏書》卷一〇《孝莊帝紀》 癸酉，元顥陷滎陽，執楊昱。尒朱世隆棄虎牢遁還。

甲戌，車駕北巡，乙亥，幸河內。

《梁書》卷三《武帝紀下》 乙亥，元顥入洛陽。

《魏書》卷一〇《孝莊帝紀》 丁丑，進封城陽縣開國公元祉爲平原王，安昌縣開國侯元鷙爲華山王，並加儀同三司。

戊寅，行臺崔孝芬、大都督刁宣破元顥後軍都督侯暄於梁國，斬之，擒其卒三千人。以侍中、車騎將軍、尚書右僕射尒朱世隆爲使持節、行臺僕射、本將軍、相州刺史，鎮鄴城，以便宜從事。又詔上黨百年以下九十以上板三品郡，八十以上四品郡，七十以上五品郡。太原王尒朱榮會車駕於長子，即日反旆。上黨王天穆北渡，會車駕於河內。

《梁書》卷三《武帝紀下》 六月壬午，大赦天下。

辛亥，魏淮陰太守晉鴻以湖陽城內屬。

閏月己未，安右將軍、護軍南康王績薨。

己卯，魏尒朱榮攻殺元顥，復據洛陽。

《魏書》卷一〇《孝莊帝紀》 秋七月戊辰，都督尒朱兆、賀拔勝從硤石夜濟，破顥子寇受及安豐王延明軍，元顥敗走。

庚午，車駕入居華林園，昇大夏門，大赦天下。以使持節、車騎將軍、都督、潁川郡開國公尒朱兆爲車騎大將軍、儀同三司。詔以前朝勳書多竊冒，宜一切焚棄之，若立效灼然爲時所知者，別加科賞。蕃客及邊酋翻城降，有勳未敘者，不在焚斷之限。北來軍士及隨駕文武、馬渚立義，加汎五級；河北執事之官，二級；河南立義及迎駕之官，並中途扈從，亦二級。

壬申，以柱國大將軍、太原王尒朱榮爲天柱大將軍，加前後部羽葆、鼓吹。

癸酉，臨潁縣卒江豐斬元顥，傳首京師。

甲戌，以大將軍、上黨王天穆爲太宰，司徒公、城陽王徽爲大司馬、太尉公。

乙亥，宴勞天柱大將軍尒朱榮、上黨王天穆及北來督將於都亭，出宮人三百、繒錦雜綵數萬匹，班賜有差。又諸州郡遣使奉表行宮者，並加一大階。

丁丑，獲元顥弟頊，斬於都市。詔受元顥爵賞、階級，悉追奪之。

己卯，以鎮東將軍、南青州刺史元旭爲襄城王，平南將軍、南兖州刺史元暹爲汝陽王。

閏月辛巳，帝始居宫内。

辛卯，以車騎將軍、兼吏部尚書楊津爲司空。巴州刺史嚴始欣據州南叛，蕭衍遣其將蕭玩、張鴻、江茂達等率衆赴援。

八月庚戌朔，詔諸有公私債負，一錢以上巨萬以還，悉皆禁斷，不得徵責。

己未，以侍中、太傅李延寔爲司徒公。

丁卯，封瓜州刺史元太榮爲東陽王。

甲戌，侍中、太保楊椿致仕。

乙亥，詔車騎將軍、右光禄大夫奚毅板授天柱大將軍尒朱榮、太宰天穆下動及祖父叔伯耆年者牧守有差。

九月，大都督侯淵討韓樓於薊，破斬之。幽州平。万俟醜奴攻東秦城，陷之，殺刺史高子朗。

《梁書》卷三《武帝紀下》　辛巳，朱雀航華表災。以安北將軍羊侃爲青、冀二州刺史。

《資治通鑑》卷一五三　癸巳，上幸同泰寺，設四部無遮大會。上釋御服，持法衣，行清淨大捨，以便省爲房，素牀瓦器，乘小車，私人執役。

甲子，昇講堂法座，爲四部大衆開涅槃經題。

癸卯，羣臣以錢一億萬祈白三寶，奉贖皇帝菩薩，僧衆默許。

乙巳，百辟詣寺東門，奉表請還臨宸極，三請，乃許。上三答書，前後並稱「頓首」。

冬，十月，己酉，上又設四部無遮大會，道、俗五萬餘人。會畢，上御金輅還宫，御太極殿，大赦，改元。

《梁書》卷三《武帝紀下》　十一月丙戌，加中撫大將軍、開府儀同三司袁昂中書監。加鎮衛大將軍、開府儀同三司南平王偉太子少傅。加金紫光禄大夫蕭琛、陸杲並特進。司空、中軍將軍元法僧進號車騎將軍。中權將軍蕭淵藻爲中護軍將軍。中領軍蕭昂爲領軍將軍。

戊子，魏巴州刺史嚴始欣以城降。

《資治通鑑》卷一五三　十二月，辛亥，兖州刺史張景邕、荆州刺史李靈起、雄信將軍蕭進明叛，降魏。以陳慶之爲北兖州刺史。有妖賊僧强，自稱天子，土豪蔡伯龍起兵應之，衆至三萬，攻陷北徐州，慶之討斬之。

《梁書》卷三《武帝紀下》　丁巳，盤盤國遣使獻方物。

中大通二年、北魏永安三年（庚戌、五三〇）

《梁書》卷三《武帝紀下》　春正月戊寅，以雍州刺史晉安王綱爲驃騎大將軍、揚州刺史，南徐州刺史廬陵王續爲平北將軍、雍州刺史。

癸未，老人星見。

《魏書》卷一〇《孝莊帝紀》　己丑，益州刺史長孫壽、梁州刺史元儁等，遣將與征巴州都督元景夏討嚴始欣，斬之。蕭衍都督蕭玩、何難尉、陳愁敗走，斬玩首，俘虜萬餘人。

辛丑，東徐州城民吕文欣、王赦等殺刺史元太賓，據城反。以撫軍將軍、都官尚書樊子鵠兼右僕射，爲行臺，督征南將軍、都督賈顯智，征東將軍、徐州刺史嚴思達以討之。

二月甲寅，克之。東徐平。

三月，醜奴大行臺尉遲菩薩寇岐州，大都督賀拔岳、可朱渾道元大破之。

夏四月丁巳，以侍中、太尉公、丹陽王蕭贊爲使持節、都督齊濟兖三州諸軍事、驃騎大將軍、開府儀同三司、齊州刺史。

《梁書》卷三《武帝紀下》　庚申，大雨雹。

《魏書》卷一〇《孝莊帝紀》　丁卯，雍州刺史尒朱天光討醜奴、蕭寶夤於安定，破擒之，囚送京師。

甲戌，以關中平，大赦天下。醜奴斬於都市，寶夤賜死於駝牛署。

《梁書》卷三《武帝紀下》　壬申，以河南王佛輔爲寧西將軍、西秦河二州刺史。

六月丁巳，遣魏太保汝南王元悦還北爲魏主。

庚申，以魏尚書左僕射范遵爲安北將軍、司州牧，隨元悦北討。林邑國遣使獻方物。

壬申，扶南國遣使獻方物。

《資治通鑑》卷一五四《梁紀十》　秋七月，天光帥諸軍入隴，至永洛城，慶雲、道洛出戰，天光射道洛中臂，失弓還走，拔其東城。賊併兵趣西城，城中無水，衆渴乏，有降者言慶雲、道洛欲突走。天光恐失之，乃遣人招諭慶雲使早降，曰：「若未能自決，當聽諸人今夜共議，明晨早報。」慶雲等冀得少緩，因待夜突出，乃報曰：「請俟明日。」天光因使謂曰：「知須水，今相爲小退，任取澗水飲之。」賊衆悦，無復走心。

《梁書》卷三《武帝紀下》 八月庚戌，輿駕幸德陽堂，設絲竹會，祖送魏主元悦。山賊聚結，寇會稽郡所部縣。

九月壬午，假超武將軍湛海珍節以討之。

《資治通鑑》卷一五四 魏王悦改元更興，聞尒朱兆已入洛，自知不及事，遂南還。斛斯椿復棄悦奔魏。

是歲，詔以陳慶之爲都督南北司等四州諸軍事、南北司二州刺史。慶之引兵圍魏懸瓠，破魏潁州刺史婁起等於溱水，又破行臺孫騰等於楚城。

《魏書》卷一〇《孝莊帝紀》 九月辛卯，天柱大將軍尒朱榮、上黨王天穆自晉陽來朝。

戊戌，帝殺榮、天穆於明光殿，及榮子儀同三司菩提。乃昇閶闔門，詔曰：

「蓋天道忌盈，人倫嫉惡，疏而不漏，刑之無捨。是以呂霍之門，禍譴所伏；梁董之家，咎徵斯在。頃孝昌之末，天步孔艱，女主亂政，監國無主。尒朱榮爰自晉陽，同憂王室，義旗之建，大會盟津，與世樂推，共成鴻業。論其始圖，非無勞效。但致遠恐泥，終之實難，曾未崇朝，豺聲已露。河陰之役，安忍無親。王公卿士，一朝塗地，宗戚靡遺，内外俱盡。假弄天威，殆危神器。時事倉卒，未遑問罪。尋以葛賊横行，馬首南向，捨過責成，用平醜虜。及元顥問鼎，大駕北巡，復致勤王，展力行所。以此論功，且可補過。

「既位極宰衡，地逾齊、魯，容養之至，豈復是過？但心如猛火，山林無以供其暴；意等漏卮，江河無以充其溢。既見金革稍寧，方隅漸泰，不推天功，專爲己力，與奪任情，臧否肆意，無君之跡，日月以甚。拔髮數罪，蓋不足稱；斬竹書愆，豈云能盡。方復托名朝宗，陰圖釁逆，睥睨天居，窺覦聖曆。乃有裂冠毁冕之心，將爲拔本塞源之事。天既厭亂，人亦悔禍，同惡之臣，密來投告。將而必誅，罪無容捨。

「又元天穆宗室末屬，名望素微，遭逢際會，頗參義舉。不能竭其忠誠以奉家國，乃復棄本逐末，背同即異，爲之謀主，成彼禍心。是而可忍，孰不可恕！並以伏辜，自貽伊戚。元惡既除，人神慶泰，便可大赦天下。」

遣武衛將軍奚毅、前燕州刺史崔淵率兵鎮北中。

是夜，僕射尒朱世隆、榮妻鄉郡長公主，率榮部曲焚西陽門，出屯河陰。

己亥，攻河橋，擒毅等於途，害之，據北中城，南逼京邑。詔以驃騎大將軍、雍州刺史、廣宗郡開國公尒朱天光爲侍中、儀同三司，以侍中、司空公楊津爲使持節、督并肆燕恒雲朔顯汾蔚九州諸軍事、驃騎大將軍、并州刺史、兼尚書令、北道大行臺，經略并肆。

庚子，詔諸舊代人赴華林園，帝將親簡叙。以撫軍將軍、金紫光禄大夫高乾邕爲侍中、河北大使，招集驍勇。

冬十月癸卯朔，封安南將軍、大鴻臚卿元寶炬爲南陽王，大宗正卿、汝陽縣開國公元修爲平陽王，通直散騎常侍、龍驤將軍、新陽縣開國伯元誕爲昌樂王。復通直散騎常侍、琅邪縣開國公。李叔仁官爵，仍爲使持節、大都督，以討世隆。以魏郡王諶徙封趙郡王，諶弟子趙郡王寘改封平昌王。儀同三司李虔薨。

丁未，班募攻河橋格，賞帛授官各有差。

戊申，皇子生，大赦天下，文武百僚汎二級。以平南將軍、中書令魏蘭根兼尚書左僕射，爲河北行臺，定相殷三州稟蘭根節度。

乙卯，通直散騎常侍、假平西將軍、都督李苗以火船焚河橋，尒朱世隆退走。

丙辰，詔大都督、兼尚書僕射、行臺源子恭率步騎一萬出自西道，行臺楊昱領都督李侃希等部募勇士八千往從東路，防討之。子恭仍鎮太行丹谷。世隆至建州，刺史陸希質拒守，城陷，盡屠之，唯希質獲免。以中軍將軍、前東荆州刺史元顯恭爲使持節、都督晉建南汾三州諸軍事、鎮西將軍、晉州刺史、兼尚書左僕射，爲征西道行臺，節度都督薛善樂、薛修義、裴元儁、薛崇禮、薛憘族等。

丁卯，詔以世隆北叛，河内固守，其在城督將文武普加二級，兵士給復三年。

壬申，尒朱世隆停建興之高都，尒朱兆自晉陽來會之，共推太原太守、行并州刺史長廣王曄爲主，大赦所部，號年建明，普汎四級。

徐州刺史尒朱仲遠反，率衆向京師。

十有一月癸酉朔，詔車騎將軍、左衛將軍鄭先護爲使持節、大將軍、大都督，與都督李侃希赴行臺楊昱以討之。

乙亥，以使持節、兼尚書令、西道大行臺、司徒公長孫稚爲太尉公，侍中、尚書令、驃騎大將軍、開府儀同三司、臨淮王彧爲司徒公。

丙子，以驃騎大將軍、儀同三司、雍州刺史、廣宗郡開國公尒朱天光開府，進爵爲王。

丁丑，尒朱仲遠陷西兗州，執刺史王衍。

癸未，以右將軍賀拔勝爲東征都督。

壬辰，又以左衛將軍、大都督鄭先護兼尚書左僕射，爲行臺，與勝並討仲遠。

戊戌，詔罷魏蘭根行臺，以後將軍、定州刺史薛曇尚爲使持節、兼尚書，爲北道行臺，隨機召發。行豫州刺史元崇禮殺後行州事陰導和，擅攝豫州。

庚子，賀拔勝與仲遠戰於滑臺東，失利，仍奔之。

十有二月壬寅朔，尒朱兆寇丹谷，都督崔伯鳳戰歿，都督羊文義、史五龍降兆，大都督源子恭奔退。

甲辰，尒朱兆、尒朱度律自富平津上，率騎涉渡，以襲京城。事出倉卒，禁衛不守。帝出雲龍門。兆逼帝幸永寧佛寺，殺皇子，並殺司徒公、臨淮王彧，左僕射、范陽王誨。

戊申，元曄大赦天下。尒朱度律自鎮京師。

甲寅，尒朱兆遷帝於晉陽；甲子，崩於城內三級佛寺，時年二十四。並害陳留王寬。

是月，河西人紇豆陵步蕃、破落韓常大敗尒朱兆於秀容。齊州城人趙洛周據西城反，應尒朱兆，刺史、丹陽王蕭贊棄城走。南陽太守趙修延執荊州刺史李琰之，自行州事。

中大通三年、北魏普泰元年（辛亥、五三一）

《梁書》卷三《武帝紀下》 春正月辛巳，輿駕親祠南郊，大赦天下，孝悌力田賜爵一級。

丙申，以魏尚書僕射鄭先護爲征北大將軍。

二月辛丑，輿駕親祠明堂。

甲寅，老人星見。

乙卯，特進蕭琛卒。

乙丑，以廣州刺史元景隆爲安右將軍。

《魏書》卷一一《前廢帝廣陵王紀》 二月己巳，曄進至邙南，世隆等奉王東郭之外，行禪讓之禮，羣臣上表曰：「否泰沿時，殷優啓聖，故六飛在御，三石興符。伏惟陛下運屬千齡，智周萬物，獨昭繫象，妙極天人，寶曆有歸，光宅攸屬，而將安獨善，不務兼濟，靈命徘徊，幽明載佇。伏願時順謳謡，念茲宗祏，用捨勞疾，允答人神。」王答曰：「自量眇身，是以讓執。然王公勤至，不可拒違。今敬承所陳，惟愧弗堪負荷耳。」太尉公尒朱度律奉進璽綬衮冕之服，乃就輅車，百官侍衛，入自建春、雲龍門，昇太極前殿，羣臣拜賀。

禮畢，登閶闔門，詔曰：「朕以寡薄，撫臨萬邦，思與億兆同茲慶泰。可大赦天下，以魏爲大魏，改建明二年爲普泰元年。其税市及税鹽之官，可悉廢之。百雜之户，貸賜民名，官任仍舊。天下調絹，四百一匹。內外文武，普汎四階；合敍未定第者，亦沾級。除名免官者，特復本資，品封依舊。潁川王尒朱兆，彭城王尒朱仲遠，隴西王尒朱天光，樂平王尒朱世隆，常山王尒朱度律，車騎大將軍、儀同三司齊獻武王，都督斛斯椿下軍士，普汎六級。」

庚午，詔曰：「朕以眇身，臨王公之上，夕惕祗懷，若履冰谷。賴七廟之靈，百辟忠誠之舉，庶免墜歿。夫三皇稱皇，五帝云帝，三代稱王，迭沖挹也。自秦之末，競爲皇帝。忘負乘之深殃，垂貪鄙於萬葉。予今稱帝，已爲褒矣！可普告令知。」

是月，鎮遠將軍清河崔祖螭聚青州七郡之衆十餘萬人圍東陽。幽州刺史劉靈助起兵於薊。撫軍將軍、金紫光禄大夫、兼侍中、河北大使高乾邕及弟平北將軍、通直散騎常侍敖曹，率衆夜襲冀州，執刺史元嶷，殺監軍孫白鷂，共推前河內太守封隆治行州事。

三月癸酉，封長廣王曄爲東海王。詔太師、驃騎大將軍、青州刺史、魯郡王肅還爲太師；特進、車騎大將軍、沛郡王欣爲太傅、司州牧，改封淮陽王；驃騎大將軍、開府儀同三司、徐州刺史、彭城王尒朱仲遠，驃騎大將軍、儀同三司、雍州刺史、隴西王尒朱天光，並爲大將軍；柱國大將軍、并州刺史、潁川王尒朱兆爲天柱大將軍；驃騎大將軍、儀同三司、左衛將軍、大都督、晉州刺史、平陽郡開國公齊獻武王封渤海王，增邑五百户；特進、車騎大將軍、清河王亶爲儀同三司； 侍中、太傅、驃騎大將軍、開府儀同三司、尚書令、樂平王尒朱世隆爲太保； 開府、前司徒公長孫稚爲太尉公、録尚書事； 侍中、驃騎大將軍、開府儀同三司、趙郡王諶爲司空公。 稚固辭，尋除驃騎大將軍、開府儀同三司。

丙子，帝引見尚書右僕射元羅及皇宗於顯陽殿，勞勉之。

丁丑，加驃騎大將軍、北華州刺史公孫略儀同三司。

己卯，詔右衞將軍賀拔勝並尚書一人募伎及雜户從征者，正入出身，皆授實官，私馬者優一大階。

庚辰，以侍中、衞將軍、咸陽王坦，衞將軍、尚書左僕射、南陽王寶炬，侍中、征東將軍、平陽王修，並儀同三司。

乙酉，詔簡北來及再京二官員外剩置者。

己丑，以持節、驃騎將軍、涇州刺史賀拔岳爲儀同三司、岐州刺史，使持節、車騎大將軍、渭州刺史侯莫陳悦爲儀同三司、秦州刺史。

庚寅，詔天下有德孝仁賢忠義志信者，可以禮召赴闕，不應召者以不敬論。

丙申，劉靈助率衆次於安國城，定州刺史侯淵破斬之，傳首京師。

戊戌，以使持節、侍中、車騎大將軍斛斯椿，侍中、衞將軍元受，並特進、儀同三司。 詔曰：「頃官方失序，仍令沙汰，定員簡剩，已有判決。 退下之徒，微亦可愍。 諸在簡下，可特優一級，皆授將軍，預參選限，隨能補用。」

是春，冠軍將軍、南青州刺史茹懷朗使其部將何寶率步騎三千擊蕭衍守將於琅邪，擒其尚書左僕射、儀同三司、雲麾將軍、徐兖二州刺史劉相如。

夏四月癸卯，幸華林都亭燕射，班錫有差。 太樂奏伎有倡優爲愚癡者，帝以非雅戲，詔罷之。

《梁書》卷三《武帝紀下》 夏四月乙巳，皇太子統薨。

《魏書》卷一一《前廢帝廣陵王紀》 壬子，有事於太廟。

癸丑，詔以齊獻武王爲使持節、侍中、都督冀州諸軍事、驃騎大將軍、開府儀同三司、大都督、東道大行臺、冀州刺史，驃騎大將軍、安定王尒朱智虎爲開府儀同三司、肆州刺史。

乙卯，以右衞將軍賀拔勝、武衞將軍大野拔並爲儀同三司。

己未，帝於顯陽殿簡試通直散騎常侍、散騎侍郎、通直郎，剩員非才他轉之。

癸亥，隴西王尒朱天光大破宿勤明達，擒送京師，斬之。

丙寅，以侍中、驃騎大將軍尒朱彦伯爲司徒公。 詔有司不得復稱僞梁，罷細作之條，無禁鄰國往還。 詔員外諫議大夫、步兵校尉、奉車都尉、羽林監、給事中、積射將軍、奉朝請、殿中將軍、宫門僕射、殿中司馬督、治禮郎十一官，得俸而不給力，老合外選者，依常格，其未老欲外選者，聽解。 其七品以上，朔望入朝，若正員有闕，隨才進補。 前員外簡退優階者追之，稱事簡下者，仍優一級。

先是，南陽太守趙修延執刺史李琰之； 五月丙子，荆州城民斬修延，送首，還推琰之爲刺史。 尒朱仲遠使其都督魏僧勗等討崔祖螭於東陽，擒斬之。

《梁書》卷三《武帝紀下》 六月丁未，以前太子詹事蕭淵猷爲中護軍。 尚書僕射徐勉加特進、右光禄大夫。 丹丹國遣使獻方物。

癸丑，立昭明太子子南徐州刺史華容公歡爲豫章郡王，枝江公譽爲河東郡王，曲阿公詧爲岳陽郡王。

《魏書》卷一一《前廢帝廣陵王紀》 庚申，齊獻武王以尒朱逆亂，始興義兵於信都。 西定殷州，斬其刺史尒朱羽生，命南趙郡太守李元忠爲刺史，鎮廣阿。

癸亥，帝臨顯陽殿，親理冤訟。

戊辰，以使持節、驃騎大將軍、開府尒朱弼爲儀同三司。

秋七月壬申，尒朱世隆等害前太保楊椿、前司空公楊津及其家。

《梁書》卷三《武帝紀下》 乙亥，立晉安王綱爲皇太子。 大赦天下，賜爲父後者及出處忠孝文武清勤，並賜爵一級。

乙酉，以侍中、五兵尚書謝舉爲吏部尚書。

庚寅，詔曰：「推恩六親，義彰九族，班以侯爵，亦曰惟允。 凡是宗戚有服屬者，並可賜沐食鄉亭侯，各隨遠近以爲差次。 其有暱親，自依舊章。」

壬辰，以吏部尚書何敬容爲尚書右僕射。

癸巳，老人星見。

《魏書》卷一一《前廢帝廣陵王紀》 八月庚子，詔隴西王尒朱天光下文武討宿勤明達者，汎三級。 潁川王尒朱兆率步騎二萬出井陘，趨殷州，李元忠棄城還信都。

丙午，常山王尒朱度律、彭城王尒朱仲遠等率衆出抗義旗。

《梁書》卷三《武帝紀下》 九月庚午，以太子詹事蕭淵藻爲征北將軍、南兗州刺史。

戊寅，狼牙修國奉表獻方物。

《魏書》卷一一《前廢帝廣陵王紀》 己卯，以使持節、都督東道諸軍事、兼尚書令、東道大行臺、彭城王尒朱仲遠爲太宰。

庚辰，加使持節、大將軍、都督關中諸軍事、兼尚書令、西道大行臺、隴西王尒朱天光爲大司馬。驃騎大將軍、青州刺史、開府儀同三司穆紹薨。

癸巳，追尊皇考爲先帝，皇妣王氏爲先太妃；封皇弟永業爲高密王，皇子子恕爲渤海王。

《魏書》卷一一《後廢帝安定王紀》 冬十月壬寅，即皇帝位於信都城西。昇壇焚燎，大赦，稱中興元年。文武百官普汎四級。以齊獻武王爲侍中、丞相、都督中外諸軍事、大將軍、録尚書事、大行臺，增邑三萬户；以兼侍中、撫軍將軍、河北大使高乾邕爲侍中、司空公；前平北將軍、通直散騎常侍高敖曹爲驃騎大將軍、儀同三司，冀州刺史以終其身；以前刺史元嶷爲儀同三司。

己酉，尒朱度律、尒朱仲遠、斛斯椿、賀拔勝、賈顯智次於陽平，將抗義師，齊獻武王從反間構之，遂與尒朱兆相疑，敗散而還。

《梁書》卷三《武帝紀下》 冬十月己酉，行幸同泰寺，高祖昇法座，爲四部衆説《大般若涅槃經》義，迄於乙卯。前樂山縣侯蕭正則有罪流徙，至是招誘亡命，欲寇廣州，在所討平之。

《魏書》卷一一《後廢帝安定王紀》 辛亥，齊獻武王大破尒朱兆於廣阿，虜其卒五千餘人。詔將士汎五級，留守者二級。詔征東將軍、吏部尚書封隆之爲使持節、北道大使，隨方處分。

十有一月己巳，詔曰：「王度創開，彝倫方始，所班官秩，不改舊章。而無識之徒，因兹僥倖，謬增軍級，虚名顯位，皆言前朝所授，理難推抑。自非嚴爲條制，無以防其僞竊。諸有虚增官號，爲人發糾，罪從軍法。若入格檢覈無名者，退爲平民，終身禁錮。」

庚辰，齊獻武王率師攻鄴城。

《梁書》卷三《武帝紀下》 乙未，行幸同泰寺，高祖昇法座，爲四部衆説《摩訶般若波羅蜜經》義，訖於十二月辛丑。

是歲，吴興郡生野穀，堪食。

中大通四年、北魏中興二年（壬子、五三二）

《梁書》卷三《武帝紀下》 春正月丙寅朔，以鎮衛大將軍、開府儀同三司南平王偉進位大司馬，司空元法僧進位太尉，尚書令、中權大將軍、開府儀同三司袁昂進位司空。立臨川靖惠王宏子正德爲臨賀郡王。

戊辰，以丹陽尹邵陵王綸爲揚州刺史。太子右衛率薛法護爲平北將軍、司州牧，衛送元悦入洛。

庚午，立嫡皇孫大器爲宣城郡王。

《魏書》卷一一《後廢帝安定王紀》 壬午，拔鄴，擒刺史劉誕。詔諸將士汎四級，封侯、增邑九十七人，各有差等。

癸未，詔曰：「自中興草昧，典制權輿，郡縣之官，率多行、督。假有正者，風化未均。眷彼周餘，專爲漁獵。朕所以夙興夜寐，有惕於懷。有司明加糾罰，稱朕意焉。」

《梁書》卷三《武帝紀下》 癸未，魏南兗州刺史劉世明以城降，改魏南兗州爲譙州，以世明爲刺史。

二月壬寅，老人星見。新除太尉元法僧還北，爲東魏主。以安右將軍元景隆爲征北將軍、徐州刺史，雲麾將軍羊侃爲安北將軍、兗州刺史，散騎常侍元樹爲鎮北將軍。

庚戌，新除揚州刺史邵陵王綸有罪，免爲庶人。

壬子，以江州刺史武陵王紀爲揚州刺史，領軍將軍蕭昂爲江州刺史。

丙辰，邵陵縣獲白鹿一。

三月庚午，侍中、領國子博士蕭子顯上表置制旨《孝經》助教一人，生十人，專通高祖所釋《孝經義》。

《魏書》卷一一《後廢帝安定王紀》 夏四月甲子朔，椿等據河橋，懼罪自効，尋擒天光、度律於河橋。西北大行臺長孫稚、都督賈顯智等率騎入京師，執尒朱世隆、彦伯，斬於都街，囚送天光、度律於齊獻武王。

辛未，前廢帝驃騎大將軍、行濟州事侯景據城降，仍除儀同三司、兼尚書僕射、南道大行臺、濟州刺史。

《梁書》卷三《武帝紀下》　壬申，盤盤國遣使獻方物。

《魏書》卷一一《後廢帝安定王紀》　甲戌，以車騎將軍、尚書右僕射魏蘭根爲驃騎大將軍、儀同三司。

乙亥，以車騎大將軍、儀同三司、中軍大都督高盛兼尚書僕射、北道行臺，隨機處分。尒朱仲遠奔蕭衍。青州刺史尒朱弼爲其部下馮紹隆所殺，傳首京師。

丙子，前廢帝安東將軍辛永，右將軍、建州大都督張悅舉城降。

辛巳，車駕至河陽，遜位於別邸。

《魏書》卷一一《出帝平陽王紀》　齊獻武王與百僚會議，僉謂高祖不可無後，乃共奉王。

戊子，即帝位於東郭之外，入自東陽、雲龍門，御太極前殿，羣臣朝賀。禮畢，昇閶闔門，詔曰：「否泰相沿，廢興互有，玄天無所隱，精靈弗能諭。大魏統乾，德漸區宇，牢籠九服，旁礴三光。而上天降禍，運踵多難，禮樂崩淪，憲章漂没。赫赫宗周，翦爲戎寇；肅肅清廟，將成茂草。胡羯乘機，肆其昏虐，殺君害王，刳惕海内。競其吞噬之意，不識醉飽之心。自書契以來，未有若斯者已！大丞相渤海王忠存本朝，精貫白日，爰舉義旗，志雪國恥。故廣阿之軍，貔虎奪氣；鄴下之師，金湯失險。近者四胡相率，實繁有徒，驅天下之兵，盡華戎之鋭。桴鼓暫交，一朝盪滅，元凶授首，大憝斯擒。揚旆濟河，掃清伊洛，士民安堵，不失舊章。社稷危而復安，洪基毁而還構。朕以托體宸極，猥當樂推，祇握寶圖，承兹大業。得以眇身，托於王公之上，若涉淵水，罔識攸津。思與兆民同兹嘉慶，可大赦天下。改中興二年爲太昌元年。」詔前御史中尉樊子鵠起復本官，兼尚書左僕射、東南道大行臺，都督儀同三司、徐州刺史杜德討元樹。齊獻武王上言，建義之家枉爲尒朱氏籍没者，悉皆蠲免。帝以世易，復除齊獻武王爲大丞相、天柱大將軍、太師，世襲定州刺史，增封九萬，並前十五萬户。

庚寅，加齊文襄王侍中、開府儀同，餘如故。

壬辰，齊獻武王還鄴，車駕餞别於乾脯山。

五月丙申，前廢帝廣陵王殂。以太傅、淮陽王欣爲太師，封沛郡王；司徒公、趙郡王諶爲太保；　侍中、驃騎大將軍、開府儀同三司、清河王亶儀同三師；　使持節、侍中、驃騎大將軍、開府儀同三司、司州牧、南陽王寶炬爲太尉公；　侍中、太保、録尚書事長孫稚爲太傅；　侍中、驃騎大將軍、尚書左僕射元羅儀同三司、尚書令；　驃騎大將軍、吏部尚書元世儁儀同三司。

戊戌，以齊獻武王固讓，聽解天柱大將軍，減封五萬户，餘悉如故。

辛丑，以前司空高乾邕復爲司空公。

乙巳，帝幸華林都亭，宴羣臣，班賚有差。羽林隊主唐猛突入稱慶，帝以猛犯禁衛，杖之。猛辭色有忤，斬之階下。

丁未，詔曰：「無侮惸獨，事炳前經；惠此鰥寡，聲留往册。朕以薄德，作民父母，乃眷元元，寤言增歎。今理運惟新，哀矜伊始，如有孤老、疾病、無所依歸者，有司明加隱括，依格賑贍。」又詔曰：「理有一準，則民無覬覦；法啓二門，則吏多威福。前主爲律，後主爲令，歷世永久，實用滋章。非所以準的庶品，隄防萬物。可令執事之官四品以上，集於都省，取諸條格，議定一途，其不可施用者，當局停記。新定之格，勿與舊制相連。務在約通，無致冗滯。」

己酉，以侍中、驃騎大將軍、儀同三司、清河王亶爲司徒公。

庚戌，詔曰：「頃西土年饑，百姓流徙，或身倚溝渠，或命懸道路，皆見棄草土，取厭烏鳶。言念於此，有警夜寐。掩骼之禮，誠所庶幾；行墐之義，冀亦可勉。其諸有露屍，令所在埋覆。可宣告天下。」

乙卯，詔外内解嚴。

六月癸亥朔，帝於華林園納訟。

丙寅，蠕蠕、嚈噠、高麗、契丹、庫莫奚國並遣使朝貢。

丁卯，太尉公、司州牧、南陽王寶炬坐事降爲驃騎大將軍、開府，王如故，歸第，令羽林衛守。改謚武懷皇帝曰孝莊。

癸酉，蠕蠕、嚈噠國遣使朝貢。

戊寅，詔内外百司普汎六級。在京百僚加中興四級，義師將士並加軍汎六級，在鄴百官三級，河北同義之州兩級，河橋建義者加五級，關西二級。諸受建明、普泰封爵、汎級、優特之階，悉追。

己卯，帝臨顯陽殿納訟。

乙酉，高麗、契丹、庫莫奚國遣使朝貢。

丙戌，以前驃騎大將軍、開府儀同三司斛斯椿還爲前官。詔曰：「間者，凶權誕恣，法令變常，遂立夷貊輕賦，冀收天下之意，隨以箕斂之重，終納十倍之征，掩目捕雀，何能過此。朕屬念蒸黎，無忘寢食，加田桑始事，生業未滋，若頓依常格，或不周展。今歲租調，且兩收一丐，來年復舊。」

辛卯，以使持節、衛大將軍、儀同三司、尚書左僕射賈顯度爲驃騎大將軍、開府儀同三司。

秋七月乙未，詔曰：「頃永安馭運，載育皇儲，遂錫汎階，以申國慶。近經普泰，便爾中追。今罪人既殄，舊章斯復。宜述往旨，用卒前恩。皇子汎二級，悉可還授。文穆廟汎，故宜停寢，若已受者，依例追之。」

庚子，以驃騎大將軍、開府、南陽王寶炬爲太尉公。

壬寅，齊獻武王率衆入自滏口，大都督厙狄干入自井陘，討尒朱兆。

《梁書》卷三《武帝紀下》 甲辰，星隕如雨。

《魏書》卷一一《出帝平陽王紀》 乙巳，齊獻武王以尒朱天光、尒朱度律送之京師，斬於都市。

己酉，以兼尚書左僕射、東南道大行臺樊子鵠爲儀同三司。

庚戌，詔侍中、驃騎將軍、左光禄大夫高隆之爲使持節、驃騎大將軍、儀同三司、兼尚書左僕射、北道行臺，率步騎十萬趨太行，會齊獻武王。隆之解行臺，仍爲大丞相軍司。齊獻武王次於武鄉，尒朱兆大掠晉陽，北走秀容。并州平。

乙卯，帝臨顯陽殿，親理冤獄。

丙辰，以宗師、東萊王貴平爲車騎大將軍、儀同三司。

是月，夏州徙民郭遷據青州反，刺史元嶷棄城走。詔行臺侯景率齊州刺史刷景，濟州刺史蔡儁等攻討之。城陷，遷奔蕭衍。東南道大行臺樊子鵠大破蕭衍軍於譙城，擒其鄴王元樹及譙州刺史朱文開。

八月壬戌朔，齊文襄王來朝，燕射，班賚部下各有差。

丁卯，以西中郎將元寧爲高平王。

甲戌，以車騎大將軍、左光禄大夫李琰之爲儀同三司。

《梁書》卷三《武帝紀下》 丙子，特進陸杲卒。

《魏書》卷一一《出帝平陽王紀》 九月，庚子，帝幸華林都亭，引見元樹及公卿百僚蕃使督將等，宴射，班賚各有差。

癸卯，燕郡開國公賀拔允進爵爲王。

乙巳，帝幸都水，南過洛汭，遂至瀍澗。

《梁書》卷三《武帝紀下》 以太子詹事南平王世子恪爲領軍將軍，平北將軍、雍州刺史廬陵王續爲安北將軍，西中郎將、荆州刺史湘東王繹爲平西將軍，司空袁昂領尚書令。

《魏書》卷一一《出帝平陽王紀》 己酉，復田于北原。

癸丑，以太師、沛王欣爲廣陵王，前廢帝子渤海王子恕改封沛郡王。

甲寅，以侍中驃騎大將軍封隆之、任祥並爲儀同三司。以車騎大將軍、河南尹元仲景爲驃騎大將軍、儀同三司。

乙卯，車駕謁山陵。

丙辰，蠕蠕、高昌國遣使朝貢。

庚申，以衛將軍、前吏部尚書李神儁，撫軍將軍、右衛將軍婁昭並爲驃騎大將軍、儀同三司。

冬十月甲子，以使持節、衛將軍、光州刺史高仲密爲車騎大將軍、儀同三司。

丁卯，以車騎大將軍、左光禄大夫潘鑾爲儀同三司。

己卯，以車騎大將軍、左光禄大夫高琛爲特進、驃騎、開府儀同三司。

庚寅，以使持節、驃騎將軍、肆州刺史劉貴爲驃騎大將軍、儀同三司。

十有一月甲午，以車騎將軍、揚州刺史斛斯敦爲驃騎大將軍、儀同三司。

丁酉，日南至，車駕有事於圓丘。

戊戌，朝會百官於太極前殿。

甲辰，安定王朗及東海王曄坐事死。

乙巳，蠕蠕國遣使朝貢。

己酉，以前太尉公、汝南王悦爲侍中、大司馬、開府。葬靈太后胡氏。

《梁書》卷三《武帝紀下》 十一月己酉，高麗國遣使獻方物。

《資治通鑑》卷一五五 以汝南王悦爲侍中、大司馬。

上聞魏室已定，十二月，庚辰，復以太尉元法僧爲郢州刺史。

中大通五年、北魏永熙二年（癸丑、五三三）

《梁書》卷三《武帝紀下》 春正月辛卯，輿駕親祠南郊，大赦天下，孝悌力田賜爵一級。先是一日丙夜，南郊令解滁之等到郊所履行，忽聞空中有異香三隨風至，及將行事，奏樂迎神畢，有神光滿壇上，朱紫黃白雜色，食頃方滅。兼太宰武陵王紀等以聞。

《魏書》卷一一《出帝平陽王紀》 甲午，齊獻武王自晉陽出討尒朱兆。

丁酉，大破之於赤洪嶺，兆遁走，自殺。

己亥，車駕幸崧高石窟靈巖寺。

庚子，又幸，散施各有差。

《梁書》卷三《武帝紀下》 戊申，京師地震。

己酉，長星見。

辛亥，輿駕親祠明堂。

癸丑，以宣城王大器爲中軍將軍。河南國遣使獻方物。

《資治通鑑》卷一五六 勞州刺史曹鳳、東荆州刺史雷能勝等舉城降魏。

《魏書》卷一一《出帝平陽王紀》 丁巳，追尊皇考爲武穆帝，皇太妃馮氏爲武穆后，皇妣李氏爲皇太妃。以驃騎將軍、前滄州刺史高聿爲驃騎大將軍、儀同三司。蕭衍勞州刺史曹鳳、東荆州刺史雷能勝等舉城内屬。

二月庚申，以使持節、鎮東將軍、行汾州事張瓊爲驃騎大將軍、儀同三司。

辛酉，以司空公高乾邕爲使持節、驃騎大將軍、開府儀同三司，咸陽王坦爲司空公。

《梁書》卷三《武帝紀下》 二月癸未，行幸同泰寺，設四部大會，高祖昇法座，發《金字摩訶波若經》題，訖於己丑。老人星見。

《魏書》卷一一《出帝平陽王紀》 三月己丑朔，加驃騎大將軍、滄州刺史賈顯智開府儀同三司。

辛卯，詔以前普解諸行臺，今阿至羅相率降款，復以齊獻武王爲大行臺，隨機裁處。

甲午，以車騎將軍、蔚州刺史竇泰爲使持節、車騎大將軍、開府儀同三司、相州刺史。使持節、驃騎大將軍、開府儀同三司、徐州刺史高乾邕坐事賜死。太師、魯郡王肅薨。

戊申，以使持節、都督河渭部三州諸軍事、驃騎大將軍、世襲河州刺史梁景叡爲儀同三司。

《梁書》卷三《武帝紀下》 丙辰，大司馬南平王偉薨。

夏四月癸酉，以御史中丞臧盾兼領軍。

五月戊子，京邑大水，御道通船。

《魏書》卷一一《出帝平陽王紀》 庚寅，詔諸幽枉未申，事經一周已上，悉集華林，將親覽察；脫事已經年，有司不列者，聽其人各自陳訴；若事連州郡，由緣淹歲者，亦仰尚書總集以聞。

壬寅，以使持節、驃騎大將軍、儀同三司、齊州刺史侯淵復爲開府儀同三司。

乙巳，詔曰：「大夫之職，位秩貴顯；員外之官，亦爲匪賤。而下及胥吏，帶領非一，高卑渾雜，有損彝章。自今已後，京官樂爲稱事小職者，直加散號將軍，願罷卑官者聽爲大夫及員外之職，不宜仍前散實參領。其中旨特加者，不在此例。」東徐州城民王早、簡實等殺刺史崔庠，據州入蕭衍。

六月壬申，以驃騎大將軍、開府儀同三司、尚書右僕射樊子鵠爲青膠大使，督濟州刺史、大都督蔡儁討耿翔。

丁丑，以驃騎大將軍、前行南兖州事念賢爲儀同三司。

《梁書》卷三《武帝紀下》 己卯，魏建義城主蘭寶殺魏東徐州刺史，以下邳城降。

秋七月辛卯，改下邳爲武州。

《魏書》卷一一《出帝平陽王紀》 以使持節、鎮北將軍、大都督、秦州刺史万俟普撥爲驃騎大將軍、儀同三司。

壬辰，以太師、司州牧、廣陵王欣爲大司馬，侍中、以太尉公、趙郡王諶爲太師，並開府。

庚戌，以前司徒公、燕郡王賀拔允爲太尉公。

《梁書》卷三《武帝紀下》 八月庚申，以前徐州刺史元景隆爲安右將軍。老人星見。

甲子，波斯國遣使獻方物。

《魏書》卷一一《出帝平陽王紀》 乙丑，齊文襄王來朝，帝燕於華林都亭，班賚部下各有差。以驃騎大將軍、前南岐州刺史司馬子如爲儀同三司。

戊辰，車駕餞文襄王於河梁，仍濟河而返。

癸酉，齊獻武王上表固讓王爵，不許； 請分邑十萬户，節降爲品，回授勳義，從之。

《梁書》卷三《武帝紀下》 甲申，中護軍蕭淵猷卒。

九月己亥，以輕車將軍、臨賀王正德爲中護軍。

《魏書》卷一一《出帝平陽王紀》 壬子，以散騎常侍、車騎大將軍、左光禄大夫崔孝芬爲儀同三司。

《梁書》卷三《武帝紀下》 甲寅，以尚書令、司空袁昂爲特進、左光禄大夫，司空如故。 盤盤國遣使獻方物。

冬十月庚申，以尚書右僕射何敬容爲尚書左僕射，吏部尚書謝舉爲尚書右僕射，侍中、國子祭酒蕭子顯爲吏部尚書。

《魏書》卷一一《出帝平陽王紀》 癸未，以衛將軍、瓜州刺史、泰臨縣開國伯、高昌王麴子堅爲儀同三司，進爵郡王。

十有一月癸巳，持節、征北將軍、殷州刺史邸珍爲徐州大都督、東道行臺僕射，率將討東徐州。

十有二月丁巳，車駕狩於嵩陽。

己巳，遂幸温湯。

丁丑，車駕還宫。

中大通六年、北魏永熙三年、東魏天平元年（甲寅、五三四）

《魏書》卷一一《出帝平陽王紀》 春正月壬辰，齊獻武王討費也頭於河西苦洩河，大破之，獲其帥紇豆陵伊利，遷其部於内地。

《梁書》卷三《武帝紀下》 二月癸亥，輿駕親耕籍田，大赦天下，孝悌力田賜爵一級。

三月己亥，以行河南王可沓振爲西秦河二州刺史、河南王。

甲辰，百濟國遣使獻方物。

《資治通鑑》卷一五六 夏，四月，癸丑朔，日有食之。

《梁書》卷三《武帝紀下》 丁卯，熒惑在南斗。

《資治通鑑》卷一五六 六月，丁巳，魏主密詔丞相歡，稱「宇文黑獺、賀拔勝頗有異志，故假稱南伐，潛爲之備， 王亦宜共爲形援。 讀訖燔之。」歡表以爲「荆、雍將有逆謀，臣今潛勒兵馬三萬，自河東渡，又遣恒州刺史庫狄干等將兵四萬自來違津渡，領軍將軍婁昭等將兵五萬以討荆州，冀州刺史尉景等將山東兵七萬、突騎五萬以討江左，皆勒所部，伏聽處分。」帝知歡覺其變，乃出歡表，令羣臣議之，欲止歡軍。 歡亦集并州僚佐共議，還以表聞，仍云：「臣爲嬖佞所間，陛下一旦賜疑。 臣若敢負陛下，使身受天殃，子孫殄絶。 陛下若垂信赤心，使干戈不動，佞臣一二人願斟量廢出。」

《梁書》卷三《武帝紀下》 秋七月甲辰，林邑國遣使獻方物。

《魏書》卷一一《出帝平陽王紀》 丁未，帝爲椿等迫脅，遂出於長安。

己酉，齊獻武王入洛，賀拔勝走還荆州。

《資治通鑑》卷一五六 八月，宇文泰使趙貴、梁禦帥甲騎二千奉迎帝，循河西行，謂禦曰：「此水東流，而朕西上，若得復見洛陽，親詣陵廟，卿等功也。」帝及左右皆流涕。 泰備儀衛迎帝，謁見于東陽驛，免冠流涕曰：「臣不能式遏寇虐，使乘輿播遷，臣之罪也。」帝曰：「公之忠節，著於遐邇。 朕以不德，負乘致寇，今日相見，深用厚顔。 方以社稷委公，公其勉之！」將士皆呼萬歲。 遂入長安，以雍州廨舍爲宫，大赦，以泰爲大將軍、雍州刺史，兼尚書令，軍國之政，咸取決焉。 別置二尚書，分掌機事，以行臺尚書毛遐、周惠達爲之。 時軍國草創，二人積糧儲，治器械，簡士馬，魏朝賴之。泰尚馮翊長公主，拜駙馬都尉。

《梁書》卷三《武帝紀下》 己未，以南梁州刺史武興王楊紹先爲秦、南秦二州刺史。

《魏書》卷一一《出帝平陽王紀》 九月，己酉，椿黨毛鴻賓守潼關，齊獻武王破擒之。

是日，齊獻武王東還於洛。

是月，東清河人傅晶殺太守韓子捷，據郡反。 會赦，乃降。

冬十月丁卯，以信武將軍元慶和爲鎮北將軍，率衆北伐。

閏十二月丙午，西南有雷聲二。

《資治通鑑》卷一五六 閏月，元慶和克瀨鄉而據之。

大同元年、東魏天平二年、西魏大統元年（乙卯、五三五）

《梁書》卷三《武帝紀下》　春正月戊申朔，改元，大赦天下。

《資治通鑑》卷一五七　魏文帝即位於城西，大赦，改元大統，追尊父京兆王爲文景皇帝，妣楊氏爲皇后。

己酉，魏進丞相略陽公泰爲都督中外諸軍、録尚書事、大行臺，封安定王；泰固辭王爵及録尚書，乃封安定公。以尚書令斛斯椿爲太保，廣平王贊爲司徒。

乙卯，魏主立妃乙弗氏爲皇后，子欽爲皇太子。

甲子，魏以廣陵王欣爲太傅，儀同三司万俟壽洛干爲司空。

己巳，東魏大行臺尚書司馬子如帥大都督竇泰、太州刺史韓軌等攻潼關，魏丞相泰軍於霸上。

《魏書》卷一二《孝靜帝紀》　乙亥，兼尚書右僕射、東南道行臺元晏討元慶和，破走之。

《梁書》卷三《武帝紀下》　二月己卯，老人星見。

《資治通鑑》卷一五七　壬午，東魏以咸陽王坦爲太傅，西河王悰爲太尉。

《梁書》卷三《武帝紀下》　辛巳，輿駕親祠明堂。

丁亥，輿駕躬耕籍田。

《資治通鑑》卷一五七　戊戌，司州刺史陳慶之伐東魏，與豫州刺史堯雄戰，不利而還。

《梁書》卷三《武帝紀下》　辛丑，高麗國、丹丹國各遣使獻方物。

三月辛未，滑國王安樂薩丹王遣使獻方物。

《周書》卷二《文帝紀下》　太祖以戎役屢興，民吏勞弊，乃命所司斟酌今古，參考變通，可以益國利民便時適治者，爲二十四條新制，奏魏帝行之。

《魏書》卷一二《孝靜帝紀》　齊獻武王討平山胡劉蠡升，斬之。其子南海王復僭帝號，獻武王進擊，破擒之，及其弟西海王、皇后、夫人已下四百人，並逋逃之人二萬餘户。

《梁書》卷三《武帝紀下》　夏四月庚子，波斯國獻方物。

甲辰，以魏鎮東將軍劉濟爲徐州刺史。

壬戌，以安北將軍廬陵王續爲安南將軍、江州刺史。

《資治通鑑》卷一五七　五月，元慶和引兵逼東魏南兖州，東魏洛州刺史韓賢拒之。

魏加丞相泰柱國。

六月，慶和攻南頓，豫州刺史堯雄破之。

《梁書》卷三《武帝紀下》　秋七月乙卯，老人星見。

《資治通鑑》卷一五七　甲戌，魏以開府儀同三司念賢爲太尉，万俟壽洛干爲司徒，開府儀同三司越勒肱爲司空。

《梁書》卷三《武帝紀下》　辛卯，扶南國遣使獻方物。

《資治通鑑》卷一五七　八月，甲午，東魏發民七萬六千人作新宫於鄴，使僕射高隆之與司空胄曹參軍辛術共營之，築鄴南城周二十五里。

趙剛自蠻中往見東魏荆州刺史趙郡李愍，勸令附魏，愍從之，剛由是得至長安。丞相泰以剛爲左光禄大夫。

《魏書》卷十二《孝靜帝紀》　九月，齊獻武王以治民之官多不奉法，請選朝士清正者，州别遣一人，問疾苦。

《資治通鑑》卷一五七　丁巳，東魏以開府儀同三司襄城王旭爲司空。

《梁書》卷三《武帝紀下》　冬十月辛卯，以前南兖州刺史蕭淵藻爲護軍將軍。

《資治通鑑》卷一五七　魏太師上黨文宣王長孫稚卒。

魏秦州刺史王超世，丞相泰之内兄也，驕而黷貨，泰奏請加法，詔賜死。

《梁書》卷三《武帝紀下》　十一月丁未，中衛將軍、特進、右光禄大夫徐勉卒。

《資治通鑑》卷一五七　癸丑，東魏主祀圜丘。

《梁書》卷三《武帝紀下》　壬戌，北梁州刺史蘭欽攻漢中，剋之，魏梁州刺史元羅降。

癸亥，賜梁州歸附者復除有差。

甲子，雄勇將軍、北益州刺史陰平王楊法深進號平北將軍。月行左角星。

十二月乙酉，以魏北徐州刺史羊徽逸爲平北將軍。

戊戌，以平西將軍、秦南秦二州刺史武興王楊紹先進號車騎將軍，平北將軍、北益州刺史陰平王楊法深進號驃騎將軍。

《資治通鑑》卷一五七　甲午，東魏文武官量事給禄。

辛丑，平西將軍、荆州刺史湘東王繹進號安西將軍。

《資治通鑑》卷一五七　魏以念賢爲太傅，河州刺史梁景叡爲太尉。

是歲，鄱陽妖賊鮮于琛改元上願，有衆萬餘人。鄱陽内史吴郡陸襄討擒之，按治黨與，無濫死者。民歌之曰：「鮮于平後善惡分，民無枉死賴陸君。」

柔然數侵魏，魏使中書舍人庫狄峙奉使至柔然，與約和親，由是柔然不復爲寇。

大同二年、東魏天平三年、西魏大統二年（丙辰、五三六）

《梁書》卷三《武帝紀下》　春正月甲辰，以兼領軍臧盾爲中領軍。

《資治通鑑》卷一五七　辛亥，魏祀南郊，改用神元皇帝配。靈州刺史曹泥與其壻涼州刺史普樂劉豐復叛降東魏，魏人圍之，水灌其城，不没者四尺。東魏丞相歡發阿至羅三萬騎徑度靈州，繞出魏師之後，魏師退。

二月乙亥，輿駕躬耕藉田。

《魏書》卷一二《孝靜帝紀》　丁酉，詔加齊文襄王使持節、尚書令、大行臺、大都督，以鮮卑、高車酋庶皆隸之。

丙戌，老人星見。

《資治通鑑》卷一五七　東魏丞相歡令阿至羅逼魏秦州刺史万俟普，歡以衆應之。

三月，戊申，丹楊陶弘景卒。

《梁書》卷三《武帝紀下》　庚申，詔曰：「政在養民，德存被物，上令如風，民應如草。朕以寡德，運屬時來，撥亂反正，倏焉三紀。不能使重門不閉，守在海外，疆埸多阻，車書未一。民疲轉輸，士勞邊防。徹田爲糧，未得頓止。治道不明，政用多僻，百辟無沃心之言，四聰闕飛耳之聽，州輟刺舉，郡忘共治。致使失理負謗，無由聞達，侮文弄法，因事生姦，肺石空陳，懸鐘徒設。《書》不云乎：『股肱惟人，良臣惟聖。』寔賴賢佐，匡其不及。凡厥在朝，各獻讜言，政治不便於民者，可悉陳之。若在四遠，刺史二千石長吏，並以奏聞。細民有言事者，咸爲申達。朕將親覽，以紓其過。文武在位，舉爾所知，公侯將相，隨才擢用，拾遺補闕，勿有所隱。」

《資治通鑑》卷一五七　以凉州刺史李叔仁爲司徒，万俟洛爲太宰。

《梁書》卷三《武帝紀下》　夏四月乙未，以驃騎大將軍、開府同三司之儀元法僧爲太尉，領軍師將軍。

先是，尚書右丞考城江子四上封事，極言政治得失。五月癸卯，詔曰：「古人有言，屋漏在上，知之在下。朕所鍾過，不能自覺。江子四等封事所言，尚書可時加檢括，於民有蠹患者，便即勒停，宜速詳啓，勿致淹緩。」

乙巳，以魏前梁州刺史元羅爲征北大將軍、青冀二州刺史。

《周書》卷二《文帝紀下》　秦州刺史、建中王万俟普撥率所部叛入東魏。太祖勒輕騎追之，至河北千餘里，不及而還。

六月丁亥，詔曰：「南郊、明堂、陵廟等令，與朝請同班，於事爲輕，可改視散騎侍郎。」

《魏書》卷一二《孝靜帝紀》　秋七月庚子，大赦天下。蕭衍夏州刺史田獨鞞、潁川防城都督劉鸞慶並以州内附。

八月，并、肆、汾、建四州隕霜，大饑。

九月壬寅，以定州刺史侯景兼尚書右僕射、南道行臺，節度諸軍南討。

丙辰，陽平人路季禮聚衆反。

辛酉，御史中尉竇泰討平之。

《資治通鑑》卷一五七　以扶風王孚爲司徒，斛斯椿爲太傅。

冬，十月，乙亥，詔大舉伐東魏。東魏侯景將兵七萬寇楚州，虜刺史桓和；進軍淮上，南、北司二州刺史陳慶之擊破之，景棄輜重走。

《梁書》卷三《武帝紀下》　十一月己亥，詔北伐衆班師。

辛亥，京師地震。

《資治通鑑》卷一五七　復改始祖神元皇帝爲太祖，道武皇帝爲烈祖。是歲，魏關中大饑，人相食，死者什七八。

十二月壬申，魏請通和，詔許之。

丁酉，以吴興太守、駙馬都尉、利亭侯張纘爲吏部尚書。

大同三年、東魏天平四年、西魏大統三年（丁巳、五三七）

《梁書》卷三《武帝紀下》　春正月辛丑，輿駕親祠南郊，大赦天下；孝悌力田賜爵一級。是夜，朱雀門災。

壬寅，天無雲，雨灰，黄色。

癸卯，以中書令邵陵王綸爲江州刺史。

《周書》卷二《文帝紀下》　東魏寇龍門，屯軍浦坂，造三道浮橋度河。又遣其將竇泰趣潼關，高敖曹圍洛州。太祖出軍廣陽，召諸將曰：「賊今掎吾三面，又造橋於河，示欲必渡，是欲綴吾軍，使竇泰得西入耳。久與相持，其計得行，非良策也。且歡起兵以來，泰每爲先驅，其下多鋭卒，屢勝而驕。今出其不意，襲之必克。克泰則歡不而自走矣。」諸將咸曰：「賊在近，捨而遠襲，事若蹉跌，悔無及也。」太祖曰：「歡前再襲潼關，吾軍不過霸上。今者大來，兵未出郊。賊顧謂吾但自守耳，無遠鬬意。又狃於得志，有輕我之心。乘此擊之，何往不克。賊雖造橋，不能徑渡。此五日中，吾取竇泰必矣。公等勿疑。」

庚戌，太祖率騎六千還長安，聲言欲保隴右。

辛亥，謁帝而潛出軍。

癸丑旦，至小關。竇泰卒聞軍至，惶懼，依山爲陣，未及成列，太祖縱兵擊破之，盡俘其衆萬餘人。斬泰，傳首長安。高敖曹適陷洛州，執刺史泉企，聞泰之殁，焚輜重棄城走。齊神武亦撤橋而退。企子元禮尋復洛州，斬東魏刺史杜密。太祖還軍長安。

《梁書》卷三《武帝紀下》　二月乙酉，老人星見。

丁亥，輿駕親耕籍田。

《資治通鑑》卷一五七　己丑，以尚書左僕射何敬容爲中權將軍，護軍將軍蕭淵藻爲左僕射，右僕射謝舉爲右光禄大夫。

《梁書》卷三《武帝紀下》　庚寅，以安南將軍廬陵王續爲中衛將軍、護軍將軍。

三月戊戌，立昭明太子子警爲武昌郡王，譽爲義陽郡王。

夏四月丁卯，以南琅邪、彭城二郡太守河東王譽爲南徐州刺史。

五月丙申，以前揚州刺史武陵王紀復爲揚州刺史。

《資治通鑑》卷一五七　魏以廣陵王欣爲太宰，賀拔勝爲太師。

《梁書》卷三《武帝紀下》　六月，青州朐山境隕霜。

《資治通鑑》卷一五七　魏以扶風王孚爲太保，梁景叡爲太傅，廣平王贊爲太尉，開府儀同三司武川王盟爲司空。

《梁書》卷三《武帝紀下》　秋七月癸卯，魏遣使來聘。

己酉，義陽王譽薨。

《資治通鑑》卷一五七　獨孤信求還北，上許之。

《梁書》卷三《武帝紀下》　是月，青州雪，害苗稼。

《周書》卷二《文帝紀下》　八月丁丑，太祖率李弼、獨孤信、梁禦、趙貴、于謹、若干惠、怡峯、劉亮、王悳、侯莫陳崇、李遠、達奚武等十二將東伐。至潼關，太祖乃誓於師曰：「與爾有衆，奉天威，誅暴亂。惟爾士，整爾甲兵，戒爾戎事，無貪財以輕敵，無暴民以作威。用命則有賞，不用命則有戮。爾衆士其勉之。」遣于謹居軍前，徇地至槃豆。東魏將高叔禮守栅不下，謹急攻之，乃降。獲其戍卒一千，送叔禮於長安。

戊子，至弘農。東魏將高干、陝州刺史李徽伯拒守。於時連雨，太祖乃命諸軍冒雨攻之。

庚寅，城潰，斬徽伯，虜其戰士八千。高干走度河，令賀拔勝追擒之，並送長安。於是宜陽、邵郡皆來歸附。先是河南豪傑多聚兵應東魏，至是各率所部來降。

齊神武懼，率衆十萬出壺口，趨蒲坂，將自后土濟。又遣其將高敖曹以三萬人出河南。是歲，關中饑。太祖既平弘農，因館穀五十餘日。時戰士不滿萬人，聞齊神武將度，乃引軍入關。齊神武遂度河，逼華州。刺史王羆嚴守。知不可攻，乃涉洛，軍於許原西。太祖據渭南，徵諸州兵皆未會。乃召諸將謂之曰：「高歡越山度河，遠來至此，天亡之時也。吾欲擊之何如？」諸將咸以衆寡不敵，請待歡更西，以觀其勢。太祖曰：「歡若得至咸陽，人情轉騷擾。今及其新至，便可擊之。」即造浮橋於渭，令軍人賫三日糧，輕騎度渭，輜重自渭南夾渭而西。

《梁書》卷三《武帝紀下》　甲申，老人星見。

辛卯，輿駕幸阿育王寺，赦天下。

九月，南兗州大饑。

是月，北徐州境内旅生稻稗二千許頃。

《資治通鑑》卷一五七　柔然爲魏侵東魏三堆，丞相歡擊之，柔然退走。

《梁書》卷三《武帝紀下》　閏月甲子，安西將軍、荆州刺史湘東王繹進號鎮西將軍，揚州刺史陵王紀爲安西將軍、益州刺史。

《周書》卷二《文帝紀下》　冬十月壬辰，至沙苑，距齊神武軍六十餘里。齊神武聞太祖至，引軍來會。

癸巳旦，侯騎告齊神武軍且至。太祖召諸將謀之。李弼曰：「彼衆我寡，不可平地置陣。此東十里有渭曲，可先據以待之。」遂進軍至渭曲，背水東西爲陣。李弼爲右拒，趙貴爲左拒。命將士皆偃戈於葭蘆中，聞鼓聲而起。申時，齊神武至，望太祖軍少，競馳而進，不爲行列，總萃於左軍。兵將交，太祖鳴鼓，士皆奮起。于謹等六軍與之合戰，李弼等率鐵騎横擊之，絶其軍爲二隊，大破之，斬六千餘級，臨陣降者二萬餘人。齊神武夜遁，追至河上，復大克獲。前後虜其卒七萬。留其甲士二萬，餘悉縱歸。收其輜重兵甲，獻俘長安。還軍渭南，於是所徵諸州兵始至。乃於戰所，准當時兵士，人種樹一株，以旌武功。進太祖柱國大將軍，增邑並前五千户。李弼等十二將亦進爵增邑。並其下將士，賞各有差。

遣左僕射、馮翊王元季海爲行臺，與開府獨孤信率步騎二萬向洛陽；洛州刺史李顯趨荆州；賀拔勝、李弼渡河圍蒲坂。牙門將高子信開門納勝軍，東魏將薛崇禮棄城走，勝等追獲之。太祖進軍蒲坂，略定汾、絳。於是許和殺張瓊以夏州降。初，太祖自弘農入關後，東魏將高敖曹圍弘農，聞其軍敗，退守洛陽。獨孤信至新安，敖曹復走度河，信遂入洛陽。東魏潁川長史賀若統與密縣人張儉執刺史田迅舉城降。滎陽鄭榮業、鄭偉等攻梁州，擒其刺史鹿永吉；清河人崔彦穆、檀琛攻滎陽，擒其郡守蘇定：皆來附。自梁、陳已西，將吏降者相屬。

《梁書》卷三《武帝紀下》　丙辰，京師地震。

《資治通鑑》卷一五七　十一月，東魏行臺任祥帥督將堯雄、趙育、是云寶攻潁川，丞相泰使大都督宇文貴、樂陵公遼西怡峰將步騎二千救之。軍至陽翟，雄等軍已去潁川三十里，祥帥衆四萬繼其後。諸將咸以爲「彼衆我寡，不可爭峰」。貴曰：「雄等謂吾兵少，必不敢進。彼與任祥合兵攻潁川，城必危矣。若賀若統陷没，吾輩坐此何爲！今進據潁川，有城可守，又出其不意，破之必矣。」遂疾趨，據潁川，背城爲陳以待。雄等至，合戰，大破之，雄走，趙育請降，俘其士卒萬餘人，悉縱遣之。任祥聞雄敗，不敢進，貴與怡峰乘勝逼之，祥退保宛陵；貴追及，擊之，祥軍大敗。是云寶殺其陽州刺史那椿，以州降魏。魏以貴爲開府儀同三司，是云寶、趙育爲車騎大將軍。

都督杜陵韋孝寬攻東魏豫州，拔之，執其行臺馮邕。

十二月，魏行臺楊白駒與東魏陽州刺史段粲戰於蓼塢，魏師敗績。

魏荆州刺史郭鸞攻東魏東荆州刺史清都慕容儼，儼晝夜拒戰，二百餘日，乘間出擊鸞，大破之。

河間邢磨納、范陽盧仲禮、仲禮從弟仲裕等皆起兵海隅以應魏。

《梁書》卷三《武帝紀下》　是歲，饑。

大同四年、東魏元象元年、西魏大統四年（戊午、五三八）

《資治通鑑》卷一五八　春正月辛酉朔，日有食之。

《梁書》卷三《武帝紀下》　庚辰，以中軍將軍宣城王大器爲中軍大將軍、揚州刺史。

二月己亥，輿駕親耕藉田。

《資治通鑑》卷一五八　三月，辛酉，東魏丞相歡以沙苑之敗，請解大丞相，詔許之；頃之，復故。

柔然送悼后於魏，車七百乘，馬萬匹，駝二千頭。至黑鹽池，遇魏所遣鹵簿儀衛。

丙子，立皇后郁久閭氏。

丁丑，大赦。以王盟爲司徒。

丞相泰朝于長安，還屯華州。

《梁書》卷三《武帝紀下》　戊寅，河南國遣使獻方物。

癸未，芮芮國遣使獻方物。

《資治通鑑》卷一五八　五月，甲戌，東魏遣兼散騎常侍鄭伯猷來聘。

《梁書》卷三《武帝紀下》　秋七月己未，以南琅邪、彭城二郡太守岳陽王詧爲東揚州刺史。

癸亥，詔以東冶徒李胤之降如來真形舍利，大赦天下。

《周書》卷二《文帝紀下》　東魏遣其將侯景、厙狄干、高敖曹、韓軌、可朱渾元、莫多婁貸文等圍獨孤信於洛陽。齊神武繼其後。先是，魏帝將幸洛陽拜園陵，會信被圍，詔太祖率軍救信，魏帝亦東。

八月庚寅，太祖至穀城，莫多婁貸文、可朱渾元來逆，臨陣斬貸文，元單騎遁免，悉虜其衆送弘農。遂進軍瀍東。是夕，魏帝幸太祖營，於是景等夜解圍去。及旦，太祖率輕騎追之，至於河上。景等北據河橋，南屬邙山爲陣，與諸軍合戰。太祖馬中流矢，驚逸，遂失所之，因此軍中擾亂。都督李穆下馬授太祖，軍以復振。於是大捷，斬高敖曹及其儀同李猛、西兗州刺史宋顯等，虜其甲士一萬五千，赴河死者以萬數。

是日置陣既大，首尾懸遠，從旦至未，戰數十合，氛霧四塞，莫能相知。獨孤信、李遠居右，趙貴、怡峯居左，戰並不利，又未知魏帝及太祖所在，皆棄其卒先歸。開府李虎、念賢等爲後軍，遇信等退，即與俱還。由是乃班師，洛陽亦失守。大軍至弘農，守將皆已棄城西走。所虜降卒在弘農者，因相與閉門拒守。進攻拔之，誅其魁首數百人。

大軍之東伐也，關中留守兵少，而前後所虜東魏士卒，皆散在民間，乃謀爲亂。及李虎等至長安，計無所出，乃與公卿輔魏太子出次渭北。關中大震恐，百姓相剽劫。於是沙苑所俘軍人趙青雀、雍州民于伏德等遂反。青雀據長安子城，伏德保咸陽，與太子慕容思慶各收降卒，以拒還師。長安大城民皆相率拒青雀，每日接戰。魏帝留止閿鄉，遣太祖討之。長安父老見太祖至，悲且喜曰：「不意今日復得見公！」士女咸相賀。華州刺史導率軍襲咸陽，斬思慶，擒伏德，南度渭與太祖會攻青雀，破之。太傅梁景睿先以疾留長安，遂與青雀通謀，至是亦伏誅。關中於是乃定。

《梁書》卷三《武帝紀下》　甲辰，詔「南兗、北徐、西徐、東徐、青、冀、南北青、武、仁、潼、睢等十二州，既經饑饉，曲赦逋租宿責，勿收今年三調。」

《資治通鑑》卷一五八　九月，魏主入長安，丞相泰還屯華州。冬，十月，魏歸高敖曹、竇泰、莫多婁貸文之首於東魏。

散騎常侍劉孝儀等聘于東魏。

《梁書》卷三《武帝紀下》　十二月丁亥，兼國子助教皇侃表上所撰《禮記義疏》五十卷。

《資治通鑑》卷一五八　東魏以高澄攝吏部尚書，始改崔亮年勞之制，銓擢賢能；又沙汰尚書郎，妙選人地以充之。凡才名之士，雖未薦擢，皆引致門下，與之遊宴、講論、賦詩，士大夫以是稱之。

大同五年、東魏興和元年、西魏大統五年（己未、五三九）

《梁書》卷三《武帝紀下》　春正月乙卯，以護軍將軍廬陵王續爲驃騎將軍、開府儀同三司，安右將軍、尚書左僕射蕭淵藻爲中衛將軍、開府儀同三司。中權將軍、丹陽尹何敬容以本號爲尚書令，吏部尚書張纘爲尚書僕射，都官尚書劉孺爲吏部尚書。

丁巳，御史中丞、參禮儀事賀琛奏：「今南北二郊及籍田往還並宜御輦，不復乘輅。二郊請用素輦，籍田往還乘常輦，皆以侍中陪乘，停大將軍及太僕。」詔付尚書博議施行。改素輦名大同輦。昭祀宗廟乘玉輦。

辛未，輿駕親祠南郊，詔孝悌力田及州閭鄉黨稱爲善人者，各賜爵一級，並勒屬所以時騰上。

三月己未，詔曰：「朕四聰既闕，五識多蔽，畫可外牒，或致紕繆。凡是政事不便於民者，州郡縣即時皆言，勿得欺隱。如使怨訟，當境任失。而今而後，以爲永准。」

《資治通鑑》卷一五八　五月，甲戌，東魏立丞相歡女爲皇后；乙亥，大赦。

《魏書》卷一二《孝靜帝紀》　秋七月丁丑，詔以齊獻武王爲相國、録尚書事、大行臺，固辭相國。

《梁書》卷三《武帝紀下》　己卯，以驃騎將軍、開府儀同三司廬陵王續爲荊州刺史，湘東王繹爲護軍將軍、安右將軍。

八月乙酉，扶南國遣使獻生犀及方物。

九月庚申，以都官尚書到溉爲吏部尚書。

《資治通鑑》卷一五八　九月甲子，東魏發畿内十萬人城鄴，四十日罷。

十一月，乙亥，東魏使散騎常侍王元景、魏收來聘。散騎常侍朱异奏：「頃來置州稍廣，而小大不倫，請分爲五品，其位秩高卑，參僚多少，皆以是爲差。」詔從之。

《梁書》卷三《武帝紀下》　十二月癸未，以吴郡太守謝舉爲中書監，新除中書令鄱陽王範爲中領軍。

大同六年、東魏興和二年、西魏大統六年（庚申、五四〇）

《梁書》卷三《武帝紀下》　春正月庚戌朔，曲赦司、豫、徐、兖四州。

二月己亥，輿駕親耕籍田。

丙午，以江州刺史邵陵王綸爲平西將軍、郢州刺史，雲麾將軍豫章王歡爲江州刺史。秦郡獻白鹿一。

夏四月癸未，詔曰：「命世興王，嗣賢傳業，聲稱不朽，人代徂遷，二賓以位，三恪義在，時事浸遠，宿草榛蕪，望古興懷，言念愴然。晉、宋、齊三代諸陵，有職司者勤加守護，勿令細民妄相侵毀。作兵有少，補使充足。前無守視，並可量給。」

《資治通鑑》卷一五八　東魏大行臺侯景出三鵶，將復荊州；魏丞相泰遣李弼、獨孤信各將五千騎出武關，景乃還。

《梁書》卷三《武帝紀下》　五月戊寅，以前青、冀二州刺史元羅爲右光禄大夫。

己卯，河南王遣獻馬及方物。

《資治通鑑》卷一五八　閏月丁丑朔，日有食之。

《梁書》卷三《武帝紀下》　六月丁未，平陽縣獻白鹿一。

《資治通鑑》卷一五八　秋，七月，丁亥，東魏使兼散騎常侍李象等來聘。

《梁書》卷三《武帝紀下》　八月戊午，赦天下。

辛未，詔曰：「經國有體，必詢諸朝，所以尚書置令、僕、丞、郎，旦旦上朝，以議時事，前共籌懷，然後奏聞。頃者不爾，每有疑事，倚立求決。古人有云，主非堯舜，何得發言便是。是故放勛之聖，猶咨四岳，重華之叡，亦待多士。豈朕寡德，所能獨斷。自今尚書中有疑事，前於朝堂參議，然後啓聞，不得習常。其軍機要切，前須諮審，自依舊典。」盤盤國遣使獻方物。

九月，移安州置定遠郡，受北徐州都督，定遠郡改屬安州。始平太守崔碩表獻嘉禾一莖十二穗。

戊戌，特進、左光禄大夫、司空袁昂薨。

冬十一月己卯，曲赦京邑。

十二月壬子，江州刺史豫章王歡薨。以護軍將軍湘東王繹爲鎮南將軍、江州刺史。置桂州於湘州始安郡，受湘督；省南桂林等二十四郡，悉改屬桂州。

大同七年、東魏興和三年、西魏大統七年（辛酉、五四一）

《梁書》卷三《武帝紀下》　春正月辛巳，輿駕親祠南郊，赦天下，其有流移及失桑梓者，各還田宅，蠲課五年。

辛丑，輿駕親祠明堂。

二月乙巳，以行宕昌王梁彌泰爲平西將軍、河涼二州刺史、宕昌王。

辛亥，輿駕躬耕籍田。

乙卯，京師地震。

丁巳，以中領軍、鄱陽王範爲鎮北將軍、雍州刺史。

三月乙亥，宕昌王遣使獻馬及方物。

《周書》卷二《文帝紀下》　稽胡帥、夏州刺史劉平伏據上郡叛，遣開府于謹討平之。

《梁書》卷三《武帝紀下》　夏四月戊申，魏遣使來聘。

五月癸巳，以侍中南康王會理兼領軍。

《資治通鑑》卷一五八　遣兼散騎常侍明少遐等聘于東魏。

秋，七月，魏以侍中宇文測爲大都督，行汾州事。丞相泰欲革易時政，爲强國富民之法，大行臺、度支尚書、兼司農卿蘇綽盡其智能，贊成其事，減官員，置二長，並置屯田以資軍國。又爲六條詔書，九月，始奏行之：一曰清心，二曰敦教化，三曰盡地利，四曰擢賢良，五曰恤獄訟，六曰均賦役。泰甚重之，嘗置諸坐右，又令百司習誦之，其牧守令長非通六條及計帳，不得居官。

《梁書》卷三《武帝紀下》　九月戊寅，芮芮國遣使獻方物。

冬十月丙午，以侍中劉孺爲吏部尚書。

十一月丙子，詔停在所役使女丁。

丁丑，詔曰：「民之多幸，國之不幸，恩澤屢加，彌長姦盜，朕亦知此之爲病矣。如不優赦，非仁人之心。凡厥甿耗逋負，起今七年十一月九日昧爽以前，在民間無問多少，言上尚書督所未入者，皆赦除之。」又詔曰：「用天之道，分地之利，蓋先聖之格訓也。凡是田桑廢宅没入者，公創之外，悉以分給貧民，皆使量其所能以受田分。如聞頃者，豪家富室，多占取公田，貴價僦税，以與貧民，傷時害政，爲蠹已甚。自今公田悉不得假與豪家；已假者特聽不追。其若富室給貧民種糧共營作者，不在禁例。」

己丑，以金紫光禄大夫臧盾爲領軍將軍。

《周書》卷二《文帝紀下》　太祖奏行十二條制，恐百官不勉於職事，又下令申明之。

《梁書》卷三《武帝紀下》　十二月壬寅，詔曰：「古人云，一物失所，如納諸隍，未是切言也。朕寒心消志，爲日久矣，每當食投箸，方眠徹枕，獨坐懷憂，憤慨申旦，非爲一人，萬姓故耳。州牧多非良才，守宰虎而傅翼，楊阜是故憂憤，賈誼所以流涕。至於民間誅求萬端，或供厨帳，或供廐庫，或遣使命，或待賓客，皆無自費，取給於民。又復多遣遊軍，稱爲遏防，姦盜不止，暴掠繁多，或求供設，或責脚步。又行劫縱，更相枉逼，良人命盡，富室財殫。此爲怨酷，非止一事。亦頻禁斷，猶自未已。外司明加聽採，隨事舉奏。又復公私傳、屯、邸、冶，爰至僧尼，當其地界，止應依限守視；乃至廣加封固，越界分斷水陸採捕及以樵蘇，遂致細民措手無所。凡自今有越界禁斷者，禁斷之身，皆以軍法從事。若是公家創內，止不得輒自立屯，與公競作以收私利。至百姓樵採以供煙爨者，悉不得禁；及以採捕，亦勿訶問。若不遵承，皆以死罪結正。」

《資治通鑑》卷一五八　東魏遣兼散騎常侍李騫來聘。

《梁書》卷三《武帝紀下》　丙辰，於宫城西立士林館，延集學者。

《資治通鑑》卷一五八　東魏尚書令高澄尚静帝妹馮翊長公主，生子孝琬，朝貴賀之，澄曰：「此至尊之甥，先賀至尊。」三日，帝幸其第，賜錦彩布絹萬匹。於是諸貴競致禮遺，貨滿十室。

《梁書》卷三《武帝紀下》　是歲，交州土民李賁攻刺史蕭諮，諮輸賂，得還越州。

《資治通鑑》卷一五八　安成望族劉敬躬以妖術惑衆，人多信之。

大同八年、東魏興和四年、西魏大統八年（壬戌、五四二）

《資治通鑑》卷一五八　春正月，敬躬據郡反，改元永漢，署官屬，進攻廬陵，逼豫章。南方久不習兵，人情擾駭，豫章内史張綰募兵以拒之。二月戊戌，江州刺史湘東王繹遣司馬王僧辯、中兵曹子郢討敬躬，受綰節度。

《梁書》卷三《武帝紀下》　三月戊辰，大破之，擒敬躬送京師，斬于建康市。

是月，於江州新蔡、高塘立頌平屯，墾作蠻田。遣越州刺史陳侯、羅州刺史寧巨、安州刺史李智、愛州刺史阮漢，同征李賁於交州。

《資治通鑑》卷一五八　夏，四月，丙寅，東魏使兼散騎常侍李繪來聘。繪，元忠之從子也。

《魏書》卷一二《孝静帝紀》　乙酉，以侍中、廣陽王湛爲太尉，以尚書右僕射高隆之爲司徒，以太尉、彭城王韶爲録尚書事。

丁亥，太傅尉景坐事降爲驃騎大將軍、開府儀同三司。

辛卯，以太保庫狄干爲太傅，以領軍將軍婁昭爲大司馬，封祖裔爲尚書右僕射。

五月辛巳，齊獻武王來朝，請令百官月一面敷政事，明揚仄陋，納諫屏邪，親理獄訟，褒黜勤怠，牧守有愆，節級相坐，椒掖之内，進御以序，後園鷹犬，悉皆放棄。

六月，還晉陽。

丙申，復前侍中、樂浪王忠爵。

丁酉，復陳留王景皓、常山王紹宗、高密王永業爵。

秋八月庚戌，以開府儀同三司、吏部尚書侯景爲兼尚書僕射、河南行臺，隨機討防。

冬十月甲寅，蕭衍遣使朝貢。

《周書》卷二《文帝紀下》 齊神武侵汾、絳，圍玉壁。太祖出軍蒲坂，將擊之。軍至皂莢，齊神武退。太祖度汾追之，遂遁去。

《魏書》卷一二《孝靜帝紀》 十有一月壬午，班師。驃騎大將軍、開府儀同三司、青州刺史、西河王悰薨。

《資治通鑑》卷一五八 十二月，辛亥，東魏遣兼散騎常侍楊斐來聘。

孫冏、盧子雄討李賁，以春瘴方起，請待至秋；廣州刺史新渝侯映不許，武林侯諮又趣之。冏等至合浦，死者什六七，衆潰而歸。武林侯諮奏冏及子雄與賊交通，逗留不進，敕於廣州賜死。子雄弟子略、子烈、主帥廣陵杜天合及弟僧明、新安周文育等帥子雄之衆攻廣州，欲殺映、諮，爲子雄復冤。西江督護、高要太守吳興陳霸先帥精甲三千救之，大破子略等，殺天合，擒僧明、文育。霸先以僧明、文育驍勇過人，釋之，以爲主帥。詔以霸先爲直閤將軍。

大同九年、東魏武定元年、西魏大統九年（癸亥、五四三）

《資治通鑑》卷一五八 春正月壬戌，東魏大赦，改元武定。

《梁書》卷三《武帝紀下》 閏月丙申，地震，生毛。

二月甲戌，使江州民三十家出奴婢一户，配送司州。

《魏書》卷一二《孝靜帝紀》 壬申，北豫州刺史高仲密據虎牢西叛。

三月，寶炬遣其子突與宇文黑獺率衆來援仲密。

庚子，圍河橋南城。

丙午，帝親納訟。

戊申，齊獻武王討黑獺，戰於邙山，大破之，擒寶炬兄子臨洮王森，蜀郡王榮宗，江夏王昇，鉅鹿王闡，譙郡王亮，驃騎大將軍、儀同三司、太子詹事趙善，督將參僚等四百餘人，俘斬六萬餘，甲仗牛馬不可勝數。豫、洛二州平。

齊獻武王追奔至恒農而還。

《梁書》卷三《武帝紀下》 以太子詹事謝舉爲尚書僕射。

夏四月，林邑王破德州，攻李賁，賁將范修又破林邑王於九德，林邑王敗走。

《資治通鑑》卷一五八 秋，七月，魏大赦。以王盟爲太傅，廣平王贊爲司空。

《資治通鑑》卷一五八 八月，東魏遣兼散騎常侍李渾等來聘。

《梁書》卷三《武帝紀下》 冬十一月辛丑，安西將軍、益州刺史武陵王紀進號征西將軍、開府儀同三司。

《資治通鑑》卷一五八 高澄啓解侍中，東魏主以其弟并州刺史太原公洋代之。

丞相歡築長城於肆州北山，西自馬陵，東至土墱，四十日罷。

《梁書》卷三《武帝紀下》 十二月壬戌，領軍將軍臧盾卒；以輕車將軍河東王譽爲領軍將軍。

大同一〇年、東魏二年、西魏大統一〇年（甲子、五四四）

《梁書》卷三《武帝紀下》 春正月，李賁於交阯竊位號，署置百官。

三月甲午，輿駕幸蘭陵，謁建陵。

辛丑，至修陵。

壬寅，詔曰：「朕自違桑梓，五十餘載，乃眷東顧，靡日不思，今四方款關，海外有截，獄訟稍簡，國務小閑，始獲展敬園陵，但增感慟。故鄉老少，接踵遠至，情貌孜孜，若歸于父，宜有以慰其此心。并可錫位一階，並加頒賚。所經縣邑，無出今年租賦。監所責民，蠲復二年。并普賚内外從官軍主左右錢米各有差。」因作《還舊鄉》詩。

癸卯，詔園陵職司，恭事勤勞，並錫位一階，并加沾賚。

丁未，仁威將軍、南徐州刺史臨川王正義進號安東將軍。

己酉，幸京口城北固樓，改名北顧。

庚戌，幸回賓亭，宴帝鄉故老及所經近縣奉迎候者少長數千人，各賚錢二千。

《資治通鑑》卷一五八　壬子，東魏以高澄爲大將軍、領中書監，元弼爲録尚書事，左僕射司馬子如爲尚書令，侍中高洋爲左僕射。

《梁書》卷三《武帝紀下》　夏四月乙卯，輿駕至自蘭陵。詔鰥寡孤獨尤貧者贍卹各有差。

《資治通鑑》卷一五八　五月，甲午，東魏遣散騎常侍魏季景來聘。

丁酉，尚書令何敬容免。

《周書》卷二《文帝紀下》　秋七月，魏帝以太祖前後所上二十四條及十二條新制，方爲中興永式，乃命尚書蘇綽更損益之，總爲五卷，班於天下。於是搜簡賢才，以爲牧守令長，皆依新制而遣焉。數年之間，百姓便之。

《梁書》卷三《武帝紀下》　九月己丑，詔曰：「今茲遠近，雨澤調適，其穫已及，冀必萬箱，宜使百姓因斯安樂。凡天下罪無輕重，已發覺未發覺，討捕未擒者，皆赦宥之。侵割耗散官物，無問多少，亦悉原除。田者荒廢、水旱不作、無當時文列，應追税者，并作田不登公格者，並停。各備臺州以文最逋殿，罪悉從原。其有因饑逐食，離鄉去土，悉聽復業，蠲課五年。」

《魏書》卷三《孝靜帝紀》　冬十月丁巳，太保孫騰、大司馬高隆之各爲括户大使，凡獲逃户六十餘萬。

十有一月，西河地陷，有火出。

甲申，以司徒高隆之爲尚書令，以前大司馬婁昭爲司徒。齊文襄王如晉陽。

庚子，車駕有事於圓丘。

辛丑，蕭衍遣使朝貢。

壬寅，齊文襄王從獻武王討山胡，破之，俘獲一萬餘户，分配諸州。

《梁書》卷三《武帝紀下》　十二月，大雪，平地三尺。

大同一一年、東魏武定三年、西魏大統一一年（乙丑、五四五）

《資治通鑑》卷一五九　春，正月，丙申，東魏遣兼散騎常侍李獎來聘。

東魏儀同爾朱文暢與丞相司馬任胄、都督鄭仲禮等，謀因正月望夜觀打簇戲作亂，殺丞相歡，奉文暢爲主；事泄，皆死。

二月庚申，東魏主納吐谷渾可汗從妹爲容華。

魏丞相泰遣酒泉胡安諾槃陀始通使於突厥。

《梁書》卷三《武帝紀下》　三月庚辰，詔曰：「皇王在昔，澤風未遠，故端居玄扈，拱默巖廊。自大道既淪，澆波斯逝，動競日滋，情僞彌作。朕負扆君臨，百年將半。宵漏未分，躬勞政事；白日西浮，不遑飡飯。退居猶被布素，含咀匪過藜藿。寧以萬乘爲貴，四海爲富；唯欲億兆康寧，下民安乂。雖復三思行事，而百慮多失。凡遠近分置、內外條流、四方所立屯、傳、邸、冶，市埭、桁渡，津税、田園，新舊守宰，遊軍戍邏，有不便於民者，尚書州郡各速條上，當隨言除省，以舒民患。」

夏四月，魏遣使來聘。

《資治通鑑》卷一五九　夏，五月，王盟卒。

六月，丁巳，魏主饗太廟。泰命大行臺度支尚書、領著作蘇綽作大誥，宣示羣臣，戒以政事；仍命「自今文章皆依此體」。

《資治通鑑》卷一五九　上遣交州刺史楊瞟討李賁，以陳霸先爲司馬；命定州刺史蕭勃會瞟於西江。勃知軍士憚遠役，因詭説留瞟。瞟集諸將問計，霸先曰：「交趾叛換，罪由宗室，遂使溷亂數州，逋誅累歲。定州欲偷安目前，不顧大計；節下奉辭伐罪，當死生以之，豈可逗撓不進，長寇沮衆也！」遂勒兵先發。瞟以霸先爲前鋒。至交州，賁帥衆三萬拒之，敗於朱鳶，又敗於蘇歷江口，賁奔嘉寧城，諸軍圍之。

《梁書》卷三《武帝紀下》　冬十月己未，詔曰：「堯、舜以來，便開贖刑，中年依古，許罪身入貲，吏下因此不無姦猾，所以一日復勑禁斷。川流難壅，人心惟危，既乖內典慈悲之義，又傷外教好生之德。《書》云：『與殺不辜，寧失不經。』可復開罪身，皆聽入贖。」

《資治通鑑》卷一五九　東陽王榮爲瓜州刺史，與其壻鄧彦偕行。榮卒，瓜州首望表榮子康爲刺史，彦殺康而奪其位；魏不能討，因以彦爲刺史，屢徵不至，又南通吐谷渾。丞相泰以道遠難於動衆，欲以計取之，以給事黄門侍郎申徽爲河西大使，密令圖彦。

中大同元年、東魏武定四年、西魏大統一二年（丙寅、五四六）

《梁書》卷三《武帝紀下》　春正月丁未，曲阿縣建陵隧口石騏驎動，有大蛇鬭隧中，其一被傷奔走。

癸丑，交州刺史楊瞟剋交趾嘉寧城，李賁竄入屈獠洞，交州平。

《資治通鑑》卷一五九　二月，魏以義州刺史史寧爲凉州刺史；前刺史宇文仲和據州，不受代，瓜州民張保殺刺史成慶以應之，晉昌民吕興殺太守郭肆，以郡應保。丞相泰遣太子太保獨孤信、開府儀同三司怡峰與史寧討之。史寧曉諭凉州吏民，率皆歸附，獨宇文仲和據城不下。

《梁書》卷三《武帝紀下》　三月乙巳，大赦天下：凡主守割盜、放散官物，及以軍糧器甲，凡是赦所不原者，起十一年正月以前，皆悉從恩，十一年正月已後，悉原加責；其或爲事逃叛流移，因饑以後亡鄉失土，可聽復業，蠲課五年，停其徭役；其被拘之身，各還本郡，舊業若在，皆悉還之。

庚戌，法駕出同泰寺大會，停寺省講《金字三慧經》。

夏四月丙戌，於同泰寺解講，設法會。大赦，改元。孝悌力田爲父後者賜爵一級，賚宿衛文武各有差。是夜，同泰寺災。

《周書》卷二《文帝紀下》　五月，獨孤信平凉州，擒仲和，遷其民六千餘家於長安。瓜州都督令孤延起義誅張保，瓜州平。

六月辛巳，竟天有聲，如風雨相擊薄。

《資治通鑑》卷一五九　秋，七月，壬寅，東魏遣散騎常侍元廓來聘。

《梁書》卷三《武帝紀下》　辛酉，以武昌王譽爲東揚州刺史。

甲子，詔曰：「禽獸知母而不知父，無賴子弟過於禽獸，至於父母並皆不知。多觸王憲，致及老人。耆年禁執，大可傷愍。自今有犯罪者，父母祖父母勿坐。唯大逆不預今恩。」

丙寅，詔曰：「朝四而暮三，衆狙皆喜，名實未虧，而喜怒爲用。頃聞外間多用九陌錢，陌減則物貴，陌足則物賤，非物有貴賤，是心有顛倒。至於遠方，日更滋甚。豈直國有異政，乃至家有殊俗，徒亂王制，無益民財。自今可通足陌錢。令書行後，百日爲期，若猶有犯，男子謫運，女子質作，並同三年。」

八月丁丑，東揚州刺史武昌王譽薨。以安東將軍、南徐州刺史臨川王正義即本號東揚州刺史，丹陽尹邵陵王綸爲鎮東將軍、南徐州刺史。

甲午，渴槃陁國遣使獻方物。

《資治通鑑》卷一五九　徙并州刺史王思政爲荆州刺史，使之舉諸將可代鎮玉壁者。思政舉晉州刺史韋孝寬，丞相泰從之。

《周書》卷二《文帝紀下》　九月，齊神武圍玉壁，大都督韋都寬力戰拒守，齊神武攻圍六旬不能下，其士卒死者什二三。會齊神武有疾，燒營而退。

《資治通鑑》卷一五九　李賁復帥衆二萬自獠中出，屯典澈湖，大造船艦，充塞湖中。衆軍憚之，頓湖口，不敢進。陳霸先謂諸將曰：「我師已老，將士疲勞；且孤軍無援，入人心腹，若一戰不捷，豈望生全！今藉其屢奔，人情未固，夷、獠烏合，易爲摧殄。正當共出百死，決力取之；無故停留，時事去矣！」諸將皆默然莫應。是夜，江水暴起七丈，注湖中。霸先勒所部兵乘流先進，衆軍鼓譟俱前；賁衆大潰，竄入屈獠洞中。

《梁書》卷三《武帝紀下》　冬十月癸酉，汝陰王劉哲薨。

乙亥，以前東揚州刺史岳陽王詧爲雍州刺史。

《資治通鑑》卷一五九　十一月，以韋孝寬爲驃騎大將軍、開府儀同三司，進爵建忠公。

十二月，己卯，歡以無功，表解都督中外諸軍，東魏主

太清元年、東魏武定五年、西魏大統一三年（丁卯、五四七）

《資治通鑑》卷一六〇　春正月朔，日有食之，不盡如鉤。

《梁書》卷三《武帝紀下》　壬寅，驃騎大將軍、開府儀同三司、荆州刺史廬陵王續薨；以鎮南將軍、江州刺史湘東王繹爲鎮西將軍、荆州刺史。

《魏書》卷一二《孝靜帝紀》　丙午，齊獻武王薨於晉陽，祕不發喪。

辛亥，司徒侯景反，潁州刺史司馬世雲以城應之。景入據潁城，誘執豫州刺史高元成、襄州刺史李密、廣州刺史暴顯等。遣司空韓軌、驃騎大將軍、儀同三司賀拔勝、可朱渾道元、左衛將軍劉豐等帥衆討之。景乃遣使降於寶炬，請師救援。寶炬遣其將李景和、王思政帥騎赴之。思政等入據潁川，景乃出走豫州。

《梁書》卷三《武帝紀下》　辛酉，輿駕親祠南郊，詔曰：「天行彌綸，覆燾之功博；乾道變化，資始之德成。朕沐浴齋宮，虔恭上帝，祇事槱燎，高熛太一，大禮克遂，感慶兼懷，思與億兆，同其福惠。可大赦天下，尤窮者無出即年租調；清議禁錮，並皆宥釋；所討逋叛，巧籍隱年，闇丁匿口，開恩百日，各令自首，不問往罪；流移他鄉，聽復宅業，蠲課五年；孝悌力田賜爵一級；居局治事賞勞二年。可班下遠近，博採英異，或德茂州閭，道行鄉邑，或獨行特立，不求聞達，咸使言上，以時招聘。」

甲子，輿駕親祠明堂。

二月己卯，白虹貫日。

庚辰，魏司徒侯景求以豫、廣、潁、洛、陽、西陽、東荆、北荆、襄、東豫、南兗、西兗、齊等十三州內屬。

壬午，以景爲大將軍，封河南王，大行臺，制承如鄧禹故事。

丁亥，輿駕躬耕籍田。

《資治通鑑》卷一六〇　三月，庚子，上幸同泰寺，捨身如大通故事。

甲辰，遣司州刺史羊鴉仁督兗州刺史桓和、仁州刺史湛海珍等，將兵三萬趣懸瓠，運糧食應接侯景。

東魏高澄慮諸州有變，乃自出巡撫。留段韶守晉陽，委以軍事；以丞相功曹趙彥深爲大行臺都官郎中。使陳元康豫作丞相歡條教數十紙付韶及彥深，在後以次行之。

夏，四月，丙子，羣臣奉贖。

《梁書》卷三《武帝紀下》　丁亥，輿駕還宮，大赦天下，改元，孝悌力田爲父後者賜爵一級，在朝羣臣宿衛文武並加頒賚。

《資治通鑑》卷一六〇　甲午，東魏遣兼散騎常侍李系來聘。

《梁書》卷三《武帝紀下》　五月丁酉，輿駕幸德陽堂，宴羣臣，設絲竹樂。

《資治通鑑》卷一六〇　甲辰，東魏以開府儀同三司庫狄干爲太師，録尚書事孫騰爲太傅，汾州刺史賀拔仁爲太保，司徒高隆之録尚書事，司空韓軌爲司徒，青州刺史尉景爲大司馬，領軍將軍可朱渾道元爲司空，僕射高洋爲尚書令、領中書監，徐州刺史慕容紹宗爲尚書左僕射，高陽王武爲右僕射。

《梁書》卷三《武帝紀下》　六月戊辰，以前雍州刺史鄱陽王範爲征北將軍，總督漢北征討諸軍事。

《資治通鑑》卷一六〇　秋七月，丁酉，東魏主爲丞相歡舉哀，服緦縗，凶禮依漢霍光故事，贈相國、齊王，備九錫殊禮。

戊戌，以高澄爲使持節、大丞相、都督中外諸軍、録尚書事、大行臺、勃海王；澄啓辭爵位。

壬寅，詔太原公洋攝理軍國，遣中使敦諭澄。

《梁書》卷三《武帝紀下》　庚申，羊鴉仁入懸瓠城。

甲子，詔曰：「二豫分置，其來久矣。今汝、潁剋定，可依前代故事，以懸瓠爲豫州，壽春爲南豫，改合肥爲合州，北廣陵爲淮州，項城爲殷州，合州爲南合州。」

《周書》卷二《文帝紀下》　侯景密圖附梁。太祖知其謀，悉追還前後所配景士。景懼，遂叛。

《資治通鑑》卷一六〇　長樂武烈公若干惠卒。

《梁書》卷三《武帝紀下》　八月乙丑，王師北伐，以南豫州刺史蕭淵明爲大都督。詔曰：「今汝南新復，嵩、潁載清，瞻言遺黎，有勞鑒寐，宜覃寬惠，與之更始。應是緣邊初附諸州部內百姓，先有負罪流亡，逃叛入北，一皆曠蕩，不問往舋，並不得挾以私讎而相報復。若有犯者，嚴加裁問。」

《資治通鑑》卷一六〇　辛未，高澄入朝于鄴，固辭大丞相；詔爲大將軍如故，餘如前命。

甲申，虛葬齊獻武王於漳水之西；潛鑿成安鼓山石窟佛寺之旁爲穴，納其柩而塞之，殺其羣匠。及齊之亡也，一匠之子知之，發石取金而逃。

戊子，武州刺史蕭弄璋攻東魏磧泉、吕梁二戍，拔之。

《梁書》卷三《武帝紀下》　以大將軍侯景録行臺尚書事。

九月癸卯，王遊苑成。

《資治通鑑》卷一六〇　上命蕭淵明堰泗水於寒山以灌彭城，俟得彭城，乃進軍與侯景犄角。

癸卯，淵明軍于寒山，去彭城十八里，斷流立堰。

《梁書》卷三《武帝紀下》　庚戌，輿駕幸苑。

《魏書》卷一二《孝靜帝紀》　辛酉，蕭衍遣其兄子貞陽侯淵明帥衆寇徐州，堰泗水於寒山，灌彭城，以應侯景。

冬十月乙酉，以尚書左僕射慕容紹宗爲東南道行臺，與驃騎大將軍儀同三司大都督高岳、潘相樂討淵明。

《梁書》卷三《武帝紀下》　十一月，魏遣大將軍慕容紹宗等至寒山。丙午，大戰，淵明敗績，及北兖州刺史胡貴孫等並陷魏。紹宗進圍潼州。

十二月戊辰，遣太子舍人元貞還北爲魏主。

辛巳，以前征北將軍鄱陽王範爲安北將軍、南豫州刺史。

太清二年、東魏武定六年、西魏一四年（戊辰、五四八）

《梁書》卷三《武帝紀下》　春正月戊戌，詔在位各舉所知。

己亥，魏陷渦陽。

《資治通鑑》卷一六一　辛丑，以尚書僕射謝舉爲尚書令，守吏部尚書王克爲僕射。

甲辰，豫州刺史羊鴉仁以東魏軍漸逼，稱糧運不繼，棄懸瓠，還義陽；殷州刺史羊思達亦棄項城走；東魏人皆據之。上怒，責讓鴉仁；鴉仁懼，啓申後期，頓軍淮上。

《梁書》卷三《武帝紀下》　乙卯，以大將軍侯景爲南豫州牧，安北將軍、南豫州刺史鄱陽王範爲合州刺史。

《周書》卷二《文帝紀下》　魏帝詔封太祖長子毓爲寧都郡公，食邑三千户。初，太祖以平元顥、納孝莊帝之功，封寧都縣子，至是改縣爲郡，而以封毓，用彰勤王之始也。

《資治通鑑》卷一六一　二月，東魏殺其南兖州刺史石長宣，討侯景之黨也；其餘爲景所脅從者，皆赦之。

東魏既得懸瓠、項城，悉復舊境。大將軍澄數遣書移，復求通好；朝廷未之許。

《梁書》卷三《武帝紀下》　三月甲辰，撫東將軍高麗王高延卒，以其息爲寧東將軍、高麗王、樂浪公。

《資治通鑑》卷一六一　辛亥，大將軍澄南臨黎陽，自虎牢濟河至洛陽。魏同軌防長史裴寬與東魏將彭樂等戰，爲樂所擒，澄禮遇甚厚，寬得間逃歸。澄由太行返晉陽。

《梁書》卷三《武帝紀下》　己未，以鎮東將軍、南徐州刺史邵陵王綸爲平南將軍、湘州刺史，同三司之儀，中衛將軍、開府儀同三司蕭淵藻爲征東將軍、南徐州刺史。

是日，屈獠洞斬李賁，傳首京師。

夏四月丙子，詔在朝及州郡各舉清人任治民者，皆以禮送京師。

戊寅，以護軍將軍河東王譽爲湘州刺史。

五月辛丑，以新除中書令邵陵王綸爲安前將軍、開府儀同三司，前湘州刺史張纘爲領軍將軍。

辛亥，曲赦交、愛、德三州。

癸丑，詔曰：「爲國在於多士，寧下寄于得人。朕暗於行事，尤闕治道，孤立在上，如臨深谷。凡爾在朝，咸思匡救，獻替可否，用相啓沃。班下方岳，傍求俊乂，窮其屠釣，盡其巖穴，以時奏聞。」

是月，兩月夜見。

《資治通鑑》卷一六一　五月，魏以丞相泰爲太師，廣陵王欣爲太傅，李弼爲大宗伯，趙貴爲大司寇，于謹爲大司空。太師泰奉太子巡撫西境，登隴，至原州，歷北長城，東趣五原，至蒲州，聞魏主不豫而還。及至，已愈，泰還華州。

上遣建康令謝挺、散騎常侍徐陵等聘于東魏，復修前好。

秋，七月，庚寅朔，日有食之。

《梁書》卷三《武帝紀下》　八月乙未，以右衛將軍朱异爲中領軍。

戊戌，侯景舉兵反，擅攻馬頭、木栅、荆山等戍。

甲辰，以安前將軍、開府儀同三司邵陵王綸都督衆軍討景。曲赦南豫州。

九月丙寅，加左光禄大夫元羅鎮右將軍。

《資治通鑑》卷一六一　冬，十月，庚寅，景揚聲趣合肥，而實襲譙州，助防董紹先開城降之。執刺史豐城侯泰。

庚子，詔遣寧遠將軍王質帥衆三千巡江防遏。

《梁書》卷三《武帝紀下》　丁未，景進攻歷陽，太守莊鐵降之。

戊申，以新除光禄大夫臨賀王正德爲平北將軍，都督京師諸軍，屯丹陽郡。

己酉，景自横江濟于采石。

《資治通鑑》卷一六一　景至慈湖。建康大駭，御街人更相劫掠，不復通行。赦東西治、尚方錢署及建康繫囚，以揚州刺史宣城王大器都督城内諸軍事，以羊侃爲軍師將軍副之，南浦侯推守東府，西豐公大春守石頭，輕車長史謝禧、始興太守元貞守白下，韋黯與右衛將軍柳津等分守宫城諸門及朝堂。

《梁書》卷三《武帝紀下》　辛亥，景師至京，臨賀王正德率衆附賊。

十一月辛酉，賊攻陷東府城，害南浦侯蕭推、中軍司馬楊暾。

庚辰，邵陵王綸帥武州刺史蕭弄璋、前譙州刺史趙伯超等入援京師，頓鍾山愛敬寺。

乙酉，綸進軍湖頭，與賊戰，敗績。

丙戌，安北將軍鄱陽王範遣世子嗣、雄信將軍裴之高等帥衆入援，次于張公洲。

《資治通鑑》卷一六一　癸巳，侍中、都官尚書羊侃卒，城中益懼。

壬寅，侯景以火車焚臺城東南樓。

己酉，景土山稍逼城樓，柳津命作地道以取其土，外山崩，壓賊且盡。又於城内作飛橋，懸罩二土山。景衆見飛橋迥出，崩騰而走；城内擲雉尾炬，焚其東山，樓柵蕩盡，賊積死於城下。

《梁書》卷三《武帝紀下》　戊申，天西北中裂，有光如火。尚書令謝舉卒。

丙辰，司州刺史柳仲禮、前衡州刺史韋粲、高州刺史李遷仕、前司州刺史羊鴉仁等並帥軍入援，推仲禮爲大都督。

《資治通鑑》卷一六一　大將軍澄患民錢濫惡，議不禁民私鑄；但懸稱市門，錢不重五銖，毋得入市。朝議以爲年穀不登，請俟他年，乃止。

《周書》卷二《文帝紀下》　是歲，東魏遣其將高岳、慕容紹宗、劉豐生等，率衆十餘萬圍王思政於潁川。

太清三年、東魏武定七年、西魏大統一五年（己巳、五四九）

《梁書》卷三《武帝紀下》　春正月丁巳朔，柳仲禮帥衆分據南岸。

是日，賊濟軍於青塘，襲破韋粲營，粲拒戰死。

庚申，邵陵王綸、東揚州刺史臨成公大連等帥兵集南岸。

《資治通鑑》卷一六一　甲子，湘東世子方等及王僧辯軍至。

《梁書》卷三《武帝紀下》　乙丑，中領軍朱异卒。

丙寅，以司農卿傅岐爲中領軍。

《資治通鑑》卷一六二　戊辰，封山侯正表以北徐州降東魏，東魏徐州刺史高歸彦遣兵赴之。

己巳，太子遷居永福省。

《梁書》卷三《武帝紀下》　壬午，熒惑守心。

《資治通鑑》卷一六二　癸未，鄱陽世子嗣、永安侯確、莊鐵、羊鴉仁、柳敬禮、李遷仕、樊文皎將兵渡淮，攻東府前柵，焚之；侯景退。衆軍營於青溪之東，遷仕、文皎帥鋭卒五千獨進深入，所向摧靡。至菰首橋東，景將宋子仙伏兵擊之，文皎戰死，遷仕循還。

《梁書》卷三《武帝紀下》　乙酉，太白晝見。

二月丁未，南兗州刺史南康王會理、前青冀二州刺史湘潭侯蕭退帥江州之衆，頓于蘭亭苑。

庚戌，安北將軍，合州刺史鄱陽王範以本號開府儀同三司。

三月戊午，前司州刺史羊鴉仁等進軍東府北，與賊戰，大敗。

己未，皇太子妃王氏薨。

丁卯，賊攻陷宫城，縱兵大掠。

己巳，賊矯詔遣石城公大款解外援軍。

庚午，侯景自爲都督中外諸軍事、大丞相、録尚書。

辛未，援軍各退散。

丙子，熒惑守心。

壬午，新除中領軍傅岐卒。

夏四月己丑，京師地震。

丙申，地又震。

《魏書》卷一二《孝静帝紀》　甲辰，詔以齊文襄王爲相國、齊王，緑綟綬，讚拜不名，入朝不趨，劍履上殿，食冀州之勃海、長樂、安德、武邑，瀛州之河間五郡邑十五萬户，餘如故。王固讓。

《梁書》卷三《武帝紀下》　己酉，高祖以所求不供，憂憤寢疾。是月，青冀二州刺史明少遐、東徐州刺史湛海珍、北青州刺史王奉伯各舉州附于魏。

五月丙辰，高祖崩于淨居殿，時年八十六。

梁簡文帝部（起公元五四九年，迄公元五五一年）

《讀史津逮》卷三《南梁》　太宗簡文皇帝，名綱，字世讚，小字六通，武帝第三子。母丁貴嬪。六歲能屬文，讀書一目十行俱下。初封晉安王。太清三年己巳三月，臺城陷。五月，武帝殂，侯景立之，改元大寶，在位三年。景廢爲晉安王，使禪位於豫章王棟，尋爲所弒，壽四十九，葬莊陵。王皇后。子二十。

太清三年、東魏武定七年、西魏大統一五年（己巳、五四九）

《梁書》卷四《簡文帝紀》　五月辛巳，即皇帝位。詔曰：「朕以不造，夙丁閔凶。大行皇帝奄棄萬國，攀慕號躃，厝身靡所。猥以寡德，越居民上，煢煢在疚，罔知所託，方賴藩輔，社稷用安。謹遵先旨，顧命遺澤，宜加億兆。可大赦天下。」

壬午，詔曰：「育物惟寬，馭民惟惠，道著興王，本非隸役。或開奉國，便致擒虜；或在邊疆，濫被抄劫。二邦是競，黎元何罪！朕以寡昧，創承鴻業，既臨率土，化行宇宙，豈欲使彼獨爲匪民。諸州見在北人爲奴婢者，並及妻兒，悉可原放。」

癸未，追謚妃王氏爲簡皇后。

《魏書》卷一二《孝靜帝紀》　五月，齊文襄王帥衆自鄴赴潁川。

《梁書》卷四《簡文帝紀》　六月丙戌，以南康嗣王會理爲司空。

丁亥，立宣城王大器爲皇太子。

《魏書》卷一二《孝靜帝紀》　丙申，克潁州，擒寶炬大將軍、尚書左僕射、東道大行臺、太原郡開國公王思政，潁州刺史皇甫僧顯等，及戰士一萬餘人，男女數萬口。齊文襄王遂如洛州。

《梁書》卷四《簡文帝紀》　壬辰，封當陽公大心爲尋陽郡王，石城公大款爲江夏郡王，寧國公大臨爲南海郡王，臨城公大連爲南郡王，西豐公大春爲安陸郡王，新淦公大成爲山陽郡王，臨湘公大封爲宜都郡王。

《資治通鑑》卷一六二　上甲侯韶自建康出奔江陵，稱受高祖密詔徵兵，以湘東王繹爲侍中、假黃鉞、大都督中外諸軍事、司徒、承制，自餘藩鎮並加位號。

臨賀王正德怨侯景賣己，密書召鄱陽王範，使以兵入；景遮得其書，癸丑，縊殺正德。景以儀同三司郭元建爲尚書僕射、北道行臺、總江北諸軍事，鎮新秦；封元羅等諸元十餘人皆爲王。

《梁書》卷四《簡文帝紀》　秋七月甲寅，廣州刺史元景仲謀應侯景，西江督護陳霸先起兵攻之，景仲自殺，霸先迎定州刺史蕭勃爲刺史。

戊辰，以吳郡置吳州，以安陸王大春爲刺史。

庚午，以司空南康嗣王會理兼尚書令，南海王大臨爲揚州刺史，新興王大莊爲南徐州刺史。

是月，九江大饑，人相食十四五。

八月癸卯，征東大將軍、開府儀同三司、南徐州刺史蕭淵藻薨。

《資治通鑑》卷一六二　侯景以宋子仙爲司徒、郭子建爲尚書左僕射，與領軍任約等四十人並開府儀同三司，仍詔：「自今開府儀同不須更加將軍。」

《梁書》卷四《簡文帝紀》　冬十月丁未，地震。

《資治通鑑》卷一六二　十一月，乙卯，葬武皇帝于修陵，廟號高祖。

《梁書》卷四《簡文帝紀》　十二月，百濟國遣使獻方物。

《資治通鑑》卷一六二　始興太守陳霸先結郡中豪傑欲討侯景，郡人侯安都、張偲等各帥衆千餘人歸之。

《周書》卷二《文帝紀下》　是歲，盜殺齊文襄於鄴，其弟洋討賊，擒之，仍嗣其事，是爲文宣帝。

大寶元年、東魏武定八年、西魏大統一六年（庚午、五五〇）

《梁書》卷四《簡文帝紀》　春正月辛亥朔，以國哀不朝會。詔曰：

「蓋天下者，至公之神器，在昔三五不獲已而臨莅之。故帝王之功，聖人之餘事，軒冕之華，儻來之一物。太祖文皇帝含光大之量，啓西伯之基。高祖武皇帝道洽二儀，智周萬物。屬齊季薦瘥，彝倫剥喪，同氣離入苑之禍，元首懷無厭之欲，乃當樂推之運，因億兆之心，承彼掎角，雪兹讎恥。事非爲己，義寔從民，故功成弗居，卑宮菲食，大慈之業普薰，汾陽之詔屢下。于兹四紀，無得而稱。朕以寡昧，哀煢孔棘，生靈已盡，志不圖全，僶俛視陰，企承鴻緒。懸旌履薄，未足云喻。痛甚愈遲，諒闇彌切。方當玄默在躬，栖心事外。即王道未直，天步猶艱，式憑宰輔，以弘庶政。履端建號，抑惟舊章。可大赦天下，改太清四年爲大寶元年。」

丁巳，天雨黄沙。

己未，太白經天，辛酉乃止。西魏寇安陸，執司州刺史柳仲禮，盡没漢東之地。

丙寅，月晝見。

《魏書》卷一二《孝靜帝紀》 丁卯，詔贈齊文襄王假黄鉞、使持節、相國、都督中外諸軍事，齊王璽綬，輼輬車、黄屋、左纛、前後部羽葆、鼓吹、輕車介士，備九錫之禮，謚曰文襄王。

戊辰，詔齊王爲使持節、丞相、都督中外諸軍事，録尚書事、大行臺、齊郡王，食邑一萬户。

庚午，邵陵王綸至江夏，郢州刺史南康王恪郊迎，以州讓之，綸不受；乃推綸爲假黄鉞，都督中外諸軍事，承制置百官。

《資治通鑑》卷一六三 陳霸先發始興，至大庾嶺，蔡路養將二萬人軍於南野以拒之。路養妻姪蘭陵蕭摩訶，年十三，單騎出戰，無敢當者。杜僧明馬被傷，陳霸先救之，授以所乘馬； 僧明上馬復戰，衆軍因而乘之，路養大敗，脱身走。霸先進軍南康，湘東王繹承制授霸先明威將軍、交州刺史。

《梁書》卷四《簡文帝紀》 癸酉，前江都令祖皓起義，襲廣陵，斬賊南兖州刺史董紹先。侯景自帥水步軍擊皓。

二月癸未，景攻陷廣陵，皓等並見害。

丙戌，以安陸王大春爲東揚州刺史。省吴州，如先爲郡。詔曰：「近東垂擾亂，江陽縱逸。上宰運謀，猛士雄奮，吴、會肅清，濟、兖澄謐，京師畿内，無事戎衣。朝廷達官，齋内左右，並可解嚴。」

乙巳，以尚書僕射王克爲左僕射。

《周書》卷二《文帝紀下》 三月，魏帝封太祖第二子震爲武邑公，邑二千户。先是，梁雍州刺史、岳陽王詧與其叔父荆州刺史、湘東王繹不睦，乃稱蕃來附，遣其世子嶚爲質。及楊忠擒仲禮，繹懼，復遣其子方平來朝。

《資治通鑑》卷一六三 夏，四月，庚辰朔，湘東王繹以上甲侯韶爲長沙王。

丙午，侯景請上幸西州，上御素輦，侍衛四百餘人，景浴鐵數千，翼衛左右。【略】

時江南連年旱蝗，江、揚尤甚，百姓流亡，相與入山谷、江湖，采草根、木葉、菱芡而食之，所在皆盡，死者蔽野。富室無食，皆鳥面鵠形，衣羅綺，懷珠玉，俯伏牀帷，待命聽終。千里絶烟，人跡罕見。白骨成聚，如丘隴焉。

《魏書》卷一二《孝靜帝紀》 五月甲寅，詔齊王爲相國，總百揆，封冀州之勃海、長樂、安德、武邑，瀛州之河間、高陽、章武，定州之中山、常山、博陵十郡，二十萬户，備九錫之禮；以齊國太妃爲王太后，王妃爲王后。

丙辰，詔歸帝位於齊國，即日遜於別宫。

《北齊書》卷四《文宣帝紀》 戊午，乃即皇帝位於南郊，【略】改武定八年爲天保元年。

己未，詔封魏帝爲中山王，食邑萬户； 上書不稱臣，答不稱詔，載天子旌旗，行魏正朔，乘五時副車； 封王諸子爲縣公，邑一千户； 奉絹萬匹，錢千萬，粟二萬石，奴婢二百人，水碾一具，田百頃，園一所。詔追尊皇祖文穆王爲文穆皇帝，妣爲文穆皇后，皇考獻武王爲獻武皇帝，皇兄文襄王爲文襄皇帝，祖宗之稱，付外速議以聞。

辛酉，尊王太后爲皇太后。

乙丑，詔降魏朝封爵各有差。其信都從義及宣力霸朝者，及西來人並武定六年以來南來投化者，不在降限。

辛未，遣大使於四方，觀察風俗，問民疾苦，嚴勒長吏，厲以廉平，興利除害，務存安靜。若法有不便於時，政有未盡於事者，具條得失，還以聞奏。

《梁書》卷四《簡文帝紀》 庚午，征北將軍、開府儀同三司鄱陽嗣王範薨。自春迄夏，大饑，人相食，京師尤甚。

六月辛巳，以南郡王大連行揚州事。

《北齊書》卷四《文宣帝紀》　詔故太傅孫騰、故太保尉景、故大司馬婁昭、故司徒高昂、故尚書左僕射慕容紹宗、故領軍万俟干、故定州刺史段榮、故御史中尉劉貴、故御史中尉竇泰、故殷州刺史劉豐、故濟州刺史蔡儁等並左右先帝，經贊皇基，或不幸早徂，或殞身王事，可遣使者就墓致祭，並撫問妻子，慰逮存亡。又詔封宗室高岳爲清河王，高隆之爲平原王，高歸彦爲平秦王，高思宗爲上洛王，高長弼爲廣武王，高普爲武興王，高子瑗爲平昌王，高顯國爲襄樂王，高叡爲趙郡王，高孝緒爲修城王。又詔封功臣厙狄干爲章武王，斛律金爲咸陽王，賀拔仁爲安定王，韓軌爲安德王，可朱渾道元爲扶風王，彭樂爲陳留王，潘相樂爲河東王。

癸未，詔封諸弟青州刺史浚爲永安王，尚書左僕射淹爲平陽王，定州刺史浟爲彭城王，儀同三司演爲常山王，冀州刺史渙爲上黨王，儀同三司淯爲襄城王，儀同三司湛爲長廣王，湝爲任城王，湜爲高陽王，濟爲博陵王，凝爲新平王，潤爲馮翊王，洽爲漢陽王。

丁亥，詔立王子殷爲皇太子，王后李氏爲皇后。

庚寅，詔以太師厙狄干爲太宰，司徒彭樂爲太尉，司空潘相樂爲司徒，開府儀同三司司馬子如爲司空。

辛卯，以前太尉、清河王岳爲使持節、驃騎大將軍、司州牧。

庚子，前司州刺史羊鴉仁自尚書省出奔西州。

《資治通鑑》卷一六三　湘東王繹以霸先爲豫州刺史，領豫章内史。

秋，七月，辛酉，梁王詧入朝于魏。

《梁書》卷四《簡文帝紀》　戊辰，賊行臺任約寇江州，刺史尋陽王大心以州降約。

是月，以南郡王大連爲江州刺史。

八月甲午，湘東王繹遣領軍將軍王僧辯率衆逼郢州。

乙亥，侯景自進位相國，封二十郡爲漢王。邵陵王綸棄郢州走。

《資治通鑑》卷一六三　九月，僧辯入據郢州。繹以南平王恪爲尚書令、開府儀同三司，世子方諸爲郢州刺史，王僧辯爲領軍將軍。

湘東王繹改封皇子大款爲臨川王，大成爲桂陽王，大封爲汝南王。

任約進寇西陽、武昌。初，寧州刺史彭城徐文盛募兵數萬人討侯景，湘東王繹以爲秦州刺史，使將兵東下，與約遇於武昌。繹以廬陵王應爲江州刺史，以文盛爲長史行府州事，督諸將拒之。

初，邵陵王綸以衡陽王獻爲齊州刺史，鎮齊昌，任約擊擒之，送建康，殺之。

《梁書》卷四《簡文帝紀》　冬十月乙未，侯景又逼太宗幸西州曲宴，自加宇宙大將軍、都督六合諸軍事。立皇子大鈞爲西陽郡王，大威爲武寧郡王，大球爲建安郡王，大昕爲義安郡王，大摯爲綏建郡王，大圜爲樂梁郡王。

壬寅，景害南康嗣王會理。

《資治通鑑》卷一六三　十一月，甲子，南平王恪帥文武拜牋推湘東王繹爲相國，總百揆；繹不許。

丞相泰自弘農爲橋，濟河，至建州。

丙寅，齊主自將出頓東城。泰聞其軍容嚴盛，歎曰：「高歡不死矣！」會久雨，自秋及冬，魏軍畜産多死，乃自蒲阪還。於是河南自洛陽，河北自平陽已東，皆入於齊。

丁卯，徐文盛軍貝磯，任約帥水軍逆戰，文盛大破之，斬叱羅子通、趙威方，仍進軍大舉口。

南康王會理以建康空虚，與太子左衛將軍柳敬禮、西鄉侯勸、東鄉侯勔謀起兵誅王偉。安樂侯又理出奔長蘆，集衆得千餘人。建安侯賁、中宿世子子邕知其謀，以告偉。偉收會理、敬禮、勸、勔及會理弟祁陽侯通理，俱殺之。

十二月丙子朔，景封建安侯賁爲竟陵王，中宿世子子邕爲隨王，仍賜姓侯氏。

大寶二年、北齊天保二年、西魏大統一七年（辛未、五五一）

《資治通鑑》卷一六四　春正月，新吴余孝頃舉兵拒侯景，景遣于慶攻之，不克。

庚戌，湘東王繹遣護軍將軍尹悦、安東將軍杜幼安、巴州刺史王珣將兵二萬自江夏趣武昌，受徐文盛節度。

《梁書》卷四《簡文帝紀》　二月，邵陵王綸走至安陸董城，爲西魏所攻，軍敗，死。

《資治通鑑》卷一六四　齊遣散騎常侍曹文皎使于江陵，湘東王繹使兼散騎常侍王子敏報之。

侯景以王克爲太師，宋子仙爲太保，元羅爲太傅，郭元建爲太尉，張化仁爲司徒，任約爲司空，王偉爲尚書左僕射，索超世爲右僕射。

北兖州刺史蕭邕謀降魏，侯景殺之。

三月，庚戌，魏文帝殂，太子欽立。

乙卯，徐文盛等克武昌，進軍蘆洲。

任約告急，侯景自帥衆西上，攜太子大器從軍以爲質，留王偉居守。

閏月，景發建康，自石頭至新林，舳艫相接。

壬寅，景軍至西陽，與徐文盛夾江築壘。

癸卯，文盛擊破之，射其右丞庫狄式和墜水死，景遁走還營。

夏，四月，甲辰，魏葬文帝於永陵。

乙巳，使宋子仙、任約帥精騎四百，由淮内襲郢州。

湘東王繹以王僧辯爲大都督，帥巴州刺史丹楊淳于量、定州刺史杜龕、宜州刺史王琳、郴州刺史裴之横東擊景，徐文盛以下並受節度。

戊申，僧辯等軍至巴陵，聞郢州已陷，因留戍之。

景使丁和將兵五千守夏首，宋子仙將兵一萬爲前驅，趣巴陵，分遣任約直指江陵，景帥大兵水步繼進。於是緣江戍邏，望風請服，景拓邏至于隱磯。

《梁書》卷四《簡文帝紀》　五月癸未，湘東王繹遣游擊將軍胡僧祐、信州刺史陸法和援巴陵，景遣任約帥衆拒援軍。

六月甲辰，僧祐等擊破任約，擒之。

乙巳，景解圍宵遁，王僧辯督衆軍追景。

庚申，攻魯山城，剋之，獲魏司徒張化仁、儀同門洪慶。

辛酉，進圍郢州，下之，獲賊帥宋子仙等。　鄱陽王故將侯瑱起兵，襲僞儀同于慶于豫章，慶敗走。

秋七月丁亥，侯景還至京師。

辛丑，王僧辯軍次湓城，賊行江州事范希榮棄城走。

八月丙午，晉熙人王僧振、鄭寵起兵襲郡城，僞晉州刺史夏侯威生、儀同任延遁走。

戊午，侯景遣衛尉卿彭儁、廂公王僧貴率兵入殿，廢太宗爲晉安王，幽于永福省。　害皇太子大器、尋陽王大心、西陽王大鈞、武寧王大威、建平王大球、義安王大昕及尋陽王諸子二十人。　矯爲太宗詔，禪于豫章嗣王棟，大赦改年。　遣使害南海王大臨於吴郡，南郡王大連於姑孰，安陸王大春於會稽，新興王大莊於京口。

《資治通鑑》卷一六四　丙寅，追尊昭明太子爲昭明皇帝，豫章安王爲安皇帝，金華敬妃爲敬太皇太后，豫章太妃王氏爲皇太后，妃張氏爲皇后。以劉神茂爲司空。

己亥，湘東王繹以尚書令王僧辯爲江州刺史，江州刺史陳霸先爲東揚州刺史。

《梁書》卷四《簡文帝紀》　冬十月壬寅，帝謂舍人殷不害曰：「吾昨夜夢吞土，卿試爲我思之。」不害曰：「昔重耳饋塊，卒還晉國。陛下所夢，得符是乎。」及王偉等進觴於帝曰：「丞相以陛下憂憤既久，使臣上壽。」帝笑曰：「壽酒，不得盡此乎？」於是並賫酒餚、曲項琵琶，與帝飲。帝知不免，乃盡酣，曰：「不圖爲樂一至於斯！」既醉寢，王偉、彭儁進土囊，王修纂坐其上，於是太宗崩於永福省，時年四十九。賊僞謚曰明皇帝，廟稱高宗。

《周書》卷二《文帝紀下》　冬十月，太祖遣大將軍王雄出子午，伐上津、魏興，大將軍達奚武出散關，伐南鄭。

《資治通鑑》卷一六四　十二月，齊主飲公主酒，使人鴆中山王，殺之，並其三子，謚王曰魏孝靜皇帝，葬於鄴西漳北。

梁元帝部（起公元五五二年，迄公元五五四年）

《讀史津逮》卷三《南梁》 世祖孝元皇帝，名繹，字世誠，小字七符，武帝第七子。母阮太后。少眇一目，極聰穎，博覽群書。初封湘東王，爲鎮西將軍、都督、荆州刺史。太清三年，侯景陷建康，起兵討景，四方勸進，不許。時武陵王紀亦稱尊於成都，改元天正，立一年，見殺。繹以壬申冬十月即位於江陵，改太清六年爲承聖元年，在位三年。岳陽王詧怨繹之殺茂章、河東諸王，引魏兵圍江陵，城陷被執遇害，壽四十七。妃徐氏。子忠烈世子方等、貞惠世子方諸、敬帝、愍懷太子方矩改名元良、始安王方畧，餘諸子未封失名。

承聖元年、北齊天保三年、西魏廢帝元年（壬申、五五二）

《資治通鑑》卷一六四 春正月，湘東王以南平内史王褒爲吏部尚書。褒，騫之孫也。

湘東王命王僧辯等東擊侯景，二月庚子，諸軍發尋陽，舳艫數百里。陳霸先帥甲士三萬，舟艦二千，自南江出湓口，會僧辯於白茅灣，築壇歃血，共讀盟文，流涕慷慨。

癸卯，僧辯使侯瑱襲南陵、鵲頭二戍，克之。

戊申，僧辯等軍于大雷。

丙辰，發鵲頭。

癸酉，王僧辯等至蕪湖，侯景守將張黑棄城走。景聞之，甚懼，下詔赦湘東王繹、王僧辯之罪，衆咸笑之。侯子鑒據姑孰南洲以拒西師，景遣其黨史安和等將兵二千助之。

《北齊書》卷四《文宣帝紀》 茹茹主阿那瓌爲突厥虜所破，瓌自殺；其太子菴羅辰及瓌從弟登注俟利發、注子庫提並擁衆來奔。茹茹餘衆立注次子鐵伐爲主。

《梁書》卷五《元帝紀》 三月，王僧辯等平侯景，傳其首於江陵。

戊子，以賊平告明堂、太社。

《資治通鑑》卷一六四 己丑，僧辯等上表勸進，且迎都建業。湘東王答曰：「淮海長鯨，雖云授首；襄陽短狐，未全革面。太平玉燭，爾乃議之。」

《梁書》卷五《元帝紀》 辛卯，宣猛將軍朱買臣密害豫章嗣王棟，及其二弟橋、樛，世祖志也。

四月乙巳，益州刺史、新除假黄鉞、太尉武陵王紀竊位於蜀，改號天正元年。

世祖遣兼司空蕭泰、祠部尚書樂子雲拜謁塋陵，修復社廟。

丁巳，世祖令曰：「軍容不入國，國容不入軍。雖子産獻捷，戎服從事，亞夫弗拜，義止將兵。今凶醜殲夷，逆徒殄潰，九有既截，四海乂安。漢官威儀，方陳盛禮，衛多君子，寄是式瞻。便可解嚴，以時宣勒。」

是月，以東陽太守張彪爲安東將軍。

五月庚午，司空南平王恪及宗室王侯、大都督王僧辯等，復拜表上尊號，世祖猶固讓不受。

庚辰，以征南將軍、湘州刺史、司空南平嗣王恪爲鎮東將軍、揚州刺史，餘如故。

甲申，以尚書令、征東將軍、開府儀同三司、江州刺史王僧辯爲司徒、鎮衛將軍。

乙酉，斬賊左僕射王偉、尚書吕季略、少卿周石珍、舍人嚴亶於江陵市。是日，世祖令曰：「君子赦過，著在周經，聖人解網，聞之湯令。自獫狁孔熾，長蛇薦食，赤縣阽危，黔黎塗炭，終宵不寐，志在雪恥。元惡稽誅，本屬侯景；王偉是其心膂，周石珍負背恩義，今並烹諸鼎鑊，肆之市朝。但比屯邅寇擾，爲歲已積，衣冠舊貴，被逼偷生，猛士勳豪，和光苟免，凡諸惡侶，諒非一族。今特闡以王澤，削以刑書，自太清六年五月二十日昧爽以前，咸使惟新。」

《資治通鑑》卷一六四 丙戌，齊合州刺史斛斯昭攻歷陽，拔之。

齊主使其散騎常侍曹文皎等來聘，湘東王使散騎常侍柳暉等報之，且告平侯景；亦遣舍人魏彦告于魏。

辛術還吏部尚書。

《梁書》卷五《元帝紀》　是月，魏遣太師潘樂、辛術等寇秦郡，王僧辯遣杜崱帥衆拒之。以陳霸先爲征北大將軍、開府儀同三司、南徐州刺史。

是月，魏遣使賀平侯景。

八月，蕭紀率巴、蜀大衆連舟東下，遣護軍陸法和屯巴峽以拒之。

九月甲戌，司空、鎮東將軍、揚州刺史南平王恪薨。

《資治通鑑》卷一六四　甲申，以王僧辯爲揚州刺史。

《梁書》卷五《元帝紀》　冬十月乙未，前梁州刺史蕭循自魏至于江陵，以循爲平北將軍，開府儀同三司。

戊申，執湘州刺史王琳於殿內，琳副將殷晏下獄死。

辛酉，以子方略爲湘州刺史。

庚戌，琳長史陸納及其將潘烏累等舉兵反，襲陷湘州。

是月，四方征鎮王公卿士復勸世祖即尊號，猶謙讓未許。表三上，乃從之。

十一月丙子，世祖即皇帝位於江陵。詔曰：「夫樹之以君，司牧黔首。帝堯之心，豈貴黄屋，誠弗獲已而臨莅之。朕皇祖太祖文皇帝積德岐、梁，化行江、漢，道映在田，具瞻斯屬。皇考高祖武皇帝明並日月，功格區宇，應天從民，惟睿作聖。太宗簡文皇帝地侔啓、誦，方符文、景。羯寇憑陵，時難孔棘。朕大拯横流，克復宗社。羣公卿士、百辟庶僚，咸以皇靈眷命，歸運斯及，天命不可以久淹，宸極不可以久曠，粤若前載，憲章令範，畏天之威，算隆寶曆，用集神器于予一人。昔虞、夏、商、周，年無嘉號，漢、魏、晉、宋，因循以久。朕雖云撥亂，且非創業，思得上繫宗祧，下惠億兆。可改太清六年爲承聖元年。逋租宿責，並許弘貸；孝子義孫，可悉賜爵；長徒鏁士，特加原宥；禁錮奪勞，一皆曠蕩。」是日世祖不升正殿，公卿陪列而已。

丁丑，以平北將軍、開府儀同三司蕭循爲驃騎將軍、湘州刺史，餘如故。

己卯，立王太子方矩爲皇太子，改名元良。立皇子方智爲晉安郡王，方略爲始安郡王。追尊所生妣阮修容爲文宣太后。

是月，陸納遣將潘烏累等攻破衡州刺史丁道貴於渌口，道貴走零陵。

十二月壬子，陸納分兵襲巴陵，湘州刺史蕭循擊破之。

是月，營州刺史李洪雅自零陵率衆出空靈灘，將下討納，納遣將吴藏等襲破洪雅，洪雅退守空靈城。

承聖二年、北齊天保四年、西魏廢帝二年（癸酉、五五三）

《資治通鑑》卷一六五　春正月，王僧辯發建康，承制使陳霸先代鎮揚州。

《梁書》卷五《元帝紀》　戊寅，以吏部尚書王褒爲尚書右僕射，劉瑴爲吏部尚書。西魏遣大將尉遲迥襲益州。

《資治通鑑》卷一六五　二月，庚子，李洪雅力屈，以空雲城降陸納。納囚洪雅，殺丁道貴。

甲辰，推洪雅爲主，號大將軍，使乘平肩輿，列鼓吹，納帥衆數千，左右翼從。

《北齊書》卷四《文宣帝紀》　送茹茹主鐵伐父登注及子庫提還北。鐵伐尋爲契丹所殺，國人復立登注爲主，仍爲其大人阿富提等所殺，國人復立庫提爲主。

《梁書》卷五《元帝紀》　三月庚午，詔曰：「食乃民天，農爲治本，垂之千載，貽諸百王，莫不敬授民時，躬耕帝籍。是以稼穡爲寶，周頌嘉其樂章；禾麥不成，魯史書其方册。秦人有農力之科，漢氏開屯田之利。頃歲屯否，多難薦臻，干戈不戢，我則未暇。廣田之令，無聞於郡國；載師之職，有陋於官方。今元惡殄殲，海内方一，其大庇黔首，庶拯横流。一廛曠務，勞心日仄；一夫廢業，舄鹵無遺。國富刑清，家給民足。其力田之身，在所蠲免。外即宣勒，稱朕意焉。」

丙子，賊將吴藏等帥兵據車輪。

庚寅，有兩龍見湘州西江。

《周書》卷二《文帝紀下》　太祖遣大將軍、魏安公尉遲迥率衆伐梁武陵王蕭紀於蜀。

《梁書》卷五《元帝紀》　夏四月丙申，僧辯軍次車輪。

五月甲子，衆軍攻賊，大破之。

乙丑，僧辯軍至長沙。

甲戌，尉遲迥進逼巴西，潼州刺史楊乾運以城降，納迥。

己丑，蕭紀軍至西陵。

《資治通鑑》卷一六五　庚辰，巴州刺史余孝頃將兵萬人會王僧辯於長沙。

《梁書》卷五《元帝紀》　六月乙卯，湘州平。

是月，尉遲迥圍益州。

秋七月辛未，巴人苻昇、徐子初斬賊城主公孫晃，舉城來降。紀衆大潰，遇兵死。

乙未，王僧辯班師江陵，詔諸軍各還所鎮。

《資治通鑑》卷一六五　尉遲迥圍成都五旬，永豐侯撝屢出戰，皆敗，乃請降。諸將欲不許，迥曰：「降之則將士全，遠人悦；攻之則將士傷，遠人懼。」遂受之。

八月，戊戌，撝與宜都王圓肅帥文武詣軍門降，迥以禮接之，與盟於益州城北。吏民皆復其業，唯收奴婢及儲積以賞將士，軍無私焉。魏以撝及圓肅並爲開府儀同三司，以迥爲大都督益潼等十二州諸軍事、益州刺史。

《梁書》卷五《元帝紀》　庚子，詔曰：「夫爰始居亳，不廢先王之都；受命于周，無改舊邦之頌。頃戎旃既息，關柝無警。去魯興歎，有感宵分，過沛殞涕，實勞夕寐。仍以瀟、湘作亂，庸、蜀阻兵，命將授律，指期克定。今八表乂清，四郊無壘，宜從青蓋之典，言歸白水之鄉。江、湘委輸，方船連舳，巴峽舟艦，精甲百萬，先次建鄴，行實京師；然後六軍遄征，九旂揚旆，拜謁私陵，修復宗社。主者詳依舊典，以時宣勒。」

《資治通鑑》卷一六五　以湘州刺史王琳爲衡州刺史。

九月，庚午，詔王僧辯還鎮建康，陳霸先復還京口。

《梁書》卷五《元帝紀》　丙子，以護軍將軍陸法和爲郢州刺史。

乙酉，以晉安王方智爲江州刺史。

是月，魏遣郭元建治舟師於合肥，又遣大將邢杲遠、步大汗薩、東方老率衆會之。

《資治通鑑》卷一六五　陳霸先在建康聞之，白上；上詔王僧辯鎮姑孰以禦之。

《梁書》卷五《元帝紀》　冬十一月辛酉，僧辯次于姑孰，即留鎮焉。遣豫洲刺史侯瑱據東關壘，徵吴興太守裴之横帥衆繼之。

戊戌，以尚書右僕射王褒爲尚書左僕射，湘東太守張綰爲尚書右僕射。

《資治通鑑》卷一六五　丙寅，上使侍中王琛使於魏。

《北齊書》卷四《文宣帝紀》　十二月己未，突厥復攻茹茹，茹茹舉國南奔。

癸亥，帝自晉陽北討突厥，迎納茹茹。乃廢其主庫提，立阿那瓌子菴羅辰爲主，置之馬邑川，給其禀餼繒帛。親追突厥於朔州，突厥請降，許之而還。於是貢獻相繼。

《梁書》卷五《元帝紀》　宿預土民東方光據城歸化，魏江西州郡皆起兵應之。

承聖三年、北齊天保五年、西魏恭帝元年（甲戌、五五四）

《梁書》卷五《元帝紀》　春正月甲午，加南豫州刺史侯瑱征北將軍、開府儀同三司。陳霸先帥衆攻廣陵城。秦州刺史嚴超達自秦郡圍涇州，侯瑱、張彪出石梁，爲其聲援。

辛丑，陳霸先遣晉陵太守杜僧明率衆助東方光。

《周書》卷二《文帝紀下》　正月，始作九命之典，以敘内外官爵。以第一品爲九命，第九品爲一命。改流外品爲九秩，亦以九爲上。又改置州郡及縣：改東雍爲華州，北雍爲宜州，南雍爲蔡州，華州爲同州，北華爲鄜州，東秦爲隴州，南秦爲成州，北秦爲交州，東荆爲淮州，南荆爲昌州，東夏爲延州，南夏爲長州，東梁爲金州，南梁爲隆州，北梁爲静州，陽都爲汾州，南汾爲勳州，汾州爲丹州，南豳爲寧州，南岐爲鳳州，南洛爲上州，南廣爲淯州，南襄爲湖州，西凉爲甘州，西郢爲鴻州，西益爲利州，東巴爲集州，北應爲輔州，恒州爲均州，沙州爲深州，寧州爲麓州，義州爲巖州，新州爲温州，江州爲沔州，西安爲鹽州，安州爲始州，并州爲隨州，肆州爲塘州，冀州爲順州，淮州爲純州，揚州爲潁州，司州爲憲州，南平爲昇州，南郢爲歸州，青州爲眉州。凡改州四十六，置州一，改郡一百六，改縣二百三十。

自元烈誅，魏帝有怨言。魏淮安王育、廣平王贊等垂泣諫之，帝不聽。

於是太祖與公卿定議，廢帝，尊立齊王廓，是爲恭帝。

《梁書》卷五《元帝紀》　三月甲辰，以司徒王僧辯爲太尉、車騎大將軍。

丁未，魏遣將王球率衆七百攻宿預，杜僧明逆擊，大破之。

戊申，以護軍將軍、郢州刺史陸法和爲司徒。

《資治通鑑》卷一六五　己酉，魏侍中宇文仁恕來聘。會齊使者亦至江陵，帝接仁恕不及齊使，仁恕歸，以告太師泰。帝又請據舊圖定疆境，辭頗不遜，泰曰：「古人有言，『天之所棄，誰能興之』，其蕭繹之謂乎！」荆州刺史長孫儉屢陳攻取之策，泰徵儉入朝，問以經略，復命還鎮，密爲之備。

夏，四月，丙寅，上使散騎常侍庾信等聘於魏。

庚戌，魏太師泰酖殺廢帝。

《梁書》卷五《元帝紀》　癸酉，以征北大將軍、開府儀同三司陳霸先爲司空。

《資治通鑑》卷一六五　柔然乙旃達官寇魏廣武，柱國李弼遣擊，破之。

廣州刺史曲江侯勃，自以非上所授，內不自安，上亦疑之。勃啓求入朝。

五月，乙巳，上以王琳爲廣州刺史，勃爲晉州刺史。上以琳部衆强盛，又得衆心，故欲遠之。魏直州人樂熾、洋州人黄國等作亂，開府儀同三司高平田弘、河南賀若敦討之，不克。太師泰命車騎大將軍李遷哲與敦共討熾等，平之。仍與敦南出，徇地至巴州，巴州刺史牟安民降之，巴、濮之民皆附于魏。蠻酋向五子王陷白帝，遷哲擊之，五子王遁去，遷哲追擊，破之。泰以遷哲爲信州刺史，鎮白帝。

《梁書》卷五《元帝紀》　六月壬午，魏復遣將步大汗薩率衆救涇州。

《資治通鑑》卷一六五　齊步大汗薩將兵四萬趣涇州，王僧辯使侯瑱、張彪自石梁引兵助嚴超達拒之，瑱、彪遲留不進。將軍尹令思將萬餘人謀襲盱眙。齊冀州刺史段韶將兵討東方白額於宿預，廣陵、涇州皆來告急，諸將患之。韶曰：「梁氏喪亂，國無定主，人懷去就，强者從之。霸先等外託同德，內有離心，諸君不足憂，吾揣之熟矣！」乃留儀同三司敬顯攜等圍宿預，自引兵倍道趣涇州，塗出盱眙。令思不意齊師猝至，望風退走。韶進擊超達，破之，回趣廣陵，陳霸先解圍走。杜僧明還丹徒，侯瑱、張彪還秦郡。

《梁書》卷五《元帝紀》　癸未，有黑氣如龍，見于殿內。

秋七月甲辰，以都官尚書宗懍爲吏部尚書。

《北齊書》卷四《文宣帝紀》　八月丁巳，突厥遣使朝貢。

庚子，以司州牧、清河王岳爲太保，司空尉粲爲司徒，太子太師侯莫陳相爲司空，尚書令、平陽王淹録尚書事，常山王演爲尚書令，中書令、上黨王涣爲尚書左僕射。

乙亥，儀同三司元旭以罪賜死。

丁丑，帝幸晉陽。

己卯，開府儀同三司、録尚書事、平原五高隆之薨。

是月，詔常山王演、上黨王涣、清河王岳、平原王段韶等率衆於洛陽西南築伐惡城、新城、嚴城、河南城。

《梁書》卷五《元帝紀》　九月辛卯，世祖於龍光殿述《老子》義，尚書左僕射王褒爲執經。

乙巳，魏遣其柱國萬紐于謹率大衆來寇。

冬十月丙寅，魏軍至于襄陽，蕭詧率衆會之。

丁卯，停講，內外戒嚴，輿駕出行都柵。

是日，大風拔木。

《資治通鑑》卷一六五　庚午，復講，百官戎服以聽。

辛未，帝使主書李膺至建康，徵王僧辯爲大都督、荆州刺史，命陳霸先徙鎮揚州。僧辯遣豫州刺史侯瑱帥程靈洗等爲前軍，兖州刺史杜僧明帥吴明徹等爲後事。

甲戌，帝夜登鳳皇閣，徙倚歎息曰：「客星入翼、軫，今必敗矣！」嬪御皆泣。

《梁書》卷五《元帝紀》　十一月，以領軍胡僧祐都督城東城北諸軍事，右僕射張綰爲副；左僕射王褒都督城西城南諸軍事，直殿省元景亮爲副。王公卿士各有守備。

《資治通鑑》卷一六五　癸未，魏軍濟漢，于謹令宇文護、楊忠帥精騎先據江津，斷東路。

甲申，護克武寧，執宗均。

《梁書》卷五《元帝紀》 丙戌，世祖遍行都柵，皇太子巡行城樓，使居民助運水石，諸要害所，並增兵備。

丁亥，魏軍至柵下。

丙申，徵廣州刺史王琳入援。

丁酉，大風，城内火。以胡僧祐爲開府儀同三司，巂州刺史裴畿爲領軍將軍。

庚子，信州刺史徐世譜、晉安王司馬任約軍次馬頭岸。

戊申，胡僧祐、朱買臣等率兵出戰，買臣敗績。

己酉，降左僕射王褒爲護軍將軍。

《資治通鑑》卷一六五 己酉，帝移居天居寺。

癸丑，移居長沙寺。

《梁書》卷五《元帝紀》 辛亥，魏軍大攻，世祖出枇杷門，親臨陣督戰。胡僧祐中流矢薨。六軍敗績。反者斬西門關以納魏師，城陷于西魏。世祖見執，如蕭詧營，又遷還城内。

十二月丙辰，徐世譜、任約退戍巴陵。

辛未，西魏害世祖，遂崩焉，時年四十七。太子元良、始安王方略皆見害。乃選百姓男女數萬口，分爲奴婢驅入長安；小弱者皆殺之。

梁敬帝部（起公元五五五年，迄公元五五七年）

《讀史津逮》卷三《南梁》　敬皇帝名方智，字慧相，小字法真，元帝第九子，母夏太后。初封晉安郡王。承聖三年，魏克江陵，王僧辯與陳霸先奉爲梁王承制，迎至建康。乙亥夏四月，僧辨又納貞陽侯明入建康即帝位，改元天成。霸先襲殺僧辯，出明而奉之。九月即位，改元紹泰、太平。在位三年，丁丑冬十月，霸先篡位，封爲江陰王，尋弑之，年十六，謚敬皇帝。夏皇后。

紹泰元年、北齊天保六年、西魏恭帝二年（乙亥、五五五）

《資治通鑑》卷一六六　二月，癸丑，晉安王至自尋陽，入居朝堂，即梁王位，時年十三。以太尉王僧辯爲中書監、録尚書、驃騎大將軍、都督中外諸軍事，加陳霸先征西大將軍，以南豫州刺史侯瑱爲江州刺史，湘州刺史蕭循爲太尉，廣州刺史蕭勃爲司徒，鎮東將軍張彪爲郢州刺史。

《北齊書》卷四《文宣帝紀》　甲子，以陸法和爲使持節、都督荆雍江巴梁益湘萬交廣十州諸軍事、太尉公、大都督、西南道大行臺，梁鎮北將軍、侍中、荆州刺史宋莅爲使持節、驃騎大將軍、郢州刺史。

甲戌，上黨王渙剋譙郡。

《資治通鑑》卷一六六　三月，貞陽侯淵明至東關，散騎常侍裴之横禦之。齊軍司尉瑾、儀同三司蕭軌南侵皖城，晉州刺史蕭惠以州降之。

丙戌，齊克東關，斬裴之横，俘數千人；王僧辯大懼，出屯姑孰，謀納淵明。

魏太師泰遣王克、沈炯等還江南。泰得庾季才，厚遇之，令參掌太史。免梁俘爲奴婢者數千口。

五月庚辰，侯平等擒莫勇、魏永壽。江陵之陷也，永嘉王莊生七年矣，尼法慕匿之，王琳迎莊，送之建康。

王僧辯遣使奉啟於貞陽侯淵明，定君臣之禮，又遣別使奉表於齊，以子顯及顯母劉氏、弟子世珍爲質於淵明，遣左民尚書周弘正至歷陽奉迎，因求以晉安王爲皇太子；淵明許之。

庚子，遣龍舟法駕迎之。淵明與齊上黨王渙盟於江北，辛丑，自采石濟江。於是梁輿南渡，齊師北返。

癸卯，淵明入建康，望朱雀門而哭，逆者以哭對。

丙午，即皇帝位，改元天成，以晉安王爲皇太子，王僧辯爲大司馬，陳霸先爲侍中。

六月，庚戌朔，齊發民一百八十萬築長城，自幽州夏口西至恒州九百餘里，命定州刺史趙郡王叡將兵監之。

齊慕容儼始入郢州而侯瑱等奄至城下，儼隨方備禦，瑱等不能克；乘間出擊瑱等軍，大破之。城中食盡，煮草木根葉及靴皮帶角食之，與士卒分甘共苦，堅守半歲，人無異志。貞陽侯淵明立，乃命瑱等解圍，瑱還鎮豫章。齊人以城在江外難守，因割以還梁。儼歸，望齊主，悲不自勝。齊主呼前，執其手，脱帽看髮，嘆息久之。

壬子，齊主以梁國稱藩，詔凡梁民悉遣南還。

《北齊書》卷四《文宣帝紀》　秋七月己卯，帝頓白道，留輜重，親率輕騎五千追茹茹。

壬午，及於懷朔鎮。帝躬當矢石，頻大破之，遂至沃野，獲其俟利藹焉力婁阿帝、吐頭發郁久閭狀延等，並口二萬餘，牛羊數十萬頭。茹茹俟利郁久閭李家提率部人數百降。

壬辰，帝還晉陽。

《資治通鑑》卷一六六　八月辛巳，王琳自蒸城還長沙。

齊主還鄴，以佛、道二教不同，欲去其一，集二家論難於前，遂敕道士皆剃髮爲沙門；有不從者，殺四人，乃奉命。於是齊境皆無道士。

《梁書》卷六《敬帝紀》　九月甲辰，司空陳霸先舉義，襲殺王僧辯，黜蕭淵明。

《資治通鑑》卷一六六　丙午，貞陽侯淵明遜位，出就邸，百僚上晉安王表，勸進。

冬，十月，己酉，晉安王即皇帝位，大赦，改元，中外文武賜位一等。以貞陽侯淵明爲司徒，封建安公。告齊云：「僧辯陰圖篡逆，故誅之。」仍請稱臣於齊，永爲藩國。齊遣行臺司馬恭與梁人盟于歷陽。

《梁書》卷六《敬帝紀》 壬子，以司空陳霸先爲尚書令、都督中外諸軍事、車騎將軍、揚南徐二州刺史，司空如故。震州刺史杜龕舉兵，攻信武將軍陳蒨於長城，義興太守韋載據郡以應之。

癸丑，進太尉蕭循爲太保，新除司徒建安公淵明爲太傅，司徒蕭勃爲太尉。以鎮南將軍王琳爲車騎將軍、開府儀同三司。

戊午，尊所生夏貴妃爲皇太后。立妃王氏爲皇后。鎮東將軍、揚州刺史張彪進號征東大將軍。鎮北將軍、譙秦二州刺史徐嗣徽進號征北大將軍。征南將軍、南豫州刺史任約進號征南大將軍。

辛未，詔司空陳霸先東討韋載。

丙子，任約、徐嗣徽舉兵反，乘京師無備，竊據石頭。

丁丑，韋載降，義興平。遣晉陵太守周文育率軍援長城。

《資治通鑑》卷一六六 十一月，己卯，齊遣兵五千渡江據姑孰，以應徐嗣徽、任約。陳霸先使合州刺史徐度立栅於冶城。

《梁書》卷六《敬帝紀》 庚辰，齊安州刺史翟子崇、楚州刺史劉仕榮、淮州刺史柳達摩率衆赴任約，入于石頭。

庚寅，司空陳霸先旋于京師。

十二月庚戌，徐嗣徽、任約又相率至采石，迎齊援。

丙辰，遣猛烈將軍侯安都水軍於江寧邀之，賊衆大潰，嗣徽、約等奔于江西。

庚申，翟子崇等請降，並放還北。

《資治通鑑》卷一六六 魏以侍中李遠爲尚書左僕射。

魏益州刺史宇文貴使譙淹從子子嗣誘説淹，以爲大將軍，淹不從，斬子嗣。貴怒，攻之，淹自東遂寧徙屯墊江。

是歲，魏宇文泰諷淮安王育上表請如古制降爵爲公，於是宗室諸王皆降爲公。

太平元年、北齊天保七年、西魏恭帝三年（丙子、五五六）

《資治通鑑》卷一六六 春，正月，丁丑，魏初建六官，以宇文泰爲太師、大冢宰，柱國李弼爲太傅、大司徒，趙貴爲太保、大宗伯，獨孤信爲大司馬，于謹爲大司寇，侯莫陳崇爲大司空。自餘百官，皆仿周禮。

《梁書》卷六《敬帝紀》 戊寅，大赦天下，其與任約、徐嗣徽協契同謀，一無所問。追贈簡文皇帝諸子。以故永安侯確子後襲封邵陵王，奉攜王後。

癸未，鎮東將軍、震州刺史杜龕降，詔賜死，曲赦吳興郡。

己亥，以太保、宜豐侯蕭循襲封鄱陽王。東揚州刺史張彪圍臨海太守王懷振於剡巖。

二月庚戌，遣周文育、陳蒨襲會稽，討彪。

癸丑，彪長史謝岐、司馬沈泰、軍主吳寶真等舉城降，彪敗走。以中衞將軍臨川王大款即本號開府儀同三司，中護軍桂陽王大成爲護軍將軍。

丙辰，若耶村人斬張彪，傳首京師，曲赦東揚州。

己未，罷震州，還復吳興郡。

癸亥，賊徐嗣徽、任約襲采石戍，執戍主明州刺史張懷鈞，入于齊。

甲子，以東土經杜龕、張彪抄暴，遣大使巡省。

三月丙子，罷東揚州，還復會稽郡。

壬午，班下遠近並雜用古今錢。

戊戌，齊遣大將蕭軌出栅口，向梁山，司空陳霸先軍主黃菆逆擊，大破之。軌退保蕪湖。遣周文育、侯安都衆軍，據梁山拒之。

夏四月丁巳，司空陳霸先表詣梁山撫巡將帥。

壬申，侯安都輕兵襲齊行臺司馬恭於歷陽，大破之，俘獲萬計。

五月癸未，太傅建安公淵明薨。

庚寅，齊軍水步入丹陽縣。

丙申，至秣陵故治。敕周文育還頓方丘，徐度頓馬牧，杜稜頓大桁。

癸卯，齊軍進據兒塘，輿駕出頓趙建故籬門，內外纂嚴。

六月甲辰，齊潛軍至蔣山龍尾，斜趨莫府山北，至玄武湖西北。

乙卯，司空陳霸先授衆軍節度，與齊軍交戰，大破之，斬齊北兖州刺史杜方慶及徐嗣徽、弟嗣宗，生擒徐嗣彦、蕭軌、東方老、王敬寶、李希光、裴英起、劉歸義等，皆誅之。

戊午，大赦天下，軍士身殞戰場，悉遣斂祭，其無家屬，即爲瘗埋。

《資治通鑑》卷一六六　己未，解嚴。軍士以賞俘貿酒，一人裁得一醉。

庚申，斬齊將蕭軌等，齊人聞之，亦殺陳曇朗。霸先啟解南徐州以授侯安都。

《梁書》卷六《敬帝紀》　秋七月丙子，車騎將軍、司空陳霸先進位司徒，加中書監，餘如故。

丁亥，以開府儀同三司侯瑱爲司空。

《資治通鑑》卷一六六　魏太師泰遣安州長史鉗耳康買使于王琳，琳遣長史席豁報之，且請歸世祖及湣懷太子之柩；泰許之。

《梁書》卷六《敬帝紀》　八月己酉，太保鄱陽王循薨。

《資治通鑑》卷一六六　魏以王琳爲大將軍，長沙郡公。

《梁書》卷六《敬帝紀》　九月壬寅，改元大赦，孝悌力田賜爵一級，殊才異行所在奏聞，饑難流移勒歸本土。進新除司徒陳霸先爲丞相、録尚書事、鎮衛大將軍、揚州牧，封義興郡公。中權將軍王沖即本號開府儀同三司。吏部尚書王通爲尚書右僕射。

《資治通鑑》卷一六六　突厥木杆可汗假道于凉州以襲吐谷渾，魏太師泰使凉州刺史史寧帥騎隨之，至番禾，吐谷渾覺之，奔南山。

甲子，王琳以舟師襲江夏。

冬，十月，壬申，豐城侯泰以州降之。

魏安定文公宇文泰還至牽屯山而病，驛召中山公護。護至涇州，見泰，泰謂護曰：「吾諸子皆幼，外寇方强，天下之事，屬之於汝，宜努力以成吾志。」

乙亥，卒于雲陽。護還長安，發喪。

丙子，世子覺嗣位，爲太師、柱國、大冢宰，出鎮同州。

《梁書》卷六《敬帝紀》　丁巳，以郢州刺史徐度爲領軍將軍。

《資治通鑑》卷一六六　十一月，辛丑，豐城侯泰奔齊，齊以爲永州刺史。

《梁書》卷六《敬帝紀》　乙卯，起雲龍、神虎門。

十二月壬申，進太尉、鎮南將軍蕭勃爲太保、驃騎將軍。以新除左衛將軍歐陽頠爲安南將軍、衡州刺史。

壬午，平南將軍劉法瑜進號安南將軍。

《資治通鑑》卷一六六　甲申，魏葬安定文公。

丁亥，以岐陽之地封世子覺爲周公。

《梁書》卷六《敬帝紀》　甲午，以前壽昌令劉叡爲汝陰王，前鎮西法曹、行參軍蕭統爲巴陵王，奉宋、齊二代後。

太平二年、北齊天保八年、北周閔帝元年（丁丑、五五七）

《周書》卷三《孝閔帝紀》　春正月，辛丑，即天王位。柴燎告天，朝百官於路門。追尊皇考文公爲文王，皇妣爲文后。大赦天下。封魏帝爲宋公。是日，槐里獻赤雀四。百官奏議云：「帝王之興，罔弗更正朔，明受之於天，革民視聽也。逮於尼父，稽諸陰陽，云行夏之時，後王所不易。今魏曆告終，周室受命，以木承水，實當行録，正用夏時，式遵聖道。惟文王誕玄氣之祥，有黑水之讖，服色宜烏。」制曰可。以大司徒、趙郡公李弼爲太師，大宗伯、南陽公趙貴爲太傅、大冢宰，大司馬、河内公獨孤信爲太保、大宗伯，柱國、中山公護爲大司馬。以大將軍寧都公毓、高陽公達奚武、武陽公豆盧寧、小司寇陽平公李遠、小司馬博陵公賀蘭祥、小宗伯魏安公尉遲迥等並柱國。

《梁書》卷六《敬帝紀》　壬寅，詔曰：「夫子降靈體喆，經仁緯義，允光素王，載闡玄功，仰之者彌高，誨之者不倦。立忠立孝，德被蒸民，制禮作樂，道冠羣后。雖泰山頹峻，一老不遺，而泗水餘瀾，千載猶在。自皇圖屯阻，祀薦不修，奉聖之門，胤嗣殲滅，敬神之寢，簠簋寂寥。永言聲烈，實兼欽愴。外可搜舉魯國之族，以爲奉聖後；並繕廟堂，供備祀典，四時薦秩，一皆遵舊。」

是日，又詔「諸州各置中正，依舊訪舉。不得輒承單狀序官，皆須中正押上，然後量授。詳依品制，務使精實。其荆、雍、青、兖雖暫爲隔閡，衣冠多寓淮海，猶宜不廢司存。會計罷州，尚爲大郡，人士殷曠，可別置邑居。至如分割郡縣，新號州牧，並係本邑，不勞兼置。其選中正，每求耆德該悉，以他官領之」。以車騎將軍、開府儀同三司王琳爲司空、驃騎大將軍。分尋陽、太原、齊昌、高唐、新蔡五郡，置西江州，即於尋陽仍充州鎮。又詔「宗室在朝開國承家者，今猶稱世子，可悉聽襲本爵」。以尚書右僕射王通爲尚書左僕射。

丁巳，鎮西將軍、益州刺史長沙王韶進號征南將軍。

二月庚午，領軍將軍徐度入東關。太保、廣州刺史蕭勃舉兵反，遣僞帥歐陽頠、傅泰、勃從子孜爲前軍，南江州刺史余孝頃以兵會之。詔平西將軍周文育、平南將軍侯安都等率衆軍南討。

《周書》卷三《孝閔帝紀》 丁亥，楚國公趙貴謀反，伏誅。詔曰：「朕文考昔與羣公洎列將衆官，同心戮力，共治天下。自始及終，二十三載，迭相匡弼，上下無怨。是以羣公等用升余於大位。朕雖不德，豈不識此。是以朕於羣公，同姓者如弟兄，異姓者如甥舅。冀此一心，平定宇內，各令子孫，享祀百世。而朕不明，不能輯睦，致使楚公貴不悦于朕，與万俟幾通、叱奴興、王龍仁、長孫僧衍等陰相假署，圖危社稷。事不克行，爲開府宇文盛等所告。及其推究，咸伏厥辜。興言及此，心焉如痗。但法者天下之法，朕既爲天下守法，安敢以私情廢之。《書》曰『善善及後世，惡惡止其身』，其貴、通、興、龍仁罪止一家，僧衍止一房，餘皆不問。惟爾文武，咸知時事。」

太保獨孤信有罪免。

《梁書》卷六《敬帝紀》 戊子，徐度至合肥，燒齊船三千艘。

癸巳，周文育軍於巴山生獲歐陽頠。

《周書》卷三《孝閔帝紀》 甲午，以大司空、梁國公侯莫陳崇爲太保，大司馬、晉國公護爲大冢宰，柱國、博陵公賀蘭祥爲大司馬，高陽公達奚武爲大司寇，大將軍、化政公宇文貴爲柱國。

己亥，秦州、涇洲各獻木連理。歲星守少微，經六十日。

《梁書》卷六《敬帝紀》 三月庚子，文育前軍丁法洪於蹠口生俘傅泰。蕭孜、余孝頃軍退走。

甲辰，以新除司空王琳爲湘、郢二州刺史。

甲寅，德州刺史陳法武、前衡州刺史譚世遠於始興攻殺蕭勃。

夏四月癸酉，曲赦江、廣、衡三州；並督內爲賊所拘逼者，並皆不問。

己卯，鑄四柱錢，一准二十。齊遣使請和。

《北齊書》卷四《文宣帝紀》 乙酉，詔公私鷹鷂俱亦禁絶。以太師、咸陽王斛律金爲右丞相，前大將軍、扶風王可朱渾道元爲太傅，開府儀同三司賀拔仁爲太保，尚書令、常山王演爲司空、録尚書事，長廣王湛爲尚書令，尚書右僕射楊愔爲尚書左僕射，以并省尚書右僕射崔暹爲尚書右僕射，上黨王涣録尚書事。是月，帝在城東馬射，勑京師婦女悉赴觀，不赴者罪以軍法，七日乃止。

《梁書》卷六《敬帝紀》 壬辰，改四柱錢一准十。

丙申，復閉細錢。蕭勃故主帥前直閤蘭敳襲殺譚世遠，敳仍爲亡命夏侯明徹所殺。勃故記室李寶藏奉懷安侯蕭任據廣州作亂。

戊戌，侯安都進軍，余孝頃棄軍走，蕭孜請降，豫章平。

五月乙巳，平西將軍周文育進號鎮南將軍，侯安都進號鎮北將軍，並以本號開府儀同三司。

丙午，以鎮軍將軍徐度爲南豫州刺史。

戊辰，余孝頃遣使詣丞相府乞降。

秋八月甲午，加丞相陳霸先黄鉞，領太傅，劍履上殿，入朝不趨，贊拜不名，給羽葆、鼓吹。

九月辛丑，崇丞相爲相國，總百揆，封十郡爲陳公，備九錫之禮，加爾紱遠遊冠，位在王公上。加相國緑綟綬。置陳國百司。

《周書》卷三《孝閔帝紀》 庚申，詔曰：「朕聞君臨天下者，非由一人，時乃上下同心所致。今文武之官及諸軍人不霑爵封者，宜各授兩大階。」改太守爲郡守。

帝性剛果，見晉公護執政，深忌之。司會李植、軍司馬孫恒以先朝佐命，入侍左右，亦疾護之專，乃與宫伯乙弗鳳、賀拔提等潛謀，請帝誅護。帝然之。又引宫伯張光洛同謀。光洛密自護，護乃出植爲梁州刺史，恒爲潼州刺史。鳳等遂不自安，更奏帝，將召羣公入，因此誅護。光洛又白之。時小司馬尉遲綱總統宿衛兵，護乃召綱共謀廢立。令綱入殿中，詐呼鳳等論事。既至，以次執送護第，並誅之。綱仍罷散禁兵，帝方悟，無左右，獨在內殿，令宫人持兵自守。護又遣大司馬賀蘭祥逼帝遜位。

《梁書》卷六《敬帝紀》 冬十月戊辰，進陳公爵爲王，增封十郡，並前爲二十郡。命陳王冕十有二旒，建天子旌旂，出警入蹕，乘金根車，駕六馬，備五時副車，置旄頭雲罕，樂儛八佾，設鍾虡宫縣。王后王子女爵命之典，一依舊儀。

《陳書》卷一《高祖紀上》 辛未，梁帝禪位于陳，詔曰：

「五運更始，三正迭代，司牧黎庶，是屬聖賢，用能經緯乾坤，彌綸區宇，大庇黔首，闡揚鴻烈。革晦以明，積代同軌，百王踵武，咸由此則。梁德湮微，禍亂薦發，太清云始，見困長蛇，承聖之年，又罹封豕。爰至天成，重竊神器，三光亟改，七廟乏祀，含生已泯，鼎命斯墜，我皇之祚，眇若綴旒，靜惟《屯》《剥》，夕惕載懷。

「相國陳王，有命自天，降神惟嶽，天地合德，晷曜齊明。拯社稷之横流，提億兆之塗炭。東誅逆叛，北殲獯醜，威加四海，仁漸萬國。復張崩樂，重紀絶禮，儒館聿修，戎亭虚候。雖大功在舜，盛績惟禹，巍巍蕩蕩，無得而稱。來獻白環，豈直皇虞之世；入貢素雉，非止隆周之日。固效珍川陸，表瑞煙雲，玉露醴泉，旦夕凝涌，嘉禾瑞草，孳植郊甸。道昭於悠代，勳格於皇穹。明明上天，光華日月，革故著於玄象，代德彰於讖圖，獄訟有歸，謳謌爰適，天之曆數，寔有攸在。朕雖庸藐，闇於古昔，永稽崇替，爲日已久，敢忘列代之遺典，人祇之至願乎。今便遜位别宫，敬禪于陳，一依唐、虞、宋、齊故事。」

陳王踐阼，奉帝爲江陰王，薨于外邸，時年十六，追謚敬皇帝。

陳武帝部（起公元五五七年，迄公元五五九年）

《讀史津逮》卷三《南陳》 高祖武皇帝，姓陳名霸先，字興國，小字法生。吳興長城人，漢太丘長寔之後。寔六世生長城令達，遂家焉。又十五世生皇考文讚。霸先少俶儻有大志，長於謀略。及長，涉獵史籍，好讀兵書，通緯候孤虛遁甲之術，明達果敢，爲時推服。嘗游義興，舘於許氏，夢天開數丈，有四朱衣捧日而至，納之霸先口，及覺，腹内猶熱，心獨自喜。初爲廣州參軍，討李賁有功，授直閤將軍，後爲交州刺史。討侯景，進爵長城公。魏陷江陵，立敬帝，自爲相國，封陳公，進爵爲王。太平二年丁丑冬十月，代梁稱皇帝，改元永定。承梁火德，以土德王，國號陳，都建康，追尊父爲太祖景皇帝，母董氏爲安皇后。在位三年，壽五十九，葬萬安陵。章皇后。子二：孝懷太子克，先没； 衡陽獻王昌，文帝害之。

永定元年、北齊天保八年、北周孝閔帝元年（丁丑，五五七）

《陳書》卷二《高祖紀下》 冬十月乙亥，高祖即皇帝位于南郊，柴燎告天曰：「皇帝臣霸先，敢用玄牡昭告于皇皇后帝：梁氏以圮剥薦臻，歷運有極，欽若天應，以命于霸先。夫肇有烝民，乃樹司牧，選賢與能，未常厥姓。放勛、重華之世，咸無意於受終，當塗、典午之君，雖有心於揖讓，皆以英才處萬乘，高勳御四海，故能大庇黔首，光宅區縣。有梁末運，仍葉遘屯，獯醜憑陵，久移神器，承聖在外，非能祀夏，天未悔禍，復罹寇逆，嫡嗣廢黜，宗枝僭詐，天地蕩覆，紀綱泯絶。霸先爰初投袂，大拯横流，重舉義兵，實戡多難，廢王立帝，寔有厥功，安國定社，用盡其力。是謂小康，方期大道。既而煙雲表色，日月呈瑞，緯聚東井，龍見譙邦，除舊布新，既彰玄象，遷虞事夏，且協謳訟，九域八荒，同布衷款，百神羣祀，皆有誠願。梁帝高謝萬邦，授以大寶，霸先自惟菲薄，讓德不嗣，至于再三，辭弗獲許。僉以百姓須主，萬機難曠，皇靈眷命，非可謙拒。畏天之威，用膺嘉祚，永言夙志，能無慙德。敬簡元辰，升壇受禪，告類上帝，用答民心，永保于我有陳。惟明靈是饗！」先是氛霧，晝夜晦冥，至于是日，景氣清晏，識者知有天道焉。禮畢，輿駕還宮，臨太極前殿。詔曰：「五德更運，帝王所以御天，三正相因，夏、殷所以宰世，雖色分辭翰，時異文質，揖讓征伐，迄用參差，而育德振民，義歸一揆。朕以寡昧，時屬艱危，國步屢屯，天維三絶，肆勤先后，拯厥横流，藉將帥之功，兼猛士之力，一匡天下，再造黔黎。梁氏以天禄永終，曆數攸在，遵與能之典，集大命于朕躬。顧惟菲德，辭不獲亮，式從天睠，俯協民心，受終文祖，升禋上帝，繼迹百王，君臨萬宇，若涉川水，罔知攸濟。寶業初建，皇祚惟新，思俾惠澤，覃被億兆。可大赦天下，改梁太平二年爲永定元年。賜民爵二級，文武二等。鰥寡孤獨不能自存者人穀五斛。逋租宿債，皆勿復收。其有犯鄉里清議贓汙淫盜者，皆洗除先注，與之更始。長徒敕繫，特皆原之。亡官失爵，禁錮奪勞，一依舊典。」又詔曰：「《禮》陳杞、宋，《詩》詠二客，弗臣之重，歷代斯敦。梁氏欽若人祇，憲章在昔，濟河沈璧，高謝萬邦，茅賦所加，宜遵舊典。其以江陰郡奉梁主爲江陰王，行梁正朔，車旗服色，一依前準，宫館資待，務盡優隆。」又詔梁皇太后爲江陰國太妃，皇后爲江陰國妃。又詔百司依位攝職。

《資治通鑑》卷一六七 丙子，上幸鍾山，祠蔣帝廟。

《陳書》卷二《高祖紀下》 戊寅，輿駕幸華林園，親覽詞訟，臨赦囚徒。己卯，分遣大使宣勞四方，下璽書勑州郡曰：「夫四王革代，商、周所以應天，五勝相推，軒、羲所以當運。梁德不造，喪亂積年，東夏崩騰，西都蕩覆。蕭勃干紀，非唯趙倫，侯景滔天，踰於劉載。貞陽反篡，賊約連兵，江左累屬於鮮卑，金陵久非於梁國。有自氤氲混沌之世，龍圖鳳紀之前，東漢興平之初，西朝永嘉之亂，天下分崩，未有若於梁朝者也。朕以虚薄，屬當興運，自昔登庸，首清諸越，徐門浪泊，靡不征行，浮海乘山，所在戡定。冒愬風塵，驅馳師旅，六延梁祀，十翦彊寇，豈曰人謀，皆由天啓。梁氏以天禄斯改，期運永終，欽若唐、虞，推其鼎玉，朕東西退讓，拜手陳辭，避舜子於箕山之陽，求支伯於滄洲之野，而公卿敦逼，率土翹惶，天命難稽，遂享嘉祚。今月乙亥，升禮太壇，言念遷桐，但有慙德。自梁氏將末，頻月亢陽，火運斯終，秋霖奄降。翌日成禮，圜丘宿設，埃雲晚霽，星象夜張。朝景重輪，泫三危之膏露； 晨光合璧，帶五色之卿雲。顧惟寡薄，彌慙休祉，昧旦丕顯，方思至治。

卿等擁旄方岳，相任股肱，剖符名守，方寄恤隱。王曆惟新，念有欣慶，想深求民瘼，務在廉平，愛惠以撫孤貧，威刑以禦彊猾。若有萑蒲之盜，或犯戎商，山谷之酋，擅彊幽險，皆從肆赦，咸使知聞。如或迷途，俾在無貸。今遣使人具宣往旨，念思善政，副此虚懷。」

庚辰，詔出佛牙於杜姥宅，集四部設無遮大會，高祖親出闕前禮拜。

辛巳，追尊皇考曰景皇帝，廟號太祖；皇妣董太夫人曰安皇后。追謚前夫人錢氏號爲昭皇后，世子克爲孝懷太子。立夫人章氏爲皇后。

癸未，尊景帝陵曰瑞陵，昭皇后陵曰嘉陵，依梁初園陵故事。立删定郎，治定律令。

戊子，遷景皇帝神主祔于太廟。

辛卯，以中權將軍、開府儀同三司、丹陽尹王沖爲左光禄大夫。

癸巳，追贈皇兄梁故散騎常侍、平北將軍、兗州刺史長城縣公道譚驃騎大將軍、太尉，封始興郡王；弟梁故侍中、驃騎將軍、南徐州刺史武康縣侯休先車騎大將軍、司徒，封南康郡王。

是月，西討都督周文育、侯安都於郢州敗績，囚于王琳。

《資治通鑑》卷一六七　十一月，丙申，上立兄子茜爲臨川王，頊爲始興王；弟子曇朗已死而上未知，遥立爲南康王。

《陳書》卷二《高祖紀下》　己亥，甘露降于鍾山松林，彌滿巖谷。

庚子，開善寺沙門採之以獻，敕頒賜羣臣。

丙辰，以鎮西將軍、南豫州刺史徐度爲鎮右將軍、領軍將軍。

庚申，京師大火。

十二月庚辰，皇后謁太廟。

《資治通鑑》卷一六七　是歲，詔給事黄門侍郎蕭乾招諭閩中。時熊曇朗在豫章，周迪在臨川，留異在東陽，陳寶應在晉安，共相連結，閩中豪帥往往立砦以自保。上患之，使乾諭以禍福，豪帥皆帥衆請降，即以乾爲建安太守。

永定二年、北齊天保九年、北周明帝二年（戊寅、五五八）

《資治通鑑》卷一六七　春正月，王琳引兵下，至湓城，屯於白水浦，帶甲十萬。琳以北江州刺史魯悉達爲鎮北將軍，上亦以悉達爲征西將軍，各送鼓吹女樂。悉達兩受之，遷延顧望，皆不就。上遣安西將軍沈泰襲之，不克。琳欲引軍東下，而悉達制其中流，琳遣使説誘，終不從。

己亥，琳遣記室宗虩求援於齊，且請納梁永嘉王莊以主梁祀。衡州刺史周迪欲自據南川，乃總召所部八郡守宰結盟，齊言入赴；上恐其爲變，厚慰撫之。

《陳書》卷二《高祖紀下》　乙未，詔曰：「夫設官分職，因事重輕，羽儀車馬，隨時隆替，晉之五校，鳴笳啓途，漢之九卿，傳呼並迾，虞官夏禮，豈曰同科，殷朴周文，固無恒格。朕膺兹寶曆，代是天工，留念官方，庶允時衷。梁天監中，左右驍騎領朱衣直閤，並給儀從，北徐州刺史昌義之首爲此職。亂離歲久，朝典不存，後生年少，希聞舊則。今去左右驍騎，宜通文武，文官則用腹心，武官則用功臣，所給儀從，同太子二衛率。此外衆官，尚書詳爲條制。」車騎將軍、開府儀同三司侯瑱進位司空，中權將軍、開府儀同三司、新除左光禄大夫王沖爲太子少傅。左衛將軍徐世譜爲護軍將軍，南兗州刺史吴明徹進號安南將軍，衡州刺史歐陽頠進號鎮南將軍。

《周書》卷四《明帝紀》　以大冢宰、晉公護爲太師。

《陳書》卷二《高祖紀下》　辛丑，輿駕親祠南郊。詔曰：「朕受命君臨，初移星琯，孟陬嘉月，備禮泰壇，景候昭華，人祇允慶，思令億兆，咸與惟新。且往代祅氛，于今猶梗，軍機未息，徵賦咸繁，事不獲已，久知下弊，言念黔黎，無忘寢食。夫罪無輕重，已發覺未發覺，在今昧爽以前，皆赦除之。西寇自王琳以下，並許返迷，一無所問。近所募義軍，本擬西寇，並宜解遣，留家附業。晚訂軍資未送者並停，元年軍糧逋餘者原其半。州郡縣軍戍並不得輒遣使民閒，務存優養。若有侵擾，嚴爲法制。」

乙巳，輿駕親祠北郊。

甲辰，振遠將軍、梁州刺史張立表稱去乙亥歲八月，丹徒、蘭陵二縣界遺山側，一旦因濤水涌生，沙漲，周旋千餘頃，並膏腴，堪墾植。

《資治通鑑》卷一六七　辛亥，周王耕藉田。

癸丑，周立王后獨孤氏。

《陳書》卷二《高祖紀下》　戊午，輿駕親祠明堂。

二月壬申，南豫州刺史沈泰奔于齊。

辛卯，詔車騎將軍、司空侯瑱總督水步衆軍以遏齊寇。

三月甲午，詔曰：「罰不及嗣，自古通典，罪疑惟輕，布在方策。沈泰反覆無行，遐邇所知，昔有微功，仍荷朝寄，剖符名郡，推轂累藩，漢口班師，還居方岳，良田有逾於四百，食客不止於三千，富貴顯榮，政當如此。鬼害其盈，天奪之魄，無故猖狂，自投獯醜。雖復知人則哲，惟帝其難，光武有蔽於龐萌，魏武不知於于禁，但令朝廷無我負人。其部曲妻兒各令復業，所在及軍人若有恐脅侵掠者，皆以劫論。若有男女口爲人所藏，並許詣臺申訴。若樂隨臨川王及節將立効者，悉皆聽許。」

《周書》卷四《明帝紀》 齊北豫州刺史司馬消難舉州來附，遣柱國、高陽公達奚武與大將軍楊忠率衆迎之。改雍州刺史爲雍州牧，京兆郡守爲京兆尹。以廣業、修城二郡置康州，葭蘆郡置文州。

《資治通鑑》卷一六七 齊發兵援送梁永嘉王莊於江南，册拜王琳爲梁丞相、都督中外諸軍、録尚書事。琳遣兄子叔寶帥所部十州刺史子弟赴鄴。琳奉莊即皇帝位，改元天啓。追謚建安公淵明曰閔皇帝。莊以琳爲侍中、大將軍、中書監，餘依齊朝之命。

《陳書》卷二《高祖紀下》 乙卯，高祖幸後堂聽訟，還於橋上觀山水，賦詩示羣臣。

《周書》卷四《明帝紀》 庚申，詔曰：「三十六國，九十九姓，自魏氏南徙，皆稱河南之民。今周室既都關中，宜改稱京兆人。」

《陳書》卷二《高祖紀下》 是月，王琳立梁永嘉王蕭莊于郢州。

《資治通鑑》卷一六七 夏四月甲子，上享太廟。

乙丑，上使人害梁敬帝，立梁武林侯諮之子季卿爲江陰王。

己巳，周以太師護爲雍州牧。

甲戌，周王后獨孤氏殂。

辛巳，齊大赦。

五月，癸巳，余孝頃等屯二萬軍於工塘，連八城以逼周迪。迪懼，請和，並送兵糧。樊猛等欲受盟而還；孝頃貪其利，不許，樹栅圍之。

《陳書》卷二《高祖紀下》 乙未，京師地震。

《資治通鑑》卷一六七 癸丑，齊廣陵南城主張顯和、長史張僧那各帥所部來降。

辛丑，齊以尚書令長廣王湛録尚書事，驃騎大將軍平秦王歸彦爲尚書左僕射。

甲辰，以前左僕射楊愔爲尚書令。

《陳書》卷二《高祖紀下》 辛酉，輿駕幸大莊嚴寺捨身。

壬戌，羣臣表請還宫。

《資治通鑑》卷一六七 六月，乙丑，齊主北巡，以太子殷監國，因立大都督府與尚書省分理衆務，仍開府置佐。齊主特崇其選，以趙郡王叡爲侍中、攝大都督府長史。

《陳書》卷二《高祖紀下》 己巳，詔司空侯瑱、領軍將軍徐度率舟師爲前軍，以討王琳。

秋七月戊戌，輿駕幸石頭，親送瑱等。

己亥，江州刺史周迪擒王琳將李孝欽、樊猛、余孝頃于工塘。

甲辰，遣吏部尚書謝哲諭王琳。

甲寅，嘉禾一穗六岐生五城。

初，侯景之平也，火焚太極殿，承聖中議欲營之，獨闕一柱，至是有樟木大十八圍，長四丈五尺，流泊陶家後渚，監軍鄒子度以聞。詔中書令沈衆兼起部尚書，少府卿蔡儔兼將作大匠，起太極殿。

八月丙寅，以廣梁郡爲陳留郡。

辛未，詔臨川王蒨西討，以舟師五萬發自京師，輿駕幸冶城寺親送焉。前開府儀同三司、南豫州刺史周文育，前鎮北將軍、南徐州刺史、新除開府儀同三司侯安都等於王琳所逃歸，自劾廷尉，即日引見，並宥之。

戊寅，詔復文育等本官。

壬午，追封皇子立爲豫章王，謚曰獻；權爲長沙王，謚曰思；長女爲永世公主，謚曰懿。

謝哲反命，王琳請還鎮湘川，詔追衆軍緩其伐。

癸未，西討衆軍至自大雷。

丁亥，以信威將軍、江州刺史周迪爲開府儀同三司，進號平南將軍。改南徐州所領南蘭陵郡復爲東海郡。

《周書》卷四《明帝紀》 九月辛卯，以大將軍楊忠、大將軍王雄並爲柱國。

甲辰，封少師元羅爲韓國公，以紹魏後。

丁未，幸同州。過故宅，賦詩曰：「玉燭調秋氣，金輿歷舊宮。還如過白水，更似入新豐。霜潭漬晚菊，寒井落疏桐。舉盃延故老，令聞歌《大風》。」

《陳書》卷二《高祖紀下》 冬十月庚午，遣鎮南將軍、開府儀同三司周文育都督衆軍出豫章，討余孝勱。

乙亥，輿駕幸莊嚴寺，發《金光明經》題。

丁酉，以仁威將軍、高州刺史黄法氍爲開府儀同三司，進號鎮南將軍。

甲寅，太極殿成，匠各給復。

《北齊書》卷四《文宣帝紀》 丁巳，梁湘州刺史王琳遣使請立蕭莊爲梁主，仍以江州内屬，令莊居之。

《陳書》卷二《高祖紀下》 十二月庚申，侍中、安東將軍臨川王蒨率百僚朝前殿，拜上牛酒。

甲子，輿駕幸大莊嚴寺，設無㝵大會，捨乘輿法物。羣臣備法駕奉迎，即日輿駕還宮。

丙寅，高祖於太極殿東堂宴羣臣，設金石之樂，以路寢告成也。

《北齊書》卷四《文宣帝紀》 癸酉，詔梁王蕭莊爲梁主，進居九派。

《陳書》卷二《高祖紀下》 壬申，割吴郡鹽官、海鹽、前京三縣置海寧郡，屬揚州。以安成所部廣興六洞置安樂郡。

丙戌，以寧遠將軍、北江州刺史熊曇朗爲開府儀同三司，進號平西將軍。

丁亥，詔曰：「梁時舊仕，亂離播越，始還朝廷，多未銓序。又起兵已來，軍勳甚衆。選曹即條文武簿及節將應九流者，量其所擬。」於是隨材擢用者五十餘人。

永定三年、北齊天保一〇年、北周武成元年（己卯、五五九）

《陳書》卷二《高祖紀下》 春正月己丑，青龍見于東方。

丁酉，以鎮南將軍、廣州刺史歐陽頠即本號開府儀同三司。是夜大雪，及旦，太極殿前有龍跡見。

甲午，廣州刺史歐陽頠表稱白龍見于州江南岸，長數十丈，大可八九圍，歷州城西道入天井崗。仙人見于羅浮山寺小石樓，長三丈所，通身潔白，衣服楚麗。

辛丑，詔曰：「南康、始興王諸妹，已有封爵，依禮止是藩主。此二王者，有殊恒情，宜隆禮數。諸主儀秩及尚主，可並同皇女。」

戊申，詔臨川王蒨省揚、徐二州辭訟。

《資治通鑑》卷一六七 己酉，周太師護上表歸政，周王始親萬機；軍旅之事，護猶總之。初改都督州軍事爲總管。

《陳書》卷二《高祖紀下》 二月辛酉，以平西將軍、桂州刺史淳于量爲開府儀同三司，進號鎮西大將軍。

壬午，司空侯瑱督衆軍自江入合州，焚齊舟艦。

三月丙申，侯瑱至自合肥，衆軍獻捷。

夏閏四月庚寅，詔曰：「開廪賑絶，育民之大惠，巡方恤患，前王之令典。朕當斯季俗，膺此樂推，君德未孚，民瘼猶甚，重兹多壘，彌疚納隍。良由四聰弗達，千里勿應。博施之仁，何其或爽？殘弊之軌，致此未康。吴州、縉州去歲蝗旱，郢田雖呪，鄭渠終涸，室靡盈積之望，家有填壑之嗟。百姓不足，兆民何賴？近已遣中書舍人江德藻銜命東陽，與令長二千石問民疾苦，仍以入臺倉見米分恤。雖德非既飽，庶微慰阻飢。」

甲午，詔依前代置西省學士，兼以伎術者預焉。

丁酉，遣鎮北將軍徐度率衆城南皖口。

《北齊書》卷四《文宣帝紀》 以司州牧、彭城王浟爲司空，侍中、高陽王湜爲尚書右僕射。

乙巳，以司空、彭城王浟兼太尉，封皇子紹廉爲長樂郡王。

《陳書》卷二《高祖紀下》 是時久不雨，丙午，輿駕幸鍾山祠蔣帝廟，是日降雨，迄于月晦。

《資治通鑑》卷一六七 辛亥，周以侯莫陳崇爲大司徒，達奚武爲大宗伯，武陽公豆盧寧爲大司寇，柱國輔城公邕爲大司空。

乙卯，周詔：「有司無得糾赦前事；唯廐庫倉廪與海内所共，若有侵盜，雖經赦宥免其罪，徵備如法。」

五月，丙辰朔，日有食之。

《陳書》卷二《高祖紀下》 有司奏：舊儀，御前殿，服朱紗袍、通天冠。詔曰：「此乃前代承用，意有未同。合朔仰助太陽，宜備袞冕之服。自今已去，永可爲准。」

丙寅，扶南國遣使獻方物。

乙酉，北江州刺史熊曇朗殺都督周文育于軍，舉兵反。王琳遣其將常衆愛、曹慶率兵援余孝勱。

六月戊子，儀同侯安都敗衆愛等於左里，獲琳從弟襲、主帥羊暕等三十餘人，衆愛遁走，庚寅，廬山民斬之，傳首京師。

甲午，衆師凱歸。詔曰：「曇朗噬逆，罪不容誅，分命衆軍，仍事掩討，方加梟磔，以明刑憲。」徵臨川王蒨往晥口置城柵，以錢道戢守焉。

丁酉，高祖不豫，遣兼太宰、尚書左僕射王通以疾告太廟，兼太宰、中書令謝哲告大社、南北郊。

辛丑，高祖疾小瘳。故司空周文育之柩至自建昌。

壬寅，高祖素服哭于東堂，哀甚。

癸卯，高祖臨訊獄訟。

是夜，熒惑在天尊。高祖疾又甚。

丙午，崩於璿璣殿，時年五十七。遺詔追臨川王蒨入纂。

陳文帝部（起公元五五九年，迄公元五六六年）

《讀史津逮》卷三《南陳》 世祖文皇帝，名蒨，字子華，始興王長子。初封臨川郡王，武帝甚愛之，遺詔徵入纂大統。己卯即位，明年改元天嘉、天康。在位七年，壽四十一，葬永寧陵。沈皇后，子十三。

永定三年、北齊天保一〇年、北周武成元年（己卯、五五九）

《陳書》卷三《世祖紀》 六月甲寅，至自南皖，入居中書省。皇后令曰：「昊天不弔，上玄降禍。大行皇帝奄捐萬國，率土哀號，普天如喪，窮酷煩冤，無所追及。諸孤藐爾，反國無期，須立長主，以寧寓縣。侍中、安東將軍、臨川王蒨，體自景皇，屬惟猶子，建殊功於牧野，敷盛業於戡黎，納麓時敘之辰，負扆乘機之日，並佐時雍，是同草創，祧祏所繫，遐邇宅心，宜奉大宗，嗣膺寶録，使七廟有奉，兆民寧晏。未亡人假延餘息，嬰此百罹，尋繹纏綿，興言感絕。」世祖固讓，至于再三，羣公卿士固請，其日即皇帝位於太極前殿。詔曰：「上天降禍，奄集邦家，大行皇帝背離萬國，率土崩心，若喪考妣。龍圖寶曆，眇屬朕躬，運鍾擾攘，事切機務，南面須主，西讓禮輕，今便式膺景命，光宅四海。可大赦天下，罪無輕重，悉皆蕩滌。逋租宿債，吏民倦負，可勿復收。文武內外，量加爵敘。孝悌力田爲父後者，賜爵一級。庶祇畏在心，公卿畢力，勝殘去殺，無待百年。興言號哽，深增慟絕。」又詔州郡悉停奔赴。

秋七月丙辰，尊皇后爲皇太后。

己未，以鎮南將軍、開府儀同三司、廣州刺史歐陽頠進號征南將軍，平南將軍、開府儀同三司周迪進號鎮南將軍，平南將軍、開府儀同三司、高州刺史黄法𣰰進號安南將軍。

庚申，以鎮南大將軍、開府儀同三司、桂州刺史淳于量進號征南大將軍。

辛酉，以侍中、車騎將軍、司空侯瑱爲太尉，鎮西將軍、開府儀同三司、南豫州刺史侯安都爲司空，侍中、中權將軍、開府儀同三司王沖爲特進、左光禄大夫，鎮北將軍、南徐州刺史徐度爲侍中、中撫軍將軍、開府儀同三司。

壬戌，以侍中、護軍將軍徐世譜爲特進、安右將軍；侍中、忠武將軍杜稜爲領軍將軍。

乙丑，重雲殿災。

《資治通鑑》卷一六七 齊顯祖將如晉陽，乃盡誅諸元，或祖父爲王，或身嘗貴顯，皆斬於東市，其嬰兒投於空中，承之以矟。前後死者凡七百二十一人，悉棄尸漳水，剖魚者往往得人爪甲，鄴下爲之久不食魚。使元黄頭與諸囚自金鳳臺各乘紙鴟以飛，黄頭獨能至紫陌乃墮，仍付御史中丞畢義雲餓殺之。唯開府儀同三司元蠻、祠部郎中元文遥等數家獲免。

八月，甲申，葬武皇帝於萬安陵，廟號高祖。

《陳書》卷三《世祖紀》 癸巳，以平北將軍、南徐州刺史留異爲安南將軍、縉州刺史，平南將軍、北江州刺史魯悉達進號安左將軍。

庚戌，封皇子伯茂爲始興王，奉昭烈王後。徙封始興嗣王頊爲安成王。

《北齊書》卷四《文宣帝紀》 戊戌，封皇子紹義爲廣陽郡王，以尚書右僕射、河間王孝琬爲尚書左僕射。

《周書》卷四《明帝紀》 己亥，改天王稱皇帝，追尊文王爲帝，大赦改元。

《資治通鑑》卷一六七 九月，乙卯，以大將軍天水公廣爲梁州總管。

壬子，以大將軍、安成公憲爲益州總管。

辛酉，立皇子伯宗爲太子。

《周書》卷四《明帝紀》 辛未，進封輔城公邕爲魯國公，安城公憲爲齊國公，秦郡公直爲衛國公，正平公招爲趙國公。封皇弟儉爲譙國公，純爲陳國公，盛爲越國公，達爲代國公，通爲冀國公，逌爲滕國公。進封天水公廣爲蔡國公，高陽公達奚武爲鄭國公，武陽公豆盧寧爲楚國公，博陵公賀蘭祥爲涼國公，寧蜀公尉遲迥爲蜀國公，化政公宇文貴爲許國公，陳留公楊忠爲隨國公，昌平公尉遲綱爲吳國公，武威公王雄爲庸國公。邑各萬户。

《資治通鑑》卷一六七 乙亥，立太子母吳興沈妃爲皇后。

《北齊書》卷四《文宣帝紀》 冬十月甲午，帝暴崩於晉陽宮德陽堂，時年三十一。遺詔：「凡諸凶事一依儉約。三年之喪，雖曰達禮，漢文革創，通行自昔，義有存焉，同之可也，喪月之斷限以三十六日。嗣主、百僚、内外遐邇奉制割情，悉從公除。」

癸卯，發喪，斂於宣德殿。

《北史》卷七《齊本紀中》　太子即帝位於晉陽宣德殿，大赦，内外百官普加汎級，亡官失爵，聽復資品。

庚戌，尊皇太后爲太皇太后，皇后爲皇太后。詔九州軍人七十已上授以板職，武官年六十已上及癃病不堪驅使者，並皆放免。土木營造金銅鐵諸雜作工，一切停罷。

《資治通鑑》卷一六七　王琳聞高祖殂，乃以少府卿吴郡孫瑒爲郢州刺史，總留任，奉梁永嘉王莊出屯濡須口，齊揚州道行臺慕容儼帥衆臨江，爲之聲援。

十一月，乙卯，琳寇大雷，詔侯瑱、侯安都及儀同徐度將兵禦之。安州刺史吴明徹夜襲湓城，琳遣巴陵太守任忠擊明徹，大破之，明徹僅以身免。琳因引兵東下。

《北齊書》卷五《廢帝紀》　以右丞相、咸陽王斛律金爲左丞相，以録尚書事、常山王演爲太傅，以司徒、長廣王湛爲太尉，以司空段韶爲司徒，以平陽王淹爲司空，高陽王湜爲尚書左僕射，河間王孝琬爲司州牧，侍中燕子獻爲右僕射。

戊午，分命使者巡省四方，求政得失，省察風俗，問人疾苦。

十二月戊戌，改封上黨王紹仁爲漁陽王，廣陽王紹義爲范陽王，長樂王紹廉爲隴西王。

天嘉元年、北齊皇建元年、北周武成二年（庚辰、五六〇）

《陳書》卷三《世祖紀》　春正月癸丑，詔曰：「朕以寡昧，嗣纂洪業，哀惸在疚，治道弗昭，仰惟前德，幽顯遐暢，恭己不言，庶幾無改。雖宏圖懋軌，日月方弘，而清廟廓然，聖靈浸遠，感尋永往，瞻言罔極。今四象運周，三元告獻，華夷胥洎，玉帛駿奔，思覃遺澤，播之億兆。其大赦天下。改永定四年爲天嘉元年。鰥寡孤獨不能自存立者，賜穀人五斛。孝悌力田殊行異等，加爵一級。」

《資治通鑑》卷一六八　齊大赦，改元乾明。

《陳書》卷三《世祖紀》　甲寅，分遣使者宣勞四方。

辛酉，輿駕親祠南郊，詔曰：「朕式饗上玄，虔奉牲玉，高禋禮畢，誠敬兼弘。且陰霾浹辰，褰霽在日，雲物韶朗，風景清和，慶動人祇，忭流庶俗，思俾黎元，同此多祐。可賜民爵一級。」

辛未，輿駕親祠北郊。日有冠。

二月辛卯，老人星見。

乙未，高州刺史紀機自軍叛還宣城，據郡以應王琳，涇令賀當遷討平之。

丙申，太尉侯瑱敗王琳于梁山，敗齊兵于博望，生擒齊將劉伯球，盡收其資儲船艦，俘馘以萬計，王琳及其主蕭莊奔于齊。

戊戌，詔曰：「夫五運遞來，三靈眷命，皇王因之改創，殷、周所以樂推。朕統曆承基，丕隆鼎運，期理攸屬，數祚斯在，豈僥倖所至，寧卜祝可求。故知神器之重，必在符命。是以逐鹿貽譏，斷虵定業，亂臣賊子，異世同尤。王琳識暗挈瓶，智慙衞足，干紀亂常，自貽顛沛，而縉紳君子，多被縶維，雖涇渭合流，蘭鮑同肆，求之厥理，或有脅從。今九罭既設，八紘斯掩，天網恢恢，吞舟是漏。至如伏波遊説，永作漢蕃，延壽脱歸，終爲魏守，器改秦、虞，材通晉、楚，行藏用捨，亦豈有恒，宜加寬仁，以彰雷作。其衣冠士族，預在凶黨，悉皆原宥；將帥戰兵，亦同肆眚，並隨才銓引，庶收力用。」又詔師旅以來，將士死王事者，並加贈謚。

己亥，詔曰：「日者凶渠肆虐，衆軍進討，舟艦輸積，權倩民丁，師出經時，役勞日久。今氛祲廓清，宜有甄被。可蠲復丁身。夫妻三年，於役不幸者，復其妻子。」

《北史》卷七《齊本紀中》　以太傅、常山王演爲太師、録尚書事，以太尉、長廣王湛爲大司馬、并省録尚書事，以尚書左僕射、平秦王歸彦爲司空，趙郡王叡爲尚書左僕射。詔諸元良口配没宮内及賜人者，並放免。

《陳書》卷三《世祖紀》　庚子，分遣使者賫璽書宣勞四方。

乙巳，遣太尉侯瑱鎮湓城。

《北史》卷七《齊本紀中》　太師、常山王演矯詔誅尚書令楊愔、尚書右僕射燕子獻、領軍大將軍可朱渾天和、侍中宋欽道、散騎常侍鄭子默。

戊申，以常山王演爲大丞相、都督中外諸軍、録尚書事，以大司馬、長廣王湛爲大傅、京畿大都督，以司徒段韶爲大將軍，以前司空、平陽王淹爲太尉，以司空、平秦王歸彦爲司徒，彭城王浟爲尚書令。又以高麗王世子湯爲使持節、領東夷校尉、遼東郡公、高麗王。

《陳書》卷三《世祖紀》 庚戌，以高祖第六子昌爲驃騎將軍、湘州牧，立爲衡陽王。

三月丙辰，詔曰：「自喪亂以來，十有餘載，編户凋亡，萬不遺一，中原氓庶，蓋云無幾。頃者寇難仍接，算斂繁多，且興師已來，千金日費，府藏虚竭，杼軸歲空。近所置軍資，本充戎備，今元惡克殄，八表已康，兵戈静戢，息肩方在，思俾餘黎，陶此寬賦，今歲軍糧通減三分之一。尚書申下四方，稱朕哀矜之意。守宰明加勸課，務急農桑，庶鼓腹含哺，復在兹日。」蕭莊所署郢州刺史孫瑒舉州内附。

丁巳，江州刺史周迪平南中，斬賊率熊曇朗，傳首京師。先是，齊軍守魯山城，戊午，齊軍棄城走，詔南豫州刺史程靈洗守之。

甲子，分荆州之天門、義陽、南平，郢州之武陵四郡，置武州。其刺史督沅州，領武陵太守，治武陵郡。其都尉所部六縣爲沅州。別置通寧郡，以刺史領太守，治都尉城，省舊都尉。以安南將軍、南兗州刺史、新除右衛將軍吳明徹爲安西將軍、武州刺史，僞郢州刺史孫瑒爲安南將軍、湘州刺史。

《資治通鑑》卷一六八 甲戌，衡陽獻王昌入境，詔主書、舍人緣道迎候；丙子，濟江，中流殞之，使之溺告。

《陳書》卷三《世祖紀》 丁丑，詔曰：「蕭莊僞署文武官屬還朝者，量加録序。」

夏四月丁亥，立皇子伯信爲衡陽王，奉獻王後。

乙未，以安南將軍荀朗爲安北將軍、合州刺史。

《周書》卷四《明帝紀》 帝因食遇毒。

庚子，大漸。詔曰：

「人生天地之間，禀五常之氣，天地有窮已，五常有推移，人安得長在。是以生而有死者，物理之必然。處必然之理，修短之間，何足多恨。朕雖不德，性好典墳，披覽聖賢餘論，未嘗不以此自曉。今乃命也，夫復何言。諸公及在朝卿大夫士，軍中大小督將，軍人等，並立勳效，積有年載，輔翼太祖，成我周家。今朕纘承大業，處萬乘之上，此乃上不負太祖，下不負朕躬，朕得啓手啓足，從先帝於地下，實無恨於心矣。所可恨者，朕享大位，可謂四年矣，不能使政化循理，黎庶豐足，九州未一，二方猶梗，顧此懷恨，目用不瞑。唯冀仁兄冢宰，洎朕先正、先父、公卿大臣等，協和爲心，勉力相勸，勿忘太祖遺志，提挈後人，朕雖没九泉，形體不朽。

「今大位虚曠，社稷無主。朕兒幼稚，未堪當國。魯國公邕，朕之介弟，寬仁大度，海内共聞，能弘我周家，必此子也。夫人貴有始終，公等事太祖，輔朕躬，可謂有始矣，若克念世道艱難，輔邕以主天下者，可謂有終矣。哀死事生，人臣大節，公等思念此言，令萬代稱歎。

「朕禀生儉素，非能力行菲薄，每寢大布之被，服大帛之衣，凡是器用，皆無雕刻。身終之日，豈容違棄此好。喪事所須，務從儉約，斂以時服，勿使有金玉之飾。若以禮不可闕，皆令用瓦。小斂訖，七日哭。文武百官各權辟衰麻，且以素服從事。葬日，選擇不毛之地，因地勢爲墳，勿封勿樹。且厚葬傷生，聖人所誡，朕既服膺聖人之教，安敢違之。凡百官司，勿異朕此意。四方州鎮使到，各令三日哭，哭訖，悉權辟凶服，還以素服從事，待大例除。非有呼召，各按部自守，不得輒奔赴闕庭。禮有通塞隨時之義，葬訖，内外悉除服從吉。三年之内，勿禁婚娶，飲食一令如平常也。

「時事殷猥，病困心亂，止能及此。如其事有不盡，准此以類爲斷。死而近思，古人有之。朕今忍死，書此懷抱。」

其詔即帝口授也。

辛丑，崩於延壽殿，時年二十七，謚曰明皇帝，廟稱世宗。

《周書》卷五《武帝紀上》 世宗崩，遺詔傳帝位於高祖。高祖固讓，百官勸進，乃從之。壬寅，即皇帝位，大赦天下。

《陳書》卷三《世祖紀》 五月乙卯，改桂陽之汝城縣爲盧陽郡。分衡州之始興、安遠二郡，置東衡州。

六月辛巳，改謚皇祖妣景安皇后曰景文皇后。

壬辰，詔曰：「梁孝元遭離多難，靈櫬播越，朕昔經北面，有異常倫，遣使迎接，以次近路。江寧既是舊塋，宜即安卜，車旗禮章，悉用梁典，依魏葬漢獻帝故事。」

甲午，追策故始興昭烈王妃曰孝妃。

丁酉，以開府儀同三司徐度爲侍中、中軍將軍。

是月，葬梁元帝於江寧。

秋七月甲寅，詔曰：「朕以眇身，屬當大寶，負荷至重，憂責實深，而庶績未康，胥怨猶結，佇咨賢良，發於夢想，每有一言入聽，片善可求，何嘗不褒奬抽揚，緘書紳帶。而傅巖虚往，穹谷尚淹，蒲幣空陳，旌弓不至。豈當有乖則哲，使草澤遺才？將時運澆流，今不逮古？側食長懷，寢興增歎。新安太守陸山才有啓，薦梁前征西從事中郎蕭策，梁前尚書中兵郎王暹，並世胄清華，羽儀著族，或文史足用，或孝德可稱，並宜登之朝序，擢以不次。王公已下，其各進舉賢良，申薦淪屈，庶衆才必萃，大廈可成，使《棫樸》載哥，《由庚》在詠。」

乙卯，詔曰：「自頃喪亂，編户播遷，言念餘黎，良可哀惕。其亡鄉失土，逐食流移者，今年内隨其適樂，來歲不問僑舊，悉令著籍，同土斷之例。」

《資治通鑑》卷一六八　丙辰，封皇子伯山爲鄱陽王。

《陳書》卷三《世祖紀》　八月庚辰，老人星見。

壬午，詔曰：「菽粟之貴，重於珠玉。自頃寇戎，游手者衆，民失分地之業，士有佩犢之譏。朕哀矜黔庶，念康弊俗，思俾阻饑，方存富教。麥之爲用，要切斯甚，今九秋在節，萬實可收，其班宣遠近，並令播種。守宰親臨勸課，務使及時。其有尤貧，量給種子。」

《北史》卷七《齊本紀中》　太皇太后令廢帝爲濟南王，令食一郡，以大丞相、常山王演入纂大統。是日，王居别宫。

皇帝即位於晉陽宣德殿，大赦，改乾明元年爲皇建。詔奉太皇太后還稱皇太后，皇太后稱文宣皇后，宫曰昭信。

《陳書》卷三《世祖紀》　癸未，世祖臨景陽殿聽訟。

戊子，詔曰：「汙罇土鼓，誠則難追，畫卵彫薪，或可易革。梁氏末運，奢麗已甚，芻豢厭於胥史，哥鍾列於管庫，土木被朱丹之采，車馬飾金玉之珍，逐欲澆流，遷訛遂遠。朕自諸生，頗爲内足，而家敦樸素，室靡浮華，觀覽時俗，常所扼腕。今妄假時乘，臨馭區極，屬當澆季，思聞治道，菲食卑宫，自安儉陋，俾兹薄俗，獲反淳風。維雕鏤淫飾，非兵器及國容所須，金銀珠玉，衣服雜玩，悉皆禁斷。」

甲午，周將賀若敦率馬步一萬，奄至武陵，武州刺史吴明徹不能拒，引軍還巴陵。

丁酉，上幸正陽堂閲武。

九月癸丑，彗星見。

乙卯，周將獨孤盛領水軍將趣巴、湘，與賀若敦水陸俱進，太尉侯瑱自尋陽往禦之。

辛酉，遣儀同徐度率衆會瑱于巴丘。

丙子，太白晝見。

丁丑，詔侯瑱衆軍進討巴、湘。

十月癸巳，侯瑱襲破獨孤盛於楊葉洲，盡獲其船艦，盛收兵登岸，築城以保之。

丁酉，詔司空侯安都率衆會侯瑱南討。

《北史》卷七《齊本紀中》　十一月辛亥，立妃元氏爲皇后，世子百年爲皇太子。賜天下爲父後者爵一級。

癸丑，有司奏太祖獻武皇帝廟宜奏《武德》之樂，舞《昭烈》之舞；世宗文襄皇帝廟宜奏《文德》之樂，舞《宣政》之舞；顯祖文宣皇帝廟宜奏《文正》之樂，舞《光大》之舞。詔曰可。

庚申，詔以故太師尉景、故太師竇泰、故太師太原王婁昭、故太宰章武王厙狄干、故太尉段榮、故太師万俟普、故司徒蔡儁、故太師高乾、故司徒莫多婁貸文、故太保劉貴、故太保封祖裔、故廣州刺史王懷十三人配饗太祖廟庭，故太師清河王岳、故太宰安德王韓軌、故太宰扶風王可朱渾道元、故太師高昂、故大司馬劉豐、故太師万俟受洛干、故太尉慕容紹宗七人配饗世宗廟庭，故太尉河東王潘相樂、故司空薛修義、故太傅破六韓常三人配饗顯祖廟庭。

是月，帝親戎北討庫莫奚，出長城，虜奔遁，分兵致討，大獲牛馬，括總入晉陽宫。

《陳書》卷三《世祖紀》　十二月乙未，詔曰：「古者春夏二氣，不決重罪。蓋以陽和布澤，天秩是弘，寬網育刑，義符含育，前王所以則天象地，立法垂訓者也。朕屬當澆季，思求民瘼，哀矜惻隱，念甚納隍，常欲式遵舊軌，用長風化。自今孟春訖于夏首，罪人大辟事已款者，宜且申停。」

己亥，周巴陵城主尉遲憲降，遣巴州刺史侯安鼎守之。

庚子，獨孤盛將餘衆自楊葉洲潛遁。

天嘉二年、北齊皇建二年、北周保定元年（辛巳、五六一）

《周書》卷五《武帝紀上》 春正月戊申，詔曰：「寒暑亟周，奄及徂歲，改元命始，國之典章。朕祇承寶圖，宜遵故實。可改武成三年爲保定元年。嘉號既新，惠澤宜布，文武百官，各增四級。」以大冢宰、晉國公護爲都督中外諸軍事，令五府總於天官。

《陳書》卷三《世祖紀》 庚戌，大赦天下。以雲麾將軍、晉陵太守杜稜爲侍中、領軍將軍。

《資治通鑑》卷一六八 齊主使王琳出合肥，召募傖楚，更圖進取。合州刺史裴景徽，琳兄珉之壻也，請以私屬爲鄉導。齊主使琳與行臺左丞盧潛將兵赴之，琳沈吟不決。景徽恐事泄，挺身奔齊。齊主以琳爲驃騎大將軍、開府儀同三司、揚州刺史，鎮壽陽。

《陳書》卷三《世祖紀》 辛亥，以始興王伯茂爲宣惠將軍、揚州刺史。

乙卯，合州刺史裴景徽奔于齊。

《周書》卷五《武帝紀上》 戊辰，詔曰：「履端開物，實資元后；代終成務，諒惟宰棟。故周文公以上聖之智，翼彼姬周，爰作六典，用光七百。自茲厥後，代失其緒，俾巍巍之化，歷千祀而莫傳；郁郁之風，終百王而永墜。我太祖文皇帝稟純和之氣，挺天縱之英，德配乾元，功侔造化，故能捨末世之弊風，蹈隆周之叡典，誕述百官，厥用允集。所謂乾坤改而重構，豈帝王洪範而已哉。朕入嗣大寶，思揚休烈。今可班斯禮於太祖廟庭。」

己巳，祠太廟，班太祖所述六官焉。

《陳書》卷三《世祖紀》 辛未，周湘州城主殷亮降，湘州平。

二月丙戌，以太尉侯瑱爲車騎將軍、湘州刺史。

庚寅，曲赦湘州諸郡。

三月乙卯，太尉、車騎將軍、湘州刺史侯瑱薨。

丁丑，以鎮東將軍、會稽太守徐度爲鎮南將軍、湘州刺史。

夏四月，分荊州之南平、宜都、羅、河東四郡，置南荊州，鎮河東郡。以安西將軍、武州刺史吴明徹爲南荊州刺史。

《資治通鑑》卷一六八 丙子朔，日有食之。

《陳書》卷三《世祖紀》 庚寅，以安左將軍魯悉達爲安南將軍、吴州刺史。

辛卯，老人星見。

《周書》卷五《武帝紀上》 五月丙午，封孝閔皇帝子康爲紀國公，皇子贇爲魯國公。晉公護獲玉斗以獻。

戊辰，突厥、龜茲並遣使獻方物。

《資治通鑑》卷一六八 六月，乙酉，周使御正殷不害來聘。

《陳書》卷三《世祖紀》 秋七月丙午，周將賀若敦自拔遁歸，人畜死者十七八。武陵、天門、南平、義陽、河東、宜都郡悉平。

《周書》卷五《武帝紀上》 己酉，追封皇伯父顥爲邵國公，以晉公子會爲後；次伯父連爲杞國公，以章武孝公子永昌公亮爲後；第三伯父洛生爲莒國公，以晉公子崇業公至爲後；又追封武邑公震爲宋國公，以世宗子實爲後：並襲封。

《資治通鑑》卷一六八 周更鑄錢，文曰「布泉」，一當五，與五銖並行。

《陳書》卷三《世祖紀》 九月甲寅，詔曰：「姬業方闡，望載渭濱，漢曆既融，道通圯上。若乃摛精辰宿，降靈惟岳，風雲有感，夢寐是求，斯固舟楫鹽梅，遞相表裏，長世建國，罔或不然。至於銘德太常，從祀清廟，以貽厥後來，垂諸不朽者也。前皇經濟區宇，裁成品物，靈貺式甄，光膺寶命，雖暮明濬發，幽顯協從，亦文武賢能，翼宣王業。故大司馬、驃騎大將軍瑱，故司空文育，故平北將軍、開府儀同三司僧明，故中護軍潁，故領軍將軍擬，或締構艱難，經綸夷險；或摧鋒冒刃，殉義遺生；或宣哲協規，綢繆帷幄；或披荆汗馬，終始勤劬；莫不罄誠悉力，屯泰以之。朕以寡昧，嗣膺丕緒，永言勳烈，思弘典訓，便可式遵故實，載揚盛軌，可並配食高祖廟庭，俾茲大猷，永傳宗祏。」

丙辰，以侍中、中權將軍、特進、左光禄大夫、開府儀同三司王沖爲丹陽尹；丹陽尹沈君理爲左民尚書，領步兵校尉。

冬十月乙巳，霍州西山蠻率部落内屬。

《資治通鑑》卷一六八　甲戌朔，日有食之。

《北史》卷七《齊本紀中》　十一月甲辰，詔曰：「朕嬰此暴疾，奄忽無逮。今嗣子沖眇，未閑政術，社稷業重，理歸上德。右丞相、長廣王湛研機測化，體道居宗，人雄之望，海内瞻仰，同胞共氣，家國所憑，可遣尚書左僕射、趙郡王叡喻旨，徵王統兹大寶。其喪紀之禮一同漢文，三十六日悉從公除，山陵施用，務從儉約。」

《資治通鑑》卷一六八　是日，殂於晉陽宮。

癸丑，世祖即皇帝位於南宮，大赦，改元太寧。

《陳書》卷三《世祖紀》　乙卯，高驪國遣使獻方物。

甲子，以武昌、國川爲竟陵郡，以安流民。

十二月辛巳，以安東將軍、吴郡太守孫瑒爲中護軍。

甲申，立始興國廟於京師，用王者之禮。太子中庶子虞荔、御史中丞孔奂以國用不足，奏立煑海鹽賦及榷酤之科，詔並施行。

先是，縉州刺史留異應于王琳等反，丙戌，詔司空侯安都率衆討之。

天嘉三年、北齊河清元年、北周保定二年（壬午、五六二）

《資治通鑑》卷一六八　春，正月，丁未，周以安成王頊爲柱國大將軍，遣杜杲送之南歸。

《陳書》卷三《世祖紀》　庚戌，設帷宫於南郊，幣告胡公以配天。

辛亥，輿駕親祠南郊。詔曰：「朕負荷寶圖，亟回星琯，兢兢業業，庶幾治定，而德化不孚，俗弊滋甚，永言念之，無忘日夜。陽和布氣，昭事上玄，躬奉牲玉，誠兼饗敬，思與黎元被斯寬惠。可普賜民爵一級。其孝悌力田，别加一等。」

辛酉，輿駕親祠北郊。

《北史》卷八《齊本紀下》　二月丁未，以太宰、平陽王淹爲青州刺史、太傅、領司徒，以領軍大將軍、宗師、平秦王歸彦爲太宰、冀州刺史。

《周書》卷五《武帝紀上》　癸丑，以久不雨，降宥罪人，京城三十里内禁酒。梁主蕭詧薨。以大將軍、蔡國公廣爲秦州總管。

《北史》卷八《齊本紀下》　乙卯，以兼尚書令、任城王湝爲司徒。詔散騎常侍崔瞻聘于陳。

《陳書》卷三《世祖紀》　閏二月己酉，以百濟王餘明爲撫東大將軍，高句驪王高湯爲寧東將軍。江州刺史周迪舉兵應留異，襲湓城，攻豫章郡，並不剋。

辛亥，以南荆州刺史吴明徹爲安右將軍。

甲子，改鑄五銖錢。

三月丙子，安成王頊至自周，詔授侍中、中書監、中衛將軍，置佐史。

丁丑，以安右將軍吴明徹爲安南將軍、江州刺史，督衆軍南討。

甲申，大赦天下。

庚寅，司空侯安都破留異於桃支嶺，異脱身奔晉安，東陽郡平。

夏四月癸卯，曲赦東陽郡。

乙巳，齊遣使來聘。

《北史》卷八《齊本紀下》　青州刺史上言，今月庚寅河、濟清。以河、濟清，改大寧二年爲河清，降罪人各有差。

《周書》卷五《武帝紀上》　癸亥，詔曰：「比以寇難猶梗，九州未一，文武之官立功效者雖錫以茅土，而未給租賦。諸柱國等勳德隆重，宜有優崇，各准别制，邑户聽寄食他縣。」

五月庚午，以山南衆瑞並集，大赦天下，百官及軍人，普汎二級。南陽宛縣三足烏所集，免今年役及租賦之半。

壬辰，以柱國、隋國公楊忠爲大司空，吴國公尉遲綱爲陝州總管。

六月己亥，以柱國、蜀國公尉遲迥爲大司馬，邵國公會爲蒲州總管。分山南荆州、安州、襄州、江陵爲四州總管。

《陳書》卷三《世祖紀》　丙辰，以侍中、中衛將軍安成王頊爲驃騎將軍、揚州刺史。以會稽、東陽、臨海、永嘉、新安、新寧、晉安、建安八郡置東揚州。以揚州刺史始興王伯茂爲鎮東將軍、東揚州刺史，征北將軍、司空、南徐州刺史侯安都爲侍中、征北大將軍。

《陳書》卷三《世祖紀》　秋七月己丑，皇太子納妃王氏，在位文武賜帛各有差，孝悌力田爲父後者賜爵二級。

《資治通鑑》卷一六八　上遣使聘齊。

《北史》卷八《齊本紀下》　乙未，斬歸彦並其三子及黨與二十人於都市。

丁酉，以大司馬段韶爲太傅，以司空婁叡爲司徒，以太傅、平陽王淹爲太宰，以尚書令斛律光爲司空，以太子太傅、趙郡王叡爲尚書令，中書監、河間王孝琬爲尚書左僕射。

癸亥，行幸晉陽。陳人來聘。

《陳書》卷三《世祖紀》　九月戊辰朔，日有食之。以侍中、都官尚書到仲舉爲尚書右僕射、丹陽尹。

丁亥，周迪請降，詔安成王頊督衆軍以招納之。

《資治通鑑》卷一六八　冬，十月，戊戌，詔以軍旅費廣，百姓空虚，凡供乘輿飲食衣服及宫中調度，悉從減削；至於百司，宜亦思省約。

《周書》卷五《武帝紀上》　十一月丁卯，以大將軍衛國公直、大將軍趙國公招並爲柱國。又以招爲益州總管。

壬午，熒惑犯歲星於危南。

十二月，益州獻赤烏。

《陳書》卷三《世祖紀》　是歲，周所立梁王蕭詧死，子巋代立。

天嘉四年、北齊河清二年、北周保定三年（癸未、五六三）

《陳書》卷三《世祖紀》　春正月丙子，干陁利國遣使獻方物。

甲申，周迪棄城走，閩州刺史陳寶應納之，臨川郡平。

壬辰，以平西將軍、郢州刺史章昭達爲護軍將軍，仁武將軍、新州刺史華皎進號平南將軍，鎮南將軍、開府儀同三司、高州刺史黄法氍爲鎮北大將軍、南徐州刺史，安西將軍、領臨川太守周敷爲南豫州刺史，中護軍孫瑒爲鎮右將軍。罷高州隸入江州。

二月戊戌，征南將軍、開府儀同三司、廣州刺史歐陽頠進號征南大將軍。

《周書》卷五《武帝紀》　辛丑，詔魏大統九年以前，都督以上身亡而子孫未齒叙者，節級授官。渭州獻三足烏。

庚戌，以侍中、司空、征北大將軍侯安都爲征南大將軍、江州刺史。

庚申，以平南將軍華皎爲南湘州刺史。

《資治通鑑》卷一六九　三月，乙丑朔，日有食之。

齊詔司空斛律光督步騎二萬，築勳掌城於軹關；仍築長城二百里，置十二戍。

《陳書》卷三《世祖紀》　辛未，以鎮南將軍、開府儀同三司徐度爲侍中、中軍大將軍。

辛巳，詔贈討周迪將士死王事者。

夏四月辛丑，設無㝵大會於太極前殿。

乙卯，以侍中、中書監、中衛將軍、驃騎將軍、揚州刺史安成王頊爲開府儀同三司。

五月丁卯，安前將軍、右光禄大夫徐世譜卒。

《資治通鑑》卷一六九　安都自京口還建康，部伍入於石頭。

六月癸巳，太白晝見。司空侯安都賜死。

《資治通鑑》卷一六九　乙卯，齊主使兼散騎常侍崔子武來聘。

《陳書》卷三《世祖紀》　七月丁丑，以鎮北大將軍、開府儀同三司、南徐州刺史黄法氍爲鎮南大將軍、江州刺史。

九月壬戌，開府儀同三司、廣州刺史歐陽頠薨。

癸亥，曲赦京師。

辛未，周迪復寇臨川，詔護軍章昭達率衆討之。

冬十一月辛酉，章昭達大破周迪，悉擒其黨與，迪脱身潛竄。

《周書》卷五《武帝紀上》　十有二月辛卯，至自同州。遣太保、鄭國公達奚武率騎三萬出平陽以應楊忠。

《資治通鑑》卷一六九　周楊忠拔齊二十餘城。齊人守陘嶺之隘，忠擊破之。突厥木杆、地頭、步離三可汗以十萬騎會之。

《陳書》卷三《世祖紀》　丙申，大赦天下。詔護軍將軍章昭達進軍建安，以討陳寶應。信威將軍、益州刺史余孝頃督會稽、東陽、臨海、永嘉諸軍自東道會之。

《北史》卷八《齊本紀下》　己酉，周將楊忠帥突厥阿史那木汗等二十餘萬人自恒州分爲三道，殺掠吏人。是時，大雨雪連月，南北千餘里平地數尺，霜晝下，雨血於太原。

《陳書》卷三《世祖紀》　癸丑，以前安南將軍、江州刺史吴明徹爲鎮前將軍。

《資治通鑑》卷一六九　是歲，初祭始興昭烈王于建康，用天子禮。

天嘉五年、北齊河清三年、北周保定四年（甲申、五六四）

《北史》卷八《齊本紀下》　春正月庚申朔，周軍至城下而陳，戰於城西。周軍及突厥大敗，人畜死者相枕，數百里不絶。詔平原王段韶追出塞而還。

《陳書》卷三《世祖紀》　庚辰，以吏部尚書、領右軍將軍袁樞爲丹陽尹。

辛巳，輿駕親祠北郊。

乙酉，江州溢城火，燒死者二百餘人。

《資治通鑑》卷一六九　二月，庚寅朔，日有食之。

《陳書》卷三《世祖紀》　三月丁丑，以征南大將軍、開府儀同三司、桂州刺史淳于量爲中撫軍大將軍。

壬午，詔以故護軍將軍周鐵虎配食高祖廟庭。

《資治通鑑》卷一六九　夏，四月，辛卯，齊主使兼散騎常侍皇甫亮來聘。

庚子，周主遣使來聘。

《陳書》卷三《世祖紀》　五月庚午，罷南丹陽郡。

是月，周、齊並遣使來聘。

六月丁未，夜，有白氣兩道，出于北斗東南，屬地。

《北史》卷八《齊本紀下》　是月，晉陽訛言有鬼兵，百姓競擊銅鐵以捍之。殺樂陵王百年。歸宇文媪于周。

秋七月丁丑，詔曰：「朕以寡昧，屬當負重，星籥亟改，冕旒弗曠，不能仰協璿衡，用調玉燭，傍慰蒼生，以安黔首。兵無寧歲，民乏有年，移風之道未弘，習俗之患猶在，致令氓多觸網，吏繁筆削，獄犴滋章，雖由物犯，囹圄淹滯，亦或有冤。念俾納隍，載勞負扆，加以膚湊不適，攝衛有虧，比獲微痊，思覃寬惠，可曲赦京師。」

《資治通鑑》卷一六九　八月，丁亥朔，日有食之。

戊子，周以齊公憲爲雍州牧，宇文貴爲大司徒。

《陳書》卷三《世祖紀》　九月，城西城。

《周書》卷五《武帝紀上》　丁巳，以柱國、衛國公直爲大司空，封開府李昞爲唐國公，若干鳳爲徐國公。陳遣使來聘。

是月，以皇世母閻氏自齊至，大赦天下。

閏月己亥，以大將軍韋孝寬、大將軍長孫儉並爲柱國。

冬十月癸亥，以大將軍陸通、大將軍宇文盛、蔡國公廣並爲柱國。

甲子，詔大將軍、大冢宰、晉國公護率軍伐齊，帝於太廟庭授以斧鉞。於是護總大軍出潼關，大將軍權景宣率山南諸軍出豫州，少師楊檦出軹關。

丁卯，幸沙苑勞師。

癸酉，還宫。

《資治通鑑》卷一六九　周迪復出東興，宣城太守錢肅鎮東興，以城降迪。吴州刺史陳詳將兵擊之，詳兵大敗，迪衆復振。

《陳書》卷三《世祖紀》　十一月丁亥，以左衛將軍程靈洗爲中護軍。

己丑，章昭達破陳寶應于建安，擒寶應，留異，送京師，晉安郡平。

《周書》卷五《武帝紀上》　甲午，柱國、蜀國公尉遲迥率師圍洛陽，柱國、齊國公憲營於邙山，晉公護次於陝州。

《陳書》卷三《世祖紀》　甲辰，以護軍將軍章昭達爲鎮前將軍、開府儀同三司。

《北史》卷八《齊本紀下》　十二月乙卯，豫州刺史王士良以城降周將權景宣。

丁巳，帝自晉陽南討。

己未，太宰、平陽王淹薨。

《周書》卷五《武帝紀上》　壬戌，齊師渡河，晨至洛陽，諸軍驚散。尉遲迥率麾下數十騎扞敵，得却，至夜引還。柱國、庸國公王雄力戰，死之。遂班師。楊擲於軹關戰没。權景宣亦棄豫州而還。

《陳書》卷三《世祖紀》　甲子，曲赦建安、晉安二郡。討陳寶應將士死王事者，並給棺槥，送還本鄉，并復其家。瘡痍未瘳者，給其醫藥。

《北史》卷八《齊本紀下》　丁卯，帝至洛陽，免洛州經周軍處一年租賦，赦州城内死罪已下囚。

己巳，以太師段韶爲太宰，以司徒斛律光爲太尉，并州刺史蘭陵王長恭爲尚書令。

壬申，帝至武牢，經滑臺，次於黎陽，所經減降罪人。

丙子，車駕至自洛陽。

《陳書》卷三《世祖紀》　癸未，齊遣使來聘。

天嘉六年、北齊河清四年、北周保定五年（乙酉、五六五）

《陳書》卷三《世祖紀》　春正月甲午，皇太子加元服，王公以下賜帛各有差，孝悌力田爲父後者賜爵一級，鰥寡孤獨不能自存者穀人五斛。

《周書》卷五《武帝紀上》　庚子，令荆州、安州、江陵等總管並隸襄州總管府，以柱國、大司空、衛國公直爲襄州總管。

甲辰，太白、熒惑、歲星合於婁。

乙巳，吐谷渾遣使獻方物。以庸國公王雄世子開府謙爲柱國。

《陳書》卷三《世祖紀》　庚戌，以領軍將軍杜稜爲翊左將軍、丹陽尹，丹陽尹袁樞爲吏部尚書，衛尉卿沈欽爲中領軍。

《周書》卷五《武帝紀上》　二月辛酉，詔陳國公純、柱國許國公宇文貴、神武公竇毅、南安公楊薦等，如突厥逆女。

甲子，郢州獲緑毛龜。

丙寅，以柱國安武公李穆爲大司空，綏德公陸通爲大司寇。

壬申，行幸岐州。

《陳書》卷三《世祖紀》　三月乙未，詔侯景以來遭亂移在建安、晉安、義安郡者，並許還本土，其被略爲奴婢者，釋爲良民。

夏四月甲寅，以侍中、中書監、中衛將軍、驃騎將軍、開府儀同三司、揚州刺史安成王頊爲司空。

《北史》卷八《齊本紀下》　丙子，乃使太宰段韶兼太尉，持節奉皇帝璽綬，傳位於皇太子。大赦，改元爲天統元年。百官進級，降罪，各有差。又詔皇太子妃斛律氏爲皇后。於是羣公上尊號爲太上皇帝，軍國大事，咸以奏聞。

丁丑，以太保賀拔仁爲太師，太尉侯莫陳相爲太保，司空、馮翊王潤爲司徒，録尚書事、趙郡王叡爲司空，尚書左僕射、河間王孝琬爲尚書令。

戊寅，以瀛州刺史尉粲爲太尉，斛律光爲大將軍，東安王婁叡爲太尉，尚書右僕射趙彦深爲左僕射。

辛酉，有彗星見。周遣使來聘。

《資治通鑑》卷一六九　六月，己巳，齊主使兼散騎常侍王季高來聘。

秋，七月，辛巳朔，日有食之。

《陳書》卷三《世祖紀》　癸未，大風至自西南，廣百餘步，激壞靈臺候樓。

甲申，儀賢堂無故自壞。

丙戌，臨川太守駱文牙斬周迪，傳首京師，梟於朱雀航。

丁酉，太白晝見。

八月丁丑，詔曰：「梁室多故，禍亂相尋，兵甲紛紜，十年不解，不逞之徒虐流生氣，無賴之屬暴及徂魂。江左肇基，王者攸宅，金行水位之主，木運火德之君，時更四代，歲逾二百。若其經綸王業，縉紳民望，忠臣孝子，何世無才，而零落山丘，變移陵谷，或皆剪伐，莫不侵殘。玉杯得於民間，漆簡傳於世載，無復五株之樹，罕見千年之表。自大祚光啓，恭惟揖讓，爰暨朕躬，聿修祖武，雖復旂旗服色，猶行杞、宋之邦，每車駕巡遊，眇瞻河、雒之路，故喬山之祀，蘋藻弗虧，驪山之墳，松柏恒守。唯戚藩舊壟，士子故塋，掩殣未周，樵牧猶衆。或親屬流隸，負土無期，子孫冥滅，手植何寄。漢高留連於無忌，宋祖惆悵於子房，丘墓生哀，性靈共惻者也。朕所以興言永日，思慰幽泉。維前代王侯，自古忠烈，墳冢被發絶無後者，可檢行修治，墓中樹木，勿得樵採，庶幽顯咸暢，稱朕意焉。」

己卯，立皇子伯固爲新安郡王，伯恭爲晉安王，伯仁爲廬陵王，伯義爲江夏王。

九月癸未，罷豫章郡。

是月，新作大航。

冬十月辛亥，齊遣使來聘。

《資治通鑑》卷一六九 周以函谷關城爲通洛防，以金州刺史賀若敦爲中州刺史，鎮函谷。

敦恃才負氣，顧其流輩皆爲大將軍，敦獨未得，兼以湘州之役，全軍而返，謂宜受賞，翻得除名，對臺使出怨言。晉公護怒，徵還，逼令自殺。

《北史》卷八《齊本紀下》 十一月癸未，太上皇帝至自晉陽。

己丑，太上皇帝詔改太祖獻武皇帝爲神武皇帝，廟號高祖，獻明皇后爲武明皇后。其文宣謚號，委有司議定。

《陳書》卷三《世祖紀》 十二月乙卯，立皇子伯禮爲武陵王。

丁巳，以鎮前將軍、開府儀同三司章昭達爲鎮南將軍、江州刺史，鎮南大將軍、江州刺史黄法𣰋爲中衛大將軍，中護軍程靈洗爲宣毅將軍、郢州刺史，軍師將軍、郢州刺史沈恪爲中護軍，鎮東將軍、吴興太守吴明徹爲中領軍。

戊午，以東中郎將、吴郡太守鄱陽王伯山爲平北將軍、南徐州刺史。

癸亥，詔曰：「朕自居民牧之重，託在王公之上，顧其寡昧，鬱于治道。加以屢虧聽覽，事多壅積，冤滯靡申，幽枉弗鑒。念兹罪隸，有甚納隍。而惠澤未流，愆陽累月，今歲序云暮，元正向肇，欲使幽圄之内，同被時和，可曲赦京師。」

天康元年、北齊天統二年、北周天和元年（丙戌、五六六）

《資治通鑑》卷一六九 春，正月，己卯，日有食之。

周遣小載師杜杲來聘。

《陳書》卷三《世祖紀》 二月丙子，詔曰：「朕以寡德，纂承洪緒，日昃劬勞，思弘景業，而政道多昧，黎庶未康，兼疹患淹時，亢陽累月，百姓何咎，寔由朕躬，念兹在兹，痛如疾首。可大赦天下，改天嘉七年爲天康元年。」

三月己卯，以驃騎將軍、開府儀同三司、揚州刺史、司空安成王頊爲尚書令。

夏四月乙卯，皇孫至澤生，在位文武賜絹帛各有差，爲父後者賜爵一級。

癸酉，世祖疾甚。是日，崩于有覺殿。遺詔曰：「朕疾苦彌留，遂至不救，修短有命，夫復何言。但王業艱難，頻歲軍旅，生民多弊，無忘愧惕。今方隅乃定，俗教未弘，便及大漸，以爲遺恨。社稷任重，太子可即君臨，王侯將相，善相輔翊，内外協和，勿違朕意！山陵務存儉速。大斂竟，羣臣三日一臨，公除之制，率依舊典。」

陳廢帝部（起公元五六六年，迄公元五六八年）

《讀史津逮》卷三《南陳》 廢帝名伯宗，字奉業，小字藥王，文帝嫡長子，母沈皇后。丙戌即位，明年改元光大。立皇子至澤爲太子。在位二年，叔安成王頊廢爲臨海王而自立，尋卒，年十九。

天康元年、北齊天統二年、北周天和元年（丙戌、五六六）

《陳書》卷四《廢帝紀》 四月癸酉，太子即皇帝位於太極前殿，詔曰：「上天降禍，大行皇帝奄棄萬國，攀號靡及，五内崩殞。朕以寡德，嗣膺寶命，煢煢在疚，懼甚綴旒，方賴宰輔，匡其不逮。可大赦天下。」又詔内外文武，各復其職，遠方悉停奔赴。

五月己卯，尊皇太后曰太皇太后，皇后曰皇太后。

庚寅，以驃騎將軍、司空、揚州刺史、新除尚書令安成王頊爲驃騎大將軍，進位司徒、録尚書、都督中外諸軍事。

《周書》卷五《武帝紀》 庚辰，帝御正武殿，集羣臣親講《禮記》。吐谷渾龍涸王莫昌率户内附，以其地爲扶州。

甲午，詔曰：「道德交喪，禮義嗣興。褒四始於一言，美三千於爲敬。是以在上不驕，處滿不溢，富貴所以長守，邦國於焉乂安。故能承天靜地，和民敬鬼，明並日月，道錯四時。朕雖庸昧，有志前古。」

丁酉，中軍大將軍、開府儀同三司徐度進位司空；鎮南將軍、開府儀同三司、江州刺史章昭達爲侍中，進號征南將軍；鎮東將軍、東揚州刺史始興王伯茂進號征東將軍、開府儀同三司；平北將軍、南徐州刺史鄱陽王伯山進號鎮北將軍；吏部尚書袁樞爲尚書左僕射；雲麾將軍、吴興太守沈欽爲尚書右僕射；新除中領軍吴明徹爲領軍將軍；新除中護軍沈恪爲護軍將軍；平南將軍、湘州刺史華皎進號安南將軍；散騎常侍、御史中丞徐陵爲吏部尚書。

《北史》卷八《齊本紀下》 己亥，封太上皇帝子儼爲東平王，仁弘爲齊安王，仁堅爲北平王，仁英爲高平王，仁光爲淮南王。

六月辛亥，翊右將軍、右光禄大夫王通進號安右將軍。

《資治通鑑》卷一六九 丙寅，葬文皇帝于永寧陵，廟號世祖。

《周書》卷五《武帝紀上》 秋七月戊寅，築武功、郿、斜谷、武都、留谷、津坑諸城，以置軍人。

壬午，詔：「諸胄子入學，但束修於師，不勞釋奠。釋奠者，學成之祭，自今即爲恒式。」

《陳書》卷四《廢帝紀》 丁酉，立妃王氏爲皇后。

《周書》卷五《武帝紀上》 八月己未，詔：「諸有三年之喪，或負土成墳，或寢苫骨立，一志一行，可稱揚者，抑本部官司，隨事言上。當加弔勉，以厲薄俗。」

九月乙亥，信州蠻冉令賢、向五子王反，詔開府陸騰討平之。

冬十月庚申，輿駕奉祠太廟。

《資治通鑑》卷一六九 齊以侯莫陳相爲太傅，任城王湝爲太保，婁叡爲大司馬，馮翊王潤爲太尉，開府儀同三司韓祖念爲司徒。

《陳書》卷四《廢帝紀》 十一月乙亥，周遣使來弔。

十二月甲子，高麗國遣使獻方物。

《資治通鑑》卷一六九 是歲，齊賜侍中、中書監元文遥姓高氏，頃之，遷尚書左僕射。

光大元年、北齊天統三年、北周天和二年（丁亥、五六七）

《資治通鑑》卷一七〇 春，正月，癸酉朔，日有食之。尚書左僕射袁樞卒。

《陳書》卷四《廢帝紀》 乙亥，詔曰：「昔昊天成命，降集寶圖，二后重光，九區咸乂。閔余沖薄，王道未昭，荷兹神器，如涉靈海，庶親賢並建，牧伯惟良，天下雍熙，緬同刑措。今三元改曆，萬國充庭，清廟無追，具僚斯在，言瞻宁位，觸感崩心。思播遺恩，俾覃黎獻。可大赦天下。改天康二年爲光大元年。孝悌力田賜爵一級。」

己卯，以領軍將軍吴明徹爲丹陽尹。

辛卯，輿駕親祠南郊。

《北史》卷八《齊本紀下》 戊戌，太上皇帝詔，京官執事散官三品已上，各舉三人，五品已上，各舉二人；稱事七品已上，及殿中侍御史、尚書都、檢校御史、主書及門下録事，各舉一人。鄴宫九龍殿災，延燒西廊。

《陳書》卷四《廢帝紀》 二月辛亥，宣毅將軍、南豫州刺史余孝頃謀反伏誅。

癸丑，以征東將軍、開府儀同三司、東揚州刺史始興王伯茂爲中衛大將軍，開府儀同三司黄法氍爲鎮北將軍、南徐州刺史，鎮北將軍、南徐州刺史鄱陽王伯山爲鎮東將軍、東揚州刺史。

三月甲午，以尚書右僕射沈欽爲侍中、尚書左僕射。

《周書》卷五《武帝紀上》 夏四月乙巳，省東南諸州：以潁州、歸州、湨州、均州入唐州，油州入純州，鴻州入淮州，洞州入湖州，睢州入襄州，憲州入昌州。以大將軍、陳國公純爲柱國。

《資治通鑑》卷一七〇 癸丑，齊遣散騎常侍司馬幼之來聘。

《陳書》卷四《廢帝紀》 乙卯，太白晝見。

五月癸巳，以領軍將軍、丹陽尹吴明徹爲安南將軍、湘州刺史。

乙未，以鎮右將軍杜稜爲領軍將軍。

安南將軍、湘州刺史華皎謀反，丙申，以中撫大將軍淳于量爲使持節、征南大將軍，總率舟師以討之。

六月壬寅，以中軍大將軍、司空徐度進號車騎將軍，總督京邑衆軍，步道襲湘州。

《資治通鑑》卷一七〇 華皎使者至長安；梁王亦上書言狀，且乞師；周人議出師應之。

《北史》卷八《齊本紀下》 己未，太上皇帝詔封皇子仁機爲西河王，仁約爲樂浪王，仁儉爲潁川王，仁雅爲安樂王，仁統爲丹陽王，仁謙爲東海王。

《資治通鑑》卷一七〇 閏六月，戊寅，遣襄州總管衛公直督柱國陸通、大將軍田弘、權景宣、元定等將兵助之。

《北史》卷八《齊本紀下》 辛巳，左丞相斛律金薨。

壬午，太上皇帝詔尚書令、東平王儼録尚書事，以尚書左僕射趙彦深爲尚書令，并省尚書左僕射婁定遠爲尚書左僕射，中書監徐之才爲右僕射。

《陳書》卷四《廢帝紀》 癸巳，以雲麾將軍新安王伯固爲丹陽尹。

秋七月戊申，立皇子至澤爲皇太子，賜天下爲父後者爵一級，王公卿士已下賚帛各有差。

《北史》卷八《齊本紀下》 八月辛未，太上皇帝詔以太保、任城王湝爲太師，太尉、馮翊王潤爲大司馬，太宰段韶爲左丞相，太師賀拔仁爲右丞相，太傅侯莫陳相爲太宰，大司馬婁叡爲太傅，大將軍斛律光爲太保，司徒韓祖念爲大將軍，司空、趙郡王叡爲太尉，尚書令、東平王儼爲司徒。

《資治通鑑》卷一七〇 華皎遣使誘章昭達，昭達執送建康。又誘程靈洗，靈洗斬之。皎以武州居其心腹，遣使誘都督陸子隆，子隆不從；遣兵攻之，不克。巴州刺史戴僧朔等並隸於皎，長沙太守曹慶等，本隸皎下，遂爲之用。司徒頊恐上流守宰皆附之，乃曲赦湘、巴二州。

《陳書》卷四《廢帝紀》 九月乙巳，詔曰：「逆賊華皎，極惡窮凶，遂樹立蕭巋，謀危社稷。棄親即讎，人神憤惋，王師電邁，水陸爭前，梟剪之期，匪朝伊暮。其家口在北里尚方，宜從誅戮，用明國憲。」

《北史》卷八《齊本紀下》 己酉，太上皇帝詔諸寺署所綰雜保户姓高者，天保之初，雖有優放，權假力用未免者，今可悉蠲雜户，任屬郡縣，一准平人。

《陳書》卷四《廢帝紀》 丙辰，百濟國遣使獻方物。

《北史》卷八《齊本紀下》 丁巳，太上皇帝幸晉陽。

《陳書》卷四《廢帝紀》 是月，周將長胡公拓跋定率步騎二萬入郢州，與華皎水陸俱進，都督淳于量、吴明徹等與戰，大破之。皎單舸奔江陵，擒拓跋定，俘獲萬餘人，馬四千餘匹，送京師。

《陳書》卷四《廢帝紀》 冬十月辛巳，赦湘、巴二州爲皎所詿誤者。

甲申，輿駕親祠太廟。

《資治通鑑》卷一七〇　十一月，戊戌朔，日有食之。

《陳書》卷四《廢帝紀》　己未，以護軍將軍沈恪爲平西將軍、荆州刺史。

甲子，侍中、中權將軍、開府儀同三司、特進、左光禄大夫王沖薨。

十二月庚寅，以兼從事中郎孔英哲爲奉聖亭侯，奉孔子祀。

光大二年、北齊天統四年、北周天和三年（戊子、五六八）

《陳書》卷四《廢帝紀》　春正月己亥，侍中、都督中外諸軍事、驃騎大將軍、司徒、録尚書、揚州刺史安成王頊進位太傅，領司徒，加殊禮，劍履上殿；侍中、征南將軍、開府儀同三司、江州刺史章昭達進號征南大將軍；中撫大將軍、新除征南大將軍淳于量爲侍中、中軍大將軍、開府儀同三司；安南將軍、湘州刺史吴明徹即本號開府儀同三司，進號鎮南將軍；雲麾將軍、郢州刺史程靈洗進號安西將軍。

庚子，詔討華皎軍人死王事者並給棺槥，送還本鄉，仍復其家。

《資治通鑑》卷一七〇　癸亥，齊主使兼散騎常侍鄭大護來聘。

《陳書》卷四《廢帝紀》　甲子，罷吴州，以鄱陽郡還屬江州。侍中、司空、車騎將軍徐度薨。

《資治通鑑》卷一七〇　突厥木杆可汗貳於周，更許齊人以婚，留陳公純等數年不返。會大雷風，壞其穹廬，旬日不止。木杆懼，以爲天譴，即備禮送其女於周，純等奉之以歸。

三月，癸卯，至長安，周主行親迎之禮。

吴明徹乘勝進攻江陵，引水灌之。梁主出頓紀南以避之。周總管田弘從梁主，副總管高琳與梁僕射王操守江陵三城，晝夜拒戰十旬。梁將馬武、吉徹擊明徹，敗之。明徹退保公安，梁主乃得還。

《陳書》卷四《廢帝紀》　夏四月辛巳，太白晝見。

《周書》卷五《武帝紀上》　以太保、鄭國公達奚武爲太傅，大司馬、蜀國公尉遲迥爲太保，柱國、齊國公憲爲大司馬。

《陳書》卷四《廢帝紀》　丁亥，割東揚州晉安郡爲豐州。

五月丙辰，太傅安成王頊獻玉璽一。

六月丁卯，彗星見。

《資治通鑑》卷一七〇　秋，七月，壬寅，周隨桓公楊忠卒，子堅襲爵。

丙午，輿駕親祠太廟。

《陳書》卷四《廢帝紀》　戊申，新羅國遣使獻方物。

壬戌，立皇弟伯智爲永陽王，伯謀爲桂陽王。

九月甲辰，林邑國遣使獻方物。

丙午，狼牙修國遣使獻方物。以侍中、征南大將軍、開府儀同三司、江州刺史章昭達爲中撫大將軍。

戊午，太白晝見。

冬十月庚午，輿駕親祠太廟。

《資治通鑑》卷一七〇　十一月，壬辰朔，日有食之。

齊遣兼散騎常侍李諧來聘。

《陳書》卷四《廢帝紀》　丙午，以前平西將軍、荆州刺史沈恪爲護軍將軍。

壬子，以鎮北將軍、開府儀同三司、南徐州刺史黄法氍爲鎮西將軍、郢州刺史，新除中軍大將軍、開府儀同三司淳于量爲鎮北將軍、南徐州刺史。

甲寅，慈訓太后集羣臣於朝堂，令曰：

「中軍儀同、鎮北儀同、鎮右將軍、護軍將軍、八座卿士：昔梁運季末，海内沸騰，天下蒼生，殆無遺噍。高祖武皇帝撥亂反正，膺圖御籙，重懸三象，還補二儀；世祖文皇帝克嗣洪基，光宣寶業，惠養中國，綏寧外荒；並戰戰兢兢，劬勞締構，庶幾鼎運，方隆殷、夏。

「伯宗昔在儲宫，本無令問，及居崇極，遂騁凶淫。居處諒闇，固不哀慼，嬪嬙弗隔，就館相仍，豈但衣車所納，是譏宗正，衰絰生子，得誚右師。七百之祚何憑，三千之罪爲大。且費引金帛，令充椒閫，内府中藏，軍備國儲，未盈朞稔，皆已空竭。太傅親承顧託，鎮守宫闈，遺詔綢繆，義深垣屏，而欑塗未御，翌日無淹，仍遣劉師知、殷不佞等顯言排斥。韓子高小豎輕佻，推心委仗，陰謀禍亂，決起蕭牆。元相雖持，但除君側。又以余孝頃密邇京師，便相徵召，殃慝之咎，凶徒自擒，宗社之靈，祆氛是滅。於是密詔華皎，稱兵上流，國祚憂惶，幾移醜類。乃至要招遠近，叶力巴、湘，支黨縱横，寇擾黟、歙。又別勑歐陽紇等攻逼衡州，嶺表紛紜，殊淹弦望。豈止罪浮於昌邑，非唯聲醜於太和。但賊豎皆亡，祆徒已散，日望懲改，猶加掩抑，而悖禮忘德，情性不悛，樂禍思亂，昏慝無已。張安國蕞爾凶狡，窮爲小盜，仍遣使人蔣裕鉤出上京，即置行臺，分選凶黨。賊姣妻呂，春徒爲戮，納自奚官，藏諸永巷，使其結引親舊，規圖戕禍。盪主侯法喜等，太傅麾下，恒遊府朝，啗以深利，謀興肘腋。適又盪主孫泰等潛相連結，大有交通，兵力殊彊，指期挺亂。皇家有慶，歷數遐長，天誘其衷，同然開發。此諸文迹，今以相示，是而可忍，誰則不容？祖宗基業，將懼傾實，豈可復肅恭禋祀，臨御兆民？式稽故實，宜在流放，今可特降爲臨海郡王，送還藩邸。

「太傅安成王固天生德，齊聖廣深，二后鍾心，三靈佇眷。自前朝不悆，任總邦家，威惠相宣，刑禮兼設，指揮嘯咤，湘、郢廓清，闢地開疆，荆、益風靡，若太戊之承殷曆，中都之奉漢家，校以功名，曾何髣髴。且地彰靈璽，天表長彗，布新除舊，禎祥咸顯。文皇知子之鑒，事甚帝堯，傳弟之懷，又符太伯。今可還申曩志，崇立賢君，方固宗祧，載貞辰象。中外宜依舊典，奉迎輿駕。

「未亡人不幸屬此殷憂，不有崇替，容危社稷，何以拜祠高寢，歸祔武園？攬筆潸然，兼懷悲慶。」

是日，出居別第。

《北史》卷八《齊本紀下》 十二月辛未，太上皇帝崩。

丙子，大赦，九州職人普加一級，內外百官並加兩級。

戊寅，上太上皇后尊號爲皇太后。

甲申，詔細作之務及所在百工悉罷之。又詔掖庭、晉陽、中山宮人等，及鄴下、并州太官官口二處，其年六十已上，及有癃患者，仰所司簡放。

庚寅，詔天保七年已來，諸家緣坐配流者，所在令還。

是歲，契丹、靺鞨國並遣使朝貢。

陳宣帝部（起公元五六九年，迄公元五八一年）

《讀史津逮》卷三《南陳》　高宗孝宣皇帝名頊，字紹世，小字師利，始興王次子。初入侍江陵，遷於長安，還封始興郡王，改封安成王。天嘉三年，自周還。歷位司空、尚書令。光大二年十一月，廢其主伯宗，明年己丑正月，稱奉慈訓太后令纂位，改元太建。在位十四年，壽五十二，葬顯寧陵。柳皇后，子四十二。

太建元年、北齊天統五年、北周天和四年（己丑、五六九）

《陳書》卷五《宣帝紀》　春正月甲午，即皇帝位于太極前殿，詔曰：「夫聖人受命，王者中興，並由懿德，方作元后。高祖武皇帝揖拜堯圖，經綸禹跡，配天之業，光辰象而利貞，格地之功，侔川岳而長遠。世祖文皇帝體上聖之姿，當下武之運，築宮示儉，所務唯德，定鼎初基，厥謀斯在。朕以寡薄，才非聖賢，夙荷前規，方傳景祚。雖復親承訓誨，志守藩維，詠季子之高風，思城陽之遠託，自元儲紹國，正位君臨，無道非幾，佇聞刑措。豈圖王室不造，頻謀亂階，天步艱難，將傾寶曆，仰惟嘉命，爰集朕躬。我心貞確，堅誓蒼昊，而羣辟啓請，相諠渭橋，文母尊嚴，懸心長樂，對揚璽紱，非止殷湯之三辭，履涉春冬，何但代王之五讓。今便肅奉天策，欽承介圭。若據滄溟，踰增兢業。思所以雲行雨施，品物咸亨，當與黔黎，普同斯慶。可改光大三年爲太建元年。大赦天下。在位文武賜位一階，孝悌力田及爲父後者賜爵一級，異等殊才，並加策序。鰥寡孤獨不能自存者，人賜穀五斛。」復太皇太后尊號曰皇太后。立妃柳氏爲皇后，世子叔寶爲皇太子，皇子南中郎將、江州刺史康樂侯叔陵爲始興王，奉昭烈王祀。

乙未，輿駕謁太廟。

丁酉，分命大使巡行四方，觀省風俗。征南大將軍、開府儀同三司、新除中撫大將軍章昭達進號車騎大將軍，新除中軍大將軍、開府儀同三司、南徐州刺史淳于量爲征北大將軍，鎮北將軍、開府儀同三司、南徐州刺史、新除鎮西將軍、郢州刺史黃法𣰰進號征西大將軍，新除安南將軍、開府儀同三司、湘州刺史吳明徹進號鎮南將軍，鎮東將軍、揚州刺史、鄱陽王伯山進號中衛將軍，尚書僕射沈欽爲尚書左僕射，度支尚書王勱爲尚書右僕射，護軍將軍沈恪爲鎮南將軍、廣州刺史。

辛丑，輿駕親祠南郊。

壬寅，以皇子建安侯叔英爲宣惠將軍、東揚州刺史，改封豫章王。豐城侯叔堅改封長沙王。

戊午，輿駕親祠太廟。

癸卯，以明威將軍周弘正爲特進。

《周書》卷五《武帝紀上》　二月癸亥，以柱國、昌寧公長孫儉爲夏州總管。

戊辰，帝御大德殿，集百僚、道士、沙門等討論釋老義。歲星逆行，掩太微上將。

庚午，有流星大如斗，出左攝提，流至天津，滅後，有聲如雷。

《陳書》卷五《宣帝紀》　皇后謁太廟。

辛未，皇太子謁太廟。

乙亥，輿駕親耕藉田。

《資治通鑑》卷一七〇　甲申，齊葬武成帝于永平陵，廟號世祖。

《北史》卷八《齊本紀下》　己丑，改東平王儼爲琅邪王。詔侍中叱列長叉使於周。

是月，殺太尉、趙郡王叡。

三月丁酉，以司空徐顯秀爲太尉，並省尚書令婁定遠爲司空。

是月，行幸晉陽。

夏四月甲子，詔以并州尚書省爲大基聖寺，晉祠爲大崇皇寺。

乙丑，車駕至自晉陽。

《周書》卷五《武帝紀上》　五月己丑，帝製《象經》成，集百僚講說。封魏廣平公子元謙爲韓國公，以紹魏後。

《陳書》卷五《宣帝紀》　甲午，齊遣使來聘。

丁巳，以吏部尚書、領大著作徐陵爲尚書右僕射，太子詹事、駙馬都尉沈君理爲吏部尚書。

秋七月辛卯，皇太子納妃沈氏，王公已下賜帛各有差。

丁酉，以平東將軍、吴郡太守晉安王伯恭爲中護軍，進號安南將軍。

《資治通鑑》卷一七〇　九月辛卯，周遣齊公憲與柱國李穆將兵趣宜陽，築崇德等五城。

《陳書》卷五《宣帝紀》　甲辰，以新除中護軍晉安王伯恭爲中領軍。

冬十月，新除左衛將軍歐陽紇據廣州舉兵反。

辛未，遣車騎將軍、開府儀同三司章昭達率衆討之。

壬午，輿駕親祠太廟。

《北史》卷八《齊本紀下》　十一月辛丑，詔以太保斛律光爲太傅，大司馬、馮翊王潤爲太保，大將軍、琅邪王儼爲大司馬。

十二月庚午，以開府儀同三司、蘭陵王長恭爲尚書令。

庚辰，以中書監魏收爲尚書右僕射。

《資治通鑑》卷一七〇　周遣御正大夫杜杲來聘，請復修舊好。　上許之，遣使如周。

太建二年、北齊武平元年、北周天和五年（庚寅、五七〇）

《陳書》卷五《宣帝紀》　春正月乙酉，以征西大將軍、開府儀同三司、郢州刺史黄法氍爲中權大將軍。

《資治通鑑》卷一七〇　丙午，上享太廟。

戊申，齊使兼散騎常侍裴讞之來聘。

齊太傅斛律光，將步騎三萬救宜陽，屢破周軍，築統關、豐化二城而還。周軍追之，光縱擊，又破之，獲其開府儀同三司宇文英、梁景興。

《北史》卷八《齊本紀下》　二月癸亥，以百濟王餘昌爲使持節、侍中、驃騎大將軍、帶方郡公，王如故。

己巳，以太傅、咸陽王斛律光爲右丞相，并州刺史、右丞相、安定王賀拔仁爲録尚書事，冀州刺史、任城王湝爲太師。

丙子，降死罪已下囚。

《陳書》卷五《宣帝紀》　癸未，儀同章昭達擒歐陽紇送都，斬于建康市，廣州平。

三月丙申，皇太后崩。

丙午，曲赦廣、衡二州。

丁未，大赦天下。又詔自討周迪、華皎已來，兵交之所有死亡者，並令收斂，并給棺槥，送還本鄉；瘡痍未瘳者，各給醫藥。

夏四月乙卯，臨海王伯宗薨。

戊寅，皇太后祔葬萬安陵。

閏月戊申，輿駕謁太廟。

己酉，太白晝見。

五月乙卯，儀同黄法氍獻瑞璧一。

壬午，齊遣使來弔。

六月戊子，新羅國遣使獻方物。

辛卯，大雨雹。

乙巳，分遣大使巡行州郡，省理冤屈。

戊申，車騎將軍、開府儀同三司章昭達進號車騎大將軍，安南將軍、廣州刺史沈恪進號鎮南將軍。

《北史》卷八《齊本紀下》　己酉，詔以開府儀同三司唐邕爲尚書右僕射。

秋七月癸丑，封孝昭皇帝子彦基爲城陽王，彦康爲定陵王，彦忠爲梁郡王。

甲寅，以尚書令、蘭陵王長恭爲録尚書事，中領軍和士開爲尚書令。

癸亥，靺鞨遣使朝貢。

癸酉，以華山王凝爲太傅。

《資治通鑑》卷一七〇　司空章昭達攻梁，梁主與周總管陸騰拒之。周人于峽口南岸築安蜀城，横引大索于江上，編葦爲橋，以度軍糧。昭達命軍士爲長戟，施於樓船上，仰割其索。索斷，糧絶，因縱兵攻安蜀城，下之。梁主告急于周襄州總管衛公直，直遣大將軍李遷哲將兵救之。遷哲以其所部守江陵外城，自帥騎兵出南門，使步出北門，首尾邀擊陳兵，陳兵多死。

夜，陳兵竊於城西以梯登城，登者已數百人，還哲與陸騰力戰拒之，乃退。昭達又決龍川寧朔堤，引水灌江陵。騰出戰於西堤，昭達兵不利，乃引還。

《陳書》卷五《宣帝紀》　八月甲申，詔曰：「懷遠以德，抑惟恒典，去戎即華，民之本志。頃年江介繦負相隨，崎嶇歸化，亭候不絶，宜加卹養，答其誠心。維是荒境自拔，有在都邑及諸州鎮，不問遠近，並蠲課役。若克平舊土，反我侵地，皆許還鄉，一無拘限。州郡縣長明加甄别，良田廢村，隨便安處。若輒有課訂，即以擾民論。」又詔曰：「民惟邦本，著在典謨，治國愛民，抑又通訓。朕聽朝晏罷，日仄劬勞，方流惠澤，覃被億兆。有梁之季，政刑廢缺，條綱弛紊，僭盜薦興，役賦征徭，尤爲煩刻。大陳御寓，拯兹餘弊，滅扈戡黎，弗遑創改，年代彌流，將及成俗，如弗解張，物無與厝，夕惕疚懷，有同首疾。思從卑菲，約己濟民，雖府帑未充，君孰與足，便可删革，去其甚泰，冀永爲定准，令簡而易從。自今維作田，值水旱失收，即列在所，言上折除。軍士年登六十，悉許放還。巧手於役死亡及與老疾，不勞訂補。其籍有巧隱，并王公百司輒受民爲程蔭，解還本屬，開恩聽首。在職治事之身，須遞相檢示，有失不推，當局任罪。令長代换，具條解舍户數，付度後人。户有增進，即加擢賞；若致减散，依事准結。有能墾起荒田，不問頃畝少多，依舊蠲税。」

戊子，太白晝見。

九月乙丑，以散騎常侍、鎮東將軍、吴興太守杜稜爲特進、護軍將軍。

《資治通鑑》卷一七〇　冬，十月，辛巳朔，日有食之。

辛巳，以司空、廣寧王孝珩爲司徒，以上洛王思宗爲司空，封蕭莊爲梁王。

《陳書》卷五《宣帝紀》　乙酉，輿駕親祠太廟。

《北史》卷八《齊本紀下》　戊子，曲降并州死罪已下囚。

己丑，復改威宗景烈皇帝謚號爲顯祖文宣皇帝。

《陳書》卷五《宣帝紀》　十一月辛酉，高麗國遣使獻方物。

十二月癸巳夜，西北有雷聲。

太建三年、北齊武平二年、北周天和六年（辛卯、五七一）

《陳書》卷五《宣帝紀》　春正月癸丑，以尚書右僕射、領大著作徐陵爲尚書僕射。

《資治通鑑》卷一七〇　丁巳，齊使兼散騎常侍劉環儁來聘。

《陳書》卷五《宣帝紀》　辛酉，輿駕親祠南郊。

辛未，親祠北郊。

二月辛巳，輿駕親祠明堂。

丁酉，親耕藉田。

《北史》卷八《齊本紀下》　壬寅，以録尚書事、蘭陵王長恭爲太尉，并省録尚書事趙彦深爲司空，尚書令和士開録尚書事，左僕射徐之才爲尚書令，右僕射唐邕爲左僕射，吏部尚書馮子琮爲右僕射。

三月丁丑，大赦天下。自天康元年訖太建元年，逋餘軍糧、禄秩、夏調未入者，悉原之。又詔犯逆子弟支屬逃亡異境者，悉聽歸首；見縶繫者，量可散釋；其有居宅，並追還。

《資治通鑑》卷一七〇　夏，四月，戊寅朔，日有食之。

《陳書》卷五《宣帝紀》　壬辰，齊遣使來聘。

《周書》卷五《武帝紀上》　甲午，以柱國、燕國公于寔爲凉州總管，大將軍、杞國公亮爲秦州總管。

庚子，以大將軍、滎陽公司馬消難爲柱國。陳國公純、鴈門公田弘率師取齊宜陽等九城。以大將軍武安公侯莫陳瓊、太安公閻慶、神武公竇毅、南陽公叱羅協、平高公侯伏侯龍恩並爲柱國。封開府斛斯徵爲岐國公，右宫伯長孫覽爲薛國公。

《陳書》卷五《宣帝紀》　五月戊申，太白晝見。

辛亥，遼東、新羅、丹丹、天竺、盤盤等國並遣使獻方物。

《資治通鑑》卷一七〇　癸亥，周使納言鄭詡來聘。

《周書》卷五《武帝紀上》　丙寅，以大將軍唐國公李昞、中山公訓、杞國公亮、上庸公陸騰、安義公宇文丘、北平公寇紹、許國公宇文善、犍爲公高琳、鄭國公達奚震、隴東公楊纂、常山公于翼並爲柱國。

《資治通鑑》卷一七〇　周晉公護使中外府參軍郭榮城於姚襄城南、定陽城西，齊段韶引兵襲周師，破之。

《陳書》卷五《宣帝紀》　六月丁亥，江陰王蕭季卿以罪免。

甲辰，封東中郎將長沙王府諮議參軍蕭彝爲江陰王。

《資治通鑑》卷一七〇　齊斛律光與周師戰於宜陽城下，取周建安等四戍，捕虜千餘人而還。軍未至鄴，齊主敕使散兵，光以軍士多有功者，未得慰勞，乃密通表，請遣使宣旨，軍仍且進，齊朝發使遲留。軍還，將至紫陌，光乃駐營待使。帝聞光軍已逼，心甚惡之，亟令舍人召光入見，然後宣勞散兵。

《陳書》卷五《宣帝紀》　秋八月辛丑，皇太子親釋奠于太學，二傅、祭酒以下賚帛各有差。

九月癸酉，太白晝見。

冬十月甲申，輿駕親祠太廟。

乙酉，周遣使來聘。

己亥，丹丹國遣使獻方物。

《北史》卷八《齊本紀下》　十一月庚戌，詔侍中赫連子悅使於周。

丙寅，以徐州行臺、廣寧王孝珩録尚書事。

庚午，以録尚書事、廣寧王孝珩爲司徒。

癸酉，以右丞相斛律光爲左丞相。

《陳書》卷五《宣帝紀》　十二月壬辰，車騎大將軍、司空章昭達薨。

太建四年、北齊武平三年、北周建德元年（壬辰、五七二）

《陳書》卷五《宣帝紀》　春正月丙午，以雲麾將軍、江州刺史始興王叔陵爲湘州刺史，進號平南將軍；　東中郎將、吴郡太守長沙王叔堅爲宣毅將軍、江州刺史；　尚書僕射、領大著作徐陵爲尚書左僕射；　中書監王勱爲尚書右僕射。

《周書》卷五《武帝紀上》　戊午，帝幸玄都觀，親御法座講説，公卿道俗論難，事畢還宮。降死罪及流罪一等，其五歲刑已下，並宥之。

《陳書》卷五《宣帝紀》　庚申，以丹陽尹衡陽王伯信爲信威將軍、中護軍。

庚午，輿駕親祠太廟。

《資治通鑑》卷一七一　辛未，齊主贈琅邪王儼爲楚恭哀帝以慰太后心，又以儼妃李氏爲楚帝后。

二月，癸酉，周遣大將軍昌城公深聘於突厥，司賓李除、小賓部賀遂禮聘於齊。

己卯，齊以衛菩薩爲太尉。

辛巳，以并省吏部尚書高元海爲尚書左僕射。

《陳書》卷五《宣帝紀》　乙酉，立皇子叔卿爲建安王，授東中郎將、東揚州刺史。

《資治通鑑》卷一七一　三月癸卯朔，日有食之。

《陳書》卷五《宣帝紀》　壬子，以散騎常侍孫瑒爲安西將軍、荆州刺史。

《周書》卷五《武帝紀上》　丙辰，誅大冢宰晉國公護、護子柱國譚國公會、會弟大將軍莒國公至、崇業公静，並柱國侯伏侯龍恩、龍恩弟大將軍萬壽、大將軍劉勇等。

《資治通鑑》卷一七一　丁巳，大赦，改元。

以宇文孝伯爲車騎大將軍，與王軌並加開府儀同三司。

癸亥，以太傅、蜀國公尉遲迥爲太師，柱國鄧國公竇熾爲太傅，大司空、申國公李穆爲太保，齊國公憲爲大冢宰，衛國公直爲大司徒，趙國公招爲大司空，柱國枹罕公辛威爲大司寇，綏德公陸通爲大司馬。詔曰：「民亦勞止，則星動於天；　作事不時，則石言於國。故知爲政欲静，静在寧民；　爲治欲安，安在息役。頃興造無度，徵發不已，加以頻歲師旅，農畝廢業。去秋災蝗，年穀不登，民有散亡，家空杼軸。朕每旦恭己，夕惕兢懷。自今正調以外，無妄徵發。庶時殷俗阜，稱朕意焉。」

《陳書》卷五《宣帝紀》　乙丑，扶南、林邑國並遣使來獻方物。

《周書》卷五《武帝紀上》　夏四月甲戌，以代國公達、滕國公逌並爲柱國。詔荆州、安州、江陵等總管停隸襄州。

己卯，以柱國張掖公王傑爲涇州總管，魏國公李暉爲梁州總管。詔公卿以下各舉所知。遣工部代公達、小禮部辛彦之使於齊。

丙戌，詔百官軍民上封事，極言得失。

《陳書》卷五《宣帝紀》　戊子，以中權大將軍、開府儀同三司黄法𣰰爲征南大將軍、南豫州刺史。

《周書》卷五《武帝紀上》　庚寅，追尊略陽公爲孝閔皇帝。癸巳，立魯國公贇爲皇太子。大赦天下，百官各加封級。

《陳書》卷五《宣帝紀》　五月癸卯，尚書右僕射王勱卒。六月辛巳，侍中、鎮右將軍、右光禄大夫杜稜卒。

《資治通鑑》卷一七一　秋，七月，遣使如周。

《北史》卷八《齊本紀下》　戊辰，誅左丞相、咸陽王斛律光及其弟幽州行臺、荆山公豐樂。

《陳書》卷五《宣帝紀》　八月辛未，周遣使來聘。

丁丑，景雲見。

戊寅，詔曰：「國之大事，受脤興戎。師出以律，稟策於廟，所以乂安九有，克成七德。自頃掃滌羣穢，廓清諸夏，乃貔貅之戮力，亦帷幄之運籌。雖左衽已戡，干戈載戢，呼韓來謁，亭鄣無警；但不教民戰，是謂棄之，仁必有勇，無忘武備。磻溪之傳韜訣，穀城之授神符，文叔懸制戎規，孟德頗言兵略。朕既慙暗合，良皆披覽。兼昔經督戎，備嘗行陣，齊以七步，肅之三鼓，得自胸襟，指掌可述。今並條制，凡十三科，宜即班宣，以爲永准。」

《北史》卷八《齊本紀下》　庚寅，廢皇后斛律氏爲庶人。以太宰、任城王湝爲右丞相，太師、馮翊王潤爲太尉，蘭陵王長恭爲大司馬，廣寧王孝珩爲大將軍，安德王延宗爲司徒。使領軍封輔相聘于周。

癸巳，行幸晉陽。

《陳書》卷五《宣帝紀》　乙未，詔停督湘、江二州逋租，無錫等十五縣流民，並蠲其繇賦。

《北史》卷八《齊本紀下》　是月，《聖壽堂御覽》成，勑付史閣。後改爲《修文殿御覽》。

《陳書》卷五《宣帝紀》　九月庚子朔，日有蝕之。

辛亥，大赦天下。又詔曰：「舉善從諫，在上之明規；進賢謁言，爲臣之令範。朕以寡德，嗣守寶圖，雖世襲隆平，治非寧一。辨方分職，旰食早衣，傍闕爭臣，下無貢士。何其闕爾，鮮能抗直；豈余獨運，匪薦讜言。置鼓公車，罕論得失；施石象魏，莫陳可否。朱雲摧檻，良所不逢；禽息觸楹，又爲難值。至如衣褐以見，檐簦以遊，或耆艾絶倫，或妙年異等，干時而不偶，左右莫之譽，黑貂改弊，黄金且殫，終其滯淹，可爲太息。又貴爲百辟，賤有十品，工拙並騖，勸沮莫分，街謡徒擁，廷議斯闕。實朕之弗明，而時無獻替。永言至治，何乃爽歟？外可通示文武：凡厥在位，風化乖殊，朝政紕蠹，正色直辭，有犯無隱。兼各舉所知，隨才明試。其莅政廉穢，在職能否，分別矢言，俟兹黜陟。」

景寅，以故太尉徐度、儀同杜稜、儀同程靈洗配食高祖廟庭，故車騎將軍章昭達配食世祖廟庭。

《資治通鑑》卷一七一　冬，十月，辛未，周遣小匠師楊勰等來聘。

《陳書》卷五《宣帝紀》　乙酉，輿駕親祠太廟。

戊戌，以鎮南將軍、廣州刺史沈恪爲領軍將軍。

十〔一〕月己亥夜地震。

閏月辛未，詔曰：「姑熟饒曠，荆河斯擬，博望關畿，天限嚴峻，龍山南指，牛渚北臨，對熊繹之餘城，邇全琮之故壘，良疇美柘，畦畎相望，連宇高甍，阡陌如繡。自梁末兵災，凋殘略盡，比雖務優寬，猶未克復，咫尺封畿，宜須殷阜。且衆將部下，多寄上下，軍民雜俗，極爲蠹秏。自今有罷任之徒，許分留部下；其已在江外，亦令迎還，悉住南州津裏安置。有無交貨，不責市估；萊荒墾闢，亦停租税。臺遣鎮監一人，共刺史、津主分明檢押，給地賦田，各立頓舍。」

十二月壬寅，甘露降樂遊苑。

甲辰，輿駕幸樂遊苑，採甘露，宴羣臣。

丁卯，詔曰：「梁氏之季，兵火薦臻，承華焚蕩，頓無遺構。寶命惟新，迄將二紀，頻事戎旅，未遑修繕。今工役差閑，椽楹有擬，來歲開肇，創築東宫，可權置起部尚書、將作大匠，用主監作。」

太建五年、北齊武平四年、北周建德二年（癸巳、五七三）

《陳書》卷五《宣帝紀》　春正月癸酉，以征北大將軍、開府儀同三司、南徐州刺史淳于量爲中權大將軍；宣惠將軍、豫章王叔英爲南徐州刺史，進號平北將軍；吏部尚書、駙馬都尉沈君理爲尚書右僕射，領吏部。

《資治通鑑》卷一七一　戊寅，齊以并省尚書令高阿那肱録尚書事，總知外兵及內省機密，與侍中城陽王穆提婆、領軍大將軍昌黎王韓長鸞共處衡軸，號曰「三貴」，蠹國害民，日月滋甚。

《陳書》卷五《宣帝紀》　辛巳，輿駕親祠南郊。

甲午，輿駕親祠太廟。

二月辛丑，輿駕親祠明堂。

《資治通鑑》卷一七一　乙巳，齊立右皇后穆氏爲皇后。

丙午，祖珽奏置文林館，多引文學之士以充之，謂之待詔；以中書侍郎博陵李德林、黄門侍郎琅邪顔之推同判館事，又命共撰《修文殿御覽》。

《陳書》卷五《宣帝紀》　乙卯，夜有白氣如虹，自北方貫北斗紫宫。

三月壬午，分命衆軍北伐，以鎮前將軍、開府儀同三司吴明徹都督征討諸軍事。

丙戌，西衡州獻馬生角。

己丑，皇孫胤生，內外文武賜帛各有差，爲父後者爵一級。北討大都督吴明徹統衆十萬，發自白下。

《資治通鑑》卷一七一　夏，四月，戊申，齊以蘭陵王長恭爲太保，南陽王綽爲大司馬，安德王延宗爲太尉，武興王普爲司徒，開府儀同三司宜陽王趙彦深爲司空。

齊人於秦郡置秦州，州前江浦通涂水，齊人以大木爲栅於水中。

辛亥，吴明徹遣豫章內史程文季將驍勇拔其栅，克之。

《陳書》卷五《宣帝紀》　庚申，齊遣兵十萬援歷陽，儀同黄法氍破之。

辛酉，齊軍救秦州，吴明徹又破之。

癸亥，詔北伐衆軍所殺齊兵，並令埋掩。

甲子，南譙太守徐槾克石梁城。

五月己巳，瓦梁城降。

癸酉，陽平郡城降。

甲戌，徐槾克廬江郡城。

丙子，黄法氍克歷陽城。

《北史》卷八《齊本紀下》　詔史官更撰《魏書》。

《陳書》卷五《宣帝紀》　己卯，北高唐郡城降。

辛巳，詔征南大將軍、開府儀同三司、南豫州刺史黄法氍徙鎮歷陽，齊改縣爲郡者並復之。

乙酉，南齊昌太守黄詠克齊昌外城。

丙戌，廬陵內史任忠軍次東關，克其東西二城，進克蘄城。

戊子，又克譙郡城，秦州城降。

癸巳，瓜步、胡墅二城降。

《北史》卷八《齊本紀下》　癸巳，以領軍穆提婆爲尚書左僕射，以侍中、中書監段孝言爲右僕射。

是月，開府儀同三司尉破胡、長孫洪略等與陳將吴明徹戰於吕梁南，大敗，破胡走以免，洪略戰没，遂陷秦、涇二州。明徹進陷和、合二州。

是月，殺太保、蘭陵王長恭。

《陳書》卷五《宣帝紀》　六月庚子，郢州刺史李綜克灄口城。

乙巳，任忠克合州外城。

庚戌，淮陽、沭陽郡並棄城走。

癸丑，景雲見。豫章內史程文季克涇州城。

乙卯，宣毅司馬湛陁克新蔡城。

癸亥，周遣使來聘。黄法氍克合州城。

吴明徹師次仁州，甲子，克其州城。

是月，治明堂。

秋七月乙丑，鎮前將軍、開府儀同三司吴明徹進號征北大將軍。

《資治通鑑》卷一七一　戊辰，齊遣尚書左丞陸騫將兵二萬救齊昌，出自巴、蕲，遇西陽太守汝南周炅。炅留羸弱，設疑兵以當之，身帥精鋭，由間道邀其後，大破之。

己巳，征北大將軍吴明徹軍至峽口，克其北岸城；南岸守者棄城走。

周炅克巴州。淮北、絳城及穀陽士民，並殺其戍主，以城降。

齊巴陵王王琳與揚州刺史王貴顯保壽陽外郭，吴明徹以琳初入，衆心未固，丙戌，乘夜攻之，城潰。齊兵退據相國城及金城。

《陳書》卷五《宣帝紀》　八月乙未，山陽城降。

壬寅，盱眙城降。

戊申，罷南齊昌郡。

壬子，戎昭將軍徐敬辯克海安城。青州東海城降。

戊午，平固侯陳敬泰等克晉州城。

九月甲子，陽平城降。

壬申，高唐太守沈善度克馬頭城。

甲戌，齊安城降。

丙子，左衛將軍樊毅克廣陵楚子城。

《周書》卷五《武帝紀上》 戊寅，以柱國、鄭國公達奚震爲金州總管。詔曰：「政在節財，禮唯寧儉。而頃者婚嫁競爲奢靡，牢羞之費，罄竭資財，甚乖典訓之理。有司宜加宣勒，使咸遵禮制。」

壬午，納皇太子妃楊氏。

《陳書》卷五《宣帝紀》 癸未，尚書右僕射、領吏部、駙馬都尉沈君理卒。

丁亥，前鄱陽内史魯天念克黃城小城，齊軍退保大城。

戊子，割南兗州之盱眙郡屬譙州。

壬辰晦，夜明。黃城大城降。

冬十月甲午，郭默城降。

戊戌，以中書令王瑒爲吏部尚書。

己亥，以特進、領國子祭酒周弘正爲尚書右僕射。

乙巳，吴明徹克壽陽城，斬王琳，傳首京師，梟于朱雀航。

丁未，齊兵萬人至潁口，樊毅擊走之。

辛亥，齊遣兵援蒼陵，又破之。

丙辰，詔曰：「梁末得懸瓠，以壽陽爲南豫州，今者克復，可還爲豫州。以黃城爲司州，治下爲安昌郡，漨湍爲漢陽郡，三城依梁爲義陽郡，並屬司州。」以征北大將軍、開府儀同三司吴明徹爲豫州刺史，進號車騎大將軍；征南大將軍、開府儀同三司、南豫州刺史黃法氍爲征西大將軍、合州刺史。

戊午，湛陁克齊昌城。

十一月甲戌，淮陰城降。

庚辰，威虜將軍劉桃根克朐山城。

辛巳，樊毅克濟陰城。

己丑，魯廣達等克北徐州。

十二月壬辰朔，詔曰：「古者反噬叛逆，盡族誅夷，所以藏其首級，誡之後世。比者所戮止在一身，子胤或存，梟懸自足，不容久歸武庫，長比月支。惻隱之懷，有仁不忍。維熊曇朗、留異、陳寶應、周迪、鄧緒等及今者王琳首，並還親屬，以弘廣宥。」

《周書》卷五《武帝紀上》 癸巳，集羣臣及沙門、道士等，帝升高座，辨釋三教先後，以儒教爲先，道教爲次，佛教爲後。以大將軍、樂川公赫連達爲柱國。詔曰：「尊年尚齒，列代弘規，序舊酬勞，哲王明範。朕嗣承弘業，君臨萬邦，驅此兆庶，寘諸仁壽。軍民之間，年多耆耋，眷言衰暮，宜有優崇。可頒授老職，使榮霑邑里。」

《陳書》卷五《宣帝紀》 乙未，譙城降。

乙巳，立皇子叔明爲宜都王，叔獻爲河東王。

壬午，任忠克霍州城。

太建六年、北齊武平五年、北周建德三年（甲午、五七四）

《陳書》卷五《宣帝紀》 春正月壬戌朔，詔曰：「王者以四海爲家，萬姓爲子，一物乖方，夕惕猶厲，六合未混，旰食彌憂。朕嗣纂鴻基，思弘經略，上符景宿，下叶人謀，命將興師，大拯淪溺。灰琯未周，凱捷相繼，拓地數千，連城將百。蠢彼餘黎，毒茲異境，江淮年少，猶有剽掠，鄉閭無賴，摘出陰私，將帥軍人，罔顧刑典，今使苛法蠲除，仁聲載路。且肇元告慶，邊服來荒，始覩皇風，宜覃曲澤，可赦江右淮北南司、定、霍、光、建、朔、合、豫、北徐、仁、北兗、青、冀，南譙、南兗十五州，郢州之齊安、西陽，江州之齊昌、新蔡、高唐，南豫州之歷陽、臨江郡士民，罪無輕重，悉皆原宥。將帥職司，軍人犯法，自依常科。」以翊前將軍新安王伯固爲中領軍，進號安前將軍；安前將軍、中領軍晉安王伯恭爲安南將軍、南豫州刺史。

《周書》卷五《武帝紀上》 朝羣臣於露門。冊柱國齊國公憲、衛國公直、趙國公招、譙國公儉、陳國公純、越國公盛、代國公達、滕國公逌並進爵爲王。

丙子，初服短衣，享二十四軍督將以下，試以軍旅之法，縱酒盡歡。詔以往歲年穀不登，民多乏絶，令公私道俗，凡有貯積粟麥者，皆准口聽留，以外盡糶。

《陳書》卷五《宣帝紀》　壬午，輿駕親祠太廟。

甲申，廣陵金城降。周遣使來聘。高麗國遣使獻方物。

二月壬辰朔，日有蝕之。

《北史》卷八《齊本紀下》　乙未，車駕至自晉陽。朔州行臺、南安王思好反。

《周書》卷五《武帝紀上》　丁酉，紀國公康、畢國公賢、酆國公貞、宋國公實、漢國公贊、秦國公贄、曹國公允並進爵爲王。

《北史》卷八《齊本紀下》　辛丑，行幸晉陽。尚書令唐邕等大破思好，思好投水死，焚其屍，並其妻李氏。

丁未，車駕至自晉陽。

《陳書》卷五《宣帝紀》　辛亥，輿駕親耕藉田。

《北史》卷八《齊本紀下》　甲寅，以尚書令唐邕爲録尚書事。

《陳書》卷五《宣帝紀》　丙辰，以中權大將軍、開府儀同三司淳于量爲征西大將軍、郢州刺史。

三月癸亥，詔曰：「去歲南川頗言失稔，所督田租于今未即。豫章等六郡太建五年田租，可申半至秋。豫章又逋太建四年檢首田稅，亦申至秋。南康一郡，嶺下應接，民間尤弊，太建四年田租未入者，可特原除。庶修墾無廢，歲取方實。」

夏四月庚子，彗星見。

辛丑，詔曰：「戢情懷善，有國之令圖；拯弊救危，聖範之通訓。近命師薄伐，義在濟民，青、齊舊隸，膠、光部落，久患凶戎，爭歸有道，棄彼農桑，忘其衣食。而大軍未接，中途止憩，朐山、黄郭，車營布滿，扶老攜幼，蓬流草跋，既喪其本業，咸事遊手，饑饉疾疫，不免流離。可遣大使精加慰撫，仍出陽平倉穀，拯其懸磬，并充糧種。勸課士女，隨近耕種。石鼈等屯，適意修墾。」

《資治通鑑》卷一七一　乙卯，齊遣侍中薛孤康買弔於周，且會葬。

初，齊世祖爲胡后造珠裙袴，所費不可勝計，爲火所焚。至是，齊主復爲穆后營之。使商胡齎錦綵三萬，與弔使偕往市珠。周人不與，齊主竟自造之。及穆后愛衰，其侍婢馮小憐大幸，拜爲淑妃；與齊主坐則同席，出則並馬，誓同生死。

《周書》卷五《武帝紀上》　五月庚申，葬文宣皇后於永固陵，帝袒跣至陵所。

辛酉，詔曰：「齊斬之情，經籍彝訓，近代沿革，遂亡斯禮。伏奉遺令，既葬便除，攀慕几筵，情實未忍。三年之喪，達於天子，古今無易之道，王者之所常行。但時有未諧，不得全制。軍國務重，庶自聽朝。縗麻之節，苫廬之禮，率遵前典，以申罔極。百寮以下，宜依遺令。」公卿上表，固請俯就權制，過葬即吉。帝不許，引古禮答之，羣臣乃止。於是遂申三年之制，五服之内，亦令依禮。初置太子諫議員四人，文學十人；皇弟、皇子友員各二人，學士六人。

丁卯，荆州獻白烏。

戊辰，詔故晉國公護及諸子，並追復先封，改葬加謚。

丙子，初斷佛、道二教，經像悉毁，罷沙門、道士，並令還民。並禁諸淫祀，禮典所不載者，盡除之。

《陳書》卷五《宣帝紀》　六月壬辰，尚書右僕射、領國子祭酒周弘正卒。

乙巳，以中衛將軍、揚州刺史鄱陽王伯山爲征北將軍、南徐州刺史，中護軍衡陽王伯信爲宣毅將軍、揚州刺史。

《周書》卷五《武帝紀上》　丁未，集諸軍將，教以戰陣之法。

壬子，更鑄五行大布錢，以一當十，與布泉錢並行。

戊午，詔曰：「至道弘深，混成無際，體包空有，理極幽玄。但歧路既分，派源逾遠，淳離樸散，形氣斯乖。遂使三墨八儒，朱紫交競；九流七略，異説相騰。道隱小成，其來舊矣。不有會歸，爭驅靡息。今可立通道觀，聖哲微言，先賢典訓，金科玉篆，秘賾玄文，所以濟養黎元，扶成教義者，並宜弘闡，一以貫之。俾夫翫培塿者，識嵩岱之崇崛；守磧礫者，悟渤澥之泓澄，不亦可乎。」

《資治通鑑》卷一七一　秋七月庚申，周主如雲陽，以右宮正尉遲運兼司武，與薛公長孫覽輔太子守長安。

《周書》卷五《武帝紀上》　乙酉，衛王直在京師舉兵反，欲突入肅章門。司武尉遲運等拒守。直敗，率百餘騎遁走。京師連雨三旬，是日霽。

戊子，至自雲陽宮。

八月辛卯，擒直於荆州，免爲庶人。

乙未，詔自建德元年八月以前犯罪，未被推糾，於後事發失官爵者，並聽復舊。

丙申，行幸雲陽宮。

九月庚申，幸同州。

戊辰，以柱國、大宗伯、周昌公侯莫陳瓊爲秦州總管。

冬十月丙申，御正楊尚希、禮部盧愷使於陳。

戊戌，雍州獻蒼烏。

庚子，詔蒲州民遭饑乏絶者，令向郿城以西，及荆州管内就食。

甲寅，行幸蒲州。

乙卯，曲赦蒲州見囚大辟以下。

丙辰，行幸同州。始州民王鞅擁衆反，大將軍鄭恪討平之。

十一月戊午，以柱國、大司空、上庸公陸騰爲涇州總管。于闐遣使獻名馬。

己巳，大閲於城東。

甲戌，至自同州。

《陳書》卷五《宣帝紀》　乙亥，詔北討行軍之所，並給復十年。

《周書》卷五《武帝紀上》　十二月戊子，大會衛官及軍人以上，賜錢帛各有差。

辛卯，月掩太白。詔荆、襄、安、延、夏五州總管内，有能率其從軍者，授官各有差。其貧下户，給復三年。

《陳書》卷五《宣帝紀》　癸巳，平南將軍、湘州刺史始興王叔陵進號鎮南將軍。

戊戌，以吏部尚書王瑒爲尚書右僕射，度支尚書孔奂爲吏部尚書。

《周書》卷五《武帝紀上》　癸卯，集諸軍講武於臨皋澤。凉州比年地震，壞城郭，地裂，涌泉出。

《陳書》卷五《宣帝紀》　丙午，安右將軍、左光禄大夫王通加特進。

太建七年、北齊武平六年、北周建德四年（乙未、五七五）

《周書》卷六《武帝紀下》　春正月戊辰，以柱國枹罕公辛威爲寧州總管，太原公王康爲襄州總管。初置營軍器監。

《陳書》卷五《宣帝紀》　辛未，輿駕親祠南郊。

乙亥，左衛將軍樊毅克潼州城。

辛巳，輿駕親祠北郊。

《資治通鑑》卷一七二　二月，丙戌朔，日有食之。

《陳書》卷五《宣帝紀》　戊申，樊毅克下邳、高栅等六城。

三月辛未，詔豫、二兖、譙、徐、合、霍、南司、定九州及南豫、江、郢所部在江北諸郡置雲旗義士，往大軍及諸鎮備防。

戊寅，以新除征西大將軍、合州刺史、開府儀同三司黄法氍爲豫州刺史。改梁東徐州爲安州，武州爲沅州。移譙州鎮於新昌郡，以秦郡屬之。盱眙、神農二郡還隸南兖州。

夏四月丙戌，有星孛于大角。

庚寅，監豫州陳桃根於所部得青牛，獻之，詔遣還民。

甲午，輿駕親祠太廟。

乙未，陳桃根又表上織成羅又錦被各二百首，詔於雲龍門外焚之。

壬子，郢州獻瑞鍾六。

五月乙卯，割譙州之秦郡還隸南兖州。分北譙縣置北譙郡，領陽平所屬北譙、西譙二縣。合州之南梁郡，隸入譙州。

六月丙戌，爲北討將士死王事者克日舉哀。

壬辰，以尚書右僕射王瑒爲尚書僕射。

己酉，改作雲龍、神獸門。

《周書》卷六《武帝紀下》　秋七月丙辰，行幸雲陽宮。

丁卯，至自雲陽宮。

己未，禁五行大布錢不得出入關，布泉錢聽入而不聽出。

甲戌，陳遣使來聘。

丙子，召大將軍以上於大德殿，帝曰：「太祖神武膺運，創造王基，兵威所臨，有征無戰。唯彼僞齊，猶懷跋扈。雖復戎車屢駕，而大勳未集。朕以寡昧，纂承鴻緒，往以政出權宰，無所措懷。自親覽萬機，便圖東討。惡衣菲食，繕甲治兵，數年已來，戰備稍足。而僞主昏虐，恣行無道，伐暴除亂，斯實其時。今欲數道出兵，水陸兼進，北拒太行之路，東扼黎陽之險。若攻拔河陰，兖、豫則馳檄可定。然後養鋭享士，以待其至。但得一戰，則破之必矣。王公以爲何如？」羣臣咸稱善。

丁丑，詔曰：「高氏因時放命，據有汾、漳，擅假名器，歷年永久。朕以亭毒爲心，遵養時晦，遂敦聘好，務息黎元。而彼懷惡不悛，尋事侵軼，背言負信，竊邑藏姦。往者軍下宜陽，釁由彼始；兵興汾曲，事非我先。此獲俘囚，禮送相繼；彼所拘執，曾無一反。加以淫刑妄逞，毒賦繁興，齊、魯軫殄悴之哀，幽、并啓來蘇之望。既禍盈惡稔，衆叛親離，不有一戎，何以大定。今白藏在辰，涼風戒節，厲兵詰暴，時事惟宜。朕當親御六師，龔行天罰。庶憑祖宗之靈，潛資將士之力，風馳九有，電掃八紘。可分命衆軍，指期進發。」以柱國陳王純爲前一軍總管，滎陽公司馬消難爲前二軍總管，鄭國公達奚震爲前三軍總管，越王盛爲後一軍總管，周昌公侯莫陳瓊爲後二軍總管，趙王招爲後三軍總管，齊王憲率衆二萬趣黎陽，隨國公楊堅、廣寧侯薛迴舟師三萬自渭入河，柱國梁國公侯莫陳芮率衆一萬守太行道，申國公李穆帥衆三萬守河陽道，常山公于翼帥衆二萬出陳、汝。

壬午，上親率六軍，衆六萬，直指河陰。

《陳書》卷五《宣帝紀》　八月壬寅，移西陽郡治保城。

癸卯，周遣使來聘。

《周書》卷六《武帝紀下》　入于齊境。禁伐樹踐苗稼，犯者以軍法從事。

丁未，上親率諸軍攻河陰大城，拔之。進攻子城，未克。上有疾。

《陳書》卷五《宣帝紀》　閏九月壬辰，都督吳明徹大破齊軍於吕梁。

是月，甘露頻降樂遊苑。

丁未，輿駕幸樂遊苑，採甘露，宴羣臣，詔於苑龍舟山立甘露亭。

冬十月戊午，以征北將軍、南徐州刺史鄱陽王伯山爲征南將軍、江州刺史；安前將軍、中領軍新安王伯固爲南徐州刺史，進號鎮北將軍；信威將軍、江州刺史長沙王叔堅爲雲麾將軍、中領軍。

己巳，立皇子叔齊爲新蔡王，叔文爲晉熙王。

《周書》卷六《武帝紀下》　戊子，初置上柱國、上大將軍官，改開府儀同三司爲開府儀同大將軍，儀同三司爲儀同大將軍，又置上開府、上儀同官。

《陳書》卷五《宣帝紀》　十一月庚戌，以征西大將軍、開府儀同三司、郢州刺史淳于量爲中軍大將軍。

《資治通鑑》卷一七二　十二月辛亥朔，日有食之。

《陳書》卷五《宣帝紀》　丙辰，以新除雲麾將軍、郢州刺史長沙王叔堅爲平越中郎將、廣州刺史，東中郎將、東揚州刺史建安王叔卿爲雲麾將軍、郢州刺史，宣惠將軍宜都王叔明爲東揚州刺史。

壬戌，以尚書僕射王瑒爲尚書左僕射，太子詹事、揚州大中正陸繕爲尚書右僕射，國子祭酒徐陵爲領軍將軍。

甲子，南康郡獻瑞鍾。

太建八年、北齊隆化元年、北周建德五年（丙申、五七六）

《陳書》卷五《宣帝紀》　春正月庚辰，西南有紫雲見。

《周書》卷六《武帝紀下》　癸未，行幸同州。

辛卯，行幸河東涑川，集關中、河東諸軍校獵。

甲午，還同州。

丁酉，詔曰：「朕克己思治，而風化未弘。永言前古，載懷夕惕。可分遣大使，周省四方，察訟聽謡，問民卹隱。其獄犴無章，侵漁黎庶，隨事究驗，條録以聞。若政績有施，治綱克舉；及行宣圭蓽，道著丘園：並須撿審，依名騰奏。其鰥寡孤獨，寔可哀矜，亦宜賑給，務使周贍。」廢布泉錢。

戊申，初令鑄錢者絞，其從者遠配爲民。

《陳書》卷五《宣帝紀》　二月壬申，車騎大將軍、開府儀同三司吳明徹進位司空。

丁丑，詔江東道太建五年以前租稅夏調逋在民間者，皆原之。

夏四月甲寅，詔曰：「元戎凱旋，羣師振旅，旌功策賞，宜有饗宴。今月十七日，可幸樂遊苑，設絲竹之樂，大會文武。」

己未，輿駕親祠太廟。

五月庚寅，尚書左僕射王瑒卒。

《資治通鑑》卷一七二　六月戊申朔，日有食之。

《陳書》卷五《宣帝紀》　癸丑，以雲麾將軍、廣州刺史長沙王叔堅爲合州刺史，進號平北將軍。

甲寅，以尚書右僕射陸繕爲尚書左僕射，新除晉陵太守王克爲尚書右僕射。

秋八月丁卯，以車騎大將軍、司空吴明徹爲南兖州刺史。

九月戊戌，以皇子叔彪爲淮南王。

《周書》卷六《武帝紀下》　冬十月，帝謂羣臣曰：「朕去歲屬有疹疾，遂不得克平逋寇。前入賊境，備見敵情，觀彼行師，殆同兒戲。又聞其朝政昏亂，政由羣小，百姓嗷然，朝不謀夕。天與不取，恐貽後悔。若復同往年，出軍河外，直爲撫背，未扼其喉。然晉州本高歡所起之地，鎮攝要重，今往攻之，彼必來援，吾嚴軍以待，擊之必克。然從乘破竹之勢，鼓行而東，足以窮其窟穴，混同文軌。」諸將多不願行。帝曰：「幾者事之微，不可失矣。若有沮吾軍者，朕當以軍法裁之。」

己酉，帝總戎東伐。以越王盛爲右一軍總管，杞國公亮爲右二軍總管，隨國公楊堅爲右三軍總管，譙王儉爲左一軍總管，大將軍竇恭爲左二軍總管，廣化公丘崇爲左三軍總管，齊王憲、陳王純爲前軍。

庚戌，熒惑犯太微上將。

戊午，歲星犯太陵。

癸亥，帝至晉州，遣齊王憲率精騎二萬守雀鼠谷，陳王純步騎二萬守千里徑，鄭國公達奚震步騎一萬守統軍川，大將軍韓明步騎五千守齊子嶺，烏氏公尹昇步騎五千守鼓鍾鎮，涼城公辛韶步騎五千守蒲津關，柱國、趙王招步騎一萬自華谷攻齊汾州諸城，柱國宇文盛步騎一萬守汾水關。遣內史王誼監六軍，攻晉州城。帝屯於汾曲。齊王憲攻洪洞、永安二城，並拔之。

是夜，虹見於晉州城上，首向南，尾入紫微宫，長十餘丈。帝每日自汾曲赴城下，親督戰，城中惶窘。

庚午，齊行臺左丞侯子欽出降。

壬申，齊晉州刺史崔景嵩守城北面，夜密遣使送款，上開府王軌率衆應之。未明，登城鼓噪，齊衆潰，遂克晉州，擒其城主特進、開府、海昌王尉相貴，俘甲士八千人，送關中。

甲戌，以上開府梁士彦爲晉州刺史，加授大將軍，留精兵一萬以鎮之。又遣諸軍徇齊諸城鎮，並相次降款。

十一月己卯，齊主自并州率衆來援。帝以其兵新集，且避之，乃詔諸軍班師，遣齊王憲爲後拒。

是日，齊主至晉州，憲不與戰，引軍度汾。齊主遂圍晉州，晝夜攻之。齊王憲屯諸軍於涑水，爲晉州聲援。河東地震。

《陳書》卷五《宣帝紀》　乙酉，以平南將軍、湘州刺史長沙王叔堅爲平西將軍、郢州刺史。

《周書》卷六《武帝紀下》　癸巳，至自東伐。獻俘於太廟。

甲午，詔曰：「僞齊違信背約，惡稔禍盈，是以親總六師，問罪汾、晉。兵威所及，莫不摧殄，賊衆危惶，烏栖自固。暨元戎反旆，方來聚結，游魂境首，尚敢趦趄。朕今更率諸軍，應機除剪。」

丙申，放齊諸城鎮降人還。

丁酉，帝發京師。

《陳書》卷五《宣帝紀》　丁酉，分江州晉熙、高唐、新蔡三郡爲晉州。

辛丑，以冠軍將軍廬陵王伯仁爲中領軍。

《周書》卷六《武帝紀下》　十二月戊申，次於晉州。初，齊攻晉州，恐王師卒至，於城南穿塹，自喬山屬於汾水。

庚戌，帝帥諸軍八萬人，置陣東西二十餘里。帝乘常御馬，從數人巡陣處分，所至輒呼主帥姓名以慰勉之。將士感見知之恩，各思自厲。將戰，有司請換馬。帝曰：「朕獨乘良馬何所之？」齊主亦於塹北列陣。申後，齊人填塹南引。帝大喜，勒諸軍擊之，齊人便退。齊主與其麾下數十騎走還并州。齊衆大潰，軍資甲仗，數百里間，委棄山積。

辛亥，帝幸晉州，仍率諸軍追齊主。諸將固請還師，帝曰：「縱敵患生。卿等若疑，朕將獨往。」諸將不敢言。

甲寅，齊主遣其丞相高阿那肱守高壁。帝麾軍直進，那肱望風退散。

《北史》卷八《齊本紀下》　大赦。帝謂朝臣曰：「周師甚盛，若何？」

羣臣咸曰：「天命未改，一得一失，自古皆然。宜停百賦，安朝野，收遺兵，背城死戰，以存社稷。」帝意猶豫，欲向北朔州。乃留安德王延宗、廣寧王孝珩等守晉陽。若晉陽不守，即欲奔突厥。羣臣皆曰不可，帝不從其言。開府儀同三司賀拔伏恩、封輔相、慕容鍾葵等宿衞近臣三十餘人，西奔周師。

乙卯，詔募兵，遣安德王延宗爲左廣，廣寧王孝珩爲右廣。延宗入見帝，帝告欲向北朔州。延宗泣諫，不從。帝密遣王康德與中人齊紹等送皇太后、皇太子於北朔州。

《周書》卷六《武帝紀下》 丙辰，師次介休，齊將韓建業舉城降，以爲上柱國，封郇國公。

丁巳，大軍次并州，齊主留其從兄安德王延宗守并州，自將輕騎走鄴。是日，詔齊王公以下曰：

「夫樹之以君，司牧黔首，蓋以除其苛慝，恤其患害。朕君臨萬國，志清四海，思濟一世之人，寘之仁壽之域。嗟彼齊趙，獨爲匪民，乃睠東顧，載深長想。僞主涼德早聞，醜聲夙著，酒色是耽，盤游是悅。閹豎居阿衡之任，胡人寄喉脣之重。棟梁骨鯁，翦爲仇讐；狐、趙緒餘，降成阜隸。民不見德，唯虐是聞。朕懷茲漏網，置之度外，正欲各静封疆，共紓民瘼故也。

「爾之主相，曾不是思，欲構厲階，反貽其梗。我之率土，咸求僔刃，帷幄獻兼弱之謀，爪牙奮干戈之勇，贏糧坐甲，若赴私讐。是以一鼓而定晉州，再舉而摧逋醜。僞丞相高阿那肱驅逼餘燼，竊據高壁；僞定南王韓建業作守介休，規相抗擬。聊示兵威，應時崩潰，那肱則單馬宵遁，建業則面縛軍和，爾之逃卒，所知見也。

「若其懷遠以德，則爾難以德綏；處隣以義，則爾難以義服。且天與不取，道家所忌，攻昧侮亡，兵之上術。朕今親馭羣雄，長驅宇內，六軍舒斾，萬隊啓行。勢與雷電爭威，氣逐風雲齊舉。王師所次，已達近郊，望歲之民，室家相慶，來蘇之后，思副厥誠。僞主若妙盡人謀，深達天命，牽羊道左，銜璧轅門，當惠以焚櫬之恩，待以列侯之禮。僞將相王公已下，衣冠士民之族，如有深識事宜，建功立効，官榮爵賞，各有加隆。若下愚不移，守迷莫改，則委之執憲，以正刑書。嗟爾庶士，胡寧自棄。或我之將卒，逃彼逆朝，無問貴賤，皆從蕩滌。善求多福，無貽後悔。璽書所至，咸使聞知。」

自是齊之將帥，降者相繼。封其特進、開府賀拔伏恩爲郜國公，其餘官爵各有差。

《北史》卷八《齊本紀下》 大赦，改武平七年爲隆化元年。其日，穆提婆降周。詔除安德王延宗爲相國，委以備禦，延宗流涕受命。帝乃夜斬五龍門而出，欲走突厥，從官多散，領軍梅勝郎叩馬諫，乃廻之鄴。時唯高阿那肱等十餘騎，廣寧王孝珩襄城王彦道續至，得數十人同行。

戊午，延宗從衆議，即皇帝位於晉陽，改隆化爲德昌元年。

《周書》卷六《武帝紀下》 己未，軍次并州。

庚申，延宗擁兵四萬出城抗拒，帝率諸軍合戰，齊人退，帝乘勝逐北，率千餘騎入東門，詔諸軍繞城置陣。至夜，延宗率其衆排陣而前，城中軍却，人相蹂踐，大爲延宗所敗，死傷略盡。齊人欲閉門，以閫下積尸，扉不得闔。帝從數騎，崎嶇危險，僅得出門。至明，率諸軍更戰，大破之，擒延宗，并州平。

《北史》卷八《齊本紀下》 辛酉，延宗與周師戰於晉陽，大敗，爲周師所虜。

帝遣募人，重加官賞，雖有此言，而竟不出物。廣寧王孝珩奏請出宮人及珍寳班賜將士，帝不悅。斛律孝卿居中受委，帶甲以處分，請帝親勞，爲帝撰辭，且曰：「宜慷慨流涕，感激人心。」帝既出臨衆，將令之，不復記所受言，遂大笑，左右亦羣咍，將士莫不解體。於是自大丞相已下，太宰、三師、大司馬、大將軍、三公等官，並增員而授，或三或四，不可勝數。

《周書》卷六《武帝紀下》 壬戌，詔曰：

「昔天厭水運，龍戰于野，兩京圮隔，四紀于兹。朕垂拱巖廊，君臨宇縣，相邠民於海內，混楚弓於天下，一物失所，有若推溝。方欲德綏未服，義征不譓。僞主高緯，放命燕齊，怠慢典刑，俶擾天紀，加以背惠怒鄰，棄信忘義。朕應天從物，伐罪弔民，一鼓而蕩平陽，再舉而摧勍敵。僞署王公，相繼道左。高緯智窮數屈，逃竄草間。僞安德王高延宗擾攘之間，遂竊名號，與僞齊昌王莫多婁敬顯等，收合餘燼，背城抗敵。王威既振，魚潰鳥離，破竹更難，建瓴非易，延宗衆散，解甲軍門。根本既傾，枝葉自實，幽青海岱，折簡而來，冀北河南，傳檄可定。八紘共貫，六合同風，方當偃伯靈臺，休牛桃塞，無疆之慶，非獨在余。

「漢皇約法，除其苛政，姬王輕典，刑彼新邦。思覃惠澤，被之率土，新舊臣民，皆從蕩滌。可大赦天下。高緯及王公以下，若釋然歸順，咸許自新。

諸亡入僞朝，亦從寬宥。官榮次序，依例無失。其齊僞制令，即宜削除。鄒魯縉紳，幽并騎士，一介可稱，並宜銓録。百年去殺，雖或難希，期月有成，庶幾可勉。」

《北史》卷八《齊本紀下》 甲子，皇太后從北道至。引文武一品已上入朱華門，賜酒食，給紙筆，問以禦周之方略。羣臣各異議，帝莫知所從。又引高元海、宋士素、盧思道、李德林等，欲議禪位皇太子。先是，望氣者言，當有革易，於是依天統故事，授位幼主。

《周書》卷六《武帝紀下》 丙寅，出齊宫中金銀寶器珠翠麗服及宫女二千人，班賜將士。以柱國趙王招、陳王純、越王盛、杞國公亮、梁國公侯莫陳芮、庸國公王謙、北平公寇紹、鄭國公達奚震並爲上柱國。封齊王憲子安城郡公質爲河間王，大將軍廣化公丘崇爲潞國公，神水公姬願爲原國公，廣業公尉遲運爲盧國公。諸有功者，封授各有差。

《陳書》卷五《宣帝紀》 丁卯，以新除太子詹事徐陵爲右光禄大夫。

《周書》卷六《武帝紀下》 癸酉，帝率六軍趣鄴。以上柱國、陳王純爲并州總管。

太建九年、北齊承光元年、北周建德六年（丁酉、五七七）

《北史》卷八《齊本紀下》 春正月乙亥，即皇帝位，時年八歲。改元爲承光元年，大赦。尊皇太后爲太皇太后，帝爲太上皇帝，后爲太上皇后。

於是黄門侍郎顔之推、中書侍郎薛道衡、侍中陳德信等勸太上皇帝往河外募兵，更爲經略；若不濟，南投陳國。從之。

丁丑，太皇太后、太上皇后自鄴先趣濟州。

周師漸逼，癸未，幼主又自鄴東走。

《陳書》卷五《宣帝紀》 辛卯，輿駕親祠北郊。

《周書》卷六《武帝紀下》 壬辰，帝至鄴。齊主先於城外掘塹豎柵。

癸巳，帝率諸軍圍之，齊人拒守，諸軍奮擊，大破之，遂平鄴。齊主先送其母并妻子於青州，及城陷，乃率數十騎走青州。遣大將軍尉遲勤率二千騎追之。是戰也，於陣獲其齊昌王莫多婁敬顯。帝責之曰：「汝有死罪者三：前從并走鄴，攜妾棄母，是不孝；外爲僞主戮力，内實通啓於朕，是不忠；送款之後，猶持兩端，是不信。如此用懷，不死何待。」遂斬之。

是日，西方有聲如雷者一。

甲午，帝入鄴城。齊任城王湝先在冀州，齊主至河，遣其侍中斛律孝卿送傳國璽禪位於湝。孝卿未達，被執送鄴。詔去年大赦班宣未及之處，皆從赦例。封齊開府、洛州刺史獨孤永業爲應國公。

丙申，以上柱國、越王盛爲相州總管。

己亥，詔曰：「自晉州大陣至于平鄴，身殞戰埸者，其子即授父本官。」

《北史》卷八《齊本紀下》 渡河入濟州。其日，幼主禪位於大丞相、任城王湝，令侍中斛律孝卿送禪文及璽紱於瀛州，孝卿乃以之歸周。又爲任城王詔，尊太上皇爲無上皇，幼主爲守國天王。留太皇太后濟州，遣高阿那肱留守。太上皇並皇后攜幼主走青州，韓長鸞、鄧顒等數十人從。

太上皇既至青州，即爲入陳之計。而高阿那肱召周軍，約生致齊主，而屢使人告，言賊軍在遠，已令人燒斷橋路。太上所以停緩。周軍奄至青州，太上窘急，將遜於陳，置金囊於鞍後，與長鸞、淑妃等十數騎至青州南鄧村，爲周將尉遲綱所獲，送鄴。

《周書》卷六《武帝紀下》 庚子，詔曰：「僞齊之末，姦佞擅權，濫罰淫刑，動挂羅網，僞右丞相、咸陽王故斛律明月，僞侍中、特進、開府故崔季舒等七人，或功高獲罪，或直言見誅。朕兵以義動，翦除凶暴，表閭封墓，事切下車。宜追贈謚，并窆措。其見存子孫，各隨蔭叙録。家口田宅没官者，並還之。」

辛丑，詔曰：「僞齊叛涣，竊有漳濱，世縱淫風，事窮彫飾。或穿池運石，爲山學海；或層臺累構，槩日凌雲。以暴亂之心，極奢侈之事，有一於此，未或弗亡。朕菲食薄衣，以弘風教，追念生民之費，尚想力役之勞。方當易兹弊俗，率歸節儉。其東山、南園及三臺可並毁撤。瓦木諸物，凡入用者，盡賜下民。山園之田，各還本主。」

壬寅，以湘州刺史、新除中衛將軍始興王叔陵爲揚州刺史；雲麾將軍建安王叔卿爲湘州刺史，進號平南將軍。

《周書》卷六《武帝紀下》 二月丙午，論定諸軍功勳，置酒於齊太極殿，會軍士以上，班賜有差。

丁未，齊主至，帝降自阼階，以賓主之禮相見。高湝在冀州擁兵未下，遣上柱國、齊王憲與柱國、隨公楊堅率軍討平之。齊定州刺史、范陽王高紹義叛入突厥。齊諸行臺州鎮悉降，關東平。合州五十五，郡一百六十二，縣三百八十五，户三百三十萬二千五百二十八，口二千萬六千八百八十六。乃於河陽、幽、青、南兗、豫、徐、北朔、定並置總管府，相、并二總管各置宮及六府官。

癸丑，詔曰：「無侮煢獨，事顯前書；哀彼矜人，惠流往訓。僞齊末政，昏虐寔繁，災甚滔天，毒流比屋。無罪無辜，係虜三軍之手；不飲不食，僵仆九逵之門。朕爲民父母，職養黎人，念甚泣辜，誠深罪己。除其苛政，事屬改張，宜加寬宥，兼行賑卹。自僞武平三年以來，河南諸州之民，僞齊被掠爲奴婢者，不問官私，並宜放免。其住在淮南者，亦即聽還，願住淮北者，可隨便安置。其有癃殘孤老，饑餒絶食，不能自存者，仰刺史守令及親民長司，躬自檢校。無親屬者，所在給其衣食，務使存濟。」

乙卯，帝自鄴還京。

丙辰，以柱國、隨公楊堅爲定州總管。

三月壬午，詔山東諸州，各舉明經幹治者二人。若奇才異術、卓爾不羣者，弗拘多少。

夏四月乙巳，至自東伐。列齊主於前，其王公等並從，車轝旗幟及器物以次陳於其後。大駕布六軍，備凱樂獻俘於太廟。京邑觀者皆稱萬歲。

戊申，封齊主爲温國公。

庚戌，大會羣臣及諸蕃客於露寢。

己巳，祠太廟。詔曰：「東夏既平，王道初被，齊氏弊政，餘風未殄。朕劬勞萬機，念存康濟。恐清淨之志，未形四海，下民疾苦，不能上達，寢興軫慮，用切於懷。宜分遣使人，巡方撫慰，觀風省俗，宣揚治道。有司明立條科，務在弘益。」

《陳書》卷五《宣帝》　五月丙子，詔曰：「朕昧旦求衣，日旰方食，思弘億兆，用臻俾乂，而牧守莅民，廉平未洽，年常租賦，多致逋餘，即此務農，宜弘寬省。可起太建已來訖八年流移叛户所帶租調，七年八年叛義丁、五年訖八年叛軍丁、六年七年逋租田米粟夏調綿絹絲布麥等，五年訖七年逋貲絹，皆悉原之。」

《周書》卷六《武帝紀下》　丁丑，以柱國、譙王儉爲大冢宰。

庚辰，以上柱國杞國公亮爲大司徒，鄭國公達奚震爲大宗伯，梁國公侯莫陳芮爲大司馬，柱國應國公獨孤永業爲大司寇，鄖國公韋孝寬爲大司空。

辛巳，大醮於正武殿，以報功也。

己丑，祠方丘。詔曰：「朕欽承丕緒，寢興寅畏，惡衣菲食，貴昭儉約。上棟下宇，土階茅屋，猶恐居之者逸，作之者勞，詎可廣厦高堂，肆其嗜欲。往者，冢臣專任，制度有違，正殿別寢，事窮壯麗。非直雕牆峻宇，深戒前王，而締構弘敞，有踰清廟。不軌不物，何以示後。兼東夏初平，民未見德，率先海内，宜自朕始。其露寢、會義、崇信、含仁、雲和、思齊諸殿等，農隙之時，悉可毁撤。雕斲之物，並賜貧民。繕造之宜，務從卑樸。」

癸巳，行幸雲陽宮。

戊戌，詔曰：「京師宮殿，已從撤毁。并、鄴二所，華侈過度，誠復作之非我，豈容因而弗革。諸堂殿壯麗，並宜除蕩，甍宇雜物，分賜窮民。三農之隙，別漸營構，止蔽風雨，務在卑狹。」

庚子，陳遣使來聘。

是月，青城門無故自崩。

六月丁未，至自雲陽宮。

辛亥，御正武殿録囚徒。

癸亥，於河州鷄鳴防置旭州，甘松防置芳州，廣川防置弘州。

甲子，帝東巡。

丁卯，詔曰：「同姓百世，婚姻不通，蓋惟重別，周道然也。而娶妻買妾，有納母氏之族，雖曰異宗，猶爲混雜。自今以後，悉不得娶母同姓以爲妻妾。其已定未成者，即令改聘。」

《陳書》卷五《宣帝》　秋七月乙亥，以輕車將軍、丹陽尹江夏王伯義爲合州刺史。

己卯，百濟國遣使獻方物。

庚辰，大雨，震萬安陵華表。

己丑，震慧日寺刹及瓦官寺重門，一女子於門下震死。

《周書》卷六《武帝紀下》　詔山東諸州舉有才者，上縣六人，中縣五人，下縣四人，赴行在所，共論治政得失。

戊戌，以上柱國、庸公王謙爲益州總管。

八月壬寅，議定權衡度量，頒於天下。其不依新式者，悉追停。詔曰：「以刑止刑，世輕世重。罪不及嗣，皆有定科。雜役之徒，獨異常憲，一從罪配，百世不免。罰既無窮，刑何以措。道有沿革，宜從寬典。凡諸雜户，悉放爲民。配雜之科，因之永削。」

甲子，鄭州獻九尾狐，皮肉銷盡，骨體猶具。帝曰：「瑞應之來，必昭有德。若使五品時叙，四海和平，家識孝慈，人知禮讓，乃能致此。今無其時，恐非實録。」乃命焚之。

九月壬申，以柱國鄧國公竇熾、申國公李穆並爲上柱國。

戊寅，初令民庶已上，唯聽衣綢、綿綢、絲布、圓綾、紗、絹、綃、葛、布等九種，餘悉停斷。朝祭之服，不拘此例。

甲申，絳州獻白雀。

壬辰，詔東土諸州儒生，明一經已上，並舉送，州郡以禮發遣。

癸卯，封上大將軍、上黄公王軌爲郯國公。吐谷渾遣使獻方物。

《資治通鑑》卷一七三　冬，十月，戊申，周主如鄴。

周改葬德皇帝於冀州，周主服縗，哭於太極殿；百官素服。

周人誣温公高緯與宜州刺史穆提婆謀反，並其宗族皆賜死。

上聞周人滅齊，欲争徐、兖，詔南兖州刺史、司空吴明徹督諸軍伐之，以其世子戎昭、將軍惠覺攝行州事。明徹軍至吕梁，周徐州總管梁士彦帥衆拒戰，戊午，明徹擊破之。

《周書》卷六《武帝紀下》　十一月庚午，百濟遣使獻方物。

壬申，封皇子充爲道王，兑爲蔡王。

癸酉，陳將吴明徹侵吕梁，徐州總管梁士彦出軍與戰，不利，退守徐州。遣上大將軍、郯國公王軌率師討之。

是月，稽胡反，遣齊王憲率軍討平之。

詔自永熙三年七月已來，去年十月已前，東土之民，被抄略在化内爲奴婢者；及平江陵之後，良人没爲奴婢者：並宜放免。所在附籍，一同民伍。若舊主人猶須共居，聽留爲部曲及客女。

詔曰：「正位於中，有聖通典。質文相革，損益不同。五帝則四星之象，三王制六宫之數。劉、曹已降，等列彌繁，選擇遍於生民，命秩方於庶職。椒房丹地，有衆如雲。本由嗜欲之情，非關風化之義。朕運當澆季，思復古始，無容廣集子女，屯聚宫掖。弘贊後庭，事從約簡。可置妃二人，世婦三人，御妻三人，自兹以外，悉宜減省。」

十一月己亥晦，日有食之。

初行刑書要制。持杖羣彊盗一匹以上，不持杖羣彊盗五匹以上，監臨主掌自盗二十匹以上，小盗及詐僞請官物三十匹以上，正長隱五户及十丁以上、隱地三頃以上者，至死。《刑書》所不載者，自依律科。

《資治通鑑》卷一七三　十二月，戊申，新作東宫成，太子徙居之。

《周書》卷六《武帝紀下》　戊午，吐谷渾遣使獻方物。

己未，東壽陽土人反，率衆五千襲并州城，刺史東平公宇文神舉破平之。

庚申，行幸并州宫。移并州軍人四萬户於關中。

丙寅，以柱國、滕王逌爲河陽總管。

丁卯，以柱國、隨國公楊堅爲南兖州總管，上柱國、申國公李穆爲并州總管。

戊辰，廢并州宫及六府。

是月，北營州刺史高寶寧據州反。

太建一〇年、北周宣政元年（戊戌、五七八）

《陳書》卷五《宣帝紀》　春正月己巳朔，以中領軍廬陵王伯仁爲平北將軍、南徐州刺史，翊左將軍、右光禄大夫、領太子詹事徐陵爲領軍將軍。

《周書》卷六《武帝紀下》　癸酉，吐谷渾僞趙王他婁屯來降。

壬午，行幸鄴宫。分相州廣平郡置洺州，清河郡置貝州，黎陽郡置黎州，汲郡置衛州；分定州常山郡置恒州；分并州上黨郡置潞州。

辛卯，行幸懷州。

《陳書》卷五《宣帝紀》　二月甲子，北討衆軍敗績於吕梁，司空吴明徹及將卒已下，並爲周軍所獲。

三月辛未，震武庫。

《周書》卷六《武帝紀下》　甲戌，初服常冠。以皁紗爲之，加簪而不施纓導，其制若今之折角巾也。上大將軍、郯國公王軌破陳師於吕梁，擒其將吳明徹等，俘斬三萬餘人。

《資治通鑑》卷一七三　丙子，命中軍大將軍、開府儀同三司淳于量爲大都督，總水陸諸軍事，鎮西將軍孫瑒都督荆、郢諸軍，平北將軍樊毅都督清口上至荆山緣淮諸軍，寧遠將軍任忠都督壽陽、新蔡、霍州諸軍，以備周。

《陳書》卷五《宣帝紀》　乙酉，大赦天下。

丁酉，以中軍大將軍、開府儀同三司、護軍將軍淳于量爲南兗州刺史，進號車騎將軍。

夏四月庚戌，詔曰：「懋賞之言，明於訓誥，挾纊之美，著在撫巡。近歲薄伐，廓清淮、泗，摧鋒致果，文武畢力，櫛風沐雨，寒暑亟離，念功在茲，無忘終食。宜班榮賞，用酬厥勞。應在軍者可並賜爵二級，并加賚卹，付選即便量處。」

又詔曰：「惟堯葛衣鹿裘，則天爲大，伯禹弊衣菲食，夫子曰『無間然』。故儉德之恭，約失者鮮。朕君臨宇宙，十變年龠，旰日勿休，乙夜忘寢，跂予思治，若濟巨川，念茲在茲，懍同馭朽。非貪四海之富，非念黄屋之尊，導仁壽以寘羣生，寧勞役以奉諸己。但承梁季，亂離斯瘼，宮室禾黍，有名亡處，雖輪奂未睹，頗事經營，去泰去甚，猶爲勞費。加以戎車屢出，千金日損，府帑未充，民疲征賦。百姓不足，君孰與足？興言靜念，夕惕懷抱，垂訓立法，良所多慚。斷雕爲樸，庶幾可慕，雉頭之服既焚，弋綈之衣方襲，損撤之制，前自朕躬，草偃風行，冀以變俗。應御府堂署所營造禮樂儀服軍器之外，其餘悉皆停息。掖庭常供，王侯妃主諸有俸恤，並各量減。」

丁巳，以新除鎮右將軍新安王伯固爲護軍將軍。

戊午，樊毅遣軍度淮北對清口築城。

庚申，大雨雹。

壬戌，清口城不守。

五月甲申，太白晝見。

《周書》卷六《武帝紀下》　己丑，帝總戎北伐。遣柱國原公姬願、東平公宇文神舉等率軍五道俱入。發關中公私驢馬，悉從軍。

癸巳，帝不豫，止于雲陽宮。

丙申，詔停諸軍事。

《陳書》卷五《宣帝紀》　六月丁卯，大雨，震大皇寺刹、莊嚴寺露盤、重陽閣東樓，千秋門内槐樹，鴻臚府門。

《周書》卷六《武帝紀下》　丁酉，帝疾甚，還京。其夜，崩於乘輿。時年三十六。遺詔曰：

「人肖形天地，稟質五常，修短之期，莫非命也。朕君臨宇縣，十有九年，未能使百姓安樂，刑措罔用，所以昧旦求衣，分宵忘寢。昔魏室將季，海内分崩，太祖扶危翼傾，肇開王業。燕趙榛蕪，久竊名號。朕上述先志，下順民心，遂與王公將帥，共平東夏。雖復妖氛蕩定，而民勞未康。每一念此，如臨冰谷。將欲包舉六合，混同文軌。今遘疾大漸，氣力稍微，有志不申，以此歎息。

「天下事重，萬機不易。王公以下，爰及庶僚，宜輔導太子，副朕遺意。令上不負太祖，下無失爲臣。朕雖瞑目九泉，無所復恨。

「朕平生居處，每存菲薄，非直以訓子孫，亦乃本心所好。喪事資用，須使儉而合禮，墓而不墳，自古通典。隨吉即葬，葬訖公除。四方士庶，各三日哭。妃嬪以下無子者，悉放還家。」

謚曰武皇帝，廟稱高祖。

《周書》卷七《宣帝紀》　戊戌，皇太子即皇帝位，尊皇后爲皇太后。

癸丑，歲星、熒惑、太白合於東井。

甲子，誅上柱國、齊王憲。封開府于智爲齊國公。

《陳書》卷五《宣帝紀》　秋七月戊戌，新羅國遣使獻方物。

乙巳，以散騎常侍、兼吏部尚書袁憲爲吏部尚書。

八月乙丑朔，改秦郡爲義州。

《周書》卷七《宣帝紀》　丙寅，夕月於西郊。長安、萬年二縣民居在京城者，給復三年。

壬申，行幸同州。遣大使巡察諸州。詔制九條，宣下州郡：一曰，決獄科罪，皆准律文；二曰，母族絶服外者，聽婚；三曰，以杖決罰，悉令依法；四曰，郡縣當境賊盜不擒獲者，並仰録奏；五曰，孝子順孫義夫節婦，表其門閭，才堪任用者，即宜申薦；六曰，或昔經驅使，名位未達，或沉淪蓬蓽，文武可施，宜並採訪，具以名奏；七曰，僞齊七品以上，已敕收用，八品以下，爰及流外，若欲入仕，皆聽預選，降二等授官；八曰，州舉高才博學者爲秀才，郡舉經明行修者爲孝廉，上州、上郡歲一人，下州、下郡三歲一人；

九曰，年七十以上，依式授官，鰥寡困乏不能自存者，並加稟恤。以大司徒、杞國公亮爲安州總管，上柱國、薛國公長孫覽爲大司徒，柱國、揚國公王誼爲大司空。

《陳書》卷五《宣帝紀》　戊寅，隕霜，殺稻菽。

九月壬寅，以平北將軍樊毅爲中領軍。

乙巳，立方明壇于婁湖。

戊申，以中衛將軍、揚州刺史始興王叔陵兼王官伯臨盟。

甲寅，輿駕幸婁湖臨誓。

乙卯，分遣大使以盟誓班下四方，上下相警戒也。

壬戌，以宣惠將軍江夏王伯義爲東揚州刺史。

冬十月戊寅，罷義州及琅邪、彭城二郡。立建興，領建安、同夏、烏山、江乘、臨沂、湖熟等六縣，屬揚州。

戊子，以尚書左僕射陸繕爲尚書僕射。

十一月辛丑，以鎮西將軍孫瑒爲郢州刺史。

十二月乙亥，合州廬江蠻田伯興出寇樅陽，刺史魯廣達討平之。

《周書》卷七《宣帝紀》　癸未，熒惑入氐，仍留經一月。

己丑，以上柱國、河陽總管滕王逌爲行軍元帥，率衆伐陳。免京師見徒，並令從軍。

太建一一年、北周大象元年（己亥、五七九）

《周書》卷七《宣帝紀》　春正月癸巳，受朝於露門，帝服通天冠、絳紗袍，羣臣皆服漢魏衣冠。大赦，改元大成。初置四輔官，以上柱國大冢宰越王盛爲大前疑，相州總管蜀國公尉遲迥爲大右弼，申國公李穆爲大左輔，大司馬隨國公楊堅爲大後丞。

《陳書》卷五《宣帝紀》　丁酉，龍見于南兗州永寧樓側池中。

《周書》卷七《宣帝紀》　癸卯，封皇子衍爲魯王。

甲辰，東巡狩。

丙午，日有背。以柱國、常山公于翼爲大司徒。

辛亥，以柱國、許國公宇文善爲大宗伯。

癸丑，日又背。

戊午，行幸洛陽。立魯王衍爲皇太子。

《陳書》卷五《宣帝紀》　二月癸亥，輿駕親耕藉田。

《周書》卷七《宣帝紀》　詔曰：

「河洛之地，世稱朝市。上則於天，陰陽所會；下紀於地，職貢路均。聖人以萬物阜安，乃建王國。時經五代，世歷千祀，規模弘遠，邑居壯麗。自魏氏失馭，城闕爲墟，君子有戀舊之風，小人深懷土之思。

「我太祖受命酆鎬，胥宇崤函，蕩定四方，有懷光宅。高祖神功聖略，混一區宇，往巡東夏，省方觀俗，布政此宮，遂移氣序。朕以眇身，祇承寶祚，庶幾聿修之志，敢忘燕翼之心。一昨駐蹕金墉，備嘗遊覽，百王制度，基趾尚存，今若因修，爲功易立。宜命邦事，修復舊都。奢儉取文質之間，功役依子來之義。北瞻河內，咫尺非遥，前詔經營，今宜停罷。」

於是發山東諸州兵，增一月功爲四十五日役，起洛陽宮。常役四萬人，以迄于晏駕。并移相州六府於洛陽，稱東京六府。殺柱國、徐州總管、郯國公王軌。停南討諸軍。以趙王招女爲千金公主，嫁於突厥。

戊辰，以上柱國、鄖國公韋孝寬爲徐州總管。

乙亥，行幸鄴。

丙子，初令授總管刺史及行兵者，加持節，餘悉罷之。

辛巳，詔曰：「有聖大寶，實惟重器，玄天表命，人事與能，幽顯同謀，確乎不易。域中之大，實懸定於杳冥；天下爲公，蓋不避於內舉。我大周感蒼昊之精，受河洛之錫，武功文德，光格區宇，創業垂統，永光無窮。朕以寡薄，祇承鴻緒，上賴先朝得一之迹，下藉羣后不貳之心。職貢與雲雨俱通，憲章共光華並亘。圓首方足，咸登仁壽，思隆國本，用弘天曆。皇太子衍，地居上嗣，正統所歸。遠憑積德之休，允叶無疆之祚。帝王之量，未肅而成；天祿之期，不謀已至。朕今傳位於衍。乃睠四海，深合謳歌之望；俾予一人，高蹈風塵之表。萬方兆庶，知朕意焉。可大赦天下，改大成元年爲大象元年。」

帝於是自稱天元皇帝，所居稱天臺，冕有二十四旒，車服旗鼓，皆以二十四爲節。內史、御正皆置上大夫。皇帝衍稱正陽宮，置納言、御正、諸衛等官，皆準天臺。尊皇太后爲天元皇太后。封內史上大夫鄭譯爲沛國公。

癸未，日初出及將入時，其中並有烏色，大如鷄卵，經四日滅。

戊子，以上柱國大前疑越王盛爲太保，大右弼蜀公尉遲迥爲大前疑，代王達爲大右弼。

辛卯，詔徙鄴城石經於洛陽。又詔曰：「洛陽舊都，今既修復，凡是元遷之户，並聽還洛州。此外諸民欲往者，亦任其意。河陽、幽、相、豫、亳、青、徐七總管，受東京六府處分。」

《陳書》卷五《宣帝紀》 三月丁未，詔淮北義人率户口歸國者，建其本屬舊名，置立郡縣，即隸近州，賦給田宅，喚訂一無所預。

《周書》卷七《宣帝紀》 庚申，至自東巡，大陳軍伍，帝親擐甲胄，入自青門。皇帝衍備法駕從入。百官迎於青門外。其時驟雨，儀衛失容。

辛酉，封趙王招第二子貫爲永康縣王。

夏四月壬戌朔，有司奏言日蝕，不視事。過時不食，乃臨軒。立妃朱氏爲天元帝后。

癸亥，以柱國、畢王賢爲上柱國。

己巳，祠太廟。

壬午，大醮於正武殿。

戊子，太白、歲星、辰星合於東井。

《陳書》卷五《宣帝紀》 夏五月乙巳，詔曰：「昔軒轅命于風后、力牧，放勛咨爾稷、契、朱武，冕旒垂拱，化致隆平。爰逮漢列五曹，周分六職，設官理務，各有攸司，亦幾期刑措，卜世彌永，並賴羣才，用康庶績。朕日昃劬勞，思弘治要，而機事尚擁，政道未凝，夕惕于懷，罔知攸濟。方欲仗兹舟檝，委成股肱，徵名責實，取寧多士。自今應尚書曹、府、寺、内省監、司文案，悉付局參議分判。其軍國興造、徵發、選序、三獄等事，前須詳斷，然後啓聞。凡諸辯決，務令清乂，約法守制，較若畫一，不得前後舛互，自相矛楯，致有枉滯。紆意舞文，糾聽所知，靡有攸赦。」

甲寅，詔曰：「舊律以枉法受財爲坐雖重，直法容賄其制甚輕，豈不長彼貪殘，生其舞弄？事涉貨財，寧不尤切？今可改不枉法受財者，科同正盜。」

《周書》卷七《宣帝紀》 辛亥，以洺州襄國郡爲趙國，以齊州濟南郡爲陳國，以豐州武當、安富二郡爲越國，以潞州上黨郡爲代國，以荆州新野郡爲滕國，邑各一萬户。令趙王招、陳王純、越王盛、代王達、滕王逌並之國。

癸丑，有流星大如斗，出太微，落落如遺火。

是月，遣使簡視京兆及諸州士民之女，充選後宮。突厥寇并州。

《陳書》卷五《宣帝紀》 六月庚辰，以鎮前將軍豫章王叔英爲鎮南將軍、江州刺史。

丙戌，以征南將軍、江州刺史鄱陽王伯山爲中權將軍、護軍將軍。

《周書》卷七《宣帝紀》 秋七月庚寅，以大司空、畢王賢爲雍州牧，大後丞、隨國公楊堅爲大前疑，柱國、滎陽公司馬消難爲大後丞。

《陳書》卷五《宣帝紀》 辛卯，初用大貨六銖錢。

《周書》卷七《宣帝紀》 壬辰，熒惑掩房北頭第一星。

丙申，納大後丞司馬消難女爲正陽宮皇后。尊天元帝太后李氏爲天皇太后。

壬子，改天元帝后朱氏爲天皇后。立妃元氏爲天右皇后，妃陳氏爲天左皇后。

《陳書》卷五《宣帝紀》 八月甲子，青州義主朱顯宗等率所領七百户入附。

《資治通鑑》卷一七三 丁卯，上閲武於大壯觀。命都督任忠帥步騎十萬陳於玄武湖，都督陳景帥樓艦五百出瓜步江，振旅而還。

《周書》卷七《宣帝紀》 甲戌，以天左皇后父大將軍陳山提、天右皇后父開府元晟並爲上柱國。山提封鄅國公，晟封翼國公。開府楊雄爲邗國公，乙弗寔戴國公。初，高祖作刑書要制，用法嚴重。及帝即位，以海内初平，恐物情未附，乃除之。至是大醮於正武殿，告天而行焉。

《陳書》卷五《宣帝紀》 戊寅，輿駕還宮。

《周書》卷七《宣帝紀》 九月己酉，太白入南斗。

乙卯，以酆王貞爲大冢宰。上柱國、鄖國公韋孝寬爲行軍元帥，率行軍總管杞國公亮、郕國公梁士彦以伐陳。遣御正杜杲、禮部薛舒使於陳。

《陳書》卷五《宣帝紀》 冬十月甲戌，以安前將軍、祠部尚書晉安王伯恭爲軍師將軍，尚書僕射陸繕爲尚書左僕射。

十一月辛卯，詔曰：「晝冠弗犯，革此澆風，孥戮是蹈，化於薄俗。朕肅膺寶命，迄將一紀，思經邦濟治，憂國愛民，日仄劬勞，夜分輟寢，而還淳反樸，其道靡階，雍熙盛美，莫云能致。遂乃鞫訊之牒，盈於聽覽，舂鈇之人，煩於牢犴。周成刑措，漢文斷獄，杼軸空勞，邈焉既遠。加以蕞爾醜徒，軼我彭、汴、淮、汝氓庶，企踵王略，治兵誓旅，義存拯救。飛芻挽粟，征賦頗煩，暑雨祁寒，寧忘咨怨。兼宿度乖舛，次舍違方，若曰之誡，責歸元首，愧心斯積，馭朽非懼。即建子令月，微陽初動，應此嘉辰，宜播寬澤，可大赦天下。」

甲午，周遣柱國梁士彥率衆至肥口。

戊戌，周軍進圍壽陽。

辛丑，以車騎將軍、開府儀同三司、南兗州刺史淳于量爲上流水軍都督；中領軍樊毅都督北討諸軍事，加安北將軍；散騎常侍、友衛將軍任忠都督北討前軍事，加平北將軍；前豐州刺史臯文奏率步騎三千趣陽平郡。

癸卯，任忠率步騎七千趣秦郡。

丙午，新除仁威將軍、右衛將軍魯廣達率衆入淮。

是日，樊毅領水軍二萬自東關入焦湖，武毅將軍蕭摩訶率步騎趣歷陽。

戊申，豫州陷。

辛亥，霍州又陷。

癸丑，以新除中衛大將軍、揚州刺史始興王叔陵爲大都督，總督水步衆軍。

《周書》卷七《宣帝紀》 是月，韋孝寬拔壽陽，杞國公亮拔黃城，梁士彥拔廣陵。陳人退走。於是江北盡平。

十二月戊午，以災異屢見，帝御路寢，見百官。

甲子，還宮。御正武殿，集百官及宮人內外命婦，大列妓樂，又縱胡人乞寒，用水澆沃爲戲樂。

乙丑，行幸洛陽。帝親御驛馬，日行三百里。四皇后及文武侍衛數百人，並乘驛以從。仍令四后方駕齊驅，或有先後，便加譴責，人馬頓仆相屬。

《陳書》卷五《宣帝紀》 南北兗、晉三州，及盱眙、山陽、陽平、馬頭、秦、歷陽、沛、北譙、南梁等九郡並自拔還京師。譙、北徐州又陷。自是淮南之地盡没于周矣。

己巳，詔曰：「昔堯、舜在上，茅屋土階，湯、禹爲君，藜杖韋帶。至如甲帳珠絡，華榱璧璫，未能雍熙，徒聞侈欲。朕企仰前聖，思求訟平，正道多違，澆風靡乂。至今貴里豪家，金鋪玉舄，貧居陋巷，彘食牛衣，稱物平施，何其遼遠。爟烽未息，役賦兼勞，文吏姦貪，妄動科格。重以旗亭關市，稅斂繁多，不廣都內之錢，非供水衡之費，逼遏商賈，營謀私蓄。靖懷衆弊，宜事改張。弗弘王道，安拯民蠹？今可宣勒主衣、尚方諸堂署等，自非軍國資須，不得繕造衆物。後宮僚列，若有游長，掖庭啓奏，即皆量遣。大予秘戲，非會禮經，樂府倡優，不合雅正，並可刪改。市估律稅，軍令國章，更須詳定，唯務平允。别觀離宮，郊閒野外，非恒饗宴，勿復修治。并勒內外文武車馬宅舍，皆循儉約，勿尚奢華。違我嚴規，抑有刑憲。所由具爲條格，標榜宣示，令喻朕心焉。」

癸酉，遣平北將軍沈恪、電威將軍裴子烈鎮南徐州，開遠將軍徐道奴鎮柵口，前信州刺史楊寶安鎮白下。

戊寅，以中領軍樊毅爲鎮西將軍、都督荊郢巴武四州水陸諸軍事。

《周書》卷七《宣帝紀》 己卯，還宮。

太建一二年、北周大象二年（庚子、五八〇）

《周書》卷七《宣帝紀》 春正月丁亥，帝受朝於道會苑。

癸巳，祀太廟。

《資治通鑑》卷一七四 戊戌，以左衛將軍任忠爲南豫州刺史，督緣江軍防事。

《周書》卷七《宣帝紀》 乙巳，造二扆，畫日月之象，以置左右。

戊申，雨雪。雪止，又雨細黃土，移時乃息。

乙卯，詔江左諸州新附民，給復二十年。初稅入市者，人一錢。

二月丁巳，帝幸露門學，行釋奠之禮。

戊午，突厥遣使獻方物，且逆千金公主。

乙丑，改制詔爲天制詔，敕爲天敕。

壬午，尊天元皇太后爲天元上皇太后，天皇太后李氏曰天元聖皇太后。

癸未，立天元皇后楊氏爲天元大皇后，天皇后朱氏爲天大皇后，天右皇后元氏爲天右大皇后，天左皇后陳氏爲天左大皇后。正陽宮皇后直稱皇后。

是日，洛陽有禿鶖鳥集於新營太極殿前。滎州有黑龍見，與赤龍鬬於汴水之側，黑龍死。

三月丁亥，賜百官及民大酺。詔曰：「盛德之後，是稱不絶，功施於民，義昭祀典。孔子德惟藏往，道實生知，以大聖之才，屬千古之運，載弘儒業，式叙彝倫。至如幽贊天人之理，裁成禮樂之務，故以作範百王，垂風萬葉。朕欽承寶曆，服膺教義，眷言洙、泗，懷道滋深。且褒成啓號，雖彰故實，旌崇聖績，猶有闕如。可追封爲鄒國公，邑數准舊。并立後承襲。別於京師置廟，以時祭享。」

戊子，行軍總管、杞國公亮舉兵反，襲行軍元帥、鄖國公韋孝寬於豫州。亮不勝，孝寬獲而殺之。

辛卯，以永昌公椿爲杞國公，紹簡公連後。行幸同州。增候正，前驅戒道，爲三百六十重，自應門至於赤岸澤，數十里間，幡旗相蔽，鼓樂俱作。又令武賁持鈒馬上，稱警蹕，以至於同州。

《陳書》卷五《宣帝紀》 壬辰，以平北將軍廬陵王伯仁爲翊左將軍、中領軍。

《周書》卷七《宣帝紀》 乙未，改同州宮爲天成宮。

庚子，至自同州。詔天臺侍衛之官，皆著五色及紅紫綠衣，以雜色爲緣，名曰品色衣。有大事，與公服間服之。

壬寅，詔內外命婦皆執笏，其拜宗廟及天臺，皆俛伏。

甲辰，初置天中大皇后。立天左大皇后陳氏爲天中大皇后，立妃尉遲氏爲天左大皇后。

《陳書》卷五《宣帝紀》 夏四月癸亥，尚書左僕射陸繕卒。

乙丑，以宣毅將軍河東王叔獻爲南徐州刺史。

己卯，大雩。

壬午，雨。

《資治通鑑》卷一七四 五月癸巳，以尚書右僕射晉安王伯恭爲僕射。

甲午夜，天元備法駕，幸天興宮；乙未，不豫而還。小御正博陵劉昉，素以狡諂得幸於天元，與御正中大夫顏之儀並見親信。天元召昉、之儀入卧內，欲屬以後事，天元瘖，不復能言。

是日，帝殂。祕不發喪。昉、譯矯詔以堅總知中外兵馬事。顏之儀知非帝旨，拒而不從。昉等草詔署訖，逼之儀連署，之儀厲聲曰：「主上升遐，嗣子沖幼，阿衡之任，宜在宗英。今趙王最長，以親以德，合膺重寄。公等備受朝恩，當思盡忠報國，奈何一旦欲以神器假人！之儀有死而已，不能誣罔先帝。」昉等知不可屈，乃代之儀署而行之。諸衛既受敕，並受堅節度。

丁未，發喪。靜帝入居天臺，罷正陽宮。大赦，停洛陽宮作。

《周書》卷八《靜帝紀》 庚戌，上天元上皇太后尊號爲太皇太后。天元聖皇太后李氏爲太帝太后，天元大皇后楊氏爲皇太后，天大皇后朱氏爲帝太后。其天中大皇后陳氏、天右大皇后元氏、天左大皇后尉遲氏並出俗爲尼。柱國、漢王贊爲上柱國、右大丞相，上柱國、揚州總管、隨國公楊堅爲假黃鉞、左大丞相，柱國、秦王贄爲上柱國。帝居諒闇，百官總己以聽於左大丞相。

壬子，以上柱國、鄖國公韋孝寬爲相州總管。罷入市稅錢。

六月戊午，以柱國許國公宇文善、神武公竇毅、修武公侯莫陳瓊、大安公閻慶並爲上柱國。趙王招、陳王純、越王盛代王達、滕王逌來朝。

庚申，復行佛、道二教，舊沙門、道士精誠自守者，簡令入道。

辛酉，以柱國杞國公椿、燕國公于寔、郜國公賀拔伏恩並爲上柱國。

《陳書》卷五《宣帝紀》 壬戌，大風壞皋門中闥。

《周書》卷八《靜帝紀》 甲子，相州總管尉遲迥舉兵不受代。詔發關中兵，即以孝寬爲行軍元帥，率軍討之。上柱國、畢王賢以謀執政，被誅。以上柱國秦王贄爲大冢宰，杞國公椿爲大司徒。

己巳，詔南定、北光、衡、巴四州民爲宇文亮抑爲奴婢者，並免爲民，復其本業。

甲戌，有赤氣起西方，漸東行，遍天。

庚辰，罷諸魚池及山澤公禁者，與百姓共之。以柱國、蔣國公梁睿爲益州總管。

秋七月甲申，突厥送齊范陽王高紹義。

庚寅，申州刺史李慧起兵。

辛卯，月掩氐東南星。

甲午，月掩南斗第六星。

庚子，詔趙、陳、越、代、滕五王入朝不趨，劍履上殿。滎州刺史、邵國公宇文冑舉兵，遣大將軍、清河公楊素討之。青州總管尉遲勤舉兵。

丁未，隨公楊堅爲都督内外諸軍事。

己酉，邵州總管司馬消難舉兵，以柱國、楊國公王誼爲行軍元帥，率軍討之。

壬子，歲星與太白合於張，有流星大如斗，出五車，東北流，光明燭地。趙王招、越王盛以謀執政被誅。

癸丑，封皇弟術爲鄴王，衎爲郢王。

是月，豫州、荆州、襄州三總管内諸蠻，各率種落反，焚燒村驛，攻亂郡縣。

《陳書》卷五《宣帝紀》　八月己未，周使持節、上柱國、鄖州總管滎陽郡公司馬消難以鄖、隨、温、應、土、順、沔、環、岳等九州，魯山、甑山、沌陽、應城、平靖、武陽、上明、涓水等八鎮内附。詔以消難爲使持節、侍中、大都督、總管安隨等九州八鎮諸軍事、車騎將軍、司空，封隨郡公，給鼓吹、女樂各一部。

庚申，詔鎮西將軍樊毅進督沔、漢諸軍事。遣平南將軍、南豫州刺史任忠率衆趣歷陽；通直散騎常侍、超武將軍陳慧紀爲前軍都督，趣南兗州。

《周書》卷八《靜帝紀》　益州總管王謙舉兵不受代，即以梁睿爲行軍元帥，率軍討之。

丁卯，封上柱國、枹罕公辛威爲宿國公，開府怡昂爲鄀國公。

《陳書》卷五《宣帝紀》　戊辰，以新除司空司馬消難爲大都督水陸諸軍事。

庚午，通直散騎常侍淳于陵克臨江郡。

《周書》卷八《靜帝紀》　韋孝寬破尉遲迥於鄴城，迥自殺，相州平。移相州於安陽，其鄴城及邑居皆毁廢之。分相州陽平郡置毛州，昌黎郡置魏州。

《陳書》卷五《宣帝紀》　癸酉，智武將軍魯廣達克郭默城。

甲戌，大雨霖。

丙子，淳于陵克祐州城。

《周書》卷八《靜帝紀》　以漢王贊爲太師，上柱國并州總管申國公李穆爲太傅，宋王實爲大前疑，秦王贄爲大右弼，燕國公于寔爲大左輔。

己卯，詔曰：

「朕祗承洪業，二載於兹。藉祖考之休，憑宰輔之力，經天緯地，四海晏如。逆賊尉遲迥，才質凡庸，志懷姦慝，因緣戚屬，位冠朝倫。屬上天降禍，先皇晏駕，萬國深鼎湖之痛，四海窮遏密之悲。獨幸天災，欣然放命，稱兵擁衆，便懷問鼎。乃詔六師，肅兹九伐，而凶徒孔熾，充原蔽野。諸將肆雷霆之威，壯士縱貔貅之勢，芟夷縈拂，所在如莽，直指漳濱，擒斬元惡，羣醜喪魄，咸集鼓下。順高秋之氣，就上天之誅，兩河妖孽，一朝清蕩。自朝及野，喜抃相趨。昔上皇之時，不言爲治，聖人宰物，有教而已。未戢干戈，實深慚德。思弘寛簡之政，用副億兆之心，可大赦天下。其共迥元謀，執迷不悟，及迥子姪，逆人司馬消難、王謙等，不在赦例。」

庚辰，司馬消難擁其衆以魯山、甑山二鎮奔陳，遣大將軍、宋安公元景山率衆追擊，俘斬五百餘人，邵州平。沙州氐帥、開府楊永安聚衆應王謙，遣大將軍、樂寧公達奚儒討之。楊素破宇文冑於滎州，斬冑於石濟。以上柱國、神武公竇毅爲大司馬，齊國公于智爲大司空。廢相、青、荆、金、晉、梁六州總管。

《陳書》卷五《宣帝紀》　九月癸未，周臨江太守劉顥光率衆内附。

是夜，天東南有聲，如風水相擊，三夜乃止。

《周書》卷八《靜帝紀》　丙戌，廢河陽總管爲鎮，隸洛州。以小宗伯、竟陵公楊慧爲大宗伯。

《陳書》卷五《宣帝紀》　改安陸郡爲南司州。

丁亥，周將王延貴率衆援歷陽，任忠擊破之，生擒延貴等。

《周書》卷八《靜帝紀》　壬辰，廢皇后司馬氏爲庶人。

甲午，熒惑入太微。

戊戌，以柱國、楊國公王誼爲上柱國。

辛丑，分潼州管内新遂、普合及瀘州管内瀘、戎六州並隸信州總管府。

《陳書》卷五《宣帝紀》　己酉，周廣陵義主曹藥率衆入附。

《周書》卷八《靜帝紀》　庚戌，以柱國常山公于翼、化政公宇文忻並爲上柱國。進封翼爲任國公，忻爲英國公。

壬子，丞相去左右之號，隨公楊堅爲大丞相。

《資治通鑑》卷一七四　甲寅，日有食之。

《周書》卷八《靜帝紀》　乙卯，有流星大如五斗，出張，南流，光明燭地。

壬戌，陳王純以怨執政，被誅。大丞相、隨國公楊堅加大冢宰，五府總於天官。

戊寅，梁睿破王謙於劍南，追斬之，傳首京師。益州平。

《陳書》卷五《宣帝紀》　十一月己丑，詔曰：「朕君臨四海，日旰劬勞，思弘至治，未臻斯道。而兵車驟出，軍費尤煩，芻漕控引，不能徵賦。夏中亢旱傷農，畿内爲甚，民失所資，歲取無託。此則政刑未理，陰陽舛度，黎元阻饑，君孰與足？靖言興念，余責在躬，宜布惠澤，溥沾氓庶。其丹陽、吴興、晉陵、建興、義興、東海、信義、陳留、江陵等十郡，并諸署即年田税、禄秩，並各原半，其丁租半申至來歲秋登。」

《周書》卷八《靜帝紀》　甲辰，達奚儒破楊永安於沙州。沙州平。

乙巳，歲星守太微。

丁未，上柱國、鄖國公韋孝寬薨。

十二月壬子，以柱國、蔣國公梁睿爲上柱國。

癸丑，熒惑入氐。

丁巳，以柱國邗國公楊雄、普安公賀蘭謩、郕國公梁士彦、上大將軍新寧公叱列長叉、武鄉公崔弘度、大將軍中山公宇文恩、濮陽公宇文述、渭原公和干子、任城公王景、漁陽公楊鋭、上開府廣宗公李崇、隴西公李詢並爲上柱國。

庚申，以柱國、楚國公豆盧勣爲上柱國。

癸亥，詔曰：「《詩》稱『不如同姓』，《傳》曰『異姓爲後』。蓋明辯親疏，皎然不雜。太祖受命，龍德猶潛。籙表革代之文，星垂除舊之象，三分天下，志扶魏室，多所改作，冀允上玄。文武羣官，賜姓者衆，本殊國邑，實乖胙土。不歆非類，異骨肉而共烝嘗；不愛其親，在行路而叙昭穆。且神徵革姓，本爲曆數有歸；天命在人，推讓終而弗獲。故君臨區寓，累世於兹。不可仍遵謙挹之旨，久行權宜之制。諸改姓者，悉宜復舊。」

《資治通鑑》卷一七四　甲子，周以大丞相堅爲相國，總百揆，去都督中外、大冢宰之號，進爵爲王，以安陸等二十郡爲隨國，贊拜不名，備九錫之禮；堅受王爵、十郡而已。

辛未，代王達、滕王逌並以謀執政被誅。

壬申，以大將軍、長寧公楊勇爲上柱國、大司馬，小冢宰、始平公元孝矩爲大司寇。

《陳書》卷五《宣帝紀》　庚辰，宣毅將軍、南徐州刺史河東王叔獻薨。

太建一三年、北周大定元年、隋開皇元年（辛丑，五八一）

《陳書》卷五《宣帝紀》　春正月壬午，以車騎將軍、開府儀同三司淳于量爲左光禄大夫；中權將軍、護軍將軍鄱陽王伯山即本號開府儀同三司；鎮右將軍、國子祭酒新安王伯固爲揚州刺史；軍師將軍、尚書僕射晉安王伯恭爲尚書左僕射；安右將軍、丹陽尹徐陵爲中書監，領太子詹事；吏部尚書袁憲爲尚書右僕射。

《周書》卷八《靜帝紀》　大定元年春正月壬午，詔曰：「朕以不天，夙遭極罰。光陰遄速，遽及此辰。窮慕纏綿，言增號絶。踰祀革號，憲章前典，可改大象三年爲大定元年。」

庚寅，以輕車將軍、衛尉卿宜都王叔明爲南徐州刺史。

《三國志三公宰輔年表》

清黄大華撰

《魏志宰相三公表》

黄初元年

〔太傅〕

〔大司馬〕

〔大將軍〕夏侯惇　四月卒。

〔太尉〕賈詡

〔司徒〕華歆

〔司空〕王朗

二年

〔大司馬〕曹仁　十月，以大將軍遷。

〔大將軍〕曹仁　四月，以車騎將軍遷。

四年

〔大司馬〕曹仁　三月卒。

〔太尉〕賈詡　六月卒。

鍾繇　八月，以廷尉遷。

七年

〔太傅〕鍾繇　十二月，以太尉遷。

〔大司馬〕曹休　十二月，以征東大將軍遷。

〔大將軍〕曹真　十二月，以中軍大將軍遷。

〔太尉〕華歆　十二月，以司徒遷。

〔司徒〕王朗　十二月，以司空遷。

〔司空〕陳羣　十二月，以鎮軍大將軍遷。

太和二年

〔大司馬〕曹休　九月卒。

〔司徒〕王朗　十一月卒。

四年

〔太傅〕鍾繇　四月卒。

〔大司馬〕曹真　二月，以大將軍遷。

〔大將軍〕司馬懿　二月，以驃騎將軍遷。

五年

〔大司馬〕曹真　三月卒。

〔太尉〕華歆　十一月卒。

六年

〔司徒〕董昭　七月，以衛尉遷。

青龍三年

〔太尉〕司馬懿　正月，以大將軍遷。

四年

〔司徒〕董昭　五月卒。

〔司空〕陳羣　十二月卒。

景初元年

〔司徒〕陳矯　六月，以尚書令遷。七月卒。

〔司空〕衛臻　六月，以尚書左僕射遷。

二年

〔太傅〕司馬懿　十二月，以太尉遷。

〔大將軍〕燕王宇　十二月，旋免。

曹爽　十二月，以武衛將軍遷。

〔太尉〕滿寵　十二月，以征東將軍遷。

〔司徒〕韓暨　二月，以太中大夫遷。四月卒。

衛臻　十一月，以司空遷。

〔司空〕崔林　十一月，以司隸校尉遷。

正始三年
〔太尉〕滿寵　三月卒。
蔣濟　七月，以領軍將軍遷。
五年
〔司空〕崔林　十二月卒。
六年
〔司空〕趙儼　二月，以驃騎遷。六月卒。
高柔　八月，以太常遷。
九年
〔司徒〕衛臻　三月，遜位。
高柔　四月，以司空遷。
〔司空〕徐邈　四月，辭不受。
王淩　七月，以車騎將軍遷。
嘉平元年
〔大將軍〕曹爽　正月免。
〔太尉〕蔣濟　四月卒。
王淩　十二月，以司空遷。
〔司空〕孫禮　十二月，以司隸校尉遷。
二年
〔司空〕孫禮　十一月卒。
三年
〔太傅〕司馬懿　七月卒。
〔太尉〕王淩　五月卒。
司馬孚　七月，以司空遷。
〔司空〕司馬孚　三月，以尚書令遷。
鄭沖　十二月，以光禄勳遷。
四年
〔大將軍〕司馬師　正月，以撫軍大將軍嗣。
正元二年
〔大將軍〕司馬師　正月卒。
司馬昭　二月，以鎮東大將軍嗣。
甘露元年
〔太傅〕司馬孚　八月，以太尉遷。
〔太尉〕高柔　九月，以司徒遷。
〔司徒〕鄭沖　十月，以司空遷。
〔司空〕盧毓　十月，以左僕射遷。
二年
〔司空〕盧毓　三月卒。
諸葛誕　三月，〔以〕征東大將軍遷。
三年
〔大將軍〕司馬昭　五月，爲相國、晉公。
〔司空〕王昶　八月，以驃騎大將軍遷。
四年
〔司空〕王昶　六月卒。
景元元年
〔司空〕王觀　六月，以右僕射遷。十月卒。
王祥　十二月，以司隸校尉遷。
四年
〔太保〕鄭沖　十二月，以司徒遷。
〔太尉〕高柔　九月卒。
鄧艾　十二月，以征西將軍遷，旋誅。
〔司徒〕鍾會　十二月，以鎮西將軍遷，旋誅。
咸熙元年
〔大將軍〕司馬昭　三月，爲晉王。
〔太尉〕王祥　三月，以司空遷。
〔司徒〕何曾　三月，以征北將軍遷。
〔司空〕荀顗　三月，以左僕射遷。
二年
〔大將軍〕司馬昭　八月薨。
司馬炎　八月，嗣爲晉王。十一月，受禪。

〔司徒〕何曾　九月，改爲晉丞相。

司馬望　九月，以驃騎大將軍遷。

《蜀志宰相三公表》

章武元年

〔丞相〕諸葛亮

〔太傅〕許靖

〔大司馬〕

〔大將軍〕

〔尚書令〕

〔侍中〕

二年

〔太傅〕許靖　八月卒。

建興十二年

〔丞相〕諸葛亮　八月卒。

〔尚書令〕蔣琬　八月，以丞相府長史遷，總國事。

十三年

〔大將軍〕蔣琬　四月進。

〔尚書令〕費禕　四月，以後軍師遷。

延熙二年

〔大司馬〕蔣琬　三月進。

四年

〔尚書令〕費禕　十月，至漢中。

六年

〔大將軍〕費禕　十一月進。

〔尚書令〕董允　十一月，以侍中守。

〔侍中〕董允

九年

〔大司馬〕蔣琬　十一月卒。

〔尚書令〕董允　十二月卒。

〔侍中〕陳祗

十年

〔大將軍〕姜維　以衛將軍録尚書事。

〔尚書令〕吕乂

十四年

〔尚書令〕吕乂　卒。

陳祗

十六年

〔大將軍〕費禕　正月，遇刺。

十九年

〔大將軍〕姜維　正月。

景耀元年

〔尚書令〕陳祗　卒。

董厥

〔侍中〕樊建

二年

〔大將軍〕董厥

〔尚書令〕樊建

四年

〔尚書令〕諸葛瞻　平尚書事。

《吴志宰相三公表》

黄武元年

〔太傅〕

〔丞相〕孫邵

〔御史大夫〕

〔上大將軍〕

〔大司馬〕

〔大將軍〕

四年

〔丞相〕孫邵　五月卒。

顧雍　六月，以太常遷。

七年

〔大司馬〕吕範　八月卒。

黄龍元年

〔上大將軍〕陸遜

〔大將軍〕諸葛瑾

赤烏四年

〔大將軍〕諸葛瑾　閏月卒。

六年

〔丞相〕顧雍　十一月卒。

七年

〔丞相〕陸遜　正月，以上大將軍遷。

八年

〔丞相〕陸遜　二月卒。

九年

〔丞相〕步騭　九月，以驃騎遷。

〔上大將軍〕吕岱　九月，以鎮南遷。

〔左大司馬〕朱然　九月，以車騎遷。

〔右大司馬〕全琮　九月，以衛將軍遷。

〔大將軍〕諸葛恪　九月，以威北遷。

十年

〔丞相〕步騭　五月卒。

〔右大司馬〕全琮　正月卒。

十二年

〔左大司馬〕朱然　三月卒。

太元元年

〔太傅〕諸葛恪　太子太傅。

建興元年

〔太傅〕諸葛恪　四月，帝太傅。

〔大司馬〕吕岱　四月，以上大將軍遷。

二年

〔太傅〕諸葛恪　十月，遇害。

〔丞相〕孫峻　十月，以武衛將軍遷。

太平元年

〔丞相〕孫峻　九月卒。

〔大司馬〕吕岱　九月卒。

滕胤　九月，以衛將軍遷。

〔大將軍〕孫綝　十一月，以武衛將軍遷。

永安元年

〔丞相〕孫綝　十月，以大將軍遷。十二月，伏誅。

〔御史大夫〕孫恩　十月，以武衛將軍遷。

〔上大將軍〕施績　以驃騎遷。

〔大將軍〕丁奉　以左將軍遷。

五年

〔丞相〕濮陽興　十月，以衛將軍遷。

〔左御史大夫〕丁密　十月，以廷尉遷。

〔右御史大夫〕孟宗　十月，以光禄勳遷。

元興元年

〔丞相〕濮陽興　十一月誅。

〔左大司馬〕施績　八月，以上大將軍遷。

〔右大司馬〕丁奉　八月，以大將軍遷。

寶鼎元年

〔左丞相〕陸凱　八月，以鎮西大將軍遷。

〔右丞相〕萬彧　八月。

三年

〔丞相〕

〔太尉〕

〔司徒〕丁固　二月，以左御史大夫遷。即丁密。

〔司空〕孟仁　二月，以右御史大夫遷，即孟宗。

〔大司馬〕

〔大將軍〕

建衡元年

〔丞相〕陸凱　十一月卒。

二年

〔大司馬〕施績　四月卒。

三年

〔太尉〕范慎　正月，以武昌督遷。

〔司空〕孟仁　正月卒。

〔大司馬〕丁奉　正月卒。

鳳皇二年

〔丞相〕萬彧　以憂死。

〔太尉〕范慎　卒。

〔司徒〕丁固　三月卒。

〔大司馬〕陸抗　三月。

三年

〔大司馬〕陸抗　七月卒。

天紀三年

〔丞相〕張悌　八月，以軍師遷。

〔司徒〕何植　八月，以牛渚督遷。

〔司徒〕滕循　八月，以執金吾遷。

四年

〔丞相〕張悌　戰死。

《魏國將相大臣年表》

清萬斯同撰

漢獻帝建安十八年癸巳　五月，以冀州十郡爲魏國，封丞相曹操爲魏公，仍領漢丞相，行冀州牧事。十一月，置六卿以下官。

〔相國〕　二十一年置。
〔太尉〕　二十五年置。
〔御史大夫〕　二十一年置。
〔太常〕　二十一年置。
〔大將軍〕　二十五年置。
〔郎中令〕袁渙。
〔衛尉〕　二十二年置。
〔太僕〕國淵
〔大理〕鍾繇
〔大鴻臚〕
〔宗正〕　二十一年置。
〔大農〕王修
〔少府〕謝奂
〔中尉〕
〔尚書令〕荀攸
〔尚書僕射〕涼茂
〔尚書〕毛玠　典選。
崔琰
常林
徐奕
何夔
〔侍中〕　四員。
王粲
杜襲
衛覬
和洽
〔前將軍〕
〔左將軍〕
〔右將軍〕
〔後將軍〕
〔中領軍〕韓浩
〔中護軍〕曹洪

十九年甲午
〔郎中令〕渙
〔太僕〕淵
〔大理〕繇
〔大農〕修
〔少府〕奂
〔尚書令〕攸　七月卒。
劉先
〔尚書僕射〕茂
〔尚書〕玠
琰
林
奕
夔
〔侍中〕粲
襲
覬
洽
〔中領軍〕浩
〔中護軍〕洪

二十年乙未
〔郎中令〕渙

〔太僕〕淵
〔大理〕繇
〔大農〕修
〔少府〕萬潛
〔中尉〕涼茂
〔尚書令〕先
〔尚書僕射〕茂　遷中尉。
毛玠
〔尚書〕玠　遷僕射。
琰
林
奕
夔
張既　出爲雍州刺史。
〔侍中〕粲
襲　領丞相長史，從征漢中，因留督軍事。
覬
洽
〔中領軍〕浩

二十一年丙申　五月，進爵爲王，置相國以下官。

〔相國〕鍾繇　八月拜。
〔郎中令〕涣　行御史大夫事。
〔太常〕涼茂
〔大理〕繇　八月拜相國。
〔太僕〕淵　遷中尉。
〔大農〕修
〔少府〕潛
〔中尉〕茂　遷太常。
崔琰　被譖死。
國淵
〔尚書令〕先
〔尚書僕射〕玠　免官。
何夔
〔尚書〕琰　遷中尉。
林
奕
夔　遷僕射。
傅巽
〔侍中〕粲
覬
洽
桓階
〔左將軍〕于禁
〔右將軍〕樂進
〔中領軍〕浩

二十二年丁酉　四月，詔操設天子旌旗，出入稱警蹕。十月，加冕十二旒，立子丕爲王太子。

〔相國〕繇
〔御史大夫〕華歆　六月拜。
〔郎中令〕涣　卒。
王修　十月遷太常。
和洽
〔太常〕茂　十月遷太子太傅。
〔衛尉〕程昱
〔大農〕修　遷郎中令。
袁霸
〔少府〕潛
王朗
〔中尉〕淵
邢貞

〔尚書令〕先
徐奕
〔尚書僕射〕夔　十月遷太子少傅。
李義
〔尚書〕林
奕　遷尚書令。
〔侍中〕粲　卒。
覬
洽　遷郎中令。
階
陳羣
〔左將軍〕禁
〔右將軍〕進

二十三年戊戌

〔相國〕繇
〔御史大夫〕歆
〔郎中令〕洽
〔衛尉〕昱　免。
〔太常〕修　卒。
王朗
〔大農〕霸
〔少府〕朗　遷太常。
〔中尉〕貞　免。
楊俊
〔尚書令〕奕
〔尚書僕射〕義
〔尚書〕林
桓階
〔侍中〕覬
階　遷尚書。
羣
〔左將軍〕禁
〔右將軍〕進　卒。

二十四年己亥

〔相國〕繇　坐事免。
〔御史大夫〕歆
〔太常〕朗　遷大理。
〔郎中令〕洽
〔太僕〕何夔
〔大理〕王朗
〔大鴻臚〕張太。
〔中尉〕俊　坐事左遷。
〔尚書令〕奕　遷中尉。
徐奕
桓階
〔尚書僕射〕義
〔尚書〕林
階　遷尚書令。
陳矯
〔侍中〕覬
羣
〔左將軍〕禁　降于關羽。
〔前將軍〕夏侯惇
〔中領軍〕曹休

延康元年庚子　正月，操卒，子丕襲。十一月，篡帝位。

〔御史大夫〕歆　二月遷相國。
王朗　二月拜。
〔太尉〕賈詡　二月拜。
〔大將軍〕夏侯惇　三月拜，尋卒。
〔郎中令〕洽

〔太僕〕夔
〔大理〕朗　二月拜御史大夫。
鍾繇
〔大鴻臚〕太
〔中尉〕奕　遷諫議大夫，卒。
〔少府〕常林
〔尚書令〕階
〔尚書僕射〕義　遷諫議大夫。
陳羣
〔尚書〕林　十一月遷少府。
矯
陳羣　十一月遷僕射。
衛覬

杜畿
〔侍中〕覬　遷尚書。
羣　遷尚書。
趙儼　二月拜，出爲河東太守。
劉廙
劉曄
辛毗
〔前將軍〕惇　三月拜大將軍。
張遼
〔左將軍〕張郃
〔右將軍〕徐晃
〔中領軍〕休　出鎮揚州。
夏侯尚

《魏將相大臣年表》

清萬斯同撰

文帝黄初元年庚子　十一月，簒帝位。

〔太傅〕

〔大司馬〕

〔大將軍〕

〔太尉〕賈詡

〔司徒〕華歆

〔司空〕王朗　並十一月拜。

〔驃騎將軍〕

〔車騎將軍〕曹仁　都督荆、揚二州。

〔衛將軍〕曹洪　尋遷驃騎。

〔雜號大將軍〕

〔録尚書事〕

〔尚書令〕桓階　加侍中。

〔左僕射〕陳羣　加侍中。

〔右僕射〕邢顒　加侍中。

〔尚書〕　吏部、左民、客曹、五兵、度支，凡五署。

陳矯　吏部。

衛覬

崔林

杜畿

司馬懿　十一月，命改督軍御史中丞。

〔中書監〕劉放　加給事中。

〔中書令〕孫資　加給事中。

〔侍中〕四人

劉廙

劉曄

辛毗

鮑勛　遷右中郎將。

温恢

邢顒　遷僕射。

〔前將軍〕張遼

〔左將軍〕張郃

〔右將軍〕徐晃

〔後將軍〕朱靈

〔領軍將軍〕　資淺者爲中領軍。

〔中領軍將軍〕夏侯尚　出爲荆州刺史。

〔護軍將軍〕　資淺者爲中護軍。

二年辛丑　四月，漢昭烈帝即位，改元章武。十一月，封孫權爲吴王。

〔大將軍〕曹仁　四月，拜大將軍。十月，遷大司馬，仍都督荆、揚二州。

〔太尉〕詡

〔司徒〕歆

〔司空〕朗

〔驃騎將軍〕洪

〔車騎將軍〕仁　四月，遷大將軍。

公孫恭　遥授。

〔上軍大將軍〕曹真

〔尚書令〕階　卒。

陳羣

〔左僕射〕羣　遷令。

〔右僕射〕顒　遷左。

司馬懿　加侍中。

〔尚書〕矯

覬

林　出爲河間太守。

畿

衛臻

〔中書監〕放
〔中書令〕資
〔侍中〕廙　卒。
曄
毘
恢　出爲魏郡太守。
董昭
蘇則
〔前將軍〕遼
〔左將軍〕郃
〔右將軍〕晃
〔後將軍〕靈
〔中領軍將軍〕朱鑠
三年壬寅　九月，權改元黄武。十月，伐吴。
〔大司馬〕仁
〔太尉〕詡
〔司徒〕歆
〔司空〕朗
〔驃騎將軍〕洪
〔上軍大將軍〕真　改中軍大將軍。
〔尚書令〕羣
〔左僕射〕顒　遷司隸。
〔右僕射〕懿　遷左。
杜畿
〔尚書〕矯
覬
畿　遷僕射。
臻
〔中書監〕放
〔中書令〕資
〔侍中〕曄
毘
昭
則
〔前將軍〕遼　卒。
〔左將軍〕郃
〔右將軍〕晃
〔後將軍〕靈
〔中領軍將軍〕鑠
四年癸卯　四月，漢主備殂，子禪襲位，改是年爲建興元年。
〔大司馬〕仁　三月卒。
〔太尉〕詡　卒。
鍾繇　八月拜。
〔司徒〕歆
〔司空〕朗
〔驃騎將軍〕洪
〔中軍大將軍〕真
〔尚書令〕羣
〔左僕射〕懿
〔右僕射〕畿
〔尚書〕矯
覬
臻
蔣濟
〔中書監〕放
〔中書令〕資
〔侍中〕曄
毘
昭
則

〔左將軍〕郃
〔右將軍〕晃
〔後將軍〕文聘
〔中領軍將軍〕鑠

五年甲辰　八月，伐吴。

〔太尉〕繇
〔司徒〕歆
〔司空〕朗
〔驃騎將軍〕洪
〔中軍大將軍〕真
〔尚書令〕羣
〔左僕射〕懿
〔右僕射〕畿　試舟没于水。
〔尚書〕矯
覬
臻
濟
趙儼　出爲征東軍師。
〔中書監〕放
〔中書令〕資
〔侍中〕曄
毘
昭　遷太常。
則　出爲東平相。
傅巽
〔前將軍〕　滿寵。
〔左將軍〕郃
〔右將軍〕晃
〔後將軍〕聘
〔中領軍將軍〕鑠

六年乙巳　三月，伐吴。

〔太尉〕繇
〔司徒〕歆
〔司空〕朗
〔驃騎將軍〕洪
〔中軍大將軍〕真
〔鎮軍大將軍〕陳羣　録尚書事。
〔撫軍大將軍〕司馬懿　並二月拜。
〔尚書令〕羣　二月，遷鎮軍大將軍，録尚書事。
陳矯　二月拜。
〔左僕射〕懿　二月，遷撫軍大將軍。
〔右僕射〕王思
〔尚書〕矯　遷令。
覬
臻　吏部。
濟
徐宣
杜襲
〔中書監〕放
〔中書令〕資
〔侍中〕曄
毘
巽
〔前將軍〕寵
〔左將軍〕郃
〔右將軍〕晃
〔後將軍〕聘
〔中領軍將軍〕鑠
〔中護軍將軍〕陳羣　鎮軍兼。

七年丙午　五月，帝殂，太子叡即位。

〔太傅〕鍾繇
〔大司馬〕曹休
〔大將軍〕曹真　並十二月拜。
〔太尉〕繇　十二月，拜太傅。
〔司徒〕歆　十二月，遷太尉。
〔司空〕朗　十二月，遷司徒。
陳羣　十二月，拜司空録尚書事。
〔驃騎將軍〕洪　免爲庶人。
〔中軍大將軍〕真　十二月，遷大將軍。
〔鎮軍大將軍〕羣　十二月，遷司空。
〔撫軍大將軍〕懿　十二月，遷驃騎將軍。
〔録尚書事〕羣　十二月，司空録尚書事。
〔尚書令〕矯
〔左僕射〕徐宣
〔右僕射〕思
〔尚書〕臻
覬
濟
宣　遷僕射。
襲
傅巽
〔中書監〕放　加散騎常侍。
〔中書令〕資　同上。
〔侍中〕曄
毘
巽
〔前將軍〕寵
〔左將軍〕郃
〔右將軍〕晃
〔後將軍〕聘　卒。
曹洪
〔中領軍將軍〕鑠
桓範

明帝太和元年丁未
〔太傅〕繇
〔大司馬〕休
〔大將軍〕真
〔太尉〕歆
〔司徒〕朗
〔司空〕羣
〔驃騎大將軍〕懿　六月，出屯宛。
〔録尚書事〕羣
〔尚書令〕矯
〔左僕射〕宣
〔右僕射〕思
〔尚書〕臻
覬
濟
巽
襲
〔中書監〕放
〔中書令〕資
〔侍中〕曄
毘　遷衛尉。
〔前將軍〕寵
〔左將軍〕郃
〔右將軍〕晃　卒。
〔後將軍〕洪
〔中領軍將軍〕範

二年戊申　正月，漢相諸葛亮來伐。

〔太傅〕繇
〔大司馬〕休　九月卒。
〔大將軍〕真
〔太尉〕歆
〔司徒〕朗　十一月卒。
〔司空〕羣
〔驃騎大將軍〕懿
〔録尚書事〕羣
〔尚書令〕矯
〔左僕射〕宣
〔右僕射〕思
〔尚書〕臻
覬
濟　遷中護軍。
襲　出爲大將軍軍司。
夏侯楙
〔中書監〕放
〔中書令〕資
〔侍中〕曄
〔前將軍〕寵　出爲豫州刺史。
〔左將軍〕郃
〔後將軍〕洪
〔中領軍將軍〕範
〔中護軍將軍〕蔣濟　尋進護軍將軍。

三年己酉　四月，孫權稱帝，改元黃龍。

〔太傅〕繇
〔大將軍〕真
〔太尉〕歆
〔司空〕羣
〔驃騎大將軍〕懿
〔録尚書事〕羣
〔尚書令〕矯
〔左僕射〕宣
〔右僕射〕思
〔尚書〕臻
覬
司馬孚
諸葛誕
〔中書監〕放
〔中書令〕資
〔侍中〕曄
〔前將軍〕寵
〔左將軍〕郃　遷征西將軍。
〔後將軍〕洪
〔中領軍將軍〕範
〔護軍將軍〕濟

四年庚戌

〔太傅〕繇　四月卒。
〔大將軍〕真　二月，遷大司馬。
司馬懿　二月拜。
〔太尉〕歆
〔司空〕羣
〔司徒〕董昭　衛尉行司徒事。
〔驃騎大將軍〕懿　二月，遷大將軍。
〔驃騎將軍〕曹洪
〔車騎將軍〕張郃
〔録尚書事〕羣
〔尚書令〕矯
〔左僕射〕宣
〔右僕射〕思

衛臻　典選。
〔尚書〕臻　遷僕射。
覬　卒。
孚
誕　免。
裴潛
桓範
〔中書監〕放
〔中書令〕資
〔侍中〕曄
吴質　卒。
〔前將軍〕寵　改征東將軍。
〔後將軍〕洪　遷驃騎。
費曜
〔中領軍將軍〕範
〔護軍將軍〕濟

五年辛亥

〔大司馬〕真　三月卒。
〔大將軍〕懿
〔太尉〕歆　十二月卒。
〔司徒〕昭
〔司空〕羣
〔驃騎將軍〕洪
〔車騎將軍〕郃　六月，爲漢軍射死。
〔録尚書事〕羣
〔尚書令〕矯
〔左僕射〕宣
〔右僕射〕臻
〔尚書〕孚
潛
〔中書監〕放
〔中書令〕資
〔侍中〕曄
韋誕
〔後將軍〕曜
〔護軍將軍〕濟
〔中領軍將軍〕楊暨

六年壬子

〔大將軍〕懿
〔司徒〕昭　七月真拜。
〔司空〕羣
〔驃騎將軍〕洪　卒。
〔録尚書事〕羣
〔尚書令〕矯
〔左僕射〕宣
〔右僕射〕臻
〔尚書〕孚
潛
劉靖
趙咨
〔中書監〕放
〔中書令〕資
〔侍中〕曄　遷鴻臚。
誕
〔護軍將軍〕濟
〔中領軍將軍〕暨

青龍元年癸丑

〔大將軍〕懿
〔司徒〕昭
〔司空〕羣

〔録尚書事〕羣
〔尚書令〕矯
〔左僕射〕宣
〔右僕射〕臻
〔尚書〕孚
　咨
〔中書監〕放　加侍中。
〔中書令〕資　加侍中。
〔侍中〕誕
〔護軍將軍〕濟
〔中領軍將軍〕曁

二年甲寅　三月，山陽公殂，上尊謚爲獻皇帝。八月，漢丞相亮卒。

〔大將軍〕懿
〔司徒〕昭
〔司空〕羣
〔録尚書事〕羣
〔尚書令〕矯
〔左僕射〕宣
〔右僕射〕臻
〔尚書〕孚
〔中書監〕放
〔中書令〕資
〔侍中〕誕
　盧毓
　高堂隆
〔護軍將軍〕濟
〔中領軍將軍〕夏侯獻

三年乙卯

〔大將軍〕懿　正月，遷太尉。
〔太尉〕司馬懿
〔司徒〕昭
〔司空〕羣
〔録尚書事〕羣
〔尚書令〕矯
〔左僕射〕宣
〔右僕射〕臻
〔尚書〕孚
　孫禮
〔中書監〕放
〔中書令〕資
〔侍中〕誕
　毓
〔護軍將軍〕濟
〔中領軍將軍〕獻

四年丙辰

〔太尉〕懿
〔司徒〕昭　五月卒。
〔司空〕羣　十二月卒。
〔録尚書事〕羣　十二月卒。
〔尚書令〕矯
〔左僕射〕宣　卒。
〔右僕射〕臻
〔尚書〕孚
　禮
　盧毓　吏部。
〔中書監〕放
〔中書令〕資
〔侍中〕誕
　毓　遷吏部。
　隆

孫邕

〔護軍將軍〕濟

〔中領軍將軍〕獻

景初元年丁巳　七月，公孫淵自稱燕王，改元紹漢。

〔太尉〕懿

〔司徒〕陳矯　六月拜，七月卒。

〔司空〕衛臻　六月拜。

〔尚書令〕矯　六月，拜司徒。

薛悌

〔右僕射〕臻　六月，拜司空。

司馬孚

〔尚書〕孚　遷僕射。

毓

禮

〔中書監〕放

〔中書令〕資

〔侍中〕誕

隆　遷光禄勳。

邕

〔護軍將軍〕濟

〔中領軍將軍〕獻

二年戊午　正月，司馬懿伐公孫淵。八月，淵平。

〔大將軍〕燕王宇　十二月拜，未幾免。

曹爽　十二月拜，都督中外諸軍，録尚書事。

〔太尉〕懿

〔司徒〕韓暨　二月拜，四月卒。

〔司空〕臻　十一月，遷司徒。

崔林　十一月拜。

〔録尚書事〕曹爽　大將軍録尚書事。

〔尚書令〕悌

〔右僕射〕孚

〔尚書〕毓

禮

〔中書監〕放

〔中書令〕資

〔侍中〕誕

邕

〔後將軍〕牛金

〔護軍將軍〕濟　十二月，改領軍。

〔中領軍將軍〕獻　十二月免。

〔中護軍將軍〕畢軌

三年己未　正月，帝殂，太子芳即位。

〔太傅〕司馬懿　二月拜。

〔大將軍〕爽　加侍中。

〔太尉〕懿　二月，遷太傅。

滿寵　三月拜。

〔司徒〕臻

〔司空〕林

〔車騎將軍〕黄權　漢降將，九月，拜車騎，開府儀同三司。

〔録尚書事〕爽

〔尚書令〕裴潛

〔右僕射〕孚

〔左僕射〕盧毓　遷廷尉。

〔尚書〕毓　遷僕射。

禮　正月，遷大將軍長史。

何晏　吏部。

〔中書監〕放

〔中書令〕資

〔侍中〕誕

邕

何晏　遷吏部。

應璩

〔右將軍〕夏侯霸

〔領軍將軍〕濟

〔中護軍將軍〕軌

廢帝正始元年庚申

〔太傅〕懿

〔大將軍〕爽

〔太尉〕寵

〔司徒〕臻

〔司空〕林

〔車騎將軍〕權　四月卒。

〔録尚書事〕爽

〔尚書令〕潛

〔右僕射〕孚

〔尚書〕晏

〔中書監〕放　二月，加左光禄大夫，儀同三司。

〔中書令〕資　二月，加右光禄大夫，儀同三司。

〔侍中〕誕

邕

璩

〔左將軍〕郭淮　雍州刺史加。

〔右將軍〕霸

〔領軍將軍〕濟

〔中護軍將軍〕軌　遷司隸。

夏侯玄

二年辛酉

〔太傅〕懿

〔大將軍〕爽

〔太尉〕寵

〔司徒〕臻

〔司空〕林

〔車騎將軍〕王淩　揚州都督加。

〔録尚書事〕爽

〔右僕射〕孚

〔尚書〕晏

〔中書監〕放

〔中書令〕資

〔侍中〕誕

〔左將軍〕淮

〔右將軍〕霸

〔領軍將軍〕濟

〔中護軍將軍〕玄

三年壬戌

〔太傅〕懿

〔大將軍〕爽

〔太尉〕寵　正月卒。

蔣濟　七月拜。

〔司徒〕臻

〔司空〕林

〔車騎將軍〕淩

〔録尚書事〕爽

〔右僕射〕孚

〔尚書〕晏

繆襲

〔中書監〕放

〔中書令〕資

〔侍中〕誕

〔左將軍〕淮

〔右將軍〕霸

〔領軍將軍〕濟　七月，拜太尉。
〔中領軍將軍〕曹羲
〔中護軍將軍〕玄

四年癸亥

〔太傅〕懿
〔大將軍〕爽
〔太尉〕濟
〔司徒〕臻
〔司空〕林
〔驃騎將軍〕趙儼
〔車騎將軍〕淩
〔録尚書事〕爽
〔右僕射〕孚
〔尚書〕晏
　襲
〔中書監〕放
〔中書令〕資
〔侍中〕誕
　王肅
〔左將軍〕淮
〔右將軍〕霸
〔中領軍將軍〕羲
〔中護軍將軍〕玄　出爲雍州都督。
　司馬師

五年甲子

〔太傅〕懿
〔大將軍〕爽　二月，率師伐漢。
〔太尉〕濟
〔司徒〕臻
〔司空〕林　十二月卒。
〔驃騎將軍〕儼
〔車騎將軍〕淩
〔録尚書事〕爽
〔尚書令〕司馬孚
〔尚書〕晏
　襲
　丁謐
　鄧颺
〔中書監〕放
〔中書令〕資
〔侍中〕誕
〔左將軍〕淮　改前。
〔右將軍〕霸
〔中領軍將軍〕羲
〔中護軍將軍〕師

六年乙丑

〔太傅〕懿
〔大將軍〕爽
〔太尉〕濟
〔司徒〕臻
〔司空〕趙儼　二月拜，四月卒。
　高柔　八月拜。
〔驃騎將軍〕儼　二月，拜司空。
　劉放
〔車騎將軍〕淩
〔衛將軍〕孫資
〔録尚書事〕爽
〔尚書令〕孚
〔尚書〕晏
　颺

謐
〔中書監〕放　二月，加驃騎將軍。
〔中書令〕資　二月，加衛將軍。
〔侍中〕誕
〔前將軍〕淮
〔右將軍〕霸
〔中領軍將軍〕羲
〔中護軍將軍〕師

七年丙寅
〔太傅〕懿
〔大將軍〕爽
〔太尉〕濟
〔司徒〕臻
〔司空〕柔
〔驃騎將軍〕放
〔車騎將軍〕淩
〔衛將軍〕資
〔録尚書事〕爽
〔尚書令〕孚
〔尚書〕晏
颺
謐
〔中書監〕放
〔中書令〕資
〔侍中〕誕
鍾毓
〔前將軍〕淮
〔左將軍〕毌丘儉　幽州刺史加。
〔右將軍〕霸
〔中領軍將軍〕羲
〔中護軍將軍〕師

八年丁卯
〔太傅〕懿　五月，稱疾不預政。
〔大將軍〕爽
〔太尉〕濟
〔司徒〕臻
〔司空〕柔
〔驃騎將軍〕放
〔車騎將軍〕淩
〔衛將軍〕資
〔録尚書事〕爽
〔尚書令〕孚
〔尚書僕射〕李豐
〔尚書〕晏
颺
謐
〔中書監〕放
〔中書令〕資
〔侍中〕誕
〔前將軍〕淮
〔左將軍〕儉
〔右將軍〕霸
〔中領軍將軍〕羲
〔中護軍將軍〕師

九年戊辰
〔太傅〕懿
〔大將軍〕爽
〔太尉〕濟
〔司徒〕臻　三月罷。
〔司空〕柔　四月，遷司徒。

徐邈　四月拜，不就。
王淩　九月拜，仍鎮揚州。
〔驃騎將軍〕放　二月罷。
〔車騎將軍〕淩　九月，拜司空。
〔衛將軍〕資　二月罷。
〔録尚書事〕爽
〔尚書令〕孚
〔尚書僕射〕豐
〔尚書〕晏
颺
謐
陳太
〔中書監〕放　二月解。
韋誕
〔中書令〕資　二月解。
〔侍中〕誕　遷中書監。
應璩
許允
鄭袤
〔前將軍〕淮
〔右將軍〕霸
〔中領軍將軍〕羲
〔中護軍將軍〕師

嘉平元年己巳

〔太傅〕懿
〔大將軍〕爽　正月，免官，以侯就第，未幾族誅。
〔太尉〕濟　四月卒。
〔司徒〕柔
〔司空〕淩　十二月，遷太尉，仍鎮揚州。
孫禮　十二月拜。
〔衛將軍〕司馬師
〔録尚書事〕爽　正月免。
〔尚書令〕孚
〔尚書僕射〕豐
〔尚書〕晏
颺
謐　俱正月族誅。
盧毓
王基
太　出爲雍州刺史。
袁侃
〔中書監〕誕
〔中書令〕孫資　復拜。
〔侍中〕璩
允
袤
〔前將軍〕淮　遷征西將軍。
文欽
〔右將軍〕霸　降漢。
〔中領軍將軍〕羲　正月，族誅。
〔中護軍將軍〕師

二年庚午

〔太傅〕懿
〔太尉〕淩
〔司徒〕柔
〔司空〕禮　十一月卒。
〔驃騎將軍〕孫資　十月拜。
〔車騎將軍〕郭淮　五月拜。
〔衛將軍〕師
〔尚書令〕孚

〔尚書僕射〕豐

〔尚書〕毓

侃

王觀

許允

〔中書監〕誕

〔中書令〕資　十月，遷驃騎。

〔侍中〕璩

允

袁

〔前將軍〕欽

〔中護軍將軍〕師　遷衛將軍。

司馬望

三年辛未

〔太傅〕懿　七月卒。

〔太尉〕淩　五月，舉兵討司馬懿，不克，死。

〔司徒〕柔

〔司空〕司馬孚　三月拜，七月，遷太尉。

鄭沖　十一月拜。

〔驃騎將軍〕資　七月卒。

〔車騎將軍〕淮

〔衛將軍〕師　七月，改撫軍大將軍，録尚書事。

〔録尚書事〕司馬師

〔尚書令〕孚　三月，拜司空，仍守尚書令。

〔尚書僕射〕豐

〔尚書〕毓

觀

王廣　七月，坐父淩罪被殺。

傅嘏

〔中書監〕誕

〔侍中〕璩

袁

〔前將軍〕欽

〔領軍將軍〕許允

〔中護軍將軍〕望

四年壬申　四月，吴主權卒。

〔大將軍〕司馬師　正月，拜大將軍、侍中、都督中外諸軍，録尚書事。

〔太尉〕孚

〔司徒〕柔

〔司空〕沖

〔車騎將軍〕淮

〔撫軍大將軍〕師　正月，拜大將軍。

〔録尚書事〕師

〔尚書令〕孚

〔尚書僕射〕豐　遷中書令。

盧毓

〔尚書〕毓　遷僕射。

觀

嘏

〔中書監〕誕

〔中書令〕李豐

〔侍中〕璩　卒。

袁

鄭小同

荀顗

〔前將軍〕欽

〔領軍將軍〕允

〔中護軍將軍〕望

五年癸酉

〔大將軍〕師

〔太尉〕孚
〔司徒〕柔
〔司空〕沖
〔車騎將軍〕淮
〔録尚書事〕師
〔尚書令〕孚
〔尚書僕射〕毓
〔尚書〕觀
嘏
袁亮
〔中書監〕誕
〔中書令〕豐
〔侍中〕小同
顗
趙酆
華表
〔前將軍〕欽
〔領軍將軍〕允
〔中護軍將軍〕望

六年甲戌　九月，司馬師廢帝爲齊王，立高貴鄉公髦爲帝，改是年爲正元元年。

〔大將軍〕師
〔太尉〕孚
〔司徒〕柔
〔司空〕沖
〔車騎將軍〕淮
〔衛將軍〕司馬昭
〔録尚書事〕師
〔尚書令〕孚
〔尚書僕射〕毓
〔尚書〕觀
嘏
亮
崔贊
陳騫
何曾　出鎮河北。
〔中書監〕誕
〔中書令〕豐　二月，爲司馬師所殺。
孟康
〔侍中〕小同
顗
酆
表
〔前將軍〕欽
〔領軍將軍〕允　七月，出督河北軍事。
曹演
〔中護軍將軍〕望

後廢帝正元二年乙亥

〔大將軍〕師　正月死。
司馬昭　二月，拜大將軍、侍中、都督中外諸軍，録尚書事。
〔太尉〕孚
〔司徒〕柔
〔司空〕沖
〔驃騎將軍〕王昶　四月，荊州都督加。
〔車騎將軍〕淮　正月卒。
〔衛將軍〕昭　二月，拜大將軍。
胡遵七月，徐州都督加。
〔録尚書事〕師　正月死。
司馬昭
〔尚書令〕孚

〔尚書僕射〕毓　加侍中。
傅嘏　卒。
〔尚書〕觀
嘏　遷僕射。
騫
鍾毓
亮
贊
〔中書監〕誕
〔中書令〕康　遷監。
虞松
〔侍中〕小同
顗
鄧
表
〔前將軍〕欽　正月，同毌丘儉舉兵討司馬師，兵敗奔吴。
〔領軍將軍〕演
〔中領軍將軍〕王肅
〔中護軍將軍〕望

甘露元年丙子

〔太傅〕司馬孚　八月拜。
〔大將軍〕昭
〔太尉〕孚　八月，遷太傅。
〔司徒〕柔　九月，遷太尉。
〔司空〕沖　十月，遷司徒。
盧毓　十月拜。
〔驃騎將軍〕祉
〔衛將軍〕遵　七月卒。
〔録尚書事〕昭
〔尚書令〕孚
〔尚書僕射〕毓　十月，拜司空。
崔贊
〔左僕射〕陳太　加侍中，典選。
〔右僕射〕王觀
〔尚書〕觀　遷僕射。
騫
毓
亮
贊　遷僕射。
荀顗
〔中書令〕松
〔侍中〕小同
顗　遷尚書。
表
〔中領軍將軍〕肅　卒。
〔中護軍將軍〕望　出督雍涼。
賈充

二年丁丑

〔太傅〕孚
〔大將軍〕昭
〔太尉〕柔
〔司徒〕沖
〔司空〕毓　三月卒。
諸葛誕　三月拜。五月，舉兵討司馬昭，不克，死。
〔驃騎將軍〕祉
〔車騎將軍〕孫壹　吴降將，六月，拜車騎開府。
〔録尚書事〕昭
〔左僕射〕太
〔右僕射〕觀
〔尚書〕騫

毓

顗

〔中書令〕松

〔侍中〕小同

表

和逌

〔中護軍將軍〕充

三年戊寅

〔太傅〕孚

〔大將軍〕昭

〔太尉〕柔

〔司徒〕沖

〔司空〕王昶　八月拜，仍鎮新野。

〔驃騎將軍〕昶　八月，拜司空。

〔車騎將軍〕壹

〔録尚書事〕昭

〔左僕射〕太

〔右僕射〕觀

〔尚書〕毓　出爲青州刺史。

顗

裴秀

王經

〔中書令〕松

〔侍中〕小同

表

逌

王沈

〔左將軍〕司馬亮

〔後將軍〕鍾毓　青州刺史加。

〔中護軍將軍〕充

四年乙卯

〔太傅〕孚

〔大將軍〕昭

〔太尉〕柔

〔司徒〕沖

〔司空〕昶　六月卒。

〔車騎將軍〕壹　十一月，爲婢所弑。

〔録尚書事〕昭

〔左璞射〕太

〔右僕射〕觀

〔尚書〕顗

秀

經

魯芝

〔中書令〕松

〔侍中〕小同　爲司馬昭所殺。

表

逌

沈

〔左將軍〕亮

〔後將軍〕毓

〔中護軍將軍〕充

五年庚辰　五月，帝躬討司馬昭，不克，被弑，常道鄉公璜立，改是年爲景元元年。

〔太傅〕孚

〔大將軍〕昭

〔太尉〕柔

〔司徒〕沖

〔司空〕王觀　六月拜。十月卒。

王祥　十二月拜。

〔録尚書事〕昭
〔左僕射〕太　五月卒。
荀顗　領吏部。
〔右僕射〕觀　六月，拜司空。
裴秀
〔尚書〕顗　遷僕射。
秀　同上。
經　五月，死義。
芝
華表
王沈
〔侍中〕沈　遷尚書。
衞瓘
〔左將軍〕亮
〔後將軍〕毓
〔中護軍將軍〕充

永帝景元二年辛巳

〔太傅〕孚
〔大將軍〕昭
〔太尉〕柔
〔司徒〕沖
〔司空〕祥
〔録尚書事〕昭
〔左僕射〕顗
〔右僕射〕秀
〔尚書〕表
沈　出爲豫州刺史。
〔侍中〕瓘
〔左將軍〕亮
〔後將軍〕毓
〔中護軍將軍〕充

三年壬午

〔太傅〕孚
〔大將軍〕昭
〔太尉〕柔
〔司徒〕沖
〔司空〕祥
〔録尚書事〕昭
〔左僕射〕顗
〔右僕射〕秀
〔尚書〕表
〔侍中〕瓘　遷廷尉。
〔左將軍〕亮
〔右將軍〕　司馬伷
〔後將軍〕毓
〔中護軍將軍〕充

四年癸未　五月，大舉伐漢。十一月，漢主禪降。

〔太傅〕孚
〔大將軍〕昭　十月，進位相國，加九錫，封晉公。
〔太保〕鄭沖　十二月拜。
〔太尉〕柔　九月卒。
〔司徒〕沖　十二月，遷太保。
〔司空〕祥
〔驃騎將軍〕趙酆
〔衞將軍〕司馬望
〔録尚書事〕昭
〔左僕射〕顗
〔右僕射〕秀
〔尚書〕表
〔前將軍〕李輔

〔右將軍〕伷

〔後將軍〕毓　卒。

〔領軍將軍〕司馬望　衛將軍行領軍事。

〔中護軍將軍〕充

咸熙元年甲申

〔相國〕昭　三月，進爵爲王。

〔太傅〕孚

〔太保〕沖

〔太尉〕鄧艾　正月拜，被殺。

〔司徒〕鍾會　正月拜，謀反誅。

何曾　三月拜。

〔司空〕祥　三月，遷太尉。

荀顗　三月拜。

〔驃騎將軍〕鄷

〔衛將軍〕望　八月，遷驃騎。

〔撫軍大將軍〕司馬炎　九月拜。

〔鎮軍大將軍〕甄德

〔輔國大將軍〕甄温

〔録尚書事〕昭

〔左僕射〕顗　三月，拜司空。

〔右僕射〕秀　遷左。

羊瑾

〔尚書〕表

盧欽　吏部。

蘇愉

〔前將軍〕輔

〔右將軍〕伷

胡烈　荊州刺史加。

〔領軍將軍〕望

〔中護軍將軍〕充

二年乙酉　十二月，禪位於晉。

〔相國〕昭　八月死。

〔丞相〕司馬炎　總百揆。十二月，篡位。

〔太傅〕孚

〔太保〕沖

〔太尉〕祥

〔司徒〕曾　九月，改晉國丞相。

司馬望　九月拜。

〔司空〕顗

〔驃騎將軍〕望　九月，拜司徒。

石苞

〔車騎將軍〕陳騫

〔衛將軍〕司馬攸

〔撫軍大將軍〕炎　八月，拜丞相。

〔鎮軍大將軍〕德

〔輔國大將軍〕温

〔録尚書事〕昭

〔左僕射〕秀

〔右僕射〕瑾

〔尚書〕表

欽

〔前將軍〕輔

〔右將軍〕伷

烈

〔領軍將軍〕望　遷司徒，仍兼領軍。

〔中護軍將軍〕充　遷晉國衛將軍。

《漢將相大臣年表》

清萬斯同撰

獻帝建安二十四年己亥　七月，劉備自稱漢中王。

〔太傅〕許靖　七月拜。

〔丞相〕

〔司徒〕

〔大司馬〕

〔大將軍〕

〔驃騎將軍〕

〔車騎將軍〕

〔衛將軍〕

〔雜號大將軍〕

〔前將軍〕關羽　十二月，爲孫權所獲。

〔左將軍〕馬超

〔右將軍〕張飛

〔後將軍〕黄忠

〔征鎮將軍〕

〔安漢將軍〕糜竺

〔軍師將軍〕諸葛亮

〔鎮遠將軍〕賴恭

〔興業將軍〕李嚴

〔尚害令〕法正　加護軍將軍。

〔尚書僕射〕

〔侍中〕廖立

〔庲降都督〕鄧方　安遠將軍，駐南昌縣。

二十五年庚子　十一月，曹丕簒位。

〔太傅〕靖

〔左將軍〕超

〔右將軍〕飛

〔後將軍〕忠　卒。

〔安漢將軍〕竺　卒。

〔軍師將軍〕亮

〔鎮遠將軍〕恭

〔興業將軍〕嚴

〔尚書令〕正　卒。

劉巴

〔侍中〕立

〔庲降都督〕方

昭烈帝章武元年辛丑　四月，即位。

〔太傅〕靖　四月，拜司徒。

〔丞相〕諸葛亮　四月，拜録尚書事，尋領司隸校尉。

〔驃騎將軍〕馬超　四月拜。

〔車騎將軍〕張飛　四月拜，領司隸校尉。六月，爲帳下所殺。

〔左將軍〕超　四月，遷驃騎。

〔右將軍〕飛　四月，遷車騎。

〔鎮北將軍〕魏延　守漢中。

〔征北將軍〕黄權

〔鎮遠將軍〕恭　遷太常。

〔興業將軍〕嚴

〔尚書令〕巴

〔侍中〕立

馬良

〔庲降都督〕方

二年壬寅

〔丞相〕亮

〔司徒〕靖　八月卒。

〔驃騎將軍〕超　卒。

〔鎮北將軍〕延

〔征北將軍〕權　八月，降魏。
〔興業將軍〕嚴　遷尚書令。
〔尚書令〕巴
李嚴
〔侍中〕立
良　征五谿陷没。
〔庲降都督〕方
李恢　領交州刺史，駐平夷縣。
三年癸卯　四月，帝崩，太子禪即位，改是年爲建興元年。
〔丞相〕亮
〔鎮北將軍〕延
〔征南將軍〕趙雲　督江州，尋改鎮東。
〔尚書令〕嚴　加中都護，統内外軍事，留鎮永安。
〔侍中〕立　遷長水校尉。
關興　中監軍。
〔庲降都督〕恢
後主建興二年甲辰
〔丞相〕亮　五月，領益州牧。
〔鎮北將軍〕延
〔鎮東將軍〕雲
〔尚書令〕嚴
〔侍中〕興
〔庲降都督〕恢
三年乙巳
〔丞相〕亮　三月，出征南中。十一月，還朝。
〔鎮北將軍〕延
〔鎮東將軍〕雲
〔尚書令〕嚴
〔侍中〕興
〔庲降都督〕恢　南中平，加安漢將軍。
四年丙午　五月，魏主丕卒。
〔丞相〕亮
〔前將軍〕李嚴　鎮永安。
〔左將軍〕吴懿
〔後將軍〕劉琰　加中軍師。
〔鎮北將軍〕延
〔鎮東將軍〕雲
〔尚書令〕嚴　遷前將軍。
陳震
〔侍中〕郭攸之
費禕
〔庲降都督〕恢
五年丁未
〔丞相〕亮　三月，出屯漢中。
〔前將軍〕嚴　移屯江州。
〔左將軍〕懿
〔後將軍〕琰
〔鎮北將軍〕延　領丞相司馬、涼州刺史、督前部。
〔鎮東將軍〕雲　隨屯漢中。
〔征西將軍〕陳到　督永安。
〔尚書令〕震
〔侍中〕攸之
禕　出參丞相軍事。
董允　兼虎賁中郎將，統宿衞。
〔庲降都督〕恢
六年戊申
〔丞相〕亮　貶右將軍行丞相事。
〔前將軍〕嚴
〔左將軍〕懿
〔後將軍〕琰

〔鎮北將軍〕延
〔鎮東將軍〕雲　貶鎮軍將軍。
〔征西將軍〕到
〔輔漢將軍〕張裔　丞相長史。
〔尚書令〕震
〔侍中〕攸之
　允
〔庲降都督〕恢

七年己酉　四月，孫權稱帝。

〔丞相〕亮　復拜。
〔前將軍〕嚴
〔左將軍〕懿
〔右將軍〕高翔
〔後將軍〕琰
〔鎮北將軍〕延
〔鎮軍將軍〕雲　卒。
〔征西將軍〕到
〔輔漢將軍〕裔
〔尚書令〕震　遷衛尉。
〔尚書僕射〕李福
〔侍中〕攸之
　允
〔庲降都督〕恢　解刺史，領建寧太守。

八年庚戌

〔丞相〕亮
〔驃騎將軍〕李嚴　督軍漢中。
〔車騎將軍〕劉琰　中軍師，屯漢中。
〔征西大將軍〕魏延　前軍師，領凉州牧。
〔前將軍〕嚴　遷驃騎。
　袁綝
〔左將軍〕吴懿　領荆州刺史。
〔右將軍〕翔
〔後將軍〕琰　遷車騎。
　吴班
〔鎮北將軍〕延　加征西大將軍。
〔征西將軍〕姜維
〔輔漢將軍〕裔　卒。
〔綏軍將軍〕楊儀　丞相長史。
〔征南將軍〕劉巴
〔尚書僕射〕福
〔侍中〕允
〔庲降都督〕恢

九年辛亥

〔丞相〕亮
〔驃騎將軍〕嚴　有罪除名。
〔車騎將軍〕琰
〔征西大將軍〕延
〔前將軍〕綝
〔左將軍〕懿
〔右將軍〕翔
〔後將軍〕班
〔征西將軍〕維
〔綏軍將軍〕儀
〔征南將軍〕巴
〔撫軍將軍〕蔣琬　丞相留府長史。
〔尚書僕射〕福
〔侍中〕允
〔庲降都督〕恢　卒。
　張翼　領綏南中郎將。

十年壬子

〔丞相〕亮
〔車騎將軍〕琰　還成都。
〔征西大將軍〕延
〔前將軍〕綝
〔左將軍〕懿
〔右將軍〕翔
〔後將軍〕班
〔征西將軍〕維
〔綏軍將軍〕儀
〔征南將軍〕巴
〔撫軍將軍〕琬
〔鎮南將軍〕輔匡
〔尚書僕射〕福
〔庲降都督〕翼
〔侍中〕允

十一年癸丑

〔丞相〕亮
〔車騎將軍〕琰
〔征西大將軍〕延
〔前將軍〕綝
〔左將軍〕懿
〔右將軍〕輔匡
〔後將軍〕班
〔征西將軍〕維
〔綏軍將軍〕儀
〔撫軍將軍〕琬
〔平北將軍〕馬岱
〔尚書僕射〕福
〔侍中〕允
〔庲降都督〕翼　徵還。

馬忠

十二年甲寅

〔丞相〕亮　八月卒。
〔車騎將軍〕琰　正月，有罪棄市。
吴懿　督漢中，領雍州刺史。
〔征西大將軍〕延　八月，被殺。
〔前將軍〕鄧芝　前軍師，督江州。
〔左將軍〕懿　遷車騎。
向朗
〔右將軍〕匡
〔後將軍〕班
〔征西將軍〕維　漢右監軍、輔漢將軍。
〔綏軍將軍〕儀
〔撫軍將軍〕琬　遷尚書令。
〔安漢將軍〕王平　駐漢中。
〔尚書令〕蔣琬　八月，拜總統國事。
〔尚書僕射〕福
〔侍中〕允
〔庲降都督〕忠　加奮威將軍，徙治來縣。

十三年乙卯

〔大將軍〕蔣琬　四月拜，録尚書事，領益州刺史。
〔車騎將軍〕懿
〔前將軍〕芝
〔左將軍〕朗
〔右將軍〕匡
〔後將軍〕班
〔輔漢將軍〕維
〔綏軍將軍〕儀　正月，除名。
〔安漢將車〕平　領漢中太守。
〔尚書令〕琬　四月，遷大將軍。

費禕　四月拜。
〔尚書僕射〕福
〔侍中〕允
〔庲降都督〕忠

十四年丙辰
〔大將軍〕琬
〔車騎將軍〕懿
〔前將軍〕芝
〔左將軍〕朗
〔後將軍〕班
〔輔漢將軍〕維
〔安漢將軍〕平
〔尚書令〕禕
〔尚書僕射〕福
〔侍中〕允
〔庲降都督〕忠

十五年丁巳
〔大將軍〕琬
〔車騎將軍〕懿　卒。
吴班
〔前將軍〕芝
〔左將軍〕朗
〔後將軍〕班　遷車騎。
劉邕
〔輔漢將軍〕維
〔安漢將軍〕平　代吴懿督漢中。
〔尚書令〕禕
〔尚書僕射〕福
〔侍中〕允
〔庲降都督〕忠

延熙元年戊午
〔大將軍〕琬　十二月，出屯漢中。
〔車騎將軍〕班
〔前將軍〕芝
〔左將軍〕朗
〔後將軍〕邕
〔輔漢將軍〕維　隨蔣琬屯漢中。
〔安漢將軍〕平
〔尚書令〕禕
〔尚書僕射〕福　十二月，遷前監軍，領大將軍司馬
姚伷
〔侍中〕允
〔庲降都督〕忠

二年己未　正月，魏主叡卒。
〔大將軍〕琬　三月，遷大司馬。
〔車騎將軍〕班
〔前將軍〕芝
〔左將軍〕朗
〔輔漢將軍〕維
〔安漢將軍〕平
〔尚書令〕禕
〔尚書僕射〕伷
〔侍中〕允
〔庲降都督〕忠

三年庚申
〔大司馬〕琬
〔車騎將軍〕班
〔前將軍〕芝
〔左將軍〕朗
〔輔漢將軍〕維

〔安漢將軍〕平
〔尚書令〕禕
〔尚書僕射〕伷
〔侍中〕允
〔庲降都督〕忠

四年辛酉
〔大司馬〕琬
〔車騎將軍〕班
〔前將軍〕芝
〔左將軍〕朗
〔輔漢將軍〕維
〔安漢將軍〕平
〔尚書令〕禕
〔尚書僕射〕伷
〔侍中〕允
〔庲降都督〕忠　加安南將軍。

五年壬戌
〔大司馬〕琬
〔車騎將軍〕班
〔前將軍〕芝
〔左將軍〕朗
〔輔漢將軍〕維
〔安漢將軍〕平
〔尚書令〕禕
〔尚書僕射〕伷　卒。
董厥
〔侍中〕允
〔庲降都督〕忠　還朝加鎮南大將軍。

六年癸亥
〔大司馬〕琬　十月，移屯涪城。
〔大將軍〕費禕　十一月，拜録尚書事。
〔車騎將軍〕班　卒。
鄧芝
〔鎮北大將軍〕王平　前監軍，守漢中。
〔鎮西大將軍〕姜維　領凉州刺史。
〔前將軍〕芝　還車騎。
胡濟
〔左將軍〕朗
〔尚書令〕禕　十一月，遷大將軍。
董允　十一月，侍中，守。
〔尚書僕射〕厥
〔侍中〕允　加輔國將軍。十一月，守尚書令。
宗預
〔庲降都督〕忠

七年甲子
〔大司馬〕琬　九月，以病解刺史。
〔大將軍〕禕　九月，領益州刺史。
〔車騎將軍〕芝
〔鎮北大將軍〕平
〔鎮西大將軍〕維
〔前將軍〕濟
〔左將軍〕朗
〔尚書令〕允
〔尚書僕射〕厥
〔侍中〕允
預
〔庲降都督〕忠　留京平尚書事，尋還本任。

八年乙丑
〔大司馬〕琬　十一月卒。
〔大將軍〕禕

〔車騎將軍〕芝
〔鎮北大將軍〕平
〔鎮西大將軍〕維
〔前將軍〕濟
〔左將軍〕朗
〔尚書令〕允
〔尚書僕射〕厥
〔侍中〕允
〔庲降都督〕忠

九年丙寅
〔大將軍〕禕
〔車騎將軍〕芝
〔鎮北大將軍〕平
〔鎮西大將軍〕維
〔前將軍〕濟
〔左將軍〕朗
〔尚書令〕允　十二月卒。
　吕乂　十二月拜。
〔尚書僕射〕厥
〔侍中〕允
　陳祗
〔庲降都督〕忠

十年丁卯
〔大將軍〕禕
〔車騎將軍〕芝
〔衛將軍〕姜維　録尚書事。
〔鎮北大將軍〕平
〔鎮西大將軍〕維　遷衛將軍。
〔前將軍〕濟
〔左將軍〕朗　卒。
　句扶
〔尚書令〕乂
〔尚書僕射〕厥
〔侍中〕祗
〔庲降都督〕忠

十一年戊辰
〔大將軍〕禕　出屯漢中。
〔車騎將軍〕芝　卒。
〔衛將軍〕維
〔鎮北大將軍〕平
〔征西大將軍〕張翼
〔前將軍〕濟
〔左將軍〕扶
〔尚書令〕乂
〔尚書僕射〕厥
〔侍中〕祗
〔庲降都督〕忠

十二年己巳　魏司馬懿殺曹爽。
〔大將軍〕禕
〔車騎將軍〕夏侯霸　魏降將。
〔衛將軍〕維
〔征西大將軍〕翼
〔前將軍〕濟
〔左將軍〕扶
〔尚書令〕乂
〔尚書僕射〕厥
〔侍中〕祗
〔庲降都督〕忠　卒。
　張表

十三年庚午

〔大將軍〕禕
〔車騎將軍〕霸
〔衞將軍〕維
〔征西大將軍〕翼
〔前將軍〕濟
〔後將軍〕宗預　督永安。
〔尚書令〕乂
〔尚書僕射〕厥
〔侍中〕祇
〔庲降都督〕表

十四年辛未

〔大將軍〕禕　夏，還成都，尋出屯漢壽。
〔車騎將軍〕霸
〔衞將軍〕維
〔征西大將軍〕翼
〔前將軍〕濟
〔左將軍〕郭循　魏降將。
〔後將軍〕預
〔尚書令〕乂
　陳祇　侍中，守尚書令，加鎮軍將軍。
〔尚書僕射〕厥
〔侍中〕祇　守尚書令。
〔庲降都督〕表

十五年壬申　四月，吴主權卒。

〔大將軍〕禕
〔車騎將軍〕霸
〔衞將軍〕維
〔征西大將軍〕翼
〔前將軍〕濟
〔左將軍〕循
〔後將軍〕預
〔尚書令〕祇
〔尚書僕射〕厥
〔侍中〕祇
　諸葛瞻
〔庲降都督〕表

十六年癸酉

〔大將軍〕禕　正月，爲賊所刺。
〔車騎將軍〕霸
〔衞將軍〕維
〔征西大將軍〕翼
〔前將軍〕濟
〔左將軍〕循　正月，以刺費禕伏誅。
〔後將軍〕預
〔尚書令〕祇
〔尚書僕射〕厥
〔侍中〕祇
　瞻
〔庲降都督〕閻宇

十七年甲戌　九月，魏司馬師廢其主芳。

〔車騎將軍〕霸
〔衞將軍〕維　加督中外軍事。
〔征西大將軍〕翼
〔前將軍〕濟
〔後將軍〕預
〔尚書令〕祇
〔尚書僕射〕厥
〔侍中〕祇
　瞻
〔庲降都督〕宇

十八年乙亥

〔車騎將軍〕霸

〔衛將軍〕維

〔征西大將軍〕翼

〔前將軍〕濟

〔後將軍〕預

〔尚書令〕衹

〔尚書僕射〕厥

〔侍中〕衹

瞻

〔庲降都督〕宇

十九年丙子

〔大將軍〕姜維　正月拜，尋以兵敗貶後將軍，行大將軍事。

〔車騎將軍〕霸

〔衛將軍〕維　遷大將軍。

〔征西大將軍〕翼　改鎮南大將軍。

宗預　督永安。

〔鎮西大將軍〕胡濟

〔後將軍〕預　遷征西大將軍。

張表

〔尚書令〕衹

〔尚書僕射〕厥

〔侍中〕衹

瞻

〔庲降都督〕宇

二十年丁丑

〔大將軍〕維

〔車騎將軍〕霸

〔鎮南大將軍〕翼

〔征西大將軍〕預

〔鎮西大將軍〕濟

〔右將軍〕閻宇

〔後將軍〕表

〔尚書令〕衹

〔尚書僕射〕厥

〔侍中〕衹

瞻

景耀元年戊寅　九月，吴孫綝廢其主亮。

〔大將軍〕維

〔車騎將軍〕霸

〔鎮南大將軍〕翼

〔征西大將軍〕預　還都，尋改鎮軍大將軍。

〔鎮西大將軍〕濟

〔右將軍〕宇

〔後將軍〕表

〔尚書令〕衹

〔尚書僕射〕厥　遷令。

諸葛瞻　加軍師將軍。

〔侍中〕瞻　遷僕射。

樊建

張紹

二年己卯

〔大將軍〕維

〔右驃騎將軍〕胡濟

〔左車騎將軍〕張翼

〔右車騎將軍〕廖化

〔鎮南大將軍〕翼　遷車騎。

〔鎮軍大將軍〕預

〔鎮西大將軍〕濟　遷驃騎。

〔右將軍〕宇

〔後將軍〕表
〔尚書令〕厥
〔尚書僕射〕瞻
〔侍中〕建
　紹

三年庚辰　五月，魏司馬昭弑其主髦。
〔大將軍〕維
〔右驃騎將軍〕濟
〔左車騎將軍〕翼
〔右車騎將軍〕化
〔鎮軍大將軍〕預
〔右將軍〕宇
〔尚書令〕厥
〔尚書僕射〕瞻
〔侍中〕建
　紹

四年辛巳
〔大將軍〕維
〔左車騎將軍〕翼
〔右車騎將軍〕化
〔衛將軍〕諸葛瞻　十月拜，平尚書事。
〔輔國大將軍〕董厥　十月拜，平尚書事。
〔鎮軍大將軍〕預
〔右將軍〕宇
〔尚書令〕厥　十月，遷輔國大將軍。
　樊建　侍中，守。
〔尚書僕射〕瞻　十月，拜衛將軍。
　張紹
〔侍中〕建　守尚書令。
　紹　遷僕射。

五年壬午
〔大將軍〕維
〔右大將軍〕閻宇
〔左車騎將軍〕翼
〔右車騎將軍〕化
〔衛將軍〕瞻
〔輔國大將軍〕厥
〔鎮軍大將軍〕預
〔右將軍〕宇
〔尚書令〕建
〔尚書僕射〕紹
〔侍中〕紹

炎興元年　十月，降于魏，國亡。
〔大將軍〕維
〔右大將軍〕宇
〔左車騎將軍〕翼
〔右車騎將軍〕化
〔衛將軍〕瞻
〔輔國大將軍〕厥
〔鎮軍大將軍〕預
〔安南將軍〕霍弋
〔尚書令〕建
〔尚書僕射〕紹
〔侍中〕紹
〔庲降都督〕霍弋　進安南將軍。

《吴將相大臣年表》

清萬斯同撰

大帝黄武元年壬寅　去年十一月，魏封權爲吴王。是年九月，改元。　魏主丕黄初四年　漢主備章武二年

〔太傅〕　不常置。

〔丞相〕孫邵　太尉、司徒、司空、御史大夫，景帝後置。

〔大司馬〕　或分左右。

〔上大將軍〕

〔大將軍〕　雜號大將軍附。

〔驃騎將軍〕

〔車騎將軍〕

〔衛將軍〕士燮　領交趾太守。

〔前將軍〕吕範　領揚州牧。

〔左將軍〕諸葛瑾　督公安。

〔右將軍〕步騭

〔後將軍〕賀齊

〔綏遠將軍〕張昭

〔征北將軍〕朱然　鎮江陵。

〔安東將軍〕徐盛

〔平北將軍〕潘璋

〔安南將軍〕吕岱　交州刺史。

〔尚書令〕顧雍　太常領。

〔尚書僕射〕　他官平尚書事者附，選曹尚書附。

〔侍中〕是儀　裨將軍守。

〔中書令〕

〔揚州牧〕吕範　前將軍，十一月拜。

〔荆州牧〕陸遜　輔國將軍。

〔交州刺史〕吕岱　安南將軍。

二年癸卯　三月，魏師來伐。四月，漢主備卒。

〔丞相〕邵

〔衛將軍〕燮

〔前將軍〕範

〔左將軍〕瑾

〔右將軍〕騭

〔後將軍〕齊

〔綏遠將軍〕昭

〔征北將軍〕然

〔安東將軍〕盛

〔平北將軍〕璋

〔尚書令〕雍

〔侍中〕儀

〔揚州牧〕範

〔荆州牧〕遜

〔交州刺史〕岱

三年甲辰　九月，魏主丕來伐，臨江而還。　漢主禪建興二年

〔丞相〕邵

〔衛將軍〕燮

〔前將軍〕範

〔左將軍〕瑾

〔右將軍〕騭

〔後將軍〕齊

〔綏遠將軍〕昭

〔征北將軍〕然

〔安東將軍〕盛

〔平北將軍〕璋

〔尚書令〕雍

〔選曹尚書〕暨豔　自殺。

〔侍中〕儀

〔揚州牧〕範
〔荆州牧〕遜
〔交州刺史〕岱

四年乙巳　十月，魏主丕來伐，耀兵廣陵而還。
〔丞相〕邵　五月卒。
顧雍　六月，拜平尚書事。
〔衛將軍〕燮
〔前將軍〕範
〔左將軍〕瑾
〔右將軍〕騭
〔後將軍〕齊
〔綏遠將軍〕昭
〔征北將軍〕然
〔安東將軍〕盛
〔平北將軍〕璋
〔尚書令〕雍　還任太常。六月，拜丞相。
陳化　六月，遷太常，令如故。
〔尚書僕射〕唐固　卒。
〔侍中〕儀
〔揚州牧〕範
〔荆州牧〕遜
〔交州刺史〕岱

五年丙午　五月，魏主丕卒。
〔丞相〕雍
〔衛將軍〕燮　卒。
〔前將軍〕範
〔左將軍〕瑾
〔右將軍〕騭
〔後將軍〕齊　卒。
〔綏遠將軍〕昭
〔征北將軍〕然
〔安東將軍〕盛
〔平北將軍〕璋
〔尚書令〕化
〔侍中〕儀
〔揚州牧〕範
〔荆州牧〕遜
〔廣州刺史〕岱　分交州置，尋廢。
〔交州刺史〕戴良

六年丁未　魏明帝太和元年
〔丞相〕雍
〔前將軍〕範
〔左將軍〕瑾
〔右將軍〕騭
〔綏遠將軍〕昭
〔征北將軍〕然
〔平北將軍〕璋
〔尚書令〕化
〔侍中〕儀
〔揚州牧〕範
〔荆州牧〕遜
〔交州刺史〕岱　改鎮南將軍。

七年戊申
〔丞相〕雍
〔大司馬〕吕範　七月拜，未任，卒。
〔前將軍〕範　七月卒。
〔左將軍〕瑾
〔右將軍〕騭
〔綏遠將軍〕昭
〔征北將軍〕然

〔平北將軍〕璋

〔尚書令〕化

〔侍中〕儀　遷偏將軍，入闕，省尚書事，外總平諸官兼領辭訟。

〔揚州牧〕範　七月，拜大司馬。

〔荆州牧〕遜　七月，加大都督假黄鉞禦魏。

〔交州刺史〕岱

黄龍元年己酉　四月，即皇帝位。九月，還都建業，留太子登守武昌。

〔丞相〕雍

〔上大將軍〕陸遜　四月，拜上大將軍、右都護，佐太子守武昌，領荆州如故。

〔大將軍〕諸葛瑾　四月，拜大將軍、左都護，督公安。

〔驃騎將軍〕步騭　四月拜，督西陵。

〔車騎將軍〕朱然　四月拜，督江陵。

〔衛將軍〕全琮　四月，拜徐州牧。

〔前將軍〕朱桓　督濡須。

〔左將軍〕朱據

〔右將軍〕潘璋

〔綏遠將軍〕昭　改輔吴將軍，班亞三司。

〔征北將軍〕然　四月，遷驃騎。

〔平北將軍〕璋　四月，遷右將軍。

〔鎮北將軍〕孫韶　鎮廣陵。

〔尚書令〕化

〔平尚書事〕劉基　光禄勳平尚書事。

〔侍中〕儀　輔太子守武昌。

　徐詳

　胡綜　並拜侍中兼左右領軍。

〔荆州牧〕遜

〔交州刺史〕岱

二年庚戌

〔丞相〕雍

〔上大將軍〕遜

〔大將軍〕瑾

〔驃騎將軍〕騭

〔車騎將軍〕然

〔衛將軍〕琮

〔前將軍〕桓

〔左將軍〕據

〔右將軍〕璋

〔輔吴將軍〕昭

〔鎮北將軍〕韶

〔尚書令〕化

〔平尚書事〕基

〔侍中〕詳

　綜

〔荆州牧〕遜

　潘濬　太常，鎮武昌，與陸遜共領荆州事。

〔交州刺史〕岱

三年辛亥

〔丞相〕雍

〔上大將軍〕遜

〔大將軍〕瑾

〔鎮軍大將軍〕孫慮　皇子拜，鎮牛洲。

〔驃騎將軍〕騭

〔車騎將軍〕然

〔衛將軍〕琮

〔前將軍〕桓

〔左將軍〕據

〔右將軍〕璋

〔輔吴將軍〕昭

〔鎮北將軍〕韶

〔鎮南將軍〕呂岱　屯漚口。
〔尚書令〕化
〔平尚書事〕基
〔侍中〕詳
　綜
〔荆州牧〕遜
　濬　二月，討五溪蠻。
〔交州刺史〕岱　召還。
嘉禾元年壬子　太子還建業。九月，公孫淵遣使奉貢。
〔丞相〕雍
〔上大將軍〕遜
〔大將軍〕瑾
〔鎮軍大將軍〕慮　卒。
〔驃騎將軍〕騭
〔車騎將軍〕然
〔衛將軍〕琮
〔前將軍〕桓
〔左將軍〕據
〔右將軍〕璋
〔輔吴將軍〕昭
〔鎮北將軍〕韶
〔鎮南將軍〕岱
〔平尚書事〕基
〔侍中〕詳
　綜　拜偏將軍、左執法，領辭訟。
　是儀　復拜侍中、中執法，平諸官事，領辭訟。
〔荆州牧〕遜
　濬　蠻平，復還武昌。
二年癸丑　親征魏合肥，不克。
〔丞相〕雍
〔上大將軍〕遜
〔大將軍〕瑾
〔驃騎將軍〕騭
〔車騎將軍〕然
〔衛將軍〕琮
〔前將軍〕桓
〔左將軍〕據
〔右將軍〕璋
〔輔吴將軍〕昭
〔鎮北將軍〕韶
〔鎮南將軍〕岱
〔尚書僕射〕薛綜
〔平尚書事〕基
〔選曹尚書〕陸瑁
〔侍中〕綜
　儀
〔荆州牧〕遜
　濬
三年甲寅　八月，漢丞相亮卒。
〔丞相〕雍
〔上大將軍〕遜
〔大將軍〕瑾
〔驃騎將軍〕騭
〔車騎將軍〕然
〔衛將軍〕琮
〔前將軍〕桓
〔左將軍〕據
〔右將軍〕璋　卒。
〔輔吴將軍〕昭
〔鎮北將軍〕韶

〔鎮南將軍〕岱　徙屯蒲圻。
〔尚書僕射〕綜
〔選曹尚書〕瑁
〔侍中〕綜
儀
〔中書令〕闞澤　加侍中。
〔荊州牧〕遜
濬

四年乙卯
〔丞相〕雍
〔上大將軍〕遜
〔大將軍〕瑾
〔驃騎將軍〕騭
〔車騎將軍〕然
〔衛將軍〕琮
〔前將軍〕桓
〔左將軍〕據
〔輔吴將軍〕昭
〔鎮北將軍〕韶
〔鎮南將軍〕岱
〔尚書僕射〕綜
〔選曹尚書〕瑁
〔侍中〕綜
儀
〔中書令〕澤
〔荊州牧〕遜
濬

五年丙辰
〔丞相〕雍
〔上大將軍〕遜
〔大將軍〕瑾
〔驃騎將軍〕騭
〔車騎將軍〕然
〔衛將軍〕琮
〔前將軍〕桓
〔左將軍〕據
〔輔吴將軍〕昭　卒。
〔鎮北將軍〕韶
〔鎮南將軍〕岱
〔尚書僕射〕綜
〔選曹尚書〕瑁
〔侍中〕綜
儀
〔中書令〕澤
〔荊州牧〕遜
濬

六年丁巳　魏景初元年
〔丞相〕雍
〔上大將軍〕遜
〔大將軍〕瑾
〔驃騎將軍〕騭
〔車騎將軍〕然
〔衛將軍〕琮
〔前將軍〕桓
〔左將軍〕據
〔鎮北將軍〕韶
〔鎮南將軍〕岱
〔威北將軍〕諸葛恪　屯皖口。
〔尚書僕射〕綜
〔選曹尚書〕瑁

〔侍中〕綜

儀

〔中書令〕澤

〔荆州牧〕遜

濬

赤烏元年戊午　校事吕壹伏誅。

〔丞相〕雍

〔上大將軍〕遜

〔大將軍〕瑾

〔驃騎將軍〕騭

〔車騎將軍〕然

〔衛將軍〕琮

〔前將軍〕桓　卒。

〔左將軍〕據

〔鎮北將軍〕韶

〔鎮南將軍〕岱

〔威北將軍〕恪

〔尚書僕射〕綜

〔選曹尚書〕瑁

〔侍中〕綜

儀

〔中書令〕澤

〔荆州牧〕遜

濬

二年己未　正月，魏主叡卒。

〔丞相〕雍

〔上大將軍〕遜

〔大將軍〕瑾

〔驃騎將軍〕騭

〔車騎將軍〕然

〔衛將軍〕琮

〔左將軍〕據

〔鎮北將軍〕韶

〔鎮南將軍〕岱　代潘濬領荆州文書，駐武昌。

〔威北將軍〕恪

〔尚書僕射〕綜

〔選曹尚書〕瑁　卒。

〔侍中〕綜

儀

〔中書令〕澤

〔荆州牧〕遜

濬　卒。

三年庚申　魏主芳正始元年

〔丞相〕雍

〔上大將軍〕遜

〔大將軍〕瑾

〔驃騎將軍〕騭

〔車騎將軍〕然

〔衛將軍〕琮

〔左將軍〕據

〔鎮北將軍〕韶

〔鎮南將軍〕岱　拜交州牧，討廖式。

〔威北將軍〕恪

〔尚書僕射〕綜　改選曹尚書。

是儀

〔侍中〕綜

儀　遷僕射。

顧承

〔中書令〕澤

〔荆州牧〕遜

〔交州牧〕吕岱　討廖式。

四年辛酉　四月，全琮等敗于芍陂。五月，太子登卒。

〔丞相〕雍

〔上大將軍〕遜

〔大將軍〕瑾

〔驃騎將軍〕騭

〔車騎將軍〕然

〔衛將軍〕琮

〔左將軍〕據

〔鎮北將軍〕韶　卒。

〔鎮南將軍〕岱　賊平，還鎮武昌。

〔威北將軍〕恪

〔尚書令〕嚴畯

〔尚書僕射〕儀

〔選曹尚書〕綜

〔侍中〕綜

　承　拜奮威將軍。

　張休

〔中書令〕澤

〔荆州牧〕遜

〔交州牧〕岱　賊平，復還武昌。

五年壬戌

〔丞相〕雍

〔上大將軍〕遜

〔大將軍〕瑾　六月卒。

〔驃騎將軍〕騭

〔車騎將軍〕然

〔衛將軍〕琮

〔左將軍〕據

〔鎮南將軍〕岱

〔威北將軍〕恪

〔尚書令〕畯

〔尚書僕射〕儀

〔選曹尚書〕綜　領太子少傅，選曹如故。

〔侍中〕綜

〔中書令〕澤　拜太子太傅，領中書如故。

〔荆州牧〕遜

六年癸亥

〔丞相〕雍　十一月卒。

〔上大將軍〕遜

〔驃騎將軍〕騭

〔車騎將軍〕然

〔衛將軍〕琮

〔左將軍〕據

〔鎮南將軍〕岱

〔威北將軍〕恪

〔尚書僕射〕儀

〔選曹尚書〕綜　春卒。

　顧譚

〔侍中〕綜　卒。

〔中書令〕澤　冬卒。

〔荆州牧〕遜

七年甲子

〔丞相〕陸遜　正月拜，仍鎮武昌。

〔上大將軍〕遜　正月，遷丞相。

〔驃騎將軍〕騭

〔車騎將軍〕然

〔衛將軍〕琮

〔左將軍〕據

〔鎮南將軍〕岱

〔威北將軍〕恪　徙屯柴桑。
〔尚書僕射〕儀
〔選曹尚書〕譚　遷太常，平尚書事。
〔中書令〕孫弘
〔荊州牧〕遜

八年乙丑

〔丞相〕遜　二月卒。
〔驃騎將軍〕騭
〔車騎將軍〕然
〔衛將軍〕琮
〔左將軍〕據
〔鎮南將軍〕岱
〔威北將軍〕恪
〔征西將軍〕馬茂　魏降將。八月，謀逆，族誅。
〔選曹尚書〕譚　廢徙交州。
〔中書令〕弘
〔荊州牧〕遜　二月卒。

九年丙寅

〔丞相〕步騭　八月拜，仍督西陵。
〔左大司馬〕朱然　九月，拜右軍師，鎮江陵。
〔右大司馬〕全琮　九月，拜左軍師。
〔上大將軍〕吕岱　九月拜，督荊州右部，鎮武昌。
〔大將軍〕諸葛恪　九月拜，督荊州左部，鎮武昌。
〔驃騎將軍〕騭　遷丞相。
　朱據　九月拜。
〔車騎將軍〕然　遷大司馬。
〔衛將軍〕琮　遷大司馬。
〔左將軍〕據　遷驃騎。
〔鎮南將軍〕岱　九月，遷上大將軍。
〔威北將軍〕恪　九月，拜大將軍。
〔中書令〕弘

十年丁卯

〔丞相〕騭　五月卒。
〔左大司馬〕然
〔右大司馬〕琮　正月卒。
〔上大將軍〕岱
〔大將軍〕恪
〔驃騎將軍〕據
〔撫軍將軍〕步協　騭子，代父督西陵。
〔中書令〕弘

十一年戊辰

〔左大司馬〕然
〔上大將軍〕岱
〔大將軍〕恪
〔驃騎將軍〕據
〔撫軍將軍〕協
〔尚書僕射〕屈晃
〔中書令〕弘
〔交州刺史〕陸胤

十二年己巳　正月，魏司馬懿殺曹爽。

〔左大司馬〕然　三月卒。
〔上大將軍〕岱
〔大將軍〕恪
〔驃騎將軍〕據　貶死。
〔撫軍將軍〕協
〔尚書僕射〕晃　諫廢太子斥免。
〔中書令〕弘
〔交州刺史〕胤

十三年庚午　八月，廢太子和，賜魯王霸死。

〔上大將軍〕岱

〔大將軍〕恪
〔撫軍將軍〕協
〔中書令〕弘
〔交州刺史〕胤

太元元年辛未

〔上大將軍〕岱
〔大將軍〕恪　十一月，入朝，領太子太傅，總國事。
〔撫軍將軍〕協
〔鎮南將軍〕孫壹
〔侍中〕孫峻
〔中書令〕弘　十一月，兼太子少傅。
〔交州刺史〕胤

廢帝建興元年壬申　四月，帝殂，太子亮即位，改元。

〔太傅〕諸葛恪　四月拜，領尚書事。十二月，帥師破魏於東興。
〔上大將軍〕岱　四月，遷大司馬，仍鎮武昌。
〔車騎將軍〕劉纂
〔衛將軍〕滕胤　四月，太常加受顧命，領尚書事。
〔前將軍〕唐咨
〔左將軍〕留贊　十二月拜。
〔右將軍〕吕據　四月，受顧命。
〔鎮東將軍〕朱績　鎮樂鄉。
〔鎮南將軍〕壹　改鎮軍，督夏口。
　朱異
〔鎮北將軍〕全緒
〔撫軍將軍〕協
〔領尚書事〕滕胤　衛將軍，領尚書事。
〔侍中〕峻　四月，受顧命，領武衛將軍，典宿衛。
〔中書令〕弘　四月，受顧命，爲諸葛恪所殺。
　孫嘿
〔交州刺史〕胤

二年癸酉　三月，恪帥師伐魏。八月，兵敗引還。

〔太傅〕恪　二月，加荆揚二州牧。十月，爲孫峻所殺。
〔丞相〕孫峻　十月，拜丞相、大將軍，都督中外諸軍事。
〔大司馬〕岱
〔驃騎將軍〕吕據　十月，拜平西宫事。
〔車騎將軍〕纂
〔衛將軍〕胤
〔前將軍〕咨
〔左將軍〕贊
〔右將軍〕據　十月，遷驃騎。
　孫憲
〔鎮東將軍〕績
〔鎮南將軍〕異
〔鎮北將軍〕緒
〔撫軍將軍〕協
〔鎮軍將軍〕壹
〔領尚書事〕胤
〔侍中〕峻　十月，殺諸葛恪而代其位。
〔中令書〕嘿
〔交州刺史〕胤

五鳳元年甲戌　九月，魏司馬師廢其主芳。魏主髦正元元年

〔丞相〕峻
〔大司馬〕岱
〔驃騎將軍〕據
〔車騎將軍〕纂
〔衛將軍〕胤
〔前將軍〕咨
〔左將軍〕贊
〔右將軍〕憲
〔鎮東將軍〕績

〔鎮南將軍〕異
〔撫軍將軍〕協
〔鎮軍將軍〕壹
〔領尚書事〕胤
〔中書令〕嘿
〔交州刺史〕胤
二年乙亥　正月，魏毌丘儉反，峻帥師襲壽春，儉敗，引還。
〔丞相〕峻
〔大司馬〕岱
〔鎮北大將軍〕文欽　魏降將拜。
〔驃騎將軍〕據
〔車騎將軍〕纂
〔衛將軍〕胤
〔前將軍〕咨
〔左將軍〕贊　二月，敗没。
　華融　加侍中。
〔右將軍〕憲　加侍中。
〔鎮東將軍〕績
〔鎮南將軍〕異
〔撫軍將軍〕協
〔鎮軍將軍〕壹
〔領尚書事〕胤
〔交州刺史〕胤
太平元年丙子　魏甘露元年
〔丞相〕峻　九月死。
〔大司馬〕岱　九月卒。
〔大將軍〕孫綝　十一月拜。
〔鎮北大將軍〕欽
〔驃騎將軍〕據　十月，爲孫綝所殺。
〔車騎將軍〕纂
〔衛將軍〕胤　十月，還大司馬，未任，爲孫綝所殺。
　全尚　太常、衛將軍，録尚書事，中軍督。
〔前將軍〕咨
〔左將軍〕融　十一月，爲滕胤所殺。
　丁奉
〔右將軍〕憲　十一月，爲孫綝所殺。
〔鎮東將軍〕績
〔鎮南將軍〕異
〔撫軍將軍〕協
〔鎮軍將軍〕壹
〔領尚書事〕胤　十一月，被殺。
〔録尚書事〕全尚　衛將軍，録尚書事。
〔侍中〕孫綝　九月，拜侍中、武衛將軍，都督中外諸軍事。十一月，還大將軍。
　刁玄
〔交州刺史〕胤
二年丁丑　五月，魏諸葛誕反，來降。遣文欽、唐咨等應之。
〔大將軍〕綝
〔鎮北大將軍〕欽　六月，救諸葛誕，入壽春。
〔驃騎將軍〕施績　督樂鄉。
〔車騎將軍〕纂
〔衛將軍〕尚
〔前將軍〕咨　六月，救魏諸葛誕，入壽春。
〔左將軍〕奉
〔右將軍〕孫越
〔鎮東將軍〕績　遷驃騎。
〔鎮南將軍〕異　九月，爲孫綝所殺。
〔撫軍將軍〕協
〔征北將軍〕陸抗　屯柴桑。
〔鎮軍將軍〕壹　降魏。

〔録尚書事〕尚

〔侍中〕玄

張邠

〔中書令〕鍾離牧　出爲監軍使者。

蔡款　衛尉領。

〔交州刺史〕胤

景帝永安元年戊寅　九月，孫綝廢帝爲會稽王，立其兄休。

〔丞相〕孫綝　十月拜。十二月，伏誅。

〔大將軍〕綝　十月，遷丞相。

〔鎮北大將軍〕欽　正月，爲誕所殺。

〔驃騎將軍〕績

〔車騎將軍〕纂

〔衛將軍〕尚　九月，謀誅孫綝，被殺。

孫恩　綝弟，十月，拜御史大夫、衛將軍、侍中、中軍督。十二月，伏誅。

〔前將軍〕咨　三月，誕敗，咨降魏。

〔左將軍〕奉

〔右將軍〕越

孫授　綝弟，十月拜，十二月，伏誅。

〔撫軍將軍〕協

〔征北將軍〕抗

〔録尚書事〕尚　九月，被殺。

〔侍中〕玄

〔荆州牧〕孫綝　十月，丞相領荆州牧。十二月，伏誅。

〔交州刺史〕胤　召爲西陵督。

二年己卯

〔上大將軍〕施績　正月拜。

〔大將軍〕丁奉　正月拜。

〔驃騎將軍〕績　遷上大將軍。

〔車騎將軍〕纂

〔衛將軍〕濮陽興　太常、衛將軍，平軍國事。

〔左將軍〕奉　遷大將軍。

張布　中軍督。

〔右將軍〕越

〔撫軍將軍〕協

〔征北將軍〕抗　遷鎮軍，督西陵。

陸凱　督武昌右部。

〔平軍國事〕濮陽興　衛將軍，平軍國事。

三年庚寅　三月，貶廢帝會稽王亮爲侯官侯，亮自殺。五月，魏司馬昭弑其主髦。

〔上大將軍〕績　督巴丘至西陵。

〔大將軍〕奉

〔車騎將軍〕纂

〔衛將軍〕興

〔左將軍〕布

〔撫軍將軍〕協

〔鎮軍將軍〕抗

〔征北將軍〕凱

〔平軍國事〕興

四年辛巳　魏主璜景元二年

〔上大將軍〕績

〔大將軍〕奉

〔車騎將軍〕纂

〔衛將軍〕興

〔左將軍〕布

〔撫軍將軍〕協

〔鎮軍將軍〕抗

〔征北將軍〕凱

〔平軍國事〕興

五年壬午

〔丞相〕濮陽興　十月拜。

〔左御史大夫〕丁密　十月拜。
〔右御史大夫〕孟宗　十月拜。
〔上大將軍〕績
〔大將軍〕奉
〔車騎將軍〕纂
〔衛將軍〕興　十月，拜丞相。
〔左將軍〕布
〔撫軍將軍〕協
〔鎮軍將軍〕抗
〔征北將軍〕凱
〔平軍國事〕興　十月，拜丞相。
〔尚書令〕紀亮
〔中書令〕紀陟　亮子。

六年癸未　十月，魏滅漢。五月，交趾亂。

〔丞相〕興
〔左御史大夫〕密　改名固。
〔右御史大夫〕宗
〔上大將軍〕績
〔大將軍〕奉
〔車騎將軍〕纂
〔左將軍〕布
〔撫軍將軍〕協
〔鎮軍將軍〕抗
〔征北將軍〕凱
〔征西將軍〕留平
〔尚書令〕亮
〔中書令〕陟

孫皓元興元年甲申　七月，帝殂，兄子皓立，改元，分交州置廣州。

〔丞相〕興
〔左御史大夫〕固
〔右御史大夫〕宗　改名仁。
〔上大將軍〕績　八月，遷左大司馬。
〔大將軍〕奉　八月，遷右大司馬。
〔鎮軍大將軍〕陸抗　都督西陵。
〔鎮西大將軍〕陸凱　荆州牧，都督巴丘。
〔驃騎將軍〕張布　八月拜。十一月，被殺。
〔車騎將軍〕纂
〔衛將軍〕滕牧　十一月，拜衛將軍，録尚書事。
〔左將軍〕布　八月，遷驃騎。
〔右將軍〕諸葛靚
〔撫軍將軍〕協
〔鎮軍將軍〕抗　拜鎮軍大將軍。
〔征北將軍〕凱　拜鎮西大將軍。
〔征西將軍〕平
〔録尚書事〕滕牧　衛將軍，録尚書事。
〔中書令〕陟
〔荆州牧〕陸凱　鎮西大將軍、荆州牧。

甘露元年乙酉　九月，遷都武昌。十二月，晉篡魏。　晉武帝太始元年。

〔左御史大夫〕固　留守建業。
〔右御史大夫〕仁
〔左大司馬〕績
〔右大司馬〕奉
〔鎮軍大將軍〕抗
〔鎮西大將軍〕凱
〔車騎將軍〕纂
〔衛將軍〕牧
〔右將軍〕靚　留守建業。
〔征西將軍〕平
〔録尚書事〕牧
〔荆州牧〕凱

寶鼎元年丙戌　十二月，還都建業。
〔左丞相〕陸凱　六月拜。
〔右丞相〕萬彧　八月拜。
〔左御史大夫〕固
〔右御史大夫〕仁
〔左大司馬〕績
〔右大司馬〕奉
〔鎮軍大將軍〕抗
〔鎮西大將軍〕凱　六月，拜左丞相。
〔車騎將軍〕纂
〔衛將軍〕牧　十二月，留鎮武昌。
〔左將軍〕留平
〔右將軍〕靚
〔征西將軍〕平　遷左將軍。
〔録尚書事〕牧
〔荆州牧〕凱　八月，拜左丞相。
二年丁亥
〔左丞相〕凱
〔右丞相〕彧　出鎮巴丘。
〔左御史大夫〕固
〔右御史大夫〕仁
〔左大司馬〕績
〔右大司馬〕奉
〔鎮軍大將軍〕抗
〔車騎將軍〕纂
〔衛將軍〕牧　十二月卒。
〔前將軍〕孫秀
〔左將軍〕平
〔右將軍〕靚
〔侍中〕韋昭
〔中書令〕弘璆
三年戊子　遣劉俊等擊交趾，敗没。
〔左丞相〕凱
〔右丞相〕彧
〔左御史大夫〕固　二月，改司徒。
〔右御史大夫〕仁　二月，改司空。
〔左大司馬〕績
〔右大司馬〕奉
〔鎮軍大將軍〕抗
〔前將軍〕秀
〔左將軍〕平
〔右將揮〕靚
〔侍中〕昭
〔交州刺史〕劉俊　戰死。
建衡元年己丑　十一月，復遣虞汜、薛珝等擊交趾。
〔左丞相〕凱　十一月卒。
〔右丞相〕彧
〔司徒〕固
〔司空〕仁
〔左大司馬〕績
〔右大司馬〕奉
〔鎮軍大將軍〕抗
〔前將軍〕秀
〔左將軍〕平
〔右將軍〕靚
〔選曹尚書〕薛瑩
〔侍中〕昭
〔中書令〕董朝
二年庚寅
〔右丞相〕彧　正月，還朝。

〔司徒〕固
〔司空〕仁
〔左大司馬〕績　四月卒。
〔右大司馬〕奉
〔鎮軍大將軍〕抗
〔前將軍〕秀　督夏口。十一月，降晉。
〔左將軍〕平
〔侍中〕昭

三年辛卯　交趾平。

〔右丞相〕彧
〔太尉〕范慎　九月拜。
〔司徒〕固
〔司空〕仁　九月卒。
〔右大司馬〕奉　十一月卒。
〔鎮軍大將軍〕抗
〔左將軍〕平
〔侍中〕昭
〔交州刺史〕陶璜
〔廣州刺史〕滕修

鳳皇元年壬辰　八月，西陵督步闡叛，陸抗等討平之。是歲，何定伏誅。

〔右丞相〕彧　被譴，憂死。
〔太尉〕慎
〔司徒〕固
〔鎮軍大將軍〕抗
〔左將軍〕平　憂死。
〔鎮西將軍〕朱琬
〔侍中〕昭
〔交州刺史〕璜
〔廣州刺史〕修

二年癸巳

〔太尉〕慎　卒。
〔司徒〕固　三月卒。
〔鎮軍大將軍〕抗　三月，拜大司馬、荆州牧。
〔侍中〕昭　被殺。
〔中書令〕賀卲
〔荆州牧〕陸抗　三月，大司馬，領荆州牧。
〔交州刺史〕璜
〔廣州刺史〕修

三年甲子

〔大司馬〕抗　七月卒。
〔中書令〕卲
〔荆州牧〕抗　七月卒。
〔交州刺史〕璜
〔廣州刺史〕修

天册元年乙未

〔武衛大將軍〕孫楷　京下督。
〔中書令〕卲　被殺。
張尚　侍中兼。
〔交州刺史〕璜
〔廣州刺史〕修

天璽元年丙申

〔驃騎將軍〕孫楷　八月，叛降晉。
〔中書令〕尚
〔交州刺史〕璜
〔廣州刺史〕修

天紀元年丁酉

〔驃騎將軍〕朱宣
〔中書令〕尚
〔交州刺史〕璜
〔廣州刺史〕修

二年戊戌

〔尚書令〕蔡條

〔中書令〕尚　九月，被殺。

胡沖

〔交州刺史〕璜

〔廣州刺史〕修　召還。

徐旗

三年己亥　夏，郭馬反于廣州。十一月，晉師來伐。

〔丞相〕張悌　八月拜。

〔司徒〕何植　八月拜。

〔大司馬〕諸葛靚

〔侍中〕虞昺

〔中書令〕沖

〔交州刺史〕璜

〔廣州刺史〕修　八月，加鎮南將軍，復領廣州牧。

旗　八月，爲賊郭馬所逐。

四年庚子　三月，晉師克建業，晧出降，吴亡。

〔丞相〕悌　三月，戰死。

〔司徒〕植

〔大司馬〕靚

〔選曹尚書〕陸喜

〔侍中〕昺

李仁

〔中書令〕沖

〔交州刺史〕璜

〔廣州牧〕修

《三國紀年表》

清周嘉猷撰

庚子

〔漢〕獻帝建安二十五年。正月，丞相冀州牧魏王曹操還至洛陽，卒，太子丕立，自爲丞相、冀州牧。

〔魏〕文帝曹丕黄初元年。十月，魏王曹丕稱皇帝，廢帝爲山陽公。

〔吴〕

辛丑

〔漢〕昭烈帝章武元年。四月，漢中王即皇帝位。五月，立夫人吴氏爲皇后，子禪爲皇太子。

〔魏〕二年。六月，殺夫人甄氏。

〔吴〕八月，孫權遣使降魏，魏封權爲吴王。十一月，孫權立子登爲太子。

壬寅

〔魏〕三年。九月，立貴嬪郭氏爲后。

〔吴〕大帝孫權黄武元年。十月，吴王權改元拒魏。

癸卯

〔漢〕三年。帝禪建興元年。四月，帝崩于永安，丞相亮受遺詔輔政。五月，太子禪即位，尊皇后曰皇太后，封亮爲武鄉侯，領益州牧。八月，立皇后張氏。

丙午

〔魏〕七年。五月，魏主丕卒，子叡立，追謚甄夫人曰文昭皇后。

丁未

〔魏〕明帝曹叡太和元年。十二月，立貴嬪毛氏爲后。

己酉

〔吴〕黄龍元年。四月，吴王孫權稱皇帝。

壬子

〔吴〕嘉禾元年。

癸丑

〔魏〕青龍元年。

甲寅

〔漢〕十二年。八月，丞相武鄉侯諸葛亮卒于軍，謚曰忠武。

〔魏〕二年。三月，山陽公卒，謚孝獻皇帝。

乙卯

〔魏〕三年。八月，立子芳爲齊王，詢爲秦王。

丁巳

〔漢〕十五年。七月，皇后張氏崩。

〔魏〕景初元年。九月，魏主叡殺其后毛氏。

戊午

〔漢〕延熙元年。二月，立貴人張氏爲皇后，立子璿爲皇太子。

〔魏〕二年。十二月，魏主叡有疾，立郭夫人爲后，召司馬懿入朝，以曹爽爲大將軍。

〔吴〕赤烏元年。

己未

〔魏〕三年。正月，司馬懿至洛陽，與爽受遺詔輔政。魏主叡卒，太子芳立。

庚申

〔魏〕魏主曹芳正始元年。

辛酉

〔吴〕四年。五月，太子登卒。

壬戌

〔吴〕五年。正月，立子和爲太子，霸爲魯王。

甲子

〔漢〕延熙七年。

〔魏〕正始五年。

〔吴〕赤烏七年。

己巳

〔魏〕嘉平元年。正月，司馬懿殺曹爽及何晏等，夷其族，以司馬懿爲丞相，加九錫，不受。

庚午

〔吴〕十三年。秋，廢其太子和，殺魯王霸及將軍朱據。十一月，立子亮爲太子。

辛未

〔魏〕三年。司馬懿殺王淩及楚王曹彪，遂置諸王公子鄴。八月，太傅司馬懿卒，以其子師爲撫軍大將軍録尚書事。

〔吴〕太元元年。

壬申

〔魏〕四年。正月，司馬師自爲大將軍。

〔吴〕吴主孫亮建興元年。正月，立故太子和爲南陽王。四月，吴主權卒，太子亮立，以諸葛恪爲太傅。

甲戌

〔魏〕魏主曹髦正元元年。二月，司馬師殺中書令李豐及太常夏侯玄、光禄大夫張緝，遂廢其后張氏。九月，司馬師廢其主芳爲齊王，遷之河内。十月，迎高貴鄉公髦立之。

〔吴〕五鳳元年。

乙亥

〔魏〕二年。正月，大將軍司馬師卒，弟昭自爲大將軍録尚書事。

丙子

〔魏〕甘露元年。四月，司馬昭始服衮冕赤舄。八月，司馬昭自爲大都督，奏事不名，假黄鉞。

〔吴〕太平元年。

戊寅

〔漢〕景耀元年。

〔魏〕三年。五月，司馬昭自爲相國，封晉公，加九錫，復辭不受。

〔吴〕景帝孫休永安元年。九月，孫綝廢其主亮爲會稽王。十月，迎立琅邪王休，休以綝爲丞相，封兄子晧爲烏程侯。十二月，孫綝伏誅。

庚辰

〔魏〕元帝曹奐景元元年。五月，司馬昭弑其主髦於南闕下，尚書王經死之。六月，魏主奐立。

〔吴〕三年。六月，會稽王亮自殺。

壬午

〔吴〕五年。八月，立子𩅦（音灣）爲太子。

癸未

〔漢〕炎興元年。十月，鄧艾至成都，帝出降，皇子、北地王諶死之，漢亡。

〔魏〕四年。十月，司馬昭始稱相國、晉公，受九錫。

甲申

〔魏〕咸熙元年。正月，以檻車徵鄧艾，鍾會謀反伏誅，監軍衛瓘襲艾，殺之。三月，晉公昭進爵爲王，廢故漢帝禪爲安樂公。八月，晉王昭以其子中撫軍炎爲副相國。十月，立爲晉世子。

〔吴〕吴主孫晧元興元年。七月，吴王休殂，烏程侯晧立。

乙酉

〔晉〕魏咸熙二年。晉世祖武帝司馬炎泰始元年。五月，魏晉王昭號其妃曰后，世子曰太子。八月，昭卒，太子炎嗣。十二月，晉王炎稱皇帝，廢魏主爲陳留王。

〔吴〕甘露元年。七月，吴主殺景后及其二子。

丙戌

〔吴〕寳鼎元年。

丁亥

〔晉〕三年。正月，立子衷爲太子。

己丑

〔吴〕建衡元年。

辛卯

〔晉〕七年。十一月，安樂公劉禪卒。

壬辰

〔晉〕八年。二月，太子衷納妃賈氏。

〔吴〕鳳皇元年。

甲午

〔晉〕十年。七月，后楊氏卒。邵陵公曹芳卒。

乙未

〔晉〕咸寧元年。
〔吴〕天册元年。
丙申
〔晉〕二年。十月，立后楊氏，以后父駿爲車騎將軍。
〔吴〕天璽元年。
丁酉
〔吴〕天紀元年。
己亥
〔晉〕五年。十一月，大舉兵分道伐吴。
庚子
〔晉〕太康元年。春，諸軍並進，吴丞相張悌迎戰，死之。三月，龍驤將軍王濬以舟師入石頭，吴主晧出降。四月，賜孫晧爵歸命侯。
癸卯
〔晉〕四年。冬，歸命侯孫晧卒。
庚戌
〔晉〕十一年。孝惠帝永熙元年四月，以楊駿爲太尉輔政。帝崩，太子衷即位，尊皇后曰皇太后，立皇后賈氏。

《三國大事表》

清 謝鍾英撰

庚子

〔魏〕黄初元年正月，王薨，世子丕即位。十一月，受漢禪，改元黄初，奉漢帝爲山陽公。孫權遣使奉貢。蜀將孟達來降。荆州刺史夏侯尚破劉備别將於上庸，平三郡九縣。拜遼東太守公孫恭爲車騎大將軍。

〔蜀〕孟達據上庸降魏。劉封敗還成都，先主數以不救羽罪，斬之。

辛丑

〔魏〕二年，凉州羌胡大擾，刺史張既擊定之。

〔蜀〕四月，先主即皇帝位，改元章武，以諸葛亮爲丞相。六月，盗殺車騎將軍張飛。七月，率諸軍伐吴。

〔吴〕四月，大帝自公安都鄂，改名武昌。八月，遣使稱臣於魏。

壬寅

〔魏〕三年九月，孫權叛。十月，帝征權，曹仁破權牛渚屯。

〔蜀〕章武二年二月，進軍夷道猇亭。六月，軍敗，還永安。吴請和，許之。八月，黄權降魏。

〔吴〕六月，陸遜大破劉備於猇亭，斬首數萬。拜遜荆州牧。九月，魏師來侵，攻濡須，圍南郡。大帝改元黄武。臨江拒守，遣使聘蜀。

癸卯

〔魏〕四年春，攻濡須、南郡，不克，引還。

〔蜀〕建興元年三月，先主疾篤，託孤於丞相諸葛亮。四月，崩於永安宫，後主禪即位，改元建興。六月，益州郡耆帥雍闓等以四郡叛。吴使來聘。

〔吴〕黄武二年正月，城江夏山。三月，魏兵皆退。六月，襲魏蘄春郡，虜太守晉宗歸。十一月，蜀使鄧芝來聘。

甲辰

〔魏〕五年八月，帝東征。九月，至廣陵泗口，權不至，班師。

〔蜀〕二年，務農殖穀，閉關息民。

〔吴〕三年夏，遣張温聘於蜀。九月，曹丕來侵，至廣陵，望大江而還。

乙巳

〔魏〕六年，并州刺史梁習討鮮卑軻比能，大破之。十月，復幸廣陵故城，臨江觀兵。

〔蜀〕三年三月，丞相亮南征，四郡平之。十一月，還成都。

〔吴〕四年冬，曹丕復來侵，至廣陵而還。孫韶夜邀之，獲副車羽蓋。

丙午

〔魏〕七年五月，帝崩，太子叡即位。八月，吴侵我江夏，太守文聘堅守。吴將諸葛瑾寇襄陽，司馬懿拒卻之。

〔蜀〕四年，都護李嚴自永安還住江州。

〔吴〕五年春，令諸將廣農畝。全琮討平山越。交州亂，吕岱擊定之。征魏江夏、襄陽，不克。

丁未

〔魏〕太和元年正月，西平麴英反，將軍郝昭討斬之。十二月，新城太守孟達反。

〔蜀〕五年春，丞相亮出屯漢中，以圖中原。

戊申

〔魏〕二年正月，司馬懿破新城，斬達。蜀大將諸葛亮寇邊，張郃敗之街亭。揚州牧曹休及吴人戰於石亭，敗績。十二月，諸葛亮復圍陳倉。是歲康子淵脅奪恭位，自領遼東太守，南通孫權。

〔蜀〕六年春，丞相亮出師伐魏，攻祁山，前將軍馬謖敗於街亭，遂還師。十二月，復伐魏，出散關，圍陳倉，不克，師還，斬其追將王雙。

〔吴〕七年八月，吴王至皖口，使將軍陸遜督諸軍大破曹休於石亭。

己酉

〔魏〕三年春，蜀取我武都、陰平。

〔蜀〕七年春，丞相亮復伐魏，拔武都、陰平。冬，亮徙府營於南山下，築漢、樂二城。

〔吴〕黄龍元年四月，吴王稱皇帝。六月，與蜀盟分天下。九月，遷都建業，留太子登鎮武昌。

庚戌

〔魏〕四年正月，築合肥新城。七月，遣曹真、司馬懿伐蜀。九月，班師。

〔蜀〕八年秋，魏寇漢中，丞相亮待於城固、赤坂。九月，魏師還。魏延破魏雍州刺史郭淮於陽谿。

〔吴〕二年。

辛亥

〔魏〕五年三月，諸葛亮寇天水，司馬懿拒之。七月，亮退。鮮卑軻比能内附，置護匈奴中郎將。

〔蜀〕九年二月，丞相亮伐魏，圍祁山，敗司馬懿於西城。六月，糧盡退師，殺魏追將張郃。

〔吴〕三年，遣太常潘濬率衆五萬討武陵五溪蠻夷。

壬子

〔魏〕六年九月，田豫邀斬吴將周賀於成山。

〔蜀〕十年，丞相亮休士勸農於黄沙，教兵講武。

〔吴〕嘉禾元年三月，遣將軍周賀之遼東。

癸丑

〔魏〕青龍元年正月，吴侵我南鄙。六月，鮮卑步度根、軻比能叛出塞，秦朗討之，走漠北。九月，胡遵破安定保塞匈奴。十二月，公孫淵斬送吴使，以淵爲大司馬、樂浪公。

〔蜀〕十一年，南夷劉冑反，將軍馬忠討平之。冬，丞相亮使諸軍運米集斜谷口。

〔吴〕二年正月，封公孫淵爲燕王，淵斬使送魏。吴主自向合肥新城，遣將軍全琮征六安，皆不克而還。

甲寅

〔魏〕二年三月，山陽公薨。四月，遣司馬懿拒諸葛亮於渭南。五月，吴師來侵，帝率水軍東征，到尋陽，吴師退。

〔蜀〕十二年二月，丞相亮伐魏，率大衆由斜谷出，進軍渭南，分兵屯田。八月，亮卒於軍，師還。魏延、楊儀爭權相攻，儀殺延。以吴壹督漢中，蔣琬爲尚書令，總統國事。

〔吴〕三年五月，遣陸遜、諸葛瑾入漢、沔，孫韶、張承向廣陵、淮陽，大帝自率大衆圍合肥新城。八月，遣諸葛瑾討丹陽山越。十一月，潘濬平武陵蠻夷。

乙卯

〔魏〕三年。

〔蜀〕十三年，以蔣琬爲大將軍，費禕爲尚書令。

〔吴〕四年，遣吕岱討廬陵賊李桓。

丙辰

〔魏〕四年。

〔蜀〕十四年。

〔吴〕五年十月，鄱陽賊彭旦等作亂。

丁巳

〔魏〕景初元年七月，荆州刺史胡質擊退吴將朱然於江夏。公孫淵反。

〔蜀〕十五年。

〔吴〕六年二月，陸遜討彭旦，平之。七月，遣朱然攻魏江夏。十一月，全琮襲六安，不克。諸葛恪平山越，北屯廬江。

戊午

〔魏〕二年正月，遣司馬懿討公孫淵。六月，斬之，平海東四郡。

〔蜀〕延熙元年十一月，大將軍蔣琬出屯漢中。

〔吴〕赤烏元年夏，吕岱平李桓，還屯陸口。

己未

〔魏〕三年正月，帝崩，齊王芳即位，曹爽、司馬懿輔政。

〔蜀〕二年。

〔吴〕二年三月，遣將羊衜、鄭冑、孫怙擊魏遼東，虜其人民。五月，城沙羨。十月，遣吕岱、唐咨討破臨賀賊嚴綱。

庚申

〔魏〕正始元年。

〔蜀〕三年春，越嶲太守張嶷平越嶲蠻夷。

〔吴〕三年。

辛酉

〔魏〕二年五月，吴將朱然寇樊，司馬懿救卻之。遣鄧艾屯田淮南，廣開漕渠。

〔蜀〕四年。

〔吴〕四年四月，遣全琮略淮南，決芍陂。諸葛恪攻六安，朱然圍樊，諸葛瑾取柤中。六月，軍還。八月，陸遜城邾。

壬戌

〔魏〕三年。

〔蜀〕五年。

〔吴〕五年七月，遣聶友、陸凱討朱崖、儋耳。

癸亥

〔魏〕四年，司馬懿率軍入舒。

〔蜀〕六年十月，大司馬蔣琬自漢中還屯涪，以王平督漢中。

〔吴〕六年正月，諸葛恪征六安，收其人民。夏，恪自皖遷於柴桑。

甲子

〔魏〕五年正月，詔大將軍曹爽率衆征蜀，大雨道絶。五月，還師。

〔蜀〕七年二月，魏曹爽、夏侯玄侵漢中，鎮北大將軍王平拒興勢圍，大將軍費禕督諸軍赴救，進據三嶺，截爽後，魏軍敗退。九月，禕還成都。

〔吴〕七年。

乙丑

〔魏〕六年。

〔蜀〕八年，大將軍費禕至漢中，行圍守。

〔吴〕八年。

丙寅

〔魏〕七年，幽州刺史毌丘儉討高句驪、濊貊，皆破之。

〔蜀〕九年六月，禕還成都。十一月，蔣琬卒，後主始攝國政。十二月，尚書令董允卒，以宦者黄皓爲中常侍。

〔吴〕九年二月，遣朱然征魏柤中，斬獲千餘。

丁卯

〔魏〕八年，隴西、南安、金城、西平諸羌皆叛，南招蜀兵。

〔蜀〕十年，涼州胡來降。衛將軍姜維平汶山平康夷。

〔吴〕十年。

戊辰

〔魏〕九年。

〔蜀〕十一年，費禕出屯漢中。秋，涪陵屬國民夷反，遣鄧芝討平之。

〔吴〕十一年正月，朱然城江陵。交趾、九真夷賊攻没郡縣，刺史陸胤討定之。

己巳

〔魏〕嘉平元年正月，司馬懿廢曹爽，殺之。郭淮、陳泰降蜀牙門將苟安。

〔蜀〕十二年秋，姜維攻魏雍州，不克而還。遣牙門將苟安屯爲翅，安降魏。

〔吴〕十二年。

庚午

〔魏〕二年十一月，征南大將軍王昶渡江掩吴，破之。

〔蜀〕十三年，姜維復出西平，不克而還。

〔吴〕十三年十月，遣軍十萬作涂塘，以淹北道。十二月，魏將王昶圍南郡，王基攻西陵，遣將軍戴烈、陸凱拒之，皆引還。

辛未

〔魏〕三年正月，荆州刺史王基、新城太守陳泰攻吴，破之，降數千口。四月，司馬懿殺王淩。六月，懿死，子師自録尚書事。

〔蜀〕十四年夏，費禕還成都。冬，復出，屯漢壽。

壬申

〔魏〕四年十一月，詔王昶攻南郡，毌丘儉向武昌，諸葛誕、胡遵圍東興。十二月，誕、遵敗還。

〔蜀〕十五年。

〔吴〕建興元年四月，大帝權薨，子亮即位，諸葛恪輔政。十月，恪率軍遏巢湖，城東興。十二月，魏將諸葛誕、胡遵圍東興，恪大破魏軍，斬其將韓綜、桓嘉。

癸酉

〔魏〕五年正月，王昶、毌丘儉師還。四月，遣太尉司馬孚拒諸葛恪於新城。七月，恪退。

〔蜀〕十六年正月，魏降人郭修刺殺大將軍費禕於漢壽。四月，姜維復率衆出南安，糧盡退師。

〔吴〕二年三月，諸葛恪率師伐魏。四月，圍合肥新城，大疫。八月，引還。十月，孫峻殺恪。

甲戌

〔魏〕正元元年九月，司馬師廢帝爲齊王，立高貴鄉公髦。置淮南北屯田，廣漕渠。

〔蜀〕十七年六月，姜維復率衆伐魏，出隴西，敗魏將徐質。冬，拔狄道、河關、臨洮三縣民而還。

〔吴〕五鳳元年。

乙亥

〔魏〕二年正月，鎮東將軍毌丘儉、揚州刺史文欽起兵討司馬師，師破欽於樂嘉，欽奔吴，遂斬儉。閏月，師死，弟昭自録尚書事。二月，諸葛誕破孫峻於壽春，斬其將留贊。九月，雍州刺史王經與蜀將姜維戰於狄道，敗績。

〔蜀〕十八年九月，姜維伐魏，大敗魏將王經於洮西，遂圍狄道，不克，還駐鍾提。

〔吴〕二年閏月，孫峻率吕據、留贊襲壽春。壬寅，兵進於橐皋，魏諸葛誕入壽春。二月，留贊戰殁，遂還。七月，使馮朝城廣陵。

丙子

〔魏〕甘露元年七月，鄧艾大破蜀將姜維於上邽。

〔蜀〕十九年春，以姜維爲大將軍。八月，伐魏，敗於上邽，蜀人始怨。

〔吴〕太平元年九月，孫峻死，弟綝代秉政，殺大司馬滕胤、將軍吕據。

丁丑

〔魏〕二年四月，征東大將軍諸葛誕起兵壽春，討司馬昭。

〔蜀〕二十年，姜維率衆出駱谷，至芒水，司馬望拒之，聞吴師退，乃還。

〔吴〕二年六月，使全端等救諸葛誕。七月，孫綝率衆救壽春，次於鑊里。九月，綝殺將軍朱異，還建業。十二月，全端降魏。

戊寅

〔魏〕三年二月，司馬昭陷壽春，殺諸葛誕。

〔蜀〕景耀元年，姜維還成都，後主用維議，斂漢中圍守兵，退屯漢壽及漢、樂二城。宦人黄晧始專政。

〔吴〕永安元年九月，孫綝廢少帝亮爲會稽王，迎立琅邪王休。十二月，誅綝。

己卯

〔魏〕四年。

〔蜀〕二年。

〔吴〕二年。

庚辰

〔魏〕景元元年五月，司馬昭弑帝，立陳留王奂，昭自爲晉公，加九錫。

〔蜀〕三年。

〔吴〕三年秋，作浦里塘。殺故主亮。

辛巳

〔魏〕二年。

〔蜀〕四年。

〔吴〕四年。

壬午

〔魏〕三年十月，鄧艾破蜀大將軍姜維於侯和。

〔蜀〕五年，姜維率衆出侯和，爲魏將鄧艾所破，還駐沓中。

〔吴〕五年。

癸未

〔魏〕四年五月，詔鄧艾、鍾會率師伐蜀。十一月，蜀主劉禪降，巴蜀悉平。吴交趾來降。

〔蜀〕炎興元年夏，魏大興師來侵。冬，鄧艾破諸葛瞻於緜竹，後主降，蜀亡。

〔吴〕六年夏，交趾吕興叛，以郡降魏。十月，遣丁奉向壽春，丁封、孫異向沔中救蜀，蜀主降問至，皆罷不行。

甲申

〔魏〕咸熙元年春，鍾會反蜀，殺鄧艾，諸將討斬會，並殺姜維。八月，司馬昭以子炎副貳相國事。

〔吴〕元興元年二月，陸抗、步協等圍蜀巴東守將羅憲。七月，魏救至，抗等引退。壬午，吴主休薨，晧即位。魏遣使來。

乙酉

〔晉〕晉太始元年八月，司馬昭死，世子炎襲位。十二月，帝禪位於晉，如漢、魏故事。

〔吴〕甘露元年，遣使如魏。九月，徙都武昌。

丙戌

〔晉〕二年，吴遣使來弔祭。

〔吴〕寶鼎元年正月，遣張徽、丁忠如晉弔祭，使還，與晉絶。二月，還都建業。

丁亥

〔晉〕三年。

〔吴〕二年。

戊子

〔晉〕四年十月，吴寇江夏、襄陽，遣義陽王望屯龍陂。

〔吴〕三年，吴主出陳關，遣丁奉攻合肥，施績入江夏，萬郁攻襄陽，無功而還。又攻交趾，兵敗將死。

己丑

〔晉〕五年，使尚書左僕射羊祜都督荆州，右僕射東莞王伷都督徐州，始謀吴也。

〔吴〕建衡元年，復攻交趾。使丁奉率衆治涂塘，遂攻晉穀陽，不克而還。

庚寅

〔晉〕六年，揚州刺史牽弘擊走丁奉於渦口。夏口督孫秀來奔。

〔吴〕二年正月，以陸抗鎮樂鄉。丁奉擊晉，入渦口。

辛卯

〔晉〕七年，孫晧率衆趨壽春，遣大司馬望屯淮北以拒之。四月，吴陷交州。安樂公劉禪卒。

〔吴〕三年，破交趾，殺晉守將，交州還屬。

壬辰

〔晉〕八年。

〔吴〕鳳皇元年八月，西陵督步闡叛附晉。十二月，陸抗禽殺闡，復西陵。

癸巳

〔晉〕九年。

〔吴〕二年七月，攻晉弋陽，不克。

甲午

〔晉〕十年，大將軍陳騫攻拔吴枳里城。邵陵厲公曹芳卒。

〔吴〕三年七月，陸抗卒。九月，攻晉江夏，敗還。

乙未

〔晉〕咸寧元年。

〔吴〕天册元年，掠晉江夏。

丙申

〔晉〕二年。

〔吴〕天璽元年。

丁酉

〔晉〕三年，以王渾爲揚州都督，胡奮爲江北都督。

〔吴〕天紀三年，掠晉汝南、江夏。

戊戌

〔晉〕四年。

〔吴〕二年。

己亥

〔晉〕五年冬，決策伐吴，徐州琅邪王伷出涂中，揚州王渾出横江，豫州王戎出武昌，荆州胡奮出夏口，杜預出江陵，益州王濬下巴、蜀。

〔吴〕三年夏，郭馬反廣州，討之未定，晉師至。

庚子

〔晉〕太康元年三月，王濬至石頭，孫晧降，三國悉并於晉，天下爲一。

〔吴〕四年三月，晉師至石頭，吴主晧降，晉封爲歸命侯。太康四年，死於晉。

《三國大事年表》

清萬斯同撰

庚子　即漢獻帝延康元年十一月，禪位於魏。

〔魏〕文帝黄初元年十一月庚午，曹丕篡位於繁陽。

〔漢〕先是，漢獻帝建安二十四年己亥秋，劉備自稱漢中王。是歲爲漢中王二年。

〔吴〕先是，建安二十四年，曹操表授孫權爲驃騎將軍、荆州牧，封南昌侯。是歲奉魏正朔。

辛丑

〔魏〕二年八月，孫權遣使奉表，并送于禁等還。十一月，遣使拜權爲大將軍，封吴王，加九錫。

〔漢〕昭烈帝章武元年四月，即帝位。七月，親征孫權。

〔吴〕四月，徙都武昌。七月，漢軍來伐，遣陸遜等禦之。十一月，魏封權爲吴王。

壬寅

〔魏〕三年正月，幸許昌。十月，以孫權逆命，自許昌南征。十一月，至宛。

〔漢〕二年六月，敗績于猇亭。八月，收兵還巫。十月，吴遣使請和，許之。遣太中大夫宗瑋報命。十二月，漢嘉太守黄元反。

〔吴〕大帝黄武元年，自正月至閏六月，遜等大破漢兵，漢主引還。魏遣使徵任子，權不遣。九月，魏將曹休等三道來伐。十月，權遂改元，臨江拒守。

癸卯

〔魏〕四年三月，還洛陽。十月，幸許昌。

〔漢〕三年三月，元平。四月，帝殂於永安宫，太子禪即位，改是年爲建興元年。牂柯太守朱襃反，遣尚書郎鄧芝聘吴。

〔吴〕二年三月，魏軍退。六月，將軍賀齊等破魏蘄春，獲其太守晋宗。

甲辰

〔魏〕五年三月，還洛陽。七月，幸許昌。八月，御舟師幸壽春。九月，至廣陵。十月，還許昌。

〔漢〕後主建興二年，是歲務農殖穀，閉關息民。

〔吴〕三年夏，遣中郎將張温聘漢。九月，魏主來伐，至廣陵，臨江而還。

乙巳

〔魏〕六年三月，御舟師東征。五月，至譙。八月，自渦入淮，從陸道幸徐。十月，至廣陵。天寒水凍，舟不得入江，乃還。

〔漢〕三年三月，丞相亮征南中四郡，皆平。十二月，還成都。

〔吴〕四年十月，魏主復來伐，耀兵廣陵而還。十二月，鄱陽賊彭綺反，攻没數縣。

丙午

〔魏〕七年正月，還洛陽。五月殂，太子叡即位。八月，吴諸葛瑾寇襄陽，司馬懿拒破之。

〔漢〕四年。

〔吴〕五年七月，遣將侵魏江夏，圍石陽，不克，還。東安太守全琮討山越。

丁未

〔魏〕明帝太和元年正月，西平人麴英反，將軍郝昭討斬之。十二月，新城太守孟達反，命司馬懿討之。

〔漢〕五年三月，丞相亮大舉伐魏，出屯漢中。

〔吴〕六年正月，綺平。

戊申

〔魏〕二年正月，新城破，斬達。漢諸葛亮來伐，天水、南安、安定三郡吏民叛應之，將軍張郃敗亮於街亭，三郡平。帝幸長安。四月，還洛陽。

〔漢〕六年春，亮出攻祁山，不克。冬，復出散關圍陳倉，糧盡退，斬魏追將王雙。

〔吴〕七年五月，鄱陽太守周魴僞叛，誘魏將曹休。八月，將軍陸遜大破休於石亭。

己酉

〔魏〕三年。

〔漢〕七年春，遣將克武都、陰平二郡。四月，孫權稱帝，遣使約中分天下。

〔吴〕黄龍元年四月，即帝位。七月，漢使衛尉陳震來賀，遂與盟誓，期共滅魏。九月，還都建業。

庚戌

〔魏〕四年七月，命曹真、司馬懿伐漢。八月，東巡，至許昌。九月，詔真等旋師。十月，還洛陽。

〔漢〕八年秋，魏將司馬懿等寇漢中，大雨，引還。魏延破魏軍於陽谿。

〔吴〕二年，遣將衛温、諸葛直率軍浮海求夷洲、亶洲。

辛亥

〔魏〕五年三月，漢師侵天水，遣司馬懿拒之。

〔漢〕九年二月，亮復出軍圍祁山，懿等來救。六月，糧盡退，殺其追將張郃。

〔吴〕三年二月，遣太常潘濬討武陵蠻。温等違詔無功，下獄誅。

壬子

〔魏〕六年三月，東巡。四月，至許昌。九月，幸摩陂。十二月，還許昌。

〔漢〕十年，亮休士勸農，作流馬木牛，訓兵講武。

〔吴〕嘉禾元年三月，遣將周賀等浮海之遼東，通公孫淵。九月，魏將田豫邀殺之。十月，淵遣使來稱藩。

癸丑

〔魏〕青龍元年六月，并州鮮卑叛，殺將軍蘇尚、董弼，遣將軍秦朗討之，寇走漢北。九月，安定保塞匈奴叛，討破之。

〔漢〕十一年冬，遣軍運米於斜谷，治邸閣。是歲南夷劉胄反，將軍馬忠討平之。

〔吴〕二年三月，淵使還，遣太常張彌等率軍賫九錫備物浮海授淵，淵斬使者，送首於魏。是歲親征合肥新城，遣將全琮侵六安，皆不克。

甲寅

〔魏〕二年四月，漢師出斜谷，屯渭南，司馬懿拒之。六月，吴師來伐。七月，帝東征，幸壽春。八月，還許昌。

〔漢〕十二年二月，亮由斜谷出，軍營於渭濱。八月，亮卒。將軍吴懿鎮漢中，尚書令蔣琬統國事。

〔吴〕三年五月，遣陸遜等屯江夏，孫韶等向廣陵，親督大軍圍合肥新城，聞魏主來救，引還。十一月，武陵蠻平。

乙卯

〔魏〕三年八月，還洛陽。十二月，幸許昌。

〔漢〕十三年四月，琬進位大將軍。

〔吴〕四年夏，遣吕岱討廬陵賊李桓、羅厲。魏遣使以馬易珍寶。

丙辰

〔魏〕四年十月，還洛陽。十二月，幸許昌。

〔漢〕十四年。

〔吴〕五年二月，廬陵賊平。十月，鄱陽賊彭旦等反。

丁巳

〔魏〕景初元年五月，還洛陽。七月，吴將朱然圍江夏，不克，還。公孫淵反，自稱燕王，改元紹漢。

〔漢〕十五年。

〔吴〕六年二月，陸遜討鄱陽賊，平之。十月，全琮襲六安，不克。諸葛恪平山越。

戊午

〔魏〕二年正月，命司馬懿討公孫淵。八月，大破淵於襄平，斬淵，遼東平。十二月，以曹爽爲大將軍。

〔漢〕延熙元年十一月，大將軍琬出鎮漢中。

〔吴〕赤烏元年夏，吕岱平廬陵餘賊，還鎮夏口。

己未

〔魏〕三年正月，帝殂，太子芳即位。

〔漢〕二年三月，琬進位大司馬。

〔吴〕二年三月，遣將羊道等浮海侵魏遼東，虜獲而還。十月，將軍蔣祕南討蠻賊。部將廖式殺臨賀太守反，遣吕岱等討之。

庚申

〔魏〕廢帝正始元年。

〔漢〕三年春，命越嶲太守張嶷平定越嶲郡。

〔吴〕三年，賊平，岱還武昌。

辛酉

〔魏〕二年。

〔漢〕四年。
〔吴〕四年四月，遣全琮略淮南，諸葛恪攻六安，朱然圍樊，諸葛瑾取柤中。琮與魏將王淩戰於芍陂，敗績。五月，司馬懿救樊，軍還。

壬戌
〔魏〕三年。
〔漢〕五年。
〔吴〕五年七月，遣將聶友等討珠崖、儋耳。

癸亥
〔魏〕四年。
〔漢〕六年十月，琬自漢中移鎮涪。十一月，尚書令費禕爲大將軍。
〔吴〕六年正月，諸葛恪侵六安，破魏將謝順營。司馬懿入舒，恪自皖遷於柴桑。

甲子
〔魏〕五年二月，曹爽率師伐漢。五月還。
〔漢〕七年閏二月，魏將曹爽等寇漢中，禕督軍往救，寇引退。九月，禕還成都。
〔吴〕七年。

乙丑
〔魏〕六年。
〔漢〕八年十二月，禕至漢中閲軍屯。
〔吴〕八年七月，征西將軍馬茂等謀逆，夷三族。

丙寅
〔魏〕七年二月，幽州刺史毌丘儉討高句驪。五月，討濊貊，皆破之。
〔漢〕九年六月，禕還成都。十一月，琬卒。
〔吴〕九年二月，朱然侵柤中，斬獲而還。

丁卯
〔魏〕八年。
〔漢〕十年，汶山、平康夷反。將軍姜維破平之。
〔吴〕十年。

戊辰
〔魏〕九年。
〔漢〕十一年五月，禕出鎮漢中。秋，涪陵屬國民夷反，將軍鄧芝討平之。
〔吴〕十一年。

己巳
〔魏〕嘉平元年正月，司馬懿殺曹爽。
〔漢〕十二年秋，維攻魏雍州，不克，還。
〔吴〕十二年。

庚午
〔魏〕二年十二月，將軍王昶渡江襲吴，破之。
〔漢〕十三年，維復出西平，不克，還。
〔吴〕十三年十二月，魏將王昶圍南郡，王基攻西陵，遣將軍戴烈等拒之，皆引退。

辛未
〔魏〕三年四月，太尉王淩據壽春謀立楚王彪，詔司馬懿討之。五月，淩自殺。七月，懿卒，子師代爲大將軍。
〔漢〕十四年夏，禕還成都。冬，復出，屯漢壽。
〔吴〕太和元年。

壬申
〔魏〕四年十一月，詔將軍王昶、胡遵、毌丘儉等大舉伐吴。十二月，敗績於東興。
〔漢〕十五年。
〔吴〕二年四月，帝殂，太子亮即位，改元建興。十月，諸葛恪城東興。十二月，魏將諸葛誕等來爭，敗績。

癸酉
〔魏〕五年五月，命太尉司馬孚拒吴將諸葛恪於合肥新城。
〔漢〕十六年正月，禕爲賊所殺。四月，維復圍南安，不克，還。
〔吴〕廢帝建興二年三月，恪復侵魏，圍新城，大疫，士馬死者大半。八月，引還。十月，爲孫峻所殺，拜峻丞相，統朝政。

甲戌
〔魏〕六年九月，司馬師廢其主芳，立高貴鄉公髦，改是年爲正元元年。

〔漢〕十七年正月，維還成都。六月，復出隴西。冬，拔狄道、河間、臨洮三縣民而還。

〔吳〕五鳳元年。

乙亥

〔魏〕少帝正元二年正月，鎮東將軍毌丘儉、揚州刺史文欽舉兵討司馬師，不克，儉死，欽奔吳。閏月，師死，弟昭代爲大將軍。

〔漢〕十八年春，維還成都。夏，復出狄道，大破魏將王經於洮西。

〔吳〕二年閏正月，峻率師襲壽春，至橐皋，魏將文欽來降，大獲而還。二月，敗魏將曹珍於高亭。三月，朱異襲安豐，不克。

丙子

〔魏〕甘露元年七月，漢師來伐，敗還。

〔漢〕十九年春，維進位大將軍。八月，魏將鄧艾大破維於上邽，維退還成都。

〔吳〕太平元年二月，峻遣文欽、吕據等五將軍率師自江都入淮泗。九月，峻死，從弟綝代督中外諸軍事，召欽等還。據謀討綝，不克，被殺。

丁丑

〔魏〕二年五月，司空諸葛誕據壽春謀討司馬昭，昭奉帝東征。六月，帝駐項，昭率師進圍壽春。

〔漢〕二十年秋，維復出駱谷。

〔吳〕二年五月，魏諸葛誕遣使稱臣，乞援兵，命文欽、唐咨、全端等應之。七月，孫綝率師救壽春，次於鑊里。九月，還都。

戊寅

〔魏〕三年二月，壽春破，斬誕。

〔漢〕景耀元年，維還成都，宦官黄晧始專政。

〔吳〕三年七月，帝謀殺綝，不克，被廢，立其兄休。改是年爲永安元年。十二年，綝伏誅。

己卯

〔魏〕四年。

〔漢〕二年。

〔吳〕景帝永安二年。

庚辰

〔魏〕五年五月，帝親討司馬昭，不克，被弑。六月，立常道鄉公璜，改是年爲景元元年。

〔漢〕三年。

〔吳〕三年。

辛巳

〔魏〕末帝景元二年。

〔漢〕四年。

〔吳〕四年。

壬午

〔魏〕三年十月，漢師來伐，敗還。

〔漢〕五年，維復出侯和，爲鄧艾所破，還屯沓中。

〔吳〕五年。

癸未

〔魏〕四年五月，命鄧艾、鍾會率師伐漢。十月，司馬昭進位相國，封晉公，加九錫。十一月，漢主禪出降。

〔漢〕炎興元年夏，魏大舉來伐。十一月，禪出降，國亡，凡立國四十三年。

〔吳〕六年五月，交阯郡吏吕興反。十月，以魏師伐漢，遣將軍丁奉、留平、丁封等分道侵魏以救漢，聞漢亡，兵還。

甲申

〔魏〕咸熙元年正月，幸長安。鍾會反於蜀，旋被殺。三月，司馬昭進爵爲王。

〔吳〕孫晧元興元年二月，遣將軍陸抗等率師圍漢巴東郡守羅憲，魏使胡烈侵西陵以救憲，抗等乃還。七月，帝殂，兄子晧立，改元。

乙酉

〔魏〕二年四月，吳遣紀陟、弘璆來聘。八月，司馬昭死，子炎襲晉王位。十二月，禪位於晉，魏亡，凡立國四十六年。

〔吳〕甘露元年九月，遷都武昌。是歲魏禪位於晉，至晉武帝太康元年，始爲晉所滅，凡立國五十九年。

《晉僭僞諸國年表》

清萬斯同撰

惠帝永寧元年辛酉　正月，趙王倫簒位。

〔涼〕張軌　是年，始命爲涼州刺史、護羌校尉。

〔成〕李特　十月，反于蜀，自稱鎮北大將軍，承制封拜。

（李壽簒位，改國號漢）

〔漢〕（劉曜僭位，改國號趙。）

〔趙〕（冉閔簒位，改國號魏。）

〔燕〕慕容廆　武帝時，襲父鮮卑單于職。

（咸康三年始稱燕）

〔仇池〕楊茂搜　元康六年，自略陽還保仇池，自稱輔國將軍、右賢王。

〔遼西〕段務勿塵

〔代〕拓拔禄官

拓拔猗㐌　禄官兄子。

拓拔猗盧　猗㐌弟。

（初，元康五年，禄官分其國爲三部，永嘉六年始稱代。）

太安元年壬戌

〔涼〕軌

〔成〕特　改元建初。

〔燕〕廆

〔仇池〕茂搜

〔遼西〕務勿塵

〔代〕禄官

猗㐌

猗盧

二年癸亥

〔涼〕軌

〔成〕特　三月，爲荆州刺史宋岱擊斬。

李流　特弟。

李雄　特子，九月流死，雄代。

〔燕〕廆

〔仇池〕茂搜

〔遼西〕務勿塵　十二月，封遼西公。

〔代〕禄官

猗㐌

猗盧

永興元年甲子

〔涼〕軌

〔成〕雄　十一月，僭號成都王，改元建興。

〔漢〕劉淵　匈奴左賢王，八月反于離石，自號大單于，十一月僭號漢王，改元元熙。

〔趙〕石勒　是年，始作亂，歸公師藩。

〔燕〕廆

〔仇池〕茂搜

〔遼西〕務勿塵

〔代〕禄官

猗㐌

猗盧

二年乙丑

〔涼〕軌

〔成〕雄　六月，僭即帝位，國號蜀，後改大成，元名晏平。

〔漢〕淵

〔燕〕廆

〔仇池〕茂搜

〔遼西〕務勿塵

〔代〕禄官

猗㐌　六月，拜大單于，尋卒，子普根立。

猗盧

拓拔普根

光熙元年丙寅

〔涼〕軌

〔成〕雄

〔漢〕淵

〔燕〕廆　自稱鮮卑大都督。

〔仇池〕茂搜

〔遼西〕務勿塵

〔代〕禄官

猗盧

普根

懷帝永嘉元年丁卯

〔涼〕軌

〔成〕雄

〔漢〕淵

〔燕〕廆

〔仇池〕茂搜

〔遼西〕務勿塵　拜大單于段匹磾，勿塵次子左賢王。

〔代〕禄官　卒，猗盧總攝三部。

猗盧

普根

二年戊辰

〔涼〕軌

〔成〕雄

〔漢〕淵　十月，僭即帝位，據平陽，改元永鳳。

〔燕〕廆

〔仇池〕茂搜

〔遼西〕務勿塵

匹磾

〔代〕猗盧

普根

三年己巳

〔涼〕軌

〔成〕雄

〔漢〕淵　改元河瑞。

〔燕〕廆

〔仇池〕茂搜

〔遼西〕務勿塵

匹磾

〔代〕猗盧

普根

四年庚午

〔涼〕軌　十一月，加征西將軍。

〔成〕雄

〔漢〕淵　六月死，子和嗣。

劉和　立數日，爲弟聰所弑。

劉聰　改元光興。

〔趙〕勒　劉淵授征東大將軍。

〔燕〕廆

〔仇池〕茂搜

〔遼西〕務勿塵　卒。

疾陸眷　勿塵子。

匹磾

〔代〕猗盧

普根

五年辛未　六月，劉聰陷洛陽，帝蒙塵。

〔涼〕軌

〔成〕雄

〔漢〕聰

〔燕〕廆

〔仇池〕茂搜
〔慕西〕疾陸眷
匹磾
〔代〕猗盧
普根
六年壬申
〔涼〕軌
〔成〕雄
〔漢〕聰
〔燕〕廆
〔仇池〕茂搜
〔慕西〕疾陸眷
匹磾
〔代〕猗盧　八月，劉琨表爲代公大單于。
普根
愍帝建興元年癸酉
〔涼〕軌
〔成〕雄
〔漢〕聰
〔燕〕廆
〔仇池〕茂搜
楊難敵　茂搜子，據梁州，自稱刺史。
〔遼西〕疾陸眷
匹磾
〔代〕猗盧
普根
二年甲戌　三月，石勒殺王浚。
〔涼〕軌　二月，進太尉、西平郡公，五月卒。
張寔　軌子。
〔成〕雄
〔漢〕聰
〔燕〕廆
〔仇池〕茂搜
難敵　爲州人所逐。
〔遼西〕疾陸眷
匹磾　王浚没，入據薊城。
〔代〕猗盧
普根
三年乙亥
〔涼〕寔
〔成〕雄
〔漢〕聰　改元建元。
〔燕〕廆
〔仇池〕茂搜
〔遼西〕疾陸眷
匹磾
〔代〕猗盧　二月，進封代王。
普根
四年丙子　十一月，劉聰陷長安，帝蒙塵。
〔涼〕寔
〔成〕雄
〔漢〕聰　改元麟嘉。
〔燕〕廆
〔仇池〕茂搜
〔遼西〕疾陸眷
匹磾
〔代〕猗盧　三月，爲子六修所弑。普根誅六修，代立。
普根　四月卒，子乂嗣。
拓拔乂　十二月，卒。
元帝建武元年丁丑

〔涼〕寔
〔成〕雄
〔漢〕聰
〔燕〕廆
〔仇池〕茂搜　十二月死，子難敵、堅頭分爲二部。
　難敵
　堅頭
〔遼西〕疾陸眷
　匹磾　幽州刺史、左賢王、勃海公。
〔代〕拓拔鬱律　普根弟。

大興元年戊寅

〔涼〕寔
〔成〕雄
〔漢〕聰　七月死，子粲嗣。
　劉粲　八月，爲靳準所殺。
　劉曜　八月，僭僞位。
〔燕〕廆
〔仇池〕難敵
〔遼西〕疾陸眷　正月卒，叔涉復辰立。
　段涉復辰　爲末波所弑。
　段末波　陸眷從弟，殺辰自立。
　匹磾
〔代〕鬱律

二年己卯

〔涼〕寔
〔成〕雄
〔漢〕曜　遷居長安，改國號趙。
〔趙〕石勒　十一月，僭即王位，居襄國。
〔燕〕廆
〔仇池〕難敵
〔遼西〕末波
　匹磾
〔代〕鬱律

三年庚戌

〔涼〕寔　六月，爲盜所殺，弟茂嗣。
　張茂
〔成〕雄
〔前趙〕曜
〔後趙〕勒
〔燕〕廆
〔仇池〕難敵
〔遼西〕末波
　匹磾
〔代〕鬱律

四年辛巳

〔涼〕茂
〔成〕雄
〔前趙〕曜
〔後趙〕勒
〔燕〕廆　十二月，拜持節都督幽平二州東夷諸軍事、平州牧、遼東公。
〔仇池〕難敵
〔遼西〕末波
　匹磾　三月，爲石勒所殺。
〔代〕鬱律　十二月，爲猗㐌妻所殺。
　拓拔賀傉　猗㐌子。

永昌元年壬午

〔涼〕茂
〔成〕雄
〔前趙〕曜
〔後趙〕勒

〔燕〕廆

〔仇池〕難敵　劉曜封爲武都王、上大將軍。

〔遼西〕末波

〔代〕賀傉

明帝太寧元年癸未

〔涼〕茂

〔成〕雄

〔前趙〕曜

〔後趙〕勒

〔燕〕廆

〔仇池〕難敵

〔遼西〕末波

〔代〕賀傉

二年甲申

〔涼〕茂

〔成〕雄

〔前趙〕曜

〔後趙〕勒

〔燕〕廆

〔仇池〕難敵

〔遼西〕末波

〔代〕賀傉

三年乙酉

〔涼〕茂　卒。

張駿　寔子。

〔成〕雄

〔前趙〕曜

〔後趙〕勒

〔燕〕廆

〔仇池〕難敵

〔遼西〕末波　三月卒，弟牙嗣。

段牙　十二月，爲陸眷之孫遼所殺。

〔代〕賀傉　十二月死，弟紇那立。

拓拔紇那

成帝咸和元年丙戌

〔涼〕駿

〔成〕雄

〔前趙〕曜

〔後趙〕勒

〔燕〕廆

〔仇池〕難敵

〔遼西〕段遼

〔代〕紇那

二年丁亥

〔涼〕駿

〔成〕雄

〔前趙〕曜

〔後趙〕勒

〔燕〕廆

〔仇池〕難敵

〔遼西〕遼

〔代〕紇那

三年戊子

〔涼〕駿

〔成〕雄

〔前趙〕曜　十二月，與石勒戰敗被獲。

劉熙　曜子。

〔後趙〕勒

〔燕〕廆

〔仇池〕難敵

〔遼西〕遼
〔代〕紇那

四年己丑
〔涼〕駿
〔成〕雄
〔前趙〕熙　二月，奔于上邽。九月，上邽破，劉氏盡滅。
〔後趙〕勒
〔燕〕廆
〔仇池〕難敵
〔遼西〕遼
〔代〕紇那
拓拔翳槐　鬱律子，爲國人所立，紇那出奔。

五年庚寅
〔涼〕駿
〔成〕雄
〔趙〕勒　八月，僭即帝位。
〔燕〕廆
〔仇池〕難敵
〔遼西〕遼
〔代〕翳槐

六年辛卯
〔涼〕駿
〔成〕雄
〔趙〕勒
〔燕〕廆
〔仇池〕難敵
〔遼西〕遼
〔代〕翳槐

七年壬辰
〔涼〕駿
〔成〕雄
〔趙〕勒
〔燕〕廆
〔仇池〕難敵
〔遼西〕遼
〔代〕翳槐

八年癸巳
〔涼〕駿　正月，拜鎮西大將軍。
〔成〕雄
〔趙〕勒　七月死，子弘嗣。
石弘
〔燕〕廆　四月卒，子皝嗣。
慕容皝
〔仇池〕難敵
〔遼西〕遼
〔代〕翳槐

九年甲午
〔涼〕駿
〔成〕雄　六月死，兄子班嗣。
李班　十月，爲期所弑。
李期　雄子。
〔趙〕弘　十一月，爲虎所弑。
石虎　勒從子，自立爲天王。
〔燕〕皝
〔仇池〕難敵　正月死，子毅嗣。
楊毅　自稱龍驤將軍、左賢王、下辨公。
〔遼西〕遼
〔代〕翳槐

咸康元年乙未
〔涼〕駿

〔成〕期
〔趙〕虎
〔燕〕皝
〔仇池〕毅　稱藩于晉。
〔遼西〕遼
〔代〕翳槐
二年丙申
〔涼〕駿
〔成〕期
〔趙〕虎
〔燕〕皝
〔仇池〕毅。
〔遼西〕遼
〔代〕翳槐
紇那　自宇文部入，翳槐奔趙。
三年丁酉
〔涼〕駿
〔成〕期
〔趙〕虎
〔燕〕皝　十月，僭稱燕王。
〔仇池〕毅　爲族兄初所殺。
楊初　自稱仇池公，稱藩于趙。
〔遼西〕遼
〔代〕紇那
翳槐　自趙復入，紇那奔燕。
四年戊戌
〔涼〕駿
〔成〕期　四月，爲壽所弑。
李壽　特弟驤子，改國號漢。
〔趙〕虎
〔燕〕皝　四月，加征北大將軍。
〔仇池〕初
〔遼西〕遼　二月，爲石虎所敗，奔平岡。尋自歸于燕，以謀反被殺。
〔代〕翳槐　死，弟什翼犍立。
拓拔什翼犍
五年己亥
〔涼〕駿
〔漢〕壽
〔趙〕虎
〔燕〕皝
〔仇池〕初
〔代〕什翼犍
六年庚子
〔涼〕駿
〔漢〕壽
〔趙〕虎
〔燕〕皝
〔仇池〕初
〔代〕什翼犍
七年辛丑
〔涼〕駿
〔漢〕壽
〔趙〕虎
〔燕〕皝　二月，求假燕王章璽，許之。
〔仇池〕初
〔代〕什翼犍
八年壬寅
〔涼〕駿
〔漢〕壽
〔趙〕虎

〔燕〕皝
〔仇池〕初
〔代〕什翼犍

康帝建元元年癸卯

〔涼〕駿
〔漢〕壽　八月死，子勢嗣。
　李勢
〔趙〕虎
〔燕〕皝
〔仇池〕初
〔代〕什翼犍

二年甲辰

〔涼〕駿
〔漢〕勢
〔趙〕虎
〔燕〕皝
〔仇池〕初
〔代〕什翼犍

穆帝永和元年乙巳

〔涼〕駿
〔漢〕勢
〔趙〕虎
〔燕〕皝
〔仇池〕初
〔代〕什翼犍

二年丙午　十一月，桓温伐蜀。

〔涼〕駿　五月卒，子重華嗣。
　張重華
〔漢〕勢
〔趙〕虎
〔燕〕皝
〔仇池〕初
〔代〕什翼犍

三年丁未　三月，蜀平。

〔涼〕重華　十月，加大都督隴右關中諸軍事、護羌校尉、大將軍。
〔漢〕勢　三月，晉師克成都，勢降，益州平。
〔趙〕虎
〔燕〕皝
〔仇池〕初　十月，拜征南將軍、雍。
　州刺史、平羌校尉、仇池公。
〔代〕什翼犍

四年戊申

〔涼〕重華
〔趙〕虎
〔燕〕皝　九月卒，子儁嗣。
　慕容儁
〔仇池〕初
〔代〕什翼犍

五年己酉

〔涼〕重華
〔趙〕虎　正月，僭即帝位于鄴。四月死，子世嗣。
　石世
　石遵　五月，廢世而自立。
　石鑒　十一月，廢遵而自立。
〔燕〕儁
〔仇池〕初
〔代〕什翼犍

六年庚戌

〔涼〕重華
〔趙〕鑒

冉閔　正月，弑鑒而自立，改國號魏。

石祗　鑒弟，自立于襄國。

〔燕〕儁

〔仇池〕初

〔代〕什翼犍

七年辛亥

〔涼〕重華

〔趙〕祇　四月，爲其將劉顯所殺。

〔魏〕閔

〔燕〕儁

〔仇池〕初

〔代〕什翼犍

八年壬子

〔涼〕重華

〔趙〕劉顯　正月，僭號于襄國，爲冉閔所殺。

〔魏〕閔　四月，爲慕容儁所滅。

〔燕〕儁　四月，滅魏，僭帝位于中山。

〔仇池〕初

〔代〕什翼犍

穆帝永和九年癸丑

〔涼〕張重華　十月卒，子耀靈嗣。

張耀靈　十月，爲祚所弑。

張祚

〔燕〕儁

〔秦〕苻健　七年正月，僭即王位，據關中八年，僭即帝位。

〔代〕什翼犍

〔仇池〕初

十年甲寅　二月，桓温伐秦，九月引還。

〔涼〕祚　正月，僭即帝位。

〔燕〕儁

〔秦〕健

〔代〕什翼犍

〔仇池〕初

十一年乙卯

〔涼〕祚　七月，爲其將宋混等所殺，立耀靈弟玄靚爲涼州牧。

張玄靚

〔燕〕儁

〔秦〕健　五月死，子生嗣。

苻生

〔代〕什翼犍

〔仇池〕初　正月，爲其將梁式所弑，子國嗣。

楊國　正月，拜鎮北將軍、秦州刺史。

十二年丙辰

〔涼〕玄靚

〔燕〕儁

〔秦〕生

〔代〕什翼犍

〔仇池〕國　是年，爲其從父俊所弑。

楊俊

升平元年丁巳

〔涼〕玄靚

〔燕〕儁

〔秦〕生　六月，爲苻堅所誅。

苻堅

〔代〕什翼犍

〔仇池〕俊

二年戊午

〔涼〕玄靚

〔燕〕儁

〔秦〕堅

〔代〕什翼犍

〔仇池〕俊

三年己未

〔涼〕玄靚

〔燕〕儁

〔秦〕堅

〔代〕什翼犍

〔仇池〕俊

四年庚申

〔涼〕玄靚

〔燕〕儁　正月死，子暐嗣。

慕容暐

〔秦〕堅

〔代〕什翼犍

〔仇池〕俊　正月死，子世嗣。

楊世

五年辛酉

〔涼〕玄靚

〔燕〕暐

〔秦〕堅

〔代〕什翼犍

〔仇池〕世

哀帝隆和元年壬戌

〔涼〕玄靚

〔燕〕暐

〔秦〕堅

〔代〕什翼犍

〔仇池〕世

興寧元年癸亥

〔涼〕玄靚　七月，爲天錫所弒。

張天錫

〔燕〕暐

〔秦〕堅

〔代〕什翼犍

〔仇池〕世

二年甲子

〔涼〕天錫

〔燕〕暐

〔秦〕堅

〔代〕什翼犍

〔仇池〕世

三年乙丑

〔涼〕天錫

〔燕〕暐

〔秦〕堅

〔代〕什翼犍

〔仇池〕世

廢帝太和元年丙寅

〔涼〕天錫

〔燕〕暐

〔秦〕堅

〔代〕什翼犍

〔仇池〕世

二年丁卯

〔涼〕天錫

〔燕〕暐

〔秦〕堅

〔代〕什翼犍

〔仇池〕世

三年戊辰

〔涼〕天錫
〔燕〕暐
〔秦〕堅
〔代〕什翼犍
〔仇池〕世
四年己巳　九月，桓温伐燕，尋引還。
〔涼〕天錫
〔燕〕暐
〔秦〕堅
〔代〕什翼犍
〔仇池〕世
五年庚午
〔涼〕天錫
〔燕〕暐　十一月，爲苻堅所滅。
〔秦〕堅　十一月，滅燕。
〔代〕什翼犍
〔仇池〕世　卒，子纂嗣。
楊纂
簡文帝咸安元年辛未
〔涼〕天錫
〔秦〕堅
〔代〕什翼犍
〔仇池〕纂　四月，爲苻堅所滅。
二年壬申
〔涼〕天錫
〔秦〕堅
〔代〕什翼犍
孝武帝寧康元年癸酉　十一月，秦陷梁、益二州。
〔涼〕天錫
〔秦〕堅

〔代〕什翼犍
二年甲戌
〔涼〕天錫
〔秦〕堅
〔代〕什翼犍
三年乙亥
〔涼〕天錫
〔秦〕堅
〔代〕什翼犍
太元元年丙子
〔涼〕天錫　七月，爲苻堅所滅。
〔秦〕堅
〔代〕什翼犍　十二月，秦破其國，犍爲子所弑，秦分其國爲二部，以劉庫仁、劉衛仁統之。
二年丁丑
〔秦〕堅
三年戊寅
〔秦〕堅
四年己卯
〔秦〕堅
五年庚辰
〔秦〕堅
六年辛巳
〔秦〕堅
七年壬午
〔秦〕堅
八年癸未　九月，苻堅寇晉，大敗引還。
〔秦〕堅
太元九年甲申
〔秦〕苻堅

〔後秦〕姚萇　四月，僭王位。
〔後燕〕慕容垂　去年十一月，叛秦。是年正月，僭稱燕王。
〔西燕〕慕容沖　三月叛秦，十二月僭帝號于阿房。
〔魏〕
〔後涼〕吕光　十二月，稱制于河右，自號酒泉公。
〔西秦〕乞伏國仁
〔仇池〕

十年乙酉

〔秦〕堅　五月，奔五將山。八月，爲姚萇所弑，子丕嗣。
　苻丕　九月，僭位于晉陽。
〔後秦〕萇　八月，僭帝位。
〔後燕〕垂
〔西燕〕沖　六月，入長安。
〔魏〕拓拔珪　是年，其部人推珪爲主，遂僭稱代王。
〔後涼〕光　九月，據姑臧，自稱涼州刺史。
〔西秦〕國仁　自稱大單于、秦河二州牧。
〔仇池〕楊定　十一月，自稱龍驤將軍、仇池公，稱藩于晉。

十一年丙戌

〔秦〕丕　十月，爲慕容垂所敗，出奔，被殺。
　苻登　十一月，僭位于隴東。
〔後秦〕萇
〔燕〕垂　正月，僭帝位于中山。
〔西燕〕沖　正月，爲其下所弑。
　慕容忠　六月，爲刁雲所弑。
　慕容永　十月，僭帝號。
〔魏〕珪　四月，改國號魏，改元登國。
〔後涼〕光
〔西秦〕國仁
〔仇池〕定　又稱秦州刺史、隴西王。

十二年丁亥

〔秦〕登
〔後秦〕萇
〔後燕〕垂
〔西燕〕永
〔魏〕珪
〔後涼〕光
〔西秦〕國仁　三月，姚秦封爲苑川大將軍、大單于。
〔仇池〕定

十三年戊子

〔秦〕登
〔後秦〕萇
〔後燕〕垂
〔西燕〕永
〔魏〕珪
〔後涼〕光
〔西秦〕國仁　六月死，弟乾歸嗣。
　乞伏乾歸　六月，僭號河南王。
〔仇池〕定

十(五)〔四〕年己丑

〔秦〕登
〔後秦〕萇
〔後燕〕垂
〔西燕〕永
〔魏〕珪
〔後涼〕光　二月，僭號三河王，改元麟嘉。
〔西秦〕乾歸
〔仇池〕定

十五年庚寅

〔秦〕登
〔後秦〕萇

〔後燕〕垂
〔西燕〕永
〔魏〕珪
〔後涼〕光
〔西秦〕乾歸
〔仇池〕定

十六年辛卯
〔秦〕登
〔後秦〕萇
〔後燕〕垂
〔西燕〕永
〔魏〕珪
〔後涼〕光
〔西秦〕乾歸
〔仇池〕定

十七年壬辰
〔秦〕登
〔後秦〕萇
〔後燕〕垂
〔西燕〕永
〔魏〕珪
〔後涼〕光
〔西秦〕乾歸
〔仇池〕定

十八年癸巳
〔秦〕登
〔後秦〕萇　十月死，子興嗣。
姚興
〔後燕〕垂
〔西燕〕永
〔魏〕珪
〔後涼〕光
〔西秦〕乾歸
〔仇池〕定

十九年甲午
〔秦〕登　爲姚興所殺，子崇奔于湟中。
苻崇　僭帝號于湟中，尋卒。
〔後秦〕興
〔後燕〕垂
〔西燕〕永　八月，爲慕容垂所敗，被殺，國亡。
〔魏〕珪
〔後涼〕光
〔西秦〕乾歸
〔仇池〕定　十月，與乾歸將戰敗被殺，無子，從弟盛據仇池。
楊盛

二十年乙未
〔後秦〕興
〔後燕〕垂
〔魏〕珪
〔後涼〕光
〔西秦〕乾歸
〔仇池〕盛

二十一年丙申
〔後秦〕興
〔後燕〕垂　三月死，子寶嗣。
慕容寶
〔魏〕珪
〔後涼〕光　六月，僭稱天王。
〔西秦〕乾歸
〔仇池〕盛

安帝隆安元年丁酉

〔後秦〕姚興

〔後燕〕慕容寶　三月，出奔龍城。

〔南燕〕

〔魏〕拓拔珪

〔後涼〕吕光

〔西秦〕乞伏乾歸

〔南涼〕秃髮烏孤　吕光部將。二月，自稱大都督、大單于，國號南涼。

〔北涼〕段業　吕光建康太守。三月，自稱涼州牧。

〔西涼〕

〔仇池〕楊盛

二年戊戌

〔後秦〕興

〔後燕〕寶　五月，爲其臣蘭汗所弑，寶子盛誅汗而自立。

慕容盛

〔南燕〕慕盛德　據滑臺，自稱燕王。

〔魏〕珪　十二月，僭帝位。

〔後涼〕光

〔西秦〕乾歸

〔南涼〕烏孤　十二月，自稱武威王。

〔北涼〕業　二月，自稱涼王。

〔仇池〕盛　二月，稱藩于晉。

三年己亥

〔後秦〕興

〔後燕〕盛

〔南燕〕德　六月，僭帝位于廣固。

〔魏〕珪

〔後涼〕光　十二月死，子紹嗣。

吕紹　爲庶兄纂所弑。

吕纂

〔西秦〕乾歸

〔南涼〕烏孤　八月死，弟利鹿孤嗣。

秃髮利鹿孤

〔北涼〕業

〔仇池〕盛

四年庚子

〔後秦〕興

〔後燕〕盛

〔南燕〕德

〔魏〕珪

〔後涼〕纂

〔西秦〕乾歸　七月，爲秦所敗，入朝于興，被留。

〔南涼〕利鹿孤

〔北涼〕業

〔西涼〕李暠　僭稱秦涼二州牧、涼公。

〔仇池〕盛

五年辛丑

〔後秦〕興

〔後燕〕盛　七月，爲其臣段興所弑，盛叔父熙誅興而自立。

慕容熙

〔南燕〕德

〔魏〕珪

〔後涼〕纂　二月，爲光從子超所弑，立其兄隆。

吕隆　九月，稱藩于秦。

〔西秦〕乾歸　逃歸。

〔南涼〕利鹿孤

〔北涼〕業　五月，爲其臣蒙遜所弑。

沮渠蒙遜　五月，自稱大都督、北涼州牧。

〔西涼〕暠

〔仇池〕盛

元興元年壬寅　三月，桓玄陷京師。

〔後秦〕興

〔後燕〕熙

〔南燕〕德

〔魏〕珪

〔後涼〕隆

〔西秦〕乾歸

〔南涼〕利鹿孤　三月死，弟傉檀嗣。

禿髮傉檀

〔北涼〕蒙遜

〔西涼〕暠

〔仇池〕盛

二年癸卯　十一月，玄篡位。

〔後秦〕興

〔後燕〕熙

〔南燕〕德

〔魏〕珪

〔後涼〕隆

〔西秦〕乾歸

〔南涼〕傉檀

〔北涼〕蒙遜

〔西涼〕暠

〔仇池〕盛

三年甲辰　二月，劉裕等起兵討玄。五月，玄伏誅。

〔後秦〕興

〔後燕〕熙

〔南燕〕德　十月死，兄子超嗣。

慕容超

〔魏〕珪

〔後涼〕隆　國亂，歸于秦，遂亡。

〔西秦〕乾歸

〔南涼〕傉檀

〔北涼〕蒙遜

〔西涼〕暠

〔仇池〕盛

義熙元年乙巳

〔成都〕譙縱　二月，據益州牧。

〔後秦〕姚興

〔後燕〕慕容熙

〔南燕〕慕容超

〔魏〕拓拔珪

〔夏〕

〔西秦〕乞伏乾歸

〔南涼〕禿髮傉檀

〔北涼〕沮渠蒙遜

〔西涼〕李暠　稱藩于晉。

〔仇池〕楊盛　爲姚興所破。七月，降于興授都督益寧二州征南大將軍、益州牧。

二年丙午

〔成都〕縱　僭稱成都王。

〔後秦〕興

〔後燕〕熙

〔南燕〕超

〔魏〕珪

〔西秦〕乾歸

〔南涼〕傉檀

〔北涼〕蒙遜

〔西涼〕暠

〔仇池〕盛

三年丁未

〔成都〕縱

〔後秦〕興

〔後燕〕熙　爲其臣馮跋所弑，立寶養子高雲。

　高雲

〔南燕〕超

〔魏〕珪

〔夏〕赫連勃勃　六月，僭稱天王于朔方。

〔西秦〕乾歸

〔南涼〕傉檀　十一月，爲勃勃所敗，奔于南山。

〔北涼〕蒙遜

〔西涼〕暠

〔仇池〕盛

四年戊申

〔成都〕縱

〔後秦〕興

〔後燕〕雲

〔南燕〕超

〔魏〕珪

〔夏〕勃勃

〔西秦〕乾歸

〔南涼〕傉檀　十一月，僭稱涼王。

〔北涼〕蒙遜

〔西涼〕暠

〔仇池〕盛

五年己酉　三月，劉裕伐南燕。

〔成都〕縱

〔後秦〕興

〔後燕〕雲　九月，爲其下離班所殺。馮跋誅班，自稱燕王。

　馮跋

〔南燕〕超

〔魏〕珪　十月，爲清河王紹所弑，子嗣誅紹代立。

　拓拔嗣

〔夏〕勃勃

〔西秦〕乾歸　七月，僭稱西秦王。

〔南涼〕傉檀

〔北涼〕蒙遜

〔西涼〕暠

〔仇池〕盛

六年庚戌

〔成都〕縱

〔後秦〕興

〔北燕〕跋

〔南燕〕超　二月，爲晉師所滅。

〔魏〕嗣

〔夏〕勃勃

〔西秦〕乾歸

〔南涼〕傉檀

〔北涼〕蒙遜

〔西涼〕暠

〔仇池〕盛

七年辛亥

〔成都〕縱

〔後秦〕興

〔北燕〕跋

〔魏〕嗣

〔夏〕勃勃

〔西秦〕乾歸

〔南涼〕傉檀

〔北涼〕蒙遜

〔西涼〕暠

〔仇池〕盛

八年壬子　十二月，劉裕遣將伐蜀。

〔成都〕縱

〔後秦〕興

〔北燕〕跋

〔魏〕嗣

〔夏〕勃勃

〔西秦〕乾歸　五月，爲國仁子公府所弑，子熾盤誅公府代位。

乞伏熾盤

〔南涼〕傉檀

〔北涼〕蒙遜　十一月，僭稱西河王。

〔西涼〕暠

〔仇池〕盛

九年癸丑　七月，蜀平。

〔成都〕縱　七月，晉師克成都，斬縱，益州平。

〔後秦〕興

〔北燕〕跋

〔魏〕嗣

〔夏〕勃勃

〔西秦〕熾盤

〔南涼〕傉檀

〔北涼〕蒙遜

〔西涼〕暠

〔仇池〕盛

十年甲寅

〔後秦〕興

〔北燕〕跋

〔魏〕嗣

〔夏〕勃勃

〔西秦〕熾盤　六月，滅南涼。

〔南涼〕傉檀　六月，爲熾盤所滅。

〔北涼〕蒙遜

〔西涼〕暠

〔仇池〕盛

十一年乙卯

〔後秦〕興　二月死，子泓嗣。

姚泓

〔北燕〕跋

〔魏〕嗣

〔夏〕勃勃

〔西秦〕熾盤

〔北涼〕蒙遜

〔西涼〕暠

〔仇池〕盛

十二年丙辰　八月，劉裕伐秦。

〔後秦〕泓

〔北燕〕跋

〔魏〕嗣

〔夏〕勃勃

〔西秦〕熾盤　稱藩于晉，拜平西將軍、河南公。

〔北涼〕蒙遜

〔西涼〕暠

〔仇池〕盛

十三年丁巳　七月，秦平。

〔後秦〕泓　七月，晉師克長安，執泓，關中平。

〔北燕〕跋

〔魏〕嗣

〔夏〕勃勃

〔西秦〕熾盤

〔北涼〕蒙遜

〔西涼〕暠　二月卒，子歆嗣。

李歆

〔仇池〕盛

〔北燕〕跋

十四年戊午

〔魏〕嗣

〔夏〕勃勃　十一月，僭即帝位，改元昌武。

〔西秦〕熾盤

〔北涼〕蒙遜　稱藩于晉，拜涼州刺史。

〔西涼〕歆　六月，拜鎮西將軍、酒泉郡公。

〔仇池〕盛

恭帝元熙元年己未

〔北燕〕跋

〔魏〕嗣

〔夏〕勃勃

〔西秦〕熾盤

〔北涼〕蒙遜

〔西涼〕歆

〔仇池〕盛

二年庚申　六月，禪位于宋。宋高祖永初元年。

〔北燕〕跋

〔魏〕嗣

〔夏〕勃勃

〔西秦〕熾盤

〔北涼〕蒙遜

〔西涼〕歆

〔仇池〕盛

二年辛酉

〔北燕〕跋

〔魏〕嗣

〔夏〕勃勃

〔西秦〕熾盤

〔北涼〕蒙遜

〔西涼〕歆

〔仇池〕盛

三年壬戌

〔北燕〕跋

〔魏〕嗣

〔夏〕勃勃

〔西秦〕熾盤

〔北涼〕蒙遜

〔西涼〕歆

〔仇池〕盛

廢帝景平元年癸亥

〔北燕〕跋

〔魏〕嗣　十一月卒，子燾立。

拓拔燾

〔夏〕勃勃

〔西秦〕熾盤

〔北涼〕蒙遜

〔西涼〕歆爲蒙遜所滅。

〔仇池〕盛

二年甲子

〔北燕〕跋

〔魏〕燾　始光元年。

〔夏〕勃勃

〔西秦〕熾盤

〔北涼〕蒙遜

〔仇池〕盛

文帝元嘉元年乙丑

〔北燕〕跋
〔魏〕燾
〔夏〕勃勃　八月死，子昌嗣。
　赫連昌
〔西秦〕熾盤
〔北涼〕蒙遜
〔仇池〕楊玄
二年丙寅
〔北燕〕跋
〔魏〕燾
〔夏〕昌
〔西秦〕熾盤
〔北涼〕蒙遜
〔仇池〕玄
三年丁卯
〔北燕〕跋
〔魏〕燾
〔夏〕昌　六月，魏克統萬，出奔上邽。
〔西秦〕熾盤
〔北涼〕蒙遜
〔仇池〕玄　十一月，魏授征南大將軍、都督梁州刺史、南秦王。
四年戊辰
〔北燕〕跋
〔魏〕燾　神䴥元年。
〔夏〕昌　二月，與魏戰敗，被擒。
　赫連定　昌弟，自立于平涼。
〔西秦〕熾盤　五月死，子慕末嗣。
　乞伏慕末
〔北涼〕蒙遜
〔仇池〕玄
五年己巳
〔北燕〕跋
〔魏〕燾
〔夏〕定
〔西秦〕慕末
〔北涼〕蒙遜
〔仇池〕玄
六年庚午
〔北燕〕跋　九月死。
　馮弘　跋弟，殺跋子翼而自立。
〔魏〕燾
〔夏〕定　十二月，魏克平涼。
〔西秦〕慕末
〔北涼〕蒙遜
〔仇池〕玄
七年辛未
〔北燕〕弘
〔魏〕燾
〔夏〕定　六月，爲吐谷渾所襲，被獲，國亡。
〔西秦〕慕末　正月，爲赫連定所滅。
〔北涼〕蒙遜
〔仇池〕玄
八年壬申
〔北燕〕弘
〔魏〕燾　延和元年。
〔北涼〕蒙遜
〔仇池〕玄
九年癸酉
〔北燕〕弘
〔魏〕燾

〔北涼〕蒙遜　四月死。

沮渠牧犍　蒙遜子。

〔仇池〕楊難當　九月，魏授征南大將軍、儀同三司、南秦王。

十年甲戌

〔北燕〕弘

〔魏〕燾

〔北涼〕牧犍

〔仇池〕難當

十一年乙亥

〔北燕〕弘

〔魏〕燾

〔北涼〕牧犍

〔仇池〕難當

十二年丙子

〔北燕〕弘　五月，爲魏所滅。

〔魏〕燾

〔北涼〕牧犍

〔仇池〕難當

十三年丁丑

〔魏〕燾

〔北涼〕牧犍

〔仇池〕難當

十四年戊寅

〔魏〕燾

〔北涼〕牧犍

〔仇池〕難當

十五年己卯

〔魏〕燾

〔北涼〕牧犍　九月，魏克姑臧，出降，國亡。

〔仇池〕難當

《十六國年表》

清張愉曾撰

《題辭》 惟世祖十有六年，歲在己亥，昊天不弔，降割于我家，俾女祖遘厲虐疾不少延，用殞厥命。時厥考生六年矣，暨厥弟罔有攸怙，惟祖考是依，實爲予考，女之曾祖考。以食以訓，既婚厥室，聿生女兄弟三人，乃考邇于僉壬，誕喪厥家，肆無禄即世。越一載，歲甲子，予慚匪德，罔克格天，俾厥考弗克臻于期頤，棄予暨女衆庶，越厥厥世，女奉母歸于舊邑，艱食懋學，亦既有年。今復還于此邦，匪惟力于經，亦邃于史，爰有《十六國年表》之補，允協于予心。予誕戒女，予忝于予考，罔克胥匡以生，矧今之顛隕十喪厥八。予罔克自振，曷克濟女？是用疚于予心，唯人懋乃德，勵乃學，率厥古訓，纘厥舊服，天監在下，尚能永我命于來兹。俾復厥舊物，符于肇路，庸告于列祖，俾逭厥辜。嗚呼！我言若兹，敢曰其如我言，惟女羣從，尚克相予糾繆繩愆。嗣有令緒，以終底于成。厥惟我之休，亦女有衆之慶。嗚呼！懋哉，無替予命。心齋張潮題。

《十六國年表》

晉惠帝永寧元年辛酉

〔涼〕正月，以張軌爲涼州刺史。

〔趙〕

〔燕〕

〔秦〕

〔西秦〕

〔南涼〕

〔北涼〕

〔南燕〕

〔西涼〕

〔蜀〕十月，流人李特據廣漢，進攻成都。

太安元年壬戌

二年癸亥

〔蜀〕二月，羅尚斬特，特弟流自稱將軍。九月，流卒，特子雄入成都。

永興元年甲子

〔趙〕八月，劉淵自稱大單于。十月，稱漢王，徙都左國城，改元元熙。

〔蜀〕十月，雄稱成都王，年號建興。

二年乙丑

光熙元年丙寅

〔蜀〕六月，雄稱帝，國號成，改元晏平。

懷帝永嘉元年丁卯

〔燕〕十一月，鮮卑慕容廆稱大單于。

二年戊辰

〔趙〕十月，劉淵稱帝，改元永鳳，徙都平陽，改元河瑞。

三年己巳

四年庚午

〔涼〕詔加軌鎮西將軍、都督。

〔趙〕七月，淵卒，子和立。和弟聰弑而代之，改元光興。

〔秦〕七月，蒲洪自稱略陽公。

五年辛未

〔趙〕聰陷洛陽，遷帝於平陽，改元嘉平。

〔蜀〕改元玉衡。

六年壬申

〔涼〕二月，軌遣兵勤王。

〔秦〕十二月，姚弋仲自稱扶風公。

愍帝建興元年癸酉

二年甲戌

〔涼〕二月，以軌爲涼州牧，封西平公。薨，子寔嗣，詔以爲涼州刺史。

三年乙亥

〔趙〕改元建元。

四年丙子

〔涼〕寔遣兵入援。

〔趙〕十一月，劉曜陷長安，帝出降，聰改元麟嘉。

元帝建武元年丁丑
〔燕〕廆内附，上表勸進。
太興元年戊寅
〔趙〕聰卒，子粲立，改元漢昌，爲靳準所弑。淵族子曜誅準自立，改元光初，封石勒爲趙公。
二年己卯
〔趙〕徙都長安，改號趙。十一月，石勒叛趙，自稱趙王。
〔秦〕蒲洪降劉曜。
三年庚辰
〔涼〕張寔爲左右所殺，弟茂嗣。
〔燕〕三月，以廆爲平州刺史。
四年辛巳
〔燕〕十二月，以廆爲平州牧、遼東公。
永昌元年壬午
明帝太寧元年癸未
〔涼〕茂稱藩於劉曜。
二年甲申
〔秦〕七月，趙封弋仲爲平襄公。
〔涼〕五月，茂卒，兄子駿嗣。
三年乙酉
〔趙〕石虎取趙四州。
成帝咸和元年丙戌
二年丁亥
三年戊子
〔趙〕石勒伐曜，禽之，改元太和。
四年己丑
〔趙〕曜太子熙亡走上邽，虎攻殺之。
〔秦〕趙亡，蒲洪、姚弋仲俱降石虎。
五年庚寅
〔後趙〕九月，勒稱帝，改元建平。
六年辛卯
七年壬辰
八年癸巳
〔後趙〕勒卒，子弘立。
〔燕〕五月，廆薨，子皝嗣。
〔秦〕弘以洪爲都督，鎮枋頭。
九年甲午
〔後趙〕改元延熙。十一月，石虎廢弘自立。
〔蜀〕六月，雄卒，姪班立。十月，李越殺班，立雄子期。
咸康元年乙未
〔涼〕十月，駿上疏請北伐。
〔後趙〕徙都鄴，改元建武。
〔蜀〕改元玉恒。
二年丙申
三年丁酉
〔燕〕七月，皝稱燕王。
四年戊戌
〔秦〕石虎以洪爲大將軍，封西平郡公。
〔蜀〕李壽幽期而自立，更號漢，改元漢興。
五年己亥
六年庚子
七年辛丑
〔燕〕二月，詔以皝爲燕王。
八年壬寅
〔燕〕遷都龍城。
康帝建元元年癸卯
〔蜀〕八月，壽卒，子勢立。
二年甲辰
〔蜀〕改元太和。
穆帝永和元年乙巳

〔涼〕十二月，駿自稱涼王。
二年丙午
〔涼〕五月，駿卒，子重華立，改元永樂。
〔蜀〕改元嘉寧。
三年丁未
〔蜀〕桓溫伐蜀。三月，勢降。
四年戊申
〔燕〕皝卒，子雋立。
五年己酉
〔後趙〕虎稱帝，改元太寧。四月，虎卒，子世立。五月，石遵廢世自立。
十一月，石閔殺遵立鑒，改元青龍。
六年庚戌
〔後趙〕閏正月，閔弒鑒自立，更號魏，改元永興。是年三月，石祗亦稱帝於襄國，改元永寧。
〔秦〕正月，洪自稱三秦王，改姓苻。三月，洪卒。十一月，洪子健入長安。
是歲，石祗以弋仲爲丞相。
七年辛亥
〔後趙〕祗爲其下劉顯所殺，弋仲降晉。
〔秦〕正月，健稱天王，改元皇始。
八年壬子
〔後趙〕正月，閔擊劉顯，滅之。四月，閔爲慕容雋所執，被殺。
〔燕〕四月，滅趙。十一月，雋稱帝，改元元璽，徙都鄴。
〔秦〕正月，健稱帝。
九年癸丑
〔涼〕十月，重華卒，子曜靈立。十二月，張祚廢曜靈而自立。
〔秦〕十月，姚襄叛晉。
十年甲寅
〔涼〕正月，祚稱涼王，改元和平。
十一年乙卯
〔涼〕九月，祚爲涼人所殺，玄靚立，改元太始。
〔秦〕六月，健卒，子生立，改元壽光。
十二年丙辰
升平元年丁巳
〔燕〕改元光壽。
〔秦〕四月，秦斬姚襄，萇降秦。六月，苻堅弒生自立，稱天王，改元永興。
二年戊午
三年己未
〔秦〕改元甘露。
四年庚申
〔燕〕正月，雋卒，子暐立，改元建熙。
五年辛酉
哀帝隆和元年壬戌
興寧元年癸亥
〔涼〕閏八月，張天錫弒玄靚而自立。
二年甲子
三年乙丑
〔秦〕改元建元。
帝奕太和元年丙寅
二年丁卯
三年戊辰
四年己巳
〔燕〕十一月，暐叔父慕容垂奔秦。
〔秦〕王猛伐燕，取洛陽。
五年庚午
〔燕〕十一月，苻堅入鄴，執暐，歸長安。
〔秦〕滅燕。
簡文咸安元年辛未
二年壬申
孝武寧康元年癸酉
二年甲戌

三年乙亥

太元元年丙子

〔涼〕八月，秦師入姑臧，天錫降秦。

二年丁丑

三年戊寅

四年己卯

五年庚辰

六年辛巳

七年壬午

〔秦〕九月，使吕光伐西域。

八年癸未

〔秦〕堅入寇，敗還，慕容垂叛秦。

〔西秦〕秦將軍乞伏國仁叛據隴右。

九年甲申

〔後涼〕吕光平西域。

〔後燕〕垂稱燕王。

〔秦〕四月，姚萇叛秦，自稱秦王，改元白雀。

十年乙酉

〔秦〕五月，堅逼于西燕，出奔五將山，萇執而弑之。八月，苻丕稱帝，改元太安。

〔西秦〕九月，乞伏國仁自稱單于，築勇士城而都之，改元建義。

十一年丙戌

〔後涼〕十二月，光自稱涼州牧、酒泉公，改元太安。

〔後燕〕正月，垂稱帝，改元建興。

〔後秦〕三月，萇稱帝，改元建初。十月，慕容永攻殺苻丕。十一月，苻登稱帝，改元太初。

十二年丁亥

〔西秦〕三月，苻登以乞伏國仁爲苑川王。

十三年戊子

〔西秦〕六月，國仁卒，弟乾歸立，改元太初。九月，徙都金城。

十四年己丑

〔後涼〕二月，光稱三河王，改元麟嘉。

〔西秦〕正月，苻登以乾歸爲金城王。

十五年庚寅

十六年辛卯

十七年壬辰

十八年癸巳

〔後秦〕十二月，萇卒。

十九年甲午

〔後涼〕光以秃髮烏孤爲河西都統。

〔後秦〕五月，萇子興立，改元皇初。七月，興執苻登殺之，登子崇奔湟中，稱帝，改元延初。十月，爲乞伏乾歸所逐，見殺。

〔西秦〕正月，苻登以乾歸爲河南王。六月，進封梁王。十一月，乾歸自稱秦王。

二十年乙未

二十一年丙申

〔後涼〕六月，光稱天王，改元龍飛。

〔後燕〕四月，垂卒，子寶立，改元永康。

安帝隆安元年丁酉

〔後燕〕二月，魏伐燕，圍中山，寶出奔。

〔南涼〕正月，秃髮烏孤自稱西平王，攻涼，取金城，改元太初。

〔北涼〕五月，涼段業叛，稱建康公，改元神璽，沮渠蒙遜引衆歸之。

二年戊戌

〔後燕〕四月，寶爲蘭汗所弑，子盛立，改元建平。

〔南涼〕烏孤更稱武威王。

〔南燕〕正月，慕容德徙居滑臺，稱燕王，徙都廣固。

三年己亥

〔後涼〕十二月，光卒，子紹立。吕纂弑紹自立，改元咸寧。

〔南涼〕正月，徙治樂都。八月，烏孤卒，弟利鹿孤立，徙治西平。

〔北涼〕二月，業稱涼王，改元天璽。

四年庚子

〔西秦〕徙都苑川。七月，爲姚興所敗，奔南涼。八月，復南奔秦。

〔南涼〕改元建和。

〔南燕〕德稱帝，改元建平。

〔西涼〕十一月，李暠自稱涼公。

五年辛丑

〔後涼〕吕超弑纂立隆，改元神鼎。

〔後燕〕盛爲賊所殺，垂子熙立，稱天王，改元光始。

〔西秦〕姚興使乾歸還鎮苑川。

〔北涼〕五月，蒙遜殺段業，自稱張掖公，改元永安。

元興元年壬寅

〔南涼〕三月，利鹿孤卒，弟傉檀立，更稱涼王，改元弘昌。

〔北涼〕姚興封蒙遜爲西海侯。

二年癸卯

〔南涼〕傉檀畏秦，去王號。

三年甲辰

〔後涼〕隆逼于南、北涼，降姚興，興徙之長安。

義熙元年乙巳

〔南燕〕九月，德卒，兄子超立，改元太上。

〔西涼〕改元建初。

二年丙午

〔後燕〕七月，馮跋弑熙，立寶養子雲。

〔西秦〕乾歸朝于秦。

〔南涼〕十一月，徙都姑臧。

三年丁未

〔後燕〕改元正始。

〔西秦〕興留乾歸不遣，命其子熾磐領其衆。

〔夏〕六月，赫連勃勃自稱大夏天王，都朔方，年號龍昇。

四年戊申

〔南涼〕十一月，傉檀復稱王，改元嘉平。

五年己酉

〔北燕〕十月，雲爲其下所弑。衆推馮跋爲主，乃即天王位于昌黎，都龍城，改元太平，是爲北燕。

六年庚戌

〔西秦〕二月，乾歸逃還苑。七月，復稱王，改元更始。

〔南涼〕徙治樂都。

七年辛亥

〔南燕〕二月，劉裕拔廣固，執超，送建康斬之。

八年壬子

〔西秦〕徙都譚郊。六月，乾歸爲國仁子公府所弑。八月，熾磐立，稱河南王，改元永康。

九年癸丑

〔北涼〕十一月，蒙遜稱河西王，改元玄始。

〔夏〕改元鳳翔，築統萬城而都之。

十年甲寅

〔西秦〕六月，復稱秦王。

〔南涼〕傉檀出討叛部，熾磐襲破樂都，傉檀乃歸熾磐。

十一年乙卯

十二年丙辰

〔後秦〕二月，興卒，子泓立，改元永和。劉裕伐秦。

十三年丁巳

〔後秦〕七月，王師至長安，泓出降。

〔西涼〕二月，暠卒，子歆立，改元嘉興。

十四年戊午

〔夏〕改元昌武。

恭帝元熙元年己未

〔夏〕改元真興。

宋高祖永初元年庚申

〔西秦〕改元建弘。

〔西涼〕蒙遜伐西涼。歆與戰，被殺，弟恂保據敦煌。

二年辛酉
〔西涼〕遜攻敦煌，恂請降，不許，遂自殺。
三年壬戌
營陽王景平元年癸亥
文帝元嘉元年甲子
二年乙丑
〔夏〕八月，勃勃卒，子昌立，改元承光。
三年丙寅
四年丁卯
五年戊辰
〔西秦〕五月，熾磐卒，子暮末立，改元永弘。
〔北涼〕改元承玄。
〔夏〕魏伐夏，執昌。昌弟定立，改元勝光。
六年己巳
七年庚午
〔北燕〕九月，跋卒，弘立。
〔西秦〕暮末遷保南安。
八年辛未
〔北燕〕改元太興。
〔西秦〕夏伐秦，暮末降夏，夏人殺之。
〔北涼〕改元義和。
〔夏〕定舉兵襲蒙遜，吐谷渾王慕璝邀執之。
九年壬申
〔夏〕三月，慕璝送定于魏，魏人殺之。
十年癸酉
〔北涼〕四月，蒙遜卒，子牧犍立，改元永和。
十一年甲戌
十二年乙亥
〔北燕〕弘爲魏所逼，遣使來稱藩。
十三年丙子
〔北燕〕魏滅燕，弘奔高麗。
十四年丁丑
十五年戊寅
〔北燕〕高麗殺弘。
十六年己卯
〔北涼〕六月，魏伐北涼，牧犍降。

《晉將相大臣年表》

清萬斯同撰

武帝泰始元年乙酉　十二月篡位。

〔太宰〕安平王孚

〔太傅〕鄭沖

〔太保〕王祥　俱十二月命。

〔大司馬〕石苞　加侍中，鎮壽春。

〔大將軍〕陳騫　加侍中，鎮襄陽，俱十二月命。

〔太尉〕何曾　加侍中。

〔司徒〕義陽王望　兼領軍。

〔司空〕荀顗　加侍中，俱十二月命。

〔驃騎將軍〕王沈　開府儀同三司、録尚書事。

〔車騎將軍〕賈充　開府。

〔衛將軍〕齊王攸　開府儀同三司，俱十二月命。

〔鎮軍大將軍〕甄悳

〔都護大將軍〕郭建

〔尚書令〕裴秀　加左光禄大夫、給事中、開府。

〔左僕射〕

〔右僕射〕（或止置僕射一人）

〔吏部尚書〕武陔

〔司隸校尉〕李憙

〔中書監〕荀勖　加侍中。

〔中書令〕

〔侍中〕（四人，他官加者不在是數）

任愷

〔領軍將軍〕（資淺者爲中領軍）

義陽王望

〔護軍將軍〕（資淺者爲中護軍）

王業

〔中軍將軍〕羊祜　統宿衛七軍。

〔北軍中候〕（四年由中軍改）

二年丙戌

〔太宰〕孚

〔太傅〕沖

〔太保〕祥

〔大司馬〕苞

〔大將軍〕騫

〔太尉〕曾

〔司徒〕望

〔司空〕顗

〔驃騎將軍〕沈　五月卒。

〔車騎將軍〕充　領僕射。

〔衛將軍〕攸　五月遷驃騎。

〔鎮軍大將軍〕悳

〔都護大將軍〕建

〔尚書令〕秀

〔僕射〕武陔　加光禄大夫、開府儀同三司，尋卒。

賈充

〔吏部尚書〕陔　遷僕射。

盧欽

〔司隸校尉〕憙

〔中書監〕勖

〔侍中〕愷

郭綏

〔領軍將軍〕望

〔護軍將軍〕業

〔中軍將軍〕祜

三年丁亥

〔太宰〕孚
〔太傅〕沖
〔太保〕祥　七月，以公就第，明年卒。
　何曾　九月拜，仍兼侍中。
〔大司馬〕苞
〔大將軍〕騫
〔太尉〕曾　九月，遷太保。
〔司徒〕望　九月，遷太尉。
〔司空〕顗　九月，遷司徒，仍兼侍中。
〔車騎將軍〕充
〔衛將軍〕攸
〔鎮軍大將軍〕憙
〔都護大將軍〕建
〔尚書令〕秀
〔僕射〕充
〔司隸校尉〕熹
〔中書監〕勖
〔侍中〕愷
　傅玄
〔領軍將軍〕望
〔護軍將軍〕業
〔中軍將軍〕祜
四年戊子
〔太宰〕孚
〔太傅〕沖
〔太保〕曾
〔大司馬〕苞　九月召還，以公就第。
　義陽王望　十一月命。
〔大將軍〕騫
〔太尉〕望　十一月，遷大司馬。
〔司徒〕顗　十一月，遷太尉。
　石苞　十一月命。
〔司空〕裴秀　正月命。
〔車騎將軍〕充
〔衛將軍〕攸
　羊祜　二月命，領僕射。
〔鎮軍大將軍〕憙
〔都護大將軍〕建　罷都護，以五署還光禄勳。
〔尚書令〕秀　正月，遷司空。
　賈充　正月命，加侍中。
〔僕射〕充　正月，遷令。
〔左僕射〕羊祜
〔右僕射〕東莞王伷　俱二月命。
〔司隸校尉〕石鑒
〔中書監〕勖
〔侍中〕愷
　盧珽
〔領軍將軍〕望
〔護軍將軍〕業
〔中軍將軍〕祜　二月，遷僕射，改中軍爲北軍中候。
五年己丑
〔太宰〕孚
〔太傅〕沖
〔太保〕曾
〔大司馬〕望
〔大將軍〕騫
〔太尉〕顗
〔司徒〕苞
〔司空〕秀
〔車騎將軍〕充

〔衛將軍〕攸
祜　三月，出督荆州，將軍如故。
〔鎮軍大將軍〕悳
〔尚書令〕充
〔左僕射〕祜　二月，出爲荆州都督。
〔右僕射〕伷　二月，出爲徐州都督。
〔僕射〕李熹
〔司隸校尉〕鑒
〔中書監〕勖
〔侍中〕愷
珽
〔領軍將軍〕望
〔護軍將軍〕業
六年庚寅
〔太宰〕孚
〔太傅〕沖
〔太保〕曾
〔大司馬〕望
〔大將軍〕騫
〔太尉〕顗
〔司徒〕苞
〔司空〕秀
〔車騎將軍〕充
〔衛將軍〕攸　遷鎮軍大將軍，加侍中。
祜
〔驃騎將軍〕孫秀　吴降將，三月拜驃騎、開府儀同三司。
〔尚書令〕充
〔僕射〕熹
〔司隸校尉〕鑒　遷尚書。
〔中書監〕勖
〔中書令〕庾純
〔侍中〕愷
〔領軍將軍〕望
〔護軍將軍〕業
七年辛卯
〔太宰〕孚
〔太傅〕沖
〔太保〕曾
〔大司馬〕望　五月卒。
〔大將軍〕騫
〔太尉〕顗
〔司徒〕苞
〔司空〕秀　三月卒。
鄭袤　十二月命。
〔驃騎將軍〕秀
〔車騎將軍〕充
〔衛將軍〕祜
〔鎮軍大將軍〕攸
〔尚書令〕充
〔僕射〕熹
〔左僕射〕王業
〔右僕射〕高陽王珪　俱二月命。
〔中書監〕勖
〔中書令〕純　遷河南尹。
張華
〔侍中〕愷　領太子少傅。
裴楷
山濤
〔領軍將軍〕望　五月卒，廢領軍併于北軍中候。
〔護軍將軍〕業　二月，遷僕射。

羊琇

八年壬辰

〔太宰〕孚　二月卒。

〔太傅〕沖

〔太保〕曾

〔大將軍〕騫

〔太尉〕顗

〔司徒〕苞

〔司空〕袞　辭疾不就，次年卒。

賈充　七月命，侍中、尚書令如故。

〔驃騎將軍〕秀

〔車騎將軍〕充　七月，遷司空。

〔衛將軍〕祜　七月，遷車騎、開府儀同三司，尋降平南將軍。

〔鎮軍大將軍〕攸

〔尚書令〕充　七月，拜司空，令如故。

〔左僕射〕業

〔右僕射〕珪

〔吏部尚書〕山濤　以母老辭，不拜。

〔中書監〕勖

〔中書令〕華

〔侍中〕愷

楷

濤　遷吏部。

庾峻

華廙

王濟

〔護軍將軍〕琇

九年癸巳

〔太傅〕沖　以公就第，次年卒。

〔太保〕曾　五月，領司徒。

〔大將軍〕騫

〔太尉〕顗

〔司徒〕苞　二月卒。

何曾　五月，太保領。

〔司空〕充

〔驃騎將軍〕秀

〔鎮軍大將軍〕攸　領太子太傅。

〔尚書令〕充

〔左僕射〕業

〔右僕射〕珪

〔吏部尚書〕任愷　尋罷。

李胤

〔中書監〕勖

〔中書令〕華

〔侍中〕愷　遷吏部。

楷

峻　卒。

魏舒

〔護軍將軍〕琇

十年甲午

〔太保〕曾

〔大將軍〕騫　九月，遷太尉。

〔太尉〕顗　四月卒。

陳騫　九月命。

〔司徒〕曾

〔司空〕充

〔驃騎將軍〕秀

〔衛將軍〕汝南王亮　加侍中。

〔鎮軍大將軍〕攸

〔尚書令〕充

〔右僕射〕珪　正月卒。
〔僕射〕李胤　正月命，尋遷太子少傅。
盧欽
〔吏部尚書〕胤　正月，遷僕射。
盧欽　遷僕射。
山濤
〔司隸校尉〕李胤　太子少傅領。
〔中書監〕勖
〔中書令〕華
〔侍中〕楷
舒
王恂
〔護軍將軍〕琇
咸寧元年乙未
〔太保〕曾
〔太尉〕騫
〔司徒〕曾
〔司空〕充
〔驃騎將軍〕秀
〔衛將軍〕亮
〔鎮軍大將軍〕攸
尚書令〕充
〔僕射〕欽　領吏部。
〔吏部尚書〕濤　遷太子少傅。
盧欽　僕射兼。
〔司隸校尉〕胤　遷侍中。
傅玄
〔中書監〕勖
〔中書令〕華
〔侍中〕楷

恂
李胤　加特進。
王濟
〔護軍將軍〕琇
二年丙申
〔太保〕曾　八月，遷太傅。
〔大司馬〕陳騫　八月命。
〔太尉〕騫　八月，遷大司馬。
〔司徒〕曾
〔司空〕充　八月，遷太尉、録尚書事。
齊王攸　八月命，仍兼侍中。
〔驃騎將軍〕秀
〔車騎將軍〕孫楷　吴降將，六月拜。
〔衛將軍〕亮
〔鎮軍大將軍〕攸　八月，遷司空。
〔尚書令〕充　八月，拜太尉、録尚書事。
李胤　八月命，兼侍中。
〔僕射〕欽
〔吏部尚書〕欽
〔司隸校尉〕玄
〔中書監〕勖
〔中書令〕華
〔侍中〕胤　八月，遷尚書令。
恂
濟
孔恂
楊濟
〔護軍將軍〕琇
三年丁酉
〔太傅〕曾

〔大司馬〕騫　揚州入朝，以公就第。
〔太尉〕充
〔司徒〕曾
〔司空〕攸
〔驃騎將軍〕秀
〔車騎將軍〕楷
〔衛將軍〕亮
〔尚書令〕胤
〔僕射〕欽
〔吏部尚書〕欽
〔司隸校尉〕玄
〔中書監〕勖
〔中書令〕華
〔侍中〕王恂　遷河南尹。
王濟
孔恂
楊濟
〔護軍將軍〕琇

四年戊戌

〔太傅〕曾　九月，遷太宰，十二月卒。
〔太尉〕充
〔司徒〕曾　九月解。
李胤　九月命。
〔司空〕攸
〔驃騎將軍〕秀
〔車騎將軍〕楷
〔衛將軍〕亮　八月，出鎮豫州。
〔尚書令〕胤　九月，遷司徒。
衛瓘　十月命，加侍中。
〔僕射〕欽　三月卒。
山濤　三月命，加侍中，領吏部。
〔吏部尚書〕欽　卒。
山濤　僕射兼。
〔司隸校尉〕玄　免。
劉毅
〔中書監〕勖
〔中書令〕華
〔侍中〕王濟
孔恂
楊濟
甄悳
向雄
〔護軍將軍〕琇

五年己亥　十一月，大舉伐吴。

〔太尉〕充　十一月，加大都督，伐吴。
〔司徒〕胤
〔司空〕攸
〔驃騎將軍〕秀
〔車騎將軍〕楷
〔衛將軍〕亮
〔尚書令〕瓘
〔僕射〕濤
〔吏部尚書〕濤
〔司隸校尉〕毅
〔中書監〕勖
〔中書令〕華　四月，遷度支尚書。
和嶠
〔侍中〕王濟
悳
程咸

〔護軍將軍〕琇

太康元年庚子　三月，吴平。

〔太尉〕充

〔司徒〕胤

〔司空〕攸

〔驃騎將軍〕秀　五月，遷伏波將軍。

〔車騎將軍〕楷　五月，遷度遼將軍。

楊駿

〔衛將軍〕亮　遷撫軍大將軍。

楊珧

〔輔國大將軍〕王濬

〔尚書令〕瓘

〔僕射〕濤　七月，改左，加光禄大夫、侍中，領選如故。

〔右僕射〕魏舒　七月命。

〔吏部尚書〕濤

〔司隸校尉〕毅

〔中書監〕勖

〔中書令〕嶠

〔侍中〕濟

悳

咸

張惲

〔領軍將軍〕成粲

〔護軍將軍〕琇

二年辛丑

〔太尉〕充

〔司徒〕胤

〔司空〕攸

〔驃騎將軍〕扶風王駿　開府儀同三司。

〔車騎將軍〕駿

〔衛將軍〕珧

〔撫軍大將軍〕亮

〔輔國大將軍〕濬　改鎮軍大將軍。

〔尚書令〕瓘

〔左僕射〕濤

〔右僕射〕舒

〔吏部尚書〕濤

〔司隸校尉〕毅

〔中書監〕勖

〔中書令〕嶠　遷侍中。

〔侍中〕濟

悳

咸

〔領軍將軍〕粲

〔護軍將軍〕琇

三年壬寅

〔大司馬〕齊王攸　都督青州。

〔大將軍〕琅邪王伷　都督徐州，俱十二月命。

〔太尉〕充　四月卒。

汝南王亮　録尚書事，十二月命。

〔司徒〕胤　四月卒。

山濤　十二月命。

〔司空〕攸　十二月，遷大司馬。

衛瓘　十二月命。

〔驃騎將軍〕駿　鎮關中。

〔車騎將軍〕駿

〔衛將軍〕珧　十二月，領太子少傅。

〔撫軍大將軍〕亮　十二月，遷太尉。

〔鎮軍大將軍〕濬

〔尚書令〕瓘　十二月，遷司空，令如故。

〔左僕射〕濤　十二月，遷司徒。
〔右僕射〕舒
〔吏部尚書〕濤
〔司隸校尉〕毅
〔中書監〕勖
〔侍中〕濟　十二月，左遷祭酒。
悳　十二月，左遷鴻臚。
馮紞
和嶠
王戎
〔領軍將軍〕粲
〔護軍將軍〕琇

四年癸卯

〔大司馬〕攸　三月卒。
〔大將軍〕伷　五月卒。
〔太尉〕亮
〔司徒〕濤　十一月卒。
魏舒　十一月命。
〔司空〕瓘
〔驃騎將軍〕駿
〔車騎將軍〕駿
〔衛將軍〕珧
〔鎮軍大將軍〕濬
〔尚書令〕瓘
〔左僕射〕劉毅　十一月命。
〔右僕射〕舒　正月，遷左。十一月，拜司徒。
下邳王晃　正月命，七月，出鎮青州。
隴西王泰　八月命。
〔司隸校尉〕毅　十一月，遷僕射。
王宏
〔中書監〕勖
〔侍中〕嶠
紞
戎
何劭
〔領軍將軍〕粲
〔護軍將軍〕琇　遷太僕。
胡奮

五年甲辰

〔太尉〕亮
〔司徒〕舒
〔司空〕瓘
〔驃騎將軍〕駿
〔車騎將軍〕駿
〔衛將軍〕珧
〔鎮軍大將軍〕濬
〔尚書令〕瓘
〔左僕射〕毅
〔右僕射〕泰
〔司隸校尉〕宏
傅詢
〔中書監〕勖
〔侍中〕嶠
紞
劭
王濟
〔護軍將軍〕奮

六年乙巳

〔太尉〕亮
〔司徒〕舒

〔司空〕瓘
〔驃騎將軍〕駿
〔車騎將軍〕駿
〔衛將軍〕珧
〔鎮軍大將軍〕濬　八月，改撫軍大將軍、開府，十二月卒。
〔尚書令〕瓘
〔左僕射〕毅　正月，致仕。
王渾　正月命。
〔右僕射〕泰
〔司隸校尉〕詢
石鑒
〔中書監〕勖
〔侍中〕嶠　遷尚書。
紞
劭
濟
成粲
〔護軍將軍〕奮

七年丙午

〔太尉〕亮
〔司徒〕舒　正月，致仕。
石鑒　右光禄大夫，開府領。
〔司空〕瓘
〔驃騎將軍〕駿　九月卒。
〔車騎將軍〕駿
〔衛將軍〕珧
〔尚書令〕瓘
〔左僕射〕渾
〔右僕射〕泰　十一月，出鎮關中。
胡奮　十一月命，加鎮軍大將軍、開府儀同三司。
〔司隸校尉〕鑒　遷右光禄大夫。
〔中書監〕勖
〔侍中〕紞　改常侍，卒。
劭
濟
粲
〔護軍將軍〕奮　十一月，遷僕射。

八年丁未

〔太尉〕亮
〔司徒〕鑒
〔司空〕瓘
〔車騎將軍〕駿
〔衛將軍〕珧
〔尚書令〕荀勖
〔左僕射〕渾
〔右僕射〕奮
〔中書監〕勖　遷尚書令。
華廙
〔侍中〕劭
濟
粲

九年戊申

〔太尉〕亮
〔司徒〕鑒
〔司空〕瓘
〔驃騎將軍〕駿
〔衛將軍〕珧
〔尚書令〕勖
〔左僕射〕渾
〔右僕射〕奮　二月卒。

朱整　二月命，領吏部。
〔吏部尚書〕朱整　僕射兼。
〔中書監〕廙
〔侍中〕濟
粲
武茂

十年己酉

〔大司馬〕汝南王亮　鎮許昌，十一月命。
〔太尉〕亮　十一月，遷大司馬。
〔司徒〕鑒
〔司空〕瓘
〔車騎將軍〕駿
〔衛將軍〕珧　守尚書令。
楊濟
〔尚書令〕勖　十一月卒。
楊珧
〔左僕射〕渾
〔右僕射〕整　四月卒。
〔吏部尚書〕整　卒。
王戎
〔司隸校尉〕荀愷
〔中書監〕廙
〔中書令〕何劭
〔侍中〕茂
華嶠
〔北軍中候〕王佑　十一月命。

太熙元年庚戌　四月，帝崩，太子衷即位，改是年爲永熙元年

永熙元年

〔太傅〕楊駿　五月拜，加大都督，假黄鉞，百官總己以聽。
〔太保〕衛瓘　正月拜，致仕。
〔大司馬〕亮
〔太尉〕楊駿　四月命，加侍中、都督中外諸軍。五月，遷太傅。
〔司徒〕鑒　正月，改司空。十一月，遷太尉。
王渾　正月命，加侍中。
〔司空〕瓘　正月，遷太保。
隴西王泰
〔車騎將軍〕駿　四月，遷太尉。
下邳王晃
〔衛將軍〕濟　八月，遷太子太保。
楊珧
〔尚書令〕珧　復爲衛將軍。
華廙
〔左僕射〕渾　正月，遷司徒。
荀愷
〔吏部尚書〕戎　八月，遷太子太傅。
崔洪
〔司隸校尉〕愷　正月，遷僕射。
〔中書監〕廙　加侍中、光禄大夫，遷尚書令。
和嶠
〔中書令〕劭　八月，遷監，尋遷太子太傅。
蔣俊
〔侍中〕嶠
石崇
鄒湛
〔護軍將軍〕張邵　四月命。
〔北軍中候〕佑　出爲郡守。
楚王瑋

惠帝永平元年辛亥　三月改元康元年

元康元年

〔太宰〕汝南王亮　三月，拜太宰、録尚書事，六月被殺。

〔太傅〕駿　三月，被殺。
〔太保〕衛瓘　三月，拜太保、録尚書事，六月被殺。
〔大司馬〕亮　三月，徵爲太宰。
〔大將軍〕秦王柬　正月拜，九月卒。
〔太尉〕鑒
〔司徒〕渾　六月，録尚書事。
〔司空〕泰　六月，録尚書事。
〔車騎將軍〕晃　三月，兼尚書令。
〔衛將軍〕珧　三月，被殺。
楚王瑋　三月命，六月被殺。
梁王肜　九月命，録尚書事。
〔尚書令〕廙　三月罷。
下邳王晃　三月，車騎將軍守。
〔左僕射〕愷　三月罷。
〔僕射〕東安王繇　三月命，未幾罷。
王戎
〔吏部尚書〕洪　三月罷。
王戎　僕射兼。
〔中書監〕嶠　三月卒。
張華　六月命，加侍中、右光禄大夫。
〔中書令〕俊　三月，被殺。
王戎　三月命，六月，遷僕射。
裴楷　六月命，加侍中。
〔侍中〕嶠　遷尚書。
崇　出爲荊州刺史。
湛　免。
賈模　六月命，耑任門下事。
裴頠
清河王遐
傅祗
〔護軍將軍〕邵　三月，被殺。
〔中護軍〕武陵王澹
〔北軍中候〕楚王瑋　三月改領軍，六月被殺。

二年壬子　二月，賈后弒太后于金墉城。

〔太尉〕鑒
〔司徒〕渾
〔司空〕泰
〔車騎將軍〕晃
〔衛將軍〕肜
〔上軍大將軍〕樂安王鑒
〔尚書令〕晃
〔僕射〕戎
〔右僕射〕東海王越
〔吏部尚書〕戎
〔司隸校尉〕傅咸
〔中書監〕華
〔中書令〕楷　加光禄大夫、開府儀同三司。
〔侍中〕模
頠

三年癸丑

〔太尉〕鑒
〔司徒〕渾
〔司空〕泰
〔車騎將軍〕晃
〔衛將軍〕肜
〔上軍大將軍〕鑒
〔尚書令〕晃
〔僕射〕戎
〔右僕射〕越
〔吏部尚書〕戎

〔司隸校尉〕咸
〔中書監〕華
〔中書令〕楷
〔侍中〕模
　頠

四年甲寅

〔太尉〕鑒　正月卒。
〔司徒〕渾
〔司空〕泰　正月，遷太尉。
　下邳王晃　正月命。
〔車騎將軍〕晃　正月，遷司空。
〔衛將軍〕肜
〔上軍大將軍〕鑒
〔尚書令〕晃　正月，遷司空，仍領尚書令。
〔僕射〕戎
〔右僕射〕越
〔吏部尚書〕戎
〔司隸校尉〕咸
〔中書監〕華
〔侍中〕模
　頠

五年乙卯

〔太尉〕泰
〔司徒〕渾
〔司空〕晃
〔衛將軍〕肜
〔上軍大將軍〕鑒
〔尚書令〕晃
〔僕射〕戎
〔右僕射〕越
〔吏部尚書〕戎
〔司隸校尉〕咸　十二月卒。
〔中書監〕華
〔中書令〕陳準
〔侍中〕模
　頠　二月，遷尚書，仍兼侍中。

六年丙辰

〔太尉〕泰
〔司徒〕渾
〔司空〕晃　正月卒。
　張華　正月命。
〔車騎將軍〕趙王倫
〔衛將軍〕肜　四月，出鎮關中。
　郭彰
〔上軍大將軍〕鑒
〔尚書令〕晃　正月卒。
　隴西王泰　正月，太尉領。
〔僕射〕戎
〔吏部尚書〕戎
〔中書監〕華　正月，遷司空。
〔中書令〕準
〔侍中〕模
　頠
　東海王越

七年丁巳

〔太尉〕泰
〔司徒〕渾　七月卒。
　王戎　九月命。
〔司空〕華
〔車騎將軍〕倫

〔衛將軍〕彰
〔上軍大將軍〕鑒　卒。
〔尚書令〕泰
〔僕射〕戎　九月，遷司徒。
何劭　九月命。
〔吏部尚書〕戎
劉頌
〔中書令〕準
〔侍中〕模
頠
越
欒廣
荀藩
〔領軍將軍〕王衍

八年戊午
〔太尉〕泰
〔司徒〕戎
〔司空〕華
〔車騎將軍〕倫
〔衛將軍〕彰
〔尚書令〕泰
〔僕射〕劭
〔吏部尚書〕頌
〔中書令〕準
〔侍中〕模
頠
越
廣　遷河南尹。
藩
賈謐
〔領軍將軍〕衍

九年己未　十二月，廢皇太子。
〔大將軍〕梁王肜　録尚書事。
〔太尉〕泰　十一月卒。
〔司徒〕戎
〔司空〕華
〔車騎將軍〕倫
〔尚書令〕泰　十一月卒。
王衍
〔僕射〕劭
裴頠　八月命，尚任門下事。
〔吏部尚書〕頌
〔中書令〕準
〔侍中〕模　卒。
頠
越
謐
〔領軍將軍〕衍　十一月，遷尚書令。
梁王肜　大將軍兼。
〔護軍將軍〕趙浚

永康元年庚申　四月，趙王倫弑賈后。
〔相國〕趙王倫　四月，自爲相國、大都督，百官總己以聽，尋加九錫。
〔太宰〕梁王肜　四月拜，尋改丞相。
〔大將軍〕肜　四月，遷太宰。
〔太尉〕淮南王允　八月命，討趙王不克，被殺。
陳準　八月命，未幾卒。
〔司徒〕戎　四月免。
何劭　四月命。
〔司空〕華　四月，被殺。
劉寔　四月命。

〔驃騎將軍〕淮南王允　八月，遷太尉。
〔車騎將軍〕倫　四月，自爲相國。
〔衛將軍〕平原王幹
〔尚書令〕衍　四月免。
梁王肜　四月，太宰領，尋解。
滿奮
〔僕射〕劭　四月，遷司徒。
頠　四月，被殺。
崔隨
〔左僕射〕樂廣
〔吏部尚書〕頌　遷光禄。
樂廣　尋遷僕射。
〔中書監〕傅祗
〔中書令〕準　八月，遷太尉。
東海王越
〔侍中〕頠　四月，被殺。
越　遷中書令。
謐　四月，伏誅。
司馬詡　倫子。
孫秀
〔領軍將軍〕肜
武陵王澹
〔護軍將軍〕浚　四月，被殺。
淮南王允　八月，被殺。
司馬馥　倫子。

永寧元年辛酉　正月倫篡位。四月，乘輿反正，倫伏誅。十月，李特反于蜀。

〔相國〕倫　正月，篡位。四月，伏誅。
〔太宰〕肜　正月，改宰衡。四月，仍爲太宰，領司徒。
何劭　正月命，四月免。
〔太保〕平原王幹　四月命，加侍中。
〔大司馬〕齊王冏　四月命。
〔大將軍〕成都王穎　四月命，出鎮鄴。
〔太尉〕河間王顒　四月命，出鎮關中。
〔司徒〕劭　正月，遷太宰。
梁王肜　四月，太宰領。
〔司空〕寔　正月，改太常。
〔驃騎將軍〕孫秀　正月倫命，加侍中、開府儀同三司。四月，伏誅。
長沙王乂　七月拜。
〔車騎將軍〕何勖
〔衛將軍〕張林　正月命，未幾被殺。
東平王楙　三月命，四月免。
〔上軍大將軍〕吴王晏
〔尚書令〕奮　四月免。
王戎　四月命。
〔僕射〕隨　四月免。
〔左僕射〕廣　九月改右。
東安王繇　九月命。
〔吏部尚書〕温羨
〔中書監〕祗　正月，遷右光禄大夫、侍中、開府。
孫秀　正月，驃騎領。四月誅。
〔中書令〕越
義陽王威　正月命，五月伏誅。
王衍
〔侍中〕詡　正月，加撫軍大將軍。四月伏誅。
荀組　正月命。
劉逵
嵇紹
劉沈
東海王越
〔領軍將軍〕澹

司馬虔　倫子。正月命，加侍中。四月誅。

何勖　四月命。

〔護軍將軍〕馥　正月，加侍中。四月誅。

〔中護軍〕王彥

太安元年壬戌

〔太宰〕肜　五月卒。

〔太傅〕劉寔　五月命，尋以年老致仕。

〔太保〕幹

〔大司馬〕冏　十一月，被殺。

〔大將軍〕穎

〔太尉〕顒

〔司徒〕肜　五月卒。

王戎　五月命。

〔司空〕東海王越　五月命。

〔驃騎將軍〕乂

〔車騎將軍〕勖　十二月，被殺。

〔上軍大將軍〕宴

〔尚書令〕戎　五月，遷司徒。

樂廣

〔左僕射〕繇

〔右僕射〕廣　遷令。

羊玄之

〔吏部尚書〕羨

〔中書監〕東海王越　五月，司空領。

〔中書令〕衍　病免。

卞粹

〔侍中〕組

紹　十一月，罷。

沈

越　五月，遷司空。

周馥

馮蓀

〔領軍將軍〕勖　十二月，被殺。

〔護軍將軍〕石超

〔中護軍〕彥

二年癸亥　九月，張方陷京師。

〔太保〕幹

〔大將軍〕穎

〔太尉〕顒

〔司徒〕戎

〔司空〕越

〔驃騎將軍〕乂　八月，加大都督，討成都、河間二王。十二月，爲張方所殺。

〔上軍大將軍〕宴

〔尚書令〕廣

〔左僕射〕繇　母喪解。

〔右僕射〕玄之　九月卒。

荀藩

〔吏部尚書〕羨　出爲冀州刺史。

〔中書監〕越

〔中書令〕粹　七月，爲長沙王所殺。

王衍

〔侍中〕組

嵇紹　復任。十一月，免爲庶人。

蓀　七月，被殺。

〔護軍將軍〕超

永興元年甲子　七月，帝親征成都王穎，敗績，遂幸鄴。八月，還京師。十一月，還關中。是歲，劉淵反于離石。

〔丞相〕成都王穎　正月拜，三月立爲太弟，丞相如故。十二月廢太弟，歸第。

〔太宰〕河間王顒　三月命，仍鎮關中。
〔太保〕幹
〔大將軍〕穎　正月，遷丞相。
〔太尉〕顒　三月，遷太宰。
劉寔　五月拜，不就。
〔司徒〕戎　七月，出奔郟。
〔司空〕越　七月，與穎戰敗，奔下邳。
〔驃騎將軍〕范陽王虓　豫州都督加。
〔車騎將軍〕東平王楙　徐州都督加。
〔上軍大將軍〕宴
〔尚書令〕廣　正月卒。
東海王越　正月，司空領。
〔左僕射〕王衍　十二月命，兼吏部。
〔右僕部〕藩　十一月，建行臺于洛。
〔吏部尚書〕王衍　十二月，僕射兼。
〔中書監〕越　正月，改守尚書令。
盧志　十一月，從關中。
〔中書令〕衍　十二月，遷僕射。
〔侍中〕組　遷河南尹。
嵇紹　復任。七月，從征，死難。
傅祗
秦準
潘尼
西陽王羕
〔領軍將軍〕張方　録尚書事，十二月命。
〔護軍將軍〕超　七月，奔鄴。
〔北軍中候〕苟晞　七月，出奔。

二年乙丑　帝在關中。六月，李雄僭號。

〔太宰〕顒
〔太保〕幹
〔司徒〕戎　六月卒。
〔司空〕越　七月，起兵迎駕。
〔驃騎將軍〕虓
〔車騎將軍〕楙
〔上軍大將軍〕宴
〔尚書令〕王湛
王衍
〔左僕射〕衍　遷令。
高光
〔右僕射〕藩
〔吏部尚書〕衍
〔司隸校尉〕周馥
〔中書監〕志　罷。
〔中書令〕潘尼
〔侍中〕祗
〔領軍將軍〕方

光熙元年丙寅　六月，帝還洛陽。十一月，崩，太弟熾即位。

〔太宰〕顒　十二月，伏誅。
〔太傅〕東海王越　八月，拜太傅、録尚書事。
〔太保〕幹
〔司徒〕温羨　十二月命。
〔司空〕越　八月，遷太傅。
范陽王虓　八月，冀州刺史加。十月卒。
王衍　十二月命。
〔驃騎將軍〕虓　八月，遷司空。
王浚　幽州都督加。
〔車騎將軍〕顒
〔上軍大將軍〕宴
〔尚書令〕衍　十二月，遷司空。
高光

〔左僕射〕光　十二月，遷令。
傅祗　十二月命，加侍中。
〔右僕射〕藩
和郁
〔吏部尚書〕衍
山簡
〔中書監〕温羡　六月，召未上，拜司徒。
傅祗　十二月，僕射兼。
〔中書令〕尼
〔侍中〕祗　十二月，遷僕射。
華混
鄭球
〔領軍將軍〕方　正月，伏誅。
懷帝永嘉元年丁卯
〔太傅〕越　三月，出鎮許昌。十二月，自爲丞相、兖州牧，都督兖、豫、司、冀、幽、并諸州軍事。
〔太保〕幹
〔大將軍〕吴王晏　十二月命。
〔太尉〕吴王晏　遷大將軍。
劉寔　十二月拜。
〔司徒〕羡　卒。
〔司空〕衍　十一月，遷司徒。
〔驃騎將軍〕浚
〔車騎將軍〕新蔡王騰　冀州都督加，五月，敗没。
〔上軍大將軍〕寔　遷太尉。
〔尚書令〕光
〔左僕射〕祗
〔右僕射〕郁　十一月，出鎮鄴城。
鄭球　十一月命，兼吏部。
〔吏部尚書〕簡　出爲雍州刺史。

鄭球　僕射兼。
〔中書監〕祗
〔中書令〕尼
繆播
〔侍中〕混
繆播　遷中書令。
裴憲
顧榮　辭不至。
二年戊辰　十月，劉淵僭號。
〔丞相〕越
〔太保〕幹
〔大將軍〕宴
〔太尉〕寔
〔司徒〕衍
〔驃騎將軍〕浚
〔尚書令〕光　十一月卒。
荀藩　十一月命。
〔左僕射〕祗　遷左光禄大夫、侍中、開府，行太子太傅。
山簡　兼吏部。
〔右僕射〕球　卒。
〔吏部尚書〕球
山簡　僕射兼。
〔中書監〕祗
荀組
王敦
〔中書令〕播
〔侍中〕袁瑜
何綏
三年己巳
〔丞相〕越　三月，入京師，領司徒。

〔太保〕幹
〔大將軍〕宴
〔太尉〕寔　三月，詔許告老。
〔司徒〕衍　三月，遷太尉。
　東海王越　三月，丞相領。
〔驃騎將軍〕浚
〔車騎將軍〕王堪
〔尚書令〕藩
〔左僕射〕簡　三月，出爲荆州都督。
　劉暾　三月命，尋遷右光禄大夫。
〔僕射〕和郁
〔吏部尚書〕簡
〔中書監〕敦　三月，出爲揚州刺史。
〔中書令〕播　三月，爲東海王所殺。
　李絙
〔侍中〕荀崧

四年庚午

〔丞相〕越　十月，出鎮許昌。
〔太保〕幹
〔大將軍〕宴
〔太尉〕衍　十月，爲越軍司，從赴許昌。
〔司徒〕越
〔司空〕王浚　十月，幽州都督加。
〔驃騎將軍〕浚　十月，遷司空。
〔車騎將軍〕堪　二月，與石勒戰死。
〔尚書令〕藩
〔僕射〕郁
　曹馥
〔中書令〕絙
〔侍中〕庾珉
　程延
　辛勉
〔領軍將軍〕華恒
〔護軍將軍〕祖納
　荀崧

五年辛未　六月，劉聰陷京師，帝蒙塵。

〔丞相〕越　二月，卒于項。
〔太保〕幹　五月卒。
〔大司馬〕王浚　五月，幽州都督加。
〔大將軍〕宴　六月，没于賊。
　苟晞　三月，青州都督加。九月，爲石勒所執。
〔太尉〕衍　四月，爲石勒所殺。
　南陽王模　五月，雍州都督加。八月，降賊。
〔司徒〕越　二月卒。
　傅祗　五月命，六月建行臺于河陰。
〔司空〕荀藩　五月命，六月出奔。
〔尚書令〕藩　五月，遷司空。
〔僕射〕郁
　馥　京師陷，被殺。
〔吏部尚書〕劉望　四月，爲石勒所殺。
〔司隸校尉〕劉暾　爲石勒所殺。
〔中書令〕絙　十一月，被殺。
〔侍中〕延　三月，爲苟晞所殺。
　珉　從帝北狩。
　勉　從帝北狩。
　王雋　從帝北狩。
　許遐　六月，出奔并州。
〔領軍將軍〕恒

六年壬申　帝在平陽。九月，梁芬等奉秦王鄴爲太子，都關中，稱制。

〔大司馬〕浚

南陽王保　九月命，鎮秦州。
〔司徒〕祗
〔司空〕藩　保開封。
〔衛將軍〕梁芬
〔領軍將軍〕恒

愍帝建興元年癸酉　四月，懷帝被弒。五月，皇太子即位。
〔左丞相〕琅邪王睿　督陝東諸軍。
〔右丞相〕南陽王保　督陝西諸軍。
〔大司馬〕浚
〔太尉〕索綝　四月，拜衛將軍，領太尉，總軍國大政。九月，改征東大將軍。
〔司徒〕梁芬　四月命。
〔司空〕藩　九月，卒于滎陽。
〔衛將軍〕芬　四月，遷司徒。
荀組　四月命，保開封。
〔右僕射〕索綝　四月命，遷太尉。
〔領軍將軍〕麴允　録尚書事，四月命。

二年甲戌
〔左丞相〕睿
〔右丞相〕保
〔大司馬〕浚　三月，爲石勒所殺。
〔大將軍〕劉琨　三月，并州都督加。
〔太尉〕張軌　二月，凉州牧加。五月卒。
〔司徒〕芬
〔司空〕荀組　二月命，領僕射兼司隸，建留臺于開封。
〔驃騎大將軍〕索綝　六月加。
〔衛將軍〕組　二月，遷司空。
〔右僕射〕綝　六月，驃騎領左僕射、録尚書事，承制行事。
〔侍中〕宋哲
〔領軍將軍〕允

三年乙亥
〔左丞相〕睿　二月，進大都督中外諸軍事。
〔右丞相〕保
〔大將軍〕琨　二月，改司空。
〔司徒〕芬
〔司空〕組　二月，遷太尉，領豫州牧。
劉琨　二月命，仍鎮并州。
〔驃騎將軍〕綝
〔車騎將軍〕麴允　九月，拜車騎將軍、大都督。
〔左僕射〕綝
〔侍中〕哲　正月，拜平東將軍，屯華陰。
〔領軍將軍〕允　九月，遷車騎將軍。

四年丙子　十一月，賊犯京師，帝出降，長安陷。
〔左丞相〕睿
〔右丞相〕保
〔太尉〕組
〔司徒〕芬
〔司空〕琨　十二月，晉陽陷，出奔薊。
〔驃騎將軍〕綝　十一月，降，被殺。
〔車騎將軍〕允　十一月，降，被殺。
〔左僕射〕綝　十一月，降。
〔侍中〕宗敞
梁濬　十一月，長安陷，被殺。

《東晉將相大臣年表》

清萬斯同撰

元帝建武元年丁丑　四月，琅邪王睿即晉王位。十一月，愍帝被弒于平陽。

〔相國〕南陽王保　鎮秦州。

〔太宰〕

〔太傅〕

〔太保〕西陽王羕　四月命。

〔大司馬〕

〔大將軍〕王敦　四月，江州牧加。

〔太尉〕荀組　領豫州。七月，改司徒。

〔司徒〕

〔司空〕劉琨　依段匹磾于薊。十一月，遷太尉。

〔驃騎將軍〕王導　四月命，領中書監、録尚書事、都督中外諸軍、揚州刺史。

〔車騎將軍〕琅邪王裒　出鎮廣陵，十月卒。

〔衛將軍〕華恒　改太常。

〔録尚書事〕王導

〔尚書令〕

〔左僕射〕刁協　四月命。

〔右僕射〕（或止置僕射一人）

〔吏部尚書〕周顗　四月命，尋罷。

〔中書監〕王導

〔中書令〕賀循　固辭不受，改太常。

〔侍中〕劉隗

紀瞻

戴邈

〔領軍將軍〕（資淺者爲中領軍）

〔護軍將軍〕（資淺者爲中護軍）

〔中護軍〕戴淵

〔揚州刺史〕王導

〔丹陽太守〕薛兼

大興元年戊寅　三月，即帝位。

〔相國〕保

〔太保〕羕　四月，録尚書事。

〔大將軍〕敦

〔太尉〕琨　五月，爲匹磾所殺。

〔司徒〕組　四月，至建康，詔録尚書事。

〔驃騎大將軍〕導　四月，加驃騎大將軍、開府儀同三司。

〔録尚書事〕導

西陽王羕

荀組

〔尚書令〕刁協　六月命。

〔左僕射〕協　六月，遷令。

荀崧　六月命。

〔吏部尚書〕顗　復任，領太子少傅。

〔中書監〕導

〔侍中〕隗　遷丹陽尹。

瞻　遷尚書。

邈

荀邃

〔中護軍〕淵

〔揚州刺史〕導

〔丹陽太守〕兼　改太守爲尹。

〔丹陽尹〕劉隗

二年己卯

〔相國〕保　四月，自稱晉王，改元建康。明年五月，爲其將張春所殺。

〔太保〕羕

〔大將軍〕敦

〔司徒〕組
〔驃騎大將軍〕導
〔録尚書事〕羕
組
導
〔尚書令〕協
〔左僕射〕崧　七月，遷太常。
〔吏部尚書〕顗
〔中書監〕導
〔侍中〕邃
陸曄
〔中護軍〕淵
〔揚州刺史〕導
〔丹陽尹〕隗

三年庚辰

〔太保〕羕
〔大將軍〕敦
〔司徒〕組
〔驃騎大將軍〕導
〔録尚書事〕羕
組
導
〔尚書令〕協
〔右僕射〕周顗　三月命。
〔吏部尚書〕顗　三月，遷僕射，領吏部。
〔中書監〕導
〔侍中〕邃
曄
鄧攸
〔中護軍〕淵
〔揚州刺史〕導
〔丹陽尹〕隗

四年辛巳

〔太保〕羕
〔大將軍〕敦
〔司徒〕組
〔司空〕王導　七月命，加侍中，餘官如故。
〔驃騎大將軍〕導　七月，拜司空。
〔録尚書事〕羕
組
導
〔尚書令〕協
〔右僕射〕顗　七月，兼護軍。
〔吏部尚書〕顗
〔中書監〕導
〔中書令〕諸葛恢
〔侍中〕邃
曄
祖約　出爲豫州刺史。
熊遠　出守會稽。
王彬
〔領軍將軍〕王邃
〔護軍將軍〕周顗
〔中護軍〕淵　七月，出督司、豫諸軍。
〔揚州刺史〕導
〔丹陽尹〕隗　七月，出督青、徐諸軍。
戴邈

永昌元年壬午　正月，王敦反。三月，入京師。十一月，帝崩，太子紹即位。

〔太保〕羕　五月，遷太宰。
〔大將軍〕敦　四月，自爲丞相、都督中外諸軍、録尚書事、領揚州刺史，還武昌。

〔司徒〕組　十一月，遷太尉，罷司徒官併于丞相。是月，組卒。

〔司空〕導　五月，加尚書令。

〔驃騎將軍〕戴淵　三月，拜驃騎。四月，爲王敦所殺。

〔衛將軍〕王含　八月命。十月，出督荆州。

〔録尚書事〕羕

組　十一月卒。

導　五月，改兼尚書令。

〔尚書令〕協　三月，出奔，爲人所殺。

〔左僕射〕荀崧

〔右僕射〕顗　三月，遷左。爲王敦所殺。

王邃　三月命，尋遷下邳内史。

紀瞻

〔吏部尚書〕鄧攸　遷護軍。

〔中書監〕導

〔中書令〕恢　遷丹陽尹。

〔侍中〕邃　遷太常。

暐

彬　出守豫章。

温嶠

王侃

〔領軍將軍〕邃　遷僕射。

〔中領軍〕庾亮

〔護軍將軍〕顗　四月被殺。

鄧攸

〔揚州刺史〕導　四月解。

王敦　四月領。

〔丹陽尹〕邈　三月免。

諸葛恢

明帝大寧元年癸未

〔丞相〕敦　四月，移鎮姑熟。

〔太宰〕羕

〔司空〕導　四月，遷司徒。

〔驃騎將軍〕華恒　二月，拜驃騎、都督石頭水陸諸軍事，尋改護軍。

〔衛將軍〕含

〔尚書令〕導

郗鑒　八月命。

〔左僕射〕崧

〔右僕射〕瞻　兼領軍。

〔吏部尚書〕卞壼

〔中書監〕導　解。

庾亮　六月命。

〔中書令〕温嶠　遷王敦司馬。

〔侍中〕嶠　遷丹陽尹。

荀闓

阮孚

〔領軍將軍〕紀瞻

〔中領軍〕亮　六月，遷中書監。

〔護軍將軍〕攸

華恒　辭疾，不拜。

〔揚州刺史〕敦　改州牧。

〔丹陽尹〕恢

温嶠

二年甲申

〔丞相〕敦　六月，入寇京師。七月死。

〔太宰〕羕　十月，領太尉。

〔太保〕王導　十月命，辭不拜。

〔太尉〕西陽王羕　十月，太宰領。

〔司徒〕導　六月，加大都督，領揚州刺史。

〔驃騎將軍〕紀瞻　卒。

〔衛將軍〕含　五月，敦矯詔加驃騎大將軍，舉兵犯闕。七月誅。
〔尚書令〕鑒　六月，行衛將軍、都督從駕諸軍事。
〔左僕射〕崧
〔右僕射〕瞻　遷驃騎，卒。
陸曄
〔吏部尚書〕壼　遷領軍。
〔中書監〕亮　六月，領左衛將軍，尋改護軍。
〔侍中〕闓　遷尚書，卒。
荀邃
〔領軍將軍〕瞻
卞壼
〔護軍將軍〕應詹　十月，出督江州。
庾亮
〔揚州牧〕敦　七月死。
〔揚州刺史〕王導　司徒領。
〔丹陽尹〕嶠

三年乙酉　閏七月，帝崩，太子衍即位，年方五歲，庾太后臨朝。

〔太宰〕羕　七月，受顧命。
〔太尉〕羕
〔司徒〕導　受顧命，録尚書事。
〔驃騎將軍〕南頓王宗　九月命。
〔車騎將軍〕郗鑒　七月命，都督青、兖、徐三州，受顧命，進大將軍。
〔衛將軍〕汝南王祐　九月命。
〔録尚書事〕王導
陸曄　閏七月，左光録大夫、録尚書事。
荀崧　閏七月，右光録大夫、録尚書事。
〔尚書令〕鑒　七月，遷車騎。
卞壼　受顧命。
〔左僕射〕崧　閏七月，遷光禄大夫、録尚書事。
鄧攸　七月命。
〔右僕射〕曄　七月，遷領軍。
戴邈　七月命。
〔吏部尚書〕阮孚
〔中書令〕亮　七月命，兼護軍。
〔侍中〕陸玩
〔領軍將軍〕壼　七月，遷尚書令。
陸曄　七月命，旋受顧命，加左光禄大夫、儀同三司、録尚書事。
〔護軍將軍〕亮　受顧命。
〔揚州刺史〕導
〔丹陽尹〕温嶠　受顧命，加給事中。

成帝咸和元年丙戌

〔太宰〕羕　十月免。
〔太尉〕羕　十月免。
〔司徒〕導
〔驃騎將軍〕宗　十月，被殺。
〔車騎大將軍〕鑒　車騎大將軍，鎮廣陵。
〔衛將軍〕祐　十月卒。
〔録尚書事〕導
曄
崧
〔尚書令〕壼
〔左僕射〕攸　四月卒。
王舒　四月命。八月，出守會稽。
〔右僕射〕邈
〔吏部尚書〕陸玩
〔中書令〕亮
〔侍中〕玩　遷吏部。
李式
〔護軍將軍〕亮
〔揚州刺史〕導

〔丹陽尹〕嶠　八月，出督江州。
阮孚　出督廣州。
羊曼
〔司徒〕導
〔車騎大將軍〕鑒
〔録尚書事〕導
二年丁亥　十一月，蘇峻、祖約反，舉兵犯闕。
曄
崧
〔尚書令〕卞壺　十一月，復命兼領軍。
〔右僕射〕邈
〔僕射〕陸玩
〔吏部尚書〕玩　遷僕射。
〔中書令〕亮
〔侍中〕褚翜
蔡謨
丁潭
〔領軍將軍〕卞壺
〔護軍將軍〕亮
〔揚州刺史〕導
〔丹陽尹〕曼
三年戊子　二月，峻入京師。三月，太后庾氏崩。五月，帝遷于石頭。
〔太宰〕西陽王羕　二月，復拜太宰、録尚書事。
〔太尉〕祖約　二月，拜太尉、侍中、尚書令，留壽春。
〔司徒〕導
〔驃騎將軍〕蘇峻　二月，自爲驃騎、録尚書事。九月死。
〔車騎大將軍〕鑒
〔録尚書事〕導
曄
崧
〔尚書令〕壺　二月，戰死。
〔僕射〕玩
〔吏部尚書〕孔愉
〔中書監〕王導
〔中書令〕亮　二月，出奔尋陽。
〔侍中〕翜
謨
潭
鍾雅
〔領軍將軍〕壺　二月，死難。
〔護軍將軍〕亮　出奔。
〔揚州刺史〕導
〔丹陽尹〕曼　三月，戰没。
許柳　事蘇峻黨。
四年己丑　二月，賊平。
〔太宰〕羕　二月，以附賊誅。
〔太尉〕約　正月，兵敗，奔石勒。
陶侃　三月，拜太尉、侍中，還鎮江陵。
〔司徒〕導
〔司空〕郗鑒　三月，拜司空、侍中，還鎮廣陵。
〔驃騎將軍〕温嶠　三月，拜驃騎、開府儀同三司，還江州。四月卒。
〔車騎大將軍〕鑒　三月，拜司空。
〔衛將軍〕陸曄　三月，拜衛將軍、開府儀同三司。
〔録尚書事〕導
曄　三月，遷衛將軍。
崧　二月卒。
〔僕射〕玩
〔吏部尚書〕愉
〔中書監〕導
〔侍中〕翜　遷丹陽尹。

謨　遷五兵尚書。
荀奕
〔護軍將軍〕亮　三月，遷豫州刺史。
褚翜　三月命，尋改領軍。
陶回
〔揚州刺史〕導
〔丹陽尹〕褚翜
顧衆
五年庚寅
〔太尉〕侃
〔司徒〕導
〔司空〕鑒
〔衛將軍〕曄
〔録尚書事〕導
〔僕射〕玩　二月，遷左。
〔右僕射〕孔愉　二月命。
〔吏部尚書〕愉　二月，遷僕射。
蔡謨
〔中書監〕導
〔侍中〕奕
諸葛恢
顔含
〔領軍將軍〕翜　遷五兵尚書。
〔護軍將軍〕回
〔揚州刺史〕導
〔丹陽尹〕衆
六年辛卯
〔太尉〕侃
〔司徒〕導
〔司空〕鑒
〔衛將軍〕曄
〔録尚書事〕導
〔尚書令〕陸玩　八月命。
〔左僕射〕玩　八月，遷令。
〔右僕射〕愉
〔吏部尚書〕謨
〔中書監〕導
〔侍中〕奕
恢
含
馮懷
〔護軍將軍〕回　出守吴興。
趙胤
〔揚州刺史〕導
〔丹陽尹〕衆
七年壬辰
〔太尉〕侃　十二月，進大將軍，劍履上殿，入朝不趨，贊拜不名。辭。
〔司徒〕導
〔司空〕鑒
〔衛將軍〕曄
〔録尚書事〕導
〔尚書令〕玩
〔右僕射〕愉
〔吏部尚書〕謨
〔中書監〕導
〔侍中〕奕　卒。
含
〔護軍將軍〕胤
〔揚州刺史〕導
八年癸巳

〔太尉〕侃
〔司徒〕導
〔司空〕鑒
〔衛將軍〕曄
〔録尚書事〕導
〔尚書令〕玩
〔右僕射〕愉
〔吏部尚書〕謨
〔中書監〕導
〔侍中〕含
桓景
〔揚州刺史〕導
〔丹陽尹〕周謨

九年甲午
〔太尉〕侃　二月卒。
〔司徒〕導
〔司空〕鑒
〔驃騎將軍〕琅邪王岳
〔車騎將軍〕東海王沖　俱十二月命。
〔衛將軍〕曄　九月卒。
〔録尚書事〕導
〔尚書令〕玩
〔右僕射〕愉
〔中書監〕導
〔侍中〕景　遷丹陽尹。
孔坦
會稽王昱　右將軍加。
〔中護軍〕周謨
〔揚州刺史〕導
〔丹陽尹〕謨　遷中護。

咸康元年乙未
〔司徒〕導
〔司空〕鑒
〔驃騎將軍〕岳
〔車騎將軍〕沖
〔録尚書事〕導
〔尚書令〕玩
〔右僕射〕愉　遷護軍。
〔僕射〕王彬
〔吏部尚書〕諸葛恢
〔中書監〕導
〔侍中〕坦　遷廷尉。
昱
顧和
〔領軍將軍〕陶回
〔護軍將軍〕孔愉
〔中護軍〕謨
〔揚州刺史〕導
〔丹陽尹〕桓景

二年丙申
〔司徒〕導
〔司空〕鑒
〔驃騎將軍〕岳
〔車騎將軍〕沖
〔衛將軍〕虞潭　正月命。
〔録尚書事〕導
〔尚書令〕玩
〔僕射〕彬　二月卒。
褚翜
〔吏部尚書〕恢　遷領軍。

顧和
〔中書監〕導
〔侍中〕和　遷吏部。
昱
顧衆
〔領軍將軍〕回　卒。
諸葛恢
〔護軍將軍〕愉
〔揚州刺史〕導
〔丹陽尹〕景

三年丁酉
〔司徒〕導
〔司空〕鑒
〔驃騎將軍〕岳
〔車騎將軍〕沖
〔衛將軍〕潭
〔録尚書事〕導
〔尚書令〕玩
〔僕射〕裒　遷左。
〔右僕射〕諸葛恢
〔吏部尚書〕和
〔中書監〕導
〔侍中〕昱
衆
〔領軍將軍〕恢　遷僕射。
〔護軍將軍〕愉　改領軍。
〔揚州刺史〕導
〔丹陽尹〕何充

四年戊戌
〔太傅〕王導　五月，拜太傅、都督中外諸軍。六月，改丞相，廢司徒官。
〔司徒〕導　五月，遷太傅。
〔司空〕鑒　五月，遷太尉，仍鎮廣陵。
〔驃騎將軍〕岳
〔車騎將軍〕沖
〔衛將軍〕潭　母喪解。
〔録尚書事〕導
〔尚書令〕玩
〔左僕射〕裒
〔右僕射〕恢
〔吏部尚書〕和　遷領軍。
何充
〔中書監〕導
〔侍中〕昱
衆　遷尚書。
劉劭
〔領軍將軍〕愉　出守會稽。
顧和
〔揚州刺史〕導
〔丹陽尹〕充

五年己亥
〔太傅〕導　七月卒。復置司徒。
〔太尉〕鑒　八月卒。
〔司徒〕琅邪王岳　司徒、侍中，十二月命。
〔驃騎將軍〕岳　十二月，拜司徒。
〔車騎將軍〕沖　十二月，遷驃騎。
〔録尚書事〕導　卒。
庾冰
〔尚書令〕玩
〔左僕射〕裒
〔右僕射〕恢

〔吏部尚書〕充　七月，遷護軍。
諸葛恢　僕射兼。
〔中書監〕導
庾冰　中書監、録尚書事，七月命。
〔侍中〕昱
劭
〔領軍將軍〕和
〔護軍將軍〕何充
〔揚州刺史〕導　七月卒。
庾冰　中書監領。
〔丹陽尹〕殷融

六年庚子

〔司徒〕岳
〔司空〕陸玩　正月命，加侍中。
〔驃騎將軍〕沖
〔録尚書事〕冰
〔尚書令〕玩　正月，拜司空。
諸葛恢
〔左僕射〕裒　正月，遷護軍。
〔右僕射〕恢　正月，遷令。
〔吏部尚書〕恢　尚書令兼。
〔中書監〕冰
〔中書令〕何充　正月命，兼領軍。
〔侍中〕昱　進撫軍將軍，侍中如故。
劭　遷尚書。
〔領軍將軍〕和　遷太常。
〔護軍將軍〕充　改領軍。
褚裒　正月命。
〔揚州刺史〕冰
〔丹陽尹〕融

七年辛丑

〔司徒〕岳
〔司空〕玩　十一月卒。
〔驃騎將軍〕沖　八月卒。
〔録尚書事〕冰
〔尚書令〕恢
〔中書監〕冰
〔中書令〕充
〔侍中〕昱
張澄
〔領軍將軍〕充
〔護軍將軍〕裒　卒。
馮懷
〔揚州刺史〕冰
〔丹陽尹〕融

八年壬寅　六月，帝崩，弟琅邪王岳即位。

〔司徒〕岳　六月，即帝位。
蔡謨　左光禄大夫、開府儀同三司，領司徒。
〔驃騎將軍〕何充　七月拜，出鎮南徐。
〔車騎將軍〕庾冰　七月拜。
〔録尚書事〕冰　六月，受顧命。
〔尚書令〕恢　六月，受顧命，加侍中、金紫光禄大夫。
〔僕射〕顧和
〔吏部尚書〕殷融
〔中書監〕冰　七月，加車騎。
〔中書令〕充　六月，受顧命。七月，遷驃騎。
〔侍中〕昱　受顧命。
武陵王晞　鎮軍加，受顧命。
澄
〔領軍將軍〕充　七月，遷驃騎。

顧衆　母喪歸，未任。
〔護軍將軍〕懷
〔揚州刺史〕冰
〔丹陽尹〕桓景
康帝建元元年癸卯
〔司徒〕謨
〔驃騎將軍〕充　十月，召領揚州刺史、録尚書事。
〔車騎將軍〕冰　十月，出鎮江州。
〔衛將軍〕褚裒　十月拜。
〔録尚書事〕冰
何充　十月拜。
〔尚書令〕恢
〔僕射〕和
〔中書監〕充　十月，驃騎領。
〔中書令〕褚裒
〔侍中〕昱
晞
〔護軍將軍〕懷
〔揚州刺史〕冰　十月解。
何充　驃騎領。
〔丹陽尹〕劉惔
二年甲辰　九月，帝崩，太子聃即位，年二歲，褚太后臨朝。
〔司徒〕謨
〔驃騎將軍〕充
〔車騎將軍〕冰　十一月卒。
〔衛將軍〕裒　八月，出督徐、兖二州。
〔録尚書事〕充
〔尚書令〕恢
〔僕射〕和
〔中書監〕充
〔中書令〕裒　八月出鎮。
〔侍中〕昱
晞
〔護軍將軍〕懷
〔揚州刺史〕充
〔丹陽尹〕惔
穆帝永和元年乙巳
〔司徒〕謨
〔驃騎將軍〕充
〔撫軍大將軍〕會稽王昱　四月，拜撫軍大將軍、録尚書事。
〔鎮軍大將軍〕武陵王晞　鎮軍大將軍、開府儀同三司。
〔録尚書事〕充
會稽王昱　四月，録尚書六條事。
〔尚書令〕恢　五月卒。
〔僕射〕和　遷光禄，尋丁憂。
顧衆　正月命。
〔吏部尚書〕劉遐
〔中書監〕充
〔侍中〕昱　進撫軍大將軍。
晞　進鎮軍大將軍。
王彪之
〔領軍將軍〕顧衆　服除，就職，俄遷僕射。
〔護軍將軍〕懷
〔揚州刺史〕充
〔丹陽尹〕惔　出鎮沔中。
二年丙午
〔司徒〕謨　二月，録尚書六條事，與會稽王同輔政。
〔驃騎將軍〕充　正月卒。
〔撫軍大將軍〕昱
〔鎮軍大將軍〕晞

〔録尚書事〕充　正月卒。

昱

蔡謨

〔尚書令〕顧和　三月命，居喪不就。

〔僕射〕衆　卒。

〔中書監〕充　正月卒。

會稽王昱

〔侍中〕彪之

〔護軍將軍〕懷

王羲之

〔揚州刺史〕充　正月卒。

殷浩　二月命，加建武將軍。

三年丁未

〔司徒〕謨　領揚州刺史。

〔撫軍大將軍〕昱

〔鎮軍大將軍〕晞

〔録尚書事〕昱

謨

〔尚書令〕和　喪除，就職。

〔中書監〕昱

〔侍中〕彪之

江霦

〔護軍將軍〕羲之

〔揚州刺史〕浩　母喪解。

蔡謨

四年戊申

〔司徒〕謨　十二月，加侍中，實授司徒，不拜。

〔撫軍大將軍〕昱

〔鎮軍大將軍〕晞

〔録尚書事〕昱

謨

〔尚書令〕和

〔中書監〕昱

〔侍中〕霦

〔揚州刺史〕謨

殷浩　服除，復任。

五年己酉

〔司徒〕謨

〔撫軍大將軍〕昱

〔鎮軍大將軍〕晞

〔録尚書事〕昱

謨

〔尚書令〕和

〔吏部尚書〕江霦

〔中書監〕昱

〔侍中〕周閔

王胡之

〔護軍將軍〕桓景

〔揚州刺史〕浩

六年庚戌

〔司徒〕謨　十二月，辭司徒不拜，免爲庶人。

〔撫軍大將軍〕昱

〔鎮軍大將軍〕晞

〔録尚書事〕昱

謨　十二月免。

〔尚書令〕和

〔吏部尚書〕霦　罷。

王彪之

〔中書監〕昱

〔侍中〕胡之

紀璩

〔護軍將軍〕景

〔揚州刺史〕浩　正月，加中軍將軍，都督揚、豫、徐、兖、青五州軍事。

七年辛亥

〔撫軍大將軍〕昱

〔鎮軍大將軍〕晞

〔録尚書事〕昱

〔尚書令〕和　加左光禄大夫、開府儀同三司，七月卒。

〔吏部尚書〕彪之

〔中書監〕昱

〔侍中〕胡之

〔護軍將軍〕景

江霦

〔揚州刺史〕浩

八年壬子

〔太宰〕武陵王晞　七月命。

〔太尉〕桓温　七月，荆州都督加。

〔司徒〕會稽王昱　七月命。

〔撫軍大將軍〕昱　七月，拜司徒。

〔鎮軍大將軍〕晞　七月，拜太宰。

〔録尚書事〕昱

〔吏部尚書〕彪之

〔中書監〕昱

〔護軍將軍〕霦

〔揚州刺史〕浩　九月，率師北伐。

九年癸丑

〔太宰〕晞

〔太尉〕温

〔司徒〕昱

〔録尚書事〕昱

〔僕射〕謝尚　四月命，十二月，出鎮歷陽。

〔吏部尚書〕彪之

〔中書監〕昱

〔侍中〕汝南王統

〔中領軍〕周閔

〔護軍將軍〕霦

〔揚州刺史〕浩

十年甲寅

〔太宰〕晞

〔太尉〕温

〔司徒〕昱

〔録尚書事〕昱

〔僕射〕尚　入朝，署僕射，尋還鎮。

〔吏部尚書〕彪之　遷領軍。

周閔

〔中書監〕昱

〔侍中〕統

〔中領軍〕閔　遷吏部。

〔領軍將軍〕王彪之

〔揚州刺史〕浩　二月，免爲庶人。

王述

〔丹陽尹〕王胡之

十一年乙卯

〔太宰〕晞

〔太尉〕温

〔司徒〕昱

〔録尚書事〕昱

〔左僕射〕周閔　七月命。

〔右僕射〕王彪之　七月命，尋以疾改太常。

〔吏部尚書〕閔　遷僕射，仍領吏部。

〔中書監〕昱
〔侍中〕統　正月卒。
〔領軍將軍〕彪之　遷僕射。
〔揚州刺史〕述
〔丹陽尹〕胡之

十二年丙辰

〔太宰〕晞
〔太尉〕温
〔司徒〕昱
〔録尚書事〕昱
〔左僕射〕閔
〔吏部尚書〕閔
〔中書監〕昱
〔揚州刺史〕述
〔丹陽尹〕胡之　出爲豫州刺史。

升平元年丁巳　正月，太后歸政。

〔太宰〕晞
〔太尉〕温
〔司徒〕昱
〔録尚書事〕昱
〔左僕射〕閔　遷護軍。
〔僕射〕王彪之　十二月命。
〔吏部尚書〕謝奕
〔中書監〕昱
〔領軍將軍〕王洽
〔護軍將軍〕周閔
〔揚州刺史〕述

二年戊午

〔太宰〕晞
〔太尉〕温
〔司徒〕昱
〔録尚書事〕昱
〔僕射〕彪之　出爲會稽内史。
江霦
〔吏部尚書〕范汪　遷領軍。
〔中書監〕昱
〔領軍將軍〕洽　卒。
范汪
〔護軍將軍〕閔
〔揚州刺史〕述

三年己未

〔太宰〕晞
〔太尉〕温
〔司徒〕昱
〔驃騎將軍〕琅邪王丕
〔車騎將軍〕東海王奕　俱十二月命。
〔録尚書事〕昱
〔僕射〕霦
〔中書監〕昱
〔侍中〕高崧
庾希
江逌
〔領軍將軍〕汪
〔揚州刺史〕述　十一月，加衛將軍。
〔丹陽尹〕孔嚴

四年庚申

〔太宰〕晞
〔太尉〕温
〔司徒〕昱
〔驃騎將軍〕丕

〔車騎將軍〕奕
〔衛將軍〕王述
〔録尚書事〕昱
〔僕射〕霦
〔中書監〕昱
〔侍中〕嵩
希
逌
〔領軍將軍〕汪
〔揚州刺史〕述
〔丹陽尹〕嚴
五年辛酉　五月，帝崩，琅邪王丕即位。
〔太宰〕晞
〔太尉〕温
〔司徒〕昱
〔驃騎將軍〕丕　五月，即帝位。
〔車騎將軍〕奕
〔衛將軍〕述
〔録尚書事〕昱
〔僕射〕霦
〔中書監〕昱
〔侍中〕嵩
逌　遷太常。
〔領軍將軍〕汪　五月，出爲兖州刺史。
〔揚州刺史〕述
〔丹陽尹〕庾龢
哀帝隆和元年壬戌
〔太宰〕晞
〔太尉〕温
〔司徒〕昱
〔車騎將軍〕奕　七月，進侍中、驃騎大將軍、開府。
〔衛將軍〕述
〔録尚書事〕昱
〔僕射〕霦
〔吏部尚書〕謝奉
〔中書監〕昱
〔侍中〕嵩
〔揚州刺史〕述
〔丹陽尹〕龢
興寧元年癸亥
〔太宰〕晞
〔大司馬〕桓温　五月，拜大司馬、侍中、都督中外諸軍事、録尚書事。
〔太尉〕温　五月，遷大司馬。
〔司徒〕昱
〔驃騎大將軍〕奕
〔衛將軍〕述
〔録尚書事〕昱
桓温
〔僕射〕霦
〔吏部尚書〕奉
〔中書監〕昱
〔侍中〕嵩
〔揚州刺史〕述
〔丹陽尹〕龢
二年甲子　三月，褚太后復臨朝。
〔太宰〕晞
〔大司馬〕温　五月，加揚州牧，召入輔政，不至。
〔司徒〕昱
〔驃騎大將軍〕奕
〔衛將軍〕述

〔録尚書事〕昱
　温
〔尚書令〕王述　五月命。
〔僕射〕霦
〔吏部尚書〕奉
〔中書監〕昱
〔揚州刺史〕述　五月，遷尚書令。
〔揚州牧〕桓温　五月領。
〔丹陽尹〕龢
三年乙丑　二月，帝崩，弟東海王奕即位。
〔太宰〕晞
〔大司馬〕温　正月，移鎮姑熟。
〔司徒〕昱
〔驃騎大將軍〕奕　二月，即帝位。
〔衛將軍〕述
〔録尚書事〕昱
　温
〔尚書令〕述
〔僕射〕霦　遷護軍。
　王彪之　十二月命。
〔中書監〕昱
〔領軍將軍〕王恪
〔護軍將軍〕江霦
〔揚州牧〕温
〔丹陽尹〕龢
廢帝太和元年丙寅
〔太宰〕晞
〔大司馬〕温
〔丞相〕琅邪王昱　十月命。
〔司徒〕昱　十月，拜丞相。
〔衛將軍〕述
〔録尚書事〕昱
　温
〔尚書令〕述
〔僕射〕彪之
〔中書監〕昱
〔領軍將軍〕恪
　庾龢
〔護軍將軍〕霦
〔揚州牧〕温
〔丹陽尹〕龢　遷領軍。
二年丁卯
〔丞相〕昱
〔太宰〕晞
〔大司馬〕温　十二月，加殊禮，位諸侯王上。
〔衛將軍〕述
〔録尚書事〕昱
　温
〔尚書令〕述
〔僕射〕彪之
〔中書監〕昱
〔領軍將軍〕龢
〔護軍將軍〕霦
　庾希　不就。
〔揚州牧〕温
三年戊辰
〔大司馬〕温
〔丞相〕昱
〔太宰〕晞
〔衛將軍〕述　八月卒。

〔録尚書事〕昱
温
〔尚書令〕述　八月卒。
〔僕射〕彪之
〔中書監〕昱
〔領軍將軍〕龢
〔揚州牧〕温

四年己巳

〔大司馬〕温
〔丞相〕昱
〔太宰〕晞
〔録尚書事〕昱
温
〔僕射〕彪之
〔中書監〕昱
〔揚州牧〕温

五年庚午

〔大司馬〕温
〔丞相〕昱
〔太宰〕晞
〔録尚書事〕昱
温
〔僕射〕彪之
〔中書監〕昱
〔揚州牧〕温

簡文帝咸安元年辛未　十一月，桓温廢帝，立琅邪王昱。

〔大司馬〕温　十一月，入朝，尋還鎮。
〔丞相〕昱　十一月，即帝位。
〔太宰〕晞　十一月，桓温廢徙新安。
〔録尚書事〕昱　十一月，即位。

温
〔僕射〕彪之
〔中書監〕昱
〔侍中〕謝安
王坦之
〔領軍將軍〕桓祕
〔揚州牧〕温

二年壬申　七月，帝崩，太子曜即位。

〔大司馬〕温
〔録尚書事〕温
〔僕射〕彪之
〔吏部尚書〕謝安
〔侍中〕安
坦之
王劭
〔領軍將軍〕祕
〔護軍將軍〕謝安
〔揚州牧〕温

孝武帝寧康元年癸酉　八月，褚太后復臨朝。

〔大司馬〕温　二月，入朝。尋還姑熟，七月死。
〔録尚書事〕温
〔尚書令〕王彪之　九月命，兼護軍。
〔僕射〕彪之　九月遷令。
謝安　九月命，仍領吏部。
〔吏部尚書〕安　九月，遷僕射，仍領吏部。
〔中書令〕王坦之　兼丹陽尹。
〔侍中〕坦之　十一月，遷中書令。
劭　遷領軍。
〔領軍將軍〕祕　二月，免。
王劭

〔護軍將軍〕安　九月，遷僕射。

王彪之

〔揚州牧〕温　七月死。

〔揚州刺史〕桓沖　七月，拜中軍將軍，都督揚、豫、江三州諸軍事，揚州、豫二州刺史，代兄鎮姑熟。

二年甲戌

〔尚書令〕彪之

〔僕射〕安

〔吏部尚書〕安

〔中書令〕坦之　二月，出鎮廣陵。

謝安　二月，僕射總中書事。

〔侍中〕王薈

王混　遷丹陽尹。

卞耽之

〔領軍將軍〕劭

〔護軍將軍〕彪之

〔揚州刺史〕沖

〔丹陽尹〕王坦之　出鎮廣陵。

王混

三年乙亥

〔尚書令〕彪之

〔僕射〕安　七月，加侍中，領揚州刺史。

〔吏部尚書〕安

〔中書令〕安

〔侍中〕薈

耽之

〔領軍將軍〕劭

〔護軍將軍〕彪之

〔揚州刺史〕沖　七月，解刺史，鎮京。

謝安　七月，僕射兼。

〔丹陽尹〕混

太元元年丙子　正月，太后歸政。

〔車騎將軍〕桓沖　正月命，鎮南徐。

〔録尚書事〕謝安　正月命。

〔尚書令〕彪之

〔僕射〕安　正月，加中書監、録尚書事。

〔吏部尚事〕安

〔中書令〕安　改中書監。

〔侍中〕薈

耽之

韓伯

〔領軍將軍〕劭

〔護軍將軍〕彪之

〔揚州刺史〕安

〔丹陽尹〕混

王劭

二年丁丑

〔司徒〕謝安　二月命。

〔驃騎將軍〕會稽王道子

〔車騎將軍〕沖　十月，改鎮荆州。

〔録尚書事〕安

〔尚書令〕彪之　加散騎常侍、左光禄大夫，十一月卒。

〔僕射〕王劭　十二月命，兼領軍。

〔吏部尚書〕王劭　十二月，遷僕射。

〔中書監〕安

〔侍中〕耽之

伯

〔領軍將軍〕劭　十二月命。

〔護軍將軍〕彪之　十一月卒。

江灌

〔揚州刺史〕安
〔丹陽尹〕劭　遷吏部。
三年戊寅
〔驃騎將軍〕道子
〔車騎將軍〕沖
〔録尚書事〕安
〔僕射〕劭
〔中書監〕安
〔侍中〕譙王恬
〔領軍將軍〕劭
〔揚州刺史〕安
四年己卯
〔驃騎將軍〕道子
〔車騎將軍〕沖
〔録尚書事〕安
〔僕射〕劭　出爲吴國内史。
王藴　八月命。
〔中書監〕安
〔侍中〕恬
王欣之
〔領軍將軍〕劭　出爲吴國内史。
〔中護軍〕王薈
〔揚州刺史〕安
五年庚辰
〔司徒〕安　固辭不拜，改衛將軍。
會稽王道子　六月命，不拜。
〔驃騎將軍〕道子
〔車騎將軍〕沖
〔衛將軍〕謝安　五月命，加開府儀同三司，録尚書、刺史如故。
〔録尚書事〕安
〔僕射〕藴
〔中書監〕安
〔侍中〕恬
欣之
〔中護軍〕薈
〔揚州刺史〕安
〔丹陽尹〕王藴
六年辛巳
〔司空〕郗愔　十一月命，不拜。
〔驃騎將軍〕道子
〔車騎將軍〕沖
〔衛將軍〕安
〔録尚書事〕安
〔僕射〕謝石　正月命。
〔中書監〕安
〔中護軍〕薈
〔揚州刺史〕安
七年壬午
〔驃騎將軍〕道子
〔車騎將軍〕沖
〔衛將軍〕安
〔録尚書事〕安
〔僕射〕石
〔吏部尚書〕陸納
〔中書監〕安
〔侍中〕謝琰
〔中領軍〕謝輶
〔中護軍〕薈
〔揚州刺史〕安
八年癸未　九月，苻堅入寇，大敗，引還。

〔司徒〕會稽王道子　九月，驃騎將軍、開府儀同三司、領司徒、録尚書六條事。
〔驃騎將軍〕道子　九月，領司徒。
〔車騎將軍〕沖
〔衛將軍〕安
〔録尚書事〕安
　會稽王道子　九月命。
〔尚書令〕謝石　十二月命。
〔僕射〕石　九月，出禦秦師。十二月，遷令。
　陸納
〔吏部尚書〕納　十二月，遷僕射。
〔中書監〕安
〔侍中〕琰
〔中領軍〕輶
〔中護軍〕薈　出爲吴國内史。
〔揚州刺史〕安

九年甲申

〔太保〕謝安　三月拜。九月，北征，都督揚江十五州軍事，假黄鉞，鎮廣陵。
〔司徒〕道子
〔車騎將軍〕沖　二月卒。
〔衛將軍〕安　三月，拜太保。
〔録尚書事〕安
　道子
〔尚書令〕石
〔僕射〕納
〔中書監〕安
〔中書令〕王獻之
〔侍中〕車胤
　王國寶
〔揚州刺史〕安

十年乙酉

〔太保〕安　八月卒。
〔司徒〕道子　八月，領揚州刺史，都督中外諸軍、録尚書事。
〔衛將軍〕謝石　八月，拜衛將軍、開府儀同三司。
〔録尚書事〕安　八月卒。
　道子
〔尚書令〕石　八月，拜衛將軍。
〔僕射〕納
〔中書監〕安　八月卒。
〔中書令〕獻之
〔侍中〕胤
　國寶
　張玄
〔揚州刺史〕安　八月卒。
　會稽王道子　驃騎領。

十一年丙戌

〔司徒〕道子
〔衛將軍〕石
〔録尚書事〕道子
〔尚書令〕石
〔僕射〕納　四月，遷左。
〔右僕射〕譙王恬　四月命。
〔吏部尚書〕張玄
〔中書令〕獻之　卒。
　王珉　侍中兼。
〔侍中〕胤
　國寶
　玄　遷吏部。
　王珉　遷中書令。

〔揚州刺史〕道子

十二年丁亥

〔司徒〕道子

〔衛將軍〕石

〔録尚書事〕道子

〔尚書令〕石

〔左僕射〕納

恬

〔吏部尚書〕玄　出守吴興。

〔中書令〕珉

〔侍中〕胤

國寶

王恂

庾準

〔揚州刺史〕道子

〔丹陽尹〕王恭

十三年戊子

〔司徒〕道子

〔衛將軍〕石　十二月卒。

〔録尚書事〕道子

〔尚書令〕石　十二月卒。

〔左僕射〕納

恬

〔中書令〕珉　卒。

王恭

〔侍中〕胤

國寶

準　出爲豫州刺史。

孔安國

〔揚州刺史〕道子

〔丹陽尹〕恭　遷中書令。

十四年己丑

〔司徒〕道子

〔録尚書事〕道子

〔尚書令〕陸納　九月命。

〔左僕射〕納　九月，遷令。

恬　四月，出督兖、冀諸州。

〔僕射〕王珣　九月命。

〔吏部尚書〕王珣　九月，僕射領。

〔中書令〕恭

〔侍中〕胤

國寶

安國

庾楷

〔揚州刺史〕道子

十五年庚寅

〔司徒〕道子

〔録尚書事〕道子

〔尚書令〕納

〔僕射〕珣

〔吏部尚書〕珣

〔中書令〕恭　二月，出鎮南徐。

王國寶　九月命，兼領軍。

〔侍中〕國寶　遷中書令。

安國

楷　出爲豫州刺史。

〔領軍將軍〕王國寶

〔揚州刺史〕道子

十六年辛卯

〔司徒〕道子

〔録尚書事〕道子
〔尚書令〕納
〔僕射〕珣　九月，遷左。
〔右僕射〕謝琰　九月命。
〔吏部尚書〕珣
〔中書令〕國寶
〔侍中〕安國
〔領軍將軍〕國寶
〔揚州刺史〕道子

十七年壬辰

〔司徒〕道子
〔録尚書事〕道子
〔尚書令〕納
〔左僕射〕珣
〔右僕射〕琰
〔吏部尚書〕珣
〔中書令〕國寶
〔侍中〕安國
〔領軍將軍〕國寶
〔揚州刺史〕道子

十八年癸巳

〔司徒〕道子
〔録尚書事〕道子
〔尚書令〕納
〔左僕射〕珣
〔右僕射〕琰
〔吏部尚書〕珣
〔中書令〕國寶
〔侍中〕安國
〔領軍將軍〕國寶
〔揚州刺史〕道子
〔丹陽尹〕王雅

十九年甲午

〔司徒〕道子
〔録尚書事〕道子
〔尚書令〕納
〔左僕射〕珣
〔吏部尚書〕珣
〔中書令〕國寶
〔侍中〕虞嘯父
〔領軍將軍〕國寶
〔揚州刺史〕道子
〔丹陽尹〕雅

二十年乙未

〔司徒〕道子
〔録尚書事〕道子
〔尚書令〕納　二月卒。
〔左僕射〕珣
〔吏部尚書〕珣
〔中書令〕國寶
〔侍中〕嘯父
　王愷
〔領軍將軍〕國寶
〔護軍將軍〕車胤
〔揚州刺史〕道子
〔丹陽尹〕雅

二十一年丙申　九月，帝崩，太子德宗即位。

〔太傅〕會稽王道子　九月命，不拜。
〔司徒〕道子
〔録尚書事〕道子

〔左僕射〕珣
〔吏部尚書〕珣
〔中書令〕國寶
〔侍中〕愷
王爽
〔領軍將軍〕國寶
〔護軍將軍〕胤
〔揚州刺史〕道子
〔丹陽尹〕雅
〔司徒〕道子
〔録尚書事〕道子

安帝隆安元年丁酉　四月，王恭、庾楷舉兵犯闕。

〔尚書令〕王恂　正月命。
〔左僕射〕珣　正月，遷令。
〔僕射〕王國寶　正月命，四月誅。
〔吏部尚書〕珣
〔中書令〕國寶　正月，遷僕射。
〔侍中〕愷　四月免。
爽
司馬元顯
〔領軍將軍〕國寶　正月，遷僕射。
王雅
〔護軍將軍〕胤　遷丹陽尹。
〔揚州刺史〕道子
〔丹陽尹〕雅　遷領軍。
車胤

二年戊戌　九月，王恭、殷仲堪、桓玄等復犯闕。

〔司徒〕道子
〔衛將軍〕琅邪王德文　衛將軍、開府儀同三司，十一月命。
〔録尚書事〕道子
〔尚書令〕珣
〔僕射〕王雅　十一月命。
〔侍中〕爽
元顯
〔領軍將軍〕雅　十一月，遷僕射。
司馬元顯
〔護軍將軍〕王凝之　出守會稽。
桓修
〔揚州刺史〕道子
〔丹陽尹〕王愷
司馬恢之

三年己亥

〔司徒〕道子　四月解。
琅邪王德文　四月命。
〔衛將軍〕德文　四月，拜司徒。
王恂
〔録尚書事〕道子　四月解。
會稽世子元顯　四月命。
〔尚書令〕珣　四月，加衛將軍。
〔僕射〕雅
〔中書令〕司馬元顯　四月命。
〔侍中〕桓石生
〔領軍將軍〕元顯　四月，遷揚州刺史。
孔安國
〔護軍將軍〕修
〔揚州刺史〕道子
司馬元顯　四月，代父爲刺史。
〔丹陽尹〕恢之

四年庚子

〔司徒〕德文

〔衛將軍〕珣　五月卒。
〔録尚書事〕元顯　十二月，改尚書令。
〔尚書令〕珣　五月卒。
〔僕射〕雅　八月卒。
〔左僕射〕何澄　六月命。
〔吏部尚書〕車胤　十二月，自殺。
〔中書令〕元顯
〔領軍將軍〕安國
〔護軍將軍〕修
〔揚州刺史〕元顯　十一月，加後將軍、開府儀同三司，都督揚、江十六州諸軍事。
〔丹陽尹〕恢之

五年辛丑　六月，孫恩寇京師。

〔太傅〕會稽王道子　太傅、侍中。
〔司徒〕德文
〔尚書令〕元顯
〔左僕射〕澄
〔中書令〕元顯
〔侍中〕王謐
　王楨之
〔領軍將軍〕安國
　武陵王遵
〔護軍將軍〕修
〔揚州刺史〕元顯
〔丹陽尹〕恢之　徙廣州，被殺。

元興元年壬寅　三月，桓玄陷京師。四月，出鎮姑熟。

〔丞相〕桓玄　三月，自爲丞相、侍中、録尚書事，僞辭不拜。
〔太宰〕琅邪王德文　三月命。
〔太傅〕道子　三月，廢徙安成，被殺。
〔太尉〕桓玄　三月，辭丞相，改太尉，總百揆。
〔司徒〕德文　三月，拜太宰。
〔驃騎大將軍〕司馬元顯　正月，拜驃騎大將軍、征討大都督，禦桓玄。三月，被殺。
〔尚書令〕元顯　三月，被殺。
　桓謙　三月命。
〔左僕射〕澄　三月免，尋卒。
〔吏部尚書〕王謐　三月命。
〔中書令〕元顯
　王謐　三月命，兼吏部領軍。
〔侍中〕謐　三月，遷中書令。
〔領軍將軍〕遵
　王謐　三月命。
〔護軍將軍〕修　三月，出督徐、兖二州。
　虞嘯父
〔揚州刺史〕元顯
〔揚州牧〕桓玄　三月領。
〔丹陽尹〕卞範之　三月命。

二年癸卯　十一月，桓玄篡位。

〔太宰〕德文　十一月，解職，降封縣公。
〔太尉〕玄　正月，改大將軍。八月，自號相國，封楚王。十一月，篡位。
〔司徒〕王謐　九月，中書監領。
〔衛將軍〕桓謙　九月命。
〔撫軍大將軍〕桓修
〔尚書令〕謙　九月，加衛將軍、侍中、録尚書事。
〔僕射〕王愉　十二月命。
〔吏部尚書〕謐
　桓胤　十一月命。
〔中書令〕謐　九月，改監領司徒。
　桓胤　九月命。十一月，遷吏部。
　王綏　十二月命。

〔侍中〕殷仲文　領左衛將軍。
〔領軍將軍〕謐　九月解。
王嘏
〔護軍將軍〕嘯父　出守會稽。
〔揚州牧〕玄　十一月，篡位。
〔揚州刺史〕桓謙
〔丹陽尹〕範之　加侍中、後將軍。

三年甲辰　二月，劉裕等起兵討玄。三月，玄敗走。五月，伏誅。帝在江陵。

〔大將軍〕武陵王遵　三月，車駕未返，劉裕等奉遵爲侍中、大將軍，承制總百官。
〔司徒〕謐　三月，加侍中，領揚州刺史、録尚書事、領司徒加故。
〔衛將軍〕謙　三月，奔江陵。
〔撫軍大將軍〕修　鎮京口，爲義軍所殺。
〔録尚書事〕謙　三月，出奔。
王謐
〔僕射〕愉　三月，謀殺劉裕，與子綏族誅。
〔吏部尚書〕胤　三月，隨玄出奔。
〔中書監〕謐
〔中書令〕綏　三月，伏誅。
謝混
〔侍中〕仲文　隨玄出奔，尋反正，除尚書。
〔領軍將軍〕嘏
〔揚州刺史〕謙　三月，出奔。
王謐　三月命。
〔丹陽尹〕範之　三月，隨玄出奔。
孟昶

義熙元年乙巳　正月，江陵破，帝旋軫。三月，至京師。

〔太保〕遵　三月拜。
〔大司馬〕琅邪王德文　三月拜。
〔司徒〕謐
〔車騎將軍〕劉裕　三月，拜車騎將、侍中、都督十六州軍事。
〔撫軍將軍〕劉毅　撫軍將軍、持節都督。
〔後將軍〕何無忌　後將軍、持節都督。
〔録尚書事〕謐
〔中書令〕混
〔侍中〕孔靖
袁恪之
〔揚州刺史〕謐
〔丹陽尹〕昶

二年丙午

〔太保〕遵
〔大司馬〕德文
〔司徒〕謐
〔車騎將軍〕裕
〔録尚書事〕謐
〔左僕射〕孔安國　十月命。
〔中書令〕混　遷領軍。
〔侍中〕靖
〔領軍將軍〕謝混
〔揚州刺史〕謐
〔丹陽尹〕昶

三年丁未

〔太保〕遵
〔大司馬〕德文
〔司徒〕謐　十二月死。
〔車騎將軍〕裕
〔録尚書事〕謐　十二月死。
〔左僕射〕安國
〔吏部尚書〕孟昶
〔領軍將軍〕混

〔揚州刺史〕謐　十二月死。
〔丹陽尹〕袒
四年戊申
〔太保〕遵
〔大司馬〕德文　正月，領司徒。
〔司徒〕琅邪王德文　正月，大司馬領。
〔車騎將軍〕裕　正月，加開府儀同三司、録尚書事，領揚州。
〔録尚書事〕劉裕　正月命。
〔左僕射〕安國　四月卒。
　孟袒　四月命。
〔吏部尚書〕袒　遷僕射。
〔領軍將軍〕混
〔揚州刺史〕劉裕　正月，車騎領。
〔丹陽尹〕袒
五年己酉　三月，劉裕伐南燕。
〔大司馬〕德文
〔司徒〕德文
〔車騎將軍〕裕
〔衛將軍〕劉毅　正月，拜開府儀同三司，鎮姑熟。
〔録尚書事〕裕
〔左僕射〕袒
〔右僕射〕劉柳
〔侍中〕袁湛
〔領軍將軍〕混
〔揚州刺史〕裕
〔丹陽尹〕袒
六年庚戌　二月，南燕平，盧循寇京師。七月，敗還廣州。
〔大司馬〕德文
〔司徒〕德文
〔車騎將軍〕裕
〔衛將軍〕毅　五月，敗貶後將軍。
〔録尚書事〕裕
〔左僕射〕袒　五月卒。
　謝混
〔右僕射〕柳
〔侍中〕湛
〔領軍將軍〕混　遷僕射。
〔中領軍〕吴隱之
〔揚州刺史〕裕
〔丹陽尹〕袒
　袁豹
七年辛亥
〔大司馬〕德文
〔太尉〕劉裕　三月命。
〔司徒〕德文
〔車騎將軍〕劉裕　三月，拜太尉。
〔録尚書事〕裕
〔左僕射〕混
〔右僕射〕柳
〔吏部尚書〕謝裕
〔中書監〕劉裕　太尉領。
〔侍中〕湛　遷太尉長史。
　范太
〔中領軍〕隱之
〔揚州刺史〕裕
〔丹陽尹〕豹
　郗僧施
八年壬子　十二月，劉裕遣將伐蜀。
〔大司馬〕德文
〔太尉〕裕
〔司徒〕德文
〔録尚書事〕裕

〔左僕射〕混　九月，爲劉裕所殺。
〔僕射〕孔靖　二月命，不就。
〔右僕射〕柳
〔吏部尚書〕裕　遷領軍。
劉穆之
〔中書監〕裕
〔侍中〕太
褚秀之
〔中領軍〕隱之　致仕。
〔領軍將軍〕謝裕
〔揚州刺史〕裕
〔丹陽尹〕僧施　四月，出爲南蠻校尉。
劉穆之

九年癸丑　七月，蜀平。
〔大司馬〕德文
〔太尉〕裕
〔司徒〕德文
〔録尚書事〕裕
〔右僕射〕柳
〔吏部尚書〕穆之
〔中書監〕裕
〔領軍將軍〕裕
〔揚州刺史〕裕
〔丹陽尹〕穆之

十年甲寅
〔大司馬〕德文
〔太尉〕裕
〔司徒〕德文
〔録尚書事〕裕
〔右僕射〕柳
劉穆之
〔吏部尚書〕穆之　遷僕射，仍領選事。
〔中書監〕裕
〔中書令〕袁湛
〔領軍將軍〕裕
孔靖
〔揚州刺史〕裕
〔丹陽尹〕穆之　遷僕射，尹如故。

十一年乙卯
〔大司馬〕德文
〔太尉〕裕
〔司徒〕德文
〔録尚書事〕裕
〔尚書令〕劉柳
〔左僕射〕謝裕　正月命，八月卒。
〔右僕射〕柳　遷令。
穆之　八月，遷左。
〔僕射〕袁湛
〔吏部尚書〕穆之
〔中書監〕裕
〔中書令〕湛　遷僕射。
〔侍中〕王敬弘
〔領軍將軍〕靖
〔揚州刺史〕裕
〔丹陽尹〕穆之

十二年丙辰　八月，劉裕伐秦。
〔大司馬〕德文
〔太尉〕裕　正月，加都督二十二州軍事。八月，伐秦。
〔司徒〕德文
〔録尚書事〕裕
〔尚書令〕柳　六月卒。
〔左僕射〕穆之

〔僕射〕湛

〔吏部尚書〕穆之

〔中書監〕裕

〔侍中〕敬弘

〔領軍將軍〕靖　遷金紫光禄大夫。

〔揚州刺史〕裕

〔丹陽尹〕穆之

十三年丁巳　八月，秦平。

〔大司馬〕德文

〔太尉〕裕

〔司徒〕德文

〔録尚書事〕裕

〔左僕射〕穆之　十一月卒。

〔僕射〕湛

〔吏部尚書〕穆之

徐羨之

〔中書監〕裕

〔侍中〕敬弘　遷度支尚書。

孔琳之

〔中領軍〕劉懷慎　九月命。

〔揚州刺史〕裕

〔丹陽尹〕穆之　十一月卒。

徐羨之

十四年戊午　十二月，劉裕弑帝，立琅邪王德文。

〔大司馬〕德文　十二月，即帝位。

〔相國〕劉裕　六月拜，封宋公。

〔太尉〕裕　六月，還京，拜相國。

〔司徒〕德文

〔驃騎將軍〕劉道憐

〔録尚書事〕裕

〔僕射〕湛　十二月卒。

徐羨之

〔吏部尚書〕羨之

〔中書監〕裕

〔侍中〕琳之　改宋國侍中。

臧燾

〔中領軍〕懷慎

劉義欣

〔揚州刺史〕裕

〔丹陽尹〕羨之

恭帝元熙元年己未

〔相國〕裕　正月，召入朝。七月，封宋王。

〔司空〕劉道憐　正月命，鎮南徐。

〔驃騎將軍〕道憐　正月，拜司空。

〔僕射〕羨之

〔吏部尚書〕羨之

〔中書監〕裕

〔侍中〕燾　謝病歸。

〔中領軍〕義欣

〔護軍將軍〕范太

〔揚州刺史〕裕　十二月解。

劉義真　裕子，代父任。

〔丹陽尹〕羨之

二年庚申　六月，禪位于宋。

〔相國〕裕

〔司空〕道憐

〔僕射〕羨之

〔吏部尚書〕羨之

〔侍中〕劉叡

〔中領軍〕義欣

〔護軍將軍〕太

〔揚州刺史〕義真

《宋將相大臣年表》

清萬斯同撰

高祖永初元年庚申　六月，劉裕篡位。　魏明元帝泰常五年

〔丞相〕

〔太宰〕

〔太傅〕

〔太保〕

〔大司馬〕

〔大將軍〕

〔太尉〕長沙王道憐　六月拜，鎮南徐。

〔司徒〕

〔司空〕

〔驃騎將軍〕

〔車騎將軍〕

〔衛將軍〕

〔録尚書事〕

〔尚書令〕

〔左僕射〕

〔右僕射〕（或止置僕射一人）

〔僕射〕徐羨之　兼丹陽尹。

〔吏部尚書〕

〔中書監〕

〔中書令〕傅亮　加侍中，兼太子詹事。

〔侍中〕謝晦　兼領軍。

　臨川王義慶

　謝方明

　褚淡之

〔領軍將軍〕

〔護軍將軍〕檀道濟

　（資淺者爲中領軍、中護軍）

〔中領軍〕謝晦

〔揚州刺史〕廬陵王義真

二年辛酉　九月，弒晉零陵王。

〔太尉〕道憐

〔司徒〕廬陵王義真　正月拜。

〔尚書令〕徐羨之　正月拜，兼揚州刺史。

〔僕射〕羨之　正月，遷令。

　傅亮　正月拜。

〔中書令〕亮　正月，遷僕射，兼中書令。

〔侍中〕晦　解侍中。

　義慶

　方明

　淡之　出守會稽。

　阮萬齡

　王敬弘

〔護軍將軍〕道濟　兼丹陽尹。

〔中領軍〕晦

〔揚州刺史〕義真　正月，拜司徒。

　徐羨之

三年壬戌　五月，帝殂，太子義符即位。

〔太尉〕道憐　六月卒。

〔司徒〕義真　三月，改車騎。

〔司空〕徐羨之　正月，拜司空，録尚書事。

〔車騎將軍〕廬陵王義真　侍中、開府儀同三司，鎮南豫州。

〔衛將軍〕王弘　正月，拜衛將軍、開府儀同三司，仍鎮江州。

〔尚書令〕羨之　正月，遷司空，録尚書事。

　傅亮　六月拜，兼中書監、護軍將軍。

〔僕射〕傅亮　六月，遷令。

〔吏部尚書〕王敬弘
王惠
〔中書令〕亮　六月，遷監。
謝晦　六月命，兼領軍。
〔侍中〕義慶
方明　六月，遷丹陽尹。
萬齡　解。
敬弘　改吏部。
王韶之
程道惠
〔護軍將軍〕道濟　三月，出鎮南兗。
傅亮　六月，尚書令兼。
〔中領軍〕晦　正月，進領軍將軍。
〔揚州刺史〕羨之
廢帝景平元年癸亥
〔司空〕羨之
〔車騎將軍〕義真
〔衞將軍〕弘
〔録尚書事〕羨之
〔尚書令〕亮
〔吏部尚書〕惠
〔中書監〕亮
〔中書令〕晦
〔侍中〕義慶
韶之　出守吴興。
道惠
王琇
〔領軍將軍〕晦
〔護軍將軍〕亮　解。
劉懷慎

〔揚州刺史〕羨之
二年甲子　五月，徐羨之等廢帝，立其弟宜都王義隆，改是年爲元嘉元年
〔司空〕羨之　八月，遷司徒。
王弘　八月拜，固辭不受。
〔驃騎將軍〕彭城王義康　鎮南徐。
〔車騎將軍〕義真　二月，廢爲庶人，尋被殺。
〔衞將軍〕弘
〔録尚書事〕羨之
〔尚書令〕亮　八月，加左光禄大夫、開府儀同三司。
〔吏部尚書〕惠
〔中書監〕亮
〔中書令〕晦　八月，出鎮荆州。
〔侍中〕義慶　遷祕書監。
道惠
琇
殷景仁
王曇首　八月命，領驍騎。
王華　八月命，領右衞。
〔領軍將軍〕晦　八月，出鎮荆州。
〔中領軍〕到彦之　八月命。
〔護軍將軍〕懷慎　卒。
趙倫之
〔揚州刺史〕羨之
文帝元嘉二年乙丑
〔司徒〕羨之　正月，歸政。
〔驃騎將軍〕義康　八月，加開府儀同三司。
〔衞將軍〕弘　八月，拜車騎大將軍、開府儀同三司，仍鎮江州。
謝晦　八月拜，仍鎮荆州。
〔録尚書事〕羨之

〔尚書令〕亮　正月，歸政。
〔吏部尚書〕惠
〔中書監〕亮
〔侍中〕道惠
　景仁　領左衛。
　曇首
　華
　王淮之
〔領軍將軍〕彥之
〔護軍將軍〕倫之
〔揚州刺史〕羨之

三年丙寅

〔司徒〕羨之　正月誅。
　王弘　正月，拜司徒、録尚書事，兼侍中、揚州刺史。
〔驃騎將軍〕義康　正月，改鎮荆州。
〔車騎大將軍〕弘　正月，拜司徒。
〔衛將軍〕晦　正月，舉兵反，兵敗伏誅。
〔録尚書事〕羨之
　王弘　司徒、録尚書事。
〔尚書令〕亮　正月，伏誅。
〔左僕射〕王敬弘　二月拜。
〔右僕射〕鄭鮮之　二月拜。
〔吏部尚書〕惠　卒。
　王淮之
〔中書監〕亮
〔侍中〕景仁
　曇首
　華　六月，兼護軍。
　淮之　遷都官尚書。
　范泰
〔領軍將軍〕彥之　正月，討謝晦。五月，鎮南豫州。
〔護軍將軍〕倫之　六月，遷領軍。
　王華　六月，侍中兼。
〔揚州刺史〕羨之　正月誅。
　王弘

四年丁卯

〔司徒〕弘
〔驃騎將軍〕義康
〔録尚書事〕弘
〔左僕射〕敬弘
〔右僕射〕鮮之　三月卒。
〔吏部尚事〕淮之　遷丹陽尹。
　江夷
〔侍中〕景仁
　曇首
　華　五月卒。
　泰
　劉湛
〔領軍將軍〕倫之
〔護軍將軍〕華　五月卒。
　殷穆　六月命。
〔揚州刺史〕弘

五年戊辰

〔司徒〕弘　六月，改衛將軍、開府儀同三司、録尚書，侍中、刺史如故。
〔驃騎將軍〕義康
〔衛將軍〕王弘　六月，拜衛將軍，仍録尚書事。
〔録尚書事〕弘
〔左僕射〕敬弘
〔吏部尚書〕夷
〔侍中〕景仁

曇首　兼詹事。
泰　八月卒。
湛
〔領軍將軍〕倫之　十二月卒。
〔護軍將軍〕穆
〔揚州刺史〕弘

六年己巳

〔司徒〕彭城王義康　正月，拜司徒、侍中、録尚書事，領南徐州刺史。
〔驃騎將軍〕義康　正月，拜司徒。
〔衛將軍〕弘
〔録尚書事〕弘　解。
彭城王義康　司徒、侍中、録尚書事。
〔尚書令〕王敬弘　四月命，固辭不拜。
〔左僕射〕敬弘　四月，遷令。
臨川王義慶　四月拜。
〔右僕射〕江夷　四月拜。
〔侍中〕景仁　三月，遷領軍。
曇首
湛　正月，出爲南蠻校尉，行荆州府事。
謝弘微　領右衛。
〔領軍將軍〕殷景仁　三月命，十月，丁憂。
〔護軍將軍〕穆
〔揚州刺史〕弘

七年庚午　三月，遣左將軍到彦之伐魏，盡得河南之地。十月，魏出師來拒，諸將相繼敗。

〔司徒〕義康
〔衛將軍〕弘
〔録尚書事〕義康
〔左僕射〕義慶
〔右僕射〕夷
〔侍中〕曇首　卒。
弘微
王球
陸仲先
〔領軍將軍〕景仁　三月起。
〔護軍將軍〕穆
〔揚州刺史〕弘

八年辛未　二月，魏盡復河南地。

〔司徒〕義康
〔衛將軍〕弘
〔録尚書事〕義康
〔左僕射〕義慶　八月，加中書令，丹陽尹如故。
〔右僕射〕夷　三月，出爲湘州刺史。
〔中書令〕臨川王義慶　八月，僕射兼。
〔侍中〕弘微　解右衛，領太子右率。
球
仲先
劉遵考
〔領軍將軍〕景仁
〔護軍將軍〕穆
〔揚州刺史〕弘

九年壬申

〔太保〕王弘　三月拜，五月卒。
〔司徒〕義康　六月，領揚州刺史，解侍中。
〔司空〕檀道濟　三月拜，仍鎮江州。
〔衛將軍〕弘　三月，拜太保。
〔録尚書事〕義康
〔左僕射〕義慶　六月，出爲荆州刺史。
〔僕射〕殷景仁　七月拜。
〔中書監〕南譙王義宣　六月命。

〔中書令〕義慶　六月，出爲荆州刺史。
王球　兼侍中。
〔侍中〕弘微
球　遷中書令，兼侍中。
遵考
丘淵之
〔領軍將軍〕景仁　七月，遷僕射。
劉湛　七月命。
〔護軍將軍〕穆　四月，遷右光禄大夫。
到彦之　四月命。
〔揚州刺史〕弘　三月，拜太保，仍領揚州。五月卒。
彭城王義康　六月，司徒領。

十年癸酉

〔司徒〕義康
〔司空〕道濟
〔録尚書事〕義康
〔僕射〕景仁
〔中書監〕義宣
〔中書令〕球
〔侍中〕弘微　卒。
球
淵之
王孺
〔領軍將軍〕湛
〔護軍將軍〕彦之　八月卒。
〔揚州刺史〕義康

十一年甲戌

〔司徒〕義康
〔司空〕道濟
〔録尚書事〕義康
〔僕射〕景仁
〔中書監〕義宣
〔中書令〕球
〔侍中〕球
孺
何勖
〔領軍將軍〕湛
〔揚州刺史〕義康

十二年乙亥

〔司徒〕義康
〔司空〕道濟
〔録尚書事〕義康
〔僕射〕景仁　四月，兼中書令、中護軍，尋加領吏部。
〔吏部尚書〕王球
〔中書監〕義宣
〔中書令〕球　改吏部。
殷景仁　四月，僕射兼。
〔侍中〕球　改吏部。
孺
勖
何尚之
〔領軍將軍〕湛　四月，兼詹事。
〔護軍將軍〕殷景仁　四月，僕射兼。
〔揚州刺史〕義康

十三年丙子

〔司徒〕義康
〔司空〕道濟　三月，被殺。
〔録尚書事〕義康
〔僕射〕景仁　謝病。
〔吏部尚書〕球

〔中書監〕義宣　三月，出爲江州刺史。
〔中書令〕景仁
〔侍中〕尚之　遷丹陽尹。
王練
〔領軍將軍〕湛
〔護軍將軍〕景仁
〔揚州刺史〕義康

十四年丁丑

〔司徒〕義康
〔録尚書事〕義康
〔僕射〕景仁
〔吏部尚書〕球
〔中書令〕景仁
〔侍中〕練
范晏
〔領軍將軍〕湛
〔護軍將軍〕景仁
〔揚州刺史〕義康

十五年戊寅

〔司徒〕義康
〔録尚書事〕義康
〔僕射〕景仁
〔吏部尚書〕球
〔中書令〕景仁
〔侍中〕劉遵考　領左衛。
〔領軍將軍〕湛
〔護軍將軍〕景仁
〔揚州刺史〕義康

十六年己卯

〔大將軍〕彭城王義康　正月拜，領司徒，仍録尚書事。
〔司徒〕義康　正月，拜大將軍。
〔司空〕江夏王義恭　正月拜，仍領南兖。
〔録尚書事〕義康
〔僕射〕景仁
〔吏部尚書〕球　遷光禄。
〔中書令〕景仁
〔侍中〕遵考　八月，出爲豫州刺史。
〔領軍將軍〕湛　兼丹陽尹。
〔護軍將軍〕景仁
〔揚州刺史〕義康

十七年庚辰

〔大將軍〕義康　十月，出鎮江州，大將軍如故。
〔司空〕義恭　十月，召拜司徒、録尚書事、侍中，領太子太傅。
〔録尚書事〕義康　十月解。
江夏王義恭　司徒録。
〔僕射〕景仁　十一月卒。
王球　十二月拜。
〔吏部尚書〕何尚之
〔中書令〕景仁　十一月卒。
〔侍中〕孟顗
〔領軍將軍〕湛　五月，母喪去職。十月，下獄誅。
劉義融　十一月命。
〔護軍將軍〕景仁　十月，遷揚州刺史。
〔中護軍〕徐湛之　十一月命。
〔揚州刺史〕義康　十月，出鎮江州。
殷景仁　十月命，十一月卒。
始興王濬　十二月命。

十八年辛巳

〔大將軍〕義康
〔司徒〕義恭

〔録尚書事〕義恭
〔僕射〕球　十一月卒。
孟顗　十一月拜。
〔吏部尚書〕尚之
〔侍中〕孟顗　十一月，遷僕射。
庾炳之
徐湛之
〔領軍將軍〕義融　六月卒。
趙伯符　七月命。
〔中護軍〕湛之　兼侍中。
〔揚州刺史〕濬

十九年壬午

〔大將軍〕義康
〔司徒〕義恭
〔録尚書事〕義恭
〔僕射〕顗
〔吏部尚書〕尚之
〔侍中〕炳之
湛之
〔領軍將軍〕伯符
〔中護軍〕湛之
〔揚州刺史〕濬

二十年癸未

〔大將軍〕義康
〔司徒〕義恭
〔録尚書事〕義恭
〔僕射〕顗
〔吏部尚書〕尚之
〔侍中〕炳之
湛之
沈演之
劉義宗
〔領軍將軍〕伯符
〔中護軍〕湛之
庾登之　二月命，五月卒。
〔揚州刺史〕濬

二十一年甲申

〔大將軍〕義康
〔司徒〕義恭　二月，拜太尉，仍領司徒、録尚書事。
〔録尚書事〕義恭
〔僕射〕顗
〔吏部尚書〕尚之　二月，遷中書令。
〔中書令〕何尚之　二月，兼中護軍。
〔侍中〕炳之
湛之　遷丹陽尹。
演之　二月，遷中領軍。
義宗　正月，出爲南兗州刺史。
王僧朗
〔領軍將軍〕伯尹　二月，出爲豫州刺史。
〔中領軍〕沈演之　二月命。
〔中護軍〕何尚之　二月，中書兼。
〔揚州刺史〕濬

二十二年乙酉　十二月，太子詹事范曄等謀反，伏誅。

〔大將軍〕義康　十二月，廢爲庶人。
〔太尉〕義恭
〔録尚書事〕義恭
〔僕射〕顗　七月，改左。
〔右僕射〕何尚之　七月拜。
〔中書令〕尚之　七月，遷僕射。
徐湛之

〔侍中〕炳之
僧朗　二月，出爲湘州刺史。
蕭思話　正月命。
〔中領軍〕演之
〔中護軍〕尚之　七月，遷僕射。
〔護軍將軍〕臧質　七月命。十二月，出守義興。
趙伯符　十二月命。
〔揚州刺史〕濬

二十三年丙戌

〔太尉〕義恭
〔録尚書事〕義恭
〔左僕射〕顗　正月罷。
〔右僕射〕尚之
〔中書令〕湛之
〔侍中〕炳之
思話
何瑀之
〔中領軍〕演之
〔護軍將軍〕伯符
〔揚州刺史〕濬

二十四年丁亥

〔太尉〕義恭
〔録尚書事〕義恭
〔右僕射〕尚之
〔吏部尚書〕庾炳之
〔中書令〕湛之　八月，出鎮南兗。
〔侍中〕炳之　遷吏部。
思話　領左衛。
瑀之
〔中領軍〕演之　九月，進將軍。
〔護軍將軍〕伯符　三月解。
〔中護軍〕建平王宏　十月命。
〔揚州刺史〕濬

二十五年戊子

〔太尉〕義恭
〔司空〕南譙王義宣　六月拜，仍鎮荆州。
〔録尚書事〕義恭
〔右僕射〕尚之　九月，遷左。
〔吏部尚書〕炳之　又二月免。
沈演之
〔侍中〕思話　四月，出鎮雍州。
瑀之
江湛　領左衛。
何攸之
孔㞷〔山士〕
〔領軍將軍〕演之　四月，遷吏部。
劉遵考　九月命。
〔中護軍〕宏
〔揚州刺史〕濬

二十六年己酉

〔太尉〕義恭
〔司空〕義宣
〔録尚書事〕義恭
〔左僕射〕尚之
〔吏部尚書〕演之　三月卒。
〔侍中〕瑀之　卒。
蕭思話
湛
攸之
褚湛之

廬江王禕
〔領軍將軍〕遵考
〔中護軍〕宏　八月，出爲江州刺史。
〔揚州刺史〕濬　十月，出鎮徐、兗二州。
廬陵王紹

二十七年庚寅

〔太尉〕義恭
〔司空〕義宣
〔録尚書事〕義恭　解。
〔左僕射〕尚之
〔吏部尚書〕思話　二月，遷護軍。
江湛
〔侍中〕湛　二月，遷吏部。
攸之
禕
蕭斌　六月，出鎮青、冀二州。
湛之
〔領軍將軍〕遵考
〔護軍將軍〕蕭思話　二月命。
〔揚州刺史〕紹

二十八年辛卯

〔太尉〕義恭　二月，北征，師敗，貶驃騎。
〔司空〕義宣
〔驃騎將軍〕江夏王義恭　二月，拜驃騎、開府儀同三司，鎮南兗。
〔尚書令〕何尚之　五月拜，領詹事。
〔左僕射〕尚之　五月，遷令。
〔僕射〕徐湛之　五月拜。
〔吏部尚書〕湛
〔中書令〕建平王宏　六月命。
〔侍中〕湛之
禕　出爲廣州刺史。
王僧綽　十二月命。
〔領軍將軍〕遵考
〔護軍將軍〕思話　三月，出鎮徐、兗二州。
徐湛之　五月，僕射兼。
〔揚州刺史〕紹

二十九年壬辰

〔大將軍〕江夏王義恭　十二月，拜大將軍，領南徐州刺史，録尚書，鎮東府。
〔司空〕義宣
〔驃騎將軍〕義恭　十二月，拜大將軍。
〔録尚書事〕江夏王義恭　十二月，大將軍録。
〔尚書令〕尚之　致仕，復起。
〔僕射〕湛之
〔吏部尚書〕湛
〔中書令〕宏
〔侍中〕僧綽
王僧達
〔領軍將軍〕遵考
〔護軍將軍〕湛之
〔揚州刺史〕紹　十一月卒。

三十年癸巳　二月，太子劭弑帝而自立，其弟武陵王江州刺史駿起兵討誅之。四月，即位。五月，入京師。

〔丞相〕南譙王義宣　五月拜，仍鎮荆州。
〔大將軍〕義恭　四月，遷太尉。五月，拜太傅，領大司馬，仍録尚書事。
〔司空〕義宣　正月，遷司徒、揚州刺史，未赴，拜丞相，仍鎮荆州。
南平王鑠　五月拜，七月卒。
〔車騎將軍〕臧質　四月，拜車騎、開府儀同三司、江州刺史。
〔衛將軍〕廣陵王誕　四月，拜衛將軍、開府儀同三司、荆州刺史。六月，改侍中、驃騎、揚州刺史。

〔録尚書事〕義恭
〔尚書令〕尚之　仕劭爲司空。五月，復爲令。
〔僕射〕湛之　二月，被殺。
〔左僕射〕建平王宏　五月拜。
〔右僕射〕王僧達　四月拜。
褚湛之　六月拜。
劉恢　七月命。
〔吏部尚書〕湛　二月，被殺。
張暢　四月命。
〔中書令〕宏　五月，遷僕射。八月，改中書監，加中軍將軍。
蕭思話　五月命，兼丹陽尹。
〔侍中〕僧綽　三月，被殺。
僧達　四月，遷僕射。
顔竣　四月命，領左衛。
劉延孫　四月命。
謝莊
何偃
劉恢　七月，遷右僕射。
袁粲
〔領軍將軍〕遵考　正月，出鎮豫州。
南平王鑠　正月命。五月，拜司空。
沈慶之　四月命。六月，鎮南兖。
〔護軍將軍〕湛之　二月，被殺。
柳元景　六月，改領。
〔中護軍〕劉義綦　九月命。
〔揚州刺史〕南譙王義宣　正月命，未任。
廣陵王誕　六月命。

孝武帝孝建元年甲午

〔丞相〕義宣　二月，舉兵反。六月，伏誅。
〔太傅〕義恭　六月，解尚書事。十一月，出鎮南徐。
〔車騎將軍〕質　二月，舉兵反，伏誅。
〔衛將軍〕誕
〔録尚書事〕義恭　六月解。
〔尚書令〕尚之　正月，遷左光禄大夫，兼護軍、侍中，尋復領尚書令。
〔左僕射〕宏
〔右僕射〕湛之　五月，改中書令、丹陽尹。
劉延孫　五月拜。
〔吏部尚書〕暢
恢　二月，父義宣反，奔赴，尋伏誅。
顔竣　正月命。
何偃
謝莊
〔中書監〕宏
〔中書令〕思話　三月，出鎮江州。
褚湛之　五月命，兼丹陽尹，尋免。
〔侍中〕延孫　五月，遷僕射。
竣　正月，遷吏部。
莊　遷吏部。
偃　遷吏部。
粲　罷。
王彧
阮韜
張暢
〔領軍將軍〕元景　加侍中。
〔護軍將軍〕何尚之　正月命，九月解。
〔中護軍〕義綦
湘東王彧
〔揚州刺史〕誕
（六月，分浙東六郡別置東揚州）

二年乙未

〔太傅〕義恭　十月，領揚州刺史，還朝。
〔司空〕廣陵王誕　十月拜，鎮南徐。
〔衛將軍〕誕　十月，遷司空。
〔尚書令〕尚之　遷侍中、左光禄。
建平王宏　十月命。
〔左僕射〕宏　十月，遷令。
〔右僕射〕延孫　四月，出爲南兖州刺史。
劉遵考　五月拜。
〔吏部尚書〕莊
〔中書監〕宏　十月，遷尚書令。
〔侍中〕彧
韶
暢　出守會稽。
嵇湛之
劉延孫　十月命，兼護軍。
湘東王彧　領遊擊將軍。
〔領軍將軍〕元景
〔中護軍〕彧　遷侍中。
〔護軍將軍〕劉延孫　十月命，兼侍中。
〔揚州刺史〕誕　十月，改鎮南徐。
江夏王義恭
三年丙申
〔太傅〕義恭　十月，進太宰，領司徒。
〔司空〕誕
〔尚書令〕宏　十月，加中書監。
〔右僕射〕遵考　三月，遷丹陽尹。九月，復拜。
〔吏部尚書〕莊　病免。
顔竣
〔中書監〕宏　十月，尚書令兼。
〔侍中〕彧　遷衛尉，侍中如故，尋遷左衛將軍。
湛之
顔師伯
沈靈符　十二月，出爲郢州刺史。
〔領軍將軍〕元景
〔護軍將軍〕延孫　正月，遷詹事。
〔揚州刺史〕義恭　七月解。
西陽王子尚
大明元年丁酉
〔太宰〕義恭
〔司空〕誕　八月，改鎮南兖。
〔尚書令〕宏
〔右僕射〕遵考
〔吏部尚書〕竣　六月，出爲東揚州刺史。
何偃
〔中書監〕宏
〔侍中〕師伯　丁憂，去任。
湛之
袁粲
建安王休仁
〔領軍將軍〕元景
〔中護軍〕湘東王彧　兼衛尉。
〔揚州刺史〕子尚
二年戊戌
〔太宰〕義恭
〔司空〕誕
〔驃騎將軍〕柳元景　二月，拜驃騎、開府儀同三司，仍兼領軍。
〔衛將軍〕建平王宏　二月，拜衛將軍、開府儀同三司。三月卒。
〔尚書令〕宏　二月，加衛將軍。三月卒。
〔左僕射〕褚湛之　二月拜。
〔右僕射〕遵考

〔吏部尚書〕偃　卒。
謝莊　六月命。
顧覬之　六月命。
（六月，吏部置二尚書）
〔中書監〕宏　三月卒。
〔中書令〕王僧達　八月，下獄死。
廬江王禕
〔侍中〕休仁
粲
蔡興宗
何尚之　右光禄領。六月，加開（封）〔府〕儀同三司。
〔領軍將軍〕元景　二月，加開府。
〔中護軍〕彧
〔揚州刺史〕子尚

三年己亥

〔太宰〕義恭　三月，加中書監。
〔司空〕誕　四月，舉兵反于廣陵。八月，兵敗，伏誅。
沈慶之　八月拜，力辭不受。
〔驃騎將軍〕元景　辭不拜。
〔車騎將軍〕沈慶之　四月，拜車騎、開府儀同三司，鎮南兗。八月，遷司空，不受。
〔尚書令〕柳元景　正月，拜詹事，侍中如故。
〔左僕射〕湛之
〔右僕射〕遵考　正月，遷領軍。
劉秀之　八月拜。
〔吏部尚書〕覬之
〔中書監〕江夏王義恭　三月命。
〔中書令〕禕　三月，遷護軍。
何尚之
〔侍中〕休仁
粲　免。
興宗
尚之　遷中書令。
沈懷文
〔領軍將軍〕元景　正月，遷尚書令。
劉遵考　正月命。
〔中護軍〕彧　遷都官尚書。
〔護軍將軍〕廬江王禕　三月命。七月，出爲南豫州刺史。
義陽王昶　七月命。
〔揚州刺史〕子尚
（三月，以揚州六郡爲王畿，改東揚州爲揚州）

四年庚子

〔太宰〕義恭
〔車騎將軍〕慶之
〔尚書令〕元景
〔左僕射〕湛之　五月卒。
〔右僕射〕秀之
〔吏部尚書〕覬之
〔中書監〕義恭
〔中書令〕尚之　七月卒。
〔侍中〕休仁　二月，出爲湘州刺史。
興宗　貶。
懷文
顔師伯　三月。
謝莊
王彧
〔領軍將軍〕遵考
〔護軍將軍〕昶

五年辛丑

〔太宰〕義恭

〔車騎將軍〕慶之
〔尚書令〕元景　四月，加左光禄大夫。
〔左僕射〕劉延孫　十月命，兼侍中，領護軍。
〔右僕射〕秀之　十月，出爲雍州刺史。
劉遵考　十二月命。
〔吏部尚書〕覬之
顔師伯
〔中書監〕義恭
〔中書令〕義陽王昶
〔侍中〕懷文　出守廣陵。
師伯　遷吏部。
莊
彧　出行郢州事。
袁粲
張悦
〔領軍將軍〕遵考　十二月，遷僕射。
〔護軍將軍〕昶　遷中書令。
劉延孫　十月命。
六年壬寅
〔太宰〕義恭　五月，解司徒。
〔司空〕柳元景　六月拜，不受。
〔車騎將軍〕慶之
〔尚書令〕元景
〔左僕射〕延孫　六月卒。
〔右僕射〕遵考　九月，遷左。
王僧朗　九月命。
〔吏部尚書〕師伯　遷侍中。
謝莊
王曇生
〔中書監〕義恭

〔中書令〕昶
〔侍中〕粲
悦　出守南郡。
顔師伯
王彧
〔領軍將軍〕朱修之　七月命。
〔護軍將軍〕延孫　六月卒。
〔中護軍〕宗慤　九月命。
七年癸卯　十二月，以王畿爲揚州，揚州爲東揚州。
〔太宰〕義恭　十二月，解中書監，加尚書令。
〔司徒〕新安王子鸞　九月，南徐州刺史，兼司徒。
〔司空〕東海王禕　十月拜。
〔驃騎大將軍〕柳元景　正月，拜驃騎大將軍、開府儀同三司。
〔車騎將軍〕西陽王子尚　十月，拜車騎、開府儀同三司。
〔尚書令〕元景　正月，遷驃騎大將軍、南兗州刺史，留京。
江夏王義恭　十二月，太宰兼。
〔左僕射〕遵考
〔右僕射〕僧朗　正月，改太常。
顔師伯　正月拜，五月免，尋白衣領職。
〔吏部尚書〕莊　解。
曇生　解。
蔡興宗
袁粲
〔中書監〕義恭　十二月解。
〔中書令〕昶
〔侍中〕粲　遷吏部。
師伯　正月，遷僕射。
彧
袁顗
王僧虔　改中丞。

〔領軍將軍〕修之　四月，遷特進。
　湘東王彧　四月命。
〔中護軍〕愨
八年甲辰　五月，帝殂，太子子業即位。
〔太宰〕義恭　五月，改領太尉，解尚書令。加中書監、録尚書事。
〔司徒〕子鸞　七月解。
　西陽王子尚　十二月拜。
〔司空〕禕
〔驃騎大將軍〕元景　五月，加尚書令。
〔車騎將軍〕子尚　十二月，遷司徒。
〔尚書令〕義恭　五月，改録。
　柳元景　五月命，加開府儀同三司、領丹陽尹，侍中、驃騎如故。
〔左僕射〕遵考　九月，遷特進、右光禄。
〔右僕射〕師伯　領丹陽尹。
〔吏部尚書〕興宗　七月解。
　粲　既解復任。
　王彧
〔中書監〕義恭　五月，復領。
〔中書令〕昶　七月，出鎮豫州。
〔侍中〕彧　出守南平。
　顗
　僧虔　復任。
　蕭惠開　遷中丞。
〔領軍將軍〕彧　二月，出鎮徐州。七月，召爲護軍。九月，改領軍兼侍中。
　王玄謨　二月命。八月，出鎮青、兖二州。
〔中護軍〕愨　七月，出鎮雍州。
〔護軍將軍〕建安王休仁　十月命。
〔揚州刺史〕西陽王子尚　十二月，司徒領。
景和元年乙巳　十一月，帝被殺，從父湘東王彧即位，改是年爲泰始元年
〔太宰〕義恭　八月，被殺。
〔司徒〕子尚　八月，兼尚書令。十一月，被殺。
　建安王休仁　十二月拜。
〔司空〕禕　十二月，遷太尉。
〔驃騎大將軍〕元景　八月，被殺。
〔驃騎將軍〕始安王休仁　十一月，拜驃騎、開府儀同三司。
〔車騎將軍〕晉安王子勛　十二月，拜車騎、開府儀同三司，不受，舉兵反。
〔衛將軍〕湘東王彧　九月，加開府儀同三司，尋下獄。十一月，即帝位。
〔尚書令〕元景　八月，被殺。
　西陽王子尚　八月，司徒領。
　建安王休仁　十二月，司徒領。
〔右僕射〕師伯　八月，改左，被殺。
　王景文　八月拜。
〔吏部尚書〕興宗　九月，復命。
　袁顗　八月命。
〔中書監〕義恭　八月，被殺。
　東海王禕　十二月，太尉領。
〔中書令〕謝莊　十二月命。
〔侍中〕顗　八月，遷吏部。
　僧虔　出守吴興。
　袁粲
　路休之
　沈文叔　十一月，被殺。
　劉遵考
　張緒
　褚淵
〔領軍將軍〕彧　正月，出鎮南豫。
　王玄謨　八月命。
〔護軍將軍〕休仁　正月，遷領。八月，鎮雍州。十月，復爲護軍。

桂陽王休範　正月命，十月遷。
劉道隆　十二月命。賜死。
永嘉王子仁　十一月命。
〔揚州刺史〕子尚　十一月，被殺。
建安王休仁　十二月，司徒領。

明帝泰始二年丙午

〔太尉〕禕
〔司徒〕休仁
〔驃騎將軍〕山陽王休祐　開府儀同三司，鎮荆州。
〔車騎將軍〕王玄謨　開府儀同三司，鎮南豫。
〔尚書令〕休仁
〔右僕射〕景文
〔吏部尚書〕褚淵　二月命。
〔中書監〕禕
〔中書令〕莊　卒。
袁粲　兼詹事。
〔侍中〕遵考
緒
淵　二月，遷吏部。
王藴　十一月，出爲湘州刺史。
劉韞
〔領軍將軍〕玄謨　正月解。九月，仍拜護軍。十一月，出鎮南豫。
袁粲　正月命。九月，遷中書令。
沈攸之　十一月命。
〔護軍將軍〕子仁
〔揚州刺史〕休仁

三年丁未

〔太尉〕禕
〔司徒〕休仁
〔驃騎將軍〕休祐
〔車騎將軍〕玄謨　七月，入領護軍。
〔尚書令〕休仁
〔右僕射〕景文　五月，遷中軍將軍。
蔡興宗　二月，拜領衛尉。
〔吏部尚書〕淵　改侍中。
〔中書監〕禕
〔中書令〕粲　五月，遷僕射。
〔侍中〕遵考
緒
韞　六月，出爲湘州刺史。
劉襲　三月。
褚淵
〔領軍將軍〕攸之　八月，行南兗州事。
〔護軍將軍〕玄謨　七月，復爲護軍。
〔揚州刺史〕休仁

四年戊申

〔太尉〕禕
〔司徒〕休仁
〔驃騎將軍〕休祐
〔車騎將軍〕玄謨　二月卒。
〔尚書令〕休仁
〔右僕射〕興宗　三月，出爲郢州刺史。
〔僕射〕袁粲　五月拜，領吏部。
〔吏部尚書〕劉秉
〔中書監〕禕
〔侍中〕遵考
淵
襲　七月，遷中護。
王悦
〔領軍將軍〕攸之

王琨　七月命。
〔護軍將軍〕玄謨　二月卒。
劉襲　六月命。
〔揚州刺史〕休仁

五年己酉

〔太尉〕褘　三月，改驃騎、開府儀同三司，出鎮南豫。六月，被殺。
〔司徒〕休仁
〔驃騎將軍〕休祐
〔尚書令〕休仁
〔僕射〕粲　兼中書令。
〔吏部尚書〕秉　改侍中。
〔中書監〕褘　二月，出鎮。
桂陽王休範　十二月命。
〔中書令〕袁粲　僕射兼。
〔侍中〕遵考
淵　遷丹陽尹。
悦　卒。
劉秉
殷恒
〔領軍將軍〕琨　九月，遷光禄。
〔中領軍〕劉勔　九月命。
〔護軍將軍〕襲
〔揚州刺史〕休仁　十二月解。
桂陽王休範

六年庚戌

〔司徒〕休仁
〔驃騎將軍〕休祐
〔尚書令〕休仁
〔僕射〕粲　六月，改右。
〔左僕射〕王景文　六月拜。
〔吏部尚書〕褚淵
〔中書監〕休範　六月，鎮江州。
〔中書令〕粲　解。
王景文　六月，僕射兼。
〔侍中〕遵考
秉
劉韞　六月，鎮雍州。
劉勔　九月，鎮南兖。
王僧虔　出守吴郡。
〔中領軍〕勔　九月，出鎮南兖。
〔護軍將軍〕襲　三月卒。
張永　三月命，十二月遷。
〔揚州刺史〕休範　六月，鎮江州。
王景文　六月命。

七年辛亥

〔司徒〕休仁　五月，酖死。
〔驃騎將軍〕休祐　二月，被殺。
〔尚書令〕休仁　五月，酖死。
袁粲　五月拜。
〔左僕射〕景文　五月，兼中書監。
〔右僕射〕粲　五月，遷令。
褚淵　五月拜。
〔中書令〕景文　六月，改監。
〔侍中〕遵考
秉　七月，鎮南徐。
沈攸之
蔡興宗
〔中領軍〕勔　還任。
〔護軍將軍〕張永　四月，復任。
〔揚州刺史〕景文

泰豫元年壬子　四月，帝殂，太子昱即位。
〔司空〕桂陽王休範　四月拜，仍鎮江州。
〔尚書令〕粲
〔左僕射〕景文　二月，賜死。
劉秉　十一月拜。
〔右僕射〕淵　受顧命，四月，改護軍、中書令。
劉勔　四月拜，受顧命。
〔吏部尚書〕王延之
〔中書監〕景文　二月，賜死。
蔡興宗　七月命，固辭不拜。八月，卒。
〔中書令〕褚淵　四月命，兼護軍。
〔侍中〕遵考
攸之　七月，鎮荆州。
興宗　四月，加開府。
張永
劉韞　四月。
何戢
〔領軍將軍〕勔　四月，遷右僕射，兼領軍。
〔護軍將軍〕永　四月，遷侍中、右光禄。
褚淵　四月命。
〔揚州刺史〕景文　二月，賜死。
安成王準
元徽元年癸丑
〔司空〕休範　十二月，進太尉。
〔尚書令〕粲　十二月，母喪去職。
〔左僕射〕秉　領吏部。
〔右僕射〕勔
〔中書令〕淵
〔侍中〕遵考　卒。
韞
戢　遷左長史。
〔領軍將軍〕勔
〔護軍將軍〕淵
〔揚州刺史〕準
二年甲寅
〔太尉〕休範　五月，舉兵反，俄敗滅。
〔司徒〕袁粲　九月拜，不受。
〔衛將軍〕袁粲
〔尚書令〕粲　五月，起復。九月，改中書監，領司徒。
褚淵　九月命，兼侍中。
〔左僕射〕秉　解吏部，領丹陽尹。
〔右僕射〕勔
〔中書監〕袁粲　九月命。
〔中書令〕淵　九月，遷尚書令。
〔侍中〕韞
張緒
王藴　十月，出爲湘州刺史。
〔領軍將軍〕勔　五月，戰死。
〔中領軍〕蕭道成　五月命。
〔護軍將軍〕淵　九月，遷尚書令。
〔揚州刺史〕準
三年乙卯
〔衛將軍〕粲
〔尚書令〕淵　七月，固辭，改中書監。
袁粲　七月拜。
〔左僕射〕秉
〔吏部尚書〕王僧虔
〔中書監〕粲　七月，復爲尚書令。
淵　七月命。
〔侍中〕韞

劉顥　領左衛。
何戢
〔中領軍〕道成
〔護軍將軍〕淵
〔揚州刺史〕準

四年丙辰

〔車騎將軍〕安成王準　九月，進驃騎、開府儀同三司。
〔衛將軍〕粲
〔尚書令〕粲
〔左僕射〕秉　六月，遷中書令。
蕭道成　六月拜，兼領軍。
〔右僕射〕王僧虔　十月拜。
〔吏部尚書〕僧虔　遷僕射。
王奂
〔中書監〕淵
〔中書令〕劉秉　六月命。
〔侍中〕韞
顥　出守吴興。
戢
王延之
張岱　五月命。
〔中領軍〕道成
〔護軍將軍〕淵　十二月，母喪去位。
〔揚州刺史〕準

五年丁巳　七月，帝被殺，弟安成王準即位，改是年爲昇明元年

〔司徒〕袁粲　七月，拜司徒。十二月，討蕭道成，被殺。
〔司空〕蕭道成　七月，拜司空、録尚書事。八月，改驃騎。
〔驃騎將軍〕準　七月，即帝位。
蕭道成　八月，拜驃騎、開府儀同三司、録尚書事。
〔車騎將軍〕沈攸之　七月，拜車騎，仍鎮荆州。十二月，舉兵反。
〔衛將軍〕褚淵　七月，拜衛將軍、開府儀同三司。
〔尚書令〕粲　七月，拜司徒。
劉秉　七月拜，加中軍將軍。十二月，討蕭道成，被殺。
〔左僕射〕道成　七月，拜司空。
〔右僕射〕僧虔　十二月，遷左。
王延之　十二月命。
〔吏部尚書〕奂　十二月，遷丹陽尹。
張岱
〔中書監〕淵　七月，遷衛將軍。
袁粲　七月，司徒領。
〔中書令〕秉　七月，遷尚書令。
王延之　七月命。十二月，遷僕射。
〔侍中〕韞　七月，遷領軍。
岱　遷吏部。
延之　七月，遷中書令。
蕭惠基
謝朏
蕭嶷　七月命，總宫中直衛。
柳世隆
張沖　十二月命。
〔領軍將軍〕劉韞　七月命。十二月，討道成，被殺。
〔中領軍〕道成　七月，拜司空。
〔護軍將軍〕淵　起復。
〔揚州刺史〕準　七月，即帝位。
晉熙王燮

二年戊午

〔太傅〕蕭道成　九月，拜太傅，假黄鉞，都督中外諸軍，領揚州牧。
〔太尉〕蕭道成　二月拜。
〔司徒〕晉熙王燮　九月拜。

〔司空〕褚淵　三月拜。
〔驃騎將軍〕道成　二月，拜太尉。
〔衛將軍〕淵　二月，拜司空。
〔尚書令〕王僧虔　二月拜。
〔左僕射〕僧虔　二月，遷令。
〔右僕射〕延之　二月，遷左。
柳世隆　二月拜。
〔吏部尚書〕岱
蕭惠基
〔中書監〕褚淵　二月，司空領。
〔中書令〕何戢
〔侍中〕惠基　遷吏部。
朏
嶷　二月，遷中領軍。
世隆　二月，遷僕射。
何戢　遷中書令。
褚炫　遷太尉長史。
王儉　辭。
江謐
〔領軍將軍〕沖
蕭賾　二月，出鎮江州。八月，復任。
蕭嶷　二月命。八月，出鎮江州。

〔護軍將軍〕淵
〔揚州刺史〕燮　九月，拜司徒。
〔揚州牧〕蕭道成　九月，太傅領。
三年己未　四月，禪位于齊，宋亡，凡六十年。
〔太傅〕道成　三月，拜相國，總百揆，封十郡爲齊公，加九錫。四月，進爵爲王，簒位。
〔司徒〕燮
〔司空〕淵
〔尚書令〕僧虔
〔左僕射〕延之　正月，出爲江州刺史。
〔右僕射〕世隆　二月，出爲吴郡守。
蕭賾　正月拜。
〔吏部尚書〕惠基
〔中書監〕淵
〔中書令〕戢　三月，遷相國左長史。
〔侍中〕朏
謐　四月，出佐湘州。
蕭惠基
〔領軍將軍〕賾　正月，遷僕射，兼領軍。
〔護軍將軍〕張敬兒　正月命。
〔揚州牧〕道成　四月，簒位。

《宋方鎮年表》

清萬斯同撰

高祖永初元年庚申　六月，劉裕篡位。

〔荆州〕（治江陵）

宜都王義隆　鎮西將軍、都督荆、益、寧、雍、梁、秦、湘、北秦八州軍事，荆州刺史。

〔南徐州〕（治京口）

長沙王道憐　太尉、侍中、都督南徐、南兗二州軍事，兼二州刺史。

〔南兗州〕（治廣陵）

長沙王道憐

〔南豫州〕（永初二年置，治壽陽）

〔江州〕（治尋陽）

王弘　撫軍將軍，刺史。

〔湘州〕（永初三年置，治長沙）

〔郢州〕（孝建元年置）

〔徐州〕（治彭城）

劉懷慎　平北將軍，刺史。

〔兗州〕申永　刺史。

〔青州〕劉義欣　征虜將軍，刺史，六月命。八月，廢青州。

〔冀州〕（元嘉九年置，治歷城）

〔豫州〕彭城王義康　右將軍，刺史。

〔司州〕毛德祖　刺史。

〔雍州〕（治襄陽）

趙倫之　安北將軍，刺史。

〔北秦州〕（元嘉十九年克仇池置）

〔梁州〕（治漢中）

〔南秦州〕（梁州兼領）

〔益州〕（治成都）

〔寧州〕

〔廣州〕（治番禺）

張裕　建武將軍，督交、廣二州軍事，廣州刺史，平越中郎將。

〔交州〕杜慧度　輔國將軍，刺史。

二年辛酉

〔荆州〕義隆　三月，限荆州府置將不得過二千人，吏不得過一萬人，州置將不得過五百人，吏不得過五千人，兵士不在此限。

〔南徐州〕道憐

〔南兗州〕道憐

〔南豫州〕彭城王義康　右將軍，監南豫、豫、司、雍、并五州軍事，南豫州刺史。

〔江州〕弘

〔徐州〕懷慎　入爲尚書。

〔豫州〕義康　改南豫。

〔司州〕德祖

〔雍州〕倫之

〔廣州〕裕

〔交州〕慧度

三年壬戌　五月，帝殂，太子義符即位。

〔荆州〕義隆

〔南徐州〕道憐　二月，入朝。六月卒。

彭城王義康　右將軍，都督南徐、南兗二州軍事，南徐州刺史。

〔南兗州〕道憐

檀道濟　三月，鎮北將軍，刺史。

〔南豫州〕義康　改南徐。

廬陵王義真　車騎將軍，都督南豫、豫、司、雍、秦、并六州軍事，南豫州刺史。

〔江州〕弘　進衛將軍。

〔湘州〕張邵　刺史，二月始設。

〔徐州〕王仲德　刺史，正月命。

〔兖州〕徐琰　刺史，四月命。十二月，棄地南奔。
〔青州〕竺夔　刺史，復設。
〔豫州〕劉粹　征虜將軍，刺史。
〔司州〕德祖
〔雍州〕倫之　召爲護軍。
　褚裕之　征虜將軍，監雍、梁、南北秦四州軍事，寧蠻校尉，雍州刺史。
〔益州〕蕭摹之　刺史。
〔寧州〕應襲　刺史，十月命。
〔廣州〕裕
〔交州〕慧度

廢帝景平元年癸亥

〔荆州〕義隆
〔南徐州〕義康
〔南兖州〕道濟
〔南豫州〕義真
〔江州〕弘
〔湘州〕邵
〔徐州〕仲德
〔兖州〕鄭順之　刺史。
〔青州〕夔　四月，徙治不其。
〔豫州〕粹
〔司州〕德祖　又四月城陷被執，盡失司州之地。
〔雍州〕裕之
〔益州〕摹之
〔寧州〕襲
〔廣州〕裕
〔交州〕慧度　卒。
　杜弘文　慧度子，振威將軍、刺史。

二年甲子　五月，帝被廢。八月，宜都王義隆即位，改是年爲元嘉元年

〔荆州〕義隆　八月入承大統。
　謝晦　撫軍將軍，都督荆、湘、雍、益、寧、南北秦七州軍事，荆州刺史，南蠻校尉。
〔南徐州〕義康　進驃騎將軍，散騎常侍。
〔南兖州〕道濟　進征北將軍。
〔南豫州〕義真　二月廢爲庶人。
　江夏王義恭　冠軍將軍，監南豫、豫、司、雍、秦、并六州軍事，南豫州刺史。
〔江州〕弘
〔湘州〕邵
〔徐州〕仲德
〔兖州〕順之
〔青州〕夔
〔豫州〕粹　八月改雍州。
　管義之　刺史。
〔雍州〕裕之　七月卒。
　劉粹　征虜將軍，都督雍、梁、南北秦四州及荆州之南陽六郡軍事，寧蠻校尉，雍州刺史。
〔梁州〕〔南秦州〕吉翰　龍驤將軍，督梁、南秦二州軍事，西戎校尉，二州刺史。
〔益州〕摹之
　張裕　冠軍將軍，督益、寧二州及梁、秦之六郡軍事，益州刺史。
〔寧州〕襲
〔廣州〕裕　改益州。
　劉湛　建威將軍，督廣、交二州軍事，廣州刺史，平越中郎將。
〔交州〕弘文

文帝元嘉二年乙丑

〔荆州〕晦　八月加衛將軍，散騎常侍。
〔南徐州〕義康　加開府儀同三司。
〔南兖州〕道濟
〔南豫州〕義恭　進撫軍將軍。

〔江州〕弘

〔湘州〕邵

〔徐州〕仲德　進安北將軍。

〔青州〕夔

〔豫州〕義之

〔雍州〕粹

〔梁州〕〔南秦州〕翰

〔益州〕裕

〔寧州〕襲

〔廣州〕湛　丁憂。

江恒　八月命。

〔交州〕弘文

三年丙寅

〔荆州〕晦　正月舉兵反，尋被執伏誅。

彭城王義康　驃騎將軍，都督荆、湘、寧、雍、梁、益、南北秦八州軍事，荆州刺史。

〔南徐州〕義康　正月改荆州。

江夏王義恭　撫軍將軍，都督南徐、南兖二州軍事，南徐州刺史。

〔南兖州〕道濟　五月改江州。

長沙王義欣　後將軍，刺史。

〔南豫州〕義恭　正月改南徐。

到彦之

〔江州〕弘　正月召拜司徒。

檀道濟　征南大將軍、都督、刺史。

〔湘州〕邵

〔徐州〕仲德

〔青州〕夔

蕭思話　十二月，振威將軍、刺史。

〔豫州〕義之

〔雍州〕粹　卒。

劉遵考　十一月，征虜將軍，督雍、梁、南北秦四州軍事，寧蠻校尉，雍州刺史。

〔梁州〕〔南秦州〕翰　十一月改益州。

劉道産　寧遠將軍，督梁、南秦二州軍事，西戎校尉，二州刺史。

〔益州〕裕　還京。

吉翰　十一月，龍驤將軍，督益、寧二州軍事，益州刺史。

〔寧州〕襲

〔廣州〕恒

〔交州〕弘文

四年丁卯

〔荆州〕義康

〔南徐州〕義恭

〔南兖州〕義欣

〔南豫州〕彦之

〔江州〕道濟

〔湘州〕邵

〔徐州〕仲德

〔青州〕思話

〔豫州〕義之

〔雍州〕遵考

〔梁州〕〔南秦州〕道産

〔益州〕翰

〔廣州〕恒

〔交州〕弘文

五年戊辰

〔荆州〕義康

〔南徐州〕義恭

〔南兖州〕義欣

〔南豫州〕彦之

〔江州〕道濟

〔湘州〕邵　五月改雍州。

蕭摹之　刺史。

〔徐州〕仲德

〔兖州〕竺靈秀　刺史

〔青州〕思話

〔豫州〕義之

劉德武　十一月命，刺史。

〔雍州〕遵考　召還。

張邵　五月，征虜將軍、寧蠻校尉、刺史。尋加都督。

〔梁州〕〔南秦州〕道産

〔益州〕翰

〔寧州〕周籍之　刺史，十一月命。

〔廣州〕恒

徐豁　四月命，未上卒。

程道惠　六月命。

〔交州〕弘文　四月召入朝，道卒。

王徽之

六年己巳

〔荆州〕義康　正月召拜司徒。

江夏王義恭　撫軍將軍，都督荆、湘、寧、益、雍、梁、南北秦八州軍事，荆州刺史。

〔南徐州〕義恭　正月改荆州。

彭城王義康　司徒，領平北將軍，都督揚、南徐、南兖三州軍事，南徐州刺史。

〔南兖州〕義欣

〔南豫州〕彦之

〔江州〕道濟

〔湘州〕摹之

〔徐州〕仲德

〔兖州〕靈秀

〔青州〕思話

〔豫州〕德武

〔雍州〕邵　貶揚烈將軍。

〔梁州〕〔南秦州〕道産

〔益州〕翰　入爲司徒、司馬。

劉道濟　五月，振武將軍、刺史。

〔寧州〕籍之

〔廣州〕道惠

〔交州〕徽之

孔默之　七月命。

七年庚午　三月，左將軍到彦之等伐魏，盡得河南地。十月，魏出師來拒，諸將相繼敗。

〔荆州〕義恭

〔南徐州〕義康

〔南兖州〕義欣　十二月改豫州。

劉遵考　征虜將軍，督南徐、南兖二州軍事，南兖州刺史。

〔南豫州〕彦之　北伐敗績，十二月下吏。

（十月廢南豫州，并于豫州）

〔江州〕道濟

〔湘州〕摹之

〔徐州〕仲德　十二月，兵敗免。

南郡王義宣　右將軍，都督徐兖、青、冀、幽五州軍事，徐州刺事。

〔兖州〕靈秀　十二月，失地伏誅。

〔青州〕思話

〔豫州〕德武

長沙王義欣　十二月，後將軍，監豫、司、雍、并四州軍事，豫州刺史。

〔司州〕尹沖　三月，復設司州。十月，城陷降魏。

吉翰　十二月，刺史。

〔雍州〕邵

〔梁州〕〔南秦州〕道産　入爲後軍將軍。

甄法護　二州刺史。
〔益州〕道濟
〔寧州〕籍之
〔廣州〕默之
〔交州〕阮彌之
八年辛未　二月，魏盡復河南地。
〔荆州〕義恭
〔南徐州〕義康
〔南兖州〕遵考
南郡王義宣　六月，右將軍、都督、刺史。
〔江州〕道濟
〔湘州〕搴之
江夷　二月命，未上卒。
阮萬齡　四月命。
（十二月廢湘州）
〔徐州〕義宣　六月改南兖。
吉翰　輔國將軍，監徐、兖二州軍事，徐州刺史。
〔兖州〕申宣　正月命。
徐遵之　四月，刺史。
〔青州〕思話　二月，坐棄地下吏。
韋朗　刺史。
〔豫州〕義欣
〔司州〕翰　還京。
〔雍州〕邵　六月免。
劉道産　七月，寧遠將軍，督雍、梁、南秦三州軍事，寧蠻校尉，雍州刺史，襄陽太守。
〔梁州〕〔南秦州〕法護
〔益州〕道濟
〔廣州〕默之
〔交州〕彌之

九年壬申
〔荆州〕義恭　六月改南兖。
臨川王義慶　平西將軍，都督荆、雍、寧、益、梁、南北秦七州軍事，荆州刺史。
〔南徐州〕義康　六月改揚州。
衡陽王義季　右將軍、都督、刺史。
〔南兖州〕義宣　六月改中書監，未任。
江夏王義恭　征北將軍，開府儀同三司，都督南兖、徐、兖、青、冀、幽六州軍事，南兖州刺史。
〔江州〕道濟　三月加司空。
〔徐州〕翰　卒。
王仲德　鎮北將軍、刺史。
〔兖州〕遵之
〔青州〕朗
申宣　六月命，刺史。
〔冀州〕崔諲　刺史，六月設。
〔豫州〕義欣
〔雍州〕道産
〔梁州〕〔南秦州〕法護
〔益州〕道濟　卒。
甄法崇　十一月命。
〔廣州〕默之
〔交州〕彌之
李秀之　十二月命。
十年癸酉
〔荆州〕義慶
〔南徐州〕義季
〔南兖州〕義恭
〔江州〕道濟
〔徐州〕仲德　正月兼兖州刺史。

〔青州〕宣
段宏　刺史，正月命。四月兼冀州。
〔冀州〕諲　四月罷。
〔豫州〕義欣　進鎮軍將軍，改監爲都督。
〔雍州〕道産
〔梁州〕〔南秦州〕法護　四月坐棄地徵還，伏誅。
蕭思話　四月，横野將軍，督梁、南秦二州軍事，二州刺史。
〔益州〕法崇
〔廣州〕默之　坐貪徵下吏。
韋朗　六月。
〔交州〕秀之
十一月甲戌
〔荆州〕義慶
〔南徐州〕義季
〔南兖州〕義恭
〔江州〕道濟
〔徐州〕〔兖州〕仲德
〔青州〕〔冀州〕宏
〔豫州〕義欣
〔雍州〕道産
〔梁州〕〔南秦州〕思話　進寧朔將軍。
〔益州〕法崇
〔廣州〕朗
〔交州〕秀之
李耽之　二月命。
十二年乙亥
〔荆州〕義慶
〔南徐州〕義季
〔南兖州〕義恭
〔江州〕道濟
〔徐州〕〔兖州〕仲德
〔青州〕〔冀州〕宏
〔豫州〕義欣
〔雍州〕道産
〔梁州〕〔南秦州〕思話
〔益州〕法崇
〔廣州〕朗
〔交州〕耽之
苟道覆　十一月命。
十三年丙子
〔荆州〕義慶
〔南徐州〕義季
〔南兖州〕義恭
〔江州〕道濟　三月被殺。
南譙王義宣　鎮南將軍，都督江州及豫州三郡軍事，兼刺史。
〔徐州〕〔兖州〕仲德　五月解兖州，進鎮北大將軍。
〔兖州〕王方俳　刺史，五月復設。
〔青州〕〔冀州〕宏
〔豫州〕義欣
〔雍州〕道産　進輔國將軍。
〔梁州〕〔南秦州〕思話
〔益州〕法崇
〔廣州〕朗
〔交州〕道覆
十四年丁丑
〔荆州〕義慶
〔南徐州〕義季
〔南兖州〕義恭
〔江州〕義宣
〔徐州〕仲德

〔兗州〕方俳
〔青州〕〔冀州〕宏
〔豫州〕義欣
〔雍州〕道産
〔梁州〕〔南秦州〕思話　遷南蠻校尉。
劉真道　二月命，二州刺史。
〔益州〕法崇
周籍之　四月命。
〔廣州〕朗
〔交州〕道覆
徐森之　八月命。

十五年戊寅

〔荆州〕義慶
〔南徐州〕義季
〔南兗州〕義恭
〔江州〕義宣
〔徐州〕仲德　五月卒。
劉遵考　前將軍，監徐、兖二州軍事，徐州刺史。
〔兗州〕方俳　八月改青、冀二州。
趙伯符　刺史。
〔青州〕〔冀州〕宏
王方俳　二州刺史。
〔豫州〕義欣
〔雍州〕道産
〔梁州〕〔南秦州〕真道
〔益州〕籍之
〔寧州〕徐循　刺史，七月命。
〔廣州〕朗
陸徽　八月命。
〔交州〕森之

十六年己卯

〔荆州〕義慶　二月改江州。
衡陽王義季　安西將軍，都督荆、湘、寧、益、雍、梁、南北秦八州軍事，荆州刺史。
〔南徐州〕義季　二月改荆州。
南譙王義宣　征北將軍、都督刺史。
〔南兗州〕義恭　正月拜司空。
〔南豫州〕始興王濬　八月復設。
〔江州〕義宣　二月改南徐。
臨川王義慶　衛將軍、都督、刺史。
〔湘州〕始興王濬　二月復設湘州，八月改南豫。
武陵王駿　征虜將軍、都督、刺史。不之鎮，領石頭戍事。
〔徐州〕遵考　未任，八月改豫州。
〔徐州〕〔兗州〕趙伯符　二州刺史。
青州〕〔冀州〕方俳
〔豫州〕義欣　八月卒。
劉遵考　前將軍，監豫、司、并、雍四州軍事，刺史。
〔雍州〕道産
〔梁州〕〔南秦州〕真道
〔益州〕籍之
〔寧州〕循
〔廣州〕徽
〔交州〕森之

十七年庚辰

〔荆州〕義季
〔南徐州〕義宣
〔南兗州〕義恭　十月召拜司徒。
臨川王義慶　衛將軍，都督南兖、兖、徐、青、冀、幽六州軍事，南兖州刺史。
〔南豫州〕濬　十二月改揚州。

武陵王駿　征虜將軍，都督南豫、豫、司、雍、并五州軍事，南豫州刺史，
仍戍石頭。
〔江州〕義慶　十一月改南兖。
彭城王義康　大將軍領刺史。
〔湘州〕駿　十二月改南豫。
南平王鑠　冠軍將軍、都督、刺史。
〔徐州〕〔兖州〕伯符
〔青州〕〔冀州〕方倠
杜驥　七月，寧遠將軍，督青、冀二州軍事，二州刺史。
〔豫州〕遵考
〔雍州〕道産
〔梁州〕〔南秦州〕真道
〔寧州〕循
〔廣州〕徽
〔交州〕森之

十八年辛巳

〔荆州〕義季
〔南徐州〕義宣
〔南兖州〕義慶　加開府儀同三司。
〔南豫州〕駿
〔江州〕義康
庚登之　刺史，二月命。
〔湘州〕鑠
〔徐州〕〔兖州〕伯符　召爲領軍。
臧質　七月，寧遠將軍，都督徐、兖二州軍事，二州刺史。
〔青州〕〔冀州〕驥
〔豫州〕遵考
〔雍州〕道産
〔梁州〕〔南秦州〕真道
〔寧州〕循
〔廣州〕徽
〔交州〕森之

十九年壬午

〔荆州〕義季
〔南徐州〕義宣
〔南兖州〕義慶
〔南豫州〕駿
〔江州〕登之
〔湘州〕鑠
〔徐州〕〔兖州〕質
〔青州〕〔冀州〕驥
〔豫州〕遵考
〔雍州〕道産　七月卒。
劉真道　建威將軍、刺史。
〔北秦州〕胡崇之　刺史，六月始設。
〔梁州〕〔南秦州〕真道　七月遷雍州。
裴方明　七月命，不拜。
〔寧州〕循
周萬歲　刺史，十月命。
〔廣州〕徽
〔交州〕森之

二十年癸未

〔荆州〕義季　進征西大將軍。
〔南徐州〕義宣
〔南兖州〕義慶
〔南豫州〕駿
〔江州〕登之　二月入爲中護。
廬陵王紹　南中朗將、刺史。
〔湘州〕鑠
〔徐州〕〔兖州〕質

〔青州〕〔冀州〕驥
〔豫州〕遵考
〔雍州〕真道　七月下獄死。
　蕭思話　監雍、梁、南北秦四州軍事，雍州刺史。
〔北秦州〕崇之　二月兵敗，爲魏所執，州廢。
〔梁州〕〔南秦州〕方明　徵下獄死。
　申坦　三月命，二州刺史。
〔寧州〕萬歲
〔廣州〕徽
〔交州〕森之
　檀和之　十二月命。

二十一年甲申

〔荆州〕義季　八月改南兖。
　南譙王義宣　車騎將軍，都督荆、雍、梁、益、寧、南北秦七州軍事，荆州刺史。
〔南徐州〕義宣　八月改荆州。
　廣陵王誕　北中郎將，監軍、刺史。
〔南兖州〕義慶　正月卒。
　劉義宗　二月命，未任。
　廣陵王誕　北中郎將，監軍、刺史。八月改南徐。
　衡陽王義季　征北大將軍，都督南兖、兖、青、徐、幽、冀六州軍事，南兖州刺史。
〔南豫州〕駿　進撫軍將軍。
〔江州〕紹
〔湘州〕鑠
〔徐州〕〔兖州〕質
〔兖州〕徐瓊　十月分設，治順昌。
〔青州〕〔冀州〕驥
〔冀州〕申恬　揚烈將軍、刺史。十月設，治歷下。
〔豫州〕遵考　二月免。
　趙伯符　刺史。
〔雍州〕思話
〔梁州〕〔南秦州〕坦
〔益州〕庾彦達
〔廣州〕徽　遷冠軍司馬。
　陶愍祖　八月命。
〔交州〕和之

二十二年乙酉

〔荆州〕義宣
〔南徐州〕誕
〔南兖州〕義季　七月改徐州。
〔南豫州〕駿　正月改雍州。
　南平王鑠　六月改豫州，廢南豫州。
〔江州〕紹
〔湘州〕鑠　正月改南豫州。
　王僧朗　刺史。
〔徐州〕質　坐罪免。
　衡陽王義季　七月命，都督、刺史。
〔兖州〕瓊
〔青州〕驥
〔冀州〕恬　領濟南太守。
〔豫州〕伯符　入爲護軍。
　南平王鑠　六月，冠軍將軍，都督豫、司、雍、秦、并五州軍事，豫州刺史。
　尋加安蠻校尉。
〔雍州〕思話　正月入爲侍中。
　武陵王駿　撫軍將軍，都督雍、梁、南北秦四州軍事，雍州刺史，寧蠻校尉。
〔梁州〕〔南秦州〕坦
〔廣州〕愍祖
　劉道錫　揚烈將軍、刺史，五月命。

〔交州〕和之
二十三年丙戌
〔荆州〕義宣
〔南徐州〕誕
〔南兗州〕劉義賓　刺史，二月命。
〔江州〕紹
〔湘州〕僧朗
〔徐州〕義季
〔兗州〕瓊
〔青州〕驥　七月，召爲左軍將軍。
杜坦　驥兄，刺史。
〔冀州〕恬
〔豫州〕鑠
〔雍州〕駿
〔梁州〕〔南秦州〕坦
〔益州〕陸徽　正月命。
〔廣州〕道錫
〔交州〕和之　十二月，召爲黄門侍郎。
蕭景憲
二十四年丁亥
〔荆州〕義宣
〔南徐州〕誕
〔南兗州〕義賓
徐湛之　八月命。
〔江州〕紹
〔湘州〕僧朗
〔徐州〕義季　八月卒。
劉義賓　刺史。
〔兗州〕瓊
〔青州〕坦　四月兼冀州。

〔冀州〕恬　四月解。
〔豫州〕鑠
〔雍州〕駿
〔梁州〕〔南秦州〕坦
〔益州〕徽
〔廣州〕道錫
〔交州〕景憲
二十五年戊子
〔荆州〕義宣　六月加司空、侍中、領南蠻校尉。
〔南徐州〕誕
〔南兗州〕堪之
〔江州〕紹
〔湘州〕僧明
〔徐州〕義賓
武陵王駿　安北將軍，都督南兗、徐、兗、青、冀、幽六州軍事，徐州刺史。
尋兼兗州刺史。
〔青州〕〔冀州〕坦
〔豫州〕鑠
〔雍州〕駿　四月改徐州。
蕭思話　監軍、刺史、寧蠻校尉。
〔梁州〕〔南秦州〕坦
劉秀之　八月，寧遠將軍，督梁、南北秦三州軍事，西戎校尉，梁、南秦二州刺史。
〔益州〕徽
〔廣州〕道錫
〔交州〕景憲
二十六年己丑
〔荆州〕義宣
〔南徐州〕誕　七月改雍州。
始興王濬　征北將軍，南徐、兗二州刺史。

〔南兗州〕湛之　入爲丹陽尹。

始興王濬　南徐州兼。

〔江州〕紹　十月改揚州。

建平王宏　征虜將軍、刺史。

〔湘州〕僧朗

南豐王朗　八月命。

〔徐州〕〔兗州〕駿

〔青州〕〔冀州〕坦

〔豫州〕鑠

〔雍州〕思話　入爲吏部尚書。

廣陵王誕　七月，後將軍，都督雍、梁、南北秦四州軍事，雍州刺史。

〔梁州〕〔南秦州〕秀之

〔益州〕徽

〔廣州〕道錫

〔交州〕景憲

二十七年庚寅　大舉伐魏，無功。十二月，魏主親臨瓜步，京師戒嚴。

〔荆州〕義宣

〔南徐州〕〔南兗州〕濬

〔江州〕宏

〔湘州〕朗

〔徐州〕〔兗州〕駿　兵敗，貶號鎮軍將軍，再貶北中郎將。

〔青州〕〔冀州〕坦

蕭斌　六月命，青、冀二州刺史。

〔豫州〕鑠

〔雍州〕誕

〔梁州〕〔南秦州〕秀之

〔益州〕徽

〔廣州〕道錫

二十八年辛卯　正月魏師退，二月解嚴。

〔荆州〕義宣

〔南徐州〕〔南兗州〕濬

〔南兗州〕江夏王義恭　二月，驃騎將軍、都督、刺史。

〔江州〕宏　入爲中書令。

武陵王駿　六月，南中郎將，都督江州及荆、豫四郡軍事，江州刺史。

〔湘州〕朗

〔徐州〕〔兗州〕駿　改南兗。

蕭思話　三月，撫軍將軍，監徐、兗、青、冀四州軍事，徐、兗二州刺史。

〔青州〕〔冀州〕斌　七月免。

劉興祖　二州刺史。

〔豫州〕鑠

〔司州〕魯爽　征虜將軍、刺史，四月復設。

〔雍州〕誕　五月改廣州。

臧質　冠軍將軍，監雍、梁、南北秦四州軍事，寧蠻校尉，雍州刺史。

〔梁州〕〔南秦州〕秀之

〔益州〕徽

〔廣州〕道錫　徵還。

隨王誕　五月，安南將軍，都督交、廣二州軍事，廣州刺史，未任。

二十九年壬辰

〔荆州〕義宣

〔南徐州〕濬　還朝。

江夏王義恭　十二月，大將軍領。

〔南兗州〕義恭　十二月還朝。省南兗州。

〔江州〕駿

〔湘州〕朗　五月省湘州，併于荆州。

〔徐州〕〔兗州〕思話

〔青州〕〔冀州〕興祖

〔冀州〕張永　刺史，四月分設。八月兵敗下吏。

〔豫州〕鑠

〔司州〕爽

〔雍州〕質

〔梁州〕〔南秦州〕秀之
〔益州〕徽　卒
劉瑀　六月，寧遠將軍、刺史。
〔廣州〕廬江王褘　車騎將軍，都督交、廣二州軍事，平越中郎將，廣州刺史。
三十年癸巳　二月，太子劭弑帝而自立。武陵王駿起兵討誅之，四月即位，五月入京師。
〔荆州〕義宣　四（年）〔月〕，拜丞相，加督湘州，兼荆、湘二州刺史。
〔南徐州〕義恭
〔南兖州〕沈慶之　六月復設。鎮軍將軍，都督南兖、兖、徐、豫四州軍事，南兖州刺史。
〔江州〕駿　三月舉兵討賊，四月即帝位。
臧質　四月，車騎將軍，開府儀同三司、都督、刺史。
〔湘州〕南譙王義宣　四月復設湘州，以荆州兼領。
〔徐州〕〔兖州〕思話　五月召爲中書令。
〔徐州〕王玄謨　六月，刺史加都督。
〔兖州〕徐遺寶　刺史，六月復設。
〔青州〕〔冀州〕興祖
〔青州〕申恬　寧朔將軍、刺史，六月命。
〔冀州〕張永　刺史，三月命，四月還。
垣護之　刺史，六月命。
〔豫州〕鑠　正月入爲領軍。
劉遵考　刺史。
〔司州〕爽　六月改豫州。
魯秀　刺史，十一月命，爽弟。
〔雍州〕質　四月改江州。
柳元景　未任。
朱修之　六月，都督、刺史，兼寧蠻校尉。
〔梁州〕〔南秦州〕秀之　六月改益州。
龐秀之
費沈　八月命，二州刺史。
〔益州〕瑀　入爲中丞。
劉秀之　六月命，寧朔將軍，督益、寧二州軍事，刺史。
〔寧州〕垣閎　刺史，八月命。
〔廣州〕褘　改會稽内史。
王曇生　六月命，未赴。
宗慤　七月命。
孝武帝孝建元年甲午
〔荆州〕義宣　二月舉兵反，六月伏誅。
朱修之
〔南徐州〕義恭
〔南兖州〕慶之　進征北大將軍，加督青、冀、幽三州。
〔江州〕質　二月舉兵反，六月被執伏誅。
蕭思話　九月改郢州。
東海王褘　十月，撫軍將軍、刺史。
〔湘州〕劉義綦　四月命。
〔郢州〕蕭思話　鎮西將軍，都督郢、湘二州軍事，郢州刺史，九月始設。
〔徐州〕玄謨　二月改豫州。
龐秀之　三月命，卒。
垣護之　八月，寧朔將軍，督徐、兖二州，徐州刺史。
〔兖州〕遺寶　二月反。
夏侯祖歡　刺史。
〔青州〕恬
〔冀州〕護之　還朝。
明僧胤　刺史，三月命。
〔豫州〕魯爽　正月舉兵反，四月伏誅。
王玄謨　二月，輔國將軍、豫州刺史。尋加都督，進前將軍。
〔司州〕秀　二月反，九月伏誅。
〔雍州〕修之　四月改荆州。
武昌王渾　六月，征虜將軍，都督雍、梁、南北秦四州軍事，寧蠻校尉，雍州刺史。
〔梁州〕〔南秦州〕沈
梁坦　八月命，二州刺史。
〔益州〕秀之　進征虜將軍，改督爲監。
〔寧州〕閎
尹懷慎　刺史，九月命。
〔廣州〕慤

二年乙未
〔荆州〕修之
〔南徐州〕義恭　十月改揚州。
竟陵王誕　司空，都督南徐、兖二州軍事，南徐州刺史。
〔南兖州〕慶之　二月以公就第。
劉延孫　八月改雍州。
檀和之　刺史。
〔江州〕褘　進平南將軍。
〔湘州〕義綦　卒。
劉遵考　三月命。五月召爲僕射，未任。
顧覬之　刺史。
〔郢州〕思話　七月卒。
劉秀之　刺史。
〔徐州〕護之　五月免。
申坦　寧朔將軍、刺史。
〔兖州〕祖歡　解。
〔青州〕恬　八月改豫州。
〔青州〕〔冀州〕垣護之　十月，寧遠將軍，督青、冀二州兼刺史。
〔冀州〕僧胤　解。
〔豫州〕玄謨　改雍州。
申恬　八月，寧朔將軍、刺史。
〔雍州〕渾　八月被殺。
劉延孫　未任。
王玄謨　十月，前將軍、都督、刺史、寧蠻校尉。
〔梁州〕〔南秦州〕坦
〔益州〕秀之　七月改郢州。
到元度
〔寧州〕懷慎
〔廣州〕慤
〔交州〕垣閎　五月命。
蕭景憲　十二月命。

三年丙申
〔荆州〕修之
〔南徐州〕誕
〔南兖州〕和之　二月解。
西陽王子尚　北中郎將，都督南徐、兖二州軍事，南兖州刺史。七月改揚州。
建安王休仁　冠軍將軍，都督南兖、徐二州軍事，南兖州刺史。
〔江州〕褘
〔湘州〕覬之
〔郢州〕秀之
孔靈符　刺史，十二月命。
〔徐州〕坦
〔青州〕〔冀州〕護之　進寧朔將軍。
〔豫州〕恬　召還，道卒。
宗慤　二月，監豫、司、雍、秦、并五州軍事，刺史。
〔雍州〕玄謨
〔梁州〕〔南秦州〕坦
〔益州〕元度
劉瑀　五月命，尋免。
張悦　十月命。
〔寧州〕懷慎
〔廣州〕慤　二月改豫州。

王翼之
王琨　八月命。
〔交州〕景憲
費淹　八月命。
大明元年丁酉
〔荆州〕修之
〔南徐州〕誕　八月改南兖。
劉延孫　鎮軍將軍、刺史。
〔南兖州〕休仁
竟陵王誕　八月，司空，都督南徐、南兖、兖、青、冀、幽六州軍事，南兖州
刺史。
〔江州〕禕
〔湘州〕覬之　六月召爲尚書。
山陽王休祐　征虜將軍、刺史。
〔郢州〕靈符
〔徐州〕坦　五月下吏。
〔徐州〕〔兖州〕沈曇慶　輔國將軍，督徐、兖二州軍事，二州刺史。
〔青州〕〔冀州〕護之
〔豫州〕愨
〔雍州〕玄謨
〔梁州〕〔南秦州〕坦
〔益州〕悦
〔寧州〕懷慎
〔廣州〕琨
〔交州〕淹
二年戊戌
〔荆州〕修之
〔南徐州〕延孫
〔南兖州〕誕
〔江州〕禕　十月入爲中書令。
義陽王昶　前將軍、都督、刺史。
〔湘州〕休祐
〔郢州〕靈符
〔徐州〕〔兖州〕曇慶　入爲左衛將軍。
〔徐州〕劉道隆　九月命，刺史。
〔兖州〕沈僧榮　八月復設，刺史。
〔青州〕〔冀州〕護之　七月爲右衛將軍。
顔師伯　輔國將軍，督青、冀二州軍事，二州刺史。
〔豫州〕愨
〔司州〕劉季之　刺史，三月復設。
〔雍州〕玄謨　四月召還。
海陵王休茂　北中郎將，都督雍、梁、南北秦四州軍事，寧蠻校尉，雍州
刺史。
〔梁州〕〔南秦州〕坦
〔益州〕悦
〔寧州〕懷慎
杜叔文　八月命。
〔廣州〕琨
費淹　八月命。
〔交州〕淹　八月改廣州。
垣閎
三年己亥
〔荆州〕修之
〔南徐州〕延孫
〔南兖州〕誕　四月舉兵反，七月被殺。
垣閎　三月命，四月爲誕所殺。
沈慶之　四月，車騎大將軍，都督南兖、徐、兖三州軍事，南兖州刺史。
〔南豫州〕東海王禕　七月復設。
〔江州〕昶　十月入爲護軍。
桂陽王休範　征虜將軍、刺史。

〔湘州〕休祐

〔郢州〕靈符　七月遷丹陽尹。

王玄謨　刺史。

〔徐州〕道隆

〔兗州〕僧榮

〔青州〕〔冀州〕師伯

〔豫州〕慤　八月入爲左衛將軍。

庾深之　刺史。

〔司州〕季之　四月反，被殺。

〔雍州〕休茂　進左將軍。

〔梁州〕〔南秦州〕坦

柳叔仁　正月命，二州刺史。

〔益州〕悦

〔寧州〕叔文

符仲子　四月命。

〔廣州〕淹

〔交州〕閎

四年庚子

〔荆州〕修之

〔南徐州〕延孫

〔南兗州〕慶之

晉安王子勛　八月，征虜將軍、都督、刺史。

〔南豫州〕禕

〔江州〕休範

〔湘州〕休祐　入爲祕書監。

建安王休仁　二月，平南將軍、刺史。

〔郢州〕玄謨

安樂王子綏　三月命，刺史。

〔徐州〕道隆　三月改青冀。

巴陵王休若　冠軍將軍、都督、刺史。

〔兗州〕僧榮

〔青州〕〔冀州〕師伯　三月入爲侍中。

劉道隆　二州刺史。

〔豫州〕深之

垣護之　九月，輔國將軍，督司、豫二州軍事，豫州刺史。

〔雍州〕休茂

〔梁州〕〔南秦州〕叔仁

〔益州〕悦

劉思考　五月命。

〔寧州〕仲子

費景緒　二月命。

〔廣州〕淹

臨海王子頊　十月，征虜將軍，都督交、廣二州軍事，平越中郎將，廣州刺史。

〔交州〕閎

五年辛丑

〔荆州〕修之

〔南徐州〕延孫　十月入爲僕射。

新安王子鸞　北中郎將、刺史。

〔南兗州〕子勛

〔南豫州〕禕

潯陽王子房　九月，冠軍將軍、刺史。

〔江州〕休範

〔湘州〕休仁

〔郢州〕子綏

〔徐州〕休若　入爲常侍。

王玄謨　十二月，平北將軍、都督、徐州刺史。

〔兗州〕僧榮

〔青州〕〔冀州〕道隆

〔豫州〕護之

〔雍州〕休茂　四月舉兵反，伏誅。
永嘉王子仁　未任。
劉秀之　十月，安北將軍，都督雍、梁、南北秦四州軍事，校尉，雍州刺史。
〔梁州〕〔南秦州〕叔仁
〔益州〕思考
〔寧州〕景緒
費伯弘　八月命。
〔廣州〕子頊。
〔交州〕閎
六年壬寅
〔荆州〕修之　七月入爲領軍。
臨梅王子頊　征虜將軍、都督、刺史。
〔南徐州〕子鸞
〔南兖州〕子勛
〔南豫州〕子房
〔江州〕休範
〔湘州〕休仁
〔郢州〕子綏
〔徐州〕玄謨
〔兖州〕僧榮
〔青州〕〔冀州〕道隆
〔豫州〕護之
〔雍州〕秀之
〔梁州〕〔南秦州〕叔仁
〔益州〕思考
〔寧州〕伯弘
〔廣州〕子頊　七月改荆州，未赴。
王翼之　輔國將軍、刺史。
〔交州〕閎
檀翼之　七月命。
七年癸卯
〔荆州〕子頊
〔南徐州〕子鸞　加司徒、撫軍將軍，再加都督。
〔南兖州〕子勛　正月改江州。
柳元景　驃騎領刺史，留衛京師。
〔南豫州〕子房　進右將軍
〔江州〕休範
晉安王子勛　正月，前將軍、都督、刺史。
〔湘州〕休仁
〔郢州〕子綏
〔徐州〕玄謨
〔兖州〕僧榮
〔青州〕〔冀州〕道隆
〔豫州〕護之　下吏免。
劉德願　六月命，刺史。
〔雍州〕秀之
〔梁州〕〔南秦州〕叔仁
柳元怙　六月命，二州刺史。
〔益州〕思考
〔寧州〕伯弘
〔廣州〕翼之
始安王子真　五月命，未任。
遠曇遠
〔交州〕翼之
八年甲辰　五月帝殂，太子子業即位。
〔荆州〕子頊　進前將軍，都督荆、湘、益、寧、雍、梁、南北秦八州軍事。
〔南徐州〕子鸞　入爲中書令。
〔南兖州〕元景　五月解。
永嘉王子仁　左將軍、刺史。

〔南豫州〕子房　改東揚州。
〔江州〕子勛　正月改雍州，七月復任。
建安王休仁　正月，安南將軍、刺史。七月還朝，未任。
〔湘州〕休仁　正月改江州。
劉伯禽　輔國將軍、刺史。
〔郢州〕子綏
〔徐州〕玄謨　二月入爲領軍。
湘東王彧　七月入爲護軍。
義陽王昶　七月，征北將軍，都督徐、兗、南兗、青、冀、幽六州軍事，徐州刺史。
〔兗州〕僧榮
薛安都　前將軍、刺史。
〔青州〕〔冀州〕道隆　入爲右衛將軍。
王玄謨　八月，都督青、冀州，兼刺史。
〔豫州〕德願
〔司州〕宋越　刺史，十月復設。
〔雍州〕秀之　正月卒。
晉安王子勛　復改江州。
宗愨　七月，都督、刺史、寧蠻校尉。
〔梁州〕〔南秦州〕元怙
〔益州〕思考
蕭惠開　五月，輔國將軍，督益、寧二州軍事，二州刺史。
〔寧州〕伯弘
蕭惠開　益州兼。
〔廣州〕曇遠
〔交州〕翼之

景和元年乙巳　十一月，帝被殺，湘東王彧即位，改是年爲（太）〔泰〕始元年

〔荆州〕子頊　十二月舉兵附子勛。
〔南徐州〕永嘉王子仁　左將軍、刺史。九月賜死。
桂陽王休範　十二月，鎮北將軍，都督南兗、兗、南徐、徐四州軍事，南徐州刺史。
〔南兗州〕子仁　改南徐。
始安王子真　征虜將軍、刺史，被殺。
建平王景素　冠軍將軍、刺史。
〔南豫州〕湘東王彧　正月命，五月還朝。八月復命，未赴繫獄。十一月即帝位。
柳元景　五月領，八月被殺。
劉遵考　安西將軍、刺史，入爲侍中。
〔江州〕子勛　十二月舉兵潯陽，長史鄧琬行事。
〔湘州〕伯禽　八月被殺。
邵陵王子元　刺史，舉兵附子勛。
〔郢州〕子綏　舉兵附子勛。
〔徐州〕昶　九月奔魏。
薛安都　九月，平北將軍、刺史。
〔兗州〕安都　九月改徐州。
殷孝祖　九月，寧朔將軍、刺史。
〔青州〕〔冀州〕玄謨　八月入爲領軍。
〔青州〕沈文秀　建威將軍、刺史。
〔冀州〕崔道固　刺史，八月分設。
〔豫州〕山陽王休祐　正月命，十月還鎮軍。
殷琰　十二月命，刺史。
〔司州〕越　入爲遊擊將軍。
垣閎　十二月命，刺史。
〔雍州〕愨　八月卒。
建安王休仁　八月命，留京不赴。
袁顗　冠軍將軍，督雍、梁、南北秦四州軍事，校尉，雍州刺史。九月命，十二月從子勛反。
〔梁州〕〔南秦州〕元怙
〔益州〕〔寧州〕惠開
〔廣州〕曇遠

〔交州〕翼之
張牧　五月命。
明帝泰始二年丙午
〔荆州〕子頊　九月，子勛敗，賜死。
山陽王休祐　九月，驃騎大將軍，都督荆、湘、寧、益、雍、梁、南北二秦八州軍事，荆州刺史。
〔南徐州〕休範　進征北大將軍。
〔南兖州〕劉袛　刺史，正月命。十月被殺。
張永　鎮軍將軍，都督南兖、徐二州軍事，南兖州刺史。
〔南豫州〕山陽王休祐　正月命，九月改荆州。
王玄謨　十一月，都督、刺史。
〔江州〕子勛　正月稱帝，八月兵敗被殺，時年十一。
王景文　九月，安南將軍、都督、刺史。
〔湘州〕子元　九月，子勛敗，賜死。
顧顗之　九月，左將軍、刺史。
〔郢州〕子綏　九月，子勛敗，賜死。
劉襲　十一月命，刺史。
〔徐州〕安都　舉兵附子勛，十月降魏。
申令孫　正月命，與安都同反。
劉思考　三月命。
〔兖州〕孝祖　正月勤王，三月敗死。
張永　七月，刺史。
〔青州〕文秀　舉兵附子勛。
明僧嵩　四月命，刺史。
張永
〔冀州〕道固　舉兵附子勛，七月降，復任。
〔豫州〕琰　舉兵附子勛，十二月出降。
張興世　十月命，刺史。
〔司州〕龐孟虯　刺史，正月命，叛附子勛。
鄭默　刺史，三月命。

〔雍州〕顗　八月兵敗，誅。
沈攸之　五月命，九月改郢州。
巴陵王休若　九月，衛將軍，都督雍、梁、南北秦四州軍事，兼雍州刺史。
〔梁州〕〔南秦州〕元怙　舉兵附子勛，十月降。
垣恭祖　六月命，二州刺史。
劉靈道　十二月命，二州刺史。
〔益州〕〔寧州〕惠開　正月舉兵附子勛，十月降，召還。
〔益州〕劉勔　輔國將軍、刺史。
〔廣州〕曇遠　舉兵附子勛，六月被殺。
劉勔　九月命，未任，改益州。
費混　十二月命。
〔交州〕牧
三年丁未
〔荆州〕休祐
〔南徐州〕休範
〔南兖州〕永　改守會稽。
沈攸之　八月，領軍行刺史事。
〔南豫州〕玄謨　七月入爲護軍，州廢。
〔江州〕景文
〔湘州〕顗之　卒。
劉韞　六月命，刺史。
〔郢州〕襲
蔡興宗　安西將軍、都督、刺史，三月命。
〔徐州〕思考
王玄載　三月，刺史。
〔兖州〕申纂　刺史。
崔平　刺史，三月命。
劉休賓　十二月命。
〔青州〕僧嵩
沈文秀　二月反正，復任。

〔冀州〕道固

〔豫州〕興世　入爲遊擊將軍。

劉勔　八月，征虜將軍，都督豫、司二州軍事，刺史。

〔司州〕默

〔雍州〕休若

〔梁州〕〔南秦州〕靈道

劉亮　二月命，二州刺史。

〔益州〕勔　未任。

垣閎　正月命。

〔廣州〕混

羊希　二月，寧朔將軍、刺史。

〔交州〕牧

四年戊申

〔荆州〕休祐

〔南徐州〕休範

〔南兖州〕攸之

劉韞　五月命，刺史。

蕭道成　七月，督南兖、徐二州軍事。

〔江州〕景文

〔湘州〕韞　五月改南兖。

巴陵王休若　左將軍、都督、刺史。

〔郢州〕興宗

〔徐州〕玄載

〔兖州〕休賓　二月降魏。

〔青州〕文秀

〔冀州〕道固　二月歷城陷，降魏。

〔豫州〕勔

〔司州〕默

常珍奇　二月，平北將軍，都督司、豫二州軍事，司州刺史。

〔雍州〕休若　五月改湘州。

張永

張悦　九月命。

〔梁州〕〔南秦州〕亮

劉靈遺　三月命，二州刺史。

〔益州〕閎

〔廣州〕希　三月戰没。

張辯　四月命。

〔交州〕牧

孫奉伯　三月命。

劉勃　八月命。

五年己酉

〔荆州〕休祐　還京

巴陵王休若　十一月，征南將軍，都督湘、荆、雍、益、梁、寧、南北秦八州軍事，荆州刺史。

〔南徐州〕休範　十二月改揚州。

山陽王休祐　驃騎大將軍，都督南徐、南兖、徐、兖、青、冀六州軍事，南徐州刺史，留京不赴。

〔南兖州〕道成

韞

〔南豫州〕廬江王禕　車騎將軍、刺史，二月復設。六月被殺，州廢。

〔江州〕景文　進鎮南將軍。

〔湘州〕休若　十一月改荆州。

建平王景素　冠軍將軍、刺史。

〔郢州〕興宗　改守會稽。

沈攸之　刺史，六月命。

〔徐州〕玄載　七月解。

王亮　刺史。

〔兖州〕崔公烈　四月命，刺史。

李靈謙　七月命，刺史。

〔青州〕文秀　正月東陽陷，降魏。

王玄邈　刺史。
〔冀州〕劉崇智　八月命，刺史。
〔豫州〕勔　九月入爲領軍。
段佛榮　輔國將軍、刺史。
〔司州〕珍奇　舉地降魏。
呂安國　十一月命，刺史。
〔雍州〕悦
〔梁州〕〔南秦州〕靈遺
杜幼文　四月，輔國將軍、二州刺史。
〔益州〕閎
劉亮　六月命。
〔廣州〕辯
建安王伯融　十二月命。
〔交州〕勃
陳伯紹　七月命。

六年庚戌

〔荆州〕休若　進征西大將軍。
〔南徐州〕休祐
〔南兖州〕道成　移鎮淮陰。
劉勔　九月，都督、刺史，鎮廣陵。
〔江州〕景文　六月入爲僕射。
桂陽王休範　征南大將軍，都督江、郢、司、交、廣五州軍事，江州刺史。
旋進驃騎大將軍。
〔湘州〕景素　進左將軍。
〔郢州〕攸之　進鎮軍將軍。
〔徐州〕亮
陳胤宗　五月命，刺史。
〔兖州〕孟次陽　刺史。
〔青州〕玄邈　還京。
〔冀州〕崇智　八月兼青州。
〔豫州〕佛榮
〔司州〕安國　治義陽。
〔雍州〕悦　改三巴校尉，卒。
劉韞　六月，撫軍將軍、刺史。
〔梁州〕〔南秦州〕幼文
〔益州〕亮
〔寧州〕孔玉　五月命。
〔廣州〕伯融。
〔交州〕伯紹

七年辛亥

〔荆州〕休若　二月改南徐。
建平王景素　左將軍，都督荆、湘八州軍事，荆州刺史。
〔南徐州〕休祐　二月被殺。
巴陵王休若　七月賜死。
劉秉　七月，後將軍，都督南徐、徐、兖、豫、青、冀六州軍事，南徐州刺史。
〔南兖州〕道成　七月入爲常侍。
勔
沈懷明　七月命，刺史。
〔南豫州〕王玄載　十二月復設。
〔江州〕休範　加督越州。
〔湘州〕景素　二月改荆州。
王僧虔　刺史。
〔郢州〕攸之
〔徐州〕胤宗
周寧民　九月命，刺史。
〔兖州〕次陽
〔青州〕〔冀州〕崇智
〔豫州〕佛榮
〔司州〕安國

〔雍州〕韞
〔梁州〕〔南秦州〕幼文
〔益州〕亮
〔寧州〕玉
〔廣州〕伯融
　孫超之　五月。
　（二月分交、廣二州置越州）
〔越州〕陳伯紹　刺史。
〔交州〕伯紹　二月改越州。
〔太〕〔泰〕豫元年壬子　四月帝殂，太子昱即位。
〔荊州〕景素　七月改南徐。
　沈攸之　鎮西將軍，都督荊、湘、雍、梁、益、寧、南北秦八州軍事，刺史。
〔南徐州〕秉
　建平王景素　七月，鎮軍將軍，都督南徐、南兖、兖、徐、青、冀六州軍事，南徐州刺史。
〔南兖州〕懷明
〔南豫州〕玄載
〔江州〕休範　四月加司空。
〔湘州〕僧虔
〔郢州〕攸之　進征西將軍。七月改荊州。
　劉秉　刺史。十一月拜僕射。
〔徐州〕寧民
〔兖州〕次陽
〔青州〕〔冀州〕崇智
〔豫州〕佛榮
〔司州〕安國
　王瞻　二月命，刺史。
〔雍州〕韞
　張興世　四月，冠軍將軍，督雍、梁、南北秦四州軍事，雍州刺史。尋加寧蠻校尉。
〔梁州〕〔南秦州〕幼文
〔益州〕亮　卒。
　蔡那　四月命，即卒。
　張岱　五月命。
〔寧州〕玉
〔廣州〕超之
〔越州〕伯紹

元徽元年癸丑

〔荊州〕攸之
〔南徐州〕景素
〔南兖州〕懷明　丁憂。
〔南豫州〕玄載　四月入爲撫軍將軍。
　劉靈遺　輔師將軍，刺史。
〔江州〕休範　十二月加太尉。
〔湘州〕僧虔
〔郢州〕王奂
　晉熙王燮　二月，征虜將軍、刺史，年四歲。
〔徐州〕寧民
　垣閎
〔兖州〕次瑒
〔青州〕〔冀州〕崇智
〔豫州〕佛榮
〔司州〕瞻
　李安民　五月命，刺史。
〔雍州〕興世
〔梁州〕〔南秦州〕幼文　十月入爲常侍。
　王玄載　二州刺史。
〔益州〕岱
〔寧州〕玉
〔廣州〕超之

何恢　三月命，未任罷。
〔越州〕伯紹　六月改交州。
〔交州〕陳伯紹　六月命。
〔荆州〕攸之　加征西大將軍。
〔南徐州〕景素　進鎮北將軍。
〔南兖州〕張永　正月，征北將軍、都督、刺史，未任。
蕭道成　六月遥領刺史。
〔南豫州〕靈遺　三月入爲常侍。
王寬
〔江州〕休範　五月舉兵反，旋破滅。
邵陵王友　時方五歲。
〔湘州〕僧虔
王藴　十一月，寧朔將軍、刺史。
〔郢州〕燮　進安西將軍，督郢、江二州軍事。
〔徐州〕闋
〔兖州〕次陽　卒
吕安國　九月命，刺史。
〔青州〕〔冀州〕崇智
劉善明　二州刺史。
〔豫州〕佛榮　六月入爲常侍。
任〔大〕〔農夫〕刺史。
〔司州〕安民
〔雍州〕興世　進征虜將軍。
〔梁州〕〔南秦州〕玄載
〔益州〕岱
〔寧州〕玉
劉延祖　七月命。
〔廣州〕陳顯達　刺史，十月命。
〔交州〕伯紹

二年甲寅

三年乙卯
〔荆州〕攸之
〔南徐州〕景素
〔南兖州〕道成
〔南豫州〕寬
段佛榮　冠軍將軍、刺史。
〔江州〕友
〔湘州〕藴
〔郢州〕燮
〔徐州〕闋
〔兖州〕安國
〔青州〕〔冀州〕劉善明
〔豫州〕農夫　入爲驍騎。
劉懷珍　七月命，刺史。
〔司州〕安民　入爲左將軍。
姚道和　十二月命，刺史。
〔雍州〕興世　三月入爲左衛將軍。
張敬兒
〔梁州〕〔南秦州〕玄載
〔益州〕岱
〔寧州〕延祖
〔廣州〕顯達
〔交州〕伯紹

四年丙辰
〔荆州〕攸之
〔南徐州〕景素　七月起兵，被殺。
李安民
〔南兖州〕道成
〔南豫州〕佛榮　卒。
阮佃夫　八月命，留京師。

〔江州〕友
〔湘州〕藴
〔郢州〕燮　進鎮西將軍。
〔徐州〕闓
　曹欣之　五月，輔國將軍、刺史。
〔兗州〕安國
〔青州〕〔冀州〕善明
〔豫州〕懷珍
〔司州〕道和
〔雍州〕敬兒
〔梁州〕〔南秦州〕玄載　正月改益州。
　范柏年　二月命，二州刺史。
〔益州〕岱　正月入爲侍中。
　王玄載
〔寧州〕延祖
〔廣州〕顯達
〔越州〕周（槃）〔盤〕龍　刺史。
〔交州〕李長仁

五年丁巳　七月，帝被殺，弟準即位改，是年爲
昇明元年

〔荆州〕攸之　十二月舉兵反。
〔南徐州〕安民
　蕭道成　七月司空遥領。
〔南兗州〕道成　七月改領南徐。
　李安民　七月命。
〔南豫州〕佃夫　四月被殺。
　全景文　五月命。
　劉澄之　八月命。
〔江州〕友
〔湘州〕藴　母喪歸。
　南陽王翽　七月命，未任。
　吕安國　十二月命，刺史。
〔郢州〕燮
　武陵王贊　七月命，刺史。
〔徐州〕欣之　入爲常侍。
　王廣之　刺史。
〔兗州〕安國　入爲遊擊將軍。
　李靈謙　八月命，刺史。
〔青州〕〔冀州〕善明
　明慶符　二州刺史，七月命。
〔豫州〕懷珍
〔司州〕道和
〔雍州〕敬兒
〔梁州〕〔南秦州〕柏年
〔益州〕玄載
〔寧州〕延祖
　柳和　二月命。
〔廣州〕顯達　十一月入爲左衛將軍。
　沈景德　刺史。
〔越州〕（槃）〔盤〕龍
　孫曇瓘　五月命。
　胡羨生　十一月命。
〔交州〕長仁　五月遷。
　沈景德　十一月改廣州。

二年戊午

〔荆州〕攸之　正月兵敗被殺。
　武陵王贊
〔南徐州〕道成
〔南兗州〕安民　改郢州。
　黄回　三月命，未赴，被殺。

蕭映　四月命。
〔南豫州〕澄之
邵陵王友　正月命。
〔江州〕友　正月改南豫州。
蕭賾　正月命。八月入爲領軍。
蕭嶷
〔湘州〕安國
〔郢州〕贊　正月改荆州。
李安民　刺史，正月命。
〔徐州〕廣之
〔兖州〕靈謙
垣崇祖　刺史。
〔青州〕〔冀州〕慶符
〔豫州〕懷珍　十月召爲尚書。
蕭晃　刺史。
〔司州〕道和　召還，被殺。
周（槃）〔盤〕龍　三月命，刺史。
〔雍州〕敬兒
〔梁州〕〔南秦州〕柏年　正月召還，被殺。
王玄邈　二州刺史。
〔益州〕玄載　二月入爲常侍。
傅琰
〔寧州〕和
〔廣州〕景德
劉悛　三月命，刺史。
〔越州〕羡生
〔交州〕趙超民　六月命。

三年己未　四月遜位于齊，宋亡，凡六十年。
〔荆州〕贊
蕭嶷　正月命。
〔南徐州〕道成　四月封齊王，旋篡位。
〔南兖州〕映
〔南豫州〕友　卒。
蕭賾　遥領。
〔江州〕嶷　正月改荆州。
王延之
〔湘州〕安國　四月入爲右衛將軍。
〔郢州〕安民　正月入爲左衛將軍。
蕭順之
〔徐州〕廣之
崔文仲　刺史。
〔兖州〕崇祖
〔青州〕〔冀州〕慶符
〔豫州〕晃
〔司州〕（槃）〔盤〕龍
〔雍州〕敬兒
〔梁州〕〔南秦州〕玄邈
〔益州〕琰
〔寧州〕和
〔廣州〕悛
〔越州〕羡生
〔交州〕超民
李叔獻

《齊將相大臣年表》

清萬斯同撰

高帝建元元年庚申　四月，蕭道成篡位。

〔太傅〕

〔大司馬〕

〔大將軍〕

〔太尉〕

〔司徒〕

〔司空〕褚淵　司空、侍中，四月拜。九月，領尚書令，兼中書監。

〔驃騎將軍〕豫章王嶷　驃騎、侍中、開府儀同三司，四月拜。九月，出鎮。

〔車騎將軍〕

〔衛將軍〕

〔尚書令〕豫章王嶷　四月拜。九月，出督荆、湘二州。

褚淵　九月，司空領。

〔左僕射〕

〔右僕射〕王儉　領吏部。

〔吏部尚書〕張岱　出守吴郡。

王儉　僕射領。

〔中書監〕褚淵　司空領。

〔中書令〕張緒

〔侍中〕王僧虔　兼丹陽尹。

王琨

張瓌

褚炫　出爲太守。

沈文季

蕭鸞

何戢

〔領軍將軍〕李安民

〔護軍將軍〕陳顯達　並四月命，（資淺者爲中領軍、中護軍）。

〔揚州刺史〕豫章王嶷　未任。

臨川王映　九月命。

二年辛酉

〔司空〕淵　十二月，遷司徒，侍中、尚書令如故。

豫章王嶷　十二月，拜司空，兼侍中、中書監、揚州刺史。

〔驃騎將軍〕嶷　十二月，遷司空。

〔車騎將軍〕張敬兒

〔尚書令〕淵

〔右僕射〕儉　正月，遷左。十月，解吏部。

柳世隆　辭不拜。

〔吏部尚書〕儉　十月解。

何戢　十月命。

〔中書監〕淵　十二月解。

豫章王嶷　十二月，司空領。

〔中書令〕緒

〔侍中〕琨

瓌　遷都官尚書。

文季

鸞　三月，遷郢州刺史。

戢　十月，遷吏部。

南郡王長懋　二月命。

蕭順之　三月命。

王奂

〔領軍將軍〕安民

〔護軍將軍〕顯達　三月，出鎮南兗。

〔中護軍〕張岱　三月命。

〔揚州刺史〕映　十二月，出鎮荆州。

豫章王嶷　十二月，司空領。

三年壬戌

〔司徒〕淵
〔司空〕嶷
〔車騎將軍〕敬兒
〔尚書令〕淵
〔左僕射〕儉　加領太子詹事。
〔吏部尚書〕戢　出守吴興。
江謐
〔中書監〕嶷
〔中書令〕緒
〔侍中〕琨
長懋
順之
奂
〔領軍將軍〕安民
〔中護軍〕岱　遷金紫光禄大夫。
〔護軍將軍〕王敬則　遷撫軍將軍。
〔揚州刺史〕嶷
四年癸亥　五月，帝殂，太子賾即位。
〔司徒〕淵　三月，録尚書事。六月，改司空。七月卒。
〔司空〕嶷　三月，遷太尉，解侍中。
〔車騎將軍〕敬兒　三月，加開府儀同三司。
〔尚書令〕淵　三月，改録尚書事。七月卒。
王儉　三月拜，兼侍中。
〔左僕射〕儉　三月，遷令。
王奂　三月拜。九月，出爲湘州刺史。
王延之　十月拜。
〔吏部尚書〕謐　七月誅。
張緒　領祭酒。
〔中書監〕嶷
〔中書令〕緒　二月，遷國子祭酒。
王延之　二月命。十月，遷僕射。
安成王暠
〔侍中〕琨
奂　三月，遷僕射。
褚賁　父憂去任。
褚炫
王宴
蕭景先　改領軍。
安成王暠　遷中書令。
〔領軍將軍〕安民　三月，加侍中，尋遷丹陽尹。
蕭景先　左衛率，兼領軍。
〔護軍將軍〕長沙王晃　正月命。
〔揚州刺史〕嶷
武帝永明元年甲子
〔太尉〕嶷　正月，兼太子太傅，解中書監。
〔驃騎將軍〕臨川王映　侍中。
〔車騎將軍〕敬兒　五月誅。
〔衛將軍〕王儉　十二月，有命。
〔尚書令〕儉　十月，加衛將軍。
〔左僕射〕延之
〔吏部尚書〕緒　遷金紫光禄大夫。
褚炫
〔中書監〕嶷　正月解。
〔中書令〕暠　遷散騎常侍。
武陵王曄
〔侍中〕炫
蕭鸞　遷左衛。
褚澄
蕭惠基　領驍騎。
〔中領軍〕景先　正月命。

〔護軍將軍〕晃　正月，出鎮南徐。

柳世隆　正月命。

〔揚州史〕嶷

二年乙丑

〔太尉〕嶷　六月，仍加侍中。

〔司徒〕竟陵王子良　正月，護軍領。

〔驃騎將軍〕映

〔衛將軍〕儉

〔尚書令〕儉　正月，加領丹陽尹。

〔左僕射〕延之　改光禄。

柳世隆　正月命。

〔右僕射〕李安民　正月拜。十二月，出爲吴興太守。

王奂　十二月拜。

〔吏部尚書〕炫　遷常侍。

蕭惠基

〔中書監〕長沙王晃　十月命。

〔中書令〕曄

〔侍中〕惠基　遷吏部。

安成王暠

褚賁　領步兵校尉。

〔中領軍〕景先

〔護軍將軍〕世隆　正月，遷僕射。

竟陵王子良　正月命，兼侍中。

陳顯達　十一月命。

〔揚州刺史〕嶷

三年丙寅

〔太尉〕嶷

〔司徒〕子良

〔驃騎將軍〕映

〔衛將軍〕儉

〔尚書令〕儉　兼國子祭酒，加領太子少傅。

〔左僕射〕世隆

〔右僕射〕奂

〔吏部尚書〕惠基　遷侍中。

〔中書監〕晃

〔中書令〕安成王暠

〔侍中〕暠　遷中書令。

賁

蕭惠基

〔中領軍〕景先　八月，遷丹陽尹。

〔領軍將軍〕蕭順之　八月命。

劉悛

〔護軍將軍〕顯達

〔揚州刺史〕嶷

四年丁卯

〔太尉〕嶷

〔司徒〕子良　遷車騎，仍領司徒。

〔驃騎將軍〕映

〔車騎將軍〕竟陵王子良

〔衛將軍〕儉

〔尚書令〕儉

〔左僕射〕世隆　四月，出爲湘州刺史。

〔右僕射〕奂

〔吏部尚書〕王儉　尚書令領。

〔中書監〕晃　遷丹陽尹。

〔中書令〕暠

〔侍中〕惠基

鄱陽王鏘

劉悛　十二月命。

〔領軍將軍〕悛

〔中領軍〕蕭鸞　四月命。
〔護軍將軍〕顯達
〔揚州刺史〕嶷
五年戊辰
〔大司馬〕豫章王嶷　正月拜。
〔太尉〕嶷　正月，遷大司馬。
〔司徒〕子良　正月，實授司徒，仍兼侍中。
〔驃騎將軍〕映　正月，加開府儀同三司。
〔車騎將軍〕子良　正月，拜司徒。
〔衛將軍〕儉　正月，加開府儀同三司。
〔尚書令〕儉
〔右僕射〕奂　正月，遷左。
〔吏部尚書〕儉
〔中書令〕暠　遷祠部尚書。
武陵王曄
〔侍中〕鏘
悛
〔中領軍〕鸞　十月，出爲豫州刺史。
蕭緬
〔護軍將軍〕顯達　二月，出爲雍州刺史。
廬陵王子卿
〔揚州刺史〕嶷
六年己巳
〔大司馬〕嶷
〔司徒〕子良
〔驃騎將軍〕映
〔衛將軍〕儉
〔尚書令〕儉
〔左僕射〕奂　十二月，遷領軍。
〔吏部尚書〕儉
〔中書令〕曄
桂陽王鑠　正月命。
〔侍中〕鏘
廬陵王子卿　領右衛。
〔領軍將軍〕吕安國　七月命。
王奂　十一月命。
〔中領軍〕緬　遷太子詹事。
〔護軍將軍〕子卿　遷祕監。
長沙王晃
〔揚州刺史〕嶷
七年庚午
〔大司馬〕嶷
〔司徒〕子良
〔驃騎將軍〕映　正月卒。
〔衛將軍〕儉　五月卒。
〔尚書令〕儉　二月，解吏部。五月卒。
柳世隆　五月拜。
〔左僕射〕柳世隆　正月拜。五月，遷令。
王奂　五月拜，加給事中。
〔右僕射〕蕭鸞　正月拜。
〔吏部尚書〕儉　二月解。
王晏　二月命。
〔中書令〕鑠　二月，遷監。
〔侍中〕鏘　遷丹陽尹。
子卿
江斆
隨郡王子隆
江夏王鋒
〔領軍將軍〕奂　五月，遷僕射。
陳顯達

〔護軍將軍〕晃
巴東王子響　二月命。三月，鎮江州。
隨郡王子隆　三月命。
建安王子真　八月命。
安陸王子敬　十二月命。
〔揚州刺史〕嶷
八年辛未
〔大司馬〕嶷
〔司徒〕子良
〔尚書令〕世隆
〔左僕射〕奂
〔右僕射〕鸞
〔吏部尚書〕晏
〔中書監〕鑠
〔中書令〕謝朏
〔侍中〕子卿
鋒
虞悰
〔領軍將軍〕顯達　出鎮江州。
沈文季　正月命。
〔護軍將軍〕子敬
〔揚州刺史〕嶷
九年壬申
〔大司馬〕嶷
〔司徒〕子良
〔尚書令〕世隆　卒。
〔左僕射〕奂　六月，出爲雍州刺史。
〔右僕射〕鸞
〔吏部尚書〕晏　遷侍中。
徐孝嗣
〔中書監〕鑠
〔中書令〕朏
〔侍中〕子卿
鋒　正月，出鎮南徐。
悰　遷祠部。
王倫之　九月命。
王晏
〔領軍將軍〕文季
〔護軍將軍〕子敬
〔揚州刺史〕嶷
十年癸酉
〔大司馬〕嶷　四月卒。
〔司徒〕子良　五月，領揚州刺史。
〔驃騎將軍〕廬陵王子卿　鎮南豫。
〔尚書令〕竟陵王子良　正月，司徒領。
〔右僕射〕鸞　正月，遷左，領右衛。
〔吏部尚書〕孝嗣
〔中書監〕鑠　遷太常。
晉安王子懋
〔中書令〕朏
衡陽王鈞
〔侍中〕子卿　出鎮南豫。
晉安王子懋　遷中書監。
何胤
王瑩
〔領軍將軍〕文季　二月，遷金紫光禄大夫。
陳顯達　二月命。
〔護軍將軍〕子敬　遷丹陽尹。
武陵王曄
〔揚州刺史〕嶷　四月卒。

竟陵王子良　五月，司徒領。

十一年甲戌　七月，帝殂，太孫昭業即位。

〔太傅〕竟陵王子良　七月，拜太傅，領中書監。

〔司徒〕子良　七月，遷太傅，解侍中。

〔司空〕王敬則　正月拜。

〔驃騎將軍〕子卿

〔車騎將軍〕安陸王子敬

〔衛將軍〕武陵王曄　八月命，加開府儀同三司。

〔尚書令〕子良　解。

蕭鸞　七月拜，兼侍中，尋加鎮軍將軍。

〔左僕射〕鸞　七月，遷令。

〔右僕射〕晏　三月拜。八月，遷左。

徐孝嗣　八月拜。

〔吏部尚書〕孝嗣　遷僕射。

江斆

〔中書監〕子懋　二月，出鎮雍州。

竟陵王子良　七月，太傅領。

〔中書令〕鈞

何胤

〔侍中〕胤　遷中書令。

瑩

〔領軍將軍〕鄱陽王鏘　正月命。

〔護軍將軍〕曄　八月，遷衛將軍。

沈文季　八月命。

〔揚州刺史〕子良

隆昌元年乙亥　六月，蕭鸞弑帝，立其弟新安王昭文。十月，鸞廢之而自立，改是年爲

建武元年

〔太傅〕子良　四月卒。

蕭鸞　十月，自爲太傅，領大將軍、揚州牧、都督中外諸軍，加殊禮，封宣城王，未幾篡位。

〔大司馬〕王敬則　八月拜，仍鎮會稽。

〔司徒〕廬陵王子卿　八月，被殺。

鄱陽王鏘　八月拜。九月，被殺。

〔司空〕敬則　八月，遷太尉。十月，遷大司馬。

陳顯達　八月拜。十月，遷太尉。

〔驃騎將軍〕子卿　四月，改衛將軍，尋拜司徒。

鄱陽王鏘　四月命。八月，遷司徒。

〔車騎將軍〕子敬　正月，出鎮南兗。

陳顯達　正月命。八月，遷司空。

〔衛將軍〕曄　四月卒。

〔尚書令〕鸞　四月，開府儀同三司。七月，遷驃騎。

王晏　八月拜。十月，加驃騎大將軍。

〔左僕射〕晏　加侍中。八月，遷令。

〔右僕射〕孝嗣　正月，遷丹陽尹。七月，復爲左僕射。十月，加中軍大將軍。

鄱陽王鏘　正月拜。四月，拜驃騎。

沈文季　七月拜。

〔吏部尚書〕斆　遷常侍。

謝瀹

〔中書監〕子良　四月卒。

蕭鸞　七月命。

〔中書令〕胤

西陽王子明　遷侍中。

桂陽王鑠　九月，遷中軍將軍、開府儀同三司。被殺。

河東王鉉

〔侍中〕謝朏　出守吳興。

江斆

江夏王鋒　正月命。十月，被殺。

隨陽王子隆　九月，被殺。

西陽王子明
〔領軍將軍〕鏘　正月，遷僕射。
蕭諶　八月命。
〔護軍將軍〕文季　正月，改領。七月，遷僕射。
建安王子真　正月命。
王玄邈　八月命。十月，鎮南兖。
南海王子罕　十月命。
〔揚州刺史〕子良　四月卒。
新安王昭文　六月，即帝位。
蕭鸞　七月命。十月，篡帝位。
蕭遥光　十一月命。

明帝建武二年丙子

〔大司馬〕敬則
〔太尉〕顯達
〔驃騎將軍〕王晏　兼尚書令。
〔車騎將軍〕臨海王昭秀
〔尚書令〕晏　加侍中。
〔左僕射〕孝嗣
〔右僕射〕文季　領太子詹事。
〔吏部尚書〕瀹　遷侍中。
何昌寓
〔中書令〕鉉　遷常侍。
桂陽王昭粲
〔侍中〕敳
謝瀹
王倫之
〔領軍將軍〕諶　六月，被殺。
蕭坦之　六月命。
〔護軍將軍〕子罕　被殺。
王玄邈
〔揚州刺史〕遥光

三年丁丑

〔大司馬〕敬則
〔太尉〕顯達
〔驃騎將軍〕晏
〔車騎將軍〕昭秀
〔衛將軍〕河東王鉉
〔尚書令〕晏
〔左僕射〕孝嗣
〔右僕射〕文季
〔吏部尚書〕昌寓
〔中書令〕昭粲
〔侍中〕倫之
竟陵王昭胄
〔領軍將軍〕坦之
〔護軍將軍〕玄邈
〔揚州刺史〕遥光

四年戊寅

〔大司馬〕敬則
〔太尉〕顯達
〔驃騎將軍〕晏　正月，被殺。
〔車騎將軍〕昭秀
〔衛將軍〕鉉　正月免。
〔尚書令〕晏　正月，被殺。
徐孝嗣　二月拜。
〔左僕射〕孝嗣　二月，遷令。
〔右僕射〕文季　三月，領護軍。
〔吏部尚書〕昌寓　遷侍中。
王亮
〔中書令〕昭粲

〔侍中〕昭胄

褚澄

王思遠

何昌寓

〔領軍將軍〕坦之

〔護軍將軍〕玄邈　卒。

沈文季　三月，僕射兼。

〔揚州刺史〕遥光

永泰元年己卯　七月，鸞死，子寶卷即位。

〔大司馬〕敬則　四月，舉兵反，兵敗伏誅。

〔太尉〕顯達　七月，出鎮江州。

〔車騎將軍〕昭秀　被殺。

〔尚書令〕孝嗣　七月，加開府儀同三司，兼中書監。

〔右僕射〕文季　七月，遷左。

江祏　七月拜。

〔吏部尚書〕亮

〔中書監〕徐孝嗣　七月兼。

〔中書令〕昭粲　被殺。

江祏　七月，遷僕射。

蕭遥光　七月兼。

〔侍中〕澄

江祀

〔領軍將軍〕坦之

〔護軍將軍〕文季

〔揚州刺史〕遥光　加撫軍大將軍。七月，兼侍中、中書令。

永元元年庚辰

〔太尉〕顯達　十一月，舉兵于尋陽。十二月，敗死。

〔司空〕徐孝嗣　八月拜。九月，被殺。

〔尚書令〕孝嗣　八月，拜司空。

〔左僕射〕文季　八月，加鎮軍將軍。九月，被殺。

王亮　十月拜。

〔右僕射〕祏　八月，被殺。

蕭坦之　八月命，未拜，被殺。

蕭惠休　十月拜。

〔吏部尚書〕亮　遷僕射。

〔中書監〕孝嗣　九月，被殺。

〔中書令〕遥光　八月，伏誅。

〔侍中〕澄　卒。

祀　八月，被殺。

沈昭略　九月，被殺。

江淹

〔領軍將軍〕坦之　八月，被殺。

劉暄　八月命，未任，被殺。

〔中領軍〕王瑩　九月命。

〔護軍將軍〕文季　九月，被殺。

崔慧景　討壽陽，未任。

〔揚州刺史〕遥光　五月，加開府儀同三司。八月，謀反，伏誅。

巴陵王寶義

二年辛巳　十一月，雍州刺史蕭衍舉兵于襄陽。

〔車騎將軍〕巴陵王寶義

〔尚書令〕蕭懿　四月拜。十月，被殺。

〔左僕射〕亮

〔右僕射〕惠休　四月，酖死，未任。

王瑩　四月拜。

〔吏部尚書〕王志

〔中書監〕謝朏　不就。

〔中書令〕任昉

〔侍中〕淹　遷衛尉。

蕭子晉

〔中領軍〕瑩　四月，遷僕射，兼領軍。

〔護軍將軍〕慧景　四月，舉兵于廣陵，兵敗被殺。

桂陽王寶貞　五月命。

〔揚州刺史〕寶義

三年壬午　三月，南康王荆州刺史寶融即位于江陵，是爲和帝，改是年爲中興元年

〔大司馬〕蕭衍　十二月拜，兼中書監、録尚書事、驃騎大將軍，承制行事。

〔司徒〕巴陵王寶義　正月拜。十二月，遷太尉，領司徒。

〔車騎將軍〕寶義　正月，遷司徒。

鄱陽王寶寅　正月拜，加開府儀同三司，尋奔魏。

〔尚書令〕蕭穎胄　三月，和帝拜。十二月卒。

〔左僕射〕亮　十二月，遷大司馬長史。

〔右僕射〕瑩　十二月，遷左。

蕭衍　三月，和帝拜。十二月，遷大司馬。

〔吏部尚書〕志　十二月，遷驃騎長史。

〔中書令〕昉　遷司徒右長史。

〔侍中〕張稷

柳慶遠　十二月命。

〔領軍將軍〕王茂

〔中領軍〕瑩

〔護軍將軍〕寶貞

蕭宏　十二月命。

〔揚州刺史〕寶義　十二月，遷太尉。

蕭衍　大司馬領。

和帝中興二年癸未　三月，帝發江陵，至姑熟，下詔禪位于梁，齊亡，凡二十有四年。

〔大司馬〕衍　二月，拜相國，總百揆，領揚州牧，封梁公，加九錫。尋進爵爲王，四月，篡帝位。

〔司徒〕寶義

〔尚書令〕王亮　正月拜。

〔左僕射〕瑩　遷相國左長史。

〔中書監〕王亮　尚書令兼，加侍中。

〔侍中〕稷　領左衛。

慶遠

〔領軍將軍〕茂

〔護軍將軍〕宏

〔揚州刺史〕衍　四月，即帝位。

《齊方鎮年表》

清萬斯同撰

高帝建元元年庚申　四月，蕭道成篡位。
〔荆州〕蕭映　四月命，未任。
　豫章王嶷　九月，都督荆、雍八州軍事，荆、湘二州刺史。
〔郢州〕蕭順之　刺史。
〔江州〕王延之　刺史。
〔湘州〕豫章王嶷　刺史，荆州兼。
〔南徐州〕長沙王晃　刺史。
〔徐州〕崔文仲　刺史。
〔南兗州〕王敬則　四月，都督南兗、兗、青、徐、冀五州軍事，南兗州刺史。
〔兗州〕周山圖　刺史，五月命。
〔南豫州〕柳世隆　刺史，四月命。
〔豫州〕垣崇祖　刺史，四月命。
〔青州〕〔冀州〕明慶符　二州刺史。
〔雍州〕南郡王長懋　刺史。
〔司州〕周盤龍　刺史。
　蕭景先　十一月命。
〔梁州〕王玄邈　刺史。
〔秦州〕
〔益州〕傅琰　刺史。
〔巴州〕（建元二年，分荆、益二州置，永明元年廢）
〔廣州〕劉悛　刺史。
〔越州〕
〔寧州〕姚和　刺史。
〔交州〕李叔獻　刺史。
二年辛酉
〔荆州〕嶷　十二月，改揚州。
　臨川王映　都督荆、雍九州，荆州刺史。
〔郢州〕順之
　蕭鸞　三月命。
〔江州〕延之
〔湘州〕嶷
　王僧虔　十二月命。
〔南徐州〕晃
〔徐州〕文仲
〔南兗州〕敬則　三月，棄鎮還都。
　陳顯達
〔兗州〕山圖
〔南豫州〕世隆　入爲僕射，廢南豫州并于豫州。
〔豫州〕崇祖
〔青州〕〔冀州〕慶符。　入爲黄門侍郎。
　崔祖思　三月命，未幾卒。
　盧紹之　七月命。
〔雍州〕長懋　正月，入爲中軍將軍。
　蕭赤斧　二月命。
〔司州〕景先
〔梁州〕玄邈　二月，還京。
　崔慧景
〔益州〕琰
〔巴州〕明慧照　刺史，二月始設。
〔廣州〕悛
〔交州〕叔獻
三年壬戌
〔荆州〕映
〔郢州〕鸞
〔江州〕延之
〔湘州〕僧虔

〔南徐州〕晃
〔徐州〕文仲　入爲黄門侍郎。
垣榮祖　七月命。
〔南兗州〕顯達　正月，改益州。
柳世隆
〔兗州〕山圖
〔豫州〕崇祖
〔青州〕〔冀州〕紹之
〔雍州〕赤斧
〔司州〕景先
〔梁州〕慧景
〔益州〕琰　入爲黄門侍郎。
陳顯達　正月。
〔巴州〕慧照
〔廣州〕悛
沈景德　四月命。
〔交州〕叔獻

四年癸亥　三月，帝殂，太子賾即位。

〔荆州〕映
〔郢州〕鸞　入爲度支尚書。
廬陵王子卿　六月命。
〔江州〕延之　正月，入爲中書令。
安成王暠
〔湘州〕僧虔　入爲侍中。
王奂　九月命。
〔南徐州〕晃　正月，入爲護軍。
南郡王長懋
竟陵王子良　五月命。
〔徐州〕榮祖
戴僧静　十二月命。
〔南兗州〕世隆
〔兗州〕山圖
張倪　四月命。
〔豫州〕崇祖　入爲五兵尚書。
蕭鸞　七月命。
〔青州〕〔冀州〕紹之
桓康祖　二月命，卒。
桓榮祖　七月命。
〔雍州〕赤斧　入爲左衛將軍。
鄱陽王鏘　六月命。
〔司州〕景先　入爲侍中。
吕安國　三月命。
〔梁州〕慧景
〔秦州〕姜伯起　九月命。
〔益州〕顯達
〔巴州〕慧照
〔廣州〕景德
〔越州〕臧靈智　六月命。
〔交州〕叔獻

武帝永明元年甲子

〔荆州〕映
廬陵王子卿　荆州都督刺史。
〔郢州〕子卿　改荆州。
蕭緬　九月命。
〔江州〕暠
〔湘州〕奂
〔南徐州〕子良　正月改南兗。
長沙王晃
〔徐州〕僧静
〔南兗州〕世隆　正月入爲護軍。

竟陵王子良
〔豫州〕鸞
〔青州〕〔冀州〕榮祖
〔雍州〕鏘
〔司州〕安國
〔梁州〕慧景
〔益州〕顯達
〔巴州〕慧照　卒。
蘇烈
（是年廢巴州并于益州）
〔廣州〕景德
〔越州〕靈智
〔交州〕叔獻

二年乙丑

〔荆州〕子卿
〔郢州〕緬
〔江州〕暠　入爲左衛將軍。
王奂　三月命。
〔湘州〕奂　改江州。
吕安國　三月命。
〔南徐州〕晃　十月入爲中書監。
桂陽王鑠
〔徐州〕僧静
〔南兖州〕子良　正月入爲護軍。
張岱　未任卒。
安陸王子敬　六月命。
〔豫州〕鸞
（復分二州）
〔青州〕〔冀州〕榮祖
崔平仲　六月命。
〔雍州〕鏘
〔司州〕安國　正月改南兖。
劉悛
〔梁州〕慧景
〔益州〕顯達　十一月入爲中護。
始興王鑑
〔廣州〕景德
趙翼景　三月命。
〔寧州〕程法勤　四月命。
〔交州〕叔獻

三年丙寅

〔荆州〕子卿
〔郢州〕緬
〔江州〕奂　十二月入爲僕射。
〔湘州〕安國
〔南徐州〕鑠
〔徐州〕僧静　十二月入爲太子右率。
〔南兖州〕子敬
〔兖州〕桓敬　四月命。
〔南豫州〕晉安王子懋　正月命。
〔豫州〕鸞
巴東王子響
〔青州〕〔冀州〕平仲
王文和　十二月命。
〔雍州〕鏘
〔司州〕悛
〔梁州〕慧景　入爲黄門侍郎。
崔慶緒　正月命。
〔益州〕鑑
〔廣州〕翼景

〔寧州〕法勤
董仲舒　六月命。
〔交州〕叔獻　入朝。
劉楷　正月命。

四年丁卯

〔荆州〕子卿
〔郢州〕緬
〔江州〕隨郡王子隆　正月命，未赴。
衡陽王鈞
〔湘州〕安國　入爲光禄。
柳世隆　四月命。
〔南徐州〕鑠
〔徐州〕薛淵　正月命。
王廣之　九月命。
〔南兖州〕子敬
〔兖州〕敬
王玄載　二月命。
〔南豫州〕子懋
〔豫州〕子響
〔青州〕〔冀州〕文和
〔雍州〕鏘　入爲左衛將軍。
張瓌　正月命。
〔司州〕悛　入爲侍中。
崔慧景　十二月命。
〔梁州〕慶緒
〔益州〕鑑
〔廣州〕翼景
劉敕　正月命。
蕭惠休　八月命。
〔寧州〕仲舒
〔交州〕楷

五年戊辰

〔荆州〕子卿
安陸王王敬　正月命。
〔郢州〕緬　入爲侍中。
沈文季　正月命。
〔江州〕鈞
〔湘州〕世隆
〔南徐州〕鑠
〔徐州〕廣之
〔南兖州〕子敬　正月改荆州。
晉安王子懋
〔兖州〕玄載
〔南豫州〕子懋　正月改南兖。
建安王子真
〔豫州〕子響　入爲右衛將軍。
蕭鸞　十月命。
〔青州〕〔冀州〕文和
〔雍州〕瓌　入爲左民尚書。
陳顯達　二月命。
〔司州〕慧景
〔梁州〕慶緒
〔益州〕鑑
〔廣州〕惠休
〔寧州〕仲舒
〔交州〕楷

六年己巳

〔荆州〕子敬
〔郢州〕文季
〔江州〕鈞

晉安王子懋　十一月改湘州。
王晏
〔湘州〕世隆
晉安王子懋　十二月命。
〔南徐州〕鑠　正月入爲中書令。
安成王暠
〔徐州〕廣之　入爲左將軍。
沈景德　六月命。
〔南兖州〕子懋　十一月改湘州。
西陽王子明
〔兖州〕玄載　卒。
周盤龍　正月命。
〔南豫州〕子真
〔豫州〕鸞
〔青州〕〔冀州〕文和
〔雍州〕顯達
〔司州〕慧景
〔梁州〕慶緒
〔益州〕鑑
〔廣州〕惠休
〔越州〕費延宗　十一月命。
〔寧州〕仲舒
〔交州〕楷
房法乘　七月命。

七年庚午

〔荆州〕子敬　入爲侍中。
巴東王子響　十二月命。
〔郢州〕文季
建安王子真　十二月命。
〔江州〕王晏　未赴。

巴東王子響　三月命，十二月改荆州。
〔湘州〕子懋
〔南徐州〕暠
〔徐州〕景德
〔南兖州〕子明
〔兖州〕盤龍
王玄邈　三月命，未任。
桓榮祖　十二月命。
〔南豫州〕子真　入爲丹陽尹。
巴陵王子倫　二月命。
〔豫州〕鸞　正月入爲僕射。
王敬則
〔青州〕〔冀州〕文和
〔雍州〕顯達
〔司州〕慧景
〔梁州〕慶緒
陰智伯　正月命。
〔益州〕鑑
〔廣州〕惠休
〔越州〕延宗
〔寧州〕仲舒
〔交州〕法乘

八年辛未

〔荆州〕子響　八月被殺。
隨郡王子隆
〔郢州〕子真
〔江州〕鄱陽王鏘　正月命。
〔湘州〕子懋
陳顯達
〔南徐州〕暠

〔徐州〕景德
〔南兗州〕子明
〔兗州〕榮祖
〔南豫州〕子倫
〔豫州〕敬則
〔青州〕〔冀州〕文和
張沖　十二月命。
〔雍州〕顯達　入爲鎮軍將軍。
蕭緬　七月命。
〔司州〕慧景
〔梁州〕智伯
〔益州〕鑑
〔廣州〕惠休
〔越州〕延宗
陳僧授　十一月命。
〔寧州〕仲舒
〔交州〕法乘
伏登之　十一月命。

九年壬申

〔荆州〕子隆
〔郢州〕子真
〔江州〕鏘
〔湘州〕顯達
〔南徐州〕暠　入爲祕監。
江夏王鋒
〔南兗州〕子明
〔兗州〕榮祖　十二月卒。
〔南豫州〕子倫
〔豫州〕敬則
〔青州〕〔冀州〕沖
〔雍州〕緬　卒。
王奂
〔司州〕慧景　入爲太子左衛率。
劉楷　正月命。
〔梁州〕智伯
〔益州〕鑑　入爲常侍。
劉悛　正月命。
〔廣州〕惠休
劉纘　三月命。
〔越州〕僧授
〔交州〕登之

十年癸酉

〔荆州〕子隆
〔郢州〕子真
〔江州〕鏘
〔湘州〕顯達　入爲領軍。
南平王鋭　正月命。
〔南徐州〕鋒
〔徐州〕王玄邈　正月命。
〔南兗州〕子明　改領會稽。
南海王子罕　正月命。
〔兗州〕王文和　正月命。
〔南豫州〕子倫　召還。
廬陵王子卿　有罪召還，未任。
新安王昭文
〔豫州〕敬則
〔青州〕〔冀州〕沖
〔雍州〕奂
〔司州〕楷
〔梁州〕智伯

〔益州〕悛
〔廣州〕纘
〔越州〕僧授
〔寧州〕郭安明
〔交州〕登之
十一年甲戌　七月帝殂，太孫昭業即位。
〔江州〕鏘　正月入爲領軍。
陳顯達
〔湘州〕鋭
〔南徐州〕鋒
〔徐州〕玄邈　免。
蕭惠休　五月命。
〔南兖州〕子罕
〔兖州〕文和　二月改益州。
劉靈哲
〔南豫州〕昭文
〔豫州〕敬則　正月拜司空。
崔慧景
〔青州〕〔冀州〕沖
〔雍州〕奂　二月舉兵反，三月伏誅。
晉安王子懋
〔司州〕楷
〔梁州〕智伯　有罪免。
曹虎
〔益州〕悛　十一月，坐貪汙免官。
王文和
〔廣州〕纘

〔寧州〕安明
〔交州〕登之
建安元年乙亥　六月，帝被弒，弟新安王昭文即位。九月，蕭鸞廢之而自立，改是年爲建武元年
〔荆州〕子隆　正月召爲侍中。
臨海王昭秀　九月召還。
蕭遥欣　十一月命。
〔郢州〕子真　入爲常侍，被殺。
晉熙王銶　九月被殺。
江夏王寶玄
〔江州〕顯達　正月入朝。
晉安王子懋　九月被殺。
王廣之
〔湘州〕鋭　九月被殺。
蕭寶晊　十月命。
〔南徐州〕鋒　召爲侍中。
桂陽王昭粲　正月命。
蕭諶
〔徐州〕惠休
〔南兖州〕安陸王子敬　正月命，九月被殺。
王玄邈　十月命。
〔兖州〕靈哲　卒。
蕭遥欣　八月命，十一月改荆州。
〔南豫州〕鏗　九月被殺。
〔豫州〕慧景　八月遷左衛將軍。
王廣之　十月改江州。
蕭遥昌　十一月命。
〔青州〕〔冀州〕沖　入爲黄門侍郎。
周奉叔　正月被殺。

蕭穎胄
王洪範　十一月命。
〔雍州〕子懋　正月改江州。
曹虎
〔司州〕薛淵
蕭誕　十月命。
〔梁州〕虎　正月改雍州。
蕭懿
〔益州〕文和
〔廣州〕纘　爲奴所殺。
王思遠　六月命，未任。
王詡　八月命。
〔寧州〕安明
李慶宗　八月命。
〔交州〕登之
申希祖　正月命。
臧靈智　七月命。
宋慈明　八月命。

明帝建武二年丙子

〔荆州〕遥欣
〔郢州〕寶玄
〔江州〕廣之
〔湘州〕寶晊
〔南徐州〕諶　六月被殺。
巴陵王寶義
〔徐州〕惠休　入爲侍中。
裴叔業　四月命。
〔南兗州〕玄邈
廬陵王寶源　八月命。
〔兗州〕申希祖
〔豫州〕遥昌
〔青州〕〔冀州〕洪範
〔雍州〕虎
〔司州〕誕　六月被殺。
蕭衍
〔梁州〕懿
〔益州〕文和
〔廣州〕詡
〔寧州〕廣宗
〔交州〕慈明

三年丁丑

〔荆州〕遥欣
〔郢州〕寶玄
〔江州〕廣之　還京。
鄱陽王寶寅
〔湘州〕寶晊
〔南徐州〕寶義
〔徐州〕叔業
〔南兗州〕寶源
〔兗州〕希祖　改司州。
徐玄慶　九月命。
〔豫州〕遥昌
〔青州〕〔冀州〕洪範
〔雍州〕虎
〔司州〕衍　入爲中庶子。
申希祖　十月命。
〔梁州〕懿　五月改益州。
陰廣宗
〔益州〕文和
蕭懿　五月命。

〔廣州〕詡
〔寧州〕慶宗
〔交州〕慈明
四年戊寅
〔荆州〕遥欣
〔郢州〕寶玄
〔江州〕寶寅
〔湘州〕寶晊
〔南徐州〕寶義
〔徐州〕叔業　改豫州。
徐玄慶　十二月命。
〔南兖州〕寶源
〔兖州〕玄慶　十二月改徐州。
左興盛
〔豫州〕遥昌
裴叔業　十二月命。
〔青州〕〔冀州〕洪範
〔雍州〕虎
〔司州〕希祖
〔梁州〕廣宗
〔益州〕懿
劉季連
〔廣州〕詡　正月被殺。
蕭季敞
〔寧州〕慶宗
〔交州〕慈明
永泰元年己卯　七月帝殂，太子寶卷即位。
〔荆州〕遥欣
〔郢州〕寶玄　改戍石頭。
鄱陽王寶寅
〔江州〕寶寅　改郢州。
陳顯達　七月命。
〔湘州〕寶晊
〔南徐州〕寶義
〔徐州〕玄慶
〔南兖州〕寶源　改領會稽。
蕭穎胄　五月命。
〔兖州〕興盛　五月遷。
元和　五月命。
〔豫州〕叔業
〔青州〕〔冀州〕洪範
王珍國　七月命。
〔雍州〕虎　召爲前將軍。
蕭遥欣　二月命。
蕭衍　七月命。
〔司州〕希祖
〔梁州〕廣宗
〔益州〕季連
〔廣州〕季敞
〔寧州〕慶宗
〔交州〕慈明
永元元年庚辰
〔荆州〕遥欣　卒。
南康王寶融　正月命。
〔郢州〕寶寅
〔江州〕顯達　三月加太尉。十一月起兵，被殺。
邵陵王寶攸　十二月命。
〔湘州〕寶晊
〔南徐州〕寶義　八月改揚州。
江夏王寶玄　兼兖州。

〔徐州〕玄慶
　沈陵　八月命，十月改越州。
　王鴻　十一月命。
〔南兖州〕穎胄　改荆州行事。
　邵陵王寶攸　二月命，十二月改徐州。
〔兖州〕和
〔豫州〕叔業　九月改南兖，不赴。
〔青州〕〔冀州〕珍國
〔雍州〕衍
〔司州〕希祖　卒。
〔梁州〕廣宗
　柳惔　四月命。
〔益州〕季連
〔廣州〕季敞
　范雲　六月徵下獄。
　顔翻　十月命。
〔越州〕沈陵　十月命。
二年辛巳　十一月，雍州刺史蕭衍起兵于襄陽。
〔荆州〕寶融
〔郢州〕寶寅　改戍石頭。
　張沖　六月命。
〔江州〕寶攸
〔湘州〕寶晊　入爲左衛將軍。
　始安王寶覽　五月命。
〔南徐州〕寶玄　五月被殺。
　晉熙王寶嵩
〔徐州〕鴻
　張稷　七月命，十一月改兖州。
〔南兖州〕張沖　正月命，六月改郢州。
　陸慧曉　八月命，未幾卒。
　劉孝慶
〔兖州〕和
　張稷　十一月命。
〔豫州〕叔業　二月降魏。
　蕭懿　二月命，四月勤王。
　陳伯之　八月命。
〔青州〕〔冀州〕珍國
〔雍州〕衍　十一月起兵。
〔司州〕張沖　正月改南兖。
　蕭寅　二月命。
〔梁州〕惔
〔益州〕季連
〔廣州〕翻
〔越州〕陵
三年壬午　荆州刺史南康王寶融即帝位于江陵，改是年爲中興元年
〔荆州〕寶融　正月自稱相國，三月即帝位。
　蕭穎胄　十一月卒。
〔郢州〕沖　三月據城拒寶融，病卒。
〔江州〕寶攸
　陳伯之　三月命，八月降于蕭衍。
〔湘州〕寶覽
　楊公則　正月和帝命。
〔南徐州〕寶嵩
〔徐州〕王珍國　正月命。
　陳虎牙　八月命。
〔南兖州〕孝慶
〔兖州〕稷
〔豫州〕伯之　三月改江州。
　馬仙琕

〔青州〕〔冀州〕珍國　正月改徐州。
桓和
〔雍州〕衍　正月發襄陽，進圍臺城。
蕭偉　三月和帝命。
〔司州〕寅
五僧景
〔梁州〕惔
〔益州〕季連
鄧元起　七月命，未任。
〔廣州〕翻
胡元進　二月命。
沈徽孚　三月命。

和帝中興二年癸未　三月，帝發江陵，至姑熟下詔，禪位于梁。齊亡，凡二十有四年。

〔荊州〕蕭憺

〔郢州〕曹景宗　正月命。
〔江州〕伯之
〔湘州〕公則
〔南徐州〕寶嵩
蕭秀　三月命。
〔徐州〕虎牙
〔南兖州〕蕭昺　正月命。
〔豫州〕仙琕
〔雍州〕偉
〔司州〕蔡道恭　三月命。
〔梁州〕惔
〔益州〕季連　據州反。
元起　四月始起。
〔廣州〕徽孚

《梁將相大臣年表》

清萬斯同撰

武帝天監元年癸未　四月，蕭衍篡位。五月，江州刺史陳伯之反。六月，奔魏。益州刺史劉季連反。　魏宣武帝景明三年

〔丞相〕

〔太宰〕

〔太傅〕

〔太保〕

〔大司馬〕

〔太尉〕

〔司徒〕

〔司空〕

〔驃騎將軍〕

〔車騎將軍〕夏侯詳　侍中、車騎，辭不拜。閏四月，改右光禄大夫。

〔雜號大將軍〕

〔尚書令〕王亮　四月命，兼侍中、中軍將軍。

〔左僕射〕

〔右僕射〕（或止置僕射一人）

〔僕射〕沈約　四月命，尋兼領軍，加侍中。

〔吏部尚書〕范雲　四月命。

〔中書監〕王瑩　四月命。

〔中書令〕王志　遷丹陽尹。

張稷　遷侍中。

〔侍中〕王瞻　遷左民尚書。

王騫

夏侯亶　出爲宣城太守。

蔡撙

謝朏　四月命，加左光禄大夫、開府儀同三司。

柳惲

張稷　十二月，遷護軍。

〔領軍將軍〕王茂　五月，出爲江州刺史。

沈約　僕射兼。

〔護軍將軍〕柳惔　遷太子詹事。

張稷　十二月命，旋罷（資淺者爲中領軍、中護軍）。

〔揚州刺史〕臨川王宏　四月命。

二年甲申　五月，益州平。

〔司徒〕謝朏　六月命，仍兼侍中，領尚書令。

〔尚書令〕亮　正月，有罪，廢爲庶人。

謝朏　六月，司徒兼。

〔僕射〕約　正月，改左。十一月，母喪去職。

〔右僕射〕范雲　正月命，五月卒。

王瑩　六月命。

〔吏部尚書〕雲　正月，遷僕射。

王瞻

宗史　五兵尚書，參選事。

〔中書監〕瑩　六月，遷僕射。

〔侍中〕朏　六月，還朝，拜司徒。

騫　遷度支尚書。

撙

惲　出爲吴興太守。

王暕

袁昂

蕭穎達

〔領軍將軍〕約　丁母憂，改丹陽尹。

柳慶遠　正月命。

〔揚州刺史〕宏

三年乙酉　魏正始元年二月，魏人陷梁州。八月，陷司州。

〔司徒〕朏

〔車騎將軍〕夏侯詳　車騎、湘州刺史，七月命。
〔尚書令〕朏
〔右僕射〕瑩　正月，遷左。
柳惔　正月命。
〔吏部尚書〕瞻
史　卒。
〔中書令〕王志　領遊擊將軍。
傅昭　五兵尚書，參選事。
〔侍中〕暕
昂　出爲尋陽太守。
穎達
〔領軍將軍〕慶遠
〔中護軍〕楊公則　七月命。
〔揚州刺史〕宏

四年丙戌　二月，交州刺史李凱反，討平之。十月，大舉伐魏。
〔司徒〕朏　十二月，母喪去職。
〔車騎將軍〕詳
〔尚書令〕朏
〔左僕射〕瑩
〔右僕射〕惔　十月，督師北伐。
〔吏部尚書〕昭
〔中書令〕志
〔侍中〕長沙王淵業
徐勉
〔領軍將軍〕慶遠　正月，出爲雍州刺史。
張稷　十一月命。
〔中護軍〕公則
曹景宗　二月命。
〔揚州刺史〕宏　十月，出督北討諸軍事。

五年丁亥　九月，臨川王宏軍大潰于洛口，引還。
〔司徒〕朏　正月，起復，兼中書監。十二月卒。
〔車騎將軍〕詳
〔左僕射〕瑩　正月，兼護軍。
〔右僕射〕惔
〔吏部尚書〕張充　二月命。
〔中書監〕謝朏　正月起。八月，就職。十二月，卒。
〔中書令〕志
安成王秀
〔侍中〕淵業
勉
沈約　加右光禄大夫，領太子詹事，關尚書八條事。
〔領軍將軍〕稷
〔護軍將軍〕王瑩　正月，僕射兼。
〔揚州刺史〕宏　九月，敗歸。

六年戊子　四月，曹景宗等大破魏軍于邵陽洲。
〔司徒〕臨川王宏　十月拜，領太子太傅。
〔驃騎大將軍〕臨川王宏　驃騎大將軍、開府儀同三司，四月命。十月，拜司徒。
〔車騎將軍〕詳　六月，遷左光禄大夫。
〔尚書令〕沈約　十月命，領太子少傅，仍兼侍中。
〔左僕射〕瑩　四月，遷中軍將軍。
沈約　四月命。十月，遷令。
夏侯詳　十月命。十二月，卒。
〔右僕射〕惔　出爲湘州刺史。
王茂　四月命。七月，遷中衛將軍。
袁昂　十月命。
〔吏部尚書〕充　遷雲騎將軍。
袁昂　五月命。十月，遷僕射。
徐勉　十月命。
〔中書令〕秀　四月，出爲江州刺史。

沈約　四月，僕射領。十月解。

〔侍中〕約　四月，遷僕射。

淵業　遷太子右衛率。

勉　遷五兵尚書。

蔡撙

王暕

〔領軍將軍〕稷　出爲吴興太守。

曹景宗　四月命，兼徐州刺史。

〔護軍將軍〕瑩

長沙王淵業　五月命。

〔揚州刺史〕宏　四月，遷驃騎。

建安王偉

七年己丑　十月，大舉伐魏。　魏永平元年

〔司徒〕宏

〔車騎將軍〕王茂　正月命。十月，督師北伐。

〔尚書令〕約

〔左僕射〕張稷　十月命。

〔右僕射〕昂

〔吏部尚書〕勉

〔侍中〕撙　出爲吴興太守。

暕

〔領軍將軍〕景宗　正月，遷中衛將軍。

蕭昺　正月，衛尉兼。二月解。

吕僧珍　二月命。

〔護軍將軍〕淵業　二月，出爲南兗州刺史。

柳慶遠　二月命。

始興王憺　五月命。十月，督師北伐。

〔揚州刺史〕偉

八年庚寅

〔司徒〕宏　四月，改司空，揚州刺史。

南平王偉　侍中、中撫軍將軍，知司徒事。

〔車騎將軍〕茂　四月，加開府儀同三司。

〔尚書令〕約

〔左僕射〕稷

〔右僕射〕昂

〔吏部尚書〕勉

〔中書令〕始興王憺　出爲南兗州刺史。

〔領軍將軍〕僧珍

〔護軍將軍〕憺

長沙王淵業　十月命。

〔揚州刺史〕偉

臨川王宏　四月，再任。

九年辛卯

〔司徒〕偉　正月，遷護軍將軍。

〔司空〕宏

〔車騎將軍〕茂

〔尚書令〕約　正月，遷左光禄大夫。

王瑩

〔左僕射〕稷

〔右僕射〕昂

〔吏部尚書〕勉　遷散騎遊擊。

〔中書監〕王亮　正月命，四月卒。

〔侍中〕王瑩　遷尚書令。

〔領軍將軍〕僧珍

〔護軍將軍〕淵業

建安王偉　正月命。

〔揚州刺史〕宏

十年壬辰

〔司空〕宏

〔車騎將軍〕茂

〔尚書令〕瑩
〔左僕射〕稷　二月，出爲青、冀二州刺史。
張充　六月命。
〔右僕射〕昂
〔吏部尚書〕王暕　二月命，領國子祭酒。
〔侍中〕蕭淵藻
〔領軍將軍〕僧珍　五月卒。
柳慶遠　五月命。
〔護軍將軍〕偉　六月，出爲江州刺史。
鄱陽王恢　二月命。
〔揚州刺史〕宏

十一年癸巳　魏延昌元年。
〔司空〕宏　正月，遷太尉。十一月，改驃騎。
王茂　正月命。
〔驃騎將軍〕臨川王宏　驃騎、開府同三司之儀，十二月命，仍領揚州刺史。
〔車騎將軍〕茂　正月，拜司空。
〔尚書令〕瑩
〔左僕射〕充　出爲吴郡太守。
〔右僕射〕袁昂　十月，復任。
〔吏部尚書〕暕
謝覽
〔侍中〕淵藻　出爲雍州刺史。
〔領軍將軍〕慶遠
〔護軍將軍〕恢　十二月，出爲荆州刺史。
〔揚州刺史〕宏　正月，拜太尉，刺史如故。

十二年甲午
〔司空〕茂　十月，改驃騎。
臨川王宏　十月拜，仍領揚州刺史。
〔驃騎將軍〕宏　十月，拜司空。
王茂　驃騎、開府同三司之儀，江州刺史，十月命。
〔尚書令〕瑩
〔右僕射〕昂
〔吏部尚書〕覽　出爲吴興太守。
〔侍中〕安成王秀　領宗正，兼石頭戍事。
〔領軍將軍〕慶遠
〔護軍將軍〕王珍國　二月命。
〔揚州刺史〕宏

十三年乙未
〔司空〕宏
〔驃騎將軍〕茂
〔尚書令〕瑩
〔右僕射〕昂
〔侍中〕秀
謝舉
〔領軍將軍〕慶遠　六月，出爲雍州刺史。
蕭昺　六月命。
〔護軍將軍〕珍國
〔中護軍〕韋叡　五月命。
〔揚州刺史〕宏

十四年丙申
〔司空〕宏
〔驃騎將軍〕茂　四月卒。
〔尚書令〕瑩
〔右僕射〕昂
〔中書令〕王騫
〔侍中〕秀
舉
〔領軍將軍〕昺
〔護軍將軍〕叡　二月，出爲雍州刺史。

長沙王淵業　九月命。

〔揚州刺史〕宏

十五年丁酉　交州反，十一月，刺史季稷討平之。魏孝明帝熙平元年

〔司空〕宏　丁生母憂，解職。五月，改驃騎大將軍。

〔驃騎大將軍〕臨川王宏　五月命，兼中書監，仍領揚州刺史。

〔尚書令〕瑩　六月，遷左光禄大夫、開府儀同三司、丹陽尹。九月卒。

〔右僕射〕昂　六月，遷左。

王暕　六月命。

〔中書監〕臨川王宏　五月，驃騎領。

〔中書令〕騫　出爲吴興太守。

〔領軍將軍〕昺　加侍中。

〔護軍將軍〕淵業

豫章王綜　四月命。十一月，出爲交州刺史。

韋叡　十一月命。

〔揚州刺史〕宏

十六年戊戌　四月，初去宗廟犧牲，改用蔬果。

〔驃騎大將軍〕宏

〔左僕射〕昂

〔右僕射〕暕

〔中書監〕宏

〔侍中〕何敬容

〔領軍將軍〕昺

〔護軍將軍〕叡

〔揚州刺史〕宏

十七年己亥　魏神龜元年

〔司徒〕臨川王宏　六月，以中軍將軍行司徒事。十月，實授。

〔驃騎大將軍〕宏　五月，左遷侍中、中軍將軍。

〔左僕射〕昂

〔右僕射〕暕

〔吏部尚書〕蔡撙　六月命。

〔中書監〕宏　五月免，尋復任。

〔侍中〕敬容

〔領軍將軍〕昺　五月，改監揚州。

鄱陽王恢　六月命。

〔護軍將軍〕叡

〔揚州刺史〕宏　五月免。

蕭昺　五月，安右將軍，監揚州事。

十八年庚子

〔司徒〕宏

〔右僕射〕暕　正月，遷左。

〔左僕射〕昂　正月，遷令。

〔尚書令〕袁昂　正月命，加宣惠將軍。

徐勉　正月命，仍兼詹事。

〔吏部尚書〕撙

〔中書監〕宏

〔侍中〕謝舉　領步兵校尉。

〔領軍將軍〕恢　正月，出爲荆州刺史。

始興王憺　加開府儀同三司，正月命。

〔護軍將軍〕叡

〔揚州刺史〕昺

普通元年辛丑　魏正光元年

〔司徒〕宏　正月，遷太尉。

〔車騎將軍〕韋叡　六月命，八月卒。

〔尚書令〕昂

〔左僕射〕暕　正月，母憂解職。

王份　正月命。

〔右僕射〕勉

〔吏部尚書〕撙

王峻

〔中書監〕宏　正月解。

〔中書令〕蔡撙　兼侍中。
〔侍中〕舉
　蔡撙　領祕書監，遷中書令。
〔領軍將軍〕憺
〔護軍將軍〕叡　六月，拜驃騎。
長沙王淵業
〔揚州刺史〕昺　正月，出爲郢州刺史。
　臨川王宏　正月，太尉領。
二年壬寅
〔太尉〕宏
〔尚書令〕昂
〔左僕射〕份
〔右僕射〕勉
〔吏部尚書〕峻
　何敬容
〔中書令〕撙　出爲吴郡太守。
〔侍中〕何敬容
〔領軍將軍〕憺
〔護軍將軍〕淵業
〔揚州刺史〕宏
三年癸卯
〔太尉〕宏
〔尚書令〕昂　正月，遷中書監、丹陽尹，進中衛將軍。
〔左僕射〕份　正月，遷右光禄大夫。
　王暕　正月命。
〔右僕射〕勉
〔吏部尚書〕敬容
〔中書監〕袁昂　正月命。
〔領軍將軍〕憺　十一月卒。
　蕭淵藻　十一月命。

〔護軍將軍〕昌義之
〔揚州刺史〕宏
四年甲辰
〔太尉〕宏
〔尚書令〕袁昂　十月命，加開府儀同三司，領國子祭酒。
〔左僕射〕暕　十一月卒。
〔右僕射〕勉
　（罷左右，止設僕射一人）
〔吏部尚書〕敬容　出爲吴郡太守。
　謝舉　左民尚書掌，尋免。
　蕭子恪
〔中書監〕昂　十月，遷尚書令。
〔侍中〕長沙王淵業　加金紫光禄大夫。
　南康王績
〔領軍將軍〕淵藻
〔護軍將軍〕義之　十月卒。
〔揚州刺史〕宏
五年乙巳
〔太尉〕宏
〔鎮衛大將軍〕南平王偉　領右光禄大夫、開府儀同三司，正月命。
〔驃騎大將軍〕鄱陽王恢　驃騎大將軍、開府儀同三司，正月命，仍領荆州
　刺史。
〔尚書令〕昂
〔僕射〕勉　加中書令。
〔吏部尚書〕子恪
〔中書令〕徐勉　僕射兼。
〔侍中〕淵業
　績　出爲江州刺史。
〔領軍將軍〕淵藻
〔護軍將軍〕夏侯亶　正月命。

〔揚州刺史〕宏

六年丙午　魏孝昌元年。

〔太尉〕宏

〔司空〕元法僧　魏宗室，爲徐州刺史。國亂，僭稱帝號，據地來歸。正月，拜司空。

〔鎮衛大將軍〕偉

〔驃騎大將軍〕恢

〔尚書令〕昂

〔僕射〕勉

〔吏部尚書〕子恪　遷太子詹事。

謝舉　加侍中。

〔中書令〕勉

〔侍中〕淵業　卒。

〔領軍將軍〕淵藻　正月，督師北伐。

曹仲宗　八月命。

〔護軍將軍〕亶　五月，督師北伐。

〔揚州刺史〕宏

七年丁未

〔太尉〕宏　四月卒。

〔司空〕法僧

〔鎮衛大將軍〕偉

〔驃騎大將軍〕恢　九月卒。

〔尚書令〕昂

〔僕射〕勉

〔吏部尚書〕舉　出爲晉陵太守。

〔中書令〕勉

〔侍中〕邵陵王綸

張纘

〔領軍將軍〕仲宗

〔護軍將軍〕亶　十一月，遷豫州刺史。

〔揚州刺史〕宏　四月卒。

孔休源　宣惠將軍，監揚州事。

大通元年戊申

〔司空〕法僧

〔鎮衛大將軍〕偉

〔尚書令〕昂　十一月，兼中書監，解祭酒。

〔僕射〕勉

〔中書監〕袁昂　十一月，尚書令兼。

〔中書令〕勉

〔侍中〕綸

纘

蕭琛

褚向

〔領軍將軍〕仲宗

〔中護軍〕蕭淵藻　三月命。十月，北伐。

〔揚州刺史〕休源

二年己酉　四月，魏爾朱榮入洛陽，國大亂，其北海王顥來奔。十月，以顥爲魏主，遣將軍陳慶之　送之。魏孝莊帝永安元年

〔司空〕法僧

〔鎮衛大將軍〕偉

〔尚書令〕昂　正月，加中撫大將軍。

〔僕射〕勉

〔吏部尚書〕王泰　未任，卒。

何敬容

〔中書監〕昂

〔中書令〕何敬容　未任，遷吏部。

〔侍中〕綸

琛　遷金紫光禄大夫。

向

王規

元景仲　兼右衛將軍。
〔中領軍〕蕭昂　正月命。
〔中護軍〕淵藻
〔揚州刺史〕休源
中大通元年庚戌　五月，慶之入洛陽，盡取河南之地。閏六月，爾朱榮攻殺顥，復據洛陽。
〔司空〕法僧　十二月，加車騎將軍。
〔鎮衛大將軍〕偉　十二月，領太子少傅。
〔尚書令〕昂
〔僕射〕勉
〔吏部尚書〕敬容　加侍中。
〔中書監〕昂　十月，復命。
〔侍中〕綸　遷丹陽尹。
規　遷五兵尚書。
蕭子雲　遷太府卿。
景仲
〔中領軍〕昂　十一月，進領軍將軍。
〔中護軍〕淵藻　三月，遷中權將軍。十二月，復任。
南康王績　四月命，十一月卒。
〔揚州刺史〕休源
二年辛亥
〔司空〕法僧
〔鎮衛大將軍〕偉
〔驃騎大將軍〕晉安王綱　正月命，領揚州刺史。
〔尚書令〕昂
〔僕射〕勉
〔吏部尚書〕敬容
〔中書監〕昂
〔侍中〕謝舉
蕭子顯
景仲
元樹　加鎮右將軍。
元願達　加翊左將軍。
〔領軍將軍〕昂
〔中護軍〕淵藻
〔揚州刺史〕休源　加金紫光禄大夫。
晉安王綱　正月命。
三年壬子　四月，太子統卒。　魏節閔帝普泰元年
〔司空〕法僧
〔鎮衛大將軍〕偉
〔驃騎大將軍〕綱　七月，立爲太子。
〔尚書令〕昂
〔僕射〕勉　六月，遷特進、右光禄大夫。
何敬容　七月命，參掌選事。
〔吏部尚書〕敬容　七月，遷僕射。
謝舉　七月命。
〔中書監〕昂
〔侍中〕子顯　領祭酒。
景仲　出爲廣州刺史。
樹
願達
徐勉　加特進、右光禄大夫。
張緬　卒。
宣城王大器　加中衛將軍。
元景隆　加安右將軍。
〔領軍將軍〕昂
〔護軍將軍〕蕭淵猷　六月命。
〔中護軍〕淵藻
〔揚州刺史〕綱　七月，立爲太子。
孔休源

四年癸丑　魏孝武帝永熙元年

〔大司馬〕南平王偉　正月拜。
〔司空〕法僧　正月，遷太尉。十一月，改驃騎。
袁昂　正月拜。九月，領尚書令。
〔鎮衛大將軍〕偉　正月，拜大司馬。
〔驃騎大將軍〕元法僧　驃騎大將軍、郢州刺史，十一月命。
〔尚書令〕昂　正月，拜司空。九月，復領尚書令。
〔僕射〕敬容
〔吏部尚書〕舉　加侍中。
〔中書令〕南平王偉　正月，大司馬兼。
〔侍中〕大器
勉
子顯
景隆　遷度支尚書。
樹　督師北伐。
顧達
羊侃
〔領軍將軍〕昂　二月，出爲江州刺史。
蕭子恪　九月命。
〔護軍將軍〕淵猷
〔揚州刺史〕休源　正月卒。
邵陵王綸　正月命。二月，有罪，廢爲庶人。
武陵王紀　二月命。

五年甲寅

〔大司馬〕偉　三月卒。
〔司空〕昂　九月，加特進、右光禄大夫。
〔驃騎大將軍〕法僧
〔尚書令〕昂
〔僕射〕敬容　十月，遷左，兼丹陽尹，參選如故。
〔右僕射〕謝舉　十月命。
〔吏部尚書〕舉　十月，遷僕射。
蕭子顯　十月命，加侍中。
〔中書令〕偉　三月卒。
〔侍中〕大器
勉
子顯　遷吏部。
王承　遷祭酒。
顧達
侃
〔領軍將軍〕子恪
臧盾　四月，中丞兼。
〔護軍將軍〕淵猷　八月卒。
臨賀王正德　九月命。
〔揚州刺史〕紀

六年乙卯　八月，高歡犯闕，魏主奔長安，自是國分爲二。

〔司空〕昂
〔驃騎大將軍〕法僧
〔尚書令〕昂
〔左僕射〕敬容
〔右僕射〕舉
〔吏部尚書〕子顯
〔侍中〕大器
勉
顧達
侃　出爲晉安太守。
〔領軍將軍〕盾
〔護軍將軍〕正德
〔揚州刺史〕紀

大同元年丙辰　西魏文帝大統元年　東魏孝靜帝天平二年

〔司空〕昂

〔驃騎大將軍〕法僧
〔尚書令〕昂
〔左僕射〕敬容
〔右僕射〕舉
〔吏部尚書〕子顯
〔中書令〕邵陵王綸　兼侍中、雲麾將軍。
〔侍中〕大器
　勉　十一月卒。
　顧達
　邵陵王綸　加雲麾將軍。
　王訓
　蕭子雲
〔領軍將軍〕盾
〔護軍將軍〕正德
　蕭淵藻　十月命。
〔揚州刺史〕紀

二年丁巳

〔太尉〕元法僧　四月拜。
〔司空〕昂
〔驃騎大將軍〕法僧　四月，拜太尉。
〔尚書令〕昂
〔左僕射〕敬容
〔右僕射〕舉　出爲吴郡太守。
〔吏部尚書〕子顯
〔中書令〕綸
〔侍中〕綸
　大器
　訓　卒。
　子雲　領祭酒。
　顧達
〔領軍將軍〕盾　正月，實授中領軍。
〔護軍將軍〕淵藻
〔揚州刺史〕紀

三年戊午

〔太尉〕法僧　四月卒。
〔司空〕昂
〔尚書令〕昂
〔左僕射〕敬容　二月，遷中權將軍。
　蕭淵藻　二月命，加侍中。
〔吏部尚書〕子顯　出爲吴興太守。
　張纘
〔中書令〕綸　正月，出爲江州刺史。
〔侍中〕綸
　大器　遷揚州刺史。
　子雲
　顧達　卒。
〔中領軍〕盾
〔護軍將軍〕淵藻　二月，遷僕射。
　廬陵王續　二月命。
〔揚州刺史〕紀　九月，出爲益州刺史。
　宣城王大器

四年己未　東魏元象元年。

〔司空〕昂
〔尚書令〕昂
〔左僕射〕淵藻
〔吏部尚書〕纘
〔侍中〕綸
　子雲
〔中領軍〕盾
〔護軍將軍〕續

〔揚州刺史〕大器

五年庚申　東魏興和元年。

〔司空〕昂

〔驃騎將軍〕廬陵王續　驃騎、開府儀同三司。七月，出爲荆州刺史。

〔尚書令〕何敬容　正月命。

〔左僕射〕淵藻　正月，遷中書令。

〔僕射〕張纘

〔吏部尚書〕纘　正月，遷僕射。

劉孺　正月命。

到溉　九月命。

〔中書監〕謝舉　十二月命。

〔中書令〕蕭淵藻　正月命，加開府儀同三司。

鄱陽王範　遷中領軍。

〔侍中〕子雲

〔中領軍〕盾

鄱陽王範　十二月命。

〔護軍將軍〕續　正月，遷驃騎。

湘東王繹　七月命。

〔揚州刺史〕大器

六年辛酉

〔司空〕昂　九月卒。

〔驃騎將軍〕續

〔尚書令〕敬容

〔僕射〕纘

〔吏部尚書〕溉

〔中書監〕舉　遷侍中。

〔侍中〕子雲

謝舉　領太子詹事。

南康王會理

〔中領軍〕範

〔護軍將軍〕繹　十二月，出爲江州刺史。

〔揚州刺史〕大器

七年壬戌　是年，交州人李賁反。

〔驃騎將軍〕續

〔尚書令〕敬容

〔僕射〕纘

〔吏部尚書〕劉孺

〔侍中〕會理　五月，兼領軍。

子雲　出爲東陽太守。

舉

劉孺　九月，遷吏部。

蕭介

當陽公大心　領石頭戍事。

〔中領軍〕範　二月，出爲雍州刺史。

〔領軍將軍〕臧盾　十一月命。

〔揚州刺史〕大器

八年，癸亥

〔驃騎將軍〕續

〔尚書令〕敬容

〔僕射〕纘

〔吏部尚書〕孺　母憂解職。

〔侍中〕大心

舉

介

朱异　右衛將軍加。

〔領軍將軍〕盾

〔揚州刺史〕大器

九年甲子　東魏武定元年

〔驃騎將軍〕續

〔尚書令〕敬容

〔僕射〕纘　出爲湘州刺史。
謝舉　三月命，侍中如故。
〔侍中〕大心
舉　遷僕射。
介
异
劉孺
〔領軍將軍〕盾　十二月卒。
河東王譽　十二月命。
〔揚州刺史〕大器

十年乙丑　正月，李賁僭僞號，置百官。
〔驃騎將軍〕纘
〔尚書令〕敬容　五月免。
〔僕射〕舉
〔侍中〕大心
介
异
〔領軍將軍〕譽
〔揚州刺史〕大器

十一年丙寅
〔驃騎將軍〕纘
〔征西大將軍〕武陵王紀　散騎常侍、征西大將軍、開府儀同三司，仍領益州刺史。
〔僕射〕舉
〔侍中〕大心
介
异
寧國公大臨
〔領軍將軍〕譽
〔揚州刺史〕大器

中大同元年丁卯　正月，交州平。
〔驃騎將軍〕纘
〔征西大將軍〕紀
〔僕射〕舉
〔侍中〕大心
异
何敬容　加金紫光禄大夫。
臨城公大連
褚翔
〔領軍將軍〕譽
〔揚州刺史〕大器

太清元年戊辰　二月，魏司徒侯景以河南來降。八月，遣南豫州刺史蕭淵明督師伐魏，十一月敗績。
〔大將軍〕侯景　二月，拜大將軍，封河南王、大行臺，承制行事。
〔驃騎將軍〕纘　五月卒。
〔征西大將軍〕紀
〔僕射〕舉
〔吏部尚書〕王克
〔侍中〕大連　出爲東揚州刺史。
敬容　領詹事。
异　改領左衛。
翔
蕭子雲
蕭愷
羊侃
〔領軍將軍〕譽
〔揚州刺史〕大器

二年己巳　八月，侯景反。十月，渡江。十二月，圍臺城。
〔大將軍〕景　八月，舉兵反。
〔征西大將軍〕紀

〔尚書令〕謝舉　正月命，十二月卒。
〔僕射〕舉　正月，遷令。
王克　正月命。
〔吏部尚書〕克　正月，遷僕射。
褚翔　侍中，守丁母憂卒。
張綰
〔侍中〕敬容
〔中書監〕邵陵王綸　五月，遷安前將軍。
异　遷中領軍。
翔　遷吏部。
子雲　十二月，出奔。
愷　卒。
侃　遷都官尚書。
陰子春
〔領軍將軍〕譽　四月，出爲湘州刺史。
張纘　五月命，未任，改雍州刺史。
〔中領軍〕朱异　八月命。
〔揚州刺史〕大器
三年庚午　三月，城陷。五月，帝殂，太子綱即位。
〔大丞相〕侯景　三月，自稱大丞相、都督中外諸軍、録尚書事。
〔司徒〕湘東王繹　四月，拜司徒，假黃鉞，大都督，承制行事，荆州刺史如故。
邵陵王綸　三月命，兵敗出奔。
〔司空〕南康王會理　六月拜。
〔征西大將軍〕紀
〔征北大將軍〕鄱陽王範　征北大將軍、開府儀同三司，二月，合州刺史加。
〔征南大將軍〕蕭淵藻　征南大將軍、開府儀同三司，三月，南徐州刺史加。八月卒。
〔尚書令〕南康王會理　七月，司空兼。
〔僕射〕克
〔右僕射〕柳仲禮　二月，討賊大都督加。三月，降賊。
〔吏部尚書〕綰　臺城陷，奔江陵。
〔侍中〕敬容　卒。
子春
〔中領軍〕异　正月卒。
〔領軍將軍〕傅岐　正月命，三月卒。
〔護軍將軍〕柳敬禮
〔揚州刺史〕大器　六月，立爲太子。
南海王大臨　七月命。
簡文帝大寶元年辛未　四月，雍州刺史岳陽王詧自稱梁王。是月，東魏禪位于齊。齊高洋天保元年
〔大丞相〕景　八月，自稱相國，封漢王。十月，加宇宙大將軍、都督六合諸軍事。
〔司徒〕繹
〔司空〕會理　十月，謀誅侯景，被殺。
〔征西大將軍〕紀
〔征北大將軍〕範　五月卒。
〔尚書令〕會理　十月，被殺。
東平王恪　九月，湘東王命。
〔僕射〕克　二月，遷左。
〔侍中〕子春
臨川王大款
桂陽王大成
張綰
王質　並湘東王命。
〔領軍將軍〕王僧辯　九月，湘東王命。
〔護軍將軍〕敬禮　十月，謀誅侯景，被殺。
尹悦　湘東王命。
〔揚州刺史〕大臨

南郡王大連　六月，領揚州事。七月，遷江州刺史。

二年壬申　七月，侯景廢帝爲晉安王，立豫章王棟爲帝。十一月，景篡位。

〔相國〕景　十一月，篡位。

湘東王繹　總百揆。

〔太尉〕武陵王紀　仍領益州刺史。

〔司徒〕繹

〔司空〕南平王恪　湘東王命。八月，領湘州刺史。

〔征西大將軍〕紀

〔尚書令〕恪　拜司空。

王僧辯　湘東王命，加開府儀同三司、征東將軍。九月，領江州刺史。

〔左僕射〕克　爲侯景太宰，録尚書事。

〔侍中〕子春

大款

大成

綰

質

〔領軍將軍〕僧辯　五月，遷尚書令。

胡僧祐　湘東王命。

〔護軍將軍〕悦　四月，兵敗降賊。

陸法和　六月，湘東王命。

元帝承聖元年癸酉　三月，王僧辯克臺城，景伏誅。四月，武陵王紀稱帝于成都。十一月，湘東王繹即位于江陵。

〔相國〕繹　十一月，即帝位。

〔太尉〕紀　四月，稱帝于成都。

〔司徒〕王僧辯　五月拜。

〔司空〕恪　九月卒。

〔征北大將軍〕陳霸先　征北大將軍、開府儀同三司、江州刺史，五月命。

〔驃騎將軍〕蕭循　驃騎、開府儀同三司、湘州刺史，十一月命。

〔尚書令〕僧辯　五月，拜司徒，仍兼侍中、尚書令。

〔吏部尚書〕王褒　正月，湘東王命。

〔侍中〕大款

大成

綰　出爲湘東内史。

質　出爲吴州刺史。

張希

王顗

〔領軍將軍〕僧祐

〔護軍將軍〕法和

〔揚州刺史〕南平王恪　五月，司空兼。九月卒。

二年甲戌　八月，西魏尉遲迥陷益州。

〔司徒〕僧辯　十月，鎮建康。

〔征北大將軍〕霸先

〔驃騎將軍〕循

〔車騎將軍〕胡僧祐　開府儀同三司，仍兼領軍。

〔尚書令〕僧辯

〔右僕射〕王褒　正月命。十一月，遷左。

張綰　十一月命。

〔吏部尚書〕褒　正月，遷僕射。

劉瑴　正月命。

〔侍中〕大款

大成

希

顗

王琛

王勱

〔領軍將軍〕僧祐

〔護軍將軍〕法和　九月，領郢州刺史。

〔揚州刺史〕王僧辯　司徒兼。

三年乙亥　十月，魏人入寇。十一月，陷江陵，帝出降，被殺。　西魏恭帝元年

〔太宰〕晉安王方智　元帝子，爲江州刺史。江陵陷，王僧辯、陳霸先奉爲梁王太宰，承制行事。
〔司徒〕僧辯　三月，遷太尉、車騎將軍。
陸法和　三月命，郢州刺史如故。
〔司空〕陳霸先　四月命。
〔征北大將軍〕霸先　改南徐州刺史。
〔驃騎將軍〕循
〔車騎將軍〕僧祐　十一月，戰没。
〔尚書令〕僧辯
〔左僕射〕褒　十一月，降魏。
〔右僕射〕綰　十一月卒。
〔吏部尚書〕瑴
宗懍　七月命。
〔侍中〕大款
大成
顗
琛
勱　遷五兵尚書。
〔領軍將軍〕僧祐　十一月，戰死。
〔護軍將軍〕法和　三月，拜司徒。
徐世譜　十月命。
〔揚州刺史〕僧辯
敬帝紹泰元年丙子　三月，貞陽侯淵明自齊來歸。七月，王僧辯奉以爲帝，改元天成，以晉安王方智爲皇太子。陳霸先襲殺僧辯，廢淵明爲建安郡公。九月，晉安王即位。
〔太宰〕方智　二月，至建康。九月，即帝位。
〔太傅〕貞陽侯淵明　七月，僭即帝位。十月，廢爲司徒，旋改太傅。
〔太保〕蕭循　十月命，仍領湘州刺史。
〔太尉〕僧辯　二月，加驃騎大將軍、中書監、都督中外諸軍、録尚書事。九月，爲陳霸先所殺。
蕭循　二月，湘州刺史加。十月，遷太保。
〔司徒〕法和　正月，以郢州附于齊。
蕭勃　二月，廣州刺史加。十月，遷太尉，仍領刺史。
〔司空〕霸先　十月，加尚書令、車騎將軍、都督中外諸軍事。
〔車騎將軍〕王琳　車騎、開府儀同三司，十月命。
侯瑱
〔征東大將軍〕張彪　十月，東揚州刺史加。
〔征北大將軍〕徐嗣徽　十月，譙、秦二州刺史加。
〔征南大將軍〕任約　十月，南豫州刺史加。是月，與嗣徽連兵反，渡江據石頭。十二月，敗走。
〔尚書令〕僧辯
陳霸先　十月，司空兼。
〔右僕射〕王沖　加左光禄大夫。
〔吏部尚書〕王通
〔中書監〕王僧辯　太尉領。九月，被殺。
〔中書令〕王勱　加侍中。
〔侍中〕徐世譜　兼左衛。
袁樞　員外散騎常侍兼。
王固　不就。
沈衆
謝哲
臨川王大款　中衛將軍。
〔護軍將軍〕世譜　遷侍中。
〔中護軍〕桂陽王大成
〔揚州刺史〕僧辯　九月，爲陳霸先所殺。
陳霸先　九月命，兼南徐州刺史。
太平元年丁丑　五月，齊入寇建康，六月，敗没，解嚴。十二月，西魏禪位于周。
〔丞相〕陳霸先　丞相、鎮衛大將軍、録尚書事，九月命。
〔太傅〕淵明　五月卒。

〔太保〕循　八月卒。

蕭勃　十二月拜。

〔太尉〕勃　十二月，遷太保。

〔司空〕霸先　七月，遷司徒，領中書監。九月，拜丞相。

侯瑱　七月命。

〔征東大將軍〕彪　正月，反。二月，敗，伏誅。

〔車騎將軍〕琳

瑱　加開府儀同三司。

〔尚書令〕霸先　九月，改録尚書事。

〔右僕射〕沖　遷左，加開府儀同三司，仍兼侍中、中權將軍，領丹陽尹。

王通　九月命。

〔吏部尚書〕通　九月，遷僕射。

袁樞　常侍兼，出爲吴興太守。

〔中書監〕陳霸先　九月，司徒領。

〔中書令〕勱

〔侍中〕大款　加開府儀同三司。

世譜

樞　兼吏部。

衆　遷左民尚書。

哲

王廓

周弘正　遷左户尚書。

〔領軍將軍〕徐度　九月命。

〔中護軍〕大成　二月，進護軍將軍。

〔揚州刺史〕霸先　九月，改揚州牧。

二年戊寅　十月，禪位于陳。

〔丞相〕霸先　八月，進太傅，加殊禮。十月，封陳王，旋篡位。

〔太保〕勃　二月，舉兵于廣州。三月，爲部下所殺。

〔司空〕瑱

王琳　正月命。三月，遷湘、郢二州刺史。

〔車騎將軍〕琳　正月，拜司空。

〔尚書令〕霸先

〔左僕射〕沖

〔右僕射〕通

〔吏部尚書〕王通　僕射兼。

〔中書監〕霸先

〔中書令〕勱

〔侍中〕大款

世譜

哲

廓

〔領軍將軍〕度

〔護軍將軍〕大成

〔揚州牧〕霸先　十月，篡位。

《陳將相大臣年表》

清萬斯同撰

高祖永定元年戊寅　十月，陳霸先即位。齊顯祖天保八年　周閔帝明帝元年

〔太傅〕

〔太尉〕

〔司徒〕

〔司空〕

〔開府儀同三司〕王沖　十月，加左光禄大夫。

侯瑱　領軍騎將軍。

周文育　十月，戰敗，没于王琳。

侯安都　同上。

〔尚書令〕

〔左僕射〕

〔右僕射〕（或止置僕射一人）

〔僕射〕王通　兼侍中。

〔吏部尚書〕

〔中書監〕

〔中書令〕沈衆

〔侍中〕臨川王蒨　加安東將軍。

陸繕

〔領軍將軍〕徐度　十二月命。

〔護軍將軍〕（資淺者爲中領軍、中護軍）

〔揚州刺史〕

二年己卯　三月，王琳立梁永嘉王蕭莊于郢州。

〔司空〕侯瑱　正月拜，仍兼車騎將軍。六月，出討王琳。

〔開府儀同三司〕沖　正月，領太子少傅。

文育　八月，逃歸，復位。十月，出討余孝勱。

安都　八月，逃歸，復位。

周迪　八月，江州刺史加。

黄法氍　十月，高州刺史加。

熊曇朗　十二月，北江州刺史加。

〔僕射〕通

〔吏部尚書〕謝哲　出爲晉陵太守。

〔中書令〕衆　七月，兼起部尚書，尋賜死。

〔侍中〕蒨　出城南皖。

繕　還新安太守。

袁樞　掌大撰。

〔領軍將軍〕度　六月，出討王琳。

〔中領軍〕杜稜　兼侍中、右衛將軍。

〔護軍將軍〕徐世譜　正月命。

三年庚辰　六月，帝殂，兄子臨川王蒨即位。　周武成元年

〔司空〕瑱　七月，還太尉。

侯安都　七月拜，出爲徐州刺史。

〔開府儀同三司〕沖

文育　五月，爲熊曇朗所殺。

安都　七月，拜司空。

迪

法氍

曇朗　五月反。

歐陽頠　正月，廣州刺史加。

淳于量　正月，桂州刺史加。

徐度　七月，中撫軍將軍加。

〔僕射〕通

〔中書令〕謝哲　還太子詹事。

〔侍中〕蒨　六月，入即帝位。

樞　還都官，掌選。

到仲舉　參選。

沈君理
蕭濟
〔中領軍〕稜　七月，進領軍將軍。
〔護軍將軍〕世譜
文帝天嘉元年辛巳　二月，侯瑱等大破王琳軍，琳及蕭莊奔齊。五月，滅熊曇朗。　齊昭帝皇建元年
〔太尉〕瑱　二月，出鎮湓城。
〔司空〕安都
〔開府儀同三司〕沖
迪
法氍
頠
量
度　出爲吴郡太守。
〔僕射〕通
〔吏部尚書〕袁樞　守。
〔中書令〕王勱　加侍中。
〔侍中〕仲舉　守都官。
濟　遷太府卿。
周弘正　領國子祭酒。
〔領軍將軍〕稜　出爲晉陵太守。
〔中領軍〕孫瑒　未任，遷吴郡太守。
〔護軍將軍〕世譜
二年壬午　齊武成帝大寧元年，　周武帝保定元年
〔太尉〕瑱　二月，領湘州刺史。三月卒。
〔司空〕安都
〔開府儀同三司〕沖　九月，領丹陽尹。
迪
法氍
頠
量
度　三月，改湘州刺史。
〔僕射〕通
〔吏部尚書〕樞
〔中書令〕勱　遷太子詹事。
〔侍中〕仲舉
弘正　使周。
〔領軍將軍〕杜稜　正月命，兼侍中。
〔護軍將軍〕世譜
〔中護軍〕孫瑒　十二月命。
〔揚州刺史〕始興王伯茂　正月命。
三年癸未　齊河清元年。
〔司空〕安都
〔開府儀同三司〕沖
迪　閏二月，叛應留異。
法氍
頠
量
度
〔僕射〕通
〔右僕射〕到仲舉　九月命，兼丹陽尹，參選。
〔吏部尚書〕樞　實授，尋領右軍將軍、丹陽尹。
〔中書監〕安成王頊　三月，自周還，拜中書監、侍中、中衛將軍。
〔中書令〕王固
〔侍中〕仲舉　還都官。
弘正　還朝，加金紫光禄大夫，領慈訓太僕。
王瑒　領太子中庶子。
〔領軍將軍〕稜
〔中護軍〕瑒
〔揚州刺史〕伯茂　六月，改東揚州。

安成王頊　六月命，加驃騎將軍，都督揚、南徐、東揚、南豫、北江五州諸軍事。

四年甲申

〔司空〕安都　二月，鎮江州刺史。六月，賜死。

〔開府儀同三司〕沖

法氍　正月，改南徐州刺史。六月，徙江州。

頠　九月卒。

〔僕射〕通

安成王頊　四月加。

度　三月，召爲侍中、中軍大將軍。

量

〔右僕射〕仲舉

〔吏部尚書〕樞

〔中書監〕頊

〔中書令〕固　遷國子祭酒。

〔侍中〕弘正

瑒

張種　領步兵校尉。

〔領軍將軍〕稜

〔中護軍〕瑒　正月，遷鎮右將軍。

〔護軍將軍〕章昭達　正月命。

〔揚州刺史〕頊　四月，加開府儀同三司。

五年乙酉　十一月，章昭達破擒陳寶應、留異，閩中平。

〔開府儀同三司〕頊

沖

法氍

量　徵爲中撫大將軍。

度

章昭達　十一月，鎮軍將軍加。

〔僕射〕通

〔右僕射〕仲舉

〔吏部尚書〕樞　歸葬，尋復位，解丹陽尹，加散騎常侍。

〔中書監〕頊

〔侍中〕弘正

瑒

種

〔領軍將軍〕稜

〔護軍將軍〕昭達　十一月，遷鎮軍將軍、開府。

〔中護軍〕程靈洗　十一月命。

〔揚州刺史〕頊

六年丙戌　五月，齊武成帝禪位于其子緯。七月，周迪伏誅。　齊天統元年

〔司空〕安成王頊　四月拜。

〔開府儀同三同〕頊　四月，拜司空。

沖

法氍　召爲中衛大將軍。

量

度

昭達　十二月，遷江州刺史。

〔僕射〕通

〔右僕射〕仲舉

〔吏部尚書〕樞

〔中書監〕頊　四月，拜司空。

〔侍中〕弘正

瑒

謝嘏

〔領軍將軍〕稜　正月，改丹陽尹。

〔中領軍〕沈欽　正月命。

吴明徹　十二月命。

〔中護軍〕靈洗　出爲郢州刺史。

沈恪　十二月命。

〔揚州刺史〕頊

天康元年丁亥　四月，帝殂，太子伯宗即位。　周天和元年

〔司空〕頊　五月，進司徒，兼驃騎大將軍、都督中外諸軍、録尚書事。

徐度　五月拜。

〔開府儀同三司〕沖

法氍

量　免開府，侍中、將軍如故。

度　五月，拜司空。

昭達　五月，加侍中。

始興王伯茂　六月，東揚州刺史加。

〔尚書令〕安成王頊　三月命。五月，改録尚書事。

〔僕射〕通　遷右光禄大夫。

〔左僕射〕袁樞

〔右僕射〕仲舉　加侍中。五月，遷金紫光禄大夫。有罪，賜死。

沈欽　並五月命。

〔吏部尚書〕樞　五月，遷僕射。

徐陵　五月命。

〔中書令〕謝哲　遷侍中。

〔侍中〕弘正　改領都官尚書，總知五禮事。

瑒　領左驍騎將軍。

瑕　坐事免，尋復任。

王固　加金紫光禄大夫。

謝哲

杜稜　特進、鎮右將軍。

〔中領軍〕明徹　五月，進領軍將軍。

〔中護軍〕恪　五月，進護軍將軍。

〔揚州刺史〕頊

廢帝光大元年戊子　五月，湘州刺史華皎反。九月，淳于量等討平之。

〔司徒〕頊

〔司空〕度

〔開府儀同三司〕伯茂

沖　十一月卒。

法氍　二月，改南徐州刺史。

量　九月，復授遷南徐州刺史。

昭達

〔尚書令〕頊

〔左僕射〕樞　正月卒。

〔右僕射〕欽　二月，遷僕射加侍中。

〔吏部尚書〕陵

〔侍中〕弘正

瑒　十一月，丁父憂。

瑕

固

稜　遷中領軍。

〔領軍將軍〕明徹　正月，遷丹陽尹。

杜稜　五月命。

〔護軍將軍〕恪　十一月，遷荆州刺史。

〔揚州刺史〕頊

二年己丑　十一月，安成王頊廢帝而自立。

〔太傅〕安成王頊　正月拜，領司徒，加殊禮，劍履上殿。十一月，篡帝位。

〔司徒〕頊　正月，拜太傅。

〔司空〕度　正月卒。

〔開府儀同三司〕伯茂　十一月，被殺。

法氍　十一月，改郢州。

量　正月，加侍中、中軍大將軍。

昭達　徵爲中撫大將軍。

吴明徹　正月，湘州刺史加。

〔尚書令〕頊

〔僕射〕欽

〔吏部尚書〕陵

〔中書令〕謝嘏
〔侍中〕弘正　正月，領太傅長史，加明威將軍。
固　免官，禁錮。
安成世子叔寶
〔領軍將軍〕稜
〔護軍將軍〕沈恪　十一月命。
〔揚州刺史〕頊　十二月，篡位。

宣帝太建元年庚寅　十月，廣州刺史歐陽紇反。

〔開府儀同三司〕法氍　正月，加征西大將軍。
量　正月，加征伐大將軍。
昭達　正月，加車騎大將軍。
明徹
〔僕射〕欽　正月，遷左。
〔右僕射〕王勱　正月命。
徐陵　正月命，加侍中。
〔吏部尚書〕陵　五月，遷右僕射。
沈君理　五月命。
〔中書令〕嘏　遷都官尚書。
沈君理　不拜。
張種　領左驍騎將軍。
〔侍中〕叔寶　正月，立爲太子。
弘正　加特進，領國子祭酒。
王瑒　復領左驍騎。
〔領軍將軍〕稜　出爲吴興太守。
〔護軍將軍〕恪　正月，遷廣州刺史。
〔中領軍〕鄱陽王伯山
〔中護軍〕晉安王伯恭　五月命。九月，改中領，尋改揚州刺史。
〔揚州刺史〕晉安王伯恭

二年辛卯　三月，章昭達平廣州，紇伏誅。　齊末帝武平元年

〔司空〕章昭達　六月拜，兼車騎大將軍。
〔開府儀同三司〕法氍　正月，遷中權大將軍。
量
昭達　六月，拜司空。
明徹
〔左僕射〕欽　出爲晉陵太守。
〔右僕射〕陵
〔吏部尚書〕君理
〔中書令〕種
〔侍中〕弘正
瑒　遷度支尚書。
杜稜　遷護軍。
〔中領軍〕伯山
〔護軍將軍〕杜稜　九月命，加特進。
〔揚州刺史〕伯恭

三年壬辰

〔司空〕昭達　十二月卒。
〔開府儀同三司〕法氍
量
明徹
〔右僕射〕陵　正月，改僕射。
〔吏部尚書〕君理
〔中書監〕王勱
〔中書令〕種　遷金紫光禄大夫。
〔侍中〕弘正
〔中領軍〕伯山
〔護軍將軍〕稜　坐事免。
〔揚州刺史〕伯恭

四年癸巳　周建德元年。

〔開府儀同三司〕法氍　四月，遷南豫州刺史。
量

明徹　徵爲侍中、鎮前將軍。
〔僕射〕陵　四月，遷左。
〔右僕射〕王勱　五月命，五月卒。
〔吏部尚書〕君理　加侍中。
〔中書監〕勱　正月，遷僕射。
〔中書令〕王瑒
〔侍中〕弘正
新安王伯固　翊前將軍。
杜稜　加右光禄大夫。
〔中領軍〕伯山
〔領軍將軍〕沈恪　十月命。
〔中護軍〕衡陽王伯信　正月命。
〔揚州刺史〕鄱陽王伯山
五年甲午　三月，大舉伐齊。十二月，盡得淮南之地。
〔開府儀同三同〕法氍　十月，改合州刺史。
量　正月，遷中權大將軍。
明徹　三月，都督征討諸軍事，伐齊。七月，加征北大將軍。十月，改車騎大將軍。
〔左僕射〕陵
〔右僕射〕沈君理　正月命，九月卒。
周弘正　十月命。
〔吏部尚書〕君理　正月，遷右僕射，仍領吏部。
王瑒　十月命。
〔中書令〕瑒　遷吏部。
〔侍中〕弘正　遷右僕射。
袁憲
伯固　遷中領軍。
〔領軍將軍〕恪
〔中領軍〕新安王伯固　正月命。
〔中護軍〕伯信
〔揚州刺史〕伯山
六年乙未
〔開府義司三司〕法氍
量　二月，遷郢州刺史。
明徹
〔左僕射〕陵　加侍中。
〔右僕射〕弘正　六月卒。
王瑒　十二月命，加侍中，參選。
〔吏部尚書〕瑒　十二月，遷右僕射。
孔奂　十二月命。
〔侍中〕憲　出爲吴郡太守。
〔中領軍〕伯固
〔中護軍〕伯信　六月，遷揚州刺史。
〔揚州刺史〕伯山　六月，遷南徐州刺史。
衡陽王伯信　六月命。
七年丙申
〔開府儀同三司〕法氍　二月，改豫州刺史。
量　十一月，遷中軍大將軍。
明徹
〔左僕射〕陵　領國子祭酒，尋免。
〔右僕射〕瑒　六月，改僕射。十二月，遷左。
陸繕　十二月命。
〔吏部尚書〕奂
〔侍中〕徐陵　領國子祭酒。
〔中領軍〕伯固　十月，遷南徐州刺史。
長沙王叔堅　十月命。十二月，遷廣州刺史。
〔領軍將軍〕徐陵　十二月命。
〔護軍將軍〕淳于量　開府領。
〔揚州刺史〕伯信
八年丁酉

〔司空〕吴明徹　二月拜。八月，領南兗州刺史。
〔開府儀同三司〕法氍　十月卒。
　量
　明徹　二月，拜司空。
〔左僕射〕瑒　四月卒。
〔右僕射〕繕　六月，遷左。
　王克　六月命。
〔吏部尚書〕奂　加侍中。
〔領軍將軍〕陵　遷太子詹事。
〔中領軍〕廬陵王伯仁　十一月命。
〔護軍將軍〕量
〔揚州刺史〕伯信

九年戊戌　正月，周滅齊。
〔司空〕明徹
〔開府儀同三司〕量
〔左僕射〕繕
〔右僕射〕克
〔吏部尚書〕奂　遷中書令。
　袁憲
〔中書令〕孔奂　兼侍中。
〔中領軍〕伯仁
〔護軍將軍〕量
〔揚州刺史〕始興王叔陵　正月命。

十年己亥　二月，北討衆軍敗績于吕梁。　周宣政元年
〔司空〕明徹　二月，敗績，爲周軍所獲。
〔開府儀同三司〕量　三月，拜大都督，總水陸諸軍禦周師，尋加車騎將軍，領南兗州刺史。
〔左僕射〕繕　十月，改僕射。
〔右僕射〕克
〔吏部尚書〕憲
〔中書令〕奂
〔侍中〕晉熙王叔文　宣衛將軍、散騎常侍。
〔中領軍〕伯仁　正月，遷南徐州刺史。
　樊毅　八月命。
〔領軍將軍〕徐陵　正月命，尋遷丹陽尹。
〔護軍將軍〕量　三月，督師。
　新安王伯固　四月命。
〔揚州刺史〕叔陵

十一年庚子　周宣帝大象元年　十一月，周師來伐。十二月，盡失淮南之地。
〔開府儀同三司〕量　十一月，都督上流水軍。
〔僕射〕繕　十月，遷左。
〔右僕射〕晉安王伯恭　十月命。
〔吏部尚書〕憲
〔中書令〕奂　遷太常。
〔侍中〕叔文
〔中領軍〕毅　十一月，都督北討諸軍事。
〔護軍將軍〕伯固
　鄱陽王伯山　六月命。
〔揚州刺史〕叔陵　解職，尋復任，加中衛大將軍。

十二年辛丑
〔司空〕司馬消難　周降將。八月，拜車騎將軍、司空、侍中、大都督，總督安、隨等九州八鎮諸軍事。
〔開府儀同三司〕量
〔左僕射〕繕　四月卒。
〔右僕射〕伯恭　五月，改僕射。
〔吏部尚書〕憲
〔侍中〕叔文
〔中領軍〕毅
　廬陵王伯仁　三月命。

〔護軍將軍〕伯山
〔揚州刺史〕叔陵
十三年壬寅　二月，周楊堅篡位。　隋文帝開皇元年
〔司空〕消難
〔開府儀同三司〕量　加左光禄大夫。
鄱陽王伯山　正月，護軍將軍加。
〔僕射〕伯恭　正月，遷左。
〔右僕射〕袁憲　正月命，参選。
〔吏部尚書〕憲　正月，遷右僕射。
宗元饒　卒。
毛喜
〔中書監〕徐陵　領太子詹事，侍中、右光禄大夫如故。
〔侍中〕叔文
始興王叔陵　兼中軍大將軍。
江總　免。
〔中領軍〕伯仁
〔護軍將軍〕伯山　正月，加開府儀同三司。
樊毅　尋遷荆州刺史。
沈恪
〔揚州刺史〕叔陵　遷中軍大將軍。
新安王伯固
十四年癸卯　正月，帝殂，太子叔寶即位。
〔司空〕消難　遷開府儀同三司。
長沙王叔堅　十二月拜。
〔開府儀同三司〕量　四月卒。
伯山　正月，加中權大將軍。
司馬消難　領東揚州刺史。
長沙王叔堅　正月，揚州刺史加。
豫章王叔英　十一月，江州刺史加。
蕭摩訶　車騎大將軍。
〔左僕射〕伯恭　三月，遷湘州刺史。
〔右僕射〕憲
〔僕射〕永陽王伯智　三月命。
〔吏部尚書〕喜
〔中書監〕陵　正月，遷左光禄大夫，領太子少傅。
〔侍中〕叔陵　正月，謀逆，伏誅。
叔文　十二月，遷揚州刺史。
江夏王伯義　忠武將軍，加金紫光禄大夫。
袁憲　領太子詹事。
建安王叔卿　鎮右將軍。
〔中領軍〕伯仁
〔護軍將軍〕恪　正月，遷特進、金紫光禄大夫。
〔中護軍〕章太寶　正月命。三月，遷豐州刺史。
孫瑒　六月命。
〔揚州刺史〕伯固　正月，助叔陵爲逆，伏誅。
長沙王叔堅　正月命，加開府儀同三司、驃騎將軍。十二月，拜司空。
晉熙王叔文
後主至德元年甲辰
〔司空〕叔堅　正月，遷開府儀同三司，出鎮江州。七月，復拜司空。十二月，有罪，免。
〔開府儀同三司〕伯山
消難　正月，加車騎將軍。
叔英　正月，入爲中衛大將軍。
摩訶　改侍中、驃騎大將軍、左光禄大夫。
〔僕射〕伯智
〔吏部尚書〕喜　出爲永嘉太守。
江總　正月命。
〔中書令〕建安王叔卿
〔侍中〕伯義
憲

晉安王伯恭　中衛將軍、光禄大夫。
尋陽王叔儼　仁武將軍。
〔領軍將軍〕任忠　正月命，加侍中。
〔中護軍〕瑒
〔揚州刺史〕叔文　遷江州刺史
始興王叔重

二年乙巳

〔開府儀同三司〕伯山
消難
叔英
摩訶
〔僕射〕伯智　五月，遷東揚州刺史。
江總　五月命。
〔吏部尚書〕總　五月，遷僕射。
陸瓊　守。
〔中書令〕叔卿
〔侍中〕伯義
憲
伯恭
叔儼
永陽王伯智　翊左將軍，加特進。
新蔡王叔齊　智武將軍。
長沙王叔堅　鎮左將軍。
〔領軍將軍〕忠
〔中護軍〕瑒
〔揚州刺史〕叔重　五月，遷江州刺史。
南平王嶷　五月命。

三年丙午

〔開府儀同三司〕伯山
消難
叔英
長沙王叔堅　正月，鎮左將軍加，尋遷荆州刺史。
靡訶
〔僕射〕總
〔吏部尚書〕瓊　正月，實受。
謝伷　八月命。
〔中書令〕叔卿
〔侍中〕伯義
憲
伯恭　母憂，解職。
叔儼
伯智
叔齊
宜都王叔明　翊右將軍。
叔堅　遷荆州刺史。
魯廣達
〔領軍將軍〕忠
〔護軍將軍〕樊毅　正月命。
〔揚州刺史〕嶷

四年丁未

〔開府儀同三司〕伯山　九月，遷東揚州刺史。
消難
叔英　正月，進驃騎大將軍。
叔堅　正月，進中軍大將軍。
摩訶
〔尚書令〕江總　十月命。
〔僕射〕總　十月，遷令。
謝伷　十月命。
〔吏部尚書〕伷　十月，拜僕射。
〔中書令〕叔卿

〔侍中〕憲
伯義
伯智
叔齊
叔明
岳陽王叔慎　智武將軍。
叔儼
廣達
〔領軍將軍〕忠
〔護軍將軍〕毅
〔揚州刺史〕嶷

禎明元年戊申

〔司徒〕豫章王叔英　十一月，驃騎大將軍兼。
〔開府儀同三司〕伯山
叔英　十一月，兼司徒。
叔堅
蕭儼　梁降將。十一月，東揚州刺史加。
陳慧紀　荆州刺史加。
摩訶
〔尚書令〕總
〔僕射〕伷
〔中書令〕叔卿
〔侍中〕憲
伯義
伯智
叔齊　遷國子祭酒。
淮南王叔彪　仁威將軍。
叔儼
廣達
〔領軍將軍〕忠
〔護軍將軍〕毅
〔揚州刺史〕嶷

二年己酉　十月，隋師來伐。

〔司徒〕叔英
〔開府儀同三司〕伯山　十二月，進鎮衛大將軍。
叔堅　還都。
儼
慧紀
摩訶
〔尚書令〕總
〔僕射〕伷　六月，遷特進、寧遠將軍。
袁憲　六月命。
〔吏部尚書〕蔡徵　四月命，尋遷中書令。
姚察　十月命。
〔中書監〕建安王叔卿
〔中書令〕蔡徵　有罪，免。
〔侍中〕憲　六月，遷僕射。
伯義
伯智
叔明
叔彪
晉熙王叔文　宣毅將軍。
叔儼
〔領軍將軍〕忠　出爲吴興内史。
〔中領軍〕魯廣達　六月命。
〔護軍將軍〕毅
〔揚州刺史〕嶷
始安王深　四月，立爲太子。
會稽王莊　五月命。

三年庚戌　正月，隋師克建康，帝出降，陳亡。

〔司徒〕叔英

〔開府儀同三司〕伯山　正月卒。

叔堅

儼

慧紀

摩訶

〔尚書令〕總

〔僕射〕憲

〔吏部尚書〕察

〔中書監〕叔卿

〔侍中〕伯義

伯智

叔明

叔彪

叔文

叔儼

〔中領軍〕廣達

蔡徵　正月命。

〔護軍將軍〕毅

〔揚州刺史〕莊

《魏將相大臣年表》

清萬斯同撰

道武帝皇始元年丙申　七月，始建天子旌旗，置百官。八月，大舉伐燕。

〔相國〕

〔丞相〕

〔太宰〕

〔太師〕

〔太傅〕

〔太保〕

〔大司馬〕

〔大將軍〕

〔太尉〕

〔司徒〕

〔司空〕

〔雜號大將軍〕（他官都督中外諸軍事者並載）

〔撫軍大將軍〕拓跋遵

〔征鎮安平大將軍〕

〔征東大將軍〕拓跋儀　兼尚書令。

〔尚書令〕（他官録尚書事者並載）

拓跋儀

〔左僕射〕

〔右僕射〕

〔中書監〕

〔中書令〕屈遵

〔侍中〕（黄門侍郎豫政者附載）

〔給事黄門侍郎〕燕鳳

張衮

崔宏

〔領軍將軍〕長孫肥

〔護軍將軍〕（資淺者爲中領軍、中護軍）

二年丁酉　晉安帝隆安元年。　十月，拔中山，盡有河北之地。

〔丞相〕衛王儀　五月，拜驃騎大將軍、都督中外諸軍事、兖豫雍荆徐揚六州牧、左丞相。

〔撫軍大將軍〕遵

〔征東大將軍〕儀　五月，遷左丞相。

〔尚書令〕儀　五月，遷左丞相。

崔逞　尚書、録三十六曹事，尋遷御史中丞。

〔中書令〕遵

〔給事黄門侍郎〕鳳

衮　十月，遷幽州刺史。

宏

封懿

〔領軍將軍〕肥

天興元年戊戌　正月，北還。七月，遷都平城。十二月，稱帝號，置八部大人官。

〔丞相〕儀　正月，領行臺、尚書令，鎮中山。三月，召還。

〔太尉〕穆崇　侍中、太尉。

〔司徒〕長孫嵩　侍中、司徒，並五月拜。

〔撫軍大將軍〕遵　正月，兼左僕射，鎮渤海。三月，移中山。四月，封常山王。

〔尚書令〕崔宏　吏部尚書、録三十六曹事。

〔左僕射〕常山王遵　正月命。

〔中書令〕遵　卒。

〔給事黄門侍郎〕鳳

宏　遷吏部尚書。

懿

〔領軍將軍〕肥

叔孫建

二年己亥　三月，分尚書爲三百六十曹。

〔丞相〕儀

〔太尉〕崇　十月，出領豫州刺史。

〔司徒〕嵩

〔撫軍大將軍〕遵

〔上將軍〕赫連文陳　屈孑弟，來歸，拜。

〔尚書令〕宏

〔給事黄門侍郎〕鳳

懿

〔領軍將軍〕建

三年庚子

〔丞相〕儀

〔太尉〕崇

〔司徒〕嵩

〔撫軍大將軍〕遵

〔上將軍〕文陳

〔尚書令〕宏

〔給事黄門侍郎〕鳳

〔領軍將軍〕建

四年辛丑　十二月，復尚書爲三十六曹。

〔丞相〕儀

〔太尉〕崇

〔司徒〕嵩

〔撫軍大將軍〕遵　改征西。

〔上將軍〕文陳

〔征西大將軍〕常山王遵

〔尚書令〕宏

〔給事黄門侍郎〕鳳

〔領軍將軍〕建

五年壬寅　晉元興元年。

〔丞相〕儀

〔太尉〕崇

〔司徒〕嵩

〔司空〕庾岳　十一月拜。

〔上將軍〕文陳

〔征西大將軍〕遵

〔鎮西大將軍〕毗陵王順　兼司隸校尉。

〔尚書令〕宏

〔給事黄門侍郎〕鳳

六年癸卯　十一月，晉桓玄簒位。

〔丞相〕儀

〔相國〕齊王嗣　車騎大將軍，十月拜。

〔太尉〕崇

〔司徒〕嵩

〔司空〕岳

〔上將軍〕文陳

〔征西大將軍〕遵

〔鎮西大將軍〕順

〔征南大將軍〕清河王紹

〔尚書令〕宏

天賜元年甲辰　五月，桓玄敗滅。　九月，定王、公、侯、子四等爵，罷伯、男之號。

〔相國〕嗣

〔丞相〕儀

〔太尉〕崇

〔司徒〕嵩

〔司空〕岳

〔上將軍〕文陳

〔征西大將軍〕遵

〔征南大將軍〕紹

〔尚書令〕宏
二年乙巳　二月，罷尚書三十六曹。　晉義熙元年
〔相國〕嗣
〔丞相〕儀
〔太尉〕崇
〔司徒〕嵩
〔司空〕岳
〔上將軍〕文陳
〔征西大將軍〕遵
〔征南大將軍〕紹
〔尚書令〕宏　二月，罷尚書官，賜爵白馬侯，加周兵將軍。
三年丙午
〔相國〕嗣
〔丞相〕儀
〔太尉〕崇　七月卒。
〔司徒〕嵩
〔司空〕岳
〔上將軍〕文陳
〔征西大將軍〕遵
〔征南大將軍〕紹
四年丁未
〔相國〕嗣
〔丞相〕儀
〔司徒〕嵩
〔司空〕岳　八月，被殺。
〔上將軍〕文陳
〔征西大將軍〕遵　五月，有罪，賜死。
〔征南大將軍〕紹
五年戊申
〔相國〕嗣
〔丞相〕儀
〔司徒〕嵩
〔上將軍〕文陳
〔征南大將軍〕紹
六年己酉　十月，帝爲子紹所弑，長子嗣即位，改是年爲永興元年
〔相國〕嗣　十月，即帝位。
〔丞相〕儀　八月，賜死。
〔司徒〕嵩　十月，與白馬侯崔宏、山陽侯奚斤、北新侯安同等八人坐止車門，聽理萬幾。
〔車騎將軍〕苟孤
〔衛將軍〕叔孫俊
〔鄭兵將軍〕奚斤
〔安遠將軍〕安同
〔征南大將軍〕紹　十月，弑帝，伏誅。
〔中書監〕穆觀　左衛將軍，綰門下中書事。
〔侍中〕崔宏　以白馬侯居門下省。
拓跋屈　以元城侯居門下省，出納詔令。
王洛兒
車路頭　俱散騎常侍。
明元帝永興二年庚戌　二月，晉劉裕滅南燕。　五月，伐蠕蠕。
〔司徒〕嵩
〔車騎將軍〕孤
〔衛將軍〕俊
〔鄭兵將軍〕斤
〔安遠將軍〕同
〔上將軍〕赫連若豆根　文陳子，襲上將軍。
〔中書監〕觀
〔侍中〕宏
屈

洛兒　加直意將軍。

路頭　加忠意將軍。

三年辛亥

〔司徒〕嵩　十月，與任城公嵇拔、白馬侯崔宏坐朝堂録囚。

〔車騎將軍〕孤

〔衞將軍〕俊

〔上將軍〕若豆根

〔鄭兵將軍〕斤

〔安遠將軍〕同

〔中書監〕觀

〔侍中〕宏

屈

洛兒

路頭

四年壬子

〔丞相〕奚斤　七月，行左丞相事。

拓跋屈　七月，行右丞相事。

〔司徒〕嵩

〔車騎將軍〕孤

〔衞將軍〕俊

〔上將軍〕若豆根

〔鄭兵將軍〕斤　七月，行左丞相事。

〔安遠將軍〕同

〔中書監〕觀

〔侍中〕宏

屈　七月，行右丞相事。

洛兒

路頭

五年癸丑　七月，晉劉裕滅蜀。

〔司徒〕嵩

〔車騎將軍〕孤

〔衞將軍〕俊

〔上將軍〕若豆根

〔鄭兵將軍〕斤

〔安遠將軍〕同

〔中書監〕觀

〔侍中〕宏

洛兒　卒。

路頭

神瑞元年甲寅　十二月，伐蠕蠕。

〔司徒〕嵩

〔車騎將軍〕孤

〔衞將軍〕俊

〔上將軍〕若豆根

〔鄭兵將軍〕斤

〔安遠將軍〕同

〔中書監〕觀

〔侍中〕宏　兼天部大人。

路頭

二年乙卯

〔司徒〕嵩

〔衞將軍〕俊

〔鄭兵將軍〕斤

〔安遠將軍〕同

〔中書監〕觀

〔侍中〕宏

路頭

太常元年丙辰

〔司徒〕嵩　三月，出督山東軍事。十月，召還。

〔衞將軍〕俊　卒。

〔鄭兵將軍〕斤
〔安遠將軍〕同
〔中書監〕觀
〔侍中〕宏
　路頭
二年丁巳　置天、地、東、西、南、北六部大人官。　七月，晉劉裕滅秦。
〔司徒〕嵩
〔鄭兵將軍〕斤
〔安遠將軍〕同
〔中書監〕觀
〔侍中〕宏
　路頭
三年戊午
〔司徒〕嵩
〔鄭兵將軍〕斤　兼天部大人。
〔安遠將軍〕同
〔中書監〕觀
〔侍中〕宏　六月卒。
　路頭
四年己未　三月，勃勃僭號。　晉恭帝元熙元年
〔司徒〕嵩
〔鄭兵將軍〕斤
〔安遠將軍〕同
〔中書監〕觀
〔侍中〕路頭
五年庚申　六月，晉帝禪位于宋。　宋武帝永初元年
〔司徒〕嵩
〔鄭兵將軍〕斤
〔安遠將軍〕同
〔中書監〕觀
〔侍中〕路頭
六年辛酉
〔司徒〕嵩
〔太尉〕穆觀
〔鄭兵將軍〕斤
〔安遠將軍〕同
〔中書監〕觀　拜太尉。
〔侍中〕路頭　卒。
七年壬戌　五月，皇太子燾臨朝聽政。九月，大舉侵宋。
〔相國〕太平王燾　兼驃騎大將軍，四月拜。五月，立爲皇太子。
〔大司馬〕奚敬　兼大將軍，四月拜，封長樂王。
〔太尉〕觀　五月，與白馬公崔浩、散騎常侍丘堆並加右弼。
〔司徒〕嵩　五月，與鄭兵將軍奚斤、安遠將軍安同並加左輔，輔太子聽政。
〔司空〕奚斤　九月命，加晉兵大將軍，侵宋。
〔車騎大將軍〕樂平王丕
〔衛大將軍〕安定王彌
〔中軍大將軍〕樂安王範
〔撫軍大將軍〕永昌王健
〔輔國大將軍〕建寧王崇
〔鎮軍大將軍〕新興王俊　俱四月命。
八年癸亥　十一月，帝殂，太子壽即位。　宋廢帝景平元年
〔大司馬〕敬
〔太尉〕觀　六月卒。
〔司徒〕嵩　十二月，進爵北平王。
〔司空〕斤　九月，召還。十二月，進爵宜城王。
〔車騎大將軍〕丕
〔衛大將軍〕彌
〔中軍大將軍〕範
〔撫軍大將軍〕健

〔輔國大將軍〕崇
〔鎮軍大將軍〕俊
〔尚書令〕劉潔　十一月命。
　羅結　侍中，總三十六曹事。
〔中書監〕盧魯元　十二月命。
〔侍中〕羅結　十二月命，兼外都大官，總尚書事。
〔領軍將軍〕娥清

太武帝始光元年甲子　十二月，伐蠕蠕。　宋文帝元嘉元年

〔大司馬〕敬
〔司徒〕嵩
〔司空〕斤
〔車騎大將軍〕丕
〔衛大將軍〕彌　正月卒。
〔中軍大將軍〕範
〔撫軍大將軍〕健
〔輔國大將軍〕崇
〔鎮軍大將軍〕俊
〔尚書令〕潔
　結
〔中書監〕魯元
〔侍中〕結
　古弼　兼吏部尚書，典南部奏事。
　奚拔
〔領軍將軍〕清

二年乙丑

〔大司馬〕敬
〔司徒〕嵩　三月，遷太尉。
　長孫翰　平陽王，三月拜。
〔司空〕斤
〔車騎大將軍〕丕
〔中軍大將軍〕範
〔撫軍大將軍〕健
〔輔國大將軍〕崇
〔鎮軍大將軍〕俊
〔尚書令〕潔
〔中書監〕魯元
〔侍中〕結
　弼
　拔
〔領軍將軍〕清

三年丙寅　十月，伐夏。

〔大司馬〕敬
〔太尉〕嵩
〔司徒〕翰
〔司空〕斤　九月，伐夏。
〔車騎大將軍〕丕
〔中軍大將軍〕範
〔撫軍大將軍〕健
〔輔國大將軍〕崇
〔鎮軍大將軍〕俊
〔征東大將軍〕安同　兼青、冀二州刺史。
〔尚書令〕潔
〔中書監〕魯元
〔侍中〕結　時年百十歲，歸老。
　弼
　拔
　張黎

四年丁卯　正月，還京。五月，復親伐。六月，克統萬。八月，還。

〔大司馬〕敬
〔太尉〕嵩

〔司徒〕翰
〔司空〕斤
〔車騎大將軍〕丕
〔中軍大將軍〕範
〔撫軍大將軍〕健
〔輔國大將軍〕崇
〔鎮軍大將軍〕俊
〔征東大將軍〕同
〔征西大將軍〕常山王素　鎮統萬。
〔尚書令〕潔
〔中書監〕魯元
〔侍中〕弼
　黎
　谷渾　加安南將軍，領儀曹尚書。

神䴥元年戊辰　置左右僕射官。
〔大司馬〕敬
〔太尉〕嵩
〔司徒〕翰
〔司空〕斤　三月，與夏人戰敗，被擒。
〔車騎大將軍〕丕
〔中軍大將軍〕範
〔撫軍大將軍〕健
〔輔國大將軍〕崇
〔鎮軍大將軍〕俊
〔征東大將軍〕同
〔征西大將軍〕素
〔尚書令〕潔
〔左僕射〕安原　加侍中、征南大將軍。
〔右僕射〕屈恒
〔中書監〕魯元
〔侍中〕弼
　黎
　渾

二年己巳　四月，大舉伐蠕蠕。
〔大司馬〕敬
〔太尉〕嵩
〔司徒〕翰
〔車騎大將軍〕丕
〔中軍大將軍〕範
〔撫軍大將軍〕健
　崔浩　侍中、撫軍、特進、右光禄大夫。
〔輔國大將軍〕崇
〔鎮軍大將軍〕俊
〔征東大將軍〕同　卒。
〔征西大將軍〕素
〔平南大將軍〕婁伏連
〔尚書令〕潔
〔左僕射〕原
〔右僕射〕恒　加侍中。
〔中書監〕魯元
〔侍中〕弼
　黎
　渾

三年庚午　十一月，滅夏。
〔太宰〕杜超　七月，拜太宰，都督冀、定、相三州軍事，征南大將軍，進爵陽平王。
　鎮鄴
〔大司馬〕敬
〔太尉〕嵩
〔司徒〕翰　二月卒。

〔車騎大將軍〕丕
〔中軍大將軍〕範
〔撫軍大將軍〕健
浩
〔輔國大將軍〕崇
〔鎮軍大將軍〕俊
〔征西大將軍〕素
長孫道生
〔平南大將軍〕伏連　改鎮西，鎮統萬。
〔鎮南大將軍〕叔孫建
〔安南大將軍〕司馬楚之
〔平南大將軍〕丹陽王太毘
〔征北大將軍〕來大千　鎮雲中。
〔尚書令〕潔
〔左僕射〕原
〔右僕射〕恒
〔中書監〕魯元　加侍中、征北大將軍。
〔侍中〕弼
黎
渾
四年辛未
〔太宰〕超
〔大司馬〕敬
〔太尉〕嵩　九月，加柱國大將軍。
〔司徒〕崔浩　侍中。
〔司空〕長孫道生　並九月拜。
〔車騎大將軍〕丕
〔中軍大將軍〕範
〔撫軍大將軍〕健
浩　拜司徒。
〔輔國大將軍〕崇
〔鎮軍大將軍〕俊
〔征西大將軍〕素
道生　九月，拜司空。
〔鎮西大將軍〕伏連
〔鎮南大將軍〕建
〔安南大將軍〕楚之
〔平南大將軍〕太毘
〔征北大將軍〕大千
〔尚書令〕潔
〔左僕射〕原
〔右僕射〕恒　兼中領軍。
〔中書監〕魯元
〔侍中〕弼
黎　遷征西大將軍，出鎮關中。
渾
羅斤
〔中領軍〕屈恒
建和元年壬申　六月，伐北燕。九月，還。
〔太宰〕超
〔大司馬〕敬
〔太尉〕嵩
〔司徒〕浩
〔司空〕道生　加侍中。
〔車騎大將軍〕丕
〔中軍大將軍〕範
〔撫軍大將軍〕健
毛修之
〔輔國大將軍〕崇
〔鎮軍大將軍〕俊

〔征西大將軍〕素
〔鎮西大將軍〕伏連
〔鎮南大將軍〕建
〔征北大將軍〕大千
〔尚書令〕潔
〔左僕射〕原
〔右僕射〕恒　領太子少傅，加鎮軍大將軍。
〔中書監〕魯元
〔侍中〕弼
渾
斤
〔中領軍〕恒

二年癸酉

〔太宰〕超
〔大司馬〕敬
〔太尉〕嵩
〔司徒〕浩
〔司空〕道生
〔車騎大將軍〕丕
〔中軍大將軍〕範　正月，改衞大將軍，鎮關中。
〔撫軍大將軍〕健
修之
〔輔國大將軍〕崇
〔鎮軍大將軍〕俊
〔征西大將軍〕素
〔鎮西大將軍〕伏連
〔鎮南大將軍〕建
〔征北大將軍〕大千
〔尚書令〕潔
〔左僕射〕原
〔右僕射〕恒
〔中書監〕魯元
〔侍中〕弼
渾　卒。
斤
〔中領軍〕恒

三年甲戌

〔太宰〕超
〔大司馬〕敬
〔太尉〕嵩
〔司徒〕浩
〔司空〕道生
〔車騎大將軍〕丕
〔衞大將軍〕範
〔撫軍大將軍〕健
修之
〔輔國大將軍〕崇
〔鎮軍大將軍〕俊
〔内大將軍〕中山王纂
〔征西大將軍〕素
〔鎮西大將軍〕伏連
〔鎮南大將軍〕建
〔征北大將軍〕大千
〔尚書令〕潔
〔左僕射〕原
〔右僕射〕恒
〔中書監〕魯元
〔侍中〕弼
斤
〔中領軍〕恒

太延元年乙亥　五月，遣使者二十輩使西域。

〔太宰〕超

〔太保〕盧魯元　侍中、録尚書事。

〔大司馬〕敬

〔太尉〕嵩

〔司徒〕浩

〔司空〕道生　五月，進爵上黨王。

〔車騎大將軍〕丕　改驃騎。

〔衞大將軍〕範

〔撫軍大將軍〕健

修之

〔輔國大將軍〕崇

〔鎮軍大將軍〕俊

〔内大將軍〕纂

〔征西大將軍〕素

〔鎮西大將軍〕伏連　五月，進封廣陵王。

〔鎮南大將軍〕建

〔征北大將軍〕大千

〔征南大將軍〕奚斤　五月，封弘農王。

〔尚書令〕潔

〔左僕射〕原　十月，謀反，伏誅。

〔右僕射〕恒

〔中書監〕魯元　拜太保。

穆壽　兼侍中，領南部尚書。五月，進爵宜都王，加征軍大將軍。

〔侍中〕弼

斤

〔中領軍〕恒

二年丙子　五月，滅北燕。

〔太宰〕超

〔太保〕魯元

〔大司馬〕敬

〔太尉〕嵩

〔司徒〕浩

〔司空〕道生

〔驃騎大將軍〕丕

〔衞大將軍〕範

〔撫軍大將軍〕健

修之　遷外都大官。

〔輔國大將軍〕崇

〔鎮軍大將軍〕俊

〔内大將軍〕纂　改征東。

〔征西大將軍〕素

〔鎮西大將軍〕伏連

〔鎮南大將軍〕建

〔征北大將軍〕大千

〔征南大將軍〕斤

〔征東大將軍〕中山王纂

〔尚書令〕潔

〔右僕射〕恒

〔中書監〕壽

〔侍中〕弼　五月，黜爲門卒，尋復。

斤

〔中領軍〕恒

三年丁丑

〔太宰〕超

〔太保〕魯元

〔大司馬〕敬

〔太尉〕嵩　正月卒。

〔司徒〕浩

〔司空〕道生

〔驃騎大將軍〕丕
〔衛大將軍〕範
〔撫軍大將軍〕健
〔輔國大將軍〕崇
〔鎮軍大將軍〕俊
〔征西大將軍〕素
〔鎮西大將軍〕伏連
〔鎮南大將軍〕建　正月卒。
〔征北大將軍〕大千
〔征南大將軍〕斤
長孫頽　侍中。
〔征東大將軍〕纂　正月卒。
〔鎮東大將軍〕南平王渾
〔尚書令〕潔
〔右僕射〕恒
〔中書監〕壽
〔侍中〕弼　遷安西將軍，出鎮關中。
斤
〔中領軍〕恒

四年戊寅　七月，大舉伐蠕蠕。

〔太宰〕超
〔太保〕魯元
〔大司馬〕敬
〔司徒〕浩
〔司空〕道生
〔驃騎大將軍〕丕
〔衛大將軍〕範
〔撫軍大將軍〕健
〔輔國大將軍〕崇
〔鎮軍大將軍〕俊
〔征西大將軍〕素
〔鎮西大將軍〕伏連
〔征北大將軍〕大千
〔征南大將軍〕斤
頽
〔鎮東大將軍〕渾
武昌王提
〔尚書令〕潔
〔右僕射〕恒
〔中書監〕壽
〔侍中〕斤
〔中領軍〕恒

五年己卯　六月，伐北涼。九月，涼州平。

〔太宰〕超
〔太保〕魯元
〔大司馬〕敬　六月，出屯漠南。
〔司徒〕浩
〔司空〕道生
〔驃騎大將軍〕丕
〔衛大將軍〕範
〔撫軍大將軍〕健
〔輔國大將軍〕崇
〔鎮軍大將軍〕俊
〔萬騎大將軍〕奚斤
〔征西大將軍〕素
〔鎮西大將軍〕伏連
莫雲　鎮涼州。
〔征北大將軍〕大千
〔征南大將軍〕斤　改萬騎。
頽

〔鎮東大將軍〕渾
提
〔尚書令〕潔
〔右僕射〕恒
〔中書監〕壽
〔中書令〕仇洛齊　宦官，兼散騎常侍，加寧南將軍。
〔侍中〕斤　出爲長安大將。
張黎
〔中領軍〕恒

太平真君元年庚辰

〔太宰〕超
〔太保〕魯元
〔司徒〕浩
〔司空〕道生
〔驃騎大將軍〕丕
〔衛大將軍〕範
〔撫軍大將軍〕健
〔輔國大將軍〕崇
〔鎮軍大將軍〕俊
〔萬騎大將軍〕斤
〔征西大將軍〕素
〔鎮西大將軍〕伏連
雲
〔征北大將軍〕大千
〔鎮東大將軍〕渾
提
〔尚書令〕潔
〔右僕射〕恒
〔中書監〕壽
〔中書令〕洛齊
〔侍中〕黎
李蓋
〔中領軍〕恒
〔中護軍〕伊馛　兼祕書監。

二年辛巳

〔太宰〕超
〔太保〕魯元
〔司徒〕浩
〔司空〕道生
〔驃騎大將軍〕丕
〔衛大將軍〕範
〔撫軍大將軍〕健　九月卒。
〔輔國大將軍〕崇
〔鎮軍大將軍〕俊　三月，有罪，降爲公，尋賜死。
〔萬騎大將軍〕斤
〔征西大將軍〕素
〔鎮西大將軍〕伏連
雲
〔征北大將軍〕大千
〔鎮東大將軍〕渾
提
〔尚書令〕潔
〔右僕射〕恒
〔中書監〕壽
〔中書令〕洛齊
〔侍中〕黎
蓋
〔中領軍〕恒
〔中護軍〕馛

三年壬午

〔太宰〕超
〔太保〕魯元　十二月卒。
〔司徒〕浩
〔司空〕道生
〔驃騎大將軍〕丕
〔衛大將軍〕範
〔輔國大將軍〕崇
〔萬騎大將軍〕斤
〔車騎大將軍〕晉王伏羅
〔中軍大將軍〕東平王翰　侍中、中軍，參部曹事。
〔征西大將軍〕素
〔鎮西大將軍〕伏連
雲
李寶　沙州牧。
〔征北大將軍〕大千
〔鎮東大將軍〕渾
提
〔征南大將軍〕司馬文思　封譙王。
〔尚書令〕潔
〔右僕射〕恒
〔中書監〕壽
〔中書令〕洛齊
〔侍中〕黎
蓋
臨淮王譚　參都曹事。
〔中領軍〕恒
〔中護軍〕馛
四年癸未　九月，大舉伐蠕蠕。十一月，太子晃監國。
〔太宰〕超
〔司徒〕浩

〔司空〕道生
〔驃騎大將軍〕丕
〔衛大將軍〕範
〔輔國大將軍〕崇
〔車騎大將軍〕伏羅
〔中軍大將軍〕翰
〔萬騎大將軍〕斤
〔征西大將軍〕素
司馬楚之　封琅邪王，朔州刺史。
皮豹子　鎮仇池。
〔鎮西大將軍〕伏連
雲
寶
〔征北大將軍〕大千
〔鎮東大將軍〕渾
提
〔征南大將軍〕文思
〔尚書令〕潔
〔右僕射〕恒　卒。
〔左僕射〕李蓋
〔中書監〕壽
〔侍中〕古弼　十一月，召還。
譚
黎
〔中領軍〕恒　卒。
〔中護軍〕馛
五年甲申　正月，命穆壽、崔浩、張黎、古弼輔太子決庶政。
〔太宰〕超　四月，爲帳下所殺。
〔司徒〕浩
〔司空〕道生　三月，出鎮統萬，加征西大將軍。

〔驃騎大將軍〕丕　二月卒。
〔衛大將軍〕範
〔輔國大將軍〕崇
〔車騎大將軍〕伏羅
〔中軍大將軍〕翰
〔萬騎大將軍〕斤
〔征西大將軍〕素　入爲内都大官。
楚之
豹子
〔鎮西大將軍〕伏連
竇　入朝。
〔征北大將軍〕大千
〔鎮東大將軍〕渾
提
〔鎮南大將軍〕淮南王他
〔尚書令〕潔　二月，有罪，族誅。
古弼
〔左僕射〕蓋
〔中書監〕壽
〔侍中〕弼　二月，遷尚書令。
譚
黎
杜鳳皇
〔中護軍〕馥

六年乙酉

〔司徒〕浩
〔司空〕道生
〔衛大將軍〕範
〔輔國大將軍〕崇
〔車騎大將軍〕伏羅
〔中軍大將軍〕翰
〔萬騎大將軍〕斤
〔驃騎大將軍〕萬真　儀同三司。
〔征西大將軍〕楚之
高涼王那
豹子
〔鎮西大將軍〕伏連
〔征北大將軍〕大千　卒。
〔鎮東大將軍〕渾
提
〔鎮南大將軍〕他
〔尚書令〕弼
〔左僕射〕蓋
〔右僕射〕屈道賜　十二月命，加侍中。
〔中書監〕壽
〔侍中〕譚
黎
鳳皇
〔中護軍〕段霸　宦官。

七年丙戌

〔司徒〕浩
〔司空〕道生
〔衛大將軍〕範
〔輔國大將軍〕崇
〔車騎大將軍〕伏羅
〔中軍大將軍〕翰
〔萬騎大將軍〕斤
〔驃騎大將軍〕真
〔征西大將軍〕楚之
那

豹子
〔鎮西大將軍〕伏連
〔鎮東大將軍〕渾
提
〔鎮南大將軍〕他
〔尚書令〕弼
〔左僕射〕蓋
〔右僕射〕道賜　卒。
〔中書監〕壽
〔侍中〕譚
黎
鳳皇
〔中護軍〕霸

八年丁亥
〔司徒〕浩
〔司空〕道生
〔衛大將軍〕範　八月卒。
〔輔國大將軍〕崇
〔車騎大將軍〕伏羅　十二月卒。
〔中軍大將軍〕翰
〔萬騎大將軍〕斤
〔驃騎大將軍〕真
〔征西大將軍〕楚之
豹子
略陽王羯兒
〔鎮西大將軍〕伏連
〔鎮東大將軍〕渾
提
〔鎮南大將軍〕他
〔尚書令〕弼
〔中書監〕壽　十一月卒。
〔侍中〕譚
黎
鳳皇

九年戊子
〔司徒〕浩
〔司空〕道生
〔輔國大將軍〕崇
〔中軍大將軍〕翰
〔車騎大將軍〕武昌王提
〔萬騎大將軍〕斤　十月卒。
〔衛大將軍〕樂安王良
〔征西大將軍〕楚之
豹子
羯兒
〔鎮西大將軍〕伏連
〔鎮東大將軍〕渾
提　改車騎。
〔尚書令〕弼
〔侍中〕譚
黎
鳳皇

十年己丑　正月，大舉伐蠕蠕。九月，復伐。
〔司徒〕浩
〔司空〕道生
〔輔國大將軍〕崇
〔中軍大將軍〕翰
〔車騎大將軍〕提
樂平王拔
〔衛大將軍〕良

〔征西大將軍〕楚之
豹子
羯兒
〔鎮西大將軍〕伏連　卒。
〔尚書令〕弼
〔中書監〕穆平國　兼侍中，襲宜都王。
〔侍中〕譚
黎

十一年庚寅　二月，南侵。四月，還。九月，復南侵。
〔司徒〕浩　六月，伏誅。
〔司空〕道生
〔輔國大將軍〕崇
〔中軍大將軍〕翰
臨淮王譚　隨征。
〔車騎大將軍〕提
拔
〔衛大將軍〕良
〔征西大將軍〕楚之
豹子
羯兒
永昌王仁
〔鎮西大將軍〕淮南王他
〔尚書令〕弼
〔左僕射〕蘭延
〔中書監〕平國
〔侍中〕譚　加中軍大將軍。
黎

正平元年辛卯　二月，北還，六月，太子晃卒。
〔司空〕道生　十月卒。
〔輔國大將軍〕崇
〔中軍大將軍〕翰
譚
〔車騎大將軍〕提
拔
〔衛大將軍〕良
〔征西大將軍〕楚之
豹子
羯兒　六月，有罪，賜死。
仁
〔鎮西大將軍〕他
〔尚書令〕弼
〔左僕射〕延
〔右僕射〕韓茂　兼侍中。
〔中書監〕平國　卒。
〔侍中〕譚
黎
薛提
和疋

二年壬辰　二月，中常侍宗愛弒帝，立皇子余。十月，皇孫濬即位，改是年爲興安元年
〔太師〕宗愛　二月，自爲太師、大司馬、大將軍、都督中外諸軍事。十月，伏誅。
〔太宰〕長樂王壽樂　太宰、都督中外諸軍、録尚書事，十月拜。十一月，賜死。
〔太尉〕張黎　三月拜。十一月，被殺。
周忸　太尉，樂陵王，十一月拜。十二月，賜死。
〔司徒〕古弼　三月拜。十一月，被殺。
陸麗　侍中、司徒、撫軍大將軍、平原王，十二月拜。
〔司空〕兒烏干
杜元寶　京兆王，十二月拜。

〔輔國大將軍〕崇

〔中軍大將軍〕翰　二月，爲宗愛所殺。

譚　十一月卒。

〔車騎大將軍〕提

拔

〔衛大將軍〕良

〔驃騎大將軍〕長樂王壽樂　十月，拜太宰。

〔上將軍〕車伊洛　焉耆前部王，來歸，拜。

〔征西大將軍〕楚之

豹子

仁

陸俟　外都大官。十二月，進爵東平王。

〔鎮西大將軍〕他　改鎮虎牢。

〔尚書令〕弼　三月，拜司徒。

長孫渴侯　十月命。十一月，賜死。

韓茂　加侍中、征南大將軍。

〔左僕射〕延　二月，被殺。

拓跋目辰　加侍中。

〔右僕射〕茂　十二月，遷令。

劉尼　十二月命，如侍中，進爵東安王。

〔侍中〕譚　十一月卒。

黎　三月，拜太尉。

提　二月，被殺。

疋　二月，被殺。

伊馛

于洛拔

文成帝興安二年癸巳

〔司徒〕麗

〔司空〕元寶　二月，謀反，伏誅。

〔輔國大將軍〕崇　二月，謀逆，伏誅。

〔車騎大將軍〕提

拔

〔衛大將軍〕良

〔上將軍〕伊洛　卒。

〔中軍大將軍〕東平王道符

〔鎮軍大將軍〕常英　散騎常侍。

〔征西大將軍〕楚之

豹子　召爲尚書。

仁　閏五月，謀逆，賜死。

俟

〔征北大將軍〕伊馛　都曹尚書、侍中。

〔鎮東大將軍〕常喜　祠曹尚書。

〔尚書令〕茂

〔左僕射〕目辰

〔右僕射〕尼　出爲定州刺史。

和其奴

〔侍中〕馛　加征北大將軍。

洛拔

興光元年甲午　宋孝武帝孝建元年

〔司徒〕麗

〔司空〕伊馛　侍中、司空，正月拜。

〔車騎大將軍〕提

拔

〔衛大將軍〕良

〔中軍大將軍〕道符

〔鎮軍大將軍〕英

〔征西大將軍〕楚之

俟

〔征北大將軍〕馛　正月，拜司空。

〔鎮東大將軍〕喜

〔尚書令〕茂
〔左僕射〕目辰
〔右僕射〕其奴
〔侍中〕馛　正月，拜司空。
洛拔

太安元年乙未

〔太宰〕常英　侍中、征東大將軍，十月拜，進爵遼西王。
〔司徒〕麗
〔司空〕馛
〔車騎大將軍〕提　二月卒。
拔　正月，有罪，賜死。
乙渾
〔中軍大將軍〕道符
〔鎮軍大將軍〕英　十月，拜太宰。
〔征西大將軍〕楚之
俟
〔鎮東大將軍〕喜
〔尚書令〕茂
〔左僕射〕目辰
〔右僕射〕其奴
〔侍中〕洛拔

二年丙申

〔太宰〕英
〔司徒〕麗　領太子太傅。
〔司空〕馛　領太子太保。
〔車騎大將軍〕渾
〔中軍大將軍〕道符
〔征西大將軍〕楚之
俟
〔鎮東大將軍〕喜　遷右光禄大夫。
〔尚書令〕茂　領太子少師。冬，卒。
于洛拔　兼侍中。
閭毘　侍中、征東大將軍録。
〔左僕射〕目辰
〔右僕射〕其奴　與常英、閭毘共平尚書事。
〔侍中〕洛拔　遷尚書令。
閭毘　加征東大將軍、平尚書事，進爵河東王。
閭紇　加征西大將軍、中都大官，進爵零陵王。

三年丁酉　宋大明元年

〔太宰〕英　領太師、録尚書事，兼内都大官。
〔司徒〕麗　平尚書事。
〔司空〕馛　平尚書事。
〔太尉〕尉眷　侍中、太尉，正月拜，平尚書事，進爵漁陽王。
〔車騎大將軍〕渾
〔中軍大將軍〕道符
〔征西大將軍〕楚之
俟
陽城王新成
〔尚書令〕洛拔
毘
〔左僕射〕目辰
〔右僕射〕其奴
〔中書令〕高允
〔侍中〕紇

四年戊戌　十月，大舉伐蠕蠕。

〔太宰〕英
〔太尉〕眷
〔司徒〕麗
〔司空〕馛
〔車騎大將軍〕渾

〔中軍大將軍〕道符
〔征西大將軍〕楚之
　侯　卒。
　新成
〔尚書令〕洛拔　卒。
　毘
〔左僕射〕目辰
〔右僕射〕其奴
〔中書令〕允
〔侍中〕紇

五年己亥

〔太宰〕英
〔太尉〕眷
〔司徒〕麗
〔司空〕敿　二月卒。
〔車騎大將軍〕渾
〔中軍大將軍〕道符
〔征西大將軍〕楚之
　新成
〔征南大將軍〕京兆王子推　侍中。
〔尚書令〕毘
　拓跋石
〔左僕射〕目辰
〔右僕射〕其奴
〔中書令〕允
〔侍中〕紇

和平元年庚子

〔太宰〕英
〔太尉〕眷
〔司徒〕麗
〔車騎大將軍〕渾
〔中軍大將軍〕道符
〔征西大將軍〕楚之
　新成
　穆顗
〔征南大將軍〕子推
〔尚書令〕毘
　石
〔左僕射〕目辰
〔右僕射〕其奴
〔中書令〕允
〔侍中〕紇

二年辛丑

〔太宰〕英
〔太尉〕眷
〔司徒〕麗
〔車騎大將軍〕渾
〔中軍大將軍〕道符
〔征西大將軍〕楚之
　新成
　顗　免。
〔征南大將軍〕子推
　汝陰王天賜　鎮虎牢。
〔征東大將軍〕濟陰王小新成　鎮平原。
〔征北大將軍〕樂浪王萬壽　鎮和龍。
〔尚書令〕毘　四月卒。
〔左僕射〕目辰
〔右僕射〕其奴
〔中書令〕允
〔侍中〕紇

三年壬寅

〔太宰〕英

〔太尉〕眷

〔司徒〕麗

〔車騎大將軍〕渾　正月，進爵太原王。

〔中軍大將軍〕道符

〔征西大將軍〕楚之

新成

〔征南大將軍〕子推

天賜

〔征東大將軍〕小新成

〔征北大將軍〕萬壽　正月卒。

〔左僕射〕目辰

〔右僕射〕其奴

〔中書令〕允

〔侍中〕紇　十二月卒。

四年癸卯

〔太宰〕英

〔太尉〕眷　五月卒。

〔司徒〕麗

〔車騎大將軍〕渾

〔中軍大將軍〕道符

〔征西大將軍〕楚之

新成

〔征南大將軍〕子推

天賜

〔征東大將軍〕小新成

〔左僕射〕目辰

〔右僕射〕其奴

〔中書令〕允

〔中書監〕李敷

〔侍中〕乙乾歸

劉尼

五年甲辰

〔太宰〕英

〔司徒〕麗

〔車騎大將軍〕渾

〔中軍大將軍〕道符

〔征西大將軍〕楚之　十月卒。

新成

〔征南大將軍〕子推

天賜

〔征東大將軍〕小新成

任城王雲　鎮和龍。

〔左僕射〕目辰

〔右僕射〕其奴

〔中書監〕敷

〔中書令〕允

〔侍中〕乾歸

尼

六年乙巳　五月，帝殂，太子弘即位。　宋明帝太始元年

〔太宰〕英

〔丞相〕乙渾　七月，拜丞相，總理萬機，位諸王上。

〔司徒〕麗　五月，爲乙渾所殺。

劉尼　五月拜。

〔太尉〕乙渾　録尚書事。

〔司空〕和其奴　五月拜。

〔車騎大將軍〕渾　五月，拜太尉。

〔中軍大將軍〕道符　出鎮關中。

〔撫軍大將軍〕陸叡　平原王。

〔征西大將軍〕新成　十月，召爲內都大官。
李惠　秦、梁二州刺史。
〔征南大將軍〕子推　十月，召爲中都大官。
天賜　十月，召還。
〔征東大將軍〕小新成　十月，召爲外都大官。
雲　十月，召還。
馮熙　封昌黎王。
〔鎮西大將軍〕淮南王他　鎮涼州。
〔尚書令〕叔孫隣
〔左僕射〕目辰
〔右僕射〕其奴　五月，拜司空。
慕容白曜
〔中書監〕敷
〔中書令〕允
〔侍中〕乾歸　出爲秦州刺史。
尼　五月，拜司徒。
拓拔丕
劉昶　宋義陽王，來歸，改封丹陽王。

獻文帝天安元年丙午　二月，太后馮氏臨朝。九月，宋司州刺史常珍奇以懸瓠降，徐州刺史薛安都以彭城降。

〔丞相〕渾　二月，謀反，伏誅。
〔太宰〕英　出爲平州刺史。
〔司徒〕尼
〔司空〕其奴　加侍中。
〔太尉〕源賀　侍中、太尉、隴西王，三月拜。
〔中軍大將軍〕道符
〔撫軍大將軍〕叡
〔都督中外諸軍事〕任城王雲　都督中外諸軍事、中都坐大官。
〔征西大將軍〕惠
〔征東大將軍〕熙
〔鎮西大將軍〕他
拓跋石　侵宋。
〔鎮南大將軍〕薛安都　徐州刺史。
尉元　九月，侵宋。
〔尚書令〕拓跋丕
〔左僕射〕目辰
〔右僕射〕白曜
〔中書監〕敷
〔中書令〕允
〔侍中〕丕　遷尚書令。
昶
拓跋孔雀　二月，封濮陽王。
陸定國　二月，封東郡王。
陸儁

皇興元年丁未　太后歸政。閏正月，宋青州刺史沈文秀、冀州刺史崔道固以州降。

〔太宰〕李峻　太宰、侍中，正月拜，進爵頓丘王。
〔太尉〕賀
〔司徒〕尼
〔司空〕其奴
〔中軍大將軍〕道符　正月，謀反，伏誅。
〔撫軍大將軍〕叡
〔都督中外諸軍事〕雲
〔征東大將軍〕熙
〔征南大將軍〕慕容白曜　二月，侵宋。
〔征西大將軍〕惠
〔鎮南大將軍〕安都
元　改鎮東、徐州刺史。
〔鎮西大將軍〕他
石

〔尚書令〕丕
〔左僕射〕目辰
〔右僕射〕白曜　二月，拜征南大將軍，侵宋。
〔中書監〕敷
〔中書令〕允
〔侍中〕昶
　孔雀
　定國
　儁

二年戊申
〔太宰〕峻
〔太傅〕馮熙　太傅、昌黎王，六月拜，尋兼内都大官。
〔太尉〕賀
〔司徒〕尼
〔司空〕其奴
〔撫軍大將軍〕叡
〔都督中外諸軍事〕雲
〔征東大將軍〕熙　拜太傅。
〔征南大將軍〕白曜　正月，進爵濟南王。
　南安王楨　中都大官。
〔征西大將軍〕惠　改征南、雍州刺史，進爵南郡王。
　陽城王長壽　外都大官。
〔征北大將軍〕安定王休　内都大官。
〔鎮東大將軍〕元
〔鎮南大將軍〕安都
〔鎮西大將軍〕他
〔尚書令〕丕
〔左僕射〕目辰
〔中書監〕敷
〔中書令〕允
〔侍中〕昶
　定國
　儁

三年己酉
〔太宰〕峻　十月卒。
〔太傅〕熙
〔太尉〕賀
〔司徒〕尼
〔司空〕其奴　正月卒。
〔撫軍大將軍〕叡
〔都督中外諸軍事〕雲
〔征南大將軍〕白曜
　惠
　楨
〔征西大將軍〕長壽
〔征北大將軍〕休
〔鎮東大將軍〕元
〔鎮南大將軍〕安都　卒。
〔鎮西大將軍〕他
〔尚書令〕丕
〔左僕射〕目辰
〔中書監〕敷
〔中書令〕允
〔侍中〕定國
　叡

四年庚戌　九月，大舉伐蠕蠕。
〔太傅〕熙
〔太尉〕賀
〔司徒〕尼　九月免。
〔司空〕陸定國　東郡王，二月拜。

〔撫軍大將軍〕叡
〔都督中外諸軍事〕雲
〔征南大將軍〕白曜　十月，被殺。
惠
楨
〔征西大將軍〕長壽
安樂王長樂
長孫觀　討吐谷渾。
〔征北大將軍〕休
〔鎮東大將軍〕元
〔鎮西大將軍〕他
〔尚書令〕丕
〔左僕射〕目辰
〔中書監〕敷　十月，被殺。
〔中書令〕允
〔侍中〕定國
儁
趙黑　選部尚書加，宦官。

五年辛亥　八月，帝禪位于太子宏，自稱太上皇，改是年爲延興元年

〔太傅〕熙
〔太保〕陸馛　建安王，八月拜。
〔太尉〕賀
〔司空〕定國
〔撫軍大將軍〕叡
〔都督中外諸軍事〕雲
〔征南大將軍〕惠
楨　十月，改征西，鎮涼州。
〔征西大將軍〕長壽
長樂
觀　還朝。
〔征北大將軍〕休　改征東，鎮和龍。
〔鎮東大將軍〕元
〔鎮西大將軍〕他　入爲中都大官。
〔尚書令〕丕
〔左僕射〕目辰
〔中書令〕允　還監。
〔侍中〕儁
黑
穆亮　十二月命，加征南大將軍，封長樂王。

孝文帝延興二年壬子　宋太豫元年

〔太傅〕熙
〔太保〕馛
〔太尉〕賀
〔大司馬大將軍〕萬安國　二月拜，封安城王。
〔司空〕定國
〔撫軍大將軍〕叡
〔都督中外諸軍事〕雲
〔征東大將軍〕休
〔征南大將軍〕惠
〔征西大將軍〕長壽
長樂
楨
〔鎮東大將軍〕元
〔鎮西大將軍〕章武王彬　鎮統萬。
薛拔　南豫州刺史。
〔尚書令〕丕
〔左僕射〕目辰
〔右僕射〕陳建
〔中書監〕允

〔侍中〕儁
黑
亮　出爲秦州刺史。

三年癸丑　宋廢帝元徽元年

〔太傅〕熙
〔太保〕馛
〔大司馬大將軍〕安國
〔太尉〕賀
〔司空〕定國
〔撫軍大將軍〕叡
〔都督中外諸軍事〕雲　改征西，討仇池。
〔征東大將軍〕休
〔征南大將軍〕惠
〔征西大將軍〕長壽
長樂
楨
任城王雲　討仇池，尋改征東、徐州刺史。
〔鎮東大將軍〕元
〔鎮西大將軍〕彬
拔
〔尚書令〕丕
〔左僕射〕目辰
〔右僕射〕建
〔中書監〕允
〔侍中〕儁
黑　黜爲門工。
淮南王他

四年甲寅

〔太傅〕熙
〔太保〕馛　卒。
〔大司馬大將軍〕安國
〔太尉〕賀　病免。
〔司空〕定國
〔撫軍大將軍〕叡
〔征東大將軍〕休
雲　母喪，還京。
〔征南大將軍〕惠
〔征西大將軍〕長壽
長樂
楨
〔鎮東大將軍〕元
〔鎮西大將軍〕彬
拔
〔尚書令〕丕
〔左僕射〕目辰
〔右僕射〕建
〔中書令〕允
〔侍中〕儁
他
王琚　宦官

五年乙卯

〔太傅〕熙
〔大司馬大將軍〕安國
〔司空〕定國
〔撫軍大將軍〕叡
〔征東大將軍〕休
雲　冀州刺史。
〔征南大將軍〕惠
〔征西大將軍〕長壽　卒。
長樂

楨
穆亮　鎮燉煌。
〔鎮東大將軍〕元
〔鎮西大將軍〕彬
拔
〔尚書令〕丕
〔左僕射〕目辰
〔右僕射〕建
〔中書監〕允
〔侍中〕儁　遷吏部。
他
琚　出爲冀州刺史。
承明元年丙辰　六月，太皇太后馮氏殺太上皇，臨朝稱制。
〔太傅〕熙　六月，遷太師，兼侍中、中書監，領祕書，尋改車騎大將軍、都督洛州刺史，太師、侍中如故。
〔大司馬大將軍〕安國　六月，賜死。
〔太尉〕安樂王長樂　六月拜。十一月，出爲定州刺史。
〔司徒〕宜都王目辰　六月拜。
〔司空〕定國　六月免。
李訢　六月拜。十一月，出爲徐州刺史。
〔撫軍大將軍〕叡
〔征東大將軍〕休
雲
〔征南大將軍〕惠　改青州，尋被殺。
〔征西大將軍〕長樂　六月，拜太尉。
楨
亮
汝陰王天賜　七月命。
東陽王丕　雍州刺史。
〔鎮東大將軍〕元
〔鎮南大將軍〕李訢　徐州刺史。
〔鎮西大將軍〕彬
拔
〔尚書令〕丕　出爲雍州刺史。
陸儁
〔左僕射〕目辰　六月，拜司徒。
趙黑　兼選部，加侍中，宦官。
〔右僕射〕建　加侍中。
〔中書監〕允　出爲懷州刺史。
馮熙　六月，太師領。
〔中書令〕高閭　加給事中。
〔侍中〕他
王叡
拓拔思
張祐　宦官，兼都曹尚書。
太和元年丁巳　宋末帝昇明元年
〔太師〕熙
〔司徒〕目辰　出爲雍州刺史。
東陽王丕　侍中，司徒，三月拜。
〔撫軍大將軍〕叡
〔征東大將軍〕休
雲　改征南、雍州刺史。
〔征西大將軍〕楨
天賜
丕　三月，拜司徒。
〔鎮東大將軍〕元　入爲内都大官，尋改鎮西，鎮統萬。
〔鎮南大將軍〕訢　十月，被殺。
〔鎮西大將軍〕彬
拔
〔尚書令〕儁

〔左僕射〕黑
〔右僕射〕建
〔中書令〕閭
〔侍中〕他
　叡
　忠
　祐
　苟頽　領都曹尚書。
二年戊午
〔太師〕熙
〔司徒〕丕
〔撫軍大將軍〕叡
〔鎮軍大將軍〕高允　領中書事。
〔征東大將軍〕休
〔征南大將軍〕雲
　穆亮　鎮仇池。
〔征西大將軍〕楨
　天賜
〔鎮西大將軍〕彬
　拔
　元
〔鎮北大將軍〕樂陵王思譽
〔尚書令〕儁
〔左僕射〕黑
〔右僕射〕建
〔中書令〕閭
〔中書監〕高允　鎮軍領。
〔侍中〕他
　叡
　忠

　祐
　頽
三年己未　四月，宋帝禪位于齊。　齊高帝建元元年
〔太師〕熙
〔司徒〕丕　九月，遷太尉、録尚書事，侍中如故。
　陳建　征西大將軍、魏郡王，九月拜。
〔司空〕苟頽　征北大將軍、河東王，九月拜。
〔撫軍大將軍〕叡
〔鎮軍大將軍〕允
〔征東大將軍〕休
〔征南大將軍〕雲
　亮
〔征西大將軍〕楨
　天賜
〔鎮南大將軍〕趙黑　定州刺史、河南王。
〔鎮西大將軍〕彬
　拔
　元　改征西，封淮陽王。
〔鎮北大將軍〕思譽
〔尚書令〕儁
〔左僕射〕黑　九月，出爲定州刺史。
　張祐　九月命，進爵新平王。
〔右僕射〕建　九月，拜司徒。
　拓拔忠
〔中書監〕允　遷尚書。
〔中書令〕閭　遷監。
〔侍中〕他
　叡
　忠　九月，遷僕射。
　祐　同上。

頹　九月，拜司空。
王琚　復任，進爵高平王。
四年庚申
〔太師〕熙
〔太尉〕丕
〔司徒〕建
〔司空〕頹
〔撫軍大將軍〕叡
〔鎮軍大將軍〕允
〔征東大將軍〕休
〔征南大將軍〕雲
亮
〔征西大將軍〕楨
天賜
元　入爲侍中、都曹尚書。
〔鎮南大將軍〕黑
〔鎮西大將軍〕彬
拔
〔鎮北大將軍〕思譽
〔尚書令〕儁
王叡　加鎮東大將軍，領吏部，封中山王。
〔左僕射〕祐
〔右僕射〕忠　卒。
〔中書令〕閭
〔侍中〕他
叡　遷尚書令。
琚
尉元　兼都曹尚書。
五年辛酉
〔太師〕熙
〔太尉〕丕
〔司徒〕建
〔司空〕頹
〔撫軍大將軍〕叡
〔鎮軍大將軍〕允
〔征東大將軍〕休
〔征南大將軍〕雲　四月卒。
亮
〔征西大將軍〕楨　雍州刺史。
天賜
〔征北大將軍〕任城王澄
〔鎮南大將軍〕黑
〔鎮西大將軍〕彬
拔
〔鎮北大將軍〕思譽
〔尚書令〕叡　六月卒。
王襲　叡子，領吏部。
〔左僕射〕祐
〔中書監〕閭
〔侍中〕他
元
馮誕　加征東大將軍，封南平王。
馮修　加鎮北大將軍。
安豐王猛
六年壬戌
〔太師〕熙
〔太尉〕丕
〔司徒〕建
〔司空〕頹
〔撫軍大將軍〕叡

〔鎮軍大將軍〕允
〔征東大將軍〕休
〔征南大將軍〕亮
〔征西大將軍〕楨
天賜
〔征北大將軍〕澄
〔鎮南大將軍〕黑　卒。
〔鎮西大將軍〕彬
拔
〔鎮北大將軍〕思譽
〔尚書令〕襲
尉元
〔左僕射〕祐
〔中書監〕閭
〔侍中〕他
元　遷尚書令。
誕
修
猛

七年癸亥
〔太師〕熙
〔太尉〕丕
〔司徒〕建
〔司空〕頹
〔撫軍大將軍〕叡
〔鎮軍大將軍〕允
〔征東大將軍〕休
〔征南大將軍〕亮
〔征西大將軍〕楨
天賜
〔征北大將軍〕澄
〔鎮西大將軍〕彬
拔
〔鎮北大將軍〕思譽
〔尚書令〕元
〔左僕射〕祐
〔中書監〕閭
〔侍中〕他　加征西大將軍。
誕
修
猛

八年甲子
〔太師〕熙
〔太尉〕丕
〔司徒〕建
〔司空〕頹
〔撫軍大將軍〕叡
〔鎮軍大將軍〕允
〔征東大將軍〕休
〔征南大將軍〕亮
陸儁　相州刺史。
〔征西大將軍〕楨
天賜
〔征北大將軍〕澄
〔鎮西大將軍〕彬
拔　卒。
〔鎮北大將軍〕思譽
〔尚書令〕元
〔左僕射〕祐
〔中書監〕閭

〔侍中〕他

誕

修

九年乙丑

〔太師〕熙

〔太尉〕丕

〔司徒〕建　十月卒。

淮南王他　侍中、司徒，十二月拜。

〔司空〕穆

〔撫軍大將軍〕叡　遷侍中。

〔鎮軍大將軍〕允

〔驃騎大將軍〕咸陽王禧　侍中、中都大官，三月命。

〔衛大將軍〕趙郡王幹　侍中、内都大官，三月命。

〔征東大將軍〕休

儁

廣陵王羽　侍中、征東、外都大官，三月命。

〔征南大將軍〕亮

高陽王雍　侍中、征南，三月命。

〔征西大將軍〕楨

天賜

彭城王勰　侍中、征西，三月命。

〔征北大將軍〕澄

北海王詳　侍中、征北，三月命。

〔鎮西大將軍〕彬

〔鎮北大將軍〕思譽

〔尚書令〕元

〔左僕射〕祐

〔中書監〕閭

〔中書令〕鄭羲

〔侍中〕他　十二月，拜司徒。

誕

修

陸叡　兼都曹尚書。

十年丙寅

〔太師〕熙

〔太尉〕丕

〔司徒〕他

〔司空〕穆

〔驃騎大將軍〕禧

〔衛大將軍〕幹　改車騎。

〔鎮軍大將軍〕允

〔征東大將軍〕休

羽

〔征南大將軍〕亮　入爲僕射。

雍

武昌王平原　雍州刺史。

〔征西大將軍〕楨

天賜

勰

〔征北大將軍〕澄　改征南、梁州刺史。

詳

〔鎮西大將軍〕彬

〔鎮北大將軍〕思譽

〔尚書令〕元

〔左僕射〕祐

穆亮　加侍中。

〔中書監〕閭

〔中軍令〕羲　出爲西兗州刺史。

李沖　加給事中、散騎常侍。

〔侍中〕誕

修
叡
十一年丁卯
〔太師〕熙
〔太尉〕丕
〔司徒〕他
〔司空〕頽
〔驃騎大將軍〕禧
〔車騎大將軍〕幹
〔鎮軍大將軍〕允　正月卒。
〔征東大將軍〕休
羽
〔征南大將軍〕雍
平原
澄
天賜
〔征西大將軍〕楨
緦
〔征北大將軍〕詳
〔鎮西大將軍〕彬
〔鎮北大將軍〕思譽
〔尚書令〕元
〔左僕射〕亮
〔右僕射〕樓毅
〔中書監〕閭
〔中書令〕沖
〔侍中〕誕
修
叡
源懷　參都曹事。

十二年戊辰
〔太師〕熙
〔太尉〕丕
〔司徒〕他　九月卒。
〔司空〕頽
〔驃騎大將軍〕禧
〔車騎大將軍〕幹
〔征東大將軍〕休
羽
〔征南大將軍〕雍
澄
〔征西大將軍〕楨
天賜
緦
〔征北大將軍〕詳
〔鎮西大將軍〕彬
〔鎮北大將軍〕思譽
〔尚書令〕元
〔左僕射〕亮
〔右僕射〕毅　三月，加侍中。
〔中書監〕閭
〔中書令〕沖
〔侍中〕誕
修
叡
懷
抱嶷　兼都曹尚書，宦官。
十三年己巳
〔太師〕熙
〔太尉〕丕

〔司徒〕尉元　十二月拜。
〔司空〕穆亮　十二月卒。
穆亮　十二月拜。
〔驃騎大將軍〕禧
〔車騎大將軍〕幹
〔征東大將軍〕休
羽
〔征南大將軍〕雍
澄
〔征西大將軍〕楨　六月，坐貪殘，廢爲庶人。
天賜　同上。
勰
〔征北大將軍〕詳
〔鎮西大將軍〕彬　三月，坐貪殘，廢爲庶人。
〔鎮北大將軍〕思譽
〔尚書令〕元　十二月，拜司徒。
源懷
〔左僕射〕亮　十二月，遷司空。
陸叡　十二月命，領北部尚書。
〔右僕射〕毅
〔中書監〕閭
〔中書令〕沖　遷南部尚書。
〔侍中〕誕
修
叡　遷僕射。
懷　遷尚書令。
嶷
符承祖　兼吏部，主都曹事，宦官。
十四年庚午　九月，太皇太后馮氏殂。
〔太師〕熙
〔太尉〕丕
〔司徒〕元　加侍中。
〔司空〕亮　加侍中。
〔驃騎大將軍〕禧
〔車騎大將軍〕幹
〔征東大將軍〕休
羽
〔征南大將軍〕雍
澄　改征東、徐州刺史。
〔征西大將軍〕勰
陽平王頤
〔征北大將軍〕詳
〔鎮北大將軍〕思譽
〔尚書令〕懷
〔左僕射〕叡　加侍中。
〔右僕射〕毅
〔中書監〕閭
〔侍中〕誕
修
嶷
承祖
十五年辛未
〔太師〕熙
〔太傅〕安定王休　十二月拜。
〔太保〕齊郡王簡　十二月拜。
〔太尉〕丕
〔司徒〕元
〔司空〕亮
〔驃騎大將軍〕禧　出領冀州刺史。
〔車騎大將軍〕幹

〔衛大將軍〕廣陵王羽　領大理，尋遷僕射。
〔征東大將軍〕休　十二月，拜太傅。
羽　遷右僕射。
澄
〔征南大將軍〕雍
〔征西大將軍〕勰
頤
城陽王鸞　涼州刺史。
〔征北大將軍〕詳
鎮北大將軍〕思譽
〔尚書令〕懷
〔左僕射〕叡
〔右僕射〕毅　出爲定州刺史。
廣陵王羽
〔中書監〕閭
〔侍中〕誕
修
嶷
承祖

十六年壬申　正月，詔諸王非太祖子孫及異姓者，俱降爲公，去將軍之號。
〔太師〕熙
〔太傅〕休　十月，改大司馬。
〔太保〕簡
〔大司馬〕安定王休　十月拜。
〔太尉〕丕
〔司徒〕元　七月，歸老。
馮誕　侍中、司徒，十月拜。
〔司空〕亮　領太子太傅。
〔驃騎大將軍〕禧
〔車騎大將軍〕幹

〔中軍將軍〕馮誕　侍中、都督中外諸軍事、中軍將軍，正月命。十月，拜司徒。
〔征東大將軍〕羽
澄　入爲中書令。
〔征南大將軍〕雍　遷中護軍。
〔征西大將軍〕勰
頤
鸞
〔征北大將軍〕詳
〔鎮北大將軍〕思譽　改征北（正月，諸王在内者盡去大將軍號）。
〔尚書令〕懷　出爲司州刺史。
陸叡　加衛將軍。
〔太子太保録尚書事〕廣陵王羽
〔左僕射〕叡　遷令。
〔右僕射〕羽　遷録尚書事。
拓拔贊
〔中書監〕閭　出爲相州刺史。
劉昶　改封宋王。
〔中書令〕任城王澄
〔侍中〕誕　十月，拜司徒。
修
嶷　出爲經州刺史。
承祖
彭城王勰
北海王詳
李沖
〔領軍將軍〕解律桓
〔中護軍〕高陽王雍　加鎮北大將軍。

十七年癸酉　八月，南侵。十月，經始洛京。
〔太師〕熙

〔太保〕簡

〔大司馬〕休

〔太尉〕丕

〔司徒〕誕　加車騎大將軍、太子太師。

〔司空〕亮

〔驃騎大將軍〕禧

〔車騎大將軍〕幹　改征南。

〔撫軍大將軍〕任城王澄

〔征南大將軍〕趙郡王幹　豫州刺史。

〔征西大將軍〕鸞　還朝。

〔征北大將軍〕思譽

〔尚書令〕叡　母憂解，起領衛尉。

〔太子太保録尚書事〕羽

〔左僕射〕贊

〔右僕射〕任城王澄　加撫軍大將軍、太子少保。

〔中書監〕昶

〔中書令〕澄　遷僕射。

〔侍中〕修

勰

詳

沖

江陽王繼　左衛兼。

〔領軍將軍〕桓

〔中護軍〕雍

十八年甲戌　十一月，定都洛京。十二月，南侵。定諸王及公、侯、伯、子、男五等制。

〔太師〕熙

〔太保〕簡

〔太傅〕東陽王丕　録尚書事，十月拜。

〔大司馬〕休　七月卒。

〔大將軍〕劉昶　都督吴、越、楚諸軍事，鎮彭城，七月命。

〔太尉〕丕　十月，遷太傅。

〔司徒〕誕

〔司空〕亮　十二月，録尚書事。

〔驃騎大將軍〕禧　改領司州牧。

〔撫軍大將軍〕澄

〔鎮軍大將軍〕高陽王雍　總攝留務，十二月命。

〔車騎大將軍〕趙郡王幹　督關中。

〔衛大將軍〕源懷　母憂解。

〔征東大將軍〕廣陵王羽　青州刺史，十二月命。

〔征南大將軍〕幹　十二月，改車騎。

鸞　侵齊。

〔征北大將軍〕思譽

〔尚書令〕叡

〔太子太保録尚書事〕羽　九月，解職。

〔左僕射〕贊

李沖　十二月命。

〔右僕射〕澄

〔中書監〕昶　七月，拜大將軍。

〔中書令〕彭城王勰　兼侍中。

〔侍中〕修　免爲庶人。

勰　遷中書令。

詳　遷中護軍。

沖　遷僕射，兼侍中。

繼　兼領軍。

〔領軍將軍〕江陽王繼

〔中護軍〕雍

北海王詳　留守洛京。

十九年乙亥　還洛。　齊廢帝隆昌元年

〔太師〕熙　二月卒。

〔太傅〕丕　二月，出領并州刺史。
〔太保〕簡
〔大將軍〕昶
〔太尉〕咸陽王禧　長兼太尉，十二月拜。
〔司徒〕誕　二月卒。
〔司空〕亮
〔驃騎大將軍〕禧　兼太尉。
〔撫軍大將軍〕澄
〔鎮軍大將軍〕雍　出領相州刺史。
〔車騎大將軍〕幹　改征東。
〔征東大將軍〕羽
幹　冀州刺史。
〔征南大將軍〕鸞　兵敗，貶爵。
〔征北大將軍〕思譽
源懷　夏州刺史。
〔尚書令〕叡
〔左僕射〕沖
〔右僕射〕澄　解。
穆太
〔中書令〕勰
〔侍中〕繼
〔領軍將軍〕繼
〔中護軍〕詳

二十年丙子　正月，改國姓爲元氏。　齊明帝建武二年

〔太傅〕丕　二月，有罪，廢爲庶人。
〔太保〕簡
〔大將軍〕昶
〔太尉〕禧
〔司空〕亮
〔撫軍將軍〕澄
〔征東將軍〕羽
幹
〔征北大將軍〕思譽　十二月，有罪，削爵。
懷
〔鎮北大將軍〕南安王楨　相州刺史，八月卒。
〔尚書令〕叡　出爲定州刺史。十二月，謀叛，賜死。
〔左僕射〕沖
〔右僕射〕太　出爲定州刺史，改恒州。十二月，謀反，伏誅。
〔中書令〕勰
〔中書監〕穆羆　兼侍中。
〔侍中〕繼
崔光　散騎常侍兼。
〔領軍將軍〕繼
于烈
〔中護軍〕詳

二十一年丁丑　八月，南侵。

〔太保〕簡
〔大將軍〕昶　四月卒。
〔太尉〕禧
〔司空〕亮　六月罷。
〔中軍大將軍〕彭城王勰　隨征。
〔都督中外諸軍事〕趙郡王幹　特進、司州牧、都督中外諸軍事，留守洛京。
〔征東大將軍〕羽
幹　遷司州牧。八月，帝南伐，命幹都督中外諸軍事。
〔征北大將軍〕懷　改征西、雍州刺史。
穆亮　七月，征北、冀州刺史。
〔左僕射〕沖
〔右僕射〕任城王澄
〔中書監〕羆　六月，有罪，斥爲民。

〔中書令〕勰　遷監，仍兼侍中，加中軍大將軍。
〔侍中〕繼
光
張彝
〔領軍將軍〕烈
〔中護軍〕詳
二十二年戊寅　二月，沔北平。
〔太保〕簡
〔太尉〕禧
〔中軍大將軍〕勰
〔都督中外諸軍事〕幹　有罪，免。
〔車騎大將軍〕廣陵王羽　青州刺史。
〔征東大將軍〕羽　改車騎。
〔征西大將軍〕懷
〔征北大將軍〕亮
〔鎮南大將軍〕廣陽王嘉
〔左僕射〕沖　三月卒。
北海王詳
〔右僕射〕澄
〔中書監〕勰
〔侍中〕光
彝
劉芳
〔領軍將軍〕烈
〔中護軍〕詳
二十三年己卯　四月，帝殂，太子恪即位。
〔太保〕簡　正月卒。
〔太尉〕禧　二月，真授，加侍中。
〔司徒〕彭城王勰　二月拜。五月，出爲定州刺史。
〔司空〕北海王詳　三月命。

〔車騎大將軍〕羽　遷司州牧。
〔中軍大將軍〕勰　拜司徒，仍領驃騎。
〔征西大將軍〕懷
〔征北大將軍〕亮　遷定州刺史。
高陽王雍　冀州刺史。
〔鎮南大將軍〕嘉　三月，入爲僕射。
任城王澄　揚州刺史。
〔尚書令〕王肅　三月拜。
〔左僕射〕詳　三月，拜司空。
廣陽王嘉　三月命。
〔右僕射〕澄　出爲雍州刺史。
〔中書監〕勰　二月，拜司徒。
〔侍中〕光　實授侍中。
彝
芳
郭祚
李韶　領七兵尚書。
清河王懌
元嵩
〔領軍將軍〕烈
〔中護軍〕詳　三月，拜司空。
〔護軍將軍〕京兆王愉
宣武帝景明元年庚辰　正月，齊豫州刺史裴叔業以壽春降。　齊廢帝永元元年
〔大司馬〕彭城王勰　六月拜。十月，復爲司徒。
〔太尉〕禧
〔司徒〕勰　二月，復拜。十月，録尚書事，加侍中。
〔司空〕詳
〔驃騎大將軍〕穆亮　兼尚書令。
〔征西大將軍〕懷

〔征北大將軍〕亮　入爲尚書令

雍。

〔鎮南大將軍〕澄

〔尚書令〕肅　五月，出爲豫州刺史。

穆亮

〔左僕射〕嘉

〔中書監〕京兆王愉

〔中書令〕劉芳

〔侍中〕光

彝

芳　遷中書令。

韶　出爲并州刺史。

懌

嵩

楊播　太府卿兼。

〔領軍將軍〕烈　出爲恒州刺史，不赴。

〔護軍將軍〕愉　遷中書監。

二年辛巳　正月，始親政。

〔太保〕咸陽王禧　正月拜，仍領太尉。五月，謀逆，伏誅。

〔太傅〕北海王詳　十一月拜，領司徒、侍中、録尚書事。

〔大將軍〕北海王詳　正月拜，録尚書事。十一月，遷太傅。

〔太尉〕禧　正月，遷太保。

〔司徒〕勰　正月，解職。

〔司空〕詳　正月，遷大將軍。

廣陵王羽　正月拜，五月卒。

穆亮　十一月拜。

〔驃騎大將軍〕亮　十一月，拜司空。

〔車騎大將軍〕于烈　正月命，兼領軍。

源懷　兼左僕射。

〔征西大將軍〕懷　入爲左僕射。

〔征北大將軍〕雍

〔鎮南大將軍〕澄

〔尚書令〕亮　十一月，拜司空。

廣陽王嘉　加衛大將軍。

〔左僕射〕嘉　遷令。

源懷

〔右僕射〕高肇　領吏部。

〔中書監〕愉

〔中書令〕芳

〔侍中〕光

彝

懌

甄琛　領中尉。

〔領軍將軍〕烈　正月，復任，加車騎大將軍。八月卒。

三年壬午　齊和帝中興元年。

〔太傅〕詳

〔司空〕亮　四月卒。

〔司徒〕北海王詳　太傅領。

〔車騎大將軍〕懷

〔驃騎大將軍〕高陽王雍

〔征北大將軍〕雍　改驃騎。

〔鎮南大將軍〕澄

〔尚書令〕嘉

〔左僕射〕懷

〔右僕射〕肇

〔中書監〕愉

〔中書令〕高猛

〔侍中〕光

彝　出爲秦州刺史。

懌

琛　免。

高顯

〔領軍將軍〕于勁

四年癸未　四月，齊帝禪位于梁。　梁武帝天監元年

〔太傅〕詳

〔太師〕彭城王勰　侍中，七月拜。

〔司徒〕詳

〔驃騎大將軍〕雍

〔車騎大將軍〕懷

〔鎮南大將軍〕澄

〔尚書令〕嘉

〔右僕射〕肇

〔左僕射〕懷

〔中書監〕愉

〔中書令〕猛

〔侍中〕光　遷太常卿。

懌

顯

元暉

穆紹

〔領軍將軍〕勁

正始元年甲申　閏十二月，梁梁州刺史夏侯道遷以漢中降。

〔太師〕勰

〔太傅〕詳　五月，有罪，廢爲庶人，旋卒。

〔司徒〕詳

〔司空〕高陽王雍　十二月拜。

〔驃騎大將軍〕雍　十二月，拜司空。

〔車騎大將軍〕懷

〔鎮南大將軍〕澄　改鎮北、定州刺史。

〔尚書令〕嘉

〔左僕射〕懷

〔右僕射〕肇

〔中書監〕愉

〔侍中〕光

懌

顯　遷護軍。

暉

紹

高聰　遷并州刺史。

廣平王懷

〔領軍將軍〕勁

〔護軍將軍〕高顯

二年乙酉

〔太師〕勰

〔司空〕雍

〔車騎大將軍〕懷

〔鎮北大將軍〕澄　母喪解。

〔尚書令〕嘉

〔左僕射〕懷

〔右僕射〕肇

〔中書監〕愉

〔侍中〕光

懌

暉

懷

盧昶

〔領軍將軍〕勁

三年丙戌

〔太師〕勰

〔司空〕雍

〔車騎大將軍〕懷　六月卒。

〔尚書令〕嘉

〔左僕射〕懷　六月卒。

清河王懌

〔右僕射〕肇

〔中書監〕愉

〔侍中〕光

懌　遷僕射。

暉

懷

昶

〔領軍將軍〕勁

〔中護軍〕李崇

四年丁亥

〔太師〕勰

〔司空〕雍　九月，遷太尉。

廣陽王嘉　九月拜。

〔車騎大將軍〕高肇　兼尚書令。

〔尚書令〕嘉　九月，拜司空。

高肇　加車騎大將軍。

〔左僕射〕懌

〔右僕射〕肇　遷令。

〔中書監〕愉　出爲冀州刺史。

〔中書令〕崔光　八月命，加侍中。

〔侍中〕光　遷中書令。

暉

懷

昶

〔中護軍〕崇　八月，出爲揚州刺史。

永平元年戊子　八月，冀州刺史、京兆王愉據州反。九月，討平之。

〔太師〕勰　九月，被殺。

〔太尉〕雍

〔司空〕嘉

〔車騎大將軍〕肇

〔尚書令〕肇

〔左僕射〕懌

〔中書令〕光

〔侍中〕暉

懷

昶

安樂王詮

二年己丑

〔太尉〕雍

〔司空〕嘉　十月，遷司徒。

〔車騎大將軍〕肇

〔尚書令〕肇

〔左僕射〕懌

〔右僕射〕中山王英

〔中書令〕光

〔侍中〕暉

懷

昶

銓

三年庚寅

〔太尉〕雍

〔司徒〕嘉

〔車騎大將軍〕肇

〔尚書令〕肇

〔左僕射〕懌

〔右僕射〕英　十月卒。

元珍
〔中書令〕光
〔侍中〕懷
詮
郭祚
四年辛卯
〔太尉〕雍
〔司徒〕嘉　三月卒。
〔車騎大將軍〕肇
〔尚書令〕肇
〔左僕射〕懌
〔右僕射〕珍
安樂王詮
〔中書令〕光
〔侍中〕懷
詮　遷僕射。
祚
游肇
延昌元年壬辰
〔太尉〕雍
〔司徒〕高肇　正月命。
〔司空〕清河王懌　正月命。
〔車騎大將軍〕肇
〔驃騎大將軍〕廣平王懷　正月，司州牧加。
〔尚書令〕肇　正月，拜司徒。
〔左僕射〕懌　正月，拜司空。
〔右僕射〕銓　三月卒。
郭祚
〔中書令〕光　遷監，仍兼侍中。
李平
〔侍中〕懷
祚　遷僕射。
肇
〔領軍將軍〕于忠　兼侍中。
二年癸巳　二月，梁鬱州民徐玄明等殺青、冀二州刺史張稷，以州降。
〔太保〕高陽王雍　太保、侍中，二月拜，仍領太尉。
〔太尉〕雍　二月，遷太保，仍領太尉。
〔司徒〕肇
〔司空〕懌
〔驃騎大將軍〕懷
〔右僕射〕祚　遷左。
〔中書監〕光　領太子少傅。
〔中書令〕平
〔侍中〕懷
肇
〔領軍將軍〕忠
三年甲午
〔太保〕雍
〔大將軍〕高肇　大將軍、大都督，侵梁益州。
〔太尉〕雍
〔司徒〕肇　十一月，加大將軍。
〔司空〕懌
〔驃騎大將軍〕懷
〔左僕射〕祚
〔中書監〕光　加右光禄大夫。
〔中書令〕平
〔侍中〕懷
肇
穆紹
〔領軍將軍〕忠

〔護軍將軍〕元遥

四年乙未　正月，帝殂，太子詡即位。三月，出皇太后高氏爲尼。八月，太后胡氏臨朝，詔胡國珍與高陽、清河、廣平三王入居門下，同釐庶政。

〔太保〕雍　正月，入居西柏堂決庶政，百官總己以聽。二月，進太傅。八月，免。十二月，拜太師、侍中。

廣平王懷　八月拜。

〔太傅〕清河王懌　八月拜。

〔大將軍〕肇　二月，召還，賜死。

〔太尉〕雍　二月，太傅、領太尉。八月，免。

〔司徒〕肇　二月，賜死。

〔司空〕懌　二月，遷司徒。八月，遷太傅，領太尉。

廣平王懷　二月，拜司空。八月，遷太保，領司徒。

任城王澄　侍中、司空，八月拜。

〔驃騎大將軍〕懷　二月，拜司空。

任城王澄　八月，拜司空。

〔車騎大將軍〕于忠　兼領軍。

崔光　八月拜。

〔征北大將軍〕于忠　冀州刺史，九月命。

〔尚書令〕任城王澄　二月命，百官總己以聽。八月，拜司空。九月，仍兼尚書令。

于忠　八月命，加侍中、儀同三司。九月，出爲征北大將軍、冀州刺史。

〔左僕射〕祚　八月，爲于忠所殺。

元暉　加侍中。

〔中書監〕光　解。

胡國珍　十月命，仍兼侍中，加儀同三司。

〔中書令〕平　遷吏部。

游肇

〔侍中〕懷　二月，拜司空。

肇　遷中書令。

紹

胡國珍　九月，光禄大夫加。

劉騰　中侍中，領崇訓太僕，八月命。宦官。

侯剛　加衛將軍。

〔領軍將軍〕忠　八月，遷尚書令，仍兼領軍。

江陽王繼　兼侍中。

〔護軍將軍〕遥

孝明帝熙平元年丙申

〔太師〕雍

〔太傅〕懌

〔太保〕懷

〔太尉〕懌

〔司徒〕懷

〔司空〕澄

〔車騎大將軍〕光

〔征北大將軍〕忠

〔尚書令〕澄

〔左僕射〕暉

〔右僕射〕李平

〔中書監〕國珍

〔中書令〕肇　出爲相州刺史。

穆紹

〔侍中〕紹　遷中書令。

騰

剛　遷左衛將軍。

游肇

〔領軍將軍〕繼

〔護軍將軍〕遥

二年丁酉

〔太師〕雍　八月，入居門下，參決尚書奏事。

〔太傅〕懌

〔太保〕懷　三月卒。
〔太尉〕懌
〔司徒〕懷　卒。
胡國珍　侍中、司徒，四月拜。
〔司空〕澄
〔車騎大將軍〕光
〔中軍大將軍〕李韶　吏部尚書。
〔驃騎大將軍〕李崇　領中書監。
〔征北大將軍〕忠　四月，入爲右僕射。
〔尚書令〕澄
〔左僕射〕暉
〔右僕射〕平　卒。
于忠　四月拜，加侍中、儀同三司。
〔中書監〕國珍　四月，拜司徒。
汝南王悦　四月命，七月免。
李崇　出爲定州刺史。
〔中書令〕紹
元欽
〔侍中〕騰
肇
元乂
〔領軍將軍〕繼
〔護軍將軍〕遥
神龜元年戊戌
〔太師〕雍
〔太傅〕懌
〔太尉〕懌
〔司徒〕國珍　四月卒。
〔司空〕澄
〔驃騎大將軍〕崇
江陽王繼
〔車騎大將軍〕光
〔中軍大將軍〕韶
〔尚書令〕澄
〔左僕射〕暉　卒。
李崇
〔右僕射〕忠　三月卒。
游肇
〔中書令〕欽
〔侍中〕騰　九月，加衛將軍、儀同三司。
肇　遷僕射。
乂
〔領軍將軍〕繼
二年己亥　二月，羽林軍亂，傷征西將軍張彝，焚其第。
〔太師〕雍
〔大傅〕懌
〔太尉〕懌
〔司空〕澄　五月，遷司徒。十一月，卒。
京兆王繼　侍中、司空，五月拜。
〔驃騎大將軍〕崇
繼　五月，拜司空。
汝南王悦
〔車騎大將軍〕光
〔尚書令〕澄　十一月卒。
李崇　加侍中。
〔左僕射〕崇　十一月，遷令。
皇甫度
〔右僕射〕肇
〔中書令〕欽
〔侍中〕騰

乂　兼領軍。

臨淮王彧

〔領軍將軍〕繼　正月，拜司空。

元乂　侍中兼。

正光元年庚子　七月，侍中元乂、劉騰幽太后胡氏于北宮。九月，蠕蠕主阿那瓌來奔。

〔太師〕雍　七月，遷丞相。

〔太傅〕懌　七月，爲元乂所殺。

〔太尉〕懌　七月，被殺。

汝南王悦　侍中、太尉，十月拜。

〔司空〕繼　十二月，遷司徒，侍中如故。

〔驃騎大將軍〕崇

悦　十月，拜太尉。

〔車騎大將軍〕光

侯剛　兼侍中、左衛。

〔撫軍大將軍〕奚康生　河南尹、右衛。

〔衛大將軍〕穆紹

皇甫集

〔尚書令〕崇

〔左僕射〕度　七月，遷右光禄大夫。

崔亮

〔右僕射〕肇　八月卒。

元欽

〔中書監〕穆紹　加衛大將軍。

〔中書令〕欽　遷僕射。

裴粲

〔侍中〕騰

乂

彧

侯剛　兼左衛。

安豐王延明

〔領軍將軍〕乂

二年辛丑　梁普通元年。

〔丞相〕雍

〔太保〕京兆王繼　太保、侍中，四月拜。

〔太尉〕悦

〔司徒〕繼　四月，遷太保。

崔光　四月拜。

〔司空〕劉騰　三月拜。宦官。

〔驃騎大將軍〕崇

〔車騎大將軍〕光　四月，拜司徒。

剛　加儀同三司，領御史中尉。

〔撫軍大將軍〕康生　二月，被殺。

〔衛大將軍〕紹

〔尚書令〕崇

〔左僕射〕亮　卒。

蕭寶夤　加車騎大將軍。

〔右僕射〕欽　加車騎大將軍。

〔中書監〕紹

〔中書令〕粲

〔侍中〕騰　三月，拜司空。

乂

彧

剛

延明

崔亮　遷僕射。

〔領軍將軍〕乂

三年壬寅

〔丞相〕雍

〔太保〕繼　十二月，遷太傅，侍中如故。

崔光　十二月拜。
〔太尉〕悦
〔司徒〕光　十二月，遷太保。
〔司空〕騰
〔驃騎大將軍〕崇
〔車騎大將軍〕剛
李韶　冀州刺史。
〔衛大將軍〕紹
〔尚書令〕崇
〔左僕射〕寶夤
〔右僕射〕欽
〔中書監〕紹
〔侍中〕乂
彧
剛
延明
王温　中侍中、鎮東將軍。宦官。
〔領軍將軍〕乂

四年癸卯

〔丞相〕雍　九月，參決尚書奏事。
〔太傅〕繼
〔太保〕光　十一月卒。
汝南王悦　十二月拜。
〔太尉〕悦　九月，參決尚書奏事。十二月，遷太保。
〔司空〕騰　二月死。
〔驃騎大將軍〕崇
〔車騎大將軍〕剛
詔　改定州。
〔衛大將軍〕紹
〔尚書令〕崇
〔左僕射〕寶夤
〔右僕射〕欽
〔中書監〕紹
〔侍中〕乂
彧
剛
延明
温
甄琛
〔領軍將軍〕乂

五年甲辰　二月，沃野鎮人破六韓拔陵反。四月，高平酋長胡琛反。六月，秦州人莫折念生反。

〔丞相〕雍
〔太傅〕繼　十二月，遷太師、大將軍，西討叛胡。
〔太保〕悦
〔驃騎大將軍〕崇
谷纂
〔車騎大將軍〕剛
詔　四月卒。
蕭寶夤　西討大都督。
〔衛大將軍〕紹
〔尚書令〕崇　五月，遷大都督，出討破六韓拔陵。七月免。
〔左僕射〕寶夤　九月，遷西道行臺大都督。
臨淮王彧
〔右僕射〕欽
安豐王延明
〔中書監〕紹　遷侍中。
〔中書令〕袁翻
〔侍中〕乂
剛

延明　兼僕射。

温　加車騎將軍，兼光禄勳。

琛　冬卒。

穆紹

成軌　中侍中、撫軍將軍。宦官。

〔領軍將軍〕乂

孝昌元年乙巳　正月，徐州刺史元法僧反。四月，太后復臨朝。八月，杜洛周反于上谷。十二月，山胡劉蠡升反。

〔丞相〕雍

〔太師〕繼　正月，領太尉。四月免。

〔太保〕悦

〔太尉〕京兆王繼　正月，太師領。四月免。

〔司徒〕蕭綜　梁武帝子，六月來歸，改名贊，封丹陽王。

〔司空〕皇甫度

〔驃騎大將軍〕崇　五月卒。

元乂　驃騎、侍中、尚書令、開府儀同三司，二月拜。四月，除名。尋伏誅。

〔車騎大將軍〕剛　四月免。

安豐王延明　徐州刺史。

寶夤

〔衛大將軍〕紹

〔征南大將軍〕臨淮王彧

〔尚書令〕元乂　二月拜，四月除名。

〔左僕射〕彧　正月，出討元法僧。

城陽王徽

〔右僕射〕延明　正月，出爲東道行臺。

元麗

〔中書令〕翻　兼黄門侍郎。

〔中書監〕胡祥　加侍中。

〔侍中〕乂　二月，還尚書令。

剛　二月，還領軍。

温

紹

軌

元順

楊範　中侍中。

封津　中侍中，並宦官。

〔給事黄門侍郎〕徐紇　給事黄門侍郎、中書舍人，總攝中書門下事。

〔領軍將軍〕乂　二月，解。

侯剛　二月命，出爲冀州刺史，尋免。

皇甫度　拜司空。

二年丙午　正月，鮮于修禮反于定州。九月，盜葛榮僭帝號。十一月，杜洛周陷幽州。

〔丞相〕雍　五月，遷大司馬。

〔太保〕悦　正月，領太尉。

〔大司馬〕高陽王雍　五月拜。

〔大將軍〕東平王略　尚書令，六月拜。

〔太尉〕汝南王悦　正月，太保領，尋出爲刺史。

〔司徒〕贊

〔司空〕度

〔驃騎大將軍〕長孫稚　正月，討賊。四月，兵敗，免。

延明

廣陽王淵　九月命，討河北賊。

臨淮王彧　東道大行臺。

〔車騎大將軍〕寶夤　改驃騎。

楊椿　雍州刺史。

〔衛大將軍〕紹

〔征南大將軍〕彧　改驃騎。

〔尚書令〕東平王略　六月，大將軍領。

〔左僕射〕徽　加車騎大將軍。

〔右僕射〕麗　卒。

元順

〔中書監〕祥

元芝　六月，加車騎大將軍。

〔中書令〕翻　遷尚書。

王瓊　卒。

裴延儁

〔侍中〕順　四月，遷護軍。

東平王略　車騎，領左衛。六月，拜大將軍。

長樂王子攸

元宴

紹

温

軌

範　卒。

津　出爲濟州刺史。

〔給事黄門侍郎〕紘

〔領軍將軍〕廣陽王深

〔護軍將軍〕元順　四月命，尋兼僕射。

三年丁未　七月，相州刺史安樂王鑒反，討平之。九月，東豫州刺史元慶和以城降梁。十月，雍州刺史蕭寶夤反。十一月，葛榮陷冀州。

〔大司馬〕雍

〔大將軍〕略

〔司空〕度　正月，遷司徒，又遷太尉。

蕭寶夤　正月拜，未上，除名。

元欽

〔驃騎大將軍〕寶夤　正月，拜司空，兵敗，免。四月，假車騎大將軍、雍州刺史。十月，反。

延明

彧

淵

〔車騎大將軍〕椿

爾朱榮　都督并、肆、汾、廣、恒、雲六州軍事。

北海王顥

〔衛大將軍〕紹　改車騎、定州刺史，不赴。

〔尚書令〕略

〔左僕射〕徽　出爲西道行臺，不赴。

〔右僕射〕順

長孫稚　十月，出討蕭寶夤。

〔中書監〕芝　遷侍中。

長樂王子攸　加衛將軍、左光禄大夫，十月命。

〔中書令〕延儁　遷中尉。

鄭儼　加車騎將軍，仍兼中書舍人、散騎常侍。

〔侍中〕子攸　遷中書監。

元芝

紹

温

軌

〔給事黄門侍郎〕紘

〔領軍將軍〕深

〔護軍將軍〕順

武泰元年戊申　二月，帝殂，太后矯立臨洮王世子釗爲帝。四月，爾朱榮入洛，并太后沈于河，立長樂王子攸爲帝，改元建義。六月，邢杲反于青州。八月，太山太守羊侃反。九月，爾朱榮平葛榮，改是年爲永安元年

〔大丞相〕爾朱榮　九月拜。十月，加太師。

〔太師〕江陽王繼　四月拜，十月卒。

〔太傅〕北海王顥　四月命，出奔梁。

〔太保〕李延實　太保、侍中，四月拜。九月，遷太傅。

楊椿　太保、侍中，九月拜。

〔大司馬〕雍　四月，沈于河。
臨淮王彧　録尚書事。
〔大將軍〕略　四月，沈于河。
爾朱榮　四月，拜侍中、大將軍、都督中外諸軍事，兼尚書令、領軍將軍。七月，加柱國大將軍、録尚書事。九月，拜大丞相。
上黨王天穆　十一月拜。
〔太尉〕度　四月，出奔，被殺。
上黨王天穆　四月拜，加侍中、領軍、録尚書事。
〔司徒〕楊椿　四月拜。九月，遷太保。
城陽王徽　九月拜，領司州牧。
〔司空〕欽　四月，沈于河。
穆紹　四月拜，兼尚書令，加侍中。
〔驃騎大將軍〕延明
彧　四月，奔梁。七月，歸國，拜尚書令。
爾朱菩提　十月拜。
〔車騎大將軍〕椿　四月，拜司徒。
榮　加開府儀同三司。四月，舉兵入洛。
紹　四月，拜司空。
長孫稚　雍州刺史，二月命。四月，改驃騎。
李虔　六月拜。
李叔仁　六月拜，討邢杲。
顥　正月，改驃騎、相州刺史。四月，拜太傅。
〔尚書令〕略　四月，沈于河。
穆紹　司空兼。
臨淮王彧　七月命，尋拜大司馬。
安豐王延明
〔左僕射〕趙郡王諶　四月拜。
〔右僕射〕順　四月，出奔，被殺。
元羅　五月，出爲東道大使。
東海王頊
〔中書監〕子攸　四月，即帝位。
東海王頊　遷僕射。
胡僧洸　加侍中。
〔中書令〕儼　四月，出奔，被殺。
李彧　加侍中。
〔侍中〕芝　四月，沈于河。
温　四月，沈于河。
軌　六月卒。
咸陽王坦
元祉
于暉　十月，出爲行臺，討羊侃。
爾朱世承　領御史中尉。
平季　中侍中、撫軍將軍。宦官。
〔給事黄門侍郎〕紇　四月，出奔太山，與太守羊侃舉兵反，尋奔梁。
〔領軍將軍〕上黨王天穆
爾朱世隆　侍中領。

孝莊帝永安二年己酉　梁立北海王顥爲帝。五月，入洛，帝出奔。七月，顥敗，還宫。　梁大通二年

〔太師〕榮　七月，加天柱大將軍。
〔太宰〕上黨王天穆　七月拜。
〔太傅〕延實　八月，遷司徒，復爲太傅、青州刺史。
〔太保〕椿　八月致仕。
城陽王徽　十一月，拜録尚書事。
〔大司馬〕彧　五月，降于元顥。
安豐王延明　七月，奔梁。
城陽王徽　大司馬、侍中，領太尉，七月拜。十一月，遷太保，領大司馬。
〔大將軍〕天穆　七月，拜太宰。
〔司徒〕徽　七月，遷太尉。
李延實　八月拜，出爲大行臺。
蕭贊　十月拜。十一月，遷太尉。

長孫稚　十一月拜。
〔司空〕紹　五月，爲元顥兖州刺史。
楊津　七月拜，加侍中。
〔驃騎大將軍〕菩提
稚　十一月，拜司徒。
爾朱天光　雍州刺史。
叱列延慶
〔車騎大將軍〕虔　改驃騎。
叔仁
爾朱兆　車騎、汾州刺史，六月命，尋改驃騎。
爾朱仲遠　徐州刺史。
〔尚書令〕延明　拜大司馬。
〔左僕射〕諶　加驃騎大將軍。
〔右僕射〕頊　七月，兄顥敗，被殺。
爾朱世隆　兼侍中，加車騎大將軍，尋改驃騎。
〔中書監〕頊　僕射兼。
李神儁　兼吏部尚書。
〔中書令〕彧　遷監，驃騎大將軍、開府儀同三司。
魏蘭根
〔侍中〕坦
世承　五月，爲元顥所殺。
朱瑞
源子恭
李神
季
封津　中侍中、衛將軍。宦官。
〔領軍將軍〕世隆　遷僕射。
楊津　七月，拜司空。

三年庚戌　三月，蕭寶夤平。九月，爾朱榮伏誅。十月，爾朱兆反，立長廣王曄爲帝，改元建興。十二月，入洛，遷帝于晉陽，尋被弒。　梁中大通元年

〔太師〕榮　九月，伏誅。
魯郡王肅　驃騎大將軍、青州刺史。
〔太宰〕天穆　九月，伏誅。
〔太傅〕延實　十二月，被殺。
〔太保〕徽　十月，遷大司馬。
〔大司馬〕徽　十月，解太保，録尚書如故。十二月，出走，被殺。
〔太尉〕贊　四月，改驃騎、齊州刺史。
〔司徒〕稚　十一月，遷太尉、録尚書事。
臨淮王彧　十一月拜。十二月，被殺。
〔司空〕津　九月，改驃騎，督并、肆、燕、恒、雲、朔、顯、汾、蔚九州軍事。
〔驃騎大將軍〕菩提　九月誅。
天光
虔　十月卒。
兆　十月，舉兵犯闕。
延慶
正綽　并州刺史。
爾朱彦伯　侍中、驃騎。
沛郡王欣
〔車騎大將軍〕叔仁　七月，除名。
仲遠　十月，舉兵犯闕。
穆建
高歡
樊子鵠
〔尚書令〕臨淮王彧　侍中、驃騎大將軍。十一月，拜司徒。
〔左僕射〕諶
〔右僕射〕世隆　九月，出奔。
范陽王誨　十二月，被殺。
元羅
〔中書監〕神儁　遷衛將軍。
〔中書令〕蘭根　十月，出爲河北行臺。

裴粲

〔侍中〕坦

瑞

子恭

季

津

楊侃　加衛將軍、右光禄大夫。十二月，出奔。

李彧

節閔帝普泰元年辛亥　二月，爾朱世隆廢帝曄，立廣陵王恭，是爲節閔帝。六月，高歡起兵于信都，討爾朱氏。十月，立渤海太守元朗爲帝，改元中興。

〔太宰〕爾朱仲遠　九月拜。

〔太師〕魯郡王肅　三月，召還。

〔太傅〕沛郡王欣　三月拜。

〔太保〕爾朱世隆　三月命，不就，特置儀同三司官授之。

〔丞相〕高歡　侍中、丞相、都督中外諸軍事、大將軍、録尚書事、大行臺，十月，帝朗命。

〔大將軍〕爾朱兆　天柱大將軍，三月拜，仍鎮並州。

爾朱仲遠　三月拜，仍鎮徐州。六月，遷太宰。

爾朱天光　三月拜，仍鎮雍州。九月，遷大司馬。

〔太尉〕爾朱度律

〔司徒〕爾朱彦伯　四月拜，七月遜位。

〔司空〕趙郡王諶　三月拜。

高乾邕　侍中、司空，十月，帝朗命。

〔驃騎大將軍〕爾朱弼

爾朱智虎　肆州刺史。

清河王亶

長孫稚

穆紹　青州刺史，九月卒。

賀拔岳　岐州刺史。

侯莫陳悦　秦州刺史。

侯景　行濟州事。

侯淵　定州刺史。

杜德　汾州刺史。

公孫略

延慶

彦怕

孟威

盧義僖

高敖曹　帝朗命。

高盛　同上。

〔車騎大將軍〕歡　改驃騎。三月，封渤海王。四月，加東道大行臺、冀州刺史。六月，起兵。

建　改驃騎。

賀拔勝

橋寧

遷賈智

〔衛大將軍〕賈顯度

〔尚書令〕爾朱世隆　仍驃騎大將軍，加儀同三司。

〔左僕射〕諶　三月，拜司空。

南陽王寶炬　加驃騎大將軍，帝朗命。

孫騰　侍中、車騎大將軍，帝朗命。

〔右僕射〕羅　加驃騎大將軍。

魏蘭根　帝朗命。

〔中書令〕粲

〔侍中〕坦

瑞　七月，被殺。

子恭

季　加車騎將軍。

元孚

平陽王修　加鎮東將軍、儀同三司，兼右僕射。
元受　加儀同三司。
盧同　加驃騎將軍、儀同三司。
斛斯椿　加驃騎大將軍。
樊子鵠　加驃騎大將軍。
司馬子如　帝朗命。
普泰二年壬子　閏三月，高歡大破爾朱兆等于韓陵。四月，入洛，廢帝恭并廢帝朗，而立安定王修，改元太昌。十二月，又改永熙元年
〔丞相〕歡　二月，進大丞相、柱國大將軍、太師。四月，改天柱大將軍，不受。
〔太宰〕仲遠　四月，奔梁。
〔太師〕肅　改驃騎大將軍、青州刺史。
〔太傅〕欣　五月，遷太師。
長孫稚　五月拜，録尚書事。
〔太保〕趙郡王諶　五月拜。
〔大將軍〕兆　閏三月，兵敗，走并州。
〔大司馬〕天光　四月，伏誅。
汝南王悦　大司馬、侍中，十一月拜。十二月，被殺。
〔太尉〕度律　四月，伏誅。
南陽王寶炬　侍中、太尉，五月拜。
〔司徒〕清河王亶　侍中、司徒，五月拜。
〔司空〕諶　五月，遷太保。
乾邕
〔驃騎大將軍〕亶　五月，拜司徒。
弼　四月，爲帳下所殺。
智虎　四月誅。
稚　五月，拜太傅。
建
岳
悦
景
略
德
淵　濟州刺史。
高澄　二月，帝朗命，加侍中。
尉景　閏三月命。
庫狄干　同上。
高岳
高琛
斛斯敦
劉貴
〔車騎大將軍〕彦伯　四月誅。
延慶
義僖
顯度　改驃騎。
顯智　改驃騎、滄州刺史。
敖曹
盛
李神
刁雙
任祥
元仲景
元世儁
李神儁
封津
崔秉
綦儁
廣平王贊
潘鑾

〔尚書令〕世隆　四月，伏誅。

元羅

〔左僕射〕寶炬　五月，拜太尉。

騰

〔右僕射〕羅　五月，遷令。

蘭根

〔中書令〕粲

羊深　兼侍中，加車騎大將軍。

〔侍中〕修　四月，即帝位。

坦

季

孚

同　卒。

椿

子鵠

子如

高隆之　加驃騎大將軍。

封隆之　同上。

賀拔勝

李琰之

〔領軍將軍〕賀拔勝　遷侍中。

婁昭　加驃騎大將軍。

孝武帝永熙二年癸丑

〔丞相〕歡

〔太師〕欣　七月，遷大司馬。

〔太傅〕稚

〔太保〕諶　三月，遷太尉。七月，拜太師。

南陽王寶炬　三月拜。

〔大司馬〕廣陵王欣　七月拜。

〔太尉〕寶炬　三月，遷太保。

趙郡王諶　三月拜。

賀拔允　七月拜。

〔司徒〕亶

〔司空〕乾邕　二月，出爲徐州刺史。三月，被殺。

咸陽王坦　二月拜。

〔驃騎大將軍〕澄

岳

悦

景

淵

建

干

景

岳

琛

貴

敦

念賢

高聿

張瓊

竇泰

梁景叡

万俟普

劉廞

裴粲

〔車騎大將軍〕延慶

盛

義僖

神

顯度

雙
顯智
祥
敖曹
津
世儁
秉
仲景
儁
神儁
贊
鑾
崔孝芬
祖瑩
東萊王貴平
高慎
辛雄
賈思同
梁企
〔尚書令〕羅　出爲梁州刺史。
南陽王寶炬　三月，太保領。
〔左僕射〕騰
〔右僕射〕蘭根　病免。
樊子鵠　六月，出爲青膠大使。
賈顯度
〔中書令〕深
〔侍中〕坦　二月，拜司空。
季　進驃騎將軍。
椿
隆之

隆之
勝　出督三荆七州諸軍事。
琰之　正月卒。
〔領軍將軍〕昭
三年甲寅　七月，帝謀討高歡，不克，遂西奔。八月，至長安。自是國分爲二，在長安者爲西魏，在鄴都者爲東魏。
〔丞相〕歡
〔太師〕諶　仕東魏。
〔太傅〕稚　從駕入關。
〔太保〕寶炬　從入關，拜太宰。
〔大司馬〕欣　八月，從駕入關。
〔大將軍〕宇文泰　雍州刺史、尚書令，八月拜。
〔太尉〕允　十二月，爲高歡所殺。
〔司徒〕亶　八月，高歡推爲大司馬，承制事行。
〔司空〕坦　仕東魏。
〔驃騎大將軍〕澄
景
岳　正月，爲侯莫陳悦所殺。
悦　正月，兵潰，自殺。
淵
建
干
景
岳
琛
貴
敦
賢
聿
瓊

泰

景叡

普

粲

廞　八月，被殺。

元子思

李彧

〔車騎大將軍〕宇文泰　侍中、驃騎、關中都督。八月，拜大將軍。

延慶　八月，被殺。

義僖

盛

顯智

雙

神　卒。

祥

敖曹

津

世儁

秉

仲景

儁

神儁

贊

鑾

瑩

孝芬　八月，被殺。

貴平

慎

雄　遷侍中。

思同

企

太原王昶

斛律白沙

〔尚書令〕竇炬　八月，從入關。

元弼

〔左僕射〕騰　出奔晉陽。

任祥　代騰，亦奔晉陽。

〔右僕射〕顯度　出爲雍州刺史。

辛雄　侍中兼。

〔中書令〕深　六月，兼御史中尉，出爲東道軍司。

〔侍中〕椿　八月，從入關。

隆之　奔晉陽。

隆之　同上。

季　九月卒。

濮陽王順

山偉

辛雄　八月，爲高歡所殺。

《西魏將相大臣年表》

清萬斯同撰

孝武帝永熙三年甲寅　八月，帝至長安。高歡來犯，陷潼關，宇文泰拒退之。十二月，泰弒帝，立南陽王寶炬。

〔大丞相〕宇文泰　十月拜。

〔太宰〕南陽王寶炬　十二月，即帝位。

〔太師〕長孫稚　録尚書事。

〔太傅〕

〔太保〕賀拔勝　荆州刺史，與東魏兵戰敗，奔梁。

〔大司馬〕

〔大將軍〕宇文泰　八月，拜大將軍，兼雍州刺史、尚書令。十月，遷大丞相。

〔太尉〕

〔司徒〕斛斯椿

〔司空〕万俟普　遷秦州刺史。

〔車騎大將軍、開府儀同三司〕

念賢　加侍中。

〔驃騎大將軍、開府儀同三司〕

王羆　領華州刺史。

〔尚書令〕斛斯椿　司徒兼。

〔左僕射〕万俟洛

〔右僕射〕順陽王㬎

〔中書監〕濮陽王順　兼侍中。

〔中書令〕馮翊王季海

〔侍中〕楊儉

〔領軍將軍〕

文帝大統元年乙卯　正月，東魏將司馬子如寇潼關，掠同州，刺史王羆擊走之。

〔大丞相〕泰　正月，加都督中外諸軍事、大行臺。

〔太師〕稚　十月卒。

〔太傅〕廣陵王欣　正月，拜録尚書事。十二月，遷太師。

念賢　十二月拜。

〔太保〕斛斯椿　正月拜。

〔太尉〕念賢　七月拜。十二月，遷太傅。

梁覽　十月拜。

〔司徒〕椿　正月，遷太保。

廣平王贊　正月拜。

〔司空〕万俟洛　正月拜。七月，遷司徒。

越勒肱　七月拜。

〔車騎大將軍、開府儀同三司〕賢　七月，拜太尉。

王羆

泉企　兼右僕射，領洛州刺史。

李弼　領雍州刺史。

李虎　兼隴右行臺、左僕射。

于謹

〔尚書令〕椿

〔左僕射〕洛　正月，拜司空。

扶風王孚

〔右僕射〕㬎

〔中書監〕順　遷中尉。

乙弗繪　兼侍中。

〔中書令〕季海

〔侍中〕儉　出行東秦州事。

徐招

〔領軍將軍〕寇洛　加驃騎開府。

二年丙辰　五月，秦州刺史万俟普率所部叛入東魏。　梁武帝大同元年

〔大丞相〕泰

〔太師〕欣

〔太傅〕賢
〔太保〕椿
〔太宰〕万俟洛　三月拜。五月，與父普奔東魏。
〔太尉〕覽
〔司徒〕洛　三月，遷太宰。
李叔仁　三月拜。
〔司空〕躬　五月卒。
扶風王孚　七月拜，兼尚書令。
〔車騎大將軍、開府儀同三司〕羆
企
弼
虎
謹
侯莫陳崇
〔尚書令〕椿
〔左僕射〕孚　七月，拜司空，兼尚書令。
馮翊王季海
〔右僕射〕昺　遷左。
梁禦
〔中書監〕繪
〔中書令〕季海　遷左僕射。
長孫紹遠
〔侍中〕招
〔領軍將軍〕洛

三年丁巳　正月，東魏兵三道入犯，斬其大將竇泰，餘引退。八月，大舉東伐，拔弘農，斬陝州刺史李徽伯，高歡追襲至沙苑。十月，大敗，還。遂進軍取蒲坂，入洛陽。

〔大丞相〕泰　六月，加録尚書事。十月，加柱國大將軍。
〔太師〕欣　五月，遷太宰。
賀拔勝　五月拜。
〔太傅〕賢　五月，遷大將軍。
梁覽　六月拜。
〔太保〕椿　卒。
扶風王孚　六月拜。
〔太尉〕覽　六月，遷太傅。
廣平王贊　六月拜。
〔司徒〕叔仁　十二月誅。
〔司空〕孚　六月，遷太保。
王盟　六月拜。
〔大將軍〕念賢　都督河、涼七州諸軍事。
〔車騎大將軍、開府儀同三司〕羆
企　正月，城陷，被執。
弼
虎
謹　領大丞相府長史，兼大行臺尚書。
崇
獨孤信　加侍中，兼領軍。
趙貴　加侍中，領雍州刺史。
〔驃騎大將軍、開府儀同三司〕梁禦　加侍中，領東雍州刺史。
若干惠　加侍中。
怡峯
劉亮　加侍中。
王德　同上。
〔尚書令〕孚
〔左僕射〕季海　八月，出爲行臺。
〔右僕射〕禦　出爲東雍州刺史。
趙善　八月遷左，兼侍中。
周惠達
〔中書令〕紹遠
周惠達　加衛大將軍。

〔領軍將軍〕洛　出爲華州刺史。
獨孤信　父喪解。
宇文導　八月命。

四年戊午　七月，東魏大舉圍洛陽，宇文泰奉帝東征。八月，斬其大將莫多婁貸文，進軍戰于河橋，又斬其大將高敖曹。左右軍失利，引還，洛陽旋陷。十二月，復克洛陽。

〔大丞相〕泰
〔太宰〕欣
〔太師〕勝
〔太傅〕覽　八月，謀叛，伏誅。
〔太保〕孚
〔大將軍〕賢　還朝，録尚書事。
〔太尉〕贊
〔司空〕盟　三月，遷司徒。
馮翊王季海
〔車騎大將軍、開府儀同三司〕羆
弼
信
虎
貴
謹
崇
義陽王子孝
〔驃騎大將軍、開府儀同三司〕禦　卒。
惠
峯
亮
德　出爲河州刺史。
達奚武　加侍中。
宇文貴　同上。
〔尚書令〕孚
〔左僕射〕善
〔右僕射〕惠達　遷吏部尚書。
〔中書令〕惠達　兼右僕射。
〔侍中〕長孫子彦
宇文測　兼大丞相府右長史。
〔領軍將軍〕導　七月，出領華州刺史，尋還任，加侍中、驃騎、開府。

五年己未

〔大丞相〕泰
〔太宰〕欣
〔太師〕勝
〔太保〕孚　七月，遷太傅。
〔大將軍〕賢　出督秦渭四州諸軍事、秦州刺史。
〔太尉〕贊
〔司徒〕盟
〔司空〕季海
李弼　十一月拜。
〔車騎大將軍開府儀同三司〕羆
弼　十一月，拜司空。
信
虎
貴
謹
崇
子孝
楊寬　領東雍州刺史。
〔驃騎大將軍、開府儀同三司〕惠
峯　出督東、西、北三夏州諸軍事，夏州刺史。
亮
德

武　出爲北雍州刺史。

貴

侯莫陳順　出爲西夏州刺史。

〔尚書令〕孚

〔左僕射〕善

〔右僕射〕華山王紀

〔侍中〕子彥

測

〔領軍將軍〕導

六年庚申

〔大丞相〕泰

〔太宰〕欣

〔太師〕勝

〔太傅〕孚　正月卒。

〔大將軍〕賢　十一月卒。

〔太尉〕贊

〔司徒〕盟

〔司空〕弼

〔車騎大將軍、開府儀同三司〕羆

信　出爲隴右十州大都督，秦州刺史。

虎

貴

謹

崇

子孝

寬

宇文測　領汾州刺史。

〔驃騎大將軍、開府儀同三司〕惠

峯

亮

德

武

順

貴

梁椿　加侍中。

〔尚書令〕孚

〔左僕射〕善

〔右僕射〕紀

〔侍中〕測　免。

〔領軍將軍〕導

七年辛酉

〔大丞相〕泰

〔太宰〕欣

〔太師〕勝

〔太尉〕贊

〔司徒〕盟

〔司空〕弼

〔大將軍〕于謹　都督恒、并、燕、肆、雲五州諸軍事，恒州刺史。

〔車騎大將軍、開府儀同三司〕羆　卒。

信

虎

貴

謹　遷大將軍。

崇　領雍州刺史，兼太子詹事。

子孝

欣

測

楊儉

〔驃騎大將軍、開府儀同三司〕惠　遷中領軍。

峯

亮
德
武
順
貴
椿
豆盧寧　加侍中。
李遠　同上。
〔左僕射〕善
〔右僕射〕周惠達
〔領軍將軍〕導
〔中領軍〕若干惠
八年壬戌　十月，高歡大舉圍玉壁，宇文泰率師禦之，引退。
〔大丞相〕泰
〔太宰〕欣
〔太師〕勝
〔太保〕王盟　八月拜。
〔大將軍〕謹　召領太子太保。
〔太尉〕贇
〔司徒〕盟　八月，遷太保。
〔司空〕弼
〔車騎大將軍、開府儀同三司〕信
虎
貴
崇
子孝
寬
測　改綏州刺史。
儉　卒。
王思政　領并州刺史，鎮玉壁。

〔驃騎大將軍、開府義同三司〕峯
亮
德
武
順
貴
椿
寧
遠
〔左僕射〕善
〔右僕射〕惠達
〔侍中〕韓褒
〔領軍將軍〕導
〔中領軍〕惠
九年癸亥　二月，東魏北豫州刺史高仲密以城降，宇文泰率師迎之。三月，與高歡大戰于邙山，敗績，洛陽復陷。
〔大丞相〕泰
〔太宰〕欣
〔太師〕勝
〔太保〕盟　七月，遷太傅。
〔大將軍〕謹
〔太尉〕贇　七月，改司空。
〔司空〕弼　十二月，遷太尉。
〔司徒〕高仲密　二月拜。
〔車騎大將軍、開府儀同三司〕信
虎
貴
崇
子孝
寬

測
思政
怡峯
陸通
〔驃騎大將軍、開府儀同三司〕亮
德
武
順
貴
椿
寧　領左衞將軍。
遠　出爲行臺尚書。
賀蘭祥　加侍中。
〔左僕射〕善　從征邙山，陷于東魏。
〔右僕射〕惠達
〔侍中〕褒
〔領軍將軍〕導　出鎮華州。
〔中領軍〕惠
十年甲子
〔大丞相〕泰
〔太宰〕欣
〔太師〕勝　五月卒。
〔太傅〕盟
〔大將軍〕謹
〔太尉〕弼
〔司徒〕仲密
〔司空〕贊
〔車騎大將軍、開府儀同三司〕信
虎
貴

崇
子孝
寬
測
思政
峯
通
〔驃騎大將軍、開府儀同三司〕亮　出爲東雍州刺史。
德
武
順
貴
椿
寧
遠
祥
楊忠　加侍中，仍領朔州刺史。
王雄　加侍中，領岐州刺史。
〔右僕射〕惠達　卒。
〔尚書〕蘇綽　附。
〔中書監〕蘇亮
〔侍中〕褒
〔中領軍〕惠
十一年乙丑
〔大丞相〕泰
〔太宰〕欣
〔太傅〕盟　五月卒。
〔大將軍〕謹
〔太尉〕弼
〔司徒〕仲密

〔司空〕贊　遷尚書令。

若干惠

〔車騎大將軍、開府儀同三司〕信

虎

貴

崇

子孝

寬

測

思政

峯

通

〔驃騎大將軍、開府儀同三司〕亮

德

武

順

貴

椿

寧

遠

祥

忠

雄

〔尚書令〕廣平王贊

〔右僕射〕長孫儉

〔尚書〕綽

〔中書監〕亮

〔侍中〕褒

〔中領軍〕惠　拜司空。

十二年丙寅　春，涼州刺史宇文仲和據州反，瓜州民張保殺其刺史成慶以應。五月，獨孤信討平之。九月，高歡大舉圍玉壁，不克，還。

〔大丞相〕泰

〔太宰〕欣

〔大將軍〕謹　遷左僕射。

〔太尉〕弼

〔司徒〕仲密

〔司空〕惠

〔車騎大將軍、開府儀同三司〕信

虎

貴　兼御史中尉。

崇

子孝

寬

測　十月卒。

思政　遷荊州刺史。

峯

通

〔驃騎大將軍、開府儀同三司〕亮　卒。

德

武

順

貴

椿

寧

遠

祥

忠

雄

〔尚書令〕贊

〔左僕射〕于謹

〔右僕射〕儉

〔尚書〕綽　卒。

〔中書監〕亮

〔侍中〕褒　出爲西凉州刺史。

十三年丁卯　正月，高歡卒。侯景來歸。七月，叛附于梁。　梁中大同元年。

〔大丞相〕泰

〔太宰〕欣

〔太傅〕侯景　東魏降將。二月，拜太傅。五月，改大將軍。七月，降梁。

〔太尉〕弼

〔司徒〕仲密

〔司空〕惠　七月卒。

〔大將軍〕王思政　鎮潁川。

〔大司馬〕獨孤信　五月拜。

〔車騎大將軍、開府儀同三司〕信　拜大司馬。

虎

貴

崇

子孝

寬

思政　遷大將軍。

峯

通

王德　都督原、靈、顯三州諸軍事。

竇熾　加侍中，領涇州刺史。

〔驃騎大將軍、開府儀同三司〕武

順

貴

椿

寧

遠

祥

忠

雄

韋孝寬　加侍中，領晉州刺史。

〔尚書令〕贊

〔左僕射〕謹　復領大丞相府長史，兼大行臺尚書。

尉遲迥　兼領軍。

〔右僕射〕儉

〔中書監〕亮

〔領軍將軍〕尉遲迥

十四年戊辰　五月，始倣周禮設三公、三孤、六卿官。　梁太清元年

〔大丞相〕泰　五月，加太師，兼大冢宰。

〔太宰〕欣　五月，遷太傅，兼大司徒，加柱國大將軍。

〔太保〕李弼　五月拜，兼大宗伯，加柱國大將軍。

〔大司馬〕信　加柱國大將軍。

〔大將軍〕思政

〔太尉〕弼　五月，遷太保。

李虎　兼少師，加柱國大將軍。

〔司空〕趙貴　正月拜。五月，遷大司寇。

于謹　五月，拜大司空。

〔車騎大將軍、開府儀同三司〕虎　拜太尉。

貴　拜司空。

崇

子孝

寬

峯

通

德　卒。

熾

達奚武
侯莫陳順
〔驃騎大將軍、開府儀同三司〕貴
椿
寧
遠
祥
忠
雄
孝寬
尉遲迥　加侍中。
叱列伏龜　同上。
〔尚書令〕贇
〔左僕射〕迥
〔右僕射〕儉
〔中書監〕亮　遷祕書監。
元顏子
〔領軍將軍〕迥

十五年己巳　六月，東魏兵陷潁川。七月，高澄爲帳下所殺。

〔大丞相〕泰
〔太傅〕欣
〔太保〕弼
〔大司馬〕信
〔太尉〕虎
〔大將軍〕思政　五月，潁川陷，被執。
〔司空〕貴　加柱國大將軍。
謹　加柱國大將軍。
〔少傅〕侯莫陳崇　加柱國大將軍。
〔車騎大將軍、開府儀同三司〕子孝寬
峯　卒。
通
熾
武
順
宇文貴
梁椿
豆盧寧
〔驃騎大將軍、開府儀同三司〕遠
祥
忠
雄
孝寬
綱
伏龜　出鎮恒州刺史。
耿豪
史寧　加侍中，仍領涼州刺史。
王勇
蔡祐
李穆
〔尚書令〕贇
〔左僕射〕迥
〔右僕射〕儉
〔中書監〕顏子
〔領軍將軍〕迥

十六年庚午　三月，梁侯景陷臺城。五月，高洋篡位。九月，大舉伐齊，久雨，引還。是歲，以李弼等六柱國分領十二大將軍，每二將軍領二開府，是爲二十四軍。

〔太師〕宇文泰　大冢宰、柱國。
〔太傅〕廣陵王欣　大司徒、柱國。

〔太保〕李弼　大宗伯、柱國。
〔少師〕李虎　柱國。
〔少傅〕侯莫陳崇　柱國。
〔少保〕廣平王贊
〔大冢宰〕宇文泰
〔大司徒〕廣陵王欣
〔大宗伯〕李弼
〔大司馬〕獨孤信　柱國。
〔大司寇〕趙貴　柱國。
〔大司空〕于謹　柱國。
〔大將軍〕廣平王贊　兼少保。
淮安王育
齊王廓
宇文導
侯莫陳順
達奚武
李遠
豆盧寧
宇文貴
賀蘭祥
楊忠
王雄
（以上十二大將軍分隸六柱國，其他方鎮加者不在是數）
〔尚書令〕義陽王子孝
〔左僕射〕尉遲迥
〔右僕射〕長孫儉
申徽　加侍中、驃騎、開府。
〔中書監〕元顏子
〔中書令〕
〔侍中〕蘇亮

十七年辛未　三月，帝殂，太子欽即位。　梁簡文帝大寶元年
〔太師〕泰
〔太傅〕欣
〔太保〕弼
〔少師〕虎
〔少傅〕崇
〔少保〕贊
〔大冢宰〕泰
〔大司徒〕欣
〔大宗伯〕弼
〔大司馬〕信
〔大司寇〕貴
〔大司空〕謹
〔大將軍〕贊
育
廓
導
順
武
竇熾
遠
寧
貴
祥
忠
雄
〔尚書令〕子孝
〔左僕射〕迥
〔右僕射〕徽
〔中書監〕顏子

〔中書令〕鄭孝穆
〔侍中〕亮
廢帝元年壬申　四月，達奚武克南鄭，盡有漢中之地。
〔太師〕泰
〔太傅〕欣
〔太保〕弼
〔少師〕虎
〔少傅〕崇　出爲寧州刺史。
〔少保〕贇
〔大冢宰〕泰
〔大司徒〕欣
〔大宗伯〕弼
〔大司馬〕信
〔大司寇〕貴
〔大司空〕謹
〔大將軍〕贇
育
廓
導
順
武
熾
尉遲迥
遠
寧
貴
祥
忠
雄
〔尚書令〕子孝
〔左僕射〕迥　遷大將軍。
楊寬
〔右僕射〕徽
〔中書令〕孝穆
〔中書監〕盧柔
〔侍中〕元羅
二年癸酉　八月，尉遲迥克成都，盡有蜀中之地。　梁元帝承聖元年
〔太師〕泰
〔太傅〕欣
〔太保〕弼
〔少師〕虎
〔少傅〕崇
〔少保〕贇
〔大冢宰〕泰
〔大司徒〕欣
〔大宗伯〕弼
〔大司馬〕信
〔大司寇〕貴
〔大司空〕謹
〔大將軍〕贇
育
廓
導
順
武
熾
迥
遠
寧
貴

祥
忠
雄
尉遲綱　兼領軍。
〔尚書令〕子孝
〔左僕射〕寬　免。
李遠
〔右僕射〕徽　出爲襄州刺史。
〔中書監〕柔
〔中書令〕孝穆
〔侍中〕羅

恭帝元年甲戌　正月，宇文泰廢帝，立齊王廓。

〔太師〕泰
〔太傅〕欣
〔太保〕弼
〔少師〕虎　卒。
義陽王子孝　柱國大將軍。
〔少傅〕崇
〔少保〕贊
〔大冢宰〕泰
〔大司徒〕欣
〔大宗伯〕弼
〔大司馬〕信
〔大司寇〕貴
〔大司空〕謹　領雍州刺史。
〔大將軍〕贊
育
廓　正月，即帝位。
導　十二月卒。
順
武
熾
迥
遠
寧
貴
祥
忠
雄
綱
宇文護
韋孝寬
〔尚書令〕子孝　遷少師。
獨孤信
〔左僕射〕遠
〔右僕射〕柳慶　遷左。
〔中書監〕柔
〔中書令〕孝穆
薛寘
〔侍中〕庫狄峙
蕭撝
蕭圓肅

二年乙亥　十一月，于謹克江陵，梁主出降。

〔太師〕泰
〔太傅〕欣　卒。
〔太保〕弼
〔少師〕子孝
〔少傅〕崇
〔少保〕贊
〔大冢宰〕泰

〔大司徒〕欣
〔大宗伯〕弼
〔大司馬〕信
〔大司寇〕貴
〔大司空〕謹
〔大將軍〕贊
育
順
武
熾
迥
李穆
韓果
遠
寧　遷右僕射。
貴
祥　兼左僕射。
忠
雄
綱
護
孝寬
史寧
〔尚書令〕信
侯莫陳崇
〔左僕射〕慶
賀蘭祥
〔右僕射〕韋孝寬　出守玉璧。
豆盧寧
〔中書監〕柔
〔中書令〕寔
〔侍中〕峙
撝
圓肅
盧光

三年丙子　正月，盡倣周禮設官，廢尚書省以下諸司。十二月，禪位于周。
〔太師〕泰　十月卒。
宇文覺　大冢宰、柱國大將軍，代父總萬幾。十二月，篡位。
〔太保〕弼　正月，遷太傅，兼大司徒。
趙貴　正月命，兼大宗伯。
〔少師〕子孝
〔少傅〕崇　正月，拜司空。
〔少保〕贊
〔大冢宰〕泰　十月卒。
宇文覺
〔大司徒〕李弼
〔大宗伯〕趙貴
〔大司馬〕信
〔大司空〕謹　正月，遷大司寇。
侯莫陳崇　正月命。
〔大將軍〕贊
育
順
武
熾
迥
穆　遷少冢宰。
果
王懋
遠　正月，遷少司寇。

寧
貴　正月，遷少司徒。
祥　正月，遷少司馬。
忠
雄
綱　遷少司馬。
護　遷少司空。
孝寬　遷少司徒。
寧

〔尚書令〕崇　拜大司空。
〔左僕射〕祥
〔右僕射〕寧
〔中書監〕柔
〔侍中〕峙
　　　　攜
　　　　圓肅
　　　　光

《東魏將相大臣年表》

清萬斯同撰

孝靜帝天平元年甲寅　十月，清河王世子善見即位，遷都于鄴，始爲東魏。

〔丞相〕高歡　大丞相、太師、柱國大將軍。

〔太師〕

〔太傅〕

〔太保〕

〔大司馬〕趙郡王諶　十月命。

〔大將軍〕

〔太尉〕咸陽王坦　十月命。

〔司徒〕高盛　司徒、侍中，十月命。

〔司空〕高昂　司空、侍中，十月命。

〔録尚書事〕

〔尚書令〕元弼　十月，遷驃騎大將軍、洛州刺史。

元嶷

〔左僕射〕司馬子如

〔右僕射〕高隆之

〔吏部尚書〕封隆之　兼侍中。十二月，拜大使，巡諭天下。

〔御史中尉〕高琛　驃騎大將軍、開府儀同三司。

〔中書監〕源子恭

〔中書令〕李元忠　遷太常。

〔侍中〕高岳

孫騰

昌樂王誕

于暉

王衍

賈思同　黄門侍郎兼。

〔領軍將軍〕婁昭

〔司州牧〕西河王悰

二年乙卯

〔丞相〕歡

〔太傅〕咸陽王坦　二月命，加侍中。

〔大司馬〕諶

〔太尉〕坦　二月，遷太傅。

西河王悰　二月命。三月，改録尚書事。

〔司徒〕盛　三月，遷太尉。

〔司空〕昂　三月，遷司徒。

濟陰王暉業　三月命。

襄城王旭　九月命。

〔録尚書事〕西河王悰　三月命。

〔尚書令〕嶷

〔左僕射〕子如

〔右僕射〕隆之

〔吏部尚書〕隆之

〔御史中尉〕琛　卒。

竇泰　車騎大將軍。

〔中書監〕子恭

〔中書令〕山偉　加衛大將軍。

〔侍中〕岳

騰

誕　二月，遷司州牧。

衍

思同

任延敬

元子思

〔領軍將軍〕昭

〔司州牧〕悰　二月，遷太尉。

昌樂王誕

三年丙辰　梁武帝大同元年。

〔丞相〕歡

〔太傅〕坦　十二月，遷太師。

〔太保〕尉景　十二月命。

〔大司馬〕諶　六月卒。

華山王鷙　三月命，加侍中。

〔太尉〕盛　五月卒。

〔司徒〕昂

〔司空〕旭

〔録尚書事〕悰　五月，遷司州牧。

〔尚書令〕高澄　二月命，兼京畿大都督，仍加散騎常侍、左光禄大夫、驃騎大將軍、開府儀同三司。

〔左僕射〕子如

〔右僕射〕隆之

〔吏部尚書〕隆之

〔御史中尉〕泰

〔中書監〕子恭　遷魏尹。

〔中書令〕偉

〔侍中〕岳

騰

衍　卒。

思同

延敬

子思

汝陽王暹

〔領軍將軍〕昭

〔司州牧〕誕　四月卒。

西陽王悰　五月命。

四年丁巳

〔丞相〕歡

〔太師〕坦　十月，録尚書事。

〔太保〕景

〔大司馬〕鷙

〔太尉〕万俟普　十一月命。

〔司徒〕昂　加大都督，鎮虎牢。

〔司空〕旭

〔録尚書事〕汝陽王暹　正月命。

咸陽王坦　十月命。

〔尚書令〕澄

〔左僕射〕子如

〔右僕射〕隆之

〔吏部尚書〕隆之

〔御史中尉〕泰　正月，戰没。

劉貴

〔中書令〕偉

〔侍中〕岳

騰

延敬

子思　九月，賜死。

李神儁

高慎

〔領軍將軍〕昭

〔司州牧〕悰

咸陽王坦　十月命。

元象元年戊午

〔丞相〕歡　三月，解大丞相。

〔太師〕坦

〔太保〕景

〔大司馬〕鷙

〔大將軍〕高澄　攝吏部。

〔太尉〕普
〔司徒〕昂　八月，戰没。
〔司空〕旭
〔録尚書事〕暹
坦
〔尚書令〕澄　遷大將軍。
孫騰
〔左僕射〕子知
〔右僕射〕隆之
〔吏部尚書〕隆之　出爲冀州刺史。
高澄　攝吏部。
〔御史中尉〕貴
〔中書令〕偉
〔侍中〕岳
騰　遷尚書令。
延敬　卒。
神儁
慎　出爲兖州刺史。
賈思同
〔領軍將軍〕昭
〔司州牧〕坦

興和元年己未

〔丞相〕歡　七月，加録尚書事、大行臺。
〔太師〕坦
〔太保〕景
〔大司馬〕鷙
〔大將軍〕澄
〔太尉〕普
〔司徒〕孫騰　正月命，兼侍中。
〔司空〕旭
〔録尚書事〕暹　六月卒。
坦
〔尚書令〕騰　正月，遷司徒。
西河王悰
〔左僕射〕子如　六月，拜山東黜陟大使，尋改東北道大行臺。
〔右僕射〕隆之
〔吏部尚書〕澄
〔御史中尉〕貴　十一月卒。
〔侍中〕岳　出爲冀州刺史。
神儁
思同
封隆之
〔領軍將軍〕昭
〔司州牧〕坦

二年庚申

〔丞相〕歡
〔太師〕坦
〔太保〕景　正月，遷太傅。
庫狄干　正月命。
〔大司馬〕鷙　六月卒。
〔大將軍〕澄　兼中書監。
〔太尉〕普
〔司徒〕騰
〔司空〕旭
〔録尚書事〕坦
尚書令〕悰
左僕射〕子如
〔右僕射〕隆之
〔吏部尚書〕澄　兼中書監。
〔中書監〕高澄　兼侍中。

〔侍中〕隆之
神儁
思同　卒。
〔領軍將軍〕昭
〔司州牧〕坦

三年辛酉

〔丞相〕歡
〔太師〕坦
〔太傅〕景
〔太保〕干
〔大將軍〕澄
〔太尉〕普
彭城王韶　十一月命，加侍中。
〔司徒〕騰
〔司空〕旭
胡僧敬　十一月命。
〔録尚書事〕坦
〔左僕射〕子如
〔右僕射〕隆之
〔吏部尚書〕澄
御史中尉〕高慎
〔中書監〕澄
〔侍中〕隆之
廣陽王諶
神儁
〔領軍將軍〕昭
〔司州牧〕坦

四年壬戌

〔丞相〕歡
〔太師〕坦
〔太傅〕景　四月，降驃騎將軍。
〔太保〕干　四月，遷太傅。
〔大將軍〕澄
〔大司馬〕婁昭　四月命。
〔太尉〕韶　四月，遷録尚書事。
廣陽王湛　四月命。
〔司徒〕騰　四月免。
高隆之　四月命。
〔司空〕僧敬
〔録尚書事〕彭城王韶　四月命。
〔左僕射〕子如
〔右僕射〕隆之　四月，遷司徒。
封隆之　四月命。
〔吏部尚書〕澄
〔御史中尉〕慎　出爲北豫州刺史。
〔中書監〕澄
〔侍中〕湛　四月，遷太尉。
隆之　四月，遷僕射。
李元忠
〔領軍將軍〕昭　四月，拜大司馬，仍兼領軍。
〔司州牧〕坦

武定元年癸亥

〔丞相〕歡
〔太師〕坦
〔太傅〕干　出爲定州刺史。
〔大司馬〕昭
斛律金　八月命。
〔大將軍〕澄
〔太尉〕湛
〔司徒〕隆之

〔司空〕僧敬　卒。
侯景　五月命，鎮洛陽。
〔録尚書事〕韶
〔左僕射〕子如
〔右僕射〕隆之
〔吏部尚書〕澄
〔御史中尉〕慕容紹宗
崔暹
〔中書監〕元弼
〔侍中〕元忠
高洋
〔領軍將軍〕昭
〔司州牧〕坦

二年甲子

〔丞相〕歡
〔太師〕坦　六月，坐貪汙，免。
〔太傅〕干
〔太保〕孫騰　三月命。
〔大司馬〕金
〔大將軍〕澄
〔太尉〕湛　五月卒。
濟陰王暉業　九月命。
〔司徒〕隆之　十一月，遷尚書令。
婁昭　十一月命。
〔司空〕景
〔録尚書事〕元弼　三月命。
〔尚書令〕司馬子如　三月命，八月免。
高隆之　十一月命。
〔左僕射〕子如　三月，遷令。
高洋　三月命。
〔右僕射〕隆之
〔吏部尚書〕澄　解。
房謨　侍中兼。
〔御史中尉〕暹
〔中書監〕弼　三月，遷録尚書事。
高澄　三月命。
〔侍中〕洋　三月，遷僕射。
〔司州牧〕坦　六月免。

三年乙丑

〔丞相〕歡
〔太傅〕干
〔太保〕騰　十二月，録尚書事。
〔大司馬〕金　遷冀州刺史。
〔大將軍〕澄
〔太尉〕暉業
〔司徒〕昭　出爲定州刺史。
〔司空〕景　十二月，遷司徒。
韓軌　十二月命。
〔録尚書事〕弼
孫騰　十二月命。
〔尚書令〕隆之
〔左僕射〕洋
〔右僕射〕襄城王旭
〔吏部尚書〕謨　正月罷。
〔御史中尉〕暹
〔中書監〕澄
〔中書令〕韓軌　十二月，遷司空。
〔侍中〕高陽王斌
高季式

四年丙寅

〔丞相〕歡
〔太傅〕干
〔太保〕騰
〔大司馬〕金
〔大將軍〕澄
〔太尉〕暉業
〔司徒〕景　六月，拜河南大行臺，大將軍、司徒如故。
〔司空〕軌
〔録尚書事〕騰
〔尚書令〕隆之
〔左僕射〕洋
〔右僕射〕旭
〔御史中尉〕暹
〔中書監〕澄
〔侍中〕斌
季式
〔領軍將軍〕可朱渾元
五年丁卯　梁中大同元年。
〔丞相〕歡　二月卒。七月，始發喪。
高澄　七月，拜大將軍、大行臺、都督中外諸軍、録尚書事，封渤海王，代父秉政。
〔太傅〕干　五月，遷太師。
〔太保〕騰　五月，遷太傅。
賀拔仁　五月命。
〔大司馬〕金　解。
尉景　五月命，即卒。
〔大將軍〕澄
〔太尉〕暉業
襄城王旭　五月命。
〔司徒〕景　二月，降西魏，又降梁。
〔司空〕軌　五月，遷司徒。
可朱渾元　五月命。
〔録尚書事〕騰　五月解。
〔尚書令〕隆之　五月，改録。
高洋　五月命。
〔左僕射〕洋　五月，遷令。
慕容紹宗　五月命。十一月，出討侯景。
〔右僕射〕旭　五月，遷太尉。
高陽王斌　五月命。
〔御史中尉〕暹　遷度支尚書。
〔中書監〕澄　五月解。
高洋
〔侍中〕斌　五月，遷僕射。
季式
楊愔
陸子彰
〔領軍將軍〕元　五月，遷司空。
六年戊辰　梁太清元年。
〔丞相〕澄
〔太師〕干
〔太傅〕騰　四月卒。
〔太保〕仁
〔大司馬〕襄城王旭　三月命。
〔太尉〕旭　三月，遷大司馬。
高岳　三月命，兼侍中。
〔司徒〕軌
〔司空〕元
〔録尚書事〕隆之
〔尚書令〕洋
〔左僕射〕紹宗

〔右僕射〕斌
〔吏部尚書〕楊愔
〔御史中尉〕陸操
　高淹
〔中書監〕洋
〔中書令〕邢劭
〔侍中〕子彰

七年己巳　八月，梁侯景反。十一月，圍臺城。
〔丞相〕澄　八月，爲帳下所殺。
　高洋　都督中外諸軍、録尚書事、大行臺、齊郡王。
〔太師〕干
〔太保〕仁　出爲并州刺史。
〔太傅〕咸陽王坦　十月命。
〔大司馬〕旭
〔太尉〕岳　八月，兼左僕射。
〔司徒〕軌　出爲殷州刺史。
　彭樂　十二月命。
〔司空〕元　出爲瀛州刺史。
　潘相樂　十月命。
〔録尚書事〕隆之
〔尚書令〕洋　八月，代兄秉政。
〔左僕射〕紹宗　四月，攻潁川没。
　高岳　太尉兼。
〔右僕射〕斌
〔吏部尚書〕愔
〔御史中尉〕宋游道
〔中書監〕洋　八月解。
　高浚　兼侍中。
　濟陰王暉業
〔中書令〕劭
〔侍中〕子彰
　高淹
〔領軍將軍〕婁叡

八年庚午　二月，梁臺城陷。五月，禪位于齊，國亡。
〔丞相〕洋　三月，進爵齊王。五月，拜相國，總百揆，加九錫，篡位。
〔太師〕干
〔太傅〕坦
〔太保〕高隆之　二月命。
〔大司馬〕旭
〔太尉〕岳
〔司徒〕樂
〔司空〕相樂
〔録尚書事〕隆之　二月，遷太保。
　濟陰王暉業
〔左僕射〕岳
〔右僕射〕斌
　薛琡
〔吏部尚書〕愔
〔中書監〕暉業　遷録尚書事。
　陸子彰　二月命，三月卒。
〔中書令〕劭
〔侍中〕張亮
〔領軍將軍〕叡

《北齊將相大臣年表》

清萬斯同撰

顯祖天保元年辛未　五月，高洋篡位。
〔大丞相〕
〔左丞相〕
〔右丞相〕
〔太宰〕庫狄干　六月命。
〔太師〕
〔太傅〕
〔太保〕高隆之　七月，改録尚書事。
賀拔仁
〔大司馬〕斛律金　肆州刺史加。
〔大將軍〕
〔司徒〕潘相樂　六月命。
〔太尉〕彭樂　六月命。
〔司空〕司馬子如　六月命。
〔録尚書事〕高隆之
〔尚書令〕平陽王淹
〔左僕射〕平陽王淹　七月，遷令。
元韶　十月命。
〔右僕射〕薛琡　十月卒。
段韶　十月命。
〔吏部尚書〕楊愔　兼侍中。
〔中書監〕邢劭
〔中書令〕杜弼　遷衛尉。
魏收
〔侍中〕高德正
崔㥄
張亮　遷光禄勳。
徐之才
〔領軍大將軍〕
〔領軍將軍〕婁叡
二年壬申　十一月，梁侯景篡位。
〔太宰〕干
〔太保〕仁
〔大司馬〕金
〔太尉〕樂　二月，謀反，伏誅。
〔司徒〕相樂
〔司空〕子如　三月免。六月，拜太尉。
尉粲　三月命。
〔録尚書事〕隆之
〔尚書令〕淹
〔左僕射〕韶
〔右僕射〕韶
〔吏部尚書〕愔
〔中書監〕劭
〔中書令〕收　遷魏尹。
〔侍中〕德正
㥄
之才
〔領軍將軍〕叡
三年癸酉
〔太宰〕干
〔太保〕仁
〔太師〕斛律金　肆州刺史。
〔大司馬〕金　遷太師。
〔太尉〕子如
〔司徒〕相樂

〔司空〕粲
〔録尚書事〕隆之
〔尚書令〕淹
〔左僕射〕韶
〔右僕射〕韶　出爲冀州刺史。
楊愔
〔吏部尚書〕愔　四月，遷右僕射。
辛術
〔中書監〕劭
〔侍中〕德正
悛
之才
〔領軍將軍〕叡

四年甲戌
〔太宰〕干　六月卒。
〔太師〕金　十月，解州事。
〔太保〕仁
〔太尉〕子如
〔司徒〕相樂
〔司空〕粲
〔録尚書事〕隆之
〔尚書令〕淹
〔左僕射〕韶
〔右僕射〕愔
〔走部尚書〕術
〔中書監〕劭
〔中書令〕上黨王渙
〔侍中〕德正
悛
之才

彭城王浟

五年乙亥　十月，西魏陷江陵，梁主繹出降。
〔太師〕金
〔太保〕仁　三月，廢爲庶人。
高岳　八月命。
〔大司馬〕韓軌　八月命。
〔大將軍〕可朱渾元　八月命。
〔太尉〕子如　卒。
〔司徒〕相樂　卒。
〔司空〕粲　八月，遷司徒。
侯莫陳相　八月命。
〔録尚書事〕隆之　八月卒。
〔尚書令〕淹　八月，改録。
常山王演　八月命。
〔左僕射〕韶
上黨王渙　八月命。
〔右僕射〕愔
〔吏部尚書〕術
〔中書監〕劭
〔中書令〕渙　八月，遷僕射。
〔侍中〕德正
悛　遷東兖州刺史。
之才
浟
〔領軍將軍〕高歸彦

六年丙子
〔太師〕金
〔太保〕岳　十一月，酖死。
〔大司馬〕軌　卒。
〔大將軍〕元

〔司徒〕粲
〔司空〕相
〔太尉〕陸法和　梁降將，二月命。
〔録尚書事〕淹
〔尚書令〕演
〔左僕射〕涣
〔右僕射〕愔
〔吏部尚書〕術
〔中書監〕劭
〔侍中〕德正
　之才
　湝　十一月，改司州牧。
　裴英起　出爲軍司。
〔領軍將軍〕歸彦
七年丁丑　七月，宇文泰卒。十二月，宇文覺篡位。
〔太師〕金
〔大將軍〕元
〔太尉〕法和
〔司徒〕粲
〔司空〕相
〔録尚書事〕淹
〔尚書令〕演
〔左僕射〕涣
〔右僕射〕愔
〔吏部尚書〕術
〔中書監〕劭
〔侍中〕德正
　之才
　崔暹
〔領軍將軍〕歸彦

八年戊寅　十月，梁陳霸先篡位。
〔右丞相〕斛律金　四月命。
〔太師〕金　四月，遷右丞相。
〔太傅〕可朱渾元　三月命。
〔太保〕賀拔仁　三月，復任。
〔大將軍〕元　三月，遷太傅。
〔太尉〕法和
〔司徒〕粲
〔司空〕相
　常山王演　三月命，仍録尚書事。
〔録尚書事〕淹　三月解。
　演　三月，遷司空，仍録尚書事。
　上黨王涣　三月命，尋下地牢。
〔尚書令〕長廣王湛　三月命。
〔左僕射〕涣　三月，遷録尚書事。
〔右僕射〕愔　三月，遷左。
　崔暹　三月命。
〔吏部尚書〕術
〔中書監〕劭
〔侍中〕德正
　之才
　暹　三月，兼僕射。
〔領軍將軍〕歸彦
九年己卯
〔右丞相〕金
〔太傅〕元　十二月，遷太師。
〔太保〕仁
〔大司馬〕常山王演　十二月命，仍録尚書事。
〔太尉〕法和　卒。
〔司徒〕粲　十二月，遷太尉。

長廣王湛　十二月命。
〔司空〕演　十二月，遷大司馬。
段韶　十二月命。
〔録尚書事〕演　大司馬録。
〔尚書令〕湛　五月，改録。十二月，遷司徒。
楊愔　五月命。
〔左僕射〕愔　五月，遷令。
高歸彥　五月命。
〔右僕射〕暹
〔吏部尚書〕術
〔中書監〕劭
〔侍中〕德正
之才
燕子獻
崔季舒
趙彥深
李祖勳
趙郡王叡　六月命。
〔領軍將軍〕歸彥　五月，遷左僕射，仍兼領軍。
十年庚辰　十月，高洋死，其子殷襲位。
〔右丞相〕金　十一月，遷左。
〔太師〕元
〔太保〕仁
〔太傅〕常山王演　十一月命。
〔大司馬〕演　十一月，遷太傅。
〔大將軍〕侯莫陳相　正月命。
〔太尉〕粲
〔司徒〕湛　十一月，遷太尉。
〔司空〕韶　十一月，遷司徒。
平陽王淹　十一月命。
〔録尚書事〕演　太傅録。
〔尚書令〕愔
〔左僕射〕歸彥
高陽王湜　四月命，八月罷。十一月復任。
〔右僕射〕暹　二月卒。
高德正　三月命，尋被殺。
高孝琬　四月命，八月遷左，十一月罷。
崔昂　八月命，十一月罷。
〔吏部尚書〕術　卒。
燕子獻　十一月命。
〔中書監〕劭
〔中書令〕趙彥深
〔侍中〕德正　三月，兼僕射，被殺。
之才
子獻　十一月，遷右僕射。
季舒
彥深　遷中書令。
祖勳
叡
宋欽道
魏收　十一月命，遷太常。
〔領軍將軍〕歸彥
可朱渾天和
乾明元年辛巳　八月，常山王演廢其主殷而自立，改是年爲皇建元年
〔大丞相〕常山王演　二月命。八月篡位。
〔左丞相〕金
〔右丞相〕長廣王湛　八月命，鎮鄴。
〔太傅〕演　正月，遷太師。二月，遷大丞相。
長廣王湛　二月命。八月，遷右丞相。

平陽王淹　八月命。
〔太保〕仁
〔大將軍〕相
段韶　二月命。
〔大司馬〕長廣王湛　正月命。二月，遷太傅。
彭城王浟　八月命。
〔太尉〕湛　正月，遷大司馬。
〔司徒〕韶　二月，遷大將軍。
尉標　二月命。
〔司空〕淹　二月，遷太尉。八月，遷太傅。
高歸彦　二月命，仍知禁衛。
〔録尚書事〕演　大丞相録。八月，篡位。
〔尚書令〕愔　二月，被殺。
彭城王浟　二月命。八月，遷大司馬，令如故。
〔左僕射〕湜　正月卒。
趙郡王叡　正月命。
〔右僕射〕子獻　二月，被殺。
劉洪徽　五月命。
〔吏部尚書〕尉瑾
〔中書監〕劭　出爲刺史。
魏收　尋遷侍中。
〔中書令〕彦深
任城王湝
〔侍中〕之才
河南王孝瑜
祖勳　遷兖州刺史。
叡　正月，遷左僕射。
彦深
欽道　二月，被殺。
魏收
張保洛
〔領軍將軍〕歸彦
天和　二月，被殺。

孝昭帝皇建二年壬午　十一月，演死，其弟長廣王湛襲位，改是年爲大寧元年

〔左丞相〕金
〔右丞相〕湛　十一月，襲帝位。
〔太宰〕平陽王淹　十一月命。
〔太傅〕淹　十一月，遷太宰。
高歸彦　十一月命。
〔太保〕仁
彭城王浟　十月命。十一月，遷太師，録尚書事。
尉粲　十一月命。
〔大司馬〕浟　十月，遷太保。
〔大將軍〕韶　十一月，遷大司馬。
〔司徒〕標　卒。
〔司空〕歸彦　十一月，遷太傅，領司徒。
婁叡　十一月命。
〔太尉〕尉粲　十月命。十一月，遷太保。
博陵王濟　十一月命。
〔尚書令〕浟　十月，遷太保，録尚書事。
段韶　十月命。十一月，遷大司馬。
〔左僕射〕叡　十一月，遷令。
趙郡王叡　十一月命。
任城王湝　十一月命。
〔右僕射〕洪徽
斛律光　十一月命。
〔吏部尚書〕瑾
〔中書監〕湝　十一月，遷僕射。
〔中書令〕孝瑜　遷司州牧。

河間王孝琬
〔侍中〕之才　遷西兗州刺史。
彥深
收　遷太子少傅。
高元海
〔領軍將軍〕歸彥
〔左丞相〕金

武成帝河清元年癸未

〔太宰〕淹　二月，出爲青州刺史。七月，復任。
高歸彥　二月命，出爲冀州刺史。七月，謀反，伏誅。
〔太師〕浟
〔太傅〕歸彥　二月，遷太宰。
段韶　七月命，領并州刺史。
〔太保〕粲
〔大司馬〕韶　七月，遷太傅。
〔太尉〕濟　出爲定州刺史。
〔司徒〕歸彥　二月解。
任城王湝　二月命。七月，遷太尉。
〔司空〕叡　七月，遷司徒。
斛律光　七月命。
〔録尚書事〕浟
〔尚書令〕叡　五月，遷太子太傅。七月，復任。
斛律光　五月命。七月，遷司空。
〔左僕射〕湝　二月，遷司徒。
馮翊王潤　正月命。
河間王孝琬　七月命。
〔右僕射〕光　五月，遷令。
〔吏部尚書〕瑾
〔中書令〕孝琬　七月，遷左僕射。
〔侍中〕彥深
元海
元文遥
和士開
〔領軍將軍〕歸彥　二月解。

二年甲申

〔左丞相〕金
〔太宰〕淹
〔太師〕浟
〔太傅〕韶
〔太保〕粲
〔太尉〕湝
〔司徒〕叡
〔司空〕光
〔録尚書事〕浟
〔尚書令〕叡
〔左僕射〕孝琬
〔右僕射〕魏收　正月命，數日除名。
趙彥深　三月命。
〔吏部尚書〕瑾
〔侍中〕彥深　遷僕射。
元海　遷兗州刺史。
文遥
士開

三年乙酉

〔左丞相〕金
〔太宰〕淹　十二月卒。
段韶　十二月命，仍領并州。
〔太師〕浟　三月，爲盜所殺。
〔太傅〕韶　五月，遷太師。十二月，遷太宰。
〔太保〕粲

〔大將軍〕任城王湝　五月命。十二月，遷大司馬。
婁叡　十二月命。
〔太尉〕湝　五月，遷大將軍。
〔司徒〕叡　有罪，免。五月，拜太尉。十二月，遷大將軍。
〔司空〕光　三月，遷司徒。十二月，遷太尉。
馮翊王潤　三月命。
〔録尚書事〕浟　三月，被殺。
〔尚書令〕叡　五月，改録。
蘭陵王長恭　十二月命。
〔左僕射〕孝琬
〔右僕射〕彦深
〔吏部尚書〕瑾
〔中書令〕元文遥
〔侍中〕文遥　遷中書令。
士開
武興王普
唐邕

四年丙戌　四月，湛禪位于其子緯，自稱太上皇帝，改是年爲天統元年

〔左丞相〕金
〔太宰〕韶
〔太師〕賀拔仁　四月命。
〔太保〕粲　四月，遷太傅。
侯莫陳相　四月命。
〔大司馬〕湝
〔大將軍〕叡　四月，有罪免。
斛律光　四月命。
〔太尉〕光　四月，遷大將軍。
婁叡　四月命。
〔司空〕潤　四月，遷司徒。
趙郡王叡　四月命。
〔録尚書事〕叡　四月，遷司空。
〔尚書令〕長恭
河間王孝琬　四月命。
〔左僕射〕孝琬　四月，遷令。
〔右僕射〕彦深　四月，遷左。
武興王普
〔吏部尚書〕瑾
〔中書令〕文遥
〔侍中〕士開
普　遷右僕射。
邕

末帝天統二年丁亥

〔左丞相〕金
〔太宰〕韶
〔太師〕仁
〔太傅〕粲　十月卒。
〔太保〕相　十月，遷太傅。
任城王湝　十月命，領并州刺史。
〔大司馬〕湝　十月，遷太保。
婁叡　十月命。
〔大將軍〕光
〔太尉〕叡　十月，遷大司馬。
〔司徒〕潤　十月，遷太尉。
韓祖念　十月命。
〔司空〕叡
〔尚書令〕孝琬　被殺。
武興王普　五月命。
〔左僕射〕彦深
〔右僕射〕普　五月，遷令。

尉瑾　尋卒。
元文遥　兼侍中。
〔吏部尚書〕瑾　遷右僕射。
〔中書令〕文遥　遷僕射。
〔中書監〕徐之才
〔侍中〕士開
邕
皮景和
〔領軍將軍〕東平王儼
三年戊子
〔左丞相〕金　閏六月卒。
〔太宰〕韶　八月，遷左丞相。
侯莫陳相　八月命。
〔右丞相〕賀拔仁　八月命。
〔太師〕仁　八月，遷右丞相。
〔太傅〕相　八月，遷太宰。
婁叡　八月命，領并州刺史。
〔太保〕湝　八月，遷太師，領司州牧。
斛律光　八月命。
〔大司馬〕叡　八月，遷太傅。
馮翊王潤　八月命。
〔大將軍〕光　八月，遷太保。
韓祖念　八月命。
〔太尉〕潤　八月，遷大司馬。
〔司徒〕祖念　八月，遷大將軍。
東平王儼　八月命。
〔司空〕叡　八月，遷太尉。
〔尚書令〕普
東平王儼　五月命。六月，改録。八月，遷司徒。
趙彦深　六月命，仍兼侍中。

〔左僕射〕彦深　六月，遷令。
婁定遠　六月命，尋改領軍。
〔右僕射〕文遥
徐之才　六月命，尋改左。
胡長仁
〔吏部尚書〕陽休之
〔中書監〕之才　六月，遷僕射。
和士開
〔侍中〕士開　遷中書監。
邕
景和
元文遥
〔領軍將軍〕儼　五月，遷尚書令，仍兼領軍。
婁定遠
〔中領軍〕綦連猛
四年己丑　十二月，湛死。
〔左丞相〕韶
〔右丞相〕仁
〔太宰〕相
〔太師〕湝
〔太傅〕叡
〔太保〕光
〔大司馬〕潤
〔大將軍〕祖念
東平王儼　三月命。
〔太尉〕叡
〔司徒〕儼　三月，遷大將軍。
高陽王綽　三月命。
〔司空〕徐顯秀　三月命。
〔録尚書事〕儼　大將軍録。

〔尚書令〕彦深　三月，改録。
廣寧王孝珩　三月命。十月，改録。
胡長仁　十月命。
〔左僕射〕之才　四月，遷兗州刺史。
〔右僕射〕長仁　五月命。十月，遷令。
和士開　五月命。十月，遷左。
唐邕　十月命，專典外兵。
元文遥
〔吏部尚書〕休之
〔中書監〕士開　五月，遷僕射。
唐邕　十月，遷僕射。
魏收
〔侍中〕邕　遷趙州刺史。
景和
文遥　遷僕射。
斛斯文略
胡長粲
〔領軍將軍〕儼
定遠
〔中領軍〕猛

五年庚寅

〔左丞相〕詔
〔右丞相〕仁
〔太師〕湝　出爲冀州刺史。
〔太傅〕叡　十一月，遷太師。
〔太保〕光　十一月，遷太傅。
馮翊王潤　十一月命。
〔大司馬〕潤　十一月，遷太保。
〔大將軍〕儼　十一月，遷大司馬。
〔太尉〕叡　二月，被殺。
〔司徒〕綽
〔司空〕顯秀　二月，遷太尉。
婁定遠　二月命。
〔録尚書事〕儼
彦深
孝珩
〔尚書令〕長仁　出爲齊州刺史，尋賜死。
蘭陵王長恭　十二月命。
〔左僕射〕士開　兼侍中。
〔右僕射〕文遥　二月，遷西兗州刺史。
魏收　十一月命。
〔吏部尚書〕休之
〔中書監〕收　十一月，遷僕射。
〔侍中〕景和
長粲　遷趙州刺史。
文略
叱列長文
〔領軍將軍〕儼
定遠　二月，遷青州刺史。
高阿那肱
〔中領軍〕猛

武平元年辛卯

〔左丞相〕詔
〔右丞相〕仁　二月，改録尚書事。
斛律光　二月命，鎮并州。
〔太師〕叡　正月卒。
任城王湝　二月命。
〔太傅〕光　二月，遷右丞相，領并州刺史。
華山王凝　七月命，領齊州刺史。
〔太保〕潤

〔大司馬〕儼
〔太尉〕顯秀
〔司徒〕綽　出爲冀州刺史。
〔司空〕定遠
廣寧王孝珩　六月命。十月，遷司徒。
上洛王思宗　十月命。
〔録尚書事〕儼
孝珩　六月，遷司空。
賀拔仁　二月命，踰月卒。
〔尚書令〕長恭　七月，改録。
和士開　七月命。
〔左僕射〕士開　遷領軍。
徐之才　四月命。
〔右僕射〕收
唐邕　六月命。
〔吏部尚書〕休之　遷中書監。
馮子琮　兼侍中。
〔中書監〕陽休之
〔侍中〕景和　改領軍。
段深
王峻
〔領軍將軍〕儼
阿那肱
皮景和
〔中領軍〕猛　加大將軍。
和士開　七月，遷尚書令。

二年壬辰

〔左丞相〕韶　九月卒。
〔右丞相〕光　十一月，遷左。
〔太宰〕任城王湝　九月命。
〔太師〕湝　九月，遷太宰。
〔太傅〕凝　卒。
上洛王思宗　二月命。
〔太保〕潤　出爲河南道行臺。九月，拜太師。
琅邪王儼　四月命。九月，被殺。
〔大司馬〕儼　四月，遷太保。
〔司徒〕孝珩　出爲徐州行臺。十一月，仍拜司徒。
〔司空〕思宗　二月，遷太傅。
趙彦深　二月命。九月，出爲刺史。
武平王普　九月命。
〔太尉〕蘭陵王長恭　二月命。
〔録尚書事〕長恭　二月，遷太尉。
〔尚書令〕士開　二月，改録。七月，被殺。
徐之才　二月命。
〔左僕射〕之才　二月，遷令。
〔右僕射〕邕　二月，遷左。
馮子琮　二月命，七月誅。
皮景和　七月命。
〔吏部尚書〕赫連子悦　十一月，改侍中。
〔中書監〕休之
〔侍中〕深
峻
穆提婆
崔季舒
祖珽　九月命。
赫連子悦
〔領軍大將軍〕猛　九月，出爲刺史。
〔領軍將軍〕儼　四月解。
景和　七月，遷僕射。
庫狄伏連　七月，被殺。

韓長鸞　兼侍中。

三年癸巳

〔左丞相〕光　十月，被殺。

〔太宰〕湝　八月，遷右丞相，領青州刺史。

馮翊王潤　八月命。

〔太師〕潤　八月，遷太宰。

〔太傅〕思宗

〔大司馬〕蘭陵王長恭　八月命。

〔大將軍〕廣寧王孝珩　八月命。

〔太尉〕長恭　八月，遷大司馬。

衛菩薩　八月命。

〔司徒〕孝珩　八月，遷大將軍。

安德王延宗　八月命。

〔司空〕普

〔尚書令〕之才　二月，改侍中。

唐邕　二月命。

北平王貞　八月命。

〔左僕射〕邕　二月，遷令。

祖珽　二月命。

許惇　八月命。

〔右僕射〕景和

高元海　二月命。七月，出爲刺史。

彭城王寶德　八月命。

〔中書監〕休之

〔中書令〕崔劼

〔侍中〕深

峻

提婆

季舒

珽　二月，遷僕射。

子悦

徐之才　二月命。

張景仁

斛律孝卿

〔領軍大將軍〕鮮于桃枝

〔領軍將軍〕長鸞

賀拔伏恩

尉破胡

封輔相

四年甲午

〔右丞相〕湝　遷左，領瀛州刺史。

高阿那肱　十二月命，仍録尚書事。

〔太宰〕潤

〔太保〕蘭陵王長恭　四月命。五月，酖死。

〔大司馬〕長恭　四月，遷太保。

〔大將軍〕孝珩　四月，遷大司馬。

衛菩薩　四月命。

南陽王綽

〔太尉〕菩薩　四月，遷大將軍。

〔司徒〕延宗　四月，遷太尉。

高阿那肱　六月命。十二月，遷丞相。

〔司空〕普　四月，遷司徒。

趙彦深　四月命。

〔録尚書事〕高阿那肱　正月命。

〔尚書令〕貞　二月，改録。

邕

〔左僕射〕珽　五月，遷北徐州刺史。

惇

穆提婆　五月命。

〔右僕射〕寶德

段孝言　五月命，仍典選。
〔中書監〕休之
段孝言　五月，遷僕射。
張景仁
〔中書令〕劼　卒。
白建
〔侍中〕峻　卒。
提婆　五月，遷僕射。
季舒　十月，被殺。
景仁　遷中書監。
孝卿
張雕武　十月，被殺。
胡君瑜
叱列長文
〔領軍將軍〕長鸞　進大將軍。
穆提婆
獨孤永業

五年乙未

〔左丞相〕湝
〔右丞相〕阿那肱
〔太宰〕潤
〔大司馬〕孝珩
〔大將軍〕綽　被殺。
〔太尉〕延宗
〔司徒〕普
〔司空〕彥深
〔録尚書事〕阿那肱
貞
穆提婆
〔尚書令〕邕　二月，改録。
皮景和
〔左僕射〕提婆　正月，遷録尚書事。
〔右僕射〕孝言　遷左，侍中如故。
高勱　八月命。
〔吏部尚書〕袁聿修
〔中書監〕景仁
陽休之　復任。
〔中書令〕建
〔侍中〕孝卿
長文
王紘　卒。
陳德信　宦官。
高勱　八月，遷僕射。
薛孤
康買
〔領軍大將軍〕長鸞
〔領軍將軍〕鮮于世榮
庫狄士文

六年丙申

〔左丞相〕湝
〔右丞相〕阿那肱
〔大司馬〕孝珩
〔太尉〕延宗
〔司徒〕普　出爲豫州行臺。
〔司空〕彥深　九月，遷司徒。
斛律阿列羅　九月命。
〔録尚書事〕阿那肱
邕
提婆
〔尚書令〕景和　卒。

〔左僕射〕孝言

〔右僕射〕勱　出爲行臺。

陽休之　四月命。

〔吏部尚書〕聿修

〔中書監〕休之　四月，遷僕射，仍領中書監。

〔中書令〕建

〔侍中〕孝卿

長文

德信

劉世清

〔領軍大將軍〕長鸞

〔領軍將軍〕世榮

士文

七年丁酉

〔左丞相〕湝　十二月，拜大丞相。

〔右丞相〕阿那肱

〔太宰〕武平王普

〔相國〕安德王延宗　十二月命，旋僭帝位于晉陽，與周師戰，敗降。

〔大司馬〕孝珩

〔太尉〕延宗　十二月，拜相國。

〔司徒〕彦深　六月卒。

莫多婁敬顯　十二月命。

〔司空〕阿列羅

〔録尚書事〕阿那肱

邕　十二月，爲延宗宰相，降周。

提婆　十二月，奔降于周。

〔尚書令〕高元海

〔左僕射〕孝言　除名。

韓晉明　未幾免。

鮮于世榮　領軍兼。

〔右僕射〕休之

〔吏部尚書〕聿修

〔中書監〕休之

〔中書令〕建　卒。

〔侍中〕孝卿

長文

德信

世清

〔領軍大將軍〕長鸞　除名。

元景安

尉相願

韓建業　十二月，降周。

〔領軍將軍〕世榮

乞伏令和

承光元年戊戌　正月，緯禪位于其子恒，旋爲周所滅，國亡，凡二十有八年。

〔大丞相〕湝　正月，降周。

〔右丞相〕阿那肱　正月，降周。

〔太宰〕普

〔大司馬〕孝珩　正月，遷太宰，降周。

〔大將軍〕綦連猛

〔司徒〕敬顯　正月，降周，被殺。

〔司空〕阿列羅

〔録尚書事〕阿那肱

〔尚書令〕元海

〔左僕射〕世榮　周兵入，不屈，被殺。

〔右僕射〕休之

〔吏部尚書〕聿修

〔中書監〕休之

〔侍中〕孝卿　正月，降周。

長文

德信

世清

〔領軍大將軍〕景安

〔領軍將軍〕世榮　加大將軍。正月，周師入，不屈，死。

令和

《周公卿年表》

清萬斯同撰

閔帝元年戊寅　正月，宇文覺篡魏，自稱天王。九月，宇文護廢覺，立其兄毓，仍稱元年。十月，梁陳霸先篡位。

〔太師〕李弼　正月命，十月卒。

〔太傅〕趙貴　正月命。二月，謀誅宇文護，被殺。

于謹　二月命。

〔太保〕獨孤信　正月命，二月罷，三月被殺。

侯莫陳崇　二月命。

〔大冢宰〕趙貴　正月〔月〕〔命〕，兼太傅。二月被殺。

宇文護　二月命。

〔大司徒〕李弼　正月命，兼太師，十月卒。

〔大宗伯〕獨孤信　正月命，兼太保，二月罷。

于謹　二月命，兼太傅。

〔大司馬〕宇文護　正月命。二月，遷冢宰。

賀蘭祥　二月命。

〔大司寇〕于謹　二月，遷宗伯。

達奚武　二月命。

〔大司空〕侯莫陳崇　二月，兼太保。

明帝二年己卯

〔太師〕宇文護　正月命。四月，領雍州牧。

〔太傅〕謹

〔太保〕崇

〔大冢宰〕護　正月，兼太師。

〔大宗伯〕謹

〔大司馬〕祥

侯莫陳崇　五月命，兼太保。

〔大司寇〕武

〔大司空〕崇　五月，遷宗伯。

宇文邕　五月命。

武成元年庚辰　正月，宇文護歸政。八月，改稱皇帝。

〔太師〕護

〔太傅〕謹

〔太保〕崇

〔大冢宰〕護

〔大司徒〕侯莫陳崇　五月命。

〔大宗伯〕崇　五月，遷司徒。

達奚武　五月命。

〔大司馬〕祥

〔大司寇〕武　五月，遷宗伯。

豆盧寧　五月命。

〔大司空〕邕

二年辛巳　四月，宇文護弑其君毓，立其弟邕。

〔太師〕護

〔太傅〕謹

〔太保〕崇

〔大冢宰〕護

〔大司徒〕崇

〔大宗伯〕武

〔大司馬〕祥

〔大司寇〕寧

〔大司空〕邕　四月，即帝位。

高祖保定元年壬午

〔太師〕護

〔太傅〕謹

〔太保〕崇

〔大冢宰〕護　正月，加都督中外諸軍事，五府統于天官。

〔大司徒〕崇

〔大宗伯〕武
〔大司馬〕祥
〔大司寇〕寧
〔大司空〕尉遲綱　四月命。
二年癸未
〔太師〕護
〔太傅〕謹
〔太保〕崇
〔大冢宰〕護
〔大司徒〕崇
〔大宗伯〕武
〔大司馬〕祥　正月卒。
尉遲迥　六月命。
〔大司寇〕寧
〔大司空〕綱　出爲陝州總管。
楊忠　五月命。
三年甲申
〔太師〕護
〔太傅〕謹
〔太保〕崇　正月，爲宇文護所殺。
達奚武　四月命。
〔大冢宰〕護
〔大司徒〕崇　正月，被殺。
〔大宗伯〕武　四月，兼太保。
〔大司馬〕迥
〔大司寇〕寧
〔大司空〕忠　九月，帥師伐齊。
四年乙酉
〔太師〕護
〔太傅〕謹
〔太保〕武　五月，出爲同州刺史。
楊忠　五月命，尋出爲涇州總管。
〔大冢宰〕護
〔大司徒〕宇文貴　八月命。
〔大宗伯〕武　出爲同州刺史。
竇熾　五月命。
〔大司馬〕迥
〔大司寇〕寧　出爲岐州刺史。
〔大司空〕忠　五月，敗還，尋出爲涇州總管。
衛王直　九月命。
五年丙戌
〔太師〕護
〔太傅〕謹
〔太保〕宇文貴
〔大冢宰〕護
〔大司徒〕貴　二月，迎皇后于突厥，被留不遣。
〔大宗伯〕熾
〔大司馬〕迥
〔大司寇〕陸通　二月命。
〔大司空〕直　出爲襄州總管。
李穆　二月命。
天和元年丁亥
〔太師〕護
〔太傅〕謹
〔太保〕貴
〔大冢宰〕護
〔大司徒〕貴
〔大宗伯〕熾
〔大司馬〕迥
〔大司寇〕通

〔大司空〕穆

二年戊子

〔太師〕護

〔太傅〕謹　七月，領雍州牧。

〔太保〕貴　十一月卒。

達奚武

〔大冢宰〕護

〔大司徒〕貴　十一月，自突厥還，卒于張掖。

〔大宗伯〕熾

〔大司馬〕迥

〔大司寇〕通

〔大司空〕穆

三年己丑

〔太師〕護

〔太傅〕謹　三月卒。

達奚武　四月命。

〔太保〕武　四月，遷太傅。

尉遲迥　四月命。

〔大冢宰〕護

〔大宗伯〕熾

〔大司馬〕迥　四月，遷太保。

齊王憲　四月命，兼雍州牧。

〔大司寇〕通

〔大司空〕穆

四年庚寅

〔太師〕護

〔太傅〕武

〔太保〕迥

〔大冢宰〕護

〔大宗伯〕熾

〔大司馬〕憲

〔大司寇〕通

〔大司空〕穆

五年辛卯

〔太師〕護

〔太傅〕武　十月卒。

尉遲迥

〔太保〕迥　遷太傅。

〔大冢宰〕護

〔大宗伯〕熾　出爲宜州刺史。

宇文盛　四月命。

〔大司馬〕憲

〔大司寇〕通

〔大司空〕穆

六年壬辰

〔太師〕護

〔太傅〕迥

〔大冢宰〕護

〔大宗伯〕盛

〔大司馬〕憲

〔大司寇〕通

〔大司空〕穆

建德元年癸巳

〔太師〕護　三月，伏誅。

尉遲迥　三月命。

〔太傅〕迥　三月，遷太師。

竇熾　三月命。

〔太保〕李穆　三月命。

〔大冢宰〕護　三月，伏誅。

齊王憲　三月命。

〔大司徒〕衛王直　三月命。
〔大宗伯〕盛
〔大司馬〕憲　三月，遷冢宰。
陸通　三月命，十月卒。
〔大司寇〕通　三月，遷司馬。
趙王招
辛威　三月命。
〔大司空〕穆　三月，遷太保。
趙王招　三月命。十一月，遷司馬。

二年甲午

〔太師〕迥
〔太傅〕熾
〔太保〕穆
〔大冢宰〕憲
〔大司徒〕直
〔大宗伯〕盛　遷少師。
侯莫陳瓊　五月命。
〔大司馬〕招
〔大司寇〕威
司馬消難　五月命。
〔大司空〕田弘　正月命。
陸騰　五月命。

三年乙未

〔太師〕迥
〔太傅〕熾
〔太保〕穆
〔大冢宰〕憲
〔大司徒〕直　七月，謀反，廢爲庶人。
〔大宗伯〕瓊　九月，遷秦州總管。
〔大司馬〕招
〔大司寇〕消難

四年丙申

〔太師〕迥
〔太傅〕熾
〔太保〕穆
〔大冢宰〕憲
〔大司馬〕招　三月，遷雍州牧。
〔大司寇〕消難

五年丁酉

〔太師〕迥
〔太傅〕熾
〔太保〕穆
〔大冢宰〕憲
〔大司寇〕消難

六年戊戌　正月，滅齊。

〔太師〕迥
〔太傅〕熾
〔太保〕穆
〔大冢宰〕憲
譙王儉　五月命。
〔大司徒〕宇文亮　五月命。
〔大宗伯〕達奚震　五月命。
〔大司馬〕侯莫陳芮　五月命。
〔大司寇〕消難　出爲梁州總管。
獨孤永業　五月命。
〔大司空〕韋孝寬　五月命。

宣政元年己亥　六月，帝殂，太子贇即位。

〔太師〕迥
趙王招　六月命。
〔太傅〕熾　領雍州牧，尋遷營作太監。

陳王純　六月命。
〔大冢宰〕儉　二月卒。
趙王盛　二月命。
〔大司徒〕亮　出爲安州總管。
長孫覽　八月命。
〔大宗伯〕震　出爲原州總管。
斛斯徵　七月命。
〔大司馬〕芮
楊堅　七月命。
〔大司寇〕永業　出爲襄州總管。
宇文椿　八月命。
〔大司空〕孝寬　出爲延州總管。
王誼　八月命，尋出爲總管。
畢王賢　十二月命。

宣帝大成元年庚子　正月，置四輔官。二月，贇禪位于其子衍，自稱太上皇，改是年爲大象元年

〔太師〕招　五月，就國。
畢王賢　八月命。
〔太傅〕純　五月，就國。
〔太保〕越王盛　三月命。五月，就國。
〔大前疑〕越王盛　正月命。二月，遷太保。
尉遲迥　三月命。六月，據相州起兵討楊堅，兵敗，自殺。
楊堅　七月命。
〔大右弼〕尉遲迥　正月命。二月，遷前疑。
代王達　二月命。五月，就國。
〔大左輔〕李穆　正月命。
韓建業　八月命。
〔大後丞〕楊堅　正月命。七月，遷前疑。
司馬消難　七月命。

〔大冢宰〕盛　正月，遷前疑。
酆王貞　九月命。
〔大司徒〕覽　出爲同州刺史。
于翼　正月命。
〔大宗伯〕徵
宇文善　二月命。
〔大司馬〕堅　正月，遷後丞。
〔大司寇〕椿
〔大司空〕賢　七月，遷雍州牧。

二年辛丑　五月，贇死，楊堅受遺輔政。六月，相州總管尉遲迥舉兵討堅，不克，死。

〔太師〕賢　六月，爲楊堅所殺。
漢王贊　五月，拜右丞相。六月，遷太師，爲堅所殺。
楊堅　五月，拜左大丞相，百官總己以聽。九月，改大丞相。十二月，封隋王。
〔太傅〕李穆　并州總管，八月加。
〔大前疑〕堅
宋王實　八月命，爲楊堅所殺。
〔大右弼〕秦王贄　八月命，爲楊堅所殺。
〔大左輔〕建業
于實　八月命。
〔大後丞〕消難　七月，舉兵討楊堅，不克，奔陳。
〔大冢宰〕貞
秦王贄　六月命。八月，遷右弼。
楊堅　八月，丞相兼，五府統于天官。
〔大司徒〕翼　出爲幽〔州〕總管。
宇文椿　六月命，爲楊堅所殺。
王誼
〔大宗伯〕善
楊慧　九月命。

〔大司馬〕竇毅　八月命。
楊勇　十二月命。
〔大司寇〕元孝矩　十二月命。
〔大司空〕于智　八月命。
靜帝大定元年壬寅　二月，禪位于隋。
〔太師〕堅　二月，篡位。
〔太傅〕穆
〔大左輔〕實

〔大冢宰〕堅
〔大司徒〕誼
〔大宗伯〕慧
〔大司馬〕勇
〔大司寇〕孝矩
〔大司空〕智
編者案：據推此表干支實遞早一年，不知何故。

《北周公卿表》

清練恕撰

孝閔皇帝元年世宗明皇帝元年丁丑　是年，西魏恭帝遜位。正月，孝閔帝受禪，即天王位，國號周。九月，爲晉公護所廢，尋弑之，明帝立。

〔太師〕李弼　正月命，十月薨。

〔太傅〕趙貴　正月命。二月，被誅。

于謹

〔太保〕獨孤信　正月命，尋有罪，免。

侯莫陳崇　二月命。

〔大冢宰〕趙貴　以太傅兼，尋被誅。

晉公護　二月命。

〔大宗伯〕趙貴　遷太傅、大冢宰。

〔大司徒〕李弼　遷太師，兼領，尋薨。

獨孤信　正月命，以太保兼，尋免。

于謹　以太傅領。

〔大司馬〕獨孤信　遷太保、大宗伯。

中山公護　正月命，尋遷大冢宰，進封晉國公。

賀蘭祥　二月命。

〔大司寇〕于謹　遷太傅、大宗伯。

達奚武　二月命。

〔大司空〕侯莫陳崇　遷太保，兼領。

二年戊寅

〔太師〕晉公護　正月命。四月，爲雍州牧。

〔太傅〕謹

〔太保〕崇

〔大冢宰〕護

〔大宗伯〕謹

侯莫陳崇　五月命，以太保兼。

〔大司馬〕祥

〔大司寇〕武

〔大司空〕崇　遷大宗伯。

武成元年己卯　八月，改元，天王改稱皇帝。

〔太師〕護　正月，上表歸政。

〔太保〕崇

〔大冢宰〕護

〔大司徒〕侯莫陳崇　五月命。

〔大宗伯〕崇　遷大司徒。

達奚武　五月命。

〔大司馬〕祥　討吐谷渾，尋捷。

〔大司寇〕武　遷大宗伯。

豆盧寧　五月命。

〔大司空〕輔城公邕　五月命，尋進封魯國公。

二年庚辰　四月，帝因食遇毒，崩。弟魯公邕立，是爲武帝。

〔太師〕護

〔太傅〕謹

〔太保〕崇

〔大冢宰〕護

〔大司徒〕崇

〔大宗伯〕武

〔大司馬〕祥

〔大司寇〕寧

〔大司空〕魯公邕　四月，即皇帝位。

高祖武皇帝保定元年辛巳　正月，改元。

〔太師〕護　加都督中外諸軍事。

〔太傅〕謹

〔太保〕崇

〔大冢宰〕護

〔大司徒〕崇

〔大宗伯〕武
〔大司馬〕祥
〔大司寇〕寧
〔大司空〕尉遲綱　四月命。

二年壬午

〔太師〕護
〔太傅〕謹
〔太保〕崇
〔大冢宰〕護
〔大司徒〕崇
〔大宗伯〕武
〔大司馬〕祥　閏正月薨。
　尉遲迥　六月命。
〔大司寇〕寧
〔大司空〕綱　出爲陝州總管。
　楊忠　五月命。

三年癸未

〔太師〕護
〔太傅〕謹
〔太保〕崇　正月，賜死。
　達奚武　四月命。十二月，奉命伐齊。
〔大冢宰〕護
〔大司徒〕崇
〔大宗伯〕武　遷太保。
〔大司馬〕迥
〔大司寇〕寧
〔大司空〕忠　九月，率兵伐齊。
　宇文貴

四年甲申

〔太師〕護　十月，奉命伐齊。
〔太傅〕謹
〔太保〕武　五月，出爲同州刺史，尋召還。
〔大冢宰〕護
〔大司徒〕楊薦
　宇文貴　八月命。
〔大宗伯〕竇熾　四月命。
〔大司馬〕迥
〔大司寇〕寧　出爲岐州刺史。
〔大司空〕貴　遷大司徒。
　衛公直　九月命。

五年乙酉

〔太師〕護
〔太傅〕謹
〔太保〕武
　宇文貴
〔大冢宰〕護
〔大司徒〕貴　遷太保。
〔大宗伯〕熾
〔大司馬〕迥
〔大司寇〕陸通　二月命。
〔大司空〕直　出爲襄州總管。
　李穆　二月命。

天和元年丙戌　正月，改元。

〔太師〕護
〔太傅〕謹
〔太保〕武
　貴
〔大冢宰〕護
〔大宗伯〕熾
〔大司馬〕迥

〔大司寇〕通
〔大司空〕穆
二年丁亥
〔太師〕護
〔太傅〕謹　七月，爲雍州牧。
〔太保〕武
貴　十一月薨。
〔大冢宰〕護
〔大宗伯〕熾
〔大司馬〕迥
〔大司寇〕通
〔大司空〕穆
三年戊子
〔太師〕護
〔太傅〕謹　三月薨。
達奚武　四月命。
〔太保〕武　四月，遷太傅。
尉遲迥　四月命。
〔大冢宰〕護
〔大宗伯〕熾
〔大司馬〕迥　遷太保。
齊公憲　四月命。
〔大司寇〕通
〔大司空〕穆
四年己丑
〔太師〕護
〔太傅〕武
〔太保〕迥
〔大冢宰〕護
〔大宗伯〕熾
〔大司馬〕憲
〔大司寇〕通
〔大司空〕穆
五年庚寅
〔太師〕護
〔太傅〕武　十月薨。
尉遲迥
〔太保〕迥　遷太傅。
〔大冢宰〕護
〔大宗伯〕熾　出爲宜州刺史。
宇文盛　四月命。
〔大司馬〕憲
〔大司寇〕通
〔大司空〕穆
六年辛卯
〔太師〕護
〔太傅〕迥
〔大冢宰〕護
〔大宗伯〕盛
〔大司馬〕憲
〔大司寇〕通
〔大司空〕穆
建德元年壬辰　三月，改元。
〔太師〕護　三月，伏誅。
尉遲迥　三月命，不知何時出爲相州總管。
〔太傅〕迥　遷太師。
竇熾　三月命。
〔太保〕李穆　三月命，尋出爲原州總管。
〔大冢宰〕護　伏誅。
齊公憲　三月命。

〔大司徒〕衛公直　三月命。
〔大宗伯〕盛
〔大司馬〕憲　遷大冢(幸)〔宰〕。
陸通　三月命，十月薨。
趙公招　十一月命。
〔大司寇〕通　遷大司馬。
辛威　三月命。
〔大司空〕穆　遷太保。
趙公招　三月命，尋遷大司馬。

二年癸巳
〔太傅〕熾
〔大冢宰〕憲
〔大司徒〕直
〔大宗伯〕盛　遷少師。
侯莫陳瓊　五月命。
〔大司馬〕招
〔大司寇〕盛　遷少傅。
司馬消難
〔大司空〕田弘　正月授，尋遷少保。
陸騰

三年甲午
〔太傅〕熾
〔大冢宰〕憲　進爵爲王。
〔大司徒〕直　進爵爲王，以謀反，免爲庶人。
〔大宗伯〕瓊　出爲秦州總管。
〔大司馬〕招　進爵爲王，出爲雍州牧。
〔大司寇〕消難
〔大司空〕騰　出爲涇州總管。

四年乙未
〔太傅〕熾
〔大冢宰〕憲
〔大司寇〕消難　出爲梁州總管。

五年丙申　伐齊。
〔太傅〕熾

六年丁酉　滅齊。
〔太傅〕熾
〔大冢宰〕譙王儉　五月命。
〔大司徒〕杞公亮　五月命。
〔大宗伯〕達奚震　五月命。
〔大司馬〕侯莫陳芮　五月命，不知何時改。
〔大司寇〕獨孤永業　五月命，不知何時改。
〔大司空〕韋孝寬　三月命，尋出爲延州總管。

宣政元年戊戌　三月，改元。六月，帝崩，太子贇立，是爲宣帝。
〔太師〕趙王招　閏六月命。
〔太傅〕陳王純　閏六月命。
〔大冢宰〕儉　二月薨。
越王盛　二月命。
〔大司徒〕亮　出爲安州總管。
長孫覽　八月命。
〔大宗伯〕震　出爲原州總管。
斛斯徵　七月命。
〔大司馬〕楊堅　七月命。
〔大司寇〕永昌公椿　八月命。
〔大司空〕王誼　八月命。十月，出爲襄州總管。
畢王賢　十二月命。

宣皇帝大成元年

靜皇帝大象元年己亥　宣帝立。正月，改元。二月，禪位於太子衍，命即改元。太子即位，是爲靜帝。
〔太師〕趙王招　五月，之國。
畢王賢　八月命。

〔太傅〕陳王純　五月，之國。
〔太保〕越王盛　二月命。五月，之國。
〔丞相〕
〔相國〕
〔大前疑〕越王盛　正月命，尋遷太保。
尉遲迥　二月命，尋復爲相州總管。
楊堅　七月命。
〔大右弼〕尉遲迥　正月命，尋遷大前疑。
代王達　二月命。五月，之國。
〔大左輔〕李穆　正月命，尋免。
韓建業　八月命。
〔大後丞〕楊堅　正月命，尋遷大前疑。
司馬消難　七月命，尋出爲交州總管。
〔大冢宰〕越王盛　遷大前疑。
酆王貞　八月命。
〔大司徒〕長孫覽　出爲同、涇二州刺史。
于翼　正月命，尋出爲幽州總管。
〔大宗伯〕斛斯徵　正月免。
宇文善　正月命。
〔大司馬〕楊堅　遷大後丞。
〔大司寇〕永昌公椿
〔大司空〕畢王賢　出爲雍州牧。

靜皇帝大象二年庚子　五月，宣帝崩。

〔太師〕賢　六月，被害。
〔右大丞相〕漢王贊　五月命。八月，遷太師，尋被害。
〔左大丞相〕楊堅　五月命，加都督内外諸軍事。九月，遷大丞相，進爵爲王。
〔太傅〕李穆　八月命。
（是年九月，丞相去左右號）
〔大前疑〕堅　五月，出爲揚州總管，未赴，宣帝崩，遷左大丞相。
宋王實　八月命，尋被害。
〔大右弼〕秦王贊　八月命，尋被害。
〔大左輔〕建業　是年免。
于寔　八月命。
〔大冢宰〕貞　是年，被害。
秦王贊　六月命，尋遷大右弼。
楊堅　以大丞相兼。
〔大司徒〕杞公椿　六月命。
〔大宗伯〕楊慧　九月命，尋加上柱國。
〔大司馬〕竇毅　八月命，尋免。
楊勇　十二月命。
〔大司寇〕椿　遷大司徒。
元孝矩　十二月命。
〔大司空〕于智　八月命。

大定元年辛丑　正月，改元。二月，禪位于隋，周亡。

〔大丞相〕楊堅　二月，進相國，加九錫，尋受禪。
〔太傅〕穆
〔大左輔〕寔
〔大冢宰〕堅　遷相國。
〔大司徒〕椿　是年，被害。
〔大宗伯〕慧
〔大司馬〕勇　正月，遷洛州總管。
〔大司寇〕孝矩
〔大司空〕智

雜録

備録

《稽古録》

宋司馬光撰

卷一三 魏文帝丕黄初元年

春，太祖薨，太子嗣王位。

改元延康。

夏，酒泉、張掖反，金城太守蘇則討平之。

秋，王南征，次于譙。

劉備將孟達降。

冬，王受漢禪，徙都洛陽，封漢帝爲山陽公。

二年漢昭烈帝備章武元

夏，劉備稱帝。

孫權徙治武昌。

甄夫人死。

蜀張飛爲左右所殺。

秋，蜀主自將，擊孫權，軍於秭歸； 權遣將陸遜拒之，軍於夷陵。

權遣使來稱藩，詔封權吴王，加之九錫。

冬，帝東巡。

三年吴大帝孫權黄武元

春，幸許昌。

夏，吴陸遜大破蜀軍於猇亭，蜀主僅以身免。

秋，蜀將黄權來降。

立皇后郭氏。

冀州饑。

帝責吴任子不得，遣將軍曹休等擊吴。

冬，帝幸宛。

吴、蜀復和親。

蜀漢嘉守黄元反。

四年漢安樂思公禪建興元

春，曹休等罷還。

蜀人斬黄元。

夏，蜀主殂於永安，太子禪立，年十七，丞相亮秉政。

秋，帝幸許昌。

甲辰五年

秋，帝幸許昌； 爲水軍以擊吴，至廣陵，吴人爲疑城以拒之，帝還。

六年

春，蜀諸葛亮渡瀘水，擊牂牁、益州、越巂、永安四郡，平之。

并州刺史梁習討鮮卑軻比能，大破之。

冬，帝復爲水軍以擊吴； 至廣陵，大寒，水冰，舟不得入江，而還。

吴番陽彭綺反。

七年

夏，帝疾甚，立甄夫人子叡爲太子。帝崩，大將軍曹真、司馬懿等受遺詔輔政。明帝即位，自親政事，以真等爲三公，或以方任處之。

秋，吴王圍江夏，不克。

吴諸葛瑾、張霸寇襄陽，司馬懿擊破之，斬霸。

魏明帝叡大和元年

春，吴人獲彭綺。

蜀諸葛亮出屯漢中，以圖中原。

冬，立毛后。

吳將韓琮來降。

新城太守孟達反；　遣司馬懿擊之。

二年

春，斬達。

蜀諸葛亮寇邊，天水、南安、安定皆應之，關中震動。帝幸長安。將軍張郃擊破亮於街亭，亮誅其將馬謖而還。

秋，曹休與吳陸遜戰，敗於石亭。

冬，蜀諸葛亮圍陳倉，不克。

遼東公孫淵囚其叔父恭。

三年吳黃龍元

春，蜀人取武都、陰平。

夏，吳王稱帝，與蜀約中分天下。

秋，吳徙都建業，使陸遜佐太子登守武昌。

四年

春，作合肥新城。

詔禁絶浮華。免尚書諸葛誕等官。

議考課法。

吳廷尉隱蕃叛，誅。

五溪蠻侵吳，吳潘濬討之。

卞太后崩。

秋，遣曹真自斜谷、司馬懿自漢水擊蜀；　會大雨，班師。

帝幸許昌。

五年

春，蜀諸葛亮寇祁山；　遣司馬懿鎮關中以禦之。懿軍敗於鹵城。亮食盡而退；　張郃追亮至木門，戰死。

秋，初聽諸侯王入朝。

蜀中都護李平有罪，徙梓潼。

冬，吳將孫布詐降；　揚州刺史王淩迎之，爲吳所敗。

六年吳嘉禾元

春，帝愛女淑薨；　爲之厚葬，立廟。

帝幸許昌。

吳太子登入朝，吳主因留建業。

秋，帝幸摩陂。

治許昌宫。

冬，吳主遣使詣公孫淵；　至成山，汝南太守田豫擊取之。

吳陸遜寇廬江，不克。

青龍元年

春，帝幸摩陂。

公孫淵稱臣於吳。吳主封淵燕王，加九錫，遣使者張彌、許晏將萬人詣淵；　張昭等諫，不聽。

將軍秦元明擊破鮮卑，軻比能走漠北。

冬，公孫淵斬吳使者首以獻。

吳主攻新城，不克。

甲寅二年

春，山陽公薨。

蜀諸葛亮以十萬衆，自斜谷入寇；　吳主亦舉兵寇合肥、襄陽、廣陵。司馬懿與亮相拒於渭南。秋，亮卒，蜀師退。蜀尚書令蔣琬代亮秉政。

帝幸壽春，吳師亦退。

吳潘濬平五溪蠻。

三年

春，郭太后崩。

蜀楊儀有罪，自殺。

帝大治宫室，羣臣楊阜等切諫，雖不之罪，亦不聽。

冬，帝幸許昌。

幽州刺史王雄遣人刺殺軻比能，鮮卑由是衰散。

立皇子芳爲齊王；　芳，實非帝子。

四年

春，吳張昭卒。

冬，帝幸許昌。

景初元年

春，改定魏曆；以建丑月爲正。

秋，吴朱然寇江夏；冬，全琮襲六安；皆不克。

吴諸葛恪招撫山越，得甲士四萬。

公孫淵反，自稱燕王；幽州刺史毌丘儉討之，遇雨而還。

毛后以罪賜死。

二年漢延熙、吴赤烏元

春，遣司馬懿擊公孫淵；秋，拔襄下，斬淵。

冬，帝寢疾。

立皇后郭氏。

詔燕王宇及夏侯獻、曹肇等輔齊王芳爲嗣；中書監孫資、劉放惡獻、肇，以曹爽、司馬懿代之。

蜀蔣琬出屯漢中。

三年

春，帝崩。帝及文帝皆勤吏治而好通才，故俗尚刻薄、賤守節焉。

太子即位，年八歲。

曹爽用其黨何晏等計，陽尊司馬懿爲太傅，爽兄弟並典兵、侍從，勢震四方，懿謝病以避之。

冬，復以建寅月爲正。

魏邵陵厲公芳正始元年

春，旱。

蜀越嶲反，太守張嶷討平之。

冬，吴饑。

二年

夏，吴全琮寇淮南，諸葛恪攻六安，朱然圍樊，諸葛瑾取柤中；征東將軍王淩破全琮於芍陂，司馬懿救樊；吴師還。

吴太子登卒。

蜀大司馬蔣琬欲自漢、沔以舟師伐魏，蜀人以爲不可。乃止。

三年

春，吴王立子和爲太子，封少子霸爲魯王。

秋，吴陸凱討朱崖、儋耳。

四年

春，吴諸葛恪寇六安。

冬，蜀蔣琬自漢中還住涪，以費禕爲大將軍。

甲午五年

春，曹爽之黨以爽素無威名，勸爽發兵十餘萬與征西將軍夏侯玄自駱谷擊蜀。蜀人守險不戰，師不得進；夏，糧盡而還。關中爲之虚耗，由是天下益惡爽。

蜀董允守尚書令。

六年

春，吴丞相陸遜卒。

七年

春，吴朱然寇柤中。

毌丘儉擊高句麗，屠九郡；高句麗王宫出走。

秋，吴分荆州爲二郡，使吕岱、諸葛恪督之。

冬，蜀蔣琬、董允卒。蜀主始親聽政，宦人黄皓用事。

八年

蜀費禕與凉州刺史姜維共録尚書事。

九年

夏，蜀費禕出屯漢中。

嘉平元年

春，曹爽兄弟從帝出謁高平陵，司馬懿發兵閉門，奏爽罪惡；帝還，懿收爽及其黨，悉誅之。

秋，蜀姜維寇雍州，將軍郭淮、陳泰擊走之。

王淩謀起兵立楚王彪以討司馬懿，不果。

二年

吴魯王霸謀去太子和而代之，全公主亦譖和。秋，吴主廢和，賜霸死；冬，立少子亮爲太子。

將軍王昶出江陵，王基出西陵，州泰出秭歸，以擊吴；吴陸凱拒之，師還。

蜀姜維寇西平，不克。

三年吴太元元

夏，王淩事覺，司馬懿自水道奄至壽春。凌窮迫出降，自殺。賜楚王彪死。悉集諸宗室置鄴。

吴立潘后。

秋，司馬懿卒，以其子師録尚書事。

冬，吴主寢疾，召諸葛恪於武昌，委以國政。

蜀費禕北駐漢壽。

四年吴候官侯亮建興元

春，立張后。

夏，吴大帝殂，太子亮立，年九歲。冬，吴太傅諸葛恪修東興隄。詔王昶出江陵；毌丘儉出武昌；胡遵、諸葛誕圍東興，與諸葛恪戰於東關，遵、誕兵大敗。

五年

春，郭循刺殺蜀費禕。

吴諸葛恪復發兵二十萬寇淮南。

夏，蜀姜維寇狄道，陳泰禦之，維退。

諸葛恪圍新城，士卒病死以萬數。秋，引兵去。吴侍中孫峻誘恪，殺之，又殺故太子和，徙齊王奮於章安。

甲戌魏高貴鄉公髦正元元年吴五鳳元

春，中書令李豐、后父緝及夏侯玄謀殺司馬師，皆族誅。廢張后。

夏，蜀姜維寇隴西。

帝與左右謀誅司馬師，不克。秋，師廢帝，迎立文帝孫高貴鄉公。

二年

春，鎮東將軍毌丘儉、揚州刺史文欽反，渡淮，據項城；司馬師擊殺儉。

吴孫峻襲壽春，文欽降吴。

司馬師卒于許昌，以師弟昭爲大將軍。

秋，蜀姜維圍雍州刺史王經於狄道，陳泰、鄧艾救之，維去。

甘露元年吴太平元

秋，蜀大將軍姜維寇祁山，將軍鄧艾大破維於段谷。

吴吕據及文欽寇青、徐；會孫峻卒，以政事付從弟綝，綝召據等還。據聞綝代峻，大怒，不受命。冬，綝擊殺據，又殺大司馬滕胤。

二年

夏，詔召鎮東大將軍諸葛誕爲司空，誕據壽春叛，降吴，吴將全懌、全端及文欽入壽春。司馬昭奉太后及帝，將兵二十六萬以討誕，圍壽春，破吴將朱異。冬，懌、端出降。

蜀姜維出駱谷，將軍司馬望、鄧艾禦之。

三年漢景耀、吴景帝休永安元

春，諸葛誕殺文欽；諸軍拔壽春，斬誕。蜀軍聞之，亦退。

吴主與太常全尚謀誅孫綝，尚泄其謀；秋，綝廢吴主爲會稽王，立其兄琅邪王休爲吴主。冬，吴主與將軍張布共誅滅綝。

四年

魏元帝奂景元元年

夏，高貴鄉公率殿中兵以誅司馬昭，不克，崩于軍中。昭迎燕王宇之子常道鄉公奂，立之。

吴作丹陽湖、浦里塘。吴黜會稽王亮爲候官侯，亮自殺。

二年

春，吴人使其將鄧由等詐降，以誘征南將軍王基；基知而不逆，由果不至。

三年

秋，吴立朱后及太子𩅦。

冬，蜀姜維寇洮陽，鄧艾敗之於侯和。維與黄皓有隙，因留沓中，不敢歸。

蜀罷漢中諸國。

詔以鍾會爲鎮西將軍。

勑青、徐、兖、豫、荆、楊作船，謀以伐蜀。

四年漢炎興元

夏，吴交趾吕興叛。

詔鍾會、鄧艾伐蜀。會拔漢中，艾破姜維于强川。維退守劍閣，會不能進；會欲還，艾不可。

冬，吴丁奉寇壽春。

鄧艾自陰平入蜀，破蜀諸葛瞻於緜竹；蜀主出降。吳師退。

甲申咸熙元年吳歸命侯皓元興元

春，鍾會譖鄧艾殺之。

司馬昭奉帝幸長安。鍾會尋反，死。

吳陸抗圍巴東，不克。

秋，吳景帝殂，大臣濮陽興、張布立太子和之子皓；皓既立，族誅興、布。

交趾、日南、九真皆來降。

晉武帝炎泰始元年吳甘露元

秋，太祖薨，太子炎嗣爲晉王。

吳主殺景后朱氏及其二子，使大臣丁固、諸葛靚守建業，徙都武昌。

冬，王受魏禪，封魏帝爲陳留王。

二年吳寶鼎元

春，立皇后楊氏。

冬，吳永安山賊施但等，劫吳主弟永安侯謙，以攻建業；丁固、諸葛靚擊破之，謙自殺。

吳主還都建業。

三年

春，立子衷爲太子。

夏，吳主作顯明宮；開苑囿，起土山；二千石以下，皆入山督木石。

四年

秋，吳主出東關，使丁奉寇合肥。

五年吳建衡元

春，以僕射羊祜鎮襄陽；祜薦王濬爲巴郡太守，以謀伐吳。

冬，吳丞相陸凱卒。

吳監軍虞汜自荆州，李勗自建安，擊交趾。

六年

春，吳李勗以建安道不通，引軍還，坐族誅。

七年

春，吳主自將大衆出華里，欲入寇，遇大雪而還。

虞汜破交趾，殺晉所置吏；復取交趾、日南、九真。

八年吳鳳皇元

春，納車騎將軍賈充女爲太子妃。

夏，益州牙將張松殺刺史皇甫晏；詔以王濬爲刺史，擊平之。

秋，吳將步闡以西陵來降，吳陸抗擊殺之。

九年

吳主好祥瑞，侍中韋昭非之，怒殺昭。吳主奢淫無度，愎諫好殺，或剥人面皮；人有忤視者，輒鑿其目；民不聊生。

甲午十年

秋，楊后崩；遺言請納叔父駿之女，帝許之。

吳大司馬陸抗卒。

咸寧元年吳天册元

吳主燒鋸殺中書令賀邵。

二年吳天璽元

秋，吳京下督孫楷來奔。

冬，立皇后楊氏；駿女也。

三年吳天紀元

四年

冬，羊祜卒。以河南尹杜預都督荆州。

五年

杜預、王濬請伐吳，太尉賈充、太傅荀勖以爲不可，中書令張華以爲可；帝用華言。

冬，遣琅邪王伷出徐州，將軍王渾出牛渚，王戎出武昌，胡奮出夏口，杜預趣江陵，王濬下巴、蜀，凡二十餘萬衆，伐吳。

太康元年

春，王濬所向城、戍皆下，杜預拔公安。諸將以嚮夏水潦疾疫方作，請班師；預固執不可。夏，王渾大破吳兵於板橋，斬其丞相張悌；王濬入石頭，吳主詣濬降。渾與濬爭功，互相論奏，帝兩無所是非。

二年

太子闇弱，不辨菽麥，侍中和嶠、衛瓘屢以爲言；荀顗及尚書令荀勖常保護之，故得不廢。文帝子齊王攸有俊德，人所屬望，勗惡之。

三年

冬，勗言於帝，以攸爲大司馬、都督青州，遣之國。

四年

春，太子妃賈氏手殺孕妾，帝怒，欲廢之；楊后曰：「妬者，婦人之常情。」乃止。齊王攸憂憤嘔血薨。

甲辰五年

秋，杜預卒于襄陽。

六年

七年

八年

九年

春，鮮卑慕容廆請内屬，拜廆鮮卑都督。廆徙居青山。

十年

惠帝衷永熙元年

夏，武帝崩。遺詔以后父楊駿爲太傅，輔政。帝自平吴以來，沉湎酒色，不思國家久遠之策；俗以老、莊放誕相高，而鄙經術禮法之士；識者知天下將亂云。惠帝即位。

秋，立子遹爲太子。

元康元年

春，賈后殺楊駿及其親黨，遷太后於金墉。以汝南王亮爲太宰，與太保衛瓘對掌朝政。

賈后又使楚王瑋殺亮、瓘，因而誅瑋。秋，以梁王肜録尚書事。

二年

春，楊太后乏食崩。

三年

賈后黨侍中賈謐、尚書郭章用事，朝士爭附之。

甲寅四年

冬，慕容廆徙居大棘。

五年

武庫火。

六年

春，張華爲司空，掌朝政。秋，氐帥齊萬年及羌、胡反，寇涇陽，衆號十萬；冬，遣將軍周處等討之。

七年

春，周處及氐戰，敗死於六陌。

八年

賈后謀害太子；左衛率劉卞説張華以四率兵奉太子入朝，因録尚書事，執賈后廢之，華不從。

九年

冬，賈后誣太子謀反，廢徙金墉城。由是人間疾惡賈氏益甚。趙王倫諂事賈、郭，得車騎將軍；或説倫腹心孫秀曰：「朝廷人人欲爲太子報讎，公輩受福不久矣，不如先之。」倫、秀告張華，華不可。

永康元年

春，賈后殺太子於許昌。

夏，趙王倫、梁王肜領兵入宫，誅賈謐、郭彰，賜賈后死，斬張華。倫爲相國，如宣帝輔魏故事；肜爲太宰。立太子之子臧爲太孫。

秋，淮南王允發兵誅倫，不克而死。

冬，立皇后羊氏。

永寧元年

春，趙王倫篡位，遷帝於金墉，殺太孫臧。齊王冏、河間王顒、成都王穎共起兵以誅倫。夏，將軍王輿殺孫秀，迎帝復位，賜倫死。詔以冏爲大司馬，輔政。

益州刺史趙廞反。詔以張軌爲涼州刺史。

太安元年

春，趙廞殺賓人李庠，庠兄特攻殺廞。詔以羅尚爲益州刺史。尚欲誅特；夏，特攻尚於成都，自稱益州牧。

秋，立皇弟子覃爲太子。

冬，河間王顒起兵以討齊王冏；長沙王乂執冏，殺之。

二年成景帝李特建初元

春，羅尚破斬李特，特弟流代領其衆。秋，流卒，以衆付特子雄。雄遂逐尚，據成都。河間王顒、成都王穎表長沙王乂罪惡；乂劫帝，與顒、穎相攻。兵交洛陽，詔令不出四門。冬，東海王越執乂，殺之。

甲子永興元年漢光文帝劉淵元熙、成武帝雄建興元

春，以穎爲太弟。秋，越奉帝攻穎，敗於湯陰，越奔下邳，穎以帝歸鄴。

東瀛公騰及都督幽州王浚共攻穎，穎奉帝奔洛陽。

匈奴劉淵據離石，稱「大單于」。

李雄稱成都王。

冬，河間王顒劫帝幸長安，立皇弟熾爲太弟。

二年

秋，穎將公師藩、汲桑，羯胡石勒起兵趙、魏，兗州刺史苟晞討斬藩。

廣陵相陳敏起兵據揚州。

冬，穎衆入洛陽，東海王越以宣帝曾孫琅邪王叡爲安東將軍、領揚州。

劉淵陷河東、平陽，徙都蒲子。李雄稱帝。

光熙元年成晏平元

春，東海王越遣將宋胄逼洛陽，成都王穎走河北，胄引兵西迎大駕；河間王顒兵敗，走入太白山。夏，帝還洛陽；冬，遇毒崩。穎、顒皆爲人所殺。

懷帝熾永嘉元年

春，陳敏爲其將顧榮所殺。

東海王越出鎮許昌。

琅邪王叡自下邳徙建康。

以南陽王模鎮長安，東瀛公騰鎮鄴。汲桑攻鄴，殺騰。秋，苟晞擊殺桑。

賊帥石勒、王彌皆降劉淵。

二年漢永鳳元

夏，王彌逼洛陽，諸將擊破彌于七里澗，彌自軹關奔劉淵。淵以彌爲征東大將軍，石勒爲平東將軍，居樂平。冬，劉淵稱漢帝。

張軌感風、疾作，子茂攝州事。

三年漢河瑞元

春，劉淵徙都平陽。

漢將劉景拔黎陽。

夏，石勒略鉅鹿、常山，衆十餘萬，以張賓爲謀主。

東海王越還京師。

冬，劉聰、劉曜、劉景、王彌合兵圍洛陽，越擊走之。

四年漢昭武帝聰光興元

秋，劉淵卒，子和立，欲盡誅諸兄弟，弟聰殺和自立。

石勒南侵洛陽，遂至襄陽，欲保據江、漢，張賓以爲不可，乃還。

冬，東海王越自將討勒。索頭猗盧自雲中入雁門，并州刺史劉琨以五縣處之。

五年漢嘉平、成玉衡元

春，東海王越薨于寧平，石勒追擊其軍，盡屠。

夏，王彌、劉曜、石勒合兵陷洛陽，帝蒙塵于平陽。

秋，漢將趙染陷長安，殺南陽王模。將軍索綝、賈匹復取長安。

琅邪王叡督五州，置百官。

石勒攻苟晞、王彌，取之。

六年

春，司空荀藩奉武帝孫秦王子業入長安，立爲太子。

秋，漢將劉粲攻劉琨，拔晉陽；索頭猗盧救琨，敗漢兵，琨表猗盧爲代公。

石勒引兵至淮南，遇霖雨，還狗河北，取襄國，居之。又擊王浚將段陸眷，禽之。

愍帝子業建興元年

春，劉聰使懷帝著青衣行酒，舊臣有哭者，聰惡之，遂害帝。

夏，太子即位。

石勒以從弟虎爲魏郡太守，鎮鄴。勒欲取王浚，先卑辭厚禮以事之，許推爲天子。

甲戌二年

春，石勒襲幽州，取王浚，斬之。

夏，索綝擊破趙染，染走；染又與劉曜入寇，敗麴允於馮翊。

詔以張軌爲凉州牧、西平公；軌尋薨，子寔襲位。

賊帥杜弢寇掠汝南。

三年漢建元元

秋，鎮東將軍王敦遣荆州刺史陶侃、湘川刺史甘卓擊弢，斬之。敦始自選置荆、揚、江、湘、交、廣六州長史，寖有跋扈之迹。

詔以代公猗盧爲代王，食代、常山郡。

劉聰拜石勒爲陝東伯，得專征伐，封拜牧、守、列侯以下。

四年漢麟嘉元

春，劉琨遣將姬澹將兵二萬討石勒。澹兵敗，琨長史李弘以并州降勒，琨走依幽州刺史段匹磾。

冬，劉曜圍長安，城中食盡，帝出降。曜以索綝爲不忠，斬之。

代王猗盧爲其子六修所殺，國人立其弟子鬱律。

元帝叡建武元年

春，初稱晉王，置百官，以王導爲驃騎將軍、録尚書事。

劉聰倖臣郭猗、王沈譖太弟乂，殺之。

冬，劉聰害愍帝，以劉曜爲相國。

太興元年前趙劉曜光初元

春，王即位，立子紹爲太子。

劉聰卒，子粲立。段匹磾殺劉琨。

秋，祖逖督諸軍屯雍丘，以圖中原。漢司空靳準譖諸大臣而殺之，因弒劉粲，自立；　冬，劉曜、石勒合兵討準，滅之，曜自立爲帝。

二年晉王保建康、後趙明帝石勒元

春，劉曜以石勒爲太宰，封趙王；　既而悔之，殺勒使者，始與勒絶。夏，曜徙都長安，又稱趙。

冬，石勒自稱趙王、大單于，使張賓執朝政，石虎督諸軍。

帝引劉隗、刁協爲腹心，始與王敦有隙。

南陽王保稱晉王於祁山。

三年

春，石虎攻厭次，冀州刺史邵續出戰，爲虎所禽。

晉王保爲其將張春所殺，别將陳安殺春，降劉曜。秋，梁州刺史周訪卒，以甘卓代之。

冬，以譙王丞爲湘州刺史，以備王敦。

張寔爲妖人劉弘所殺，弟茂襲位。

四年

春，石虎拔厭次，執段匹磾以歸。

秋，以僕射戴淵都督兗、豫、冀、雍、并五州，鎮壽陽；　丹陽尹劉隗都督青、徐、幽、平四州，鎮泗口。豫州刺史祖逖略定河南地，聞王、劉構隙，知功不成，冬，憤悲而卒；　詔以弟約代領其衆。

永昌元年

春，王敦舉兵向闕，帝命王導將兵拒之。導兵敗于栗州，刁協死，劉隗奔石勒。詔以敦爲丞相、都督中外。敦殺周顗及戴淵。

晉王保將陳安自稱涼王。夏，王敦還武昌，殺譙王丞及甘卓。帝以憂崩。

明帝紹太寧元年

夏，王敦徙屯蕪湖。將相州牧，皆出敦門；　四方貢獻，皆入敦府。

秋，石虎拔青州，殺刺史曹嶷。

劉曜攻斬陳安，進臨張茂，茂稱藩於曜。

甲申二年

春，石虎寇兗州，刺史劉遐退保泗口。夏，張茂卒，兄子駿襲位。

王敦病甚，帝用丹陽尹温嶠謀，下詔討之。秋，敦遣將錢鳳將兵逼建康；　帝兵五千，敦兵三萬；　會敦卒，其衆自潰，錢鳳、王含、王應皆死。

冬，石生屯洛陽。祖約退保壽陽。

三年

春，立子衍爲太子。

夏，石勒將石良寇兗州，殺刺史。自淮以北，司、豫、兗州皆没於勒。

以陶侃都督雍、梁、荆、湘四州。

帝崩。帝明敏有斷，時年二十七。太子即位，年五歲；　庾太后臨朝，后兄中書令亮秉政。先是，王導爲政寬和，亮以嚴猛代之，衆頗怨懼。

成帝衍咸和元年

夏，大水。

庾亮以遺詔裒進大臣，而不及陶侃、祖約，侃、約不悦；　亮懼，秋，以温嶠爲江州刺史，以備陶侃。

冬，石勒將石聰寇壽陽，祖約求救，亮不許；歷陽太守蘇峻救之，聰走。

二年

庚亮惡蘇峻兵强，欲召之；王導及尚書令卞壼皆以爲不可，亮不聽，召峻爲大司農。峻疑，不赴，乞補一荒郡；不許。峻乃與祖約謀起兵誅執政。冬，峻襲姑孰，屠慈湖。温嶠欲入援京師，亮不許，曰：「吾憂西方，過於歷陽！」

三年後趙太和元

春，蘇峻陷建康，庚亮奔潯陽；峻自稱録尚書，以祖約爲太尉。温嶠推陶侃爲盟主，同討峻約。夏，峻劫帝幸石頭。

石聰拔壽陽，祖約走保歷陽。

石虎伐劉曜，至蒲坂。秋，曜大破虎於高堠，遂圍洛陽。

陶侃、温嶠攻石頭，蘇峻出戰而死，其徒推峻子碩爲主。

冬，石勒大破劉曜兵，禽曜歸，殺之。

四年

春，劉曜太子熙奔上邽，石生克長安。

祖約降于石勒，勒殺之。蘇碩兵敗，走死。

秋，石虎滅劉熙，徙氐、羌十五萬落於冀州。

冬，將軍郭默矯詔殺江州刺史劉胤。

五年趙建平元

夏，饑，疫。

陶侃討郭默，斬之。侃徙鎮武昌。

石勒稱大趙天王，行皇帝事。秋，勒即帝位，使營鄴宮，以其子弘爲大單于，石虎爲中山王。虎自以功多，怨怒；徐光、程遐勸勒除之，勒不從。

冬，趙郭祇拔襄陽，太守周撫走還武昌。

六年

夏，大旱。

七年

夏，大水。

秋，陶侃使將軍桓宣擊趙，復取襄陽；以宣爲荆州刺史，復修祖逖之政。

冬，帝遷居新宫。

八年

春，蜀李壽陷寧州，取南中之地。

夏，慕容廆薨，子皝立，皝弟仁據遼東以叛。

秋，石勒卒。石虎殺徐光、程遐及勒后劉氏、勒子堪；太子弘請讓位，不許。

冬，石生據長安，石明以洛陽叛；虎皆擊滅之。

石聰以譙來降。

甲午九年趙海陽王弘延熙元

夏，陶侃薨，庚亮代鎮武昌。

秋，李雄卒，舍其子而以兄子李班爲嗣。

冬，石虎廢弘而殺之，自稱居攝趙天王。

李雄子李越殺李班，而讓其弟期；期以李越爲相國，以從父漢王壽鎮涪。

段蘭破慕容皝於柳城。

咸康元年趙武帝虎建武、成邛都幽公期玉恒元

夏，石虎寇歷陽，石遇圍襄陽；京師大震。虎兵遇饑疫而還。

秋，旱。

冬，慕容皝乘凍攻慕容仁，殺之。代人逐翳槐而立猗㐌之子紇那，翳槐奔趙。

二年

春，立皇后杜氏。

旱。

冬，石虎作大武殿，基高二丈八尺，教宫人占星及馬射；百工伎巧，皆與外同。虎荒于酒色，國事皆委之太子邃。

三年

春，石虎稱大趙天王。太子邃以其弟宣有寵於虎，謀殺之。秋，虎誅邃，以宣爲太子。

冬，慕容皝自稱燕王，置百官；遣使稱藩於趙，請兵以伐段氏；會段遼攻薊，虎自將兵十餘萬伐之。

四年漢昭文帝壽漢興、代昭成帝拓跋什翼犍建國元

春，虎大破段遼，拔令支；遣將納翳槐於代，紇那奔燕。虎以慕容皝不會令支，移兵討之，圍柳城；皝遣子恪擊破之，又破趙將麻秋於密雲山。

李期驕暴，欲殺李壽；壽起兵襲破成都，廢期，自立，更號曰漢。

代王翳槐卒，弟什翼犍立。

五年

秋，王導卒，中書監庾冰代導秉政。

石虎以太子宣爲大單于，建天子旌旗；遣將夔安寇沔南，將軍毛寶戰没，安掠七萬户而還。

冬，庾亮卒，庾翼代鎮武昌。

石虎將伐燕，治兵于鄴，戎士五十萬。

六年

春，慕容皝破趙石城於邊西，遣使獻捷；册封皝爲燕王。皝又伐高句麗，高句麗請和。

七年

春，杜后崩。

燕王皝襲趙幽州，入高陽，虜三萬餘户而還；遷都柳城，更命曰龍城；又伐高句麗，焚九都，高句麗王出走，虜其母、妻及民五萬餘口。

八年

春，高句麗王稱臣於燕以請和。

夏，帝疾甚；庾冰以皇子不幼，且懼易世之後，親屬愈疎，請以帝弟琅邪王岳爲嗣，帝許之。帝崩，岳立。

冬，立皇后褚氏。

石虎大發諸州兵百餘萬，將入寇。

康帝岳建元元年

春，石虎用太史趙攬言，大閲而罷；遣其將張伏都擊張駿，駿主簿謝艾擊破之。

秋，李壽卒。

蜀建寧、上庸等五郡皆叛入于趙。

宇文歸將莫淺渾伐燕，燕王皝擊破之。

甲辰二年漢歸義侯勢太和元

春，燕王皝以慕容翰爲前鋒，伐宇文歸，歸走漠北，拓地千里。

秋，帝有疾，庾冰欲立會稽王昱，何充請立皇子聃。帝崩，聃即位，年二歲，褚太后臨朝，以昱録尚書。

冬，庾冰卒。庾翼發六州兵，將與燕、涼共伐趙，聞帝崩、冰卒，乃還，屯夏口。

穆帝聃永和元年

春，以褚太后父裒爲兗州刺史。

秋，庾翼卒，以徐州刺史桓温代鎮武昌。

李勢弟廣，以勢無子，求爲太弟，不許；大將鮮思明諫，勢怒，殺廣及思明。思明曰：「國之不亡，以我在也！」

二年漢嘉寧元

漢將李奕反，死。

冬，恒温率所督六州之兵伐漢。

張駿卒，子重華立。

三年

春，桓温留大兵於彭模，以七千人直抵成都，李勢降。

秋，趙麻秋攻涼州，謝艾擊破之。

石虎用沙門吳進言，發六十萬人，晝夜修城，死者數萬；太子宣出祭山川，從戎卒八萬，虎曰：「我父子如此，非天崩地陷，當復何愁？」宣弟秦公韜有寵於虎，宣惡之。

四年

秋，宣使盜殺韜，欲因虎臨喪而弒之；事覺，虎燒宣。虎幼子世，年十歲；其母，劉曜女也，虎愛之，乃舍其長子燕公武、彭城公遵而立世爲太子，以劉氏爲后；故東宫衛士皆謫戍涼州。

燕王皝薨。

五年趙太寧、燕景昭帝儁元

春，石虎即帝位；東宫衛士作亂，姚弋仲擊斬之。虎卒，子世立。夏，世兄遵與姚弋仲、蒲洪、冉閔自河内率兵入鄴，殺世而立遵；奪蒲洪雍州，洪怒，據枋頭，自稱三秦王。

秋，褚裒聞趙亂，伐趙，大敗而還。

石遵欲殺冉閔；　冬，閔殺遵，立其弟鑒。　鑒復欲殺閔，閔遂囚鑒，盡殺諸胡。

六年趙新興王祗永寧、魏悼武天王冉閔永興元

春，冉閔殺石鑒，稱魏帝於鄴。　石祗稱帝於襄國。

夏，祗使石琨擊魏，魏將王泰擊敗之。

苻洪爲麻秋所鴆；　其子健殺秋，因率衆入關，逐趙將杜洪，據長安。

七年秦明帝苻健皇始元

春，苻健自稱秦天王。　冉閔圍襄國，石祗求救于燕及姚弋仲，燕悦綰及姚襄救之；　閔敗，奔還鄴；　祗追之，反爲閔所敗。

夏，趙將劉顯殺祗降魏。

梁州刺史司馬勳伐秦，不克。

八年燕元璽元

春，慕容恪伐魏，虜冉閔，殺之。

姚弋仲卒，其子襄爲秦所破，來降。　夏，豫州刺史謝尚與襄共伐秦，及秦主戰潁上，尚、襄大敗，乃留襄屯淮南。

秋，燕慕容評拔鄴，虜魏太子智。

冬，燕王儁初稱帝，徙都鄴。

九年

冬，中軍將軍殷浩伐秦，以姚襄爲前鋒；　既而疑襄，遣使止之。　襄反擊浩，浩兵大敗，走保譙城；　襄收其資仗，屯芍陂。　桓温表免浩官。

冬，張重華卒，其庶兄祚廢重華子曜靈而自立，殺謝艾。

甲寅十年涼長寧侯祚和平元

春，張祚稱涼帝。

初，會稽王昱輔政，引殷浩爲宰相，欲以敵桓温；　温因浩敗，奏免浩官，而自伐秦。

夏，破秦太子萇於藍田，進次覇上，三輔郡縣皆降；　會食盡，反，爲萇所敗，乃還。

秋，萇卒，秦主立萇弟襄爲太子。

十一年秦越厲王生壽光元，涼冲公玄靚建興四十三

夏，姚襄自稱大單于。

秦主健卒，太子生立。

張祚惡其將張瓘、宋混，欲殺之；　瓘、混起兵，攻姑臧，殺祚，復立重華之子玄靚爲涼州牧、西平公；　瓘爲撫軍將軍，秉政。

十二年

春，秦主以讒殺司空王墮。　秦主猜忌殘暴，勳舊忠良害之略盡，臣下皆朝不謀夕。

姚襄寇許昌、汝南。　秋，桓温自江陵討之，大破襄兵於伊水，襄奔平陽；温遂入洛陽，修復陵廟，遣將軍毛虎戍之，而還。

冬，慕容恪拔廣固，虜段龕。

升平元年秦宣昭帝堅永興、燕光壽元

夏，姚襄合諸羌，進據黄落，秦廣平王眉、東海王堅擊斬之，襄弟萇率衆降秦。　秦主忌眉之功，殺之；　又欲殺堅，堅與其將吕婆樓等共弑秦主而自立。

秋，立皇后何氏。

二年

春，秦張平反，秦主自討降之，以平子蚝爲將。

秦主任處士王猛以國政，太后弟苟强譖之，秦主怒，斬强；　由是，人無能間者。

秋，遣中郎將謝萬屯下蔡，郗曇屯高平，諸葛攸屯武陽，以圖北伐。

三年秦甘露元

夏，涼張瓘謀殺宋混，廢張玄靚而自立，混攻殺瓘；　混爲尚書令，秉政。

冬，謝萬等與燕大司馬慕容恪戰，萬等大敗。

四年燕幽帝暐建熙元

春，燕主儁殂，太子暐立；　朝廷聞之，以爲中原可圖，桓温曰：「慕容恪在，憂方大耳。」

燕太師慕輿根説恪廢燕主而自立，恪不從；　又勸燕主誅恪，因欲篡位，燕主殺之。

五年

夏，涼宋混卒，弟澄代爲政。

帝崩。褚太后復立成帝子琅邪王丕。

秋，立皇后何氏。

涼張邕殺宋澄而代之。冬，張玄靚叔父天錫復殺邕而代之。

卷一四

晉哀帝丕隆和元年

秋，桓溫表求北伐，不許。

興寧元年

夏，進桓溫大司馬、都督中外。

涼張天錫殺玄靚而自立。

甲子二年

帝因餌長生藥有疾，褚太后復覽萬幾。

三年秦建元元

春，帝崩。太后立帝弟琅邪王奕。

燕太宰恪攻拔洛陽，虜將軍沈勁。

海西公奕太和元年

夏，旱。

秋，桓溫移鎮姑孰。

二年

夏，燕太原王恪卒；臨絶，謂燕主曰：「吳王垂有文武長才，陛下若任之以國，可以少安；不然，二虜將有窺覦之志。」

秋，秦并州牧、晉公柳及秦主母弟雙，皆舉兵反。

三年

秦主使王猛及將軍楊威世分討柳、雙，秋，皆斬之。

四年

夏，桓溫伐燕，破燕將慕容厲於黄墟；燕太傅評欲奔和龍，吳王垂自請擊溫，大破溫於枋頭；會秦兵救燕，溫遂遁還。評忌垂有功，欲害之；冬，垂出奔秦。燕叛秦，秦王猛、鄧羌攻燕洛陽，拔之。

桓溫歸罪於西中郎將袁真。

五年

春，真據壽陽叛，降於秦，尋卒，子瑾代之。

夏，秦王猛將兵六萬伐燕，燕太傅評將兵三十餘萬禦之。

秋，桓溫圍壽陽。

秦王猛拔晉陽。冬，猛大破評於渭源，遂進圍於鄴，秦主自將兵六十萬助之。鄴潰，燕王奔昌黎，秦人追而獲之。

簡文帝昱咸安元年

春，桓溫斬袁瑾。

夏，秦苻雅伐氐，氐主楊纂降。

冬，桓溫入朝；用郗超計，廢海西公，立丞相會稽王昱爲帝，又殺武陵王晞。詔加溫爲丞相。

二年

春，秦慕容桓據遼東叛，討平之。

夏，秦以王猛爲丞相，陽平公融爲冀州牧。

秋，立皇子昌明爲太子。

帝崩，遺詔以桓溫輔政，如諸葛亮故事；溫望帝臨崩禪位，見遺詔不悦，疑侍中謝安、王坦之爲之。

孝武帝昌明寧康元年

春，溫入朝。溫伏甲欲誅王、謝，謝安覺之，乃止；還屯姑孰，疾甚，急求九錫，安故緩之。秋，溫卒，九錫遂寢不行。

冬，秦將楊安攻拔成都，益州郡縣皆入於秦。

甲戌二年

夏，蜀民張育、楊光率巴獠圍成都，秋，秦鄧羌擊斬之。

三年

夏，秦王猛疾病，秦主爲之禱於南郊，猛曰：「晉雖僻遠，若王、謝在，願陛下勿加兵。慕容、姚氏，我之仇讎，必爲後患，宜早除之。」

秋，猛卒，秦人巷陌皆哭。

太元元年

春，以桓沖爲車騎將軍、鎮姑孰。

夏，秦苻萇擊張天錫，天錫出降。

冬，秦苻洛擊代王什翼犍，其子寔君弑什翼犍以降，秦人分其國爲二部，使劉庫仁、劉衛辰分統之。

什翼犍孫珪奔獨孤部，久之，國人共迎立之，改稱魏，徙都平城。

二年魏道武帝珪元

三年

春，作新宮。

秋，帝入新宮。

四年

春，秦長樂公丕及苟萇入寇，拔襄陽，虜中郎將朱序。

夏，拔盱眙，虜將軍毛璪，京師大震。

兖州刺史謝玄攻盱眙，秦師遁去。

五年

夏，秦征北將軍、行唐公洛反於和龍，圍陽平公融於中山； 秦主使步兵校尉呂光擊之。光生禽洛於中山，進攻薊，斬洛兄北海公重。秦主赦洛，徙之涼州。秋，秦主召陽平公爲中書監，以子長樂公丕爲冀州牧。

六年

夏，揚、荆、江州大水。

七年

秦東海公陽等謀反，秦主皆赦不殺。

秋，秦呂光將兵七萬取西域。

秦主議入寇，姚萇、慕容垂勸之，權翼曰：「晉未有大釁，謝安、桓沖皆江表偉人； 未可也。」苻融曰：「陛下寵育鮮卑、羌、羯，布滿畿甸； 今傾國遠去，無後患乎？」皆不聽。

八年

夏，桓沖伐秦。

秋，秦主步、騎九十萬入寇。冬，將軍謝石、謝玄等，大破秦師於淝上，獲苻融； 秦兵死者十八九。

秦主使慕容垂安輯河北。

句町王翟斌反，苻丕使垂討之，垂亦反。

鮮卑乞伏國仁據隴右。

甲申九年燕成武帝垂元，後秦武昭帝姚萇白雀元

春，桓沖卒。以謝安都督十五州。

慕容垂自稱燕王，圍鄴。

慕容泓起關東。

慕容沖起平陽。

夏，姚萇討泓，軍敗，畏誅，亦反。

呂光擊拔龜兹。

褚太后崩。

慕容泓爲沖所殺。秋，沖進逼長安。冬，慕容暐死。

將軍劉牢之救鄴。

十年前秦哀平帝丕天安、西秦宣烈王乞伏國仁建義元

春，慕容沖稱帝。

夏，劉牢之及慕容垂戰於鄴，牢之敗還。

將軍任權攻秦益州，取之。

慕容沖攻秦。秦主留太子宏守長安，出奔五將山。宏亦尋走，沖入長安。

秋，姚萇執秦主，殺之。

謝安救秦，聞秦敗，乃還。安卒，帝弟會稽王道子代安秉政。

苻丕稱帝於鄴。

呂光自西域還，至姑臧，聞秦主敗，自稱爲涼州刺史。

十一年前秦高帝登太初、後秦建初、燕建興、涼懿武帝呂光太安、魏登國元

春，燕王稱帝。

慕容沖爲其將所殺。

姚萇稱帝。

夏，慕容永稱帝於長子。

冬，前秦主兵敗，走東垣，將軍馮該斬之，鄴降於燕。

前秦苻登稱帝於隴東。

十二年

春，前秦主以乞伏國仁爲苑川王。

秋，立子德宗爲太子。

張天錫世子太豫起兵攻呂光，光遣其將彭晃擊斬之。

冬，後秦將姚方成擊前秦雍州刺史徐嵩，殺之。

十三年西秦武元王乾歸太初元

春，謝玄卒。

夏，乞伏國仁卒，弟乾歸立，稱河南王。

冬，前秦主圍後秦主營，不克。

十四年涼麟嘉元

春，呂光稱涼帝。

前秦主留輜重於大界，自將攻安定。秋，後秦主襲大界，獲其輜重及毛后。

冬，以會稽王道子爲丞相、揚州牧，加殊禮。

帝荒耽酒色，委政道子，道子亦荒淫，國政殽亂。

十五年

春，以中書令王恭都督青、幽等五州。

夏，後秦將軍魏揭飛反；　時前秦主猶在安定，後秦主自以兵二千擊揭飛，滅之。

秋，帝以倖臣王國寶爲中書令，國寶專權恣橫。

十六年

冬，前秦主及後秦主戰於安定，前秦敗。

魏主滅劉衛辰，盡收其故地，攻擊鄰國，所向輒克，魏於是始大，作河南宮。衛辰子勃勃奔薛干部。

十七年

春，句町王翟釗攻燕，燕主擊破釗於滑臺，盡有其衆；　釗奔長子，依慕容永。

冬，以黄門郎殷仲堪爲荆州刺史。仲堪及王恭、尚書令王珣皆有寵於帝，道子及王國寶惡之。

十八年

春，涼王以鮮卑禿髮烏孤爲河西鮮卑大都督。

冬，後秦主萇殂，太子興立；　前秦主聞之，喜，大赦，起兵擊後秦。

魏主擊薛干部，破之；　薛干送勃勃于後秦。

甲午十九年前秦主崇延初、後秦文桓帝興皇初元

夏，燕主攻慕容永，滅之。

後秦將尹緯大破前秦主於廢橋，前秦主走入馬毛山。

秋，後秦主攻前秦主，殺之；　前秦太子崇奔湟中。

冬，乞伏乾歸攻殺崇，自稱西秦王。

涼遷於樂都。

二十年

春，燕主使太子寶擊魏，魏人徙河西以避之。

秋，禿髮烏孤擊乙弗、折掘二部，破之；　始貳於涼。

燕師還，不設備；　冬，魏王襲擊燕師於參合陂，大破之，死者十七八。

二十一年燕惠閔帝寶永康、涼龍飛、魏皇始元

春，燕主自將伐魏，拔平城；　魏主引兵入東陰山。夏，燕主還，殂於上谷。

秋，帝暴崩。

魏王伐燕，悉取并州之地；　初建臺省，置百官。

冬，魏出井陘，河北皆應之；　唯中山、鄴、信都不下，圍之。

安帝德宗隆安元年南涼武王禿髮烏孤大初、北涼段業神璽元

春，燕主奔和龍。

涼將段業自稱涼州牧，李暠稱燉煌太守。

夏，王恭、殷仲堪舉兵討王國寶，道子斬國寶以謝之，乃罷兵。

冬，魏拔中山。

二年燕昭武帝盛建平、南燕獻武帝德、魏天興元

春，魏拔鄴；　慕容德奔滑臺，自稱燕王。

夏，燕蘭汗弑惠閔，惠閔子盛殺汗。

秋，魏遷都平城。

冬，魏初稱帝。

王恭、殷仲堪及桓温子玄皆反；　道子以世子元顯爲都督，討之。恭敗死，詔諭釋仲堪等。

三年秦弘始、燕長樂、涼靈帝纂咸寧、北涼天璽元

春，段業自稱涼王。

魏伐南燕，拔滑臺。

夏，元顯始輔政。

秋，慕容德攻拔廣固，都之。

禿髮烏孤卒，弟利鹿孤立。

冬，桓玄擊殺殷仲堪，奪其荆州；又殺楊佺期，奪其雍州。

妖賊孫恩陷三吳，青、兖州刺史劉牢之破之。

涼懿武殂，太子紹立；紹庶兄纂殺紹自立。

四年南燕建平、南涼康王利鹿孤建和、西涼武昭王李暠庚子元

春，涼主弟弘反，死。

夏，李暠自稱涼公。

孫恩復入餘姚，殺謝琰。

秋，秦主擊乞伏乾歸；乾歸奔南涼，既而降秦。

慕容德稱帝。

五年燕昭文帝熙光始、涼建康公隆神鼎、北涼武宣王沮渠蒙遜永安元

春，秦遣乾歸還苑川。

魏伐秦，至河東。

夏，孫恩寇丹徒，護國司馬劉裕擊誅之。

盧水胡沮渠蒙遜殺段業，自稱涼州牧。

涼吕隆弑涼主，自立。

秋，燕段興作亂，燕主被傷而殂；太后欲立長君，乃廢太子定，而立燕主叔父熙。

冬，元顯欲誅桓玄，玄反。

元興元年南涼景王傉檀弘昌元

春，元顯以劉牢之爲前鋒，討玄；玄與牢之連和，元顯兵敗，死。玄徙道成於成安，自爲丞相、録尚書；奪牢之兵，牢之自殺。

禿髮利鹿孤卒，弟傉檀立。

夏，秦姚碩伐涼，吕隆降，復以爲涼州刺史。

魏主大破秦兵。

二年

春，孫恩妹壻盧循寇東陽，劉裕擊走之。

秋，吕隆畏禿髮傉檀之逼，納地於秦。

冬，桓玄篡位，國號楚，遷帝於潯陽。

甲辰三年魏天賜元

春，劉裕起京口，劉毅起廣陵，以討玄，大破桓謙於覆舟山，玄劫帝走江陵。裕以司徒王謐録尚書，立留臺；謐以裕爲都督揚、徐等八州。夏，裕推武陵王遵承制封拜。

何無忌攻拔潯陽。

劉毅及玄戰於崢嶸州，玄敗走，死。荆州別駕王康產奉帝返正於江陵。

桓振、桓謙襲殺康產，擊破劉毅於靈谿。

盧循陷廣州。

義熙元年南燕北海王超太上、西涼建初元

春，劉毅拔江陵，振、謙走，帝還京師。

夏，以盧循爲廣州刺史。

桓振復入江陵，尋敗死。劉裕出鎮京口。

蜀人譙縱反，自稱成都王。

冬，李暠徙治酒泉。

秦以禿髮傉檀爲涼州刺史。

南燕獻武殂，兄子超立。

二年

秋，南燕主稱藩於秦以請其母，秦人與之。

秦主始崇尚佛教，廣建埔廟，州郡事佛者十室而九。

三年夏武烈帝赫連勃勃龍升、後燕惠懿帝高雲正始元

夏，秦安北將軍赫連勃勃據朔方叛，自稱大夏天王，擊禿髮傉檀，破之。

秋，燕主熙出葬其后苻氏；衛將軍馮跋先有罪，亡在外，潛入龍城，立望之養子高雲爲燕主，執熙殺之。

冬，王謐卒。

秦主召乞伏乾歸爲尚書，留太子熾盤臨其國。

四年南涼嘉平元

春，以劉裕爲揚州刺史、録尚書。

夏，將軍劉敬宣討譙縱，至黄武，糧盡而還。

冬，禿髮傉檀初稱涼王。

五年北燕文成帝馮跋太平、西秦更始、魏明元帝嗣永興元

春，南燕寇淮北。夏，劉裕伐南燕。

乞伏乾歸逃歸苑川。

秦姚强救南燕，會夏王勃勃敗秦兵，秦追姚强還。

冬，燕離班弒其主雲；馮跋誅班，因自立。

魏道武爲其子紹所弒，國人殺紹，立紹兄嗣。

六年

春，劉裕拔廣固，執南燕主超，斬之。

沮渠蒙遜敗南涼王於窮泉。南涼遷樂都。

盧循乘虚入寇，殺何無忌，取江州。

夏，劉裕還京師。盧循進至蔡州。僕射孟昶自殺。循退屯潯陽。

秋，沮渠蒙遜敗西涼世子歆於馬廟。

秦苟林、桓謙會譙縱之師寇荆州，刺史劉道規擊斬之。

盧循寇荆州，道規又破之。

冬，劉裕遣將孫處自海道取番禺；裕破盧循於左里，循走。

七年

春，沮渠蒙遜攻南涼，南涼王遣子爲質以和。

夏，盧循死於交州。

冬，秦楊嵩伐夏，軍敗，嵩自殺。

沮渠蒙遜伐西涼，西涼世子歆擊破之。

八年北涼玄始、西秦王熾盤永康元

夏，以劉裕爲荆州刺史。

西秦乞伏公甫弒其主乾歸，太子熾盤討斬之。

劉毅心不服劉裕，衣冠多附之；秋，裕遣其將王鎮惡襲殺之。

冬，沮渠蒙遜遷姑臧，自稱西河王。

九年夏鳳翔元

春，劉裕殺豫州刺史諸葛長民，以朱齡石爲益州刺史。

秋，齡石擊斬譙縱。梁、益皆平。

甲寅十年魏神瑞元

夏，南涼唾契汗、乙弗叛，南涼王自擊之；西秦王乘虚襲樂都，虜南涼世子武臺。南涼王無所歸，乃降西秦，西秦鴆殺之。

魏主迎后於秦。

十一年

劉裕擊荆州刺史司馬休之，雍州刺史魯宗之救之。夏，休之、宗之兵敗，奔秦。

十二年秦主泓永和、魏太常元

秦魯宗之以秦師寇襄陽。

姚興殂，子泓立。

秋，劉裕伐秦；僕射劉穆之摠攝内外。秋，遣將軍檀道濟、王鎮惡趣許、洛，沈田子入武關。冬，大破秦兵於桓谷，秦主弟豫州牧洸以洛陽降。裕修復陵廟，置守衛。詔加裕九錫，裕辭。

十三年西涼王歆嘉興元

夏，魏人師於河上以救秦；朱超石擊却之，斬阿薄干。

秋，王鎮惡入長安，獲秦主泓，斬之。

裕欲留長安，經畧趙、魏；冬，劉穆之卒，乃留幼子義真鎮長安，使王修、王鎮惡、沈田子等輔之，而還。

西涼王暠殂。

十四年夏昌武元

春，夏王寇長安，傅弘之擊却之。沈田子殺王鎮惡，義真殺田子，又殺王修。冬，宋公以朱齡石鎮雍州，召義真還。夏王追破義真於青州，擊朱齡石於潼川，虜之，遂陷關中。

帝崩。宋公立皇弟琅邪王德文。

恭帝德文元熙元年夏真興元

春，進宋公爵爲王。

夏王勃勃稱帝。

秋，劉裕徙鎮壽陽。

宋武帝裕永初元年西涼李恂永建、西秦建弘元

春，沮渠蒙遜稱藩於夏。

夏，晉帝召王入輔，遂受晉禪，封晉帝爲零陵王。

秋，立子義符爲太子。

沮渠蒙遜滅西涼，虜西涼王歆，歆弟恂自稱涼州刺史。

二年

秋，鳩殺晉零陵王。

沮渠蒙遜誅李恂，滅之。

三年

夏，帝崩。司空徐羡之、中書監傅亮、領軍將軍謝晦受遺詔輔政。太子即位，年十六。

魏主服寒食散，有疾，立子燾爲太子，臨朝聽政。

冬，魏司空奚斤入寇，拔滑臺。

營陽王義符景平元年

春，魏拔洛陽。

夏，魏主自攻虎牢，拔之。兖、豫州郡，多入於魏。會大疫，魏主還。

冬，魏元明殂。

甲子文帝義隆元嘉元年魏太武帝燾始光元

春，廢廬陵王義真爲庶人，尋殺之。

夏，徐羡之等以少帝多失德，廢爲營陽王，尋弑之，迎立荆州刺史宜都王義隆。

秋，蠕蠕寇魏雲中盛樂，魏主擊走之。

二年夏主昌承光元

春，徐羡之、傅亮上表歸政，上始覽萬機。上聰明仁厚，勤於聽斷；江左之治，稱元嘉焉。

秋，夏王勃勃殂，子昌立。

冬，魏主擊蠕蠕，至漠北，蠕蠕走。

三年

春，誅徐羡之、傅亮；遣中領軍到彦之、征北將軍檀道濟討荆州刺史謝晦，帝自將兵繼其後。道濟大破晦於隱磯，獲之。帝自蕪湖還。

以江州刺史王弘爲司徒。

冬，魏主襲夏，徙萬餘家而還；遣奚斤擊拔長安，秦、隴氐羌多應之。

四年

春，魏主巡幽州。

帝幸丹徒。

夏，魏主攻夏，拔統萬城，夏主昌奔上邽。

冬，魏主如中山。

五年西秦主慕末永弘、涼承玄、夏主定勝光、魏神嘉元

春，魏奚斤攻夏主於安定，擒夏主昌；餘衆立昌弟定爲主，奔平涼；奚斤追之，爲定所擒。

夏，西秦主熾盤殂。

六年

春，以荆州刺史彭城王義康爲司徒。

立子劭爲太子。

夏，魏主擊蠕蠕，逾漠，至栗水，蠕蠕絶迹西走。

七年

春，左將軍到彦之侵魏，取河南地。

秋，燕主跋殂，弟弘殺跋子百餘人而自立。

冬，魏將軍安頡復取洛陽、虎牢，進攻滑臺，到彦之引還。

魏主大破夏兵，拔平涼，夏主走保上邽。關中皆入於魏。

八年涼義和、燕主弘太興元

春，檀道濟救滑臺。

夏主滅西秦，虜西秦主慕末。

魏安頡司馬楚之攻拔滑臺，河南復没於魏。

夏，吐谷渾慕璝襲上邽，執夏主定送魏。

秋，魏主以崔浩爲司徒，使改定律令；又遣尚書兼太常李順，拜沮渠蒙遜爲涼州牧、涼王。

九年魏延和元

春，魏主立子晃爲太子。

秋，魏主伐燕，取六郡；圍和龍，不拔。

燕故廢太子崇及弟朗、邈以遼西入于魏。

十年涼哀王牧犍承和元

夏，涼王蒙遜殂，子牧犍代立。

魏永昌王健、僕射安源伐燕。

冬，氐王楊難當陷漢中，據有梁州。

魏主如陰山北。

甲戌十一年

春，魏赫連昌叛走，獲斬之，并誅其羣弟。

夏，秦、涼二州刺史蕭思話擊破氐人；　梁州平。

冬，魏主如雲中。

十二年魏太延元

夏，魏主如雲中、河西。

秋，魏樂平王丕伐燕，徙六千口而還。

冬，魏主如定州，遂如鄴。

十三年

春，誅江州刺史檀道濟。

魏將軍娥清、古弼擊燕；　燕求救於高麗，遣兵迎之。夏，燕王弘奔高麗。

楊難當據上邽；　秋，魏樂平王丕擊奪之。

魏王如河西；　冬，如棝陽。

十四年

春，魏主如幽州；　夏，如雲中；　秋，如河西；　冬，復如雲中。涼王牧犍遣其世子封檀朝於魏。

十五年

春，高麗殺馮弘。

十六年

春，魏主如定州；　以氐楊保宗爲秦州牧，鎮上邽。

夏，魏主用崔浩謀，伐涼王牧犍；　秋，圍姑臧，牧犍降；　徙涼州三萬餘家於平城，留樂平王丕鎮涼州，而還。

冬，張掖王禿髮保周叛魏。

蠕蠕伐魏，至七介山，平城大駭。

十七年魏太平真君元

春，涼王牧犍弟無諱舉兵攻魏，拔酒泉。

秋，魏主如陰山。

魏永昌王健擊禿髮保周，斬之，沮渠無諱降。

冬，以彭城王義康爲荆州刺史，江夏王義恭爲司徒，誅前丹陽尹劉湛。

十八年

春，魏主封蠕蠕郁久閭乞歸爲朔方王。

冬，楊難當寇漢川。

晉寧太守爨松子反，寧州刺史徐循討平之。

冬，魏將軍奚眷克酒泉。

十九年

春，魏主親詣道壇受符籙。

夏，沮渠無諱走度流沙，滅鄯善而據之。

涼王暠孫李寶據燉煌。

梁、秦刺史劉真道破楊難當，仇池平。

魏主如陰山北。

難當入朝於魏。

二十年

春，魏主如中山。

魏人救仇池。

夏，楊保宗叛魏，魏人執之；　弟文德代領其衆。

秋，魏主襲蠕蠕，大破之。

冬，魏主命太子副理萬機，總統百揆；　諸功臣皆以爵歸第。

甲申二十一年

夏，吐谷渾慕利延殺其兄子緯世，緯世弟叱力延奔魏。

秋，魏主如河西，遂至漠南。

冬，魏晉王伏羅擊破慕利延，慕利延奔白蘭。

二十二年

夏，魏成周公萬度歸擒鄯善王真達。

秋，魏主如陰山北；　使高涼王那討慕利延，追至雪山，慕利延奔于闐。

魏盧水胡蓋吴反。

冬，太子詹事范曄謀反，誅；　廢彭城王義康爲庶人。

魏永昌王仁、高涼王那將兵掠淮、泗之北。

二十三年

春，魏主如長安，悉坑境内沙門，毁佛像。
夏，交州刺史檀和之伐林邑，克之。
魏人誅蓋吴。
二十四年
春，魏主如中山，殺沮渠牧犍。
二十五年
春，魏主巡定州及上黨。
夏，魏主以交趾公韓拔爲鄯善王；賦役其人，比之郡縣。
秋，魏萬度歸破焉耆。
冬，魏主北擊蠕蠕，至受降城，不見虜，積糧留戍而還。
二十六年
春，帝幸丹徒。
秋，魏伐蠕蠕。
二十七年
春，魏主如洛陽，南侵懸瓠。
夏，魏殺司徒崔浩。
魏主如陰山。
秋，將軍王玄謨攻魏滑臺，江夏王義恭出屯彭城。冬，魏主濟河，玄謨退走，魏主遂南侵，城邑皆望風奔潰；魏主至瓜步，都下震懼，人皆荷擔而立；帝遣使犒師，請和。
二十八年魏正平元
春，魏師退；徐、豫、青、冀、二兖，殺略無餘。
夏，魏主殺高涼王那。
魏太子晃卒。
魏主如陰山；冬，又如陰山。
二十九年魏文成帝濬興安元
春，魏中常侍宗愛弑太武，立其子南安王余，冬，又殺之；殿中尚書長孫渴侯、尚書陸麗誅愛，立太子晃之子濬。渴侯與太宰元壽樂爭權，魏人皆殺之；復行佛法。
帝以太子劭失德，欲廢之，久而不決。
三十年
春，劭以東宫兵弑帝；江州刺史武陵王駿起兵討劭，荆州刺史南譙王義宣、雍州刺史臧質應之。夏，駿至江寧，即帝位；將軍朱修之入建業，執劭及弟始興王濬，殺之。
魏主如陰山，又如中山。
甲午孝武帝駿孝建元年魏興光元
春，立子子業爲太子。
荆州刺史南郡王義宣、豫州刺史魯爽、江州刺史臧質、兖州刺史徐遺寶反；夏，王玄謨討平之，義宣等皆死。
魏主如陰山；冬，又如中山、信都。
二年魏太安元
秋，雍州刺史武昌王渾有罪，自殺。
三年
春，魏主立其后馮氏及太子弘。
秋，魏主如河西。
魏漁陽公尉眷擊伊吾，拔其城。
大明元年
夏，魏主如陰山。
二年
春，魏主如遼西，遂如信都；秋，又如河西；冬，北度漠，蠕蠕絶迹遠遁。
三年
夏，削南兖州刺史竟陵王誕官爵，誕不受命而反；以沈慶之爲南兖州刺史，討之。
魏主如陰山。
秋，沈慶之拔廣陵，斬誕，悉誅城内男丁，以女口賞軍。
四年魏和平元
夏，都下疫。
秋，雍州水。
魏陽平王新成等擊吐谷渾拾寅，破之。

冬，詔司空沈慶之討緣江蠻。

五年

春，魏主如中山、信都。

帝幸江乘。

夏，雍州刺史海陵王休茂反，將軍尹慶斬之。

秋，帝幸琅邪。

六年

夏，魏主如陰山；秋，如河西。

七年

春，帝巡南豫、南兖二州。

夏，魏主如陰山；秋，田於河西。

冬，帝巡南豫州，太后、妃、主皆行，遂獵於姑熟，又幸曆陽。帝侈靡淫酒，春，子勛稱帝，南徐、徐、司、豫、青、冀、湘、廣、梁、益十州皆應之，四方貢盡歸潯陽。

魏人誅乙渾。

建安王休仁督諸軍擊子勛等，秋，大破之，子勛等死，諸州平。

冬，立子昱爲太子。

魏師入寇。

甲辰八年

夏，帝崩。太子即位，年十六，淫荒無度；太宰江夏王義恭、尚書令柳元景輔政。

魏主如陰山；秋，如河西。

揚州諸郡旱，饑，人餓死十六七；民多盜鑄，錢轉僞小，商貨不行。

明帝彧泰始元年

春，魏主如樓煩。

廢帝殺江夏王義恭及柳元景。

夏，文成殂；獻文年十二；大將軍乙渾殺司徒陸麗等，自爲丞相，專朝政。

秋，廢帝幸姑熟；欲殺徐州刺史義陽王昶，昶奔魏。冬，殺太尉沈慶之。帝狂悖益甚，將殺諸叔；其叔湘東王彧，因帝左右壽寂之，弑帝而自立。

江州刺史晉安王子勛起兵於潯陽，郢州刺史安陸王子綏、會稽太守潯陽王子房、臨海王子頊皆應之。

二年魏獻文帝弘天安元

三年魏皇興元

春，將軍張永、沈攸之及魏將尉元戰於吕梁，永、攸之大敗；遂失淮北四州及豫州河西地。

秋，以沈攸之爲南兖州刺史，伐魏。

四年

春，交州人李長仁據州叛。

妖賊攻廣州，殺刺史羊希；將軍陳伯紹討平之。

魏慕容白曜入寇，圍東陽。

冬，發諸州兵伐魏。

五年

春，魏人拔東陽，虜青州刺史沈文秀。

夏，魏主立子宏爲太子。

六年

春，魏大饑。

夏，魏大將軍長孫觀破吐谷渾拾寅於曼頭山。

秋，蠕蠕伐魏；魏主與戰於女水，大破之。

冬，魏人殺慕容白曜。

七年魏孝文帝宏延興元

夏，帝有疾；鴆建安王休仁；秋，又殺巴陵王休若。文帝、孝武諸子孫，誅戮殆盡。

魏主如陰山。

魏主好黄、老，薄榮利，欲禪位於叔父京兆王子推，羣臣固請，乃禪位於太子，自爲「太上皇帝」，國之大事以聞。

宋業始衰。

泰豫元年

春，蠕蠕伐魏。

夏，帝崩。帝猜忍奢侈，宋道益衰。蒼梧王即位，年十歲。尚書令袁粲、護軍將軍褚淵輔政。

魏主如陰山。

冬，蠕蠕伐魏，太上皇擊走之。

蒼梧王昱元徽元年

夏，魏長孫觀擊吐谷渾拾寅。秋，魏主從太上皇如河西，拾寅降。

冬，魏太上皇南巡，至懷州。河北饑，人多餓死。

甲寅二年

夏，江州刺史桂陽王休範反，至新亭，右衛將軍蕭道成擊斬之；其黨杜黑蠡進陷東府，殺中領軍劉勔，羽林監陳顯達擊破之。

秋，魏將元蘭寇蜀漢。

以蕭道成爲中領軍，與司徒袁粲、尚書令褚淵、右僕射劉秉共秉朝政。

三年

四年魏承明元

夏，魏馮太后鴆殺太上皇，自臨朝稱制。

秋，建平王景素據京城反，左僕射，蕭道成總統衆軍討斬之。

帝日夕執兵遊戲市里，人畜逢無免者；道無行人，門皆晝閉；宗室羣臣，多被屠戮；又惡蕭道成，欲殺之。

順帝準昇明元年魏太和元

秋，蕭道成與越騎將軍王敬則，因帝左右楊玉夫弑帝，立弟安成王準；道成鎮東府，專朝政。袁粲鎮石頭。

冬，荆州刺史沈攸之舉兵向闕。

袁粲、劉秉謀誅蕭道成，道成殺之。

沈攸之攻郢城，不拔。

二年

春，攸之敗，走死華容；雍州刺史張敬兒克江陵。

蕭道成爲太尉，都督十六州。

夏，殺兖州刺史黄回。

秋，加蕭道成殊禮。

齊高帝道成建元元年

春，封齊公；夏，進爵爲王，受宋禪。封宋帝爲汝陰王，尋害之；劉氏王侯皆幽死。

秋，立子賾爲太子，司空褚淵、僕射王儉輔政。帝性清儉，常曰：「我治天下十年，當令黄金與土同價。」

二年

夏，魏人寇壽陽，豫州刺史垣崇祖拒却之。

秋，魏主如泰山。

三年

春，魏主南巡，至信都。

魏梁郡王嘉入寇。

魏主如肆州。

四年

春，帝崩，武帝即位。

夏，立子長懋爲太子。

秋，褚淵薨。

武帝賾永明元年

夏，車騎將軍張敬兒有罪，誅。

河北饑。

甲子二年

春，魏主命隴西公琛、尚書陸叡爲東、西二道大使，褒善罰惡。

自中原喪亂以來，百官皆無俸禄；夏，魏主始置百官俸禄，犯贓滿一匹者死。

三年

春，魏主詔羣臣，下至工商，各上書極諫。冬，又詔使者循行州郡，與牧守均給天下之田，還、受以生、死爲斷，勸課農桑。魏主精勤政治，從善如流，哀矜百姓，親禮賢俊，恭儉仁愛，常謂史官曰：「直書無諱。人君無史，將復何懼！」

四年

春，魏主初服衮冕，朝饗朝臣；立黨、里、鄰三長，定人户籍；夏，又制五等公服；秋，制朱衣、玉佩，起明堂、辟雍等；威儀文物，粲然可觀。

五年

春，以皇弟豫章王嶷爲大司馬，皇子竟陵王子良爲司徒。

魏主詔定樂章，非雅者去之。

秋，蠕蠕伐魏，魏陸叡擊却之。

冬，魏主詔諸州黨、里推賢而長者，教其里人慈孝友悌。

魏大饑。

六年

春，詔太子長懋於宣猷堂臨訊。

夏，將軍陳顯達拔魏醴陽。

七年

春，以高帝兄子豫州刺史西昌侯鸞爲右僕射。

八年

秋，皇子荆州刺史巴東王子享擅殺參佐八人，又殺將軍尹略，已而單舸自歸，丹陽尹蕭順之殺之。

魏馮太后崩，魏主依古禮服喪三年。初，太后以魏主聰叡，恐不利馮氏，幽閉欲殺之，王丕等固諫得免；魏主不以爲怨。

九年

夏，魏主始進蔬食。

魏將長孫百年擊吐谷渾，俘獲三千餘人。

秋，魏主議養老禮，遷道壇於桑乾之陰。

帝幸琅邪城。

十年

春，以竟陵王子良領尚書令。

魏主罷諸遠屬及異姓爲王者，降爲公。夏，魏主頒新《律令》。

秋，魏陽平王頤、僕射陸叡督十二州擊蠕蠕。

十一年

春，文惠太子薨。

夏，立太子子昭業爲太孫。

秋，魏主立子恂爲太子。

帝崩。中書郎王融謀立竟陵王子良，不果。太孫即位。以西昌侯鸞爲尚書令，秉政。

魏主大興兵，南伐，至洛陽，羣臣固諫，乃定遷都之計。

冬，魏主如鄴。

甲戌明帝鸞建武元年

春，魏主自鄴復入洛陽。

夏，竟陵王子良薨。

秋，魏主北巡，至陰山。

廢帝狂狡荒縱，謀誅西昌侯鸞；鸞以兵入宫，廢帝爲鬱林王，仍殺之，立其弟昭文。鸞欲移國祚，先翦除高、武子孫。江州刺史晉安王子懋欲誅鸞，不克而死。

冬，廢昭文爲海陵王，尋殺之；鸞自立。

立子寶卷爲太子。

魏主遷都洛陽，遂南寇懸瓠。

二年

春，魏主濟淮，攻鍾離，徐州刺史蕭惠休拒却之，司州刺史蕭誕又破魏師，魏師乃退。

夏，梁州刺史蕭懿破魏師於漢中。

魏主自徐、兗還洛陽，禁羣臣胡語胡服。

秋，魏主如鄴。

三年

春，魏主改姓元氏。

夏，魏師攻司州，櫟城戍主魏僧珉擊破之。

魏太子恂不樂華俗，逃歸代都；冬，廢恂爲庶人。

四年

春，魏主立太子恪。

魏主北巡，至平城；夏，西巡，至長安。

秋，魏立皇后馮氏。

魏主入寇沔北，南陽諸郡，相繼亡敗；冬，又寇司、雍二州。遣中庶子蕭衍禦之，又遣度支尚書崔慧景救之。

永泰元年

春，魏人拔新野。

太尉陳顯達救雍州。

將軍蕭惠休救壽陽。

悉誅高、武子孫。

豫州刺史裴叔業敗魏師於淮北。

魏敗崔慧景、蕭衍于鄧。

夏，會稽太守王敬則反，將軍劉山陽討斬之。

秋，帝崩。

魏主自懸瓠還，如鄴。

東昏侯寶卷永元元年

春，陳顯達拔魏馬圈，魏主救馬圈，顯達大敗。

魏人殺馮后。

夏，魏孝文帝殂于穀塘。

秋，殺僕射江祏。

揚州刺史始安王遥光據東府反，將軍蕭坦之討斬之。

冬，江州刺史陳顯達反，崔慧景討斬之。

二年魏宣武帝恪景明元

春，裴叔業卒，兄子植以壽春降魏；詔崔慧景討之。慧景反，圍臺城，豫州刺史蕭懿興兵斬慧景。以懿爲尚書令。冬，殺懿。

荆州行事蕭穎胄、雍州刺史蕭衍舉兵内向。

和帝寶融中興元年

春，穎胄立荆州刺史南康王寶融爲帝。

夏，魏咸陽王禧謀反，誅。

蕭衍攻郢城，大破東昏將吴子陽等於嘉湖；秋，魯山、郢州、江州、南豫州相繼降潰，衍進破東昏將李居士於新亭；冬，復入石頭。東昏閉宫城自守。

尚書令蕭穎胄卒。

東昏將王珍國、張稷弑東昏而降。

宣德太后臨朝，以蕭衍録尚書、承制行事。

梁武帝衍天監元年

春，初封梁公，進爵爲王。

齊鄱陽王寶寅奔魏。

齊帝冬還，至姑孰，禪位于梁。奉齊帝爲巴陵王，尋害之。

夏，江州刺史陳伯之反，尋敗，奔魏。

秋，益州刺史劉季連反。

冬，立子統爲太子。

二年

夏，新定《律令》。

魏人封蕭寶寅爲齊王。

益州刺史鄧元起克成都。

甲申三年魏正始元

秋，將軍馬仙琕及魏將元英戰於義陽，仙琕敗，魏遂取司州。

蠕蠕伐魏。

冬，行梁州事夏侯道遷以州降魏。

四年

春，交州刺史李凱反，長史李叟討平之。

冬，魏將入劍閣，圍涪城。

臨川王宏督諸軍侵魏。

五年

春，魏秦、涇州反，將軍元麗討平之。

秋，徐州刺史王伯敖及魏中山王英戰於陰陵，伯敖敗。將軍桓和及魏邢巒戰于孤山，和又敗，遂失兖州。臨川王宏兵潰於洛口，所亡萬計。

冬，魏攻鍾離。

六年

夏，鍾離大水。

將軍曹景宗、韋叡破魏中山王英於邵陽州，斬獲萬計。

七年魏永平元

秋，魏主立后高氏。

魏冀州刺史京兆王愉反，將軍李平討平之；又殺太師平城王勰。

冬，魏懸瓠鎮主白早生殺豫州刺史司馬悦，以城降；魏尚書邢巒擊斬之。

八年

九年

春，作緣淮塘。

詔皇太子以下皆入學。

十年

春，魏青、齊、徐、兗饑。

盜殺東莞、琅邪太守，以朐山入魏，魏徐州刺史盧昶赴之；冬，將軍馬仙琕大破魏軍，斬馘十餘萬，復朐山城。

十一年魏延昌元

冬，魏主立子詡爲太子；先是，魏立太子，必殺其母，以防女主之亂，至是始不殺其母胡充華。

十二年

春，魏大饑，死者數萬。

魏恒、肆二州山鳴地震，逾年不已。

甲午十三年

冬，作浮山堰。

魏司徒高肇率步騎十五萬寇益州。

十四年

春，魏武帝殂；太子詡立，年六歲；領軍于忠執政；召高肇還，殺之，廢高太后爲尼，徙居金墉。

秋，魏尊胡充華爲太后，臨朝稱制，出于忠爲冀州刺史。

冬，魏將崔亮圍將軍趙祖悦于硤石。

十五年魏孝明帝詡熙平元

春，魏人拔硤石，趙祖悦死。

秋，淮堰破，緣淮城戍村落十餘萬口皆漂入海。

十六年

春，詔織錦者不得爲仙人鳥獸之形；以其裁翦，有乖仁恕。宗廟牲牢，皆代以麪，薦用蔬果；朝野喧囂，以爲宗廟去牲，乃是不復血食，帝終不從。

十七年魏神龜元

秋，魏高太后殂于瑶光寺。

十八年

春，魏征西將軍張彝子均請沙汰武官；有羽林千餘人燒彝第，殺均，毆傷彝。

胡后不能討，大赦以安之。魏於是乎失政，識者知其將亡矣。

夏，帝於無导殿受佛戒。

秋，魏胡后遊嵩高。

普通元年魏正光元

秋，魏侍中元義、中常侍劉騰矯太后詔，歸政于魏主，幽太后於北宮，殺太傅清河王懌，騰、義總兵專政；相州刺史中山王熙起兵誅騰、義，不克而死。

蠕蠕主阿那瓌奔魏，魏送還北。

二年

春，魏將軍奚康生謀殺元義，不克而死；以劉騰爲司空。

夏，義州刺史文僧明以州入魏。

秋，大匠卿裴邃督諸軍侵魏。魏荆州刺史桓叔興以衆降。

蠕蠕主郁久閭侯匿伐奔魏。

魏東、南秦州氐皆反，敗河間王琛。

三年

四年

春，蠕蠕阿那瓌伐魏，魏使左丞元孚諭之，阿那瓌執孚北遁。

劉騰卒。魏主始得與太后相往來。

冬，鑄鐵錢。

甲辰五年

春，魏沃野鎮人破六韓拔陵反，敗魏臨淮王彧于五原。

夏，魏秦州人莫折大提反，尋死，子念生代立。

將軍元樹侵魏，所向輒克。

秋，念生東侵岐、隴，魏齊王蕭寶寅討之。冬，念生據凉州。

六年魏孝昌元

春，魏徐州刺史元法僧以州降。

詔豫章王綜鎮彭城。
魏蕭寶寅大破莫折念生於黑水。
夏，魏胡后復臨朝，誅元義。
念生大破魏將崔延伯於涇州。
蠕蠕殺破六韓拔陵。
豫章王綜奔魏，魏復取彭城。
魏柔玄鎮人杜洛周反。

七年

春，魏定州人鮮于修禮反，擊破魏河間王琛。秋，賊帥元洪業斬修禮請降；賊黨葛榮殺洪業，掩擊魏章武王融，殺之。
冬，杜洛周拔魏幽州，執行臺常景。
元樹攻壽春，魏揚州刺史李憲降。是時，魏胡后淫亂，四方反叛，中外惡之。

大通元年

春，司州刺史夏侯夔伐魏。
帝幸同泰寺捨身。
葛榮拔魏殷州。
莫折生大破蕭寶寅於涇州。
秋，魏相州刺史安樂王鑒反，尋敗死。
秦州人杜粲殺念生。
冬，魏將元慶和以渦陽降。
魏蕭寶寅據雍州反。
葛榮拔魏冀州。

二年魏孝莊帝子攸永安元

春，雍州人侯終德逐蕭寶寅。
魏孝明帝殂，胡后詐立皇女，又立孝文曾孫釗爲帝。
葛榮滅杜洛周。
魏大都督爾朱榮自晉陽勒兵濟河，立長樂王子攸爲帝，沉胡太后及幼主于河，殺王公以下二千人。
魏郢州、北青、南荆、豫州皆來降。
夏，魏河間人邢杲反。
秋，魏高平鎮人万俟醜奴反。
爾朱榮率騎七千，禽葛榮於滏口，降其衆百萬。
冬，立魏北海王顥爲魏主，遣將軍陳慶之衛送還北。

中大通元年

夏，魏上黨王天穆討邢杲，平之。
陳慶之拔虎牢，魏主奔河北，元顥入洛陽；爾朱榮攻殺元顥，魏主還。
秋，帝幸同泰寺捨身，羣臣以錢二億萬奉贖。
冬，魏巴州降。

二年魏東海王曄建明元

春，魏將爾朱天光討万俟醜奴、蕭寶寅於安定，皆擒之。
夏，復以元悦爲魏主，送還北。
秋，魏莊帝誅爾朱榮；僕射爾朱世隆奔高都，立長廣王曄爲帝。冬，爾朱兆襲洛陽，弑莊帝。

三年魏安定王朗中興元

春，世隆等以元曄疏遠，立廣陵王恭爲魏帝，世隆執朝政，天光據關右，兆據并州，將高歡屯信都。
夏，昭明太子薨。
魏高歡起兵討爾朱氏。
秋，立子綱爲太子。
冬，高歡立渤海太守元朗爲帝。

四年魏孝武帝修永熙元

春，魏南兖州降。遣太尉元法僧伐魏。
高歡拔鄴，爾朱度律及天光、兆合擊之，大敗於韓陵，兆奔晉陽。夏，歡殺天光、度律及世隆，廢元恭、元朗而立平陽王修。秋，歡自鄴擊兆，兆奔秀容，歡遂居晉陽。

五年

春，高歡襲爾朱兆，滅之。
魏孝武用侍中斛斯椿之言，疑忌高歡，殺其黨司空高乾，始與歡有隙。
夏，魏東徐州降。

甲寅六年東魏孝靜帝善見天平元

春，魏秦州刺史侯莫陳悦殺關西大行臺賀拔岳；　夏，夏州刺史宇文泰收岳衆擊悦，斬之。孝武以泰爲關西大行臺。

秋，孝武出屯河橋，高歡將兵淮河，孝武西奔長安，以宇文泰爲丞相秉政。歡追至華陰而還，立清河王世子善見爲魏主，徙都鄴。孝武又與泰不平；　冬，泰酖孝武，而立南陽王寶矩。

詔以元慶和爲魏主，侵魏。

大同元年西魏文帝寶矩大統元

春，元慶和爲魏行臺元晏所敗，不得進。

西魏主立后乙氏及太子欽。

東魏將司馬子如攻西魏潼關、馮翊，皆不克。

冬，北梁州刺史蘭欽攻漢中，復梁州。

二年

春，高歡襲西魏夏州，拔之；　以其世子澄爲尚書令，入輔魏政。

冬，初與東魏和親。

高歡自蒲津伐西魏；　使大都督竇泰攻潼關。

三年

春，宇文泰擊竇泰，斬之；　歡走。

秋，宇文泰攻東魏弘農，拔之。

冬，高歡自蒲津擊西魏，泰與戰于沙苑，大破之，俘斬七萬，歡走。泰遂濟河，擊蒲坂、汾、絳，皆下之，還屯馮翊；　又使開府獨孤信攻洛陽，拔之。梁、陳以西，多降西魏。

四年東魏元象元

春，東魏攻西魏，拔南汾、潁、豫、廣四州。

魏主欲結蠕蠕爲援，廢乙后，納其女爲后。高歡亦納蠕蠕女爲夫人。

秋，東魏行臺侯景圍洛陽，宇文泰奉西魏主以救之，高歡擊破西魏師於河陰，遂拔洛陽。

冬，西魏復取洛陽；　襄、廣以西，復西屬。

五年東魏興和元

夏，東魏主立后高氏。

秋，東魏人城鄴，作新宮。

六年

夏，西魏行臺宮延和、陜州刺史宮延慶率衆降東魏。

七年

交州人李賁反。

八年

春，西魏初置六軍。

冬，高歡圍西魏儀同王思政於玉壁，西師不出，乃還。

九年東魏武定元

春，東魏北豫州刺史高慎據虎牢降西魏，宇文泰將兵援之；　高歡與泰戰於邙山，泰兵大敗，俘斬六萬，歡追至弘農而還。虎牢、洛陽皆入東魏。

甲子十年

春，李賁稱帝於交趾。

帝幸京口。

秋，西魏尚書蘇綽更造新法，頒於州郡，百姓便之。

十一年

中大同元年

春，交州刺史楊瞟討李賁，平之。

夏，帝幸同泰寺捨身，奉贖如前；　是夜，同泰寺災。

冬，高歡攻西魏晉州刺史韋孝寬於玉壁，五旬不拔，死者七萬人，歡憤懣成疾，燒營而遁之。

太清元年

春，帝復捨身如前。

高歡卒；　侯景與世子澄有隙，據河南十三州降西魏。西魏將王思政入據潁川，景徙鎮豫州。秋，景復叛西魏，來降。冬，詔貞陽侯淵明將兵攻彭城以助景，與東魏行臺慕容紹宗戰，兵敗，淵明爲魏所虜。

二年

春，侯景及慕容紹宗戰於渦陽，景大敗，走保壽春；　河南地復入東魏。

秋，帝復與東魏和親，景懼而反。冬，景濟江，立臨賀王正德爲帝，攻建鄴，陷東府；　諸州援兵至者三十餘萬，莫有鬭志，自相抄奪而已。

三年

春，侯景陷臺城，廢蕭正德。江、淮以北，多入于魏。

夏，帝以憂崩。

高澄拔潁川，執王思政。

秋，西江督護陳霸先殺廣州刺史元景仲。荆州刺史湘東王繹遣世子方等攻湘州刺史河東王譽，方等敗死。

高澄爲奴所殺，弟洋襲位。

簡文帝綱大寶元年齊文宣帝高洋天保元

春，西魏悉取漢東地。

夏，湘東王使將軍王僧辯攻殺河東王譽，譽弟岳陽王詧以雍州入西魏。東魏静帝遜位于齊。

秋，侯景將任約拔江州。

王僧辯攻郢州刺史邵陵王綸，綸走死安陸。

宇文泰伐齊至陝。

二年

春，魏文帝殂。

侯景悉兵西上，取郢州，圍巴陵；夏，湘東王使將軍胡僧祐、陸法和擊之，擒任約；景敗走，王僧辯追之，所向輒克。秋，景廢帝爲晉安王，立豫章王棟。

冬，景弑帝、廢棟，而自立。

元帝繹承聖元年魏廢帝欽元

春，王僧辯、陳霸先破斬侯景；僧辯鎮建業，霸先鎮京口。

突厥破蠕蠕，殺阿那瓌。

夏，益州刺史武陵王紀稱帝。

魏將達奚武攻取梁州。

冬，湘州刺史陸納反。

王即帝位。

二年

夏，王僧辯平湘州。

秋，武陵王紀引兵東下，至江陵，敗死。

僕射王褒請徙都建業，帝不從。

魏將尉遲迥克成都，取益、潼二州。

冬，詔王僧辯鎮姑熟。

齊王破契丹於平州，又破突厥於朔方。

宇文泰殺魏尚書元烈。

甲戌三年魏恭帝廓元

春，魏主有怨言，泰廢之，立其弟齊王廓。

齊王屠山胡，走蠕蠕。

冬，魏將于謹及蕭詧入寇，圍江陵，帝猶講《老子》、賦詩，援兵未至，城陷，帝被害。魏人虜男女十餘萬口爲奴婢；立蕭詧爲梁王，居江陵，爲魏附庸。

敬帝方智紹泰元年後梁宣帝詧大定元

春，王僧辯、陳霸先立晉安王方智爲梁王。

夏，齊主大破蠕蠕於沃野。

齊人送蕭淵明爲梁主，王僧辯迎立之；陳霸先襲殺僧辯，復立梁王爲帝。

冬，南豫州刺史任約、泰州刺史徐嗣徽以齊兵襲據石頭，霸先擊，大破之，約等奔齊。

太平元年

春，魏依《周禮》立六官。

齊儀同蕭軌及任約等衆十萬入寇，至鍾山，陳霸先擊，大破之，虜軌。以霸先爲丞相。

冬，宇文泰卒；遺令兄子護輔世子覺以爲政。魏封覺爲周公，尋受魏禪。

陳武帝霸先永定元年周明帝宇文毓元

春，周閔帝稱「天王」。

蕭勃據廣州反，都督周文育、侯安都平之。

周閔帝欲誅晉公護；秋，護弑閔帝，立其兄毓。

冬，受梁禪。

周文育、侯安都討湘州刺史王琳，敗没。

二年

春，王琳立梁永嘉王莊爲帝，居郢州，求助於齊。

齊北豫州刺史司馬消難以州入于周。

夏，帝幸莊嚴寺捨身，尋還宮。

秋，周文育、侯安都逃歸。

齊王修廣三臺，淫湎暴虐； 而任尚書令楊愔爲政，内外清肅。

三年周武成元

夏，齊王悉誅諸元三千餘人。

北江州刺史熊曇朗殺司空周文育而反。

侯安都破王琳兵於左里。

帝崩，以兄子臨川王蒨爲嗣。

秋，周王稱帝。

立子伯宗爲太子。

冬，齊文宣帝殂晉陽。

王琳寇大雷。

文帝蒨天嘉元年齊孝昭帝演皇建元

春，太尉侯瑱大破王琳，琳及蕭莊奔齊。

誅熊曇朗。

武帝子衡陽王昌來自長安，沉之於江。

夏，周晉公護鴆殺明帝，立其弟邕。

齊主殷幼弱，叔父常山王演殺宰相楊愔等； 秋，演廢殷，自立，立太子百年。

冬，周將獨孤盛寇巴、湘。

二年周武帝邕保定、齊武成帝湛太寧元

春，周將殷亮以湘州來降。

夏，初與齊和親。

秋，破周將賀若敦，復取武陵等六郡。

冬，齊孝昭帝殂，廢其太子百年，立弟長廣王湛。

縉州刺史留異反，司空侯安都討之。

三年齊河清、梁明帝巋天保元

春，齊主立太子緯。

梁宣帝殂。

江州刺史周迪反。

帝弟安成王頊來自長安。

留異奔晉安，東陽平。

夏，齊婁太后殂。

秋，齊冀州刺史高歸彦反，大司馬段韶討擒之。

四年

春，周迪奔閩州，刺史陳寶應納之。

夏，帝捨身於太極前殿。

侯安都以驕慢賜死。

秋，周迪寇臨川，將軍章昭達擊走之。

冬，周柱國楊忠與突厥合兵二十萬伐齊并州，齊主自如晉陽禦之。

甲申五年

春，齊大敗周師於晉陽城西。

夏，齊殺樂陵王百年。

齊人歸宇文護之母于周。

秋，突厥伐齊幽州。

周晉公護伐齊，使尉遲迥圍洛陽。

冬，齊主自晉陽如洛陽，太師段韶大敗周師，尉遲迥走。

章昭達討陳寶應、留異，擒之，閩州平。

六年齊温公緯天統元

春，周主逆突厥女爲后。

夏，齊武成帝以災變，傳位於太子緯，自稱「太上皇帝」，軍國大事咸以聞。

秋，獲周迪，斬之。

天康元年周天和元

夏，帝崩。 太子伯宗即位，幼弱，政事皆決於司徒安成王頊。

臨海王伯宗光大元年

夏，湘州刺史華皎叛入於周，周將元定將兵助之，遂入郢州； 秋，大將軍淳于量擊，大破之，皎奔江陵，虜定以歸。

二年

秋，齊始與周和親。

冬，章太后下令廢帝，立安成王頊。

齊武成帝殂。武成奢淫無度，齊政始衰。

宣帝頊太建元年

春，立子叔寶爲太子。

冬，將軍歐陽紇據廣州反。

二年齊武平元

春，章昭達討歐陽紇，斬之。

秋，齊主立太子恒。

齊以中領軍和士開爲尚書令。是時，齊主荒縱，士開及嬖臣高阿那肱、穆提婆等，用權恣横，異姓王者百餘人，開府千餘人，至於犬馬皆受官爵，賦繁役重，民不聊生。

三年

夏，齊段韶攻周汾州，拔之。

秋，齊琅邪王儼殺和士開，尋被誅。

冬，初與周和親。

四年周建德元

夏，周主誅晉公護，始親萬機，勵精爲治，中外翕然。

周人將伐齊，而患齊丞相斛律光，乃以謡言間之，齊僕射祖珽復加譖毁。

秋，齊主殺斛律光，廢斛律后，立胡后；尋又廢之，立穆后。

五年

春，齊高阿那肱爲丞相。

帝遣開府吴明徹畧地北邊，屢破齊兵，取秦、涇、和、合四州。

冬，拔壽陽，斬王琳。

甲午六年

春，齊朔州行臺高思好反，尚書令唐邕討斬之。

周叱奴太后崩，武帝行三年之喪。

夏，周主斷佛、道二教，立通道觀以壹聖人之道。

諸將侵齊淮北。

七年

秋，周主如雲陽；衛王直反於長安，誅死。

秋，周主下詔數齊主罪惡，大興兵，自河南伐齊，逼洛陽，破河陰，焚浮橋；齊高阿那肱救之；會周主有疾而還，所得三十餘城皆棄之。

吴明徹大破齊師於吕梁。

八年齊隆化元

春，周太子贇西巡，遂伐吐谷渾。

冬，周主自河東伐齊，拔晉州。齊主自晉陽救之，圍晉州；垂克，以馮淑妃故，棄軍先還晉陽，齊師大潰。周主乘勝逐之。齊主留安德王延宗守晉陽而奔鄴；延宗自稱帝，周主攻拔之。

九年齊幼主恒承光元

春，齊主傳位於太子恒。周師克鄴；齊主奔青州，又使太子傳位於任城王湝。齊主將東奔，高阿那肱引周兵追擒之。任城王湝據州不下，周齊王憲討平之。周封齊主爲温公，尋殺之。

冬，吴明徹攻周徐州。

十年周宣政元

春，吴明徹及周將王軌戰於吕梁，明徹大敗，將卒三萬皆没。帝懼，始繕完以備周。

夏，突厥伐周幽州；周武帝自將，五道擊突厥，至雲陽，遇疾殂。武帝英武勤儉，四方畏服。

周宣帝即位，殺齊王憲，立后楊氏。

十一年周靜帝闡大象元

春，周宣帝殺王軌，傳位於太子闡，自稱天元皇帝，驕奢狂恣，立五皇后，悉遣親王之國，建東京，發兵作洛陽宫，修長城，民不堪命。

夏，突厥伐周并州。

冬，周將韋孝寬拔壽陽，梁士彦拔廣陵；江北地皆入周。

十二年

春，周杞公亮反，韋孝寬討平之。

夏，周宣帝殂，靜帝尚幼，御正劉昉、内史鄭譯矯詔，以太后父隋公楊堅受遺輔政。堅悉召諸王入朝，稍稍誅之。相州總管尉遲迥、鄖州總管司馬消難、益州總管王謙皆起兵討堅。秋，堅使鄖公韋孝寬擊迥，楊公王誼擊消難，蔣公梁睿擊謙；迥、謙死，消難來奔。

十三年隋文帝楊堅開皇元

春，周主禪位於隋。

夏，隋主立后獨孤氏及太子勇，改周官皆如漢、魏，命僕射高熲、納言蘇威定律令。

秋，隋廢洛陽宮。

將軍周羅睺拔隋胡墅，蕭摩訶伐隋江北。

隋高熲入寇。

十四年

春，帝崩。始興王叔陵謀弑後主，伏誅。

歸胡墅於隋以和，隋師還。

隋主以晉王廣鎮并州、秦王俊鎮洛州、蜀王秀鎮益州，皆領行臺。

夏，隋作新都於龍首山。

冬，隋太子屯咸陽，備突厥。

長城煬公叔寶至德元年

春，隋遷于新都，改郡爲州。

突厥沙鉢畧可汗妻周女千金公主；以周亡，數侵隋境。

秋，隋河間王弘、僕射高熲、虞慶則等，數道出塞，擊突厥，大破之；因以饑疫，突厥遂衰。

甲辰二年

春，隋主如隴州；秋，又以關内饑，如洛陽；逾年而還。

將軍夏侯苗叛降隋，隋主以通和，不納。

突厥沙鉢畧可汗爲從弟阿波可汗所敗，使千金公主請爲隋主之子；晉王廣欲乘釁擊之，隋主不可，使虞慶則撫納之。

三年

春，前豐州刺史章大寶反；夏，州將陳景詳斬之。

夏，梁明帝殂。

突厥沙鉢畧稱臣上表於隋，遂與阿波分爲二國，阿波亦伏於隋。

秋，將軍湛文徹擊隋和州，爲隋所虜。

四年梁莒公琮廣運元

秋，隋太子鎮洛陽。

隋柱國梁士彦、宇文忻、劉昉謀反，誅。

冬，以僕射江總爲尚書令。帝日夜與總等文士十人及張、孔二貴嬪，賦詩飲酒，不親政事，不恤外患，刑煩賦重，中外離心。

禎明元年

春，隋人修長城。

秋，梁主琮朝于隋。隋主遣將崔弘度戍江陵，梁安平王巖等懼，率其民來奔；隋主怒，廢梁主爲莒公，遂謀伐陳，大作舟艦，人請密之，隋主曰：「吾顯行大誅，何密之有！」使投柿於江。

冬，隋主如馮翊。

二年

春，攻隋峽州。

冬，隋淮南行臺晉王廣、山南行臺秦王俊、信州總管楊素等，率九十總管，兵五十二萬，八道入寇；東接滄海，西距巴、蜀，橫亘數千里；以高熲爲謀主。帝謂長江必不可渡，全不設備，奏技、縱酒不輟。

隋文帝開皇九年

春，襄邑公賀若弼拔京口，新義公韓擒虎拔南豫州，所向皆克。陳主以蕭摩訶爲都督以拒隋，賀若弼與戰於蔣山，大破擒之。韓擒虎入建業，陳主逃于井，就獲之，遂滅陳。

《大事記續編》

明王禕撰

卷二一

漢昭烈皇帝章武元年　吴王孫權元年　魏高祖文皇帝黄初二年

春三月，魏以秘書令劉放爲中書監，秘書丞孫資爲中書令，掌機密。以《魏》傳修。魏復五銖錢。以《魏紀》修。

夏四月丙午，漢中王備即漢帝位，改元，以諸葛亮爲丞相，許靖爲司徒，立宗廟，祫祭高皇以下。以《蜀》傳修。孫權徙都武昌以《通鑑目録》傳修。

五月，漢主立夫人吴氏爲皇后，子禪爲皇太子。以《蜀》傳修。吴立子登爲太子。以《吴書》修。

六月甲辰，魏祀太祖於建始殿，如家人禮。以《魏》傳修。丁卯，魏殺夫人甄氏。以《通鑑》修。戊辰晦，日有食之。魏詔勿劾三公。以《魏紀》修。

漢車騎將軍張飛爲其下所殺。以《蜀》傳修。

秋七月，漢主帥師擊孫權，權請和，不許和，以將軍陸遜爲大都督拒之。以《通鑑》修。魏築凌雲臺。以《通鑑》修。

八月，孫權稱臣於魏，歸于禁等。

丁巳，魏封權爲吴王，加九錫。以《通鑑目録》修。吴城武昌。以《吴》傳修。

冬十月，魏罷五銖錢。朱熹《綱目》。

十一月，魏遣使求香犀、珠貝於吴。以吕祖謙《標目》修。時烏桓浸衰，鮮卑强盛，魏置護鮮卑、烏桓二校尉。以吕祖謙《標目》修。

漢昭烈皇帝章武二年　吴王黄武元年　魏高祖文皇帝黄初三年

春正月，丙寅朔，日有食之。《魏記》。魏詔選士不限年。以《通鑑目録》修。

二月，魏復通西域。以吕祖謙《標目》修。漢主進軍夷道猇亭，使將軍黄權督江北軍。以《蜀》傳修。

閏六月，陸遜大破漢軍，漢主走。吴以遜領荆州牧。以《蜀》、《吴》傳修。

秋八月，黄權降魏。以《通鑑》修。

九月甲午，魏詔群臣不得奏事太后，后族不得輔政。以《魏》紀修。

十一月庚申晦，日有食之。

漢安樂思公建興元年　吴王黄武二年　魏高祖文皇帝黄初四年

春二月，魏軍還。

三月，漢主召諸葛亮與尚書令李平受遺。

夏四月，殂于永安宫。

五月，太子禪即皇帝位，尊皇后曰皇太后，改元，封亮爲武鄉侯，領州牧。以《蜀》傳修。

六月，漢州益州耆帥雍闓反。以《通鑑》修。

秋九月，漢尚書鄧芝聘吴，吴遂絶魏。以《通鑑》修。

是歲，漢立妃張氏爲皇后。以《通鑑》修。魏徵處士管寧爲太中大夫，不受。以《魏》傳修。

漢安樂思公建興二年　吴王黄武三年　魏高祖文皇帝黄初五年

夏四月，魏立太學。以《舉要曆補遺》修。吴輔義中郎將張温聘漢。以《吴》傳修。

秋七月，魏主如許昌。

八月，以舟師伐吴。

九月，至廣陵而還。以《魏》紀、《吴》傳修。吴殺尚書暨艷、郎徐彪，廢張温。以《通鑑》修。

冬十一月，戊申晦，日有食之。以《通鑑》修。

漢安樂思公建興三年　吴王黄武四年　魏高祖文皇帝黄初六年

春三月，魏并州刺史梁習討鮮卑軻比能，大破之。以《魏》紀修。漢諸葛亮討雍闓。以《蜀》傳修。魏主爲舟師。

夏五月戊申，至譙。以《魏》紀、《通鑑》修。

六月吴以太常顧雍爲丞相。以《吴》傳修。

秋七月，諸葛亮平雍闓。以《蜀》傳修。

冬十月，魏主至廣陵而還。以《魏》紀修。

十二月，吴鄱陽賊彭綺反。以《吴》傳修。

漢安樂思公建興四年　吴王黄武五年　魏高祖文皇帝黄初七年

夏四月，魏殺治書執法鮑勛。以吕祖謙《標目》修。

五月，魏立子平原王叡爲皇太子。丙辰，召中軍大將軍曹真、鎮軍大將軍陳群、征東大將軍曹休、撫軍大將軍司馬懿受遺輔政。丁巳，魏主殂，太子叡即皇帝位，尊皇太后曰太皇太后，皇后曰皇太后，追謚甄夫人曰文昭皇后。

以《魏》紀修。

秋八月，吴王權攻魏江夏，遣將圍石陽，尋退。以《吴》傳修。

漢安樂思公建興五年　吴王黄武六年　魏烈祖明皇帝太和元年

春正月，吴獲彭綺。

三月，漢下詔伐魏，諸葛亮屯漢中。

夏四月乙亥，魏復行五銖錢。以《通鑑》修。

甲申，魏初營洛陽宗廟。以《魏》紀修。

冬十一月，魏立貴嬪毛氏爲皇后。以《魏》紀修。

十二月，孟達復降漢，魏都督荆、豫州軍事司馬懿帥師襲之。以《魏》紀修。

漢安樂思公建興六年　吴王黄武七年　魏烈祖明皇帝太和二年

春正月，魏平孟達。以《通鑑》修。漢諸葛亮出祁山，降天水、南安、安定。魏遣大將軍曹真禦之。

十月，魏主如長安。亮參軍馬謖與魏將軍張郃戰於街亭，敗績，亮誅謖，自貶爲右將軍。以《蜀》傳、《通鑑》修。

夏，吴鄱陽太守周魴誘魏揚州牧曹休向皖。

秋八月，吴王權至皖，以陸遜爲大都督，大破休於石亭。以《魏》紀、《吴》傳修。

冬十二月，漢諸葛亮出散關，圍魏陳倉，不克，退，斬魏追將王雙。以《通鑑》修。魏遼東太守公孫恭兄子淵篡恭自立。以《魏》紀修。

漢安樂思公建興七年　吴大皇帝黄龍元年　魏烈祖明皇帝太和三年

春，漢諸葛亮遣將定魏武都、陰平二郡，復爲丞相。以《蜀》傳、《通鑑》修。

夏四月丙申，吴王權即皇帝位，改元，追尊考妣爲帝、后，立王太子登爲皇太子。以《吴書》修。

六月，漢遣衛尉陳震使吴，吴主與盟，約中分天下。以《吴》、《蜀》列傳修。

魏主追尊高祖考妣爲帝、后。以《魏》紀修。

秋七月，魏詔後嗣由諸侯入奉大統者不得顧私親。以《通鑑》修。

九月，吴遷都建業，使上大將軍陸遜輔太子登於武昌。以《吴》傳修。

冬十月，魏置聽訟觀，又詔司空陳羣等删律。以《魏》紀、傳修。

十一月，魏宗廟成，迎主於鄴。以《魏》紀修。

漢築漢、樂二城。以《通鑑》修。魏黄門侍郎杜恕論刺史不宜領兵。以《魏》傳修。

漢安樂思公建興八年　吴大皇帝黄龍二年　魏烈祖明皇帝太和四年

春正月，吴遣將浮海求夷洲、亶州，陸遜等諫不聽。以《吴》傳修。

二月，魏立郎吏課試法，尚書諸葛誕、中書郎鄧颺等以浮誕免官。以《通鑑》修。

夏六月戊子，魏太皇太后殂。以《魏》紀修。

秋七月，魏大司馬曹真、大將軍司馬懿伐漢，漢諸葛亮待之於成固、赤阪。

九月，真等還。以《魏》紀、《蜀》傳修。

是歲，漢督前部魏延破魏雍州刺史郭淮於陽谿。以《蜀》傳修。吴五谿蠻叛。以《通鑑》修。

漢安樂思公建興九年　魏烈祖明皇帝太和五年　吴大皇帝黄龍三年

春二月，吴使太常潘濬討叛蠻。以《通鑑》修。漢諸葛亮圍祁山，魏司馬懿救之。

夏五月，亮敗之於鹵城。

六月，引退，殺魏追將張郃。以《魏》紀、《蜀》傳、《通鑑》修。

秋，魏東阿王植上疏，詔寬諸侯王法禁。以《通鑑》修。

八月，漢徙中都護李平於梓潼。以《蜀》傳修。

冬十月，吴使人誘魏揚州刺史王淩，敗其兵。以《通鑑》修。

十一月，戊戌晦，日有食之。《魏》紀。

十二月丁卯，吴改明年元。以《三國志》《吴》傳修。

漢安樂思公建興十年　魏烈祖明皇帝太和六年　吴大皇帝嘉禾元年

春正月，吴太子登還建康。以《通鑑》修。

二月，魏詔諸侯王以郡爲國。以《通鑑》修。

三月，吴遣將浮海之遼東。

秋九月，魏邀之成山，斬其將。以《吴》紀修。

卷二二一　漢安樂思公建興十二年　魏烈祖明皇帝青龍二年　吴大皇帝嘉禾三年

春二月，諸葛亮出斜谷，約吴大舉伐魏。以《通鑑》修。

三月庚寅，山陽公薨於魏。以《魏》紀修。

夏四月，諸葛亮屯渭南，魏司馬懿拒之。亮分兵屯田。以《蜀》傳、《通鑑》修。

五月，吴主三道伐魏。

六月，魏主遣兵助司馬懿。

秋七月，自率水軍東下，吴軍皆退。以《魏》紀、《吴》傳修。

八月，漢武鄉忠武侯諸葛亮卒於軍。征西大將軍魏延與丞相長史楊儀相攻，儀斬延，率師還。左將軍吴懿爲車騎將軍，督漢中；丞相長史蔣琬爲尚書，總國事，尋加益州刺史。以《蜀》傳修。吴以節度諸葛恪爲丹陽太守，討山越。以《吴》傳修。

漢安樂思公建興十三年　魏烈祖明皇帝青龍三年　吴大皇帝嘉禾四年

春正月戊子，魏以司馬懿爲太尉。以《魏》紀修。魏皇太后以憂殂。以《魏》紀修。漢徙中軍師楊儀於漢嘉，尋自殺。以《蜀》傳、《通鑑》修。

夏四月，漢蔣琬爲大將軍、録尚書事，後軍師費禕尚書令。以《蜀》傳、《通鑑》修。魏大營宫殿，減將吏俸禄。以《魏》紀修。

秋七月，魏崇華殿火。以《魏》紀修。

八月，魏立子芳爲齊王。以《魏》紀修。

是歲，魏幽州刺史王雄使人刺殺軻比能，部落離散。以《通鑑》修。魏張掖水涌石負圖。以朱熹《綱目》修。魏以馬易珠、翠於吴。以吕祖謙《標目》修。

漢安樂思公建興十四年　魏烈祖明皇帝青龍四年　吴大皇帝嘉禾五年

春，吴鑄大錢，一當五百。以《吴》傳修。

夏四月，漢主如湔，觀汶水。以《蜀》傳修。漢徙武都氐王符健於廣都。以鄭樵《年譜》修。

冬十月，有星孛於大辰，又孛於東方。

十一月己亥，彗星見。以《魏》紀修。

漢安樂思公建興十五年　魏烈祖明皇帝景初元年　吴大皇帝嘉禾六年

春正月，魏黄龍見山茌，散騎常侍高堂隆以爲魏得土德。

三月改元，首建丑之月。以《魏》紀修。

秋七月，魏制三祖爲不毁之廟。以《通鑑》修。魏徵公孫淵，淵反。

八月，遣幽州刺史毌丘儉討之，不利。淵自立爲燕王，改元。以《魏》紀、《通鑑》修。漢皇后殂。以《蜀》傳修。

冬十月，魏大水。以《魏》紀修。魏殺其后毛氏。以《魏》紀修。

十一月，魏詔漢四百年無禘禮，始營圓方丘、南北郊。以《魏》紀修。吴諸葛恪平山越。以《吴》傳修。

是歲，魏作都官考課法，不果行。以《通鑑》修。漢將軍王平督漢中。以《蜀》傳修。

漢安樂思公延熙元年　魏烈祖明皇帝景初二年　吴大皇帝赤烏元年

春正月，漢立皇后張氏，改元，立子璿爲皇太子。以《蜀》傳修。

二月，魏遣司馬懿伐遼東。以《魏》紀修。吴鑄大錢，一當千。以《吴》傳修。

六月，彗星見於張。以《魏》紀修。魏司馬懿圍襄平。丙寅，克之，斬公孫淵。以《魏》紀修。

秋八月，吴改元。以《吴》傳修。吴中書郎吕壹伏誅。以《通鑑》修。

冬十一月，漢蔣琬屯漢中，以王平爲前護軍。以《蜀》傳修。魏立夫人郭氏爲皇后，以燕王宇爲大將軍。劉放、孫資薦武衛軍曹爽及司馬懿。甲申，免宇，以爽代之。

十二月，丁亥朔，立齊王芳爲太子，懿、爽受遺輔政。魏主殂，太子芳即皇帝位，尊皇后曰皇太后，加懿，爽侍中、假節鉞、都督中外諸軍、録尚書事。諸宫室之役，皆以遺詔罷之。以《魏》紀、《通鑑》修。

漢安樂思公延熙二年　魏邵陵厲公曹芳景初三年　吴大皇帝赤烏二年

春正月丁丑，魏以司馬懿爲太傅，曹爽弟羲爲中領軍、訓爲武衛將軍、彦爲散騎常侍。爽引散騎侍郎何晏、散騎常侍丁謐等爲腹心。以《魏》紀修。

三月，漢蔣琬爲大司馬。以《蜀》傳修。

冬十一月，吴將廖式反於臨賀，討平之。以《通鑑目録》修。魏復以建寅爲正，改元。以《通鑑》修。

漢安樂思公延熙三年　魏邵陵厲公正始元年　吴大皇帝赤烏三年

漢安樂思公延熙四年　魏邵陵厲公正始二年　吴大皇帝赤烏四年

春，吴零陵太守殷札請大舉伐魏，不能用。

夏四月，吴遣四將入魏境。以《吴》傳修。

五月，吴太子登卒。以《通鑑》修。吴圍樊。

六月，魏司馬懿帥師拒之，吴師遁。以《魏》紀、《吴》傳修。

是歲，魏屯田淮南、北開漕渠。以《通鑑》修。管寧卒於魏。以朱熹《綱目》修。

漢安樂思公延熙五年　魏郡陵厲公正始三年　吳大皇帝赤烏五年

春正月，吳立子和爲皇太子。以吕祖謙《標目》修。

秋七月，吳擊儋耳、珠崖。以《通鑑》修。

八月，吳封子霸爲魯王。以《吳》傳修。

漢安樂思公延熙六年　魏郡陵厲公正始四年　吳大皇帝赤烏六年

夏四月，魏立皇后甄氏。以《魏》紀修。

五月朔，日有食之，既。以《通鑑》修。

冬十月，漢蔣琬還涪，王平爲前監軍，督漢中。

十一月，費禕爲大將軍、録尚書事。以《蜀》傳修。　魏曹冏上疏論封建，曹爽不能用。以《舉要（歷）〔曆〕補遺》修。

漢安樂思公延熙七年　魏郡陵厲公正始五年　吳大皇帝赤烏七年

春正月，吳上大將軍陸遜爲丞相，鎮武昌。以吕祖謙《標目》修。

二月，魏曹爽帥師伐漢。

三月，漢王平据興執以拒之。

閏三月，復遣費禕救之。以《魏》紀修。

夏四月朔，日有食之。以《通鑑》修。

五月，魏軍退走。《魏》紀。

是歲冬，漢費禕爲益州刺史，侍中董允守尚書令。以《通鑑》修。

漢安樂思公延熙八年　魏郡陵厲公正始六年　吳大皇帝赤烏八年

春正月，吳太子和與魯王霸禮秩如一，陸遜上疏諫，吳主切責之。

二月，遜自殺，子建武校尉抗代領其衆。以《吳》傳、蕭方《三十國春秋》修。

秋八月，漢皇太后殂。以《蜀》傳修。

冬十二月，漢費禕行漢中圍守。以《通鑑》修。

漢安樂思公延熙九年　魏郡陵厲公正始七年　吳大皇帝赤烏九年

春二月，吳車騎將軍朱然攻魏柤中，破之。以《通鑑目録》修。

魏毌丘儉討高句驪，夏討濊貊，破之。以《魏》紀修。

秋九月，吳驃騎將軍步隲爲丞相。分荆州爲二部，鎮南將軍吕岱爲上大將軍，督武昌；　以西將軍諸葛亮恪爲大將軍，鎮武昌。以《通鑑》修。　吳罷大錢。以《通鑑》修。

冬十一月，漢安陽恭侯蔣琬卒。以《蜀》傳修。　漢董允卒。以《蜀》傳修。

漢安樂思公延熙十年　魏郡陵厲公正始八年　吳大皇帝赤烏十年

春二月朔，日有食之。以《魏》紀修。

三月，吳作太初宫。以《吳》傳修。　魏曹爽遷太后於永寧宫。

夏五月，魏司馬懿稱疾不與政。以《通鑑》修。

是歲，漢以選曹郎陳祗爲侍中，黄門令黄皓始用事。以《蜀》傳修。　漢涼州刺史姜維爲衛將軍、録尚書事。以《蜀》傳修。　魏雍、涼羌胡降漢。　漢姜維出隴右，與魏雍州刺史郭淮戰於洮西。以《通鑑》、《蜀》傳修。

漢安樂思公延熙十一年　魏郡陵厲公正始九年　吳大皇帝赤烏十一年

四月，魏以光禄大夫徐邈爲司空，不受。以《魏》紀修。

五月，漢費禕屯漢中。以《通鑑目録》修。

卷二三　漢安樂思公延熙十二年　魏郡陵厲公正始十年　嘉平元年　吳大皇帝赤烏十二年

春正月甲午，魏主謁明帝陵，曹爽兄弟從。司馬懿以皇太后令，閉城門，勒兵，奏免爽等。魏主還。戊戌，懿殺爽兄弟及尚書丁謐、鄧颺、何晏、大司農桓範等，皆夷三族。

丁未，懿自爲丞相，加九錫，辭不受。右將軍夏侯霸奔漢。以《魏》紀、《通鑑》傳修。

夏四月乙丑，魏改元。以《魏》紀修。

秋，漢姜維攻魏雍州，不克。以《蜀》傳修。

冬十二月辛卯，魏以司空、都督揚州軍事王淩爲太尉。以《魏》紀修。

漢安樂思公延熙十三年　魏郡陵厲公嘉平二年　吳大皇帝赤烏十三年

秋八月，吳廢太子和，賜魯王霸死。

冬十一月，吳立子亮爲皇太子。以《吳》傳修。　吳作堂邑涂塘。以《吳》傳修。

十二月，魏征南將軍王昶襲吳，破之。以《魏》紀修。　魏罷校事官。以《魏》傳修。

漢安樂思公延熙十四年　魏郡陵厲公嘉平三年　吳大皇帝太元元年

夏，魏王淩謀立楚王彪，司馬懿帥師討之。

五月甲寅，淩自殺，併其黨夷三族。以《魏》紀、傳、《通鑑》修。　魏揚州刺史諸葛誕爲鎮東將軍、都督揚州軍事。以《通鑑》修。　吳立夫人潘氏爲皇后。以《吳》傳修。

六月，魏賜楚王彪死，録諸王公於鄴。以《魏》紀、《通鑑》修。　漢費禕還成都。以《蜀》傳修。

秋七月壬戌，魏皇后甄氏殂。以《魏》紀修。

八月戊寅，魏舞陽宣文侯司馬懿卒，其子衛將軍師自爲撫軍大將軍、録尚書事。以《魏》紀修。

冬十月，吴徵諸葛恪領太子太傅。以《吴》傳修。漢費禕屯漢壽。以《蜀》傳修。

漢安樂思公延熙十五年　魏邵陵厲公嘉平四年　吴會稽王孫亮建興元年

春正月癸卯，魏司馬師自爲大將軍。以《魏》紀修。吴封故太子和爲王。以《吴》傳修。

二月，魏立皇后張氏。以《魏》紀修。吴改元神鳳。以《吴》傳修。吴殺其后潘氏。以《吴》傳修。吴主召諸葛恪、會稽太守滕胤受遺輔政。

夏四月，殂，太子亮即皇帝位，改元。

閏五月，以恪爲太傅，太常滕胤爲衛將軍、領尚書事，吕岱爲大司馬。以《吴》傳修。

冬十月，吴諸葛恪城東興。　十一月，魏三道擊吴。

十二月，恪大破之。以《魏》紀、《吴》傳修。吴武昌端門内殿災。以《吴》傳修。

漢安樂思公延熙十六年　魏邵陵厲公嘉平五年　吴會稽王建興十年

春正月朔，盗殺漢費禕。以《蜀》傳修。

丙寅，吴立皇后全氏。以《吴》傳修。庚午，魏軍退。以《吴》傳修。魏諸葛誕爲鎮南將軍，都督豫州；毌丘儉爲鎮東將軍，都督揚州軍事。以《通鑑》修。

二月，吴加諸葛恪荆、揚牧，督中外軍事。以《通鑑》修。

夏四月，漢姜維出石營，圍魏南安。以《通鑑》修。吴諸葛恪攻魏。

五月，圍新城，魏遣太尉司馬孚救之。以《吴》傳修。漢姜維還。以吕祖謙《標目》修。

秋七月，吴軍還。

冬十月，將軍孫峻殺諸葛恪，夷其三族，自爲丞相、大將軍、都督中外諸軍事，殺南陽王和。以《吴》傳、《通鑑》修。

十一月，吴改明年元。以《魏》紀修。

漢安樂思公延熙十七年　魏高貴鄉公曹髦正元元年　吴會稽王五鳳元年

春二月，魏司馬師殺中書令李豐、太常夏侯玄、光禄大夫張緝等，夷其三族。

三月，廢皇后張氏。

夏四月，立王氏爲皇后。以《通鑑》修。漢姜維加督中外軍事。

六月，攻魏隴西。以《蜀》傳修。

秋九月甲戌，魏司馬師廢其主爲齊王，太宰、中郎范粲稱疾不出。丁丑，師迎立文帝孫、高貴卿公髦。

冬十月庚寅，即皇帝位，改元，遷齊王於河内。以《魏》紀修。癸巳，魏司馬師自加殊禮。以《魏》紀修。漢姜維拔魏河間、臨洮而還。以《通鑑》修。

漢安樂思公延熙十八年　魏高貴鄉公正元二年　吴會稽王五鳳二年

春正月，魏毌丘儉及揚州刺史文欽起兵討司馬師。

戊午，師帥師拒之。

閏月，吴孫峻等襲魏壽春。己亥，師破欽於樂嘉，欽降吴，儉走死，夷其三族。諸葛誕爲鎮東大將軍、都督揚州軍事。師卒于許昌。吴以文欽爲都護、鎮北大將軍。以《魏》紀、《吴》傳、《通鑑》修。

二月丁巳，其弟、衛將軍昭自爲大將軍、録尚書事。

三月，魏立皇后卞氏。以《魏》紀修。

夏，漢姜維攻魏。

秋八月，大破魏雍州刺史王經于洮，西圍狄道，不克，遂屯鍾提。以《蜀》傳、《通鑑》修。

冬十二月，吴始作太廟。以《通鑑》修。

是歲，吴城廣陵。以《吴》傳修。

漢安樂思公延熙十九年　魏高貴鄉公甘露元年　吴會稽王太平元年

春正月，漢以姜維爲大將軍。以《蜀》傳修。

夏四月庚戌，魏司馬昭服衮冕赤舄。以《魏》紀修。

六月丙午，魏改元。以《通鑑》修。

秋七月，漢姜維攻魏。

八月，魏將軍鄧艾大破之於段谷。魏以艾爲鎮西將軍、都督隴右軍事。漢貶維爲衛將軍。以《魏》紀、《蜀》傳、《通鑑》修。

庚午，魏司馬昭自加大都督，奏事不名，假黄鉞。以《魏》紀修。吴孫峻遣文欽及將軍吕據等圖魏青、徐。

九月丁亥，峻卒，其從弟偏將軍綝自爲侍中、領史外軍事，召據等還。據等表驃衛將軍滕胤爲丞相。

冬十月，綝殺胤，夷其三族。己酉，改元。辛亥，據自殺。

十一月，綝自爲大將軍。以《吴》傳、《通鑑》修。

漢安樂思公延熙二十年　魏高貴鄉公甘露二年　吴會稽王太平二年

夏四月甲子，魏徵諸葛誕爲司空，不就。

五月，降吴。

六月，司馬昭奉魏主及太后討之。吴遣文欽等救誕。魏圍壽春。

秋七月，吴孫綝屯鑊里，使將軍朱異救之，不克。

九月，殺異而歸。

冬，漢姜維出駱谷，至芒水，以攻魏。以《魏》紀、《吴》、《蜀》傳修。

漢安樂思公景耀元年　魏高貴鄉公甘露三年　吴景皇帝孫休永安元年

春正月，諸葛誕殺文欽。

二月，魏克壽春，殺誕，夷其三族。以《魏》紀、《舉要曆補遺》修。漢姜維復爲大將軍。以《蜀》傳修。

夏五月，司馬昭自爲相國、晉公，加九錫，復讓不受。以《通鑑》修。

秋八月，吴主謀誅孫綝。

九月，綝廢之爲會稽王，尚書桓彝死之。

己未，迎立琅邪王休。

冬十月己卯，即皇帝位，改元。綝自爲丞相。

己丑，封故南陽王和子皓爲烏程侯。

十二月戊辰，綝伏誅，夷其三族。以《吴》傳、《通鑑》修。

是歲，漢改元。以《蜀》傳修。漢黄皓爲中常侍、奉車都尉。以《蜀》傳修。

漢撤漢中兵，屯樂壽及漢、樂二城。以吕祖謙《標目》修。

漢安樂思公景耀二年　魏高貴鄉公甘露四年　吴景皇帝永安二年

漢安樂思公景耀三年　魏元皇帝曹奂景元元年　吴景皇帝永安三年

春正月乙酉朔，日有食之。以《晉》志修。

夏五月己丑，魏主討司馬昭，見弑，尚書王經死之。昭迎立武帝曾孫、常道卿公璜，更名奂。甲寅，即皇帝位，改元。以《魏》紀修。吴黜會稽王亮爲候官侯，亮自殺。以《吴》傳修。

是歲，鮮卑索頭部拓跋力微遷定襄之盛樂。以《後魏》紀修。

漢安樂思公景耀四年　魏元皇帝景元二年　吴景皇帝永安四年

漢安樂思公景耀五年　魏元皇帝景元三年　吴景皇帝永安五年

秋八月乙酉，吴立皇后朱氏。戊子，立子𩅦爲皇太子。以《吴》傳修。

冬十月，漢姜維攻魏洮陽，鄧艾大破之於侯和，維退屯沓中。以《蜀》傳修。吴衛將軍濮陽興爲丞相，與左將軍張布用事。以吕祖謙《標目》修。魏嵇康等放逸，司馬昭殺康。以《通鑑》修。魏司隸校尉鍾會爲鎮西將軍、都督關中軍事。漢姜維請備陽安關口及橋頭，黄皓啓寢其事。以吕祖謙《標目》修。

漢安樂思公炎興元年　魏元皇帝景元四年　吴景皇帝永安六年

夏五月，吴交趾吕興反，降魏。以吕傳《通鑑目録》修。魏遣鍾會、鄧艾及雍州刺史諸葛緒伐漢，廷尉衛瓘監其軍。

秋八月，漢遣將張翼、廖化等拒之。改元。

九月，會入漢中，拔關口。艾敗姜維于𣻌川，維退屯劍閣。

冬十月，吴攻魏壽春、沔中以救漢。以《魏》紀、《蜀》、《吴》傳修。魏司馬昭自爲相國、晉公，加九錫。以《魏》紀修。癸卯，魏立皇后卞氏。以《魏》紀修。鍾會併將諸葛緒軍。鄧艾鑿陰平道，破漢衛將軍諸葛瞻於綿竹，瞻及子尚死之。

十一月，漢主降，北地王諶死之，姜維等皆降。以《魏》紀、《蜀》傳修。吴罷兵。以《通鑑》修。魏攻吴五谿，武陵太守鍾離牧平之。以吕祖謙《標目》修。

十二月壬子，魏分益州爲梁州。以《魏》紀修。己卯，魏以鄧艾爲太尉，鍾會爲司徒。以《通鑑》修。魏皇太后殂。以《通鑑》修。

魏元皇帝咸熙元年　吴景皇帝永安七年　歸命侯孫皓元興元年

春正月，魏檻車徵鄧艾，晉公昭以其主如長安。衛瓘執艾。鍾會反，衆誅之。瓘殺艾。

二月丙辰，魏主還。以《魏》紀、《通鑑》修。吴遣將軍陸抗等圍巴東。以《吴》傳修。

三月己卯，魏晉公昭自進王爵。以《魏》紀修。南中六郡降魏。以《通鑑》修。丁亥，魏封漢主劉禪爲安樂公。以《魏》紀修。

夏五月庚申，魏復五等爵。以《魏》紀修。甲戌，魏改元。以《魏》紀修。魏攻吴西陵以救巴東。

秋七月，吴師退。以《吴》傳修。魏晉王昭使司空荀愷定禮儀，中護軍賈充正法律，尚書僕射裴秀議官制，太保鄭冲裁之。以《通鑑》修。吴分交州置廣州。以《吴》傳修。吴主休殂，尊皇后爲皇太后，濮陽興、驃騎將軍張布迎烏程侯皓即皇帝位，改元。以《吴》傳修。

八月庚寅，魏中撫軍司馬炎副相國事。

九月戊午，自爲撫軍大將軍。以《魏》紀修。

吴主貶皇太后爲景皇帝后，追（謚）〔諡〕父和爲帝，母何氏爲皇太后。以《吴》傳修。

冬十月，魏遣使聘吴。以《通鑑》修。丙午，魏晉王昭以炎爲世子。以《魏》紀修。吴封故太子霬爲王，立妃滕氏爲皇后。

十一月，殺濮陽興及張布，夷三族。以《吴》傳修。

是歲，魏罷屯田官。以《通鑑》修。

卷二四　晉世祖武皇帝泰始元年　吴歸命侯甘露元年

春三月，吴聘魏。以《通鑑》修。

夏四月，吴改元。以《吴》志修。

五月，魏晉王昭用天子冕旒、旌旗。以《魏》志修。

秋七月，吴弑景皇后，尋殺其二子。《吴》志。

八月辛卯，魏晉王昭薨，太子炎嗣位。《魏》志。

冬，吴徙都武昌。《吴》志。

十二月丙寅，魏晉王炎自即皇帝位，改元，國號晉。丁卯廢魏主爲陳留王，遷之于鄴。以本紀修。追尊祖考、妣已下爲帝、后，尊太妃王氏曰皇太后。以本紀修。懲魏氏孤立之敝，封叔祖父孚等二十七人爲王，授以職任。以吕祖謙《標目》修。以驃騎將軍石苞爲大司馬，太保鄭冲爲太傅，太尉王祥爲太保，晉國丞相何曾爲太尉，餘增封爵有差。以本紀修。戊辰，詔出御府珠玉賜王公。以本紀修。以太傅、安平王孚爲太宰，車騎將軍陳騫爲大將軍，與司徒、司空凡八公。以紀、志修。赦王淩、鄧艾家，除魏宗室禁錮，罷將吏質任。以本紀修。初置諫官。以本紀修。侍中荀勖爲中書監。以列傳修。

晉世祖武皇帝泰始二年　吴歸命侯寶鼎元年

春正月丁亥，廟祭七室以紀志修。丙午，立皇后楊氏。以本紀修。郊祀，除五帝座。以禮樂志修。

二月，除漢宗室禁錮。以《舉要曆補遺》修。

三月戊戌，吴遣使來吊祭，既而復絶。以本紀及《吴》傳修。吴殺散騎常侍王蕃。以吴志修。

秋七月丙午晦，日有食之。以《通鑑》修。

八月，吴改元。以《吴》傳修。帝以疏素終喪。以紀傳修。吴陸凱、萬彧爲左、右丞相。以吴傳修。

冬十月丙午朔，日有食之。以本紀修。

十一月，并圜方丘於南北郊。以吕祖謙《標目》修。

十二月，吴還都建業。以吕祖謙《標目》修。散騎常侍傅玄論虚誕。以吕祖謙《標目》修。

晉世祖武皇帝泰始三年　吴歸命侯寶鼎二年

春正月丁卯，立子衷爲皇太子，下詔不赦。以本紀修。

二月戊寅，令二千石終三年喪。以本紀修。司隸校尉李熹劾故立進令劉友、前尚書山濤等占官稻田，友伏誅，濤等勿問。以列傳修。以李熹爲太子太傅，徵犍爲李密爲洗馬，不至。以紀傳修。吴萬彧鎮巴丘。以《吴》傳修。

夏六月，吴作昭明宮。以吕祖謙《標目》修。

秋九月甲申，增吏俸。以紀、傳修。禁星氣讖緯之學。以吕祖謙《標目》修。

晉世祖武皇帝泰始四年　吴歸命侯寶鼎三年

春正月丙戌，律令成，帝自臨講。以本紀修。詔河南尹杜預立考課之法，不果行。以列傳修。丁亥，帝耕籍田。以本紀修。

三月戊子，皇太后王氏崩，帝遵素三年。以本紀修。

秋七月，太山石崩，衆星流如雨而隕。以紀、傳修。

九月，大水。以本紀修。

冬十月，吴襲江夏、襄陽，不克而還。以《吴》傳修。交趾太守楊稷大破吴兵。以《通鑑》修。

晉世祖武皇帝泰始五年　吴歸命侯建衡元年

春正月，吴主立子瑾爲太子。以《吴》傳修。

二月，分雍、凉、梁州置秦州，以荆州刺史胡烈爲刺史，鎮撫鮮卑降者。以紀、傳修。大水。以本紀修。以尚書左僕射羊祜都督荆州軍事，征東大將軍衛瓘都督青州軍事，鎮東大將軍王伷都督徐州軍事。以本紀修。己未，録用蜀臣子孫。以呂祖謙《標目》修。

夏四月，地震。以本紀修。

秋九月，有星孛于紫宮。以本紀修。

冬十月，吴改元。以《吴》傳修。吴陸凱卒。以《吴》傳修。吴擊交趾。以《吴》傳修。

晉世祖武皇帝泰始六年　吴歸命侯建衡二年

春正月，吴萬彧還建康。以《吴》傳修。

夏四月，吴鎮軍大將軍陸抗都督諸軍，鎮樂鄉。以《吴》傳修。

六月戊午，胡烈討鮮卑秃髮樹機能，敗死。以本紀修。

冬十一月，立子柬爲王。以本紀修。吴夏口督孫秀來犇。以《通鑑》修。以越騎校尉馮紞爲左衛將軍。以列傳修。

晉世祖武皇帝泰始七年　吴歸命侯建衡三年

春正月，匈奴右賢王劉猛叛。以《通鑑目録》修。吴主舉兵西上，遇大雪而還。以《吴》傳修。

夏四月，凉州刺史牽弘討北地叛胡，胡與樹機能圍之，殺弘。以本紀修。

五月，立子憲爲王。以本紀修。

秋七月癸酉，以侍中、尚書令、車騎將軍賈充都督秦、凉軍事，既而留行。以紀傳修。吴平交趾，以蒼梧太守陶璜爲交州牧。以呂祖謙《標目》修。

八月，分益州南中四郡置寧州。以《通鑑》修。

冬十月，丁丑朔，日有食之。以本紀修。

十一月，劉猛寇并州。以《通鑑》修。荀勖等請以賈充女爲太子妃，充復留。以呂祖謙《標目》修。

是歲，安樂思公劉禪卒。以《蜀》志修。吴改明年元。以《吴》志修。

晉世祖武皇帝泰始八年　吴歸命侯鳳凰元年

春正月，劉猛敗死。以本紀修。

夏，益州殺刺史，廣漢太守王濬討平之，以濬爲刺史。以紀、傳修。

秋七月，以賈充爲司空。以《通鑑》修。

八月，吴主徵西陵督步闡，闡據城來降。以《吴》傳修。

冬十月，辛未朔，日有食之。以本紀修。遣車騎將軍羊祜攻江陵，荆州刺史楊肇迎步闡。

十二月，吴陸抗破肇、走祜，拔西陵，夷闡三族。以《晉》紀、《吴》傳修。

是歲，吴萬彧自殺，左將軍留平以憂死，徙大司農樓玄，尋殺之。以《吴》傳修。羊祜與吴陸抗交歡。吴數盜邊，抗諫，不聽。以《吴》傳修。

晉世祖武皇帝泰始九年　吴歸命侯鳳凰二年

春，吴以陸抗爲大司馬、荆州牧。以《吴》傳修。

三月，立子祇爲王。以本紀修。

夏四月戊辰朔，日有食之。以本紀修。

五月，吴殺侍中韋昭。以《吴》傳修。

秋七月丁酉朔，日有食之。以本紀修。選女備六宫，權禁天下嫁娶。以本紀修。

是歲，吴殺中郎將陳聲。以《吴》傳修。

甲午　晉世祖武皇帝泰始十年　吴歸命侯鳳凰三年

春正月乙未，日有食之。以《通鑑》修。

閏月丁亥，詔自今不得以妾媵爲正嫡。以本紀修。分幽州置平州。以本紀修。

三月癸亥，日有食之。以本紀修。

夏，吴殺章安侯奮及其子。以《吴》傳修。

秋七月丙寅，皇后楊氏崩。以本紀修。吴陸抗卒，吴主使其諸子分將其兵。以《吴》傳修。

九月，作河橋。以本紀修。

是歲，邵陵厲公曹芳卒。以《通鑑》修。

晉世祖武皇帝咸寧元年　吴歸命侯天册元年

春正月，戊午朔，改元。以本紀修。吴改元。以《吴》傳修。吴殺中書令賀邵。以《吴》傳修。

夏六月，鮮卑拓跋力微遣子入貢。以本紀修。

秋七月甲申晦，日有食之。以本紀修。

冬十二月丁亥，追尊祖宗廟。以本紀修。

晉世祖武皇帝咸寧二年　吴歸命侯天璽元年

夏六月，吴京下督孫楷來奔。以本紀修。吴臨平湖自開。

秋七月，吴改元。以《吴》傳修。有星孛于大角。本紀。吴殺郡守張詠、車浚、尚書熊睦。以《吴》傳修。

八月己亥，以賈充爲太尉，鎮軍大將軍、齊王攸爲司空。以本紀修。有星孛于大微。以紀。吴歷陽石印發，改明年元。以《吴》傳修。

冬十月，以平南將軍羊祜爲征南大將軍。祜請伐吴，賈充、荀勖等以爲不可。以紀、傳修。立皇后楊氏。

十二月，以后父、鎮東將軍駿爲車騎將軍。以本紀、《通鑑》修。

晉世祖武皇帝咸寧三年　吴歸命侯天紀元年

春正月丙子朔，日有食之。以本紀修。立子裕爲王。以本紀修。征北大將軍衛瓘討鮮卑力微。

三月，平虜護軍文鴦討樹機能並破之。以本紀、《通鑑》修。

夏五月戊子，吴將邵顗、夏祥來降。以本紀修。

秋七月，有星孛于紫宫。以《通鑑》修。以豫州都督王渾都督揚州軍事。本紀。

八月，詔諸王皆置軍，出就國。以列傳、《通鑑》修。

立子四人爲王。以本紀修。

冬十二月，吴襲江夏、汝南。以《吴》傳修。

晉世祖武皇帝咸寧四年　吴歸命侯天紀二年

春正月庚午朔，日有食之。以本紀修。

秋七月，以左將軍胡奮都督江北軍事。以本紀修。大水。度支尚書杜預請決兖、豫諸陂，以牛給民。以本紀、吕祖謙《標目》修。

九月，以太傅何曾爲太宰。本紀。吴殺中書令張尚。以《吴》傳修。

冬十月，吴人大佃皖城，王渾遣兵破之。以本紀修。

十一月甲申，詔毋獻奇技異服。以本紀修。辛卯，以杜預爲鎮南大將軍、都督荆州軍事。鉅平成侯羊祜卒。以紀、傳修。

晉世祖武皇帝咸寧五年　吴歸命侯天紀三年

春正月，樹機能陷凉州。乙丑，以司馬督馬隆爲武威太守討之。以紀、傳修。齊王攸請除匈奴左部帥任子，劉淵不從，會其父豹死，以淵代之。以吕祖謙《標目》修。

夏四月，除部曲督以下質任。以本紀修。

秋七月，有星孛于紫宫。以本紀修。吴廣州督將郭馬等反。

八月，遣兵討之。以《通鑑》修。吴以軍師張悌爲丞相。以鄭樵《年譜》修。

冬十月，汲郡人得竹簡，小篆古書，藏之秘府。以本紀修。王濬、杜預表請伐吴，中書令張華贊之，賈充等固爭。

十一月，大舉伐吴。賈充假黄鉞，爲大都督，屯襄陽。以紀、傳修。

十二月，馬隆大破樹機能，斬之。以紀、傳修。詔議省官吏兵。以吕祖謙《標目》修。

卷二一五　晉世祖武皇帝太康元年

春二月庚申，龍驤將軍王濬等克吴西陵。甲戌，杜預克江陵。乙亥，以濬都督梁、益州軍事，賈充移屯項，濬克武昌。

二月，吴張悌與揚州刺史周浚戰，死之。壬寅，濬至石頭，吴主皓降。

夏四月甲申，封皓爲歸命侯。乙酉，改元。遣使撫慰荆、揚，除吴苛政。

五月，擢吴舊望將吏，渡江者復十年，百姓復二十年。安東將軍王渾表濬違節度，有司請檻車徵濬，帝弗許。進渾爵爲公，以濬爲輔國大將軍，封襄陽縣侯，餘賞賜有差。以紀、傳、《通鑑》及《舉要曆補遺》修。

秋九月庚寅，賈充等請封禪，弗許。以《通鑑》修。

是歲，以司隸所統置司州，凡十九州。以地理志及《通鑑》修。詔罷州郡兵，刺史不領兵。山濤諫，不聽。以列傳及《通鑑目録》修。侍御史郭欽請徙羌胡於邊，不聽。以《通鑑》修。制户調之式。以食貨志修。

晉世祖武皇帝太康二年

春三月，詔選孫皓宫人五千人入宫。以本紀修。

冬十月，鮮卑慕容涉歸寇昌黎。以《通鑑》修。

是歲，揚州刺史移治秣陵。以吕祖謙《標目》修。

晉世祖武皇帝太康三年

春正月，丁丑朔，帝親祀南郊。以禮樂志修。車騎司馬傅咸上書論奢侈。以列傳修。甲午，出尚書張華都督幽州軍事。以本紀、吕祖謙《標目》修。

夏四月庚午，魯武公賈充薨。以本紀修。荀勖等請遣齊王攸之國。

冬十二月甲申，以攸爲大司馬、都督青州軍事。汝南王亮爲太尉、録尚書事，領太子太傅。征東大將軍王渾、光禄大夫李熹、中護軍羊琇等請留攸，不聽。以紀、傳、吕祖謙《標目》修。

晉世祖武皇帝太康四年

春正月，詔太常議崇錫齊王攸之物，博士庾旉、祭酒曹志以爲攸宜輔政，坐除名免官。以《通鑑》修。

三月，辛丑朔，日有食之。以本紀修。齊獻王攸薨。以本紀修。

冬十一月，大水。以本紀修。歸命侯孫皓卒。以吕祖謙《標目》修。

甲辰　晉世祖武皇帝太康五年

春二月壬辰，地震。以本紀修。

冬十二月庚午，大赦。以本紀修。

閏月，當陽成侯杜預卒。以本紀修。

是歲，塞外匈奴胡降，處之西河。以《通鑑》修。罷寧州入益州。以吕祖謙《標目》修。尚書僕射劉毅等請罷郡國中正、更用土斷，不果行。以列傳修。

晉世祖武皇帝太康六年

秋八月，丙戌朔，日有食之。以本紀修。

是歲，慕容廆寇遼西。以吕祖謙《標目》修。

晉世祖武皇帝太康七年

春正月，甲寅朔，日有食之。以本紀修。

夏，慕容廆寇遼東。以本紀修。

秋，匈奴胡降。以《通鑑》修。

冬十二月，始制大臣終三年喪。以本紀修。

晉世祖武皇帝太康八年

春正月，戊辰朔，日有食之。以本紀修。太廟殿陷。

秋九月，改營之。以本紀修。

是歲，匈奴都督率種落來降。以《通鑑》修。

晉世祖武皇帝太康九年

春正月，壬申朔，日有食之。以本紀修。

夏四月，地震。以本紀修。

六月，庚子朔，日有食之。以本紀修。大旱。以本紀修。

秋八月壬子，星隕如雨。以本紀修。

晉世祖武皇帝太康十年

夏四月，太廟成。乙巳，祫祭。以本紀修。慕容廆降。

五月，以爲鮮卑都督。以本紀修。

冬十月，復郊祀五帝位。以《通鑑》修。楊駿排汝南王亮。

十一月甲申，以亮爲大司馬、假黄鉞、大都督豫州軍事。秦王柬、楚王瑋、淮南王允之國，各督方州軍事，封子五人、孫三人爲王。以本紀、《通鑑》修。

淮南相劉頌上疏論政，不聽。以列傳修。以劉淵爲匈奴北部都尉。以載記修。

晉世祖武皇帝太熙元年　孝惠皇帝永熙元年

春正月辛丑朔，改元。以本紀修。楊駿惡司空尚書令衛瓘，詔瓘以太保就第。以《通鑑》修。

三月，帝疾篤，詔留汝南王亮與楊駿同輔政，駿匿之。

夏四月辛丑，駿爲太尉、太子太傅、都督中外諸軍事、録尚書事。本紀。己酉，帝崩于含章殿。皇太子衷即皇帝位，改元。尊皇后曰皇太后，立妃賈氏爲皇后。

五月辛未，葬孝武皇帝于峻陽陵，廟號世祖。以本紀修。丙子，詔加羣臣封爵，楊駿爲太傅、大都督、假黄鉞，録朝政，百官總己以聽。以紀、傳修。

秋八月壬午，立子廣陵王遹爲皇太子。以本紀修。

冬十月辛酉，以劉淵爲將軍、匈奴五部大都督。以載記修。

卷二六　晉孝惠皇帝元康元年

春正月，乙酉朔，改元永平。以本紀修。

二月癸酉，楚王瑋、淮南王允來朝。

三月辛卯，皇后遣殿中兵殺楊駿兄弟，其黨皆夷三族。壬辰，改元。廢皇太后楊氏爲庶人，徙之金墉城。壬寅，汝南王亮爲太宰，與衛瓘並録尚書事。鎮南將軍、楚王瑋爲衛將軍，領北軍中候。論誅駿功，侯者千餘人。

夏六月，皇后使楚王瑋殺亮、瓘。乙丑，復殺瑋。以紀、傳修。車騎司馬賈模爲侍中、散騎常侍，張華爲侍中、中書監，將軍裴頠爲侍中，輔政。以《通鑑目録》修。

秋七月，分荆、揚州爲江州。以本紀修。

晉孝惠皇帝元康二年

春二月己酉，弒故太后楊氏。以吕祖謙《標目》修。

晉孝惠皇帝元康三年

夏六月，弘農雨雹，深三尺。以本紀修。

甲寅　晉孝惠皇帝元康四年

夏五月，匈奴郝散反。

秋八月，伏誅。以呂祖謙《標目》修。

是歲，大饑，山崩地震陷，水涌。以本紀、《舉要曆補遺》修。

晉孝惠皇帝元康五年

夏四月，彗星見于西方，孛于奎至軒轅。以本紀修。

六月，東海雨雹，深五尺。本紀。

冬十月，武庫火。

十二月丙戌，新作之。以本紀修。

是歲，大水。以本紀修。鮮卑拓跋氏分其國爲三部。以《舉要曆補遺》修。

晉孝惠皇帝元康六年

春正月，地震。以《舉要曆補遺》修。張華爲司空。以紀、傳修。

夏，匈奴、羌、胡俱反。征西大將軍、梁王肜都督雍、梁州軍事。

秋八月，氐帥齊萬年稱帝。

冬十一月，遣將軍周處等討之。以紀、傳修。關中饑疫。以本紀修。

十二月，略陽氐楊茂搜還保仇池。以呂祖謙《標目》修。

是歲，以將軍趙廞爲益州刺史。以呂祖謙《標目》修。

晉孝惠皇帝元康七年

春正月，梁王肜逼周處攻齊萬年。癸丑，戰于六陌，死之。以紀、傳修。

秋七月，雍、梁旱疫。以本紀修。

九月，右僕射王戎爲司徒。時尚書令王衍、河南尹樂廣皆爲清談，朝野慕之。以紀、傳修。拓跋猗㐌西略，降三十餘國。以《通鑑目録》修。

晉孝惠皇帝元康八年

秋九月，大水。以本紀修。巴氏李特與略陽六郡流民入蜀。以呂祖謙《標目》修。

晉孝惠皇帝元康九年

春正月，將軍孟觀討齊萬年，大破，擒之。太子洗馬江統論徙戎，不聽。以紀、傳修。成都王穎爲平北將軍，鎮鄴；河間王顒爲鎮西將軍，鎮關中。以本紀修。

夏六月，賈模卒。以呂祖謙《標目》修。

秋八月，尚書裴頠爲僕射。以本紀修。

冬十一月，甲子朔，日有食之。以本紀修。

十二月壬戌，廢太子遹爲庶人。以本紀修。

晉孝惠皇帝永康元年

春正月，癸亥朔，改元。以本紀修。西戎校尉司馬閻纘上書訟故太子寃，不省。以《通鑑》修。

三月，尉氏雨血，妖星見南方，太白晝見，中台星拆。以天文志修。殺故太子遹。以本紀修。

夏四月，辛卯朔，日有食之。以本紀修。癸巳，右軍將軍、趙王倫廢皇后賈氏爲庶人，殺張華、裴頠等，侍中賈謐及黨與皆誅。甲午，倫自爲都督中外軍事、相國、侍中，孫秀爲中書令。追復故太子遹。己亥，殺庶人賈氏。

五月己巳，立臨淮王臧爲皇太孫。

秋八月，中護軍、淮南王允討倫，不克，見殺。游擊將軍、齊王冏爲平東將軍，鎮許昌。倫自加九錫，吏部尚書劉頌止之，不可。以紀、傳、呂祖謙《標目》修。

冬十一月甲子，立皇后羊氏。以本紀修。詔徵趙廞，廞反，以李特等爲爪牙。

十二月，趙廞自稱大都督、益州牧。以本紀、載記修。

晉孝惠皇帝永寧元年

春正月，以散騎常侍張軌爲凉州刺史。以列傳修。乙丑，趙王倫自即帝位。改元建始。丙寅，廢帝爲太上皇，遷之金墉城。廢皇太孫臧爲濮陽王。孫秀爲侍中、中書監、儀同三司。癸酉，殺臧。以紀、傳修。李特攻成都，殺趙廞。詔以梁州刺史羅尚爲益州刺史。以紀、傳修。

三月，鎮東大將軍、齊王冏起兵討倫，征北大將軍、成都王穎，征西大將軍、河間王顒等應之。以本紀修。

閏月丙戌朔，日有食之。以本紀修。自正月至於是月，五星縱横無常。以《通鑑》修。

夏四月，成都王穎大破倫兵于溴水。辛酉，左衛將軍王輿等誅孫秀，帝復位。癸亥，改元。丁卯，倫父子伏誅。以本紀修。成都王穎至。己巳，河間王顒至。以《通鑑》修。

五月，立襄陽王尚爲皇太孫。以本紀修。

六月乙卯，齊王冏至。甲戌，以冏爲大司馬，如宣文輔魏故事。成都王穎爲大將軍、都督中外諸軍、録尚書事，並加九錫。河間王顒爲侍中、太尉。穎辭九錫，還鄴。以紀、傳、《通鑑》修。東萊王蕤與王輿謀廢齊王冏。

秋八月，廢蕤爲庶人，誅輿三族。以列傳修。

九月，以李特及其弟流爲將軍。羅尚逼遣流民皆歸特。

冬十月，特據廣漢攻尚。以本紀、載記、吕祖謙《標目》修。

晉孝惠皇帝太安元年

春二月，太孫尚薨。以《通鑑目録》修。

夏四月，彗星晝見。以本紀修。

五月，李特自稱大將軍、益州牧。以載記修。癸卯，以清河王遐子覃爲皇太子。本紀。

秋七月，大水。以本紀修。

八月，廣漢太守張微討李特，敗死。羅尚遣軍擊之，亦敗。以《通鑑》修。

冬十月，地震。本紀。

十一月丙戌，復置寧州。以吕祖謙《標目》修。河間王顒起兵攻齊王冏。

十二月，驃騎將軍、長沙王乂殺冏，改元，乂爲大尉、都督中外軍事，朝政皆諮成都王穎。以本紀、吕祖謙《標目》修。

是歲，陳留王薨，謚曰魏元皇帝。以《通鑑》修。

晉孝惠皇帝太安二年　成始祖皇帝李特建初元年

春正月，李特據少城，改元。羅尚保太城。

二月，襲特，斬之。李流領餘衆攻成都。以載記修。

夏五月，義陽蠻張昌據江夏，改元，殺荊州都督、新野王歆。詔以荊州刺史劉弘都督荊州軍事。

秋七月，昌黨石冰寇揚州，據荊、江、揚、豫、徐五州境。弘遣大都護陶侃討昌。

八月，走之。以吕祖謙《標目》修。河間王顒、成都王穎起兵攻長沙王乂，帝討穎。

九月，顒將張方大掠都城。以本紀修。李流死，李雄爲大都督，治郫城。以《通鑑》修。

冬十月壬寅，帝還宫。戊申，長沙王乂奉帝敗成都王穎將陸機於建春門，又攻張方，敗之。以紀、傳修。

十二月，議郎周玘等起兵討石冰。以列傳修。

閏月，李雄攻羅尚，走之，入成都。以《通鑑目録》修。幽州都督王浚表鮮卑段務勿塵爲遼西公。以本紀修。

甲子　晉孝惠皇帝永興元年　漢光武皇帝劉淵元熙元年　成武皇帝李雄建興元年

春正月癸亥，司空、東海王越執長沙王乂，改元永安。丙寅，張方殺乂而還。以紀、傳修。成都王穎入京師，復還鄴，以爲丞相。東海王越加尚書令。以《通鑑》修。詔羅尚權統巴涪。以吕祖謙《標目》修。

二月乙酉，廢皇后及皇太子覃。以《通鑑》修。廣陵度支陳敏與周玘破石冰于建康。

三月，冰伏誅。以吕祖謙《標目》修。戊申，以成都王穎爲皇太弟，居鄴。河間王顒爲太宰、雍州牧。

秋七月，丙申朔，東海王越奉帝討穎。戊戌，復皇后、皇太子。己未，帝敗于蕩陰，侍中嵇紹死之。庚申，帝幸鄴，改元建武。越奔歸國。范陽王虓以北軍中候苟晞爲兖州刺史。王浚及并州刺史、東嬴公騰起兵攻穎。

八月，張方入洛陽，廢皇后、皇太子。穎遣劉淵發五部攻浚，淵自稱大單于。浚、騰大敗穎兵，穎奉帝奔洛陽。騰以拓拔猗㐌擊淵，破之。以紀、傳、《通鑑》修。張昌伏誅。以吕祖謙《標目》修。

冬十月，李雄稱成都王，改元。以載記修。劉淵即漢王位於左國城，改元。以載記修。

十一月乙未，張方劫帝幸長安。以本紀修。尚書僕射荀藩爲留臺，承制，年號永安。辛丑，復皇后。以吕祖謙《標目》修。

十二月丁亥，廢太弟穎，以豫章王熾爲皇太弟，改元。河間王顒都督中外軍事，張方爲中領軍、録尚書事。以紀、傳修。

晉孝惠皇帝永興二年　漢光文皇帝元熙二年　成武皇帝太武元年

春正月，甲午朔，帝出居于長安。以本紀修。

夏四月，張方廢皇后。以本紀修。

六月，成都王雄改元。以載記修。

秋七月，東海王越領徐州都督，起兵攻河間王顒。成都王穎故將公師藩起兵於趙、魏。

八月，越以豫州刺史劉喬爲冀州刺史，范陽王虓領豫州刺史，喬拒虓。壬子，顒都督河北軍事。

冬十月，劉弘請顒、越釋怨，不納。喬襲許，虓奔河北。有星孛于北斗。弘受東海王越節度。

十二月，穎入洛陽。虓領冀州刺史，濟河擊穎將，敗之，喬衆潰。以紀、傳、吕祖謙《標目》修。右將軍陳敏反於歷陽，據江東。劉弘遣江夏太守陶侃討之。以吕祖謙《標目》修。

是歲，漢王淵徙黎亭。以《通鑑》修。

晉孝惠皇帝光熙元年　漢光文皇帝元熙三年　成武皇帝晏平元年

春正月，戊子朔，帝出居于長安。日有食之。以本紀修。河間王顒殺張方，請和於東海王越，越不許。成都王穎奔長安。

夏四月己巳，越屯温。

五月，遣兵入長安，顒、穎走。己亥，帝還洛陽。

六月，丙辰朔，復皇后。辛未，改元。顒復入長安。以本紀、《通鑑》修。成都王雄即帝位，改元，國號成。以吕祖謙《標目》修。

秋七月，乙酉朔日有食之。以本紀修。

八月，太傅、東海王越録尚書事。以本紀修。

九月，頓邱太守馮嵩執成都王穎，范陽王長史劉輿殺之。以本紀修。兖州刺史苟晞斬公師藩。以《通鑑目録》修。

冬十月，以范陽王司馬劉琨爲并州刺史。以吕祖謙《標目》修。

十一月庚午，東海王越弑帝。

癸酉，皇太弟熾即皇帝位，尊皇后曰惠皇后，立妃梁氏爲皇后。以本紀修。

十二月，壬午朔，日有食之。以本紀修。河間王顒就徵，鎮南將軍、南陽王模殺之。以本紀、《通鑑》修。己酉，葬孝惠皇帝于太陽陵。以本紀修。

卷二七　晉孝懷皇帝永嘉元年　漢光文皇帝元熙四年　成武皇帝晏平二年

春正月癸丑，改元。以本紀修。

二月，東萊王彌寇青、徐二州。以本紀修。陳敏伏誅。以本紀修。

三月丁卯，改葬楊太后，謚曰武悼。庚午立豫章王詮爲皇太子。本紀。庚辰，東海王越出鎮許昌。本紀。南陽王謨爲征西大將軍、開府、都督秦、雍、梁、益四州軍事，鎮長安。以本紀修。

夏五月，馬牧帥汲桑，羯胡石勒陷鄴，殺司、冀二州都督、新蔡王騰，進攻兖州，東海王越使苟晞討之。以紀、傳修。

秋七月己未，以平東將軍、監徐州軍事、琅邪王睿爲安東將軍，都督揚州、江南軍事，鎮建業。睿以司馬王導爲謀主，侍中顧榮爲軍司，會稽相賀循爲吴國内史。導説睿謙以接士、儉以足用，撫綏新舊，江東歸心焉。以吕祖謙《標目》修。

八月，分荆州、江州爲湘州。以本紀修。

九月，苟晞擊汲桑、石勒，大破之，勒尋奔漢，桑走死。以本紀、《舉要曆補遺》修。辛亥，有大星如日，小者如斗，自西方流東北，天盡赤，俄有聲如雷。以本紀修。

冬十一月，戊申朔，日有食之。以本紀修。

十二月癸卯，東海王越自爲丞相，領兖州牧。以撫軍將軍苟晞爲征東大將軍、都督青州軍事、青州刺史。以紀、傳修。慕容廆自稱鮮卑大單于。以載記修。時帝始親郊祀。以列傳修。

晉孝懷皇帝永嘉二年　漢光文皇帝永鳳元年　成武皇帝晏平三年

春正月，丙午朔，日有食之。以本紀修。漢王淵遣將軍劉聰據太行，石勒下趙、魏。以《舉要曆補遺》修。

二月辛卯，東海王越殺清河王覃。以本紀修。庚子，漢石勒寇常山，驃騎大將軍王浚破之。以本紀修。

三月，東海王越徙鎮鄄城。以《舉要曆補遺》修。

夏四月丁亥，王彌入許昌。

五月甲子，寇洛陽，敗走歸漢。以本紀修。

秋七月，漢王淵徙都蒲子。以《通鑑目録》修。

八月，東海王越屯濮陽。以本紀修。

冬十月甲戌，漢王淵即帝位，改元。以本紀、《通鑑目録》修。

十二月，漢石勒寇魏、汲、頓邱。以《通鑑》修。

晉孝懷皇帝永嘉三年　漢光文皇帝河瑞元年　成武皇帝晏平四年

春正月，漢徙都平陽，改元。以《通鑑目録》修。

三月丁巳，東海王越入京師，殺中書令繆播等。以吕祖謙《標目》修。以中書監王敦爲揚州刺史。以呂祖謙《標目》修。東海王越領司徒，王衍爲太尉。越奏罷宿衛，以國兵代之。以紀、傳修。漢陷黎陽。以《通鑑》修。大旱，江、漢、河、洛皆竭。以本紀修。

夏，漢石勒寇鉅鹿、常山，以趙郡張賓爲謀主。以《通鑑目録》修。

秋七月，漢陷壺關。以《通鑑》修。

八月，漢楚王聰寇洛陽。

九月，弘農太守垣延襲敗之。以載記修。王浚遣將大破石勒于飛龍山。以載記修。

冬十月，漢楚王聰等寇洛陽，敗還。以呂祖謙《標目》修。成天水訇琦以梓潼降。以呂祖謙《標目》修。

十一月，漢石勒陷長樂。以本紀修。

十二月，漢王彌遣長史曹嶷徇有青州。以《通鑑目録》修。

晉孝懷皇帝永嘉四年　漢昭武皇帝劉聰光興元年　成武皇帝晏平五年

春二月，漢石勒陷鄄城。以本紀修。成將文碩以巴西降。以本紀修。

夏四月，大水。以本紀修。成復取梓潼。以呂祖謙《標目》修。

五月，大蝗。以本紀修。

秋七月，羅尚卒，以長沙太守皮素代之。以呂祖謙《標目》修。己卯，漢主淵卒，太子和立，和弟聰弒而代之，改元。以北海王乂爲太弟。以呂祖謙《標目》修。氐蒲洪稱略陽公。以載記修。漢陷河内。以本紀修。

九月，流民王如反於南陽，降于漢。以呂祖謙《標目》修。

冬十月，漢河内王粲等寇洛陽，石勒圍倉垣，陳留内史王讚走之。以本紀、《通鑑》修。劉琨表鮮卑拓跋猗盧爲大單于、代公。以《通鑑》修。壬子，王浚爲司空，平北將軍劉琨爲平北大將軍，進段勿務塵爲大單于。以紀、傳修。京師飢。遣使徵天下，兵不至。以本紀修。漢石勒破王如軍，寇襄陽。以朱熹《綱目》修。

十一月甲戌，東海王越討石勒，以王衍爲軍司，東屯項，越自領豫州牧。以本紀修。揚州都督周馥請遷都壽春，東海王越召馥，馥不至。以紀、傳修。

十二月，皮素爲其下所殺，以巴東監軍韓松爲益州刺史。以《通鑑》修。

晉孝懷皇帝永嘉五年　漢昭武皇帝嘉平元年　成武皇帝玉衡元年

春正月壬申，漢曹嶷陷青州，苟晞走。以本紀修。癸酉，漢石勒陷江夏。以本紀修。己亥，成取涪城、巴西，改元。以呂祖謙《標目》修。湘州流人杜弢據長沙反。以本紀修。鎮東大將軍、開府、琅邪王睿遣將攻周馥，馥走死。以軍諮祭酒王敦爲揚州刺史。以《通鑑》修。

三月，詔討東海王越，以苟晞爲大將軍，督青、徐、兖、豫六州軍事。越薨。以呂祖謙《標目》修。建平都尉暴重殺韓松，領三府事。益州將吏殺重，以巴郡太守張濯行三府事，濯戰死，平西司馬王異代之。以《通鑑》修。

夏四月，漢石勒追東海王越喪，敗之苦縣，殺王衍及王公已下十餘萬人，害宗室四十八王於洧倉。以本紀、《通鑑》修。

五月，杜弢陷長沙。以呂祖謙《標目》修。漢前軍大將軍呼延晏入寇。

六月丁酉，王彌及始安王曜等陷洛陽。戊戌，殺太子詮及王公士民三萬餘人，遷帝于平陽。以本紀修。丁未，漢改元。以載記修。苟晞立豫章王端爲皇太子，置行臺，自領尚書令，屯蒙城。以本紀、《通鑑目録》修。司徒荀藩等建行臺于密，奉吴王晏子秦王業趣許昌。以《通鑑目録》修。鎮東大將軍琅邪王睿辟渡江賢俊。以呂祖謙《標目》修。琅邪王睿遣兵攻江州刺史華軼，斬之。以列傳修。

秋七月，王浚承制假立太子，自領尚書令。以本紀、《通鑑》修。

八月，漢圍長安。

九月，殺太尉、南陽王模，以中山王曜鎮長安。以載記修。漢石勒襲，執苟晞及豫章王端。以本紀修。

冬十月，漢石勒殺王彌，屯葛陂。以載記修。

十一月，拓跋猗盧入太原，劉琨徙五縣百姓以避之。以本紀修。安定太守賈疋、馮翊太守索綝等大敗漢中山王曜於黄邱。豫州刺史閻鼎奉秦王業趨武關。以列傳、《通鑑》修。王浚以崔毖爲東夷校尉。呂祖謙《標目》。

晉孝懷皇帝永嘉六年　漢昭武皇帝嘉平二年　成武皇帝玉衡二年

春正月帝蒙塵于平陽。以本紀修。

二月，壬子朔，日有食之。以本紀修。漢石勒將攻建業，以大雨止。琅邪王睿上尚書檄討勒。以《通鑑》、本紀修。

夏，賈疋等敗漢中山王曜，走之。秦王業入長安。以《通鑑》修。

秋七月，漢石勒據襄國。以《通鑑》修。漢襲取晉陽。

八月庚戌，劉琨奔常山。以本紀修。

九月辛巳，雍州刺史賈疋等奉秦王業爲皇太子，建宗廟、社稷，以閻鼎爲太子詹事，總攝百揆，加疋征西大將軍。以紀、傳修。

冬十月，代公猗盧遣兵救劉琨，大敗漢中山王曜。

十一月，琨保陽曲。以本紀修。始平太守麴允、馮翊太守梁緯等攻閻鼎，鼎走死。

十二月，羣胡攻賈疋，殺之。允領雍州刺史。以《通鑑》修。王浚遣督護王昌帥段疾陸眷等攻漢石勒，大敗，段氏遂附於勒。以列傳修。

是歲，王敦殺其從兄、軍諮祭酒澄。澄將玉機據廣州。王如降於敦。以吕祖謙《標目》修。江陽太守張啟殺王異而代之，尋卒。三府表涪陵太守向沈行西夷校尉。以《通鑑》修。羌姚弋仲稱扶風公。以《通鑑》修。

晉孝愍皇帝建興元年　漢昭武皇帝嘉平三年　成武皇帝玉衡三年

春正月帝蒙塵于平陽。以本紀修。

二月丁未，漢主聰弑帝。以《通鑑》修。

三月，向沈卒，成取巴陵。以《通鑑》修。

夏四月壬申，皇太子業即皇帝位，改元。以麴允及京兆太守索綝爲左、右僕射。以本紀修。漢石勒使從子虎據鄴。以《通鑑》修。琅邪王録事參軍陳頵數論事，睿出之爲譙郡太守。以《通鑑》修。

五月壬辰，琅邪王睿、大司馬南陽王保爲左、右丞相，大都督，陝東、西軍事。以本紀修。石勒取山東郡縣。以本紀修。秋，詔琅邪王睿進軍，睿辭。

八月，以長史刁協爲丞相左長史，從事中郎劉隗爲司直。軍諮祭酒祖逖爲豫州刺史，屯淮陰。以本紀、《通鑑》修。武昌太守陶侃大破杜弢，王敦表爲荆州刺史。以《通鑑》修。

九月，荀藩薨。以本紀修。漢中山王曜敗麴允于黄白城。以《通鑑》修。竟陵太守杜曾反。

冬十月擊敗陶侃，侃擊杜弢，大破之。以《通鑑》修。氐揚難敵取梁州，自稱刺史。以吕祖謙《標目》修。

十一月，麴允襲漢中山王曜，大敗之。以吕祖謙《標目》修。

十二月，漢石勒奉表於王浚。以《通鑑》修。

是歲，琅邪王睿遣世子紹鎮廣陵。以《舉要曆補遺》修。代公猗盧城盛樂及平城。以《通鑑》修。

甲戌　晉孝愍皇帝建興二年　漢昭武皇帝嘉平四年　成武皇帝玉衡四年

春正月己巳，黑霧著人如墨。辛未，有如日隕于地，又有二日相承出西方而東行。以本紀修。揚難敵去梁州，地歸于城。以吕祖謙《標目》修。

二月壬寅，鎮西將軍張軌爲太尉、凉州牧，王浚爲大司馬、都督幽、冀軍事，司隸校尉荀組爲司空，行留臺事，劉琨爲大將軍、都督并州軍事。以紀、傳修。漢石勒遣使劉琨，請討王浚。

三月壬申，勒襲執浚，殺之。使燕國劉翰戍薊，翰歸段匹磾。以吕祖謙《標目》修。樂陵太守邵續附石勒，尋歸琅邪王睿，以爲平原樂安太守。以吕祖謙《標目》修。

夏五月己丑，西平武穆公張軌薨，世子寔立。以紀、傳修。漢中山王曜、趙染寇長安。

六月，敗還。

秋七月，染攻北地，麴允殺之。以吕祖謙《標目》修。

冬十月，張寔都督凉州軍事、凉州刺史。以列傳修。

晉孝愍皇帝建興三年　漢昭武皇帝建元元年　成武皇帝玉衡五年

春二月丙子，琅邪王睿爲丞相、大都督、督中外軍事，南陽王保爲相國、大將軍，荀組爲太尉、豫州牧，劉琨司空、都督并、冀、幽三州軍事。進代公猗盧爵爲王。以本紀修。杜弢別將陷豫章。

三月，尋陽内史周訪平之。以本紀修。漢改元。以載記修。漢青州刺史曹嶷盡得齊魯之地。以吕祖謙《標目》修。

秋八月，陶侃克長沙，杜弢走死。以本紀修。琅邪王睿以王敦爲鎮東大將軍、都督江、揚、荆、湘、交、廣六州軍事、江州刺史。敦以王機爲交州刺史，陶侃爲廣州刺史，從弟、軍諮祭酒廙爲荆州刺史。杜曾迎荆州刺史第五猗以拒廙。王機謀據廣州，侃討之，機走死。以《通鑑》修。

九月，漢中山王曜寇北地。

冬十月，拔馮翊。以本紀修。

晉孝愍皇帝建興四年　漢昭武皇帝麟嘉元年　成武皇帝玉衡六年

春正月贈吴王晏太保，謚曰孝。以吕祖謙《標目》修。

二月，漢殺少府陳休等七人，太宰、河間王易、御史大夫陳元達等諫，不聽。

三月，易恚死，元達自殺。以載記修。代王猗盧爲其子六脩所弒，其將箕澹等歸劉琨。以本紀修。

夏六月，丁巳朔，日有食之。以本紀修。大蝗。以本紀修。

秋七月，漢中山王曜圍北地，大都督麴允救之，衆潰。

九月，曜陷長安外城。

冬十月乙未，帝出降，御史中丞吉朗死之。丁酉，遷帝于平陽，允死之。以本紀、載記修。漢以曜爲秦王、大都督、督陝西軍事，改元。以本紀、載記修。劉琨遣箕澹攻石勒于坫城，自屯廣牧，勒大破之。以列傳修。

十二月，乙卯朔，日有食之。以《宋》志修。并州降石勒。己未，劉琨奔段匹磾。以本紀修。琅邪王睿刻日北征，以漕運稽期，誅督運令史淳于伯而還。以呂祖謙《標目》修。琅邪王睿以邵續爲冀州刺史。以《通鑑》修。

晉孝愍皇帝建興五年　漢昭武皇帝麟嘉二年　成武皇帝玉衡七年　涼張寔建興五年

春正月，帝蒙塵于平陽。以本紀修。庚子，三日並照。以天文志修。張寔遣兵擊漢，不能進而還。以列傳修。

二月，漢劉暢攻滎陽，太子李矩大敗之。以列傳修。

三月辛卯，琅邪王睿即晉王位，改元。立世子紹爲太子，以征南大將軍王敦爲大將軍、揚州刺史，王導爲驃騎將軍、領中書監、録尚書事，刁協爲左僕射，劉隗爲御史中丞。以紀、傳修。劉琨等遣司馬温嶠奉表勸進於晉王睿。以《通鑑》修。

夏四月，漢殺太弟義。呂祖謙《標目》修。

五月壬午，日有食之。以天文志修。荀組等上表勸進於晉王睿。以列傳、《通鑑》修。祖逖入譙城。

六月，漢石虎圍之。己巳，晉王睿傳檄遣琅琊王裒等討虎，尋還。以紀、傳修。

秋七月，大旱，蝗，河、汾溢。以《通鑑》修。荀組爲司徒。以本紀修。

八月，漢荊州刺史趙固以洛陽降李矩。以呂祖謙《標目》修。

九月戊寅，武昌太守趙誘等攻杜曾，敗死。豫章太守周訪擊曾，破之。以紀、傳修。

冬十一月，己酉朔，日有食之。以天文志修。丁卯，劉琨爲太尉。以本紀修。

十二月戊戌，漢主聰弒帝。以本紀修。漢太子粲遣將攻洛陽，趙固走。以列傳修。

是歲，置史官，立太學。以本紀修。命課農功，諸軍佃作，即以爲稟。以呂祖謙《標目》修。

卷二八　晉中宗孝元皇帝大興元年　趙帝劉曜光初元年　成武皇帝玉衡八年　涼張寔建興六年

春三月丙辰，晉王睿即皇帝位，改元。庚午，立太子紹爲皇太子。以本紀修。李矩使郭默等救洛陽，大破漢兵。以列傳修。漢螽斯則百堂災，燒殺漢主聰子二十一人。以載記、《通鑑目録》修。

夏四月，丁丑朔，日有食之。以本紀修。荀組來歸。以《通鑑目録》修。漢曹嶷來降。

五月叛歸石勒。以《通鑑》修。癸丑，廣武愍侯劉琨爲段匹磾所害。以本紀修。

六月旱。以本紀修。甲申，刁協爲尚書令。以本紀修。庚寅，李矩都督司州諸軍事、司州刺史。以本紀修。

秋七月，漢主聰寢疾，召秦王曜、石勒輔政，不至。癸亥，聰卒。甲子，太子粲即位，改元。

八月，大將軍靳準弒之，發淵陵，斬聰屍，劉氏男女無少長皆斬之。以載記、《舉要曆補遺》修。準稱漢天王。遣使來降，曜、勒討之。

冬十月，曜稱帝，改元。以勒爲大將軍、趙公，加九錫。以載記、《舉要曆補遺》修。

十一月乙卯，日夜出，高三丈。本紀。加江州牧王敦爲荊州牧。以紀、傳修。御史中丞熊遠上疏論時政。以列傳修。復州郡秀、孝試經策之法。以《通鑑》修。

十二月，漢將喬泰等殺靳準，降漢。以本紀、載記修。彭城內史周撫叛降石勒，詔下邳內史劉遐等討之。以本紀修。石勒克平陽。以載記修。

晉中宗元皇帝大興二年　漢帝劉曜光初二年　成武皇帝玉衡九年　後趙明皇帝石勒元年　涼張寔建興七年

春二月，泰山太守徐龕斬周撫。以本紀修。立郊丘。

三月辛卯，合祭天地。以《通鑑》修。

夏四月，將軍陳川以浚儀叛徐龕，亦叛降石勒。以本紀修。漢主曜斬石勒使者，勒與之絶。以《通鑑目録》修。漢主曜都長安，立妃羊氏爲后。以載記修。南陽王保稱晉王，改元建康。以列傳修。徐、揚蝗，吴郡大饑。詔百官言事，益州刺史應詹論玄虚。以本紀、吕祖謙《標目》修。祖逖攻陳川于蓬關，石勒遣石虎救之，逖退屯淮南。以《通鑑目録》修。石勒陷幽州，段匹磾犇邵續。以列傳、《通鑑目録》修。曹嶷賂石勒，以河爲境。以吕祖謙《標目》修。梁州刺史周訪擊杜曾，斬之，加安南將軍。以本紀修。

六月，漢改號趙。以吕祖謙《標目》修。

秋八月，遣將軍羊鑒討徐龕。以本紀修。

冬十一月戊寅，石勒自稱趙王。以本紀修。

十二月，慕容廆陷遼東，平州刺史崔毖奔高句驪。以本紀修。

是歲，蒲洪降趙。以吕祖謙《標目》修。

晉中宗元皇帝大興三年　趙帝劉曜光初三年　成武皇帝玉衡十年　後趙明皇帝二年　涼張茂建興八年

春正月，趙中山公虎圍厭次。

二月，執邵續。詔以續子緝爲冀州刺史。以本紀修。趙將尹安等以洛陽降李矩。以《通鑑》修。

三月，以慕容廆爲安北將軍、平州刺史。以《通鑑》修。

夏五月庚寅，地震。以本紀修。晉王保爲其將張春所殺。以吕祖謙《標目》修。徐龕請降，不受。除羊鑒名，以徐州刺史蔡豹領其兵。以列傳修。

六月丁酉，盜殺涼州刺史、西平元公張寔，其弟茂立。以本紀修。氐、羌、巴、羯叛趙，趙以光禄大夫游子遠爲征討都督，破降之。以吕祖謙《標目》修。祖逖屯雍邱。

秋七月，加逖鎮西將軍，河以南多來歸。以紀傳修。

八月，周訪卒。以湘州刺史甘卓爲梁州刺史。以本紀修。徐龕降後趙，敗蔡豹。

冬十月丙辰，殺豹。本紀。

十二月，以左將軍、譙王丞爲湘州刺史。以列傳修。

晉中宗元皇帝大興四年　趙帝劉曜光初四年　成武皇帝玉衡十一年　後趙明皇帝三年　涼張茂建興九年

春二月，徐龕復降。以本紀修。

夏四月，後趙中山公虎陷厭次，執邵續、段匹磾，尋殺之。以本紀修。

五月庚申，免中州良民爲揚州僮客者以備征役。以本紀修。終南山崩。以《通鑑》修。

秋七月甲戌，尚書僕射戴淵都督司、兗、豫、并、冀、雍六州軍事、司州刺史，鎮合肥；丹陽尹劉隗都督青、徐、幽、平四州軍事、青州刺史，鎮淮陰。壬午，開府儀同三司王導爲司空、録尚書、領中書監。以本紀修。

九月，祖逖卒。

冬十月，以其弟侍中約爲豫州刺史。以本紀修。

十一月，後趙禁民釀酒。以《通鑑目録》修。

十二月，以慕容廆爲都督幽、平二州、東夷軍事、遼東公。以本紀修。

晉中宗元皇帝永昌元年　趙帝劉曜光初五年　成武皇帝玉衡十二年　後趙明皇帝四年　涼張茂建興十年

春正月乙卯，改元。以本紀修。戊辰，王敦舉兵武昌，將軍沈充起兵於吴以應之。以本紀、《通鑑》修。譙王承甘卓移檄討王敦。以吕祖謙《標目》修。

二月，趙以仇池公楊難敵爲武都王。以《通鑑》修。秦州刺史陳安叛趙，氐、羌皆附之。以《通鑑》修。徵戴淵、劉隗還。

三月，以王導爲前鋒大都督。王敦據石頭，淵、隗等攻之，敗績。隗奔後趙，刁協出奔，見殺。敦自爲丞相、都督中外諸軍、録尚書事，復不受。殺驃騎將軍戴淵、左僕射周顗。沈充陷吴國，内史張茂死之，甘卓至猪口而還。

夏四月，敦還武昌。南蠻校尉魏乂陷湘州，譙王承死之。

五月，敦使襄陽太守周慮襲殺卓。以紀、傳、吕祖謙《標目》修。

秋七月，後趙中山公虎拔泰山，執徐龕，尋殺之。以本傳修。兗州刺史郗鑒退屯合肥。以吕祖謙《標目》修。

冬十月，後趙圍譙，祖約退屯壽春。以吕祖謙《標目》修。新昌太守梁碩反。以本紀修。

十一月，罷司徒，并丞相府。以《通鑑》修。

閏月己丑，帝崩於内殿。王導受遺輔政。庚寅，皇太子紹即皇帝位，尊所生母荀氏爲建安郡君。以本紀修。

十二月，後趙濮陽景侯張賓卒。以《通鑑》修。張茂取趙隴西、南安之地。以《通鑑》修。

是歲，大旱。以《宋》五行志修。

晉肅宗明皇帝太寧元年　趙帝劉曜光初六年　成武皇帝玉衡十三年　後趙明皇帝五年　涼張茂建興十一年

春正月，成寇臺登，降越嶲、漢嘉二郡。以本紀修。

二月庚戌，葬孝元皇帝于建平陵，廟號世宗。以本紀修。

三月，戊寅朔，改元。本紀。後趙陷下邳，徐州刺史卞敦退保盱眙。以本紀修。詔徵王敦。

夏四月，加敦殊禮，敦屯于湖，自領揚州牧，以王導爲司徒。以本紀修。

五月，成寇寧州，刺史王遜大破之。以紀、傳修。梁碩陷交州，刺史王諒死之。以本紀修。

六月壬子，立妃庾氏爲皇后，以后兄、中領軍亮爲中書監。以本紀修。陶侃平梁碩，加征南大將軍、開府。以本紀修。

秋七月，趙平陳安，以姚弋仲爲平西將軍。以本紀修。以尚書郗鑒都督揚州、江西軍事、揚州刺史。

八月，爲尚書令。以紀、傳修。後趙石虎擊青州，曹嶷降，殺之。以呂祖謙《標目》修。趙主曜擊張茂，降之，封爲涼王。以《通鑑》修。

冬十一月，王敦以其兄、荆州刺史含爲征東將軍、都督揚州、江西軍事。以本紀修。

卷二九　甲申　晉肅宗明皇帝太寧二年　趙帝劉曜光初七年　成武皇帝玉衡十四年　後趙明皇帝六年　涼張駿建興十二年

春正月，王敦殺其從事周嵩、周筵及會稽内史周札一門。以列傳修。後趙陷東莞、東海，兖州刺史劉遐退保泗口。以列傳修。後趙攻趙河南。以《通鑑》修。

夏五月甲申，張茂卒，兄子駿立。以呂祖謙《標目》修。王敦以其子應爲武衛將軍以自副。

六月丁卯，詔加王導大都督，討敦。

秋七月壬申，驃騎大將軍王含及參軍錢鳳等奄至建康，帝出屯南皇堂。癸酉，諸將大破之，敦死。沈充舉兵，（舉）〔與〕含軍合。乙未，北中郎將劉遐、臨淮内史蘇峻等大破之。丙申，含等遁，帝還宮，分遣諸將悉平其黨，發敦瘞斬之。

冬十月，以遐監淮北軍事、徐州刺史，峻爲歷陽内史。以紀、傳修。後趙司州刺史石生屯洛陽，祖約退保壽春。以本紀修。

晉肅宗明皇帝太寧三年　趙帝劉曜光初八年　成武皇帝玉衡十五年　後趙明皇帝七年　涼張駿建興十三年

春，復三族刑。以本紀修。

二月，張駿收趙河南地。以《通鑑》修。

三月戊辰，立子衍爲皇太子。以本紀修。

夏四月，詔太宰、司徒以下詣都坐議政道，又詔求直言。以紀、傳修。後趙中郎將王騰據并州降趙。以《通鑑》修。

五月，陶侃爲征西大將軍、都督荆、湘、雍、梁四州軍事、荆州刺史。以本紀修。後趙石生逼河南，李矩等降趙，後趙盡陷司、豫、徐、兖之地。趙中山王岳圍生于金墉，後趙中山公虎敗之。趙主曜救岳，軍潰而還。

六月，虎擒岳，遂攻王騰，殺之。以本紀修。李矩來歸，道卒。以呂祖謙《標目》修。自正月不雨，至于是月。

秋七月辛未，郗鑒爲車騎將軍、都督徐、兖、青三州軍事、兖州刺史。以本紀修。

閏八月壬午，召太宰、西陽王羕、司徒王導、尚書令卞壼、將軍郗鑒、庾亮、陸曄、丹陽尹温嶠等受遺。戊子，帝崩于東堂。己丑，皇太子衍即皇帝位，尊皇后爲皇太后。

秋九月辛丑，葬明皇帝于武平陵，廟號肅宗。以本紀修。癸卯，太后臨朝。王導録尚書事，與中書令庾亮輔政，事皆決於亮。以紀、傳修。

冬十一月，癸巳朔，日有食之。以本紀修。

晉顯宗成皇帝咸和元年　趙帝劉曜光初九年　成武皇帝玉衡十六年　後趙明皇帝八年　涼張駿建興十四年

春二月丁亥，改元。以本紀修。

夏六月癸亥，郗鑒領徐州刺史。以本紀修。卞壼劾王導。以呂祖謙《標目》修。

秋八月，温嶠爲平南將軍、都督江州刺史。以本紀修。

冬十月，殺車騎將軍、南頓王宗，免西陽王羕，降爲縣王。以本紀修。後趙世子弘守鄴。以《通鑑》修。

十一月，後趙石聰攻壽春，蘇峻遣兵擊走之。以本紀修。自六月不雨，至于是月。

十二月，下邳降于後趙。以《通鑑》修。後趙定九流，立秀、孝試經之制。以《通鑑》修。

晉顯宗成皇帝咸和二年　趙帝劉曜光初十年　成武皇帝玉衡十七年　後趙明皇帝太和元年　凉張駿建興十五年

夏五月，甲申朔，日有食之。本紀。張駿復稱晉凉州牧。趙使其子徹擊之。

冬十月，畧河南地。以《通鑑》修。徵蘇峻，不至。

十一月，峻與鎮西將軍祖約反。以本紀修。

十二月，蘇峻遣將陷姑孰。護軍將軍庾亮爲征討大都督，宣城内史桓彝與峻將戰于蕪湖，敗績。郗鑒遣其將赴難。以本紀修。

晉顯宗成皇帝咸和三年　趙帝劉曜光初十一年　成武皇帝玉衡十八年　後趙明皇帝太和二年　凉張駿建興十六年

春正月，温嶠赴難，軍尋陽。丁未，蘇峻濟横江。

十月庚戌，卞壼戰于西陵，父子死之。庾亮奔尋陽，峻陷臺城。丁巳，峻以祖約爲太尉、尚書令，西陽王羕爲太宰，自爲驃騎將軍，與羕録尚書事。以本紀修。後趙改元。以吕祖謙《標目》修。

三月，皇太后以憂崩。以本紀修。

夏四月，後趙陷南陽。以《通鑑目録》修。

五月，温嶠以陶侃討蘇峻。乙未，峻遷帝于石頭。吴興太守虞潭等起兵，郗鑒會侃于茄子浦。

六月，峻兵陷宣城，桓彝死之。侃築白石壘，使鑒還京口。以紀、傳、《通鑑》修。後趙攻壽春。

秋七月，祖約奔歷陽。以本紀修。後趙中山公虎攻蒲坂。

八月，趙主曜擊破之，圍石生于洛陽。以本紀修。

九月戊申，王導奔白石。以本紀修。陶侃欲歸，温嶠止之。庚午，侃、嶠攻石頭，蘇峻敗死，其弟逸領其衆。以紀、傳修。

冬十一月，後趙主勒救洛陽。

十二月己卯，大敗趙兵，執趙主曜以歸，殺之。以本紀修。

晉顯宗成皇帝咸和四年　成武皇帝玉衡十九年　後趙明皇帝太和三年　凉張駿建興十七年

春正月，帝在石頭。蘇逸將匡術以苑城降。逸殺侍中鍾雅、右衛將軍劉超。以本紀修。戊辰，將軍趙允遣兵敗祖約，約奔後趙。以本紀修。趙太子熙、南陽王允奔上邽，關中降後趙。以吕祖謙《標目》修。

二月，諸軍克石頭。乙未，蘇逸伏誅，殺西陽王羕。時宫闕灰燼，議欲遷都，王導不可，乃止。壬寅，以湘州并荆州。以本紀修。

三月壬子，陶侃爲太尉，加都督交、廣、寧州軍事，郗鑒爲司空，温嶠爲驃騎將軍、開府。以本紀修。庾亮爲平西將軍、都督豫州、揚州之宣城、江西軍事、豫州刺史，鎮蕪湖。以本紀修。陶侃移鎮巴陵。以吕祖謙《標目》修。

夏四月乙未，始安忠武公温嶠卒。平南軍司劉胤爲江州刺史。以紀、傳修。

秋八月，趙南陽王允趨長安。

九月，後趙中山公虎大破之，遂屠上邽，盡滅劉氏，蒲洪、姚弋仲降之。以本紀、吕祖謙《標目》修。

冬十二月壬辰，右將軍郭默殺劉允，據江州。陶侃率衆討之。以本紀修。

晉顯宗成皇帝咸和五年　趙明皇帝建平元年　成武皇帝玉衡二十年　凉張駿建興十八年

春二月，後趙王勒稱大趙天王，石虎爲太尉、中山王。以載記修。趙族誅祖約。以《通鑑》修。

夏五月乙卯，郭默伏誅。陶侃兼江州刺史，鎮武昌。以列傳修。凉州張駿復收河南地。以吕祖謙《標目》修。

六月，初税田，畝三升。本紀。趙以丁零翟斌爲句町王。以載記修。

秋八月，趙王勒即帝位，改元，都臨漳，立其妻劉氏爲皇后。以本紀、載記修。趙入襄陽，遷其民于樊城。以紀、傳修。

九月，造新宫，繕苑城。以本紀修。

冬十月，成拔巴東。以《通鑑》修。張駿稱臣于趙。以本紀修。時陶侃聘于趙。以載記修。

晉顯宗成皇帝咸和六年　趙明皇帝建平二年　成武皇帝玉衡二十一年　凉張駿建興十九年

春三月，壬戌朔，日有食之。以本紀修。

夏，趙起明堂、辟雍、靈臺。以《通鑑》修。

秋七月，成將李壽侵陰平、武都，楊難敵降之。以本紀修。

九月，趙營鄴宮，以洛陽爲南都。以載記修。

晉顯宗成皇帝咸和七年　趙明皇帝建平三年　成武皇帝玉衡二十二年　涼張駿建興二十年

夏四月，趙戍襄陽。以本紀修。趙右僕射程遐、中書令徐光請除中山王虎，趙主勒不從，命太子弘省尚書事。以《通鑑》修。

秋，陶侃遣子、參軍斌及南中郎將桓宣取襄陽。以本紀修。

冬十一月，壬子朔，加陶侃大將軍殊禮，固辭。以《通鑑》修。

十二月庚戌，帝還于新宮。以本紀修。

晉顯宗成皇帝咸和八年　趙明皇帝建平四年　成武皇帝玉衡二十三年　涼張駿建興二十一年

春正月丙子，趙遣使修好，詔焚其幣。以《通鑑》修。

三月，成陷寧州。以《通鑑》修。

夏五月甲寅，慕容廆卒。

六月，子皝立。以吕祖謙《標目》修。

秋七月戊辰，趙主勒卒，太子宏即帝位。中山王虎殺程遐、徐光。石聰來降，爲虎所殺。

八月，虎自爲丞相、大單于、魏王，加九錫。

九月，殺彭城王堪，弑太后劉氏。

冬十月，河東王生起兵關中，遣使來降。石朗起兵洛陽。虎擊生及朗，俱斬之，徙秦、雍民及氐、羌于關東，以蒲洪居枋頭，姚弋仲居灄頭，督之。以《通鑑》、吕祖謙《標目》修。慕容皝兄翰奔鮮卑段部。

閏月，其弟仁據遼東。以朱熹《綱目》修。

十二月，石生將郭權據上邽來降。以本紀修。鎮西大將軍張駿遣從事張淳上表。以朱熹《綱目》修。

甲午　晉顯宗成皇帝咸和九年　趙帝石弘延熙元年　成武皇帝玉衡廿四年　涼張駿建興二十二年

春正月，趙改元。以《通鑑》修。郭權爲鎮西將軍、雍州刺史。以本紀修。

二月丁卯，以張駿爲大將軍。以本紀修。慕容翰以段蘭攻柳城，大破燕兵。以《通鑑》修。

夏四月，趙平郭權。以本紀修。

六月乙卯，長沙桓公陶侃薨。以本紀修。丁卯，成主雄卒，太子班即帝位。以本紀修。大旱。以本紀修。辛未，庾亮都督江、荆等六州軍（州）事、江、豫、荆州刺史，鎮武昌。以吕祖謙《標目》修。

秋八月，以慕容皝爲平州刺史、遼東公。以載記修。

冬十月，成將軍李越、李期弑其主班，期即帝位。以本紀修。

十一月，趙魏王虎廢其主弘，自稱居攝、天王，尋弑弘及太后程氏，弑秦（主）〔王〕宏、南陽王恢。以吕祖謙《標目》修。慕容皝克遼東。以《通鑑》修。

晉顯宗成皇帝咸康元年　趙武皇帝石虎建武元年　成帝李期玉恒元年　涼張駿建興二十三年

春正月，庚午朔，帝加元服，改元。以本紀修。成、趙皆改元。以《通鑑》修。

三月，出侍中孔坦爲廷尉。以《通鑑》修。趙王虎寇歷陽。

夏四月癸丑，加王導大司馬、假黄鉞、都督中外軍事，尋解嚴。以本紀、《通鑑》修。大旱。以《通鑑》修。

秋九月，趙遷于鄴。以吕祖謙《標目》修。趙聽其民事佛。以朱熹《綱目》修。

冬十月，乙未朔，日有食之。以本紀修。

是歲，張駿上疏請北伐。以《通鑑》修。

晉顯宗成皇帝咸康二年　趙武皇帝建武二年　成帝李期玉恒二年　涼張駿建興二十四年

春正月辛巳，彗星見于奎。以本紀修。慕容皝誅慕容仁。以吕祖謙《標目》修。

十月辛亥，立皇后杜氏。以本紀修。

冬十一月，成取漢中。以吕祖謙《標目》修。

十二月，趙襄國大武殿、鄴東西宮成。以《通鑑》修。

晉顯宗成皇帝咸康三年　趙武皇帝建武三年　成帝李期玉恒三年　涼張駿建興二十五年

春正月，趙王虎稱大趙天王。以《通鑑》修。辛卯，立（大）〔太〕學。以本紀修。

秋七月，趙殺其太子邃，立子宣爲太子。以載記修。

冬十月丁卯，慕容皝稱燕王。

十一月，稱藩于趙，請伐段遼。以載記修。

晉顯宗成皇帝咸康四年　趙武皇帝建武四年　漢明文皇帝李壽漢興元年　凉張駿建興二十六年　代高祖皇帝什翼犍建國元年

春三月，趙王虎、燕王皝擊段部，虎拔令支，段遼走。以載記修。

夏四月，成漢王壽廢其主期，自即帝位，改國號漢，改元。

五月，弑期。以吕祖謙《標目》修。趙王虎圍燕，燕慕容恪大敗之。以吕祖謙《標目》修。乙未，王導爲太傅、中外大都督。郗鑒爲太尉、征西將軍；庾亮爲司空；導罷司徒，拜丞相。

六月，改元。亮遥執朝權，約鑒起兵廢導，鑒不聽，以吕祖謙《標目》修。

冬十一月，代什翼犍即王位，改元。以吕祖謙《標目》修。

十二月，段遼降燕。以《通鑑》修。

晉顯宗成皇帝咸康五年　趙武皇帝建武五年　漢昭文皇帝漢興二年　凉張駿建興二十七年　代高祖皇帝建國二年

春三月，取漢寧州。以吕祖謙《標目》修。將軍毛寶爲豫州刺史，戍邾城。

夏四月，庾亮請移鎮石城，不許。以《通鑑》修。燕殺段遼。以吕祖謙《標目》修。

秋七月庚申，始興文獻公王導薨。以本紀修。辛酉，吏部尚書何充爲護軍將軍；振威將軍、會稽内史庾冰爲中書監、揚州刺史，參録尚書事。以紀、傳修。

八月，南昌文成公郗鑒薨。太尉軍司蔡謨都督徐、兖、青州軍事、徐州刺史。以紀、傳修。

九月，趙陷沔南及邾城，毛寶死之。以本紀修。

冬，凉州張駿立明堂、辟雍。以《通鑑目》修。

晉顯宗成皇帝咸康六年　趙武皇帝建武六年　漢昭文皇帝漢興三年　凉張駿建興二十八年　代高祖皇帝建國三年

春正月，庚子朔，都亭文康侯庾亮薨。何充爲中書令。庚戌，輔國將軍、南郡太守庾翼都督江、荆等六州軍事，荆州刺史，鎮武昌。以《通鑑》修。

二月庚辰，有星孛于太微。以本紀修。

三月，代都雲中。

冬，燕王皝襲趙。以《通鑑》修。趙太子宣與秦公韜迭省尚書奏事。以吕祖謙《標目》修。

晉顯宗成皇帝咸康七年　趙武皇帝建武七年　漢昭文皇帝漢興四年　凉張駿建興二十九年　代高祖皇帝建國四年

春二月，甲子朔，日有食之。以五行志修。以慕容皝爲大將軍、燕王。本紀。

三月戊戌，皇后杜氏崩。以本紀修。

夏四月，正土斷、白籍。以《通鑑目録》修。

晉顯宗成皇帝咸康八年　趙武皇帝建武八年　漢昭文皇帝漢興五年　凉張駿建興三十年　代高祖皇帝建國五年

春正月，己未朔，日有食之。以本紀修。

二月，豫州刺史庾懌有辠自殺。以朱熹《綱目》修。

三月，初以武悼皇后配武帝廟。以本紀修。

夏六月，詔以母弟、司徒、琅邪王岳爲嗣。壬辰，庾冰、何充等受遺。癸巳，帝崩于西堂。甲午，琅邪王岳即皇帝位。己亥，封兄子丕爲琅邪王、奕爲東海王。

秋七月丙辰，葬成皇帝于興平陵，廟號顯宗。以本紀修。己未，何充都督徐州、揚州之晉陵軍事、徐州刺史。以本紀修。

冬十月，燕王皝遷都龍城，以《舉要曆補遺》修。

十一月，燕入高句麗。以《通鑑》修。

十二月壬子，立妃褚氏爲皇后。以《通鑑》修。趙營長安、洛陽宫。以《通鑑》修。趙徵諸州兵。《通鑑》。

晉康皇帝建元元年　趙武皇帝建武九年　漢昭文皇帝漢興六年　凉張駿建興三十一年　代高祖皇帝建國六年

春正月改元。本紀。

秋七月，以司州刺史桓宣都督司、雍、梁、荆州之四郡軍事、梁州刺史。以列傳修。

八月，漢主壽卒，太子勢即帝位。以本紀修。趙以段蘭屯（今）〔令〕支。以《通鑑》修。

冬十月，安西將軍庾翼爲征討大都督，鎮襄陽。紀、傳。辛巳，車騎將軍庾冰都督荆、江等七州軍事、江州刺史，鎮武昌；驃騎將軍何充爲中書監、揚州刺史、録尚書事；徐州刺史褚裒爲衛將軍、領中書令；琅邪内史桓温都督青、徐、兖州軍事、徐州刺史。以紀、傳修。

甲辰　晉康皇帝建元二年　趙武皇帝建武十年　漢帝李勢太和元年　凉張

駿建興三十二年　代高祖皇帝建國七年

春正月，趙大閲，罷兵。以《通鑑》修。漢改元。以吕祖謙《標目》修。

二月，燕滅鮮卑宇文部。以吕祖謙《標目》修。

夏，桓宣擊趙兵于丹水，敗績。

秋八月，宣卒。以紀、傳修。

閏八月丁巳，褚裒都督兖州、徐州之琅邪軍事，兖州刺史，鎮金城。以紀、傳修。

九月丙申，立子聃爲皇太子。戊戌，帝崩于式乾殿。己亥，皇太子聃即皇帝位，年二歲。尊皇后爲皇太后。壬寅，臨朝稱制。褚裒爲特進、都督徐、兖、青、揚州之四郡軍事，徐、兖二州刺史。以紀、傳修。

冬十月乙丑，葬康皇帝于崇平陵。以本紀修。

十一月庚辰，庾冰卒。征西將軍庾翼爲江州刺史，鎮夏口。以《通鑑》修。

晉孝宗穆皇帝永和元年　趙武皇帝建武十一年　漢帝李勢太和二年　涼張駿建興三十三年　燕文明皇帝慕容皝十二年　代高祖皇帝建國八年

夏四月壬戌，會稽王昱録尚書六條事。以紀、傳修。庾翼請以子爰之爲荆州刺史，弗許。

秋七月庚午，翼卒。以本紀修。

八月，豫州刺史路永叛，奔趙。以本紀修。輔國將軍桓温爲安西將軍、都督荆、司等六州軍事，領南蠻校尉，荆州刺史。以紀、傳修。

冬，張駿降焉耆。

十二月，自稱假涼王。以紀、傳修。燕王皝始不用晉年號。以載記修。

晉孝宗穆皇帝永和二年　趙武皇帝建武十二年　漢帝李勢嘉寧元年　涼張重華建興三十四年　燕文明皇帝十三年　代高祖皇帝建國九年

春正月己卯，都鄉文穆侯何充卒。

二月癸丑，以左光禄大夫蔡謨領司徒，録尚書六條事，與撫軍大將軍、會稽王昱輔政。以紀、傳修。

三月丙子，前司徒長史殷浩爲建武將軍、揚州刺史。以本紀修。

夏四月朔，日有食之。以劉羲叟《長曆》修。

五月丙戌，西平忠成公張駿卒，子重華立。以本紀、《通鑑》修。

六月，趙伐涼，涼將軍謝艾大破之。以紀、傳修。

七月，褚裒爲征北大將軍、開府。以本紀修。

冬，漢太保李奕以晉壽叛，敗死。漢改元。以載記修。

十一月辛未，桓温伐漢，拜表輒行。以本紀修。

晉孝宗穆皇帝永和三年　趙武皇帝建武十三年　漢帝李勢嘉寧二年　涼張重華建興三十五年　燕文明皇帝十四年　代高祖皇帝建國十年

春三月，桓温及漢主勢戰于笮橋，破之，遂克成都。丁亥，勢降。以本紀、載記修。林邑范文陷日南。以吕祖謙《標目》修。

夏四月丁巳，故漢將鄧定等據成都。以《通鑑》修。趙伐涼，以謝艾爲軍師將軍，大破之。以列傳修。

秋七月，鄧定立范賁爲帝。以本紀修。

八月戊午，涼謝艾擊趙將麻秋，大敗之。以本紀修。

冬十月乙丑，以張重華爲大將軍、涼州刺史。以紀、傳修。

晉孝宗穆皇帝永和四年　趙武皇帝建武十四年　涼張重華建興三十六年　代高祖皇帝建國十一年　燕景昭皇帝慕容儁元平元年

秋八月，趙太子宣殺太尉、秦公韜，趙王虎殺之。以載記修。桓温爲征西大將軍，開府。以本紀修。殷浩參綜朝權，與桓温浸相疑貳。以《通鑑》修。

秋九月丙申，燕王皝卒。以本紀修。

冬十一月，燕世子儁立，改元。以《通鑑》修。

十二月，以蔡謨爲侍中、司徒，固辭不拜。以《通鑑》修。

晉孝宗穆皇帝永和五年　趙武皇帝太寧元年　涼張重華建興三十七年　代高祖皇帝建國十二年　燕景昭皇帝元平二年

春正月，趙王虎即帝位，改元。以吕祖謙《標目》修。趙高力督梁犢反，攻下辨，掠滎陽，趙主虎以燕王斌爲大都督，破斬之。以載記修。

夏四月，平西將軍、益州刺史周撫擊范賁，斬之。以本紀修。封慕容儁爲燕王。以本紀修。趙主虎以燕王斌爲丞相、録尚書事，將軍張豺爲鎮衛大將軍，受遺。皇后使豺殺斌，豺都督中外諸軍、録尚書事。己巳，虎卒，太子世即帝位。

五月庚寅，彭城王遵殺豺，廢世而自立，遂弒世及太后。沛王沖起兵于薊，遵遣都督中外軍事冉閔擒之。以《通鑑目録》、吕祖謙《標目》修。趙車騎大將軍蒲洪來降。以《通鑑》修。

六月，桓温屯安陸，遣諸將討河北。趙揚州刺史王浹以壽春降。以本紀修。

秋七月，褚裒爲征討大都督，伐趙。裒將王龕等敗于代陂。

八月，裒還。以紀、傳修。趙雍州豪傑遣使告晉，建威將軍、梁州刺史司馬勳赴之。以《通鑑》修。

九月，張重華稱涼王。以朱熹《綱目》修。司馬勳破趙長城壁。

冬十月，還。以《通鑑》修。

十一月，趙冉閔弒其主遵，立義陽王鑒爲帝，閔自爲大將軍。以載記修。

十二月己酉，都鄉元穆侯褚裒卒。以本紀修。趙新興王祗舉兵于襄國，秦、雍流民推蒲洪爲主，趙以洪爲征西大將軍、都督諸軍事。以吕祖謙《標目》修。冉閔遣汝陰王琨討之。閔殺胡、羯二十餘萬人。以《通鑑》修。

卷三〇 晉孝宗穆皇帝永和六年　趙帝石祗永寧元年　涼張重華建興三十八年　代高祖皇帝建國十三年　燕景昭皇帝元平三年　魏帝冉閔永興元年

春正月，趙冉閔更其國號曰衛，改元青龍。趙汝陰王琨等討之，大敗。

閏二月，閔弒其主鑒，盡滅石氏，自即帝位，改元，國號魏。以吕祖謙《標目》修。丁丑，彗星見于亢。本紀。己丑，中軍將軍殷浩都督揚、豫、徐、兗、青五州軍事；蒲洪都督河北軍事，其子健監征討前鋒軍事。洪自稱三秦王，改姓苻氏。以《通鑑》、吕祖謙《標目》修。

三月，燕伐趙，取幽州，徙都薊。以載記修。故趙將麻秋鴆殺將苻洪，苻健斬之。以本紀修。趙新興王祗即帝位于襄國，改元。

夏四月，遣汝陰王琨伐魏。以吕祖謙《標目》修。

五月，取魏合肥。以本紀修。

六月，魏敗趙兵。以《通鑑》修。

秋七月，段龕據廣固，稱齊王。以《通鑑》修。

八月，故趙司馬杜洪據長安，自稱晉征西將軍。苻健稱晉征西大將軍，帥衆入關。以《舉要曆補遺》修。故趙統衛軍張賀度等攻鄴，魏主閔大敗之。以《通鑑目録》修。

九月，燕王儁循冀州。以載記修。

冬十月，杜洪出奔。以《通鑑》修。

十一月，魏主閔圍襄國。以本紀修。

十二月，免蔡謨爲庶人。以本紀修。

晉孝宗穆皇帝永和七年　趙帝石祗永寧二年　涼張重華建興三十九年　代高祖皇帝建國十四年　燕景昭皇帝元平四年　魏帝冉閔永興二年　秦景明皇帝苻健皇始元年

春正月，丁酉，日有食之。本紀。段龕來降。以本紀修。丙辰，苻健即天王位，國號秦，改元。以載記修。魏主閔圍襄國，姚弋仲燕王儁遣兵救趙。

三月，趙汝陰王琨會之，閔大敗而還。趙遣其將劉顯伐魏，閔敗之。以載記修。杜洪召司馬勳。趙劉顯弒其主祗以降魏。

夏四月，勳與苻健戰于五丈原，敗還。以本紀修。

秋七月，顯復叛魏稱帝。以載記修。

八月，魏豫州牧張遇及徐、兗、荆、洛州皆來降。以本紀、載記修。燕慕容恪取魏中山。以吕祖謙《標目》修。

冬十一月，姚弋仲遣使來降，以爲車騎將軍、督江北軍事，其子襄爲平北將軍、都督并州軍事。以本紀修。

十二月辛未，桓温北伐，拜表輒行，軍次武昌。會稽王昱諭之，乃止。以紀、傳修。

晉孝宗穆皇帝永和八年　涼張重華建興四十年　代高祖皇帝建國十五年　燕景昭皇帝元璽元年　魏帝冉閔永興三年　秦景明皇帝皇始二年

春正月，辛卯朔，日有食之。以本紀修。秦王健即帝位。以吕祖謙《標目》修。杜洪爲司馬張琚所殺。以《通鑑》修。劉顯攻常山，魏主閔敗之，取襄國，誅顯。以吕祖謙《標目》修。趙汝陰王琨來奔，斬之。以《舉要曆補遺》修。殷浩北伐，中軍將軍王羲之諫止之，不聽。以豫州刺史謝尚爲安西將軍，北中郎將荀羨屯壽春。張遇反于許昌。浩不能進。以《通鑑》修。

三月，姚弋仲卒，襄帥衆來降，屯譙城。以吕祖謙《標目》修。

夏四月，燕慕容恪大敗魏主閔。

五月辛卯，殺之。

六月，閔子智以鄴降，獲傳國璽。以載記修。謝尚、姚襄攻許昌，秦主健遣兵救之。丁亥，尚等大敗于誡橋，殷浩退屯壽春。以列傳修。

秋八月庚午，燕取鄴。以吕祖謙《標目》修。鎮軍大將軍、武陵王晞爲太宰。本紀。

九月，殷浩屯泗口，以軍興，罷太學生徒。以《通鑑》修。

冬十月，謝尚遣兵克許昌。以《通鑑》修。

十一月戊辰，燕王儁即帝位，改元。以吕祖謙《標目》修。

晉孝宗穆皇帝永和九年　涼張重華建興四十一年　代高祖皇帝建國十六年　燕景昭皇帝元璽二年　秦景明皇帝皇始三年

春，涼張重華遣兵伐秦，敗歸。

夏五月，重華復伐秦，詔以爲涼州牧。以本紀、《通鑑》修。

秋八月，遣河間王欽修復五陵。以本紀修。姚襄屯歷陽，殷浩遣客刺之，不克。

冬十月，浩北伐，以襄爲前鋒。襄敗浩于山桑。以紀、傳修。

十一月丁卯，西平王、敬烈公張重華卒，其子耀靈立，其都督中外軍事張祚弒之自立。以《通鑑》修。殷浩遣將攻山桑，兵敗，姚襄據盱眙。以吕祖謙《標目》修。尚書僕射謝尚都督豫、揚、江西軍事、前將軍、豫州刺史，鎮歷陽。以本紀、載記修。

是歲，燕以給事黄門侍郎慕容垂鎮常山。以《通鑑》修。

甲寅　晉孝宗穆皇帝永和十年　涼張祚和平元年　代高祖皇帝建國十七年　燕景昭皇帝元璽三年　秦景明皇帝皇始四年

春正月，涼張祚稱王，改元。以本紀修。故魏將周成反，襲取洛陽。以本紀修。桓温表廢殷浩爲庶人，内外大權一歸之矣。温二月遂伐秦。以吕祖謙《標目》修。前會稽内史王述爲揚州刺史。以《通鑑》修。

三月，姚襄降燕。以本紀修。

夏四月己亥，桓温及秦太子萇戰于藍田，敗之。北海王猛説温渡灞水，不能用。以猛爲軍謀祭酒。以載記、本紀修。燕衛將軍慕容恪爲大司馬、録尚書事。以吕祖謙《標目》修。

五月，江西流民郭敞執陳留内史降姚襄。以《通鑑》修。桓温及秦丞相苻雄戰于白鹿原，敗績。

六月丁丑，還。温欲以王猛歸，猛辭。以本紀修。

晉孝宗穆皇帝永和十一年　涼張玄靚建興四十三年　代高祖皇帝建國十八年　燕景昭皇帝元璽四年　秦厲主苻生壽光元年

夏五月，姚襄據許昌。以吕祖謙《標目》修。

六月乙酉，秦主健卒。丙戌，太子生即帝位，改元。以吕祖謙《標目》修。

秋八月，涼張祚弒張耀靈，其將軍宋混、河州刺史張瓘弒之，立其弟玄靚，復稱建興年。以吕祖謙《標目》修。

九月，秦主生殺其后梁氏及太傅毛貴等。以朱熹《綱目》修。

冬十月，謝尚督并、冀、幽州軍事、鎮西將軍，鎮壽春。以《通鑑》修。

十一月，燕太原王恪擊段龕。以載記修。

是歲，以蔡謨爲左光禄大夫、開府。謨尋卒，謚文穆。以列傳修。

晉孝宗穆皇帝永和十二年　涼張玄靚建興四十四年　代高祖皇帝建國十九年　燕景明皇帝元璽五年　秦厲主苻生壽光二年

春正月丙申，燕慕容恪圍廣固，鎮北將軍段龕大敗之。以《通鑑目録》修。

三月，桓温請移都洛陽，不許。以温爲征討大都督，討姚襄。以吕祖謙《標目》修。

夏五月，秦太后强氏以憂卒。以《通鑑》修。姚襄攻周成于洛陽。以《通鑑》修。

秋八月己亥，桓温及姚襄戰于伊水，大敗之，執周成而歸。以紀、傳修。遣兖州刺史荀羨救段龕。以《通鑑》修。

冬十月，癸巳朔，日有食之。以本紀修。

十一月丙子，段龕降于燕。以《通鑑》修。詔修洛陽五陵。

十二月，緦服臨于太極殿三日。以本紀、《通鑑》修。

晉孝宗穆皇帝升平元年　涼張玄靚建興四十五年　代高祖皇帝建國二十年　燕景明皇帝元壽元年　秦昭宣皇帝苻堅永興元年

春正月，壬戌朔，帝加元服，太后歸政，改元。以本紀修。

二月癸丑，燕改元。以吕祖謙《標目》修。

夏五月，秦大敗姚襄于三原，斬之，降其弟萇。以吕祖謙《標目》修。

六月，東海王堅弒其主生，自稱天王，改元，以王猛爲中書侍郎。以吕祖謙《標目》修。燕殺段龕。以《通鑑》修。

秋七月，秦冀州牧張平來降，以爲并州刺史。以本紀修。

八月丁未，立皇后何氏。本紀。

冬十一月癸酉，燕徙都鄴。以吕祖謙《標目》修。秦王堅殺其兄、丞相、録尚書事、清河王灋。以載記修。

十二月，秦以王猛爲尚書左丞，舉異才，修廢職，課農桑，恤困窮，立學校，旌節義，秦民大悦。以《通鑑》修。

晋孝宗穆皇帝升平二年　涼張玄靚建興四十六年　代高祖皇帝建國二十一年　燕景明皇帝元壽二年　秦昭宣皇帝永興二年

春正月，會稽王昱歸政，不許。以本紀修。

二月，秦王堅討張平。

三月，降之。以《通鑑》修。

夏五月，有星孛于天船。以本紀修。

秋八月壬申，吴興太守謝萬爲西中郎將、監司、豫、冀、并州軍事、豫州刺史。以本紀修。

九月，秦殺特進樊世。以吕祖謙《標目》修。燕取并州。冬，略地河南。

十二月，荀羡取山茌，遂與燕戰，兵敗，徵還。以散騎常侍郗曇爲北中郎將、都督徐、兖、青、冀、幽州軍事，徐、兖二州刺史，鎮下邳。以本紀、《通鑑》修。

晋孝宗穆皇帝升平三年　涼張玄靚建興四十七年　代高祖皇帝建國二十二年　燕景明皇帝元壽三年　秦昭宣皇帝甘露元年

夏六月，秦改元。以吕祖謙《標目》修。涼尚書僕射宋混殺都督中外軍事張瓘，請玄靚去涼王之號。以吕祖謙《標目》修。

秋八月，泰山太守諸葛攸擊燕，敗績。

冬十月，遣謝萬、郗曇擊燕，曇病還，萬遁，廢爲庶人。許昌、潁川、譙郡皆入于燕。以《通鑑》修。

十二月，秦以僕射王猛爲輔國將軍、司隸校尉、僕射、詹事、侍中、中書令，領選如故。以《舉要曆補遺》修。

晋孝宗穆皇帝升平四年　涼張玄靚建興四十八年　代高祖皇帝建國二十三年　燕幽皇帝慕容暐建熙元年　秦昭宣皇帝甘露二年

春正月甲午，燕主儁卒，太子暐即帝位，改元。以吕祖謙《標目》修。

二月，燕以太原王恪爲太宰，專録朝政。太師慕輿根伏誅。以吕祖謙《標目》修。

三月，燕以前平州刺史、吴王垂都督河南軍事，鎮蠡臺。以載記、《通鑑》修。

秋八月，辛丑朔，日有食之。既。以本紀修。桓温以謝安爲征西司馬。以《通鑑》修。

晋孝宗穆皇帝升平五年　涼張玄靚升平五年　代高祖皇帝建國二十四年　燕幽皇帝建熙二年　秦昭宣皇帝甘露三年

春二月，燕河内太守吕護來降。

三月，太原王恪圍之。以《通鑑》修。

夏四月，桓温鎮宛，使其弟、黄門郎豁爲建威將軍、督沔中七郡軍事，取許昌。以本紀修。涼都督中外軍事宋混卒，其弟澄爲領軍，輔政。以吕祖謙《標目》修。

五月丁巳，帝崩于顯殿。庚申，琅邪王丕即皇帝位。以本紀修。

秋七月戊午，葬穆皇帝于永平陵，廟號孝宗。以本紀修。燕克野王。以本紀修。

九月戊申，立妃王氏爲皇后。以本紀修。涼司馬張邕殺宋澄，爲中護軍，張天錫爲中領軍，同輔政。以吕祖謙《標目》修。秦滅張平。以《通鑑》修。

冬十月，吕護復奔燕。以本紀修。

十一月，涼張天錫殺張邕，爲都督中外軍事。

十二月，涼用升平年號。詔加張玄靚大都督、西平公。以《通鑑》、本紀修。

晋哀皇帝隆和元年　涼張玄靚升平六年　代高祖皇帝建國二十五年　燕幽皇帝建熙三年　秦昭宣皇帝甘露四年

春正月壬子，改元。以本紀修。甲寅，減田税，畝收二升。本紀。

二月辛未，輔國將軍、吴國内史庾希爲北中郎將、徐、兖二州刺史，鎮下邳；龍驤將軍袁真爲西中郎將、監豫、司、并、冀四州軍事、豫州刺史，鎮汝南。以本紀修。燕吕護攻洛陽。

夏五月，桓温遣兵救洛陽。因請遷都，不果行。以《通鑑》修。秦王堅親臨大學。以《通鑑》修。

冬十二月，戊午朔，日有食之。以本紀修。庾希退屯山陽，袁真退屯壽陽。以本紀修。

晋哀皇帝興寧元年　涼張天錫一年　代高祖皇帝建國二十六年　燕幽皇帝建熙四年　秦昭宣皇帝甘露五年

春二月，改元。以本紀修。

夏四月，燕陷滎陽。以本紀修。

五月，加桓温大司馬，都督中外諸軍、録尚書事，假黄鉞。袁真都督司、冀、并州軍事，庾希都督青州軍事。以本紀修。

秋八月，有星孛于角、亢，入天市。以本紀修。

閏月，涼張天錫弒其主玄靚而自立。以呂祖謙《標目》修。

九月，桓温帥師北伐。以本紀修。

冬十一月，汝南太守朱斌襲許昌，克之。以本紀修。

甲子　晉哀皇帝興寧二年　涼張天錫二年　代高祖皇帝建國二十七年　燕幽皇帝建熙五年　秦昭宣皇帝甘露六年

春三月，庚戌朔，大閱户口，令所在土斷。以本紀修。辛未，帝不豫，皇太后復臨朝。以本紀修。

夏四月，燕陷許昌、汝南、陳郡。以呂祖謙《標目》修。

五月戊辰，以王述爲尚書令、衛將軍，徵桓温爲揚州牧。

秋八月，温城赭圻而居之。以本紀修。秦殺故秦王生之弟、汝南公騰。以《通鑑》修。

九月，秦詔非命士不得乘車馬，工商皂隸不得服金銀錦綉。以載記修。

晉哀皇帝興寧三年　涼張天錫三年　代高祖皇帝建國二十八年　燕幽皇帝建熙六年　秦宣昭皇帝建元元年

春正月庚申，皇后王氏崩。以本紀修。桓温鎮姑孰。

三月，右將軍桓豁監荆州、揚州義城、雍州京兆軍事、荆州刺史，桓冲監江州、荆州二郡、豫州四郡軍事、南中郎將、江州刺史。以本紀、《通鑑目録》修。丙申，帝崩于西堂。丁酉，琅邪王奕即皇帝位。以本紀修。秦改元。以呂祖謙《標目》修。

三月，燕太原王恪、吴王垂陷洛陽，將軍沈勁死之。垂都督荆、揚等州軍事，鎮魯陽。以本紀、《通鑑》修。壬申，葬哀皇帝于安平陵，以本紀修。

夏六月戊子，鎮西將軍、建城襄公周撫卒，以其子犍爲太守楚爲益州刺史。以《通鑑》修。

秋七月壬子，立妃庾氏爲皇后。以《通鑑》修。

冬十月，秦淮南公幼反，伏誅。以《通鑑》修。

司馬勳反。十一月乙卯，圍成都，桓温遣江夏相朱序救之。以本紀修。

晉海西公太和元年　涼張天錫四年　代高祖皇帝建國二十九年　燕幽皇帝建熙六年　秦宣昭皇帝建元二年

春二月己丑，以張天錫爲大將軍、西平郡公。以本紀修。丙申，以輔國將軍、宣城内史桓秘監梁、益州軍事。以本紀修。

夏五月，皇后庾氏崩。以本紀修。朱序、周楚擊司馬勳，斬之。以《通鑑》修。

秋七月，秦寇荆州。以本紀修。

冬十月，司徒、會稽王昱爲丞相、録尚書事，加殊禮。以《通鑑》修。涼張天錫告絶于秦。以《通鑑》修。燕陷兖州數郡。以本紀修。

是歲，改元。以本紀修。

晉海西公太和二年　涼張天錫五年　代高祖皇帝建國三十年　燕幽皇帝建熙七年　秦宣昭皇帝建元三年

春正月，庾希有罪，出走。以紀、傳修。

夏四月，涼張天錫攻叛將李儼于枹罕，秦將軍王猛等敗之，取枹罕。以呂祖謙《標目》修。

五月，燕太原桓王恪卒。以載記修。

冬十月，秦并州牧晉公柳、秦州刺史趙公雙、洛州刺史魏公廋、雍州刺史燕公武反秦，遣兵討之。以呂祖謙《標目》修。

晉海西公太和三年　涼張天錫六年　代高祖皇帝建國三十一年　燕幽皇帝建熙八年　秦宣昭皇帝建元四年

春二月，秦魏公廋以陝城降燕，請兵應接，不納。以呂祖謙《標目》修。

三月，丁巳朔，日有食之。以本紀修。

秋七月，秦誅趙公雙、燕公武。

九月，誅晉公柳。以呂祖謙《標目》修。燕尚書僕射悦綰出蔭户。以呂祖謙《標目》修。

冬十二月，秦誅魏公廋。以《通鑑》修。加桓温殊禮。以《通鑑》修。

是歲，以仇池公楊世爲秦州刺史。《通鑑》。

晉海西公太和四年　涼張天錫七年　代高祖皇帝建國三十二年　燕幽皇帝建熙九年　秦宣昭皇帝建元五年

春三月，桓温領徐、兖二州刺史。

夏四月，温帥舟師伐燕。

六月，敗其大都督慕容厲于黄墟。燕求救于秦。

秋七月，温至枋頭。燕主暐謀奔和龍，吴王垂止之。

八月，秦遣將軍苟池等救燕。

九月丙申，温陸道奔還。燕大都督、吴王垂大破之于襄邑，秦師又破之于譙。

冬十月，温還，歸罪于袁真而廢之，真以壽春降燕。以紀、傳修。燕吴王垂奔秦，王猛請殺之，秦主堅不從。以吕祖謙《標目》修。

十一月，秦遣王猛等伐燕。

十二月，攻洛陽。以載記修。桓温鎮廣陵。以吕祖謙《標目》修。

晉海西公太和五年　凉張天錫八年　代高祖皇帝建國三十三年　燕幽皇帝建熙十年　秦宣昭皇帝建元六年

春正月，秦取燕洛陽而還。以吕祖謙《標目》修。

二月癸酉，袁真死，子瑾代領其衆。

夏四月，燕、秦遣兵助之。以《通鑑》修。秦王猛復(代)〔伐〕燕。以吕祖謙《標目》修。

秋七月，癸酉朔，日有食之。以本紀修。

八月，秦克燕壺關。以《通鑑》修。桓温敗袁瑾，圍壽陽。以紀、傳修。

九月辛巳，秦入燕晉陽，以《通鑑》修。

冬十月甲子，秦王猛大破燕太傅上庸王評于潞川。丁卯，圍鄴。

十一月，秦王堅赴鄴。戊寅，克之，燕主暐奔龍城，追獲之。猛爲車騎大將軍、都督關東六州軍事，鎮鄴。

十二月，遷暐及鮮卑四萬户于長安。封暐爲新興侯。以吕祖謙《標目》修。

是歲，楊世卒，子纂立，始與秦絶。以《通鑑》修。

卷三一　晉太宗簡文帝咸安元年　代高祖皇帝建國三十四年　凉張天錫九年　秦宣昭皇帝建元七年

春正月，秦援袁瑾，桓温遣兵大破之。丁亥，拔壽春，瑾伏誅。以本紀、《通鑑》修。秦徙關東豪傑及雜夷十五萬户於關中。以吕祖謙《標目》修。

二月，秦復置雍州，以長樂公丕爲雍州刺史。以吕祖謙《標目》修。

三月，冠軍將軍、建城公周楚卒。以本紀修。秦伐仇池。

夏四月，降之。以本紀、《通鑑》修。凉張天錫稱藩于秦。以《通鑑》修。

冬十一月丁未，桓温入建康，廢帝爲東海王。己酉，立會稽王昱爲皇帝，改元。庚戌，尊皇太后爲崇德太后。癸丑，殺東海王二子。乙卯，廢徙武陵王晞，族誅著作郎殷涓、太宰長史庾倩等。辛酉，還姑孰。

十二月庚寅，降東海王爲海西公。以本紀、《通鑑》、吕祖謙《標目》修。

是歲，鮮卑乞伏司繁降秦。以吕祖謙《標目》修。

晉太宗簡文帝咸安二年　凉張天錫十年　代高祖皇帝建國三十五年　秦宣昭皇帝建元八年

夏四月，徙海西公於吴縣。以吕祖謙《標目》修。

六月，秦王猛爲丞相、司隷校尉，陽平公融都督關東六州軍事、冀州牧。以《通鑑》修。庚希舉兵入京口。

秋七月，伏誅。以本紀修。帝不豫。己未，立子會稽王昌明爲皇太子，道子爲琅邪王，遺詔桓温依周公居攝故事，侍中王坦之改令依諸葛亮、王導故事。《通鑑》。帝崩，太子昌明即皇帝位。崇德太后復令温居攝，尚書僕射王彪之封還之。以《通鑑》修。

八月，秦加王猛都督中外軍事。以吕祖謙《標目》修。

冬十月丁卯，葬簡文帝于高平陵，廟號太宗。以本紀修。

是歲，秦陷仇池。以本紀修。

晉烈宗孝武皇帝寧康元年　凉張天錫十一年　代高祖皇帝建國三十六年　秦宣昭皇帝建元九年

春正月，己亥朔，改元。以本紀修。

二月，桓温來朝。

三月甲午，還姑孰。

夏，温求九錫。吏部尚書謝安、王坦之遲之。

秋七月，己亥，南郡宣武公桓温薨，以少子玄爲嗣。庚戌，以南中郎將、江州刺史桓冲爲中軍將軍、都督揚、豫、江州軍事，揚、豫二州刺史，桓豁爲征西將軍、督荆、揚、雍、交、廣州軍事，竟陵太守桓石秀爲寧遠將軍、江州刺史。以《通鑑》、紀、傳修。

八月崇德太后復臨朝。以吕祖謙《標目》修。梁州刺史楊亮遣兵襲仇池，秦將楊安定敗走之。以吕祖謙《標目》修。

九月丙申，王彪之爲尚書令，謝安爲尚書僕射，共掌朝政。以吕祖謙《標目》修。

冬十月，秦拔漢中。

十一月，陷梓潼，梁、益二州刺史周仲孫奔南中。以《通鑑》修。丹揚尹王坦之爲中書令。以列傳修。

是歲，彗星出箕尾，經太微，掃東井。以載記修。

甲戌　晉烈宗孝武皇帝寧康二年　涼張天錫十二年　代高祖皇帝建國三十七年　秦宣昭皇帝建元十年

春二月癸丑，王坦之爲北中郎將、都督徐、兖、青州軍事、徐、兖二州刺史。以紀、傳修。

三月，彗星見。以本紀修。

夏五月，蜀人張育等起兵圍成都。

秋七月，秦攻滅之。以本紀修。

八月，以擇后，權停婚姻。以本紀修。

晉烈宗孝武皇帝寧康三年　涼張天錫十三年　代高祖皇帝建國三十八年　秦宣昭皇帝建元十一年

夏五月，藍田獻侯王坦之卒。甲寅，桓冲爲鎮北將軍、都督徐、豫、兖、青、揚州軍事、徐州刺史，謝安領揚州刺史。以本紀修。

秋七月，秦清河武侯王猛卒。臨終，告其主堅：　晉雖僻處江南，正朔相承，願勿以爲圖。鮮卑、西羌宜漸除之。以載記修。

八月癸巳，立皇后王氏。以本紀修。

冬十月，癸酉朔，日有食之。以本紀修。　秦置聽訟觀，禁老、莊、圖讖之學。以《通鑑》修。

晉烈宗孝武皇帝太元元年　涼張天錫十四年　代高祖皇帝建國三十九年　秦宣昭皇帝建元十二年

春正月，壬寅朔，帝加元服，皇太后歸政。甲辰，改元。以本紀修。　桓冲爲車騎將軍、都督豫、江州之六郡軍事，鎮姑孰。乙卯，加謝安中書監、録尚書事。以本紀、《通鑑》修。

夏五月，秦伐涼。以列傳修。

秋八月，秦敗涼兵。甲午，降張天錫。以《通鑑》修。

九月，除度田收租之制，公主以下口税米三斛，蠲在役之身。本紀。

冬十月，秦伐代。以吕祖謙《標目》修。

十一月，代禦秦兵，大敗。

十二月，代王什翼犍爲其子實君所弑。秦分其國爲二部，以屬匈奴劉庫仁、劉衛辰，什翼犍之孫珪依於庫仁。以吕祖謙《標目》修。

是歲，乞伏司繁卒，子國仁立。《通鑑》。

晉烈宗孝武皇帝太元二年　秦宣昭皇帝建元十三年

春，秦大修舟艦。以《通鑑》修。

秋七月，加謝安都督揚、豫、徐、兖、青州軍事。以列傳修。

八月，征西大將軍桓豁卒。

冬十月，桓冲都督江、荆等七州軍事、荆州刺史，鎮上明；　征西司馬謝玄爲兖州刺史，監江北軍事。以本紀、《通鑑》修。　壬寅，王彪之卒。以本紀修。

晉烈宗孝武皇帝太元三年　秦宣昭皇帝建元十四年

春二月乙巳，作新宫。以本紀修。　秦王堅遣長樂公丕等四道攻襄陽。

夏四月，圍之。以《通鑑》修。

秋七月，新宫成。以本紀修。　秦攻盱眙。

八月，攻彭城、魏興。以吕祖謙《標目》修。

冬十月，秦豫州刺史、北海公重謀反，執而赦之。以《通鑑》修。

晉烈宗孝武皇帝太元四年　秦宣昭皇帝建元十五年

春二月，秦陷襄陽，執南中郎將、梁州刺史朱序。以本紀修。　秦陷彭城。以吕祖謙《標目》修。

三月壬戌，詔疆埸多虞，事從儉約，廪俸減半。以本紀修。

夏四月戊申，秦陷魏興。以吕祖謙《標目》修。

五月乙丑，秦陷盱眙。以本紀修。　秦圍三阿，征虜將軍謝玄敗走之。

六月，玄大破秦師于君川。　加玄徐州刺史。以《通鑑》修。

冬閏十二月，己酉朔，日有食之。以天文志、《宋書》五行志修。

是歲，秦大饑。以《通鑑》修。

晉烈宗孝武皇帝太元五年　秦宣昭皇帝建元十六年

春三月，秦幽州刺史唐公洛、鎮北大將軍北海公重反。

夏四月，秦討之。

五月，斬重擒洛。以吕祖謙《標目》修。　司徒謝安爲衛將軍，與桓冲並加開府儀同三司。以《通鑑》修。

六月，秦平陽公融爲中書監、都督中外諸軍、録尚書事；　尚書令、長樂公丕都督關東軍事、冀州牧。以吕祖謙《標目》修。

秋七月，秦徙諸氏十五萬户于方鎮。以吕祖謙《標目》修。

九月癸未，皇后王氏崩。以本紀修。

是歲，立國學。以《宋書》劉傳修。

晉烈宗孝武皇帝太元六年　秦世祖宣昭皇帝建元十七年

春正月，立精舍於内殿以奉佛。以本紀修。

二月，東夷、西域六十二國入貢於秦。以《通鑑》修。

夏六月，庚子朔，日有食之。以本紀修。

冬十一月，秦寇竟陵，桓冲遣兵拒之。

十二月，大破之。以吕祖謙《標目》修。

晉烈宗孝武皇帝太元七年　秦宣昭皇帝建元十八年

秋八月，秦以諫議大夫裴元略爲巴西、梓潼太守，具舟師。以《通鑑》修。

九月，秦遣將軍吕光伐西域。以吕祖謙《標目》修。

冬十月，秦王堅議入寇，太子宏、陽平公融、僕射權翼、太子衛率石越諫，獨京兆尹慕容垂、兖州刺史姚萇勸之。以載記修。

是歲，秦大熟。以《通鑑》修。

卷三二

晉烈宗孝武皇帝太元八年　秦宣昭皇帝建元十九年

夏五月，桓冲伐秦，攻襄陽，遣將軍楊亮伐蜀，取秦五城。

六月，秦兵救之。

秋七月，加冲江州刺史。以《通鑑》修。

八月，秦王堅大舉入寇，以陽平公融、慕容垂等爲前鋒。詔尚書僕射謝石爲征討大都督，冠軍將軍謝玄爲前鋒都督以拒之。桓冲遣兵入援，謝安却之後。以本紀《通鑑》修。

九月，司徒、琅邪王道子録尚書六條事。以本紀修。

冬十月癸酉，秦陽平公融陷壽陽，秦主堅輕騎就之。

十一月，謝玄遣廣相劉牢之擊斬秦衛將軍梁成於洛澗，玄等遂殺融於肥水，秦兵大敗。時慕容垂所將獨全，堅單騎赴之。至澠池，遣垂安集關東。以《通鑑目録》、吕祖謙《標目》修。

十二月，開酒禁，增民税米，口五石。以《通鑑》修。秦將軍乞伏國仁反於隴西。以吕祖謙《標目》修。前句町王翟斌舉兵於河南，秦長樂公丕遣慕容垂討之，垂叛。以本紀修。時帝疎忌謝安。以吕祖謙《標目》修。

晉烈宗孝武皇帝太元九年　秦宣昭皇帝建元二十年　燕成武皇帝慕容垂燕元元年　西燕帝慕容泓燕興元年　後秦武昭皇帝姚萇白雀元年

春正月，慕容垂至洛陽，翟斌降之。垂自稱燕王，改元。庚戌，圍長樂公丕於鄴。以《通鑑》修。將軍劉牢之克秦譙城。以本紀修。桓冲遣兵克秦新城、魏興、上庸。以本紀修。

二月辛巳，豐城宣穆公桓冲卒。振武將軍、梁郡太守桓石明爲西中郎將、荆州刺史；冠軍將軍、河東太守桓石虔爲衛州刺史；西中郎將、豫州刺史桓伊都督、江、荆、豫州軍事、江州刺史。以吕祖謙《標目》修。

三月，謝安爲太保。以本紀修。秦北地長史慕容泓起兵于華陰，秦主堅遣將軍苻叡、姚萇討之。平陽太守慕容冲起兵，遣將軍竇衝討之。

夏四月，泓敗秦兵，殺叡。萇奔渭北，自稱秦王，改元。竇衝大破冲，冲奔泓，泓改元。以吕祖謙《標目》修。

五月，梁州刺史楊亮代秦。以《通鑑》修。燕降信都。以《通鑑》修。

六月，癸丑朔，崇德太后崩。以本紀修。西燕將高蓋殺慕容泓，立冲爲皇太弟。以吕祖謙《標目》修。燕拔秦常山。

秋七月，克中山。以《通鑑》修。秦豫州牧、平原公暉奔長安。桓石民遣兵戍洛陽，以《通鑑》修。取秦涪城。以《通鑑》修。慕容冲敗秦兵，據阿房城。以吕祖謙《標目》修。燕王垂殺翟斌。斌兄子真領其衆。以吕祖謙《標目》修。秦吕光破龜兹，定西域。以吕祖謙《標目》修。

八月，燕解鄴圍。以吕祖謙《標目》修。謝安請開拓中原，以謝玄爲前鋒都督伐秦，取彭城。

九月，彭城内史劉牢之克鄄城。甲午，加安大都督揚、江等十五州軍事，假黄鉞。以紀、傳、吕祖謙《標目》修。

冬十月，辛亥朔，日有食之。以本紀修。秦青州刺史苻朗降。以本紀修。匈奴劉庫仁將救秦，爲其下所殺，弟頭眷領其衆。以吕祖謙《標目》修。謝玄遣將克黎陽，秦長樂公丕來請救。以吕祖謙《標目》修。兖、青、司、豫皆平。加謝玄都督徐、兖等七州軍事。以吕祖謙《標目》修。

十二月，秦殺慕容暐，盡誅鮮卑。以吕祖謙《標目》修。燕復圍鄴，謝玄遣劉牢之救之。以吕祖謙《標目》修。取秦漢中。以《通鑑》修。

晉烈宗孝武皇帝太元十年　秦帝苻丕太安元年　燕成武皇帝燕元二年　西

燕帝慕容冲更始元年　後秦昭皇帝白雀二年　西秦乞伏國仁建義元年

春正月，西燕慕容冲即帝位，改元。以吕祖謙《標目》修。秦王堅與西燕連戰，大破之。以《通鑑》修。燕取秦薊。以《通鑑》修。

三月，秦滎陽郡降。以本紀修。

夏四月，劉牢之至鄴，燕王垂循，牢之追之，大敗。秦長樂公丕就食枋頭。牢之入鄴，尋坐徵還。以吕祖謙《標目》修。琅邪王道子與謝安有隙。壬戌，安出鎮廣陵。以吕祖謙《標目》修。取秦益州。以本紀修。翟真屯行唐，爲其下所殺，其弟成立，翟遼奔黎陽。以吕祖謙《標目》修。

五月，西燕主冲攻長安，秦王堅奔五將山。

六月，冲入長安。以《通鑑》修。

秋七月，旱饑。以本紀修。後秦王萇執秦王堅，尋弑之。以吕祖謙《標目》修。秦太子宏來奔。以《通鑑目録》修。秦長樂公丕復入鄴。以《通鑑目録》修。癸酉，翟成長史執成，降燕。以《通鑑》修。

八月，謝安還建康。以吕祖謙《標目》修。丁酉，建昌文靖公謝安薨。庚子，司徒、琅邪王道子領揚州刺史、録尚書、都督中外軍事。以紀、傳修。秦長樂公丕奔晋陽，稱帝，改元。燕取鄴。以吕祖謙《標目》修。匈奴劉顯弑劉頭眷而自立，將殺拓跋珪，珪奔賀蘭部。以吕祖謙《標目》修。

九月，秦吕光還涼州，殺刺史梁熙而代之。以《通鑑》修。乞伏國仁自稱秦、河二州牧，改元。以吕祖謙《標目》修。

冬十二月，燕都中山。以吕祖謙《標目》修。

晋烈宗孝武皇帝太元十一年　秦帝苻丕太安二年　燕成武皇帝建興元年　西燕慕容永中興元年　後秦武昭皇帝建初元年　西秦乞伏國仁建義二年　涼王吕光太安元年　秦高皇帝苻登太初元年　魏太祖道武皇帝拓跋珪登國元年

春正月戊申，拓跋珪即代王位，建元。以吕祖謙《標目》修。燕王垂即帝位，立子寶爲太子。以吕祖謙《標目》修。翟遼據黎陽。以吕祖謙《標目》修。

二月，燕改元。以吕祖謙《標目》修。西燕弑其主冲，立其將段隨爲王，改元。以吕祖謙《標目》修。代徙都盛樂。吕祖謙《標目》修。

三月，泰山太守張願降翟遼。謝玄還淮陰。以吕祖謙《標目》修。西燕僕射慕容恒等殺段隨，立慕容顗爲王而東，復見殺，立冲之子瑶爲帝，改元。尚書慕容永殺之，立泓之子忠，稱帝於聞喜，改元建武。以吕祖謙《標目》修。

夏四月，後秦取長安。以吕祖謙《標目》修。代改稱魏。吕祖謙《標目》。後秦王萇即帝位，改元。以吕祖謙《標目》。

六月庚寅，以前輔國將軍楊亮爲雍州刺史。以本紀修。桓石民遣將取弘農。以《通鑑》修。西燕弑其主忠，立太尉慕容永爲河東王，稱藩于燕。以吕祖謙《標目》修。

秋七月，秦狄道長苻登取南安，以登爲南安王。以吕祖謙《標目》修。劉顯迎故代王什翼犍之子窟咄以逼魏，魏王珪北奔，請救於燕。以吕祖謙《標目》修。

冬十月，吕光改元。以吕祖謙《標目》修。秦主丕攻燕王永，大敗於襄陵，丕奔東垣，將軍馮該斬之。永據長子，稱帝，改元。以吕祖謙《標目》修。甲申，海西公薨。以吕祖謙《標目》修。燕、魏破拓跋窟咄，窟咄走死。以《通鑑》修。

十一月，秦南安王稱帝，改元。以吕祖謙《標目》修。

十二月，吕光自稱涼州牧、酒泉公。以《通鑑》修。

晋烈宗孝武皇帝太元十二年　燕成武皇帝建興二年　西燕帝慕容永中興二年　後秦武昭皇帝建初二年　西秦乞伏國仁建義三年　涼王吕光太安二年　魏太祖道武皇帝登國二年　秦高皇帝太初二年

春正月乙巳，以謝玄會稽内史、龍驤將軍、豫州刺史。朱序爲青、兖二州刺史，鎮淮陰。以紀、傳修。燕師濟河。以《通鑑》修。

二月，燕大破張願于瓮口，青、兖、徐州縣多降之。以吕祖謙《標目》修。

三月，秦以乞伏國仁爲苑川王。以《通鑑》修。

秋七月，燕、魏滅劉顯。以吕祖謙《標目》修。

八月辛巳，立子德宗爲皇太子。以本紀修。

晋烈宗孝武皇帝太元十三年　燕成武皇帝建興三年　西燕帝慕容永中興三年　後秦武昭皇帝建初三年　西秦乞伏乾歸太初元年　涼王吕光太安三年　魏太祖道武皇帝登國三年　秦高皇帝太初三年

春正月，康樂獻武公謝玄卒。以《通鑑》修。

二月，翟遼稱魏天王，改元。以吕祖謙《標目》修。

夏四月戊午，征虜將軍朱序都督司、雍、梁、秦州軍事、雍州刺史，戍洛陽。以《通鑑》修。

五月，翟遼徙滑臺。以《通鑑》修。

六月，乞伏國仁卒，弟乾歸自稱河南王，改元。以呂祖謙《標目》修。

秋八月，魏使拓跋儀使燕。以呂祖謙《標目》修。

晉烈宗孝武皇帝太元十四年　燕成武皇帝建興四年　西燕帝慕容永中興四年　後秦武昭皇帝建初四年　西秦乞伏乾歸太初二年　梁王呂光麟嘉元年

秦高皇帝太初四年　魏太祖道武皇帝登國四年

春正月，秦以河南王乾歸爲金城王。以《通鑑》修。

二月，呂光稱三河王，改元。以呂祖謙《標目》修。

夏四月，翟遼陷滎陽。以本紀修。

六月，左將軍桓石民卒。

秋七月，以驃騎長史王忱都督荆、益、寧州軍事、荆州刺史。以《通鑑》修。

八月，後秦破秦軍，獲其后王氏。以呂祖謙《標目》修。

冬，侍中王國寶諷八座，請進琅邪王道子丞相，加殊禮。帝大怒。道子譖中書侍郎范寧，出之。以《通鑑》修。

晉烈宗孝武皇帝太元十五年　燕成武皇帝建興五年　西燕帝慕容永中興五年　後秦武昭皇帝建初五年　西秦乞伏乾歸太初三年　涼王呂光麟嘉二年

秦高皇帝太初五年　魏太祖道武皇帝登國五年

春正月，西燕王永向洛陽，朱序敗之於太行，還擊翟遼，走之。序還襄陽。以《舉要曆補遺》修。

二月辛巳，中書令王恭都督青、兖等五州軍事、青、兖二州刺史。以本紀修。

夏四月，秦將軍魏揭飛攻後秦杏城，後秦主萇斬之。以《通鑑》修。

秋七月壬申，有星孛于北河，經太微入北斗。

八月戊戌，入紫微乃滅。以《宋書》五行志修。朱序遣劉牢之攻翟遼于滑臺，大敗之，張願降。以紀、傳修。

九月，王國寶爲中書令。以呂祖謙《標目》修。

晉烈宗孝武皇帝太元十六年　燕成武皇帝建興六年　西燕帝慕容永中興六年　後秦武昭皇帝建初六年　西秦乞伏乾歸太初四年　涼王呂光麟嘉三年

秦高皇帝太初六年　魏太祖道武皇帝登國五年

夏四月，秦王登攻後秦。

五月，後秦主萇大破之。以《通鑑》修。

六月，燕趙王麟請攝魏王珪還朝，不從。

秋七月，珪遣其弟觚如燕，燕留之。魏與燕絶。以呂祖謙《標目》修。

九月，以右僕射王恂爲左僕射太學博士范弘之請贈殷浩、黜桓温，恂黜之爲餘杭令。以列傳修。

冬十月，魏王珪大破柔然，徙其部於雲中。以呂祖謙《標目》修。翟遼卒，子釗立，改元。以呂祖謙《標目》修。匈奴劉衛辰攻魏。

十一月，魏破滅之。

十二月，其子勃勃奔薛干部。以呂祖謙《標目》修。

晉烈宗孝武皇帝太元十七年　燕成武皇帝建興七年　西燕帝慕容永中興七年　後秦武昭皇帝建初七年　西秦乞伏乾歸太初五年　涼王呂光麟嘉四年

秦高皇帝太初七年　魏太祖道武皇帝登國七年

夏五月，丁卯朔，日有食之。以本紀修。

六月，燕主垂擊翟釗，敗之。釗奔西燕。以本紀、載記修。

秋七月，秦主登逼安定。

八月，後秦主萇拒却之。以《通鑑》修。

冬十月，王忱卒。以本紀修。朱序病免。以《通鑑》修。

十一月癸酉，黄門侍郎殷仲堪都督荆、益、寧州軍事、荆州刺史。仲堪崇侍南郡公桓玄。以呂祖謙《標目》修。

十二月，清河李遼請脩兖州孔子廟，不報。以朱熹《綱目》修。

晉烈宗孝武皇帝太元十八年　燕成武皇帝建興八年　西燕帝慕容永中興八年　後秦武昭皇帝建初八年　西秦乞伏乾歸太初六年　涼王呂光麟嘉五年

秦高皇帝太初八年　魏太祖道武皇帝登國八年

夏六月，秦丞相竇衝自稱秦王，改元元光。

秋七月，秦主登討衝，後秦太子興救之。以《通鑑》修。

冬十一月，燕主垂伐西燕。以《通鑑》修。

十二月，後秦主萇卒，太子興伐秦。

晉烈宗孝武皇帝太元十九年　燕成武皇帝建興九年　西燕帝慕容永中興九年　後秦文桓皇帝姚興皇初元年　西秦乞伏乾歸太初七年　涼呂光麟嘉六年

秦帝苻崇延初元年　魏太祖道武皇帝登國九年

春正月，三河王光以禿髮烏孤爲河西鮮卑大都統。以載記修。

夏四月，秦主登與後秦戰于廢橋，大敗，奔平原。以《通鑑》修。

五月，燕主垂與西燕主永戰，大破之，取晉陽。以載記修。後秦太子興即帝位，改元。以呂祖謙《標目》修。

六月，追尊會稽王太妃鄭氏曰簡文宣太后。以本紀修。秦主登請救於金城王乾歸，封之爲梁王。

秋七月，後秦主興邀登而殺之，太子崇奔湟中，即帝位，改元。以本紀修。後秦執竇衝。以《通鑑》修。

八月己巳，尊皇太妃李氏爲太后。本紀。燕主垂克長子，殺西燕王永。以本紀修。

冬十月，梁王乾歸逐秦主崇，崇奔仇池楊定。乾歸殺定及崇。楊盛自稱仇池公，來稱藩。以《通鑑》修。燕主垂略地青、兗。以呂祖謙《標目》修。

十二月，梁主乾歸稱秦王。以《通鑑》修。

晉烈宗孝武皇帝太元二十年　燕成武皇帝建興十年　秦文桓皇帝皇初二年　西秦乞伏乾歸太初八年　涼王呂光麟嘉七年　魏太祖道武皇帝登國十年

春三月，庚辰朔，日有食之。以本紀修。

夏五月，魏叛燕。燕太子寶伐魏。以呂祖謙《標目》修。

秋七月，三河王光伐西秦，西秦王乾歸稱藩於光。以《通鑑》修。

九月，魏王珪臨河拒燕。

冬十月辛未，燕師遁。

十一月丙戌，魏王珪大破之于參合陂。以《通鑑》修。

十二月，燕以清河公會領幽州刺史，鎮龍城。以《舉要曆補遺》修。

晉烈宗孝武皇帝太元二十一年　燕惠閔皇帝慕容寶永康元年　秦文桓皇帝皇初三年　西秦乞伏乾歸太初九年　涼王呂光龍飛元年　魏太祖道武皇帝皇始元年

春三月庚子，燕主垂襲魏。

閏月，取平城，以疾還。夏四月癸未，卒於沮陽。壬寅，太子寶即帝位，改元。

五月，弒其太后段氏。以《通鑑》、呂祖謙《標目》修。

六月，三河王光即天王位，國號涼，改元。以呂祖謙《標目》修。

秋七月，魏王珪改元。《通鑑》。

八月，大舉伐燕。

九月，敗遼西王農，取并州。以《通鑑》修。貴人張氏弒帝，皇太子德宗即皇帝位，會稽王道子位太傅，攝政。以呂祖謙《標目》修。魏初建臺省，置百官，封公侯，刺史、尚書郎已下用文人。以本紀修。

冬十月甲申，葬孝武皇帝于隆平陵。以本紀修。魏主珪取燕常山。

十一月，遣兵攻鄴、信都。戊午，自將攻中山。丁卯，乃退。以《通鑑》修。

十二月，以楊盛爲仇池公。以《通鑑》修。秦取蒲坂。以《通鑑》修。

卷三三　晉安皇帝隆安元年　燕惠閔皇帝永康二年　西秦乞伏乾歸太初十年　秦文桓皇帝皇初四年　涼王呂光龍飛二年　魏太祖道武皇帝皇始二年　南涼禿髮烏孤太初元年　北涼段業神璽元年

春正月，己亥朔，帝加元服，改元。會稽王道子歸政。以本紀修。領軍將軍王國寶爲左僕射。以紀、傳修。魏師潰於鄴，燕都督中外軍事范陽王德大破之。以載記修。癸亥，魏王珪降信都。以呂祖謙《標目》修。禿髮烏孤稱西平王，改元。攻涼金城，克之。以呂祖謙《標目》修。

二月，魏王珪欲還永和於燕，燕主寶不許，邀之於滹沱河，大敗。魏復圍中山。

三月，清河王會引兵至薊。燕衛大將軍趙王麟作亂，出奔。壬子，燕主寶奔會軍。開封公詳守中山。以呂祖謙《標目》修。甲寅，尊皇太后爲太皇太后，立妃王氏爲皇后。以紀、傳修。魏追燕主寶，及之夏謙澤，清河王會敗之。

夏四月甲戌，寶至龍城。會反，敗奔中山，開封公詳殺之。以《通鑑》修。王恭及豫州刺史庾楷反。甲申，會稽王道子殺王國寶、將軍王緒以悦之，乃罷兵。殷仲堪復抗表舉兵，至巴陵而還。以呂祖謙《標目》修。會稽世子元顯爲征虜將軍。以呂祖謙《標目》修。盧水胡沮渠蒙遜拔涼臨松郡。以《通鑑》修。

五月，燕開封公詳稱帝，改元建始。燕主寶奔黃龍。以呂祖謙《標目》修。沮渠男成推涼建康太守段業爲涼州牧，改元。沮渠蒙遜歸之。以呂祖謙《標目》修。

秋七月，燕趙王麟襲殺慕容詳，稱帝。以呂祖謙《標目》修。

九月，秦太后蛇氏卒。既葬，秦主興以素服臨朝。以《通鑑》修。秦主興取弘農，至陝城，遣將寇洛陽。以《通鑑目録》修。

冬十月甲戌，魏王珪與慕容麟戰於義臺，大破之，麟奔鄴。甲申，魏克中山。以吕祖謙《標目》修。

晉安皇帝隆安二年　燕昭武皇帝慕容盛建平元年　秦文桓皇帝皇初五年　西秦乞伏乾歸太初十一年　凉王吕光龍飛三年　魏太祖道武皇帝天興元年　南凉禿髮烏孤太初二年　北凉段業神璽二年　南燕獻武皇帝慕容備德元年

春正月，燕范陽王德徙滑臺。魏取鄴。德稱燕王，改元。以吕祖謙《標目》修。慕容麟謀反，燕王德殺之。以《通鑑》修。魏王珪置行臺於鄴、中山。辛酉，北還，徙山東六州民夷十餘萬口以實代。以《通鑑目録》修。

二月乙亥，燕主寶引軍南。壬午，衛兵段速骨作亂，衆潰而還。以吕祖謙《標目》修。驃騎司馬王愉都督江州、豫州之四郡軍事、江州刺史。以吕祖謙《標目》修。

三月，段速骨陷龍城，燕主寶奔黎陽。庚子，尚書蘭汗殺速骨。

夏四月，寶還，汗弑之，自稱昌黎王，改元青龍。以吕祖謙《標目》修。北凉取凉西郡、晉昌、敦煌。以《通鑑》修。

秋七月，燕長樂王盛攻蘭汗，斬之，改元，攝行統制。以吕祖謙《標目》修。魏都平城，始營宫室、廟、社。以吕祖謙《標目》修。庾楷説王恭、殷仲堪、廣州刺史桓玄、南蠻校尉楊佺期舉兵反。

八月，陷江州，王愉走。以吕祖謙《標目》修。魏王珪命正封畿、標道里、平權衡、審度量，黜陟守宰。以《通鑑》修。

九月辛卯，加會稽王道子黄鉞，大破王師於白石。王恭司馬劉牢之襲恭，恭伏誅。牢之都督兗、青等六州、揚州晉陵軍事。玄等至石頭而還。以玄爲江州刺史、楊佺期爲雍州刺史、殷仲堪爲廣州刺史。以《通鑑》修。

冬十月丙子，燕長樂王盛即帝位。以吕祖謙《標目》修。壬午，桓玄、殷仲堪、楊佺期盟于尋陽，俱不受命。詔復以仲堪爲荆州刺史，乃還。玄屯夏口。以本紀、《通鑑》修。

十一月辛亥，魏王珪命立官制，協音律，制禮儀，定律令，考天象。以《通鑑目録》修。

十二月，魏王珪即帝位，改元。以吕祖謙《標目》修。魏徙六州守宰、豪傑二千家于代。以《通鑑》修。妖人孫泰伏誅，其兄子恩逃入海。以《通鑑》修。西平王烏孤稱武威王。以《通鑑》修。

晉安皇帝隆安三年　燕昭武皇帝長樂元年　秦文桓皇帝弘始元年　西秦乞伏乾歸太初十二年　凉王吕纂咸寧元年　魏太祖道武皇帝天興二年　南凉禿髮烏孤太初三年　北凉段業天璽元年　南燕獻武皇帝備德二年

春正月庚午，魏主珪襲高車，尋大破之。以吕祖謙《標目》修。癸未，燕改元。以吕祖謙《標目》修。

二月，建康公業即凉王位，改元。以吕祖謙《標目》修。

三月，魏置五經博士，增國子太學生員，大索書籍。以《通鑑》修。南燕王德出討叛將，滑臺降魏，德引而南。

夏四月乙未，會稽世子元顯爲揚州刺史。以吕祖謙《標目》修。

秋七月，秦寇洛陽。

八月，魏救之。以《通鑑目録》修。武威王烏孤卒，弟利鹿孤立。以吕祖謙《標目》修。南燕王德陷青州，殺將軍辟閭渾，都廣固。以本紀、載記修。

九月，秦主興降，稱王，改元。以吕祖謙《標目》修。

冬十月，秦陷洛陽。以吕祖謙《標目》修。

十一月甲寅，孫恩陷會稽，殺内史王凝之，八郡應之。詔徐州刺史謝琰、輔國將軍劉牢之討之。

十二月，恩逃入海。以紀、傳修。會稽世子元録顯尚書事。以吕祖謙《標目》修。桓玄襲江陵，殷仲堪請救於楊佺期。佺期敗死，仲堪自殺。以列傳修。凉王光傳位太子紹。光卒，大司馬、太原公纂弑紹而代之，改元。以吕祖謙《標目》修。

晉安皇帝隆安四年　燕昭武皇帝長樂二年　秦文桓皇帝弘始二年　西秦乞伏乾歸太初十三年　凉王吕纂咸寧二年　魏太祖道武皇帝天興三年　南凉禿髮利鹿孤建和元年　北凉段業天璽二年　南燕獻武皇帝建平元年　西凉李暠庚子元年

春正月，壬子朔，燕王盛貶號爲庶人天王。以《通鑑》修。武威王衍鹿孤改元。以吕祖謙《標目》修。

二月，燕破高麗。以吕祖謙《標目》修。

三月，彗星見太微。以本紀修。桓玄都督荆、江等八州軍事、荆江二州刺史。玄以其兄、南蠻校尉偉爲雍州刺史。以《通鑑》修。凉王纂殺其弟、大都督、録尚書事、常山公弘。以《通鑑》修。

夏四月，北凉劾穀令李暠自爲燉煌太守。以《通鑑》修。

五月己卯，孫恩破會稽，殺都督五郡事謝琰。以《通鑑》修。秦伐西秦，西秦王乾歸拒之。以《通鑑》修。

六月，庚辰朔，日有食之。以本紀修。

秋七月壬子，太皇太后崩。以本紀修。西秦王乾歸敗奔南凉，又奔秦。以呂祖謙《標目》修。

冬十一月，以劉牢之都督會稽等五郡擊孫恩，走之。以《通鑑》修。會稽世子元顯後將軍、開府、都督揚、豫等十六州軍事、徐州刺史。以本紀修。

十二月戊寅，有星孛于天市。本紀。會稽世子元顯殺吏部尚書車胤、御史中丞江績。以列傳修。

是歲，李暠自稱大將軍、凉公，改元。以本紀修。南燕王德即帝位，改元，更名備德。以呂祖謙《標目》修。

晉安皇帝隆安五年　燕昭文皇帝慕容熙建始元年　秦文桓皇帝弘始三年　西秦乞伏乾歸太初十四年　魏太祖道武皇帝天興四年　凉王呂隆神鼎元年　南凉禿髮利鹿孤建和二年　北凉段業天璽三年　南燕獻武皇帝建平二年　西凉李暠庚子二年　北凉沮渠蒙遜永安元年

春正月，武威王利鹿孤稱河西王。以《通鑑》修。

二月丙子，孫恩寇句章，鎮北將軍劉牢之使其參軍劉裕破走之。以《宋書》本紀修。秦歸乞伏乾歸于苑川。以呂祖謙《標目》修。凉番禾太守呂超、中領軍呂隆弒其王纂，隆自立，改元。以呂祖謙《標目》修。

三月甲寅，衆星西流，歷大微。本紀。

夏五月，北凉西安太守沮渠蒙遜弒其主業。以呂祖謙《標目》修。秦伐凉。以《通鑑》修。

六月甲戌，孫恩至丹徒，劉裕破之。恩别將陷廣陵。以呂祖謙《標目》修。沮渠蒙遜稱張掖公，改元。以呂祖謙《標目》修。

秋七月，魏徇許昌、彭城。以《通鑑》修。秦大破凉軍，西凉、河西、張掖皆入貢。以《通鑑》修。以劉裕爲下邳太守，討孫恩於郁州，大破走之。以《通鑑》、《宋書》本紀修。燕弒其王盛，其叔父河間公熙即天王位。閏月，改元。以呂祖謙《標目》修。

九月，凉王隆請和。以呂祖謙《標目》修。秦圍姑臧。

冬十一月，劉裕追擊孫恩，破之。以《通鑑》修。

十二月，桓玄以桓偉爲江州刺史，鎮夏口。以《舉要曆補遺》修。

晉安皇帝元興元年　燕昭文皇帝光始二年　秦文桓皇帝弘始四年　西秦乞伏乾歸太初十五年　魏太祖道武皇帝天興五年　凉王呂隆神鼎二年　南凉禿髮傉檀弘昌元年　南燕獻武皇帝建平三年　西凉李暠庚子三年　北凉沮渠蒙遜永安二年

春正月，庚午朔，改元。以會稽世子元顯爲驃騎大將軍、征討大都督，加黄鉞；劉牢之爲前鋒都督、前將軍，譙王尚之爲後部，討桓玄。以本紀修。桓玄舉兵東下。以《通鑑》修。

二月，沮渠蒙遜攻凉姑臧，盟而還。以《通鑑》修。丁卯，桓玄至姑熟，譙王尚之軍潰。

三月，己巳朔，劉牢之叛。辛未，元顯軍潰。壬申，玄入建康，自爲都督中外諸軍、丞相、録尚書事，尋自爲太尉、揚州牧，總百揆。癸酉，徙會稽王道子於安成，殺元顯等。以列傳、呂祖謙《標目》修。劉牢之爲會稽内史，牢之自殺。以呂祖謙《標目》修。改元大享。以呂祖謙《標目》修。孫恩伏誅，衆推其將盧循爲主。桓玄以爲永嘉太守。以呂祖謙《標目》修。河西王利鹿孤卒，弟傉檀立，更稱凉，改元。以呂祖謙《標目》修。

夏四月，桓玄屯姑熟。以《通鑑》修。

五月，盧循寇東陽，撫軍中兵參軍劉裕走之。以《通鑑》修。秦伐魏。

秋七月，魏主珪擊之。

冬十月，取秦軍于柴壁。以呂祖謙《標目》修。冀州刺史劉軌邀襄城太守司馬休之、將軍劉敬宣、廣陵相高雅之據山陽起兵，不克，乃奔南燕。將軍袁虔之、劉壽等奔秦。以《通鑑》修。燕王熙弒太后丁氏。以《舉要曆補遺》修。

十二月，殺會稽王道子。以本紀修。是時，柔然社崘據漠北，自號可汗。以呂祖謙《標目》修。

晉安皇帝元興二年　燕昭文皇帝光始三年　秦文桓皇帝弘始五年　西秦乞伏乾歸太初十六年　魏太祖道武皇帝天興六年　凉王呂隆神鼎三年　南凉禿髮傉檀弘昌二年　南燕獻武皇帝建平四年　西凉李暠庚子四年　北凉沮渠蒙遜永安三年

春正月，盧循司馬徐道覆寇東陽。

二月辛丑，建威將軍劉裕破之。以本紀修。

夏四月，癸巳朔，日有食之。以本紀修。

秋七月，南凉、北凉攻凉，凉王隆請降于秦。

八月，秦取姑臧。以吕祖謙《標目》修。劉裕追盧循至晉安，連破之。以《通鑑》修。

九月丙子，大將軍桓玄自爲相國、楚王，加九錫。

冬十二月，壬辰，玄自即皇帝位，改元永始，廢帝爲平固王。戊戌，玄入建康。辛亥，遷帝于尋陽。以本紀、《通鑑》修。

是歲，魏始制冠服。以《通鑑》修。

卷三四　晉安皇帝元興三年　燕昭文皇帝光始四年　秦文桓皇帝弘始六年　西秦乞伏乾歸太初十七年　魏太祖道武皇帝天賜元年　南凉秃髮傉檀弘昌三年　南燕獻武皇帝建平五年　西凉李暠庚子五年　北凉沮渠蒙遜永安四年

春正月，帝出居于尋陽。以《審紀》修。

二月，益州刺史毛璩起兵討桓玄，屯白帝。以吕祖謙《標目》修。乙卯，劉裕帥沛郡劉毅、東海何無忌等起兵討桓玄。丙辰，斬徐州刺史脩于京口、青州刺史桓弘于廣陵。丁巳，玄遣揚州刺史桓謙拒之。以紀、傳修。南凉王傉檀去其年號。以《通鑑》修。

三月，戊午朔，劉裕擊桓玄將吴甫之、皇甫敷。己未，大破桓謙于覆舟山。玄挾帝西上。庚申，裕立留臺百官，遣諸將追玄。以本紀、《通鑑》修。左僕射王瑜及子、荆州刺史綏謀襲劉裕。辛酉，裕族誅之。以《通鑑》修。壬戌，以桓玄司徒王謐領揚州刺史、録尚書事，劉裕都督揚、徐等八州軍事、徐州刺史，劉毅爲青州刺史，何無忌爲琅邪内史。以《通鑑》修。桓玄至尋陽。辛未，逼帝西上。以《通鑑》修。丙戌，大將軍、武陵王遵承制總百官行事。吕祖謙《標目》修。劉敬宣、司馬休之來歸。以《通鑑》修。

夏四月，司馬休之監荆、雍等六州軍事、荆州刺史。以《通鑑》修。庚寅，帝至江陵。以本紀修。庚戌，右將軍何無忌等大破桓玄將于桑落洲，取尋陽。玄挾帝東下。以《通鑑》修。

五月癸酉，冠軍將軍劉毅等大破桓玄于峥嶸洲。己卯，玄以帝入江陵。庚辰，玄走。壬午，伏誅。帝復位。

閏月己丑，玄故將桓振陷江陵，毅等大敗于靈溪，退守尋陽。以紀、傳修。

六月，毛璩斬梁州刺史桓希，自領之。以紀、傳修。

秋七月戊申，永安皇后崩。以本紀修。

九月，魏改補百官。以吕祖謙《標目》修。

冬十月壬戌，盧循陷番禺，徐道覆陷始興。以吕祖謙《標目》修。辛巳，魏改元。以吕祖謙《標目》修。

十一月，魏命宗室置宗師，州郡置師，如中正之職。以《通鑑目録》修。

十二月，劉毅等克巴陵。以《通鑑》修。

晉安皇帝義熙元年　燕昭文皇帝光始五年　秦文桓皇帝弘始七年　西秦乞伏乾歸太初十八年　魏太祖道武皇帝天賜二年　南凉秃髮傉檀弘昌四年　南燕帝慕容超太上元年　西凉李暠建初元年　北凉沮渠蒙遜永安五年

春正月，帝出居于江陵。以《春秋》修。南陽太守魯宗之襲襄陽。劉毅等克江陵，桓振走。戊戌，改元。以宗之爲雍州刺史，毛璩都督益、梁等五州軍事。以《舉要曆補遺》修。秦命僧鳩摩羅什譯西域經、論。以吕祖謙《標目》修。西凉公暠改元，遣使奉表。以《通鑑目録》修。

二月，帝東還。以《通鑑》修。平西參軍譙縱殺毛璩，自稱成都王。楊盛據漢中。以吕祖謙《標目》修。

三月，桓振復陷江陵，司馬休之敗走。振尋伏誅。以本紀修。甲午，帝至自江陵。劉裕爲車騎將軍、都督中外軍事。

夏四月，裕還京口。以本紀、吕祖謙《標目》修。壬申，以盧循爲廣州刺史、徐道覆爲始興相。以《通鑑》修。

五月，以劉毅都督淮南五郡軍事、豫州刺史。以《通鑑》修。

六月，秦伐仇池。

秋七月，楊盛降之。以吕祖謙《標目》修。劉裕遣使請南鄉等郡於秦，秦割十二郡歸之。以吕祖謙《標目》修。

九月，南燕主備德立兄子超爲皇太子。備德卒，超即帝位，改元。以吕祖謙《標目》修。西凉公暠徙酒泉。以《舉要曆補遺》修。

晉安皇帝義熙二年　燕昭文皇帝光始六年　秦文桓皇帝弘始八年　西秦乞伏乾歸太初十九年　魏太祖道武皇帝天賜三年　南凉秃髮傉檀弘昌五年　南燕帝慕容超太上二年　西凉李暠建初二年　北凉沮渠蒙遜永安六年

夏六月，秦以秃髮傉檀爲凉州刺史，鎮姑臧。以吕祖謙《標目》修。魏築灅南宮。以《通鑑》修。遣將軍毛修之討譙縱。

秋九月，自宕渠還白帝。以《通鑑》修。

冬十月，論建義功，封劉裕等有差，裕固辭。以本紀修。

十一月，西秦王乾歸朝于秦。以《通鑑》修。

十二月，何無忌都督荆、江、豫三州八郡軍事、江州刺史。以《通鑑》修。

晉安皇帝義熙三年　燕高雲正始元年　秦文桓皇帝弘始九年　西秦乞伏乾歸太初二十年　魏太祖道武皇帝天賜四年　南涼禿髮傉檀弘昌六年　南燕帝慕容超太上三年　西涼李暠建初三年　北涼沮渠蒙遜永安七年　夏赫連勃勃龍升元年

春正月，燕改元。以呂祖謙《標目》修。秦留西秦王乾歸，以其子熾磐監其部。以呂祖謙《標目》修。

閏二月，族誅東陽太守殷仲文、前中書令桓胤等。以本紀修。

夏四月，楊盛使將軍苻宣入漢中，尋復來通。以呂祖謙《標目》修。秦以劉勃勃鎮朔方。

六月，勃勃自稱大夏天王，改元。以呂祖謙《標目》修。

秋七月，戊戌朔，日有食之。以本紀修。燕將軍馮跋、高雲作亂。乙丑，雲即天王位，改元，執其王熙弑之。以呂祖謙《標目》修。南燕主超稱藩于秦，以求母、妻，秦歸之。以《通鑑》修。

八月，遣冠軍將軍劉敬宣伐蜀。以本紀修。燕以馮跋都督中外諸軍、録尚書事。以載記修。

九月，譙縱稱藩于秦。《通鑑》。

冬十月，夏王勃勃侵秦嶺北。

十一月，擊禿髮傉檀，大破之。以《通鑑》修。

晉安皇帝義熙四年　燕高雲正始二年　秦文桓皇帝弘始十年　西秦乞伏乾歸太初二十一年　魏太祖道武皇帝天賜五年　南涼禿髮傉檀嘉平元年　南燕帝慕容超太上四年　西涼李暠建初四年　北涼沮渠蒙遜永安八年　夏赫連勃勃龍升二年

春正月，劉裕爲揚州刺史、録尚書事，徐、兖二州刺史如故。以本紀、《通鑑》修。

夏，秦襲南涼、討夏，皆敗而還。以朱熹《綱目》修。

秋，秦救譙縱，劉敬宣至黄虎而還。以《通鑑》修。

冬十月，乞伏熾磐叛秦。以呂祖謙《標目》修。

十一月，禿髮傉檀復稱涼，改元。以呂祖謙《標目》修。

晉安皇帝義熙五年　燕馮跋太平元年　秦文桓皇帝弘始十一年　西秦乞伏乾歸更始元年　魏太宗明元皇帝拓跋嗣永興元年　南涼禿髮傉檀嘉平二年　南燕帝慕容超太上五年　西涼李暠建初五年　北涼沮渠蒙遜永安九年　夏赫連勃勃龍升三年

春正月庚戌，撫軍將軍劉毅爲衛軍將軍、開府。以《通鑑》修。秦以譙縱爲蜀王。以朱熹《綱目》修。

二月，南燕寇宿豫。以本紀修。乞伏熾磐取枹罕。乾歸自秦逃歸。以呂祖謙《標目》修。

三月，劉裕帥師伐南燕。以本紀修。

夏六月，震于太廟。本紀。劉裕大敗南燕王超于臨朐，圍廣固。以《通鑑》修。

秋七月，乞復乾歸復稱秦王，改元。以呂祖謙《標目》修。

九月，秦王興擊夏王勃勃，大敗之。以《舉要曆補遺》修。

冬十月戊辰，燕弑其王雲，馮跋即天王位於昌黎，改元。以呂祖謙《標目》修。魏主珪爲子清河王紹所弑，紹兄齊王嗣誅之。壬申，即帝位，改元。以呂祖謙《標目》修。

晉安皇帝義熙六年　燕馮跋太平二年　秦文桓皇帝弘始十二年　西秦乞伏乾歸更始二年　魏太宗明元皇帝永興二年　南涼禿髮傉檀嘉平三年　南燕帝慕容超太上六年　西涼李暠建初六年　北涼沮渠蒙遜永安十年　夏赫連勃勃龍升四年

春二月丁亥，劉裕克廣固，殺燕王公以下三千人，執燕主超以歸，斬之。以《通鑑》修。盧循寇長沙；徐道覆寇南康，陷廬陵、豫章。以紀、傳修。

三月，南涼王傉檀伐北涼，及其王蒙遜戰于窮泉，大敗，遂遷樂都。以《舉要曆補遺》修。壬申，鎮南將軍、江州刺史何無忌與徐道覆戰于豫章，死之。

夏四月癸未，劉裕至建康。

五月，劉毅及盧循戰于桑落洲，大敗。乙丑，循等至淮口，劉裕屯石頭。以《通鑑》修。

六月，劉裕爲太尉、中書監，加黄鉞。裕受黄鉞，餘辭。以《通鑑》修。

秋七月，盧循還循陽。甲子，劉裕遣將追之。以紀、傳修。

八月，劉裕遣將軍孫處、沈田子自海道襲番禺。以吕祖謙《標目》修。譙縱使桓謙會秦將軍苟林寇荆州，刺史劉道規擊斬之。以吕祖謙《標目》修。

冬十月癸巳，劉裕擊盧循。以吕祖謙《標目》修。徐道覆寇江陵，劉道規大破走之。以《通鑑》修。

十一月庚戌，孫處拔番禺。以《通鑑》修。

十二月，劉裕及盧循戰于大雷，大敗之。丙申，復敗之于左里，循走。遣兖州刺史劉藩等追之。以《通鑑》修。

晉安皇帝義熙七年　燕馮跋太平三年　秦文桓皇帝弘始十三年　西秦乞伏乾歸更始三年　魏太宗明元皇帝永興三年　南凉秃髮傉檀嘉平四年　西凉李暠建初七年　北凉沮渠蒙遜永安十一年　夏赫連勃勃龍升五年

春正月，西秦王乾歸降秦，秦以爲河南王。以吕祖謙《標目》修。

二月壬午，克始興，徐道覆伏誅。以本紀修。北凉王蒙遜取姑臧，圍樂都。以吕祖謙《標目》修。

三月，劉裕受太尉、中書監之令。以吕祖謙《標目》修。盧循圍番禺，不克。

夏四月，沈田子破之，循奔交州，伏誅。以本紀修。

秋七月，河南王乾歸伐南凉。

八月，敗之。以《通鑑》修。

晉安皇帝義熙八年　燕馮跋太平四年　秦文桓皇帝弘始十四年　西秦乞伏熾磐永康元年　魏太宗明元皇帝永興四年　南凉秃髮傉檀嘉平五年　西秦李暠建初八年　北凉沮渠蒙遜玄始元年　夏赫連勃勃龍升六年

春二月，河南王乾歸徙譚郊。以載記修。

夏四月，劉毅都督荆、寧、秦、雍四州軍事、荆州刺史。以吕祖謙《標目》修。

六月，河南王乾歸爲將軍乞伏公府所弑。

秋七月，乾歸子平昌公熾磐討誅之。

八月即王位，改元，都枹罕。以吕祖謙《標目》修。皇后王氏崩。以本紀修。

九月己卯，劉裕殺右將軍劉藩。左僕射謝混帥衆襲劉毅。

冬十月，裕參軍王鎮惡陷江陵，殺毅，以前會稽内史司馬休之都督荆、雍等六州軍事、荆州刺史。以紀、傳修。氐揚盛叛秦，秦討之，不克。以《通鑑》修。北凉王蒙遜遷于姑臧。

十一月，即河西王位，改元。以吕祖謙《標目》修。

十二月，以西陽太守朱齡石爲建威將軍、益州刺史，伐蜀。以吕祖謙《標目》修。分荆州置湘州。吕祖謙《標目》。

晉安皇帝義熙九年　燕馮跋太平五年　秦文桓皇帝弘始十五年　西秦乞伏熾磐永康二年　魏太宗明元皇帝永興五年　南凉秃髮傉檀嘉平六年　西秦李暠建初九年　北凉沮渠蒙遜玄始二年　夏赫連勃勃鳳翔元年

春二月，乙丑晦，劉裕還建康。

三月，丙寅朔，殺豫州刺史諸葛長民及其諸弟。以本紀修。劉裕請申土斷，省流寓郡縣。以《通鑑》修。夏王勃勃改元，築統萬城，改姓赫連。以吕祖謙《標目》修。

夏四月，南凉王傉檀伐河西，河西王蒙遜敗之，遂圍樂都、降湟河。以《通鑑》修。

秋七月，壬申，朱齡石克成都，譙縱伏誅。以齡石監梁、秦六郡軍事。以《通鑑》修。

是歲，以前淮陵内史索邈爲梁州刺史。苻宣還仇池。以吕祖謙《標目》修。

晉安皇帝義熙十年　燕馮跋太平六年　秦文桓皇帝弘始十六年　西秦乞伏熾磐永康三年　魏太宗明元皇帝神瑞元年　南凉秃髮傉檀嘉平七年　西凉李暠建初十年　北凉沮渠蒙遜玄始三年　夏赫連勃勃鳳翔二年

春正月辛酉，魏改元。以吕祖謙《標目》修。秦尚書令、廣平公弼謀亂，諸鎮欲起兵誅之。

夏五月，免弼，乃罷兵。以吕祖謙《標目》修。南凉王傉檀伐乙弗部，大破之。河南王熾磐襲陷樂都。

六月，傉檀降之。以吕祖謙《標目》修。

秋八月，魏主嗣以相州刺史書聞于劉裕。以吕祖謙《標目》修。

九月，丁巳朔，日有食之。以本紀修。

冬十月，河南王熾磐稱秦王。以本紀修。

是歲，城東府。本紀。魏博士祭酒崔浩與軍國之謀。以吕祖謙《標目》修。

晉安皇帝義熙十一年　燕馮跋太平七年　秦文桓皇帝弘始十七年　西秦乞伏熾磐永康四年　魏太宗明元皇帝神瑞二年　西凉李暠建初十一年　北凉沮渠蒙遜玄始四年　夏赫連勃勃鳳翔三年

春正月，劉裕帥師攻司馬休之，魯宗之舉兵應休之。

三月，裕克江陵，休之、宗之奔襄陽，尋奔秦。以呂祖謙《標目》修。　夏王勃勃拔秦杏城。以《通鑑》修。

夏五月甲申，彗星二見。本紀。　劉裕自加殊禮。以《通鑑》修。　河西王蒙遜奉表。以《通鑑》修。

秋七月丙戌，京師大水，壞太廟。本紀。　辛亥晦，日有食之。以《通鑑》修。

八月，劉裕還建康。以《通鑑》修。　魏薦饑。以朱熹《綱目》修。

晉安皇帝義熙十二年　燕馮跋太平八年　秦帝姚泓永和元年　西秦乞伏熾磐永康五年　魏太宗明元皇帝泰常元年　西涼李暠建初十二年　北涼沮渠蒙遜玄始五年　夏赫連勃勃鳳翔四年

春正月，秦王興疾篤，廣平公弼作亂，伏誅。興卒，太子泓即帝位，改元。以載記修。

二月，劉裕自加中外大都督。以本紀修。

夏四月壬子，魏改元。以呂祖謙《標目》修。

六月，楊盛攻秦祁山，拔之。以《通鑑》修。　夏，拔秦上邽、陰密、安定、雍城，安定尋復爲秦。以《通鑑》修。

秋七月，劉裕帥師及太尉、琅邪王德文伐秦，以世子義符爲中軍將軍、監太尉留府。左僕射劉穆之領監軍、中軍司。將軍檀道濟、王鎮惡步向許、洛，沈林子等水軍出石門，沈田子等趨武關，冀州刺史王仲德督前鋒，開鉅野入河。

九月，裕至彭城。仲德取魏滑臺。

冬十月，道濟進洛陽。丙寅，秦將軍、陳留公洸降。

十一月，裕自加九錫。

十二月壬申，自爲相國、揚州牧、宋公，復辭不受。以《宋書》列傳修。　秦并州牧姚懿反於蒲坂，東平公紹擊誅之。以呂祖謙《標目》修。　省湘州。以《宋書》州郡志修。

卷三五　晉安皇帝義熙十三年　燕馮跋太平九年　秦帝姚泓永和二年　西秦乞伏熾磐永康六年　魏明元皇帝泰常二年　西涼李歆嘉興元年　北涼沮渠蒙遜玄始六年　夏赫連勃勃鳳翔五年

春正月，甲戌朔，日有食之。以本紀修。　秦將軍、齊公恢反於安定，東平公紹擊誅之。以呂祖謙《標目》修。　劉裕發彭城，留其子、彭城公義隆鎮之。以《通鑑》修。

二月，西涼公暠卒，子歆立，改元。以呂祖謙《標目》修。　秦都督中外軍事、魯公紹守潼關。

三月檀道濟、沈林子等與戰，大破之，紹退屯定城。以載記修。　庚辰，劉裕自清河入河。魏師救秦，與裕夾河而行。以《通鑑》修。　王鎮惡説弘農百姓送義租，給軍食。以《通鑑》修。

夏四月，劉裕遣兵破魏河北軍，遂至洛陽。以《通鑑》修。　秦魯公紹卒。以呂祖謙《標目》修。

五月，魏置六部大人。以朱熹《綱目》修。

秋七月，沈田子等入武關，屯青泥。

八月，秦主泓禦之，大敗而還。以呂祖謙《標目》修。　辛丑，劉裕至潼關。王鎮惡水軍入渭，大破秦軍，遂入長安。　癸亥，秦主泓降，其子佛念死之。

九月，裕至長安，執泓以歸，殺之。《通鑑》。　夏人據安定，降秦嶺北郡縣。以《通鑑》修。

冬十一月，辛未，劉穆之卒。以太尉司馬徐羨之掌留任。以《宋書》紀、傳修。　劉裕以其子、桂陽公義真都督雍、涼、秦州軍事，雍、東秦二州刺史，太尉參軍王修爲安西長史，王鎮惡爲安西司馬，沈田子爲安西中兵參軍。

十二月庚子，裕發長安。　夏王勃勃遣兵攻長安。以《通鑑》、呂祖謙《標目》修。

晉安皇帝義熙十四年　燕馮跋太平十年　秦乞伏熾磐永康七年　魏太宗明元皇帝泰常三年　西涼李歆嘉興二年　北涼沮渠蒙遜玄始七年　夏赫連勃勃昌武元年

春正月，沈田子、王鎮惡拒夏兵。田子殺鎮惡，王脩殺田子。　雍州治中從事史傅弘之破夏兵，却之。以朱熹《綱目》修。　壬戌，劉裕至彭城。以呂祖謙《標目》修。　劉裕以其子、彭城公義隆都督荆、益等六州軍事、荆州刺史。以呂祖謙《標目》修。

三月，遣使聘魏。以呂祖謙《標目》修。

夏五月，魏襲燕，圍和龍，不克。以《通鑑》修。

六月，劉裕受相國、宋公，加九錫之命。以呂祖謙《標目》修。

秋七月癸亥，彗星出太微，進掃紫微。以《宋書》五行志修。

冬十月，以西涼公歆爲酒泉公。以本紀修。　桂陽公義真殺王脩。　宋公裕以相國司馬朱齡石鎮長安。

十一月，義真東還，齡石亦走，夏兵追之青泥，大敗之，獲傅弘之。齡石奔潼關，見殺。夏王勃勃即帝位於灞上，改元。以吕祖謙《標目》修。

十二月戊寅，宋公裕弒帝，立大司馬、琅邪王德文爲皇帝。以吕祖謙《標目》修。

是歲，以北凉王蒙遜爲凉州刺史。以《通鑑》修。

晉恭皇帝元熙元年　燕馮跋太平十一年　秦乞伏熾磐永康八年　魏太宗明元皇帝泰常四年　西凉李暠嘉興三年　北凉沮渠蒙遜玄始八年　夏赫連勃勃真興元年

春正月，壬辰朔，改元。本紀。立妃褚氏爲皇后。以本紀修。宋公裕還朝。以本紀修。戊戌，有星孛于太微。以本紀修。庚申，葬安皇帝于休平陵。以本紀修。夏陷蒲坂。以吕祖謙《標目》修。

二月，夏王勃勃還統萬，改元。以吕祖謙《標目》修。

秋七月，宋公裕自進王爵。

八月，移鎮壽春。以吕祖謙《標目》修。

冬十月，宋王裕以其子、司州刺史義真爲揚州刺史。以《通鑑》修。

十一月，丁亥朔，日有食之。以本紀修。

十二月，宋王裕自加殊禮。以本紀修。

卷三六　宋高祖武皇帝劉裕永初元年　魏太宗明元皇帝泰常五年　燕馮跋太平十二年　秦乞伏熾磐建弘元年　西凉李恂永建元年　北凉沮渠蒙遜玄始九年、夏赫連勃勃真興二年

春正月，秦王熾磐改元。以吕祖謙《標目》修。

夏四月，宋王裕以其子義康都督豫、司、雍、并州軍事、豫州刺史。

六月，裕至建康。丁卯，即皇帝位。大赦，改元。其犯鄉論清議，一皆滌蕩。本紀。宋廢晉帝爲零陵王，遷之秣陵。追尊考、妣爲帝、后；尊繼妣王太后蕭氏爲皇太后。以本紀修。宋廢晉封爵，置王導、謝安、温嶠、陶侃、謝玄後。以本紀修。戊寅，宋量增百官俸。以本紀修。

秋七月辛卯，宋復置五校三將官，增殿中將軍員。以本紀修。宋交州刺史杜慧度擊林邑，大破之。以列傳修。北凉王蒙遜伐西凉，西凉公歆襲張掖，蒙遜大敗之，殺歆，入酒泉。以吕祖謙《標目》修。

八月，宋立太子義符爲皇太子。以本紀修。

九月，壬子朔，宋置東宮殿中將軍十人。以本紀修。燉煌人迎前太守李恂爲凉州刺史。以《通鑑》修。

宋高祖武皇帝永初二年　魏太宗明元皇帝泰常六年　燕馮跋太平十三年　秦乞伏熾磐建弘二年　西凉李恂永建二年　北凉沮渠蒙遜玄始十年　夏赫連勃勃真興三年

春正月辛酉，宋主祀南郊，大赦。以本紀修。宋廬陵王義真爲司徒，尚書僕射徐羨之爲尚書令、揚州刺史，中書令傅亮爲尚書僕射。以本紀、《通鑑》修。

二月，宋親策試秀才、孝廉。以本紀修。河西王蒙遜攻燉煌。以《通鑑》修。

三月乙丑，宋初限荆州將吏。以本紀修。河西王蒙遜陷燉煌，李恂自殺。以《通鑑》修。

夏四月己卯，宋毁淫祠。以本紀修。

五月己酉，宋置東宫屯騎、步兵、翊軍三校尉。以本紀修。

秋七月，河西王蒙遜遣將伐秦，秦大敗之。以《通鑑》修。

九月，宋弒零陵王，謚曰恭皇帝，葬沖平陵。以《通鑑》修。

宋高祖武皇帝永初三年　魏太宗明元皇帝泰常七年　燕馮跋太平十四年　秦乞伏熾磐建弘三年　凉沮渠蒙遜玄始十一年　夏赫連勃勃真興四年

春正月癸丑，宋加徐羨之司空、録尚書事。以本紀修。

二月丁丑，宋分豫州淮以東爲南豫州，分荆州置湘州。以吕祖謙《標目》修。

三月，宋以護軍將軍檀道濟爲南兗州刺史。以吕祖謙《標目》修。宋廬陵王義真都督南豫、豫六州軍事、車騎將軍、南豫州刺史。以紀、傳修。

夏四月己亥，宋封楊盛爲武都王。以本紀修。

五月，宋詔後世母后不臨朝。以吕祖謙《標目》修。宋徐羨之、傅亮、領軍將軍謝晦、鎮北將軍檀道濟受遺。癸亥，宋主殂。以本紀修。皇太子義符即皇帝位，尊皇太后曰太皇太后，立妃司馬氏爲皇后。以本紀修。魏皇子、太平王燾臨朝。以吕祖謙《標目》修。

六月壬申，宋傅亮爲中書監、尚書令，謝晦領中書令。以紀、傳修。

秋九月，魏遣司空奚斤等攻宋。

冬十一月庚戌，陷滑臺。以吕祖謙《標目》修。

十二月丙戌，魏主至冀州，遣將軍叔孫建徇青、兗。宋兗州刺史徐琰棄

尹卯走。己丑，宋遣檀道濟等救之。以《通鑑》修。

宋營陽王劉義符景平元年　魏太宗明元皇帝泰常八年　燕馮跋太平十五年　秦乞伏熾磐建弘四年　凉沮渠蒙遜玄始十二年　夏赫連勃勃真興五年

春正月，己亥朔，宋改元。以本紀修。癸卯，魏取宋洛陽。以吕祖謙《標目》修。己未，宋徵豫章太守蔡廓爲吏部尚書，不受。以列傳修。

二月戊辰，魏築長城備柔然。以吕祖謙《標目》修。丁丑，宋太皇太后殂。以本紀修。

三月，魏將軍公孫表攻宋虎牢，不克，伏誅。以《魏》傳修。魏叔孫建攻宋青州刺史竺夔於東陽，不克。以吕祖謙《標目》修。

夏四月，魏王攻虎牢，不克而還。以《通鑑》修。

閏月，魏陷虎牢，執宋冠軍將軍、司州刺史毛德祖，取司、兖、豫郡縣。以吕祖謙《標目》修。

冬十月己未，有星孛于氐。《宋》本紀。

十一月，魏取宋許昌、汝陽。以吕祖謙《標目》修。魏主殂，太平王燾即皇帝位。以《魏》紀修。

十二月，魏封司徒長孫嵩爲北平王、奚斤爲宜都王、藍田公長孫翰爲平陽王。以《魏》紀修。魏起道士寇謙之道場，謙之合老、莊、神仙符呪爲一。以吕祖謙《標目》修。

甲子　宋太祖文皇帝劉義隆元嘉元年　魏世祖太武皇帝拓跋燾始光元年　燕馮跋太平十六年　秦乞伏熾磐建弘五年　凉沮渠蒙遜玄始十三年　夏赫連勃勃真興六年

春正月，癸巳朔，日有食之。《宋》紀。魏改元。以《魏》紀修。宋徐羨之等廢廬陵王義真爲庶人，徙之新安。前吉陽令張約之諫，尋被殺。以《通鑑目録》修。

夏四月，宋召檀道濟及江州刺史王弘入朝。

五月乙酉，徐羨之、傅亮、謝晦廢其主爲營陽王，遷之吳郡。

六月，遣傅亮迎宜都王義隆于江陵。癸丑，弑營陽王，殺前廬陵王義真。謝晦都督荆、湘等州軍事、荆州刺史。以吕祖謙《標目》修。

秋八月丙申，宋宜都王義隆至建康。丁酉，即皇帝位，改元。癸卯，徐羨之爲司徒，其餘除拜有差。以本紀修。宋以鎮西長史王曇首爲侍中、右衛將軍司馬王華爲侍中、南蠻校尉到彦之爲中領軍。以紀、傳修。

九月丙子，宋立妃袁氏爲皇后。本紀。

冬十二月，夏太子璝殺其弟、酒泉公倫，倫兄、太原公昌襲璝，殺之。以朱熹《綱目》修。

宋太祖文皇帝元嘉二年　魏世祖太武皇帝始光二年　燕馮跋太平十七年　秦乞伏熾磐建弘六年　凉沮渠蒙遜玄始十四年　夏赫連昌承光元年

春正月，宋徐羨之、傅亮歸政。以吕祖謙《標目》修。

三月丙寅，魏主尊保母竇氏爲保太后。以吕祖謙《標目》修。魏以長孫嵩爲太尉，長孫翰爲司徒、奚斤爲司空。以本紀修。

夏六月，武都王楊盛卒。以列傳修。

秋八月，夏主勃勃卒，太子昌即帝位，改元。以吕祖謙《標目》修。

冬十月癸卯，魏伐柔然。以《魏》紀修。

十一月，宋以武都世子楊玄爲王。以《通鑑》修。

宋太祖文皇帝元嘉三年　魏世祖太武皇帝始光三年　燕馮跋太平十八年　秦乞伏熾磐建弘七年　凉沮渠蒙遜玄始十五年　夏赫連昌承光二年

春正月，宋徐羨之、傅亮伏誅。遣到彦之、征北將軍檀道濟討謝晦。以吕祖謙《標目》修。丁卯，宋車騎大將軍、江州刺史王弘爲司徒、録尚書事、揚州刺史，驃騎將軍、開府、南徐州刺史、彭城王義康都督荆、湘等八州軍事、荆州刺史。以紀、傳、《通鑑》修。

二月庚申，宋主討謝晦。戊辰，到彦之等大破晦軍。丙子，宋主還，晦尋伏誅。以本紀修。

夏五月乙未，宋南兖州刺史檀道濟都督江州之江夏、豫州四郡軍事、征南大將軍、江州刺史，到彦之爲南豫州刺史。以本紀修。

六月，宋以王華爲中護軍。時宰相無常官，尚書令、僕、中書監、令、侍中、侍郎、給事中，凡帝所與論政事者，皆要官。當時號華與侍中劉湛、王曇首、殷景仁、黄門侍郎謝弘微爲五臣。以《通鑑》修。

秋八月，秦攻河西，夏襲秦，秦師還。以《通鑑》修。宋大旱、蝗。以本紀修。

九月，魏攻夏蒲坂、陝城。

冬十月丁巳，魏主襲夏。

十一月壬午，入統萬城，别將克蒲坂、長安。以《魏》紀修。

是歲，魏以漏户屬郡縣。以《通鑑》修。

宋太祖文皇帝元嘉四年　魏世祖太武皇帝始光四年　燕馮跋太平十九年　秦乞伏熾磐建弘八年　凉沮渠蒙遜玄始十六年　夏赫連昌承光三年

春正月乙酉，魏主還。以《通鑑》修。

夏五月，魏主伐夏。以《魏》紀修。宋王華卒。以本紀修。

六月癸卯朔，日有食之。以本紀修。甲辰，夏主昌及魏戰于城下，軍潰，奔上邽。乙巳，魏取統萬。

秋八月，魏主還。以吕祖謙《標目》、朱熹《綱目》修。

九月丁酉，夏安定降魏。以《魏》紀修。

冬十一月，魏封楊玄爲南秦王。以朱熹《綱目》修。晉前彭澤令陶潛卒。以《晉》、《宋》列傳修。

宋太祖文皇帝元嘉五年　魏世祖太武皇帝神䴥元年　燕馮跋太平二十年　秦乞伏暮末永弘元年　凉沮渠蒙遜玄始十七年　夏赫連定勝光元年

春正月戊子，宋大火。以本紀修。

二月，魏改元。以本紀修。夏主昌自平凉進攻安定，兵敗被擒。其弟平原公定奔平凉，即帝位，改元。魏兵追之。

三月，敗於馬髦嶺，夏復取安定、長安。以吕祖謙《標目》修。

夏五月，秦王熾磐卒，子暮末立，改元。以吕祖謙《標目》修。宋王弘遜位，降爲衛將軍、開府。以本紀修。

六月，河西圍秦樂都，秦請和，乃還。以《通鑑》修。

冬十一月，乙未朔，日有食之。

十二月，河西復侵秦。以《通鑑》修。

宋太祖文皇帝元嘉六年　魏世祖太武皇帝神䴥二年　燕馮跋太平二十一年　秦乞伏暮末永弘二年　凉沮渠蒙遜承玄元年　夏赫連定勝光二年

春正月，宋彭城王義康都督揚、南徐、兖州軍事、司徒、録尚書事、平北將軍、徐州刺史，撫軍將軍、徐州刺史、江夏王義恭爲散騎常侍、都督荆、湘等八州軍事、荆州刺史。以吕祖謙《標目》修。

三月丁巳，宋立劭爲皇太子。以吕祖謙《標目》修。

夏四月，魏命太常卿崔浩爲國書。以《通鑑》修。庚寅，魏主伐柔然。以《魏》紀修。

五月，壬辰朔，日有食之。本紀。河西伐秦。

六月，秦敗之。以《通鑑》修。魏大破柔然。以吕祖謙《標目》修。

秋七月，武都王楊玄卒，其弟難當廢其子保宗，自立。以《通鑑》修。

八月，魏主擊高車，降之。

冬十月，徙柔然、高車降民於漠南。以吕祖謙《標目》修。

十一月，己丑朔，日有食之，不盡如鉤，星晝見。以紀、志修。

十二月，河西、吐谷渾遣使貢宋。以本紀修。秦地震。以《通鑑》修。是歲，河西改元。以《通鑑目録》修。

宋太祖文皇帝元嘉七年　魏世祖太武皇帝神䴥三年　燕馮跋太平二十二年　秦乞伏暮末永弘三年　凉沮渠蒙遜承玄二年　夏赫連定勝光三年

春三月戊子，宋遣將軍到彦之、王仲德等自清水入河以伐魏。以《宋》、《魏》本紀修。甲寅，宋前軍中領軍殷景仁爲領軍將軍。本紀。

夏六月己卯，宋以楊難當爲武都王。以紀、傳修。

秋七月，宋到彦之至須昌，魏攝碻磝、滑臺、虎牢、洛陽戍兵北渡，彦之緣河屯守。

八月丙寅，遣將渡河，魏將軍安頡破之。以吕祖謙《標目》修。

九月，燕王跋卒，其弟司徒弘殺太子翼而自立。以吕祖謙《標目》修。甲辰，魏主伐夏。以《通鑑》修。

冬十月戊午，宋鑄四銖錢。本紀。丙子，魏安頡取洛陽。辛巳，取虎牢。以吕祖謙《標目》修。秦王暮末逼於河西，走保南安，地入吐谷渾。以吕祖謙《標目》修。

十一月乙酉，魏主圍夏主定於鶉觚原。以《通鑑》修。壬辰，宋遣檀道濟督諸軍北討。甲午，魏軍濟河，到彦之走。以吕祖謙《標目》修。夏主定走保上邽，魏取安定、隴西。以吕祖謙《標目》、《魏》紀修。辛丑，魏攻滑臺。以《魏》紀修。

魏叔孫建都督冀、青等四州軍事。以《通鑑》修。

十二月丁卯，魏克夏平凉，取關中。以《魏》紀修。宋到彦之、王仲德下獄，免官。以《通鑑》修。宋王曇首卒。以列傳修。

宋太祖文皇帝元嘉八年　魏世祖太武皇帝神䴥四年　燕馮弘大興元年　秦乞伏暮末永弘四年　凉沮渠蒙遜義初元年　夏赫連定勝光四年

春正月，壬午朔，燕改元。以吕祖謙《標目》修。宋檀道濟救滑臺。丁酉，大破魏師于壽張。以紀、傳修。夏取南安，執秦王暮末以歸，殺之。以吕祖謙

《標目》修。

二月辛酉，魏取滑臺。以吕祖謙《標目》修。癸酉，魏主還。以朱熹《綱目》修。宋檀道濟軍還。丁丑，青州刺史蕭思話奔平昌。以本紀修。

夏六月，夏主定擊河西，吐谷渾邀而執之。以吕祖謙《標目》修。

閏七月，魏請昏于宋，自是聘使不絶。以吕祖謙《標目》修。宋撫軍長史劉湛爲太子詹事、給事中，參知政事。以吕祖謙《標目》修。

秋九月庚申，魏特進、光禄大夫崔浩爲司徒。以本紀修。癸亥，魏以河西王蒙遜爲涼王。以本紀修。壬申，魏徵世胄、名士。以朱熹《綱目》、吕祖謙《標目》修。

冬十月戊寅，魏崔浩更定律令。以《魏》紀修。

是歲，涼改元。以《通鑑》修。

宋太祖文皇帝元嘉九年　魏世祖太武皇帝延和元年　燕馮弘大興二年　涼沮渠蒙遜義和二年

春正月丙午，魏尊保太后爲皇太后，立貴人赫連氏爲皇后，子晃爲皇太子，改元。以本紀修。

二月壬申，吐谷渾送故夏主定于魏，魏殺之。以吕祖謙《標目》修。

夏六月戊寅，宋彭城王義康改領揚州刺史。以本紀修。宋分青州置冀州。以吕祖謙《標目》修。吐谷渾王慕璝告捷于宋，封爲隴西王。以《通鑑》修。庚寅，魏主伐燕。以《魏》本紀修。

秋七月庚午，宋以殷景仁爲尚書僕射，劉湛爲領軍將軍。以本紀修。宋妖賊趙廣反於蜀。以本紀修。魏主圍燕和龍，取十部。

九月乙卯，還。以吕祖謙《標目》修。趙廣推程道養爲蜀王，圍成都。以吕祖謙《標目》修。

冬十二月，燕故太子崇以遼西降魏。以《稽古録》修。宋益州參軍裴方明破趙廣。以列傳修。

宋太祖文皇帝元嘉十年　魏世祖太武皇帝延和二年　燕馮弘大興三年　涼沮渠牧犍永和元年

春二月庚午，魏封馮宗爲遼西王。以《魏》本紀修。宋裴方明擊程道養，大敗，走之。以《通鑑》通。

夏四月，涼王蒙遜卒，子牧犍立，改元。魏封爲河西王。以吕祖謙《標目》修。

五月，宋裴方明軍涪城，趙廣等奔散。以吕祖謙《標目》修。

秋九月戊午，魏封楊難當爲南秦王。

冬十一月丁未，楊難當陷漢中。以吕祖謙《標目》修。

十二月，宋前臨川内史謝靈運伏誅。以列傳修。魏立徐州於外黄。以吕祖謙《標目》修。

甲戌　宋太祖文皇帝元嘉十一年　魏世祖太武皇帝延和三年　燕馮弘大興四年　涼沮渠牧犍永和二年

春二月丁卯，魏寬徭賦。以《魏》本紀修。宋梁、南秦二州刺史蕭思話破楊難當。

閏三月，復漢中。以《通鑑》、本紀修。魏殺赫連昌。以吕祖謙《標目》修。辛巳，燕王弘稱藩于魏。以朱熹《綱目》修。

夏五月戊寅，宋以沮渠牧犍爲河西王。以本紀修。

六月辛亥，魏伐燕。以《魏》本紀修。

宋太祖文皇帝元嘉十二年　魏世祖太武皇帝太延元年　燕馮弘大興五年　涼沮渠牧犍永和三年

春正月，己未朔，日有食之。以本紀修。燕王弘稱藩于宋。癸酉，詔封之。以本紀修。甲申，魏改元。以《魏》本紀修。

夏四月，宋加殷景仁中書令、中護軍。以《通鑑》修。

六月戊申，魏伐燕。以《魏》本紀修。宋大水，賑恤，禁酒。以《南史》本紀修。

冬，宋禁擅鑄佛像、造塔寺。以《通鑑》修。

宋太祖文皇帝元嘉十三年　魏世祖太武皇帝太延二年　燕馮弘大興六年　涼沮渠牧犍永和四年

春，宋徵司空檀道濟。

三月己未，併其諸子殺之。以吕祖謙《標目》修。魏伐燕。以吕祖謙《標目》修。楊難當稱秦王，改元。以吕祖謙《標目》修。

夏五月己卯，燕王弘奔高麗。以吕祖謙《標目》修。

秋七月，魏伐楊難當。

九月，走之。以吕祖謙《標目》修。

宋太祖文皇帝元嘉十四年　魏世祖太武皇帝太延三年　涼沮渠牧犍永和五年

夏四月，趙廣降宋。以《通鑑》修。

五月己丑，魏詔吏民得告守令罪。以《魏》本紀修。

是歲，西域十六國朝貢于魏。以《魏》本紀修。

宋太祖文皇帝元嘉十五年　魏世祖太武皇帝太延四年　凉沮渠牧犍永和六年

春三月癸未，魏罷沙門年五十已下。以《魏》本紀修。馮弘遣使求迎于宋，高麗殺之。以吕祖謙《標目》修。

秋七月，魏主伐柔然。以《魏》紀、傳修。

冬十一月，丁卯朔，日有食之。以《通鑑》修。

十二月，宋立玄、史、文、儒四學。以《通鑑》修。宋主仁厚恭儉，勤於爲政，百官久於其職，守宰皆六朞，四境晏安，户口蕃息，後之言治者，稱元嘉焉。以《通鑑》修。

宋太祖文皇帝元嘉十六年　魏世祖太武皇帝太延五年　凉沮渠牧犍永和七年

春正月庚寅，宋彭城王義康爲大將軍、領司徒。以本紀修。

三月，楊保宗奔魏。庚寅，魏以爲武都王，守上邽。以《魏》紀修。

夏六月甲辰，魏主伐河西。以《通鑑》修。

秋九月丙戌，魏拔姑臧，河西王牧犍降。酒泉太守沮渠無諱奔燉煌。以吕祖謙《標目》修。戊子，柔然襲魏，不克而還。以《魏》紀、傳修。

冬十月癸亥，魏張掖王秃髮保周叛。以《魏》紀修。

十二月，宋東宫置兵，與羽林等。以《通鑑》修。魏除田禁。以朱熹《綱目》修。魏以凉州索敞爲中書博士，常爽爲河西右相。時魏方尚武功，貴游不以講學爲意，敞勤於誘導，爽置館教授，儒風始振。以吕祖謙《標目》修。

宋太祖文皇帝元嘉十七年　魏世祖太武皇帝太平真君元年

春三月，沮渠無諱陷魏酒泉，遂寇張掖。以吕祖謙《標目》修。

夏四月，戊午朔，日有食之。以本紀修。

六月，魏改元。以《魏》紀修。魏討秃髮保周，殺之。以《通鑑》修。

秋七月丙申，魏太后殂。《通鑑》。壬子，宋皇后殂。以本紀修。

八月甲申，沮渠無諱降於魏。以《通鑑》修。

冬十月戊午，宋誅劉湛父子及其黨八人。彭城王義康罷爲江州刺史，鎮豫章；司空、征北將軍、開府、南兖州刺史、江夏王義恭爲司徒、録尚書事；護軍將軍殷景仁爲揚州刺史。

十一月癸丑，景仁卒。以本紀、《舉要曆補遺》修。

十二月，宋後軍長史范煜、吏部郎沈演之爲左、右衛將軍，後將軍司馬庾炳之爲吏部郎，參機密。以列傳修。

是歲，楊難當復稱武都王。以吕祖謙《標目》修。

宋太祖文皇帝元嘉十八年　魏世祖太武皇帝太平真君二年

春正月癸卯，魏以沮渠無諱爲酒泉王。以《通鑑目録》修。甲辰，宋彭城王義康都督江、交、廣三州軍事，前龍驤參軍扶令育諫，賜死。以《通鑑目録》修。

夏四月，魏伐酒泉。

冬十一月庚子，拔之。以《魏》紀修。楊難當寇蜀。

十二月，宋遣梁、秦二州刺史劉真道、將軍裴方明討之。以吕祖謙《標目》修。

宋太祖文皇帝元嘉十九年　魏世祖太武皇帝太平真君三年

春正月甲申，魏主至道壇受符籙。自是每帝即位行之。以《魏》紀修。

夏四月，沮渠無諱據鄯善，李暠、孫寶據燉煌。以吕祖謙《標目》修。

五月庚寅，宋劉真道、裴方明平仇池，立楊保熾。楊難當奔魏。

秋七月丙寅，魏救之。以吕祖謙《標目》修。甲戌晦，日有食之。本紀。

九月，沮渠無諱據高昌，宋封爲河西王。以吕祖謙《標目》修。

冬十月甲申，柔然聘宋。以本紀修。

十二月丙申，宋詔兖州修孔子廟。以本紀修。魏封李寶爲燉煌公。以《魏》紀修。宋雍州蠻叛。以《通鑑》修。魏殺尚書李順。以列傳修。

宋太祖文皇帝元嘉二十年　魏世祖太武皇帝太平真君四年

春二月，魏取仇池。以吕祖謙《標目》修。

夏四月，魏殺楊保宗，楊文德自號仇池公。以《魏》紀修。

六月庚寅，魏復民貲賦三年。以《魏》紀修。

秋七月癸丑，宋以楊文德爲武都王。以本紀修。甲子，宋殺前雍州刺史劉真道、梁、南秦二州刺史裴方明。以吕祖謙《標目》修。

九月，魏主襲柔然。以《魏》紀修。

冬十一月，宋將軍姜道盛及楊文德攻魏，敗績。以本紀修。甲子，魏詔太子晃總百揆，功臣歸第。以《魏》紀修。

甲申　宋太祖文皇帝元嘉二十一年　魏世祖太武皇帝太平真君五年

春正月戊申，魏禁私養沙門、巫覡。以《魏》紀修。庚戌，魏詔王公已下子詣太學，百工、騶卒之子不聽私立學校。以《魏》紀修。

二月己丑，宋江夏王義恭爲太尉、領司徒。以本紀修。

夏六月，宋大水。以《宋書》五行志修。沮渠無諱卒，弟安周立。以吕祖謙《目録》修。魏罷胡神祀。以《通鑑》修。

秋八月戊辰，宋以征西大將軍、荆州刺史、衡陽王義季爲征北大將軍、開府、南兗州刺史，征北將軍、南徐州刺史、南譙王義宣爲車騎將軍、荆州刺史。以本紀修。魏伐吐谷渾，其王奔白蘭。以吕祖謙《標目》修。

冬十月，宋徙兗州鎮須昌，冀州鎮歷下。以《通鑑》修。

是歲，李寶朝于魏，魏留之。以《通鑑》修。

宋太祖文皇帝元嘉二十二年　魏世祖太武皇帝太平真君六年

春正月，辛卯朔，宋始用元嘉曆。本紀。壬辰，宋以撫軍將軍、南豫州刺史、武陵王駿爲雍州刺史。以本紀修。

二月，魏詔中書以經義決疑獄。以本紀修。

夏四月，魏擊吐谷渾。以《魏》紀修。魏伐鄯善。以《魏》紀修。

六月，戊子朔，日有食之。《通鑑目録》。宋罷南豫州入豫州。辛亥，南豫州刺史、南平王鑠爲豫州刺史。以本紀修。

秋七月，宋平羣蠻。以《通鑑》修。

八月壬辰，鄯善降魏，西域復通。以吕祖謙《標目》修。吐谷渾王走據于闐。以吕祖謙《標目》修。

九月，魏盧冰胡蓋吴反於杏城，河東薛永宗聚衆應之。

冬十一月庚午，魏討之。以吕祖謙《標目》修。魏掠宋青、徐民以實河北。以吕祖謙《標目》修。癸未，魏主西狩。以《通鑑》修。

十二月乙未，宋太子詹事范曄等謀反，伏誅。丁酉，廢彭城王義康爲庶人，徙安城。以吕祖謙《標目》修。

是歲，宋始備郊廟之樂。以《通鑑》修。

宋太祖文皇帝元嘉二十三年　魏世祖太武皇帝太平真君七年

春正月，魏主平薛永宗。

二月丙戌，至長安。諸將大破蓋吴，宋救之。以《通鑑》修。宋遣交州兵討林邑。以《通鑑》修。

三月，魏坑沙門。以吕祖謙《標目》修。魏攻宋兗、豫、青、冀州。以本紀修。

夏五月，宋破林邑。以吕祖謙《標目》修。

六月，癸未朔，日有食之。本紀。甲申，魏築塞圍。以《魏》紀修。

秋八月，魏蓋吴伏誅。以吕祖謙《標目》修。

是歲，宋大有年。以本紀修。宋立玄武湖，築景陽山。以本紀修。時宋王、謝族盛，北人晚渡者以傖荒目之，不得踐清塗。以吕祖謙《標目》修。吐谷渾復還舊土。以吕祖謙《標目》修。

宋太祖文皇帝元嘉二十四年　魏世祖太武皇帝太平真君八年

春三月，魏殺沮渠牧犍。以吕祖謙《標目》修。

夏六月，宋鑄當兩大錢。以本紀修。

冬十月壬午，宋胡誕世據豫章反，討平之。以本紀修。

十二月，楊文德據葭蘆，五郡氐應之。以《魏》紀修。

宋太祖文皇帝元嘉二十五年　魏世祖太武皇帝太平真君九年

春正月，魏擊楊文德，文德奔漢中。以《魏》紀、《宋》傳修。

二月，魏山東饑，罷塞圍作。以《魏》紀修。

閏二月，宋吏部尚書庾炳之免。以本紀修。

夏四月乙卯，宋加撫軍將軍、武陵王駿爲徐州刺史。以本紀修。

五月己卯，宋罷大錢。本紀。

秋九月，魏擊焉耆，大破之。以吕祖謙《標目》修。

冬十二月，魏主伐柔然。以《通鑑》修。

宋太祖文皇帝元嘉二十六年　魏世祖太武皇帝太平真君十年

春正月甲戌，魏主復伐柔然，走之。《魏》紀。

秋七月辛未，宋以南徐州刺史、廣陵王誕爲雍州刺史。罷江州軍府，配雍州；湘州入臺租稅給襄陽，以廣其資力。以吕祖謙《標目》修。

九月，魏主伐柔然，大獲。柔然自是不敢犯塞。以《魏》紀、傳修。

冬十月癸卯，彗星入太微。《宋》天文志。宋雍州蠻反。以《通鑑》修。

宋太祖文皇帝元嘉二十七年　魏世祖太武皇帝太平真君十一年

春正月乙酉，魏主如洛陽。以《魏》紀修。宋雍州蠻降。以《通鑑》修。

二月，魏大治宫室。以《魏》紀修。魏主寇宋，圍縣瓠。以吕祖謙《標目》修。

三月，宋滅百官俸。以吕祖謙《標目》修。

夏四月，魏主還。以《通鑑》修。宋以左衛將軍江湛爲吏部尚書。以《通鑑》修。

六月己亥，魏崔浩坐史事夷五族。以《魏》紀、傳修。

秋七月庚午，宋遣青、冀二州刺史蕭斌等伐魏。江夏王義恭次彭城，統諸軍。以紀、傳修。宋貸富民貲。以《通鑑》修。乙亥，魏碻磝戍走，宋將軍王玄謨圍滑臺。

冬，閏十月，乙丑，魏主渡河，玄謨走碻磝。魏主至東平，蕭斌退保歷城。以吕祖謙《標目》修。辛未，宋隨王誕遣軍克魏弘農。

十一月甲午，克陝城，至潼關而還。以吕祖謙《標目》修。魏拔縣瓠。癸卯，殺宋將軍劉康祖於尉武。以本紀修。魏主攻彭城，不克。

十二月庚午，至瓜步，請昏于宋，宋報之。以《通鑑》修。

宋太祖文皇帝元嘉二十八年　魏世祖太武皇帝正平元年

春正月丁亥，魏退師。以吕祖謙《標目》修。宋殺庶人義康。以《通鑑目録》修。

宋王玄謨還歷城，魏取碻磝。以吕祖謙《標目》修。魏主攻盱眙，將軍臧質却之。

二月丙辰，至彭城，江夏王義恭遣兵追之，不及。時南兗、徐、兗、豫、青、冀州殺掠無餘，邑里蕭條，元嘉之政衰矣。以《通鑑》及《稽古録》修。宋江夏王義恭降爲驃騎將軍、開府；　鎮軍將軍、武陵王駿爲北中郎將。

三月庚子，以輔國將軍臧質爲雍州刺史。以本紀修。

夏四月，魏荆州刺史魯爽及其弟秀歸宋。以本紀修。

五月，彗星入太微，逼帝座。天文志修。

六月壬戌，宋南兗州刺史、武陵王駿都督江州、荆州之江夏、豫州四郡軍事、江州刺史。以本紀修。魏改元。以吕祖謙《標目》修。魏更定律令。以《通鑑》修。魏中常侍宗愛譖太子，晃以憂卒。以吕祖謙《標目》修。

秋七月，宋蕭斌、王玄謨免官。以《通鑑》修。

冬十月，宋聘魏，魏報之。以吕祖謙《標目》修。

十二月，宋吏部郎中王僧綽爲侍中。以《通鑑》修。

宋太祖文皇帝元嘉二十九年　魏高宗文成皇帝拓跋濬興安元年

春二月甲寅，魏宗愛弑其主燾，殺東平王翰，迎立南安王余，改元永平，尊皇后爲皇太后。愛爲宰相，專政。以吕祖謙《標目》修。

夏六月己酉，宋遣將軍蕭思話等三道伐魏。以本紀修。

秋七月，宋太子劭，征北將軍、開府，始興王濬巫蠱事發，赦不誅。以吕祖謙《標目》修。

八月，宋蕭思話攻碻磝，不克。丁卯，退屯歷城。以吕祖謙《標目》修。

九月，宋冠軍司馬柳元景至潼關，司州刺史魯爽攻虎牢，皆還。以本紀、《通鑑》修。

冬十月，丙午朔，魏宗愛弑其主余。羽林郎中劉尼等誅愛，迎皇孫濬即皇帝位，改元。追尊父晃爲帝，后保母爲保太后。以吕祖謙《標目》修。宋西陽蠻反。以《通鑑》修。

十二月乙卯，魏復佛法。吕祖謙《標目》。魏用《玄始曆》。以《魏》紀修。

卷三七　宋太祖文皇帝元嘉三十年　魏高宗文成皇帝興安二年

春正月戊子，宋武陵王駿討叛蠻。以本紀修。

二月甲子，宋太子劭弑其父，殺尚書僕射護軍將軍徐湛之、吏部尚書江湛而自立，改元太初。以吕祖謙《標目》修。

三月，魏尊保太后爲皇太后。以本紀修。宋殺侍中王僧綽。以吕祖謙《標目》修。庚寅，宋武陵王駿舉兵討劭，司空、南譙王義宣及雍州刺史臧質、同州刺史魯爽皆應之。乙未，武陵王駿發尋陽。

夏四月甲子，前鋒柳元景大破劭兵于新亭。丁卯，江夏王義恭出奔。己巳，武陵王駿即皇帝位，以義恭爲太尉、都督徐、南徐二州軍事，太尉、領司徒義宣爲中書監、丞相、揚州刺史，並録尚書六條事。臧質爲車騎將軍、江州刺史，將軍沈慶之爲領軍將軍。

五月丙子，克臺城，劭及衛將軍、開府、始興王濬等伏誅。甲申，尊所生母路淑媛爲皇太后。乙酉，立妃王氏爲皇后。壬辰，以義恭爲太傅、領大司馬。

六月丙午，還宮，置殿門、上閤屯兵。己酉，以魯爽爲南豫州刺史。以本紀、吕祖謙《標目》修。

閏月乙亥，魏太皇太后殂。以本紀修。甲午，宋丞相、南郡王義宣都督荆、湘等分州軍事、荆、湘二州刺史。以本紀修。宋置衛尉官。本紀。

秋七月，辛丑朔，日有食之，既。宋詔求直言。中軍録事參軍周朗上書，忤旨。以紀、傳修。宋郡縣以三周爲滿。以吕祖謙《標目》修。己巳，宋殺司空、南平王鑠。以《通鑑》修。宋南海太守蕭簡反。

九月丁卯，討平之。以本紀修。

冬十二月，癸未，宋省太子率更令等官，减中庶子等員。以本紀修。

宋世祖孝武皇帝劉駿孝建元年　魏高宗文成皇帝光興元年

春正月，己亥朔，宋改元。以本紀修。壬戌，宋更鑄四銖錢。本紀。宋立子子業爲皇太子。以本紀修。

二月，宋南郡王義宣及臧質、魯爽、兖州刺史徐遺寶反。己卯，以領軍將軍柳元景爲撫軍將軍。辛卯，左衛將軍王玄謨爲豫州刺史，討義宣。癸巳，玄謨進據梁山。丙申，以安北司馬夏侯祖歡爲兖州刺史。

三月，遺寶奔爽。

夏四月，南兖州刺史沈慶之討爽於歷陽，爽伏誅。

五月甲寅，質攻梁山，玄謨大破走之。義宣走。

六月戊辰，質伏誅于武昌。以本紀、吕祖謙《標目》修。初，晉以揚州爲京畿，穀帛所資，皆出焉。荆、江爲重鎮，甲兵所聚，皆在焉。宋主惡其强。癸未，分揚州置東揚州，分荆、湘、江、豫州置郢州，罷南蠻校尉。以本紀修。戊子宋省録尚書事。本紀。庚寅，宋南郡王義宣伏誅。以吕祖謙《標目》修。

秋七月，丙申朔，日有食之，既。以本紀及志修。辛丑，魏改元。以吕祖謙《標目》修。

宋世祖孝武皇帝孝建二年　魏高宗文成皇帝太安元年

春二月丙寅，宋沈慶之以始興公就第。以《通鑑》修。

夏六月壬戌，魏改元。以吕祖謙《標目》修。

秋八月，宋殺征虜將軍、雍州刺史、武昌王渾。以本紀修。宋郊廟初設備樂。以《通鑑》修。

冬十月，宋江夏王義恭領揚州刺史。以本紀修。己未，宋裁損王侯制度二十四條。以吕祖謙《標目》修。

宋世祖孝武皇帝孝建三年　魏高宗文成皇帝太安二年

春正月乙卯，魏立貴人馮氏爲后。以吕祖謙《標目》修。

二月丁巳，魏立子宏爲太子。以吕祖謙《標目》修。

秋七月丙子，宋南兖州刺史、西陽王子尚爲揚州刺史。以本紀修。

冬十月丙午，宋江夏王義恭爲太宰、領司徒。以本紀修。

十一月，魏隴西王源賀請宥死刑，輕者守邊。以吕祖謙《標目》修。

十二月，宋移青州并鎮歷城。以吕祖謙《標目》修。

宋世祖孝武皇帝大明元年　魏高宗文成皇帝太安三年

春正月，辛亥朔，宋改元。以本紀修。

二月，魏攻宋兖州，尋退。以吕祖謙《標目》修。

夏六月丁亥，宋出丹陽尹顔竣爲東揚州刺史。以本紀修。

秋八月甲辰，宋以司空、南徐州刺史、竟陵王誕爲南兖州刺史，太子詹事劉延孫爲南徐州刺史。以本紀修。

宋世祖孝武皇帝大明二年　魏高宗文成皇帝太安四年

春正月，魏設酒禁，增内外候官。以《通鑑》修。

三月，魏中書侍郎高允爲中書令。以《魏》傳、《通鑑》修。

夏六月戊寅，宋吏部置尚書二人。以吕祖謙《標目》修。

秋，宋詔沙汰沙門，尋寢。以吕祖謙《標目》修。

八月丙戌，宋殺中書令王僧達。以本紀修。

冬十月，魏攻宋清口，敗退。以《魏》紀修。

十一月，魏主伐柔然，以《魏》紀修。時宋主親覽朝政，不任大臣，委寄南臺侍御史、中書通事舍人戴法興、戴明寶等。以吕祖謙《標目》修。

宋世祖孝武皇帝大明三年　魏高宗文成皇帝太安五年

春二月乙卯，宋揚州六郡爲王畿，以東揚州爲揚州。以吕祖謙《標目》修。

夏四月，宋司空、竟陵王誕反，以沈慶之爲車騎大將軍、南兖州刺史討之。以本紀修。

五月，宋殺顔竣。以列傳修。

秋七月，宋竟陵王誕伏誅。以本紀修。

九月，宋築上林苑。以本紀修。

宋世祖孝武皇帝大明四年　魏高宗文成皇帝和平元年

春正月，甲子朔，魏改元。以《魏》紀修。

夏六月，魏伐吐谷渾。以《魏》紀修。魏復置史官。以吕祖謙《標目》修。

冬十月，宋殺前廬陵内史周朗。以吕祖謙《標目》修。

是歲，宋徵青、冀二州刺史顔師伯爲侍中。以《通鑑》修。柔然攻高昌，滅沮渠氏。以吕祖謙《標目》修。

宋世祖孝武皇帝大明五年　魏高宗文成皇帝和平二年

夏四月丙午，宋雍州刺史、海陵王休茂反，伏誅。以吕祖謙《標目》修。魏大旱，復羣祀。以《通鑑》修。

秋九月，甲寅朔，日有食之。以《魏》紀修。

冬十二月，甲戌，宋制民户歲輸布四疋。以《通鑑》修。

是歲，宋詔士族雜昏者補將吏。以《通鑑》修。

宋世祖孝武皇帝大明六年　魏高宗文成皇帝和平三年

春二月乙卯，宋復百官禄。以本紀修。

三月丁未，宋殺前廣陵太守沈懷文。以吕祖謙《標目》修。

夏四月，宋貴妃殷氏卒。以《通鑑》修。

冬十月壬申，宋葬殷貴妃。以吕祖謙《標目》修。

是歲，宋南徐州從事史祖沖之上新曆，不果用。以曆志修。

宋世祖孝武皇帝大明七年　魏高宗文成皇帝和平四年

春正月庚寅，宋以晉安王子勛爲前將軍、江州刺史。以本紀修。

夏四月甲子，宋詔非軍陳不得專殺。以吕祖謙《標目》修。

冬十二月，辛丑，魏制喪葬嫁娶條格。以《魏》紀修。己未，宋江夏王義恭加尚書令。以《通鑑》修。時宋大脩宫室。以吕祖謙《標目》修。

宋世祖孝武皇帝大明八年　魏高宗文成皇帝和平五年

夏，閏五月，壬寅，宋江夏王義恭領太尉。以《通鑑》修。庚申，宋主殂，太子子業即皇帝位。江夏王義恭解尚書令，加中書監、驃騎大將軍，柳元景領尚書令，輔政，大事與沈慶之參決。甲子，義恭録尚書事，元景開府。以吕祖謙《標目》修。

秋七月庚戌，宋尊皇太后曰太皇太后，皇后曰皇太后。乙卯，罷孝建以來所改制度。以本紀修。宋江夏王義恭避事，政歸戴法興等。以《通鑑》修。

八月己丑，宋皇太后殂。以本紀修。

是歲，宋青州移治東陽。以《通鑑》修。

宋太宗明皇帝泰始元年　魏高宗文成皇帝和平六年

春正月，乙未朔，宋改元永光。以吕祖謙《標目》修。

二月庚寅，宋更鑄二銖錢。以本紀修。初，魏世祖經營四方，國頗虚耗，重以内難，高宗與時消息，懷集中外，民心復安。

夏五月癸卯，魏主殂。甲辰，太子弘即皇帝位，尊皇后曰皇太后。以吕祖謙《標目》修。戊申，魏車騎大將軍乙渾殺司徒、平原王陸麗等。己酉，自爲太尉、録尚書事。以《魏》紀修。

六月，魏開酒禁。以本紀修。魏上謚曰文成皇帝，廟號高宗。以本紀修。

秋七月癸巳，魏乙渾自爲丞相。以《魏》紀修。

八月，魏葬金陵。以本紀修。辛酉，宋殺越騎校尉戴法興等。癸酉，殺西，殺江夏王義恭、柳元景、尚書僕射顔師伯等，改元景和。以吕祖謙《標目》修。宋并東揚州於揚州。以吕祖謙《標目》修。

九月辛丑，宋殺南徐州刺史、新安王子鸞。以本紀修。己酉，宋主討征北將軍、徐州刺史、義陽王昶，昶出奔魏。以吕祖謙《標目》修。甲寅，宋以安西長史袁顗爲雍州刺史。本紀。宋聽民私鑄錢。以本紀。

冬十一月，宋寧朔將軍何邁謀立鎮軍將軍、江州刺史、晉安王子勛。以紀、傳修。宋殺太尉沈慶之。以本紀修。壬寅，宋立皇后路氏。以本紀修。宋主拘録諸父南豫州刺史、湘東王彧等於殿内，賜晉安王子勛死。長史鄧琬奉子勛反於尋陽。以本紀修。戊午，宋主殺南平王鑠三子，或弑之。己未，殺司徒，揚州刺史、豫章王子尚。

十二月癸亥，驃騎大將軍、建安王休仁爲司徒、尚書令、揚州刺史。丙寅，彧即皇帝位，改元。本紀。戊寅，尊太皇太后爲崇憲皇太后，立妃王氏爲皇后。以紀、傳、吕祖謙《標目》修。宋罷二銖錢，禁鵝眼、綖環錢。以《通鑑》修。

宋太宗明皇帝泰始二年　魏顯祖獻文皇帝拓跋弘天安元年

春正月，己丑朔，魏改元。以《魏》紀修。甲午，宋建安王休仁都督征討軍事。乙未，子勛即皇帝位，改元義嘉，徐、司、豫、青、冀、湘、廣、梁、益州皆應之。兖州刺史殷孝祖赴建康，遣都督前鋒，加撫軍將軍。時吴郡、吴興、義興、晉陵、山陽並應子勛，宋主分軍討壽陽、會稽。以本紀、吕祖謙《標目》修。壬子，宋主弑崇憲皇太后。以《宋書》修。

二月，己未朔，宋將軍吴喜平義興。以《通鑑》修。庚申，魏乙渾謀反，伏誅。太后臨朝，高允等參大政。以《通鑑》修。宋吴喜平會稽，定二吴。以吕祖謙《標目》修。宋晉安王子勛前鋒據赭圻。

三月庚寅，殷孝祖戰死之。辛卯，撫軍將軍沈攸之大破之，賊保濃湖。以《通鑑》修。壬子，宋斷新錢，專用古錢。本紀。

夏四月辛酉，宋拔赭圻。以吕祖謙《標目》修。

秋七月丁酉，宋以仇池太守楊僧嗣爲武都王。以本紀修。己亥，宋將軍張興世城錢溪。

八月，濃湖軍潰，輔國將軍沈攸之等克尋陽，殺子勛。

九月，宋殺郢州刺史、安陸王子綏，荆州刺史、臨海王子頊，湘州刺史、邵陵王子元。以吕祖謙《標目》修。己酉，魏初立郡學。以本紀修。

冬十月乙卯，宋殺永嘉王子仁等十人。世祖二十八子至是遂盡。以本紀修。宋徐州刺史薛安都、汝南太守常珍奇等降。乙亥，命將軍張永等迎之，安都、珍奇降魏。以吕祖謙《標目》修。戊寅，宋立子昱爲太子。以吕祖謙《標目》修。魏救彭城、懸瓠。

十一月壬子，宋兖州刺史畢衆敬降之。以《通鑑》修。

十二月，宋豫州刺史殷琰、益州刺史蕭惠開、梁州刺史柳元怙降。益州刺史劉勔克壽陽。以本紀、《通鑑》修。

是歲，宋僑立兖州於淮陰，徐州於鍾離，青、冀二州於鬱洲。以本紀、《通鑑》修。

卷三八　宋太宗明皇帝泰始三年　魏顯祖獻文皇帝皇興元年

春正月癸巳，魏都督諸軍尉元大破張永等於吕梁東，遂取淮北及豫州淮西之地。以《魏》紀及吕祖謙《標目》修。

閏月，宋青州刺史沈文秀、冀州刺史崔道固降魏。

二月，復降宋。

三月，魏征南大將軍慕容白曜督諸軍攻之。以《通鑑》修。

秋八月壬寅，宋遣中領軍沈攸之攻彭城，魏拒之，攸之敗走，魏取下邳、宿豫、淮陽、磐陽。以《通鑑》修。戊申，魏改元。以《魏》紀修。魏馮太后還政。以吕祖謙《標目》修。

冬十二月，常珍奇降宋。以《通鑑》修。時宋斷内外百官俸。以吕祖謙《標目》修。

宋太宗明皇帝泰始四年　魏顯祖獻文皇帝皇興二年

春正月，魏攻宋，豫州刺史劉勔破之。以《通鑑》修。魏尉元都督徐、南、北兖三州軍事，徐州刺史。以《通鑑》修。

二月，崔道固降魏。以吕祖謙《標目》修。宋交州人李長仁據州反。以吕祖謙《標目》修。

夏四月，丙子朔，日有食之。《通鑑目録》。己卯，宋減郡縣田租之半。以本紀修。

秋七月庚申，宋以驍騎將軍蕭道成爲南兖州刺史。以本紀修。

冬十月，癸酉朔，日有食之。以本紀修。

十一月，李長仁降宋。以《通鑑》修。宋將軍阮佃夫、中書通事舍人王道隆、員外散騎侍郎楊運長預政。以吕祖謙《標目》修。

宋太宗明皇帝泰始五年　魏顯宗獻文皇帝皇興三年

春正月乙丑，魏執沈文秀，青、冀盡入於魏。以吕祖謙《標目》修。

二月己卯，魏上黨公慕容白曜都督青、齊、東徐三州軍事，開府、青州刺史，封濟南王。以《魏》紀修。魏立輸租法，除雜調。以《通鑑》修。

夏五月，魏立僧祇佛圖户。以《通鑑》修。

六月，魏立子宏爲皇太子。以《魏》紀修。宋殺車騎將軍、開府、南豫州刺史、廬江王褘。以紀、傳修。

冬十月，丁卯朔，日有食之。以本紀修。

十一月丁未，魏復修好於宋。以《通鑑》修。

十二月戊戌，宋建安王休仁解揚州刺史。以吕祖謙《標目》修。宋置三巴校尉。以吕祖謙《標目》修。

宋太宗明皇帝泰始六年　魏顯宗獻文皇帝皇興四年

春正月乙亥，宋制歲祀明堂，間祀南郊。以本紀修。

夏六月癸卯，宋以鎮南將軍、江州刺史王景文爲左僕射、揚州刺史。以本紀修。

秋九月，柔然侵魏，魏伐柔然，大敗之。以《魏》紀修。

冬十月，魏殺慕容白曜。以《魏》紀修。

宋太宗明皇帝泰始七年　魏高祖孝文帝拓跋宏延興元年

春二月戊戌，宋分交、廣州置越州。以吕祖謙《標目》修。甲寅，宋殺驃騎大將軍、南徐州刺史、晉平王休祐。以吕祖謙《標目》修。

夏五月戊午，宋殺大尉、領司徒、建安王休仁。以吕祖謙《標目》修。庚午，宋以右僕射袁粲爲尚書令，吏部尚書褚淵爲(左)〔右〕僕射。以本紀修。宋殺太子屯騎校尉壽寂之。以吕祖謙《標目》修。

秋七月乙丑，宋殺車騎大將軍、江州刺史、巴陵王休若。以驃騎大將軍、桂陽王休範爲江州刺史。以吕祖謙《標目》修。宋殺前督豫州軍事吴喜。以吕祖謙《標目》修。宋徵蕭道成爲散騎常侍。以《通鑑》修。

八月丙午，魏太子宏即皇帝位，改元。丁未，尊魏主爲太上皇帝，總大政。以吕祖謙《標目》修。

宋太宗明皇帝泰豫元年　魏高祖孝文帝延興二年

春正月，甲寅朔，宋改元。以本紀修。

三月己丑，宋殺中書監、揚州刺史王景文。以本紀修。

夏四月己亥，宋袁粲及護軍將軍褚淵、右僕射劉勔、荆州刺史蔡興宗、郢州刺史沈攸之受顧命，淵薦蕭道成爲右衛將軍，共掌機事。宋主殂。庚子，太子昱即皇帝位。乙巳，以安成王準爲揚州刺史。以吕祖謙《標目》修。

六月乙巳，宋尊皇后曰皇太后，立妃江氏爲皇后。以本紀修。

秋，閏七月甲辰，宋鎮西將軍沈攸之都督荆、湘、梁、寧等八州軍事、荆州刺史。以吕祖謙《標目》修。

八月戊午，宋開府、樂安宣穆公蔡興宗卒。以吕祖謙《標目》修。

冬十一月，魏上皇擊柔然。以《魏》紀修。己亥，宋平西將軍、郢州刺史劉秉爲左僕射。以吕祖謙《標目》修。宋中書通事舍人阮佃夫加給事中、輔國將軍。以列傳修。魏詔非天地、宗廟、社稷，勿用牲。以《通鑑》修。

宋蒼梧王劉昱元徽元年　魏高祖孝文帝延興三年

春正月，戊寅朔，宋改元。以本紀修。

二月，吐谷渾寇魏。

夏四月戊申，魏伐之。以《魏》紀修。

秋七月，魏詔河南六州，户收絹一匹、綿一斤、租三十石。以《魏》紀修。

八月，吐谷渾降魏。以《魏》紀修。

冬十月，武都王楊僧嗣卒，從弟文度自立，降魏。以《通鑑》修。

十一月，宋袁粲罷，固辭起復。以紀、傳修。

十二月，癸卯朔，日有食之。以本紀修。

宋蒼梧王元徽二年　魏高祖孝文帝延興四年

夏五月壬午，宋太尉、桂陽王休範反。平南將軍蕭道成屯新亭。壬辰，休範攻之死。其將攻朱雀桁，鎮軍將軍劉勔死之，東府陷。丙申，始平。

(六)

六月庚子，以道成爲中領軍、鎮南將軍、南兖州刺史。以吕祖謙《標目》修。郢州刺史、晉熙王燮克尋陽。以本紀修。魏罷門房之誅。以吕祖謙《標目》修。魏不赦。以吕祖謙《標目》修。

宋蒼梧王元徽三年　魏高祖孝文帝延興五年

春三月，宋以車騎將軍張敬兒都督雍、梁州軍事、雍州刺史。以吕祖謙《標目》修。

秋七月，宋以開府、衛將軍袁粲爲中書監，開府、領司徒、中軍將軍褚淵爲尚書令。以本紀修。

八月，魏置河東鹽官。以食貨志修。

宋蒼梧王元徽四年　魏高祖孝文帝承明元年

夏六月辛未，魏皇太后馮氏弑太上皇。壬申，改元。以吕祖謙《標目》修。乙亥，宋以左僕射劉秉爲中書令，加蕭道成左僕射。以吕祖謙《標目》修。戊寅，魏尊皇太后曰太皇太后，臨朝稱制。謚太上皇獻文皇帝。以《魏》紀修。

秋七月戊子，宋征北將軍、南徐州刺史、建平王景素起兵。乙未，敗死。以吕祖謙《標目》修。

宋順皇帝劉準昇明元年　魏高祖孝文帝太和元年

春正月，乙酉朔，魏改元。以《魏》紀修。

夏四月，宋南豫州刺史阮佃夫等謀廢立。甲戌，伏誅。以紀、傳修。

秋七月戊子，宋蕭道成弑其主，追廢爲蒼梧王。壬辰，安成王準即皇帝位，改元。以吕祖謙《標目》修。甲午，宋蕭道成鎮東府。丙申，自爲録尚書事，袁粲爲中書監，褚淵開府，劉秉遷尚書令、加中領軍，加沈攸之車騎大將軍、開府。

八月癸亥，粲鎮石頭。以《通鑑》、吕祖謙《標目》修。丙子，魏詔工商皂隸有役者，止本部丞。以本紀修。

九月乙酉，魏定律令。以本紀修。

冬十月，楊文度取仇池。

十二月，魏擊走之。以本紀修。宋沈攸之舉兵討蕭道成。以吕祖謙《標目》修。

壬申，宋袁粲、劉秉謀誅蕭道成，不克，死之。以吕祖謙《標目》修。

閏月乙未，宋沈攸之攻郢州。以吕祖謙《標目》修。壬寅，魏斬楊文度，以楊文弘爲武都王。以本紀修。乙巳，宋蕭道成假黄鉞，屯新亭。以本紀修。

宋順皇帝昇明二年　魏高祖孝文帝太和二年

春正月，沈攸之衆潰于郢。張敬兒襲據江陵，攸之自殺。以吕祖謙《標目》修。

二月癸未，宋蕭道成自加太尉、都督十六州軍事，衛將軍褚淵爲中書監、司空，吏部郎王儉爲太尉長史。以紀、傳修。

夏四月辛卯，宋殺前郢州刺史黄回。以本紀修。

五月，魏禁皇族貴戚與非類昏偶。以《魏》紀修。

六月丁酉，宋以楊文弘爲武都王。以本紀修。

秋八月乙未，宋以散騎常侍、中領軍蕭嶷爲江州刺史，江州刺史蕭賾爲領軍將軍。以吕祖謙《標目》修。

九月，乙巳朔，日有食之。以本紀修。丙午，宋蕭道成自加太傅、大都督中外軍事，加殊禮，辭不受。以本紀修。

冬十月壬寅，宋立皇后謝氏。以本紀修。

十二月，宋尚書令王僧虔奏補綴禮樂。以吕祖謙《標目》修。

卷三九　齊太祖高皇帝蕭道成建元元年　魏高祖孝文帝太和三年

春正月甲辰，宋以蕭嶷爲鎮西將軍、都督荆、湘等八州軍事，荆州刺史。辛亥，以蕭賾爲尚書僕射、中軍大將軍、開府。以本紀修。

三月，癸卯朔，日有食之。以本紀修。甲辰，宋蕭道成自爲相國、齊公，加九錫。以吕祖謙《標目》修。庚戌，宋齊公道成殺臨川王綽。以《通鑑》修。

夏四月，壬申朔，宋齊公道成自進王爵。以吕祖謙《標目》修。甲戌，宋齊王道成殺武陵王贊。以《通鑑》修。丙戌，宋齊王道成自加殊禮。甲午，即皇帝位，大赦，改元。以本紀修。廢宋帝爲汝陰王，遷之丹揚。奉朝請裴顗死之。以吕祖謙《標目》修。戊戌，齊以子嶷爲尚書令、揚州刺史。以本紀修。齊命羣臣言事。以吕祖謙《標目》修。魏罷候官。以吕祖謙《標目》修。

五月辛亥，齊斷衆募。以吕祖謙《標目》修。齊封功臣褚淵等有差。以本紀修。己未，齊弑汝陰王，尋謚曰宋順帝。辛酉，殺宋宗室。以吕祖謙《標目》修。丙寅，齊尊考、妣曰帝、后。以本紀修。齊徙兖州刺史垣崇祖爲豫州刺史。以吕祖謙《標目》修。

六月甲申，齊立王太子賾爲皇太子。以吕祖謙《標目》修。

秋七月丁未，齊赦交州，以李長仁弟叔獻爲刺史。以本紀修。

九月丙午，齊司空褚淵領尚書令。以《通鑑》修。

冬十一月癸丑，魏遣梁郡王嘉等奉前義楊王昶伐齊。以吕祖謙《標目》修。

齊太祖高皇帝建元二年　魏高祖孝文帝太和四年

春正月，齊王儉爲左僕射。以紀、傳修。

二月丁卯，魏攻齊壽陽，垣崇祖破走之。以紀、傳修。齊定簿籍。以吕祖謙《標目》修。齊分荆、益州置巴州。以吕祖謙《標目》修。

夏五月，齊立六門都牆。以本紀修。

秋八月，魏寇齊。以本紀修。

九月，甲午朔，日有食之。以天文志修。

閏九月，魏圍朐山，敗還。以《通鑑》修。

冬十月，徐、兖州民叛魏，魏討之。以《魏》紀、《通鑑》修。

十一月戊子，齊以楊後起爲武都王。以本紀修。

十二月戊戌，齊褚淵爲司徒，豫章王嶷爲中書監、司空、揚州刺史。以本紀修。

齊太祖高皇帝建元三年　魏高祖孝文帝太和五年

春正月，魏攻齊淮陽，敗走。以本紀修。

二月癸丑，齊罷南蠻校尉。以吕祖謙《標目》修。

秋七月己未朔，日有食之。以天文志修。齊聘魏。以吕祖謙《標目》修。

九月，魏徐、兖州平。以吕祖謙《標目》修。

冬，魏新律成。以《通鑑》修。

齊太祖高皇帝建元四年　魏高祖孝文帝太和六年

春三月庚申，齊褚淵、王儉受遺。壬戌，齊主殂。本紀。太子賾即皇帝位。

乙丑，淵録尚書事，儉爲尚書令。以本紀、吕祖謙《標目》修。

夏六月，甲申朔，齊主立子、南郡王長懋爲皇太子。以本紀修。

秋七月，齊南康文簡公褚淵卒。以本紀修。

九月，楊文宏卒，魏以楊後起爲武都王。以《通鑑目録》修。

冬十一月，魏祀廟牲牢、器服依古制。以吕祖謙《標目》修。

齊世祖武皇帝蕭賾永明元年　魏高祖孝文帝太和七年

春正月辛亥，齊改元。以《通鑑》修。齊詔治民之官復田秩。以吕祖謙《標目》修。

夏四月壬午，齊改葬袁粲、劉秉、沈攸之。以《通鑑》修。丁亥，齊殺五兵尚書垣崇祖、散騎常侍荀伯玉。以吕祖謙《標目》修。

五月，齊殺車騎將軍、開府張敬兒。以吕祖謙《標目》修。

秋七月，魏聘齊。以本紀修。

冬十二月朔，日有食之。以天文志修。癸丑，魏始禁同姓爲婚。以吕祖謙《標目》修。

是歲，齊省巴州。《通鑑》。

齊世祖武皇帝永明二年　魏高祖孝文帝太和八年

齊中書舍人茹法亮、吕文顯等總重權。

夏六月壬寅，封法亮望蔡男。以吕祖謙《標目》修。丁卯，魏增調帛穀，始頒禄，論贓。以吕祖謙《標目》修。

齊世祖武皇帝永明三年　魏高祖孝文帝太和九年

春正月戊寅，魏禁讖緯、巫覡。以吕祖謙《標目》(條)〔修〕。齊復立國學。

夏五月，開學士館。以紀、傳修。

冬十月丁未，魏均給田。以吕祖謙《標目》修。

齊世祖武皇帝永明四年　魏高祖孝文帝太和十年

春正月，癸亥朔，魏朝會始服兖冕。以本紀修。

閏月，楊後起卒。齊、魏皆以楊集始爲武都王。以本紀修。

二月甲戌，魏立黨、里、鄰三長，定民户籍。以吕祖謙《標目》修。

夏四月辛酉，魏始置五等公服。以吕祖謙《標目》修。

秋九月辛卯，魏作明堂、辟雍。以《通鑑》修。

是歲，魏分置州、郡。以《通鑑》修。

齊世祖武皇帝永明五年　魏高祖孝文帝太和十一年

春正月丁亥，魏定樂章。以朱熹《綱目》修。戊子，齊以太尉、豫章王嶷爲大司馬，車騎將軍、竟陵王子良爲司徒，衛將軍王儉、中軍將軍王敬則並加開府。以本紀修。魏咸陽文公高允卒。以吕祖謙《標目》修。魏攻齊泚陽，雍州刺史陳顯達大破之。以《通鑑》修。

夏，魏大旱。

秋七月己丑，聽民出關就食。以《魏》紀修。

八月，柔然寇魏，魏大破之。以本紀修。

九月，魏出宫人。

冬十月，罷工作、散府藏。以吕祖謙《標目》修。

齊世祖武皇帝永明六年　魏高祖孝文帝太和十二年

夏四月，魏據隔城，齊將軍曹虎大破之。陳顯達拔魏醴陽城。以吕祖謙《標目》修。

齊世祖武皇帝永明七年　魏高祖孝文帝太和十三年

春正月辛亥，魏主祀南郊，始備大駕。以本紀修。

夏五月乙巳，齊南昌文憲公王儉卒。以本紀修。

秋八月，魏聘(宋)〔齊〕。

冬十二月，(宋)〔齊〕報之。以吕祖謙《標目》修。

齊世祖武皇帝永明八年　魏高祖孝文帝太和十四年

秋八月，齊殺荆州刺史、巴東王子響。以《通鑑》修。

九月癸丑，魏太皇太后殂。魏主欲行三年之喪，羣臣諫，乃服期。以吕祖謙《標目》修。

齊世祖武皇帝永明九年　魏高祖孝文帝太和十五年

春正月，魏主始聽政。以本紀修。齊太廟薦褻味，别祀于故宅。以《通鑑》修。

夏四月己卯，魏經始明堂，改太廟。以本紀修。

五月己亥，魏主更立律令，親決疑獄。以本紀修。丙辰，魏造五輅。以《通鑑》修。

秋，閏七月己卯，魏始定廟祧之制。以《通鑑》修。

八月戊戌，魏廢道壇。以《通鑑》修。乙巳，魏定祭禮。以本紀修。

冬十一月，己未朔，魏主禫於太和廟，始即吉。以吕祖謙《標目》修。乙亥，魏定官品。以吕祖謙《標目》修。乙酉，魏始正四時迎氣。以本紀、志修。

十二月辛亥，魏脩樂官。以《通鑑》修。

卷四〇　齊世祖武皇帝永明十年　魏高祖孝文帝太和十六年

春正月己未，魏宗祀顯祖於明堂，遂登靈臺。辛酉，以太祖配南郊。以本紀修。齊竟陵王子良領尚書令。以本紀修。壬戌，魏承晉爲水德。以吕祖謙《標目》修。甲子，魏罷租課。以《通鑑》修。乙丑，魏詔疎屬、異姓王公遞降一等。以朱熹《綱目》修。

二月甲午，魏主朝日於東郊。以本紀修。丁酉，魏祀堯、舜、禹、文王、周公。丁未，親祠孔子。以本紀修。

夏四月辛丑，齊豫章文獻王嶷卒。本紀。

五月己巳，尚書令、竟陵王子良爲揚州刺史。以本紀修。

秋八月乙未，魏伐柔然，破之。以吕祖謙《標目》修。魏主養三老、五更於明堂。以本紀、志修。

九月，楊集始寇齊漢中，魏以爲武興王。以《通鑑》修。

冬十二月，癸未朔，日有食之。以天文志修。

齊世祖武皇帝永明十一年　魏高祖孝文帝太和十七年

春正月丙子，齊太子長懋卒。以吕祖謙《標目》修。

三月乙亥，齊雍州刺史王奐有罪伏誅，其子肅奔魏。以本紀、列傳修。

夏四月甲午，齊立南郡王昭業爲皇太孫。以吕祖謙《標目》修。戊戌，魏立馮氏爲皇后。以吕祖謙《標目》修。

秋七月癸丑，魏立子恂爲皇太子。以吕祖謙《標目》修。戊辰，齊遣鎮軍大將軍、江州刺史陳顯達鎮樊城。以《通鑑》修。戊寅，齊主殂。中書郎王融謀立竟陵王子良，左僕射、西昌侯鸞迎太孫昭業即皇帝位。

八月壬午，鸞爲尚書令。癸未，子良爲太傅。吕祖謙《標目》。己丑，魏主將伐齊，以太尉、東陽公丕等留守。以本紀修。齊王融伏誅，以《通鑑》修。

九月，魏聘齊。以《通鑑》修。辛酉，齊主追尊考爲文皇帝。以本紀修。庚午，魏主至洛陽，遣撫軍大將軍、任城王澄諭留司以遷都之意。

冬十月，戊寅朔，魏營洛都。以本紀吕祖謙《標目》修。壬寅，齊尊太妃爲皇太后，立妃何氏爲皇后。以本紀修。魏以王肅爲大將軍長史。以吕祖謙《標目》修。

十一月，魏鄴宮成，徙御焉。以本紀修。

齊高宗明皇帝蕭鸞建武元年　魏高祖孝文帝太和十八年

春正月丁未，齊改元隆昌。以吕祖謙《標目》修。癸亥，魏主南狩。

三月，至平城。以本紀修。

夏四月庚辰，魏罷西郊祭天。以本紀修。戊子，齊竟陵文宣王子良以憂卒。以本紀修。

閏月丁卯，齊鎮軍大將軍、西昌侯鸞自爲開府。

三月戊辰，以中軍將軍、新安王昭文爲揚州刺史。以本紀修。

五月，甲戌朔，日有食之。以天文志修。

秋七月乙亥，魏以宋王劉昶爲大將軍，鎮彭城。以本紀修。壬辰，齊西昌侯鸞弑其主，追廢之爲鬱林王。丁酉，奉新安王昭文即皇帝位，改元延興。鸞自爲驃騎大將軍、録尚書事、揚州刺史。吕祖謙《標目》。

九月，壬申朔，魏主臨朝堂攷百官。以吕祖謙《標目》修。齊蕭鸞殺司徒、鄱陽王鏘等七人。以吕祖謙《標目》修。

冬十月，齊蕭鸞自爲太傅、大將軍、都督中外軍事、宣城郡王，加殊禮。殺江夏王鋒等五人。以吕祖謙《標目》修。甲辰，魏主以東陽公丕爲太傅、録尚書事。辛亥，發平城。以《通鑑》修。齊宣城王鸞廢其主爲海陵王。癸亥，自即皇帝位，改元。以吕祖謙《標目》修。

十一月癸酉，齊以西中郎長史、始安王遥光爲揚州刺史。丙戌，以西中郎將、聞喜公遥欣爲荆州刺史。以吕祖謙《標目》修。戊子，齊立子寶卷爲皇太子。以吕祖謙《標目》修。魏主至洛陽。置牧場於河陽。以本紀、吕祖謙《標目》修。齊弑海陵王。以本紀修。

十二月辛丑，魏攻齊襄陽、義陽、鍾離、南鄭。以吕祖謙《標目》修。壬寅，魏禁胡服。以吕祖謙《標目》修。辛亥，魏主伐齊。以本紀修。

齊高宗明皇帝建武二年　魏高祖孝文帝太和十九年

春正月壬申，齊遣兵拒魏。以本紀修。癸酉，魏禁侵掠。吕祖謙《標目》。乙未，魏圍鍾離，齊徐州刺史蕭惠休破之。

二月，魏主至壽陽。丙辰，至鍾離。齊遣將軍裴叔業救之。義陽師退。己未，齊司州刺史蕭誕破之。丁卯，魏主遣使臨江，數齊主罪。

三月，師還。

夏四月，南鄭師退。庚申，魏主如魯城祠孔子。襄陽師退，齊太子右衛率垣歷生追破之。

五月癸未，魏主還洛陽。甲申，減冗官之禄。以本紀、吕祖謙《標目》修。

六月己亥，魏禁北語。以吕祖謙《標目》修。癸丑，魏求遺書。以本紀修。戊午，魏法度量。以本紀修。壬戌，齊殺領軍將軍蕭諶及撫軍將軍、西陽王子明等。以吕祖謙《標目》修。

秋八月乙巳，魏選武勇爲羽林虎賁。以本紀修。魏立國子太學、四門小學。以朱熹《綱目》修。

九月庚午，魏六宮、文武遷洛陽。丙戌，幸鄴。以本紀修。

冬十月丙辰，魏主至自鄴。以本紀修。壬戌，魏詔州牧品官屬得失以聞。以《通鑑》修。

十一月甲申，魏主祀圜丘。以本紀修。

十二月丁酉，齊置晉諸陵宿衛。以本紀修。甲子，魏賜羣臣冠服。以本紀修。魏鑄太和五銖，始用錢。以吕祖謙《標目》修。

齊高宗明皇帝建武三年　魏高祖孝文帝太和二十年

春正月，魏改姓元氏，並改羣臣姓。以吕祖謙《標目》修。魏詔定諸州士族。以吕祖謙《標目》修。

二月壬寅，魏聽羣臣終三年喪。以吕祖謙《標目》修。

三月壬午，齊去乘輿金銀飾。以本紀修。

夏五月，魏禁漢、魏、晉諸陵樵蘇。以本紀修。丁亥，魏主祀方澤。以本紀修。

秋七月，魏廢皇后馮氏。以本紀修。

冬十月戊戌，魏以代遷之士皆羽林、虎賁；司州民十二夫調一，爲四年更卒，歲開番假，以供力役。以本紀修。

閏十二月丙寅，魏廢太子恂爲庶人。以吕祖謙《標目》修。戊辰，魏置常平倉。《通鑑》。魏恒州刺史穆泰、定州刺史陸叡等謀反，遣吏部尚書、任城王澄執之。以吕祖謙《標目》修。

齊高宗明皇帝建武四年　魏高祖孝文帝太和二十一年

春正月丙申，魏立子恪爲皇太子。以吕祖謙《標目》修。乙巳，魏主北巡。《通鑑》。丙辰，齊殺尚書令王晏。

二月甲子，以左僕射徐孝嗣爲尚書令。以本紀修。癸酉，魏主至平城，穆泰、陸叡伏誅，免并州刺史、新興公丕爲民。以《通鑑》修。

夏四月，魏殺故太子恂。以吕祖謙《標目》修。

六月庚申，魏主遷洛陽。以本紀修。

秋七月甲午，魏立昭儀馮氏爲皇后。以吕祖謙《標目》修。

八月庚辰，魏主伐齊。以本紀修。氐帥楊靈珍襲楊集始。

九月丁酉，魏遣河南尹李崇討之。以本紀修。魏攻齊南陽。以本紀修。魏李崇克武興，以爲梁州刺史。以《通鑑》修。

冬十月丁巳，魏主攻齊新野。甲戌，齊遣太子中庶子蕭衍等救雍州。以本紀、《通鑑》修。

十一月，齊以楊靈珍爲武都王。以本紀修。

十二月丁丑，齊遣度支尚書崔慧景救雍州。以本紀修。齊將軍魯康祚、豫州刺史裴叔業侵魏，魏豫州刺史王肅敗之。以《通鑑》修。

齊高宗明皇帝永泰元年　魏高祖孝文帝太和二十二年

春正月丁亥，魏拔新野，齊沔北諸戍皆遁。以本紀修。乙未，齊遣太尉陳顯達救雍州。以本紀修。丁未，齊殺河東王鉉等十人，高、武子孫遂盡。以紀、傳修。

二月甲子，魏拔南陽。吕祖謙《標目》。

三月，壬午朔，齊崔慧景、蕭衍敗於鄧城。以《通鑑》修。辛亥，魏主如懸瓠，王肅攻義陽，齊裴叔業圍渦陽以救之，大破魏師，叔業軍亦潰。以《通鑑》修。

夏四月甲寅，齊改元。以本紀修。丁卯，齊大司馬、會稽太守王敬則反。五月，伏誅。以吕祖謙《標目》修。

秋七月壬午，魏減宫掖近屬費以給軍賞。以本紀修。癸卯，齊太子中庶子蕭衍爲雍州刺史。以吕祖謙《標目》修。己酉，齊主殂，太子寶卷即皇帝位。以本紀修。

九月己亥，魏以不伐喪，退師。以吕祖謙《標目》修。

冬十一月戊子，齊立妃褚氏爲皇后。以本紀修。

齊東昏侯蕭寶卷永元元年　魏高宗孝文帝太和二十三年

春正月，戊寅朔，齊改元。以本紀修。齊遣太尉陳顯達等擊魏。癸未，魏前將軍元英拒之。以吕祖謙《標目》修。戊戌，魏主至洛陽。以《通鑑》修。

二月癸亥，魏以中軍上將軍、彭城王勰爲司徒。以本紀修。齊陳顯達破中山王英，取馬圈。吕祖謙《標目》。

三月庚辰，魏主發洛陽。顯達大敗而還。以吕祖謙《標目》修。

夏四月，丙午朔，魏主殂於穀塘原，賜皇后馮氏死。彭城王勰奉喪至魯陽。丁巳，太子元恪即皇帝位。本紀。

五月，魏以侍中、北海王詳爲司空，鎮南將軍王肅爲尚書令，鎮南大將軍、廣陽王嘉爲左僕射，尚書宋弁爲吏部尚書，與太尉、咸陽王禧，右僕射、任城王澄等輔政。勰都督冀、定等七州軍事、定州刺史。以本紀修。

六月戊辰，魏主追尊母高氏爲文昭皇后，封后兄肇爲平原公。以《通鑑》修。齊始安王遥光，撫軍大將軍、開府徐孝嗣，右僕射江祏，中領軍蕭坦之，侍中江祀，衛尉劉暄，更直内省。蕭衍聞之，修武備。祏議廢立。

秋八月，殺祏及祀。乙卯，遥光據東府起兵。己未，敗死。以紀、傳修。己巳，齊以孝嗣爲司空，坦之爲右僕射，暄爲領軍將軍。

閏八月，殺坦之及暄。

冬十月乙未，齊殺孝嗣及將軍沈文季。以吕祖謙《標目》及紀、傳修。

十一月丙辰，齊太尉、江州刺史陳顯達反。

十二月甲申，襲宫城。乙酉，伏誅。以吕祖謙《標目》修。魏制官品。以吕祖謙《標目》修。

齊東昏侯永元二年　魏世宗宣武帝元恪景明元年

春正月乙巳，魏改元。以本紀修。齊冠軍將軍、豫州刺史裴叔業叛，降魏。丁未，魏遣驃騎大將軍、彭城王勰等赴壽陽。

二月戊戌，勰爲揚州刺史。己亥，叔業死。

三月乙卯，齊遣平西將軍崔慧景討之。

夏四月，慧景至廣陵反，南徐、兖二州刺史、江夏王寶玄入之，慧景圍宫城。征虜將軍、豫州刺史蕭懿赴難，慧景敗死。丙申，彭城王勰敗齊將軍、驃騎司馬陳伯之于硤石，取合肥、建安。

五月己酉，寶玄死。

六月，勰進大司馬。

秋七月，伯之攻壽陽。

八月乙酉，勰大破之於肥口，淮南入于魏。以本紀及《齊》紀、吕祖謙《標目》修。

冬十月己卯，齊殺尚書令蕭懿。以本紀修。丁亥，魏大司馬、彭城王勰録尚書事。以本紀修。

十一月，齊蕭衍及西中郎長史、行荆州事蕭穎胄，奉荆州刺史、南康王寶融舉兵。

十二月，穎胄遣將軍楊公則降湘州。以吕祖謙《標目》修。魏罷鹽禁。以食貨志修。

齊和皇帝中興元年　魏世祖宣武帝景明二年

春正月乙巳，齊蕭衍等奉南康王寶融爲相國。戊申，衍發襄陽。以本紀、《梁》紀修。庚戌，魏主親政，罷彭城王勰，咸陽王禧爲太保，北海王祥爲大將軍、録尚書事，恒州刺史、于烈爲領軍。魏主年少，倖臣、外戚用事，魏政浸衰。以本紀、《通鑑》修。

二月，齊蕭衍圍魯山，攻郢城。本紀。

三月乙巳，南康王寶融即皇帝位于江陵，改元。丙午，廢其主爲涪陵王，以尚書令蕭穎胄行荆州刺史，加左僕射蕭衍都督征討軍事、假黄鉞。以本紀修。

夏五月，魏咸陽王禧謀反，伏誅。以本紀修。齊巴西、巴東郡遣兵擊蕭穎胄，涪陵王遣軍主吴子陽等救郢州。

秋七月甲午，雍州刺史張欣泰等謀廢涪陵王，不克，死。丁酉，蕭衍遣兵襲破子陽。丁巳，魯山降。己未，郢城降。

八月，江州刺史陳伯之降。以《齊》紀、《通鑑》修。

九月，魏築洛陽諸坊。以本紀修。己亥，魏立皇后于氏。以本紀修。

冬十月甲戌，齊蕭衍大敗將軍王珍國等於朱雀航，圍宫城。以吕祖謙《標目》修。

十一月丁酉，魏北海王祥爲太傅，領司徒。以本紀修。壬寅，齊巴東公蕭穎胄卒。以吕祖謙《標目》修。魏鎮南將軍元英請南伐，不報。以吕祖謙《標目》修。

十二月丙寅，齊王珍國等弑涪陵王。蕭衍以宣德太后令，廢之爲東昏侯。衍自爲大司馬、録尚書事、揚州刺史，承制。潘貴妃及外監茹法珍等伏誅。以《齊》紀、《通鑑》修。

卷四一　梁高祖武皇帝蕭衍天監元年　魏世宗宣武皇帝景明三年

春正月戊戌，齊宣德太后臨朝稱制。蕭衍自爲都督中外軍事，加殊禮。甲寅，自爲相國、梁公，加九錫。

二月，殺太常、湘東王寶晊等三人。丙寅，以驃騎司馬沈約爲吏部尚書兼右僕射，黄門侍郎范雲爲侍中。丙戌，衍進王爵。

三月辛丑，殺中將軍、邵陵王寶攸等三人。衛將軍、鄱陽王寶寅奔魏。齊主東歸。

夏四月丙寅，梁王衍自即皇帝位，改元。丁卯，廢齊主爲巴陵王，遷之姑熟。治書侍御史顔見遠死之。以吕祖謙《標目》修。梁主追尊考、妣爲帝、后，封功臣十五人爲公、侯，沈約爲尚書僕射，范雲爲散騎常侍、吏部尚書。以本紀修。戊辰，梁弑巴陵王。以吕祖謙《標目》修。梁議贖刑。以本紀修。齊宗室、南康侯子恪等仕梁，以壽終。以吕祖謙《標目》修。梁徵前中書令謝朏、處士何點，點弟前國子祭酒胤，塗朏，胤不至。以本紀修。梁鎮軍大將軍、江州刺史陳伯之反。

五月戊子，遣領軍將軍王茂討之。以本紀修。

六月，梁以楊紹先爲武都王。以本紀修。陳伯之攻豫章，不克，遂奔魏。以紀、傳修。梁益州刺史劉季連反。以吕祖謙《標目》修。

秋八月，梁定律令、制鍾律。以《梁》紀、《隋》樂志修。

冬十一月甲子，梁立子統爲皇太子。以吕祖謙《標目》修。魏洛陽宫室始成。《通鑑》。

是歲，梁大旱。以《梁》紀修。

梁高祖武皇帝天監二年　魏世宗宣武皇帝景明四年

春正月乙卯，梁沈約、范雲爲左、右僕射。以本紀修。梁劉季連降。以吕祖謙《標目》修。

夏四月，癸未朔，魏以蕭寶寅都督東揚等三州軍事、東揚州刺史，齊王陳伯之都督淮南軍事、江州刺史。以本紀、傳修。

五月丁巳，梁霄城文侯范雲卒。尚書左丞徐勉、右衛將軍周捨秉政。以吕祖謙《標目》修。梁斷郡縣獻奉。以朱熹《綱目》修。

六月，梁以謝朏爲司徒、尚書令。以本紀修。

秋七月庚午，魏復鹽池之利。以本紀修。辛未，魏以彭城王勰爲太師。以本紀修。

八月庚子，魏以元英都督征義陽諸軍事、司州刺史。以本紀修。

冬十一月，楊集始卒。己未，魏立其子紹先爲武興王。以《通鑑》修。癸亥，魏侍中、左僕射源懷行北邊六鎮三州，懷奏損鎮官。以《魏》紀、傳修。魏納貴嬪高氏。以吕祖謙《標目》修。

梁高祖武皇帝天監三年　魏世宗宣武皇帝正始元年

春正月丙寅，魏改元。以《魏》紀修。

二月，魏任城王澄攻梁鍾離。

夏四月，乃退。以吕祖謙《標目》修。

五月，丁未朔，魏免太傅、録尚書、北海王詳爲庶人，尋殺之。以《通鑑》修。

秋七月，梁將軍馬仙琕救義陽，大敗。

八月乙酉，魏降義陽，取三關，封元英爲中山王。以《梁》紀、《魏》紀修。

冬十一月戊午，魏營國學。以《魏》紀修。甲子，梁除金贖罪之科。以《通鑑》修。

十二月己亥，魏議定律令。以《魏》紀修。

梁高祖武皇帝天監四年　魏世祖宣武皇帝正始二年

春正月，癸卯朔，梁置五經博士，開五經館。以本紀修。梁漢中太守夏侯道遷降魏。魏以尚書邢巒爲鎮西將軍赴之。

二月取漢中。

夏四月，入劒閣。以吕祖謙《標目》修。梁益州刺史蕭淵藻殺前刺史鄧元起，坐貶。以《通鑑》修。

六月庚戌，梁初立孔子廟。以《通鑑》修。

秋七月，魏軍逼梁涪城。《通鑑》。

冬十月丙午，梁大舉伐魏，以揚州刺史、臨川王宏都督軍事。以本紀修。楊紹先稱帝。

十一月，戊辰朔，魏討之。以《通鑑》修。魏邢巒請取蜀，不從。以吕祖謙《標目》修。

是歲，梁大有年。以《梁》紀修。

梁高祖武皇帝天監五年　魏世宗宣武皇帝正始三年

春正月壬申，魏滅楊氏，以其地爲東益州。以吕祖謙《標目》修。

三月，丙寅朔，日有食之。以《梁》本紀修。丁亥，陳伯之自壽陽歸梁。以本紀修。

夏四月乙未，魏罷鹽池禁。以《北史》本紀修。庚戌，魏以中山王英爲征南將軍，拒梁軍。

五月，梁取魏宿預、梁城、合肥、羊石、霍丘等城。

六月，取朐山城。

秋七月，魏安將軍、都督東討軍事邢巒敗梁師。

九月，取宿預。己丑，梁臨川王宏軍潰于洛口。

冬十月，魏中山王英圍鍾離。

十一月，梁遣將軍曹景宗救之。以《通鑑》、《梁》紀、《魏》紀、傳修。

梁高祖武皇帝天監六年　魏世宗宣武皇帝正始四年

春二月，梁遣豫州刺史韋叡救鍾離。

三月，與曹景宗大破魏軍，中山王英走。

秋八月，英坐除名。以本紀修。

冬，閏十月乙丑，梁驃騎將軍、開府、臨川王宏爲司徒，左僕射沈約爲尚書令。以《梁》紀修。丁卯，魏尚書令高肇弒皇后于氏。以朱熹《綱目》修。

梁高祖武皇帝天監七年　魏世宗宣武皇帝永平元年

春正月，梁定品班。以列傳修。

二月庚午，梁置州望、郡宗、鄉豪，掌搜薦。以《梁》紀修。

三月戊子，魏高肇殺皇子昌。以朱熹《綱目》修。

秋七月甲午，魏立貴嬪高氏爲后。以《魏》紀修。

八月，魏冀州刺史、京兆王愉反。乙丑，遣鎮北將軍李平討之。以《魏》紀修。丁卯，魏改元。以《魏》紀修。

九月戊戌，魏殺彭城王勰。以《皇極經世》修。魏京兆王愉伏誅。以吕祖謙《標目》修。梁取三關。魏遣中山王英救之。

冬十月，懸瓠降梁，梁取魏宿豫、安陸諸城。

十二月己未，魏鎮南將軍、都督南討軍事邢巒拔懸瓠。以吕祖謙《標目》修。

是歲，柔然佗汗可汗爲高車王彌俄突所殺。以吕祖謙《標目》修。

梁高祖武皇帝天監八年　魏世宗宣武皇帝永平二年

春正月，梁令諸儒草封禪儀，著作郎許懋議古無封禪，納之。以吕祖謙《標目》修。魏取三關。以吕祖謙《標目》修。

三月，魏侵梁，雍州刺史、吴平侯昺大破之。以《通鑑》修。

冬十一月己丑，魏主講佛書。以吕祖謙《標目》修。

梁高祖武皇帝天監九年　魏世宗宣武皇帝永平三年

春正月庚寅，梁新作緣淮塘。以本紀修。

三月己丑，梁主幸國子學，詔皇太子以下皆入學。以本紀修。

夏四月丁巳，梁詔尚書令、史用士流。以吕祖謙《標目》修。

是歲，梁始行《大明曆》。以《梁》紀修。

梁高祖武皇帝天監十年　魏世宗宣武皇帝永平四年

春三月，盜殺梁東莞、琅琊太守，以朐山降魏，魏遣徐州刺史盧昶赴之。

夏四月，梁遣將軍馬仙琕擊之。

冬十一月，朐山降。

十二月，昶走，仙琕追擊，大破之。以《稽古録》修。是後，南北州名不可勝紀。以吕祖謙《標目》修。

梁高祖武皇帝天監十一年　魏世宗宣武皇帝延昌元年

春正月丙辰，魏以車騎大將軍、尚書令高肇爲司徒，尚書僕射、清河王懌爲司空。以《魏》紀修。

夏四月乙丑，魏改元。以《魏》紀修。

冬十月乙亥，魏立子詡爲皇太子。以《魏》紀修。

十一月，梁五禮成，行之。以《梁》紀修。

梁高祖武皇帝天監十二年　魏世宗宣武皇帝延昌二年

春二月庚辰，盜殺梁青、冀二州刺史張稷以降魏，梁北兖州刺史康絢討平之。以《通鑑》修。

閏三月乙丑，梁建昌隱侯沈約卒。以《梁》紀修。

夏六月癸巳，梁新作太廟。以《梁》紀修。

秋，魏恒、肆二州頻年地震、山鳴。以《通鑑》修。

梁高祖武皇帝天監十三年　魏世宗宣武皇帝延昌三年

冬十月辛亥，魏以高肇爲大將軍、大都督，攻梁益州；中護軍元遥爲征南將軍、都督，遏梁楚。以《魏》紀修。梁初堰淮。以吕祖謙《標目》修。

梁高祖武皇帝天監十四年　魏世宗宣武皇帝延昌四年

春正月丁巳，魏主殂，皇太子詡即皇帝位。以《魏》紀修。己未，魏罷兵。以吕祖謙《標目》修。魏以右僕射、任城王澄爲尚書令，與太保、高陽王雍秉政。御史中丞王顯弗從，領軍將軍于忠誅之。

二月庚辰，尊皇后爲皇太后。召高肇還，辛巳，伏誅。以吕祖謙《標目》修。癸未，魏高陽王雍爲太傅、領太尉，清河王懌爲司徒，驃騎大將軍、廣平王懷爲司空。以《魏》紀修。己亥，魏尊胡貴嬪爲皇太妃。

三月，甲辰朔，廢皇太后。呂祖謙《標目》修。魏于忠專朝政。以呂祖謙《標目》修。魏復百官禄，罷綿麻税。以《魏》紀修。

夏四月，梁淮堰潰，復作之。以《梁》紀修。

秋八月乙亥，魏于忠殺左僕射郭祚、尚書裴植，免高陽王雍。以呂祖謙《標目》修。丙子，魏尊胡太妃爲皇太后，以其父國珍爲光禄大夫。以呂祖謙《標目》修。己丑，清河王懌爲太傅，領太尉；廣平王懷爲太保，領司徒；任城王澄爲司空。庚寅，車騎大將軍于忠爲尚書令，特進崔志爲車騎大將軍，並儀同三司。壬辰，員外郎元義爲通直散騎常侍。以《魏》紀修。

九月，魏太后臨朝稱令，于忠爲征北大將軍、冀州刺史，任城王澄領尚書令。以《通鑑》修。梁將軍趙祖悦襲據魏西硤石。癸亥，魏遣將軍崔亮攻之。以《通鑑》修。

冬十月乙酉，魏胡國珍爲中書監、儀同三司。以《通鑑》修。

閏十二月，魏以高陽王雍爲太師、録尚書事。以《魏》紀、傳修。盗殺魏晉壽太守以降，梁益州刺史、鄱陽王恢遣巴西、梓潼太守張齊赴之。以《通鑑》修。魏胡太后攝行祭事。以呂祖謙《標目》修。

梁高祖武皇帝天監十五年　魏肅宗孝明皇帝元翊熙平元年

春正月，戊辰朔，魏改元。以《魏》紀修。魏以吏部尚書李平爲鎮東大將軍、行臺。

二月乙丑，克硤石，平將攻浮山堰。崔亮稱疾，師還。以《魏》紀、呂祖謙《標目》修。

三月，戊辰朔，日有食之。以《梁》紀修。

夏四月，梁淮堰成。以呂祖謙《標目》修。梁張齊破魏兵，圍武興。魏以鎮南軍司傅豎眼爲西征都督。

秋七月，擊齊，敗之，復取東益州。以呂祖謙《標目》修。

九月，梁淮堰壞。以呂祖謙《標目》修。魏任城王澄請重北邊鎮將選舉，不聽。以呂祖謙《標目》修。

是歲，魏作永寧寺，求佛書於西域。以《魏》釋老志及《通鑑》修。柔然伏跋可汗大破高車，殺其王彌俄突。以呂祖謙《標目》修。

梁高祖武皇帝天監十六年　魏肅宗孝明皇帝熙平二年

春正月，魏詔五銖錢與古錢通行，巧僞者罪之。以《通鑑》修。魏考核軍功，尋止。以《通鑑》修。

夏四月戊申，魏中書監、開府胡國珍爲司徒。以《通鑑》修。梁宗廟以麵代牲。

冬十月，薦脩用蔬果。以《梁》紀修。

梁高祖武皇帝天監十七年　魏肅宗孝明皇帝神龜元年

春二月己酉，魏改元。以《魏》紀修。

夏四月丁酉，魏秦文宣公胡國珍卒，號太上秦公。以呂祖謙《標目》修。魏復税綿麻。以《魏》傳修。魏主始月一視朝，以朱熹《綱目》修。

五月戊寅，梁司徒、驃騎大將軍、揚州刺史、臨川王宏免。以朱熹《綱目》修。

秋七月，癸未朔，魏以宦者、侍中劉騰爲衛將軍、儀同三司。以呂祖謙《標目》修。戊申，魏弑故太后高氏。以呂祖謙《標目》修。

冬十月乙亥，梁中軍將軍、中書監、臨川王宏爲司徒。以《通鑑》修。

是歲，魏復榷鹽。以呂祖謙《標目》修。

梁高祖武皇帝天監十八年　魏肅宗孝明皇帝神龜二年

春正月丁亥，魏胡太后稱詔。以呂祖謙《標目》修。

二月庚午，魏羽林、虎賁殺征西將軍張彝，不復窮治。以《通鑑》、《稽古録》修。魏吏部尚書崔亮初立停年格。選舉失人，自亮始。以呂祖謙《標目》修。

夏五月戊戌，魏以任城王澄爲司徒、驃騎大將軍、儀同三司。以本紀修。魏賞賜無節，府庫漸虚，乃減百官禄力。以呂祖謙《標目》、（修）朱熹《綱目》修。

冬十二月癸丑，魏任城文宣王澄卒。以呂祖謙《標目》修。

梁高祖武皇帝普通元年　魏肅宗孝明皇帝正光元年

春正月，乙亥朔，梁改元。以《梁》紀修。

丙子，日有食之。以《梁》紀修。

秋七月丙子，魏領軍將軍元義及劉騰幽太后於北宮，殺清河王懌。以呂祖謙《標目》修。己卯，梁江、淮、海溢。以《梁》紀修。辛卯，魏改元。以《魏》紀修。魏相州刺史、中山王熙起兵誅元義、劉騰，不克。

八月，見殺。以《魏》紀、《稽古録》修。甲子，梁車騎將軍、永昌嚴侯韋叡卒。以呂祖謙《標目》修。

九月戊戌，魏以高陽王雍爲丞相，與元義同決庶務。以《魏》紀修。柔然可汗阿那瓌奔魏。以《魏》紀修。

冬十月，魏以汝南王悦爲侍中、太尉。

十二月辛酉，魏京兆王繼爲司徒。以《魏》紀修。魏聘梁，復通好。以《通鑑》修。

梁高祖武皇帝普通二年　魏肅宗孝明皇帝正光二年

春正月，魏納阿那瓌于柔然，弗克。以《通鑑》修。

三月，魏右將軍奚康生謀迎太后，不克，見殺。劉騰爲司空。

夏四月，京兆王繼爲太保，崔光爲司徒。以呂祖謙《標目》修。

六月，梁琬琰殿火。以《梁》紀修。

秋七月，梁將軍裴邃爲豫州刺史。以《通鑑》修。高車破柔然，可汗婆羅門降魏。

冬十月，魏分處阿那瓌、婆羅門於邊。以呂祖謙《標目》修。

梁高祖武皇帝普通三年　魏肅宗孝明皇帝正光三年

夏五月，壬辰朔，日有食之，既。以本紀修。

冬十一月，丙午，魏初行《正光曆》。以《魏》紀修。

十二月，京兆王繼爲太傅，崔光爲太保。以《魏》紀修。柔然婆羅門叛魏亡歸，尋見擒。以呂祖謙《標目》修。

是歲，梁西豐侯正德奔魏。以《通鑑》修。

梁高祖武皇帝普通四年　魏肅宗孝明皇帝正光四年

春二月，柔然阿那瓌入魏境。以本紀修。

三月，魏劉騰卒。以呂祖謙《標目》修。

夏四月，阿那瓌北遁。以呂祖謙《標目》修。魏尚書令李崇請改緣邊諸鎮爲州，不從。以呂祖謙《標目》修。魏懷荒鎮民及沃野鎮民破六韓拔陵反。改元。以呂祖謙《標目》修。

冬十一月，癸未朔，日有食之。以本紀修。

十二月戊午，梁始鑄鐵錢。以《梁》紀修。

是歲，梁西豐侯正德自魏逃歸，復其封爵。以列傳修。

梁高祖武皇帝普通五年　魏肅宗孝明皇帝正光五年

春三月，魏遣臨淮王彧討破六韓拔陵。

夏四月，敕勒酋長胡琛應拔陵，武川、懷朔鎮陷。

五月，彧敗。壬申，以李崇開府爲討北大都督討之。以呂祖謙《標目》、《魏》紀修。

六月，梁遣裴邃伐魏。以呂祖謙《標目》修。魏秦州莫折大提反，遣雍州刺史元志討之。大提死，其子念生自稱天子，改元。

秋七月甲寅，遣吏部尚書元脩義爲西道行臺討之，以呂祖謙《標目》修。魏將軍崔暹敗於白道，李崇還雲中。以呂祖謙《標目》修。

八月甲午，魏元志大敗於隴口。以《魏》紀修。東、西部敕勒皆附破六韓拔陵。丙申，魏始改鎮爲州。以呂祖謙《標目》修。魏秀容人反，別將爾朱榮討平之。《魏》紀。

九月，梁拔魏諸城，裴邃襲壽陽，弗克。以《梁》紀修。壬申，魏以左僕射蕭寶寅爲西道行臺、大都督。以《魏》紀修。

冬十月，魏營州就德興反。以呂祖謙《標目》修。

梁裴邃進兵，魏守將多棄城走。以《通鑑》修。

十一月戊申，莫折天生陷魏岐州，殺元志。

十二月壬辰，魏以京兆王繼都督西道討之。以本紀、呂祖謙《標目》修。梁取魏三關，圍潁州，弗克。以《通鑑》修。

是歲，梁太子詹事周捨免，散騎常侍朱异代掌機密。以呂祖謙《標目》修。

梁高祖武皇帝普通六年　魏肅宗孝明皇帝孝昌元年

春正月，梁破魏南鄉郡及馬圈等城。以朱熹《綱目》修。庚申，魏徐州刺史元法僧稱帝，改元。魏討之，法僧降梁，梁以爲司空。以呂祖謙《標目》修。魏征西將軍、西道都督崔延伯及蕭寶寅大破莫折天生於黑水，走之。以京兆王繼爲太尉。以《魏》紀修。癸酉，梁裴邃大敗魏河間王琛于壽陽。以《梁》紀修。

二月，魏元義爲驃騎大將軍、開府、尚書令。以呂祖謙《標目》修。三月乙丑，梁遣豫章王綜督彭城軍，召元法僧還。以呂祖謙《標目》修。魏京兆王繼班師。以呂祖謙《標目》修。柔然阿那瓌討破六韓拔陵，破之。

夏四月，自稱可汗。以朱熹《綱目》、呂祖謙《標目》修。辛卯，魏胡太后臨朝，發劉騰墓，賜元義死，以開府屬鄭儼、前鴈門太守徐紇爲中書舍人。以《魏》紀、傳修。壬辰，胡琛遣將万俟醜奴等寇魏涇州，崔延伯擊之，敗死。以《魏》紀修。

五月，梁夷陵烈侯裴邃卒。壬子，以中護軍夏侯亶督壽陽軍事。以呂祖謙《標目》修。

六月庚辰，梁豫章王綜降魏，魏取彭城，立綜爲丹陽王，更名贊。梁召夏侯亶還。以呂祖謙《標目》修。癸未，魏改元。以《魏》紀修。西部鐵勒降魏，廣陽王深大敗破六韓拔陵。以《魏》傳修。

秋八月，魏杜洛周反於上谷，改元。以《魏》紀修。

冬，魏二荆、西郢州蠻反，梁將曹義宗圍荆州。以呂祖謙《標目》修。

十二月戊子，梁邵陵王綸有罪，免官削爵土。以朱熹《(標)〔綱〕目》修。魏山胡劉蠡升自稱天子，改元。以呂祖謙《標目》修。

梁高祖武皇帝普通七年　魏肅宗孝明皇帝孝昌二年

春正月，魏鮮于脩禮反於定州。以呂祖謙《標目》修。

夏四月，魏鮮于阿胡反於朔州，遣左光禄大夫長孫稚爲都督討之。鮮于脩禮敗稚。

五月，以吏部尚書廣陽王淵爲北討大都督。以《魏》紀修。

秋七月，魏行臺常景破杜洛周別帥。以《通鑑》修。戊申，鮮于阿胡陷魏平城，以呂祖謙《標目》修。梁遣潁州刺史元樹及夏侯亶伐魏。以本紀修。

八月癸巳，賊帥元洪業殺鮮于脩禮以降魏，賊黨葛榮殺洪業而自立。以呂祖謙《標目》修。魏恒、朔州都督爾朱榮襲取肆州。以呂祖謙《標目》修。

九月辛亥，葛榮殺魏都督、章武王融，自稱天子，國號齊，改元。又殺廣陽王淵。以呂祖謙《標目》修。就德興陷魏平州。以《通鑑》修。莫折念生降魏，既而復反。破六韓拔陵殺胡琛，万俟醜奴，併其衆。以呂祖謙《標目》修。

冬十一月，辛巳，魏壽陽降梁。梁以夏侯亶爲豫、南豫二州刺史。以《通鑑》修。杜洛周陷魏幽州，執常景。以《魏》紀修。魏豫徵六年租調。以呂祖謙《標目》修。

梁高祖武皇帝大通元年　魏肅宗孝明皇帝孝昌三年

春正月乙丑，梁徐勉爲尚書僕射。以《梁》紀修。辛未，魏葛榮陷殷州。以本紀修。莫折念生大敗魏司空蕭寶寅於涇州，遂陷岐、豳、北華州。寶寅免爲庶人。以本紀修。辛卯，梁譙州刺史湛僧智圍魏東豫州，司州刺史夏侯夔取魏平静、穆陵、陰山關。以《通鑑》修。

二月，莫折念生據魏潼關，既而西走。以《魏》紀修。

三月辛未，梁主没身同泰寺。以《皇極經世》修。甲戌，梁改元。以《梁》紀修。

秋七月，魏相州刺史、樂安王鑒降葛榮，魏討之。

八月丁未，伏誅。以《魏》紀修。

九月，魏秦州杜粲殺莫折念生，據其州。以《魏》紀修。魏將軍元顯伯救東豫州。

冬十月庚戌，東豫州降梁，顯伯敗走。以《通鑑》修。魏以衛將軍、討虜大都督爾朱榮爲車騎將軍、儀同三司。以本紀修。梁東宫直閤陳慶之取魏渦陽，大敗魏兵。以《通鑑》修。魏以中尉酈道元爲關右大使。甲寅，征西將軍、雍州刺史、開府、西討大都督蕭寶寅殺之而反，自稱齊帝，改元。魏遣尚書僕射長孫稚爲行臺討之。以《魏》紀修。

十一月丁卯，梁以護軍蕭淵藻爲都督，鎮渦陽。以《梁》紀修。葛榮陷魏冀州。

十二月戊申，殺刺史源子邕。以《魏》紀修。秦州殺杜粲以降魏。以《魏》紀修。

卷四二　梁高祖武皇帝大通二年　魏敬宗孝莊皇帝元子攸永安元年

春正月，杜洛周陷魏定、瀛二州。以《魏》紀修。乙丑，魏皇女生，胡太后詐言皇子。丙寅，改元武泰。以呂祖謙《標目》修。丙子，魏長孫稚克潼關，寶寅敗奔万俟醜奴。魏以稚爲雍州刺史。以《魏》紀、呂祖謙《標目》修。

二月，葛榮殺杜洛周，併其衆。以呂祖謙《標目》修。魏主召并、肆、汾、廣、恒、雲大都督爾朱榮兵，以脅太后。癸丑，太后與鄭儼弒之。甲寅，立皇女爲帝。既而立臨洮王世子釗，始生三歲。以呂祖謙《標目》修。

三月癸未，葛榮陷魏滄州。以《魏》紀修。魏爾朱榮舉兵於晉陽。

夏四月戊戌，立魏長樂王子攸爲皇帝，自爲都督中外軍事，大將軍、開府、尚書令、領軍將軍、太原王。徐紇、鄭儼亡走。庚子，榮沉太后、幼主於河，殺高陽王雍以下二千餘人。辛丑，入洛陽，改元建義。以呂祖謙《標目》修。魏郢州降梁，改爲北司州。以《梁》紀修。魏太尉、汝南王悦，太傅、相州刺史、北海王顥奔梁。以《梁》紀修。魏北青、南荆州降梁。以《梁》紀修。

五月，魏立肅宗嬪爾朱氏爲后，辛酉，爾朱榮還晉陽，以太尉、并州刺史、上黨王天穆録尚書事、京畿大都督，領軍將軍。以呂祖謙《標目》修。梁曹義宗圍荆州。癸未，魏遣將軍費穆救之。以《通鑑》修。

六月，魏邢杲反於北海，自稱漢王，改元。以呂祖謙《標目》修。

秋七月，万俟醜奴稱天子，改元。以《通鑑》修。

八月，魏泰山太守羊侃降梁。以《魏》紀、《通鑑》修。葛榮圍魏相州。

九月壬申，爾朱榮討擒之。乙亥，改元。以吕祖謙《標目》修。辛巳，魏爾朱榮自爲大丞相、都督河北畿外軍事，以城陽王徽爲司徒。以吕祖謙《標目》修。

冬十月丁亥，葛榮伏誅。以吕祖謙《標目》修。梁以北海王顥爲魏主，遣將軍陳慶之送之，據銍城。以吕祖謙《標目》修。魏費穆獲曹義宗。以本紀修。魏豫州降梁。以《梁》紀修。

十一月，魏復取梁泰山。以《通鑑》修。戊寅，魏以上黨王天穆爲大將軍、開府，世襲并州刺史。以《通鑑》修。

十二月，魏韓樓據幽州反。以吕祖謙《標目》修。

梁高祖武皇帝中大通元年　魏敬宗孝莊皇帝永安二年

春二月甲午，魏主追尊考、妣爲帝、后，以高祖爲伯考。以《通鑑》修。

夏四月，梁陳慶之拔榮城，魏北海王顥即皇帝位於睢陽，改元孝基。以吕祖謙《標目》修。魏邢杲伏誅。以吕祖謙《標目》修。

五月戊辰，魏主顥克梁國，大破上黨王天穆。甲戌，魏主子攸奔河内。丙子，顥入洛陽，改元建武。費穆降。

六月，誅之。顥與陳慶之相忌。

閏月，爾朱榮渡河，顥走死，慶之奔還。庚午，魏主入洛陽。壬申，榮自爲天柱大將軍。甲戌，以上黨王天穆爲太宰。榮還晉陽。以吕祖謙《標目》、《魏》紀、傳修。

秋七月，魏鑄五銖錢。以《魏》紀修。魏巴州降梁。以吕祖謙《標目》修。

九月癸巳，梁主復没身同泰寺。癸卯，羣臣以錢一億萬奉贖。以《皇極經世》修。魏平韓樓，以吕祖謙《標目》修。万俟醜奴陷魏東秦州。以《魏》紀修。

冬十月己酉，梁改元。以《梁》紀修。

十一月，就德興降魏。以吕祖謙《標目》修。

十二月，魏以第三鎮酋長高歡爲晉州刺史。以《魏》傳修。

梁高祖武皇帝中大通二年　魏敬宗孝莊皇帝永安三年

春正月己丑，魏復取巴州。以吕祖謙《標目》修。

夏四月丁巳，魏以太尉、丹陽王蕭贊都督齊、濟、兖三州軍事、開府、齊州刺史。以《魏》紀修。魏驃騎大將軍爾朱天光、左右大都督賀拔岳、侯莫陳悦取安定，万俟醜奴、蕭寶寅皆伏誅。以吕祖謙《標目》修。

六月丁巳，梁遣魏汝南王悦還北主魏。以《梁》紀修。

秋七月，魏以賀拔岳爲涇州刺史，侯莫陳悦爲渭州刺史，將軍宇文泰行原州事。以《通鑑》修。

九月，長星見。以朱熹《綱目》修。魏爾朱榮、上黨王天穆至洛陽。戊戌，榮父子及天穆等皆伏誅。己亥，僕射爾朱世隆據北中城。

冬十月乙卯，退走，與車騎大將軍、儀同、汾州刺史爾朱兆立行并州事、長廣王曄爲皇帝，改元建明。三徐州刺史爾朱仲遠亦起兵。

十二月甲辰，兆陷洛陽，執魏主子攸，遷之於晉陽。殺司徒、臨淮王彧等。甲子，弑魏主。以吕祖謙《標目》修。魏大將軍爾朱兆使高歡領六鎮部衆。以吕祖謙《標目》修。魏齊州亂，蕭贊走死。以朱熹《綱目》修。魏汝南王悦自東徐州南還。以《通鑑》修。

梁高祖武皇帝中大通三年　魏節閔帝元恭普泰元年

春二月，魏尚書令爾朱世隆廢其主曄，更立儀同、廣陵王恭，改元。庚午，詔但稱帝。以吕祖謙《標目》修。魏河北大使高乾邕襲據冀州，迎高歡。以《魏》紀修。

三月癸酉，魏封故主曄爲東海王，加爾朱兆十州都督，世襲并州刺史。封高歡爲勃海王，徵之不至。以《魏》紀、《通鑑》修。己丑，魏以賀拔岳爲岐州刺史，侯莫陳悦爲秦州刺史。以《魏》紀修。

夏四月乙巳，梁太子統卒。

五月丙申，立晉安王綱爲皇太子。

六月癸丑，立統之子歡爲豫章王，譽爲河東王，詧爲岳陽王。以《梁》紀修。庚申，魏勃海王歡起兵討爾朱氏。以吕祖謙《標目》修。

秋七月，魏太保爾朱世隆殺前太保楊椿，夷其族。以《魏》紀修。

冬十月壬寅，魏勃海王歡立勃海太守元朗爲皇帝，改元中興，歡自爲丞相、都督中外諸軍、大將軍、録尚書事。辛亥，大破爾朱兆於廣阿。以吕祖謙《標目》修。

是歲，魏南兖州降梁。以《通鑑》修。

梁高祖武皇帝中大通四年　魏孝武皇帝元脩永熙元年

春正月，梁立西豐侯正德爲臨賀王。以《梁》紀修。梁送魏汝南王悦入洛。以《通鑑》修。壬午，魏勃海王歡取相州。以吕祖謙《標目》修。

二月壬寅，梁以太尉元法僧還北主魏。以《梁》紀修。梁揚州刺史、邵陵王綸有罪，免爲庶人。以《通鑑》修。甲子，魏勃海王歡自爲大丞相、柱國大將軍、太師。以《魏》紀修。

三月丁丑，魏主朗入鄴。以《魏》紀修。

閏月壬寅，魏儀同爾朱世隆召爾朱兆、大司馬、雍州刺史爾朱天光、太宰、徐州刺史爾朱仲遠等攻鄴。壬戌，勃海王歡大敗之于韓陵。

夏四月，世隆伏誅，仲遠奔梁。以《魏》紀、吕祖謙《標目》修。魏賀拔岳、侯莫陳悦、宇文泰取長安。以吕祖謙《標目》修。魏勃海王歡入洛陽，廢其主恭，又廢其主朗於河陽。戊子，立儀同、左僕射、平陽王脩爲皇帝，改元太昌。歡自爲大丞相。以《皇極經世》、吕祖謙《標目》修。魏徵關西大行臺賀拔岳爲冀州刺史，不至。以《通鑑》修。壬辰，魏勃海王歡還鄴。以《魏》紀修。魏爾朱天光伏誅。以《通鑑》修。

五月，魏封故主朗爲安定郡王。以《魏》紀修。丙申，魏弑其故主恭。以吕祖謙《標目》修。

秋七月甲辰，星隕如雨。《南史》、《梁》紀。魏勃海王歡擊爾朱兆走之，遂據晉陽。以吕祖謙《標目》修。

冬十一月甲辰，魏弑其故主朗及曄。以《魏》紀修。

十二月，梁以元法僧爲郢州刺史。以《通鑑》修。魏殺大司馬、汝南王悦。以《魏》紀修。魏改元。以《魏》紀修。魏主納勃海王歡女爲后。以《通鑑》修。

梁高祖武皇帝中大通五年　魏孝武皇帝永熙二年

春正月，魏勃海王歡襲秀容爾朱兆，伏誅。以吕祖謙《標目》修。魏罷行臺。以吕祖謙《標目》修。己酉，長星見。以《梁》紀修。魏侍中賀拔勝都督三荆等七州軍事、荆州刺史。以吕祖謙《標目》修。

三月辛卯，魏勃海王歡復爲大行臺。以吕祖謙《標目》修。魏驃騎大將軍、開府、徐州刺史高乾邕伏誅，大都督高敖曹奔晉陽。以吕祖謙《標目》修。

夏四月，魏青州人殺膠州刺史。

五月，東徐州人殺刺史，降梁。以《魏》紀修。

秋八月，魏以賀拔岳都督雍、華等二十州軍事、雍州刺史。岳以行臺左丞宇文泰爲夏州刺史。以《魏》紀、《通鑑》修。

冬十二月，魏賀拔勝寇梁雍州，破沔陽。以吕祖謙《標目》修。魏勃海王歡遣使間賀拔岳、侯莫陳悦。以吕祖謙《標目》修。

梁高祖武皇帝中大通六年　魏孝武皇帝永熙三年　東魏孝靜皇帝元善見天平元年

春二月，魏賀拔岳、侯莫陳悦討靈州刺史曹泥，悦襲殺岳於河曲，岳衆迎宇文泰。魏以泰爲大都督。

三月，泰引兵討悦。以吕祖謙《標目》修。

夏四月，癸丑朔，日有食之。以《魏》志修。侯莫陳悦奔上邽，自殺。魏以宇文泰爲驃騎大將軍、開府、關西大都督，承制。以吕祖謙《標目》修。

六月，魏勃海王歡反。魏主以宇文泰兼僕射，爲大行臺。

秋七月己丑，魏主屯河橋。戊申，奔長安。己酉，歡入洛陽。

八月作，推司徒、清河王亶爲大司馬，承制決事。魏主以泰爲大將軍、雍州刺史。尚書令歡追魏主。

九月，取潼關。還，使行臺侯景取荆州，賀拔勝奔梁。以《魏》紀、吕祖謙《標目》修。

冬十月丙寅，勃海王歡立清河世子善見爲皇帝，改元，是爲東魏。魏始分爲二。以吕祖謙《標目》、《北史》、《齊》紀修。丁卯，梁以將軍元慶和爲驃騎大將軍，伐東魏。以本紀修。魏宇文泰克潼關，進位大丞相。以《通鑑》修。丙子，東魏遷鄴，勃海王歡還晉陽。以吕祖謙《標目》、《齊》紀修。

十二月，魏擊曹泥。以《通鑑》修。

閏十二月癸巳，魏宇文泰弑其主脩，立太宰、南陽王寶炬。以吕祖謙《標目》修。是時，魏取荆州，東魏尋襲取之。以吕祖謙《標目》修。

梁高祖武皇帝大同元年　魏文帝元寶炬大統元年　東魏孝靜皇帝天平二年

春正月，戊申朔，梁改元。以《梁》紀修。魏主寶炬即皇帝位，改元。以《魏》紀、《周》紀修。魏克靈州。以本紀修。己酉，魏宇文泰自爲都督中外軍事、大行臺。以本紀修。魏主立妃乙弗氏爲皇后，子欽爲皇太子。以《通鑑》修。己巳，東魏勃海王歡自爲相國，加殊禮，復辭不受。以《魏》紀、《齊》紀修。

二月戊戌，梁司州刺史陳慶之伐東魏，不利而還。以《魏》紀、《通鑑》修。

三月，東魏平劉蠡升。以吕祖謙《標目》修。魏宇文泰爲新制二十四條，以著作郎蘇綽爲大行臺左丞，參典機密。以《通鑑》修。

夏四月，魏元慶和攻東魏，遣司徒高敖曹等拒之。以《通鑑》修。

五月，魏宇文泰自加柱國。以《魏》紀修。

秋七月，魏東益州降梁。以《通鑑》修。

八月甲午，東魏營新宮。以《魏》紀修。

冬十一月丁酉，梁侍中、中衛將軍徐勉卒。以呂祖謙《標目》修。　梁北梁州刺史蘭欽攻魏梁州，降之。以《梁》紀修。

十二月甲午，東魏始量給百官禄。以呂祖謙《標目》修。

是歲，魏與柔然和親。以《通鑑》修。

梁高祖武皇帝大同二年　魏文帝大統二年　東魏孝靜皇帝天平三年

春正月，東魏勃海王歡襲取魏夏州，拔靈、凉二州以歸。以呂祖謙《標目》修。

二月丁酉，東魏勃海王歡世子、大行臺、并州刺史澄爲尚書令，加領軍、京畿大都督，入鄴輔政。以《魏》紀修。

夏五月癸卯，梁以尚書右丞江子四封事付尚書檢括。以《梁》紀修。

秋七月，賀拔勝等復歸於魏。以《通鑑》修。

九月壬寅，東魏以定州刺史侯景兼右僕射、南道行臺，攻梁。

冬十月，梁陳慶之破走之。以《魏》紀、《梁》紀、呂祖謙《標目》修。

冬十二月壬申，東魏請和於梁，自是交聘不絶。以呂祖謙《標目》修。　東魏勃海王歡殺大司馬、清河王亶。以《通鑑考異》修。　丁丑，東魏勃海王歡伐魏，次蒲津，遣高敖曹趣上洛，車騎大將軍竇泰趣潼關。以《魏》紀、《齊》紀修。

是歲，魏大饑，死者十七八。以《魏》紀修。

梁高祖武皇帝大同三年　魏文帝大統三年　東魏孝靜皇帝天平四年

春正月癸丑，魏宇文泰襲敗竇泰，殺之。勃海王歡遁，高敖曹亦還。以呂祖謙《標目》修。

秋八月丁丑，魏宇文泰伐東魏。庚寅，拔恒農。以呂祖謙《標目》修。

閏九月甲子，梁以揚州刺史、武陵王紀都督梁、益等州軍事、益州刺史。以傳、紀、呂祖謙《標目》修。　東魏勃海王歡趨蒲津，魏宇文泰還師。

冬十月癸巳，大破歡於渭曲。泰自爲柱國大將軍，取蒲坂、洛陽、滎陽，降潁、梁、廣三州。

十一月，降陽、豫二州。以呂祖謙《標目》修。

梁高祖武皇帝大同四年　魏文帝大統四年　東魏孝靜皇帝元象元年

春正月，辛酉朔，日有食之。以《魏》紀修。　丁卯，東魏改元。以呂祖謙《標目》修。

二月，魏南汾、潁、豫、廣州復入東魏。以《通鑑》修。

三月，魏廢其后乙弗氏，立柔然女郁久閭氏爲后。以呂祖謙《標目》修。　魏宇文泰屯華州。以呂祖謙《標目》修。

秋七月，東魏侯景圍洛陽。魏宇文泰奉魏主救之。

八月庚寅，景退。辛卯，泰追之，不利而還。關中大擾，泰討平之。以《魏》紀、朱熹《綱目》、呂祖謙《標目》修。　東魏取洛陽。以呂祖謙《標目》修。

九月，魏主入長安。以《通鑑》修。

冬十二月，魏襲取東魏洛陽、廣州。以呂祖謙《標目》修。　魏正光後，僧尼至二百萬。東魏始禁立寺。以呂祖謙《標目》修。　魏南兖州刺史韋孝寬取東魏宜陽，行臺王思政城玉壁。以呂祖謙《標目》修。　東魏高澄攝吏部尚書，始改年勞之制。以呂祖謙《標目》修。

梁高祖武皇帝大同五年　魏文帝大統五年　東魏孝靜皇帝興和元年

春正月乙卯，梁以丹陽尹何敬容爲尚書令。自晉末宰相皆以文義自逸，敬容獨勤簿領，以綱維爲己任。以紀、傳修。　魏宇文泰置華州行臺學。以呂祖謙《標目》修。

夏五月甲戌，東魏主納勃海王歡女爲后。以《魏》紀修。

秋九月甲子，東魏城鄴。

冬十月癸亥，東魏改元。以《魏》紀、《〔稽〕古録》修。

十一月，東魏行《興光曆》以《魏》紀、曆志修。　梁分州爲五品，時方恢拓境宇，建置紛綸，州郡雖多而户口日耗。以《通鑑》修。

梁高祖武皇帝大同六年　魏文帝大統六年　東魏孝靜皇帝興和二年

春正月庚戌，魏朝羣臣禮樂稍備。以《魏》紀修。

二月，柔然侵魏，魏主殺其故后乙弗氏。未幾，郁久閭氏亦殂。以《周》紀、《通鑑》修。

夏，閏五月，丁丑朔，日有食之。以《魏》志修。　是時，吐谷渾始稱可汗。以呂祖謙《標目》修。

梁高祖武皇帝大同七年　魏文帝大統七年　東魏孝靜皇帝興和三年

秋，魏省官屯田。

九月，魏頒六條。以《通鑑》修。

冬十月甲寅，東魏頒行《麟趾格》。以朱熹《綱目》修。

十二月，交州李賁反，梁遣兵擊之。以吕祖謙《標目》修。

是歲，魏頒十二條制。以《魏》紀修。東魏勃海王歡命濱河積穀、轉漕，傍海煮鹽，連歲大稔，民稍甦息。以吕祖謙《標目》修。

梁高祖武皇帝大同八年　魏文帝大統八年　東魏孝靜皇帝興和四年

春正月，梁安成妖賊反，改元。

三月，江州司馬王僧辨斬之。以《魏》傳修。魏置六軍。以《魏》紀修。

秋八月，東魏以吏部尚書侯景兼僕射、河南大行臺。以《魏》紀修。

冬十月，東魏勃海王歡伐魏，圍玉壁，弗克而還。以《魏》紀修。

十二月，梁盧子略等反，攻廣州，參軍陳霸先討平之。以《陳》紀、《通鑑》修。

梁高祖武皇帝大同九年　魏文帝大統九年　東魏孝靜皇帝武定元年

春正月壬戌，東魏改元。以《魏》紀修。

二月壬申，東魏北豫州刺史高仲密以虎牢降魏，魏宇文泰應之。

三月，圍河橋。戊申，東魏勃海王歡大敗之於邙山。己酉，泰遁。歡追至陝而還。

夏四月，取北豫、洛州。以《稽古録》及吕祖謙《標目》修。

冬十一月，東魏築長城於肆州。以《魏》紀修。

梁高祖武皇帝大同十年　魏文帝大統十年　東魏孝靜皇帝武定二年

春正月，魏詔公卿以下月上封事三條。以《魏》紀修。李賁稱越帝，改元。以本紀修。

三月壬子，魏以高澄爲大將軍、領中書監，侍中、太原公高洋爲左僕射，門下機事皆歸中書。以《通鑑目録》修。

秋七月，魏更權衡度量，損益新制三十六條。以《魏》紀、《周》紀修。

冬十月丁巳，東魏括隱户。以吕祖謙《標目》修。

梁高祖武皇帝大同十一年　魏文帝大統十一年　東魏孝靜皇帝武定三年

春二月，魏遣使如突厥。以《通鑑》修。

夏六月，魏命蘇綽作《大誥》。以《通鑑》修。梁交州刺史楊瞟討李賁，敗之。以《通鑑》修。

秋八月，東魏高歡納柔然女。以吕祖謙《標目》修。

冬十月，梁復贖刑。以《梁》紀修。

十二月，梁散騎常侍賀琛陳四事，詔詰責之。以朱熹《綱目》修。梁主疎簡刑法，公卿不以鞫獄爲意，枉濫者多。以《通鑑目録》修。

梁高祖武皇帝中大同元年　魏文帝大統十二年　東魏孝靜皇帝武定四年

春正月，李賁奔獠中。以吕祖謙《標目》修。

三月庚戌，梁主講佛書於同泰寺。

夏四月丙戌，解講。改元。是夜，同泰浮圖災，復作之。以《梁》紀、《通鑑》修。魏涼、瓜州亂。

五月，討平之。以朱熹《綱目》修。

六月庚子，東魏以司徒侯景爲河南大將軍、大行臺。以《通鑑》修。

秋七月丙寅，梁用足陌錢，人不從。以《梁》紀、《通鑑》修。

八月，東魏遷洛陽石經于鄴。以《魏》紀修。魏以晉州刺史韋孝寬守玉壁。

九月，東魏勃海王歡圍之。以吕祖謙《標目》修。李賁自獠中出，梁陳霸先敗之。以《通鑑目録》修。

冬十月乙亥，梁前東揚州刺史、岳陽王詧爲雍州刺史。以《梁》紀、吕祖謙《標目》修。東魏勃海王歡攻玉壁，弗克。

十一月庚子，還。以其子、太原公洋鎮鄴，澄還晉陽。以吕祖謙《標目》、《齊》紀修。魏以韋孝寬爲驃騎、開府。以《通鑑》修。魏宇文泰屯同州。

十二月，大行臺、度支尚書、司農卿蘇綽卒。以吕祖謙《標目》修。

卷四三　梁高祖武皇帝太清元年　魏文帝大統十三年　東魏孝靜皇帝武定五年

春正月，己亥朔，日有食之，不盡如鈎。以《魏》志修。壬寅，梁江州刺史、湘東王繹都督荆、雍等州軍事，荆州刺史。以《梁》紀修。丙午，東魏勃海獻武王高歡卒。以吕祖謙《標目》修。辛亥，東魏侯景以河南叛降，魏遣司空韓軌討之。以吕祖謙《標目》修。

二月，魏除宫刑。以朱熹《綱目》修。庚辰，侯景降梁，侍中朱异請納之。壬午，以爲大將軍、河南王、大行臺，承制。

三月甲辰，遣司州刺史羊鴉仁等赴懸瓠。以吕祖謙《標目》及本紀修。

夏四月壬申，東魏高澄入鄴。以《通鑑》修。丁亥，梁改元。以《梁》紀修。

五月甲辰，東魏以高洋爲尚書令、領中書監、徐州刺史，慕容紹宗爲左僕射。以《魏》紀、《通鑑》修。　東魏韓軌圍侯景於潁川，魏遣荆州刺史王思政等救之。

六月，魏徵景，景辭，遂專附梁。以吕祖謙《標目》修。　東魏以高洋爲京畿大都督，高澄還晉陽。

秋七月，澄自爲都督中外諸軍、録尚書事、勃海王。以《通鑑》、《魏》紀修。

八月乙丑，梁以南豫州刺史蕭淵明爲大都督，伐東魏。以本紀修。　辛未，東魏勃海王澄入鄴。以《魏》紀修。　戊子，梁以侯景録行臺尚書事。以《通鑑》修。　東魏勃海王澄幽其主。　壬辰，殺侍讀蔣濟等。

九月辛丑，還晉陽。以《魏》紀修。　梁蕭淵明圍彭城。

冬十一月，東魏以慕容紹宗爲東南道行臺擊之，擒淵明。以《魏》紀修。

十二月，東魏慕容紹宗擊侯景於渦陽，敗績。以《魏》紀、傳修。

梁高祖武皇帝太清二年　魏文帝大統十四年　東魏孝靜皇帝武定六年

春正月己亥，東魏慕容紹宗擊侯景，景衆潰。以吕祖謙《標目》修。　甲辰，梁羊鴉仁遁，侯景奔壽陽。　乙卯，梁以爲南豫州牧，光禄大夫蕭介諫，不聽。以吕祖謙《標目》、本紀修。

二月，東魏求通於梁，朱异請許之，司農卿傅岐諫，不聽。以吕祖謙《標目》修。

三月，屈洞獠斬李賁。以本紀修。

夏五月，魏宇文泰自爲太師。以《北史》、《周》紀修。

秋七月，庚寅朔，日有食之。以《魏》志修。

八月，東魏以慕容紹宗爲大行臺，攻魏王思政於潁州。以《魏》紀修。　東魏略梁淮北二十三州。以《通鑑》修。　梁合州刺史、鄱陽王範請討侯景，朱异沮之。　戊戌，景反。　甲辰，遣開府、邵陵王綸督衆軍討之。

冬十月，景陷譙州。　丁未，陷歷陽。　尚書羊侃請守采石、襲壽陽，朱异沮之。　戊申，以臨賀王正德都督京師軍事。　己酉，景濟江。　詔以揚州刺史、宣城王大器都督城内軍事，羊侃副之。　辛亥，正德降景，景圍臺城。

十一月，戊午朔，正德稱帝，改元正平。　己巳，湘東王繹遣兵赴難。　庚辰，邵陵王綸還軍赴難。　乙酉，敗於玄武湖。　丙戌，鄱陽王範遣兵與西豫州刺史裴之高赴難。

十二月，南兖州刺史、南康王會理赴難。　癸巳，羊侃卒。　湘東王繹遣世子方〔等〕赴難。　丙辰，司州刺史柳仲禮、前衡州刺史韋粲、前司州刺史羊鴉仁並赴難，推仲禮爲大都督。以吕祖謙《標目》及本紀修。

梁高祖武皇帝太清三年　魏文帝大統十五年　東魏孝靜皇帝武定七年

春正月丁巳，侯景攻梁韋粲，粲死之。　柳仲禮擊景，破之。　仲禮被傷，不復戰。以《南史》、《梁》紀、吕祖謙《標目》修。　庚申，梁朱异卒。以《梁》紀修。　戊辰，梁封山侯正表以北徐州，叛降東魏。以《通鑑》修。　癸未，梁高州刺史李遷仕、天門太守樊文皎赴難，文皎戰死。以《梁》紀修。　梁壽陽降東魏。以吕祖謙《標目》修。

二月，侯景請和，梁中領軍傅岐諫，不聽。　以景爲大丞相、都督江西四州軍事。　南康王會理等赴難，至白下，移之南岸。　湘東王繹軍武城，湘州刺史、河東王譽軍青草湖，信州刺史、桂陽王慥軍峽口。　敕止之。　景復反。

三月戊午，南康王會理等進軍東府北，大敗。　丁卯，臺城陷。　景自爲大都督中外諸軍、録尚書事。　邵陵王綸奔會稽。　景廢蕭正德爲大司馬。以本紀、《通鑑》及吕祖謙《標目》修。　梁湘東王繹殺桂陽王慥。以《通鑑》修。　壬午，侯景遣將陷梁廣陵。以吕祖謙《標目》修。　梁吴郡降侯景。以《通鑑》修。　東魏取梁青、冀、東徐、北青州、淮陽、山陽、淮陰郡。以本紀、《通鑑》修。

夏四月，東魏慕容紹宗攻魏潁川，溺死。以《魏》紀修。

五月丙辰，梁主以憂殂。　辛巳，太子綱即皇帝位。以本紀修。　魏詔代人改姓者復舊。以《北史》紀修。

六月丁亥，梁立宣城王大器爲皇太子。以《梁》紀修。　東魏拔魏潁川，執王思政。以吕祖謙《標目》修。　梁湘東王繹假黄鉞、大都督中外軍事、司徒，承制。以《梁》紀修。　癸丑，侯景殺蕭正德。以列傳修。　梁湘東王繹使其世子方等攻河東王譽，方〔等〕敗死。以《梁》紀修。　梁廣州刺史元景仲附侯景。

秋七月甲寅，西江督護陳霸先誅之，迎定州刺史蕭勃爲刺史。以吕祖謙《標目》修。　梁湘東王繹使信州刺史鮑泉攻湘州。以《梁》紀、《通鑑》修。　梁鄱陽王範歸合州於東魏以乞師。以《通鑑》修。

八月辛卯，東魏立子長仁爲太子。以《魏》紀修。　盜殺東魏勃海王澄于鄴，其弟太原公洋以太尉高岳等守鄴，遂如晉陽。以吕祖謙《標目》修。

九月癸丑，侯景遣將陷梁吴興，太守張嵊死之。以《通鑑》修。　梁岳陽王詧伐江陵以救湘州，湘東王繹遣兵襲襄陽，詧遁。　繹使將軍王僧辯攻湘州。

以《梁》紀修。

冬十一月，梁岳陽王詧附庸於魏。湘東王繹遣兵攻詧，魏遣開府楊忠救之。以《通鑑》修。

十二月庚寅，侯景陷梁會稽，盡没三吴之地。以吕祖謙《標目》修。梁始興太守陳霸先起兵討侯景。以吕祖謙《標目》修。東魏降梁司州，盡有淮南之地。以吕祖謙《標目》修。

梁太宗簡文皇帝蕭綱大寶元年　魏文帝大統十六年齊顯祖文宣皇帝高洋天保元年

春正月，辛亥朔，梁改元。以《梁》紀修。戊辰，東魏高洋自爲丞相、都督中外諸軍、録尚書事、齊郡王。以《魏》紀修。庚午，梁邵陵王綸至郢州，自稱都督中外軍事，承制。以《通鑑》修。魏楊忠執梁司州刺史柳仲禮，盡有漢東之地。以本紀修。癸酉，梁前江都令祖皓襲取廣陵。以《梁》紀修。

二月，魏楊忠至石城，梁湘東王繹請盟而還。以《通鑑》修。侯景遣其將任約、于慶等攻梁諸藩。以吕祖謙《標目》修。侯景遣將屠廣陵。以本紀修。

三月，東魏齊郡王洋自爲王。以吕祖謙《標目》修。

夏四月辛巳，梁王僧辯克湘州，殺河東王譽。壬寅，湘東王繹始發喪。以吕祖謙《標目》修。

五月，東魏齊王洋入鄴。甲寅，自爲相國，加九錫。戊午，即皇帝位，改元，始給百官禄。己未，廢其主爲中山王，追尊父、兄爲皇帝，王太后婁氏爲皇太后。乙丑，降魏封爵。

六月，封功臣及弟十三人爲王。以《通鑑》及吕祖謙《標目》修。梁武陵王紀遣其世子圓照赴難，湘東王繹止之于白帝。以《通鑑》修。齊立李氏爲皇后，子殷爲太子。以《通鑑》修。魏立岳陽王詧爲梁王。

秋七月辛酉，詧朝于魏。以列傳修。戊辰，任約陷梁江州，于慶陷梁豫章。以吕祖謙《標目》修。魏宇文泰帥師討齊。以《魏》紀修。

八月甲午，梁湘東王繹遣將軍王僧辯逼郢州。以《梁》紀修。齊定律，立九等户。以《齊》紀修。

九月辛酉，梁邵陵王綸奔齊昌，降於齊。齊以爲梁王。以吕祖謙《標目》修。庚午，齊主如晉陽。以《齊》紀修。任約據梁西陽、武昌。以吕祖謙《標目》修。乙亥，侯景自爲相國、漢王，加殊禮。冬十月乙未，景自加宇宙大將軍、都督六合軍事。以吕祖謙《標目》修。

十一月，魏師至建州而還。河南自洛陽、河北自平陽已東入於齊。以吕祖謙《標目》修。梁秦州刺史徐文盛大破任約于貝磯。以《通鑑》修。侯景殺梁南康王會理等。以《通鑑》修。

十二月，齊主還鄴。以《通鑑》修。魏作租庸調、府兵。以李鄴侯《家傳》及吕祖謙《標目》修。齊始行《天保曆》以《通鑑》修。齊以相國府騎兵外兵曹爲省，掌機密。以《北齊》列傳修。

梁帝蕭棟大正元年　魏文皇帝大統十七年　齊文宣皇帝天保二年

春二月乙亥，魏拔汝南，執邵陵王綸，殺之。以《魏》紀修。

三月庚戌，魏主殂，太子欽即皇帝位。以吕祖謙《標目》修。乙卯，梁徐文盛等克武昌。以《通鑑》修。己未，齊以湘東王繹爲梁相國，承制。以《齊》紀修。

閏月，侯景西上。癸卯，梁徐文盛擊破之。

夏四月丙午，景襲陷郢州，文盛軍潰。湘東王繹遣大都督王僧辯軍于巴陵，景攻之。

五月，繹遣將軍胡僧祐救之。

六月，擒任約。乙巳，景遁。以《梁》紀修。于慶攻梁鄱陽，弗克，退走。以吕祖謙《標目》修。梁王僧辯克郢州。

秋八月，壬寅朔，克尋陽。以吕祖謙《標目》修。戊午，侯景廢梁主爲晉安王，殺皇太子、諸王侯。壬戌，立豫章王棟爲帝，改元大正。

冬十月壬寅，侯景弒晉安王。以吕祖謙《標目》修。梁湘東王繹割南鄭與魏，刺史、宜豐侯循拒守。以吕祖謙《標目》修。侯景將劉神茂以東陽應湘東王繹。以《通鑑》修。

十一月己卯，侯景自加九錫。己丑，稱帝，改元太始。廢梁主棟爲淮陰王。以吕祖謙《標目》修。

十二月，齊弒中山王。以吕祖謙《標目》修。

梁世祖孝元皇帝蕭繹承聖元年　魏主欽元年　齊文宣皇帝天保三年

春正月，魏取梁東梁州。以《通鑑》修。突厥土門大破柔然，殺頭兵可汗，自號伊利可汗。以吕祖謙《標目》修。

二月，梁江州刺史王僧辯擊侯景，與東揚州刺史陳霸先盟于白茅灣。以《陳》紀修。侯景陷東陽。以《通鑑》修。

三月丁丑，梁王僧辯等大敗侯景兵于姑熟。丁亥，僧辯及陳霸先大敗景于西州，景走吴。戊子，僧辯遣將侯瑱追之。己丑，僧辯上表勸進於湘東王繹，且請還都，不許。以列傳、《通鑑》修。辛卯，梁湘東王繹殺豫章王棟。以《皇極經世》修。齊取梁廣陵。以《通鑑》修。

夏四月，梁王僧辯啟陳霸先鎮京口。以吕祖謙《標目》修。乙巳，梁武陵王紀稱帝，改元天正。以吕祖謙《標目》修。侯景伏誅。以吕祖謙《標目》修。盜以傳國璽歸齊。以《齊》紀修。

五月甲申，齊吏部尚書楊愔爲右僕射。以《齊》紀修。梁開府王僧辯爲司徒，陳霸先爲開府。以紀、傳修。侯景僕射王偉等伏誅。以《梁》紀修。丙戌，齊取梁歷陽。以吕祖謙《標目》修。齊圍梁秦郡，陳霸先大破之。以《通鑑》修。魏取梁漢中。以吕祖謙《標目》修。

秋八月，梁武陵王紀伐湘東王繹。以吕祖謙《標目》修。

冬十月，齊築長城。以《齊》紀修。戊申，梁湘東王繹執湘州刺史王琳，其長史陸納據州反。以吕祖謙《標目》修。

十一月丙子，梁湘東王繹即皇帝位，改元。己卯，立太子方矩爲皇太子。以吕祖謙《標目》修。

梁世祖孝元皇帝承聖二年　魏主欽二年　齊文宣皇帝天保四年

春正月，梁遣王僧辯討陸納，陳霸先鎮揚州。以《通鑑》修。

二月，魏宇文泰去丞相、大行臺，自爲都督中外軍事。以《周》紀修。突厥伊利可汗死，子乙息記可汗立。

三月又死。其弟木扞可汗立。以《通鑑》修。梁主患武陵王紀，求救於魏。魏遣大將軍尉遲迥伐蜀。以吕祖謙《標目》修。

夏五月甲子，魏取梁潼州。以《梁》紀修。梁王僧辯大敗陸納。以《梁》紀修。己丑，梁武陵王紀軍西陵，梁城硤口以禦之。以《梁》紀、《通鑑》修。

六月，梁赦王琳，陸納降。以吕祖謙《標目》修。

秋七月，梁武陵王紀敗死。以吕祖謙《標目》修。

八月戊戌，梁益州降魏。魏以尉遲迥爲大都督益、潼等州軍事。以吕祖謙《標目》修。庚子，梁下詔將還建康，尋止。

九月庚午，王僧辯還建康，陳霸先還京口。以吕祖謙《標目》修。契丹寇齊，齊主北巡。以《齊》紀修。

冬十月，齊襲梁。以《通鑑》修。齊主大破契丹，遂如晉陽。齊以肆州刺史斛律金爲太師。以吕祖謙《標目》修。

十一月，突厥攻柔然，柔然主奔齊。癸亥，齊主擊突厥，遷柔然于馬邑。以吕祖謙《標目》修。

十二月，齊宿預降梁。以《梁》紀修。

閏十二月丁丑，梁南豫州刺史侯瑱大敗齊師于東關。以《通鑑》修。

梁世祖孝元皇帝承聖三年　魏恭皇帝拓拔廓元年　齊文宣皇帝天保五年

春正月癸巳，齊主洋討山胡，屠之。自是始爲威虐。以《齊》紀、吕祖謙《標目》修。梁陳霸先圍齊廣陵。以《梁》紀修。魏宇文泰作九命、九秩之典，改置州郡。以《魏》紀修。魏宇文泰廢其主欽，立齊王廓爲皇帝，去年號，稱元年，復姓拓跋氏。以吕祖謙《標目》修。

三月甲辰，梁王僧辯爲太尉。以《梁》紀修。

夏四月，柔然寇齊，齊主大破之。以吕祖謙《標目》修。癸酉，梁陳霸先爲司空。以《梁》紀修。魏弒其故主欽。以《通鑑》修。

五月，魏取梁巴、信二州。以《通鑑》修。梁以衡州刺史王琳爲廣州刺史。以吕祖謙《標目》修。

六月，齊冀州刺史段韶定淮南，陳霸先遁，韶拔宿預。以吕祖謙《標目》修。

秋七月，齊主還鄴。以《通鑑》修。

八月，齊殺太保、録尚書事高隆之及其諸子。以《通鑑》修。

九月辛卯，梁主講《老子》於龍光殿。以《梁》紀修。

冬十月，魏遣柱國于謹等伐梁。

十一月，謹及梁王詧圍江陵，城陷。

十二月辛未，殺梁主。以江陵資詧，取其襄陽。以吕祖謙《標目》修。梁王僧辯、陳霸先奉江州刺史、晉安王方智爲太宰，承制。以吕祖謙《標目》修。

是歲，魏加益州刺史尉遲迥六州，承制。以《通鑑》修。

梁敬皇帝蕭方智紹泰元年　後梁中宗皇帝蕭詧大定元年　魏恭皇帝二年
齊文宣皇帝天保六年

春正月，梁王詧即皇帝位，改元，是爲後梁。立子巋爲皇太子。以吕祖謙《標目》修。梁王琳救江陵，不及，遣兵伐後梁。以吕祖謙《標目》修。齊取梁郢州。以吕祖謙《標目》修。辛丑，齊遣兵納梁貞陽侯淵明。以《通鑑》修。

二月，梁晉安王至建康，即梁王位，以王僧辯爲中書監、録尚書、都督中外軍事，加陳霸先征西大將軍。以《梁》紀修。

三月丙戌，齊克梁東關。王僧辯屯姑熟。以《通鑑》修。梁蕭勃復據廣州。以呂祖謙《標目》修。

夏五月丙午，梁王僧辯立蕭淵明爲帝，改元天成，以梁王方智爲太子。以呂祖謙《標目》修。

六月庚戌，齊築長城。以呂祖謙《標目》修。齊歸梁郢州。以呂祖謙《標目》修。

秋七月，齊主自將伐柔然，大破之。以《齊》紀修。梁王琳屯長沙。以呂祖謙《標目》修。齊使道士爲沙門。以呂祖謙《標目》修。

九月甲辰，梁陳霸先襲殺王僧辯于石頭。

冬十月己酉，陳霸先奉方智即皇帝位，改元，稱藩于齊，以蕭淵明爲司徒。以《梁》紀、《通鑑》修。壬子，梁陳霸先自爲尚書令、都督中外軍事、揚、南徐二州刺史。以《梁》紀修。戊午，梁主立妃王氏爲皇后。以《通鑑》修。梁震州刺史杜龕攻將軍陳蒨於長城，義興太守韋載應之。辛未，陳霸先討之。丙子，譙、秦二州刺史徐嗣徽降齊，與南豫州刺史任約襲據石頭。

十一月庚寅，霸先還。以《梁》紀修。齊殺太保、清河王岳。以《齊》紀修。徐嗣徽往采石。

十二月丙辰，梁陳霸先破石頭柵。齊軍至梁，將軍侯安都破之，徐嗣徽等奔齊。以《梁》紀、呂祖謙《標目》修。梁以晉安陳寶應爲太守。以呂祖謙《標目》修。

是歲，魏降宗室諸王爲公。以呂祖謙《標目》修。突厥滅柔然。以呂祖謙《標目》修。

梁敬皇帝太平元年　後梁中宗皇帝太定二年　魏恭皇帝拓拔廓三年　齊文宣皇帝天保七年

春正月丁丑，魏初行周禮，建六官。以《魏》紀修。梁陳蒨斬杜龕。

二月，斬東揚州刺史張彪，江州刺史侯瑱拒命。以呂祖謙《標目》修。癸亥，齊徐嗣徽、任約襲采石。以本紀修。

三月丙子，梁罷東揚州。以《梁》紀修。壬午，梁詔雜用古、今錢。以《梁》紀修。戊戌，齊遣儀同蕭軌等伐梁，陳霸先遣兵破之于梁山。齊師屯蕪湖。

夏五月癸未，梁太傅蕭淵明卒。

六月乙卯，霸先大敗齊師于幕府山，獲蕭軌、徐嗣徽等。以本紀、《通鑑》修。梁王琳遣使如齊，又如魏。以《通鑑》修。

秋七月丙子，梁陳霸先自爲中書監、司徒、揚州刺史。以《梁》紀、《通鑑》修。梁侯瑱降。丁亥，以爲司空。以紀、傳修。

九月壬寅，梁改元。以《梁》紀修。梁陳霸先自爲丞相、録尚書事。以呂祖謙《標目》修。

冬十月壬申，梁王琳取江夏。以呂祖謙《標目》修。乙亥，魏安定文公宇文泰卒。丙子，世子覺嗣爲太師，大冢宰，鎮同州。以呂祖謙《標目》修。

十一月，梁徵王琳爲司空，辭不至。以《通鑑》修。壬子，齊併省州郡。以呂祖謙《標目》修。

十二月，魏宇文覺自爲周公。以呂祖謙《標目》修。梁臨川周迪據郡。以呂祖謙《標目》修。齊築長城。以朱熹《綱目》修。

卷四四　陳高祖武皇帝陳霸先永定元年　後梁中宗皇帝大定三年

周孝明皇帝宇文毓元年　齊文宣皇帝天保八年

春正月辛丑，魏周公覺自稱天王，廢其主爲宋公，柱國宇文護爲大司馬。以呂祖謙《標目》修。

二月庚午，梁蕭勃及前郢州刺史歐陽頠反，遣將軍周文育討之。以呂祖謙《標目》修。丁亥，周宇文護殺大冢宰趙貴，免太保獨孤信。以呂祖謙《標目》修。癸巳，梁周文育擒歐陽頠、蕭勃，尋伏誅。以呂祖謙《標目》修。周宇文護弑宋公，謚曰恭皇帝。以呂祖謙《標目》修。

三月甲辰，梁以司空王琳爲湘、郢二州刺史。以呂祖謙《標目》修。己酉，周宇文護殺柱國獨孤信。以《周》紀修。

夏四月己卯，梁鑄四柱錢。丙申，禁細錢。以本紀修。齊斛律金爲右丞相，尚書令、常山王演爲司空，録尚書事、長廣王湛爲尚書令。以《通鑑》修。梁以歐陽頠爲衡州刺史，平嶺南。以呂祖謙《標目》修。

五月，梁王琳將攻陳霸先。

六月戊寅，遣開府侯安都及周文育討之。以呂祖謙《標目》修。

秋八月丁卯，周歸故梁主繹之柩於王琳。以《通鑑》修。甲午，梁陳霸先自爲太傅，加黄鉞殊禮。

九月辛丑，自爲相國，封陳公，備九錫。以本紀及呂祖謙《標目》修。周宇文護廢其主覺爲洛陽公，迎立岐州刺史、寧都公毓。甲子，即天王位，殺柱國大將軍李遠。以呂祖謙《標目》修。

冬十月戊辰，陳公霸先自進王爵。己亥，即皇帝位，改元，廢梁主爲江陰王。以吕祖謙《標目》修。周弑畧陽公。以《通鑑》修。陳以給事黄門侍郎蔡景歷爲秘書監，兼中書通事舍人，政事皆由中書省，置二十一局以當尚書諸曹。以吕祖謙《標目》修。庚辰，陳主設無遮大會，親膜拜。以《通鑑》修。辛巳，陳主追尊考、妣爲帝、后，立夫人章氏爲皇后。以本紀修。梁王琳大敗侯安都、周文育，擒之。琳屯郢城，遣將據江州。以吕祖謙《標目》修。

是歲，齊於長城内築重城。以《齊》紀修。

陳高祖武皇帝永定二年　後梁中宗皇帝大定四年　周孝明皇帝二年　齊文宣皇帝天保九年

春正月，梁王琳屯白水浦，乞師於齊。以《通鑑》修。陳以歐陽頠都督交、廣等州軍事、廣州刺史。以吕祖謙《標目》修。周宇文護自爲太師。以《周》紀修。

二月，齊北豫州刺史司馬消難奔周。以《通鑑》修。齊納梁永嘉王莊於王琳，琳奉莊即梁帝位，改元天啟。以吕祖謙《標目》修。

夏四月乙丑，陳弑江陰王，追謚曰敬皇帝。以吕祖謙《標目》修。

五月辛丑，齊長廣王湛録尚書事。甲辰，以前左僕射楊愔爲尚書令。以《齊》紀修。

六月乙丑，齊主北巡，立大都督府，與尚書省分治衆務。以吕祖謙《標目》修。

秋八月，侯安都、周文育復歸于陳。以《通鑑》修。梁王琳還湘州。以《通鑑》修。

冬十一月，齊減禄廩。以吕祖謙《標目》修。

十二月，齊殺永安王浚、上黨王渙。以《齊》紀修。後梁取長沙、武陵、南平郡。以吕祖謙《標目》修。

陳高祖武皇帝永定三年　後梁中宗皇帝大定五年　周孝明皇帝武成元年　齊文宣皇帝天保十年

春正月己酉，周宇文護歸政。以《周》紀修。周改都督軍事爲總管。以吕祖謙《標目》修。

夏，閏四月戊子，周更定新曆。以《周》紀、《通鑑》修。齊殺右僕射高德政。以吕祖謙《標目》修。

五月，丙辰朔，日有食之。以《陳》紀及《通鑑目録》修。齊主殺元氏七百餘人。以《北齊》紀修。陳豫章内史熊曇朗殺周文育于軍。以本紀修。

六月丙午，陳主殂。召臨川王蒨於南皖。甲寅，即皇帝位。

秋七月丙辰，尊皇后爲皇太后。辛酉，以司空侯瑱爲太尉，侯安都爲司空。以《陳》紀修。

八月，周稱皇帝，改元。以吕祖謙《標目》修。

九月辛酉，陳立子伯宗爲太子。乙亥，立妃沈氏爲皇后。以《陳》紀、吕祖謙《標目》修。

冬十月甲午，齊主殂于晉陽，太子殷即皇帝位。以吕祖謙《標目》修。梁王琳屯濡須口，齊師援之。

十一月，陳遣侯瑱、侯安都禦之。以《陳》紀修。齊以斛律金爲左丞相，常山王演爲太傅，長廣王湛爲太尉。以《通鑑》修。

陳世祖文皇帝陳蒨天嘉元年　後梁中宗皇帝大定六年　周孝明皇帝武成二年　齊肅宗孝昭皇帝高演皇建元年

春正月，癸丑朔，陳改元。以《陳》紀修。齊改元乾明。以《齊》紀修。

二月丙申，陳侯瑱敗梁王琳于梁山，敗齊兵于博望。琳及其主皆奔齊。以吕祖謙《標目》修。己亥，齊常山王演爲太師、録尚書事，長廣王湛爲大司馬、并省録尚書事。以《齊》紀修。乙巳，陳以侯瑱都督湘、巴等州軍事，鎮湓城。本紀。齊常山王演殺楊愔等，以中書令趙彦深總機務。戊申，演自爲大丞相、都督中外諸軍、録尚書事，長廣王湛爲太傅、京畿大都督。以《齊》紀修。周襲梁郢州，弗克。

三月，郢州降陳。以《通鑑》、《陳》紀修。陳江州刺史周迪攻熊曇朗，殺之。以吕祖謙《標目》修。東高祖世子昌自周來歸。丙子，殺之江中。以吕祖謙《標目》修。陳聘周。以《通鑑》修。

夏四月辛丑，周宇文護弑其主。壬寅，魯公邕即皇帝位。以《周》紀修。

六月壬辰，陳葬梁元帝于江寧。以本紀修。

八月壬午，齊常山王演廢其主爲濟南王，自即皇帝位於晉陽，改元。戊子，以長廣王湛爲右丞相。以《齊》紀修。

九月，周將賀若敦、獨孤盛攻陳。

冬十月，侯瑱襲敗盛於楊葉州。以本紀修。

十一月辛亥，齊主立妃元氏爲皇后，子百年爲太子。以《齊》紀修。

十二月己亥，陳取周巴陵，獨孤盛遁。以吕祖謙《標目》修。齊屯田。以吕祖謙《標目》修。

陳世祖文皇帝天嘉二年　後梁中宗皇帝大定七年　周高祖武皇帝宇文邕保定元年　齊世祖武成帝高湛大寧元年

春正月戊申，周改元，大冢宰宇文護自爲都督中外軍事。以《周》紀修。辛未，陳取周湘州。以《陳》紀、《通鑑》修。賀若敦遁。陳取周武陵、天門、南平、義陽等郡。以《通鑑》修。

二月，周以小司徒韋孝寬爲勳州刺史，守玉壁。以吕祖謙《標目》修。

三月丙寅，周改八丁兵爲十二丁兵。以《周》紀修。

夏四月，丙子朔，日有食之。以《周》紀修。

六月乙酉，周聘陳。以《周》紀修。

秋七月，周更鑄當五錢，與五銖並行。以《周》紀修。

九月，齊弒濟南王。以朱熹《綱目》修。

冬十月，甲戌朔，日有食之。以《周》紀修。

十一月甲辰，齊主殂，長廣王湛至自鄴。癸丑，即皇帝位。改元。以吕祖謙《標目》修。周聘陳，陳報之。以《通鑑》修。齊主廢太子百年爲樂陵王。以《齊》紀修。

十二月，陳賦鹽、榷酤。以吕祖謙《標目》修。陳遣侯安都討縉州刺史留異于東陽。以本紀修。

陳世祖文皇帝天嘉三年　後梁世宗皇帝蕭巋天保元年　周武皇帝保定二年　齊武成帝河清元年

春二月乙亥，齊主至鄴。丙戌，立妃胡氏爲皇后，子緯爲太子。丁未，以領軍大將軍、平秦王歸彦爲太宰、冀州刺史。以《齊》紀修。

閏二月，齊以參軍和士開爲侍中。以吕祖謙《標目》修。齊始聘陳。以《通鑑》修。甲子，陳改鑄五銖錢。以《陳》紀修。後梁主殂，太子巋即位，改元。以吕祖謙《標目》修。

三月丙子，陳安成王頊自周來歸。以本紀、《通鑑》修。陳詔周迪鎮湓城，不至。丁丑，遣將討之。以本紀修。陳留異敗奔閩州刺史陳寶應。以吕祖謙《標目》修。

夏四月辛丑，齊皇太后殂。以《通鑑》修。齊改元。以《齊》紀修。

秋七月，齊冀州刺史、平秦王歸彦反，伏誅。以吕祖謙《標目》修。陳聘齊。以《通鑑》修。

九月，戊辰朔，日有食之。以《周》紀修。

冬十月戊戌，陳詔減省用度。以《通鑑》修。

陳世祖文皇帝天嘉四年　後梁世宗皇帝天保二年　周武皇帝保定三年　齊武成帝河清二年

春正月甲申，陳周迪衆潰，奔陳寶應。以吕祖謙《標目》修。

二月庚子，周頒《大律》。以《周》紀修。

三月，乙丑朔，日有食之。以《周》紀修。齊築軹關城。以《齊》紀修。

夏四月，周主養老於太學。以《周》紀修。

六月，陳殺司空侯安都。以吕祖謙《標目》修。

秋七月，周主如原州。以《後周》紀修。

九月壬戌，陳歐陽頠卒，又其子紇爲廣州刺史。以吕祖謙《標目》修。周主自原州如同州。以《後周》紀修。周迪入東興嶺，陳討之。以本紀修。戊子，周及突厥伐齊，齊主禦之。以吕祖謙《標目》修。

冬十一月辛酉，周迪敗走。

十二月，討陳寶應。本紀。（十二月）周主還長安。《通鑑》。

陳世祖文皇帝天嘉五年　後梁世宗皇帝天保三年　周武皇帝保定四年　齊武成帝河清三年

春正月，庚申朔，齊并州刺史段韶大敗周師于晉陽，突厥遁。以吕祖謙《標目》修。

二月，庚寅朔，日有食之。以《周》紀修。

三月辛酉，齊頒律令。以本紀修。齊制租調，立義租。以《通鑑》修。庚辰，周百官初執笏。以《周》紀修。

夏六月，齊殺樂陵王百年。以吕祖謙《標目》修。

秋八月，丁亥朔，日有食之。以《周》紀修。

九月丁巳，周封隴西公李昞爲唐公。以朱熹《綱目》修。突厥寇齊。

冬十月，周宇文護分三道伐齊。以吕祖謙《標目》修。

十一月，陳克晉安，陳寶應、留異伏誅。以吕祖謙《標目》修。甲午，周圍洛陽。甲辰，齊敗周師于軹關。周圍懸瓠。

十二月，取豫、永二州。齊主自晉陽赴洛陽。壬戌，齊太師段韶及并州刺史、蘭陵王長恭等大敗周師于邙山，周師遁。己巳，又詔爲太宰，長恭爲尚書令，司徒斛律光爲太尉。以《齊》紀、吕祖謙《標目》修。

陳世祖文皇帝天嘉六年　後梁世宗皇帝天保四年　周武皇帝保定五年　齊後主高緯天統元年

夏四月甲寅，陳又安成王頊爲司空。以呂祖謙《標目》修。辛酉，彗星見。丙子，齊太子緯即皇帝位於晉陽，改元，立妃斛律氏爲皇后，尊齊主爲太上皇帝，以散騎常侍祖珽爲祕書監。以呂祖謙《標目》修。

五月，突厥聘齊。以呂祖謙《標目》修。

六月庚申，彗星出。以《周》紀、《齊》紀修。

秋七月，辛巳朔，日有食之。以《周》紀、《齊》紀修。陳周迪伏誅。以呂祖謙《標目》修。

冬十月，周宇文護殺中州刺史賀若敦。以《通鑑》修。

陳世祖文皇帝天康元年　後梁世宗皇帝天保五年　周武皇帝天和元年　齊後主天統二年

春正月己卯，日有食之。以《周》紀修。癸未，周改元。以《周》紀修。

二月丙子，陳改元。以本紀修。

夏四月癸酉，陳主殂，太子伯宗即皇帝位。尚書令、揚州刺史安成王頊、中書舍人劉師知、尚書僕射到仲舉受遺輔政。

五月庚寅，頊自爲司徒、録尚書、都督中外軍事。以《通鑑》及呂祖謙《標目》修。

秋七月丁酉，陳主立妃王氏爲皇后。以本紀修。

是歲，齊始用士人爲縣令。以呂祖謙《標目》修。

陳臨海王陳伯宗光大元年　後梁世宗皇帝天保六年　周武皇帝天和二年　齊後主天統三年

春正月，癸酉朔，日有食之。以《周》紀修。乙亥，陳改元。以《陳》紀修。

二月，陳劉師知、到仲舉等謀出安成王頊，不克，見殺。以呂祖謙《標目》修。

夏四月，陳湘州刺史華皎叛附于周。

五月癸巳，以丹陽尹吴明徹爲湘州刺史，與征南大將軍淳于亮等討之。以本紀修。

六月，周主尊母叱奴氏爲皇太后。以《通鑑》修。辛巳，齊咸陽武王斛律金卒。以呂祖謙《標目》修。

秋七月戊申，陳立子至澤爲皇太子。以本紀修。

九月，周梁會、華皎侵陳，吴明徹大破之于沌口，皎奔梁。陳別將取周軍于巴陵，克周沔州。以呂祖謙《標目》修。

冬十一月，戊戌朔，日有食之。以《周》紀修。

是時，齊徙祖珽于光州。以《通鑑》修。

陳臨海王光大二年　後梁世宗皇帝天保七年　周武皇帝天和三年　齊後主天統四年

春正月己亥，陳安成王頊自爲太傅、領司徒，加殊禮。以本紀修。

三月，周納突厥女阿史那氏爲后。以《通鑑》修。戊午，周燕文公于謹卒。以《周》紀、《通鑑》修。陳吴明徹攻梁江陵，尋退。以呂祖謙《標目》修。

夏五月癸卯，齊中書監和士開爲右僕射。以《通鑑》修。

六月丁卯，彗星見。以本紀修。

秋七月壬寅，周隋公楊忠卒，子堅襲爵。以《通鑑》修。

八月，齊、周通和。以呂祖謙《標目》修。

冬十一月，壬辰朔，日有食之。以《周》紀修。甲寅，陳安成王頊廢其主爲臨海王，尋殺始興王伯茂。以呂祖謙《標目》修。

十二月辛未，齊上皇殂，齊主自晉陽還鄴。丙子，尊太上皇后爲太后。以《齊》紀修。

陳高宗宣皇帝陳頊大建元年　後梁世宗皇帝天保八年　周武皇帝天和四年　齊後主天統五年

春正月甲午，陳安成王頊即皇帝位，改元，立妃柳氏爲皇后，世子叔寶爲太子。以紀、傳修。

二月，齊太尉、趙郡王叡謀出和士開，不克，見殺。士開爲侍中左僕射。以呂祖謙《標目》修。

夏，齊以祖珽爲海州刺史。以《通鑑》修。

秋九月，陳歐陽紇反。

冬十月辛未，遣車騎將軍章昭達討之。以本紀修。

十二月，周齊王憲圍齊宜陽。以《周》紀、《通鑑》修。周、陳復通好。以呂祖謙《標目》修。

陳高宗宣皇帝大建二年　後梁世宗皇帝天保九年　周武皇帝天和五年　齊後主武平元年

春正月，乙酉朔，齊改元。以《北齊》紀修。齊太傅斛律光屢破周軍。

二月己巳，以爲右丞相、并州刺史。以《通鑑》修。陳歐陽紇伏誅。陽春太守馮僕母洗氏以功封石龍太夫人。以吕祖謙《標目》及朱熹《綱目》修。

三月丙午，陳太后殂。以本紀修。

夏四月乙卯，陳弑臨海王。以《陳》紀修。

秋七月甲寅，齊中領軍和士開爲尚書令、淮陽王。以《通鑑》修。陳司空章昭達攻梁江陵，周救之，乃還。以《通鑑》修。

九月，齊立子恒爲太子。以《通鑑》修。

冬十月，辛巳朔，日有食之。以《周》紀修。

十二月，周平越巂。以吕祖謙《標目》修。齊築汾北城，周大司馬、齊公憲還救之。以《周》紀修。

陳高宗宣皇帝大建三年　後梁中宗皇帝天保十年　周武皇帝天和六年　齊後主武平二年

春二月壬寅，齊録尚書事、蘭陵王長恭爲太尉，趙彦深爲司空，和士開録尚書事。以《北齊》紀修。

夏四月，戊寅朔，日有食之。以《周》紀修。庚子，周取齊宜陽等九城。斛律光赴之。以《周》紀修。

六月，齊取周汾州。以《齊》紀修。

秋七月庚午，齊太保、琅邪王儼殺和士開。

九月，齊出趙彦深爲兖州刺史，以祖珽爲侍中。儼見殺。以吕祖謙《標目》修。

冬十月，齊主幽其太后胡氏。以吕祖謙《標目》修。

十一月癸酉，齊斛律光爲左丞相。以《通鑑》修。

陳高宗宣皇帝大建四年　後梁中宗皇帝天保十一年　周武皇帝建德元年　齊後主武平三年

春正月，齊并省尚書令、領軍大將軍高阿那肱、侍中、領軍韓長鸞、女侍中陸令萱及子穆提婆用事。

二月己卯，祖珽左僕射。以《通鑑》、《齊》紀修。

三月，癸卯朔，日有食之。以《周》紀修。丙辰，周宇文護及其子弟、黨與皆伏誅。丁巳，改元。以《周》紀修。

夏四月庚寅，周追尊略陽公爲孝閔皇帝。以《通鑑》修。癸巳，周立子贇爲太子。以吕祖謙《標目》修。

六月，齊殺丞相、咸陽王斛律光并其子弟。以《齊》紀及吕祖謙《標目》修。

秋八月庚午，齊廢其后斛律氏，以蘭陵王長恭爲大司徒。戊子，立昭儀胡氏爲后。以《齊》紀修。

九月，庚子朔，日有食之。以《周》紀修。

冬十月甲午，齊立昭儀穆氏爲右后。以《齊》紀修。

十一月，周集東、西諸軍而賜之。以吕祖謙《標目》修。

閏十二月辛丑，齊廢其后胡氏。以《齊》紀修。

是歲，突厥木扞可汗死，弟佗鉢可汗立，復分立東、西可汗。以吕祖謙《標目》修。

陳高宗宣皇帝大建五年　後梁中宗皇帝天保十二年　周武皇帝建德二年　齊後主武平四年

春正月戊寅，齊高阿那肱録尚書事。以朱熹《綱目》修。

二月乙巳，齊立右后穆氏爲皇后。以吕祖謙《標目》修。丙午，齊祖珽奏置文林館。以吕祖謙《標目》修。

三月壬午，陳遣將軍吴明徹都督諸軍伐齊。以本紀修。

夏四月戊申，齊蘭陵王長恭爲太保、開府，宜陽王趙彦深爲司空。以《通鑑》修。辛酉，陳吴明徹大破齊師于吕梁。齊使侍中、巴陵郡王王琳赴壽陽。

五月，陳取齊廬江、歷陽、合肥。以本紀修。齊陸令萱等出祖珽爲北徐州刺史。以吕祖謙《標目》修。齊殺蘭陵王長恭。以吕祖謙《標目》修。

六月庚戌，陳取齊沭陽、淮陽郡。以《通鑑》修。齊王遊南苑，殺從官六十人，以高阿那肱爲司徒。以本紀、《通鑑》修。陳克齊涇、合、仁三州。以《通鑑》修。

秋七月，陳敗齊師于巴蕲。

八月，降山陽、盱眙城。

九月甲子，降陽平城。甲戌，降齊安城。丙子，克廣陵城。以本紀、《通鑑》修。

壬午，周納大將軍楊堅女爲太子贇妃。以吕祖謙《標目》修。

冬十月辛丑，齊侍中崔季舒等諫，齊主如晉陽，見殺。以紀、傳修。齊行臺僕射皮景和救壽陽，不進。乙巳，陳吴明徹攻拔之，殺王琳，景和走。丙辰，以明徹都督豫、合等州軍事、豫州刺史。

十一月己丑，克北徐州。以本紀修。

十二月，齊以高阿那肱爲右丞相。以《齊》紀修。乙未，齊譙城降，陳復江北之地。以吕祖謙《標目》修。

陳高宗宣皇帝大建六年　後梁中宗皇帝天保十三年　周武皇帝建德三年　齊後主武平五年

春，周進大冢宰、齊公憲等十三人爵爲王。以吕祖謙《標目》修。

二月，壬辰朔，日有食之。以本紀修。齊朔州行臺、南安王思好反，伏誅。以《北齊》紀修。

三月癸酉，周太后叱奴氏殂，周主行三年之喪。以吕祖謙《標目》修。

夏四月庚子，彗星見。以本紀修。齊以婢馮氏爲淑妃。以《通鑑》修。

五月丙子，周廢佛、道教淫祀。以吕祖謙《標目》修。

六月壬子，周更鑄當十大布錢。以《周》紀修。戊午，周立通道觀。以《周》紀修。

秋七月乙酉，周大司徒、衛王直反。

八月伏誅。以《周》紀修。

陳高宗宣皇帝大建七年　後梁中宗皇帝天保十四年　周武皇帝建德四年　齊後主武平六年

春二月，丙戌朔，日有食之。以《周》紀修。戊申，陳克齊下邳等城。以《通鑑》修。

三月，周聘齊，齊人留之。以《周》紀、傳修。

秋七月丁丑，周主大舉伐齊。

八月丁未，拔河陰大城，攻金墉，不克。

九月，乃有疾而還。以吕祖謙《標目》修。齊以趙彦深爲司徒。以《齊》紀修。

閏九月，陳吴明徹攻彭城。壬辰，敗齊師于吕梁。以本紀修。齊税關市、舟車、山澤、鹽鐵、店肆。以《北齊》紀修。

冬十二月，辛亥朔，日有食之。以《周》紀修。

陳高宗宣皇帝大建八年　後梁中宗皇帝天保十五年　周武皇帝建德五年　齊後主隆化元年

春二月，齊括雜户女未嫁者。以《通鑑》修。壬申，陳開府吴明徹爲司空。以本紀修。

夏六月，戊申朔，日有食之。以《周》紀修。陳户部尚書江總爲太子詹事。以吕祖謙《標目》修。庚申，齊宜陽王趙彦深卒。以吕祖謙《標目》修。

秋八月丁卯，陳吴明徹爲南兖州刺史。以《通鑑》修。齊主如晉陽。以《通鑑》修。

冬十月己酉，周主伐齊。癸酉，克晉州。

十一月，還。齊主攻晉州。丁酉，周主復伐齊。

十二月，齊師潰，齊主奔晉陽。丁巳，改元，奔鄴。穆提婆降周，陸令萱自殺。戊午，晉陽人立相國、并州刺史、安德王延宗爲帝，改元德昌。辛酉，周拔之。以《周》、《齊》紀及吕祖謙《標目》修。

卷四五　陳高宗宣皇帝大建九年　後梁中宗皇帝天保十六年　周武皇帝建德六年　齊後主高恒承光元年

春正月，乙亥朔，齊主傳位於太子恒，改元。甲午，周主入鄴。乙未，齊幼主傳位於大丞相、任城王湝。父子將奔陳，高阿那肱召周師追獲之，齊滅。以吕祖謙《標目》修。

二月，齊任城王湝、太宰、廣寧王孝珩起兵冀州，周齊王憲擒之。齊北朔州前長史迎定州刺史范陽王紹義起兵，敗，奔突厥。以《周》紀及吕祖謙《標目》修。梁主朝周主于鄴。以《通鑑》修。乙卯，周主還。以《周》紀修。

三月壬午，周舉山東明經幹治者。以《周》紀修。

夏四月戊申，周以高緯爲温公。以《周》紀修。

六月，周主東巡。《通鑑》。

秋七月，周舉山東有才者。以《周》紀修。

八月壬寅，周頒權衡度量。以《周》紀修。周放雜户爲民。以吕祖謙《標目》修。

九月戊寅，周制衣禁。以吕祖謙《標目》修。

冬十月，陳吴明徹攻周彭城。戊午，破徐州總管梁士彦。以本紀修。周族誅高緯，殺穆提婆等。以吕祖謙《標目》修。

十一月，周遣上大將軍王軌救彭城。以《周》紀修。周稽胡反，討平之。以《周》紀修。周減妃嬪之數。以《周》紀修。己亥晦，日有食之。以《周》紀修。周初行《刑書要制》。以《周》紀修。

十二月，周徙并州四萬户於關中。以《周》紀修。齊北營州刺史高寶寧請高紹義稱帝，從之，改元武平。以《通鑑》修。

陳高宗宣皇帝大建十年　後梁中宗皇帝天保十七年　周武皇帝宣政元年

春二月，周王軌據淮口，吴明徹遁，軍潰見執。以《陳》、《周》紀、傳修。

三月甲戌，周主初服常冠。以《周》紀修。壬辰，周改元。以《周》紀修。

夏四月壬子，周令遭喪者聽終制。以《周》紀修。

五月己丑，周主伐突厥，有疾而還。

六月，丁酉朔，殂。戊戌，太子贇即皇帝位，尊皇后爲皇太后。以吏部下大夫鄭譯爲開府儀同、大將軍，委以朝政。甲子，殺齊王憲。

閏月乙亥，立妃楊氏爲皇后。

秋七月壬戌，以亳州總管楊堅爲上柱國、大司馬。以《通鑑》及吕祖謙《標目》修。

是歲，周以太師、蜀公尉遲迥爲相州總管。以《周》紀修。周榷鹽酒。以《隋》食貨志修。

陳高宗宣皇帝大建十一年　後梁中宗皇帝天保十八年　周孝靜帝宇文闡大象元年

春正月癸巳，周王始服漢衣冠，改元大成，置四輔。以《周》紀修。戊午，周立子、魯王闡爲太子。以吕祖謙《標目》修。

二月，周以洛陽爲東京，治洛陽宫。以《周》紀修。周主殺徐州總管王軌、司衛上大夫宇文孝伯等。以吕祖謙《標目》修。周以趙王招女妻突厥。以吕祖謙《標目》修。辛巳，周主傳位於太子闡，改元，自稱天元皇帝。以吕祖謙《標目》修。

夏五月，陳初用大貨六銖錢。以《陳》紀修。周遣趙王招、陳王純、越王盛、代王達、滕王逌之國。以吕祖謙《標目》修。

秋七月，周天元帝立四后。以《周》紀修。

八月，周行刑經聖制，法益深矣。以《周》紀修。

九月，周遣大司空、鄖公韋寬爲行軍元帥，侵陳。以吕祖謙《標目》修。

冬十月壬戌，周復佛、老像。以吕祖謙《標目》修。

十一月，周取陳壽陽、黄城、廣陵。以《周》紀修。周鑄當千錢，與五行大布並行。以《周》紀修。

十二月，周初作乞寒胡戲。以《周》紀修。陳江北三州九郡之民還江南，周取其地。以《舉要曆補遺》修。

陳高宗宣皇帝大建十二年　後梁中宗皇帝天保十九年　周孝靜帝大象二年

春正月乙卯，周税入市者人一錢。以吕祖謙《標目》修。

三月，周大司徒、行軍總管、杞公亮反，襲韋孝寬，不克。戊子，伏誅。以《周》紀修。周天元帝立五后。以吕祖謙《標目》修。

夏五月乙未，周天元帝殂。御正下大夫劉昉、内史上大夫鄭譯等矯詔，以前大疑楊堅總知中外兵馬事。御正中大夫顔之儀請召趙王招，不克。堅徵趙、陳、越、代、滕五王。丁未，堅自爲左丞相，假黄鉞，以鄭譯爲相府長史、劉昉爲司馬、内史下大夫高熲爲司録，行寛政，罷入市税錢。以《周》紀、傳修。

六月庚申，周復佛、道二教。以吕祖謙《標目》修。周尉遲迥起兵討楊堅，堅遣行軍元帥韋孝寬將關中兵擊之。以吕祖謙《標目》修。周楊堅殺畢王賢。以《周》紀修。突厥執高紹義，送于周。以吕祖謙《標目》修。

秋七月，青州總管尉遲勤、滎州刺史宇文胄皆應尉遲迥。周遣清河公楊素擊胄。丁未，楊堅自加都督中外軍事。己酉，鄖州總管司馬消難應尉遲迥，周以柱國王誼爲行軍元帥擊之。以吕祖謙《標目》修。壬子，周楊堅殺趙王招、越王盛。以吕祖謙《標目》修。司馬消難以九州八鎮降陳。以本紀修。

八月，益州總管王謙舉兵，周以柱國梁睿爲行軍元帥擊之。以吕祖謙《標目》修。庚午，周韋孝寬破尉遲迥於鄴，迥死之。以《周》紀修。司馬消難奔陳。以吕祖謙《標目》修。周宇文胄敗死。以《通鑑》修。

九月，周楊堅以其世子勇爲洛州總管，統舊齊之地。以《通鑑》修。壬子，周楊堅自爲大丞相。以《周》紀修。

冬十月甲寅，日有食之。以《周》紀修。周楊堅殺陳王純。以吕祖謙《標目》修。周王謙敗死。以吕祖謙《標目》修。

十一月，周鄖襄公韋孝寬卒。以《周》紀修。

十二月，周詔諸改姓者悉復舊。以《通鑑》修。甲子，周楊堅自爲相國、隋王，加殊禮，九錫。以《周》紀修。辛巳，周隋王堅殺代王達、滕王逌。以《周》紀修。

卷四六　陳高宗宣皇帝大建十三年　後梁中宗皇帝天保二十年　隋高祖文皇帝楊堅開皇元年

春正月壬午，周改元大定。以《周》紀修。

春二月甲子，周隋王堅自稱皇帝，改元，除周六官，置三師、三公、省、臺、寺、府、勳、散官，相國司馬高熲爲左僕射兼納言，相國内郎李德林爲内史令。

乙丑，追尊考、妣爲帝、后。丙寅，立王后獨孤氏爲皇后，世子勇爲皇太子。己巳，廢其主爲介公，尋滅宇文氏。以《隋》紀、吕祖謙《標目》修。隋前開府儀同三司蘇威爲太子少保。以列傳修。丁丑，隋晉王廣爲并州總管。以《通鑑》修。

三月戊子，隋上開府賀若弼爲吴州總管，和州刺史韓擒虎爲廬州總管。以吕祖謙《標目》修。

戊戌，隋蘇威兼納言、度支尚書，與高熲參掌朝政。威奏減簡賦役。以吕祖謙《標目》修。

夏四月，隋放散樂，禁雜戲。以《隋》紀修。

五月，隋弑介公。以吕祖謙《標目》修。

秋八月，吐谷渾寇隋凉州，隋敗之。以《隋》紀修。

九月庚午，陳取隋胡野。以吕祖謙《標目》修。辛未，隋蜀王秀爲益州總管。以吕祖謙《標目》修。壬申，隋遣高熲侵陳。以吕祖謙《標目》修。隋鑄五銖錢，悉禁古錢及私錢。以本紀修。隋上柱國鄭譯除名。以《通鑑》修。隋定律。

冬十月，行之。以吕祖謙《標目》修。

十一月，隋聘陳。以《隋》紀修。

是歲，隋聽民出家，賦錢營佛像、書。以朱熹《綱目》修。隋褒廉吏，以岐州刺史梁彦光爲相州刺史。相州刺史樊叔略爲大司農，新豐令房恭懿累遷德州司馬。以《通鑑》修。隋太子左庶子盧賁、柱國劉昉除名。以吕祖謙《標目》修。突厥佗鉢可汗死，沙鉢畧可汗立，與高寶寧伐隋。以吕祖謙《標目》修。

陳高宗皇帝大建十四年　後梁中宗皇帝天保二十一年　隋高祖文皇帝開皇二年

春正月甲寅，陳主殂。揚州刺史、始興王叔陵反，伏誅。丁巳，太子叔寶即皇帝位。以本紀修。

隋以晉王廣、秦王俊、蜀王秀爲河北、河南、西南行臺尚書令。以吕祖謙《標目》及《隋》紀修。陳以長沙王叔堅爲驃騎將軍、開府、揚州刺史。以《通鑑》修。陳尊皇后爲皇太后。以本紀修。戊辰，陳歸胡野以和隋。以《稽古録》修。己巳，陳立妃沈氏爲皇后。以本紀修。

二月己丑，隋以不伐喪，高熲退師。以吕祖謙《標目》修。

夏四月丙申，陳立子胤爲皇太子。以本紀修。

五月己未，高寶寧以突厥五可汗之兵伐隋。以《隋》紀修。

六月甲申，隋遣使弔陳。以《通鑑》修。隋敗突厥。以《隋》紀修。丙申，隋作長安新都。以本紀修。

秋七月，陳自京口至荆州，江水如血。

八月，癸未夜，天有聲如風水相擊。乙酉夜，亦如之。以本紀修。

九月，陳主設大會，捨身。以本紀修。

冬十月癸酉，隋太子勇屯咸陽，以備突厥。以本紀修。

陳長城煬公陳叔寶至德元年　後梁中宗皇帝天保二十年　隋高祖文皇帝開皇三年

春正月壬寅，陳改元。以本紀修。陳出長沙王叔堅爲江州刺史。以吕祖謙《標目》修。

二月，己巳朔，日有食之。以《隋》紀修。陳聘隋。以《隋》紀修。

三月丙辰，隋遷于新都。以《通鑑》修。隋減役調，罷榷酒鹽。以吕祖謙《標目》修。隋求遺書。以《隋》紀修。

夏四月，隋八道伐突厥。己卯，大破之于白道。擊高寶寧，寶寧奔磧北，尋奔契丹死。以《隋》紀、《通鑑》修。己丑，陳郢州降隋，隋不納。遣使聘陳，自是不絶。以吕祖謙《標目》修。隋左、右僕射分判六部。以吕祖謙《標目》修。

五月，隋秦州總管竇榮定破突厥阿婆可汗。沙鉢畧可汗與阿波連兵，各求援於隋。以《周》紀、《通鑑》修。

秋八月，丁卯朔，日有食之。以《通鑑考異》修。

冬十月，隋廢河南道行臺。以吕祖謙《標目》修。

十一月，隋罷郡爲州。以吕祖謙《標目》修。

十二月，隋復删律。以吕祖謙《標目》修。

是歲，隋置沿河倉，漕粟給長安。以《通鑑目録》修。隋治書侍御史柳彧論煩碎。以吕祖謙《標目》修。

陳長城煬公至德二年　後梁中宗皇帝天保二十三年　隋高祖文皇帝開皇四年

春正月，甲子朔，日有食之。以《隋》紀修。梁主朝於隋。以《隋》紀修。壬辰，隋頒《張賓曆》以《隋》紀修。

二月，突厥達頭可汗降於隋。以《隋》紀修。

夏五月，陳吏部尚書江總爲尚書僕射。以本紀修。

六月，隋鑿渭水至潼關。以《隋》紀修。

秋八月乙卯，陳將軍夏侯苗降隋，隋不納。以《稽古録》修。隋關中饑。

九月甲戌，隋主如洛陽。以吕祖謙《標目》修。隋禁詞華。以吕祖謙《標目》修。突厥沙鉢畧可汗請和于隋。以吕祖謙《標目》修。

是歲，陳起臨春、結綺、望僊閣。中書舍人沈客卿責關市之税以給之。陳主與江總及都官尚書孔範、散騎常侍王瑳日事遊宴。以吕祖謙《標目》修。

陳長城煬公至德三年　後梁中宗皇帝天保二十四年　隋高祖文皇帝開皇五年

春正月，戊午朔，日有食之。《陳》紀。戊辰，隋頒五禮。以《隋》紀修。

三月戊申，隋主還長安。以《隋》紀修。

夏五月甲申，隋閲户口，置義倉，作輸籍法。以《通鑑》、《通典》修。梁主殂，太子琮即位。以吕祖謙《標目》修。阿波可汗別爲西突厥，隋遣使撫之。以吕祖謙《標目》修。

秋八月，突厥居漠南。以《通鑑》修。

九月，陳侵隋。以《隋》紀修。

冬十月壬辰，隋以上柱國楊素爲信州總管。以吕祖謙《標目》修。陳殺中書通事舍人傅縡。以吕祖謙《標目》修。

陳長城煬公至德四年　後梁帝蕭琮廣運元年　隋高祖文皇帝開皇六年

春正月，梁改元。以吕祖謙《標目》修。

二月，隋始令刺史上佐歲暮上課。以《隋》紀修。隋築長城。以《隋》紀修。

秋，閏八月丁卯，隋太子勇鎮洛陽。以《稽古録》修。隋上柱國梁士彦、宇文忻、柱國劉昉皆伏誅。以《隋》紀修。

冬十月癸丑，隋以秦王俊爲山南行臺尚書令。以吕祖謙《標目》修。

陳長城煬公禎明元年　後梁帝蕭琮廣運二年　隋高祖文皇帝開皇七年

春正月戊寅，陳改元。以本紀修。乙未，隋制諸州歲貢士三人。以《通鑑》修。

二月，隋築長城。以《隋》紀修。

夏四月，隋開山陽瀆。以《隋》紀修。

五月乙亥朔，日有食之。以《隋》紀修。

秋八月，隋徵梁主入朝，以兵戍之。

九月，梁安平王巖等以江陵户口降陳。隋封梁主爲莒公。以吕祖謙《標目》修。是時，陳臨平湖自開。以《通鑑》修。陳殺大市令章華。以吕祖謙《標目》修。突厥沙鉢畧可汗死，其弟處羅睺立爲莫何可汗，擊阿波，擒之。以吕祖謙《標目》修。

陳長城煬公禎明二年　隋高祖文皇帝開皇八年

春正月，陳遣散騎常侍周羅睺屯峽石。以《陳》紀修。

二月，陳侵隋。以《陳》紀修。

夏五月，陳廢太子胤爲吴興王，立始安王深爲太子。以吕祖謙《標目》修。

冬十月己未，隋以晉王廣爲淮南行省尚書令。甲子，廣及秦王俊、清河公楊素爲行軍元帥，伐陳。高熲爲晉王元帥長史。以《隋》紀、《通鑑》修。

十二月，突厥莫何可汗死，都藍可汗立。以吕祖謙《標目》修。楊素水軍東下，陳中書舍人施文慶等不以聞。將軍樊毅請備京口、采石，不納。以吕祖謙《標目》修。

《三十國春秋》

梁蕭方等撰

〔魏嘉平元年，〕魏帝謁陵，曹爽及弟羲、訓、彦皆從。高祖命授兵。召公卿於廟堂，奏皇太后廢爽。丁酉，斬爽、羲、訓、彦，夷三族。

泰始四年九月，策免石苞官。

〔五年二月，以羊祜都督荆州，鎮襄陽。〕時祜有平吴之志，方樹基址，擢王濬爲巴郡太守，將委以巴峽之任。祜兄子暨謂祜曰：「觀濬爲人志大，奢侈，不可專任。」祜曰：「有大才，必可用也。」識者曰：「祜可謂能舉善矣！知人則哲，叔子之謂乎？」

晉泰始五年，夏四月，地震。大疫。上命醫以駟馬小車馳救療。

〔泰始七年，吴建衡三年，吴孟仁卒。〕吴司徒孟宗，少從南陽李肅學，母爲作厚褥大被。或問故，曰：「小兒無德可容，而學者多貧，故爲廣被，可得氣類相接也。」

泰始八年二月，以賈充爲都督秦、涼二州事。

八年十一月，賈充與朝士宴飲，庾純醉，與充爭言，詔免純官。

八年，衛瓘以太子昏愚，不堪爲嗣，欲啓而未敢。

咸寧元年，孫皓納張布女，有寵而死，厚葬之。民有訛言，遂誅奚熙，並殺章安侯奮。

〔四年，吴收張尚。〕岑昏等泥頭請代尚死，尚得免死，徙廣州。

〔四年，羊祜卒。〕羊祜年十五而孤，事伯母蔡氏，以孝聞。蔡氏每歎曰：「羊叔子可謂能養，今顔叔子也。其諸葛孔明之亞乎！」

〔五年十一月，晉大舉伐吴。〕吴王皓聞師之將興也，乃使劉恪守牛渚，使張悌造攻車於戲場。

太康元年，杜預與衆軍會議。或曰：「百年之寇，未可盡克。方春水生，難於久駐。」《杜預傳》作「今向暑，水潦方降，疾疫將起。宜俟來冬，更爲大舉」。

〔元年〕四月，甲子，王渾斬張悌。丙寅，殺岑昏，與何植書。庚午，送降書。壬申，濬入石頭。甲申，封歸命侯。五月，丁亥，至洛陽。

〔元康元年，楚王瑋矯詔召三十六軍。〕太康之初，吴寇新殄，未盈一紀，干戈已尋，蟣虱生於甲胄，燕雀處於帷幄。

元康四年七月，傅咸爲司隸。五年五月，始親職。十月，卒。

元康五年，閏月。晉武庫失火，漢高祖斬蛇劍穿屋而飛。

晉永康元年，正月，大會。有鳩入御坐武帳中，拂司空張華之冠。

〔元康元年，中臺星拆，張華子韙勸華遜位，不從。〕張華善天文，解望氣。元康初，嘗與鄱陽雷孔章共夜登樓，而見一氣起牛斗間，華謂孔章曰：「此何氣也？」對曰：「其寶劍乎！」

〔永康元年，孫秀議加趙王倫九錫。劉頌曰：「昔漢之錫魏，魏之錫晉，皆一時之用，非可通行。周勃、霍光，其功至大，不聞有九錫之命。」〕倫黨大怒，謀害頌。頌懼，自殺。

〔二年〕倫將篡位，義陽王威執詔示嵇紹曰：「聖上法堯舜之舉，卿其然乎？」紹厲聲曰：「有死而已，終不有二！」威怒，拔劍而出。及惠帝遷於金墉城，唯紹固志不從，直於金墉，絶不通倫。時人皆爲之懼。

〔永寧元年，正月，張軌出爲涼州刺史，以陰澹等爲謀主。索紞善占夢，澹從求占書。〕令狐策夢立冰上，與冰下人語。紞曰：「冰上爲陽，冰下爲陰。冰上人與冰下人語，爲陽請陰，媒介事也。『士如歸妻，迨冰未泮』，君其爲人作媒乎？」策曰：「老夫耄矣，不爲媒矣。」既而太守田約因策爲子求張氏女，恰至仲春而成婚。

〔永寧元年，齊王冏輔政，辟劉殷爲祭酒。〕劉殷字長盛，七歲喪其父，哀毁逾禮。曾祖母王氏盛冬思堇，殷入澤中慟哭，堇生焉，得斛餘。

〔永寧元年，〕王蕤、王輿謀廢冏，事覺。八月，詔廢蕤爲庶人，誅輿三族。徙蕤於上庸，殺之。

太安二年，正月，李特僭位。改年。

〔二年十月，〕成都王穎禦長沙王乂於建春門，陸機敗，遁走。穎誅機及弟雲，夷三族。機，吴人，而在寵族之上，人多惡之。成都王嬖人孟玖素不快於雲，及機建春門之敗，機衆多喪。牽秀譖之於穎，言機持兩端，孟玖復構之於内，使牽秀斬機。初，機之專征，請孫承爲後軍司馬。至是，收承下獄，考捶數百，兩踝骨見，終言機冤。吏知承義烈，謂承曰：「二陸之痛，誰不知枉！君何不愛身？」承仰天歎曰：「陸君兄弟，世之奇士。有顧於吾，吾危不能濟，死復相誣，非吾徒也！」乃夷三族。承門人費慈自詣穎，明承之冤。承喻之曰：「吾唯不負二陸，死自吾分。卿何爲爾耶？」慈曰：「僕又安可負君而求生乎？」固明承冤。玖又疾之，亦並見害。

太安二年，十二月，殺長沙王乂。

〔永興元年〕，成都王穎誅黄門孟玖。於是，東海王越、高密王簡皆懼，奔國。琅邪王睿又將出焉，而徼禁甚密，穎又先下諸津，禁止諸貴人。王至河陽，乃見拘焉。宋典後至，以鞭拂之曰：「舍長，官禁貴人，而爾見止耶？」因大笑之，吏乃放遣，因得奔國。

光熙元年，東海王越殺河間王顒。

永興二年，六月，李雄即帝位，改元大成。

永興元年，十月，李雄自稱成都王。劉淵自稱漢王。

〔永嘉四年，漢劉聰光興元年，氐蒲洪自稱略陽公。〕前秦蒲洪父懷歸，爲部落小帥。其母姜氏因寢産洪，驚悸而寤。

〔永嘉五年。〕蜀王李雄攻譙登於涪城，無救援，登固守，不下。士卒皆燻鼠食之，一無叛者。

〔永嘉五年，成玉衡元年，漢嘉平元年。〕漢陷洛陽，遷帝於平陽。聰以帝爲平阿公。明年二月，乃封帝會稽公。

〔建興二年，三月，癸酉，石勒取幽州。壬午，勒晨至薊。〕

〔建興四年，漢麟嘉元年。〕丙寅，丞相府斬都運令史淳於伯於建康。於是，以刀拭柱，血逆流，上二丈三尺，下四尺五寸，其直如絃。

〔建興四年，漢劉聰子約卒。〕漢大將軍、東平王約，漢王聰戲之曰：「汝誦何書？味何句也？」約曰：「臣誦《孝經》。每詠『身體髮膚，受之父母，不敢毁傷』，至於『在上不驕，高而不危』，未嘗不反復誦之。」聰大悦。

建武元年，涼遣韓璞伐漢。初，永嘉中，童謡云：「秦川中，血没腕，唯有涼州倚柱觀。」

〔大興元年，漢劉曜光初元年，漢主聰卒，子粲立。靳準弑之，復殺王延。〕王延九歲喪母，行孝有聞。後母卜氏，遇之無道，延恭事彌謹。卜嘗取蒲蘱敗麻與之貯衣，延知而不言。卜冬月杖之流血，令求生魚，延扣冰慟哭而得，與之，卜乃心悟，撫之如所生也。

〔大興三年，涼張茂永元元年，後趙石勒二年。〕石勒遣石良率精騎五千掩李矩營，生執矩外甥郭誦之弟元，教元作書與誦，説云：「去年東平曹嶷，西賓猗盧，矩如牛角，何不歸命！」勒與誦書，餉麈尾、馬鞭，説：「賓禮賢弟，相同斷金，往物爲信。」矩所領將士並欲歸勒，矩知衆之去已，乃率衆來歸。

〔大興四年，〕王敦令郭璞筮卦，曰：「明公起事，禍必不久！」敦怒曰：「卿壽幾何？」曰：「命盡日中。」引出斬之。璞曰：「當何之？」曰：「南山之首。」曰：「我知之矣，必在雙柏之間乎！」時有鵲巢而甚茂。」

〔永昌元年，五月，王敦殺甘卓。〕甘卓將被誅，引鏡不見其頭。

〔太寧元年，〕陳安奔隴城，前趙將劉貢馳將追之，石虎止貢曰：「窮寇歸兵，不可迫也。我士卒連勝，皆已怠矣。以驕急之卒當致死之衆，恐無萬全之利。」貢曰：「不然，彼鋭氣盡矣，衆心乖沮，人懷苟免，莫有鬥志。我卒乘猛氣甚盛，皆一當十，豈其衰沮之餘所能抗也！」貢躬先士卒，戰輒敗之，遂圍安於隴城。

晉咸和二年，温嶠與陶侃起義兵伐蘇峻，帥師四萬，直指石頭，侃泊加子洲。

〔三年，峻兵犯闕。〕蘇峻作逆，領軍卞壺以王師敗績，遂單騎赴難。二子眕、盱隨之，俱殁。母裴氏撫屍而哭曰：「父爲忠臣，子爲孝子，夫何恨乎！」徵士翟湯聞之，歎曰：「父死於前，子殁於後，忠孝之道，萃於一門，可謂賢矣。」

〔咸和五年，趙建平元年。〕江州刺史劉胤自武昌以有疾，被徵爲右將軍。而王舒未至，猶在盆口。後將軍郭默旋而過胤，胤不禮之。臘日，遺默酒五升，㹠一頭。默大怒，投之於江。遂與故將張丑、宋侯，孟純等矯詔入城門，莫有禦者。胤獨與其妾寢，默至，斬於床下，及其司馬張滿、參軍荀楷、李纂，憿默故也。

〔咸和九年，以庾亮都督江、荆等州。〕王隱始成《晉書》，合八十八卷。家貧無紙，未成其志，遂南游。投陶侃於荆州，又江州投庾亮，乃獲其紙墨，始書就焉。

咸和九年，石虎即位，改元永熙。

〔咸康三年，石虎僭稱趙天王。〕趙成公段作庭燎於杠末，上盤置燎，下盤置人。咸康三年正月，趙燮安等上尊號，庭燎油灌下盤，死者二十餘人。趙王虎惡之，腰斬成公段。

〔永和元年，趙造獵車千乘。〕石季龍將獵，輒冠金縷之帽。

〔永和二年，〕九月，燕殺慕容翰。

〔永和三年，〕趙將麻秋命黑槊龍騰三千人馳擊謝艾軍，艾左右擾動，李偉勸艾乘馬，艾不從，乃下踞胡床而麾衆，趙人以爲有伏，懼而不進。

〔永和五年，趙以謫卒高力等戍涼州。〕定陽人梁犢因民心怨趙也，謀兵東還。犢自稱大將軍，率衆攻下辨，克之。犢軍人皆多力善射，一當十餘，雖無甲兵，所在略百姓大斧，施一丈柯，攻戰若神，擬向崩潰。

〔永和八年，燕慕容儁元璽元，秦主苻健皇始二年，並稱帝。姚襄來歸。〕姚襄南至滎陽，與高昌、李歷戰於麻田，馬中流矢死，弟萇下馬授襄，曰：「汝何以自免？」萇曰：「但令兄濟此，豎子何敢害萇！」會救至，俱不死。

〔永和十年，涼張祚和平元年。〕僞前梁張重華在梁州，欲誅西河張祚，祚廐馬數十匹，同時皆無尾。未幾，祚遇禍。

〔升平四年，燕主暐建熙元年。〕朝廷聞慕容儁死，曰：「中原可圖矣。」桓温曰：「慕容恪在，其憂方大！」

太和六年，十一月，被廢。桓温使劉享收帝璽綬。

〔太元元年，涼亡。〕涼天水太守史稷暴疾而死，五旬乃蘇，云：「見涼光殿中皆生白瓜。」及秦使梁熙至，熙小字白瓜。

〔太元二年，〕秦平諸國後，示人以侈。置左、右鎮郎及拂蓋郎。申香爲拂蓋郎，長一丈九尺。

〔太元四年，秦以苻洛爲益州牧。〕苻洛雄勇多力，猛氣絶人，坐制奔牛，射洞犁耳。苻堅深憚之，故常爲邊守。

〔太元八年，秦大舉入寇。〕秦王堅下書曰：「吳人敢恃江山，僭稱大號，輕率犬羊，屢窺王境。朕將巡狩省方，登會稽而朝諸侯，復禹績而定九州。今王師所擬，必有征無戰，伐國存君，義同一體。」

〔太元九年，燕慕容垂元年，後秦姚萇白雀元年。〕慕容垂攻鄴，苻丕遣其從弟就請救，乃遺謝玄青銅鏡、黄金宛轉繩等，以之爲信。

〔太元十七年，以殷仲堪爲荆州刺史。〕晉黄門郎殷仲堪游於江濱，見流棺於水，乃接焉。旬日之中，前門之溝，忽起爲岸。是夕有人通夢於仲堪，自稱徐伯：「感君之惠，無以報。」仲堪因問：「門岸爲何祥乎？」對曰：「水中之岸，其名爲洲。君將爲也。」言終而没。

〔太元二十一年，燕慕容寶永康元年，魏皇始元年，涼呂光龍飛元年。〕後燕慕容垂遣其子寶步騎七萬伐後魏，戰於參合陂，大敗，寶以數千騎奔免，士衆還者十一二。寶恨參合之敗，屢言魏有可乘之機，由是，自率大衆伐魏。至參合，見往年戰處積骸如山，設吊祭之禮，死者父兄一時號哭，軍中皆慟。垂慚憤嘔血，因而寢疾。卻還，道卒。

〔隆安元年，南涼禿髮烏孤太初元年，北涼段業神璽元年。烏孤稱西平王。〕南涼禿髮烏孤七世祖壽闐之在孕也，母夢一老父，被髮左衽，乘白馬，謂曰：「爾夫雖西移，終當東返。至京必生貴男，長爲人主。」言終，胎動而寤。後因寢生壽闐被中，因以禿髮爲號，壽闐爲名。

隆安二年，燕慕容盛建平元，魏天興元年，慕容德元年。燕蘭汗弑寶。盛子太原王奇起兵於外。

〔隆安三年，燕長樂元年，秦弘始元年，涼呂纂咸寧元年，南燕慕容德傳檄青州。〕燕征其東萊太守王鸞。鸞身長九尺，腰帶十圍，貫甲跨馬，不據鞍由鐙。燕王德見而奇其魁偉，賜之食，一進一斛餘。德驚曰：「所啖如此，非耕而能飽；但才貌不凡，堪爲貴人，可以一縣試之。」由是拜逢陵長，甚有治績。

〔隆安四年，南燕建平，南涼禿髮利鹿建和元年，西涼李暠庚子元年。〕涼州人胡安據盜發掠州人張駿墓，見駿貌如生，得赤玉簫、紫玉笛。

〔十一月，北涼李暠自稱涼公。〕敦煌太守李暠表於段業，暠稱：「盡忠不貳，横爲索嗣所譏。」請業殺嗣。暠自歸司敗，業乃殺嗣，遣使謝暠。初，嗣與暠結刎頸之交，嗣常以宗族托暠，曰：「我身猶子身，勿爲疑也。」及是，暠反爲嗣所構，暠乃恨之。

〔隆安五年，燕慕容熙光始元年，涼呂隆神鼎元年，北涼沮渠蒙遜永安元年。〕後涼呂超殺其君纂。后楊氏，國色。超將妻之，謂其父恒曰：「后若自殺，禍必及宗。」恒以此言告后，后曰：「大人本賣女與氐羌，以圖富貴，一之以甚，其可再乎！」恒不能强，乃自殺。

元興三年王謐與衆議推劉裕領揚州，裕辭，乃以謐爲侍中，領揚州。初，裕名位微薄，盛流不知，謐獨奇之。裕嘗與刁逵樗蒲，輸直，逵縛之馬柳。謐伐還之，由是德謐。

蕭方等曰：夫蛟龍潛伏，魚蝦褻之。是以漢高赦雍齒，魏武免梁鵠，安可以布衣之嫌而成萬乘之隙哉？今王謐爲公，刁逵亡族，酬恩報怨，何其狹哉！

義熙元年盧循爲廣州刺史。循遺劉裕益智粽，裕乃答以續命湯。

〔義熙三年，燕高雲正始元年，夏赫連勃勃龍升元年，燕王熙后苻氏卒，徒跣送葬，馮跋拒而弒之，立雲。〕燕王慕容熙后苻氏，嘗季夏思凍魚膾，仲冬須生地黄，皆下有司切責之，不得，加之以辟焉。

〔義熙五年，魏拓跋嗣永興元年，燕馮跋太平元年，西秦更始元年。〕劉裕攻南燕，得燕人張綱，治攻具，既成，設飛橋懸梯，被以牛皮，火、石不能害。攻城之士得肆力焉。

〔義熙六年，〕丁亥，中軍劉裕悉衆攻燕，衆咸諫曰：「今往亡日，兵家所忌。」裕曰：「我往彼亡，吉孰大焉！」乃命悉登，遂克之。燕王慕容超走，追獲焉。裕責以不降之罪。超神色自若，無餘言，惟以母託劉敬宣而已。

蕭方等曰：美哉！其言也。言必己親，終不忘孝。可謂「人之將死，其言也善」。信乎！

〔義熙七年，〕以劉裕爲太尉、中書監。裕既拜，朝賢畢至，僕射謝混後來，衣冠傾縱，頗有傲慢之容。裕甚不平，乃謂之曰：「何謂旁若無人？」混對曰：「明公將隆伊、周之化，方使四海解衿，謝混何人，而敢獨異乎！」乃以手板披撥其衿領，悉皆解散。裕大悦。

〔義熙八年，西秦乞伏熾磐永康元年，北涼玄始元年。劉毅爲荆州，請從弟藩以自副，劉裕以詔書罪狀毅與藩及謝混共謀不軌，賜藩、混死。帥師襲荆州，殺毅。〕安帝時，以劉鎮之爲散騎常侍、光禄大夫，不受。鎮之，毅季父。義熙初，謂毅及藩曰：「汝輩才力勢運，足以得志，當身爭耳。我不就汝求位求財，又不受汝罪累。」每見毅等道從吏卒到門，輒駡詬之。毅甚敬畏，每未至宅數百步止，與白衣數人而進，儀衛悉不自隨。及至毅敗，無不服其先見。而劉裕甚敬遇之。

晉義熙九年，〔夏鳳翔元年。〕盜發故驃騎將軍卞壼墓，剖棺掠之，壼屍面如生，兩手悉拳，爪生達背。

義熙十一年二月，姚興卒。

〔義熙十三年，西涼李歆嘉興元年，秋七月，太尉裕克秦，入長安。〕王鎮惡隨宋高祖入關中。初，鎮惡流寓崤澠，崤澠人李方厚待之，鎮惡曰：「待吾佇英雄主，取萬户侯，乃厚相報。」方笑曰：「本縣足矣。」鎮惡力不絶人，不閑弓馬，略通諸子兵書，縱横有智計，以此成名。及是，李方尚在，鎮惡升堂拜母，拔方澠池令。

〔元熙元年，〕夏王勃勃自號真興元年，夏，刻石都南，頌其功德。曰：「我皇誕命世之期，應天縱之德，仰協時來，俯從民望。屬奸豪鼎峙之際，羣凶嶽立之秋，故運籌命將，舉無遺策。親御六戎，即有征無戰，五稔之間，而治風弘闡矣。」

〔元熙二年，西秦乞伏熾磐建弘元年，西涼李恂永建元年。〕西涼從事中郎將張顗言於涼王曰：「太祖以天挺神姿，應桓、文之運，流灃萬里，爲西夏所推，平索嗣兵不血刃，取酒泉有易俯拾。爲殿下開創崇規，貽厥孫謀者也。」

《建康實録》

唐許嵩撰

卷一《吴太祖上》　建安二十八年冬十一月，權就吴王位於武昌，大赦，改年號爲黄武元年。初置丞相，以陽羨侯孫劭領之，立子登爲王太子。十一月，蜀使致書於權，引躬自責，永修舊好。

十二月，遣大中大夫鄭泉聘劉備於白帝，始報通好焉。泉至蜀，蜀主問曰：「吴王何以不答朕書，將無以朕正名不宜乎？」泉曰：「曹操父子凌轢漢室，終奪其位。陛下託以宗室，有維城之重，不荷戈執殳，爲海内率先，而因是自名，未合天下之義，是以寡君未復書耳。」備甚慚。

泉字文淵，陳郡人。博學有姿望，而性嗜酒，每閑居曰：「願得美酒滿五百斛船，以四時甘脆置兩頭，反覆没飲之，憊即住而啖餚饌。酒有斗升減，隨而益之，不亦快乎！」臨卒，謂同類曰：「必葬我於陶家側，庶百歲後化成土，見取爲酒壺。」

是歲，改夷陵爲西陵。詔揚州置牧，以丹楊太守吕範爲揚州牧，以東征將軍高瑞領丹楊太守，復自建業徙治蕪湖。

二年春正月，城江夏武昌宫。改《四分》，用《乾象曆》。自以土行代漢，建寅爲歲首。

三月，魏軍盡退，疆界寧息。

夏四月，丞相孫劭、大將軍陸遜率羣臣上表，稱天命符瑞，勸王即帝位，王再讓未許，謂羣臣曰：「漢家堙替，不能存救，亦何競焉？」

蜀主劉備薨於白帝，王使立信都尉馮熙弔于蜀。

五月，甘露降曲阿。

冬十一月，蜀使鄧芝以馬二百疋、錦千端來聘。自是之後，聘使來往爲常，各致方物，獎其厚意。

三年秋九月，魏大軍來寇，曹丕自出廣陵，臨大江，兵十餘萬，旌旗數百里。王使諸將謀以拒守，安東將軍徐盛設計築圍，作薄落，圍上設假樓，江中浮船，多張旗幟於山險，而又縛草爲人，衣以甲胄，自武昌至於京口，烽煙相望。諸將以爲無益，王然之。魏文帝臨江不敢渡，久之歎曰：「天固隔我吴魏，彼有人焉。」便退。吴將孫韶先屯於江北，聞魏軍退，遣將高壽率敢死士五百人夜於徑路要之。魏帝驚，敗遁，走壽春，獲輜車羽蓋而歸。

冬十月晦，日有蝕之。

四年夏五月，丞相孫劭薨，謚曰肅。

六月，以太常顧雍爲丞相，封醴陵侯。以尚書陳化爲太常。

秋七月，皖口言木連理。又地連震。

五年，大將軍陸遜奏所在無寇，令諸將廣農畝，王許之稱善：「孤自率子弟親受田，車八牛爲四耦，與衆等，均其勞也。」

夏五月，魏文帝崩。

秋七月，蒼梧鳳凰見。是月，置東安郡，治富春。

冬十一月，陸遜以便宜奏施德緩刑，寬賦息調，王答善之。乃令有司寫利害科條，使中郎褚逢齎就遜，令與諸葛瑾同損益之。衞將軍、交阯太守、龍編侯士燮卒。

王以交阯懸遠，乃分合浦已北爲廣州，拜吕岱爲刺史；交阯已南爲交州，拜戴良爲刺史。以陳時代燮爲交阯太守，良與時至合浦，而燮子徽自署爲交阯太守，發宗兵拒良，不許入。王勑吕岱與良等討平之，誅徽，傳首武昌。

六年春正月，韓當子綜以衆叛歸魏。

七年，罷東安郡。

夏五月，鄱陽太守周魴以詐誘魏將曹休，獻休事七條，密表於王。

八月，王自幸皖口，使大將軍陸遜督中軍，全琮、朱桓爲左右，三邊俱進，大破魏軍於夾石亭，俘數萬計，盡收其騾馬輜重，曹休僅免。

冬十月，王下令軍中諸將有三罪，然後議之，以將軍翟丹有過，亡入魏故也。

是歲，改合浦爲珠官郡。大司馬南昌侯吕範薨。

卷二《吴太祖下》　黄武八年春正月，公卿百司連上表，勸王正尊號，王猶謙讓再三。

夏四月，黄龍、鳳皇見，武昌、夏口並言之。甲午，公卿再請，王曰：「羣臣百辟，咸以寡人上副天心，寡人敢辭。」甲申，立壇於南郊，即帝位，柴燎告天，禮畢，法駕旋武昌宫，陞太極殿。大赦。改元黄龍元年。建黄龍大牙，常在中軍，令諸將進退向之。詔侍中胡綜爲賦，其略曰「乃律天時，制爲神軍，取象太乙，五將三門；疾則如電，遲則如雲，進止有度，約而不煩。四靈既布，黄龍中央，周列日月，實曰太常，傑然特立，六軍所望」云云。

丁酉，追尊父堅爲武烈皇帝，廟號始祖，陵曰高陵。母吴氏爲武烈皇后。兄策爲長沙桓王。立子登爲皇太子。内外文武百司皆即位行賞，邊軍征防各賜勳五轉，鰥寡孤獨量給穀帛，百姓並免今年租賦，天下賜酺五日。初，漢末興平中童謡曰：「黄金車，斑蘭耳。開閶門，出天子。」閶門即吴西郭門也，夫差所造，帝即吴人。

六月，蜀使衛尉卿陳震來慶踐位。帝乃立壇，與蜀使盟約滅魏，中分天下，以幽、豫、青、徐、兖、鄆、冀、并、凉屬蜀。其司州之土，以函谷關爲界，有害於吴，蜀伐之；有害於蜀，吴伐之。凡百之約，皆如載書。有渝此盟，創禍先亂。

時童謡云：「寧飲建業水，不食武昌魚。寧就建業死，不就武昌居。」

秋九月，帝遷都於建業。以陸遜爲上將軍，詔輔太子登，留守武昌。

冬十月至自武昌，城建業太初宮居之。宮即長沙桓王故府也，因以不改。今在縣東北三里，晉建康宮城西南，今運瀆東曲折内池，即太初宮西門外。池吴宣明太子所創，爲西苑。初，吴以建康宮地爲苑，其建業都城周二十里一十九步。

十一月，右長史張紘卒，遺令戒子孫，無爲不善。

二年春正月，詔立國學，置都講祭酒。

二月，使將軍衛温、諸葛直下海求亶、夷二洲，得夷洲數千人而還。

三年夏五月，建業有野蠶爲璽，大如鳥卵。由拳生野稻，詔改由拳爲禾興縣。

冬十月，始平言嘉禾生。

十二月丁卯，大赦，改明年爲嘉禾元年。

春，丞相顧雍奏宜修郊廟社稷，以承天意。詔答未許。

二月，皇子建昌侯慮薨。

夏六月，皇太子登歸自武昌，留省侍。以太子少傅、都鄉侯是儀爲侍中。

冬十月，魏遼東太守公孫淵叛魏，使校尉宿舒、閬中令孫綜來，奉表稱藩請援，並獻方物。帝進公卿議，輔吴將軍張昭及丞相顧雍等率大臣切諫淵反覆難信，兼險路遥遠，願勿納之。帝不信，遣太常張彌、執金吾許晏、將軍周賀、賀達、校尉裴潛將兵一萬，浮海應接，并齎珍寶九錫備物，封淵爲燕王，領幽青二州十七郡諸軍事。

二年三月，漢獻帝崩，率公卿舉哀三日。公孫淵果反，爲魏，魏將田預要擊，破周賀、裴潛等於成山，而淵殺張彌、許晏、賀達三人，分其部伍，秦旦、杜德等走於玄兔。

八月，旦等自玄兔走句麗。句麗王見旦、德等甚敬之，曰：「此天子邊人也。」乃發皁衣使二十五人送歸，兼表獻方物豹皮千枚，鶡雞皮十具。帝喜句麗，大怒公孫淵，將自征遼東，尚書薛綜等率大臣切諫，帝猶怒。選曹尚書陸瑁上疏曰：「古來荒服，慌忽無常，不可保也。夫兵革者，前代所以誅暴亂，滅四夷，然皆姦雄已除，天下無事，從容廟堂之上以議之。至於中夏鼎沸，九域盤牙之時，深根固本，愛力惜費，務自將養，以待鄰敵之闕，未有遠征於此時也。捨近馳遠，疲於軍力，願陛下少思之。」帝乃止。

冬十月，詔使中書郎陳恂、謝宏往拜句麗王宮爲單于，并賜衣服。恂至，句麗已受魏幽州牧，諷旨不受詔賜，遂郊止吴使，令主簿笮資、帶固往與恂、宏相見。恂等怒，乃縛資、固爲質，使讓句麗。句麗王謝罪，獻馬百匹，乃釋資等，令奉詔賜物而將馬還。

三年夏六月，帝率六軍親征合淝，別使大將軍陸遜、諸葛瑾等屯江夏、沔口，張承、孫韶等將兵往廣陵、淮陽。魏明帝自東出拒之，帝還軍。

九月朔旦，隕霜傷穀，誅不由君上之應也。時典校事吕壹專威福，帝任之，羣臣無敢言。

是歲，復曲阿爲雲陽，丹徒爲武進。

四年秋七月，魏使以馬二百匹求易珠璣、翡翠，帝曰：「此朕不用之物。」乃與交易。

八月，雨雹，又隕霜。雹者，陰之脅陽，佞臣小人專任之應。

五年春，議鑄大錢，一當五百。詔吏民輸銅畀直。設盜鑄之科。

三月，武昌甘露降於禮賓殿。

夏，旱，自去冬不雨至於五月。

秋七月，輔吴將軍、婁侯張昭薨。遺令幅巾素棺，斂以時服。帝素服臨弔，祭以太牢，謚文成侯。

冬十月，彗星見於東方。

六年春正月，詔曰：「郎吏者，宿衛之臣，古之命士。間者所用，頗非其人。自今選三署皆依四科，不得虛詞相飾。」夏，用左執法胡綜、左節度顧譚議，定法長吏不許奔喪。詔曰：「遭喪不奔，法非古也，蓋隨時之宜，以義斷恩。自今已後，長吏不得奔喪廢職。有犯者，大辟行治。」

冬十二月，赤烏羣集前殿。大赦。改明年爲赤烏元年。

春正月，侍御史謝宏奏更鑄大錢，一當千，以廣貨，帝許之。

二月，追拜夫人步氏爲皇后。

秋七月，典校事吕壹坐奸事，伏誅。帝深慚亂法，使中書郎袁禮以誅壹事謝四方諸大臣，兼手詔一一條件，而問時事損益，并責不直言切諫。

八月，麒麟見武昌。

二年春正月，魏明帝薨。

夏五月，城沙羨。

三年春，詔曰：「蓋君非民不立，民非穀不生。」下州郡勸治農桑，農桑時不得役事。

夏四月，大赦。諸郡縣治城郭，起樓，穿壍發渠，以備非常。

冬十一月，詔開倉賑給貧民。

十二月，使左臺侍御史郗儉監鑿城，西南自秦淮，北抵倉城，名運瀆。

四年春正月，大雪，平地三尺，鳥獸死者太半。

三月，右將軍孫韶卒。

夏四月，使衛將軍全琮征魏掠淮南，決芍陂，燒安城邸閣，收其人民。中郎將秦傀等與魏將王淩大戰芍陂中，斬獲千餘人。車騎將軍朱然圍樊，大將軍諸葛瑾取柤中地。

時零陵太守殷禮上書於帝曰：「今天棄曹氏，國內虎爭，幼童蒞事，取亂侮亡宜於今日。願陛下親自御戎，舉荆、揚之衆，盡强弱之數，强者執戟，羸者轉運，西命益州軍於隴右，授諸葛瑾、朱然大衆，指事襄陽，陸遜、朱桓別征壽春，大駕方入淮、泗，凌轢青、徐。襄陽、壽春困於受敵，長安以西，務對蜀軍，許、洛之師，勢必分散，犄角瓦解，民必內應，將相對向，或失便宜，一軍敗績，三軍離心，便當秣馬脂車，踐踏城邑，乘勝逐北，以定華夏。若不悉軍動衆，循前輕舉，則不足大用，易於屢退。民疲威竭，非出兵之策也。」帝善之，不能用。

五月，皇太子登薨，帝聞驚惋，哀不自勝。詔曰：「國喪明嫡，百姓何福？」下有司謚爲宣明太子。

閏六月，大將軍豫州牧諸葛瑾薨。

秋八月，陸遜城邾。

冬十一月，詔鑿東渠，名青溪，通城北壍潮溝。

五年春正月，立子和爲皇太子，大赦，改禾興縣爲嘉興縣。

二月，羣臣奏請立皇后及皇子爲諸侯王，辭曰：「今天下未定，民物勞瘁，有功未録，飢寒未恤，猥割土壤以封子弟，崇爵位以寵妃妾，朕不取焉。」

三月，海鹽言黃龍見。

夏四月，旱，詔禁獻御，減太官膳。

秋七月，有司又奏立皇后諸侯王。

八月，立子霸爲魯王。

六年春，騶虞見新都。

九月，遣將軍陸凱討定朱崖、儋耳郡。

冬十一月，丞相顧雍薨，時年七十六。是月，太子太傅、都鄉侯闞澤薨。

十二月，扶南國獻樂人。

是歲，諸葛恪大破六安，殺魏將謝景，收其民而還。魏司馬懿率軍入舒，恪遷於柴桑。

七年春正月，以大將軍陸遜爲丞相。

秋，嘉禾生宛陵。

八月，詔曰：「督將亡，殺其妻子，是使妻去夫，子棄父也。甚傷義教，自今勿殺之。」車騎將軍朱然、驃騎將軍步騭等各上疏言：「自蜀還者，言蜀欲背盟與魏交通，多作舟船，繕治城郭。又前蔣琬守漢中，聞司馬懿南向，不出兵乘虛以犄角之，反委漢中，還成都。事已彰露，的無所託，宜爲之備。」帝良久曰：「不然，吾待蜀不薄，聘享盟誓，無以負之，何以致此？又司馬懿前來入舒，旬日便退，蜀在萬里，何知緩急而便出軍？昔魏入漢川，此間始戒嚴，亦未舉制，會魏還而止，蜀寧可復以此爲疑也。且人治國，舟船城郭，何得不護，今此間治軍，豈欲禦蜀？人言若不可信，朕爲諸君破家保之。」果如帝言，而蜀竟無謀。

八年春二月，丞相江陵侯陸遜薨。

夏五月，震宮門及南津大橋。茶陵縣洪水溢出，漂損二百餘家。

秋七月，帝遊後苑，觀公卿射，征西將軍馬茂、苻節朱真、牙門將朱志、無難都督虞欽等謀逆，欲劫公卿襲帝，事覺，夷三族。

八月，大赦。使校尉陳勳作屯田，發屯兵三萬鑿句容中道，至雲陽西城，以通吳、會船艦，號破崗瀆，上下一十四埭，通會市，作邸閣。仍於方山南截淮立埭，號曰方山埭，今在縣東南七十里。

九年夏四月，甘露降武昌宮。

秋九月，以驃騎大將軍步騭爲丞相，車騎大將軍朱然爲左大司馬，衛將軍全琮爲右大司馬，鎮南將軍吕岱爲上將軍，諸葛恪爲大將軍。時用大錢，物貴，百姓不便。詔除大錢，卑物價，使收其錢，鎔爲器。

十年春，適南宮，改爲太初宮。詔移武昌材瓦，有司奏武昌宮作已二十八年，恐不堪用，請別更置。帝曰：「大禹以卑宮爲美，今軍事未已，所在多賦，妨損農業。且建康宮乃朕從京來作府舍耳，材柱率細，年月久遠，嘗恐朽壞。今武昌材木自在，且用繕之。」

冬十月，大赦死罪。

是歲，胡人康僧會入境，置經行所，朝夕禮念，有司以聞。帝曰：「昔漢明帝感夢金人，使往西方求之，得摩滕、竺法蘭來中國立經行教，今無乃是其遺類乎？」因引見僧會，其言佛教滅度已久，唯有舍利可以求請。遂於大内立壇，結靜三七日得之。帝崇佛教，以江東初有佛法，遂於壇所立建初寺。

帝初好道術，有事仙者葛玄，嘗與遊處，或止石頭四望山所，或遊於列洲。時忽遇風，玄船傾溺，帝悲怨久之。俄見玄曳履從江上行來，衣不濡而有酒色。玄性好酒，嘗飲醉卧門前陂水中竟日，醒乃止，帝重之，爲方山立洞玄觀，後玄白日昇天。今方山猶有玄煑藥鐺及藥臼在。

十一年春正月，朱然城江陵。

三月，太初宮成，周迴五百丈，正殿曰神龍，南面開五門：正中曰公車門；東門曰昇賢門、左掖門；西曰明揚門、右掖門。正東曰蒼龍門；正西曰白虎門；正北曰玄武門。起臨海等殿。

夏四月，雨雹，此有德遭險，誅伐過深之應也。雲陽言黃龍見。

五月，鄱陽言白虎仁。帝曰：「苻瑞之應，表德也。朕□臻於兹？《書》云『雖休勿休』，公卿百司，勉修所職，以匡不逮，宜各勵精思朕過失。」

秋，丞相、冀州牧、番禺侯步騭薨。

十二年春三月，左大司馬朱然卒。

夏四月，兩烏銜鵲墜於東觀。丙寅，詔驃騎將軍朱據領丞相，燎鵲以祭。此羽蟲之孽，又黑祥，視不明、聽不聰之罰也。東觀，典校之府，實天意焉。

六月戊戌，寶鼎出臨平湖。

秋八月癸丑，白鳩見於章安。

冬，右大司馬全琮卒。

十三年夏五月，日至，夜熒惑入南斗。

秋七月，犯魁第二星而東。

八月，丹楊、句容及故鄣、寧國諸山崩，洪水溢。説曰，山，陽，君也；水，陰，百姓也。戒君道崩壞，百姓將失其所，亡胤嗣之應也。時宮掖不穆，魯王霸權傾太子，大將軍陸遜、太子太傅吾粲等極諫，帝不納。

冬十月，全公主魯班與太子母王夫人有隙，數譖太子，帝乃幽閉和於省内。驃騎將軍、丞相朱據進曰：「臣聞太子國之本根，立性仁孝，天下歸心。今卒責之，將有一朝之患。」帝終不受諫，固執廢之。據擁太子拒諫，萬死不退，大臣泥首再拜，而尚書屈晃復進諫曰：「太子仁明，顯聞四海。今三方鼎峙，不宜摇動太子，以生衆心。願陛下少垂聖恩，老臣雖死之日，猶生之年。」因叩頭流血，詞氣不撓。帝登白爵觀，見其言切，惡之，勅晃等曰：「無事何忽忽！」遂斥還鄉里。無難督陳正與五營督陳象等見帝廢太子，乃進諫云：「昔晉獻公殺申生，立奚齊，晉國擾亂，三代不止。」帝大怒，蒙等，乃左遷朱據爲宜都丞。中書令孫弘素惡據耿直，譖以僞詔，賜死。竟廢太子和爲庶人，遷於故鄣，賜魯霸死，大臣坐誅者十餘人。

十一月，立子亮爲皇太子。是月，遣軍十萬，作堂邑涂塘以淹北道。

十二月，有神人授書，告改年、立后。帝大赦，改明年爲太元元年。臨海羅陽縣又有神，自稱王表，周旋人間，言語飲食，與人無異，而不見其形。有一婢，名紡績，常隨侍。帝聞之，使中書郎李崇齎輔國將軍羅陽王印綬往迎之。神至建業，勅於蒼龍門外立第宅，所經山川之神，輒使與神相聞，言吉凶水旱，往往有驗。帝之納邪拒諫近之矣。

五月，立皇后潘氏。

八月朔，大風，江海溢，平地水一丈。右將軍呂據取大船以備宮内，帝聞之喜。是月，風拔高樹三千餘株，石碑磋動，吴城兩門瓦飛落。華覈以爲役繁賦重，區務不容之効也。因條奏之，帝曾不省。

冬十一月，幸曲阿，祭高陵。大赦。還，風疾，驛徵大將軍恪爲太傅。詔省徭役。

二年春正月，帝卧疾，悟和無罪，欲徵還，孫弘等固諫，事不再，乃止，封爲南陽王，居長沙；子奮爲齊王，居武昌；子休爲瑯琊王，居虎林。

八月，大赦天下，改元神鳳元年。皇后潘氏暴崩於内宮。

三月，帝疾甚，使有司傳詔問神人王表請福，表云：「國之將興，聽之於人；國之將亡，聽之於神。」

夏四月乙未，帝崩於内殿，遺詔太子太傅諸葛恪與太常滕胤、衛將軍孫峻等輔太子亮。

秋七月，葬蔣陵，今縣東北十五里鍾山之陽。

卷三《吴廢帝》 廢帝亮，字子明，大帝少子。母潘皇后。赤烏七年，生於内殿。十三年，年七歲。冬十一月，立爲皇太子。

神鳳元年夏四月乙未，大帝崩。丁酉，太子即皇帝位，以太傅諸葛恪輔政，太常滕胤副焉，進羣臣爵有差。

秋九月，桃李花開，此舒緩之應也。初，大帝黄龍二年，築東興堤以遏湖水，後征淮南，敗，由是廢至此。

冬十月，諸葛恪率諸軍會於東興，作大堤，左右結山，俠築兩城，各留千人，使全端、留略守之，引軍而歸。

十二月丙申，大風雷雹。魏恥吴入境築城，乃遣大將胡遵、諸葛誕等率衆七萬來攻，壞堤遏。恪舉衆四萬往救之。遵等勑諸軍爲浮橋渡，陣於堤上，分攻兩城；城所在高峻，不可卒拔。恪遣將軍留贊、呂據、唐咨、丁奉等爲前部，恪自繼之。時天寒，雪，魏軍會飲，見贊等兵少，猶不持戈戟，但兜鍪刀楯，倮身緣堤，大笑，不即嚴兵。贊等得上，便鼓噪亂斬，魏軍擾亂散走，爭渡浮橋，橋壞，自投於水，更相蹈藉，没死者數萬。擒故叛將韓綜，斬之，走諸葛誕。獲車馬驢騾各數千，器械資糧山積，振旅而歸。加恪都督中外諸軍事、荆揚二州牧、丞相、陽都侯。恪有遷都意，更起武昌宮。

是月，武昌端門災，改作端門。

建興元年春正月，大赦，改元，立皇后全尚女，太祖女魯斑所生。斑譖廢太子和，而勸太祖立亮，以女爲妃。及即位，立爲后。

三月，諸葛恪伐魏，使司馬李衡往蜀説姜維，令同舉兵，曰：「古人有言，聖人不能爲時，時至亦不可失。今敵國政在私門，上下猜隔，兵挫於外，民怨於内。今若大舉伐之，吴攻其東，蜀入其西，彼救西則東虚，重東則西輕，以練實之軍，乘輕虚之敵，破之必矣。」維然之。恪遂大舉郡邑二十萬衆渡江，圍魏新城，久不拔，民疲，士卒多流亡，乃引軍還，住江濱，欲起屯潯陽。朝廷數詔徵還，使者相屬。

秋八月，恪至京師，陳兵入府，召中書令孫嘿，責之曰：「卿何敢妄數作詔！」嘿懼，因病還家。恪愈作威嚴，多所罪責，小大吁怨。

九月，又治兵向青、徐，左右切諫軍旅不宜數動，恪不受諫。

冬十月，大饗公卿，因會，乃殺恪於殿内，以葦席裹屍，篾束其腰，投于石子崗。時年五十一。

十一月，有五大鳥見於春申，改明年爲五鳳元年。

春正月，以大將軍、左司馬李衡爲丹楊太守，自蕪湖又徙治宛陵。

秋九月，魏相司馬師廢其主芳爲齊王。

十二月，星孛於牛斗。交阯稗草化爲稻，此草妖也。昔三苗亡而五穀變。

二年春正月，驃騎將軍呂據襲壽春，魏將文欽降，淮南餘衆數萬來奔。

秋七月，孫儀、林恂等謀殺大將軍峻，事覺，伏誅。陽羨黑山石自立，曰：「當有庶人爲帝之祥。」大旱。使衛尉馮朝城廣陵，以將軍吴穰爲廣陵太守。

三年春正月，新作太廟，遷太祖神主，大赦，改太平元年。

二月，用魏將文欽計，大舉兵伐魏。

八月，遣欽爲先鋒，以呂據、朱異、劉纂、唐咨等自江都引衆軍入淮、泗以繼之。諸軍將發，孫峻餞於石頭，因入呂據營，見軍御整齊，惡之，乃稱心痛而歸，遂夢諸葛恪擊之，因病甚，表弟偏將軍綝輔政。

九月丁亥，峻薨。

戊子，以孫綝爲侍中，輔政。壬辰，太白犯南斗。呂據等至江北，聞綝代峻，大怒，乃表薦衛將軍滕胤爲丞相，綝不聽。癸卯，以胤爲大司馬，據又密使使與滕胤謀，自廣陵引軍還討孫綝，與胤會蒼龍門。是夜，風急，據不至，綝使華容勒兵攻胤，殺之。

己酉，遣將軍施寬、劉承等將兵逆呂據，左右皆勸據入魏，據曰：「恥爲叛臣。」遂殺於新州，夷三族。

據字世議，大司馬範次子。

冬十一月，綝爲大將軍，封永寧侯。

十二月，帝使五官中郎將刁玄告亂于蜀。

二年春正月乙卯，詔分長沙東部爲湘東郡，西部爲衡陽郡，會稽東部爲臨海郡，豫章東部爲臨川郡。

夏四月，帝始臨正殿，大赦境内，親政事。時孫綝有所表奏，皆難問之。又選子弟十八已下，十五已上，得三千人，以大將軍子弟有勇者爲之將帥。詔曰：「朕立此軍，欲與之俱長。」日於苑中習焉。自後常出中書省視先帝故事，詰問左右曰：「先帝數有特詔，今大將軍關事，但令我書可耶！」左右懼，無以答。

五月，魏征東大將軍諸葛誕舉兵保壽春叛魏，使將軍朱成詣闕上表稱臣，兼子靚與長史吴綱及諸牙門子弟爲質，請援。

秋七月，詔使大都督朱異、將軍唐咨、丁奉、全端等精甲五萬，據壽春，大將軍孫綝自率衆繼之，爲魏將司馬昭所破，將軍全端、錢塘侯全澤等與諸葛宗親十餘人，皆降於魏。

九月，綝自淮南歸，還軍。甲申，赦，淮南戰死者，加爵賞，爲舉哀。

三年秋七月，封齊王奮爲章安侯。詔州郡伐宫材。自八月沈陰不雨四十餘日。帝以綝專恣自固，嫌忌之。

九月，詔黄門侍郎全紀密令與父太常全尚、將軍劉承謀誅綝。全紀母，公主從姊也，其夜知謀，以告綝，綝懼。戊午夜，以兵襲宫，取全尚，遣弟恩殺劉承於蒼龍門。綝將廢帝，乃召公卿大臣會宫門議曰：「少帝長病昏亂，不可以當大任。」使光禄勳孟宗告宗廟廢之，以狀赴近遠。尚書桓彝正色不肯署名，綝怒，殺彝。

彝字公長，臨湘人也，魏尚書令階之弟也。累遷尚書，以正直見殺。

庚申，使中郎李崇奪帝璽綬，爲會稽王。帝九歲即位，立七年，遣將軍孫耽送帝之國，徙全尚家於零陵，遷公主魯斑於豫章。

帝年十六，永安二年見殺，崩於侯官道上。晉太康中，吴故少府卿丹楊戴顯上表，迎屍歸葬賴鄉。

卷三《景皇帝》　太平三年九月戊午，孫綝廢少帝，而遣宗正孫楷、中書郎董朝往會稽迎帝。帝初不信，楷答具啟本意，帝遂行。未至，而孫綝悔，欲入宫將圖不軌，召百官會議於相府，皆惶懼失色。常侍虞汜進曰：「明公爲國伊、周，處將相之位，擅廢立之權，上安宗廟，下惠兆民，小大踴躍，以爲伊、霍復見。迎王未至，而欲入宫，如是，則羣下摇動，衆聽疑惑，非所以永終忠孝，揚名後世也。」綝不悦。冬十月，帝至曲阿，有老翁干帝曰：「事久變生，天下喁喁，願大王速行。」帝善之，即日進布塞亭。武衛將軍孫恩行丞相事，率百官以乘輿法駕迎於永昌亭，立行宫，以武帳爲便殿，設御座。己卯，帝至，望便殿止，羣臣三請再拜，陞殿，謙不即座。户曹尚書前即堦下讚奏，丞相奉璽綬，帝三讓，羣臣三請，帝曰：「諸侯將相咸推寡人，寡人敢不承命。」乃受璽綬，即帝位。百官以次奉引，帝就乘輿，羣臣陪位，孫綝迎於土山之半野，拜於道左，帝下車答拜。即日，入宫御正殿，大赦，改元爲永安元年。

冬十月壬午，詔以綝爲丞相、大將軍、荆州牧，食五縣。以弟恩爲御史大夫，弟幹、弟闓皆封侯，餘功臣行賞有差。綝乃詣闕上書，乞上印綬、節鉞，退還田里，帝不許。丹楊太守李衡以前嫌，自拘有司，表列罪失，帝曰：「夫射鈎、斬袪，在君爲君。」乃使還郡，封威遠將軍，領丹楊太守。

己丑，封故太子和子皓爲烏程侯，弟德爲錢塘侯，弟謙爲永安侯。庚寅，羣臣奏請立后及太子，帝讓不受。

十一月甲午，有風四轉五復，蒙霧連日。時孫綝既擅廢立，權傾人主，一門五侯，並典禁兵，有所陳述，帝敬而不違，自吴朝未之有也。壬子，詔吏家爲役有三人五人者，並免父兄一人。永昌亭陪位者，加爵一級。

十二月，綝日益横，遂持牛酒進奉於帝，帝不受，齎詣左將軍張布，酒酣，怨言曰：「初廢少主，人多勸吾自取之，吾以帝賢，故迎之。帝非吾不立，今上禮見拒，是與凡臣無異，當須改圖耳。」布以言聞於帝，帝銜之，恐即有變，優詔加賞賜。有告綝反者，帝付綝，綝殺之，而心愈懼。因孟宗求出武昌，帝許之，詔給武庫精甲萬人。右軍將軍魏邈言於帝曰：「綝不可使居外，居外必生變。」帝不答。丙寅，武衛將軍施朔等密表云「綝反狀已露」。帝省表，與左將軍張布、鄱鄉侯丁奉密謀，因戊辰臘會，使公卿執綝。將入，疑内有變，表稱疾，帝使强起之，綝不得已，令外整兵於府，待吾入後起火，因是可得速出。及赴會，百僚陛殿，而府中火起，綝遽求出看火，帝止之，曰：「外兵自多，何勞丞相。」綝起離席，帝目丁奉、張布等，命左右縛綝。綝叩頭求徙交州，帝怒曰：「何不徙滕胤、吕據？」叱送斬之。其同謀者皆赦，放杖者五千人。追殺綝弟幹、闓於中江，發孫峻塚而剖其棺，斷其屍，收其印綬。大赦天下，一切亡官遷徙皆放還。詔諸葛恪、滕胤、吕據等並無罪見害，並宜改葬，追贈其家，復其田宅。羣臣有乞爲恪立碑，以銘勳德，博士盛冲以爲不合。帝曰：「盛夏出軍，士卒傷損，無尺寸之功，不可謂能；受託孤之任，死於豎子之手，不可謂智。冲議是矣。」遂寢之。帝恥與綝等同族，勑除屬籍，曰「故峻故綝」云。

是月，詔初置五經博士一人、助教三人。

二年春正月，諸葛恪故吏臨淮臧均上表，論諸葛恪三世有大功，請收其屍改葬，帝許之。

二月，備九卿官，下詔勸廣農事，進用忠賢。以紀亮爲尚書令，亮子陟爲中書令。每朝列坐，帝以雲母屏風隔之。

三年春，使五官中郎將薛珝聘蜀求馬，還，帝問蜀政得失，珝對曰：「蜀主暗而不知其過，臣下容身以求免罪，入朝不聞正言，經野民皆菜色。臣聞燕雀處堂，母子相樂，自以爲安也，突決棟焚，而燕雀怡然不知禍之將至，是其謂乎！」帝聞之慄然。

二月，西陵言赤烏見。

秋，使都尉嚴密作浦里塘，開丹楊湖田，衛將軍濮陽興率兵會成之。時會稽謡言王亮當還爲天子，而宫人告亮使巫禱祠，有司以聞。帝詔黜亮爲侯官侯，使之國，道上令鴆殺之。分會稽南部爲建安郡。

是年，得大鼎於建德縣，告太廟，作《寳鼎歌》。

四年夏五月，大雨，水泉溢滿。是月，魏相國司馬昭殺其君髦。

八月，使周奕、石偉行風俗，宣慰將吏，問民勞苦，爲黜陟之詔。

九月，白龍見布山。吴人陳焦死，埋六日更生，穿土而出。

五年春二月，白虎門北樓災。

秋七月，黄龍見始興。

八月壬午，大風震雷。甲午，有司奏請立皇后，帝乃尊所生王夫人，謚爲敬懷皇后，改葬敬陵。乙酉，立皇后朱氏。戊子，立子𩅦爲皇太子，大赦。詔自立四子𩅦、𩃙、𩇕、𩅮等名字，欲令後世易避。

冬十月，以衛將軍濮陽興爲丞相，丁密、孟宗爲左右御史大夫。以張布爲中軍督，委萬機于布；委軍國於濮陽興。詔中書郎、領博士韋昭依劉向故事，校定衆書。而帝悦意典籍，唯春夏二時出射雉，暫廢耳。

是年，遣察戰往交阯，調孔雀、大豬。案《吴録》：察戰是吴時官號，舊陽都有察戰巷，在今縣城南二里禪衆寺前。或云晉庾亮拒蘇峻，七戰於此巷，亦名七戰巷也。詔召祭酒韋昭、博士盛冲二人入侍講論，時張布既典宫省，知二人切直，恐發陰失，諫不許。帝讓之，布等叩頭謝，而昭竟不入。

六年春，長沙言青龍見；慈湖言白鸛見；豫章言赤雀見。

秋七月，魏使鄧艾、鍾會伐蜀。

九月，蜀以魏見伐來告，詔大將軍丁奉督征西將軍留平、將軍丁封、施績等諸軍分向壽陽、南郡、沔中救蜀。帝召羣臣於前殿議曰：「司馬氏得政已來，大難屢作，智力雖豐，而百姓未服。竭其資力，遠征巴、蜀，兵勞民疲，而不知恤，敗於不暇，何以能濟？昔夫差伐齊，非不剋勝，所以危亡者，不憂其本，況彼之事地乎！」軍師將軍張悌對曰：「以臣愚料則不然。曹操雖功蓋天下，威震四海，崇詐仗術，征伐無已，民畏其威，不懷其德。丕、叡承之，繼以躁虐，内興宫室，外拒雄豪，東西馳騁，無歲獲安，彼之失人，爲日且久。司馬懿父子，自握其柄，累有大功，除其煩苛而示平惠，爲之謀主以救其疾，民歸之亦已久矣。故淮南三叛，而腹心不擾；曹髦之死，而四方不動，摧堅敵如折枯，蕩異國如反掌，任賢使能，各盡其心，非智勇兼人，孰能如此？威武張矣，本根固矣，羣臣伏矣，姦計立矣。今蜀閹宦專朝，國無政令，而玩戎黷武，民勞本弊，競於外利，不修守備。彼强弱不同，智算亦勝，因危而伐，殆其必剋乎！若不剋，不過無功，終無奔北之憂，覆軍之慮也，何爲不可哉？昔楚劍利而秦昭懼，孟明用而晉人憂，彼之得志，我之大患也。」左右皆嗤之而未信。

冬十月，大將軍陸抗上表言成都不守，蜀主劉禪降，帝聞，深憶張悌之言，不樂。詔丁奉等還軍。癸未，災石頭小城西南一百八十丈。是月，詔分武陵爲天門郡。

七年秋七月，海賊破海鹽，殺司鹽校尉駱秀，使中書郎劉川發盧江兵討之。復分交州置廣州。

八月癸未，帝遇疾，口不能言，手書呼丞相濮陽興入，令太子𩅦出拜丞相，帝把興臂指𩅦託之。丙戌，帝崩於内殿。十二月，葬定陵。年二十四即位，在位七年，年三十，謚曰景皇帝。

卷四《吴後主》 永安七年八月，景帝崩。時蜀新亡，而交阯數叛，國内震懼，議立長君。而左軍萬彧昔爲烏程令，與皓相善，稱「皓才識明斷，是長沙桓王之儔，又加之好學」，屢言之於丞相濮陽興與張布，遂言於朱太后，欲以後主爲嗣。后曰：「我寡婦人，安知社稷之慮，苟吴國無殞，宗廟有賴，則可矣。」遂定議迎後主。

庚寅，即皇帝位，改元興元年，以濮陽興爲侍中、丞相、領青州牧，上大將軍施績爲左大司馬，丁奉爲右大司馬，張布爲驃騎將軍、加侍中，諸各增班秩。

秋九月，貶太后爲景皇后，稱安定宫。追謚父和爲文皇帝，改葬明陵，置園邑二百家，祖母王氏爲大懿皇后，母何氏爲文皇后，立夫人滕氏爲皇后。后諱芳蘭，太常滕胤族女。父牧，五官中郎將。帝爲烏程侯時納爲妃，及此拜后，封高密侯。後寵衰，何太后保護，常供養昇平宫。天紀四年，隨帝北遷，薨於洛陽。

冬十月，封景帝子𩅦爲豫章王，次子𩃙爲汝南王，次子𩂢爲梁王，次子𩅪爲陳王，以禮葬魯育公主。

後主初即位，儉素，發優詔恤民，開倉振窮乏，料出宫女以配無妻者，禽獸擾於苑者皆放之。當時翕然稱爲明主。及得志，遂麁暴驕恣，多忌諱，好酒，愛殺人，小大失望，丞相濮陽興、侍中張布等竊悔立之。尚書萬彧聞之而構於帝，帝潛怒，使收興、布等下獄。

十一月，詔徙興交州，布廣州，並追道殺之，夷三族。

十二月，司馬昭爲魏相國，遣使徐紹齎書來，陳事勢利害。

元興二年春正月，分吴郡、丹楊等九縣爲吴興郡，治烏程。

二月，使光禄大夫紀陟、五官中郎將弘璆隨紹報魏，書兩頭言白，不著姓，司馬昭銜之。

陟之奉使也，入境問諱，入國問俗。至魏，魏將王布示之馬射，而問陟曰：「吴之君子亦能此否？」陟答曰：「此軍人騎卒之肄業也，非士君子之所宜爲也！」布大慙。陟等既至，魏司馬昭問：「來時吴主如何？」對曰：「來時皇帝臨軒，百官陪位。」昭饗陟，百寮畢會。問陟曰：「彼戍備幾何？」答曰：「自西陵至江都，五千七百里。」昭曰：「道里甚遠，難爲堅固？」答曰：「疆界雖遠，而其險要必爭之地，不過數四，猶人雖有八尺之體靡不受患，至於防護風寒亦數處耳。」昭善之，厚禮而還。

夏四月，甘露降蔣陵。

五月，大赦，改甘露元年。

秋七月，逼殺景皇后朱氏於苑中小屋，治喪，内外知其非疾，皆痛之。又遷其四子於吴，道追殺𩅦、𩃙二人。后，太祖女魯育公主生，父據，赤烏末，太祖納爲瑯琊妃。

九月，西陵督步闡上表，請徙都武昌，後主納之。鎮西將軍陸凱見揚土百姓泝流供給爲患，又時政多謬，黎元窮匱，乃進表諫帝，言：「武昌土地，危險墝埆，非王都安國養民。故先帝嫌之，遷都於此，且黄龍初有謡云：『寧歸建業死，不就武昌居。』今陛下動不遵先王之法，而復苦【原闕】

即日，大駕將發，留御史大夫丁固、右將軍諸葛靚守建業。

冬十月，使大鴻臚張儼、五官中郎將丁忠於魏弔祭司馬文王。後主謂儼曰：「今南北通好，以卿有出境之才，故相屈行。」儼對曰：「皇皇者華，臣蒙其榮，懼無古人延譽之美，謹厲鋒鍔，思不辱命。」既至晉，賈充、裴秀皆不能屈，羊祜等與結縞帶之好。

十一月，後主至武昌，大赦。分零陵南部爲始安郡，分桂陽南部爲始興郡。

十二月，晉受魏禪。

甘露二年春正月，張儼、丁忠等使晉還，儼道遇病卒，而忠獨歸，言北方無戰備，且弋陽可襲而取。後主大悦，信之，因置酒會公卿大飲，令左右相嘲爲樂。常侍王蕃嘲尚書萬彧曰：「魚潛於泉，出水吹沫，何則？物有本性，不可横處非分。或出自溪口，羊質虎皮。」彧答曰：「唐虞之朝無謬舉之才，造父之側無駑蹇之乘。」由是銜之，蕃既沈醉，後主輿出，因請還。蕃爲人有威儀，行動自若，後主不悦。時萬彧、陳聲等承顔爭毁之，後主大怒，叱左右收殿下斬之。太常滕牧，征西留平等苦請，不得。

二月，後主既得丁忠定議，欲北伐。右司馬丁奉言忠不可信，師出必無功。後主大怒，不納。大將軍陸凱等固諫不可，乃止。於是自絶於晉。

秋八月，因得大鼎，改元爲寶鼎元年，大赦。以鎮西將軍陸凱爲大丞相，常侍萬彧爲右丞相。

冬十月，以永安山賊施但等反，刼後主弟永安侯謙爲主，出烏程，取故太子和陵上鼓吹曲蓋，北入建業，衆萬餘人。丁固、諸葛靚等逆討於九里汀之牛屯，獲謙，酖殺之。

初，望氣者云，荆州有天子氣，破揚州而建業宫不利，故後主上武昌，仍使掘破荆州界大臣各冢斷其山崗。而但等果反，後主自以爲得計，聞但平後，乃使百餘精甲鼓譟入建業，殺謙妻子，號曰「天子使荆州兵來破揚州賊」，以厭其氣。分會稽爲東陽郡，分吴、丹楊爲吴興郡，以零陵北部爲邵陵郡。

十一月，將欲還建業。左丞相、大將軍陸凱諫曰：

臣聞有道之君，以樂樂民；無道之君，以樂樂身。樂民者，其樂彌長；樂身者，不久而亡。夫民，國之根也，誠宜重其食，愛其命。民安則君安，民樂則君樂。自頃年已來，君威傷於桀、紂，君明暗於奸雄，君惠閉於羣孽。無災而民命盡，無爲而國財空，辜無罪，賞無功，使君有謬誤之愆，天爲作妖。而公卿媚上以求愛，困民以求饒，導君於不義，敗政淫俗，臣竊爲痛心。今鄰國交好，四邊無事，當務息役養士，實其廩庫，以待天時。而更遷徙傾動，搔擾百姓，民吏不安，大小呼嗟，此非保國養民之術也。

後主大怒，發凱前後諫表，使近臣趙欽以口詔報凱，曰：「卿往表言朕不遵先帝，有何不平？君諫非也。但建業宫不利，故避之，而西宫衰耗，可不得徙乎？」凱因重上疏，言後主不遵先帝二十事，後主大怒，爲其重臣，難以法繩，忍之。

十二月，還自武昌，留衛將軍滕牧鎮武昌。

二年夏六月，起新宫於太初之東，制度尤廣，二千石已下皆自入山督攝伐木。又攘諸營地，大開苑囿，起土山作樓觀，加飾珠玉，制以奇石，左彎崎，右臨硎。又開城北渠，引後湖水激流入宫内，巡遶堂殿，窮極伎巧，功費萬倍。

時大將軍陸凱、徐陵亭侯華覈上書諫曰：「敵國彊大，西蜀傾覆，深可爲憂。臣以爲安撫修德在急，而功作無益於時。」後主不納。覈爲兼東觀令，領右國史。累陳讓表，後主使人謂曰：「東觀儒林之府，非名學碩儒，無以任其職。以卿研精墳典，與班、張、楊、蔡爲儔故授，何乃謙光而自菲薄。」

秋七月，使大匠卿薛珝營寢室，號曰清廟。

冬十月，遣守丞相孟仁、太常姚信等備官寮，中軍步騎二千人，以靈輿法駕東迎神于明陵，引見仁等，親拜送于庭。

十二月，仁奉靈輿法駕至，後主遣中使日夜相繼，奉問神靈起居動止。巫言見文帝被服顔色如平生，後主悲泣，悉詔公卿詣闕，賜各有差。使丞相陸凱奉三牲祭於近郊，後主於金城門外露宿，明日望拜於東閣。翌日，拜廟薦祭，歔欷悲感，比至七日三祭，倡伎晝夜娱樂。有司奏「夫祭不欲數，數則瀆，宜以禮斷情」，乃止。

十二月，新宫成，周五百丈，署曰昭明宫。開臨硎、彎碕之門，正殿曰赤烏殿，後主移居之。

是歲，分豫章、廬陵、長沙爲安成郡。

三年春二月，以左右御史大夫丁固、孟仁爲司徒、司空。

初，固嘗晝夢松生其腹上，謂人曰：「松十八公也，後十八歲，吾其爲公乎！」卒如夢焉。

秋九月，皓出東關，丁奉至合肥。

是歲，遣交州刺史劉俊、前部督修則等入擊交阯，爲晉將毛炅所破，皆死，兵散還合浦。

建衡元年春正月，立子瑾爲太子，及淮南、東平王。

冬十月，改年，大赦。

十一月，左丞相陸凱卒。遣監軍虞汜、威南將軍薛珝、蒼梧太守陶璜由荆州，監軍李勗、督軍徐存從建安海道，皆就合浦擊交阯。

二年春，萬彧還建業。李勗以建安道不通利，殺導將馮斐，引軍還。

三月，天火燒萬餘家，死者七百人。

夏四月，左大司馬施績卒。殿中列將何定曰：「少府枉殺馮斐，擅撤軍還。」勗及徐存家屬皆伏誅。

秋九月，何定將兵五千人上夏口獵。都督孫秀奔晉。是歲，大赦。【原闕】

是歲，左夫人張氏薨，後主哀念過甚，留葬苑内，臨哭，數月不出聽事。

民間訛言後主已死，章安侯奮當立。時奮母仲姬墓在豫章，豫章太守張俊疑其或然，掃除墳塋。後主聞之，車裂俊，夷三族，誅章安侯及其五子。

三年春，後主大舉將家西上。初，廢帝太平元年冬，刁玄使蜀還，得司馬徽與劉廙論運命曆數事，遂詐增其文以誑國人，曰：「黄旗紫蓋見於東南，終有天下者，荆揚之君乎！」又得魏人言壽春下童謡曰：「吴天子當西上。」是年，後主聞之，大喜曰：「此天命也。」遂載太后已下六宫嬪妾千餘人，濟自牛渚，陸道西上，呼云青蓋入洛陽，以從天命。行至華里，遇大雪，途壞，兵士皆被甲持仗，百人共引一車，寒凍欲死，妃后菜色，兵人不堪，曰：「若遇敵當便倒戈耳。」左右進諫，皆不納，東觀令華覈固爭。後主乃遂追前出軍伐晉無功事，大司馬丁奉斬之。

冬十月，蒼梧太守陶璜與監軍虞汜大破晉交阯太守楊稷，稷降。因定日南、九真，大赦，分交阯爲新昌郡，破扶嚴，置武平郡。

十一月，鳳皇集西苑，大赦，改明年爲鳳皇元年。

秋八月，左丞相萬彧以泄禁中語，因會飲毒，不死，自殺。

是月，西陵督步闡反，降晉。

二年春，宫人賊市百姓物，司市中郎陳聲收宫人，繩以法。後主聞之，忿以他事燒鋸斷聲頭，棄其屍於四望山下。

三年春，臨海太守奚熙以疑舉兵，斷海路，爲其部曲所殺，傳首建業，夷三族。

三月，司徒丁固卒。

秋九月，尚書僕射高陵侯韋昭以嫌收下獄，獄中因吏上書，陳所著《洞紀》，自庖犧已下至秦、漢爲三卷。又作《官訓》一卷、《辯釋名》一卷，冀以此求免。後主覽書，怪其垢汙，大怒，昭懼，因叩頭五百下，兩手自縛。右國史華覈率公卿連上表救之，流涕進言曰：「昭學業幽邃，國之良臣，年過七十，乞一介餘年，以成大吴之備典。」後主益怒，曰：「欲書朕過耶！」竟誅之，徙家於零陵。

秋七月，遣使者二十五人，分至州郡，料出亡叛户口。大司馬，荆州牧陸抗薨。

十二月，詔分鬱林爲桂林郡。十一月，侍中、太尉范慎薨。

是歲，大疫。

四年春，吴郡上言掘地得銀，長一尺，廣二分，上有年月字，因赦，改元天册元年。吴郡臨平湖自漢末草穢壅塞，長老相傳云：「此湖塞，天下亂；此湖開，天下静。」至是湖忽開通，或云當太平，青蓋入洛。後主以問奉禁都尉陳訓，訓曰：「臣能望氣，不能達湖之開塞。」退而謂人曰：「青蓋入洛，將有輿櫬銜璧之事，非吉祥也。」又於湖邊得石函，函中有小石，青白色，長四寸，廣二寸，刻上作皇帝字，於是又改元爲天璽元年。立石刻於巖山，紀吴功德。案《吴録》：其文東觀華覈作，其字大篆，未知誰書，或傳是皇象，恐非。在今縣南四十里龍山下，其石折爲三段，時人呼爲段石岡也。

秋，旱。會稽太守車浚以民飢，表出倉賑貸，後主怒，以浚樹恩私，遣人就斬之。時東湖太守張詠以不出算緡，亦遣就斬之，同梟首以徇諸郡。中書令賀邵見後主凶暴驕矜，信惑羣邪，政事日弊，乃上表極言而諫，後主深恨，以爲謗毁國政嫌之。既而邵忽中惡風，口不能言，求去職。後主疑其託疾，收付酒藏，考掠千所，邵無一言，後主大怒，燒鋸以截其頭，家屬徙於臨海。

八月，京下督孫楷降晉。

時鄱陽歷陽縣有石山臨水，高一百丈，其上四十丈，有土穿軿羅，穿中色黄赤，不與本體相似，俗謂之石印。相傳云，石印封發，天下當太平。下有祠堂，巫言石印神有三郎。歷陽縣長表言石印文發，後主遣使以太牢祭歷山。巫言，石印三郎言「天下方太平」。使者作高梯，上省其印文，詐以朱書二十字，云：「楚九州渚，吴九州都。揚州士，作天子，四世治，太平始。」遂還以奏。後主大喜曰：「吾當爲九州都渚乎？從大皇逮朕四世，太平主非朕復誰！」遣使，以印綬拜石印三郎爲王，又刻石銘，褒詠靈德，以答休祥。又吴興陽羨山有石室，長十餘丈，在所表爲大瑞。後主乃遣兼司空董朝、太常周處等往陽羨縣，封禪國山。大赦。改元天紀元年，以協石文。

二年夏五月，右國史徐陵亭侯華覈卒。

秋七月，立成紀、宣威等十一王，王給兵三千人。

三年夏四月，合浦部曲將郭馬反，殺廣州刺史，自稱交廣二州刺史、安南將軍。初有讖云：「吴之敗，兵起南裔，亡吴者公孫也。」後主聞之，自文武職位有姓公孫者，皆徙廣州，不令停江濱。案，後主，大帝孫，亡國之應也。聞馬反，大懼，此天亡也。

秋七月，以張悌爲丞相、領軍師將軍，率牛渚督何禎、滕修等總戎，自東道緣海向廣州，以修爲鎮南將軍、假節、領廣州牧，又使徐陵督陶濬等將兵七千會陶璜，自西道向廣州，東西俱進，共討郭馬。

八月，建業有鬼目草生工人黄狗家，依緣棗樹，長丈餘，莖廣四寸，厚三分。又有買菜生工人吴平家，高四赤，厚三分，如枇杷形，上圓徑一赤八寸，下莖廣五寸，兩邊生葉緑色。東觀案圖，名鬼目草爲芝草，買菜爲平慮草，遂以爲瑞，封狗爲侍芝郎，平爲平慮郎，皆銀印青綬。

冬十月，晉軍來伐，大將軍司馬伷侵涂中，安東將軍王渾、揚州刺史周浚逼牛渚，建威將軍王戎入武昌，平南將軍胡奮入夏口，鎮南將軍杜預過江陵，龍驤將軍益州刺史王濬、廣武將軍唐彬等浮江東下。陶濬等討郭馬，至武昌，聞北軍大舉，止而不進。

時後主不專政事，躭荒無度，上流征鎮告變，曾未爲心，日集公卿，内外淫宴，皆令沈醉。使黄門郎十人，不預酒侍立，爲司過之吏。客罷，各奏其失，酒後之愆，罔有不舉，並加威刑。采宫女少有不合意者，輒剉殺之。又料取大臣將吏子女十五六者，具名揀閲，揀閲不中，乃許出嫁。或生剥人面皮，鑿人之目。性酷虐多猜忌，而任幸岑昏險諛，屠害無日。尚書郎熊睦因諷旨，微有所諫，便使人以刀鐶撞殺之，身無完肌。侍中張友，後才辯捷，以應答高致，惡其有能，以他事誅之。左右側目，衆情所苦，上下離散。晉軍已至，無不土崩瓦解者。

四年春正月，杜預等破荆州，晉軍並進。殿中親近數百人皆一叩頭請曰：「今賊將至，兵不起刃，衆並離心，願坐岑昏以謝天下。」後主始惶懼，許之，左右遂爭起收昏，殺之。尋遣追，已不及。

戊辰，陶濬自武昌奔歸，見後主陳「晉上蜀船小，今得二萬精甲，乘大艦拒之，自足破賊」。皓授節鉞。其夜，衆逃散，不能禁。

是月，晉王渾、周浚攻陷江西屯戍，後主使丞相、軍師將軍張悌，右將軍、副軍師諸葛靚等督丹楊太守沈瑩、護軍將軍孫震帥衆三萬渡江逆之，至牛渚。沈瑩謂悌曰：「晉治水軍於蜀久矣，今傾國大舉，萬里齊力，如悉益州之衆沿江而下，我上流諸軍，無有戎備，名將皆死，幼騃當任，恐邊江諸城，盡莫能禦。晉之水軍，必至於此！宜蓄衆力，待來一戰。若勝之日，江西自清，上方雖壞，可還取也。今渡江逆戰，勝不可保，若或摧喪，則大事去矣。」悌曰：「吴之將亡，賢愚所知，非今日也。吾恐蜀兵來此，衆心駭懼，不能復整。今宜及可用，決戰力爭。若其敗喪，同死社稷，無所復恨。若其尅勝，則此敵奔走，兵勢萬倍，便當乘威南上，逆之中道，不憂不破也。若如子計，恐行散盡，相與坐待敵到，君臣俱降，無復一人死難者，不亦辱乎！」遂渡江戰，吴軍大敗。諸葛靚與五六百人追走，使過迎悌，悌不肯去，靚自往牽之，謂曰：「夫天下存亡有大數，豈卿一人所知，如何故自取死爲？」悌垂涕曰：「仲思，今日是我死日也。且我作兒童時，便爲卿家丞相所拔，常恐不得其死，負名賢知顧。今以身徇社稷，復何遁耶？莫牽曳之如是。」靚流涕放之，去百餘步，已見爲晉軍所殺。

二月，王渾、周浚等進屯横江。後主聞悌軍没，甚懼，自選羽林精甲以配沈瑩、孫震等，屯於板橋。

乙未，乃自爲書與舅何禎，責己曰：「昔大帝以神武之略，奮三千士卒，割據江南，席卷交、廣，開拓洪基，欲祚之萬代。至朕末德，嗣守成緒，不能懷安黎元，多爲咎釁，以遺天命。災暗之變，謂之禎祥，致使南蠻逆亂，征討未剋。聞晉大衆，遠來臨江，庶其勞瘁，比晨摧退。而張悌不返，喪師過半，朕甚惆悵，於今無聊。得陶濬表云，武昌以西，並復不守。不守者，非糧不足，非城不固，乃兵將背戰耳。兵之背戰，豈怨兵耶？朕之罪也。天文玄變於上，萬民憤嘆於下，觀此事勢，危同累卵，吴祚終訖，何其局哉！天匪亡吴，朕所招也。瞑目黄壤，當復何顔見四帝乎！公其勗勉奇謀，飛筆以聞。」

己未，晉龍驤將軍王濬總蜀兵沿流直指建業，瑯琊王司馬伷帥六軍濟自三山，遣周浚、張喬等破吴軍於板橋，瑩等皆遇害。後主聞軍相次而敗，惶迫，乃用光禄勳薛瑩、中書令胡冲等計，使太常張夔奉牋并進璽綬於伷，曰：「昔漢氏失統，九州分裂，先人因時際會，略有江南，遂分阻山川，與晉乖隔。今大晉龍興，德覆四海，闇劣偷安，未喻天命。至於今者，猥煩六軍，衡蓋道路，遠臨江渚，舉國震惶，假息漏刻，敢緣天朝，含弘光大。謹遣張夔奉所佩印璽委質請命，惟垂信納，惠濟元元。」

三月辛未，後主遺羣臣書曰：「朕以不德，忝繼先軌。處位積年，政教凶勃，遂令百姓久困塗炭，至使一朝社稷傾覆，宗廟無主，没有餘罪。孤負諸君，事已難圖，覆水不可收也。」壬寅，王濬舟師先至石頭，後主以草縛，銜璧舁櫬，見濬於軍門。濬解縛焚櫬，以禮相見。

癸亥，晉瑯琊王伷會諸軍入自都城，屯太初宫，收其圖籍府庫，總領州郡，户口人吏，兵糧舟檝，音樂采妓。乙亥，置酒大會，安東將軍王渾酒酣謂吳人曰：「諸君亡國之餘，得無戚乎？」無難督周處曰：「漢末分崩，三國鼎峙。魏滅於前，吳亡於後，亡國之戚，豈惟一人！」渾有慙色。

夏四月，遣使送後主於洛陽，舉家西遷，以武帝太康元年五月丁亥，集於洛陽。甲午，晉帝使詔慰勞，封爲歸命侯，給衣服車乘，田三十頃，歲給粟五千斛，錢五十萬，絹五百疋，綿五百斤。拜太子爲中郎將，諸子爲王者，並拜郎中。每朝會，召後主預之，常指殿謂曰：「朕爲此殿以待公久矣！」皓曰：「臣於江南亦作此座相待。」後五年，薨於洛陽，葬河南芒山。

卷五《晉中宗元皇帝》 太安四年三月辛卯，瑯琊王即晉王位，承制大赦，改元建武元年。初備百官，立宗廟社稷，拜諸參軍百餘人爲奉車都尉、駙馬都尉等掾屬，時人呼爲「百六掾」。

夏四月丙辰，立世子紹爲晉王太子，進百官行賞，以王子宣城公裒爲瑯琊王，以王導都督中外諸軍事，其餘進班各有差。

六月丙寅，司空、并州刺史、廣武侯劉琨，幽州刺史、左賢王、渤海公段匹磾等一百八十人，遣長史温嶠來上表，勸王即尊位。王優令答之，以二公共濟艱難，同契一致，撫寧戎夏，動靜以聞。

冬十一月，進司空劉琨爲太尉。初置史官，立太學，以干寶、王隱領國史。

是歲，揚州大旱，晉陵内史張闓奏立曲阿新豐塘，溉田八百餘頃。

建武二年春三月癸丑，愍帝崩問至，晉王服斬縗居廬。丙辰，王侯百寮上尊號勸進。是日，晉王即皇帝位於建康。

戊辰，大赦，改元太興元年，文武增位二等。庚午，立紹爲皇太子。

夏四月丁丑朔，日有蝕之。戊寅，初禁招魂葬。

五月，幽州刺史段匹磾執太尉劉琨囚之。初，王敦見琨勸進表至「天祚大晉，必將有主。主晉祚者，非大王而誰！」敦大怒，投表於地，曰：「讀《左傳》三十年，一朝爲劉琨用却。」因内憚焉。及聞拘繫，密使段匹磾殺琨，又懼衆反己，遂稱有詔收捉。琨聞敦有使至，不通命知，謂其子曰：「處仲使來而不告我，是殺我也。死生有命，但恨讎恥不雪，無以下見二親耳。」因涕泣悲不能自勝。癸丑，匹磾縊殺琨，并子姪四人。時年四十八。

六月，旱，帝親雩。詔改丹楊内史爲丹楊尹，以薛兼爲之。

是月，置招諫鼓，立誹謗之木。

秋七月，劉聰死，子粲嗣位，尋爲其臣靳準所滅，準自號漢王。

八月，皇太子釋奠於太學。

冬十月，劉曜僭號於赤壁。

十一月乙卯，日夜出，高三丈，中有赤青珥。新作聽訟觀。

十一月，劉聰故將王騰、馬忠等誅靳準，送傳國璽於劉曜。癸巳，詔旌吳名賢，具條列聞。

是歲，武昌太守王諒奏牛生兩頭八足，兩尾共一腹。

二年春正月，使冠軍將軍梁堪、守太常馬龜等修復山陵。迎梓宫於平陽，不尅而還。

五月壬戌，詔去非急之務、非軍事所須，皆省之。

夏六月丙子，罷御府及諸郡丞，置博士員五人。

秋七月乙丑，開府儀同三司賀循卒。

甲戌，以尚書戴若思爲征西將軍、都督司兗豫并冀雍六州諸軍事、司州刺史，鎮合淝。丹楊尹劉隗爲鎮北將軍、都督青徐幽平四州諸軍事、青州刺史，鎮淮陰。

八月，肅慎貢楛矢石砮。

九月，鎮西將軍、豫州刺史祖逖卒。

冬十一月戊寅，石勒僭稱趙王於襄國。

是歲，作南郊，在宫城南十五里，郭璞卜立之。

三年春二月辛未，雨大冰。

三月，燕王慕容廆奉送玉璽三紐。

夏六月，吳郡米廡無故自壞，米廡貨糴之屋，無故自壞，此五穀踊貴之象。

秋七月，詔瑯琊國人隨在此者近有千户，以立爲懷德縣，統丹楊郡，永復爲湯沐邑。

八月，追尊所生夏侯氏爲皇太妃。

庚申，追尊敬王后虞氏爲敬皇后。辛酉，遷神主於太廟。

辛未，皇太子釋奠於太學。

冬十二月丁未，嚴設賣鹽之法，造私鹽者，以半與之。又募入米京師，米一斛與鹽四石。

是歲，創北湖，築長堤，以壅北山之水，東自覆舟山西，西至宣武城六里餘。後苑牛生一足三尾，生而死，足少不勝也。

四年春二月，鮮卑遐末波奉送皇帝信璽。庚戌，告太廟受之。癸亥，日門。

三月，置《周易》、《儀禮》、《公羊》博士。

是歲，振武將軍、梁州刺史、尋陽侯周訪卒。

五年春正月，大赦，改元永昌元年。戊辰，大將軍、荆州牧王敦舉兵反於武昌，謂長史謝鯤曰：「劉隗奸邪，將覆社稷，吾欲除君側之惡，安時濟民。」鯤曰：「隗誠始禍，然城狐社鼠也。」言未及卒，敦怒曰：「君至庸才，豈達天理。」發檄四方，以誅劉隗、刁協爲名，遣龍驤將軍沈充都督吳興等諸軍事。己巳，敦上疏曰：「昔太甲初雖不能遵明湯典，幸納伊尹之勳；漢武雄略，亦惑江充讒佞邪説。」至蕪湖，又上表罪狀刁協等。帝大怒，下詔曰：「王敦憑恃寵靈，敢肆狂逆，方朕太甲，欲見幽囚。是可忍也，孰不可忍也！朕將親御六軍，以誅大逆。」

二月，内外戒嚴，徵諸徵鎮，入衛京師，詔公卿以下廷議。丞相王導率昆弟子姪三十餘人，詣闕待罪。帝召入見，導前謝曰：「逆臣賊子，何代無之，豈意今者近出臣族。」帝跣而下執手曰：「方託百里之命，卿何言耶！」乃詔大義滅親，以導爲前鋒大都督，勑丹楊諸郡皆加軍號。以太子右率周莚行冠軍將軍，統兵三千，討沈充。使鎮北將軍劉隗軍於金城，右將軍周札守石頭。甲午，帝被甲徇六軍於郊外。詔平南將軍陶侃領江州，安南將軍甘卓領荆州，各率所統以躡敦後。

四月，敦先鋒攻石頭軍，周札開城納賊，王導、郭逸、周顗、刁協、劉隗等三道出戰，六軍敗績。皇太子欲親率將士自決戰，升車將出，中庶子温嶠固諫，抽劍斷鞅，乃止。尚書令刁協、劉隗並出奔，協至江乘，爲其下所殺。隗入於石勒。

庚午，帝釋戎服，使侍中王彬、阮孚宣詔於敦，曰：「公若不忘本朝，於是息兵，則天下尚可共安也。如其不然，朕當歸瑯琊，以避賢路。」辛未，大赦。使太常荀崧就拜敦丞相、大將軍、都督中外諸軍、録尚書事，進封武昌郡公，邑萬户，加羽葆鼓吹。詔百寮見敦於石城，密問戴淵曰：「前日之戰，其有餘力乎？」若思答曰：「豈敢有餘，但力不足耳。」又問曰：「吾此舉動，天下以爲何如？」若思曰：「見形者謂之逆，體誠者謂之忠。」敦笑曰：「卿可謂能言。」又謂周顗曰：「伯仁，卿何負我！」顗曰：「公戎車犯順，下官不能其事，使王師奔喪，以此負公！」敦憚其辭正，不知所答。既出，帝召顗於廣室，謂曰：「近日大事，二宫無恙，諸人平安，大將軍故副所望邪？」顗曰：「二宫自如明詔，於臣等故未可知。」時護軍長史郝嘏等勸顗避敦，顗曰：「吾備位大臣，朝廷奔喪，寧可草中求活耶！」

初，司空王導率子弟詣闕下請罪，值顗將入，導呼顗曰：「伯仁，以百口累卿！」顗直入不顧。既見帝，言導忠誠，帝納其言，與飲酒，既醉而出。導猶在門，又呼顗。顗不與言，顧左右曰：「今年殺諸賊奴，取金印如斗大繫肘。」既出，又上表明導，言甚切至。導不知救己，而甚銜之。及敦得志，三問導：「周伯仁、戴若思可爲公輔？」導三不答。時參軍吕猗説敦曰：「周顗、戴淵皆有高名，瞻視不恒，若不早除，恐爲後患。」敦乃同收，害之，路經太廟，顗大言曰：「天地先帝之靈，賊臣王敦，傾覆社稷，枉殺忠良，陵虐天地；神祇有靈，當速殺敦！」語未終，收人以戟傷其口，血流至踵，顔色不變，容止自若，觀者爲之流涕。時年五十四。與戴淵同殺於石頭城東塘頹石上，百姓冤之，至今紀其石。賊平，追贈左光禄大夫。

六月，旱。敦將還屯武昌，不朝而去，多收時望殺之。敦在武昌，鈴下儀仗生華，如蓮華狀，五日而萎落。是月，襄陽太守周慮承敦旨害侍中、荆州牧甘卓於襄陽。

秋八月，瑯琊太守孫默叛，奔石勒。

冬十月，沈充陷吳國，新昌太守梁顧起兵反應充。京師大霧，黑風蔽天，日月無光。

十一月乙酉，罷司徒，并丞相。

閏月己丑，帝崩于内殿。太寧元年春二月，葬建平陵。陵在今縣北九里雞籠山陽，不起墳。案帝年四十二即位，立五年，年四十七崩，謚元皇帝，廟號中宗。

卷六《晉肅宗明皇帝》 永昌元年閏十一月己丑，中宗崩。庚寅，即皇帝位，大赦天下，尊所生荀氏爲建安郡君。

二年春正月，赤烏見。癸巳，黄霧四塞。

二月，葬元皇帝於建平陵，帝徒跣至陵所。

三月戊寅朔，大赦，改元太寧元年，臨軒，懸而不樂。丙戌，隕霜，殺草。饒安、東光、安陵三縣災，燒七千餘家，死者萬五千人。

是月，王敦獻皇帝信璽一紐。敦將謀篡奪，諷朝廷徵己，帝手詔徵之。敦下屯於湖陰，帝乃轉司空導爲司徒，敦自領揚州牧。

五月，蜀李驤寇寧州，刺史王遜遣將軍姚崇拒戰於堂狼，大破之。崇以道遠，不敢窮追渡瀘水。遜大怒，髮上衝冠，冠盡裂，中夜而卒。

是月，王敦害從事中郎將周嵩及尚書周札。

六月壬子，立皇后庾氏。

秋七月丙子朔，震太極殿柱。

冬十月，散騎常侍薛兼卒。

八月，石勒將石季龍攻陷青州，刺史曹嶷遇害。

冬十一月，以國飢乏，調刺史已下米各有差。

二年春正月丁丑朔，帝臨軒，懸而不樂。庚辰，赦五歲刑已下。

夏五月，王敦在於湖陰謀舉逆，帝密知之，自乘巴滇駿馬微行，至於湖，陰察敦營壘而出。時有軍士疑帝非常人。敦時晝卧，夢日繞其營，驚起曰：「此必黄鬚鮮卑奴來也。」於是使五騎追之。帝已馳還，見逆旅賣飯嫗，以七寶鞭與之，曰：「後有騎來，以此示也。」俄而敦追騎至，問嫗。嫗曰：「去已遠矣。」因以鞭示之。五騎傳玩，稽留遂久。又見馬糞冷，帝僅獲免。

丁巳，敦病亟，無子，養兄含子應爲嗣，矯詔拜其子應爲武衛將軍以自副，而拜含爲驃騎大將軍、都督揚州江西諸軍事。

戊午，敦以左司馬温嶠爲丹楊尹，使覘伺朝廷。嶠至，具言敦逆狀，今病篤，恐左右促其事，請爲之備。帝召侍中陳晷往問疾，使密覘形勢。錢鳳以敦病懼不諱，云：「謀發兵向京師。」

丙寅，帝乃詔王敦將帥官僚，唯討錢鳳一人，其餘文武無所問罪，其有捨王敦姓名而稱大將軍者，准軍法從事。丁卯，以司徒王導爲鎮南將軍、前鋒大都督，以温嶠爲中壘將軍，與尚書卞壼守石頭，以應詹爲護軍將軍、督朱雀航南諸軍事，以建威將軍趙胤等武旅三萬，十道俱進，以奮威陶瞻精鋭三萬繼之，水陸齊勢，帝親御六師。以尚書郗鑒、庾亮爲左右衛將軍、都督從駕諸軍事，徵平北將軍王邃、平西將軍祖約、臨淮太守蘇峻等並入衛京師。以太宰、西陽王羕惣統諸軍，以虞潭爲會稽太守，使躡沈充。

別遣充鄉人沈禎往吴興，諭充許以爲司空。充謂禎曰：「三司具瞻之重，豈吾所任！幣重言甘，古人所畏。且丈夫共事，終始當同，寧可中道改易，人誰容我！」禎因陳禍福成敗，苦勸之。充不納，率兵臨發，謂其妻子曰：「男兒不豎豹尾，終不還也。」

時虞潭舉兵於會稽，將建牙，有野鷹飛集帳屋，衆懼，潭曰：「起大義而剛鷙鳥來，破賊必矣！」敦病轉篤，不能統衆。兄含謂敦曰：「此家事，吾便當之。」

戊辰，敦上疏罪狀温嶠，以誅奸臣爲名，以含爲元帥，率錢鳳、鄧岳、周撫等將發。鳳問敦曰：「事尅之日，天子云何？」敦曰：「尚未南郊，何得稱天子？但盡卿兵勢，唯保護東海王及裴妃而已。」辛未，含至江寧。王導使人送書與含，廣言禍福，勸含還武昌，保其門户，無黨犬羊以肆逆。「導雖不武，情在寧國，明日張膽，爲六軍首，寧忠臣死，不無賴生。」含不答。

秋七月壬申朔，含與錢鳳等水陸五萬至於南岸，遊騎逼淮。温嶠乃燒朱雀航，以挫其鋒。帝躬率六軍，出次南皇堂，欲討之。知其爲物情所畏，密與王導謀曰：「自上人情業業，皆仗敦爲勢，若聞其斃，衆必危殆，因而擊之，可破矣。」導遂集宗人，詐云敦死。舉哀，衆果大危。癸酉，夜募壯士與中軍司馬曹渾、左衛將軍陳嵩、段秀等領甲卒千人渡水，掩其未備。平明，大破含軍於越城，臨陣斬前鋒何康、鄧岳等。敦聞軍敗，大怒，曰：「我兄老婢兒耳，門户事去矣！」語參軍吕寶曰：「吾當自力行。」因勢而起，起而復困卧，遂憤惋而死。臨絶，召羊鑒及子應曰：「我亡後，應便即位，先立朝廷，置百官，然後營葬事。」俄而敦死，秘不發喪，裹屍以席，蠟塗其外，埋於廳事中，夜與左右縱酒淫樂。王含、錢鳳乃率餘黨，自栅塘西置五城造營。壬辰，沈充自吴興率兵萬餘來會，含等進築壘於陵口。乙未，賊分軍從竹格渚濟水，光禄勳應詹拒之不利，含、鳳長驅至御街，沈充自青溪引軍與含會至宣陽門，北中郎將劉遐、歷陽太守蘇峻等率輕騎從南塘出横擊之，賊軍大潰，劉遐乘勝追破沈充於青溪。丙申，含等燒營遁走蕪湖，與子應乘單舟奔江陵。荆州刺史王舒使人迎之，並沉於江，餘黨平。詔御史劉彝往蕪湖發瘞出敦，跽而刑之，焚其衣冠，梟首於大航，觀者稱慶數旬。尚書令郗鑒啟帝聽收私葬，詔許之。

丁酉，帝自南皇堂還宮，大赦天下，詔王敦羣從被逼者一切無所問，唯其黨不原。是月，分遣諸將追逐敦所置宮室及將帥逃者。丁未，義興人周騫殺敦所置太守劉芳于郡，祖約逐敦淮南太守任台于壽春，戴淵弟良及周光獲錢鳳斬之，沈充奔于吴，故將吴儒誘充于覆壁中，殺之，並傳首京師。

九月，論平賊功，封王導始興公，温嶠建寧公，卞壼建興公，庾亮永昌公，餘賞各有差。

冬十二月壬子，帝謁建平陵，行大祥禮。

是歲，驃騎將軍、臨湘侯紀瞻卒。

是歲，置廩犧署，養天地宗廟犧牲。今在東府城後。

三年春二月戊午，復三族刑，惟不及婦人。

三月戊辰，立皇子衍爲皇太子，大赦，增文武位二等，大酺三日，賜鰥寡孤獨帛，人二疋。癸巳，徵處士臨海任旭、會稽虞喜，並爲博士。

夏四月，詔「大事初定，其命惟新。可令太宰司徒已下，詣都坐參議政道，諸所因革，務盡事中。飡直言，引亮正，想羣賢達吾此懷矣」。己亥，石勒寇河南，司、豫、兖三州並没，將軍李矩衆潰。

五月，以征南大將軍陶侃爲征西大將軍、都督荆襄雍梁四州諸軍事、荆州刺史，以荆州刺史王舒爲都督湘中諸軍事、湘州刺史，以劉顗爲平越中郎將、廣州刺史。

六月，太子庶子孔衍卒。

秋七月，詔「郊祀天地之重事。自中興已來，惟南郊，未曾北郊，四時五郊之禮，都不復設。五嶽、四瀆、名山、大川載在祀典應望秩者，悉廢而未舉，主者其依舊詳處，以時置祭」。

八月，詔「吴時將相名賢之胄，有能纂述家訓、忠孝仁義、靜己守真、不聞於時者，州郡中正，亟以名聞，勿有所遺」。

閏月壬午，帝不豫，召太宰西陽王羕、司徒王導、尚書令卞壼、車騎將軍郗鑒、護軍將軍庾亮、丹楊尹温嶠等並受遺輔太子。丁亥，遺詔「斂以時服，務從簡約」。戊子，帝崩于太極東堂。

九月辛丑，葬武平陵，在縣城北九里雞籠山陽，與元帝同。

卷七《晉顯宗成皇帝》 太寧三年閏八月，己丑，太子即皇帝位，尊皇后庾氏爲皇太后。年幼，太后臨朝，以司徒王導、中書令庾亮輔政。

四年春正月丁亥朔，大赦，改元咸和元年。文武各進位二等，京師百里内復一年租，天下賜酺五日，鰥寡孤獨穀帛有差。

夏五月，大水。

秋八月，温嶠爲平南將軍、江州刺史，嶠表故吏部郎畢卓爲長史。

九月，尚書右僕射鄧攸卒，贈光禄大夫，加金章紫綬。

冬十月，封魏武玄孫曹勱爲陳留王，以紹魏後。己巳，庾亮誣南頓王宗陰與蘇峻謀叛，誅之，貶奏其族爲馬氏。庚辰，赦京師百里内五歲已下刑。甲申，徵歷陽太守蘇峻爲大司農，峻不受命。

十一月壬子，大閱於南郊。改定王侯國秩，九分食之一。時大旱，自六月不雨至於是月。

二年春正月，新除交廣寧三州諸軍事、廣州刺史阮孚卒。

三月，益州地震。

夏五月，日有食之。護軍營牛生犢，兩頭六足。王導家羊生羔，無後足。

冬十一月，歷陽太守蘇峻、豫州刺史祖約等舉兵于江西，以討庾亮爲名。

十二月辛亥，峻使其將韓晃入姑熟，屠于湖，害于湖令陶馥。宣城内史桓彝爲晃所敗，死之。庚申，京師戒嚴，以護軍將軍、中書令庾亮爲征討都督，詔加振威將軍司馬流爲左將軍，帥衆拒峻，前鋒戰于慈湖，流敗，死之。

三年春正月，征西大將軍陶侃率江州刺史温嶠等下援京師。丁未，蘇峻濟自横江，登牛渚。

二月庚戌，峻軍至鍾山，領軍卞壼帥六軍與峻戰于山南，王師敗績。峻因風放火，進燒青溪栅，再破官軍，卞壼、羊曼、周導、陶瞻等皆死于栅下，遇害者數千人。

是月，峻又追敗庾亮于宣陽門内，亮携子弟與郭默、趙胤上奔尋陽，臨去謂侍中鍾雅曰：「以後事相委。」雅曰：「棟折榱傾，誰之責歟？」亮曰：「今日之事，不容復言，卿當思効匡復。」雅曰：「想足下不愧荀林父耳。」雅遂與司徒王導擁帝於太極殿，荀崧、褚翼等侍左右。峻兵麾戈接于帝座，叱左右下，侍中褚翼曰：「蘇冠軍未覲至尊，軍人豈得侵逼？」兵人遂散下殿，突入太后後宮，逼辱妃后及左右侍人，羣臣奔竄，百姓號泣，震響京師。丁巳，峻矯詔大赦天下，惟不免庾亮兄弟。以祖約爲侍中、太尉、尚書令，峻自爲録尚書事、驃騎大將軍，以許柳爲丹楊尹。

三月丙子，皇太后庾氏崩。壬申，葬明穆太后于武平陵。

夏五月乙未，峻逼帝遷於石頭城，帝哀泣升車，羣臣步從。峻以倉屋爲宮，分遣管商、張瑾等東寇錢塘吴縣。丙午，征西大將軍陶侃、江州刺史驃騎將軍温嶠、庾亮等率舟師四萬，旗鼓百里，次于蔡州。

六月，諸軍盡會石頭城西北，賊盛，未即決戰，議于查浦築壘。監軍李根固爭，曰：「查浦地下，又在水南，惟白石峻固，修之，滅賊之術也。」侃等許之。曰：「若壘不立，卿當腰斬。」根引兵夜修，曉訖，賊衆見壘大驚。壬辰，進軍白石。

九月戊申，司徒王導奔于白石。庚午，陶侃率温嶠、庾亮等陣于白石。侃使將軍楊謙以軍攻于石頭，峻輕騎出戰，謙詐北，奔白石壘，峻逼之，纔交鋒，峻墜馬，侃督軍護竟陵太守李陽臨陣斬峻于白石陂岸。至今呼此陂爲蘇峻湖，今在縣西北二十里石頭城正北，白石壘即在陂東岸。

庾亮命臠峻肉，焚其骨。峻弟逸乃發亮父母墓，斷棺焚屍。

十二月，石勒破劉曜于洛陽，擒之，關中大亂。

四年春正月，帝在石頭，侍中鍾雅、右衛將軍劉超等謀奉帝出就陶侃營，事覺，遂使任讓將兵入收超、雅。帝持抱超等悲泣曰：「還我侍中、右衛。」讓不受詔，殺雅等。及峻平，陶侃得任讓不殺。帝曰：「任讓是殺我侍中、右衛者，不可宥。」乃殺之。

丁卯，賊將匡術以苑城歸順，百官赴之。戊辰，峻子碩引軍又攻宮城，焚燒堂殿秘閣皆盡。城内大饑，米斗萬錢。庚午，冠軍將軍趙胤大破祖約于歷陽，約奔石勒。

二月戊戌，諸軍攻石頭，李陽、滕含大破蘇逸于查浦。含等奉帝幸温嶠舟，乘輿反政，羣臣頓首號泣請罪。甲午，蘇逸以萬餘人東走延陵湖，將入吴興，將軍王允之追擒于溧陽。初，太寧中有童謡云：「大馬死，小馬餓。高山崩，石自破。」高山謂峻也，石即峻小名也。

時自正月雨至二月，五十日，及滅蘇峻黨後，淫雨乃霽。兵火之後，宮闕荒殘，帝居止蘭臺甚卑陋，欲營建平園。温嶠議遷都豫章，朝士及三吴之豪議都會稽，司徒王導獨曰：「建康古之秣陵，帝王所居，孫仲謀、劉玄德皆云王者之宅，不可改。」遂定議焉。

三月壬子，論平賊功行賞，以陶侃爲太尉，封長沙公；郗鑒爲司空，封南昌公；温嶠爲驃騎將軍、開府儀同三司，封始安公。追贈死王事者，贈卞壼左光禄大夫，餘各有差。尚書郎弘納上議，訟壼子父三人同死國難，詔改贈驃騎將軍，謚忠貞。

夏四月乙未，驃騎將軍、開府儀同三司、江州刺史、始安公温嶠薨。

秋七月，詔復遭賊郡縣租税三年。

九月，石勒將石季龍盡屠上邽，滅劉氏大小黨族三千餘人。

冬十月，廬山崩。

是歲，天裂西北，有聲如雷。徵西中郎將郭默爲右將軍，默過江州，刺史劉胤不禮，送豚一頭、酒五斗。默怒，投于江。遂矯詔入城殺胤，表送首京師。

五年春正月己亥朔，大赦。除諸將任子。庚子，司徒王導以默驍勇，專殺方州，懼其爲亂，表默爲豫州刺史，使鎮武昌。太尉陶侃聞默害劉胤，曰：「此必詐也。」即督西陽太守鄧伯山水陸討之，與導書曰：「郭默殺方州即用爲方州，有人殺宰相即用爲宰相乎？」遂屠默，斬其父子。

二月己巳，會稽太守王舒表獻銅漏刻，詔置端門西塾之西。

夏五月，石勒將劉徵寇南沙，害都尉許儒。

六月，詔初税田，畝三升。

秋八月，石勒僭即皇帝位于襄國，使其將郭敬寇襄陽，中州流人悉降于勒。

九月，作新宮，始繕苑城，修六門。

冬十月，駕幸司徒王導宅，置酒大會，下車入門先拜。

十一月，平西將軍庾亮表獻嘉橘一蔕十二實。

是歲，無麥禾，天下大饑。凉州刺史西平公張駿稱臣于石勒。

六年春正月戊午，以運漕不繼，發王公以下千餘丁，各運米六斛。

二月丙子，追贈故南沙都尉許儒高涼太守，謚曰貞侯。

三月壬戌，日有蝕之。癸未，詔舉賢良直言之士。

夏六月，錢唐民猳豕産兩子，皆人面，狀如胡人，其身猶豕，異之甚也。

是歲，江州刺史、觀陽侯應詹卒。

七年秋七月，詔諸養禽獸之屬，損費者多，一切除之。太尉陶侃遣子平西參軍斌與南中郎將桓宣攻石勒將郭敬，破之，剋樊城。竟陵太守李陽拔新野、襄陽，因而戍之。

冬十一月壬子朔，進陶侃爲大將軍。詔舉賢良方正直言。是月，新宮成，署曰建康宮，亦名顯陽宮，開五門，南面二門，東西北各一門。

十二月，帝遷于新宮。

八年春正月辛亥朔，朝萬國于新宮，四夷列次。帝詔曰：「昔長蛇縱暴，宮室焚蕩，元惡雖剪，未暇營築。有司屢陳朝會逼狹，遂作斯宮，子來之勞，不日而成之。既獲臨御，大饗羣后，九賓充庭，百官象物。知君子勤禮，小人盡力矣。思蠲密網，咸同斯惠，其大赦天下五歲刑以下。」令諸郡舉力人能負千五百斤已上者。丙子，石勒使致賂，詔焚之。是月，改苑倉爲太倉。

夏五月，有星隕于肥鄉，數一。麒麟、騶虞見于遼東。

四月，以束帛禮高士郭文，舉處士翟湯。

秋七月，石勒死，子弘嗣立。

是歲，作北郊于覆舟山之陽，制度一如南郊。

九年春正月，隕石于凉州，數二。

二月丁卯，加張駿爲大將軍。

夏六月，蜀李雄死，其兄子班嗣僞位。乙卯，使持節，侍中、太尉、都督荆江等八州軍事、荆江二州刺史、長沙郡公陶侃薨于樊谿。

時大旱，詔太官撤膳，省刑，恤孤寡，貶費節用。

冬十一月，石季龍殺石勒太子弘，而自立爲天王于鄴。

十二月，侍中顧和議奏「舊冕有十二旒，皆用玉珠，今用雜珠等，非禮。若不能用玉，可用白琁。」帝納之。

十年春正月庚午朔，帝加元服，大赦，改元爲咸康元年，增文武位一等，大酺三日，賜鰥寡孤獨不能自存者米五斛。甲戌，詔太常改冕旒飾，用玉珠。

二月甲子，帝親臨釋奠。

夏四月，石季龍寇歷陽，詔加司徒王導大司馬、假黄鉞、都督征討諸軍事以禦之。癸丑，帝親觀兵於廣陽門，令諸將分戍。

秋七月，白虹貫日。

八月乙丑，荆州長沙、武陵、龍陽等三縣大水，漂屋室殺人，損秋稼。時帝幼冲，權在下之罰也。

十月乙未朔，日有食之。

是歲，大旱，會稽餘姚尤甚，米一斗五百價，人相賣。

二年春正月，彗星見于奎。

二月，筭軍用稅米，空懸五十餘萬碩。尚書謝褒已下免官。辛亥，立皇后杜氏，大赦，增文武位一等。

三月，散騎常侍干寶卒。

夏四月，皇后見於太廟。

秋七月，詔賓禮三恪，立周漢之後。

冬十月，更作朱雀門，新立朱雀浮航。航在縣城東南四里，對朱雀門，南度淮水，亦名朱雀橋。

是歲，徐州刺史刁彝上書訟父協功德，朝廷議，詔贈本官，祭以太牢。

三年春正月辛卯，詔立太學於淮水南。在今縣城東南七里，丹楊城東南，今地猶名故學。

夏六月，旱，地生毛。

冬十月丁卯，慕容皝自立爲燕王。

四年夏四月，蜀將李壽殺李期，僭即僞位，國號漢。

六月，改司徒爲丞相，以太傅王導領之。

秋八月丙午，分寧州置安州。

五年秋七月，使持節、侍中、丞相、領揚州刺史、始興公王導薨。

八月壬午，復改丞相爲司徒，司空庾亮領之。辛酉，以護軍將軍何充録尚書事。辛酉，侍中太尉南昌公郗鑒薨。

是時，始用磚壘宮城，而創構樓觀。

六年春正月庚戌，以庾翼爲安西將軍、都督江荆司雍梁益六州諸軍事、荆州刺史。將發，獻玉柄毛扇，帝疑其故物，侍中劉劭進曰：「柏梁雲構，匠石先居其下；管絃繁奏，鍾、夔先聽其音。稚恭之進扇，以好不以新。」帝大悦。

二月，燕王慕容皝大破石季龍將石成于遼西，獻捷於京師。

秋七月乙卯，初依中興故事，朔望聽政于東堂。是月，征西將軍、都督江荆豫益梁雍六州諸軍事、司徒、永昌公庾亮薨。

冬十月，林邑獻馴象。

十一月，復瑯琊，比漢豐沛。

七年春二月甲子朔，日有食之。己卯，慕容皝遣使求假燕王章璽，許之。

三月戊戌，皇后杜氏崩。

夏四月丁卯，葬恭皇后於興平陵。

是月，詔實編户，王公已下皆正土斷、白籍。分江乘縣西界置臨沂縣，屬瑯琊郡。

秋八月，引見羣臣，射宴于延賢堂。

九月，罷太僕官。

冬十二月，除樂府雜伎。罷安州。癸酉，侍中、司空、興平伯陸玩薨。

是月，東陽太守張虞表稱郡民許孜純孝，詔旌表門閭，蠲復其子孫。

八年春正月己未朔，日有食之。乙丑，大赦天下。

二月，豫州刺史庾懌送酒與江州刺史王允之，允之疑其有毒，與犬，犬斃，允之懼，表帝。帝怒曰：「大舅已亂天下，小舅復欲爾邪！」懌聞，服藥而死。

三月，以武悼楊皇后配饗武帝廟廷。

五月，有馬色赤如血，入于殿前，盤旋走出，莫知其處。

六月庚寅，帝不豫，詔以瑯琊王岳爲嗣，曰：「瑯琊王岳，親則母弟，體則仁長，君人之風，允塞時望。肆爾王公卿士，其輔之，以祇奉祖宗明祀。」壬辰，引武陵王晞、會稽王昱、中書監庾冰、中書令何充並受遺顧命。癸巳，帝崩于西堂。

秋十月丙辰，葬興平陵，在縣北七里雞籠山陽，與元帝同處。案，帝年五歲即位，立十八年，年二十二，謚曰成皇帝，廟號顯宗。

卷八《晉康皇帝》 咸康八年六月甲午，即皇帝位，大赦，詔「屯戍文武及二千石官長，皆不得輒離所局而來奔赴」。己亥，封成帝子丕爲瑯琊王，奕爲東海王。時帝在諒陰，委政中書監庾冰等。

秋七月，葬成帝于興平陵。帝親奠于西階，既發引，徒行至閶闔門，升素輿，至陵所。

九月，詔瑯琊國及府吏進位各有差。

冬十二月壬子，立皇后褚氏，增文武位二等。

建元元年春正月，大赦，改元，振恤鰥寡孤獨不能自存者。

夏五月，旱。

六月壬午，束帛徵處士南陽翟湯、會稽虞喜。

秋七月，慕容皝大破石季龍。石季龍將戴開率衆來降。詔曰：「慕容皝摧殄羯寇，斬獲八千餘人，將是其天亡之始也。中原之事，宜加籌量。」以安西將軍庾翼爲征討大都督，遷鎮襄陽，以輔國將軍、琅琊内史桓温爲前鋒，假節，率衆入臨淮。

八月，蜀李壽死，子勢嗣僞位。

冬十月辛巳，以驃騎將軍何充爲中書監、都督揚豫二州諸軍事、揚州刺史、録尚書，輔政。

十一月己巳，大赦天下。高句麗遣使朝獻。

二年秋八月，罷絶倒懸幢之伎。

九月丙申，立皇子聃爲皇太子。戊戌，帝崩于式乾殿。

冬十月乙丑，葬崇平陵。在今縣城東北十五里鍾山之陽，不起墳。

卷八《孝宗穆皇帝》 建元二年九月丙申，立爲皇太子，時年二歲。己亥，即皇帝位，大赦，尊皇后褚氏爲皇太后，臨朝攝政。

冬十一月庚辰，車騎將軍庾冰卒。

永和元年春正月甲戌朔，皇太后設白紗帷于太極殿，抱帝臨軒聽政，大赦。改元。

夏四月壬戌，詔會稽王昱録尚書六條事。是月，石季龍將路永屯于壽陽。

秋七月，方士戴洋卒。

庚午，使持節、都督江荆司梁雍益寧七州諸軍事、江州刺史、征西將軍、都亭侯庾翼卒。

九月丙申，皇太后詔曰：「今百姓勞弊，其共思詳所以賑恤之。」

是歲，鎮東將軍、會稽内史孔愉卒。

二年春正月丙寅，大赦。己卯，使持節、侍中、都督揚州諸軍事、揚州刺史、録尚書事、都鄉侯何充卒。

二月癸丑，以左光禄大夫蔡謨領司徒、録尚書六條事，與會稽王昱輔政。

夏五月，西平公張駿薨，子重華嗣立。

冬十月，以桓温爲安西將軍、荆州刺史。温表羅含爲別駕。問于衆曰：「此何如人？」或答曰：「可謂荆楚之杞梓。」温曰：「此江海之琳琅，豈惟荆楚而已。」

十一月辛未，安西將軍桓温伐蜀，拜表輒行。

十二月，枉矢自東南流于西北，其長半天。

三年春三月乙卯，桓温剋成都，蜀主降，益州平。以周撫爲益州刺史，鎮彭模。是月，林邑范文攻陷日南，害太守夏侯覽，以尸祭天。

夏四月，地震。丁巳，桓温執蜀主李勢歸于京師，封勢歸義侯。

七月，范文立范賁爲帝。

冬十二月，以侍中劉惔爲丹楊尹。

四年秋八月，進安西大將軍桓温爲征西大將軍。

九月丙申，慕容皝死，子雋嗣僞位。

冬十二月，豫章人黄韜造妖，自號孝神皇帝，聚衆寇臨川，太守庾條討平之。

五年春正月辛巳朔，大赦。庚寅，石季龍僭皇帝位于鄴。

夏四月，益州刺史周撫使朱燾破范賁，獲之。僞趙石季龍死。

五月，假慕容雋大將軍、幽平二州牧、大單于、燕王。

冬十一月，甘露降崇平陵玄宫前殿。

十二月，征北大將軍、都鄉侯褚裒薨。

六年春正月，帝臨朝，以哀喪故，懸而不樂。

閏月，趙冉閔殺石鑒，僭天王位，國號魏氏。鑒弟祇，又僭位于襄國。丁丑，彗星見于亢。己丑，氐帥苻洪遣使來降，以爲氐王，封廣川郡公。

秋八月，苻洪子健率衆入關，遣參軍杜伯獻捷京師。

冬十二月，司徒蔡謨廢爲庶人。

七年春正月辛丑，苻健僭稱秦王，赦關中。

秋七月甲辰，濤水入石頭，溺死者數百人。

九月，峻陽、太陽二陵崩，帝素服臨于太極殿三日，遣兼太常趙拔修復山陵。

冬十一月，石祇將姚弋仲來降，以爲大單于，封高陵公；弋仲子襄，爲平北將軍、平鄉公。

八年春正月辛卯，日有蝕之。壬辰，苻健僭帝號於長安。乙巳，雨木冰。

二月，遣殿中都尉王惠如洛陽，修衛五陵。

夏四月，冉閔爲慕容雋所滅。雋僭帝位於中山，國號燕。

八月，冉閔子智以鄴來降，安西將軍謝尚使建武將軍、濮陽太守戴施應之，進據枋頭。會冉智行人劉猗至，施乃止猗，使求傳國璽，猗歸，以告智。智猶豫不許，施因遣參軍何融率壯士七百人入鄴，登三臺助戍，譎之曰：「今且可出璽付我。凶寇在外，道路梗澀，亦未敢即送，當遣單使馳白天子。天子聞璽已在吾，遥知卿等至誠，必重發兵相救。」冉智與蔣幹謀，信之，乃出璽付融。融詣施，施使融齎璽馳還壽春，謝尚使振武將軍胡彬率騎三百衞送京師，告太廟，百寮畢賀。

九月，中軍殷浩率衆北伐。

九年春正月乙卯朔，大赦。丙寅，皇太后與帝同拜建平陵。

三月，交州刺史阮敷討林邑范佛於日南，破其五十餘壘。

秋七月丁酉，地震，有聲如雷。

八月，遣兼太尉河間王欽往洛陽，修復五陵。

十年春正月己酉朔，帝臨朝，以五陵未復，懸而不樂。前涼張祚僭帝號於姑臧。

二月己丑，太尉桓温伐關中。

三月，廢殷浩爲庶人，以前會稽内史王述爲揚州刺史。

夏四月己亥，桓温大破前秦苻健子萇於藍田。

六月，王師敗於白鹿原，温引還。

是歲，三麥不登。

十一年春三月辛亥，右軍將軍、會稽内史王羲之稱病去官歸，誠告誓於父母墓。

六月，前秦苻堅殺苻生而自立爲帝。

秋七月，苻堅將張平以并州來降，拜并州刺史。

八月丁未，立皇后何氏，大赦天下，賜酺三日，鰥寡孤獨孝義力田米各有差，逋租宿債一切放免。

冬十月，皇后見于太廟。

二年春正月，司徒會稽王昱歸政事。

三月，佽飛督王饒獻鴆鳥，帝怒，鞭饒二百，使焚鳥於四達之衢。

夏五月，大水，有星孛于天船。

六月，慕容儁盡陷河北之地。

秋八月，安西將軍謝奕卒。

十一月，雷。地震。

三年春二月，凉州城東泥中有火，此火沴水之妖也。

三月甲辰，詔以比年出軍，糧運不繼，王公已下十三户借一人一年助運。

是歲，詔復輔國將軍、豫州刺史、州陵侯毛寶本封。

四年春二月，鳳將九雛再見于豐城，衆鳥隨之。

夏四月，姑臧澤中有火，此火亦沴水之妖。明年，凉王張天錫殺執政張邕。

秋七月，以軍役繁，省用徹膳。

八月辛丑朔日，有蝕之。

冬十月，天狗流于西南。

十一月，封太尉桓温爲南郡公，弟沖爲豐城公，子濟爲臨賀公。

五年春正月戊戌，大赦天下，賜鰥寡孤獨米，人五斛。

二月，南掖門馬足陷地，得銅鍾一，有二四字。

夏四月，大水。桓温使弟豁取許昌。鳳皇見于沔北。

五月，帝不豫。丁巳，崩于顯陽殿。

秋七月戊午，葬永平陵。

卷八《哀皇帝》 升平五年五月，庚申，即皇帝位，大赦天下。改封弟東海王奕爲琅琊王。

秋八月己卯夜，天裂，廣數丈，有聲如雷。

九月戊申，立皇后王氏，以章穆何皇后居永安宫。

冬十二月，加凉州刺史張玄靚爲大都督、隴右諸軍事、隴西公。

隆和元年春正月壬子朔，大赦，改元。減田税，畝收二斗。

二月丙子，尊所生妃周氏爲皇太妃。

三月丙寅朔，日有蝕之。

夏四月，旱。詔出輕繫，賑困乏。丁丑，凉州地震，浩亹山崩。前燕將吕護寇洛陽。

五月丁巳，北中郎將庾希、鄧遐等舟師救洛口，破吕護，護退走小平津。

秋七月，西中郎將袁真進次汝南，運米五萬斛以饋洛陽。前中軍將軍、都督揚豫徐兖青五州諸軍事、揚州刺史殷浩卒于東陽之信安。

十二月戊午朔，日有蝕之。詔曰：「戎旅路次，未得輕簡賦役。玄象失度，亢旱爲患。豈政事未洽，將有板築、渭濱之士耶！其搜揚隱滯，蠲除苛碎。」時童謡云：「升平不滿斗，隆和安得久。」帝聞惡之。大赦。改明年爲興寧元年。

春三月壬寅，皇太妃薨于琅琊第。帝奔喪，詔司徒、會稽王昱總内外衆務。

夏四月，揚州地震，湖瀆溢。

五月，加征西大將軍桓温侍中、大司馬、都督中外諸軍事、録尚書事、假黄鉞。

秋七月，張天錫殺張玄靚，自稱大將軍、西平公。丁酉，葬皇太妃。

八月，有星孛於角亢，入於天市。

九月壬戌，大司馬桓温北伐。癸亥，皇太子生，大赦。

冬十月甲申，立陳留王世子恢爲陳留王。

二年春二月，改左將軍爲游擊將軍，罷右軍、前軍、後軍五校三將官。癸卯，帝親耕籍田。

三月庚戌朔，大閲户人，嚴法禁，稱爲庚戌制。帝幼好黄老，斷穀，服長生藥過分，不豫。辛未，崇德太后臨朝攝政。

夏四月，前燕將李洪侵許昌，王師敗於懸瓠，桓温使中郎將袁真鑿陽儀道以通運，率舟師北伐。

五月，以桓温爲揚州刺史、録尚書事，詔徵温入相，温辭不從。

秋七月丁卯，復徵入朝。

八月，温至赭圻，遂城而居之。

是歲，詔移陶官於淮水北，遂以南岸窑處之地施僧慧力，造瓦官寺。

三年春正月庚申，皇后王氏崩。

二月甲午，疾篤，丙申，帝崩於西堂。三月，葬安平陵。

卷八《廢皇帝》 興寧三年二月，哀帝崩，無嗣。皇太后詔曰：「瑯琊王明德茂親，屬當儲副。」於是百官奉迎於第。丁酉，即皇帝位，大赦天下。

三月，前燕慕容恪攻陷洛陽。

秋七月己酉，改封會稽王昱爲瑯琊王，以昱子昌明爲會稽王。壬子，立皇后庾氏。

冬十月梁州刺史司馬勳反，自稱成都王，桓温使江夏相朱序討平之。

十二月，大赦。改明年爲太和元年。

夏四月，旱。

五月戊寅，皇后庾氏崩。

七月癸酉，葬孝皇后于敬平陵。

九月，曲赦梁、益二州。

是歲，凉州楊樹生松，戒曰：「不改柯易葉，楊者柔脆之木，今松生其上，非永久之葉，將集危亡之地。」

二年春正月，北中郎將庾希有罪，亡入海。

冬十月，以瑯琊王昱爲丞相。

是歲，尚書令王述卒。

三年春三月丁巳朔，日有蝕之。癸亥，大赦。

夏四月癸巳，雨雹，大風折木。

冬十二月，有神降于鄴，自稱湘女，聲與人接，不見其形。

四年夏四月庚戌，大司馬桓温伐前燕。

秋九月，大赦。大破燕將傅末波于林渚。戊子，温進至枋頭，爲燕將慕容垂設伏所破而還。辛丑，慕容垂又追敗温後軍于襄邑。

冬十月，大星西流，有聲如雷。是月，豫州刺史袁真以壽陽叛。

十一月，桓温自山陽與瑯琊王昱會于涂中，將謀後舉。

十二月，城廣陵而居之。

五年春二月，袁真死，陳郡太守朱輔立真子瑾嗣事。

三月，桓温征瑾，屠壽陽，梟袁瑾等首。因謂參軍郗超曰：「足以雪枋頭之恥乎？」超答曰：「此未厭有識之情也，公六十之年，敗于大舉，不建不世之勳，未足以鎮愜民望，其惟廢立之事。」温懷信焉。

秋七月癸酉朔，日有蝕之。

九月，益州妖賊李金根反，立李弘爲聖王，梓潼太守周虓討平之。

冬十一月，苻堅王猛伐慕容暐尅鄴，虜有燕地。

六年夏四月，大赦，賜鰥寡孤獨米，人五斛。

六月，京師及丹楊，晉陵、吳郡、吳興、臨海並大水。

冬十一月癸卯，桓温自廣陵屯于白石。用郗超謀，將詣闕，以圖廢立。丁未，諷奏崇德太后。己酉，太后下令廢帝爲東海王，還第，供衛一如漢昌邑故事。于是，百官入太極前殿，即日温使散騎侍郎劉享收帝璽紱。帝著白袷單衣，步下西堂，乘犢車出神獸門。羣臣拜辭，莫不歔欷。

卷八《太宗簡文皇帝》　太和六年十一月己酉，温率百官具法駕乘輿迎帝立，于朝堂變服，著平巾幘單衣，東面拜受璽紱。即日即皇帝位，改元咸安元年。庚戌，使兼太尉周頤告于太廟。桓温出居中堂，分兵屯衛。辛亥，温使弟祕誣逼新蔡王晃與武陵王晞謀反。

辛酉，温旋白石，因上鎮姑熟。

十二月戊子，詔京師有經年之儲，權停一年之運。辛卯，熒惑逆行，入太微，經明年三月不退。尚書右丞顧悦之上表請詔復殷浩本官。

是歲，散騎常侍領著作孫綽卒。

二年春正月辛丑，百濟、林邑使貢方物。己酉，歲星犯鎮，在須女。

三月丁酉，詔「非軍國戎祀之要，華餙煩費之用，皆省之」。重詔「內外百司，各勤所職，使善無不達，惡無不聞」。癸丑，遣使詣大司馬，并問方伯，逮于邊戍，宣詔大饗，求其所安。籌量賜給，悉令周普。

夏四月，騶虞見南昌。

六月，遣使拜百濟王餘句爲鎮東將軍，領樂浪太守。戊子，護軍將軍庾希舉兵反于江北，自海陵入居京口，桓温使周少孫破之，擒希，斬于建康市，夷三族。六月，太白晝見。

秋七月，帝不豫。壬辰，疾甚，手詔大司馬、丞相桓温曰：「少子可輔，即輔之；如不可，君自取。」侍中王坦之毁詔，進曰：「天下者，宣、元之天下，非陛下之天下，陛下何得私與人！」帝默然。己未，立會稽王昌明爲太子，以道子爲瑯琊王。六月，帝崩於東堂。

遺詔以桓温輔政，依諸葛亮、王導故事。

冬十月丁卯，葬高平陵。

卷九《晉烈宗孝武皇帝》　咸安二年秋七月己未，立爲皇太子。是日，太宗崩，太子即皇帝位。

九月甲寅，追尊皇妣王氏爲順皇后。

后諱簡姬，太原人。父遐，字桓子，少以華族，仕至光禄大夫，追贈特進。后初爲會稽王妃，生子道生，以穆帝永和四年母子失意，俱廢，至是追尊之。

冬十一月，妖賊彭城盧悚自廣莫門入殿庭詐云海西公，遣遊擊將軍毛安之討平。

是歲，三吴大旱，人多餓，詔所在賑給。

寧康元年春正月己丑朔，大赦，改元。戊申，月掩心大星。

二月，大司馬桓温來朝，有簒奪之志，頓兵新亭，欲誅執政而廢帝。召侍中王坦之、吏部尚書謝安石將害之，坦之恐，將欲出奔，謝安止之，曰：「晉祚存亡，在此一行，君何所逃？」既見温，坦之前大懼，倉惶倒執手板，流汗霑衣。安石後至，從容高視，良久坐定，謂温曰：「安聞諸侯有道，守在四方，明公何須壁後置人？」温笑曰：「不能不爾。」遂卻兵，歡語移日而罷。丁亥，温拜高陵，爲先帝靈責，遇疾而去。

三月丙午，月犯南斗第五星，占以大臣之憂，憂在死亡。癸丑，詔除丹楊、竹格等四航税。

秋七月，使持節、侍中、都督中外諸軍事、丞相、録尚書、大司馬、揚州牧、平北將軍、徐兗二州刺史、南郡公桓温薨于姑孰。

八月壬子，崇德太后臨朝攝政。

九月，復置光禄勳、大司農、少府等官。

冬十月，西平公張天錫貢方物。

是歲，南郡州陵女唐氏漸化爲丈夫。

二年春正月，北中郎將、徐兗二州刺史刁彝卒。

三月丙戌，彗星見于氐。

夏五月壬戌，皇太后詔「三吴義興、晉陵及會稽遭水之縣尤甚者，全除一年租布，其次聽除半年，受賑貸者即以賜之」。

八月，以長秋將建，權停婚姻。

九月丁丑，有星孛于天市。

冬十一月，長城人錢步射，錢弘等作亂，吴興太守朱序討平之。

三年春正月，大赦。

夏五月丙午，中書令徐兗二州刺史、北中郎將、藍田侯王坦之卒。

秋八月癸巳，立皇后王氏，大赦，加文武位一等。

冬十月癸酉朔，日有蝕之。

十二月，帝釋奠于中堂，祠孔子，以顏回配。甲申，神虎門災。

太元元年春正月壬寅朔，帝加元服，見于太廟。皇太后歸政。甲辰，大赦，改元。丙午，帝始臨朝，遷改官鎮。甲子，謁建平等四陵。

夏五月癸丑，地震。甲寅，詔議獄緩刑，大赦天下。

秋九月，苻堅將苟萇攻陷張天錫，虜之，盡有凉州之地。乙巳，除度田收租之制，王公已下口税米三斛，蠲在役之身。

冬十月，移淮北流人於淮南。

十一月己巳朔，日有蝕之。詔太官徹膳。

是歲，給事中、散騎常侍、護軍長史許穆卒。

二年春正月，詔繼絶世，紹功臣之後。

閏三月壬午，地震。暴風折木發屋，揚沙石。

秋，尚書令王彪之卒。

三年春正月，尚書僕射謝安石以宫室朽壞，啓作新宫，帝權出居會稽王第。

二月，始工，内外日役六千人。安與大匠毛安之決意修定，皆仰模玄象，體合辰極，并新制置省閣堂宇名署時政。構太極殿欠一梁，乃有梅木流至石頭津。津主啟聞，取用之，因畫花于梁上，以表瑞焉。又起朱雀門重樓，皆繡栭藻井，門開三道，上重名朱雀觀。觀下門上有兩銅雀，懸楣上刻木爲龍虎左右對。

夏六月，熒惑守羽林。

秋七月，新宫成，内外殿宇大小三千五百間。辛巳，帝居新宫。乙酉，老人星見于南方。

八月，氐賊韋鍾入漢中。

四年春正月丙子，謁建平等七陵。

二月戊午，僞秦苻堅使其子丕攻陷襄陽，執我南中郎將、梁州刺史朱序。

三月，大疫。壬戌，詔曰：「狡寇縱逸，藩守傾没，疆埸之虞，事兼平日。其内外衆官，各悉心戮力，以康庶事。又年穀不登，百姓多匱。其詔御所供，事從儉約，九親供給，衆官廩俸，權可減半。凡諸役，自非軍國事要，皆宜停省，以周時務。」

夏五月，苻堅頻寇郡縣。

六月，大旱。戊子，征虜將軍、兖州刺史謝玄討秦將句難、彭超于君川，大破之，餘黨皆走。

秋八月乙未，暴風，揚沙走石。

冬十二月己酉朔，日有蝕之。

五年夏四月，大旱。赦五歲刑已下。

六月甲寅，震含章殿四柱，并殺内侍二人。甲子，以比歲荒儉，大赦天下。自太元三年已前逋租宿債皆蠲除之，其鰥寡窮獨孤老不能自存者，賜米人五斛。

八月，太常韓伯卒。

九月癸未，皇后王氏崩。

冬十一月乙酉，葬定皇后于隆平陵。

六年春正月，帝初奉佛法，立精舍于殿内，引諸沙門居之。丁酉，初置督運御史官。

夏六月己巳，詔改制度，減煩費，損吏士員七百人。

秋九月辛未，衛將軍謝安石習水軍于石頭。

冬十月乙卯，有奔星東南，經翼軫，聲如雷。

十一月，襄城太守桓石虔大破苻堅將閻震、梁成于竟陵，生擒震，斬首七千餘級，俘獲萬人。

七年秋八月，東夷五國遣使來貢方物。

冬十一月，太白晝見在斗。

是歲，梓潼太守周虓卒于秦之太原。

是歲，三吴士大夫置東冶，以爲餞送所。

八年春二月癸未，黄霧四塞。

三月，始興、南康、廬陵大水，平地五丈。

夏四月甲子，太白晝見在參。

秋九月，僞秦苻堅大舉兵，自來寇，衆號百萬。

九月，詔司徒，瑯琊王道子録尚書六條事。以衛將軍謝安石爲征討大都督，安乃假弟石爲都督，擧冠軍將軍謝玄爲前鋒元帥，西中郎將桓伊、輔國將軍謝琰等總戎八萬拒秦軍于淮南。

冬十月，苻堅至項城，使弟融及張蚝等二十萬先過淮攻陷壽春，遣梁成、王顯、慕容屈等別屯洛澗。玄既渡江，使鷹揚將軍、廣陵相劉牢之領鋭卒五千直指洛澗，大破秦軍，斬梁成及弟雲，生擒王顯、慕容屈等，盡收軍實。甲戌，大軍逼壽春。

初，秦之入也，謝安先遣龍驤將軍胡彬援壽春，壽春既陷，彬糧盡路絶，乃使人間行送書于石等，言「今賊盛糧盡，恐不見大軍」。秦人邏遮得之，馳白堅云：「晉懼，恐謝石等逸，宜速進軍。」堅大悦，自項城率軍輕騎八萬兼道赴壽春，勅軍人「有言吾至者，拔其舌而族之」。既至，登壽春城壁，見晉軍衆整齊，又看八公山草木，皆類人形，顧謂弟融曰：「此乃勍敵，何謂少乎！」憮然有懼色。乃使朱序來説謝石、玄，廣稱兵威，欲脅降之。序至，密謂石等曰：「今苻堅已入壽春，若百萬衆悉到，莫可與敵。及其未會，擊之，可得志。」石與玄、琰等聞堅在壽春，請戰，秦許之。

乙亥，琰進淝北，堅使苻融結陣臨淝水。玄不得渡，使人謂融曰：「君遠涉吾境而臨水爲陣，是不欲速戰，請君稍卻，令將士得周旋，僕與諸軍緩轡而觀之，不亦樂乎！」融衆不許，使白堅。堅曰：「但卻軍，令得過，我自以鐵騎十萬向水，逼而殺之。」融遂麾軍退，衆因亂，不能止。玄、琰與桓伊等涉淝水，鼓譟決戰，大破秦軍于淝南，臨陣斬苻融，堅中流矢，衆奔潰，自相踐藉，投水死者，不可勝計，淝水爲之不流。堅與數騎棄甲宵遁，聞風聲鶴唳，皆以爲王師至，草行露宿，飢凍死者十七八，獲堅乘輿雲母車，儀服、器械、軍資山積，牛馬驢騾十餘萬。而朱序、張天錫俱奔歸。

冬十一月庚申，詔衛將軍謝安勞旋師于金城。壬子，立陳留王世子靈誕爲陳留王。乙未，拜朱序爲龍驤將軍，以張天錫爲員外散騎常侍。

十二月，以寇難初平，大赦，開酒禁，始增百姓税米，口五石。仇池公楊世奔還隴右，遣使稱藩。詔諸將分令進取。

九年春正月辛亥，謁建平等四陵。是月，劉牢之克譙城，車騎將軍桓沖拔上庸、魏興、新城三郡。

二月辛巳，使持節、都督荆江梁寧益交廣七州諸軍事、車騎將軍、荆州刺史桓沖卒。

三月，進衛將軍謝安爲太保。苻堅將姚萇背堅於北地，自號秦王。

夏四月己卯，增置太學生一百人。封張天錫爲西平公。使竟陵太守趙統取襄陽，克之。

六月癸丑，崇德太后褚氏崩。

七月戊戌，使兼司空、高密王純之往洛陽修謁五陵。己酉，葬康獻皇太后于崇平陵。

八月，詔謝玄出屯彭城，經略中原。玄率諸軍堰吕梁水，樹栅，立七埭爲派，擁二岸之流，以利運漕。進伐青州，故謂之青州派。時苻丕爲慕容垂所逼，自鄴遣參軍焦遠進謝玄青銅鏡、黄金椀、宛轉繩牀、玉如意，請救，玄使送于京師。戊寅，司空郗愔薨。

九月甲午，加太保謝安爲大都督揚江荆司豫徐兖青冀幽并梁益雍涼十五州諸軍事。

冬十月辛亥朔，日有食之。乙丑，以玄象乖度，大赦天下。中書侍郎車胤上表，議立明堂辟雍事。庚午，僞秦青州刺史苻朗來降。是月，前滎陽太守習鑿齒卒。

十二月，僞秦將吕光自稱制於河右，號酒泉公。

是歲，慕容沖僭皇帝位于阿房。

十年春，尚書令謝石以學校陵遲，上疏請興復國學於太廟之南。

三月，蜀郡守任權斬苻堅將益州刺史李丕，益州平。

夏四月，苻堅爲姚萇、慕容沖所逼，遣使求救。詔太保謝安率衆救秦，帝自行西池宴羣臣餞安，賦詩者五十八人。甲子，安發自石頭。

六月，堅太子宏自長安來奔，慕容沖入長安。

秋七月，老人星見。大旱，井瀆皆竭，太官共膳皆資天泉池。

八月丁酉，使持節、侍中、中書監、大都督揚荆等十五州諸軍事、衛將軍、太保謝安薨。

是月，姚萇殺苻堅而僭皇帝位于渭北，亦僞號秦。

九月，堅子丕僭帝位于晉陽。

冬十月，詔論淮淝功，追封謝安爲廬陵郡公、謝石爲南康郡公、謝玄爲康樂郡公、謝琰爲望蔡郡公、桓伊爲永修郡公，餘封進各有差。

十二月，太白犯歲星。天下大飢。

是歲，乞伏國仁自稱大單于、秦河二州牧。

十一年春正月辛未，僞後燕慕容垂僭皇帝位于中山。是月，冠軍將軍豫州刺史桓石虔卒。

二月戊申，太白晝見在東井。

夏四月，代王拓拔圭始自改稱魏。

八月庚午，詔封孔靖之爲奉聖亭侯，奉宣尼祀。立宣尼廟，在故丹楊郡城前隔路東南。

冬十月，後燕慕容垂使將軍馮該追斬苻丕于東垣，傳首京師。甲申，海西公奕薨。

十一月，苻丕將苻登僭即帝位於隴東。

是歲，遼東表送孫盛《魏晉春秋》三十卷。

十二年春正月乙巳，以朱序爲青、兖二州刺史，鎮淮陰。丁未，大赦天下。壬子，暴風發屋折木。

二月戊寅，熒惑入月。

夏四月戊辰，尊夫人李氏爲皇太妃。

六月，束帛聘處士戴逵。

秋八月辛巳，立皇子德宗爲皇太子，大赦天下，增文武位二等，大酺五日，賜百官布帛各有差。

冬十月，太白晝見于南斗。

十三年夏六月，旱。乞伏國仁死，弟乾歸嗣僞位，僭號河南王。閏月戊辰，天狗北下有聲如雷。

秋八月戊子，朔、寧二州刺史費統奏言，嘉瓠生於州界。

冬十二月戊子，濤水入石頭，毁大航，殺人。乙未，大風，晝晦，延賢堂災。丙申，螽斯百堂、客館、驃騎庫皆災。庚子，尚書令、衛將軍、儀同三司謝石薨。

是歲，散騎常侍、左將軍、會稽内史、康樂公謝玄薨。

十四年春正月癸亥，詔淮南所獲俘虜付諸作部者一皆散遣，男女自相配匹，賜百日廩，其没爲軍賞者悉贖出之，襄陽、淮南饒沃之地，各立一縣以居之。龍驤將軍劉牢之討彭城妖賊劉黎于皇丘，平之。

二月，僞秦將吕光僭號爲三河王。是月，扶南貢方物。

三月，張道反太山，太山太守向欽擊走之。

夏四月甲辰，翟遼寇滎陽，執太守張卓。

六月，會稽王道子移揚州，理于東第。

七月，旱。甲寅，雷震，宣陽門四柱災。

冬十月己巳，雨，木冰。
十五年春正月，征虜將軍朱序破慕容永于太行。
三月己酉朔，地震，東北有聲如雷。戊辰，大赦天下徒囚。
秋七月壬申，有星孛于北河，經太微、三臺，入文昌、北斗，色白，長十餘丈，至後月戊戌入紫微乃滅。
八月己丑，京師地震。
冬十月，朱序、劉牢之等大破翟遼于滑臺，張援來降。
十六年春正月，詔徐廣校秘閣四部，見書凡三萬六千卷。壬辰，鵲巢太極東鴟吻。
二月庚申，改築太廟。
秋九月，新廟成。
冬十月，新作朱雀門。
十一月，江州刺史、護軍將軍、永修侯桓伊卒。
十七年春正月己巳朔，大赦，除逋租宿債。
夏六月癸卯，京師地震。甲寅，濤水入石頭，毀大航。永嘉郡潮水涌起，近海四縣人多死者。
秋七月丁丑，太白晝見。
八月，新作東宮，徙左衛營。
九月，除南郡公桓玄義興太守。
冬十一月癸酉，以黄門侍郎殷仲堪爲都督荆益梁三州諸軍事、荆州刺史。
冬十二月，旱，自秋不雨，至于是月。
是歲，司雍梁秦四州諸軍事、征虜將軍朱序卒。
十八年春正月癸亥朔，地震。
二月，有客星在尾中，至九月乃滅。乙未，又地震。
夏六月己亥，始興、南康、廬陵等郡大水，深五丈。
秋七月，旱。
閏月，劉牢之破妖賊司馬徽於馬頭。
十九年夏六月壬午，追尊會稽王太妃鄭氏爲簡文宣太后。
秋八月己巳，尊皇太妃李氏爲皇太后，宫曰崇訓。
是歲，苻登爲姚興所殺，登太子崇奔于湟中，僭即皇帝位。
二十年春二月，作宣太后廟，呼爲小廟。
三月庚辰朔，日有蝕之。
秋七月，太白晝見太微。
九月，有蓬星如粉絮東南行，歷女虚至哭星。
冬十一月，魏王拓拔圭大破慕容垂子寶于黍谷。
是歲，會稽王道子與尚書王珣連上疏薦會稽處士戴逵參侍東宫，會逵病死。
二十一年春正月，起清暑殿于華林園。
三月，太白晝見於羽林。
夏四月，新作永安宫。丁亥，大雨雹。後燕慕容垂子寶嗣僞位。
六月，吕光僭即天王位于燉煌。
秋八月，歲星犯哭星。
九月庚申夜，帝暴崩于清暑殿。

卷一〇《晉安皇帝》 太元二十一年秋九月庚申，烈宗崩。辛酉，太子即位。癸亥，以司徒會稽王道子爲太傅，攝政。冬十月，大雪。
隆安元年春正月己亥朔，帝加元服，大赦，改元，增文武位一等。是月，太傅歸政。
二月，歲星熒惑皆入羽林。甲寅，尊皇太后李氏爲太皇太后，追尊所生陳淑媛爲安德皇太后。
戊午，立皇后王氏。
夏四月甲戌，兖州刺史王恭、豫州刺史庾楷等舉兵，以討尚書左僕射王國寶爲名。
甲申，使譙王尚之收國寶付廷尉，殺之，并斬王緒以謝王恭。恭悦，乃罷兵。戊子，大赦天下。
二年春三月，龍舟二災。
秋七月，兖州刺史王恭、豫州刺史庾楷、荆州刺史殷仲堪、廣州刺史桓玄、南蠻校尉楊佺期等復舉兵反。
八月丙戌，慕容盛僭即皇帝位於黄龍。
九月，使右將軍謝琰、前將軍王珣南討。己亥，破庾楷於牛渚。丙午，會稽王道子屯於中堂，會稽王世子元顯守石頭。己酉，召王珣入守北郊，謝琰入備宣陽門。王恭以司馬、輔國將軍劉牢之爲前鋒，次竹里，元顯密以重利啗牢之，牢之歸降，引軍屯新亭，使子敬宣迎擊恭，破之。

庚申，遣太常卿殷茂以王恭死，喻殷仲堪及桓玄，玄等走尋陽。

冬十月，新野言騶虞見。壬午，仲堪與桓玄等盟于尋陽，推玄爲盟主。

十二月己丑，後魏拓拔圭僭即皇帝位于平城，號天興元年。己酉，南涼秃髮烏孤自稱武威王于金城，號太初元年。

是歲，吴興長城夏架山石鼓自鳴，聲如金鼓。古老云：「此石鼓鳴，則三吴有兵。」明年，孫恩作亂。

三年春二月，建康太守段業自稱涼王，號天璽元年。是月，仇池公楊盛遣使稱藩，獻方物。

夏六月戊子，南燕慕容德陷青州，害龍驤將軍辟閭渾，德遂僭即皇帝位於廣固。

冬十月，後秦姚興陷洛陽，執河南太守辛恭靜。

十一月甲寅，妖賊孫恩自入上虞攻陷會稽，殺内史王凝之。

甲戌，謝琰、劉牢之進至義興。

十二月，桓玄襲江陵，荆州刺史殷仲堪、南蠻校尉楊佺期並遇害。吕光立其太子紹爲天王，自號太上皇。是日，光死，吕纂弑紹而自立。

是歲，荆州大水，平地三丈。

四年春正月乙亥，大赦。

三月，彗星見於太微。以桓玄爲後將軍、荆州刺史。

夏四月，孫恩復寇浹口，轉破餘姚，使帳下督張猛別攻，殺内史謝琰。

六月庚辰朔，日有蝕之。

秋七月壬子，皇太后李氏崩於含章殿。

八月壬寅，葬簡文太后於修平陵。

冬十一月，以司馬元顯爲後將軍、開府儀同三司、都督揚豫徐兖青幽冀并荆江司雍梁益交廣十六州諸軍事、揚州刺史，封其子彦璋爲東海王。是月，元顯逼吏部尚書車胤自裁，而使讓御史中丞江績爲朋黨，績憂卒。

十二月，段業燉煌太守李暠背業，自稱秦涼二州牧、涼公，號庚子元年。

五年春三月，衆星西流，經牽牛，歷太微、紫微。

夏五月，孫恩轉破以東諸郡，吴國内史袁山松死之。沮渠蒙遜殺段業，自號大都督、北涼州牧。六月甲戌，孫恩奄至丹徒，遣軍襲破廣陵，京師大震。乙亥，内外戒嚴，百官入居於省，詔冠軍將軍高素等守石頭，游擊將軍毛邃屯白石，輔國將軍劉襲栅斷淮口，領軍將軍孔安國入次中堂皇。徵鎮北將軍劉牢之使冠軍將軍桓不才及劉裕擊孫恩，裕等大破恩於蒜山，恩退走。劉牢之令子敬宣與劉裕并軍海道窮追，再破恩於扈瀆，恩遂迸入海。

秋七月，以輔國司馬劉裕爲建威將軍。癸丑，大角星散摇五色。

是歲，大飢，禁酒。

六年春正月庚午朔，大赦，改元元興元年。荆州刺史桓玄舉兵反於江陵，因孫恩亂，託爲勤王，移檄京師，罪狀司馬元顯。案《晉書》帝紀：朝廷初密令司馬元顯西討桓玄，以劉牢之爲先鋒，玄聞大懼，謀保江陵。長史卞範之説於玄，曰：「公振威名於天下，司馬元顯口尚乳臭，劉牢之又久失人情，若以兵臨，土崩之勢可翹足待也。」玄信，遂舉兵東下。詔以後將軍元顯爲驃騎大將軍、征討大都督，率衆討桓玄。丙子，建牙於東府，持牙者良久乃正，持黄鉞者馬倒。丁酉，以鎮北將軍劉牢之爲前鋒，屯於溧洲。

二月，帝戎服餞元顯於西池，賦詩者九十八人。丁巳，詔兼侍中齊王柔之以騶虞幡宣告荆、江二州。丁卯，桓玄敗王師於姑孰，齊王柔之、譙王尚之皆遇害。

三月，劉牢之在溧洲，與親信密議曰：「桓玄少有雄名，今仗全楚之衆，懼不能制。」又慮平玄後，功蓋天下，必不爲元顯所容，且如何？玄知牢之疑阻，遣何穆來説牢之。牢之自謂握强兵，才能算略足以經綸江表，既見譙王等敗，遂遣使與玄交通。外甥何無忌與劉裕固諫，不從。己巳，遣子敬宣降於玄。玄大喜，置酒，出法書名畫共敬宣觀之，玄佐吏莫不相視笑於坐。辛未，劉牢之衆進破王師於新亭，大將軍元顯及世子彦璋，冠軍將軍毛泰、毛邃等並遇害。

壬申，桓玄頓新亭，自稱侍中、丞相、録尚書事，假黄鉞、羽葆鼓吹，遷會稽王道子爲安城王，遣之國，以劉牢之爲會稽内史。

夏四月，玄矯詔大赦，改元大亨元年。庚子，出鎮姑孰，諷朝廷以誅元顯功，别封豫章郡公，自稱太尉、揚州牧，總百揆，以從兄謙爲尚書僕射。朝事大政，皆諮玄，而小事決於謙。子弟皆封公。又矯詔爲桓温諱，姓名同者並改之。

五月，玄欲簡汰沙門，非明至理者，悉罷之。又議令沙門致敬王者，匡山惠遠法師諫止之。

孫恩復寇臨海，臨海太守辛景破恩，追斬萬計。恩窮蹙，乃赴海自沉，妖黨及妓妾謂之水仙，投水從死者百數。徐道覆率餘衆推恩妹夫盧循爲主。

六月，禿髮利鹿孤死，弟傉檀嗣僞位。

秋八月庚子，尚書下舍災。

冬十月，有客星，色白如粉絮，在太微西，至後月入太微。

十二月，玄酖殺會稽王司馬道子於安城。

是月，曲赦廣陵、彭城大逆已下。無麥禾，天下大饑。

二年春二月乙卯，桓玄矯詔自稱大將軍。

夏四月癸巳朔，日有蝕之。

六月，加建威將軍劉裕彭城内史。

秋八月，玄又自號相國，加九錫，備典物，諷帝御前殿策授之，封南平、宜都等十郡爲楚王。殷仲文、卞範之促成篡奪事。

冬十一月丁丑，矯詔加天子禮樂，使王謐兼太保奉皇帝璽紱禪位於楚。是夜，熒惑犯東上相。壬午，遷帝於永安宮。癸未，移太廟神主於瑯琊國。

十二月壬辰，玄篡即帝位於姑孰城南九井山，百寮陪列，妄稱萬歲。又不易帝諱，版爲文告天。於是大赦，改元爲永始元年，國號大楚。始整肅儀仗，而龍旂竿折。癸巳，以南康平固縣奉帝，爲平固王，遷居尋陽。追尊父温爲宣武皇帝，廟稱太祖，爵子弟宗室爲王，進封功臣，以王謐爲武昌公，殷仲文爲東興公，卞範之爲臨汝公。戊戌，入於建康宮，逆風迅激，旍旗傾偃。將升太極殿，御牀忽陷，羣臣失色。殷仲文進曰：「良由聖德隆重，厚地所不能載。」玄大悦。乙巳，月奄軒轅第二星。辛亥，帝蒙塵於尋陽。是冬，酷寒過甚，以爲朝政失在舒緩，而桓玄苛酷之應也。

三年春正月，玄築别苑於冶城。戊戌，熒惑逆行，犯太微西上相。

二月，帝在尋陽。庚寅，夜濤水入石頭，漂毀大航殺人，其聲動天，玄大懼。乙卯，建威將軍劉裕帥劉毅、何無忌、孟昶、檀憑之等起義兵於丹徒。丙辰，斬徐州刺史桓修於京口。

戊午，大破吳甫之於江乘，而遇皇甫敷於羅落橋。憑之既死，裕獨倚大樹，敷縱兵圍之，前問曰：「你欲何死？」裕怒叱之，敷人馬皆僕，裕遂斬敷。玄聞吳甫之及敷等二軍皆没，大懼。使桓謙次陵口，卞範之次覆舟山，多張旗幟。己未，裕率衆乘勝進破，因北風，放火，煙塵翳天。玄衆大潰，輕舟南走。

庚申，劉裕入京師，鎮東府，置留臺，具百官。以司徒王謐領揚州刺史、録尚書事，裕都督揚徐等州諸軍事、鎮軍將軍、徐州刺史，餘並假進軍號。壬戌，焚桓温神主於宣陽門。辛未，桓玄至尋陽，逼帝西上。丙戌，密詔以幽逼於玄，萬機虚曠，令武陵王遵依舊典，承制居東宮總百揆，加王侍中。乃大赦謀反已下，惟桓玄一祖不宥。劉毅於衆問王謐曰：「璽紱何在？」謐大懼，奔曲阿。劉裕使孟昶追宥，令復位。

夏四月，武陵王遵稱制，行天子事。庚寅，帝至江陵。庚戌，輔國將軍何無忌、振武將軍劉道規等進軍躡玄後，追破玄將庾稚、何澹之於湓口。玄復逼帝東下。

五月癸酉，冠軍將軍劉毅大破玄於峥嶸州。己卯，帝又幸江陵，殷仲文自巴陵奉二后來歸。辛巳，荆州别駕王康産、南郡太守王騰之奉帝居於南郡。壬午，益州都護馮遷斬桓玄於貊盤洲。

癸巳，乘輿反正於江陵。甲申，詔曰：「奸凶篡逆，自古有之。朕不能式遏杜漸，以至播越。賴鎮軍將軍裕英略奮發，忠勇絶世；冠軍將軍毅等誠心宿著，協同嘉謀。義旗既振，士庶効節，社稷再安，四海齊慶。其大赦天下，凡諸遇脅，一無所問。」戊寅，奉神主入於太廟。

閏月己丑，桓玄揚武將軍桓振又陷江陵，劉毅、何無忌退守尋陽，帝復蒙塵於賊營。

秋七月戊申，永安皇后何氏崩。

八月癸酉，祔葬穆章皇后於永平陵。

冬十月，盧循寇陷廣州，執刺史吳隱之，而表朝廷以隱之黨附桓玄，宜加顯戮，詔不許。

四年春正月，帝在江陵。南陽太守魯宗之起義兵，襲破襄陽，進逼江陵。桓振以帝次於江津。辛卯，宗之破振將温楷於柞溪，進次紀南，爲振所敗。桓振復襲江陵，荆州刺史司馬休奔於襄陽，建威將軍劉懷肅等討振，戰於沙橋，振中流矢，廣武將軍唐興臨陣殺振。

丁酉，乘輿反正，與瑯琊王德文幸劉道規舟。戊戌，詔曰：「逆臣桓玄乘釁肆亂，誣罔天人，篡據極位。幸天祚社稷，義旗載捷，狡徒沮潰，朕獲反正。斯實宗廟之靈，勤王之勳。豈朕一人，獨享斯祜，恩與億兆，幸茲更始。」其大赦天下，改元爲義熙元年，唯玄、振一祖不在原例。其賜百官爵二級，鰥寡孤獨穀人五斛。

二月丁巳，留臺備法駕乘輿，迎帝於江陵。是月，益州刺史毛璩使將軍譙縱、侯暉等討時延祖於白帝城，暉等因梁州兵不樂東征，遂謀衆立縱爲主以叛，還攻璩弟於涪，尅之，自稱成都王。

三月甲午，帝至自江陵，百官望拜於新亭。乙未，羣臣詣闕請罪，詔慰曰：「此非諸卿之過也。」庚子，詔曰：「朕以寡昧，遭家不造。逆臣桓玄，乘釁縱慝，窮凶恣虐，滔天泯夏。誣罔人神，肆其篡亂。祖宗之基既湮，七廟之饗斯殄，若墜淵谷，未足斯譬。皇庶有晉，固縱英輔，鎮軍將軍、青徐二州刺史裕，忠誠天發，神武命世，義聲一唱，二溟波卷，英風振路，宸居清翳。冠軍將軍毅，輔國將軍無忌，振武將軍道規，舟旗遄邁，而元凶傳首，迴戈疊揮，則荆漢霧廓。俾宣、元之祚，永固於嵩、岱，而宗庸命德，聖哲攸先。鎮軍可進位侍中、車騎將軍、録尚書事；毅進號左將軍；無忌右將軍、會稽内史；道規輔國將軍、荆州刺史。」戊戌，劉裕、何無忌等抗表遜位，詔不許，加裕都督中外諸軍事。

夏四月戊辰，劉裕旋鎮京口，帝餞於東堂。壬申，以盧循爲平越中郎將、廣州刺史。循遣使遺劉裕益智粽子，裕答以續命湯。

五月癸未，詔禁絹扇及樗蒲。

秋七月庚辰，太白比晝見於翼軫。

是歲，凉王李暠奉表稱藩。

二年夏四月，無錫獻白龜。

冬十月，論匡復功，進封劉裕豫章公，邑萬户；劉毅南平公，五千户；何無忌安成公、劉道規華容公，追封檀憑之曲江公，各三千户；孟昶臨汝公，劉藩安陸公，諸葛長民新淦公，魏詠之江陵公，各二千五百户；餘封賞並有差。

三年春二月，劉裕入朝。誅東陽太守殷仲文及弟叔文、道叔等三人。

己丑，大赦，除酒禁。

夏六月辛卯，熒惑犯辰星，在翼。是月，後秦姚興將赫連勃勃僭稱天王於朔方，國號夏。

九月，彭澤令陶潛去職而歸，作《歸去來》一章，以叙其志。

冬十月，禿髮傉檀僭凉王位於洛都。後燕高雲殺慕容熙，雲僭位。

是歲，龍驤將軍朱綺戍壽陽。婢炊飯，忽有羣烏集竈，競來啄噉，婢驅逐不去，有獵狗咋殺兩烏，餘烏因共啄殺狗，又噉其肉，唯骨在。

四年春正月甲辰，詔劉裕爲揚州刺史，自丹徒入居東府輔政。庚申，侍中、太保、武陵王遵薨。

夏四月丙午，進孟昶尚書左僕射，仍領吏部尚書。

冬十月，雷。大風拔樹。

五年春正月辛卯，尋陽地震。

二月，南燕慕容超寇淮北，執我平陽太守劉千載、濟南太守趙元。

三月己亥，大雪，平地數尺。劉裕表伐南燕。甲午，建牙戒嚴。

四月，帝餞裕于西堂。己巳，舟師發京邑，自淮入泗。

五月，次下邳，捨舟步進，所向無前。

六月，震太廟。丙寅，裕大破燕軍於臨朐。

秋七月，姚興將乞伏乾歸僭稱西秦王於苑川。

九月戊辰，後燕離班殺其主高雲，雲將馮跋殺班，自立爲燕王。

六年春正月，盧循(爲)[所署]始興太守徐道覆，自番禺説循，曰：「本停嶺外，豈爲子孫？實以劉裕難與爲敵。今頓兵燕城下，未有還日。以我思歸衆，掩何、劉如反掌耳。既尅京師，挾天子，誅執政，改鎮守，傾根本，劉裕縱還，無能爲也。」循從之。

二月，劉裕尅南燕，獲主慕容超，歸斬建康市，盡平齊地。

三月，廣州刺史盧循舉兵反，過寇南康，破廬陵、長沙，逼江州，刺史何無忌死於豫章。

夏四月，劉裕自廣固留左將軍劉敬宣爲青州刺史。癸未，裕至京師。甲申，劉毅表南征，發自姑孰，大風折木。

戊子，衛將軍劉毅與盧循戰於桑落洲，王師敗績。丙辰，尚書左僕射臨汝公孟昶懼賊盛不敵，上表曰：「中軍北伐，衆並不同，贊成此役，唯臣而已。今狂寇乘間，宗廟危逼，臣之罪也。臣請引分，以謝天下。」封表畢，歸自殺。

己未，大赦。以劉裕爲太尉。乙丑，内外戒嚴，詔太尉裕出屯石頭，徙南岸民居渡淮北，發材板栅石頭，使築柤浦、藥園、廷尉三壘。以大司馬、瑯琊王德文都督宫城諸軍事，屯中堂皇，冠軍將軍劉敬宣屯北郊，輔國將軍孟懷玉屯丹楊郡，建武將軍王仲德屯越城，廣武將軍劉懷默屯建陽門。

六月，循軍次三山，先鋒度新林，劉裕登石頭城而望，籌之曰：「賊若新亭直上，須避之，如迴泊蔡洲，此成擒耳。」循將徐道覆請於新亭焚舟而戰。循曰：「不然，我大軍未至而孟昶自殺，觀其形勢，不戰而破，不如按甲蔡洲以待之。」初，劉裕望見船向新亭，有懼色。及見迴泊蔡洲，喜曰：「賊落吾下也。」使寧遠將軍索邈領鮮卑裝虎班突騎千餘匹，皆被練五色，自淮南岸耀兵至於新亭。循軍聚而觀之，憚於陸戰，乃引艦攻石頭栅城。神弩亂發，引退設伏，於南岸列陣，裕率毅、諸葛長民拒戰，縛以大筏，因風逼之，大破循軍於江中，循遁走。丙寅，震太廟鴟吻。

秋七月，詔解嚴，治水軍於東府。庚申，遣將軍孫季高潛自東洛，浮海取廣州。甲子，使河間内史蒯恩、王仲德爲前鋒，追盧循，劉裕自總大軍繼之。盧循上寇荆州，軍敗，走尋陽。

冬十二月壬辰，裕率諸將大破盧循於豫章。無錫人年八歲，一旦暴長八尺，髭鬚蔚然，三日而死。

七年正月己未，劉裕還軍京師，進大將軍，加班劍二十人。

二月壬午，右將軍劉藩追斬徐道覆於始興，循走交阯。

夏四月，交阯刺史杜慧度詐而敗之，循勢屈，知不免，先鴆其妻子及妓妾數十人，而捨其樂從死者，遂自投水而死。慧度取其屍斬之，傳首京師，梟於大航。

八年春三月甲寅，山陰地陷四尺，有聲如雷。

夏五月，乞伏公府殺乞伏乾歸，乾歸子熾盤誅公府，僭即僞位。

秋八月庚子，征西大將軍劉道規卒。

八月戊申，月犯泣星。庚戌，皇后王氏崩於徽音殿。

九月，葬僖皇后於休平陵。

己卯，太尉劉裕害右將軍兗州刺史劉藩、尚書左僕射謝混。

庚辰，劉裕表罪劉毅包藏禍心，構逆南夏，以藩、混助亂，志肆奸宄。己丑，裕將討毅於江陵，以參軍王鎮惡爲前驅。

辛亥，以司馬休之爲平西將軍、荆州刺史。

冬十一月乙酉，裕至江陵，誅郗僧施，毅黨也。

甲午，加裕太傅、揚州牧，劍履上殿，入朝不趨，讚拜不名。是月，沮渠蒙遜僭號河西王於姑臧。

十二月，以西陽太守朱齡石爲建威將軍、益州刺史，率蘭陵太守蒯恩、臧熹等舟師二萬伐蜀。分荆州十郡置湘州。東陽人黄氏生女不育，埋之數日，於土中啼，取養之，遂活。

是歲，於石頭東城内起高樓，加累入於雲霄，連堞帶於積水，署曰入漢樓。

九年春二月，盜開故尚書卞壼墓，剖棺見屍殭，鬚髮蒼，面白如生人，兩手拳，爪甲穿達手背。詔給錢十萬，修復之。

三月丙寅，太尉劉裕殺前將軍諸葛長民及弟輔國將軍黎民，從弟寧朔將軍秀之於東府。

戊寅，劉裕奏請依庚戌土斷，帝從之。

夏四月壬戌，罷臨沂、湖熟皇后脂澤田四十頃，以賜貧人，弛湖池之禁。

秋七月，朱齡石克成都，斬譙縱，益州平。

冬十月，論平齊及破盧循功，封劉裕諸子皆爲郡公，餘各有差。

十二月，高句麗、倭國及西南夷銅頭太師並獻方物。

是歲，移秣陵縣於鬭場桓社之地。

十年六月，西秦乞伏熾盤滅南涼禿髮傉檀，爲左南公。

秋九月丁巳，日有蝕之。

冬，城東府。

十一年春正月，荆州刺史司馬休之、雍州刺史魯宗之並舉兵内向，以討劉裕爲名。辛卯，左將軍府參軍司馬道賜害北青州刺史劉敬宣，道賜自立爲齊王，據廣固以應司馬休之。

庚午，大赦。裕自表西伐。

三月，大破司馬休之於江陵、宗之於襄陽。

初，魯宗之自負才氣，常恐不爲執政所容，欲謀不法，乃自爲讖，曰：「魚登日，輔帝室。」司馬休之聞而招焉。時劉裕又使召宗之，宗之怒曰：「劉公遇我如三歲小兒，往年殺韓、彭，無厭及我。」乃執裕使送江陵，而同舉兵。

夏四月，劉裕追破司馬休之、魯宗之等於襄陽，休之與魯軌俱奔後秦。

五月甲午，論平蜀功，封劉裕子義隆彭城公，朱齡石豐城公。己酉，霍山崩，出銅鍾六枚。

秋七月，京師大水，壞太廟。

八月，以劉穆之爲尚書左僕射。

十二年春正月，後秦姚泓使魯軌寇襄陽。

二月，詔劉裕中外大都督，加羽葆、鼓吹，置左右長史、司馬官。

秋七月，裕與瑯琊王德文伐後秦，以冠軍檀道濟、王鎮惡等爲前鋒，造許、洛，中兵參軍沈林子等以舟師通石門，寧遠將軍嚴綱、朱超石等開鉅野，秦之屯戍，皆望風奔散。

冬十月丙寅，尅洛陽，秦將姚洸降，表修五陵，置守備威儀。己丑，使兼司空高密王恢之修謁五陵。

十一月，北凉沮渠蒙遜使上表，請率河西戎旅，爲前軀効力。

十三年春三月，大軍進破秦將姚紹於潼關。

四月，後魏遣軍十萬救秦，劉裕使朱齡石敗魏將鵝青於河曲，斬青裨將阿薄于。

六月癸亥，林邑獻馴象、白鸚鵡。

秋七月，劉裕率檀道濟、王鎮惡等入關，别遣鎮惡舟師泝河入渭，破姚泓，收其彝器歸京師，斬泓於建康市，遷姚宗於江東。

冬十一月左僕射劉穆之卒。

十二月，劉裕還自長安。

十四年春正月辛巳，大赦。青州刺史沈田子害龍驤將軍王鎮惡於長安。

夏六月，以劉裕爲相國，進封宋公，加九錫之命。

冬十月，赫連勃勃寇長安，敗王師於青泥，雍州刺史朱齡石焚長安宫殿，奔於潼關，勃勃追破，齡石死之。

是月，赫連勃勃僭帝位於長安。

十二月戊寅，帝縊崩於東堂。

卷一〇《恭皇帝》 安帝崩，劉裕矯稱遺詔曰：「惟我有晉，誕膺明命，業隆九有，光宅四海。朕以不德，屬當多難，幸賴宰輔，拯茲六合。方憑阿衡，惟新洪業，而遘疾大漸，將遂不興。仰惟祖宗靈命，親賢是荷。咨爾大司馬、瑯琊王，體自先皇，明德光懋，屬惟儲貳，衆望攸集。其君臨晉邦，奉係宗祀。」是日，即皇帝位，改元爲元熙元年。

元年春正月壬辰朔，以山陵未厝，不朝會。癸巳，立妃褚氏爲皇后。

戊戌，有星孛於太微西藩。

夏五月丙戌。

秋八月，進劉裕爲宋王，移鎮壽陽。

九月，裕自解揚州牧。

冬十二月己卯，太史奏黑龍四見於東方。

是歲，建安人陽道無頭，正平，本下作女人形體。是歲，省揚州禁防參軍，移秣陵縣於其地，在宫城南八里一百步小長干巷。

二年夏四月，詔徵宋王入輔，加殊禮。

六月壬戌，劉裕至京師。傅亮承裕密旨，諷帝禪位，草詔以請帝書之。帝欣然謂左右曰：「桓玄之時，天命已去，重爲劉公所延，將二十載。今日之事，本所甘心。」乃書赤紙爲詔。甲子，帝遜位於瑯琊第，秘書監徐廣獨哀感涕泗交流，謝晦見之謂曰：「徐公將無小過乎？」廣收淚而言曰：「君爲宋朝佐命，吾乃晉室遺老，憂喜之事，固不同時。」乃歔欷。因辭衰老，乞歸桑梓。

卷一一《宋高祖武皇帝》 永初元年，封晉帝爲零陵王，食邑一郡，載天子旌旗，乘五時副車，行晉正朔，郊祀天地，禮樂皆用晉典，上書不言表，答表不稱詔，宫于秣陵。封道憐及義慶等五王。

二年，以義真爲司徒，以僕射徐羨之爲尚書令，聽訟華林園，禁淫祀。

九月，晉零陵王殂，車駕率百寮臨于朝堂三日，葬以晉禮。以梁州胡帥大沮渠蒙遜爲鎮軍大將軍、梁州刺史。尚書令，司空，以太子詹事傅亮爲僕射。上不豫，以道憐、徐羨之、傅亮、檀道濟入侍醫藥，羣臣請祈禱，上不許。以義真爲侍中、豫州刺史。上瘳。封仇池公楊盛爲武都王。

三年五月，上疾甚，召太子誡之曰：「檀道濟雖有幹略，而無遠志，非如兄韶有難禦之氣。徐羨之、傅亮當無異圖。謝晦數從征伐，頗識機變，若有異，必此人也。朝廷不須復有别府，大臣中亦宜有爪牙，以備不祥，後世若有少主，朝事一委宰相，母后不煩臨朝。」癸亥，上崩于西殿，時年六十，葬丹楊建康縣蔣山初寧陵。

卷一一《廢帝營陽王》 永初三年五月癸亥，武帝崩，是日太子即皇帝位，大赦，制服三年。

六月壬申，以尚書僕射傅亮爲中書監、尚書令，司空徐羡之、領軍將軍謝晦及亮輔政。

以永初四年春正月己亥朔，大赦，改元爲景平元年。文武各賜位二等。乙巳，虜將達奚印破金墉，進圍虎牢。毛德祖于城内掘地深七尺，旁穿二道出城外，又分爲大道出賊後，募敢死士數百人，隨參軍范通基出自圍外，鼓噪斬虜，虜陣擾亂，斬首數百級，燔其攻具。虜雖暫退，衆還復合，拓拔嗣又遣安平涉歸寇青州。己未，詔徵豫章太守蔡廓爲吏部尚書。廓至，謂尚書傅隆曰：「選皆出我乎？」隆言執政，徐羡之云：「黄門已下專以委蔡，已上，衆參也。」廓曰：「我不能爲徐干木署紙尾！」遂不就。

二月丁丑，太皇太后崩。遺令曰：「先皇棄世，五十餘載，古不封樹，漢亦異陵。今將外營别壙，亦無不可。」大沮渠蒙遜、吐谷渾阿豺遣使貢獻。庚辰，爵蒙遜爲河西王，以阿豺爲安西將軍，封澆河公。辛未，富陽人孫法光宗親反，自號冠軍大將軍，寇山陰。山陰令陸邵拒之，戰柯亭，賊敗走。

甲子，豫州刺史劉粹遣將軍襲許昌，殺西潁川太守庾龍。乙丑，虜騎掠高平。初虜自河北之敗，請修和親；及聞高祖崩，因喪來寇，河北騷然矣。

夏四月，檀道濟北征，次臨朐，虜焚攻具，去青州。孫琳爲御史中丞，以事忤徐羡之，羡之遣琳弟璩自釋。琳曰：「我觸忤宰相，罪止一身，差不及爾，無忙懼。」遂劾免羡之，雖不獲命，朝廷憚之。

己未，虎牢城陷，虜執司州刺史毛德祖歸。初，虎牢圍急，城内無水，士馬皆渴，皮膚黑爆，人皆患瘡，至死無血。城潰，左右扶德祖使逃，德祖曰：「義不使城亡而身存。」與衆俱執。

七月癸酉，尊帝所生張夫人曰皇太后，宫曰永樂。丁丑，以旱故，詔赦五歲刑已下罪人。

冬十月己未，有星孛于天，指尾，貫攝提，向大角，仲月在尾，季月掃天倉而後滅。

帝既即位，多不率禮，范泰上封事，深言其不道及多言，曰：「王言如絲，其出如綸，下觀而化，疾于影響。臣蒙先朝厚遇，思竭狂瞽。陛下若能留心鑒察，則臣無恨九泉。」

輔國將軍交州刺史龍編侯杜惠之卒，贈左將軍。惠之爲刺史也，布衣疏食，治國如家。歲荒民飢，以私禄賦十。城門夜不閉，道不拾遺，海表大治。

十二月丙寅，省寧州之江陽爲建安郡。

是歲，索虜太宗死，子燾代立。

二年春正月癸巳朔，日有蝕之。徐羡之、傅亮、謝晦奏曰：「先朝不豫，已至大漸。車騎將軍義真酣酒，日夜不輟，兼惡言訕主謗朝，并輒匿甲卒。請遵武陵王故事，廢爲庶人，流于新安郡。」前吉陽令魏郡張約上書訟之曰：

臣雖草介，備先黔首，少不自量，頗爲高荆懾。伏惟高祖武皇帝挺器神武，撫運龍躍，仰清天步，則齊德有虞；俯廓地基，則侔功大夏。故虔順天人，亨有萬國，雖靈祚攸長，而聖躬不永。陛下繼明紹統，遐邇一心。

藩王義真，天姿夙茂，素有卓然之美。宜在容良，掩瑕宥過，訓之以方。伏思大宋之興，雖叶應符律，而開基造次，根條未豐，宜廣藩屏，使兄弟盛比姬氏。伏願上考前代興亡之由，中存武皇締構之業，下顧蒼生顒顒之望。時闕内田宥冒死詣闕，惟願丹誠，一經天聽，退就斧鑊，無愧地下。

執政徙約之梁州，道追殺之。

乙未，以皇弟義恭爲冠軍將軍、南徐刺史。丁未，大風，天有五色雲，占曰：「天錦有兵。」高麗國遣貢獻。發使誅皇弟義真于新安。

夏五月，江州刺史王弘、南兖州刺史檀道濟來朝，執政諷之。乙酉，皇太后令曰：

王室不造，天禍未悔，先帝創業不永，棄世登遐。義符長嗣，屬當大位，窮荒極悖，一至于此。大行在殯，幸災肆于悖辭，嘉容表于在戚。至三召樂府，鳩集伶官，倡優管絃，靡不備發，珍羞甘膳，有加平日。採擇媵妾，産子就宫，靦然無怍，醜聲四遠，臣子痛心。及懿后崩背，重加天下，親與左右執紼歌呼，手推梓宫，撫掌笑謔，殿省備聞。加復日夜媟狎，羣下慢戲，興造萬計，費用萬端，帑藏空虚，人力殫盡。刑罰苛酷，幽囚日增。居帝王之位，好皁隸之役，處萬乘之尊，悦厮養之事。親執鞭樸，毆擊無辜。穿池築觀，朝成暮毁，徵發工匠，疲極兆民。遠邇歎嗟，人怨神怒，社稷將墮，豈可嗣守洪業，君臨萬邦。可廢爲營陽王，一依漢昌邑、晉海西故事。

鎮西將軍、宜都王仁明，尤篤孝弟，自幼及長，德業冲粹，識心明允。宜纂承皇統，光臨億兆。主者詳行舊典，以時奉迎。未亡人嬰此百罹，雖存若隕。永悼怯事，撫心崩寒。

徐、傅等將廢帝，諷王弘、檀道濟求赴國許，弘等來朝。謝晦移家出鎮軍府，將治府舍，而實伏甲士出于外屋，以謀告中書舍人邢安泰、潘盛等爲内應，夜邀道濟、謝晦領兵居前，羡之等隨後，因東掖門開，入自雲龍門，盛等先戒宿衛，莫有禦者。時帝于華林園爲列肆，親自沽賣。又開瀆聚土，以象破岡埭，與左右引船唱呼，以爲歡樂。夕遊天淵池，即龍舟而寢。其朝未興，兵士進，殺二侍人于帝側，帝傷指，扶出東閤，就收璽紱。羣臣拜送，辭于東宫，遂幽于吴郡。是日，赦死罪已下。檀道濟入守朝堂。

六月，傅亮率臺迎宜都王于江陵。

秋七月丙寅，法駕自江陵至行宫，傅亮率百官奉璽紱，詣天門上疏：「伏惟陛下，君臨自然，聖明在御，孝悌著於邦家，風猷宣于藩牧。宗廟神器，乃眷西顧。臣奉荷朝列，再覩太平。行臺至止，瞻望城闕，不勝喜悦鳧藻之情，謹詣閤門拜表以聞。」王答書，使召見，傅亮哭甚哀。既而問二主薨故，悲感嗚咽，左右掩泣，莫能仰視。亮流汗不能答。既出，布腹心于鎮西司馬王華、南蠻校尉到彦之。于時權臣用命，人懷疑懼，議者謂有異圖。王華進説曰：「先帝有大功于天下，四海所服，雖嗣主不綱，而人望未改。徐羡之中才寒士，傅亮布衣諸生，非有晉宣、王敦之心明矣。畏廬陵嚴斷，將來必不見容。陛下寬恩仁慈，衆所知也。是以越次奉迎，冀以見聽，悠悠之論，必不然矣。羡之、亮、晦、王弘、道濟五人同功，孰肯相讓，就懷不允，勢必不爾。殿下但長驅六轡，以副天人之心耳。」王曰：「君復爲吾宋昌也。」留王華以守。甲戌，舟輿發自江陵，中流有黑龍躍負王舟，左右失色，王顧長史王曇首曰：「此大禹所以受天命也，吾何德以堪之。」

八月丙申，舟輿入於京師。丁酉，謁初寧陵。進入中堂，百辟奉璽紱，勸進至三，乃許之。

卷一二《宋太祖文皇帝》 景平二年秋八月丁酉，皇帝即位於太極殿，詔曰：「朕閔凶在疚，遭家不造，崇基景業，將墜于地。永樂太后深鑒安危，股肱忠臣，協謀同力。用集大命，于予一人，兢兢憂懼，罔識攸處。思與萬國，享兹惟新。」其大赦天下，改元爲元嘉元年，文武各進位二等，逋租宿調一切放免。戊戌，追復廬陵王國。庚子，詔撫軍將軍、領護南蠻校尉、武陵公謝晦爲荆州刺史，京師精甲，多割賜之。將行，色自矜，過辭叔父澹。澹問以年，晦曰：「三十有五。」澹曰：「昔荀中郎二十七爲北府都督，卿方之，老矣！」晦有慚色。癸卯，以徐羡之爲侍中、司徒、南平公； 王弘司空、建安公； 檀道濟征北將軍、武陵公； 傅亮散騎常侍、左光禄大夫、開府儀同三司、始興公，食邑各四千户。甲辰，封皇第五弟義恭爲江夏王，第六弟義宣爲竟陵王，第七弟義季爲衡陽王，各食邑五千户。丙午，徐羡之遜位，不許。

九月辛酉，給彭城王義康、謝晦、檀道濟鼓吹各部。丙寅，追尊所生胡婕妤曰章皇太后，陵曰熙寧。丙子，立皇后袁氏。

冬十一月己丑，以王華爲侍中。壬戌，追贈后父袁湛爲侍中，左光禄大夫、開府儀同三司。

是歲，大旱。置竹林寺。

二年春正月丁酉朔，范泰上疏曰：「元正改律，品物惟始。頃旱魃爲虐，亢陽愆度，通川溢流，異井同竭。故孔子《春秋》貶不雨之旨，《傳》曰：『歷時而天下不雨，文公不憂雨也。』尋《春秋》之義，察《洪範》之言，王澤不流于四方。伏願推忠恕之仁，矜不逮之獄，游心民瘼，歷意幽冥。如此則包桑可係，危哉無兆，而灾害自消也。故夏桀引百姓之罪，殷湯甘萬方之過，天高聽卑，吉凶在人。修弊俗者難爲風，改正音者易爲雅。」書奏，乃棄官如東陽。

丙寅，徐羡之、傅亮上疏歸政，言「自大禮告終，鑽燧三改，大明佇耀，遠近傾屬」。帝不許，書三上，帝又辭。羡之、亮重請曰：「伏願以宗廟爲重，百姓爲心，弘大業以嗣先軌，隆聖慈以增徽烈。愚瞽所獻，情盡於斯。」帝乃許之。于是徐羡之避位歸第，侍中王韶之因説，趣復攝職。羡之與高祖有舊，見識無他學術，而局力堅正，沈密少言，憂喜不形于色。及居宰輔，雅允朝望。

辛未，拜郊，大赦天下。

二月乙巳，策秀才于中堂。庚子，徵戴顒爲國子博士，不就。

顒父逵，高尚不仕。顒兄勃又隱桐廬山，嘗久病，顒慨然曰：「本謂隨兄得閑，非有心語默，至于窮困，顒之罪也。請行干禄之事，以爲藥石之資可乎？」求爲海虞令，事未行而勃卒，顒亦止。衡陽王義季鎮京口，常與顒會竹林寺，野服鼓琴，談宴終日。帝聞其好樂，贈正聲一部。

昔韋玄隱于關中，高祖初平姚秦，召之不起。及赫連勃勃陷關中，召玄父華爲太常，徵玄爲太子中庶子。玄出就職。勃勃怒曰：「昔劉公辟之而不至，吾召玄而玄來，豈謂吾曹不識出處！」遂殺之。

丁亥，加左衛將軍殷景仁爲侍中。時同居門下者王華、王曇首、劉湛、殷景仁，皆以爲風力楨幹，一時冠冕，内侍之美，近世莫及。是春，有江鷗百許頭，集太極殿堦。

六月丙午，吴郡大風，山水湧出五丈，殺居人。

秋八月甲申，以三輔流人出漢中者，置扶風、馮翊二郡。

冬十月乙卯，中散大夫徐廣卒。廣世篤學，爲時儒所宗，年過八十，猶歲讀《五經》一遍。俗世禮法，皆取決焉。

十二月戊申，蔡廓卒，贈太常。

初，劉穆之當朝，士畢集，唯謝混、郗僧施、謝方明、蔡廓等數人不至，穆之爲憾。謝混等既誅，蔡廓、方明始就穆之，穆之並稱於高祖，曰：「鼎才也。」廓嘗器其小子，謂有己風。與親故書曰：「小兒四歲，器似可，不入非類之室，不共小人之遊，故以興宗爲名。」興宗爲之字也。

置清園寺，東北去縣二里。

三年春正月丙寅，詔罪徐羨之、傅亮、謝晦等三人，以廢立殺戮事。曰：「廬陵王英秀明遠，徽風播發，魯衛之寄，朝野屬情。羨之等暴蔑專求，忌賢畏逼，構造貝錦，成此無端，罔主蒙上，横加流貶，矯誣先旨，致兹禍害。寄以國命，而翦若仇讎，旬月之間，再肆凶毒，痛感二靈，怨結人鬼。自書契以來，棄常安忍，反易天命，未有如斯之甚者也，命司寇肅明刑典。晦據有上流，或不即罪，朕親御六師，爲其防遏。氛霧既祛，庶幾正道，思與億兆，勵精其理。」大赦天下。帝去秋便命修舟艦，以備北征。傅亮書與謝晦曰：「薄伐河朔，事猶未已，朝野之慮，所懼者多。」謝晦不悟。帝召檀道濟使西討，王華以爲不可。帝曰：「道濟從人者也，曩非創謀，撫而使之，必將無慮。」遣召羨之、亮等入省，亮將至，謝晦弟皭爲給事黄門侍郎，直門下，使人送亮書曰：「殿中有異處分。」亮辭嫂疾，暫還，遣報羨之。羨之乘内人問訊，車出南郭，步走新林，縊於陶竈，舁屍付獄。亮至兄迪墓，拜辭告罪，追擒廷尉，上亦使以詔謂曰：「以公江陵之誠，當使諸子無恙。」羨之子喬、晦子世休並賜死，囚謝皭於東宫，流亮妻子於建安郡。

追贈廬陵王侍中、大將軍，謚曰孝獻王。丁卯，徙驃騎將軍義康爲荆州刺史。壬申，内外戒嚴。

閏月乙卯，遣中領軍到彦之、北征檀道濟爲前驅西伐，帝問策於道濟，道濟對曰：「臣昔與謝晦同從北征，入關十策，晦有其九，謀略明練，殆難與敵。然未嘗孤軍決勝，恐非所長。臣悉晦智，晦悉臣勇。今奉王命以討，不戰而可擒也。」江夏太守程道惠遣報謝晦，晦以徐、傅誅憂恐，與南蠻校尉何承天計發兵決戰，以南蠻司馬周超爲行軍，以司馬庾登爲長史。先舉徐、傅哀，次發子弟問。既而發軍旅，二三日間，得精兵三萬。戊申，大風折木。會稽太守謝方明卒。曾爲南郡，至歲暮，因無輕重皆縱歸家，與期三日，如期無不至者。丙寅，以豫章太守鄭鮮之爲尚書左僕射，以范泰爲侍中。泰時脚疾，賜轝以升殿。庚申，帝御舟。丙戌，以彭城王義康及王弘、殷景仁居守。癸亥，謝晦發荆州，軍容甚偉，自江陵至於破冢，旌旗相亞。晦撫巡軍，憑流歎曰：「恨不以爲勤王之師。」造夏口，到彦之次彭城。丁卯，竹林監蕭欽及謝晦中兵參軍孔延秀戰，欽敗績於彭城洲，彦之退保隱磯。謝晦至彭城，上疏罪王弘弄威權，而責帝忘義負德。蕭欽敗，而檀道濟次於薄磯，謝晦令其黨曰：「檀公已誅死。」及聞道濟來師，人皆恐懼。戊辰，檀、到等軍併，艦泝江，俄而便風揚帆俱濟，謝晦軍莫能戰，皆登岸走。晦單舸歸江陵。初，到彦之退，劉道濟軍至沙橋，爲周超所破，死者過半。及晦還，超棄衆歸降，謝晦與弟婎北走，至延頭戍，戍主晦故吏也，乃轞晦送京師。丙子，帝自蕪湖班師車駕西至。

丙戌，太白晝見。癸未，斬謝晦於建康市，及弟皭、兄子世基、周超等。

夏五月，下劉道濟於獄，以沙橋之敗也。乙未，徙檀道濟爲征南將軍、開府儀同三司、江州刺史，到彦之右將軍、豫州刺史。乙巳，使使兼散騎常侍巡行天下，將命方國，同行封畿。親使刺史二千石等觀長史申述，至誠廉詢治體，觀察吏政，切求民瘼，旌舉操行，存問所疾，禮俗得失。一依周典，每事各爲書其條件奏，俾朕昭然，有如親覽。大夫君子，其各悉心敬事，無墮乃力，其有深謀遠圖，讜言忠誠之士，使者以聞。丙午，聽訟於延賢堂。自是每歲三訊。

八月，左光禄大夫阮韶之卒。韶之嘗爲司馬道子太傅主簿，蓬首散帶，不綜其職。自永初已後，不復朝請，閉門養志，以終其身。

是歲，秋，旱且蝗，詔使捕之。范泰上疏曰：「陛下昧旦丕顯，求民之瘼，明斷庶獄，無倦政事，理出羣心，澤布萬里。小小灾變，何以致之。宗宰之臣，所不能究，上天之譴，民所不敢誣。有蝗去處，而縣官訊問捕之，無益於枯苗，有傷於殺害。臣聞桑穀時成，無假斤斧。」因請宥謝晦婦女囚尚方者，皆從之。

冬十二月丁卯，前吴郡太守徐佩之，羨之兄子，以不自安，將圖來年春正月謀反，伏誅。白雀見於京師太清里。

四年春正月丁亥，曲赦京師百里内。辛巳，郊。

二月乙卯，幸丹徒。車府令請易輦箸，欲用紫皮緑輦席，上以竹箸未至於壞，紫色貴，並不聽。

三月丙子，宴丹徒宫，帝鄉父老咸與焉。蠲今年租布，原五歲已下刑。丁亥，車駕至自丹徒。戊子，尚書左僕射鄭鮮之卒。鮮之自大司馬録事參軍遷御史中丞。爲人亮直，時號「格佞」。壬寅，採富陽令諸葛闡議，禁斷夏至日五絲命縷之屬。詔曰：「夫歲時有利害之收，而農桑有經常之告，機杼有不輟之勤，而用度有奢儉之異。是以愛民者節其費用，務本者躬其女工。一月得四十五日，明其以夜繼晝，匪勤則遺者，飾章奢侈，有自來矣，然不出奉生送死之誠。今者民人夏至有五色雲命縷之服，以爲無用之費博矣。謹率愚管，謂宜禁革。」從之。

戊辰，甘露降於京師。

五月癸酉，散騎常侍袁瑜薦會稽郭世道，詔改所居曰孝行里，蠲復三世。世道事繼母至孝。貧，産子不舉，謂妻曰：「傷茲以終孝，吾無恨也。」母亡，負土成墳。親近來助，初皆不許，墓畢，傭力報焉。

六月癸卯朔，日有蝕之。丙辰，青黑虹見東西經天。

是月，京師疾疫。使使巡問，給醫藥；死無家者，賜以棺殯。

八月，詔曰：「乃者權臣肇亂，吉陽令張約抗疏至誠，事屈羣醜，隕命遐荒。參述前蹤，贈以一郡，賜錢十萬，布百疋。」散騎常侍殷道鸞薦梓桐張楚，母年一百四歲，危疾，楚祈禱懇惻，燒二指誓神，母蒙愈。

十一月辛未，甘露降初寧陵。散騎常侍陸子真薦豫章雷次宗、尋陽陶潛、南郡劉凝之，並隱者也。

五年正月庚午朔，大風。司徒王弘遜位，不許。乙亥，詔曰：「恭承洪業，臨饗四海，風化未弘，治道多昧，求人之事，鑒寐惟憂。加頃陰陽違序，旱疫之患，仰惟灾戒，責深在予。思所以側身克己，審詳刑獄，上答天譴，下卹民責。羣后百司，其各獻讜言，直指陳失，勿有所諱。」甲申，閲武於北郊。戊子，京師大水，使使賑賜。

夏四月，河南上白麞。

五月己巳，太白經天。

以張邵爲征虜將軍、雍州刺史。邵爲太祖西中郎司馬，王華爲録事參軍，二人共府不穆。及華在朝，多爲之懼。邵謂所知曰：「子陵方以至公允天下，必不以私隙害正義。」邵是任也。華先舉焉。

六月庚戌，都下大水。乙卯，遣使檢行賑贍。

秋七月己丑，大風。

八月壬戌，侍中、特進、左光禄大夫、陽遂鄉侯范泰卒，贈車騎將軍，謚曰宣侯。初議贈開府，殷景仁曰：「范伯倫素望非重，不可擬議台鼎。」竟不行。既葬，王弘撫棺哭曰：「君平生重殷鐵，今以此爲報。」

九月癸酉，夜有黑氣如流星，出奎婁，没羽林。壬戌，散騎常侍荀伯子上言曰：「伏見百官位次，陳留王在零陵王上，臣愚以爲疑。昔武王克殷，封神農後於焦，黄帝後於祝，帝堯後於薊，帝舜後於陳，夏之後於杞，殷之後於宋，宋、杞、陳並爲列國，薊、焦蔑爾無聞。斯則褒異所承，優於遠代之顯驗也。逮以《春秋》次序，宋居杞、陳之上。臣請零陵位宜升，陳留王宜降爵。」

十二月，天竺毘黎國遣使貢獻。

是歲，索虜拓跋燾滅西夏赫連氏，盡有關中地。

六年春正月辛丑，祀南郊。癸丑，徵彭城王義康爲侍中、司徒、録尚書事，平北將軍、南徐州刺史，入知朝政。以江夏王義恭爲撫軍將軍、荆州刺史。以侍中劉湛剛正用法，爲南蠻校尉、撫軍長史，行荆州事。勑書誡義恭曰：「禮賢下士，聖人垂訓；驕奢矜尚，先哲所去。豁達大度，漢主之德；猜忌褊急，魏武之累。西楚殷廣，宜勤接對，府舍池堂，無求改作。訊罪決獄，擇善從之，不可專意自決。凡左右所白，不可泄漏，或相讒謗，勿輕信受，每有此事，宜善察之。官爵賜予，尤宜裁量。供奉一身，皆令有度，奇服異器，慎不可興。宜與寮吏，相見爲數，不數則不親，不親則視聽不博。於言事者，又得自盡，皆急務也，爾其慎諸。」劉湛既西，意甚快快。

永初末，諸王居憂，多曠士禮。湛爲廬陵王從事，禁膳魚肉。嘗在王座，厨人進車螯及酒，湛怒曰：「既不以禮自處，又不以禮處人。」趨出。

三月丁巳，立皇子劭爲皇太子。大赦天下，文武賜位一等。

五月壬辰朔，日有蝕之。

七月壬寅，會稽、晉陵、吴郡大風折木。庚寅，裴松之上書言曰：「智周則萬里自賓，鑒遠則物無遺炤，雖盡性窮微，深不可覩，至於餘緒所寄，則接乎塵跡。臣前被詔，使將三國異同，註陳壽《國志》。壽書銓簡可觀，事多審正，誠游覽之苑囿，迺後世之嘉史，然失在於略，時有所漏。臣案三國雖歷年不遠，而事關漢晉，首尾所涉，出入百齡，注記分錯，年月舛互。其壽所不載，事宜存録者，罔不畢取，以補其闕；或同説一事，而詞有乖雜；或出事本異，疑不能制，抄内以備聞。謹寫封上呈。」帝覽之，曰：「裴世期爲不朽矣。」

九月，青州獻白兔。

十二月己丑朔，日有蝕之，不盡如鎌，星晝見。隴西諸國使使貢獻。

七年春正月乙未，康樂侯謝靈運疏孟顗謀反，帝不之罪，遷爲臨川内史。

二月壬戌，雪且雷。

三月戊子，遣右將軍到彦之、安北將軍王仲德、兖州刺史竺靈秀等率師北伐索虜，剋復河北。以長沙王義欣監征討諸軍事。去年冬，殷景仁母憂去職，至是起景仁爲鎮軍將軍。凡在喪曰起，在外曰徵，還曰徙。

夏四月己丑，有司奏西陵縣民董陽五世同居，内無異爨。百濟、林邑國使使貢獻。

六月己卯，爵楊難當爲武都王。

七月丁未，侍中王曇首卒，贈散騎常侍、左光禄大夫，謚文侯。

九月，河冰可涉，靈昌衆軍還固。

冬十月乙卯，并二豫復爲一州，鎮壽陽。戊午，初置錢署，鑄四銖錢。戊寅，虜逼金墉，虎牢諸軍，相繼奔走。到彦之焚舟棄甲而歸，詔免彦之官。

壬辰，以征虜大將軍檀道濟都督征討諸軍事，率衆四萬北趨成皋。甲午，西北有赤氣，中黑，如旌旗。

十二月丙戌，太白晝見。甲午，斬兖州刺史竺靈秀於彭城。靈秀之歸也，虜進湘陸，秀謂其衆曰：「湘陸民爲抄，吾先爲收其穀，軍徐後來。」與麾下前走，師皆没，是以誅之。乙亥夜，京師火，延太社北垣。

八年春正月庚寅，置朱崖郡，以屬交州。丁酉，道濟軍次壽陽，與虜將庫悉吉戰於高梁山，斬之。

二月，滑臺糧盡，城内燻鼠爲食。辛酉，城陷，虜執朱修之以歸。自是河南復亡。且道濟高梁之捷也，虜來萬數，道濟三十餘戰，輒克敵，滑臺既陷，糧且盡，退軍。軍士有叛者以飢告虜師，人恐懼。道濟夜頓，命軍中高唱量沙，散布餘米，明旦去之。虜夜聞量籌，曉見棄粟，謂降者欺己，斬之。道濟遂全軍而返，大爲虜所懼服，河畔老小常以檀公相怖。二城既陷，汝陰太守王玄謨上疏言：「王途始開，隨復淪塞，非唯天時，抑亦人事。虎牢、滑臺，豈惟將之不良，抑亦本之不固。本之不固，亦由民憚遠役。臣謂以西陽之魯陽，襄陽之南鄉，發甲卒，分爲兩道，直趨崤、澠，征夫無遠役之思，吏民有屢休之歌。若以東國之衆，經營牢、洛，道途既遠，獨克實難。」是月，大雩。

夏四月甲子，檀道濟請罪，不許。辛亥，太白晝見。獲白雀於左衛府。

六月乙丑，大赦天下。己卯，割江南爲南徐州，往北爲南兖州。以左將軍、竟陵王義宣爲兖州刺史，鎮山陽。是日，大雩。

閏月庚子，詔曰：「頃農桑惰業，遊食者衆，荒萊不闢督課。一時水旱，便有罄匱，不務原本，豐給靡期。郡守賦止千里，縣宰職主親民，宜乃勸勵農桑。」

秋七月壬戌，夜白虹見於東方。

十二月庚辰，雷。癸亥，罷湘州，復并荆州。

九年春二月辛卯，詔以先朝功臣王鎮惡、劉穆之等皆銘功天府，配祭廟廷。辛亥，華容公王弘薨，贈太保，給節、羽葆、鼓吹，增班劍六十人，謚文昭公。

六月甲戌，以樂陵、清河、平原、廣川四郡爲州。以司徒、彭城王義康爲揚州刺史，解平北將軍、開府儀同三司，以兖州刺史臨川王義慶爲平西將軍、荆州刺史。

壬子，江州獻白麞。

八月癸未，封江夏王義恭子朗爲南豐王，奉營陽王祀；第五皇子紹爲廬陵王，奉孝獻王祀。

是月，劉道濟大破蜀賊，因而病。

十二月，蜀賊又圍益州，破外軍。道濟既久病，城内以爲死也，人情不安。振威將軍梁俊説道濟曰：「將軍久病，氣力微怯，外有異論，今軍人外敗，强寇内逼，一旦不虞，憂禍立至。宜稱小損，聽侍者出外，不然敗矣。」道濟然之，呼給使四十人，謂曰：「吾不幸久卧，爾等扶侍有勞，今微差矣。可以休息，須召復歸。」給事者皆出，衆問曰：「使君已死幾日？」咸曰：「無之。」傳以相告，城内乃定。

是歲，朱修之歸自黄龍。初，修之見獲，遇毛修之於桑乾。毛修之三年不敢問其家室，語及國事，問：「當軸者誰！」曰：「殷鐵。」毛修之嘆曰：「吾昔在朝，殷時尚少，今日歸罪，則巾襟詣門乎！」遂問其子，朱答以甚能自處，修之悲甚，直視不能復言。朱修之後從魏太武伐燕，因奔馮弘，弘以爲天子邊人，遣之泛海。未至東萊，舫柂折，舟人大懼。海師因上有飛鳥，知去岸不遠，垂長索船後乃將正，俄而達東萊郡。帝拜爲給事黄門侍郎，毛修之竟死於素虜。

十年春正月，侍中、左衛率謝弘微卒。弘微爲從父混所知，混嘗論諸子：「靈運博而無檢，宣明納善不周，雖復功濟三才，終必以此爲疾。至如微子，吾無間然。」後咸如所言。己未，大赦天下，孤老久病不能自存者，賜穀五斛。

是月，益州刺史劉道濟卒，梁俊秘之不發喪，埋之於齋，使書以會之，遣前後軍大破賊。賊乃散走，益州平。

六月，闍婆、訶羅單國遣使貢獻。乙亥，丹楊尹王准之卒。准之自曾祖彪之已來，稱爲多識，朝廷舊事，問無不對。彭城王每稱之曰：「如得王准之兩三人，天下便足。」准之有遺抄一篋，謂之青箱學。

秋八月，置太原郡以屬青州。

冬十月，氐賊次漢中，梁州刺史甄法護棄州奔江陵，下獄死。

十一年三月丙申，禊飲於樂遊園，且爲江夏、衡陽二王來朝，帝有詔會者賦詩，命太子中庶子顔延之爲序，其大略曰：「有宋函夏，帝圖弘遠。高祖以神武定鼎，規同造物；皇上以觀文成曆，景屬宸居。隆周之卜既永，宗漢之兆在焉，正體流德於少陽，王宰宣哲於元輔。左梁巖磴，右瞰湖源，情深景遽，談洽日斜。」

夏四月，秦梁二州刺史、横野將軍蕭思話破氐賊於漢中。漢中平，思話遷郡於南鄭。

五月，青州獻白雀。

六月，省魏郡。

冬十二月，扶南、訶羅單國遣使貢獻。

置竹園寺，西北去縣一里，在今建康東尉蔣陵里檀橋。

十二年春正月辛酉，大赦天下。辛未，郊。癸酉，爵黄龍馮弘爲燕王。

夏四月乙巳，以殷景仁爲中書令、護軍，以家爲府。丙辰，詔曰：「宗周以寧，實由多士，漢室之盛，亦在得人。朕寤寐求賢，爲日久矣。遺才在野，管庫虚朝，永懷前載，慚德深矣。」是夜，京師地震。

六月，禁酒。

秋八月壬申，置南晉壽、北巴郡，以屬益州。

冬十月壬子，太白晝見。江州刺史檀道濟來朝。

十三年春正月癸丑朔，不朝會，帝疾故也。

三月己未，散騎常侍、司空、江州刺史、永修公檀道濟下獄死。道濟威名甚重，見忌於彭城王。時帝久疾，欲先爲之所，言於帝，諷入朝，留之累月。會帝有間，將遣歸鎮，是日帝疾動，召入省，止焉。道濟憤怒氣盛，目光如炬，俄爾之間，引酒一斛，王遂矯詔賜死。道濟投幘而語曰：「何故毁汝萬里長城。」收其妻子，皆從坐。義興獻白兔。

夏六月，高麗國遣使貢獻。武昌得古鼎。

秋七月己未，零陵王太妃褚氏殂，追崇爲晉皇后。

九月癸丑，封皇子濬爲始興王，第三子駿爲武陵王。辛未，附葬晉思恭皇后於冲平陵，備物一如晉典。有司求晉除身，以兼葬職。時前永嘉太守顔延之廢處於家，札取延之兼侍中。延之投札於地曰：「顔延之未能事人，焉能事鬼。」遂不行。

十四年正月辛卯，郊，大赦天下，文武各賜位一等。戊戌，鳳凰二見於京師，有鳥隨之，改其地爲鳳凰里。

冬十二月辛酉，初停賀雪之禮。河南、河西、訶羅單國使使貢獻。

十五年春二月，京師木連理。

夏四月，黄龍國使使貢獻。

五月，征北大將軍王仲德卒。仲德曾在北爲慕容垂所逐，潦水暴至，不知所如。有白狼來對仲德號訖，厲水度，仲德隨之獲免。又曾夜行澤中大道，每有炬火照路，後每圖白狼祀之。

秋七月，南兗州獻白兔。新作東宫，賜將作大匠布帛有差。

八月，詔徵南郡宗炳爲太子中庶子。

冬十月壬子，流星出太白，入紫微，有聲如雷。

是月，立儒學於北郊，延雷次宗居之，辭入宮掖，乃自華林東閤入講於延賢堂。明年，丹楊尹何尚之立玄學，著作郎何承天立史學，司徒參軍謝元立文學，各集門徒，多就業者。時上好儒雅，朝臣家儉素之風，鄉閭耻輕薄之行，江左風俗，於斯爲美。帝躬親儉行，寬恕被物，庶政弘而不弭，禁綱理而不峻，邦甸穆然。言理政者，以元嘉爲稱首焉。

十六年春正月戊寅，閱武於北郊。癸巳，復置湘州。

二月癸亥，割長沙、江陵、江夏四縣爲巴陵郡。

五月丁卯，太白經天。

六月己酉，改封吐谷渾慕容延爲河南王。

八月戊午，太白晝見。

閏月戊戌，復分豫州，置南豫州。

冬十二月乙亥，皇太子劭冠，天下大赦。劭之初生也，帝往視之，帽無故墜地，名劭，訓字以爲召刀，帝甚惡之，改刀爲力焉。

武都、河内、林邑並遣使貢獻。

置上定林寺，西南去縣十八里。

十七年春二月己巳夜，黑氣經天德。

夏四月戊午朔，日有蝕之。

六月己酉，太白晝見。

秋七月壬子，皇后袁氏崩於顯陽殿。

八月，徐、兖、青、冀大水，使使巡行賑賜。辛亥，葬元皇后於長寧陵。詔史臣顔延之作策文，文成奏帝，帝傷之，自下筆加其二句，「追存悼亡，感今懷昔」，以致深意焉。

冬十月戊午，前丹楊尹劉湛有罪伏誅，親眷並死，殷景仁之毁也。

甲戌，以殷景仁爲揚州刺史、尚書僕射，領太子詹事。

十一月乙酉朔，甘露降於樂遊苑。己丑，殷景仁卒。詔曰：「尚書左僕射殷景仁秉德弘正，思理明遠。翊亮朝端，風猷允集。經緯屯夷，嘉猷克舉。綢繆樞祕，獻替惟休。方佇良圖，以隆國道。徽庸不遂，痛悼兼深。考終之禮，宜存優泰。可贈常侍、司空，謚文成公。」景仁入西州疾篤，就寢則見劉湛爲厲，如是數旬，上爲之累息。勑西州道上，不得有車聲。

十八年春正月甲辰，以彭城王義康都督江、交、廣三州軍事，前龍驤將軍巴東扶令育詣闕上書，引漢袁盎諫孝文遷淮南王事。「臣聞哲王不逆切諫，以博聞爲道；人臣不忘纖夷之罰，以盡言爲忠。是故周昌極諫，馮唐面折，所以孝惠克固儲嗣，魏尚所以復任雲中。彼二臣豈好逆主干時，犯顔違色者哉。」書奏，帝怒，下獄死。

三月庚子，雨雹。戊申，置尚書，删定郎官。

夏四月，汝陰獻白雉。

五月，南徐獻白鷰，吴郡獻白雀，彭城獻白烏。甲申，甘露降臨川王園。

七月壬辰夜，天有光通照。

河水溢泛害居民，使巡行賑賜。

冬十月，剡縣獻白鳩。氐賊楊難當僭稱秦王，立后及太子，置百官，灾異多降，復自貶爲武都王，傾國南寇，欲王於蜀，遣别將傅沖寇漢川，刺史劉真道拒破之。

十一月，氐克攻葭萌晉，晉壽昌太守申坦，進及涪城。巴西太守劉道錫嬰城固守，氐不能拔，乃退。中書舍人徐爰有寵於帝，帝嘗命王球及殷景仁與之相知，蒨玉辭曰：「士庶區别，國之章也。臣不敢奉詔。」帝改容謝焉。

十二月，河南、肅慎、高麗、林邑、蘇摩黎並令使貢獻。

十九年春正月乙未，中散大夫羊欣卒。欣以晉隆安中司馬元顯使欣書扇，欣不奉命，元顯取爲後軍舍人，伍衆爲耻，欣淡然自若。

二月，宣城野蠶成繭。

三月乙未，太白晝見。壬寅，帝親臨儒學，徵士雷次宗以巾構近侍王公卿士，迄夕罷，賜諸生帛有差。詔曰：「將陶鈞庶品，混一殊風。」

四月甲戌，大赦天下。以何尚之領國子祭酒，中散大夫裴松之，太子率更令何承天領國子博士。于時朝廷碩學推裴、荀、何、傅。傅隆長於爲政，承天病於疎曠，伯子通脱率易，不以鎮重自居，裴西鄉清簡恬素，最以不競爲法，位不踰於三子，名則差焉。顔延之亦號博聞，而剛愎潛忌，時人惡之，名顔虎。

五月，罷揚州府佐吏。京師大水，使使賑賜。劉真道征仇池，自正月至此月，始剋之。楊難當奔於索虜，僞丞相萬壽率左右歸降，難當既走，以輔國司馬胡崇之爲秦州刺史，將就鎮焉。

秋八月甲戌晦，日有蝕之。

九月丙辰，有客星在北斗，因爲彗入於文昌，貫五車，掃畢，拂天節，經天苑，季冬乃滅。

冬十月，蠕蠕國遣使貢獻。輔國將軍、雍州刺史劉道産卒。

十一月丙申，詔曰：「冑子始集，學業方興。自微言滅絶，將涉千祀，懷仁感事，意有慨然。奉聖之胤，速議招集。於先廟地，特爲營造，給祠直令，四時享祭。并下魯郡修學舍，蠲墓側五户，剪除掃灑。」婆皇國使使貢獻。

二十年春正月辛亥，郊。開萬春、千秋等門。

二月甲戌，閱武於北郊。是月，胡崇之未至仇池八十里，遇後魏將拓拔齊，戰敗於濁水，執崇之，餘兵奔西鄭。

夏四月甲午，封第六皇子誕爲廣陵王。

六月，吴郡獻白龜，秣陵縣言白雀見。初劉真道征仇池也，郡帥掠居民盜善馬，爲有司所劾，至是下獄死。

秋八月壬子，加右衛將軍沈演之爲侍中。上曰：「侍中領衛，皆爲宰相鴻漸，江左罕授，故以此處卿。」演之辭謝就職，其居顯要，能謙約自保。上嘗賜以女樂，讓不敢當。

冬十一月辛丑，太白晝見。

十二月壬午，詔曰：「國以民爲本，民以食爲命。故一夫不耕，飢者必及。倉廪既實，禮節以興。頃有貧罄之家，誠由政德不舉，以臻斯弊，抑亦耕桑未廣，地利多遺。其有遊食之徒，咸令附業。朕當親率百辟，致禮甸侯，庶幾素誠，獎彼斯民。」

百濟、倭國使使貢獻。

自去秋迄乎是秋，水旱傷稼，民多飢，詔郡國開倉賜糧種。

二十一年春正月，復禁酒，恤飢也。辛酉，躬耕帝籍。下詔大赦天下，一切逋負自十九年已前，並放免。

二月庚辰，以沈演之爲中領軍。辛卯，封第七皇子宏爲建平王。

三月甲戌，太白經天。

夏四月，晉陵民徐耕以米千斛，助恤飢民。

六月，京師霖雨，使使賑賜。

七月，甘露降樂遊苑。

八月庚辰，徐湛之母會稽長公主薨。

九月甲申，後魏拓拔帝滅沮渠，盡有河西地。

冬十月丙子，起徐湛之本職丹楊尹，於郡設喪位。乙亥，令之國。丙子，雷且電。

十一月，湘州獻赤鸚鵡。何承天上《元嘉曆》，云：「君當順天以求命國，爲令以相天也。堯時冬至，日在須女十九度。漢《太初曆》，冬至日在牽牛，後漢《四分》及魏《景初法》，同在牛二十度。臣以月蝕驗之，則《景初》冬至，應在牛十七度。又《後漢》，至春分日長，秋分日短，若遇半刻，則二至之間，而有短長，誠由春分近夏至，故長；秋分近冬至，故短也。」又奏改刻漏二十五箭，帝並從之。

二十二年春正月辛卯朔，初班《元嘉曆》。壬辰，撫軍將軍、武陵王駿爲雍州刺史，南平王鑠爲豫州刺史，以二豫爲一州。

二月壬戌，封第八皇子褘爲東海王，第九皇子昶爲義陽王。

三月乙未，皇太子劭釋奠於國學，賜王公而下帛有差。

六月，武昌獲古鼎，豫章獲鐘。

秋七月，遷南州羣蠻四萬一千口於丹徒。劉道産卒，而襄陽蠻入武陵，鎮主淳于坦遣中兵參軍擊破之，故徙也。

八月甲午，太白晝見。

是月，開酒禁，有年也。

九月乙酉，宴於武帳岡。上將行，勑諸子且勿食，至會所有饌；日旰，食不至，皆有飢色。上誡曰：「汝曹少長豐佚，不見百姓艱難。今使汝等識有飢苦，知以節儉御物也。」

冬籍田，獲嘉禾。

十月己未，太子詹事范曄，員外散騎常侍孔熙先等奉大將軍謀反，伏誅。丁酉，免侍中彭城王爲庶人，絶屬籍，幽於安城郡。

是冬，浚淮，起湖熟田千餘頃。

置延壽寺，西北去縣八十里。熙寺。

二十三年正月庚申，以孟顗爲光禄大夫，領太子詹事。

二月，交州獻白鹿。

丁卯，後魏寇兖、豫、青、冀四州，刺史申恬拒破之。

夏四月丁未，大赦天下。

六月癸未朔，日有蝕之。

交州刺史檀和之、安西將軍蕭景憲、憲副將宗慤等帥師攻林邑國，破之。林邑王范陽邁悉國之崑崙兵皆乘象以鬭，士卒不能當。宗慤曰：「吾聞獅子伏百獸，試爲之可以逞。」乃削木爲首，編毛爲身，力士數人蒙之以振，剋日又戰，師乃望陣而馳，其象奔逃，賊軍乃潰走，因滅其國。納口二萬餘，金五萬斤，其無名之寶，不可勝算，慤奉以歸。於其至也，唯行時巾櫛衣服，上聞而嘉焉，擢爲太尉中兵參軍。

乙亥，以北地段英爲都督關隴諸軍事、安西將軍、雍州刺史，後魏破之，死。其將河東薛安都棄衆南之國。

九月乙卯，上臨試諸生於國學，賜學官帛有差。吳郡獲野稻，嘉禾秀於華林園殿，甘露降於長寧陵。

是歲，堰玄武湖於樂遊苑北，興景陽山於華林園，役及居民，民有怨者。

是歲，置華林園東五里。

二十四年春正月壬寅，以徐湛之爲中書令，領太子詹事。甲戌，大赦天下，文武賜位一等，孤老久疾不能自存者，人賜穀五斛，蠲除秣陵今年田租米。籍田華林園，職掌疇量賜之。

二月，京師木連理。

三月，甘露降景陽山。

夏四月，河、濟俱清。

六月，京師疾疫，使使巡行給醫藥。初行大錢，一當細錢二。是時民或盜鑄，始剪古錢，議其禁。沈演之議：「龜貝行於上古，泉刀興於周世，所以豐財通利，實國富民。若以大當兩，則國用難朽之貨，家贏一倍之利，不俟加憲，巧源自絶。」既而錢形不一，民不之便。是時，劉秀之爲梁州刺史。初令民用錢而遂行之，而江湖之南，多以布米爲貨，錢之所行，未皆普也。

八月，御史中丞何承天將遷廷尉，且欲爲吏部郎，便自舉代，既受旨出，爲人言之，以漏勑得罪，卒於家。

十月壬辰，盜殺豫章太守桓隆之。時胡藩有十七子，不遵法度，第十四者曰遵世，同范曄逆謀，帝以藩功臣，匿其事，勑江州，以他罪殺之。十六弟誕世以羣從秘兵二百餘人攻郡，殺桓隆之，將奉故彭城王以作亂，值交州刺史檀和之去官歸，便道討平之，乃奪藩封邑，徙其子於交州。

十一月甲寅，封第十皇子渾爲汝陰王。

是歲，徐、兖、青、冀大水。

二十五年春正月，使使巡行四方，貸糧種。

二月庚寅，詔曰：「安不忘危，經世之所尚；治兵教戰，有國之恒典。故服訓明恥，然後少長知禁。頃戎政雖修，而號令未當。今宣武場始成，便可剋日大習衆軍，校獵講武事。」

閏月己酉，大蒐。辛亥，雨雹。吏部尚書庾炳之有罪免。

三月庚辰，校獵宣武陽。

夏四月，新作閶闔、廣莫等門，改先廣莫門曰承明，開陽曰津陽。丁卯，太白經天。丁丑，青龍見於玄武湖南。

五月己卯，罷當兩大錢。戊戌，黑龍見於玄武湖。

六月庚戌，零陵王司馬元瑜薨。時始興王濬，潘淑妃之子，以母寵故，出入後宮不禁，遂通於第四妹海鹽公主，出適丹楊尹趙伯符子倩。倩入宮而怒，肆罵搏擊，引絶帳帶，聞於上。上有詔離婚，罪主所生蔣美人，伯符慚，發病死，贈西平將軍，常侍如故。侍中、特進、太子少傅王敬弘卒於吳興舍亭山，贈開府儀同三司。

秋八月甲子，封第十一皇子彧爲淮陽王。華林園嘉禾秀。

九月辛未，以何尚之爲尚書左僕射，領汝、渭之地。

二十六年春正月辛巳，祀南郊。二月己亥，幸丹徒宮。大赦，復除縣僑舊今歲租布之半，所行經縣，並蠲免田租之半。癸亥，使使祭晉故司空忠肅公何無忌墓。壬午，婆皇國、婆達國並遣使貢獻。

冬十月庚子，改封廣陵王誕爲隨郡王。癸卯，彗星見於太微。甲辰，以揚州刺史始興王濬爲征北將軍、開府儀同三司、徐兖二州刺史。

二十七年春正月辛卯，百濟國遣使貢獻。

二月，魏軍攻懸瓠。以軍興減百官俸禄三分之一。

三月乙丑，淮南太守諸葛闡求減俸禄，同內百官，於是縣丞尉並同減矣。

戊寅，罷國子學。

秋七月庚午，遣建寧將軍王玄謨拒魏軍，以太尉江夏王義恭出次彭城，總統諸軍。
冬十一月丁未，大赦。
十二月庚午，魏太武率大衆至瓜步，聲欲渡江，都下震懼，咸荷擔而立。壬午，內外戒嚴，沿江六七百里艦舳相接。始議北侵，朝士多有不同。至是，帝登石城烽火樓極望，不悦，謂江湛曰：「向使檀道濟在，此虜敢犯我境耶！然侵北之計，同議者少，今日士庶勞怨，豈得無慙。貽士大夫之憂，在予過矣。」甲申，使使饋百牢於魏。
二十八年春正月丁亥，魏太武自瓜步退歸，俘廣陵居人萬餘家北，徐、豫、青、冀、二兗州殺戮不可勝計，所過州縣無遺矣。
二月甲戌，降太尉、領司徒江夏王義恭爲驃騎將軍、開府儀同三司。壬午，帝幸瓜步。是日解嚴。
三月乙酉，車駕還宮。丙申，拜初寧陵。大旱。
四月癸酉，婆達國遣使貢獻。己卯，彗星見於昴。
是月，都下疾疫，使使給藥。
五月乙酉，亡命司馬順則自號齊王，據梁鄒城。丁巳，婆皇國、河南國並遣使貢獻。壬子，彗星見太微，中對帝座。
秋七月甲辰，進安東將軍倭王綏濟爲安東大將軍。
八月癸酉，梁鄒平，斬司馬順則。是秋，猛獸入郭爲災。
冬十月，高麗國遣使貢獻。
十一月壬寅，曲赦二兗、徐、豫、青、冀六州，徙彭城流人、淮南流人於姑熟，合千餘家。
是歲，魏正平元年也。
二十九年春正月甲午，詔經寇六州，仍連水潦，可量加救贍。
二月乙卯，雷且雪。戊午，封皇子休仁爲建安王。
三月壬午，大風拔木，都下災。
夏四月戊午，訶羅國遣使貢獻。
秋七月壬辰，封汝陰王渾爲武昌王，淮陽王彧爲湘東王。丁酉，省大司農、太子僕、廷尉監官。
九月丁亥，以平西將軍、秦河二州刺史，吐谷渾拾寅爲河南王。
冬十一月壬寅，揚州刺史廬陵王紹薨。
十二月戊申，黄霧四塞。辛未，南兖州刺史江夏王義恭爲大將軍、南徐州刺史，録尚書事如故。
是歲，魏侍中常侍宗愛構逆，太武皇帝崩，乃奉南安王余爲帝，改元永平，尋又廢余。殿中尚書長孫竭、尚書陸麗奉皇孫，是爲文成皇帝，改元興安。
三十年春正月乙亥朔，會羣臣於太極殿，有青黑氣從東南來，覆映宫上。戊寅，以司空、荆州刺史南譙王義宣爲司徒，中軍將軍、揚州刺史。壬午，以南徐州刺史始興王濬爲衛將軍、開府儀同三司。戊子，使江州刺史武陵王駿統衆軍伐西陽之蠻。
二月甲子，元凶劭構逆，弑帝，崩於含章殿，時年四十七。謚曰景皇帝，廟號中宗。
三月癸巳，葬長寧陵。
卷一三《宋世祖孝武皇帝》 元嘉三十年，以西中郎將移鎮西陽，聞元兇構逆，遂垂涕召沈慶之及僚佐等議。
三月乙未，建牙于軍門。是日，衆軍發自西陽，以寧朔將軍柳元景爲都督前鋒。丁酉，軍次尋陽，四方征鎮，不謀同舉，所在雲集。是時會稽太守隨王誕以衆兵次于西陵，劉秀之充前軍來會。
四月己未，武陵軍次于溧洲，築壘，歸者相屬。時帝中風暴疾，殆將數旬，顔竣懼聞于衆，擁王於膝上，親視起居，内外軍政，室内經略，間以文教書檄，應接遐邇，自舟中甲士，亦不知帝之危疾也。壬戌，柳元景衆軍大破元兇等于新亭，退至于澗，劭軍人馬投澗死者不可勝數，澗水爲之不流，至今猶呼爲死馬澗。劭走馬還臺城，江夏王義恭自東堂與數十人出奔，濟於冶渚，策馬詣新亭，於馬上上疏勸進。戊辰，帝還營于新亭。
己巳，百寮奉璽紱，帝泣下固辭，江夏王再拜，三辭，因設壇，即帝位于營所，改新亭爲中興亭。下詔大赦天下，進文武爵位二等，賞士卒各有差，孤獨不能自存者，皆賜穀帛。以江夏王義恭領太尉、録尚書六條事，給鼓吹、班劍、黄鉞，進顔竣爲侍中。
五月丙子，擒元兇於太倉井。庚辰，臧質以甲仗百人入守朝堂。辛巳，車駕幸龍舟，還於東府，羣臣請罪。詔曰：「巨逆作亂，人倫道盡。王公卿士，受制兇威，事難勢屈，無所追謝。」甲申，尊所生路淑媛爲皇太后。詔褒故太子左衛率袁淑特加殊禮，贈侍中、太尉，謚曰忠憲公。追死王事，贈徐湛之散騎常侍、司空，謚曰忠烈公。江湛散騎常侍、左光禄大夫，謚曰忠簡公。王僧綽謚曰忠愍侯。以柳元景爲前鋒軍。甲午，初謁長寧陵。追贈卜天與龍驤將軍。

六月丙午，謁太廟還，登太極殿，哭盡哀，百官陪位，莫不下淚。初置殿門及上閤門屯兵。丁巳，詔諸司薄己厚民，去煩從簡，悉宜施行。辛未，大紀勳行賞，封南譙王義宣爲南郡王、隨王誕爲竟陵王，各五千户。封臧質始興郡公、沈慶之南昌郡公、柳元景曲江公，各三千户。宗慤洮陽侯、劉延孫東昌侯、顔竣建武侯，各二千户。徐遺寶益陽侯，五百户。庚午，復置南兖州。

丙子，使使兼散騎常侍，巡行天下。蠲尋陽租布三年。己亥，立皇后王氏。丙申，置衛尉官。詔使建平王宏迎皇太后于尋陽。庚子，上謚大行皇帝廟號太祖。

秋七月辛丑朔，日有蝕之。辛酉，下詔任百姓採捕，貴戚不得競利。壬戌，皇太后至自尋陽。

八月乙亥，以王僧達拜護軍將軍。僧達時自負才地，不稱所望，遂上表陳讓曰：「臣有志於學，無獨見之敏，有道在身，無偏覽之識，固不足以達言治世，備辦時宜。竊謂當今之務，唯在先卹庶心，從民之欲。如使臣享厚禄，居重榮，衣狐坐熊，而無事于世者，固不能安也。護軍之任，不敢處。」書奏帝，帝知其不愜志。甲午，以僧達爲征虜將軍、吴郡太守，封營道侯。

九月壬寅，侍中謝莊上疏：「宜大臣各舉所知，以付尚書，依分銓用。若任得其才，舉主延賞；有不稱職，宜及其坐。凡所蒞民之職，宜遵六年之限。」初，太祖代，限年三十而仕郡縣，六周及選代，刺史或十餘年。至是時皆易之，仕者不拘長少，蒞民以三周爲滿，故莊復表論之。

冬十月癸未，聽訟于閲武堂。瑯琊獻白鹿。高麗使貢方物。

十二月，罷都水使者，置水衡令官。

孝建元年春正月己亥朔，拜南郊，大赦，改元。壬寅，立皇子子業爲皇太子。賜天下爲父後者爵一級，孝悌力田有差，詔長史勸盡地宜，務農食，舉孝秀，凡棄産業而竊榮位者，皆禁錮還田里。尚書百官之本，曹局事無巨細，悉令歸諸令僕。詔中書録事參軍周朗獻讜言，曰：「男子十三至十七，皆令學經；十七至二十，盡使修武。女子十五不嫁，宜坐家人。地堪滋養，悉種麻稻，巷陌悉樹桑柘，列庭皆植竹栗。宫掖金翠，工人奇伎淫器，皆請焚之。錦繡羅縠，小民皆不得服。帝王子、帝弟，何必長史參軍，但宜置賓師傅官以輔之。」

是月，新作正光殿。詔鑄四銖錢。

二月己巳朔，有流星大如月，西行。辛未，丞相、荆襄二州刺史南郡王義宣舉兵反，自號建平元年。乙亥，曲赦司、豫二州，加柳元景撫軍，以王玄謨爲豫州刺史、輔國將軍，師次梁山。

三月己亥，内外戒嚴。假江夏王義恭黄鉞，都督衆軍。辛丑，柳元景爲雍州刺史，出次采石，以沈慶之爲鎮軍將軍，率安都西討魯爽。

夏四月丙戌，左將軍薛安都等大破魯爽于小峴，斬首，傳京師。豫州平。丙子，慶之等還師以益元景，次于南州。

五月甲辰，義宣至蕪湖，而臧質逼梁山，使謂義宣曰：「今日萬人次南州，則梁山中絶，萬人守梁山，王玄謨必不敢出。下官中流鼓棹，直趨石頭，此上策也。」義宣不用質計，盡鋭攻梁山，陷其西壘。王玄謨使崔勳之來救，皆没，王師大懼。元景聞之，欲卷甲赴之，垣護之諫：「不如分兵爲援，將軍自鎮南州。」元景乃留老弱自守，悉其精鋭，多張旗幟向梁山。甲寅，王玄謨帥衆軍與臧質大戰于梁山，質敗走，義宣自蕪湖赴焉。玄謨縱兵苦戰，薛安都繼出乘之，賊等大敗，船舫鱗沓，垣護之命火焚之。時東風急，火猛，延燒西屯兵，義宣單舸南走，閉航而泣。是日桓護之、朱修之等帥師南定遺寇。己未，解嚴。

六月，臧質走歸尋陽，焚府舍，盡家西向武昌，無所據，投于南湖，摘蓮實爲食。戊辰，追兵至南湖，質急投水中，折荷蒙首，軍士遥射之，貫腹，腸出繞藴藻，就斬之，傳首京師，子孫皆棄市，而漆首藏于府庫。甲戌，大論功計賞，進柳元景、沈慶之並大將軍、儀同三司，進王玄謨前將軍，封曲江侯，朱修之荆州刺史、西昌侯。庚寅，修之至江陵，殺義宣并其十子，餘黨竺超民、徐壽之等，詔絶義宣屬籍廢爲庶人。癸未，分揚州浙江東五郡爲東揚州，治會稽，而揚州仍領十五郡。又分荆、襄、江等三州八郡爲鄂州，治江夏。罷南蠻校尉，遷其營于京師。戊子，詔罷録尚書。

秋七月丙申朔，日有蝕之。是月，會稽大水，平地八尺。

冬十月，熒惑犯進賢星。戊寅，褒孔子同諸侯之制，寢廟合祭祀。丁丑，置安陸郡，屬郢州。初令王侯內史、相及封內官長，不臣于封君，罷官不追。諸王在鎮，常行不過六隊，車輿不得油幢，聽事不得南向施帳幡，國臣不得跣登國殿，傳命不得朱服，鄣扇不得雉尾。

十一月癸卯，詔褒侍中張敷孝道淳深，改其所居曰孝張里。復置郡都水使者官。

是月，始課南徐州租。甲申，甘露降長寧陵。

十二月，徵朱年爲太子舍人。

二年春二月，婆皇國遣使貢獻。丙寅，始興公沈慶之請老歸，帝聽以公就第，月給錢十萬，米百碩，使何尚之豫往累陳上意。慶之笑曰：「沈公不學何公，往而復來。」尚之有慚色。

夏四月，司馬石亡命反于淮南，推立夏方進爲主，改姓李名弘，以惑衆，豫州刺史王玄謨討平，斬之懷、汝間。壬午，以王玄謨爲雍州刺史，以交州刺史檀和之爲豫州刺史。

秋七月，鎮西將軍、郢州刺史蕭思話卒，贈開府儀同三司，謚穆侯。

八月庚申，征虜將軍、雍州刺史武昌王渾在襄陽與左右戲，造書檄，自署爲楚王，號元光元年，置百官長史。王翼之得其檄，封奏，帝使中書舍人戴明寶往責之，有司奏廢爲庶人，自殺，時年十七。

九月己丑朔，齊郡廣饒縣上言嘉禾生異畝同穗。丁亥，閱武于宣武場。

十月壬午，徵江夏王義恭爲揚州刺史，以建平王宏爲中書令。詔孝建元年已前罪不放，悉聽還本。犯釁冢子弟，隨才置吏。

十一月戊子，王僧達上表自解，帝以辭不遜，付門下免官。

三年春正月辛丑，祀南郊。以驃騎將軍建昌公到彥之，衛軍將軍新建文宣侯王華，豫寧文侯王曇首配食太廟。壬子，皇太子納妃何氏。

二月辛未，策孝秀于東堂。是月丁丑，初制朔望臨西堂，接羣臣，受奏事。是月，豫州刺史檀和之卒，贈安北將軍，謚壯侯。

閏三月乙丑，白兔見平原，獲以獻。癸酉，鄱陽王休業薨，文帝第十五子董美人生。

夏四月，初禁民車及酒器用銅。戊戌，太白犯輿鬼。

五月辛酉，初令荆、雍、豫、兖、徐、青、冀等七州養馬，復其賦役。

六月□未，聽訟于華林園。

秋八月甲午，太白入心。秋八月，太常顔延之卒，贈特進，謚獻子。

九月壬子，詔顔竣右將軍、丹楊尹，竣固辭，表十奏，帝乃許。使中書舍人戴明寶抱竣登車，載之郡舍，賜以布衣一襲。

四年正月辛亥朔，改元爲大明元年，大赦，賜高年孤寡粟帛各有差。辛未，使使巡行，賑貸。

三月壬戌，初命大臣加班劍者，不得入宮城門。時梁獠請內屬，以爲州郡。

夏四月，京師疾疫。丙申，使使給醫藥，死無以殯者，官爲埋殯。

五月壬子，紫氣出景陽樓，狀如烟，迴薄久之。詔改景陽爲慶雲樓。戊午，嘉禾一株五莖生清暑殿鴟吻中。

六月丁亥，以顔竣爲東揚州刺史，劉秀之爲丹楊尹。庚子，白兔見即墨，獲以獻。

秋七月，京師獲三脊茅。江夏王義恭率百官請奏封禪事，奏曰：「陛下睿孝締基，靈武繼業，道溢興殷，功先復禹，日者河鏡海湛，景曜階平，祥浹郊林，氣凝宮沼。伏願俯藉民心，仰協乾意，威風后，詔百辟，下齊郊，掩嬴里，壇集神光，山稱萬歲。臣生屬吉辰，方待大禮。」帝猶謙讓。辛未，以并雍二州三郡十六縣開一郡，郡四縣。刺史王玄謨請斷流民。當時不願屬籍，罷之。或謗玄謨反。玄謨馳使白啟帝，帝報曰：「梁山風塵，初不介意，君臣之際，過足相了，聊復伸卿眉頭。」玄謨爲人性嚴少笑，眉頭常不伸，故帝以此戲之。

八月甲申，青州上言，嘉禾生，異畝同穗。戊戌，初置陽平郡，屬兖州。

冬十月丙申，詔：「有懷誠抱志，擁鬱衡間，失理負謗，未聞朝聽者，皆躬自申奏。聽政之日，朕親覽焉。」

二年春正月丙辰，復郡縣田秩，并九親禄奉。

三月丁未，建平王宏薨，贈侍中，給班劍二十人，謚曰宣簡。乙卯，停太官膳牛，以農時也。

夏四月辛丑，地震。

五月戊申，吏部尚書何偃卒，贈光禄大夫，謚靖子。

六月戊寅，增置吏部尚書一人，罷五兵尚書。徙都官尚書謝莊爲吏部尚書。帝惡選官權重，故分曹以減其勢。乙卯，有司奏晉陵余齊民，少俊孝行，改所居爲孝義里。

秋七月甲辰，彭城民高闍自云，見龍出于井中，當貴。謀反，爲天子。事覺，伏誅。己酉，太白入東井。

八月丙戌，帝以高闍事，詔收王僧達下獄，賜死。

九月庚戌，置武衞將軍、武騎常侍官。

三年春正月夜，通天薄雲，四方生赤黄氣，長三四尺，乍見尋皆滅。

二月乙卯，以揚州六郡爲王畿。并東揚州，治會稽。將置司隸，以元兇嘗置，故止。甲子，復置廷尉監官。

三月，土守牽牛。己亥，司空竟陵王誕殺兖州刺史垣閬，據廣陵城反。己巳，内外戒嚴。以車騎大將軍、開府儀同三司沈慶之爲南兖州刺史，帥師北伐。豫州刺史宗慤、徐州刺史劉道隆並引軍來會。司空參軍何康棄母踰城出降。辛亥，誕燒郭邑，驅居民於城内。癸丑，慶之至廣陵，起長圍，誕連戰敗，乃自登城巡師，因呼慶之曰：「沈公，君垂白之年，何苦來此！」慶之曰：「朝廷以君不足煩壯少，故老夫來耳。」帝乃封送章及二劍授慶之，其一曰竟陵縣侯，千户，募擒劉誕；二曰建興縣侯，三百户，募先登。詔慶之立烽於桑里，克外城，即舉一烽；克内城，舉二烽；擒誕，舉三烽。甲子，帝御六師，出宣武堂。

夏五月，建城侯顔竣死于獄中。

七月己巳，沈慶之克廣陵，斬皇弟誕，傳首京師。殺城中男口五千餘人，婦女爲軍賞。其刑者，皆先鞭其面乃斬，其首歸淮濱，以築京觀。貶誕族爲留氏。

辛未，大赦天下。解嚴。王畿内貧者，蠲租布一年。

八月丙戌，分淮南北，復置二豫州。

九月，月在胃而蝕。己巳，詔無留獄。壬辰，初築上林苑于玄武湖北。

冬十月，詔來歲可使六宫嬪妃修親桑之禮。

十一月，肅慎重譯獻楛矢、石砮。西域獻舞馬。

十二月辛酉，初置謁者僕射官。

四年春正月辛未，祀南郊。帝耕籍田，大赦天下。逋租宿債，一切原除。孝悌力田，隨才擢用。鰥寡孤獨，賜穀有差。

三月甲申，皇后躬桑于西郊。

夏四月癸卯，以南瑯琊郡隸王畿。

五月，月入太微。丙戌，尚書左僕射褚湛之卒，贈特進，謚曰敬侯。庚寅，以南下邳郡併入彭城。

六月，太白犯井。

秋七月甲戌，左光禄大夫、開府儀同三司何尚之薨，贈司徒，謚簡穆公。

十月，流前廬陵内史周朗于寧州，道殺之。

十二月戊辰，改細作署令爲左右御府令。丙戌，復置大司農官。丁未，倭國遣使貢獻。

五年春正月戊午，花雪降江夏王衣，散爲六出，有司奏以爲瑞，帝悦之。庚寅，彭城民孫薩亡軍當斬，其兄棘詣郡請身代弟，曰：「棘爲家長，弟之逋逃，罪由棘也。且亡母遺命，以薩最少爲屬，今乞與身代薩。」薩亦請曰：「薩三歲喪父，所恃者兄，兄雖憐薩，薩何忍。」兄弟二人爭死，未定刑，棘妻出謂棘曰：「君當門户，豈可委罪季叔？且先姑臨終，憂叔爲累，竟未婚立家道。君今已有二兒，死復何恨。」彭城太守張岱異而奏之，帝詔原薩罪，加兄棘辟命。己酉，新昌獻白孔雀。

二月，閱武于玄武湖西。

三月甲戌，幸江乘，使使祭太保華容公王弘、寧文侯王曇首於墓。是夜，衆星西流。

夏五月，嘉瓜生建康蔣陵里，丹楊尹王僧朗表獻之。癸酉，初制宗室朞親，月給錢十萬。壬戌，南徐州獻白鹿。

是月，新作明堂于丙巳之地，始宗祀皇考太祖文皇帝於明堂，以配上帝。

六月，赤烏見蜀郡，益州刺史劉思考獲以獻。壬子，分廣陵置沛郡，省東平郡，併入廣陵。

八月戊子，封皇子爲郡王。己丑，詔來歲可修葺庠序，旌延國胄。庚寅，初令方鎮所假白板郡縣，依臺除，食禄三分之一。

九月甲寅，日有蝕之。丁卯，幸瑯琊郡訊獄。甲戌，遷南豫州于淮南。

庚午，河、濟清。

閏月戊子，皇太子妃何氏薨。丙申，初築馳道，自閶闔抵大航，北自承天門抵玄武湖。

冬十一月丁酉，增置少府丞一人。己巳，甘露降新安王第。甲戌，初令民户輸布四疋。

是歲，始令士族離婚者補將吏，於是民多逃亡，王役弗增而盜賊代起，侍中沈懷文固諫，不聽。

六年春正月辛卯，祀南郊。乙未，置五官中郎將、左右郎將官。

是月，策秀士、孝子于中堂，揚州秀士顧法秀對制問曰：「源清即流深，神勝則形全。躬化易於上風，體訓甚於草偃。」上覽之，疾其諒也，投策於地。

二月，月犯左角。戊午，甘露降于京師。己未，復百官秩。

三月，改豫州之南梁郡爲淮南郡，以淮南故郡併入宣城于姑孰。丁未，侍中、廣陵太守沈懷文以正言左遷，下獄死。丙午，青雀見華林園。

夏四月，新作朱雀門。淑妃殷氏卒，贈貴妃，謚曰宣，班亞皇后。丙戌，初置陰室于覆舟山，修藏冰之禮。

六月辛酉，劉延孫卒，贈司徒，給班劍三十人，謚文穆公。

秋七月甲申，地震，有聲如雷。

八月辛未，青、冀二州刺史劉道隆表嘉禾生樂陵縣界。乙亥，置清臺令。初，武帝自永初迄于元嘉，多爲經史之學，自大明之代，好作詞賦，故置此官，攷其清濁。

冬十月壬申，葬宣淑妃殷氏于龍山。

十一月己卯，會稽太守張暢卒，謚宣子。

七年春正月癸未，詔於玄武湖大閱水軍，并巡江右，講武校獵。時帝多狎遊，置酒高會，酣適之間，多詬辱朝士。嘗嘲王彧以其父諱，吏部郎江智淵正色曰：「陛下進人以禮，無宜此戲。」帝怒曰：「卿江僧安兒，居然相惜。」智淵伏涕，自是詬之無度，智淵不堪其恥，退而自殺。癸巳，以王畿之内郡屬南徐州。

二月甲寅，車駕西巡濟江，立行宫于歷陽蟂石浦。丙辰，詔使祭南嶽霍山。大蒐于烏江縣榜口。己未，祭六合山。庚申，分秦郡歷陽置臨江郡，即所在也。壬戌，饗于行宫。大赦天下，行李所經，免今年租布，賜民男子爵一級，女子百户牛酒，巡問疾苦。如有一介之善，隨才銓用。癸亥，幸尉氏縣，觀温泉。

三月，汝南獻白鸞。

夏四月，詔非臨軍陣，不得專殺人。

是月，大風折初寧陵華表。

秋七月乙酉，高麗王高璉爲車騎大將軍、開府儀同三司。

八月，南徐州獻白龜。時大旱，自四月不雨，至于是月。詔太官徹膳。大赦天下，自大明七年已前，一切放免。親幸秣陵訊獄囚。

冬十月壬寅，太子子業冠于太極前殿，賜王公已下帛有差。丁未，車駕南巡，百姓有冤厄屈滯，皆聽自面朕陳訴。自江寧縣南登山及陵望臺。甲子，館行宫于南豫州城。丙寅，聽政于行所。

十一月丙子，小會行所，登白紵山。使使祭晉大司馬桓温、毛璩等墓，置守塚三十户。訊溧陽獄囚于行所。戊子，幸梁山，詔爲山下征元兇軍士戰死者舉哀，加賞賜三世復除。癸巳，登梁山，大閱水軍於中江，二白雀集于華蓋。

十二月，立雙闕于梁山。

八年春正月，宗祀于明堂。安北將軍、雍州刺史劉秀之卒，贈侍中，謚忠誠公。

二月辛丑，領軍朱修之卒，贈侍中，特進如故，謚貞侯。時大旱，七年不登，迄乎是歲。三吴尤甚，米有價，無糴所，富人貫珠玉錦繡，相交枕死于道路，建康、秣陵兩縣爲薄粥賦之。前年，會稽雨績于山澤，績初如紵麻，晚似地毛。至是，饑人將拾，死不能起，横屍原野，如亂麻焉。己亥，詔公卿致祭山嶽祈雨，以穄穀種付以東諸郡縣。

四月，雨雹。荆州獻白雉。詔揚州立左學於山陰，置儒林祭酒各一人。壬子，以吴郡太守顧愷之爲吏部尚書，加給事中。乙卯，帝寢疾，顧命江夏王義恭爲中書監，柳元景爲尚書令，事無巨細，悉關二公。其典師旅悉沈慶之；尚書事委顔師伯；外監事委王玄謨。

五月庚申，帝崩于玉燭殿。

秋七月丙午，葬景寧陵。

卷一三《少帝》 大明八年夏五月庚申，世祖崩，是日即皇帝位，大赦天下，文武進位有差。

六月，有流星大如斛，赤色有光，照見人面，尾長一丈，從參北出東行，直下經東井，通南河，没。戊寅，復分宣城爲淮南郡，復淮南爲梁山郡。

七月庚戌，尊皇太后爲太皇太后，皇后曰皇太后，居永訓宫。乙卯，罷南北二馳道。丙辰，追崇獻妃何氏爲獻皇后。

己丑，皇太后崩于含章殿。

九月乙卯，祔葬孝穆皇后于景寧陵。

冬十月，太白守房。

永光元年春正月乙未朔，大赦，改元。

十二月乙酉，復王畿爲揚州，浙江已東爲東揚州。

二月己巳，初減郡縣禄秩之半。戊午，詔賜沈慶之執仗、三望車、給親信三十人。甲申，月入南斗。庚寅，初鑄二銖錢。

夏六月庚午，熒惑入東井。光禄大夫宗慤卒，贈征西將軍，謚肅侯。

秋七月己酉，有星入紫微，經北極。

八月辛酉，誅越騎校尉戴法興。壬戌，帝始親政事，狂暴益甚，內外危懼。柳元景、顔師伯等欲廢帝而立江夏王，以告沈慶之，慶之與王素不協，遂發其事于帝。癸酉，帝自率宿衛兵殺太宰江夏王義恭于第及諸子。

召柳元景，以兵殺於都街，又殺顔師伯於路。

景和元年，文武各進位二等。乙亥，詔天下秀孝，隨才擢用。帝釋素服，御錦衣。庚辰，罷東揚州。以石頭城爲長樂宮，東府城爲未央宮。甲戌，以北邸爲建章宮，南第爲長陽宮。己丑，復南北馳道。

九月癸巳，幸湖熟縣，始奏鼓吹。甲辰，廢撫軍將軍、南徐州刺史新安王子鸞爲庶人，發宣貴妃殷氏墓，追憾世祖，將掘景寧陵，太史奏于帝不利，乃止。是日，詔收吏部尚書謝莊。初，貴妃薨，世祖詔莊爲誄，曰：「贊軌堯門，方漢鉤弋。」帝在東宮怨之。及此下獄，謂曰：「卿當彼時，知有東宮否？」戊申，徐州刺史義陽王昶聞江夏王之誅，恐，舉兵將襲帝。帝聞，喜曰：「自我即位，未曾戒嚴，令人悒悒！」己酉，內外戒嚴，徵兵北伐，以沈慶之爲前驅。昶聞王師來，內無親附，遂棄家而載愛妾出彭城北門，奔後魏。戊午，詔親往彭城，將耀威宋野。是日，於白下濟江，幸瓜步城。初聽民私鑄錢，沈慶之請也。

十月丙寅，帝旋于京師。庚辰，爵宮人謝氏爲貴妃夫人，加虎賁鈒戟，鑾輅龍旂，出警入蹕。實帝姑新蔡公主也，出嫁何邁，帝召還宮，僞稱主薨，宮婢殯之，歸于何氏。邁見公主納，心不安，恐禍及，乃結惡少，伺帝出入，將執廢之，謀泄。十一月，帝自率兵誅之。癸巳，始興公沈慶之薨，贈侍中、太保，給鑾輅轀輬車，前後部羽葆、鼓吹，謚忠信公。甲戌，進帝姊山陰公主。

壬寅，立皇后路氏，始用金石之樂。十一月丁未，太白犯哭星。皇太子生，是月大赦天下。太史始奏「湘東有天子氣」，帝將南巡以厭之，刻取明旦，誅四叔乃行。諸王見幽日久，計無所出，乃與阮佃夫、李道兒等陰謀執帝。時直閤將軍柳先世與姜產之亦有此謀，未知所立，及聞佃夫所説，遂告中書舍人戴明寶，明寶響應，誣言華林後堂有鬼。十一月戊午夕，帝同建安王、山陽王、山陰公主向華林後堂，自射鬼。直閤將軍宗越、童太一、譚金乃帝腹心也，並宿于外。主衣壽寂之、姜產之乃懷刀以入弒帝，帝驚，引弓射寂，不中，寂乃刃帝而死，時年十七，即位一年見殺。既而殿省倉卒，未知所爲，建安王休仁就秘書省，延湘東王。湘東王跣至西堂，升御座，召朝臣，稱太皇太后令，數少帝子業忍酷，害大臣，不堪君臨萬國。以衞軍湘東王，體自太祖，可繼宗廟社稷。

卷一四《宋太宗明皇帝》 景和元年十一月，己未，司徒豫章王子尚、山陰公主並賜死。宗越、譚金、童太一謀反伏誅。

十二月庚申朔，以司空東海王禕爲中書監、太尉，進鎮軍將軍、江州刺史晉安王子勛車騎將軍、開府儀同三司。癸亥，以新除驃騎將軍建安王休仁爲司徒、尚書令、揚州刺史。乙丑，改封安隆王子綏爲江夏王。

泰始元年冬十二月丙寅，皇帝即位於太極前殿。大赦，改元，賜人爵二級。辛未，改封臨賀王子產爲南平王，晉熙王子輿爲廬陵王。壬申，以尚書右僕射王景文爲尚書左僕射。癸酉，詔分遣大使，廣求人瘼。乙亥，追尊所生母沈婕妤曰宣皇太后。戊寅，改太皇太后爲崇憲太后，立皇后王氏。壬戌，罷二銖錢。江州刺史晉安王子勛舉兵反，鎮軍長史鄧琬爲其謀主，雍州刺史袁顗赴之。壬午，謁太廟。甲申，郢州刺史安陸王子綏、會稽太守尋陽王子房、臨海王子頊並舉兵同逆。

二年春正月乙未，晉安王子勛僭即僞位於尋陽，年號義嘉。壬辰，徐州刺史薛安都反。甲午，內外戒嚴，司徒建安王休仁都督征諸軍事，統衆軍南討。丙申，徐州刺史申令孫，司州刺史龐孟虯、豫州刺史殷琰、青州刺史沈文秀、冀州刺史崔道固、湖州刺史行軍何慧文、廣州刺史袁曇、益州刺史蕭慧開、梁州刺史柳元怙並同逆。丙午，車駕親御六軍於中興堂。辛亥，南豫州刺史山陽王休祐改爲豫州刺史，統諸軍西討。吳郡太守顧琛、吳興太守王曇生、義興太守劉延熙、晉陵太守袁標、山陽太守程天祚等並舉兵反。鎮軍將軍巴陵王休若統衆軍東討。壬子，崇憲皇太后崩。

二月乙丑，曲赦吴興、晉陵、義興、山陽郡。以吏部尚書蔡興宗爲右僕射，以吴興太守張永、右軍將軍蕭道成東討，平晉陵。癸未，曲赦江南五郡。丁亥，建武將軍吴喜公率諸軍破賊於吴興、會稽，平定三郡，同逆皆伏誅。輔國將軍蕭道成前鋒北討，輔國將軍劉勔前鋒西討，賊劉胡衆四萬據赭圻。

三月庚寅，撫軍將軍殷孝祖攻赭圻，死之。以輔國沈攸之代爲南討前鋒。賊稍盛，袁顗頓鵲尾，連營至蕪湖，衆十餘萬。丙申，南徐州刺史桂陽王休範總統北討諸軍事。戊戌，貶尋陽王子房爵爲松滋縣侯。癸卯，令人入米七百碩除郡，減此有差。壬子，斷雜錢，專用古文錢。癸丑，原赦揚、徐二州囚繫，凡逋亡一無所問。

夏五月丁酉，曲赦豫州。甲寅，葬崇德皇太后於修寧陵。

秋七月丁酉，以仇池太守楊僧嗣爲秦州刺史，封武都王。

八月己卯，司徒建安王休仁帥衆軍大破賊，斬僞尚書僕射袁顗，進討江、郢、荆、襄、雍五州，平之。晉安王子勛、安陵王子綏、臨海王子頊、邵陵王子元並賜死，同黨皆伏誅。諸將帥封賞各有差。

九月乙酉，曲赦江、郢、荆、襄、雍五州；守宰不得離職。癸巳，六軍解嚴。大赦，賜文武爵一級。戊戌，以車騎將軍、江州刺史王玄謨爲左光禄大夫、開府儀同三司，鎮軍將軍。

冬十月乙卯，永嘉王子仁、始安王子真、淮南王子孟、南平王子産、廬陵王子與、松滋王子房並賜死。丁卯，以郢州刺史沈攸之爲中領軍，與張永俱北伐。戊寅，立皇子昱爲皇太子。曲赦揚、南徐二州。

十二月壬辰，立建平王景素子延年爲新安王。

薛安都要引魏軍，張永、沈攸之大敗，於是遂失淮南北四州及豫州淮西地。

是歲，即魏天安元年。

三年春正月庚子，以農役將興，詔太官停宰牛。癸卯，曲赦揚、豫二州。庚午，都下大雨雪，遣使巡行，賑貸各有差。

二月甲申，爲戰亡將士舉哀。丙申，赦青、冀二州。

夏四月丙戌，詔以故丞相江夏文獻王、故太尉巴東忠烈公柳元景、故司空始興襄公沈慶之、故征西將軍洮陽肅侯宗慤陪祭孝武廟廷。庚子，立桂陽王休範第二子德嗣爲廬陵王，立侍中劉韞第二子銑爲南豐王，以奉廬江昭王、南豐哀王祀。

五月丙辰，詔宣太后崇寧陵禁内墳瘞遷徙者，給葬直，蠲復其家。壬戌，以太子詹事袁粲爲尚書僕射。

秋八月壬寅，以中領軍沈攸之行南兖州刺史，率衆北侵。癸卯，大赦。丙午，遣吏部尚書褚彦回慰勞緣淮將帥，隨宜量賜。

九月戊午，以皇后六宫已下雜衣千領，金釵千枚，賜北伐將士。甲子，曲赦徐、兖、青、冀四州。

冬十月壬午，改封新安王延年爲始平王。戊子，蠕蠕國遣使朝貢。辛丑，復郡縣公田。進鎮西大將軍、西秦河二州刺史吐谷渾拾寅爲征西大將軍。

十一月，立建安王休仁第二子伯猷爲江夏王。高麗，百濟等並遣使朝貢。

是歲，魏皇興元年。

四年春正月丙辰朔，雨草於宫。己未，祀南郊，大赦。乙亥，零陵王司馬勗薨。

二月乙巳，光禄大夫王玄謨薨。

三月，交州人李長仁據州叛，引妖賊攻廣州，殺刺史羊希，龍驤將軍陳伯紹討平之。

夏四月己卯，復減郡縣田禄之半。丙申，改封東海王禕爲廬江王，山陽王休祐爲晉平王。辛丑，蠕蠕國、河南國遣使朝貢。

五月乙巳，曲赦廣州。

秋七月戊辰，詔定黥刖之制。有司奏：「自今凡劫竊執官仗、拒戰邏司、攻剽亭寺及傷害吏人，並監司將吏自爲劫，皆不限人數，悉依舊制斬刑。若遇赦，黥頟及兩頰『劫』字，斷去兩脚筋，徙付交、梁、寧州戍。五人已下止相逼奪者，亦依黥作『劫』字，斷去兩脚筋，徙赴遠州。若遇赦，原斷徙猶黥面，依舊移，家口應及坐，悉依舊結讁。」及上崩，其例乃寢。庚午，上備法駕幸東宫，小會。赦揚、南徐、兖、豫四州。

冬十月癸酉，日有蝕之。發諸州兵北伐。

五年春正月癸亥，親耕籍田。大赦，賜力田爵一級。乙丑，魏剋青州，執刺史沈文秀。

三月庚申，以太尉廬江王褘爲車騎將軍、開府儀同三司、南豫州刺史。

五月己巳，河南國遣使朝貢。

六月辛未，立晉平王休祐子宣曜爲南平王。癸酉，以軍興已來，百官斷奉，以給生食。

秋七月壬戌，改輔國將軍爲輔師將軍。

九月甲寅，立長沙王纂子延之爲始平王。

冬十月丁卯朔，日有蝕之。

十一月丁未，魏人來聘。

十二月庚申，分荆、益二州五郡，置三巴校尉。

六年春正月辛未，祀南郊。乙亥，初制間二年一祭南郊，間一年一祭明堂。

二月甲寅，大赦。

夏四月己亥，立皇子燮爲晉熙王。

六月癸卯，以鎮南將軍、江州刺史王景文爲尚書左僕射、揚州刺史。以尚書僕射袁粲爲右僕射。己未，改臨賀郡爲臨慶郡。追東平王休倩爲臨慶王。

秋七月丙戌，臨慶王智井薨。

九月戊寅，立總明觀，徵學士充之。置東觀祭酒、訪舉各一人，舉士二十人，分爲儒、道、文、史、陰陽五部學，言陰陽者遂無其人。

冬十月辛卯，立皇子贊爲武陵王。

十一月，高麗遣使朝貢。

十二月癸巳，以邊難未息，制父母隔在異域者，悉使婚宦。

七年春正月甲戌，置散騎奏舉郎。

二月癸丑，征西將軍、荆州刺史巴陵王休若進號征西大將軍，及征南大將軍、江州刺史桂陽王休範並開府儀同三司。甲寅，南徐州刺史晉平王休祐薨。

三月辛酉，魏人來聘。壬戌，蠕蠕國遣使朝貢。

四月辛丑，減天下死罪一等，凡勑繫滯悉遣之。

五月戊午，鴆司徒建安王休仁。庚午，以袁粲爲尚書令，褚彦回爲右僕射。丙戌，追免晉平王休祐爲庶人。

秋七月丁巳，罷散騎奏舉郎。乙丑，江州刺史巴陵王休若賜死。

八月戊子，以皇子躋繼江夏文獻王義恭。庚寅，帝疾間，大赦。戊戌，立皇子準爲安成王。

冬十一月戊午，百濟國遣使朝貢。

是歲，魏獻文帝禪位於太子，爲孝文皇帝，改元曰延興。

泰豫元年春正月甲寅朔，上以疾未痊，改元。丁巳，巨人跡見西池冰上。會皇太子文貢計於東宫。

三月癸丑朔，林邑國遣使朝貢。

夏四月己亥，上疾大漸。加江州刺史桂陽王休範位司空，以中領軍劉勔爲尚書右僕射，鎮東將軍蔡興宗爲征西將軍、開府儀同三司、荆州刺史，郢州刺史沈攸之進號安西將軍。袁粲、褚彦回、劉勔、蔡興宗、沈攸之入問疾被顧命。是日，上崩於景福殿，時年三十四。五月戊寅，葬臨沂縣幕府山高寧陵。

卷一四《後廢帝》 泰豫元年四月己亥，明帝崩。庚子，太子即皇帝位，大赦。以尚書袁粲，爲護軍將軍褚彦回共輔朝政，班劍依舊入殿。

六月壬辰，詔遣大使，分行四方，觀採風謡，問其疾苦，求政善惡。乙巳，尊皇后曰皇太后，立皇后江氏。

秋七月戊辰，崇拜帝所生陳貴妃爲皇太妃。

八月戊辰，新除秘書監，左光禄大夫，開府儀同三司蔡興宗薨。

冬十一月己亥，新除郢州刺史別彦節爲尚書左僕射。蠕蠕國、高麗國並遣使朝貢。

元徽元年春正月戊寅，大赦。壬寅，詔自元年以前徙放者，並聽還本土。魏人來聘。

夏六月乙卯，壽陽大水，遣使賑卹。

秋八月，都下旱。庚午，陳留王曹銑薨。

九月丁亥，立衡陽王嶷子伯玉爲南平王。

冬十二月癸卯朔，日有蝕之。乙巳，進司空、江州刺史桂陽王休範位太尉。

癸亥，立前建安王世子伯融爲始安王。

是歲，利浮南遣使朝貢。

二年夏五月壬午，太尉、江州刺史桂陽王休範舉兵反。庚寅，内外戒嚴，以中領軍劉勔、右衛將軍蕭道成爲前鋒南討，出屯新亭；征北將軍張永屯白下，前南兗州刺史沈懷明戍石頭；衛將軍袁粲、中軍將軍褚彦回入衛殿省。壬辰，賊奄至，攻新亭壘。蕭道成拒擊，大破之。越騎校尉張敬兒斬休範。黨杜墨蠡、丁文豪分兵向朱雀航，劉勔拒賊，賊縊死之。右將軍王道隆奔走遇害，張永潰于白下，沈懷明自石頭奔散。甲午，護軍典籤茅恬開東府納賊，入屯中堂。羽林監陳顯達擊大破之。丙申，張敬兒等又破賊，進平東府城，梟羣賊黨羽。賜封爵各有差。丁酉，詔瘞戰敗亡者。大赦，解嚴，文武俱進位一等。荆州刺史沈攸之、南徐州刺史建平王景素、郢州刺史晉熙王燮、湘州刺史王僧虔、雍州刺史張興世並舉義兵赴建業。己亥，蠕蠕國遣使朝貢。

六月癸卯，晉熙王燮遣軍剋尋陽，江州平。丙午，改輔師將軍還爲輔國將軍。

秋七月庚辰，立皇弟友爲邵陵王。乙酉，徐州刺史建平王景素進號征北將軍、開府儀同三司。

九月丁酉，以尚書、新除衛將軍袁粲爲中書監，即本號開府儀同三司，加護軍將軍褚彦回爲尚書令。

冬十一月丙戌，帝加元服，大赦，賜人爵一級，爲人後及三老孝悌力田者爵二級，大餔五日，賜王公以下各有差。

十二月癸亥，立皇弟躋爲江夏王，贊爲武陵王。

三年春正月辛巳，祠南郊及明堂。

三月己巳，都下大水。

六月，魏人來聘。

秋七月庚戌，以兼司徒袁粲爲尚書令。

九月丙辰，征西大將軍、河南王吐谷渾拾寅進號車騎大將軍。

是歲，浮南國、高麗國並遣使朝貢。

四年春正月己亥，耕籍田，大赦，賜力田爵一級。

六月乙亥，加領軍蕭道成尚書左僕射。

秋七月戊子，征北將軍、南徐州刺史建平王景素據京城反。己丑，内外戒嚴。遣車騎將軍任農夫、冠軍將軍黄回北討，護軍將軍蕭道成總統衆軍。曲赦南徐州。始安王伯融、都鄉侯伯猷並賜死。乙未，剋京城，斬景素，同逆皆伏誅。是日解嚴。丙申，大赦，封賞各有差。

八月丁卯，立皇弟翽爲南陽王，嵩爲新興王，禧爲始建王。

九月戊子，驍騎將軍高道慶有罪，賜死。己丑，車騎將軍、揚州刺史安成王準進號驃騎大將軍、開府儀同三司。

冬十月辛酉，以吏部尚書王僧虔爲尚書左僕射。

是歲，魏承明元年，太上獻文皇帝崩。

五年春正月辛卯，祀南郊。

夏四月甲戌，豫州刺史阮佃夫、步兵校尉申伯宗、朱幼謀廢立事，皆伏誅。

五月，地震。

六月甲戌，誅司徒長史沈勃、散騎常侍杜幼文、游擊將軍孫超之、長水校尉杜叔文。大赦。

七月戊子夜，帝遇弑于仁壽殿，時年十五。

卷一四《順帝》 昇平元年秋七月壬辰，皇帝即位，大赦，改元，賜文武位二等。甲午，鎮軍蕭道成出鎮東城，輔政。丙申，征西大將軍、荆州刺史沈攸之進號車騎大將軍、開府儀同三司，加蕭道成司空録尚書事，以尚書令袁粲爲中書監，以司徒褚彦回爲衛軍將軍、開府儀同三司，以撫軍劉彦節爲尚書令，加中軍將軍。辛丑，以尚書左僕射王僧虔爲尚書僕射。癸卯，車駕謁太廟。

八月壬子，遣使賑卹，蠲除税調。癸亥，司徒袁粲鎮石頭。戊辰，崇拜帝所生陳昭華爲皇太妃。庚午，司空蕭道成讓職。庚辰，以爲驃騎大將軍、開府儀同三司，録尚書如故。

九月己丑，詔州郡搜揭幽仄。乙酉，廬陵王暠薨。

冬十一月丁酉，倭國遣使朝貢。

十二月丁巳，荆州刺史沈攸之舉兵，不從執政。丁卯，蕭道成入守朝堂，侍中蕭嶷鎮東府。戊辰，中外纂嚴。壬申，司徒袁粲謀誅蕭道成，不果，旋見覆滅。甲戌，大赦。乙亥，以僕射王僧虔爲左僕射，除中書令王延之爲右僕射。吳郡太守劉遐據郡，不從執政，輔國將軍張懷攻斬之。

閏月辛巳，屯騎校尉王宜興貳于執政，見誅。癸巳，沈攸之攻圍郢城，前軍長史柳世隆固守。己亥，中外戒嚴。驃騎大將軍蕭道成假黄鉞，出新亭。

二年春正月丁卯，沈攸之自郢州奔散。己巳，華容縣人斬攸之首，送之。辛未，雍州刺史張敬兒剋江陵，荆州平。丙子，解嚴。以新授侍中柳世隆爲右僕射，以蕭道成旋鎮東府。

二月庚辰，以王僧虔爲尚書令，右僕射王延之爲左僕射。癸未，以蕭道成加授太尉，以衛軍將軍褚彦回爲中書監。丙申，曲赦荆州。丙戌，撫軍、揚州刺史晉熙王燮進號中軍、開府儀同三司。

三月乙未，日有蝕之。

夏四月，南兗州刺史黄回貳于執政，賜死。

五月戊午，以倭國王武爲安東大將軍。

六月丁酉，以輔國將軍楊文弘爲北秦州刺史，封武都王。

九月乙巳朔，日有蝕之。丙午，加太尉蕭道成黄鉞、都督中外諸軍事，爲太傅，領揚州牧，賜殊禮。以揚州刺史晉熙王燮爲司徒。

冬十月壬寅，立皇后謝氏，降死罪已下囚。

十一月壬子，立故武昌太守劉琨息頒爲南豐縣王。癸亥，誅臨澧侯劉晃。甲子，改封南陽王翽爲隨郡王。

十二月丙戌，皇后見于太廟。

是歲，蠕蠕國、高麗國、倭國並遣使朝貢。

三年春正月辛亥，領軍蕭賾加尚書左僕射，進號中軍大將軍、開府儀同三司。

二月丙子，南豫州刺史邵陵王友薨。丙申，地震建陽門。

三月癸卯朔，日有蝕之。甲辰，加太傅蕭道成相國，總百揆，封十郡爲齊公，備九錫之禮。庚戌，誅臨川王綽。

夏四月壬申，進齊公蕭道成爵爲齊王，安西將軍武陵王贊薨。

卷一五《齊太祖高皇帝》　昇平三年四月，辛卯，宋帝禪位，便遜位别宫，詔依唐虞、魏晉故事。是日，宋帝遜位東邸，備羽儀，出東掖門，曰：「何不進鼓吹？」左右無有答者。壬辰，策命齊王，遣使持節兼太保雩都縣侯褚淵、兼太尉王僧虔奉皇帝璽紱，受終之禮，一依唐虞故事。太祖三辭，宋帝王公已下固請。太史令、將作匠陳文建陳符命曰：「六，亢位也。漢建武至建安二十五年，一百九十六年而禪魏；魏自黄初至成熙二年，四十六年而禪晉；晉自泰始至元熙二年，一百五十六年而禪宋；宋自永初元年至昇明三年，凡六十年：咸以六終六受。」右僕射王儉奏「被宋詔遜位，臣等參議，宜剋日輿駕受禪，撰立儀注」。太祖乃許之。

建元元年夏四月甲午，上即皇帝位於南郊，設壇柴燎告天。禮畢，車駕還宫，臨太極前殿。大赦天下。改昇明三年爲建元元年。封宋帝爲汝陰王，築宫丹楊故縣，行宋正朔，車旗服色，一如晉宋故事，上書不爲表，答表不稱詔。宋諸王降爲公，公主爲縣君，詔封降有差。有司奏除《元嘉曆》爲《建元曆》，木德盛卯終未，以正月卯社，十二月未臘。

丙辰，詔遣大使巡行四方。己未，汝陰王薨，謚爲順帝。追尊皇考曰宣皇帝，妣曰孝皇后，追尊兄道度、道生爲王。

庚辰，七廟立主備法駕即于太廟。甲申，立皇太子賾。見刑人重者，降一等。立皇子嶷等爲王。乙酉，葬順帝于遂寧陵。

秋七月，詔南蘭陵桑梓本鄉，長蠲租布，南武進王業所基，復十年。

丙子，立彭城别胤爲汝陰王，奉宋帝後。

二年三月己亥，高麗、吐谷渾遣使貢獻，進高麗王高璉爲樂浪公。

九月，葬皇太子妃裴氏休安陵。時議欲立石誌不出禮典。起宋元嘉中，顔延之爲王球石誌。素族無銘策，故以紀行。自爾已來，共相祖習，儲妃之重，禮殊恒列，既有哀策，謂不須石誌。從之。

建元四年三月壬戌，太祖崩，上即位，大赦。征鎮州郡令長、軍屯部伍，各行喪三日，不得離任。乙丑，以司徒褚淵録尚書事，左僕射王儉爲尚書令，車騎將軍張敬兒開府儀同三司。

六月，立皇太子長懋。丙申，立皇太子妃王氏。

八月，褚淵薨。

永明元年正月，車駕南郊。大赦，改元。内外羣僚，各舉所知，而隨分登敘。下詔改葬袁粲、劉彦節，褒贊前功，而沈攸之得送喪還舊墓。

二月，熒惑入太微。時中書舍人各住一省，時謂之四户，既總重權，而勢傾天下。玄象失度，史官請行祈禳之禮。王儉曰：「天文乖忤，此禍由四户。」乃具奏舍人吕文顯等專權，上納而不改。

二年秋七月，車駕幸青溪舊宫。奏金石樂，在位者賦詩。

戊申，幸玄武湖。

三年八月乙未，幸中堂聽訟。

四年春閏正月甲寅，籍田，禮畢，車駕幸閱武堂，勞酒小會。

五年三月戊子，幸芳林園禊宴。

九月九日，登商飈館。館所立在孫陵崗，世呼爲九日臺也。

六年春正月，聽覽京師二百里内獄囚。

七年五月，王儉薨。

八年六月，大雷，而有黄光竟天，照地狀如金色。王融上《金天頌》，王摛曰：「此熒惑光，非金也。」

十月，桃李再花，占曰：「人君妃妾過制，虚飾無實，今則桃李再花。」時後宫萬餘人，宫内不容，太樂内茅室皆暴露。

九年。

十年。

十一年春正月丙子，皇太子長懋薨。

夏四月甲午，立皇孫昭業爲皇太孫，立妃何氏。賜天下爲父後者爵一級。

七月，上不豫，徙御延昌殿，車輿始登階而殿屋鳴吒，上惡之。戊寅，大漸。詔曰：「太孫進德日茂，社稷有寄。子良善相毗輔，尚書中務，悉委王晏、徐孝嗣等。軍旅捍邊，委王敬則、陳顯達、王廣之、沈文季等。」又詔不得寶器入梓宫。是日，上崩，年五十四，廟號世祖，謚武皇帝。

卷一五《廢帝鬱林王》 永明十一年七月辛酉，追尊文惠爲世宗文皇帝，尊太妃爲皇太后。隆昌元年春正月丁未，改元，大赦。詔百寮陳得失，各舉所知。七月癸巳，皇太后令廢帝爲鬱林王。

卷一五《廢帝海陵王》 延興元年秋七月丁酉，即皇帝位。以西昌侯鸞爲録尚書事、揚州刺史、宣城郡公。大赦天下，改元。

九月癸未，誅司徒鄱陽王鏘、大將軍隨王子隆、南兖州刺史安陸王子敬。于是江州刺史晉安王子懋遂起兵，遣中護軍王玄邈討誅之。己未，鸞假黄鉞，内外纂嚴。丁酉，進宣城公鸞爲太傅，加殊禮，進爲王，而盡誅諸王爲藩鎮者。以宣城王輔政，帝起居皆諮而後行。常思蒸魚菜，太官令荅無録公命，竟不獻。

十月辛亥，皇太后令，以嗣主幼沖，庶政多失，宗王内侮，藩戚外叛。自非樹長君，無以鎮淵器。太傅宣城王胤體宣皇，鍾慈太祖，宜入承替命。帝降爲海陵王。

卷一五《高帝明皇帝》 冬十月癸亥，即皇帝位。大赦，改元。

建武元年，大司馬王敬則等十三人並進封邑户，詔省尚方雕刻。新林苑地悉以還百姓。追尊始安貞王爲景皇帝，妃爲懿皇后。戊子，立皇子寶卷爲皇太子。賜天下爲父後者爵一級。自輔政所誅十八王，是月復屬籍，各封子爲侯。

二年夏六月，誅西陽、南海、邵陵等三王，而殺蕭諶。

八月，納皇太子妃褚氏。大赦，王公已下賜有差。

十二月，詔晉、宋諸陵，悉加修理。

三年冬十月，皇太子冠。賜王公以下帛有差。

四年春，大赦。庚辰，詔「人産子者，蠲父母役一年。新婚者，蠲夫役一年」。

永泰元年春正月朔，大赦。丁未，誅河東、臨賀、西陽、永陽、南康、衡陽、湘東、南郡、巴陵、桂陽等十王，子皆死之。

四月甲寅，改元，大赦。丁未，大司馬會稽太守王敬則舉兵反。

夏五月，使輔國將軍劉山陽東討，斬敬則。

秋七月己酉，帝崩于正福殿，時年四十七。

卷一五《廢帝東昏侯》 永泰元年七月，高宗崩，太子即位，改元。

永元元年十一月，立皇子誦爲皇太子。賜爲父後者爵一級。丙辰，揚州刺史始安王遥光據東府反，遣領軍蕭坦之討平之，傳首。

九月壬戌，以頻誅大臣，大赦天下。

十一月，太尉、江州刺史陳顯達反。

十二月，顯達至京師。乙酉，斬首，餘黨盡平。

二年三月，詔使崔惠景討豫州刺史裴叔業及兄子植。惠景時爲平西將軍，于廣陵起兵反，襲京師，徐州刺史江夏王寶玄以京城納之。乙卯，帝使領軍王瑩屯北籬門，惠景破之，遂入京師。豫州刺史蕭懿起義兵，大破惠景。詔曲赦京邑。江夏王寶玄伏誅。

十月，害尚書令蕭懿。

十一月甲寅，蕭穎胄起兵于荆州。

十二月，雍州刺史梁王蕭衍起兵于襄陽。

三年二月，詔羽林兵征雍州，中外纂嚴。

三月丁未，衍立南康王寶融，即皇帝位於江陵。癸丑，遣平西將軍陳伯之西征。

八月，以光禄張瓌鎮石頭，以太子左衛率李居士總督諸軍，屯新亭。是日，義軍至南州，李居士敗新亭，降義軍。將軍徐元瑜以東府城降義軍。

十二月，王珍國、侍中張稷率兵入殿廢帝，時年十九。

卷一五《和帝》 中興元年春三月乙巳，皇帝即位，大赦，改永元三年爲中興，文武賜位二等。是夜彗星竟天。以相國左長史蕭穎胄爲尚書令，加雍州刺史蕭衍尚書左僕射、都督征討諸軍。以晉安王寶義爲司空，廬陵王寶源爲車騎將軍、開府儀同三司。丙午，有司奏封庶人寶卷爲零陵侯，詔不許。又奏爲涪陵王，詔可。

夏四月戊辰，詔凡東討衆軍及諸向義之衆，普復除五年。

秋七月丁巳，魯山城主孫樂祖以城降。己未，郢城主薛元嗣降。

八月丙子，平西將軍陳伯之降。

九月己未，詔假黄鉞蕭衍，若定京邑，得以便宜從事。

冬十一月壬寅，尚書令、鎮國將軍蕭穎胄卒。

十二月丙寅，建康城平。己巳，宣德皇太后令，以征東大將軍蕭衍爲大司馬、録尚書、驃騎大將軍、揚州刺史，封建安郡公，依晉武陵王遵承制故事。壬申，改封建安王寶夤爲鄱陽王。癸酉，以司徒、揚州刺史晉安王寶義爲太尉，領司徒。乙酉，以尚書右僕射王瑩爲左僕射。

二年春正月戊戌，宣德皇太后臨朝，入居内殿。壬寅，大司馬蕭衍都督中外諸軍事，加殊禮。己酉，以大司馬長史王亮爲守尚書令。甲寅，加大司馬蕭衍位相國，梁公，備九錫禮。

二月壬戌，誅湘東王寶晊。丙戌，進梁公蕭衍爵爲王。

三月辛丑，鄱陽王寶夤奔魏，誅邵陵王寶攸、晉熙王寶嵩、桂陽王寶貞。庚戌，車駕東歸至姑熟。丙辰，遜位于梁。丁巳，廬陵王寶源薨。

四月辛酉，禪詔至，皇太后遜居外宫。梁受命，奉帝爲巴陵王，宫于姑熟。戊辰，巴陵王殂，年十五。追尊爲齊和帝，葬恭安陵。

卷一七《梁高祖武皇帝》 中興二年，夏四月丙寅，高祖即位南郊，設壇柴燎，告類于天。禮畢，備法駕還建康宫太極前殿。大赦天下，改元中興二年爲天監元年。

壬午，封齊帝爲巴陵王，全食一郡，一依齊典，行齊正朔。降宣德太后爲齊文帝妃，后王氏爲巴陵王妃。詔「降前代王公封爵，悉皆除省，唯宋汝陰王不在除例」。

追尊皇考爲文皇帝，廟號太祖；皇妣張氏爲獻皇后，妃郗氏爲德皇后，謚兄懿爲長沙王，詔封文武各有差。以弟宏爲臨川王、揚州刺史，弟秀爲安成王，弟偉爲建安王，弟恢爲鄱陽王，弟憺爲始安王。詔後宫樂府一切放還。

己巳，巴陵王薨於姑孰，謚爲和，送終一依宋順帝故事。詔「分遣内侍，周省四方觀政，舉淪滯，求遺隱，問百年，蠲獄訟，天下有罪，許人贖論」。復蘭陵武進縣，依前世之科。乃立公車府謗木肺石，傍各置一函，欲有横議，投謗木函。

五月，江州刺史陳伯之舉兵反，使王茂爲征南將軍、江州刺史，討平之，伯之奔魏。

丁未，詔中書監等八人參定律令。林邑國、干陁利國各遣使貢方物。

十二月乙未，立小廟。甲子，立皇子統爲太子。

是歲，旱，米一斗五千文，人多餓死。立長干寺。

天監二年四月癸卯，尚書删定法度上《梁律》二十卷、《科》四十卷。

扶南、龜兹、中天竺國各遣使貢方物。交州進鸚鵡能歌，不納。

置法王寺，北去縣二十里。

三年，天下多疾疫。

四年正月癸卯，詔「自今九流常選，年未滿三十，不通一經，不得解褐」。

五月，建康縣定陰里生嘉禾，一莖十二穗。

六月，立孔子廟。

十月，大舉北伐。

十二月，天清朗，西南有電光，聞雷聲者三。

歲大穰，穀一斛三十文。

置敬業寺，禮部侍郎盧法震造。

五年四月丙申，廬陵高昌之仁山獲銅劍二，始豐獲八目龜一。

置淨居寺，北去縣六十二里，潁州刺史劉威造。

六年，詔隱淪之士皆令自陳。

三月，有象入京師。

四月，置左右驍衛、左右游擊將軍。

七月甲子，太白晝見。丙寅，置桂州。

八月戊戌，大風折木。京師大水，濤入御道七尺。

乙亥，改閲武堂爲德陽堂、聽訟堂爲儀賢堂。

七年夏四月乙卯，太子納妃，赦大辟已下罪。

五月己亥，詔復置宗正、太僕、大匠、鴻臚等卿，又增太府、太舟，充爲十二卿。

六月辛酉，復建、修二陵周迴五里内居民，改陵監爲陵令。

七月壬辰，置童子奉車郎。

八年正月，詔能通一經，始末無差，許以敘録。

九年，新作緣淮塘，北岸起石頭迄東冶，南岸起後渚籬門，連於三橋。

三月己丑，輿駕幸國子學，親臨講席，賜祭酒已下帛有差。

四月丁巳，選尚書五都令史，革用士流。

是歲，置本業寺，西去縣五十里，比丘淨潔造，在蔣山里。

十年春正月，親祠部南郊。

六月，異蓮一莖三花生樂遊苑。

九月丙申，天西北隆隆有聲，赤氣下至地。

冬十二月，山車見於臨城縣。庚辰，馬仙琕大破魏軍，斬馘十萬，後剋朐山城。

是歲，初作宫城門三重及開二道。置解脱寺，在縣西南六里，武帝爲德皇后造太清里内。

十一年二月，新昌、濟陽二郡野蠶成繭。

十一月癸丑，齊宣德太妃王氏薨。

十二年二月，詔掩骼埋胔。辛巳，新作太極殿，改爲十三間。

六月癸巳，太廟增基九尺。庚子，太極殿成。

十三年二月丁亥，輿駕躬耕籍田，孝悌力田增爵一級。老人星見。

七月乙亥，立皇子綸爲邵陵王，繹爲湘東王，紀爲武陵王。

八月，作浮山堰。時都下訛言有魑鬼取人肝肺，以飼天猲，百姓大懼。

十四年正月乙巳，皇太子冠，大赦天下，賜爲父後者爵一級，王公已下有差，停遠近上慶禮。

十五年，詔以兵騶奴婢六十者，皆免爲庶人。

十六年春正月辛未，祀南郊，詔「尤貧家，勿收今年三月調。無田業者，所在量宜賦給。及優蠲産子之家，恤理寃獄，并賑孤老鰥寡不能自存者」。

二月辛亥，籍田。甲寅，赦罪人。

三月丙子，勑太醫不得以生類爲藥；公家織宫紋錦飾，並斷仙人鳥跡之形，以爲褻衣裁翦，有乖仁恕。於是祈告天地宗廟，以去殺之理，欲被之含識。郊廟牲牷，皆代以麵，其山川諸祀則否。時以宗廟去牲，則爲不復血食，雖公卿異議，朝野喧囂，竟不從。

冬十月，宗廟薦羞，始用蔬果。

十七年春二月癸巳，雍州刺史安成王秀薨。甲辰，大赦。

三月丙寅，改建安郡王偉爲南平王。

十八年四月丁巳，大赦天下。

七月甲申，老人星見。

十九年春正月，改天監爲普通元年，大赦天下。丙子，日有蝕之。扶南、高麗遣使貢獻。

三月，丹、滑國貢獻。

四月，河南國貢獻。

七月，江、淮、海三瀆並溢。

是歲，魏明帝正光元年也。

九月乙亥，夜有日，見於東方，光爛如火。

二年春正月辛巳，祠南郊。詔置獨孤園以恤孤幼。戊子，大赦。

二月辛丑，祀明堂。

四月乙卯，改作南北郊。丙辰，詔曰：「平秩東作，義不在南。」因徙籍田於東郊外十五里。

五月己卯，琬琰殿火，延燒後宫三千餘間。

八月丁亥，始平郡石鼓村地自開成井，方六尺六寸，深三十二丈。

十二月，百濟、新羅遣使貢獻，以百濟王餘隆爲寧東大將軍。

三年五月，詔公卿百寮各上封事，連帥郡國舉賢良、方正、直言之士。

八月甲子，婆利、白堤國遣使貢獻。

十一月，造猛信尼寺。

四年十二月，給事王子雲議鑄錢。狼牙修國遣使貢獻。

五年六月乙酉，龍鬬於曲阿陂，西行至建陵，所過樹木皆折，地開數十丈。征北將軍元樹率衆侵魏。

六年正月，魏徐州刺史元法僧以城來降，封始興郡王。

七年正月，詔在位郡縣各舉所知，凡是清廉，咸須聞薦。

十一月，河南、高麗、林邑、滑國並遣使貢獻。

八年正月甲戌，大赦。改大通元年。辛未，祀南郊。詔流亡者復其宅業，蠲役五年，尤貧者勿令出今年三調，孝悌力田賜爵一級。

改普通八年爲大通元年。

五月丙寅，成景雋剋臨潼、竹邑。

十月庚戌，魏東豫州刺史元慶和降。

十一月丁卯，蕭藻爲都督，鎮渦口，侵魏。

是歲，林邑、師子、高麗等國各遣使貢獻。

置園居尼寺，北去縣四十三里，大通四年，舍人袁頵造。

二年二月，築寒山堰。

四月戊戌，魏爾朱榮廢君殺主，胡太后臨朝。時魏大亂，魏王子北海、臨淮、汝南等並割地來奔；又郢州、北青州、南荆州皆以地來降。

十月，帝以魏北海王元顥爲魏主，令東宮直閤將軍陳慶之衛兵以送還北。魏豫州刺史鄧獻以地降。

三年十月，改中大通元年。大赦，賜孝悌力田爵一級。

夏四月癸巳，陳慶之拔魏梁城，進屠考城，擒魏濟陰王暉業。

五月，又進剋虎牢，魏莊帝出居河北，元顥入洛陽，僭號建武元年，稱建武皇帝。

六月，都下疫甚，帝於重雲殿爲萬姓設救苦齋，以身爲禱。

九月辛未，幸同泰寺，設四部無礙大會，上釋服，御法衣，行清淨大捨，以便省爲房，用素牀瓦器，乘小車，私人執役。甲午，陞法座，爲大衆講《涅槃經》。癸卯，羣臣以錢億萬奉贖皇帝，衆僧默許。乙酉，百辟詣寺東門，奉表請還宮，三請乃許，帝三答書，前後並稱頓首。

十月己酉，又大會，設四部，道俗五萬餘人。會畢，帝御金輅還宮，御太極殿，大赦。

十一月，盤盤、蠕蠕國並遣使朝貢。

二年四月癸丑，幸同泰寺。

六月，林邑、扶南遣使貢獻。

八月，幸德陽堂。

三年四月乙巳，太子統薨，謚曰昭明。

六月癸丑，立昭明太子子歡、譽、詧並爲郡王。是月，丹丹國遣使貢獻。

七月乙亥，立晉安王綱爲皇太子。大赦，賜爲父後者爵一級，及忠孝文武清勤並如之。庚寅，皇宗族有服屬者，並賜湯沐食邑。

九月，狼牙修國遣使貢獻。

是歲，吴興生野稻，飢者賴焉。

十一月，幸同泰寺，講《般若經》。

十二月，魏渤海王高歡舉兵於信都，別奉渤海太守元朗爲天子，改元號中興。其年二月，爾朱隆等已立獻文孫廣陵王元恭於洛陽，改元號普泰。

四年二月，封諸王嫡子爲王。庚子，皇子邵陵王綸有罪，免爲庶人。是日，高歡平爾朱氏，廢元恭，以酖殺之，謚曰節閔，年三十五。又中興王元朗自以疎屬遜位別邸，高歡立孝文孫平陽王修於洛陽，改元永興，又改永熙。

七月甲辰，星殞如雨。

十月，侍中、領國子博士蕭子顯表置制旨《孝經》助教一人，生十人，專通上所釋《孝經義》。

十二月，高麗遣使朝貢。

是歲，魏相高歡以女妻孝武帝元修爲后。

五年正月辛卯，祠南郊。忽聞異香三隨風至，及行事，奏樂迎拜，拜畢，有神光圓照滿壇上，五色，食頃乃滅。戊申，京師地震。己酉，長星見。

五月戊子，京師大水，御道通船。海南、波斯、盤盤遣使朝貢。

置法苑寺，北去縣五十里。

六年二月，親耕籍田，大賜孝悌力田。

三月，百濟遣使貢方物。

四月丁卯，以信武將軍元慶和率衆北侵魏。

閏八月，魏孝武帝西入關，都長安，以宇文泰爲丞相。孝武又與文泰不平，至十一月，遇酖崩，泰立孝文孫南陽王寶矩爲文帝。初，魏武入關，高歡立孝文曾孫清河王亶世子善見，都鄴，改爲天平，號東魏。魏於是始分爲兩。

十二月，西南有雷聲止地。

七年正月戊申，大赦，改元。

大同元年，高麗、丹、滑、波斯等國朝貢。壬戌，上幸同泰寺，鑄銀像。

十月，黃塵如雪。

十二月，北梁州刺史蘭欽攻漢中，魏梁州刺史元羅降。

是歲，西魏文皇帝大統元年。

二年正月，詔求讜言及令文武官舉士。

十月乙亥，詔大舉兵北侵魏。壬午，幸同泰寺，設無㝵大齋。

十一月，雨塵如雪，攬之盈掬。己亥，大兵班師。都下地生白毛，長二尺。

壬午，魏遣使來和，詔許之。

三年四月辛丑夜，朱雀門災。壬寅，大雨灰，黃色。

七月，東魏遣人來聘。

閏九月，使散騎常侍張皐報聘東魏。

冬，地大震。年饑。

四年三月，河南、蠕蠕國朝貢。東魏人來聘。

七月，散騎常侍劉孝儀聘東魏。

八月甲辰，詔淮南十二州飢饉，逋租宿債勿收。

九月，閱武於樂遊苑。

十二月，國子助教皇侃表上《禮記疏義》五十卷。

置洞靈觀，在縣南四十里，陳宣遠所造。

五年春正月乙卯，以禮大賜官。丁巳，御史中丞、參禮儀事賀琛奏：「今南北郊、籍田往還並宜御輦，不復乘輅。二郊請用素輦，皆以侍中陪乘，停大將軍及太僕。」詔付尚書博議施行。改素輦爲大同輦。

八月，扶南獻生犀。

十一月，魏人來聘，遣侍中柳豹聘之。

是時都下訛言云：「天子取人肝以飼天猶。」大小相驚，日晚閉門，持刀杖，數月乃止。

六年二月己亥，耕籍田。

五月乙卯，河南王遣使獻馬及方物，求經論十四條，并請制所定《涅槃經》、《般若》、《金光明經講疏》一百三卷。

七月，東魏人來聘。

九月，始興太守獻嘉禾一莖十七穗。

七年十二月，於宮城西立士林館，延集學者。宕昌、蠕蠕各遣使貢物。百濟王求《涅槃經疏》及醫工、畫師、《毛詩》博士，並許之。

八年正月，安城郡劉敬躬反，江州刺史湘東王繹遣中兵參軍曹子郢討平，擒送都下，斬之。

十一月丙子，詔所在役女丁罷之。

是歲，交州賊李賁攻刺史蕭諮，奔越州。

九年正月丙申，地震，生毛。

置江潭苑，去縣二十里。

十年春，李賁竊號交趾，置百官，改天德元年。

三月甲午，幸蘭陵。庚子，謁建陵，陵上有紫雲覆，久而乃散。帝望陵流涕，所沾草木變色。陵旁先有枯泉，是時流水香潔。辛丑，帝哭於修陵。又於皇基寺設法會，賜蘭陵老少位各一階，所經縣邑，放今年租調。因賦《還舊鄉詩》。己酉，幸京口，登北固樓，因改爲北顧。又幸迴賓亭，宴帝鄉故老及迎候者數千人，各賜錢三千文。

五月，新州刺史盧子雄兄弟被誅，乃舉兵反，廣州刺史蕭映討平之。

十一月，大雪三尺。

十一年正月，震華林園光嚴殿。帝自貶，拜謝上天，累刻乃止。

十二年正月，改年爲中大同元年。曲阿縣建陵隧口石壁邪起舞，有大虵鬬隧中，其一被傷奔走。又青蟲食陵樹葉俱盡。癸丑，交州刺史楊瞟剋交阯嘉寧城，李賁走入屈獠洞，交州平。

三月庚戌，幸同泰寺，講《三惠經》，乃捨身爲奴。

四月，皇太子已下羣臣出錢億萬奉贖，是夜，同泰寺爲天火所燒略盡。

六月辛巳，天有聲，如雷及風水相薄之音。

七月甲子，詔今已後有犯罪非大逆及殺，父母已下並勿坐。丙寅，詔通用足陌錢。甲午，渴盤陁國貢方物。

二年正月改太清元年，北齊高歡薨。

二月，白虹貫日。庚辰，東魏司徒濮陽王侯景率河南十三州地歸降，使行臺丁和奉表，帝許之。壬午，以景爲大將軍，封河南王，大行臺承制，如鄧禹故事。

甲辰，以司州刺史羊鴉仁、桓和等率兵應接侯景。乙巳，帝陞光嚴殿，講《三慧經》，又捨身，羣臣以錢億萬奉贖，僧衆默許。百辟詣鳳莊門上表請帝，帝三答皆稱頓首。

丁亥，服袞冕還宮，幸太極殿，如初即位之禮。是日，神馬出，太子獻《寶馬頌》。

六月，以雍州刺史鄱陽王範爲征北將軍，總督緣邊初附之州，以大將軍侯景爲録尚書。

十一月，軍至寒山，爲後魏慕容紹宗大敗之，蕭明被執。

二年正月朔，兩月相承如鉤，見西方。詔大臣各舉所知。己亥，交州刺史楊瞟司馬陳霸先破屈獠洞，斬李賁，傳首京師。

六月，天裂於西北，長十丈，闊二丈，光出若電，聲動如雷。

七月，使常侍謝珽於東魏結和。

八月，侯景敗歸，自壽陽舉兵反。

十月，攻下馬頭，破歷陽，自採石臨江，詔邵陵王綸討景，景自橫江渡於采石。辛亥，至京師。

十一月，邵陵王入援京師。乙酉，戰於玄武湖東而保愛敬寺，爲賊所破。

十二月戊申，天西北裂，有光如火。時柳仲禮等入援京師，以仲禮爲都督。

置靈隱寺，西北去縣五十里，昃待公所造。

三年正月丁巳，侯景破仲禮於青塘。壬午，熒惑守心。乙酉，太白晝見。

三月丁卯，景攻陷宮城，縱兵大掠。己巳，景自矯詔爲大丞相。

四月己酉，高祖以所求不供，以憂憤寢疾。

五月丙辰，帝幽餧而崩於淨居殿，年八十六。辛巳，遷大行皇帝梓宮於太極殿。

卷一七《太宗簡文皇帝》 太清三年五月，武帝崩，侯景立帝，改元大寶元年。

二年八月，侯景廢帝，立豫章王棟，使呂季略送詔，令帝寫之。帝書至「先皇念神器之重，思社稷之固，越升非次，遂主震方」，嗚咽不能自止，賊衆皆爲掩泣。

十一月，帝遇害，謚簡文帝，廟號太宗，年四十九。豫章王棟即位，其年十一月景又廢帝，自稱漢。六月，征南將軍陳霸先從南康下頓西昌，時湘東王繹遣征東將軍王僧辯督衆軍下討侯景，師次湓城，陳霸先率杜僧明、侯安都等甲兵三萬將往會焉。先遣長史沈袞奉表江陵，勸湘東王進位。

卷一七《世祖元皇帝》 元帝諱繹，武帝子，先封湘東王、荆州刺史。大寶二年，即位於江陵，改號承聖元年。以陳霸先爲司空、南徐州刺史。岳陽王蕭詧引西魏軍寇江陵。

三年十月，西魏將于謹圍江陵。

十一月，城陷。帝爲魏人所殺，年四十七。

卷一七《敬皇帝》 敬皇帝諱方智，元帝第九子。先封晉安王、江州刺史。霸先、僧辯以承聖三年十二月迎入建康，即位，改元紹泰元年。是月，蕭詧立於江陵，號泰安元年，稱後梁。

五月，北齊送蕭懿第五子貞陽侯淵明歸主梁嗣。

七月，僧辯納之，立爲帝，以敬帝爲太子。霸先聞之，遣使四諫，不從。霸先憤，密謂所親曰：「武皇盤石之宗，遠布四海，至於剋雪讎恥，寧濟艱難，唯孝元而已，功業茂盛，前代未聞。我與王公俱受重寄，聲猶在耳，語未絶音，豈期一旦便有異同。嗣主武皇子孫，元帝之子，海内矚目，天下宅心，竟有何辜，生致廢黜，遠求夷狄，假立非次，觀其此情，亦可知矣。」乃密與徐度、侯安都、周文育等謀反，水陸俱進，襲王僧辯。使周文育率勇士夜至石頭北，踰垣而入，霸先自引軍入南門。左右告僧辯外有軍，僧辯驚起，未及召軍主，而周文育與僧辯子頠戰於庭。霸先攻南門而入，僧辯大敗，窘急登城南樓。霸先因風縱火，僧辯就擒，縊而斬之。遂廢貞陽侯，而復方智爲帝，改紹泰元年，進霸先都督中外軍事、車騎大將軍、揚州牧，司空如故，班劍、鼓吹。

時義興太守韋載、震州刺史杜龕等聞僧辯之誅，遂舉兵反於吴興，霸先自往討之。秦州刺史徐嗣徽、南豫州刺史任約等聞霸先不在，密招北齊，舉兵乘虛渡江，掩至闕下，侯安都拒之，乃據石頭，霸先聞之，卷甲還都。

十一月，北齊遣兵五千渡江，據姑孰，又遣安州刺史翟子崇、劉士榮等，及淮州刺史柳達摩以兵一萬，於湖墅以米三萬石、馬千匹潛渡，據石頭。霸先命侯安都水軍夜襲湖墅，燒齊船舫，令周鐵虎率舟師斷齊運輸，霸先自領精騎出西明門，以襲齊軍。

十二月，盡命衆軍分部，對冶城以船渡兵，攻其水南二柵。柳達摩拒淮據之，霸先督衆軍疾戰，縱火燒柵，煙塵漲天，齊人敗走，使侯安都水軍追破嗣徽。嗣徽單舸走，達摩等合衆軍入保石頭。霸先於石頭南北岸絶其汲路，又堙塞城東門，城中諸井無水，水一合質米一升，米一升質絹一匹，或炒米而食之。達摩謂其衆曰：「我在此聞謡言云：『石頭擣兩襠，擣青復擣黄。』昔侯景著青色已倒於此，今吾徒衣黄，豈不是謡言驗乎？」庚申，達摩請和，霸先僞許之，與城外盟約，任其將士南北。辛酉，霸先陳兵石頭南門，送齊人北歸，及至皆殺之。

二年三月，齊將蕭軌、東方老、裴英起、洛州刺史李希光，并任約、徐嗣徽衆軍十萬出柵口，向梁山，頓軍蕪湖。

五月丙申，齊軍至秣陵故城，霸先遣周文育屯方山，徐度屯馬牧，霸先自率宗室王侯朝臣等，立壇於司馬門外仁虎闕下，刑牲告天，以齊人背約食言，慷慨涕泗交流，士卒觀者，益加奮勇。辛丑，齊軍於秣陵東跨淮上橋，引兵度，自方山進及倪塘，游騎至，城下震恐。霸先潛以兵三千配沈泰，渡江襲齊軍行臺趙彦深於瓜步，獲其舟粟之輜重。是日，天子總羽林禁兵，頓長干寺。

六月甲辰，齊兵度鍾山龍尾，據幕府山。霸先又遣錢明領水軍出江乘，斷齊人運糧，齊人大飢，殺馬以食之。壬子，齊軍至玄武湖西北，將屯北郊壇。霸先引軍自覆舟山東移於郊南，與齊人對陣。其夜大雨雷電，暴風拔木，平地水深一丈餘，齊軍日夜坐立泥中，懸鬲而爨，足指皆爛，而城中及潮溝北水退路乾，官軍常得乾地。時食盡，霸先懼，軍人皆給麥餅，兵士甚餒。會陳蒨自東陽送米二千石、鴨千頭，霸先乃炊飯煑鴨，誓軍士一戰乃剋之。及旦，身計裹糧肉數臠畢，自率麾下於幕府山南，吴明徹、沈泰等衆軍首尾齊舉，縱兵大戰，侯安都自白下斷其後，齊師大潰，相藉死者，不可勝計，生執徐嗣徽，斬之以徇。追奔至江乘、攝山，虜蕭軌、東方老、裴英起、李希光、王僧智等四十六人。其餘軍士得竄至江者，自盧龍縛筏以濟，中流筏廢，溺死者不知幾極，流屍至京口，翳水彌岸； 唯任約、王僧愔獲免。丁巳，霸先出南州，燒賊船。己未，斬徐嗣彦、傅野猪於建康市，誅齊將等於城下。改元太平元年。

秋九月，天子進霸先位丞相，録尚書事，揚州刺史，義興郡公。

二年正月，又加霸先班劍三十人，置丞相別榻，霸先房從，悉追贈之。

二月，廣州刺史蕭勃反，沿江而下，南江州刺史余孝頃以兵應之，霸先令周文育討平之。

八月甲午，進霸先位太傅，加黄鉞，劍履上殿，入朝不趨，贊拜不名，給前後羽葆，置皂輪。

九月，進總百揆，封十郡爲陳公，備九錫之禮，授璽紱、遠遊冠，位在諸侯王上，陳國置官屬，一依舊典。

十月，進爵爲王，加冕旒，建旌旗，出警入蹕，乘金根車，駕六馬，備五時副車，置旄頭雲罕，舞八佾，設鐘虡宫懸，陳臺並依齊末故事。

辛未，敬帝禪位於陳王，乃命太尉王通，長史王瑒奉皇帝璽紱，受終之禮，一依唐虞故事。敬帝方智遜位別宫。

卷一八《後梁中宗宣皇帝》 中宗宣皇帝諱詧，字理孫，武帝之孫，昭明太子統第三子。幼好學，善屬文，尤長佛義，特爲武帝所賞，封岳陽郡王，知石頭戍事。昭明薨，武帝捨詧兄弟而立簡文帝綱，内常愧之。後以會稽人物繁富，一郡之會，遂以詧爲東揚州刺史，用慰其心。詧以昆季不得爲嗣，常懷不平。又以武帝衰老，朝夕糠粃，有敗亡之漸，遂蓄聚財貨，門通賓客，招募輕俠，折節下士，有勇敢者故多歸焉。

中大同元年，除都督雍梁五州軍事、校尉。詧以襄陽形勢之地，又武帝創基之所，時平足以樹根本，戰伐可以圖霸功，遂剋己勵節，樹恩於百姓，務修刑政，志在綏養。於是境内稱治。

太清二年，武帝以詧兄河東王譽爲湘州刺史，而張纘爲雍州以代詧。纘恃其才望，志氣輕驕，輕詧少年，州府迎候有闕，詧銜之。及至鎮，乃託疾不與纘相見。後聞侯景作亂，頗凌蹙纘。纘懼爲所擒，乃輕舟夜遁，將之雍部，復慮詧拒之。元帝時鎮江陵，與纘將圖之，以斃詧兄弟。會元帝與譽各率所部領入援京師，至江口，屬侯景請和，詔止援軍。譽自江口將旋湘鎮，纘時在江陵，貽梁元帝書曰：「河東今戴檣上水，欲襲江陵。岳陽在雍，共謀不逞。」元帝甚懼，乃鑿船沈米，斬纜而歸，令其子方等與王僧辯相繼攻譽。譽告急詣詧，詧大怒。續將述職，至州，詧遷延不授替，乃以西城居之，軍民之政，猶歸於詧。詧以構其兄弟，事始於續，將密圖之。其將杜岸招續出奔，續乃服婦人衣，乘青布轝，與親信十人出。杜岸馳報詧。詧遣兵討擒之。乃率衆兵二萬，騎千匹，伐江陵，以赴之。元帝大懼，乃遣參軍庾奐謂詧曰：「正德以亂，天下崩離。汝復效尤，將欲謂何？吾家先宫遺愛，故以汝兄弟見囑。今以姪伐叔，道復安在？」詧謂奐曰：「家兄無罪，屢見攻圍。同氣之情，豈可坐觀成敗。七父若顧先宫，豈應若是。如能追兵湘水，吾便旋旆襄陽。」詧攻江陵柵不剋，其將杜岸懼詧不振，以其屬降於江陵。詧衆大駭，其夜遣歸襄陽。

詧既與江陵構隙，恐不能自固，時西魏恭帝二年，乃遣人稱藩於西魏，請爲附庸，魏相周國公宇文泰會於丞相府，東閣祭酒榮權使焉。元帝使柳仲禮率衆圍襄陽，詧懼，乃遣其妻王氏、世子嶚爲質，請救。周公遣關麻、楊忠等率兵援之，楊忠擒柳仲禮于湍頭，詧乃獲安。周公使詧表嗣位，詧以未有璽命，辭不敢。周公令常侍鄭穆及榮權持節册命詧於襄陽，陛壇受拜，置百官，承制。恭帝三年三月，詧留蔡大寶居守，乃自襄陽朝西魏。魏相周公宇文泰薨。子覺嗣。

十二月晦日，魏恭帝禪位周王宇文覺，稱後周，號元年，都長安，稱大周天王。正月，謂梁王來此，欲相見乎？遂召見，因説周王伐江陵。周乃使太尉長孫儉、万紐于謹征江陵，戕元帝。乃立詧爲梁王，居江陵東城。資以一州之地，其襄陽之地，統歸之于周。

詧稱皇帝，即位於江陵，改年號大定元年，稱後梁。追尊父統爲昭明皇帝，廟號高宗。統妃蔡氏爲昭明皇后，又尊其所生龔氏爲皇太后。立妻王氏爲皇后，巋爲皇太子。上疏于周明帝毓，頻年稱臣，用其正朔，爵命服色，自依梁典。周明帝乃使梁王立統嗣，居於東城，號曰助防。

卷一八《世宗孝明皇帝》 大定八年，宣帝崩，太子即位，號天保元年。春正月，尊祖母龔氏爲太皇太后，所生曹貴妃爲皇太妃。

至五年春正月，陳湘州刺史華皎、巴州刺史戴僧朔來附，乃請伐陳。巋乃求周師勢援，大爲陳將吴明徹所破，徹進逼江陵，引江水灌城。明帝出頓紀南，王操合周軍共以擊之，明徹遂退，明帝乃復入江陵。

六年，即陳光大二年，陳文帝弟安城王頊廢少帝伯宗爲臨海王，自立爲宣帝。

七年八月，陳又遣司空章昭達來寇，明帝與周將陸勝同破之。以華皎爲司空，以僧朔爲車騎將軍。

九年。

十年，使華皎入周，周以基、平、鄀等數州歸于梁。

是歲，周誅宇文護，周改元建德。

十一年。

十二年，周武廢佛道二教，着短穿衣。

十三。

十四。

十五年，周高祖武帝平北齊，封齊太子高緯爲温國公，又得傳國璽入周。明帝入周賀平鄴，周武帝厚加禮送。

十六年，周武帝崩。

十七年，周宣帝賛禪位於太子衍。衍立，是爲靜帝。

十八年。

十九年，周靜帝禪位於隋公楊堅，堅封周帝爲介國公。

二十年，是歲，隋開皇二年，隋朝營新都於隴首川。是歲，陳宣帝頊崩，太子叔寶立，隋文帝遣使以禮聘明帝女爲晉王廣妃。又以明帝子尚隋蘭陵公主，遂通好焉。後使隋，隋加禮相持待，使謂：「梁主久滯荆、楚，未復舊都，故鄉之念，良軫懷抱。朕當振旅長江，相送旋旆耳。」

二十一年，陳之至德元年。

二十二年。

二十三年五月，帝崩，在位二十三年，年四十四，葬顯陵，謚曰孝明皇帝，廟號世宗。

帝性機辯，有文學，撫御能得其下懽心。孝悌仁慈，有人君之量。四季祭享，未嘗不悲慕流涕。尤儉約，御下既有方，境内共言其治，邦國無事。所著文集及《孝經》、《周易義記》及《小大乘幽微》，并行於世。

莒公諱琮，字温文。性倜儻不羈，博學有文義，立爲皇太子。天保二十三年五月，帝崩，即帝位，改號廣運元年。

二年，率其臣下二百餘人朝隋，隋文帝留之，使武鄉公崔弘度將兵攻江陵。江陵不守，帝叔父巖及弟瓛等舉居人奔於陳。隋拜琮爲柱國將軍，封莒國公。

卷一九《陳高祖武皇帝》 太平二年十月戊辰，進爵爲王，加二十郡。冕十有二旒，建天子旌旗，出警入蹕，乘金根車，駕六馬，備副車，置旄頭雲罕，樂舞八佾，設鍾簴宫縣，陳臺百官，一依舊式。

辛未，梁敬帝禪位于陳王，策命曰：「惟王乃聖乃神，欽明文思，二儀並運，四節合敘，天錫勇智，人挺雄傑。爰初投袂，日夜勤王，王公卿士，莫不攸屬，敬從人神之願，授帝位于爾躬。四海困窮，天禄永終，王其允執厥中。乃命太保王通、太尉長史王瑒奉皇帝璽紱。受終之禮，一依唐虞故事。」

是日，梁敬帝方智避位于別宫。高祖三讓，羣臣固請，以梁太平二年冬十月乙亥設壇于南郊，即皇帝位，柴燎告天。禮畢，輿駕旋建康宫，臨太極前殿，大赦，改梁太平二年爲永定元年。

丁丑冬十月乙亥，先是氛霧雨雪，晝夜晦暝，至此日，景氣清晏。詔百官文武進位有差。先繫囚徒，一切釋放。奉梁帝爲江陰王，居晉陵，行梁正朔，車騎服色，一依前準，宫館資待，務盡優假。又降皇太后爲江陰國太妃。丙子，輿駕幸鍾山祀蔣帝廟。遣使宣勞四方。

庚辰，詔出佛牙于杜母宅，集四部設無遮大齋，帝出大司馬門致禮。

辛巳，追尊皇考爲景皇帝，廟號太祖，皇妣董氏爲安太后；追謚前夫人錢氏爲昭皇后；追謚世子克爲孝懷太子。立夫人章氏爲皇后。癸未，尊景帝陵爲瑞陵，昭后陵曰嘉陵，依梁初園邑故事。追封兄道談爲始興郡王，謚曰昭烈；追封母弟休光爲南康郡王，謚曰忠壯。乙酉，立删定郎，刊定律令。

十一月，封兄子蒨爲臨川王；遥襲封昭烈王子頊爲始興王，祀昭烈後；遥襲封忠壯王子曇朗，嗣南康王後。

永定二年春正月，王琳立梁永嘉王蕭莊于郢州，以奉梁後，令兵向建康，使招北齊爲援，齊乃進兵助之。

四月甲子，駕親祀太廟。戊辰，重雲殿東鴟吻有紫煙出屬天。

五月辛酉，帝幸大莊嚴寺捨身。壬戌，王公已下奉表請還宫。

六月，詔司空侯瑱、徐度等討王琳。

七月，新作太極殿欠一柱，忽有樟木大十八圍，長四丈五尺，自流泊陶家後渚，監軍鄒子度以聞。詔起部尚書蔡儔兼將作大匠，取木以構之。

冬十二月甲子，又幸莊嚴寺，設無礙大會，捨乘輿法駕，羣臣備禮，奉迎還宫。

三年春正月丁酉，大雪，太極殿前有龍跡見。甲午，廣州有仙人見于羅浮山小石樓，長三丈，通身潔白，衣服麗楚。

夏四月，豫章太守熊曇朗反，殺江州刺史周文育。

五月朔，日有蝕之，有司奏，舊儀，御前殿，合服朱紗袍，衮冕之服。自今永可爲準。丙寅，扶南使貢方物。乙亥，周文育喪至，帝素服哭于朝堂，哀慟甚，因發疾。

六月丁酉，帝不和，遣太宰、尚書左僕射王通以疾告太廟，太宰、中書令謝哲告太社及南北郊。癸卯，夜，熒惑在心。詔賜尚書令沈衆死。帝漸疾甚，詔迎臨川王蒨入纂大業。丙午，高祖崩于璇璣殿。

秋七月甲寅，大行皇帝遷殯于太極西階。丙申，葬于萬安陵。

卷一九《世祖文皇帝》 永定三年六月丙午高祖崩，遺詔徵帝入纂皇儲。甲寅，至自南皖，辭讓再三，羣臣内外固請，其日入居中書省。皇太后令曰：「昊天不弔，上玄降禍。大行皇帝奄棄萬國，諸孤藐爾，反國無期，須立長君，以寧寓縣。侍中、臨川王四海宅心，可膺寶籙。」是日具禮儀，即位于太極前殿，大赦，公卿百官進位一等，尊皇后爲太皇后，詔封子伯茂爲始興郡王，繼昭烈之後，賜爲父後者爵一級。

秋七月，尚書八座奏請立皇后及諸王太子。

八月辛酉，立皇子伯宗爲皇太子，立妃沈氏爲皇后。

十一月乙卯，王琳進寇大雷，前鋒逼梁山，詔太尉侯瑱禦之。

十二月，大赦，改號。

天嘉元年正月，賜鰥寡孤獨、孝悌力田粟各五斛。甲寅，發使宣勞四方。

二月辛卯，老人星見。丙申，侯瑱大破王琳于梁山，敗齊軍於博望，擒王琳下將劉伯球，王琳及梁王蕭莊走齊之鍾陵。

三月丁巳，江州刺史周迪追斬賊帥熊曇朗于新塗。

是月，驃騎將軍、湘州牧、衡陽王昌薨于魯山江中。

夏四月，喪至，帝親臨，詔謚獻王，立第七子伯信爲衡陽王，奉獻王祀。

六月壬辰，葬梁元帝于江寧舊塋，車旗禮章，並依梁典。帝臨於太極前殿，百寮陪哭。

秋八月戊子，詔非兵器及國用所須金銀、珠玉、衣服、雜玩，悉皆禁斷。

九月乙卯，周將獨孤盛與賀若敦等水陸引軍趨巴、湘，兩道俱進，太尉瑱自潯陽往破盛等于楊葉洲。

是歲，以侍中、國子祭酒周弘正使長安，迎帝弟安成王頊，周人并留之。

天嘉二年正月，高麗、倭國及百濟並遣使貢方物。

六月，齊人通好。

冬十月乙卯，東夷遣使朝貢。乙未，領大著作虞荔卒。

是歲，南安將軍周迪不受徵，與留異結構謀逆。

天嘉三年正月庚戌，設帷于南郊，告胡公以配天。是月，後梁蕭詧薨，子巋代立。

二月，安成王頊自後周還，帝見之大喜，以功進周弘正位金紫光禄大夫，以安成王頊爲司空。

閏二月甲子，改鑄五銖錢。

三月，周迪、留異等舉兵反，令司空侯安都破于桃枝嶺。

四年三月甲申，留異等走，投閩州刺史陳寶應，寶應納之。

五月己巳，太白晝見。是日，侯安都自盡。

六月丁未，夜白虹兩道出北斗間。

秋七月乙未，皇太子納妃朱氏，在位文武賜帛有差。

九月辛未，周迪復寇臨川，詔護軍將軍章昭達討平之。

十二月，昭達軍次建安，討陳寶應。丙申，大赦殊死已下。

五年四月庚子，太白歲星合在奎中。

十一月，章昭達擒陳寶應、留異等。

是日，詔討陳寶應將士亡者，並與棺木，遞還本土。

六年正月乙酉，皇太子加元服，王公已下賜各有差。

六月，周人來聘。

七月癸未，大風自西南至，纔廣百餘步，激壞靈臺候館。甲申，儀賢堂前架無故自壞。丙戌，臨川太守駱牙斬周迪于山穴，傳首建康，梟于朱雀門。

七年春二月丙子，大赦，改元爲天康元年。

三月己卯，進司空、安成王頊爲尚書令。

夏四月癸酉，帝崩于有覺殿。丙戌，葬永寧陵。

卷一九《廢皇帝》 天康元年四月癸酉，文帝崩，是日即位于太極前殿，大赦，內外復職，遠方悉停赴喪。

五月，上尊皇太后爲太皇太后，皇后曰皇太后。以司空、安成王頊爲司徒、録尚書、都督中外諸軍事，始興公伯茂爲征東將軍，袁樞爲尚書左僕射，沈欽爲右僕射。

七月丁酉，立妃王氏爲皇后。

冬十月，享于太廟。

十一月乙亥，周人來弔。

二年春正月，改光大元年。辛卯，祠南郊，大赦。

二月，南豫州刺史余孝頃反，伏誅。

五月，湘州刺史華皎反，引後周爲援。

六月，詔征南大將軍淳于量討平之。

七月戊申，立皇子至澤爲太子。

九月，周將元定入郢州，與華皎水陸俱進，淳于量、吴明徹等逆擊，大破之，皎單舸奔江陵，擒元定送建康。

二年春正月，以侍中安成王頊爲太傅、領司徒、揚州牧，加殊禮，劍履上殿，入朝不趨，贊拜不名。庚子，以淳于量爲中軍大將軍。

四月辛巳，太白晝見。

五月丙辰，太傅安成王獻玉璽一紐。

六月丁卯，彗星見。

九月，新羅、林邑、狼牙修國並使朝貢。時安成王與僕射到仲舉、中書舍人劉師知等恒在禁中，參決衆務，而安成王爲揚州刺史，左右甲仗三百人，入居尚書省。

十一月，劉師知、到仲舉等見安成秉政，惡其權重，陰説于帝，矯太后令下詔安成王曰：「今四方無事，可還東府經治州務。」安成將出，毛喜馳入止之，曰：「王今出外，便受制于他人，譬他曹爽願作富家翁，不可得也。此必師知等矯詔太后之令，請覆之。」安成大懼，乃稱疾，召師知留與語，遂遣毛喜入言白于太后。太后曰：「今伯宗年幼，政事並委二郎，此非我意。」喜出，以報安成。安成囚師知，自入見后及帝，極陳師知之過，乃自草敕收師知，付廷尉獄，賜死。自是政事大小，皆決于安成王。王以上流多反叛，乃諷慈訓太后。

甲寅，太后令廢帝爲臨海王，送之藩邸。詔曰：「太傅、安成王頊固天生德，齊聖廣深，二后鍾心，三靈佇眷。自先朝不豫，任總宅心，威惠相宣，刑禮兼設，且地彰靈璽，天表長彗，除舊布新，貞祥咸顯。文皇知子之鑒，事甚帝堯，傳弟之懷，允符太伯。今可崇立賢君，内外宜依舊典，以輿駕奉迎。」是日，廢帝出居别第。乙卯，薨，年十九。

卷二〇《陳高宗孝宣皇帝頊》 光大二年十一月甲寅，慈訓太后黜廢帝爲臨海王，而召帝入纂。

三年正月甲午，改元太建元年，即位於太極前殿，大赦，進文武位一等，復太皇太后尊號曰皇太后，退文皇太后爲文皇后。

乙未，謁太廟。立妃柳氏爲皇后，以嫡子叔寶爲皇太子，封諸子爲郡王。丁酉，使御史出四方，觀行風俗。以沈欽爲左僕射，王勱爲右僕射。辛丑，祀南郊。

七月辛卯，太子納妃沈氏，王公已下賜帛有差。

十月，廣州刺史歐陽紇據南海反，詔章昭達討平之。

太建二年春正月丙申，皇太后崩於紫極殿，袝葬萬安陵，謚曰宣太后。

四月乙巳，太白晝見。

五月，齊人來弔。

太建三年辛卯正月癸丑，以著作徐陵爲尚書僕射。辛酉，祀南郊。

二月辛巳，祀明堂。丁酉，耕籍田。

三月，大赦。

五月，丹丹、天竺、盤盤等國貢方物。

八月辛丑，太子釋奠於太學。

十二月壬辰，章昭達薨。

太建四年八月辛未，周遣使來聘。丁丑，景雲見。

九月庚子朔，日有蝕之。詔徐度、杜稜、程靈洗等配食武帝廟庭，章昭達配食文帝廟庭。

十一月己亥，夜，地大震。

十二月，衛尉卿許亨卒。

五年春二月，夜有白氣如虹，自北斗貫紫微宫。

三月丙戌，西衡州獻馬生角。詔吴明徹爲征討大都督，北伐，統軍十萬，發自白下。

四月，大破齊師於淮南。

九月壬辰晦，夜明。乙巳，吴明徹克壽陽，斬王琳，傳首京師，梟於朱雀航。

是歲，諸軍略地，所在皆克捷，淮南諸郡悉平之。

六年正月壬戌，大赦江右、淮北諸州。甲申，周人來聘。

二月壬辰，耕籍田。

四月庚子，彗星見。

八月，尚書右僕射周弘正卒。

七年春正月乙亥，衛將軍樊毅剋潼州城。辛巳，祠南北郊。

三月，詔豫、二兖、譙、徐、合、霍、南司、定等九州及所部在江北諸郡置雲旗義士，往與大軍及諸鎮守備防禦。

四月庚寅，豫州刺史陳桃根獻青牛，詔還百姓。乙未，桃根又獻織成羅文錦被表各二，詔於雲龍門外焚之。

六月丙戌，詔北征將士死王事者，克日舉哀。乙酉，改作雲龍、神虎二門。

秋閏九月壬辰，吴明徹大破齊軍於吕梁。是月，甘露三降樂遊苑。丁未，幸樂遊，採甘露，宴羣臣，詔於苑内覆舟山上立甘露亭。

十一月甲子，南康郡獻瑞鐘一口。

是歲，殷不害自周還，優詔拜司農卿，尋遷光禄大夫。

八年春正月庚辰，西南紫雲見。拜吴明徹爲司空，陸繕爲左僕射，王克爲右僕射。

九月，立皇子叔彪爲淮南王，叔齊、叔文皆爲郡王。

九年丁酉春正月，後周滅北齊。

二月壬子，輿駕耕籍田。

七月庚辰，大風雨，震萬安陵華表。癸卯，震瓦官寺重門，一女子死。

十月，吴明徹大破周將梁士彦於吕梁。修東宫城。

十二月，移皇太子居新宫。

十年春正月己巳，以中領軍廬陵王伯仁爲平北將軍。是月，散騎常侍、太子右衛率韋載卒。

夏六月，大雨，震大皇寺刹、莊嚴寺露盤、重陽閣東樓、千秋門内槐樹、鴻臚寺府門。是月，司空吴明徹薨。

九月乙巳，立方明壇於婁湖，臨壇誓衆。乙卯，分遣大使以盟誓頒下四方，上下相警，以備周人。

十一年己亥春正月，龍見於南兖州永寧樓側池中。

七月辛卯，初用大貨六銖錢。丁卯，於大壯觀閲武。

十一月戊戌，周將梁士彦圍我壽陽，克之。又克霍州。是月，以始興王叔陵爲征討大都督，率水步衆軍以拒周師。

十二月乙丑，南、北兖、晉三州及盱眙、山陽、陽平、馬頭、秦郡、歷陽、北譙、沛、南梁等九郡民並自拔以歸建康。周又進克譙、北徐二州，乘勝而前，自是淮南之地，復盡歸於周矣。

十二年庚子六月，大風吹壞皐門中闥。是月，黄門侍郎顧野王卒。

秋八月己未，周鄖州總管司馬消難以所統九州八鎮之地來降，詔消難爲大都督，統九州八鎮諸軍事，遷司空，給鼓吹、女樂一部，率衆江北，授之大軍，北伐。是月，遣南豫州刺史任忠率衆趨歷陽，陳惠紀趨南兖州。庚午，散騎侍郎淳于陵克臨江郡。癸酉，魯廣達克郭默城。甲戌，大雨霖。丙子，淳于陵克祐州城。

九月，周臨江太守劉顯光率衆來降。是月，天東南有聲，如風水相激，三夜乃止。丁亥，周將王延貴率衆來援歷陽，任忠擊破之，擒延貴，以送建康。己酉，周廣陵義軍主曹藥率衆來降。

十三年春正月辛丑，以晉安王伯恭爲尚書左僕射，袁憲爲右僕射。

二月乙亥，親耕籍田。

四月乙巳，分衡州始興郡爲東衡州，以本衡州爲西衡州。

七月，徵君馬樞卒。

九月癸亥，夜大風從西北來，發屋振樹，大雨雹。

十二月辛巳，彗星見西南。

是歲，周静帝宇文衍遜位於隋文帝楊堅，改元開皇元年。周三代，五帝，二十五年。

十四年春正月己酉，帝不豫。甲寅，崩於宣福殿。

卷二〇《後主長城公叔寶》 太建十四年正月甲寅，宣帝崩。乙卯，始興王叔陵構逆。

丁巳，後主即皇帝位於太極前殿，大赦，如宣帝故事。以丹楊尹長沙王叔堅爲驃騎大將軍，尊皇妣爲太后，居栢香殿。

甲戌，於太極殿設無礙大齋。詔内外百官各薦一人。是月，右衛將軍、秘書監傅縡下獄死。

四月丙申，立子胤爲皇太子，賜爲父後者爵一級，王公已下賚帛有差。

七月辛未，大赦天下。是月，自建康至荆州，江水色赤如血。

八月丁酉，天赤如火。

九月，設無礙大會於太極前殿，捨身及乘輿御服，又大赦天下。辛亥夜，天東北有聲如蟲飛，漸移西北。乙卯，太白晝見。

至德元年春正月，大赦，改元。

秋八月丁卯，以長沙王叔堅爲司空。

九月丁巳，天東南有聲如蟲飛。

冬十月，封弟九人爲郡王。

十二月丙辰，頭和國遣使朝貢。戊午夜，天開自西北至東南，其内青黄雜色，隆隆若雷聲。

是歲，左光禄大夫、太子少傅徐陵卒。

至德二年甲申正月丁卯，分遣八使巡省風俗。

夏四月，以江總爲右僕射。

七月壬午，皇太子加元服，在位文武賜帛有差，孝弟力田爲父後者爵一級，鰥寡孤獨不能自存者，人穀五石。

至德三年正月戊午朔，日有食之。

三月，豐州刺史章大寶舉兵反。

四月，豐州義軍主陳景詳斬大寶，傳首京師。

八月戊子，老人星見。

十一月，詔修孔子廟。辛巳，幸長干寺，大赦。高麗、百濟使來朝賀。

至德四年九月，幸玄武湖，肄艫艦閲武，宴羣臣賦詩。

十月，以江總爲尚書令，謝伷爲尚書右僕射。

禎明元年春正月戊寅，大赦，改元。乙未，地震。

四月，光禄大夫毛喜卒。

秋九月庚寅，梁太傅安平王蕭巖、荆州刺史蕭巘以其文武官寮家屬濟江還。

十月，以蕭巖爲平東將軍。乙亥，割揚州吴郡置吴州，以錢唐縣爲郡屬焉。

是歲，起部尚書孫瑒卒。

禎明二年春正月，立皇子恮爲東陽王，恬爲錢唐王。

夏四月戊申，羣鼠無數，自蔡洲岸入石頭，緣淮至於青塘兩岸，數日自死，隨流入江。是月，郢州南浦水黑如墨。

五月甲午，東冶鑄鐵，有物赤色如火，大數升，自天墜鎔所，隆隆有聲如雷，鑄鐵飛出牆外，燒人家。

六月庚子，廢皇太子胤爲吴興王，立始安王深爲皇太子。丁巳，大風自西北激濤水入石頭城，淮渚暴溢，漂没船舫。

冬十月己酉，帝幸幕府山，大獵。

初，隋文帝受周禪，甚敦鄰好，宣帝尚不禁侵掠。太建末，隋兵大舉，聞宣帝崩，乃命班師，遣使赴弔，行敵國之禮，書稱姓名頓首。

禎明三年春正月乙丑朔，朝大霧四塞，入人鼻皆辛酸。後主昏睡，至晡乃醒。是日，隋將賀若弼從廣陵濟京口，韓擒虎從横江濟采石，南北俱進，緣江鎮戍，望風盡走。丙寅，采石戍主徐子建馳告變。是日，後主方下詔曰：「犬羊陵縱，侵竊郊畿，蜂蠆有毒，宜時掃定。朕當親御六師，廓清八表，内外並可戒嚴。」以驃騎將軍蕭摩訶爲皇畿大都督，樊猛爲上流大都督，樊毅爲下流大都督，司馬消難、施文慶並爲大監軍，重立賞格，分兵鎮守要害，僧尼道士盡皆執役。

庚午，賀若弼陷南徐州。辛未，韓擒虎陷南豫州。後主遣詔司徒豫章王叔英屯朝堂，追蕭摩訶屯樂遊苑，樊毅屯耆闍寺，魯廣達屯白土岡，神武將軍孔範屯寶田寺，鎮東將軍任忠屯朱雀門。辛巳，賀若弼進白土岡東南，大破陳軍，士卒奔北，弼乘勝破魯廣達、蕭摩訶等於樂遊苑，遊騎次宫城，燒北掖門。是日，韓擒虎率衆自新林石子岡進，大將軍任忠出降，乃引擒虎徑至朱雀航趨宫城，自南掖門入。文武百司皆遁出，惟尚書令江總、吏部尚書姚察、侍中王寬、度支尚書王援等居省中，尚書僕射袁憲、後閤舍人夏侯公韻二人居殿中，以侍後主。俄頃，隋兵至，憲、韻二人勸後主端坐殿上，正色待之。後主曰：「鋒刃之下，未可交當，吾自有計。」乃將張麗華、孔貴嬪二妃入景陽樓井中，憲、韻等苦諫，以身蔽井，後主不從，與之力爭久之，方得入，二人拜哭而去。

三月己巳，後主與王公卿士内外文武百司發自建康，而入長安。

《漢晉春秋》

晉習鑿齒撰

〔建興三年〕亮在南中，所在戰捷。聞孟獲者，爲夷、漢所服，募生致之。既得，使觀於營陣之間，問曰：「此軍何如？」獲對曰：「向者不知虚實，故敗。今蒙賜觀看營陣，若祇如此，即定易勝耳。」亮笑縱使更戰，七縱七擒，而亮猶遣獲。獲止不去，曰：「公天威也，南人不復反矣！」遂至滇池。南中平，皆即其渠率而用之。或以諫亮，亮曰：「若留外人，則當留兵，兵留則無所食，一不易也。加夷新傷破，父兄死喪，留外人而無兵者，必成禍患，二不易也。又吏累有廢殺之罪，自嫌釁重，若留外人，終不相信，三不易也。今吾欲使不留兵、不運糧而綱紀粗定，夷、漢粗安，故耳。」

〔建興七年〕是歲，孫權稱尊號，其群臣以並尊二帝來告，議者咸以爲交之無益而名體弗順，宜顯明正義，絶其盟好。亮曰：「權有僭逆之心久矣，國家所以略其釁情者，求犄角之援也。今若加顯絶，仇我必深，便當移兵東戍，與之角力，須並其土，乃議中原。彼賢才尚多，將相緝穆，未可一朝定也。頓兵相持，坐而須老，使北賊得計，非算之上者。昔孝文卑辭匈奴，先帝優與吴盟，皆應權通變，宏思遠益，非匹夫之爲分者比。今議者咸以權利在鼎足，不能并力，且志望已滿，無上進之情，推此皆似是而非也。何者？其智力不侔，故限江自保。權之不能越江，猶魏賊之不能渡漢，非力有餘而利不取也。若大軍致討，彼上當分裂其地，以爲後規，下當略民廣境，示武於内，非端坐者也。若就其不動而睦於我，我之北伐，無東顧之憂，河南之衆，不得盡西，此之爲利亦已深矣，權僭之罪未宜明也。」乃遣衛尉陳震慶權正號。

〔建興九年二月，伐魏。〕亮圍祁山，招鮮卑軻比能。比能等至，故北地、石城以應亮。於是，魏大司馬曹真有疾，司馬宣王自荆州入朝。魏明帝曰：「西方事重，非君莫可付者。」乃使西屯長安，都督張郃、費耀、戴陵、郭淮等。宣王使耀、陵留精兵四千守上邽，餘衆悉出，西救祁山。郃欲分兵駐雍郿，宣王曰：「料前軍能獨當之者，將軍言是也。若不能當，而分爲前後，此楚之三軍所以爲黥布擒也。」遂進。亮分兵留攻，自逆宣王於上邽。郭淮、費耀等徼亮，亮破之，因大芟刈其麥，與宣王遇於上邽之東，斂兵依險，軍不得交，亮引兵而還，宣王尋亮至於鹵城。張郃曰：「彼遠來逆我，我請戰不得，謂我利在不戰，欲以長計制之也。且祁山知大軍以在近，人情自固，可止屯於此，分爲奇兵，示出其後，不宜進前而不敢逼，坐失民望也。今亮懸軍食少，亦行去矣。」宣王不從，故尋亮既至，又登山掘營，不肯戰，賈栩、魏平數請戰，因曰：「公畏蜀如畏虎，奈天下笑何！」宣王病之，諸將咸請戰。五月辛巳，乃使張郃攻無當監何平於南圍，自案中道向亮。亮使魏延、高翔、吴班赴拒，大破之，獲甲首三千級，玄鎧五千領，角弩三千一百張，宣王還保營。

〔建興十二年二月，伐魏。〕亮自至，數挑戰，宣王亦表固請戰，使辛毗持節以制之。姜維謂亮曰：「辛佐治仗節而至，賊不復出矣。」亮曰：「彼本無戰情，所以固請戰者，以示武於衆耳。將在軍，君命有所不受，苟能制吾，豈千里而請戰邪！」

〔秋八月〕亮卒于郭氏塢，楊儀等整軍而出，百姓奔告宣王，宣王追焉。姜維令儀反旗鳴鼓，若向宣王者，宣王不敢逼。於是儀結陣而去，入谷然後發喪。宣王之退也，百姓爲之諺曰：「死諸葛走生仲達。」或以告宣王，宣王曰：「吾能料生，不能料死也。」

〔建興十三年，魏青龍三年，郭后崩。〕初，甄后之誅，由郭后之寵，及殯，令被髮覆面，以糠塞口，遂立郭后，使養明帝。帝知之，心嘗懷忿，數泣問甄后死狀。郭后曰：「先帝自殺，何以責問我？且汝爲人子，可追仇死父，爲前母枉殺後母邪？」明帝怒，遂逼殺之，敕殯者使如甄后故事。

〔建興十五年，魏景初元年。〕魏帝徙盤，盤折聲聞數十里，金狄或泣，因留於霸城。

〔延熙元年，魏景初二年。〕公孫淵自立，稱紹漢元年，聞魏人將討，復稱臣於吴，乞兵北伐以自救。吴人欲戮其使，羊衜曰：「不可，是肆匹夫之怒，而損霸王之計也。不如因而厚之，遣奇兵潛往，以要其成。若魏伐淵不克，而我軍遠赴，是恩結遐夷，義蓋萬里。若兵連不解，首尾離隔，則我虜其旁郡，驅民而歸，亦足以致天之罰，報雪曩事矣。」權曰：「善！」乃勒兵大出，謂淵使曰：「請俟後問，當從簡書，必與弟同休戚，共存亡，雖隕於中原，吾所甘心也。」又曰：「司馬懿所向無前，深爲弟憂也。」

十二月，帝以燕王宇爲大將軍，使與領軍將軍夏侯獻、武衛將軍曹爽、屯騎校尉曹肇、驍騎將軍秦朗等對輔政。中書監劉放、令孫資，久專權寵，爲朗等素所不善，懼有後害，因圖間之，而宇常在帝側，故未得有言。甲申，帝氣微，宇下殿呼曹肇有所議，未還而帝少間，惟曹爽獨在。放知之，呼資與謀。資曰：「不可動也。」放曰：「俱入鼎鑊，何不可之有！」乃突前見帝，垂泣曰：「陛下氣微，若有不諱，將以天下付誰？」帝曰：「卿不聞用燕王邪？」放曰：「陛下忘先帝詔敕：藩王不得輔政。且陛下方病，而曹肇、秦朗等便與才人侍疾者言戲。燕王擁兵南面，不聽臣等入，此即豎刁、趙高也。今皇太子幼弱，未能統政，外有强暴之寇，内有勞怨之民，陛下不遠慮存亡，而近繫恩舊，委祖宗之業付二三闒寺，寢疾數日，内外擁隔，社稷危殆而己不知，此臣等所以痛心也。」帝得放言，大怒曰：「誰可任者？」放、資乃舉爽代宇；又白宜詔司馬宣王使相參，帝從之。放、資出，曹肇入，涕泣固諫，帝使肇敕停。肇出户，放、資趨而往，復説止帝，帝又從其言。放曰：「宜爲手詔。」帝曰：「我困篤不能。」放即上床，執帝手强作之，遂賫出，大言曰：「有詔免燕王宇等官，不得停省中。」於是宇、肇、獻、朗相與泣而歸第。

〔延熙四年，魏正始二年，吴赤烏四年。〕零陵太守殷禮言於權曰：「今天棄曹氏，喪誅累見，虎爭之際而幼童莅事。陛下身自御戎，取亂侮亡，宜滌荆、揚之地，舉强羸之數，使强者執戟，羸者轉運，西命益州軍於隴右，授諸葛瑾、朱然大衆指事襄陽，陸遜、朱桓别征壽春，大駕入淮陽，厲青、徐。襄陽、壽春困於受敵，長安以西務對蜀軍，許、洛之衆勢必分離，犄角瓦解，民必内應，將帥對向，或失便益，一軍敗績，則三軍離心。便當秣馬脂車，陵陷城邑，乘勝逐北，以定華夏。若不悉軍動衆，循前輕舉，則不足大用，易於屢退，民疲威消，時往力竭，非出兵之策也。」權弗能用之。

〔延熙七年，魏正始五年，曹爽至長安，與夏侯玄入漢中。〕司馬宣王謂夏侯玄曰：「《春秋》責大德重，昔武皇帝再入漢中，幾至大敗，君所知也。今興平路勢至險，蜀已先據，若進不獲戰，退見徼絶，覆軍必矣，將何以任其責？」玄懼，言於爽，引軍退。費禕進兵據三嶺以截爽，爽爭險苦戰僅乃得過，所發牛馬運轉者死失略盡，羌胡怨嘆，而關右悉虚耗矣。

〔延煦九年，魏正始七年，吴赤烏九年。〕是年，吴將朱然入柤中，斬獲數千。柤中民吏萬餘家渡沔。司馬宣王謂曹爽曰：「若便令還，必復致寇，宜權留之。」爽曰：「今不修守沔南，留民沔北，非長策也。」宣王曰：「不然，凡物置之安地則安，危地則危，故兵書云：成敗，形也；安危，勢也。形勢，御衆之要，不可不審。設令賊二萬人斷沔水，三萬人與沔南諸軍相持，萬人陸鈔柤中，君將何以救之？」爽不聽，卒令還，然後襲破之。袁淮言於爽曰：「吴楚之民，脆弱寡能，英賢大才，不出其地。比技量力，不足與中國相抗。然自上世以來，嘗爲中國患者，蓋以江漢爲池，舟楫爲用，利則陸鈔，不利則入水。攻之道遠，中國之長技無所用之也。孫權自十數年以來，大畋江北，繕治甲兵，精其守禦，數出盜竊，敢遠其水陸次平土，此中國所願聞也。夫用兵者貴以飽待饑，以逸擊勞，師不欲久，行不欲遠，守少則固，力專則强。當今宜捐淮漢以南，退却避之。若賊能入居中央，來侵邊境，則隨其所短，中國之長技得用矣。若不敢來，邊境得安，無鈔盜之憂矣。使我國富兵、强政、修民，一陵其國，不足爲遠矣。今襄陽孤在漢南，賊循漢而上，則斷而不通，一戰而勝，則不攻自服，故置之無益於國，亡之不足爲辱。自江夏已東，淮南諸郡，三復已來，其所亡幾何？非以近賊疆界，易鈔略之故哉！若徙之淮北，遠絶其間，則民人安樂，何鳴吠之驚乎！」遂不從。

〔延熙十二年，魏嘉平元年。〕曹芳謁曹叡墓於大石山，曹爽兄弟皆從。於是司馬懿閉四城，遂與太尉蔣濟俱屯洛水南浮橋，奏罷爽兄弟。不知所爲。芳還宿伊水南，發屯田數千人，樹鹿角爲營。

〔延熙十二年，姜維出西平，不克。每欲大舉。〕費禕謂維曰：「吾等不如丞相亦已遠矣，丞相猶不能定中夏，況吾等乎！且不如保國治民，敬守社稷，如其功業，以俟能者，無以爲希冀徼幸而決成敗於一舉。若不如志，悔之無及。」

〔延熙十四年，懿殺王凌及曹彪。〕初，凌、愚謀以帝幼，制於强臣，不堪爲主。楚王彪長而才，欲迎立之以興曹氏。凌使人告廣，廣曰：「凡舉大事，應本人情。今曹爽以驕奢失民，何平叔虚而不治，丁、畢、桓、鄧雖並有宿望，皆專競於世，加變易朝典，政令數改，所存雖高，而事不下接。民習於舊，衆莫之從，故雖勢傾四海，聲震天下，同日斬戮，名士減半而天下安之，莫或之哀，失民故也。今懿情雖難量，事未有逆。而擢用賢能，廣樹聲色，修先朝之政令，副衆心之所求。爽之所以爲惡者，彼莫不必改，夙夜匪懈，以恤民爲先。父子兄弟，並握兵要，未易亡也。」凌不從。

〔延熙十五年，魏嘉平四年，吴建興元年，吴修東興堤。〕初，孫權築東興堤，以遏巢湖。後征淮南，壞不復修。是歲，諸葛恪率軍吏更於堤左右結山挾築兩城，使全端、留略守之，引軍而還。諸葛誕言於司馬景王曰：「致人而不致於人者，此之謂也。今因其内侵，使文舒逼江陵，仲恭向武昌，以羈吳之上流，然後簡精卒攻兩城，比救至，可大獲也。」景王從之。

〔延熙十六年春〕諸葛恪使司馬李衡往蜀，説姜維令同舉曰：「古人有言，聖人不能爲時，時至亦不可失也。今敵政在私門，外内猜隔，兵挫於外，而民怨於内。自曹操以來，彼之亡形未有如今者也。若大舉伐之，使吳攻其東，漢入其西，彼救西則東虚，重東則西輕。以練實之軍，乘虚輕之敵，破之必矣。」維從之。

〔延熙十八年，魏正元二年，毌丘儉反。〕傅嘏固勸景王行，景王未從，嘏重言曰：「淮楚兵勁，而儉等負力遠鬥，其鋒未易當也。若諸將戰有利鈍，大勢一失，則公事敗矣。」是時景王新割目瘤，創甚，聞嘏言蹶然而起曰：「我請輿疾而東。」

〔延熙二十年，魏甘露二年，諸葛誕起兵。〕蔣班、焦彝言於諸葛誕曰：「朱異等以大衆來而不能進，孫綝殺異而歸江東，外以發兵爲名，而内實坐須成敗，其歸可見矣。今宜及衆心尚固，士卒思用，并力決死，攻其一面，雖不難盡克，猶有可全者。」文欽曰：「江東乘戰勝之威久矣，未有難北方者也。況公今舉十餘萬之衆内附，而欽與全端等皆同居死地，父兄子弟盡在江表，就孫綝不欲，主上及其親戚豈肯聽乎？且中國無歲無事，軍民並疲，今守我一年，勢力已困，異圖生心，變故將起，以往準今，可計日而望也。」班、彝固勸之，欽怒，而誕欲殺班，二人懼，且知誕之必敗也，十一月，乃相協而降。

〔景耀元年，魏甘露三年，昭拔壽春殺誕。〕文欽曰：「蔣班、焦彝謂我不能出而走，全端、全懌又率衆逆降，此敵無備之時也，可以戰矣。」誕及唐咨等皆以爲然，遂共悉衆出攻。

〔八月，髦養老於太學。〕帝乞言於王祥，祥對曰：「昔者明王禮樂既備，加之以忠誠，忠誠之發，形於言行。夫大人者，行動乎天地，天且弗違，況於人乎！」

〔九月，吳孫綝廢其主亮，桓彝弗肯署名，綝殺之。〕彝，魏尚書令階之弟。

〔景耀二年，魏甘露四年正月，先是，魏地井中屢有龍見。〕是時，龍仍見，咸以爲吉祥。帝曰：「龍者，君德也，上不在天，下不在田，而數屈於井，非嘉兆也。」乃作《潛龍》之詩以自諷。司馬文王見而惡之。

〔景耀三年，魏景元元年，昭弑其主髦及王經。〕自曹芳事後魏人省徹宿衛，無復鎧甲，諸門戎兵，老弱而已。曹髦見威權日去，不勝其忿，乃召侍中王沈、尚書王經、常侍王業謂曰：「司馬昭之心，路人所知也。吾不能坐受廢辱，今日當與卿〔等〕自出討之。」王經諫曰：「昔魯昭公不忍季氏，敗走失國，爲天下笑。今權在其門，爲日久矣，朝廷四方皆爲之致死，不顧順逆之理，非一日也。且宿衛空闕，兵甲寡弱，陛下何所資用，而一旦如此，無乃欲除疾而更深之邪！禍殆不測，宜見重詳。」帝不聽，乃出懷中板令投地曰：「行之決矣。正使死，何所恨，況不必死邪！」於是入白太后，沈、業奔走告文王，文王爲之備。髦遂帥僮僕數百，鼓噪而出。昭弟屯騎校尉伷入，遇髦於東止車門，左右訶之，伷衆奔走。中護軍賈充又逆髦，戰於南闕下，髦自用劍。（揮）衆欲退，太子舍人成濟問充曰：「事急矣，當云何？」充曰：「公畜養汝等，正爲今日，今日之事，無所問也。」濟即抽戈犯蹕，前刺髦，刃出於背。文王聞之大驚，自投於地曰：「天下其謂我何！」太傅孚奔往，枕帝股而哭，哀甚，曰：「殺陛下者，臣之罪也。」於是召百官議其事。昭垂涕問陳泰曰：「何以居我？」泰曰：「公光輔數世，功蓋天下，謂當並迹古人，垂美於後，一旦有弑君之事，不亦惜乎！速斬賈充，猶可以自明也。」昭曰：「公閭不可得殺也，卿更思餘計。」泰厲聲曰：「意唯有進於此耳，餘無足委者也！」歸而自殺。

丁卯，葬高貴鄉公於洛陽西北三十里瀍澗之濱，下車數乘，不（没）〔設〕旌旐，百姓相聚而觀之曰：「是前日所殺天子也。」或掩面而泣，悲不自勝。

景耀五年，姜維率衆出狄道，廖化曰：「兵不戢，必自焚，伯約之謂也。智不出敵而力少於寇，用之無厭，何以能立？《詩》云『不自我先，不自我後』，今日之事也。」

〔炎興元年，魏景元四年，吳永安六年，魏入寇關口。〕蔣舒將出降，乃詭謂傅僉曰：「今賊至不擊而閉城自守，非良圖也。」僉曰：「受命保城，惟全爲功，今違命出戰，若喪師負國，死無益矣。」舒曰：「子以保城獲全爲功，我以出戰克敵爲功，請各行其志。」遂率衆出，僉謂其戰也，至陰平以降胡烈，烈乘虚襲城，僉格鬥而死，魏人義之。

〔甲申，魏咸熙元年以檻車征鄧艾，鍾會謀反，伏誅。〕鍾會陰懷異圖，姜維見而知其心，謂可構成擾亂以圖克復也。乃詭説會曰：「聞君自淮南以來，算無遺策，晉道克昌，皆君之力。今復定蜀，威德振世，民高其功而主畏其謀，欲以此安歸乎！夫韓信不背漢於擾攘，以見疑於既平，大夫種不從范蠡於五湖，卒伏劍而妄死，彼豈暗主愚臣哉，利害使之然也。今君大功既立、大德已著，何不法陶朱泛舟絶迹，全功保身，登峨嵋之嶺而從赤松游乎！」會曰：「君言遠矣，我不能行，且爲今之道，或未盡於此也。」維曰：「其他則君智力之所能（盡），無煩於老夫矣。」由是情好歡甚。

三月，晉公既進爵爲王，太尉王祥、司徒何曾、司空荀顗並詣王。顗曰：「相王尊重，何侯與一朝之臣皆已盡敬，今日便當相率而拜，無所疑也。」祥曰：「相國位勢誠爲尊貴，然要是魏之宰相，吾等魏之三公，公王相去一階而已，班列大同。安有天子三公可輒拜人者？損魏朝之望，虧晉王之德。君子愛人以禮，吾不爲也。」及入，顗遂拜而祥獨長揖。王謂祥曰：「今日然後知君見顧之重。」

乙酉泰始元年。

（泰始二年八月，謁崇陽陵，詔以衰絰行，不果。）初，文王之崩也，羊祜謂傅玄曰：「三年之喪，雖貴遂服，自天子達。而漢文除之，毁禮傷義，常以爲歎。今上天縱至孝，有曾閔之性，雖奪其服而實行喪禮。喪禮實行，除服何爲耶？若因此革魏之薄，而守先王之法，以敦厚風俗，重之百代，不亦美乎！」玄曰：「漢文以來，世乃淺薄，不能復行國君之喪，故因而除之。數百年一旦復古，恐難行也。」祜曰：「就不能使天下如禮，且使主上遂服不猶（爲）善乎！」玄曰：「若主上不除而臣下除，此爲但有父子，無復君臣，三綱之道虧矣。」

（十二月，吴討山賊施但，還都建業。）初，望氣者云荊州有王氣，破揚州面建業宫不利。故皓徙武昌，遣使發民，掘荊州界大臣名家冢與山岡相連者以厭之。既聞但反，自以爲徙土得計也。使數百人鼓噪入建業，殺但妻子，云天子使荊州兵來破揚州賊，以厭前氣。

（泰始七年，吴復取交趾。）初，霍弋使楊稷，毛炅等戍交趾，與之誓曰：「若賊圍城，未百日而降者，家屬誅。若過百日而城没者，刺史受其罪。」及吴陶璜圍之，稷等日未滿而糧盡，乞降於璜，璜不許，而給糧使守。吴人並諫，璜曰：「霍弋已死，無能來者，可須其糧盡，然後乃受，使彼來無罪，而我取有義，内訓吾民，外懷鄰國，不亦可乎！」稷、炅糧盡，救不至，乃納之。

（泰始八年，吴陸抗拔西陵，羊祜救不及。）羊祜既歸，增修德信，以懷吴人。陸抗每告其邊戍曰：「彼專爲德，我專爲暴，是不戰而自服也。各保分界，無求細益而已。」於是吴晉之間，餘糧栖畝而不犯，牛馬逸而入境，可宣告而取也。沔上獵，吴獲晉人先傷者，皆送而相還。抗嘗疾，求藥於祜，祜以成合與之曰：「此上藥也，近始自作，未及服，以君疾急，故相致。」抗得而服之，諸將或諫，抗不答。孫皓聞二境交和，以詰於抗，抗曰：「夫一邑一鄉，不可以無信義於人，而況大國乎！臣不如是，正足以彰其德耳，於祜無傷也。」或以祜、抗爲失臣節，兩譏之。

（泰始九年，理鄧艾，以其孫朗爲郎中。）時樊建爲給事中，晉武帝問諸葛亮之治國，建對曰：「聞惡必改，而不矜過，賞罰之信，足感神明。」帝曰：「善哉，使我得此人以自輔，豈有今日之勞乎！」建稽首曰：「臣竊聞天下之論，皆謂鄧艾見枉，陛下知而不理，此豈馮唐之所謂『雖得頗、牧而不能用』者乎！」帝笑曰：「吾方欲明之，卿言起我意。」於是發詔治艾焉。

（咸寧四年，羊祜卒。）初，羊祜攻江陵，以軍法欲斬王戎，夷甫又忿，祜言其必敗，不相貴重。天下爲之語曰：「二王當朝，世人莫敢稱羊公之有德。」

（咸寧五年，吴天紀三年夏，郭馬反。）先是，吴有説讖者曰：「吴之敗，兵起南裔，亡吴者公孫也。」皓聞之，文武職位至於卒伍有姓公孫者皆徙於廣州，不令停江邊。及聞馬反，大懼曰：「此天亡也。」

（太康六年，劉毅卒，毅嘗上疏論宜罷中正，除九品。未能改。）初，陳群爲吏部尚書，制九格登用，皆由於中正，考之簿世，然後授任。

（太康八年，太廟殿陷，改營之。）武帝改營太廟，南致荊山之木，西採華山之石，鑄銅柱十二，塗以黄金，鏤以百物，填以丹青，綴以珠玉，以麗之也。

元康七年，以王戎爲司徒。是時王夷甫爲尚書令，樂廣爲河南尹。王夷甫、樂廣俱以宅心事外，名重於時，故天下之言風流者稱王、樂焉。

（永寧元年齊王冏輔政。）齊王冏之方盛也，有婦人詣大司馬門，求寄産。吏乃詰之，婦人曰：「待我截臍罷便去耳。」言訖不見。有識者聞而惡其言。至二年而冏被誅。

（永嘉五年，琅琊王睿擊華軼，斬之。）初，劉琨知軼必敗，謂其自取之也。

〔建興三年，丞相睿加王敦都督江揚等州軍，而敦潛畜異志矣。〕初，王夷甫言東海王越轉王敦爲揚州。潘滔初爲太傅長史，言於太傅曰：「王處仲蜂目已露，豺聲未發，今樹之江外，肆其豪强之心，是賊之也。」

〔建興三年〕愍帝在長安，爲劉粲所攻，糧盡，太倉有麴數十餅，屑之爲粥以供帝，麴屑盡，遂降。

《晉陽秋》

晉孫盛撰

卷一 〔青龍二年〕諸葛亮寇於郿，據渭水南原，詔使高祖拒之。亮善撫御，又戎政嚴明，且僑軍遠征，糧運艱澀，利在野戰。朝廷每聞其出，欲以不戰屈之，高祖亦以爲然。而擁大軍禦侮於外，不宜遠露怯弱之形以虧大勢，故秣馬坐甲，每見吞併之威。亮雖挑戰，或遺高祖巾幗。巾幗，婦女之飾，欲以激怒，冀獲曹咎之利。朝廷慮高祖不勝忿憤，而衛尉辛毗骨鯁之臣，帝乃使毗仗節爲高祖軍司馬。亮果復挑戰，高祖乃奮怒，將出應之，毗仗節中門而立，高祖乃止，將士聞見者益加勇鋭。識者以人臣雖擁衆千萬而屈於王人，大略深長皆如此之類也。

〔景初二年〕高祖伐公孫淵，過本縣，賜牛酒穀帛郡守、典農。會暮次父老故舊，宴飲。高祖作歌曰：「天地開闢，日月重光。今遭際會，奉辭遐方。將掃逋穢，還過故鄉。肅清萬里，總齊八荒。告成歸老，待罪舞陽。」

〔嘉平元年曹爽等從駕謁高平陵，以太后令閉諸城門。〕司農桓範，字元則，出奔曹爽云：「大司農印在吾手中，所在得開倉而食。」

正元元年

〔九月，廢芳立髦。〕高貴鄉公神明爽儁，德音宣朗。（罷朝），景王曰：「上何如主也？」鍾會對曰：「文高陳思，武類太祖。」景王曰：「若如卿言，社稷之福也。」

〔正元二年，毌丘儉、文欽起兵擊敗之。欽奔吴，儉走死。〕景帝有目疾，文鴦之來攻，驚而目出。懼六軍恐，蒙以被，痛甚，齧被皆破。

〔甘露元年，以盧毓爲司空，固讓王祥，不許。〕王祥少有美德行。後母數譖祥，屢以非理使祥，弟覽輒與祥俱。又虐使祥婦，覽妻亦趨而共之。母患，方盛寒冰凍，母欲生魚，祥解衣將剖冰求之，會有處冰小解，魚出。

〔景元三年，殺嵇康。〕嵇康性不偶俗。

〔咸熙元年，姜維受後主敕降鍾會。後知會有異志，説之反。斬會及維。〕盛以永和初從安西將軍平蜀，見諸故老，及姜維既降之後，密與劉禪表疏，説欲僞服事鍾會，因殺之以復蜀土，會事不捷，遂至泯滅，蜀人於今傷之。盛以爲古人云：非所困而困焉，名必辱；非所據而據焉，身必危。既辱且危，死其將至。其姜維之謂乎！鄧艾之入江由，士衆鮮少，維進不能奪節綿竹之下，退不能總帥五將，擁衛蜀主，思後圖之計，而乃反復於逆順之間，希違情於難冀之會，以衰弱之國而屢觀兵於三秦已滅之邦，冀理外之奇舉，不亦暗哉！

二月，文帝進號爲王，太尉王祥獨長揖，王謂祥曰：「今日然後知君見顧之重也。」

卷二 泰始元年

〔時魏刻薄奢侈，欲矯以仁儉。〕武帝令曰：「殿前織成帷，不須施也。」

泰始六年春帝正月

〔六年冬，譙周卒。〕詔曰：「朕甚悼之，賜朝服一具，衣一襲，錢十五萬。」周息熙上言，周臨終囑熙曰：「久抱疾，未曾朝見，若國恩賜朝服衣物者，勿以加身。當還舊墓，道險行難，預作輕棺。」殯斂已畢，上還所賜。詔曰：「還衣服，給棺直。」

泰始七年春帝正月

〔十二月，吴孫秀降。〕賜雲母車。

〔三月，裴秀薨。〕裴秀有風操，十餘歲，時人爲之語曰：「後進領袖有裴秀。」

泰始八年春帝正月

吴拔西陵，羊祜救之不及，歸自江陵，務修德信以懷吴人。吴陸抗與羊祜推僑、札之好。抗嘗遺祜酒，祜飲之不疑。抗有疾，祜饋之藥，抗亦推心服之。於時以爲華元、子反復見於今。

泰始九年春帝正月

〔鄭袤薨。〕袤字材叔，泰子。泰與華歆、荀攸善。見袤曰：「鄭公業爲不亡矣。」初爲臨菑侯文學，稍遷至光禄大夫。泰始七年以袤爲司空，固辭不受，終於家。子默字思玄。

泰始十年春帝正月

〔四月，荀顗薨。〕荀顗字景倩，幼爲妹夫陳群所異，博學洽聞，意思慎密。司馬宣王見顗，奇之曰：「荀令君之子也，近見袁侃，亦曜卿之子也。」擢拜散騎侍郎。顗佐命晉室，位至太尉，封臨淮康公，嘗難鍾會「《易》無互體」，見稱於世。

咸寧元年春帝正月

八月丁酉，大風折大社樹，有青氣出焉。此青㨂也，占曰：「東莞當有帝者。」明年，元帝生。是時帝大父武王封東莞，由是徙封琅邪。孫盛以爲中興之表。晉室之亂，武帝子孫無孑遺，社樹折之應，又恒風之罰也。

咸寧二年春帝正月

〔八月，以陳騫爲大司馬。〕騫字休淵，司徒矯第二子，無謇諤風，滑稽而多智謀，仕至大司馬。

咸寧四年春帝正月

〔冬以衛瓘爲尚書令。〕初，惠帝之爲太子，咸謂不能親政事。衛瓘每欲陳啓廢之而未敢也。後因會醉，遂跪床前曰：「臣欲有所啓。」帝曰：「公欲所言者，何邪？」瓘欲言而復止者三，因以手撫床曰：「此坐可惜。」帝意乃悟，因謬曰：「公真大醉也。」帝後悉召東宮屬官大會，令左右賫尚書處事以示太子，令處決。太子不知所對。賈妃以問外人，代太子對，多引古詞義。給事張弘曰：「太子不學，陛下所知，宜以見事斷，不宜引書也。」妃從之。弘具草奏，令太子書呈，帝大悅，以示瓘。於是賈充語妃曰：「衛瓘老奴，幾敗汝家。」由是怨瓘，後遂殺之。

咸寧五年春帝正月

馬隆討涼州虜，隆募限腰引弩四十六鈞，弓限四鈞已上。隆捶擲懸弓弩，擲側閲試。自旦至日中，得三千五百人。

太康元年

〔三月平吴，改元。〕王濬收其圖籍，領州四，郡四十三，縣三百一十三，户五十萬三千，吏三萬二千，兵二十三萬，男女口二百三十萬，米穀二百八十萬斛，舟、船五千餘艘，後宫五千餘人。

太康二年春帝正月

〔閏月李胤薨。〕李敏將家入海而復與子相失，敏子追求敏，出塞，越二十餘年不娶。州里徐邈責之曰：「不孝莫大於無後，何可終身不娶乎！」乃娶妻，生子胤而遣妻，常如居喪之禮，不勝憂，數年而卒。胤生不識父母，及有識，蔬食哀戚亦如三年之喪。以祖、父不知存亡，設主奉之。由是知名，仕至司徒。

太康四年春帝正月

〔三月齊王攸薨。〕齊王攸，字大猷，文帝第二子。孝敬忠肅，清和平允，親賢下士，仁惠好施。能屬文，善尺牘。初荀勖、馮紞爲武帝親幸，攸惡勖之佞，勖懼攸或嗣立，必誅己，且攸甚得衆心，朝賢景附。會帝有疾，攸及皇太子入問疾，朝士皆屬目於攸，而不在太子。至是勖從容曰：「陛下萬年後，太子不得立也。」帝曰：「何故？」勖曰：「百僚内外，皆歸附於齊王，太子安得立乎？陛下試詔齊王歸國，必舉朝謂之不可。若然，則臣言徵矣。」侍中馮紞又曰：「陛下必欲建諸侯，成五等，宜從親始，親莫若齊王。」帝從之，於是下詔，使攸之國。攸聞勖、紞間己，憂忿不知所爲。入辭，出嘔血薨。帝哭之慟。馮紞侍曰：「齊王名過其實，而天下歸之。今自薨殞，陛下何哀之甚？」帝乃止。劉毅聞之，故終身稱疾焉。

太康五年春帝正月

癸卯，二龍見武庫井中，帝觀之有喜色，百官將賀，劉毅以爲不祥，獨表曰：「昔龍漦夏庭，禍發周室，龍見鄭門，子産不賀。」孫楚上書曰：「頃聞武庫井中有二龍，群官俱謂之禎祥而稱賀，或有謂之非祥，無所賀。可謂楚既失之，而齊未爲得也。夫龍或俯守鱗翼，潛於重淵，或仰攀雲漢，游於蒼昊，而今蟠於坎井，同伴於蛙蟆。豈獨管庫之士，或有隱伏，廝役之賢，没於行伍，故曰龍見光景，有所感帝邪？」帝答曰：「朕德政未修，未有以應受嘉祥，」遂不賀也。

太康六年春帝正月

〔劉毅卒。毅常奏中正之設，損政者八。〕初，陳群爲吏部尚書，制九格登用，皆由於中正考之簿世，然後授任。

太康七年春帝正月

甲寅朔，日有食之，乙卯又食。詔曰：「邦之不臧，實在朕躬，公卿大夫，極言其故。」太尉亮、司徒舒、司空瓘上言曰：「三朔之始，日有食之，伏陽節過而堅冰未消。謹案經義曰：日，君道也、文道也、夫道也、君子道也，陽勝陰氣之常。今陽冰不消，陰氣盛。陰盛者，臣擅君權也，孝道不修也，後宫過度也，小人在位也。」

太康八年春帝正月

戊申朔，日又食，太熙元年武帝崩之應。

太康九年春帝正月

太康十年春帝正月

〔四月朱整卒。〕朱整少有名行，官至中書監。魏禪晉，使整與中書令劉良共爲詔，世祖踐祚，權即用之。

〔四月新廟乃成，十一月庚寅，梁又折。〕孫盛論曰：於時後宫殿有孽火，又廟梁無故自折。先是帝多不豫，益惡之。明年帝崩，而王室頻亂，遂亡天下。

太熙元年春帝正月

〔魏舒卒。舒子先亡。〕魏舒子亡，詔曰：「唯有一息，足堪負荷思，所以散其憂懷，給陽燧、四望車。使出入觀望，散其衷懷。」

永熙元年

五月以楊駿録朝政。馮翊太守孫楚謂曰：「公以外戚居伊、霍之任，而不與宗室共參萬機，禍至無日矣。」駿不從。

元康元年

〔六年，賈后殺衛瓘。〕衛瓘字伯玉，清貞有名理，少爲傅嘏所知。弱冠爲尚書郎，遂歷位内外，爲晉尚書令、司空、太保，惠帝初輔政，爲楚王瑋所害。

元康四年春帝正月

〔傅咸卒。〕司隸校尉傅咸，勁直正厲，果於從政，先後彈奏百僚，王戎多不見從。

元康五年春帝正月

〔王湛卒。〕王深弟湛，字處冲，汝南太守。湛子承，字安期，東海内史。承子述，字懷祖，尚書令、衛將軍。述子坦之，字叔度，北中郎將，徐、兗二州刺史。王昶子中湛最有德譽，而承亦自爲名士，述及坦之並顯重於世，爲時盛門云。

元康六年春帝正月

〔吴令謝洵表爲孫氏置家家人。〕謝洵，河東人，終於吴令。

元康八年春帝正月

〔關中氐反，諸將敗退，乃遣孟觀討之。〕振威盧播，伐萬年。

元康九年春帝正月

〔孟觀獲齊萬年。〕孟觀爲振威將軍，擊氐、羌於中亭，大破之。

永康元年春帝正月

〔廢賈后、殺張華、裴頠、賈謐，黨與皆伏誅。〕潘岳字安仁，滎陽人，夙以才穎發名。善屬文，清綺絶世，蔡邕未能過也。仕至黄門侍郎，爲孫秀所害。

永寧元年

正月乙丑，趙王倫篡位，樂廣與滿奮、崔隨進璽綬。

〔三月齊王冏起兵討倫，四月攻孫秀於中書省，斬之。〕孫秀爲趙王倫侍郎，劉弘爲琅琊内史，廉秀於倫，遂爲所信。弘謂人曰：「孫秀校才，其志難滿。」

太安元年

六月齊王冏輔政，士以牛酒郊勞。平原王幹獨賫百錢於懷，賀之。

夏四月，彗星晝見，不行其占也。

〔十二月顒使乂討冏，冏敗，斬之。〕齊王起義，葛旟轉長史。既克趙王倫，與董艾等專執威權，冏敗，見誅。

太安二年春帝正月

〔六月劉弘討張昌，敗績。〕以劉弘顧望，除名爲民。

〔顒與穎舉兵反，十月，乂大破之。穎殺陸機。〕機入晉，仕著作郎，至平原内史。

〔乂討張方，不克。十一月，潁逼京師，驃騎主簿祖逖啟乂，使劉沉討顒，乂從之。〕祖逖字士雅。好俠。每之田舍，輒稱兄命，散穀帛以贈貧者。

永興元年（正月殺乂改元永定。七月，幸鄴，改元建武，十一月幸長安，復爲永安。十二月改元永興。）

〔正月樂廣卒。〕成都王之起兵，長沙王猜廣。廣曰：「寧以一女而易五男？」乂猶疑之，遂以憂卒。

〔既殺乂。二月廢太子覃。三月。〕河間王顒表拜成都王穎爲皇太弟。

七月，司空王戎、高密王簡、平昌公模等以大駕北征。

十二月廢皇太弟穎，立豫章王熾爲皇太弟。

永興二年春帝正月

〔六月王戎薨。〕戎多殖財賄，常若不足。或謂戎故以此自晦也。戴逵論之曰：「王戎晦默於危亂之際，獲免憂禍，既明且哲，於是在矣。」或曰：「大臣用心，豈其然乎？」逵曰：「運有險易，時有昏明，如子之言，則蘧瑗、季札之徒，皆負責矣。自古而觀，豈一王戎也哉？」

〔七月，越與范陽王虓發兵，將西迎大駕。留睿以東平，監徐州，守下邳。睿請王導爲司馬。〕王導接誘應會，少有牾者。雖疏交常賓，一見多輸寫款誠。自謂爲導所遇，同之舊暱。

〔十月范陽王虓薨，長史劉輿誅穎。〕劉輿字慶孫，中山人，有豪俠才算，善交結。爲范陽王虓所暱，虓薨，太傅召之，大相委仗，用爲長史。

〔十一月帝中毒崩。〕惠帝崩，由食餅也。

永嘉元年春帝正月

〔七月琅琊王睿爲安東將軍，都督揚州。〕祖逖爲汝南太守，值京師傾覆，率流民數百家南渡，行達泗口，安東拔爲徐州刺史。

永嘉二年春帝正月

〔王彌寇洛陽，王衍敗之。〕夷甫善施舍，父時有假貸者，皆與焚券，未嘗謀貸利之事。

永嘉三年春帝正月

〔以王衍爲太尉。〕太尉王夷甫言選者，以弟澄爲荆州刺史，從弟敦爲青州刺史。澄、敦俱詣太尉辭。太尉謂曰：「今王室將卑，故使弟等居齊、楚之地，外可以建霸業，内足以匡帝室，所望於二弟也。」

永嘉四年春帝正月

澄至鎮，日夜縱酒，不以寇戎爲懷。郭舒爲荆州別駕，諫刺史王澄宜撫養文武，簡練士卒，以備不虞，不可輕佻。

〔六月劉淵死，聰代之。〕聰一名載，字玄明，屠各人。父淵因亂起兵，死，聰嗣業。

永嘉五年春帝正月

太傅東海王越之東奔也，石勒追之。焚屍於寧平，數十萬衆斂手受害。勒縱騎圍射，屍積如山，王夷甫死焉。

六月劉曜入於京都，六宮幽辱。

〔七月劉曜入長安。〕征西將軍南陽王模出降，斬之。以模妃劉氏賜胡張平爲妻。

永嘉六年春帝正月

劉淵加帝開府儀同三司、會稽郡公。引帝入宴。謂帝曰：「卿爲豫章王時，朕與王武子俱造卿。武子稱朕於卿，卿言聞名久矣。卿以所作樂府文示朕曰：『劉君，聞君善詞賦，試爲看也。』朕與武子俱爲盛德頌，卿稱善者久之。又引朕射於皇堂，朕得十二籌，卿與武子得九籌。卿又贈朕柘弓、銀硯，卿頗憶否？」帝曰：「臣安敢忘之，恨爾日不得早識龍顔。」聰曰：「卿家骨肉何相殘之甚？」帝曰：「此殆非人事，皇天意也。大漢將興，應乾受歷，故爲陛下自相驅耳。且臣家若能奉武皇帝之業，九族敦睦，陛下何由得之？」聰甚有喜色。

〔永嘉七年正月，帝遇弒崩。〕荀崧常謂人曰：「懷帝天姿清劭，少有聲名。若遭承平之世，足爲守文佳主。而繼惠帝擾亂之後，東海專政，祿去王室，無幽、厲之釁，而有犬戎之禍，悲夫！」

建興元年（四月奉懷凶問，即位改元）

〔睿以祖逖爲豫州刺史。〕逖性通濟，不拘小節。又賓從多是桀黠勇士，逖待之如子弟。永嘉中，流民以萬數，揚土大饑，賓客攻剽。逖則擁護全衛。談者以此少之，故久不得調。

建興二年春帝正月

〔石勒復奉表於王浚。〕石勒僞事王浚，浚遺勒麈尾。勒爲不執，置之於壁，朝拜之，云：「見王公所賜如見公也。」

建武元年（建興五年三月稱晉王改元）

〔正月庚子。〕虹長彌天，三日並出，觀臺令史諫章曰：「天下其三分乎？巫咸曰：『三日並見於房心下，不出一年，天下治，有礫地爲三州者。』」

〔七月大旱。〕司、冀、青、雍蝗，茅草皆盡。石勒與蝗競取民禾，百姓謂之「胡蝗」。

太興元年（三月奉愍凶問，即位改元。）

太興二年春帝正月

〔修復山陵。〕衡陽歐純者，甚有巧思。造竹木室，作一婦人居其中。人扣其户，婦人開户而出，當户再拜，還入户内，閉户。又作鼠市於中，四方丈餘，開有四門，門中有一木人。縱四五鼠於中，欲出門，木人輒以椎椎之。門門如此，鼠不得出。又作指南車及木奴，令春穀作米。中宗聞其巧，詔補尚方左校。

太興三年春帝正月

〔乙卯詔曰「吾雖上繼世祖，然於愍、懷皇帝皆北面稱臣。今祠太廟，不親執觴酌，而令有司行事，於情禮不安，可依禮更處」。群議不同。〕孫盛曰：《陽秋傳》云：「臣、子一例也。」雖繼君位，不以後尊降廢前敬。昔魯僖上（祠）〔嗣〕莊公，以友於長幼而（外）〔升〕之爲逆。準之古義，明詔是也。

〔閏月以周顗爲尚書僕射。〕顗字伯仁，有風流才氣，少知名，兼美姿容，終日正體嶷然，雖一時儕輩皆無敢媟近。辟爲太尉參軍。汝南賁泰淵通清操之士，嘗歎曰：「汝、潁固多賢士，自項陵遲，雅道殆衰。今復見周伯仁。伯仁將祛舊風，清我邦族矣。」舉寒素，累遷尚書僕射。

〔七月，後趙兵退走，祖逖進屯雍邱。〕逖攻城略地，招懷義士，屢摧石虎，虎不敢復窺河南。石勒爲逖母墓置守吏。劉琨與親舊言曰：「吾枕戈待旦，志梟逆虜，常恐祖生先吾著鞭耳。」

〔十二月以譙王丞爲湘州刺史。〕司馬丞字元敬，譙王遜子也。爲中宗相州刺史，路過武昌。王敦與燕會，酒酣謂丞曰：「大王篤實佳士，非將御之才。」對曰：「焉知鉛刀不能一割乎？」

大興四年春帝正月

祖逖聞王、劉構隙知大功不遂，發病。九月，會其病卒，先有妖星見豫州分。逖曰：「此必爲我也，天未欲滅寇故耳。」贈車騎將軍。

永昌元年春帝正月

〔王敦起兵。初，敦與朝廷乖離，録有時望者。〕謝鯤字幼輿，陳郡人。父衡晉碩儒。鯤性通簡，好《老》《易》，善音樂，以琴書爲業。避亂江東，爲豫章太守，王敦引爲長史。

太寧元年（三月改元）

〔轉温嶠爲中書令。〕温嶠上疏曰：「臣才短學淺，文義不通，中書之職，酬對無方。斟酌重輕，豈惟文疏而已，自非望士良才，何可妄居斯任！」累辭得止。

太寧二年春帝正月

〔敦殺其從事周嵩、周楚。〕嵩事佛，臨刑猶誦經。

〔六月敦内向。〕王敦將至，温嶠燒朱雀橋以阻其兵。

太寧三年春帝正月

王敦既平，思求民瘼，詔尚書令、僕射、尚書曰：「吾饑於餐直言，渴於求亮，正想諸君達吾此懷矣。予違汝弼，堯舜之相君臣。吾雖暗度，不距逆耳之談。稷、契之任，諸君居之矣，望共勖之。」

〔五月，以陶侃都督荆、湘等州軍事，復鎮荆州。〕侃練核庶事，勤務稼穡，雖戎陳武士皆勸厲之。有奉饋者皆問其所由來，若力役所致，歡喜慰賜。若他所得，則呵辱還之。是以軍民勤於農稼，家給人足。性纖密好問，頗類趙廣漢。嘗課營種柳，都尉夏施盜拔武昌郡西門所種。侃後自出，駐車施門，問：「此是武昌西門柳，何以盜之？」施惶怖首伏，三軍稱其明察。侃勤而整，自强不息。又好督勸於人，常云：「民生在勤，大禹聖人，猶惜寸陰。至於凡俗，當惜分陰。豈可游逸，生無益於時，死無聞於後，是自棄也。又老莊浮華，非先王之法，言而不敢行。君子當正其衣冠，攝以威儀，何以亂頭養望，自謂宏達邪？」

〔閏七月，以左僕射荀崧爲光禄大夫，録尚書事。〕荀崧少有志操，雅好文學，孝義和愛。在朝恪勤，位至右光禄大夫，開府儀同三司。

咸和元年（二月改元）

〔四月鄧攸卒。〕鄧攸既棄子，遂無繼嗣，爲有識者傷惜。

咸和二年春帝正月

是時成帝在襁褓，太后臨朝。中書令庾亮以元舅輔政，欲以風軌格政，繩御四海。而蘇峻擁兵近甸，爲逋逃藪。亮圖召峻，王導、卞壼皆不欲。亮曰：「蘇峻豺狼，終爲禍亂。晁錯所謂『削亦反，不削亦反』。」遂下優詔，以大司農征之。峻怒曰：「庾亮欲誘殺我也。」

十一月，蘇峻作逆。

十二月，詔庾亮都征討。

咸和三年春帝正月

五月，蘇峻自姑孰至於石頭，逼遷天子。峻以倉屋爲宮，使人守衛。

咸和四年春帝正月

〔匡術以苑降，百官赴之，劉超等謀奉帝出，逸使任讓殺之。〕時劉超遷右衛大將軍。

〔二月討逸，斬之。殺任讓而原匡術、賈寧。〕匡術爲阜陵令，逃亡無行。

庾亮征蘇峻，術勸峻誅亮，遂與峻同反。後以苑城降。

咸和六年春帝正月

丁巳，會州郡秀孝於樂賢堂，有麐見於前。孫盛以爲吉祥，曰：夫秀孝，天下之彦士。樂賢堂所以樂養賢也。自喪亂以後，風教陵夷，秀無策試之才，孝乏四行之實。麐興於前，或其故乎？

咸和八年春帝正月

〔四月征尋陽翟湯。〕翟湯，字道淵，南陽人。漢方進之後也。篤行任素，義讓廉潔，饋贈一無所受。值亂多寇，聞湯名德，皆不敢犯。

咸和九年春帝正月

〔以庾亮都督江、荆等州軍事。亮辟殷浩爲參軍。〕浩善以通和接物也。

咸康二年春帝正月

〔以虞潭爲衛將軍。〕虞潭翻子。清貞有檢操，外如退弱，内堅正，有膽幹。仕晉歷位内外，終於衛將軍。追贈侍中、左光禄大夫、開府儀同三司。

〔二月立皇后杜氏。〕杜乂字弘治，京兆人，祖預、父錫，有譽前朝。乂少有令名，仕丹陽丞早卒。成帝納乂女爲后。

咸康三年春帝正月

地生毛，近白祥也。孫盛以爲民勞之異也。是後石季龍滅，而中原向化，將相皆甘心焉。於是方鎮屢革，邊戍仍遷。皆擁帶部曲，動有萬數。其間征伐、征賦役，無寧歲。天下勞擾，民以疲怨。

咸康四年春帝正月

亮欲起兵廢導，孫盛諫曰：「王公常有世外之懷，豈爲凡人事邪，此必佞邪之徒欲間内外耳。」亮乃止。

咸康五年春帝正月

〔七月王導卒。常與亮共薦何充於帝，以充爲護軍。〕何充，字次道，廬江人，導妻姊之子，明穆皇后之妹夫也。思韻淹濟。有文義才情。導深器之，由是少有美譽。

咸康六年春帝正月

〔庾亮卒。〕庾亮字元規，潁川鄢陵人，明穆皇后長兄也。淵雅有德量，時人方之夏侯太初、陳長文之倫。侍從父琛，避地會稽，端拱嶷然，郡人嚴憚之。覲接之者，數人而已。累遷征西大將軍、荆州刺史。

咸康七年春帝正月

〔十二月陸玩卒。〕陸玩器量淹雅，位至司空，追贈太尉。

咸康八年春帝正月

穀城縣民留珪，夜見門外有光，取得玉鼎一，圍四寸。廬江太守以獻。

五月甲戌，有馬色赤如血，自宣陽門直走入殿前，旋盤走出，逐尋不知所在。

〔咸康八年十二月，立皇后褚氏。徵后父裒爲侍中，裒不願居中任事，乃除江州。〕裒簡穆有器。

建元元年春帝正月

〔庾翼移鎮襄陽，以庾冰都督荆、江等州。徵何充録尚書。〕初，顯宗臨崩，庾冰議立長君，何充謂宜奉皇子。爭之不得，充不自安，求處外任。及冰出鎮武昌，充自京馳還，言於帝曰：「冰不宜出，昔年陛下龍飛，使晉德再隆者，冰之勛也。臣無與焉。」

〔冰性清慎。〕荆州刺史庾冰子襲嘗貸官曹絹十匹。冰怒撻之，市絹還官。

建元二年春帝正月

九月帝崩。

〔十月庾冰卒。〕庾冰字季堅，太尉亮之弟也。少有檢操，兄弟常器之，曰：「吾家晏平仲。」累遷車騎將軍、江州刺史。

永和元年春帝正月

皇太后設紗帷於殿，擁帝朝群臣。

〔四月以會稽王昱録尚書，昱以劉惔等爲談客。〕惔尚廬陵公主，名南弟。

〔七月庾翼卒。八月以桓温都督荆、梁等州，領荆州刺史。〕習鑿齒爲桓温荆州主簿，親遇深密。

永和二年春帝正月

〔己卯何充卒。〕何充與王濛、劉惔好尚不同，由此見譏於當世。

〔二月癸丑以會稽王昱輔政。〕充之卒，議者謂太后父裒宜秉朝政。裒自丹徒入朝。吏部尚書劉遐勸裒曰：「會稽王令德，國之周公也，足下宜以大政付之。」裒長史王胡之亦勸歸藩，於是固辭歸京。

〔十一月〕温率所領七千餘人伐蜀。拜表輒行。

永和三年春帝正月

〔三月桓温平蜀反役，薦譙秀。〕譙秀字元彦，巴西人，譙周孫。熙子。性清静，不交於俗。知將大亂，豫絶人事，從兄弟及諸親里不與相見。州郡辟命，及李雄盜蜀，安車徵秀。又雄叔父驤、驤子壽辟命，皆不應。常冠鹿皮，躬耕山藪。永和三年，安西將軍桓温平蜀反役，上表薦秀，曰：「巨聞大樸既虧，則高尚之標顯；道喪時昏，則忠貞之義彰。故有洗耳投淵以振（元）〔玄〕邈之風，亦有秉心矯迹以惇在三之節。是以上代之君，莫不崇重斯軌，所以篤俗訓民，静一流競。伏維大晉應符御世，運無常通，時有屯蹇，神州邱墟，三方圮裂。《兔罝》絶響子中林，《白駒》無聞於空谷，斯有識之所悼心，大雅之所歎息者也。陛下聖德嗣興，方恢天緒。臣昔承役，有事西土，鯨鯢既懸，思宣大化；訪諸故老，搜揚潛逸，庶追武羅於羿、浞之墟，想王蠋於亡齊之境。竊聞巴西譙秀，植操貞固，抱德肥遁，揚清渭波。於時皇極遘道消之會，群黎蹈顛沛之艱，中華有顧瞻之哀，幽谷無遷喬之望。凶命屢招，奸威仍逼，身寄虎吻，危同朝露。而能抗節玉立，誓不降辱，杜門絶迹，不面僞庭，進免龔勝亡身之禍，退無薛方詭對之譏。雖園綺之栖商洛，管寧之默遼海，方之於秀，殆無以過。於今西土，以爲美談。夫旌德禮賢，化道之所先；崇表殊節，聖哲之上務。方今六合未康，豺狼當路，遺黎偷薄，義聲弗聞。益宜振起道義之徒，以敦流遁之弊。若秀蒙蒲帛之徵，足以鎮静頽風，軌訓嚚俗，幽遐仰流，九服知化矣。」

〔十二月蕭敬文叛取巴西。〕蕭敬文叛亂，譙秀避難宕渠川中，鄉人宗族憑依者以百數。秀年八十，衆人以其篤老，欲代之負擔。秀拒曰：「各有老弱，當先營救。吾氣力自足堪此，不以垂朽之年累諸君也。」後十餘年，卒於家。

永和四年春帝正月

〔温既滅蜀，威振朝廷，加温征西大將軍。〕桓温入蜀，聞有善星者，後有大志，遂致之，夜獨執其手，於星下問國祚之修短。星人曰：「世祚方永，太微、紫微、文昌三宫氣候如此，決無憂慮，五十年外不論耳。」温不悦，明晚送絹一匹，錢五千文以與之。星人乃馳詣主簿習鑿齒曰：「家在益州，今受旨自裁，無由致其骸骨，緣君仁厚，乞命爲摽揭棺木耳。」鑿齒問其故，星人曰：「賜絹一匹，令僕自裁，惠錢五千，以買棺。故知之耳。」鑿齒曰：「君幾誤死，君嘗聞乎，知星宿有衣不覆之義乎？此以絹戲君，以錢供道中資糧，是聽君去耳。」星人大喜，明便詣温别。温問去意，以鑿齒言答。温笑曰：「鑿齒憂君誤死，君定是誤活。徒三十年看儒書，如一詣不聚習主簿也。」

永和五年春帝正月

〔趙王浹來降，陳逵進據壽春。〕逵爲西中郎將，領淮南太守，成歷陽。

〔十二月徐兖都督褚裒卒。〕褚裒字（祖）季野，河南陽翟人。祖（契）〔䂮〕，安東將軍。父治，武昌太守。裒少有簡貴之風，冲默之稱。累遷江、兖二州刺史，贈侍中、太傅。

永和七年春帝正月

王洽除中書令，時年二十九。將辭之，從兄朗之遺書曰：「弟今二十九便居清顯要任，敢不敬以先旨，爲弟啓義讓之路焉！若弟年至四五十之間，雖復朝令，超登公輔，亦非吾所豫，況降此以還者邪。」洽遂不拜。

永和八年春帝正月

〔冉閔子智以鄴降。〕冉閔大將軍蔣幹以傳國璽付河南太守戴施，施獻之，百僚皆賀。璽光照洞徹，上蟠螭文隱起，書曰：「昊天之命，皇帝壽昌。」蓋秦舊（物）〔璽〕也。石虎刻其旁曰「天命石氏」。

永和十年春帝正月

〔免揚州刺史殷浩爲庶人。〕初，浩以中軍將軍鎮壽陽，羌姚襄上書歸降。後有罪，浩陰圖誅之。會關中有變，苻健死。浩僞率軍而行，云：「修復山陵。」襄前驅恐，遂反。軍至山桑，聞襄將至，棄輜重馳保譙。襄至，據山桑，燒其舟實。至壽陽，略流民而還。浩士卒多叛，征西温乃上表黜浩，撫軍大將軍奏免浩，除名爲民。浩馳還謝罪，既而遷於東陽信安縣。

永和十一年春帝正月

〔以謝尚爲鎮西將軍，鎮壽陽。〕尚性通（僕）〔任〕，善音樂。

升平元年春帝正月

〔謝尚卒。〕謝尚字仁祖，陳郡人，鯤之子也。齠齒喪兄，哀慟過人。及遇父喪，温嶠唁之，尚號叫極哀。既而收涕告訴，有異常童。嶠奇之，由是知名。仕至鎮西將軍、豫州刺史。

升平四年春帝正月

〔燕慕容暐立，署王歡爲博士。〕王歡耽學貧窶，或人惠燕餅一顆以充一日，妻子常有菜色。

二月，鳳皇將九子見鄖鄉，之豐城。冬，鳳皇復見豐城，衆鳥從之。

興寧元年

〔五月加桓温大司馬，都督中外。〕王珣爲桓温主簿，郗超爲記室參軍，温并親待之。故府中爲之語曰：「髯參軍，短主簿，能令公喜，能令公怒。」超髯，珣短故也。

太和二年春帝正月

〔以郗愔爲都督徐、兗等州軍事，平北將軍、徐州刺史。〕後大司馬將討慕容暐，表求申勸平北將軍愔及袁真等嚴辦。愔以羸疾求退，詔大司馬領愔所任。

太和三年春帝正月

〔八月王述卒。〕述體道清粹，簡貴靜正，怡然自足，不交非類。雖群英紛紛，俊乂交馳，述獨蔑然，曾不慕羨，由是名譽久藴。

太和四年春帝正月

〔四月，大司馬桓温率衆伐燕慕容暐、袁宏作《北征賦》。〕宏嘗與王珣、伏滔同侍温坐，温令滔讀其賦，至「致傷於天下」，於此改韻，云：「此韻所咏，慨深千載，今於『天下』之後便移韻，於寫送之致，如爲未盡。」滔乃云：「得益『寫』一句，或當小勝。」桓公語宏：「卿試思益之。」宏應聲而益云：「感不絶於餘心，泝流風而獨寫。」王、伏稱善。

寧康元年春帝正月

〔二月桓温薨。〕桓温字元子，譙國人，爲琅邪王文學，後進大司馬。薨。

七月乙未火犯軒轅大星。

九月癸巳，火入太微，掩西蕃上將。

寧康二年春帝正月

癸未赦天下。

己酉北中郎將、徐、兗二州刺史刁彝薨。

二月丙申太白犯歲星。

寧康三年春帝正月

〔謝安領揚州。〕袁宏爲東郡太守，謝安執宏手授扇。宏曰：「謹當奉揚仁風，慰彼黎庶。」

九月九日上講《孝經》，謝安侍坐，陸納、卞耽執讀，謝石、袁宏執經，車胤、王混摘句。

太元元年春帝正月

三月丁巳，流星大如斗，椀赤色，尾長二丈。起心星南五丈，經積卒。

九月，氐帥苻堅屠凉州，虜刺史、西平〔侯〕張天錫。冬十月車騎桓冲遣軍泛舟淮泗。又發二州縣員吏，移積流民，悉置淮南。

九月癸亥，熒惑犯哭泣。

太元二年春帝正月

七月乙亥填星摇。大角摇。

八月征西大將軍桓豁薨。

十月尚書令王彪之薨。

太和三年春帝正月

二月乙巳作新宫，帝及二后移居會稽王邸。

六月大水。

五月辛卯，歲星與太白相犯於東井。十二月氐帥苻堅圍襄陽。

太元八年春帝正月

十月及苻堅戰，大敗之。苻堅未敗之先，長安市道側夜聞鬼哭，彌月乃止。

太元十年春帝正月

王獻之爲中書令，少而標邁不循常貫，爲一時風流之冠。獻之卒，以王珉爲中書令，世謂之「大王令、小王令」也。珉父洽又嘗爲此官，珉復繼之，時人以爲奕世令望。

太和六年春帝正月

閏十月熒惑守太微端門。十一月，大司馬桓温廢帝爲海西公。

咸安元年太和六年十一月，即位改元。

〔十一月，温奏降東海王爲海西公。〕桓温始以雄盛入輔，係以廢立。帝雖登祚，内不自安。初熒惑入太微，尋廢海西公。至是熒惑猶在太微，帝惡之。謂郗超曰：「命之修短，大所不計，故無復往日事邪！」超云：「大司馬温方内固社稷，外布經略。非常之事，臣以百口保之。」超假還東，帝謂之曰：「致意尊公，國家之事，遂至於此也，由吾不能以道匡樹，思患豫防，愧歎之深，言何能喻！」又誦庾闡詩云：「士痛朝危，臣哀主辱，泣下沾衣，漣如相續。」

咸安二年春帝正月

韓康伯年四十九，拜領軍。疾病，占候者云不宜此官，固請徙之。

太元十一年春帝正月

六月甲午，歲星晝見在胃。占曰：「魯有兵，臣强。」

太元十二年春帝正月

慕容垂寇河東，翟遼使子釗寇陳、潁。朱序討之，釗走渡河。

〔四月，尊夫人李氏爲皇太妃。〕初，太宗諸子繼夭，諸姬絶孕。令扈謙卜繇云：後房當有女誕三男一女，終大盛。於是盡出後宮及諸婢悉見之。織紡中有一人色黑，宫人謂之「昆侖」，相者曰：「此是也。」帝以大計幸之，生烈宗。

五月丙午，熒惑出端門，犯左執法。

〔六月聘戴逵等。〕逵不樂當世，以琴書自娱。隱會稽剡山，國子博士徵不就。

十三年春帝正月

丙午，左將軍謝玄薨，戊辰，冠軍將軍桓石虔薨。

十一月戊子，辰星入月在胃濤水入石頭。占曰：「春水，冬大雪，牛馬疾役，牛馬貴，不出百日。」

太元十六年春帝正月

孝武好覽文藝，敕著作郎徐野民廣字，料簡四部書凡三萬六千卷。

太元十七年春帝正月

以殷仲堪爲荆州刺史，仲堪以桓玄才地雄豪，厚待之。玄復豪横，士民畏之。顧愷之尤好丹青，嘗以一厨畫寄桓玄，悉糊題其前。玄乃發厨後而取之，封題如初，但失其畫。直云妙畫通靈，變化而去，猶人登仙也。

太元十八年春帝正月

〔王謐表殷允、張敞、郗儉之、桓石秀是多書之家，請秘書郎分局採借。〕清河崔祖思死，家無財，有書八千卷。上聞，嗟歎良久，乃以葛屯穀五百斛賜其家，曰：「葛屯亦吾之垣下，令後知其見異。」

太元十九年春帝正月

〔慕容垂圍長子。〕八月，西燕慕容永遣子弘，求救於雍州刺史郗恢，獻玉璽一紐，方六寸厚一寸七分，高四寸六分，與傳國璽同送建業。

隆安元年春帝正月

八月乙巳，熒惑守井鉞。

隆安二年春帝正月

〔王恭、庾楷等反。〕八月，以譙王尚之弟缺之爲振威將軍，守蕪湖以備庾楷等，由是内外騷動。王恭慮禍難，復密要殷仲堪、桓玄同會京師。玄等皆向石頭，仲堪在蕪湖。朝廷驚駭。

義熙元年春帝正月

〔四月劉裕旋鎮京口。〕初，晉陵人韋叟，桓修令於坐相劉公官當至州否。叟云：「劉粗是有相人，當不失邊州刺史。」既出，私於裕曰：「卿大有貴相，向不敢極言耳。」裕惡其言太略，答曰：「卿狂言，驗當相用爲司馬。」義旗後數年，復見裕訴曰：「周成不負桐葉之信，公不應忘『司馬』之言。今不希鎮軍府，聞護軍司馬缺，願賜卒恩。」裕美而用之。

義熙九年春帝正月

群盗發卞壼墓，剖棺虜掠。壼屍僵，須髮蒼白，面如生人，兩手悉拳，爪申乃長達背焉。

元熙元年春帝正月

〔王宏爲江州。〕陶潜九月九日無酒，坐宅邊菊叢中，采摘盈把。望見白衣人至，乃王宏遣送酒，即便就酌。

元熙二年春帝正月

知機其神乎！古人以爲難，交疏而吐誠；今人以爲難。

《晉紀》

晉干寶撰

魏明帝青龍元年，正月甲申，青龍見郟之摩陂井中。干寶曰：「自明帝終魏世，青龍、黄龍見者，皆其主廢興之應也。魏土運，青木色，而不勝於金。黄得位，青失位之象也。青龍多見者，君德、國運相剋伐也。故高貴鄉公卒敗於兵。案劉向説：『龍貴象而困井中，諸侯將有幽執之禍也。』魏世龍莫不在井，此居上者逼制之應。高貴鄉公著《潛龍》詩，即其旨也。」

景初二年春正月，詔太尉司馬宣王率衆討遼東公孫淵。帝問宣王：「度淵將何計以待君？」宣王對曰：「淵棄城預走，上計也；據遼水拒大軍，次計也；坐守襄平，此爲成禽耳。」帝曰：「然則三者何出？」對曰：「唯明智能審量彼我，乃預有所割棄，此既非淵所及。」又謂：「今往懸遠，不能持久，必先拒遼水，後守襄平也。」帝曰：「往還幾日？」對曰：「往百日，攻百日，還百日，以六十日爲休息，如此一年足矣。」

正始二年，吴將全琮寇芍陂，朱然、孫倫五萬人圍樊城，諸葛瑾、步騭寇柤中，琮已破走而樊圍急。宣王曰：「柤中民夷十萬隔在水南，流離無主，樊城被圍，歷月不解，此危事也。」請自討之。議者咸言賊遠圍樊城，不可卒撥。挫於堅城之下，有自破之勢，宜長策以御之。宣王曰：「《軍志》有之：將能而御之，此爲縻軍；不能而御之，此爲覆軍。今疆埸騷動，民心疑惑，是社稷之大憂也。」六月，乃督諸軍南征，車駕送出津陽城門外。宣王以南方暑濕，不宜持久，使輕騎挑之。然不敢動，於是乃令諸軍休息洗沐，簡精鋭、募先登，申號令，示必攻之勢。然等聞之，乃夜遁。追至三州口，大殺獲。

魏齊王嘉平四年五月，有二魚集於武庫屋上。干寶以爲高貴鄉公兵禍之應。

〔魏元帝景元二年。〕吴孫休永安四年，安吴民陳焦死，七日復生，穿冢出。干寶曰：「此與漢宣帝同事，烏程侯皓承廢故之家得位之祥也。」

正元二年，司馬文王反自樂嘉，殺嵇康、吕安。

景元四年，大舉伐蜀。太祖部分諸軍，指授方略，使征西將軍鄧艾自狄道，攻姜維於沓中，使鎮西將軍鍾會自駱谷襲漢中。

咸熙元年，鍾會謀反，伏誅。衛瓘襲鄧艾，殺之。鍾會、鄧艾將伐蜀，與劉寔别。客謂寔曰：「二將當破蜀不？」寔曰：「必破蜀，但皆不還。」客問其故，寔曰：「治道在於克讓。」

咸熙二年，孫皓使紀陟來聘，且獻方物。紀陟、弘璆奉使如魏，入境而問諱，入國而問俗。壽春將王布示之馬射，既而問之曰：「吴之君子亦能斯乎？」陟曰：「此軍人騎士肄業所及，士大夫君子未有爲之者矣。」布大慚。既至，魏帝見之，使儐問曰：「來時吴王何如？」陟對曰：「來時皇帝臨軒，百僚陪位御膳，無恙。」晉文王饗之，百僚畢會，使儐者告曰：「某者安樂公也，某者匈奴單于也。」陟曰：「西王失土，爲君王所禮，位同三代，莫不感義。匈奴邊塞難羈之國，君王懷之，親在坐席，此誠威恩遠著。」又問：「吴之戍備幾何？」對曰：「自西陵以至江都，五千七百里。」又問曰：「道里甚遠，難爲堅固？」對曰：「疆界雖遠，而其險要必争之地，不過數四，猶人有八尺之軀靡不受患，其護風寒亦數處耳。」王善之，厚爲之禮。

泰始五年

以羊祜都督荆州，王濬爲祜參軍，祜除濬巴郡太守。王濬在巴郡，兵民苦役，生男多不舉。濬乃嚴其殺子之防而厚䘏之，所育者數千人，於此能稱兵矣。父母戒之曰：「王府君生爾，必勉之，無愛生。」

〔泰始七年，皇太子冠。〕皇太子有醇古之風，美於信受。侍中和嶠數言於上曰：「季世多僞而太子尚信，非四海之主。憂太子不了陛下家事，願追思文武之阼。」上既重長適，又懷齊王，朋黨之論，弗入也。後上謂嶠曰：「太子近入朝，吾謂差近，卿可與荀侍中共往言。」嶠及顗奉詔，俱至東宫觀察太子。顗還對上曰：「太子明識宏新，有如詔。」問而嶠對曰：「聖質如初。」上默然。

泰始八年

以王濬爲益州，詔大作舟艦。王濬治船於蜀，吾彦取其流柹以呈孫皓曰：「晉必有攻吴之計，宜增建平兵，建平不下，終不敢渡江。」皓弗從。

咸寧三年

文淑討樹機能等，破之。文淑字次騫，小名鴦，有武力籌策。揚休、胡烈爲虜所害，武帝西憂，遣淑出征。所向摧靡。秦涼遂平，名震天下。爲東夷校尉，姿器膂力，萬人之雄。

咸寧四年

六月，征南大將軍羊祜來朝，上疏云：「以國家之盛强，臨吴之危弊，軍不逾時，克可必也。」上納之而未宣。

時吴天紀三年八月，建鄴有鬼目菜，於工黄狗家生，依緣棗樹，長丈餘，莖廣四寸，厚二分。又有蕒菜生工吴平家，高四尺，如枇杷形，上圓徑一尺八寸，莖廣五寸，兩邊生葉，緑色。《東觀案圖》名鬼目作芝草，蕒菜作平慮。遂以狗爲侍芝郎，平爲平慮郎，皆銀印青綬。干寶曰：「明年平吴，王濬止船正得平渚，姓名顯然，指事之徵也。黄狗者，吴以土運承漢，故初有黄龍之瑞。及其季年，而有鬼目之妖，托黄狗之家。黄稱不改，而貴賤大殊，天道精微之應也。」

咸寧五年

龍驤將軍王濬上疏曰：「吴王荒淫，且觀時運，宜征伐。」上將許之，賈充、荀勖等畢諫以爲不可。張華固執之。杜預亦上疏。上先納羊祜之謀，重以濬、預之決，乃發詔，諸方大舉。

十一月，命安東將軍王渾向揚州，龍驤將軍王濬帥巴蜀之卒浮江而下。

太康元年春諸軍並進。

吴丞相、軍師張悌，護軍孫震，丹陽太守沈瑩，帥衆三萬濟江，圍成陽都尉張喬於陽荷。喬衆才七千，閉栅自守，舉白接告降。吴副軍諸葛靚欲屠之，悌曰：「强敵在前，不宜先事其小，且殺降不祥。」靚曰：「此等以救兵未至而力少，故且僞降以緩我，非來服也。因其無戰心而盡坑之，可以成三軍之氣。若舍之而前，必爲後患。」悌不從，撫之而進。與討吴護軍張翰、揚州刺史周浚成陣相對。沈瑩領丹陽鋭卒刀楯五千，號曰「青巾兵」，前後屢陷堅陣。於是以馳淮南軍，三衝不動，退引亂。薛勝、蔣班因其亂而乘之，吴軍以次土崩，將帥不能止。張喬又出其後，大敗吴軍於版橋，獲悌、震、瑩等。

太康二年

鮮卑寇昌黎，御史大夫郭欽上書曰：「戎狄强獷，歷古爲患。今西北郡皆與戎居。若百年之後有風塵之警，胡騎自平陽、上黨，不三日至盟津。及平吴之盛，出北地、西河，安定，復上郡，置馮翊、平陽。」帝弗聽。

太康三年正月朔，親祀南郊。禮畢，上顧謂劉毅曰：「朕方漢何主？」對曰：「桓、靈。」帝曰：「吾雖不及古賢，猶克己爲治。方之桓、靈，不亦甚乎？」對曰：「桓、靈賣官錢入於官，陛下賣官錢入私門。以此言，殆不若也。」

四月，太尉魯公賈充薨。初，充用韓謐爲賈氏嗣，上特許之。及議謚，博士秦秀曰：「充位冠群後，惟民之望而悖禮溺情，以亂大倫。案謚法：昏亂紀度曰『荒』，充宜謚『荒』。」上弗從，賜謚曰「武」。

太康六年，南陽獻兩足猛獸，此毛蟲之孽也。識者爲其文曰：「武形有虧，金獸失儀。聖王應天，斯異何爲？」言兆亂也。《京房易傳》曰：「足少者，下不勝任也。」干寶認爲獸者，陰精居於陽，金獸也。南陽，火名也。金精入火而失其形，王室亂之妖也。六水數既極，火慝得作，而金受其敗也。至元康九年，始殺太子，距此十四年。二七十四，火始終相乘之數也。自帝受命至愍懷之廢，凡三十五年焉。

太康七年

始制大臣聽終喪三年。大鴻臚鄭默有母喪，既葬，有司依常使還攝職。默固陳執，久乃許之。於是定令，聽大臣得終喪焉。

元康元年

永平元年誅太傅楊駿，遷太后楊氏於永寧宫。

元康元年

策廢楊氏爲庶人，居於金墉城。

〔六月賈后殺太宰亮、太保瓘及楚王瑋。〕太子太傅孟觀知中宫旨，因譖二公欲行廢立之事。楚王瑋殺太宰汝南王亮、太保衛瓘。張華以三公既亡，楚必專權，使董猛言於後，遣謁者李雲宣詔，免瑋付廷尉。瑋以矯詔伏誅。

元康四年

〔傅咸卒。〕傅咸兼司隸校尉，時朝廷寬宏，豪右放恣。郡縣縱容，寇賊充斥。交相請托，朝野溷濁。咸於是數日之間，三奏免送官。奏案蹇諤，終無曲撓，有司肅然。

元康五年三月，吕縣有流血，東西百餘步，此赤祥也。至元康末，窮凶極亂，僵屍流血之應也。干寶以爲：後八載而封雲亂徐州，殺傷數萬人，是其應也。

元康六年

夏，匈奴郝度與馬蘭羌等俱反，徵趙王倫還，以梁王肜爲征西大將軍，西討氐羌。

八月，氐羌齊萬年反，十一月遣周處等討之，梁王肜爲大都督，督關中諸軍屯好畤。

元康八年

十一月，高原陵火。是時賈后凶恣，賈謐擅朝，惡積罪稔，宜見誅絶。天戒若曰：臣妾之不可者，雖親貴莫比，猶宜忍而誅之，如吾燔高原陵也。帝既眊弱，而張華又不納裴頠、劉卞之謀，故後遂縱殺太子也。干寶以爲：高原陵火，太子廢之應。漢武帝世高園便殿火，董仲舒對與此占同。

元康九年

〔十二月廢太子遹爲庶人，閻纘輿棺上書理冤。〕閻纘爲人鯁直，不畏强御。初仕爲太傅楊駿舍人。

永康九年

〔三月殺太子遹。〕賈庶人未害愍懷太子時，有謡曰：「南風烈烈吹白沙，千歲髑髏生齒牙。」南風，庶人名。愍懷小名沙門。

〔四月，趙王倫廢賈氏爲庶人，殺之。〕賈庶人賜死。初，武帝爲太子取后在宫，不恭遜而甚妒忌。有孕者輒殺之，或以手戟擲之，子隨刃墜。

永寧元年

趙王倫篡位，有鶹入太極殿，有雉集於東堂。

四月，乘輿反正。

太安元年

誅趙王倫、義陽王威。義陽王威附趙王倫，倫篡位。使威奪玉璽。上執威强爭，毁上指。及乘輿反正，詔誅威曰：「奪吾璽者，正此人也。」

四月癸酉，有人自云龍門入殿前，北面再拜曰：我當作中書監。即收斬之。干寶以爲：禁庭尊秘之處，今賤人徑入而門衛不覺者，宫室將虚而下人踰上之妖也。是后帝北遷鄴，又遷長安，宫闕遂空焉。

太安二年

蜀賊李流攻益州，發勇武以西赴益州。兵不樂西征。李辰因之誑曜百姓，以山都民邱沉爲主，石冰應之。石冰略揚州，揚州刺史蘇峻降。

永興元年

〔三月顒請立穎爲太弟。〕河間王顒表曰：「成都王穎明德茂親，功高勛重。」

十二月廢皇太弟穎，詔豫章王熾爲皇太弟。

永興二年

〔七月，越嚴兵，徐方將迎大駕。〕東海王越治兵，召下邳縣孫惠爲記室，專掌文疏，預參謀。

光熙元年

十一月皇帝崩，皇太弟即位。

十二月葬我孝惠皇帝。

永嘉元年

太傅東海王越，總兵輔政。

二月王彌反，攻東安二郡，復攻青州。

八月苟晞大破汲桑、石越，加晞青、兖都督。晞用法嚴峻。苟晞爲兖州刺史，從母寡，有一子，坐小事。從母向晞流涕叩頭，及中外皆乞活，終不得生。死後往哭之甚悲，曰：「殺弟者，兖州刺史。哭卿者，苟道將也。」

永嘉五年

〔琅琊王睿逐周馥。〕華譚依周馥，及琅琊王遣甘卓攻馥，譚先於卓有恩，卓募人入城求譚。入者至舍問：「華侯在否？吾甘揚威使也。」譚曰：「不知華侯所在。」抽絹二匹授之，使人還以告。卓曰：「是華侯也。」

永嘉六年

關中建秦王業爲皇太子，本吴孝王之子，出爲秦獻王后。

永嘉七年正月。皇帝崩，謚曰孝懷皇帝。

太子即位於長安。

建興元年

愍帝詔琅琊王睿曰：「今以王爲侍中、左丞相，督陝東諸軍事。右丞相、南陽王督陝右諸軍事。

建興四年

十一月，劉曜寇長安，賊入掠京都。劉粲寇於城下，天子蒙塵於平陽矣。

丞相睿出師，露次移檄北征。十二月丙寅，丞相府斬都運令史淳于伯，血逆流上柱二丈三尺，晉此赤祥也。是時後將軍褚裒鎮廣陵，丞相揚聲北伐，伯以督運稽留及役使臟罪，依軍法戮之。其息訴稱督運事訖，無所稽乏，受賕役使，罪不及死。兵家之勢先聲後實，實是屯戍，非爲征軍。自四年已來，運漕稽停，皆不以軍興法論，僚佐莫之理。及有變，司直彈劾衆官，元帝不問。遂頻旱三年。干寶以爲：冤氣之應也。郭景純曰：「血者，水類，同屬於坎，坎爲法象。水平潤下，不宜逆流，此政有咎失之徵也。」

建興五年

三月丞相睿稱晉王，改建武元年。六月揚州旱，去年十二月淳于伯冤死。其年即旱，而太興元年六月又旱。干寶曰：「殺淳于伯之後，旱三年是也。刑罰妄加，群陰不附，則陽氣勝之罰也」。

〔十二月，愍帝歿於平陽。〕晉人見者多哭，賊懼，帝崩。

太興元年三月，奉愍帝凶問，晉王即位，改元。謚曰愍皇帝。

元帝太興元年四月，西平地震，涌水出。十二月，廬陵、豫章、武昌、西陵地震，涌水出，山崩。干寶以爲王敦陵上之應也。

《晉起居注》

南朝宋劉道薈撰

太始元年，詔曰：「朕遭憫凶，奉承洪業，追慕罔極。正日雖當受朝，其伎樂一切勿有所設。又，殿前反宇及文武帳織成帷幙之屬，皆不須施。」

太始元年，置中軍將軍，總宿衛羊祜爲之也。

太始元年，詔曰：「尚書令總百揆，端右之職也，是以自漢代以來，每慎選此官。」

太始元年，詔曰：「益州險遠，素號難治，宜以重將親臣鎮撫之。以中郎將、下邳王晃爲之。」

太始元年詔曰：「若縣令有缺，掾屬才堪治民者，當以參選。」

太始元年詔曰：「給事黄門郎王恂，篤志好學，不殞先業。久歷朝班，職用有效，宜拾遺左右。其以恂爲散騎常侍。」

武帝咸寧三年詔曰：「河南，百郡之首。其風教宜爲遐邇所模，以導齊之。侍中、奉車都尉王恂忠亮篤誠，才兼内外，明於治化。其以恂爲河南尹。」

武帝太始二年詔：「鄴城守事宜速有人，又當得親親有文武器任者。高陽王珪，今來之國，雖當出爲藩輔，以才幹事，亦古之制也。其以珪爲督鄴城守事、北中郎將。」

太始二年詔曰：「大國三軍領兵五千人，次國二軍領兵三千人，小國一軍領兵二千人，上中下三等將軍。」

泰始三年，使使持節兼五官中郎將、宗正丞司馬恢拜崇陽園妾李琰爲修華。王宣爲修容，徐琰爲修儀，吴淑爲婕妤，趙珽爲充華。九年，有司奏：《禮》，唯皇后聘以穀圭，無妾媵設玉之制。詔曰：拜授可依魏氏故事。十年，上臨軒，使持節兼太常、洛陽令司馬啓拜采女胡芳爲貴嬪，又使持節兼御史中丞、太子舍人司馬誕拜采女劉媛爲淑妃，臧曜爲淑媛，芳爲淑儀，趙粲爲修華，陳琇爲修容。咸寧三年，拜美人左嬪爲修儀，邢蘭爲婕妤，朱華爲容華。

武帝太始三年有司奏：「正統立嫡。」詔曰：「統承大業，懼未能光祖宗之遺德，至於建嗣樹嫡，非所務也。」

武帝太始三年，始置太子二傅。是時官事大小，皆由二傅立草，少傅寫之。

太始四年正月，上臨軒，朝君臣於太極前殿。詔：安平王輿車昇殿，上迎拜於阼階。正坐，上親奉觴上壽，皆如家人之禮。王拜，上皆跪而止之。

武帝太始四年詔曰：「尚書韓伯陳疾解職。領軍闕無上直之勢，可得從容養疾。更以伯爲領軍將軍。」

武帝太始六年詔曰：「朕承洪業，昧於大道。司訓五品，以康四海。侍中、司空荀顗，明允篤誠，思心通達，冀亮先王，遂輔朕躬。其以顗爲司徒。」

武帝太始六年詔曰：「昔舜命九官、契司五教，所以崇〔弘〕王化、示民軌儀也。」

泰始七年詔曰：「中護軍與領軍史，皆掌禁兵，典武選。」

武帝泰始七年詔曰：「議郎胡奮，開爽忠亮，有文武才幹。歷位内外，涉練戎事，威略之聲著於方外。其以奮爲冠軍將軍。」

武帝太始七年詔曰：「中護軍職典武選，宜得堪幹其事者。左衛將軍羊琇，有明贍才見，乃心在公。其以琇爲中護軍。」

太始八年，置後將軍，掌宿衛。

太始八年詔曰：「衛將軍羊祜，歷文武，有佐命之勛。其以爲車騎將軍、開府如三司之儀。」

太始十年，詔東平王楙爲員外常侍、通殿中直散騎常侍。「通直」之號蓋自此始也。

武帝太安中詔曰：「往者乃魏氏舊廟處立廟，既壅翳不顯，又材木弱小，至今中間有跌橈之患。今當修立，不宜在故處。太僕寺南臨甬道，地形顯敞，更於此營之。」主者依典禮施行。

武帝咸寧元年詔曰：「男子皇甫謐，沉静履素，守學好古，與流俗異趣。其以謐爲中庶子。」

武帝咸寧三年，大國置左右常侍，贊相威儀，獻納臧否。

咸寧五年詔曰：「一年不收，使公私俱匱。不唯天時，乃人事有不盡也。故總要者，正在度支尚書也。其以散騎常侍、中書令張華爲度支尚書。」

太康元年詔曰：「張華前與故太傅創謀大計，部分方笇，有謀謨之勛。封廣武侯，邑萬户。」

武帝太康元年，詔曰：「江表初平，天下同其歡豫。王公卿士，各奉禮稱慶。其於東堂小會，設樂使加於常。」五月庚寅，御臨軒大會於太極殿前，四方賀。使國子太學生、司徒吏、副將以上及吴降將吏，皆與會。詔引歸命侯孫皓上殿，稽顙陳恩謝罪，稱萬歲。

太康元年詔曰：「山濤自典官人之任，志在澄清風俗，其以爲左僕射。」

武帝太康元年詔曰：「方今天下無事，所重惟民。魏郡，大都會也，太守宜得其才。宜以荀良爲魏郡太守。」

太康元年詔曰：「尚書舊置左、右僕射，所以恢演政典，協宣庶績。」

太康二年，齊王攸統總軍事。詔議藩王，令自選國内長史，典令。

武帝太康四年詔曰：「吏部掌叙人倫，治化之本也，宜得忠正舊德。尚書右僕射魏舒，寬泰弘毅，潛通有才識。其以舒爲左右僕射，領選曹。」

武帝太康四年詔曰：「何劭已歷試朝位，博雅有拾遺顧問之才。其以劭爲侍中。」

太康四年八月詔曰：「選曹銓管人才，宜以忠恪寡欲，抑華崇本者。尚書朱整，周慎廉敬，以道素自居，是其人也。其以整爲吏部尚書。」

武帝太康七年詔曰：「郎中張建，忠篤履素，爲江表士大夫稱。宜在中朝，其以建爲給事中。」

武帝太康七年詔曰：「尚書馮翊，忠亮在公，歷職内外，勤恪匪懈。而疾未差，屢求放退。其以翊爲散騎常侍，賜錢二千萬，床帳一具。」

武帝太康八年詔曰：「太子率更僕，中宫之達官。其進品第五，與中庶子、衛率同職，擬光禄勛也。」

太康八年，吏部郎師襲，向凱上言，欲使舍人、洗馬、未更、長史不得爲臺郎，未更更不得爲主尉。

太康八年詔曰：「昔先王御俗，以興至治，未有不先成民事者也。漢宣識其如此，是以歎息良二千石。今欲皆先外郡治民著績，然後入爲常伯、納言，及典兵宿衛、黄門、散騎、中書郎。」

太康十年，詔：「尚書郎王琛，每所陳論，意其忠讜。其以爲中庶子。」

太康十年，嘉麥出扶風郡，一莖兩穗，傾皆有枝，實三倍。

惠帝永平元年詔曰：「中常侍董猛，固讓封邑，其封爲武安侯。猛前求餘户封三兄，今皆封爲亭侯。」

惠帝永平元年詔曰：「秘書綜理經籍，考校古今，課試署吏，有四百人宜專其事。」

元康元年詔曰：「司徒王渾，秉法清正，思量弘遠，歷位外内，文武勛庸，著在方策。宜參弼機衡，以亮天工。其可録尚書事。」

元康元年詔曰：「光禄大夫王戎、光禄大夫裴楷，開府辟召，儀同三司。」

惠帝元康五年，才人謝玖進爲淑妃。有司奏當與三夫人以下同拜。詔宜在後也。

元康六年以後，不常親郊社，制度廢弛。太常虞松考正舊儀，無不悉備。」

惠帝永康元年詔曰：「夫興治成務，要在官人。銓管之爲任，不可假人。授侍中、中書令、光禄大夫王戎，鑒識明遠，其以戎領吏部。」

元帝太興元年，上臨軒，使册命晉王太子妃庾氏，爲皇太子妃。

太興二年八月詔：「司徒荀組贊朝政，令録尚書，給班劍六十人。」

太興四年詔曰：「今以前司空、從事中郎盧諶爲散騎侍郎，在員外。」

永昌元年正月詔曰：「左僕射所以廣括賢俊，經始萬化之機，護軍周顗可進爲左僕射，領選。」

明帝太寧三年，上親祀。七月又詔曰：「自中興以來，雖南郊，未嘗北郊，五嶽四瀆，名山大川，應望秩者，廢而未舉。居其官者舉其職，司其事，而令一代之典闕而不備，主者詳依舊處。」

咸和元年，宜成春谷縣民獲古鼎，可受三斛餘，群臣畢賀。

咸和二年正月，餉萬國，有鷗鳥五集殿。明年蘇峻反。

成帝咸和四年，作琅邪王大斧車六十枚侍臣劍八枚，將軍手戟四枚。

成帝咸和八年十二月，有司奏：庭燎在止車門外，今更集議，舊在端門内，依舊門内施。詔曰：「尚書奏，九年庭燎當在端門内，元、明帝時在止車門内，可依舊安。司徒録公命，當率由舊章，宜在端門内。」

咸康元年，以太宰、西陽王羕宗室長厚，特加禮敬，依安平王故事，設床帳於後殿。

咸康三年，河北謡曰：「麥如土，殺石虎。」

咸康四年，尚書倉部奏：「下揚州彫胡米一升，至五年正旦進御。」詔停。

咸康七年十二月，尚書樂謨奏：「八年正會，《儀注》唯作鼓鐘，其餘伎樂盡不作。」詔曰：「若元日大餉，萬國朝宗廷，廢鐘鼓之奏。朕聞起居之節，朝無磬折之音，賓無蹈履之度，其於事儀不亦闕乎！卿諸人當准最輕重，以制事中，則情典並隆，國無滯儀矣。」

咸康八年，司徒王導表：員外常侍孫朝，八年告老，棄身茨茅，永絶榮禄。宜給本官秩俸，以終餘年。

永和元年正月辛未朔，雨，不會。甲戌，皇太后登太極前殿，施紗幃鄣，與上臨餉群臣。

穆帝永和六年，皇太后嘗與帝俱出拜陵。太后乘畫輪車，以輦爲副軺。尚書令曰：「故事，太后出當乘輦車，到建平陵門外易載。」

穆帝升平二年，尚書左丞相劉充，元會日，彭城計佐虞興發白虎樽，而群觀輻輳。中蘭臺令史張玄不禁，免玄史。

升平五年詔曰：「前西中郎將謝萬，才義簡亮，宜居獻替。其以萬爲散騎常侍。」

海西泰和六年三月，庚午朔，詔曰：「三日臨流杯池，休東堂小會。」

孝武寧康三年，詔隴西王世子越、駙馬都尉楊邈並可奉朝請，侍從左右，與太子游處。

孝武太元十二年，有司奏：儲宫初建，未有漏刻，參詳永安宫銅漏刻，置漏刻史。

太元十六年，豫章太守范寧獻白鹿一頭。二十年，荆州送白鹿。晉朝白鹿數見諸郡。

孝武太元二十年，簡文皇帝宣太后正號，神主移廟。戊寅日，詔移神主，可停前殿鼓吹。

安帝二年，太常臨川王寶啓：府舍窄狹，不足移家，母鍾年高，違離靡寧，乞還第攝事。詔聽之。

安帝隆安四年十二月辛丑，臘祠作樂。

安帝元興三年十二月，明年應郊。乘輿未反，博訪内外。左丞王納之議曰：「議者謂應郊，故承制中事。納之謂大饗、大祀、大樂，皆是承制，不可得命三公行者。郊天極尊，唯一而已，故非天子不祀也。又案武皇受禪，用二月郊，元帝中興，亦以二月，今郊時未過，日望鑾駕，無爲欲速而擄皇輿，旋反更不得親奉。不如緩而盡美。」於是，異同難明，遂從納之議。

備論

三國

《陸機集》卷一〇《辨亡論》　昔漢氏失御，姦臣竊命，禍基京畿，毒偏宇内，皇綱弛紊，王室遂卑。於是羣雄蜂駭，義兵四合。吴武烈皇帝慷慨下國，電發荆南，權略紛紜，忠勇伯世，威稜則夷羿震盪，兵交則醜虜授馘，遂掃清宗祊，蒸禋皇祖。于時雲興之將帶州，飈起之師跨邑，哮闞之羣風驅，熊羆之衆霧集。雖兵以義合，同盟戮力，然皆苞藏禍心，阻兵怙亂，或師無謀律，喪威稔寇。忠規武節，未有如此其著者也。

武烈既没，長沙桓王逸才命世，弱冠秀發，招攬遺老，與之述業。神兵東驅，奮寡犯衆，攻無堅城之將，戰無交鋒之虜。誅叛柔服，而江外厎定；飭法修師，則威德翕赫。賓禮名賢，而張昭爲之雄；交御豪俊，而周瑜爲之傑。彼二君子，皆弘敏而多奇，雅達而聰哲，故同方者以類附，等契者以氣集，而江東蓋多士矣。將北伐諸華，誅鉏干紀，旋皇輿於夷庚，反帝座乎紫闥，挾天子以令諸侯，清天步而歸舊物。戎車既次，羣凶側目，大業未就，中世而殞。

用集我大皇帝，以奇蹤襲於逸軌，叡心因於令圖，從政咨於故實，播憲稽乎遺風；而加之以篤固，申之以節儉，疇咨俊茂，好謀善斷，束帛旅於丘園，旌命交於塗巷。故豪彦尋聲而響臻，志士希光而景騖，異人輻輳，猛士如林。於是張昭爲師傅，周瑜、陸公、魯肅、吕蒙之儔，入爲腹心，出作股肱；甘寧、凌統、程普、賀齊、朱桓、朱然之徒奮其威，韓當、潘璋、黄蓋、蔣欽、周泰之屬宣其力；風雅則諸葛瑾、張承、步騭，以名聲光國；政事則顧雍、潘濬、吕範、吕岱，以器任幹職；奇偉則虞翻、陸績、張温、張惇，以諷議舉正；奉使則趙咨、沈珩，以敏達延譽；術數則吴範、趙達，以機祥協德；董襲、陳武殺身以衛主，駱統、劉基强諫以補過。謀無遺諝，舉不失策。故遂割據山川，跨制荆、吴，而與天下爭衡矣。魏氏嘗藉戰勝之威，率百萬之師，浮鄧塞之舟，下漢陰之衆，羽楫萬計，龍躍順流，鋭騎千旅，虎步原隰，謨臣盈室，武將連衡，喟然有吞江滸之志，一宇宙之氣。而周瑜驅我偏師，黜之赤壁，喪旗亂轍，僅而獲免，收跡遠遁。漢王亦憑帝王之號，帥巴、漢之民，乘危騁變，結壘千里，志報關羽之敗，圖收湘西之地。而陸公亦挫之西陵，覆師敗績，困而後濟，絶命永安。續以濡須之寇，臨川摧鋭；蓬籠之戰，孑輪不反。由是二邦之將，喪氣挫鋒，勢衂財匱，而吴莞然坐乘其弊。故魏人請好，漢氏乞盟，遂躋天號，鼎峙而立。西屠庸、益之郊，北裂淮、漢之涘，東包百越之地，南括羣蠻之表。於是講八代之禮，蒐三王之樂，告類上帝，拱揖羣后。虎臣毅卒，循江而守；長棘勁鎩，望飈而奮。庶尹盡規於上，四民展業于下，化協殊裔，風衍遐圻。乃俾一介行人，撫巡外域，巨象逸駿，擾於外閑，明珠瑋寶，耀於内府，珍瑰重跡而至，奇玩應響而赴；輶軒騁於南荒，衝輣息於朔野；齊民免干戈之患，戎馬無晨服之虞，而帝業固矣。

大皇既没，幼主莅朝，姦回肆虐。景皇聿興，虔修遺憲，政無大闕，守文之良主也。降及歸命之初，典刑未滅，故老猶存。大司馬陸公以文武熙朝，左丞相陸凱以謇諤盡規，而施績、范慎以威重顯，丁奉、離斐以武毅稱，孟宗、丁固之徒爲公卿，樓玄、賀劭之屬掌機事，元首雖病，股肱猶存。爰及末葉，羣公既喪，然後黔首有瓦解之志，皇家有土崩之釁，曆命應化而微，王師躡運而發，卒散于陣，民奔于邑，城池無藩籬之固，山川無溝阜之勢，非有工輸雲梯之械，智伯灌激之害，楚子築室之圍，燕人濟西之隊，軍未浹辰而社稷夷矣。雖忠臣孤憤，烈士死節，將奚救哉！

夫曹、劉之將非一世所選，向時之師無曩日之衆，戰守之道抑有前符，險阻之利俄然未改，而成敗貿理，古今詭趣，何哉？彼此之化殊，授任之才異也。

昔三方之王也，魏人據中夏，漢氏有岷、益，吴制荆、揚而奄交、廣。曹氏雖功濟諸華，虐亦深矣，其民怨矣。劉公因險以飾智，功已薄矣，其俗陋矣。夫吴，桓王基之以武，太祖成之以德，聰明叡達，懿度弘遠矣。其求賢如不及，恤民如稚子，接士盡盛德之容，親仁罄丹府之愛。拔吕蒙於戎行，識潘濬於係虜。推誠信士，不恤人之我欺；量能授器，不患權之我偪。執鞭鞠躬，以重陸公之威；悉委武衛，以濟周瑜之師。卑宮菲食，以豐功臣之賞；披懷虚己，以納謨士之算。故魯肅一面而自託，士燮蒙險而致命。高張公之德，而省游田之娱；賢諸葛之言，而割情欲之歡；感陸公之規，而除刑法之煩；奇劉基之議，而作三爵之誓；屏氣跼蹐，以伺子明之疾；分滋損甘，以育凌統之孤；登壇慷慨，歸魯子之功；削投惡言，信子瑜之節。是以忠臣競盡其謨，志士咸得肆力，洪規遠略，固不厭夫區區者也。故百官苟合，庶務未遑。初都建業，羣臣請備禮秩，天子辭而不許，曰：「天下其謂朕何！」宫室輿服，蓋慊如也。爰及中葉，天人之分既定，百度之闕粗修，雖醲化懿綱，未齒乎上代，抑其體國經民之具，亦足以爲政矣。地方幾萬里，帶甲將百萬，其野沃，其兵練，其器利，其財豐；東負滄海，西阻險塞，長江制其區宇，峻山帶其封域，國家之利未巨有弘於兹者矣。借使中才守之以道，善人御之有術，敦率遺典，勤民謹政，循定策，守常險，則可以長世永年，未有危亡之患也。

或曰：「吴、蜀脣齒之國，蜀滅則吴亡，理則然矣。」夫蜀，蓋藩援之與國，而非吴人之存亡也。何則？其郊境之接，重山積險，陸無長轂之徑；川阨流迅，水有驚波之艱。雖有鋭師百萬，啓行不過千夫；舳艫千里，前驅不過百艦。故劉氏之伐，陸公喻之長蛇，其勢然也。昔蜀之初亡，朝臣異謀，或欲積石以險其流，或欲機械以御其變。天子總羣議而諮之大司馬陸公，公以四瀆天地之所以節宣其氣，固無可遏之理，而機械則彼我之所共，彼若棄長技以就所屈，即荆、揚而爭舟楫之用，是天贊我也，將謹守峽口以待擒耳。逮步闡之亂，憑寶城以延强寇，重資幣以誘羣蠻。于時大邦之衆，雲翔電發，懸旍江介，築壘遵渚，襟帶要害，以止吴人之西，而巴、漢舟師，沿江東下。陸公以偏師三萬，北據東坑，深溝高壘，按甲養威。反虜踠跡待戮，而不敢北窺生路，强寇敗績宵遁，喪師大半，分命鋭師五千，西禦水軍，東西同捷，獻俘萬計。信哉賢人之謀，豈欺我哉！自是烽燧罕警，封域寡虞。陸公没而潛謀兆，吴釁深而六師駭。夫太康之役，衆未盛乎曩日之師，廣州之亂，禍有愈乎向時之難，而邦家顛覆，宗廟爲墟。嗚呼！「人之云亡，邦國殄瘁」，不其然歟！

《易》曰「湯武革命，順乎天」，《玄》曰「亂不極則治不形」，言帝王之因天時也。古人有言曰「天時不如地利」，《易》曰「王侯設險，以守其國」，言爲國之恃險也。又曰「地利不如人和」，「在德不在險」，言守險之由人也。吴之興也，參而由焉，孫卿所謂合其參者也。及其亡也，恃險而已，又孫卿所謂捨其參者也。夫四州之萌非無衆也，大江之南非乏俊也，山川之險易守也，勁利之器易用也，先政之策易循也，功不興而禍遘者，何哉？所以用之者失也。是故先王達經國之長規，審存亡之至數，謙己以安百姓，敦惠以致人和，寛沖以誘俊乂之謀，慈和以結士民之愛。是以其安也，則黎元與之同慶；及其危也，則兆庶與之共患。安與衆同慶，則其危不可得也；危與下共患，則其難不足恤也。夫然，故能保其社稷而固其土宇，《麥秀》無悲殷之思，《黍離》無愍周之感矣。

《全唐文》卷一八二王勃《三國論》 漢自順桓之間，國統屢絶，姦回竊位，閹宦滿朝。士之蹈忠義履冰霜者，居顯列則陷犯忤之誅，伏閭巷則嬰黨錮之戮。當是時也，天下之君子，掃地將盡。雖九伊周、十稷契，不能振已絶之綱，舉土崩之勢明矣。

熹平中，大黄星見楚宋之分。遼東殷馗曰：「其有真人起於譙沛之間。」以知曹孟德不爲人下，事之明驗也。先時秦帝東游，亦云金陵當有王者興。董扶求出，又曰益州有天子氣。從兹而言，則長江劍閣，作吴蜀之限；天道人謀，有三分之兆，其來尚矣。

然廢興有際，崇替迭來。每覽其書，曷能不臨卷而永懷，撫事而伊鬱也。嘗試論之曰：向使何進納公業之言而不追董卓，傕汜棄文和之策而不報王允，則東京焚如之禍，關右亂麻之屍，何由而興哉？至使乘輿蒙塵於河上，天子露宿於曹陽，百官饑死於墻壁，六宫流離於道路，蓋由何公之不明，賈詡之言過也。於是劉岱、喬瑁、張超、孔伷之徒，舉義兵而天下響應，英雄者騁其驍悍，運其謀能，海内嚻然，於兹大亂矣。袁本初據四州之地，南向爭衡；劉景升擁十萬之師，坐觀成敗。區區公路，欲居列郡之尊；瑣瑣伯珪，謂保易京之業。瓚既窘斃，術亦憂終。譚尚離心，琮琦失守。其故何哉？有大賢而不能用，睹長策而不能施。便謂力濟九區，智周萬物，天下可指麾而定，宇宙可大呼而致也。

嗚呼悲夫！余觀三國之君，咸能推誠樂士，忍垢藏疾，從善如不及，聞諫如轉規。其割裂山河鼎足而王宜哉！孫仲謀承父兄之餘事，委瑜肅之良圖，泣周泰之痍，請吕蒙之命，惜休穆之才不加其罪，賢子布之諫而造其門。用以有南開交趾，驅五嶺之卒；東界海隅，兼百越之衆。地方五千里，帶甲數十萬。若令登不早卒，休以永年，神器不移於暴酷，則彭蠡衡陽，未可圖也。

以先主之寬仁得衆，張飛、關羽萬人之敵，諸葛孔明管、樂之儔，左提右挈，以取天下，庶幾有濟矣。然而喪師失律，敗不旋踵。奔波謙、瓚之間，覊旅袁、曹之手，豈拙於用武，將遇非常敵乎？初備之南也，樊、鄧之士，其從如雲。比到當陽，衆十萬餘。操以五千之卒，及長坂縱兵大擊，廓然霧散，脱身奔走。方欲遠竄用魯肅之謀，然投身夏口。於時諸葛適在軍中，向令帷幄有謀，軍容宿練，包左車之計，運田單之奇，操懸軍數千，夜行三百，輜重不相繼，聲援不相聞，可不一戰而擒也？坐以十萬之衆，而無一矢之備，何異驅犬羊之羣，餌豺虎之口？固知應變將略，非武侯所長，斯言近矣。周瑜方嚴兵取蜀，會物故於巴丘。若其人尚存，恐玉壘銅梁，非劉氏有也。然備數困敗而意不折，終能大啓西土者，其惟雅度最優乎？武侯既没，劉禪舉而棄之。睹譙周之懦詞，則忿憤而忘食；聞姜維之立事，又慷慨而言憙。惜其功垂成而智不濟，豈伊時喪？抑亦人亡，乃知德之不修，棧道靈關，不足恃也。

魏武用兵，仿佛孫吴。臨敵制奇，鮮有喪敗，故能東擒狡布，北走强袁，破黄巾於壽張，斬眭固於射犬。援戈北指，蹋頓懸顱；擁旆南臨，劉琮束手。振威烈而清中夏，挾天子以令諸侯，信超然之雄傑矣。而弊於褊刻，失於猜詐。孔融、荀彧，終罹其灾；孝先、季珪，卒不能免。愚知操之不懷柔巴蜀，砥定東南，必然之理也。文帝富於春秋，光膺禪讓，臨朝恭儉，博覽墳籍，文質彬彬，庶幾君子者矣。不能恢崇萬代之業，利建七百之基。骨肉齊於匹夫，衡樞委乎他姓。遠求珠翠，廢禮諒闇之中；近抱辛毗，取笑婦人之口。明帝嗣位，繼以奢淫。征夫困於兵革，人力殫於臺榭。高貴鄉公明决有餘，而深沈不足。其雄才大略，經緯遠圖，求之數君，並無取焉。山陽公之墳土未乾，陳留王之賓館已啓，天之報施，何其速哉？故粗而論之，式備勸戒，俾夫來者有以監諸焉。

《李德裕文集·外集》卷一《三國論》 魏、蜀、吴三分天下，而亡有先後，非形勢有輕重，積累有厚薄，察其政柄所歸，則亡之先後可知也。蜀政在於黄皓，皓隸人也，内不能修武侯之舊典，外不能制姜維之黷武，紀綱日壞，君子不服，所以先亡也。魏自明帝之後，政歸仲達，齊王已降，惟守空宫，亡之淹速，係放師、昭之志。將移神器之重，須服天下之心。未立大功，亦不敢取，所以蜀滅而魏亡也。孫皓雖驕奢極欲，殘虐用刑，而自專生殺之柄，不牽帷墻之制，運盡天亡，而後夷滅。由是而知人君不可一日失其柄也，如神龍之脱深泉，震雷之無煙氣，威靈既露，人得制之。蔣濟睹魏文帝與夏侯尚詔曰：「作福作威，爲亡國之言。」所謂柄者，威福是也，豈可假於臣下哉。後代睹三國之事，可不戒懼哉。

《歐陽修全集》卷一六《魏論》 新與魏皆取漢者，新輒敗亡，魏遂傳數世而爲晉。不幸東漢無賢子孫，而魏爲不討之讐。今方黜新而進魏，疑者以謂與姦而進惡，此不可以不論也。

昔三代之興也，皆以功德，或積數世而後王。其亡也，衰亂之迹亦積數世而至於大壞，不可復支，然後有起而代之者。其興也，皆以至公大義爲心。然成湯尚有慚德，伯夷、叔齊至耻食周粟而餓死，况其後世乎？自秦以來，興者以力，故直較其迹之逆順、功之成敗而已。彼漢之德，自安、和而始衰，至桓、靈而大壞，其衰亂之迹，積之數世，無異三代之亡也。故豪傑並起而爭，而强者得之。此直較其迹爾。故魏之取漢，無異漢之取秦、而秦之取周也。夫得正統者，漢也；得漢者，魏也；得魏者，晉也。晉嘗統天下矣。推其本末而言之，則魏進而正之，不疑。

司馬光《稽古録》卷一三 昭烈以敗亡之餘，羈旅漢南，而能屈體英傑，要結同志，摧沮勍敵，因敗爲功，顛沛之際不忘德義，美矣！劉璋昧弱，侮而兼之，遂奄有巴蜀，君臨一隅。安樂公才雖下中，然委任賢相，抗衡中國。及姜黄用事，面縛爲虜，宜矣！

司馬光《稽古録》卷一三 漢室不綱，羣雄麇擾，乘輿播蕩，莫之收省。太祖獨奉迎而相之，披荆棘以立朝廷，則其名義固足以結民心矣。加之英威明略，過絶於人，驅策賢豪，糞除姦宄，於是張繡屈膝，吕布授首，公路野死，本初覆亡，劉琮獻地，韓馬遁逃，中原肅清，戎狄請服。然則魏取天下於盗手，而非取之于漢室也。惜其狹中多詐，猜忌賢能，此海内所以不盡服也。及文帝受禪，明帝繼業，内綏外禦，不廢前功。而明帝於彌留之際，姦臣牽率，嗣子幼弱，寄托非人。曹爽驕戆，黨與輕佻，禍自内興，遂衰微不振，以至於易姓，悲夫！

司馬光《稽古録》卷一三 孫破虜以孤遠之兵，决忠憤之志，首犯賊鋒，深蹂洛川，汎掃陵寢，有足多者。討逆以童子提一旅之衆，揮馬箠而下江東，耆儒宿將，狼狽失據，開地千里，真英才也。大帝承父兄之烈，師友忠賢，以成前志。赤壁之役，決策定慮，以摧大敵，非明而有勇，能如是乎？遂奄有荆、揚，傳於南海，傳祚累世，宜矣！侯官景帝皆明慧敢決，有先世之風。歸命驕愎殘虐，浮於桀、紂，求欲不亡，得乎？

吕陶《淨德集》卷一六《魏論》　善計天下之安危者，必審其利害之兩端，而不泥於懲戒之偏説，思其所以爲利，則防其所以有害。蓋有更相制禦之道，可施於危，使天下之變，不能乘間而發，是之謂知本。天下安，則内足以制外；天下危，則外可以禦内，此利害之所宜審也。彼狗懲戒之偏説者，見其利而不知其害，可施於安而不可施於危也。蓋天下之變，所起有二，一曰諸侯之强盛，二曰大臣之持權。强盛則爲外憂，天下所以漸亂；持權則爲内患，天下所以速亡。此二變者有内外遲速之異，世主豈可不察哉？然則所謂更相制禦之道者，何也？曰修法度，慎政教，足以杜强盛之漸；固蕃衛，完形勢，足以破持權之姦。周之始封八百餘國，有賦足用，有兵足戰，朝覲貢獻，莫敢先後而至。當此之時，未聞有不庭之國者，何也？有所服於内也。及其衰世，大邦千里，齊晉起而爲盟主，天下之尊，僅存位號。當此之時，未聞有擅命之臣者，何也？有所忌於外也。是故内有治政，則無慮諸侯之强；外有諸侯，則無慮大臣之横，所謂相制之道也。昔之圖治者不究於此，以爲廢諸侯則無外憂，天下可不僭亂，是安閒無事之策也。是不知諸侯之强，始於王室之不綱也；徒知外憂可弭之爲利，而不知患無以禦之爲害也；欲去天下之僭亂，而反取天下之速亡也。其説豈不偏哉！秦懲周之所以亡，不授子弟以尺寸之土，獨收其權，以控制四海，纔歷二世，乃死於趙高之手。漢監七國之所以亂，推恩分國，以銷維城之勢，輕根易拔，危基易動，方百年間，乃爲王莽之所乘。世祖中興，失於遠覽，封建之制日益陋，郡縣尸其政於外，臺閣總其務於内，宗室侯王惟衣食租賦而已，睽孤之釁，遂爲曹氏之所窺。此三者皆外無所救，變生於内而不能禦焉。曹魏之亡，何以異此？既以詐力而得，又欲以詐力而守，無親疏，無小大，未嘗以誠信待之，故於同姓之臣，尤爲猜貳。雖有疏封之名，曾無任爵之實，官屬則付以下才，兵衛則給其殘老。惠澤不流，科禁峻迫，貶侯削地，無歲無之。至有昆弟不得同路而出者，權輕勢弱，僅同匹夫。是故賊臣一施其謀，而魏之神器失矣。夫以任城之剛武敢爲，陳思之機慮敏博，而使之握重兵，據勝地，洎諸宗子分列建置，以忠義同憂之心，爲膠固不拔之勢，處可以遏姦萌，出可以靖大難，則司馬氏安能遽遷其祚業哉！昔者朱虚之謀倡於内，齊國琅邪之兵待於外，乃能平諸吕之亂，由是而言，則利害之端可見矣。惜乎魏之不監於此也。

《全宋文》卷一七一三李清臣《魏論》　孟軻言：「王道之常，賤利而本仁義。」當世之諸侯皆謂之闊疏，而後之學者亦或疑其爲空説以示訓。嘗竊觀之：先鈍而後利，王之易者，莫若仁義之爲用。小利而大拙，力殫而功少，名敗而實從之者，莫弊於權謀也。周既亡，而秦能一天下之諸侯。秦之亂，高祖起兵，才五戰而天下定於漢。西漢之業爲莽所盜者十二載，而世祖興。世祖之興三年而後爲東漢。高、光之建業，一何其易也！基宇一何其宏大也！傳之子孫，又何其長也！東漢之亂，豪傑據國而虎爭，善用兵者，莫過於魏武。建安之元，始迎獻帝以入於許，自是中國之權歸於曹氏，官賞兵刑，紀綱號令，莫不自曹氏出，漢帝挈挈守空器而已。於時取之之易，若拔一毫，然而止能集天下之勢，故不敢取用天子禮樂者，凡二十五年，而身終於北面。及丕受獻祚，四方之君者三，魏一再傳，而其政已爲司馬氏所有。觀魏武之建業，一何其難也，基宇一何其狹也？傳之子孫一何其弗永也！豈謂魏武之用兵，不及於高、光耶？謂天之意不欲天下之亟定於曹氏耶？謂用兵不及於高、光，則魏武固能兵矣；謂天之意不欲天下之亟定，則天下之厭亂不爲不久矣。何難易、小大、長短之不相若也如此？嘗以謂天下大物也，不可以詭譎服，不可以威力御，有僞而霸，無僞而王；有僞而享國，無僞而享天下。彼高祖、世祖之所以興，雖褰裳奮劍，馳逐而得之，然皆有仁義之資，忠厚之量，故人心易一，數載而成。大業已成，而天下怗怗，不復摇動。魏武則不然，其治身、其任臣、其使民、其取天下，一本於詭譎威力，無復錙銖仁義忠厚之實，是以孔融、楊修誅死而不肯臣，荀彧感恨喑噎而斃，天下義士雲長之徒，掉臂而徐去，管寧之屬，浮海而避之，惟得巧詐之士而與之共國，兢兢焉憂竊發之變。故雖虜張繡，走二袁，擒吕布，馘高幹，戎旗北指而烏丸蹋頓爲之破，兵鋒西向而宜、堪、起、遂爲之平，有智者莫不憚，有力者莫不屈，兵彊戰勝而天下益疑之，思與之爲敵。用力勤於二漢，而土分於吴、蜀；垂業至於二世，而運奪於宣、景。何哉？失之於險害刻薄，而不以仁義忠厚撫天下也。人之形可劫而人之心不可劫，人之財可掠而取而人之心不可掠而取，天下之土可以彊而兼而天下之心不可以彊而兼。迅疾不讓，怒若風火者，雖速必緩；欺其人而得之者，雖得必失。得民之心者，不欲有民而民必歸之。大國之賈，出其貨財貿易於廛市，持之以信，守之以廉，意思閑緩，如不欲多得者，故利之歸也愈厚，其爲富也必久。有貪賈者，持籌如變化，罔利如寇攘，人由是莫敢與之賈，以至於飢而死。孟子曰：「苟行仁政，四海之内皆舉首而望之，欲以爲君。」魏武何知焉？孔明之爲蜀，先以仁義治其國，後以仁義之聲動天下，三州舉士以歸於我，而輒不取，是以一舉而魏之君臣相聚而憂。當是之時，民心雖已去漢，以孔明仁義之才，挾備而自爲，亦可以有所立，天下之未歸蜀者，特須時耳。孔明不幸，功未成而且死，使孔明不死，魏、吴其一而爲劉蜀乎？孝明之區區，焉能抗之哉！

《蘇轍集・欒城應詔集》卷一《三國論》　天下皆怯而獨勇，則勇者勝；皆闇而獨智，則智者勝。勇而遇勇，則勇者不足恃也；智而遇智，則智者不足用也。夫唯智勇之不足以定天下，是以天下之難蠭起而難平。蓋嘗聞之：古者英雄之君，其遇智勇也，以不智不勇，而後真智大勇乃可得而見也。

悲夫！世之英雄，其處於世，亦有幸不幸邪。漢高祖、唐太宗，是以智勇獨過天下，而得之者也；曹公、孫、劉是以智勇相遇而失之者也。以智攻智，以勇擊勇，此譬如兩虎相捽，齒牙氣力，無以相勝，其勢足以相擾，而不足以相斃。當此之時，惜乎無有以漢高帝之事制之者也。

昔者項籍，乘百戰百勝之威，而執諸侯之柄，咄嗟叱咤，奮其暴怒，西向以逆高祖，其勢飄忽震蕩，如風雨之至。天下之人，以爲遂無漢矣。然高帝以其不智不勇之身，横塞其衝，徘徊而不進，其頑鈍椎魯，足以爲笑於天下，而卒能摧折項氏而待其死，此其故何也？夫人之勇力，用而不已，則必有所耗竭；而其智慮久而無成，則亦必有所倦怠而不舉。彼欲就其所長以制我於一時，而我閉而拒之，使之失其所求，逡巡求去而不能去，而項籍固已敗矣。

今夫曹公、孫權、劉備，此三人者，皆知以其才相取，而未知以不才取人也。世之言者曰：孫不如曹，而劉不如孫。劉備唯智短而勇不足，故有所不若於二人者，而不知因其所不足以求勝，則亦已惑矣。蓋劉備之才，近似於高祖，而不知所以用之之術。昔高祖之所以自用其才者，其道有三焉耳：先據勢勝之地，以示天下之形；廣收信越出奇之將，以自輔其所不逮；有果鋭剛猛之氣而不用，以深折項籍猖狂之勢。此三事者，三國之君，其才皆無有能行之者。獨有一劉備近之而未至，其中猶有翹然自喜之心，欲爲椎魯而不能純，欲爲果鋭而不能達。二者交戰於中，而未有所定。是故所爲而不成，所欲而不遂。棄天下而入巴蜀，則非地也，用諸葛孔明治國之才，而當紛紜征伐之衝，則非將也。不忍忿忿之心，犯其所短，而自將以攻人，則是其氣不足尚也。嗟夫！方其奔走於二袁之間，困於呂布而狼狽於荆州，百敗而其志不折，不可謂無高祖之風矣。而終不知所以自用之方。夫古之英雄，唯漢高帝爲不可及也夫。

何去非《何博士備論》卷上《魏論》　昔者，東漢之微，豪傑並起而爭天下，人各操其所爭之資。蓋二袁以勢，呂布以勇，而曹公以智，劉備、孫權各挾乎智勇之微而不全者也。夫兵以勢舉者，勢傾則潰；戰以勇合者，勇竭則擒。唯能應之以智，則常以全强而制其二者之弊。是以袁、呂皆失，而曹公收之，劉備、孫權僅獲自全於區區之一隅也。

方二袁之起，借其世資以撼天下。紹舉四州之衆，南向而逼官渡；術據南陽，以擾江淮，遂竊大號；呂布驍勇，轉鬥無前而爭兖州。方是之時，天下之窺曹公，疑不復振。而人之所以爭附而樂赴者，袁、呂而已。而曹公逡巡獨以其智起而應之，奮盈萬之旅，北摧袁紹而定燕、冀；合三縣之衆，東擒呂布而收濟、兖；蹙袁術於淮左，彷徨無歸，遂以奔死。而曹公智畫之出，常若有餘，而不少困。彼之所謂勢與勇者，一旦潰敗，皆不勝支。然後天下始服曹公之爲無敵，而以袁、呂爲不足恃也。至於彼之任勢與力，及夫各挾智勇之不全者，亦皆知曹公之獨以智强而未易敵也，故常内憚而共蹙之。唯曹公自恃其智之足以鞭笞天下而服役之也，故常視敵甚輕，爲無足虞。於其東征劉備也，袁紹欲躡之；於其官渡之相持也，孫權欲襲之；於其北征烏桓也，劉備欲乘之。三役者皆所以致兵招寇，而窺伺間隙者所起之時也。然而曹公晏然，不爲之深憂而易計者，亦失於負智輕敵之已甚，是以數乘危而僥幸也。雖然，于勢不得不起者，蓋劉備在所必征，袁紹在所必拒，然又其近在於徐州之與官渡。使其人之謀我，而我亦將有以應之，未有乎顛沛也。至於烏桓之役，則其輕敵速寇，而苟免禍敗者，固無殆於此時也。夫袁紹雖非曹公之敵，亦所謂一時之豪傑，横大河之北，奄四州之土，南向而爭天下，一旦摧敗，卒以憂死。而其二子孱駑不肖，曹公折棰而驅之，北走烏桓，苟延歲月之命，雖未就梟戮，亦可知其無能爲矣。方是之時，中土未安，幽冀新附，而孫權、劉備覘伺其後，獨未得其機以發之耳。而操方窮其兵力，遠即塞北，以從事於三郡烏桓爲不急之役，僥幸於一決。嗚呼，可謂至危矣！使劉表少辨事機，而備之謀得逞，舉荆州之衆，卷甲而乘許下之虚，則魏之本根撥矣。曹公雖還，而大河之南非復魏有矣。然則操之數爲此舉而蔑復顧者，恃其智之足以逆制於人而易之也。夫官渡、徐州之役，在勢有不得不應，雖易之可也。今提兵萬里，後皆寇仇，而前向勁敵，且甚易之而不顧者，亦已大失計矣。劉備之不得舉者，天所以相魏耳。

嗟乎！人唯智之難能。苟惟獲乎難能之智，加審處而慎用之，則無所不濟。今乃恃之以易人，則其與不智者何異？曹公所以屢蹈禍機而幸免者，天實全之耳。後之人無求祖乎曹公，而謂天下之可易也矣。

言兵無若孫武，用兵無若韓信、曹公。武雖以兵爲書，而不甚見於其所自用。韓信不自爲書，曹公雖爲而不見於後世。然而傳稱二人者之學皆出於武，是以能神於用而不窮。竊嘗究之，武之十三篇，天下之學兵者所通誦也。使其皆知所以用之，則天下孰不爲韓、曹也？以韓、曹未有繼於後世，則凡得武之書伏而讀之者，未必皆能辨於戰也。武之書，韓、曹之術皆在焉。使武之書不傳，則二人者之爲兵固不戾乎。武之所欲言者，至其所以因事設奇，用而不窮者，雖武之言有所未能盡也。驅市人白徒而置之死地，惟韓信者然後能斬陳餘；遏其歸師而與之死地，惟若曹公者然後能克張繡。此武之所以寓其妙，固有待乎韓、曹之儔也。譎衆圖勝，而人莫之能知；既勝而復譎以語人，人亦從而信之不疑。此韓信、曹公無窮之變詐不獨用於敵，而亦自用於其軍也。

蓋軍之所恃者將，將之所恃者氣。以屢勝之將，持必勝之氣以臨三軍，則三軍之士氣定而情安，雖有大敵，故嘗吞而勝之。韓信以數萬之衆，當趙之二十萬，非脆敵也，乃令裨將傳食曰：「破趙而後會食。」信策趙爲必敗可也，而曰必破而後會食者，可預期哉？使誠有以破趙，雖食而戰，未爲失趙之敗也。然而韓信爲此者，以至寡而當至衆，危道也。故示之以必勝之氣，與夫至暇之情，所以寧士心而作之戰也。曹公之征關中，馬超、韓遂之所糾合以拒公者，皆劇賊也。每賊一部至，公輒有喜色。賊既破，諸將問其故，答曰：「關中長遠，若賊各據險，征之不一二年不可定也。今其皆集，可一舉而滅之，是以喜耳。」袁紹追公於延津，公使登壘而望之曰：「可五六百騎。」有頃，復白騎積多，步兵不可勝計。公曰：「勿復白。」乃令解鞍縱馬待焉。有頃，縱兵擊之，遂大破紹，斬其二將。夫敵多而懼者，人之情也。以曹公之勇，而形之以懼，則其下震矣，故以僞喜、僞安示之。衆恃公之所喜與安也，則畏心不生，而勇亦自倍，此所以勝之也。故用兵之妙，不獨以詐敵，而又以愚吾士卒之耳目也。

昔者創業造邦之君，蓋莫盛於漢之高皇。考其平日之智勇，實無以逮其良、平、信、越之佐。然其崛起，曾不累年誅秦、覆楚，遂奄天下而王之。曹公之資機警，挾漢以令天下，其行兵用師、決機合變，當日無與其儷也。然卒老於軍，不能平一吴、蜀，此其故何也？議者以其持法嚴忍，諸將計畫有出於己右者，皆以法夷之，故人舊怨無一免者，此所以不濟。嗟夫！曹公殘刻少恩，必報睚眦之怨，真有之矣。至若謀夫策士，收攬聽任，固亦不遺，未嘗深負之也。蓋嘗自詭以帝王之志業，期有以欺眩後世。然稽其才，蓋亦韓信之等夷。而其遇天下之變，無以異於劉、項之際。劉備、孫權皆以人豪，因時乘變，保據一隅，而公之諸將皆非其敵。至於鞭笞中原，以基大業，皆公自爲之。而老期迫矣，此其爲烈與漢異也。

何去非《何博士備論》卷上《蜀論》 或曰：劉備之爭天下也，不因中原而西入巴蜀，此所以據非其地，而卒以不振歟？曰：有之也。備非特委中原而趨巴蜀也，亦爭之不可得，然後委之而西入耳。備之西者，由智窮力僨，蓋晚而後出，於其勢之不得已也。

方其豪傑並起，而備已與之周旋於中原矣。始得徐州而吕布奪之，中得豫州而曹公奪之，晚得荆州而孫權奪之。備將興復劉氏之大業，其志未嘗一日而忘中州也。然卒無以暫寓其足，委而西入者，有曹操、孫權之兵軋之也。備之既失豫州而南依劉表也，始得孔明於羈窮困蹙之際，而孔明始導之以取荆、取益而自爲資。孔明豈以中州爲不足起，而以區區荆、益之一隅足以有爲耶？亦以魏制中原，吴擅江左，天下之未爲吴、魏者，荆、益而已，顧備不取此，則無所歸者故也。是以一敗曹公而遂收荆州，繼逐劉璋而遂取益州者，孔明之略也。雖然，孔明之於二州也，得所以取之，而失所以用之。至於遂亡荆州，而勞用蜀民，功業亦以不就，良有以也。夫荆州之壤，界於吴蜀之問，而二國之所必爭者也。自其勢而言之，以吴而取荆，則近而順；以蜀而爭荆，則遠而艱。蜀之不能有荆，猶魏之不能有漢中也。是以先主朝得益州，而孫權暮求其荆州。權之求之也，非以備之得蜀而無事乎荆也，亦以其自蜀而爭下，不若乎吴之順故也。故直求之者，所以示吾有以收之也。蓋備一不聽而權已奪其三郡，備無以爭，而中分界之。以分裂不全之荆州，而有孫權之窺聽其後，爲之鎮撫則安，動復則危。亮不察此，而恃關侯之勇，使舉其衆以北侵魏之襄陽。故孫權起躡其後，殺關侯而盡爭其荆州。此孔明失於所以用荆也。然後備之所有，獨岷益耳。雖然，地僻人固，魏人不敢輕加之兵，而鼎足之形遂成。使備之不西，而唯徘徊於中州，則亦不知所以税駕矣。備之既死，舉國而屬之孔明。孔明有立功之志，而無成功之量；有合衆之仁，而無用衆之智。故嘗數動其衆而亟於立功，功每不就而衆已疲。此孔明失於所以用蜀也。

夫蜀之爲國，岩僻而固，非圖天下者之所必爭。然亦未嘗不忌其動，以其有以窺天下之變，出而乘之也。雖然，蜀之與魏，其爲大小强弱之勢，蓋可見也。曹公雖死，而魏未有變，又有司馬仲達以制其兵。孔明於此，不能因備之亡，深自抑弱，以盈怠其心，使其無意於我。勵兵儲粟，伺其一旦之變，因河、渭之上流，裹糧卷甲，起而乘之，則莫不得志。乃以區區新造之蜀，倡爲仁義之師，强天下以思漢，日引而北，以求吞魏而復劉氏。故常千里負糧以邀一日之戰，不以敗還，即以饑退。此其亟於有功，而亡其量以待之也。善爲兵者，攻其所必應，擊其所不備而取勝也，皆出於奇。孔明連歲之出，而魏人每雍容不應以老其師，遂至於徒歸。而不以吾小弱而向强大，未嘗出於可勝之奇。蜀師每出，魏延常請萬兵趨他道以爲奇，亮每拒之，而延深以憤惋。孔明之出者六，蓋嘗一用其奇矣。聲言由斜谷而遂攻祁山，以出魏人之不意，一旦而降其三郡，關輔大震，卒以失律自喪其師。奇之不可廢於兵也如此，而孔明之不務此也。此鋭於動衆而無其智以用之也。嗚乎！非湯、武之師而惡夫出奇，卒以喪敗其衆者，可屢爲哉？雖然，孔明不可謂其非賢者也。要之，黠數無方，以當司馬仲達則非敵故也。范蠡之謂勾踐曰：「兵甲之事，種不如蠡；鎮撫國家，親附百姓，蠡不如種。」范蠡自知其所長，而亦不强於其所短，是以能濟。孔明之於蜀，大夫種之任也。今以種、蠡之事一身而二任之，此其所以不獲兩濟者也。

何去非《何博士備論》卷上《吴論》 古之豪傑，有功業之大志，其才力雖足有以取濟，而無謀夫策士合奇集智以更轉其不逭，使無失乎事機之會，則往往功敗業去而爲徒發者皆是也。

昔東漢董卓之變，豪傑相視而起於中州者，若袁、曹、劉、吕，皆負其姦豪之資，求因時乘變以濟所欲。特孫堅激於忠勇，投袂特起於區區之下郡，奮以誅卓，雖卓亦獨憚而避之。惜乎！三失大機而功業不就，卒以輕敵遂殞其身，由無謀夫策士以發其智慮之所不及故也。始堅以義從之士起於長沙，北至南陽，衆已數萬。南陽太守不時調給，堅責以稽停義師，按軍律而誅之，人大震服。南陽民籍且數百萬，兵强食阜，而堅不遂據之以治軍整卒，命一偏將西趨武關以震三輔，身扼成皋而定鞏、洛，迎天子而奉之，仗順討逆，以濟其志，乃反棄去。而袁術得以起而收於羈旅之中，以爲己資，遂以驕肆。此堅之一失也。夫董卓之强，天下畏之。袁紹、曹公相與歃血而起者凡十一將，皆擁據州郡，衆合數萬，然無敢先發以向卓者，獨曹公與其偏將遇，遂以敗北。而堅獨以其兵趨之，合戰陽人，大破其軍，集其鋭將。卓深震憚，乃遣腹心詣堅和親，咸令疏其子弟勝刺史郡守者，悉表用之。向使堅陽合而陰伺之，差其宗親苟勝軍事者皆列疏與焉，使得各據土握兵以大其勢，徐四起以蹙之，則其取卓易於反掌。不知出此，乃怒辱其使，誓必誅卓，使之憤懼，遂殘污洛陽，劫持天子，西引入關以避其鋒而窮其毒。此堅之二失也。夫兵以義動者，其勢足以特立，則何至於附人？苟唯不能而有所附，必其德義足以爲天下之所歸往者，然後從之。袁術徒膺藉世資以役天下，其驕豪不武，非托身之主也。堅已驅卓而收復雒陽之殘壞，不能阻山河之固，因形勢之便，以觀天下之變。乃還軍魯陽聽役於術，爲之崎嶇轉戰以搏黄祖，卒殞其身於襄、漢之間，無異士伍。此堅之三失也。夫一舉事而三失隨之，則其功業違矣。孫策壯武，術略過於其父，又有周瑜、魯肅之儔以輔其起。惜乎！堅之不善基也，使其不得奮於中原以競天下。然策一舉而遂收江東，爲鼎足之資，使之不死，當爲魏之大患。策之不得起於中原，非其智力之不逮，蓋袁紹已據河北，曹公已收河南，獨無隙以投之故也。以劉備之間關轉戰，至於白首，不獲中州一塊之壤以寓其足。而策乃能以敝兵千餘渡江轉門，不數歲而席捲江東，此其過備遠矣。權之勇決進取，無以逮其父兄，然審機察變，持保江東，於權有焉。

夫三國之形，雖號鼎足，而其雌雄、强弱固有所在：魏雖不能遂併天下，蓋不失其爲雄强；吴、蜀雖能各據其國，然不免爲雌弱。權惟能知乎此，是以内加撫循，而外加備禦而已。時有出師動衆，以示武警敵者，北不逾合淝，而西不過襄陽，未嘗大舉輕發，以求僥幸於魏。而魏人之加於我，亦嘗有以拒之，未嘗困折，是以終權之世而江東安。由是觀之，則權之爲謀，審於諸葛武侯之用蜀矣。

《張耒集》卷三八《魏晉論》 嗚呼！ 魏晉之亂亡，其可悲也。國中之人，皆恐懼服從，大盜招之而無不應，舉國以與人而猶恐其不受也。其所循致而至此者，何也？ 蓋其國輕久矣。夫國重者存，國輕者亡。何謂重？其人可以禦侮，旁觀者有所忌，則重矣。鱓鱣王鮪之在江湖，非不大也，然漁者徒手取之，膾之俎上而無難，曾不如蛇虺之據穴。國之輕亦猶是矣。人主非不尊，公卿大臣非不畏，百司庶府非不懼，然皆庸怯和易，説之如發蒙，舉之如掔虚，朝之慮不至夕，今日之智不及明日。夫如是，國之存，大盜拱手舉之矣。是謂國輕。凡人臣之能爲國重者，非有服天下之名節，則必有過天下之才智。成湯既没，太甲失道，伊尹放之，可謂亂矣。而諸侯不爭，商卒以安者，伊尹之節天下之所不敢議也。晏子之在齊，叔向之在晉，宫之奇之在虞，諸侯不敢侮焉，此以名節爲重也。齊桓公兵車徜徉天下，而諸侯不敢議其後，管仲之智未易與爲敵也。郭子儀存而吐蕃罷兵，李德裕草檄而澤潞亟滅，此以才智爲重也。夫天下之人，其好爭未嘗一日忘也，非有大愧恥于其心而不忍爲，則必有大恐懼于其身而不敢爲。夫名節者，所以愧恥天下之不義；而才略者，所以恐懼天下之好亂。舍是二者，雖聖賢無他道矣。

魏之亡也，司馬師殺其君如屠犬馬，而大臣震悸，莫敢太息，王祥、鄭沖舉國而與之。夫是數人者，亦知是爲不義也，而不敢不聽者，彼惟素無以動其國人，而又取諸其胸中而無有也。晉之臣，才者先叛。王敦、桓温才過一時，卒皆不臣。劉裕才過數人者，而遂取之。何則？ 國中之人莫與之敵故也。夫挾好亂之資，而顧其國莫與之敵，則取之之心生矣。故爲國之患，莫大于不崇名節而消天下之精鋭。彼晉之公卿朝夕從事者，非毁名節，則尚無心。方此時，雖有有志之士，亦且去之矣。此蔡謨之所以不爲司徒，而曰「吾恐後世之笑也」。

天下之事，有名實，不可以不辨也。輕名節者曰：「吾惡天下之矯激也。」黜才能者曰：「吾尚德也。」夫矯激者，安能真爲名節也，利至則變矣。世蓋有利至不回，害至不避，而可以矯激億之哉？夫如是而未免于矯激，則庸庸者而後可矣。且東漢之亂，而曹操之雄至死不敢取，惟畏天下之清議故也。黨錮雖弊，猶能存國，古之所謂德也。非無才之云也，才不足以言矣。傳曰：「仁者必有勇，勇者不必有仁。有德者必有言，有言者不必有德。」夫言與勇，才之類也，而仁與德必能兼之，則世有無勇之仁，不能言之德乎？子産，惠人也。謂之衆人之母，可謂德勝矣。然其抗晉、楚，何其勇且辯也！夫以無所用之質，而冒之以仁義之容，文之以禮樂之言，治國而不能靖民，臨難而不能却敵，而謂之有德，此固天下英雄之所侮也。嗚呼！ 爲國者盍察諸此矣。

《全宋文》卷三七五四李綱《論三國之勢》 曹操之材智勝權、備，而其臣不及吴、蜀，力適相當，故三國之勢鼎峙而足以相抗。觀操奇譎多數，善用兵，因敵制勝，變化如神，每戰必克，挾天子而令諸侯，形順勢便，故能亡袁術于淮南，誅吕布于下邳，破袁紹于官渡，進討烏桓，擒馘譚尚，北方悉定，無後顧之憂。乃取荆州，以臨江漢；降張魯，走超、遂，而關隴平。其規略亦宏矣。而權藉父兄之資，僅足以守江表，屢攻合淝，師卒無成，況能長馭遠駕窺中原哉！備因敗亡奔北之餘，假荆州之地，資劉璋暗弱以取巴蜀，崎嶇山谷間，雖慨然有興復漢室之志，師徒屢動，曾無尺寸之功。故曰操之材智優于權、備。然而吴有張昭以爲骨鯁，有周瑜、魯肅、吕蒙以爲羽翼，有甘寧、凌統、程普、黄蓋之徒以爲爪牙。蜀有孔明以爲謀主，羽、飛、雲、忠以爲將帥，皆萬人敵也。而操有一荀文若，後竟殺之。張遼、程昱、徐晃之流不過數人，餘皆碌碌無聞，故每征伐，操必親履行陣間，此其臣所以不及吴、蜀，而力適相當也。不然，以操之雄武，其定江表、巴蜀，奚難哉！操走赤壁，嘗曰：「備亦吾儔，但見事少晚。」又嘗臨廣陵以望吴軍，歎其整肅，曰：「生子當如孫仲謀，劉景升兒子乃豚犬耳。」英雄所以相服者，固自有道邪？

李燾《六朝通鑑博議》卷一《吴論》 必有合天下之勢，然後可以一天下。三國鼎立，曹氏據魏，地廣兵强，奄天下之半。孫權以一隅之半，則其勢力必不加於魏，而君臣相謀，連荆、益之險，合東、西之勢，以抗北方，最策之得也。嘗觀孫權之初，滿寵在合淝，而淮未屬吴；先主、武侯奄蜀漢，而益未屬吴。不得淮則無以拒北寇之人，不得荆則無以固上流之勢，不得益則無以爲西土之援。天下大勢，分各不一，則其力不全，拒敵且不足，安能以兼人哉？故孫權擐甲胄，冒矢石，轉鬥合淝，以爲滿寵爭上流之地；陸遜、呂蒙相與贊其決，以躡取荆州，全據長江；而命諸葛瑾等尋盟於蜀，兩國之使，冠蓋相望，不絶於道。凡其所以百戰經營，與夫區區外交者，皆求於合東西之勢，進圖北方耳。蓋江南之所長，而北人之所忌者，皆在於此。以諸葛亮之雄，出而爲天下興復漢室，亦以跨有荆、益，結好孫氏，天下有變，荆襄之兵向宛洛，梁益之衆出秦川，吴人渡淮以相掎角，然後中原之地，風撤席捲，後無餘蓝。其後吴、蜀之好睽，而諸葛表論其事，深以爲恨，則當時識者，亦知天下大勢，不可不合也。曹操平生挾奸雄之資，恃富强之利，用兵制敵，自謂無前。而吴以荆州借先主，操一聞之，落筆於地。蓋東、西合，吴、蜀交，魏之所甚不利也。不然操矯情飾僞如此，非大利害迫之，何遽爾耶？則北人之所忌者，於此而可見。以吴之所長，攻魏之所忌，則南北之勝負，不待戰而決。臣謹按：魏之攻吴，凡三大戰，戰而輒敗者，何哉？南人之勢，或合於荆，或合於蜀。用東、西全力，則可以制敵而取勝。方曹操舉數十萬之衆，順江東下，劉豫州收合餘燼，兼舉江夏，水陸俱進，而周瑜因之，破曹公於赤壁。以曹公之雄，奉頭鼠竄，以歸於魏，而不敢與之角。則是吴合於荆，而一勝之也。先主既破夏侯淵，曹公西援漢中，而關羽因之，降於樊城，曹公議徙許以避其鋭，而不知爲之計。則是荆合於蜀，而再勝之也。諸葛亮祁山之役，三郡響應，關中震動，明帝西鎮長安，而陸遜因之走曹休於石亭，賈逵力爭疾救，僅得曹休之歸。則是吴、蜀合，三勝之也。使吴、蜀之地，約從締交，首尾相應，如此三戰，而摩之以歲月，操雖强，亦未必不爲吴、蜀所吞。惜乎！合淝爲敵有而不敢取，西蜀藉外交而不能固，是以止於自守，而不圖進取之功。孫權坐此，有志而無成。烏乎！吴、蜀合，則進圖中原而有餘；吴、蜀分，則自守其地而不足。天下形勢，較然甚明。後之有天下者，版圖所有，既得吴、蜀之全，不必力戰以爭，連衡以取，而形勢之地，盡爲我有，則非復昔日三國之吴矣。若能以此進圖北方，混一區宇，爲孫權之所不能爲者，豈不偉哉！故臣因吴之艱難，孫權之經營，而備論東西之形勢云。

華鎮《雲溪居士集》卷二〇《三國論》 小言可以喻大，鏡象可以見形。明目者果知道術之方，則視所遇而得其藴，瓦甓糞壤之間，惡乎而不在。古之人有言曰：盜亦有道乎。三國之雄，乘昏投棼，緣義飾詐，借忠營私，公攘而陰奪，皆穿窬之類也。觀其曉見時會，審識物形，并脆避堅，操强控隘，都勝勢以圖帝王之時，相軋以力，相靡以謀，抗衡數年，無克爲一，卒鼎峙之業者，蓋亦所謂有道者也。試粗論之。漢末凶醜弄兵，豪傑蜂起，怙亂徼寵者，壁壘相望，鉦鼓之音相聞。當是時，曹公以一郡之資，鷹揚虎視，風號霆激，而大者夷滅，小者受事，挾天子以令中夏，盛矣。曹公操作新書以指授諸將，由之則有功，違之則敗績，雖司馬懿之才，不能過也。孫郎殘破之日，吴人微緒不絶如綫，仲謀招懷撫納，輯睦士民，披荆榛，驅麇鹿，而定社稷，遂包楚越之地。魏人嘗以百戰之師，數十萬之衆，輕車樓船，水陸相輔，因鋭氣，鼓餘勇，順流乘勢，東下而壓其境，有飲馬長淵，蹀血武昌之意。吴之廷臣色沮氣奪，不知策之所從出，思毁基以委質而聽命者多矣。權獨知先聲之不實，後隙之可投，奮然釋衆疑，屏羣議，挈偏師以授周瑜。於是乎得雋於赤壁，申威於曹公，吴之基圖，遂以磐固。當是時，通照情勢，謀無異言者，公瑾一人而已。此皆以雄材自奮，創成業以貽子孫者也。蜀之先主，殆或不然。曹氏嘗與論天下事，揚搉羣雄之材，汎言及備，備臨食自失，喪其匕筯，氣不足以敵曹公矣。憑宗室之望，據專城之勢，數年與諸公周旋，卒無一民之衆，尺地之富，流離轉徙，無所歸宿，其才不足以擬仲謀矣。至其西趨巴蜀，舉梁益之境如俯拾地芥，制諸蠻之命而役其力，與孫曹二公東面而折天下，莫之能圉。社稷既定，師旅已和，於是北窺關輔，東略荆衡。雖功用弗成，有并吞神州、混一文軌之氣，與曩日竄身寓食之勢，不可同年而語矣，又何雄耶！非時有否泰，智有昏明，用有工拙，勢有威約，先愚而後賢，昔怯而今勇也，蓋晚得天下之才以爲輔耳。使先主聞孔明而弗舉，舉而弗用，用而弗誠，將其身之不保，尚何蜀漢之有哉。觀其忘勢屈身，披露肝膽，君臣之際，有可言者，雖湯武伊吕之相與，弗是過也。使天假之年，其成殆未可量耶。然則魏、吴之臣，不及其君，故操亡而魏微，權没而吴不振。武侯之才，雄於先主，故備死而蜀自若，亮死而禪不克守。蓋臣主俱賢，明良相輔，則道濟四海，格於皇天。或主德弗競，克任哲輔，臣用雖微，攀附大人，上下相資，亦克有就。故曰：不有人焉，其能國乎？蓋人之所存，道之所在；道得於此，則功業歸之。此三國之所以立也。

韓元吉《南澗甲乙稿》卷一七《魏論》 奸雄莫不負天下之才與窺天下之志，而其所以不得肆者，無窺天下之時爾。聖人之治也，必謹爲夫天下之時者，故使奸雄之志無得而生，亦使其才卒爲我用。今夫猛獸之在山也，齒足以決，而爪足以裂，氣足以暴怒。及其既擾于人也，可以玩之于掌股而納之于行陣，用其決裂之具而伏其暴怒之氣。此豈有他哉？制之有術爾。故時者，亦聖人制奸雄之術也。然天下之時不能常治與安，惟無使其至于不可治與不可安而已。聖人者知可治之時難得而易失也，而奸雄者知可亂之時亦難得而易失也，故其心惟恐夫天下之治且安。非恐其治且安也，恐無以肆其窺天下志也。東漢之末也，治天下者不思爲其時，而惟思去其患，紛紛然召天下之兵，此奸雄窺天下之時也。其窺之驟者，固以倉卒而無成；其窺之深者，禍至于不可救。若夫曹操，其可謂窺之深者矣，不先視其窺之跡，而力爲其窺之之時。夫天下豪傑奮臂而皆起，此窺之之時也，使之盡去而吾獨存，不亦可乎？操則不然，以爲天下豪傑苟不至于皆起，則吾無其時矣，乞州焉與之州，請命焉錫之命，竊地不呵，殺人不問，陰持其權，以鬭天下而徐爲自取之計。且夫劉備者，操之所深忌也，得備不殺而又與之兵，此所謂假虎以翼者，其飛去決矣。非不欲殺也，與之兵幸其或爲我用。與之兵而少與之，則雖不爲我用，亦不足以自立，起而收之未晚也。孫權之有江東，又非不欲圖也。吾方用兵于中原，必先攻其易者而後攻其難者。夫先攻其易者，則難者將不顧其易者，而勢足以孤；先攻其難者，則易者或合于難者，而勢足以衆。是故中原略定，然後借劉表而加兵于吳。當是時也，備在荆州而備可得，苟以襲權之無備也，而權可除。是一舉而二患去矣，天下將無如我何，操之計信未失也。雖然，操精于用兵而拙于此，何哉？弈者之鬭棋也，志在于敵則必亂，志在于己則必審，其勝與敗之形莫不先見而弈者有不能知也，必觀于弈者而後知之。操之兵非素習于舟楫也，不可以施于吳也。爲操之計者，使數十萬之衆水陸並進，得一戍焉而守一戍，得一城焉而守一城，連營列栅，勢禁而力逼之，備之力既衰，而吳之步兵亦不足用，磨以歲月而事舉矣。不知出此而輕鬭于江湖之上，欲以虛聲下之，則不既疎矣乎？嗚呼！備亦嘗攻吳矣，掃境内之衆，合五谿之蠻，連營列栅七百餘里，而亦至于敗，何哉？操之敗在于不用步兵，備之敗在于不用舟兵也。當蜀之戰利以速，當魏之戰利以久，而以備之策資于操，以操之策資于備，此固周瑜、陸遜之所憂也。

韓元吉《南澗甲乙稿》卷一七《蜀論》 天下有大計，有近功，善爲國者先定其大計而不急其近功，不善爲國者反是。夫大計者，吾之所以自立也；近功者，吾之所以自利也。負斧斤而入山林，其志將以求薪也。遇横草而束之者，此童穉之力，而斧斤何預焉？曹操之盜漢也，天下莫不欲誅之也，然其誅之也無名，而强有力者又常急于自利，是以易敗而卒無成。劉備以宗室之英，則誅操之有名者也，以區區之巴蜀，豈誠足以鬭魏哉？雖不足以鬭魏，豈不足以得魏之尺寸也哉？然而諸葛亮日動其師以臨其境，而數往數來若不勝其任者，何耶？吾然後知善爲國者，真不急于近功也。夫以亮之才，天下可運于掌，豈不能積粟而後動？今歲之言，曰吾糧匱矣，吾兵不可以不歸；明歲之言，曰吾糧匱矣，吾兵不可以不歸。是不能不見嗤于愚夫愚婦，況能以保天下之英雄哉？亮之告備曰：「天下有變，命一大將，將荆州之軍以向宛洛，而將軍自率益州之衆出于秦川，則百姓孰不簞食壺漿以迎將軍者乎？」嗚呼，此亮之始謀也！始謀之而不能成之，則是亮之無謀也。雖然，亮之言固曰天下有變云爾。今也天下未有變，則吾固不可以輕用其師。雖不可以輕用吾師，而亦不可以忘夫討魏之名，慴其强大而遂已也。于是齊其國家，訓其士卒，揚旍荷戈，日將討于魏者，以陰俟其變而亦不貪其尺寸之利。不幸而變之無有也，于是又託于糧匱而復還。外足以繫天下之望，内足以養吾士卒之氣，而不使天下知漢之不可興而憂吾之師不復出也。及夫魏之三世也，權臣弄其威柄而政日以弊，土木戕民之務駸駸然而起，是魏有可乘之漸也。于是乎始爲屯田久駐之基，而不復還矣。嗟乎！蜀之所以爲國者，以有亮也。亮死而蔣、費繼之，猶足以有立也。蔣、費死而繼之者非其人，塊然一隅，國既不治，而翹翹然競其小利，今日拔一縣，明日下一城，吾之國亦疲而吾之師亦厭，天下且以爲吾之所以勝敵者止于如此，而大計去矣。噫！亮之出師也，魏延嘗請以萬人東當子午而會于潼關，此韓信之謀也，而不可用乎？夫與人鬭者，奮梃而呼于門，此鬭之常也；挾刃而窺其室，此鬭之賊也。奮梃而呼其門，是度我之力足以勝之也；挾刃而窺其室，是幸其人之寢且病也。寢且病不可常，故挾刃而窺其室者鮮有不敗。韓信之兵也，當秦項之紛爭、天下莫適爲主之時也，故其謀可以遂。今魏方無事而欲幸其寢且病，此樊噲横行匈奴之説也。關羽之圍樊也，不顧其後而殲焉，而況于延乎？故夫天下之勇而無謀者，不可以用也。

人臣不可以無才，而人君不可以有才。人臣無才則無以成其君之務，人君有才必有以奪其臣之事。故君者天也，臣者地也。丘陵江河草木人獸皆附于地者也，丘陵之所以高，江河之所以流，草木之所以華且實，人民禽獸之所以蕃且育，皆因地而見者也，天固若無預焉。而人徒見其穹穹然而高，莽莽然而大也。夫穹穹然而高，莽莽然而大，此所以覆地而成物者也。必也物物焉而降于天，吾見其不足以爲高且大也。燭之以日星，沛之以雨露，鼓之以大風大霆，摧之以大霜大雪，而使物莫不由于其中，天之所爲，如是足矣。三代而下，人君未嘗不以才勝也。夫人君者，必將有其君之度者也。人君而無其君之度，是幸而居君者也。兩漢之君也，惟高祖爲得之，而孝武爲似之。雖東京之光武，唐之太宗，未免屑屑而任其才也。嗚呼，孰謂三國之際而有玄德乎！玄德之爲人也，用兵則不若曹操，智數則不若孫權，技勇擊刺則不若吕布。夫不若者，誠不若也，是以多敗而少成，狼狽而屢走，幾無以容于天下。而吾以人君之事許之者，以其度也。蓋人君者無事于用兵，無事于智數，無事于技勇擊刺，苟度之不足也，則不急于人而急于自用矣，不能愛民而至于害民矣。用兵、智數、技勇擊刺者，皆人臣之事也。玄德之爲人也，二者常有餘而數者常不足，其不能有天下者，是其得臣之晚也。夫孔明之才，非屈于吴、魏者也，非玄德亦不能屈也。後世知其君臣之相歡，而不知其所以相歡，蓋必有以相伏者也。漆之合者以膠也，酒之和者以蘖也，益以水焉，則漆壞而酒醨矣。荆州之敗也，曹操之師猛于風雨，此人之疾走而亟避者也，而玄德方受荆人之歸，一日一夜行不過十餘里，其言曰：「夫濟大事必以人爲本，今人歸吾，吾何忍棄去？」嗚呼，此虞舜文王之言也，玄德何自而得之哉！吾是知孔明之所爲屈也。冀城之拔也，得士女且數千人，蜀人相賀而孔明獨愀然曰：「普天之下，莫非漢民，一夫有死者，亮之罪。」嗚呼，此伊尹、周公之言也，孔明何自而得之哉！吾是知玄德之所爲歡也。故觀于玄德、孔明之事，君知所以爲君，而臣知所以爲臣矣。

韓元吉《南澗甲乙稿》卷一七《吴論》 天下之勢一，然後可以言治。天下之勢不一而言治者，是猶同居而異户也，其道必離。三國之鼎據也，天下其不可一乎？雖然，三人者，皆當世之雄也。曹操長于用兵，劉備挾君人之度，若夫孫權，有智謀而無遠略者也。雖其成敗不可以豫測，然不幸者備也，而可責者權也。備之不幸者，無先爲其資爾，權之可責者，蓋嘗以其世而論之也。毁齒而藝木于國，其實可跂而待也。黄耇而藝之，則享其實也不能必矣。操與備，其年相若也，其死相先後也。權爲最少，居位爲最久，而其立國無可言，治國無可稱也。其君臣之日夜以爲計者，不過欲晝其長江而有之爾。且天下皆知魏之爲賊也，而己獨受其命。夫受其命則君也，名爲之臣而不實之，其可也？有事焉則戰，無事焉則聘，吾不知其立國之説也。外則變其臣以亂政，内則暱其子以亂分，吾不知其治國之説也。故終身言兵而不能望中原以發一矢，其乘關羽、敗曹休，皆市井之小數而盜賊之淺謀也。淮南之近，曾不足以得之，而規規然遠求夷州、儋耳尺寸之地，且爲大言以三分天下，蓋亦可笑也已。嗚呼！使備而有吴之資與權之年，其中志不巴蜀而止也。夫天下之相持也，常懼其無機，至而失之者，是無乘機之具也。蓋弩之發也必以機，其乘機也必以矢，機發而弦絶者，是無矢之過也。善爲射者必厲其鏃以符機，善應變者必厲其策以徇時。方權之初也，山越之衆猘其東，交廣之寇梗其南，武陵之羌鬨其西，境内且未治而魏亦未有釁，苟責權以討魏，是責人之無已也。及夫五十餘年，國内既富，寇夷且平，勢足以有爲矣。魏人一旦不恤其民，命司馬懿抗四萬之衆以興遼東之役，當是時也，權臣自將而甲兵空，蓋踰年而後反。此取魏之機而不可失者也，躊躇不顧，魏兵既歸而拾取其餘，此不亦雀鼠貪生之計也哉！官渡之戰也，孫策欲襲許，柳城之師也，劉備請伐魏，蓋英雄之志未嘗一日而忘機，亦不可一日而失機也。雖然，曹芳之踐阼也，魏人益弱，諸葛恪以二十萬曾不能以取新城，今日舉也，能保其必勝乎？吾之説爲權設也，司馬懿既出，魏之諸臣非權敵也。恪之時，權死久矣，恪知賊之衰而君臣幼弱，智能之士不用，而不知己之主少國危，亦何以異于魏也！噫，此孟子所謂燕伐燕，安往而不敗哉！

《全宋文》卷五八六二唐仲支《魏論》 曹操以鬼蜮之資，乘雲雷之會，奮起郡邑，挾天子以令諸侯，二十年間，十分漢境而有其七。嗣丕因業，遂移漢鼎；僕懿效尤，旋傾魏祚。萬古君臣之義，至是凌遲。歷代篡竊相承，禍端斯啓，跡其本末，可得言矣。漢政不綱，威靈肆虐，人怨神怒，逆卓興戎凶悖，英豪乘機蝟奮，託義濟私，忠詐莫辨，操居其間，蓋姦雄之尤也。智足以濟其詐，勇足以行其謀，强忍足以自勵，殘刻足以持法，乃攬申、商之術，通孫、吴之變，奮黥、彭之力，籠絡文武，鞭笞宇内；援于、樂於行伍，取張、徐於降隸，匿怨棄瑕，並收其用，譎敵制勝，變化如神。内則彧、攸、詡、嘉、昱、曄、昭、濟之儔效其謀，外則惇、淵、郃、典、霸、褚、韋、德之徒共其勇，遂能詢仇徐方，植基兖土，奉乘輿於播遷，立朝廷於荆棘。綱紀斯張，農戰兼舉，假命征討，奮攘四方。走楊奉、梟呂布，西指則張繡稽服，南邁則袁術野死，致届官渡，遂啓冀方，揚旌黑山，肅清朝野，荆琮震慴而獻地，隴超破散而遁逃，昏魯係頸，弱璋供貢。略亦遠矣，功亦大矣。向使敦在三之義，毋問鼎之心，復于明辟，恪恭臣位，遷都中土，汎掃九廟，祀天建官，不失舊物，然後奉辭問罪，先之文告，孫權安能鴟張於吴會，玄德何必崎嶇於巴蜀？如是，則伊周之勳復見於斯，齊威、晉文比之褊矣。自可位冠羣后，世祚黑社，備物典册，死生極其哀榮，命服世官，子孫用其禮樂，顧不偉哉懿哉！奈何天資險陂，不奪不饜，包藏雖深，姦逆寖露，文舉以正色顯誅，荀彧以九錫潛斃，逼殞椒房，鴆毒帝嗣，戚屬相及，噍類無遺，一人擁虚，莫知死所，擢髮數愆，幾於莽卓矣。遂使忠良扼腕，豪傑藉口，曲直不分，智勇俱困，兵衄於烏桓，威折於漢中，遷延濡須之屯，震動襄漢之敗。向使仲謀不貳其心，雲長得逞其志，雖未罪人斯得，勝負存亡未可知也。天厭漢德，臨沮授首，鼎分始成，操亦殞命，況其矯厲之習變於忍死，荏苒之情牽於私愛，嫡庶之分不明於平時，分香之囑徒切於身後。貽謀不遠，來轍益遒，丕乃下材，據操成業，不洪修鯀之義，亟成篡事，臣託舜禹，掩耳盜鈴，謂人不聞，遂乃剪棄宗枝，竊二邦之境，雖土廣兵强，而根本先撥，但知黄雀之在前，不知寒露之霑衣也。叡之天資，頗肖乃祖，輔以懿之變詐，故能南擒孟達，西破馬謖，東殄公孫、孔明。天不假年，外憂雖弭，而懿威蓋諸將，内權已移，矧復肆宫館之營，重元元之困，昧守成之道，納僉佞之説，崇立幼弱，付託昏庸，爽、羲既殄其類，師、昭世執其柄。芳惟主祭，竟老桐宫，髦不勝憤，旋殞車下。劉禪既俘，璜亦高揖，覆轍相尋，曾不四紀。原此禍亂，誰生厲階？在昔帝王之有天下也，得民以仁，受命以義。揖遜者既道高萬世，征伐者亦事出至公，雖以秦之强暴，猶未嘗挾大義以濟姦謀也。然且大坰懷口實之慚，夷齊有不食之義，爲之者身受天下之過，論之者不廢抑揚之辭，故曰：武未盡善，逆取而順守之。何有安忍無親，殘戮以建基業，假公行私，盜竊而有神器，貽害萬祀，操爲罪魁。況其殺不辜以明法，行不義以逞憾，陶謙是怒，千里濫誅，文舉是憎，百口俱殄。愛姬以不覺蒙誅，主吏以人言借死，輕用人命，同於草菅。顧乃追悼愛子之亡，彌留妃妾之念，彼亦人子也，天其可欺乎？徒使生民塗炭者數十年，篡逆相踵者幾十代，偏方斥爲老賊，夷狄歎其狐媚，豈不信其然哉！彼羿、浞、莽、卓無分毫之功，有滔天之罪，迹非疑似，人得而誅。操才濟其姦，首爲盜竊，正以二方未一，事不遂於厥身。丕不自量，重欲欺世。竊痛君臣之義所由廢，篡逆之端所由啓，後世君子，猶有昧操心而不正其罪者，是故論之。

周應合《景定建康志》卷三四呂祖謙《吴論》 孫權起於江東，拓境荆楚，北圖襄陽，西圖巴蜀，而不得北敵曹操，西敵劉備。二人皆天下英雄，所用將帥亦一時之傑。權左右勝之而後能定其國，及權國既定，曹公已死，丕、叡繼世，中原有可圖之釁，權之名將死喪且盡，權亦老矣。世人謂權之所以爲固者東南之地，所以爲强者東南之兵，此大不然。夫東南之地，天下至弱，而孫氏之地，又爲六朝最弱，獨權守之而固；東南之兵，天下至弱，而孫氏之兵又爲六朝最弱，獨權用之而强。長江而上，達於江陵，轉江陵之南，阨於巫峽，上下千里，可航而渡者凡幾？可扼而守者凡幾？道路坦然，非有潼關、劍門之阻也。自廣陵而渡京口，自歷陽而渡采石，自邾城而渡武昌，易若反手。江陵破則上流無結草之固，濡須破則江上不知所以爲計，地之形勢可謂弱矣。權之兵衆皆江南舟子綿力薄材之人，區區捃拾盜賊，驅獵山越，以寔行伍，兵亦可謂弱矣。然權用之如此之固且强，何也？蓋權之所以自立者，有謀而已。不獨用其臣之謀，而又自出其謀，内以謀用衆，外以謀應敵，所以地狹兵少，處天下之至弱，而抗衡中原，成三分之勢者歟？始權之初立，曹操下荆州，移書吴會，舉國震駭。權聞魯肅之言，翻然而悟，聞周瑜之議，奮然而起，一舉而走曹操，存劉備，基王伯之業。此用周瑜、魯肅之謀也。及劉備借荆州而不反，關羽頡頏於上流，權謂養關羽，使北吞許洛，全有江漢，回舟東下，誰能禦之？欲圖之，懼曹操之乘其弊也，乘羽北逼許洛，曹公以朝命見招，權乃陵擊羽以自效，使呂蒙、陸遜一襲而得之，全有荆楚，西閉劉備於三峽，北釋曹公之患以安江東。此用呂蒙、陸遜之謀也。方曹丕已禪漢，天下憤怒切齒之時，權知劉備必報關羽，恐曹氏之掎其後也，乃於是時釋其憤切之心而稱臣於魏，受其爵封，擊備而走之。此權之謀也。及魏責任子而權不遣，西患未解而北患復起，權之計宜乎窮也。權知劉備以復漢爲名，而曹操篡位之罪甚於殺關羽，備亦欲結己爲與國而專意北圖，於是遣使講和以中備之欲，遂得息肩於西而專意於北，拒魏而退之。此權之謀也。方曹操之反自烏林，憤權而東征，謂權恃水以自固，故以舟師下合肥。權若拒之於江南，則曹公水軍入江，權軍不戰自潰矣。故逆拒之於濡須，使操雖有水軍無所施，步騎雖多，瀕阻江洳，春水方生，義無所用，操嘆息而退。此又權之謀也。操之既還，自他人觀之，大則追軍逐北，小則自足稱雄。今權不然，反請降於操，蓋權料操之内憂尚多，北有未定之河北，西有未復之關中，操欲伐之而慮東南之變，非大定不往也，故稱降以少厭其意而安之，使操不復虞東南而盡力西北。已得於其間，益繕戰守之備以待其再來。此權之謀也。方曹丕之責任子不得而南征也，權見丕之用兵不如其父，而老臣宿將亦不盡力如操之時，始却之於濡須。而再來，權之意以謂丕不知兵，非使之深入，疲竭上下之力則不止，非使之臨江而反則丕必不休，故開而致之，瀕江而不與之戰，挑之而又不應，使之力盡而自還，又小發以警之，魏自是不復敢南出。此又權之謀也。權又以爲兵久不用則士氣鈍，疆埸久安則人心逸，且使敵人晏然，積以歲月，坐以成資，非計之得也。故兩譎淮南之將，致而擊之，所虜獲足以自資而敵人之資又爲之破壞。此亦權之謀也。權又以謂所用多南兵，便于舟楫，短於陸戰，故用兵未嘗一日捨舟楫，而乘勝逐北，亦不肯遠水以逐利。雖有大舉長驅之計，亦不敢行以僥一時之幸。故曹休敗而不敢追，殷札獻言而不敢用。此亦權之謀也。權之受封吳王也，盡恭以受其爵命，使其國中知己爲百姓屈也，與邢真爲盟，陰以怒其群下，方且爲進取之計而自卑屈如此。此亦權之謀也。故權之爲國，自奮亦用謀，自屈亦用謀，勝亦用謀，危亦用謀，動無非謀也，故能以一江爲阻而與曹、劉爲敵。然權起非仗義，徒知以割據爲雄，不能興漢室以傾天下之心。使當漢末大亂，權能招徠中原之士，廣募西北之兵，緝馬步之鋭，挾舟楫而用之，鼓行北出，水陸并進，孰能當之哉？當曹丕之立也，權又能求漢室子孫而輔之，出師問罪，劉備必亦連衡而犄角，中原之士俠思漢之民，必有起而應我者矣。權不知出此，徒自尊於崎嶇蠻夷山海之間，故雖力爲計謀詭詐，然基業僅足以終其身而無足以遺子孫，僅足以保其國而不足以爭衡天下，惜哉！然使權不爲計謀以自立，則雖其身不能終也，況子孫乎？其國不能保也，況天下乎？何以言之？權没未幾，諸葛恪一用之而僅勝，再用之而大敗，孫綝用之又敗，江淮之間，惴惴而已。上流藉陸抗之賢，挾以重兵，僅能支襄陽一面，抗死則亦惴惴然矣。藉使孫皓不爲暴虐，亦豈能久存也哉？後世不察權以計謀自立，而區區欲效權之畫江爲守，是不察夫形勢、甲兵之最弱也。古人惟陸抗知此，抗言於孫皓曰：「長江峻川，限帶封域，乃守國之常事，非智者之所先。」審抗此言，則當時之形勢爲不足言，而所謂智者所先則有道也，抗可謂善論孫氏形勢者矣。

《全元文》卷一五一三梁寅《史論・三國》 魏、蜀、吳三分九州之地，魏得六州，吳得二州，蜀漢止於一州而已。然君子以蜀漢爲正統者，昭烈帝劉備乃景帝之後，而其謀爲趣向又多近正。曹氏、孫氏則皆漢室之賊也。魏之業由曹操創始，而丕竊其成。吳之業由孫堅、孫策，而權建其號。昭烈以信義著，操善用兵，權善守國，故天下三分，不能相併，以其勢力均也。然操之勢獨强者，亦由其挾天子以令諸侯也歟？論三國之人才，吳最多，魏次之，蜀又次之。然諸葛亮之在蜀，乃王佐之才，非他人可及也。故其兄瑾事吳，弟誕事魏，人以爲蜀得其龍，吳得其虎，魏得其犬。亮之輔昭烈，始由三顧，然後委身，君臣相得，譬之魚水。及其輔後主禪，則又竭其忠貞，節同古人。雖其連年伐魏，功未克就，是亦天也。吳之諸臣，如周瑜、吕蒙、魯肅、陸遜，皆稱賢智。孫策初起，周瑜輔之，分則君臣，情同兄弟。取江東之地，易於破竹。策之才略，固鮮其儔，瑜之參贊，功亦不少。其後赤壁之戰，大破曹操，尤可羨也。圖取關羽，則吕蒙獻其計，陸遜任其事，績亦偉矣。而昭烈之伐吳，又爲遜所折辱，遜之才，固有大過人者哉！魏之諸臣，則操用荀彧、荀攸，匡濟實多。丕、叡之世，司馬懿總兵。然自叡之卒，而政歸司馬氏矣。稽三國之本末，魏五世四十六年，蜀漢二帝四十三年，吳四世五十二年。丕文雅有餘，而兄弟恩薄。曹叡頗稱英明，而務於土木。曹芳、曹髦、曹璜皆以政歸他人，亡非其罪也。蜀後主闇愚之甚，諸葛既逝，蔣琬、費禕、董允僅能保國。及姜維用事，國小民疲，興兵不已，何以久存哉？吳孫權之後孫亮早廢，孫休僅守，至於孫皓，肆其淫虐。晉兵既至，面縛啣璧，不亦宜乎？

鄭元直《增廣古今人物論》卷五《魏》 曹操名爲漢臣，實爲漢賊，弑伏后鴆皇子，罪不容死。而且云吾欲爲周文王，抑何不自量也。子丕以篡爲禪，觀其立九品官人之法，及爲詩文，皆可爲後世法，奈違敦睦之風，背維城之義。凡茲同同姓，皆寄名王侯，陋同匹夫。而且收父妾，殺任城，納甄氏。其母駡曰：「狗鼠不食汝餘。」乃得列於開國之君，不其恧而。叡爲甄氏親子，射鹿感父，其辭慘怛，自處閨房，宜不蹈故轍矣。孰意初嬖毛嬪，即廢虞妃。寵郭氏，即殺毛嬪。以至宗社無賴，僅以養子芳，囑司馬懿輔政。未幾而懿死，魏可以存也。而懿之子師，嗣爲大將軍，遂廢芳而立丕之孫髦。

髦立而師死，魏可以存也。而師之弟昭，威權益甚。髦不勝其忿曰：「司馬昭之心，路人所知也。」欲殺昭，反爲昭所弒，而立操之孫奐。奐立而昭又死矣，魏可以存也。而昭之子炎，天意攸歸，方在衰絰，急遽攘袂焉。夫司馬之不忠於曹，與曹之不忠於漢，一也。懿之父子兄弟，不能成帝，與操之終身，不敢稱帝，一也。豈非天哉？自曹丕篡漢至奐，凡五世，計四十六年。

鄭元直《增廣古今人物論》卷五《吴》　孫堅以孤起之兵，首挫賊鋒，深蹂洛川。孫策以童年提一旅之師，開地千里。長沙父子，豈非漢室藎臣哉？孫權上承遺烈，保據江東，徘徊觀望，未敢遽正名號。其僭位改元，在昭烈崩，曹丕死之後，亦可謂審時度勢者矣。然不能體父兄之心，思魯肅同仇之語，并力以除漢賊，聽吕蒙詭計，襲殺關羽。及昭烈問罪江陵，即懼而降丕，以冀一時免禍。猇亭之勝，權略雖雄，按諸忠孝兩虧，其去劉景升兒子，未爲大遠也。權殁少子亮繼。亮幼年取蜜，即辨真僞，左右歎其英毅。亮之奈孫峻用事，綝代輔政，其惡尤甚。未幾綝廢亮爲會稽王，亮尋自殺。兄休繼，喜讀詩書，與韋昭、盛沖講習舊聞，又能奮發斬綝，頗有權謀。然性多嫌忌，果於殺戮，七年而殁。子霻幼，萬彧等贊立權之孫皓。剥人之面，鑿人之目，民實不堪。承爵十七年，晉師至石頭，面縛出降，而青蓋果入洛陽矣。蓋司馬氏虎視已久，以術愚吴。雖欲不亡，胡可得耶？吴自權至皓，凡四世，計五十二年。歸命侯亡於晉初太康，猶爲得所矣。

鄭元直《增廣古今人物論》卷一七《魏論》　操之奸，丕之篡，萬世人人得而討之，無容喙矣。古今篡逆之賊，羿莽不保其元，裕温不昌其後，而魏歷五主，享國五十餘年。玄德仲謀，剏業未幾，禪庸登廢，遽殞家問。而丕植之文，灼爍千古，叡之明克嗣祖武，豈天道禍淫，至魏而爽乎？愚嘗獄究曹氏父子，於不可原之中，差有可原者，羿莽身爲大臣，首禍人國，謀篡神器。漢之禍，非操首乎？兆於常侍，煽以黄巾，烈於千里草，燎於術布諸凶。操翦滅芟拔，民稍安輯。謂操乘亂而苞禍心則可，謂操首亂漢則不可。操當獻時即自帝，惡乎禁之，而終身北面，竊安漢之號以標其墓。説者謂畏名義而不敢取。夫畏名義，則猶賢乎？不畏名義，如羿莽裕温者也。篡逆之罪，丕無縱未滅，獨炎灰以燼，山陽猶賓，保首領以存漢祀，比之漢平晉恭唐昭之弒，猶爲彼善於此。使丕終臣節，蓋父愆，外召玄德孔明，共奬王室，則權必不敢帝江左，而終臣漢。天下丕二，未可知也。而曹瞞分香賣履之詐，可飾爲真乎？舍此忠孝大節不爲，而甘篡逆，故司馬氏父子之奸，大惡丕之篡而奮之也。丕兄弟父子之智，且文天予曹之不篡而昌之也。或曰：「操篡以心，丕篡以跡。春秋誅心，操爲首賊。」嗟乎，行盜者終與操謀，而未行者殊料。操雖劇盜，猶未行也，天蓋有以權之矣。關雲長惡惡極嚴，華容相遭，不發一鏃。司馬公是非最公，帝魏繼漢，昭然簡册。使操果一無足取也，二公何如人，肯輕以予之乎？

王夫之《讀通鑑論》卷一〇《三國》　國之亡，有自以亡也，至於亡，而所自亡之失昭然衆見之矣。後起者，因鑒之，懲之，而立法以弭之；然所戒在此，而所失在彼，前之覆轍雖不復蹈，要不足以自存。漢亡於宦官外戚之交横，曹氏初立，即制宦者官不得過諸署令，黄初三年，又制后家不得輔政，皆鑒漢所自亡而懲之也。然不再世，而國又奪於權臣。立國無深仁厚澤之基，而豫教不修，子孫昏暴，撲火於原，而燄發於炷竈，雖厚戒之無救也。

自其亡而言之，漢之亡也，中絶復興，暴君相繼，久而後失之；魏之亡也不五世，無桀、紂之主而速滅；以國祚計之，漢爲永矣。乃自順帝以後，數十年間，毒流天下，賢士駢首以就死，窮民空國以胥溺，盜賊接跡而蔓延；魏之亡也，禍不加於士，毒不流於民，盜不騁於郊；以民生計之，魏之民爲幸矣。故嚴椒房之禁，削埽除之權，國即亡而害及士民者淺，仁人之澤，不易之良法也。

乃昏主則曰：外戚宦官，内侍禁闥，未嘗與民相接，惡從而朘削之？且其侈靡不節，間行小惠，以下施於貧乏，何至激而爲盜？其剥民以致盜者，士大夫之貪暴爲之也。夫惡知監司守令之毒民有所自哉？紈袴之子，刑餘之人，知諛而已，知賄而已；非諛弗官也，非賄弗諛也，非剥民之膚弗賄也，則毒流四海，填委溝壑，而困窮之民無所控告。猶栩栩然曰：吾未嘗有損於民，士大夫吮之以爲利，而嫁禍於我以爲名。相激相詆，挾上以誅逐清流，而天下箝口結舌，視其敗而無敢言。漢、唐、宋之浸敗而浸亡，皆此由也。其能禁此矣，則雖有奪攘之禍，而民不被其災。故司馬篡曹，潛移於上而天下不知。勿曰防之於此，失之於彼，魏之立法無裨於敗亡也。

魏從陳羣之議，置州郡中正，以九品進退人才，行之百年，至隋而始易，其於選舉之道，所失亦多矣。人之得以其姓名與於中正之品藻者鮮也，非名譽弗聞也，非華族弗與延譽也。故晉、宋以後，雖有英才勤勞於國，而非華族之有名譽者，謂之寒人，不得與於薦紳之選。其於公天爵於天下，而獎斯人以同善之道，殊相背戾，而帝王公天下之心泯矣。

然且行之六代而未嘗不收人才之用，則抑有道焉。人之皆可爲善者，性也；其有必不可使爲善者，習也。習之於人大矣，耳限於所聞，則奪其天聰；目限於所見，則奪其天明；父兄熏之於能言能動之始，鄉黨姻亞導之於知好知惡之年，一移其耳目心思，而泰山不見，雷霆不聞；非不欲見與聞也，投以所未見未聞，則驚爲不可至，而忽爲不足容心也。故曰：「習與性成。」成性而嚴師益友不能勸勉，醲賞重罰不能匡正矣。

是以古之爲法，士之子恒爲士，農之子恒爲農，非絶農人之子於天性之外也，雖欲引之於善，而噎霾久蔽，不信上之有日，且必以白晝秉燭爲取明之具，聖人亦無如此習焉何也。故曰：「民可使由之，不可使知之。」不可使知之，欲滌除而拂拭之，違人之習，殆於拂人之性，而惡能哉？則靳取之華胄之子，清流之士，以品隲而進退之，亦未甚爲過也。父母者，乾坤也，即以命人之性者也；師友交遊者，臭味也，即以發人之情者也；見聞行習者，造化也，即以移人之氣體者也。知此，則於是以求材焉，有所溢，有所漏，然而鮮矣。

唐之舉進士也，不以一日之詩賦，而以名望之吹噓，雖改九品中正之制，猶其遺意焉。宋以後，糊名易書，以求之於聲寂影絶之内，而此意殆絶。然而學校之造士也夙，而倡優隸卒之子弟必禁錮之，則固天之所限，而人莫能或亂者。伊尹之耕，傅説之築，膠鬲之賈，託以隱耳。豈草野倨侮、市井錐刀之中，德色父而誶母者，有令人哉？

以先主紹漢而繫之正統者，爲漢惜也；存高帝誅暴秦、光武討逆莽之功德，君臨已久，而不忍其亡也。若先主，則惡足以當此哉？

光武之始起也，即正討莽之義，而誓死以挫王邑、王尋百萬之衆於昆陽，及更始之必不可爲君而後自立，正大而無慚於祖考也。而先主異是。其始起也，依公孫瓚，依陶謙，以與人爭戰，既不與於誅卓之謀；抑未嘗念袁紹、曹操之且篡，而思撲之以存劉氏；董承受衣帶之詔，奉之起兵，乃分荆得益而忘之矣。曹操王魏，己亦王漢中矣；曹丕稱帝，己亦帝矣；獻帝未死而發其喪，蓋亦利曹丕之弑而已可爲名矣；費詩陳大義以諫而左遷矣；是豈誓不與賊俱生而力爲高帝爭血食者哉？承統以後，爲人子孫，則亡吾國者，吾不共戴天之讎也。以苻登之孤弱，猶足以一逞，而先主無一矢之加於曹氏。即位三月，急舉伐吴之師，孫權一驃騎將軍荆州牧耳，未敢代漢以王，而急修關羽之怨，淫兵以逞，豈祖宗百世之讎，不敵一將之私忿乎？先主之志見矣，乘時以自王而已矣。

故爲漢而存先主者。史氏之厚也。若先主，則固不可以當此也。羿篡四十載而夏復興，莽篡十五年而漢復續，先主而能枕戈寢塊以與曹丕爭生死，統雖中絶，其又何傷？尸大號於一隅，既殂而後諸葛有祁山之舉，非先主之能急此也。司馬温公曰：「不能紀其世數。」非也。世數雖足以紀，先主其能爲漢帝之子孫乎？

談君臣之交者，競曰先主之於諸葛。伐吴之舉，諸葛公曰：「孝直若在，必能制主上東行。」公之志能盡行於先主乎？悲哉！公之大節苦心，不見諒於當時，而徒以志決身殲遺恨終古，宗澤詠杜甫之詩而悲惋以死，有以也夫！

公之心，必欲存漢者也，必欲滅曹者也。不交吴，則内掣於吴而北伐不振。此心也，獨子敬知之耳。孫權尚可相諒，而先主之志異也。夫先主亦始欲自强，終欲自王，雄心不戢，與關羽相得耳。故其信公也，不如信羽，而且不如孫權之信子瑜也。疑公交吴之深，而並疑其與子瑜之合；使公果與子瑜合而有裨於漢之社稷，固可勿疑也，而況其用吴之深心，勿容妄揣也哉！先主不死，吴禍不息，祁山之軍不得而出也。迨猇亭敗矣，先主殂矣，國之精鋭盡於夷陵，老將如趙雲與公志合者亡矣；公收疲敝之餘民，承愚暗之沖主，以向北方，而事無可爲矣。公故曰：「鞠躬盡瘁，死而後已。」唯忘身以遂志，而成敗固不能自必也。

嚮令先主以篤信羽者信公，聽趙雲之言，輟東征之駕，乘曹丕初篡、人心未固之時，連吴好以問中原，力尚全，氣尚鋭，雖漢運已衰，何至使英雄之血不灑於許、雒，而徒流於猇亭乎？公曰：「漢、賊不兩立。」悲哉其言之也！若先主，則固非有宗社存亡之戚也，强之哭者不涕，公其如先主何哉！

張良遇高帝而志伸，宗澤遇高宗而志沮；公也，子房也，汝霖也，懷深情而不易以告人，一也，而成敗異。公懷心而不能言，誠千秋之遺憾與！

楊顒之諫諸葛公曰：「爲治有體，上下不可相侵。」大哉言矣！公謝之，其没也哀之，而不能從，亦必有故矣。公之言曰：「寧靜可以致遠。」則非好爲煩苛以競長而自敝者也。

先主之初微矣，雖有英雄之姿，而無袁、曹之權藉，屢挫屢奔，而客處於荆州，望不隆而士之歸之也寡。及其分荆據益，曹氏之勢已盛，曹操又能用人而盡其才，人爭歸之，蜀所得收羅以爲已用者，江、湘、巴、蜀之士耳。楚之士輕，蜀之士躁，雖若費禕、蔣琬之譽動當時，而能如鍾繇、杜畿、崔琰、陳羣、高柔、賈逵、陳矯者，亡有也。軍不治而唯公治之，民不理而唯公理之，政不平而唯公平之，財不足而唯公足之；任李嚴而嚴亂其紀，任馬謖而謖敗其功；公不得已，而察察於纖微，以爲訏謨大猷之累，豈得已乎？

夫大有爲於天下者，必下有人而上有君。而公之託身先主也，非信先主之可爲少康、光武也，恥與荀彧、郭嘉見役於曹氏，以先主方授衣帶之詔，義所可從而依之也。上非再造之君，下無分猷之士，孤行其志焉耳。向令龐統、法正不即於溘亡，徐庶、崔州平未成乖散，先主推心置腹，使關羽之傲，李嚴之險，無得間焉，領袖群才，各效其用，公亦何用此營營爲也？公之泣楊顒也，蓋自悼也。

漢、魏、吴之各自帝也，在三年之中，蓋天下之稱兵者已盡，而三國相爭之氣已衰也。曹操知其子之不能混一天下，丕亦自知一篡漢而父子之鋒鋩盡矣。先主固念曹氏之不可摇，而退息乎巖險。孫權觀望曹、劉之勝敗，既知其情之各自帝，而息相吞之心，交不足懼，則亦何弗擁江東以自帝邪？權所難者，先主之扼其肘腋耳。先主殂於永安，權乃拒魏而自尊，樂得鄧芝通好以安處於江東。由此觀之，此三君者，皆非有好戰樂殺之情，而所求未得，所處未安，弗獲已而相爲扞格也。

曹氏之戰亟矣，處中原而挾其主，其敵多，其安危之勢迫，故孫氏之降，知其非誠而受之。敵且盡，勢且安，甘苦自知，而殺戮爲慘，亦深念之矣。孫氏則赤壁之外無大戰也。先主則收蜀爭荆而姑且息也。是以三君者，猶可傳之後裔，而不與公孫、袁、吕同殄其血胤。上天之大命集於有德，雖無其德，而抑無樂殺之心，則亦予之以安全。天地之心，以仁爲復，豈不信哉？

丕之逆也，權之狡也，先主之愎也，皆保固爾後而不降天罰，以其知止而能息民也。逆與狡，違道甚矣，而惟愎尤甚。先主甫即位而興伐吴之師，毒民以逞，傷天地之心，故以漢之宗支而不敵篡逆之二國。先主殂，武侯秉政，務農殖穀，釋吴怨以息民，然後天下粗安。蜀漢之祚，武侯延之也，非先主之所克勝也。

蜀漢之義正，魏之勢强，吴介其間，皆不敵也，而角立不相下；吴有人焉，足與諸葛頡頏，魏得士雖多，無有及之者也。立國之始，宰相爲安危之大司，而吴之舍張昭而用顧雍，雍者，允爲天子之大臣者也，屈於時而相偏安之國爾。

曹氏始用崔琰、毛玠，以操切治臣民，而法粗立。王道息，申、韓進，人心不固，而國祚不長，有自來也。諸葛之相先主也，淡泊寧靜，尚矣。而與先主皆染申、韓之習，則且與曹氏德齊而莫能相尚。三代以下之材，求有如顧雍者鮮矣。寡言慎動，用人惟其能而無適莫；恤民之利病，密言於上而不衒其恩威；黜小利小功，罷邊將便宜之策，以圖其遠大。有曹參之簡靖而不弛其度，有宋璟之靜正而不燿其廉。求其德之相若者，曠世而下，唯李沆爲近之，而雍以處兵爭之世，事雄猜之主，雍爲愈矣。故曰：允爲天子之大臣也。

雍既秉國，陸遜益濟之以寬仁，自漢末以來，數十年無屠掠之慘，抑無苛繁之政，生養休息，唯江東也獨。惜乎吴無漢之正，魏之强，而終於一隅耳。不然，以平定天下而有餘矣。

魏之亡，自曹丕遺詔命司馬懿輔政始。懿之初起爲文學掾，豈夙有奪魏之心哉？魏無人，延懿而授之耳。懿之視操，弗能若也。操之威力，割二袁，俘吕布，下劉表，北埽烏桓，而懿無其功；操迎天子於危亂之中，復立漢之社稷，而懿無其名。魏有人，懿不能奪也。

魏之無人，曹丕自失之也。而非但丕之失也，丕之詔曹真、陳羣與懿同輔政者，甚無謂也。子叡已長，羣下想望其風采，大臣各守其職司，而何用輔政者爲？其命羣與懿也，以防曹真而相禁制也。然則雖非曹爽之狂愚，真亦不能爲魏藩衛久矣。以羣、懿防真，合真與懿、羣而防者，曹植兄弟也。故魏之亡，亡於孟德偏愛植而植思奪適之日。兄弟相猜，拱手以授之他人，非一旦一夕之故矣。

漢高意移於趙王，唐高情貳於建成，宋祖受母命而亂與子之法，開國之初所恒有也。而曹氏獨以貽覆宗之禍。天不佑僭人，而使並峙於時以生猜制，天之道也。藉其不然，釁雖開於骨肉，必不假秉政握兵之異姓，持權以箝束懿親。漢、唐、宋爭於室而姦邪不興於外，豈有患哉？魏之自取滅亡，天邪？人邪？人之不臧者，天也。

兩敵相持，而有起兵於腹裏者以遥相應，見爲可恃，恃以夾攻内應者必敗；勿問其爲義也、爲賊也，皆不可恃以冒進者也。其爲義也，忠臣志士，孤憤蹶起，而成敗非其所謀，且其果懷忠憤者，一二人耳，其他皆徼利無恒，相聚而不相攝者也。若其爲賊也，則妄人非分之圖，假我以惑衆而亡實者耳，如之何其恃邪？

彭綺，亂人也，借爲魏討吴以爲名，而實賊也。其心恃我之援，而已欻然而興，虐民罔利，而欲恃以爲應援，彼敗而我之鋒亦挫矣。彼可恃也，奚用我爲？彼不可恃矣，而抑安能爲我之恃乎？侯景不足以難魏，適以亡梁，擁大衆、扼爭地者且然，況烏合之一旅哉！岳侯恃兩河忠義以伐金，使無金牌之撤，亦莫保其不與俱潰也。孫資諫曹叡之應彭綺，明於料敵矣。

諸葛公出師北伐，表上後主，以親賢遠小人爲戒，一篇之中，三致意焉。

賢臣之進，大臣之責也，非徒以言，而必有進之之實。公於郭攸之、費禕、董允、向寵亦既進之無遺力矣。然能進而不能必庸主之親之。庸主見賢而目欲垂，猶賢主見小人而喉欲噦也，無可如何也。雖然，尚可使之在列也。至於小人之親，而愈無可如何矣。卑其秩，削其權，不得有爲焉止矣。愈抑之，庸主愈狎之；愈禁之，庸主愈私之；斂迹於禮法之下，而噂沓於帷帟之中；庸主曰：此不容於執政，而固可哀矜者也。綢繆不舍，信其無疵可摘，而蠱毒潛中於肸蠁之微。嗚呼！其將如之何哉！

故賢臣不能使親而猶可進，小人可使弗進而不能使弗親。非有伊尹放桐非常之舉，周公且困於流言，況當篡奪相仍之世，而先主抑有「君自取之」之亂命，形格勢禁，公其如小人何哉！歷舉興亡之由，著其大端而已。何者爲小人，不能如郭、費、董、向之歷指其人而無諱也。指其名而不得，而況能制之使勿親哉？以一死謝寸心於未死之間，姑無決裂焉足矣。公之遺憾，豈徒在漢、賊之兩立也乎？

曹孟德推心以待智謀之士，而士之長於略者，相踵而興。孟德智有所窮，則荀彧、郭嘉、荀攸、高柔之徒左右之，以算無遺策。迨於子桓之世，賈詡、辛毗、劉曄、孫資皆坐照千里之外，而持之也定。故以子桓之鄙、叡之汰，抗仲謀、孔明之智勇，而克保其磐固。

孔明之北伐也，屢出而無功，以爲司馬懿之力能拒之，而早決大計於一言者，則孫資也。漢兵初出，三輔震驚，大發兵以迎擊於漢中，庸詎非應敵之道；乃使其果然，而魏事去矣。漢以初出之全力，求敵以戰，其氣鋭；魏空關中之守，即險以爭，其勢危；皆敗道也。一敗潰而漢乘之，長安不守，漢且出關以搗宛、雒，是高帝破項之故轍也，魏惡得而不危？資籌之審矣，即見兵據要害，敵即盛而險不可踰，據秦川沃野之粟，坐食而制之，雖孔明之志鋭而謀深，無如此漠然不應者何也。資片言定之於前，而拒諸葛，挫姜維，收效於數十年之後，司馬懿終始所守者此謀也。

魏足智謀之士，昏主用之而不危。故能用人者，可以無敵於天下。

魏延請從子午谷直搗長安，正兵也；諸葛繞山而西出祁山，趨秦、隴，奇兵也。高帝舍棧道而出陳倉，以奇取三秦，三秦之勢散，拊其背而震驚之，而魏異是。非堂堂之陣直前而攻其堅，則雖得秦、隴，而長安之守自有餘。魏所必守者長安耳，長安不拔，漢固無如魏何。而迂回西出，攻之於散地，魏且以爲是乘間攻瑕，有畏而不敢直前，則敵氣愈壯，而我且疲於屢戰矣。夏侯楙可乘矣，魏見漢兵累歲不出而志懈，卒然相臨，救援未及，小得志焉；彌旬淹月，援益集，守益固，即欲拔一名都也且不可得，而況魏之全勢哉？故陳壽謂應變將略非武侯所長，誠有謂已。

而公謀之數年，奮起一朝，豈其不審於此哉？果畏其危也，則何如無出而免於疲民邪？夫公固有全局於胸中，知魏之不可旦夕亡，而後主之不可起一隅以光復也。其出師以北伐，攻也，特以爲守焉耳。以攻爲守，而不可示其意於人，故無以服魏延之心而貽之怨怒。

秦、隴者，非長安之要地，乃西蜀之門户也。天水、南安、安定，地險而民强，誠收之以爲外蔽，則武都、陰平在懷抱之中，魏不能越劍閣以收蜀之北，復不能繞階、文以搗蜀之西，則蜀可鞏固以存，而待時以進，公之定算在此矣。公没蜀衰，魏果由陰平以襲漢，夫乃知公之定算，名爲攻而實爲守計也。

公之始爲先主謀曰：「天下有變，命將出宛、雒，自嚮秦川。」惟直指長安，則與宛、雒之師相應；若西出隴右，則與宛、雒相去千里之外，首尾斷絶而不相知。以是知祁山之師，非公初意，主闇而敵强，改圖以爲保蜀之計耳。公蓋有不得已焉者，特未可一一與魏延輩語也。

武侯之任人，一失於馬謖，再失於李嚴，誠哉知人之難也。闇者不足以知，而明察者即以明察爲所蔽；妄者不足以知，而端方者即以端方爲所蔽。明察則有短而必見，端方則有瑕而必不容。士之智略果毅者，短長相間，瑕瑜相雜，多不能純。察之密，待之嚴，則無以自全而或見棄，即加意收録，而固不任之矣。於是而飾其行以無過、飾其言以無尤者，周旋委曲以免摘；言果辨，行果堅，而孰知其不可大任者，正在於此。似密似慎，外飾而中枵，惡足任哉？

故先主過實之論，不能遠馬謖，而任以三軍；陳震鱗甲之言，不能退李嚴，而倚以大計；則唯武侯端嚴精密，二子即乘之以蔽而受其蔽也。於是而曹孟德之能用人見矣，以治天下則不足，以爭天下則有餘。蔽於道而不蔽於才，不能燭司馬懿之姦，而荀彧、郭嘉、鍾繇、賈詡，惟所任而無不稱矣。

城濮之戰，晉文不恃齊、秦也。恃齊、秦，則必令齊掠陳、蔡而南以牽之於東，秦出武關，下鄀、郢以撓之。滎陽之戰，高帝不恃彭、黥也。恃黥布，則當令布率九江之兵，沿淮而襲之；恃彭越，則越勝而進，越敗而退也。善用人者不恃人，此之謂大略。

吳人敗曹休於石亭，諸葛出陳倉之師，上言曰：「賊疲於西，又務於東，兵法乘勞，此進趨之時也。」其無功宜矣。恃吳勝而乘之，吳且退矣，失所恃而心先沮，氣先折也。蜀定吳交以制魏，此諸葛之成謀，計之善者也。雖然，吳交之必定，亦唯東顧無憂，可決於進爾。及進，而所恃者終在己也。我果奮勇以大挫魏於秦川而舉長安，吳且恃我以疾趨淮、汝，不恃吳而吳固可恃也。己未有必勝之形，而恃人以逞，交相恃，交相誤，六國之合從，所以不能動秦之毫末，其左驗已。

石亭之役，賈逵以虛聲怖吳而吳退，吳望蜀之乘之，蜀不能應也。陳倉之役，張郃以偏師拒蜀而蜀沮，蜀望吳之牽之，吳不能應也。兩國異心，謀臣異計，東西相距，聲響之利鈍不相及，聞風而馳，風定而止，恃人者，不敗足矣，未有能成者也。德必有鄰，修德者不恃鄰；學必會友，爲學者不恃友；得道多助，創業者不恃助。不恃也，乃可恃也。故曰：「一人行則得其友。」言致一也。

魏制：諸侯入繼大統者，不得謂考爲皇、稱妣爲后，是也。帝后之尊，天之所秩，非天子所得擅以加諸其親，則大統正而天位定也。其曰：「纂正統而奉公義，何得復顧私親。」則襲義而戕仁矣。所後者以承統而致其尊，因以致其親，義也；所生者以嗣統而屈其尊，不能屈其親，仁也；親者，與心生以生其心，性之不可掩者也。故古之制服，爲人後者，爲所生父母期，不問與所生相去親疏，即與所後者在六世祖免之外而必期，且必正名之曰「所生父母」，未嘗概置諸伯叔之列也。抑此猶爲爲人後者言之。若宋英宗之後仁宗，孝宗之後高宗，固以爲子而子之，則所後所生父母之名各正，而所生者並屈其親。若夫前君之生也，未嘗告宗廟、詔臣民、而正其爲後；嗣子之嗣也，未嘗修寢門視膳之儀，立國儲君副之位，臣民推戴而大位歸焉。則亦如光武之於南頓，位號不可僭，而天倫不可忘，何得遽謂之私親而族人視之也哉？

天下所重者，統也；人子所不可背者，親也。爲天下而不敢干其統，則天下之義重，而己之恩輕。雖有天下，而不可没其生我之恩，則天下敝屣，而親爲重。導諛者，獻追尊之僭；矯異者，没父母之名；折衷以順天理之固然，豈一偏之説所可亂哉！

國政之因革，一張一弛而已。風俗之變遷，一質一文而已。上欲改政而下爭之，爭之而固不勝；下欲改俗而上抑之，抑之而愈激以流；故節宣而得其平者，未易易也。

東漢之中葉，士以名節相尚，而交遊品題，互相持以成乎黨論，天下奔走如騖，而莫之能止。桓、靈側聽奄豎，極致其罪罟以摧折之，而天下固慕其風而不以爲忌。曹孟德心知摧折者之固爲亂政，而標榜者之亦非善俗也，於是進崔琰、毛玠、陳羣、鍾繇之徒，任法課能，矯之以趨於刑名，而漢末之風暫息者數十年。琰、玠殺，孟德殁，持之之力窮，而前之激者適以揚矣。太和之世，諸葛誕、鄧颺浸起而矯孟德綜實之習，結納互相題表，未嘗師漢末之爲，而若或師之；且刓方向圓，崇虛墮實，尤不能如李、杜、范、張之崇名節以勵俗矣。乃遂以終魏之世，迄放晉而不爲衰止。然則孟德之綜核名實也，適以壅已決之水於須臾，而助其流溢已耳。故曰抑之而愈以流也。

名之不勝實、文之不勝質也，久矣。然古先聖人，兩俱不廢以平天下之情。奬之以名者，以勸其實也。導之以文者，以全其質也。人之有情不一矣，既與物交，則樂與物而相取，名所不至，雖爲之而不樂於終。此慈父不能得之於子，嚴師不能得之於徒，明君不能得之於臣民者也。故因名以勸實，因文以全質，而天下歡忻鼓舞於敦實崇質之中，以不蕩其心。此而可杜塞之以域民於矩矱也，則古先聖人何弗囿天下之躍冶飛揚於鉗網之中也？以爲拂民之情而固不可也。情者，性之依也，拂其情，拂其性矣；性者，天之安也，拂其性，拂其天矣。志鬱而勃然以欲興，則氣亦蝹蜦屯結而待隙以外洩。迨其一激一反，再反而盡棄其質以浮蕩於虚名。利者爭託焉，僞者爭託焉，激之已極，無所擇而唯其所汎濫。夏侯玄、何晏以之亡魏，王衍、王戎以之亡晉，五胡起，往東僅存，且蔓引以迄於陳、隋而不息，非崇質尚實者之激而豈至此哉？

桓、靈激之矣，奄豎激之矣，死亡接踵而激猶未甚，桓、靈、奄豎不能掩其名也。孟德、琰、玠並其名而掩之，而後詭出於玄虚，横流於奔競，莫能禁也。以傅咸、卞壼、陶侃之公忠端亮，折之而不勝，董昭欲以區區之辨論，使曹叡持法以禁之，其將能乎？聖王不作，禮崩樂壞，政暴法煩，祇以增風俗之浮蕩而已矣。

魏伐遼東，蜀征南中，一也，皆用兵謀國之一道也；與隋煬之伐高麗、唐玄之伐雲南，異矣。隋、唐當天下之方寧，貪功而圖遠，涉萬里以徼幸，敗亡之釁，不得而辭焉。諸葛公之慎，司馬懿之智，舍大敵而勤遠略，其所用心者未易測矣。

兩敵相持，勢相若而不相下，固未得晏然處也。而既不相爲下矣，先動而躁，則受其傷，弗容不靜以俟也。靜以俟，則封疆之吏習於固守，六軍之士習於休息，會計之臣習於因循。需之需之，時不可徼而兵先弛；技擊奔命、忘生趨死之情，日以翱翔作好而墮其氣；則靜退之禍，必伏於不覺。一旦有事，張皇失措，驚憂朒縮，而國固不足以存，況望其起而制人，收長驅越險之功哉？魏之東征，蜀之南伐，皆所以習將士於戰而養其勇也。先主殂，蜀未可以圖中原，孟德父子繼亡，魏未可以并吴、蜀，兵不欲其久安而忘致死之心，諸葛之略，司馬之智，其密用也，非人之所能測也。

或曰：習士於戰，有訓練之法，而奚以遠伐爲？嗚呼！此坐而談兵，誤人家國之言耳。步伐也，擊刺也，束伍也，部分也，訓練而習熟者也。兩軍相當，飛矢雨集，白刃拂項，趨於死以爭必勝，氣也，非徒法也。有其法不作其氣，無輕生之情，而日試於旌旗金鼓之間，雍容以進退，戲而已矣。習之愈久而士愈無致死之心，不亡何待焉？訓練者，戰餘而教之也，非數十年之中，目不見敵，徒修其文具之謂也。

武侯遺令魏延斷後，爲蔣琬、費禕地也。李福來請，公已授蜀於琬、禕。而必不可使任蜀者，魏延也。延權亞於公，而雄猜難御，琬未嘗與軍旅之任，而威望不隆，延先入而挾孱主，琬固不能與爭，延居然持蜀於掌腕矣。唯大軍退而延不得孤立於外，楊儀先入而延不得爲主於中，雖憤激而成乎亂，一夫之制耳。

延之亂也，不北降魏而南攻儀，論者謂其無叛心。雖然，豈可保哉？延以偏將孤軍，主帥死而乞活於魏，則亦司馬懿之屬吏而已矣，南轅而不北駕，不欲爲懿下也。使其操全蜀之兵，制朝權而唯其意，成則攘臂以奪漢，不成將舉三巴以附魏，司馬懿不得折箠而馭之，其降其否，亦惡可諒哉？

楊儀褊小之器耳，其曰「吾若舉軍就魏，寧當落度如此」，是則即爲懿屈而不慚者。令先歸而延與姜維持其後，蔣琬談笑而廢之，非延匹也。於是而武侯之計周矣。故二將訌而於國無損。不然，將爭於内，敵必乘之，司馬懿之智，豈不能間二亂人以捲蜀，而何爲斂兵以退也？

武侯之言曰：「淡泊可以明志。」誠淡泊矣，可以質鬼神，可以信君父，可以對僚友，可以示百姓，無待建鼓以亟鳴矣。且夫持大權、建大功，爲物望所歸，而懷不軌之志者，未有不封殖以厚儲於家者也。以示豆區之恩，以收百金之士，以餌腹心之蠹，以結藩鎮之歡，胥於財而取給。季氏富於周公，而魯昭莫能制焉，曹、馬、劉、蕭，皆祖此術也。誠淡泊矣，競利名者之所不趨，而子孫亦習於儒素，不問其威望之重輕，而固知其白水盟心、衡門歸老之夙圖矣。

乃武侯且表於後主曰：「成都有桑八百株，薄田十五頃，死之日，不使内有餘帛、外有贏粟，以負陛下。」一若志晦不章，憂讒畏譏之疏遠小臣，屑屑而自明者。嗚呼！於是而知公之志苦而事難矣。後主者，未有知者也，所猶能持守以信公者，先主之遺命而已。先主曰：「子不可輔，君自取之。」斯言而入愚昧之心，公非剖心出血以示之，豈能無疑哉？身在漢，兄弟分在魏、吴，三國之重望，集於一門，關、張不審，挾故舊以妬其登庸，先主之疑，蓋終身而不釋。施及嗣子之童昏，内而百揆，外而六軍，不避嫌疑而持之固，含情不吐，誰與諒其志者？然則後主之決於任公，屈於勢而不能相信以道，明矣。公乃諄諄然取桑田粟帛，竭底蘊以告，無求於當世，其孤幽之忠貞，危疑若此，而欲北定中原、復已亡之社稷也，不亦難乎？

於是而知先主之知人而能任，不及仲謀遠矣。仲謀之於子瑜也、陸遜也、顧雍也、張昭也，委任之不如先主之於公，而信之也篤，豈不賢哉？先主習於申、韓而以教子，其操術也，與曹操同，其宅心也，亦彷彿焉。自非司馬懿之深姦，則必被掣曳而不能盡展其志略。故曰公志苦而事難也。不然，公志自明，而奚假以言明邪？

得直諫之士易，得憂國之臣難。識所不及，誠所不逮，無死衛社稷之心，不足與於憂國之任久矣。若夫直諫者，主德之失，章章見矣。古之爲言也，仁慈恭儉之得，奢縱苛暴之失，亦章章見矣。習古之説而以證今之得失，不必深思熟慮，殷憂鬱勃，引休戚於躬受，而斟酌以求寧，亦可奮起有言而直聲動天下矣。

魏主叡之後，一傳而齊王芳廢，再傳而高貴鄉公死，三傳而常道鄉公奪。青龍、景初之際，禍胎已伏，蓋岌岌焉。無有慮此爲叡言者，豈魏之無直臣哉？叡之營土木，多内寵，求神僊，察細務，濫刑賞也，舊臣則有陳羣、辛毗、蔣濟，大僚則有高堂隆、高柔、楊阜、杜恕、陳矯、衛覬、王肅、孫禮、衛臻，小臣則有董尋、張茂，極言無諱，不避喪亡之謗詛，至於叩棺待死以求伸；叡雖包容勿罪，而諸臣之觸威以抒忠也，果有身首不恤之忱。漢武、唐宗不能多得於羣臣者，而魏主之廷，森森林立以相繩糾。然而阽危不救，旋踵國亡。由是觀之，直諫之臣易得，而憂國之臣未易有也。

高堂隆因鵲巢之變，陳他姓制御之説；問陳矯以司馬公爲社稷之臣，而矯答以未知。然則魏之且移於司馬氏，禍在旦夕，魏廷之士或不知也，知而或不言也。隆與矯知之而不深也，言之而不力也。當其時，懿未有植根深固之黨，未有榮人、辱人、生人、殺人之威福，而無能盡底藴以爲魏主告。無他，心不存乎社稷，浮沈之識因之不定，未能剖心刻骨爲曹氏徘徊四顧而求奠其宗祏也。逮乎魏主殂，劉放、孫資延大姦於肘掖之後，雖灼見魏之必亡而已無及矣。

以社稷爲憂者，如操舟於洪濤巨浸，脈察其磧岸洑渦之險易，目不旁瞬而心喻之；則折旋於數十里之外而避危以就安也，適其所泊而止。豈舟工之智若神禹哉？心壹於是而生死守之爾。若夫雒陽、崇華銅人土山之縱欲勞民，與夫暴怒刑殺、聽小臣毁大臣、躬親細務而陵下不君，此皆見之聞之，古有明訓，而依道義以長言之，則不必有體國之忠，而但有敢言之氣，固可無所畏避而唯其敷陳者也。抑豈足恃爲宗社生民之託哉？

陳羣上封事諫魏主，輒削其草；楊阜觸人主之威以直諫，與人言未嘗不道；袁宏贊羣之忠，而譏阜之播揚君惡。夫阜激而太過，誠然矣；以羣之削草爲忠臣之極致，又奚得哉？宏曰：「仁者愛人，施之君謂之忠，施之親謂之孝。」非知道之言也。

君父均也，而事之之道異。《禮》曰：「事親有隱無犯，事君有犯無隱。」隱者，知其惡而諱之也。有隱以全恩，無隱以明義，道之準也。君之有過也，諫之而速改，改過之美莫大焉。稱其前之過以表其後之改，固以揚其美之大者也。諫而不聽，君過成矣；即不言，而臣民固已知之矣。導諛之臣，方且爲之飾非爲是，弭在廷之口；而諫者更爲之掩覆，於是而導諛之臣益無所忌，而唯其欲爲。且己諫而不聽，庶幾人之繼進也。小臣疏遠，望近臣之從違以爲語默。近臣養君之慝而蔽下之知，則疏遠欲言之士，且徘徊疑沮，而以柔巽揄揚爲風尚。勸忠之道，喪於唯諾之習，孤鳴無和，雖造膝而爲痛哭，亦無如怙過之主何矣！

韓愈氏非知道者，擬文王之詩曰：「臣罪當誅兮，天王聖明。」文王而爲此言也，則飛廉、惡來且援爲口實以惑紂，而信比干之死爲當其辜矣。亦何憚而不殫其斮脛炮烙之慘乎？若羣者，以全身於暴主之側，孔光温樹之故智也，謂之曰忠，而同君父於一致，袁宏惡知忠臣之極致哉！

魏主叡之詔曰：「漢承秦亂，廢無禘禮，曹氏世系，出自有虞，以舜配天，以舜妃配地。」其亢地於天，離妣於祖，亂乾坤高卑之位，固不足道矣。妄自祖虞而以廢禘譏漢，尤不知禘者也。

自漢以下，禘之必廢也無疑也。三代而上，君天下者，數姓而已，天子之支庶，分封爲侯，各受命而有社稷。其後一族衰微，則一族之裔孫以德而復陟帝位，無有不由諸侯祖天子而崛起者也。推創業之主而上之，始受命而有社稷者，其始祖也，商之契、周之稷是也。又推而上之，則固有天下者也，而高辛是也，是爲始祖所自出之帝也。世有社稷而爲君，代相承而譜牒具存，雖歷數十世而雲仍不絶，則所自出之帝雖遠，亦猶父子之相授，淵源不昧，而後此之有天下者，仍還其前此有天下之故業，以示帝位之尊，不越神明之胄，非是者不得而干焉。此封建未墜之天下，道固然也。

秦雖無德，而猶柏翳之裔，受封西土，可以繼三代而王，使追所自出之帝而禘焉，得矣。至於漢興，雖曰帝堯之苗裔，而不可考也。陶唐之子孫受侯封者，國久滅而宗社皆亡，帝堯之不祀，久已忽諸。高帝起田間爲亭長，自以滅秦夷項之功而有天下，徼家世於若存若亡之餘，懸擬一古帝爲祖，將誰欺？欺天乎？自漢以下之不禘，豈不允哉！

漢曰祖堯也，王莽、曹氏曰祖舜也，唐曰祖皋陶也、老聃也，攀援不可致詰之聖賢以自張大者也。澤所已斬，道所不嗣，誠所不至，以名屬之，以文修之，漢乎其不相及久矣。當其側微，不知其有所祖也，序其譜系，不知其必爲祖也，且遠引而祖之，仁人孝子之事其先，如是而已哉？郭崇韜垂涕汾陽之墓，梁師成追訟眉山之誣，爲姗笑而已。魏主叡其何以異於是！

任人任法，皆言治也，而言治者曰：任法不如任人。雖然，任人而廢法，則下以合離爲毁譽，上以好惡爲取舍，廢職業，徇虚名，逞私意，皆其弊也。於是任法者起而摘之曰：是治道之蠹也，非法而何以齊之？故申、韓之説，與王道而爭勝。乃以法言之，《周官》之法亦密矣，然皆使服其官者習其事，未嘗懸黜陟以擬其後。蓋擇人而授以法，使之遵焉，非立法以課人，必使與科條相應，非是者罰也。

法誠立矣，服其官，任其事，不容廢矣。而有過於法之所期者焉，有適如其法之所期者焉，有不及乎法之所期者焉。才之有偏勝也，時之有盈詘也，事之有緩急也，九州之風土各有利病也。等天下而理之，均難易而責之，齊險易豐凶而限之，可爲也而憚於爲，不可爲也而强爲塗飾以應上之所求，天下之不亂也幾何矣！上之所求於公卿百執郡邑之長者，有其綱也。安民也，裕國也，興賢而遠惡也，固本而待變也，此大綱也。大綱圮而民怨於下，事廢於官，虚譽雖騰，莫能掩也。苟有法以授之，人不得以玩而政自舉矣。故曰擇人而授以法，非立法以課人也。

論官常者曰：清也，慎也，勤也。而清其本矣。弗慎弗勤而能清也，詘於繁而可以居要，充其至可以爲社稷臣矣。弗清而不慎不勤，其罪易見，而爲惡也淺。弗清矣，而慎以勤焉，察察孳孳以規利而避害，夫乃爲天下之巨姦。考課以黜陟之，即其得而多得之於勤慎以墮其清，況其所謂勤者非勤，而慎者非慎乎？是所謂孳孳爲利，蹠之徒矣。清議者，似無益於人國者也，而國無是不足以立。恐其亡實而後以法飭之，《周官》、《周禮》、《關雎》、《麟趾》之精意所持也。京房術數之小人，何足以知此哉？盧毓、劉邵師之以惑魏主，不能行焉必也。雖不能行，而後世功利刑名之徒，猶師其説。張居正之毒，所以延及百年而不息也。

魏主叡授司馬懿以輔政，而懿終篡也，宜哉！法紀立，人心固，大臣各得其人，則卧赤子於天下之上而可不亂，何庸當危病昏瞀之時，委一二人，錫以輔政之名，倒魁柄而授之邪？

周公之輔成王也，王幼而未有知識，且公之至德，曠古一人，而武王之信公也，以兩聖而相知也。然使無輔政之名，則二叔亦無釁以搆難，而沖人晏然矣。漢武之任霍、金、上官也，上官逆，霍氏不終矣；輔政之名，由此而立，而抑安足師乎，先主之任諸葛，而諸葛受命，當分爭之世，而後主不足有爲也，兩俱弗獲已而各盡其心耳。先主不能舍後主而別有所立，則不能不一委之諸葛以壹後主之心。

若夫魏主叡，無子而非有適長之不可易也，宗室之子，唯其所擇以爲後。當其養芳與詢爲子之日，豈無賢而可嗣者，慎簡而豫教之？迨其將殂，芳之爲子已三歲矣，可否熟知，而教訓可夙，何弗擇之於先，教之於後，令可君國而勿墜，而使劉放、孫資得乘其篤疾以晉姦雄於負扆哉？爲天下得人者，得一人爾。得其人而宰輔百執無不得焉。己既無子，唯其意而使一人以爲君，不審其勝任與否，而又別委人以輔之，則胡不竟授以天下而免於篡弑乎？漢之自旁支入繼者，皆昏庸之器，母后權姦之爲之也，非若叡之自擇而養之也。彼憒憒以死，無意於宗社而委之婦人者，無責耳矣，而魏主叡何爲者也！

宋仁宗之授英宗，高宗之授孝宗，一旦嗣立而太阿在握；有二君之慎，豈至忍死以待巨姦而付以童昏也哉？故宋二宗之立嗣，允爲後世法也。輔政者危亡之本，惡得託周公之義以召禍於永世哉！

史稱何晏依勢用事，附會者升進，違忤者罷退，傅嘏譏晏外静内躁，皆司馬氏之徒，黨邪醜正，加之不令之名耳。晏之逐異己而樹援也，所以解散私門之黨，而厚植人才於曹氏也。盧毓、傅嘏懷寵禄，慮子孫，豈可引爲社稷臣者乎？藉令曹爽不用晏言，父事司馬懿，而唯言莫違，爽可不死，且爲戴莽之劉歆。若逮其篡謀之已成，而後與立異，劉毅、司馬休之之所以或死或亡，而不亦晚乎！爽之不足與有爲也，魏主叡之不知人而輕託之也。乃業以宗臣受顧命矣，晏與畢軌、鄧颺、李勝不與爽爲徒而將誰與哉？

或曰：圖存社稷者，智深勇沈而謀之以漸。晏一旦蹶起而與相持，激懿以不相下之勢，而魏因以亡。

夫曹芳以暗弱之沖人孤立於上，叡且有「忍死待君相見無憾」之語，舉國望風而集者，無敢踰司馬氏之閫閾，救焚拯溺而可從容以待乎？懿之不可託也，且勿論其中懷之叵測也；握通國之兵，爲功於閫外，下新城，平遼東，却諸葛，撫關中，將吏士民爭趨以效尺寸，既赫然矣。惡有舉社稷之重，付孺子於大將之手，而能保其終者哉？王敦無邊徼之功，故温嶠得制之於衰病；桓温有枋頭之敗，故王、謝得持之以從容。奪孤豚於猛虎之口，雅士無所容其靜鎮，智者無所用其機謀，力與相爭而不勝，天也，非人之所能爲也。

當是時，同姓猜疏而無權，一二直諒之臣如高堂隆、辛毗者，又皆喪亡，曹氏一綫之存亡，僅一何晏，而猶責之已甚，抑將責劉越石之不早附劉淵，文宋瑞之不亟降蒙古乎？嗚呼！惜名節者謂之浮華，懷遠慮者謂之銛巧，《三國志》成於晉代，固司馬氏之書也。後人因之掩抑孤忠，而以持禄容身、望風依附之逆黨爲良圖。公論没，人心蠱矣。

蔣琬改諸葛之圖，欲以舟師乘漢、沔東下，襲魏興、上庸，愈非策矣。魏興、上庸，非魏所恃爲巖險，而其贅餘之地也。縱克之矣，能東下襄、樊北收宛、雒乎？不能也。何也？魏興、上庸，漢中東迤之餘險，士卒所憑以阻突騎之衝突，而依險自固，則出險而魂神已惘，固不能踰閫限以與人相搏也。且舟師之順流而下也，逸矣；無與遏之而戒心弛，一離乎水而衰氣不足以生，必敗之道也。先主與吴共爭放水而且潰，況欲以水爲勢，而與車騎爭於原陸乎？魏且履實地、資宿飽，坐而制之於丹、淯之湄，如蛾赴燄，十撲而九亡矣。

劉裕之溯河、渭以入關中，王鎮惡等以步騎馳擊，而舟師爲其繼，非恃舟師以爭人於陸也。姚泓恃拓拔氏爲之守，拓拔氏不爲泓守，而泓弛其防，故獲利焉，非獨倚舟師之利攻人於千里之外也。諸葛之出祁山，以守爲攻，即以攻爲守，知習於險者之不利於夷，且自固以待時變，特不欲顯言之以怠衆志耳。琬移屯而東西防遂弛，鄧艾陰平之禍，自琬始矣。琬疾動而不能行，司馬懿方謀篡而未暇，故蜀猶以全。不然，此一舉而蜀亡不旋踵矣。

曹孟德始屯田許昌，而北制袁紹，南折劉表；鄧艾再屯田陳、項、壽春，而終以吞吴；此魏、晉平定天下之本圖也。屯田之利有六，而廣儲芻糧不與焉。戰不廢耕，則耕不廢守，守不廢戰，一也；屯田之吏士，據所屯以爲己之樂土，探伺密而死守之心固，二也；兵無室家，則情不固，有室家，則爲行伍之累，以屯安其室家，出而戰，歸而息，三也；兵從事於耕，則樂與民親，而殘民之心息，即境外之民，亦不欲淩轢而噬齕之，敵境之民，且親附而爲我用，四也；兵可久屯，聚於邊徼，束伍部分，不離其素，甲胄器仗，以暇而修，卒有調發，符旦下而夕就道，敵莫能測其動靜之機，五也；勝則進，不勝則退有所止，不至駭散而内訌，六也。有此六利者，而粟米芻稾之取給，以不重因編氓之輸運，屯田之利溥矣哉！諸葛公之於祁山也，亦是道也；姜維不能踵之，是以亡焉。

雖然，有其地，有其時矣。許昌之屯，乘黄巾之亂，民皆流亡，野多曠土也；兩淮之屯，魏、吴交爭之地，棄爲甌脱，田皆蕪廢也；五丈原之屯，秦、隴、階、文之間，地廣人稀，羌胡據山澤而棄平土，數百里而皆艸萊也。非是者，可屯之地，畸零散布於民田之間，而分兵以屯之，則一散而不可猝收矣。奪民熟壤以聚屯，民怨而敗速矣。此屯之必以其地也。

屯之於戰爭之時，壓敵境而營疆埸，以守爲本，以戰爲心，而以耕爲餘力，則釋耒耜、援戈矛，兩不相妨以相廢。若在四海蕩平之後，分散士卒，雜處民間，使食利於耕，而以戰守爲役，則雖有訓練鉗束之法，日漸月靡於全軀保室、樸鈍偷安之習，而天下於是乎無兵。故唯棗祗、鄧艾、諸葛可以行焉，而後此之祖以安插天下之兵，是弭兵養懦之術也，故陵夷衰微而無與衛國。此屯之必以其時也。

法有名同而實異，事同而效異，如此者多矣。謀國者不可不審也。

史稱管寧高潔而熙熙和易，因事而導人以善。善於傳君子之心矣。世之亂也，權詐興於上，偷薄染於下，君不可事，民不能使，而君子仁天下之道幾窮。窮於時，因窮於心，則將視天下無一可爲善之人，而拒絶唯恐不夙，此焦先、孫登、朱桃椎之類，所以道窮而仁亦窮也。夫君子之視天下，人猶是人也，性猶是性也，知其惡之所自熏，知其善之所自隱，其熏也非其固然，其隱也則如宿艸霜凋而根荄自潤也。無事不可因，無因不可導，無導不可善，喻其習氣之横流，即乘其天良之未喪，何不可與以同善哉？此則盎然之仁，充滿於中，時雨灌注而宿艸榮矣。惜乎時無可事之君，而寧僅以此終；非然，將與伊、傅而比隆矣。

嗚呼！不得之於君，可得之於友，而又不可得矣；不得之薦紳，可得之於鄉黨，而又不可得矣；不得之父老，可得之童蒙，而又不可得矣；此則君子之抱志以没身，而深其悲閔者也。友之不得，君錮之；鄉黨之不得，薦紳熒之；童蒙之不得，父老蔽之；故寧之仁，終不能善魏之俗。君也，薦紳也，父老也，君子之無可如何者也。吾盡吾仁焉，而道窮於時，不窮於己，亦奚忍爲焦先、孫登、朱桃椎之孤傲哉？

形可以徵神乎？曰：未嘗不可也。神者，天德之函於地者也；形者，地德之成乎天者也；相函相成而不相舍，神之靈，形受之；形之靈，神傅之；非神孤盪其靈於虛而形頑處也。譬之笙竽然，器洪而聲洪，器纖而聲纖矣；譬之盂水然，器方而水方，器圜而水圜矣。造化者以其神之靈摶造形質，而氣以舒斂焉。榮，隨氣而華，隨氣而黯；衛，隨氣而理，隨氣而亂；內而藏府之精粗，外而筋骸之勁肥，動靜語默各如其量，而因以發用；則明於察形者，可以徵神，固矣。管輅之評鄧颺、何晏而言皆屢中，知此而已矣。

然則神可以化形乎？曰：奚爲其不可也？其始也天化之，天之道也；其後也人化之，人之道也。天之道，亭之毒之，用其偶然，故孅惡偏全、參差而不齊；人之道，熏之陶之，用其能然，則惡可使孅，偏可使全，變化而反淳。人莫難於御其神，而形其易焉者。昧者不知，曰：「一受其成型，而與之終古。」其不知道也久矣。孟子曰：「居移氣，養移體。」榮衛隨養以移，而內而藏府、外而筋骸，隨之以移；況動止語默，因心而縱斂，因習而率循者哉！

鄧颺之躁，徵於形之躁也，不可驟息，而息之以靜者，颺可得而主也；何晏之幽，徵於形之幽也，不可驟張，而張之以明者，晏可得而主也。豈有他哉？一旦而知躁與幽之爲不善，操之縱之，懲艾於俄頃；習之制之，熏成於漸次；則二子者，金錫圭璧之章，再見而驚非其故，輅又安能測之哉？乃若二子者，終成乎幽躁，而使輅言之終驗，其蔽一也。一者何也？曰：驕也。老、莊者，驕天下而有餘者也，絶學以無憂，與天而爲徒，而後形之不善，一受其成型，而廢人道之能然，故禍至而不知其所自召也。地承天而受化，形順神而數移，故管輅之術，君子節取焉，而不怙之以爲固然。人之有道也，風雨可使從欲，元氣可使受治，況在躬之榮衛藏府筋骸，與從心之動止語默哉！

王淩可以爲魏之忠臣乎？蓋欲爲司馬懿而不得者也。爲懿不得，而懿愈張矣。齊王芳，魏主叡之所立也，懿殺曹爽而制芳於股掌，其惡在懿，其失在叡，而芳何尤焉！使霍光而有操、懿之心，漢昭亦無如之何，而可責之芳乎？淩誠忠於魏而思存其社稷，正懿閉門拒主、專殺宗臣、覬覦九錫之罪，抗表而入討，事雖不成，猶足以鼓忠義之氣，而懿不能駕禍於楚王以錮曹氏之宗支，使斂迹而坐聽其篡奪。而淩欲廢無過之主以別立君，此其故智，梁、隋之季多效之者，而終以盜鈴。則使淩得志，楚王彪特其掩耳之資，操此心也，惡足以惑人心而使效順哉？

名義者，邪正存亡之大司也，無義不可以爲名，無名不可以爲義，忠臣效死以爭之，姦雄依附而抑必挾之。以曹操之不軌也，王芬欲立合肥侯以誅宦官，而操審其必敗，勿從也；袁紹欲立劉虞以誅董卓，而操惡其徒亂，勿從也；名正而義因以立，豈特操之智遠過於淩乎？天下未解體於弱主，而已先首禍，心之所不安，栽之所必逮也。劉虞賢矣，袁紹弗能惑也；合肥侯聽曹操而安，楚王彪聽王淩而死，非獨自殺，且以啓禍於宗室，胥入司馬之阱中，亦烈矣哉！嗚呼！亂人假義而授人以名，義乃永墮而禍生愈速，如是而許之以忠也，則沈攸之、陳霸先皆忠矣。王淩之心，路人知之，無以異於司馬氏，而益以愚者也。

曹操之篡也，迎天子於危亡之中而措之安土；二袁、吕布、劉表、劉焉羣起以思移漢祚，獻帝弗能制，而操以力勝而得之。劉裕之篡，馘桓玄，夷盧循，東滅慕容超，西俘姚泓，收復中國五十餘年已覆之土宇，而修晉已墟之陵廟，安帝愚暗，不能自存也。若夫二蕭、陳霸先，功不逮操、裕而篡焉，則不成乎其爲君而不延其世。由此言之，雖篡有天下，而豈易易哉？

司馬懿之於魏，掾佐而已，拒諸葛於秦川，僅以不敗，未嘗有尺寸之功於天下也；受魏主叡登牀之託，橫翦曹爽，遂制孱君，脅羣臣，獵相國九錫之命，終使其子孫繼世而登天位，成一統之業。其興也不可遏，而抑必有道焉，非天下之可妄求而得也。曹氏之歐兆民、延人而授之也久矣。

漢之延祀四百，紹三代之久長，而天下戴之不衰者，高帝之寬，光武之柔，得民而合天也。漢衰而法弛，人皆恣肆以自得。曹操以刻薄寡恩之姿，懲漢失而以申、韓之法鉗網天下；崔琰、毛玠、鍾繇、陳羣爭附之，以峻削嚴迫相尚。士困於廷，而衣冠不能自安；民困於野，而寢處不能自容。故終魏之世，兵旅亟興，而無敢爲萑葦之寇，乃藴怒於心，思得一解網羅以優游卒歲也，其情亟矣。司馬懿執政，而用賢恤民，務從寬大，以結天下之心。於是而自搢紳以迄編甿，乃知有生人之樂。處空谷者，聞人聲而驩然，欒盈之汰，人且歌泣以願爲之死，況懿父子之謀險而小惠已周也乎！王淩之子廣曰：「懿情雖難量，事未有逆。」可謂知言矣。故曰：「得乎丘民爲天子。」

逆若司馬，解法網以媚天下，天且假之以息民。則乘苛急傷民之後，大有爲之君起而蘇之，其爲天祐人助，有不永享福祚者乎？三國鼎立，曹、劉先亡，吴乃繼之。孫氏不師申、韓之報也；曹操不足道，諸葛公有道者也，而學於申、韓，不知其失，何也？

蔣琬死，費禕刺，蜀漢之亡必也，無人故也。圖王業者，必得其地。得其地，非得其險要財賦之謂也，得其人也；得其人，非得其兵卒之謂也，得其賢也。巴蜀、漢中之地隘矣，其人寡，則其賢亦僅矣。故蔣琬死，費禕刺，而蜀漢無人。

雖然，嘗讀常璩《華陽國志》，其人之彬彬可稱者不乏。張魯妖盜而有閻圃，劉焉驕怠而有黄權，王累、劉巴，皆國士也。先主所用，類皆東州之産，耄老喪亡，而固不能繼。蜀非乏才，無有爲主效尺寸者，於是知先主君臣之圖此也疏矣。勤於耕戰，察於名法，而於長養人才、涵育熏陶之道，未之講也。蔣、費亡而僅一姜維，維亦北士也，舍維而國無與託。敗亡之日，諸葛氏僅以族殉，蜀士之登朝參謀議者，僅一姦佞賣國之譙周，國尚孰與立哉？

管仲用於齊，桓公死而齊無人；商鞅用於秦，始皇死而秦無人；無以養之也。寬柔温厚之德衰，人皆跼蹐以循吏之矩矱，雖有英特之士，摧其生氣以即於瓦合，尚奚恃哉？諸葛公之志操偉矣，而學則申、韓也。文王守百里之西土，作人以貽百年之用，鳶飛魚躍，各適其性以盡其能，夫豈申、韓之陋所與知哉！

何晏、夏侯玄、李豐之死，皆司馬氏欲篡而殺之也。而史斂時論之譏非，以文致其可殺之罪，千秋安得有定論哉？當時人士所推而後世稱道弗絶者，傅嘏也、王昶也、王祥也、鄭小同也。數子者，以全身保家爲智，以隨時委順爲賢，以静言處錞爲道，役於亂臣而不怍，視國之亡、君之死，漠然而不動於心，將孔子所謂賊德之鄉原，殆是乎！風尚既然，禍福亦異，天下之圖安而思利者，固必褰裳而從之，禄位以全，家世以盛，而立人之道幾於息矣。嗚呼！此無道之世，所以崩風壞俗而不可挽也。

雖然，有未可以過責數子者存焉。魏之得天下也不以道，其守天下也不以仁，其進天下之士也不以禮；利啗之，法制之，奴虜使之，士生其時，不能秉耒而食，葛屨而履霜也。無管寧之操，則抑與之波流，保其家世已耳。故昶與祥皆垂裔百年而享其名位，兢兢門内之行，自求無過，不求有益於當時；士之不幸，天所弗求全也。狂狷罣於網羅，容容獲其厚福，是或一道也；不可以漢、唐、宋數百年戴天履地栽培長育之人才，忘軀捐妻子以扶綱常者責之也。施及宋、齊以降，君屢易而士大夫之族望自若也，皆此焉耳。歐陽永叔傷五代無死節之臣，而不念所事之何君也，亦過矣。王彦章之忠，匹夫之諒而已矣，況余闕乎？

諸葛誕之起兵討司馬昭也，疑賢於王淩、毌丘儉，而實未見其愈也。儉與誕，皆以夏侯玄之死不自安，而徼幸以爭權，使其克捷，其不爲劉裕之誅桓玄，不能保也。且誕之討昭，何爲也哉？無抑不欲魏社之移於司馬氏矣乎？魏而亡，亡於司馬，亡於吴，無以異也，吴豈爲魏惜君臣之義，誅權姦以安其宗社者哉？誕遣其子靚稱臣於吴以起兵，則昭未篡而已先叛；以叛臨篡，篡者未形而叛者已著；其志悖，其名逆，授司馬昭以討叛之名，而惡得不敗邪？使其成也，司馬昭之族甫糜，曹氏之社早屋矣。悲夫！借敵兵以討賊者之亡人家國也，快一朝之忿而流禍無窮，誕實作俑，司馬楚之、劉昶、蕭寶寅相繼以逞，而可許之爲忠乎？

人知馮道之惡，而不知譙周之爲尤惡也。道，鄙夫也，國已破，君已易，貪生惜利禄，弗獲已而數易其心。而周異是，國尚可存，君尚立乎其位，爲異説以解散人心，而後終之以降，處心積慮，唯恐劉宗之不滅，憯矣哉！讀周《仇國論》而不恨焉者，非人臣也。

姜維之力戰，屢敗而不止，民胥怨之，然其志苦矣。民憚於勞，而不知君父之危，所賴以啓其惰心而振其生氣者，士大夫之公論耳。其論曰：「既非秦末鼎沸之時，實有六國並據之勢。」顯然以秦予魏，以韓、燕視蜀，坐待其吞噬，唯面縛輿櫬之一途耳。夫漢之不可復興，天也；蜀之不可敵魏，勢也；無可如何者也。故諸葛身殲而志決，臣子之道，食其禄，終其事，志不可奪，烈於三軍之帥。且使人心不靡於邪説，兵力不銷於荒惰，延之一日，而忠臣志士之氣永於千秋。周而無人之心哉！無亦括囊以聽，委之天而弗助其虐之爲咎尚淺乎？夫民之不息，誠不容已於閔恤矣，譬之父母積疢，僕妾勞於將養，則亦酒食以勞之，和煦以拊之，使鼓舞而忘怨已耳。若恤僕妾之疲，廢藥食而聽其酣寢，有人之心者，以是爲惻隱哉？

當周之時，黄皓、陳祗蠱庸主而不顧百姓之疾苦；誠念民也，則亦斥姦佞，勸節儉，飭守令以寬廉，使民進而戰餌，退而休息，可也。周塞目箝口，未聞一讜言之獻，徒過責姜維，以餌愚民、媚奄宦，爲司馬昭先驅以下蜀，國亡主辱，己乃全其利禄；非取悦於民也，取悦於魏也，周之罪通於天矣。服上刑者唯周，而馮道未減矣。

王沈刺豫州，下教：「陳長吏得失者，給穀五百斛；言刺史寬猛者，給穀千斛。」規己寬猛之宜，而賜之穀，猶之可爾。陳長吏之得失而賜之穀，險士猾民，競起而誣訐其守令，禍可勝言哉？蓋沈者，司馬氏之私人也，司馬氏以好士恤民之虚名，收辨士而要民譽，每下不情之令，行溢賞以誘天下，而沈爲之役，故其教令如是之濫，未容深責也。陳廞、褚䂮入白沈曰：「拘介之士，憚賞而不言；貪昧之人，慕利而妄舉。」題哉言乎！可推以盡明主用人聽言之道矣。

拒諫者，古今之所謂大惡也；亟取人言，而貪廣聽之名，其惡隱而難知。乃公孫强因之以亡曹，主父偃因之以亂漢。宋之中葉，上書言因革者，牘滿公府，而政令數易，朋黨爭衡，熙、豐、元、紹之間，棼如亂絲，而國隨以敝。近者民本輕達，賤士乘以希榮，姦相資之肆惡，一夫遽登省掖，而天下亟亡。嗚呼！以賞勸言之害，較拒諫而尤烈，抑如此哉！

然則瑱纊之塞，與明聰之達，聖人兼用以應天下，抑何道也？曰：善聽言者，必其善於擇人者也。人而善與，言雖未得，有善者存矣。人而不善與，言雖得，有不善者存矣。唐、虞之廷，或吁或咈，交相弼違者，唯其爲禹、皋、稷、契也。夫禹、皋、稷、契，視君之失，若疢疾之攻於心；視民之病，若水火之迫於肌；而視言入而受禄也，若穢惡之加於鼻也，何俟於賞以勸之邪？故君子之聽言，先舉其人而後采其言，必不以利禄辱賢者之操，而導不肖者以猖狂無忌也。

察吏有常法，劾吏有常職，不獲已而登斥姦訟枉之言，然非害切於國民而痛切其肌膚，則告訐之宵人耳，誅之可矣。一興一廢，一張一弛，進臣民而酌其可否，既已無疑矣；而猶爲異説焉，斥之可矣。言雖甚當，不授以官；其效雖登，必進以禮。大臣坐論，日侍於燕閒；諫諍有官，各責以言職。非是者，雖或兼容並包，而必厚防其生事啓釁之傷。自匪僉人，惡有舍闔門子弟之職，置四民耕讀之恒，棄官守慎修之紀，旦揣夕摩，作爲曒曒炎炎之論，以動人主，而僥幸顯名之與厚實哉！舜之耕稼陶漁而取人爲善，人無所利於耕稼陶漁之夫，而言之不善者鮮矣。其爲帝也，以耕稼陶漁之聽聽天下之言，則唯禹、皋、稷、契無私利之心，如深山之野人，而後決於從也。故其戒禹曰：「無稽之言勿聽。」而豈以利禄誘嘵嘵之士，使以訐爲直乎？

嚣口舌以希利賴者，小人也，塾師也，禍福唯其妄測，文義唯其割裂，得利焉而情盡矣。此求治者所必遠，爲學者所必拒也。人君正己以涖下，節嗜欲、遠宦寺、勤學問、公好惡，則小人之利病、國事之得失，觸之而自知。非不待言也，抑非恃人言而遂足以治也。賞之而政刑亂、朋黨興、廉恥喪、風俗靡，自非姦雄之媚衆以竊國，幾何事此而不亡？此治亂之樞機，不可不審也。

後主失德而亡，非失險也，恃險也，恃則未有不失者也。君恃之而棄德，將恃之而棄謀，士卒恃之而棄勇。伏弩飛石，恃以卻敵；危石叢薄，恃以全身；無致死之心，一失其恃，則匍伏奔竄之恐後；扼之於蹊徑，而淩峭壁以下攻，則首尾不相顧而潰。故謂後主信巫言而失陰平之守以亡國，非也。陰平守，而亘數百里之山厓谿谷，皆可度越，陰平一旅，亦贅疣而已。李特過劍閣而歎劉禪之不能守，艸竊之智，乘晉亂以苟延爾。譙縱、王建、孟知祥、明玉珍蹶然而起，熸然而滅，恃險愈甚，其亡愈速矣。

然則諸葛公曰：「益州天府之國。」其言非乎？彼一時也，先主擁寡弱之資而無尺土，舍益州而無自立之地。乃其規畫之全局，則西出秦川，東嚮宛、雒，皆與魏爭於平原，而非倚險以固存也。迨乎關羽啓釁於吴，先主忿爭而敗，吴交不固，仲謀已老，宛、雒之師不能復出，公乃率孤旅以嚮秦川，事難而心苦矣。況蔣琬據涪城，姜維據漢樂，顛當守户，而天日莫窺，不亡奚待焉？

漢高起自漢中，旋下三秦，急出成皋，是以瀕危而終勝。光武定都雒陽，曹操中據兖州，皆以無險爲險也。周公營雒，至計存焉，而或爲之説曰：「無德易以亡。」聖人既無私天下之心，抑豈欲其子孫之速亡乎？周遷雒，而不絶之系，其亡尤難於夏、殷。亡之難易，不在險之有無，明矣。

司馬昭進爵爲王，荀顗欲相率而拜，王祥曰：「王、公相去一階爾，安有天子三公可拜人者？」驟聞其言，未有不以爲嶽立屹屹，可以爲社稷臣者。馮道之勞郭威曰：「侍中此行不易。」亦猶是也。炎篡而祥爲太保於晉，威篡而道爲中書令於周，則其亢矯以立名，而取合於新主，大略可知矣。昭謂祥曰：「今日然後知君見顧之深。」祥所逆揣而知其必然也。矜大臣之節，則太保之重任，終授之己也無疑。歷數姓而終受瀛王之爵，道固遠承衣鉢於祥也。不吝於篡，而吝於一拜；不難於北面爲臣，而難折節於未篡之先；天下後世不得以助逆之名相加，萬一篡奪不成如桓玄，可以避責全身，免於佐命之討，計亦狡矣。

以此推之，汲黯揖衛青，而曰：「使大將軍有揖客，豈不重乎？」黯之情亦見矣。欲以此求重於權臣，而可謂之社稷臣乎？司馬昭、郭威雖逆，而固非朱温之暴，可以理奪者也。使汲黯而遇梁冀，王祥、馮道而遇朱温，抑豈能爾哉？若夫社稷臣者，以死衛主，而從容以處，期不自喪其臣節，如謝安之於桓温，狄仁傑之於武氏，亦豈矯矯自矜以要權姦之知遇乎？

清高宗《樂善堂全集》卷四《蜀漢興亡論》 漢自桓靈以來，王道中絶，奸權乘釁。曹操、孫權、公孫瓚、袁紹迭起，窺伺名器。而昭烈以王室之胄，懷忠義之志，抱雄傑之才，欲恢復天下，掃除大憝。然歸於陶謙，依於公孫瓚，寄居於袁紹，爲客於荆州。其間遭危困、被禍亂不可枚舉。而英雄不得用其武，狼狽奔走幾二十年。既得孔明，於是待以股肱，寄以心膂，用其計謀而得荆州諸郡之地，有涪城成都之險，以成鼎足之勢。然終不能克復天下，僅得一州者，固緣曹孫盛强，立國既固，不能卒滅，亦以不專於圖魏，忿兵伐吴之所致也。使如趙雲所言，居河渭上流，以伐逆寇，漢事未必無成，卒至大敗於猇亭，威挫勢蹙，是亦昭烈之失矣。延及後主，信用孔明，成都大治，守父之餘烈，保土安疆，七擒之威，六出之鋭，敵國畏之如虎。迨孔明殁，黄皓、陳祗用事，殄民誤國，而漢祚告終。嗟夫！治亂之理，豈非係於人君之用賢與不用賢哉。當昭烈之狼狽奔走，以未得孔明故也。後主之克守前烈，爲敵國所畏者，以孔明在相位故也。其用黄皓、陳祗而喪國敗家者，以孔明既殁故也。賢人爲國家之寶，豈不信哉。

清高宗《樂善堂全集》卷四《東吴總論》 自劉氏中衰，孫堅據江左之地，虎視中原。子策繼之，與周瑜相友，收合士大夫，江淮之間，人咸向之。善於用人，闊達有度。弟權因之，用賢納諫，周瑜、魯肅、張昭、顧雍、陸遜，皆被擢用。於是成鼎足之勢，開有吴之基。兵强將勇，敵國畏之。曹操智計殊絶於人，而大敗於赤壁，曹丕累興大衆臨江而阻，蓋以英雄布列内外，共展策力故也。延及亮休，物盛而衰，禍亂内作。孫綝小人爲亂於内，然亦外無邊患，政無大闕。降及孫皓，苛刻用刑，肆虐日甚，任既非其人，刑復非其辜，使黔首有倒懸之苦，而吴隨以亡。雖有忠臣死節之士，亦復奚救。是故王濬之才，非如曹操之雄也。王濬所統，未如八十萬之衆也。而赤壁之戰，孫權以之興，石頭之戰，孫皓以之亡者，豈戰守之道、險阻之利有異於往時哉。劉禪以昏而亡，皓以虐而亡，天厭之矣，於魏晉乎何尤？

晋

《文選》卷四九干寶《晋紀總論》　昔高祖宣皇帝，以雄才碩量，應運而仕。值魏太祖創基之初，籌畫軍國，嘉謀屢中，遂服輿軫，驅馳三世。性深阻有如城府，而能寬綽以容納；行任數以御物，而知人善采拔。故賢愚咸懷，小大畢力。爾乃取鄧艾於農隙，引州泰於行役，委以文武，各善其事，故能西禽孟達，東舉公孫淵，内夷曹爽，外襲王陵，神略獨斷，征伐四克。維御羣后，大權在己。屢拒諸葛亮節制之兵，而東支吴人輔車之勢。世宗承基，太祖繼業，軍旅屢動，邊鄙無虧。於是百姓與能，大象始構矣。玄豐亂内，欽誕寇外，潛謀雖密，而在幾必兆。淮浦再擾，而許洛不震，咸黜異圖，用融前烈。然後推轂鍾、鄧，長驅庸蜀，三關電掃，劉禪入臣，天符人事，於是信矣。始當非常之禮，終受備物之錫，名器崇於周公，權制嚴於伊尹。至於世祖，遂享皇極，正位居體，重言慎法，仁以厚下，儉以足用；和而不弛，寬而能斷。故民詠維新，四海悦勸矣。聿修祖宗之志，思輯戰國之苦，腹心不同，公卿異議，而獨納羊祜之策，以從善爲衆，故至於咸寧之末，遂排羣議而杖王杜之決，汎舟三峽，介馬桂陽，役不二時，江湘來同。夷吴蜀之壘垣，通二方之險塞，掩唐虞之舊域，班正朔於八荒。太康之中，天下書同文，車同軌。牛馬被野，餘糧棲畝，行旅草舍，外閭不閉。民相遇者如親，其匱乏者取資於道路，故於時有天下無窮人之諺。雖太平未洽，亦足以明吏奉其法，民樂其生，百代之一時矣。

武皇既崩，山陵未乾。楊駿被誅，母后廢黜，朝士舊臣，夷滅者數十族。尋以二公楚王之變，宗子無維城之助，而閼伯實沈之郤歲構；師尹無具瞻之貴，而顛墜戮辱之禍日有。至乃易天子以太上之號，而有免官之謡。民不見德，唯亂是聞，朝爲伊周，夕爲桀跖。善惡陷於成敗，毁譽脅於勢利。於是輕薄干紀之士，役姦智以投之，如夜蟲之赴火。内外混清，庶官失才。名實反錯，天綱解紐。國政迭移於亂人，禁兵外散於四方。方岳無鈞石之鎮，關門無結草之固。李辰、石冰，傾之於荆楊；劉淵、王彌，撓之於青冀。二十餘年，而河洛爲墟，戎羯稱制，二帝失尊，山陵無所。何哉？樹立失權，託付非才，四維不張而苟且之政多也。夫作法於治，其弊猶亂；作法於亂，誰能救之？故于時天下非暫弱也，軍旅非無素也。彼劉淵者，離石之將兵都尉；王彌者，青州之散吏也。蓋皆弓馬之士，驅走之人，凡庸之才，非有吴先主諸葛孔明之能也。新起之寇，烏合之衆，非吴蜀之敵也。脱耒爲兵，裂裳爲旗，非戰國之器也。自下逆上，非鄰國之勢也。然而成敗異效，擾天下如驅羣羊，舉二都如拾遺芥。將相侯王，連頭受戮，乞爲奴僕而猶不獲。后嬪妃主，虜辱於戎卒，豈不哀哉！夫天下，大器也；羣生，重畜也。愛惡相攻，利害相奪，其勢常也。若積水于防，燎火于原，未嘗暫静也。器大者不可以小道治，勢動者不可以争競擾，古先哲王知其然也。是以扞其大患而不有其功，禦其大災而不尸其利。百姓皆知上德之生己，而不謂浚己以生也。是以感而應之，悦而歸之，如晨風之鬱北林，龍魚之趣淵澤也。順乎天而享其運，應乎人而和其義，然後設禮文以治之，斷刑罰以威之，謹好惡以示之，審禍福以喻之，求明察以官之，篤慈愛以固之。故衆知向方，皆樂其生而哀其死，悦教教而安其俗。君子勤禮，小人盡力，廉恥篤於家閭，邪僻銷於胸懷。故其民有見危以授命，而不求生以害義，又况可奮臂大呼，聚之以干紀作亂之事乎？基廣則難傾，根深則難拔，理節則不亂，膠結則不遷。是以昔之有天下者，所以長久也。夫豈無僻主，賴道德典刑以維持之也。故延陵季子聽樂以知諸侯存亡之數、短長之期者，蓋民情風教，國家安危之本也。

昔周之興也，后稷生於姜嫄，而天命昭顯。文武之功，起於后稷，故其詩曰：「思文后稷，克配彼天。」又曰：「立我蒸民，莫匪爾極。」又曰：「實穎實栗，即有邰家室。」至於公劉，遭狄人之亂，去邰之豳，身服厥勞。故其詩曰：「乃裹餱糧，于橐于囊。」「陟則在巘，復降在原，以處其民。」以至于太王爲戎翟所逼，而不忍百姓之命，杖策而去之。故其詩曰：「來朝走馬，帥西水滸，至于岐下。」周民從而思之，曰：「仁人不可失也。」故從之如歸市，居之一年成邑，二年成都，三年五倍其初，每勞來而安集之。故其詩曰：「乃慰乃止，乃左乃右。乃疆乃理，乃宣乃畝。」以至于王季，能貊其德音。故其詩曰：「克明克類，克長克君，載錫之光。」至于文王，備修舊德，而惟新其命。故其詩曰：「惟此文王，小心翼翼，昭事上帝，聿懷多福。」由此觀之，周家世積忠厚，仁及草木，内睦九族，外尊事黄耇，養老乞言，以成其福禄者也。而其妃后躬行四教，尊敬師傅，服澣濯之衣，修煩辱之事，化天下以婦道。故其詩曰：「刑于寡妻，至于兄弟，以御于家邦。」是以漢濱之女，守潔白之志；中林之士，有純一之德。故曰：「文武自《天保》以上治內，《采薇》以下治外。始於憂勤，終於逸樂。」於是天下三分有二，猶以服事殷，諸侯不期而會者八百，猶曰天命未至。以三聖之智，伐獨夫之紂，猶正其名教曰「逆取順守，保大定功，安民和衆。」猶著大武之容曰「未盡善也」。及周公遭變，陳后稷先公風化之所由，致王業之艱難者，則皆農夫女工衣食之事也。故自后稷之始基靜民，十五王而文始平之，十六王而武始居之，十八王而康克安之。故其積基樹本，經緯禮俗，節理人情，恤隱民事，如此之纏綿也。爰及上代，雖文質異時，功業不同，及其安民立政者，其揆一也。

今晉之興也，功烈於百王，事捷於三代，蓋有爲以爲之矣。宣景遭多難之時，務伐英雄，誅庶桀以便事，不及修公劉太王之仁也。受遺輔政，屢遇廢置，故齊王不明，不獲思庸於亳；高貴沖人，不得復子明辟。二祖逼禪代之期，不暇待參分八百之會也。是其創基立本，異於先代者也。又加之以朝寡純德之士，鄉乏不二之老。風俗淫僻，恥尚失所。學者以莊老爲宗而黜六經，談者以虛薄爲辯而賤名儉，行身者以放濁爲通而狹節信，進仕者以苟得爲貴而鄙居正，當官者以望空爲高而笑勤恪。是以目三公以蕭杌之稱，標上議以虛談之名。劉頌屢言治道，傅咸每糾邪正，皆謂之俗吏。其倚杖虛曠，依阿無心者，皆名重海內。若夫文王日昃不暇食，仲山甫夙夜匪懈者，蓋共嗤點以爲灰塵，而相詬病矣。由是毀譽亂於善惡之實，情慝奔於貨慾之塗，選者爲人擇官，官者爲身擇利。而秉鈞當軸之士，身兼官以十數，大極其尊，小錄其要，機事之失，十恒八九。而世族貴戚之子弟，陵邁超越，不拘資次，悠悠風塵，皆奔競之士，列官千百，無讓賢之舉。子真著崇讓而莫之省，子雅制九班而不得用，長虞數直筆而不能糾。其婦女莊節織紝，皆取成於婢僕，未嘗知女工絲枲之業，中饋酒食之事也。先時而婚，任情而動，故皆不恥淫泆之過，不拘妒忌之惡，有逆于舅姑，有反易剛柔，有殺戮妾媵，有黷亂上下，父兄弗之罪也，天下莫之非也。又況責之聞四教於古，修貞順於今，以輔佐君子者哉！禮法刑政，於此大壞，如室斯構而去其鑿契，如水斯積而決其隄防，如火斯畜而離其薪燎也。國之將亡，本必先顛，其此之謂乎？

故觀阮籍之行，而覺禮教崩弛之所由；察庾純賈充之事，而見師尹之多僻；考平吳之功，知將帥之不讓；思郭欽之謀，而悟戎狄之有釁；覽傅玄、劉毅之言，而得百官之邪；核傅咸之奏，《錢神》之論，而覩寵賂之彰。民風國勢如此，雖以中庸之才，守文之主治之，辛有必見之於祭祀，季札必得之於聲樂，范燮必爲之請死，賈誼必爲之痛哭，又況我惠帝以蕩蕩之德臨之哉！故賈后肆虐於六宮，韓午助亂於外內，其所由來者漸矣，豈特繫一婦人之惡乎？懷帝承亂之後得位，羈於彊臣；愍帝奔播之後，徒厠其虛名。天下之政，既已去矣，非命世之雄，不能取之矣。然懷帝初載，嘉禾生於南昌，望氣者又云豫章有天子氣。及國家多難，宗室迭興，以愍懷之正，淮南之壯，成都之功，長沙之權，皆卒於傾覆。而懷帝以豫章王登天位，劉向之讖云：「滅亡之後，有少如水名者得之。」起事者據秦川，西南乃得其朋。案愍帝蓋秦王之子也，得位於長安。長安固秦地也，而西以南陽王爲右丞相，東以琅邪王爲左丞相。上諱業，故改鄴爲臨漳，漳，水名也。由此推之，亦有徵祥，而皇極不建，禍辱及身，豈上帝臨我而貳其心，將由人能弘道，非道弘人者乎？淳耀之烈未渝，故大命重集于中宗元皇帝。

《晉書》卷五《孝愍帝紀》 昔炎暉杪暮，英雄多假于宗室；金德韜華，顛沛共推于懷愍。樊陽寂寥，兵車靡會，豈力不足而情有餘乎？喋喋遺萌，苟存其主，譬彼詩人，愛其棠樹。夫有非常之事，而無非常之功，詳觀發迹，用非天啓，是以輿棺齒劍，可得而言焉。于是五嶽三塗，並皆淪寇，龍州牛首，故以立君。股肱非挑戰之秋，劉石有滔天之勢，療飢中斷，嬰戈外絶，兩京淪狄，再駕徂戎。周王隕首於驪峰，衛公亡肝於淇上，思爲一郡，其可得乎！干寶有言曰：

昔高祖宣皇帝以雄才碩量，應時而仕，值魏太祖創基之初，籌畫軍國，嘉謀屢中，遂服輿軫，驅馳三世。性深阻有若城府，而能寬綽以容納；行任數以御物，而知人善采拔。故賢愚咸懷，大小畢力。爾乃取鄧艾于農隙，引州泰于行役，委以文武，各善其事。故能西禽孟達，東舉公孫，內夷曹爽，外襲王淩。神略獨斷，征伐四克，維御羣后，大權在己。于是百姓與能，大象始構。

世宗承基，太祖繼業，玄豐亂內，欽誕寇外，潛謀雖密，而在機必兆；淮浦再擾，而許洛不震：咸黜異圖，用融前烈。然後推轂鍾鄧，長驅庸蜀，三關電埽，而劉禪入臣，天符人事，於是信矣。始當非常之禮，終受備物之錫。至于世祖，遂享皇極。仁以厚下，儉以足用，和而不弛，寬而能斷，故民詠維新，四海悦勸矣。聿修祖宗之志，思輯戰國之苦。腹心不同，公卿異議，而獨納羊祜之策，杖王杜之決，役不二時，江湘來同。掩唐虞之舊域，班正朔於八荒，天下書同文，車同軌，牛馬被野，餘糧委畝，故于時有「天下無窮人」之諺。雖大平未洽，亦足以明吏奉其法，民樂其生矣。

武皇既崩，山陵未乾，而楊駿被誅，母后廢黜。尋以二公、楚王之變，宗子無維城之助？師尹無具瞻之貴，至乃易天子以太上之號，而有免官之謠。民不見德，惟亂是聞，朝爲伊周，夕成桀蹠，善惡陷於成敗，毁譽脅於世利，内外混淆，庶官失才，名實反錯，天綱解紐。國政迭移於亂人，禁兵外散於四方，方岳無鈞石之鎮，關門無結草之固。李辰、石冰傾之於荆楊，元海、王彌撓之於青冀，戎羯稱制，二帝失尊，何哉？樹立失權，託付非才，四維不張，而苟且之政多也。

夫作法於治，其弊猶亂；作法於亂，誰能救之！彼元海者，離石之將兵都尉；王彌者，青州之散吏也。蓋皆弓馬之士，驅走之人，非有吴先主、諸葛孔明之能也；新起之寇，烏合之衆，非吴蜀之敵也；脱耒爲兵，裂裳爲旗，非戰國之器也；自下逆上，非鄰國之勢也。然而擾天下如驅羣羊，舉二都如拾遺芥，將相王侯連頸以受戮，后嬪妃主虜辱於戎卒，豈不哀哉！天下，大器也；羣生，重畜也。愛惡相攻，利害相奪，其勢常也。若積水于防，燎火于原，未嘗暫静也。器大者，不可以小道治；勢重者，不可以爭競擾。古先哲王知其然也，是以扞其大患，禦其大災。百姓皆知上德之生己，而不謂浚己以生也，是以感而應之，悦而歸之，如晨風之鬱北林，龍魚之趣藪澤也。然後設禮文以理之，斷刑罰以威之，謹好惡以示之，審禍福以喻之，求明察以官之，尊慈愛以固之。故衆知向方，皆樂其生而哀其死，悦其教而安其俗；君子勤禮，小人盡力，廉恥篤於家閭，邪辟消於胸懷。故其民有見危以授命，而不求生以害義，又況可奮臂大呼，聚之以干紀作亂乎！基廣則難傾，根深則難拔，理節則不亂，膠結則不遷，是以昔之有天下者之所以長久也。夫豈無僻主，賴道德典刑以維持之也。

昔周之興也，后稷生於姜嫄，而天命昭顯，文武之功起於后稷。至於公劉，遭夏人之亂，去邰之豳，身服厥勞。至於太王，爲戎翟所逼，而不忍百姓之命，杖策而去之。故從之如歸市，一年成邑，二年成都，三年五倍其初。至于王季，能貊其德音；至于文王，而維新其命。由此觀之，周家世積忠厚，仁及草木，内隆九族，外尊事黄耇，以成其福禄者也。而其妃后躬行四教，尊敬師傅，服澣濯之衣，修煩辱之事，化天下以成婦道。是以漢濱之女，守潔白之志，中林之士，有純一之德，始於憂勤，終於逸樂。以三聖之知，伐獨夫之紂，猶正其名教，曰逆取順守。及周公遭變，陳后稷先公風化之所由，致王業之艱難者，則皆農夫女工衣食之事也。故自后稷之始基靖民，十五王而文始平之，十六王而武始居之，十八王而康克安之。故其積基樹本，經緯禮俗，節理人情，恤隱民事，如此之纏緜也。

今晉之興也，功烈於百王，事捷於三代。宣景遭多難之時，誅庶孽以便事，不及修公劉、太王之仁也。受遺輔政，屢遇廢置，故齊王不明，不獲思庸於亳；高貴沖人，不得復子明辟也。二祖逼禪代之期，不暇待參分八百之會也。是其創基立本，異於先代者也。加以朝寡純德之人，鄉乏不貳之老，風俗淫僻，恥尚失所，學者以老莊爲宗而黜《六經》，談者以虚蕩爲辨而賤名檢，行身者以放濁爲通而狹節信，進仕者以苟得爲貴而鄙居正，當官者以望空爲高而笑勤恪。是以劉頌屢言治道，傅咸每糾邪正，皆謂之俗吏；其倚杖虚曠，依阿無心者皆名重海内。若夫文王日旰不暇食，仲山甫夙夜匪懈者，蓋共嗤黜以爲灰塵矣。由是毁譽亂于善惡之實，情慝奔于貨欲之塗。選者爲人擇官，官者爲身擇利，而執鈞當軸之士，身兼官以十數。大極其尊，小録其要，而世族貴戚之子弟，陵邁超越，不拘資次。悠悠風塵，皆奔競之士，列官千百，無讓賢之舉。子真著《崇讓》而莫之省，子雅制九班而不得用。其婦女莊櫛織紝，皆取成於婢僕，未嘗知女工絲枲之業，中饋酒食之事也。先時而婚，任情而動，故皆不恥淫泆之過，不拘妒忌之惡，父兄不之罪也，天下莫之非也。又況責之聞四教於古，修貞順於今，以輔佐君子者哉！禮法刑政於此大壞，如水斯積而決其隄防，如火斯畜而離其薪燎也。國之將亡，本必先顛，其此之謂乎！

故觀阮籍之行，而覺禮教崩弛之所由也。察庾純、賈充之爭，而見師尹之多僻；考平吴之功，而知將帥之不讓；思郭欽之謀，而寤戎狄有釁；覽傅玄、劉毅之言，而得百官之邪；核傅咸之奏、《錢神》之論，而覩寵賂之彰。民風國勢如此，雖以中庸之才，守文之主治之，辛有必見之於祭祀，季札必得之於聲樂，范燮必爲之請死，賈誼必爲之痛哭，又況我惠帝以放蕩之德臨之哉！懷帝承亂得位，羈於强臣，愍帝奔播之後，徒厠其虚名，天下之政既去，非命世之雄才，不能取之矣！淳耀之烈未渝，故大命重集於中宗元皇帝。

《歐陽修全集》卷一六《東晉論》 周遷而東，天下遂不能一。然仲尼作《春秋》，區區於尊周而明正統之所在。晉遷而東，與周無異，而今黜之，何哉？

是有説焉，較其德與迹而然爾。周之始興，其來也遠。當其盛也，瓜分天下爲大小之國，衆建諸侯，以維王室，定其名分，使傳子孫而守之，以爲萬世之計。及厲王之亂，用室無君者十四年，而天下諸侯不敢僥倖而窺周。於此然後見周德之深，而文、武、周公之作，真聖人之業。故雖天下無君，而正統猶在，不得而改。況平王之遷，國地雖蹙，然周德之在人者未厭，而法制之臨人者未移。平王以子繼父，自西而東，不出王畿之内。西周之地八百里，東周六百里，以井田之法計之，通爲千里之方，則正統之在周也，推其德與迹可以不疑。

夫晉之爲晉與夫周之爲周也異矣。其德法之維天下者，非有萬世之計、聖人之業也，直以其受魏之禪而合天下於一，推較其迹，可以曰正而統爾。自惠帝之亂，晉政已亡，愍、懷之間，晉如綫爾，惟嗣君繼世，推其迹曰正焉可也。建興之亡，晉於是而絶矣。

夫周之東也，以周而東。晉之南也，豈復以晉而南乎？自愍帝死賊庭，琅邪起江表，位非嗣君，正非繼世，徒以晉之臣子有不忘晉之心，發於忠義而功不就，可爲傷已！若因而遂竊萬世大公之名，其可得乎？《春秋》之法「君弑而賊不討」，則以爲無臣子也。使晉之臣子遭乎聖人，適當《春秋》之責，況欲以失國共立之君干天下之統哉？夫道德不足語矣，直推其迹之如何爾。若乃國已滅矣，以宗室子自立於一方，卒不能復天下於一，則晉之琅邪，與夫後漢之劉備、五代漢之劉崇何異？備與崇未嘗爲正統，則東晉可知焉爾。

司馬光《稽古録》卷一三 宣帝始以重望高才，策名魏室，西却諸葛，東舉公孫，若以忠順終之，足爲良臣矣；遭爽、晏忌疾，乘間而發，專制朝柄，誅鉏異己，平昔之美，埽地盡矣。及景、文相繼，遂遷魏祚。武帝席卷全吴，纘禹舊服，恃其治安，荒於酒色；以開基之始，不爲遠圖，崇尚浮華，敗棄禮法。惠帝昏愚，不辨菽麥。譬如萬金之寶，委之中衢，無人守之，安得不爲他人有乎？禍生於閨闥，成於宗室。骨肉相殘，而胡、羯、氐、羌、鮮卑爭承其弊。剖裂中原，齏醢生民，積骸成丘，流血成淵，幾三百年，豈不哀哉！

司馬光《稽古録》卷一四 晉室既衰，中原雲擾；戎、狄腥膻之氣，彌漫河、洛，薰蒸岱、華；宫闕蕪没，陵廟隳焚。元帝以宗室疎屬，遁居江表，天下士民，有思晉者，皆裹糧而歸之。國於荆、揚之間，子孫相承，不絶如綫；獨明帝英武，克清大憝，不幸享國不永。自餘孱弱孤危，外陵内叛，寄命於虎狼之口，幾遇吞食者，數矣！然卒能保其位號，宗廟血食，百有餘年，何哉？有王導、卞壺、温嶠、陶侃、謝安、謝幼度爲之臣也。羣賢既没，使道子、元顯之徒輔之，敗亡不亦宜乎？

司馬光《稽古録》卷一三 劉淵以匈奴遺種，乘晉室之衰，奄有河、汾；天下蠭起之衆，輻湊而歸之；石勒、王彌，皆北面爲臣。聰承其故業，遂陷兩都，執辱二帝，矜夸淫縱，殘暴無親，幸以病終；墳草未生，家爲屠肆矣。曜以疎族，屢建大功，專制關中，遭靳準之亂，興師討賊，遂承漢業。及揚戈隴阪，則陳安授首；投甲西河，則張茂稱藩；亦戎狄之雄俊也！然始與靳氏約降則非義，終滅其家則非信，使石勒因而自絶則非智；乃知二三其德而能成功者，鮮矣。及乘高堠之捷以圍金墉，一戰而跌，生爲禽虜；雖其輕易以取禍，亦不幸而夭亡也！

司馬光《稽古録》卷一三 石勒以胡羯餓隸，崛起皂櫪之間，連百萬之衆，横行天下，斲喪晉室；東禽苟晞，北取王浚，西逐劉琨，南舉兖、豫，皆如俯拾地芥。劉曜席戰勝之威，長驅伊、洛，有并吞山東之志；勒舉鞭一麾，曜惛然就縛，遂兼其國，奄有中區，羌、氐咸服。其才不有過人者，能如是乎？虎以悍戾之資，濟貪狡之志；賊虐其孤，而剽奪其位；恃其詐力，以凌人暴物；窮奢極欲，不可盈饜；自以爲非天崩地陷，則抱子弄孫，無復後憂；及夫父子相殘，兄弟相攻，尸浮漳濱，家無噍類！積惡不已，捨滅亡，何適哉？

司馬光《稽古録》卷一四 慕容氏世爲君長，保有海隅，及廆始大；屬晉室版蕩，諸夏之民，皆襁負歸之。廆拊循勞來，收其髦俊，以贊國政，遠奉王命，以示大順，務農積穀，秣馬厲兵，以窺鄰國之釁；故能斬將刈旗，大啓土宇。皝承其遺烈，恢大前功，於是吞段遼、并宇文，俘高麗，翦夫餘，蠶食幽、并，而與强趙爲敵矣。及石氏内亂，儁乘時而動；驅厲精蓄鋭之兵，以掃離散士崩之衆，無不順風而靡；遂走王午、服張平、戮段龕、禽冉閔，左縈右拂，而幽、并、青、冀悉定矣。暐之立也，太宰恪佐之；内修政事，養士愛民；外開封疆，威行鄰敵。及評爲政，妬宗室勳賢之人，逐之以資鄰敵；君闇、臣鄙，以當苻堅、王猛之威，安得不亡乎？

司馬光《稽古録》卷一四 石氏之强也，氐、羌之屬無不内徙而爲臣；一朝失馭而角立爲患，理固然也。苻洪徘徊枋頭，有虎據中原之志，以犍爲不肖，然猶西取關中，并姚襄，却桓温，遂爲强國。堅以雄才英略，加之慈惠忠信；舉王猛於布衣，任之以政，勳舊不能離，親戚不敢妬，非至明能如是乎？故能吞强燕，舉河西，兼巴、蜀，包漢、沔，俘索頭，屠龜兹，奄有天下十分之九；五胡之盛，未有如堅者也。觀其舉百萬之衆以攻晉，先爲之除宫築第，以待其君臣，意以爲羅中之禽，往無不獲也；及一戰而敗，遂顛沛不振，昔之俘囚降虜，皆起而爲敵。數月之間，寇讎徧於四方，戎馬塞於郊甸，以至身死人手，子孫殄滅，何哉？論者咎堅寵信羌與鮮卑而伐晉。彼皆睹其跡而言之，未達其本也。要之，堅恃其强大，易而無備，此其所以敗亡也夫！

司馬光《稽古録》卷一四 慕容垂以美才茂功，不容於昏亂之朝，自歸於秦，秦主以國士遇之；淮南之役，不乘人之約，亦足以少償其愧矣。垂之去燕，燕人如失其父兄；及其還也，人向之如趨市。故數年之間，掉馬箠從容而取故業，自然之勢也。寶不克負荷，開門延敵，坐而待攻；又不能固守中山，無故遁逃；朞年之間，蹙國待盡，子弟親戚，翦爲仇讎，進退失據，卒隕其身，何其愚也！盛以孺子孤窮，自投於仇人之懷，終踞其喉而斮其腹，以成其志而復其位；自非智勇過人，能如是乎？不幸遇盜而夭。熙以一婦人之故，遂亡其國，彼何人哉！德以燕室至親，居方伯之任，總南夏之師，敵至不能禦，民散不能安，君窮不能救，盡喪其田而奪人之田以居之；其智、仁、勇，皆無足稱者。然禮賢納諫，以保全青土；可謂「善敗者不亡」矣。超以聲伎之故，輕犯强敵，又不能用善謀，自取滅亡，惜哉！

司馬光《稽古録》卷一四 姚弋仲以西羌酋帥，立於二石之朝，以鯁直勇果著名，而保其耆艾，豈非忠信之福也？襄才氣豪邁，兼資文武，有孫策之風；然適晉不容，攻秦見殺，亦其命也！萇藉父兄之烈，值苻氏之衰，鳴鼓中原，醜類雲集，不能報舊君之德，乘其窮約而弑之，其不仁甚矣。興承父之志，奄有關中；涼、夏諸豪，靡不率服。然處攻戰之世，不能收羅英俊以治國訓兵，而專率臣民譯經拜佛；及泓繼世，骨肉内離，寇敵外侵，遂亡其族。雖泓器業之不肖，亦興貽謀之未遠也。

吕陶《淨德集》卷一六《晉論》 晉之亂亡，議者談之多矣。或曰：羌夷盛彊，侵暴王室，劉聰、石勒之徒據有中原，兵寇乘風而起，徧滿天下；惠、懷昏庸，力所不制，乃有奔播之禍。或曰：當時公卿大臣，崇尚虛曠，狗名而忘實，好清言而不可適用；姦雄之士，窺其所不能而攻之，乃底於敗壞。此二説者，皆指其已然之後，而不究其將成之前也。今夫富家巨室，多蓄貨財，父祖處之有素，子孫亦能守其所積，苟不至於慢藏，則平居終日，安見劫奪之患哉？惟失其所主，而輕其所蓄，舉希世之寶，以寄諸臧獲，舍千金之貲，以委諸通衢，則盜賊肆志而奄有之矣。勢至於此，而不窮致寇之因，而乃責家人之不能禦寇，抑亦惑歟！然則羌夷足以亂晉，而晉之禍不始於羌夷之盛彊；公卿雖不足捍患，而晉之亡不繫於公卿之崇尚虛無。蓋天下喪亂之端，何嘗不自内起？人君失道，則姦民叛羌有竊伺之意；權臣擅命，則壯夫烈士懷不平之心。此前定之理也。宣、景之取天下，豈有分毫仁義，以服人之心乎？索其始終，則皆天下之所不容誅也。然而得之者，幸也。天下有以幸而得，無以幸而守，何則？其得以天，而其守以人也。武帝之於天下，豈非亦欲以幸而守乎？彼賈充者，魏之賊臣耳，而任託大事，與之婚姻。知惠帝之不肖，而不能處以大義。提四方新定之勢，而付授匪人，則其心亦欲幸天下之苟安而已，固不暇深思遠慮，求爲千萬世之策也。既而楊后得狥其愛，又以楊駿爲之輔翼。此數事者，足以啓竊伺之意，而激不平之心矣。亂亡之根，固以盤於朝廷也。是故自太康之初吴人獻地，天下始一，至於永平，方十餘年，三楊被誅，賈后專政，宗室諸王，自相殄戮，中外觀釁，反者屢起，永寧而後，天子日有遷廢之慮，統緒之大，不絶如綫。是以元海父子，始建僭號之議，石勒之衆，繼爲寇孽，自是而下，中國之勢，四分五裂，而天下之禍遂至於不可解。嗚呼，有武帝之不斷，然後有惠帝之闇弱；有惠帝之闇弱，然後有賈后、楊駿之暴戾；有賈后、楊駿之暴戾，然後有宗室諸王之變故；有宗室諸王之變故，然後有劉、石侵暴之禍，皆武帝有以導之也。彼武帝始爲之謀，則亦不謂其禍之至於此，惟其欲幸天下之苟安，而遂及之矣。周之王業，自后稷以來，積功累德，歷數十世，大命既集，猶不敢遽然當之。及武王、成王之際，則以周、召爲之左右。聖人之欲天下之安也，豈敢有求於幸哉？經曰：「慎厥終，惟其始。差之毫釐，謬以千里。」又曰：「國之將亡，本必先顛。」其晉之謂矣！嗚呼，自古喪亂之端，未嘗不起於內，得失安危之相倚伏，可少怠而不思乎！

《蘇轍集・欒城應詔集》卷二《晉論》 御天下有道：休之以安，動之以勞，使之安居而能勤，逸處而能憂，其君子周旋揖讓不失其節，而能耕田射馭，以自致其力，平居習爲勉强而去其惰傲，厲精而日堅，勤勞而日强，冠冕佩玉之人而不憚執天下之大勞。夫是以天下之事，舉皆無足爲者，而天下之匹夫，亦無以求勝其上。何者？天下之亂，蓋嘗起於上之所憚而不敢爲，天下之小人，知其上之有所憚而不敢爲，則有以乘其間而致其上之所難。

夫其上之所難者，豈非死傷戰鬭之患，匹夫之所輕而士大夫之所不忍以其身試之者邪？彼以死傷戰鬭之患邀我，而我不能應，則無怪乎天下之至於亂也。故夫君子之於天下，不見其所畏，求使其所畏之不見，是故事有所不辭，而勞苦有所不憚。

昔者晉室之敗，非天下之無君子也。其君子皆有好善之心，高談揖讓，泊然沖虛，而無慷慨感激之操，大言無當，不適於用，而畏兵革之事。天下之英雄，知其所忌而竊乘之，是以顛沛隕越，而不能以自存。且夫劉聰、石勒、王敦、祖約，此其姦詐雄武，亦一世之豪也。譬如山林之人，生於草木之間，大風烈日之所咻，而霜雪饑饉之所勞苦，其筋力骨節之所嘗試者，亦已至矣。而使王衍、王導之倫，清談而當其衝，此譬如千金之家，居於高堂之上，食肉飲酒，不習寒暑之勞，而欲以之捍禦山林之勇夫，而求其成功，此固姦雄之所樂攻而無難者也。是以雖有賢人君子之才，而無益於世；雖有盡忠致命之意，而不救於患難。此其病起於自處太高，而不習天下之辱事，故富而不能勞，貴而不能治。蓋古之君子，其治天下，爲其甚勞而不失其高，食其甚美而不棄其糲。使匹夫小人，不知所以用其勇，而其上不失爲君子。至於後世，爲其甚勞而不知以自復，而爲秦之强，食其甚美而無以自實，而爲晉之敗。夫甚勞者，固非所以爲安；而甚美者，亦非所以自固。此其所以喪天下之故也哉！

何去非《何博士備論》卷上《晉論》 神器之重，有以自歸而後收之，有以力取而後得之。自歸而後收之者，三代之上是也；力取而後得之者，秦、漢而下是也。夫歸我而收之，與夫我取而得之，固有間矣。而其所以取之之道，又有甚異者焉！然則享天下者，亦觀夫所取之道如何耳。

魏之取漢，異於漢之所以取秦；晉之取魏，異於魏之所以取漢。魏示晉以所取漢之迹，晉襲魏以所取魏之權。是晉之取魏者，魏啓之也。晉將蹈迹而取魏也，是以汲汲而求執魏之權。魏徒見權之去我而在晉，猶昔之去漢而在魏也。是以安其所取，而以天下輸之，乃自謂所當然者。故晉於得魏之迹，無以異於魏得漢。而於所以取魏之道，最爲無名，蓋有類夫王莽之盜漢也。雖然，晉室之禍，亦魏有以遺之。嗚呼！豈亦天意者耶？

昔者秦爲無道，天下之民唯恐秦之不亡也，是以豪傑相與起而誅秦。秦亡而漢得之，是漢無所負於秦也。東漢自董卓之亂，天下痛其禍漢之深，相與建議歃血起而誅卓者，凡以爲漢也。卓既誅矣，而曹操、二袁乃始連兵相噬，以爭天下而求代漢。曹操先得挾漢之策以令天下，終於漢不自亡而操取之，是魏猶有負於漢也。漢之亡也，非天下亡之，是操取之也。雖然，微曹操則漢之天下不得不亡，以其有二袁之竊取之也。操收天下於二袁竊取之中，是漢嘗亡天下矣，而操收之，則魏猶爲有名也。故曰：魏之取漢，異乎漢之取秦也。至於晉也，則不然。自司馬仲達已韜藏禍姦於操之世，操嘗悟之而不自決也，以授之於丕。而丕昏弱，加全佑而倚任之。故其於操之亡，乃稍騁以立其盜權之功，遂收其權而私制之。所謂盜權之功者，蓋東定遼東而取孟達，南摧王淩而内誅曹爽耳。非有存其既亡，續其既絶之大勛，若魏之於漢也。蓋知夫魏之取漢，其道由此也。是以汲汲求蹈其迹，而竊收其權，更四世而固執之。至於一旦取魏於偃然無事之間，而天下之人亦安之於無可奈何，是最爲無名，而有類夫王莽之盜漢也。及夫晉之宗室内叛，烽烟外起，至於陵夷而不可勝嘆者，亦魏有以遺之。魏亡公族之恩，雖號加侯王，而無尺土一民之奉。晉人取而代之，矯其無枝葉之庇，於是大殖宗室，假之制兵專國之權。一旦八王内相屠噬，至於禍結不可勝解，而羣盜乘之。關右、秦川帝王之宅也。魏武大徙西北之衆而錯居之，以捍蜀寇。至於近發肘腋，不可勝救，以成永嘉之禍。由是觀之，則凡晉室之大變，皆魏有以遺之。嗚呼！豈亦天意者耶？

天下之禍，不患其有可睹之迹而發於近，而患其無可窺之形而發於遲。有迹之可睹，雖甚愚怯，必加所警備。而發於近者，其毒常淺，無形之可窺，雖甚智勇亦忽於防閑。而發於遲者，其毒常深。

昔者五胡之禍晉室，其起非一朝之故也。探其基而積之，乃在於數百歲之淹緩。國更三世，而歷君者數十。平居常日，不見其有可窺之形，是以一發而莫之能支。夫非無形也，蓋爲禍之形常隱於福，爲福之形常隱於禍。人見其爲今日之禍福而已，不就其所隱而逆窺之。是以於其未發，皆莫睹其昭然之形。此其爲禍至於不可勝救之也。先王之世，侯甸要荒，各以其職來貢。故周公朝諸侯於明堂，四國之君立於四門之外，使得與夫備物盛禮之觀，而隱寓其覊縻勿縱之義，甚深遠也。後世之君，幸其衰敝而悦其嚮服也，因内徙而親之。其事肇於漢之孝宣，漸於世祖，而盛於魏武。或空其國而罷徼塞之警，或籍其兵而爲寇敵之捍。夫既去其侮而又役其力，可謂世主之大欲，國家之盛福矣。不知積之既久，而大禍之所伏，一旦汹然若決防水，莫之能遏。晉爲不幸而適當之，以其平居常日不睹其昭然之形故也。昔者孝宣乘武帝攘擊匈奴之威，令五單於内爭，始納呼韓邪之朝。元帝時請罷邊備，賴侯應之策，以爲：「自孝武攘之漠北，奪其陰山，匈奴失所蔽隱，每過陰山，未嘗不哭其喪亡也。今罷備塞，則示之大利。」元帝雖報謝焉，自是北人亦浸而南顧，漢亦甚悦其來而不之却也。世祖因匈奴日逐之至，遂建南庭以安納之。稍内居之西河美稷，而其諸部因遂屯守北地、朔方、五原、代郡、雲中、定襄、雁門之七郡。而河西之地，悉爲彼有。加徙叛羌，錯置三輔。魏武復大徙武都之氐以實關畿，用御蜀寇。而匈奴五部，皆居汾晉而近在肘腋矣。於晉之興，大率中原半爲敵國。元海，匈奴也，而居晉陽；石勒，羯也，而居上黨；姚氏，羌也，而居扶風；苻氏，氐也，而居臨渭；慕容，鮮卑也，而居昌黎。種族日蕃，其居處飲食皆趨華美；而其逞暴貪悍、樂鬥喜亂之志態，則亦無時而變也。是以元海一倡，而并、雍之衆乘時四起，自長淮之北，無復晉土，而爲戰國者幾二百年。所謂發於遲而爲毒深者也。雖然，彼之内徙而聽役也，亦迫於制服之威。而其情未嘗不懷土而思返，固甚怨夫中國羈拘而賤侮之也。是以劉猛發憤而反於晉，事雖不濟，而劉氏諸部未嘗一日而忘之也。自魏而上，其間非無明智之主，足以察究微漸，爲子孫後世之慮。然皆安其内附，或樂用其力，惟恐其不能鳩合而收役之。雖有失爲禍之形，皆不爲之深思遠慮，就其所伏而消厭之。由晉而下，自武帝之平一吴會，偏撫天下，固無藉乎夷狄之助矣。苟於此時，有能探其所伏之禍而逆制焉，因其懷返之情，加之恩意以導其行，爲之假建名號而縻資之，使各以其種族而還之舊土，彼將樂引輕去而惟恐其後也。然後嚴斥障塞，使截然有内外之限，後雖有警，則無至發於肘腋之間，而被不可勝言之禍矣。雖然，自非明智英果之主爲子孫後世之慮，則不能決於有爲以救其未發之深禍。彼晉武自平一吴會，方以侈欲形於天下，其能有及於此耶？雖郭欽抗疏，江統著論，其言反復切至，皆恬不爲省，方抱虎而熟寐爾。嗟乎！爲天下者，無恃其爲平日之福，而忽所隱之禍也哉！

《張耒集》卷三八《晉論》　天下有大分，君臣是也。夫以天下之衆而事一人，攷其勢，較其力，則多寡異矣。然天下之人，不問于賢不肖，俯首聽從，莫敢或較，一有不順，則有起而誅之者矣。夫非獨君臣之分爲然也，自是而下之，至于一鄉一邑之際，苟有尊卑大小之分者，莫不皆然。夫天下之分，惟其出于父子兄弟之際者，此其天屬，宜無足怪。下至于一鄉一邑，而上至于君臣，是乃設爲尊卑而不敢犯，何爲而然也？蓋嘗求之，以爲天下之分，起于天下之理。夫理者，本于天地，而莫知其所從始者也。惟其理設而不可易，故分立而不可犯。夫生民之初，未有君臣以相臨、官師以相治也，紛紛藉藉以力相勝。于是民始大病之，而後有能服其黨者焉。夫能服一鄉，則一鄉尊之；能服天下，則天下尊之。是故君臣之分，遂立而不可變。夫民之于君，乃其自立以自治也。夫惟其仰之以自治，是故順命受教，俯首聽從而無足怪。自是而推之，至于一鄉一邑，亦猶是也。

予嘗悲夫晉之事也。自三代以來，其國之多故者莫如晉，外有夷狄之强，内有大臣之變，泯絶荒亂，有不忍觀者。然後裂爲東晉。至于東晉，而晉亦微矣，然猶相與維持至十餘世，力盡勢窮，陵遲百端，而劉裕乃得之。自劉元海以來，天下分爲十六國。若苻堅、石勒之徒，皆有過人之才，闢地數千里，據有甲兵士民之衆，又有忠智效死之臣，其所建立，亦有足觀者，然皆不過一再傳而遂亡。方其興也，宜若可以久安，至其一敗，遂滅不振。蓋嘗觀苻堅之敗于壽春，此其力猶足以善其後，然提其餘衆，困窮而無所歸，蓋思之主于君臣之分，而後近得其說。夫晉之有天下，積久而天下之所服也。夫惟人安于所服，故天下遂守其君臣之分而不敢犯，人人惟恐其失之。是以播遷流徙，甚弱而難滅，忠臣義士，力以救其敗。若苻、石之徒，雖兵甚强，勢甚盛，然天下之情，不愛其德而惡其亂，不幸不能制，而後使得倔强于須臾。幸其敗也，則起而共亡之矣。

或以爲君臣之分，其始出于相制，苟爲君臣焉，斯有分矣。晉與夷狄，何擇也？夫天下之情，固有所習也，習而安者，衆之所歸也。嬰兒愛其乳之者，鄰人之母乳之，則不愛也。均爲乳也，而愛惡存焉，習與不習故也。然則晉之初，天下固習乎魏也，而晉之不亡何也？夫晉之不亡，是幸而不至于敗，而遂成其業者也。十六國之顛沛，此敗于分之不正者。惜哉！

李燾《六朝通鑑博議》卷三《東晉論》 臣嘗論晉元帝恭儉之主，而無撥亂之才；王導醇謹之臣，而無經世之略。故其能中興於江左，而不能中興於天下者，厥有由哉。方元帝渡江之初，石勒、石虎造舟葛陂，將攻建康，哆然有吞噬之志；既而霖雨彌時，士卒飢疲，乃相與憂懼，退而議降。使元帝有撥亂之才，王導有經世之略，舉江南之衆，練精畢力，以與勒、虎決其勝負，勒、虎危迫，勢當就擒。勒、虎擒，則劉聰膽破矣。當此之時，藩鎮之將，如葛組、劉遐、蔡豹、郭默，城塢之主，如陳川、樊雅、張平、馮寵，皆爲晉守。導若遂勸元帝，承中興思晉之心，進殄醜虜，奚患其不能中興於天下哉！在晉之臣，獨一祖逖，擊楫中流，鋭而欲逞，導又不資之以尺寸之刃，斗升之量。及逖之兵勢以强，成效已著，黄河之南，皆爲晉土，固宜命逖總領方面，以卒其功，何至以戴淵統之？此逖所以飲憤至死，而嘆其功之難成也。元帝雖賢主，王導雖忠臣，獨知其無意於用兵，故處置乖方，遽至於此！然東晉君臣，不欲出攻則已矣，至於守御之計，亦有所未盡。昔吴主孫權，嘗擇羣臣忠赤可倚者，使守江陵；又命吕蒙築濡須口，身自將兵，而守其塢，塢在晉之歷陽城。以上流之勢，不可不重；水道之衝，不可不防故也。東晉以王敦鎮荆州，蘇峻守歷陽。敦叛於元帝之時，而峻反於成帝之世。導身相此兩君，既不能攻之於前，又不能守之於後；更二大變，幾至亡國。孰謂導爲有謀乎？其後庾亮移鎮石城，蔡謨以爲不可；庾翼移鎮樂鄉，王述以爲不可；殷浩求經略中原，王羲之以爲不可；桓温請遷都洛陽，孫綽以爲不可。雖庾亮、庾翼、殷浩、桓温，終無成功，亦由晉之君臣，畏怯過甚，務相循習。是以羲之、蔡謨、孫綽之徒，爭爲苟安之計，不欲用兵。至苻堅淝水之敗，謝安叔侄乘秦之亂，可以有爲中原矣，已而趦趄不前。夫王導、謝安，皆東晉偉人，其設心措意，不在於北伐；餘子碌碌，又奚足責！使五胡之於晉，遂爲不討之讎，可不痛哉！

《全宋文》卷二八九三李新《西晉論》 治古之時，君臣之間，以情相親，以道相示而已。胡朝廷之臣，濟濟相先者，其和出於心，其言出於誠，同寅協恭，以循典禮。而天下之事，森然舉矣。後世之士，惡直醜正，相與比周，睊睊而胥讒，歙歙而相是，而天下之事，日以敗矣。武帝之於晉，以太康之盛，書同文，車同軌，傳之孝惠，不數年間，天下之患雜然而起，天下分裂而爲南北，蓋非特虚無之禍、禮法之棄，如弁髦土梗而已也。其源蓋有自矣。春秋之時，秦伯之弟鍼如晉修成，叔向命召行人子員，子朱曰：「朱也當御。」三云，叔向不應。子朱怒曰：「班爵同，何以黜朱于朝？」撫劍從之。叔向曰：「今日之事，幸而集，晉國賴之。不集，三軍暴骨。子員道二國之言無私，子常易之，姦以事君者，吾所能禦也。」拂衣從之。平公曰：「晉國其庶矣乎！吾臣之所爭者大。」師曠曰：「公室懼卑，臣不心競而力爭。」西晉之君豈特此哉？征伐者爭功，居朝者爭權，否則爭侈。以王渾、王濬之事觀之，則爭功者甚矣。以賈充、庾純之事觀之，則爭權者甚矣。以石崇、王愷之事觀之，則爭侈者甚矣。爭功者甚矣，而上無以定之，則立功者沮。爭權者甚矣，而上無以制之，則務德者惰。爭侈者甚矣，而上無以禁之，則殫天下之財不足以繼，又況武帝有以助之哉？武帝之平吴也，使賈充節制矣，又詔王濬下建平，受杜預節制，至秣陵，又受王渾節制。爲濬計者，一于受詔，則無立功之期，一于立功，則有違制之罪，故爭功者不已也。充以傾險居朝，而任愷、庾純以忠義裁之，充欲奪愷權，愷欲奪充政，朋黨紛然，帝不能制，召之宴飲而已，故爭權者不已也。崇以豪侈夸天下，而王愷、羊琇以貴戚競之，愷以粭沃釜，崇以蠟代薪，愷爲紫絲障，崇爲錦步幛，帝不能抑，私助愷焉，故爭侈者不已也。群臣皆爭矣。故王衍之徒以清談爲高，以曠禮爲任達，示其心泊然無所起，而于世淡然無所嗜也。世之君子求于彼而不得，則祈嚮于此矣，豈不誤天下哉？愚讀史至此，未嘗不廢書而悼痛也。

《全宋文》卷五八六二唐仲《晉論》 晉綱失馭，五胡亂華。元皇以化龍之祥，協金陵之慶，保有江東，不絶晉之社稷，傳世十一，享國百有餘年。於時卿相大臣則有王導、卞壼、温嶠、蔡謨、謝安父子之儔，岳牧將帥則有祖逖、陶侃、劉洪、周訪、桓、庾弟兄之輩，幕府則庾翼、江道、郗超、王珣之屬與其謀，偏裨則劉遐、毛寶、桓伊、劉牢之之徒爲之戰。蓋嘗擊楫誓師，束載厲兵，爭衡河洛之區，馳驅趙魏之境。然而功喪於垂成，謀沮於將舉，民雖降不能援，地雖得輒復失。季野覆師於代陂，深源挫衄於山桑，仁祖失律於許昌，萬石狼狽於渦潁。元子西至灞上，北征枋頭，皆以不利而退。牢之一勝淵洛，引旆鄴都，亦以輕進而敗。及至劉裕，以不世出之英資，總南北之豪傑，悉荆吳之精鋭，東擒慕容，西滅姚泓，中原之境未復其半，而晉之鼎祚已遷，天下之勢竟裂而爲南北矣。議者因謂江淮無山西之將，吳楚非持久之兵，建業異建瓴之勢，自守可以僅存，征伐不足取勝，至乃絶望經綸，甘心僻陋，跨荆益以閉關，恃江漢而設險，安居猛虎之側，甘寢積薪之上，棄彼樂土，使爲匪人。嗚呼！是皆聞其聲而不見其形，齊其末而不揣其本者也。且以將之難得耶，韓信何以有必勝之智？兵之不精耶，項羽何以有横行之威？地之非利耶，吳越何以主上國之盟？三者皆非所患，則晉之不競，蓋有由矣。宣王之攘夷狄也，必曰内修政事。政事者國之本也，名分非政不定，制度非政不立，甲兵非政不强，財用非政不足，號令非政不行。故曰：政者君之所以藏身也。政不正則君位危，君位危則大臣悖，小臣竊，若是則危亡顛覆之是憂，何恢復之圖哉！自武帝驕淫，綱紀寖弛，孝惠愚弱，禍亂繁興，政事之大壞，干寶論之詳矣。及元皇以一州臨極，主弱臣强，五馬之謡，始爲戎首，幾事不密，終貽陵辱。明帝以岐嶷之資，神謀内斷，制勝帷幄，遂取鯨鯢，晉之威令幾於復振，而天命不佑，享國日淺。繼以成、康、穆、哀，四世短祚，委裘主祭，政出他人。蘇峻、祖約滔天於其前，庾亮、桓温覬覦於其後，海西受昌邑之誣，簡文同總己之聽。及元惡自殞，太后還政，僅成淝淮却敵之功，已惑國寶膚受之愬。道子、元顯，以昏虐斲喪，王恭、仲堪，以逆亂相煽，安恭不辰，事同赧獻，政之大略可得言矣。迹其典型紕繆，忠逆混淆，慶賞刑威，掃地幾盡。含垢匿瑕，則偷安旦暮；危言正論，則取禍頃刻。不討郭默，謂之遵養時晦，分任三桓以爲經遠無競。登天折翼，僅止士行之志；遡風擁扇，尚汙元規之塵。自古政事陵遲，未有若斯之甚者也。故詳周札之議而知逆黨之無憚，察周顗之死而見大臣之修怨，覽周謨之論而識將帥之非人，感撫箏之歌而悟讒諂之得志，觀冶城之對而恨清談之敗俗。内治若此，雖以金城天府之國，百萬精鋭之師，儲械若山，積糧如坻，猶將外侮内陵，救過不暇，況復貪功之臣經營望表，竊命之將假威勤王，適足以啓寇喪師，招權助虐耳，何益於中興哉！向使王敦既夷，桓温已死，君臣輯睦，及閒暇之時明其政刑，使賞罰有章，賢佞各得，張禮義廉恥之維，勸忠良骨鯁之士，歸威福於九重，達號令於四海，然後興利補弊，訓農治兵，觀釁而動，仗義以弔伐，雖犬羊之衆，戎馬之强，何戰而不勝，何攻而不克哉！奈何明帝、温嶠天不假年，武帝、謝安合非同志，此義士之所以痛心，君子之所以慨歎也。嗚呼！帝王之興當有功德，天人所助在於信順，晉之開基，義乖臣子，貽謀不遠，取笑後人，使英材之君掩面知愧，其能保江南之業，亦云幸矣。故曰：人衆能勝天，天定亦能勝人，吾於晉見之矣。

周應合《景定建康志》卷三四吕祖謙《晉論》 東晉之始，形勢與吳相若，然吳北不能過淮，而東晉時得中原之地。吳旋爲晉滅，而晉更石勒、苻堅之强終不能破。其君臣人材去吳遠甚，而其固如此者，晉以中原正統所繫，天下以爲其主故也。以正統所繫，天下共主，而百餘年不能平天下，雪讎恥，恢復舊物，晉之君臣斯可罪矣。《詩》美宣王曰：「内修政事，外攘夷狄。」齊桓公、晉文公、越王句踐，皆國中已治，然後征伐。今夫晉室南遷，士大夫襲中朝之舊，賢者以遊談自逸，而下者以放誕爲娱，庶政陵遲，風俗大壞。故威權兵柄，奸人得竊而取之，小則跋扈，大則篡奪。士大夫雖有以事業自任者，亦以政事不修，財匱力乏而不得盡其志，可勝惜哉！《易》曰：「君子藏器於身，待時而動，何不利之有？」夫政事已修，任屬賢將而待可爲之時，時而進焉，則無不成矣。晉既内無政事，外而任屬又非其人，雖有中原可乘之時，而我無以赴之，雖赴之而敗矣。故褚裒北伐，蔡謨曰：「今日之事，必非時賢所辦。」殷浩之再舉北伐，王羲之曰：「區區江左，固已寒心，力爭武功，非所當作。」又曰：「雖有可喜之會，内求諸己，而所憂乃重於所喜。」由是觀之，晉之政事不修，任屬非其人，雖有中原可乘之時，亦無能爲也。然謨之言大抵謂任屬非其人，故曰非上聖與英雄，自餘莫若度德量力；羲之之言大抵謂根本不固，故曰保淮非復所及，長江以外羈縻而已。二君雖相當時之失，然盡如二君所言，則東晉未有復中原、雪讎恥之期，端坐江左以待衰弱滅亡而已。此知其一而不知其二也。夫東晉之初，其强弱何如三國之吳、蜀？當時有志之士，尚能欲自强而不肯休。諸葛亮、諸葛恪之語最著，然亦知其一而不知其二也。亮之言曰：「先帝知臣伐賊材弱敵强，然不伐賊，王業亦亡，惟坐而待亡，孰與伐之？」孔明之治蜀可謂有政，蜀之任孔明可謂得人，然未有可乘之時。恪之言曰：「今所以敵曹氏者，以操兵衆于今適盡，司馬懿已死，其子幼弱，未能用智計之士，今伐之是其厄會。」恪之言知可乘之時，而不知所修之政而自量其材與夫所用之人也。是故孔明無成而恪卒以敗。觀蔡謨、王羲之與諸葛亮、恪之論正相反，而各得一偏也。世之人好興作者，必以孔明、元遜之言爲先；而安偷惰者，必以蔡謨、王羲之之言爲是。酌厥中而論之，藏器於身，待時而動，内修政而外攘夷狄，聖經之言不可易也。後世亦曰事貴乘釁，又曰上策莫如自治，蓋急急自治，政事既修，恢復之備已具，事會之來，不患無也。一旦觀釁而動，將無往而不利矣。若内雖有自治之名而無自治之寔，徒爲空言，玩日引歲，端坐而守，而待賊虜之自滅，非愚之所敢知也。苟不相時，先事妄發，小者無功，大者覆敗，一旦機會之來，事力已竭，不能復應。東晉之事，如此者蓋多矣。

昔孟子曰：「入無法家拂士，出無敵國外患者，國常亡。」夫無敵國外患者，謂國安可也，乃曰常亡何哉？蓋既無法家拂士，又敵患不至，則君驕臣縱，入於危亡而不自知。東晉之末是也。晉之始也，敵國雲擾，强臣專制，上下惴恐，如處積薪之上而火將燃者，故君無驕泰之失，而臣下自以危亡爲憂。是以内雖王敦、蘇峻反叛相尋，桓温擅權廢立，外則石氏之兵三至江上，苻堅淝水之役，江東幾至不保，然當時人主恐懼於上，而王導、温嶠、陶侃、謝安、謝玄之徒足以盡其力，故至危而復安，將亡而復存也。及桓温既死，苻堅復亡，上流諸鎮皆受朝廷號令，非有間者跋扈之人也；姚氏自守於關西，慕容相殘於河北，非有向日邊境之憂也。君臣上下，自以江東之業爲萬世之安，心滿意足，孝武漸生奢侈於上，道子之徒竊威柄於下。謝安、謝玄，至以功名自疑矣。安、玄既死，其政愈壞，甚於已危將亡之時，泯泯靡靡，不自知也。已而君臣兄弟之間，爭權植黨，上流之患復開，不待外敵之强而國遂亡矣。聖人於無事之時，而爲持盈守成之戒，可不信夫？況東晉讎恥未復，遽以無事自處，不其愚哉？

杜牧謂宋武不得河北，故隋爲王，宋爲伯，愚謂不然。并吞海内之形勢，關中爲重，河北次之。關中者，周、秦、漢用之；河北者，光武用之。皆用之以取天下也。曹操、石勒以河北取關中，苻堅以關中取河北，三人者皆吞海内十有八九而不能并。東晉之後，元魏以河北取關中，後周以關中取河北，隋、唐以關中取天下。以此論之，用關中并天下者五而不得者二，用河北并天下者一而不能者三，則關中爲重，河北次之，顧不信乎？宋武帝非獨不得河北，暫有關中而已，何嘗得之哉？宋武起於布衣，身經百戰，戰勝攻取，髣髴曹操，司馬懿而下不可比也。舉東南至弱之兵，練而用之，踐西北至强之國，前無横陣，旁無堅敵，逆河而上，開關而入之，用之如建瓴破竹之易，可謂奇矣。然得關中而不守，翻然東歸，失百二之地於反掌。暮年慷慨登壽陽城樓，北望流涕而已，可不悲哉！愚謂宋武之失關中，其罪有三：一則好殺伐而不得中原之心，二則急窺神器而不能快中原之憤，三則倚南兵而不能用中原之人。夫宋武下廣固，欲盡坑其父老，韓範力諫，猶誅王公以下三千人，没入其孥。前賢論之，以謂舉事曾苻、姚之不如，有智勇而無仁義，豈不當哉！其失一也。宋武帝之不爲晉室藩輔，天下所知也，然輔晉而行，能仗大義，使中原知爲晉雪百年之憤，天下其孰能議之？其子亦不失天下。今急爲篡奪，大業不終。曹操猶能曰「天命有在，吾爲周文王」，終身輔漢而不取。宋武識慮不及操遠矣。其失二也。宋武之北伐，魏主以問崔浩，浩嘗策之，以爲必克而不能久。裕之取燕、取秦，西北之人未聞據連城舉大衆來附之者，裕獨用南人轉戰山河之間，往返萬里。使裕收燕之後，選用燕之豪傑，廣募壯勇，以傾三秦。得秦之後，選用秦之賢傑，廣募壯勇，以傾河北。分爵裂土，以功名與衆共之，東伐元魏，非元嗣所能抗也。舉元魏則中原盡得矣，東掃慕容之餘燼，西剪赫連之遺種，以裕之智勇，王鎮惡、檀、傅、朱、沈之徒爲爪牙，而謝晦之徒主謀議，何爲而不成？裕之施爲，既已不能選用燕、秦賢傑，廣募壯勇，而區區用遠客之南兵，縱無所練之士卒。南兵獨用，已敗不可支。其失三也。蓋南北異宜，攻守異便，南兵不可專用有三：雖勇而輕，一也；利險不利易，易困難久，二也；易亂難整，三也。項羽之破趙，一以當百；高祖征鯨布，張良戒毋與楚人爭鋒。然羽、布皆爲高祖以持重困之，此雖勇而輕也。吴王濞之反，有田將軍者請急據洛陽，曰漢車騎入梁、楚之郊，則事敗，此利險而不利易也。吴、楚屯聚數月，無食而潰；裕軍至長安，已謳歌思歸，此易困而難久也。裕軍至長安，日暴市肆，此易亂而難整也。裕既無中原之衆，欲以南兵守關中，人無智愚，皆知不可也。裕之東歸，世以謂劉穆之死，急於篡取，愚以謂正以南兵不能守關耳。裕見已所行事已失中原之情，欲全軍共歸，則惜關中不忍棄之；欲不歸而守，則南人思歸既甚，將潰而歸矣，裕之首領未可保也，況關中乎？數十年之得，一朝失之，古今所惜，然則後之欲恢復者，得中原之郡縣，可不以裕爲深戒哉？

《全元文》卷一五一三梁寅《史論・晉》 晉有天下，亦正統也。司馬懿竊魏之權，二子曰師、曰昭，相繼秉政。武帝繼其父昭，遂篡曹氏。平吴之後，九州混一，亦云盛矣。然都於洛陽僅三世，武帝及惠、懷二帝是也。都於長安僅一世，愍帝是也。相傳四世，僅五十二年而已。元帝中興，都於建業，雖云傳世十一，歷歲一百零四年，然僻處江南，昔之中原，皆五胡所據也。夫晉之混一而不能久者，其故有五：武帝開基，而樂於淫縱，初無遠謀，一也；平吴之後，不辨華夷，而羌胡居内，二也；嗣子蠢愚，而諸王兇狠，自相魚肉，三也；惠帝既闇，而賈后兇淫，壞亂朝政，四也；王弼、何晏之倫，崇尚老莊，蔑棄禮法，而風俗頽圮，五也。迨懷、愍之世，禍亂已成，雖英雄之主，有不能救，况庸弱乎？元帝之後，不能復中原者，其故有三：帝雖恭儉有餘，而明斷不足，以致王敦之亂，一也；明帝能誅敦矣，而享年不永，未及大有爲，二也；成帝之後諸帝，皆非英特，而江左公卿，惟以風流相尚，宴安一時，無復有如祖逖之倫，三也。其可稱者，惟王導、謝安，號爲賢相，然亦僅能扶危持顛而已。若夫五胡者，劉、石、慕容、苻、姚五姓是也。劉氏稱漢帝，三世，曰淵、曰聰、曰粲。劉曜稱趙，石勒滅之。石氏號後趙，七世，曰勒、曰弘、曰虎、曰世、曰遵、曰鑒、曰祇，冉閔滅之。慕容氏稱燕，三世，曰皝、曰儁、曰暐，苻堅滅之。後燕又四世，曰垂、曰寶、曰盛、曰熙，其臣馮跋滅之。南燕二世，曰德、曰超，劉裕滅之。苻氏稱秦，五世，曰健、曰生、曰堅、曰丕、曰登，姚萇滅之。姚氏稱後秦，三世，曰萇、曰興、曰泓，劉裕滅之。五胡之外，李氏據蜀，曰成，又更曰漢。張氏曰前凉，吕氏曰後凉，秃髮氏曰南凉，段氏曰北凉，李氏曰西凉，馮氏曰北燕，乞伏氏曰西秦，赫連氏曰大夏。晉之賊臣則桓温，蓄異志，其子玄篡立，稱楚帝，劉裕誅之。又二十年而裕遂篡晉矣。

鄭元直《增廣古今人物論》卷一八《晉論》 晉之亡也，樹立失權，託乎非才，四維不張，而苟且之政多也。夫基廣則難傾，根深則難拔，理節則不亂，膠結則不遷。昔之有天下，所以能長久，用此道也。今晉之興也，創基立本，固異於先代矣。加以朝寡純德之人，卿乏不貳之老，風俗淫僻，恥尚失所。學者以莊老爲宗，而黜六經；談者以虛蕩爲辯，而賤名檢；持身者以放濁爲通，而狹節信；進仕者以苟得爲貴，而鄙居正；當官者以望空爲高，而笑勤恪。是以劉頌屢言治道，傅咸每糾邪正，皆謂之俗吏。其倚仗虛曠，依阿無心者，皆名重海内，禮法刑政於此大壞。國之將亡，本必先顛，其此之謂乎？故觀阮籍之行，而覺禮教崩弛之由；察庾純賈充之爭，而見師尹之多僻。考平吴之功，而知將帥之不讓；思郭欽之謀，而寤戎狄之有釁；鑒傅玄、劉毅之言，而得百官之邪；核傅咸之奏，錢神之論，而覩寵賂之彰。民風國勢如此，雖以中庸之君，守文之主，治之猶懼致亂，况惠帝以放蕩之德臨之哉。懷帝承亂得位，羈以强臣。愍帝奔播之後，徒守虛名。天下之勢既去，非命世之雄才，不能復取之矣。

王夫之《讀通鑑論》卷一〇《晉》 魏削宗室而權臣篡，晉封同姓而骨肉殘，故法者非所以守天下也，而懷、愍陷没，琅邪復立國於江東者幾百年，則晉爲愈矣。天下者，非一姓之私也，興亡之修短有恒數，苟易姓而無原野流血之慘，則輕授他人而民不病。魏之授晉，上雖逆而下固安，無乃不可乎！然而三代王者建親賢之輔，必欲享國長久而無能奪，豈私計哉？

人之所以異於禽獸者，非其利病生死之知擇也。則君子之爲天下君以别人於禽獸者，亦非但恤其病而使之利，全其生而使無死也。原於天之仁，則不可無父子；原於天之義，則不可無君臣。均是人而戴之爲君，尊親於父，則旦易一主，夕易一主，稽首匍伏，以勢爲從違而不知恥，生人之道蔑矣。以是而利，不如其病之；以是而生，不如其死之也。先王重不忍於斯民，非姑息之仁，以全軀保妻子，導天下於魚蟲之聚者，慮此深矣！然則晉保社稷於百年，而魏速淪亡於三世，其於君天下之道，得失較然矣。

晉武之不終也，惠帝之不慧也，懷、愍之不足以圖存，元帝之不可大有爲也；然其後王敦、蘇峻、桓温相踵以謀逆，桓玄且移天步以自踞，然而遲之又久，非安帝之不知飢飽，而劉裕功勳赫奕，莫能奪也。謂非大封同姓之有以維繫之乎？朱文帝寵任諸弟，使理國政、牧方州，慮亦及此；而明帝誅夷之以無遺，蕭道成乃乘虛而攘之。嗣是而掇天位者如拾墜葉，臣不以易主爲慚，民不以改姓爲異。垂及唐、宋，雖權臣不作，而盜賊夷狄進矣。然則以八王之禍咎晉氏之非，抑將以射肩請隧咎文昭武穆之不當裂土而封乎？法不可以守天下，而賢於無法。亦規諸至仁大義之原而已。

諫必有專官乎？古之明王，工瞽、庶人皆可進言於天子，故《周官》無諫職，以廣聽也。諫之有官，自漢設諫議大夫始。晉初立國，以傅玄、皇甫陶爲之，唐之補闕拾遺，宋之司諫，皆放此而立也。諫有專官，而人臣之得進言於君僅矣。雖然，古今之時異，而廣聽之與慎聽也，不得不殊；進言之迹同，而受益之與防邪也，亦各有道；未可以一概論也。

古之民樸矣，農、工、商、賈各世其業；士之遊於庠序者，亦各有常學，不能侈聞見、飾文詞以動當世。迨及戰國，教衰而人自爲學，揣摩當世之務者，競尚其説，縱之以言，則偏私逞而是非亂；則必擇其忠直而達治理者任之，而後無稽之言，不敢破聖道、紊綱紀，以熒主聽。則專官之任，亦未可謂盡非，時使然也。

諫官專立，職專諫矣。然非專諫於其官，而禁外此者之諫也。不淫聽於辨言，而不塞聽於偏聽；苟得忠直知治者司其是非之正，則懷忠樂進者相感以興。乃若聽之之道，羣言競奏，而忠佞相殽，存乎君之辨之，不徒在言者也。諫者以諫君也。邇聲色，殖貨利，狎宦戚，通女謁，怠政事，廢學問，崇佛老，侈宫室，私行遊，媟威儀，若此者諫官任之。大小羣臣下逮於庶人，苟有言焉，則固天子所宜側席而聽者也。即言之過，而固可無尤也。外此，人與政其亟矣。然而人之賢不肖，銓衡任之；政之因革，所司任之；雖君道之所必詳，而清諸其源，則是非著而議論一；爭於其流，則議論繁而朋黨興。貞邪利害，各從其私意，辨言邪説，將自此以起，固不可不慎防之。而廣聽適以召姦，尤明主所深懼也。

以要言之，言而譏非乎我者，雖激雖迂，而不可忽也；言而褒貶於人、辨説乎事者，辨雖詳，辭雖切，而未可信也。士之受規於朋友者且然，而況君天下者乎！然則選忠直知治者任諫職於上，而主意昭宣，風尚端直，則羣言博采，而終弗使主父偃、息夫躬之流，矜文采以讎其姦邪。慎之也，即所以廣之也。又何必執《周官》之不設諫臣以下訪芻蕘哉？

近者分諫職於臺省，聽亦廣矣。而六科司抄發之任，十三道司督察之權，糾劾移於下，而君德非所獨任，故詭隨忿戾，迭相進退，而國是大亂，則廣之適以廢之。黨人交爭，勞臣掣肘，將諫官之設，以諫下而非諫君乎？拂其立諫之經，而予以譖言之徑，乃至僉人游士獻邪説以爲用人行政之蟊賊。不專不慎，覆軌已昭，後世尚知鑒哉！

晉始建國，立七世之廟，除五帝之座，罷圜丘方澤之祀，合之於郊，皆宗王肅而廢鄭玄也。於是而知王肅之學，醇正於鄭玄遠矣。後世經學傳鄭氏，肅之正義，没而不傳，則賈公彦、孔穎達之怙專師而晦道也。

周之祀典，組紺以上不廢也；而限天子之廟於五世，合兩世室而始爲七，玄之託於義而賊仁也。《周禮》合樂於圜丘方澤者，非祭也，所以順陰陽，合律吕而正樂也；而謂郊之外有圜丘方澤之大祀，玄之淫於樂以亂禮也。其尤妖誣而不經者，爲上帝之名曰耀寶魄，又立靈威仰、赤熛怒、白招矩、叶光紀之名，爲四方之帝，有若父名而賓字之者，適足以資通人之一哂。而以之釋經，以之議禮，誣神媟天，黷祀惑民，玄之罪不容貸矣。託之於星術，而實傳之於讖緯，夫且誣爲孔氏之書；王肅氏起而辨之，晉武因而絀之，於是禁星氣讖緯之學，以嚴邪説之防，肅之功大矣哉！惜乎世遠俗流，師承道圮，而肅學不傳也。如其傳，則程、朱興起，尚有所資以闢鄭氏之淫辭與！

三代以下，用兵以道，而從容以收大功者，其唯羊叔子乎！祖逖之在雍邱，宗澤之在東京，屹立一方以圖遠略，與叔子等。乃逖卒而其弟稱兵以犯順，澤卒而部衆瓦解以爲盜，皆求功已急而不圖其安，未嘗學於叔子之道以弭三軍之驕氣，驕則未有能成而不亂者也。

或曰：叔子之時，晉盛而吴衰，擁盛勢以鎮之，則敵亡可以坐待；而逖與澤抗方張之虜，未可以理折，則時異而不可相師矣。

曰：叔子之可以理服，而逖、澤不能者，遇陸抗耳。若夫敵國之氓，信其仁厚而願歸附之，則逖與澤之鄰壤，猶晉、宋之遺黎；而叔子則晉、吴異主，義不相下者也。使逖與澤以此臨之，不愈效乎！夫陸抗亦智深謀遠不與叔子爭一日之利耳，使其狂逞如石勒、女直之爲，則其亡愈速；是遇陸抗者，兩碁逢敵之難，而非易制於石勒、女直也。石勒雖驍，而志不及於江、淮，且未幾而國内大亂，甚於孫皓之猶安處也。女直雖競，而斡離不、撻嬾、兀朮各懷猜忌，豕突鹿奔，無有能如陸抗之持重以相制者。使二子以道御兵，以信撫民，以緩制敵，垂之數十年，趙有冉閔之亂，金有完顔亮之變，以順臨逆，以静待動，易於反掌矣。叔子之功，亦收之身後者也，何至於子弟爲梟獍以伏誅，部曲竄萑葦而僨起哉！故曰逖與澤求之已急而未圖其安也。逖有雍邱之可據，而郭默、邵續之流，皆相倚以戴晉；澤有東京之可恃，而兩河忠義，皆相待以效功；與爲憤興，而不與爲固結，二子之志義尚矣，惜乎其不講於叔子之道也。

用人與行政，兩者相扶以治，舉一廢一，而害必生焉，魏、晉其驗已。雖無佞人，而亟行苛政以鉗束天下，而使亂不起；然而人心早離，樂於易主，而國速亡。政不苛而用佞人，其政之近道，足以羈縻天下使不叛，然而國是亂，朋黨交爭，而國速以亂。

曹孟德懲漢末之緩弛，而以申、韓爲法，臣民皆重足以立；司馬氏乘之以寬惠收人心，君弑國亡，無有起衛之者。然而魏氏所任之人，自謀臣而外，如崔琰、毛玠、辛毗、陳羣、陳矯、高堂隆之流，雖未聞君子之道，而鯁直清嚴，不屑爲招權納賄、驕奢柔諂猥鄙之行，故綱紀粗立，垂及於篡，而女謁宵小不得流毒於朝廷，則其效也。

晉武之初立，正郊廟，行通喪，封宗室，罷禁錮，立諫官，徵廢逸，禁讖緯，增吏俸，崇寬弘雅正之治術，故民藉以安；內亂外逼，國已糜爛，而人心猶繫之。然其所用者，賈充、任愷、馮勗、荀紞、何曾、石苞、王愷、石崇、潘岳之流，皆寡廉鮮恥貪冒驕奢之鄙夫；即以張華、陸機錚錚自見，而與邪波流，陷於亂賊而愍不畏死；雖有二傅、和嶠之亢直，而不敵羣小之翕訿；是以强宗妒后互亂，而氐、羯乘之以猖狂。小人濁亂，國無與立，非但王衍輩清談誤之也。

是用人行政，交相扶以圖治，失其一，則一之僅存者不足以救；古今亂亡之軌，所以相尋而不舍也。

以要言之，用人其尤亟乎！人而苟爲治人也，則治法因之以建，而苛刻縱弛之患兩亡矣。魏之用人，抑苟免於邪佞爾，無有能立久長之本，建弘遠之規者也。孟德之智，所知者有涯；能別於忠佞之分，而不能虛衷以致高朗宏通之士；爭亂之餘，智術興，道德墜，名世之風邈矣。僅一管寧，而德不足以相致也。晉承魏之安處，時非無賢，而獎之不以其道，進之不以其誠，天下頹靡，而以老、莊爲藏身之固，其法雖立，文具而已。使二代之君，德修而勸於求治，天下羣趨於正，而豈患法之不立乎？宋太祖、太宗之所以垂統久長，而天下懷其德於既亡之餘，庶幾尚已！

杜預欲短太子之喪，而曰：「君子之於禮，存諸內而已。」安得此野人之言而稱之哉！今有人焉，心不忘乎敬父，而坐則倨以待；情不恝乎愛兄，而怒則紾其臂；亦將曰存諸內而已乎？內外交相維、交相養者也，既飾其外，必求其內，所以求君子之盡其誠；欲動其內，必飭其外，所以導天下而生其心也。今使衰麻其衣，疏糲其食，倚廬其寢處，然而馳情於淫侈以忘其哀慕者，鮮矣；耳目制之，心不得而動也。藉令錦其衣，肉其食，藻井綺疏金樞玉户其寢處，雖有哀慕之誠，不蕩而忘者，鮮矣；耳目移而心爲之蕩也。故先王之制喪禮，達賢者之內於外，以安其內；而制中材之外，以感其內。故曰：直情徑行，戎狄之道也。夫鳥獸之啾啁以念死，內非不哀，而外無所飾，則未幾而忘之矣；野人之內存而外不著見者，亦如是而已矣。

杜預之於學也亦博矣，以其博文其不仁，《六經》之旨，且以之亂。諒闇者，梁菴也，有梁無柱，茅芐垂地之廬也，而誣之曰心喪。叔向之譏景王曰：「有三年之喪二。」謂之有喪矣，非謂存諸內者之徒戚也，而誣之曰不譏除喪，而譏其燕樂之已早。預之存諸內者，誣聖欺天，絶人而禽之，猶曰君子之於禮，存諸內而已乎？故曰：「以禮制心。」心有不存，而禮制之。其外無別，則內之存與不存，又奚以辨哉？邪説逞，人道息。凡今之人，皆曰：臣忠、子孝、兄友、弟恭，求其心而已。而心之不可問者多矣。不仁哉杜預之言，以賊天下有餘也！

嵇紹可以仕晉乎？曰：不可。仕晉而可爲之死乎？曰：仕而惡可弗死也！仕則必死之，故必不可仕也。父受誅，子讎焉，非法也；父不受誅，子不讎焉，非心也。此猶爲一王之下，君臣分定，天子制法，有司奉行，而有受誅不受誅者言也。嵇康之在魏，與司馬昭俱比肩而事主，康非昭之所得殺而殺之，亦平人之相賊殺而已。且康之死也，以非湯、武而見憚於昭，是晉之終篡，康且遺恨於泉下，而紹戴之以爲君，然則昭其湯、武而康其飛廉、惡來矣乎！紹於是不孝之罪通於天矣。

沈充以逆伏誅，而子勁爲晉效死。《蔡仲之命》曰：「爾尚蓋前人之愆。」沈勁克當之矣。紹蓋前人之美，而以父母之身，糜爛而殉怨不共天之亂賊，愚哉其不仁也！湯陰之血，何不灑於魏社爲屋之日，何不灑於叔夜赴市之琴，而灑於司馬氏之衣也？

魏、晉之際，有貞士曰范粲，較管寧、陶潛而尤烈，而稱道絶於後世。士之湮没而志不章者，古今不知凡幾也！寧以行誼著，潛以文采傳，粲無他表見，而孤心隱矣。乃其亢志堅忍，則二子者未之逮焉。送魏主芳而哀動左右，三十六年佯狂不言，卒於車中。子喬侍疾，足不出邑里，父子之志行，誠末世之砥柱矣。文采行誼無所表見，志不存焉耳。寧之不若此也，寧未仕漢，而粲已受禄於魏也。潛之不若此也，知晉之將亡而去之，不親見篡奪之慘也。故二子無妨以文行表見，而粲獨不可。難哉其子之賢也！晉賜禄以養疾，賜帛以治喪，而不受。嵇紹聞之，尚爲仇讎之子孫捐父母之身，人之賢患相去有若此哉！粲之所爲，難能也；非但難能也，其仁矣乎！

晉詔諸王大國置三軍，次國二軍，小國一軍，其所依倣之名曰周制也。古之諸侯，皆自有兵，周弗能奪，而非予之也。其自周始建之國，各使有兵，彼有而此不得獨無也。郡縣之天下，兵皆統於天子，州郡不能自有其人民，獨假王侯以兵，授以相競之資，何爲也哉？夫晉豈果循周制以追三代之久安長治也乎？懲魏之虧替宗室，而使權臣乘之耳。乃魏之削諸侯者，疑同姓也；晉之授兵宗室以制天下者，疑天下也。疑同姓而天下乘之，疑天下而同姓乘之，力防其所疑，而禍發於所不疑，其得禍也異，而受禍於疑則同也。

嗚呼！以疑而能不召亂亡之禍者無有。天下皆以爲疑己矣，而孰親之？其假以防疑者，且幸己之不見疑而窺其疏以乘之；無可親而但相乘，於是而庸人之疑，終古而不釋。道不足於己，則先自疑於心；心不自保，而天下舉無可信，兄弟也，臣僚也，編氓也，皆可疑者也。以一人之疑敵天下，而謂智計之可恃以防，其愚不可瘳，其禍不可救矣。親親而以疑，則親非其親；尊賢而以疑，則賢非其賢；愛衆而以疑，則衆非其衆；夫何疑哉？君子樂得其道，小人樂得其欲而已矣。交君子以道，給小人之欲，孤遊於六合，而荆棘不生，無有聖賢而無豪傑之度者也。

天下惡有無故殺人而可以已亂者哉！齊王攸欲殺劉淵，王渾曰：「奈何以無形之疑殺人。」其説是也。舍殺而無以馭之也，淵之所以終亂晉而殘之也。不殺淵而淵反，則咎王渾；殺淵而胡叛，則抑且咎齊王；舍本循末，兩俱有咎，而孰能任之？曹魏之居匈奴於内地，使若淵者得以竊中國文事武備之緒餘，濟其姦而啓雄心，其禍久矣。淵即死，若聰、若曜、若猛、若宣，挾怨以求逞，能旦殺一人、夕殺一人，皆無罪而翦之乎？契丹之所以深女直之怨而激之起，豈有幸哉！

夫晉承魏失，固未可急驅除之矣。王濟欲任淵以平吴，縱虎自衞之術也。李憙欲發匈奴五部，假淵將軍之號征樹機能，此策之善者，而孔恂諫止之，何也？恂誠憂淵之叵測，抑必有術以制之？而但色變於談虎哉？涼者，中國之贅餘也，河、湟之間，夷狄之所便也，淵西征而蕩平樹機能之墟，即割其地以安之，而淵之心戢矣。淵即不戢，五部之心亦戢矣。馭得其道，則且不敢竊河西而據之。即其不然，我據蕭關以距之，其極逞也，亦但如元昊而止耳。孰如近在汾、晉之間，使我不軌之士民，教猱倀虎，河決魚爛於腹心乎？故知李憙之謀，非但以平樹機能也，實以斥淵而遠之也，此弭禍於將然之善術也。一疑之，一畏之，無可如何而姑置之；淵且自危，且自矜，尤且自信也。是召之以必反之道也。嗚呼！晉之失政，賄賂已耳，交游已耳。王渾父子得賄而保淵，孔恂、楊珧不得賄而惎淵，故李憙之深識不庸。非淵之能亡晉也，晉自亡耳。

傅咸之忠，荀勗之佞，判然别矣。而其議省官也，則勗之説爲長。故聽言者，不惟其人，惟其言而已矣。咸剛直而疾惡已甚，見閒曹之吏，或怠傲而廢功，或舞文以牟利，憤然曰：「焉用此爲，而以費農夫之粟，空國家之帑哉！」其言非不快於一時之心，而褊衷以宰天下，天下又惡能宰哉！古者方五十里之國，卿大夫士府史胥徒具，羣聚以上食於公、下食於民，而不憂其乏。天下之大，庶官僅供其職，而曰「公私不足」，此翁嫗之智，不出簞豆之間。故曰：褊衷以宰天下，天下弗能宰也。

古之建官以治事治民，固也；而君子野人，天秩之以其才，敘之以其類，率野人以養君子，帖然奉之而不靳，豈人爲哉？王者以公天下爲心，以扶進人才於君子之塗爲道。故一事而分任之，十姓百家而即立之長以牧之，農人力耕而食之無媿，君不孤貴而養之必周；乃使一藝、一經、一能、一力者，皆與於君子之列，而相獎以廉恥。雖有荑稗，不盡田而芟刈，使扶良苗以長，但勿令奪苗之滋可矣。

官省而人之能與於選者其塗隘，力不任耕、志不安賤之士，末由分天之禄以自表異，則且淫而爲姦富，激而爲盜賊。君子之塗窮，而小人之歧路百出，風俗氾濫於下，國尚孰與立哉！惟用人之塗廣，而登進之數多，則雖有詭遇於倖門者，而惜廉隅、慎出處之士，亦自優游以俟，而自不困窮以没世。如其省官而員數減，則入仕也難；入仕難，則持選舉之權者益重。數十人而爭一軌，苟有捷徑之可趨，雖自好者，不能定情以堅忍。而秉銓苟非其人，則自尊如帝，操吉凶也如鬼，託澄汰以爲壟斷，而所裁抑者類修潔之士，所汲引者皆躁佞之夫。士氣萎，官邪興，流沔而無所立，即使傅咸任之，且不能挽頹波以從綱紀，況莫保司銓之得盡如咸乎！故君子甚患夫剛直者之悻悻以忿疾當世，而欲以刻覈重抑天下之心也。

況其言曰：「公私不足，併官以務農。」則尤悖甚。爲吏者幾何人，而廢天下幾何之頃畝！有天下而汲汲憂貧，奪天所貴重之君子，使爲農圃之小人，以充府庫；非商鞅之徒，孰忍爲此哉？治天下有道，非但足食而遂足以立也。荀勖曰：「清心省事。」庶幾經國之弘猷，詎可以其人而廢之！

賈充之力阻伐吴也，不知其何心，或受吴賂而爲之間，或忌羊、杜、二王之有功而奪其寵，皆未可知；抑以充之積姦之情度之，不但然也。曹操討董卓、勦黄巾、平袁紹，戰功赫然，而因以篡漢。司馬懿拒諸葛、平遼東，司馬昭滅蜀漢，兵權在握，而因以篡魏。充知吴之必亡，而欲留之以爲己功，其蓄不軌之志已久，特畏難而未敢發耳。乃平吴之謀始於羊祜，祜卒，舉杜預以終其事，充既弗能先焉，承其後以分功而不足以逞，惟阻其行以俟武帝之没，己秉國權，而後曰吴今日乃可圖矣，則諸將之功皆歸於己，而己爲操、懿也無難。此其情杜預、張華固已知之，憚武帝之寵充而未敢言爾。觀其納女於太子，知惠帝之愚而以甥舅畜之；曹操之妻獻帝，楊堅之妻周主，皆此術也。其謀秘，其姦伏，時無有摘發之者，而史亦略之。千載之下，有心有目，灼見其情，夫豈無故以撓大猷也哉？

嗚呼！晉感充之弑君以戴己，而不早爲之防，求其免於亂也難矣。所幸充死七年而武帝始崩，賈謐庸才，且非血胤，不足以爲司馬昭耳。不然，高貴鄉公之刃，豈有憚而不施之司馬氏乎？一女子猶足以亡晉，充而在，當何如也？項羽非侯生之君也，漢高以其誑羽而遠之若蛇虺；石守信、高懷德之流，未嘗任弑君之惡也，宋太祖以其戴己而防之若仇敵；變詐凶很不知有名義者，君不可以爲臣，士不可以爲友。孫秀洒南鄉之涕，諸葛靚懷漆身之忠，晉弗能用焉，其不再傳而大亂，有以也夫！

秦滅六國而銷兵，晉平吴而罷州郡兵，未幾而大亂以亡。《泰誓》稱武王克殷，放牛歸馬，衅甲櫜弓，示天下弗用，秦、晉與周將無同道，而成敗迥異，何也？

紂之無道，虐加於民，而諸侯或西嚮歸周，或東留事紂，未嘗日尋干戈，競起爲亂也。天下之志相胥以靜，而弄兵樂禍之民不興。及乎紂虐革，周政行，而皆仍故服，無與煬之，不待撲之也。戰國之爭，逮乎秦、項，凡數百年，至漢初而始定。三國之爭，逮乎隋末，凡數百年，至唐初而始定。安、史之亂，延乎五代，凡百餘年，至太平興國而始定。靖康之禍，延乎蒙古，凡二百餘年，至洪武而始定。其間非無暫息之日若可以定者，然而支蔓不絶，旋踵復興。非但上有暴君，國有姦雄；抑亦人心風俗一動而不可猝靜，虔矯習成，殺機易發，上欲撲之而不可撲也。夫秦與晉惡能攝天下之心與氣而斂之一朝哉？故陳勝有輟耕之歎，石勒有東門之嘯，爭乘虚而思起。此兵之不可急弭者，機在下也。

且夫周之興也，文王受鈇鉞而專征，方有事於密、阮、崇、黎，而早已勤修文德，勤聖學，演《周易》，造髦士，養國老，采南國之風，革其淫亂，兒童嬉遊而掇芣苢，女子修事以采蘋蘩，未嘗投戈而始論道，息馬而始講藝也。優而柔之，以調天地和平之氣，而於兵戎之事，特不得已而姑試之，上弗之貴，而下且賤之，聖人之所以潛移人心而陶冶其性者，如此其至也。而後戎衣甫著，而弓矢旋弢，天下以爲實獲我心，可澡雪以見榮於文治。秦之并六國、滅宗周，晉之篡魏而吞吴也，謀唯恐其不險，力唯恐其不競，日進陰鷙殘忍之夫，皇皇以圖弋獲，而又崇侈奔欲，以敗人倫之檢柙；其與於成功共富貴者，抑奢淫以啓天下之忌，無以滌天下之淫邪，而畜其强狡於艸澤；幸而兵解難夷，遂欲使之屈首以奉長吏之法，未有能降心抑志以順從者也。上無豫教，而欲飾治安於旦夕，召侮而已矣。此兵之不可急弭者，教在上也。

陶璜、山濤力排罷兵之議，從事後而言之，驗矣。然抑豈於天下甫離水火之日，尋兵不已，而日取其民納之馳驟擊刺之中乎？盍亦求諸其本矣。故聖人作而亂不難已，商、周是也，道之馴也；聖人不作，待其敝之已極，人皆厭苦而思偃武，帝王乃因而撫之，則漢、唐以後之一統是也，幾之復也。庶幾商、周之治者，其唯光武乎？寇盜方横，而獎道敦禮，任賢愛民，以潛消民氣之戾於擾攘之中，兵不待弭而自戢。然而黎陽之屯，固不敢藉口於放牛歸馬以自擬於周也。

子曰：「不在其位，不謀其政。」夫士苟有當世之略，一言而可弭無窮之禍，雖非在位，庶幾見用而天下蒙其休，何爲其祕之哉？而孰知其固不可也。言之不切，而人習以爲迂遠之談而不聽；言之切而見用矣，天下測其所以然，而且以其智力與上相扞格；如其不用也，則適以啓姦邪而導之以極其凶忒矣。

漢、魏之際，羌、胡、鮮卑雜居塞内，漸爲民患，徙之出塞，萬世之利也。雖不在秉國大臣之位，固且憂憤積中而不容已於切言之。即不用矣，後世且服其早識，而謂晉有人焉，此郭欽、江統所以慷慨言之，無所隱而論之詳也。

故傳之史策，而後世誦之不衰。乃欽之言曰：「有風塵之警，胡騎自平陽、上黨不三日而至孟津，北地、西河、太原、馮翊、安定、上郡盡爲夷狄之庭。」其後劉淵父子、石勒皆踐其言，而晉遂亡。嗚呼！豈非郭欽之言教猱升木乎？劉宣、張賓之謀，皆師欽之智，而灼見晉之可襲取者，非一日也。言之不用，而徒導人以亂矣。藉晉用之，因而下徙戎之令，羣胡知其畏己，而已有可乘之勢，於方徙之際潰爛以逞，又將奚以制之使弭耳以聽邪？

故使欽而在坐論之列，與君若相密謀之內庭，則極言之而不嫌。言即不用，猶不致啓戎心以增益其惡。惡有忘屬垣之耳，揚於大庭曰：人將若何以加我，將若何以使我莫敵，我其終無如何哉？非其位也，謀不得而盡也，姑緘默以俟其變可也。雖義激於中，而不敢快於一發，誠慎之也。孔子曰：「吾其爲東周乎！」所以爲者不言也。聖人且慎於未可有爲之日，況偶有所知者乎？

西晉之亡，亡於齊王攸之見疑而廢以死也。攸而存，楊氏不得以擅國，賈氏不得以逞姦，八王不得以生亂。故舉朝爭之，爭晉存亡之介也。雖然，盈廷而爭者，未得所以存晉之道也。

攸之不安於國，武帝初無猜忌之心，荀勗、馮紞間之耳。勗與紞，賈充之私人，非但佞以容身，懷鬻國異姓之心久矣。忌攸者，非徒忌攸，實忌晉也。攸之賢，固足以託國，然豈果有周公之德哉？即微攸而晉固可存。漢、唐、宋之延祚數百年，亦未嘗有親賢總己以制天下於一人，而卒不可亂，無他，無姦臣之在側而已。劉放、孫資在魏主之奧窔，而司馬氏援之以攘臂。勗與紞之於賈謐，楊駿，未知其誰屬，而要其市司馬氏之宗社於人，則早作夜思以謀逞志者也。攸即廢，晉不必亡；勗、紞不除，晉無存理。修賈充之餘怨，則陰擯張華；排博士之忠言，而顯斥曹志；苟有圖存晉室者，小不惜官爵，大不惜軀命，揚於王廷，揭勗、紞之姦，迸之裔夷，則不待交章訟攸，而攸固以安，抑不待措攸於磐石之安，而晉固以存。今乃舉尊卑疏戚之口合訟攸，而强帝持天下以任攸。荀勗固曰：「陛下試詔齊王之國，必舉朝以爲不可。」墮其術中而猶競以爭，尚口乃窮，攸之困，晉社之危，諸臣致之矣。

夫一時徇名依附之衆，不足言也。李熹、劉毅、傅咸忠直爲當時之領袖，而不能取前讒後賊爲宗社效驅除，晉之廷，不可謂有人矣。植君子則小人自遠，則以進賢爲本，斥姦爲末，此自姦邪未逞之日言也。不逐小人則君子不安，則以斥姦爲本，進賢爲末，此爲姦邪已盤踞於內之日言也。二者互相爲本末，而君子知擇焉，乃以明於人臣之義，而爲社稷所賴。非然，則相激以益其亂而已矣。

清高宗《樂善堂全集》卷四《東晉總論》　晉自賈后亂朝，八王迭起，劉石交亂中原，人民塗炭。元帝據江左之地，繼而中興。是時有王導、周顗爲之謀，卞壼、顧榮、賀循之徒，分掌庶政；祖逖、劉琨，各擁雄兵。使元帝果有恢復之志，親統荆吴之衆，興除暴之師，速誅劉石，克清天下，則晉業永安，六合爲一。而乃遷延日月苟圖偏安，識者於是知晉業之不復振矣。及其晚年，復有王敦之亂，以致懷恨而崩。明帝少而聰敏躬殄大憝然歷年不久君子惜之！逮及成帝，内有蘇峻之亂，賴温嶠、陶侃、卞壼忠勤爲國，社稷無虞。然勤儉愛民，亦當世之令主也。康帝享國日淺，國家無事。及至穆帝，外有桓温之跋扈。哀帝短祚，至帝奕遂爲桓温所廢，晉氏之政，於此遂衰。簡文，孝武，孝安數帝，不過庸庸無爲，尸位於上而已。而内多秕政，權奸數出。至恭帝而司馬氏之天下改而爲劉氏之天下矣。嗟夫！創業難而守成亦不易，惟在人君用賢納諫，則天下自安，而國家永固。晉氏君臣，崇尚浮虚無用之詞，風俗既薄，天下澆然。故王敦、蘇峻、桓温、王恭、殷仲堪輩迭起爲亂，向非王導、温嶠、陶侃、謝安數君子，則晉幾乎不國矣。況能轉危爲安，光復舊業哉？國勢之振莫過於劉裕之時，裕不忠誠爲國，而思篡盗，君子所爲三歎也。

王鳴盛《十七史商榷》卷五二《東晉國勢不弱》　東晉君弱臣彊勢則然矣，而其立國之勢却不爲弱。劉琨、祖逖志在興復，陶侃、温嶠屢有誅翦。桓温之滅李勢，謝安之破苻堅，劉裕之禽慕容超、姚泓，朱齡石之斬譙縱，皆奇功也。裕之入關中，幾幾欲混一矣。留子義真鎮之而還，旋失之，惜哉。王買德謂赫連勃勃曰：「關中形勝地，劉裕以弱才小兒守之，非經遠之規也。狼狽而返者欲速成篡事耳，無暇有意於中原。」見載記《勃勃傳》。買德此言實爲破的，餘詳《南史》。

凌廷堪《校禮堂文集》卷二〇《兩晉辨亡論》　夫晉之有天下也，既無積德累仁之基，又鮮移風易俗之具，其興也勃焉，其亡也忽焉。干令升論之詳矣。若乃崎嶇江左，草創立國，强敵屢伺，悍藩迭興，政不加於泰始，地且蹙於洛邑，而承祚者逾十主，膺命者邁百年，方之西朝，遂乃倍之，厥故何歟？蓋君之於國也，猶心之於身也。百體雖健，心無以運之，則必頹惰而不支；庶政雖存，君無以操之，則必廢壞而不立。百體惰，身隨之而踣，庶政壞，國由之而隕，其勢然也。是故西晉一傳而即有惠帝，故其世遂促；東晉九傳而始有安帝，故其祀少延。案史稱晉惠帝爲人戇騃，嘗在華林園聞蝦蟆，謂左右曰：「此鳴者，爲官乎？爲私乎？」時天下荒饉，百姓餓死，帝聞之曰：「何不食肉糜？」由是權在羣下，政出多門。又稱晉安帝幼而不慧，口不能言，至於寒暑饑飽亦不能辨，飲食寢興皆非己出。母弟琅邪王德文常侍左右，爲之節適，始得其宜。嗚呼！此二君者痞罔愚惑，即一身且不克自理，顧使之撫臨天下哉！故西晉之亡也，不亡於八王之搆釁，而亡於惠帝之戇駭也；東晉之亡也，不亡於諸桓之阻兵，而亡於安帝之不慧也。載籍具存，事實未泯，尋其變故，可得而言。夫楊駿以后父而受誅，何異王恭以元舅而嬰戮；齊冏以懿親而蒙禍，何異元顯以貴戚而被夷。雍、魏之合謀傾京，不殊於殷、楊之依勢向闕；劉、石之奮劍中土，不殊於孫、盧之揭竿海隅。張方之安忍，近於牢之之反覆；裴頠之貪禄，近於國寶之怙權。馬倫之華林負扆，儼然桓玄之建康受圖；永寧之金墉復辟，儼然義熙之江陵反正。蕩陰奉之而入鄴，宛若尋陽挾之而奔楚；顯陽之中毒於食餅，宛若東堂之獲縊於散衣。嗟乎！主昏於上，臣靡於下，先後未及百載，治亂如出一轍。所不同者，元超得政而還區宇漸削，德輿秉權以後版疆日宏而已。論者徒以銜西都之璧，歸咎於屠各之憑陵，築南郊之壇，抱怨於寄奴之跋扈，不亦謬乎！且夫兩朝之時勢也，比類以觀，其事方著，易地而處，其理益明。故當東晉之中葉也，處仲抗顔犯順，問鼎之跡已彰，非若東海、河間之藉詞相伐也；宣武君拜臣揖，下堂之勢已定，非若汝南、長沙之受詔不違也。然而肅宗發尺一之制而斃其軀，簡文下數行之泣而破其膽。向使於太熙、元康之際，乘乾繼統，則王浚之異志無自而生，李含之邪謀末由而起矣。及夫南渡之末造也，參合之敗甫聞，則燕、魏戰爭之始，非若王彌、石勒之出入郊圻也；淝水之捷未遠，則王謝規畫之餘，非若麴允、索琳之苟安旦夕也。然而孝懷之寡弱，能拒劉聰於宜陽；子業之衰微，能勝趙染於馮翊。向使於隆安、元興之時，當璧臨朝，則王謐之璽綬不遑遽解，傅亮之禪草不敢遽呈矣。然則西晉之亡亡於惠帝，東晉之亡亡於安帝，豈不信哉！蓋古之人君，有以予智而失國者焉，故《正月》詩人刺之曰：「具曰予聖，誰知烏之雌雄？」有以偏任而失國者焉，故《小旻》詩人刺之曰：「謀之其臧，則具是違；謀之不臧，則具是依。」從未有智昏菽麥，識昧寒煖，塊然如土木，兀然如贅疣，若金行兩君之比者也。安《禮》有正體傳重之文。説者謂適子有廢疾，不堪主宗廟，則不立，若衛侯之兄孟縶是也。夫廢疾尚爾，又況如惠之戇騃、安之不慧者哉！設兩晉之君，知其子非主器之材，別擇賢者而授之，兩晉之臣，知其君之子無紹衣之略，別擇賢者而奉之，譬之肢體雖廢，心腹未傷，則安知揮魯陽之戈不可以返虞淵之日乎？乃徒執立長之辭，不審經權之義，漫挈天位，畀之偶人，此所以索靖顧銅駝而興歎，陶潛托精衛以感懷也。

或曰：「西晉一傳而即有惠帝，東晉九傳而始有安帝，其遲速延促之故，人爲之乎？抑天爲之乎？」應之曰：「天也，亦人也。」古之帝王，太上以德，其次以功，又其次以力。以德者德遠則衰，以功者功盡則弱，以力者力屈則蹶。故曰「積厚流光，積薄流卑」，未有狐媚狙詐而克永世者也。晉宣帝以狼顧之姿，遘虎變之會，藉雞棲秘謀，成馬槽妖夢，力除異己，志翦王室，佯病以紿李勝，誣奏而族張當，將軍投劍而見收，司空折簡而就縛。當其時，篡弒之勢成矣，禪代之基兆矣。故石主拊掌而羞其所爲，明帝覆面而傷其已事。然而竊嘉平之魁柄，尚執信圭以終其身，窺當塗之大寶，猶拜黼扆以畢其世。跡其西拒斜谷而葛亮撓，南臨上庸而孟達獲，破文懿之衆於遼左，走子瑜之師於柤中，勳銘魏朝，功在曹氏。夫若敖之鬼不餒於伯棼，曲沃之勞詎墜於欒黶？是以雙鵝方出於洛陽，一龍獨飛於建業。元皇系出琅邪，托體高祖，仲達之惡猶未稔焉，欲速其亡而不能也。若夫文帝恃父兄之業，忘君臣之分，問鼎於國中，抽戈於闕下，爲人神所共憤，覆載所同疾。拔壽春而夷欽、誕也，較諸奕棋置主，刀環殺人，未盡其殘忍。舉成都而搆鍾、鄧也，律以保全士治，調和玄沖，益形其猜忌。又若司馬以直諫而蘭摧，中散以高名而玉折。王處道，方趾之蟊賊，而蒙茅土之賜；賈公閭，圓顱之梟獍，而結昏姻之好。膺九錫而易侯而王，封十郡而化家爲國，襲莽、操之虚文，踵羿、奡之故跡。綱常廢棄，倫理絶滅。於此而欲傳之子孫，保其福祚，譬猶藝荆棘而求鼇牟，毓猰貐而望符拔，寧可得乎？夫盈虚之理，無往不復，善惡之報，如響應聲。卒之兒墳未乾，癡孫尸位。充女召南風之禍，沉子興北陲之甲。青衣行酒，慘逾刀出於背，戎服執戟，酷甚帝崩於車。加以聯頭而諸王並戮，排牆而閫宗俱盡。衡其本末，非無故矣。且夫永嘉之末，建武之初，荆揚寇亂，蓋岌岌焉。華軼以累世公卿之胄，跋扈吴楚，方之離石都尉，其强弱非懸殊也；杜曾以被甲游水之能，馳驅漢沔，方之茌平牧率，其勇怯無歧視也；杜弢以西川秀才之望，屯聚江湘，方之青州散吏，其利鈍可等觀也。況夫甘卓、應詹，僅劉琨、李矩之匹亞，周訪、陶侃，亦邵續、荀晞之等儔，乃或偏師一發，或義旗一指，莫不迎麾屈厀，望風授首，斯豈景文勝於豐度、石馬不及金牛哉？殆亦天命未遽去，人心未遽忘焉爾。是故敦之叛也，導設爲居中應外之謀，如昭之輔師可矣，乃首施觀望而不敢焉；温之薨也，沖設倡兄終弟及之議，如文之繼景可矣，乃致政朝廷而不忍焉。然則鼉隕於江上，司徒仗鉞而滅親，黿産於河中，車騎簡甲而入衛，黄須遺七寶之鞭，素官作五湖之長，非盡由始安之匡扶、廬陵之翼贊也。所以北騎憑陵而有降霖之異，西藩窺覬而有折翼之祥，蘇峻内難而匕鬯不驚，苻堅外侮而疆圉無損。雖銅環之傳疑，終玉璽之應讖。《易》曰：「水流濕，火就燥。」又曰：「積善之家，必有餘慶，積不善之家，必有餘殃。」蓋移祚之有遲速，即基惡之有淺深矣。必以惠之不廢也，追尤於世祖之寡斷，安之得立也，委過於烈宗之因循，固哲士濟變之良圖，豈儒者推原之先見乎？夫典午之德，固無論矣。宣以狐媚，猶有功之可稱；文以狙詐，竟唯力之是視。食報於後，亦不爽焉。由此觀之，兩晉之亡也，匪特惠帝、安帝不任其責也，世祖、烈宗不受其咎也，即其遲速延促之故，亦默囿於帝謂鑒觀民情詛祝者矣。《書》曰：「天聰明自我民聰明，天明畏自我民明威。」有旨哉！

南北朝

《蘇轍集・欒城應詔集》卷二《七代論》　英雄之士，能因天下之勢而遂成之。天下之勢，未有可以必成者也。而英雄之士，常因其隙而入於其間，堅忍而不變。是以天下之勢遂成而不可解。

自晉以下，天下何其紛紛也。强者不能以相吞，而弱者不能以相服，其德不足以相君臣，而其兵不足以相吞滅。天下大亂，離而爲南北，北又離而爲東西，其君臣又自相篡取而爲七代，至於隋而後合而爲一。蓋其間百有餘年之中，其賢君名臣累累而出者，不爲少矣。然而南不能渡河以有北之民；而北不能過江以侵南之地。豈其百年之間，南無間之足乘，而北無隙之可入哉？蓋亦其勢之有所不可者也。七代之際，天下嘗有變矣。宋取之晉，齊取之宋，梁取之齊，陳取之梁，而周齊取之後魏。此五釁者，兵交而不解，内亂而無救，其間非小也，而其四鄰拱手遠望，而莫敢入。蓋其取之者，誠有以待之，而不可以乘其倉卒也。嗟夫！北方之人，其力不足以并南，而南方之勢，又固不可以爭衡於中國，則七代之際，天下將不可合邪？嘗試論之。

姚泓、宋武之際，天下將合之際也。姚興既死，而秦地大亂。武帝舉江南之兵長驅以攻秦，兵不勞而關中定。此天下之一時也。及夫劉穆之死，關中未安，席不及暖，兵不及息，而奔走以防江南之亂，留孺子孱將，以抗四方彊悍之虜，則天下之勢已遂去矣。且此惟不能因天下之勢而遂成之也，則夫天下之勢亦隨去之而已矣。且夫孫權、曹操之事，足以見矣。曹操之不能過江以攻孫權，力有所未足也。而孫權終莫肯求逞於中國，蓋其志將以僥倖乎北方之大亂，然後奮而乘其弊，而非以爲其地之足以抗衡於中原也。嗟夫！使武帝既入關，因而居之，以鎮撫其人民，南漕江淮之資，西引巴漢之粟，而内因關中之盛，厲兵秣馬，以問四方之罪戾。當此之時，天下可以指麾而遂定矣，而何江南之足以蔕芥夫吾心哉！然而其事則不可以不察也，其心將有所取乎晉，而恐夫人之反之於南，是以其心憂懼顛倒，而不見天下之勢。孔子曰：「無欲速，無見小利。欲速則不達，見小利則大事不成。」故夫有可以取天下之勢而不顧，以求移其君，而遂失之者，宋武之罪也。

李燾《六朝通鑑博議》卷一《總六朝形勢論》　自吴主孫權卜宅江南，以至東晉、宋、齊、梁、陳，皆祖相仍襲，以爲國都，其間邊防之要害，可得而論。吴之備魏，東晉之備五胡，宋、齊、梁之備元魏，陳之備高齊、周、隋，力不足者守江，進圖中原者守淮，得中原而防北寇者守河。摭而言之，莫不有説。吴有强敵，無上岸之情，陳之國勢已弱，不能進取，故其所守止於江。自晉迄梁，惟宋武帝守河，其餘皆保淮爲固，或守淮西，或守淮北，或守淮南。若夫江之所守，吴紀陟所謂西陵至江都凡五千七百餘里，險要必爭之地不過數四；東晉以後，謂荆、江、揚爲三流是也。至於守淮，則淮西之鎮莫大於垂瓠，淮北之鎮莫大於彭城，淮南之鎮莫大於壽春。而沿河之地，曰洛陽，曰虎牢，曰滑臺，曰碻磝，亦又分爲四鎮。大抵守河而不能則守淮西、淮北，守淮西、淮北而不能則守淮南，畫守長江則不足道。東晉祖逖既死之後，諸將守淮。至宋武帝東平廣固，西定關中，始於河南列兵置守。其後營陽嗣位，元魏渡河，侵四鎮之地，一時陷没。文帝頻年用師，暫得而旋失之，則其所守，徒在於淮西、淮北也。迨明帝時，薛安都以彭城叛，常珍奇以垂瓠叛，淮之西、北，遂爲元魏所取，則其所守，又徒在於淮南也。齊永元之際，裴叔業又以壽春叛，淮南之地復爲元魏所取。梁武帝既復淮南，歷侯景之亂，其地没於高齊。陵夷至於陳，但以長江爲境，故陳氏無藩籬之固，在六朝最爲至弱，無足怪者。雖然，六朝之君所守如此，至於乘間攻取，則亦不憚用兵。吴之與陳，雖皆守江，吴圍合淝，陳攻壽春，所爭常在於淮甸。東晉以還，雖皆守淮，晉討慕容暐梁宋，元顥所爭亦在於河南。然考其兵之所出，不過二道。一自建康濟江，或指梁宋，或向青齊；一自荆襄踰沔，或掠秦雍，或徇許洛。東晉之祖逖、庾亮、褚裒、殷浩、桓温、謝玄，宋之武帝、檀道濟、劉彦之、蕭斌、思話，梁之韋叡、裴邃、曹景宗、陳慶之之徒，北伐之師，不由於此則由於彼，中原有釁則進兵，寇盜方强則入守，史策所載，皆可知矣。況夫江南地險，其固可恃。曹公破荆州之威，水步八十萬，猶喪師於赤壁，其險固何如哉！若夫東晉、宋、齊、梁、陳之君，雖居江南，中國也，五胡、元魏，雖處神州，夷狄也，其事又與孫、曹不同。故五胡之盛，無如苻堅，其臣之賢，則有王猛；元魏之强，無如佛狸，其臣之賢，則有崔浩。王猛丁寧垂死之言，以江南正朔相承，勸苻堅不宜圖晉；崔浩指南方爲衣冠所在，歷事兩朝，常不願南伐。苻堅違王猛之戒，故有淝水之奔；佛狸忽崔浩之謀，故有盱眙之辱。雖江南之險，兵不可攻，而天意佑華，亦不可以厚誣其實。況以神聖文武之德，皇天眷命，奄有四海，爲天下君，合蜀、吳之全力，以恢復中原，爲不難矣。

《全元文》卷一五一三梁寅《史論·南北朝》 南北二帝之分王，其在於當時，南以北爲索虜，北以南爲島夷，未嘗相下也。自後世觀之，則位均體敵，皆非正統，亦安得輕此而重彼乎？但元魏本夷狄，宋氏繼晉，傳至於陳，皆正朔相承，故史之編年，以南爲紀。然南朝宋八世六十年，齊七世二十四年，梁四世五十七年，陳五世三十三年，凡四代，總一百七十四年。北朝元魏自道武至恭帝，十三世一百七十五年。東魏傳北齊，五世三十年。西魏傳後周，五世二十六年。何魏氏國祚之長，而其餘年代之促也？此無他，係其君之賢否而已。宋武帝劉裕起於寒微，生擒數帝，遂代晉室。繼之者曰少帝義符、曰文帝、曰孝武、曰廢帝子業、曰明帝、曰廢帝昱、曰順帝，其可稱者惟文帝元嘉之政也。齊高帝蕭道成代宋，繼之者曰武帝賾，又有曰廢帝昭業、昭文，曰明帝、曰東昏侯、曰和帝，其可稱者惟高帝及武帝也。梁武帝蕭衍代齊，躬節儉，勤政事，能文章，然酷信釋氏，以慈失刑，誤納侯景，卒至大亂。繼之者曰簡文、曰元帝、曰敬帝，皆無足稱焉。陳武帝霸先代梁，繼之者曰文帝、曰廢帝伯宗、曰宣帝、曰後主叔寶，其可稱者惟武帝及文帝也。南朝之速亡，非以亂君之多歟？後魏拓拔氏，自曹魏之時已興矣。至東晉之末，道武稱帝。繼之者曰明元、曰太武、曰文成、曰獻文、曰孝文。此五主者或以功顯，或以德稱，而孝文爲尤賢。其遷都洛陽，改姓元氏，禁胡服、胡語，制禮作樂，蔚然可觀，有大平之風矣。宣武之後，明帝爲胡后所鴆，魏日以亂。孝莊誅爾朱榮，亦頗英鋭。孝武西奔長安，依宇文泰，於是高歡立靜帝，而遂分爲二矣，然猶未遽亡也。東魏則高氏代之，曰北齊；西魏則宇文氏代之，曰後周。高歡以智略稱，宇文泰以德度稱，皆創業之主也。二氏之子孫，惟周武帝稱賢主。然後周之祚亦促者，何也？由武帝之享年不永，而後嗣之非賢也。國祚之修短雖由於人，而亦天實爲之乎！

王夫之《讀通鑑論》卷一七《敬帝》 權臣，國之蠹也，而非天下之害也，小則擅而大則篡，聖人豈不慮焉，而《五經》之文無防制權臣之道。胡氏傳《春秋》，始惴惴然制之如檻虎，宋人猜忌之習，卒以自弱，而授天下於異族。使孔子之意而然也，則爲司寇攝相事之日，必以誅三桓爲亟，而何惡乎陪臣執國命？何憂乎庶人之議也？故知胡氏之傳《春秋》，宋人之私，非聖人之旨也。岳侯之死，其説先中於庸主之心矣。

自晉東渡以來，王敦始逆，桓温繼之，代有權臣，而司馬、劉、蕭之宗社以移。其逆未成，而稱兵搆亂者，王恭、殷仲堪、劉毅、沈攸之、蕭穎胄，皆憤起以與京邑相競。然而兵屢亂，國屢危，而百姓猶能相保，亂民無掠奪之惡，羸弱無流離之苦，則禍止於上，而下之生遂不驚也。非其世族與其大勳，不秉朝權；非秉朝權，不生覬覦；艸野非無桀驁之雄，摺伏下風而固不敢騁也。至於侯景之亂，羊侃卒，韋粲死，柳仲禮無能而敗，蕭氏子孫分典州郡，相尋自賊，而梁無虎臣，於是而陳霸先以吳下寒族，嶺表卑官，糾合粵嶠之民，起救國難，王僧辯資之成功；於是而建業、荆江、北府、三吳之牧守，皆倒授其權於山谿峒壑之豪。國無世族尊貴居中控外之大臣，而崛起寒微如霸先者，駸駸爲天子矣；其次則分州典郡，握符分閫，爲重臣矣；然後權移於下，窮鄉下邑之中，有魁磊梟雄之士，皆翹然自命曰：丈夫何所爲而不可成哉？故周迪、留異、熊曇朗、陳寶應奮臂以興；乃至十姓百家稍有心機膂力者，皆嘯聚其閭井之人，棄農桑，操耰鉏，以互相掠奪。於斯時也，彊者自投於鋒刃，弱者坐受其刀鈇，而天下之亂極矣。弗待有建威銷萌、衛社稷、安生民之大臣，如劉弘、陶侃、謝玄、檀道濟、沈慶之之流也；即有王敦、桓温、劉裕、蕭道成之權姦，執魁柄以臨之，亦安至是哉？

以在下之義而言之，則寇賊之擾爲小，而篡弑之逆爲大；以在上之仁而言之，則一姓之興亡，私也，而生民之生死，公也。故明王之涖臣民也，定尊卑之秩，敦忠禮之教，不失君臣之義，而未嘗斤斤然畏專擅以削將相之權。子孫賢，何畏於彼哉？其不肖也，則寧喪天下於廟堂，而不忍使無知赤子窺竊弄兵以相吞齧也。魯之末造，三桓之子孫既弱，陽虎、公山不狃狂興，而魯國多盜，孔子傷之矣！徒以抑彊臣爲《春秋》之大法乎？故以知胡氏之説，宋人之陋習也。

許嵩《建康實録》卷一四 宋高祖武皇帝以蓋世雄才，起匹夫而并六合，剋國得儁，奇略多於魏武；功施天下，盛德厚於晉宣。懷荒伐叛之勞，夷邊蕩險之力，百戰百勝，有可得而論者矣。拔足行間，却孫恩蟻聚之衆；一朝奮臂，掃桓玄盤石之宗。萬軌長驅，則三齊無堅壘；迴戈内赴，則丘嶺無餘妖。命孫季高於巨海之上，而番禺席捲；擢朱齡石於百夫之下，而庸蜀來王。羌胡畏威，交爲表裏，董率虎旅，以俟中原。石門、鉅野之隘，指麾開闢；　鵲頭、灞上之阻，曾莫藩籬。虜其酋豪，遷其重器，登未央而灑酒，過長陵而下拜，盛矣哉！　悠悠百年，未之有也。於是倒載干戈，休兵四水，彤弓納陛，肇有宋都。然後請號上帝，步躡前王，零陵去之而無猜心，高祖受之而無愧色。古之所謂義取天下者，斯之謂焉！　其提挈創業，則魏、孟、何、劉；　輔相總持，則穆之、徐羨；　鎮惡、道濟經其武；　傅亮、謝晦緯其文；　長沙以家弟共艱難；　烈武以清貞定南楚，其他胥附奔走，雲霏霧集，若榱椽之構大厦，衆星之仰河漢，或取之於民譽，或得之於未名。羣才必呈，智能咸効，爵不妄加，官不私謁。晉末以荒淫混亂，阿黨容縱，莫不掃蕩革易，與之更始。君行卑而咸不爲奢，民勤戍而下無怨讟，品令宥密，賞罰端平，遠無不懷，邇無不附。屬爲州郡者，則南過交阯，西苞劍閣，北劃大河，而境東海，七分天下而復其四。永初末歲，天子負扆矜懷，以燕、代戎幄，岐、梁重梗，將誓六師，屠桑乾而境北狄，三事大夫，顧相謂曰：「待夫振旅凱入，乘轅南返，請具銀繩瓊檢，昭告東嶽。」既而洮頮不興，即年厭世。營陽狎于不順，以敗皇興。太祖寬肅宣惠，大成先志，表越二昆，來膺寶命。沉明内斷，不欲由甯氏撓權，逼使芒刺在躬。親臨朝政，率遵恭法，斟酌先王之典，弘宣當世之宜。民樂其生，鮮陷刑辟，仁厚之化，既以播流，率土欣欣，無思不悦。每車駕巡幸，簫鼓所聞，百姓皆扶老攜幼，想望儀刑，愛之樂之孜孜如不足爾。初，徐、傅伏誅，繼求内相，王弘處之而思降，彭城欲之而不違，王華、殷景仁以中熙帝載；　謝弘微、王曇首以沉密贊樞機；　徐湛之、江湛、王僧綽以體國彰義正，謝方明、劉道産以德愛稱良能，高簡則王令明，清貴則王蒨。文章則顔延之、謝靈運，有命世之巨才。儒雅則裴、荀、何、傅，爲師表之高學。剛亮骨鯁則袁粲、蔡子度，建言忠益，則范泰、何尚之。其宗室藩翰，帝弟帝子，江夏、衡陽、南平、廬陵、隨王、建平、臨川、新渝，或倩令沖夷，或文敏沾洽，皆博愛以禮，率土明美，流譽三四十年，爲多士矣。上亦藴藉義文，思弘儒術，庠序建於國都，四學分於家巷。天子乃移蹕下輦以從之，束帛宴語以觀之，士莫不敦閲詩書，沐浴禮義，淑慎規矩，斐然向風。其行修言道者，然後登朝受職；　威儀輕佻者，不齒於鄉閭。公宫非儐羽不來庭，私家非軒蓋不逾國，冠冕以之，雍容如也。於是文教既興，武功亦慕，命將受律，指日如期。檀、蕭薄伐，則南登象浦；　劉、裴愛整，則西踐仇池。良駒巨象，充塞外廄，奇琛寶貨，下逮百寮。禽獸草木之瑞，月有六七；　繩山航海之譯，歲且十餘。江東已來，有國有家，豐功茂德，未有如斯盛者也。然值北方彊，周、韓歲擾，金墉、虎牢，伐有得失。二十七年，偏師尅復河南，横挑彊胡百萬之衆，匈奴遂跨彭沛，航淮浦，設穹廬於瓜步，請公主以和親。於時精兵猛將，嬰城而不敢鬭；　謀臣智士，折撓而無所稱。天子三朝燕饗，單于臨江高會，於是起盡室之財，軸艫千里，緣江而陣。我守既嚴，胡兵亦急，且知大川所以限南北也。疲老而歸退，我追奔之師，櫜弓裹足，係虜之民，流離道路，江、淮已北蕭然矣。重以含章巫蠱，始自三逆，殿殺酷帝，史之於聞，仲尼以爲非一朝一夕之故，其所由來者漸矣，由辨之不早辨也。

世祖率先九牧，大雪冤恥，身當曆數，正位震居。聰明徇達，博文彊識，威可以整法，智足以勝姦，人君之略，幾殆備矣。時之風流領袖，則謝莊、何偃、王彧、蔡興宗、袁顗、袁粲；　禦武名將，則沈慶之、柳元景、宗慤、朱修之，或清華以秀雅，或驍果以生類，固以軌道，廊廟之中，方駕向時之略。若顔竣經綸忠烈，乃躬諒直，雖晉之狐趙，無以尚焉。帝即位二三年間，方逞其欲，言拒諫違，天下失望。而有世祖於才明，少以禮度自肅，思武皇之節儉，追太祖之寬恕，則漢之文、景，曾何足論。景和申之以淫虐，太宗易之以昏縱，師旅薦興，邊鄙促迫，人懷苟且，朝無紀綱，内寵方議其安，外物已覩其敗矣。世祖登遐，既委重於二戴；　太宗晏駕，亦託孤於王、阮。溝近之道歸，沖人之亹如一，然宋祚未絶於永光，重以宗之見窘，水德遂亡，實由强臣之受辱，且顧命羣公，從容自若，畏懦伊、霍之機，倚靡唐、虞之際，於是蔚炳胥變，明命就遷，俯仰之間，興衰易覿之矣。周自平王東遷，崎嶇河、洛，其後二十四世，而赧始亡之。漢自章、和既降，顛覆閹豎，其後百有餘載，而獻始禪之。何則周、漢靈長，如彼難拔，近代脆促，若此易崩，非徒天時，有人事矣。開鴻荒者難爲慮，因成事者易爲力，曹、馬規模懸乎前載，苟有斯會，實啟英雄。而況太宗爲之驅馳，先顛其本根，本根既蹙，枝葉自摧，斯則始於人事者。昔二代將亡，殷辛、夏癸相去數百年間，異代而復出。宋自景和、元徽，首尾不能十載，而除過於兩君，斯則天之所棄於前王也。天意人事，其微如是，雖欲勿喪，其可得乎？　若乃拯厥塗炭，馭逆取欲者，湯武之功也。鋤當路飾，揖讓之名者，近代之事也。豈應天從民，道有優劣，故宗廟社稷，修短有數乎？不然，何則殊途緬邈如斯之遠也。夫山嶽崩頽，必有朽壞之隟；　春秋迭代，必有去故之悲。是以臨危亡而撫運，未有不扼腕留連者也。近古之弊，化薄俗行乎宋氏，宋氏成敗，得失驗乎行事，設而言之，載于篇籍矣。繫叙其所創業垂統，而懷其舊俗，遺風餘烈，將不啻然建乎？賢人君子，英聲餘論，以附于兹。

《南史》卷一《宋本紀上論》 晉自社稷南遷，王綱弛紊，朝權國命，遞歸台輔，君道雖存，主威久謝。桓温雄才蓋世，勳高一時，移鼎之業已成，天人之望將改。自斯以後，帝道彌昏，道子開其禍端，元顯成其釁末。桓玄乘時藉運，加以先資，革命受終，人無異望。宋武地非齊、晉，衆無一旅，曾不浹旬，夷凶翦暴，誅内清外，功格上下。若夫樂推所歸，謳歌所集，校之魏、晉，可謂收其實矣。然武皇將涉知命，弱嗣方育，顧有慈顏，前無嚴訓。少帝體易染之質，稟可下之姿，外物莫犯其心，所欲必從其志，嶮縱非學而能，危亡不期而集，其至顛沛，非不幸也。悲哉！

《南史》卷二《宋本紀中論》 文帝幼年特秀，自稟君德。及正位南面，歷年長久，綱維備舉，條禁明密，罰有恒科，爵無濫品。故能内清外晏，四海謐如。而授將遣師，事乖分閫。才謝光武，而遥制兵略，至於攻戰日時，咸聽成旨，雖覆師喪旅，將非韓、白，而延寇蹙境，抑此之由。及至言泄衾衽，難結凶竪，雖禍生非慮，蓋亦有以而然。夫盡人命以自養，蓋惟桀、紂之行；觀夫大明之世，其將盡人命乎。雖周公之才之美，亦當終之以亂，由此言之，得殁亦爲幸矣。至如廢帝之事，行著于篇，假以中才之君，有一於此，足以致霣，況乎兼斯衆惡，不亡其可得乎！

《南史》卷三《宋本紀下論》 文帝負扆南面，實有人君之美，經國之義雖弘，而隆家之道不足。彭城照不窺古，本無卓爾之資，徒見昆弟之義深，未識君臣之禮異。以此家情，行之國道，主忌而猶犯，恩離而未悟。致以陵逼之愆，遂成滅親之禍。開端樹隙，垂之後人。明帝因猜忍之情，據已行之典，翦落洪枝，願不待慮。既而本根莫庇，幼主孤立，下無磐石之託，上有累卵之危。方復藏璽懷紱，魚服忘反，危冠短制，匹馬孤征，以至覆亡，理固然矣。神器以勢弱傾移，靈命隨樂推回改。斯蓋履霜有漸，夫豈一夕，何止區區汝陰揖讓而已。

司馬光《稽古録》卷一四 晉室渡江以來，君弱臣强，禍亂相繼，至於元興，而桓氏篡位。高祖首唱大義，糾合同志，起於草萊之間，奮臂一呼，凶黨瓦解，遂梟靈寶之首，奉迎乘輿，再造晉室，厥功已不細矣。既而治兵誓衆，經營四方；揚旗東征，廣固横潰；卷甲南趨，盧循殄滅；偏師西上，譙縱授首；鋭卒北驅，姚泓面縛；遂泛埽伊、洛，修奉園陵，震驚旃裘之心，發舒華夏之氣；南國之盛，未有過於斯時者也。然區宇未一，躁於天位，委棄秦、雍，以資寇敵，使大功不成，惜哉！文帝勤於爲治，子惠庶民，足爲承平之良主；而不量其力，横挑强胡，使師徒殲於河南，戎馬飲於江津。及其末路，狐疑不決，卒成子禍。豈非文有餘而武不足邪？夫以孝武之驕淫，明帝之猜忍，得保首領以没於牖下，幸矣！其何後之有？

李燾《六朝通鑑博議》卷六《宋論》 臣嘗謂宋武帝以英特之資，鋭意征伐之事，先定巴蜀，乃鳴金擊鼓，驅江南之衆，以與夷狄從事於中原。義旗東舉，則慕容出降；天戈西指，則姚泓就縛。中國之氣，至是亦以振矣。故臣論六朝之君，惟吴善守，而武帝善攻。善守，故曹氏雖强而不敢攻；善攻，故能因五胡之衰而撲滅之。方武帝入關之初，晉之遺民，垂涕相賀；魏兵雖衆，翱翔河上，不敢出迎其鋒，其事亦可見也。使劉穆之不死，武帝無後顧之患，得少留於中原，震之以威名，壓之以重勢，徇三秦悦附之意，因諸將戰勝之鋒，以平殄北方之餘寇，則拓跋之魏，赫連之夏，無復有遺種矣，天下其有不混一乎？雖武帝功未克就，而能於元魏方盛之時，摧燕誅秦，挫其鋭氣，使魏明元褫魄喪膽落，祈哀請和。其子太武雖能盗其河南四鎮，而瓜步之役，土不辟一廛，兵不戍一城，受辱於盱眙，惶遽以歸；非武帝之餘烈，預有以挫之，則元魏回山倒海之勢，必不如是而止也。若武帝初無征伐之功，元魏先人舉事，今日併燕，明日併秦，又明日併夏、併蜀，先據天下之腹心，且居江南之上流，至於太武兵臨瓜步，則其爲劉氏之禍，決不細矣。裔夷不能陵中夏，左衽不能蔑衣冠，雖江南人謀之善，抑亦彼蒼之陟鑒在焉。故元魏方强，而武帝震揚兵威，以逆折其鋒，上天祐華之意，昭昭如此。及文帝窮兵黷武，孝武、明帝疑忌大臣宗室，而武帝之業遂衰，惜夫！

周應合《景定建康志》卷三四吕祖謙《宋論》 宋文帝以河南之地爲宋武帝舊物，故竭國家之力，掃國中之兵而取之，卒無尺寸之功。史稱文帝之敗，坐以中旨指授方略，而江南白丁輕進易退。以愚言論之，文帝不用老將舊人而多用少年新進，使專任屬，猶恐不免於敗，況從中以制之乎？鋒鏑交於原野，而決機於九重之中；機會乘於斯須，而定計於千里之外。使到彦之輩御精兵，亦不能成功，況江南白丁乎？然江南之兵，亦非弱也。武帝破燕、破秦、破魏，則皆南兵也。何武帝用之而强，文帝用之而弱也？南兵不可專用，豈無北方之人可號召而用之乎？蓋武帝失之於前，而文帝失之於後也。自古東南北伐者，有二道：東則水路，由淮而泗，由泗而河；西則陸路，越漢而洛，由洛而秦。自晉氏南遷，褚裒、殷浩、桓温、謝玄皆獨由一道以進，至於武帝則水陸齊舉，故能成功。今文帝專獨用南兵，而專恃水戰、舟楫之利，雖嘗使薛安都等盡力於關、陜，而孤軍無援，形勢不接。此三者，文帝之所以敗也。使文帝得賢將而任之，屯於淮外，委以經略，不獨用南兵而號召中原之衆，不獨恃舟楫而修車馬之利。則雖未能堅守河南，亦不至於一敗而失千里之地，再敗而胡馬飲江也。文帝修政事，爲六朝之賢主，而措置之謬如此，可不戒哉！

王夫之《讀通鑑論》卷一五《宋武帝》 宋得天下與晉奚若？曰：視晉爲愈矣，未見其劣也。魏、晉皆不義而得者也，不義而得之，不義者又起而奪之，情相若、理相報也。雖然，曹氏有國，雖非一統天下，而亦汔可小康矣。芳與髦，中主也，皆可席業以安。而司馬氏生其攘心以迫奪之，視晉之桓玄内篡、盧循中起，鮮卑羌虜攘臂相加，而安帝以行尸視肉離天下之心，則固不侔矣。宋乃以功力服人而移其宗社，非司馬氏之徒幸人弱而掇拾之也。論者升晉於正統，黜宋於分爭，將無崇勢而抑道乎？

固將曰：「晉平吴，蜀一天下矣，而宋不能。」魏、吴皆僭也，而魏篡，則平吴不可以爲晉功；若蜀漢之滅，固殄絶劉氏二十餘世之廟食，古今所衋然而傷心者。混一不再傳而已裂，土宇之廣，又奚足以雄哉？中原之失，晉失之，非宋失之也。宋武興，東滅慕容超，西滅姚泓，拓拔嗣、赫連勃勃斂迹而穴處。自劉淵稱亂以來，祖逖、庾翼、桓温、謝安經營百年而無能及此。後乎此者，二蕭、陳氏無尺土之展，而浸以削亡。然則永嘉以降，僅延中國生人之氣者，唯劉氏耳。舉晉人坐失之中原，責宋以不蕩平，没其撻伐之功而黜之，亦大不平矣。

君天下者，道也，非勢也。如以勢而已矣，則東周之季，荆、吴、徐、越割土稱王，遂將黜周以與之等；而嬴政統一六寓，賢於五帝、三王也遠矣。拓拔氏安得抗宋而與並肩哉？唐臣隋矣，宋臣周矣，其樂推以爲正者，一天下爾。以義則假禪之名，以篡而與劉宋奚擇焉？中原喪於司馬氏之手，且愛其如綫之緒以存之；徒不念中華冠帶之區，而忍割南北爲華、夷之界乎？半以委匪類而使爲君，顧抑撻伐有功之主以不與唐、宋等倫哉？漢之後，唐之前，唯宋氏猶可以爲中國主也。

宋可以有天下者也，而其爲神人之所憤怒者，惡莫烈於弑君。篡之相仍，自曹氏而已然，宋因之耳。弑則自宋倡之。其後相習，而受奪之主必死於兵與酖。夫安帝之無能爲也，恭帝則欣欣然授之宋而無異心，宋抑可以安之矣；而決於弑焉，何其忍也！宋之邪心，固有自以萌而不可戢矣。宋武之篡也，年已耄，不三載而殂，自顧其子皆庸劣之才，謝晦、傅亮之流，抑詭險而無定情，司馬楚之兄弟方挾拓拔氏以臨淮甸，前此者桓玄不忍於安帝，而二劉、何、孟挾之以興，故欲爲子孫計鞏固而弭天下之謀以決出於此。嗚呼！躬行弑而欲子孫之得免於弑，躬行弑而欲其臣之弗弑，其可得乎？徐羨之、傅亮、謝晦之刃，已擬其子之脰而俟時以逞耳。蕭道成繼起而殄劉氏之血胤，又何怪乎？

夫人孰有不欲其子孫之安存者也，試之危，乃以安之；忘其亡，乃以存之；日暮智衰，徬徨顧慮，而生其慘毒，皆柔荏不自振之情爲之也，而身已陷乎大惡以弗赦。「日昃之離，不鼓缶而歌，則大耋之嗟，凶。」嗟歎興而妄慮起，妄慮無聊而殘害生，惡不戢矣。君子之老也，戒之在得；得之勿戒，躬親大惡，不容於天地鬼神，可弗畏哉？

舉宗社子孫之大計而與人謀之，必其人之可託，而後可微之色而見之辭，不然，則禍自此而生。漢高帝疑於所立，乃進而謀者，張良、叔孫通耳。良雖多智，而心固無私；通雖詭合，而緣飾儒術；且皆從容諷議之臣，未嘗握兵而持國柄者也。外此則蕭、曹不得與焉，陳平、周勃但委任於既定之後，先固未嘗參議論焉。晉武所謀者衛瓘也，是可與謀者，而不聽，是以失也。隋高祖之謀於楊素，唐太宗之託於李勣，皆鷙賊性成，而適足以賊其後裔；然二主之失，未能深知素、勣之姦耳。若宋武之於謝晦，知其機變而有同異矣；太子不足爲君，乃密與晦謀，而使覘廬陵之能否，是以營陽、廬陵之腰領授之於晦，而唯其生死之，不亦惑乎？

故有天下者，崇儒者以任師保，若無當於緩急，而保宗祊、燕子孫，杜禍亂者，必資於此。詩書以調其剛戾之氣，名義以防其邪僻之欲，雖有私焉，猶不忍視君父之血胤如雞鶩，而唯其齲礫。若夫身爲人國之世臣，無難取其社稷唯所推奉而授之。若謝晦者，又居高位、擁兵柄，足以恣其所爲；吾即可否不見於辭，喜怒不形於色，尚恐其窺測淺深而乘隙以逞，況以苞桑之至計進與密謀乎？至慎者幾也，至密者節也；衡鑑定於一心，折衷待之君子。而唐德宗謀於李泌，宋英宗決於韓琦，而禍亂允戢，其明效也。拓拔嗣詢崔浩而國本定，亦庶幾焉。知謝晦之險而信之，國不亡，幸也。

王夫之《讀通鑑論》卷一五《營陽王》　亂臣賊子敢推刃於君父，有欲篡而弒者，有欲有所援立而弒者，有禍將及身迫而弒者；又其下則女子小人狎侮而激其忿戾，愍不畏死，遂成乎弒者。若夫身爲顧命之大臣，以謀國自任，既無篡奪之勢，抑無攀立之主，身極尊榮，君無猜忌，而背憎翕訿，晨揣夕謀，相與協比而行彌天之巨惡，此則不可以意測，不可以情求者矣。而徐羨之、傅亮、謝晦以之。

營陽王狎羣小而耽嬉遊，誠不可以君天下，然其立踰年耳，淫昵之黨未固，狂蕩之惡未宣，武帝託大臣以輔弼之任，夫豈不望其撿柙而規正之？乃范泰諫而羨之、亮、晦寂無一言。王誠終不可誨矣，顧命大臣苟盡忠夾輔以不底於大惡，亦未遽有必亡之勢也。惡有甫受遺詔以輔之，旋相與密謀而遽欲弒之，抑取無過之廬陵而先淩蔑之。至於弒逆已成，乃左顧右眄，迎立宜都。處心如此，誠不可以人理測者。視梟獍之行如兒戲，視先君之子如孤豚，嗚呼！至此極矣。是舉也，羨之以位而爲之首，而謀之夙、行之堅、挾險惡以干大惡者，實謝晦也。人至於機變以爲心術而不可測矣，俛而彼焉，俛而此焉，目數動，心數移，殫其聰明才力以馳騁於事物之閒隙，蹈險以爲樂，而游刃於其肯綮；則天理不足顧，人情不足恤，禍福不足慮，而唯得逞其密謀隱毒之爲愉；國有斯人，禍不中於宗社者鮮矣。

晦之初起，劉穆之之所薦也；其從軍征伐，宋武之所與謀也。穆之者，固機變之魁；而宋武之誅桓玄、滅慕容超、勝盧循、俘姚泓，皆以入險而震人於不覺者爲功；晦且師之，無所用之，則以試之君父而已。當其進言武帝，睥睨太子，側目廬陵，賊殺之鋒刃已回繞於二王之頸，曰「是可試吾術」，而二王不覺也，武帝亦不覺也，機變熟而心魂數動，一念猝興，殺機不遏，如是之憯哉！至於宜都既立，晦乃問蔡廓曰：「吾其免乎。」則亦自知其徒以膺天誅爲萬世罪人矣。然而不悔也，機變之得逞，雖死而固甘之也。故天下之惡，至於機變而止矣。

知人之難也，非不知而猶姑試之，詘於時而弗能，爲變計則亂矣。武帝於謝晦，知其心挾異同，而猶委以六尺之孤，使二子騈首以受刃，其失較然也。雖然，帝豈盡惘於品藻哉？使文帝督荊州，以王曇首、王華爲參佐，而謂文帝曰：「曇首沈毅有器度，宰相才也。」其後徐羨之等迎立文帝，衆志疑殆，王華決行而大計定。元嘉之治，幾至平康，皆華、曇首所飭正之規模。邂逅片言，生平遂決，帝之知人亦尚矣哉！而卒以伊、周之任付之晦、亮、羨之者，當是時，華、曇首之流，年尚少，名位卑，不足以彈壓朝右，故且置之上流，而徐收其效。荊州者，建康之根本也。荊土有人，社稷雖危而不傾矣。乃其盈廷充位，他無可謀，而必任諸機變異同之人者，其時端直貞亮之士，若徐廣、蔡廓、謝瞻者，既不屑爲宋用，其餘則庸沓苟容屈於權貴之下風者，不得已而姑授之機變之人，時詘之不知，變計所從出也。

江東自謝安薨，道子、元顯以昏濁亂於內，殷仲堪、王恭以嬛薄亂於外，闇主尸位，寇攘相仍，王謐之流，黨同幸免，廉恥隳，志趨下，國之無人久矣。非天地之不生才也，風俗之陵夷壞之也。苟非機變，則庸沓而已。迨乎機變之術已窮，庸沓之人已老，然後華、曇首、殷景仁、謝弘微脱穎以見。使宋之初有此數子者侍於密勿之地，晦等之惡何足以逞，而武帝亦惡役役於此數人而任之乎？

王夫之《讀通鑑論》卷一五《文帝》　蠻夷之長有知道者，中國之人士媿之。故子曰：「夷狄之有君，不如諸夏之亡。」甚悲夫中國也。宋之篡晉，義熙以後以甲子紀，而不奉宋之元朔，千古推陶公之高節。而武都王楊盛於晉之亡不改義熙年號。盛，仇池之酋長耳，與元亮頡頏於華、夷。晉氏衣冠之族，聞栗里之風而不媿者，又何以對偏方之渠帥也？盛臨卒謂其世子玄曰：「吾老矣，當終爲晉臣，汝善事宋。」子之從違可與己而爲變計哉？盛過矣。雖然，此非可以訿盛也。盛遠在荒裔，雖受晉爵而不純乎其爲臣，進則不必爲晉爭存亡，退自有其不可亡之世守，則孤立而攖宋之怒，力不能敵，且以覆先人之宗社，固不可也。是以告其子以事宋而無貽危亡於後世，是亦一道也。

若夫戴高天，履厚土，世依日月之光，有君父之深讎，無社稷人民之世守，潔其身於山之椒、水之涯，耕讀以終身，無凶危之見逮，如溧陽史氏者，屢世不干仕進，而抑可不墜其宗。處此而曰終吾身本末，悲哭嗚咽，亮、晦、羨之自危之心惴惴矣。自危甚，則將相比以謀全，而蠆毒再興，固非其所憚爲者。文帝之處此，將無慮之疏而發之躁乎？而非然也。明明在上者，天理也；赫赫在下者，人心也。無幸災徼利之心，而自行其性之哀戚，視三凶如犬豕，而孰恤其恩怨之私哉？故天下無不可伸者，義也，義以正名，而志卒以行。彼三凶者，方將挾迎立之恩以制帝，帝舍其私恩，伸其公怨，奪三凶之所恃，而消沮以退。是以擒羨之、亮如搏雞豚；謝晦雖居上流擁徒衆，一旦瓦解，自伏其辜。名其爲賊以行天討，凡民有心，無復爲之效死者，黨孤而自潰矣。於帝得乘權止亂之道焉，不貪大位，不恤私恩，不憚凶威，以伸其哀憤，則一夫可雄入於九軍，況業已爲神人之主而何所懼哉？惟能居重者之謂權，委而下移，則權墜而衡昂矣，故程子曰：「漢以下無知權者。」

文帝親臨延賢堂聽訟，非君天下之道也，然於其時則宜也。自晉以來，民之不治也久矣，君非幼沖則昏闇耳，國事一委之宰輔者幾百年。乃其秉政之大臣，圖篡逆者，既以餌天下爲心，而成乎縱弛；賢如王導、郗鑒、何充、謝安，亦唯内戢彊臣，外禦狄患，暇則從容談説，自託風流；而貪鄙如司馬道子，又弗論也。及晉之亡，而法紀隳，風俗壞，於斯極矣。宋武以武功獵大位，豪邁而不悉治理，固未遑念及於親民也。劉穆之、傅亮區區機變之小人，視斯民之治亂漠然不與相關，有司之貪濁瞀亂者，不知其若何也。文帝承其敝而欲理已亂之絲，則更不得高拱穆清以養尊貴。而況羨之、亮、晦殺君立君，威震朝野，民且不知有天子。苟不躬親延訪，則虛縣於上，廢置惟人，亦惡足以制權姦、保大位乎？故急於親臨以示臣民之有主，抑求己自彊之道也。以是知文帝之志略已深，而正逆臣之誅，成元嘉之治，皆繇此昉焉。

雖然，以是爲君人之道則已末矣。國之大政，數端而已；銓選也，賦役也，刑獄也，乃其緒之委也，則不勝其冗，擇得其人而飭之以法，士不廢，民不困，而權亦不移。若必屈天子之尊，撤瑱纊以下問錐刀子女之淫慝，與民競智而撓之者益工，與庶官爭權而竊之者益密，明敏之過，終之以惽，求以起百年之頹靡，致旦暮之澄清，不亦難乎！帝之遺使行郡縣訪求民隱，詔郡縣各言利病，斯可謂得治理矣。親臨聽訟，暫爾權宜，非可法者也。王敬弘曰：「臣得訊牘，讀之正自不解。」其辭傲矣，而猶不失相臣之體。相臣執體要，佐天子以用人修法而天下寧，況天子乎？

赫連勃勃權謀勇力皆萬人敵也，立國於險要之地，大修城池，宜足鞏固以居而末如之何，乃至其子而遂亡。故夷狄惡其起而若未足憂也，不患其盛而若不可拔也。赫連氏亡而五胡雜糅之中原皆爲拓拔氏所有，并劉、石、慕容、苻、姚、乞伏、赫連、沮渠、馮、高、吕、段、禿髮之宇而合於一，固將挾全力以爲南國憂，然而無足憂也。夷裔之未入中國，則憂其相併而合；既入中國，則患其雜冗而不適所治，不患其合一極盛而以相壓也。故宋武之時難矣：奮勇以滅慕容超，而姚興又競；全力以滅姚泓，而赫連、拓拔又乘間以爭；欲再舉以爭關中，而鄭鮮之曰：「江南士庶引領以望返旆。」蓋二（國）〔夷〕既滅，人心乍弛，不能再振矣。拓拔氏血戰以克統萬，窮兵以破蠕蠕，精甲鋭師半消折於二虜，是亦勃勃死而昌無能爲之勢也。宋能乘之，此其時矣；坐困江東，憚其威而不進，進而不敢與之敵，蓋失此一時，而六代之偷安不足以興。文帝非英武之君，到彦之之流不足以有爲，惜哉！

元嘉之北伐也，文帝誅權姦，修内治，息民六年而用之，不可謂無其具；拓拔氏伐赫連，伐蠕蠕，擊高車，兵疲於西北，備弛於東南，不可謂無其時；然而得地不守，瓦解蝟縮，兵殲甲棄，並淮右之地而失之，何也？將非其人也。到彦之、蕭思話大潰於青、徐，邵弘淵、李顯忠大潰於符離，一也，皆將非其人，以卒與敵者也。文帝、孝宗皆圖治之英君，大有爲於天下者，其命將也，非信左右佞幸之推引，如燕之任騎劫、趙之任趙葱也；所任之將，亦當時人望所歸，小試有效，非若曹之任公孫彊、蜀漢之任陳祗也；意者當代有將才而莫之能用邪？然自是以後，未見有人焉，愈於彦之、思話而當時不用者，將天之吝於生材乎？非也。天生之，人主必有以鼓舞而培養之，當世之士，以人主之意指爲趨，而文帝、孝宗之所信任推崇以風示天下者，皆拘葸巽謹之人，謂可信以無疑，而不知其適以召敗也。道不足以消逆叛之萌，智不足以馭梟雄之士，於是乎摧抑英尤而登進柔軟；則天下相戒以果敢機謀，而生人之氣爲之坐痿；故舉世無可用之才，以保國而不足，況欲與猾虜爭生死於中原乎？

夫江東之不振也久矣。謝玄監軍事，始收驍健以鼓勵之，於是北府之兵破苻堅而威震淮北；宋武平廣固，收雒陽，入長安，而姚興、拓拔嗣不能與之敵，皆恃此也。已而宋武老矣，北府之兵，老者退，少者未能興也。宋武顧諸子無駕御之才而慮其逼上，故鬬王鎮惡、沈田子諸人於關中，使自相殘劉而不問。文帝入立，懲營陽之禍，急誅權謀之士，區區一檀道濟而劍已擬其項領。上之意指如彼，下之禍福如此，王曇首諸人雍容談笑以俟天下之澄清，雖有瑰瑋之才，不折節以趨荏苒者，幾何也？乃於其中擇一二錚錚者使與猾虜競，拓拔燾固曰：「龜鼈小豎，夫何能爲。」其墮彼目中久矣。孝宗之任邵、李以抗女直，亦猶是也。岳誅韓廢，天下戒心於有爲，風靡而弗能再振矣。身無英武之姿，外有方張之寇，獎柔順以挫英奇，雖抱有爲之志，四顧無可用之人，前以取敗而不自知，及其敗也，抑歸咎於天方長亂，而虜勢之不可攖也，愈以衰矣！

闇而弱者之用兵，其防之也，如張幬帳以禦蟁蠓，薄絺疏綌使弗能入焉，則鼾睡以終夕；若此而不棄師失地以近於亡也，不可得矣。崔浩策宋兵之易敗也，曰：「東西列兵，徑二千里，一處不過數千，形分勢弱，可席捲而使無立草之地。」宋終不出其所料，金墉破而到彦之走，滑臺敗而蕭思話走，守者分，攻者聚，一方潰，而諸方之患在腹心，不可支矣。故以戰爲守者，善術也；以守爲戰者，敗道也；無他，將無略而以畏謹爲萬全之策也。

然則孔子之於戰也慎，於行軍也懼，又何以稱焉？夫列兵千里，尺護而寸防之，豈其能懼哉？櫛比株連以外蔽而安處其中，則心爲之適然而忘憂；寇之來也，於彼乎，於此乎，我皆有以防之，則一處敗而聲息先聞，固可自全以退，而無忽出吾後以夾攻之患；於是乎而懼之情永忘，弗懼也，則亦無所慎矣。若夫懼以慎者，一與一相當，虔矯三軍，履死地而生之，曾是瓜分碁布爲能慎也與？不戰而慎，未臨事而懼先之，不敗何待焉？

滑臺陷，青州没，宋師熸，而拓拔氏旋遣使人聘宋以求和親，踰年而宋報禮焉，此南北夷夏講和之始也，宋大敗，而劉振之且棄下邳以奔逃，拓拔氏乘之以捲江、淮也易矣；顧歛兵以退而先使請和，豈其無吞宋之心哉？力疲於蠕蠕，而固不能也。乃乘宋之惴慄以收宋，知宋之得釋重憂，必欣然恐後，此虜之狡也。夫宋新敗之餘，弗能急與之爭，則姑受其和而緩敵以待時，庸詎非策。且其於拓拔氏也，既非君父之讎，又無割地稱臣之辱，如趙宋然者，則抑非義之所不許。顧亦思彼之先我以求和者何心乎？和者，利於夷狄而不利於中國，利於屢勝之兵，而不利於新敗之國者也。

夷狄以戰而彊，以戰而亡者也；其能悔禍以息兵，則休息其兵，生聚其民，蕃育其馬，而其騎射技擊，則性焉習焉，而不以不用而廢。中國則恃和以安而忘危矣；士爭虛名於廷，兵治生計於郊，人心解散，冀長此輯睦而罷兵以偷安，一旦聞警而魂摇，其敗亡必矣。屢勝之餘，敗之幾也，雖屈己以和人，不以爲辱而喪其氣，抑以免驕兵之取敗也，善居勝者也。若敗矣，君方悔前者之妄動以致衄，而情不競，惴惴危慄，得和以無虞，而涣然冰釋，於是乎戒戰之危，而歆和之利，雖不弭兵，兵必弭矣。邊陲戍守之士，皆贅設而聊以逍遥，尚足恃以禦非常之變邪？驕貪無厭之虜，方養全力以乘我，而我幸其馴擾，抱虎而望其息機牙，不亦愚乎？

劉宋以和而罷兵，趙宋欲罷兵而講和，趙宋尤憊矣。以和而弭兵者，志不在弭兵，弭於外未忘於内，故劉宋猶可不亡。以弭兵而和者，唯恐己之不弱也，故趙宋君臣竄死於海濱而莫能救。且曰：「君無失德，民不知兵。」可勝悼哉！

拓拔氏詔舉逸民，而所徵皆世胄，民望屬焉，其時之風尚然也，江左則王、謝、何、庾之族顯，北方則崔、盧、李、鄭之姓著，雖天子莫能抑焉，雖（邊遠）〔夷狄〕之主莫能易也。士大夫之流品與帝王之統緒並行，而自爲興廢，風尚所沿，其猶三代之遺乎！

夫以族姓用人者，其途隘；舍此而博求之，其道廣；然而古之帝王終不以廣易隘者，人心之所趨，即天叙天秩之所顯也。堯求人於側陋，而舜固虞幕之裔；文王得賢於屠釣，而太公固四嶽之嗣。降及於周衰而游士進，故孔子傷陪臣之僭，而憂庶人之議。《春秋》於私門驟起之臣，善則書人，惡則書盜；孟子惡處士之橫逆，而均之於洪水猛獸；耕商駔儈胥史之徒起，而爲大倫之蟊賊，誠民志之所不順也。

漢高起自田間，蕭、曹拔於掾吏，上意移而下俗亂，故江充、主父偃、息夫躬、哀章之徒，得以干主行私，亂君臣父子之彝倫而禍人宗社；然而古道之在人心者，不可泯也。六代南北分，而此意獨傳，以迄於唐，世胄與寒門猶相持而不下。及朱温肆清流之毒，五季摧折以無餘，宋因陋而不復。然其盛也，吕、范、韓、陳猶以華胄而登三事，列清要，天下咸想望之；其卓然立大勳、明聖學者，類能不墜家聲而爲國所恃賴；至於文及甫、程松之爲敗類者，百不得一也。女直、蒙古更主中國，而北面事之者，皆猥類無行之鄙夫，無有能如崔浩之不惜怨禍以護士大夫之品類者，而古道埽地無餘。以迄於今，科舉孤行，門閥不擇，於是而市井錐刀、公門糞除之子弟，彫蟲詭遇，且與天子坐論而禮絶百僚。嗚呼！君子之於小人，猶中國之於夷狄，其分也，天也，非人之故别之也，一亂而無不可亂矣。

六代固嘗以夷狄主中國矣，而小人終不雜於君子，彼廢而此不廢焉。至於兩俱廢，而後人道之不滅者無幾矣。拔濁流而清之，將謂引小人而納於君子之途，道至大也；乃其弊也，夷君子於小人，而道遂喪。道大則荒，故先王畏其荒而不嫌其隘，譬之治津塗者，無逕隧而任人之行，則蔓草遍於周行，而無所謂津塗矣。其位，君子也；其職，君子也；其飾文物以希當世者，君子也。而錢刀罵詬之聲，習而聞之；役父誶母之色，狎而安之；則廉恥喪於天下，而人無以異於禽。故曰：將引小人而納之君子，實夷君子於小人也。小人雜於君子，而仕與同官，學與同師，遊與同方，婚姻與同種姓，天下無君子，皆小人矣，中國皆夷狄矣，可勝痛哉！有王者起，無仍朱温惡清流之惡；名世興，無避崔浩清流品之怨；庶以扶乾坤於不毀乎！

吏民得告守令，拓拔氏之制也。拓拔燾自謂恤弱民而懲貪虐，以伸其氣，自以爲快，而無知者亦將快之，要爲夷狄騃戾之情，横行不顧，以亂綱紀、壞人心，奈之何世主不擇而效之也！以事言之，能於天子之闕、大吏之廷、告守令者，必非愚懦可侮、被守令之荼毒而無告者也。奉公有式，守憲有常，守令猶以苛斂殘虐枉抑之而無所忌，此其人見守令而惴慄弗敢逆者，而能叩天子之闕，登大吏之廷以告守令乎？此詔行，而姦猾脅守令以横行，守令且莫敢誰何，鄉閭比族之弱民登其刀俎者，敢有或爲喘息者哉？若夫貪墨之守令，免此亦易爾，寬假姦頑而與相比，則愚懦者之肉恣食之而固無憂也，其害於拓拔氏之世已著見矣。而君子所甚惡者尤不在此。逆大倫，裂大分也，獎澆薄而導悖亂也，賤天之所貴、夷堂廉而天子且不安其位也，此則君子之所甚惡也。

夫人君誠患守令之殘民與？則亦思其殘民也何所自，而吾欲止其惡也，何以大正而小不能違。夫流品不清，而紈袴、貲郎、胥史、駔儈得以邀墨綬；銓選不審，而輦金、懷綺、姻亞、請謁得以獵大邑；秉憲不廉，而糾參會察施於如水之心，薦剡吹噓集於同昏之黨；皆教貪獎酷之所自也。原其所本，則女謁興，宦寺張，戚畹專，佞幸進，源濁於上，流污於下，其來久矣。腥聞熏天，始從而怒之，假手於告訐之民以懲之；必民之是假也，亦惡用天子與大臣哉？夷狄不能禁其部曲，漸以流毒於郡邑，無已而此法行焉。堂堂代天而理民者，明大倫，持大法，以激濁揚清而弗傷其忠厚和平之氣者，焉用此爲？

儒者之統，與帝王之統並行於天下，而互爲興替。其合也，天下以道而治，道以天子而明；及其衰，而帝王之統絶，儒者猶保其道以孤行而無所待，以人存道，而道可不亡。

魏、晉以降，玄學興而天下無道，五胡入而天下無君，上無教，下無學，是二統者皆將斬於天下。乃永嘉之亂，能守先王之訓典者，皆全身以去，西依張氏於河西；若其隨琅邪而東遷者，則固多得之於玄虚之徒，滅裂君子之教者也。河西之儒，雖文行相輔，爲天下後世所宗主者亦鮮；而矩矱不失，傳習不廢，自以爲道崇，而不隨其國以榮落。故張天錫降於苻秦，而人士未有隨張氏而東求榮於羌、氐者。吕光叛，河西割爲數國，秃髮、沮渠、乞伏，蠢動喙息之酋長耳，殺人、生人、榮人、辱人唯其意，而無有敢施殘害於諸儒者。且尊之也，非草竊一隅之夷能尊道也，儒者自立其綱維而莫能亂也。至於沮渠氏滅，河西無復孤立之勢，拓拔燾禮聘殷勤，而諸儒始東。闞駰、劉昞、索敞師表人倫，爲北方所矜式，然而勢屈時違，祇依之以自修其教，未嘗有乘此以求榮於拓拔，取大官、執大政者。嗚呼！亦偉矣哉！

江東爲衣冠禮樂之區，而雷次宗、何胤出入佛、老以害道，北方之儒較醇正焉。流風所被，施於上下，拓拔氏乃革面而襲先王之文物；宇文氏承之，而隋以一天下；蘇綽、李諤定隋之治具，關朗、王通開唐之文教，皆自此昉也。一隅耳，而可以存天下之廢緒；端居耳，而可以消百戰之凶危；賤士耳，而可以折嗜殺横行之異類。其書雖不傳，其行誼雖不著，然其養道以自珍，無所求於物，物或求之而不屈，則與姚樞、許衡標榜自鬻於蒙古之廷者，相去遠矣。

是故儒者之統，孤行而無待者也；天下自無統，而儒者有統。道存乎人，而人不可以多得，有心者所重悲也。雖然，斯道亘天垂地而不可亡者也，勿憂也。

營陽弑，廬陵死，而文帝之心戚矣。環任諸弟以方州，而託國政於彭城，非但以爲不拔之基也；顧瞻兄弟，不忍爲權臣所屠割，相獎以共理，冀以服天下而保本支；衰世之君能爾者鮮矣。不然，營陽廢而己興，豈不早憂姦人之援立以加我者而峻防之乎？然則彭城之伏罪以廢棄，彭城之不仁也，於帝何尤焉！

義康之入辭也，唯對之號泣而無一語，義康而有人之心也，其何以自容也！義康奉顧命之詔，劉湛即昌言幼主之不可御天下。義康而無篡奪之心乎？即不能執湛以歸司寇，自可面折而斥絶之；方且愛湛彌篤，而不自斂約，義康之心，路人知之矣。或曰：「義康非固有其意，而湛以傾險導之，義康固可原也。」親則兄弟，尊則君臣，此立身何等事，而可謝咎於人之誘之也哉！扶令育諫文帝以保全義康則可矣，欲使召還而授以政，是亦一劉湛也，其見殺亦自取之也。

當其重也，則孔子之車，顔淵無椁而不可得也；當其輕也，則天子之尊，四海之富，如野蔌之在山麓水湄，而人思掇之也。謝靈運、范曄彫蟲之士耳，俱思蹶然而興，有所廢立，而因之以自篡，天子若是其輕哉！何昉乎？昉於司馬懿也。

王敦、桓温死而不成；桓玄狂逞遂志而終以授首；傅亮、謝晦、徐羨之甫一試其凶，而身膏鈇鉞；而靈運、曄猶不恤死以思僨興，唯視天下之果輕於一羽，而冺夫舉之無難也。范曄之志趨無常，何尚之先知之，其處心非一日也；靈運猶倚先人之功業，而曄儒素之子弟耳，一念怏怏，而人主縣命於其佩刀之下，險矣哉！蕭道成、蕭衍之佹得也，靈運、曄之佹失也，一也。大位之輕若此，曹操所經營百戰而不敢捷得者也，故曰司馬懿昉之也。

位不重，姦不戢，天下之禍亂不已，君臣之分義不立，故《易》曰：「聖人之大寶曰位。」思所以服天下之心而早戢其異志，必有道矣。愛名器，慎選舉，以重百官。賈生曰：「陛尊、廉遠、堂高。」知言也夫！

高允幾於知《易》矣。《易》曰：「其出入以度外内，使知懼。」故聖人之作《易》也，使人度也，使人懼也；使人占也，即使人學也。子曰：「不占而已矣。」謂不學也。拓拔丕從劉絜而欲謀篡，夢登白臺，四顧不見人，使董道秀筮之，而道秀曰：「吉。」此以占爲占，而不知以學爲占也。允曰：「亢龍有悔，高而無民，不可以不戒。」此以學爲占，而不於得失之外言吉凶也。

天下無所謂吉，得之謂也；無所謂凶，失之謂也；無所謂得失，善不善之謂也。然而聖人作《易》以前民用者，兩俱仁而有不廣，兩俱義而有不精，時位變遷而爭之於毫末，思慮窮，而《易》以何思何慮之妙用，折中以協乎貞，則《易》之所以神，而筮之所以不可廢也。若夫臣之忠，子之孝，義之必爲，利之必去，昭然揭日月於中天，非偶然朽骨枯莖、乘不誠不道者之私以妄動，任術士之妄，謂之吉而遽信爲吉，以禍天下而自戕者，所可竊以億中也。

然而《易》亦未嘗絶小人而不正告之也，通其義，裁之以理，使小人亦知懼焉。夫小人之爲不善，行且爲天下憂，故《易》不爲小人謀，而爲天下憂，懲小人之妄而使之戢，則禍亂不作，故大義所垂以遏小人之惡者，亦昭著而不隱。嗚呼！知此者鮮矣，而高允能知焉，不亦善乎！朱子乃謂《易》但爲筮卜之書，非學者所宜學，何其言之似王安石，而顧出允下也！

曆法至何承天而始得天，前此者未逮，後此者爲一行，爲郭守敬，皆踵之以興，而無能廢承天之法也。子曰：「行夏之時。」傷周曆之疏也。曆莫疏於周，莫亂於秦，惟其簡而已矣。《春秋》所書日食三十六，有未朔、既朔、月晦而食者，簡故疏也。秦以建亥爲歲首，置閏於歲終，簡故亂也。曆無可簡者也，法備而後可合於天。承天之法，以月食之衝，知日之所在；因日躔之異於古，知歲之有差；以月之遲疾置定朔，以參合於經朔，精密於前人。天之聰明，以漸而著，其於人也，聰明以時而啓，唯密以察者能承之。拘葸之儒執其習見習聞以閉天之聰明，而反爲之謗毁；嵬瑣之士，偶得天明之一端，自詡其神奇，而欲廢古人之規矩以爲簡捷；皆妄也。

古之所未至，可益也；以益之者改之，可改也。古之所已備者，不可略也；略之而使亡焉，則道因之而永廢矣。廢古而亡之，取便於流俗，苟且之術，秦之所以亂天下者，君子之所惡也。郭守敬廢曆元，俾算者之簡便，徇流俗爾。曆元廢，則甲子何所從始，奚以紀年而奚以紀日邪？近乃有欲廢氣盈朔虚，以中氣三十日有奇紀孟仲季，而廢閏並廢月者，是天垂三曜而蔑其一也。夫人仰而見月，以月之改矣，知四時寒暑之且更矣；舍之而以中紀歲，非據曆之成書，而人莫能知時之變遷矣。故古之以朔紀月，而爲閏以通之於歲者，所以使人仰觀於月而知時，猶仰觀於日而知晝夜，何可廢也。備古之所未逮，則自我而始，垂之無窮；古法廢，則自我而且絶；此通蔽之大端，君子之所不敢恃己以逆天人也，豈徒曆法爲然哉！

王玄謨北伐之必敗也，弗待沈慶之以老成宿將見而知之也；今從千餘歲以下，繇其言論風旨而觀之，知其未有不敗者也。文帝曰：「觀玄謨所陳，令人有封狼居胥意。」坐談而動遠略之雄心，不敗何待焉？

兵之所取勝者，謀也，勇也，二者盡之矣。以勇，則鋒鏑雨集車馳騎驟之下，一與一相當，而後勇怯見焉。以言説勇者，氣之浮也，侈於口而餒於心，見敵而必奔矣。若謀，則疑可以豫籌者也；而豫籌者，進退之大綱而已。兩相敵而兩相謀，扼吭抵虛，聲左擊右，陽進陰退之術，皎然於心目者，皆不可恃前定以爲用。唯夫呼吸之頃，或斂、或縱、或虛、或實，念有其萌芽，而機操於轉眄；非沈潛審固，凝神聚氣以内營，則目熒而心不及動，辨起而智不能決。故善謀者，未有能言其謀者也。指天畫地，度彼參此，規無窮之變於數端，而揣之於未事，則臨機之束手，瞀於死生而噤無一語也，必矣。

玄謨之勇，大聲疾呼之勇也；其謀，雞鳴而寤、晝衾捫腹之謀也；是以可於未事之先，對人主而拄笏掀髯，琅琅驚四筵之衆。今亦不知其所陳者何如，一出諸口，一濡之筆，而數十萬人之要領已塗郊原之草矣，況又與江、徐文墨之士相協而鳴也哉！

薛安都之攻關、陝而勝也，魯方平謂安都曰：「卿不進，我斬卿，我不進，卿斬我。」流血凝肘而不退，兵是以勝。武陵王駿之守彭城而固也，張暢謂江夏王義恭曰：「若欲棄城，下官請以頸血污公馬蹄。」駿聽之，誓與城存亡，城是以全。繇此觀之，拓拔氏豈果有不可當之勢哉？勇奮於生死之交，謀決於安危之頃，武帝之所以滅慕容、俘姚泓，罵姚興而興不敢動，奪拓拔嗣之城以濟師而嗣不敢遏，亦此而已矣。皆玄謨所引以自雄者，而心妄度之，目若見之，口遂言之，反諸中而無一虛靜靈通之牖，以受情勢之變，而生其心；則事與謀違，倉皇失措，晉寇以屠江、淮，不待智者而早已灼見之矣。

言兵者必死於兵，聽言而用兵者，必喪其國，趙括之所以亡趙，景延廣之所以亡晉，一也。最下而郭京、申甫之妖誕興焉。有國家者，亟正以刑可也。但廢不用，猶且著爲論説以惑後世，而戕民於無已。《易》曰：「弟子輿尸。」坐而論兵者之謂也。

於崔浩以史被殺，而重有感焉。浩以不周身之智，爲索虜用，乃欲伸直筆於狼子野心之廷，以速其死，其愚固矣。然浩死而後世之史益薉，則浩存直筆於天壤，亦未可没也。直道之行於斯民者，五帝、三王之法也，聖人之教也，禮樂刑政之興廢，荒隅盜賊之緣起，皆於史乎徵之，即有不典，而固可徵也。若浩者，仕於魏而爲魏史，然能存拓拔氏之所繇來，詳著其不可爲君師之實，與其乘閒以入中國之禍始，俾後之王者鑒而知懼，以制之於早，後世之士民知媿而不屑戴之爲君，則浩之爲功於人極者亦偉矣。浩雖殺，魏收繼之，李延壽繼之，撰述雖薉，而詰汾、力微之薉迹猶有傳者，皆浩之追叙僅存者也。

前乎此而劉、石、慕容、苻、姚、赫連之所自來佚矣；後乎此而契丹、女直、蒙古之所自出泯矣。劉、石、慕容、苻、姚、赫連之佚也，無史也；契丹、女直之泯也，蒙古氏諱其類，脱脱隱之也；然猶千百而存一也。宋濂中華之士，與聞君子之教，佐興王以復中華者也，非有崔浩族誅之恐。而修蒙古之史，隱其惡，揚其美，其興也，若列之漢、唐、宋開國之君而有餘休；其亡也，則若無罪於天下而不幸以亡也。濂史成，而天下之直道永絶於人心矣。濂其能無媿於浩乎？浩以赤族而不恤，濂以曲徇虞集、危素而爲蒙古掩其腥穢，使後王無所懲以厚其防，後人無所媿以潔其身。人之度量相越，有如此哉！後之作者，雖欲正之，無徵而正之，濂之罪，延於終古矣。

生人之大節，至於不憚死而可無餘憾矣。然士苟不憚死，則於以自靖也，何不可爲，而猶使人有餘憾焉，是可惜也。

袁淑死於元凶之難，從容就義以蹈白刃，其視王僧綽與廢立之謀，變而受其吏部尚書，以迹露而被殺者遠矣。雖然，元凶劭之與君父有不兩立之勢也，自其怨江、徐而造巫蠱已然矣。淑爲其左衛率，無能改其凶德，辭宮僚而去之，不可乎？可弗死也。及其日饗將士，親行酒以奉之，梟獍之謀決矣，發其不軌而聞之於帝，不可乎？言以召禍，於此而死焉，可也。伐國不問仁人，其嚴氣有以讋之也。風稜峻削嶽立，而爲元凶所忌，或殞其身，可也。何至露刃行逆之時，元凶尚敢就謀成敗乎？且其官衛率也，將士之主也，元凶不逞，握符麾衆，禽之以獻，不濟而死焉，可也。何躊躕永夜，而被其脅使登車，而泯泯以受刃乎？傷哉！淑之能以死免於從逆，而荏苒以徒亡也。

子曰：「見義不爲，無勇也。」淑之於義曙矣，而勇不足以堪之，將無有讋其情而使無勇者存邪？勇於定亂，勇於討賊，難矣；勇於去官，決於一念而唯已所欲爲者也，此之不決，則死有餘憾。爲君子者，可不決之於早哉！養勇以處不測之險阻，無他，爵禄不繫其心，則思過半矣。

晉、宋以降，國法圮、大倫斁，而廉恥喪，非一日矣。周札應王敦，而與卞壼、桓彝同其贈恤；王謐解天子璽綬以授玄，玄死，反歸而任三公，天討不加，而榮寵及之。數叛數歸，靦顔百年而六易其主，無惑也。如是，宜速殲以亡；而其君猶能傳及其世，其士大夫猶能全其族者，何也？蓋君臣之道喪，而父子之倫尚存也。

元凶爲逆，孝武起兵以致討，元凶敗矣，蕭斌解甲帶白幡來降，逆濬就江夏王義恭以降，而但問來無晚乎，固自謂得視王謚，斌猶可立人之朝，濬猶可有其封爵也。於是斬斌於軍門，梟濬於大航，法乃伸焉，則人知覆載不容之罪無所逃於上刑。於斯時也，義憤所激，天良警之，人理不絶於天下，恃此也夫！故延及齊、梁而父子之倫獨重。梁武於服除入見者，無哀毁之容，則終身坐廢。區區孱弱之江左，擁衣冠而抗方張之拓拔，存一綫人理於所生，而若或佑之；於此可以知天，可以知不學不慮之性矣。蕭正德、蕭綜捐父事賊，而無有正天誅者，然後江東瓦解以澌滅。興亡之故，繫於彝倫，豈不重與！

王夫之《讀通鑑論》卷一五《孝武帝》 勢變情移，而有無妄之災，恬不知警，違時任意，則禍必及，庸夫之恒態也。惟然，而巧者測之，急改其常度，以迎當時之意指，乃至殘忍甚害，爲同類所飲恨而不顧，以是爲自全之策；幸而全也，小人之尤也，而究以得全者亦鮮矣。

孝武以藩王起兵，而受臣民之推戴，德望素爲諸王所輕，不自安也；於是殺鑠，誅義宣，忍削本支，以快其志。江夏王義恭誘逆劭棄南岸，單騎南奔，上表勸進，斬逆濬，厥功大矣；於是畏禍之及己也，條奏裁損王侯九事，以希合孝武未言之隱，削剥諸王以消疑忌。夫義恭豈無葛藟之恩，利非在己，而滅天性以任骨肉之怨者，何也？以爲先自我發，而人不得挾短長以議己，全軀保禄位之術，自詫爲工矣。

或曰：遇暴人，丁險運，不授異姓以制我之權，而自任之，則禍泯於無形，亦知時度勢者之不廢乎！浸不若此，而以篤懿親、固根本之言投於猜忌之衷，無救於時，而祇以自害，奚可也？曰：君子之處此，固有道矣。物激矣，而持之以定，禹之所以抑洪水也。勢危矣，而居之以安，孔子之所以解匡圍也。聖人豈有以異於人哉？出乎聖，即疾入乎狂。義恭之狂也，無以持物而自奠其居也。君多忌而寡恩矣，義宣等之不輯，非必妄干天位，而貪權勢以啓伎人之釁矣。義恭以有功居百僚之上，誠危矣；而遠嫌以消疑忌，固無難也。自謝不敏，翩然而去之，養疾丘園，杜口朝政，則於以自全焉有餘矣。而何事導君以殘刻，而已爲不仁之倆哉？

主自疑也，吾自信也；諸王自競也，吾自静也。或有聞風而相效者，則宗族以保，而帝亦且消其猜防骨肉之邪心。其不然也，爲孝武獻殘忍之謀者，豈伊無人，而我處無咎之中，不已裕乎？唯其欲爲功以固榮寵也，而違心以行顛倒之政，引君以益其慝，斂衆怨以激其爭，而後天理亡，民彝絶，國亦以危矣。身雖苟免，其喙息亦何異於禽獸哉？其究也，逃孝建、大明之網羅，翱翔百僚之上，而終授首於子業，狂者之自斃也，未有免者也。道二：仁與不仁而已矣。一念之貪，天理之賊，聖狂之界也。

自魏、晉以來至於宋大明之世，而後權移於近臣。戴法興、戴明寶、巢尚之皆賜爵掌中書事。前此者，權歸大臣，天子雖有所寵信而不能伸，孝武以疑忌行獨制，義恭等畏禍以苟全，於是而其法始變。春秋之季，世卿執國，非其族屬，則謂之嬖大夫。以孔子之聖，位至下大夫而止，弗能爲卿也。魏、晉以後，流品重，世族興，而非門閥以進者，謂之幸臣；即人主之所委任，弗能登之三事也。乃以其時考之，春秋篡弑相仍，晉、宋權臣繼攘，上用一人，而下遠之也若將汙己，讎之也若不兩立，人君孤立，而興廢死生不能自保。蓋嬖幸之名立，以禁錮天子之左右，流俗之稗政，奪攘之禍媒也。

然而爲人主所親幸者，率多邪佞貪饞，導君於惡，而弄威福以讎姦利，卒不能收一人之用可恃爲股肱者，何也？物之所貴，因而自貴者，道也；物之所賤，因而自賤者，機也。豐年穀賤而多莠稗，陂澤魚賤而多臭腐，物論之所趨，物情之所競，而物理之所繇以良楛，必然之勢也。九品之外無清流，世族之外無造士，於是而不在此數者，知不足以應當世之寵光，頹然自放而已。其慧者，又將旁出歧趨以冀非分之福澤。故天子欲拔一士於流品之外，而果無其人。即有明辨之智，幹理之才，喻利焉耳，稔惡焉耳。於是而天下後世益信孤寒特起之士果爲佞幸，適以破國亡家而不可用；亦惡知摧抑而使習於汙下者，雖有才智不能自拔也。

故人主之好尚，不能不隨風俗以移，而聖王崛起，移風易俗，抑必甄陶漸漬之有日，而不可旦夕期其速革。孝武以近臣閒大臣而終於亂，非天子不可有特用之人，其馴致之者，無以豫養之也。

一動而不可止者，勢也。太上以道處勢之先，而消其妄，静而自正也。其次坦然任之，不得已而後應，澄之於既波之後，則亦可以不傾。元凶造逆，天下同讎，孝武援戈而起，以臣子而恤君父之慘，行戮兄弟而非忍，夫孰謂其非正者。然而諸王擁方州以自大，義宣反於江州，誕反於廣陵，休茂反於襄陽，乘之以動而不可止，於是而孝武之疑忌深矣。削之制之，不遺餘力，而終莫能戢。嗣子雖不道，而禍速發於同姓之操戈，垂及明帝，殺戮遑而劉宗遂亡。波濤觸乎崖石，逆風而歎薄，亦至此哉！揆厥所繇，不可謂非孝武之師先之也。

夫孝武之師，動以正也，乃一動而不可止，卒以倡亂者，豈謂其不宜縣逆劭之首於都市哉？度之於先，而與物相安以息爭也，固有道矣。義兵之至建業也，劭將授首，君父之怨釋，臣子之職亦庶幾盡矣。乃以次，則非長也；以望，則不足以服人也；於此頓兵於宮闕，正告諸王曰：「吾之決於稱兵也，以君父不忍言之慘，古今不再見之禍也。今元凶已伏誅矣，孤豈忍有利天下之心？以齒以德，必有所歸，社稷不可以無主，吾將與諸王奉之。」使衆意他有所屬，臣子之道盡，雖不爲天子而志已遂矣。如臣民以功而不我釋與？抑引咎含哀，不得已而受命，推怵惕之忱，厚撫諸父昆弟，以廣先君之愛，則天下既服其仁，而抑知大位之不可以力爭也。天下定矣，乃聽義恭之諂，元凶未斬，而先即位於新亭。然則起兵也，非果有割肝裂膽之痛，而幸兄弟之逆以獲大寶也。波自我揚，而欲遏之也，得乎？

既急於自立而莫能待矣，則抑可自信曰：均爲臣子，而諸王偃蹇於逆劭之世，我既誅賊子而得之，人情所歸，非我貪也。有諒我者，其知順逆者也，不足慮也；其横逆而逞者，狂飆之拂水而已，懷之以恩，而尚不可革，天下臣民，自不迷於嚮背，夫孰與我爲敵者？坦然無懼於彼，而不軌者之意亦消。即有妄動之狡童，而義詘援孤，亦不崇朝而沮喪矣。乃孝武忮人也，甫一踐阼，而殺其弟鑠，視諸父昆弟若人可爲己之爲，而削奪禁制以亟掣曳之，夫而後告諸王以不自保之情，啓其覬覦，徒樹荆棘於寸心以相捍禦，非能禦也，教之而已矣。及身三叛，而嗣子速亡，不亦宜乎！嗚呼！以忠孝始，以恧縮終，懷恧縮於心，啓戈矛於外，惜哉！孝武有仁孝之資，而自流於薄惡，天子之位，猶可獵也，孝子之實，不可襲也，反諸中而不誠，居之不安而卒於亂，亂其可止哉！遏之乃以揚之，得免於及身之戮，幸矣。

張岱歷事宋之諸王，皆敗度之紈袴也，岱咸得其歡心，免於咎惡，而自詡曰：「吾一心可事百君。」夫一心而可事百君，於仕爲巧宦，於學爲鄉原，斯言也，以惑人心、壞風俗，君子之所深惡也。晉、宋以降，君屢易而臣之居位也自若，佐命於亂賊而不恥，反歸於故主而不怍，皆曰：吾有所以事之者也。廉恥蕩而忠孝亡，其術秘而不敢自暴，岱乃昌言之而以爲得計。嗚呼！至此極矣！

且夫事君之心，其可一者，忠而已矣；其他固有不容一者也。岱曰：「明闇短長，更是才用之多少耳。」才可以隨方而詭合，遇明與之明，遇闇與之闇。假令桀爲傾宫，將爲之飾土木，紂爲炮烙，將爲之爇鑪炭乎？故有順而導之者，有徐而導之者，有正而折之者，有曲而匡之者，心不容一也。若逆天悖道之君，自非受託孤之寄，任心膂之重，義不可去，必死以自靖者，則亦引身以退，而必不可與同昏，惡有百君而皆可事者乎？則惡有一心以事君，而君可百者乎？游其心以逢君，無所往而不保其禄位，此心也，胡廣、孔光、馮道之心也。全軀保榮利，而亂臣賊子夷狄盜賊亦何不可事哉？心者，人之權衡也，故有可事有不可事，畫然若好色惡臭之不待圖惟也。苟其有心而不昧，則宋之諸王無一可事者，而百云乎哉？女而倚門也，賈而居肆也，皆一於利而無不可之心也。故曰：充岱之説，廉恥喪，忠孝亡，惑人心，壞風俗，至此極矣。

郡縣之天下有利乎？曰：「有，莫利乎州郡之不得擅興軍也。」郡縣之天下有善乎？曰：「有，莫善於長吏之不敢專殺也。」諸侯之擅興以相侵伐，三代之衰也，密、阮、齊、晉，莫制之也；三代之盛，王者禁之，而後不能禁也。若其專殺人也，則禹、湯、文、武之未能禁也，而郡縣之天下得矣。

人而相殺矣，諸侯殺之，大夫殺之，庶人之彊豪者殺之，是黿鼉之相吞而鯨鯢之相吸也。夫禹、湯、文、武豈慮之未周，法之不足以立乎？自邃古以來，各君其土，各役其民，若今化外土夷之長，名爲天子之守臣，而實自據爲部落，三王不能革，以待後王者也。至於戰國，流血成渠，亦剥極而復之一機乎！漢承秦以一天下，而内而司隸，外而刺守，若嚴延年、陳球之流，亢厲以嗜殺爲風采，其貪殘者無論也，猶沿三代之敝而未能革也。宋孝武猜忌以臨下，乃定「非臨軍毋得專殺、非手詔毋得興軍」之制，法乃永利而極乎善，不可以人廢者也。嗣是而毒劉之禍以減焉。至於唐、宋，非叛賊不敢稱兵；有司之酷者，惟以鞭笞殺人，而不敢用刀鋸；然後生人之害息，而立人之道存。不然，金、元之世，中國遺黎，其能勝千虎萬狼之搏噬乎？

王夫之《讀通鑑論》卷一五《前廢帝》 沈慶之縛絝以入而收劉斌，斥顏竣而決誅逆劭，何其決也！及子業昏虐，柳元景首倡廢立之謀，而慶之發之，蔡興宗苦説以舉事，沈文秀流涕以固請，而慶之終執不從，坐待暴君之鴆，又何濡軟不斷以自斃也！嗚呼！六代之臣，能自靖以不得罪於名教者，慶之一人而已。

慶之曰：「但當盡忠奉國，始終以之。」又曰：「非僕所能行，固當抱忠以没耳。」斯言也，斯心也，抱孤忠以質鬼神而無欺者也。君而不道，天下固將叛之，要亦無可如何者。比干、箕子，豈不能剸紂之首以奉微子哉？而不爾者，天下之惡無有踰於臣弒其君者。安社稷者，亦以靖乃心耳，如之何其干之！如興宗之言，取青溪之鎧仗，率攸之輩驅三吴勇士以入，其能容子業使爲昌邑王之從容以去乎？宋之社稷且以之而傾，而慶之已允爲戎首矣。懼禍杜門，安居而俟命，嘖嘖之言，豈知慶之之心者哉？死生，命也；國之存亡，天也；已與孝武艱難同起，嗣子敗類，而遽以其血染刀劍，天良囧囧於心，安能與阮佃夫、壽寂之同爲逆乎？

嗚呼！董卓推陳留之刃，司馬懿解曹芳之璽，桓温奪帝弈以與簡文，劉裕弒安帝以立琅邪，皆假伊、霍以爲名而成其篡。後此者，道成之弒蒼梧，蕭衍之戕東昏，皆已弒而必篡者也。慶之三朝宿將，威望行於南北，扶孝武以誅元凶，位三公而冠百辟，將吏皆出其門，撲子業之洊凶，以解朝野之焚溺，此乃乘時以收人心而獵大位之一機也。嚮令獨夫已殄，衆望聿歸，且有騎虎不下之勢，宋太祖所謂黄袍加身不繇汝者，劉氏之宗祏，且移於沈而不可辭。慶之慮此，而忍以其身爲莽、操乎？進則帝矣，退則死矣，決之於心，而安於抱忠以死，故曰抱孤忠以質鬼神，六代之臣，慶之一人而已。如曰愚以亡身，則箕子、比干先慶之而愚矣。

王夫之《讀通鑑論》卷一五《明帝》 殺機動於内，禍亂極於外。宋之季世，拓拔氏未有南侵之謀也，而淮西、淮北席捲而收之，薛安都一反面北嚮，風靡萍散而不可止。謂明帝不從蔡興宗之言，以重兵迎薛安都而使疑懼，猶未論也。

帝與子勛爭立，而盡殺孝武二十八子，是石虎之所以殲其種類者。宋之不亡，幸耳；尚能撫有淮甸哉？二十八王，非皆挾爭心者也，以子勛故，而遷忿怒以殲之，骨肉之恩，斬絶不恤。則夫淮、汝州郡應子勛而起者，雖剖心瀝血以慰勞之，固將懷芒刺於寤寐，奚更待重兵之見脅乎？夫子業不道，而孝武恩在人心，人未忘也。子業死，明帝與子勛兩俱有可立之勢，而子勛兄弟爲尤正。明帝據非所有，逞慝毒以殄懿親，寧養假子而必絶劉氏之宗。明於義者去之若污，審於害者逃之若鶩，尚孰與守國而不亟颺以飛邪？孝武忌同姓亦至矣，子業虐諸父亦酷矣，至於明帝而抑甚焉。其後高湛、陳蒨相踵以行其殘忍，皆不能再世。小人不知恩義，而抑不知禍福，將謂鬼神之可欺也，夫鬼神而可欺也哉！

自宋以來，貞人志士之言絶於天下。夏侯詳者，名不顯於當時，而能昌言以救劉勔之失，殆跫然空谷之足音矣。殷琰在壽陽，畏明帝之誅己，欲降於拓拔氏。詳曰：「今日之事，本效忠節，何可北面左衽乎？」至哉言乎！司馬楚之、王琳而知此，不爲千載之罪人矣。

以宋事言之，子業之弒，宵小挾怨毒而弒之，起明帝於囚繫之中而扳之以立，爲賊所立，乘閒以竊位，不能正其始矣。子勛雖反，乃以獨夫之將覆宗社而起，未純乎不正也。孝武以討賊而爲神人主，一子不肖，以次而仍立其子，位固子勛之位也。應子勛而起者，名亦近正，志亦近義。詳曰「本效忠節」，皎皎初心，豈自誣哉？夫既以名義爲初心，則於義也當審。爲先君爭嗣子之廢興，義也；爲中國爭人禽之存去，亦義也。兩者以義相衡而並行不悖。如其不可兩全矣，則先君之義猶私也；中國之義，人禽之界，天下古今之公義也。不以私害公，不以小害大，則恥臣明帝而歸拓拔，奚可哉？

嗚呼！人莫急於自全其初心，而不可任者一往之意氣。欲爲君子，勢屈而不遂其志，抑還問吾所自居者何等也。情之所流，氣之所激，勢之所迫，倒行逆施，則陷於大惡而不知，而初心違矣。故迫難兩全之際，捐小以全大，乃與其初心小異而不傷於大同。故管仲事讎而夫子許之爲仁，以其知小大公私之辨也。使懷子糾之怨，忿戾以去其故國，北走戎，南走楚，必與桓公爲難，而雪其悁悁之忿，則抑匹夫匹婦之不若，禽獸而已矣。君子之稱管仲曰「徙義」，徙而不傷君子之素，則合異於同，而無媿於天下。詳曰「本效忠節」，大正而固不昧其初也。

宋以金贖劉昶於拓拔氏，其情慝，其志憯矣。懷不肖之心於隱微，而千里之外見之，人不可罔也如斯夫！

何言乎其情慝也？昶之北奔，畏孝武之疑忌而見殺也。明帝既殺孝武之子以洩其忿媢，恐人懷孝武之恩而致怨於己，故召回昶，以暴孝武之過，曰「彼欲滅兄弟而我復之」，託於昶以揚孝武之惡，懷慝而故爲之名也。

何言乎其志憯也？休仁者，亦其兄弟，所與爭國而有功者也。疑忌既深，休仁自解揚州牧以免禍，而終不免於鴆；　禕與休祐、休若無毫髮之嫌，而先後被殺；　所僅全者，庸劣之休範耳。昶才非休範之匹，而又有拓拔氏之外援，畏其在外，且挾彊敵之勢以入，爭其養子，姑召之歸。使其反邪，鴆殺之禍，必不在休仁兄弟之後。欲加之罪，而何患無辭乎？　故曰其志憯也。

於是而魏人知之矣，昶亦知之矣。亢兄弟之詞，而無來歸之志，魏以全昶而昶以自全。灼見其惡而遠之唯恐不夙，人其可以罔乎哉？　論者乃曰：「瀆昶，義也。」亦嘗見明帝滅絶天性之惡已著而不可揜者乎？

佞佛者，皆非所據而據，心危而附之以安者也。自古帝王至於士庶，其果服膺於釋氏之説而篤信者，鮮矣。其爲教也，離人割欲，内滅心而外絶物，而佞佛者反是，何爲其篤信之？　篡弑而居天子之尊，夷狄而爲中國之主，德薄才菲，自顧而不知富貴所從來，懷慝負慚，叨竊而覺夢魂之不帖，始或感冥報之我祐，繼或冀覆餗之無憂，於是而佛氏宿命之因緣，懺除之功德，足以慰藉而安之。故夷狄之君，篡逆之主，屈身降志，糜國殃民，以事土木之偶；而士大夫之徼幸顯榮，乃至庶民之姦富者，亦惑溢分之榮膴所自致，而幸災眚之不及。其有因而述其空寂之説者，則以自文其陋而已，非果以般若涅槃爲身心之利，而思證入之也。於是而浮屠之爲民害也，不可止矣。

拓拔氏置僧祇佛圖户，奪國之民，而委賦役於貧弱之農民，其主倡之，州鎮因而效之，徧天下以爲民害。讀楊衒之《伽藍記》，窮奢競靡，而拓拔氏以亡。非所據而據焉，身必危，浮屠氏其蒺藜矣。然則拓拔燾之誅沙門，又何也？　彼乞靈於僊鬼，事異而情同，皆懷歉於人，而徼福於鬼，《夏書》所謂巫風也。

無可信之邊將者國必危。揜敗以爲功，匿寇而不聞，一危也；　貪權固位，懷憂疑以避害，無寇而自張之，以自重於外，二危也；　二者均足以危國，而張虚寇以怙權者尤爲烈焉。邊將之言曰：無寇，則朝廷輕我。夷狄盜賊之言曰：無我，則汝之爲將也，削奪誅殺隨之矣。於是而挑寇也，養寇也，縱寇也，無所不至，玩弄人君於股掌之上，一恐喝而唯我所欲。嗚呼！　此固猜疑防制自以爲智之主也，而玩弄之如嬰兒，不亦傷乎！

宋明帝欲除蕭道成，荀伯玉爲之謀，使輕騎挑魏之游兵，而遽以警聞，繇是而道成終據兗州以立篡弑之基。故揜敗以爲功，匿警而不聞者，視此而禍猶小也。擇人而任之，既任而信之，坦衷大度以臨之，彼敢欺我哉？　故莫愚於猜疑防制之主，而闇者猶次也。

趙武靈王授位於子，而自稱主父，廢長立少，恐其不安於位也。拓拔弘授位於子，而自稱太上皇帝，子幼而恐爲人所篡奪也。宗愛弑兩君，而濬幾不立；　乙渾專殺無君，弘幾死其手；　故弘年甫二十，急欲樹宏於大位，以素統臣民，而已鎮撫之。猶恐人心之貳也，故先遜位於子推，使羣臣爭之，而又陽怒以試之，故子推之弟子雲力爭以爲子推辭，而陸馥、源賀、高允皆犯顔以諫而不避其怒，其怒也，乃其所深喜者也。其退居而事佛、老，猶武靈之自將以征伐，皆託也；　不欲明示其授子之意旨，而以此爲辭也。此二主者，皆彊智有餘，事功自喜，豈憚勞而舍國政者乎？　弘好黄、老，而得老氏之術，其欲遜位子推也，老氏欲取固與之術也；　其託於清謐而匿其建立嗣子之旨也，老氏守兑之術也。所欲立者非不正，而詭道行之，巧籠宗室大臣之心，亦狡矣哉！　而抑豈君人之道哉？

雖然，其以傳位籠子推而制之，猶賢於宋明帝之賊殺兄弟以安其養子遠矣。黄、老之術，所繇賢於申、韓也。然而疑慮以鉗制天下，則一也。故曰黄、老之流爲申、韓，機詐興而末流極於殘忍，故君子重惡之也。夫古之明王，豈不欲安其冢嗣以奠社稷乎？　唯豫教而游之於大學，一時之俊士，皆有恩紀以相結，而擇師保傅以輔之，學以成，德以修，而授益以固，奚事此哉？

或曰：宋高宗之内禪，論者何以無譏也？　曰：高宗以孝宗爲太祖之裔，疏遠已甚，不得不早正位以防爭，而高宗年已及耄也。唯其時、唯其人而已矣。

王夫之《讀通鑑論》卷一五《後廢帝》　紂之亡也，正名之曰獨夫。獨夫者，有天下而國必亡，身必戮，大分之尊不足以居之，先王之澤不足以庇之。況在下位而爲獨夫，未有能得人之天下者也。

劉休範以庸劣而免於忮主之殺，乃乘君死國亂之際，而求干天位，張敬兒以一健卒入二萬人之中斬其首，無衛之者，此其爲獨夫也奚疑，而可爲天子乎？　然且幾陷建業，爲天子。甚哉！　晉、宋之末天子之易爲，而人思爲之，其賤曾不如有道之世一命試爲邑宰者，何足謂爲大寶哉！　草芥而已矣。

天子如草芥，而人思爲之，爲之不克，而爲獨夫以死者，休範也；　爲之克而終爲天子者，蕭道成也。以小慧小才言之，則道成之愈於休範也遠矣；　以君天下言之，則休範、道成一也，皆獨夫也。道成弑君，張敬兒取白帽加其首，曰：「事須及熱。」爲道成之腹心者，敬兒之流，一休範之許公輿、丁文豪也。褚淵雖貴，而無稱於宋。止此三數人，而掇宋之宗社如一羽，授之道成，而道成居之以安。嗚呼！至於此，而天下猶有貴賤之等差哉？賢不肖尤非所論矣。

曹氏之篡也，威服羣雄而有討董卓之義，有迎駕於蒙塵之功焉。劉宋之篡也，滅鮮卑，俘羌夷，蕩妖賊，夷桓玄，恭帝所被奪而不怨者也。司馬氏姦矣，而平遼東，滅蜀漢，四世而後得之。道成者，胠篋之盜，媚一褚淵而已，哀然正南面而立，論者以罪褚淵，未盡也。淵一亡賴之鄙夫耳，安能以天下與人哉！微淵而道成固足以篡，無他，唯天子之如草芥而人可爲之者也。前有道成，後有霸先，五代有石敬瑭、劉知遠、郭威，而篡奪亦將息矣。未有天之所子，人之所君，而人思爲之者也。君子於此，遠之唯恐不速。陶弘景其知此矣，「唯可自怡悦，不堪持贈君」，目笑而心憐之已爾。

王夫之《讀通鑑論》卷一五《順帝》 國無人焉則必亡，非生才之數於將亡之國獨儉也。上多猜，則忠直果斷之士不達；上多猜而忠直果斷者詘，則士相習於茸靡，雖有貞志，發焉而不成。宋自孝武迄於明帝，懷猜忌以待下，四十餘載矣，又有二暴（爲）〔君〕之狠毒以閒之，人皆惴惴焉旦夕之不保，而茸靡圖全之習已成。其不肖者，靡而之於惡，以戴叛逆、戕君父而不媿，則褚淵之流是已。其賢者，雖懷貞而固靡，其敗也，則不足立皎皎之節，即使其成，而抑無以收底定之功，則袁粲、劉秉是已。粲與秉孤立，而思抗悍鷙多徒之蕭道成，不愛死以報劉氏，則固無容深求者。粲聞道成廢立之謀，而不能抗辭以拒之，秉以軍旅一委道成，授之以篡逆之柄，且置勿論。徒其決計以誅道成，幸而克矣，不知二子者，何以處沈攸之，而終延宋祚也？

蒼梧之昏虐，安成之巽懦，皆道成所不以置諸目中者，所與爭天下者，攸之而已。攸之又豈有劉氏之子孫在其意中乎？攸之之欲爲道成也，非一日也。兵已順流直下，而道成授首於內，則攸之歌舞而入，挾重兵，居大功，握安成於股掌，二子欲與異而固不能。委社稷於攸之，擲宗祊於道成，有以異乎？吾知二子者，歧路倉皇，欲如今日之捐生以報國，不可得已。此無他，以剛決爲嫌，以深謀爲諱，自孝建以來，士大夫釀成雍容觀變之習，蔡興宗已啓其源，而流不可止也。故興宗之死，無可爲宋惜者。興宗存，則爲袁、爲劉，否則爲謝朏而已。史稱粲簡淡平素無經世材，非無材也，狃於全身避咎之術，以逃猜主之鼎鑊，氣已茶而不可復張。宋末之人材，大抵然也。故以猜馭下者，其下懾焉而旁流，剛化爲柔，直化爲曲，密化爲疏，禍伏而不警，禍發而無術，爲君子者，無以救其亡，而小人勿論已。

《南史》卷四《齊本紀上論》 齊高帝基命之初，武功潛用，泰始開運，大拯時艱。及蒼梧暴虐，釁結朝野，而百姓懍懍，命縣朝夕。權道既行，兼濟天下。元功振主，利器難以假人，羣方勠力，實懷尺寸之望，豈惟天厭水行，固已人希木德，歸功與能，事極乎此。武帝雲雷伊始，功參佐命，雖爲繼體，事實艱難。御衮垂旒，深存政典，文武授任，不革舊章，明罰厚恩，皆由己出。外表無塵，內朝多豫，機事平理，職貢有恒，府藏內充，人鮮勞役。宮室苑圃，未足以傷財，安樂延年，衆庶所同幸，亦有齊之良主也。據齊、梁紀録，並云出自蕭何，又編御史大夫望之以爲先祖之次。案何及望之於漢俱爲勳德，而望之本傳不有此陳，齊典所書，便乖實録。近秘書監顔師古博考經籍，注解《漢書》，已正其非，今隨而改削云。

《南史》卷五《齊本紀下論》 鬱林地居長嫡，瑕釁未彰，而武皇之心，不變周道，故得保兹守器，正位尊極。既而愆鄙內作，兆自宮闈，雖爲害未遠，而足傾社稷。郭璞稱永昌之名，有二日之象，隆昌之號，實亦同焉。明帝越自支庶，任當負荷，乘機而作，大致殲夷，流涕行誅，非云義舉，事苟非安，能無內愧。既而自樹本枝，根胤孤弱，貽厥所授，屬在凶愚，用覆宗祊，亦其理也。夫名以行義，往賢垂範，備而之禪，術士誡之，東昏以「卷」名，「藏」以終之，其兆先徵，蓋亦天所命矣。

司馬光《稽古録》卷一四 高帝以功名之盛，不容於昏暴之朝，逆取而順守之，亦一時之良主也。明帝自以得於不義，猜忌高、武子孫，誅夷殆盡；深戒東昏以先事制人，而大臣疑懼，禍變相尋，卒亡其國。夫不務令德，而殺人以自安，自古以來，未有能濟者也。

葛勝仲《丹陽集》卷七《南齊論》 人君恢廓大度以御臣下，示以赤心，無或疑間，則人人感説，爭爲報效，雖有姦邪，化爲忠順。苟或猜忌刻薄，不情多詐，橫誅濫罰，逆防禍患，則人人惴慄，懷不自安，雖有忠順，化爲姦邪。此理之必至，事之固然也。昔者齊明帝以宗屬輔政，首廢二帝，攘神器而有之。鰓鰓然畏異世之後，旁枝疏派襲己之迹而帝天下者，非其子孫也，於是包藏禍心，勦滅同姓，違顯達之忠謀，而入遥光之僞策。凡意所忌，不戮不已，使高、武諸孫，無復遺育，連頸受戮無慮六十餘人。煮椒之酷，燔香之僞，有出於委巷小人所不爲者，而偃然爲之。其心遂以爲基業之固，晏然如日在天，不足經慮矣。不知身死肉未及寒，而建業以墟。其首兵倡亂者，不在他姓，而乃在宗藩也。嗟乎！猜虐之慮果有益，而未然之變果可曲防乎？昔我先王，並建宗英，貴以爵位，使之犬牙相制，以扞王室。居無事之時，國邑茅社錯峙環列，不失親親之恩；假設不幸一國弄兵，則糾合衆援，環而攻之，鮮不勝矣。觀蕭衍之起也，下郢、魯如摧枯，定潯陽如沃雪，桴旝所臨，莫不褫潰，東墉新壘，以次歸降，則以無所畏憚而已。鄉使江夏不誅，衡陽猶在，河東之屬噍類或存，則緩急之際，豈無義勇奮發，以身許國者乎！精兵叡卒循江而守，長棘勁鎩望猋而奮，則蕭衍雖善兵，齊猶未亡也。又況梁武之興，雖曰仗義，然本以復前世之仇而澡私户之恥耳。則夫明帝之猜慮果利乎？果害乎？昔宋欲去羣公子，樂豫以爲不可；晉大滅宗室，叔向知公室之將卑。蓋枝葉既落，則本根無所庇覆；股肱既刈，則胸臆不能獨存。是以君子知王族之重也。有齊之亡，非東昏之罪，實明帝取之爾。

李燾《六朝通鑑博議》卷八《齊論》 高祖以豪傑之資，擁江淮之阻，君臣固守，而拒北人。當開國之始，命良將守壽春，因時制變，堰水灌敵，齊無亡矢遺鏃之費，而北人之兵破敗困折，不敢復進。當此之時，上下一心，有意乎固守以待天命矣。既而無故交兵，遂妄開邊隙，是猶有攻敵之志也。以創業之君，不爲一定之計以遺子孫，宜乎後世之不振。延及海陵，内有相謀，不暇外侮，而敵人拱手視之，義不敢近，以此益知正朔之國，天意所同，雖使國内無政，猶或陰爲佑助，不使蛇豕之衆，得輕肆毒於南也。明帝承基，雖材非上聖，而其佐四朝，歷内外，其彼我之勢，亦備知之矣。當即位之初，魏之孝文遷都用師，自任己意，君臣相圖，父子自亂，此可以出而乘之，齊人熟視，不知所爲，可謂不知攻矣；使元魏無能，觀兵於沔，取其五都，齊師閉壁而不可出，可謂不知守矣。既不能攻，又不能守，天啓魏衷，自吐欲和之言。齊若屈己先求於魏，魏必欣然從之，而吾得以休息於内；而又不能和以緩敵養，齊之無謀，可謂甚矣。至於後世，棄要害之地，内之於敵，又無足論。嗚呼！善觀國者，不觀其强弱，觀其所以用之者何如爾。能用其强，則强而不折；能用其弱，則弱而不危。昔者，湯之於葛，文王之於昆夷，越王之與吴，漢祖之與項羽，其初若屈，終復能振。蓋其當時之謀，遵養時晦，以待天命；驕敵之志，而去其備；息民之力，而養其全。待機會之來而用之，故能有成功。齊之初雖若不振，苟能屈志以舒敵，養民以待時，因江淮之險固，用荆楚之剽悍，行於天下，何遽不若人哉？惟其攻守之不當，和戰之失宜，故比之前代爲衰弱焉！

周應合《景定建康志》卷三四吕祖謙《齊論》 天下之情，艱難則勤，承平則惰。勤者雖弱小而奮，惰者雖盛大而衰。夫元魏以兵力之强，據中原之地，士馬精健，上下習兵而喜戰，道武以來，戰勝攻取，未嘗少挫，幾并天下。然至孝文之時，議舉兵伐齊而在廷之臣皆以爲不可，雖驅之以威，莫肯行也，與間者習戰之俗何其相反哉！蓋自道武没，更以母后、幼主持政，羣臣皆生長安佚，非復昔日馬上之士也；稍備朝廷宫室之美，非復昔日穹廬遷徙之俗也；金錢玉帛，府庫充滿，非復昔日計牛馬錐刀之利也；美衣甘食，冬温夏凉，非復昔日習飢餒之勞也；高談徐步可以致大官，取卿相，非復昔日競戰國攻取之勳也。故雖夷狄，而流爲承平無事矣。夫以中國禮義維持，而承平無事日久，猶且以驕淫致亂，況夷狄上下無禮義之維持，稍稍無事則志氣滿矣，制度侈矣，子女盛矣，土木興矣。此蓋以夷狄天資驕淫之性，而入中國紛華之域，必至於此。此慕容、苻、姚所以不能久也。元魏居於雲中，未甚變其俗習，然猶上下厭兵畏戰，國主親在行間而不肯前。至於遷洛之後，其國衰矣。竊譬人之於鷙鳥也，去其利爪而傅以鳳鳥之羽，則無德可昭，無威可畏，取死於虞羅必矣。然元魏既衰之後，宋氏多事，齊氏享國日淺，梁武謬於攻取。待元魏至于國分爲二，然後自斃。若使南朝有英武之主，智謀之士，蓄開拓之備而伺其隙，則元魏豈能據有中原如是之久也哉？

齊氏享國日淺，雖無境外之功，而疆場之間亦無失矣。太祖初立，魏以劉昶爲主入寇，高宗之篡，魏又入寇，皆有以爲辭矣。然是時魏之入寇，無他奇策，而齊禦之者，亦無高計，勝負相當。魏不能渡淮，南定漢沔，齊之大鎮無傷焉；齊亦不能追擊，魏全軍而反，然魏得沔北數城，齊不能復取也。齊之君臣度未足以開拓，故亦不敢深爲報復之計，待其通使於我，然後歸其俘而納之，亦計之是者也。然夷狄無常，和好不久，高祖與之講和五年，而以明帝篡立爲辭，分道入寇。夫魏孝文豈專爲名義者哉？求土地之獲而已。使齊氏自通好以來邊備不修，一旦變起，國中未靖，外難又至，豈不殆哉？不知和好之不可恃，自兩漢以來然矣。

王夫之《讀通鑑論》卷一六《齊高帝》 天下之治，統於天子者也，以天子下統乎天下，則天下亂。故封建之天下，分其統於國；郡縣之天下，分其統於州。後世曰道、曰路、曰行省、曰布政使司，皆州之異名也。州牧刺史統其州者也，州牧刺史統一州而一州亂，故分其統於郡。隋、唐曰州，今曰府。郡守統其郡者也，郡守統一郡而一郡亂，故分其統於縣。上統之則亂，分統之則治者，非但智之不及察，才之不及理也。民至卑矣，其識知事力情僞至不齊矣。居尊者下與治之，褻而無威，則民益亢而偷；以威臨之，則民恇懼而靡所騁。故天子之令行於郡而郡亂，州牧刺史之令行於縣，郡守之令行於民，而民亂。彊者玩焉，弱者震掉失守而困以死。唯縣令之卑也而近於民，可以達民之甘苦而悉其情僞。唯郡守近於令，可以察令之貪廉敏拙而督以成功。唯州牧刺史近於守，可以察守之張弛寬猛而節其行政。故天子之令不行於郡，州牧刺史之令不行於縣，郡守之令不行於民，此之謂一統。上侵焉而下移，則大亂之道也。而暴君污吏，恒下求以迫應其所欲，於是牧刺不能治守，守不能治令，令抑不能治民。其尤亂者，天子之令，下與編氓相督責，守令益曠，姦民益逞，懦民益困，則國必亡。故統者，以緒相因而理之謂也，非越數累而遙繫之也。

江左之有天下，名爲天子，而其時之人已曰：適如平世之揚州刺史而已。雖然，荆、揚、徐、梁四州之土廣矣，而又益之以交、廣、寧三州之地，視商、周之天下，版圖不隘也。而天子急奔其欲，日遣臺使下郡縣以徵求於民；則天子一縣令，臺使一胥隸也。乃既名爲天子之使而有淫威，則民之死於督迫者積矣；實爲天子之令而威已媟，則民之無憚於上以亢守令者又多矣。齊高立，令羣臣言事，而竟陵王首以爲言，知治道矣。

將亡之國，必頻遣使以徵求於天下。遣御史矣，遣給諫矣，且遣卿貳矣。民愈怨，事愈廢，守令愈偷，未有不亡者也。晝尊卑而限之，乃以聯四海而一之。故《春秋》書武氏子、家父、毛伯之來求，以著天王之不君而自絕其紐也。

義不可襲者也，君子驗之於心，小人驗之於天。心所弗信，君子弗爲。天所弗順，小人無成。徒曰義而遂執言以加人，則義在外也。故闢外義之邪說，而亂以不生。

齊無寸功於天下，乘昏虐而竊其國、弑其君、盡滅其族，神人之所不容，義之必討者也。劉昶以宋室懿親，擁拓拔氏之衆三十萬以嚮壽陽，流涕縱横，偏拜將士，求洩其大讎，於義無不克者也，而困於垣崇祖之孤軍，狼狽而退；再舉以嚮甬城，周盤龍父子兩騎馳騁萬衆之中，朒縮旋師。然則智力伸而義詘，將天之重護蕭齊以佑亂賊、挫忠孝哉？蓋昶者，非可以義服人者也。其奔也不仁，其仕於拓拔氏也不正；而其假於報讎以南侵也，又豫爲稱藩於魏之約，以蔑中夏之餘緒；則其挾彊夷以逞也，乘國之亡而遂其私也。

嗚呼！昶誠拊心而自問，果閔宗國之亡、祖考之不血食、合族之殲死邪？否也？昶方流涕之時，不能自喻，而天下又惡從而喻之？然而天鑒之矣。故憤盈以出，而疲苶以歸，天奪之也。若夫昶之耽榮寵於索虜，則千載以下，可按迹以知心者也。義不義，決於心而即徵於外，驗之天而益信，豈可揜哉？

魏、晉以降，臣節隳，士行喪，擁新君以戕舊君，旦比肩而夕北面，居之不疑，而天下亦相與安之也久矣。獨至於褚淵而人皆賤之，弟炤祝其早死，劉祥斥其障面，沈文季責其不忠；且其子賁以封爵爲大辱，而屏居不仕。華歆、王祥、殷仲文、王弘、傅亮之流，均爲黨逆，淵獨不齒，何也？此天理之權衡發見於人心者，銖兩之差不昧也。

黨篡逆而叨佐命之賞者多矣。有志同謀合而悦以服焉者，有私恩固結而不解者，有不用於時而奮起以取高位者；其下則全軀保禄位被脅而詭隨者。凡此，以君子之道責之，則無可容，以小人之情度之，則猶相諒，而淵皆不然。淵者，聯姻宋室，明帝任之爲冢宰者也。其時，齊高一巴陵王休若之偏裨耳，淵不藉之以貴，抑未嘗與協謀而相得，恩所不加，志所不合，勢不相須，權不相下。乃其決於黨逆而終始成乎篡弑者，無他，己則不孝，脱衰干進，而忌袁粲之終喪，欲奪粲以陷之死；宋不亡，齊不篡，則粲不死，遂以君授人而使加以刃，遂傾其祚，皆快意爲之而不恤；於是永爲禽獸，不足比數於人倫。故閨門之内，弟願其死，子畏其污；子弟不願以爲父兄，而後雖流風積靡之世，亦不足以容。不然，何獨於淵而苛責之邪？

褚賁之辭父爵，疑非人子之道矣；而屏居墓下，終身不仕，則先自靖而不傷父子相隱之恩；無他，忘利禄而後可曲全於人倫之變也。以名位權勢而繫其心者，於君親何有哉？張居正以沖主爲辭，楊嗣昌以滅賊自詫，幸而先填溝壑，不及見國之亡爾，不然，其爲褚淵必也。絶其本根，見棄於天，人之賤之也夙矣。不待惡已著見而後不容於天下也。

王夫之《讀通鑑論》卷一六《武帝》 范縝作《神滅論》以闢浮屠，竟陵王子良餌之以中書郎，使廢其論，縝不屑賣論以取官，可謂偉矣。雖然，其立言之不審，求以規正子良而折浮屠之邪妄，難矣。

子良，翩翩之紈袴耳，俯而自視，非其祖父乘時而竊天位，則參佐之才而已；而爵王侯，位三公，驚喜而不知所從來，雖欲不疑爲夙世之福田而不可得，而縝惡能以寥闊之論破之？夫縝「樹花齊發」之論，卑陋已甚，而不自知其卑陋也。子良乘篡逆之餘潤而位王侯，見爲茵褥而實糞溷；縝修文行而爲士流，茵褥之資也，而自以爲糞溷。以富貴貧賤而判清濁，則已與子良驚寵辱而失據者，同其情矣，而惡足以破之？夫以福報誘崇奉學佛之徒，黠者且輕之矣；謂形滅而神不滅，學佛之徒，慧者亦謂爲常見而非之矣。無見於道，而但執其緒論以折之，此以無制之孤軍撩蠭屯之寇盜，未有不衄者也。

子良奚以知神之不滅哉？謂之不滅，遂有説焉以成乎其不滅。縝又奚以知神之必滅哉？謂之滅，遂有説焉以成乎其滅。非有得於性命之原而體人道之極，知則果知，行則果行，揭日月而無隱者，詎足以及此？浮游之論，一彼一此，與於不仁之甚，而君子之道乃以充塞於天下。後之儒者之於浮屠也，或惑之，或闢之，兩皆無據，而闢之者化爲惑也不鮮。韓愈氏不能保其正，豈縝之所克任哉？夫其辨焉而不勝，爭焉而反屈者，固有其本矣。范縝以貧賤爲糞溷，韓愈以送窮爲悲歎，小人喻利之心，不足以喻義，而惡能立義？浮屠之慧者，且目笑而賤之。允矣，無制之孤軍必爲寇盜禽也。

官無常禄，贓則坐死，日殺人而貪彌甚；有常禄矣，贓乃坐死，可無辭於枉矣，乃抑日殺人而貪尤彌甚。老氏曰：「民不畏死，奈何以死威之！」誠哉是言也。拓拔氏之未班禄也，枉法十疋、義贓二十疋、坐死；其既班禄也，義贓一疋、枉法無多少，皆死；徒爲殘虐之令而已。

夫吏豈能無義贓一疋者乎？非於陵仲子之徒，大賢以下，未有免焉者也。人皆遊於羿之彀中，則將詭遁於法，而上下相蒙以幸免。其不免者，則無交於權貴者也，有忤於上官者也，繩姦胥之過、拂猾民之欲者也。狎姦胥，縱姦民，媚上官，事權貴，則枉法千疋而免矣。反是，不患其無義贓一疋之可搜摘者也。於是乎日殺人而貪彌甚。不知治道，而刻覈以任法，其弊必若此而不爽。故拓拔令羣臣自審不勝貪心者辭位，而慕容契曰：「小人之心無常，帝王之法有常。以無常之心，奉有常之法，非所克堪，乞從退黜。」蓋以言乎常法之設，徒使人人自危，而人人可以免脱，其意深矣！宏不悟焉，死者積而貪不懲。豈但下之流風不可止哉？以殺之者導之也。

齊以民閒穀帛至賤，而官出錢糴買之，亦權宜之法，可以救偏者也。民之所爲務本業以生，積勤苦以獲，爲生理之必需，佐天子以守邦者，莫大乎穀帛。農夫終歲以耕，紅女終宵而紡，徧四海，歷萬年，唯此之是營也。然而婚葬之用，醫藥之需，鹽茗之資，親故鄉鄰之相爲醻酢，多有非穀帛之可孤行，必需金錢以濟者。乃握粟抱布，罄經年之精髓適市，而姦商雜技揮斥之如土芥；故菽粟如水火，而天下之不仁益甚。孟子之言，目擊齊、梁之餓莩充塗，仇殺相仍者言也，非通論也。

乃當其貴，不能使賤，上禁之弗貴，而積粟者閉糴，則愈騰其貴；當其賤，不能使貴，上禁之勿賤，而懷金者不售，則愈益其賤；故上之禁之，不如其勿禁也。無已，賤則官糴買之，而貴官糶賣之，此「常平」之法也。而猶未盡也。官糴官買，何必凶年而糶賣乎？以餉兵而供國用，蠲民本色之徵，而折金錢以抵穀帛之賦，則富室自開廩發笥以斂金錢，而價自平矣。故曰：權宜之法，可以救偏者也。

乃若王者之節宣也有道，則亦何至穀帛之視土芥哉！金錢不斂於上而散布民閒，技巧不淫於市而游民急須衣食，年雖豐，桑蠶雖盛，金錢賤而自爲流通，亦何待官之糴買，而後使農夫紅女之不困邪？故粟生金死而後民興於仁。菽粟如水火，何如金錢之如瓦礫哉！

王夫之《讀通鑑論》卷一六《明帝》 人才之靡也，至齊、梁而已極。非盡靡也，尸大官、執大政者，靡於上焉耳。明帝之凶悖，高、武之子孫，殺戮殫盡而後止，而大臣談笑於酒弈之閒自若也。乃晉安王子懋之死，其防閤陸超之、董僧慧先與子懋謀舉兵者，獨能不昧其初心：僧慧則請大斂子懋而就死，業已無殺之者，而視子懋幼子訊父之書，一慟而卒；超之或勸其逃，而曰「吾若逃亡，非唯孤晉安之恩，亦恐田横之客笑人」，端坐以待囚，而爲門生所殺，頭隕而身不僵。夫二子者，非但其慷慨以捐生也，審於義以遲回，瀕死而不易其度，使當託孤寄命之任，其不謂之社稷之臣與？乃皆出自寒門，身爲武吏，其視王、謝、徐、江、世胄華門清流文苑之選，世且以爲涇、渭之殊，而以較彼之轉面忘君、安心助逆者，果誰清而誰濁也？ 故曰：尸大官、執大政者靡於上，而下未盡然也。

永嘉之後，風俗替矣。 而晉初東渡，有若郗鑒、卞壼、桓彝之流，秉正而著立朝之節； 紀瞻、祖逖、陶侃、温嶠，忘身以弘濟其艱危。 乃及謝傅薨，王國寶用事以後，在大位者，若有衣鉢以相傳，擅大位以爲私門傳家之物，君屢易，社屢屋，而磐石之家自若； 於是以苟保官位爲令圖，而視改姓易服爲浮雲之聚散。 唯是寒門武吏，無世業之可憑依，得以孤致其惻隱羞惡之天良。 繇此言之，爵禄者，天子齊一人心、移易風俗之大權在焉，不可與下以固然，而使據之以爲已重，其亦明矣。 世業者，天子之守也，非下之所得怙也。 閭井之子弟，受一頃田於祖父，而即以賦税怨縣官，亦何以異於此哉？ 拓拔宏曰：「君子之門，無當世之用，要自德行純篤。」純篤云者，豈不恤名義，長保其富貴之家世而已乎？

王敬則之子幼隆，以謝朓其姊壻也，告以反謀，而朓發之，敬則敗死，朓遷吏部，則夫婦之恩絶； 其後始安王遥光要與同反，復以告左興盛，爲遥光所殺，則保身之計亦迷； 故論者以咎朓之傾險。 雖然，使朓從幼隆而秘其謀，從遥光而受衛尉卿之命以爲内應，於義既已不可，而事敗駢誅，又何足以爲全身之智乎？ 嗚呼！ 士之處亂世遇亂人也難矣。 若朓者，非有位望之隆足爲重輕，幹略之長可謀成敗者也，徒以詞翰之美見推流輩而已。 而不軌以徼幸者，必引與偕而不相釋，夫朓亦豈幸有此哉？ 無端苦以相加，而進有叛主之逆，退有負親戚賣友朋之憾，「握粟出卜，自何能穀」。 朓之詩曰：「大江流日夜，客心悲未央。」誠哉其可悲乎！

夫朓直未聞君子之教，立身於寡過之地而已，非懷情叵測、陷人以自陷之僉人也，而卒以不令而死。 夫君子之處此，則有道矣：可弗仕，勿仕也；仕可退，無待而退也； 無可退焉，靜而若愚，簡而若蕩； 既已爲文人矣，山川雲物之外，言不及於當世，交不狎於亂人，則莊周所謂才不才之閒者近之。而益之以修潔，持之以端嚴。 亂人曰：此沈酣詞藝而木彊不知道者，未足與謀也。 則雖懷慝而欲相告，至其前而默然已退。 榮不得而加，辱不得而至，福不得而及，禍不得而延，庶其免夫！ 朓之不能及此也，名敗而身隨之，宜矣。 雖然，又豈若范曄、王融、祖珽與魏收之狂悖猥鄙乎？ 諺曰：「文人無行。」未概可以加朓也。

王夫之《讀通鑑論》卷一六《東昏侯紀》 揚雄曰：「鴻飛冥冥，弋者何篡焉？」雄未能踐其言也，若其言，則固可深長思也。 冥冥者時也，飛者道也； 鴻以飛爲道，不待冥始飛也，而所以處冥者得矣。 弋者之不篡，非有篡之之心，限於冥而罷其機牙也。 苟有可篡，則於冥而篡之也滋甚。 唯使弋者忘其篡之情，而後鴻以安於雲逵，其以銷弋者之情已久矣。

王敬則反，欲劫何胤爲尚書令，敬則長史王弄璋曰：「何令高蹈，必不從； 不從，便應殺之； 舉大事，先殺名賢，必不濟。」敬則乃止。 夫胤何以得此於弄璋乎？ 至何點而尤危矣，崔慧景反，逼點召之，點弗能脱，唯日與談佛義，不及軍事。 慧景敗，東昏侯欲殺點，蕭暢曰：「點若不誘賊共講，未易可量。」東昏乃止。 點又何以得此於暢邪？ 點與胤之時冥矣，上有亂君，下有亂臣，而二子若罔知也，守其飛之恒而已。 二子者，學於浮屠氏者也，而守其恒而以自安於道，且若此矣，況君子之忠信爲甲冑，禮義爲干櫓者乎！飛絶於地，而非有擇地。 故二子迫處於吴、越之閒，而不必浮海濱而居荒嶠。飛無求於人而人自仰之。 故暢、弄璋不必與相知，而曲爲之護。 亂君亂臣，弋之不可，而弋之之志自消。 二子豈以飛爲避弋之術哉？ 自翔於雲路，而弋固莫能篡也。

故飛者，非怙之以不可篡也； 冥者，非可乘以飛之機也。 天下無道，吾有其道； 道其所道，而與天下無與。 然而道之不可廢也，不息於冥，亦不待冥而始決也。 持己自正，修其業而人心自順，生死禍福，俟之天，聽之世，己何知焉？ 是故揚雄氏之言，可深長思也，而非固爲暗晦以圖全之陋術也，愈於莊生曳塗之説遠矣。

齊之逆，非曹、馬、劉氏之比也； 東昏之虐，非蒼梧、鬱林之比也； 故蕭衍雖篡，而罪輕於道成。 乃自宋以來，天下之滅裂甚矣，一帝殂，一嗣子立，則必有權臣不旋踵而思廢之。 伺其失德，則暴揚之，以爲奪之之名。 當扆之席未暝，今將之械已成。 謝晦一啓戎心，而接跡以興者不絶，至於東昏立，而無人不思攘臂以仍矣。 江祏也，劉暄也，蕭遥光也，徐孝嗣也，沈文季也，陳顯達也，崔慧景也，張欣泰也，死而不懲，後起而益烈，汲汲焉唯手刃其君以爲得志爾。 身爲大臣，不定策於顧命之日，不進諫於失德之始，翹首以待其顛覆，起而殺之。 嗚呼！ 君臣道亡，恬不知恤，相習以成風尚，至此極矣！

拓拔氏聞風而起，元禧無故而乘其主之出獵，遂欲舉兵以内亂。自有天地以來，人道之逆，未有甚於此時者也。能挽其狂波而扶名義於已墜者，顧不偉與！於是而蕭懿獨秉耿耿之忠，白刃臨頭而不易其節，弟衍説之而不聽，張弘策説之而不聽，徐曜甫説之而不聽；禍將及矣，曜甫知之，勸其奔襄陽，而奮然曰：「自古皆有死，豈有叛走尚書令邪？」可不謂皎皎炎炎，天日在心。而山嶽孤立者乎！沈慶之不忍廢子業而死，猶有低回之心焉，懿則引領受刃，以全大臣之節，尤爲烈矣。一人風之，而天下之心亦動。故自是以後，自非决志簒奪，不敢視嗣君如圈豚、旋擁立而旋執殺之，懿之爲功於名教大矣哉！煬之者謝晦，撲之者懿也。晦罪滔天，而懿之功又豈可泯乎？

孟昶與劉裕同起，盧循寇逼而昶懼以死；蕭穎胄與蕭衍同起，蕭璝兵逼江陵而穎胄懼以死；庸人輕動而喪其神守，裕與衍固不以其存亡爲輕重也。乃昶、穎胄之無定情固矣，假令不死，而裕、衍之勢成，昶、穎胄其能終臣晉、齊乎？抑知己之非裕、衍之敵而不爭乎？昶且爲劉毅，穎胄且爲沈攸之也無疑；則其死也，又裕、衍之幸也。昶死而劉毅無援，穎胄死而衍安坐以有國；天下稍寧，免於兵爭者五十餘年，則穎胄之死，非徒衍之幸，抑天下之幸也。

穎胄之立南康王也，非衍志也，穎胄挾以制衍也。故於諸簒主，唯衍差爲近正者有二：穎胄恇怯，欲請救於魏，其時元英方欲乘亂以襲襄陽，幸其主不從耳，而請援以挑之，是授國於索虜也。衍毅然曰：「丈夫舉事，欲清天步，豈容北面請救戎狄？」則其視劉文静之引突厥以貽後患者爲正矣。穎胄之立南康也，果不忘蕭鸞之血祀乎？抑道成立順帝、蕭鸞立海陵之故智耳。已正君臣之分，而又奪而弑之，則君臣之道，遂淪喪而無餘。衍之東下也，東昏已死於張稷之手，衍乃整勒部曲以入建康，自以宣德太后令承制受百僚之敬，而非受命於南康。南康王至姑孰，而衍已自立，未嘗一日立於南康之廷。非己立之，未嘗臣之，則視唐之奉代王而逼之禪也，又有閒矣。故曰視諸簒者爲近正也。藉令穎胄不死，必陽奉南康以與衍爭，而規滅衍以自簒；不勝，則北引索虜以殘中國僅存之統，王琳之禍，穎胄先之矣。故穎胄之死，非徒衍之幸，抑天下之幸也。

乃若衍之惡不可掩者，則弑和帝是已。衍固欲置之南海，而沈約以危詞動之，然衍以是惡約，奪其權而加以惡謚，則衍且有自艾之心矣。若穎胄之茸頑，而欲師道成、鸞之故轍，死而其慝隱耳，衍之所不屑也。

《南史》卷八《梁本紀論》 帝王之位，天下之重職，文武之道，守國所常遵。其於行用，義均水火，相資則可，專任成亂。觀夫有梁諸帝，皆一之而已。簡文文明之姿，稟乎天授，粤自支庶，入居明兩，經國之算，其道弗闡。《宫體》所傳，且變朝野，雖主虚號，何救滅亡。元帝居勢勝之地，啓中興之業，既雪讎恥，且應天人。而内積猜忍，外崇矯飾，攀號之節，忍酷於踰年；定省之制，申情於木偶。竟而雍州引寇，釁起河東之戮，益部親尋，事習邵陵之窘。悖辭屈於僧辯，殘虐極於圓正，不義不昵，若斯之甚。而復謀無經遠，心勞志大，近捨宗國，遠迫强隣，外弛藩籬，内崇講肆，卒於溘至戕隕，方追始皇之迹，雖復文籍滿腹，何救社廟之墟。歷觀書契以來，蓋亦廢興代有，未見三葉遘愍，頓若蕭宗之酷。敬皇以此沖年，當斯頽運，將不高揖，其可得乎。初，武帝末年，都下用錢，每百皆除其九，謂爲九佰，竟而有侯景之亂。及江陵將覆，每百復除六文，稱爲六佰。識者以爲九者陽九，六者百六，蓋符歷數，非人事也。

善乎鄭文貞公論之曰：高祖固天攸縱，聰明稽古，道亞生知，學爲博物，允文允武，多藝多才。爰自諸生，有不羈之度，屬昏凶肆虐，天倫及禍，糾合義旅，將雪家冤。曰紂可伐，不期而會，龍躍樊、漢，電擊湘、郢。翦離德如振槁，取獨夫如拾遺，其雄才大略，固無得而稱矣。既懸白旗之首，方應皇天之眷，布德施惠，悦近來遠。開蕩蕩之王道，革靡靡之商俗。大修文教，盛飾禮容，鼓扇玄風，闡揚儒業。介胄仁義，折衝尊俎，聲振寰宇，澤流遐裔，干戈載戢，凡數十年，濟濟焉，洋洋焉，魏、晉以來，未有若斯之盛也。然不能息末敦本，斲彫爲樸，慕名好事，崇尚浮華，抑揚孔、墨，流連釋、老。或終夜不寢，或日旰不食，非弘道以利物，惟飾智以驚愚。且心未遺榮，虚厠蒼頭之伍，高談脱屣，終戀黄屋之尊。夫人之大欲，在乎飲食男女，至於軒冕殿堂，非有切身之急。高祖屏除嗜欲，眷戀軒冕，得其所難，而滯於所易，可謂神有所不達，智有所不通矣。逮夫精華稍竭，鳳德已衰，惑於聽受，權在姦佞，儲后百辟，莫能盡言。險躁之心，暮年逾甚，見利而動，愎諫違卜。開門揖盜，棄好即讎，釁起蕭牆，禍成戎、羯，身殞非命，災被億兆。衣冠斃鋒鏑之下，老幼粉戎馬之足，瞻彼《黍離》，痛深周廟；永言《麥秀》，悲甚殷墟。自古以安爲危，既成而敗，顛覆之速，書契所未聞也。《易》曰：「天之所助者順，人之所助者信。」高祖之遇斯屯剥，不得其死，蓋動而之險，不由信順，失天人之助，其能免於此乎。太宗敏叡過人，神采秀發，多聞博達，富贍詞藻。然文豔用寡，華而不實，體窮淫麗，義罕疏通，哀思之音，遂移風俗，以此而貞萬國，異乎周誦、漢莊矣。我生不辰，載離多難，桀逆構扇，巨猾滔天，始同牖里之拘，終類望夷之禍，悠悠蒼昊，其可問哉。昔國步初屯，兵纏魏闕，羣后釋位，投袂勤王。元帝以盤石之宗，受分陝之任，屬君親之難，居連率之長，不能撫劍嘗膽，枕戈泣血，躬先士卒，致命前驅。遂乃擁衆逡巡，内懷觖望，坐觀國變，以爲身幸。不急莽、卓之誅，先行昆弟之戮。又沈猜忍酷，多行無禮，騁智辯以飾非，肆忿戾以害物，爪牙重將，心膂謀臣，或顧眄以就拘囚，或一言而及葅醢，朝之君子，相顧懍然。自謂安若泰山，算無遺策，怵於邪説，即安荆楚。雖元惡克翦，社稷未寧，而西隣責言，禍敗旋及，斯乃上靈降鑒，此焉假手，天道人事，其可誣乎。其篤志藝文，採浮華而棄忠信，戎昭果毅，先骨肉而後寇讎。口誦《六經》，心通百氏，有仲尼之學，有公旦之才，適足以益其驕矜，增其禍患，何補金陵之覆没，何救江陵之滅亡哉！敬帝遭家不造，紹兹屯運，征伐有所自出，政刑不由於己。時無伊、霍之輔，焉得不爲高讓歟！

司馬光《稽古録》卷一四　武帝當齊之季，任居方面，危不自安，乘時奮起，以除昏主，而成大業。及享國日久，普通、大通之際，遭魏氏衰微，王公、牧守綴屬而歸之，戎車北征，至於洛汭。觀其勤身約己，好尚文雅，拊循士大夫，亦可謂恭儉寬惠之君矣；然以萬乘之主，爲桑門之行，屈身傾國以奉浮屠，恩勝於威，紀綱不立，信佞臣之謀，貪河南之地，棄與國，寵叛人，遂使臺城覆没，老而餒死，江、淮以南鞠爲荆棘，其知未足稱也。夫德澤不能及，而享其大利，聖人禍之。譬如悦盜財之賊，而延之入室；財不可得，而喪其所有，必矣！其子孫各擁强兵，列居重鎮，不救君父之危，而窺間乘便，更相屠滅。元帝於兄弟之中，殘忍尤甚，是以雖翦兇渠而克復故業，旋踵之間，身爲俘馘；豈特人心之不與哉，亦天地之所誅也！

《全宋文》卷一七一三李清臣《梁論》　先王之教，皆本於禮義，世之不得則不生，如此其急也。然而禮義之教，至後世日以消亡，而以之大亂。有賢者出，莫不欲引古而復之，而已亡之教終不能復。佛者，夷狄之教也，一入中國，中國之人爲之奔走，惟恐在後。衣食可絶，而佛費以爲不可絶；法可犯，而所謂戒律者以爲不可犯；父母可慢，而以爲佛不可慢。流熾植大，至於今世而日以盛。有賢者出，攘袂而詬之，操矛而攻之，力憊矣而終不能去。何禮義之去而不可復，佛之來而不可去也？是亦有説焉。夫小人之情，好私而忌公。禮義惟公，而佛惟私，小人常多而君子常少，此禮義之所以易衰而佛之所以易盛也。所謂公與私者何謂？今夫禮義之爲教，人果秩秩而循之，則終身安焉，而不抵於戮辱，其利於人者爲不少矣，而小人莫爲。彼佛者之説，則曰：汝且終日放其情欲，殺人以逞，欺衆以牟財。已而事吾佛，則罪釋而無害。汝且朝而爲惡，夕而事佛，壯而爲惡，晚而事佛，不惟罪釋而無害，且有厚禄而加汝焉。書其效於紙，揭其狀於壁，小人既不能無爲惡，故爲惡而得利，則分其財於佛之徒以求解。如是盡天下之室爲佛居，舉天下之衆爲佛徒，亦不足怪也。故曰：「小人之情好私而忌公，禮義惟公而佛惟私，小人常多而君子常少。」小人固無足異矣，又況世之君子，時有陷溺於其教，榜而唱之者耶？嘗觀東漢以來佛説之惑世，晉之末凶悍驕逆，屠滅生靈以爲戲，其暴過於豺狼者，莫甚於姚興，禮義曾不足以動之，而畏佛最甚。下此則高齊，既以戰得之，弗返於禮義以靖亂，而欲事佛以自救。蕭衍之用兵亦工矣，侯景之師將至於城下，而率其臣誦佛於庭，卒以此亡國，不亦悲哉！夫既天下之信尚之也，小人之倚佛以爲貨者，把執禍福，嚇欺愚聾，如挾券質，量其所入金錢之少多而交手貿責。上至於京師，下至於夷虜，至於一邑之衝，一鄉之聚，必有其徒焉。如是者紛紛於天下，上之人不能盛禮義之教以敵，其所以爲治者，一皆出於文法，固已薄矣。而文法又多爲姦吏之所貨，姦民之請於吏，隨其重輕，或可以得意。幽則約於佛，明則要於吏，私既勝而公道廢，王者禮義之教，皆不預天下之權。嗚呼！安求其不大亂也？斯弊也根固而源遠，不可以亟拔，不可以亟塞矣。後之君臣陷溺於此者，其不觀梁之所爲乎！

葛勝仲《丹陽集》卷七《梁論》　古之興王既定天下，莫不創立典憲，維持後世。迨其末塗，子孫驕傲，忘其先祖艱難，然後殘命亡世，殆其國家，蓋自三代以下皆然。至躬創大業而昧於持守，禍亂四作，親於其身者，一梁武帝耳。嗟乎！武帝起襄陽，褰裳奮袂，矜夸前功，心侈意廣，經略注措，顛倒謬戾，凡季世昏主之迹，皆取而踐之。則國之顛覆，不俟異世宜也。尋其棄違嘉謀，妖夢是踐，弗戒洛口之奔，弗監馮亭之禍，而招納河南之叛；既已王之矣，而携貳於心，衰其禮遇，結好齊國，欲止而歸之。彼非偶人，能無憤怨於心乎？已而封豕長蛇，突我黄屋，又不能破以奇謀而羈以勝算，徒拱手端然以待覆滅，低回紆鬱，竟瘐死於臺城，其幹略安在哉？且武帝享御四十八載矣，械用犀利，宜倍於檀溪，武旅精强，宜加於全雍。往以人臣弄兵，以逆攻順而有濟；今以人君問罪，以順討逆而無功。往以一鎮之弱而取天下，今以天下之强而不能平一鎮。是豈取之易而守之難乎？特始勤終怠故耳。且其平日信仗者，朱异也，而緩急非可用；平日依憑者，柳仲禮也，而將略非所長。異時耽味於内典，而無益於攻戰之謀；異時信向於桑門，而難驅於兵刃之際。則太清之禍，其誰禦之？鄉使移三蠹之寵以禮謀臣，回同泰之費以結士卒，沈約輩不以才誅，劉顯等不以能黜，則雖百侯景亦可談笑而臣之，何至倉皇失圖而身以僇没也！其後簡文幽於永福，元帝覆於江陵，方智迫於陳氏，三世皆不得其死，祀亦不傳，則以創業之不善耳。噫！創業以治，猶懼其亂；創業以亂，則再傳而遂亡，猶爲幸也。

李燾《六朝通鑑博議》卷八《梁論》　臣嘗論武帝居可爲之時，而無必爲之志。普通、大普之際，元魏已衰，女主顓朝，奸臣擅命，危亡之形已可見矣。武帝乃命夏侯亶拔壽春，湛僧智挾廣陵，韋放拔渦口，淮上之地，一旦盡復；又命陳慶之送元顥還北，慶之自銍城乘虚進兵，取三十二城，四十七戰所向皆克，魏主遂棄洛陽渡河走，真所謂有可爲之時矣。使武帝既居可爲之時，而有必爲之志，分命諸將，乘破竹之威，與慶之犄角，一軍踰函關，徇秦隴，一軍度青水，掠青齊，一軍跨河，追躡魏主；時元顥既得志，已有叛梁之謀，因命慶之數其背叛之罪，斬顥據洛，嚴勒中軍，爲諸將節度。河南之人既失其上，無自固之心；青齊、秦隴聞王師之至，必皆降附。然後秦隴之軍，自臨晋濟河，青齊之軍，自碻磝濟河，諸軍並進，以蹙元魏；元魏雖有爾朱榮之兵，又何足以抗吾堂堂之鋒哉？如是，則元魏之主，必面縛軍門，而混一之功成矣。奈何慶之之行，才與衆七千人，又不遣兵應援，遂使元魏復强，而慶之有沙門之竄，武帝謀之不善故也。况武帝崇尚浮屠，舍身施佛，今日造一寺，明日建一塔；將帥之謀不暇顧問，軍旅之事豈復究懷！非惟混一之功，齟齬無成，至於邊鄙之防，例皆闊略。所以侯景舉河南之地來降，不能深思遠慮，而墮其姦計。夫武帝有可以混一之理，而不能成混一之功；侯景之來，所不當受，而又輕納其降，既不能得河南，則與宗社而並棄之。孰謂武帝爲有謀乎？元帝以藩王將兵，討平侯景，功足尚矣；然自元帝叔侄自相魚肉，不旋旆建康，而止都江陵，卒爲外寇所乘，終禍嗚呼。如武帝之賢，而尚不克於此，則元帝又何責哉！

周應合《景定建康志》卷三四吕祖謙《梁論》　陳慶之以東南之兵數千，入中原胡馬强盛之地，大小數十戰，未嘗少挫，遂入洛陽，六朝征伐之功，未有若是之快者也。然卒以敗歸，理亦宜然。何以言之？夫孤軍獨進，不能成功，自古以然。當時梁武使諸道並進，乘魏人上下崩離之際，分收郡縣，河南之地必可取也。慶之既至洛陽，縱士卒暴横市里，此豈弔伐之師乎？當時能整軍陣，宣布梁德，取不樂爾朱氏之人而用之，改立魏主，則河南之地雖不版圖，必當爲附庸之國矣。南人善步戰而少馬，慶之能鏖北兵於平原曠野，使挾戰而用，胡可敵哉？自入敵地，務廣騎兵，使不樂南之人與南人善射參用之，縱不能守洛陽之地，多得騎軍，猶足以歸壯國勢，且安得有嵩陽之敗哉？然慶之與元顥更相猜忌，則廣丘之計，顥必不行。以此觀之，慶之之進退專之可也，顥之成敗不可任也。恤顥之成敗而不恤軍旅之衆寡，非計之善者也。夫慶之固奇才，不易議也。著其所不及，以俟有慶之之才者觀焉。

梁之亡也以侯景。武帝納景，得禍也速，受禍也重。元帝僅能滅景，而卒不能振其國家，悲夫！昔馮亭以上黨輸趙，平原欲受之，趙豹曰：「聖人甚禍無故之利。」太史公曰「利令智昏」，武帝之納侯景是也。夫景自以猜疑不容於高氏，反覆南來，既非吾兵威之所加，又非吾馳説之所下，忽以三十州數千里之地來歸，斯可謂無故之利矣。武帝思慮朝臣諫説非不詳矣，始疑而卒納之，可謂利令智昏矣。趙之與梁，得地各異，而受禍相似。趙致長平之師，幾至國亡；梁致臺城之陷，亦至於亡國。是禍又甚於趙也。趙有强秦之敵摧之以致禍，梁氏既無强秦之敵而獨一侯景已足以致亂，是又出於趙之下也。然則在武帝勿受可乎？曰方高氏、宇文制東、西魏，與鼎立三分，地廣兵强者勝，如之何勿受？受之有道乎？曰景之初叛，先降西魏，二人已覺其詐，于謹則請加爵位而勿遣兵，王思政則請因而進取。乃使思政與李綽弼等赴之，故已制其肘腋矣。已而思政入潁川，逐景出之，則已傾其巢穴矣。而又召景入朝，則伐其姦謀矣。景既不入朝，思政遂據景七州十二鎮之地。

是魏因納景，不血刃而取千餘里之地。武帝施設羅網，略無西魏之一二，何爲而可納？武帝既信其姦詐，而以羊鴉仁應接，鴉仁非景敵也，不足以制景。一失也。又信朱异，捨鄱陽王範而以淵明爲帥，卒有寒山之敗，致軍折於外，景益無所憚。二失也。景之地不得尺寸，既失景地，何用於景，不殺則廢之可也，反豢養於邊陲。三失也。方景之未來而貳於宇文，説辭自辯，不能逆折其情，則曲意爲詔以安之；既而奔亡入境，不能制畜，遂捨鈐鍵而縱之；盜據邊疆，則又從而與之；跋扈不遜，則又虛辭而説之；高氏以淵明爲間，則又不能推大信於景而欺之；謀反已露，則又不能逆擊而討之。梁之失也如此。其所施之方略，所用之將帥，與西魏何相萬萬也！故非獨不得景尺寸之地，而又不得景絲毫之力，而受丘山之禍，由梁武所用非其人而制置失其宜故也。夫無故之利，無時無之，方略制置，尚鑑茲哉！

黃震《讀史日鈔》卷上《齊梁》 齊人才無足道。梁之韋叡，其臨陣勇，其執事敬，其律己廉，其與人惠，其居官明。功成身退，日課諸兒以學，而力慕萬石、陸、賈之爲人。愚謂以叡視賈，進退雖畧相當而功烈過之多矣。若萬石特一謹厚其人，他無寸長，何足以望叡之一二？而叡顧拳拳於慕之者，明哲保身之道而君子長者之心也。嗚呼！孰謂齊梁之世而乃有若而人耶？况當是時武帝方鋭意釋氏，天下從風而化，獨叡不與俗俯仰，所謂中流砥柱不其然乎。嗚呼！叡亦豪傑之士也哉。六朝乍起乍滅，生民塗炭，推所自來，實原於三綱淪、九法斁，而君臣上下之義不明也。《南史》分國以傳其臣似矣，然仕於齊者往往嘗仕於宋，今日之仕於梁者他日未必不仕於陳也，亦何取於分國也哉？愚觀六朝惟陶淵明不事二姓，其次則褚炤之議褚彦回，王琳之伐陳霸先。君臣上下之義章章明甚，其餘紛紛若沈約之流，皆當以歐陽公五代雜臣之法處之可也。至於柳元景之事宋，功成身退，不與百姓爭利，馮道根之在梁，戰勝攻取，口不言功，傅縡、章華之在陳，忠言讜論，死而不悔，皆六朝之景星鳳凰，可以廉頑立懦。彼有一論建之善，一政事之修，雖非顯顯，而不處禪伐之際，不見向背之迹者，則可各以其國附。秦皇滔侈務誇誕創爲封建，遂爲後世治平之病。兵革甫息，瘡痍甫瘳，則東封西祀之事輒興，民生無復見古昔之盛，皆秦皇之事禍之也。梁有許懋，獨能辭而闢之，掃秦漢之陋習，發萬古之光明，卓卓乎天人也哉。

王夫之《讀通鑑論》卷一七《梁武帝》 齊、梁之際，天下始有志節之士。馬仙琕之不降也，何胤、何點之召而不赴也，顔見遠之死也，梁武能容之，而諸君子者，森森自立於人倫，晉、宋以來頑懦之風，漸衰止矣，非待梁武之奬勸之也。夫齊之得國也，不義之尤者，東昏之淫虐亦殊絶，而非他亡國之主所齒，齊亦何能得此於天下士哉？

風教之興廢，天下有道，則上司之；天下無道，則下存之；下亟去之而不存，而後風教永亡於天下。大臣者，風教之去留所託也。晉、宋以降，爲大臣者，怙其世族之榮，以瓦全爲善術，而視天位之去來，如浮雲之過目。故晉之王謐，宋之褚淵，齊之王晏、徐孝嗣，皆世臣而託國者也，乃取人之天下以與人，恬不知恥，而希佐命之功。風教所移，遞相師效，以爲固然，而矜其通識。故以陶潛之高尚，而王弘不知自媿，强與納交，已不媿而天下孰與媿之？則非凛秋霜、懸白日以爲心，亦且徜徉而有餘地。至於東昏之世，尸大位、秉大政、傳此鬻君販國之衣鉢者，如江祏、劉暄、沈文季、徐孝嗣之流，皆已死矣。東昏所任茹法珍、梅蟲兒諸宵小，又皆爲人賤惡而不足以惑人。其與梁武謀篡者，則沈約、范雲，於齊無肺附之寄，而發跡於梁以乍起者也。於是而授受之際，所號爲薦紳之領袖者，皆不與焉。則世局一遷，而夫人不昧之天良，乃以無所傳染而孤露。梁氏享國五十年，天下且小康焉。舊習祓除已盡，而賢不肖皆得自如其志意，不相謀也，不相溷也。就無道之世而言之，亦霆雨之旬，乍爲開霽，雖不保於崇朝之後，而草木亦蓁蓁以嚮榮矣。

「人之云亡，邦國殄瘁。」故黨錮興而漢社移，白馬沈而唐宗斬；世臣之重繫安危也，繼治之世然也。宿草不除，新荑不發，故宋、齊鬻君販國之老姦絶，而齊有自靖之臣；世臣不足倚而亟用其新也，繼亂之世然也。若夫豪傑之士，豈有位大權尊、名高族盛者在其目中哉？「八表同昏，平路伊阻」，陶令之風，不能以感當時，而可以興後世，則又不可以世論者也。

謝朏與何點、何胤同徵不赴，而朏忽自至，角巾白輿，拜謁以受司徒之命，人知醜之，亦知朏之不終其節者，何以冒天下後世之譏而不恤邪？朏於時老矣，且受三事之命，終不省録職事。當無所希冀之暮年，而未嘗貪權利以自裕，朏何昧於名實哉？蓋有迫之者也。孰迫之？子弟之迫之也。蓋謝氏於此，歷三姓而皆爲望族，朓死而勢衰，朏終隱而其族之氣燄熄矣。當鬱林且弑之日，朏戒弟瀹以勿與，齊明篡而不與推戴之功，子弟方且怪焉。迨東昏虐殺而幸保其宗，朏可以先見服其子弟。及梁篡而朏猶遠引，子弟又不能弗怪也。已而梁位定，梁政行，粲然可觀，則子弟觀望之心釋，而競進之志不可遏。朏不出而見絶於當世，則閨門之内，相迫以不容，朏於此亦無可如何，而忍恥包羞，不憚以老牛爲犧，而全其舐犢之恩也，是可悲也。

至尊者君，而或能抗之矣；至親者父，而或且違之矣；瑣瑣禽犢，敗人之名節，垂老而喪其本心，亦可畏也夫！悠悠天下，孰有如王思遠之於兄晏，勸其自裁而免於逆死者乎？「母也天只，不諒人只」，父母之不諒，可形之歌歎，而子弟之相煎，其威更踰於天。白首扶筇，唯其所遣，一至此哉！陶令之子，不愛紙筆，幸也，而何歎焉？

晉武任賈充而亂其國，宋武任謝晦、傅亮而翦其子，故梁廢王亮爲庶人，用徐勉、周捨而抑沈約，誠有鑒於彼也。充、晦、亮，魏、晉之世臣也，何怨於故君，而望風獻款，屋其社，餒其鬼，殲其血胤，不問而可爲寒心。晉、宋之主，舉國而聽之，何其愚邪？

或曰：人爲我犯難以圖，我因以得天下，既得而忘之，疑於寡恩。晉、宋之主所以沾沾而不忍，亦過之失於厚者也。漢高之斬丁公，則過之失於薄者也。失之厚而禍非所謀，亦奚必不可哉？

曰：此不可以小人懷惠之私爲君子之厚也。亂人不死，天下不寧，怙惡相比，懷其私恩，則禍亂弗懲；豈區區較量於厚薄者乎？晉惠公殺里克，傳《春秋》者，謂里克非惠公之所得殺，非也。亂臣賊子，天下無能正其罰，而假手於所援立之君，天道也，非人之所可用其厚薄之私者也。梁武之於此，天牖之，弗容自昧矣。沈約之於齊，仕未顯也，故其罪輕於王亮，亮，大臣也，約雖抑而不廢，亮永廢而不庸，天理之差也。張稷逃於刑而死於叛民，惡尤烈於亮與約也。天之所罰，梁不逆焉，故得免於賈充、謝晦之禍。若不能免媿於己，因以恕人，相勸以惡，而禍乃不訖。以之爲厚，自賊而賊世，庸有救乎？

緹縈、吉翂之事，人皆可爲也，而無有再上漢闕之書、撾梁門之鼓者，曠千餘年。坐刑之子女，亦無敢聞風而效之，何也？不敢也。不敢者，非畏也，父刑即不可免，弗聽而已矣，未有反加之刑者，亦未有許之請代而殺之者，本無足畏，故知不畏也。不畏而不敢者，何也？誠也。平居無孺慕不舍之愛，父已陷乎罪，抑無驚哀交迫之實。當其撾鼓上書之日，而無決於必死之心，青天臨之，皎日照之，萬耳萬目交注射之，鬼神若在其上而鑒觀之，而敢飾説以欺天、欺鬼、欺人、欺己，以欺天子與法吏也，孰敢也？緹縈、吉翂之敢焉者，誠也；天下後世之不敢效者，亦誠也。誠者，天之道也，人之心也。天之道，其敢欺也乎哉！於是而知不敢之心大矣。

天有所不敢，故冬不雷而夏不雪；地有所不敢，故山不流而水不止；聖人有所不敢，故禹、湯不以天下與人，孔子述而不作。人皆有不敢之心，行於惻隱羞惡辭讓是非之中，君子以立誠而居敬。昧其所不敢，而效人之爲以欺天下，則違天而人理絶。王莽自以爲周公，曹丕自以爲舜、禹，敢也；揚雄以《法言》擬《論語》，王通以《元經》擬《春秋》，敢也。聞古有之，不揣而倣之，愚夫愚婦所不自欺之心，僻而辨、僞而堅者，無所憚而爲之，皆自絶於天者也。然則有效緹縈、吉翂之爲者，明主執而誅之可也。

惟以勢利爲心，則無所不至，故鄙夫而與事君，上以危國而下以亡身也，必矣。趙修得幸於元恪，甄琛、王顯諂附之，高肇忌修，將登其姦，琛、顯懼而背修附肇，助肇攻修，密加重刑，殺修以滅口，險而很也如是，亦可畏哉！雖然，無足怪也，鄙夫之情所必至也。小人之與鄙夫，氣相翕而忘其相害，機相制而不畏其相傾，非異也；所異者，君子不審，見其反面相攻，而信以爲悔過自新，撫而收之，則愚矣。過有可悔，有不可悔。沈溺佞幸羶穢之中，與相膠漆，過之不可悔者也，而何爲聽之？

《易》曰：「君子豹變。」言豹文蔚紆勿切而不章，雖能變物，而小人之所革者，徒面而已，中固未革，莫之變也。蔡京不旬日而盡改新法，司馬公何爲而信之哉？工於面者忍於心，疾叛其所與交狎者，致之死亡而心不爲之怵，斯人也，雖在脅從罔治之科，而防之也必嚴。故聖人之待人恕矣，而斥言其不可與事君，絶之唯恐其不至也。開以悔過之科，則鄙夫之悔也，捷於桴鼓，一無所不至之情耳。君子而爲其所罔哉！

三代之教，一出於天子所立之學宮，而下無私學。然其盛也，天子體道之精，備道之廣，自推其意以爲教，而師儒皆喻於道，未嘗畫近小之規，限天下之聰明，以自畫於章程之内。其道略見於《大學》，若是乎其淵深弘博，而不以登天爲疑也！且自天子之子以降無異學，公卿大夫士之子弟，自以族望而登於仕，非以他日受禄，歆之以利而使學，故學者亦無苟且徇時，求合於章程以徼名利，則學雖統於上，而優游自得者，無一切之法以行勸懲，亦猶夫人之自爲學焉而已也。乃流及於三季之末，文具存而精意日以泯忘，國家之教典，抑且爲有志之士所鄙，而私學興、庠序圮矣。非但其法之弛也，法存而以法限之，記問之科條愈密而愈偷也。以三代之聖王不能持之於五世之後，而況後之有天下者，道不本諸躬，教不盡其才，欲以齊天下之英才而羈絡之，不亦難乎！

乃或爲之説曰：「先王以學域天下之耳目心思而使不過，然則非以明民而以愚民，學其桎梏乎？」後世之學，其始也爲桎梏，而其後愈爲君子所不忍言，故自周衰而教移於下。夫孔子豈爲下而倍，尸天子之道統乎？教亡於天下，聖人之所重憂，不容不身任之，亦行天子之事，作《春秋》而任知罪之意也。教移於下，至秦而忌之，禁天下以學，而速喪道以自亡。然則後之有天下者，既度德、量力、因時，而知不足以化成天下，則弘奬在下之師儒，使伸其教，雖未足以幾敬敷五教、典胄教樂之盛，而道得以不喪於世。梁武帝既置五經博士於國學，且詔州立學矣，而不敢自信爲能培養天下之俊士，一出於鄉國之教也，又選學士往雲門山就何胤受業，知教之下移而不錮之於上，亦賢矣哉！

三代以還，道莫明於宋，而溯其所始，則孫明復、胡安定實開其先，至於程、朱而大著，朱子固嘗推孫、胡之功矣。夫宋於國學郡縣之學，未嘗不詳設而加厲也，而教之所自興，必於孫、胡；道之所自明，必於程、朱；何也？國家以學校爲取舍人才之徑，士挾利達之心，桎梏於章程，以應上之求，則立志已荒而居業必陋。天子雖欲游學者之志於昭曠之原而莫繇，固不如下之爲教爲學也，無進退榮辱之相禁制，能使志清而氣亦昌也。韓侂胄、張居正亟起而陻塞之，嗚呼！罪浮於桀、紂矣。

或曰：「教出於下，無國家之法以糾正之，則且流於異端而爲人心之害。」是固然也，即如何胤者，儒而詭於浮屠氏者也。然所惡於異端者，爲知有學而擇術不審者言耳。若夫壞人心、亂風俗、釀盜賊篡弑危亡之禍者，莫烈於俗儒。俗儒者，以干禄之鄙夫爲師者也，教以利，學以利，利乃沁人於人心，而不知何者之爲君父，固異端之所不屑者也。即如何胤者，以浮屠亂道矣，然王敬則欲召與同反而不敢召，武帝徵與謀篡而終不就，大節固不踰矣。若彼守國家教術之章程，桎梏於仕進之捷徑者，則從亂臣賊子而得顯榮，亦曰：「吾之所學求利達者本無擇也，誦詩讀書以徼當世之知而已矣。」則其清濁之相去，不已天地懸隔哉！故孟子之論楊、墨曰：「歸斯受之。」歸而可受者，所學非，而爲己之初心可使正也。俗儒奉章程以希利達，師鄙夫而學鄙夫，非放豚也，乃柙虎也，驅之而已矣，又何受焉？教移於下而異端興，然逃而歸焉可俟也，非後世學宫之教，柙虎而傅之翼者比也。上無禮，下無學，而後賊民興，學之統在下久矣。

弛鹽禁以任民之採，徒利一方之豪民，而不知廣國儲以寬農，其爲稗政也無疑。甄琛，姦人也，元恪信之，罷鹽禁，而元勰邢巒之言不用。夫琛之欺主而恪聽其欺，固以琛爲利民之大惠，而捐己以從之也。人君之大患，莫甚於有惠民之心，而小人資之以行其姦私。夫琛之言此，非自欲乾没，則受富商豪民之賂而爲之言爾。於國損，於民病，奚恤哉？

嗚呼！民之殄瘁也，生於竊據之世，爲之主者，惠民之心，其發也鮮矣。幸而一發焉，天牖之也。天牖之，小人蔽之，蔽焉而尼之不行，雖有其心，如無有也，猶可言也。蔽焉而借之以讎其姦私，則惠民之心於以賊民也，無可控告也。上固曰：「吾以利民也，其以我爲非者，必不知恩者也，必撓上而使不得有爲者也，必懷私以牟利者也。」而小人之藏慝，終不覺其爲邪。哀此下民，其尚孰與控告哉？不信仁賢，而邪佞充位，仁而祇以戕，義而祇以賊，毒流天下，而自信爲無過。於是而民之死積，而國之危亡日迫而不知。太平之歌頌盈於耳，而鴻鴈之哀鳴徧於郊。其亡也，不足恤也。民亦何不幸而生斯世也！

將不和，則師必覆，將豈易言和者哉？武人之才不競，則不足以爭勝，有功而驕，其氣鋭也；無功而忮，其恥激也；智者輕勇者而以爲爪牙，勇者藐智者而譏其嚅諾，氣使之然也。呴呴然易與，而於物無爭，抑不足稱武人之用矣。韓信任爲大將，而羞伍樊噲；關羽自命親臣，而致忿黄忠；不和也而導之以和，非君與當國大臣善爲調馭，安能平其方剛之氣乎？漢高能將將矣，而不能戢韓信之驕，無以得信之情也。武侯、費詩能消關羽之戾，能得羽之情也。

曹景宗，驍將也，韋叡執白角如意、乘板輿以麾軍，夫二將之不相若，固宜其相輕矣。武帝豫敕景宗曰：「韋叡，卿之鄉望，宜善敬之。」得將將之術矣。敕叡以容景宗易，敕景宗以下叡難。然而非然也，叡能知景宗之鷙，而景宗不能知叡之弘，景宗之氣歛，而何患叡之不善處景宗邪？且其詔之曰「韋叡，卿之鄉望」，動之以情，折之以禮，而未嘗有所抑揚焉。叡以景宗之下已，而讓使先已告捷，景宗乃以叡之不伐，而變盧雉以自抑。如其不然，叡愈下而景宗愈亢，叡抑豈能終爲人屈乎？武帝曰：「二將和，師必濟。」自信其御之之道得也。鍾離之勝，功侔淝水，豈徒二將之能哉。

梁制：尚書令史，並以才地兼美之士爲之，善政也，而亦不可繼也。何也？掾史之任，凡簿書期要，豪毛委瑣，一或差謬，積之久則脱漏大，而下行於州郡吏民者爭訟不已，其事褻矣。故修志行者，不屑問焉。刑名錢穀工役物料之紛亂，無賞罰以督其後，則不肖者縱以行私，賢者抑忽而廢事，若必嚴以賞罰，則以細故而傷清流之品行，人士終厭棄而不肯爲；其屑爲之者，必其冒昧而不惜廉隅者也。則其勢抑必於令史之下，别委簿書之職於胥役，而令史但統其綱。是以今之部郎，仍置吏書以司案籍，則令史虚懸而權仍下替。蓋自有職官以來，皆苦胥吏之姦詭，而終莫之能禁。夫官則有去來矣，而吏不易，以乍此乍彼之儒生，仰行止於習熟之姦吏，雖智者不能勝也。於是而吏亦有三載考成、别遷曹署之例，然而無補也。官者，唯朝廷所命，不私相授受者也；吏雖易，而私相授受者無從禁止。且其繁細之章程，必熟嘗而始悉，故其練達者，欲弗久留其司而不得；易之，而欲禁其授受也，抑必不能；則其玩長上以病國殃民，如尸蚘之在腹，殺之攻之，而相續者不息。此有職官以來不可革之害，又將奚以治之邪？

夫姦吏亦有畏焉，訶責非所畏也，清察非所畏也，誅殺猶非所畏也，而莫畏於法之簡。法簡而民之遵之者易見，其違之者亦易見，上之察之也亦易矣。既有疏漏，可容侵罔者，亦纖微耳，不足爲國民之大害也。唯制法者，以其偶至之聰明，察絲忽之利病，而求其允協，則吏益爭以繁密詰曲銜其慎而讎其姦。雖有明察之上官，且爲所惑蔽，而昏窳者勿論矣。夫法者，本簡者也，一部之大綱，數事而已矣；一事之大綱，數條而已矣。析大綱以爲細碎之科條，連章屢牘，援彼證此，眩於目而熒於心，則吏之依附以藏慝者，萬端詭出而不可致詰。惟簡也，劃然立不可亂之法於此，則姦與無姦，如白黑之粲然。民易守也，官易察也，無所用其授受之密傳；而遠郊農圃之子，苟知書數，皆可抱案以事官。士人旦絃誦而暮簿領，自可授以新而習如其故，雖間有疏脱，而受其愚蔽，不亦鮮乎！則梁以士流充令史之選，治其末而不理其本，乍一清明而後必淆亂，故曰不可繼也。語曰：「有治人，無治法。」人不可必得者也，人乃以開治，而法則以制亂，安能於令史之中求治人乎？簡爲法而無啓以亂源，人可爲令史也，奚必士哉？

聖王之教，絶續之際大矣哉！醇疵之小大，姑勿苛求焉，存同異於兩閒，而使人猶知有則，功不可没已。其疵也，後之人必有正之者矣。故君子弗患乎人之議己，而患其無可議也。周公而後，至漢曹褒始有禮書；又閱四姓，至齊伏曼容始請修之；梁武帝乃敕何佟之、伏暅終其事，天監十一年而五禮成。其後嗣之者，唯唐開元也。宋於儒者之道，上追東魯，而典禮之修，下無以繼梁、唐，是可惜也。朱子有志而未逮焉，蓋力求大醇而畏小疵，慎而葸，道乃息於天下矣。夫以彝倫攸斁之張孚敬而小有釐定，抑可矯歷代之邪誣而反之於正。若懼其未盡物理而貽後人之擿發，則又何所俟而始可愜其心乎？有其作之，不患其無繼之者。秦滅先王之典，漢承之而多固陋之儀，然叔孫通之苟簡，人見而知之，固不足以惑天下於無窮也。若叔孫通不存其髣髴，則永墜矣。曹褒之作，亦猶是也，要其不醇，亦豈能爲道病哉？至於梁而人知其謬，伏曼容諸儒弗難革也。如封禪之説成於方士，而諸儒如許懋者，正名其爲緯書之邪妄，辨金泥玉簡之誣，闢鄭玄升中之誤。繇此推之，梁之五禮，其賢於漢也多矣。然非有漢之疵，則亦然據以成梁之醇。故患其絶也，非患其疵也，疵可正而絶則不復興也。

夫禮之爲教，至矣大矣，天地之所自位也，鬼神之所自綏也，仁義之以爲體，孝弟之以爲用者也；五倫之所經緯，人禽之所分辨，治亂之所司，賢不肖之所裁者也；舍此而道無所麗矣。故夷狄蔑之，盗賊惡之，佛、老棄之，其絶可懼也。有能爲功於此者，褒其功、略其疵可也。伏曼容諸子之功偉矣，梁武帝不聽尚書庶務權輿欲罷修明之議，固君子之所重嘉，而嗣者其誰邪？

與人同逆而旋背之，小人之恒也。利其同逆而親任之，比於匪人，必受其傷，則晉於賈充、宋於謝晦是已。己謀逆而人成之，因殺其人以揜己之惡，其惡愈大，楊廣殺張衡，朱温殺氏叔琮，而死亡旋踵，天理之不可誣也。使司馬昭殺賈充以謝天下，天下其可謝，而天其弗亟絶之邪？己謀逆而人成之，事成而惡其人，心之不昧者也。存人心於百一者，惡其人則抑且自惡，坐惡其影，夢惡其魂，乃於同逆者含惡怒之情，而抑有所禁而不能發，心難自誣，無可如何而聽其自斃，則梁武之於沈約、張稷是已。

沈約非齊之大臣，梁武辟之，始與國政，惡固輕於賈充、謝晦矣。然和帝方嗣位於上流，梁武猶有所疑，而約遽勸之以速奪其位；梁武欲置和帝於南海，而約勸梁以決於弒；蓋帝猶有憚於大逆之情，而約決任天下之惡以成之，是有人心所必憤者也。若張稷者，自以己私與王珍國推刃其君，固梁武之所幸，而實非爲梁武而弒，若趙穿之於趙盾，賈充之於司馬昭也。故此二逆者，梁武深惡之，而果其所宜惡者也。

雖然，梁武抑豈能伸罪以致討於約與稷哉？徒惡之而已。惡之深，因以自惡也；於惡之深，知其自惡也。置稷於青、冀，而弗任約以秉均，抑安能違其不可盡泯之秉彝乎？不殺稷而稷失志以死於叛民，不殺約而約喪魄以死於斷舌之夢。帝語及稷而怒形於色，約死而加以惡謚。推斯情也，帝之自疚自赧於獨知之隱，雖履天子之貴，若無尺地可以自容也可知矣。然而終不能殺稷與約者，則以視楊廣、朱温爲差矣，已有慝而不能伸討於人矣。已有慝而殺助逆之人，然後人理永絶於心。均之爲惡，而未可以一概論，察其心斯得之矣。

壅水以灌人之國邑，未聞其能勝者也，幸而自敗，不幸而即以自亡，自亡者智伯，敗者梁武也。智伯曰：「吾今而知水之可以亡人之國。」前乎智伯者，未之有也，而趙卒不亡，智自亡耳。後乎智伯者，梁人十餘萬漂入於海，而壽陽如故；宋太祖引汾水以灌太原，而劉氏終未有損。天下後世至不仁者，或以此謀獻之嗜殺之君，其亦知所鑒乎！

人有相殺之具，而天不廢之；天有殺物之用，人不得而用之。虎豹犀象，天之所産，於人爲害者也，紂用之，王莽用之，而皆以速亡。彼其以勢用而不可以情使，能激之以勢，而不能感其情以爲我用，一發而不聽人之收，自且無如之何，而可使如我之志以效功乎？水無擇湮，獸無擇噬，以其無擇也，故禹與周公抑之驅之，爲功烈矣。從而狎之，因而自斃，惡孰甚焉？且夫人之相殺，一與一相當而已，曲直因乎理，彊弱因乎勢，殺戮雖多，固一與一相當也。阻滔天之浸，不擇順逆，而逞其欲以使殲焉，方謂我能殺彼而彼不能加我也，然而還自殺矣。志憯而行逆，豈有生理哉？

或曰：「以水灌城而城不壞，退水而城必圮，後世必有行是謀者，引師退水以進攻，彼城圮而我無漂溺之憂。」乃軍行泥淖之中，樵蘇無備，以攻必死之敵，城雖圮，終不能入，而先爲敵禽矣。殘忍之謀，愈變而愈左，勿惑其説，尚自免於敗亡乎！

債帥橫於邊而軍心離，賕吏橫於邊而民心離，外有寇則速叛，外無寇則必反。邊任之重，中主具臣必輕之。袁翻、李崇憂六鎮之反，請重將領守令之選，匪特驗於拓拔氏，亦萬世之永鑒已。

均是將領也，而在邊之將，貪殘駑闒者，甚於腹裏；均是守令也，而在邊之守令，污墨冒昧者，甚於內地。夫將領或挾虜寇以恣其所爲，猶有辭也。守令之理民也無以異，而貪虐甚焉，無他，才望有餘之士，據善地以易奏成勞，則清華之擢，必其所捷得，而在邊者途窮望盡，姑偷利以俟歸休也。於是而邊方郡邑永爲下劣之選，才望之士且恥爲之，亦惡望其有可任之人乎？且也大帥近而或挫於武人矣，監軍出而或辱於中涓矣，芻糧庤而或疲於支給矣，重臣臨而或瘁於將迎矣。非夫塗窮望盡不獲已而姑受一命者，固不屑爲也。人士之習見既然，司銓者遂因之以爲除授之高下，於是沿邊之守令，莫非士流不齒之材，其氣茶，其情偷，苟且狼戾，至於人之所不忍爲而爲之不恥。及邊民之憔悴極、反叛起，然後思矯其弊，重選人才以收拾之，禍已發而非旦夕可挽矣。

唯開國之始，無長慮以持其終，愈流愈下而極重難回也，故袁翻、李崇危言之而不能動當事之心。至於破六韓拔陵、胡琛、莫折大提稱戈競起，而後追用崇言，改鎮爲州，徒以殘危之地，强才臣而致之死地，何嗟及矣！大河以北，人狎於羯胡；五嶺以南，民習於寇攘；無人以治之，而中華愈蹙。但此荆、揚、徐、豫之土，蟻封其垤，雀安於堂，不亦悲乎！

武帝之始，崇學校，定雅樂，斥封禪，修五禮，六經之教，蔚然興焉，雖疵而未醇，華而未實，固東漢以下未有之盛也。天監十六年，乃罷宗廟牲牢，薦以疏果，沈溺於浮屠氏之教，以迄於亡而不悟。蓋其時帝已將老矣，疇昔之所希冀而圖謀者皆已遂矣，更無餘願，而但思以自處。帝固起自儒生，與聞名義，非曹孟德、司馬仲達之以雄豪自命者也；尤非劉裕、蕭道成之發跡兵閒，茫然於名教者也。既嘗求之於聖人之教，而思有以異於彼。乃聖人之教，非不獎人以悔過自新之路；而於亂臣賊子，則雖有豐功偉績，終不能蓋其大惡，登進於君子之途。帝於是徬徨疚媿，知古今無可自容之餘地，而心滋戚矣。浮屠氏以空爲道者也，有心亡罪滅之説焉，有事事無礙之教焉。五無閒者，其所謂大惡也，而或歸諸宿業之相報，或許其懺悔之皆除，但與皈依，則覆載不容之大逆，一念而隨皆消隕。帝於是欣然而得其願，曰唯浮屠之許我以善而我可善於其中也，斷内而已，絶肉而已，捐金粟以營塔廟而已，夫我皆優爲之，越三界，出九地，翛然於善惡之外，弑君篡國，漚起幻滅，而何傷哉？ 則終身沈迷而不反，夫誰使之反邪？ 不然，佞佛者皆愚惑失志之人，而帝固非其倫也。

嗚呼！ 浮屠之亂天下而徧四海垂千年，趨之如狂者，唯其納天下之垢汙而速予之以聖也。 苟非無疚於屋漏者，誰能受君子之典型而不舍以就彼哉？ 淫坊酒肆，佛皆在焉，惡已貫盈，一念消之而無餘媿，儒之駁者，竊附之以奔走天下，曰無善無惡良知也。 善惡本皆無，而耽酒漁色，罔利逐名者，皆逍遥淌瀁，自命爲聖人之徒，亦此物此志焉耳。

梁武之始立也，懲齊政之鄙固，而崇虚文以靡天下之士，尚寬弛以佚天下之民，垂四十年，而國政日以偷廢。 於時拓拔衰亂，高歡、宇文泰方爭鬩於其穴，梁多收其不守之土，不服之人，高歡西掣而請和，蓋中原大有可圖之機矣。 帝知其可圖，亟思起而有事，而吏治荒，軍政圮，舉目無可共理之人才，乃揀何敬容、朱异簿領之才而授之以國。 敬容、异之不可大受，固也； 然舍之而又將誰託也？ 徐勉、周捨稱賢矣，以實求之，一觴一咏，自謂無損於物，而不知其損之已深者也。 敬容勤於吏事，而「持荷作柱持荷作鏡」之誚，已繁興於下。 自非貪權嗜利之小人如异者，誰甘犯當世之非笑而僕僕以爲國效功。 大弛之餘，一張而百害交生，則勉與捨養癰不治，而敬容、异亟用刀鋮以傷其腠理，交相殺人，而用刀鋮者徒尸其咎也。

史稱晉、宋以來，宰相皆以文義自逸，豈其然哉？ 王導、謝安勿論已，王華、王曇首、謝弘微，夫豈無文義者，而政理清嚴，一時稱治，虔矯苛細之小人，又何足以乘墉而攻之？ 有解散紀綱以矜相度者，而後刻覈者以興，老、莊之弊，激爲申、韓； 庸沓之傷，反爲躁競； 勢也。 一柔一剛，不適有恒，而小狐濟矣。 思患而豫防之，豈患至而急反之哉？

梁分諸州爲五品，以大小爲牧守高下之差，而定升降之等，立此法者朱异也。 然唐制：州縣有畿、赤、望、緊、雄、上、中、下之别，垂及於今，亦有腹、邊、衝、疲、繁、簡，調除之法，皆祖此焉。 夫异之爲此，未可以其人而盡非之也。 古者諸侯之國，以提封之大小，差五等之尊卑； 以疆域之遠近，定五服之内外； 固不名之爲諸侯而一之矣。 州郡亦猶是也，政有勞逸，民有淳澆，賦役有多寡，防禦有緩急，而人才有長短，惡容不爲之等邪？ 顧其爲法，爲治之求得其理也，非爲人之求遂其欲而設也。 大非以寵，小非以辱也。 腹裏之安，雖大而非安危之寄； 邊方之要，雖小而固非菲薄所堪。 大而繁者以任才臣，而非以裕清流而使富； 小而簡者以養貞士，而非以窘罣議者而使偷。 而不然者，人競於饒，而疲者以居孤陋無援之士，則窮鄉下邑，守令挾日暮途遠之心，倒行逆施，民重困而盜以興，職此繇矣。

朱异之法，以異國降人邊陲之地爲下州，則亂政也。 以安富遂巧宦之欲，而使頑懦之夫困邊民、開邊釁，日蹙國而國因以危。 後世北鄙南荒，寇亂不息，莫不自守吏召之，非分品之制不善，而所以分之者逆其理也。 邊之重於腹也，瘠之重於饒也，拔邊瘠之任置之腹饒之上，以勸能吏，以賤貪風，是在善通其法而已矣。

武帝以玄談相尚，陶弘景作詩以致譏，何敬容對客而興歎，論者皆謂其不能諫止而託之空言。 非可以責二子也。 弘景身處事外，可微言而不可切諫，固已。 彼其沈溺已深，敬容雖在位，其能以口舌爭乎？ 至謂二子舍浮屠而攻老、莊，則尤非也。 自晉以來，支、許、生、肇之徒，皆以莊生之説緣飾浮屠，則老、莊、浮屠説合於一久矣。 嘗覽昭明太子二諦義，皆以王弼、何晏之風旨詮浮屠之説。 空玄之説息，則浮屠不足以興，陶、何之論，拔本之言也。 夫浮屠之禍人國，豈徒糜金錢、營塔廟、縱游惰、逃賦役已乎，其壞人心、隳治理者，正在疑莊疑釋、虚誕無實之淫辭也。

蓋嘗論之，古今之大害有三：老、莊也，浮屠也，申、韓也。 三者之致禍異，而相沿以生者，其歸必合於一。 不相濟則禍猶淺，而相沿則禍必烈。 莊生之教，得其泛濫者，則蕩而喪志，何晏、王衍之所以敗也； 節取其大略而不淫，以息苛煩之天下，則王道雖不足以興，而猶足以小康，則文、景是已。 若張道陵、寇謙之、葉法善、林靈素、陶仲文之流，則巫也。 巫而託於老、莊，非老、莊也。 浮屠之修塔廟以事胡鬼，設齋供以飼髡徒，鳴鐘吹螺，焚香唄呪，亦巫風爾； 非其創以誣民，充塞仁義者也。 浮屠之始入中國，用誑愚氓者，亦此而已矣。 故淺嘗其説而爲害亦小，石虎之事圖澄，姚興之奉摩什，以及武帝之糜財力於同泰，皆此而已。 害未及於人心，而未大傷於國脈，亦奚足爲深患乎？ 其大者求深於其説，而西夷之愚鄙，猥而不逮。 自晉以後，清談之士，始附會之以老、莊之微詞，而陵蔑忠孝、解散廉隅之説，始熺然而與君子之道相抗。 唐、宋以還，李翱、張九成之徒，更誣聖人性天之旨，使竄入以相亂。夫其爲言，以父母之愛爲貪癡之本障，則既全乎梟獍之逆，而小儒狂惑，不知惡也，樂舉吾道以殉之。於是而以無善無惡、銷人倫、滅天理者，謂之良知；於是而以事事無礙之邪行，恣其奔欲無度者爲率性，而雙空人法之聖證；於是而以廉恥爲桎梏，以君父爲萍梗，無所不爲爲游戲，可夷狄，可盜賊，隨類現身爲方便。無一而不本於莊生之緒論，無一而不印以浮屠之宗旨。蕭氏父子所以相戕相噬而亡其家國者，後世儒者，沿染千年，以芟夷人倫而召匪類。嗚呼！烈矣！是正弘景、敬容之所長太息者，豈但飾金碧以營塔廟，恣坐食以侈罷民，爲國民之蠹螣矣哉？

夫二氏固與申、韓爲對壘矣，而人之有心，猶水之易波，激而豈有定哉？心一失其大中至正之則，則此倡而彼隨，疾相報而以相濟。佛、老之於申、韓，猶鼙鼓之相應也，應之以申、韓，而與治道彌相近矣。漢之所謂酷吏，後世之所謂賢臣也，至是而民之弱者死、彊者寇，民乃以殄而國乃以亡。嗚呼！其教佛、老者，其法必申、韓。故朱异以亡梁，王安石、張商英以亂宋。何也？虛寂之甚，百爲必無以應用，一委於一切之法，督責天下以自逸，而後心以不操而自遂。其上申、韓者，其下必佛、老。故張居正蹙天下於科條，而王畿、李贄之流，益橫而無忌。何也？夫人重足以立，則退而託於虛玄以逃咎責，法急而下怨其上，則樂叛棄君親之説以自便，而心亡罪滅，抑可謂叛逆汩没，初不傷其本無一物之天真。繇此言之，禍至於申、韓而發乃大，源起於佛、老而害必生，而浮屠之淫邪，附莊生而始濫。端本之法，自虛玄始，區區巫鬼侈靡之風，不足誅也。斯陶、何二子所爲舍浮屠而惡玄談，未爲不知本也。

賀琛上書論事，其他亦平平耳，最要者，聽百司莫不奏事，使斗筲詭進，壞大體以竊威福，此亡國敗家必然之券也。妄言干進者，大端有二：一則毛舉小務之興革也，一則鉤索臣下之纖過也。若此者，名爲利國，而實以病國；名爲利民，而實以病民；害莫烈焉。

法雖善，久而必有罅漏矣，就其罅漏而彌縫之，仍一備善之法也。即聽其罅漏，而失者小，全者大，於國民未傷也。妄言者，指其罅漏以譏成法，則必滅裂成法而大反之，歆之以斯須之小利，亦洋洋乎其可聽矣。不知百弊乘之，蠹國殃民而壞風俗，此流毒於天下而失民心之券也。賢者之周旋視履而無過者亦鮮矣，剛柔之偏倚，博大謹嚴之異志，皆有過也。貪廉之分，判於雲泥，似必不相涉矣，而欲求介士之纖微，則非夷、惠之清和，必有可求之瑕璺。君天下者，因其材，養其恥，勸進於善，固有所覆蓋而不章，以全國體、存士節，非不審也。乃小人日伺其隙，而糾之於細微，言之者亦鑿鑿矣，士且側足求全而不逸於罪罟，則人且塗飾細行以免咎，曲徇宵小以求容，而鍥刻之怨，獨歸於上，此流毒於薦紳而失士心之券也。民心離，士心不附，上有餘怨，下有溢怒，國家必隨之以傾。

故非舜之智，不能取善於耕徒釣侶也；非孔子之聖，不能擇善於同行之三人也。是以垂纊塞耳，垂旒蔽目，心持天下之大公，外杜辯言之邪徑，然後潤色先型，甄別士品，民安於野，吏勸於廷。至治之臻，豈其察小辨微之瑣瑣者哉！周德長而秦祚短，非千秋之永鑒與？武帝不納琛之格言，而爲之辭曰：「專聽生姦，獨任成亂。乃二世之委趙高，元后之付王莽。」抑豈知秦法密而後趙高得志，王莽秉國，頌功德者皆疏賤之吏民邪？琛言未冷，梁社旋亡，圖存保國者，尚以察察爲戒哉！

神智乘血氣以盛衰，則自少而壯，自壯而老，凡三變而易其恒。貞於性者正，裕於學者正，則藏之密，植之固，而血氣自盛，智不爲蕩；血氣自衰，智不爲耗；衛武公之所以爲睿聖也。

梁武帝之初，可謂智矣。裴叔業要之北奔，則知羣小之害不及遠；蕭穎胄欲請救於魏，則知示弱戎狄之非策；蕭淵藻誣鄧元起之反，則料其爲誣；敕曹景宗下韋叡，則知師和必克。任將有功，圖功有成，雖非宋武之習兵而制勝，而其籌得喪也，堅定而無回惑，於事幾亦孔晰矣。至其受侯景之降，居之內地，蕭介危言而不聽；未幾，聽高澄之紿，許以執景，傅岐苦諫而不從；旋以景爲腹心，旋以景爲寇讎，旋推誠而信非所信，旋背約而徒啓其疑，茫乎如舟行霧中而不知所届，截然與昔之審勢度情者，明暗杳不相及；蓋帝於時年已八十有五矣，血氣衰而智亦爲之槁也。

智者，非血氣之有形者也，年愈邁，閱歷愈深，情之順逆，勢之安危，尤車熟路之易爲馳也，而帝奚以然也？其智資於巧以乘時變，而非德之慧，易爲涸也。且其中歲以後，薰染於浮屠之習，蕩其思慮。夫浮屠既已遠於事理矣，而浮慧之流，溢爲機變，無執也，可無恒也；無礙也，可無不爲也；恍惚而變遷，以浪擲其宗社人民而無所顧恤，斯豈徒朱异、謝舉之熒之哉？抑非老至耄及之神智衰損之爲也，神不宅形，而熟慮却顧之心思，蕩散而不爲内主矣。夫君子立本於仁義，而充之以學，年雖邁，死則死矣，智豈與之俱亡哉？

父子兄弟之恩，至於武帝之子孫而絶滅無餘矣。唯蕭綜凶忍而疑於東昏之子，其他皆非饕目豺聲如商臣，帝亦未有蔡景之慝，所以然者，豈非慈過而傷慈之致哉？正德之逆也，見帝而泣；蕭綸之悖也，語蕭確而亦泣。繹也、範也、譽也、詧也，雖無致死以救君父之心，而皆援戈以起。然而遷延坐視，内自相圖，骨肉相吞，置帝之困餓幽辱而不相顧也。且其人非無智可謀，無勇可鼓；而大器之篤孝以安死，方等之忘身而自靖，咸有古烈士之風焉。叙之以禮，誨之以道，約之以法，掖之以善，皆王室之輔也；抑豈若晉惠之愚，劉劭之凶，不可革易也乎？慈而無節，寵而無等，尚婦寺之仁，施禽犢之愛，望恩無已，則挾怨益深，諸子之惡，非武帝陷之，而豈其不仁至此哉？

而不但此也，人主之廢教於子者，類皆縱之於淫聲美色狗馬馳逐之中。而帝身既不然，教且不爾，是以諸子皆有文章名理之譽，而固多智數。然而所習而讀者，宫體之淫詞；所研諸慮者，浮屠之邪説；二者似無損於忠孝之大節，而固不然也。子不云巧言鮮仁？則言巧而仁忘，仁忘而恩絶矣。若浮屠者，以緣生爲種性，自來自去於分段生死之中，父母者，貪欲癡愛之障也，以衆生平等視之，見其危亡，悲愍而已，過此又奚容捐自有之生緣以殉其難乎？二者中於人心，則雖禽呴魚沫，相合以相親；而相離以相叛，不保之於勢窮力蹙之日矣。然則謂帝慈之已過者，非果慈也，視其子無殊於虎，以大慈普攝投身飼之而已。其學不仁，其教無父，雖得天下，不能一旦居，豈有爽與？

王夫之《讀通鑑論》卷一七《元帝》 元帝忌岳陽王詧而欲滅之，遂失襄陽，襄陽失而江陵之亡可俟矣。及武陵王紀稱帝於成都，復請於宇文泰使襲紀，而成都又入於周，則江陵未有不亡者。非宇文能取之，皆自亡也。蜀亡，江陵陷，襄陽北折而爲宇文之先驅，江左之能延數十年者，幸也。高齊未滅，關中之勢未固，宇文之篡未成，故猶幸而存也。夫地利非有爲者之所恃，固已，曹操據兖州四戰之地而制羣雄，李勢、譙縱據蜀而江東不爲動摇。雖然，得地利而人不和，地未可恃；人不和以内潰，未有能保其地利者；失地之利，而後其亡也必也。故非英雄特起，視天下無不可爲者，則地利亦其所必爭。梁元殘忍忿戾，捐地利以授人，而卒以自滅，其明驗矣。梁之不和以内潰，非武陵、岳陽之罪也，元帝一起而即殺其弟慥矣，殺其兄之子譽矣，襲其兄綸矣，殺其從孫棟矣；武陵遣子圓照入援，聽其節度，而阻之於白帝；圓正合衆以受署，而囚之岳陽，起兵而盡力以攻之；舍侯景之大讎，而亟戕其骨肉，皆帝挾至不仁之情以激之使不相下也。嗚呼！帝即不念一本之愛而安忍無親，抑思夫二王者，一處襄陽，一處成都，爲江陵生死之所自操者乎？故不仁者，未有能保其地利者也。一念之乖，而上流失，咽吭奪，困孤城以自斃，舉劉弘、陶侃以來經營百年之要地委之鮮卑，亦憯矣哉！江東四易主而不亡，劉子業、蕭寶卷之凶頑，猶知地之不可棄，而帝棄之如贅疣。至不仁之人，至於棄地利而極矣，不恤己之死亡，而奚有於兄弟邪？

江陵陷，元帝焚古今圖書十四萬卷，或問之，答曰：「讀書萬卷，猶有今日，故焚之。」未有不惡其不悔不仁而歸咎於讀書者，曰書何負於帝哉？此非知讀書者之言也。帝之自取滅亡，非讀書之故，而抑未嘗非讀書之故也。取帝之所譔著而觀之，搜索駢麗、攢集影迹、以誇博記者，非破萬卷而不能。於其時也，君父懸命於逆賊，宗社垂絲於割裂，而晨覽夕披，疲役於此，義不能振，機不能乘，則與六博投瓊、耽酒漁色也，又何以異哉？夫人心一有所倚，則聖賢之訓典，足以錮志氣於尋行數墨之中；得纖曲而忘大義，迷影迹而失微言，且爲大惑之資也。況百家小道、取青妃白之區區者乎！

嗚呼！豈徒元帝之不仁，而讀書止以導淫哉？宋末胡元之世，名爲儒者，與聞格物之正訓，而不念格之也將以何爲？數《五經》、《語》、《孟》文字之多少而總記之，辨章句合離呼應之形聲而比擬之，飽食終日，以役役於無益之較訂，而發爲文章，侈筋脈排偶以爲工，於身心何與邪？於倫物何與邪？於政教何與邪？自以爲密而傲人之疏，自以爲專而傲人之散，自以爲勤而傲人之惰，若此者，非色取不疑之不仁、好行小慧之不知哉？其窮也，以教而錮人之子弟；其達也，以執而誤人之國家；則亦與元帝之兵臨城下而講《老子》、黄潛善之虜騎渡江而參圓悟者，奚别哉？抑與蕭寶卷、陳叔寶之酣歌恒舞、白刃垂頭而不覺者，又奚别哉？故程子斥謝上蔡之玩物喪志，有所玩者，未有不喪者也。梁元、隋煬、陳後主、宋徽宗，皆讀書者也；宋末胡元之小儒，亦讀書者也；其迷均也。

或曰：「讀先聖先儒之書，非雕蟲之比，固不失爲君子也。」夫先聖先儒之書，豈浮屠氏之言書寫讀誦而有功德者乎？讀其書，察其迹，析其字句，遂自命爲君子，無怪乎爲良知之説者起而斥之也。乃爲良知之説，迷於其所謂良知，以刻畫而髣髴者，其害尤烈也。

夫讀書將以何爲哉？辨其大義，以立修己治人之體也；察其微言，以善精義入神之用也。乃善讀者，有得於心而正之以書者，鮮矣。下此而如太子弘之讀《春秋》而不忍卒讀者，鮮矣。下此而如穆姜之於《易》，能自反而知媿者，鮮矣。不規其大，不研其精，不審其時，且有如漢儒之以《公羊》廢大倫，王莽之以讖二名待匈奴，王安石以國服賦青苗者，經且爲蠹，而史尤勿論已。讀漢高之誅韓、彭而亂萌消，則殺親賢者益其忮毒；讀光武之易太子而國本定，則喪元良者啓其偏私；讀張良之辟穀以全身，則鑪火彼家之術進；讀丙吉之殺人而不問，則怠荒廢事之陋成。無高明之量以持其大體，無斟酌之權以審於獨知，則讀書萬卷，止以導迷，顧不如不學無術者之尚全其樸也。故子曰：「吾十有五而志於學。」志定而學乃益，未聞無志而以學爲志者也。以學而游移其志，異端邪説，流俗之傳聞，淫曼之小慧，大以蝕其心思，而小以荒其日月，元帝所爲至死而不悟者也，惡得不歸咎於萬卷之涉獵乎？儒者之徒而效其卑陋，可勿警哉！

王夫之《讀通鑑論》卷一七《敬帝》 義以生勇，勇以成義，無勇者不可與立義，猶無義者不可與語勇也。

王僧辯非不知義者，元帝使之攻湘州殺蕭棟而不從。身建平賊之大功，受大任而鎮京邑，可以有爲之資也。高洋遣邢子才帥一旅納蕭淵明使爲梁主，淵明非武帝之子孫，而挾異類以闌入，使其成也，則蕭詧附庸於宇文，淵明述職於高氏，中分梁國，效臣妾於二虜，此王僧辯肝腦塗地以報宗社，而爲中原留一綫之日也。僧辯既遣裴之横禦之於東關，亦已知敬帝已正位爲君，而淵明爲賊矣。乃之横敗死，遽屈節而迎淵明以入，何其餒也！

夫高氏方與宇文爭存亡之命，不能乘釁以窺梁，明矣。其以偏師奉淵明而入，直戲焉耳。邢子才雕蟲之士，據長江而待其斃也有餘。顧乃震掉失守，廢君奉賊，唯虜志之是殉，卒以此受大惡之誅，授首於陳霸先，爲千古笑，則何如仗節臨江，以與高洋爭一旦之生死乎？無勇之夫，義不能固，而身名俱毁，不亦傷哉！

《陳書》卷六《後主紀》 高祖拔起壠畝，有雄桀之姿。始佐下藩，奮英奇之略，弭節南海，職思靜亂。援旗北邁，義在勤王，掃侯景於既成，拯梁室於已墜。天網絶而復續，國步屯而更康，百神有主，不失舊物。魏王之延漢鼎祚，宋武之反晉乘輿，懋績鴻勳，無以尚也。于時内難未弭，外隣勍敵，王琳作梗於上流，周、齊摇蕩於江、漢，畏首畏尾，若存若亡，此之不圖，遽移天歷，雖皇靈有睠，何其速也？然志度弘遠，懷抱豁如，或取士於仇讎，或擢才於亡命，掩其受金之過，宥其吠堯之罪，委以心腹爪牙，咸能得其死力，故乃決機百勝，成此三分，方諸鼎峙之雄，足以無慙權、備矣。

世祖天姿叡哲，清明在躬，早預經綸，知民疾苦，思擇令典，庶幾至治。德刑並用，戡濟艱虞，羣兇授首，彊隣震懾。雖忠厚之化未能及遠，恭儉之風足以垂訓，若不尚明察，則守文之良主也。

臨川年長於成王，過微於太甲。宣帝有周公之親，無伊尹之志，明辟不復，桐宫遂往，欲加之罪，其無辭乎！

高宗爰自在田，雅量宏廓，登庸御極，民歸其厚。惠以使下，寬以容衆。智勇爭奮，師出有名，揚旆分麾，風行電掃，闢土千里，奄有淮、泗，戰勝攻取之勢，近古未之有也。既而君侈民勞，將驕卒墮，帑藏室竭，折衄師徒，於是秦人方彊，遂窺兵於江上矣。李克以爲吴之先亡，由乎數戰〔數勝〕，數戰則民疲，數勝則主驕，以驕主御疲民，未有不亡者也。信哉言乎！高宗始以寬大得人，終以驕侈致敗，文、武之業，墜于兹矣。

後主生深宫之中，長婦人之手，既屬邦國殄瘁，不知稼穡艱難。初懼阽危，屢有哀矜之詔，後稍安集，復扇淫侈之風。賓禮諸公，唯寄情於文酒，昵近羣小，皆委之以衡軸。謀謨所及，遂無骨鯁之臣，權要所在，莫匪侵漁之吏。政刑日紊，尸素盈朝，躭荒爲長夜之飲，嬖寵同豔妻之孽，危亡弗恤，上下相蒙，衆叛親離，臨機不寤，自投於井，冀以苟生，視其以此求全，抑亦民斯下矣。

遐觀列辟，纂武嗣興，其始也皆欲齊明日月，合德天地，高視五帝，俯協三王，然而靡不有初，克終蓋寡，其故何哉？並以中庸之才，懷可移之性，口存於仁義，心怵於嗜慾。仁義利物而道遠，嗜欲遂性而便身。便身不可久違，道遠難以固志。佞諂之倫，承顔候色，因其所好，以悦導之，若下坂以走丸，譬順流而決壅。非夫感靈辰象，降生明德，孰能遺其所樂，而以百姓爲心哉？此所以成、康、文、景千載而罕遇，癸、辛、幽、厲靡代而不有，毒被宗社，身嬰戮辱，爲天下笑，可不痛乎！ 古人有言，亡國之主，多有才藝，考之梁、陳及隋，信非虚論。 然則不崇教義之本，偏尚淫麗之文，徒長澆僞之風，無救亂亡之禍矣。

司馬光《稽古録》卷一四 武帝與王僧辯同事梁室，誅夷侯景，乘時伺間，以詐力取國。 然率羸弊之衆，當强齊乘勝之勢，卒成大功，奄有江南，斯亦難矣！ 文帝恭勤政事，足爲良主。 孝宣值齊之衰而啓土，逢周之興而喪師，豈非不恃内而恃外者耶？

夫以陳國區區不能居天下五分之一，慄慄危懼，猶不能保其社稷，況後主荒淫無度以趣之，納身眢井，不亦宜乎？

葛勝仲《丹陽集》卷七《陳論》 兵無常機，亦有成算。 審乎此者，善用兵矣。 凡伐國之兵利速戰，速戰則主必摧； 凡却敵之兵利持久，持久則客必潰。 比在兵法，必勝計也。 昔崔乾祐之攻潼關，哥舒翰曰：「賊遠來，思亟戰，王師必堅守。」不幸牽制於權臣，遽與之戰，哥舒果敗。 僕固懷恩之寇奉天也，郭尚父曰：「彼深入，思亟戰； 吾緩之，當自攜貳。」於是堅壁待之，尚父果勝。 觀二子之事，則陳、隋之計可知矣。 開皇之伐陳也，掃境即戎兵五十萬，是謂動衆； 八道並進，浮江千里，是謂深入。 勢如風霆，飄忽振蕩，所向輒下，遂逼都境。 爲隋計者，固宜因利乘便而掃平之矣。 陳人誠能出輕鋭之兵，北據蔣山，南斷淮水，閉關堅壘，案甲養威，爲持久之計以挫之，則江左之地，庶幾保有，宗廟之祀，未嘗絶也。 蓋方是時，資儲尚富，義勇尚强，臺城堅完，未易可破。 彼以孤軍深踐吾境，相持既久，勢必困敝。 饋餉之費能無乏絶乎？ 精鋭之氣能不沮傷乎？ 根本隔遠，能無内顧之憂乎？ 師老兵疲，能無棄甲之念乎？ 吾之鎮戍豈無入援之人乎？ 俟其引歸，徐以奇兵邀擊歸路，彼前不得鬬，退不得還，不敗何待？ 嗟夫！ 食肉滿朝，而皆昧於良畫。 任忠、司馬消難皆進是謀矣，惜乎棄不可棄之忠言，聽不可聽之謬算，付文慶以經略，仗孔範以機要，驟舉輕發，爭鋒於一日之間，陣未及整而師已北矣。 使高祖艱難之業，翦焉傾墜，壤地數千里入之長安，爲天下笑，寧不痛哉？ 嗚呼！ 以叔寶之愚，畏懦退縮，奇嬈淫昏，介恃天塹以傲大國，則壓境之禍固有以召之矣。 一旦臨大利害，方且效兒女曹，晝夜涕泣，爲墜井自全之計，又烏足責望以經國長算哉！ 然愚深恨當時之失謀，在兵法可不敗，故慷慨而論之。

李燾《六朝通鑑博議》卷一〇《陳論》 臣嘗論南北之際，宋、梁爲强，齊、陳爲弱。 梁固强矣，而宋最强； 齊固弱矣，而陳尤弱。 江南建國，蔽之以淮淝之阻，則藩維乃固； 制之以巴蜀之險，則上流乃安。 齊雖雲弱，蜀猶在我； 裴叔業之未叛，淮南尚未失也。 自侯景之亂，梁室遂微。 高齊遣辛術掠江淮，藩維之勢，無復存矣； 西魏遣尉遲迥入益州，上流之援，無可恃矣； 及後梁國於襄陽，又遷於江陵，則扼吾之吭，折吾之脊，不得高枕而卧矣。 此陳之所以尤爲弱也。 宣帝大建中，雖命吴明徹乘高齊之衰，收復淮南； 又欲經營徐、兖，而乘周人滅齊。 陳師敗於清口，由是自江以北，復歸於周。 夫荆、葛之地，既以陷没，上流不安，乃欲遠爭彭、汴，其功之無成，宜哉！ 大抵吴蜀相應，如左右手。 苟與人鬥，左手雖奮，而右無以應之，則不可望其能勝也。 如有蜀則吴强，無蜀則吴弱。 東晉以平李勢，宋武必平譙縱，至於齊、梁，而無西顧之憂； 其間惟陳氏無蜀。 是以魏取劉禪，晉既代魏，而因以平吴； 周取蕭撝，隋既代周，而因以入陳。 北方之能並南方者，晉與隋耳，則皆以無蜀而亡。 然孫氏雖無蜀，而荆州無恙； 陳既無蜀，又無荆州，故孫氏之禍遲，陳氏之禍速，所以略異。 蜀與荆州，其與天下重也如此，詎不信夫！

周應合《景定建康志》卷三四呂祖謙《陳論》 陳之形勢不足道也。 視吴又無江陵，自峽口至海，盡江而已。 使孫權復生，且不能守，況叔寶之淫昏乎？ 蓋自晉以來，習於水戰，以江自恃，初不知我能渡敵亦能渡，何足恃哉？ 以愚觀之，江若夫北之河耳。 大河猶有悍湍之虞，若江則順風登舟，一瞬可濟。 雖有京口、采石、潯陽、武昌、巴陵，號爲控扼，豈秦關、劍閣之比哉？ 守江之計，必得淮南以爲戰地，荆楚控扼上流，又有舟師戰於江中，然後可以粗安。 孫權之拒曹操，東晉之拒苻堅，宋之拒魏太武，齊之拒魏孝文是也。 若曰亡淮南荆襄而獨憑恃洪流以爲大險，豈不可笑也！ 今陳既失淮南，又失江陵。 吴阻長江，又有南郡，一旦王渾之師入自淮南，杜預之師入自襄陽，王濬之師從江而下，沿江鎮戍不能禦也。 陳阻長江，又失荆州，一旦賀若弼出淮南，秦王俊出荆襄，楊素之師泛江而下，沿江鎮戍能禦而不能破也。 蓋無淮南襄陽，則自廣陵至於峽口皆可渡也。 吴、陳三世之後亡國，已幸矣。 唐末楊行密據有江淮，既死而李昪取之，建都金陵，以孫權自處。 迨其有淮南諸郡，則闊步高視，東攻二浙，西取湖南，南取閩越，南方莫强焉。 及淮南爲周世宗所取，則自窘以至於亡，亦失淮南則不能守江南之明驗也。王羲之云保淮非所及，不如保江，蓋見吴之能守，而未見若陳與南唐不可守者也。後之智計君子既有見焉，謹勿割棄荆淮而爲守江之論也。

王夫之《讀通鑑論》卷一八《陳高祖》 自曹魏以迄於宋，皆名爲禪而篡者也。蓋嘗論之，本以征誅取天下，狃於習而假迹於篡者，唐高祖也，其名逆，其情未詐，君子惡其名而已。以雄桀之才起而圖功，其圖功也，以覬得天下爲心，功既立而遂攘之，曹魏、劉宋也，而劉宋之功偉於曹魏矣。受推誠託孤之命，遂啓逆心，非不立功，而功不在天下，以威福動人而因竊者，司馬氏也。無固獲之心，天下亂而無紀，一旦起而攘之者，宋太祖也。無功於天下，天下已亂，見爲可奪而奪之者，梁武帝也。既無功矣，蓄姦謀以從人於弑逆，因而奪之者，蕭齊也。本賊也，而名爲禪者，朱梁也。

若夫陳氏之篡梁，功劣於曹、劉，而抑有功焉。天下之亂已極，可攘而攘之，亦無固獲之心，如是，則不足以頡頏於劉宋，而優於趙宋，有討平侯景之義；愈於曹、馬者，無素蓄之姦；賢於梁武者，無犯順之兵也。是故其爲君也雖微，而其罪亦輕矣。卻淵明而復辟於敬帝，非果念武帝之子孫而固立之，然當其時，江左之不能自立甚矣，蕭詧稱藩於宇文，以殺叔父而保一隅，以號爲君，淵明稱藩於高氏，以蔑君之遺孫，而擁虚號以爲君，皆非君也。宇文，高氏守藩之臣也，使淵明得立，則舉江東以屬服於高洋，尤慘也。陳高非忠於蕭氏，而保中國之遺民，延數十年以待隋之一統，則功亦偉矣哉！

夫陳高始起嶺表之日，逮乎入討侯景之初，固知其未有妄干天位之志也，蕭氏子孫自相戕賊，天下莫適爲主，而後思攘之，其罪既輕，雖無赫赫之功，而功亦不可泯，視隋之居中狐媚以奪宇文氏者遠矣。若夫君子之有恕於隋者，則以中國代夷狄，得之不以其道，而終不可名爲篡也。此陳、隋之後，天下所以定也。惜乎唐之不正名爲誅弑父虐民之獨夫，而託之乎禪，以自居乎篡也。

君子之善善也，豪毛必取，唯其豪毛之果善也。若夫赫然著一善之名而實無，非惡役於其名而取之，則受罔於非其道，爲愚而已矣。

陳氏篡梁，王琳起兵至湓城以伐陳，赫然討賊之義舉也。自君子論之，子之篡燕，齊宣王興師伐之，而孟子曰：「以燕伐燕。」若琳者，豈但以陳伐陳哉？琳起兵以救元帝於江陵，正也。蕭詧導宇文氏以戕元帝，而毁其宗社，詧者，琳之仇讎也；而詧不能獨成其惡，元帝死於宇文氏之刃，則宇文氏尤琳之不共戴天者也。侯平不受琳之指麾，琳遂奉表於高洋，去華即夷，惡已大矣，猶曰高氏非吾讎也；以妻子陷入於關中，復奉表稱臣而西嚮，身爲盟主，二三其德，荏苒妻子之私愛，北面稽顙於殺吾君、亡吾國之索虜鮮卑；斯人也，陳主所蠭蠆視之，不以爲人類者也，而何能奉詞以討陳邪？蕭詧，琳之讎也，敬帝非琳之讎也，元帝死亡，敬帝以武帝之孫元帝之幼子立於建業，琳既兩奉表於二虜，復稱臣於敬帝，以縻縶於梁，梁徵之爲司空而不至，何爲者也？使琳果有匡復之心，則身既爲上流之盟主，應司空之召，入奉敬帝，折陳氏之邪心，夫豈不能？既懷貳心，親高齊而忘故國，及陳之篡，乃竊討賊之名，以與陳氏爭，倚高氏之援，求蕭莊以借爲主，一人之身，倏彼倏此，廉恥蕩然，而尚可許爲討賊之師乎？幸而陳氏勝矣，陳而敗也，高洋乘亂而取江東，琳不能禁，固琳之所不恤也。假令蕭莊得入建業而君梁，琳因起而奪之，勢所必然，抑琳志之固然者也。無恒之小人，旦夕莫測，而許之以討賊之義乎？即後事而觀之，陳遣謝哲往説，而琳又還湘州，陳高祖殂，復背約而奉蕭莊屯湓城以稱帝，大敗於侯瑱，而奔齊之志決矣，此琳始終變詐之情形也。故曰非但以陳伐陳也。

嗚呼！人至於無恒而極矣，無恒者，於善無恒也，於惡亦無恒也；於惡無恒，而有時乎善，其果善與，猶不可據也，況乎其徒以名邪？爲君也忠而死，爲父也孝而死，非爲君父而忠孝也，吾臣吾子不忍自廢者也，豈忍以忠臣孝子爲可獵取之浮名乎？失身於異類，則已無身矣，無身而君誰之君，父誰之父，遑及忠孝哉！且若琳者，則又失身於異類而亦無據也，倏而禽，倏而人，妖魅而已矣。今有妖魅於此，衣冠粉澤，而遂樂推之以爲人，非至愚者不然。然則假琳以梁臣之名，而嘉予其伐陳之義，又何以異於是？人之别於禽獸，恒而已矣。君子之觀人，絜其初終以定其貞邪，持論之恒也；乍然見其襲義之虚聲而矜異之，待其惡已敗露而又貶之，亦持論之無恒者也；無恒則其違琳也不遠矣。善善而無一定之衡，可不鑒與！

被徵不屈，名爲徵士，名均也，而實有辨。守君臣之義，遠篡逆之黨，非無當世之心，而潔己以自靖者，管寧、陶潛是也。矯厲亢爽，恥爲物下，道非可隱，而自旌其志，嚴光、周黨是也。閒適自安，蕭清自喜，知不足以經世，而怡然委順，林逋、魏野之類是也。處有餘之地，可以優游，全身保名而得其所便，則韋夐、种放是也。考其行，論其世，察其志，辨其方，則其高下可得而覩矣。

夐者，孝寬之兄，放者，世衡、師道之族也，故二子者尤相肖。其家，赫然著顯名，居厚實於天下，而己得以高卧，邀人主之尊奬，則亦何求於一命之榮哉？二子者尤相肖也，此爲逍遥公、豹林處士而已矣。

王夫之《讀通鑑論》卷一八《文帝》　文帝既以從子繼高祖而立，宇文氏遣高祖之子昌歸陳，文帝與侯安都斃之於江，帝之貪位安忍，其惡無所逃矣。所可重傷者，昌之愚而爲狡夷投之死地以亂陳也。

昌在關中，高祖屢請之，而宇文氏不遣，持重質以脅陳。高祖殂，乃亟遣之歸，知其兄弟必爭，則已乘之以收其利。蕭紀爭而得巴蜀，蕭詧爭而得江陵，其術兩讎，復以試之建業，其情曉然易見，而何昌之不覺也！侯安都之戕賊行而昌死於道，喪一亡公子耳；宇文氏無一旅之援，一使之逆，於己無損也。昌不死，而陳有奉之者，則必求援於己，捲土而奉藩，昌不能違，不復有陳矣。昌何利於此，而徒爲宇文氏倀乎？昌不聽而終老於關中，雖居異域，自以梁亡被虜，非投身幽谷如劉昶、蕭寶寅之迷也。仲雍斷髮文身以全孝友而大周祚，則委贄於宇文氏，其又何傷？晉文公謝秦伯得國於斯之命，豈忘君晉哉？秦奉己以入，而己制於秦，惠公之所以見獲於韓原，文公不屑爲也。父死之謂何，而忍利其國，秦人之謀折矣，故晉以寧，而文公終以霸。天命在己，惡知其不爲晉文，其不然也，以亡公子優游於南山、渭水之間，可以全身而不貽禍於宗國，又何恕乎？

或曰：「此仁者之事，非昌之所及也。」道二：仁與不仁而已矣，出乎仁則入乎不仁；危其國，亡其身，不仁不可與言，而爲人所顛倒，一閒而已。身死則爲陳昌，國危則爲蕭詧，昌不仁而文帝、安都以不仁應之，昌先之矣。

國破君危，志士奮興以圖匡復，此決起一朝，無暇豫計其始終者也，豫計則不果矣。雖然，亦有不容不豫計者。亂一起而不知所屆，事會之變，未可測矣，所可豫計者，己有其初心，道有其大常也。或死乎？或弗死乎？死有所爲死，生有所爲生，變雖生於始謀之外，而心自依乎其初，此之謂豫計。志不定，義不明，以義始，以亂終，利害亂其中，從違失其則，則爲王琳而已矣。

孫瑒之始，與琳俱起，本以蕭詧引宇文攻元帝於江陵，急於入援，以拯元帝之危，而存梁之宗社；不及而江陵陷，元帝死，事雖不克，而爲吾大讎者，宇文氏也。陳氏攀敬帝以立而又篡之，則其意計不及，忽然之變也，於是而琳志亂矣。外既倔而内復潰，琳乃首施兩端，徧奉表於二夷，觀望以拒陳，遂受高齊驃騎之命，終爲異類矣。而瑒異是，宇文氏授瑒以刺史，瑒誓死以拒，守孤城而不降，使城陷而死焉，瑒得死所矣。乃陳兵至，周圍解，兵力已疲，民情已釋，旁徨四顧，故國已亡，而無可託足，乃集將佐而告之曰：「吾與王公同奬梁室，勤亦至矣，時事如此，豈非天乎！」乃舉州以降陳。非降也，不降而無所歸也。救江陵拒宇文者，瑒之初心也；陳之篡，梁之亡，非瑒始計所及也。瑒非敬帝之臣，陳高有篡弑之逆，而讎怨不在後嗣，文帝非躬篡之主，不辱其身於加刃吾君之狡夷，瑒可以無死，而又爲誰死邪？若此者，瑒不能豫計於先，而抗宇文以全郢城，則其素所立之志，終始初無異致，瑒何病哉？

無他，王琳雖名爲義，而圖功徼幸之心勝，則遇變而不知所擇；瑒義在心，而不僅以名，事雖不濟，而義終不墜也。決死一旦，而挾功利以爲心，物必敗之，亦惡知變之所生而早計之哉？

《詩》云：「大風有隧，貪人敗類。」類之已敗，則雖非貪人，相習於亂，大風之隧，當其隧者，無不靡也。貪人之所吹拂成乎風，而類無不敗，且不自知其爲大惡，捐名義以成乎亂賊，而後人道絶矣。

華歆、賈充、劉穆之、謝晦、沈約、褚淵、崔季、舒胥，貪人也，扶人爲亂賊，居篡弑之功，而身受佐命之賞，弗足責也。王晞曰：「非不好作要官，但思之爛熟耳。」高演報其翼戴之功，使爲侍郎，苦辭不受，知貪人之不保令終，而靜退以全身，非華歆輩之匹也。乃首倡逆謀，力爲贊畫，夜入帷幕，忘生蹈險，以奪高殷而弑之。晞不自爲榮膴也，徒焦肺困心不恤族誅之禍，唯恐演之不成乎篡，何爲者邪？功成而不受賞，安下位以終身，使移此心以盡誠於君父，而奬掖人於忠孝之途，則於諸葛公桑株八百、薄田十頃之節，又奚讓焉？然而晞懵不畏疚，以爲亂賊之腹心者，何也？篡奪之風，已成乎隧，當其隧者靡焉，習以爲安，而不知其動摇之失據也。

民彝泯矣！天理絶矣！百年之内，江東、河北視弑君父如獵麕鹿，篡國如掇蜩蟬，無有名此爲賊而驚心動魄者。晞固曰：吾爲其所應爲，而不受佐命之賞，則道在是矣。悲哉！華歆輩之敗人類，而人類無能更存也！士不引千秋之公義以自擇所趨，習染時風以爲固然，從後而觀之，惡豈有瘳？而一曲之操，其能揜不赦之辜哉！

以亂人爲可畏者，懦夫也；以亂人爲不可畏者，妄人也。莊周氏自謂工於處亂人矣，一以爲猛虎，一以爲嬰兒，一以爲羿之彀中而不可避也，一以爲大浸稽天而可不溺也。懦夫聞之，益喪其守；妄人聞之，益罹於凶；則唯失己，而謂輕重之在物也。

虞寄僑處閩海，陳寶應連周迪、留異以作亂，寄著居士服，屏居東山寺，危言不屈，寶應縱火焚寺以脅之，威亦熯矣，而寄愈危，責寶應也愈厲。如寄者，豈不戒心於亂人之鋒刃，而任氣以行邪？乃終嶽立千仞而不以寶應之凶悖爲疑，非妄以輕生、狎暴人而姑試也，求諸己者正而已矣。浸令不然，心非之，抑詭隨之；私議之，而面諱之；亟於求去，而多方以避之；放言毁度，佯狂閔默以順之；皆莊周所謂緣督之經也。而早爲亂人之所測，祇以自辱而無補於禍難。妄之興，懦之變也。夫君子正己而已矣，可爲者奚惴而不爲？可言者奚憚而不言？亂人雖逆，凋喪之天良未盡絶於夢寐，天可恃也；即不可恃，而死生有命，何所用吾術哉？是以知虞寄之可爲君子矣。

歐陽紇反於廣州，流寓人士，惶駭失措，而蕭引恬然曰：「管幼安、袁曜卿亦安坐耳，直己以行義，何憂懼乎？」寄近寶應而危，引遠紇而安，寄直己之道行，引直己之志定，其歸一也。反是，則韋思祖以畏葸爲赫連勃勃所惡而死，趙崇以輕薄爲朱温所怒而死，崇呼橐駝爲山驢王以誚温。剛柔無據而可，惟其處己者未正也。

王夫之《讀通鑑論》卷一八《後主》 大臣不言，而疏遠之小臣諫，其國必亡。小臣者，權不足以相正，情不足以相接，驟而有言，言之婉，則置之若無，言之激，則必逢其怒，大臣雖營救而不能免，能免矣，且以免爲幸，而言爲徒設，況大臣之媢忌以相排也乎？大臣者，苟非窮凶極悖之主，不能輕殺也，故言可激也；苟非菽麥不辨之主，從容乘牖以入，故言可婉也；大臣秉正於上，而小臣亦恃之以敢言，然後可切言之，以曲成大臣之婉論，交相須也，而所恃者終大臣也。大臣不言，小臣乃起而有言，觸昏昏者之怒，以益其惡，未有不亡矣。

夫大臣既導君以必亡矣，則爲小臣者將何如而可哉？去而已矣。陳後主國垂危而縱欲以敗度，傅縡、章華危言而見殺，陳之亡，遲之十年而猶晚，而二子者，亦捨身飼虎之仁，君子所弗尚也。《春秋》書陳殺其大夫洩冶，説經者謂「洩冶失語默之節，不如高哀之全身」，非也。微者名姓不登於《春秋》，曰殺其大夫而著其名，洩冶貴大夫也，諫而死，允矣；高哀名姓登於史策，亦貴大夫也，而去之，失臣節矣。縡與華非洩冶比也，胡爲其以身試醒人之暴怒邪？其情忿，其言訐，唯恐刃之不加於項，而無救於陳之亡，何爲也哉？

誠不忍故國之淪没，而恥爲隋屈，山之涯、水之涘，庸詎無潔身之所，而必於刑人之市以置此父母之遺體乎？於是而江總之邪益成；於是而施文慶、沈客卿之勢益張；於是而盈廷之口益箝；於是而隋人問罪之名益正。故陳必亡者也，殺二子而更速也。羸瘵者浮火方張，投以梔苓而斃逾速，二子之以自處而處人之宗社，無一可者也。

名教之於人甚矣！國雖破，君雖降，而下猶以降爲恥，不能死而不以死爲憂，行其志以免於慚，名教未亡於心也。

陳亡，袁憲侍後主而不忍去；許善心奉使未返，而衰服以臨；周羅睺大臨三日，而後放兵散仗；陳叔慎置酒長歎，而謝基伏而流涕；任瓌勸王勇求陳後立之，不聽而棄官以隱；於仗節死義未能決也，而皆有可勸者焉。慕容、姚、苻、高氏之滅，未有此也，其或擁兵而起，則皆挾雄心以徼利者爾。晉南渡而衣冠移於江左，賢不肖之不齊，而風範廉隅養其恥心者，非暴君篡主之能銷鑠也。諸子之不死，隋不殺之耳，皆無自免於死之道也；無求免於死之道而不死，不死不足以爲其節累。且陳氏之爲君微矣，其得國也不以義，非有不可解君臣之分也；所不忍亡者，永嘉以來，中原士大夫之故國，先代僅存之文物，不忍淪没於一旦也。雖然，陳不能守，而隋得之，固愈於五胡之種多矣。諸子者，視家鉉翁、謝枋得而尤可不死，然而毅然以名教自盡也，不尤賢乎！

趙翼《廿二史劄記》卷一二《南朝陳地最小》 晉南渡後，南北分裂，南朝之地，惟晉末宋初最大，至陳則極小矣。劉裕相晉，滅慕容超而復青、齊，降姚泓而復洛陽，滅姚泓而復關中。其後關中雖爲赫連勃勃所奪，而泝河西上時，遣王仲德在北岸陸行，魏將尉建棄滑臺，仲德入據之。自後魏屢攻，得而復失。魏明元帝欲南伐，崔浩謂當略地以淮爲限，則滑臺、虎牢反在我軍之北，是滑臺、虎牢尚爲宋地。宋將到彦之，王仲德攻河南，明元帝遣長孫道生等追擊，至歷城而還，是歷城亦宋地也。宋元嘉十九年，詔闕里往經寇亂，應下魯郡修復學舍，是魯郡亦宋地也。直至魏太武帝遣安頡攻拔洛陽，剋虎牢，剋滑臺，帝臨江起行宫於瓜步，宋餽百牢，乃班師，於是河南之地多入魏。魏孝文帝時，宋薛安都以彭城，畢衆敬以兖州，常珍奇以懸瓠，俱屬於魏。張永、沈攸之與魏戰又大敗，於是宋遂失淮北四州及豫州淮南地。其後齊將裴叔業又以壽春降魏，於是淮北之地亦盡入於魏。故蕭齊北境已小於宋。迨梁武帝使張惠紹取宿豫，蕭宏取梁城，韋叡取合肥，以及義陽、邵陽之戰，浮山堰之築，兩國交兵，爭沿淮之地者十餘年，互相勝負。魏孝明帝時，元法僧以徐州降梁，梁武遣蕭綜守之，綜仍以徐州降魏。魏末爾朱榮之亂，北海王顥奔梁，梁立爲魏主，使陳慶之送之歸國，深入千里，孝莊帝北走，顥遂入洛，梁之勢幾振。其後顥戰敗被擒，魏仍復所失地，而梁之地尚無恙也。及侯景之亂，西魏寇安陸，執司州刺史柳仲禮，盡没漢東之地。其淮陽、山陽、淮陰等地俱降東魏，鄱陽王範又以合州降東魏，東魏遂盡有淮南之地。景又攻陷廣陵，使郭元建守之，景敗，元建以廣陵降北齊，時東魏孝靜帝已遜位於齊文宣。於是江北亦爲北齊所有。是時蕭繹在江陵，乞師於西魏，令蕭循以南鄭與西魏，西魏遂取漢中。繹稱帝於江陵，武陵王紀自成都起兵伐之，西魏使尉遲迥攻成都以救繹，及紀爲繹所殺，而迥亦取成都，於是蜀地盡入於西魏矣。是時梁之境，自巴陵至建康，惟以長江爲限，荆州界北盡武寧，西拒峽口。而岳陽王蕭詧以繹殺其兄譽，遂據襄陽降西魏。西魏遣于謹等伐江陵，克之，殺元帝，即繹。乃以江陵易襄陽，使詧爲梁主，而襄陽亦入於西魏矣。元帝殁後，王僧辯、陳霸先立其子方智於建業，北齊文宣納蕭淵明入爲梁主，陳霸先廢殺之，仍奉方智。其時徐嗣徽、任約降北齊，方據石頭城，文宣又遣蕭軌、柳達摩、東方老等來鎮石頭，爲霸先所擒殺，金陵之地得以不陷。計是時江以北盡入於北齊，西境則蜀中及襄陽俱入西魏，江陵又爲蕭詧所有，梁地更小於元帝時矣。陳霸先篡位，是爲陳武帝。因之以立國，其地之入於周者，西魏恭帝遜位於周。惟湘州在江之南，周將賀若敦、獨孤盛不能守，全師北歸，地歸於陳。其後周、陳通好，陳又賂周以黔中地及魯山郡。迨北齊後主荒縱，陳宣帝乘其國亂，使吴明徹取江北，大敗齊師於吕梁，又攻殺王琳於壽陽，於是淮泗之地俱復。而是時周已滅齊，宣帝欲乘亂爭徐、兖，又使明徹北伐，至彭城，反爲周師所敗，明徹被擒，於是周韋孝寬復取壽陽，梁士彦復拔廣陵，陳仍畫江爲界，江北之地盡入於周。故隋承周之地，晉王廣由江都至六合，韓擒虎自廬州直渡采石，賀若弼自揚州直造京口，遂以亡陳也。

按三國時孫吴之地，初只江東六郡，漸及閩、粤，後取荆州，始有江陵、長沙、武陵、桂陽等地，而夔府以西尚屬蜀也，其江北之地亦只有濡須塢，今無爲州。其餘則皆屬魏。陳地略與之相似，而荆州舊統内江陵又爲後梁所占，是其地又小於孫吴時。

《歐陽修全集》卷一六《後魏論》 魏之興也，自成帝毛至於聖武，凡十二世。而可紀於文字，又十一世。至於昭成而建國改元，略具君臣之法，幸遭衰亂之極，得奮其力，並爭乎中國。又七世至於孝文，而去夷即華，易姓建都，遂定天下之亂，然後修禮樂、興制度而文之。考其漸積之基，其道德雖不及於三代，而其爲功何異王者之興？今特以其不能并晉、宋之一方，以小不備而黜其大功，不得承百王之統，而不疑焉者，質諸聖人而可也。

今爲魏説者，不過曰功多而國强爾。此聖人有所不與也。何以知之？以《春秋》而知也。春秋之時，齊桓、晉文可謂有功矣。吴、楚之僭，迭强於諸侯。聖人於書齊、晉，實與而文不與之，以爲功雖可褒，而道不可以與也。至書楚與吴，或屢進之，然不得過乎子爵。則功與强，聖人有所不取也。

或者以謂秦起夷狄，以能滅周而一天下，遂進之。魏亦夷狄，以不能滅晉、宋而見黜。是則因其成敗而毁譽之，豈至公之篤論乎？

曰：是不然也，各於其黨而已。周之興也，與秦之興，其説固已詳之矣。當魏之興也，劉淵以匈奴，慕容以鮮卑，苻生以氐，弋仲以羌，赫連、秃髮、石勒、季龍之徒，皆四夷之雄。其力不足者弱，有餘者强。其最强者苻堅之時，自晉而外，天下莫不爲秦，休兵革，興學校，庶幾刑政之方。不幸未幾而敗亂。其後强者曰魏，自江而北，天下皆爲魏矣。幸而傳數世而後亂。以是而言，魏者纔優於苻堅而已。就使魏興世遠，不可猶格之夷狄，則不過爲東晉比也。是皆有志乎天下而功不就者，前所謂不幸兩立而不能相并者。故皆不得而進之者，不得已也。

司馬光《稽古録》卷一四 後魏之先世居朔野，有國久矣。道武乘燕氏之衰，悉舉引弓之衆，以馮陵中夏；馬首所向，無不望風奔潰；南取并州，東舉幽、冀；兵不留行，而數千里之地定矣。繼以明元、太武，兼有青、兖，包司、豫，摧赫連，開關中，梟馮洪，吞遼碣，虜沮渠，并河右，高車入臣，蠕蠕遠遁；自河以北，逾於大漠，悉爲其有；子孫稱帝者，百有餘年。左衽之盛，未之有也。及孝文嗣世，乃貶戎狄之俗，修帝王之政：崇儒雅，興禮樂；其風聲文采，蔚然可觀矣。宣武懦弱，不克負荷，寵信讒諛，賊虐親賢；元氏之業，於茲始衰。重之以孝明幼沖，胡后淫恣，嬖幸盈朝，政出多門，賞罰無章，紀綱大壞，守令貪殘，黎民愁怨，盜賊蠭起，日滋月益；上之人曾無悛心，而內自睽離，以招外盜。於是爾朱榮乘之而起，興晉陽之甲，直指伊、洛；母后、幼主，沈於回顔；公卿百官，血濡馬足。雖孝莊勇決，手刃賊臣，而枝黨四集，禍不旋踵。孝武惡高歡之偪，逃遁入關，遭宇文之禍，不能自脱：東、西分裂，相繼皆亡。嗚呼！人主當國家全盛之時，宴安怠惰，以失其威福之柄；及民心已去，禍亂已成，雖有明斷之才，猶不能救，況庸君乎？

王夫之《讀通鑑論》卷一五　拓拔燾惜財而不輕費，親戚貴寵未嘗橫有所及，其賞賜勳績死事之臣，則無所吝，用財之道，盡於此矣。有天下而患貧，豈惟其不當患也，抑豈有貧之可患乎？天之時、地之澤、人之力，以給天下之用者，自沛然而有餘。乃患貧而愈窘於用，則崔浩之言審矣。國之貧，皆貧國之臣使之然也。貧國之臣有二：一則導君以侈者，其姦易知也；一則誘君於吝者，其姦難測也。誘君以吝者，使其君以貧告臣民，而使爲我吝，君一惑之，則日發不足之歎，言之熟而遂生於心，必不以帑藏之實使其臣知之。君匿於上，姦人乃匿於下，交相匿而上不敵下之姦，浸淫日月，出入委沓，且使其君並不知有餘不足之實。猝有大兵大役饋饟賞賜之急需，皆見爲不足而吝於出納，而國事不可言矣。

凡爲此者，皆君之親戚貴寵，而君以爲真愛我者也。經用吝而其賞賜不吝，匪直賞賜耳，上下相匿，而大臣不能問，羣臣不敢問，姦人且暗竊之以去，而上下皆罔所聞知。延及於子孫，則上無所匿於下，而專聽姦人之匿以罔上，固必曰吾國貧也。大兵大役之猝至，非吝於用以釀潰亂，則橫取之百姓而民怨不恤，曰吾實貧而不能不取之民也。則不徒親戚貴寵之竊以厚藏者不可問，其所未竊者，湮沈填塞於古屋積土之中，至於國亡以資亂民之掠奪，新主之富有，而初不自知。嗚呼！財一濫施於權貴，而事廢於國，民怨於下，兵潰於境，國卒以亡，皆導吝之説爲之，亦孰知導吝之情爲竊國之秘術哉？庸主惑之，察主尤惑之，喪亡相踵而不悟，悲夫！

擴其情以統初終，而彙觀其同異，則聽言也，固不難矣。非堅持一背戾之説，不然之效已著，而迷謬不解者之難辨也。言煩而競，詭出而相違，莫可端倪，而唯其意之所營，以恣其辯，惑人甚矣，而尤無難辨也。凡言之惑人也，必有所動以興；下者動以利，其次動以情，其次動以氣。利者灼見之而辨矣，或倡之，遂或和之，然皆私利之小人也，於人辨之而已。情之動也無端，偶見爲然而然之，偶見爲不然而不然之，因而智計生焉，因而事之機、物之變、古人之言，皆可爲其附會之資，而説益長，情益流，非有所利也，而若瀝血以言之，不獲已而必强人以聽，此疑於忠而難辨者也。然人之情無恒者也，倏而然之，倏而不然之，則知其情之妄，而非理之貞也。至於氣之動而尤不可禦矣，若或鼓之，若或飈之，一人言之而羣囂然以和之，言者不知其所以言，和者愈不知其所以和，百喙爭鳴，若出一口，此莊周所謂「飄風則大和而聽其自已」者也。既自已矣，則前後之不相蒙，還以自攻也而不恤。雖然，亦豈有難辨者哉？觀於拓拔氏伐蠕蠕之議，而鼓以氣，盪以情者，直可資旁觀者之一哂而已。

當其議伐赫連氏，則曰宜置赫連而伐蠕蠕，崔浩持之，伐赫連而滅其國、俘其君矣；已而議伐蠕蠕，則又曰蠕蠕不可伐也。何前之伐蠕蠕也易而今難，何前之克蠕蠕也利而今無利？一言而折之有餘，而羣喙爭鳴不息，有如是夫！人以爲不可伐；則曰可伐；人以爲可伐，則曰不可。氣之爲風也，倏而南，倏而北；氣之爲冬夏也，倏而寒，倏而暑；調之爲暄清之適者，因乎時而已矣。言之善者，調其偏而適以其時。崔浩之言，則可謂知時矣，風不可得而飄，寒有衣襦、暑有箑也。拓拔燾之能用崔浩也，而猶疑之。情興氣動，難乎其不撼，況智不如燾者乎？雖然，無難辨也，統其初終，析其同異，以其所然攻其所不然，擴然會通以折中之，豈難辨哉？豈難辨哉？

拓拔氏將立其子爲太子，則殺其母，夷狄殘忍以滅大倫，亦至此哉！然其後卒以未殺之淫嫗擅國而召亂以亡，徒以椓杙天性而無救於亡，何爲者邪？且夫母后者，豈特不可殺，而亦不必過爲防者也。周之過其曆也，化始於《關雎》，琴瑟鐘鼓，唯是樂以友之，而内治修、國政不紊。彼爲聖王之化，不可及矣。雖不及此，取供祭祀奉皇天先祖之伉儷而視之如仇讎，是可忍也，亦孰不可忍也！將必如浮屠氏之盡棄室而後可治也邪？

內教之修尚矣，迪之以陰禮，而可使見德；統之以婦職，而可使見功。

夫婦人亦猶是人也，無所見其功德，而後預外事以爲榮。故先王勸飭以躬桑漬種之儀，勸獎以亟獻饋饔之禮，有餘榮焉。雖樂於自見之哲婦，亦不患其幽閟深宮如圈豚籠鳥之待飼，而其志寧矣。其次，則后族雖賢弗任也，內豎之服勤於宮中者弗庸也，大臣得箴其舉動，嗣子不託以匡扶，制之之道，亦豈無術，而必以爲患哉？不然，人主六御在握，方將舉天下之智勇而馭之，取草澤之雄、夷狄之狡而制之，匹夫亦有一匹偶，而惴惴然唯恐戕我國家也，不亦陋乎！

拓拔氏不足誅者也，有天下者，非猜而鉗之，則昵而縱之。道二：仁與不仁而已，非取法於齊家之聖化，亦惆悵而不得其術也。

源賀請減過誤入死罪者充卒戍邊，拓拔濬從之，而獎賀曰：「一歲所活不少，」是也。又曰：「增兵亦多，」則亂政也，拓拔氏自此而衰矣。兵者，宗社生民所倚以爲存亡生死者也。古者寓兵於農，兵亦農也。王者莫重乎農，則莫重乎兵，於《風》有《東山》焉，於《雅》有《杕杜》焉，相與勞來而詠歌之，如此乎其貴之也。後世召募興，而樸者耕耨以養兵，彊者戰守以衛農，相爲匹而不相下，坐食農人勤穫之粟而不以爲厲農，其有功則立朝右，與士伍而不以爲辱士，抑如此乎其重之也。乃使犯鈇鑕之刑，爲生人所不齒者，苟全其命，而以行伍爲四裔之徒，則兵之賤也，曾不得與徒隸等，求其不厭苦而思脱，決裂而自恣，幸敗而潰散者，幾何也？兵賤則將亦賤矣，授鉞而專征者，一岸獄之長而已，廉恥喪，鹵掠行，叛離易於反掌，辱人賤行者之固然，又何怪焉？

夫兵，惟其精也，不惟其多也。士皆千金之士，將專閫外之尊，爲國干城，一旅而敵百萬。烏合之衆，罪人無行，苟免而無慚，雖多何補哉？若以矜全過誤而貸其命，則有流放之辟在焉。賀之説，塗飾以爲兩得，而不知其餒國之神氣以嚮於衰也。後世免死充軍，改流刑爲僉伍，皆祖賀之術，而建之爲法；行之未久而武備墮，盜賊夷狄横行而無與守國，夫亦見拓拔氏之坐制於六鎮而以亡也乎！

有不待勸者，士之學也，農之耕也。勸士以學，士乃習爲爲人之學；爲人而學，學乃爲道術之蠹，世道之患。升俊有常典，養士有常法，人主尊師問道以倡之，士自勸矣。若旦命而夕飭之，賞法行而教令繁，徒有勸學之名，而士日以偷。果有志於學者，豈待勸哉？宋立僞學之禁，而士趨朱子之門也如歸，禁之不止，何容勸邪？

雖然，士無志於學，勸之而不學，弗能爲益，而猶無傷於士。若農，則無不志於得粟者矣。其窳者，既勸之而固不加勤；而勸之也，還以傷農。方其恪共於耕之日，士女營營，匪朝伊夕，從事於隴首，而吏擁車騎喧豗於中野以貳其心，則民傷；於是刻覈之吏，搜剔墾萊以增益其賦，苛求餘丁以增益其役，而民愈傷。夫古之省耕者，君與民親，而天子之圻，諸侯之國，提封既狹，不容委之有司，且君有公田，自省其獲而以餘惠民也。後世盡地以與民，而但收其賦税，薄賦則可弗補助，息訟輕徭則可弗省督，胡爲委貪廉不可信之有司以擾婦子於耕饁哉？

拓拔氏，夷也，聞中國有聖人之道焉，取其易行者而行之，於是奔走郡縣而名爲勸農；又勒取民牛力之有餘者，以借惰窳之罷民。其撓亂紛紜，以使民無寧志也，不知何若，守令乃飾美增賦以邀賞，天下之病，尚忍言哉！蒙古課民種桑，而桑絲之税加於不宜桑之土，害極於四百餘年而不息。讀古人書而不知通，旦識而夕行之，以賊道而害及天下，陋儒之妄，非夷狄之主，其孰聽之？

夷狄之輕於殺人，其天性然也。有時乎思所以生人，而非果有不忍人之心，乃以生之之道殺之，遂自信爲矜恤。嗚呼！民之遇此也，可悲也夫！

拓拔弘重用大刑，多令覆鞫，以自詫其矜恕，而囚繫積年，不爲決遣，其言曰：「幽苦則思善，故智者以囹圄爲福堂。」哀哉！民之瘠瘐死於犴獄者不知凡幾，而猶謂之福堂邪？《易》曰：「君子以明慎用刑，而不留獄。」明慎矣，速斷之，而刑者刑，免者免，各得其所，而無所連逮；即或明慎未至，而枉者固千百而什一也。何也？擇折獄之吏，申畫一之法，除條例之繁，嚴失入之罰，枉者固千百而什一矣。夫人之情僞，不可揜於初犯之日，證佐未累，其辭尚直，情窮色見，猶可察也；迨及已久，取案牘而重復理之，移審於他署，而互相同異，犯者之辨，且屢屈屢伸而錯舛益甚，目眩心疑，愈以亂矣。不留者，取人之初心而驗其誠也；非今歲一官，明歲一吏，顛倒反覆之所能得其情也。徒以饑寒疾疫死之於叢棘之下，不亦慘乎！如是以爲矜恤，亦嗜殺之轉念而已矣。

若其罷門房之誅，則得之矣。乃門房之誅所自來，亦有繇也。夷狄而主中國，王侯將相皆其種類，羣起於馳逐之中，僬僬俟俟以爲羣友，則一人富貴而合族驕盈，耕者不耕，獵者不獵，依倚勢門，互相煽虐，非被誅者之陷及門房，而門房之陷人於誅者多矣。安與同其噬搏，危與共其誅夷，亦自取之矣。前之立法者，深惡夫合族之蠭集，待食於將吏，衆爲虐而一人獨嬰其禍，弗與懲之，而門房之敗類橫逞益烈也。罷其誅，不禁其朋從之惡，拓拔氏之所以斂怨而終亡也。

王夫之《讀通鑑論》卷一六　拓拔宏詔羣臣言事，李彪所言，幾於治道，君子所必取焉。其善之尤者，曰：「父兄繫獄，子弟無慘容，子弟被刑，父兄無媿色，宴安自若，衣冠不變，骨肉之恩，豈當如此？父兄有罪，宜令子弟肉袒詣闕請罪；子弟有坐，宜令父兄露板引咎，乞解所司。」以扶人倫於已墜，動天性於已亡，不已至乎！夫父兄之引咎，子弟之請罪，文也；若其孝慈惻怛之存亡，未可知也。役於其文，亦惡足貴乎？而非然也。天下騖於文，則反之於質以去其僞；天下喪其質，則導之於文以動其心。故質以節文，爲欲爲君子者言也；文以存質，所以閔質之亡而使質可立也。

天下之無道也，質固澆矣，而猶有存焉者，動止色笑之閒，對人而生其媿怍。不知道者曰：「忠孝慈友之淺深厚薄，稱其質而出之，而何以文爲？」則坦然行於忻戚之便安，而後其質永喪而無餘。今且使父兄被罪者肉袒於闕，子弟坐刑者退省於官，則雖不肖者，亦顧其父兄子弟之免，而己可以即安。此情一動，而天性之孝慈，相引而出，小人之惡斂，而君子之志舒，此非救衰薄、挽殘忍之上術與？

近世有南昌熊文舉者，爲吏部郎，其父受賕於家，貽書文舉，爲人求官，邏者得之，其父逮問遣戍，而文舉以不與知勾免，涖事如故，漸以遷官，未三年而天下遂淪。悲哉！三綱絕，人道蔑，豈徒一家之有餘殃哉！

拓拔宏之僞也，儒者之恥也。夫宏之僞，欺人而遂以自欺久矣。欲遷雒陽，而以伐齊爲辭，當時亦孰不知其僞者，特未形之言，勿敢與爭而已。出其府藏金帛衣器以賜羣臣，下逮於民，行無故之賞，以餌民而要譽，得之者固不以爲德也，皆欺人而適以自欺也，猶未極形其僞也。至於天不雨而三日不食，將誰欺，欺天乎？人未有三日而可不食者，況其在豢養之子乎！高處深宮，其食也，孰知之？其不食也，孰信之？大官不進，品物不具，宦官宮妾之側孰禁之？果不食也歟哉！而告人曰：「不食數日，猶無所感。」將誰欺，欺天乎？宏之習於僞也如此，固將曰聖王之所以聖，吾知之矣，五帝可六，三王可四也。自馮后死，宏始親政，以後五年之閒，作明堂，正祀典，定祧廟，祀圜丘迎春東郊，定次五德，朝日養老，修舜、禹、周、孔之祀，耕藉田，行三載考績之典，禁胡服胡語，親祠闕里，求遺書，立國子大學四門小學，定族姓，宴國老庶老，聽羣臣終三年之喪，小儒爭豔稱之以爲榮。凡此者，典謨之所不道，孔、孟之所不言，立學終喪之外，皆漢儒依託附會、逐末舍本、雜讖緯巫覡之言，塗飾耳目，是爲拓拔宏所行之王道而已。尉元爲三老，游明根爲五更，豈不辱名教而羞當世之士哉？故曰儒者之恥也。

德立而後道隨之，道立而後政隨之。誠者德之本，欺者誠之反也。漢儒附經典以刻畫爲文章，皆不誠之政也。而曰帝之所以帝，王之所以王，在是而已。乃畢行之以欺天下後世者唯宏爾。後之論者猶豔稱之，以爲斯道之榮，若漢、唐、宋之賢主俱所無逮者。不恤一日之勞，不吝金錢之費，而已爲後世所欣慕，則儒者將以其道博寵光而侈門庭乎？故曰儒者之恥也。

雖然，抑豈足爲君子儒之恥哉？君子儒之以道佐人主也，本之以德，立之以誠，視宏之所爲，沐猴之冠、優俳之戲而已矣。備紀宏之僞政於史策，所以示無本而效漢儒附託之文具，則亦索虜欺人之術也，可以鑒矣。

王夫之《讀通鑑論》卷一七　元魏神龜二年，其吏部尚書崔亮始立停年格以銓除，蓋即今之所謂資也。當時譏其不問賢愚而選舉多失。夫其時淫后亂於宮闈，彊臣恣於政府，賄賂章，廉恥喪，吏道雜而姦邪逞，用人之失，豈亮立法之不善專尸其咎哉？停年之格，雖曰不揀，然必歷年無過而後可以年計，亦未爲大失也。國家有用人之典，有察吏之典，不可兼任於一人明矣。吏部司進者也，防其陵躐而已。競躁者不先，濡滯者不後，銓選之公，能守此足矣。以冢宰一人而欲知四海之賢不肖，雖周公之聖弗能也。將以貌、言、書、判而高下之乎？貌、言、書、判末矣。將以毀譽而進退之乎？毀譽不可任者也。以一人之耳目，受天下之賢愚，錯亂遺忘，明者弗免，偶然一譽，偶然一毀，謹識之而他又熒之，將何據哉？唯夫挾私罔利者，則以不測之恩威讎其貪僞，而藉口拔尤，侈非常之藻鑒，公而慎者弗敢也。故吏部唯操成法以獎恬抑躁，而不任喜怒以專己行私，則公道行而士氣靜，守此焉足矣。若夫大賢至不肖之舉不崇朝、懲弗姑待，自有執憲之司，徵事採言，以申激揚之典，固非吏部之所能兼也。考無過以積年，升除惟其成法；察賢姦而薦芴，清議自有特操，並行不悖，而吏道自清。停年之格，何損於治理，而必欲以非常之典待尋常守職之士乎？

或曰：《周官》黜陟，專任冢宰，非與？曰：此泥古而不審以其時者也。周之冢宰，所治者王畿千里，儉於今之一省會也，其政績易考，其品行易知，豈所論於郡縣之天下，一吏部而進退九州盈萬之官乎？停年以除吏，非一除而不可復退也，有糾察者隨其後也。責吏部者，以公而已矣，明非所可責也。

莫折念生反於秦州，元志亟攻之，李苗上書請勒大將堅壁勿戰，謂「賊猖狂非有素蓄，勢在疾攻，遲之則人情離沮」。此萬世之長策也。

天下方寧而寇忽起，勿論其爲夷狄、爲盜賊，皆一時僄悍之氣，暋不畏死者也。譬如勇戾之夫，忿起而求人與鬭，行數里而不見與鬭者，則氣衰而思遁矣。故乍起之兵，所畏者莫甚於曠日而不見敵。其資糧幾何也？其器仗幾何也？其所得而擄掠者幾何也？稱兵已久，而不能殺吾一卒，則所以搖惑人心而人從之者又幾何也？乃當事者輕與急爭也，其不肖之情有二：一則畏怯，而居中持議者，唯恐其深入，則必從臾人以前禦而冀緩其憂；一則乘時徼利，而擁兵柄者欲詫其勇，輕用人以試，而幸其有功。且不但此也，司農憚於支給，郡邑苦於輸將，頑民吝其芻粟，不恤國之安危，唯思速竟其事，於是而寇之志得矣。冒突以一逞，乘敗而進，兵其兵也，食其食也，地其地也，氣益鋭，人益附，遂成乎不可撲滅之勢。然後驕懦之帥，反之以不戰，坐視其日彊，而國因以亡。

嗚呼！以天下敵一隅，以百年之積，四海之輓敵野掠，坐以困之，未有不日消月萎而成擒者，六鎮豈能如魏何哉！魏自亡耳。彊弱衆寡虛實之數較然也，彊可以壓弱，衆可以制寡，實可以困虛，而亟起以授之掠奪，惴惴然驚，悻悻然起，敗軍殺將，破國亡君，愚者之情形，古今如一，悲夫！

人士之大禍三，皆自取之也。博士以神僊欺嬴政而誘之；元魏之臣阿淫虐之女主而又背之；唐臣不恤社稷，陰陽其意於汴、晉，惡朱全忠而又迎之；故坑於咸陽，殲於河陰，沈於白馬，皆自取之也。

君子有必去以全身，非但全其生之謂也，全其不辱之身也。拓拔氏以僞飾之詩書禮樂誘天下之士而翕然從之，且不徒當世之士爲所欺也，千載而下，論史者猶稱道之而弗絶。然有信道之君子，知德而不可以僞欺，則抑豈可欺邪？而鄙夫無識，席晏安，規榮利，滔滔不反，至於一淫嫗殺子弒君，而屏息其廷，懷禄不舍。則相率以冥行，蹈凶危而不惜，其習已浸淫膠固而不解，欲弗羣趨於死地，其可得乎？

河陰之血已塗郊原，可爲寒心甚矣。爾朱榮奉子攸入雒，而山偉孑然一人趨蹌而拜赦，吾不知偉之不怖而欣然以來者何心也？蓋不忍捐其散騎常侍而已。則二千餘人賓賓秩秩奉法駕以迎子攸於河陰者，皆山偉也。廉恥喪而禍福迷，二千餘人，豈有一人焉，戴髮含齒血在皮中者乎？如其道，則日游於兵刃之下而有餘裕；喪其恥，則相忘於處堂之嬉，白刃已加其脰而赴之如歸。挾詩書禮樂之迹而怙之，聞聲望影而就之，道之賊也，德之棄也。蛾螘之智，死之徒也，自取之也。

姦雄之相制也，互乘其機而以相害，然而有近正者焉；亦非徒託於名以相矯而居勝也，儀度其心，固有正者存焉，見爲可據而挾之以爲得也。乃其機則險矣，險則雖有正焉而固姦雄之爲也，特其禍天下者則差焉耳。

爾朱榮挾兵肆虐，狂暴而不足以有爲，高歡、賀拔岳皆事之，而歡與岳之意中固無榮也。榮拘子攸於幕下，高歡遽勸榮稱帝，歡豈欲榮之晏居天位，而已徼佐命之功以分寵禄乎？榮稱帝而速其亡，歡之幸也。乃榮怳惚不自支而悔曰：「唯當以死謝朝廷。」賀拔岳勸榮殺歡，岳豈果欲榮之忠魏以保榮之身名乎？知歡之納榮於死地而己藉以興，歡興而己且爲歡下，殺歡而榮在岳之股掌也。歡之權力不如榮，岳之詐力不如歡，榮敗而歡可逞，歡死而岳可雄，相忌相乘以相制，亦險矣哉！此機一動而彼機應之，叢毒矢利刃於一堂，目瞬心生，鍼鋒相射。莊生曰：「其發也如機栝。」此之謂也。

然而岳之言爲近正矣，爲魏謀，爲榮謀，執大義以誅歡，則他日之叛爾朱兆、陷雒陽、走元修之禍亦息。岳即爲歡，固不如歡之狡悍以虔劉天下於無窮也。何也？岳之心猶有正焉者存也。

張駿傷中原之不復，而曰：「先老消謝，後生不識，慕戀之心，日遠日忘。」嗚呼！豈徒士民之生長於〔邊遠〕〔夷狄〕之世者不知有中國之君哉？江左君臣自忘之，自習而自安之，固不知中原爲誰氏之土，而畫河山以不相及之量矣！拓拔氏封劉昶爲宋王、蕭贊爲齊王，以爲宋、齊之主，使自爭也，梁亦以元顥爲魏王而使之爭。拓拔氏遣將出兵，助劉昶、蕭寶寅以南侵，梁亦使陳慶之奉元顥而北伐。相襲也，相報也，以雒陽爲拓拔氏固有之雒陽，唯其子孫應受之，而我不能有也。嗚呼！梁之喪心失志一至此哉！

六鎮亂，冀、并、雍皆爲賊藪，胡后弑主，爾朱榮沈其幼君，分崩離析，可乘而取也，梁之時也。下廣陵，克渦陽，郢、青、南荆南嚮而歸己，元悦、元彧、羊侃相率而來奔，梁之勢也。時可乘，勢可振，即未能盡復中原，而雒陽爲中國之故都，桓温、劉裕兩經收復，曾莫之念，而委諸元顥，聽其自王，授高歡以納叛之詞，忘晉室淪没之恨，恬然爲之，漫不知恥。浸令顥之終有中原也，非梁假之羽翼以授之神州也哉？雒陽已拔，子攸已走，馬佛念勸慶之殺顥以據雒，而慶之猶不能從，則其髡髮以逃，固喪心失志者之所必致也。君忘其爲中國之君，臣忘其爲中國之臣，割棄山河，恬奉非類，又何怪乎士民之視衣冠之主如寇賊，而戴殊族爲君父乎？至於此，而江左之不足自立決矣。幸宇文、高氏之互相吞齕而不暇南圖也，不然，豈待隋之横江以濟而始亡邪？

宗國危而逡巡畏死以墮其忠孝，是懦夫也。而更有甚焉者，憯不懲而乘之以徼非望，如蛾之自赴於火，相逐而唯恐後也。夫人不知義矣，或知害矣；心不能知，目能見矣；目熒於黑白，耳能聞矣；目見之，耳聞之，然且不知害焉，貪夫之罔不畏死，其將如之何哉！

爾朱榮之暴横，不擇而狂噬，有目皆見，有耳皆聞也。立元子攸以爲君，而挾之犯闕。以榮之勢如彼，而子攸其能自許爲榮之君乎？孑然一身，孤危無輔，而爾朱天光一往告，子攸遽欣然潛渡，謂榮之且以己爲君也，榮已目笑之矣。然猶曰榮惡未著而不察也。榮伏誅，而爾朱兆修怨於其主，兆之凶横又倍於榮矣。子攸廢死，元曄以疏遠之族，又欣然附兆以立，立未數月，兆又廢之，而元恭以陽瘖幸免之身，褰裳而就之恐後。高歡之狡，又倍於榮與兆者也。歡起兵，而元朗以一郡守急起而爲歡之君，立之數月，元修已聞斛斯椿「變態百端，何可保也」之語，曾不懼而又起而奪朗之位也。五年之中，子攸也、曄也、恭也、朗也、修也，或死、或幽、或廢，接跡相仍，而前者覆，後者急趨焉。元顥且倚梁七千之孤旅，相謀相猜之陳慶之，高拱雒陽，爲兩月之天子，卒以奔竄而死。元氏之欲爲天子，自信其能爲天子，信人之以己爲天子者何其多也？

嗚呼！欲爲天子者多，而民必死；欲爲將相大臣者多，而君必危；欲爲士大夫者多，而國必亂。其亂也，始於欲爲士大夫者之多也。士大夫不厭其欲，而求爲將相大臣矣；爵禄賤，廉恥隳，其苟可爲天子者，皆欲爲天子矣。是以先王慎之於士大夫之途，而定民之志，所以戢躐等猖狂之心而全其軀命，義之盡，仁之至也。

國舞與立，則禍亂之至，無之焉而可，雖有智者，不能爲之謀也。元修畏高歡之逼，將奔長安就宇文泰以圖存，裴俠曰：「雖欲投之，恐無異避湯入火。」王思政再問之，而俠亦無術以處，雖知之，又何裨焉？高歡者，爾朱榮之部曲也；宇文泰，葛榮之部曲也。拓拔氏有中原數世矣，而其挾持天下者，唯秀容之裔夷，六鎮之殘胡，此外更無一人焉，而其主舍此而更將何依？爾朱榮河陰之殺，魏之人殫矣。雖然，彼駢死於河陰者，皆依違於淫后女主之側，趨赴逆臣戎馬之閒，羶以迷心，柔若無骨，上不知有君國，内不惜其身名者也。即令幸免而瓦全，亦惡有一人焉可倚爲社稷之衛哉？

夫拓拔氏之無人也，非但胡后之虐，鄭儼、徐紇之姦，耗士氣於淫昏也，其繇來漸矣。自遷雒以來，塗飾虛僞，始於儒，濫於釋，皆所謂沐猴而冠者也。糜天下於無實之文，自詫昇平之象，彊宗大族，以侈相尚，而上莫之懲，於是而精悍之氣銷矣，樸固之風斲矣。内無可用之禁兵，外無可依之州鎮，部落心離，浮華氣長；一旦羣雄揭竿而起，出入於無人之境，唯其所欲爲，拓拔氏何復有尺土一民哉？此亦一寇讎也，彼亦一寇讎也，舍此而又奚之也！

詩書禮樂之化，所以造士而養其忠孝，爲國之楨幹者也。拓拔氏自以爲能用此矣，乃不數十年之閒，而君浮寄於無人之國，明堂辟雍，養老興學，所爲德成人、造小子者安在哉？沐猴之冠，冠敝而猴故猴矣，且並失其爲猴矣，不亦可爲大笑者乎！高歡、宇文泰適還其爲猴，而跳梁莫制，冠者欲復入於猴羣，而必爲其所侮，不足哀而抑可爲之哀也！

故鬻詩書禮樂於非類之廷者，其國之妖也。其迹似，其理逆，其文詭，其説淫，相帥以嬉，不亡也奚待？虞集、危素祇益蒙古之亡，而爲儒者之恥，姚樞、許衡實先之矣。雖然，又惡足爲儒者之恥哉？君子之道，《六經》、《語》、《孟》之所詳，初不在文具之浮榮、談説之瑣辯也。

元修依宇文泰而居關中，元善見依高歡而居鄴，將以何者爲正乎？曰：君子所辨爲正不正者，其義大以精，而奚暇爲修與善見辨定分邪？拓拔氏以夷而據中原，等竊也，不足辨，一也。修之在關中，宇文泰之贅疣也；善見之在鄴，高歡之贅疣也；不足辨，二也。乃即置此而尤有大不足辨者焉，就拓拔氏之緒而言之，亦必其可爲君者而後可嗣其世，非但其才之有爲與否也。修之淫亂，不齒於人類，善見孱弱，而其父亶以躁薄爲高歡所鄙，等不可以爲君。而尤非此之謂也，修之立，豈其分之所當立者？即令當立，而豈如光武之起南陽，晉元帝、宋高宗之特爲臣民所推戴者哉？魏有君矣，修儌寵於高歡，乘時以竊位，曄也、恭也、朗也，皆修所嘗奉以爲君者，而皆弑之，修亦元氏之賊而已矣。修入關中，未死也，未廢也，元亶固修之臣，介高歡之怒而亟欲自立其子，君存而自立，其爲篡賊也無辭，是善見又修之賊也。兩俱爲賊，而君子屑爲之辨哉？

凡亂臣之欲攘奪人國也，其君以正而承大統，則抑不敢蔑天理以妄干之；其蔑理以妄干者，則速以自滅，王莽、朱泚是已。劉彧乘君弑而受命於賊，蕭鸞與蕭衍比而弑其君，皆賊也，而後賊乘之以進。繇此言之，則漢獻帝之所以終見脅於權臣者，董卓弑其君兄而已受之，則亦賊之徒也；故袁紹、韓馥欲不以爲君，而曹操姑挾以爲自篡之資。「其身不正，雖令不從」，承平無事之日，天子不能行之於匹夫，而況權姦之在肘腋乎？己爲賊，而欲弭人之弗賊也不能。賊者，互相利而互相害者也。修之於泰，善見之於歡，且不足辨其孰君而孰臣，況修與善見而屑爲之軒輊哉？假修以正而絀善見者，隋人得國於宇文，宇文得國於修，因推以爲統，而君子奚擇焉？

《文苑英華》卷七五一盧思道《北齊興亡論》 或問主人曰：「往者魏人失御，六合雲擾。河朔關右，翦爲二國。永熙西道，天平北巡。兩朝先主，分陝而霸。龍戰虎爭，多歷歲祀。既而水運值竭，天禄永終。齊室比迹於唐虞，周人踵武於漢魏。齊有五帝，周易四王。並才逾二紀，相繼而滅。若其元首膺期，股肱命世。立極補天之業，銘常鏤鼎之功。至於暴君南面，孽臣作輔。民怨神怒，國殄祀絶。易世之由，雖傳之耆舊，載於史策，通人雅旨，其詳可得聞乎？」主人應之曰：「吾少仕齊朝，晚歸周室。因而學業，歷兹永久。雅好博古，雖欲擬議。近世治亂，粤可略陳。在魏正光，牝鷄司旦。爾朱榮乘釁内奰，滔天泯夏，餘燼跋扈，挺禍王城，海内生民，若崩厥角。齊高祖神武皇帝，天縱英明之略，神挺雄武之才，龍攄豹變，投袂而起。四明昆弟，大會韓陵。類蚩尤風雨之兵，若新都犀象之陳。彼曲我直，天實贊之。日未移晷，大殲醜族。然後拔立宗枝，入纂皇統。羣後成務，天下晏如。但芒刺成灾，震逼爲梗。居鄭流彘，去而不入。還鼎舊鄴，國命維新。朝章國憲，燦然畢舉。渭南失律，似烏林之喪師；洛北先鳴，同官渡之凱入。雖天命有歸，而盡於北面，方之魏武，具體而微。文襄嗣業，始逾弱冠。瑰環傑之氣，足稱負荷。賓禮時秀，驅駕羣雄。内外肅清，朝無秕政。侯景背恩棄義，狼顧汝潁，蕭衍失信幸災，蟻聚彭汴。於是謀臣運策，猛士推鋒。渦陽之役，凶渠匹馬南逝；寒山之戰，吴卒只輪不返。王思政入據長安，淹歷歲時，神旗暫臨，如風埽籜。三秦勍敵，閉關自守，五湖之長，革音請命。魏孝靜以天歷有在，鼎祚將遺，大禮備物，率由舊典，允恭克讓，推而弗居。禍生非慮，匕首竊發。爾其弗凶翦暴，剛斷英峙。天崩地拆，堂構闕如。嗣子幼沖，未堪多難。文宣雖雲外弟，少乏令名，人望所歸，便見推奉。於時政有彝倫，朝多俊。爪牙皆韓、白之伍，心腹盡良、平之儔。外静方隅，内康庶績。主之不才，四海弗之覺也。洎乎受終文祖，燎天改物。兵强地廣，國富刑清。發號施令，必師古始。信賞必罰，如有四時。年穀屢登，災害不作。敵人竄迹，郊境無虞。天保受命，迄於五祀。黄初泰始，不能遠尚。爰及中年，誕縱昏德。以萬乘之貴，爲長夜之飲。散發視朝，肉袒聽政。手行刳剔，躬運矛鋋。寵狎佞諛，親愛凡鄙。出入市廛，游走衢路。太保高隆之，佐命元功，廟廊上宰；僕射高德政，龍潛賓友，帷幄重臣；衛尉卿杜弼，碩學偉才，拔萃出類；光禄大夫元景，風流儒雅，師範縉紳；或赤族見誅，或丹頸爲戮。並直言竊嘆，斃於讒口。自餘名士良臣，非罪遭命。淫刑以逞，不可殫言。劉曹以還，逮於僭僞，受命稱帝，未有若斯之慘者也。賴有尚書令弘農楊遵彦，魏太傅津之子也，含章秀出，希世偉人。風鑒俊朗，體局貞固。學無不縱，才靡不通。裴、樂謝其清吉，應、劉媿其藻麗。温良恭儉，讓恕惠和。高行異才，近古無二。有齊建國，便預經綸。軍國政事，一人而已。詰旦坐朝，咨請填湊。千端萬緒，令議如流。剖斷部領，選舉人物。滿室盈庭，永無凝滯。虚襟泛愛，禮賢好事。聞人之善，若己有之。智調有餘，尤善當世。譖言屢入，時寄無改。每乘輿四巡，恒守京邑。凡有善政，皆遵彦之爲。是以主昏於上，國治於下。朝野貴賤，至於今稱之。俄而文宣不豫，弊於趨孽。幼儲君繼體，才曆數旬。近習預權，小人並進。楊公慮有危機，引身移疾。主若喪股肱，因相敦勉。乾明之始，難起戚藩。變成倏忽，殞於殿省。《詩》云：『人之云亡，邦國殄悴。』君子是以知齊祚之不昌也。孝昭地乃密親，位居元輔。有姬公之戚，無復子之心。亦由王弱時艱，慮深家國。當陽正位，事出權道。身長八尺，腰帶十圍。沈深謹厚，實有君人之望。時甲卒强盛，財力殷阜。乃眷西顧，恒有吞噬之心。兼以天保之後，懲其淫縱，不邇聲色，不事晏游，孝於太后，篤於昆季，慎惜名器，愛養黎元，後庭嬪嬙，皆是藩邸之舊，數不盈十，竟無私寵。特解吏事，尤好禮容。但政苛碎，暗於聽受。降年不永，期歲而崩。大漸維幾，黜其元子。武成母弟之親，入主宗祏。而少禀凶德，不孝不仁。龍攢在殯，淚不承臉。太后之喪，亦不哀哭。才及公除，便衣縫裘。縱侈荒淫，不知紀極。甘酒耆音，夜以繼晝。有和士開者，素有和氏之庶孽，其面目亦似胡人，輕薄凡猥，爲衣冠所棄。武成在田之日，引爲參將。聞好彈胡琵琶，亦解歌舞，一面之後，便大相愛悦，恒在卧内，同食其寢。淫穢之事，無所不爲。天保之世，文宣知其如此，頓鞭二百，徙配長城。後遇赦得還。武成爲右丞相，久别得還，恩盼愈厚。信宿之間，賞賜巨萬。及踐大位，親顧彌隆。爰自黄門，漸至端右，盡景娱侍，略不休停。就令暫出，便追騎相尋。士開作威作福，略無顧憚。恩寵勢望，熏灼朝野。恣性貪淫，人倫少例。心如谿壑，行均犬豕。甲第當衢，侔擬公室。富商大賈，朝夕盈門。朝士無賴者，亦競相諂媚。或送婢妾，或進子女。筐篚苞苴，煙聚波屬。士開葬母，傾朝追送。諂諛尤甚者，至悲不自勝。澆薄邪佞，愛逾弟兄。名賢素士，略不交言。其所薦延，奏無不遂。榮枯進退，定於俄頃。於時下陵上替，奔競成習。士無貴賤，風節頓盡。趙彦深阿諛順旨，俯首懷禄。元文遥器能先見，不敢措言。此外羣官，靡衣偷食。齊室大壞，其原始於此矣。河清之末，長彗爲災。太史奏言，須有禳救。武成便自稱太上，傳位後主。胡長粲以從舅之親，馮子琮以姨夫之戚，俱受寄托，並當樞要。或性識庸近，或意懷險薄，皆不學無術，智能淺短。及天統末年，武成即世，和士開一相處内，自擬伊、周。太尉、録尚書事、趙郡王叡，明德茂親，聰爽俊悟，藩王之内，時望隆得，以士開兇醜，宜加屏黜，入踐青蒲，讜言規諫。而少主聰察不類成、昭，母后才明異於馬、鄧。士開禮於疏行，長粲爲其謀主，遂使密戚賢王，紋縊以戮。雖遐邇胥怨，愚智同憤。而依託城社，未如之何？數載之間，肆其穢行，與馮子琮夫婦，鬻獄賣官。三家府藏，賄貨山積。兇愚子弟，並處高資。更相貨易，擇而後授。司徒、琅邪王儼，年甫十四，兼領憲司，憤其所爲，切齒忿咤，執送南臺，異其身首。子琮以構扇兩端，一時依法。二兇俱剿，朝野晏清。京師市里，舞蹈成羣。梁董之慶，不足斯比。琅邪心實去惡，迹乃陵上，不容於時，俄而賜盡。自兹已後，政道彌昏。高阿那以牧圉之勤，重其佞媚；韓長鸞以韝紲之能，悦其趨走。又有女奴陸氏，出自掖庭，兇智狡算，舉世無匹，以保母之恩，特見尊寵，六宫謂之世師，人主以爲内相，舞弄王法，掩塞天聽。慶賞威刑，出於婢口。頑嚚弟侄，布於列位。帝戚皇支，不能及也。陸子駱提婆者，出於皂隸，本是韝工，愚暗庸短，僅辯菽麥。與韓高之徒，共持國柄。宣淫肆暴，甚於和氏。窮極富貴，轉日回天。愚薄之倫，折枝舐痔。輕者進貨賂，甚者緒婚姻。朝廷混然，無復廉恥。清貞守道，更被嗤怪。漢世張、趙，不能喻其萬一，晉朝賈、郭，未足比其錙銖。斛律明月屬鏤之錫，冤動天地。崔季舒、龍逄之戮，痛切幽明。如以内參年少閹官之屬，親狎寵私，盈滿宫禁。干預政事，剽掠生民。黔首呼嗟，以日爲歲。其反道違常，速亡趨滅。事非一緒，不可勝陳。後主自生宫闈，長於尼媪。不接端士，不見正人。朝夕咨諏，罕聞調護之客。便煩左右，莫匪刀鋸之餘。飛鷹走狗，蕩其心慮。麗色淫聲，亂其耳目。論功德者，雲羲軒無以尚；述欽明者，稱堯舜不能逾。才智之士，棄而不任。假有名級，備員而已。憲章綱紀，蕩然無餘。魚爛土崩，以俟勍寇。周武大捷平陽，乘虚除入。將有降心，士無門志。前世耿賈之雄，俯眉頓顙；先朝貔虎之鋭，斂氣重足。舉晉陽如拾芥，攻鄴宫猶振槁。萬里百城，交臂屈膝。南極江淮，北盡砂塞，西界函谷，東至滄溟，府帑粟帛之饒，兵革士民之衆，齊之所畜，盡爲周有。不亦哀哉！

《北史》卷八《齊本紀下》　神武以雄傑之姿，始基霸業；文襄以英明之略，伐叛柔遠。于時喪君有君，師出以律。河陰之役，摧宇文如反掌；渦陽之戰，掃侯景如拉枯。故能氣懾西隣，威加南服。王室是賴，東夏宅心。文宣因累世之資，膺樂推之會，地居當壁，遂遷魏鼎。懷譎詭非常之才，運屈奇不測之智，網羅俊乂，明察臨下，文武名臣，盡其力用。親戎出塞，命將臨江，定單于於龍城，納長君於梁國。外内充實，疆埸無警，胡騎息其南侵，秦人不敢東顧。既而荒淫敗德，罔念作狂，爲善未能亡身，餘殃足以傳後。得以壽終，幸也；胤嗣不永，宜哉。孝昭地逼身危，逆取順守，外敷文教，内藴雄圖，將以牢籠區域，奄有函夏，享齡不永，績用無成。若或天假之年，足使秦、吴旰食。武成即位，雅道陵遲，昭、襄之風，摧焉已墜。暨乎後主，外内崩離，衆潰於平陽，身禽于青土。天道深遠，或未易談；吉凶由人，抑可揚榷。

觀夫有齊全盛，控帶遐阻，西包汾、晉，南極江、淮，東盡海隅，北漸沙漠。六國之地，我獲其五；九州之境，彼分其四。料甲兵之衆寡，校帑藏之虚實，折衝千里之將，帷幄六奇之士，比二方之優劣，無等級以寄言。

然其太行、長城之固，自若也，江、淮、汾、晉之險，不移也，帑藏輸税之富，未虧也，士庶甲兵之衆，不缺也。然而前王用之而有餘，後主守之而不足，其故何哉？前王之御時也，沐雨櫛風，拯其溺而救其焚，信必賞，過必罰，安而利之。既與共其存亡，故得同其生死。後主則不然，以人從欲，損物益己，雕牆峻宇，甘酒嗜音，廛肆遍於宫園，禽色荒於外内。俾晝作夜，罔水行舟，所欲必成，所求必得。既不軌不物，又暗於聽受，忠信弗聞，萋斐必入。視人如草芥，從惡如順流。佞閹處當軸之權，婢媪擅回天之力。賣官鬻獄，亂政淫刑，刳剒被於忠良，禄位加於犬馬。讒邪並進，法令多聞。持瓢者非止百人，摇樹者不唯一手。於是土崩瓦解，衆叛親離，顧瞻周道，咸有西歸之志。方更盛其宫觀，窮極荒淫，謂黔首之可誣，指白日以自保，驅倒戈之旅，抗前歌之師，五世崇基，一舉而滅。豈非鐫金石者難爲功，摧枯朽者易爲力歟。

抑又聞之，「皇天無親，唯德是輔」，「天時不如地利，地利不如人和」。齊自河清之後，逮于武平之末，土木之工不息，嬪嬙之選無已。征税盡，人力殫，物産無以給其求，江海不能贍其欲。所謂火既熾矣，更負薪以足之；數既窮矣，又爲惡以促之。欲求大厦不燔，延期過曆，不亦難乎。由此言之，齊氏之敗亡，蓋亦由人，匪惟天道也。

司馬光《稽古録》卷一四 神武以高世之略，平爾朱之亂，功大勢盛，爲魏武所疑，雖有逐君之慙，而能惓惓盡恭以事靜帝，没身不怠，此其可稱者也。文襄有俊才而無重德，悖慢無禮，終隕身於奴隸。文宣淫湎殘暴，甚於桀、紂，而能信用賢臣，委之以政，威加鄰敵，終其天年，蓋亦有以得之矣。孝昭明達愷悌，實有齊之令主；享國不永，惜哉！武成驕淫奢縱，齊業始衰。後主繼之，昏狂尤甚，誅翦忠良，信用讒邪，十年而亡，已爲幸矣。

《文苑英華》卷七五一盧思道《後周興亡論》 周太祖文皇帝，幼而機警，智數過人，屬魏末多故，召募關隴，值二將相屠，三軍未一，見推爲主，遂握兵符。俄而魏武西巡，奉迎車駕，挾天子以會諸侯，萬世所以一時也。撫養荒餘，鳩聚兵甲。同心之旅，不滿萬人。齊神武以大兵數十萬，將清灞滻，雷動雲移，萃於渭曲。太祖以數千弊卒，振旅而還，遂基王業。竇泰以勁兵深入，一戰喪元。高敖曹以鋭氣先登，臨陣授首。兵革歲動，敗鮮勝多。高氏雖怙其衆力，莫敢先至。邙山之舉，我師敗績。收合亡散，退守有餘。及蕭氏將亡，邊服震擾，荆郢内附，庸蜀來王，器械完整，貨財充實，帶甲百萬，驍將如林，晏駕之辰，國與齊人相埒矣。閔帝以嫡嗣承基，應天納禪。弱齡厭世，未及稱皇。以庶長見立，纂我鴻緒。從容文雅，亦守文之良主焉。二帝景命不融，高祖始登大位。於時大冢宰、晉公宇文護，太祖之猶子也，負圖作宰，親受顧命。國柄朝權，頓去王室。高祖高拱深視，彌歷歲年，談議儒玄，無所關預，祭則寡人，晉公不之忌也。但自下裁物，其主不堪。累世權强，一朝折首。其於黨與，咸見夷戮。惡禽臭物，埽地無餘。爾乃棄奢淫，去浮僞，施一德，布公道。屏重内之膳，躬大布之衣。始自六宫，被於九服。令行禁止，内外肅然。以釋氏立教，本貴清净。近世以來，糜費財力，下詔削除之，亦前王所未行也。值齊季失德，取亂侮亡，親御戎軒，再舉而滅。軍令肅然，秋毫莫犯。數巡而定，不戮一人。未及下車，革其弊政。山東士女，欣戴如歸。但天性嚴忍，果於殺戮。血流盈前，無廢飲啖。行幸四方，尤好田獵。從禽於外，非夜不還。飛走之類，值無免者。識者以此少之。雖有武功，未遑文德。彝章禮教，蓋闕如也。練甲治兵，將掃沙漠。遠圖不遂，暴疾昇遐。宣帝初在東京，已多罪失。高祖每加嚴訓，不能修改。嗣位之初，飾情自勵。逾年已後，變態轉興。耽酒好色，常居内寢。角抵逸游，不舍晝夜。分命使人，徵求子女。積之後宫，以千萬數。此石虎之淫風也。寵姬四人，並立爲皇后。車服節文，與内主無别。此劉聰之亂政也。少在儲宫，頗覽經籍。臨朝對衆，亦有精神。但稟猜狂，特好詭異。衣冠形色，皆與舊制不同。文武侍臣，屏棄遐裔。内外門卜，皆别令宦者看守。出入去來，並録其數，殿省以目相視。然朋淫於家，無所簡擇。乃至長樂，亦有醜聲。大象之末，忽焉慘虐。鞭撻朝士，動至數百。背及胸腹，一皆下手。楚毒之理，不可忍見。祖宗廟號，諱不得稱。變易官名，回宫姓族。車乘輪輻，並有貴賤之殊；婦女莊點，亦爲上下之異。後庭嬪妾，房有數人。自旦至夕，恒令危坐相對。有不如法，便即捶楚。内外命婦，朔望朝謁，皆令爲丈夫拜伏，以示肅恭。自號爲天，不復稱朕。此外小事異同，不可勝紀。往惑妖僻，開辟未之有也。客曰：「齊武成荒悖庸暗，怨結人神，厥嗣不昌，理則然矣。周祖聰明神武，冠世雄奇，因愚子以至顛覆，豈人事乎，抑天道也？蒙有惑焉，請聞其說。」主人曰：「寒暑晦明，二儀之不同也。賢愚治亂，五勝之相形也。是以酒池肉林，乃周王之締構；坑儒滅學，亦漢後之驅除。齊自天保受終，迄於武平喪國，孝昭之外，竟無令主。河清已後，國基漸墜。昏主慢游於上，黎民怨讟於下。逮於末葉，君弱臣愚，外崩內潰。周人取之，猶坂上走丸也。周武任數殖情，果敢雄斷，擁三秦之鋭，屬攻昧之秋，削平天下，易同俯拾。未及三祀，宮車晚駕。嗣子披猖，肆其兇慝。真人革命，宗廟爲墟。此蓋天所以啓大隋，非不幸也。」

《北史》卷一〇《周本紀下》 自東西否隔，二國爭强，戎馬生郊，干戈日用，兵連禍結，力敵勢均，疆埸之事，一彼一此。武皇纘業，未親萬機，慮遠謀深，以蒙養正。及英威電發，朝政惟新，內難既除，外略方始。乃苦心焦思，克己勵精，勞役爲士卒之先，居處同疋夫之儉。修富國之政，務强兵之術，乘讎人之有釁，順天道而推亡。數年之間，大勳斯集。摅祖宗之宿憤，拯東夏之阽危，盛矣哉，有成功者也。若使翌日之瘳無爽，經營之志獲申，黷武窮兵，雖見譏於良史；雄圖遠略，足方駕於前王。

而識嗣子之非才，顧宗祏之至重，滯愛同於晉武，則哲異於宋宣，但欲威之榎楚，期於懲肅，義方之教，豈若是乎。卒使昏虐君臨，姦回肆毒，迹宣后之行事，身殁已爲幸矣。

靜帝越自幼沖，紹茲衰統，內相挾孫、劉之詐，戚藩無齊、代之强，隋氏因之，遂遷龜鼎。雖復岷、峨投袂，翻成凌奪之威；漳、滏勤王，無救宗周之殞。嗚呼！以文皇之經啓鴻基，武皇之克隆景業，未踰二紀，不祀忽諸。斯蓋先帝之餘殃，非孺子之罪戾也。

司馬光《稽古録》卷一四 文帝以關中之衆，東迎孝武，收疲敗之兵，撫貧困之民，任賢使能，列官布職，明部分，務農桑，以輔魏室；雖以高氏之强，不能陵也。其所爲典法，施於後世，可不謂賢乎？武帝以英傑之資，受制强臣，恭默端拱，十有餘年，須其罪盈惡熟，爲衆所棄，一旦除之，若撥癰振槁，可謂知剛知柔、智勇兼備者矣。然後親統六師，以征東夏，齊之險阻不守，士卒不戰，數月之間縛其君臣，致於鼓下。使有周之境，東漸于海、南傅于江；雖魏室全盛之時，不能及也。惜乎宣帝恣其淫侈，逞其奇譎，自絶于天，結怨於民；不及三年，而爲異姓所有。悲夫！

王夫之《讀通鑑論》卷一七 蘇綽之制治法，非道也，近乎道矣。宇文泰命綽作《大誥》，爲文章之式，非載道之文也，近乎文矣。其近焉者，異於道方明而襲之以飾其邪僞也，謂夫道晦已極，將啓其晦，不能深造，而乍與相即也。天下將嚮於治，近道者開之先，此殆天乎！非其能近，故曰近道。天開之，使以漸而造之，故曰乍與相即也。

治道自漢之亡而晦極矣。非其政之無一當於利病也，謂夫言政而無一及於教也。綽以六條飭官常，首之以清心，次之以敷化，非其果能也，自治道亡，無有以此爲天下告者，而綽獨舉以爲治之要領。自是而後，下有王仲淹，上有唐太宗，皆沿之以起，揭堯、舜、周、孔之日月而與天下言之，綽實開之先矣。文章之體，自宋、齊以來，其濫極矣。人知其淫豔之可惡也，而不知相率爲僞之尤可惡也。南人倡之，北人和之，故魏收、邢子才之徒，與徐、庾而相彷彿。懸一文章之影迹，役其心以求合，則弗論其爲駢麗、爲輕虛，而皆僞。人相習於相擬，無復有繇衷之言，以自鳴其心之所可相告者。其貞也，非貞也；其淫也，亦非淫也；而心喪久矣。故弗獲已，裁之以《六經》之文以變其習。夫苟襲矣，則襲六經者，亦未有以大愈於彼也，而言有所止，則浮蕩無實之情，抑亦爲之小戢。故自隋而之唐，月露風雲未能衰止，而言不繇衷、無實不祥者，蓋亦鮮矣，則綽實開之先矣。宇文氏滅高齊而以行於山東，隋平陳而以行於江左，唐因之，而治術文章咸近於道，生民之禍爲之一息，此天欲啓晦，而泰與綽開先之功亦不可誣也。非其能爲功也，天也。

嗚呼！治道之裂，壞於無法；文章之敝，壞於有法。無法者，惟其私也；有法者，惟其僞也；私與僞横行，而亂惡乎訖！胡元之末，亂極矣，而吴、越之俊士，先出其精神以蕩滌宋末淫靡繁亂之文，文章之繁亦大矣哉！六代之敝，敝於淫曼；淫曼者，花鳥錦綺爲政，而人無心。宋之敝，亦敝於淫曼；淫曼者，多其語助，繁其呼應，而人無氣。無心而人尋於篡弑，無氣而人屈於禽狄。徐、庾、邢、魏之流波，綽挽之矣。孰有能挽蘇洵、曾鞏之流波者乎？俟之來哲。

王夫之《讀通鑑論》卷一七 唐之府兵，言軍制者競稱其善，蓋始於元魏大統十六年宇文泰創爲之。其後籍民之有才力者爲兵，免其身租、庸、調，而關中之彊，卒以東吞高氏，南併江陵。隋、唐因之，至天寶而始改。人胥曰府兵改而邊將驕，故安、史亂，河北終不能平，而唐訖以亡。而不知其不然也。府兵不成乎其爲兵，而徒以厲民，彍騎雖改，而莫能盡革其弊，唐乃無兵而倚於邊將。安、史之亂，府兵致之也，豈府兵不改而安、史不亂，安、史亂而府兵能蕩平之也哉？

三代寓兵於農，封建之天下相承然也。周之初，封建亦替矣，然其存者猶千八百國也，外無匈奴、突厥、契丹之侵偪，兄弟甥舅之國，以貪憤相攻而各相防爾。然忿忮一逞，則各驅其負耒之願民以蹀血於郊原。悲夫！三代之季，民之瘴以死者，非但今之比也。禹、湯、文、武之至仁，僅能約之以禮而禁其暴亂，而卒無如此鬬農民以死之者何也！上古相承之已久矣，幸而聖王善爲之法，以車戰而不以徒戰，追奔斬馘，不過數人，故民之死也不積。然而農民方務耕桑、保婦子，乃輟其田廬之計，奔命於原野；斲其醇謹之良，相習於競悍；虔劉之，爚亂之，民之憔悴，亦大可傷矣！至於戰國，一戰而斬首者至數十萬，豈樂爲兵者哉？皆南畝之農夫，欲免而不得者也。漢一天下，分兵民爲兩途，而寓兵於農之害乃息。俗儒端居佔畢而談軍政者，復欲踵而行之，其不仁亦慘矣哉！身幸爲士，脱耒耜之勞，不耕而食農人之食，更欲驅之於白刃之下，有人心者，宜於此焉變矣。

宇文泰之爲此也，則有説也。據關中一隅之區，欲并天下，乃興師以伐高洋，不戰而退，豈畏洋哉？自顧寡弱而心早寒也。南自雒、陝，西自平陽，北極幽、薊，東漸青、兖，皆洋之有，衆寡之形，相去遠矣。且梁氏方亂，抑欲起而乘之以吞襄、郢，而北尚不支，勢不足以南及。雖前乎此者，屢以寡而勝衆，而内顧終以自危。故其所用者，仍恃其舊所習用之兵，而特欲多其數以張大其勢。且關中北擁靈、夏，西暨河、湟，南有武都、仇池、羌、氐之地，雖耕鑿之甿，皆習戰鬬，使充行伍，力足而情非不甘，泰可用權宜以規一時之利，未盡失也。若夫四海一，戰爭休，爲固本保邦之永計，建威以銷夷狄盜賊之萌，則用武用文，剛柔異質，農出粟以養兵，兵用命必衞農，固分途而各靖。乃欲舉天下之民，旦稼穡而夕戈矛，其始也，愚民貪免賦免役之利，蹶起而受命；迨其後一著於籍，欲脱而不能。故唐之府兵業更爲彍騎矣，乃讀杜甫《石壕》、《三别》之詩，流離之老婦，宛轉於縲絏；垂死之病夫，負戈而道僕；民日蹙而兵日窳，徒死其民。而救如綫之宗社者，朔方邊卒、回紇援兵也。然則所謂府兵者，無益於國而徒以殃民，審矣。

不能反三代封建之制，幸而脱三代交爭之苦，農可安農，兵可安兵，天别之以材，人别之以習，宰制天下者，因時而利用，國本堅而民生遂，自有道矣。佔畢小儒，稱説寓兵於農而弗絶，其愚以禍天下，亦至此哉！農之不可兵也，厲農而祇以弱其國也；兵之不可農也，弱兵而祇以蕪其士也。故衞所興屯之法，銷天下之兵而中國弱，以坐授洪圖於異域，所繇來久矣。且所謂屯田者，鹵莽滅裂，化肥壤爲磽土，天下皆是也，可弗爲永鑒乎！

王夫之《讀通鑑論》卷一八　小人之爭也，至於利而止矣；而更有甚焉者，始見爲利而爭之，非必利也，爭之以不相下，氣競而不能止。有國家者，毒衆連兵、暴骨如莽而不止；匹夫匹婦，訐訟操戈，兩敗交傷而不止；乃不知因此而害不弭，舍此而固有利也。明於計者，方爭之頃，一念旁及而早知改圖矣。

晉悼公與楚爭鄭，用兵十年，連十二國之諸侯，三分四軍以疲於道路，僅服一鄭，而中國之力已憊。當其時，若舍鄭而無可以制楚者，乃服鄭而晉遂不競，楚亦惡能制哉？幸楚之不覺而亦相競於鄭耳，使其舍鄭而他圖，三川危、天下裂矣。夫晉與楚，非擇利而趨也，氣不相下，捐軀命以求贏，匹夫匹婦之情也。

宇文氏與高齊相持於宜陽，經年不解，韋孝寬以宜陽一城不足損益，彼若棄之來圖汾北，我必喪地，欲罷宜陽之兵以防汾、晉，力窮於所爭之地，而流念以旁營，孝寬可謂智矣。宇文護不能從，斛律光果棄宜陽而築十三城於汾北之西境，拓地五百里，孝寬撤宜陽之兵以奔命，而大敗於汾北，定陽失，楊敷擒，而其所爭者亦敗，悁悁忿戾之情，亦惡足以逞哉？孝寬之機甫動，斛律光之情已移，所爭者俄頃之閒耳，迷於一往者，固不覺也。

夫孝寬、光皆趨利之徒也，然於忿戾相乘之頃，返念以自謀成敗，思以免無益之死傷，而不徒糜爛生靈於尺寸之土，則又豈徒工於計利哉？利不可競也，忿尤不可不戢也。固執必勝以快其忿，幸而敗，不幸而亡；兩俱迷，則徒爲斯人之困以自困，將有旁起者坐而收之。匹夫之乘潮競渡以身飽魚腹而不懲，事有大於此者，爲千古笑。不知不仁，君子之所深惡也。

爲五行之説者曰：「熒惑之精，降爲童謡。」言雖非實，而固有指也。熒惑者，以熒熒之光、熒熒之智惑人者也。火之光，熒熒而已，煬之而興，撤其膏薪而息矣，然當晦也，則闇行者依之以求明，故曰月固不勝火，大明有耀，不足以熒熒矣。故智者求明於日月，而不求明於火，惡其有煬之者也。童謡者，熒熒而惑人者也，是之謂熒惑之精，非必天之星降爲童之謡也。善通其義者，可以垂鑒。

祖珽欲殺斛律光而無其隙，韋孝寬密爲童謡以閒之，而光坐誅。夫天下之爲童謡者，皆姦人之造也，豈果禍福之幾，鬼神早洩其秘於童稚之口哉？鸜鵒之謡，師己造之，爲季氏解逐君之惡也。故童謡者，必有造之之人；即其果中於事理，若河閒姹女，千里草之屬，亦時有志疾惡而葸弱畏禍，師婦姑詛咒之智，喋喋於炷䙡之閒而已。若靈帝之國必亡，董卓之身必戮，又豈待童謡而知邪？晉文公城濮之師，勢不容於姑已者也，「原田每每」之誦，惡知非楚人之反閒哉？故曰：「先民有言，詢于芻蕘。」芻蕘可詢也，出其所不意而對以公也。民之譌言，不可聽也，先爲之成言，必其熒熒而惑人者也。祖珽之姦，高緯之愚，孝寬之詭，一童謡而光以死，高氏以亡，可畏也哉！上愈察，下愈譎，愬譖不行，而童謡興，惑乃益不可解。王洽、李邦華以死竄於小豎之口，可爲痛哭者，豈徒高緯之愚乎？

中國輸歲幣於夷，自宇文氏始。突厥挾兩端以與宇文、高氏市，宇文畏其爲高氏用也，歲給繒絮錦綵十萬以縻之，高氏亦畏其爲宇文氏用而厚賂焉。夫宇文與高於突厥，何中外高卑之有哉？弱役於彊，屈者其常也，而突厥固曰：宇文、高氏，中國之君也，中國之奉我，常也。此驕夷狄之始禍也。宇文、高氏朘削中國以奉於其類，非其土，非其民，無不可也。而後世篡竊之君臣，且曰：宇文、高氏，中國之君也，不惜悉索之於民以奉突厥而國以安，吾亦奚不可邪？此啓惰君陋臣之禍始也。

地之力，民之勞，男耕女織之所有，殫力以營之，積日以成之，委輸以將之，奉之異域，而民力盡、民怨深矣。無財無以養兵，無人無以守國，坐困而待其吞吸，日銷月鑠，而無如之何，自亡而已矣。而不但此也，方其未入中國之日，已習知中國之富而使朵頤久矣。中國既自亡，而揖之以入爲主，其主臣上下皆固曰：此畇畇之原隰，信天地之沃壤也，肥甘之悦口，輕煖之適體，錦綵佳麗之炫目，繁聲冶奏之娛耳，求焉而即得，取焉而即盈，昔之天子奉我而如不及，今爲我之臣妾，而何求不克邪？故淫虐婪取，川吸舟吞，而禹甸爲荒郊，周黎爲道殣，皆宇文氏之毒，延及千年而益烈。悠悠蒼天，其如此皮骨空存之赤子何也！所爲推禍始而爲之痛哭者也。

度德量力相時以沮有爲之氣，君子弗取。而當積衰已久，立本未堅，求自保以徐圖有爲也，則度德量力相時之説伸矣。高緯不道，亡在旦夕，陳與接壤於淮右，宣帝決策遣吴明徹帥師北伐，庸詎非所宜爲、非所可爲者？顧使陳深計而思其所竟，緯雖必亡，吴明徹能以積弱之孤軍搗鄴、并而滅之，如宋武之於姚泓否邪？用兵三年而不能越吕梁一步，與高氏一彼一此，交敝於兩淮，徒爲宇文氏掣高氏之肘而利其吞齕耳。

宇文之決於滅緯也，韋孝寬固曰：「齊自長淮之南，悉爲陳氏所取，與陳氏共爲犄角，必當所嚮摧殄。」則其用陳而陳爲所用可知矣。巴蜀失，江陵陷，陳之大患在宇文而不在高氏。爲高氏犄角而拒宇文，不可爲而尚可爲也。爲宇文犄角而滅高氏，宇文無北顧之憂，而地益廣，兵益衆，氣益張，昔者齊爲陳蔽，而今則陳受周衝，去狐狸而鄰豺虎，則他日者，既下巴、荆以乘上流，臨江介而搗建業，旁無所撓而勢無不便，是滅齊適以自滅，不待智者而知也。

當斯時也，天下之勢，在宇文而不在高氏明矣。陳所急者，在江、郢、庸、蜀而不在淮右明矣。即無能奮興以決圖荆、襄，抑惟固境輯民，治兵積粟，聽二虜之爭，而我以暇豫圖久遠之計，悉三吴、湘、廣之力，尚可爲也。計不出此，乘人之危，收曠莽難守之地以自居功，殆猶鼠也，潛出而掠人之餘也。高氏爲己之捍衛而急撤之，陳何恃以抗宇文哉？高氏亡而明徹敗。金人告宋曰：「吾亡而蒙古之禍移於宋。」其愚同，其禍同也，舍周無慮，貪得以逞，有可爲而不可爲，爲其所不可爲以自詑，禍已及，乃跼蹐而自縮，晚矣。高氏不滅，陳氏不亡，叔寶雖不足以固存，尚可俟他姓之興以延江左衣冠之統，劉子業、蕭寶卷不滅，而叔寶滅乎？

奚以辨大姦而必覆人之邦家者乎？則勸其主以殺人者是也。至於勸人以殺其兄弟子孫而甚矣。仁絶於心，心絶於天，而後勸人以殺其兄弟子孫；欺其人之終迷不復，而後敢勸人以殺其天性之親。不然，雖懷忮忌而挾私怨，不忍也，抑不敢也。

鄭譯初用，而導宇文贇殺其叔父，則於滅宇文以戴楊堅也，何靳而不爲？而堅知之矣，摘其不孝之罪，不比數之於人類，而後譯之惡窮。宇文贇之不肖也，宇文孝伯對其君曰：「父子之際，人所難言，臣知陛下不能割愛，遂爾結舌。」孝伯之可託也，宇文邕之不可導以不慈也，於斯言驗之矣。晁錯忠於袁盎，而居心之厚薄，則不若盎也，不順於父，而父亟去之，其於父子可知矣。故求可託之臣,求之於根本之地,而思過半矣。

宇文邕之政,洋溢簡册,若駕漢文、景、明、章而上之,乃其没也甫二年,而楊氏取其國若掇。贇雖無道,然其修怨以濫殺,唯宇文孝伯、王軌而止,其他則固未嘗人立於鼎鑊之上也。淫昏雖汰,在位兩浹歲而已。邕果有德在人心,詎一旦而遽忘之? 乃其大臣如韋孝寬、楊惠、李德林、高熲、李穆皆能有以自立者,翕然奉楊氏而願爲之效死。堅雖有后父之親,未嘗久執國柄,如王莽之小惠徧施也; 抑未有大功於宇文,如劉裕之再造晉室、滅虜破賊也; 且未嘗如蕭道成僅存於誅殺之餘,人代爲不平而思逞也; 堅女雖尸位中宫,而失寵天元,不能如元后之以國母久秉朝權也。然而人之去宇文也如恐不速,邕骨未冷而宗社已移,則其爲君也可知矣。德無以及人,而徒假先王之令名以欺天下,天下其可欺乎?

史之侈談之也,記其迹也。論史者之豔稱之也,爲小人儒者,希冀榮寵,而相效以襲先王之糟粕,震矜之以藻帨其門庭也。故拓拔宏、宇文邕幾於聖,而禹、湯、文、武之道愈墜於阱而不能自拔。試思之,惡有盛德如斯,不三歲而爲權姦所奪,臣民崩角以恐後者乎?

尉遲迥可以爲宇文氏之忠臣乎? 宇文闡稱帝已二年矣,父死而正乎其位,楊氏雖逼,闡未有失德也,迥乃奉趙王招之少子以起兵。曹操所不敢奉劉虞以叛獻帝者,而迥爲之不忌,迥之志可知矣。迥可爲忠臣,則劉裕之討劉毅,蕭道成之拒沈攸之,使其敗而死也,亦晉、宋仗節死義之臣乎? 楊堅無功而欲奪人之國,於是乎有兵可擁者,皆欲爲堅之爲,迥亦一堅也,司馬消難亦一迥也,王謙亦一消難也。志相若,事相競,則以勢之彊弱、謀之工拙、所與之多寡分勝敗矣。勝者,幸也; 敗者,其常也; 抑此而伸彼,君子而受姦雄之罔矣。

君子不逆詐,而未嘗不先覺,以情度之,以理衡之而已矣。王淩、諸葛誕不保其不爲司馬懿,況迥輩之紜紜者乎? 宇文氏之亡,虜運之衰已訖也。楊堅無德以堪,而迥、謙、消難愈不可以君天下,「民亦勞止,汔可小康」。三方滅而楊氏興,民之小康,豈迥之所能競乎?

引用書目

書名	作者	時代	版本	備注
三國志	陳壽	晉	中華書局一九五九年點校本	
陸機集	陸機	晉	中華書局一九八二年點校本	金濤聲點校
晉紀	干寶	晉	天津古籍出版社一九八九年點校《衆家編年體晉史》本	湯球輯、喬治忠校注
晉陽秋	孫盛	晉	天津古籍出版社一九八九年點校《衆家編年體晉史》本	湯球輯、喬治忠校注
漢晉春秋	習鑿齒	晉	天津古籍出版社一九八九年點校《衆家編年體晉史》本	湯球輯、喬治忠校注
華陽國志	常璩	晉	上海古籍出版社一九八七年點校本	任乃强校注
晉起居注	劉道薈	南朝宋	天津古籍出版社一九八九年點校《衆家編年體晉史》本	湯球輯、喬治忠校注
宋書	沈約	南朝梁	中華書局一九七四年點校本	
南齊書	蕭子顯	南朝梁	中華書局一九七二年點校本	
文選	蕭統	南朝梁	中華書局一九七七年影印本	李善注
三十國春秋	蕭方等	南朝梁	天津古籍出版社二〇〇九年點校本	湯球輯、吴振清校注
魏書	魏收	北朝齊	中華書局一九七四年點校本	
元經	王通	隋	四庫全書本	
梁書	姚思廉	唐	中華書局一九七三年點校本	
陳書	姚思廉	唐	中華書局一九七二年點校本	
北齊書	李百藥	唐	中華書局一九七二年點校本	
晉書	房玄齡	唐	中華書局一九七四年點校本	

書名	著者	時代	版本	整理者
周書	令狐德棻	唐	中華書局一九七一年點校本	
北史	李延壽	唐	中華書局一九八三年點校本	
南史	李延壽	唐	中華書局一九七五年點校本	
李德裕文集	李德裕	唐	河北教育出版社二〇〇〇年點校本	傅璇琮、周建國校箋
建康實録	許嵩	唐	中華書局一九八六年點校本	張忱石點校
太平御覽	李昉	宋	中華書局一九六〇年影印本	
文苑英華	李昉	宋	中華書局一九六六年影印本	
歐陽修全集	歐陽修	宋	中華書局二〇〇一年點校本	李逸安整理
稽古録	司馬光	宋	中國友誼出版公司一九八七年點校本	王亦令點校
資治通鑑	司馬光	宋	中華書局一九五六年點校本	
淨德集	吕陶	宋	四庫全書本	
蘇轍集	蘇轍	宋	中華書局一九九〇年點校本	陳宏天、高秀芳校點
何博士備論	何去非	宋	四庫全書本	
雲溪居士集	華鎮	宋	四庫全書本	
張耒集	張耒	宋	中華書局一九九〇年點校本	李逸安等點校
丹陽集	葛勝仲	宋	四庫全書本	
六朝通鑑博議	李燾	宋	南京出版社二〇〇七年點校本	胡阿祥點校
南澗甲乙稿	韓元吉	宋	四庫全書本	
景定建康志	周應合	宋	中華書局一九九〇年《宋元方志叢刊本》本	
讀史日鈔	黃震	宋	清光緒二十九年石印本	
蜀鑑	郭允蹈	宋	國家圖書館出版社二〇一〇年點校本	趙炳清校注
蜀漢本末	趙居信	元	四庫全書存目叢書本	
大事記續編	王褘	明	四庫全書本	

人代紀要	顧應祥	明	四庫全書存目叢書本	
史異	俞文龍	明	四庫全書存目叢書本	
史綱評要	李贄	明	中華書局一九七四年點校本	
讀通鑑論	王夫之	明	中華書局一九七四年點校本	舒士彥點校
季漢五志	王復禮	清	四庫全書存目叢書本	
讀史津逮	潘永圜	清	四庫全書存目叢書本	
吴將相大臣年表	萬斯同	清	中華書局一九八四年《後漢書三國志補表三十種》本	劉祜仁點校
三國大事年表	萬斯同	清	中華書局一九八四年《後漢書三國志補表三十種》本	劉祜仁點校
漢將相大臣年表	萬斯同	清	中華書局一九八四年《後漢書三國志補表三十種》本	劉祜仁點校
魏國將相大臣年表	萬斯同	清	中華書局一九八四年《後漢書三國志補表三十種》本	劉祜仁點校
晉將相大臣年表	萬斯同	清	中華書局一九五五年《二十五史補編》本	
東晉將相大臣年表	萬斯同	清	中華書局一九五五年《二十五史補編》本	
宋將相大臣年表	萬斯同	清	中華書局一九五五年《二十五史補編》本	
宋方鎮年表	萬斯同	清	中華書局一九五五年《二十五史補編》本	
齊將相大臣年表	萬斯同	清	中華書局一九五五年《二十五史補編》本	
齊方鎮年表	萬斯同	清	中華書局一九五五年《二十五史補編》本	
梁將相大臣年表	萬斯同	清	中華書局一九五五年《二十五史補編》本	
陳將相大臣年表	萬斯同	清	中華書局一九五五年《二十五史補編》本	
魏將相大臣年表	萬斯同	清	中華書局一九五五年《二十五史補編》本	
西魏將相大臣年表	萬斯同	清	中華書局一九五五年《二十五史補編》本	
東魏將相大臣年表	萬斯同	清	中華書局一九五五年《二十五史補編》本	
北齊將相大臣年表	萬斯同	清	中華書局一九五五年《二十五史補編》本	
周公卿年表	萬斯同	清	中華書局一九五五年《二十五史補編》本	

綱鑒易知録　吴乘權等　清　中華書局一九六〇年點校本　施意周點校
三國志補注　杭世駿　清　四庫全書本
樂善堂全集　清高宗　清　清乾隆二年刻本
十七史商榷　王鳴盛　清　上海書店出版社二〇〇五年點校本　黄曙輝點校
廿二史劄記　趙翼　清　中華書局一九八四年點校本　王樹民校證
全唐文　董誥等　清　中華書局一九八三年影印本
校禮堂文集　凌廷堪　清　中華書局一九九八年點校本
北周公卿表　練恕　清　中華書局一九五五年《二十五史補編》本　王文錦點校
三國紀年表　周嘉猷　清　中華書局一九八四年《後漢書三國志補表三十種》本
三國志三公宰輔年表　黄大華　清　中華書局一九八四年《後漢書三國志補表三十種》本
三國大事表　謝鍾英　清　中華書局一九八四年《後漢書三國志補表三十種》本
增廣古今人物論　鄭元直　清　清光緒二十四年石印本
十六國年表　張愉曾　清　中華書局一九五五年《二十五史補編》本
全宋文　曾棗莊等（主編）　上海辭書出版社、安徽教育出版社二〇〇六年點校本
全元文　李修生（主編）　鳳凰出版社一九九九年點校本

《中華大典》辦公室

主　任：于永湛
副主任：伍　傑
　　　　姜學中
編　審：趙含坤
　　　　崔望雲
　　　　馮寶志
　　　　宋志英
　　　　谷笑鵬
裝幀設計：章耀達

上海市《中華大典·歷史典》工作小組

組　長：王興康
組　員：吕　健
　　　　郭子建
　　　　占旭東
　　　　張旭東

《中華大典·歷史典》編輯部

負責人：吕　健
工作人員：占旭東
　　　　吕瑞鋒
　　　　徐樂帥
　　　　王　珺
　　　　陳麗娟
　　　　張旭東

《編年分典·魏晉南北朝總部》責任編輯

李夢生　郭子建　史良昭
占旭東　鄭明寶　吴旭民
馬　顥

圖書在版編目(CIP)數據

中華大典·歷史典·編年分典·魏晉南北朝總部 /《中華大典》工作委員會,《中華大典》編纂委員會編. —上海：上海古籍出版社，2017.6
ISBN 978-7-5325-7338-7

Ⅰ.①中… Ⅱ.①中… ②中… Ⅲ.①百科全書—中國—現代②中國歷史—魏晉南北朝時代 Ⅳ.①Z227 ②K235

中國版本圖書館 CIP 數據核字(2014)第 159245 號

中華大典·歷史典·編年分典
魏晉南北朝總部

編纂：《中華大典》工作委員會
《中華大典》編纂委員會
出版：上海世紀出版股份有限公司
上海古籍出版社
（上海瑞金二路二七二號 郵政編碼 二〇〇〇二〇）
(1) 網址：www.guji.com.cn
(2) E-mail：guji1@guji.com.cn
(3) 易文網網址：www.ewen.co
印刷：中華商務聯合印刷有限公司
發行：上海世紀出版股份有限公司發行中心發行經銷
開本：七八七×一〇九二毫米 十六開
印張：六一·七五 字數：二〇三〇千字
二〇一七年六月第一版 二〇一七年六月第一次印刷
ISBN 978-7-5325-7338-7/K·1900
定價：四六〇圓